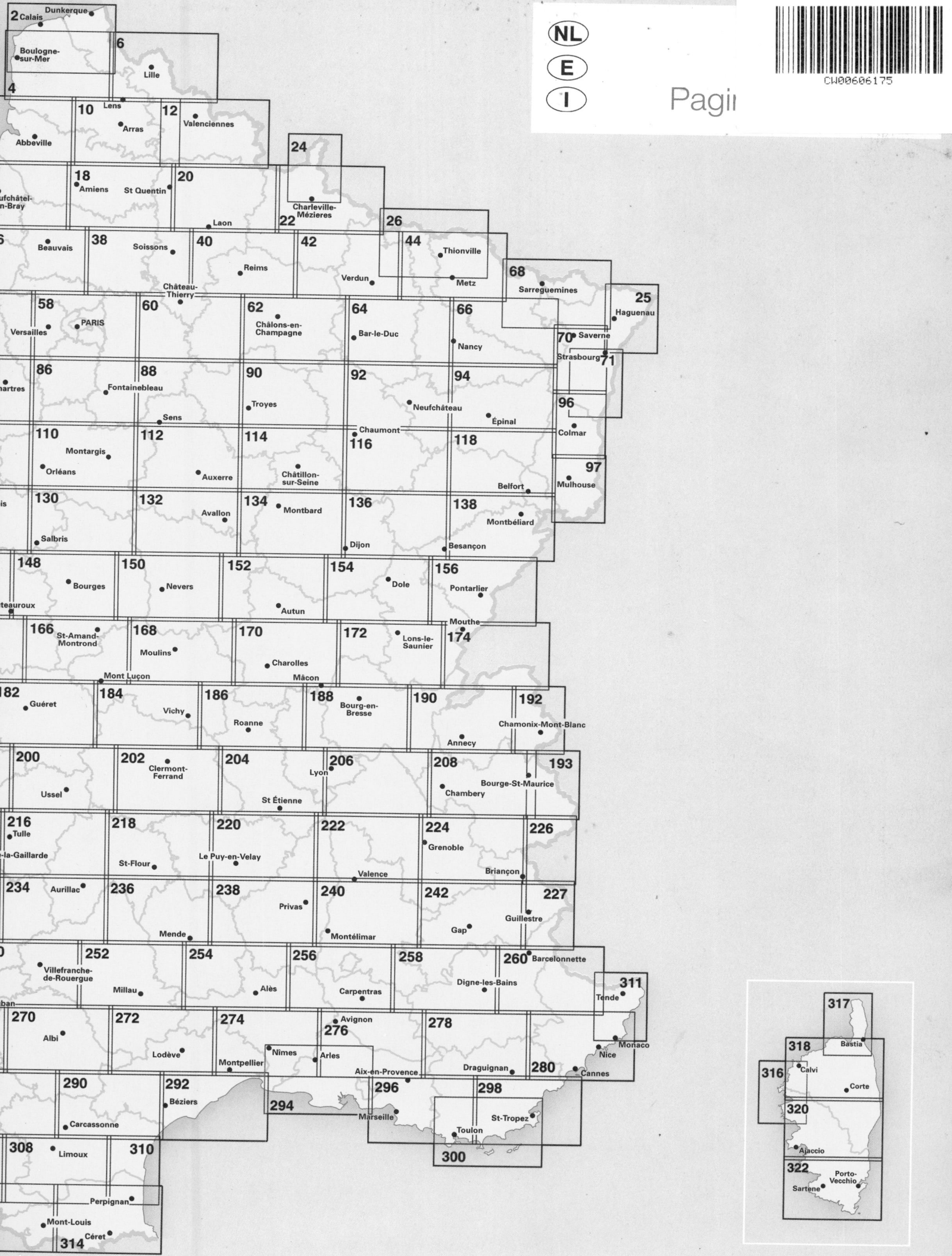

NL
E
I
Pagi
CW00606175
2 Calais
Dunkerque
Boulogne-sur-Mer
4
6
Lille
10
Lens
Arras
12
Valenciennes
Abbeville
24
18
Amiens
St Quentin
20
Laon
22
Charleville-Mézieres
eufchâtel-en-Bray
26
Beauvais
38
Soissons
40
Reims
42
Verdun
44
Thionville
Metz
68
Sarreguemines
Château-Thierry
58
Versailles
PARIS
60
62
Châlons-en-Champagne
64
Bar-le-Duc
66
Nancy
25
Haguenau
70
Saverne
Strasbourg
71
hartres
86
Fontainebleau
88
Sens
90
Troyes
92
Neufchâteau
94
Épinal
96
Colmar
110
Montargis
Orléans
112
Auxerre
114
Châtillon-sur-Seine
Chaumont
116
118
Belfort
97
Mulhouse
130
Salbris
132
Avallon
134
Montbard
136
Dijon
138
Montbéliard
Besançon
148
Bourges
âteauroux
150
Nevers
152
Autun
154
Dole
156
Pontarlier
Mouthe
166
St-Amand-Montrond
168
Moulins
Mont Luçon
170
Charolles
Mâcon
172
Lons-le-Saunier
174
182
Guéret
184
Vichy
186
Roanne
188
Bourg-en-Bresse
190
Annecy
192
Chamonix-Mont-Blanc
200
Ussel
202
Clermont-Ferrand
204
St Étienne
Lyon
206
208
Chambery
Bourge-St-Maurice
193
216
Tulle
e-la-Gaillarde
218
St-Flour
220
Le Puy-en-Velay
222
Valence
224
Grenoble
Briançon
226
234
Aurillac
236
Mende
238
Privas
240
Montélimar
242
Gap
Guillestre
227
252
Villefranche-de-Rouergue
Millau
254
Alès
256
Carpentras
258
Digne-les-Bains
260
Barcelonnette
311
Tende
270
Albi
272
Lodève
274
Montpellier
Nîmes
Arles
Avignon
276
278
Draguignan
280
Nice
Monaco
Cannes
Aix-en-Provence
290
292
Béziers
294
296
Marseille
298
St-Tropez
Toulon
300
Carcassonne
308
Limoux
310
Perpignan
Mont-Louis
Céret
314
317
Bastia
318
Calvi
316
Corte
320
Ajaccio
322
Porto-Vecchio
Sartene

AA Touring Atlas France

contents

Scale 1: 180,000
or 2.83 miles to 1 inch

1st edition March 2001

Published by AA Publishing (a trading name of Automobile Association Developments Limited, whose registered office is Norfolk House, Priestley Road, Basingstoke, Hampshire RG24 9NY. Registered number 1878835).

ISBN 0 7495 2575 4

ISBN 0 7495 2922 9

A CIP catalogue record for this book is available from The British Library.

Printed in Italy by Pizzi, Milan.

Map pages	inside front cover
Route planner	II–V
Map symbols	VI–1
Road maps	**2–323**
Town plans	324–343
Paris	324–325
Key to town plans	326
Index to place names (Communes)	344–410
Département map	344
Distances and journey times	inside back cover

Route planner (GB)

Principaux axes routiers (F)

Übersichtskarte (D)

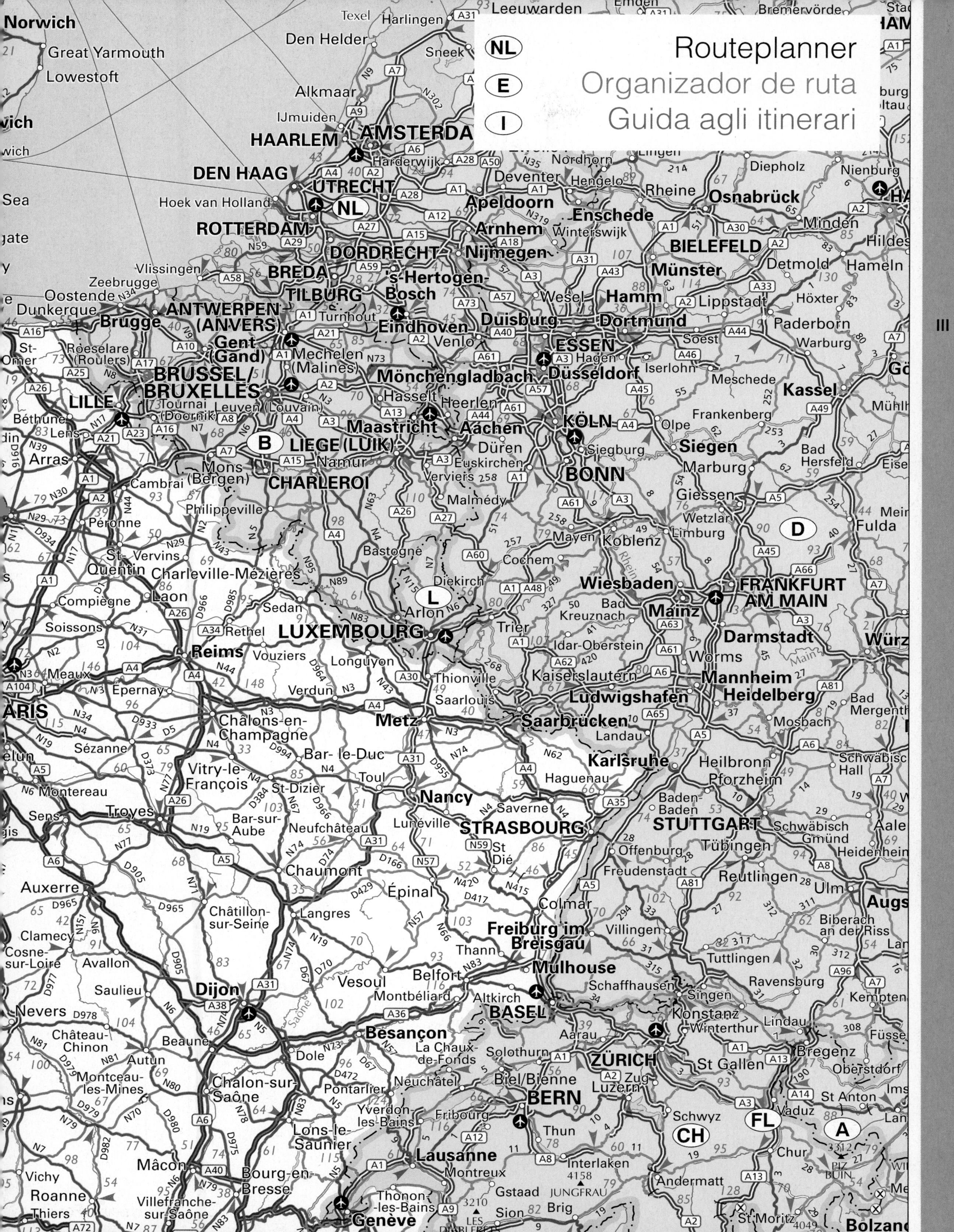

NL Routeplanner
E Organizador de ruta
I Guida agli itinerari
Norwich
Great Yarmouth
Lowestoft
Den Helder
Texel
Harlingen
Leeuwarden
Sneek
Alkmaar
IJmuiden
HAARLEM
AMSTERDAM
Harderwijk
DEN HAAG
UTRECHT
Hoek van Holland
Deventer
Apeldoorn
Hengelo
Enschede
Nordhorn
Rheine
Osnabrück
Diepholz
Nienburg
Minden
ROTTERDAM
DORDRECHT
Arnhem
Nijmegen
Winterswijk
BIELEFELD
Detmold
Hameln
Vlissingen
Zeebrugge
BREDA
TILBURG
's-Hertogen-Bosch
Wesel
Hamm
Münster
Lippstadt
Höxter
Oostende
Dunkerque
Brugge
ANTWERPEN (ANVERS)
Turnhout
Eindhoven
Duisburg
Dortmund
Paderborn
Gent (Gand)
Roeselare (Roulers)
St-Omer
Mechelen (Malines)
Venlo
ESSEN
Hagen
Soest
Warburg
BRUSSEL/ BRUXELLES
LILLE
Mönchengladbach
Düsseldorf
Iserlohn
Meschede
Kassel
Tournai (Doornik)
Leuven (Louvain)
Hasselt
Heerlen
Frankenberg
Béthune
Lens
Arras
Maastricht
Aachen
KÖLN
Olpe
B
LIEGE (LUIK)
Düren
Siegburg
Siegen
Bad Hersfeld
Mons (Bergen)
Namur
Euskirchen
BONN
Marburg
CHARLEROI
Verviers
Cambrai
Malmédy
Giessen
Péronne
Philippeville
Wetzlar
Fulda
Limburg
D
Mayen
Koblenz
St-Quentin
Vervins
Bastogne
Cochem
Charleville-Mézières
Diekirch
Wiesbaden
FRANKFURT AM MAIN
Compiègne
Laon
L
Sedan
Arlon
Bad Kreuznach
Mainz
Soissons
Rethel
LUXEMBOURG
Trier
Darmstadt
Idar-Oberstein
Reims
Vouziers
Longuyon
Worms
Meaux
Kaiserslautern
Mannheim
Epernay
Verdun
Thionville
Saarlouis
Ludwigshafen
Heidelberg
Bad Mergentheim
PARIS
Châlons-en-Champagne
Metz
Saarbrücken
Landau
Mosbach
Sézanne
Bar-le-Duc
Karlsruhe
Heilbronn
Schwäbisch Hall
Vitry-le-François
Toul
Haguenau
Pforzheim
Montereau
St-Dizier
Nancy
Baden-Baden
Saverne
Sens
Troyes
Bar-sur-Aube
Neufchâteau
Lunéville
STRASBOURG
STUTTGART
Schwäbisch Gmünd
Aalen
St Dié
Offenburg
Tübingen
Heidenheim
Chaumont
Freudenstadt
Reutlingen
Auxerre
Épinal
Colmar
Ulm
Châtillon-sur-Seine
Langres
Villingen
Biberach an der Riss
Clamecy
Freiburg im Breisgau
Thann
Cosne-sur-Loire
Avallon
Tuttlingen
Mulhouse
Vesoul
Belfort
Schaffhausen
Ravensburg
Saulieu
Dijon
Montbéliard
Altkirch
Singen
Kempten
Nevers
BASEL
Konstanz
Château-Chinon
Beaune
Besançon
Aarau
Winterthur
Lindau
La Chaux-de-Fonds
Solothurn
ZÜRICH
Bregenz
Autun
Dole
St Gallen
Oberstdorf
Montceau-les-Mines
Biel/Bienne
Zug
Neuchâtel
Luzern
Chalon-sur-Saône
Pontarlier
BERN
Yverdon-les-Bains
Fribourg
Schwyz
FL
Vaduz
St Anton
A
CH
Lons-le-Saunier
Thun
Chur
Lausanne
Interlaken
Mâcon
Montreux
Andermatt
Vichy
Bourg-en-Bresse
JUNGFRAU
Roanne
Villefranche-sur-Saône
Thonon-les-Bains
Gstaad
Brig
Thiers
Genève
LES DIABLERETS
Sion
St Moritz
PIZ BUIN
Bolzano

Motorway, toll section
Autoroute, section à péage
Autobahn, gebührenpflichtiger Abschnitt
Snelweg, tol
Autopista de peaje
Autostrada, tratto a pedaggio

Motorway, free section
Autoroute, section libre
Autobahn, gebührenfreier Abschnitt
Snelweg, vrije sectie
Autovía en cada sentido
Autostrada, tratto senza pedaggio

Connecting road between main towns
Route appartenant au réseau
Verbindungsstraße zwischen wichtigen Städten
Verbindingsweg tussen grote steden
Carretera (comunicación entre dos ciudades importantes)
Collegamento stradale tra città principali

Trunk road
Autre route de liaison principale
Fernverkehrsstraße
Hoofdweg
Carretera nacional
Strada di grande comunicazione

Regional connecting road
Route de liaison régionale
Regionale Verbindungsstraße
Regionale verbindingsweg
Carretera regional
Strada di collegamento regionale

Distances in kilometres (km)
Distances kilométriques (km)
Entfernungen in Kilometern (km)
Afstanden in kilometers (km)
Distancias en kilómetros (km)
Distanze in chilometri (km)

72

0 kilometres 150
0 miles 100

OCÉAN ATLANTIQUE

MER

E

AND

PYRÉNÉES

PIRINEOS

VIGNEMALE 3298

Cholet, Selles-sur-Cher, La Roche-sur-Yon, Loches, Vierzon, Les Sables-d'Olonne, Fontenay-le-Comte, Parthenay, Châtellerault, Issoudun, Bourges, Poitiers, Châteauroux, La Rochelle, Niort, Lussac-les-Châteaux, St-Amand-Montrond, St-Denis-d'Oléron, Rochefort, St-Jean-d'Angély, Bellac, Montluçon, Royan, Saintes, Cognac, Guéret, le Verdon-sur-Mer, Angoulême, Limoges, Aubusson, Barbezieux-St-Hilaire, Clermont-Ferrand, Ussel, Périgueux, Tulle, Arcachon, BORDEAUX, Sarlat-la-Canéda, Brive-la-Gaillarde, Mauriac, Bergerac, Langon, Dordogne, Souillac, Murat, Marmande, Aurillac, St-Flour, Mimizan, Figeac, Casteljaloux, Villeneuve-sur-Lot, Cahors, Villefranche-de-Rouergue, Sabres, Castets, Agen, Santander, Castro Urdiales, Dax, Mont-de-Marsan, Condom, Rodez, Bermeo, BILBAO, San Sebastián/Donostia, Biarritz, Montauban, Aire-sur-l'Adour, Millau, Garonne, Tolosa, St-Jean-Pied-de-Port, Lacq, Auch, Albi, Vitoria/Gasteiz, Pau, TOULOUSE, Oloron-Ste-Marie, Castres, Lodève, Miranda de Ebro, Irurzun, Tarbes, Pamplona/Iruñea, Lourdes, Logroño, St-Gaudens, Carcassonne, Béziers, Montpellier, Tafalla, Bagnères-de-Luchon, St-Girons, Foix, Narbonne, Benasque, Vielha, Quillan, Huesca, Andorra la Vella, Perpignan, Benabarre, Argelès-sur-Mer, Barbastro, Tremp, La Seu d'Urgell, Sariñena, Ponts, Berga, Ripoll, Olot, Figueres, Balaguer, Tárrega, Vic, Girona/Gerona, Lleida/Lérida, Manresa, Vilafranca del Penedés, Sant Feliu de Guixols, Alcañiz, Valls, Reus, BARCELONA, Gandesa, Tarragona, Tortosa, Vinaròs, Torrebaja, Segorbe, Castellón de la Plana/Castelló de la Plana

Clamecy sur-Seine Freiburg im Breisgau Villingen Biberach an der Riss
Cosne-sur-Loire Avallon Vesoul Thann Mulhouse Tuttlingen
Saulieu Dijon Belfort Montbéliard Altkirch BASEL Schaffhausen Singen Ravensburg Kempten
Nevers Konstanz Lindau
Château-Chinon Beaune Besançon Aarau Winterthur Füssen
Autun Dole La Chaux-de-Fonds Solothurn ZÜRICH St Gallen Bregenz Oberstdorf
Montceau-les-Mines Chalon-sur-Saône Pontarlier Neuchâtel Biel/Bienne Zug Luzern
BERN Vaduz St Anton
Yverdon-les-Bains Fribourg Schwyz
Lons-le-Saunier Thun CH FL A
Mâcon Lausanne Interlaken Chur
Vichy Bourg-en-Bresse Montreux 4158 JUNGFRAU Andermatt PIZ BUIN
Roanne Villefranche-sur-Saône Thonon-les-Bains Gstaad
Thiers Genève 3210 LES DIABLERETS Sion Brig St Moritz 4049 Bolzano
Feurs Annecy Cluses 3094 Martigny Locarno
LYON 4478 Bellinzona PIZ BERNINA
Ambert Aix-les-Bains 4807 MONT BLANC MATTERHORN/MONTE CERVINO Domodóssola Lugano Sondrio Édolo
ST-ÉTIENNE Vienne Albertville Varese I
Voiron Aosta Lecco
Yssingeaux 3747 Val d'Isère Biella Como Bergamo
le Puy-en-Velay Grenoble Ivrea MILANO BRÉSCIA
Romans-sur-Isère Modane Susa Novara VERONA
Privas Valence Vercelli Vigévano Lodi
Die 3914 MT PELVOUX TORINO Casale Monferrato Pavia
Briançon Pinerolo Alessándria Mantova
Montélimar Gap Asti Piacenza Cremona
Nyons Guillestre Tortona Parma
Alès Orange Alba Bóbbio
1909 MT VENTOUX Barcelonnette 3052 MT PELAT Cúneo Réggio Nell 'Emilia
Carpentras Sisteron Savona GÉNOVA Rapallo Berceto
Nîmes Avignon Apt Digne-les-Bains Tende BOLOGNA
Arles Golfo di Génova
Salon-de-Provence Aix-en-Provence Nice Imperia La Spézia Abetone
Martigues Draguignan Grasse Monaco San Remo Massa Pistóia
du Lion Brignoles Cannes Viaréggio Lucca
MARSEILLE Fréjus Pisa
La Ciotat St-Tropez Livorno
Toulon Hyères Volterra
Siena
Piombino
l'Île-Rousse Bastia Grosseto
Calvi Ísola d'Elba
2706 Corte Corse
Porto
Vizzavona
MÉDITERRANÉE Cargèse Aléria
Ajaccio
Propriano
Sartène
Porto-Vecchio
Bonifacio
Santa Teresa Gallura
Tèmpio Pausània Golfo Aranci

V

(GB) Legend — Legenda (NL)
(F) Légende — Leyenda (E)
(D) Legende — Legenda (I)

Motorway, toll section Autoroute, section à péage Autobahn, gebührenpflichtiger Abschnitt	Snelweg, tol Autopista de peaje Autostrada, tratto a pedaggio
Motorway, free section, dual carriageway with motorway characteristics Autoroute, section libre, voie à caractère autoroutier Autobahn, gebührenfreier Abschnitt, Schnellverkehrsstraße	Snelweg, vrije sectie, vierbaansweg met snelweg karakteristieken Autovía con dos carriles en cada sentido Autostrada, tratto senza pedaggio, doppia carreggiata di tipo autostradale
Motorway under construction Autoroute en construction Autobahn im Bau	Snelweg onder constructie Autopista en construcción Autostrada in costruzione
Connecting road between main towns (green road sign) Route appartenant au réseau vert Verbindungsstraße zwischen wichtigen Städten (grüne Verkehrsschilder)	Verbindingsweg tussen grote steden (groene wegteken) Carretera verde (comunicación entre dos ciudades importantes) Collegamento stradale tra città principali (simbolo verde)
Trunk road Autre route de liaison principale Fernverkehrsstraße	Hoofdweg Carretera nacional Strada di grande comunicazione
Regional connecting road Route de liaison régionale Regionale Verbindungsstraße	Regionale verbindingsweg Carretera regional Strada di collegamento regionale
Other road Autre route Sonstige Straße	Andere weg Carretera local Altra strada
Prohibited road Route interdite Durchfahrt verboten	Geen doorgang Carretera prohibida o cortada Strada vietata
Dual carriageway with or without separator Route à deux chaussées séparées avec ou sans Zweibahnige Fernstraße mit oder ohne Mittelstreifen	Dubbele rijbaan met of zonder tussenberm Carretera de dos carriles con o sin mediana Doppia carreggiata con o senza spartitraffico
Road with two wide lanes or more Route à deux voies larges et plus Straße mit zwei breiten Fahrspuren und mehr	Weg met twee of meer brede rijstroken Carretera con dos o más carriles anchos Strada a due o più corsie ampie
Road with one lane or two lanes Route à une ou deux voies Ein- oder zweispurige Straße	Weg met één of twee rijstroken Carretera con uno o dos carriles Strada a corsia unica o doppia
Junction : complete (1), limited (2), number Échangeur : complet (1), partiel (2), numéro Vollanschlussstelle (1), beschränkte Anschlussstelle (2), Nummer	Knooppunt, compleet (1), beperkt (2), nummer Vía de acceso (conexión): completa (1), parcial (2), número Svincolo: completo (1), parziale (2), numero
Toll gate (1), service area (2) Barrière de péage (1), aire de service (2) Mautstelle (1), Tankstelle (2)	Tol slagboom (1), benzinestation (2) Punto de peaje (1), estación de servicio (2) Barriera di pedaggio (1), area di servizio (2)
Road tunnel Tunnel routier Straßentunnel	Wegtunnel Túnel Galleria stradale
Distance in kilometres (km) Distances kilométriques (km) Entfernungen in Kilometern (km)	Afstanden in kilometers (km) Distancias en kilómetros (km) Distanze in chilometri (km)
Road numbering: Motorway Numération routière: Autoroute, type autoroutier Straßennumerierung : Autobahn	Wegnummers: Snelweg Numeración de las carreteras: Autopista Numerazione stradale: Autostrada
Road numbering : National road, secondary road Numération routière: Route nationale, route secondaire Straßennumerierung : Nationalstraße, Nebenstraße	Wegnummers: Nationale weg, secundaire weg Numeración de las carreteras: Carretera nacional, provincial Numerazione stradale: strada nazionale, strada secondaria
Railway (1), station or stopping place open to passenger traffic (2) Chemin de fer (1), gare ou point d'arrêt ouvert au trafic voyageurs (2) Eisenbahn (1), Bahnhof oder Haltpunkt für Personenverkehr (2)	Spoorweg (1), station of stopplaats open voor passagiers (2) Ferrocarril (1), estación o parada abierta al tráfico de pasajeros (2) Ferrovia (1), stazione o fermata aperta al traffico passeggeri (2)
Ferry route Liaison par bac Fähre	Veerdienst Ruta de transbordador (ferry) Traghetto
Airport Aéroport Flughafen	Vliegveld Aeropuerto Aeroporto
Built-up area (1), industrial park (2) Zone bâtie (1), zone industrielle (2) Geschlossene Bebauung (1), Gewerbezone (2)	Bebouwde kom (1), industrie gebied (2) Zona edificada (1), polígono industrial (2) Area edificata (1), zona industriale (2)
Woods Bois Wald	Bos Bosque Boschi

Legend — Légende — Legende — Legenda — Leyenda — Legenda

GB / F / D	Symbol	NL / E / I
Département boundary Limite de département Departementgrenze		Departementsgrens Límite de departamento Confine di dipartimento
Region boundary Limite de région Regionsgrenze		Streekgrens Límite regional Confine di regione
International boundary Frontière internationale Internationalgrenze		Internationale grens Frontera internacional Confine internazionale
Hamlet Hameau Weiler	la Californie	Gehucht Aldea, caserío Villaggio rurale
Chief town of commune Chef-lieu de commune Gemeindehauptort	Biot	Gemeente hoofdstad Cabeza de término municipal Capoluogo di comune
Chief town of canton Chef-lieu de canton Kantonhauptort	**Cagnes-sur-Mer**	Hoofdstad van het kanton Capital de cantón Capoluogo di cantone
Chief town of arrondissement Chef-lieu d'arrondissement Arrondissementhauptort	**GRASSE**	Hoofdstad van het arrondissement Capital de arrondissement Capoluogo di arrondissement
Chief town of département Chef-lieu de département Departementhauptort	**NICE**	Hoofdstad van het departement Capital de departamento Capoluogo di dipartimento
Marsh (1), salt pans (2) Marais (1), Marais salants (2) Sumpf (1), Salzteiche (2)	1 2	Moeras (1), Zoutpan (2) Marisma, humedal (1), Salinas (2) Palude (1), Saline (2)
Dry sand (1), wet sand (2) Région sableuse (1), Sable humide (2) Sandgebiet (1), Gezeiten (2)	1 2 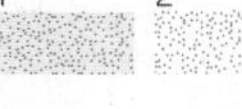	Zandig gebied (1), Getijden gebied (2) Zona arenosa (1), Banco de arena (2) Area sabbiosa (1), Bassofondo sabbioso (2)
Cathedral (1), Abbey (2) Cathédrale (1), Abbaye (2) Dom (1), Abtei (2)	1 2 	Kathedraal (1), Klooster (2) Catedral (1), Abadía (2) Cattedrale (1), Abbazia (2)
Castle Château Schloss		Kasteel Castillo Castello
Viewpoint Panorama Aussichtspunkt		Uitzichtpunt Mirador Panorama
Spa (1), Winter sports resort (2) Station thermale (1), Station ou centre de sports d'hiver (2) Kurort (1), Wintersportort (2)	1 2 	Kuuroord (1), Wintersportgebied (2) Balneario (1), Estación de deportes de invierno (2) Stazione termale (1), Stazione di sport invernali (2)
Rampart Remparts Wälle		Borstwering Muralla Bastioni
Ancient remains (1), Interesting ruins (2), Memorial (3) Vestiges antiques (1), Ruines intéressantes (2), Monument commémoratif (3) Zeugnisse des Altertums (1), Interessante Ruinen (2), Gedänkstätte (3)	1 2 3 	Historisch bouwwerk (1), Bezienswaardige ruïne (2), Gedenkteken (3) Restos antiguos (1), Ruinas interesantes (2), Monumento conmemorativo (3) Antiche rovine (1), Rovine interessanti (2), Monumento commemorativo (3)
Pilgrimage site Pèlerinage Wallfahrt		Bedevaartplaats Peregrinaje Luogo di pellegrinaggio
Military cemetery Cimetière militaire Soldatenfriedhof		Militaire begraafplaats Cementerio militar Cimitero militare
Cave Grotte Höhle		Grot Cueva Grotta
Town or place of interest Localité ou site remarquable Sehenswerter Ortschaft oder Platz	**PARIS** Baou-des-Blanc	Interessant Stad of plaats Cuidad o lugar de interés Città o luogo d'interesse

1:180,000

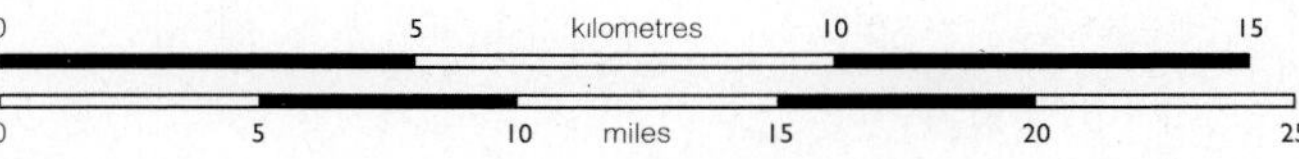

A
B
C
D
E
1
2
3
4
5
6
PAS DE CALAIS
Tunnel sous la Manche
Dover (Angleterre)
Folkestone (Angleterre)
CALAIS
Blériot-Plage
Calais-Nord
le Petit Courgain
Quartier du Fort Nieulay
Sangatte
la Chaussée
Coquelles
les Cailloux
le Pont du Leu
Coulogne
le Beau-Marais
le Courgain
Marck
le Fort Vert
les Hemmes d'Oye
les Hemmes de Marck
les Huttes d'Oye
les Écardines
Oye-Plage
Waldam
le Tape-Cul
le Pont d'Oye
Forge Leleu
Offekerque
Cap Blanc Nez
Escalles
Peuplingues
Tappecul
Fréthun
Nielles-lès-Calais
le Pont de Coulogne
la Planche Tournoire
Rue de l'Espérance
Guemps
le Courgain d'Offekerque
Nouvelle-Église
le Pont de Guemps
Basse Nielles
Ecluse Carrée
les Attaques
Bonningues-lès-Calais
Rue du Marais
Rue d'Hames
St-Tricat
Sombre
Ramesaut
Wissant
Hervelinghen
Herlen Ferme
St-Inglevert
Wadenthun
Pihen-lès-Guînes
Hames-Boucres
la Basse Hames
le Marais de Guînes
le Pont d'Ardres
Bois-en-Ardres
Steen-Straete
Canal de Calais à St-Omer
Cap Gris-Nez
le Châtelet
Tardinghen
Framzelle
Hauteville
Audembert
Leubringhen
Guînes
Andres
le Haut Communal
Nortkerque
Audinghen
Warcove
la Vallée
Étienville
Cran aux Oeufs
Bainghen
Landrethun-le-Nord
Balinghem
Brêmes
le Palentin
les Pèlerins
Ardres
la Cornillière
Moyecques
Château de Blacourt
le Ventu
le Courgain
Nielles-lès-Ardres
Zutkerque
Uzelot
Couderousse
Caffiers
Campagnes-lès-Guînes
Rodelinghem
Grasse Payelle
Witerthun
Leulinghen-Bernes
Ferques
la Croix
Monastère de Beaulieu
Bouquehault
Autingues
Louches
Lostrat
Audresselles
Bazinghen
Raventhun
Elinghen
Fiennes
Landrethun-lès-Ardres
la Grande Rue
Zouafques
Ambleteuse
Bodrethur
Marquise
Locquinghen
Rinxent
Ecottes
Yeuse
Chap. St-Louis
Slack
Beuvrequen
la Gontherie
Boeucres
Montgardin
Hermelinghen
Tournehem-sur-la-Hem
Guémy
Rety
Hardinghen
le Ventu d'Alembon
le Val
Laronville
Hardenthun
le Vert Mont
Courtebourne
Clerques
Bonningues-lès-Ardres
Pointe aux Oies
Offrethun
Fernehen
Licques
Audenfort
Wacquinghen
Henne
la Ronville
Alembon
Sanghen
Audrehem
Mentque-Nortbécourt
Wimereux
Maninghen-Henne
Hesdres
Wierre-Effroy
Mesnil
Boursin
Herbinghen
le Poirier
le Héricat
62
PAS-DE-CALAIS
Wimille
Pittefaux
Houllefort
Hocquinghen
Rebergues
Quercamps
Rupembert
Pernes-lès-Boulogne
Conteville-lès-Boulogne
Belle-et-Houllefort
le Wast
Colembert
Bainghen
Journy
Warlet
Terlincthun
BOULOGNE-SUR-MER
Nabringhen
Surques
Longueville
Haut-Loquin
Alquines
Bouvelinghem
Westbécourt
Huplandre
la Capelle-lès-Boulogne
Alincthun
Escoeuilles
St-Martin-Boulogne
Mont Lambert
Bellebrune
Henneveux
Fromentel
Harlettes
Acquin-Westbécourt
Maquinghen
Brunembert
Coulomby
le Portel
Cité Ostrohove
Baincthun
le Possart
Bournonville
Quesques
Notre Dame des Ardents
Tihen
Outreau
Saint-Léonard
Echinghen
la Liane
Crémarest
Seninghem
Questinghen
Lombarderie
Reclinghen
Selles
Velinghem
le Verval
Bayenghem-lès-Seninghem
Manihen
Pont de Briques
Wirwignes
Watterdal
Équihen-Plage
St-Étienne-au-Mont
Isques
Lottinghen
Affringues
Hesdin-l'Abbé
Brucquedal
Menneville
Chocquel
Desvres
Vieil-Moutier
Nielles-lès-Bléquin
Ecault
St-Martin-Choquel
Questrecques
Bléquin
Vaudringhem
Condette
Hesdigneul-lès-Boulogne
Wierre-au-Bois
les Courteaux
la Calique
Floyecques
le Choquel
Longfossé
Courset
Senlecques
Ledinghem
Carly
Samer
Sacriquier
le Maisnil Boutry
Dohem
Hardelot-Plage
la Neuville
Dignopre
la Gaverie
Cloquant
Verlincthun
Bécourt
4
Neufchâtel-Hardelot
Nesles
Menty
Tingry
le Breuil
Beaucorroy
Course
Crandal
les Trois Marquets
Happe
Thiembronne
Haut Pichot
Fauchelles
Bout-Dessous
Campagne-lès-Boulonnais
A16
A26
A1216
N1
N42
N43

3
F
G
H
J
K
1
2
3
4
5
6
Ramsgate (Angleterre)
DUNKERQUE
Bray-Dunes
Bray-Dunes-Plage
Zuydcoote
les Goélettes
Leffrinckoucke
Malo-les-Bains
Ghyvelde
Fort-Mardyck
St-Pol-sur-Mer
Coudekerque-Branche
Grande-Synthe
Mardyck
Loon-Plage
Gravelines
Petit-Fort-Philippe
les Huttes
Cappelle-la-Grande
Téteghem
Uxem
les Moëres
Coudekerque
Armbouts-Cappel
Bergues
Hoymille
Hondschoote
Warhem
Craywick
St-Georges-sur-l'Aa
Spycker
Bierne
Killem
Bourbourg
Brouckerque
St-Folquin
Steene
Socx
Crochte
Rexpoëde
Quaëdypre
West-Cappel
Oost-Cappel
Pitgam
Looberghe
Bissezeele
Wylder
Drincham
Cappelle-Brouck
St-Pierre-Brouck
Ste-Marie-Kerque
Bambecque
Eringhem
Wormhout
Herzeele
Houtkerque
59
NORD
Zegerscappel
Esquelbecq
Bollezeele
Merckeghem
Ruminghem
Millam
Ledringhem
Muncq-Nieurlet
Volckerinckhove
Rubrouck
Winnezeele
Watten
Wulverdinghe
Arnèke
Oudezeele
Zermezeele
Lederzeele
Broxeele
Ochtezeele
Hardifort
Steenvoorde
Éperlecques
Noordpeene
Wemaers-Cappel
Terdeghem
Godewaersvelde
St-Momelin
Buysscheure
Zuytpeene
Mont Cassel
Cassel
Houlle
Moulle
Serques
Nieurlet
Bavinchove
Oxelaëre
Eecke
Tilques
Salperwick
Clairmarais
Ste-Marie-Cappel
St-Sylvestre-Cappel
Moringhem
St-Martin-au-Laërt
Hondeghem
Caëstre
Zudausques
ST-OMER
Staple
Flêtre
Tatinghem
Longuenesse
Arques
Renescure
Ebblinghem
Wallon-Cappel
Hazebrouck
Pradelles
Borre
Strazeele
Wisques
Blendecques
Campagne-lès-Wardrecques
Lynde
Merris
Setques
Wizernes
Hallines
Sercus
Lumbres
Esquerdes
Wardrecques
Helfaut
Heuringhem
Racquinghem
Blaringhem
Morbecque
Vieux-Berquin
Elnes
Wavrans-sur-l'Aa
Pihem
Remilly-Wirquin
Quiestède
Ecques
Roquetoire
Steenbecque
Inghem
Witternesse
Boëseghem
Herbelles
Ouve-Wirquin
Cléty
Clarques
Rebecques
Aire-sur-la-Lys
Thiennes
Neuf-Berquin
Dohem
Thérouanne
Mametz
Haverskerque
Merck-St-Liévin
Avroult
Isbergues
St-Venant
St-Floris
Calonne-sur-la-Lys
Lambres
Blessy
A16
A25
A26
N1
N42
N43
Canal de Bourbourg
Canal de la Haute Colme
Canal de la Basse Colme
Canal de Bergues
Canal de Neufossé
Canal d'Hazebrouck
Canal de la Nieppe
l'Yser
la Peene Becque

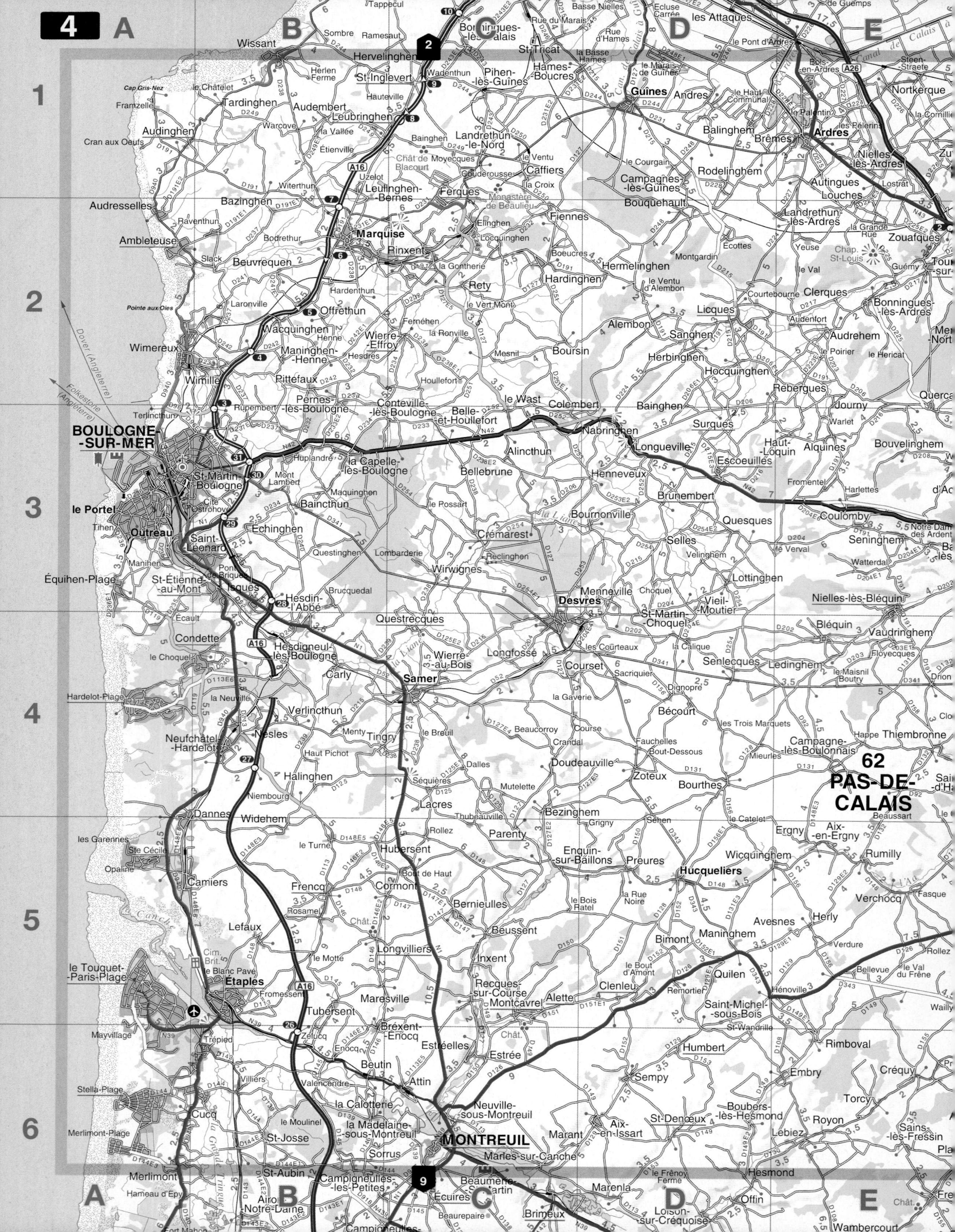
A
B
C
D
E
1
2
3
4
5
6
BOULOGNE-SUR-MER
62 PAS-DE-CALAIS
Wissant
Marquise
Ardres
Guînes
Desvres
Samer
Étaples
MONTREUIL
Hucqueliers
le Touquet-Paris-Plage
Wimereux
le Portel
Outreau
Hardelot-Plage
Neufchâtel-Hardelot
Camiers
Berck
Cap Gris-Nez
Dover (Angleterre)
Folkestone (Angleterre)

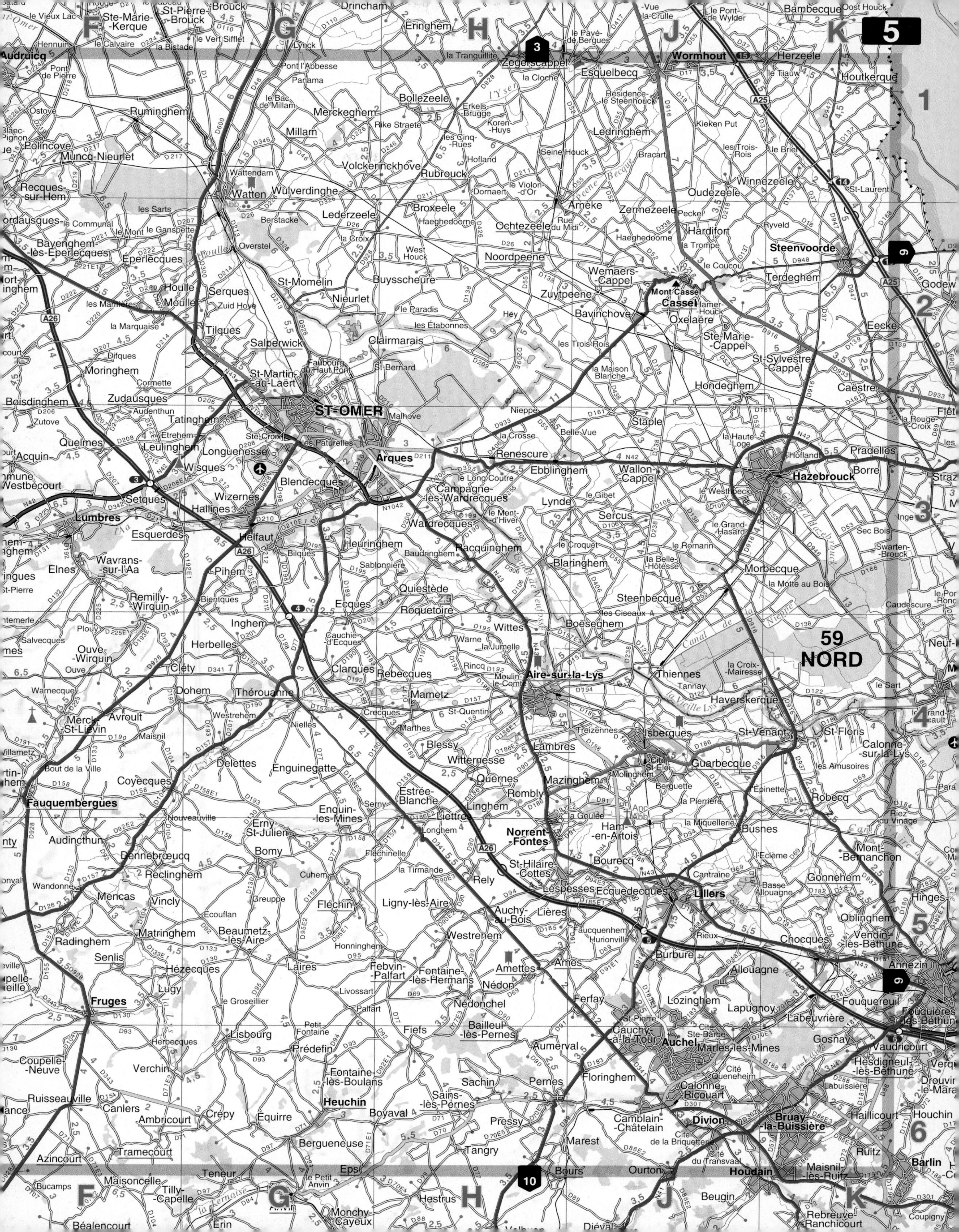
F
G
H
J
K
1
2
3
4
5
6
Audruicq
Ste-Marie-Kerque
St-Pierre-Brouck
Brouck
Drincham
Eringhem
le Pavé-de Bergues
Bambecque
Oost Houck
le Pont-de Wylder
Zegerscappel
Esquelbecq
Wormhout
Herzeele
Houtkerque
la Tranquillité
la Cloche
Pont l'Abbesse
Panama
le Bac de Millam
Bollezeele
Erkels-Brugge
Koren-Huys
Résidence-le Steenhouck
Kieken Put
Ruminghem
Merckeghem
Rike Straete
Millam
les Cinq-Rues
Hofland
Ledringhem
Seine Houck
Bracart
les Trois-Rois
le Brief
Polincove
Muncq-Nieurlet
Volckerinckhove
Rubrouck
le Violon-d'Or
Dornaert
Winnezeele
St-Laurent
Recques-sur-Hem
Wattendam
Watten
Wulverdinghe
Arnèke
Oudezeele
Broxeele
Zermezeele
Peckel
Ryveld
les Sarts
Berstacke
Lederzeele
Haeghedoorne
Ochtezeele
Rue du Midi
Hardifort
le Communal
le Mont
le Ganspette
la Croix
la Trompe
Bayenghem-lès-Eperlecques
Eperlecques
Overstel
West Houck
Noordpeene
Steenvoorde
le Coucou
Wemaers-Cappel
Terdeghem
Houlle
Serques
St-Momelin
Buysscheure
Mont Cassel
Cassel
Zuytpeene
Moulle
Zuid Hove
Nieurlet
Hey
Bavinchove
Hamer-Houck
Oxelaëre
Godewaersvelde
les Mamieres
le Paradis
les Étabonnes
la Marquaise
Tilques
Eecke
Salperwick
Clairmarais
les Trois Rois
Ste-Marie-Cappel
Difques
St-Sylvestre-Cappel
Moringhem
Faubourg du Haut Pont
St-Bernard
la Maison Blanche
St-Martin-au-Laërt
Cormette
Hondeghem
Caëstre
Boisdinghem
Zudausques
Audenthun
ST-OMER
Zutove
Tatinghem
Malhove
Nieppe
Staple
Flêtre
Quelmes
Etrehem
la Crosse
Belle Vue
la Haute-Loge
la Rouge-Croix
Acquin
Leulinghem
Ste-Croix
les Paturelles
Longuenesse
Arques
Renescure
Hofland
Pradelles
Wisques
le Long Coutre
Ebblinghem
Wallon-Cappel
Borre
Westbécourt
Setques
Blendecques
Campagne-lès-Wardrecques
Hazebrouck
le Westbecq
Lumbres
Wizernes
Hallines
Lynde
le Gibet
Sercus
le Grand-Hasard
Esquerdes
Helfaut
Wardrecques
le Mont-d'Hiver
Sec Bois
Elnes
Bilques
Heuringhem
Baudringhem
Racquinghem
le Croquet
le Romarin
Swarten-Brouck
Wavrans-sur-l'Aa
Pihem
Sablonnière
Blaringhem
la Belle-Hôtesse
Morbecque
la Motte au Bois
Remilly-Wirquin
Bientques
Quiestède
Ecques
Roquetoire
Steenbecque
Caudescure
les Ciseaux
Inghem
Wittes
Boëseghem
Plouy
Salvecques
Herbelles
Cauchie-d'Ecques
Warne
la Jumelle
Canal de Neufossé
Canal de la Nieppe
59 NORD
Ouve-Wirquin
Ouve
Cléty
Clarques
Rebecques
Rincq
Moulin-le-Comte
Aire-sur-la-Lys
Thiennes
la Croix-Mairesse
Tannay
Warnecque
Dohem
Thérouanne
Mametz
le Sart
St-Quentin
Haverskerque
la Vieille Lys
Merck-St-Liévin
Avroult
Westrehem
Nielles
Crecques
Marthes
Treizennes
Isbergues
St-Venant
St-Floris
Maisnil
Blessy
Calonne-sur-la-Lys
Delettes
Enguinegatte
Witternesse
Lambres
Cité St-Éloi
Molinghem
Guarbecque
les Amusoires
Bout de la Ville
Coyecques
Quernes
Mazinghem
Berguette
l'Epinette
Fauquembergues
Estrée-Blanche
Rombly
la Pierrière
Robecq
Nouveauville
Erny-St-Julien
Serny
Enquin-les-Mines
Liettres
Linghem
la Goulée
Ham-en-Artois
la Miquellerie
Busnes
Riez du Vinage
Audincthun
Longhem
Norrent-Fontes
Dennebrœucq
Bomy
Fléchinelle
Mont-Bernanchon
Reclinghem
Cuhem
la Tirmande
St-Hilaire-Cottes
Bourecq
l'Eclème
Gonnehem
Wandonne
Rely
Cantraine
Basse Allouagne
Mencas
Vincly
Greuppe
Fléchin
Ligny-lès-Aire
Lespesses
Ecquedecques
Lillers
Hinges
Écouflan
Auchy-au-Bois
Lières
Oblinghem
Radinghem
Matringhem
Beaumetz-lès-Aire
Westrehem
Faucquenhem
Hurionville
Rieux
Vendin-lès-Béthune
Chocques
Honninghem
Senlis
Hézecques
Laires
Febvin-Palfart
Fontaine-lès-Hermans
Amettes
Ames
Burbure
Allouagne
Annezin
Lugy
Livossart
Nédon
Fruges
le Groseillier
Palfart
Nédonchel
Ferfay
Lozinghem
Lapugnoy
Fouquereuil
Labeuvrière
Fouquières-lès-Béthune
Lisbourg
Petit Fontaine
Fiefs
Bailleul-lès-Pernes
St-Pierre
Cauchy-à-la-Tour
Auchel
Cité Ste-Barbe
Marles-les-Mines
Gosnay
Vaudricourt
Herbecques
Prédefin
Aumerval
Coupelle-Neuve
Verchin
Fontaine-lès-Boulans
Sachin
Pernes
Floringhem
Cité Quénehem
Hesdigneul-lès-Béthune
Drouvin-le-Marais
Labuissière
Ruisseauville
Canlers
Heuchin
Sains-lès-Pernes
Calonne-Ricouart
Ambricourt
Crépy
Équirre
Boyaval
Pressy
Camblain-Châtelain
Divion
Bruay-la-Buissière
Haillicourt
Houchin
Tramecourt
Bergueneuse
Tangry
Marest
Cité de la Briquetterie
Cité du Transvaal
Ruitz
Azincourt
Teneur
Eps
Bours
Ourton
Houdain
Maisnil-lès-Ruitz
Barlin
Bucamps
Maisoncelle
Tilly-Capelle
le Petit Anvin
Anvin
Hestrus
Beugin
Monchy-Cayeux
Rebreuve-Ranchicourt
Coupigny
Béalencourt
Erin
Diéval
la Ternoise
A26
A25
N42
N43
3
4
5
6
9
10
14
15

6
A
B
C
D
E
1
2
3
4
5
6
Passendale
Moorslede
Zonnebeke
Ieper
(Ypres)
Poperinge
Zillebeke
Geluwe
Menen
(Ménin)
Halluin
Barakken
Abeele
Godewaersvelde
Boeschepe
Berthen
Mont des Cats
Mont Noir
St-Jans-Cappel
Flêtre
Méteren
Bailleul
la Rouge-Croix
les Sept Ormes
le Nouveau-Monde
Strazeele
Merris
Outtersteene
Nooteboom
la Crèche
le Seau
les Trois Rois
Nieppe
le Pont-de-Nieppe
le Bizet
Ploegsteert
Mesen
(Messines)
Comines-Warneton
(Komen-Waasten)
Warneton
(Waasten)
Deûlémont
Frelinghien
Bousbecque
Wervicq-Sud
Comines
Linselles
Quesnoy-sur-Deûle
Bondues
Mouvaux
Roncq
Neuville-en-Ferrain
Tourcoing
Vieux-Berquin
Rue des Longs Champs
Steenwerck
Armentières
Houplines
Verlinghem
Wambrechies
Marcq-en-Barœul
Croix
Wasquehal
la Couronne
le Doulieu
59
NORD
Caudescure
Neuf-Berquin
Merville
Croix-du-Bac
la Chapelle-d'Armentières
Erquinghem-Lys
Pérenchies
Lompret
Marquette-lez-Lille
St-André-lez-Lille
la Madeleine
Lambersart
Lomme
Capinghem
Prémesques
Bac Saint-Maur
Sailly-sur-la-Lys
Estaires
Fleurbaix
Bois-Grenier
Ennetières-en-Weppes
Englos
Séquedin
LILLE
Mons-en-Barœul
Villeneuve-d'Ascq
la Gorgue
Laventie
Radinghem-en-Weppes
Escobecques
Hallennes-lez-Haubourdin
Haubourdin
Loos
Lezennes
Lestrem
le Maisnil
Fromelles
Beaucamps-Ligny
Erquinghem-le-Sec
Ronchin
Lesquin
Aubers
Fournes-en-Weppes
Santes
Emmerin
Faches-Thumesnil
Wattignies
Templemars
Vieille-Chapelle
Richebourg-Saint-Vaast
la Couture
Neuve-Chapelle
Herlies
Noyelles-lès-Seclin
Vendeville
Richebourg
Locon
Lorgues
Illies
Wicres
Sainghin-en-Weppes
Wavrin
Houplin-Ancoisne
62
PAS-DE-CALAIS
Hinges
Essars
Festubert
Marquillies
Seclin
Fretin
BÉTHUNE
Violaines
Don
Allennes-les-Marais
Gondecourt
Avelin
Ennevelin
Annezin
Givenchy-lès-la-Bassée
Salomé
Hantay
Annœullin
la Bassée
Carnin
Chemy
Phalempin
Attiches
Beuvry
Cuinchy
Billy-Berclau
Provin
Camphin-en-Carembault
Pont-à-Marcq
Fouquières-lès-Béthune
Auchy-les-Mines
Douvrin
Bauvin
Mérignies
Cambrin
Sailly-Labourse
Annequin
Haisnes
Tourmignies
Verquin
Labourse
Wingles
Meurchin
Carvin
la Neuville
Drouvin-le-Marais
Noyelles-lès-Vermelles
Vermelles
Hulluch
Bénifontaine
Libercourt
Wahagnies
Mons-en-Pévèle
Bersée
Houchin
Noeux-les-Mines
Mazingarbe
Pont-à-Vendin
Estevelles
Thumeries
Vendin-le-Vieil
Oignies
Loos-en-Gohelle
Courrières
Faumont
Barlin
Hersin-Coupigny
Grenay
Annay
Ostricourt
Moncheaux
Bully-les-Mines
Sains-en-Gohelle
Lens
Loison-sous-Lens
Harnes
Dourges
Évin-Malmaison
Leforest
Raimbeaucourt
A19
A25
A22
A1
A23
N58
N352
N356
N41
N17
N47
N38
N8

7
F
G
H
J
K
1
2
3
4
5
6
BELGIQUE
Kuurne
Deerlijk
Harelbeke
Gullegem
Oudenaarde
Anzegem
Kortrijk (Courtrai)
Zwevegem
Wevelgem
Marke
Kluisbergen
Avelgem
Ronse
(Renaix)
Ellezelles
(Elzele)
Flobecq
(Vloesberg)
Mouscron
(Moeskroen)
Herseaux
Celles
Wattrelos
Estaimpuis
la Martelotte
Leers
Pecq
Gibraltar
Lys-lez-Lannoy
Lannoy
Toufflers
Frasnes-
-lez-Anvaing
Hem
Sailly-
-lez-Lannoy
Templeuve
Forest-
-sur-Marque
Willems
Tressin
Tournai
(Doornik)
Chéreng
Baisieux
Leuze-en-Hainaut
Moulbaix
Gruson
Blicquy
Camphin-
-en-Pévèle
Gaurain-
-Ramecroix
Bouvines
Cysoing
Wannehain
Antoing
Bourghelles
les Pâtures
le Sart
Bachy
Louvil
Cobrieux
Hôtel
Genech
la Croix
le Plumont
Bercu
Roucourt
Basècles
Quevaucamps
Mouchin
Bléharies
Rœux
Rouillon
Mortagne-
-du-Nord
Flines-
-lès-Mortagne
Wiers
Péruwelz
Planard
Blaton
la Rue Verte
la Haute-
-Rue
Lannay
Nomain
Aix
Maulde
Château-
-l'Abbaye
Mont-
de-Péruwelz
Herbaumé
Rumegies
Rue
de Chorette
Thun-
-St-Amand
Liévansart
Cité
de l'Ermitage
Harchies
Orchies
Rue
d'Orchies
Rue
des-Fèves
Hergnies
Bernissart
Landas
Saméon
Lecelles
Nivelle
Bruille-
-St-Amand
le Coq
Condé-
-sur-l'Escaut
Beuvry-
-la-Forêt
Rosult
Hauterive
Vieux-
-Condé
Macou
Coutiches
Galmont
l'Alène
d'Or
St-Amand-
-les-Eaux
Notre-Dame-
-au-Bois
Odomez
St-Aybert
la Haute Ville
Thivencelle
le Molinel
Sars-
-et-Rosières
Brillon
Bouvignies
Jacques
Varlet
le Bru
Bousignies
Millonfosse
Forêt
Domaniale
Fresnes-
-sur-Escaut
Escautpont
Canal de Roubaix
Canal du Jard
A14
A17
A19
A8
A16
A27
A23
A7
N36
N43
N50
N8
N60
N46
N48
N57
N58
N512
N7
N52
N507
N508
D382
D459
D415
D353
D391
D511
D529
D537
D526
D527
D504
D505
D554
D552
D935AN
12

A
B
C
D
E
1
2
3
4
5
6
Berck
Berck-Plage
Rang-du-Fliers
Verton
Groffliers
Waben
Baie de l'Authie
Conchil-le-Temple
Fort-Mahon-Plage
Quend-Plage
Quend
Villers-sur-Authie
St-Quentin-en-Tourmont
Rue
Baie de Somme
le Crotoy
St-Valery-sur-Somme
Cayeux-sur-Mer
Lanchères
Pendé
Brutelles
Woignarue
Ault
Onival
Friville-Escarbotin
Mers-les-Bains
le Tréport
Eu
Ponts-et-Marais
Criel-sur-Mer
Gamaches
Feuquières-en-Vimeu
Fressenneville
Woincourt
Valines
Chépy
Maisnières
Vismes
Martainneville
16

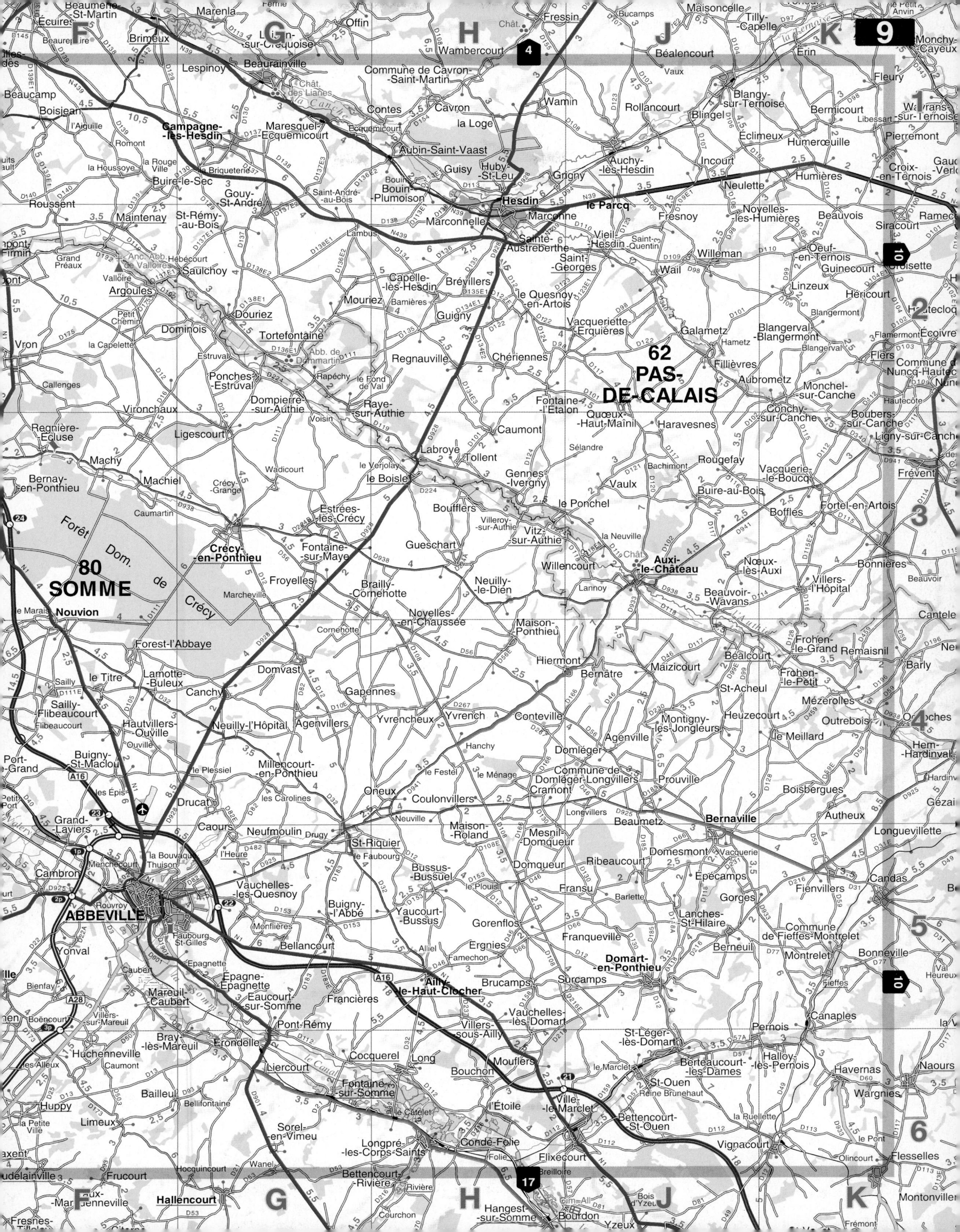
9
F
G
H
J
K
1
2
3
4
5
6
62
PAS-DE-CALAIS
80
SOMME
Forêt Dom. de Crécy
Hesdin
Marconne
Marconnelle
Sainte-Austreberthe
le Parcq
Campagne-les-Hesdin
Beaurainville
Brimeux
Aubin-Saint-Vaast
Auchy-lès-Hesdin
Blangy-sur-Ternoise
Maintenay
Argoules
Douriez
Tortefontaine
Dompierre-sur-Authie
Raye-sur-Authie
Labroye
le Boisle
Crécy-en-Ponthieu
Nouvion
Auxi-le-Château
Frévent
Bernaville
Domart-en-Ponthieu
St-Riquier
ABBEVILLE
Ailly-le-Haut-Clocher
Pont-Rémy
Longpré-les-Corps-Saints
Hallencourt
Flixecourt
Canaples
Flesselles
Candas
Fienvillers
Doullens
Villers-l'Hôpital
Beauvoir-Wavans
Fortel-en-Artois
Conchy-sur-Canche
Vacquerie-le-Boucq
Buigny-St-Maclou
Drucat
Domvast
Forest-l'Abbaye
Yvrencheux
Yvrench
Conteville
Gapennes
Agenvillers
Neuilly-l'Hôpital
Canchy
Millencourt-en-Ponthieu
Coulonvillers
Oneux
Bussus-Bussuel
Yaucourt-Bussus
Bellancourt
Buigny-l'Abbé
Long
Mouflers
L'Étoile
Condé-Folie
Ville-le-Marclet
Bettencourt-St-Ouen
St-Ouen
Vignacourt
Berteaucourt-les-Dames
Halloy-lès-Pernois
Pernois
Havernas
Naours
Wargnies
A16
N1
A28
17
21
22
23
24
10
4

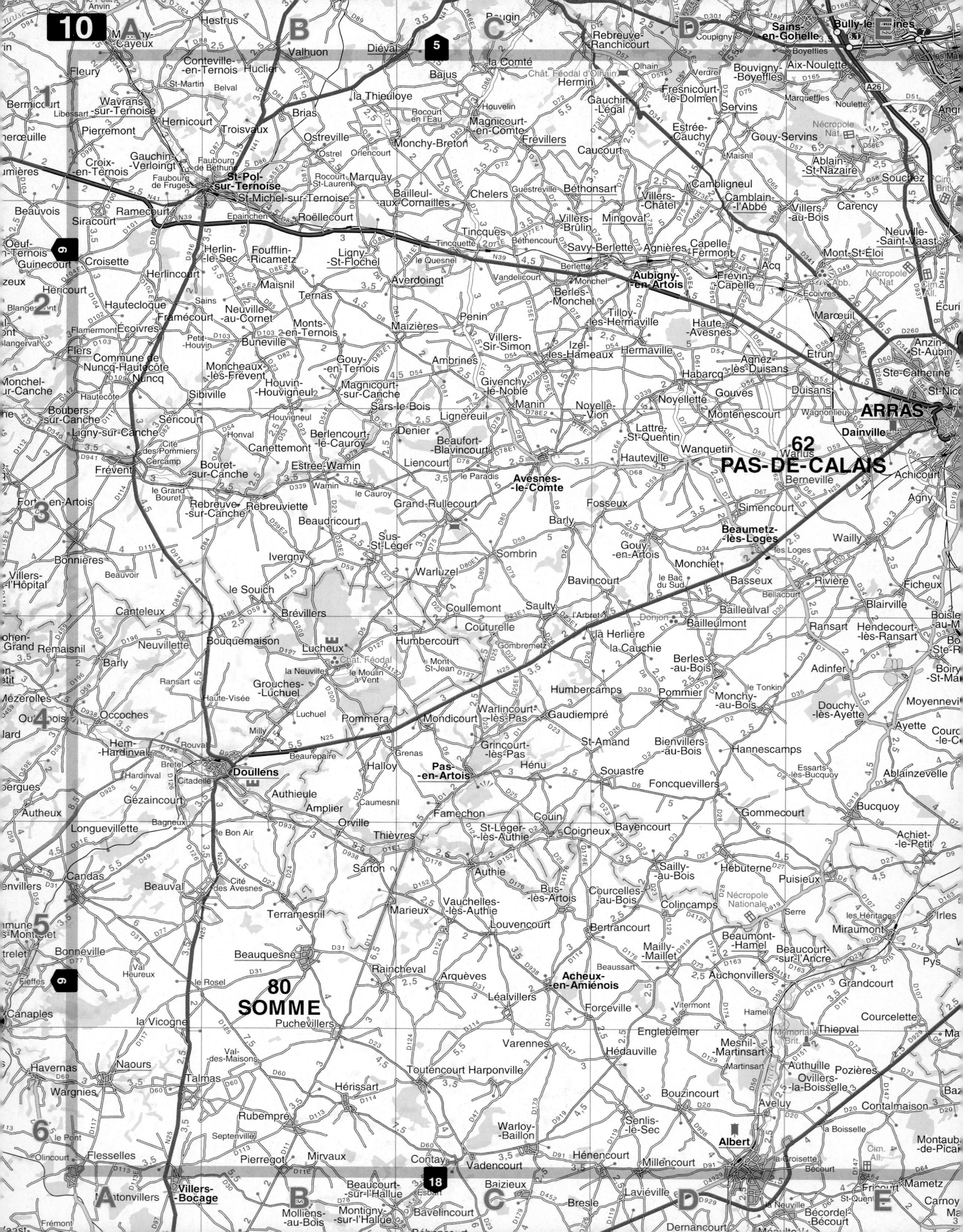

10
A
B
C
D
E
1
2
3
4
5
6
5
9
9
18
62
PAS-DE-CALAIS
80
SOMME
ARRAS
Dainville
St-Pol-sur-Ternoise
St-Michel-sur-Ternoise
Doullens
Albert
Avesnes-le-Comte
Aubigny-en-Artois
Beaumetz-lès-Loges
Pas-en-Artois
Acheux-en-Amiénois
Villers-Bocage
Frévent
Auxi-le-Château
Hestrus
Valhuon
Diéval
Ourton
Rebreuve-Ranchicourt
Sains-en-Gohelle
Bully-les-Mines
Conteville-en-Ternois
Huclier
la Comté
Bajus
Olhain
Hermin
Bouvigny-Boyeffles
Aix-Noulette
Fleury
Wavrans-sur-Ternoise
la Thieuloye
Brias
Houvelin
Magnicourt-en-Comte
Gauchin-Légal
Fresnicourt-le-Dolmen
Servins
Hernicourt
Troisvaux
Ostreville
Monchy-Breton
Frévillers
Caucourt
Estrée-Cauchy
Gouy-Servins
Ablain-St-Nazaire
Souchez
Pierremont
Croix-en-Ternois
Gauchin-Verloingt
Marquay
Bailleul-aux-Cornailles
Chelers
Béthonsart
Camblain-l'Abbé
Cambligneul
Villers-Châtel
Villers-au-Bois
Carency
Beauvois
Siracourt
Ramecourt
Roëllecourt
Tincques
Villers-Brûlin
Mingoval
Savy-Berlette
Agnières
Capelle-Fermont
Acq
Mont-St-Éloi
Neuville-Saint-Vaast
Guinecourt
Croisette
Herlin-le-Sec
Foufflin-Ricametz
Ligny-St-Flochel
Averdoingt
Berles-Monchel
Frévin-Capelle
Écoivres
Marœuil
Héricourt
Herlincourt
Maisnil
Ternas
Hautecloque
Framécourt
Neuville-au-Cornet
Monts-en-Ternois
Maizières
Penin
Tilloy-lès-Hermaville
Haute-Avesnes
Écuires
Flers
Buneville
Villers-Sir-Simon
Izel-lès-Hameaux
Hermaville
Agnez-lès-Duisans
Etrun
Anzin-St-Aubin
Ste-Catherine
Commune de Nuncq-Hautecôte
Nuncq
Moncheaux-lès-Frévent
Gouy-en-Ternois
Ambrines
Habarcq
Gouves
Duisans
Houvin-Houvigneul
Magnicourt-sur-Canche
Givenchy-le-Noble
Sibiville
Sars-le-Bois
Manin
Noyelle-Vion
Noyellette
Montenescourt
Boubers-sur-Canche
Sericourt
Lignereuil
Ligny-sur-Canche
Berlencourt-le-Cauroy
Denier
Beaufort-Blavincourt
Lattre-St-Quentin
Canettemont
Wanquetin
Warlus
Achicourt
Estrée-Wamin
Liencourt
Hauteville
Bouret-sur-Canche
Berneville
Agny
Fortel-en-Artois
Rebreuve-sur-Canche
Rebreuviette
Grand-Rullecourt
Fosseux
Simencourt
Beaudricourt
Barly
Sus-St-Léger
Gouy-en-Artois
Wailly
Bonnières
Ivergny
Sombrin
Monchiet
Villers-l'Hôpital
Warluzel
Bavincourt
Basseux
Rivière
Ficheux
le Souich
Coullemont
Saulty
Bailleulval
Blairville
Canteleux
Brévillers
Couturelle
Bailleulmont
Ransart
Hendecourt-lès-Ransart
Remaisnil
Neuvillette
Bouquemaison
Lucheux
Humbercourt
la Herlière
la Cauchie
Barly
Grouches-Luchuel
Berles-au-Bois
Adinfer
Humbercamps
Pommier
Monchy-au-Bois
Douchy-lès-Ayette
Moyenneville
Mézerolles
Occoches
Pommera
Mondicourt
Warlincourt-lès-Pas
Gaudiempré
Ayette
Hem-Hardinval
St-Amand
Bienvillers-au-Bois
Hannescamps
Halloy
Grincourt-lès-Pas
Hénu
Souastre
Foncquevillers
Ablainzevelle
Gézaincourt
Authieule
Amplier
Orville
Famechon
Couin
Gommecourt
Bucquoy
Autheux
Longuevillette
Thièvres
St-Léger-lès-Authie
Coigneux
Bayencourt
Achiet-le-Petit
Candas
Sarton
Authie
Sailly-au-Bois
Hébuterne
Puisieux
Beauval
Marieux
Vauchelles-lès-Authie
Bus-lès-Artois
Courcelles-au-Bois
Colincamps
Serre
Terramesnil
Louvencourt
Bertrancourt
Beaumont-Hamel
Miraumont
Bonneville
Beauquesne
Raincheval
Arquèves
Mailly-Maillet
Beaucourt-sur-l'Ancre
Auchonvillers
Grandcourt
Léalvillers
Forceville
Courcelette
Canaples
Puchevillers
la Vicogne
Englebelmer
Thiepval
Varennes
Hédauville
Mesnil-Martinsart
Havernas
Naours
Toutencourt
Harponville
Authuille
Pozières
Ovillers-la-Boisselle
Wargnies
Talmas
Hérissart
Bouzincourt
Aveluy
Contalmaison
Rubempré
Warloy-Baillon
Senlis-le-Sec
Flesselles
Pierregot
Mirvaux
Contay
Vadencourt
Hénencourt
Millencourt
Montauban-de-Picardie
Mametz
Baizieux
Beaucourt-sur-l'Hallue
Bresle
Laviéville
Bécordel-Bécourt
Carnoy
Molliens-au-Bois
Montigny-sur-l'Hallue
Bavelincourt
Dernancourt

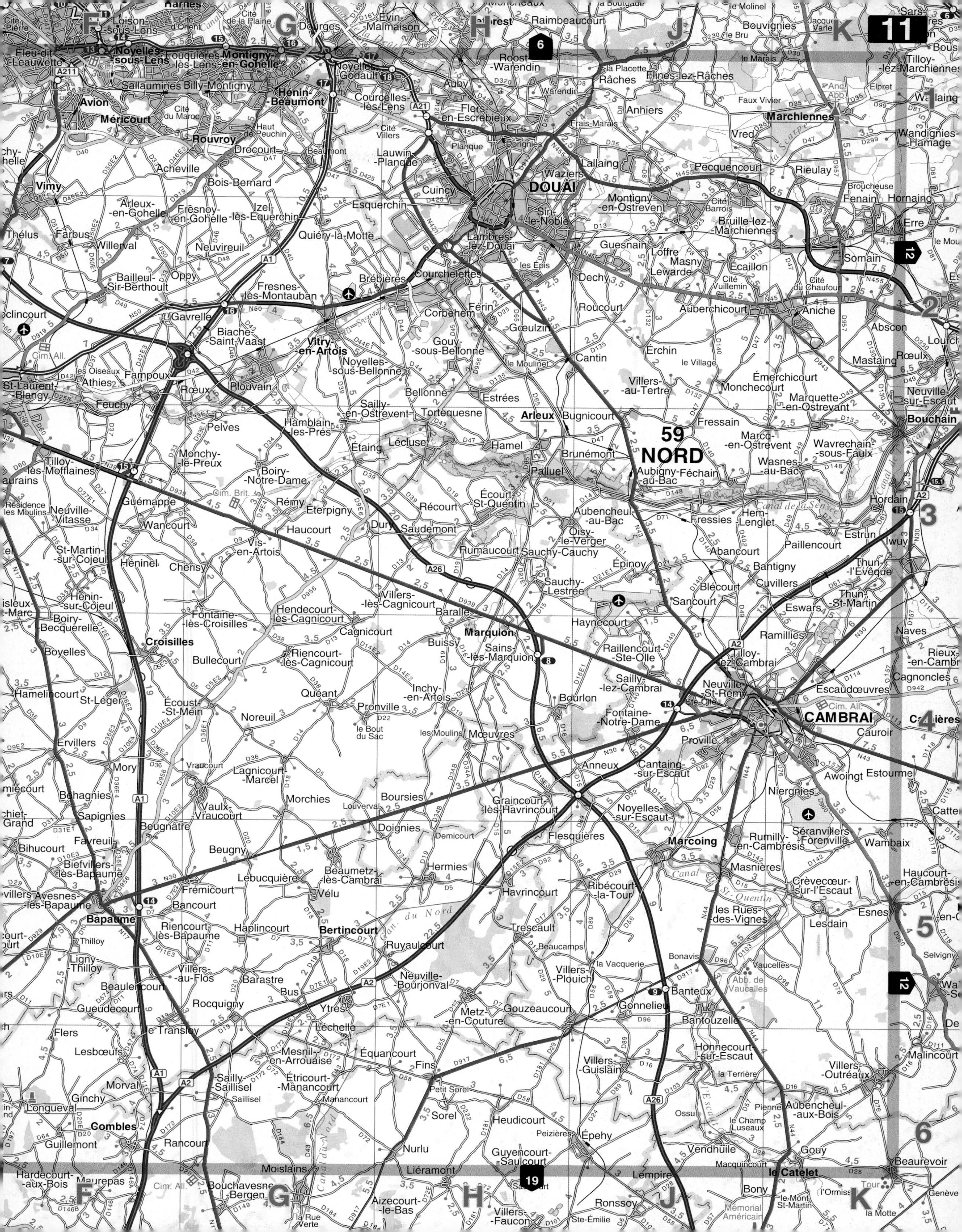
11
F
G
H
J
K
DOUAI
CAMBRAI
59
NORD
Arleux
Marquion
Marcoing
Bapaume
Croisilles
Bertincourt
Combles
le Catelet
Avion
Méricourt
Rouvroy
Vimy
Hénin-Beaumont
Noyelles-sous-Lens
Montigny-en-Gohelle
Marchiennes
Bouchain
Vitry-en-Artois
Vendhuile
19
12

A
B
C
D
E
1
2
3
4
5
6
7
11
19
VALENCIENNES
CAMBRAI
Denain
Anzin
Marchiennes
Bouchain
Solesmes
le Quesnoy
le Cateau-Cambrésis
Caudry
Wassigny
Bohain-en-Vermandois
le Catelet
Marcoing
Carnières
Clary
Busigny
Sebourg
Crespin
Vicq
Onnaing
Quiévrechain
Raismes
Aniche
Somain
Douchy-les-Mines
Haspres
Avesnes-les-Aubert
Fontaine-au-Pire
Beaurevoir
Serain
Prémont
Bécquigny
Catillon-sur-Sambre
Ors
Bazuel
Landrecies
Englefontaine
Poix-du-Nord
Forêt de Mormal

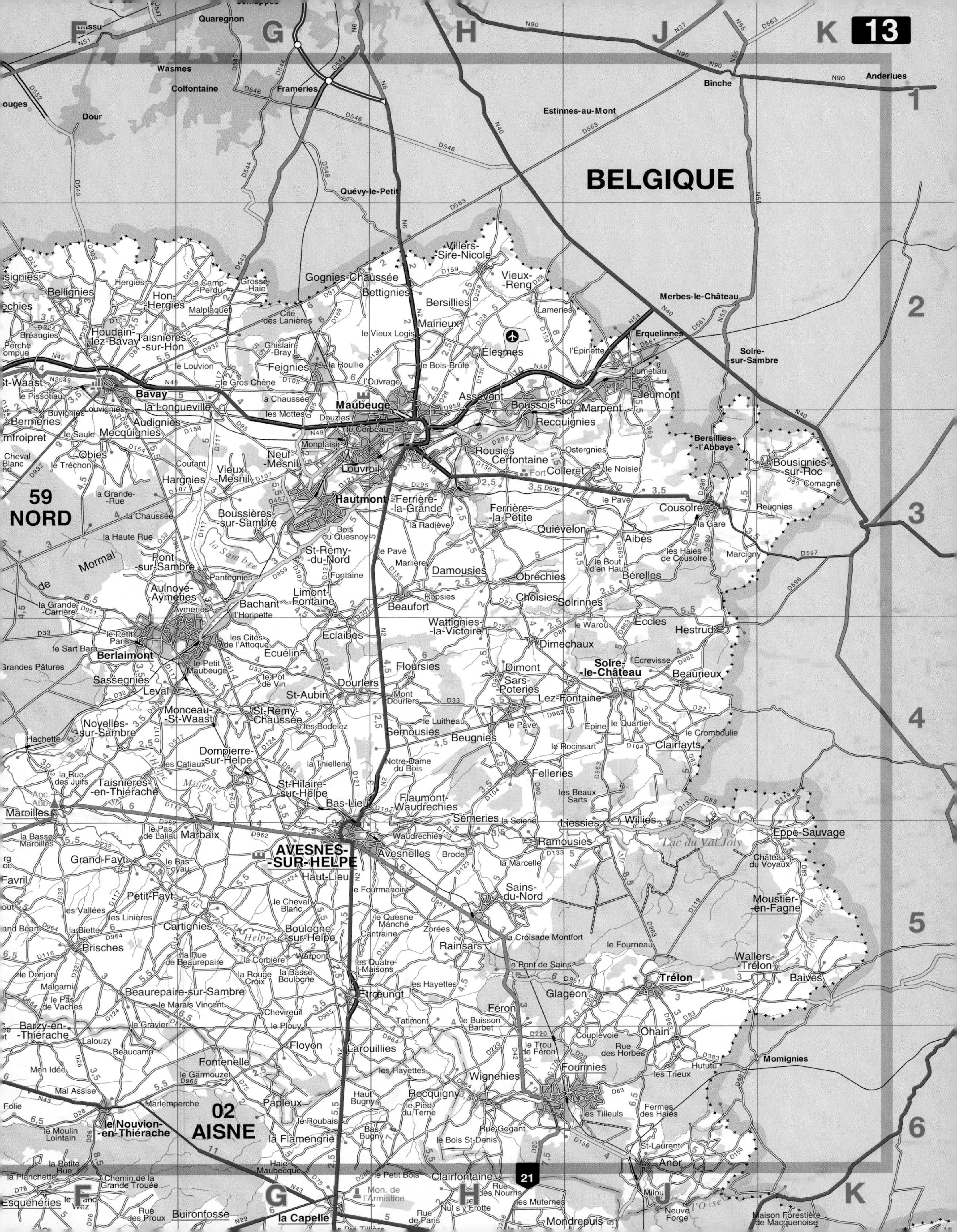
13
F
G
H
J
K
1
2
3
4
5
6
BELGIQUE
59
NORD
02
AISNE
Quaregnon
Wasmes
Colfontaine
Frameries
Dour
Quévy-le-Petit
Estinnes-au-Mont
Binche
Anderlues
Merbes-le-Château
Erquelinnes
Solre-sur-Sambre
Villers-Sire-Nicole
Vieux-Reng
Gognies-Chaussée
Bettignies
Bersillies
Mairieux
Élesmes
Lameries
l'Épinette
Jeumont
Marpent
Boussois
Recquignies
Assevent
Maubeuge
Louvroil
Hautmont
Feignies
Bavay
la Longueville
Audignies
Mecquignies
Obies
Hon-Hergies
Hergies
Bellignies
Houdain-lez-Bavay
Taisnières-sur-Hon
Malplaquet
St-Waast
Bermeries
Neuf-Mesnil
Vieux-Mesnil
Hargnies
Boussières-sur-Sambre
Pont-sur-Sambre
Aulnoye-Aymeries
Berlaimont
Sassegnies
Leval
Bachant
Limont-Fontaine
Beaufort
Eclaibes
Ecuélin
St-Rémy-du-Nord
Ferrière-la-Grande
Ferrière-la-Petite
Rousies
Cerfontaine
Colleret
Cousolre
Bousignies-sur-Roc
Bersillies-l'Abbaye
Quiévelon
Aibes
Damousies
Obrechies
Choisies
Solrinnes
Bérelles
Eccles
Hestrud
Wattignies-la-Victoire
Dimechaux
Solre-le-Château
Beaurieux
Lez-Fontaine
Clairfayts
Dimont
Sars-Poteries
Beugnies
Semousies
Floursies
Dourlers
St-Aubin
Monceau-St-Waast
Noyelles-sur-Sambre
St-Rémy-Chaussée
Dompierre-sur-Helpe
Taisnières-en-Thiérache
Maroilles
St-Hilaire-sur-Helpe
Bas-Lieu
Flaumont-Waudrechies
Felleries
Liessies
Willies
Eppe-Sauvage
Lac du Val Joly
Sémeries
Ramousies
AVESNES-SUR-HELPE
Avesnelles
Marbaix
Grand-Fayt
Petit-Fayt
Cartignies
Prisches
Boulogne-sur-Helpe
Sains-du-Nord
Rainsars
Moustier-en-Fagne
Wallers-Trélon
Baives
Trélon
Glageon
Féron
Etrœungt
Beaurepaire-sur-Sambre
Barzy-en-Thiérache
Floyon
Larouillies
Fontenelle
Wignehies
Fourmies
Ohain
Momignies
Rocquigny
Papleux
la Flamengrie
le Nouvion-en-Thiérache
Anor
Clairfontaine
la Capelle
Buironfosse
Esquéhéries
Mondrepuis
Mon. de l'Armistice
21

A
B
C
D
E
1
2
3
4
5
6
76 SEINE-
MARITIME
St-Martin-
-aux-Buneaux
les Petites Dalles
les Grandes Dalles
Vinchigny
St-Pierre-en-Port
Sassetot-
-le-Mauconduit
Écretteville-
-sur-Mer
Életot
Ancretteville-
-sur-Mer
Senneville-
-sur-Fécamp
Ste-Hélène-
-Bondeville
Angerville-
-la-Martel
Fécamp
Criquebeuf-
-en-Caux
Yport
St-Léonard
Colleville
Toussaint
Valmont
Vaucottes
Ganzeville
Contremoulins
Bénouville
Vattetot-
-sur-Mer
Froberville
Thiergeville
Étretat
Bordeaux-
-St-Clair
Tourville-les-Ifs
Thiétreville
Sorquainville
Cap-d'Antifer
les Loges
Épreville
Bec-de-Mortagne
Mentheville
Daubeuf-
-Serville
Ypreville-
-Biville
Gerville
Maniquerville
le Tilleul
Pimont
Annouville-
-Vilmesnil
Limpiville
Auberville-
-la-Renault
Bénarville
la Poterie-
-Cap-d'Antifer
Pierrefiques
Fongueusemare
Bretteville-
-du-Grand-Caux
Beaurepaire
Angerville-
-Bailleul
Bruneval
Ste-Marie-
-au-Bosc
Cuverville
Sausseuzemare-
-en-Caux
Villainville
Grainville-
-Ymauville
Tremauville
Écrainville
Tocqueville-
-les-Murs
St-Jouin-Bruneval
Goneville-
-la-Mallet
Criquetot-l'Esneval
Goderville
Gonfreville-
-Caillot
St-Maclou-
-la-Brière
Hattenville
Anglesqueville-
-l'Esneval
Bornambusc
Vergetot
Bréauté
Yébleron
Heuqueville
St-Sauveur-
-d'Emalleville
Vattetot-
-sous-Beaumont
Bernières
Turretot
St-Martin-
-du-Bec
Manneville-
-la-Goupil
Houquetot
Mirville
Rouville
Mannevillette
Hermeville
Cauville
Nointot
Raffetot
Notre-Dame-
-du-Bec
Virville
Anglesqueville-
-l'Orcher
Angerville-
-l'Orcher
Lanquetot
Rolleville
Parc-
-d'Anxtot
Beuzeville-
-la-Grenier
St-Gilles-
-de-la-Neuville
Graimbouville
St-Jean-
-de-la-Neuville
Octeville-
-sur-Mer
Fontenay
Bolbec
Maneglise
Etainhus
Beuzevillette
Épouville
Sainneville
Gruchet-
-le-Valasse
Montivilliers
Gommerville
St-Eustache-
-la-Forêt
Fontaine-
-la-Mallet
St-Martin-
-du-Manoir
Épretot
les Trois-
-Pierres
St-Antoine-
-la-Forêt
St-Laurent-
-de-Brèvedent
St-Romain-
-de-Colbosc
Mélamare
34
LE HAVRE
Gainneville
St-Aubin-
-Routot
Lillebonne
Harfleur
Gonfreville-
-l'Orcher
St-Vincent-
-Cramesnil
St-Nicolas-
-de-la-Taille
St-Jean-
-de-Folleville
Ste-Adresse
Portsmouth
Cap de la Hève

F
G
H
J
K
15
1
2
3
4
5
6
Newhaven
DIEPPE
Neuville-lès-Dieppe
Pourville
Vasterival
Ste-Marguerite-sur-Mer
Quiberville-Plage
Quiberville
Varengeville-sur-Mer
Hautot-sur-Mer
Rouxmesnil-Bouteilles
St-Aubin-sur-Mer
Sotteville-sur-Mer
Veules-les-Roses
St-Valéry-en-Caux
Pointe des Cinq Trous
Pnte du Trou au Vin
l'Éperon
Manneville-ès-Plains
Bourg-Dun
Longueil
Ouville-la-Rivière
Offranville
St-Aubin-sur-Scie
Tourville-sur-Arques
St-Denis-d'Aclon
la Chapelle-sur-Dun
Blosseville
Gueutteville-les-Grès
St-Sylvain
Ingouville
Paluel
St-Riquier-ès-Plains
Cailleville
Angiens
Avremesnil
St-Pierre-le-Vieux
Gueures
Ambrumesnil
Sauqueville
Colmesnil-Manneville
Thil-Manneville
la Gaillarde
Luneray
St-Pierre-le-Viger
Malleville-les-Grès
Vittefleur
Néville
Pleine-Sève
le Mesnil-Durdent
Houdetot
Fontaine-le-Dun
Gruchet-St-Siméon
Greuville
Brachy
Hermanville
Auppegard
Anneville-sur-Scie
Manéhouville
Crosville-sur-Scie
Cany-Barville
Canouville
Clasville
Crasville-la-Mallet
Ermenouville
Ocqueville
Drosay
Ste-Colombe
Bourville
Autigny
Crasville-la-Rocquefort
Vénestanville
Lammerville
Bertreville-St-Ouen
Omonville
Dénestanville
Sasseville
Anglesqueville-la-Bras-Long
Rainfreville
Biville-la-Rivière
Bacqueville-en-Caux
Lintot-les-Bois
Bertreville
Canville-les-Deux-Églises
Brametot
Tocqueville-en-Caux
Héberville
Gonzeville
Sassetot-le-Malgardé
Gonnetot
Royville
Lamberville
Belmesnil
Criquetot-sur-Longueville
Hautot-l'Auvray
Grainville-la-Teinturière
Bosville
St-Vaast-Dieppedalle
Fultot
Bénesville
Bretteville-St-Laurent
St-Ouen-le-Mauger
Saâne-St-Just
St-Mards
Reuville
St-Laurent-en-Caux
Lestanville
Beauval-en-Caux
Gonneville-sur-Scie
Vénesville
Veauville-lès-Quelles
le Hanouard
Étalleville
Prétot-Vicquemare
Auzouville-sur-Saâne
St-Pierre-Bénouville
Heugleville-sur-Scie
Routes
Oherville
Robertot
Harcanville
Doudeville
Boudeville
le Torp-Mesnil
Imbleville
Biville-la-Baignarde
Auffay
Sommesnil
Cleuville
Beuzeville-la-Guérard
Ancourteville-sur-Héricourt
Thiouville
Carville-Pot-de-Fer
Héricourt-en-Caux
Anvéville
Berville
Amfreville-les-Champs
Ouville-l'Abbaye
Lindebeuf
Vibeuf
Val-de-Saâne
Belleville-en-Caux
Calleville-les-Deux-Églises
St-Denis-sur-Scie
la Fontelaye
Yvecrique
Hautot-St-Sulpice
Cliponville
Vassonville
Ste-Marguerite-sur-Fauville
Étoutteville
Criquetot-sur-Ouville
St-Vaast-du-Val
Tôtes
St-Maclou-de-Folleville
Envronville
Rocquefort
Grémonville
Yerville
Bourdainville
Bertrimont
St-Pierre-Lavis
Hautot-le-Vatois
Autretot
Veauville-lès-Baons
Ectot-lès-Baons
Anctetiéville-St-Victor
Gueutteville
Varneville-Bretteville
Fresnay-le-Long
Bermonville
St-Martin-aux-Arbres
Ectot-l'Auber
Ricarville
Écretteville-lès-Baons
Yvetot
Baons-le-Comte
Motteville
Auzouville-l'Esneval
Saussay
Hugleville-en-Caux
St-Ouen-du-Breuil
Beautot
la Houssaye-Béranger
Cléville
Flamanville
Ste-Marie-des-Champs
Cideville
Émanville
Grugny
Valliquerville
Écalles-Alix
Limésy
Butot
le Bocasse
Allouville-Bellefosse
Auzebosc
St-Clair-sur-les-Monts
Croix-Mare
Ste-Austreberthe
Bois-Himont
Touffreville-la-Corbeline
Mont de l'If
76
SEINE-MARITIME
Mesnil-Panneville
Sierville
Clères
Trouville
St-Aubin-de-Crétot
Louvetot
la Folletière
Goupillières
Anceaumeville
St-Gilles-de-Crétot
Maulévrier-Ste-Gertrude
Carville-la-Folletière
Blacqueville
Pavilly
St-Nicolas-de-la-Haie
Bouville
Fresquienne
Eslettes
Anquetierville
Betteville
Barentin
Villers-Écalles
Montville
Caudebec-en-Caux
St-Wandrille-Rançon
Épinay-sur-Duclair
Pissy-Pôville
Malaunay
St-Arnoult
Touffreville-la-Cable
St-Paër
Ste-Marguerite-sur-Duclair
A29
A151
A1501
A15
N15
N27
N29
16
35

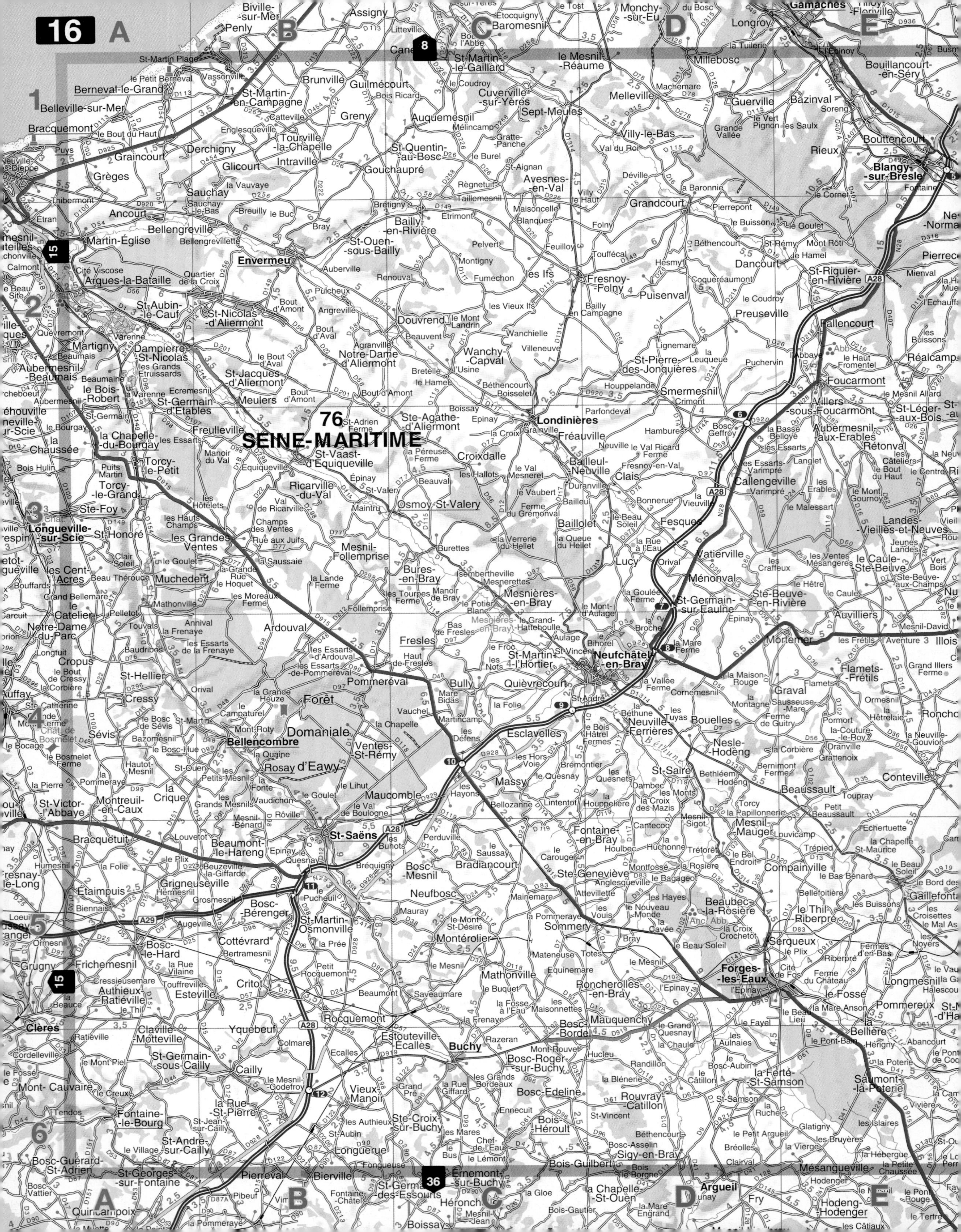

A B C D E

1 2 3 4 5 6

76
SEINE-MARITIME

Biville-sur-Mer, Penly, Assigny, Litteville, Baromesnil, Etocquigny, le Tost, Monchy-sur-Eu, du Bosc, Gamaches, Floriville, Longroy, Canehan, St-Martin Plage, St-Martin-le-Gaillard, le Mesnil-Réaume, Millebosc, la Tuilerie, l'Epinoy, Bouillancourt-en-Séry, le Petit Berneval, Vassonville, Berneval-le-Grand, Belleville-sur-Mer, St-Martin-en-Campagne, Brunville, Guilmécourt, Bois Ricard, le Coudroy, Cuverville-sur-Yères, Sept-Meules, Melleville, Machemare, Guerville, Bazinval, Soreng, le Vert Pignon, les Saulx, Bracquemont, le Bout du Haut, Englesqueville, Catteville, Greny, Auquemesnil, Mélincamp, Gratte-Panche, Villy-le-Bas, Grande Vallée, Bouttencourt, Rieux, Val du Roi, Puys, Graincourt, Derchigny, Tourville-la-Chapelle, St-Quentin-au-Bosc, le Burel, St-Aignan, Blangy-sur-Bresle, Neuville-lès-Dieppe, Grèges, Glicourt, Intraville, Gouchaupré, Avesnes-en-Val, Villy le Haut, Déville, la Baronnie, Fontaine, le Cornet, Sauchay, la Vauvaye, Sauchay-le-Bas, Règnetuit, Taillemesnil, Maisoncelle, Blanques, Grandcourt, Pierrepont, Thibermont, Etran, Ancourt, Breuilly, le Buc, Brétigny, Etrimont, Bailly-en-Rivière, Bray, le Buisson, le Goulet, Nesle-Normandeuse, Bellengreville, Bellengrevillette, St-Ouen-sous-Bailly, Pelvert, Folny, Feuilloy, Touffécal, Béthencourt, St-Rémy, Mont Rôti, le Hamel, Martin-Église, Envermeu, Auberville, Montigny, Renouval, Fumechon, les Ifs, Fresnoy-Folny, Hesmy, Dancourt, Coqueréaumont, St-Riquier-en-Rivière, Mienval, Pierrecourt, Calmont, Cité Viscose, Quartier de la Croix, Arques-la-Bataille, Pulcheux, Bout d'Amont, Angreville, Puisenval, le Coudroy, Preuseville, l'Echauffour, St-Aubin-le-Cauf, St-Nicolas-d'Aliermont, Douvrend, le Mont Landrin, les Vieux Ifs, Bailly en Campagne, Quévremont, Varenne, Martigny, Beaumais, Bout d'Aval, Beauvent, Agranville, Wanchielle, Villeneuve, Wanchy-Capval, l'Usine, Lignemare, la Leuqueue, Fallencourt, Abb., l'Abbaye, les Buissons, le Haut Fromentel, Réalcamp, Dampierre-St-Nicolas, les Grands Etruissards, Aubermesnil-Beaumais, Beaumaine, le Bout d'Aval, Notre-Dame-d'Aliermont, St-Jacques-d'Aliermont, Bretelle, le Hamel, St-Pierre-des-Jonquières, Puchervin, Foucarmont, le Mesnil Allard, le Bois-Robert, Ecremesnil, la Varenne, St-Germain-d'Etables, Meulers, Bout d'Amont, Béthencourt, Boisselet, Houppelande, Smermesnil, Crimont, Villers-sous-Foucarmont, St-Léger-aux-Bois, Parfondeval, Londinières, Hambures, Bosc Geffroy, la Basse Bellové, Aubermesnil-aux-Erables, Rétonval, Le Bourgay, la Chapelle-du-Bourgay, les Essarts, Freulleville, St-Adrien Ferme, Ste-Agathe-d'Aliermont, Boissay, Epinay, la Croix, Grainville, Fréauville, Neuville, le Val Ricard Ferme, les Essarts, Chaussée, St-Vaast-d'Equiqueville, la Péreuse Ferme, Croixdalle, les Hallots, le Val Mesneret, Bailleul-Neuville, Fresnoy-en-Val, Clais, les Essarts-Varimpré, Langlet, les Câteliers, le Bout du Haut, le Centre, Bois Hulin, Manoir du Val, Equiqueville, Torcy-le-Petit, Puits Martin, Torcy-le-Grand, Epinay, Beauval, le Vaubert, Duranville, Callengeville, Varimpré, les Erables, le Mont Gournoy, Ricarville-du-Val, St-Valery, Maintru, Osmoy-St-Valery, Ferme du Grémonval, Bailleul, Bonnerue, la Vieuville, le Malessart, Ste-Foy, les Hôtelets, Val de Ricarville, Longueville-sur-Scie, St-Honoré, les Hauts Champs, les Grandes Ventes, Champs des Ventes, Rue aux Juifs, Baillolet, le Beau Soleil, Fesques, Landes-Vieilles-et-Neuves, Clair Soleil, le Goulet, la Saussaie, Mesnil-Follemprise, Burettes, la Verrerie du Hellet, la Queue du Hellet, la Rue à l'Eau, Lucy, Orival, Vatierville, Jeunes Landes, les Ventes Mésangères, le Caule-Ste-Beuve, Vert Bois, Ste-Beuve-aux-Champs, les Cent-Acres, Beau Théroude, Muchedent, la Grande Rue, le Hoquet, la Lande Ferme, Bures-en-Bray, Isembertheville, Mesnerettes, les Crafteux, Ménonval, le Hêtre, le Caule, Grand Bellemare, les Moreaux Ferme, les Tourpes Ferme, Manoir de Bray, le Potier Blanc, Mesnières-en-Bray, la Goulée Ferme, St-Germain-sur-Eaulne, Ste-Beuve-en-Rivière, le Catelier, Mathonville, Pelletot, Follemprise, le Mont d'Aulage, Auvilliers, Notre-Dame-du-Parc, Touvais, Annival, la Frenaye, Ardouval, Bas de Fresles, le Grand-Hattenboule, la Broche, Epinay, Mesnil-David, les Essarts de la Frenaye, les Essarts d'Ardouval, Fresles, le Froc, Aulage, le Bihorel, la Mare Ferme, Mortemer, les Fretils, l'Aventure, Illois, Longtuit, Cropus, Baudribos, les Essarts-de-Pommeréval, Haut de Fresles, St-Martin-l'Hortier, St-Vincent, Neufchâtel-en-Bray, la Maison Rouge, Flamets-Frétils, Grand Illers Ferme, le Bout de Cressy, la Corbière, St-Hellier, Pommeréval, Bully, Quièvrecourt, la Vallée Ferme, Cornemesnil, Graval, Flamets, Auffay, Cressy, Orival, la Grande Heuze, Forêt, Mare Bidas, la Folie, St-André, les Tuyas, la Montagne, Sausseuse-Mare, Ormesnil, la Hêtrelaie, Ste-Catherine, le Campaturel, Vauchel, Martincamp, Béthune, Neuville-Ferrières, Bouelles, Ferme de Guitry, Pormort, Ronchois, Sévis, le Bosc de Sévis, St-Martin, Mont-Roty, la Chapelle, les Défens, le Bois Hatrel Fermes, la Couture-le-Roy, la Neuville-Gouvion, Bazomesnil, Bellencombre, Domaniale, Ventes-St-Rémy, Esclavelles, Nesle-Hodeng, Dranville, Grattenoix, le Bocage, le Bosmelet Ferme, le Bosc-Hue, la Quaine, Rosay d'Eawy, les Hors Voie, la Corbière, Bernimont Ferme, Conteville, Hautot-Mesnil, St-Ouen, les Petits Mesnils, Brémontier, St-Saire, Bethléem Hodeng, la Pierre, Pommeraye, la Criqué, la Fonte, le Lihut, Maucomble, Massy, le Quesnay, les Quesnets, Dambec, Beaussault, Toupray, St-Victor-l'Abbaye, Montreuil-en-Caux, les Grands Mesnils, Vaudichon, le Goulet, le Val de Boulogne, les Hayons, Bellozanne, Lintentot, Houppelière, la Croix des Mazis, les Monts, Torcy, la Papillonnerie, Petit Beaussault, Mesnil-Benard, Rôville, Mesnil-Sigot, Mesnil-Mauger, Louvicamp, l'Echertuette, Bracquetuit, Louvetot, St-Saëns, Perduville, Fontaine-en-Bray, Cantecoq, la Chapelle, St-Maurice, Humesnil, la Folie, Beaumont-le-Hareng, l'Epinay, Quesnay, les Buhots, le Saussay, Bradiancourt, le Carouge, Houlbec, la Huchonne, Tréforêt, le Bel Endroit, Trépied, Fresnay-le-Long, le Plix, Beuzeville-la-Giffarde, Bréquigny, Bosc-Mesnil, Ste-Geneviève, Montfossé, Anglesqueville, la Rosière, le Bagageot, Compainville, le Bas Bénard, le Beau Soleil, Gaillefontaine, Grigneuseville, Hermesnil, Etaimpuis, Biennais, Grosmesnil, le Pucheuil, Neufbosc, Mainemare, Attevillette, les Hayes, Beaubec-la-Rosière, le Thil-Riberpré, les Buissons, Bosc-Bérenger, St-Martin-Osmonville, Mauray, le Mont St-Désiré, la Pommeraye, Sommery, les Vouis, le Nouveau Monde, la Cavée, Anc. Abb., la Croix Crochetot, les Croisettes, le Mal As, Ormesnil, Augeville, Cottévrard, Bertramesnil, la Prée, Montérolier, Bray, le Beau Soleil, Serqueux, le Plix, Riberpré, les Noyers, Fermes d'en-Bas, Grugny, Frichemesnil, Bosc-le-Hard, la Rue Vilaine, Petit Rocquemont, le Mesnil, Mateneuse, Totes, le Mesnil, Cité de Fos, Forges-les-Eaux, Ferme du Château, Longmesnil, Halescourt, Cressieusemare, Touffreville, Critot, Beaumont, Saveaumare, Mathonville, Equinemare, Roncherolles-en-Bray, l'Epinay, le Fossé, la Mare Anson, Pommereux, Authieux-Ratiéville, le Thil, la Beauce, Esteville, le Buquet, la Fosse à l'Eau, les Maisonnettes, Mauquenchy, le Beau Lieu, Clères, Ratiéville, Claville-Motteville, Yquebeuf, Rocquemont, Estouteville-Ecalles, la Frenaye, Bosc-Bordel, le Grand Quesnay, le Fayel, la Bellière, Hérigny, Abancourt, Cordelleville, St-Germain-sous-Cailly, Colmare, Ecalles, Buchy, Razeran, Mont-Rouvet, Bosc-Roger-sur-Buchy, Hucleu, les Aulnaies, la Chaule, le Pont-Bain, le Pont de Coq, le Fossé, le Mont Piel, Cailly, le Mesnil-Godefroy, les Grands Bordeaux, Randillon, la Blénerie, le Bosc-Aubin, le Câtillon, la Ferté-St-Samson, la Poterie, Saumont-la-Poterie, Mont-Cauvaire, le Creux, Vieux-Manoir, Grand Pré, la Rue Giffard, Bosc-Edeline, Rouvray-Catillon, St-Samson, Vivière, la Cam, Tendos, Fontaine-le-Bourg, la Rue-St-Pierre, St-Jean-sur-Cailly, les Authieux, Ste-Croix-sur-Buchy, Ennecuit, Bois-Héroult, St-Vincent, la Ruche, Glatigny, les Islaires, St-André-sur-Cailly, St-Aubin, les Mares, le Bus, Chef-de-l'Eau, le Lémont, Béthencourt, le Petit Argueil, les Bruyères, Bosc-Guérard-St-Adrien, le Village, Longuerue, Bosc-Asselin, Sigy-en-Bray, Bréolles, la Vierge, la Hébergue, St-Georges-sur-Fontaine, Pierreval, Bierville, Fongueuse, Ernemont-sur-Buchy, Bois-Guilbert, Bois le Borgne, Clairval, Mésangueville, la Petite Chaussée, Bosc Vattier, Pibeuf, St-Germain-des-Essourts, Fontaine-Châtel, Héronchelles, la Gloe, la Chapelle-St-Ouen, Argueil, Fry, Hodenger, Hodeng-Hodenger, le Pont Rouge, Quincampoix, Vimont, Mesnil-Jean, Bois-Gautier, la Mare Engrand, le Tertre, la Pommeraye, Boissay, les Câtieux

8 15 36 A28 N28 N29 A29

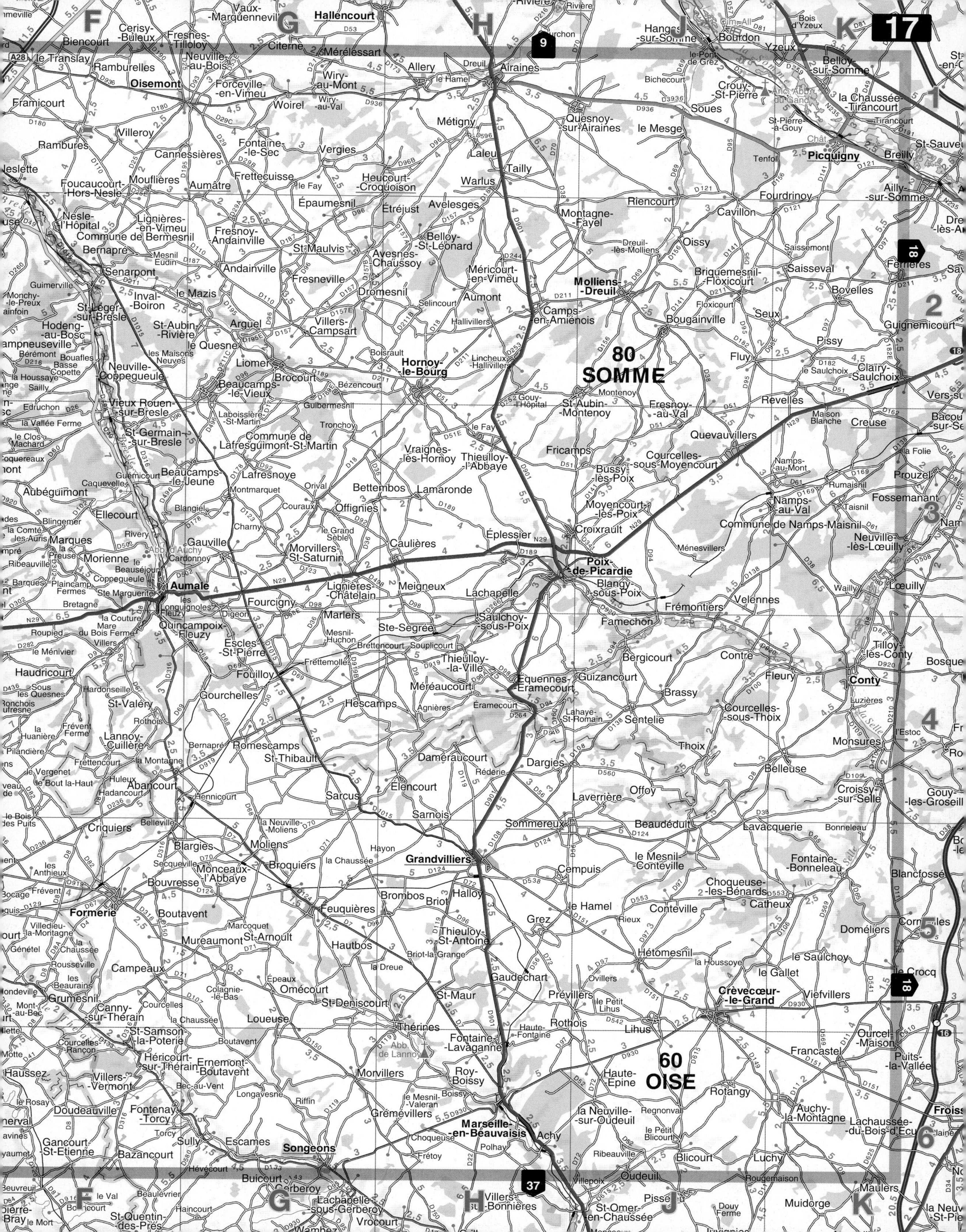
F
G
H
J
K
Hallencourt
Cerisy-Buleux
Fresnes-Tilloloy
Citerne
Mérélessart
Vaux-Marquenneville
Biencourt
le Translay
Ramburelles
Neuville-au-Bois
Allery
Airaines
Wiry-au-Mont
Oisemont
Forceville-en-Vimeu
Framicourt
Woirel
Métigny
Quesnoy-sur-Airaines
le Mesge
Hangest-sur-Somme
Bourdon
Yzeux
Belloy-sur-Somme
Bichecourt
Crouy-St-Pierre
Soues
la Chaussée-Tirancourt
Picquigny
Breilly
Ailly-sur-Somme
Villeroy
Rambures
Fontaine-le-Sec
Vergies
Laleu
Tailly
Cannessières
Heucourt-Croquoison
Warlus
Frettecuisse
Aumâtre
Mouflières
Foucaucourt-Hors-Nesle
Épaumesnil
Étréjust
Avelesges
Riencourt
Fourdrinoy
Cavillon
Montagne-Fayel
Nesle-l'Hôpital
Lignières-en-Vimeu
Commune de Bermesnil
Fresnoy-Andainville
St-Maulvis
Belloy-St-Léonard
Avesnes-Chaussoy
Oissy
Bernapré
Andainville
Fresneville
Méricourt-en-Vimeu
Molliens-Dreuil
Briquemesnil-Floxicourt
Saisseval
Senarpont
Dromesnil
Aumont
Camps-en-Amiénois
Bovelles
Inval-Boiron
le Mazis
Seux
Bougainville
St-Léger-sur-Bresle
Hodeng-au-Bosc
St-Aubin-Rivière
Arguel
Villers-Campsart
Pissy
Guignemicourt
le Quesne
Liomer
Brocourt
Hornoy-le-Bourg
80
SOMME
Fluy
Clairy-Saulchoix
Neuville-Coppegueule
Beaucamps-le-Vieux
St-Aubin-Montenoy
Fresnoy-au-Val
Revelles
Vieux Rouen-sur-Bresle
Quevauvillers
Creuse
St-Germain-sur-Bresle
Commune de Lafresguimont-St-Martin
Vraignes-lès-Hornoy
Thieulloy-l'Abbaye
Fricamps
Courcelles-sous-Moyencourt
Beaucamps-le-Jeune
Lafresnoye
Bussy-lès-Poix
Prouzel
Aubéguimont
Bettembos
Lamaronde
Namps-au-Val
Fossemanant
Ellecourt
Offignies
Moyencourt-lès-Poix
Croixrault
Commune de Namps-Maisnil
Marques
Gauville
Morvillers-St-Saturnin
Caulières
Éplessier
Neuville-lès-Lœuilly
Morienne
Aumale
Fourcigny
Lignières-Châtelain
Meigneux
Lachapelle
Poix-de-Picardie
Blangy-sous-Poix
Velennes
Lœuilly
Marlers
Quincampoix-Fleuzy
Ste-Segrée
Saulchoy-sous-Poix
Famechon
Frémontiers
Escles-St-Pierre
Thieulloy-la-Ville
Bergicourt
Contre
Tilloy-lès-Conty
Haudricourt
Fouilloy
Méréaucourt
Équennes-Éramecourt
Guizancourt
Fleury
Conty
Gourchelles
Brassy
St-Valéry
Hescamps
Sentelie
Courcelles-sous-Thoix
Lannoy-Cuillère
Romescamps
St-Thibault
Daméraucourt
Dargies
Thoix
Monsures
Abancourt
Sarcus
Elencourt
Belleuse
Offoy
Croissy-sur-Selle
Sarnois
Laverrière
Criquiers
Sommereux
Beaudéduit
Lavacquerie
Blargies
Moliens
Grandvilliers
le Mesnil-Conteville
Broquiers
Monceaux-l'Abbaye
Cempuis
Fontaine-Bonneleau
Bouvresse
Formerie
Brombos
Briot
Halloy
Choqueuse-les-Bénards
Feuquières
le Hamel
Conteville
Catheux
Boutavent
Grez
Thieuloy-St-Antoine
Doméliers
Mureaumont
St-Arnoult
Hautbos
Campeaux
Hétomesnil
le Saulchoy
Omécourt
Gaudechart
le Gallet
Grumesnil
Canny-sur-Thérain
St-Deniscourt
St-Maur
Prévillers
Crèvecœur-le-Grand
Viefvillers
St-Samson-la-Poterie
Loueuse
Thérines
Rothois
Lihus
Ourcel-Maison
Fontaine-Lavaganne
Francastel
Héricourt-sur-Thérain
Ernemont-Boutavent
Morvillers
Roy-Boissy
Haute-Épine
60
OISE
Puits-la-Vallée
Villers-Vermont
Rotangy
Doudeauville
Fontenay-Torcy
Grémévillers
la Neuville-sur-Oudeuil
Auchy-la-Montagne
Lachaussée-du-Bois-d'Écu
Marseille-en-Beauvaisis
Achy
Gancourt-St-Étienne
Sully
Escames
Songeons
Bazancourt
Blicourt
Luchy
Buicourt
Gerberoy
Oudeuil
Lachapelle-sous-Gerberoy
Villers-sur-Bonnières
Pisseleu
St-Omer-en-Chaussée
Muidorge
St-Quentin-des-Prés
Vrocourt
9
18
37
16

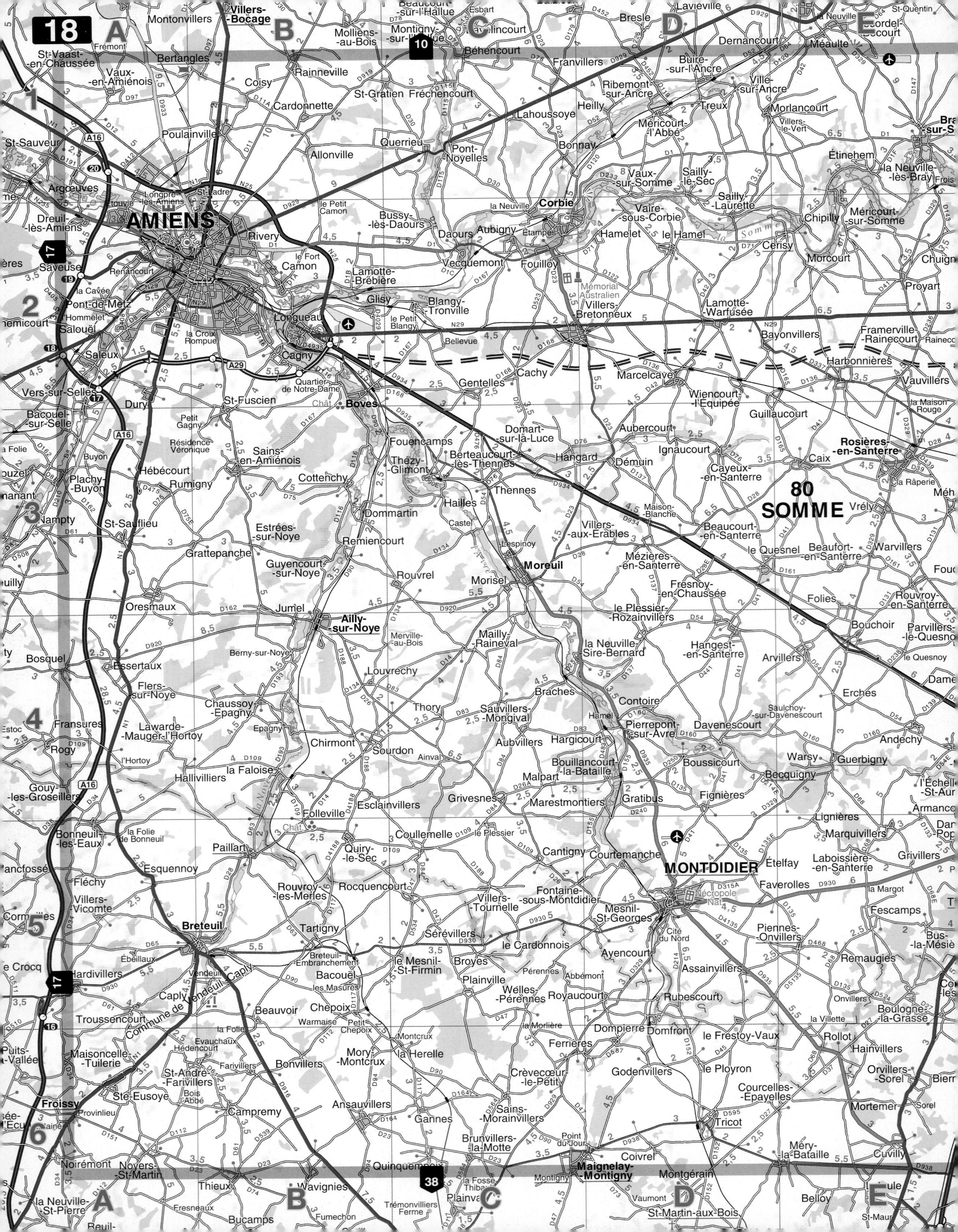
18
A
B
C
D
E
1
2
3
4
5
6
80
SOMME
AMIENS
Villers-Bocage
Montonvillers
Molliens-au-Bois
Montigny-sur-l'Hallue
Béhencourt
Franvillers
Bresle
Dernancourt
Méaulte
Buire-sur-l'Ancre
Ville-sur-Ancre
St-Vaast-en-Chaussée
Bertangles
Vaux-en-Amiénois
Coisy
Rainneville
Cardonnette
St-Gratien
Fréchencourt
Ribemont-sur-Ancre
Heilly
Méricourt-l'Abbé
Treux
Morlancourt
Lahoussoye
Poulainville
Allonville
Querrieu
Pont-Noyelles
Bonnay
St-Sauveur
Argoeuves
Longpré-lès-Amiens
St-Ladre
Dreuil-lès-Amiens
Rivery
Camon
Bussy-lès-Daours
Daours
Aubigny
Corbie
la Neuville
Vaux-sur-Somme
Sailly-le-Sec
Sailly-Laurette
Vaire-sous-Corbie
Hamelet
le Hamel
Cerisy
Chipilly
Méricourt-sur-Somme
Étinehem
la Neuville-lès-Bray
Morcourt
Proyart
Saveuse
Renancourt
Lamotte-Brebière
Vecquemont
Fouilloy
Mémorial Australien
Villers-Bretonneux
Lamotte-Warfusée
Glisy
Blangy-Tronville
Pont-de-Metz
Salouël
Longueau
la Croix Rompue
Cagny
Saleux
Bellevue
Bayonvillers
Framerville-Rainecourt
Harbonnières
Vers-sur-Selle
Dury
St-Fuscien
Boves
Gentelles
Cachy
Marcelcave
Wiencourt-l'Équipée
Guillaucourt
Vauvillers
Bacouel-sur-Selle
Petit Gagny
Résidence Véronique
Sains-en-Amiénois
Fouencamps
Thézy-Glimont
Berteaucourt-lès-Thennes
Domart-sur-la-Luce
Hangard
Aubercourt
Démuin
Ignaucourt
Cayeux-en-Santerre
Caix
Rosières-en-Santerre
Hébécourt
Rumigny
Plachy-Buyon
Cottenchy
Hailles
Thennes
Nampty
St-Sauflieu
Dommartin
Estrées-sur-Noye
Grattepanche
Remiencourt
Villers-aux-Erables
Maison-Blanche
Beaucourt-en-Santerre
Vrély
le Quesnel
Beaufort-en-Santerre
Warvillers
Guyencourt-sur-Noye
Rouvrel
Morisel
Moreuil
Mézières-en-Santerre
Fresnoy-en-Chaussée
Folies
Rouvroy-en-Santerre
Oresmaux
Jumel
Ailly-sur-Noye
le Plessier-Rozainvillers
Bouchoir
Parvillers-le-Quesnoy
Bosquel
Essertaux
Mailly-Raineval
la Neuville-Sire-Bernard
Hangest-en-Santerre
Arvillers
Louvrechy
Flers-sur-Noye
Braches
Erches
Chaussoy-Epagny
Thory
Sauvillers-Mongival
Contoire
Pierrepont-sur-Avre
Davenescourt
Fransures
Lawarde-Mauger-l'Hortoy
Rogy
Chirmont
Sourdon
Aubvillers
Hargicourt
Andechy
Warsy
Guerbigny
Gouy-les-Groseillers
la Faloise
Hallivilliers
Bouillancourt-la-Bataille
Malpart
Boussicourt
Becquigny
Folleville
Esclainvillers
Grivesnes
Marestmontiers
Gratibus
Fignières
Bonneuil-les-Eaux
Paillart
Coullemelle
Quiry-le-Sec
Cantigny
Courtemanche
MONTDIDIER
Ételfay
Laboissière-en-Santerre
Esquennoy
Fléchy
Villers-Vicomte
Rouvroy-les-Merles
Rocquencourt
Villers-Tournelle
Fontaine-sous-Montdidier
Mesnil-St-Georges
Faverolles
Breteuil
Tartigny
Sérévillers
le Cardonnois
Piennes-Onvillers
Fescamps
Hardivillers
Breteuil-Embranchement
Bacouël
le Mesnil-St-Firmin
Broyes
Ayencourt
Assainvillers
Remaugies
Caply
Beauvoir
Chepoix
Plainville
Welles-Pérennes
Royaucourt
Rubescourt
Boulogne-la-Grasse
Troussencourt
Dompierre
Domfront
le Frestoy-Vaux
Rollot
Maisoncelle-Tuilerie
Mory-Montcrux
la Herelle
Ferrières
Hainvillers
Bonvillers
St-André-Farivillers
Crèvecœur-le-Petit
Godenvillers
le Ployron
Orvillers-Sorel
Froissy
Ste-Eusoye
Campremy
Ansauvillers
Gannes
Sains-Morainvillers
Courcelles-Epayelles
Mortemer
Tricot
Brunvillers-la-Motte
Maignelay-Montigny
Coivrel
Méry-la-Bataille
Cuvilly
Noirémont
Noyers-St-Martin
Thieux
Wavignies
Quinquempoix
Montgérain
la Neuville-St-Pierre
Bucamps
Fumechon
Trémonvilliers Ferme
Vaumont
St-Martin-aux-Bois
Belloy
A16
A29
N1
N25
N29
17
19
20
10
38

19
F
G
H
J
K
1
2
3
4
5
6
11
13
10
12
20
39
PÉRONNE
Carnoy
Maricourt
Curlu
Clery-sur-Somme
Hem-Monacu
Suzanne
Feuillères
Éclusier-Vaux
Cappy
Herbécourt
Biaches
Dompierre-Becquincourt
Flaucourt
Chuignes
Assevillers
Barleux
Fontaine-lès-Cappy
Fay
Belloy-en-Santerre
Estrées-Deniécourt
Eterpigny
Brie
Villers-Carbonnel
Soyécourt
Berny-en-Santerre
Misery
Fresnes-Mazancourt
Ablaincourt-Pressoir
Cizancourt
Marchelepot
Hyencourt-le-Grand
Lihons
Chaulnes
Licourt
Épénancourt
Omiécourt
Pertain
Morchain
Puzeaux
Chilly
Hallu
Punchy
Fonches-Fonchette
Hattencourt
Fransart
Étalon
Chavatte
Curchy
Liancourt-Fosse
Herly
Nesle
Mesnil-St-Nicaise
Rouy-le-Grand
Rouy-le-Petit
Crémery
Fresnoy-lès-Roye
Rethonvillers
Languevoisin-Quiquery
Billancourt
Breuil
Gruny
Marché-Allouarde
Moyencourt
Biarre
Cressy-Omencourt
Balâtre
Roye
Carrépuis
Champien
Solente
Ercheu
Libermont
Roiglise
Ognolles
Margny-aux-Cerises
Verpillières
Amy
Avricourt
Beaulieu-les-Fontaines
Écuvilly
Beuvraignes
Crapeaumesnil
Fresnières
Canny-sur-Matz
Lassigny
Roye-sur-Matz
Plessis-de-Roye
Gury
Laberlière
Ricquebourg
Mareuil-la-Motte
Thiescourt
Cannectancourt
60 OISE
Candor
Lagny
Sermaize
Dives
Cuy
Suzoy
Evricourt
Larbroye
Ville
Passel
Noyon
Vauchelles
Porquéricourt
Beaurains-lès-Noyon
Genvry
Bussy
Crisolles
Catigny
Campagne
Muirancourt
Frétoy-le-Château
Fréniches
Flavy-le-Meldeux
Guiscard
Quesmy
Maucourt
Béhéricourt
Salency
Babœuf
Morlincourt
Pont-l'Évêque
Sempigny
Varesnes
Brétigny
Quierzy
Manicamp
Appilly
Abbécourt
Chauny
Ognes
Sinceny
Autreville
Bichancourt
Pierremande
Bourguignon-sous-Coucy
Neuflieux
Caillouël-Crépigny
Béthancourt-en-Vaux
Caumont
Commenchon
Guivry
Beaugies-sous-Bois
Grandrû
Mondescourt
Ugny-le-Gay
Villequier-Aumont
Tergnier
Viry-Noureuil
Frières-Faillouël
Mennessis
Jussy
Flavy-le-Martel
Cugny
Villeselve
Beaumont-en-Beine
La Neuville-en-Beine
Berlancourt
Le Plessis-Patte-d'Oie
Golancourt
Esmery-Hallon
Brouchy
Muille-Villette
Ham
Eppeville
Sommette-Eaucourt
Ollezy
Annois
St-Simon
Dury
Tugny-et-Pont
Pithon
Artemps
Clastres
Aubigny-aux-Kaisnes
Bray-St-Christophe
Seraucourt-le-Grand
Essigny-le-Grand
Happencourt
02 AISNE
Contescourt
Castres
Grugies
Gauchy
Dallon
Fontaine-lès-Clercs
Fluquières
Roupy
Germaine
Vaux-en-Vermandois
Douchy
Villers-St-Christophe
Foreste
Douilly
Ugny-l'Équipée
Quivières
Matigny
Voyennes
Offoy
Sancourt
Toulle
Béthencourt-sur-Somme
Villecourt
Pargny
Falvy
Croix-Moligneaux
Ennemain
St-Christ-Briost
Athies
Devise
Monchy-Lagache
Mons-en-Chaussée
Tertry
Trefcon
Caulaincourt
Vermand
Attilly
Holnon
Francilly-Selency
Etreillers
Savy
Beauvois-en-Vermandois
Lanchy
ST-QU
Fayet
Commune d'Estrées-Mons
Vraignes-en-Vermandois
Pœuilly
Bouvincourt-en-Vermandois
Hancourt
Cartigny
Mesnil-Bruntel
Doingt
Buire-Courcelles
Bussu
Tincourt-Boucly
Marquaix
Roisel
Hesbécourt
Villeret
Hervilly
Jeancourt
le Verguier
Bernes
Vendelles
Maissemy
Gricourt
Pontru
Pontruet
Bellenglise
Longavesnes
Templeux-la-Fosse
Driencourt
Aizecourt-le-Haut
Allaines
Templeux-le-Guérard
Hargicourt
Villers-Faucon
Bellicourt
Nauroy
Estrées
Joncourt
Magny-la-Fosse
Bony

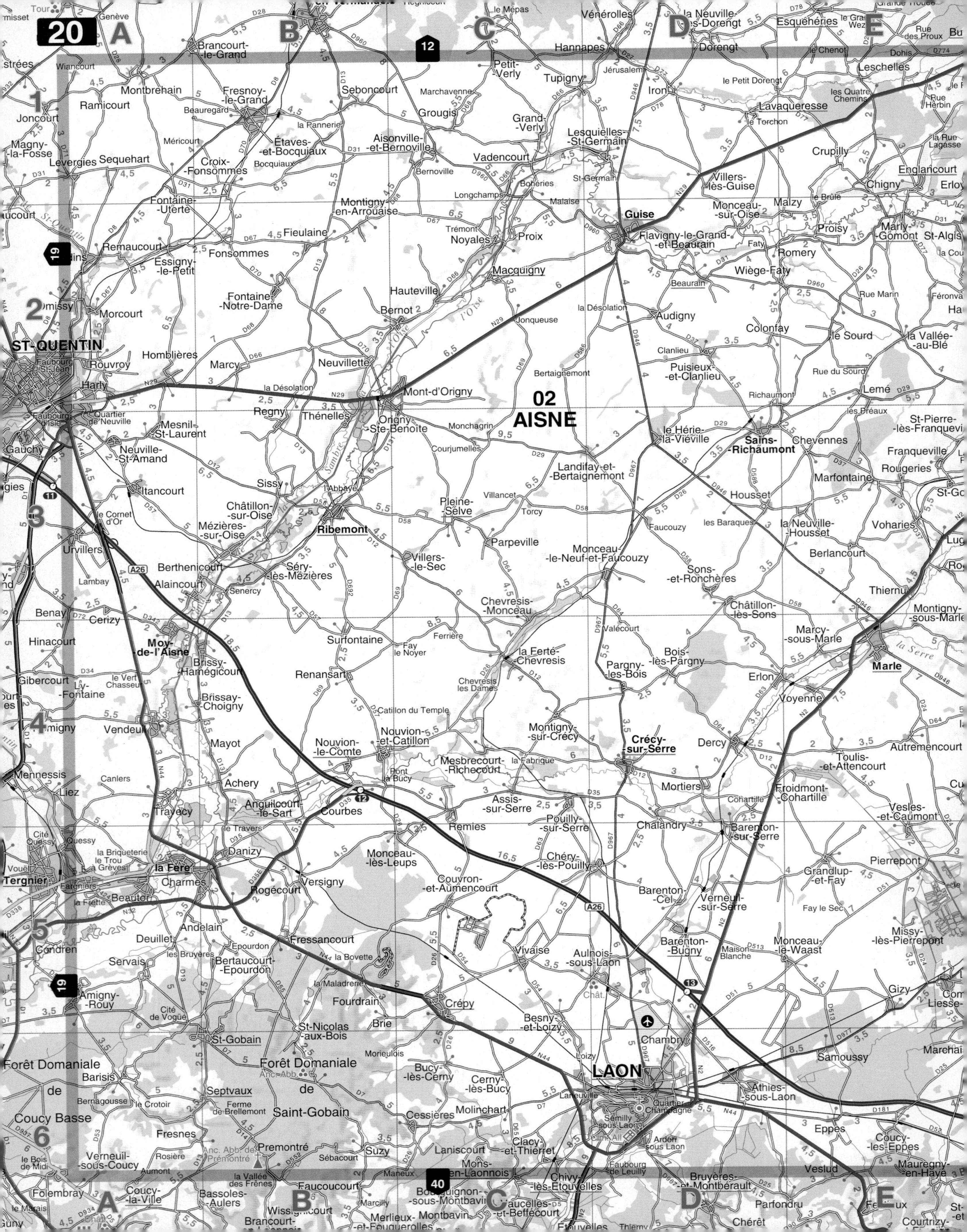

20
A
B
C
D
E
12
1
2
3
4
5
6
19
40
Genève
Brancourt-le-Grand
Wiancourt
Montbrehain
Ramicourt
Joncourt
Fresnoy-le-Grand
Beauregard
Sebonccourt
Marchavenne
Grougis
le Mépas
Vénérolles
la Neuville-lès-Dorengt
Esquéhéries
Hannapes
Dorengt
le Chenot
Dohis
Leschelles
Petit-Verly
Tupigny
Jérusalem
Iron
le Petit Dorengt
Lavaqueresse
le Torchon
les Quatre Chemins
Rue Herbin
Grand-Verly
Lesquielles-St-Germain
Étaves-et-Bocquiaux
la Pannerie
Aisonville-et-Bernoville
Méricourt
Magny-la-Fosse
Levergies
Sequehart
Croix-Fonsommes
Bocquiaux
Bernoville
Vadencourt
Boheries
St-Germain
Villers-lès-Guise
Crupilly
Englancourt
Chigny
Erloy
la Rue Lagasse
Longchamps
Malaise
Fontaine-Uterte
Montigny-en-Arrouaise
Monceau-sur-Oise
Malzy
le Brûlé
Proisy
Marly-Gomont
St-Algis
Guise
Flavigny-le-Grand-et-Beaurain
Faty
Romery
Fieulaine
Trémont
Noyales
Proix
Remaucourt
Essigny-le-Petit
Fonsommes
Macquigny
Wiège-Faty
Beaurain
Hauteville
Fontaine-Notre-Dame
Omissy
Morcourt
Bernot
la Désolation
Audigny
Rue Marin
Féronval
Colonfay
le Sourd
la Vallée-au-Blé
ST-QUENTIN
Faubourg St-Jean
Rouvroy
Homblières
Marcy
Neuvillette
Jonqueuse
Clanlieu
Puisieux-et-Clanlieu
Rue du Sourd
Bertaignemont
Harly
la Désolation
Mont-d'Origny
Richaumont
Lemé
les Préaux
02
AISNE
Faubourg d'Isle
Quartier de Neuville
Mesnil-St-Laurent
Regny
Thenelles
Origny-Ste-Benoîte
Monchagrin
le Hérie-la-Viéville
Sains-Richaumont
Chevennes
St-Pierre-lès-Franqueville
Franqueville
Gauchy
Neuville-St-Amand
Courjumelles
Landifay-et-Bertaignemont
Rougeries
Marfontaine
Itancourt
Sissy
l'Abbaye
Housset
St-Gobert
Châtillon-sur-Oise
Pleine-Selve
Villancet
Torcy
Faucouzy
les Baraques
la Neuville-Housset
Voharies
le Cornet d'Or
Mézières-sur-Oise
Ribemont
Parpeville
Berlancourt
Urvillers
Monceau-le-Neuf-et-Faucouzy
Villers-le-Sec
Berthenicourt
Séry-lès-Mézières
Sons-et-Ronchères
Thiernu
Lambay
Alaincourt
Senercy
Chevresis-Monceau
Châtillon-lès-Sons
Montigny-sous-Marle
Benay
Cerizy
Moy-de-l'Aisne
Surfontaine
Ferrière
Fay le Noyer
Valecourt
Marcy-sous-Marle
Hinacourt
Brissy-Hamégicourt
la Ferté-Chevresis
Bois-lès-Pargny
Pargny-les-Bois
Erlon
Marle
la Serre
Gibercourt
le Vert Chasseur
Ly-Fontaine
Renansart
Chevresis les Dames
Voyenne
Brissay-Choigny
Catillon du Temple
Vendeuil
Mayot
Nouvion-et-Catillon
Nouvion-le-Comte
Montigny-sur-Crécy
Crécy-sur-Serre
Dercy
Autremencourt
Mennessis
Liez
Canlers
Achery
Mesbrecourt-Richecourt
la Fabrique
Pont à Bucy
Toulis-et-Attencourt
Mortiers
Froidmont-Cohartille
Cohartille
Travecy
Anguilcourt-le-Sart
Courbes
Assis-sur-Serre
Remies
Pouilly-sur-Serre
Chalandry
Barenton-sur-Serre
Vesles-et-Caumont
Cité Quessy
Quessy
le Travers
la Briqueterie
le Trou à Grèves
Danizy
Monceau-lès-Leups
Chéry-lès-Pouilly
Grandlup-et-Fay
Pierrepont
Vouël
Tergnier
Fargniers
la Fère
Charmes
Versigny
Rogécourt
Couvron-et-Aumencourt
Barenton-Cel
Verneuil-sur-Serre
Fay le Sec
la Frette
Beautor
Andelain
Condren
Deuillet
Fressancourt
Epourdon
les Bruyères
la Bovette
Vivaise
Aulnois-sous-Laon
Barenton-Bugny
Maison Blanche
Monceau-le-Waast
Missy-lès-Pierrepont
Servais
Bertaucourt-Epourdon
Amigny-Rouy
la Maladrerie
Fourdrain
Crépy
Chât.
Gizy
Liesse
Cité de Vogüé
Brie
Besny-et-Loizy
St-Gobain
St-Nicolas-aux-Bois
Morteaulois
Chambry
Samoussy
Marchais
Forêt Domaniale de Coucy Basse
Barisis
Forêt Domaniale de Saint-Gobain
Anc. Abb.
Bucy-lès-Cerny
Cerny-lès-Bucy
Loizy
LAON
Athies-sous-Laon
Bernagousse
le Croitor
Septvaux
Ferme de Brellemont
Cessières
Molinchart
Laneuville
Quartier de Champagne
Semilly sous Laon
Eppes
Coucy-lès-Eppes
Fresnes
Rosière
Anc. Abb. de Prémontré
Premontré
Sébacourt
Suzy
Laniscourt
Clacy-et-Thierret
Ardon sous Laon
Verneuil-sous-Coucy
le Bois de Midi
Aumont
Mons-en-Laonnois
Faubourg de Leuilly
Vesl
Mauregny-en-Haye
Folembray
Coucy-la-Ville
Bassoles-Aulers
la Vallée des Frênes
Faucoucourt
Maneux
Chivy-lès-Étouvelles
Bruyères-et-Montbérault
Parfondru
Bourguignon-sous-Montbavin
Marcilly
Merlieux-et-Fouquerolles
Montbavin
Vaucelles-et-Beffecourt
Étouvelles
Chérét
Courtrizy
N29
N44
N2
N32
A26
D946
D967
D13
D12
D58
D29
D31
D960
D1
D26
D54
D7

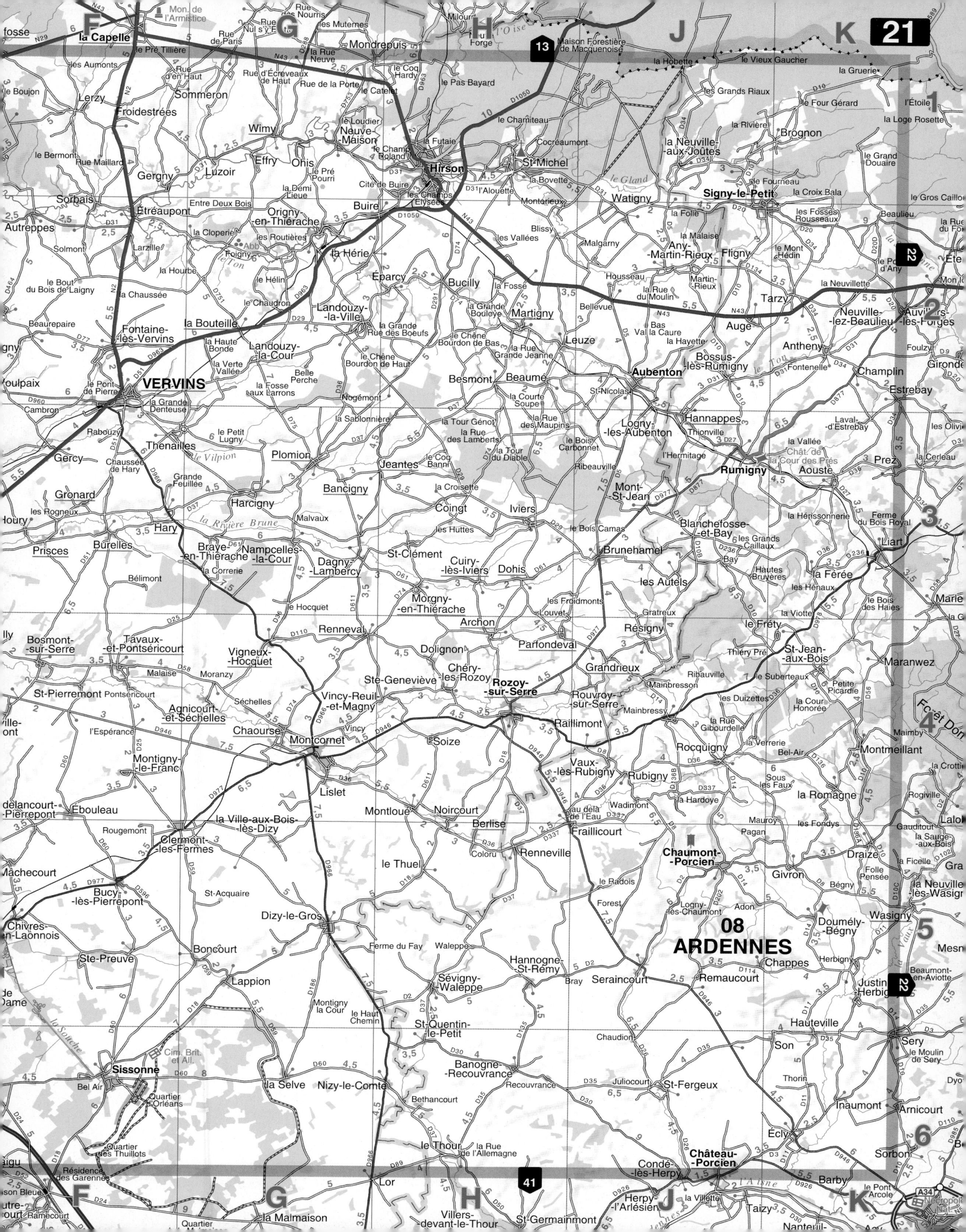
F
G
H
J
K
1
2
3
4
5
6
13
22
41
la Capelle
Mon. de l'Armistice
Rue des Nourris
les Muternes
Rue de Paris
Mondrepuis
Milourd
l'Oise
Neuve Forge
Maison Forestière de Macquenoise
la Hobette
le Vieux Gaucher
la Gruerie
le Pré Tillière
les Aumonts
Rue d'en Haut
Rue d'Écreveaux de Haut
Rue de la Porte
le Coq Hardy
le Catelet
le Pas Bayard
le Boujon
Lerzy
Sommeron
Froidestrées
Wimy
le Loudier
Neuve-Maison
le Chamiteau
Cocréaumont
les Grands Riaux
le Four Gérard
l'Étoile
la Loge Rosette
la Rivière
Brognon
la Neuville-aux-Joûtes
le Grand Douaire
le Bermont
Rue Maillard
Gergny
Luzoir
Effry
Ohis
le Pré Pourri
la Futaie
le Champ Roland
Hirson
St-Michel
la Bovette
le Gland
le Fourneau
Signy-le-Petit
la Croix Bala
le Gros Caillou
Sorbais
Entre Deux Bois
la Demi Lieue
Cité de Buire
les Champs Elysées
Buire
l'Alouette
Montorieux
Watigny
la Folie
les Fosses Rousseaux
Beaulieu
Autreppes
Étréaupont
Origny-en-Thiérache
la Cloperie
les Routières
Foigny
Abb.
Blissy
les Vallées
Malgarny
la Malaise
Any-Martin-Rieux
Fligny
le Mont Hédin
Solmont
Larzille
la Hérie
le Hélin
la Hourbe
Éparcy
Bucilly
la Fosse
Housseau
la Rue du Moulin
Martin-Rieux
la Neuvillette
le Bout du Bois de Laigny
la Chaussée
le Chaudron
Landouzy-la-Ville
la Grande Bouloye
Martigny
Bellevue
Tarzy
Neuville-lez-Beaulieu
Auvillers-les-Forges
Beaurepaire
Fontaine-lès-Vervins
la Bouteille
la Grande Rue des Boeufs
le Chêne Bourdon de Bas
la Rue Grande Jeanne
Leuze
Bas Val
la Caure
la Hayette
Auge
Antheny
Foulzy
la Haute Bonde
Landouzy-la-Cour
la Verte Vallée
le Chêne Bourdon de Haut
Bossus-lès-Rumigny
Fontenelle
Champlin
le Ton
le Pont de Pierre
VERVINS
Belle Perche
la Fosse aux Larrons
Besmont
Beaumé
Aubenton
St-Nicolas
Estrebay
Cambron
la Grande Denteuse
Nogémont
la Courte Soupe
la Sablonnière
la Tour Génot
la Rue des Maupins
la Rue des Lamberts
Logny-lès-Aubenton
Hannappes
Thionville
Laval-d'Estrebay
Rabouzy
le Petit Lugny
Thenailles
le Vilpion
Plomion
Jeantes
le Coq Banni
la Tour du Diable
le Bois Carbonnet
l'Hermitage
la Vallée
Chât. de la Cour des Prés
Prez
le Cerleau
Gercy
Chaussée de Hary
Ribeauville
Rumigny
Aouste
Grande Feuillée
Bancigny
la Croisette
Mont-St-Jean
Gronard
Harcigny
Coingt
Iviers
les Rogneux
la Rivière Brune
Malvaux
les Huttes
le Bois Camas
Blanchefosse-et-Bay
les Grands Caillaux
la Hérissonnerie
Ferme du Bois Royal
Hary
Prisces
Burelles
Braye-en-Thiérache
Nampcelles-la-Cour
St-Clément
Cuiry-lès-Iviers
Dohis
Brunehamel
Bay
Liart
la Correrie
Dagny-Lambercy
les Autels
Hautes Bruyères
la Férée
Bélimont
les Hénaux
Morgny-en-Thiérache
les Froidmonts
Louvet
Gratreux
le Bois des Haies
le Hocquet
Archon
Résigny
la Viotte
le Fréty
Bosmont-sur-Serre
Tavaux-et-Pontséricourt
Vigneux-Hocquet
Renneval
Dolignon
Parfondeval
Thiéry Pré
St-Jean-aux-Bois
Maranwez
Malaise
Moranzy
Chéry-lès-Rozoy
Grandrieux
Ribauville
le Suberteaux
Petite Picardie
St-Pierremont
Pontséricourt
Ste-Geneviève
Rozoy-sur-Serre
Mainbresson
Vincy-Reuil-et-Magny
Séchelles
Rouvroy-sur-Serre
les Duizettes
la Cour Honorée
Agnicourt-et-Séchelles
Mainbressy
Raillimont
la Rue Gibourdelle
l'Espérance
Chaourse
Vincy
Montcornet
Soize
Forêt Dom.
Maimby
la Verrerie
Rocquigny
Bel-Air
Montmeillant
la Crottie
Montigny-le-Franc
Vaux-lès-Rubigny
Rubigny
Sous les Faux
Lislet
Rogiville
la Hardoye
la Romagne
Lalobbe
Ebouleau
Montloué
Noircourt
Berlise
au delà de l'Eau
Wadimont
Mauroy
Pagan
les Fondys
Gauditout
la Sauge-aux-Bois
Rougemont
la Ville-aux-Bois-lès-Dizy
Fraillicourt
Clermont-les-Fermes
Coloru
Renneville
Chaumont-Porcien
Draize
Machecourt
le Thuel
Givron
Folle Pensée
la Ficelle
Gra
le Radois
Bégny
la Neuville-lès-Wasigny
Bucy-lès-Pierrepont
St-Acquaire
Forest
Adon
Logny-lès-Chaumont
Doumély-Bégny
Wasigny
Chivres-en-Laonnois
Dizy-le-Gros
08 ARDENNES
Ste-Preuve
Boncourt
Ferme du Fay
Waleppe
Hannogne-St-Rémy
Bray
Seraincourt
Chappes
Herbigny
Remaucourt
Beaumont-en-Aviotte
Justine-Herbigny
Lappion
Sévigny-Waleppe
Montigny la Cour
le Haut Chemin
St-Quentin-le-Petit
la Souche
Chaudion
Hauteville
Son
Sery
le Moulin de Sery
Sissonne
Cim. Brit. et All.
Banogne-Recouvrance
Recouvrance
Juliocourt
St-Fergeux
Thorin
Bel Air
la Selve
Nizy-le-Comte
Quartier d'Orléans
Bethancourt
Inaumont
Arnicourt
Écly
Quartier des Thuillots
le Thour
la Rue de l'Allemagne
Château-Porcien
Sorbon
Résidence des Garennes
Condé-lès-Herpy
Lor
Barby
l'Aisne
le Pont Arcole
Herpy-l'Arlésien
la Villette
Taizy
Ramecourt
la Malmaison
Villers-devant-le-Thour
St-Germainmont
Nanteuil
Quartier
Nécropole Nat.

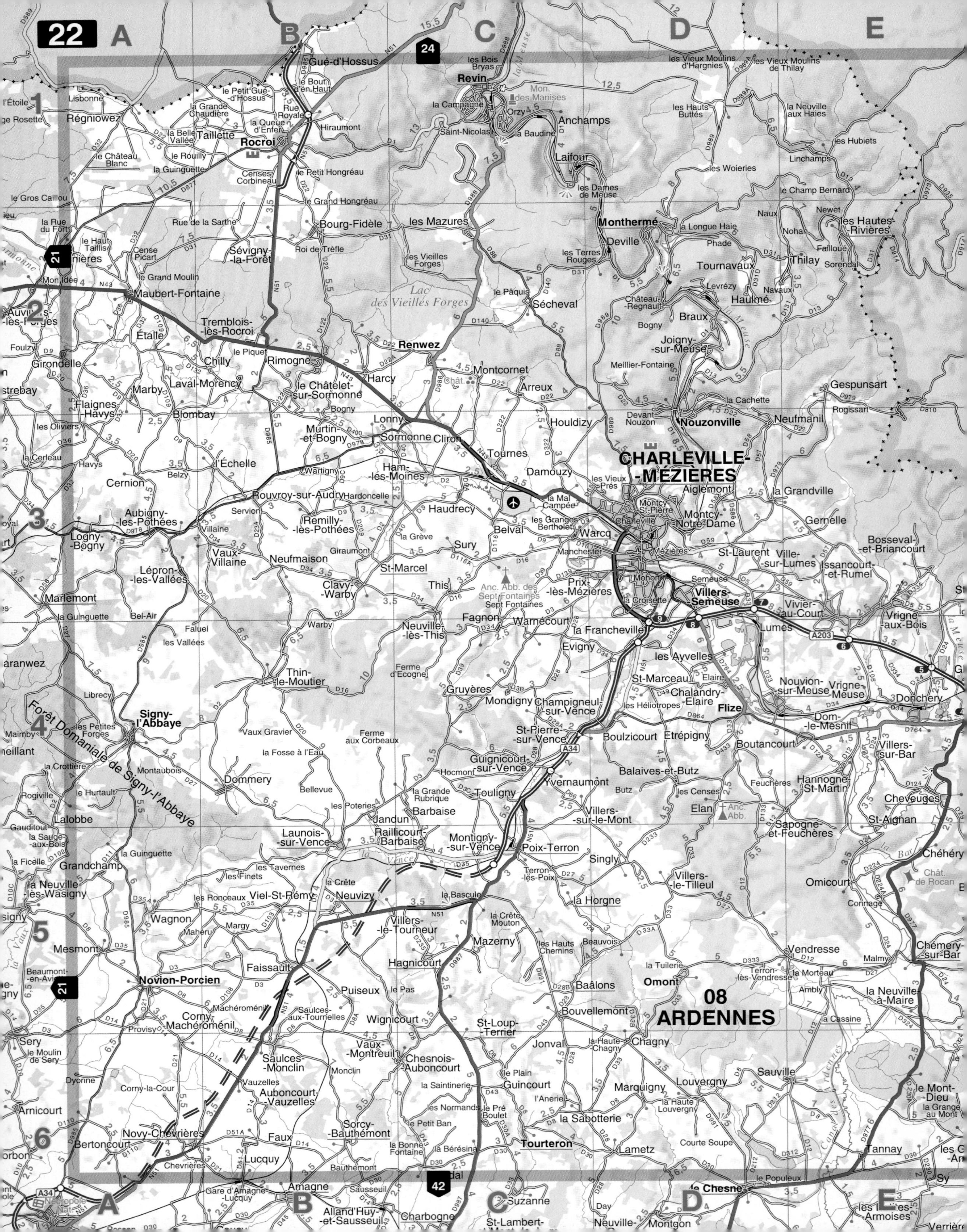

22
A
B
C
D
E
24
42
21
1
2
3
4
5
6
Gué-d'Hossus
Revin
Mon. des Manises
Orzy
Anchamps
Laifour
les Dames de Meuse
Saint-Nicolas
la Baudine
la Campagne
les Bois Bryas
les Vieux Moulins d'Hargnies
les Vieux Moulins de Thilay
les Hauts Buttés
la Neuville aux Haies
les Hubiets
Linchamps
les Woieries
le Champ Bernard
Naux
Newet
les Hautes-Rivières
Nohan
Failloué
Thilay
Sorendal
Monthermé
la Longue Haie
Phade
Deville
les Terres Rouges
Tournavaux
Levrézy
Navaux
Haulmé
Château-Regnault
Bogny
Braux
Joigny-sur-Meuse
la Meuse
Meillier-Fontaine
la Cachette
Devant Nouzon
Nouzonville
Neufmanil
Gespunsart
Rogissart
l'Étoile
Lisbonne
Régniowez
le Petit Gué-d'Hossus
la Grande Chaudière
la Belle Vallée
Taillette
la Queue d'Enfer
Rue Royale
le Bout d'en-Haut
Hiraumont
Rocroi
le Château Blanc
le Rouilly
le Guinguette
Censes Corbineau
le Petit Hongréau
le Grand Hongréau
le Gros Caillou
la Rue du Fort
Rue de la Sarthe
Bourg-Fidèle
les Mazures
le Haut Taillis
Cense Picart
Sévigny-la-Forêt
Roi de Trèfle
les Vieilles Forges
Lac des Vieilles Forges
Mon Idée
le Grand Moulin
Maubert-Fontaine
le Pâquis
Sécheval
Tremblois-lès-Rocroi
Étalle
Renwez
le Piquet
Rimogne
Chilly
Harcy
Montcornet
Arreux
Foulzy
Girondelle
Laval-Morency
Marby
le Châtelet-sur-Sormonne
Bogny
Flaignes-Havys
Blombay
Murtin-et-Bogny
Lonny
Sormonne
Cliron
Houldizy
Tournes
les Oliviers
la Cerleau
Havys
Belzy
l'Échelle
Wartigny
Ham-les-Moines
Damouzy
CHARLEVILLE-MÉZIÈRES
Aiglemont
les Vieux Prés
la Mal Campée
Montcy-St-Pierre
Montcy-Notre-Dame
la Grandville
Gernelle
Cernion
Rouvroy-sur-Audry
Hardoncelle
Haudrecy
Servion
Remilly-les-Pothées
Aubigny-les-Pothées
Logny-Bogny
Villaine
Vaux-Villaine
la Grève
Belval
les Granges Bertholet
Warcq
Manchester
Mézières
St-Laurent
Ville-sur-Lumes
Bosseval-et-Briancourt
Issancourt-et-Rumel
Giraumont
Sury
Neufmaison
St-Marcel
Lépron-les-Vallées
Marlemont
la Guinguette
Bel-Air
Clavy-Warby
This
Anc. Abb. des Sept Fontaines
Sept Fontaines
Prix-lès-Mézières
Mohon
la Croisette
Semeuse
Villers-Semeuse
Vivier-au-Court
Vrigne-aux-Bois
Lumes
Warby
Faluel
les Vallées
Fagnon
Warnécourt
la Francheville
Neuville-lès-This
Evigny
les Ayvelles
aranwez
Ferme d'Ecogne
Thin-le-Moutier
Gruyères
St-Marceau
Elaire
Chalandry-Elaire
les Héliotropes
Flize
Nouvion-sur-Meuse
Vrigne-Meuse
Donchery
Dom-le-Mesnil
Librecy
Mondigny
Champigneul-sur-Vence
Forêt Domaniale de Signy-l'Abbaye
Signy-l'Abbaye
les Petites Forges
Maimby
Vaux Gravier
Ferme aux Corbeaux
St-Pierre-sur-Vence
Boulzicourt
Etrépigny
Boutancourt
Villers-sur-Bar
la Fosse à l'Eau
la Crottière
Montaubois
Guignicourt-sur-Vence
Hocmont
Balaives-et-Butz
Feuchères
Hannogne-St-Martin
Rogiville
le Hurtault
Dommery
Bellevue
Yvernaumont
Butz
les Censes
Cheveuges
la Grande Rubrique
Touligny
Elan
Anc. Abb.
St-Aignan
Lalobbe
les Poteries
Barbaise
Villers-sur-le-Mont
Gauditout
la Sauge-aux-Bois
Jandun
Sapogne-et-Feuchères
Launois-sur-Vence
Raillicourt-Barbaise
Montigny-sur-Vence
Poix-Terron
Singly
Chéhéry
la Guinguette
la Ficelle
Grandchamp
les Tavernes
les Finets
la Vence
Terron-lès-Poix
Villers-le-Tilleul
Omicourt
Chât. de Rocan
la Neuville-lès-Wasigny
la Crête
les Ronceaux
Viel-St-Rémy
Neuvizy
la Bascule
la Horgne
Connage
Wagnon
Maheru
Margy
Villers-le-Tourneur
la Crête Mouton
Beauvois
Mesmont
Mazerny
les Hauts Chemins
Vendresse
Chémery-sur-Bar
Malmy
Beaumont-en-Aviat
Novion-Porcien
Faissault
Hagnicourt
la Tuilerie
Omont
Terron-lès-Vendresse
la Morteau
Puiseux
le Pas
Baâlons
Ambly
08
ARDENNES
la Neuville-à-Maire
Macheroménil
Corny-Macheroménil
Provisy
Saulces-aux-Tournelles
Wignicourt
St-Loup-Terrier
Bouvellemont
la Cassine
Sery
le Moulin de Sery
Vaux-Montreuil
Jonval
la Haute-Chagny
Chagny
Saulces-Monclin
Monclin
Chesnois-Auboncourt
le Plain
Sauville
Dyonne
Corny-la-Cour
Vauzelles
Auboncourt-Vauzelles
la Saintinerie
Guincourt
Marquigny
Louvergny
le Mont-Dieu
la Grange au Mont
Arnicourt
les Normands
le Pré Boulet
l'Anerie
la Haute Louvergny
la Sabotterie
Novy-Chevrières
Faux
Sorcy-Bauthémont
le Petit Ban
Courte Soupe
Bertoncourt
Lucquy
la Bonne Fontaine
la Bérésina
Tourteron
Lametz
Tannay
les Grandes-Armoises
Chevrières
Bauthémont
Amagne
Gare d'Amagne-Lucquy
Sausseuil
le Populeux
le Chesne
Sy
Nécropole Nat.
Alland'Huy-et-Sausseuil
Charbogne
Suzanne
St-Lambert
Day
Neuville-
Montgon
les Petites-Armoises
Verrières

BELGIQUE
Bièvre
Paliseul
Baillamont
Oizy
Libramont-Chevigny
Bertrix
Mouzaive
Alle
Rochehaut
Bouillon
Herbeumont
Florenville
Fleigneux
Olly
la Chapelle
Illy
Floing
Givonne
la Laverie
SEDAN
Daigny
Villers-Cernay
le Coteau
Pouru-aux-Bois
le Chesnois
Escombres-et-le-Chesnois
Francheval
Rubécourt-et-Lamécourt
la Moncelle
Châl. Fort
Balan
Bazeilles
Lamécourt
Pouru-St-Remy
Messincourt
Messempré
Pure
Matton-et-Clémency
le Pâquis de Frappant
Williers
Clémency
Tremblois-lès-Carignan
la Forge
Sachy
Forges de Brévilly
Douzy
Pont-Maugis
Remilly-Aillicourt
Aillicourt
Thelonne
Brévilly
Osnes
Mairy
Tétaigne
Mogues
les Deux-Villes
Wé
Carignan
Lombut
Euilly-et-Lombut
Petit Remilly
Beau Ménil
Angecourt
Charbeaux
Puilly-et-Charbeaux
Amblimont
Chenot
Blagny
Linay
Auflance
Margny
Villers-devant-Mouzon
Haraucourt
Mouzon
Sailly
Vaux-lès-Mouzon
la Chiers
Cogneux
Autrecourt-et-Pourron
les Horgues
Fromy
la Paquette
Herbeuval
Raucourt-et-Flaba
le Faubourg
Blanchampagne
Villy
Moiry
Sapogne-sur-Marché
Breux
Ferme de Sart
Nécropole Nat.
Margut
Bel-Air
Montlibert
Signy-Montlibert
Villemontry
Moulins-St-Hubert
Malandry
Flaba
Malmaison
la Meuse
la Ferté-sur-Chiers
Ermitage de Saint-Walfroy
Thonne-le-Thil
Avioth
Thonne-la-Long
Yoncq
Ferme d'Alma
Olizy-sur-Chiers
Bièvres
Autréville-St-Lambert
Thonnelle
la Harnoterie
Lamouilly
Verneuil-Petit
la Besace
la Bagnolle
Létanne
Pouilly-sur-Meuse
Inor
Chauvency-St-Hubert
Fresnois
Écouviez
Thonne-les-Prés
Montmédy
Verneuil-Grand
Nepvant
Beaumont-en-Argonne
Beauregard
Martincourt-sur-Meuse
Chauvency-le-Château
Luzy-St-Martin
Villécloye
Brouennes
la Berlière
Beauséjour
Ferme de Belle Tour
Cesse
Cervizy
Ferme des Étangs
Vigneul-sous-Montmédy
Bazeilles-sur-Othain
Vélosnes
Othe
Landzécourt
Oches
Sommauthe
Laneuville-sur-Meuse
Stenay
Quincy-Landzécourt
Han-
A4
N40
N89
N95
N83
N85
N88
N58
N43
D826
D899
D853
D945
D819
D893
D845
D884
D865
D828
D810
D777
D6
D4
D894
D891
D818
D895
D840
D17
D19
D52
D53
D695
A203
F
G
H
J
K
1
2
3
4
5
6

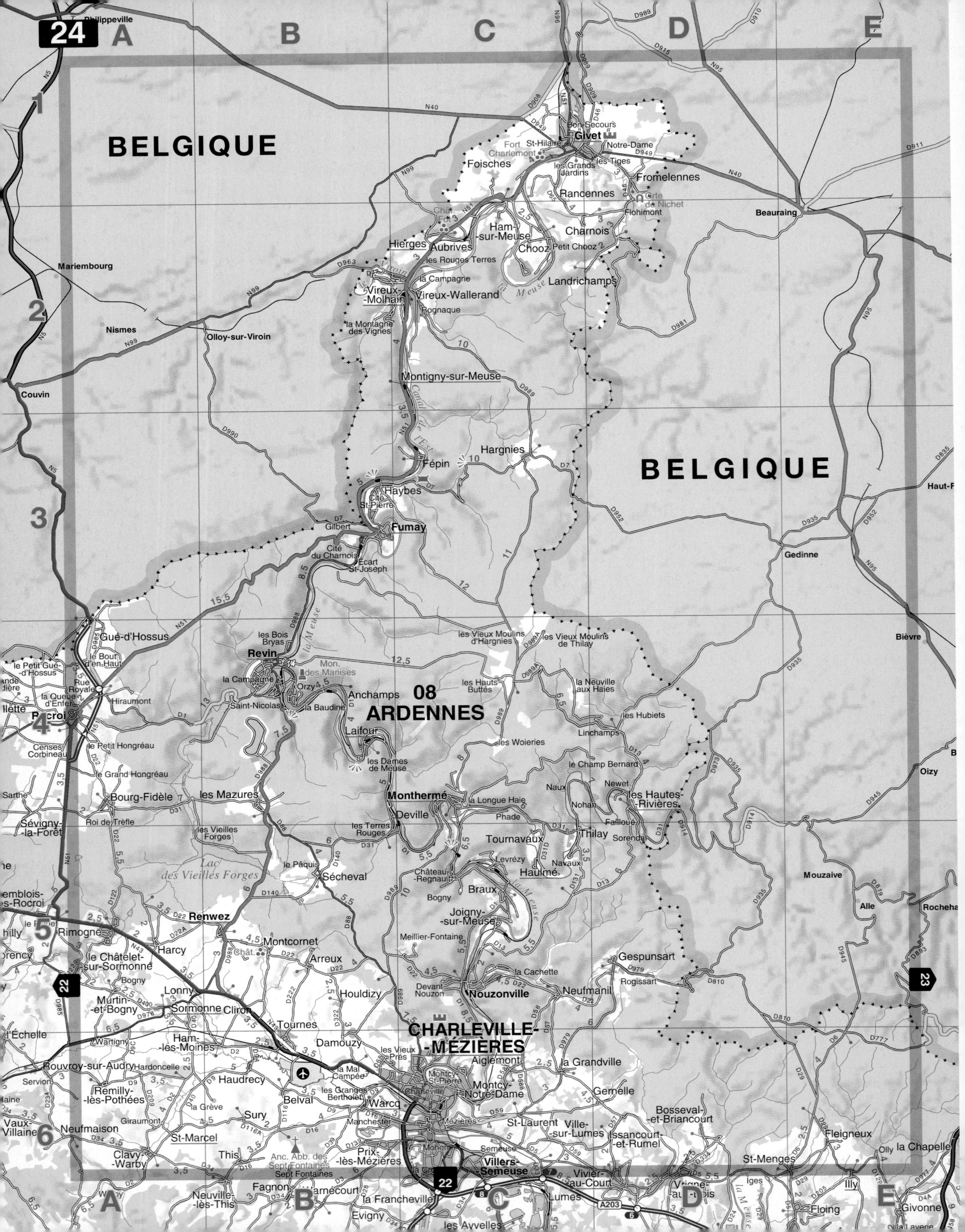

BELGIQUE
Givet
Fumay
Revin
08
ARDENNES
Monthermé
Nouzonville
CHARLEVILLE-MÉZIÈRES
Rocroi
Renwez
Villers-Semeuse
Gedinne
Beauraing
Couvin
Nismes
Mariembourg
Philippeville
Haybes
Fépin
Hargnies
Vireux-Wallerand
Vireux-Molhain
Hierges
Aubrives
Ham-sur-Meuse
Chooz
Rancennes
Fromelennes
Foisches
Charnois
Landrichamps
Montigny-sur-Meuse
Anchamps
Laifour
Deville
Thilay
Tournavaux
Haulmé
Braux
Joigny-sur-Meuse
Bogny
Château-Regnault
Neufmanil
Gespunsart
Aiglemont
la Grandville
Gernelle
Montcy-Notre-Dame
Warcq
Belval
Sécheval
les Mazures
Bourg-Fidèle
Harcy
Rimogne
Montcornet
Arreux
Houldizy
Tournes
Damouzy
Cliron
Sormonne
Lonny
Haudrecy
Sury
St-Marcel
This
Prix-lès-Mézières
Fagnon
Warnécourt
la Francheville
Lumes
Vivier-au-Court
Fleigneux
St-Menges
Illy
Givonne
Bièvre
Oizy
Mouzaive
Alle
BELGIQUE
Gué-d'Hossus
Olloy-sur-Viroin
Sévigny-la-Forêt
Neufmaison
Clavy-Warby
Murtin-et-Bogny
Remilly-lès-Pothées
Ham-les-Moines
Rouvroy-sur-Audry

23

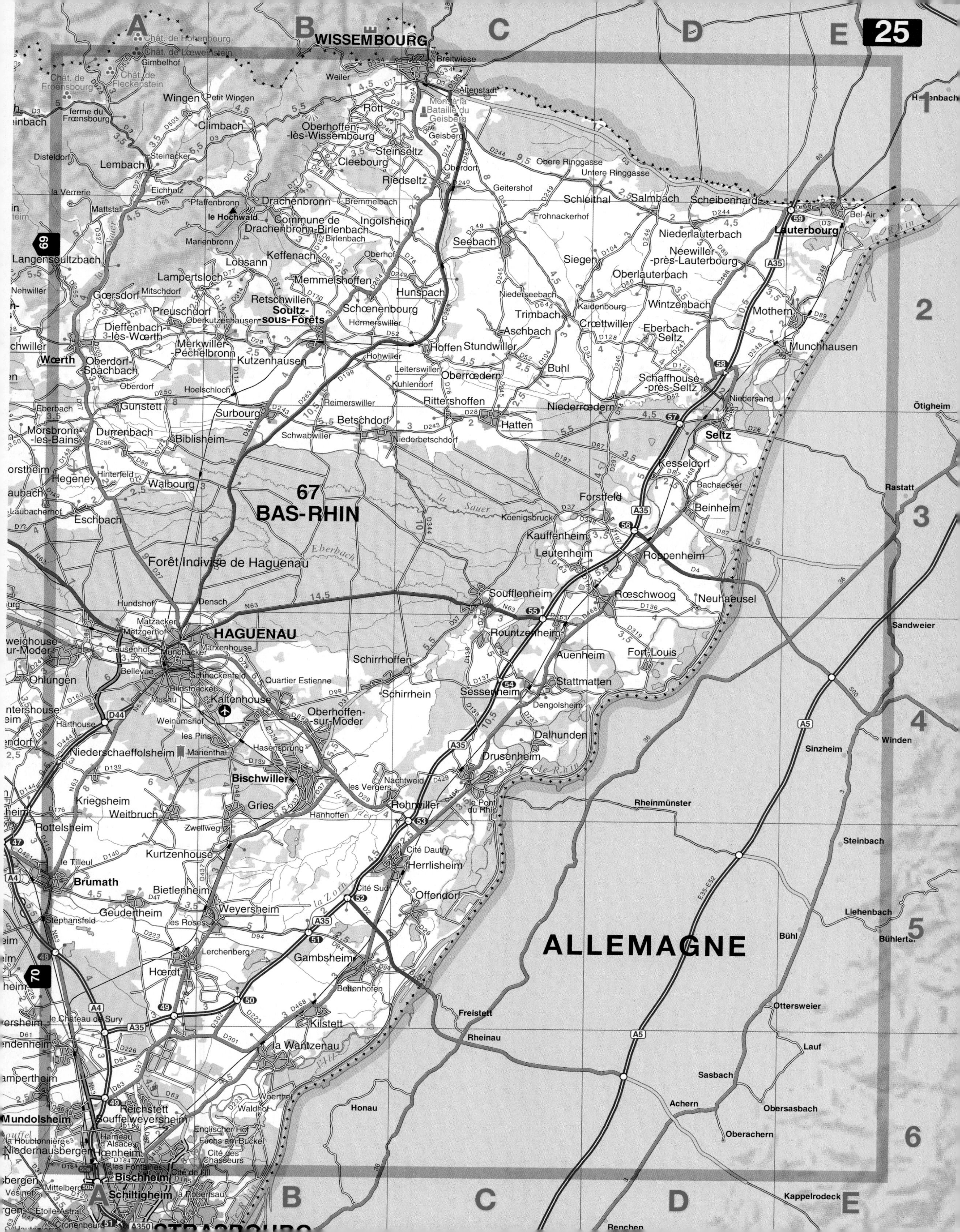
A
B
C
D
E
WISSEMBOURG
Chât. de Hohenbourg
Chât. de Lœwenstein
Gimbelhof
Chât. de Frœnsbourg
Chât. de Fleckenstein
Breitwiese
Weiler
Altenstadt
Wingen
Petit Wingen
ferme du Frœnsbourg
Rott
Monument de la Bataille du Geisberg
Geisberg
Climbach
Oberhoffen-lès-Wissembourg
Steinseltz
Disteldorf
Steinacker
Cleebourg
Lembach
Riedseltz
Oberdorf
Obere Ringgasse
Untere Ringgasse
Eichholz
la Verrerie
Pfaffenbronn
Drachenbronn
Bremmelbach
Geitershof
Schleithal
Salmbach
Scheibenhard
Mattstall
le Hochwald
Commune de Drachenbronn-Birlenbach
Birlenbach
Ingolsheim
Frohnackerhof
Lauterbourg
Bel-Air
le Rhin
Marienbronn
Seebach
Niederlauterbach
Neewiller-près-Lauterbourg
Langensoultzbach
Lobsann
Keffenach
Oberhof
Siegen
Lampertsloch
Memmelshoffen
Oberlauterbach
Nehwiller
Gœrsdorf
Mitschdorf
Retschwiller
Soultz-sous-Forêts
Hunspach
Niederseebach
Kaidenbourg
Wintzenbach
Mothern
Preuschdorf
Schœnenbourg
Trimbach
Oberkutzenhausen
Hermerswiller
Crœttwiller
Eberbach-Seltz
Dieffenbach-lès-Wœrth
Aschbach
Merkwiller-Pechelbronn
Hoffen
Stundwiller
Munchhausen
Wœrth
Oberdorf-Spachbach
Kutzenhausen
Hohwiller
Buhl
Leiterswiller
Oberrœdern
Schaffhouse-près-Seltz
Kuhlendorf
Oberdorf
Hoelschloch
Rittershoffen
Niedersand
Eberbach
Gunstett
Reimerswiller
Hatten
Niederrœdern
Ötigheim
Surbourg
Betschdorf
Morsbronn-les-Bains
Durrenbach
Schwabwiller
Niederbetschdorf
Seltz
Biblisheim
Kesseldorf
Hegeney
Hinterfeld
Walbourg
Bachaecker
Rastatt
67
BAS-RHIN
Forstfeld
Laubacherhof
Eschbach
la Sauer
Koenigsbruck
Beinheim
Kauffenheim
Leutenheim
Roppenheim
Eberbach
Forêt Indivise de Haguenau
Soufflenheim
Rœschwoog
Neuhaeusel
Hundshof
Densch
Matzacker
Metzgerhof
HAGUENAU
Rountzenheim
Fort-Louis
Sandweier
Clausenhof
Marxenhouse
Munchacker
Schweighouse-sur-Moder
Bellevue
Schirrhoffen
Auenheim
Ohlungen
Schneckenfeld
Quartier Estienne
Bildstoeckel
Kaltenhouse
Schirrhein
Sessenheim
Stattmatten
Musau
Oberhoffen-sur-Moder
Dengolsheim
Harthouse
Weinumshof
les Pins
Dalhunden
Niederschaeffolsheim
Marienthal
Hasensprung
Drusenheim
Winden
Sinzheim
Bischwiller
Nachtweid
les Vergers
Kriegsheim
Gries
Rohrwiller
le Pont du Rhin
Rheinmünster
Weitbruch
Hanhoffen
la Moder
Rottelsheim
Zwellweg
Kurtzenhouse
Cité Dautry
Herrlisheim
Steinbach
le Tilleul
Brumath
Bietlenheim
Cité Sud
Offendorf
Geudertheim
Weyersheim
la Zorn
Liehenbach
Stephansfeld
les Roses
Lerchenberg
Gambsheim
ALLEMAGNE
Bühl
Bühlertal
Hœrdt
Bettenhofen
Ottersweier
Le Château de Sury
Kilstett
Freistett
Rheinau
la Wantzenau
Lauf
Reichstett
Souffelweyersheim
Woerther
Waldhof
Sasbach
Honau
Achern
Obersasbach
Mundolsheim
Hameau d'Alsace
Englischer Hof
Fuchs am Buckel
Oberachern
Niederhausbergen
Hœnheim
Cité des Chasseurs
les Fontaines
Bischheim
Cité de l'Ill
Mittelbergen
Schiltigheim
la Robertsau
Kappelrodeck
Renchen
A35
A4
A5
A350
E35-E52
N63
1
2
3
4
5
6
69
70

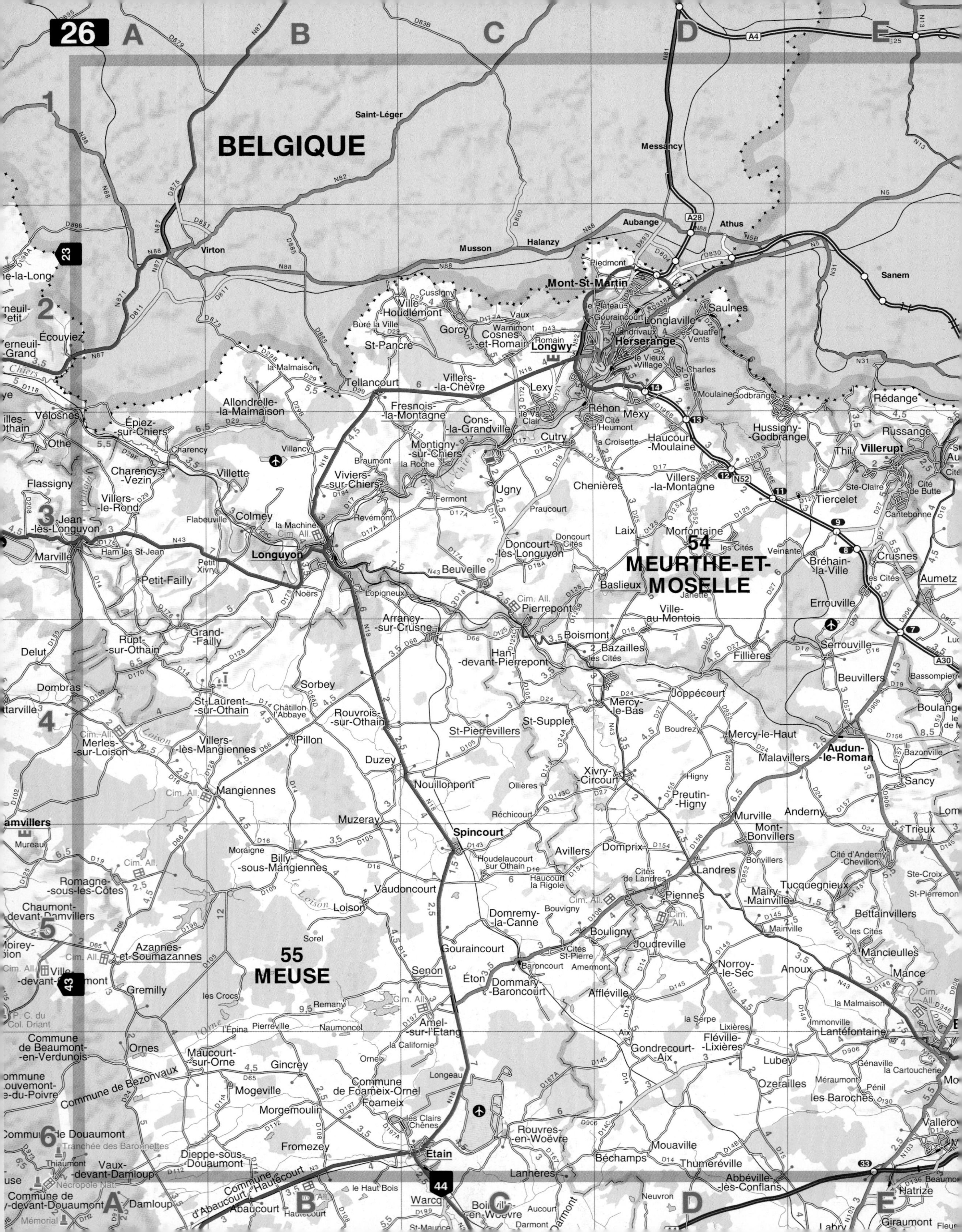

BELGIQUE
Saint-Léger
Messancy
Virton
Musson
Halanzy
Aubange
Athus
Sanem
Mont-St-Martin
Longwy
Herserange
Longlaville
Saulnes
Villerupt
Longuyon
54
MEURTHE-ET-MOSELLE
55
MEUSE
Spincourt
Audun-le-Roman
Étain
Marville
Damvillers
Piennes
Landres
Joudreville
Bouligny
Aumetz
Errouville
Fillières
Tiercelet
Crusnes
Réhon
Mexy
Cutry
Lexy
Cons-la-Grandville
Pierrepont
Mangiennes
Azannes-et-Soumazannes
Ornes
Foameix
Rouvres-en-Woëvre
Mouaville
Béchamps
Lantéfontaine
Mancieulles

LUXEMBOURG
ALLEMAGNE
57 MOSELLE
THIONVILLE
Hesperange
Schifflange
Kayl
Dudelange
Rumelange
Schengen
Mondorff
Rodemack
Sierck-les-Bains
Cattenom
Yutz
Hayange
Florange
Fameck
Moyeuvre-Grande
Rombas
Homecourt
Maizières-lès-Metz
Metzervisse
Vigy
Bouzonville
le Hackenberg 347

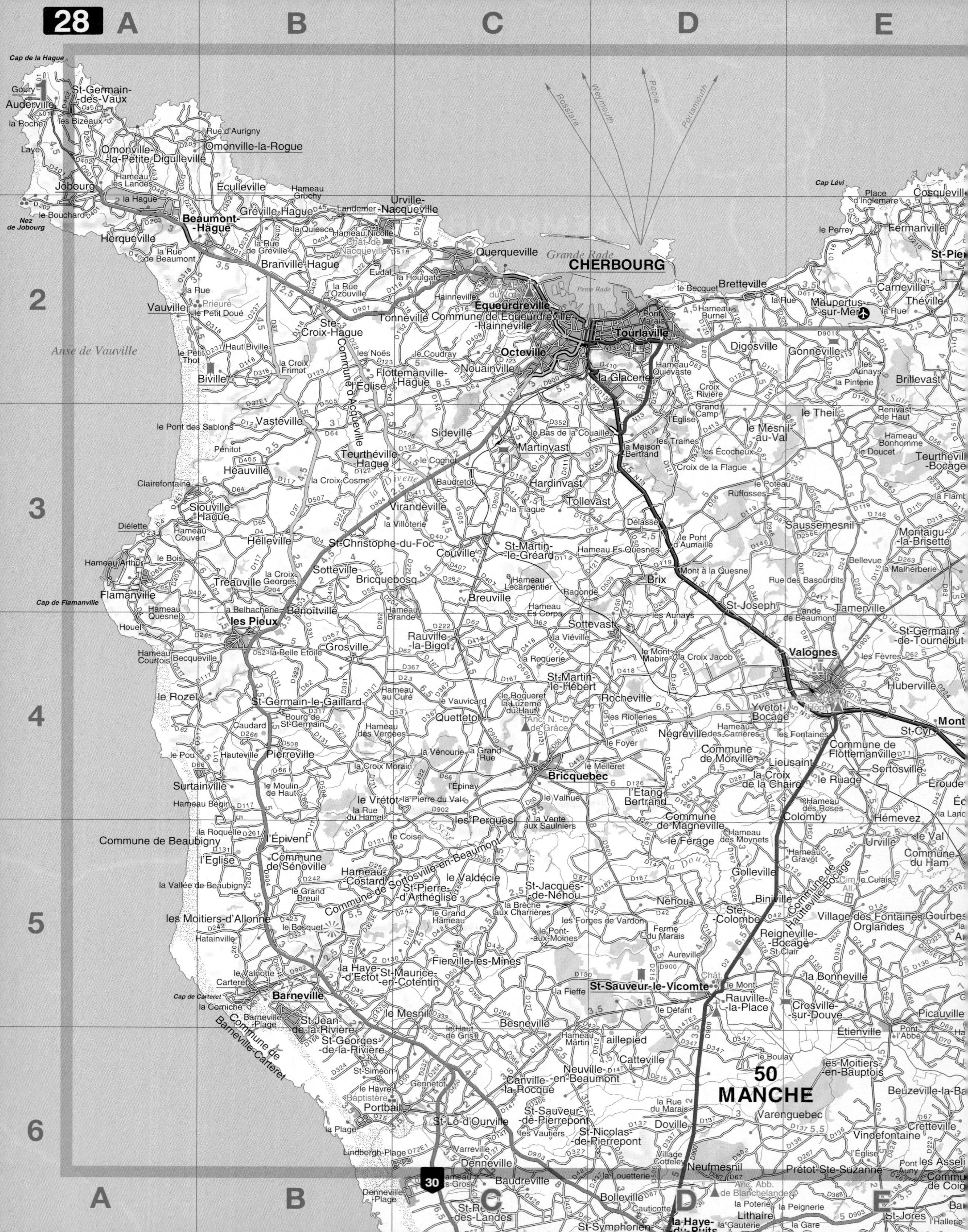
A
B
C
D
E
1
2
3
4
5
6
Cap de la Hague
Goury
Auderville
St-Germain-des-Vaux
la Roche
les Bizeaux
Laye
Omonville-la-Petite
Digulleville
Rue d'Aurigny
Omonville-la-Rogue
Jobourg
Hameau les Landes
Éculleville
Hameau Gruchy
Urville-Nacqueville
Landemer
la Hague
Nez de Jobourg
le Bouchard
Beaumont-Hague
Gréville-Hague
la Quiesce
Hameau Nicolle
Chât. de Nacqueville
Herqueville
la Rue de Gréville
la Rue de Beaumont
Branville-Hague
Querqueville
Grande Rade
CHERBOURG
Rosslare
Weymouth
Poole
Portsmouth
Eudal
la Houlgate
la Rue
la Rue d'Ozouville
Prieuré
Vauville
le Petit Doué
Ste-Croix-Hague
Hainneville
Anc. Abb. du Voeu
Equeurdreville
Petite Rade
Commune d'Equeurdreville-Hainneville
Tonneville
Pont Marais
Tourlaville
Anse de Vauville
le Petit Thot
Haut Biville
Biville
la Croix Frimot
les Noës
Commune d'Acqueville
le Coudray
Octeville
Nouainville
Flottemanville-Hague
Église
la Glacerie
Hameau Quiévaste
le Pont des Sablons
Vasteville
Sideville
le Bas de la Couaille
Pénitot
Martinvast
la Maison Bertrand
Héauville
Teurthéville-Hague
le Cognet
la Croix Cosme
la Divette
Baudretot
Clairefontaine
Hardinvast
Tollevast
Siouville-Hague
Virandeville
la Flague
la Villoterie
Diélette
Hameau Couvert
Helleville
St-Christophe-du-Foc
Couville
St-Martin-le-Gréard
Hameau Es Quesnes
Délasse
le Pont d'Aumaille
Hameau Arthur
le Bois
Sotteville
la Croix Georges
Bricquebosq
Tréauville
Hameau Lecarpentier
Ragonde
Brix
Mont à la Quesne
Flamanville
Breuville
Cap de Flamanville
Hameau Quesne
la Belhacherie
Benoîtville
Hameau Brande
Hameau Es Corps
les Aunays
St-Joseph
Houel
les Pieux
Sottevast
Rauville-la-Bigot
Grosville
la Viéville
Hameau Courtois
Becqueville
la Belle Etoile
la Roquerie
le Mont Mabire
la Croix Jacob
Valognes
St-Martin-le-Hébert
le Rozel
Hameau au Curé
le Vauvicard
le Roquerét
la Luzerne du Haut
Rocheville
St-Germain-le-Gaillard
Bourg de St-Germain
Quettetot
Anc. N.-D. de Grâce
les Riolleries
Yvetot-Bocage
Anc. Hôp.
Caudard
Hameau des Vergees
le Foyer
Négreville
Hameau des Carrieres
les Fontaines
le Pou
Hauteville
Pierreville
la Vénourie
la Grand-Rue
le Mellerét
Commune de Morville
Lieusaint
Commune de Flottemanville
la Croix Morain
Bricquebec
la Croix de la Chaire
le Ruage
Surtainville
le Moulin de Haut
l'Épinay
l'Étang Bertrand
Hameau Bégin
le Vrétot
la Pierre du Val
le Valhue
la Rue du Hamel
les Perques
la Vente aux Saulniers
Commune de Magneville
Colomby
Hameau des Roses
la Roquelle
l'Épivent
le Coisel
le Férage
Hameau des Moynets
Commune de Beaubigny
l'Église
Commune de Sénoville
Commune de Sortosville-en-Beaumont
la Doure
Hameau Gravot
Hameau Costard
le Valdécie
Golleville
la Vallée de Beaubigny
St-Pierre-d'Arthéglise
St-Jacques-de-Néhou
Néhou
Biniville
Commune de Hautteville-Bocage
la Grand Breuil
la Brèche aux Charrières
les Moitiers-d'Allonne
le Grand Hameau
les Forges de Vardon
Ste-Colombe
Village des Fontaines
Orglandes
le Bosquet
Ferme du Marais
Reigneville-Bocage
Hatainville
le Pont-aux-Moines
St-Clair
Aureville
Fierville-les-Mines
la Haye-d'Ectot
St-Maurice-en-Cotentin
le Valnotte
Carteret
Cap de Carteret
Barneville
St-Sauveur-le-Vicomte
Chât.
le Mont
la Bonneville
la Fieffe
Rauville-la-Place
Crosville-sur-Douve
la Corniche
Barneville-Plage
le Mesnil
le Défant
St-Jean-de-la-Rivière
le Haut de Gris
Besneville
Étienville
Commune de Barneville-Carteret
St-Georges-de-la-Rivière
Hameau Martin
Taillepied
Catteville
le Boulay
les Moitiers-en-Bauptois
St-Siméon
Neuville-en-Beaumont
50 MANCHE
Gennetot
Canville-la-Rocque
le Havre
Baptistère
Portbail
St-Sauveur-de-Pierrepont
la Rue du Marais
Varenguebec
St-Lô-d'Ourville
Doville
Crétteville
la Plage
les Vautiers
St-Nicolas-de-Pierrepont
Vindefontaine
Lindbergh-Plage
Varreville
Village Cotteley
Denneville
la Louetterie
Neufmesnil
Prétot-Ste-Suzanne
30
Hameau les Gros
Baudreville
Denneville-Plage
Bolleville
Anc. Abb. de Blanchelande
St-Rémy-des-Landes
Cauticotte
la Poterie
la Peignerie
la Haye-du-Puits
Lithaire
la Gare
St-Symphorien
St-Jores
Cap Lévi
Place d'Inglemare
Cosqueville
le Perrey
Fermanville
le Becquet
Bretteville
Carneville
Hameau Burnel
la Rue
Maupertus-sur-Mer
Théville
Digosville
Gonneville
les Aunays
Brillevast
Croix Rivière
la Pinterie
Grand Camp
l'Église
le Mesnil-au-Val
le Theil
Renivast de Haut
Hameau Bonhomme
les Traines
les Écocheux
le Doucet
Teurthéville-Bocage
Croix de la Flague
le Poteau
Ruffosses
Saussemesnil
Montaigu-la-Brisette
Bellevue
la Malherberie
Rue des Basourdits
Lande de Beaumont
Tamerville
St-Germain-de-Tournebut
les Fèvres
Huberville
St-Cyr
Sortosville
Éroude
Hémevez
le Val
Urville
Commune du Ham
Cim. All.
le Culais
Gourbes
Picauville
Pont l'Abbé
Beuzeville-la-Bastille
Pont Auny
l'Église

F
G
H
J
K
1
2
3
4
5
6
Pointe de Barfleur
Gatteville-le-Phare
Barfleur
Gouberville
Réthoville
Néville-sur-Mer
Vrasville
Varouville
Tocqueville
Ste-Geneviève
Clitourps
Valcanville
Canteloup
Montfarville
Anneville-en-Saire
le Vicel
le Vast
la Pernelle
Réville
Pointe de Saire
Quettehou
Saint-Vaast-la-Hougue
Morsalines
Videcosville
Crasville
Octeville-l'Avenel
Aumeville-Lestre
Lestre
Vaudreville
Quinéville
Îles St-Marcouf
la Rue-d'Ozeville
Fontenay-sur-Mer
St-Floxel
Joganville
St-Marcouf
Ravenoville Plage
Émondeville
Azeville
Ravenoville
Fresville
Foucarville
St-Germain-de-Varreville
St-Martin-de-Varreville
Utah Beach
Neuville-au-Plain
Beuzeville-au-Plain
Ste-Mère-Église
Turqueville
Audouville-la-Hubert
Chef-du-Pont
Écoquenéauville
Boutteville
Pouppeville
Ste-Marie-du-Mont
Carquebut
Blosville
Hiesville
Liesville-sur-Douve
Houesville
Vierville
St-Côme-du-Mont
Angoville-au-Plain
Appeville
Brévands
Carentan
Catz
Isigny-sur-Mer
Osmanville
le Bas-de-Géfosse
Commune de Géfosse-Fontenay
Grandcamp-Maisy
Pointe du Hoc
St-Pierre-du-Mont
Cricqueville-en-Bessin
Englesqueville-la-Percée
Vierville-sur-Mer
Omaha Beach
14
CALVADOS
Cardonville
la Cambe
Deux-Jumeaux
Asnières-en-Bessin
Louvières
St-Laurent-sur-Mer
Colleville-sur-Mer
Formigny
Longueville
St-Germain-du-Pert
Canchy
Normanville
Écrammeville
Surrain
32
31

A
B
C
D
E
1
2
3
4
5
6
28
51
Denneville-Plage
Bolleville
de Blanchelande
St-Rémy-des-Landes
Cauticotte
la Poterie
la Peignerie
Lithaire
St-Jores
St-Symphorien-le-Valois
la Haye-du-Puits
la Gaucherie
la Gare
Camp Romain
Surville
la Poudrière
Montgardon
la Rue du Bocage
la Vieille Eglise
Commune du Plessis-Lastelle
Glatigny
les Hauts Vents
Mobecq
la Renaudière
Gerville-la-Forêt
Beau-Coudray
Hameau Biémont
la Graverie
Lastelle
Nerduit
Bretteville-sur-Ay
Vesly
Fenouillère
Angoville-sur-Ay
Gorges
la Plage
Salnel
Laulne
la Clergerie
la Londe
St-Germain-sur-Ay-Plage
la Gaverie
St-Germain-sur-Ay
50
MANCHE
Chemin Perrey
Gonfreville
St-Patrice-de-Claids
le Gué de l'Orme
Lessay
Cité de l'Espérance
les Milleries
Rue de la Mer
Créances
Hotot
Village Fautrat
Printania-Plage
le Bocage
la Martinerie
les Plains
la Fresnerie
le Moulin à Vent
Périers
Pirou
le Buisson
Millières
la Beurrière
Armanville-Plage
la Feuillie
la Verderie
Manne
la Barberie
Pirou-Plage
Chât. de Pirou
l'Eventard
la Rachinière
la Gislardière
la Gringorerie
Vaudrimesnil
Geffosses de Havre
le Haut de Bingard
le Mesnil Yserand
le Grand Plenne
St-Michel-de-la-Pierre
Coquière
Geffosses
les Belles Miellettes
Muneville-le-Bingard
Lastelle
la Morinie
Bretteville
la Ronde-Haye
St-Sauveur-Lendelin
Anneville-sur-Mer
la Sorière
Montsurvent
Gouville-sur-Mer
la Violette
la Mielle
Ancteville
Boisroger
la Baraque
Linverville
Servigny
la Jeannerie
Brainville
la Guérie de Bas
Gonneville
Blainville de Havre
au Pelley
la Vendelée
Monthuchon
Blainville-sur-Mer
le Hutrel
St-Malo-de-la-Lande
Commune de Gratot
les Landelles
Chât.
le Cimetière aux Chevaux
le Pavement
Hôtel Vallée
le Vieux Coutainville
la Flague
le Prébois
Tourville-sur-Sienne
COUTANCES
Coutainville
Commune d'Agon-Coutainville
Agon
Heugueville-sur-Sienne
Bricqueville-la-Blouette
la Galaisière
Coucry
St-Pierre-de-Coutances
le Prey
Urville
Nicorps
la Trancardière
Grimouville
la Grand-Cour
les Landes
Ouville
Orval
le Vaudredoux
Regnéville-sur-Mer
Montchaton
Saussey
le Mont Rainfer
Pointe d'Agon
Goelle
Claids
Montmartin-sur-Mer
Hyenville
le Pont d'Hyenville
le Val
Contrières
St-Denis-le-Vêtu
Hauteville-sur-Mer
Hauteville-sur-Mer-Plage
la Vaudenière
Hérenguerville
Annoville
Monceaux
Quettreville-sur-Sienne
la France
Guéhébert
Tourneville
Trelly
le Mesnil
St-Louet
Lingreville
Grimes
Verrouit
Loison
Labour
le Mesnil-Aubert
la Billarderie
Lengronne
Muneville-sur-Mer
la Griserie
la Blanche Maison
Îles Chausey
Chenal Beauchamp
les Salines
l'Isle
Bricqueville-sur-Mer
Cérences
Village Etard
la Moignerie
la Paronne
Gavray
St-Martin-de-Bréhal
le Pont Guyot
Bréhal
Chanteloup
St-Martin-le-Vieux
Coudeville-Plage
la Grande Tapinière
les Blainvillais
la Rivière
Ver
Brifesnil
Coudeville-sur-Mer
le Grand Valencey
Grande Île
l'Etorrerie
le Grand Chemin
le Loreur
le Mesnil-Amand
Village de la Lande
Bréville-sur-Mer
la Bergerie
Longueville
Hudimesnil
le Mesnil-Rogues
Donville-les-Bains
Granville
le Poirier
la Meurdraquière
Yquelon
Anctoville-sur-Boscq
St-Sauveur-la-Pommeraye

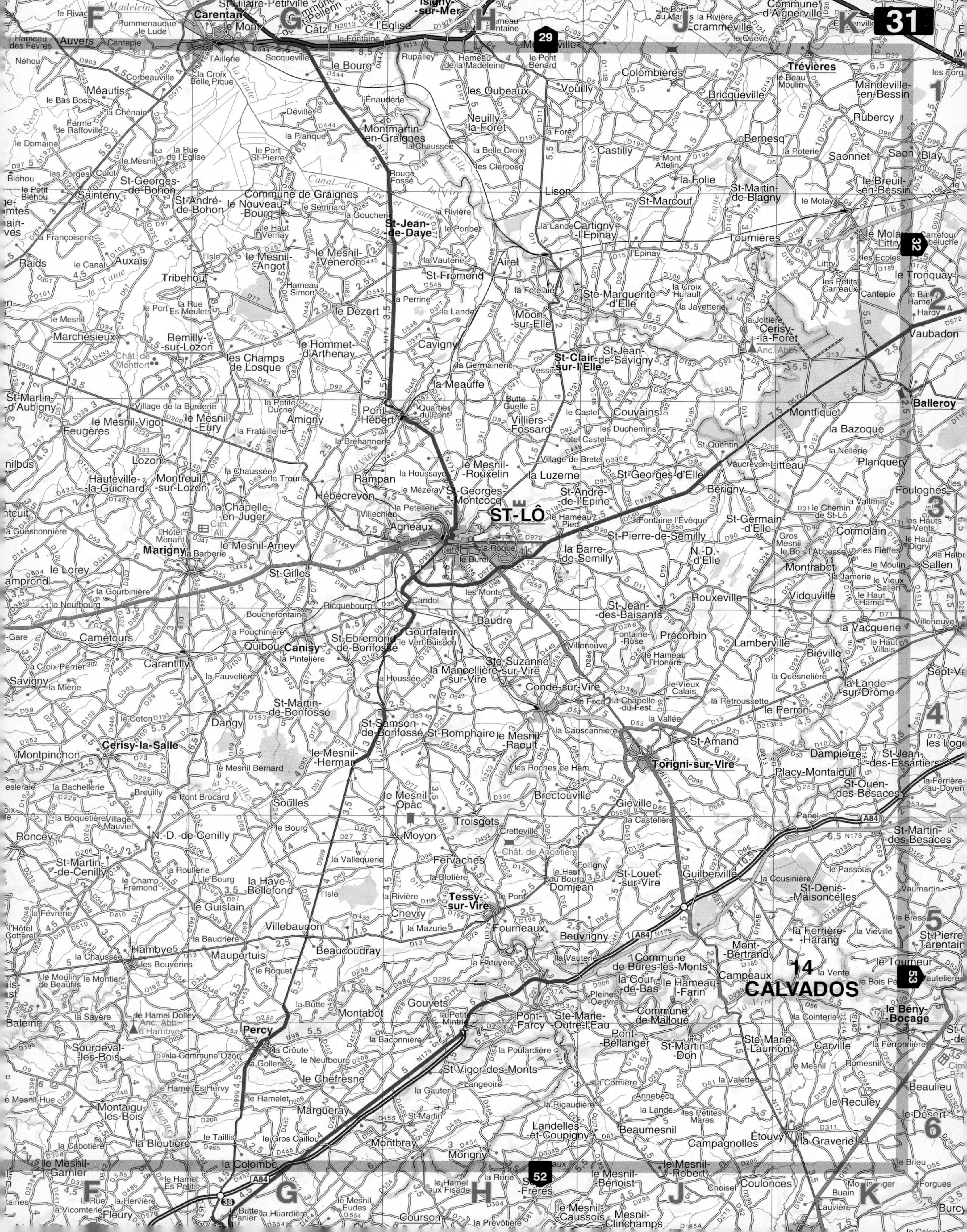
31
F
G
H
J
K
1
2
3
4
5
6
Carentan
St-Hilaire-Petitville
Isigny-sur-Mer
Trévières
Auvers
Méautis
Sainteny
St-Georges-de-Bohon
St-André-de-Bohon
Montmartin-en-Graignes
Commune de Graignes
St-Jean-de-Daye
Les Oubeaux
Neuilly-la-Forêt
Vouilly
Colombières
Bricqueville
Mandeville-en-Bessin
Rubercy
Castilly
Bernesq
Saonnet
Blay
Lison
St-Marcouf
St-Martin-de-Blagny
le Breuil-en-Bessin
Cartigny-l'Epinay
Tournières
le Molay-Littry
Auxais
Raids
Tribehou
le Mesnil-Angot
le Mesnil-Véneron
St-Fromond
Airel
le Tronquay
le Dézert
Ste-Marguerite-d'Elle
Cerisy-la-Forêt
Vaubadon
Marchésieux
Remilly-sur-Lozon
les Champs de Losque
le Hommet-d'Arthenay
Cavigny
Moon-sur-Elle
St-Jean-de-Savigny
St-Clair-sur-l'Elle
St-Martin-d'Aubigny
le Mesnil-Vigot
Feugères
le Mesnil-Eury
Amigny
Pont-Hébert
la Meauffe
Villiers-Fossard
Couvains
Balleroy
Montfiquet
la Bazoque
Lozon
Hauteville-la-Guichard
Montreuil-sur-Lozon
Rampan
le Mesnil-Rouxelin
la Luzerne
St-Georges-d'Elle
Litteau
Bérigny
Planquery
Hébécrevon
St-Georges-Montcocq
St-André-de-l'Epine
la Chapelle-en-Juger
Agneaux
ST-LÔ
St-Pierre-de-Semilly
St-Germain-d'Elle
Cormolain
Foulognes
Marigny
le Mesnil-Amey
la Barre-de-Semilly
N.-D.-d'Elle
Montrabot
Sallen
le Lorey
St-Gilles
Rouxeville
Vidouville
Cametours
Canisy
Quibou
St-Ebremond-de-Bonfossé
Gourfaleur
Baudre
St-Jean-des-Baisants
Précorbin
Lamberville
Biéville
la Vacquerie
Savigny
Carantilly
la Mancellière-sur-Vire
Ste-Suzanne-sur-Vire
Condé-sur-Vire
la Lande-sur-Drôme
Sept-Vents
Dangy
St-Martin-de-Bonfossé
St-Samson-de-Bonfossé
St-Romphaire
le Mesnil-Raoult
St-Amand
le Perron
Cerisy-la-Salle
Montpinchon
le Mesnil-Herman
Torigni-sur-Vire
Dampierre
St-Jean-des-Essartiers
Placy-Montaigu
St-Ouen-des-Besaces
Soulles
le Mesnil-Opac
Brectouville
Giéville
Roncey
N.-D.-de-Cenilly
Moyon
Troisgots
St-Martin-des-Besaces
St-Martin-de-Cenilly
la Haye-Bellefond
Fervaches
Domjean
St-Louet-sur-Vire
Guilberville
St-Denis-Maisoncelles
le Guislain
Tessy-sur-Vire
Chevry
Villebaudon
Fourneaux
Beuvrigny
la Ferrière-Harang
St-Pierre-Tarentaine
Hambye
Maupertuis
Beaucoudray
Mont-Bertrand
Campeaux
14
CALVADOS
Montabot
Gouvets
Pont-Farcy
Ste-Marie-Outre-l'Eau
le Bény-Bocage
Baleine
Percy
Pont-Bellanger
St-Martin-Don
Ste-Marie-Laumont
Carville
Sourdeval-les-Bois
St-Vigor-des-Monts
le Chefresne
Beaulieu
Montaigu-les-Bois
Margueray
Landelles-et-Coupigny
Beaumesnil
le Reculey
la Bloutière
Montbray
Morigny
Campagnolles
Étouvy
la Graverie
le Mesnil-Garnier
la Colombe
le Mesnil-Benoist
le Mesnil-Robert
Coulonces
Fleury
Courson
St-Sever-Calvados
Burcy
A84
N174
N175
29
32
52
53
38

32
A
B
C
D
E
1
2
3
4
5
6
29
31
53
Omaha Beach
Cim. de St-Laurent
Cabourg
le Grand Hameau
Commune de Port-en-Bessin-Huppain
Colleville-sur-Mer
Ste-Honorine-des-Pertes
Huppain
Port-en-Bessin
Falaises de Marigny
Arromanches-les-Bains
Gold Beach
le Paisty Vert
la Plage
Juno Beach
Courseulles-sur-Mer
la Rive Plage
le Castel
St-Aubin-sur-Mer
Russy
Anc. Prieuré
Beaumont
Commes
le Planet
Longues-sur-Mer
Marigny
Manvieux
la Fontaine
le Hamel
St-Côme
Roseau Plage
St-Côme-de-Fresné
Asnelles
Ver-sur-Mer
le Bout de Bas
la Platine
Graye-sur-Mer
Étréham
Escures
la Bauquerie
Anc. Abb. Ste-Marie
Fontenailles
Tracy-sur-Mer
le Bénichon
le Carrefour
Meuvaines
Bernières-sur-Mer
Langrune-sur-Mer
Luc-sur-Mer
la Fosse Buhot
Maisons
la Rosière
Manoir du Pavillon
Ryes
Crépon
Ste-Croix-sur-Mer
Mosles
Chât. de Vaulaville
Vaux-sur-Aure
Aunay
le Hutrel
Magny-en-Bessin
Banville
Cim. Canadien
Tailleville
Lion-sur-Mer
Tour-en-Bessin
Sully
Cim. Brit.
Bazenville
Tierceville
le Haut Lion
le Bas Lion
Grévilly
Ste-Anne
la Madelaine
BAYEUX
St-Sulpice
le Puits
Sommervieu
Villiers-le-Sec
Reviers
Douvres-la-Délivrande
la Délivrande
Hameau de la Rivière
Cussy
Vaucelles
St-Vigor-le-Grand
Vienne-en-Bessin
le Manoir
Creully
Colombiers-sur-Seulles
Amblie
Bény-sur-Mer
Blay
Cottun
St-Gabriel
Commune de St-Gabriel-Brécy
Moulineaux
Bracqueville
Cresserons
Barbeville
Nihault
la Route de Caen
Esquay-sur-Seulles
Fontaine-Henry
Basly
Plumetot
Crouay
Cim. Brit.
St-Loup-Hors
St-Martin-des-Entrées
Vaussieux
Lantheuil
le Bout Renard
Anguerny
le Vivier
Englesqueville
Crémel
Vaux-sur-Seulles
Brécy
le Fresne-Camilly
Thaon
Colomby-sur-Thaon
Mathieu
Fontenay
Ranchy
Brunville
la Petite Campagne
Martragny
Rucqueville
Cully
Cainet
Camilly
Barbières
Bombanville
Anisy
Périers-sur-le-Dan
St-Aubin-d'Arquenay
Campigny
Subles
Guéron
Bussy
Monceaux-en-Bessin
Damigny
Coulombs
Villons-les-Buissons
Villons-les-Anisy
Carrefour Babeluche
Agy
la Mauvielle
Nonant
le Londain
St-Léger
Ste-Croix-Grand-Tonne
Guerville
le Bout Cachard
Lasson
Cairon
le Mesnil
le Bois du Mesnil
Bénouville
Noron-la-Poterie
Arganchy
Cachy
Carcagny
le Treilloux
Condé-sur-Seulles
Ducy-Ste-Marguerite
Secqueville-en-Bessin
Neuf-Mer
Cairon le Vieux
les Buissons
Cambes-en-Plaine
Commune de Biéville-Beuville
Biéville-sur-Orne
Tronquay
le Bas Hamel
la Tuilerie
Hardy
la Commune
St-André
le Village de Juaye
Ellon
le Bas d'Audrieu
Loucelles
Bray
Rosel
Épron
Blainville-sur-Orne
Vaubadon
la Vente Lucas
la Rue aux Vaches
Mondaye
Chouain
Bretteville-l'Orgueilleuse
Gruchy
St-Contest
Mâlon
Lébisey
Beauregard
Vallun
Castillon
Abb. de Mondaye
Audrieu
Brouay
Putot-en-Bessin
Buron
Authie
Couvrechef
la Folie
Hérouville-St-Clair
Colombelles
St-Paul-du-Vernay
Trungy
Commune de Juaye-Mondaye
le Pont Roc
Hameau Pavie
Rots
Cussy
le Haut d'Audrieu
Bernières-Bocage
Bucéels
Cristot
le Mesnil-Patry
Norrey-en-Bessin
Anc. Abb. d'Ardenne
la Mue
Balleroy
la Butte
la Belle Épine
le Pont de la Guillette
St-Manvieu-Norrey
Carpiquet
St-Germain-la-Blanche-Herbe
la Sanaudière
la Haye
les Feuillets
St-Pierre
Fontenay-le-Pesnel
Cim. Brit.
Marcelet
Bellevue
Abb. aux Hommes
Abb. aux Dames
Venoix
le Plateau
Lingèvres
Cim. Brit.
Tilly-sur-Seulles
Montilly
St-Martin
la Gaule
Bretteville-sur-Odon
Commune de Torteval-Quesnay
Cahagnolles
Longraye
Hottot-les-Bagues
Juvigny-sur-Seulles
Cim. Brit.
Cheux
CAEN
Vaucelles
Mondeville
la Baule
le Mesnil
le Bosq
Mouen
Verson
Louvigny
la Cour de Dieu
la Guerinière
Ste-Honorine-de-Ducy
les Landes
Tessel
Ifs Plaine
Cormelles-le-Royal
St-Vaast-sur-Seulles
Vendes
Éterville
Fleury-sur-Orne
Parfouru-l'Éclin
Crauville
Tourville-sur-Odon
Gournay
les Hauts Vents
Fontaine-Étoupefour
Grentheville
le Haut Digry
le Pont Mulot
Orbois
Grainville-sur-Odon
Mondrainville
la Bruyère
Étavaux
Ifs
Bras
Sallen
St-Germain-d'Ectot
Sermentot
Noyers-Bocage
Baron-sur-Odon
Maltot
Hubert-Folie
Feuguerolles-sur-Seulles
Fains
Sourdeval
Missy
Gavrus
Stèle
Feuguerolles-sur-Orne
St-André-sur-Orne
le Hamel
Mitrecamp
Livry
Launay
Anctoville
le Buquet
Monts-en-Bessin
Hameau Neuf
la Flaguais
Esquay-Notre-Dame
St-Martin
St-Martin-de-Fontenay
Briquessard
Fossard
St-Louet-sur-Seulles
Villy-Bocage
Tournay-sur-Odon
le Locheur
Bougy
Vieux
Commune de Feuguerolles-Bully
May-sur-Orne
Verrières
Tilly-la-Campagne
Villeneuve
Caumont-l'Éventé
le Haut de St-Louet
Maizerais
Parfouru-sur-Odon
Ragny
Neuilly-le-Malherbe
Évrecy
Avenay
Bully
Percouville
Rocquancourt
Cantlais
Amayé-sur-Seulles
Villers-Bocage
Épinay-sur-Odon
Landes-sur-Ajon
Ste-Honorine-du-Fay
Amayé-sur-Orne
Laize-la-Ville
Abb.
Fontenay-le-Marmion
Sept-Vents
le Temple
Tracy-Bocage
Craham
Commune de Vacognes-Neuilly
Maizet
le Pont du Coudray
Clinchamps-sur-Orne
Cahagnes
la Croix
la Poste
les Gouix
le Bas de Banneville
Vacognes
Longchamps
Bretteville
le Pont de Fresney
Caillouet
la Blanche Maison
Banneville-sur-Ajon
Maisoncelles-sur-Ajon
Flagy
Mutrécy
la Place
la Planche à la Housse
les Loges
Coulvain
Maisoncelles-Pelvey
Notre-Dame
Mesnil-
Longvillers-au-Grain
la Bijude
Préaux-Bocage
Trois-Monts
le Grand Mesnil
Fresney-le-Puceux
le Hutray
les Rues
St-Pierre-du-Fresne
St-Georges-d'Aunay
les Hayes
Commune de St-Agnan-le-Malherbe
Montigny
Grimbosq
les Trois Monteaux
St-Laurent-de-Condel
Boulon
le Gable Blanc
le Bellieu
Bretteville-sur-Laize
la Ferrière-au-Doyen
Courcelles
Bauquay
Courvaudon
la Caine
A84
N175
N13
N814
N158
D514
D6
D12

F
G
H
J
K
33
14
34
54
1
2
3
4
5
6
LE HAVRE
Ste-Adresse
Plage de Ste-Adresse
Cap de la Hève
Rade de la Carosse
Chenal de Rouen
Côte de Grâce
Honfleur
Pennedepie
Villerville
Cricquebœuf
Équemauville
Grand Bec
Hennequeville
Barneville-la-Bertran
Gonneville-sur-Honfleur
Trouville-sur-Mer
les Aubets
le Montalouveau
Côte Fleurie
Port-Deauville
Deauville
les Sablons
Benerville-sur-Mer
Blonville-sur-Mer
Touques
St-Gatien-des-Bois
Bonneville-sur-Touques
St-Arnoult
Villers-sur-Mer
Falaises des Vaches Noires
Auberville
Tourgéville
Canapville
Englesqueville-en-Auge
Tourville-en-Auge
Houlgate
Cabourg
Franceville-Plage
Colleville-Montgomery-Plage
Sword Beach
Riva-Bella
Ouistreham
le Home
les Panoramas
Varaville
Dives-sur-Mer
Gonneville-sur-Mer
Commune de Vauville
St-Vaast-en-Auge
St-Pierre-Azif
Glanville
St-Étienne-la-Thillaye
Pont-l'Évêque
Coudray-Rabut
Surville
St-Julien-sur-Calonne
Beaumont-en-Auge
Reux
Heuland
Branville
Bourgeauville
Grangues
Sallenelles
Merville
Gonneville-en-Auge
Amfreville
Ranville
Bréville
Petiville
Bavent
Douville-en-Auge
le Bourg
Annebault
Angerville
Cricqueville-en-Auge
Dozulé
Cresseveuille
Commune de Drubec
Clarbec
St-Hymer
Pierrefitte-en-Auge
Manneville-la-Pipard
Hérouvillette
Escoville
Bricqueville
Goustranville
Putot-en-Auge
St-Léger-Dubosq
Valsemé
Fierville-les-Parcs
le Torquesne
le Breuil-en-Auge
Touffréville
Cuverville
Démouville
Sannerville
Troarn
St-Samson
St-Richer
14 CALVADOS
Beufour
Bonnebosq
Beuvron-en-Auge
Gerrots
Repentigny
Rumesnil
Auvillars
Formentin
Coquainvilliers
Norolles
Manerbe
Léaupartie
Fauguernon
Ouilly-le-Vicomte
St-Pair
Banneville-la-Campagne
St-Pierre-du-Jonquet
Hotot-en-Auge
Cléville
Commune de Victot-Pontfol
Montreuil-en-Auge
la Roque-Baignard
LISIEUX
Émiéville
Cagny
St-Ouen-du-Mesnil-Oger
Notre-Dame-d'Estrées
Cambremer
St-Ouen-le-Pin
le Pré-d'Auge
Frénouville
Bellengreville
Vimont
Argences
Canteloup
Méry-Corbon
Corbon
les Trois-Rois
la Boissière
St-Désir
Croissanville
Crèvecœur-en-Auge
la Houblonnière
Moult
Chicheboville
Airan
Bissières
St-Loup-de-Fribois
Bieville-Quétiéville
N.-D.-de-Livaye
les Monceaux
Beuvillers
St-Martin-de-la-Lieue
Conteville
Billy
Magny-le-Freule
Cesny-aux-Vignes-Ouézy
le Mesnil-Mauger
Lécaude
St-Pierre-des-Ifs
le Mesnil-Simon
le Mesnil-Eudes
Poussy-la-Campagne
Mézidon-Canon
Grandchamp-le-Château
Lessard-et-le-Chêne
St-Jean-de-Livet
St-Germain-de-Livet
Fierville-Bray
St-Sylvain
St-Martin-des-Bois
Vieux-Fumé
Percy-en-Auge
Ouville-la-Bien-Tournée
St-Julien-le-Faucon
Coupesarte
Magny-la-Campagne
Cauvicourt

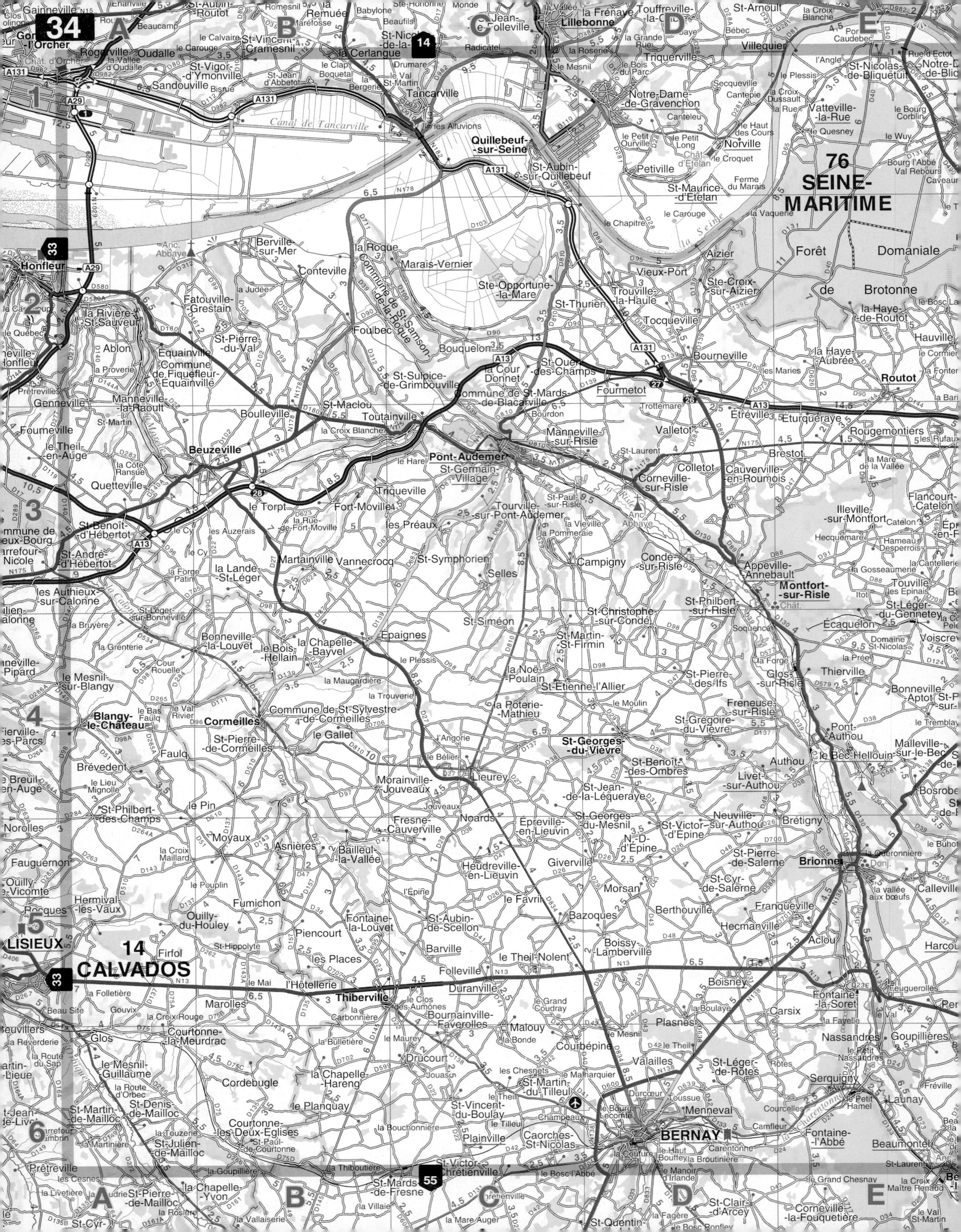

34
A
B
C
D
E
14
33
55
76
SEINE-MARITIME
14
CALVADOS
Forêt de Brotonne Domaniale
Honfleur
Lillebonne
Quillebeuf-sur-Seine
Notre-Dame-de-Gravenchon
Tancarville
Canal de Tancarville
la Seine
Marais-Vernier
Pont-Audemer
Beuzeville
Routot
Montfort-sur-Risle
Brionne
Cormeilles
Blangy-le-Château
St-Georges-du-Vièvre
Lieurey
Thiberville
Lisieux
Bernay
la Risle
la Calonne
la Charentonne
A13
A29
A131
N13
N138
N175
N178

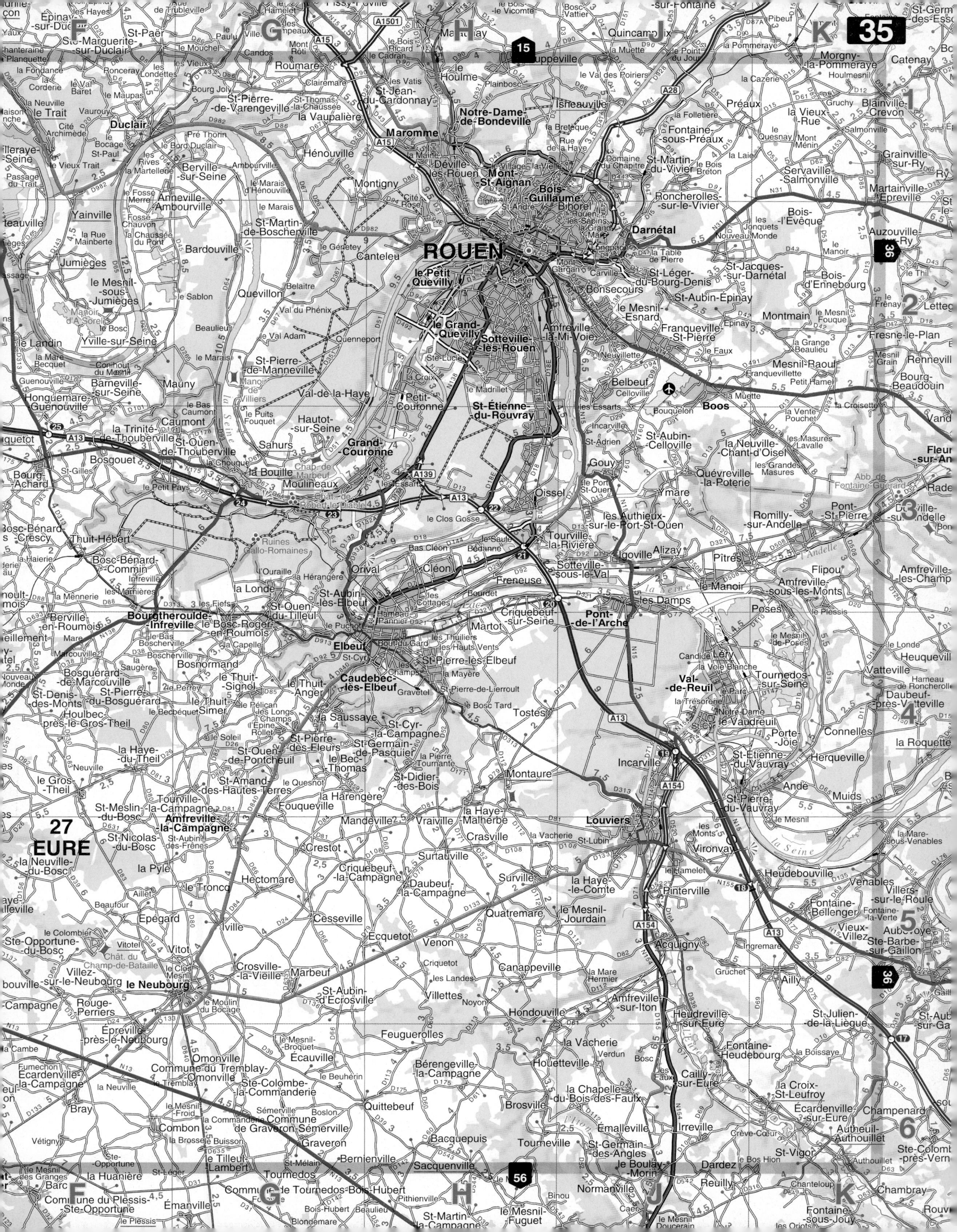
F
G
H
J
K
15
36
56
1
2
3
4
5
6
27
EURE
ROUEN
le Petit Quevilly
le Grand-Quevilly
Sotteville-lès-Rouen
Mont-St-Aignan
Bois-Guillaume
Bihorel
Darnétal
Déville-lès-Rouen
Maromme
Notre-Dame-de-Bondeville
le Houlme
Canteleu
St-Étienne-du-Rouvray
Petit-Couronne
Grand-Couronne
Oissel
Amfreville-la-Mi-Voie
Bonsecours
Belbeuf
Boos
Elbeuf
Caudebec-lès-Elbeuf
St-Pierre-lès-Elbeuf
St-Aubin-lès-Elbeuf
Cléon
Orival
Tourville-la-Rivière
Pont-de-l'Arche
Criquebeuf-sur-Seine
Freneuse
Sotteville-sous-le-Val
Igoville
Alizay
Pîtres
Val-de-Reuil
Léry
Poses
Tournedos-sur-Seine
le Vaudreuil
Incarville
Louviers
St-Pierre-du-Vauvray
St-Étienne-du-Vauvray
Pinterville
Acquigny
Heudebouville
Vironvay
Duclair
le Trait
Yainville
Jumièges
Yville-sur-Seine
le Mesnil-sous-Jumièges
Bardouville
Berville-sur-Seine
Anneville-Ambourville
St-Martin-de-Boscherville
Quevillon
St-Pierre-de-Manneville
Sahurs
Hautot-sur-Seine
Val-de-la-Haye
la Bouille
Moulineaux
Caumont
la Trinité-de-Thouberville
St-Ouen-de-Thouberville
Mauny
Barneville-sur-Seine
Bourg-Achard
Bosgouet
Bourgtheroulde-Infreville
Thuit-Hébert
Bosc-Bénard-Commin
la Londe
Bosnormand
le Thuit-Signol
le Thuit-Anger
le Thuit-Simer
la Saussaye
St-Cyr-la-Campagne
St-Germain-de-Pasquier
St-Pierre-des-Fleurs
St-Ouen-de-Pontcheuil
St-Amand-des-Hautes-Terres
St-Didier-des-Bois
Tostes
Montaure
la Haye-Malherbe
Crasville
Vraiville
Mandeville
Fouqueville
la Harengère
Tourville-la-Campagne
Amfreville-la-Campagne
Crestot
Surtauville
Criquebeuf-la-Campagne
Daubeuf-la-Campagne
Surville
la Haye-le-Comte
Quatremare
le Mesnil-Jourdain
Hectomare
le Troncq
Cesseville
Ecquetot
Venon
Canappeville
Épégard
Iville
Vitot
le Neubourg
Crosville-la-Vieille
Marbeuf
St-Aubin-d'Écrosville
Villettes
Hondouville
Amfreville-sur-Iton
Heudreville-sur-Eure
Feuguerolles
la Vacherie
Houetteville
Fontaine-Heudebourg
Cailly-sur-Eure
Bérengeville-la-Campagne
Quittebeuf
Brosville
la Chapelle-du-Bois-des-Faulx
Émalleville
St-Germain-des-Angles
Tourneville
Irreville
Graveron-Sémerville
Bacquepuis
Sacquenville
le Boulay-Morin
Normanville
Reuilly
Dardez
Tournedos-Bois-Hubert
Omonville
Commune du Tremblay-Omonville
Ste-Colombe-la-Commanderie
Combon
le Tilleul-Lambert
Écauville
Épreville-près-le-Neubourg
Rouge-Perriers
Villez-sur-le-Neubourg
Ste-Opportune-du-Bosc
Écardenville-la-Campagne
Bray
la Huanière
le Tremblay
St-Vigor
Écardenville-sur-Eure
Autheuil-Authouillet
Champenard
la Croix-St-Leufroy
Chambray
Fontaine-sous-Jouy
Ailly
St-Julien-de-la-Liègue
Vieux-Villez
Fontaine-Bellenger
Muids
Andé
Herqueville
Porte-Joie
Connelles
Vatteville
Daubeuf-près-Vatteville
Amfreville-sous-les-Monts
Flipou
le Manoir
Romilly-sur-Andelle
Pont-St-Pierre
Ymare
Quévreville-la-Poterie
la Neuville-Chant-d'Oisel
St-Aubin-Celloville
Gouy
les Authieux-sur-le-Port-St-Ouen
Mesnil-Raoul
Franqueville-St-Pierre
le Mesnil-Esnard
St-Aubin-Épinay
Montmain
Fresne-le-Plan
St-Léger-du-Bourg-Denis
St-Jacques-sur-Darnétal
Roncherolles-sur-le-Vivier
St-Martin-du-Vivier
Fontaine-sous-Préaux
Préaux
Isneauville
Houppeville
Quincampoix
Morgny-la-Pommeraye
Blainville-Crevon
Servaville-Salmonville
Martainville-Epreville
Auzouville-sur-Ry
Bois-l'Évêque
Bois-d'Ennebourg
St-Jean-du-Cardonnay
St-Pierre-de-Varengeville
la Vaupalière
Hénouville
Montigny
Roumare
Ste-Marguerite-sur-Duclair
St-Paër
A13
A15
A28
A139
A154
A1501
N15
N31
N138
N154
N155
la Seine
l'Eure
l'Andelle

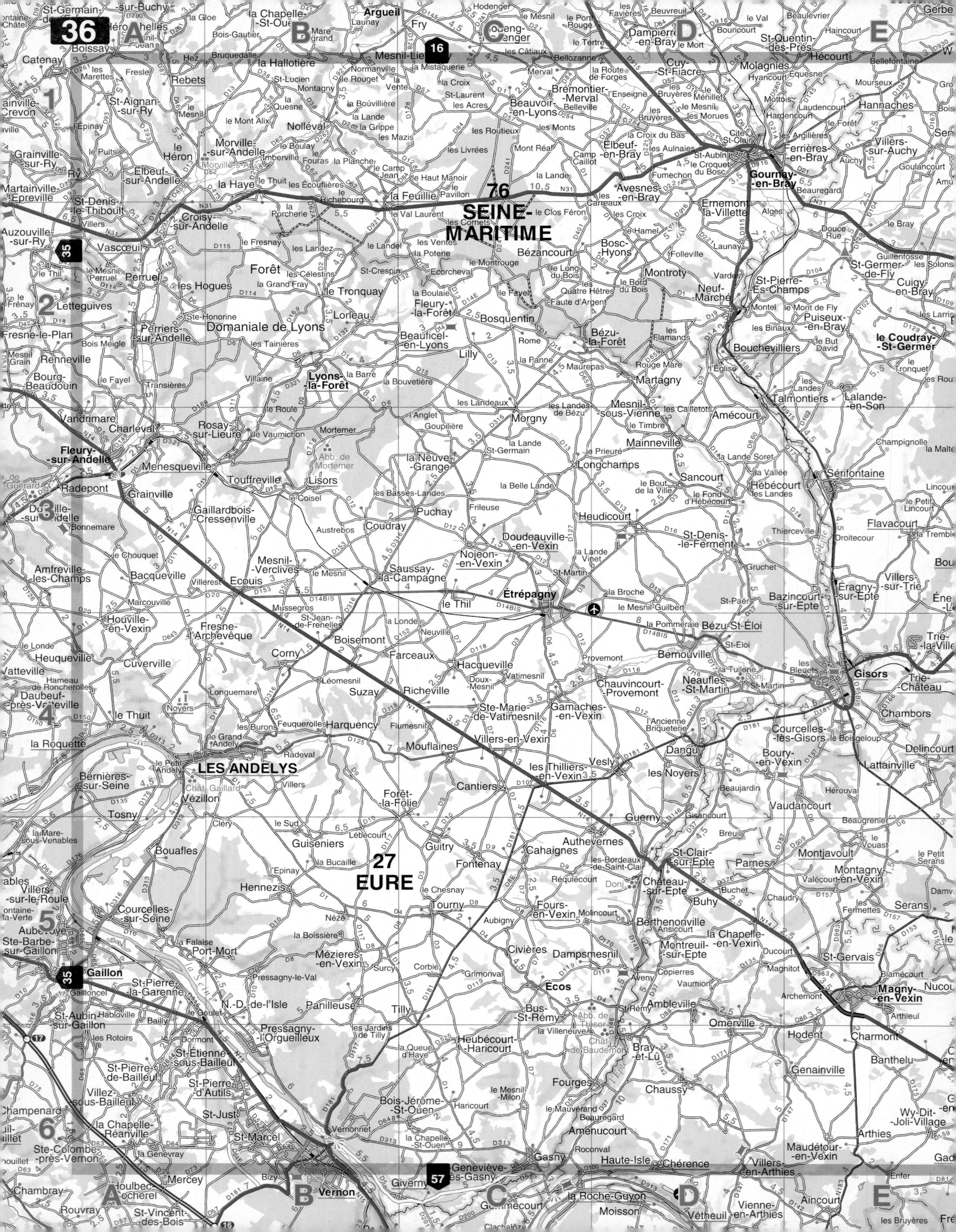

36
76 SEINE-MARITIME
27 EURE
LES ANDELYS
Gisors
Étrépagny
Gournay-en-Bray
Magny-en-Vexin
Vernon
Gaillon

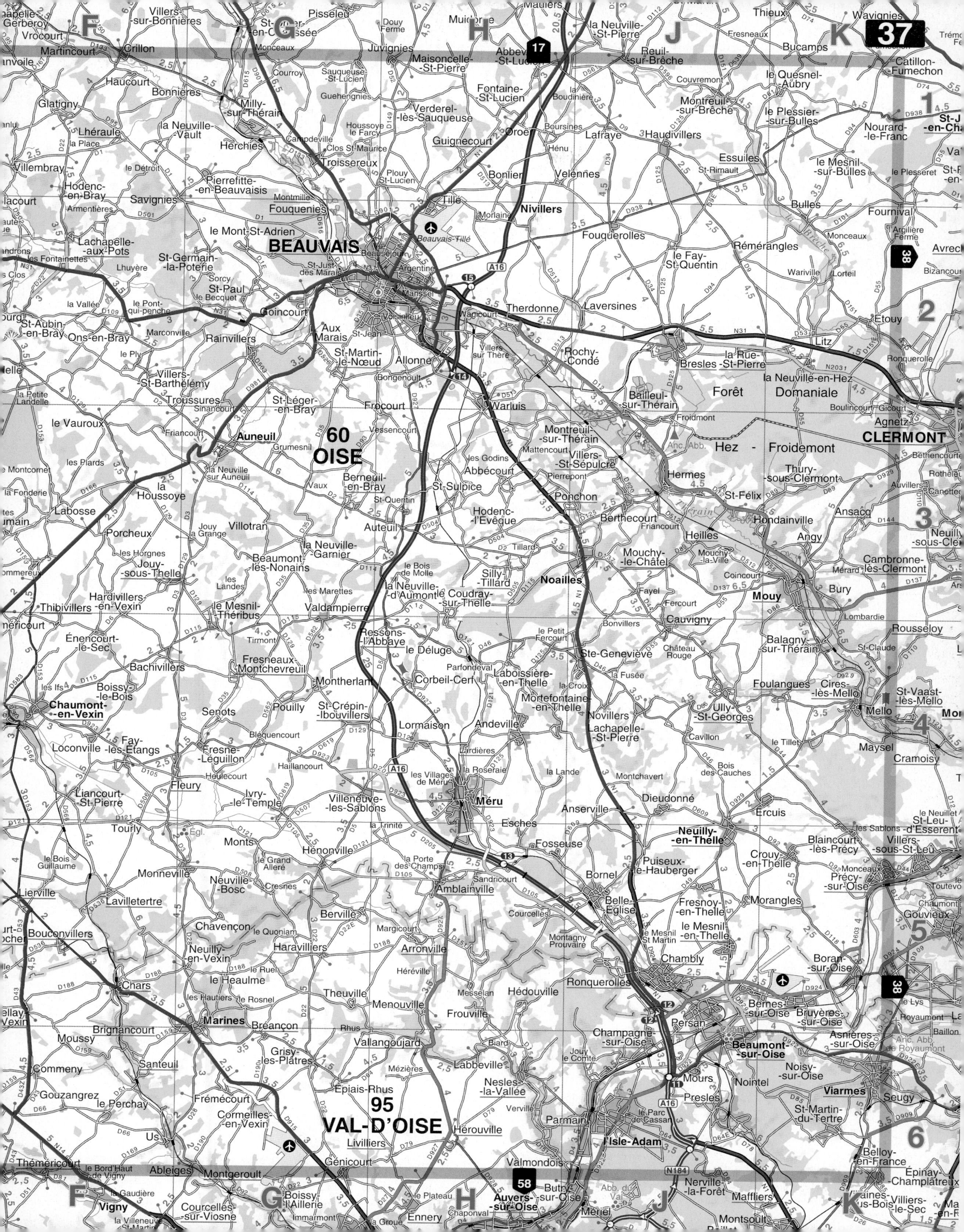
37
F
G
H
J
K
17
38
58
1
2
3
4
5
6
BEAUVAIS
CLERMONT
60
OISE
95
VAL-D'OISE
Auneuil
Noailles
Mouy
Méru
Chaumont-en-Vexin
Neuilly-en-Thelle
Beaumont-sur-Oise
l'Isle-Adam
Marines
Viarmes
Auvers-sur-Oise
Nivillers
Forêt Domaniale
Hez - Froidemont
Beauvais-Tillé
Villers-sur-Bonnières
Milly-sur-Thérain
Troissereux
Fouquenies
Goincourt
Allonne
Warluis
Therdonne
Bresles
Hermes
Chambly
Persan
Précy-sur-Oise
Mello
Cramoisy
Frocourt
Auteuil
Andeville
Lormaison
Amblainville
Chars
Vigny
Ennery
Gouvieux
Tourly
Hénonville
Monneville
Lierville
A16
N1
N31

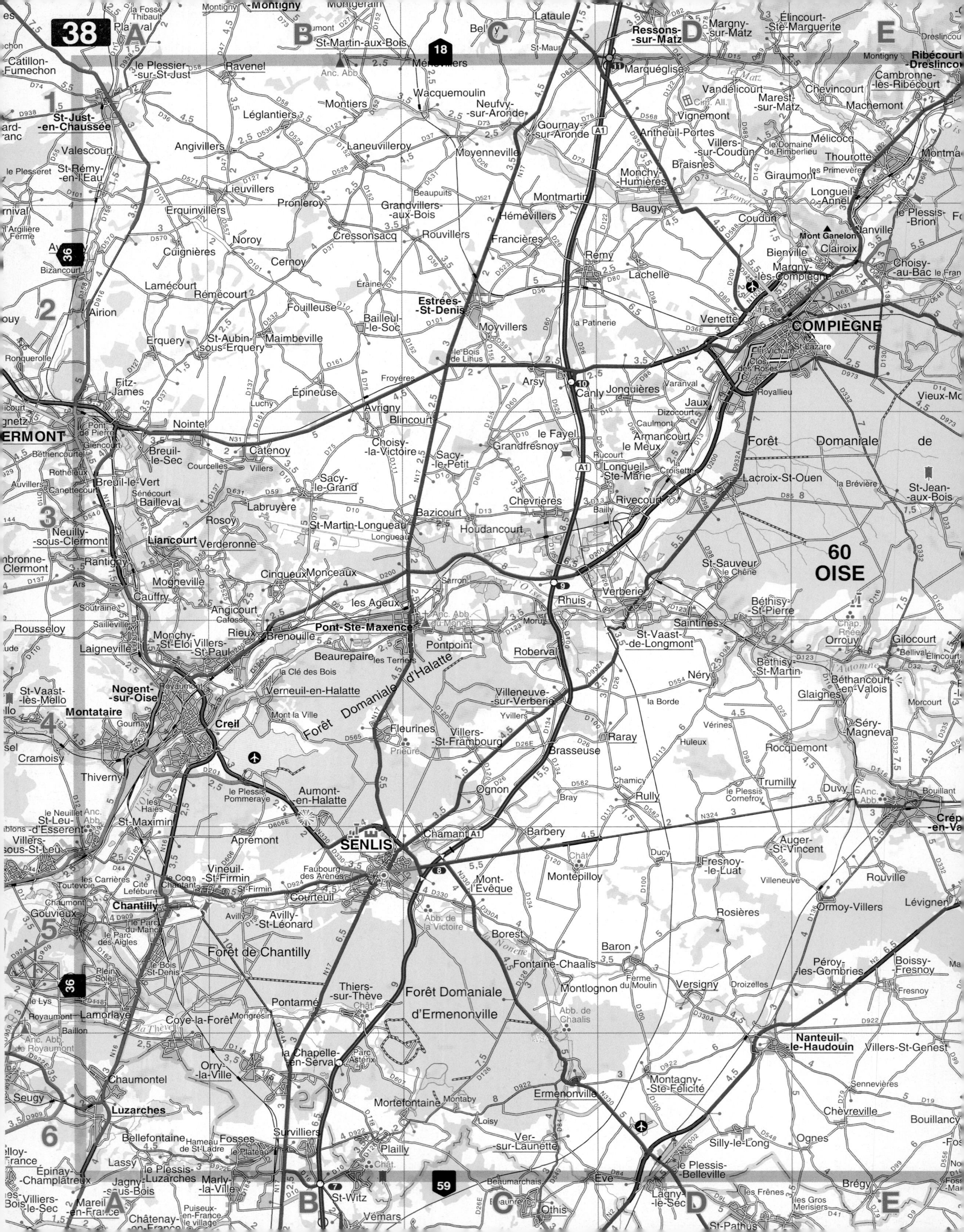

38
A
B
C
D
E
18
59
36
1
2
3
4
5
6
Ressons-sur-Matz
Margny-sur-Matz
Élincourt-Ste-Marguerite
St-Martin-aux-Bois
Ménévillers
Marquéglise
Ribécourt-Dreslincourt
Cambronne-lès-Ribécourt
Catillon-Fumechon
le Plessier-sur-St-Just
Ravenel
St-Just-en-Chaussée
Wacquemoulin
Montiers
Léglantiers
Neufvy-sur-Aronde
Gournay-sur-Aronde
Vandélicourt
Chevincourt
Marest-sur-Matz
Machemont
Vignemont
Antheuil-Portes
Villers-sur-Coudun
Mélicocq
Thourotte
Valescourt
St-Rémy-en-l'Eau
Angivillers
Laneuvilleroy
Moyenneville
Monchy-Humières
Braisnes
Giraumont
Lieuvillers
Erquinvillers
Pronleroy
Grandvillers-aux-Bois
Montmartin
Hémévillers
Baugy
Longueil-Annel
Coudun
le Plessis-Brion
Mont Ganelon
Janville
Clairoix
Cuignières
Noroy
Cressonsacq
Rouvillers
Francières
Remy
Lachelle
Bienville
Margny-lès-Compiègne
Choisy-au-Bac
Cernoy
Lamécourt
Rémécourt
Airion
Fouilleuse
Bailleul-le-Soc
Estrées-St-Denis
Moyvillers
Venette
COMPIÈGNE
Erquery
St-Aubin-sous-Erquery
Maimbeville
Fitz-James
Épineuse
Arsy
Canly
Jonquières
Jaux
Royallieu
CLERMONT
Nointel
Avrigny
Blincourt
Choisy-la-Victoire
Sacy-le-Petit
Grandfresnoy
le Fayel
Armancourt
le Meux
Longueil-Ste-Marie
Forêt Domaniale de Compiègne
Breuil-le-Sec
Catenoy
Breuil-le-Vert
Bailleval
Sacy-le-Grand
Labruyère
Chevrières
Rivecourt
Lacroix-St-Ouen
St-Jean-aux-Bois
Rosoy
St-Martin-Longueau
Bazicourt
Houdancourt
Neuilly-sous-Clermont
Liancourt
Verderonne
Rantigny
60 OISE
St-Sauveur
Mogneville
Cinqueux
Monceaux
Cauffry
les Ageux
Rhuis
Verberie
Béthisy-St-Pierre
Angicourt
Pont-Ste-Maxence
Saintines
Rousseloy
Rieux
Brenouille
Monchy-St-Eloi
Villers-St-Paul
Laigneville
Pontpoint
Roberval
St-Vaast-de-Longmont
Orrouy
Gilocourt
Beaurepaire
Béthisy-St-Martin
Néry
Béthancourt-en-Valois
Glaignes
St-Vaast-lès-Mello
Nogent-sur-Oise
Verneuil-en-Halatte
Villeneuve-sur-Verberie
Montataire
Creil
Forêt Domaniale d'Halatte
Fleurines
Villers-St-Frambourg
Raray
Séry-Magneval
Brasseuse
Cramoisy
Rocquemont
Thiverny
Aumont-en-Halatte
Ognon
Trumilly
Duvy
St-Leu-d'Esserent
St-Maximin
Rully
Crépy-en-Valois
Villers-sous-St-Leu
Apremont
SENLIS
Chamant
Barbery
Auger-St-Vincent
Vineuil-St-Firmin
Mont-l'Évêque
Montépilloy
Fresnoy-le-Luat
Rouville
Chantilly
Gouvieux
Courteuil
Avilly-St-Léonard
Rosières
Ormoy-Villers
Lévignen
Forêt de Chantilly
Borest
Baron
Fontaine-Chaalis
Péroy-les-Gombries
Boissy-Fresnoy
Thiers-sur-Thève
Forêt Domaniale d'Ermenonville
Montlognon
Versigny
Pontarmé
Lamorlaye
Coye-la-Forêt
Nanteuil-le-Haudouin
Villers-St-Genest
la Chapelle-en-Serval
Orry-la-Ville
Chaumontel
Montagny-Ste-Félicité
Mortefontaine
Ermenonville
Chèvreville
Seugy
Luzarches
Bouillancy
Bellefontaine
Fosses
Surviliers
Plailly
Ver-sur-Launette
Silly-le-Long
Ognes
Épinay-Champlâtreux
Lassy
le Plessis-Luzarches
Jagny-sous-Bois
Marly-la-Ville
St-Witz
Ève
le Plessis-Belleville
Brégy
Villiers-le-Sec
Mareil-en-France
Châtenay-en-France
Vémars
Othis
Lagny-le-Sec
St-Pathus

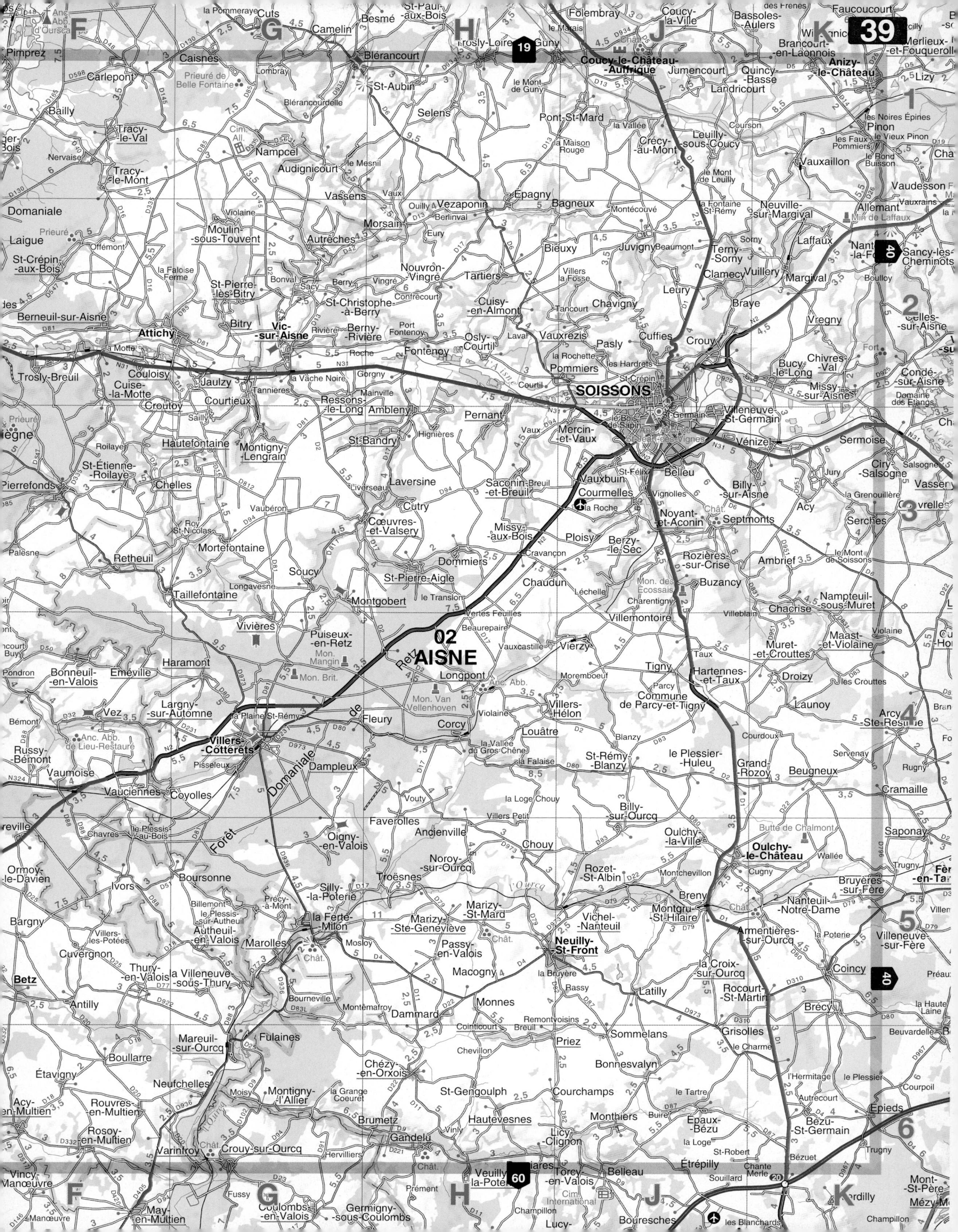
39
F
G
H
J
K
1
2
3
4
5
6
02
AISNE
SOISSONS
Villers-Cotterêts
Vic-sur-Aisne
Attichy
Coucy-le-Château-Auffrique
Anizy-le-Château
Oulchy-le-Château
Neuilly-St-Front
la Ferté-Milon
Forêt Domaniale de Retz
Blérancourt
Camelin
Besmé
Cuts
la Pommeraye
St-Paul-aux-Bois
Trosly-Loire
Guny
Folembray
Coucy-la-Ville
Bassoles-Aulers
Faucoucourt
Brancourt-en-Laonnois
Merlieux-et-Fouquerolles
Pimprez
Caisnes
Carlepont
Prieuré de Belle Fontaine
Lombray
St-Aubin
Bléancourdelle
Bailly
Tracy-le-Val
Tracy-le-Mont
Nampcel
Audignicourt
Selens
Pont-St-Mard
Jumencourt
Quincy-Basse
Landricourt
Crécy-au-Mont
Leuilly-sous-Coucy
Pinon
Vauxaillon
Vaudesson
Allemant
Laffaux
Margival
Nanteuil-la-Fosse
Sancy-les-Cheminots
Vassens
Épagny
Bagneux
Vezaponin
Morsain
Autrêches
Moulin-sous-Touvent
Laigue
St-Crépin-aux-Bois
Offémont
Bieuxy
Juvigny
Terny-Sorny
Vuillery
Clamecy
Nouvron-Vingré
Tartiers
Cuisy-en-Almont
Chavigny
Leury
Braye
Vregny
St-Pierre-lès-Bitry
St-Christophe-à-Berry
Berny-Rivière
Bitry
Berneuil-sur-Aisne
Osly-Courtil
Vauxrezis
Pasly
Cuffies
Crouy
Bucy-le-Long
Chivres-Val
Missy-sur-Aisne
Condé-sur-Aisne
Fontenoy
Pommiers
Trosly-Breuil
Couloisy
Cuise-la-Motte
Jaulzy
Croutoy
Courtieux
Ressons-le-Long
Ambleny
Pernant
Mercin-et-Vaux
Villeneuve-St-Germain
Vénizel
Sermoise
Ciry-Salsogne
Hautefontaine
Montigny-Lengrain
St-Bandry
St-Étienne-Roilaye
Chelles
Pierrefonds
Laversine
Saconin-et-Breuil
Vauxbuin
Courmelles
Belleu
Billy-sur-Aisne
Acy
Serches
Cutry
Cœuvres-et-Valsery
Noyant-et-Aconin
Septmonts
Missy-aux-Bois
Ploisy
Berzy-le-Sec
Rozières-sur-Crise
Ambrief
Mortefontaine
Retheuil
Soucy
Dommiers
St-Pierre-Aigle
Chaudun
Buzancy
Taillefontaine
Montgobert
Villemontoire
Nampteuil-sous-Muret
Chacrise
Vivières
Puiseux-en-Retz
Vierzy
Maast-et-Violaine
Muret-et-Croutes
Haramont
Bonneuil-en-Valois
Éméville
Longpont
Tigny
Hartennes-et-Taux
Droizy
Largny-sur-Automne
Vez
Fleury
Villers-Hélon
Commune de Parcy-et-Tigny
Launoy
Arcy-Ste-Restitue
Corcy
Louâtre
Russy-Bémont
Vaumoise
Dampleux
St-Rémy-Blanzy
le Plessier-Huleu
Grand-Rozoy
Beugneux
Cramaille
Vauciennes
Coyolles
Billy-sur-Ourcq
Saponay
Faverolles
Ancienville
Oigny-en-Valois
Chouy
Oulchy-la-Ville
Noroy-sur-Ourcq
Rozet-St-Albin
Ormoy-le-Davien
Ivors
Boursonne
Troësnes
Silly-la-Poterie
Breny
Bruyères-sur-Fère
Bargny
Marizy-St-Mard
Marizy-Ste-Geneviève
Vichel-Nanteuil
Montgru-St-Hilaire
Nanteuil-Notre-Dame
Villeneuve-sur-Fère
Autheuil-en-Valois
Marolles
Passy-en-Valois
Armentières-sur-Ourcq
Cuvergnon
Thury-en-Valois
la Villeneuve-sous-Thury
Macogny
la Croix-sur-Ourcq
Coincy
Betz
Antilly
Monnes
Latilly
Rocourt-St-Martin
Brécy
Dammard
Priez
Sommelans
Grisolles
Mareuil-sur-Ourcq
Fulaines
Boullarre
Chézy-en-Orxois
Bonnesvalyn
Étavigny
Neufchelles
Montigny-l'Allier
St-Gengoulph
Courchamps
Acy-en-Multien
Rouvres-en-Multien
Brumetz
Hautevesnes
Monthiers
Épaux-Bézu
Bézu-St-Germain
Epieds
Rosoy-en-Multien
Gandelu
Lucy-le-Bocage
Varinfroy
Crouy-sur-Ourcq
Vincy-Manœuvre
Veuilly-la-Poterie
Torcy-en-Valois
Belleau
Étrépilly
Coulombs-en-Valois
Germigny-sous-Coulombs
May-en-Multien
Mont-St-Père
Bouresches
Trugny
19
40
60
20

40
A
B
C
D
E
1
2
3
4
5
6
20
39
61
02
AISNE
Bourguignon-
Vaucelles-et-Beffecourt
Parfondru
Festieux
la Maison Bleue
St-Erme-outre-et-Ramecourt
Chérêt
Courtrizy-et-Fussigny
Quartier de la Malmaison
Chaillevois
Etouvelles
Thierny
Vorges
Montchâlons
Lizy
Royaucourt-et-Chailvet
Nouvion-le-Vineux
Presles-et-Thierny
Orgeval
Aubigny-en-Laonnois
St-Thomas
Goudelancourt-lès-Berrieux
Laval-en-Laonnois
Martigny-Courpierre
Bièvres
Arrancy
Amifontaine
Noires Épines
Urcel
Monthenault
Ployart-et-Vaurseine
Aizelles
Berrieux
Bruyères
Lierval
Chamouille
Cité Gilbert
Chavignon
Monampteuil
Colligis-Crandelain
Neuville-sur-Ailette
Chermizy-Ailles
Ste-Croix
Prouvais
Pargny-Filain
Chevregny
Trucy
Pancy-Courtecon
Corbeny
Vaudesson
Fort de la Malmaison
Vauxrains
Bouconville-Vauclair
la Maison Blanche
la Malmaison
Filain
L'Ailette
Anc. Abb. de Vauclair
Cerny-en-Laonnois
Ferme d'Hurtebise
Craonne
Juvincourt-et-Damary
Guignicourt
Malval
Nécropole Nat.
Caverne du Dragon
Oulches-la-Vallée-Foulon
Aizy-Jouy
Ostel
Braye-en-Laonnois
Vendresse-Beaulne
Paissy
Vassogne
Craonnelle
la Ville-aux-Bois-lès-Pontavert
Condé-sur-Suippe
Variscourt
Moussy-Verneuil
Rochefort
la Cour Soupir
Moulins
Cuissy-et-Geny
Jumigny
Pontavert
Berry-au-Bac
St-Précord
Soupir
Chavonne
Bourg-et-Comin
Aguilcourt
Vailly-sur-Aisne
Cim. All.
Pargnan
Beaurieux
Chaudardes
Gernicourt
Canal Latéral à l'Aisne
Merlet
Condé-sur-Aisne
Presles-et-Boves
Cys-la-Commune
Pont-Arcy
Œuilly
Cuiry-lès-Chaudardes
Domaine des Etangs
St-Mard
Viel-Arcy
Villers-en-Prayères
Maizy
Bouffignereux
Cormicy
la Rue d'en Haut
Chassemy
Révillon
Concevreux
Roucy
les Pissotées
Muscourt
Brenelle
Dhuizel
Longueval-Barbonval
Serval
Glennes
Meurival
Guyencourt
Cauroy-lès-Hermonville
Loivre
Salsogne
Vasseny
Braine
Courcelles-sur-Vesles
Vauxtin
Merval
Ventelay
Hermonville
Augy
Châl. de la Folie
Paars
Vauxcéré
Blanzy-lès-Fismes
Baslieux-lès-Fismes
Bouvancourt
Romain
Marzilly
Villers-Franqueux
Thil
Cerseuil
Limé
Perles
Fismes
Courlandon
Montigny-sur-Vesle
Pévy
Pouillon
Quincy-sous-le-Mont
Bazoches-sur-Vesles
Breuil
Trigny
St-Thierry
Lesges
Magneux
Prouilly
Chenay
Merfy
Jouaignes
St-Thibaut
Unchair
Jonchery-sur-Vesle
Châlons-sur-Vesle
Violaine
Cuiry-Housse
Mont-Notre-Dame
Ville-Savoye
Tannières
Mont-St-Martin
St-Gilles
Hourges
Vandeuil
Muizon
Lhuys
Branscourt
la Tuilerie
Champigny
REIMS
Courville
Bruys
Chéry-Chartreuve
Courcelles-Sapicourt
St-Brice-Courcelles
Arcy-Ste-Restitue
Branges
Serzy-et-Prin
Rosnay
Gueux
Thillois
les Bouleaux
la Tuilerie
Mont-sur-Courville
Savigny-sur-Ardres
Janvry
Foufry
Crugny
Ormes
Tinqueux
Loupeigne
Mareuil-en-Dôle
Dôle
Faverolles-et-Coëmy
Treslon
Germigny
Vrigny
Rugny
Cruaux
Dravegny
Arcis-le-Ponsart
Coulommes-la-Montagne
Bezannes
Cramaille
Brouillet
Coëmy
Tramery
Bouleuse
Méry-Prémecy
Commune de Pargny-lès-Reims
Abb. d'Igny
Party
Cohan
Lagery
Lhéry
Poilly
Aubilly
Jouy-lès-Reims
les Mesneux
Saponay
Seringes-et-Nesles
Villome
Coulonges-Cohan
Sarcy
St-Euphraise-et-Clairizet
Fère-en-Tardenois
Nesles
Cim. U.S.A.
le Vieux Vézilly
St-Antoine
Aulnay
Bligny
Bouilly
Ville-Dommange
Sacy
Chamery
Vieux Vendôme
Clm. Ital.
Courmas
Ecueil
Trugny
Villemoyenne
L'Ourcq
Sergy
Aougny
Chambrecy
Chaumuzy
Villeneuve-sur-Fère
Villers-sur-Fère
Vézilly
Ville-en-Tardenois
Chamery
Cierges
Villers-Agron-Aiguizy
Romigny
Château de la Forêt
Goussancourt
Champlat-et-Boujacourt
Marfaux
Pourcy
Favières
Courmont
Olizy
Jonquery
la Neuville-aux-Larris
Courtagnon
la Haute Laine
les Fontinettes
Ronchères
Ste-Gemme
Fresnes-en-Tardenois
Anthenay
Beuvardelle
Beuvardes
Champvoisy
Cuchery
Belval-sous-Châtillon
Nanteuil-la-Forêt
Cuisles
Passy-Grigny
le Moulin le Comte
Baslieux-sous-Châtillon
la Chapelle Hurlay
Grigny
St-Imoges
Coupoil
le Charmel
Cormoyeux
Châtillon-sur-Marne
Epieds
Vandières
Montigny
l'Érolle
Binson-et-Orquigny
Villers-sous-Châtillon
Fleury-la-Rivière
le Franquets
Verneuil
Romery
Vincelles
Venteuil
Hautvillers
Jaulgonne
Barzy-sur-Marne
Nécropole Nat.
Marne
Marcilly
Chassins
Try
Mareuil-le-Port
Troissy
Reuil
Damery
Cumières
Mont-St-Père
Chartèves
Tréloup-sur-Marne
Vassieux
Port-à Binson
Œuilly
Mézy-Moulins
Dormans
Cerseuil
Leuvrigny
Dizy
Champillon
Courtemont-Varennes
Passy-sur-Marne
Vassy
Montvoisin
Villesaint
Mardeuil
Magenta
Moulins
Boursault
A26
A4
N31
N2
N44

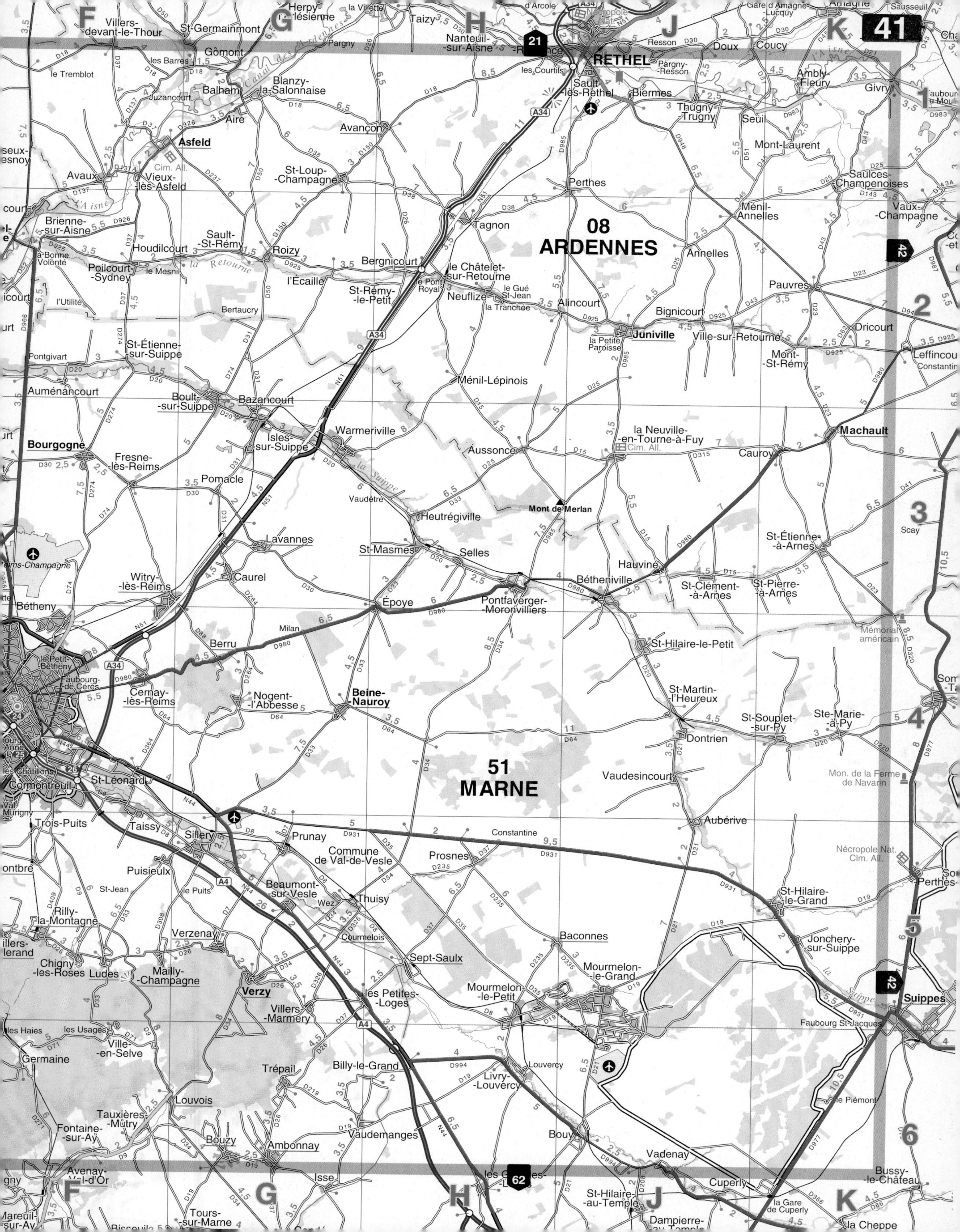

08
ARDENNES
51
MARNE
RETHEL
Sault-lès-Rethel
Biermes
Thugny-Trugny
Seuil
Ambly-Fleury
Givry
Mont-Laurent
Saulces-Champenoises
Vaux-Champagne
Perthes
Ménil-Annelles
Annelles
Pauvres
Juniville
Bignicourt
Ville-sur-Retourne
Dricourt
Mont-St-Rémy
Leffincourt
Alincourt
Tagnon
Nanteuil-sur-Aisne
Taizy
Herpy-l'Arlésienne
Villers-devant-le-Thour
St-Germainmont
Gômont
Balham
Blanzy-la-Salonnaise
Aire
Asfeld
Avançon
Vieux-lès-Asfeld
Avaux
St-Loup-Champagne
Brienne-sur-Aisne
Sault-St-Rémy
Houdilcourt
Roizy
Poilcourt-Sydney
Bergnicourt
le Châtelet-sur-Retourne
Neuflize
l'Écaille
St-Rémy-le-Petit
St-Étienne-sur-Suippe
Auménancourt
Boult-sur-Suippe
Bazancourt
Isles-sur-Suippe
Warmeriville
Ménil-Lépinois
Bourgogne
Fresne-lès-Reims
Pomacle
Aussonce
la Neuville-en-Tourne-à-Fuy
Machault
Cauroy
Heutrégiville
Mont de Merlan
Lavannes
St-Masmes
Selles
Caurel
Witry-lès-Reims
Bétheny
Époye
Pontfaverger-Moronvilliers
Bétheniville
Hauviné
St-Étienne-à-Arnes
St-Clément-à-Arnes
St-Pierre-à-Arnes
Berru
Cernay-lès-Reims
Nogent-l'Abbesse
Beine-Nauroy
St-Hilaire-le-Petit
St-Martin-l'Heureux
St-Souplet-sur-Py
Ste-Marie-à-Py
Dontrien
Vaudesincourt
St-Léonard
Cormontreuil
Trois-Puits
Taissy
Sillery
Prunay
Constantine
Aubérive
Commune de Val-de-Vesle
Prosnes
Puisieulx
Beaumont-sur-Vesle
Thuisy
St-Hilaire-le-Grand
Rilly-la-Montagne
Verzenay
Baconnes
Jonchery-sur-Suippe
Chigny-les-Roses
Ludes
Mailly-Champagne
Sept-Saulx
Mourmelon-le-Grand
Mourmelon-le-Petit
Verzy
Villers-Marmery
les Petites-Loges
Suippes
Ville-en-Selve
Germaine
Trépail
Billy-le-Grand
Livry-Louvercy
Louvercy
Louvois
Tauxières-Mutry
Fontaine-sur-Ay
Vaudemanges
Bouy
Bouzy
Ambonnay
Vadenay
Avenay-Val-d'Or
Isse
St-Hilaire-au-Temple
Cuperly
Bussy-le-Château
Tours-sur-Marne
la Cheppe

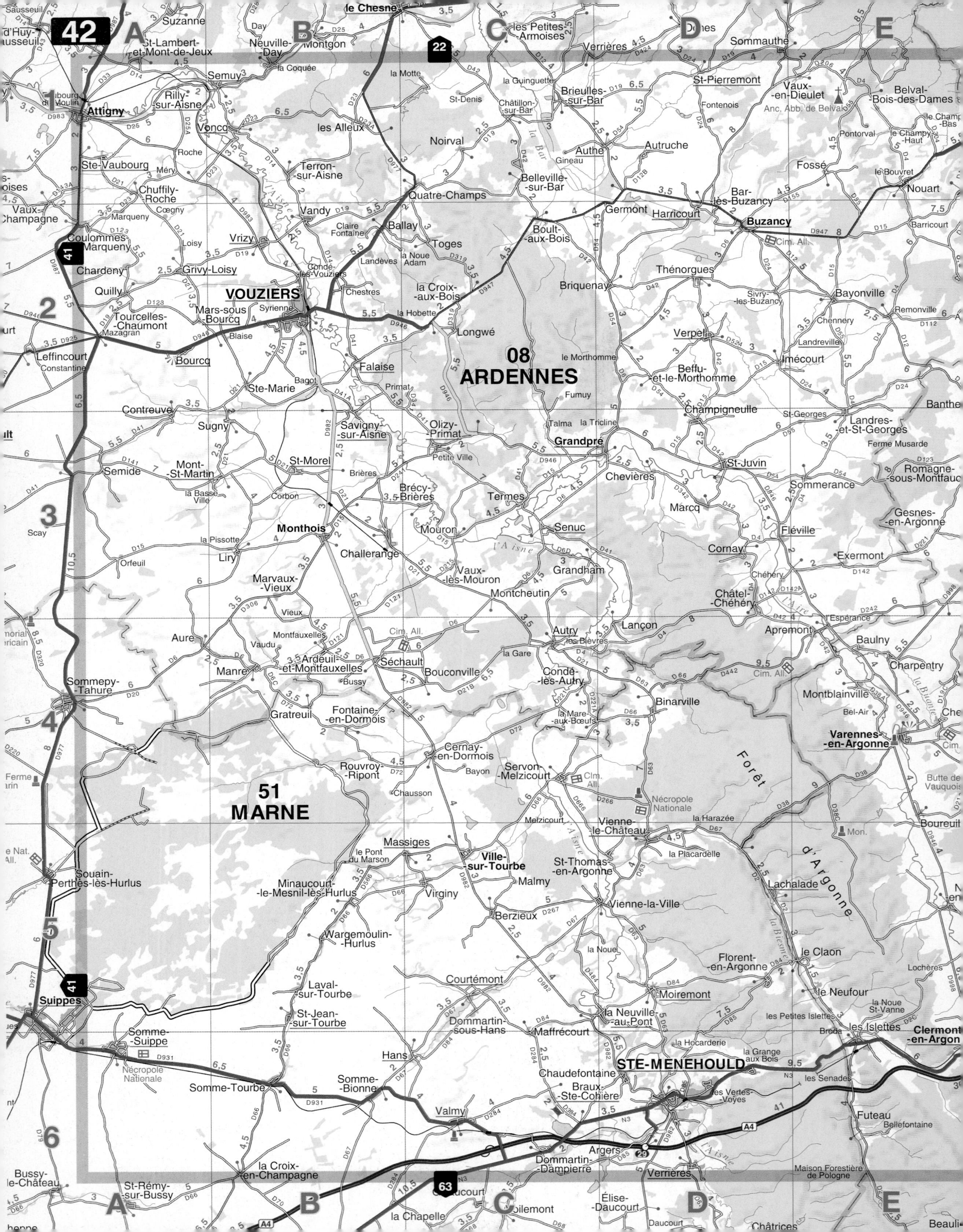

42
22
41
63
08
ARDENNES
51
MARNE
VOUZIERS
STE-MENEHOULD
Attigny
Buzancy
Grandpré
Monthois
Suippes
Forêt d'Argonne

55
MEUSE
Stenay
Laneuville-sur-Meuse
Baâlon
Quincy-Landzécourt
Han-lès-Juvigny
Juvigny-sur-Loison
Iré-le-Sec
Othe
Flassigny
Charency-Vezin
Villette
Viviers-sur-Chiers
Villers-le-Rond
St-Jean-lès-Longuyon
Colmey
Longuyon
Marville
Petit-Failly
Noërs
Arrancy-sur-Crusnes
Mouzay
Beauclair
Wiseppe
Halles-sous-les-Côtes
Saulmory-et-Villefranche
Montigny-devant-Sassey
Sassey-sur-Meuse
Mont-devant-Sassey
Lion-devant-Dun
Milly-sur-Bradon
Murvaux
Brandeville
Bréhéville
Dun-sur-Meuse
Doulcon
Cléry-Petit
Cléry-Grand
Fontaines-St-Clair
Liny-devant-Dun
Louppy-sur-Loison
Remoiville
Jametz
Delut
Rupt-sur-Othain
Grand-Failly
Dombras
Vittarville
St-Laurent-sur-Othain
Sorbey
Rouvrois-sur-Othain
Merles-sur-Loison
Villers-lès-Mangiennes
Pillon
Duzey
Mangiennes
Lissey
Peuvillers
Ecurey-en-Verdunois
Réville-aux-Bois
Damvillers
Haraumont
Étraye
Wavrille
Muzeray
Billy-sous-Mangiennes
Vaudoncourt
Loison
Brieulles-sur-Meuse
Vilosnes-Haraumont
Sivry-sur-Meuse
Cunel
Romagne-sous-les-Côtes
Chaumont-devant-Damvillers
Crépion
Moirey
Commune de Moirey-Flabas-Crépion
Azannes-et-Soumazannes
Dannevoux
Nantillois
Consenvoye
Ville-devant-Chaumont
Gremilly
Septsarges
Gercourt-et-Drillancourt
Commune de Haumont-près-Samogneux
Brabant-sur-Meuse
Montfaucon-d'Argonne
Cuisy
Forges-sur-Meuse
Samogneux
P. C. du Col. Driant
Commune de Beaumont-en-Verdunois
Ornes
Maucourt-sur-Orne
Gincrey
Béthincourt
Regnéville-sur-Meuse
Commune de Louvemont-Côte-du-Poivre
Commune de Bezonvaux
Mogeville
Commune de Foameix-Ornel
Malancourt
Commune de Cumières-le-Mort-Homme
Champneuville
Commune de Douaumont
Morgemoulin
Fromezey
Chattancourt
Vacherauville
Bras-sur-Meuse
Vaux-devant-Damloup
Dieppe-sous-Douaumont
Avocourt
Esnes-en-Argonne
Marre
Charny-sur-Meuse
Commune de Fleury-devant-Douaumont
Damloup
Commune d'Abaucourt-Hautecourt
Abaucourt
Montzéville
Belleville-sur-Meuse
Eix
Moranville
Herméville-en-Woëvre
Grimaucourt-en-Woëvre
Béthelainville
Thierville-sur-Meuse
VERDUN
Moulainville
Blanzée
Braquis
Fromeréville-les-Vallons
Sivry-la-Perche
Belrupt-en-Verdunois
Châtillon-sous-les-Côtes
Watronville
Récicourt
Jouy-en-Argonne
Dombasle-en-Argonne
Belleray
Ronvaux
Baleycourt
Haudainville
Haudiomont
Landrecourt
Nixéville
Commune de Nixéville-Blercourt
Dugny-sur-Meuse
Bonzée
Souhesmes-la-Grande
Commune de Landrecourt-Lempire
Sommedieue
Trésauvaux
Rarécourt
Ville-sur-Cousances
Commune des Souhesmes-Rampont
Ancemont
Dieue-sur-Meuse
Vadelaincourt
Lemmes
Rupt-en-Woëvre
les Éparges
Julvécourt
Froidos
Senoncourt-lès-Maujouy
Mouilly
St-Remy-la-Calonne
Osches
Génicourt-sur-Meuse
Lavoye
Autrécourt-sur-Aire
Ippécourt
Dommartin-la-Montagne

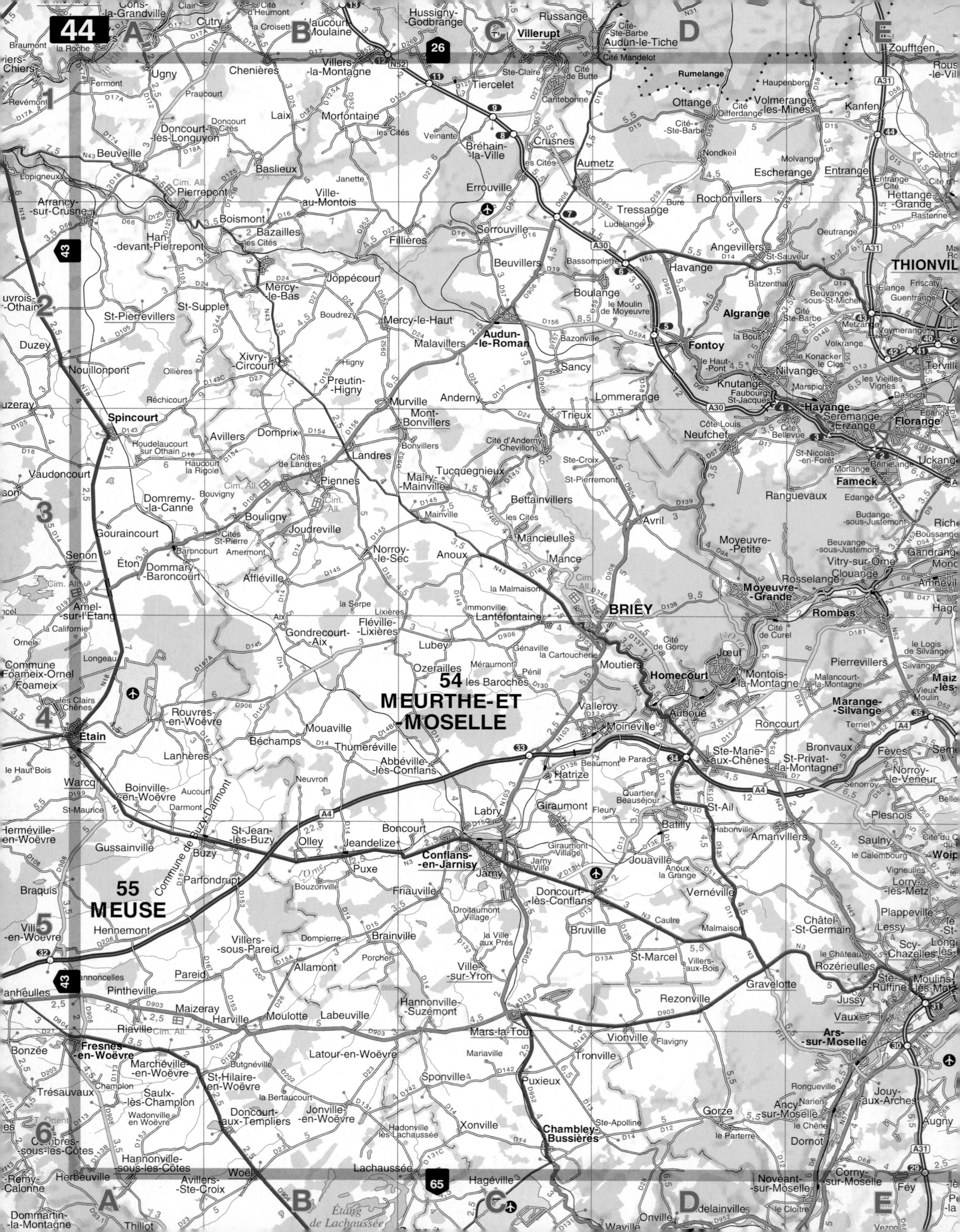
A
B
C
D
E
1
2
3
4
5
6
26
43
65
Cons-la-Grandville
Cutry
Haucourt-Moulaine
Hussigny-Godbrange
Villerupt
Russange
Audun-le-Tiche
Cité Mandelot
Braumont
la Roche
Viviers-sur-Chiers
Ugny
Chenières
Villers-la-Montagne
Tiercelet
Ste-Claire
Cité de Butte
Rumelange
Haupenberg
Zoufftgen
Fermont
Praucourt
Revémont
Laix
Morfontaine
les Cités
Cantebonne
Ottange
Cité Differdange
Volmerange-les-Mines
Kanfen
Doncourt-lès-Longuyon
Doncourt Cités
Veinante
Bréhain-la-Ville
Crusnes
Cité-Ste-Barbe
Nondkeil
Beuveille
Baslieux
Janette
les Cités
Aumetz
Escherange
Molvange
Entrange
Lopigneux
Cim. All.
Pierrepont
Ville-au-Montois
Errouville
Hettange-Grande
Arrancy-sur-Crusne
Boismont
Bazailles
Fillières
Serrouville
Tressange
Ludelange
Bure
Rochonvillers
Rastenne
Oeutrange
Han-devant-Pierrepont
Beuvillers
Bassompierre
Havange
Angevillers
St-Sauveur
THIONVILLE
Joppécourt
Mercy-le-Bas
Boulange
le Moulin de Moyeuvre
Batzenthal
Algrange
Beuvange-sous-St-Michel
Guentrange
Elange
Frioscaty
St-Pierrevillers
St-Supplet
Boudrezy
Mercy-le-Haut
Audun-le-Roman
Malavillers
Bazonville
Fontoy
la Bous
Cité Ste-Barbe
Metzange
Veymerange
Duzey
Higny
Xivry-Circourt
Ollières
Nouillonpont
Preutin-Higny
Sancy
le Haut-Pont
Nilvange
le Konacker le Clos
Volkrange
Terville
Knutange
Faubourg St-Jacques
Marspich
les Vieilles Vignes
Daspich
Réchicourt
Murville
Anderny
Lommerange
Spincourt
Mont-Bonvillers
Trieux
Hayange
Serémange-Erzange
Florange
Ebange
Houdelaucourt sur Othain
Avillers
Domprix
Landres
Côte Louis
Neufchef
Cité Bellevue
Vaudoncourt
Haucourt la Rigole
Cités de Landres
Bonvillers
Cité d'Anderny-Chevillon
Ste-Croix
St-Nicolas-en-Forêt
Morlange
Rémelange
Uckange
Fameck
Piennes
Mairy-Mainville
Tucquegnieux
St-Pierremont
Bouvigny
Domremy-la-Canne
Cim. All.
Mainville
Bettainvillers
Ranguevaux
Edange
Bouligny
Joudreville
les Cités
Avril
Budange-sous-Justemont
Gouraincourt
Cités St-Pierre
Baroncourt
Amermont
Mancieulles
Moyeuvre-Petite
Beuvange-sous-Justemont
Boussange
Senon
Éton
Dommary-Baroncourt
Affléville
Norroy-le-Sec
Anoux
Mance
Vitry-sur-Orne
Gandrange
Clouange
Rosselange
Amel-sur-l'Étang
la Malmaison
Moyeuvre-Grande
Rombas
Amnéville
la Californie
la Serpe
Lixières
Immonville
Lantéfontaine
BRIEY
Cité de Curel
Orne
Ornel
Aix
Gondrecourt-Aix
Fléville-Lixières
Génaville
la Cartoucherie
Cité de Gorcy
le Logis de Silvange
Commune Foameix-Ornel
Longeau
Lubey
Méraumont
Moutiers
Joeuf
Pierrevillers
Silvange
Foameix
Ozerailles
Pénil
Homecourt
Montois-la-Montagne
Malancourt-la-Montagne
54
MEURTHE-ET-MOSELLE
les Baroches
les Clairs Chênes
Rouvres-en-Woëvre
Valleroy
Marange-Silvange
Mouaville
Moineville
Auboué
Ternel
Étain
Béchamps
Thumeréville
Roncourt
Lanhères
Abbéville-lès-Conflans
le Paradis
Beaumont
Ste-Marie-aux-Chênes
St-Privat-la-Montagne
Bronvaux
Fèves
le Haut Bois
Hatrize
Norroy-le-Veneur
Semécourt
Warcq
Boinville-en-Woëvre
Aucourt
Neuvron
Quartier Beauséjour
Senorroy
Commune de Buzy-Darmont
Darmont
Labry
Giraumont
Fleury
St-Ail
Plesnois
St-Maurice
Batilly
Habonville
Amanvillers
Herméville-en-Woëvre
St-Jean-lès-Buzy
Boncourt
Saulny
Gussainville
Buzy
Olley
Jeandelize
Conflans-en-Jarnisy
Giraumont Village
Jarny
Jarny Ville
Jouaville
Anoux la Grange
le Calembourg
Woippy
Orne
Puxe
Vigneulles
Lorry-lès-Metz
Parfondrupt
Braquis
55
MEUSE
Bouzonville
Friauville
Doncourt-lès-Conflans
Vernéville
Droitaumont Village
Plappeville
Châtel-St-Germain
Hennemont
Bruville
Caulre
Malmaison
Lessy
Ville-en-Woëvre
Villers-sous-Pareid
Dompierre
Brainville
la Ville aux Prés
Scy-Chazelles
Longeville-lès-Metz
Porcher
Ville-sur-Yron
St-Marcel
Villers-aux-Bois
le Château
Rozérieulles
Pareid
Allamont
Annoncelles
Gravelotte
Ste-Ruffine
Moulins-lès-Metz
Manheulles
Pintheville
Rezonville
Jussy
Maizeray
Hannonville-Suzémont
Vaux
Riaville
Harville
Moulotte
Labeuville
Cim. All.
Mars-la-Tour
Vionville
Flavigny
Ars-sur-Moselle
Fresnes-en-Woëvre
Bonzée
Latour-en-Woëvre
Tronville
Mariaville
Marchéville-en-Woëvre
Butgnéville
St-Hilaire-en-Woëvre
Champlon
Sponville
Puxieux
Tresauvaux
Saulx-lès-Champlon
Rongueville
Jouy-aux-Arches
la Bertaucourt
Narien
Wadonville en Woëvre
Doncourt-aux-Templiers
Jonville-en-Woëvre
Ancy-sur-Moselle
Augny
Combres-sous-les-Côtes
Hadonville lès Lachaussée
Xonville
Gorze
Ste-Apolline
Chambley-Bussières
le Parterre
le Chêne
Dornot
Hannonville-sous-les-Côtes
Lachaussée
Remy-Calonne
Herbeuville
Avillers-Ste-Croix
Woël
Hagéville
Novéant-sur-Moselle
Corny-sur-Moselle
Fey
Dommartin-la-Montagne
Thillot
Étang de Lachaussée
Onville
Waville
Bayonville
le Cloître

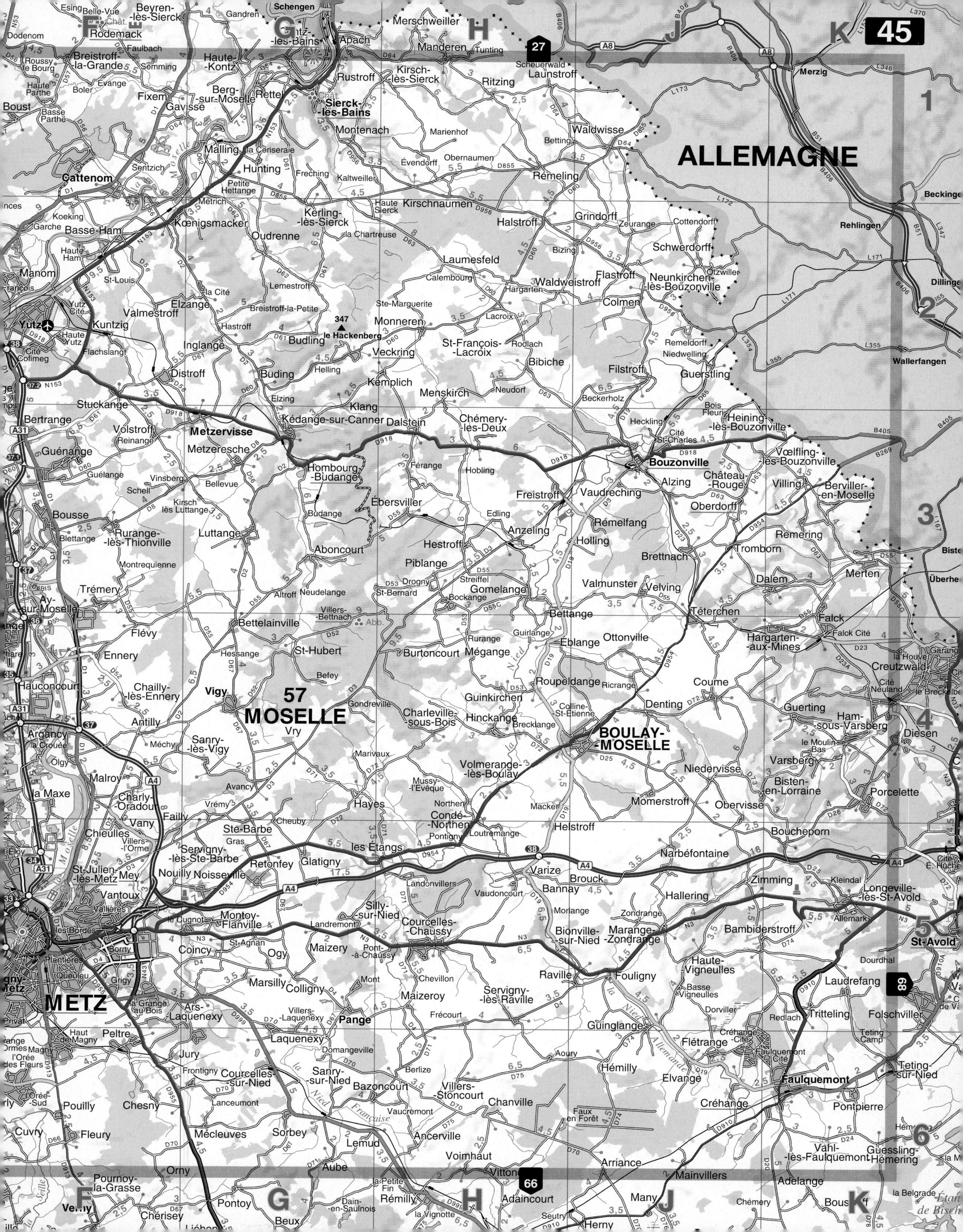

45
ALLEMAGNE
57
MOSELLE
METZ
BOULAY-MOSELLE
F
G
H
J
K
1
2
3
4
5
6
Schengen
Rodemack
Beyren-lès-Sierck
Apach
Merschweiller
Manderen
Merzig
Breistroff-la-Grande
Haute-Kontz
Rustroff
Kirsch-lès-Sierck
Ritzing
Launstroff
Sierck-les-Bains
Berg-sur-Moselle
Rettel
Fixem
Gavisse
Boust
Montenach
Waldwisse
Malling
Hunting
Cattenom
Rémeling
Kirschnaumen
Kerling-lès-Sierck
Halstroff
Grindorff
Koenigsmacker
Basse-Ham
Oudrenne
Laumesfeld
Schwerdorff
Manom
Waldweistroff
Flastroff
Neunkirchen-lès-Bouzonville
Colmen
Yutz
Kuntzig
Valmestroff
Elzange
Monneren
St-François-Lacroix
Inglange
Budling
le Hackenberg
Veckring
Bibiche
Filstroff
Guerstling
Distroff
Buding
Kemplich
Menskirch
Stuckange
Klang
Kédange-sur-Canner
Dalstein
Chémery-les-Deux
Heining-lès-Bouzonville
Bertrange
Volstroff
Metzervisse
Bouzonville
Vœlfling-lès-Bouzonville
Guénange
Metzeresche
Hombourg-Budange
Alzing
Château-Rouge
Villing
Berviller-en-Moselle
Freistroff
Vaudreching
Oberdorff
Ébersviller
Bousse
Rurange-lès-Thionville
Luttange
Anzeling
Rémelfang
Holling
Remering
Aboncourt
Hestroff
Tromborn
Brettnach
Piblange
Trémery
Gomelange
Valmunster
Velving
Dalem
Merten
Ay-sur-Moselle
Bettange
Téterchen
Falck
Bettelainville
Flévy
Hargarten-aux-Mines
St-Hubert
Burtoncourt
Mégange
Éblange
Ottonville
Ennery
Creutzwald
Hauconcourt
Chailly-lès-Ennery
Vigy
Guinkirchen
Roupeldange
Coume
Denting
Guerting
Ham-sous-Varsberg
Argancy
Antilly
Charleville-sous-Bois
Hinckange
Diesen
Sanry-lès-Vigy
Varsberg
Malroy
Volmerange-lès-Boulay
Niedervisse
Bisten-en-Lorraine
Porcelette
la Maxe
Charly-Oradour
Hayes
Momerstroff
Obervisse
Vany
Condé-Northen
Helstroff
Chieulles
Ste-Barbe
Servigny-lès-Ste-Barbe
les Étangs
Boucheporn
Narbéfontaine
St-Julien-lès-Metz
Retonfey
Glatigny
Varize
Nouilly
Noisseville
Brouck
Zimming
Longeville-lès-St-Avold
Vantoux
Bannay
Hallering
Silly-sur-Nied
Montoy-Flanville
Courcelles-Chaussy
Bambiderstroff
Bionville-sur-Nied
Marange-Zondrange
St-Avold
Coincy
Ogy
Maizery
Haute-Vigneulles
Raville
Fouligny
Laudrefang
Marsilly
Colligny
Maizeroy
Servigny-lès-Raville
Tritteling
Folschviller
Ars-Laquenexy
Pange
Guinglange
Peltre
Laquenexy
Flétrange
Jury
Courcelles-sur-Nied
Hémilly
Elvange
Teting-sur-Nied
Faulquemont
Chesny
Sanry-sur-Nied
Bazoncourt
Villers-Stoncourt
Chanville
Créhange
Pontpierre
Pouilly
Cuvry
Fleury
Mécleuves
Sorbey
Ancerville
Lemud
Voimhaut
Arriance
Vahl-lès-Faulquemont
Guessling-Hémering
Orny
Aube
Mainvillers
Adelange
Pournoy-la-Grasse
Pontoy
Rémilly
Adaincourt
Many
Chérisey
Beux
Herny
A4
A31
A8
N3
27
66
68

A
B
C
D
E
1
2
3
4
5
6
ÎLE DE BATZ
Île de Siec
29
FINISTÈRE
Plouescat
Brignogan-Plage
Kerlouan
Plounéour-Trez
Guissény
Plouguerneau
Goulven
Tréflez
Plounévez-Lochrist
Cléder
Sibiril
Plougoulm
Santec
Tréflaouénan
Lesneven
le Folgoët
Lanhouarneau
St-Méen
Kernilis
Lanarvily
Loc Brévalaire
Plouvien
le Drennec
Ploudaniel
Trégarantec
St-Derrien
Plougar
Plouzévédé
St-Vougay
Trézilidé
Mespaul
Plouvorn
Plougourvest
Bodilis
Plounéventer
Plabennec
Trémaouézan
Lanneuffret
St-Servais
Landivisiau
Lampaul-Guimiliau
Kersaint-Plabennec
St-Thonan
Plouédern
La Roche-Maurice
Loc-Eguiner
Gouesnou
St-Divy
Landerneau
Ploudiry
La Martyre
Guipavas
la Forest-Landerneau
Pencran
Locmélar
St-Sauveur
Loc-Eguiner-St-Thégonnec
le Relecq-Kerhuon
Tréflévénez
St-Urbain
Sizun
BREST
le Tréhou
Dirinon
N12
N165
72
74

F
G
H
J
K
LES SEPT ÎLES
Île Plate
le Cerf
Île aux Moines
1
2
3
4
5
6
Trégastel-Plage
Coz Porz
Ste-Anne
la Grève Blanche
St-Guirec
Ploumanac'h
Bringuiller
Landrellec
Île Grande
Trégastel
Dourlin
48
Kervégan
Penvern
St-Samson
Runigou
Guéradur
St-Quay-Perros
Notérigou
Crec'h Héry
Trébeurden
Pointe de Bihit
Pleumeur-Bodou
Cabouton
Servel
Beg Léguer
Baie de Lannion
Baie de Morlaix
Toul Tan Braz
Pointe de Primel
Pointe du Diben
Primel-Trégastel
Loguivy-lès-Lannion
Le Yaudet
Locquémeau
Pen ar Roz
Ploulec'h
Kerguerven
Batz
Ste-Anne
Rosslare et Cork en saison
Plymouth
Kerfissiec
St-Pol-de-Léon
Pempoul
la Magdeleine
Traon ar Vilar
Île Callot
Carantec
Châl. du Taureau
Penn al Lann
Barnénez
Térénez
St-Samson
le Diben
Ste-Barbe
Plougasnou
St-Jean-du-Doigt
Kerdreïn
Kerbaul
Kerellou
le Moulin de la Rive
Locquirec
Trédrez
St-Michel-en-Grève
Kerninou
Kerallan
Convenant ar Groaz
Ty-Forn
Kervern
Guimaëc
Kerbabu
Kernéléhen
Rade de Morlaix
Pont de la Corde
Kerdanet
le Voallas
Plouézoc'h
Kermouster
Lanmeur
Rupulven
Pont Menou
Plestin-les-Grèves
St-Efflam
Plouzélambre
Tréduder
Plounilliau
Le Clandy
Henvic
Locquénolé
Brignonic
St-Antoine
le Foën
Kerfoulérien
le Dourduff en Mer
Gare de Taulé-Henvic
Taulé
Lavallot
Kersuté
Coat Morvan
Bois de la Roche
Kermouster
Kerorven
le Guérand
Veuzit
le Châtel
Ste-Anne
Guerdious
Run ar Gazel
St-Ignace
Keranton
Penzé
St-François
Ploujean
Poullec'h
Garlan
Kerstrad
Plouégat-Guérand
Convenant Jorand
Kerabalen
Chât. de Rosanbo
Lanvellec
MORLAIX
Kerjean
Croix-Neuve
Chât. de Penhoat
Lanleya
Kervennou
Voasven
Trémel
Plufur
Plouaret
Kerrohan
Lescoat
Penn an Nec'h
Manac'hty
St-Connay
St-Martin-des-Champs
Penlan
Kerdilès
le Rest
Uzel
le Traon
St-Carré
Coasvout
Ste-Sève
la Chapelle-du-Mur
Plouégat-Moysan
22
CÔTES-D'ARMOR
St-Mathieu
Guiclan
Kerivin
St-Fiacre
Pont-Pol
Plouigneau
Luzivilly
le Ponthou
Plounérin
Pavédir
Hellin
Penarvern
St-Eutrope
Trémaëc
Pen ar Park Hir
Péran
Kerhellou
Kerampont
Keramanac'h
Plounévez-Moëdec
Leinlouët
Kervenarc'Hant
Sycomore
la Croix-de-Pierre
St-Eloy
Kerrolland
Pont Hir
Oalas
Plourin-lès-Morlaix
Goazivinic Huella
Penvern
le Fumé
Coatélan
Sanatorium de Guervénan
Kerléo
Kerigonan
Lestrézec
Plougonven
Botsorhel
Guerlesquin
Kernévez
Pleyber-Christ
Quelern
Keranguéven
Kerhervé
Plougras
Chât.
les Quatre Vents
Kerroué Braz
Loguivy-Plougras
Kergoat-Braz
Leuzeuliat
Ste-Brigitte
Trévalan
Croaz Christ
Kerniet
Keravéo
Lanvic
la Villeneuve
le Cloître-St-Thégonnec
Lannéanou
Kerforniou
Beffou
Croaz Joncour
le Dresnay
le Quillou
Cleuncoat
Kervihan
Kerbriant
Kergorre
Croaz ar Rouz
le Brohet
les Ferrières
Goasven
Quillien
Kermeur
Kervézec
le Launay
Créac'h-Pluen
Kerandraon
Kerguz
le Mengleuz
le Briou
Bouillard
le Guillec
la Chaussée
Keranfors Bihan
Louscoat Huellan
Kerhervé
Guernigou
Plounéour-Ménez
Guirhoël
Kersauz
Kermadien
Lohuec
Restou
la Haie Douar
Bolazec
Kerzinou
Keradalan
Kernon
Kermarzin
Kerninec
Keranquéré
la Haye
Runveur
Restancar
Trédudon-le-Moine
Scrignac
75
Moulin Terre
Hellès
Kergus
Calanhel
Kernévez
Trédudon
Kerampage
la Croix Rouge
Plourac'h
N12

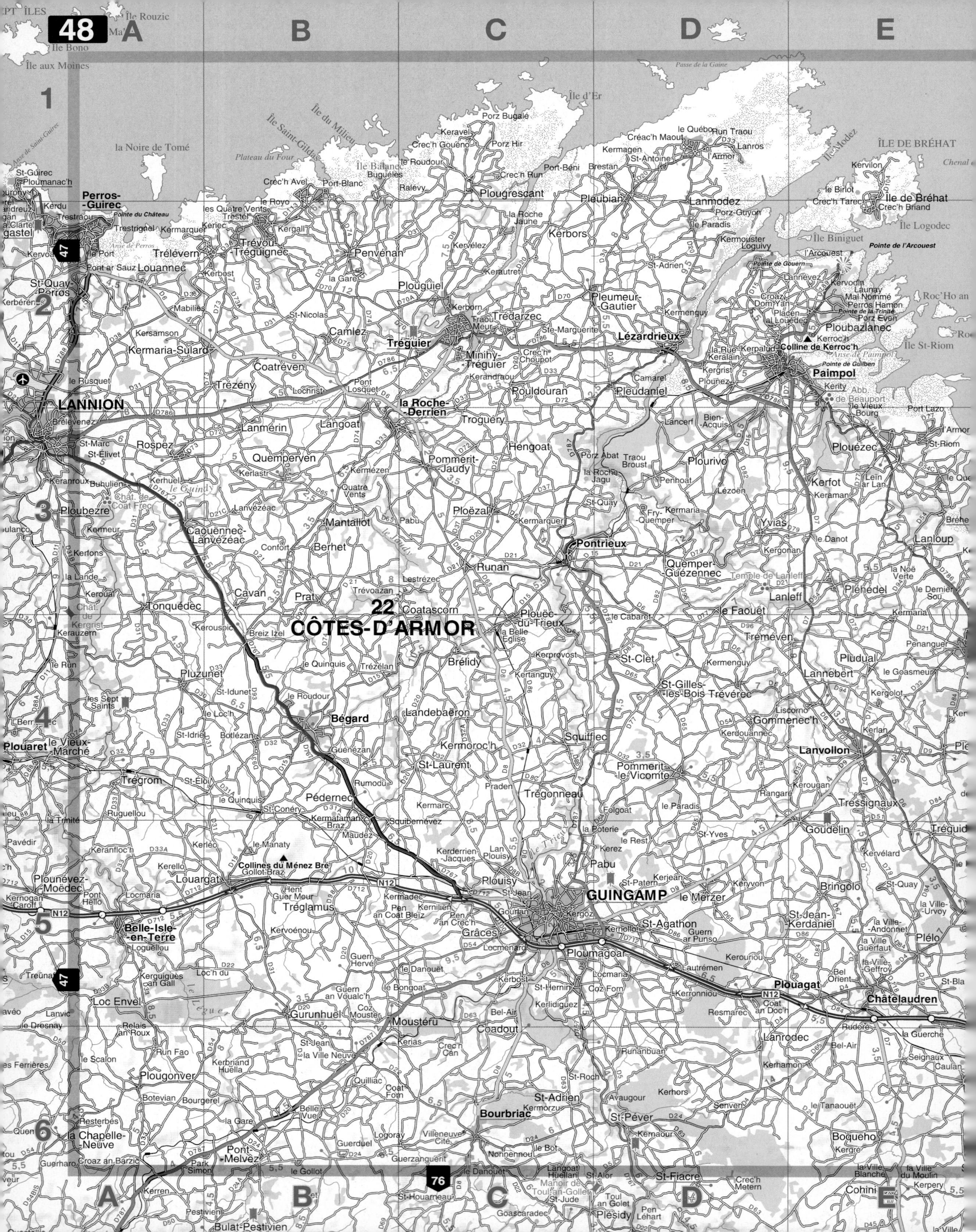
22
CÔTES-D'ARMOR
LANNION
Perros-Guirec
Tréguier
Paimpol
Lézardrieux
Pontrieux
GUINGAMP
Bégard
Belle-Isle-en-Terre
Lanvollon
Châtelaudren
Bourbriac
Plouaret
Île de Bréhat
ÎLE DE BRÉHAT
Plougrescant
Pleubian
Ploubazlanec
Pédernec
Louargat
Plouagat
Plougonver
Pont-Melvez
Mousteru
Collines du Ménez Bré

F
G
H
J
K
1
2
3
4
5
6
GOLFE DE SAINT-MALO
Baie de Saint-Brieuc
Chenal d'Erquy
Cap d'Erquy
Rade de Portrieux
Pointe de Pordic
Pointe des Tablettes
Pointe du Roselier
Falaise de la Roche Jaune
ST-BRIEUC
St-Quay-Portrieux
Étables-sur-Mer
Binic
Pordic
Plérin
Langueux
Ploufragan
Trégueux
Yffiniac
Hillion
Pléneuf-Val-André
Erquy
St-Alban
Planguenoual
Hénansal
Quintenic
St-Denoual
Coëtmieux
Andel
Morieux
Plurien
Tréveneuc
Plourhan
Lantic
Trégomeur
Tréméloir
Trémuson
la Méaugon
Pommeret
50
77

A
B
C
D
E
1
2
3
4
5
6
49
77
78
GOLFE DE SAINT-MALO
Cork
Portsmouth
Guernsey
Jersey
Cap Fréhel
Fort de la Latte
Pléhérel-Plage-Vieux-Bourg
Beausoleil
Plévenon
le Meurtel
la Ville Roger
Trécelin
Fréhel
Ste-Aide
Port à la Duc
Crissouët
Pléboulle
Baie de la Fresnaye
Pointe du Chatelet
l'Isle
la Ville Norme
les Mielles
St-Cast-le-Guildo
Pointe de la Garde
la Ville Orien
la Garde
Pen-Guen
Launais
Mottais
Montbran
Matignon
la Rochevin
l'Hôpital
le Houet
Pointe du Bay
Pointe du Chevet
St-Jacut-de-la-Mer
le Biot
Ste-Brigitte
St-Jaguel
St-Jean
le Pont Pérou
St-Gallery
le Grohendais
Notre-Dame-du-Guildo
Samson
le Pont Ruellan
Ruca
la Ville Mois
le Guildo
Chât.
Hénanbihen
St-Pôtan
Tréon
Créhen
le Fais
la Saudrais
St-Lormel
le Vieux Bourg
la Rochette
le Haut des Bois
Pluduno
Plancoët
Chât. de la Touche à la Vache
Nazareth
Tréguihé
Landébia
la Rouvrais
la Gare
le Pau
St-Aydes
St-Aubin
St-Symphorien
Plévenon
Pléven
le Pont Loyer
Bourseul
le Bas Village
St-Jean
Plorec-sur-Arguenon
Chât. de la Hunaudaye
le Saint-Esprit
Plédéliac
la Ville Tanet
St-Rolland
la Pévrie
St-Méloir
Peignehel
le Plessis
le Temple
Camet
St-Méen
le Breuil
Plélan-le-Petit
la Villéon
Plaisance
Couavra
la Cadlais
le Moulin Neuf
Chanteloup
Perray
Saint-Igneuc
les Quatre Routes
Jugon-les-Lacs
Lescouët-Jugon
la Ville-ès-Ains
Résidence du Boutard
Péhé
le Bourg Neuf
Dolo
Quesny
la Touche-ès-Bigot
la Touche-ès-Gautier
Mégrit
les Vaux
le Menu Bois
la Ruais
Trédias
Lanvallay
Languédias
Lannouée
Couaclé
la Rabine
Plumaudan
Lancieux
la Mettrie
la Ville Asselin
Ploubalay
St-Briac-sur-Mer
Presqu'île de Nesay
l'Islet
le Chemin
Grte des Sirènes
St-Lunaire
St-Énogat
Dinard
la Ville Agan
la Ville aux Monniers
le Bourgneuf
la Richardais
la Charlais
Pleurtuit
la Ville-ès-Sauvé
la Roichais
Trémereuc
St-Cadreuc
la Janais
Plessix-Balisson
la Rougerais
Trigavou
la Bigotière
Commune de Pleslin-Trigavou
Languenan
Lesmen
la Chapelle de l'Iff
la Hestrinais
le Vauradeuc
Chât. de Montafilan
Corseul
22 CÔTES-D'ARMOR
St-Michel-de-Plélan
la Moignerais
Temple de Mars
Aucaleuc
St-Maudez
Vildé-Guingalan
la Landec
la Tombe
Trélivan
Bobital
Boculé
Launay-Gicquel
la Chapelle-Saint-Tual
Trébédan
Cité de la Landelle
les Granits
Brusvily
le Hinglé
Trévron
le Creux
St-André-des-Eaux
la Landelle
Pleslin
Trélat
Vildé
Chât. de la Garaye
Quévert
DINAN
les Clos Gastel
le Saint-Esprit
le Vieux Bourg
Léhon
Tressaint
St-Carné
Calorguen
la Huballerie
la Ferronnais
les Champs-Géraux
Beaumanoir
le Mottais
Grasbuisson
le Vieux Bourg
la Chapelle-Trévinal
Tréverien
Villeneuve
St-Domineuc
la Tremblaye
Plesder
St-James
St-Solen
le Mézeray
St-Piat
la Fontaine-des-Eaux
Taden
St-Samson-sur-Rance
la Ville ès Pois
la Vicomté-sur-Rance
Lyvet
le Bourgneuf
la Vieille Vicomté
le Val
Hervelin
la Hisse
le Tertre
la Chapelle de Mordreuc
Mordreuc
la Ville Ger
la Rusais
les Minotais
Plouër-sur-Rance
les Landes
la Gourbannière
la Mettrie
Pommerais
le Port St-Hubert
la Croix Fermal
la Gravelle
Pleudihen-sur-Rance
le Vieux-Bourg
la Gare
Langrolay-sur-Rance
la Ville-ès Brets
Trébéfour
la Ville Chevalier
la Ville-ès-Nonais
la Boisanne
la Rabinais
la Bénatais
le Minihic-sur-Rance
la Gandrais
St-Antoine
Trégondé
St-Jouan-des-Guérets
Quelmer
Chât. du Bosq
les Gastines
St-Suliac
Pointe du Moulinet
la Cité
St-Servan-sur-Mer
le Vau-Garni
les Guimerais
la Guais
la Vicomté
la Goëletrie
la Découverte
la Giclais
la Madeleine
St-Étienne
ST-MALO
Paramé
le Minihic
Pointe de la Varde
Pointe de Rothéneuf
Rothéneuf
St-Vincent
la Guimorais
la Mare
St-Coulomb
Tannée
la Ville-ès-Gris
Chât. du Plessis Bertrand
la Ville Hue
le Val
le Tertre Bal
St-Méloir-des-Ondes
la Haute-Ville
la Ville Gilles
la Roche
Château-Malo
la Gouesnière
St-Père
les Chênes
St-Georges
St-Guinoux
la Jaga
la Mare
Châteauneuf-d'Ille-et-Vilaine
le Petit-Bois-Hamon
la Mettrie
l'Angle
la Ville Oger
Miniac-Morvan
Pleugueneuc
Rouenel
Tressé
St-Hélen
Chât. de Coëquen
la Motte
le Rocher Marie
le Haut Ples
les Remardières
St-Pierre-de-Plesguen
Licornou
le Breil Caulnette
Lauviais
Chât. de Bourbansais
la Revelinais
Pointe du Nid
Pointe de la Mare
N176
N137
N12
D794
D786
D766
D168
D676
D137

F
G
H
J
K
51
52
80
79
30
1
2
3
4
5
6
Donville-les-Bains
Granville
Pointe du Roc
Yquelon
Anctoville-sur-Boscq
St-Sauveur-la-Pommeraye
le Mesnil-Rogues
Villeman
Équilly
la Meurdraquière
St-Nicolas
St-Nicolas Plage
St-Pair-sur-Mer
la Grâce de Dieu
Beausoleil
Kairon Plage
Le Pont Bleu
Kairon
les Sapins
Jullouville
Bouillon
Édenville
Carolles-Plage
la Mazurie
Carolles
la Chevalerie
Champeaux
les Falaises
St-Jean-le-Thomas
St-Planchers
St-Jean-des-Champs
Folligny
Beauchamps
Champrepus
St-Aubin-des-Préaux
Hocquigny
la Haye-Pesnel
le Tanus
la Mouche
Crécey
St-Léger
St-Ursin
la Maison des Bois
la Lucerne-d'Outremer
St-Pierre-Langers
Anc. Abbaye de la Lucerne
St-Michel-des-Loups
le Bourgeais
la Ganerie
Champcervon
la Rochelle-Normande
les Chambres
le Luot
Angey
Sartilly
le Tilleul
les Jardinets
Montviron
Sublingy
le Fresne
Ronthon
Champcey
Lolif
50
MANCHE
Chavoy
Commune de Dragey-Ronthon
l'Église
le Manoir
Dragey
Tissey
Bacilly
la Monnerie
Marcey-les-Grèves
St-Jean-de-la-Haize
Ponts
Manoir de Brion
la Chauvinière
le Clos Hubert
Bec d'Andaine
Genêts
le Fougeray
AVRANCHES
Vains
la Rue Chevret
la Croix Verte
St-Senier-sous-Avranches
le Grand Port
la Chaussée
St-Léonard
le Rivage
Bouillé
St-Martin-des-Champs
le Groin du Sud
les Landelles
le Val-St-Père
Île des Landes
le Haut Bout
Basse Cancale
Grande Rade de Cancale
Cancale
Pointe du Hock
la Houle
Roches Noires
Baie du
Mont Saint - Michel
Chenal des Fleuves Sée et Sélune
le Mont-St-Michel
Benoît-des-Ondes
Vildé-la-Marine
le Mézeray
Argennes
Ceaux
Pontaubault
St-Quentin-sur-le-Homme
Bas-Courtils
Courtils
Montitier
les Forges
le Pommeray
Poilley
Hirel
le Vivier-sur-Mer
la Larronnière
le Rageul
le Han
le Lac
la Rive
Ossuaire All. du Mt d'Huisnes
Huisnes-sur-Mer
Mesgnier
la Bisolière
les Granges
Précey
la Fresnais
Cherrueix
la Rue
Palluel
les Cotterets
Beauvoir
Ardevon
Servon
l'Aupinière
la Villeneuve
Sur le Bied
la Poultière
les Quatre-Salines
Narbonne
la Grève
Tanis
Juilley
les Gasniers
le Vivrais
St-Broladre
St-Marcan
Roz-sur-Couesnon
le Val-St-Revert
Chanel
les Pas
Crollon
l'Épinay
Ville Arthur
Montlieu
St-Georges-de-Gréhaigne
Moidrey
Brée
Mont-Dol
Chanteloup
la Haute Roche
Chardrain
la Lande-de-Montomblay
Curey
Macey
Vergoncey
St-Senier-de-Beuvron
Roz-Landrieux
Dol-de-Bretagne
Baguer-Pican
Rougé
le Pas-Gérault
le Val-au-Banel
Sains
Ville Cherel
les Ormeaux
Cormeray
Villiers-le-Pré
la Croix-Avranchin
Vildé-Bidon
la Haie
le Lotissement de Beauregard
Carfantin
Bouillante
Mont-Rouault
Pontorson
Baguer-Morvan
la Hairière
Guyoult
la Claye
le Pin
Villartay
Boucey
la Fouquetière
Ballant
St-Benoît
la Diolais
le Chênay
Pleine-Fougères
la Crenne
St-James
Ville Arthur
le Frêche
Aucey-la-Plaine
Vessey
Épiniac
la Chapelle
Vilornel
la Chosnière
le Breil
la Boussac
Villeruas
Vieux-Viel
Sougéal
la Croix-de-Bois
St-Léonard
le Buat
le Gruel
Sacey
la Ville Joie
Montmoy
Trans-la-Forêt
la Selle
Carnet
le Bois-Gautier
la Foltière
la Pinelais
les Vignes
Montanel
le Portail
la Planche
Cim. U.S.
le Tronchet
Montferrand
la Grivais
la Ville-Oubert
la Ville Hue
la Rigaudais
le Val
Villée
la Guérantonnais
Ville Perdue
Argouges
la Barbais
la Fresnais
la Métairie
Mont Servin
la Ville Fouque
Broualan
35
ILLE-ET-VILAINE
la Fontenelle
le Val Langelier
la Gaudinière
la Ville Ory
Bonnemain
Terre Rouge
Lanhélin
Couvelou
Antrain
St-Denis
St-Ouen-la-Rouërie
Perfondais
Coglès
le Grand Bois
les Loges
le Pont-Neuf
Lourmais
Cuguen
Ardennes
la Chauffetais
Meslay
Chât. de la Ballue
la Gardais
la Barlais
Launay
le Plessis Margat
Riniac
Villengas
Montours
Pirieuc
la Meillais
la Pinderie
Chambre
la Rigaudière
la Selle-en-Coglès
Trémeheuc
Bazouges-la-Pérouse
le Pontavis
Guiborel
les Coudreaux
la Ville Eude
Combourg
Landran
la Haie
Meillac
le Champ Buet
Transvers
le Tertre
la Courterie
Tremblay
la Gare
Loisance
la Médais
le Tenoux
la Haye
le Poirier
Noyal-sous-Bazouges
la Boulais
les Cletteries
la Hyaule
St-Brice-en-Coglès
Linon
la Gentière
Bourienne
la Cudelais
la Ville-ès-Coqs
la Démonnais
la Chevalais
la Branche
la Saudrais
Tréheuc
Lanrigan
St-Léger-des-Prés
Taille-Pied
Vilhaudreux
Rinan
la Mancelière
le Croisé
St-Étienne-en-Coglès
Marcillé-Raoul
la Houssaie
la Pierre-Aiguë
le Petit Pré
la Haie Rouge
la Gérardais
les Buis
Bervaux

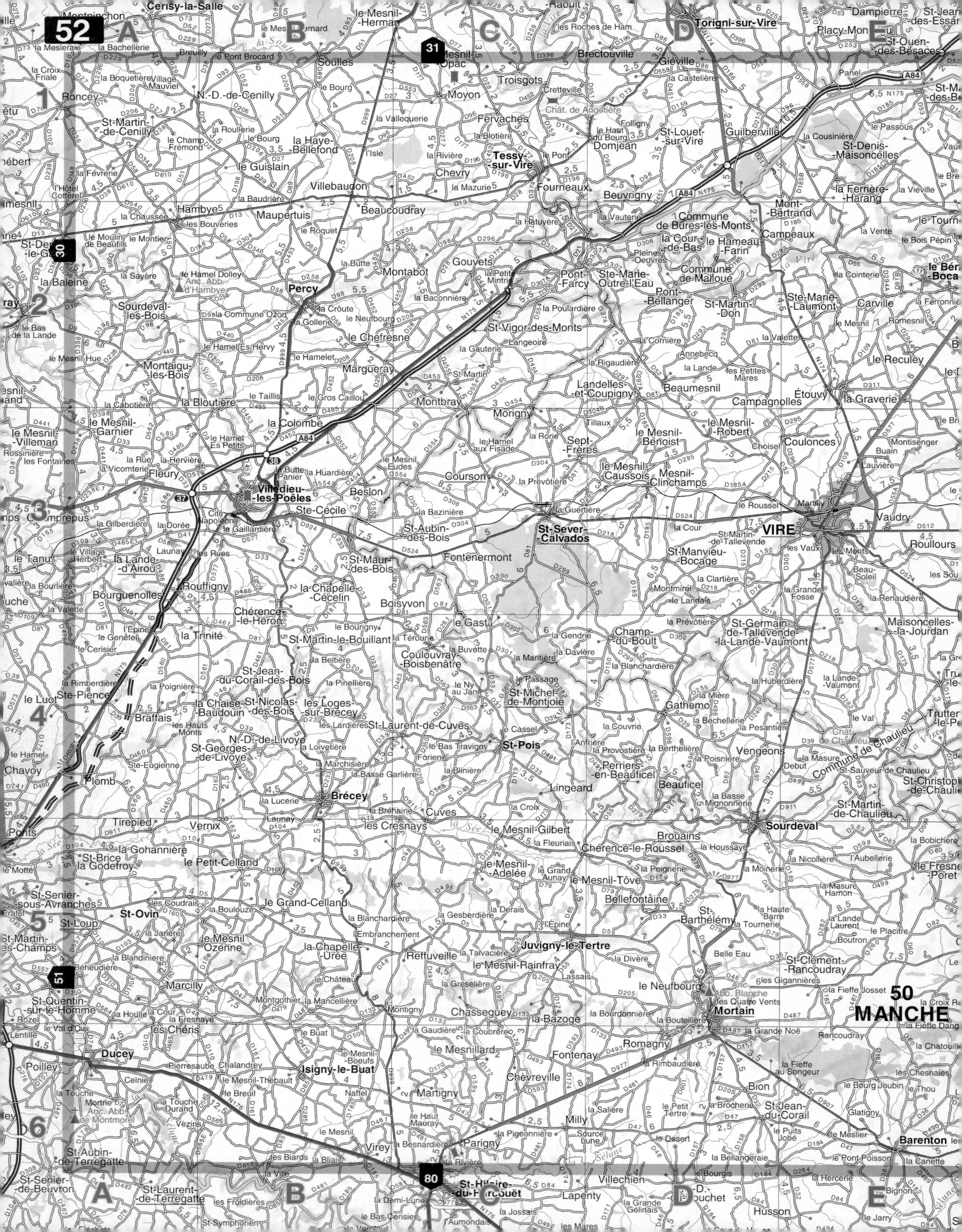

52
A
B
C
D
E
1
2
3
4
5
6
31
30
38
37
51
80
50
MANCHE
Cerisy-la-Salle
Torigni-sur-Vire
Roncey
N.-D.-de-Cenilly
St-Martin-de-Cenilly
Soulles
Moyon
Troisgots
Brectouville
Giéville
Fervaches
Tessy-sur-Vire
Domjean
St-Louet-sur-Vire
Guilberville
St-Denis-Maisoncelles
la Haye-Bellefond
le Guislain
Villebaudon
Chevry
Fourneaux
Beuvrigny
Hambye
Maupertuis
Beaucoudray
Mont-Bertrand
Campeaux
Percy
Montabot
Gouvets
Pont-Farcy
Ste-Marie-Outre-l'Eau
Pont-Bellanger
St-Martin-Don
Ste-Marie-Laumont
Carville
Sourdeval-les-Bois
le Chefresne
St-Vigor-des-Monts
Margueray
Montaigu-les-Bois
Landelles-et-Coupigny
Beaumesnil
Étouvy
le Reculey
la Bloutière
Montbray
Morigny
la Colombe
Campagnolles
la Graverie
le Mesnil-Garnier
Sept-Frères
le Mesnil-Benoist
le Mesnil-Robert
Coulonces
Fleury
Villedieu-les-Poêles
Beslon
Courson
le Mesnil-Caussois
Mesnil-Clinchamps
Ste-Cécile
St-Aubin-des-Bois
St-Sever-Calvados
VIRE
Vaudry
Roullours
Fontenermont
St-Maur-des-Bois
St-Manvieu-Bocage
la Lande-d'Airou
Rouffigny
Bourguenolles
la Chapelle-Cécelin
Boisyvon
Chérencé-le-Héron
le Gast
la Trinité
St-Martin-le-Bouillant
Champ-du-Boult
St-Germain-de-Tallevende-la-Lande-Vaumont
Maisoncelles-la-Jourdan
Coulouvray-Boisbenâtre
St-Jean-du-Corail-des-Bois
St-Michel-de-Montjoie
Ste-Pience
le Luot
la Chaise-Baudouin
St-Nicolas-des-Bois
les Loges-sur-Brecey
St-Laurent-de-Cuves
Gathemo
Braffais
N.-D.-de-Livoye
St-Georges-de-Livoye
St-Pois
Vengeons
Perriers-en-Beauficel
Beauficel
St-Sauveur-de-Chaulieu
St-Christophe-de-Chaulieu
Chavoy
Plomb
Brécey
Lingeard
St-Martin-de-Chaulieu
Tirepied
Vernix
Cuves
les Cresnays
le Mesnil-Gilbert
Brouains
Sourdeval
St-Brice
la Gohannière
la Godefroy
le Petit-Celland
le Mesnil-Adelée
Chérencé-le-Roussel
le Mesnil-Tôve
St-Senier-sous-Avranches
le Grand-Celland
Bellefontaine
St-Ovin
St-Loup
St-Barthélemy
Juvigny-le-Tertre
le Mesnil-Ozenne
la Chapelle-Urée
Reffuveille
le Mesnil-Rainfray
St-Clément-Rancoudray
Marcilly
le Neufbourg
Mortain
St-Quentin-sur-le-Homme
Chasseguey
la Bazoge
les Chéris
Romagny
Ducey
le Mesnillard
Fontenay
Poilley
Isigny-le-Buat
Chèvreville
Bion
Martigny
St-Jean-du-Corail
Milly
Parigny
Virey
Barenton
St-Aubin-de-Terregatte
St-Laurent-de-Terregatte
St-Senier-de-Beuvron
St-Hilaire-du-Harcouët
Villechien
Lapenty
St-Symphorien
Husson

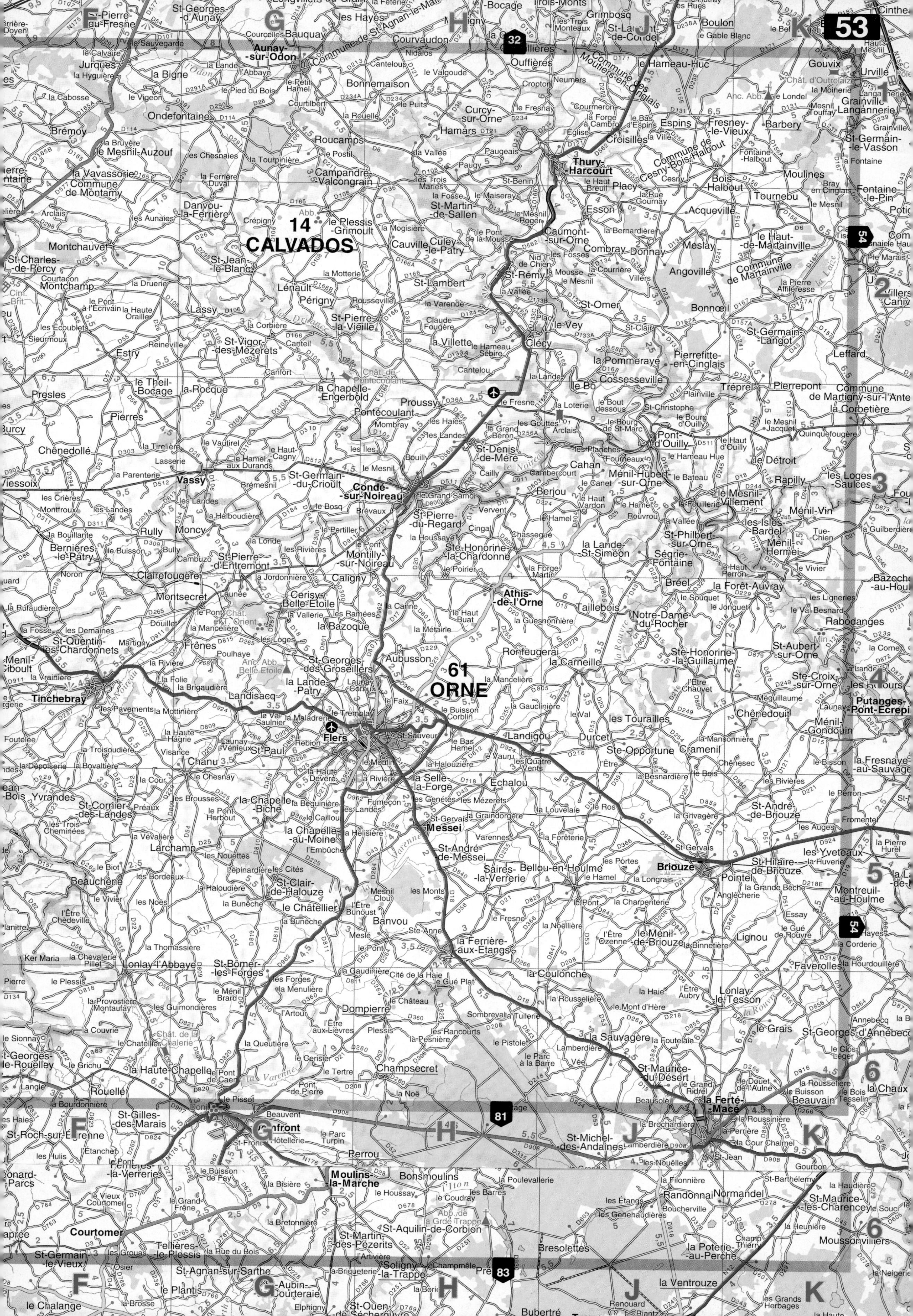
53
F
G
H
J
K
1
2
3
4
5
6
14
CALVADOS
61
ORNE
32
54
81
83
Aunay-sur-Odon
St-Georges-d'Aunay
Jurques
la Bigne
Ondefontaine
Brémoy
le Mesnil-Auzouf
Commune de Montamy
Danvou-la-Ferrière
Roucamps
Campandré-Valcongrain
le Plessis-Grimoult
Bonnemaison
Courvaudon
Curcy-sur-Orne
Hamars
Ouffières
Thury-Harcourt
Croisilles
Espins
Fresney-le-Vieux
Barbery
Gouvix
Urville
Grainville-Langannerie
St-Germain-le-Vasson
Bois-Halbout
Placy
Moulines
Tournebu
Fontaine-le-Pin
St-Martin-de-Sallen
Esson
Acqueville
Caumont-sur-Orne
Combray
Donnay
Meslay
le Haut-de-Martainville
Angoville
Commune de Martainville
St-Rémy
Montchauvet
St-Jean-le-Blanc
Cauville
Culey-le-Patry
St-Charles-de-Percy
Montchamp
Lénault
Périgny
St-Lambert
St-Omer
Bonnœil
St-Pierre-la-Vieille
le Vey
Clécy
St-Germain-Langot
Leffard
Lassy
Estry
St-Vigor-des-Mézerets
la Villette
la Pommeraye
Pierrefitte-en-Cinglais
Cossesseville
Presles
le Theil-Bocage
la Rocque
la Chapelle-Engerbold
Proussy
Pontécoulant
Tréprel
Pierrepont
Commune de Martigny-sur-l'Ante
la Corbetière
Pierres
Pont-d'Ouilly
Chênedollé
St-Denis-de-Méré
Cahan
le Détroit
Rapilly
Vassy
St-Germain-du-Crioult
Condé-sur-Noireau
Ménil-Hubert-sur-Orne
Berjou
les Loges-Saulces
Viessoix
le Mesnil-Villement
Ménil-Vin
St-Pierre-du-Regard
Rully
Moncy
les Isles-Bardel
Ménil-Hermei
Bernières-le-Patry
St-Pierre-d'Entremont
Ste-Honorine-la-Chardonne
la Lande-St-Siméon
St-Philbert-sur-Orne
Ségrie-Fontaine
Montilly-sur-Noireau
Clairefougère
Caligny
Bréel
la Forêt-Auvray
Bazoches-au-Houlme
Montsecret
Cerisy-Belle-Étoile
Athis-de-l'Orne
Taillebois
Notre-Dame-du-Rocher
Rabodanges
la Bazoque
St-Quentin-les-Chardonnets
Frênes
Ronfeugerai
Ste-Honorine-la-Guillaume
St-Aubert-sur-Orne
St-Georges-des-Groseillers
Aubusson
la Carneille
Ste-Croix-sur-Orne
Tinchebray
la Lande-Patry
Landisacq
Putanges-Pont-Écrepin
Chênedouit
les Tourailles
Flers
St-Paul
Landigou
Durcet
Ménil-Gondouin
Chanu
Ste-Opportune
Cramenil
la Fresnaye-au-Sauvage
Yvrandes
la Chapelle-Biche
la Selle-la-Forge
Échalou
St-Cornier-des-Landes
Messei
St-André-de-Briouze
la Chapelle-au-Moine
Larchamp
St-André-de-Messei
Saires-la-Verrerie
Bellou-en-Houlme
Briouze
St-Hilaire-de-Briouze
Beauchêne
St-Clair-de-Halouze
le Châtellier
Montreuil-au-Houlme
Banvou
la Ferrière-aux-Étangs
le Ménil-de-Briouze
Lignou
Lonlay-l'Abbaye
St-Bômer-les-Forges
la Coulonche
Faverolles
Dompierre
Lonlay-le-Tesson
le Grais
St-Georges-d'Annebecq
la Sauvagère
la Haute-Chapelle
Champsecret
St-Maurice-du-Désert
Rouellé
la Ferté-Macé
la Chaux
St-Gilles-des-Marais
Domfront
St-Michel-des-Andaines
St-Roch-sur-Égrenne
Perrou
Moulins-la-Marche
Bonsmoulins
Randonnai
Normandel
St-Maurice-lès-Charencey
Courtomer
St-Martin-des-Pézerits
St-Aquilin-de-Corbion
Bresolettes
Moussonvilliers
Tellières-le-Plessis
St-Germain-le-Vieux
la Poterie-au-Perche
St-Agnan-sur-Sarthe
Soligny-la-Trappe
le Plantis
Aubin-Courteraie
la Ventrouze
le Chalange
St-Ouen-de-Sécherouvre
Bubertré

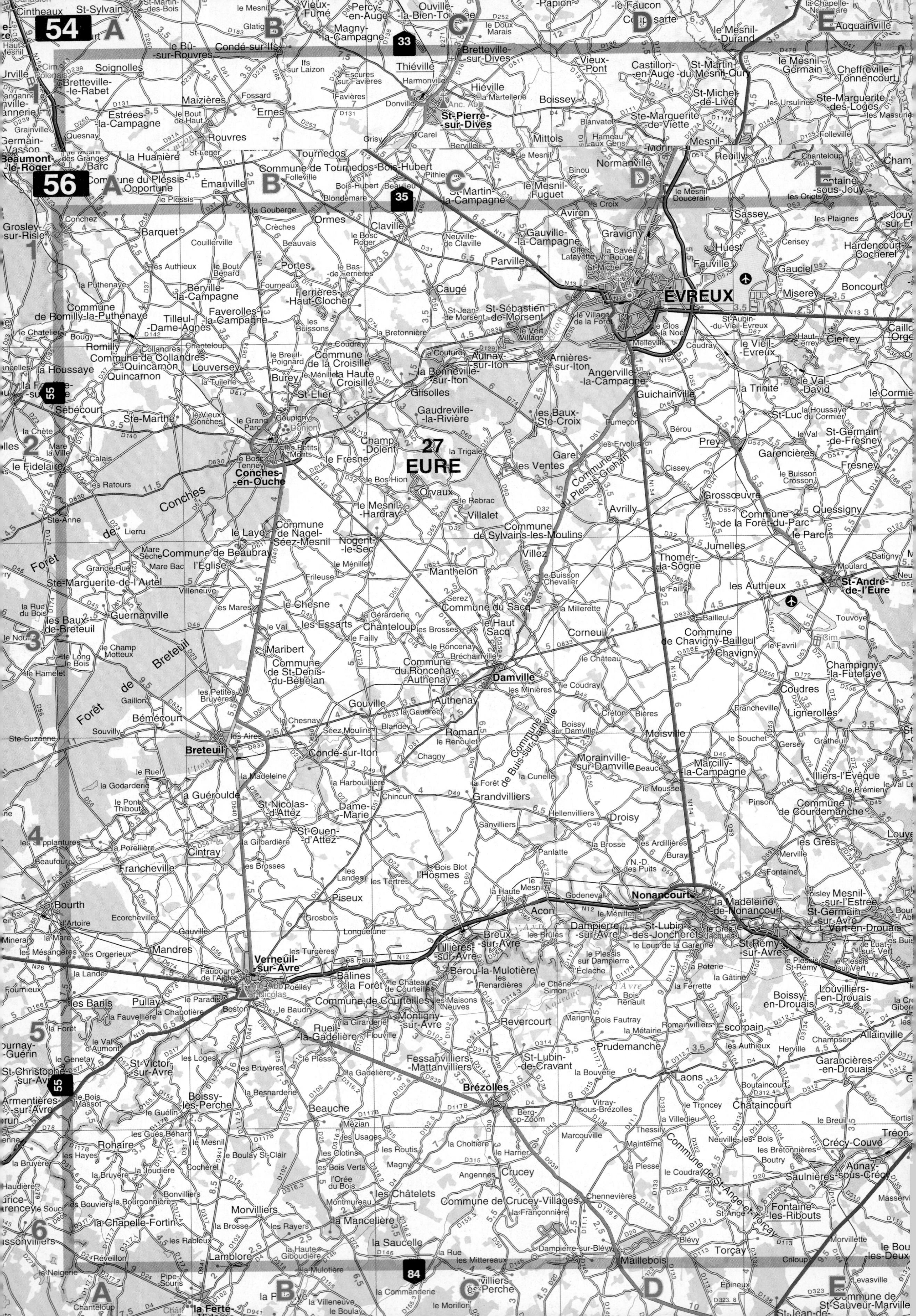
54
56
33
35
55
84
A
B
C
D
E
1
2
3
4
5
6
27
EURE
ÉVREUX
Conches-en-Ouche
Damville
Breteuil
Verneuil-sur-Avre
Nonancourt
St-André-de-l'Eure
Brézolles
St-Pierre-sur-Dives
Beaumont-le-Roger
Cintheaux
St-Sylvain
Condé-sur-Ifs
le Bû-sur-Rouvres
Soignolles
Bretteville-le-Rabet
Maizières
Estrées-la-Campagne
Rouvres
Ernes
Thiéville
Hiéville
Boissey
Vieux-Pont
Castillon-en-Auge
St-Martin-du-Mesnil-Oury
St-Michel-de-Livet
Ste-Marguerite-de-Viette
Mittois
Bretteville-sur-Dives
le Mesnil-Germain
Cheffreville-Tonnencourt
Ste-Marguerite-des-Loges
Auquainville
le Mesnil-Durand
Tournedos
Commune de Tournedos-Bois-Hubert
Commune du Plessis-Ste-Opportune
Émanville
la Huanière
St-Martin-la-Campagne
le Mesnil-Fuguet
Normanville
Reuilly
Fontaine-sous-Jouy
Grosley-sur-Risle
Barquet
Ormes
Claville
Aviron
Gravigny
Gauville-la-Campagne
Parville
Sassey
Huest
Fauville
Hardencourt-Cocherel
Gauciel
Boncourt
Miserey
Beaulieu
Portes
Caugé
Ferrières-Haut-Clocher
Berville-la-Campagne
Commune de Romilly-la-Puthenaye
Tilleul-Dame-Agnès
Faverolles-la-Campagne
St-Sébastien-de-Morsent
Romilly
Commune de Collandres-Quincarnon
Quincarnon
Louversey
la Houssaye
Commune de la Croisille
la Haute Croisille
Aulnay-sur-Iton
Arnières-sur-Iton
Angerville-la-Campagne
le Vieil-Évreux
Cierrey
la Bonneville-sur-Iton
Burey
St-Elier
Glisolles
Guichainville
la Trinité
le Val-David
Sébécourt
Ste-Marthe
Gaudreville-la-Rivière
les Baux-Ste-Croix
St-Luc
St-Germain-de-Fresney
Champ-Dolent
le Fresne
Prey
Garencières
le Fidelaire
Calais
Garel
les Ventes
Commune du Plessis-Grohan
Fresney
Orvaux
Grossœuvre
Conches
Forêt de Conches
Ste-Anne
le Mesnil-Hardray
Villalet
Avrilly
Commune de la Forêt-du-Parc
Quessigny
Commune de Nagel-Séez-Mesnil
Nogent-le-Sec
Commune de Sylvains-les-Moulins
le Parc
Jumelles
Commune de Beaubray
l'Église
Villez
Thomer-la-Sôgne
Ste-Marguerite-de-l'Autel
Manthelon
les Authieux
Commune du Sacq
Guernanville
le Chesne
les Baux-de-Breteuil
les Essarts
Chanteloup
le Haut Sacq
Corneuil
Commune de Chavigny-Bailleul
Chavigny
Maribert
Commune de St-Denis-du-Béhélan
Commune du Roncenay-Authenay
Champigny-la-Futelaye
Forêt de Breteuil
Coudres
Authenay
Lignerolles
Bémécourt
Gouville
Roman
Moisville
Condé-sur-Iton
Commune de Buis-sur-Damville
Morainville-sur-Damville
Marcilly-la-Campagne
Illiers-l'Évêque
la Guéroulde
Grandvilliers
St-Nicolas-d'Attez
Dame-Marie
Droisy
Commune de Courdemanche
St-Ouen-d'Attez
les Grès
Cintray
Francheville
l'Hosmes
Bourth
Piseux
Acon
la Madeleine-de-Nonancourt
Mesnil-sur-l'Estrée
St-Germain-sur-Avre
Vert-en-Drouais
Dampierre-sur-Avre
St-Lubin-des-Joncherets
Tillières-sur-Avre
Breux-sur-Avre
St-Rémy-sur-Avre
Mandres
Bâlines
Bérou-la-Mulotière
Louvilliers-en-Drouais
Boissy-en-Drouais
les Barils
Pullay
Commune de Courteilles
Montigny-sur-Avre
Revercourt
Escorpain
Allainville
Rueil-la-Gadelière
Prudemanche
Garancières-en-Drouais
St-Victor-sur-Avre
Fessanvilliers-Mattanvilliers
St-Lubin-de-Cravant
St-Christophe-sur-Avre
Laons
Armentières-sur-Avre
Boissy-lès-Perche
Beauche
Vitray-sous-Brézolles
Chataincourt
Rohaire
Crécy-Couvé
Tréon
Crucey
Aunay-sous-Crécy
Saulnières
Commune de Crucey-Villages
Morvilliers
les Châtelets
Fontaine-les-Ribouts
la Chapelle-Fortin
la Mancelière
Commune de St-Ange-et-Torçay
la Saucelle
Torçay
Lamblore
Maillebois
Réveillon
la Ferté-Vidame
Les Villiers-sous-Perche
Commune de St-Sauveur-Marville

57
F
G
H
J
K
1
2
3
4
5
6
36
58
85
78
YVELINES
28
EURE-ET-LOIR
MANTES-LA-JOLIE
Mantes-la-Ville
Limay
DREUX
RAMBOUILLET
Houdan
Anet
Pacy-sur-Eure
Vernon
Giverny
la Roche-Guyon
Moisson
Vétheuil
Vienne-en-Arthies
Aincourt
Bonnières-sur-Seine
Rosny-sur-Seine
Rolleboise
Guernes
Freneuse
Méricourt
Mousseaux-sur-Seine
Saint-Martin-la-Garenne
Follainville-Dennemont
Fontenay-St-Père
Guitrancourt
Gargenville
Juziers
Issou
Porcheville
Mézières-sur-Seine
Épone
Aubergenville
Nézel
la Falaise
Aulnay-sur-Mauldre
Maule
Buchelay
Magnanville
Auffreville-Brasseuil
Soindres
Vert
Breuil-Bois-Robert
Guerville
Boinville-en-Mantois
Jouy-Mauvoisin
Perdreauville
Fontenay-Mauvoisin
Ménerville
Boissy-Mauvoisin
Bréval
St-Illiers-la-Ville
St-Illiers-le-Bois
Lommoye
Cravent
Chaufour-lès-Bonnières
la Villeneuve-en-Chevrie
Chaignes
Villegats
Hécourt
Breuilpont
Merey
Ménilles
Fains
Gadencourt
Épieds
Serez
Neuilly
Bueil
Villiers-en-Désœuvre
Neauphlette
Longnes
le Tertre-St-Denis
Favrieux
Flacourt
Boinvilliers
Villette
Rosay
Arnouville-lès-Mantes
Goussonville
Jumeauville
Hargeville
Goupillières
Andelu
Septeuil
Courgent
Mulcent
Montchauvet
Tilly
Dammartin-en-Serve
Flins-Neuve-Église
Mondreville
Gilles
Guainville
Garennes-sur-Eure
la Couture-Boussey
la Chaussée-d'Ivry
Ivry-la-Bataille
Ézy-sur-Eure
le Mesnil-Simon
St-Martin-des-Champs
Prunay-le-Temple
Osmoy
Thoiry
Marcq
Montainville
Civry-la-Forêt
Boissets
Commune de St-Ouen-Marchefroy
Marchefroy
Oulins
Saussay
Boncourt
Bois-le-Roi
Croth
Commune de Sorel-Moussel
Orvilliers
Villiers-le-Mahieu
Flexanville
Autouillet
Beynes
Orgerus
Tacoignières
Richebourg
Béhoust
Garancières
Boissy-sans-Avoir
Saulx-Marchais
Neauphle-le-Vieux
Berchères-sur-Vesgre
Rouvres
Gressey
St-Lubin-de-la-Haye
Bazainville
Millemont
la Queue-les-Yvelines
Vicq
Galluis
Méré
Mareil-le-Guyon
Grosrouvre
Montfort-l'Amaury
Bazoches-sur-Guyonne
Maulette
Bû
Abondant
Havelu
Goussainville
Marchezais
Serville
Champagne
Dannemarie
Gambais
Bourdonné
Gambaiseuil
Les Mesnuls
Montreuil
Cherisy
Ste-Gemme-Moronval
Germainville
Broué
Boutigny-Prouais
Condé-sur-Vesgre
Adainville
Saint-Léger-en-Yvelines
les Bréviaires
la Chapelle-Forainvilliers
Mézières-en-Drouais
Écluzelles
le Luat-Clairet
Commune de Luray
Charpont
Ouerre
Croisilles
les Pinthières
St-Laurent-la-Gâtine
le Tartre-Gaudran
Grandchamp
la Hauteville
Forêt Domaniale de Rambouillet
Faverolles
Bréchamps
la Boissière-École
Poigny-la-Forêt
le Perray-en-Yvelines
Vieille-Église-en-Yvelines
Mittainville
Marville-Moutiers-Brûlé
Villemeux-sur-Eure
Chaudon
Senantes
Coulombs
Nogent-le-Roi
le Boullay-Mivoye
le Boullay-Thierry
Lormaye
St-Lucien
Hermeray
Raizeux
St-Hilarion
Gazeran
Villiers-le-Morhier
Ormoy
Puiseux

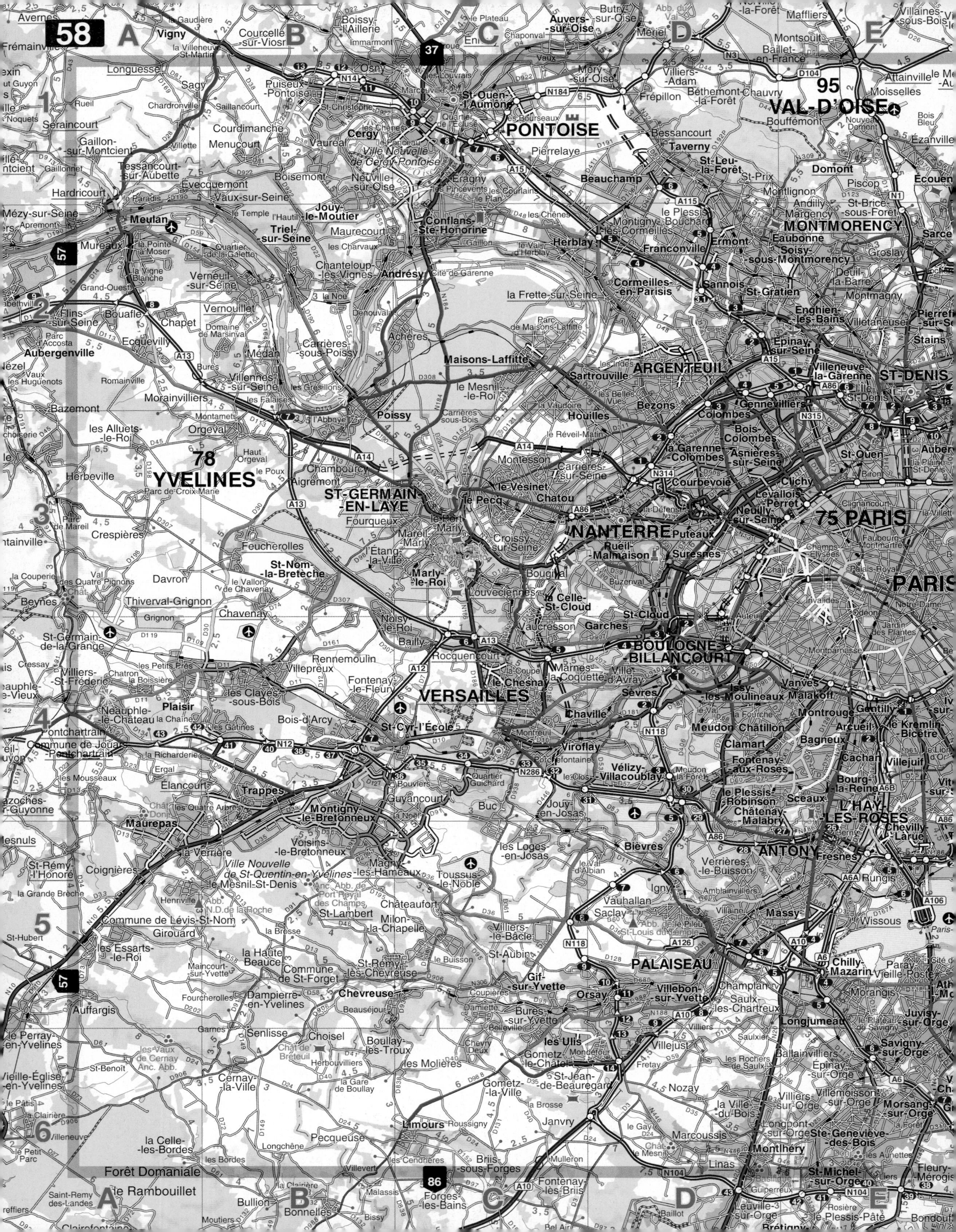

58
A
B
C
D
E
1
2
3
4
5
6
37
57
86
Vigny
Courcelles-sur-Viosne
Boissy-l'Aillerie
Auvers-sur-Oise
Butry-sur-Oise
Mériel
Maffliers
Villaines-sous-Bois
Fréminville
Longuesse
Sagy
Puiseux-Pontoise
Osny
St-Ouen-l'Aumône
Méry-sur-Oise
Villiers-Adam
Montsoult
Baillet-en-France
Attainville
Moisselles
95
VAL-D'OISE
Bouffémont
Frépillon
Béthemont-la-Forêt
Chauvry
Seraincourt
Chardronville
Saillancourt
Courdimanche
Menucourt
Cergy
Vauréal
Ville Nouvelle de Cergy-Pontoise
PONTOISE
Pierrelaye
Bessancourt
Taverny
St-Leu-la-Forêt
Domont
Écouen
Ézanville
Gaillon-sur-Montcient
Tessancourt-sur-Aubette
Évecquemont
Boisemont
Neuville-sur-Oise
Éragny
Beauchamp
St-Prix
Montlignon
Piscop
Hardricourt
Vaux-sur-Seine
Jouy-le-Moutier
Conflans-Ste-Honorine
Herblay
Montigny-lès-Cormeilles
le Plessis-Bouchard
Andilly
Margency
St-Brice-sous-Forêt
MONTMORENCY
Mézy-sur-Seine
Meulan
Triel-sur-Seine
Maurecourt
Franconville
Ermont
Eaubonne
Soisy-sous-Montmorency
Sarcelles
Groslay
Mureaux
Verneuil-sur-Seine
Chanteloup-les-Vignes
Andrésy
Cormeilles-en-Parisis
Sannois
St-Gratien
Deuil-la-Barre
Montmagny
Flins-sur-Seine
Bouafle
Chapet
Vernouillet
la Frette-sur-Seine
Enghien-les-Bains
Villetaneuse
Pierrefitte-sur-Seine
Aubergenville
Ecquevilly
Médan
Carrières-sous-Poissy
Achères
Maisons-Laffitte
ARGENTEUIL
Épinay-sur-Seine
Stains
Villennes-sur-Seine
Sartrouville
Villeneuve-la-Garenne
ST-DENIS
Bazemont
Morainvilliers
Poissy
le Mesnil-le-Roi
Bezons
Gennevilliers
Colombes
les Alluets-le-Roi
Orgeval
Houilles
Bois-Colombes
St-Ouen
la Garenne-Colombes
Asnières-sur-Seine
Herbeville
78
YVELINES
Chambourcy
Aigremont
ST-GERMAIN-EN-LAYE
Montesson
Carrières-sur-Seine
Courbevoie
Clichy
le Vésinet
le Pecq
Chatou
Levallois-Perret
Crespières
Fourqueux
Mareil-Marly
NANTERRE
Puteaux
Neuilly-sur-Seine
75 PARIS
Feucherolles
l'Étang-la-Ville
Croissy-sur-Seine
Rueil-Malmaison
Suresnes
St-Nom-la-Bretèche
Davron
Marly-le-Roi
Bougival
PARIS
Beynes
Thiverval-Grignon
Chavenay
Louveciennes
la Celle-St-Cloud
St-Cloud
Garches
Vaucresson
Noisy-le-Roi
Bailly
St-Germain-de-la-Grange
BOULOGNE-BILLANCOURT
Rennemoulin
Villepreux
Rocquencourt
Villiers-St-Frédéric
Marnes-la-Coquette
Ville-d'Avray
Fontenay-le-Fleury
les Clayes-sous-Bois
Plaisir
VERSAILLES
Sèvres
Issy-les-Moulineaux
Vanves
Malakoff
Neauphle-le-Château
Bois-d'Arcy
St-Cyr-l'École
Chaville
Meudon
Châtillon
Montrouge
Gentilly
Arcueil
le Kremlin-Bicêtre
Pontchartrain
Viroflay
Clamart
Bagneux
Vélizy-Villacoublay
Fontenay-aux-Roses
Cachan
Villejuif
Élancourt
Trappes
Montigny-le-Bretonneux
Guyancourt
Jouy-en-Josas
Buc
le Plessis-Robinson
Châtenay-Malabry
Sceaux
Bourg-la-Reine
L'HAŸ-LES-ROSES
Chevilly-Larue
Maurepas
la Verrière
Voisins-le-Bretonneux
les Loges-en-Josas
Bièvres
ANTONY
Fresnes
Coignières
Ville Nouvelle de St-Quentin-en-Yvelines
Magny-les-Hameaux
Toussus-le-Noble
Verrières-le-Buisson
Rungis
le Mesnil-St-Denis
Igny
Vauhallan
Saclay
Massy
Wissous
St-Lambert
Châteaufort
Milon-la-Chapelle
Villiers-le-Bâcle
Girouard
les Essarts-le-Roi
la Haute Beauce
St-Rémy-lès-Chevreuse
St-Aubin
PALAISEAU
Chilly-Mazarin
Paray-Vieille-Poste
Dampierre-en-Yvelines
Chevreuse
Gif-sur-Yvette
Orsay
Villebon-sur-Yvette
Champlan
Saulx-les-Chartreux
Morangis
Auffargis
Bures-sur-Yvette
Longjumeau
Juvisy-sur-Orge
le Perray-en-Yvelines
Senlisse
Choisel
Boullay-les-Troux
les Ulis
Villejust
Ballainvilliers
Savigny-sur-Orge
Vieille-Église-en-Yvelines
Cernay-la-Ville
les Molières
Gometz-le-Châtel
St-Jean-de-Beauregard
Nozay
Épinay-sur-Orge
Gometz-la-Ville
Janvry
la Ville-du-Bois
Villiers-sur-Orge
Morsang-sur-Orge
Limours
Marcoussis
Ste-Geneviève-des-Bois
la Celle-les-Bordes
Pecqueuse
Montlhéry
Briis-sous-Forges
Fontenay-lès-Briis
Linas
St-Michel-sur-Orge
Fleury-Mérogis
Forêt Domaniale de Rambouillet
Bullion
Bonnelles
Forges-les-Bains
le Plessis-Pâté

F
G
H
J
K
1
2
3
4
5
6
Dammartin-en-Goële
St-Witz
Vémars
Othis
Lagny-le-Sec
St-Pathus
Oissery
Douy-la-Ramée
Puisieux
Fontenay-en-Parisis
Puiseux-en-France
Villeron
Moussy-le-Neuf
Longperrier
Marchémoret
Forfry
Gesvres-le-Chapitre
Chennevières-lès-Louvres
Moussy-le-Vieux
Louvres
Épiais-lès-Louvres
Mauregard
St-Mard
Montgé-en-Goële
St-Soupplets
Marcilly
Étrepilly
Goussainville
Bouqueval
Villeneuve-sous-Dammartin
le Mesnil-Amelot
Cuisy
Barcy
Roissy-en-France
Thieux
Juilly
le Plessis-l'Évêque
Vinantes
Monthyon
Varreddes
Chambry
Vaudherland
Paris-Charles de Gaulle
Nantouillet
le Plessis-aux-Bois
Iverny
Gonesse
Compans
Penchard
Crégy-lès-Meaux
Mitry-Mory
St-Mesmes
Villeroy
Chauconin-Neufmontiers
Bonneuil-en-France
Tremblay-en-France
Villepinte
Gressy
Messy
Charny
Dugny
Sevran
Villeparisis
Charmentray
Rutel
MEAUX
le Blanc-Mesnil
Aulnay-sous-Bois
Claye-Souilly
Fresnes-sur-Marne
Trilbardou
Vignely
Villenoy
le Bourget
Drancy
Vaujours
Annet-sur-Marne
Précy-sur-Marne
Nanteuil-lès-Meaux
Boutigny
BOBIGNY
Livry-Gargan
Coubron
le Pin
Villevaudé
Jablines
Lesches
Mareuil-lès-Meaux
Clichy-sous-Bois
Courtry
Isles-lès-Villenoy
Esbly
les Pavillons-sous-Bois
Bondy
Montfermeil
Carnetin
Coupvray
Pantin
LE RAINCY
Thorigny-sur-Marne
Dampmart
Chalifert
Condé-Ste-Libiaire
Quincy-Voisins
Noisy-le-Sec
Villemomble
Brou-sur-Chantereine
Pomponne
Lagny-sur-Marne
Chessy
Montry
Couilly-Pont-aux-Dames
Coulommes
Bouleurs
Gagny
Chelles
Vaires-sur-Marne
St-Thibault-des-Vignes
Montévrain
St-Germain-sur-Morin
Crécy-la-Chapelle
Romainville
Bagnolet
Rosny-sous-Bois
Neuilly-sur-Marne
Disneyland ® Paris
Magny-le-Hongre
Coutevroult
Montreuil
Neuilly-Plaisance
Gournay-sur-Marne
Conches-sur-Gondoire
Villiers-sur-Morin
Vincennes
Fontenay-sous-Bois
Noisiel
TORCY
Gouvernes
Guermantes
Chanteloup-en-Brie
Serris
Romainvilliers
Voulangis
NOGENT-SUR-MARNE
Bry-sur-Marne
Noisy-le-Grand
le Perreux-sur-Marne
Bussy-St-Martin
Bussy-St-Georges
Collégien
Jossigny
Commune de Bailly-Romainvilliers
Villiers-sur-Marne
Joinville-le-Pont
Croissy-Beaubourg
Ferrières-en-Brie
Tigeaux
Dammartin-sur-Tigeaux
Champigny-sur-Marne
Émerainville
Villeneuve-St-Denis
Villeneuve-le-Comte
Maisons-Alfort
le Plessis-Trévise
St-Maur-des-Fossés
Pontault-Combault
Pontcarré
Mortcerf
Alfortville
CRÉTEIL
Chennevières-sur-Marne
la Queue-en-Brie
Roissy-en-Brie
77 SEINE-ET-MARNE
Ormesson-sur-Marne
Bonneuil-sur-Marne
Noiseau
Neufmoutiers-en-Brie
Ozoir-la-Ferrière
94 VAL-DE-MARNE
Sucy-en-Brie
Favières
Choisy-le-Roi
Crèvecœur-en-Brie
la Houssaye-en-Brie
Limeil-Brévannes
Boissy-St-Léger
Gretz-Armainvilliers
Tournan-en-Brie
Valenton
Lésigny
les Chapelles-Bourbon
Villeneuve-le-Roi
Villeneuve-St-Georges
Férolles-Attilly
Santeny
Lumigny
Marolles-en-Brie
Chevry-Cossigny
Marles-en-Brie
Villecresnes
Servon
Presles-en-Brie
Châtres
Yerres
Mandres-les-Roses
Montgeron
Brunoy
Fontenay-Trésigny
Brie-Comte-Robert
Liverdy-en-Brie
Périgny
Boussy-St-Antoine
Grisy-Suisnes
Draveil
Épinay-sous-Sénart
Varennes-Jarcy
Courquetaine
Bernay-en-Brie
91 ESSONNE
Quincy-sous-Sénart
Coubert
Ozouer-le-Voulgis
Commune de Bernay-Vilbert
Chaumes-en-Brie
Courtomer
Combs-la-Ville
Évry-les-Châteaux
Soignolles-en-Brie
Solers
Argentières
Soisy-sur-Seine
Étiolles
Ville Nouvelle de Sénart
Commune d'Évry-Grégy-sur-Yerre
Verneuil-l'Étang
Beauvoir
Commune d'Aubepierre-Ozouer-le-Repos
ÉVRY
Tigery
Lieusaint
Moissy-Cramayel
Yèbles
Limoges-Fourches
Lissy
Champdeuil
Guignes
Aubepierre
St-Germain-lès-Corbeil
Andrezel
Mormant
38
60
87

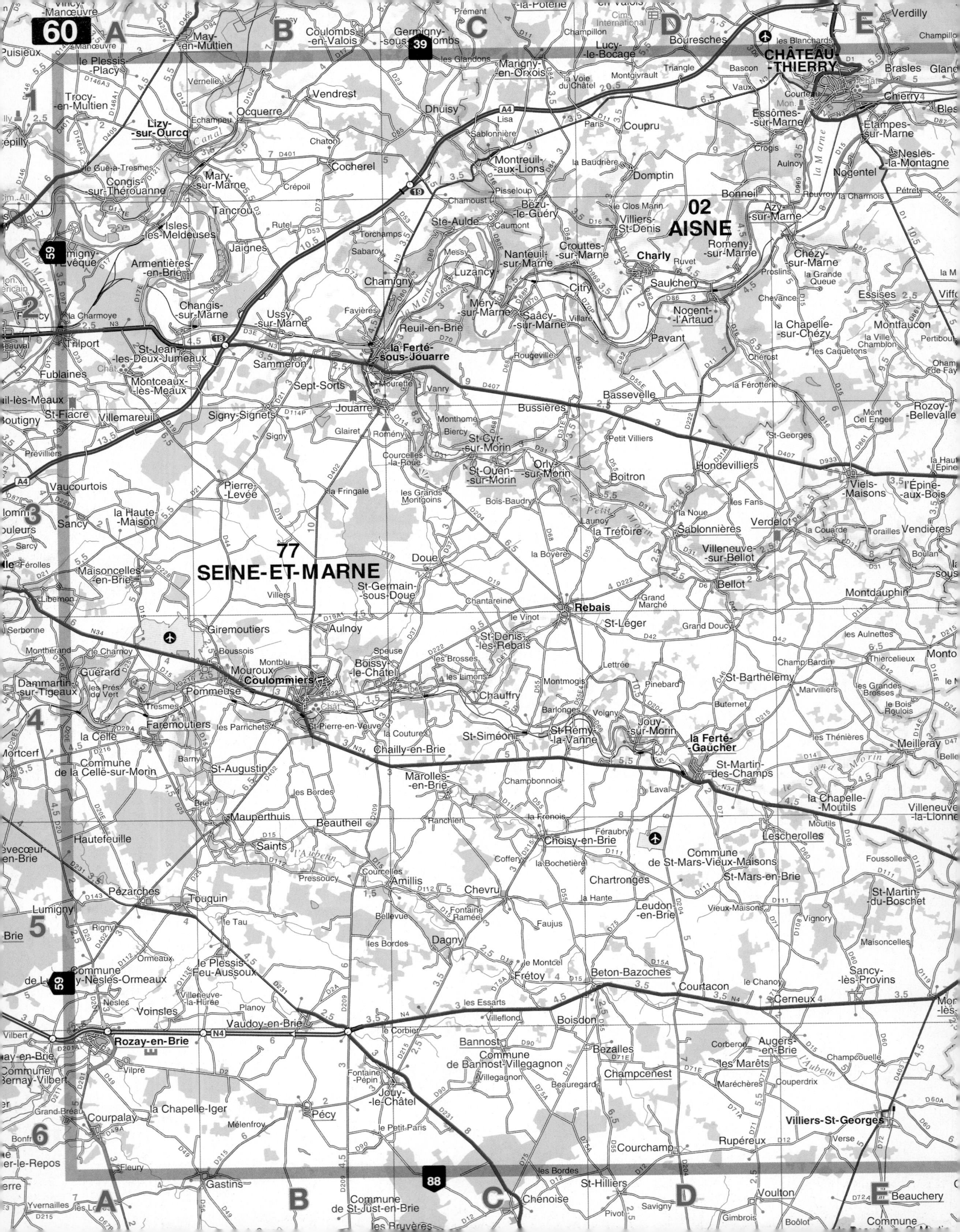

60
A
B
C
D
E
1
2
3
4
5
6
39
59
88
May-en-Multien
Coulombs-en-Valois
Germigny-sous-Coulombs
Lucy-le-Bocage
Bouresches
CHÂTEAU-THIERRY
Verdilly
Brasles
Le Plessis-Placy
Trocy-en-Multien
Lizy-sur-Ourcq
Vendrest
Ocquerre
Dhuisy
Marigny-en-Orxois
Coupru
Essômes-sur-Marne
Étampes-sur-Marne
Chierry
Nesles-la-Montagne
Nogentel
Congis-sur-Thérouanne
Mary-sur-Marne
Cocherel
Montreuil-aux-Lions
Domptin
Bonneil
Azy-sur-Marne
02
AISNE
Tancrou
Isles-les-Meldeuses
Jaignes
Ste-Aulde
Bézu-le-Guéry
Villiers-St-Denis
Romeny-sur-Marne
Armentières-en-Brie
Chamigny
Luzancy
Nanteuil-sur-Marne
Crouttes-sur-Marne
Charly
Saulchery
Chézy-sur-Marne
Essises
Changis-sur-Marne
Ussy-sur-Marne
Méry-sur-Marne
Saâcy-sur-Marne
Citry
Nogent-l'Artaud
Pavant
La Chapelle-sur-Chézy
Montfaucon
Trilport
St-Jean-les-Deux-Jumeaux
Reuil-en-Brie
la Ferté-sous-Jouarre
Fublaines
Montceaux-lès-Meaux
Sammeron
Sept-Sorts
Jouarre
Basseville
Bussières
St-Fiacre
Villemareuil
Signy-Signets
Rozoy-Bellevalle
St-Cyr-sur-Morin
St-Ouen-sur-Morin
Orly-sur-Morin
Boitron
Hondevilliers
Viels-Maisons
l'Épine-aux-Bois
Vaucourtois
Pierre-Levée
Sancy
la Haute-Maison
la Tretoire
Sablonnières
Verdelot
Vendières
Villeneuve-sur-Bellot
77
SEINE-ET-MARNE
Doue
Maisoncelles-en-Brie
St-Germain-sous-Doue
Bellot
Montdauphin
Rebais
St-Léger
Giremoutiers
Aulnoy
St-Denis-lès-Rebais
Boissy-le-Châtel
Mouroux
Coulommiers
Pommeuse
Guérard
Dammartin-sur-Tigeaux
St-Barthélemy
Chauffry
Faremoutiers
la Celle
St-Siméon
St-Rémy-la-Vanne
Jouy-sur-Morin
la Ferté-Gaucher
Commune de la Celle-sur-Morin
St-Augustin
Chailly-en-Brie
Marolles-en-Brie
St-Martin-des-Champs
Meilleray
la Chapelle-Moutils
Villeneuve-la-Lionne
Mauperthuis
Beautheil
Hautefeuille
Saints
Choisy-en-Brie
Lescherolles
Commune de St-Mars-Vieux-Maisons
St-Mars-en-Brie
Pézarches
Touquin
Amillis
Chevru
Chartronges
Leudon-en-Brie
St-Martin-du-Boschet
Dagny
Sancy-lès-Provins
Commune de Lumigny-Nesles-Ormeaux
le Plessis-Feu-Aussoux
Frétoy
Beton-Bazoches
Courtacon
Cerneux
Voinsles
Vaudoy-en-Brie
Boisdon
Rozay-en-Brie
Bannost
Commune de Bannost-Villegagnon
Bezalles
Champcenest
Augers-en-Brie
les Marêts
Jouy-le-Châtel
la Chapelle-Iger
Courpalay
Pécy
Villiers-St-Georges
Rupéreux
Courchamp
Gastins
Commune de St-Just-en-Brie
St-Hilliers
Chenoise
Voulton
Beauchery

61
F
G
H
J
K
1
2
3
4
5
6
40
62
89
Dormans
Courtemont-Varennes
Passy-sur-Marne
Leuvrigny
Festigny
Nesle-le-Repons
Boursault
Vauciennes
Mardeuil
Magenta
ÉPERNAY
Reuilly-Sauvigny
Courthiézy
Crézancy
Connigis
Monthurel
St-Eugène
Celles-lès-Condé
St-Agnan
la Chapelle-Monthodon
Igny-Comblizy
St-Martin-d'Ablois
Moussy
Pierry
Chouilly
Vinay
Chavot-Courcourt
Cuis
Cramant
Brugny-Vaudancourt
Monthelon
Mancy
Grauves
Avize
Morangis
Moslins
Condé-en-Brie
Courboin
Baulne-en-Brie
Montigny-lès-Condé
le Breuil
Montlevon
la Ville-sous-Orbais
Mareuil-en-Brie
le Baizil
Pargny-la-Dhuys
Verdon
Orbais-l'Abbaye
Suizy-le-Franc
Corribert
Forêt de la Charmoye
Villers-aux-Bois
Gionges
Artonges
Margny
Montmort-Lucy
Chaltrait
Fontenelle-en-Brie
Corrobert
la Chapelle-sous-Orbais
la Caure
Soulières
Janvilliers
Fromentières
Givry-lès-Loisy
Montmirail
Vauchamps
Champaubert
Étoges
Beaunay
Loisy-en-Brie
Étréchy
Marchais-en-Brie
Mécringes
Férebrianges
Bannay
Congy
Bergères-sous-Montmirail
le Thoult-Trosnay
Baye
Commune de Vert-Toulon
Vert-la-Gravelle
Coligny
Rieux
Boissy-le-Repos
Talus-St-Prix
Corfélix
Villevenard
Courjeonnet
Coizard-Joches
Commune de Val-des-Marais
le Gault-Soigny
Charleville
la Villeneuve-lès-Charleville
Soizy-aux-Bois
Oyes
Broussy-le-Petit
Bannes
le Petit Morin
Morsains
Mondement-Montgivroux
Reuves
Broussy-le-Grand
Tréfols
Champguyon-Haut
Joiselle
Commune de Champguyon
Lachy
Broyes
Allemant
les Essarts-lès-Sézanne
51
MARNE
Neuvy
la Noue
Péas
St-Loup
Esternay
Mœurs-Verdey
Linthes
Connantre
Sézanne
Linthelles
Courgivaux
Châtillon-sur-Morin
le Meix-St-Epoing
St-Remy-sous-Broyes
Corroy
Escardes
Vindey
Ognes
Bricot-la-Ville
Chichey
Gaye
Pleurs
Saudoy
Marigny
Angluzelles-et-Courcelles
les Essarts-le-Vicomte
la Forestière
Barbonne-Fayel
Queudes
Bouchy-le-Repos
Forêt Domaniale de la Traconne
Thaas
Faux-Fresnay
Nesle-la-Reposte
Villeneuve-St-Vistre-et-Villevotte
Fontaine-Denis-Nuisy
la Chapelle-Lasson
Chantemerle
St-Quentin-le-Verger
St-Saturnin
Courcemain
Champfleury
Bethon
la Celle-sous-Chantemerle
Marsangis

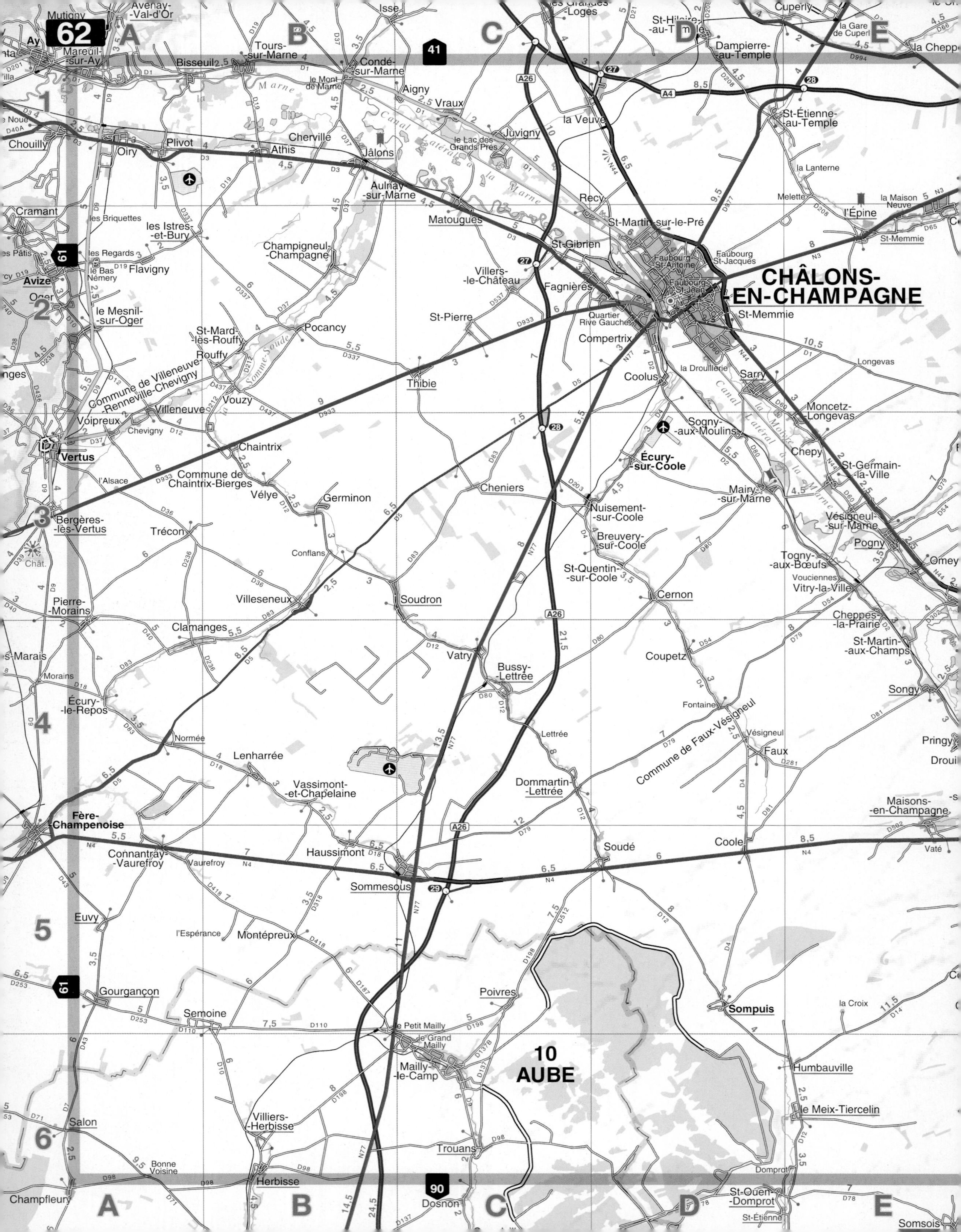

62
41
90
61
CHÂLONS-
-EN-CHAMPAGNE
10
AUBE
Ay
Mareuil-sur-Ay
Bisseuil
Tours-sur-Marne
Condé-sur-Marne
Aigny
Vraux
Juvigny
la Veuve
St-Hilaire-au-Temple
Dampierre-au-Temple
Cuperly
St-Étienne-au-Temple
l'Épine
St-Memmie
Oiry
Plivot
Athis
Cherville
Jâlons
Aulnay-sur-Marne
Matougues
Recy
St-Martin-sur-le-Pré
St-Gibrien
Fagnières
Villers-le-Château
Champigneul-Champagne
Chouilly
Cramant
Avize
Oger
le Mesnil-sur-Oger
les Istres-et-Bury
Flavigny
St-Mard-lès-Rouffy
Rouffy
Pocancy
St-Pierre
Compertrix
Coolus
Sarry
Thibie
Moncetz-Longevas
Sogny-aux-Moulins
Écury-sur-Coole
Chepy
St-Germain-la-Ville
Mairy-sur-Marne
Vouzy
Villeneuve
Commune de Villeneuve-Renneville-Chevigny
Voipreux
Vertus
Chaintrix
Commune de Chaintrix-Bierges
Vélye
Germinon
Cheniers
Nuisement-sur-Coole
Breuvery-sur-Coole
Vésigneul-sur-Marne
Pogny
Bergères-lès-Vertus
Trécon
St-Quentin-sur-Coole
Cernon
Soudron
Villeseneux
Pierre-Morains
Clamanges
Vatry
Bussy-Lettrée
Coupetz
Songy
Écury-le-Repos
Normée
Lenharrée
Vassimont-et-Chapelaine
Dommartin-Lettrée
Commune de Faux-Vésigneul
Faux
Maisons-en-Champagne
Fère-Champenoise
Connantray-Vaurefroy
Haussimont
Sommesous
Soudé
Coole
Euvy
Montépreux
Gourgançon
Semoine
Poivres
Sompuis
Humbauville
le Meix-Tiercelin
Mailly-le-Camp
Villiers-Herbisse
Trouans
Salon
Herbisse
Champfleury
Dosnon
St-Ouen-Domprot
Somsois

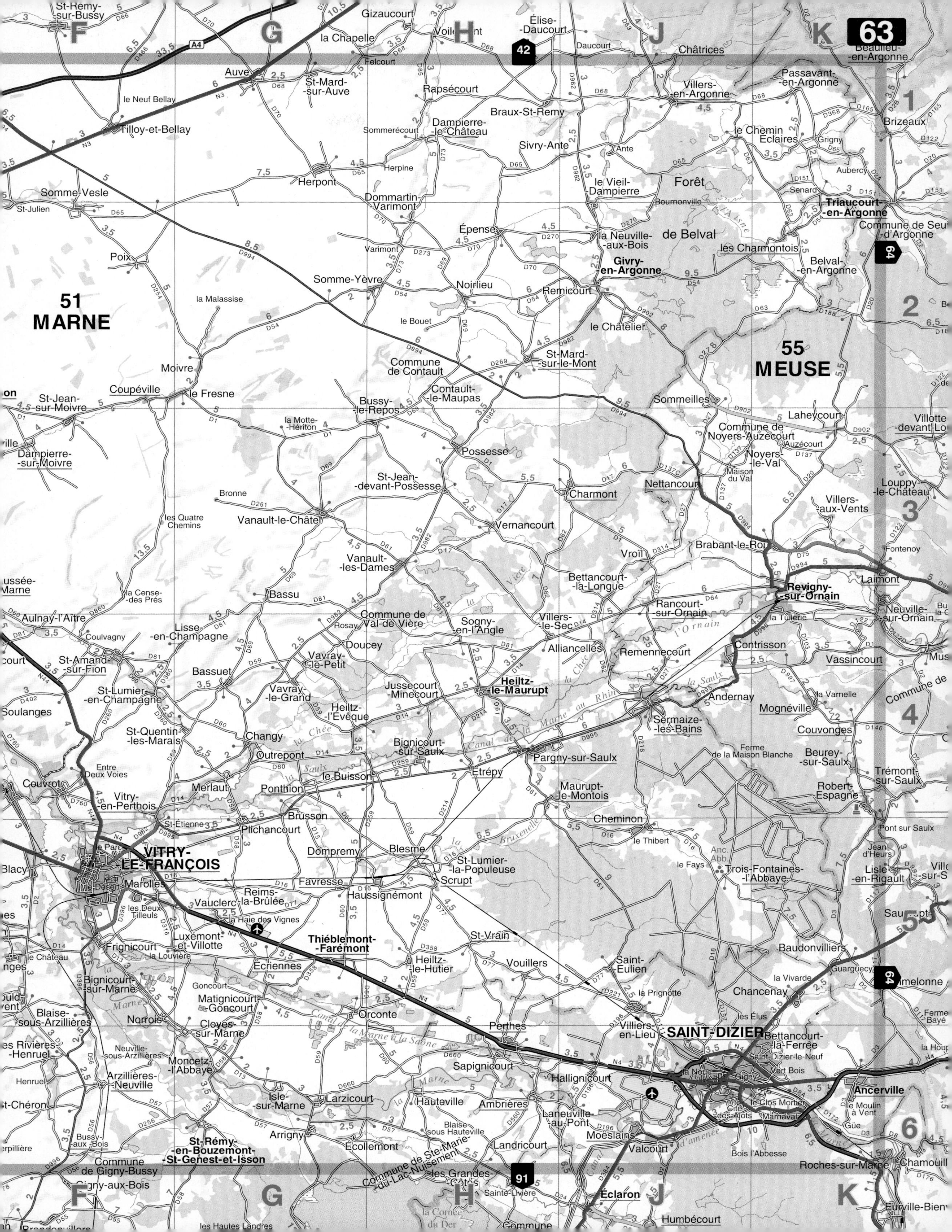
51
MARNE
55
MEUSE
VITRY-LE-FRANÇOIS
SAINT-DIZIER
Forêt de Belval
Givry-en-Argonne
Revigny-sur-Ornain
Heiltz-le-Maurupt
Thiéblemont-Farémont
Triaucourt-en-Argonne
St-Rémy-en-Bouzemont-St-Genest-et-Isson
Ancerville
Éclaron
Sermaize-les-Bains
Pargny-sur-Saulx
Possesse
Charmont
Sommeilles
Auve
Herpont
Somme-Yèvre
Vanault-le-Châtel
Bassu
Contrisson
Andernay
Mognéville
Couvonges
Bignicourt-sur-Saulx
Étrépy
Blesme
Scrupt
Perthes
Chancenay
Saint-Eulien
Villiers-en-Lieu
Hallignicourt
Moëslains
Valcourt
Larzicourt
Arrigny
Frignicourt
Marolles
Ponthion
Brusson
Merlaut
Changy
Outrepont
Courdemanges
Le Buisson
Dompremy
Favresse
Haussignémont
Vauclerc
Reims-la-Brûlée
Écriennes
Orconte
Heiltz-le-Hutier
St-Vrain
Vouillers
Trois-Fontaines-l'Abbaye
Baudonvilliers
Laimont
Brabant-le-Roi
Vroïl
Nettancourt
Noyers-le-Val
Laheycourt
Villers-aux-Vents
Louppy-le-Château
Belval-en-Argonne
Passavant-en-Argonne
Villers-en-Argonne
Châtrices
Brizeaux
Remicourt
Noirlieu
Épense
Dommartin-Varimont
Somme-Vesle
Poix
Moivre
Coupéville
le Fresne
Bussy-le-Repos
Sogny-en-l'Angle
Alliancelles
Villers-le-Sec
Remennecourt
Rancourt-sur-Ornain
Bettancourt-la-Longue
Vernancourt
Vanault-les-Dames
Doucey
Vavray-le-Petit
Vavray-le-Grand
Jussecourt-Minecourt
Heiltz-l'Évêque
Lisse-en-Champagne
St-Amand-sur-Fion
St-Lumier-en-Champagne
St-Quentin-les-Marais
Vitry-en-Perthois
Maurupt-le-Montois
Cheminon
Robert-Espagne
Beurey-sur-Saulx
Tremont-sur-Saulx
Lisle-en-Rigault
Bettancourt-la-Ferrée
Humbécourt
Roches-sur-Marne
Landricourt
Hauteville
Ambrières
Laneuville-au-Pont
Sapignicourt
Isle-sur-Marne
Écollement
Cloyes-sur-Marne
Matignicourt-Goncourt
Moncetz-l'Abbaye
Arzillières-Neuville
Norrois
Bignicourt-sur-Marne
Luxémont-et-Villotte
Blacy
Soulanges
Couvrot
Aulnay-l'Aître
Dampierre-sur-Moivre
St-Jean-sur-Moivre
St-Mard-sur-le-Mont
Contault-le-Maupas
le Châtelier
Rapsécourt
Dampierre-le-Château
Braux-St-Remy
Sivry-Ante
le Vieil-Dampierre
la Neuville-aux-Bois
Tilloy-et-Bellay
St-Mard-sur-Auve
Gizaucourt
Élise-Daucourt
F
G
H
J
K
1
2
3
4
5
6
42
64
91

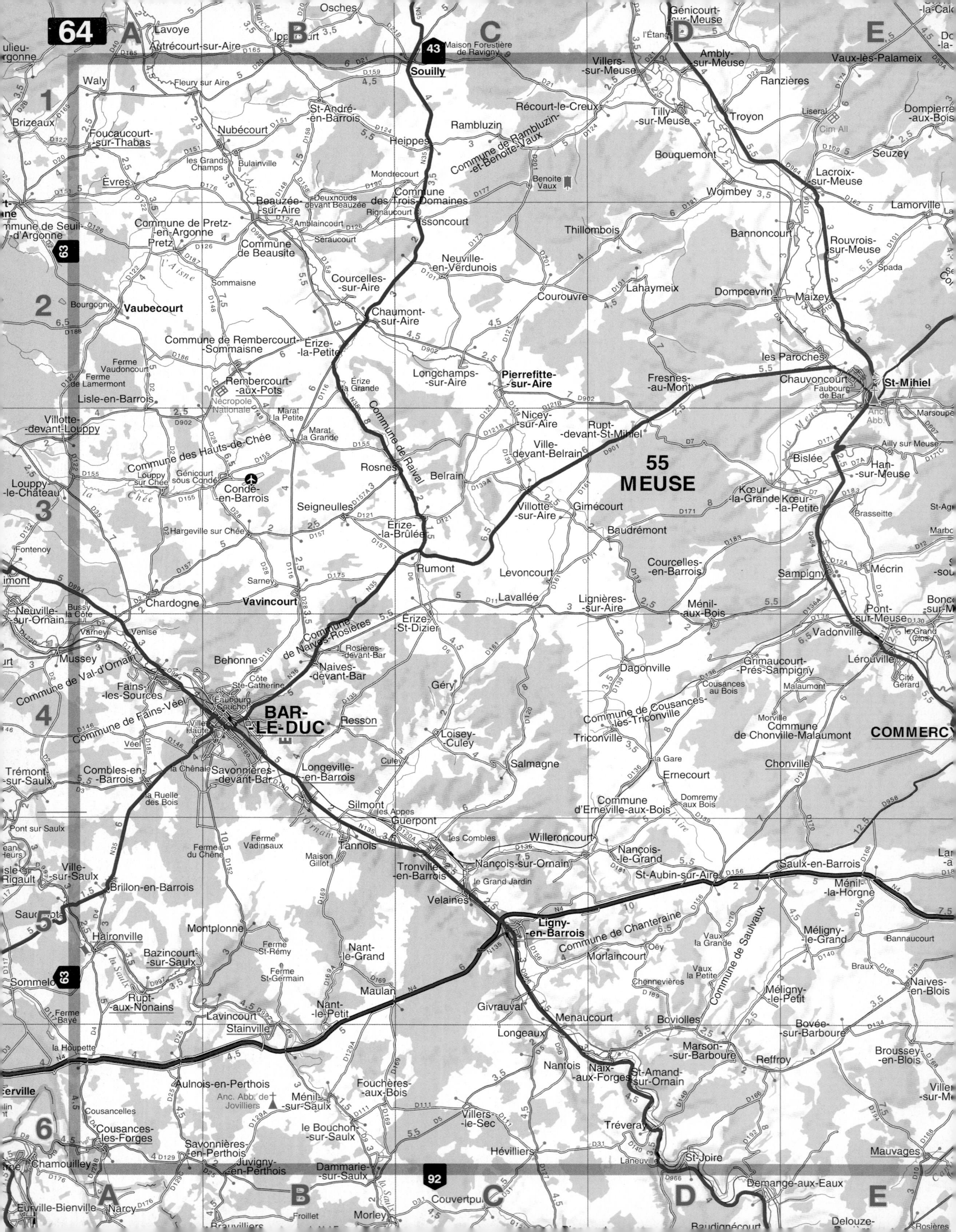
55
MEUSE
BAR-
-LE-DUC
COMMERCY
St-Mihiel
Ligny-
-en-Barrois
Souilly
Vaubecourt
Pierrefitte-
-sur-Aire
Vavincourt
Chaumont-
-sur-Aire
Sampigny
Lérouville
Vadonville
Tronville-
-en-Barrois
Nançois-sur-Ornain
St-Aubin-sur-Aire
Saulx-en-Barrois
Stainville
Aulnois-en-Perthois
Cousances-
-les-Forges
Chamouilley
Mauvages
Demange-aux-Eaux
St-Joire
Tréveray
Naix-
-aux-Forges
St-Amand-
-sur-Ornain
Longeaux
Menaucourt
Givrauval
Nant-
-le-Petit
Nant-
-le-Grand
Maulan
Velaines
Resson
Longeville-
-en-Barrois
Savonnières-
-devant-Bar
Combles-en-
-Barrois
Fains-
-les-Sources
Naives-
-devant-Bar
Behonne
Rumont
Érize-
-la-Brûlée
Érize-
-St-Dizier
Seigneulles
Rosnes
Belrain
Condé-
-en-Barrois
Chardogne
Lisle-en-Barrois
Rembercourt-
-aux-Pots
Érize-
-la-Petite
Longchamps-
-sur-Aire
Nicey-
-sur-Aire
Villotte-
-sur-Aire
Gimécourt
Baudrémont
Levoncourt
Lavallée
Lignières-
-sur-Aire
Courcelles-
-en-Barrois
Ménil-
-aux-Bois
Dagonville
Triconville
Salmagne
Loisey-
-Culey
Géry
Ernecourt
Willeroncourt
Nançois-
-le-Grand
Chonville
Mécrin
Pont-
-sur-Meuse
Koeur-
-la-Grande
Koeur-
-la-Petite
Bislée
Han-
-sur-Meuse
Chauvoncourt
Les Paroches
Fresnes-
-au-Mont
Dompcevrin
Maizey
Lahaymeix
Courouvre
Thillombois
Bannoncourt
Woimbey
Lacroix-
-sur-Meuse
Rouvrois-
-sur-Meuse
Troyon
Tilly-
-sur-Meuse
Bouquemont
Ranzières
Récourt-le-Creux
Rambluzin
Heippes
St-André-
-en-Barrois
Nubécourt
Foucaucourt-
-sur-Thabas
Évres
Beauzée-
-sur-Aire
Pretz
Waly
Brizeaux
Lavoye
Autrécourt-sur-Aire
Issoncourt
Neuville-
-en-Verdunois
Courcelles-
-sur-Aire
Villers-
-sur-Meuse
Génicourt-
-sur-Meuse
Ambly-
-sur-Meuse
Vaux-lès-Palameix
Seuzey
Lamorville
Mussey
Neuville-
-sur-Ornain
Villotte-
-devant-Louppy
Louppy-
-le-Château
Véel
Trémont-
-sur-Saulx
Ville-
-sur-Saulx
Brillon-en-Barrois
Haironville
Bazincourt-
-sur-Saulx
Rupt-
-aux-Nonains
Lavincourt
Montplonne
Ménil-
-sur-Saulx
Fouchères-
-aux-Bois
Villers-
-le-Sec
Hévilliers
Savonnières-
-en-Perthois
Juvigny-
-en-Perthois
Dammarie-
-sur-Saulx
Couvertpuis
Morley
Narcy
Eurville-Bienville
Boviolles
Marson-
-sur-Barboure
Reffroy
Bovée-
-sur-Barboure
Broussey-
-en-Blois
Naives-
-en-Blois
Méligny-
-le-Grand
Méligny-
-le-Petit
Ménil-
-la-Horgne
Morlaincourt
Nantois
Commune de Chanteraine
Commune de Saulvaux
Commune de Val-d'Ornain
Commune de Fains-Véel
Commune des Hauts-de-Chée
Commune de Raival
Commune de Naives-Rosières
Commune de Rembercourt-Sommaisne
Commune de Rambluzin-et-Benoite-Vaux
Commune des Trois-Domaines
Commune de Pretz-en-Argonne
Commune de Beausite
Commune de Cousances-lès-Triconville
Commune d'Erneville-aux-Bois
Commune de Chonville-Malaumont
A B C D E
1 2 3 4 5 6
43 63 92

F
G
H
J
K
1
2
3
4
5
6
44
66
93
Thillot
Dampvitoux
Dommartin-la-Chaussée
St-Julien-lès-Gorze
Waville
Onville
Vandelainville
Arnaville
Bayonville-sur-Mad
Villecey-sur-Mad
St-Maurice-sous-les-Côtes
Billy sous les Côtes
Ferme St-Louis
Haumont lès Lachaussée
Charey
Pagny-sur-Moselle
Arry
Marieulles
Lorry-Mardigny
Viéville sous les Côtes
Hattonchâtel
Hattonville
St-Benoît en Woëvre
Rembercourt-sur-Mad
Vigneulles-lès-Hattonchâtel
Xammes
Jaulny
Prény
Vittonville
Champey-sur-Moselle
Beney-en-Woëvre
Thiaucourt-Regniéville
Vandières
Creuë
Chaillon
Bouillonville
Viéville-en-Haye
Villers-sous-Preny
Bouxières-sous-Froidmont
Lamarche en Woëvre
Nonsart-Lamarche
Pannes
Vilcey-sur-Trey
Norroy-lès-Pont-à-Mousson
Lesménils
Signal de Xon
Heudicourt-sous-les-Côtes
Varvinay
Euvezin
Lac de Madine
Savonnières en Woëvre
Essey-et-Maizerais
la Source
Pont-à-Mousson
Mousson
Buxières-sous-les-Côtes
Buxerulles
Fey-en-Haye
Montauville
Atton
St-Baussant
Limey-Remenauville
Maidières
Woinville
Monument Américain
Montsec
Lahayville
Richecourt
Butte de Montsec
Mamey
Blénod-lès-Pont-à-Mousson
Varnéville
Flirey
Seicheprey
Lironville
Loupmont
Xivray-et-Marvoisin
Jezainville
Loisy
Bézaumont
Apremont-la-Forêt
Beaumont
Bernécourt
Noviant-aux-Prés
Martincourt
Gézoncourt
Griscourt
Dieulouard
Bouconville-sur-Madt
Rambucourt
Mandres-aux-Quatre-Tours
Grosrouvres
Manonville
Villers-en-Haye
Rogéville
Belleville
Broussey-en-Woëvre
Hamonville
Ansauville
Domèvre-en-Haye
Minorville
Tremblecourt
Liouville
Bricourt
Raulecourt
Commune de Broussey-Raulecourt
Girauvoisin
Rosières-en-Haye
St-Georges
Marbache
Custines
Frémeréville-sous-les-Côtes
Gironville sous les Côtes
Manoncourt-en-Woëvre
St-Amand
Saizerais
Forêt Domaniale de la Reine
Royaumeix
Avrainville
la Neyette
St-Euchaire
Pompey
Commune de Geville
Vignot
Jouy-sous-les-Côtes
Corniéville
Ménil-la-Tour
Sanzey
Andilly
Toulaire
la Champagne
Jaillon
Frouard
Anc. Abb. de Rangéval
Aulnois sous Vertuzey
Euville
Boucq
Cim. All.
Bouvron
Francheville
Villey-St-Étienne
Aingeray
Liverdun
Vertuzey
Ville Issey
Lagney
le Rosoir
le Faux Moulin
Lucey
Sexey-les-Bois
Fontenoy-sur-Moselle
St-Martin
Trondes
Brûley
Velaine-en-Haye
Sorcy-St-Martin
Troussey
Laneuveville-derrière-Foug
Pagney-derrière-Barine
Gondreville
le Mont Champ
Mont Saint-Michel
TOUL
Faubourg Cailloux
Foug
Lay-St-Rémy
Écrouves
Grandmesnil
la Poste de Velaine
Void
Pagny-sur-Meuse
St-Mansuy
la Justice
St-Èvre
Commune de Void-Vacon
Dommartin-lès-Toul
Clairlieu
Ourches-sur-Meuse
Choloy-Ménillot
le Plateau St-Georges
Valcourt
Bois le Comte
Villey-le-Sec
Chaudeney-sur-Moselle
Trou de Ste-Reine
les Bourlières
St-Germain-sur-Meuse
Site de Vaux
Pierre-la-Treiche
Maron
Domgermain
Sauvoy
Chât. de Gombervaux
Ugny-sur-Meuse
Gombervaux
Charmes-la-Côte
Bicqueley
54 MEURTHE-ET-MOSELLE
Sexey-aux-Forges
Chaligny
Cité de Banvoie
Rigny-la-Salle
Tusey
la Lochère
Gye
Neuves-Maisons
Pont-St-Vincent
Mont-le-Vignoble
Vaucouleurs
Chalaines
Rigny-St-Martin
le Neuf Moulin
Moutrot
Maizières
Blénod-lès-Toul
Crézilles
Viterne
Bainville-sur-Madon
Montigny-lès-Vaucouleurs
Gibeaumeix
Ochey
Neuville-lès-Vaucouleurs
Bulligny
Uruffe
Thuilley-aux-Groseilles
Marthemont
Xeuilley

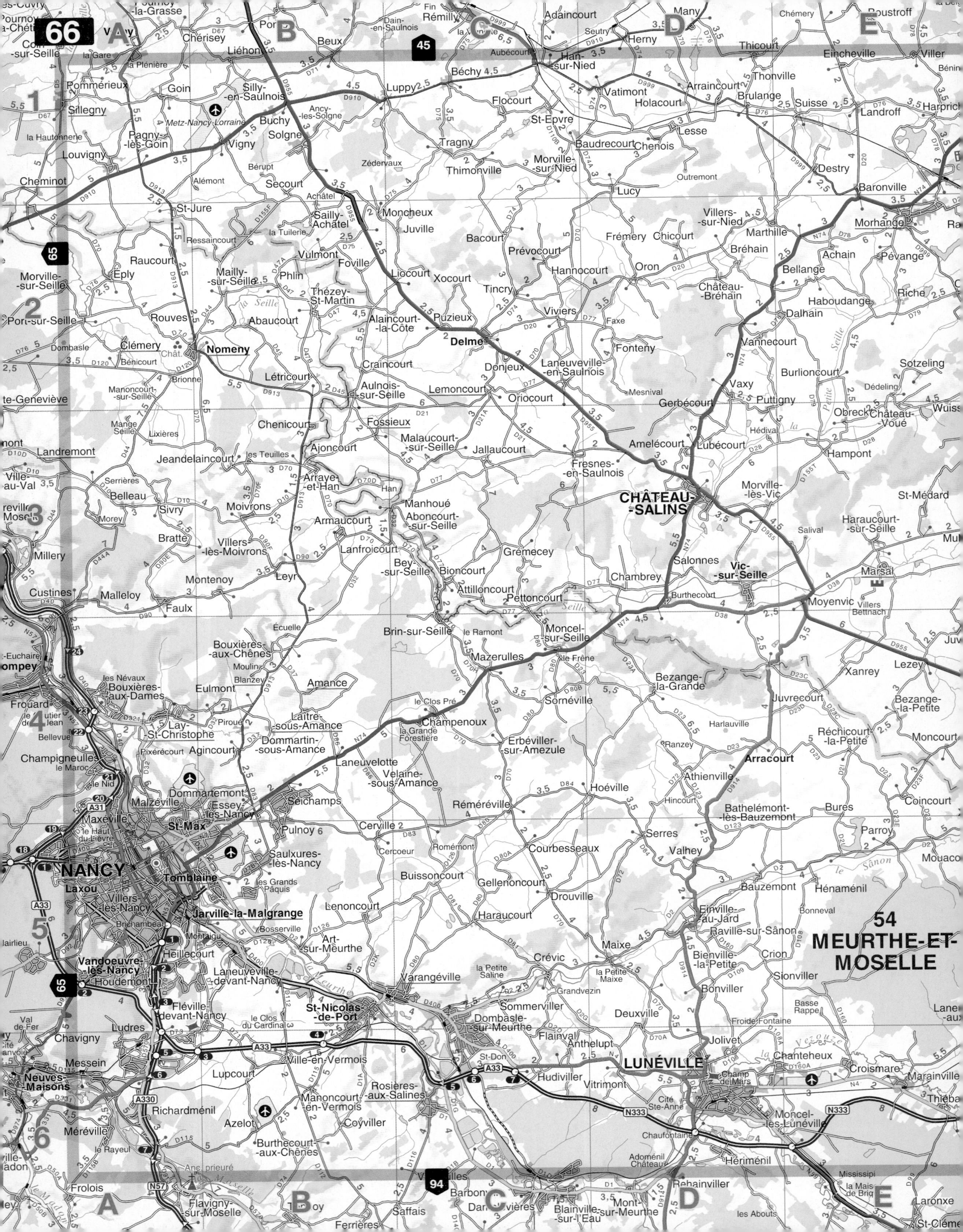
A
B
C
D
E
1
2
3
4
5
6
45
65
94
NANCY
CHÂTEAU-SALINS
LUNÉVILLE
Nomeny
Delme
Vic-sur-Seille
St-Nicolas-de-Port
Jarville-la-Malgrange
Vandoeuvre-lès-Nancy
St-Max
Tomblaine
Laxou
Villers-lès-Nancy
Malzéville
Maxéville
Essey-lès-Nancy
Seichamps
Pulnoy
Saulxures-lès-Nancy
Frouard
Champigneulles
Neuves-Maisons
Messein
Ludres
Fléville-devant-Nancy
Houdemont
Heillecourt
Laneuveville-devant-Nancy
Varangéville
Dombasle-sur-Meurthe
Rosières-aux-Salines
Einville-au-Jard
Arracourt
Marsal
Moyenvic
Morhange
Baronville
Metz-Nancy-Lorraine
Pagny-lès-Goin
Solgne
Buchy
Vigny
Luppy
Béchy
Han-sur-Nied
Vatimont
Flocourt
St-Epvre
Baudrecourt
Morville-sur-Nied
Thimonville
Tragny
Liocourt
Xocourt
Puzieux
Aulnois-sur-Seille
Lemoncourt
Oriocourt
Fresnes-en-Saulnois
Amelécourt
Salonnes
Chambrey
Moncel-sur-Seille
Mazerulles
Champenoux
Amance
Laneuvelotte
Courbesseaux
Drouville
Haraucourt
Crévic
Maixe
Sommerviller
Flainval
Anthelupt
Hudiviller
Vitrimont
Jolivet
Chanteheux
Croismare
Moncel-lès-Lunéville
Rehainviller
Blainville-sur-l'Eau
Mont-sur-Meurthe
Flavigny-sur-Moselle
Richardménil
Méréville
Chavigny
Azelot
Lupcourt
Ville-en-Vermois
Manoncourt-en-Vermois
Burthecourt-aux-Chênes
Art-sur-Meurthe
Lenoncourt
Buissoncourt
Cerville
Réméréville
Hoéville
Serres
Valhey
Bathelémont-lès-Bauzemont
Bauzemont
Hénaménil
Bures
Parroy
Coincourt
Xanrey
Lezey
Juvrecourt
Bezange-la-Grande
Sornéville
Erbéviller-sur-Amezule
Athienville
Réchicourt-la-Petite
Bezange-la-Petite
Moncourt
Dommartin-sous-Amance
Laître-sous-Amance
Agincourt
Lay-St-Christophe
Eulmont
Bouxières-aux-Dames
Bouxières-aux-Chênes
Leyr
Faulx
Malleloy
Custines
Montenoy
Villers-lès-Moivrons
Bratte
Sivry
Moivrons
Belleau
Jeandelaincourt
Armaucourt
Arraye-et-Han
Ajoncourt
Fossieux
Malaucourt-sur-Seille
Jallaucourt
Abaucourt
Lanfroicourt
Bey-sur-Seille
Bioncourt
Attilloncourt
Pettoncourt
Brin-sur-Seille
Gremecey
Manhoué
Aboncourt-sur-Seille
Chenicourt
Létricourt
Clémery
Port-sur-Seille
Morville-sur-Seille
Éply
Raucourt
Rouves
Mailly-sur-Seille
Phlin
Thézey-St-Martin
Vulmont
Foville
Alaincourt-la-Côte
Craincourt
Donjeux
Laneuveville-en-Saulnois
Fonteny
Viviers
Tincry
Prévocourt
Hannocourt
Oron
Château-Bréhain
Bréhain
Marthille
Villers-sur-Nied
Frémery
Chicourt
Bellange
Achain
Pévange
Haboudange
Dalhain
Vannecourt
Burlioncourt
Vaxy
Gerbécourt
Puttigny
Obreck
Château-Voué
Hampont
Lubécourt
Morville-lès-Vic
Haraucourt-sur-Seille
St-Médard
Sotzeling
Dédeling
Destry
Landroff
Suisse
Brulange
Thonville
Arraincourt
Holacourt
Lesse
Chenois
Lucy
Thicourt
Eincheville
Herny
Adaincourt
Rémilly
Chérisey
Liéhon
Silly-en-Saulnois
Goin
Pommérieux
Sillegny
Louvigny
Cheminot
St-Jure
Sailly-Achâtel
Moncheux
Juvill
Bacourt
Secourt
Alémont
Landremont
Serrières
Millery
Pompey
Nomeny
Leyr
Tomblaine
54 MEURTHE-ET-MOSELLE

67
BAS-RHIN
57
MOSELLE
SARREBOURG
Sarre-Union
Keskastel
Grostenquin
Albestroff
Dieuze
Fénétrange
Mittersheim
Grand Étang de Mittersheim
Forêt Domaniale de Fénétrange
Commune de Belles - Forêts
Étang de Lindre
Étang du Stock
Étang de Gondrexange
Réchicourt-le-Château
Avricourt (Moselle)
Blâmont
Cirey-sur-Vezouze
Lorquin
Abreschviller
Drulingen
Diemeringen
Gondrexange
Héming
Phalsbourg
Sarraltroff
Hommarting
Buhl-Lorraine
Imling
Schneckenbusch
Niderviller
Guntzviller
Arzviller
St-Louis
Harreberg
Walscheid
St-Quirin
Lafrimbolle
Val-et-Châtillon
Bertrambois
Tanconville
Fremonville
Domèvre-sur-Vezouze
Herbéviller
Ogéviller
Fréménil
Domjevin
Verdenal
Barbas
Harbouey
Halloville
Nonhigny
Petitmont
Parux
St-Sauveur
Bréménil
Montreux
Ancerviller
Mignéville
Reclonville
Buriville
Col du Donon
727
1008
Turquestein-Blancrupt
la Glacionnière
Saussenrupt
Nécropole Nationale
Nécropole Nationale des Prisonniers
Villa Gallo-romaine
Cim. All.
Canal de la Marne au Rhin
Hesse
Xouaxange
Neufmoulins
Hermelange
Nitting
Hertzing
Landange
Aspach
Laneuveville-lès-Lorquin
Métairies-St-Quirin
Niderhoff
Fraquelfing
Hattigny
Richeval
Ibigny
St-Georges
Foulcrey
Igney
Amenoncourt
Leintrey
Emberménil
Autrepierre
Repaix
Gogney
Reillon
Gondrexon
Chazelles-sur-Albe
Vého
Blémerey
St-Martin
Xousse
Remoncourt
Vaucourt
Moussey
Xirxange
Lagarde
Bataville
Maizières-lès-Vic
Bourdonnay
Azoudange
Languimberg
Diane-Capelle
Barchain
Bébing
Kerprich-aux-Bois
Langatte
Haut-Clocher
Dolving
Gosselming
Bisping
Fribourg
Rhodes
Desseling
Assenoncourt
Guermange
Tarquimpol
Gélucourt
Lindre-Basse
Lindre-Haute
Zommange
Rorbach-lès-Dieuze
Vergaville
Guébestroff
Val-de-Bride
Bidestroff
Cutting
Loudrefing
Lostroff
Domnon-lès-Dieuze
Bassing
Bourgaltroff
Guébling
Molring
Guinzeling
Lhor
Insviller
Marimont-lès-Bénestroff
Bénestroff
Nébing
Torcheville
Vahl-lès-Bénestroff
Munster
Vibersviller
Givrycourt
Neufvillage
Montdidier
Virming
Bermering
Léning
Réning
Insming
Vittersbourg
Honskirch
Kirviller
Hinsingen
Nelling
Kappelkinger
Hazembourg
Gréning
Erstroff
Francaltroff
Bissert
Harskirchen
Altwiller
Schopperten
Sarrewerden
Bischtroff-sur-Sarre
Diedendorf
Wolfskirchen
Niederstinzel
Postroff
Eschwiller
Baerendorf
Hirschland
Schalbach
Kirrberg
Rauwiller
Hellering-lès-Fénétrange
Goerlingen
Bettborn
Oberstinzel
St-Jean-de-Bassel
Berthelming
Romelfing
Sarraltroff
Hilbesheim
Vieux-Lixheim
Lixheim
Réding
Brouviller
Bickenholtz
Fleisheim
Eywiller
Weyer
Veckersviller
Rexingen
Berg
Bettwiller
Gungwiller
Thal-Drulingen
Rimsdorf
Mackwiller
Lorentzen
Domfessel
Vœllerdingen
Le Val-de-Guéblange
Château Bonnefontaine
Neuweihershof

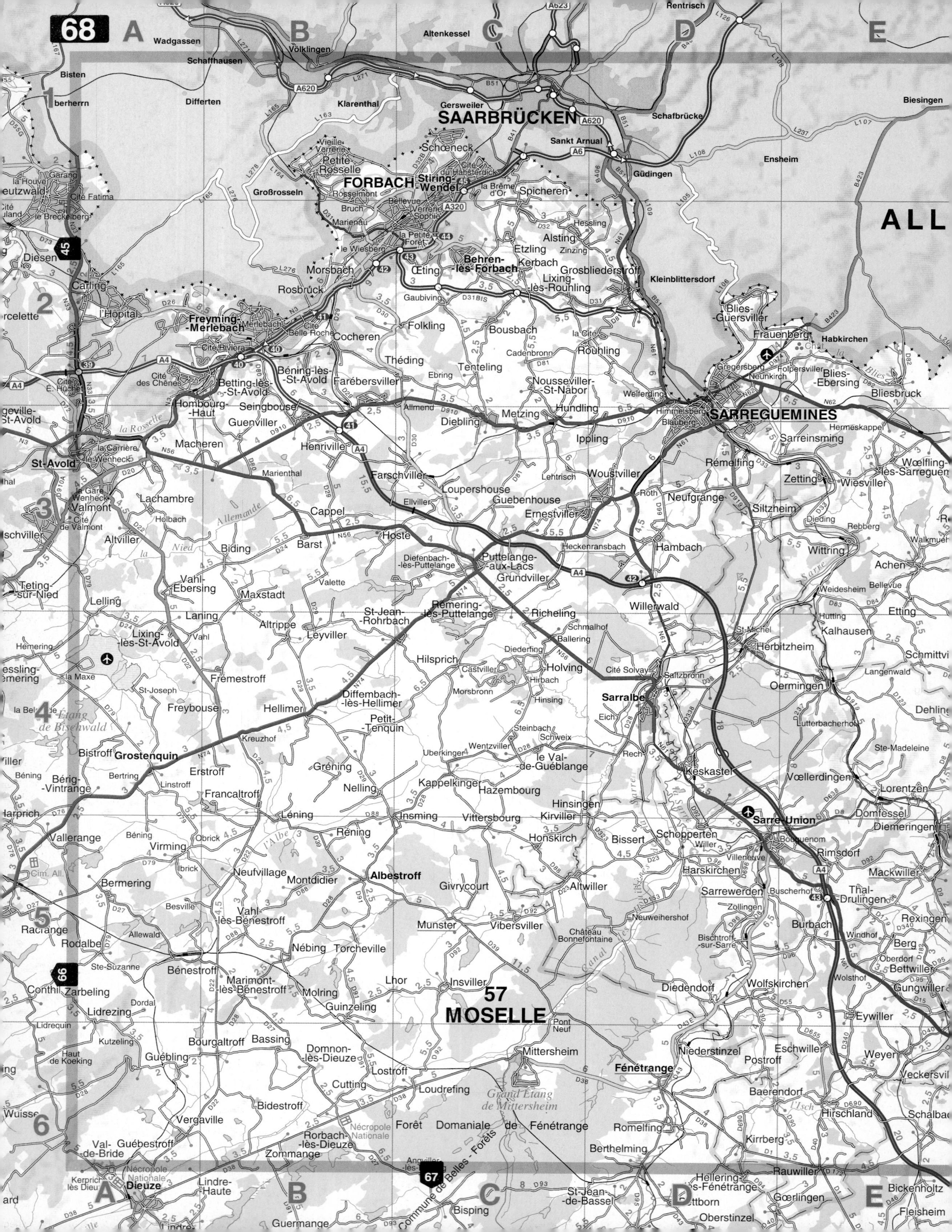

68
A
B
C
D
E
1
2
3
4
5
6
Wadgassen
Schaffhausen
Völklingen
Altenkessel
Rentrisch
Bisten
Differten
Klarenthal
Gersweiler
SAARBRÜCKEN
Schafbrücke
Biesingen
Sankt Arnual
Güdingen
Ensheim
Schœneck
Vieille-Verrerie
Petite-Rosselle
FORBACH
Stiring-Wendel
Großrosseln
Rosselmont
la Brême d'Or
Spicheren
ALL
Garang
la Houve
Cité Fatima
le Breckelberg
Diesen
Bruch
Marienau
Bellevue
Verrerie Sophie
la Petite Forêt
le Wiesberg
Alsting
Hessling
Zinzing
Etzling
Kerbach
Morsbach
Œting
Behren-lès-Forbach
Grosbliederstroff
Lixing-lès-Rouhling
Kleinblittersdorf
Carling
Rosbrück
Gaubiving
l'Hôpital
Freyming-Merlebach
Cité Belle Roche
Cocheren
Folkling
Bousbach
Blies-Guersviller
Frauenberg
Habkirchen
Cité Riviera
Théding
Cadenbronn
Rouhling
Tenteling
Gregersberg
Neunkirch
Folpersviller
Blies-Ebersing
Bliesbruck
Ebring
Nousseviller-St-Nabor
Welferding
Cité E. Huchet
Cité des Chênes
Betting-lès-St-Avold
Béning-lès-St-Avold
Farébersviller
Hombourg-Haut
Seingbouse
Allmend
Metzing
Hundling
Himmelsberg
Blauberg
SARREGUEMINES
Hermeskappel
Diebling
Guenviller
Macheren
Henriville
Ippling
Sarreinsming
St-Avold
la Carrière
le Wenheck
Marienthal
Farschviller
Lehtrisch
Woustviller
Rémelfing
Zetting
Wiesviller
Wœlfling-lès-Sarreguemines
La Gare Wenheck
Valmont
Cité de Valmont
Lachambre
Holbach
Loupershouse
Guebenhouse
Ellviller
Roth
Neufgrange
Siltzheim
Cappel
Ernestviller
Dieding
Rebberg
Altviller
Biding
Barst
Hoste
Heckenransbach
Hambach
Wittring
Achen
Diefenbach-lès-Puttelange
Puttelange-aux-Lacs
Grundviller
Teting-sur-Nied
Vahl-Ebersing
Maxstadt
Valette
Willerwald
Weidesheim
Bellevue
Lelling
Laning
Altrippe
St-Jean-Rohrbach
Remering-lès-Puttelange
Richeling
Schmalhof
Ballering
St-Michel
Etting
Kalhausen
Hémering
Lixing-lès-St-Avold
Vahl
Leyviller
Herbitzheim
Schmittviller
la Maxe
Hilsprich
Diederfing
Castviller
Holving
Hirbach
Cité Solvay
Saltzbronn
Langenwald
Frémestroff
St-Joseph
Morsbronn
Hinsing
Oermingen
Sarralbe
Eich
Freybouse
Hellimer
Diffembach-lès-Hellimer
Petit-Tenquin
Steinbach
Schweix
Lutterbacherhof
Dehlingen
la Bel...
Étang de Bischwald
Kreuzhof
Wentzviller
Bistroff
Grostenquin
Erstroff
Uberkinger
le Val-de-Guéblange
Rech
Keskastel
Ste-Madeleine
Béning
Bérig-Vintrange
Bertring
Linstroff
Gréning
Nelling
Kappelkinger
Hazembourg
Vœllerdingen
Lorentzen
Francaltroff
Hinsingen
Léning
Insming
Vittersbourg
Kirviller
Sarre-Union
Domfessel
Diemeringen
Vallerange
Béning
Rening
Honskirch
Bissert
Schopperten
Willer
Bouquenom
Rimsdorf
Virming
Obrick
l'Albe
Ibrick
Villeneuve
Harskirchen
Mackwiller
Cim. All.
Bermering
Neufvillage
Montdidier
Albestroff
Givrycourt
Altwiller
Sarrewerden
Buscherhof
Thal-Drulingen
Zollingen
Besville
Vahl-lès-Bénestroff
Munster
Vibersviller
Château Bonnefontaine
Neuweihershof
Burbach
Rexingen
Racrange
Allewald
Bischtroff-sur-Sarre
Windhof
Berg
Rodalbe
Nébing
Torcheville
Oberdorf
Bettwiller
Ste-Suzanne
Bénestroff
Marimont-lès-Bénestroff
Lhor
Insviller
Wolsthof
66
Conthil
Zarbeling
Molring
57
MOSELLE
Diedendorf
Wolfskirchen
Gungwiller
Dordal
Lidrezing
Guinzeling
Lidrequin
Pont Neuf
Eywiller
Kutzeling
Bassing
Bourgaltroff
Haut de Koeking
Guébling
Domnon-lès-Dieuze
Mittersheim
Niederstinzel
Eschwiller
Weyer
Postroff
Fénétrange
Lostroff
Veckersviller
Cutting
Loudrefing
Grand Étang de Mittersheim
Baerendorf
l'Isch
Bidestroff
Hirschland
Schalbach
Wuisse
Vergaville
Nécropole Nationale
Forêt Domaniale de Fénétrange
Romelfing
Kirrberg
Val-de-Bride
Guébestroff
Rorbach-lès-Dieuze
Zommange
Berthelming
Nécropole Nationale
Angviller-lès-Bisping
67
Commune de Belles - Forêts
Rauwiller
Hellering-lès-Fénétrange
Kerprich-lès-Dieuze
Dieuze
Lindre-Haute
St-Jean-de-Bassel
Gœrlingen
Bickenholtz
Fleisheim
Bisping
Oberstinzel
Guermange
45
la Rosselle
Allemande
la Nied
Sarre
Canal
la Blies

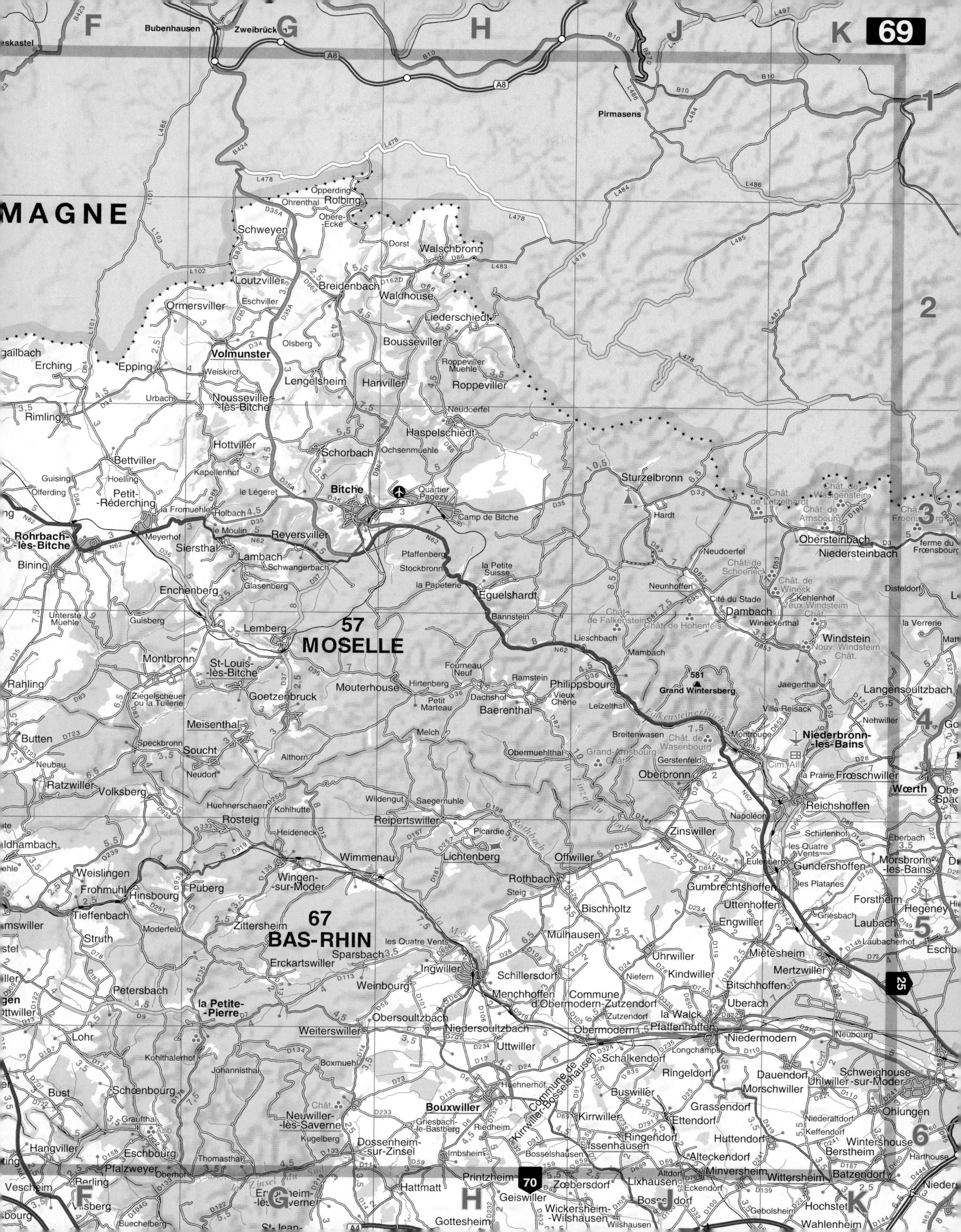

F
G
H
J
K
1
2
3
4
5
6
MAGNE
Bubenhausen
Zweibrücken
Pirmasens
A8
B10
Rolbing
Opperding
Ohrenthal
Obere-Ecke
Schweyen
Dorst
Walschbronn
Loutzviller
Breidenbach
Waldhouse
Eschviller
Ormersviller
Liederschiedt
Volmunster
Olsberg
Bousseviller
Epping
Erching
Weiskirch
Lengelsheim
Hanviller
Roppeviller Muehle
Roppeviller
Urbach
Nousseviller-lès-Bitche
Rimling
Neudoerfel
Haspelschiedt
Hottviller
Schorbach
Ochsenmuehle
Bettviller
Kapellenhof
Sturzelbronn
Guising
Hoelling
Olferding
Petit-Réderching
le Légeret
Bitche
Quartier Pagezy
la Fromuehle
Holbach
Camp de Bitche
Rohrbach-lès-Bitche
Meyerhof
le Moulin
Reyersviller
Siersthal
Hardt
Bining
Lambach
Schwangerbach
Pfaffenberg
Stockbronn
la Petite Suisse
Enchenberg
Glasenberg
la Papeterie
Eguelshardt
Neudoerfel
Neunhoffen
Obersteinbach
Niedersteinbach
Unterste Muehle
Guisberg
Lemberg
Bannstein
57
MOSELLE
Cité du Stade
Dambach
Wineckerthal
Windstein
Kehlenhof
Disteldorf
la Verrerie
Montbronn
St-Louis-lès-Bitche
Lieschbach
Mambach
Rahling
Fourneau Neuf
Ramstein
Philippsbourg
581
Grand Wintersberg
Jaegerthal
Langensoultzbach
Goetzenbruck
Mouterhouse
Hirtenberg
Petit Marteau
Dachshof
Baerenthal
Vieux Chêne
Leizelthal
Villa-Reisack
Nehwiller
Ziegelscheuer ou la Tuilerie
Meisenthal
Melch
Breitenwasen
Niederbronn-les-Bains
Butten
Speckbronn
Soucht
Althorn
Obermuehlthal
Gerstenfeld
Oberbronn
Neubau
Neudorf
Ratzwiller
Volksberg
Froeschwiller
Woerth
Huehnerschaerr
Kohlhutte
Wildengut
Saegemuhle
Reichshoffen
Rosteig
Heideneck
Reipertswiller
Napoléon
Zinswiller
Picardie
Wimmenau
Lichtenberg
Offwiller
Eulenberg
Gundershoffen
Morsbronn-les-Bains
Weislingen
Frohmuhl
Hinsbourg
Puberg
Wingen-sur-Moder
Rothbach
Steig
Gumbrechtshoffen
Tieffenbach
Bischholtz
Uttenhoffen
Forstheim
Hegeney
Moderfeld
Zittersheim
67
BAS-RHIN
Engwiller
Laubach
Struth
les Quatre Vents
Mulhausen
Sparsbach
Uhrwiller
Mietesheim
Erckartswiller
Ingwiller
Schillersdorf
Niefern
Kindwiller
Mertzwiller
Petersbach
Weinbourg
Menchhoffen
Commune d'Obermodern-Zutzendorf
Bitschhoffen
Uberach
la Petite-Pierre
Obersoultzbach
la Walck
Pfaffenhoffen
Weiterswiller
Niedersoultzbach
Obermodern
Niedermodern
Lohr
Uttwiller
Schalkendorf
Neubourg
Kohlthalerhof
Johannisthal
Boxmuehl
Ringeldorf
Dauendorf
Schweighouse-sur-Moder
Huehnerhof
Morschwiller
Uhlwiller
Bust
Schoenbourg
Buswiller
Bouxwiller
Commune de Kirrwiller-Bosselshausen
Grassendorf
Ohlungen
Graufthal
Neuwiller-lès-Saverne
Kirrwiller
Ettendorf
Niederaltdorf
Keffendorf
Riedheim
Ringendorf
Huttendorf
Wintershouse
Hangviller
Eschbourg
Dossenheim-sur-Zinsel
Issenhausen
Berstheim
Kugelberg
Imbsheim
Bosselshausen
Alteckendorf
Pfalzweyer
Thomasthal
Minversheim
Wittersheim
Batzendorf
Harthouse
Oberhof
Printzheim
70
Zoebersdorf
Lixhausen
Eckendorf
Berling
Hattmatt
Geiswiller
Bossendorf
Vescheim
Gebolsheim
Hochstett
Wickersheim-Wilshausen
Gottesheim
Wahlenheim
Buechelberg
25

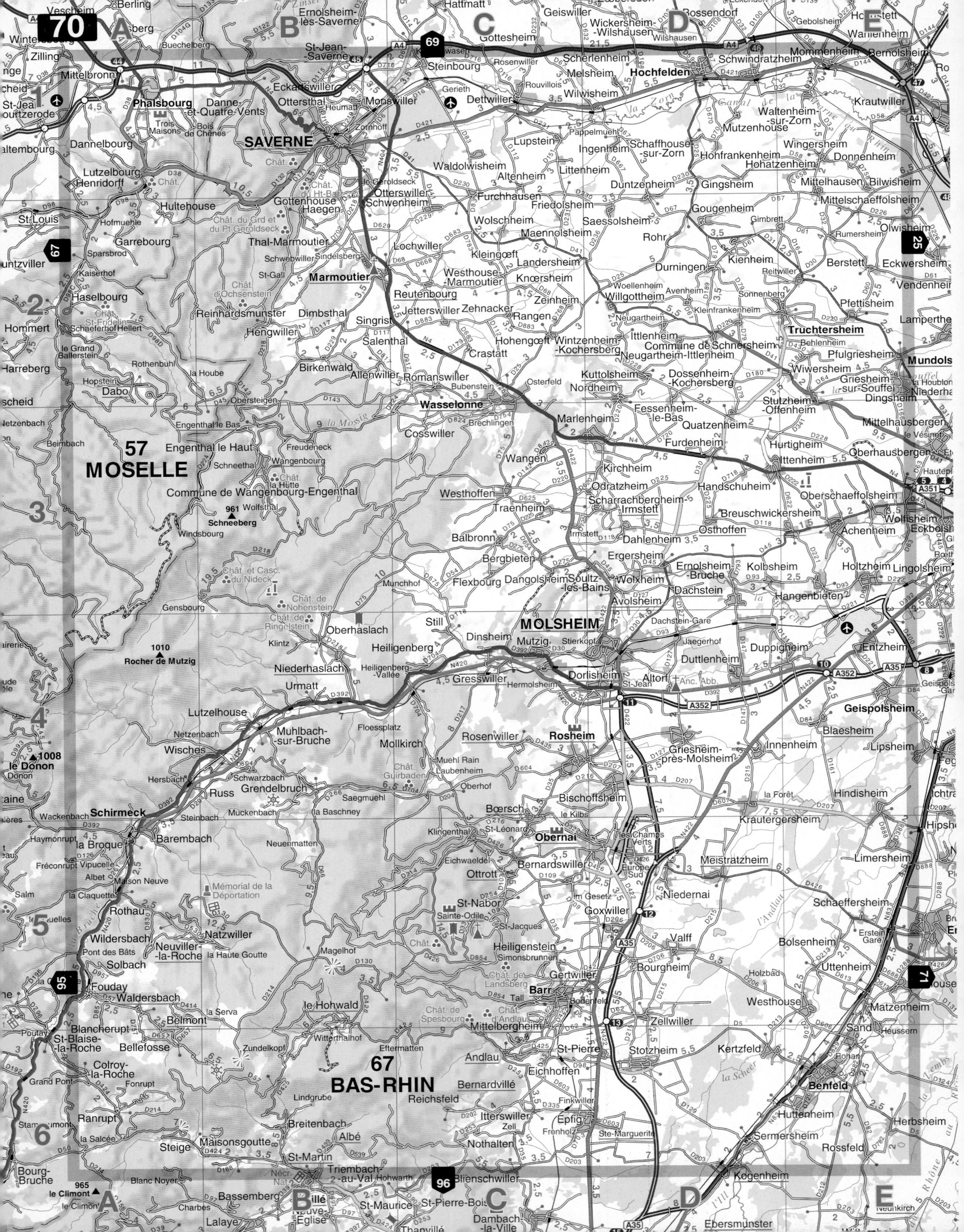

70
69
96
95
67
25
71
A
B
C
D
E
1
2
3
4
5
6
SAVERNE
Phalsbourg
Danne-et-Quatre-Vents
Ottersthal
Monswiller
Steinbourg
Dettwiller
Hochfelden
Schwindratzheim
Mommenheim
Bernolsheim
Krautwiller
Waltenheim-sur-Zorn
Mutzenhouse
Lutzelbourg
Henridorff
Dannelbourg
Hultehouse
St-Louis
Garrebourg
Thal-Marmoutier
Gottenhouse
Haegen
Otterswiller
Schwenheim
Waldolwisheim
Lupstein
Ingenheim
Schaffhouse-sur-Zorn
Hohfrankenheim
Hohatzenheim
Wingersheim
Donnenheim
Mittelhausen
Bilwisheim
Mittelschaeffolsheim
Olwisheim
Marmoutier
Lochwiller
Reutenbourg
Westhouse-Marmoutier
Kleingœft
Landersheim
Knœrsheim
Zeinheim
Willgottheim
Durningen
Kienheim
Berstett
Eckwersheim
Vendenheim
Haselbourg
Reinhardsmunster
Dimbsthal
Hengwiller
Singrist
Salenthal
Jetterswiller
Zehnacker
Rangen
Hohengœft
Wintzenheim-Kochersberg
Ittlenheim
Neugartheim-Ittlenheim
Truchtersheim
Pfettisheim
Lampertheim
Mundolsheim
Pfulgriesheim
Wiwersheim
Griesheim-sur-Souffel
Dingsheim
Niederhausbergen
Dabo
Birkenwald
Allenwiller
Romanswiller
Crastatt
Kuttolsheim
Nordheim
Dossenheim-Kochersberg
Stutzheim-Offenheim
Wasselonne
Marlenheim
Fessenheim-le-Bas
Quatzenheim
Furdenheim
Mittelhausbergen
Hurtigheim
Oberhausbergen
Ittenheim
57
MOSELLE
Engenthal le Haut
Wangenbourg
Commune de Wangenbourg-Engenthal
Cosswiller
Wangen
Kirchheim
Odratzheim
Handschuheim
Oberschaeffolsheim
Westhoffen
Traenheim
Scharrachbergheim-Irmstett
Breuschwickersheim
Wolfisheim
961
Schneeberg
Balbronn
Dahlenheim
Osthoffen
Achenheim
Bergbieten
Ergersheim
Ernolsheim-Bruche
Kolbsheim
Holtzheim
Lingolsheim
Flexbourg
Dangolsheim
Soultz-les-Bains
Wolxheim
Dachstein
Hangenbieten
Avolsheim
Oberhaslach
Still
MOLSHEIM
1010
Rocher de Mutzig
Heiligenberg
Dinsheim
Mutzig
Duppigheim
Entzheim
Niederhaslach
Duttlenheim
Gresswiller
Dorlisheim
Altorf
Urmatt
Lutzelhouse
Muhlbach-sur-Bruche
Mollkirch
Rosenwiller
Rosheim
Geispolsheim
Blaesheim
Lipsheim
Wisches
Griesheim-près-Molsheim
Innenheim
1008
le Donon
Russ
Grendelbruch
Bischoffsheim
Hindisheim
Schirmeck
Barembach
la Broque
Bœrsch
Krautergersheim
Obernai
Bernardswiller
Ottrott
Meistratzheim
Limersheim
Rothau
Niedernai
Schaeffersheim
St-Nabor
Goxwiller
Natzwiller
Wildersbach
Neuviller-la-Roche
Heiligenstein
Valff
Bolsenheim
Solbach
Fouday
Waldersbach
Gertwiller
Barr
Bourgheim
Uttenheim
le Hohwald
Westhouse
Matzenheim
Belmont
Mittelbergheim
Zellwiller
St-Blaise-la-Roche
Bellefosse
Andlau
St-Pierre
Stotzheim
Kertzfeld
Sand
Colroy-la-Roche
67
BAS-RHIN
Eichhoffen
Benfeld
Bernardvillé
Reichsfeld
Ranrupt
Breitenbach
Itterswiller
Epfig
Huttenheim
Herbsheim
Albé
Sermersheim
Steige
Maisonsgoutte
Nothalten
Rossfeld
St-Martin
Bourg-Bruche
Triembach-au-Val
Blienschwiller
Kogenheim
965
le Climont
Bassemberg
St-Maurice
St-Pierre-Bois
Lalaye
Dambach-la-Ville
Thanvillé
Ebersmunster
A4
A35
A352
N4
N420
N422

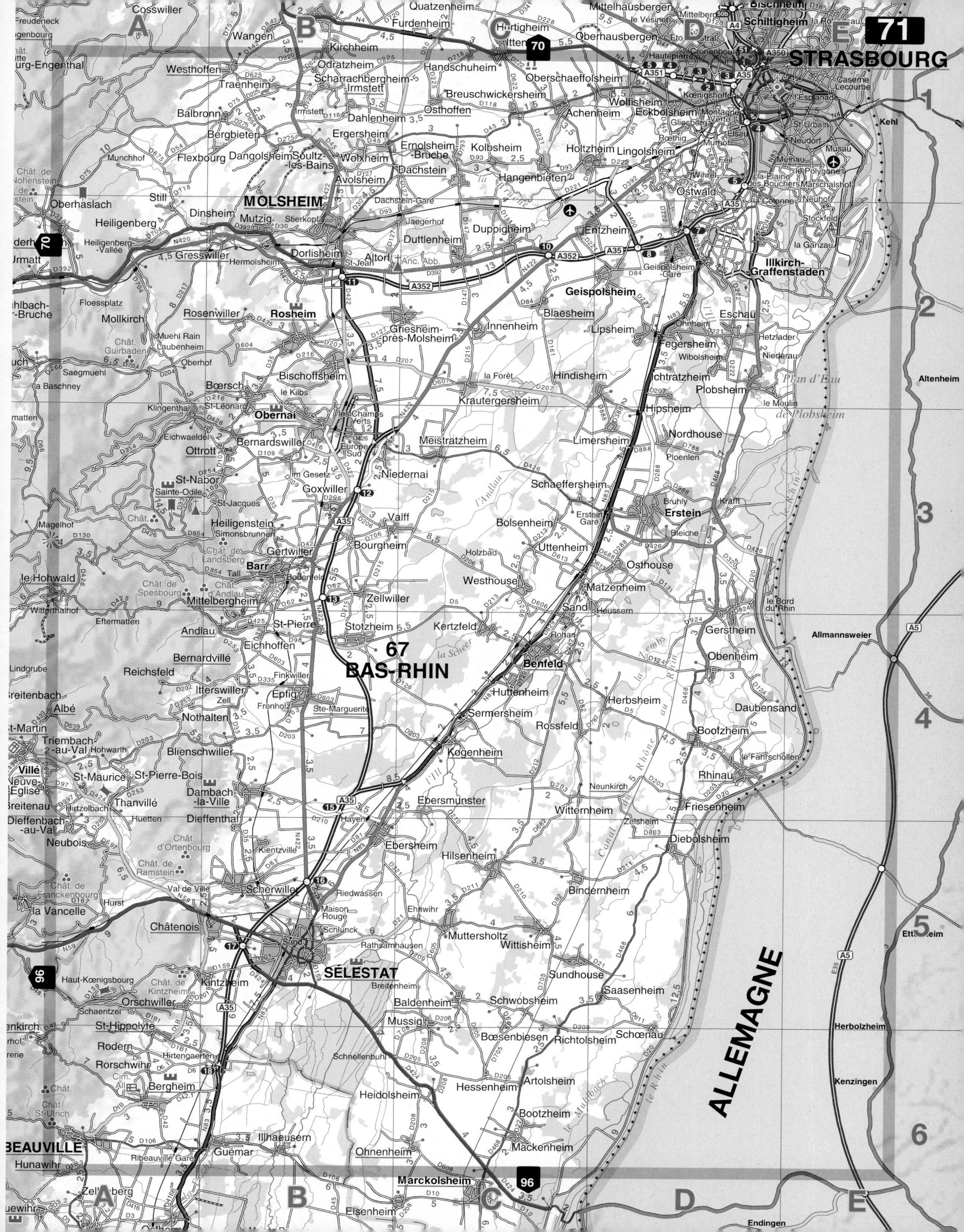
71
STRASBOURG
MOLSHEIM
67
BAS-RHIN
SÉLESTAT
ALLEMAGNE
Obernai
Rosheim
Barr
Erstein
Benfeld
Illkirch-Graffenstaden
Geispolsheim
Kehl
Marckolsheim
Schiltigheim
Bischheim
Ostwald
Dorlisheim
Mutzig
Scherwiller
Châtenois
Kintzheim
Orschwiller
St-Hippolyte
Bergheim
Guémar
Gerstheim
Rhinau
Boofzheim
Diebolsheim
Sundhouse
Artolsheim
Mackenheim
Ebersheim
Huttenheim
Sermersheim
Kogenheim
Ebersmunster
Dambach-la-Ville
Epfig
Andlau
Mittelbergheim
Heiligenstein
St-Nabor
Ottrott
Bischoffsheim
Boersch
Griesheim-près-Molsheim
Innenheim
Blaesheim
Entzheim
Duppigheim
Duttlenheim
Altorf
Avolsheim
Dachstein
Soultz-les-Bains
Wolxheim
Ergersheim
Kolbsheim
Holtzheim
Lingolsheim
Eckbolsheim
Wolfisheim
Achenheim
Oberschaeffolsheim
Ittenheim
Furdenheim
Quatzenheim
Mittelhausbergen
Oberhausbergen
Kirchheim
Odratzheim
Marlenheim
Westhoffen
Traenheim
Balbronn
Bergbieten
Flexbourg
Dangolsheim
Dinsheim
Oberhaslach
Heiligenberg
Gresswiller
Rosenwiller
Mollkirch
Eschau
Plobsheim
Fegersheim
Lipsheim
Hindisheim
Krautergersheim
Meistratzheim
Niedernai
Goxwiller
Valff
Bourgheim
Gertwiller
Zellwiller
Stotzheim
St-Pierre
Eichhoffen
Bernardvillé
Reichsfeld
Itterswiller
Nothalten
Blienschwiller
Dieffenthal
Westhouse
Uttenheim
Bolsenheim
Schaeffersheim
Limersheim
Hipsheim
Nordhouse
Osthouse
Matzenheim
Sand
Kertzfeld
Rossfeld
Herbsheim
Obenheim
Daubensand
Witternheim
Hilsenheim
Bindernheim
Muttersholtz
Wittisheim
Saasenheim
Schwobsheim
Richtolsheim
Schoenau
Baldenheim
Mussig
Boesenbiesen
Hessenheim
Heidolsheim
Bootzheim
Ohnenheim
Illhaeusern
Elsenheim
Rorschwihr
Rodern
Ribeauvillé
Hunawihr
Zellenberg
Thanvillé
St-Maurice
St-Pierre-Bois
Villé
Albé
Triembach-au-Val
Breitenbach
Neubois
Dieffenbach-au-Val
la Vancelle
Allmannsweier
Altenheim
Herbolzheim
Kenzingen
Endingen
Ettenheim
A35
A352
A351
A4
A350
A5
E35
N4
N420
N422
N83
N59
D392
70
96
A B C D E
1 2 3 4 5 6

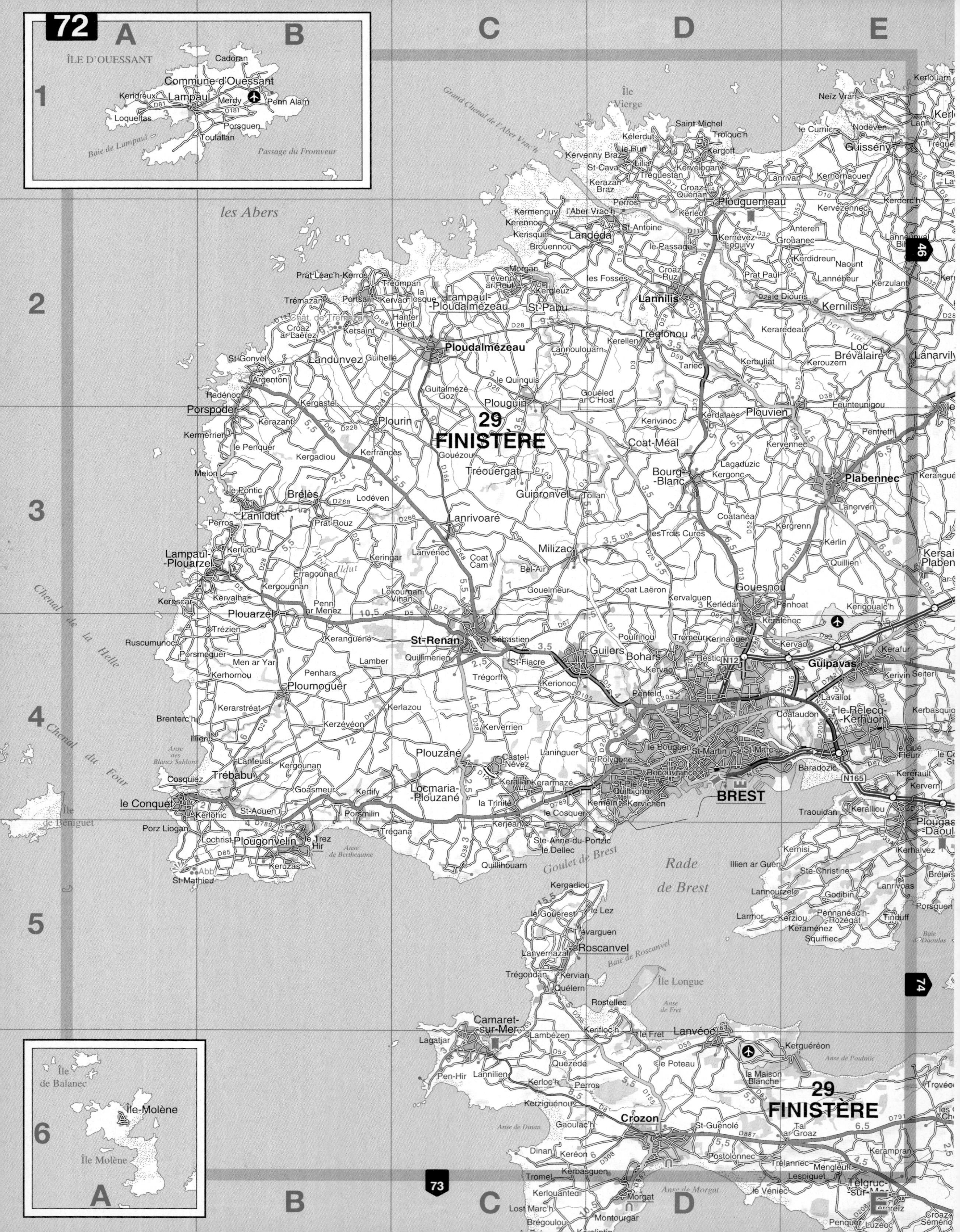
A
B
C
D
E
1
2
3
4
5
6
ÎLE D'OUESSANT
Cadoran
Commune d'Ouessant
Keridreux
Lampaul
Merdy
Penn Alam
Loqueltas
Porsguen
Toulallan
Baie de Lampaul
Passage du Fromveur
les Abers
Grand Chenal de l'Aber Vrac'h
Île Vierge
Saint-Michel
Kélerdut
Trolouc'h
le Run
Kergoff
Kervenny Braz
Lilia
St-Cava
Kervelogan
Tréguestan
Kerazan Braz
Croaz-Quenan
Perros
Plouguerneau
Kermenguy
l'Aber Vrac'h
Kerennoc
Kerisquin
Landéda
St-Antoine
Brouennou
le Passage
Kernevez-Loguivy
Anteren
Grouanec
Kerdidreun
Naount
Prat Paul
Lannébeur
Kerzulant
Neïz Vran
Kerlouan
le Curnic
Nodéven
Lanhir
Guissény
Tréguer
Lanrivan
Kerhornaouen
Kervézennec
Kerderc'h
Prat Léac'h-Kerros
Tréompan
Tévenn ar Rout
Morgan
Kergleuz
Trémazan
Portsall
Kervao
la Mosque
Lampaul-Ploudalmézeau
St-Pabu
les Fosses
Croaz Ruz
Lannilis
le Diouris
Kernilis
Chât. de Trémazan
Croaz ar Laërez
Kersaint
Hanter Hent
Ploudalmézeau
Tréglonou
Kerellen
Lannoulouarn
Kerarédeau
Kerbuliat
Loc Brévalaire
Kerouzern
Lanarvily
St-Gonvel
Landunvez
Guihellé
Tariec
le Quinquis
Argenton
Radénoc
Guitalmézé Goz
Goueléd ar C'Hoat
Kerdalaès
Plouvien
Feunteunigou
Porspoder
Kergastel
Plouguin
Kerazant
Plourin
29
FINISTÈRE
Kerivinoc
Coat-Méal
Kervennec
Pentreff
Kermerrien
le Penquer
Kergadiou
Kerfrandès
Gouézou
Tréouergat
Bourg-Blanc
Lagaduzic
Kergonc
Plabennec
Kerangué
Melon
le Pontic
Brélès
Lodéven
Guipronvel
Tollan
Lanorven
Lanildut
Perros
Prat Rouz
Lanrivoaré
Coatanéa
Kergrenn
les Trois Curés
Kerlin
Quillien
Kersaint-Plabennec
Lampaul-Plouarzel
Kerludu
Keringar
Lanvénec
Coat Cam
Milizac
Bel-Air
Eragounan
Kergougnan
Lokournan Vihan
Gouelmeur
Coat Laëron
Kervalguen
Gouesnou
Kerlédan
Penhoat
Kerigoualc'h
Kerescar
Kervalhar
Plouarzel
Penn ar Menez
Kerafénoc
Trézien
Ruscumunoc
Keranguéné
St-Renan
St-Sébastien
Poulrinou
Tromeur
Kerinaouen
Kervao
Guipavas
Kerafur
Porsmoguer
Men ar Yar
Quillimerien
St-Fiacre
Guilers
Bohars
Restic
Kerivin
Seiter
Kerhornou
Lamber
Tregorff
Kerionoc
Penhars
Ploumoguer
Penfeld
Lavallot
le Relecq-Kerhuon
Kerbasquio
Kerarstréat
Kerlazou
Coataudon
Brentorc'h
Kerzévéon
Kerverrien
Illien
Anse des Blancs Sablons
Lanfeust
Plouzané
Laninguer
le Bouguen
St-Martin
St-Marc
le Guéo Fleuri
Kergounan
Castel-Névez
le Polygone
Recouvrance
Baradozic
Cosquiez
Trébabu
Goasmeur
Kerfily
Kerallan
Keramazé
St-Pierre-Quilbignon
BREST
Kerérault
Kervern
le Conquet
Locmaria-Plouzané
la Trinité
Kervichen
Keralliou
St-Aouen
Kerlohic
Porsmilin
le Cosquer
Traouidan
Plougastel-Daoulas
Île de Béniguet
Chenal de la Helle
Chenal du Four
Porz Liogan
Trégana
Kerjean
Lochrist
Plougonvelin
le Trez Hir
Ste-Anne-du-Portzic
le Dellec
Kernisi
Kerhalvez
Anse de Bertheaume
Goulet de Brest
Rade de Brest
Illien ar Guen
Ste-Christine
Brélès
Keruzas
Quillihouarn
St-Mathieu
Kergadiou
Lannourzel
Godibin
Lanrivoas
Porsguen
le Gouerest
le Lez
Larmor
Kerziou
Pennanéac'h-Rozégat
Tinduff
Keraménez
Squiffiec
Baie de Daoulas
Trévarguen
Lanvernazal
Roscanvel
Baie de Roscanvel
Île Longue
Trégoudan
Kervian
Quélern
Rostellec
Anse de Fret
Camaret-sur-Mer
Lagatjar
Lambézen
Kerifloc'h
le Fret
Lanvéoc
Kerguéréon
Anse de Poulmic
Quézédé
le Poteau
Pen-Hir
Lannilien
la Maison Blanche
Keroc'h
Perros
29
FINISTÈRE
Kerziguénou
Crozon
Anse de Dinan
Gaoulac'h
St-Guénolé
Tal ar Groaz
Dinan
Keréon
Postolonnec
Kerampran
Trélannec
Mengleuff
Lespiguet
Tromel
Kerbasguen
Telgruc-sur-Mer
Kerlouantec
Morgat
Anse de Morgat
le Veniec
Lost Marc'h
Montourgar
Brégoulou
Penquer
Luzéoc
Croaz
Sémeno
Île de Balanec
Île-Molène
Île Molène
46
74
73

A
B
C
D
E
72
74
98
1
2
3
4
5
6
Kerlouantec
Lost Marc'h
Morgat
Montourgar
Anse de Morgat
Brégoulou
la Palue
Kerglintin
Saint-Hernot
Kerdreux
Ménesguen
Kerroux
Rostudel
le Véniec
-sur-Mer
Kergreiz
Penquer
Luzéoc
Elléouët
Rostegoff
Porslous
Penhoat
Lézargol
Manoir
Guerveur
Leuré
St-Nic
Pentrez
Bernal
Kervennec
Lestrevet
Ty-Job
Kervijen
Ste-Anne
la Palud
Tréfeuntec
Pointe de Tréfeuntec
Kervel
Baie
de Douarnenez
Kerandraon
Linguer
Tréboul
Douarnenez
Kermenhir
Lesconil
Kerlaz
Pointe du Ry
Ploaré
Luguénez
Beuzec
-Cap-Sizun
Lescogan
Poullan-
-sur-Mer
Pouldavid
Kervignac
Trégouzel
Pointe du Castelmeur
Pointe du Van
Kermerrien
Trouérennec
Kerscao
Ponticou
Coat-Pin
Kerroué
Trouguer
Kerhermen
Baie
des Trépassés
Goulien
Kerbrat
Trémaria
Kerguesten
le Juch
Croaz
Kerloc'h
Pointe du Raz
Kerherneau
Kerfeurguel
Cléden-
-Cap-Sizun
Lézoualc'h
Quatre-
-Vents
Menez
Tromilou
Kerviny
Lescoff
Kerhuret
Plogoff
Kerodéven
Lesverrien
Pont-Croix
Confort
Pont Croëz
le Dreff
Trévénoen
Kersigneau
le Goyen
Meilars
Pouldergat
Kermenguy
Pennéac'h
Primelin
Esquibien
Kervennec
Mahalon
29
FINISTÈRE
Keramblevec
Trézent
Castel
St-Tugen
Audierne
Kerhuon
Trébeuzec
Plouhinec
Lambabu
Keretret
Ménez
Merdy
Anse
du Cabestan
Brignéoc'h
Kerhévez
Roz
Lezarouen
Kerouer
Lesvoalic
Guiler-
-sur-Goyen
Gourlizon
Kerivin
Kermenguy
le Goyen
Kerruc
la Trinité
Landudec
Hent-
Meur
Kerveret
Vihan
Kerlaéron
Ménez-
-Drégan
Plozévet
Kerstridic
Plogastel-
-St-Germain
Prat Meur
Kervinou
Lezavrec
Kergurunet
Gorréquer
Keristenvet
Lababan
Kervéyen
Kerétol
Kerongard
Divisquin
Pouldreuzic
Pont
Guennou
le Sent
Penhors
Minven
St-Joseph
Peumérit
Pennker
Kerautret
Baie d'Audierne
Plovan
Tréogat
Fao
Youen
Ploneour-
-Lanvern
Languivoa
Penhors
Tréguennec
Keriforn
Kerguille
Kerbascol
Méjou Roz
Kereon
Trégaune
St-Jean-
-Trolimon
Tronoan
la Métairie
Neuve
Beuzec
Pointe
de la Torche
Lézinadou
Plomeur
Kerc'Hom
les Rochers
Lestriguiou
Kéroullé
St-Guénolé
Penmarch
Pendreff
Plobannalec
la Joie
le Moulin
de Pendreff
Rucroazic
Poulguen
Treffiagat
St-Pierre
Kérity
Guilvinec
Léchiagat
Léhan
Skividen
Lesconil
ÎLE DE SEIN
la Croix
Île-de-Sein
D7
D43
D765
D784
D143
D243
D2
D40
D57
D156
D785
D53
D80

74
A
B
C
D
E
46
72
73
98
1
2
3
4
5
6
Rade
de Brest
Baie
de Douarnenez
Plougastel-Daoulas
Loperhet
Daoulas
Dirinon
St-Urbain
Pendreff
le Tréhou
Sizun
Irvillac
St-Éloy
Hôpital-Camfrout
Logonna-Daoulas
Hanvec
Landévennec
Lanvéoc
le Faou
Rosnoën
Quimerc'h
Lopérec
Argol
Trégarvan
Telgruc-sur-Mer
Pont-de-Buis-lès-Quimerc'h
St-Ségal
Ménez Hom
330
Dinéault
St-Nic
CHÂTEAULIN
Pleyben
Port-Launay
St-Coulitz
Plomodiern
Ploéven
Lothey
Cast
Gouézec
Plonevez-Porzay
Quéménéven
Douarnenez
Locronan
Briec
Édern
Poullan-sur-Mer
Plogonnec
Landrévarzec
le Juch
29
FINISTÈRE
Meilars
Pouldergat
Landudal
Guengat
Guiler-sur-Goyen
Ploneis
Landudec
Plozévet
QUIMPER
Plogastel-St-Germain
Ergué-Gabéric
Pluguffan
Pouldreuzic
Plomelin
St-Yvy
N165

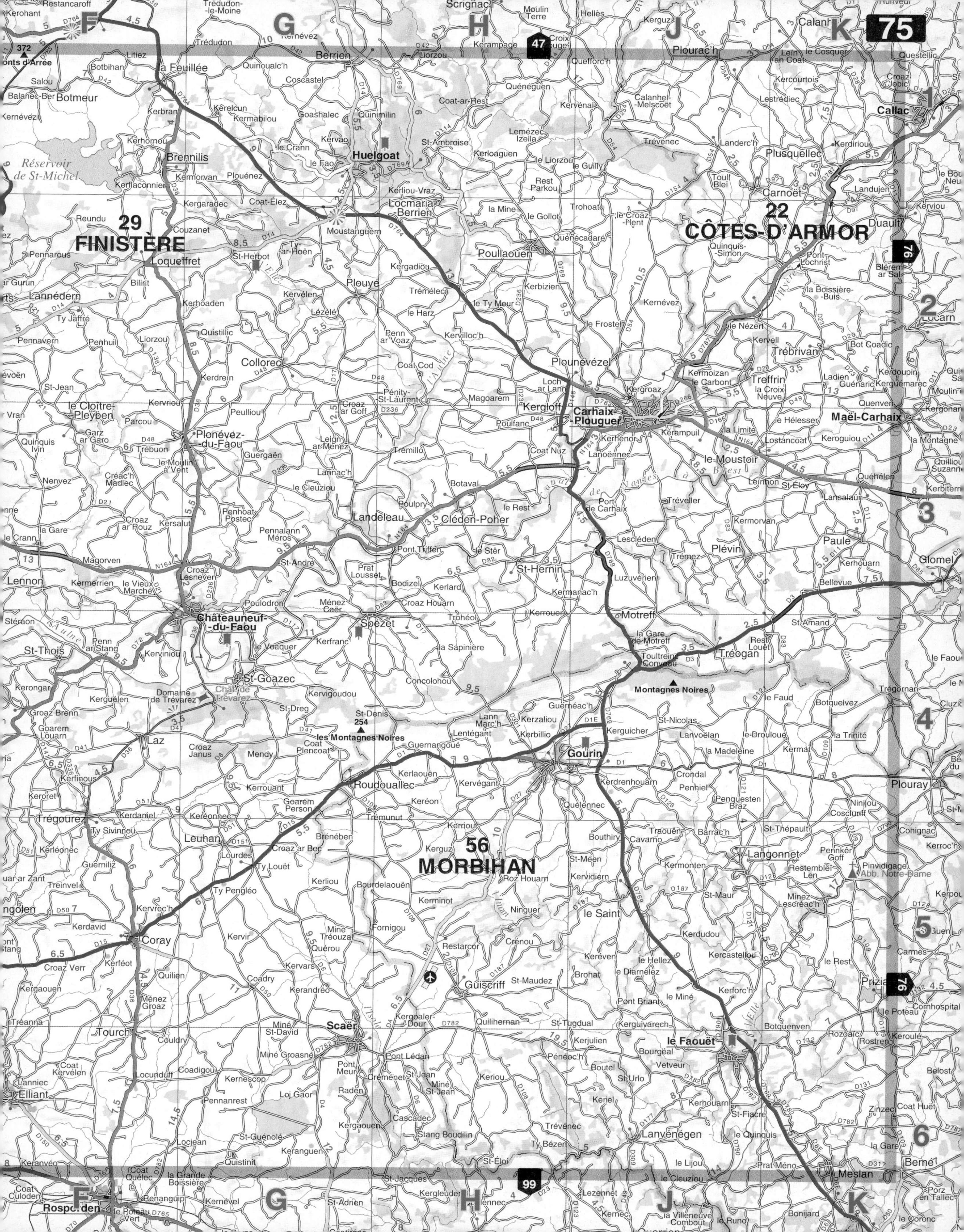

F
G
H
J
K
1
2
3
4
5
6
29
FINISTÈRE
22
CÔTES-D'ARMOR
56
MORBIHAN
47
76
99
Réservoir de St-Michel
Restancaroff
Kerohant
Trédudon-le-Moine
Trédudon
Scrignac
Moulin Terre
Hellès
Kerguz
Calanhel
Kernévez
Berrien
Liorzou
Kerampage
Croix Rouge
Plourac'h
Lein an Coat
le Cosquer
Questellic
372
Monts d'Arrée
Litiez
la Feuillée
Botbihan
Quinoualc'h
Coscastel
Quéffors'h
Quénéguen
Kercourtois
Croaz Jobic
Salou
Balanec-Ber
Botmeur
Kernévez
Kerbran
Kérelcun
Kermabilou
Goashalec
Quinimilin
Coat-ar-Rest
Kervénal
Calanhel-Melscoët
Lestrédiec
Callac
Kerhornou
Brennilis
le Crann
Kervao
Huelgoat
St-Ambroise
Lemézec Izella
Kerloaguen
Trévénec
Landerc'h
Plusquellec
Kerdiriou
le Fao
le Liorzou
le Guilly
Kerflacontier
Kermorvan
Plouénez
Kerliou-Vraz
Rest Parkou
Toull Bleï
Carnoët
Landujen
Kergaradec
Coat-Élez
Locmaria-Berrien
la Mine
le Gollot
Trohoat
le Croaz-Hent
Kerviou
Reundu
Duault
Couzanet
Moustanguern
Quénécadaré
Quinquis-Simon
Pennarous
Loqueffret
St-Herbot
Ty-ar-Roën
Poullaouen
Pont Lochrist
Bilirit
Kergadiou
Blérem ar Sal
Lannédern
Plouyé
Kerbizien
la Boissière-Buis
Kerhoadén
Kervélen
Tréméleci
le Ty Meur
Kernévez
Ty Jaffré
Lézélé
le Harz
le Frostel
Locarn
Pennavern
Penhuil
Liorzou
Quistillic
Penn ar Voaz
Kervilloc'h
le Nézert
Kervell
Bot Coadic
Collorec
Coat Cod
Plounévézel
Trébrivan
Kerdrein
Loch ar Lann
Kermoizan
le Carbont
Treffrin
la Croix Neuve
Ladien
Kerdoupin
Guénaric
Kerguémarec
St-Jean
Pénity-St-Laurent
Magoarem
Kergroaz
Moulin
le Cloître-Pleyben
Kervriou
Peulliou
Croaz ar Goff
Kergloff
Carhaix-Plouguer
Quenven
Vran
Parcou
Poulfanc
le Hélesser
Maël-Carhaix
Garz ar Garo
Leign ar Ménez
Kerhénor
Kérampuil
la Limite
Lostancoat
Keroguiou
la Montagne
Quinquis Ivin
Trébuon
Plonévez-du-Faou
Tremillo
Coat Nuz
Lanoënnec
le Moustoir
Guergaën
le Moulin à Vent
Lannac'h
Quillou Suzanne
Nenvez
Créac'h Madiec
le Cleuziou
Botaval
Leinhon
St-Éloy
Quéhélen
Kerbiterre
Poulpry
Port de Carhaix
Tréveller
Lansalaün
Penhoat Postec
Landeleau
Cléden-Poher
le Rest
Croaz ar Rouz
Kersalut
Kermorvan
la Gare
Pennalann Méros
Lescléden
Plévin
Paule
le Crann
Magorven
Pont Triffen
le Stêr
Trémez
Kerhouarn
Glomel
Lennon
Croaz Lesneven
St-André
Prat Lousset
St-Hernin
Luzuvérien
Bellevue
Kermerrien
le Vieux-Marché
Bodizel
Kerlard
Kermanac'h
Poulodron
Ménez Caër
Croaz Houarn
Stéraon
Châteauneuf-du-Faou
Spézet
Kerrouer
Motreff
St-Amand
Trohéol
la Gare de Motreff
Penn ar Stang
le Voaquer
Kerfranc
la Sapinière
Rest Louet
St-Thois
Kerviniou
Toultreinc Conveau
Tréogan
le Faou
St-Goazec
Concolohou
Montagnes Noires
Kerongar
Kerguélen
Domaine de Trévarez
Chât. de Trévarez
Kervigoudou
Trégornan
Groaz Brenn
St-Dreg
Guernéac'h
le Faud
Botquelvez
Cluzio
Goarem Louarn
St-Denis
254
Lann Marc'h
Kerzaliou
St-Nicolas
Laz
les Montagnes Noires
Lentégant
Kerbillio
Kerguicher
Lanvoëlan
le Drouloué
la Trinité
Croaz Janus
Mendy
Coat Plencoat
Guernangoué
Gourin
la Madeleine
Kermat
Kerfinous
Kerlaouën
Crondal
Plouray
Keroret
Kerrouant
Roudouallec
Kervégant
Kerdrenhouarn
Penhiel
Goarem Person
Kerdaniel
Keréonnec
Keréon
Quélennec
Penquesten Braz
Ninjou
Cosclunff
Trégourez
Tremunut
Ty Sivinnou
Kerriou
Bouthiry
Traouën
Cavarno
Barrac'h
St-Thépault
Cohignac
Leuhan
Brénében
Kerroc'h
Kerléonec
Croaz ar Bec
Kerguz
St-Méen
Langonnet
Pennkêr Goff
Lourdes
Ty Louët
Guerniliz
Kermonten
Restembleï Len
Pinvidigage
Abb. Notre-Dame
Kerpou
Kerliou
Roz Houarn
Kervidiern
ar Zant
Treinvel
Bourdelaouën
St-Maur
Minez Lescréac'h
Ty Penglëo
Kerminot
Kervrec'h
Ninguer
le Saint
Kerdavid
Miné Tréouzal
Fornigou
Kerdudou
Coray
Kervir
Quérou
Restarcor
Crénou
Guen
Croaz Verr
Kerféot
Kervars
Keréven
le Hellez
Kercastellou
le Rest
Carmès
Kerdiarnelez
Quilien
Coadry
Guiscriff
St-Maudez
Brohat
Priziac
Kergaouen
Kerandréo
Ménez Groaz
Pont Briant
le Miné
Kerforc'h
le Poteau
Cornhospital
Tréanna
Kergoaler-Dour
Miné St-David
Scaër
Quilihernan
St-Tugdual
Kerguivarech
Tourch
Couldry
Kerjulien
le Faouët
Botquenven
Rozoaic
Rostren
Keroulé
Miné Groasné
Pont Lédan
Pénéoc'h
Bourgéal
Coat Kervélen
Coadigou
Pont Meur
Crémenet
St-Jean
Miné St-Jean
Boutel
Vetveur
Belost
Lanniec
Locunduff
Kernescop
Keriou
St-Urlo
Elliant
Loj Gaor
Radén
Keriel
Kerhouarn
Zinzec
Coat Huët
Pennanrest
Cascadec
St-Fiacre
Kergaouen
Stang Boudilin
Trévénec
St-Guénolé
Lanvénégen
le Quinquis
la Garenne
Locjean
Keranguen
Ty Bézen
Keranvéo
Quistinit
St-Éloi
le Lijou
Prat Méno
Berné
Coat Quélec
la Grande Boissière
St-Jacques
le Cleuziou
Meslan
Coat Culoden
Renanguip
Kernével
St-Adrien
Kergleuder
Hennec
Lezennet
Porz en Tallec
Rosporden
le Poteau Vert
Kernec
la Villeneuve Combout
le Runo
Bonijard
le Coronc

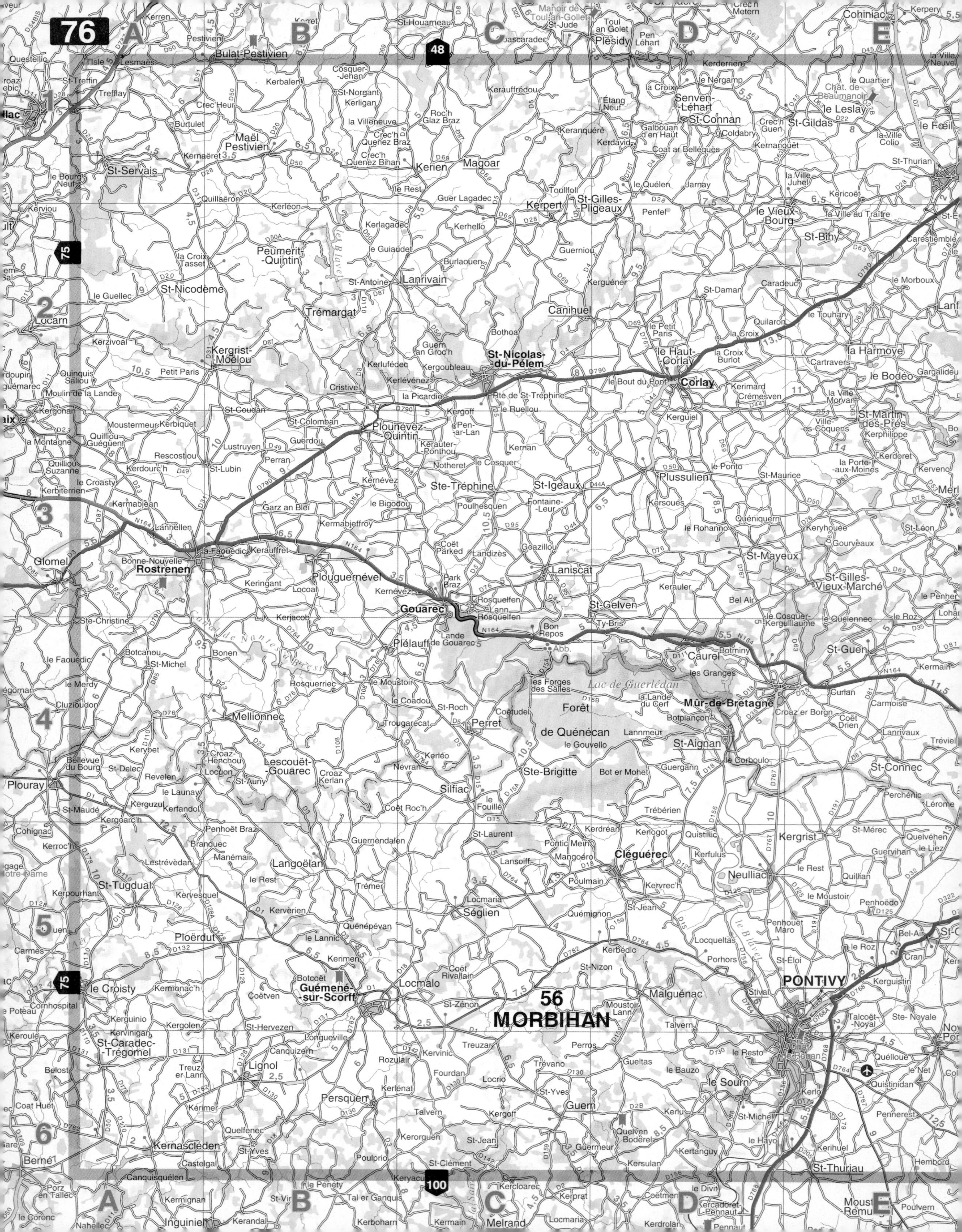
A
B
C
D
E
1
2
3
4
5
6
48
75
100
Bulat-Pestivien
Pestivien
St-Houarneau
Manoir de Toul-an-Gollet
St-Jude
Toul an Golet
Plésidy
Pen Léhart
Cohiniac
Kerpert
Lesmaës
Trefflay
St-Treffin
Cosquer-Jehan
Kerbalen
St-Norgant
Kerligan
Kerauffrédou
l'Étang Neuf
la Croix
Senven-Léhart
St-Nergamp
Kerderrien
le Quartier
Chât. de Beaumanoir
le Leslay
Crec'h Heur
Burtulet
la Villeneuve
Roc'h Glaz Braz
Crec'h Quenez Braz
Crec'h Quenez Bihan
Maël-Pestivien
Kernaëret
St-Servais
le Bourg Neuf
Kerien
Magoar
Keranquéré
Kerdavid
Galbouan d'en Haut
St-Connan
Coat ar Bellèques
Coldabry
Crec'h Guen
St-Gildas
Kernanouët
la Ville Colio
le Fœil
St-Thurian
Quillaëron
le Rest
Guer Lagadec
Toullfoll
Kerpert
St-Gilles-Pligeaux
le Quélen
Jarnay
Penfel
la Ville Juhel
le Vieux-Bourg
Kericoët
la Ville au Traitre
Kerviou
Kerléon
Kerlagadec
Kerhello
Peumerit-Quintin
la Croix Tasset
le Guiaudet
Burlaouen
Guerniou
St-Bihy
Carestiemble
St-Antoine
Lanrivain
Kerguéner
Caradeuc
le Morboux
le Guellec
St-Nicodème
Trémargat
St-Daman
Canihuel
le Touhary
Locarn
Bothoa
le Petit Paris
Quilaron
Kerzivoal
Guern an Groc'h
la Croix
la Harmoye
Kergrist-Moëlou
St-Nicolas-du-Pélem
le Haut-Corlay
la Croix Burlot
Cartravers
Kerlufédec
Kergoubleau
Corlay
le Bodéo
Gargalideu
Petit Paris
Quinquis Saliou
Kerlévénez
le Bout du Pont
Kerimard
Crémesven
Moulin de la Lande
Cristivel
la Picardie
Rte de St-Tréphine
la Ville Morvan
St-Coudan
le Ruellou
Kergonan
Kergoff
Kerguiel
St-Martin-des-Prés
Moustermeur
Kerbiquet
St-Colomban
Plounévez-Quintin
Pen-ar-Lan
Ville-ès-Coquens
Kerphilippe
Quilliou-Guéguen
la Montagne
Guerdou
Kerauter-Ponthou
Kernan
Kerdoret
la Porte-aux-Moines
Quilliou Suzanne
Rescostiou
Lustruyen
Perran
Notheret
le Cosquer
le Ponto
Kerveno
Kerdourc'h
St-Lubin
le Croasty
Kernévez
Ste-Tréphine
St-Igeaux
Plussulien
St-Maurice
Kerbiterrien
Kermabjean
le Bigodou
Fontaine-Leur
Kersoues
Poulhesquen
Quéniquen
Garz an Bleï
Lanhellen
Kermabjeffroy
le Rohanno
Keryhouée
St-Léon
Gourvéaux
Glomel
Bonne-Nouvelle
Rostrenen
la Faouëdic
Kerauffret
Coët Parked
Landizes
Goazillou
Laniscat
St-Mayeux
Keringant
Plouguernével
Locoal
Park Braz
St-Gilles-Vieux-Marché
Kernévez
Rosquelfen
Kerauler
le Penher
Ste-Christine
Kerjacob
Gouarec
Lann Rosquelfen
St-Gelven
Ty-Bris
Bel Air
le Cosquer-Kerguillaume
le Quelennec
le Roz
Lohan
Plélauff
Lande de Gouarec
Bon Repos
Abb.
Caurel
Botminy
St-Guen
le Faouëdic
Botcanou
St-Michel
Bonen
Canal de Nantes à Brest
les Granges
Kermain
le Merdy
Rosquerriec
le Moustoir
les Forges des Salles
Lac de Guerlédan
Mûr-de-Bretagne
Curlan
Carmoise
Cluziudon
le Coadou
St-Roch
Forêt de Quénécan
la Lande du Cerf
Croaz er Borgn
Coët Drien
Mellionnec
Trougarécat
Perret
Coëtudel
Botplançon
Lannrivaux
Trévell
Kerybet
Croaz-Henchou
Locuon
Lescouët-Gouarec
Kerléo
Névran
le Gouvello
Lannmeur
St-Aignan
le Corboulo
Bellevue du Bourg
St-Delec
Croaz Kerlan
Ste-Brigitte
Bot er Mohet
Guergann
St-Connec
Plouray
Revelen
St-Auny
Silfiac
le Launay
Kerguzul
Kerfandol
le Fouillé
Coët Roc'h
Trébérien
Perchénic
Lérome
St-Maudé
Kergoarc'h
Cohignac
Penhoët Braz
Guernendalen
St-Laurent
Kerdréan
Kerlogot
Quistillic
Kergrist
St-Mérec
Quelvéhen
le Liez
Kerroc'h
Branduec
Manémair
Langoëlan
Pontic Mein
Mangoëro
Cléguérec
Kerfulus
Guervihan
Lestrévédan
Lansoiff
le Rest
Quillian
Notre-Dame
St-Tugdual
le Rest
Trémer
Poulmain
Neulliac
Kerpourhant
Kervesquel
Locmaria
Kervrec'h
le Moustoir
Penhoëdo
Séglien
St-Jean
Kervérien
Quémignon
Penhouët Maro
Quénépévan
le Blavet
Bel-Air
Ploërdut
le Lannic
Locqueltas
le Roz
Carmes
Kerbédic
Porhors
St-Éloi
Cran
Kerimen
Coët Rivallain
St-Nizon
Botcoët
Guémené-sur-Scorff
Locmalo
56
MORBIHAN
Malguénac
Stival
PONTIVY
Kerguistin
le Croisty
Kermonac'h
Coëtven
St-Zénon
Cornhospital
le Poteau
Kerguinio
Kergolen
Moustoir Lann
Talcoët-Noyal
Ste-Noyale
Kerouël
St-Caradec-Trégomel
Kervinigan
St-Hervezen
Longueville
Talvern
Canquizern
Kervinic
Treuzar
Perros
le Resto
Quélloué
Belost
Treuz er Lann
Lignol
Rozulair
Gueltas
le Bauzo
le Net
Fourdan
Trévano
Quistinidan
Kerlénat
Locrio
le Sourn
Kerlo
Coat Huët
Kérimer
Persquen
St-Yves
Guern
Kerlu
St-Michel
Pennerest
Talvern
Kergoff
Quelfenec
Kerorguen
St-Jean
Quelven
Boderel
le Hayo
Kerihuel
Kernascléden
St-Yves
Guermeur
Kertanguy
Berné
Castelgal
Poulprio
St-Clément
Kersulan
St-Thuriau
Hemboro
Canquisquélen
le Pénéty
Keryacu
Tal er Ganquis
Kercloarec
Kerprat
Coëtmen
le Divit
Kercadoret-Pennaut
Kermignan
Le Coronc
Nahellec
Inguiniel
Kerandal
Kerboharn
Kermain
Melrand
Locmaria
Kerdroland
Poulvern
Moustoir-Remungol

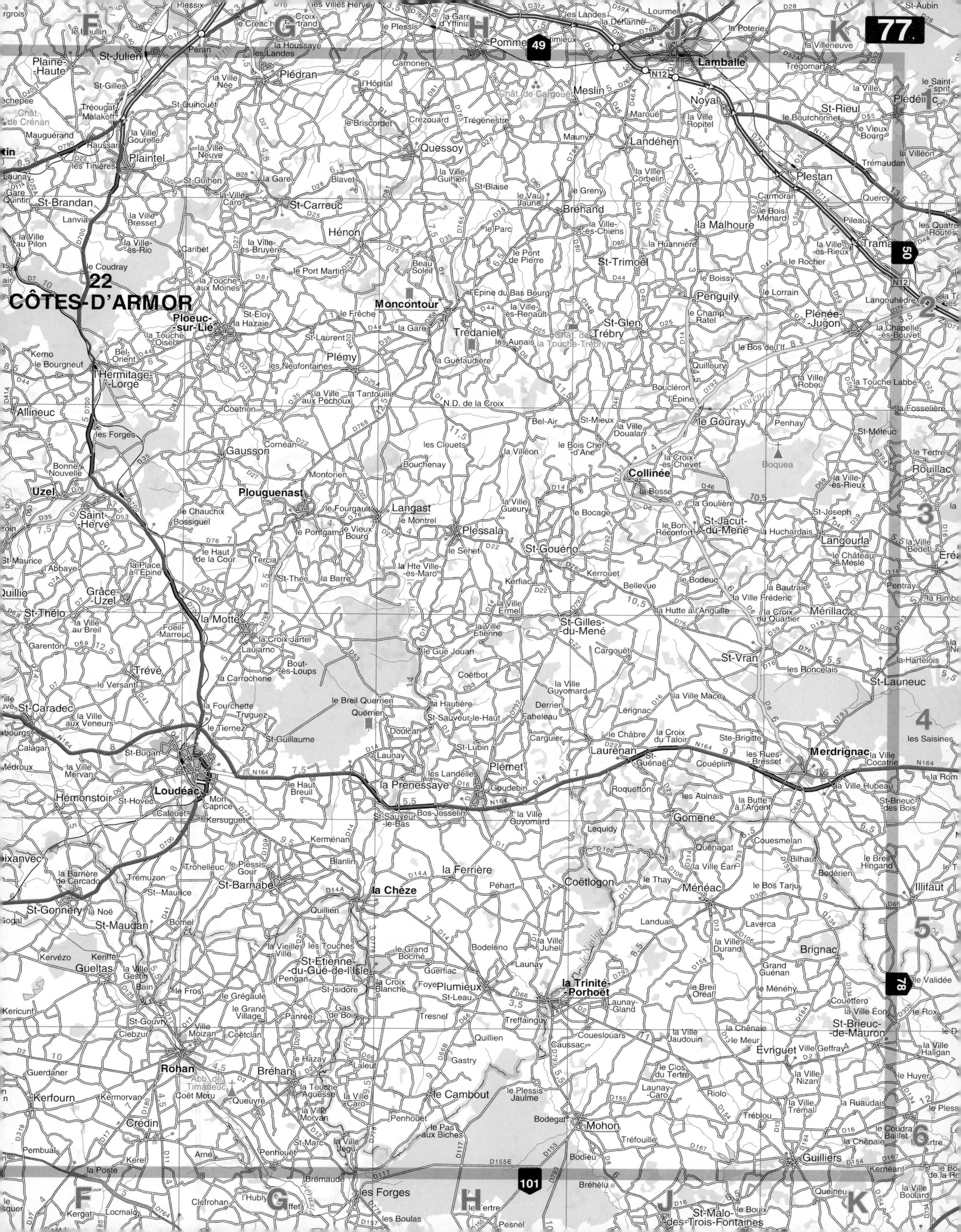

77
F
G
H
J
K
1
2
3
4
5
6
22
CÔTES-D'ARMOR
Lamballe
Pommeret
Plédran
St-Julien
Plaine-Haute
Plaintel
Quessoy
Meslin
Noyal
St-Rieul
Plédéliac
Landéhen
Plestan
Tramain
St-Carreuc
Hénon
Bréhand
la Malhoure
St-Trimoël
Penguily
Plénée-Jugon
Moncontour
Trédaniel
St-Glen
Ploeuc-sur-Lié
Plémy
l'Hermitage-Lorge
Allineuc
le Gouray
Collinée
Boquea
Rouillac
Gausson
Plouguenast
Uzel
Saint-Hervé
Langast
Plessala
St-Jacut-du-Mené
Langourla
St-Gouéno
Grâce-Uzel
St-Thélo
la Motte
St-Gilles-du-Mené
Mérillac
St-Vran
Trévé
St-Launeuc
St-Caradec
Loudéac
Laurenan
Merdrignac
Plémet
la Prénessaye
Hémonstoir
Gomené
la Ferrière
Coëtlogon
Illifaut
St-Barnabé
la Chèze
Ménéac
St-Gonnery
St-Maudan
Brignac
St-Etienne-du-Gué-de-l'Isle
Plumieux
la Trinité-Porhoët
Gueltas
St-Brieuc-de-Mauron
Évriguet
Rohan
Bréhan
le Cambout
Crédin
Mohon
Guilliers
les Forges
St-Malo-des-Trois-Fontaines
N12
N164
49
50
78
101

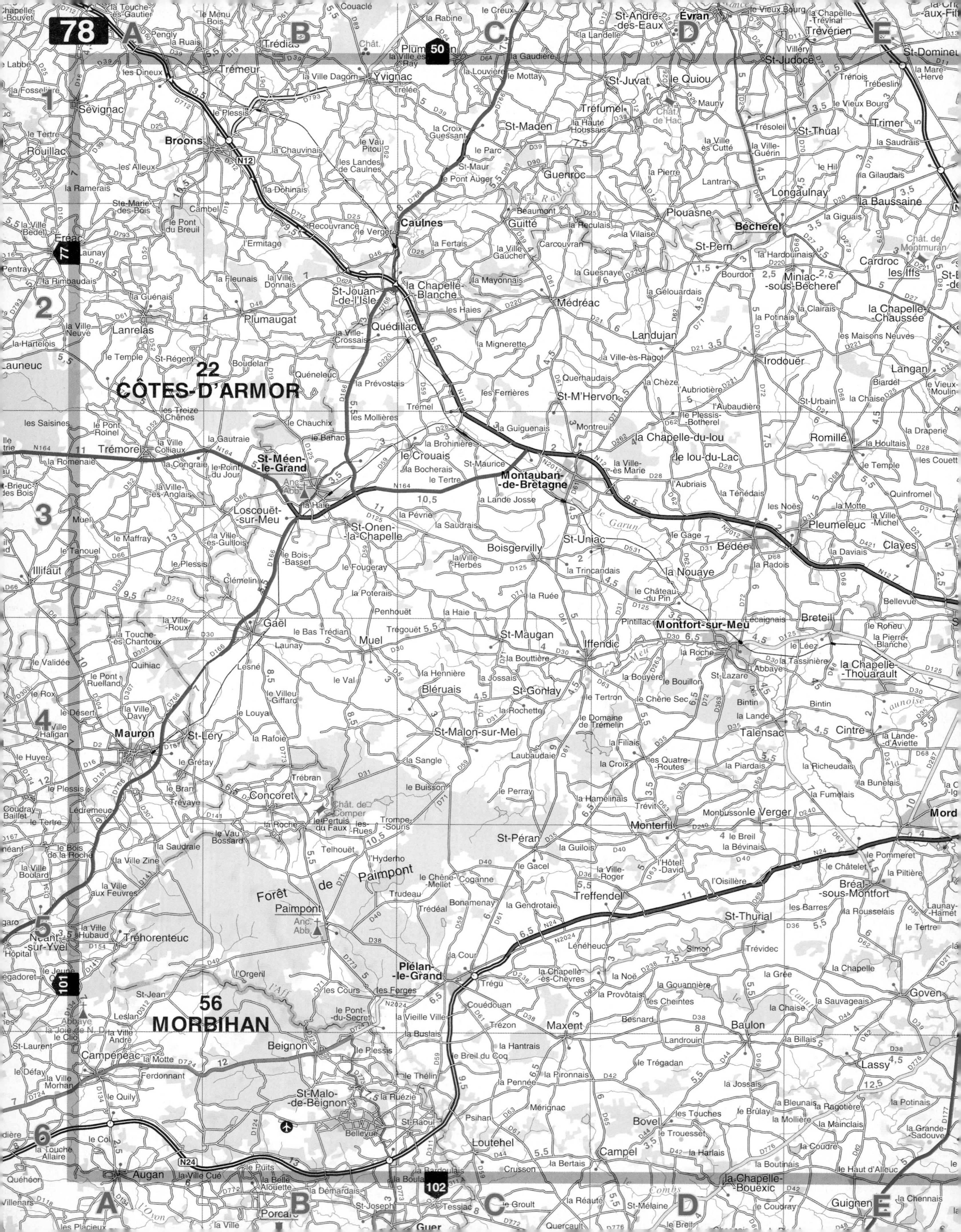

78
A
B
C
D
E
1
2
3
4
5
6
50
77
101
102
22
CÔTES-D'ARMOR
56
MORBIHAN
Broons
Trémeur
Trédias
Yvignac
Plumaudan
Sévignac
St-Juvat
le Quiou
Tréfumel
St-Maden
Évran
St-André-des-Eaux
St-Judoce
Trévérien
Guenroc
Caulnes
Guitté
Plouasne
Bécherel
St-Pern
Longaulnay
Cardroc
Miniac-sous-Bécherel
les Iffs
la Chapelle-Chaussée
Éréac
Lanrelas
Plumaugat
St-Jouan-de-l'Isle
la Chapelle-Blanche
Quédillac
Médréac
Landujan
Irodouër
Langan
St-M'Hervon
la Chapelle-du-Lou
le Lou-du-Lac
Romillé
Trémorel
St-Méen-le-Grand
Montauban-de-Bretagne
le Crouais
Loscouët-sur-Meu
St-Onen-la-Chapelle
Boisgervilly
St-Uniac
Bédée
Pleumeleuc
Clayes
Illifaut
la Nouaye
Gaël
Muel
St-Maugan
Iffendic
Montfort-sur-Meu
Breteil
la Chapelle-Thouarault
Bléruais
St-Gonlay
Mauron
St-Léry
St-Malon-sur-Mel
Talensac
Cintré
Concoret
Monterfil
le Verger
St-Péran
Forêt de Paimpont
Paimpont
Treffendel
Bréal-sous-Montfort
St-Thurial
Néant-sur-Yvel
Tréhorenteuc
Plélan-le-Grand
Goven
Maxent
Baulon
Campénéac
Beignon
Lassy
St-Malo-de-Beignon
Bovel
Loutehel
Campel
Augan
la Chapelle-Bouëxic
Guignen
Guer
Porcaro
N12
N24
N164

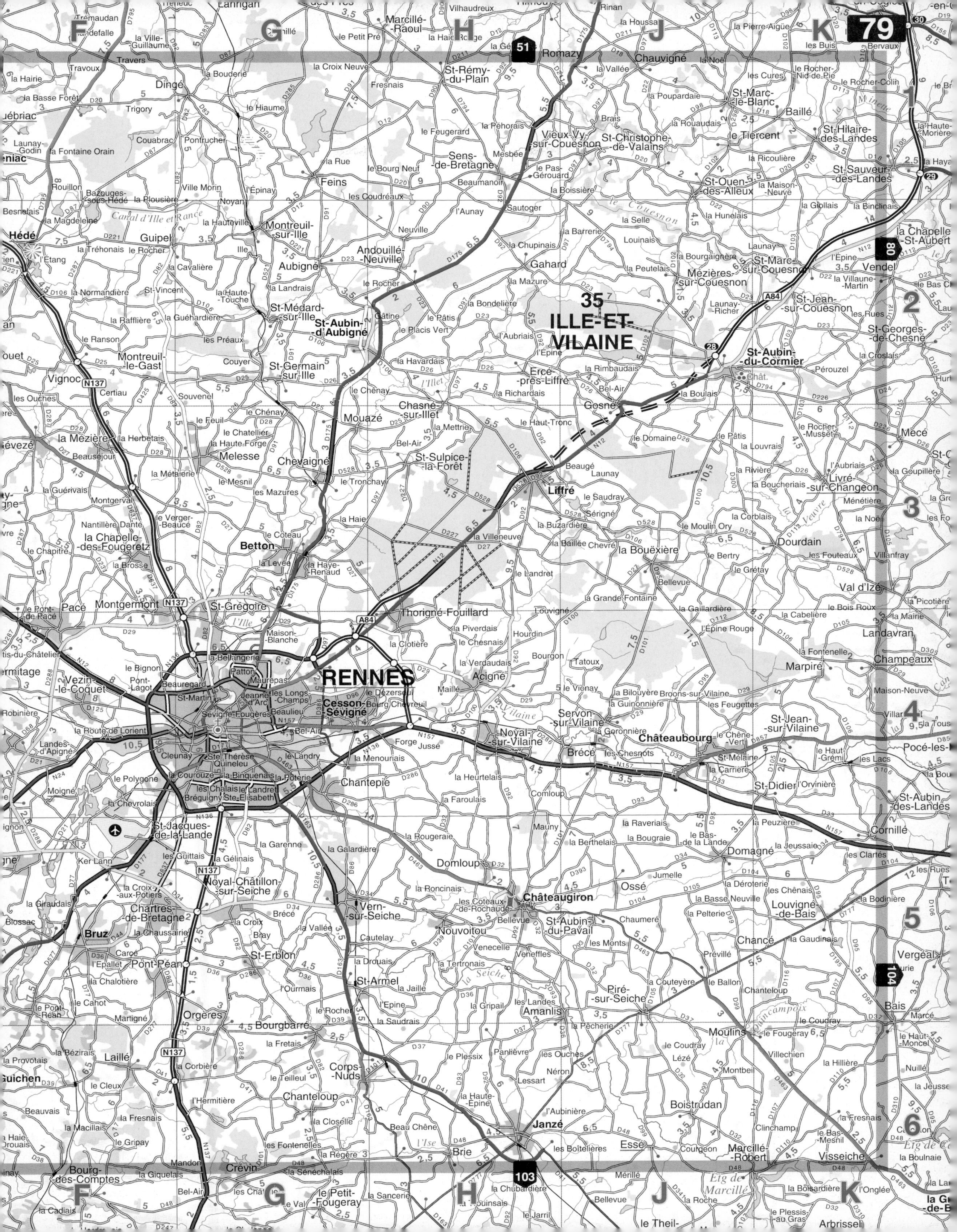

79
F
G
H
J
K
1
2
3
4
5
6
51
80
103
104
35
ILLE-ET-VILAINE
RENNES
Hédé
Dingé
Guipel
Feins
Montreuil-sur-Ille
Aubigné
Andouillé-Neuville
St-Médard-sur-Ille
St-Aubin-d'Aubigné
St-Germain-sur-Ille
Sens-de-Bretagne
St-Rémy-du-Plain
Romazy
Vieux-Vy-sur-Couesnon
St-Christophe-de-Valains
Chauvigné
St-Marc-le-Blanc
Baillé
le Tiercent
St-Hilaire-des-Landes
St-Sauveur-des-Landes
St-Ouen-des-Alleux
Gahard
Mézières-sur-Couesnon
St-Marc-sur-Couesnon
Vendel
St-Jean-sur-Couesnon
St-Georges-de-Chesné
St-Aubin-du-Cormier
Ercé-près-Liffré
Gosné
Chasné-sur-Illet
Mouazé
Vignoc
Montreuil-le-Gast
Melesse
Chevaigné
St-Sulpice-la-Forêt
Liffré
Livré-sur-Changeon
Mecé
Dourdain
La Bouëxière
Betton
La Chapelle-des-Fougeretz
Montgermont
Pacé
St-Grégoire
Thorigné-Fouillard
Val d'Izé
Landavran
Champeaux
Marpiré
Acigné
Cesson-Sévigné
Vezin-le-Coquet
Noyal-sur-Vilaine
Servon-sur-Vilaine
Brécé
Châteaubourg
St-Jean-sur-Vilaine
St-Didier
Chantepie
St-Jacques-de-la-Lande
Domloup
Domagné
Cornillé
St-Aubin-des-Landes
Noyal-Châtillon-sur-Seiche
Chartres-de-Bretagne
Bruz
Pont-Péan
Vern-sur-Seiche
Nouvoitou
Châteaugiron
Ossé
St-Aubin-du-Pavail
Chancé
Louvigné-de-Bais
Vergéal
St-Erblon
St-Armel
Piré-sur-Seiche
Amanlis
Moulins
Bais
Orgères
Bourgbarré
Laillé
Corps-Nuds
Chanteloup
Janzé
Boistrudan
Brie
Essé
Marcillé-Robert
Visseiche
Crevin
Bourg-des-Comptes
Guichen

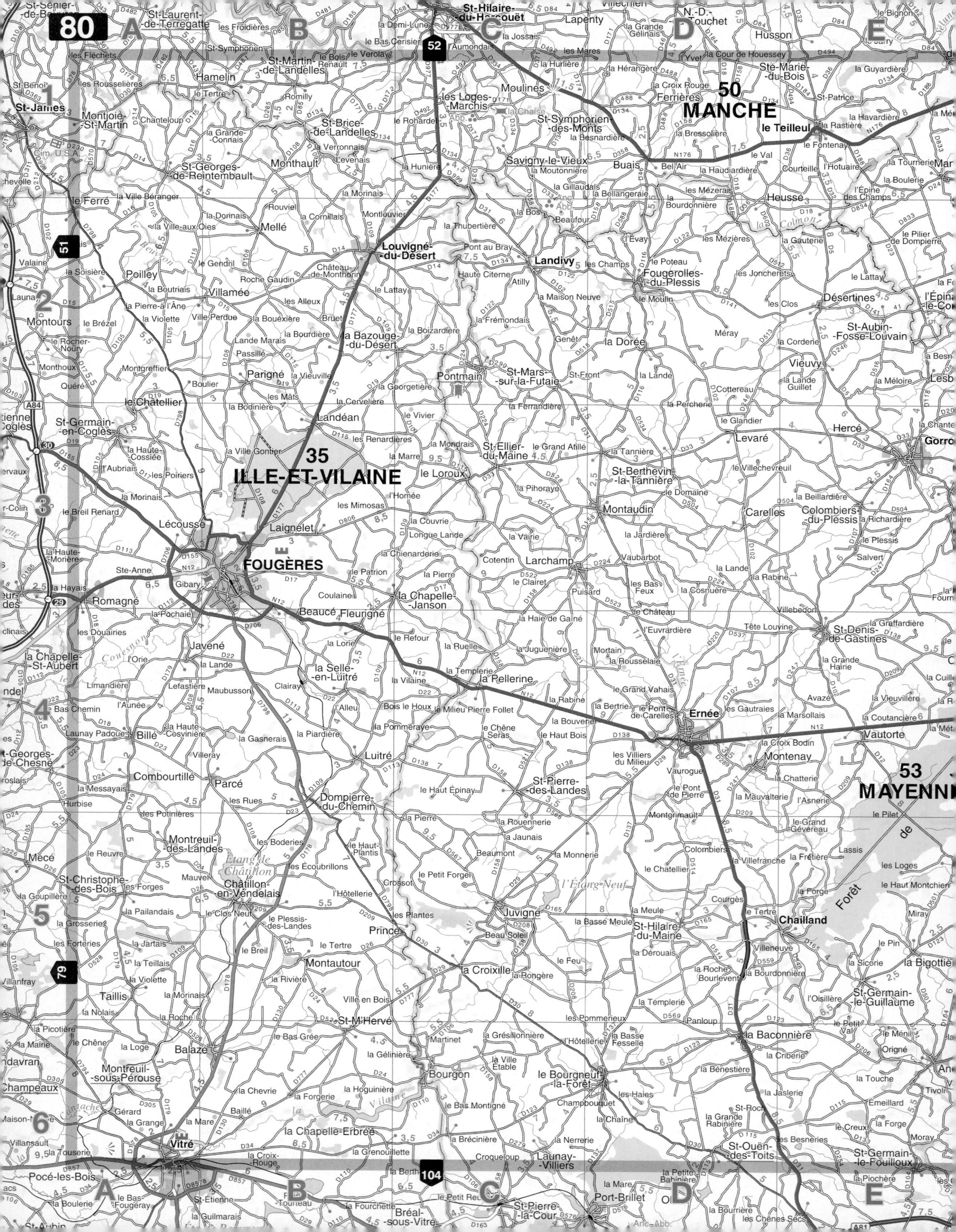
50
MANCHE
35
ILLE-ET-VILAINE
53
MAYENNE
FOUGÈRES
Vitré
Ernée
Louvigné-du-Désert
Landivy
St-Hilaire-du-Harcouët
St-James
le Teilleul
Chailland
Forêt de
A
B
C
D
E
1
2
3
4
5
6

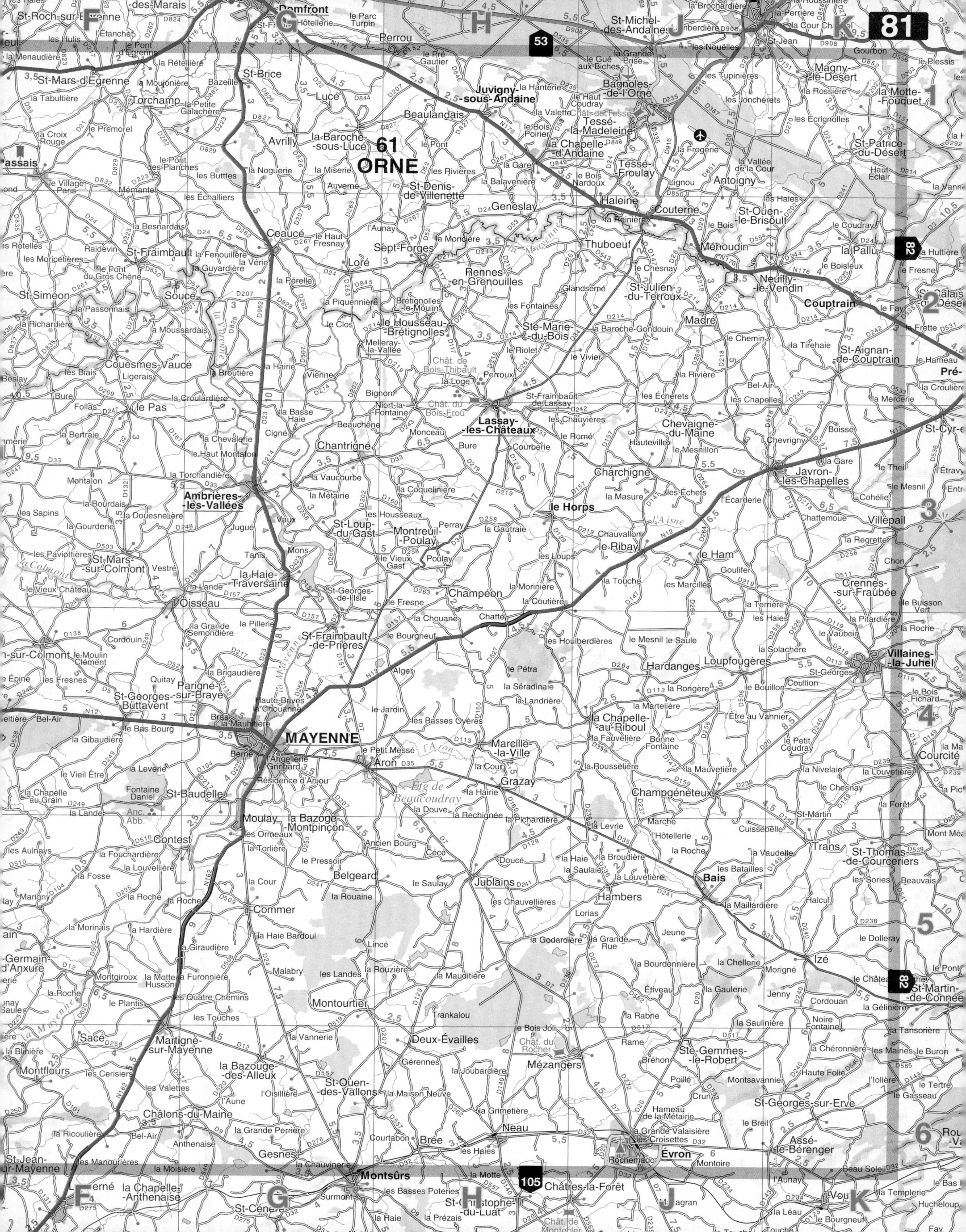
F
G
H
J
K
1
2
3
4
5
6
53
82
105
61
ORNE
Domfront
St-Roch-sur-Egrenne
Perrou
St-Michel-des-Andaine
St-Mars-d'Egrenne
Torchamp
St-Brice
Luce
Juvigny-sous-Andaine
Bagnoles-de-l'Orne
Magny-le-Désert
la Motte-Fouquet
Tessé-la-Madeleine
Beaulandais
Avrilly
la Baroche-sous-Lucé
la Chapelle-d'Andaine
Tessé-Froulay
St-Patrice-du-Désert
Passais
St-Denis-de-Villenette
Geneslay
Haleine
Couterne
Antoigny
St-Ouen-le-Brisoult
Ceaucé
Sept-Forges
Thuboeuf
Méhoudin
la Pallu
St-Fraimbault
Loré
Rennes-en-Grenouilles
St-Julien-du-Terroux
Neuilly-le-Vendin
Couptrain
St-Siméon
Soucé
le Housseau-Brétignolles
Ste-Marie-du-Bois
Madré
St-Aignan-de-Couptrain
Couesmes-Vaucé
Melleray-la-Vallée
Lassay-les-Châteaux
Chevaigné-du-Maine
le Pas
Chantrigné
Charchigné
Javron-les-Chapelles
Ambrières-les-Vallées
le Horps
Villepail
St-Loup-du-Gast
Montreuil-Poulay
le Ribay
St-Mars-sur-Colmont
la Haie-Traversaine
le Ham
Oisseau
Champéon
Crennes-sur-Fraubée
St-Fraimbault-de-Prières
Hardanges
Loupfougères
Villaines-la-Juhel
Parigné-sur-Braye
St-Georges-Buttavent
la Chapelle-au-Riboul
MAYENNE
Marcillé-la-Ville
Aron
Grazay
Courcité
Champgénéteux
St-Baudelle
Moulay
la Bazoge-Montpinçon
Contest
Belgeard
Jublains
Hambers
Bais
Trans
St-Thomas-de-Courceriers
Commer
Izé
Montourtier
St-Martin-de-Connée
Martigné-sur-Mayenne
Deux-Évailles
Mézangers
Ste-Gemmes-le-Robert
la Bazouge-des-Alleux
St-Ouen-des-Vallons
Montflours
Châlons-du-Maine
Neau
St-Georges-sur-Erve
Gesnes
Bree
Évron
Assé-le-Bérenger
St-Jean-sur-Mayenne
Montsûrs
Châtres-la-Forêt
la Chapelle-Anthenaise
St-Céneré
St-Christophe-du-Luat
Vaiges

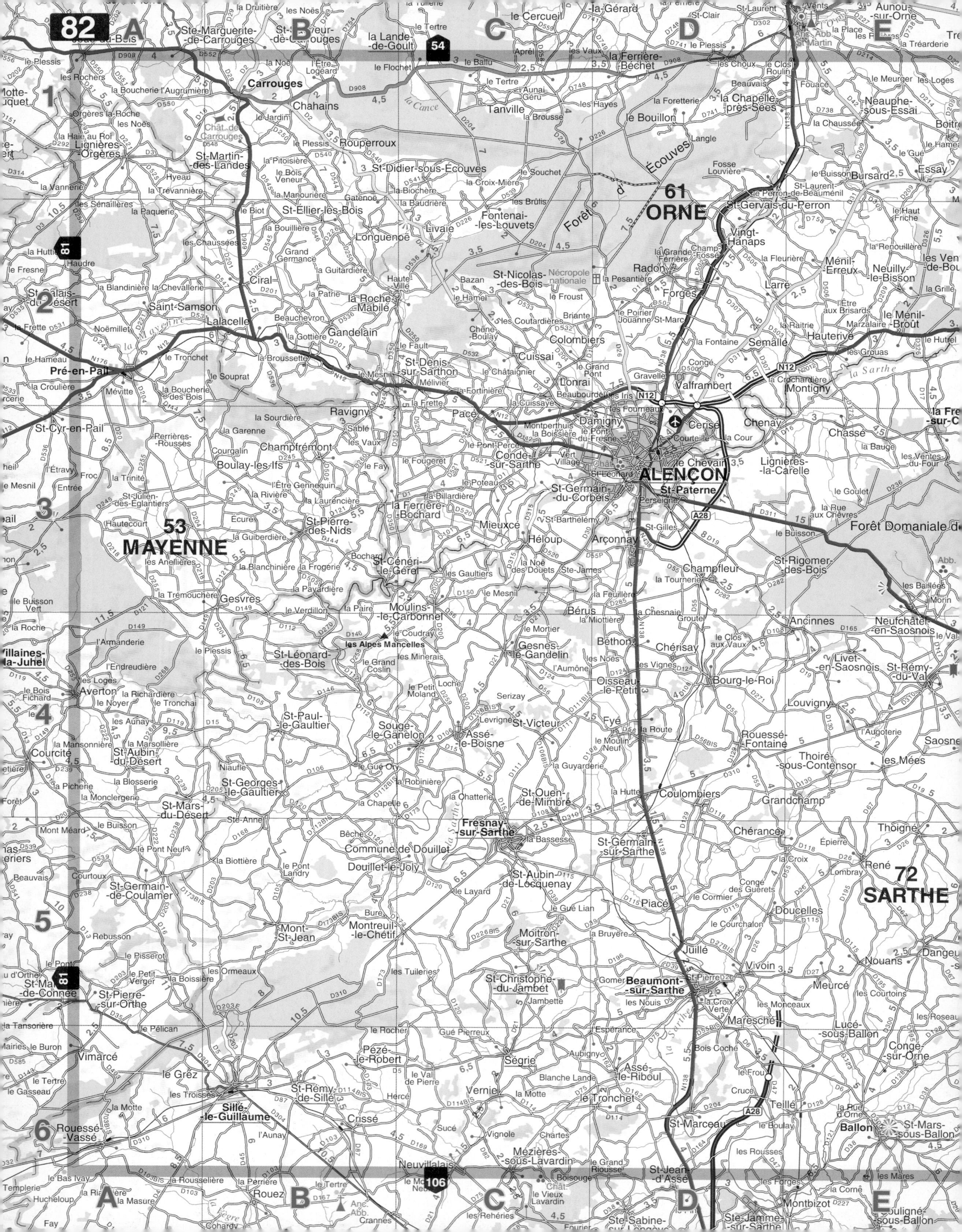

82
A
B
C
D
E
54
106
81
1
2
3
4
5
6
61
ORNE
53
MAYENNE
72
SARTHE
ALENÇON
St-Paterne
Carrouges
Pré-en-Pail
Fresnay-sur-Sarthe
Beaumont-sur-Sarthe
Sillé-le-Guillaume
Ballon
Ste-Marguerite-de-Carrouges
St-Martin-des-Landes
St-Didier-sous-Écouves
Chahains
Rouperroux
Tanville
le Bouillon
la Chapelle-près-Sées
Neauphe-sous-Essai
Essay
Bursard
St-Gervais-du-Perron
Vingt-Hanaps
Radon
Forges
St-Nicolas-des-Bois
Fontenai-les-Louvets
Livaie
Longuenoë
St-Ellier-les-Bois
Ciral
La Roche-Mabile
Saint-Samson
Lalacelle
Gandelain
St-Denis-sur-Sarthon
Colombiers
Cuissai
Lonrai
Damigny
Cerisé
Valframbert
Semallé
Hauterive
Le Ménil-Broût
Ménil-Erreux
Neuilly-le-Bisson
Larré
Montigny
Chenay
Chassé
Lignières-la-Carelle
Condé-sur-Sarthe
Pacé
Ravigny
Champfrémont
Boulay-les-Ifs
St-Cyr-en-Pail
Lignières-Orgères
St-Calais-du-Désert
St-Pierre-des-Nids
La Ferrière-Bochard
Mieuxcé
Héloup
Arçonnay
St-Germain-du-Corbéis
Champfleur
St-Rigomer-des-Bois
Forêt Domaniale de
St-Céneri-le-Gérei
Gesvres
Moulins-le-Carbonnel
Béthon
Chérisay
Bourg-le-Roi
Ancinnes
Neufchâtel-en-Saosnois
Gesnes-le-Gandelin
Oisseau-le-Petit
St-Léonard-des-Bois
les Alpes Mancelles
Averton
Livet-en-Saosnois
St-Rémy-du-Val
Louvigny
St-Paul-le-Gaultier
Sougé-le-Ganelon
Assé-le-Boisne
St-Victeur
Fyé
Rouessé-Fontaine
Thoiré-sous-Contensor
Les Mées
Courcité
St-Aubin-du-Désert
St-Georges-le-Gaultier
St-Mars-du-Désert
St-Ouen-de-Mimbré
Coulombiers
Grandchamp
St-Germain-sur-Sarthe
Chérancé
Thoigné
René
Douillet-le-Joly
Commune de Douillet
St-Aubin-de-Locquenay
St-Germain-de-Coulamer
Piacé
Doucelles
Mont-St-Jean
Montreuil-le-Chétif
Moitron-sur-Sarthe
Juillé
Vivoin
Nouans
St-Christophe-du-Jambet
Meurcé
St-Pierre-sur-Orthe
Maresché
Lucé-sous-Ballon
Vimarcé
Pezé-le-Robert
Ségrie
Assé-le-Riboul
Congé-sur-Orne
le Grez
St-Rémy-de-Sillé
Crissé
Vernie
Le Tronchet
Teillé
St-Marceau
St-Mars-sous-Ballon
Rouessé-Vassé
Neuvillalais
Mézières-sous-Lavardin
St-Jean-d'Assé
Rouez
Ste-Sabine-sur-Longève
Ste-Jamme-sur-Sarthe
Montbizot
Souligné-sous-Ballon
Forêt d'Écouves
la Sarthe

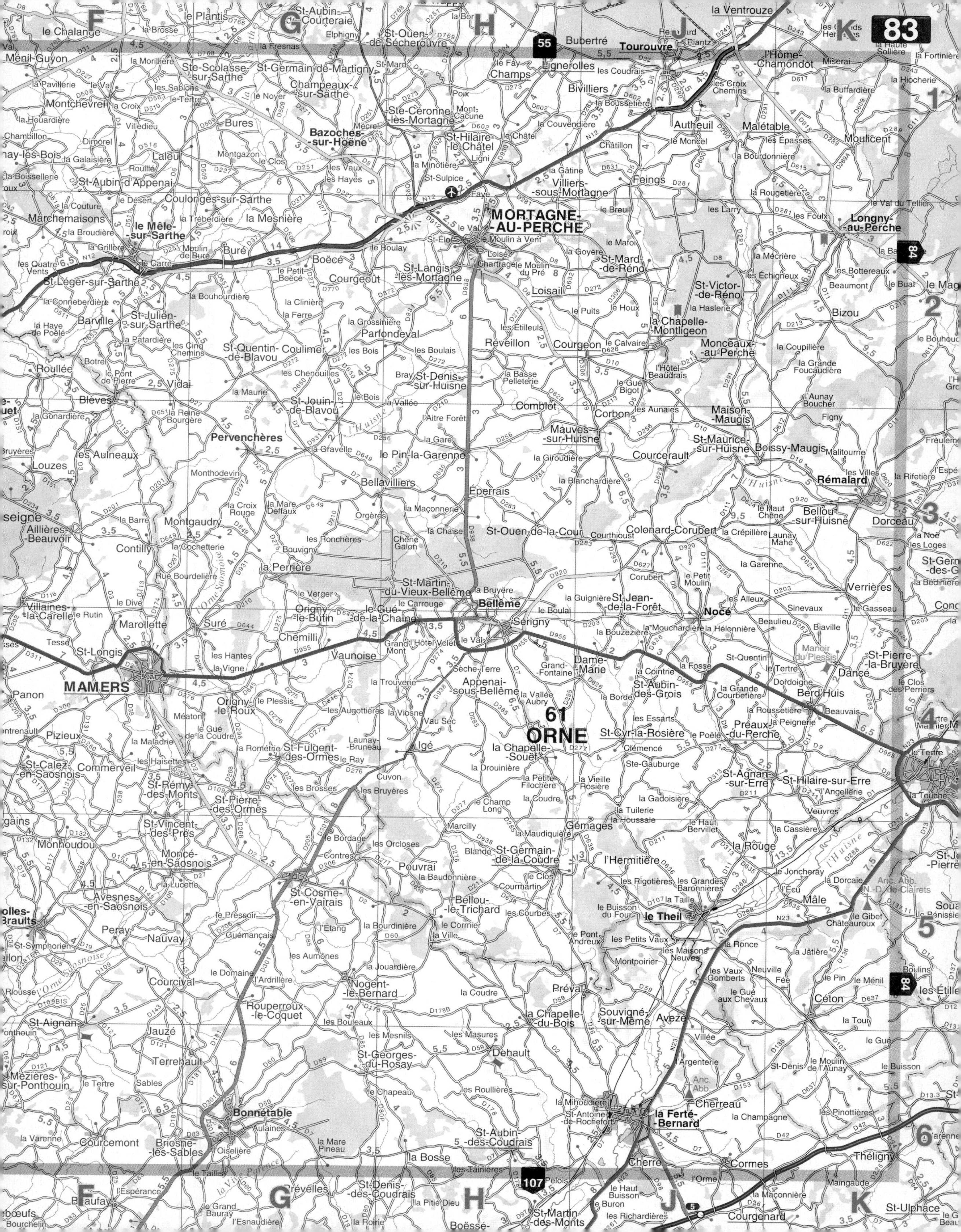

F
G
H
J
K
1
2
3
4
5
6
55
84
107
61
ORNE
MORTAGNE-AU-PERCHE
MAMERS
Bellême
Longny-au-Perche
Rémalard
le Mêle-sur-Sarthe
Bazoches-sur-Hoëne
Tourouvre
le Theil
la Ferté-Bernard
Bonnétable
Pervenchères
Noce
la Ventrouze
Bubertré
Lignerolles
Champs
Bivilliers
l'Hôme-Chamondot
Autheuil
Malétable
Moulicent
Feings
Villiers-sous-Mortagne
St-Hilaire-le-Châtel
Ste-Céronne-lès-Mortagne
St-Germain-de-Martigny
Ste-Scolasse-sur-Sarthe
Champeaux-sur-Sarthe
St-Ouen-de-Sécherouvre
St-Aubin-de-Courteraie
Ménil-Guyon
Montchevrel
Bures
Laleu
St-Aubin-d'Appenai
Coulonges-sur-Sarthe
Marchemaisons
la Mesnière
Buré
Boëcé
Courgeoût
St-Langis-lès-Mortagne
Loisail
St-Mard-de-Réno
St-Victor-de-Réno
la Chapelle-Montligeon
Monceaux-au-Perche
Bizou
St-Léger-sur-Sarthe
Barville
St-Julien-sur-Sarthe
St-Quentin-de-Blavou
Coulimer
Parfondeval
Réveillon
Courgeon
St-Denis-sur-Huisne
St-Jouin-de-Blavou
Comblot
Corbon
Mauves-sur-Huisne
Maison-Maugis
St-Maurice-sur-Huisne
Boissy-Maugis
Courcerault
le Pin-la-Garenne
Bellavilliers
Éperrais
Bellou-sur-Huisne
Dorceau
Colonard-Corubert
St-Ouen-de-la-Cour
Montgaudry
Aillières-Beauvoir
Contilly
la Perrière
St-Martin-du-Vieux-Bellême
St-Jean-de-la-Forêt
Verrières
Origny-le-Butin
le Gué-de-la-Chaîne
Serigny
Marollette
Suré
Chemilli
Vaunoise
St-Longis
Dame-Marie
Appenai-sous-Bellême
St-Aubin-des-Grois
Dancé
Berd'Huis
Origny-le-Roux
St-Fulgent-des-Ormes
Igé
la Chapelle-Souëf
St-Cyr-la-Rosière
Préaux-du-Perche
St-Agnan-sur-Erre
St-Hilaire-sur-Erre
Commerveil
St-Calez-en-Saosnois
St-Rémy-des-Monts
St-Pierre-des-Ormes
St-Vincent-des-Prés
Monhoudou
Moncé-en-Saosnois
Gémages
St-Germain-de-la-Coudre
l'Hermitière
Pouvrai
St-Cosme-en-Vairais
Bellou-le-Trichard
Avesnes-en-Saosnois
Peray
Nauvay
Courcival
Nogent-le-Bernard
Rouperroux-le-Coquet
Préval
la Chapelle-du-Bois
Souvigné-sur-Même
Avezé
Céton
St-Aignan
Jauzé
Terrehault
Mézières-sur-Ponthouin
St-Georges-du-Rosay
Dehault
Cherreau
St-Aubin-des-Coudrais
Courcemont
Briosne-lès-Sables
Cherré
Cormes
Théligny
Prévelles
St-Denis-des-Coudrais
St-Martin-des-Monts
Courgenard
St-Ulphace
Beaufay
l'Huisne
l'Orne Saosnoise
la Vive Parence

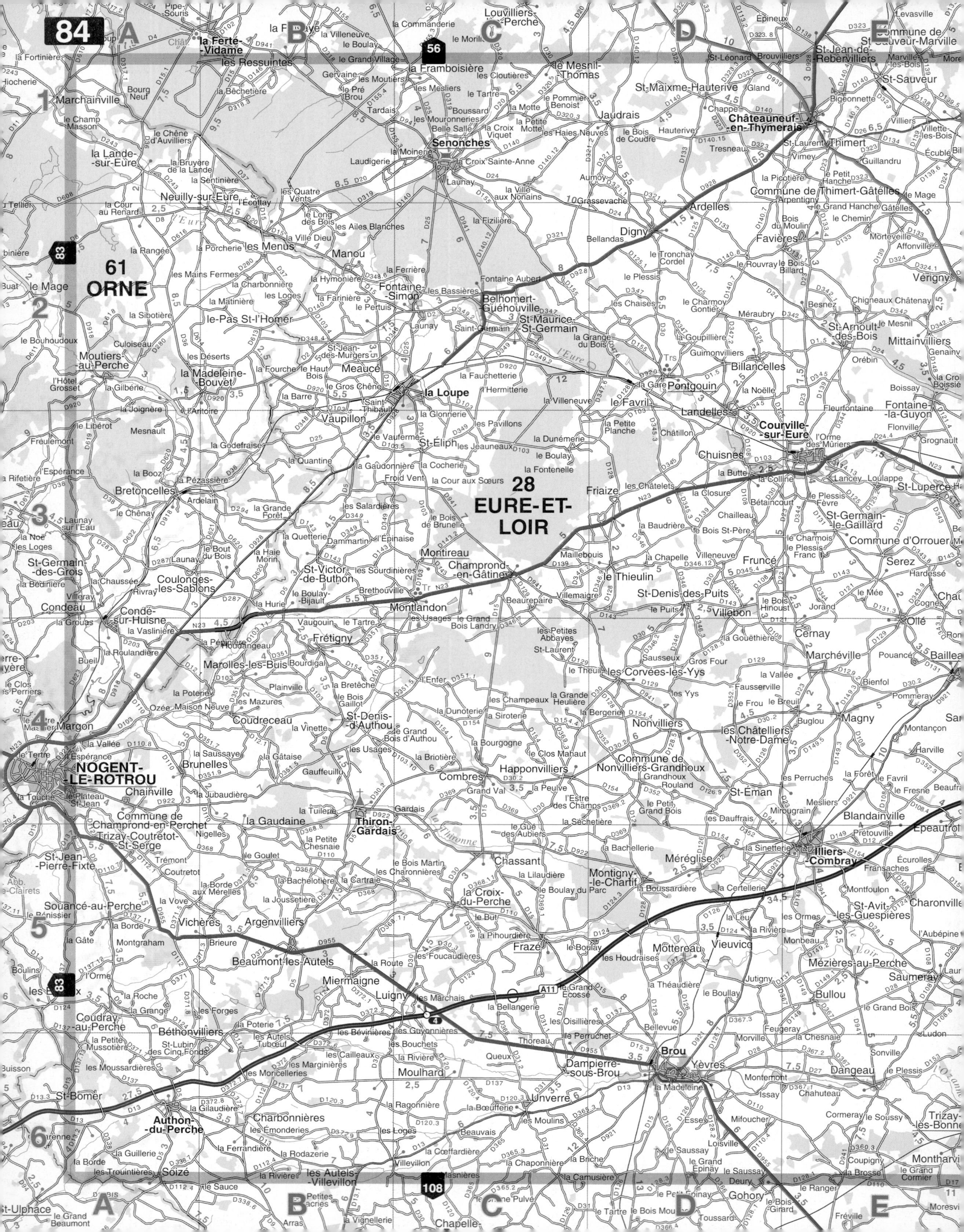
A
B
C
D
E
1
2
3
4
5
6
56
83
108
61
ORNE
28
EURE-ET-
LOIR
la Ferté-
Vidame
les Ressuintes
Louvilliers-
-Perche
la Framboisière
le Mesnil-
-Thomas
St-Jean-de-
Rebervilliers
Commune de
St-Sauveur-Marville
St-Sauveur
Marchainville
St-Maixme-Hauterive
Jaudrais
Châteauneuf-
-en-Thymerais
Senonches
Thimert
la Lande-
-sur-Eure
Neuilly-sur-Eure
Commune de Thimert-Gâtelles
Ardelles
Digny
Manou
les Menus
Favières
le Mage
Fontaine-
-Simon
Belhomert-
-Guéhouville
St-Maurice-
-St-Germain
St-Arnoult-
-des-Bois
Mittainvilliers
Moutiers-
-au-Perche
la Madeleine-
-Bouvet
Meaucé
la Loupe
Billancelles
Pontgouin
Vaupillon
Landelles
Courville-
-sur-Eure
Fontaine-
-la-Guyon
St-Éliph
Chuisnes
Bretoncelles
Friaize
St-Luperce
St-Germain-
-le-Gaillard
Commune d'Orrouer
Montireau
Champrond-
-en-Gâtine
Fruncé
Serez
St-Germain-
-des-Grois
St-Victor-
-de-Buthon
le Thieulin
Coulonges-
-les-Sablons
St-Denis-des-Puits
Condeau
Condé-
-sur-Huisne
Montlandon
Villebon
Olé
Frétigny
Cernay
Marolles-les-Buis
Marchéville
les Corvées-les-Yys
Coudreceau
St-Denis-
-d'Authou
Nonvilliers
les Châtelliers-
-Notre-Dame
Magny
Margon
NOGENT-
-LE-ROTROU
Brunelles
Chainville
Combres
Happonvilliers
Commune de
Nonvilliers-Grandhoux
St-Éman
Blandainville
Commune de
Champrond-en-Perchet
Trizay-Coutretot-
-St-Serge
la Gaudaine
Thiron-
-Gardais
Illiers-
-Combray
St-Jean-
-Pierre-Fixte
Chassant
Montigny-
-le-Chartif
Méréglise
la Croix-
-du-Perche
St-Avit-
-les-Guespières
Charonville
Souancé-au-Perche
Vichères
Argenvilliers
Frazé
Mottereau
Vieuvicq
Mézières-au-Perche
Beaumont-les-Autels
Miermaigne
Luigny
Saumeray
Bullou
Coudray-
-au-Perche
Béthonvilliers
Brou
Yèvres
Dangeau
Moulhard
Dampierre-
-sous-Brou
St-Bomer
Unverre
Authon-
-du-Perche
Charbonnières
Trizay-
-lès-Bonneval
Soizé
les Autels-
-Villevillon
A11
N23

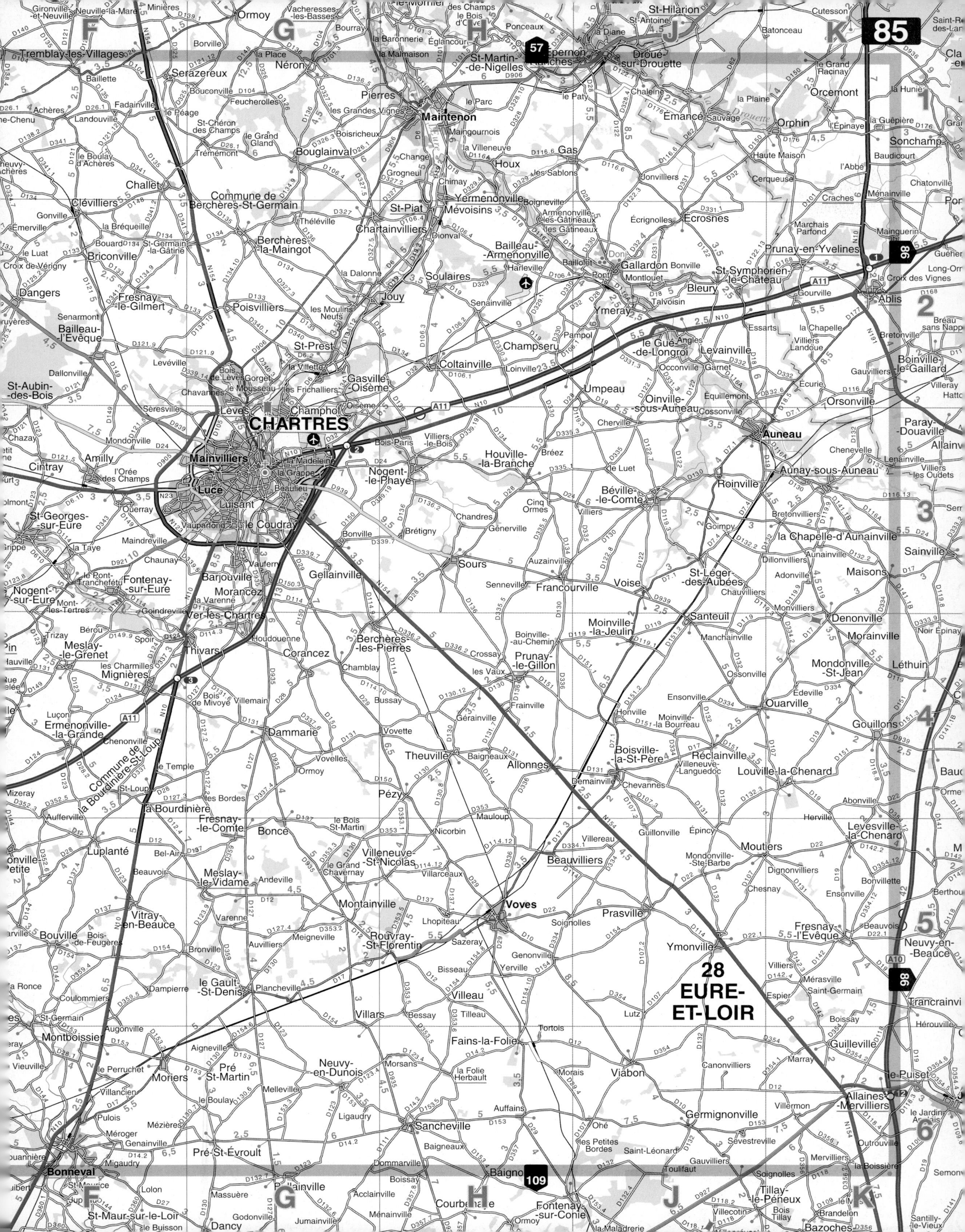
85
F
G
H
J
K
1
2
3
4
5
6
57
98
109
28
EURE-
ET-LOIR
CHARTRES
Maintenon
Auneau
Voves
Bonneval
Mainvilliers
Lucé
Luisant
le Coudray
Lèves
Champhol
Tremblay-les-Villages
Serazereux
Néron
Pierres
Épernon
Droue-sur-Drouette
St-Hilarion
Émancé
Orphin
Orcemont
Sonchamp
Houx
Gas
Yermenonville
Mévoisins
St-Piat
Chartainvilliers
Bailleau-Armenonville
Gallardon
Prunay-en-Yvelines
Ablis
St-Symphorien-le-Château
Bleury
Ymeray
Écrosnes
Soulaires
Jouy
Challet
Clévilliers
Briconville
Fresnay-le-Gilmert
Poisvilliers
Dangers
Bailleau-l'Évêque
St-Aubin-des-Bois
St-Prest
Gasville-Oisème
Coltainville
Champseru
le Gué-de-Longroi
Levainville
Umpeau
Oinville-sous-Auneau
Orsonville
Boinville-le-Gaillard
Paray-Douaville
Aunay-sous-Auneau
Roinville
Béville-le-Comte
Houville-la-Branche
Nogent-le-Phaye
Amilly
Cintray
St-Georges-sur-Eure
Fontenay-sur-Eure
Nogent-sur-Eure
Barjouville
Morancez
Ver-lès-Chartres
Thivars
Mignières
Meslay-le-Grenet
Ermenonville-la-Grande
Sours
Gellainville
Francourville
Voise
St-Léger-des-Aubées
Santeuil
Denonville
Morainville
Sainville
Maisons
Berchères-les-Pierres
Corancez
Prunay-le-Gillon
Moinville-la-Jeulin
Mondonville-St-Jean
Ouarville
Léthuin
Gouillons
Boisville-la-St-Père
Réclainville
Louville-la-Chenard
Dammarie
Theuville
Allonnes
Pézy
la Bourdinière
Fresnay-le-Comte
Bonce
Luplanté
Meslay-le-Vidame
Villeneuve-St-Nicolas
Beauvilliers
Moutiers
Levesville-la-Chenard
Montainville
Vitray-en-Beauce
Bouville
Rouvray-St-Florentin
Prasville
Ymonville
Fresnay-l'Évêque
Neuvy-en-Beauce
le Gault-St-Denis
Villeau
Villars
Fains-la-Folie
Lutz
Guilleville
Montboissier
Moriers
Pré-St-Martin
Neuvy-en-Dunois
Viabon
le Puiset
Allaines-Mervilliers
Sancheville
Germignonville
Pré-St-Évroult
Baignolet
Fontenay-sur-Conie
Tillay-le-Péneux
Courbehaye
Pelainville
St-Maur-sur-le-Loir
Dancy
A11
A10
N10
N154
N23

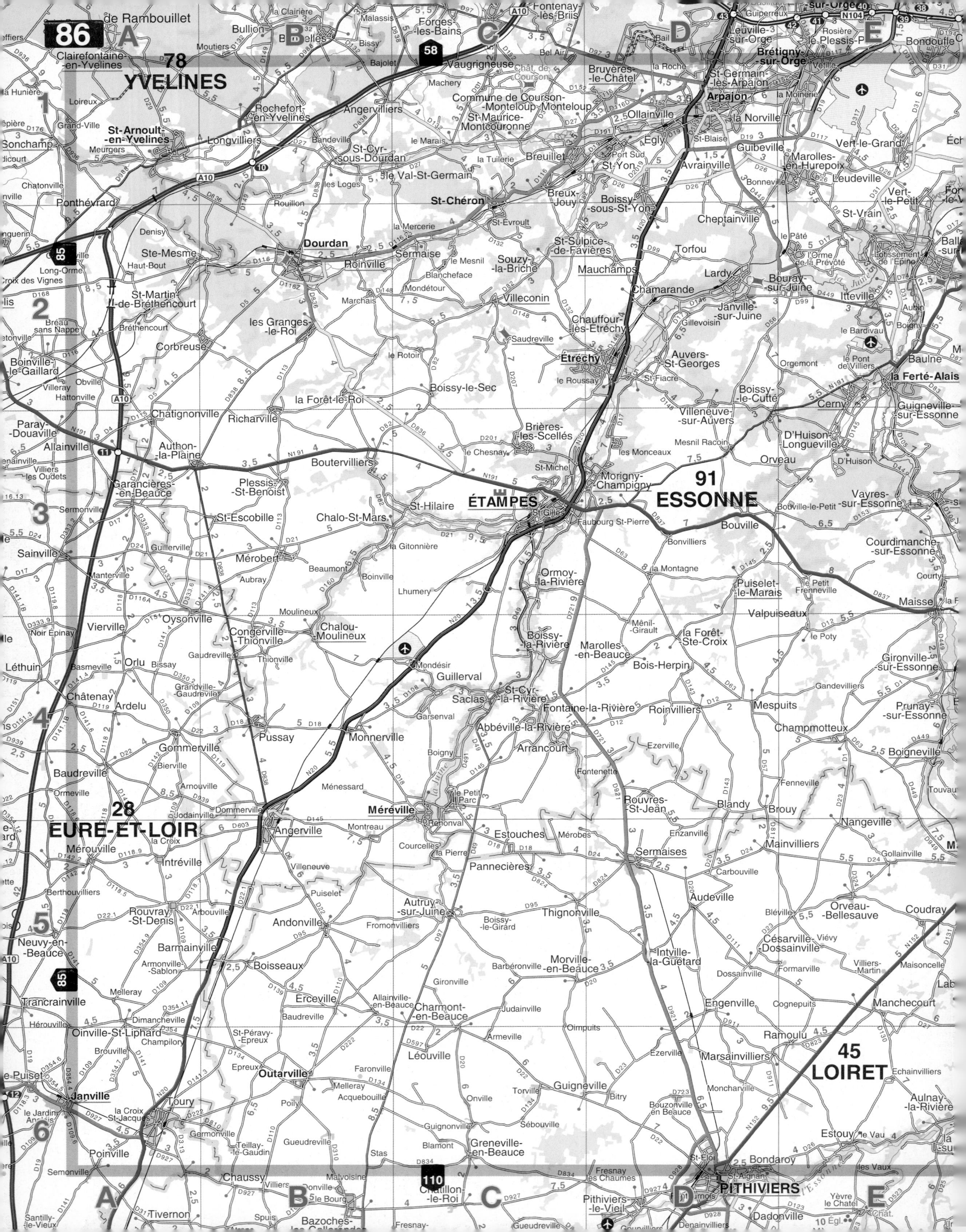

86
78
YVELINES
91
ESSONNE
28
EURE-ET-LOIR
45
LOIRET
ÉTAMPES
Dourdan
St-Chéron
Étréchy
Arpajon
Brétigny-sur-Orge
la Ferté-Alais
Angerville
Méréville
Pithiviers
Outarville
Janville
Toury
St-Arnoult-en-Yvelines
Rochefort-en-Yvelines
Longvilliers
Ste-Mesme
St-Martin-de-Bréthencourt
Corbreuse
Authon-la-Plaine
Chatignonville
Richarville
Boutervilliers
Chalo-St-Mars
St-Hilaire
Morigny-Champigny
Bouville
Ormoy-la-Rivière
Boissy-la-Rivière
Saclas
St-Cyr-la-Rivière
Abbéville-la-Rivière
Pussay
Monnerville
Guillerval
Mérobert
Congerville-Thionville
Chalou-Moulineux
Sermaises
Estouches
Pannecières
Autruy-sur-Juine
Andonville
Erceville
Boisseaux
Charmont-en-Beauce
Léouville
Guigneville
Greneville-en-Beauce
Puiselet-le-Marais
Valpuiseaux
Maisse
Gironville-sur-Essonne
Prunay-sur-Essonne
Boigneville
Champmotteux
Mespuits
Roinvilliers
Blandy
Brouy
Nangeville
Mainvilliers
Audeville
Intville-la-Guétard
Engenville
Marsainvilliers
Ramoulu
Estouy
Bondaroy
Lardy
Bouray-sur-Juine
Chamarande
Torfou
Mauchamps
Janville-sur-Juine
Auvers-St-Georges
Boissy-le-Cutté
Cerny
Villeneuve-sur-Auvers
D'Huison-Longueville
Orveau
Vayres-sur-Essonne
Courdimanche-sur-Essonne
Itteville
Baulne
Cheptainville
Marolles-en-Hurepoix
Leudeville
Vert-le-Grand
Avrainville
Guibeville
Egly
Ollainville
St-Yon
Breuillet
Breux-Jouy
Boissy-sous-St-Yon
St-Sulpice-de-Favières
Souzy-la-Briche
Villeconin
Chauffour-lès-Etréchy
Boissy-le-Sec
la Forêt-le-Roi
les Granges-le-Roi
Roinville
Sermaise
St-Cyr-sous-Dourdan
le Val-St-Germain
Angervilliers
Vaugrigneuse
Bruyères-le-Châtel
Forges-les-Bains
Garancières-en-Beauce
Plessis-St-Benoist
St-Escobille
Oysonville
Vierville
Orlu
Châtenay
Ardelu
Gommerville
Baudreville
Mérouville
Intréville
Rouvray-St-Denis
Barmainville
Neuvy-en-Beauce
Oinville-St-Liphard
Poinville
Tivernon
Sainville
Allainville
Paray-Douaville
Rouvres-St-Jean
Morville-en-Beauce
Thignonville
Marolles-en-Beauce
Bois-Herpin
la Forêt-Ste-Croix
Fontaine-la-Rivière
Arrancourt
Orveau-Bellesauve
Césarville-Dossainville
Coudray
Manchecourt
Aulnay-la-Rivière
Chaussy
Chatillon-le-Roi
Pithiviers-le-Vieil
Dadonville
Yèvre-le-Châtel
A10
N20
N191
N152
D837
58
85
110
A
B
C
D
E
1
2
3
4
5
6

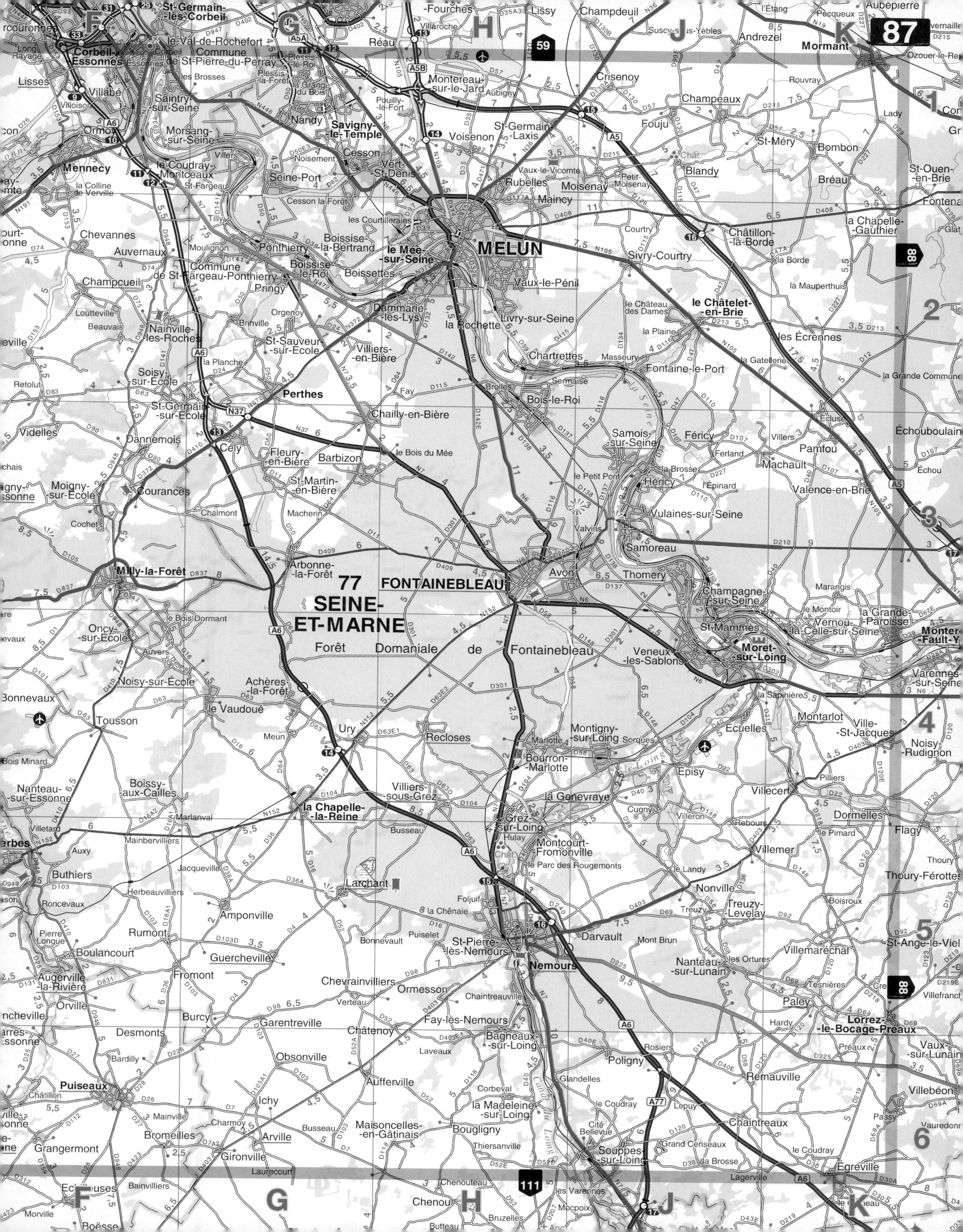

F
G
H
J
K
St-Germain-lès-Corbeil
Fourches
Lissy
Champdeuil
Pecqueux
Aubepierre
Corbeil-Essonnes
le Val-de-Rochefort
Réau
Suscy-sous-Yèbles
Andrezel
Mormant
Commune de St-Pierre-du-Perray
Plessis-le-Roi
Plessis-la-Forêt
Montereau-sur-le-Jard
Aubigny
Crisenoy
Lisses
Villabé
les Brosses
Saintry-sur-Seine
Grand du Bois
Pouilly-le-Fort
Champeaux
Rouvray
Ormoy
Nandy
Savigny-le-Temple
Fouju
Lady
Morsang-sur-Seine
Voisenon
St-Germain-Laxis
St-Méry
Bombon
Mennecy
le Coudray-Montceaux
Cesson
Vert-St-Denis
Vaux-le-Vicomte
Blandy
St-Fargeau
Seine-Port
Rubelles
Petit-Moisenay
Moisenay
Bréau
St-Ouen-en-Brie
la Colline de Verville
Cesson la Forêt
Maincy
Tilly
les Courtilleraies
Châtillon-la-Borde
la Chapelle-Gauthier
Chevannes
Boissise-la-Bertrand
Courtry
Mouligon
Ponthierry
le Mée-sur-Seine
MELUN
Sivry-Courtry
Auvernaux
la Borde
Commune de St-Fargeau-Ponthierry
Boissise-le-Roi
Boissettes
Champcueil
Pringy
Vaux-le-Pénil
la Mauperthuis
Orgenoy
Dammarie-les-Lys
le Château des Dames
le Châtelet-en-Brie
Loutteville
Beauvais
Brinville
la Rochette
Livry-sur-Seine
Nainville-les-Roches
St-Sauveur-sur-École
la Plaine
les Écrennes
Villiers-en-Bière
Chartrettes
Massoury
la Gatellerie
la Planche
Fontaine-le-Port
la Grande Commune
Soisy-sur-École
Retolut
Fay
Sermaise
Perthes
Brolles
Bois-le-Roi
St-Germain-sur-École
Chailly-en-Bière
l'Écluse
Videlles
Dannemois
Samois-sur-Seine
Féricy
Villers
Échouboulains
Cély
Fleury-en-Bière
le Bois du Mée
Ferland
Pamfou
Barbizon
la Brosse
Machault
Moigny-sur-École
St-Martin-en-Bière
le Petit Pont
l'Épinard
Héricy
Courances
Valence-en-Brie
Chalmont
Macherin
Vulaines-sur-Seine
Cochet
Valvins
Samoreau
Milly-la-Forêt
Arbonne-la-Forêt
77
SEINE-ET-MARNE
FONTAINEBLEAU
Avon
Thomery
Marangis
Champagne-sur-Seine
le Montoir
la Grande-Paroisse
le Bois Dormant
Vernou-la-Celle-sur-Seine
St-Mammès
Montereau-Fault-Yonne
Oncy-sur-École
Moret-sur-Loing
Veneux-les-Sablons
Forêt Domaniale de Fontainebleau
Auvers
Varennes-sur-Seine
Noisy-sur-École
Achères-la-Forêt
Bonnevaux
le Vaudoué
la Sapinière
Tousson
Ury
Montigny-sur-Loing
Écuelles
Montarlot
Ville-St-Jacques
Meun
Recloses
Marlotte
Sorques
Noisy-Rudignon
Bois Minard
Bourron-Marlotte
Episy
Nanteau-sur-Essonne
Boissy-aux-Cailles
Villiers-sous-Grez
Pilliers
Villecerf
la Genevraye
Marlanval
la Chapelle-la-Reine
Cugny
Villeron
Dormelles
Villetard
Grez-sur-Loing
Rebours
le Pimard
Flagy
Mainbervilliers
Busseau
Hulay
Montcourt-Fromonville
Auxy
Villemer
Thoury
Buthiers
Jacqueville
le Parc des Rougemonts
le Landy
Thoury-Férottes
Larchant
Nonville
Herbeauvilliers
Foljuif
Treuzy-Levelay
Boisroux
Roncevaux
Amponville
la Chênaie
Darvault
Mont Brun
Rumont
Puiselet
St-Pierre-lès-Nemours
St-Ange-le-Viel
Bonnevault
Villemaréchal
Boulancourt
Guercheville
Nemours
les Ortures
Fromont
Nanteau-sur-Lunain
Augerville-la-Rivière
Chevrainvilliers
Tesnières
Villefranche
Ormesson
Orville
Chaintreauville
Verteau
Paley
Burcy
Garentreville
Fay-lès-Nemours
Hardy
Lorrez-le-Bocage-Préaux
Desmonts
Châtenoy
Bagneaux-sur-Loing
Préaux
Vaux-sur-Lunain
Laveaux
Rosiers
Obsonville
Bardilly
Poligny
Remauville
Puiseaux
Aufferville
Glandelles
Villebéon
Châtillon
Ichy
Corbeval
le Coudray
Mainville
la Madeleine-sur-Loing
Lepuy
Charmoy
Maisoncelles-en-Gâtinais
Bougligny
Cité Bellevue
Chaintreaux
Passy
Vaurednes
Bromeilles
Arville
Grangermont
Thiersanville
Grand Ceriseaux
Gironville
Souppes-sur-Loing
la Brosse
Laurecourt
Égreville
Chenouteau
Lagerville
Bainvilliers
Échilleuses
les Varennes
Morville
Chenou
Mocpoix
Boëssé
Bruzelles
Butteau
A6
A5
A77
N7
N6
N37
N105
N152
Canal du Loing
la Seine
le Loing
111
88
59
1
2
3
4
5
6

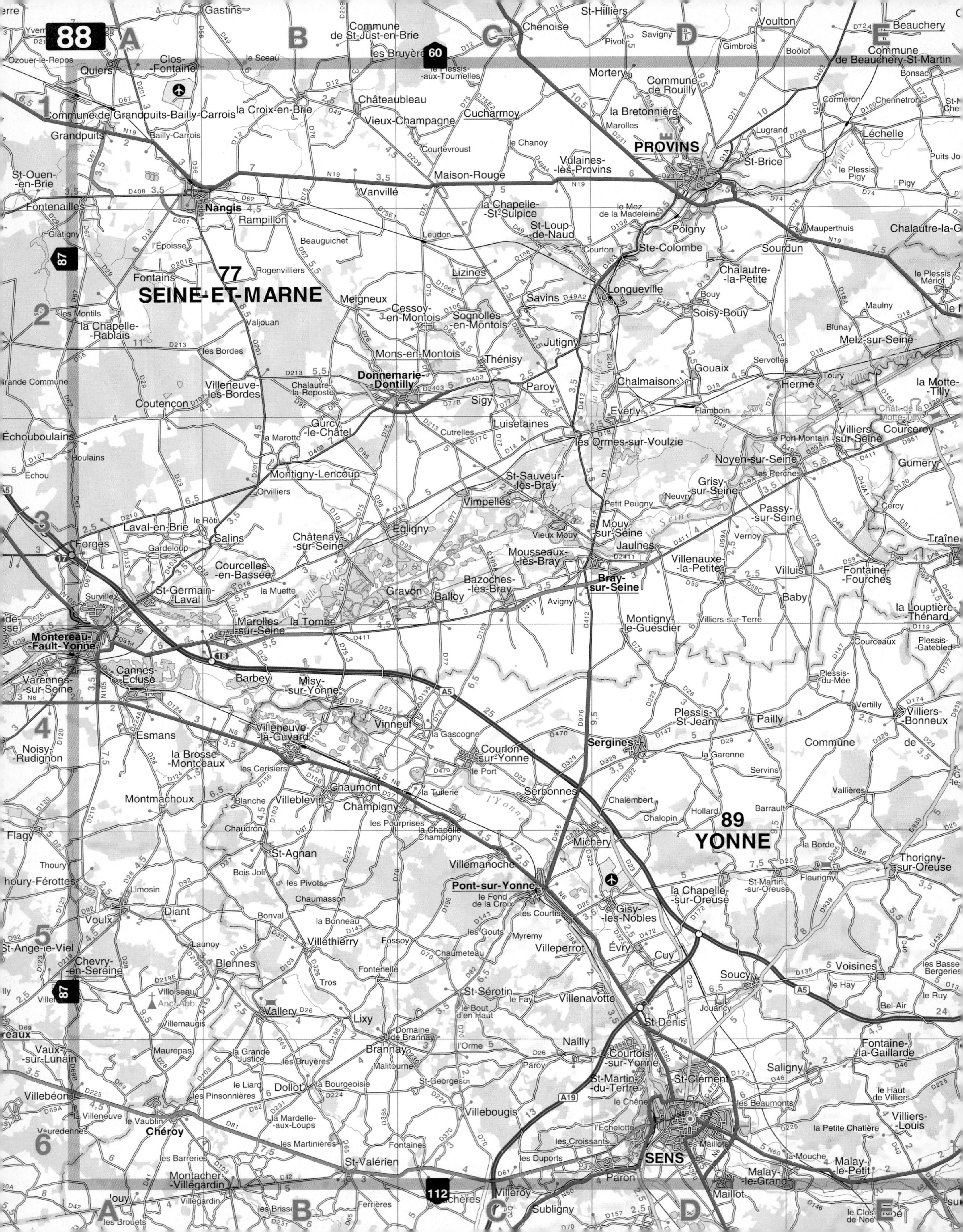

A
B
C
D
E
1
2
3
4
5
6
60
87
112
77
SEINE-ET-MARNE
89
YONNE
Gastins
Commune de St-Just-en-Brie
les Bruyères
Chenoise
St-Hilliers
Voulton
Beauchery
Commune de Beauchery-St-Martin
Savigny
Pivot
Gimbrois
Boölot
Ozouer-le-Repos
Quiers
Clos-Fontaine
le Sceau
le Plessis-aux-Tournelles
Mortery
Commune de Rouilly
Bonsac
Commune de Grandpuits-Bailly-Carrois
la Croix-en-Brie
Châteaubleau
Vieux-Champagne
Cucharmoy
la Bretonnière
Marolles
Cormeron
Chennetron
Grandpuits
Bailly-Carrois
Courtevroust
le Chanoy
PROVINS
Lugrand
Léchelle
St-Ouen-en-Brie
Maison-Rouge
Vulaines-lès-Provins
St-Brice
Puits Jo
le Plessis Pigy
Pigy
Fontenailles
Nangis
Vanville
la Chapelle-St-Sulpice
le Mez de la Madeleine
Glatigny
Rampillon
St-Loup-de-Naud
Poigny
Mauperthuis
Chalautre-la-G
l'Époisse
Beauguichet
Leudon
Courton
Ste-Colombe
Sourdun
Fontains
Rogenvilliers
Lizines
Chalautre-la-Petite
le Plessis Mériot
Longueville
Savins
Bouy
Meigneux
Cessoy-en-Montois
Sognolles-en-Montois
Soisy-Bouy
Maulny
les Montils
la Chapelle-Rablais
Valjouan
Jutigny
Blunay
Melz-sur-Seine
les Bordes
Mons-en-Montois
Thénisy
Servolles
Gouaix
Toury
Grande Commune
Donnemarie-Dontilly
Chalautre-la-Reposte
Paroy
Chalmaison
Hermé
la Motte-Tilly
Villeneuve-les-Bordes
Sigy
Everly
Flamboin
Château de la Motte-Tilly
Coutençon
Gurcy-le-Châtel
Luisetaines
Villiers-sur-Seine
Courceroy
Échouboulains
la Marotte
Cutrelles
les Ormes-sur-Voulzie
le Port Montain
Boulains
Noyen-sur-Seine
Gumery
Échou
Montigny-Lencoup
St-Sauveur-lès-Bray
les Perches
Grisy-sur-Seine
Orvilliers
Vimpelles
Petit Peugny
Neuvry
Passy-sur-Seine
Cercy
le Rôti
Laval-en-Brie
Egligny
Mouy-sur-Seine
Vernoy
Traîne
Salins
Châtenay-sur-Seine
Vieux Mouy
Jaulnes
Forges
Gardeloup
Mousseaux-lès-Bray
Villenauxe-la-Petite
Fontaine-Fourches
Courcelles-en-Bassée
Bazoches-lès-Bray
Bray-sur-Seine
Villuis
Surville
St-Germain-Laval
la Muette
Gravon
Balloy
Baby
Avigny
la Vieille Seine
la Seine
Montigny-le-Guesdier
la Louptière-Thénard
Marolles-sur-Seine
la Tombe
Villiers-sur-Terre
Montereau-Fault-Yonne
Courceaux
Plessis-Gatebled
Cannes-Écluse
Varennes-sur-Seine
Barbey
Misy-sur-Yonne
Plessis-du-Mée
Vinneuf
Vertilly
Villiers-Bonneux
Esmans
Villeneuve-la-Guyard
la Gascogne
Plessis-St-Jean
Pailly
Noisy-Rudignon
la Brosse-Montceaux
Courlon-sur-Yonne
Sergines
Commune de
les Cerisiers
le Port
la Garenne
Servins
Chaumont
Villeblevin
la Tuilerie
Serbonnes
Montmachoux
Blanche
Champigny
Chalembert
Vallières
Hollard
Barrault
Chaudron
les Pourprises
la Chapelle-Champigny
Chalopin
Flagy
St-Agnan
Michery
la Borde
Villemanoche
Thorigny-sur-Oreuse
Thoury
Bois Joli
Pont-sur-Yonne
Fleurigny
Thoury-Férottes
Limosin
les Pivots
le Fond de la Croix
St-Martin-sur-Oreuse
Chaumasson
la Chapelle-sur-Oreuse
Diant
Bonval
les Courtis
Gisy-les-Nobles
Voulx
la Bonneau
St-Ange-le-Viel
Launoy
Villethierry
Fossoy
les Gouts
Myremy
Villeperrot
Évry
Cuy
Chevry-en-Sereine
Blennes
Chaumeteau
Fontenelle
Soucy
Voisines
les Basses Bergeries
Villoiseau
Anc. Abb.
Tros
St-Sérotin
le Fay
Villenavotte
Jouancy
le Hay
le Ruy
Vallery
le Bout d'en Haut
Bel-Air
Villemaugis
Lixy
Domaine de Brannay
St-Denis
Vaux-sur-Lunain
Maurepas
la Grande Justice
Brannay
l'Orme
Nailly
Fontaine-la-Gaillarde
les Bruyères
Malitourne
Paroy
Courtois-sur-Yonne
Saligny
le Liard
Dollot
la Bourgeoisie
St-Georges
St-Martin-du-Tertre
St-Clément
le Haut de Villiers
Villebéon
les Pinsonnières
le Chêne
les Beaumonts
la Villeneuve
la Mardelle-aux-Loups
Villebougis
Villiers-Louis
le Vaublin
Vauredennes
Chéroy
les Martinières
l'Échelotte
la Petite Chatière
Fontaines
les Croissants
les Maillots
les Barreries
St-Valérien
les Duports
SENS
la Mouche
Malay-le-Petit
Montacher-Villegardin
Paron
Malay-le-Grand
Jouy
Villegardin
Maillot
les Brosses
Ferrières
Vallery
Villeroy
Subligny
les Brouets
le Clos de Noé
Yonne
la Voulzie
la Vieille Seine
A5
A19
N6
N19
N60

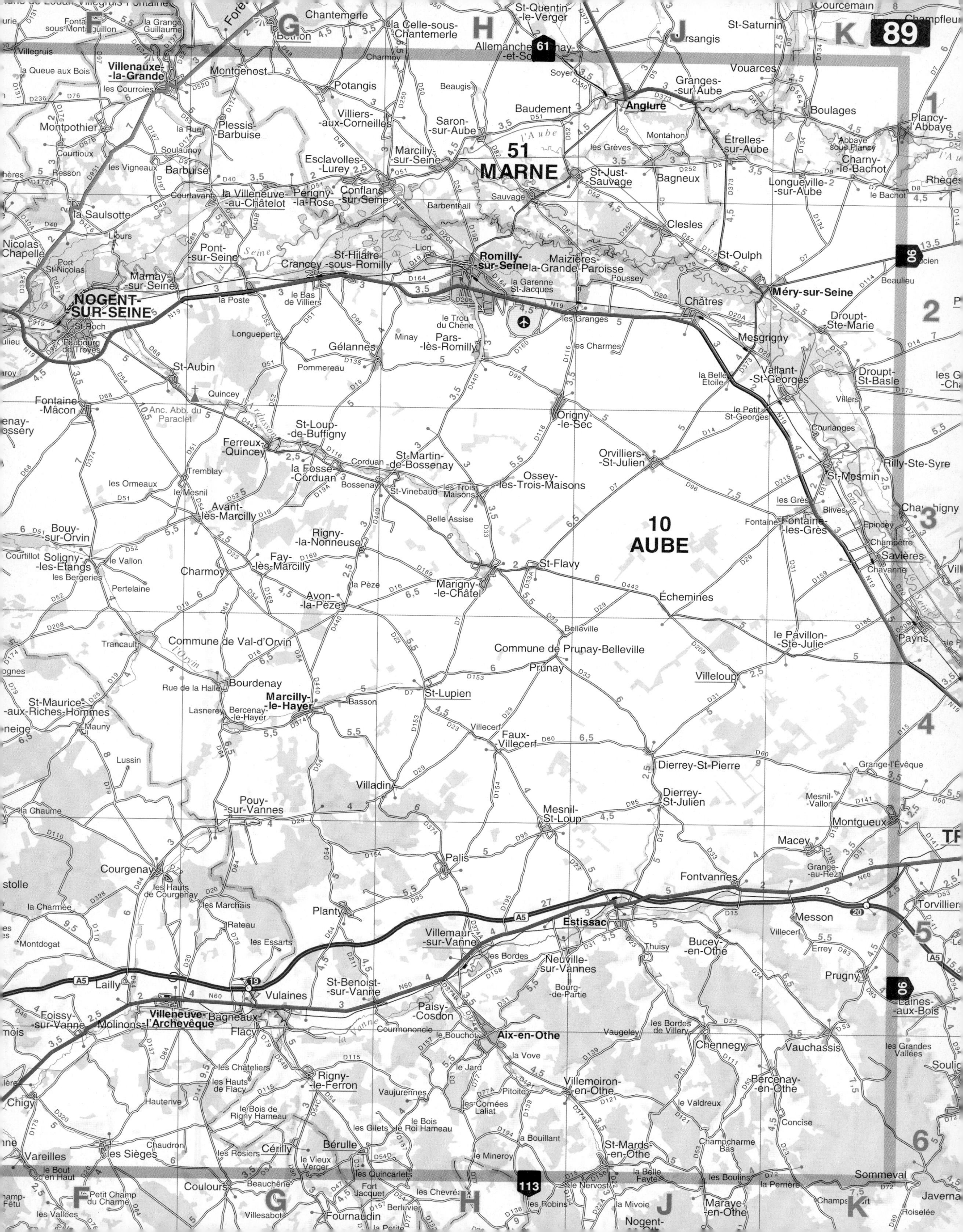
51
MARNE
10
AUBE
Villenauxe-la-Grande
Montgenost
Potangis
Villiers-aux-Corneilles
Saron-sur-Aube
Baudement
Anglure
Granges-sur-Aube
Vouarces
St-Saturnin
Courcemain
Champfleury
Boulages
Plancy-l'Abbaye
Étrelles-sur-Aube
Montahon
Charny-le-Bachot
Longueville-sur-Aube
Rhèges
Bagneux
St-Just-Sauvage
Marcilly-sur-Seine
Esclavolles-Lurey
Conflans-sur-Seine
Périgny-la-Rose
la Villeneuve-au-Châtelot
Barbuise
Plessis-Barbuise
Montpothier
la Saulsotte
Pont-sur-Seine
Marnay-sur-Seine
NOGENT-SUR-SEINE
St-Hilaire-sous-Romilly
Crancey
Romilly-sur-Seine
Maizières-la-Grande-Paroisse
Clesles
St-Oulph
Méry-sur-Seine
Châtres
Mesgrigny
Droupt-Ste-Marie
Droupt-St-Basle
Vallant-St-Georges
Gélannes
Pars-lès-Romilly
St-Aubin
Quincey
Fontaine-Mâcon
St-Loup-de-Buffigny
Ferreux-Quincey
Origny-le-Sec
Orvilliers-St-Julien
St-Martin-de-Bossenay
la Fosse-Corduan
Ossey-les-Trois-Maisons
St-Mesmin
Rilly-Ste-Syre
Avant-lès-Marcilly
Bouy-sur-Orvin
Soligny-les-Étangs
Rigny-la-Nonneuse
Fay-lès-Marcilly
Charmoy
Marigny-le-Châtel
St-Flavy
Fontaine-les-Grès
Savières
Échemines
Avon-la-Pèze
Commune de Val-d'Orvin
Commune de Prunay-Belleville
Prunay
le Pavillon-Ste-Julie
Payns
Villeloup
Bourdenay
Marcilly-le-Hayer
St-Lupien
St-Maurice-aux-Riches-Hommes
Faux-Villecerf
Dierrey-St-Pierre
Dierrey-St-Julien
Villadin
Pouy-sur-Vannes
Mesnil-St-Loup
Montgueux
Macey
Courgenay
Palis
Fontvannes
Planty
Estissac
Messon
Torvilliers
Villemaur-sur-Vanne
Bucey-en-Othe
Neuville-sur-Vannes
Prugny
Lailly
Vulaines
St-Benoist-sur-Vanne
Paisy-Cosdon
Villeneuve-l'Archevêque
Foissy-sur-Vanne
Molinons
Bagneux
Flacy
Aix-en-Othe
Chennegy
Vauchassis
Laines-aux-Bois
Rigny-le-Ferron
Villemoiron-en-Othe
Bercenay-en-Othe
Chigy
Vareilles
les Sièges
Cérilly
Bérulle
St-Mards-en-Othe
Coulours
Fournaudin
Maraye-en-Othe
Sommeval
Javernant
A5
N19
N60
F
G
H
J
K
1
2
3
4
5
6
61
90
113

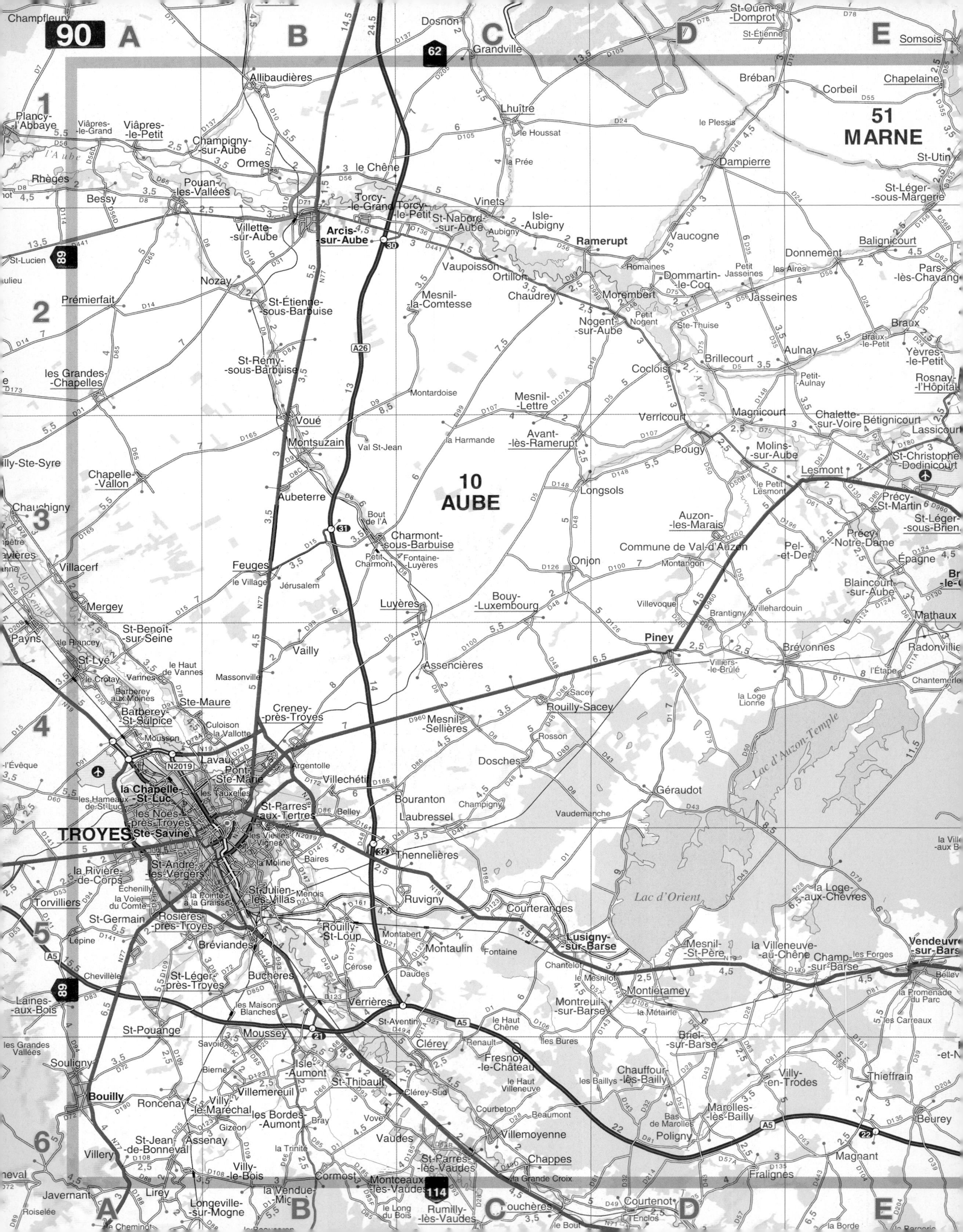
90
A
B
C
D
E
1
2
3
4
5
6
62
89
114
51
MARNE
10
AUBE
Champfleury
Dosnon
Grandville
St-Ouen-
-Domprot
St-Étienne
Somsois
Allibaudières
Bréban
Corbeil
Chapelaine
Lhuître
le Houssat
le Plessis
Plancy-
-l'Abbaye
Viâpres-
-le-Grand
Viâpres-
-le-Petit
Champigny-
-sur-Aube
Ormes
le Chêne
la Prée
Dampierre
St-Utin
Rhèges
Bessy
Pouan-
-les-Vallées
Torcy-
-le-Grand
Torcy-
-le-Petit
Vinets
St-Nabord-
-sur-Aube
Isle-
-Aubigny
Aubigny
St-Léger-
-sous-Margerie
Villette-
-sur-Aube
Arcis-
-sur-Aube
Ramerupt
Vaucogne
Balignicourt
St-Lucien
Vaupoisson
Ortillon
Romaines
Dommartin-
-le-Coq
Petit
Jasseines
les Aires
Donnement
Pars-
-lès-Chavanges
Nozay
Mesnil-
-la-Comtesse
Chaudrey
Morembert
Jasseines
Prémierfait
St-Étienne-
-sous-Barbuise
Petit
Nogent
Nogent-
-sur-Aube
Ste-Thuise
Braux
Braux-
-le-Petit
Yèvres-
-le-Petit
Brillecourt
Aulnay
St-Rémy-
-sous-Barbuise
Coclois
Petit-
-Aulnay
Rosnay-
-l'Hôpital
les Grandes-
-Chapelles
Montardoise
Mesnil-
-Lettre
Magnicourt
Chalette-
-sur-Voire
Bétignicourt
Lassicourt
Voué
Verricourt
la Harmande
Avant-
-lès-Ramerupt
Montsuzain
Val St-Jean
Pougy
Molins-
-sur-Aube
St-Christophe-
-Dodinicourt
Lesmont
Chapelle-
-Vallon
Longsols
le Petit
Lesmont
Aubeterre
Précy-
-St-Martin
St-Léger-
-sous-Brienne
Chauchigny
Bout
de l'A
Auzon-
-les-Marais
Charmont-
-sous-Barbuise
Précy-
-Notre-Dame
Petit
Charmont
Fontaine-
-Luyères
Commune de Val-d'Auzon
Pel-
-et-Der
Épagne
Villacerf
Feuges
le Village
Jérusalem
Onjon
Montangon
Blaincourt-
-sur-Aube
Mergey
Luyères
Bouy-
-Luxembourg
Villevoque
Villehardouin
Brantigny
Mathaux
St-Benoît-
-sur-Seine
Payns
le Plancey
St-Lyé
Vailly
Piney
Brévonnes
Radonvilliers
Villiers-
-le-Brûlé
l'Étape
le Haut
de Vannes
Vannes
le Crotay
Massonville
Assencières
Chantemerle
Barberey
aux Moines
Ste-Maure
Barberey-
-St-Sulpice
Creney-
-près-Troyes
Sacey
Rouilly-Sacey
la Loge
Lionne
Lac d'Auzon-Temple
Culoison
la Vallotte
Mesnil-
-Sellières
Mousson
Rosson
Lavau
Pont-
-Ste-Marie
Argentolle
Dosches
la Chapelle-
-St-Luc
les Tauxelles
Villechétif
Géraudot
les Hameaux
de St-Luc
Bouranton
Champigny
les Noës-
-près-Troyes
St-Parres-
-aux-Tertres
Belley
Laubressel
Vaudemanche
TROYES
Ste-Savine
les Vieilles
Vignes
Thennelières
la Moline
Baires
St-André-
-les-Vergers
la Rivière-
-de-Corps
Échenilly
la Pointe
à la Graisse
St-Julien-
-les-Villas
Menois
Ruvigny
Lac d'Orient
la Loge-
-aux-Chèvres
Torvilliers
la Voie
du Comte
Courteranges
St-Germain
Rosières-
-près-Troyes
Rouilly-
-St-Loup
Montabert
Montaulin
Lépine
Bréviandes
Fontaine
Lusigny-
-sur-Barse
Mesnil-
-St-Père
la Villeneuve-
-au-Chêne
Champ-
-sur-Barse
les Forges
Vendeuvre-
-sur-Barse
Chevillèle
St-Léger-
-près-Troyes
Cérose
Bucheres
Daudes
Chantelot
le Mesnilot
Montiéramey
Laines-
-aux-Bois
les Maisons
Blanches
Verrières
Montreuil-
-sur-Barse
la Métairie
la Promenade
du Parc
St-Pouange
Moussey
St-Aventin
le Haut
Chêne
Renault
les Bures
les Carreaux
les Grandes
Vallées
Savoie
Clérey
Briel-
-sur-Barse
Souligny
Bierne
Isle-
-Aumont
Fresnoy-
-le-Château
Chauffour-
-lès-Bailly
Villy-
-en-Trodes
Thieffrain
St-Thibault
le Haut
Villeneuve
les Baillys
Bouilly
Roncenay
Villy-
-le-Maréchal
Villemereuil
Clérey-Sud
Courbeton
Beaumont
Bas
de Marolles
Marolles-
-lès-Bailly
Beurey
Gizeon
les Bordes-
-Aumont
Bray
Villemoyenne
Poligny
St-Jean-
-de-Bonneval
Assenay
la Trinité
Vaudes
Villery
St-Parres-
-lès-Vaudes
Chappes
Magnant
Villy-
-le-Bois
Cormost
Montceaux-
-lès-Vaudes
la Grande Croix
Fralignes
Javernant
Lirey
la Vendue-
-Mignard
Roiselée
Longeville-
-sur-Mogne
le Long
du Bois
Rumilly-
-lès-Vaudes
Couchères
Courtenot
l'Enclos
le Cheminot
la Borde
le Bout

91
52
HAUTE-MARNE
Lac du Der-Chantecoq
Éclaron
Humbécourt
Gigny-aux-Bois
Brandonvillers
Drosnay
Outines
Châtillon-sur-Broué
Giffaumont-Champaubert
Allichamps
Louvemont
Arrembécourt
Joncreuil
Bailly-le-Franc
Chavanges
Droyes
Planrupt
Frampas
Braucourt
Voillecomte
Wassy
Attancourt
Magneux
Brousseval
Valleret
Puellemontier
Montier-en-Der
Ceffonds
Lentilles
Villeret
Rances
Hampigny
Longeville-sur-la-Laines
Robert-Magny-Laneuville-à-Rémy
Bailly-aux-Forges
Montreuil-sur-Blaise
Vaux-sur-Blaise
Domblain
Rachecourt-Suzémont
Doulevant-le-Petit
Vallentigny
Louze
Thilleux
Ville-en-Blaisois
Morancourt
Maizières-lès-Brienne
Dommartin-le-Franc
Courcelles-sur-Blaise
Mertrud
Mathons
Juzanvigny
Épothémont
Sommevoire
Crespy-le-Neuf
la Ville-aux-Bois
Dommartin-le-Saint-Père
Baudrecourt
Charmes-la-Grande
Brachay
Doulevant-le-Château
Charmes-en-l'Angle
Morvilliers
Soulaines-Dhuys
Nully-Trémilly
Blumeray
la Chaise
Chaumesnil
Petit-Mesnil
la Rothière
Thil
Arnancourt
Fuligny
Ville-sur-Terre
Cirey-sur-Blaise
Leschères-sur-le-Blaiseron
Juvanzé
Fresnay
Beurville
Ambonville
Vernonvilliers
Bouzancourt
Guindrecourt-sur-Blaise
Éclance
Daillancourt
Trannes
Lévigny
Maisons-lès-Soulaines
Jessains
Bossancourt
Rizaucourt-Buchey
Marbéville
Arsonval
Engente
Colombé-la-Fosse
Saulcy
Dolancourt
Montier-en-l'Isle
Arrentières
Curmont
Jaucourt
Ailleville
Colombé-le-Sec
Argançon
Voigny
Rouvres-les-Vignes
Lamothe-en-Blaisy
BAR-SUR-AUBE
Magny-Fouchard
Maison-des-Champs
Fravaux
Proverville
Mémorial Ch. de Gaulle
Colombey-les-Deux-Églises
Spoy
Lignol-le-Château
Couvignon
Fontaine
Lachapelle-en-Blaisy
Sexfontaines
Montmartin-le-Haut
Meurville
Bayel
Juzennecourt
Baroville
Bergères
Blaisy
Longpré-le-Sec
Urville
Bligny
Montheries
Gillancourt
Arconville
Forêt Domaniale de Clairvaux
Anc. Abb. de Clairvaux (Pénitencier)
Rennepont
Vitry-le-Croisé
Champignol-lez-Mondeville
Clairvaux
Longchamp-sur-Aujon
Maranville
Vaudrémont
Euffigneix
63
115
92

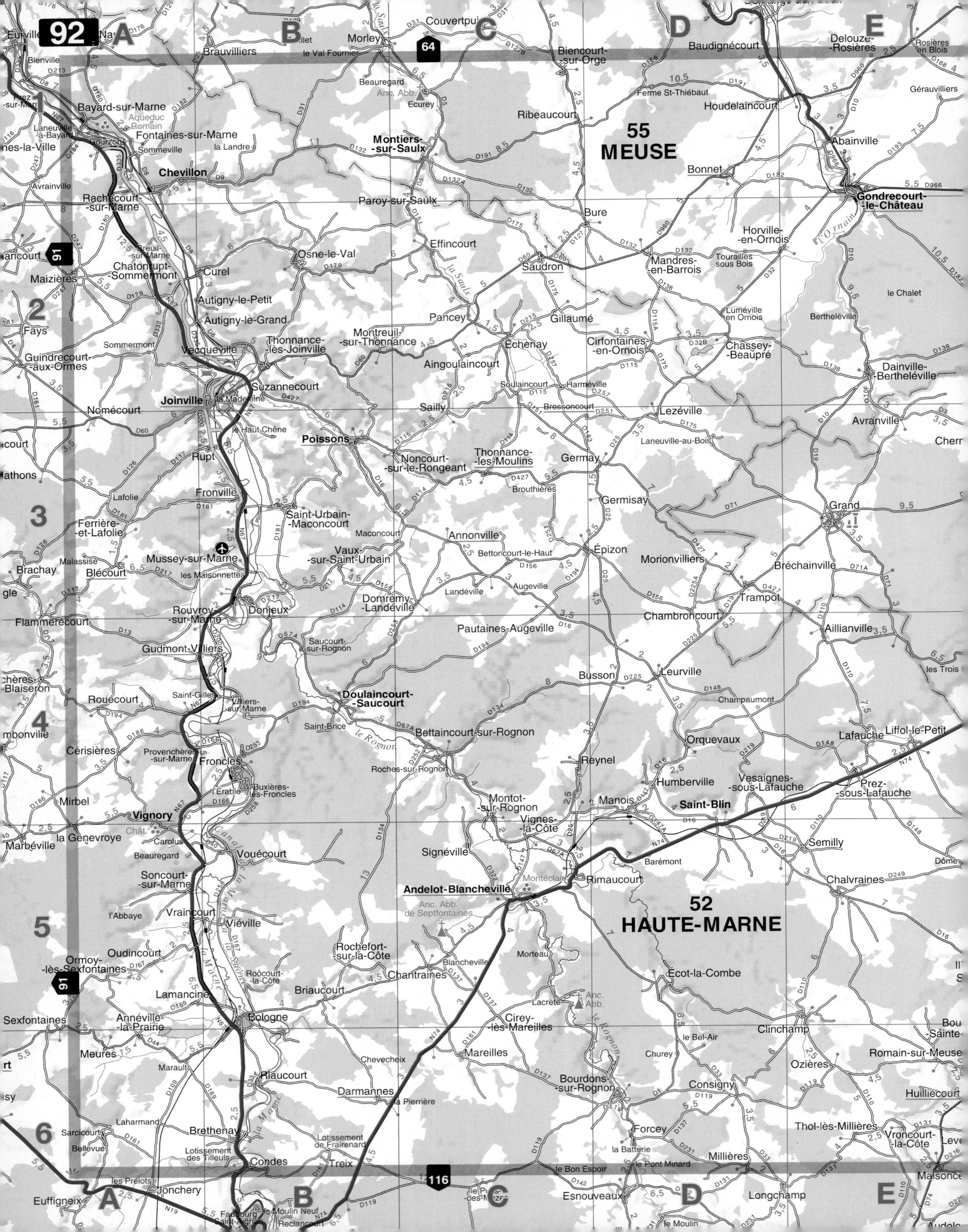
A
B
C
D
E
1
2
3
4
5
6
64
91
116
55
MEUSE
52
HAUTE-MARNE
Eurville
Bienville
Brauvilliers
Morley
le Val Fournier
Couvertpuis
Biencourt-sur-Orge
Baudignécourt
Delouze-Rosières
Rosières en Blois
Beauregard
Anc. Abb.
Ecurey
Ferme St-Thiébaut
Houdelaincourt
Géraurvilliers
Bayard-sur-Marne
Aqueduc Romain
Laneuville-à-Bayard
Gourzon
Fontaines-sur-Marne
Sommeville
la Landre
Montiers-sur-Saulx
Ribeaucourt
Abainville
Chevillon
Avrainville
Bonnet
Rachecourt-sur-Marne
Paroy-sur-Saulx
Gondrecourt-le-Château
Bure
Horville-en-Ornois
Breuil-sur-Marne
Chatonrupt-Sommermont
Osne-le-Val
Effincourt
Saudron
Mandres-en-Barrois
Tourailles sous Bois
Maizières
Curel
Autigny-le-Petit
Autigny-le-Grand
Pancey
Gillaumé
Luméville en Ornois
le Chalet
Bertheléville
Fays
Sommermont
Vecqueville
Thonnance-lès-Joinville
Montreuil-sur-Thonnance
Échenay
Cirfontaines-en-Ornois
Chassey-Beaupré
Guindrecourt-aux-Ormes
Aingoulaincourt
Dainville-Bertheléville
Suzannecourt
Soulaincourt
Harméville
Joinville
la Madeleine
Nomécourt
Sailly
Bressoncourt
Lezéville
Avranville
le Haut Chêne
Poissons
Laneuville-au-Bois
Rupt
Noncourt-sur-le-Rongeant
Thonnance-les-Moulins
Germay
Brouthières
Fronville
Lafolie
Germisay
Grand
Saint-Urbain-Maconcourt
Ferrière-et-Lafolie
Maconcourt
Annonville
Mussey-sur-Marne
Bettoncourt-le-Haut
Épizon
Morionvilliers
Bréchainville
Brachay
Malassise
Blécourt
Vaux-sur-Saint-Urbain
les Maisonnettes
Landéville
Augeville
Domremy-Landéville
Trampot
Rouvroy-sur-Marne
Donjeux
Chambroncourt
Flammerécourt
Saucourt-sur-Rognon
Pautaines-Augeville
Aillianville
Gudmont-Villiers
Busson
Leurville
les Trois
Saint-Gilles
Villiers-sur-Marne
Rouécourt
Doulaincourt-Saucourt
Champaumont
Saint-Brice
le Rognon
Bettaincourt-sur-Rognon
Lafauche
Liffol-le-Petit
Cérisières
Provenchères-sur-Marne
Froncles
Orquevaux
Roches-sur-Rognon
Reynel
Buxières-lès-Froncles
l'Erable
Humberville
Vesaignes-sous-Lafauche
Prez-sous-Lafauche
Mirbel
Vignory
Montot-sur-Rognon
Manois
Saint-Blin
Vignes-la-Côte
la Genevroye
Chât.
Carolus
Marbéville
Beauregard
Vouécourt
Signéville
Semilly
Barémont
Soncourt-sur-Marne
Canal de la Marne à la Saône
Andelot-Blancheville
Montéclair
Rimaucourt
Chalvraines
l'Abbaye
Vraincourt
Anc. Abb. de Septfontaines
Viéville
Oudincourt
Rochefort-sur-la-Côte
Morteau
Ormoy-lès-Sexfontaines
Roôcourt-la-Côte
Blancheville
Chantraines
Écot-la-Combe
Lamancine
Briaucourt
Lacrête
Anc. Abb.
Sexfontaines
Annéville-la-Prairie
Bologne
Cirey-lès-Mareilles
Clinchamp
le Bel-Air
Meures
Chevecheix
Mareilles
Churey
Ozières
Romain-sur-Meuse
Marault
Riaucourt
Bourdons-sur-Rognon
Consigny
Huilliécourt
Darmannes
la Pierrière
Laharmand
Sarcicourt
Bellevue
Brethenay
Lotissement de Frairenard
Forcey
Thol-lès-Millières
Vroncourt-la-Côte
Lotissement des Tilleuls
la Batterie
Millières
Condes
Treix
le Bon Espoir
le Pont Minard
les Prélots
Jonchery
Euffigneix
Esnouveaux
Longchamp
Faubourg Saint-Aignan
le Moulin Neuf
Reclancourt
le Moulin

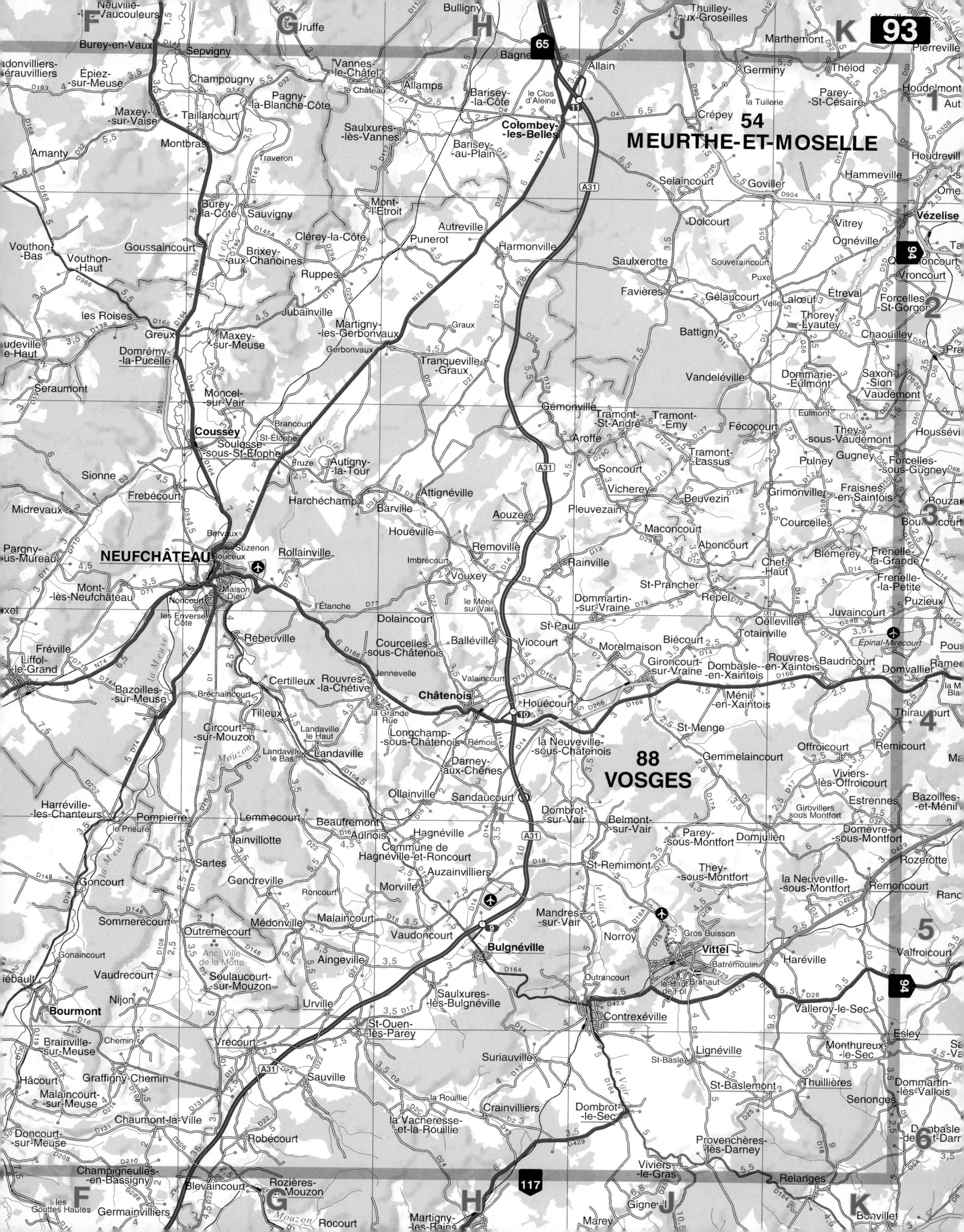

93
F
G
H
J
K
54
MEURTHE-ET-MOSELLE
88
VOSGES
NEUFCHÂTEAU
Neuville-lès-Vaucouleurs
Uruffe
Bulligny
Thuilley-aux-Groseilles
Marthemont
Pierreville
Burey-en-Vaux
Sepvigny
Bagneux
Allain
Germiny
Thélod
Épiez-sur-Meuse
Champougny
Vannes-le-Châtel
Allamps
Barisey-la-Côte
le Clos d'Aleine
Parey-St-Césaire
Houdelmont
Maxey-sur-Vaise
Taillancourt
Pagny-la-Blanche-Côte
Saulxures-lès-Vannes
Colombey-les-Belles
Crépey
la Tuilerie
Amanty
Montbras
Traveron
Barisey-au-Plain
Houdreville
Selaincourt
Goviller
Hammeville
Burey-la-Côte
Sauvigny
Mont-l'Étroit
Autreville
Dolcourt
Vitrey
Vézelise
Vouthon-Bas
Vouthon-Haut
Goussaincourt
Brixey-aux-Chanoines
Clérey-la-Côte
Punerot
Harmonville
Ognéville
Saulxerotte
Souveraincourt
Vroncourt
Ruppes
Puxe
Favières
Gélaucourt
Laloeuf
Étreval
Forcelles-St-Gorgon
les Roises
Jubainville
Thorey-Lyautey
Greux
Maxey-sur-Meuse
Martigny-les-Gerbonvaux
Graux
Battigny
Chaouilley
Domrémy-la-Pucelle
Gerbonvaux
Tranqueville-Graux
Vandeléville
Dommarie-Eulmont
Saxon-Sion
Vaudémont
Seraumont
Moncel-sur-Vair
Gémonville
Tramont-St-André
Tramont-Emy
Fécocourt
Eulmont
They-sous-Vaudémont
Coussey
Brancourt
St-Élophe
Soulosse-sous-St-Élophe
Aroffe
Tramont-Lassus
Pulney
Gugney
Forcelles-sous-Gugney
Sionne
Fruze
Autigny-la-Tour
Soncourt
Vicherey
Beuvezin
Grimonviller
Fraisnes-en-Saintois
Frebécourt
Harchéchamp
Attignéville
Barville
Aouze
Pleuvezain
Courcelles
Midrevaux
Houéville
Maconcourt
Aboncourt
Bervaux
Suzenon
Rouceux
Rollainville
Removille
Rainville
Chef-Haut
Blémerey
Frenelle-la-Grande
Pargny-sous-Mureau
Imbrécourt
Vouxey
St-Prancher
Repel
Frenelle-la-Petite
Mont-lès-Neufchâteau
Noncourt
Maison Dieu
le Ménil sur Vair
Dommartin-sur-Vraine
Puzieux
les Enversels Côte
l'Étanche
Dolaincourt
St-Paul
Oëlleville
Juvaincourt
Totainville
Fréville
Rebeuville
Courcelles-sous-Châtenois
Balléville
Viocourt
Morelmaison
Biécourt
Épinal-Mirecourt
Liffol-le-Grand
Jenneville
Valaincourt
Gironcourt-sur-Vraine
Dombasle-en-Xaintois
Rouvres-en-Xaintois
Baudricourt
Domvallier
Bazoilles-sur-Meuse
Bréchaincourt
Certilleux
Rouvres-la-Chétive
Châtenois
Houécourt
Ménil-en-Xaintois
Tilleux
la Grande Rue
Landaville le Haut
Longchamp-sous-Châtenois
Rémois
la Neuveville-sous-Châtenois
St-Menge
Thiraucourt
Circourt-sur-Mouzon
Landaville le Bas
Landaville
Darney-aux-Chênes
Gemmelaincourt
Offroicourt
Remicourt
Viviers-lès-Offroicourt
Harréville-les-Chanteurs
Ollainville
Sandaucourt
Estrennes
Bazoilles-et-Ménil
Pompierre
le Prieuré
Lemmecourt
Beaufremont
Aulnois
Hagnéville
Dombrot-sur-Vair
Belmont-sur-Vair
Girovillers sous Montfort
Domèvre-sous-Montfort
Jainvillotte
Commune de Hagnéville-et-Roncourt
Parey-sous-Montfort
Domjulien
Rozerotte
Sartes
Auzainvilliers
St-Remimont
They-sous-Montfort
Goncourt
Gendreville
Roncourt
Morville
la Neuveville-sous-Montfort
Remoncourt
Sommerécourt
Outremécourt
Médonville
Malaincourt
Mandres-sur-Vair
Vaudoncourt
Norroy
Gros Buisson
Vittel
Bulgnéville
Anc. Ville de la Motte
Gonaincourt
Aingeville
Batremoulin
Haréville
Valfroicourt
Vaudrecourt
Soulaucourt-sur-Mouzon
Outrancourt
Brahaut
le Haut de Fol
Nijon
Saulxures-lès-Bulgnéville
Bourmont
Urville
Contrexéville
Valleroy-le-Sec
St-Ouen-lès-Parey
Esley
Brainville-sur-Meuse
Chemin
Vrécourt
Lignéville
Monthureux-le-Sec
Suriauville
St-Basle
Hâcourt
Graffigny-Chemin
Sauville
St-Baslemont
Thuillières
Malaincourt-sur-Meuse
Dommartin-lès-Vallois
Senonges
la Rouillie
Crainvilliers
Dombrot-le-Sec
Chaumont-la-Ville
la Vacheresse-et-la-Rouillie
Doncourt-sur-Meuse
Robécourt
Dombasle-devant-Darney
Provenchères-lès-Darney
Champigneulles-en-Bassigny
Viviers-le-Gras
Relanges
Blevaincourt
Rozières-sur-Mouzon
les Gouttes Hautes
Germainvilliers
Gignéville
Bonvillet
Martigny-les-Bains
Marey
Rocourt
la Meuse
le Mouzon
le Vair
A31
N74
65
117
94

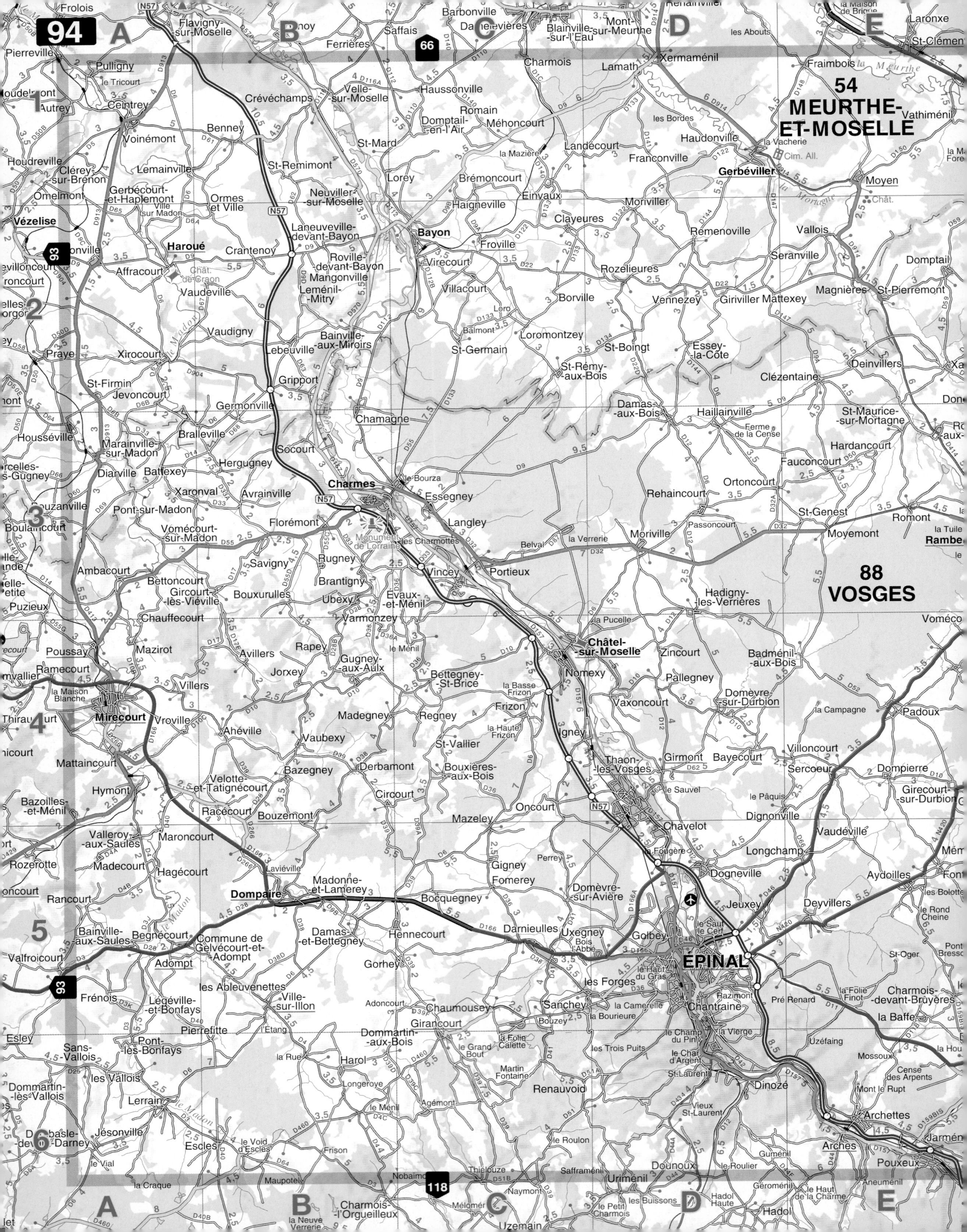

94
A
B
C
D
E
1
2
3
4
5
6
66
93
118
54
MEURTHE-
ET-MOSELLE
88
VOSGES
Frolois
Flavigny-sur-Moselle
Barbonville
Damelevières
Blainville-sur-l'Eau
Mont-sur-Meurthe
Saffais
Ferrières
Laronxe
St-Clément
Pierreville
Pulligny
le Tricourt
Xermaménil
Fraimbois
Charmois
Lamath
les Abouts
Autrey
Ceintrey
Crévéchamps
Velle-sur-Moselle
Haussonville
Romain
Méhoncourt
Domptail-en-l'Air
Vathiménil
les Bordes
Haudonville
la Vacherie
Cim. All.
Voinémont
Benney
St-Mard
la Mazière
Landécourt
Franconville
Houdreville
Clérey-sur-Brénon
Lemainville
St-Remimont
Lorey
Brémoncourt
Gerbéviller
Moyen
Omelmont
Gerbécourt-et-Haplemont
Ormes et Ville
Neuviller-sur-Moselle
Haigneville
Einvaux
Moriviller
Chât.
Vézelise
Laneuveville-devant-Bayon
Bayon
Clayeures
Remenoville
Vallois
Haroué
Crantenoy
Roville-devant-Bayon
Froville
Seranville
Domptail
Affracourt
Chât. de Craon
Virecourt
Mangonville
Rozelieures
Vaudeville
Leménil-Mitry
Villacourt
Borville
Vennezey
Giriviller
Mattexey
Magnières
St-Pierremont
Vaudigny
Loro
Balmont
Loromontzey
Bainville-aux-Miroirs
Praye
Xirocourt
Lebeuville
St-Germain
St-Boingt
Essey-la-Côte
Deinvillers
St-Rémy-aux-Bois
Clézentaine
St-Firmin
Jevoncourt
Gripport
Germonville
Chamagne
Damas-aux-Bois
Haillainville
Ferme de la Cense
St-Maurice-sur-Mortagne
Housséville
Marainville-sur-Madon
Bralleville
Socourt
Hardancourt
Diarville
Battexey
Hergugney
le Bourza
Fauconcourt
Charmes
Ortoncourt
Xaronval
Avrainville
Essegney
Rehaincourt
Pont-sur-Madon
Florémont
Langley
St-Genest
Romont
Vomécourt-sur-Madon
Monument de Lorraine
les Charmottes
Belval
la Verrerie
Moriville
Passoncourt
Moyemont
Savigny
Rugney
Vincey
Portieux
Ambacourt
Bettoncourt
Gircourt-lès-Viéville
Brantigny
Bouxurulles
Ubexy
Evaux-et-Ménil
Hadigny-les-Verrières
Puzieux
Chauffecourt
Varmonzey
la Pucelle
Poussay
Mazirot
Avillers
Rapey
le Ménil
Gugney-aux-Aulx
Châtel-sur-Moselle
Zincourt
Badménil-aux-Bois
Ramecourt
Jorxey
Bettegney-St-Brice
Nomexy
Pallegney
la Maison Blanche
Villers
la Basse Frizon
Frizon
Vaxoncourt
Domèvre-sur-Durbion
Mirecourt
Vroville
Ahéville
Madegney
Regney
la Haute Frizon
la Campagne
Padoux
Vaubexy
St-Vallier
Igney
Mattaincourt
Derbamont
Bouxières-aux-Bois
Thaon-les-Vosges
Girmont
Bayecourt
Villoncourt
Sercoeur
Dompierre
Hymont
Velotte-et-Tatignécourt
Bazegney
Circourt
Oncourt
le Sauvel
le Pâquis
Girecourt-sur-Durbion
Bazoilles-et-Ménil
Racécourt
Bouzemont
Mazeley
Chavelot
Dignonville
Valleroy-aux-Saules
Maroncourt
Vaudéville
Rozerotte
Madecourt
Hagécourt
Laviéville
Gigney
Perrey
la Fougère
Longchamp
Fomerey
Dogneville
Aydoilles
Rancourt
Dompaire
Madonne-et-Lamerey
Bocquegney
Domèvre-sur-Avière
Jeuxey
Deyvillers
Bainville-aux-Saules
Begnécourt
Commune de Gelvécourt-et-Adompt
Damas-et-Bettegney
Hennecourt
Darnieulles
Uxegney
Golbey
le Saut le Cerf
Valfroicourt
Adompt
Gorhey
Bois l'Abbé
ÉPINAL
Pont Bresson
St-Oger
Frénois
Legéville-et-Bonfays
les Ableuvenettes
Ville-sur-Illon
les Forges
Adoncourt
Chaumousey
Sanchey
la Camerelle
la Bourieure
Razimont
Chantraine
Pré Renard
la Folie Finot
Charmois-devant-Bruyères
la Baffe
Pierrefitte
Girancourt
Bouzey
Esley
Sans-Vallois
Pont-lès-Bonfays
Dommartin-aux-Bois
la Folie Calette
le Grand Bout
les Trois Puits
le Champ du Pin
la Vierge
Uzéfaing
Harol
la Rue
le Char d'Argent
Mossoux
Cense des Arpents
les Vallois
Martin Fontaine
St-Laurent
Dinozé
Mont le Rupt
Dommartin-lès-Vallois
Longeroye
Renauvoid
Lerrain
Agémont
le Ménil
Vieux St-Laurent
Archettes
Jésonville
Escles
le Void d'Escles
Frison
le Roulon
Arches
Jarménil
Gumenil
Dounoux
le Roulier
Pouxeux
le Vial
Maupotel
Nobaimont
Thiélouze
Safframénil
Uriménil
Géroménil
Aneuménil
la Craque
Charmois-l'Orgueilleux
Naymont
Mélomé
les Buissons
Hadol Haute
le Haut de la Charme
le Petit Charmois
Hadol
la Neuve Verrerie
Uzemain

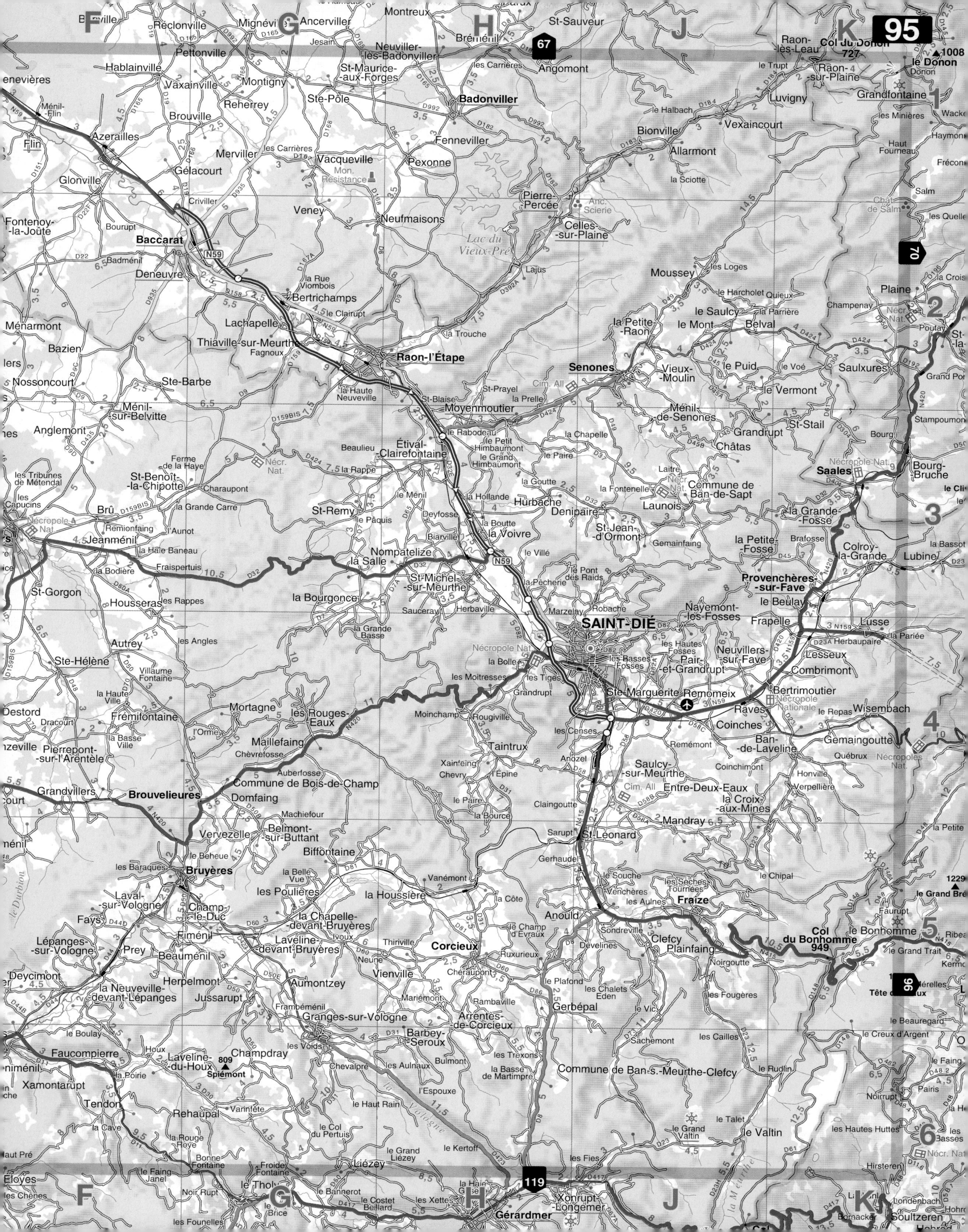
F
G
H
J
K
Montreux
St-Sauveur
Réclonville
Ancerviller
Brémenil
67
Raon-lès-Leau
Col du Donon 727
le Donon 1008
Pettonville
Neuviller-lès-Badonviller
Hablainville
St-Maurice-aux-Forges
Angomont
Raon-sur-Plaine
Vaxainville
Montigny
Grandfontaine
Reherrey
Ste-Pôle
Badonviller
Luvigny
Ménil-Flin
Brouville
Vexaincourt
Azerailles
Fenneviller
Bionville
Flin
Merviller
Vacqueville
Allarmont
Gélacourt
Pexonne
Mon. Résistance
Glonville
la Sciotte
Criviller
Pierre-Percée
Veney
Neufmaisons
Celles-sur-Plaine
Fontenoy-la-Joûte
Lac du Vieux-Pré
Baccarat
N59
70
Badménil
Lajus
Deneuvre
Moussey
la Rue Viombois
Bertrichamps
Plaine
Ménarmont
Lachapelle
le Saulcy
la Petite-Raon
Belval
Bazien
la Trouche
le Mont
Thiaville-sur-Meurthe
Raon-l'Étape
Fagnoux
Senones
Vieux-Moulin
le Puid
Saulxures
Nossoncourt
Ste-Barbe
Ménil-sur-Belvitte
la Haute Neuveville
St-Blaise
Moyenmoutier
le Vermont
Anglemont
Ménil-de-Senones
St-Stail
Grandrupt
Étival-Clairefontaine
Châtas
Ferme de la Haye
Saales
Bourg-Bruche
les Tribunes de Métendal
St-Benoît-la-Chipotte
Commune de Ban-de-Sapt
Launois
Hurbache
Denipaire
Brû
St-Remy
la Voivre
St-Jean-d'Ormont
la Grande-Fosse
Jeanménil
Nompatelize
la Salle
la Petite-Fosse
Colroy-la-Grande
Lubine
St-Gorgon
Fraispertuis
St-Michel-sur-Meurthe
Provenchères-sur-Fave
Housseras
la Bourgonce
Nayemont-les-Fosses
le Beulay
SAINT-DIÉ
Frapelle
Lusse
Autrey
Neuvillers-sur-Fave
Lesseux
Ste-Hélène
Pair-et-Grandrupt
Combrimont
les Rouges-Eaux
Ste-Marguerite
Remomeix
Bertrimoutier
Wisembach
Destord
Mortagne
Frémifontaine
Raves
Coinches
Maillefaing
Taintrux
Ban-de-Laveline
Gemaingoutte
Pierrepont-sur-l'Arentèle
Saulcy-sur-Meurthe
Grandvillers
Commune de Bois-de-Champ
Brouvelieures
Domfaing
Entre-Deux-Eaux
la Croix-aux-Mines
Mandray
Vervezelle
Belmont-sur-Buttant
St-Léonard
Biffontaine
Bruyères
les Poulières
la Houssière
Fraize
Laval-sur-Vologne
Champ-le-Duc
la Chapelle-devant-Bruyères
Anould
Fays
Fiménil
Laveline-devant-Bruyères
Corcieux
Clefcy
Plainfaing
Col du Bonhomme 949
le Bonhomme
Lépanges-sur-Vologne
Prey
Beauménil
Deycimont
Herpelmont
Vienville
Aumontzey
la Neuveville-devant-Lépanges
Jussarupt
Gerbépal
Granges-sur-Vologne
Arrentès-de-Corcieux
Barbey-Seroux
Faucompierre
Laveline-du-Houx
Champdray
809 Spiémont
Commune de Ban-s.-Meurthe-Clefcy
Xamontarupt
Tendon
Rehaupal
le Valtin
la Vologne
le Col du Pertuis
Liézey
119
le Tholy
Gérardmer
Xonrupt-Longemer
la Meurthe
Soultzeren

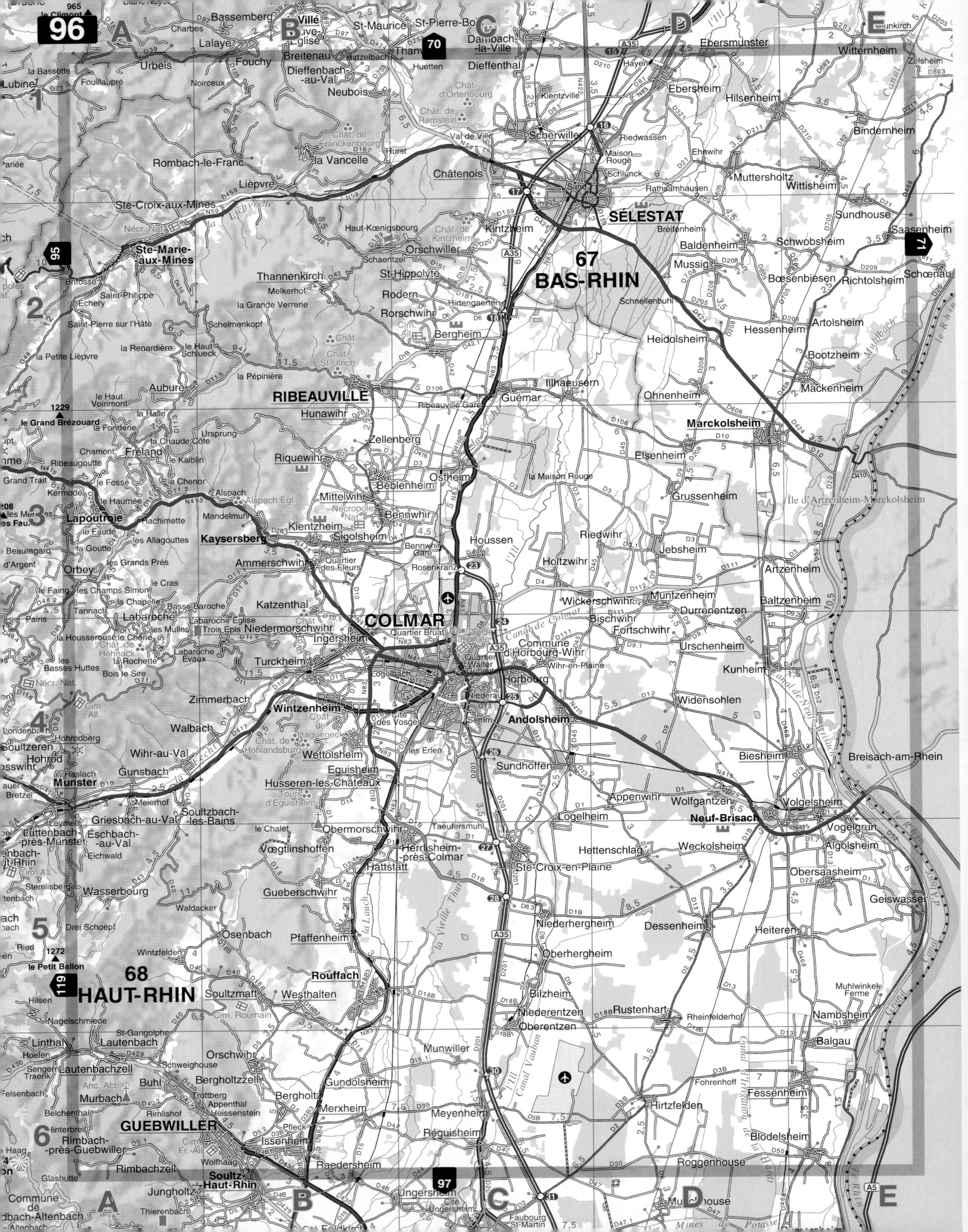

67
BAS-RHIN
68
HAUT-RHIN
SÉLESTAT
COLMAR
RIBEAUVILLÉ
GUEBWILLER
Bassemberg
Villé
St-Maurice
St-Pierre-Bois
Dambach-la-Ville
Ebersmunster
Witternheim
Charbes
Lalaye
Fouchy
Breitenau
Thanvillé
Hirtzelbach
Dieffenbach-au-Val
Neubois
Huetten
Dieffenthal
Urbeis
la Bassotte
Fouillaupré
Noirceaux
Hilsenheim
Ebersheim
Kientzville
Scherwiller
Riedwassen
Bindernheim
Châtenois
Châtenois
Val de Villé
Maison Rouge
Schlunck
Muttersholtz
Wittisheim
Rathsamhausen
Rombach-le-Franc
la Vancelle
Hurst
Liepvre
Ste-Croix-aux-Mines
Sundhouse
Saasenheim
Haut-Kœnigsbourg
Kintzheim
Breitenheim
Baldenheim
Schwobsheim
Ste-Marie-aux-Mines
Orschwiller
Mussig
Bœsenbiesen
Richtolsheim
Schœnau
Thannenkirch
St-Hippolyte
Rodern
Rorschwihr
Bergheim
Schnellenbuhl
Hessenheim
Artolsheim
Heidolsheim
Bootzheim
Saint-Philippe
Échery
Saint-Pierre sur l'Hâte
la Grande Verrerie
Schelmenkopf
la Renardière
le Haut Schlueck
la Petite Liepvre
la Pépinière
Aubure
Illhaeusern
Guémar
Ohnenheim
Mackenheim
Hunawihr
Ribeauvillé Gare
le Haut Voirimont
le Grand Brézouard
la Fonderie
la Chaude Côte
Ursprung
Zellenberg
Marckolsheim
Elsenheim
Riquewihr
Ostheim
Fréland
Chamont
Ribeaugoutte
le Kalblin
la Maison Rouge
Beblenheim
Grand Trait
Kermode
le Fossé
le Chenor
Alspach
Mittelwihr
Grussenheim
Île d'Artzenheim-Marckolsheim
Lapoutroie
le Haumée
Hachimette
Mandelmuhl
Bennwihr
Kientzheim
Sigolsheim
Kaysersberg
les Allagouttes
Houssen
Riedwihr
Jebsheim
Beauregard
la Goutte
Orbey
les Grands Prés
Ammerschwihr
Quartier des Fleurs
Rosenkranz
Holtzwihr
Artzenheim
le Cras
le Faing
les Champs Simon
la Chapelle
Katzenthal
Tannach
Labaroche
Basse Baroche
Wickerschwihr
Muntzenheim
Baltzenheim
Durrenentzen
Pairis
les Mullès
Trois Epis
Niedermorschwihr
Bischwihr
Fortschwihr
la Housserouse
le Chêne
Ingersheim
Quartier Bruat
Commune d'Horbourg-Wihr
Urschenheim
la Rochette
Les Basses Huttes
Bois le Sire
Turckheim
Wihr-en-Plaine
Horbourg
Kunheim
Logelbach
Niederau
Widensohlen
Zimmerbach
Wintzenheim
Andolsheim
Walbach
Cité des Vosges
Semm
Soultzeren
Hohrod
Wihr-au-Val
Wettolsheim
les Erlen
Sundhoffen
Biesheim
Breisach-am-Rhein
Gunsbach
Eguisheim
Munster
Husseren-les-Châteaux
Appenwihr
Wolfgantzen
Meierhof
Soultzbach-les-Bains
Logelheim
Neuf-Brisach
Volgelsheim
Vogelgrun
Griesbach-au-Val
Luttenbach-près-Munster
Eschbach-au-Val
Eichwald
Obermorschwihr
Herrlisheim-près-Colmar
Hettenschlag
Weckolsheim
Algolsheim
Vœgtlinshoffen
Hattstatt
Ste-Croix-en-Plaine
Obersaasheim
Wasserbourg
Gueberschwihr
Geiswasser
Waldacker
Niederhergheim
Dessenheim
Heiteren
Drei Schoepf
Osenbach
Pfaffenheim
le Petit Ballon
Wintzfelden
Oberhergheim
Rouffach
Westhalten
Soultzmatt
Bilzheim
Rustenhart
Rheinfelderhof
Muhlwinkel Ferme
Nambsheim
Hilsen
Nagelschmiede
Niederentzen
Oberentzen
St-Gangolphe
Lautenbach
Linthal
Hoefen
Munwiller
Balgau
Lautenbachzell
Schweighouse
Orschwihr
Bergholtzzell
Buhl
Fohrenhoff
Fessenheim
Murbach
Trottberg
Appenthal
Heissenstein
Bergholtz
Gundolsheim
Rimlishof
Belchenthal
Merxheim
Meyenheim
Hirtzfelden
Pfleck
Issenheim
Réguisheim
Blodelsheim
Rimbach-près-Guebwiller
Wolfhaag
Raedersheim
Roggenhouse
Rimbachzell
Glashutte
Soultz-Haut-Rhin
Jungholtz
Ungersheim
Munchhouse
Thierenbach
Faubourg St-Martin
Canal de Colmar
Canal de Neuf-Brisach
Canal Vauban
Canal d'Irrigation de la Hardt
le Rhin
Grand Canal d'Alsace
la Lauch
l'Ill
la Fecht
la Vieille Thur
le Muhlbach
Mines de Potasse
1229
1272
965

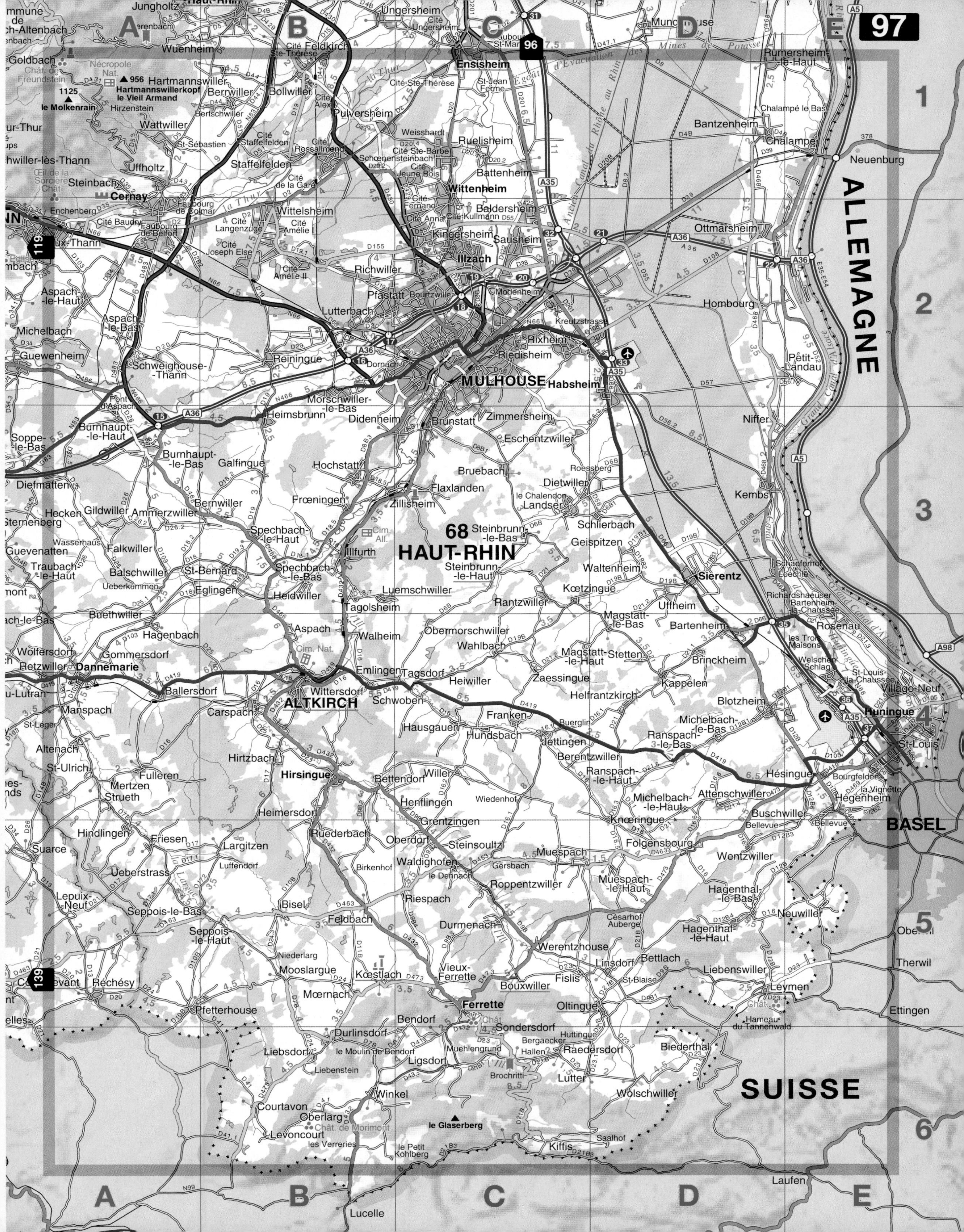
A
B
C
D
E
1
2
3
4
5
6
96
119
139
ALLEMAGNE
SUISSE
68 HAUT-RHIN
MULHOUSE
ALTKIRCH
BASEL
Ensisheim
Wittenheim
Illzach
Kingersheim
Sausheim
Pfastatt
Lutterbach
Riedisheim
Rixheim
Habsheim
Brunstatt
Didenheim
Cernay
Wittelsheim
Staffelfelden
Pulversheim
Richwiller
Ruelisheim
Battenheim
Baldersheim
Ottmarsheim
Bantzenheim
Chalampé
Neuenburg
Hombourg
Petit-Landau
Niffer
Kembs
Sierentz
Huningue
St-Louis
Village-Neuf
Hégenheim
Hésingue
Dannemarie
Ballersdorf
Illfurth
Zillisheim
Flaxlanden
Hirsingue
Ferrette
Seppois-le-Bas
Pfetterhouse
Courtavon
Oberlarg
Levoncourt
Winkel
Ligsdorf
Sondersdorf
Oltingue
Leymen
Wolschwiller
Lutter
Kiffis
Lucelle
Laufen
Ettingen
Therwil
le Glaserberg
Heimsbrunn
Reiningue
Schweighouse-Thann
Burnhaupt-le-Haut
Burnhaupt-le-Bas
Bernwiller
Spechbach-le-Haut
Spechbach-le-Bas
Tagolsheim
Walheim
Aspach
Carspach
Wittersdorf
Tagsdorf
Landser
Steinbrunn-le-Bas
Steinbrunn-le-Haut
Waltenheim
Uffheim
Rosenau
Blotzheim
Buschwiller
Folgensbourg
Muespach
Waldighofen
Durmenach
Werentzhouse
Bouxwiller
Feldbach
Bisel
Largitzen
Friesen
Hindlingen
Manspach
Suarce
Réchésy
Mooslargue
Kœstlach
Mœrnach
Durlinsdorf
Liebsdorf
Raedersdorf
Biederthal
Hagenthal-le-Bas
Hagenthal-le-Haut
Neuwiller
Liebenswiller
Fislis
Linsdorf
Bettlach

98
A
B
C
D
E
74
73
1
2
3
4
5
6
QUIMPER
29
FINISTÈRE
Guiler-sur-Goyen
Pennanguer
Sanquer
Kernon
Ménez Merdy
Ty Hoant
Coat Olier
Stang Venn
Odet
Kerivin
la Boissière
Troheir
Ty Gardien
Quélennec
St-André
Kermenguy
la Trinité
Landudec
Hent-Meur
Kergaben
Lestonan
Kerlaéron
Kervéret Vihan
Moustoir
les Quatre Chemins
le Paradis
Kerfeunteun
Kervéant
Plozévet
Kerstridic
Plogastel-St-Germain
Roudouic
la Croix Rouge
Ergué-Gabéric
Kerdévot
Kerangagn
Kervinou
Pluguffan
Penhars
Locmaria
Ergué-Armel
Ménez Pontigou
Lezavrec
Kergurunet
Kériner
Gorréquer
Keristenvet
Lababan
Kervéyen
St-Germain
Ty Crapon
Kermaduit
Kervilien
Kernévez
Pont Guennou
Kerlagatu
Bos
Squibarveur
Kerongard Divisquin
Pouldreuzic
Kerétol
Kerdavid
Le Moulin des Landes
Kervao
St-Yvy
le Sent
Minven
St-Guénolé
Ty Lipic
Ménez Bily
Penhors
Peumérit
St-Joseph
Ménez Kervouyen
l'Arbre du Chapon
Lotissement du Bois-de-Pleuven
Ménez Tropi
Pennker
Cozmaner
Croaz Kermel
Poullogoden
Croaz an Itron
Vern
Kerautret
Kerbernez
Plovan
Tréogat
Stang ar Bacol
Stang ar Beuz
Plomelin
Fao Youen
Kerfram
Ménez Leuré
le Moulin du Pont
St-Évarzec
Plonéour-Lanvern
Penhors
Languivoa
Ménez Trémeoc
Ty Glaz
la Grande Halte
Croaz Avalou
Lanphily
St-Roch
Ménez Bris
Gouesnach
Prajou
la Forêt-Fouesnant
la Boissie
Tréguennec
Trémeoc
Kerguillec
Ménez Kerdréanton
Pleuven
Loc Amand
Beg Ménez
Pennanguer
Keriforn
Siljou
Combrit
St-Jean
Clohars-Fouesnant
Kerbascol
Méjou Roz
Kereon
Bringall
Chât. de Cheffontaines
Fouesnant
la Haie
Kerleven
le Poteau Vert
Tréganne
St-Jean-Trolimon
Egl.
Ménez Kernun
Cap Coz
Kernéac'h
Tronoan
Pont-l'Abbé
Ty Ru
Ste-Marine
Bénodet
Pont Henvez
Concarneau
la Métairie Neuve
le Trez Braz
Ménez Burten
Baie de la Forêt
Kerondo
Croaz-Hent Kernein
Port de la Croix
Beuzec
le Sillon
Kerzinaou
Pointe de la Torche
Lézinadou
Manoir de Kérazan
Beg Meil
Pointe du Cabellou
Plomeur
Île-Tudy
Anse de Bénodet
Mousterlin
les Rochers
Kerc'Hom
le Cabellou
Lestriguiou
Keroullé
le Suler
Loctudy
St-Guénolé
Penmarch
Kerhervant
Kergall
la Joie
le Moulin de Pendreff
Pendreff
Plobannalec
Brémoguer
Rucroazic
Poulguen
Treffiagat
Lodonnec
St-Pierre
Kérity
Skividen
Kerfriant
Guilvinec
Léchiagat
Léhan
Lesconil
le Cosquer
Île aux Moutons
ÎLES DE GLÉNAN
Île de Drénec
Île de Penfret
Île du Loc'h
N165
N365
D784
D765
D785
D44
D2
D40
D57
D156
D34
D45

99
F
G
H
J
K
1
2
3
4
5
6
75
76
100
29
FINISTÈRE
56
MORBIHAN
Scaër
Guiscriff
St-Maudez
le Faouët
Tourch
Elliant
Rosporden
Bannalec
St-Thurien
Querrien
Lanvénégen
Meslan
Berné
Locunolé
Guilligomarc'h
Arzano
Mellac
Tréméven
le Trévoux
Quimperlé
Melgven
Trégunc
Pont-Aven
Riec-sur-Belon
Névez
Moëlan-sur-Mer
Clohars-Carnoët
le Pouldu
Guidel
Guidel-Plage
Rédené
Cléguer
Pont-Scorff
Gestel
Quéven
Ploemeur
Larmor-Plage
Port-Louis
Gâvres
N165
Anse du Pouldu
Basse des Bretons
ILE DE GROIX
Groix
Quelhuit
Kervédan
Kermario
Kerrohet
Quéhello
Locqueltas
Locmaria
Passe de l'Ouest
Passe du Sud
Manoir de Kernault
St-Maurice Abb. et Chât.
Port-Manec'h
Pointe de Trévignon
Trévignon
Raguénez
Doëlan
Lomener

100
A
B
C
D
E
1
2
3
4
5
6
76
99
120
Inguiniel
Kermignan
Kerandal
St-Vincent
Tal er Ganquis
Melrand
Locmaria
Kerprat
Coëtmenan
Bieuzy
St-Nicolas-des-Eaux
Castennec
Pennaut
Moustoir-Remungol
Poulvern
Bodion
Kervalan
Kerstraquel
Kergristien
Kermaux
Kerscomard
Kerhouarne
Lochrist
St-Armel
Bubry
Cunffio
Bouterhoc
Locunel
Cosquer-Fannic
Pluméliau
Kermonserh
St-Hilaire
l'Ale-Faü
Nézerh
Kerscoulic
Lézot
Kerihuel
Poul-er-Groëz
Kervac
Goh-Canquis
St-Rivalain
St-Thuriau
Lann-Pontual
Bret
Kergroix
Pont-Nivino
Plouay
St-Lévenec
Saint-Maurice
la Lande de St-Yves
St-Yves
St-Barthélemy
Talhouët-Avalec
Kerualé-St-Claude
Remungol
Pembo
Kergarnic
Bois-Fleuri
Kervégant
Locmaria
Govero
Pont-en-Daul
Lanvaudan
Corn-Garh-en-du
Coët-Organ
St-Adrien
Quistinic
Kermoizan
Kermorvan
Guénin
Kerfraval
Kerdanet
Kerchopine
Kervenic
le Pont de l'Angle
Poul-Fetan
le Blavet
Crann
Koh Koëd
Kerguillaume
Calan
le Liorzo
le Bourron
Mané Trévédec
St-Symphorien
Baud
la Cité
Kerscaouët
Kergauthier
Botcoët
Pilorne
Fontaine-Maria
Kergaës
Penquesten
Kersquer
St-Donatien
Kerdoret
le Faouët-Bodery
la Haie Basse
Tallann
l'Enfer
Rest er Moël
Kergonan
Kerdéhel
Kerrous
le Rudet
Kervidel
Botnoch
Kernaud
Senèbret
Inzinzac-Lochrist
Kerdestang
St-Nicolas
Bot Pér
Rimaison
la Chapelle-Neuve
Plumelin
Pont-Scorff
le Grand Resto
Roscoët
Camors
Kerniel
Kerhabellec
St-Séverin
le Temple
Lochrist
Kervarh
Lanveur
Languidic
Lann Vréhan
la Haie
St-Quidy
Penmené
Nelhouet
St-Jean
Lambel
Kergludan
Kerbastard
Caudan
Kercroc
Hennebont
Coët Megan
Guerzelin
Penhér Kreiz
Goah Huërn
Penvern
Kerhéro
Lezevorh
St-Gilles
Kerhouant
Strabon
Keradic
Kerpenru
Bod Kesten
Coz Camors
Chanticoq
les Trois Croix
le Bois du Cerf
Kergolvé
Saint-Antoine
Brandérion
Kergohann
Coët Evenec
Malachap
Trélecan
Lann Bieuzy
Locoyarn
Ganquis
Treauray
Bieuzy-Lanvaux
la Forêt
Kerrivalain
Kerentrech
Lanester
Keranden
Kervarh
Kerhouriet
Kériel
Kerauffret
Tréméno
Loperhet
le Bonhomme
Coët Magoër
Kermoisan
Kergal
Kervignac
Pluvigner
Brandivy
Vialgoët
Kerdual
St-Sterlin
Magouëro
Landévant
Bourgerel
Penhouet
LORIENT
Locmaria
Talhouët
St-Thomin
Nostang
Locmaria er Hoët
Miniho
Loguiviec
Kervranton
Tremer
le Poteau
Lopabu
Lanhoret
Locmiquélic
Kervihen
Merlevenez
Beg-er-Lann
Persuel
Larmor
Langonbrac'h
Landaul
Talhouët
Ménétavy
Grého
le Distro-Izel
l'Hermite
Calan
Kerhün
Plumergat
Riantec
Ste-Hélène
Langroëz
Port-Louis
Locoal-Mendon
Lapaul
Bonerfaven
Talhouët
Brech
le Clud
Villeneuve-Pont-Normand
Pratel Mat
Ban-Gâvres
Groac'h-Carnet
Guerno
le Verdon
Locoal
le Crannic
Kervazo
Trézelén
Locmaria
Locmiquel
Bodéan
Gâvres
Plouhinec
le Moustoir
Kerrio
Kerhouarn
Corn er Hoët
St-Dégan
Ste-Anne-d'Auray
Nestadio
Kervalh
St-Guerin
Kerhouil
Copérit
Kerzine
St-Cado
Kernours
Minihi
Méridec
Kerango
Kervariay
Belz
Kerdelam
Kerstran
Kerberhuët
le Palastr
Magouëro
Pont-Lorois
les Quatre Chemins
Calavret
Penhoët
Tréguevir
Lézuna
le Magouër
Étel
Auray
Pluneret
Trémodec
Kervarc'h
St-Cado
Kerbrezel
Erdeven
Kerminihy
Ploemel
Plougoumelen
Ploeren
Toulprio
Manoir de Kercadio
St-Sauveur
Ste-Avoye
Cité de Kerphilippe
Hallat
Kervazic
Rosnarho
Bono
Lestréviau
Kerouriec
Crucuno
Quelvezin
Kernourz
Kerguoc'h
Lann er Marh
Toul Broc'h
le Moustoir
Kergouët
Crach
Baden
Kerivel
Ste-Barbe
Kerdreven
Penmern
Plouharnel
Ste-Anne
Kerlescan
Kerizan
le Guern
St-Michel
Kerlann
Cité du Runel
la Trinité-sur-Mer
Kerisper
le Bois Bourgerel
Port Blanc
Méridec
Kercroc
Bourgerel
St-Philibert
Kercadoret
le Trec'h
Carnac
Kerouarc'h
Locmiquel
Larmor-Baden
St-Colomban
Kerarno
Île-aux-Moines
Légenès
Carnac-Plage
Kerbihan
Kerno
Penthièvre
Kernevest
Locmariaquer
Penhap
St-Pierre-Lopérec
Golfe
Bilgroix
Kerners
Kerhostin
Pointe de Kerpenhir
Arzon
Portivy
Port Navalo
le Crouesty
le Lojo
Kerassel

101
77
78
102
121
F
G
H
J
K
1
2
3
4
5
6
56
MORBIHAN
Naizin
Réguiny
Pleugriffet
Radenac
Lantillac
Josselin
Guégon
Buléon
Moréac
St-Allouestre
Bignan
Guéhenno
Cruguel
Billio
St-Jean-Brévelay
Plumelec
Lizio
St-Servant
Helléan
Loyat
Ploërmel
Gourhel
Taupont
la Croix-Helléan
la Grée-St-Laurent
Lanouée
St-Malo-des-Trois-Fontaines
Néant-sur-Yvel
Guillac
Quily
Montertelot
Monterrein
la Chapelle-Caro
St-Abraham
le Roc-St-André
Missiriac
Malestroit
St-Marcel
Sérent
Trédion
Plaudren
Locqueltas
Locmaria-Grand-Champ
Colpo
St-Guyomard
Bohal
Pleucadeuc
Elven
Monterblanc
Meucon
Plescop
St-Avé
St-Nolff
Molac
Larré
le Cours
Pluherlin
Rochefort-en-Terre
Questembert
Treffléan
Sulniac
la Vraie-Croix
Limerzel
VANNES
Séné
Theix
Noyalo
Lauzach
Berric
la Trinité-Surzur
Surzur
le Hézo
St-Armel
Ile-d'Arz
Noyal-Muzillac
Péaule
le Guerno
Muzillac
Ambon
Forteresse de Largoët
Chât. de Kerguéhennec
Chât. de Crévy
Chât. de Plessis-Josso
Étang au Duc
Étang de Kernicole
Morbihan

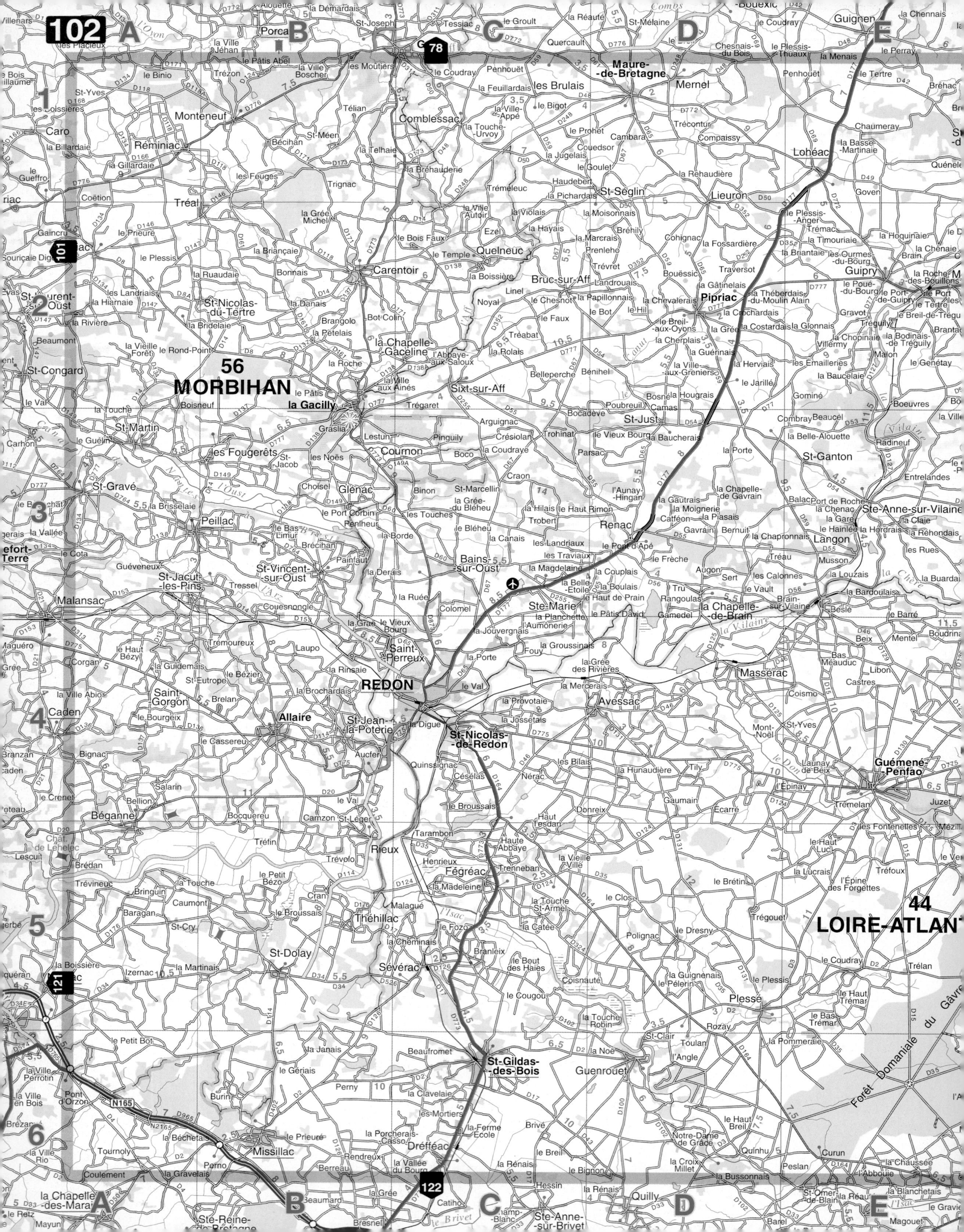
102
A
B
C
D
E
1
2
3
4
5
6
78
101
121
122
56
MORBIHAN
44
LOIRE-ATLAN
Maure-de-Bretagne
Mernel
Guignen
Porcal
St-Joseph
Tessiac
le Groult
la Réauté
St-Mélaine
Monteneuf
Réminiac
Caro
Comblessac
les Brulais
Lohéac
Lieuron
St-Séglin
Tréal
Carentoir
Quelneuc
Bruc-sur-Aff
Pipriac
Guipry
St-Laurent-sur-Oust
St-Nicolas-du-Tertre
la Chapelle-Gaceline
St-Congard
la Gacilly
Sixt-sur-Aff
St-Just
St-Martin
les Fougerêts
Cournon
Glénac
St-Gravé
Peillac
St-Ganton
Renac
Ste-Anne-sur-Vilaine
Langon
Bains-sur-Oust
St-Vincent-sur-Oust
St-Jacut-les-Pins
Malansac
Ste-Marie
la Chapelle-de-Brain
Brain-sur-Vilaine
Saint-Perreux
REDON
Masserac
Saint-Gorgon
Caden
Allaire
St-Jean-la-Poterie
St-Nicolas-de-Redon
Avessac
Guémené-Penfao
Béganne
Rieux
Fégréac
Théhillac
St-Dolay
Sévérac
Plessé
St-Gildas-des-Bois
Guenrouet
Missillac
Drefféac
Quilly
Ste-Anne-sur-Brivet
Ste-Reine-de-Bretagne
la Chapelle-des-Marais
Forêt Domaniale du Gâvre
la Vilaine
l'Oust
l'Isac
le Don
N165

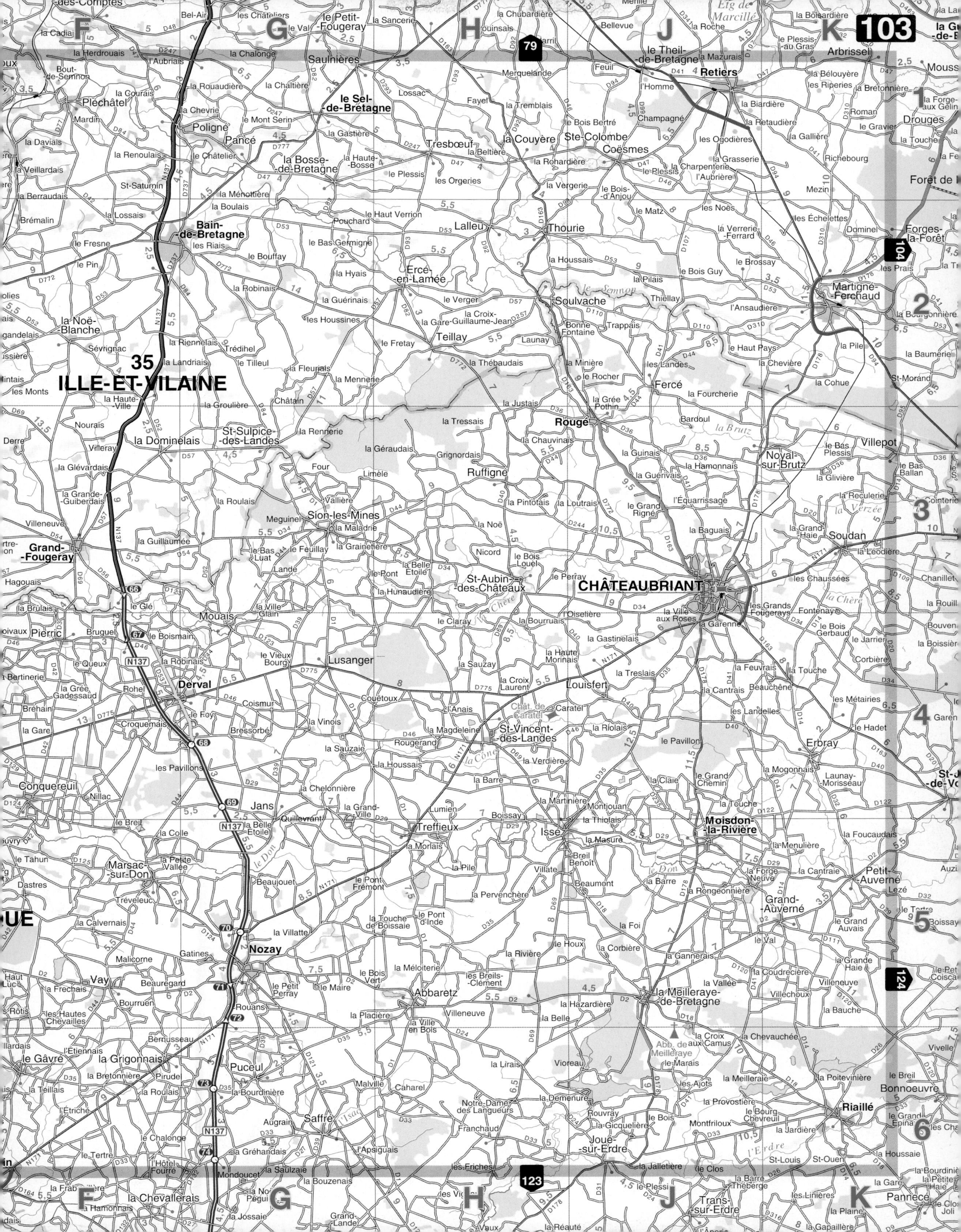
F
G
H
J
K
1
2
3
4
5
6
79
104
124
123
35
ILLE-ET-VILAINE
CHÂTEAUBRIANT
le Theil-de-Bretagne
Retiers
Arbrissel
Saulnières
le Petit-Fougeray
le Sel-de-Bretagne
Pléchâtel
Poligné
Pancé
Tresbœuf
la Couyère
Ste-Colombe
Coësmes
la Bosse-de-Bretagne
Bain-de-Bretagne
Lalleu
Thourie
Ercé-en-Lamée
Soulvache
Martigné-Ferchaud
Forges-la-Forêt
Drouges
Teillay
Fercé
Rougé
la Noë-Blanche
St-Sulpice-des-Landes
la Dominelais
Ruffigné
Noyal-sur-Brutz
Villepot
Sion-les-Mines
Grand-Fougeray
Soudan
St-Aubin-des-Châteaux
Mouais
Pierric
Lusanger
Derval
Louisfert
St-Vincent-des-Landes
Erbray
Conquereuil
Jans
Treffieux
Issé
Moisdon-la-Rivière
Marsac-sur-Don
Grand-Auverné
Petit-Auverné
Nozay
Vay
Abbaretz
la Meilleraye-de-Bretagne
le Gâvre
la Grigonnais
Puceul
Saffré
Joué-sur-Erdre
Riaillé
Bonnoeuvre
Trans-sur-Erdre
la Chevallerais
N137
N171

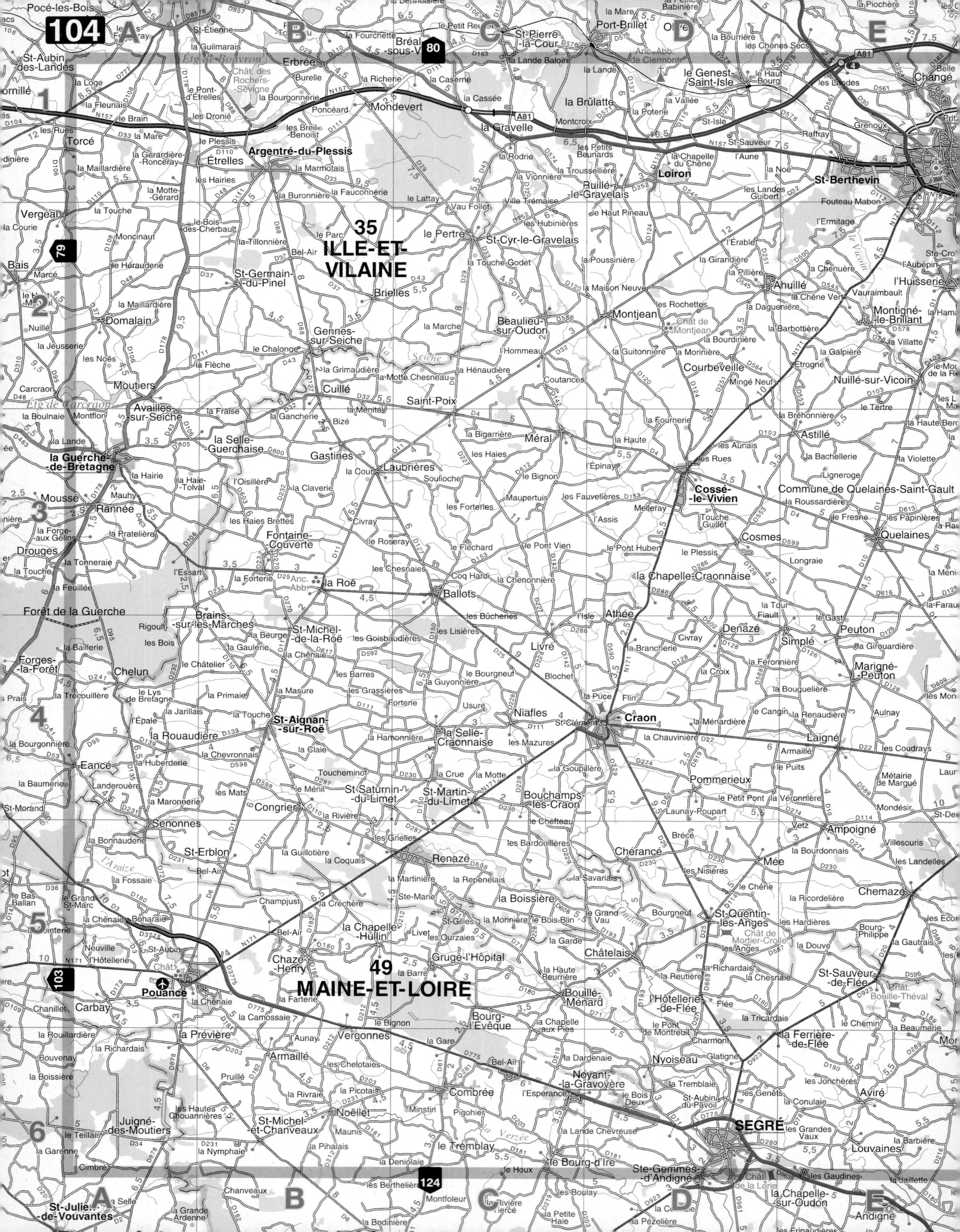
104
A
B
C
D
E
1
2
3
4
5
6
79
80
103
124
35
ILLE-ET-VILAINE
49
MAINE-ET-LOIRE
Pocé-les-Bois
St-Aubin-des-Landes
Torcé
Vergéal
Bais
Marcé
Domalain
Moutiers
Carcraon
Étg de Carcraon
Availles-sur-Seiche
la Guerche-de-Bretagne
Mousse
Rannée
Drouges
Forêt de la Guerche
Forges-la-Forêt
Chelun
Eancé
Senonnes
St-Erblon
Pouancé
Carbay
la Prévière
Armaillé
Juigné-des-Moutiers
St-Julien-de-Vouvantes
St-Étienne
Étg de Bouvron
Erbrée
Mondevert
Argentré-du-Plessis
Étrelles
St-Germain-du-Pinel
Gennes-sur-Seiche
Cuillé
Brielles
la Seiche
la Selle-Guerchaise
Gastines
Fontaine-Couverte
Brains-sur-les-Marches
St-Michel-de-la-Roë
la Roë
St-Aignan-sur-Roë
Congrier
St-Saturnin-du-Limet
Renazé
la Boissière
la Chapelle-Hullin
Chazé-Henry
Vergonnes
Noëllet
St-Michel-et-Chanveaux
Bréal-sous-Vitré
St-Pierre-la-Cour
Port-Brillet
Olivet
la Gravelle
le Pertre
St-Cyr-le-Gravelais
Beaulieu-sur-Oudon
Saint-Poix
Laubrières
Ballots
la Selle-Craonnaise
St-Martin-du-Limet
Bouchamps-lès-Craon
Gruge-l'Hôpital
Bourg-l'Évêque
Combrée
le Tremblay
Bouillé-Ménard
Noyant-la-Gravoyère
le Bourg-d'Iré
Ste-Gemmes-d'Andigné
le Genest-Saint-Isle
la Brûlatte
Loiron
Ruillé-le-Gravelais
Montjean
Courbeveille
Méral
Cossé-le-Vivien
Cosmes
la Chapelle-Craonnaise
Athée
Livré
Niafles
Craon
Pommerieux
Chérancé
St-Quentin-les-Anges
Châtelais
l'Hôtellerie-de-Flée
Nyoiseau
SEGRÉ
Changé
St-Berthevin
Ahuillé
l'Huisserie
Montigné-le-Brillant
Nuillé-sur-Vicoin
Astillé
Commune de Quelaines-Saint-Gault
Quelaines
Denazé
Simplé
Peuton
Marigné-Peuton
Laigné
Ampoigné
Mée
Chemazé
St-Sauveur-de-Flée
la Ferrière-de-Flée
Avirė
Louvaines
la Chapelle-sur-Oudon
Andigné
A81
N157
N171
D775

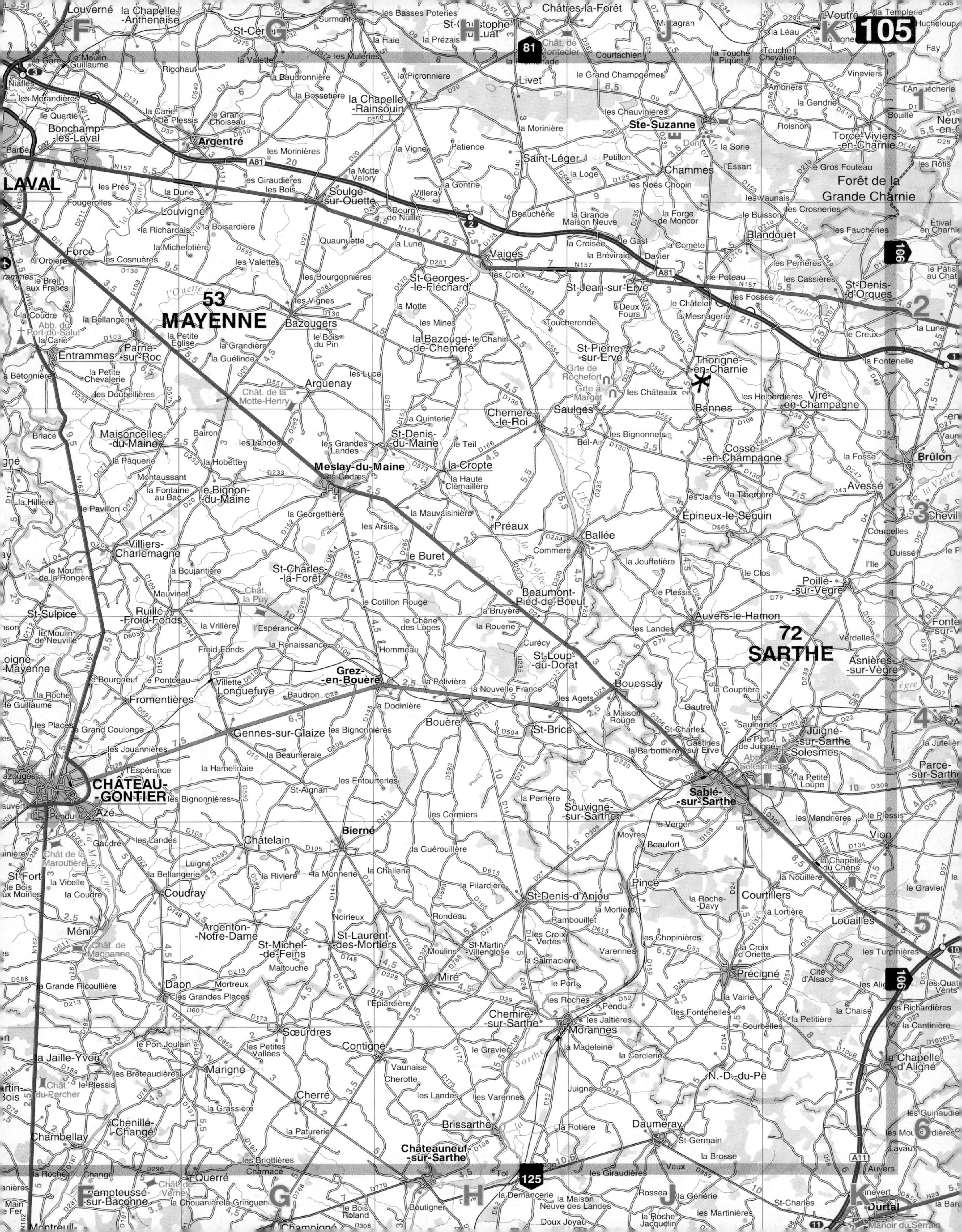
F
G
H
J
K
1
2
3
4
5
6
LAVAL
53
MAYENNE
72
SARTHE
CHÂTEAU-GONTIER
Sablé-sur-Sarthe
Meslay-du-Maine
Grez-en-Bouère
Ste-Suzanne
Louverné
la Chapelle-Anthenaise
St-Cénéré
Châtres-la-Forêt
Voutré
Bonchamp-lès-Laval
Argentré
la Chapelle-Rainsouin
Livet
Saint-Léger
Chammes
Torcé-Viviers-en-Charnie
Forêt de la Grande Charnie
Soulgé-sur-Ouette
Louvigné
Vaiges
Blandouet
Forcé
St-Georges-le-Fléchard
St-Jean-sur-Erve
St-Denis-d'Orques
Bazougers
la Bazouge-de-Chemeré
St-Pierre-sur-Erve
Thorigné-en-Charnie
Entrammes
Parné-sur-Roc
Arquenay
Chemeré-le-Roi
Saulges
Bannes
Viré-en-Champagne
Maisoncelles-du-Maine
St-Denis-du-Maine
la Cropte
Cossé-en-Champagne
Brûlon
le Bignon-du-Maine
Préaux
Ballée
Épineux-le-Seguin
Avessé
Villiers-Charlemagne
le Buret
St-Charles-la-Forêt
Poillé-sur-Vègre
Beaumont-Pied-de-Boeuf
Auvers-le-Hamon
St-Sulpice
Ruillé-Froid-Fonds
St-Loup-du-Dorat
Asnières-sur-Vègre
Longuefuye
Fromentières
Bouessay
Bouère
St-Brice
Juigné-sur-Sarthe
Solesmes
Gennes-sur-Glaize
Parcé-sur-Sarthe
Azé
St-Aignan
Souvigné-sur-Sarthe
Vion
Châtelain
Bierné
Coudray
St-Denis-d'Anjou
Pincé
Courtillers
Louailles
Ménil
Argenton-Notre-Dame
St-Michel-de-Feins
St-Laurent-des-Mortiers
Précigné
Daon
Miré
Chemiré-sur-Sarthe
Morannes
Sœurdres
Contigné
la Jaille-Yvon
Marigné
N.-D.-du-Pé
la Chapelle-d'Aligné
Cherré
Chenillé-Changé
Chambellay
Brissarthe
Daumeray
Châteauneuf-sur-Sarthe
Querré
Champteussé-sur-Baconne
Durtal
A81
A11
N157
N162
81
106
125

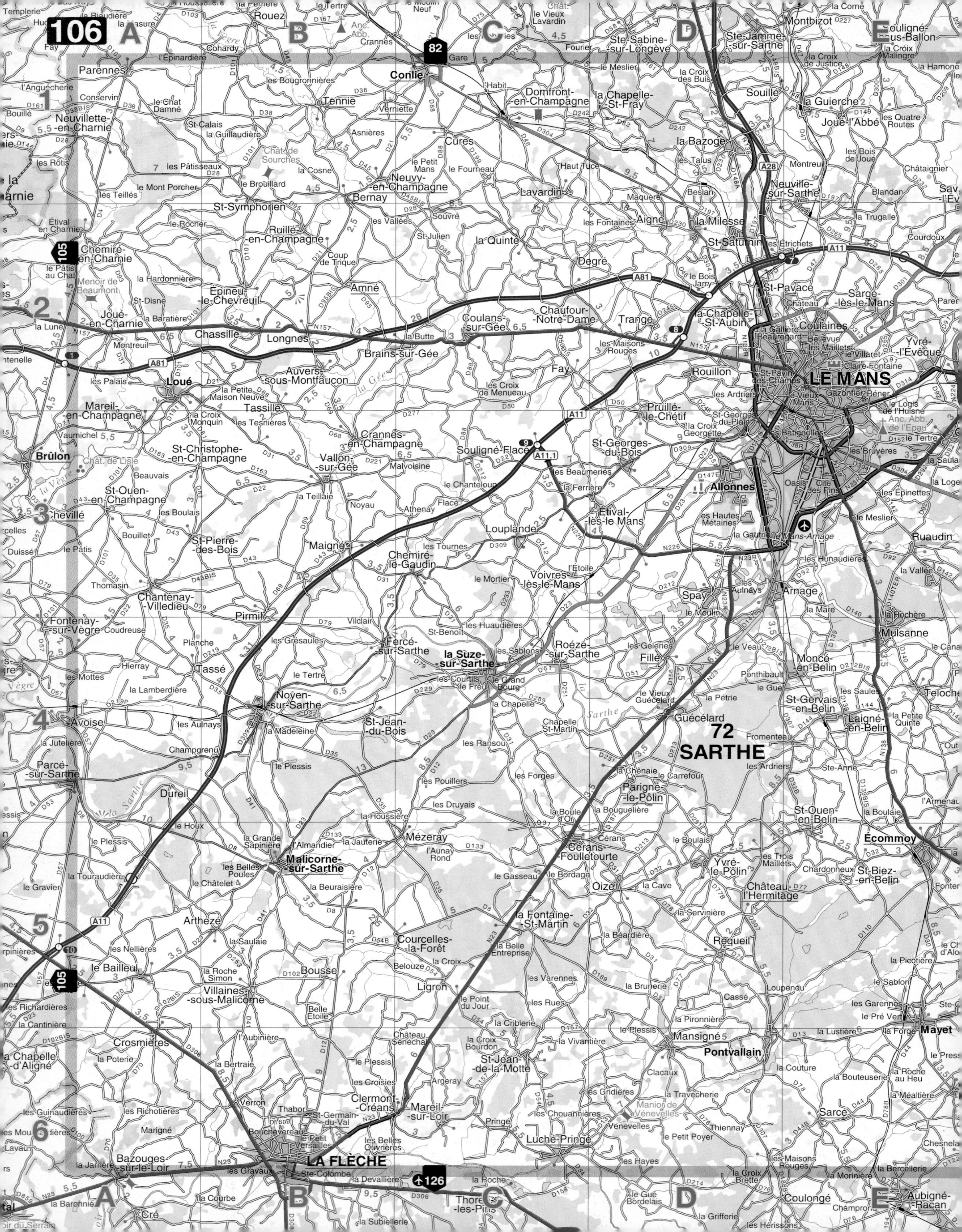
A
B
C
D
E
1
2
3
4
5
6
82
105
126
Rouez
Conlie
Ste-Sabine-sur-Longève
Ste-Jamme-sur-Sarthe
Montbizot
Souligné-sous-Ballon
Parennes
Tennie
Domfront-en-Champagne
la Chapelle-St-Fray
Souillé
la Guierche
Joué-l'Abbé
Neuvillette-en-Charnie
Cures
la Bazoge
Neuvy-en-Champagne
Bernay
Lavardin
Neuville-sur-Sarthe
St-Symphorien
Ruillé-en-Champagne
la Quinte
Aigné
la Milesse
St-Saturnin
Chemiré-en-Charnie
Amné
Degré
Épineu-le-Chevreuil
St-Pavace
Sargé-lès-le-Mans
Joué-en-Charnie
Chassillé
Longnes
Coulans-sur-Gée
Chaufour-Notre-Dame
Trangé
la Chapelle-St-Aubin
Coulaines
Yvré-l'Évêque
Brains-sur-Gée
Fay
Rouillon
LE MANS
Loué
Auvers-sous-Montfaucon
Tassillé
Mareil-en-Champagne
Pruillé-le-Chétif
Brûlon
St-Christophe-en-Champagne
Crannes-en-Champagne
Vallon-sur-Gée
Souligné-Flacé
St-Georges-du-Bois
Allonnes
St-Ouen-en-Champagne
Chevillé
Étival-lès-le-Mans
Louplande
St-Pierre-des-Bois
Maigné
Chemiré-le-Gaudin
Ruaudin
Chantenay-Villedieu
Voivres-lès-le-Mans
Spay
Arnage
Pirmil
Fontenay-sur-Vègre
Fercé-sur-Sarthe
la Suze-sur-Sarthe
Roézé-sur-Sarthe
Fillé
Mulsanne
Tassé
Moncé-en-Belin
Noyen-sur-Sarthe
St-Gervais-en-Belin
Avoise
St-Jean-du-Bois
Guécélard
72
SARTHE
Laigné-en-Belin
Parcé-sur-Sarthe
Dureil
Parigné-le-Pôlin
St-Ouen-en-Belin
Mézeray
Malicorne-sur-Sarthe
Cérans-Foulletourte
Écommoy
Yvré-le-Pôlin
St-Biez-en-Belin
Oizé
Château-l'Hermitage
Arthezé
la Fontaine-St-Martin
Courcelles-la-Forêt
Requeil
le Bailleul
Bousse
Villaines-sous-Malicorne
Ligron
Crosmières
Mansigné
Pontvallain
Mayet
St-Jean-de-la-Motte
Clermont-Créans
Mareil-sur-Loir
Sarcé
Luché-Pringé
Bazouges-sur-le-Loir
LA FLÈCHE
Coulongé
Aubigné-Racan
Thorée-les-Pins
A11
A81
A28

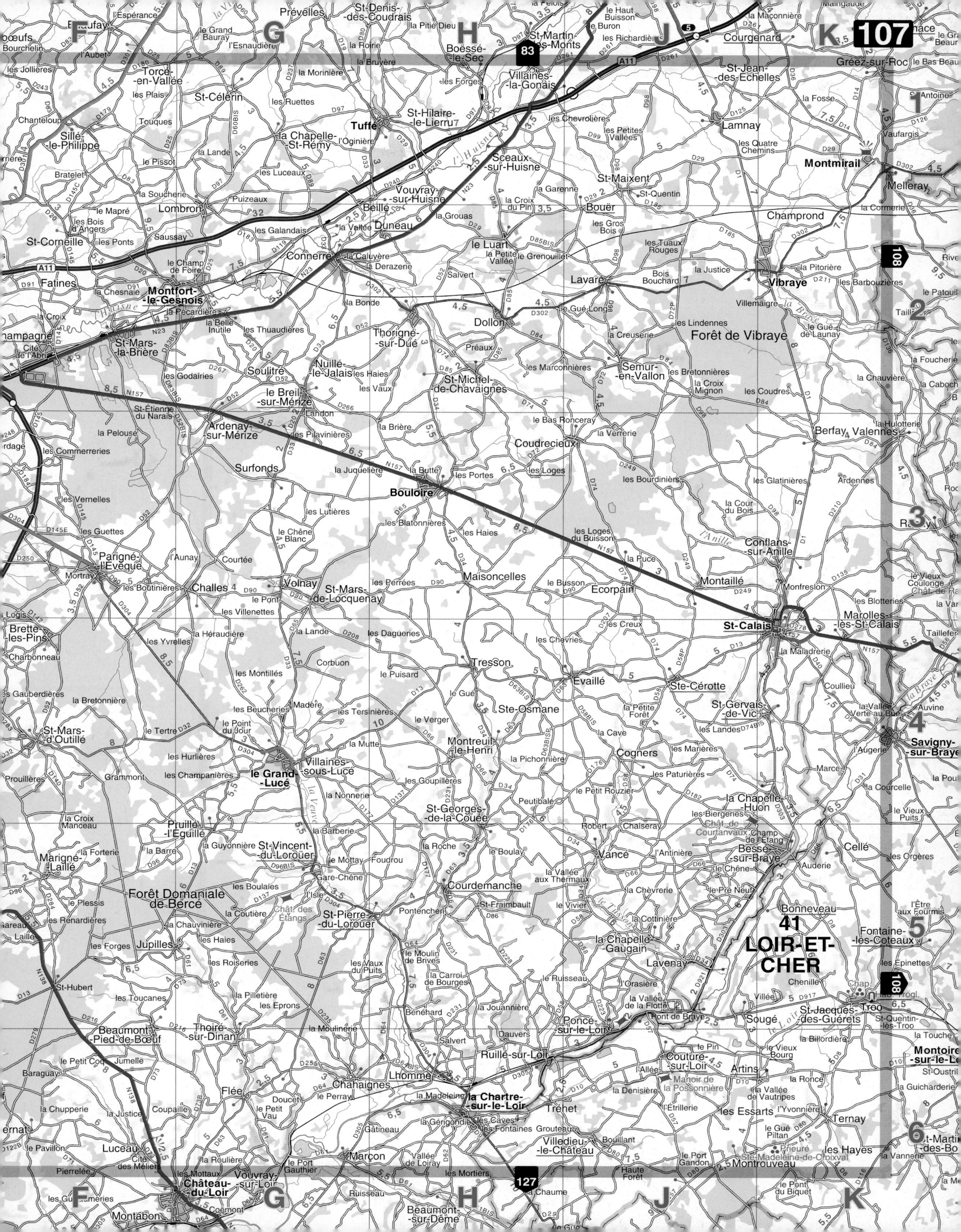

107
F
G
H
J
K
1
2
3
4
5
6
83
108
127
A11
N23
N157
N138
Prévelles
St-Denis-des-Coudrais
Boëssé-le-Sec
St-Martin-des-Monts
Courgenard
Gréez-sur-Roc
Torcé-en-Vallée
St-Célerin
Villaines-la-Gonais
St-Jean-des-Echelles
Tuffé
St-Hilaire-le-Lierru
Lamnay
Sillé-le-Philippe
la Chapelle-St-Rémy
Sceaux-sur-Huisne
Montmirail
Melleray
St-Maixent
Vouvray-sur-Huisne
Beillé
Lombron
Bouër
Champrond
Duneau
St-Corneille
le Luart
Connerré
Montfort-le-Gesnois
Lavaré
Vibraye
Fatines
Dollon
Thorigné-sur-Dué
St-Mars-la-Brière
Forêt de Vibraye
Semur-en-Vallon
Soulitré
Nuillé-le-Jalais
St-Michel-de-Chavaignes
le Breil-sur-Mérize
Ardenay-sur-Mérize
Coudrecieux
Berfay
Valennes
Surfonds
Bouloire
Conflans-sur-Anille
Parigné-l'Évêque
Volnay
St-Mars-de-Locquenay
Maisoncelles
Challes
Écorpain
Montaillé
St-Calais
Marolles-les-St-Calais
Brette-les-Pins
Tresson
Évaillé
Ste-Cérotte
Ste-Osmane
St-Gervais-de-Vic
St-Mars-d'Outillé
Montreuil-le-Henri
Cogners
Savigny-sur-Braye
le Grand-Lucé
Villaines-sous-Lucé
St-Georges-de-la-Couée
la Chapelle-Huon
Pruillé-l'Éguillé
St-Vincent-du-Lorouër
Vancé
Bessé-sur-Braye
Cellé
Marigné-Laillé
Courdemanche
Forêt Domaniale de Bercé
St-Pierre-du-Lorouër
Bonneveau
41
LOIR-ET-CHER
Jupilles
la Chapelle-Gaugain
Lavenay
Fontaine-les-Coteaux
St-Hubert
St-Jacques-des-Guérets
Sougé
Beaumont-Pied-de-Bœuf
Thoiré-sur-Dinan
Poncé-sur-le-Loir
Ruillé-sur-Loir
Couture-sur-Loir
Artins
Montoire-sur-le-Loir
Flée
Chahaignes
Lhomme
la Chartre-sur-le-Loir
Tréhet
Ternay
Luceau
Marçon
Villedieu-le-Château
Les Hayes
Château-du-Loir
Vouvray-sur-Loir
Montrouveau
Montabon
Beaumont-sur-Dême

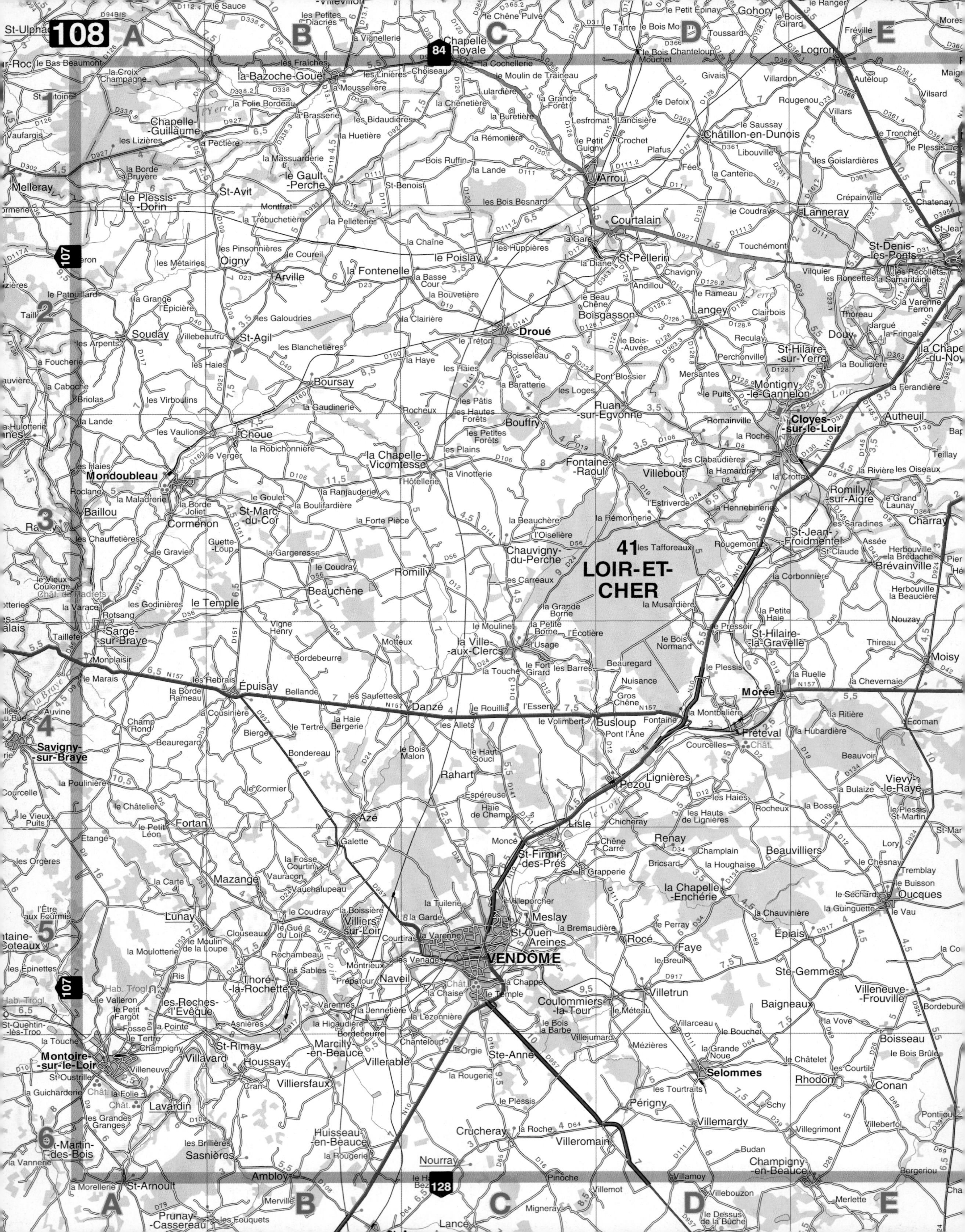

108
A
B
C
D
E
84
107
128
1
2
3
4
5
6
41
LOIR-ET-CHER
VENDÔME
Mondoubleau
Droué
Cloyes-sur-le-Loir
Montoire-sur-le-Loir
Selommes
Chapelle-Royale
la Bazoche-Gouet
Chapelle-Guillaume
le Gault-Perche
le Plessis-Dorin
St-Avit
Arrou
Courtalain
St-Pellerin
Châtillon-en-Dunois
Logron
Lanneray
St-Denis-les-Ponts
Oigny
Arville
la Fontenelle
le Poislay
Souday
St-Agil
Boursay
Choue
Boisgasson
Langey
St-Hilaire-sur-Yerre
Douy
Montigny-le-Gannelon
Ruan-sur-Egvonne
Bouffry
la Chapelle-Vicomtesse
Fontaine-Raoul
Villebout
Autheuil
Romilly-sur-Aigre
Baillou
Cormenon
St-Marc-du-Cor
Chauvigny-du-Perche
St-Jean-Froidmentel
Charray
Brévainville
Romilly
Beauchêne
le Temple
Sargé-sur-Braye
la Ville-aux-Clercs
St-Hilaire-la-Gravelle
Moisy
Épuisay
Danzé
Busloup
Morée
Fréteval
Savigny-sur-Braye
Rahart
Pezou
Lignières
Vievy-le-Rayé
Azé
Fortan
Lisle
St-Firmin-des-Prés
Renay
Beauvilliers
Mazangé
Lunay
Villiers-sur-Loir
Meslay
St-Ouen
Areines
Rocé
Faye
Oucques
Épiais
Thoré-la-Rochette
Naveil
les Roches-l'Évêque
Coulommiers-la-Tour
Villetrun
Ste-Gemmes
Baigneaux
Villeneuve-Frouville
St-Rimay
Villavard
Houssay
Marcilly-en-Beauce
Villerable
Ste-Anne
Villiersfaux
Lavardin
Rhodon
Conan
Boisseau
Périgny
Villemardy
Crucheray
Villeromain
Huisseau-en-Beauce
Sasnières
Nourray
St-Arnoult
Ambloy
Champigny-en-Beauce
Prunay-Cassereau
Lancé
St-Martin-des-Bois

28
EURE-ET-LOIR
45
LOIRET
Orgères-en-Beauce
Patay
Châteaudun
Ouzouer-le-Marché
Meung-sur-Loire
Beaugency
Cléry-St-André
Marchenoir
Forêt de Marchenoir
Ingré
Chevilly
Ormes
St-Péravy-la-Colombe
Coulmiers
Épieds-en-Beauce
Huisseau-sur-Mauves
Mer
St-Laurent-Nouan
Loigny-la-Bataille
Terminiers
Péronville
Varize
Bazoches-en-Dunois
Cormainville
Villamblain
Binas
Lorges
Cravant
Talcy
Lailly-en-Val
Mareau-aux-Prés
Saran

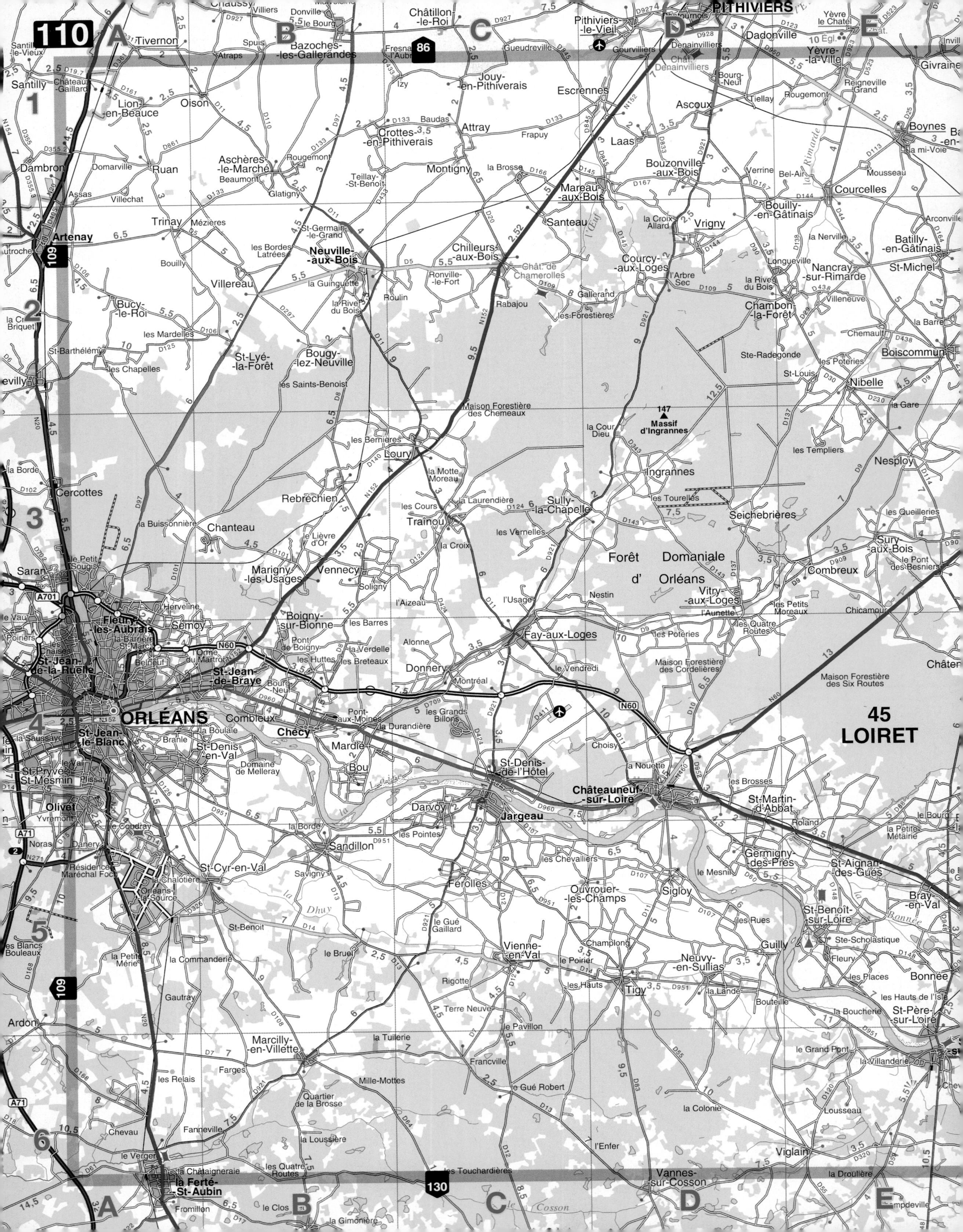

PITHIVIERS
Pithiviers-le-Vieil
Châtillon-le-Roi
Bazoches-les-Gallerandes
Artenay
Neuville-aux-Bois
Chilleurs-aux-Bois
Loury
Forêt Domaniale d' Orléans
Massif d'Ingrannes
Fleury-les-Aubrais
St-Jean-de-la-Ruelle
St-Jean-de-Braye
ORLÉANS
St-Jean-le-Blanc
Olivet
Chécy
Jargeau
Châteauneuf-sur-Loire
St-Benoît-sur-Loire
Sully-la-Chapelle
Fay-aux-Loges
Vitry-aux-Loges
Nibelle
Boiscommun
Courcelles
Boynes
Sandillon
Tigy
Vienne-en-Val
Marcilly-en-Villette
la Ferté-St-Aubin
Vannes-sur-Cosson
45 LOIRET

111
87
112
131
F
G
H
J
K
1
2
3
4
5
6
Echilleuses
Bainvilliers
Morville
Boësse
Chenou
Bruzelles
les Varennes
Mocpoix
Butteau
Pilvernier
Château-Landon
Néronville
la Croix Blanche
Bransles
Chevry-sous-le-Bignon
Mondreville
les Hameaux de St-Séverin
Beaumont-du-Gâtinais
le Perray
Grand Gasson
Dordives
Chevannes
Gaubertin
le Vau
la Bottière
Bois Rond
Sceaux-du-Gâtinais
Vattereau
Préfontaines
la Vallée
Villiers
Nargis
le Pressoir
Pers-en-Gâtinais
Auxy
Chaufour
Egry
Fusain
Passard
les Panichons
le Grand Ambreville
Mérville
Bordeaux-en-Gâtinais
Courtempierre
les Houis
Fontenay-sur-Loing
Egrefin
Ferrières
Gondreville
Quartier de la Gare
Cornou
la Vallée
Romainville
Bréau
le Chênoi
les Fourneaux
la Groue
le Châtelet
le Grand Villon
Bailly
Renard
Biragues
Griselles
Marcilly
Long-Court
Corbeilles
Grand Chênery
Treilles-en-Gâtinais
Chanteloup
les Renards
la Pente des Renards
Beaune-la-Rolande
Fays
le Pavé de Juranville
le Pin
Girolles
les Stations
la Selle-sur-le-Bied
St-Loup-de-Gonois
Orme
l'Ormette
Château Gaillard
le Tilloy
Mignerette
le Temple
le Clos Rogée
Domaine des Hauts de Gonois
Montbarrois
Juranville
Lorcy
Mignères
le Carrouge
Cepoy
Forêt Domaniale
la Hutte
Courtemaux
les Rues
Courtamier
Gondreville
Corquilleroy
le Bout d'en-Haut
Louzouer
les Gobets
St-Loup-des-Vignes
Mézières-en-Gâtinais
Chapelon
Chevenelle
Paumeton
Villevoques
le Bois de Fourche
Petit Lancy
Paucourt
Fréville-du-Gâtinais
Grand Lancy
de Montargis
Thorailles
Montliard
Pannes
Bois Rond
la Folie
Moulon
Vésines
les Harraults
la Chapelle-St-Sépulcre
Châlette-sur-Loing
la Selle-en-Hermoy
Quiers-sur-Bézonde
la Motte Bezin
Ladon
Haut Bois
Chantaloup
la Bardinerie
MONTARGIS
la Justice
les Musets
la Martinière
la Rigole
la Croix Michault
Ouzouer-sous-Bellegarde
le Parc
Villemoutiers
le Tourneau
Villemandeur
Genetoy
le Pont Gaillard
Bellegarde
les Brosses
St-Maurice-sur-Fessard
le Mignerer
le Chailletoy
Viroy
Domaine de la Métairie
la Vallée
la Boulaie
les Buzets
la Fontaine Brochet
les Martins
Amilly
St-Firmin-des-Bois
Auvilliers-en-Gâtinais
Villeneuve
Chevillon-sur-Huillard
St-Germain-des-Prés
la Perreuse
Presnoy
Moissy
la Vacherie
la Picauderie
l'Etang de Darville
la Morrine
Vimory
Mormant-sur-Vernisson
les Fresnes
Conflans-sur-Loing
les Chaillots
Chailly-en-Gâtinais
Lombreuil
la Charmault
Gy-les-Nonains
les Motteaux
Beauchamps-sur-Huillard
le Bois de Romaison
les Buges
Courtoin
Brossaquin
Château-Renard
l'Orme au Muet
Thimory
Canal d'Orléans
la Commodité
la Forêt-Cochereau
les Comtes
la Jalousie
Noyers
Oussoy-en-Gâtinais
Coudroy
la Borde
St-Hilaire-sur-Puiseaux
Montcresson
Solterre
les Roches
Grignon
Vieilles-Maisons-sur-Joudry
la Cour-Marigny
Crételle
les Giards
Cortrat
les Arnoults
l'Enfern
Lorris
Ouzouer-des-Champs
Pressigny-les-Pins
Loing
les Paillasses
St-Lazare
l'Augerie
Rnes gallo-romaines
les Plots
la Jolive
Varennes-Changy
la Golotte
la Chapelle-sur-Aveyron
le Haut des Terrages
Montbouy
Montereau
Changy
St-Maurice-sur-Aveyron
la Ferranderie
Nogent-sur-Vernisson
les Grandes Bruyères
le Moulinet-sur-Solin
Domaine de Baugets
St-Lazare
le Javot
les Viviens
Regard
les Billonnais
Châtillon-Coligny
les Bordes
la Croix St-Martin
le Bouloi
Langesse
Vernisson
Ste-Geneviève-des-Bois
les Cacodeaux
la Croix Lotteau
les Coteaux
les Choux
les Bézards
la Hatonnière
Château de Bellecour
Dammarie-sur-Loing
Aillant-sur-Milleron
les Brosses
Boismorand
Bruxelles
le Boucard
Ouzouer-sur-Loire
les Châteliers
la Ferrière
les Masses
la Boule d'Or
Adon
Dampierre-en-Burly
Village des Pêcheurs
Rogny-les-Sept-Ecluses
St-Aignan-le-Jaillard
la Bussière
les Asselins
Feins-en-Gâtinais
la Vigne aux Cailles
les Bas Salins
le Gaufre
la Glacière
les Guérets
Lion-en-Sullias
la Boulaie
Escrignelles
l'Ormette
Montoire
le Charme
Briquenelles
Nevoy
Loire
les Montoires
St-Gondon
Arrabloy
Briare
Pont-Chevron
A77
N7
N60

112
45 LOIRET
89 YONNE
Courtenay
Villeneuve-sur-Yonne
St-Julien-du-Sault
Joigny
Charny
Toucy
Aillant-sur-Tholon
Bléneau
Mézilles
Chuelles
Douchy
Villefranche
Sépeaux
Cézy
Villevallier
Armeau
Champignelles
Villiers-St-Benoît
Grandchamp
Malicorne
Chambeugle
Perreux
Sommecaise
les Ormes
Dracy
Pourrain
Diges
Moulins-sur-Ouanne
Fontaines
Montcorbon
Cudot
Précy-sur-Vrin
St-Romain-le-Preux
Chevillon
Dicy
Prunoy
Triguères
Mérinville
Ervauville
Foucherolles
Chantecoq
Courtemaux
Savigny-sur-Clairis
Piffonds
Bussy-le-Repos
Chaumot
Rousson
Marsangy
Égriselles-le-Bocage
Domats
Courtoin
Villeneuve-la-Dondagre
Cornant
Collemiers
Gron
Étigny
Véron
Passy
Dixmont
A6
A19
N6
N60
D943

F
G
H
J
K
10 AUBE
89
114
133
1
2
3
4
5
6
Cerisiers
Vaudeurs
Arces-Dilo
Villechétive
Bœurs-en-Othe
Chailley
Sormery
Forêt d'Othe
Eaux-Puiseaux
Auxon
Chamoy
Montigny-les-Monts
Vosnon
Villeneuve-au-Chemin
Coursan-en-Othe
Lasson
Racines
Ervy-le-Châtel
Neuvy-Sautour
Turny
Venizy
Bellechaume
Mercy
Champlost
Bussy-en-Othe
Brienon-sur-Armançon
194 Mont Avrelot
St-Florentin
Courtaoult
Chessy-les-Prés
Soumaintrain
Beugnon
Germigny
Butteaux
Percey
Flogny-la-Chapelle
Marolles-sous-Lignières
Brion
Migennes
Laroche-St-Cydroine
Esnon
Vergigny
Chéu
Jaulges
Cheny
Ormoy
Mont-St-Sulpice
Villiers-Vineux
Carisey
Roffey
Tronchoy
Bonnard
Hauterive
Beaumont
Seignelay
Pontigny
Varennes
Ligny-le-Châtel
Méré
Dyé
Bernouil
Héry
Rouvray
Venouse
Chemilly-sur-Yonne
Appoigny
Gurgy
Montigny-la-Resle
Lignorelles
Villy
Maligny
Vézannes
Junay
Tonnerre
Monéteau
Villeneuve-St-Salves
la Chapelle-Vaupelteigne
Fontenay-près-Chablis
Collan
Tissey
Serrigny
Bleigny-le-Carreau
Beine
Chablis
Fleys
Viviers
AUXERRE
St-Georges-sur-Baulche
Perrigny
Venoy
Béru
Chichée
Villefargeau
Quenne
Augy
Courgis
Chemilly-sur-Serein
Poilly-sur-Serein
Chitry
Préhy
Ste-Vertu
Chevannes
Vallan
St-Bris-le-Vineux
St-Cyr-les-Colons
Champs-sur-Yonne
Lichères-près-Aigremont
Aigremont
Môlay
Gy-l'Evêque
Jussy
Escolives-Ste-Camille
Irancy
Coulanges-la-Vineuse
Vincelottes
Vincelles
Cheuilly
Auxerre-Branches
Canal de Bourgogne
A6
N6
N77
N65

114
90
113
134
A
B
C
D
E
1
2
3
4
5
6
10
AUBE
89
YONNE
Forêt Dom. d'Aumont
Javernant
Longeville-sur-Mogne
Mignot
Rumilly-lès-Vaudes
Fouchères
Courtenot
l'Enclos
Virey-sous-Bar
Bourguignons
la Borde
la Bergerie
Buxières-sur-Arce
Crésantignes
Fays-la-Chapelle
Machy
le Beaucaron
la Creuse
Jeugny
Maupas
le Bochot
le Long du Bois
le Bout d'en Haut
les Vignes du Mérite
Val Puisard
Ste-Fontaine
Bar-sur-Seine
Ville-sur-Arce
Boue
la Villeneuve
St-Phal
St-Jacques
Jully-sur-Sarce
le Pré Dey
Avaleur
Villeneuve
Merrey-sur-Arce
les Vendues l'Évêque
la Chapelle d'Oze
les Bordes
Pont aux Verriers
les Loges-Margueron
les Crots
Vougrey
Villemorien
Landreville
la Basse Coudre
le Levant
Polisot
Celles-sur-Ource
l'Ource
Lantages
Metz-Robert
les Povots
les Bruyères
les Ventes Fontaines
les Basses Voies
le Vau
Polisy
Buxeuil
Ste-Anne
Chaource
Villiers-sous-Praslin
Arrelles
la Loge-Pomblin
les Teignes
les Granges
les Poteries
Rue-d'en-Haut
Praslin
Neuville-sur-Seine
le Vignot
les Bordes
Davrey
Avreuil
Balnot-sur-Laignes
Gyé-sur-Seine
Lingey
Avirey-Lingey
Pargues
Courteron
Vanlay
Turgy
Lagesse
Rue Basse
le Grillon
Cussangy
Ricey-Bas
Plaines-St-Lange
le Breuil
Rue du Bois dessus
Maisons-lès-Chaource
la Gorgelle
Vallières-Bas
Vallières-Haut
Vallières
Vaudron
Bagneux-la-Fosse
les Riceys
Ricey-Haute-Rive
Ricey-Haut
le Magny
Faubourg de la Fontaine
Bernon
Balnot-la-Grange
les Craies
le Châtelier
Commune de Bragelogne-Beauvoir
Chesley
Villiers-le-Bois
Bragelogne
Beauvoir-sur-Sarce
Gommé
Prusy
Chaserey
Étourvy
Noiron-sur-Seine
Coussegrey
Chaserey-Haut
Quincerot
Channes
Lignières
Molesmes
Egl.
Arthonnay
Anc. Abb.
Béchineul
Montserve
Trichey
la Fouchère
Villedieu
le Grand Virey
Panfol
Vertault
les Communes
Ferme de Bellevue
Chamelard
Mélisey
les Scies
la Lame
Casse-Bouteille
Thorey
Villon
Cheney
Villiers-les-Moines
Dannemoine
Rugny
Maulnes
Larrey
Val de Quenouil
la Tuilerie
Channay
Poinçon-lès-Larrey
Molosmes
Ferme du Haut
Épineuil
St-Martin-sur-Armançon
Griselles
Vaulichères
Marcenay
Nicey
Baon
Bissey-la-Pierre
Commissey
Cruzy-le-Châtel
les Musseaux
Clos-Mathieu
Laignes
l'Armançon
Tonnerre
Sébille
Tanlay
Paisson
Pimelles
la Chappe
la Grange aux Moines
St-Vinnemer
l'Ourseau
Gland
Gigny
Balot
Athée
Angy
Sennevoy-le-Haut
Argentenay
Sennevoy-le-Bas
les Mulots
Lézinnes
Ancy-le-Libre
Massoult
Défois
la Loge
Yrouerre
la Chaux
Francileu
Patouillet
Canal
Fontaines-les-Sèches
Nesle-et-Massoult
Vireaux
Commune de Jully
Ancy-le-Franc
Stigny
Pacy-sur-Armançon
la Comelle
la Maine
Frace
Sambourg
Bourgogne
la Balance
Cusy
Beaulieu
Fresnes
Chassignelles
la Folie
Coulm
Cestre
le Carreau
Planay
Argenteuil-sur-Armançon
Bellevue
Verdonnet
Puits
Fulvy
Savoisy
Nuits
Ravières
les Quatre Ponts
Moulins-en-Tonnerrois
Villiers-les-Hauts
le Charmoi
Asnières-en-Montagne
Etais
Châtl. de Rochefort
Cry
Arrans
Pasilly
Censy
l'Autremont
Perrigny-sur-Armançon
le Faubourg
Noyers
Serein

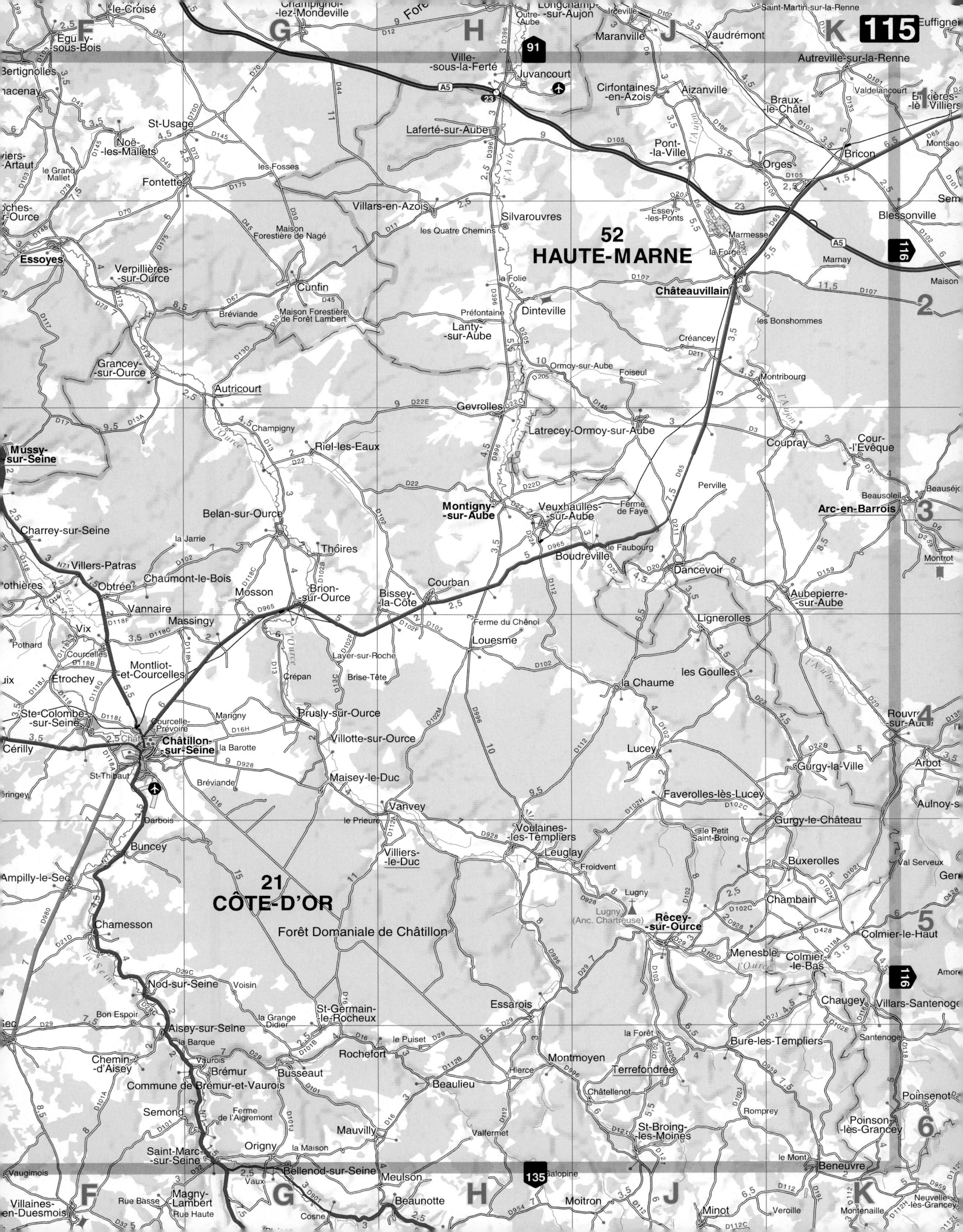
115
52
HAUTE-MARNE
21
CÔTE-D'OR
Forêt Domaniale de Châtillon
Châteauvillain
Châtillon-sur-Seine
Montigny-sur-Aube
Arc-en-Barrois
Essoyes
Mussy-sur-Seine
Récey-sur-Ource
Laferté-sur-Aube
Aubepierre-sur-Aube
Villiers-le-Duc
Terrefondrée
Aisey-sur-Seine
Maisey-le-Duc
Voulaines-les-Templiers
Gurgy-le-Château
Grancey-sur-Ource
Autricourt
116
91
135

116
A
B
C
D
E
92
136
115
1
2
3
4
5
6
CHAUMONT
52
HAUTE-MARNE
LANGRES
Nogent
Jonchery
Villiers-le-Sec
Buxières-lès-Villiers
Montsaon
Semoutiers-Montsaon
Faubourg Saint-Aignan
Reclancourt
Clos Dormoy
Clos Adonis
Le Haut du Val
Val Varinot
Choignes
Commune de Chamarandes-Choignes
Chamarandes
la Rochotte
le Rochelet
le Vert Coteau
Brottes
Lotissement Georges Thomas
le Corgebin
le Groseillier
Laville-aux-Bois
l'Enclos
Biesles
l'Étang
Verbiesles
Luzy-sur-Marne
le Coteau Fleuri
Neuilly-sur-Suize
Poulangy
Boicholle
Foulain
Crenay
Maison Renaud
Richebourg
le Val des Dames
Mormant
Leffonds
Rochevilliers
Marnay-sur-Marne
Villiers-sur-Suize
la Génévrouse
Vesaignes-sur-Marne
Louvières
Marsois
les Deux Eglises
Nogent-le-Bas
Thivet
Vitry-lès-Nogent
la Montagne
Poinson-lès-Nogent
la Rochelle
Sarrey
Odival
Esnouveaux
Ageville
le Moulin d'Ageville
Longchamp
Mennouveaux
Cuves
Lanques-sur-Rognon
Mandres-la-Côte
Donnemarie
Ninville
Essey-les-Eaux
la Croisée
Sarcey
la Perrière
les Baraques
Is-en-Bassigny
Clefmont
Perrusse
Buxières-lès-Clefmont
Daillecourt
Noyers
Rangecourt
Lavilleneuve
Audelor
Épinant
Montigny-le-Roi
Chauffourt
Récourt
Frécourt
Bonnecourt
les Perrières
Dampierre
Tronchoy
Rolampont
Faverolles
Bugnières
Beauséjour
Maison Michelin
Montrot
Val Bruant
la Rente sur Villiers
Ternat
Marac
Ormancey
Beauchemin
Chanoy
Lannes
Charmoilles
Changey
Charmes
Neuilly-l'Évêque
Poiseul
Andilly-en-Bassigny
Commune de Humes-Jorquenay
Humes
Jorquenay
Champigny-lès-Langres
Bannes
Hautoreille
Orbigny-au-Val
Orbigny-au-Mont
Plesnoy
Giey-sur-Aujon
Courcelles-sur-Aujon
Saint-Martin-lès-Langres
la Charmotte
les Châtaigniers
Peigney
Langres-Marne
Mardor
Saint-Ciergues
la Maladière
Angoulevent
Lecey
Celsoy
Saint-Loup-sur-Aujon
Vauxbons
les Franchises
Saint-Didier
les Roises
Rochetaillée
l'Erelles
Voisines
Montauban
Perrancey-les-Vieux-Moulins
Buzon
Faubourg des Auges
Chatenay-Mâcheron
Chatenay-Vaudin
la Folie
Saint-Maurice
Hauteville
Courcelles-en-Montagne
Vieux-Moulins
Corlée
Arbot
Chameroy
Noidant-le-Rocheux
Saints-Geosmes
Saint-Vallier-sur-Marne
Culmont
Torcenay
Chaudenay
Aulnoy-sur-Aube
Vitry-en-Montagne
Bay-sur-Aube
Balesmes-sur-Marne
Chalindrey
Corgirnon
Val Serveux
Germaines
Rouelles
Crilley
Perrogney-les-Fontaines
Pierrefontaines
la Croisée
Brennes
Bourg
Cohons
Noidant-Chatenoy
le Pailly
les Loges
Anc. Abb.
Auberive
Flagey
Orcevaux
Verseilles-le-Haut
Longeau
Heuilley-Cotton
Palaiseul
les Archots
Allofroy
la Salle
Ville-Haut
Aprey
le Moulin Bucelin
Commune de Longeau-Percey
Percey-le-Pautel
la Borde
Violot
Verseilles-le-Bas
la Vingeanne
Baissey
Villiers-lès-Aprey
Vêvres sous Prangey
Heuilley-le-Grand
Monfricon
Bussières-lès-Belmont
Rivières-le-Bois
Aujeurres
Praslay
Prangey
Villegusien-le-Lac
Saint-Broingt-le-Bois
Grandchamp
Vivey
Leuchey
St-Michel
Piépape
le Mont
Chassigny
Grenant
Poinsenot
Saint-Broingt-les-Fosses
Roche Fontaine
Vaillant
Musseau
Bourcevau
Bas Saint-Broingt
Maâtz
Commune de Vals-des-Tilles
Courcelles-Val-d'Esnoms
Lamargelle-aux-Bois
Chalmessin
Commune du Val-d'Esnoms
Vesvres-sous-Chalancey
Coublanc
Mouilleron
Esnoms-au-Val
Chatoillenot
Prauthoy
Dommarien
Chalancey
Villemervry
Neuvelle-lès-Grancey
Grancey-le-Château-Neuvelle
Villemoron
Aubigny sur Badin
Vaux sous-Aubigny
Montsaugeon
Choilley
la Fouchère
Montvaudon
Leffond
Charmes
Canal de la Marne
la Marne
l'Aujon
l'Aube
le Salon
A5
A31
N19
N74
D417
D67

117
F
G
H
J
K
93
118
137
1
2
3
4
5
6
88
VOSGES
70
HAUTE-SAÔNE
Germainvilliers
Rocourt
Martigny-les-Bains
Marey
Gignéville
Belmont-lès-Darney
Darney
Breuvannes-en-Bassigny
Damblain
Tollaincourt
Villotte
Frain
Serocourt
Nonville
le Calvaire
Aiguiserie
Romain-aux-Bois
Lamarche
Morizécourt
Bleurville
la Grange Jacquot
Attigny
Colombey-lès-Choiseul
Choiseul
Aureil-Maison
Serécourt
Tignécourt
Claudon
Merrey
Abb. de Morimond
Fresnoy-en-Bassigny
Flabémont
la Grange Rouge
Monthureux-sur-Saône
la Grande Catherine
Ravennefontaines
Larivière-Arnoncourt
Mont-lès-Lamarche
Isches
St-Julien
Mont de Savillon
Commune de Parnoy-en-Bassigny
Aigremont
Fouchécourt
Maulain
Lécourt
Parnoy
Anc. Couvent
le Petit Thon
Godoncourt
Arnoncourt-sur-Apance
Serqueux
Ainvelle
les Thons
le Grand Thon
Fignévelle
Regnevelle
la Rochère
Malroy
Pouilly-en-Bassigny
Dammartin-sur-Meuse
Beaucharmoy
Lironcourt
Martinvelle
la Forge
Commune du Châtelet-sur-Meuse
Senaide
Bousseraucourt
Passavant-la-Rochère
les Tuileries
Degand
Bourbonne-les-Bains
Châtillon-sur-Saône
Grignoncourt
Vougécourt
la Basse-Vaivre
Saulxures
Damrémont
Fresnes-sur-Apance
Ameuvelle
Jonvelle
Montcourt
la Grange des Champs
les Cités
Ranconnières
Villars-Saint-Marcellin
Enfonvelle
Corre
Demangevelle
Laneuvelle
Bourbévelle
le Faubourg
Vicq
Genrupt
Lavernoy
Coiffy-le-Bas
Montbéliard
Hurecourt
Ranzevelle
Coiffy-le-Haut
Celles-Bassigny
Villars-le-Pautel
Richecourt
Varennes-sur-Amance
Montcharvot
Ormoy
Aisey-et-Richecourt
Melay
Commune de Terre-Natale
Voisey
Blondefontaine
Polaincourt-et-Clairefontaine
Saponcourt
Chézeaux
Soyers
Betaucourt
Champigny-sous-Varennes
Neuvelle-lès-Voisey
Barges
Raincourt
Magny-lès-Jussey
Arbigny-sous-Varennes
la Fonderie
Guyonvelle
Vaux-la-Douce
Vernois-sur-Mance
Cemboing
Tartécourt
Haute-Amance
Cendrecourt
Hortes
Bize
Anrosey
Rosières-sur-Mance
Bétoncourt-sur-Mance
Velles
la Gare
Venisey
le Faubourg
Maizières-sur-Amance
Montureux-lès-Baulay
Senoncourt
Contréglise
Laferté-sur-Amance
Pisseloup
St-Marcel
Jussey
Buffignécourt
Beaulieu
Montesson
Saint-Renobert
Vitrey-sur-Mance
Noroy-lès-Jussey
Amance
Rougeux
Gévigney-et-Mercey
Charmoy
Commune de Pierremont-sur-Amance
Ouge
Chauvirey-le-Châtel
Montigny-lès-Cherlieu
Baulay
le Magny
Pierrefaites
Mercey
Fouchécourt
Commune de Fayl-la-Forêt
Chauvirey-le-Vieil
Bougey
Gésincourt
Aboncourt
Beauregard
Fayl-Billot
le Vau
la Quarte
Augicourt
Broncourt
Preigney
Commune d'Aboncourt-Gésincourt
Port-d'Atelier-Amance
Port-d'Atelier-Village
Lambrey
Oigney
Poinson-lès-Fayl
Purgerot
le Moulin Guyot
Pressigny
la Rochelle
Cintrey
Semmadon
Arbecey
Melin
Chargey-lès-Port
Charmes-St-Valbert
Molay
Malvillers
Chaux-lès-Port
Belmont
Genevrières
Voncourt
Gourgeon
Combeaufontaine
Savigny
Bourguignon-lès-Morey
la Roche-Morey
Lavigney
Jean Luquet
Tornay
Valleroy
Farincourt
St-Julien
St-Valère
le Magny
Cornot
la Neuvelle-lès-Scey
Gilley
Bétoncourt-les-Ménétriers
le Clos
Frettes
Suaucourt-et-Pisseloup
la Prouse
Scey-l'Église
Fontaine Aloy
Villers-Vaudey
Vauchoux
Pisseloup
Confracourt
Scey-sur-Saône-et-St-Albin
Ferrières-lès-Scey
Argillières
Voisine
Commune de Jouvent-St-Andoche
Velleguibelle
Francourt
Vauconcourt-Nervezain
St-Albin
Rupt-sur-Saône
Chassey-lès-Scey
Chemilly
le Moulin à Vent
Scye
la Saône
l'Amance
l'Ougeotte
l'Apance
Canal de l'Est

A
B
C
D
E
1
2
3
4
5
6
94
117
138
88
VOSGES
70
HAUTE-
SAÔNE
Darney
Belrupt
Vioménil
Charmois-
-l'Orgueilleux
Uzemain
Xertigny
Hadol
Senade
Rouge Rupt
St-Nabord
Remiremont
Hennezel
Gruey-
-lès-Surance
Grandrupt-
-de-Bains
la Haye
Harsault
Hautmougey
les Voivres
la Chapelle-
-aux-Bois
Bains-
-les-Bains
Fontenoy-
-le-Château
Ambiévillers
Montmotier
le Magny
Trémonzey
le Clerjus
Plombières-
-les-Bains
Bellefontaine
Raon-
-aux-Bois
Selles
Alaincourt
Vauvillers
Mailleroncourt-
-St-Pancras
Betoncourt-
-St-Pancras
Dampvalley-
-St-Pancras
Fontenois-
-la-Ville
Montdoré
Fleurey-
-lès-St-Loup
Aillevillers-
-et-Lyaumont
la Vaivre
le Val-d'Ajol
Girefontaine
Cuve
Bouligney
Magnoncourt
Corbenay
Fougerolles
St-Loup-
-sur-Semouse
Anjeux
Melincourt
Polaincourt-
-et-Clairefontaine
Jasney
Anchenoncourt-
-et-Chazel
Dampierre-
-lès-Conflans
la Pisseure
Fontaine-
-lès-Luxeuil
St-Valbert
Raddon-
-et-Chapendu
St-Bresson
Amage
Ste-Marie-
-en-Chanois
Plainemont
Ainvelle
Francalmont
Hautevelle
Luxeuil-
-les-Bains
Froideconche
Breuchotte
la Bruyère
la Proiselière-
-et-Langle
la Voivre
les Fessey
St-Remy
Senoncourt
Briaucourt
Bassigney
Cubry-
-lès-Faverney
Bourguignon-
-lès-Conflans
Conflans-
-sur-Lanterne
Menoux
Amance
Ormoiche
Breuches
St-Sauveur
Esboz-
-Brest
la Lanterne-
-et-les-Armonts
la Corbière
Belmont
Ste-Marie-
-en-Chaux
Abelcourt
Mersuay
Velorcey
Baudoncourt
la Chapelle-
-lès-Luxeuil
Magnivray
Rignovelle
Faverney
Équevilley
la Villedieu-
-en-Fontenette
Meurcourt
Villers-
-lès-Luxeuil
Ehuns
Ailloncourt
Lantenot
Breurey-
-lès-Faverney
Neurey-
-en-Vaux
Visoncourt
Brotte-
-lès-Luxeuil
Linexert
Fleurey-
-lès-Faverney
le Val-
-St-Eloi
Mailleroncourt-
-Charette
Betoncourt-
-lès-Brotte
Citers
Quers
Dambenoit-
-lès-Colombe
Franchevelle
St-Germain
Servigney
Genevrey
Vilory
Varogne
la Villeneuve-
-Bellenoye-et-la-Maize
Adelans
Provenchère
Villers-
-sur-Port
Commune d'Adelans-
-et-le-Val-de-Bithaine
Froideterre
Bouhans-
-lès-Lure
Vellefrie
Flagy
Saulx
Châteney
Port-
-sur-Saône
Bougnon
Châtenois
LURE
Magny-Vernois
Auxon
la Creuse
Amblans-
-et-Velotte
Pusy-
-et-Epenoux
Creveney
Velleminfroy
Genevreuille
Grattery
Charmoille
Colombier
Villeparois
Pomoy
Colombotte
Montcey
Mollans
Vy-
-lès-Lure
Vouhenans
Frotey-
-lès-Lure
Pusey
Scye
Comberjon
Maison
Rouge
Liévans
Moffans-
-et-Vacheresse

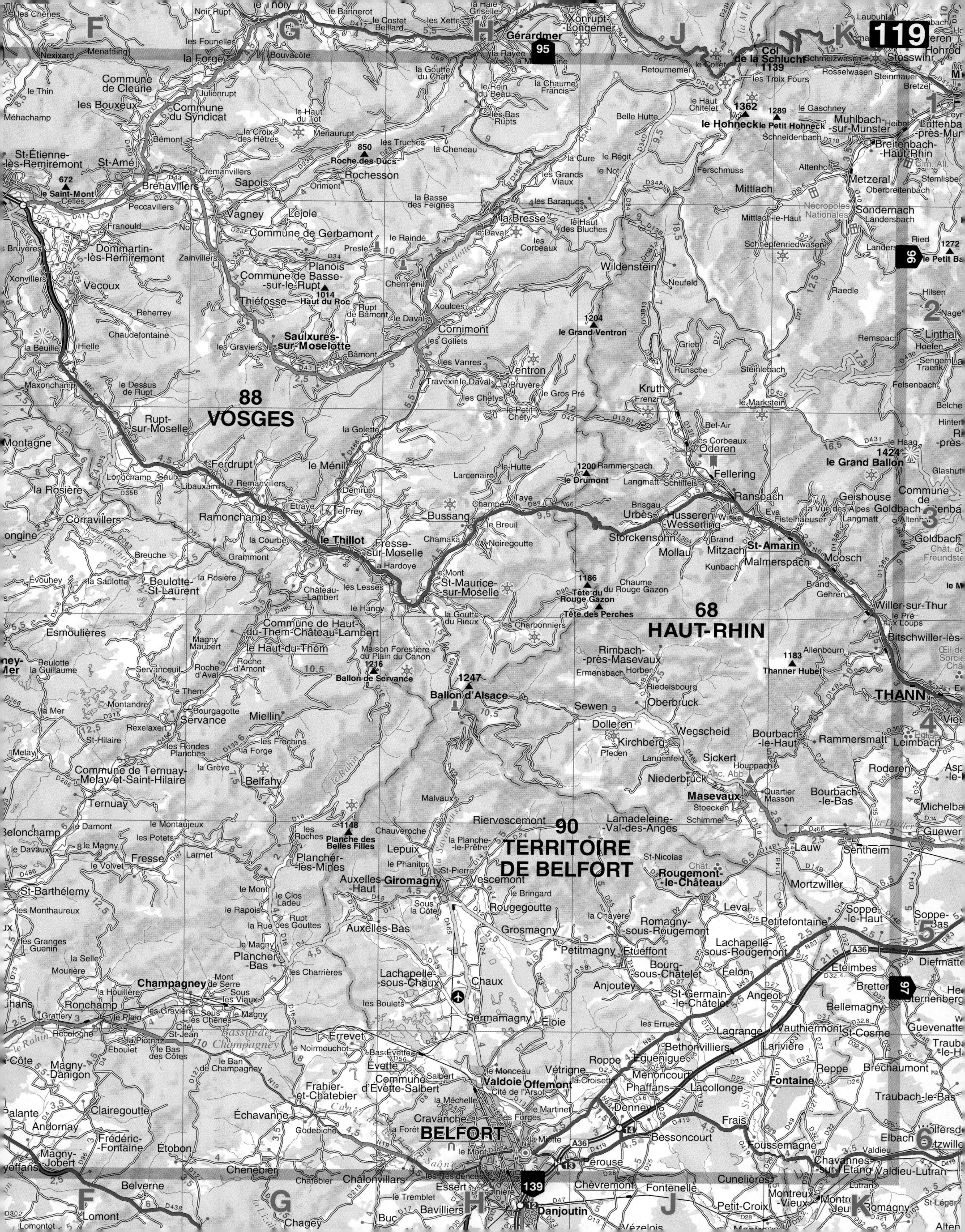
88
VOSGES
68
HAUT-RHIN
90
TERRITOIRE
DE BELFORT
Gérardmer
Col de la Schlucht
le Hohneck
la Bresse
Cornimont
Saulxures-sur-Moselotte
Rupt-sur-Moselle
le Thillot
Bussang
St-Maurice-sur-Moselle
Ballon d'Alsace
Ballon de Servance
le Grand Ballon
St-Amarin
THANN
Masevaux
Giromagny
BELFORT
Ronchamp
Champagney
Rougemont-le-Château
Fontaine
Danjoutin
95
96
97
139

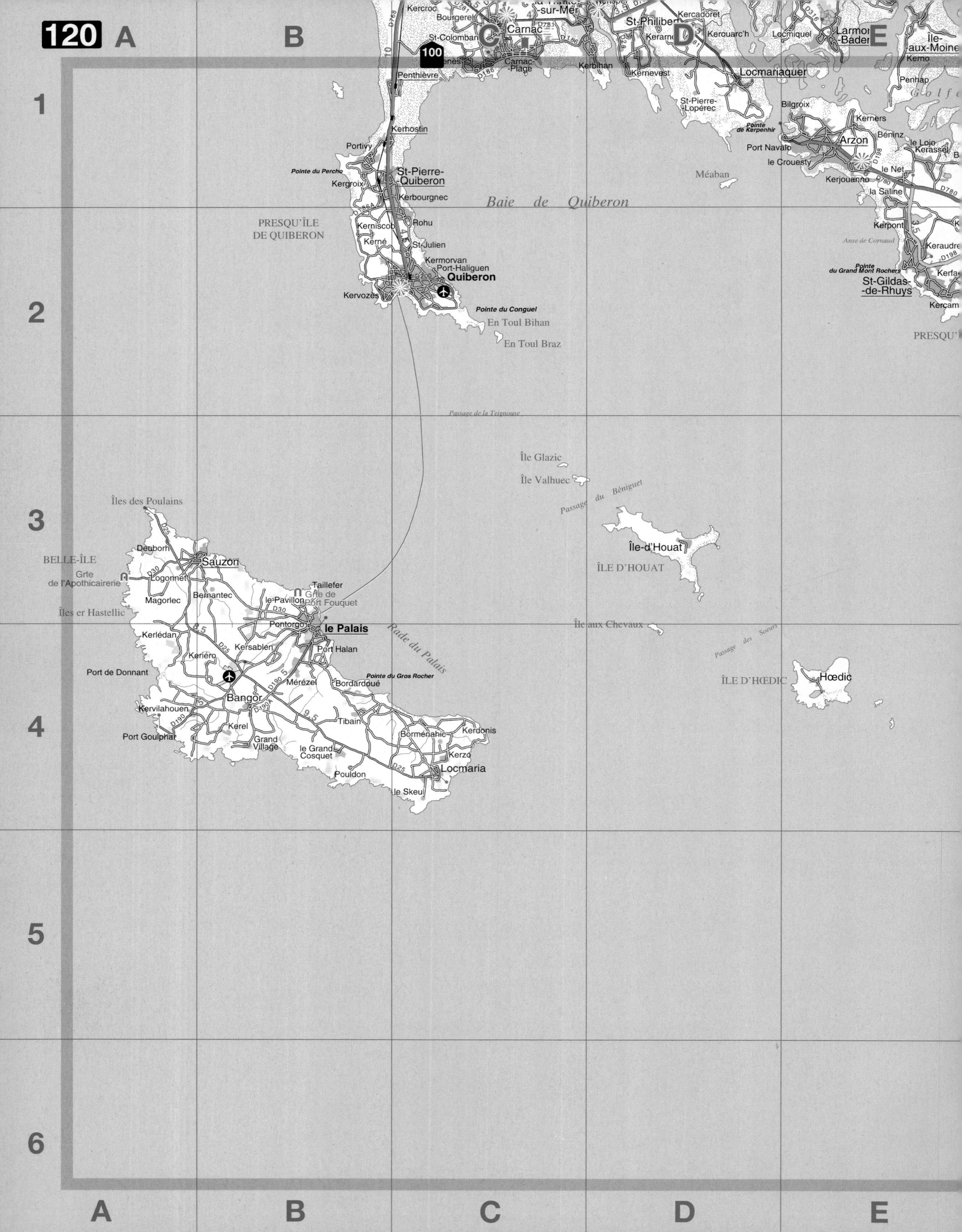
A
B
C
D
E
1
2
3
4
5
6
Carnac
Carnac-Plage
St-Colomban
Bourgerel
Kercroc
-sur-Mer
St-Philibert
Kercadoret
Kerouarc'h
Locmiquel
Larmor-Baden
Île-aux-Moines
Kerno
Penhap
Kerbihan
Kernevest
Locmariaquer
St-Pierre-Lopérec
Bilgroix
Pointe de Kerpenhir
Kerners
Arzon
Béninz
le Lojo
Kerassel
Port Navalo
le Crouesty
le Net
Kerjouanno
la Saline
Kerpont
Anse de Cornaud
Keraudren
Pointe du Grand Mont Rochers
St-Gildas-de-Rhuys
Kercam
PRESQU'Î
Méaban
Penthièvre
Kerhostin
Portivy
Pointe du Percho
St-Pierre-Quiberon
Kergroix
Kerbourgnec
Baie de Quiberon
PRESQU'ÎLE DE QUIBERON
Kerniscob
Rohu
Kerné
St-Julien
Kermorvan
Port-Haliguen
Quiberon
Kervozès
Pointe du Conguel
En Toul Bihan
En Toul Braz
Passage de la Teignouse
Île Glazic
Île Valhuec
Passage du Béniguet
Île-d'Houat
ÎLE D'HOUAT
Île aux Chevaux
Passage des Soeurs
ÎLE D'HŒDIC
Hœdic
Îles des Poulains
BELLE-ÎLE
Deuborh
Sauzon
Grte de l'Apothicairerie
Logonnet
Magorlec
Bernantec
Taillefer
Grte de Port Fouquet
le Pavillon
Îles er Hastellic
Pontorgo
le Palais
Rade du Palais
Kerlédan
Kersablen
Port Halan
Keriero
Port de Donnant
Pointe du Gros Rocher
Bordardoué
Mérézel
Bangor
Kervilahouen
Kerel
Tibain
Port Goulphar
Grand Village
le Grand Cosquet
Borménahic
Kerdonis
Kerzo
Locmaria
Pouldon
le Skeul
D768
D781
D186
D30
D25
D190
D200
D198
D780
100

121
F
G
H
J
K
101
140
102
122
1
2
3
4
5
6
56
MORBIHAN
44
LOIRE-ATLANTIQUE
Île-d'Arz
le Hézo
St-Armel
Sarzeau
Surzur
la Trinité-Surzur
Noyal-Muzillac
Muzillac
Ambon
Damgan
Billiers
Péaule
Marzan
la Roche-Bernard
Arzal
Pénestin
Camoël
Férel
Herbignac
Assérac
Mesquer
St-Molf
St-Lyphard
Piriac-sur-Mer
la Turballe
Guérande
le Croisic
Batz-sur-Mer
le Pouliguen
la Baule-Escoublac
Pornichet
St-André-des-Eaux
Rade de Penerf
Passe de la Grande Accroche
Passe de la Varlingue
Île Dumet
Rade du Croisic
Baie du Pouliguen
Chenal des Charpentiers

F
G
H
J
K
1
2
3
4
5
6
103
124
142
141
la Chevallerais
Héric
Nort-sur-Erdre
les Touches
Trans-sur-Erdre
Mouzeil
Teillé
Notre-Dame-des-Landes
Casson
Petit-Mars
Ligné
Couffé
Grandchamps-des-Fontaines
Sucé-sur-Erdre
St-Mars-du-Désert
Treillières
Vigneux-de-Bretagne
Oudon
Champtoceaux
le Cellier
la Chapelle-sur-Erdre
Carquefou
Mauves-sur-Loire
Orvault
Sautron
Thouaré-sur-Loire
Ste-Luce-sur-Loire
St-Sauveur-de-Landemont
la Chapelle-Basse-Mer
Barbechat
St-Julien-de-Concelles
NANTES
Couëron
St-Herblain
le Loroux-Bottereau
St-Jean-de-Boiseau
Basse-Indre
Commune d'Indre
la Montagne
Rezé
St-Sébastien-sur-Loire
Basse-Goulaine
Haute-Goulaine
le Landreau
Bouguenais
Brains
Vertou
la Chapelle-Heulin
Vallet
Bouaye
Nantes-Atlantique
les Sorinières
la Haie-Fouassière
St-Fiacre-sur-Maine
le Pallet
Mouzillon
St-Aignan-Grandlieu
Pont-St-Martin
Château-Thébaud
Monnières
Lac de Grand-Lieu
le Bignon
Maisdon-sur-Sèvre
Gorges
la Chevrolière
Clisson
St-Lumine-de-Clisson
Aigrefeuille-sur-Maine
Geneston
Montbert
Gétigné
Remouillé
St-Hilaire-de-Clisson
Cugand
St-Philbert-de-Grand-Lieu
la Bernardière
la Planche
la Loire
A11
A811
A844
A801
A83
N137
N165
N249
N844
D723
D844

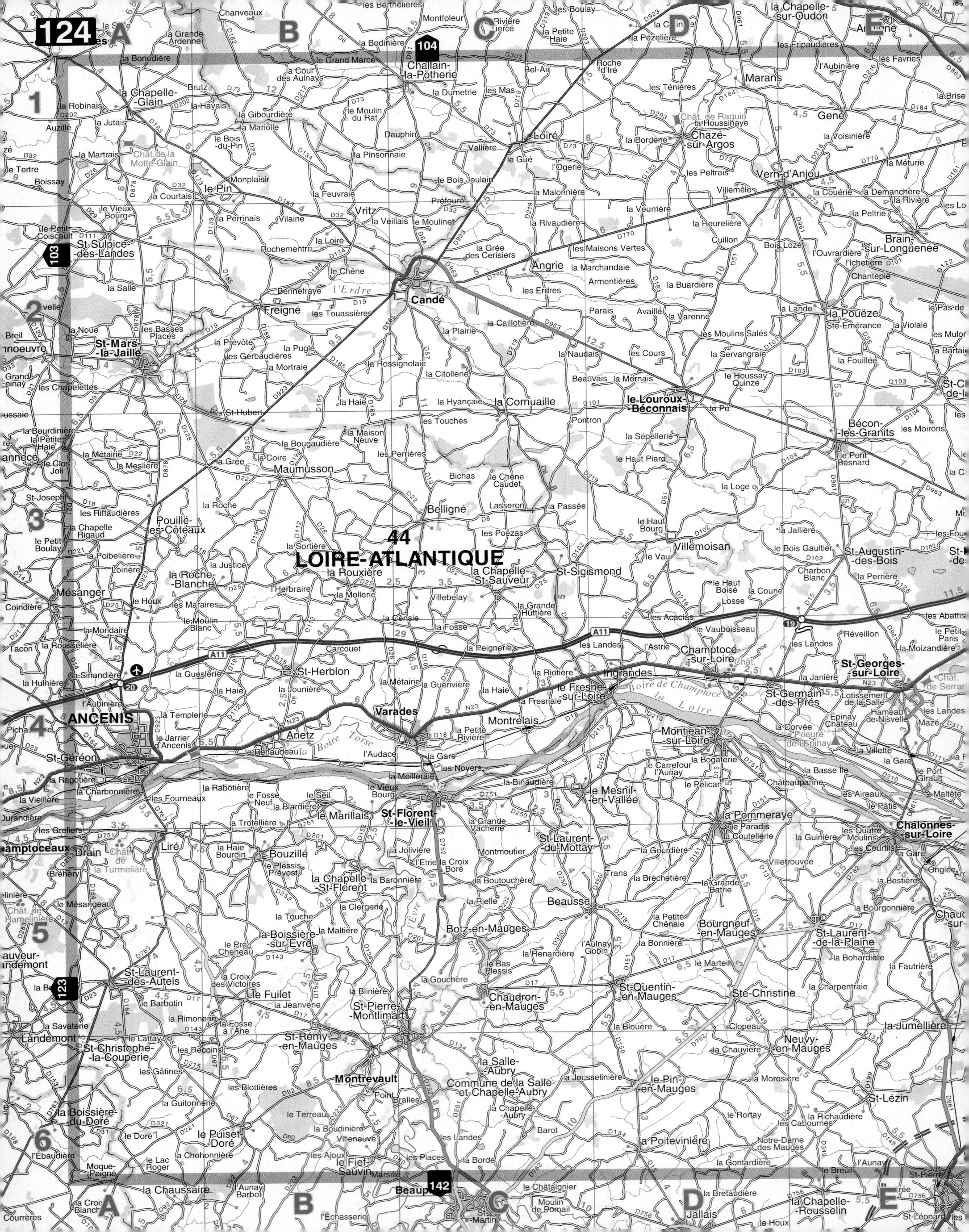

124
A
B
C
D
E
104
1
2
3
4
5
6
103
123
142
Chanveaux
la Grande Ardenne
la Bonodière
Montfoleur
la Bodinière
le Grand Marcé
Challain-la-Potherie
Rivière Tiercé
la Petite Haie
la Pézelière
la Chapelle-sur-Oudon
les Fripaudières
la Chapelle-Glain
la Robinais
Auzillé
la Jutais
la Hayais
la Gibourdière
la Mariolle
la Cour des Aulnays
la Dumetrie
le Moulin du Rat
Dauphin
Bel-Air
Roche d'Iré
les Mas
Marans
les Ténières
l'Aubinière
les Favries
la Brise
Gené
Chât. de Raguin
la Houssinaye
Chazé-sur-Argos
la Borderie
la Voisinière
la Martrais
Chât. de la Motte-Glain
le Bois-du-Pin
la Pinsonnaie
Vallière
Loiré
le Gué
l'Ogerie
les Peltrais
Vern-d'Anjou
la Méturie
le Tertre
Boissay
Monplaisir
le Pin
la Courtais
la Feuvraie
le Bois Joulain
Préfouré
la Malonnière
Villemêle
la Couérie
la Demanchère
la Rivière
le Vieux Bourg
la Perrinais
Vilaine
Vritz
la Veillais
le Moulinet
la Rivaudière
la Veurrière
la Heurelière
la Peltrie
Brain-sur-Longuenée
le Petit Coiscault
St-Sulpice-des-Landes
Rochementru
la Loire
la Grée des Cerisiers
les Maisons Vertes
Cuillon
Bois Lozé
l'Ouvrardière
l'Ichetière
Chantepie
le Chêne
Angrie
la Marchandaie
Armentières
la Buardière
la Salle
Bennefraye
l'Erdre
Candé
les Erdres
Freigné
les Touassières
Parais
Availlé
la Varenne
la Lande
la Pouëze
Ste-Emérance
la Violaie
le Pas de
Breil
la Noue
les Basses Places
St-Mars-la-Jaille
la Prévôté
les Gerbaudières
la Pugle
la Plairie
la Caillotière
les Moulins Salés
la Naudais
les Cours
la Servangraie
la Fouillée
Grand Epinay
les Chapelettes
la Mortraie
la Rossignolaie
la Citollerie
Beauvais
la Mornais
le Houssay Quinzé
St-Hubert
la Haie
la Hyançaie
la Cornuaille
le Louroux-Béconnais
le Pé
Pontron
Bécon-les-Granits
les Moirons
la Bourdinière
la Petite Haie
la Maison Neuve
les Touches
la Bougaudière
la Sépellerie
la Métairie
la Coire
la Grée
les Perrières
le Haut Piard
le Pont Besnard
la Meslière
le Clos Joli
Maumusson
Bichas
le Chêne Caudet
la Loge
St-Joseph
les Riffaudières
la Roche
Belligné
Lasseron
la Passée
la Chapelle Rigaud
Pouillé-les-Côteaux
le Petit Boulay
le Haut Bourg
la Jallière
44
LOIRE-ATLANTIQUE
la Sortière
les Poezas
Villemoisan
le Bois Gaultier
St-Augustin-des-Bois
la Poibelière
la Justice
la Roche-Blanche
la Rouxière
la Chapelle-St-Sauveur
St-Sigismond
le Vau
Charbon Blanc
la Perrière
l'Herbraire
la Mollerie
Villebelay
le Haut Boisé
Losse
la Courie
Mésanger
le Houx
les Maraires
la Grande Huttière
Coindière
le Moulin Blanc
la Censie
les Acacias
les Abattis
la Mondaire
la Fosse
le Vauboisseau
Réveillon
le Petit Paris
Tacon
la Rousselière
Carcouet
la Peignerie
les Landes
l'Astrie
Champtocé-sur-Loire
la Moizandière
la Sinandière
la Huinière
la Guesléria
St-Herblon
Ingrandes
St-Georges-sur-Loire
l'Aubinière
la Haie
la Jounière
la Métairie
la Guerivière
la Haie
la Riotière
le Fresne-sur-Loire
la Janière
Chât. de Serrant
ANCENIS
la Templerie
Varades
Montrelais
la Fresnaie
Boire de Champtocé
la Loire
St-Germain-des-Prés
Lotissement de la Salle
Hameau de Nisvelle
les Landes
Mazé
le Jarrier d'Ancenis
Anetz
la Petite Rivière
Montjean-sur-Loire
la Corvée
l'Epinay Château
Prieuré de l'Epinay
St-Géréon
le Renaudeau
la Boire Torse
l'Audace
la Gare
les Noyers
le Carrefour l'Aunay
la Bogaterie
la Basse Île
la Villette
la Gare
le Port Girault
la Ragotière
la Charbonnière
la Meilleraie
le Vieux Bourg
la Binaudière
le Mesnil-en-Vallée
le Pélican
Châteaupanne
les Aireaux
Maltête
le Pâtis
la Vieillère
les Fourneaux
la Rabotière
le Fossé Neuf
la Blardière
le Seil
le Marillais
St-Florent-le-Vieil
la Grande Vacherie
la Pommeraye
le Paradis
la Coutellerie
la Guinière
les Quatre Moulins
les Courtils
Chalonnes-sur-Loire
la Trotellière
les Greliers
Champtoceaux
Drain
Chât. de la Turmelière
Liré
la Haie Bourdin
Bouzillé
la Jolivière
l'Etrie
la Croix Boré
Montmoutier
St-Laurent-du-Mottay
la Gourdière
Villetrouvée
la Gare
l'Onglée
Bréhéry
le Plessis Prévost
la Chapelle-St-Florent
la Baronnière
la Boutouchère
Trans
la Bréchetière
la Grande Batrie
la Bestière
le Mésangeau
la Clergerie
la Rielle
Beausse
la Petite Chênaie
Bourgneuf-en-Mauges
la Bourgonnière
Chât. de Hamelinière
la Touche
la Maltière
la Boissière-sur-Evre
l'Evre
Botz-en-Mauges
St-Laurent-de-la-Plaine
Sauveur-Landemont
le Pré Cheneau
la Renardière
l'Aulnay Gobin
la Bonnière
la Bohardière
la Fautrière
le Martel
le Bas Plessis
St-Laurent-des-Autels
la Croix des Victoires
la Gouchère
Ste-Christine
la Charpentraie
le Barbotin
le Fuilet
la Blinière
Chaudron-en-Mauges
St-Quentin-en-Mauges
la Jeanverie
St-Pierre-Montlimart
la Rimonerie
la Fosse à l'Âne
la Savaterie
la Blouère
Clopeau
la Jumellière
Landemont
le Lattay
St-Christophe-la-Couperie
les Recoins
St-Rémy-en-Mauges
Neuvy-en-Mauges
la Chauvière
les Gâtines
la Salle-Aubry
Commune de la Salle-et-Chapelle-Aubry
la Jousselinière
la Morosière
les Blottières
Montrevault
le Pin-en-Mauges
la Guitonnière
Point Bralles
St-Lézin
la Boissière-du-Doré
le Terreau
la Chapelle-Aubry
la Boudinière
le Rortay
la Richaudière
les Cabournes
le Doré
le Puiset-Doré
Villeneuve
les Landes
Barot
la Poitevinière
Notre-Dame des Mauges
l'Ebaudière
la Chohonnière
le Lac Roger
les Ajoux
le Fief-Sauvin
les Places
la Borde
la Gontardière
l'Aunay
Moque-Peigné
Marsillé
le Breuil
St-Pierre
la Chaussaire
l'Aunay Barbot
Beaupréau
le Châtaignier
la Bretaudière
la Croix Blanche
Moulin de Pomail
Jallais
la Chapelle-Rousselin
Courrères
l'Echasserie
St-Martin
le Houx
St-Léonard
A11
N23

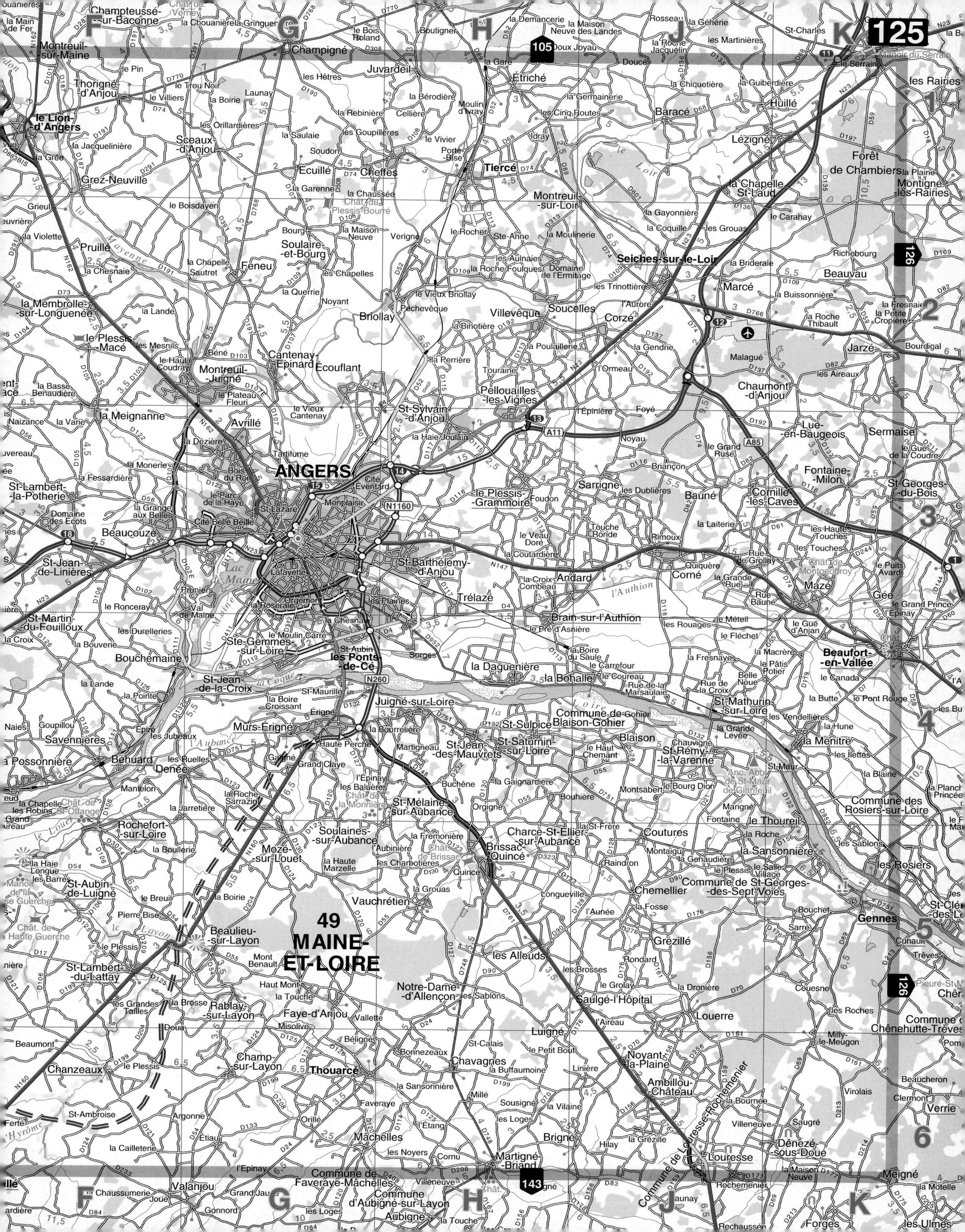

125
F
G
H
J
K
105
126
143
1
2
3
4
5
6
49
MAINE-
ET-LOIRE
ANGERS
Champteussé-sur-Baconne
Montreuil-sur-Maine
Champigné
Thorigné-d'Anjou
le Lion-d'Angers
Sceaux-d'Anjou
Grez-Neuville
Écuillé
Cheffes
Juvardeil
Étriché
Tiercé
Baracé
Huillé
Lézigné
Forêt de Chambiers
Montigné-lès-Rairies
les Rairies
la Chapelle-St-Laud
Montreuil-sur-Loir
Seiches-sur-le-Loir
Marcé
Beauvau
Pruillé
Feneu
Soulaire-et-Bourg
Briollay
Villevêque
Soucelles
Corzé
la Membrolle-sur-Longuenée
le Plessis-Macé
Cantenay-Épinard
Écouflant
Montreuil-Juigné
Jarzé
Chaumont-d'Anjou
Pellouailles-les-Vignes
St-Sylvain-d'Anjou
la Meignanne
Avrillé
Lué-en-Baugeois
Sermaise
Fontaine-Milon
St-Georges-du-Bois
St-Lambert-la-Potherie
le Plessis-Grammoire
Sarrigné
Bauné
Cornillé-les-Caves
Beaucouzé
St-Jean-de-Linières
St-Barthélemy-d'Anjou
Andard
Corné
Mazé
Gée
Trélazé
Brain-sur-l'Authion
St-Martin-du-Fouilloux
Bouchemaine
Ste-Gemmes-sur-Loire
les Ponts-de-Cé
Beaufort-en-Vallée
la Daguenière
la Bohalle
St-Mathurin-sur-Loire
St-Jean-de-la-Croix
Juigné-sur-Loire
Mûrs-Érigné
St-Sulpice
Commune de Blaison-Gohier
Blaison
St-Saturnin-sur-Loire
St-Jean-des-Mauvrets
St-Rémy-la-Varenne
la Ménitré
Savennières
Béhuard
Denée
la Possonnière
St-Mélaine-sur-Aubance
Rochefort-sur-Loire
Soulaines-sur-Aubance
Charcé-St-Ellier-sur-Aubance
Brissac-Quincé
Coutures
le Thoureil
Commune des Rosiers-sur-Loire
les Rosiers
Mozé-sur-Louet
St-Aubin-de-Luigné
Vauchrétien
Chemellier
Commune de St-Georges-des-Sept-Voies
Beaulieu-sur-Layon
Grézillé
Gennes
St-Lambert-du-Lattay
les Alleuds
Notre-Dame-d'Allençon
Rablay-sur-Layon
Faye-d'Anjou
Saulgé-l'Hôpital
Louerre
Commune de Chênehutte-Trèves
Luigné
Noyant-la-Plaine
Champ-sur-Layon
Thouarcé
Chavagnes
Chanzeaux
Ambillou-Château
Verrie
Dénezé-sous-Doué
Machelles
Brigné
Louresse
Commune de Louresse-Rochemenier
Commune de Faveraye-Machelles
Martigné-Briand
Valanjou
Commune d'Aubigné-sur-Layon
Meigné
la Loire
le Loir
la Mayenne
l'Authion
l'Aubance
le Layon
le Louet
Lac de Maine
A11
A85
N23
N160
N162
N260
N1160
N147

126
106
125
144
A
B
C
D
E
1
2
3
4
5
6
49
MAINE-ET-LOIRE
72
SARTHE
Baugé
le Lude
Noyant
Longué
SAUMUR
Allonnes
Bourgueil
Forêt Domaniale de Chandelais
Savigné-sous-le-Lude
Genneteil
Chigné
Broc
Vaulandry
Clefs
Fougeré
St-Quentin-les-Beaurepaire
Cheviré-le-Rouge
Montpollin
St-Martin-d'Arcé
Échemiré
Pontigné
Chavaignes
Lasse
Auverse
Dénezé-sous-le-Lude
Chalonnes-sous-le-Lude
Marcilly-sur-Maulne
Braye-sur-Maulne
Meigné-le-Vicomte
St-Laurent-de-Lin
Méon
Breil
Channay-sur-Lathan
Mouliherne
la Pellerine
Linières-Bouton
Parçay-les-Pins
Rillé
Hommes
Vernantes
Vernoil
Courléon
Gizeux
Continvoir
Blou
Neuillé
Vivy
la Breille-les-Pins
Brain-sur-Allonnes
St-Nicolas-de-Bourgueil
Benais
Ingrandes-de-Touraine
Restigné
la Chapelle-sur-Loire
Chouzé-sur-Loire
Varennes-sur-Loire
Villebernier
Brion
Bocé
Cuon
Chartrené
Fontaine-Guérin
la Lande-Chasles
St-Philibert-du-Peuple
Commune de Longué-Jumelles
St-Clément-des-Levées
St-Martin-de-la-Place
Commune de Gennes-Val-de-Loire... Gennehutte-Trèves-Cunault
Les Essards
Avrillé-les-Ponceaux

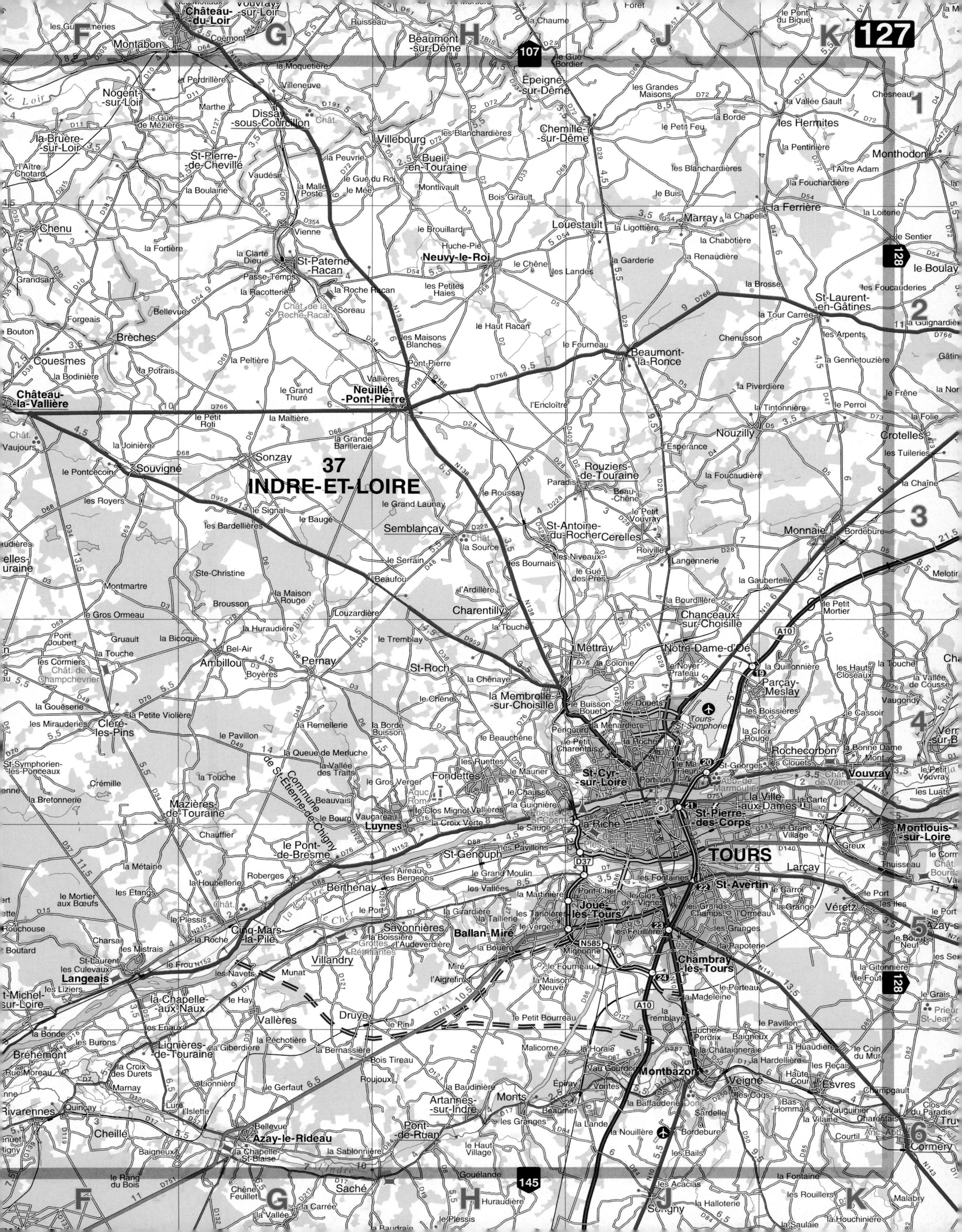

37
INDRE-ET-LOIRE
TOURS
F
G
H
J
K
1
2
3
4
5
6
107
128
145
Château-du-Loir
Montabon
Coëmont
Ruisseau
Beaumont-sur-Dême
la Chaume
le Pont du Biquet
le Gué Bordier
Épeigné-sur-Dême
Nogent-sur-Loir
le Loir
la Perdrillère
la Moquetière
Villeneuve
les Grandes Maisons
Chesneau
la Vallée Gault
Marthe
Dissay-sous-Courcillon
Chât.
le Gué de Mézières
la Bruère-sur-Loir
Villebourg
les Blanchardières
Chemillé-sur-Dême
le Petit Feu
la Borde
les Hermites
Monthodon
St-Pierre-de-Chevillé
Bueil-en-Touraine
la Peuvrie
le Gué du Roi
la Pentinière
l'Aître Chotard
Vaudésir
la Malle Poste
le Mée
Montlivault
les Blanchardières
l'Aître Adam
la Boulairie
la Fouchardière
Bois Girault
le Buis
la Ferrière
Marray
la Chapelle
la Loiterie
Chenu
Vienne
le Brouillard
Louestault
la Ligottière
le Sentier
la Fortière
Huche-Pie
la Chabotière
la Clarté Dieu
St-Paterne-Racan
Neuvy-le-Roi
le Chêne
la Garderie
la Renaudière
le Boulay
Grandsart
Passe-Temps
les Landes
la Racotterie
la Roche Racan
les Petites Haies
la Brosse
les Foucauderies
Bellevue
Chât. de la Roche-Racan
Soreau
St-Laurent-en-Gâtines
Forgeais
le Haut Racan
la Tour Carrée
la Guignardière
le Bouton
Brèches
les Maisons Blanches
Chenusson
les Arpents
le Fourneau
Couesmes
la Peltière
Pont-Pierre
Beaumont-la-Ronce
la Gennetouzière
la Bodinière
la Potrais
Gâtine
Vallières
Château-la-Vallière
le Grand Thuré
Neuillé-Pont-Pierre
la Piverdière
la Nor
le Frêne
l'Encloître
le Petit Roti
la Maltière
la Tintonnière
le Perroi
la Folie
Chât.
Vaujours
la Joinière
la Grande Barilleraie
Nouzilly
Crotelles
l'Espérance
les Tuileries
Sonzay
Souvigné
le Pontcecoin
Rouziers-de-Touraine
Paradis
la Foucaudière
la Chaîne
Beau-Chêne
les Royers
le Roussay
le Grand Launay
le Signal
le Petit Vouvray
le Baugé
les Bardellières
Semblançay
Chât.
la Source
St-Antoine-du-Rocher
Cerelles
Monnaie
Bordebure
Roiville
les Niveaux
le Serrain
les Bournais
Langennerie
Ste-Christine
le Gué des Prés
Beaufou
Melotin
Montmartre
l'Ardillière
la Gaubertelle
la Maison Rouge
Brousson
Charentilly
la Bourdillère
le Petit Mortier
le Gros Ormeau
Louzardière
Chanceaux-sur-Choisille
la Huraudière
la Touche
la Bresme
Pont Joubert
Gruault
la Bicoque
le Tremblay
Mettray
Notre-Dame-d'Oé
la Touche
Bel-Air
la Colonie
le Noyer Prateau
la Quillonnière
les Hauts Closeaux
les Cormiers
Chât. de Champchevrier
Ambillou
Boyères
Pernay
St-Roch
la Chênaye
Parçay-Meslay
la Vallée de Cousse
la Membrolle-sur-Choisille
le Buisson Bouet
les Douets
Vaugondy
la Gouëserie
la Petite Violière
le Chêne
Tours-St-Symphorien
les Boissières
les Miraudelles
Cléré-les-Pins
la Remellerie
la Borde Buisson
la Ménardière
le Cassoir
Pérignaud
le Petit Charentais
la Roche
la Croix Rouge
le Pavillon
le Beauchêne
Rochecorbon
la Bonne Dame
Mont
la Queue de Merluche
les Ruettes
le Maurier
St-Cyr-sur-Loire
St-Georges
les Clouets
St-Symphorien-les-Ponceaux
Commune de St-Étienne-de-Chigny
la Vallée des Traits
Vouvray
le Petit Vouvray
Crémille
la Touche
le Gros Verger
Fondettes
Portillon
Abb. de Marmoutier
Chât. de Valmer
la Bretonnerie
Beauvais
Aquc Rom
la Chaussée
la Guignière
la Ville-aux-Dames
la Carte
les Luats
Mazières-de-Touraine
le Bourg
Vaugareau
Luynes
le Clos Mignot
Vallières
Prieuré de St-Cosme
la Riche
St-Pierre-des-Corps
Montlouis-sur-Loire
Chauffier
la Croix Verte
le Sauge
le Grand Village
le Pont-de-Bresme
les Pavillons
Plessis-les-Tours
Greux
la Métairie
St-Genouph
Larçay
Thuisseau
l'Aireau des Bergeons
le Grand Moulin
les Fontaines
la Houbellerie
Roberges
Berthenay
les Vallées
la Martinière
Pont-Cher
les Clos des Vignes
St-Avertin
le Carroi
le Port
les Étangs
le Mortier aux Bœufs
Chât.
le Port
la Girardière
les Tannières
Joué-lès-Tours
la Grange
Véretz
les Iles
le Piessis
le Cher
la Taillerie
les Grands Champs
l'Ormeau
le Port
Rouchouse
Charsay
Cinq-Mars-la-Pile
Savonnières
la Boissière
d'Audeverdière
Ballan-Miré
le Verger
les Feuillets
les Granges
Azay-s
Boutard
la Roche
les Mistrais
Grottes Pétrifiantes
la Bouère
Mignonne
la Papoterie
le Bourg Neuf
St-Laurent
Langeais
le Frou
les Navets
Munat
Villandry
Chambray-lès-Tours
la Gitonnière
les Se
le Fouteau
les Liziers
St-Michel-sur-Loire
la Chapelle-aux-Naux
Miré
l'Aigrefin
la Maison Neuve
le Porteau
le Hay
la Madeleine
le Grais
Vallères
Druye
le Pin
le Petit Bourreau
la Tremblaye
Prieu St-Jean
les Enaux
la Bonde
les Burons
Lignières-de-Touraine
la Péchotière
la Bernassière
Malicorne
la Horaie
la Juche Perdrix
Baigneux
la Châtaigneraie
le Pavillon
la Huaudière
le Coin du Mur
Bréhémont
la Giberdière
Bois Tireau
Vau Courdon
Montbazon
la Hardellière
les Récais
Rue Moreau
la Croix des Durets
Marnay
Roujoux
le Gerfaut
Lionnière
la Baudinière
Épiray
Vontes
Veigné
Haute Cour
Esvres
Champgault
Rivarennes
Quinçay
les Culevaux
Lure
l'Islette
Artannes-sur-Indre
Monts
Beaumer
la Baffauderie
Dorée
les Cocqs
Bas Hommais
Vauguinier
Clos du Paradis
Cheillé
Bellevue
Azay-le-Rideau
Pont-de-Ruan
les Granges
la Lande
la Nouillère
Bordebure
Sardelle
la Vilaine
Charentais
Baigneux
la Chapelle-St-Blaise
la Sablonnière
le Haut Village
les Bails
Courtil
Anc. Abb.
Cormery
le Rang du Bois
l'Indre
Gouëlande
la Fontaine
Chêne Feuillet
Saché
Huraudière
les Acacias
les Rouillers
Malabry
la Vallée
la Carrée
le Plessis
Sorigny
la Halloterie
la Houchinière
la Baudraie
la Saulaie
N138
N152
N10
N143
N585
A10
D766
D959
D37

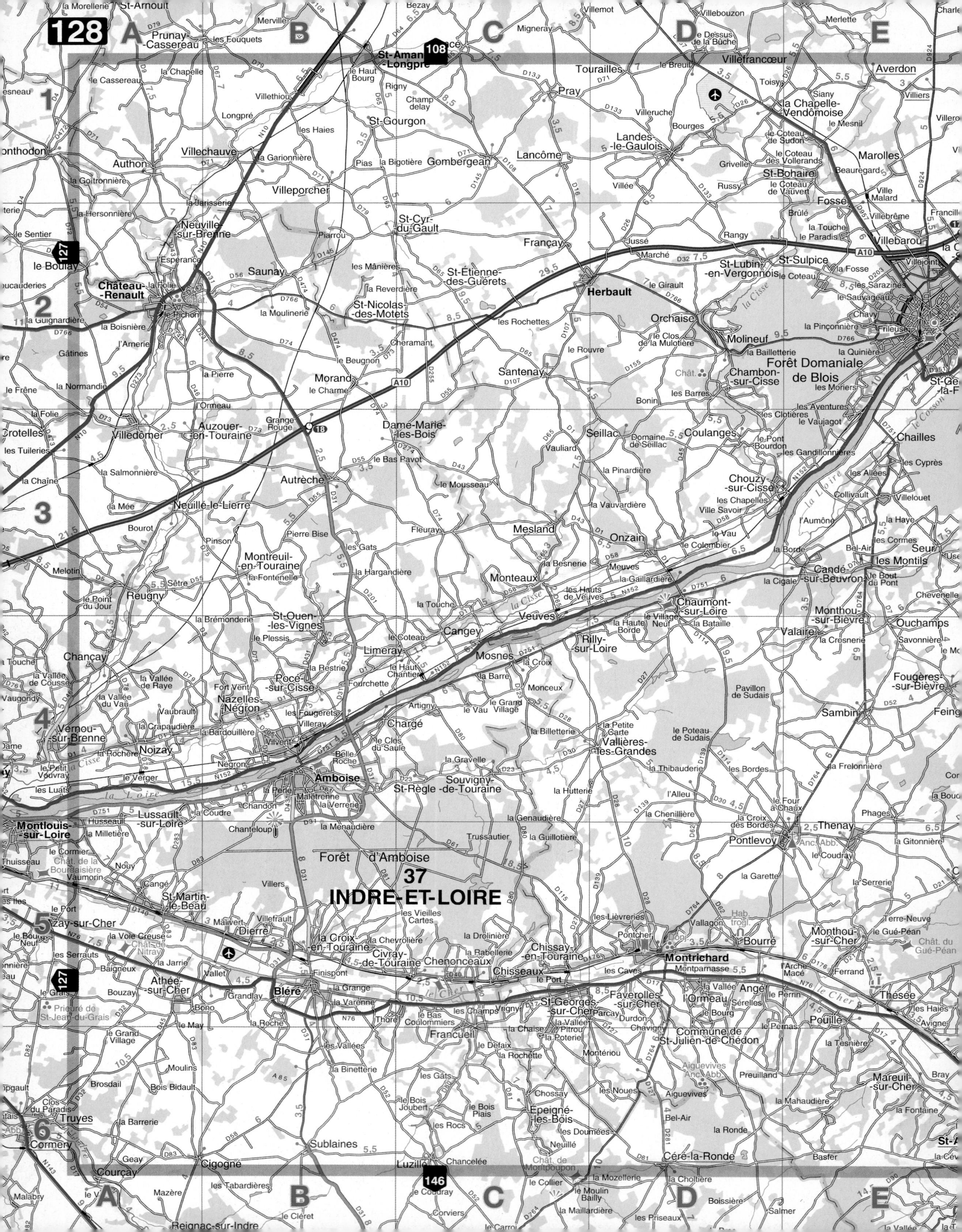
A
B
C
D
E
1
2
3
4
5
6
108
127
146
St-Amand-Longpré
Prunay-Cassereau
Villechauve
Authon
Villeporcher
St-Gourgon
Gombergean
Lancôme
Landes-le-Gaulois
Pray
Tourailles
Villefrancœur
Averdon
La Chapelle-Vendômoise
Marolles
St-Bohaire
Fossé
Villebarou
Neuville-sur-Brenne
St-Cyr-du-Gault
Françay
Château-Renault
Saunay
St-Étienne-des-Guérets
St-Nicolas-des-Motets
Herbault
St-Lubin-en-Vergonnois
St-Sulpice
Orchaise
Molineuf
Forêt Domaniale de Blois
Chambon-sur-Cisse
Santenay
Morand
A10
Villedômer
Auzouer-en-Touraine
Dame-Marie-les-Bois
Seillac
Coulanges
Chailles
Autrèche
Chouzy-sur-Cisse
Neuillé-le-Lierre
Mesland
Onzain
Montreuil-en-Touraine
Monteaux
Candé-sur-Beuvron
Les Montils
Reugny
Chaumont-sur-Loire
Veuves
St-Ouen-les-Vignes
Cangey
Rilly-sur-Loire
Monthou-sur-Bièvre
Ouchamps
Valaire
Chançay
Limeray
Mosnes
Fougères-sur-Bièvre
Pocé-sur-Cisse
Nazelles-Négron
Vernou-sur-Brenne
Noizay
Chargé
Vallières-les-Grandes
Sambin
Amboise
Souvigny-de-Touraine
St-Règle
la Loire
Montlouis-sur-Loire
Lussault-sur-Loire
Chanteloup
Forêt d'Amboise
37
INDRE-ET-LOIRE
Pontlevoy
Thenay
St-Martin-le-Beau
Dierre
La Croix-en-Touraine
Civray-de-Touraine
Chenonceaux
Chissay-en-Touraine
Chisseaux
Montrichard
Bourré
Monthou-sur-Cher
Athée-sur-Cher
Bléré
le Cher
Faverolles-sur-Cher
St-Georges-sur-Cher
Francueil
Thésée
Pouillé
Commune de St-Julien-de-Chédon
Mareuil-sur-Cher
Épeigné-les-Bois
Truyes
Cormery
Sublaines
Cigogne
Luzillé
Céré-la-Ronde
Courçay
Reignac-sur-Indre

129
F
G
H
J
K
109
130
147
1
2
3
4
5
6
41
LOIR-ET-CHER
Parc de Chambord
BLOIS
ROMORANTIN-
-LANTHENAY
Chousy
Épiez
Mulsans
Balâtre
Aunay
Courbouzon
Herbilly
le Verger
le Cavereau
Nouan
les Coteaux
Moncellereux
St-Marc
Nouan
sur Loire
les Basses
Fontaines
Huppemeau
la Crimée
la Californie
les Trois
Chênes
la Frogerie
Château
Ligny-
-le-Ribault
la Bretêche
Dizier
Bouleaux
Laloint
Fleury
Ruabourg
Suèvres
Muides-
-sur-Loire
Colliers
Bréviande
Faubourg
Bretagne
Cour-
-sur-Loire
le Vivier
St-Dyé-
-sur-Loire
Crouy-
-sur-Cosson
les Charmilles
la Ferté-
-St-Cyr
Menars
Montlivault
la Blondellerie
le Tapinet
la Joliverie
Coutevroux
Yvoy-
-le-Marron
Villeneuve
St-Denis-
-sur-Loire
Maslives
le Cosson
Thoury
Pavillon
de Thoury
le Villerondier
Villeny
St-Marc
Bouesse
Macé
l'Aubergeon
St-Claude-
-de-Diray
Chambord
Bonneville
la Motte
Bonneville
la Patte
d'Oie
la Grille
les Noëls
les Brigaudières
Morest
la Chaussée-
-le-Comte
la Rote
la Noue
St-Joseph
les Tardins
Huisseau-
-sur-Cosson
Dhuizon
Vineuil
la Taupinière
les Guinis
le Chiteau
les Palquois
la Marolle-
-en-Sologne
les Drelas
Château
les Pavés
Mont-près-
-Chambord
la Boissière
les Blottières
les Pommeries
Villaugon
le Beuvron
Neuvy
les Coudraies
la Gadelinière
Rue
de Meneuil
Chât.
de Villesavin
la Sablière
Montrieux-
-en-Sologne
Beauregard
Tour-
-en-Sologne
Villesavin
Bracieux
les Loges
l'Hôtellerie
les Mahaudières
les Pommiers
les Ragottières
Chât. de Beauregard
l'Atelier
les Pâtis
du Gaudet
Ponts
d'Arian
la Macière
Bauzy
les Bois
les Braudières
le Bourg Neuf
Neung-
-sur-Beuvron
la Ferté-
-Beauharnais
le Parc
les Monts
les Châteliers
la Picoissière
la Touche
la Sensinière
la Rivière
la Boulaie
le Néant
la Croûte
Fave
Cour-
-Cheverny
la Roncinière
la Bondonnière
Fontaines-
-en-Sologne
la Motte
Louin
les Ruaux
Avignon
Chéry
Talcy
Cherchereile
la Croix
de la Roche
Vernou-
-en-Sologne
Bourg Neuf
les Mardilays
la Carbonneau
les Forêts
Bièvre
Chitenay
Chât. de
Troussay
Cheverny
Poëly
Troussay
les Guilveaux
Vaulien
l'Aborde
Cormeray
la Demalerie
la Chaise
la Pichonnière
l'Épinière
la Pilourdière
la Pochatière
les Lombardes
la Fontenille
le Gué
de Guinevert
les Monceaux
la Croix
la Chaplaudière
Courmemin
le Petit
Villaine
la Californie
le Caillou
le Grand
Villaine
Marcilly-
-en-Gault
le Bois
du Lit
Favras
la Gaucherie
la Garde
les Berthoisières
les Sorets
les Courtais
les Malzeaux
Boisvert
le Cervolet
les Coutanières
Millançay
la Californie
le Poudelay
la Mênerie
Fresnes
Chât. de
Roujoux
les Charbonneries
la Huasserie
Bourgnouveau
Roujoux
Grand Fond
les Maisons
Rouges
la Gouchère
Villechaise
Contres
la Boulaie
les Ormes
les Terres
Noires
les Blessons
Veilleins
Bretonnière
la Croix
de l'Aunay
Soings-
-en-Sologne
Mur-
-de-Sologne
le Grand
l'Aunay
la Guichonnerie
les Carolines
Monthault
Aigrain
Sassay
Oisly
le Moulin
Corbeau
les Fontenils
la Jurandière
le Glandier
Loreux
Piote
Rosière
les Robinières
Lanthenay
la Boulas
la Goinfrerie
Bois Clair
Chât. du Moulin
Lassay-
-sur-Croisne
les Thibaudières
la Grenelle
Migeraux
les Auchets
la Sauldre
les Égâts
la Motte
le Moulin
la Foucardière
Couddes
Rougeou
la Colasserie
Bois
Fuseau
Villeherviers
la Moinerie
le Bois
Jarry
Bâtarde
le Portail
Chémery
Gy-
-en-Sologne
Longueville
le Bourgeau
les Abelets
Morlan
la Perrièze
les Quatre
Roues
les Grelets
Morlu
la Rennes
la Sablière
le Village
la Richaudière
les Grands
Monteaux
le Peu
Méhers
Pruniers-
-en-Sologne
la Maison
Blanche
Nocfond
Ballenette
St-Romain-
-sur-Cher
les Beaussiers
la Brillère
la Chatainerie
Billy
la Plotuère
Bailly
Monterioux
les Girardières
la Villatte
la Collinière
les Manceaux
la Grange
au Rouge
la Boulaie
le Gibet
la Mardelle
la Bondice
Larray
le Theil
Turpinay
Noray
Villefranche-
-sur-Cher
les Tréchis
Noyers-
-sur-Cher
Fourchaud
Saugirard
Belle Croix
la Godinière
les Mardelles
le Pont
de Sauldre
le Bourgeau
St-Julien-
-sur-Cher
Langon
la Haye-
-Jallet
Châtillon-
-sur-Cher
le Camp
Villedieu
Gièvres
Valette
les Chabriers
le Cher
les Vachers
le Clos
des Fontaines
le Grand
Mont
Trévety
la Thizardière
Selles-
-sur-Cher
Bezaine
la Pêcherie
le Chauchy
la Chapelle-
-Montmartin
Port Martin
Fertevoux
St-Gennefort
les Cochards
les Martinières
la Rue
St-Eusice
Canal du Berry
Claveau
Brejon
St-Loup
Menetou-
-sur-Cher
Châtre-
-sur-Cher
Seigy
Couffi
Girardin
Meusnes
Varnay
la Collinière
le Berquin
Champcol
Fomptin
Chabris
les Galliers
la Chevrollerie
Villequemoy
Poulas
Porcherioux
la Vernelle
Launay
Laur
les Goujonneaux
Maray

110
129
129
148

F
G
H
J
K
1
2
3
4
5
6
45
LOIRET
Gien
St-Gondon
St-Florent
Nevoy
les Montoires
Arrabloy
les Buissons de Diane
Pont-Chevron
Bretea
Poilly-lez-Gien
Chantemerle
Ouzouer-sur-Trézée
St-Martin-sur-Ocre
St-Brisson-sur-Loire
Briare
Dammarie-en-Puisaye
Batilly-en-Puisaye
Coullons
Autry-le-Châtel
Châtillon-sur-Loire
Ousson-sur-Loire
Thou
Argent-sur-Sauldre
Bonny-sur-Loire
Cernoy-en-Berry
Beaulieu-sur-Loire
Blancafort
Neuvy-sur-Loire
Pierrefitte-ès-Bois
Santranges
Belleville-sur-Loire
Aubigny-sur-Nère
Concressault
Barlieu
Sury-près-Léré
La Celle-sur-Loire
Oizon
Dampierre-en-Crot
Vailly-sur-Sauldre
Sury-ès-Bois
Léré
Myennes
Savigny-en-Sancerre
Villegenon
Thou
Assigny
Boulleret
Subligny
Ste-Gemme-en-Sancerrois
Jars
le Noyer
Bannay
Sury-en-Vaux
Chapelle-Angillon
la Chapelotte
Menetou-Râtel
Verdigny
St-Satur
Ivoy-le-Pré
Sancerre
Sens-Beaujeu
Ménétréol-sous-Sancerre
Tracy-sur-Loire
Henrichemont
Neuilly-en-Sancerre
Crézancy-en-Sancerre
Bué
Thauvenay
Couargues
Neuvy-Deux-Clochers
Vinon
St-Bouize
Achères
Gardefort
Humbligny
Veaugues
Morogues
Montigny
A77
N7
111
132
149
20
21

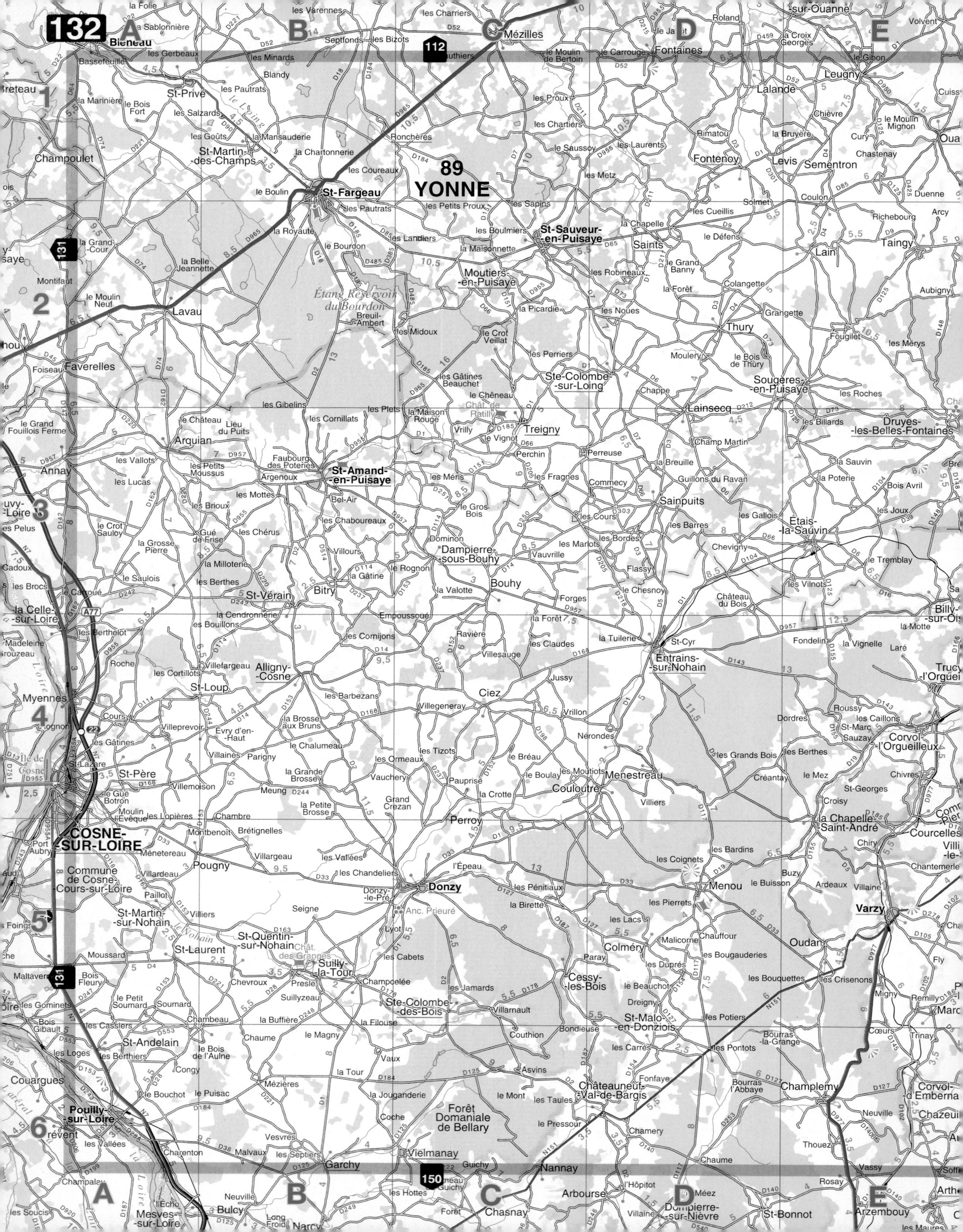

132
A
B
C
D
E
1
2
3
4
5
6
89
YONNE
112
131
150
Bléneau
Mézilles
Fontaines
Leugny
St-Privé
Champoulet
St-Martin-des-Champs
St-Fargeau
Ronchères
Lalande
Fontenoy
Levis
Sementron
St-Sauveur-en-Puisaye
Saints
Taingy
Lain
Moutiers-en-Puisaye
Lavau
Étang Réservoir du Bourdon
Thury
Faverelles
Ste-Colombe-sur-Loing
Sougères-en-Puisaye
Lainsecq
Treigny
Druyes-les-Belles-Fontaines
Arquian
Annay
St-Amand-en-Puisaye
Sainpuits
Étais-la-Sauvin
Dampierre-sous-Bouhy
Bouhy
St-Vérain
Bitry
La Celle-sur-Loire
Entrains-sur-Nohain
Alligny-Cosne
St-Loup
Ciez
Myennes
Corvol-l'Orgueilleux
St-Père
Couloutre
Menestreau
COSNE-SUR-LOIRE
Perroy
La Chapelle-Saint-André
Pougny
Donzy
Menou
Varzy
St-Martin-sur-Nohain
St-Quentin-sur-Nohain
St-Laurent
Suilly-la-Tour
Colméry
Oudan
Cessy-les-Bois
Ste-Colombe-des-Bois
St-Malo-en-Donziois
St-Andelain
Châteauneuf-Val-de-Bargis
Champlemy
Pouilly-sur-Loire
Forêt Domaniale de Bellary
Garchy
Vielmanay
Nannay
Arbourse
Dompierre-sur-Nièvre
Chasnay
Mesves-sur-Loire
Bulcy
Arzembouy
St-Bonnot
Couargues

F
G
H
J
K
113
151
134
1
2
3
4
5
6
89
YONNE
58
NIÈVRE
Coulanges-la-Vineuse
Vincelles
Cheuilly
Vau Germain
Courtenay
la Grilletière
Nantenne
Avigneau
la Rue
Sauvegenou
Cravant
la Baraque
le Val-St-Martin
Bois Chopart
Nitry
Puits de Bon
Noiret
Coulangeron
Migé
Val-de-Mercy
Pesteau
Grapoule
St-Marien
Bazarnes
Vermenton
Sacy
Villiers la Grange
le Pignon Rouge
Accolay
le Val du Puits
Merry-Sec
Mouffy
Ste-Pallaye
Anc. Abb. de Régny
Charentenay
l'Herbe Verte
Prégilbert
Ferme du Fays
Essert
le Val du Puits
Tormancy
Trucy-sur-Yonne
Lucy-sur-Cure
le Val de Mâlon
Oudun
Massangis
Fontenay-sous-Fouronnes
Courson-les-Carrières
Joux-la-Ville
Pourly
Molesmes
Séry
Bessy-sur-Cure
le Beugnon
Fouronnes
Mailly-le-Château
les Maillés
Arcy-sur-Cure
le Puits d'Edme
la Baraque
Champoux
Anus
Mailly-la-Ville
Val Ste-Marie
Manoir de Chastenay
Grottes d'Arcy
Grtes de St-Moré
Précy-le-Sec
Dissar
le Grand Val de la Nef
la Roche
Villepot
le Bouchet
Avigny
St-Moré
Nailly
Orsigny
la Chapelle
Thory
Ste-Colombe
les Maisons
Merry-sur-Yonne
le Bois du Fourneau
les Avillons
Voutenay-sur-Cure
Lac Sauvin
Lucy-le-Bois
Festigny
les Champs de Crain
Bois-d'Arcy
Tour de Pré
Provency
Fontenailles
la Borde
Magny
Vaulabelle
Chevroche
Annay-la-Côte
Marcilly
Brosses
Sermizelles
Girolles
Farges
Vassy
Coulanges-sur-Yonne
Crain
Misery
la Place
Châtel-Censoir
Tharot
Étaule
Blannay
Fontenille
Montillot
Givry
Faix
Andryes
Pousseaux
Lucy-sur-Yonne
Annéot
Sauvigny-le-Bois
les Bois de Bèze
le Vaudonjon
Valloux
Bouteau
Anc. Prieuré St-Jean-des-B.
Villeprenoy
Surgy
Lichères-sur-Yonne
les Tremblats
Vermoiron
Vault-de-Lugny
Domecy-sur-le-Vault
Pontaubert
Chassigny
Asnières-sous-Bois
la Vieille Borde
AVALLON
Asquins
la Bouillère
Grand Oisy
la Forêt
le Val des Rosiers
le Cousin
Sembert
Sembert le Haut
les Bois de la Madeleine
Vézelay
Fontette
Island
les Grandes Châtelaines
les Granges
Oisy
Tharoiseau
CLAMECY
Bethléem
Armes
Crai
Chamoux
St-Père
le Grand Island
Pavillon
Paroy
Moulot
Pressures
Beaugy
Chevroches
l'Étang
Menades
la Grange du Bois
Dornecy
Seigland
Foissy-lès-Vézelay
Versauce
Usy
Précy-le-Moult
Pierre-Perthuis
Montmardelin
Latrault
Rix
Sardy les Forges
Cuncy
Sur Yonne
Brèves
Cure
Serée
le Meix
Villaine
le Plessis
Creux
Fontenay-près-Vézelay
Domecy-sur-Cure
Ruissote
les Ouches
Châteauvert
le Renard
Villiers-sur-Yonne
la Maison-Dieu
Pouilly
St-Germain-des-Champs
le Grand Davion
le Petit Davion
Ouagne
Asnois
Metz-le-Comte
Charancy
Culètre
Villurbain
St-André-en-Morvan
la Cure
Chastellux-sur-Cure
Montigny
la Pouge
Saligny
Teigny
Nuars
Commune de St-Aubin-des-Chaumes
Villars
Bidon
Champagne
Bonneçon
Chalvron
Athée
St-Germain-des-Bois
Amazy
Bazoches
la Bascule
le Mont
Courotte
Thurigny
Fin
Neuffontaines
Cuncy-lès-Varzy
Tannay
Cuzy
Champignolle-le-Bas
Marigny-l'Église
Crottefou
Beuvron
Cervenon
Pignol
Commune de Flez-Cuzy
Vignol
Saizy
Poisson
Empury
Berges
Vésigneux
Mhers
Lys
Chitry
Breugny
Montcrecon
le Pont
Vesvres
Villiers-sur-Beuvron
la Creuse
St-Didier
Vignes le Haut
Vignes le Bas
Vassy
St-Martin-du-Puy
Chalaux
le Meix
Serres
Talon
Moissy
Boussegré
Seneux
le Moulinot
Commune de Moissy-Moulinot
la Coudraye
Monceaux-le-Comte
le Chemin
la Guitte
la Villaine
Jourland
Mazignien Busset
Grenois
Ferrières
Diroll
Anthien
Pouques-Lormes
Mazignien Coulfolles
Changy
Cungy
Challement
Ruages
Asnan
le Villard
Taconnay
les Bordes
Chasseigne
Montigny
Luxery
la Presle
Plainefas
Hubans
Villaine
Sougy
Bailly
Magny-Lormes
la Maladrerie
la Croix Saint-Martin
Lormes
Sonne
Porcmignon
Chevannes-Changy
Mouchy
Sauvigny
Combres
Cropigny
Chât. de Villemolin
Chazy
Vellerot
la Vallée
la Grange Billon
la Croix Châtain
les Teureaux
Vaussegrois
Bonnetré
Courcelles
Germenay
Auxois
Brinon-sur-Beuvron
Mavé
Moraches
Marigny-sur-Yonne
Valentinges
Lavault
Coux
Agriez
Marnay
Sommée
Brizon
Montchet
Bussy-la-Pesle
Michaugues
Dompierre-sur-Héry
Héry
Chitry-les-Mines
la Garenne
Ponty
Brassy
Olcy
le Gros Chêne
Viry
Doussas
Marré le Bas
Planvoy
Beaulieu
Chanteloup
Ardan
Chaumot
Corbigny
Cervon
l'Huis Bourdiaux
Rivières
Gouvault
Priez
Neuilly
St-Gremange
Chât. de Lantilly
Certaines
Moulin Granard
Tachely
Fragny
Pert
Champallement
les Bordes
Ancray
Pazy
Lantilly
Vauclaix
les Chaises
Razou
Noy

134
Noyers
A
B
C
D
E
114
133
152
1
2
3
4
5
6
89
YONNE
58
NIÈVRE
MONTBARD
Semur-en-Auxois
Saulieu
Pasilly
Censy
Perrigny-sur-Armançon
Arrans
l'Autremont
Jouancy
Soulangy
Étivey
Aisy-sur-Armançon
Rougemont
Cruchy
Maison Forestière de la Faulde
le Petit Jailly
Puits de Bon
le Prieuré
Cours
Sarry
Sèche-Bouteille
la Mairie
les Malmaisons
Grimault
Frétoy
Buffon
Blaisy
Anc. Abbaye de Fontenay
Touillon
les Bordes
St-Pierre
Tormancy
Massangis
Châtel-Gérard
Annoux
St-Rémy
Cité de Verdun
Corbeton
Marmagne
Anc. Prieuré de Vausse
Chevigny-le-Désert
Quincy-le-Vicomte
Quincerot
Crépand
Cité Fays
Cité St-Philibert
Nogent-le-Petit
Fain-lès-Montbard
Fresnes
les Cornes
les Souillats
Civry-sur-Serein
Dissangis
Bierry-les-Belles-Fontaines
St-Germain-lès-Senailly
Commune de Nogent-lès-Montbard
Villiers
Montfort
Courcelles-lès-Montbard
Eringes
la Bergerie
Coutarnoux
Origny
l'Isle-sur-Serein
Marmeaux
Fain-lès-Moutiers
Senailly
Rue Clément
Creuzille
Montigny-Montfort
Benoisey
Seigny
Saint-Just
Blacy
Talcy
Monceau
Vassy
Moutiers-Saint-Jean
Athie
Viserny
la Raquette
Grignon
les Granges-sous-Grignon
Ste-Colombe
Pancy
Angely
Thizy
Santigny
Villaines-les-Prévôtes
Champ-d'Oiseau
Turley
Pisy
Cormarin
Tivauche-le-Haut
Lantilly
Venarey-les-Laumes
Cormaillon
Ménétreux-le-Bas
Corsaint
Athie
Périgny
Montréal
Jeux-lès-Bard
Clos Fleury
Trévilly
Bard-les-Époisses
le Clou
Genay
Courterolles
Vignes
Sceaux
Vulsain
Mussy-la-Fosse
la Rue de Bard
Faix
Guillon
Époissotte
Corrombles
Ménetreux-le-Bas
Millery
Villars-et-Villenotte
Pouillenay
Sauvigny-le-Bois
le Vellerot
Maison-Dieu
Cisery
Époisses
Charentois
Massingy-lès-Semur
Bierry
Pouligny
Ménetreux-le-Haut
Villenotte
Toutry
Changy
Commune de Torcy-et-Pouligny
Collonge
Charbonnière
Juilly
Souhey
Magny-la-Ville
Chassigny
Brécy
Savigny-en-Terre-Plaine
Foux
Torcy
Magny
Chevannes
Sauvigny-le-Beuréal
Forléans
Vic-de-Chassenay
St-Euphrône
Chassey
Étrée
St-André-en-Terre-Plaine
Vieux-Château
Montberthault
Cernois
Pont-et-Massène
le Moulin Cadoux
Cussy-les-Forges
Chassenay
les Granges du Cerf
Champ Morlin
Courcelles-Frémoy
Bourbilly
Sauvigny
Courcelles-lès-Semur
Allerey
Pavillon
Frémoy
Villars-Frémoy
Villiers-Nonains
Ste-Magnance
Ruffey
Montigny-sur-Armançon
Villeneuve-sous-Charigny
Villeneuve
la Motte
Thoste
Flée
Charigny
les Ruats
Sincey-lès-Rouvray
Montigny-St-Barthélemy
Bierre-lès-Semur
Villarnoux
Bussières
St-Brancher
Roilly
la Croisée
la Martolle
Sully
les Georgeots
Rouvray
la Croisée
Chamont
Genouilly
Braux
Meix
Lucenay
Ruissote
Auxon
St-Aubin
Beauvilliers
Joux
Vernon
Chenault
Brianny
Saint-Andeux
le Poteau
Bierre-en-Morvan
Jadron
Aisy-sous-Thil
Précy-sous-Thil
Saux
Pont-Royal
Corvignot
Villiers-les-Potots
St-Léger-Vauban
Potenay
Dompierre-en-Morvan
Thil-la-Ville
Marcigny-sous-Thil
Clamerey
Velars-le-Comte
Ruères
le Frêne
la Roche-en-Brenil
Lédavrée
la Gorge
le Montoir
le Haut
St-Germain-de-Modéon
Courcelotte
Collemoine
le Brouillard
Nan-sous-Thil
la Verdière
Teureaux-de-Mâche
Romeneau
Arcenay
Normier
Courotte
Quarré-les-Tombes
le Moulin Colas
Champ au Beau
le Crossaint
Lacour-d'Arcenay
Juillenay
Vic-sous-Thil
Pluvier
Marigny-l'Église
Trinquelin
les Roubeaux-l'Huis-Saint-Benoît
Romanet
Montmillien
Franceau
Montlay-en-Auxois
Fontangy
Noidan
Villeneuve-sous-Charny
Crottefou
Maison Forestière de la Vernoie
Abb. de la Pierre qui Vire
les Boulois
Crépy
Molphey
Chausserose
Chazelle-l'Écho
Charny
les Guichards
les Iles Menéfrier
Saint-Didier
Sainte-Segros
la Motte-Ternant
Thorey-sous-Charny
Meix
les Guénifets
Montachon
Mazignien
Bussel
l'Huis-Châtelain
les Amans
les Michaux
Chanteau
Saizeray
St-Agnan
les Augers
Chazelle en Morvan
Missery
le Vieux Dun
Bornoux
les Ventes
Maison Baude
les Cordins
Mercueil
Mairey
Bonaré
les Maires
les Loisons
Thomirey
Montberthault
Vermot
la Rivière
les Bruyères
le Perron
Villargoix
Mont-St-Jean
Dun-les-Places
Mon. des Fusillés
les Grandes Fourches
Goix
la Jette
Ormancey
la Come
Vaucorniau
Mézocdefroy
les Petites Fourches
Champeau-en-Morvan
Bellevue
Collonges
Vrilly-le-Bas
Varennes
Lavault
le Vernoy
Melin
le Parc
St-Brisson
le Vernay
Champ derrière
Vrilly-le-Haut
Thoisy-la-Berchère
Montour
Montchelnot
la Rue Naudin
Fourches
Collonchèvres
Thoriseau
Marcilly-Ogny
Brassy
la Montée
Montgirault
Montabon
Lavault
Chaume Briey
Collonge
Gouvault
Bonin
Lavault
Gouloux
Island
St-Martin-de-la-Mer
Macon
la Maison des Champs
Ogny
Beurey-Bauguay
Razou
Fonteny
Mallerin
Nataloup
le Mairat
Roche
Domaine de la Chaux
Conforgien
la Mer
la Justice
A6
N6
22
23

135
F
G
H
J
K
Villaines-en-Duesmois
Rue Basse
Magny-Lambert
Rue Haute
Vaux
Meulson
Beaunotte
Cosne
Moitron
Minot
Veroille
Busserotte-et-Montenaille
Plaisance
Aignay-le-Duc
115
Meursauge
Quemigny-sur-Seine
Bussières
Fraignot-et-Vesvrotte
la Folie
Ferme de Charme
Ferme de Montmorot
la Barre
Vesvrotte
Courl
Emorots
Fontaines-en-Duesmois
Quemignerot
Duesme
Gronet
Etalante
Thorey
Ampilly-les-Bordes
Ampilly-le-Haut
Larçon
Jours-lès-Baigneux
Mont-Armet
Avot
Chaume-lès-Baigneux
Palus
Salives
Echalot
Barjon
Prégelan
la Renère
Lucenay-le-Duc
Cessey
le Meix
Etormay
Baigneux-les-Juifs
Orret
Vau-le Bon
136
Lochère
Poiseul-lès-Saulx
Rue du Vau
Laperrière
Laneuf
la Villeneuve-les-Convers
Poiseul-la-Grange
Oigny
les Granges
Vauchenot
Bussy-le-Grand
Rue de Pissot
Poiseul-la-Ville-et-Laperrière
Rue du Château
Léry
Châtde Bussy-Rabutin
Gresigny-Ste-Reine
Darcey
Ferme de la Combe Ernoblène
Billy-lès-Chanceaux
Grand Vallée
l'Abergement
Courtivron
Alise-Ste-Reine
Corpoyer-la-Chapelle
Lamargelle
Moloy
Tarsul
Munois
la Montagne
Ferme de Varmont
Courceau
Frénois
Corpoyer-les-Moines
Frôlois
le Vallon
Chanceaux
la Jument de Courtivron
l'Ozerain
Charmeronde
Flavigny-sur-Ozerain
Gissey-sous-Flavigny
Vaubuzin
Naïlly
Pellerey
Faubourg St-Jacques
Hauteroche
St-Germain-Source-Seine
Thenissey
Poncey-sur-l'Ignon
Vernot
21
CÔTE-D'OR
Bornay-Bas
Blessey
Écorsaint
Cheneroilles
Leugny
la Roche-Vanneau
Boux-sous-Salmaise
Présilly
les Echazeys
Saussy
Vaux-Saules
Clirey
Ancien Ermitage de Saint-Jean de Bonnevaux
Brain
Jailly-les-Moulins
Champagny
Cinq Fonts
Francheville
Curtil-Saint-Seine
les Bordes
Salmaise
Villeferry
Bligny-le-Sec
Maison Forestière de Sept Grives
St-Seine-l'Abbaye
Prairay
Arnay-sous-Vitteaux
Tiers du Bas
Sainte-Foy
Verrey-sous-Salmaise
Dampierre-en-Montagne
St-Martin-du-Mont
Cestres
Villeberny
Froideville
Charencey-Bas
Villotte-Saint-Seine
Volnay
Bordes-Bricard
Posanges
Villy-en-Auxois
Commune de Charencey
Val-Suzon-Bas
Étaules
Vellefrey
la Rochotte
le Plain d'Ahuy
Dracy
Turcey
Cessey-lès-Vitteaux
la Bonde
Val-Suzon
Vitteaux
Massingy-lès-Vitteaux
Champrenault
Fromenteau
Darois
Marcilly-lès-Vitteaux
Trouhaut
Bordes-Pillot
Come-Paris
Chevannay
Abime du Creux Percé
Vesvres
St-Hélier
Prenois
Maison-aux-Moines
Hauteville-lès-Dijon
Blaisy-Bas
les Collines
St-Thibault
Granges-de-Vesvres
Boussey
Barain
Verrey-sous-Drée
Panges
Pasques
Saffres
Bussy-la-Pesle
les Sillons
Daix
Bonveau
Lignières
le Vau
Avosnes
Blaisy-Haut
Charmoy
Fontette
Marcellois
Cité la Flamme
le Belvédère
Beurizot
Drée
Baulme-la-Roche
Uncey-le-Franc
Talant
Lantenay
St-Mesmin
Savranges
Savigny-sous-Mâlain
Ancey
Plombières-lès-Dijon
Soussey-sur-Brionne
Corcellotte-en-Montagne
Mâlain
les Charmilles
la Chaleur
Velars-sur-Ouche
Grosbois-en-Montagne
le Colombier
St-Anthot
Sombernon
Mesmont
Fleurey-sur-Ouche
la Velotte
les Marcs d'Or
Martrois
Prâlon
la Cude
Vieilmoulin
Corcelles-lès-Monts
Éguilly
Aubigny-lès-Sombernon
Rémilly-en-Montagne
les Perdrisières
Chenôve
Civry-en-Montagne
Pont de Pany
Mont Afrique
Rente de Collonges
Agey
Ste-Marie-sur-Ouche
Bellenot-sous-Pouilly
Échannay
Marsannay-la-Côte
Arcey
Flavignerot
Charmoy
Grenand-lès-Sombernon
Couchey
le Palloux
Semarey
le Bassin
Velard
Montoillot
la Montagne
Gissey-sur-Ouche
Urcy
Pouilly-en-Auxois
Vaux
Barbirey-sur-Ouche
Commarin
Fixey
Cercey
Beaume
Panthier
Jaugey
Poisot
Clémencey
Fixin
Dionne
Créancey
Solle
Chât. de Marigny
Brochon
Thoisy-le-Désert
Gerguell
Châtellenot
Auvillard
St-Victor-sur-Ouche
153
Chambœuf
Gevrey-Chambertin
la Lochère
les Bordes
Quemigny-Poisot
Mouillon
Vandenesse-en-Auxois
la Bussière-sur-Ouche
l'Abbaye de la Bussière
Maconge
St-Jean-de-Bœuf
Semezanges
Châteauneuf

136
52
HAUTE-MARNE
21
CÔTE-D'OR
DIJON
Selongey
Is-sur-Tille
Fontaine-Française
Mirebeau-sur-Bèze
Pontailler-sur-Saône
Genlis
Champlitte
Autrey-lès-Gray
Chenôve
Fontaine-lès-Dijon
Longvic
Auxonne
Montsaugeon
Vaux sous-Aubigny
Grancey-le-Château-Neuvelle
Til-Châtel
Lux
Bèze
Arc-sur-Tille
116
135
154

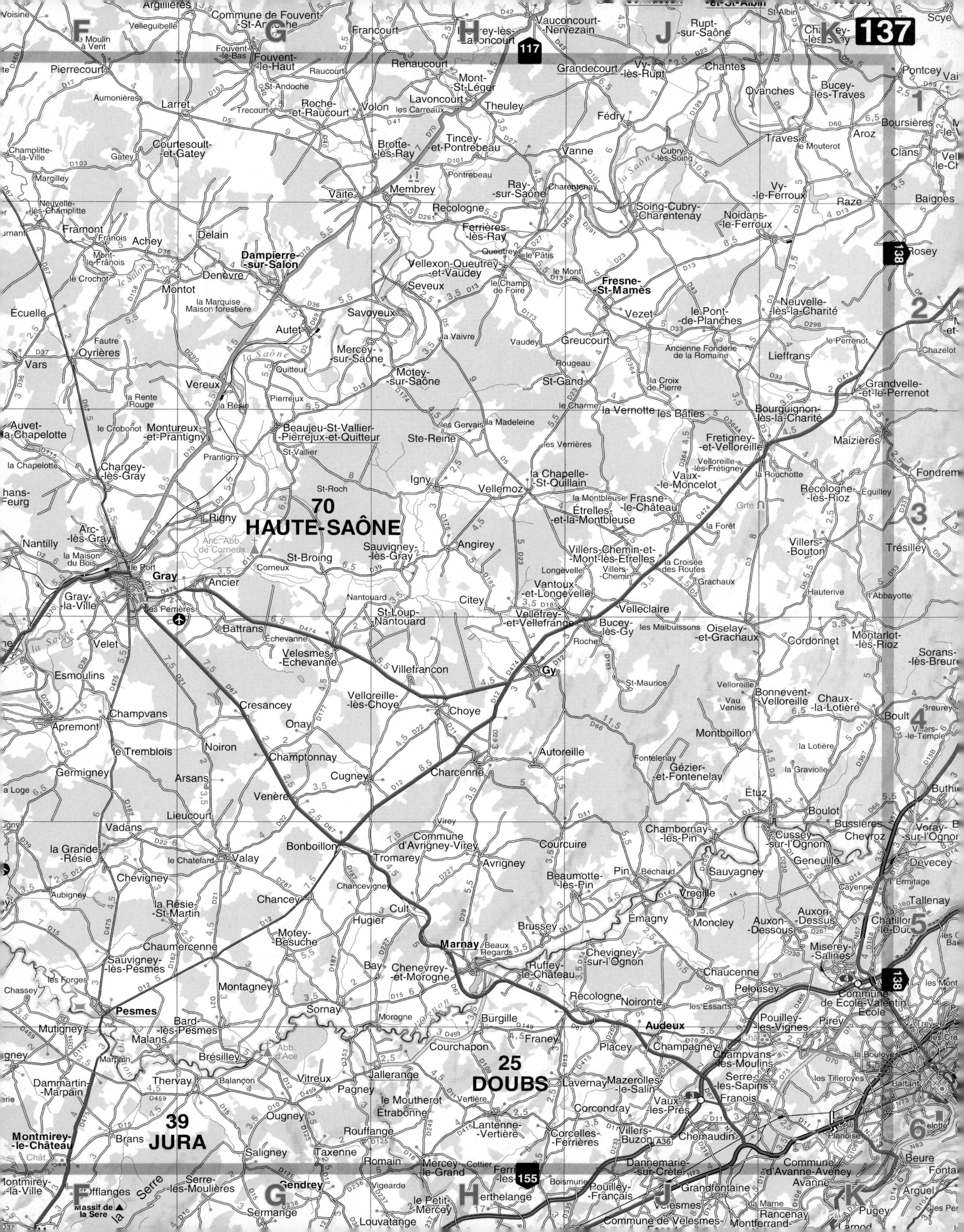
F
G
H
J
K
1
2
3
4
5
6
117
138
155
70
HAUTE-SAÔNE
25
DOUBS
39
JURA
Commune de Fouvent-St-Andoche
Vauconcourt-Nervezain
Rupt-sur-Saône
St-Albin
Chargey-lès-Seey
Scye
Le Moulin à Vent
Velleguibelle
Francourt
Frey-lès-Lavoncourt
Fouvent-le-Bas
Fouvent-le-Haut
Pierrecourt
Raucourt
Renaucourt
Mont-St-Léger
Grandecourt
Vy-lès-Rupt
Chantes
Pontcey
Bucey-lès-Traves
Ovanches
St-Andoche
Aumonières
Larret
Trecourt
Roche-et-Raucourt
Volon
Lavoncourt
les Carreaux
Theuley
Fédry
Boursières
Traves
Aroz
Champlitte-la-Ville
Gatey
Courtesoult-et-Gatey
Brotte-lès-Ray
Tincey-et-Pontrebeau
Vanne
Cubry-lès-Soing
le Mouterot
Clans
Margilley
Pontrebeau
Membrey
Vaite
Ray-sur-Saône
Charentenay
la Saône
Vy-le-Ferroux
Raze
Baignes
Neuvelle-lès-Champlitte
Recologne
Soing-Cubry-Charentenay
Noidans-le-Ferroux
Framont
Achey
Delain
Ferrières-lès-Ray
Rosey
le Salon
Mont-le-Franois
Franois
Dampierre-sur-Salon
Queutrey
le Pâtis
Vellexon-Queutrey-et-Vaudey
le Crochot
Denèvre
le Mont
Fresne-St-Mamès
Montot
Seveux
le Champ de Foire
la Marquise Maison forestière
Écuelle
Savoyeux
Vezet
le Pont-de-Planches
Neuvelle-lès-la-Charité
Autet
Fautre
Oyrières
la Vaivre
Mercey-sur-Saône
Vaudey
Greucourt
le Perrenot
Ancienne Fonderie de la Romaine
Lieffrans
Chazelot
Vars
Quitteur
Motey-sur-Saône
Rougeau
St-Gand
la Croix de Pierre
Grandvelle-et-le-Perrenot
Vereux
la Résie
la Rente Rouge
Pierrejux
le Charme
la Vernotte
les Bâties
Bourguignon-lès-la-Charité
Auvet-la-Chapelotte
le Crobonot
Montureux-et-Prantigny
Beaujeu-St-Vallier-Pierrejux-et-Quitteur
les Gervais
la Madeleine
Ste-Reine
les Verrières
Fretigney-et-Velloreille
Maizières
la Chapelotte
St-Vallier
Prantigny
Chargey-lès-Gray
la Chapelle-St-Quillain
Velloreille-lès-Fretigney
la Rouchotte
Vaux-le-Moncelot
Fondremand
St-Roch
Igny
Vellemoz
Recologne-lès-Rioz
Éguilley
la Montbleuse
Frasne-le-Château
Étrelles-et-la-Montbleuse
Grte
Rigny
la Forêt
Arc-lès-Gray
Nantilly
Anc. Abb. de Corneux
Angirey
Villers-Chemin-et-Mont-lès-Étrelles
Villers-Bouton
Trésilley
la Maison du Bois
le Port
St-Broing
Sauvigney-lès-Gray
Corneux
Longevelle
Villers-Chemin
la Croisée des Routes
Gray
Ancier
Vantoux-et-Longevelle
Grachaux
Gray-la-Ville
les Perrières
Nantouard
Citey
Hauterive
l'Abbayotte
St-Loup-Nantouard
Vellefrey-et-Vellefrange
Velleclaire
Battrans
Bucey-lès-Gy
les Malbuissons
Oiselay-et-Grachaux
Cordonnet
Montarlot-lès-Rioz
Échevanne
Roche
Sorans-lès-Breurey
Velet
Velesmes-Échevanne
Villefrancon
Gy
Esmoulins
St-Maurice
Velloreille
Bonnevent-Velloreille
Chaux-la-Lotière
Vellorelle-lès-Choye
Vau Venise
Breurey
Cresancey
Choye
Champvans
Boult
Villers-le-Temple
Apremont
Onay
Montboillon
le Tremblois
Noiron
Autoreille
la Lotière
Champtonnay
Fontenelay
Germigney
Gézier-et-Fontenelay
la Graviolle
Arsans
Cugney
Charcenne
Buthiers
la Loge
Venère
Étuz
Boulot
Bussières
Voray-sur-l'Ognon
Lieucourt
Virey
Vadans
Commune d'Avrigney-Virey
Chambornay-lès-Pin
Cussey-sur-l'Ognon
Chevroz
la Grande-Résie
Bonboillon
Courcuire
Geneuille
Devecey
le Chatelard
Valay
Tromarey
Avrigney
Chevigney
Pin
Béchaud
Sauvagney
Ermitage
Aubigney
Chancevigney
Beaumotte-lès-Pin
Cayenne
Tallenay
Chancey
Vregille
la Résie-St-Martin
Cult
Émagny
Moncley
Auxon-Dessus
Auxon-Dessous
Châtillon-le-Duc
Hugier
Brussey
Chaumercenne
Motey-Besuche
Marnay
Beaux Regards
Chevigney-sur-l'Ognon
Miserey-Salines
Sauvigney-lès-Pesmes
Les Forges
Bay
Chenevrey-et-Morogne
Ruffey-le-Château
Chaucenne
Chassey
Pesmes
Montagney
Recologne
Noironte
Pouilley-les-Vignes
Commune de École-Valentin
École
Pirey
Mutigney
Sornay
Morogne
l'Ognon
Burgille
les Essarts
Audeux
Bard-lès-Pesmes
Malans
Franey
Placey
Champagney
Champvans-les-Moulins
la Boulove
Brésilley
Abb. d'Acey
Courchapon
Serre-les-Sapins
Marpain
Thervay
Balançon
Vitreux
Jallerange
Lavernay
Mazerolles-le-Salin
les Tilleroyes
Dammartin-Marpain
Pagney
le Moutherot
Vertière
Vaux-les-Prés
Franois
Ougney
Étrabonne
Corcondray
Lantenne-Vertière
Montmirey-le-Château
Brans
Rouffange
Corcelles-Ferrières
Villers-Buzon
Chemaudin
Planoise
Saligney
Taxenne
Romain
Mercey-le-Grand
Cottier
Ferrières-les-Bois
Dannemarie-sur-Crète
Commune d'Avanne-Aveney
Avanne
Beure
Montmirey-la-Ville
Offlanges
Serre-les-Moulières
Gendrey
Vigearde
le Petit-Mercey
Herthelange
Boismurie
Pouilley-Français
Grandfontaine
Arguel
Massif de la Serre
la Serre
Sermange
Louvatange
Velesmes
la Marne
Rancenay
Commune de Velesmes-Essarts
Montferrand
Pugey
A36
N73
N57
N83

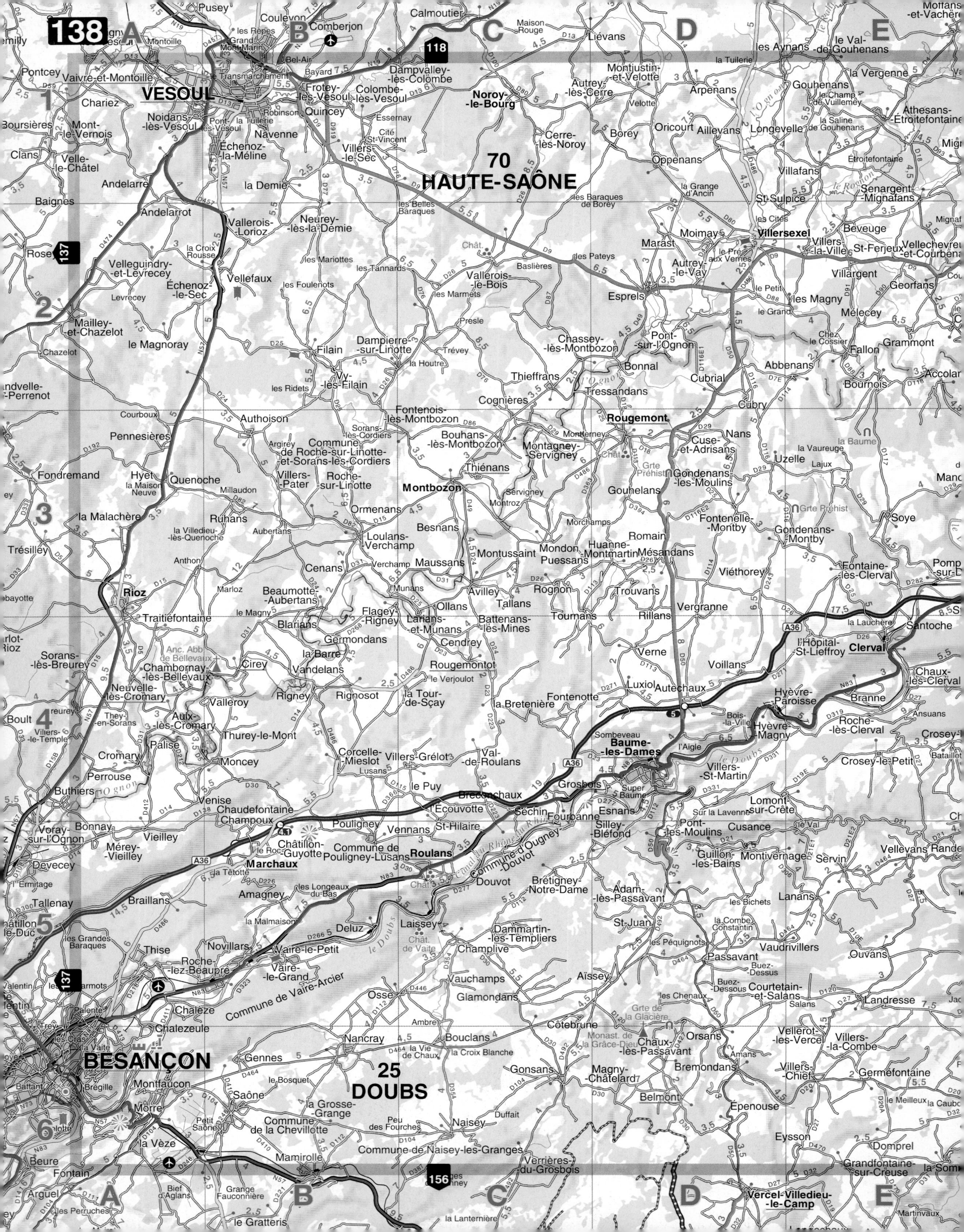

138
A
B
C
D
E
1
2
3
4
5
6
118
137
156
VESOUL
70
HAUTE-SAÔNE
25
DOUBS
BESANÇON
Villersexel
Rougemont
Montbozon
Rioz
Baume-les-Dames
Clerval
Marchaux
Roulans
Vercel-Villedieu-le-Camp
Noroy-le-Bourg
Frotey-lès-Vesoul
Quincey
Colombe-lès-Vesoul
Dampvalley-lès-Colombe
Navenne
Échenoz-la-Méline
Vallerois-Lorioz
Esprels
Pont-sur-l'Ognon
Filain
Authoison
Quenoche
Cenans
Cirey
Rigney
Thise
Chalezeule
Montfaucon
Saône
Morre
Mamirolle
Naisey
Bouclans
Nancray
Gennes
Passavant
Orsans
Belmont
Épenouse
Grosbois
Laissey
Deluz
Novillars
Vaire-le-Petit
Vaire-le-Grand
Roche-lez-Beaupré
Champlive
Vauchamps
Glamondans
Osse
Amagney
Braillans
Devecey
Tallenay
Bonnay
Voray-sur-l'Ognon
Vieilley
Cromary
Buthiers
Perrouse
Moncey
Venise
Thurey-le-Mont
Valleroy
Chaudefontaine
Champoux
Pouligney
Vennans
St-Hilaire
Douvot
Séchin
Fourbanne
Esnans
Silley-Bléfond
Cusance
Lanans
Vaudrivillers
Ouvans
Landresse
Servin
Voillans
Verne
Luxiol
Autechaux
Fontenotte
Vergranne
Rillans
Trouvans
Tournans
Rognon
Tallans
Avilley
Ollans
Cendrey
Vandelans
Blarians
Germondans
Flagey-Rigney
Traitiéfontaine
Villersexel
Moimay
Marast
Autrey-le-Vay
Arpenans
Oricourt
Aillevans
Borey
Oppenans
Longevelle
Gouhenans
Athesans-Étroitefontaine
Villafans
St-Sulpice
Senargent-Mignafans
Beveuge
Villers-la-Ville
St-Ferjeux
Villargent
Georfans
Les Magny
Mélecey
Fallon
Grammont
Abbenans
Bournois
Cubrial
Cubry
Bonnal
Tressandans
Thieffrans
Cognières
Nans
Cuse-et-Adrisans
Uzelle
Gondenans-les-Moulins
Gouhelans
Fontenelle-Montby
Gondenans-Montby
Soye
Romain
Mésandans
Huanne-Montmartin
Viéthorey
Fontaine-lès-Clerval
Santoche
l'Hôpital-St-Lieffroy
Chaux-lès-Clerval
Branne
Hyèvre-Paroisse
Hyèvre-Magny
Roche-lès-Clerval
Crosey-le-Petit
Villers-St-Martin
Lomont-sur-Crête
Pont-les-Moulins
Guillon-les-Bains
Montivernage
Vellevans
Adam-lès-Passavant
Bretigney-Notre-Dame
St-Juan
Aïssey
Courtetain-et-Salans
Chaux-lès-Passavant
Bremondans
Villers-Chief
Germéfontaine
Villers-la-Combe
Vellerot-lès-Vercel
Eysson
Domprel
Grandfontaine-sur-Creuse
Magny-Châtelard
Gonsans
Côtebrune
Verrières-du-Grosbois
Dammartin-les-Templiers
Bouhans-lès-Montbozon
Thiénans
Montagney-Servigney
Fontenois-lès-Montbozon
Loulans-Verchamp
Besnans
Maussans
Montussaint
Mondon
Puessans
Ormenans
Roche-sur-Linotte
Villers-Pater
Dampierre-sur-Linotte
Vy-lès-Filain
Vallerois-le-Bois
Villers-le-Sec
Cerre-lès-Noroy
Neurey-lès-la-Demie
la Demie
Andelarre
Andelarrot
Velleguindry-et-Levrecey
Échenoz-le-Sec
Vellefaux
Mailley-et-Chazelot
le Magnoray
Pennesières
Fondremand
Hyet
la Malachère
Ruhans
Trésilley
Sorans-lès-Breurey
Chambornay-lès-Bellevaux
Neuvelle-lès-Cromary
Aulx-lès-Cromary
Palise
Corcelle-Mieslot
Villers-Grélot
Val-de-Roulans
le Puy
Breconchaux
l'Écouvotte
Châtillon-Guyotte
Mérey-Vieilley
Rougemontot
la Tour-de-Sçay
Rignosot
la Bretenière
Beaumotte-Aubertans
Larians-et-Munans
Battenans-les-Mines
Chassey-lès-Montbozon
A36
N57
N83
N19

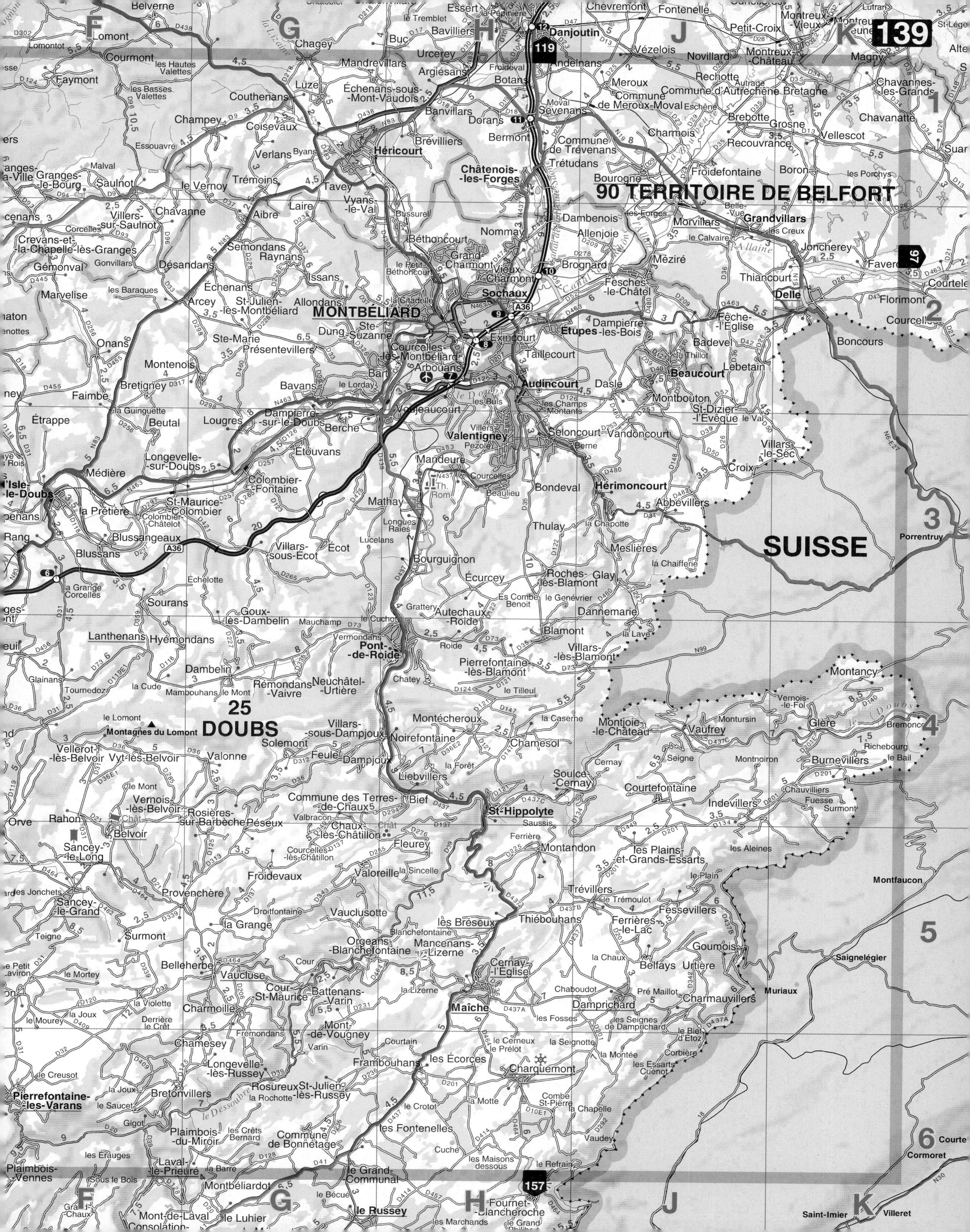
90 TERRITOIRE DE BELFORT
25 DOUBS
SUISSE
MONTBÉLIARD
Héricourt
Sochaux
Audincourt
Valentigney
Hérimoncourt
Pont-de-Roide
St-Hippolyte
Maîche
Charquemont
Delle
Beaucourt
Grandvillars
Étupes
Châtenois-les-Forges
Danjoutin
Belvoir
Le Russey
Porrentruy
Saignelégier
Montfaucon
Saint-Imier
Montagnes du Lomont
A36
119
157
97
F
G
H
J
K
1
2
3
4
5
6

A
B
C
D
E
1
2
3
4
5
6
122
158
Chenal du Sud
Pointe de Saint-Gildas
Préfailles
la Plaine-sur-Mer
Tharon-Plage
Port-Giraud
Pornic
Gourmalon
la Birochère
Ste-Marie
le Porteau
Chauve
Arthon-en-Retz
le Paradou
la Bernerie-en-Retz
les Moutiers-en-Retz
Bourgneuf-en-Retz
Port du Collet
Île du Pilier
Baie de Bourgneuf
ÎLE DE NOIRMOUTIER
l'Herbaudière
la Madeleine
le Grand Vieil
la Grande Lande
Luzeronde
Luzay
le Murier
la Houssinière
la Grie
les Sableaux
Noirmoutier-en-l'Île
Banzeau
Bel Abord
le Devin
Bressuire
la Bosse
St-Jean
l'Épine
la Guérinière
le Fier
les Sables d'Or
Village de la Tresson
le Midi
Barbâtre
Bois Gaudin
les Onchères
la Frandière
la Fosse
le Fain
Praticable à marée basse
Port du Bec
l'Epoids
Bouin
l'Ouche Mouchard
Beauvoir-sur-Mer
la Croix Rouge
le Pontreau
St-Gervais
Fromentine
la Barre-de-Monts
le Tendeau
St-Philibert
l'Ampan
le Quai
la Corsive
l'Archambaud
la Caillebotière
Île d'Yeu
Grand Étier de Sallertaine
St-Urbain
Sallertaine
85
VENDÉE
Challans
la Davière
les Parées
la Plage
N.-D.-de-Monts
le Marché Guichard
la Tonnelle
le Perrier
St-Jean-de-Monts
le Vredon
le Devallon
la plage St-Jean
la plage des Demoiselles
la Caillauderie
Orouet
les Becs
les Mannes
la Pège
la Parée Preneau
Soullans
St-Hilaire-de-Riez
Notre-Dame-de-Riez
la Touche
Sion sur l'Océan
le Caillou Blanc
Ker Pierre Borny
Port Joinville
Fromentine
Cadouère
l'Île d'Yeu
ÎLE D'YEU
les Sapins
Marais Salé
Ker Pissot
St-Sauveur
la Meule
la Croix
Commune de l'Île-d'Yeu

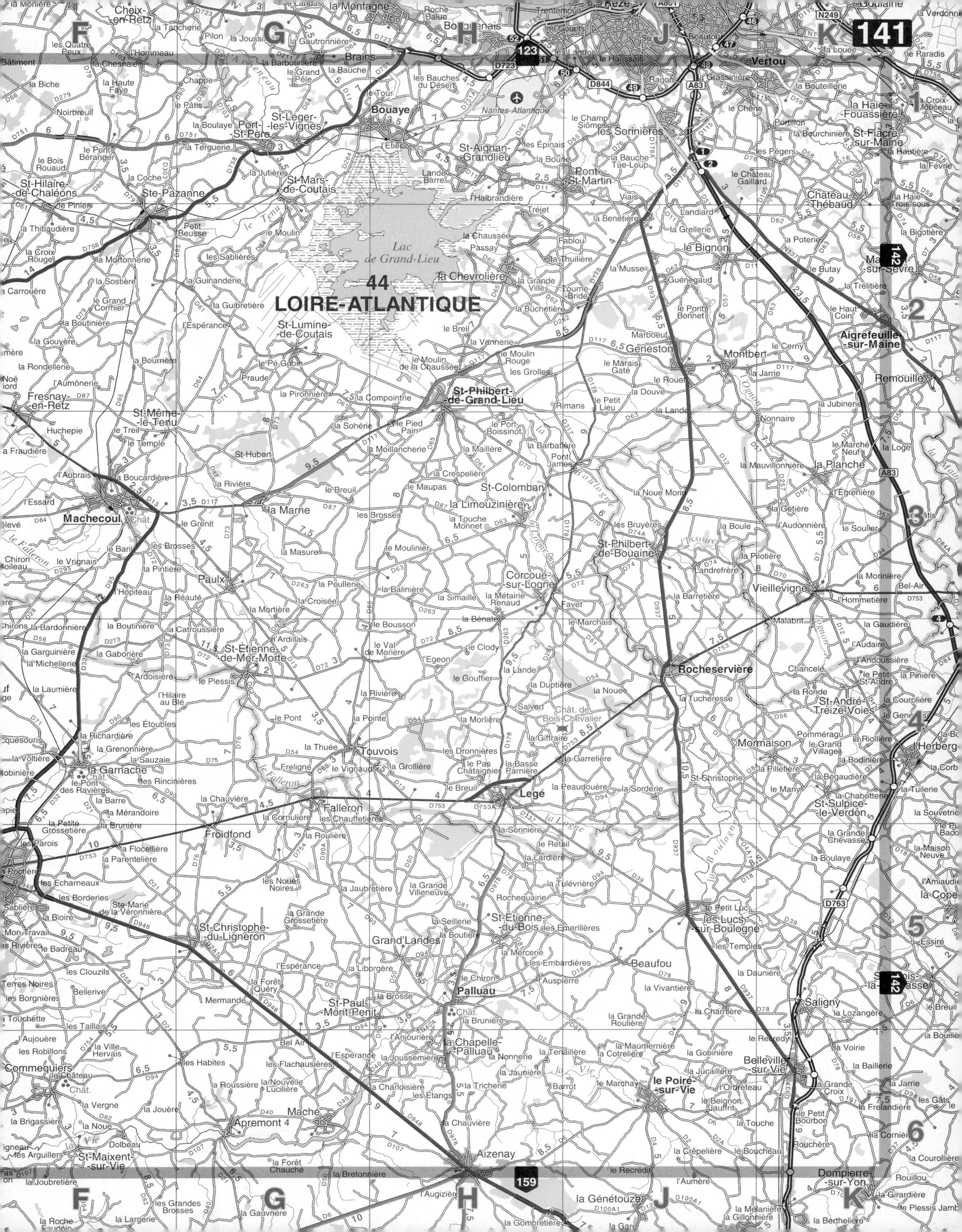

F
G
H
J
K
44
LOIRE-ATLANTIQUE
Lac de Grand-Lieu
Cheix-en-Retz
la Montagne
Bouguenais
Rezé
Vertou
Brains
Bouaye
St-Léger-les-Vignes
Port-St-Père
Nantes-Atlantique
les Sorinières
St-Aignan-Grandlieu
Pont-St-Martin
St-Hilaire-de-Chaléons
Ste-Pazanne
St-Mars-de-Coutais
le Bignon
Château-Thébaud
St-Fiacre-sur-Maine
la Haie-Fouassière
la Chevrolière
St-Lumine-de-Coutais
Geneston
Montbert
Aigrefeuille-sur-Maine
Remouillé
Fresnay-en-Retz
St-Même-le-Tenu
St-Philbert-de-Grand-Lieu
Machecoul
la Marne
St-Colomban
la Limouzinière
St-Philbert-de-Bouaine
Vieillevigne
la Planche
Paulx
Corcoué-sur-Logne
St-Étienne-de-Mer-Morte
Rocheservière
St-André-Treize-Voies
Touvois
Mormaison
la Garnache
Falleron
Legé
St-Sulpice-le-Verdon
Froidfond
St-Christophe-du-Ligneron
St-Étienne-du-Bois
les Lucs-sur-Boulogne
Grand'Landes
Beaufou
Palluau
St-Paul-Mont-Penit
la Chapelle-Palluau
Saligny
Commequiers
Belleville-sur-Vie
le Poiré-sur-Vie
Apremont
Maché
St-Maixent-sur-Vie
Aizenay
Dompierre-sur-Yon
la Génétouze
A83
D753
D937
D763
142
159
123

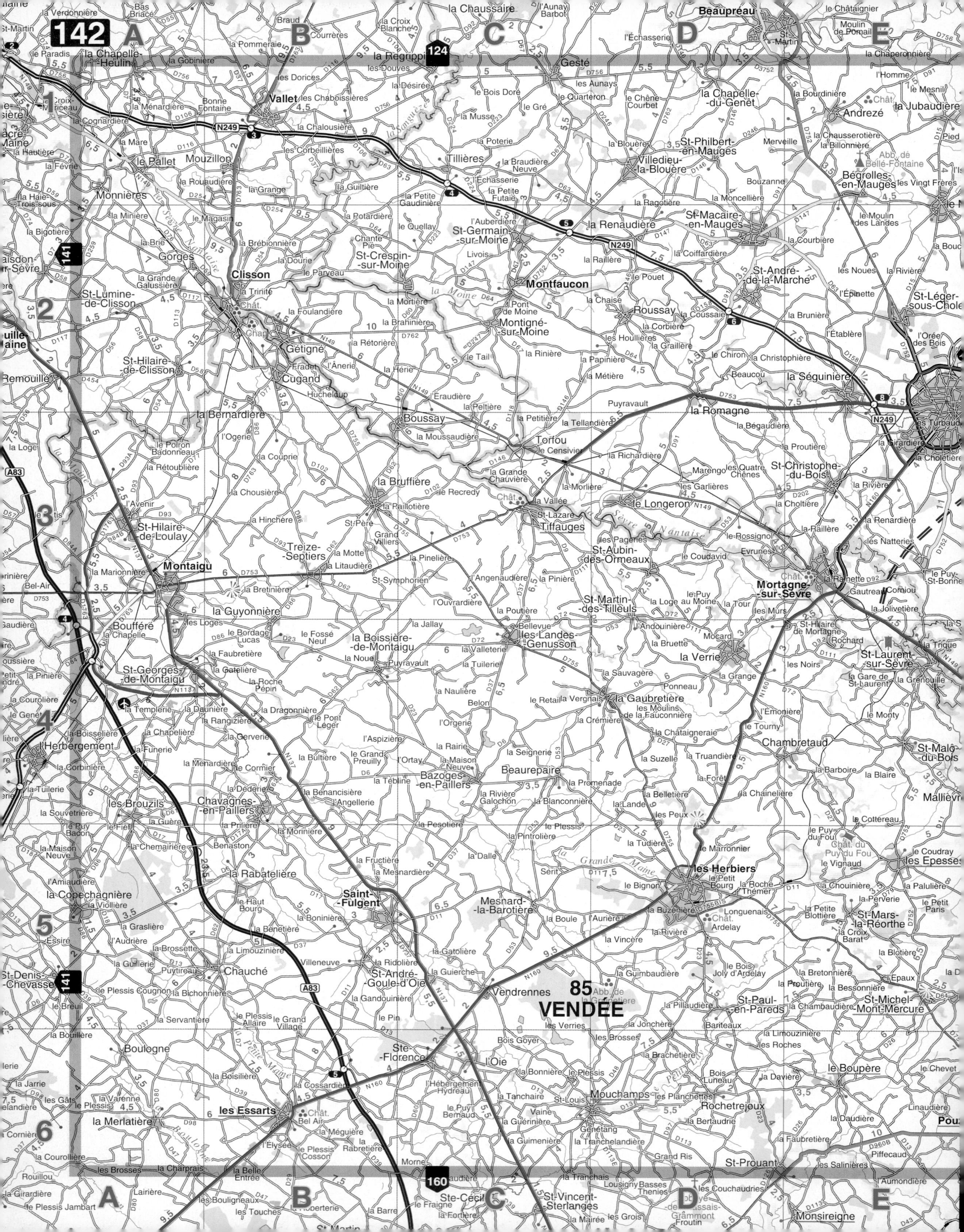

142
A
B
C
D
E
1
2
3
4
5
6
124
141
160
Beaupréau
Vallet
Clisson
Montfaucon
Montaigu
Tiffauges
Mortagne-sur-Sèvre
les Herbiers
Saint-Fulgent
les Essarts
Mouchamps
85
VENDÉE
la Chapelle-Heulin
le Pallet
Mouzillon
Monnières
Gorges
St-Lumine-de-Clisson
St-Hilaire-de-Clisson
Gétigné
Cugand
Tillières
St-Germain-sur-Moine
St-Crespin-sur-Moine
Montigné-sur-Moine
Roussay
Torfou
la Romagne
St-Macaire-en-Mauges
St-André-de-la-Marche
la Séguinière
St-Christophe-du-Bois
le Longeron
Boussay
la Bruffière
Treize-Septiers
St-Hilaire-de-Loulay
la Bernardière
Boufféré
St-Georges-de-Montaigu
la Guyonnière
la Boissière-de-Montaigu
les Landes-Genusson
St-Martin-des-Tilleuls
St-Aubin-des-Ormeaux
la Verrie
la Gaubretière
St-Laurent-sur-Sèvre
Chambretaud
Beaurepaire
Bazoges-en-Paillers
Chavagnes-en-Paillers
les Brouzils
l'Herbergement
la Rabatelière
la Copechagnière
Chauché
St-André-Goule-d'Oie
Mesnard-la-Barotière
Vendrennes
Ste-Florence
l'Oie
Boulogne
la Merlatière
St-Paul-en-Pareds
St-Michel-Mont-Mercure
St-Mars-la-Réorthe
les Epesses
le Boupère
Rochetrejoux
St-Prouant
Ste-Cécile
St-Vincent-Sterlanges
Monsireigne
Geste
la Chapelle-du-Genêt
St-Philbert-en-Mauges
Villedieu-la-Blouère
Bégrolles-en-Mauges
Andrezé
la Jubaudière
St-Léger-sous-Cholet
N249
N149
N137
N160
A83
la Sèvre Nantaise
la Moine
la Grande Maine
la Petite Maine

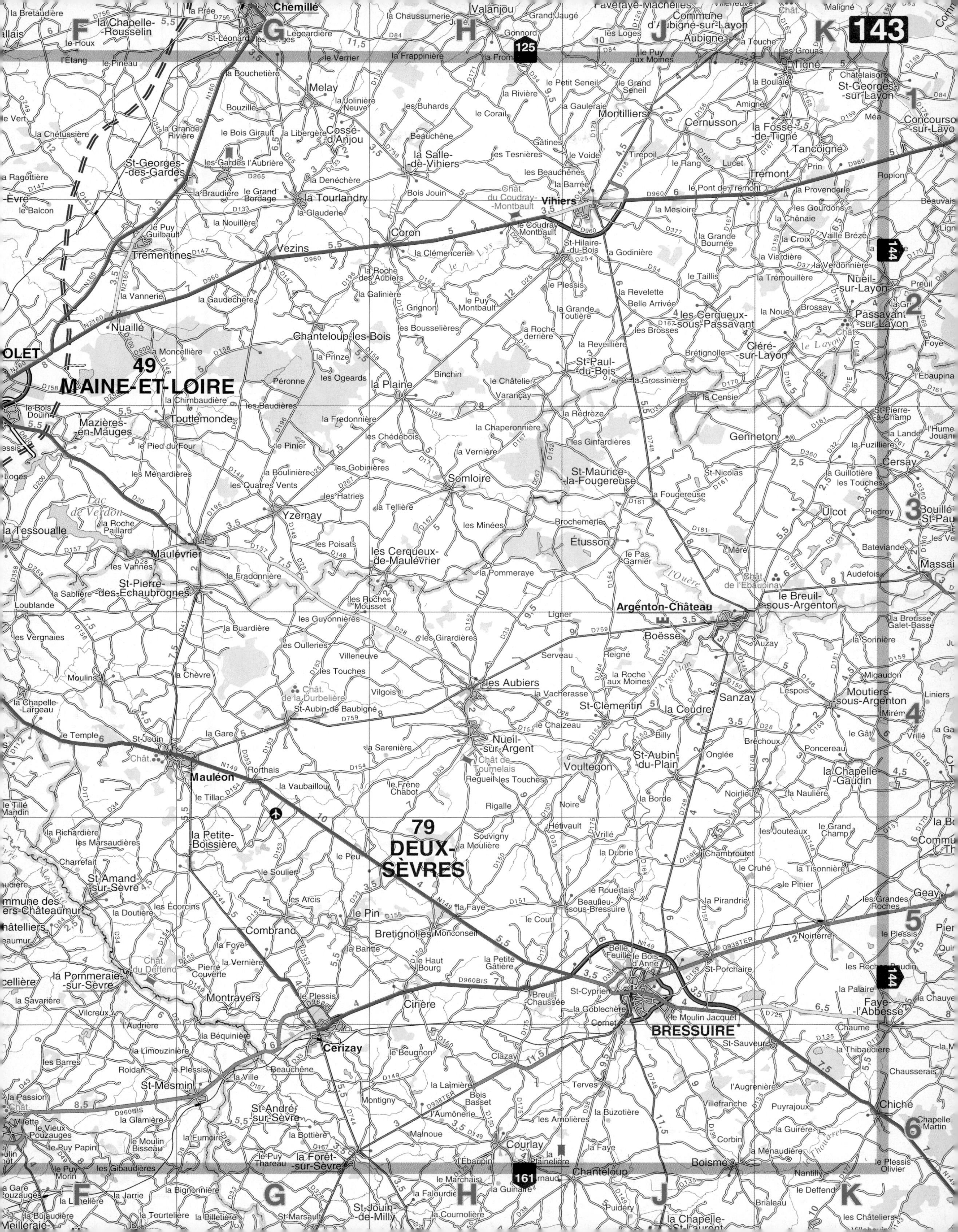
49
MAINE-ET-LOIRE
79
DEUX-SÈVRES
Chemillé
Vihiers
Argenton-Château
Mauléon
Cerizay
BRESSUIRE
Maulévrier
Les Aubiers
Nueil-sur-Argent
Somloire
Coron
Vezins
Trémentines
Nuaillé
St-Georges-des-Gardes
Mazières-en-Mauges
St-Pierre-des-Echaubrognes
Yzernay
Les Cerqueux-de-Maulévrier
St-Aubin-de Baubigné
Voultegon
Chiché
Courlay
Montravers
St-Mesmin
La Forêt-sur-Sèvre
Cirière
Combrand
Genneton
Cersay
Ulcot
Étusson
St-Maurice-la-Fougereuse
St-Paul-du-Bois
Cléré-sur-Layon
Passavant-sur-Layon
Nueil-sur-Layon
Tigné
Montilliers
Cernusson
Trémont
Melay
Cossé-d'Anjou
La Salle-de-Vihiers
La Tourlandry
Chanteloup-les-Bois
La Plaine
St-Clémentin
Sanzay
Moutiers-sous-Argenton
La Chapelle-Gaudin
Faye-l'Abbesse
Boismé
Clazay
Terves
St-André-sur-Sèvre
Le Pin
Bretignolles
Rorthais
Le Breuil-sous-Argenton
Boësse
Chambroutet
St-Porchaire
Breuil-Chaussée
Geay

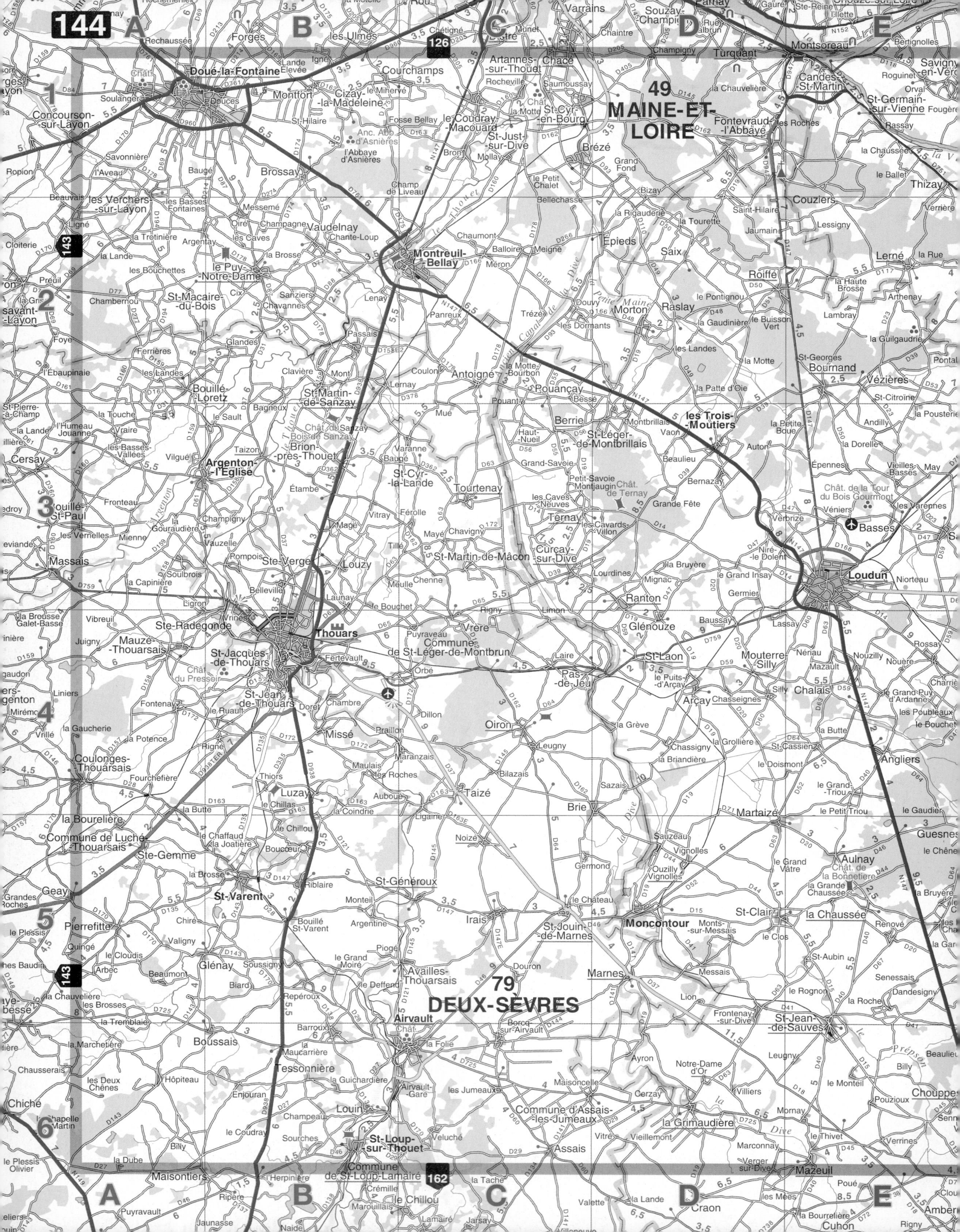
144
A
B
C
D
E
126
162
143
1
2
3
4
5
6
49
MAINE-ET-LOIRE
79
DEUX-SÈVRES
Doué-la-Fontaine
Concourson-sur-Layon
Soulanger
Douces
Montfort
Cizay-la-Madeleine
Courchamps
Forges
les Ulmes
Rechaussée
Lande Elevée
Igné
Chétigné
Distré
Artannes-sur-Thouet
Chacé
Varrains
Souzay-Champigny
Chaintre
Parnay
Turquant
Montsoreau
Candes-St-Martin
Savigny-en-Véron
Roguinet
Orval
St-Germain-sur-Vienne
Fougère
Bertignolles
Champigny
Rocheville
Saumoussay
St-Cyr-en-Bourg
la Motte
Fontevraud-l'Abbaye
les Roches
Rassay
la Chauvelière
le Coudray-Macouard
St-Just-sur-Dive
Mollay
Bron
Fosse Bellay
St-Hilaire
Anc. Abb. d'Asnières
l'Abbaye d'Asnières
Brézé
Grand Fond
le Petit Chalet
Bellechasse
Bizay
Champ de Liveau
Savonnière
l'Aveau
Ropion
Baugé
Brossay
les Verchers-sur-Layon
Beauvais
les Basses Fontaines
Messemé
Oiré
Champagne
Vaudelnay
Chante-Loup
Ligné
la Trotinière
Argentay
les Caves
Cloiterie
la Lande
le Puy-Notre-Dame
la Brosse
les Bouchettes
Montreuil-Bellay
Chaumont
Balloire
Meigné
Méron
Epieds
la Rigauderie
la Tourette
Saix
Saint-Hilaire
Jaumain
Couziers
Lessigny
Thizay
Verrière
le Ballet
la Chaussée
Lerné
la Rue
la Haute Brosse
Roiffé
Arthenay
Preuil
Chambernou
St-Macaire-du-Bois
Cix
Sanziers
Chavannes
Lenay
Panreux
Trézé
Douvy
Morton
Raslay
le Pontignou
la Gaudinière
le Buisson Vert
Lambray
la Guilgaudrie
les Dormants
les Landes
la Motte
St-Georges
Bournand
Vézières
Pontal
Foye
Glandes
Ferrières
les Landes
Passais
l'Ébaupinaie
Clavière
Mont
Coulon
Antoigné
la Motte-Bourbon
Pouançay
Besse
la Patte d'Oie
Bouillé-Loretz
St-Martin-de-Sanzay
Lernay
Pouanty
Mué
Berrie
St-Léger-de-Montbrillais
Montbrillais
les Trois-Moutiers
Vaon
Auton
la Petite Boue
Andilly
St-Citroine
la Dorelle
la Pousterie
St-Pierre-à-Champ
l'Humeau Jouanne
la Touche
Vraire
le Sault
Bagneux
Chât. du Sanzay
Bois de Sanzay
Haut-Nueil
Cersay
les Basses-Vallées
Vilgué
Taizon
Argenton-l'Église
Brion-près-Thouet
Varanne
Baugé
St-Cyr-la-Lande
Grand-Savoie
Petit-Savoie
Montjaugin
Chât. de Ternay
Beaulieu
Bernazay
Épennes
Vieilles-Bassés
May
Chât. de la Tour du Bois Gourmont
Véniers
Basses
Verrinze
les Varennes
Bouillé-St-Paul
Fronteau
Étambe
Tourtenay
les Caves Neuves
Ternay
Grande Fête
Champigny
la Gouraudière
les Vernelles
Mienne
Vitray
Férolle
Magé
Mayé
Chavigny
les Cavards-Villon
Massais
Vauzelle
Tillé
St-Martin-de-Mâcon
Curçay-sur-Dive
la Bruyère
Niré-le Dolent
Loudun
Niorteau
Pompois
Soulbrois
Ste-Verge
Louzy
la Capinière
Belleville
Chenne
Meulle
Lourdines
Mignac
le Grand Insay
Germier
Ranton
Launay
le Bouchet
Rigny
Limon
Ligron
Vrines
Vibreuil
la Brousse
Galet-Basse
Ste-Radegonde
Thouars
Puyraveau
Vrère
Commune de St-Léger-de-Montbrun
Glénouze
Baussay
Lassay
Rossay
Juigny
Mauzé-Thouarsais
St-Jacques-de-Thouars
Chât. du Pressoir
Fertevault
Orbé
Laire
St-Laon
Mouterre-Silly
Nérau
Mazault
Nouzilly
Nouère
Pas-de-Jeu
le Puits-d'Arçay
Arçay
Chasseignes
Silly
Chalais
le Grand Puy d'Ardanne
les Poubleaux
le Bouchet
Liniers
Fontenay
St-Jean-de-Thouars
Doret
Chambre
Dillon
le Ruault
Oiron
Leugny
la Grève
la Butte
la Grollière
Chassigny
St-Cassien
la Briandière
le Doismont
Angliers
la Gaucherie
Vrillé
la Potence
Rigné
Missé
Praillon
Maranzais
Maulais
les Roches
Bilazais
Sazais
Coulonges-Thouarsais
Fourchefière
Thiors
Luzay
le Chillas
Auboué
Taizé
le Grand-Triou
le Petit Triou
le Gaudier
la Bourelière
la Butte
la Coindrie
Ligaine
Brie
Martaizé
Commune de Luché-Thouarsais
le Chaffaud
la Joatière
le Chillou
Boucœur
Noizé
Sauzeau
Vignolles
Ouzilly Vignolles
Guesnes
le Chêne
Aulnay
Chât. de la Bonnetière
la Grande Chaussée
le Grand Vatre
Ste-Gemme
la Brosse
Germond
Geay
Grandes Roches
St-Varent
Riblaire
St-Généroux
Monteil
le Château
la Bruyère
Pierrefitte
Chiré
Bouillé-St-Varent
Argentine
Irais
St-Jouin-de-Marnes
Moncontour
Monts-sur-Messais
St-Clair
la Chaussée
Renové
le Clos
le Plessis
Quingé
Valigny
Piogé
la Gar
St-Aubin
hes Baudin
le Cloudis
Arbec
Beaumont
Glénay
Soussigny
le Grand Moiré
Availles-Thouarsais
Douron
Marnes
Messais
Senessais
Dandesigny
la Chauvelière
les Brosses
Biard
le Deffend
Repéroux
Lion
le Rognon
la Roche
la Tremblaie
Airvault
Borcq-sur-Airvault
Frontenay-sur-Dive
St-Jean-de-Sauves
la Marchetière
Barroux
Chât.
la Folie
Boussais
la Maucarrière
Ayron
Leugny
Beaulieu
Billy
Chausserais
Tessonnière
Notre-Dame d'Or
les Deux Chênes
l'Hôpiteau
la Guichardière
Airvault-Gare
les Jumeaux
Maisoncelle
Villiers
le Monteil
Pouzioux
Chouppes
Chiché
Enjouran
Cerzay
la Chapelle St-Martin
Champeau
Louin
Commune d'Assais-les-Jumeaux
Mornay
la Grimaudière
le Coudray
Sourches
St-Loup-sur-Thouet
Véluché
Vitré
Vieillemont
le Thivet
Verrines
Marconnay
Billy
Assais
le Plessis Olivier
la Dube
Maisontiers
l'Herpinière
Commune de St-Loup-Lamairé
la Tache
Verger sur-Dive
Mazeuil
Poué
Ripère
Crémille
le Chillou
Valette
la Lande
Craon
les Mées
Puyravault
Jaunasse
Maroullais
Lamairé
Jarsay
la Bourrelière
Cuhon
Amber
Rigny
Naide
le Thouet
la Dive
Canal de la Dive
Petite Maine
Argenton
Prépson

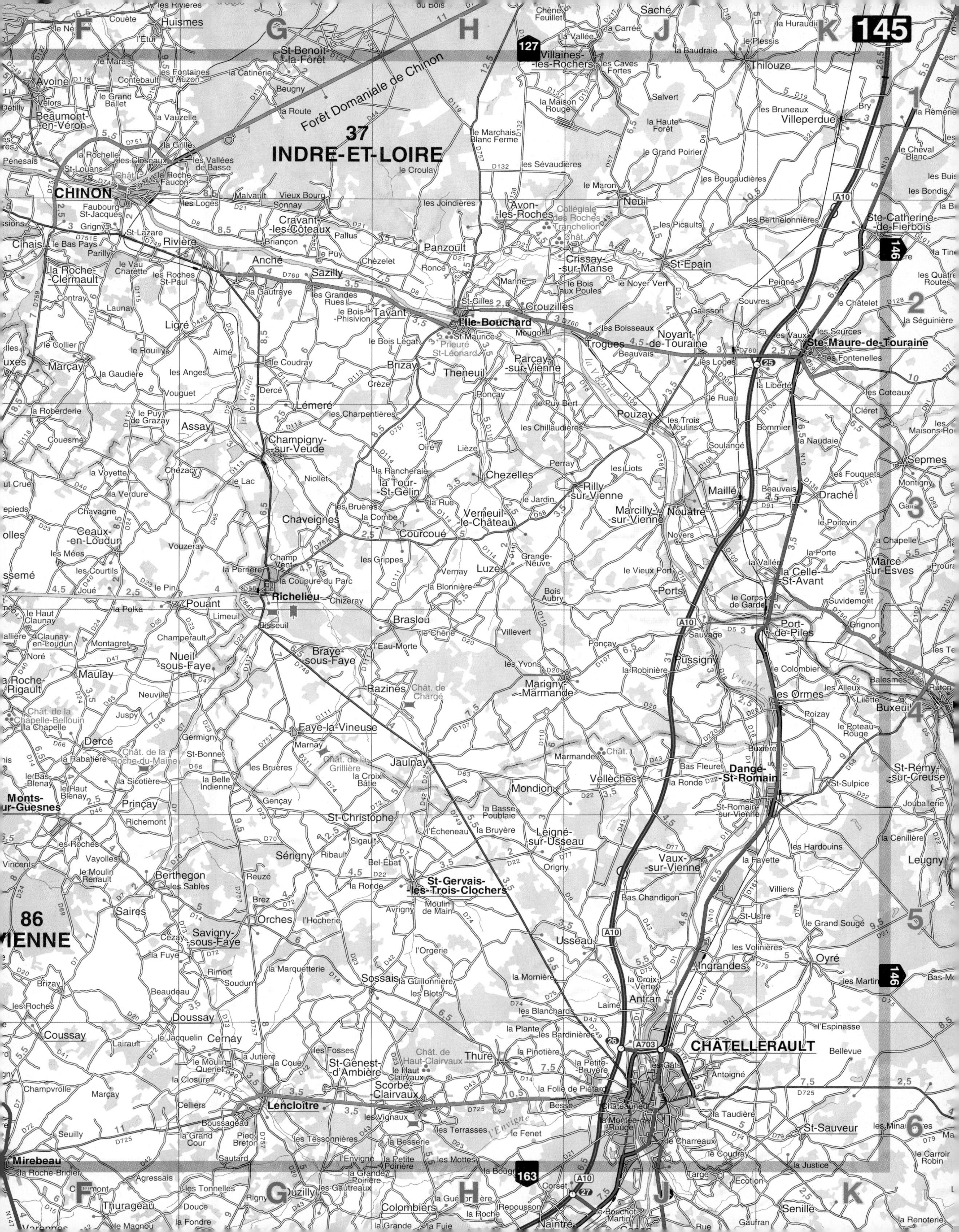
37
INDRE-ET-LOIRE
86
VIENNE
CHINON
CHÂTELLERAULT
Richelieu
l'Ile-Bouchard
Ste-Maure-de-Touraine
Lencloître
Dangé-St-Romain
Mirebeau
Forêt Domaniale de Chinon

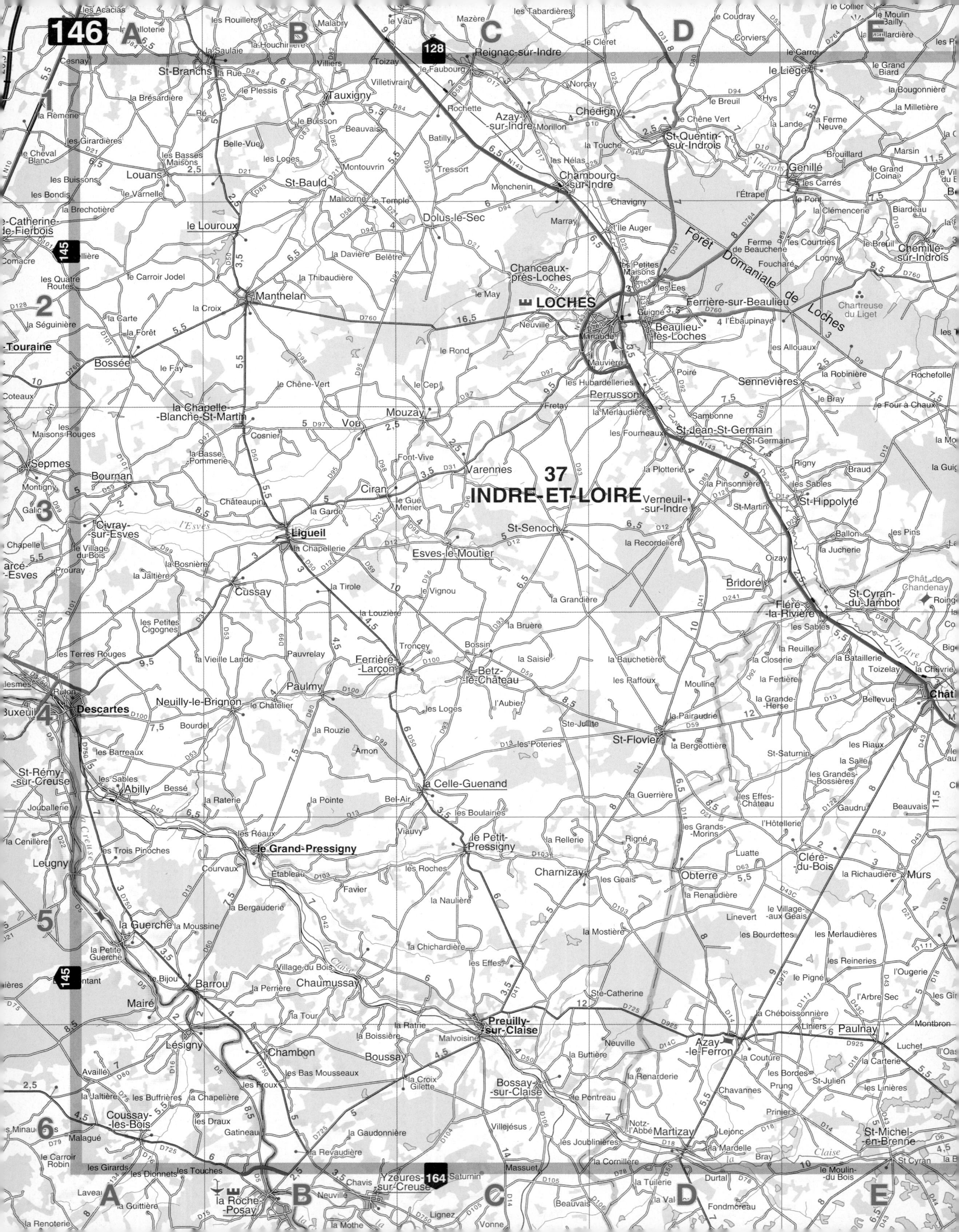

A
B
C
D
E
1
2
3
4
5
6
128
145
164
37
INDRE-ET-LOIRE
LOCHES
Forêt Domaniale de Loches
Chartreuse du Liget
les Acacias
la Galloterie
les Rouillers
Malabry
le Vau
Mazère
les Tabardières
le Coudray
le Collier
le Moulin Bailly
Cesnay
la Saulaie
la Houchinière
Toizay
Villiers
Reignac-sur-Indre
le Cléret
Corviers
le Carroi
la Gaillardière
St-Branchs
la Rue
le Faubourg
Norçay
le Liège
le Grand Biard
la Bougonnière
le Plessis
Villetivrain
Tauxigny
Rochette
le Breuil
Hys
la Milletière
la Bresardière
la Remerie
Ré
le Buisson
Beauvais
Azay-sur-Indre
Morillon
Chédigny
le Chêne Vert
la Lande
la Ferme Neuve
les Girardières
Belle-Vue
Batilly
St-Quentin-sur-Indrois
le Cheval Blanc
les Basses Maisons
les Loges
les Hélas
la Touche
Brouillard
Marsin
Louans
Montouvrin
Tressort
Chambourg-sur-Indre
Genillé
le Grand Coinai
les Buissons
St-Bauld
Monchenin
les Carrés
les Bondis
la Varnelle
Malicorne
le Temple
Chavigny
l'Étrape
le Pont
la Brechotière
Dolus-le-Sec
Marray
la Clémencerie
Biardeau
Ste-Catherine-de-Fierbois
le Louroux
l'Ile Auger
Ferme de Beauchêne
les Courtries
le Breuil
Chemillé-sur-Indrois
Comacre
la Davière
Belêtre
les Quatre Routes
la Thibaudière
Chanceaux-près-Loches
les Petites Maisons
Fouchare
Logny
le Carroir Jodel
Manthelan
les Ées
le May
Ferrière-sur-Beaulieu
la Croix
Guigné
la Carte
la Séguinière
Neuville
Beaulieu-lès-Loches
l'Ébaupinaye
la Forêt
Mariaude
Touraine
Bossée
le Rond
les Allouaux
le Fay
Mauvière
Poiré
Sennevières
la Robinière
Rochefolle
Coteaux
le Chêne-Vert
le Cep
les Hubardelleries
Perrusson
le Bray
le Four à Chaux
la Chapelle-Blanche-St-Martin
Fretay
la Merlaudière
Sambonne
Vou
Mouzay
les Fourneaux
St-Jean-St-Germain
St-Germain
les Maisons-Rouges
Cosnier
la Basse-Pommerie
Font-Vive
Varennes
la Plotterie
Rigny
Braud
Sepmes
Bournan
Montigny
Ciran
la Pinsonnière
les Sables
St-Hippolyte
Châteaupin
le Gué Menier
Verneuil-sur-Indre
St-Martin
Galic
la Garde
Civray-sur-Esves
l'Esves
Ligueil
St-Senoch
Ballon
les Pins
Chapelle
le Village du Bois
la Chapellerie
la Recordelière
la Jucherie
la Bosnière
Esves-le-Moutier
Oizay
Marcé-sur-Esves
Prouray
la Jaltière
Cussay
la Tirole
le Vignou
la Grandière
Bridoré
Flère-la-Rivière
St-Cyran-du-Jambot
Chât. de Chandenay
la Louzière
les Petites Cigognes
la Bruère
Troncey
Bossin
la Saisie
la Bauchetière
la Reuille
la Bataillerie
les Terres Rouges
la Vieille Lande
Pauvrelay
Ferrière-Larçon
Betz-le-Château
la Closerie
Toizelay
la Chevrie
Paulmy
les Raffoux
Mouline
la Ferrière
Buxeuil
Descartes
Neuilly-le-Brignon
le Châtelier
les Loges
l'Aubier
la Grande-Herse
Bellevue
Bourdel
la Rouzie
Ste-Julitte
la Pairaudrie
les Barreaux
Arnon
les Poteries
St-Flovier
la Bergeottière
les Riaux
St-Saturnin
la Salle
St-Rémy-sur-Creuse
les Sables
Abilly
Bessé
la Celle-Guenand
les Grandes-Bossières
Jouballerie
la Raterie
la Pointe
Bel-Air
la Guerrière
les Effes-Château
Gaudru
Beauvais
les Boulaires
l'Hôtellerie
la Cenillère
les Réaux
Viauvy
le Petit-Pressigny
la Rellerie
Rigné
les Grands-Morins
les Trois Pinoches
le Grand-Pressigny
Luatte
Cléré-du-Bois
Leugny
Courvaux
les Roches
Charnizay
Obterre
la Richaudière
Murs
Étableau
les Geais
Favier
la Renaudière
la Bergauderie
la Naulière
Linevert
le Village-aux Geais
la Guerche
la Moussine
la Mostière
les Bourdettes
les Merlaudières
la Petite Guerche
la Chichardière
les Effes
les Reineries
le Bijou
Village du Bois
le Pigné
l'Ougerie
Chaumussay
Barrou
la Perrière
Ste-Catherine
l'Arbre Sec
Mairé
la Tour
la Chéboissonnière
la Ratrie
Preuilly-sur-Claise
Liniers
Paulnay
Montbron
la Boissière
Malvoisine
Neuville
Azay-le-Ferron
Lésigny
Chambon
Boussay
la Buttière
la Couture
Luchet
Availlé
les Bas Mousseaux
la Carterie
la Croix Gilette
la Renarderie
les Bordes
Prung
St-Julien
les Linières
les Froux
Bossay-sur-Claise
la Jaltière
les Buffrières
la Chapelière
le Pontreau
Chavannes
Coussay-les-Bois
les Draux
Notz-l'Abbé
Martizay
Lejonc
Prinier
Malagué
Gatineau
la Gaudonnière
Villejésus
St-Michel-en-Brenne
le Carroir Robin
la Revaudière
les Joublinières
la Mardelle
Claise
Bray
les Girards
les Dionnets
les Touches
Massuet
la Cornillère
Yzeures-sur-Creuse
Saturnin
Chavis
la Tuilerie
Durtal
le Moulin-du Bois
St Cyran
Laveau
la Roche-Posay
Neuville
la Val
la Guittière
Beauvais
Lignez
Fondmoreau
la Renoterie
la Mothe
Vonne

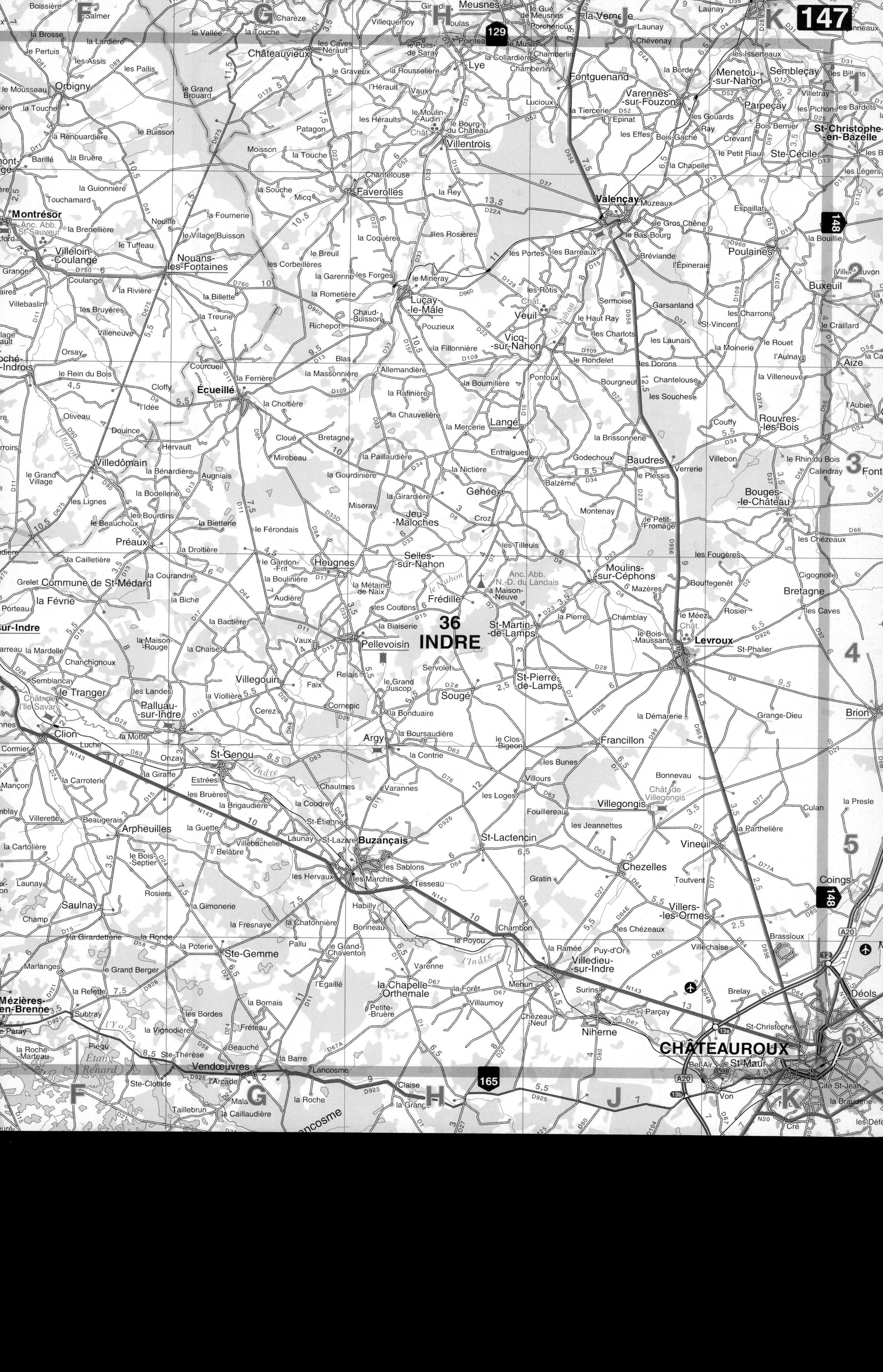
F
G
H
J
K
129
148
165
1
2
3
4
5
6
36
INDRE
CHÂTEAUROUX
Châteauvieux
Orbigny
Montrésor
Villeloin-Coulangé
Nouans-les-Fontaines
Faverolles
Villentrois
Lye
Meusnes
Fontguenand
Valençay
Varennes-sur-Fouzon
Menetou-sur-Nahon
Sembleçay
Parpeçay
St-Christophe-en-Bazelle
Ste-Cécile
Poulaines
Buxeuil
Lucay-le-Mâle
Veuil
Vicq-sur-Nahon
Écueillé
Langé
Baudres
Gehée
Villedômain
Préaux
Jeu-Maloches
Selles-sur-Nahon
Heugnes
Commune de St-Médard
Moulins-sur-Céphons
Bouges-le-Château
Rouvres-les-Bois
Fontenay
Bretagne
Levroux
Fredille
St-Martin-de-Lamps
Pellevoisin
Villegouin
St-Pierre-de-Lamps
Sougé
Palluau-sur-Indre
le Tranger
Clion
Argy
St-Genou
Francillon
Brion
Villegongis
Buzançais
Arpheuilles
St-Lactencin
Vineuil
Chezelles
Saulnay
Villers-les-Ormes
Ste-Gemme
Coings
la Chapelle-Orthemale
Villedieu-sur-Indre
Mézières-en-Brenne
Niherne
Déols
Vendœuvres
St-Maur
Lancosme
Étang Renard
A20
N143
D956
D926
D925

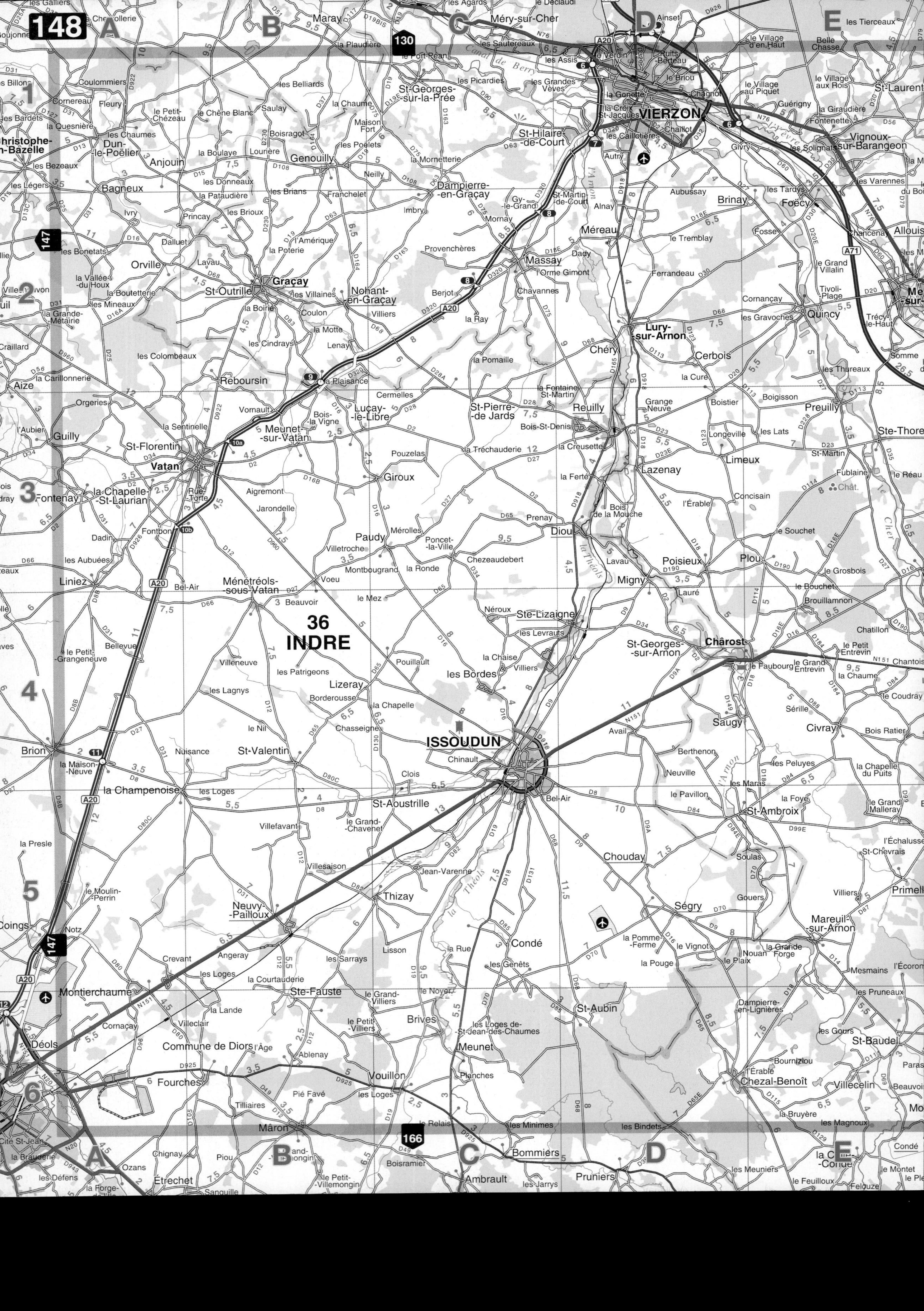

A
B
C
D
E
1
2
3
4
5
6
130
147
166
36
INDRE
VIERZON
ISSOUDUN
Graçay
Vatan
Châros
Méry-sur-Cher
St-Georges-sur-la-Prée
St-Hilaire-de-Court
Genouilly
Dampierre-en-Graçay
Massay
Nohant-en-Graçay
St-Outrille
Orville
Dun-le-Poëlier
Anjouin
Bagneux
Reboursin
Lucay-le-Libre
Meunet-sur-Vatan
St-Florentin
la Chapelle-St-Laurian
Fontenay
Guilly
Aize
Liniez
Ménétréols-sous-Vatan
Giroux
Paudy
St-Pierre-de-Jards
Reuilly
Lury-sur-Arnon
Chéry
Cerbois
Quincy
Brinay
Foëcy
Vignoux-sur-Barangeon
Preuilly
Limeux
Lazenay
Diou
Migny
Poisieux
Plou
Ste-Lizaigne
St-Georges-sur-Arnon
Lizeray
St-Valentin
Brion
la Champenoise
St-Aoustrille
Saugy
Civray
St-Ambroix
Chouday
Ségry
Mareuil-sur-Arnon
Thizay
Condé
St-Aubin
Neuvy-Pailloux
Ste-Fauste
Brives
Meunet
Vouillon
Fourches
Déols
Montierchaume
Coings
Chezal-Benoît
Bommiers
Ambrault
Pruniers
Étrechet
Mâron
Villecelin
St-Baudel
A20
A71
N151

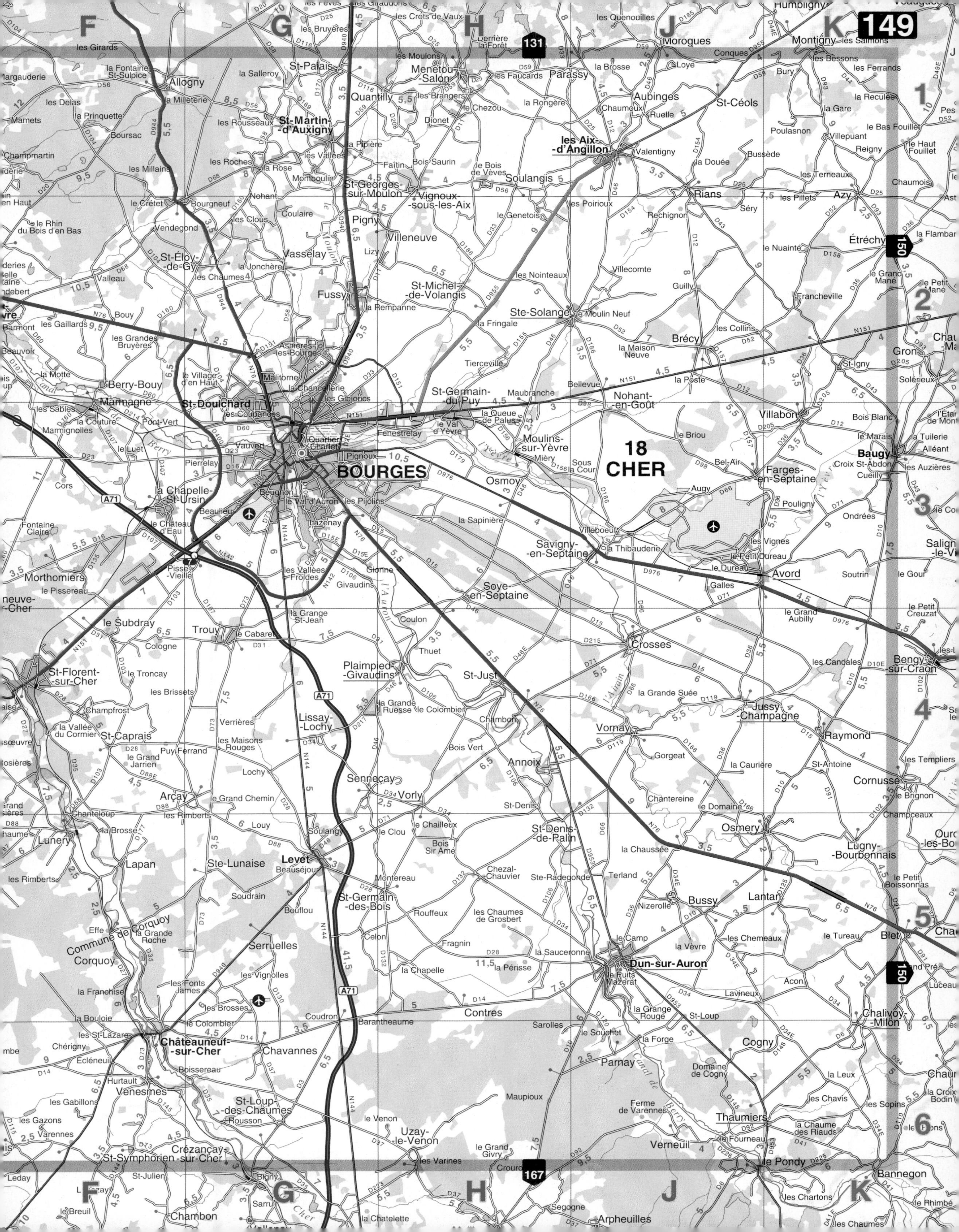
F
G
H
J
K
131
150
167
1
2
3
4
5
6
18
CHER
BOURGES
les Girards
la Fontaine St-Sulpice
Allogny
la Salleroy
St-Palais
les Bruyères
les Moulons
Menetou-Salon
Derrière la Forêt
les Faucards
Parassy
les Quenouilles
Morogues
la Brosse
Loye
Conques
Montigny
les Salmons
les Bessons
les Ferrands
Bury
Margauderie
les Delas
la Milleterie
Quantilly
les Brangers
le Chezou
la Rongère
Aubinges
Chaumoux
Ruelle
St-Céols
la Gare
la Reculée
Mamets
la Prinquette
les Rousseaux
St-Martin-d'Auxigny
Dionet
les Aix-d'Angillon
Valentigny
Poulasnon
Villepuant
le Bas Fouillet
Boursac
les Vallées
la Pipière
Bussède
Reigny
le Haut Fouillet
Champmartin
les Millains
les Roches
la Rose
Faitin
Bois Saurin
le Bois de Vèves
Soulangis
la Douée
les Terneaux
Chaumois
Montboulin
St-Georges-sur-Moulon
Vignoux-sous-les-Aix
Rians
Azy
le Crêtet
Bourgneuf
Nohant
Coulaire
Pigny
le Genetois
les Poirioux
Rechignon
Séry
les Pillets
le Rhin du Bois d'en Bas
Vendegond
les Clous
Villeneuve
Étréchy
la Flambart
Lizy
le Nuainte
St-Éloy-de-Gy
Vasselay
la Jonchère
Villecomte
le Grand Mané
le Petit Mané
Valleau
les Chaumes
St-Michel-de-Volangis
les Nointeaux
Guilly
Fussy
la Rempanne
Francheville
Bouy
les Gaillards
Ste-Solange
le Moulin Neuf
la Fringale
Brécy
les Collins
Barmont
les Grandes Bruyères
Asnières-les-Bourges
la Maison Neuve
Beauvoir
Tierceville
St-Igny
Gron
la Motte
le Village d'en Haut
Malitorne
Bellevue
la Poste
Solérieux
Berry-Bouy
la Chancellerie
les Gibjons
St-Germain-du-Puy
Maubranche
Nohant-en-Goût
Marmagne
St-Doulchard
les Sables
les Coupances
la Queue de Palus
Villabon
Bois Blanc
la Couture
Pont-Vert
Marmignolles
Quartier Charlet
Fenestrelay
le Val d'Yèvre
Moulins-sur-Yèvre
le Briou
le Marais
la Tuilerie
le Luet
Vauvert
Pignoux
Mièry
Allêant
Baugy
Pierrelay
Sous la Cour
Bel-Air
Farges-en-Septaine
Croix St-Abdon
les Auzières
Cueilly
Cors
la Chapelle-St-Ursin
Osmoy
Augy
Pouligny
Beugnon
le Val d'Auron
les Pijolins
Beaulieu
Lazenay
la Sapinière
Ondrées
Fontaine Claire
le Château d'Eau
Villaboeuf
la Thibauderie
les Vignes
Savigny-en-Septaine
le Petit Dureau
le Dureau
Avord
Soutrin
le Gour
Morthomiers
Pissé-Vieille
les Vallées Froides
Gionne
Givaudins
Galles
le Pissereau
Soye-en-Septaine
le Grand Aubilly
le Petit Creuzat
le Subdray
la Grange St-Jean
Coulon
Troüy
le Cabaret
Cologne
Crosses
Thuet
les Candales
Bengy-sur-Craon
St-Florent-sur-Cher
le Troncay
Plaimpied-Givaudins
St-Just
les Brissets
la Grande Suée
Champfrost
la Grande Ruesse
le Colombier
Lissay-Lochy
Chambon
Jussy-Champagne
la Vallée du Cormier
St-Caprais
Verrières
Vornay
Raymond
les Maisons Rouges
Puy Ferrand
Bois Vert
Gorgeat
le Grand Jarrien
Annoix
la Caurière
St-Antoine
les Templiers
Lochy
Cornusse
Senneçay
le Brignon
Arçay
le Grand Chemin
Vorly
St-Denis
Chantereine
le Domaine
Champceaux
Chanteloup
les Rimberts
le Chailleux
St-Denis-de-Palin
Osmery
la Brosse
Louy
Soulangy
le Clou
Lunery
Bois Sir Amé
la Chaussée
Lugny-Bourbonnais
Lapan
Ste-Lunaise
Levet
Beauséjour
Chezal-Chauvier
Terland
Montereau
Ste-Radegonde
le Petit Boissonnas
Soudrain
St-Germain-des-Bois
Nizerolle
Bussy
Lantan
Bouflou
Rouffeux
les Chaumes de Grosbert
le Tureau
Blet
Effe
Commune de Corquoy
la Grande Roche
Serruelles
Fragnin
le Camp
la Vèvre
les Chemeaux
Corquoy
Celon
la Sauceronne
Dun-sur-Auron
la Chapelle
la Périsse
le Puits
Mazerat
Acon
la Franchise
les Fonts James
les Vignolles
Lavineux
les Brosses
Contres
la Grange Rouge
St-Loup
Chalivoy-Milon
la Bouloie
le Colombier
Coudron
Barantheaume
Sarolles
les St-Lazare
le Souchet
la Forge
Cogny
Chérigny
Châteauneuf-sur-Cher
Chavannes
Ecléneuil
Boissereau
Parnay
Domaine de Cogny
Hurtault
Venesmes
la Leux
les Gabillons
Maupioux
Ferme de Varennes
les Chavis
les Sopins
les Gazons
Varennes
St-Loup-des-Chaumes
Rousson
le Venon
Thaumiers
la Chaume des Riauds
Uzay-le-Venon
le Fourneau
Crézançay-sur-Cher
Verneuil
St-Symphorien
le Grand Givry
les Varines
Crouro
le Pondy
St-Julien
Bannegon
Leday
Bigny
Sarru
Chambon
le Breuil
la Chatelette
Segogne
Arpheuilles
les Chartons
le Rhimbé
les Chaumes
Canal de Berry
l'Yèvre
l'Auron
l'Airain
Cher
A71
N76
N151
N142
N144
D976

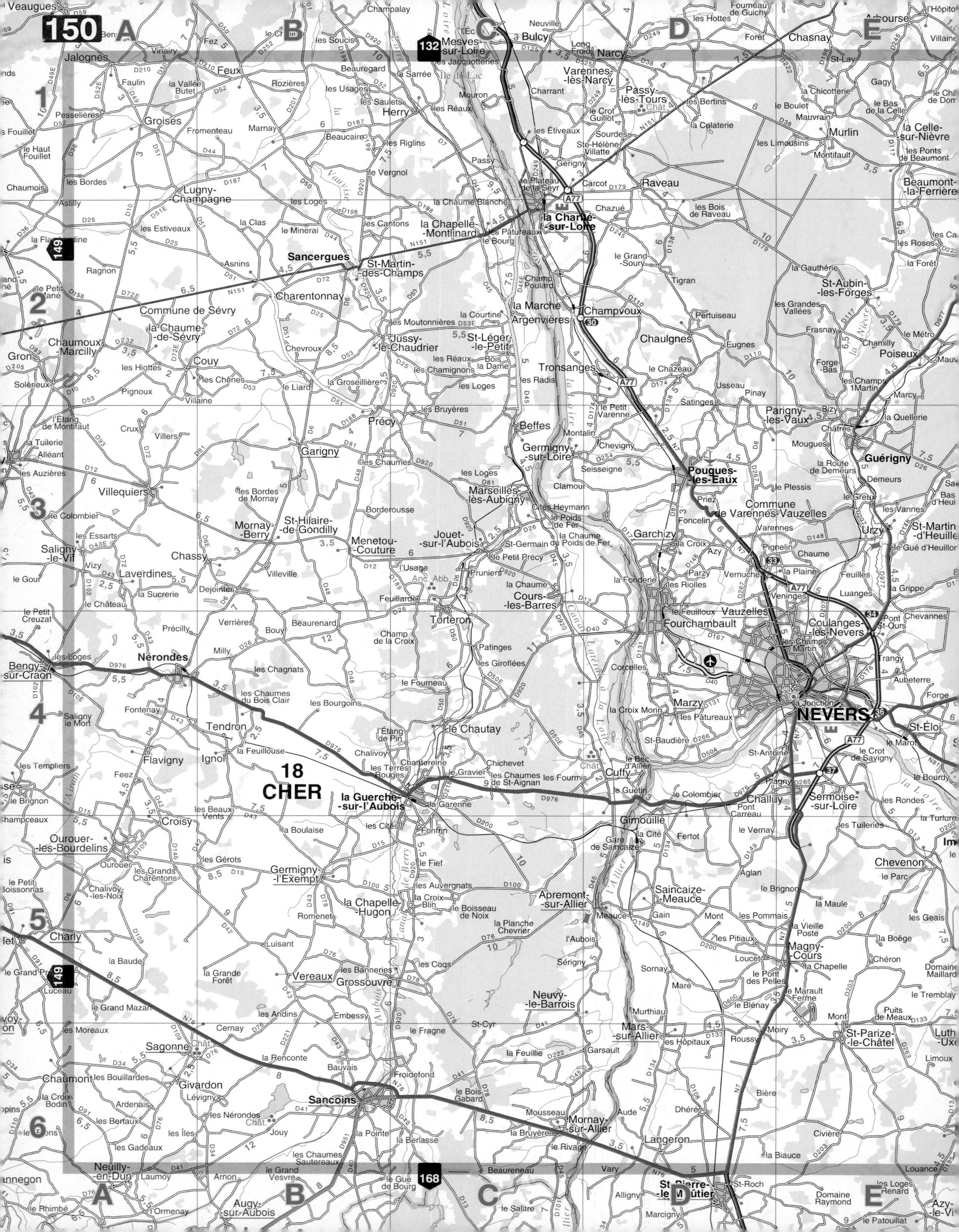
150
A
B
C
D
E
1
2
3
4
5
6
132
149
168
18
CHER
NEVERS
Veaugues
Champalay
Mesves-sur-Loire
les Jacquotteries
Bulcy
Neuville
Narcy
Long Froid
Fourneau de Guichy
les Hottes
Forêt
Chasnay
St-Lay
l'Hôpital
Arbourse
Villaine
Jalognes
Vinairy
Fez
Feux
Faulin
la Vallée Butet
Rozières
les Soucis
Beauregard
la Sarrée
Île du Lac
les Usages
les Saulets
Herry
Mouron
les Réaux
Charrant
Varennes-lès-Narcy
Passy-lès-Tours
Chât.
les Bertins
la Chicotterie
Gagy
le Boulet
Mauvrain
le Bas de la Celle
la Colaterie
Murlin
la Celle-sur-Nièvre
Pesselières
Groises
Fromenteau
Marnay
Beaucaire
les Riglins
les Étiveaux
le Crot Guillot
Sourdes
Ste-Hélène Villatte
les Limousins
Montifault
les Ponts de Beaumont
le Haut Fouillet
Gérigny
Passy
le Vergnol
Chaumois
les Bordes
Lugny-Champagne
Vauvise
le Plateau de la Seyr
Carcot
Raveau
Beaumont-la-Ferrière
Astilly
les Loges
la Chaume Blanche
Chazué
les Bois de Raveau
les Estiveaux
la Clas
le Minerai
les Cantons
la Chapelle-Montlinard
la Charité-sur-Loire
les Pâtureaux
le Bourg
Ragnon
Asnins
Sancergues
St-Martin-des-Champs
le Grand-Soury
Tigran
la Gauthérie
St-Aubin-les-Forges
les Roses
la Forêt
le Petit Mané
Charentonnay
Champ Poulard
la Marche
Champvoux
Pertuiseau
les Grandes Vallées
Commune de Sévry
la Chaume-de-Sévry
la Courtine
Argenvières
les Moutonnières
St-Léger-le-Petit
Chaulgnes
Eugnes
Frasnay
Chamilly
Poiseux
le Métro
Chaumoux-Marcilly
Gron
Couy
Chevroux
Jussy-le-Chaudrier
les Réaux
Bois la Dame
Tronsanges
le Chazeau
Forge-Bas
les Champs Martin
Solérieux
les Hiottes
les Chênes
le Liard
la Groseillière
les Chamignons
les Loges
les Radis
Usseau
Pinay
Marcy
Pignoux
Villaine
l'Étang de Montifaut
les Bruyères
le Petit Varenne
Satinges
Parigny-les-Vaux
Bizy
Châtres
la Quellerie
Crux
Villers
Précy
Beffes
Montalin
Chevigny
Mougues
la Tuilerie
Alléant
Garigny
Germigny-sur-Loire
Seisseigne
Pouques-les-Eaux
la Route de Demeurs
Guérigny
les Auzières
les Chaumes
les Loges
Clamour
Demeurs
Villequiers
les Bordes de Mornay
Marseilles-lès-Aubigny
le Plessis
Commune de Varennes-Vauzelles
le Greux
Priez
le Colombier
Borderousse
Cités Heymann
Foncelin
les Vannes
St-Martin-d'Heuille
Mornay-Berry
St-Hilaire-de-Gondilly
le Poids de Fer
la Chaume du Poids de Fer
Garchizy
Varennes
Urzy
les Essarts
Jouet-sur-l'Aubois
Menetou-Couture
St-Germain
la Croix
Azy
Pignelin
Chaume
le Gué d'Heuillon
Saligny-le-Vif
Chassy
Vizy
l'Usage
le Petit Précy
Anc. Abb.
Parzy
Vernuche
la Plaine
Feuilles
Le Gour
Laverdines
Villeville
Pruniers
la Fonderie
les Riolles
Veninges
Luanges
la Grippe
la Sucrerie
Dejointes
la Chaume
Cours-les-Barres
le Château
Feuillarde
le Feuilloux
Vauzelles
Chevannes
le Petit Creuzat
Verrières
Beaurenard
Torteron
Fourchambault
Coulanges-lès-Nevers
Pont St-Ours
Précilly
Bouy
Champ de la Croix
les Champs Martin
Trangy
Bengy-sur-Craon
les Loges
Nérondes
Milly
Patinges
les Giroflées
Aubeterre
les Chagnats
le Fourneau
Corcelles
Forge
les Chaumes du Bois Clair
les Bourgoins
la Jonction
Fontenay
Saligny le Mort
Tendron
la Croix Morin
Marzy
les Pâtureaux
St-Éloi
l'Étang de Pin
le Chautay
St-Baudière
le Marot
les Templiers
la Feuillouse
Flavigny
Ignol
Chalivoy
Chantereine
les Terres Rouges
Chichevet
le Gravier
les Chaumes de St-Aignan
les Fourmis
Cuffy
le Bec d'Allier
St-Antoine
le Crot de Savigny
Feez
le Bourdy
le Brignon
la Guerche-sur-l'Aubois
la Garenne
le Guétin
le Colombier
Plagny
Challuy
Sermoise-sur-Loire
Pont Carreau
les Rondes
la Turlure
Champceaux
les Beaux Vents
Croisy
Gimouille
la Cité
Gare de Saincaize
les Tuileries
Ourouer-les-Bourdelins
la Boulaise
les Cités
Fonfrin
Fertot
le Vernay
Ourouer
les Grands Charentons
les Gérots
Germigny-l'Exempt
le Fief
Chevenon
le Parc
le Petit Boissonnas
Chalivoy-les-Noix
les Auvergnats
Aglan
Saincaize-Meauce
le Brignon
la Croix Blin
la Chapelle-Hugon
Romenet
le Boisseau de Noix
Apremont-sur-Allier
Meauce
Gain
Mont
les Pommais
la Maule
les Geais
Charly
la Planche Chevrier
la Vieille Poste
Luisant
l'Aubois
les Pitiaux
Magny-Cours
la Boëge
la Baude
le Grand Pré
la Grande Forêt
Vereaux
les Banneries
Grossouvre
les Coqs
Sérigny
Loucet
Sornay
le Pont des Pelles
la Chapelle
Chéron
Domaine Maillard
Luceau
Mare
le Marault Ferme
le Blenay
le Tremblay
le Grand Mazan
Neuvy-le-Barrois
Murthiau
Puits de Meaux
les Moreaux
Cernay
les Andins
Embessy
le Fragne
St-Cyr
Mars-sur-Allier
les Hôpitaux
Roussy
Moiry
Mont
St-Parize-le-Châtel
Sagonne
la Rencontre
la Feuillie
Garsault
Limoux
Bauvais
Chaumont
les Bouillardes
Givardon
Froidefond
le Bois Gabard
Bière
la Croix Bodin
Lévigny
Ardenais
Sancoins
les Bertaux
les Nérondes
Jouy
les Îles
Mousseau
Mornay-sur-Allier
Aude
Dhéré
la Pointe
la Bruyère
Langeron
Civière
les Gadeaux
la Berlasse
le Rivage
les Chaumes Sautereaux
la Biauce
Neuilly-en-Dun
Laumoy
Arnon
le Grand Vesvre
le Gué de Bourg
Beaureneau
Vary
St-Pierre-le-Moûtier
St-Roch
Louance
les Loges Renard
Annegon
le Rhimbé
l'Ormenay
Augy-sur-Aubois
le Salitre
Allingy
Marcigny
Domaine Raymond
le Patouillat
Azy-le-Vif
A77
N151
N7
N76
D976
Canal de Berry
Canal Latéral à la Loire
la Loire
l'Allier
la Nièvre
l'Airain
l'Aubois
30
33
34
36
37

58
NIÈVRE
Prémery
St-Saulge
Châtillon-en-Bazois
Tamnay-en-Bazois
St-Benin-d'Azy
la Machine
Decize
Cercy-la-Tour
Fours
Corbigny
Guipy
Crux-la-Ville
St-Révérien
Rouy
Billy-Chevannes
Anlezy
Fertrève
Biches
Brinay
Limanton
Saint-Léger-des-Vignes
Champvert
Verneuil
Devay
Fleury-sur-Loire
Avril-sur-Loire
Béard
Druy-Parigny
Sougy-sur-Loire
Commune de Saint-Ouen-sur-Loire
Commune de St-Gratien-Savigny
Commune de Mont-et-Marré
Montigny-aux-Amognes
St-Jean-aux-Amognes
Canal du Nivernais
Étang de Vaux
F
G
H
J
K
1
2
3
4
5
6
133
152
169

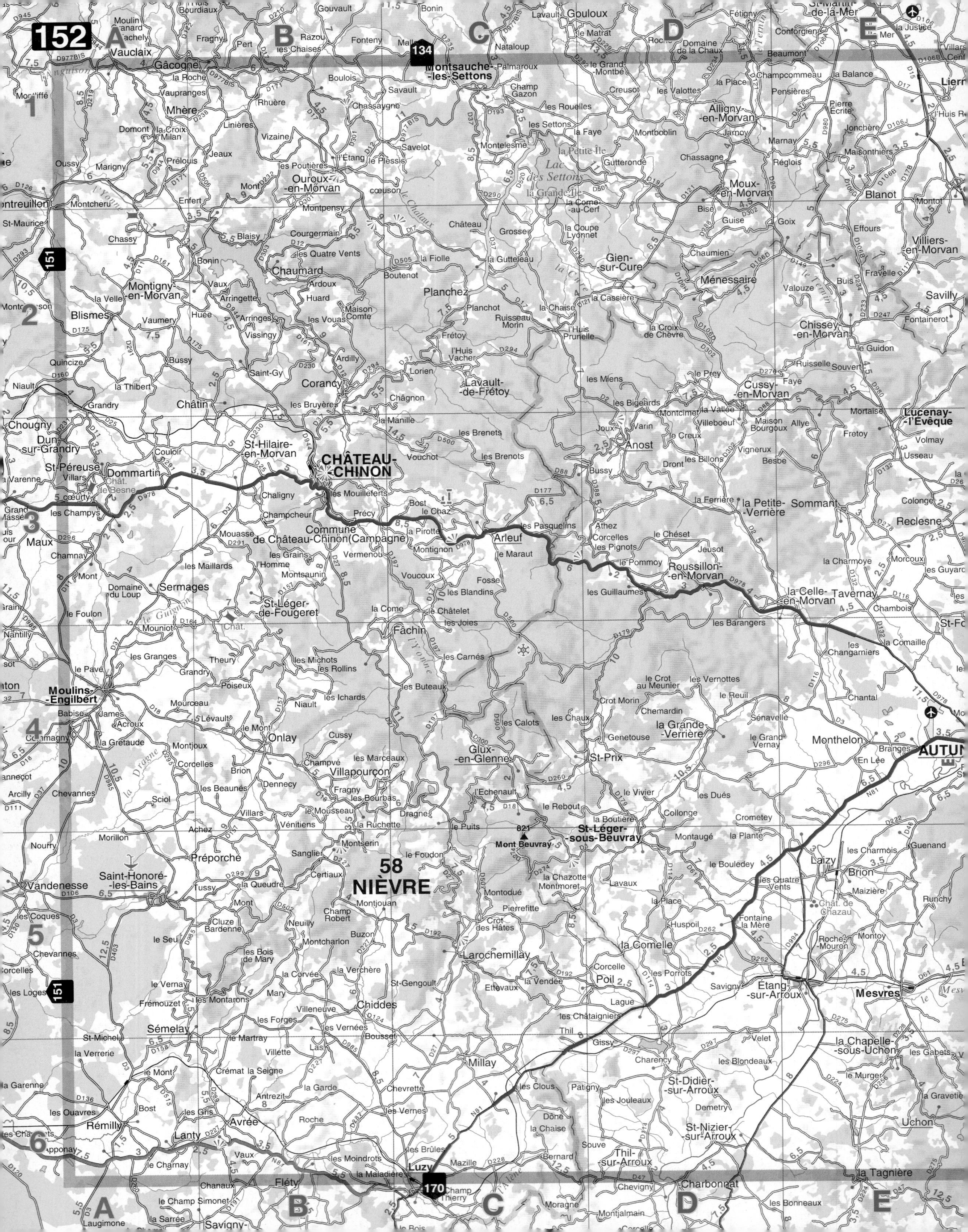
A
B
C
D
E
1
2
3
4
5
6
134
151
170
Vauclaix
Gâcogne
Fragny
Pert
Razou
les Chaises
Gouvault
Fonteny
Bonin
Montsauche-les-Settons
Palmaroux
Nataloup
Lavault
Gouloux
le Matrat
Roche
Domaine de la Chaux
Fétigny
Beaumont
Conforgien
la Justice
Mer
la Roche
Vaupranges
Mhère
Rhuère
Boulois
Savault
Chassaygne
Champ Gazon
le Grand Montbé
Creusot
les Valottes
la Place
Champcommeau
la Balance
Pensières
Montiffé
Dornont
la Croix Milan
Linières
Vizaine
les Rouelles
les Settons
la Faye
Alligny-en-Morvan
Montboblin
Jarnoy
Pierre Ecrite
Jonchère
l'Huis Re
Oussy
Marigny
Prélouis
Jeaux
Savelot
l'Étang
le Plessis
Montelesme
la Petite Île
Lac des Settons
Gutteronde
Chassagne
Marnay
Maisonthiers
Réglois
les Poutières
Ouroux-en-Morvan
Mont
Enfert
Montcheru
coeuson
la Grande Île
la Corne-au-Cerf
Moux-en-Morvan
Bise
Guise
Goix
Blanot
Montot
St-Maurice
Chassy
Blaisy
Montpensy
Courgermain
les Quatre Vents
Château
Grosse
la Coupe Lyonnet
Effours
Villiers-en-Morvan
Bonin
Chaumard
la Fiolle
Boutenot
la Gutteleau
Gien-sur-Cure
Chaumien
Ménessaire
Fravelle
Montigny-en-Morvan
Vaux
Arringette
la Velle
Ardoux
Huard
Planchez
la Cassière
Valouze
Buis
Savilly
Blismes
Vaumery
Huée
Arringes
Vissigny
Maison Comte
les Vouas
Planchot
Ruisseau Morin
la Chaise
l'Huis Prunelle
la Croix de Chèvre
Chissey-en-Morvan
Fontainerot
Frétoy
l'Huis Vacher
le Guidon
Quincize
Bussy
Saint-Gy
Ardilly
Lorien
Lavault-de-Frétoy
les Miens
Ruisselle
Souvert
le Prey
Cussy-en-Morvan
Faye
Niault
la Thibert
Corancy
Grandry
Châtin
les Bruyères
Châgnon
les Bigeards
Montcimet
la Vallée
Villeboeuf
Maison Bourgoux
Allye
Mortaise
Lucenay-l'Évêque
Chougny
Dun-sur-Grandry
la Manille
les Brenets
Joux
Varin
Anost
le Creux
Fretoy
Volmay
St-Hilaire-en-Morvan
Couloir
Vouchot
les Brenots
Vignerux
Usseau
St-Péreuse
Dommartin
Villars
Chât. de Besne
CHÂTEAU-CHINON
Bussy
Dront
les Billons
Besbe
la Varenne
Chaligny
les Mouilleferts
Bost
le Chaz
la Ferrière
la Petite-Verrière
Sommant
Colonge
les Champys
Champcheur
Précy
la Pirotte
les Pasquelins
Athez
Reclesne
Maux
Mouasse
Commune de Château-Chinon(Campagne)
Montignon
Arleuf
Corcelles
les Pignots
le Chéset
Jeusot
Chamnay
les Grains
l'Homme
Vermenou
le Maraut
le Pommoy
Roussillon-en-Morvan
la Charmoye
Morcoux
les Guyard
les Maillards
Mont
Montsaunin
Voucoux
Fosse
Domaine du Loup
Sermages
St-Léger-de-Fougeret
les Blandins
les Guillaumes
la Celle-en-Morvan
Tavernay
Chambois
le Foulon
le Guignon
Chât.
Mouniot
la Come
le Châtelet
les Joies
Fâchin
les Barangers
St-Fo
Nantilly
l'Yonne
la Comaille
les Granges
Theury
les Michots
les Rollins
les Carnés
les Changarniers
le Pavé
Grandry
Poiseux
les Ichards
les Buteaux
le Crot au Meunier
les Vernottes
le Reuil
Chantal
Moulins-Engilbert
Babise
James
Acroux
Mourceau
Lévault
Niault
Crot Morin
Chemardin
Sénavelle
la Grétaude
Montjoux
le Mont
Onlay
Cussy
les Calots
les Chaux
la Grande-Verrière
Genetouse
le Grand Vernay
Monthelon
Branges
AUTUN
En Lée
Corcelles
Brion
les Marceaux
Champvé
Villapourçon
Glux-en-Glenne
St-Prix
Chevannes
les Beaunés
Dennecy
Fragny
les Bourbas
l'Echenault
le Vivier
les Dués
Arcilly
Sciol
Villars
le Mousseau
Vénitiens
la Ruchette
Dragne
le Rebout
la Boutière
Collonge
Crometey
Morillon
Achez
le Puits
821
Mont Beuvray
St-Léger-sous-Beuvray
Montaugé
la Plante
Nourry
Préporche
Sanglier
Montserin
le Foudon
les Charmois
Guenand
Saint-Honoré-les-Bains
Vandenesse
Tussy
la Queudre
Certiaux
58
NIÈVRE
la Chazotte
Montmoret
Lavaux
le Bouledey
Laizy
Brion
les Quatre Vents
Maizière
Mont
Montjouan
Montodué
la Place
Chât. de Chazau
Runchy
les Coques
Cluze Bardenne
Champ Robert
Pierrefitte
Fontaine la Mère
le Seu
Neuilly
Buzon
Crot des Hâtes
Huspoil
Montcharlon
Roche-Mouron
Montoy
Chevannes
les Bois de Mary
Larochemillay
la Comelle
la Corvée
la Verchère
Corcelle
Poil
les Porrots
le Vernay
St-Gengoult
la Vendée
Ettevaux
Savigny
Étang-sur-Arroux
Mesvres
les Loges
Mary
Fremouzet
les Montarons
Lague
Villeneuve
Chiddes
les Châtaigniers
Sémelay
les Forges
les Vernées
Thil
St-Michel
le Martray
Bousset
Gissy
Velet
la Chapelle-sous-Uchon
les Gabets
la Verrerie
Las
Villette
Charency
les Blondeaux
Millay
le Mont
Crémat
la Seigne
St-Didier-sur-Arroux
le Murger
la Garenne
la Garde
Chevrette
les Clous
Patigny
la Gravette
Bost
Antrezit
les Joulleaux
Demetry
les Ouavres
les Gris
Avrée
les Vernes
Dône
Rémilly
Roche
la Chaise
St-Nizier-sur-Arroux
Uchon
Lanty
Souve
les Brûles
Apponay
Vaux
les Moindrots
Mazille
Bernard
Thil-sur-Arroux
le Charnay
la Maladière
Luzy
la Tagnière
Chanaux
Fléty
Champ Thierry
Chevigny
Charbonnat
le Champ Simonet
Moragne
les Bonneaux
la Sarrée
Savigny-
Montjalmain
Laugimone

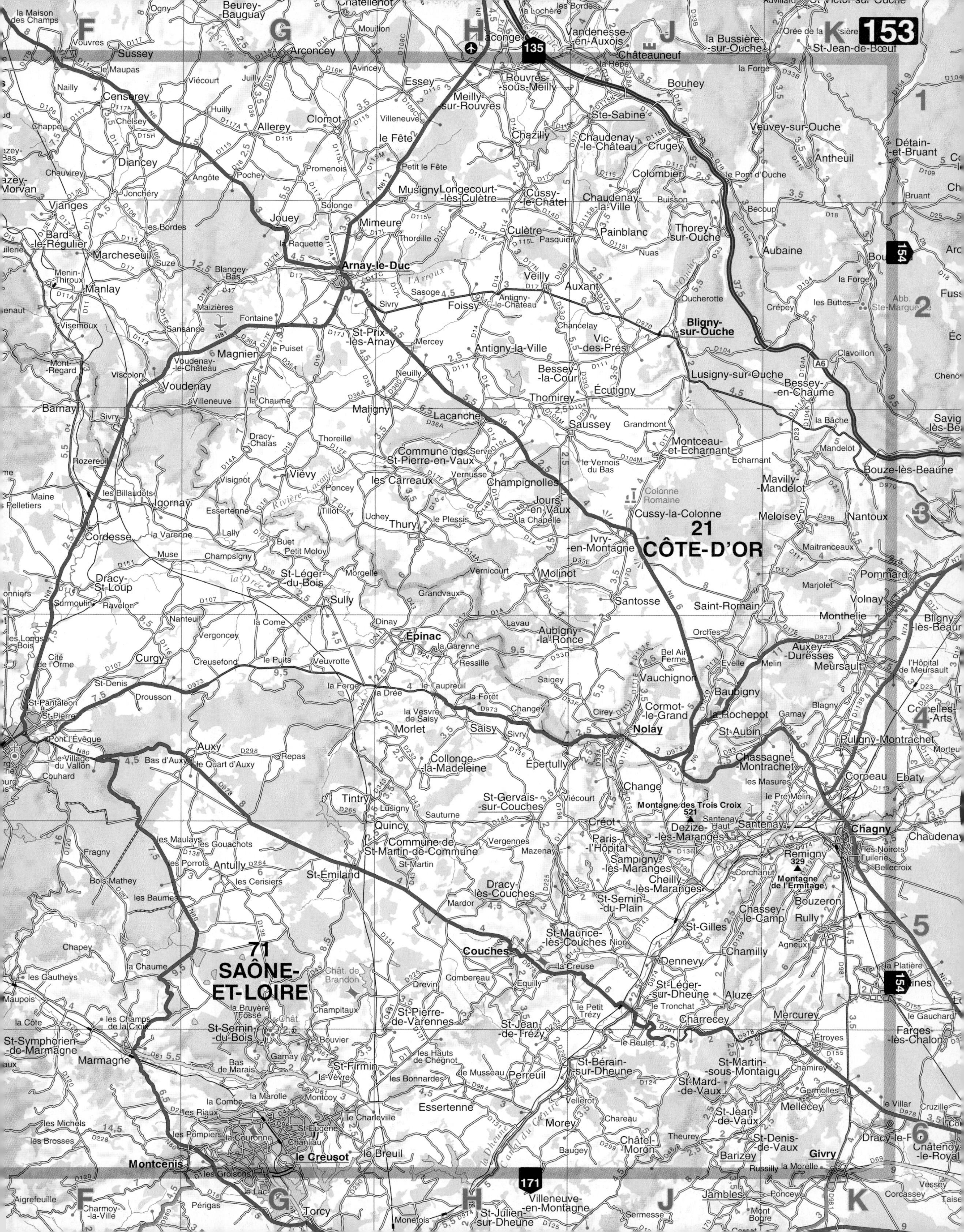
153
F
G
H
J
K
1
2
3
4
5
6
154
135
171
21
CÔTE-D'OR
71
SAÔNE-ET-LOIRE
la Maison des Champs
Ogny
Beurey-Bauguay
Châtellenot
Vouvres
Sussey
Arconcey
Mouillon
Vandenesse-en-Auxois
Châteauneuf
La Bussière-sur-Ouche
St-Jean-de-Bœuf
l'Orée de la Sière
le Maupas
Viécourt
Juilly
Avincey
Essey
Rouvres-sous-Meilly
Bouhey
Nailly
Censerey
Meilly-sur-Rouvres
Veuvey-sur-Ouche
Détain-et-Bruant
Chappe
Chelsey
Huilly
Allerey
Clomot
Villeneuve
Ste-Sabine
Chazilly
Chaudenay-le-Château
Crugey
Antheuil
Diancey
le Fête
Petit le Fête
Promenois
Colombier
le Pont d'Ouche
Chauvirey
Angôte
Pochey
Musigny
Longecourt-lès-Culètre
Cussy-le-Châtel
Chaudenay-la-Ville
Buisson
Bruant
Jonchery
Vianges
Solonge
Mimeure
Becoup
Bard-le-Régulier
les Bordes
Jouey
Thoreille
Culètre
Pasquier
Painblanc
Thorey-sur-Ouche
Aubaine
la Raquette
Nuas
Marcheseuil
Suze
Blangey-Bas
Arnay-le-Duc
Veilly
Auxant
Menin-Thiroux
Manlay
l'Arroux
Sasoge
Foissy
Antigny-le-Château
Sivry
Oucherotte
la Forge
les Buttes
Abb. Ste-Marguerite
Crépey
Maizières
Fontaine
Sansange
Chancelay
Bligny-sur-Ouche
Visemoux
St-Prix-lès-Arnay
Mercey
Antigny-la-Ville
Vic-des-Prés
Clavoillon
le Puiset
Magnien
Mont-Regard
Voudenay-le-Château
Bessey-la-Cour
Lusigny-sur-Ouche
Bessey-en-Chaume
Viscolon
Voudenay
Neuilly
Écutigny
Barnay
Villeneuve
la Chaume
Maligny
Lacanche
Thomirey
Saussey
Grandmont
la Bâche
Sivry
Mandelot
Dracy-Chalas
Thoreille
Montceau-et-Écharnant
Écharnant
Rozereuil
Commune de St-Pierre-en-Vaux
Serve
le Vernois du Bas
Bouze-lès-Beaune
Vievy
Vernusse
Mavilly-Mandelot
Visignot
les Carreaux
Champignolles
Poncey
Colonne Romaine
Maine
les Pelletiers
les Billaudots
Igornay
Essertenne
Tillot
Uchey
Thury
le Plessis
Jours-en-Vaux
la Chapelle
Cussy-la-Colonne
Meloisey
Nantoux
Cordesse
la Varenne
Lally
Buet
Petit Moloy
Ivry-en-Montagne
Maitranceaux
Muse
Champsigny
Vernicourt
Molinot
Pommard
Dracy-St-Loup
St-Léger-du-Bois
Morgelle
Marjolet
la Drée
Grandvaux
Santosse
Volnay
Surmoulin
Ravelon
Sully
Saint-Romain
Monthelie
Bligny-lès-Beaune
Nanteuil
la Come
Dinay
Lavau
Orches
les Longs Bois
Vergoncey
Épinac
Aubigny-la-Ronce
Auxey-Duresses
Cité de l'Orme
Curgy
Creusefond
le Puits
Veuvrotte
la Garenne
Ressille
Bel Air Ferme
Evelle
Melin
Meursault
l'Hôpital de Meursault
Vauchignon
St-Denis
la Forge
la Drée
le Taupreuil
Saigey
Baubigny
Drousson
la Forêt
Blagny
St-Pantaléon
St-Pierre
la Vesvre de Saisy
Changey
Cirey
Cormot-le-Grand
la Rochepot
Gamay
Corcelles-les-Arts
Pont l'Évêque
Morlet
Saisy
Sivry
Nolay
St-Aubin
Puligny-Montrachet
Auxy
Repas
Le Village du Vallon
Bas d'Auxy
le Quart d'Auxy
Collonge-la-Madeleine
Épertully
Chassagne-Montrachet
Corpeau
Ebaty
Couhard
les Masures
Change
Tintry
St-Gervais-sur-Couches
Viécourt
Montagne des Trois Croix 521
le Pré Melin
Lusigny
Sauturne
Créot
Santenay Haut
Santenay
Chagny
Chaudenay
Quincy
Paris-l'Hôpital
Dezize-lès-Maranges
les Noirots
Tuilerie
Bellecroix
les Maulays
les Gouachots
Commune de St-Martin-de-Commune
Vergennes
Mazenay
Remigny 329
Fragny
les Porrots
Antully
St-Martin
Sampigny-lès-Maranges
Corchanut
Montagne de l'Ermitage
les Cerisiers
St-Émiland
Cheilly-lès-Maranges
Bois Mathey
Dracy-lès-Couches
Bouzeron
les Baumes
Mardor
St-Sernin-du-Plain
Chassey-le-Camp
Rully
St-Gilles
Chapey
Couches
St-Maurice-lès-Couches
Nion
Agneux
Chamilly
la Chaume
Châtr. de Brandon
Combereau
la Creuse
Dennevy
la Platière
les Gautheys
Drevin
Equilly
St-Léger-sur-Dheune
Aluze
Maupais
Champitaux
la Bruyère
Fossé
le Petit Trézy
le Tronchat
Mercurey
le Gauchard
la Côte
les Champs de la Croix
St-Sernin-du-Bois
St-Pierre-de-Varennes
St-Jean-de-Trézy
Charrecey
Farges-lès-Chalon
St-Symphorien-de-Marmagne
Bouvier
le Reulet
Étroyes
Marmagne
Gamay
les Hauts de Chegnot
Bas de Marais
St-Firmin
St-Bérain-sur-Dheune
St-Martin-sous-Montaigu
Chamirey
la Vèvre
le Musseau
Perreuil
les Bonnardes
St-Mard-de-Vaux
Germolles
la Combe
la Marolle
Montcoy
Essertenne
Vellerot
Mellecey
le Villar
Cruzille
les Rians
le Charleville
Chareau
St-Jean-de-Vaux
les Michels
les Pompiers
la Couronne
St-Eugène
Chanliau
Morey
Dracy-le-Fort
les Brosses
Theurey
St-Denis-de-Vaux
Châtenoy-le-Royal
Châtel-Moron
Baugey
Barizey
Givry
Montcenis
le Creusot
le Breuil
Russilly
la Morelle
les Groisons
Vessey
le Lac
Aigrefeuille
Charmoy-la-Ville
Périgas
Torcy
Villeneuve-en-Montagne
Jambles
Poncey
Corcassey
Monetois
St-Julien-sur-Dheune
Sermesse
Mont Bogre
Canal du Centre
la Dheune
Rivière Lacanche
A6
N6
N81
N80

154
A
B
C
D
E
1
2
3
4
5
6
136
153
172
BEAUNE
Nuits-St-Georges
21
CÔTE-D'OR
71
SAÔNE-ET-LOIRE
CHALON-SUR-SAÔNE
Seurre
St-Jean-de-Losne
Verdun-sur-le-Doubs
Pierre-de-Bresse
St-Martin-en-Bresse
A31
A36
A6
N74
N73

F
G
H
J
K
137
156
173
1
2
3
4
5
6
Auxonne
Villers-les-Pots
Pont de Pierre
la Feuillée
Moissey
Offlanges
Massif de la Serre
Forêt de la Serre
Gendrey
Sermange
Vigearde
Le Petit-Mercey
Louvatange
Berthelange
Pouilley-Français
Peintre
Tillenay
les Trois Maisons
la Petite Plaine
Chevigny
Vriange
l'Abergement-lès-Malange
Auxange
Malange
Évans
Saint-Vit
Roset-Fluans
Salans
Labergement-lès-Auxonne
Villers-Rotin
Menotey
Amange
Romange
Gredisans
Rainans
Châtenois
Lavans-lès-Dole
Orchamps
Monteplain
Dampierre
Ranchot
les Minerais
les Calmants
la Barre
Fraisans
Biarne
Billey
Flagey-lès-Auxonne
Archelange
Lavangeot
Rans
Courtefontaine
Jouhe
Étrepigney
Sampans
Mt Roland
Authume
Audelange
Our
la Bretenière
Plumont
Villars-St-Georges
Mailly-le-Port
St-Seine-en-Bâche
Rochefort-sur-Nenon
Éclans-Nenon
Monnières
Baverans
Gros Buisson
Champvans
Laperrière-sur-Saône
Saint-François
Falletans
Forêt Domaniale de Chaux
Fourg
Brevans
la Chatelaine
25 DOUBS
Samerey
Foucherans
DOLE
Damparis
les Moules
Abergement-la-Ronce
Choisey
Crissey
les Baraques
Liesle
Aumur
Tavaux
Villette-lès-Dole
la Vieille-Loye
Dole-Tavaux
Gevry
Goux
Arc-et-Senans
Buffard
Champagne-sur-Loue
Villequin
St-Aubin
le Pâquier de Chaux
la Loye
Chatelay
Montbarrey
Chissey-sur-Loue
Germigney
Santans
Molay
Parcey
Augerans
Belmont
Cramans
Villers-Farlay
Port-Lesney
Champdivers
Écleux
Ounans
Peseux
Nevy-lès-Dole
Rahon
Souvans
Mont-sous-Vaudrey
Vaudrey
Chamblay
les Enclos
Mouchard
Pagnoz
St-Baraing
Bans
Villeneuve-d'Aval
Moussières
Praneuf
Creux Machard
Balaiseaux
les Granges
39 JURA
Commune de St-Cyr-Montmalin
Aiglepierre
Longwy-sur-le-Doubs
Chaussin
le Deschaux
Petit Villers-Robert
Montmalin
Marnoz
Hotelans
Asnans-Beauvoisin
Gatey
le Carrouge
Villers-Robert
Séligney
Molamboz
St-Cyr
les Arsures
la Ferté
Vadans
Grange Fontaine
Villette-les-Arbois
Mathenay
le Petit Villey
Vornes
Beauvoisin
Chaînée-des-Coupis
Chêne-Bernard
Tassenières
les Aubépins
Villers-les-Bois
Abergement-le-Grand
Montigny-les-Arsures
Arbois
Mesnay
Pleure
Bretenières
Oussières
la Tuilerie
Aumont
Abergement-le-Petit
Neublans-Abergement
les Hays
les Essards-Taignevaux
Sergenon
Biefmorin
Montholier
Mouthrod
St-Jean
Neuvilley
Rathier
Rabeur
Granges Longins
Grozon
Pupillin
les Planches-près-Arbois
Abergement-St-Jean
Sergenaux
Colonne
les Deux-Fays
le Ferment
Pont du Bourg
Brainans
Grange du Puits
Buvilly
la Châtelaine
Petit Chouillère
Rye
le Chateley
Champrougier
le Viseney
la Chassagne
la Reppe
Chézabois
Bersaillin
Chemenot
Tourmont
Foulenay
Verne
le Bouchaud
Villerserine
Mouthier-en-Bresse
Hiège
Chêne-Sec
Chaumergy
le Villey
la Charme
Chamole
Bellevesvre
le Mortier
les Biguerues
Monay
Grottes des Moidons
Torpes
le Four-en-Chaux
Beauvernois
Francheville
la Ronce
Vers-sous-Sellières
Toulouse-le-Château
St-Lothain
Poligny
Vaux-sur-Poligny
Chaussenans
Charnay
la Piotière
la Chaux-en-Bresse
Bois-de-Gand
Sellières
Darbonnay
Barretaine
Champvaux
la Marre
la Réchassière
Froideville
Miéry
les Grands Camus
la Darge
Commenailles
Récanoz
Chaplembert
Plasne
Passenans
Montrond
Sansenne
Chapelle-Voland
le Vernois
St-Lamain
les Chanois
les Brantus
Villamier
Mantry
la Ville
Besain
Lombard
Bréry
Frontenay
les Piotelats
la Pinodière
Vincent
Blandans
Ménétru-le-Vignoble
le Fied
les Chavannes
les Blancs
Petit Bèche
Arlay
Domblans
Château Chalon
Crotenay
les Dameys
Relans
Desnes
St-Germain-lès-Arlay
Ladoye-sur-Seille
Picarreau
Bletterans
Cosges
Voiteur
Château-Chalon
Fay-en-Montagne
Parisière
Villevieux
Corbeau
B-sur-Seille
la Marre
la Praz
la Saône
le Doubs
la Loue
la Clauge
l'Orain
la Cuisance
la Seille
Canal du Rhône au Rhin
A36
A39
A391
N5
N73
N83
D475
D405
D469
D472
Fluans
la Corne de Chaux
Grte d'Osselle
Lombard
Mesmay
Renne-sur-Loue
Pretin
Senans

156
A
B
C
D
E
138
1
2
3
4
5
6
155
174
Grandfontaine
Avanne
Arguel
Rancenay
Montferrand-le-Château
Larnod
Commune de Velesmes-Essarts
le Gratteris
l'Hôpital-du-Grosbois
la Lanternière
Thoraise
Busy
Trépot
Foucherans
Tarcenay
Torpes
Vorges-les-Pins
Méréy-sous-Montrond
Charbonnières-les-Sapins
Etalans
Boussières
Osselle
Chenecey-Buillon
Montrond-le-Château
Villers-sous-Montrond
Bonnevaux-le-Prieuré
Guyans-Durnes
Fallerans
Abbans-Dessous
Abbans-Dessus
Charnay
Malbrans
Saules
Épeugney
Durnes
Vernierfontaine
Quingey
Chouzelot
Cessey
Commune de Scey-Maisières
Scey-en-Varais
Ornans
Voires
Nods
Cademène
Rurey
Courcelles
Chassagne-St-Denis
Lavans-Vuillafans
Chasnans
Palantine
Châtillon-sur-Lison
Cléron
Montgesoye
Athose
Lavans-Quingey
Lombard
Goux-sous-Landet
Rouhe
Amondans
Échevannes
Vuillafans
Pessans
Pointvillers
Cussey-sur-Lison
Châteauvieux-les-Fossés
Hautepierre-le-Châtelet
Mesmay
Lizine
Fertans
Chantrans
Lods
Brères
Montfort
Samson
Ronchaux
Echay
Malans
Amancey
Flagey
Mouthier-Haute-Pierre
Aubonne
Paroy
Bartherans
Silley-Amancey
Longeville
Buffard
Chay
Amathay-Vésigneux
St-Gorgon-Main
Renédale
Myon
Bolandoz
Reugney
Rennes-sur-Loue
By
Éternoz
Déservillers
Evillers
Ouhans
Septfontaines
la-Chapelle-sur-Furieuse
Saraz
Montmahoux
Labergement-du-Navois
Ivrey
25
DOUBS
Goux-les-Usiers
Bians-les-Usiers
Mont Poupet
Nans-sous-Ste-Anne
Gevresin
Levier
Pagnoz
St-Thiébaud
Saizenay
Crouzet-Migette
Geraise
Ste-Anne
Sombacour
Salins-les-Bains
Clucy
Villeneuve-d'Amont
Vuillecin
Marnoz
Dournon
Chapelle-d'Huin
Dommartin
Chaffois
Houtaud
Bracon
Cernans
Arc-sous-Montenot
Ivory
Villers-sous-Chalamont
Abergement-lès-Thésy
Thésy
Lemuy
Bulle
Chaux-Champagny
Aresches
Boujailles
Bannans
Ste-Colombe
Chilly-sur-Salins
Montmarlon
Dompierre-les-Tilleuls
la Rivière-Drugeon
Pont-d'Héry
Courvières
Andelot-en-Montagne
Frasne
Bouverans
39
JURA
Supt
la Planée
les Grangettes
Chapois
Malpas
Forêt Domaniale de la Joux
St-Point-Lac
Valempoulières
Cuvier
Vers-en-Montagne
le Larderet
Censeau
Bief-du-Fourg
Vaux-et-Chantegrue
Plénise
Esserval-Tartre
Bonnevaux
le Pasquier
le Latet
Malbuisson
Moutoux
les Nans
Plénisette
Onglières
Esserval-Combe
Communailles-en-Montagne
Mignovillard
Montrond
St-Germain-en-Montagne
Molpré
Mièges
Labergement-Ste-Marie
Ardon
Charbonny
Nozeroy
Longcochon
Remoray
Vannoz
Charency
Rix
Équevillon
Doye
Billecul
la Latette
Commune de Brey-et-Maison-du-Bois
Conte
la Favière
Rochejean
Champagnole
Sapois
Lent
Rondefontaine
Gillois
Fraroz
Cerniébaud
Sarrageois
Villedieu-les-Mouthe
Ney

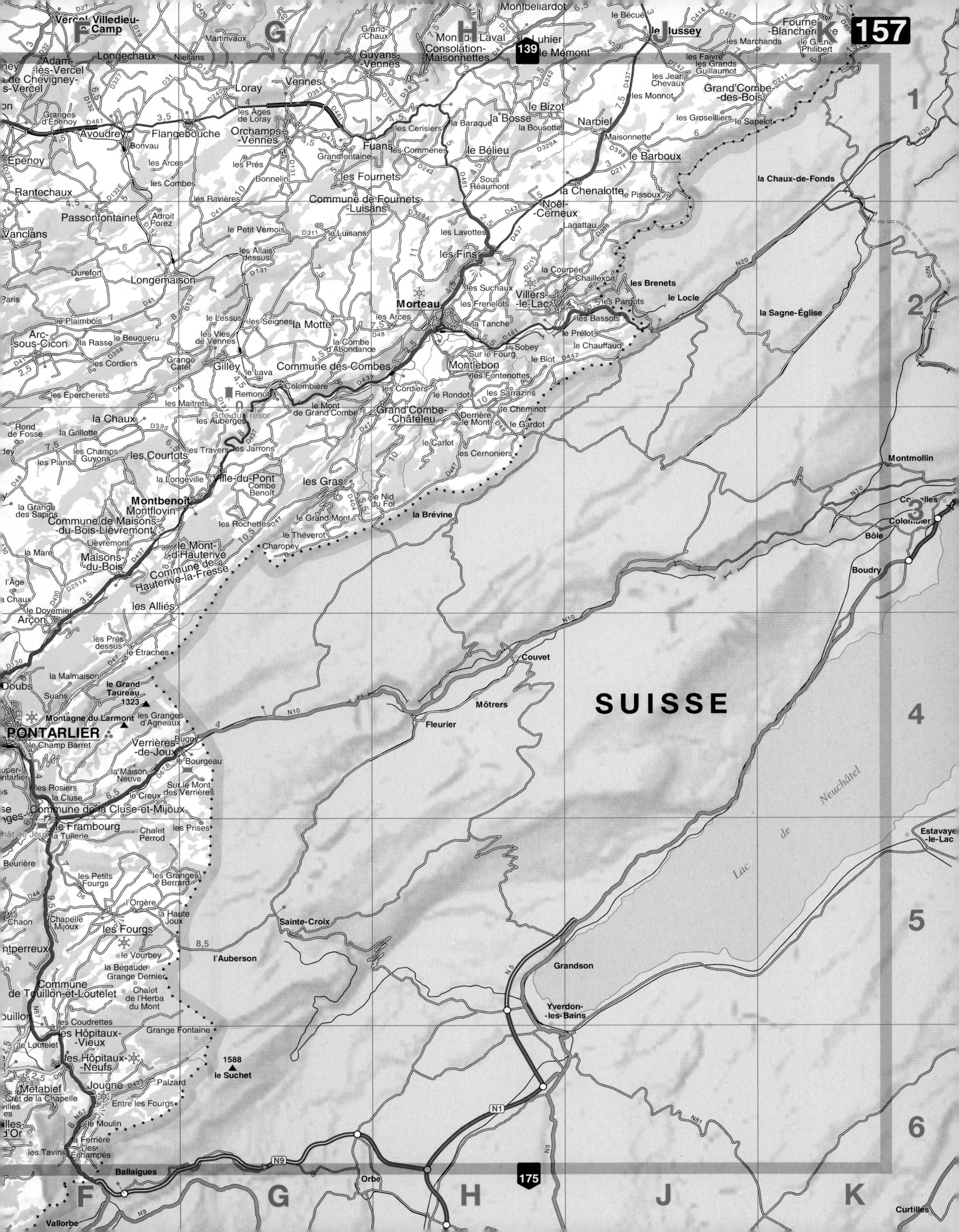
SUISSE
PONTARLIER
Morteau
Montbenoit
la Chaux-de-Fonds
le Locle
les Brenets
la Sagne-Église
la Brévine
Couvet
Môtrers
Fleurier
Sainte-Croix
l'Auberson
Grandson
Yverdon-les-Bains
Orbe
Ballaigues
Vallorbe
Boudry
Bôle
Colombier
Montmollin
Estavayer-le-Lac
Curtilles
Lac de Neuchâtel
Verrières-de-Joux
Les Fourgs
Jougne
Métabief
Les Hôpitaux-Neufs
Les Hôpitaux-Vieux
1588 le Suchet
le Grand Taureau 1323
Villers-le-Lac
Montlebon
Grand'Combe-Châteleu
Ville-du-Pont
Orchamps-Vennes
Flangebouche
Avoudrey
Loray
Vennes
Fuans
le Bélieu
la Bosse
le Bizot
Narbief
le Russey
Grand'Combe-des-Bois
Noël-Cerneux
la Chenalotte
les Fins
Gilley
Arçon
Doubs
F G H J K
1 2 3 4 5 6
139
175
N10 N5 N1 N9 N20

140
Croix-de-Vie
Commune de St-Gilles-Croix-de-Vie
Saint-Gilles
Fenouiller
St-Révérend
Givrand
l'Aiguillon-sur-Vie
St-Grégoire
la Chaize-Giraud
Landevieille
Bretignolles-sur-Mer
Brem-sur-Mer
St-Nicolas de Brem
Vairé
Forêt Domaniale d'Olonne
l'Île-d'Olonne
Olonne-sur-Mer
la Chaume
LES SABLES-D'OLONNE
Saint-Jean d'Orbestier
les Portes-en-Ré
Villeneuve
Commune de St-Clément-des-Baleines
le Gillieux
le Chabot
la Tricherie
Ars-en-Ré
Grignon
Fier d'Ars
Loix
le Peux
la Déramée
Lavaud
Chenal des Eveillards
la Passe
Rade de Saint-Martin
Pertuis Breton
St-Martin-de-Ré
le Parc
la Couarde-sur-Mer
le Roulant
le Morinant
le Bois-Plage-en-Ré
la Flotte
les Grenettes
la Noue
Rivedoux-Plage
Ste-Marie-de-Ré
le Défens
ÎLE DE RÉ

159
F
G
H
J
K
1
2
3
4
5
6
141
160
176
LA ROCHE-SUR-YON
85
VENDÉE
la Génétouze
la Mélanière
la Gillonnière
la Berthelière
Lairière
Plessis Jambart
la Gauvrière
l'Augizière
la Gombretière
la Gare
la Ferrière
les Poudrières
la Paillerie
la Brenaudière
Buron
les Gâts
la Cantardière
la Mazurie
la Davière
Mouilleron-le-Captif
la Coutancière
la Grassouillère
la Morinière
D937
la Chapelle-Hermier
la Cessière
le Plessis aux Moines
le Précanteau
la Babinière
les Petites Rochettes
Bel Air
le Haut Ajonc
les Astiers
la Gauducherie
le Curin
Sippé
la Guibretière
le Lutron
Beaulieu-sous-la-Roche
la Robretière
la Coutablière
la Rafraire
les Bazinières
le Four
la Boisnotière
St-Michel
les Chauvières
les Landes
Martinet
la Réveillère
les Tessonnières
Venansault
Bellevue
Château Fromage
la Chalonnière
les Cerisiers
le Moulin de la Brunière
la Vacherie
la Guérinière
la Richardière
la Grange Hardy
la Ménardière
la Martinière
la Chaize-le-Vicomte
la Gare
la Motte
la Maison Neuve
Moque Souris
Anc. Abb. des Fontenelles
St-André d'Ornay
la Treille
la Michenotière
la Gressière
les Moulières
Pointindoux
Landeronde
la Garatière
la Vergne
la Grelière
les Noyers
la Boutière
l'Angelmière
le Bourg sous la Roche
la Durandière
le Penaud
l'Orillandière
Fougeré
la Thibaudière
la Mancellière
N160
les Coux
la Grimaudière
le Grand Moulin
la Boislivière
St-Georges-de-Pointindoux
la Paterre
la Chapelle
la Boulenière
la Grolle
Villeneuve
la Renelière
la Génerie
les Fontenelles
la Langouinière
Sénéchaud
la Louvrenière
la Gare
la Soulinière
Belle-Place
le Bois au Duc
la Maisonneuve
les Vallées
les Essais
la Renaudière
les Clouzeaux
la Frelatière
la Mollerie
l'Aumondière
la Sirmière
la Barre
la Richard
l'Olivière
le Pavillon
la Limouzinière
la Mothe-Achard
le Renay
la Croix
Ste-Flaive-des-Loups
les Boules
le Lavaud
la Frogerie
la Barre
la Marinière
la Métrière
la Cossonnière
le Plessis Jousselin
Brancaire
Thorigny
le Beignon
Ste-Florentine
Rambourg
l'Inaudière
le Grand Poiron
la Combe
le Moulin des Landes
la Chapelle-Achard
la Boule
la Lune
Bel Air
Aubigny
la Chevalerie
la Clopinière
la Giraudière
Nesmy
la Chancellière
la Bourie
le Chaillot
la Merlerie
St-Florent-des-Bois
le Tremblais
Lavaud
la Barre
le Puy Gaudin
le Girouard
la Liamière
Nieul-le-Dolent
Mortevieille
Chaillé-sous-les-Ormeaux
Château-Guibert
St-Mathurin
la Fromentinière
la Gendronnière
la Boissière-des-Landes
le Tablier
la Mainborgère
la Madeleine
la Thibaudière
l'Epinette
la Vergne
la Touchette
la Roussière
la Traversier
la Guitardière
la Gerbaudière
Bellenoue
Ste-Foy
la Belle Eugénie
la Vergne
la Jeannière
la Clémentinière
le Point du Jour
le Fraigneau
la Grassonnière
la Gorinière
Grosbreuil
la Prémaudière
Langlais
les Courtesolles
la Serrie
la Petite Vigaire
la Petite Boutière
l'Émerière
la Gaborinière
la Remelière
la Glorandière
la Cambaudière
Rosnay
l'Éveillerie
Mareuil-sur-Lay
la Billonnière
l'Établière
la Rainerie
la Martinière
la Boutière
la Bigeoire
les Ouillères
le Plessis
le Guy Chatenay
les Burandières
les Petites Touches
la Salverie
la Croisée de la Lièvre
Beaulieu
l'Epinette
le Bois Guitton
le Bois Jaulin
la Grande Métairie
la Miottière
la Bergerie
la Grenouillère
Beauséjour
Bel Air
le Terrier Jaune
la Paynière
Commune de Mareuil-sur-Lay-Dissais
le Moulin des Landes
Bellevue
St-Avaugourd-des-Landes
St-Vincent-sur-Graon
le Champ-St-Père
le Petit Landais
la Couture
Poiroux
Mortevieille
Lavaud
la Garcillière
la Rosière
les Forêts
la Garmitière
la Brunetière
le Bourg aux Moines
la Grand Maison
le Fléchoux
les Rosais
le Pay
la Bouchetière
les Rivières
Noailles
Peault
Sorin
l'Île
Moutiers-les-Mauxfaits
Talmont-St-Hilaire
Tortereau
les Aires
la Bretonnière
Malbrande
la Michelière
la Clémentinière
St-Sornin
la Dagoterie
St-Hilaire de Talmont
Avrillé
Marigny
la Claye
les Magnils-Reigniers
le Hasard
le Brandais
les Rablais
les Brégeons
les Eaux
la Bretinière
les Rabretières
le Givre
St-Cyr-en-Talmondais
le Querry Pigeon
les Brunières
le Port de la Claye
les Gorgeais
Chasnais
les Hautes Mers
le Plessis
Marchiais
Beugné l'Abbé
Bourgenay
la Guittière
les Côtes
St-Hilaire-la-Forêt
la Franguinière
l'Ensoivière
les Fontenelles
Lairoux
Ilaude
la Vinière
le Bernard
la Jonchère
Curzon
le Port
la Davière
la Bougerie
les Aires
le Pont Métayer
Saint-Nicolas
Pointe du Payré
Anc. Abb. de Lieu Dieu
Jard-sur-Mer
la Tigerie
la Fredonnière
la Membrun
la Mignonne
le Booth Bourdin
la Halle
la Raisinière
Longeville-sur-Mer
Fontaine
la Cigogne
la Nozière
la Pentrelle
Légère
la Grange
l'Aunère
la Pépière
la Chaine
la Blaire
St-Benoist-sur-Mer
Madoreau
les Goffineaux
St-Vincent-sur-Jard
le Bouil
les Rabouillères
Angles
le Lay
St-Denis-du-Payré
le Parc de la Belle Étoile
le Rocher
Moricq
le Haut du Bourg
les Rivières
Grues
la Queue de Vache
le Port de Moricq
les Conches
la Ville
le Fief Abenaire
la Palonnière
les Chaussées
Triaize
la Sablière
le Vignaud
la Terrière
la Banche
St-Michel-en-l'Herm
les Galopinières
la Grière
Parc des Neauleau
les Groies
Pointe du Grouin du Cou
Parc Clemenceau
le Bot Manteau
Ribandon
Port Mahon
les Générelles
le Melouin
la Tranche-sur-Mer
la Grière Plage
les Violettes
Anc. Abb.
le Grand Marais
la Faute-sur-Mer
la Grand Côte
l'Aiguillon-sur-Mer
les Virlis
Claire Joie
Fosse de Chevrache
la Dive
les Sablons

A
B
C
D
E
1
2
3
4
5
6
142
159
177
85 VENDÉE
FONTENAY-LE-COMTE
Luçon
Chantonnay
Ste-Hermine
Marans
Maillezais
Chaillé-les-Marais
l'Hermenault
Vouvant
la Châtaigneraie
Forêt Domaniale de Mervent-Vouvant
Ste-Cécile
St-Vincent-Sterlanges
St-Germain-de-Prinçay
Monsireigne
la Meilleraie-Tillay
Montournais
St-Martin-des-Noyers
Sigournais
Chavagnes-les-Redoux
Réaumur
St-Hilaire-le-Vouhis
Tallud-Ste-Gemme
St-Germain-l'Aiguiller
Mouilleron-en-Pareds
Cheffois
Bazoges-en-Pareds
la Jaudonnière
Bournezeau
St-Maurice-le-Girard
Commune de la Caillère-St-Hilaire
la Caillère
Thouarsais-Bouildroux
Antigny
la Réorthe
St-Sulpice-en-Pareds
St-Maurice-des-Noues
les Pineaux
St-Martin-Lars-en-Ste-Hermine
Château-Guibert
St-Juire
Commune de St-Juire-Champgillon
St-Laurent-de-la-Salle
St-Cyr-des-Gâts
Cezais
Ste-Pexine
la Chapelle-Thémer
Mareuil-sur-Lay
Moutiers-sur-le-Lay
Thiré
St-Martin-des-Fontaines
Bessay
Marsais-Ste-Radegonde
Bourneau
St-Jean-de-Beugné
St-Étienne-de-Brillouet
St-Valérien
Mervent
Corpe
St-Aubin-la-Plaine
Pouillé
Sérigné
les Magnils-Reigniers
Ste-Gemme-la-Plaine
Pissotte
St-Michel-le-Cloucq
Nalliers
Mouzeuil-St-Martin
Petosse
Longèves
Auzay
le Langon
Moreilles
Chaix
St-Martin-de-Fraigneau
Fontaines
Montreuil
le Poiré-sur-Velluire
Velluire
Triaize
Doix
Champagné-les-Marais
Puyravault
Ste-Radégonde-des-Noyers
Vouillé-les-Marais
la Taillée
St-Pierre-le-Vieux
le Gué-de-Velluire
Vix
Maillé
l'Ile-d'Elle
Damvix
Taugon
la Ronde
Charron
Canal de Mouillepied
Canal du Marais Sauvage
Canal des Boches
Contre-Booth de Vix
la Sèvre Niortaise
Canal de Vix
Canal de la Banche
Anse de l'Aiguillon
A83
N137
N148

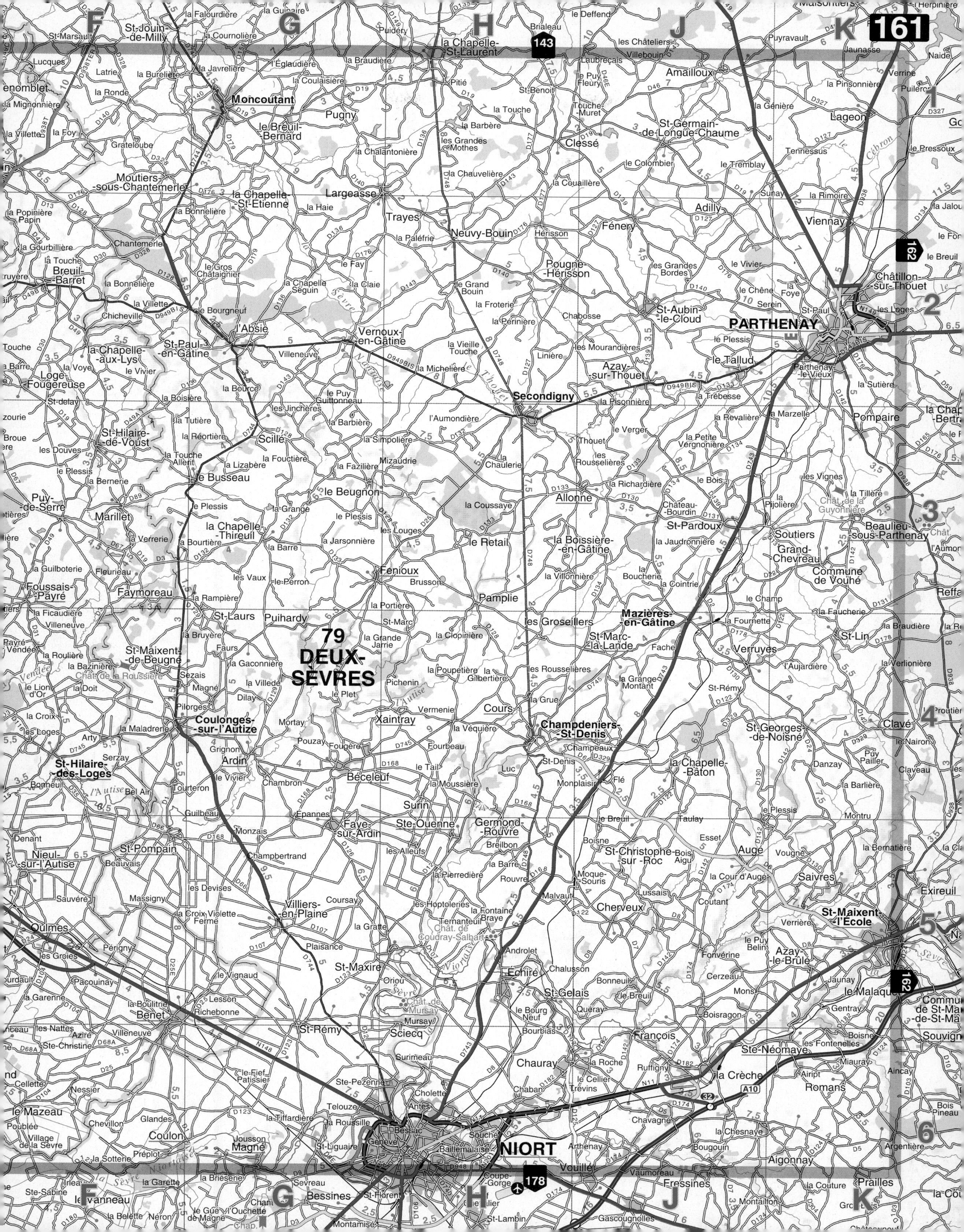
161
F
G
H
J
K
143
162
178
1
2
3
4
5
6
79
DEUX-
SÈVRES
PARTHENAY
NIORT
Moncoutant
Secondigny
Champdeniers-St-Denis
Coulonges-sur-l'Autize
St-Maixent-l'École
Mazières-en-Gâtine
St-Hilaire-des-Loges
St-Jouin-de-Milly
la Chapelle-St-Laurent
Amailloux
St-Germain-de-Longue-Chaume
Clessé
Pugny
le Breuil-Bernard
Largeasse
Moutiers-sous-Chantemerle
la Chapelle-St-Etienne
Neuvy-Bouin
Trayes
Fénery
Adilly
Viennay
Pougne-Hérisson
Châtillon-sur-Thouet
St-Aubin-le-Cloud
l'Absie
St-Paul-en-Gâtine
Vernoux-en-Gâtine
la Chapelle-aux-Lys
Breuil-Barret
Azay-sur-Thouet
le Tallud
Parthenay-le-Vieux
Pompaire
St-Hilaire-de-Voust
Scillé
le Busseau
Allonne
le Beugnon
Puy-de-Serre
Marillet
la Chapelle-Thireuil
le Retail
la Boissière-en-Gâtine
St-Pardoux
Soutiers
Beaulieu-sous-Parthenay
Fenioux
Pamplie
Faymoreau
Foussais-Payré
St-Laurs
Puihardy
les Groseillers
St-Marc-la-Lande
Verruyes
St-Maixent-de-Beugné
Cours
Xaintray
Ardin
Béceleuf
St-Georges-de-Noisné
la Chapelle-Bâton
Clavé
Surin
Faye-sur-Ardin
Ste-Ouenne
Germond-Rouvre
St-Pompain
Nieul-sur-l'Autise
St-Christophe-sur-Roc
Augé
Saivres
Exireuil
Cherveux
Villiers-en-Plaine
St-Maxire
Échiré
St-Gelais
Azay-le-Brûlé
Benet
St-Rémy
Sciecq
François
Ste-Néomaye
la Crèche
Chauray
Romans
Coulon
Magné
Vouillé
Aigonnay
Fressines
Bessines
Prailles
le Vanneau
Oulmes
le Mazeau
la Garette
A10
32

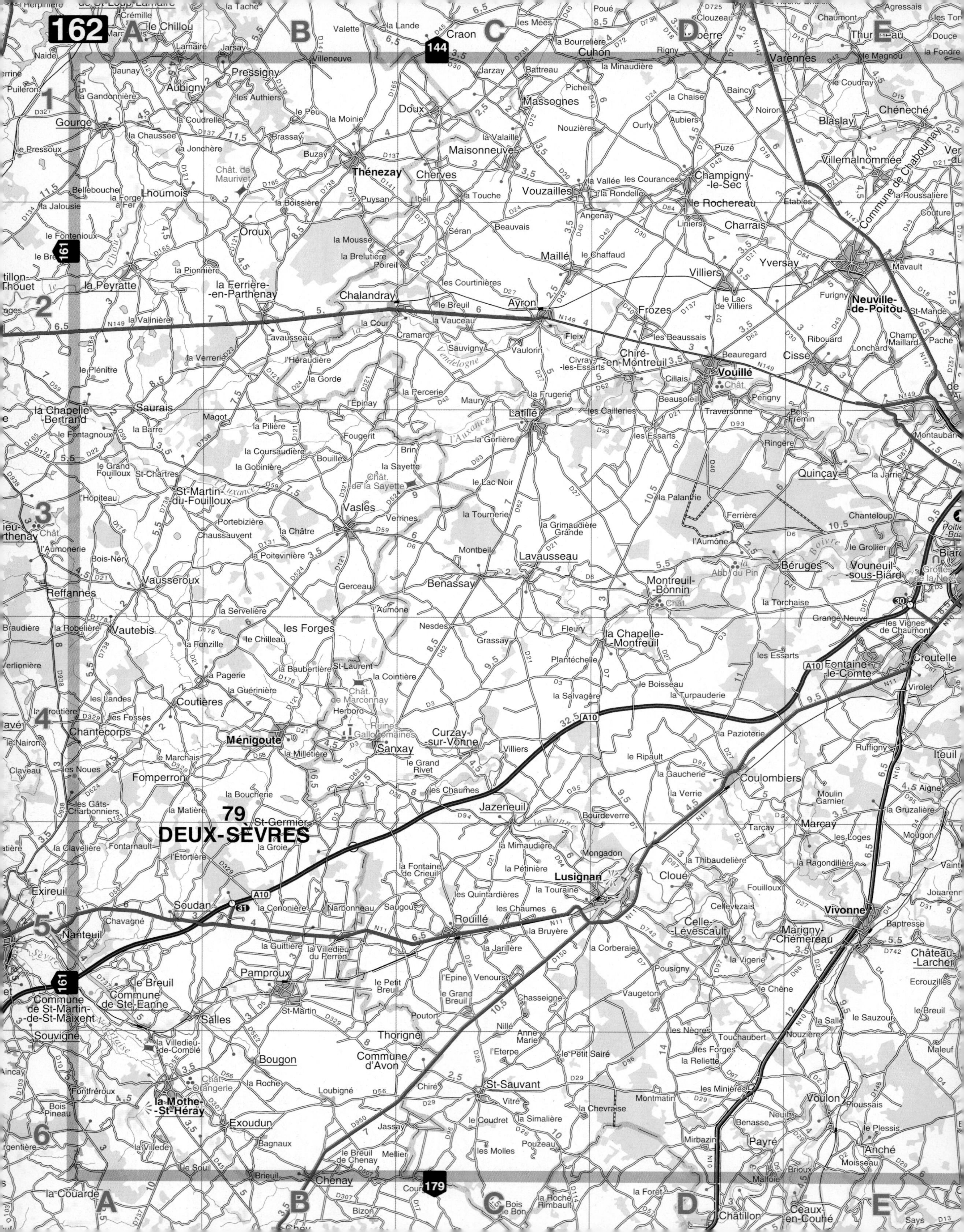
A
B
C
D
E
1
2
3
4
5
6
144
161
179
79
DEUX-SÈVRES
Thénezay
Doux
Craon
Cuhon
Massognes
Maisonneuve
Cherves
Vouzailles
Champigny-le-Sec
le Rochereau
Charrais
Yversay
Neuville-de-Poitou
Aubigny
Pressigny
Gourgé
Lhoumois
Oroux
la Peyratte
la Ferrière-en-Parthenay
Chalandray
Ayron
Maillé
Villiers
Frozes
Chiré-en-Montreuil
Vouillé
Cissé
Latillé
Saurais
la Chapelle-Bertrand
St-Martin-du-Fouilloux
Vasles
Vausseroux
Reffannes
Vautebis
les Forges
Benassay
Lavausseau
Montreuil-Bonnin
Béruges
Vouneuil-sous-Biard
Quinçay
la Chapelle-Montreuil
Fontaine-le-Comte
Croutelle
Coutières
Chantecorps
Ménigoute
Sanxay
Curzay-sur-Vonne
Fomperron
Jazeneuil
Coulombiers
Marçay
Lusignan
Cloué
Celle-Lévescault
Marigny-Chémereau
Vivonne
Soudan
Nanteuil
Exireuil
Rouillé
Pamproux
Salles
Commune de St-Martin-de-St-Maixent
Commune de Ste-Eanne
Souvigné
Bougon
Thorigné
Commune d'Avon
St-Sauvant
la Mothe-St-Héray
Exoudun
Chenay
Payré
Anché
Voulon
Château-Larcher
Ceaux-en-Couhé
A10
N11
N149
N10

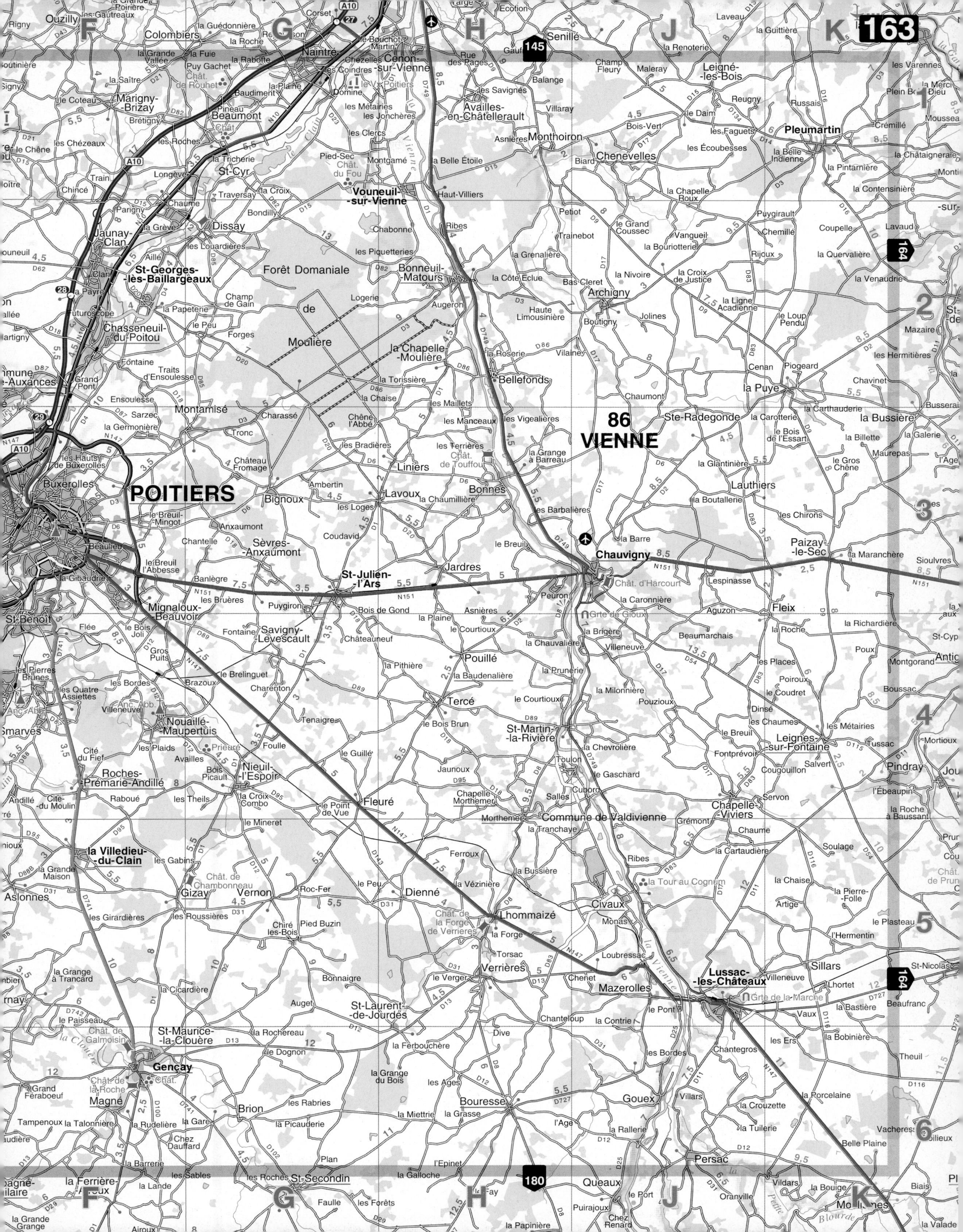

163
F
G
H
J
K
145
164
180
1
2
3
4
5
6
86
VIENNE
POITIERS
Ouzilly
Colombiers
Naintré
Cenon-sur-Vienne
Senillé
Leigné-les-Bois
Marigny-Brizay
Beaumont
Availles-en-Châtellerault
Monthoiron
Chenevelles
Pleumartin
St-Cyr
Vouneuil-sur-Vienne
Jaunay-Clan
Dissay
St-Georges-lès-Baillargeaux
Forêt Domaniale de Moulière
Bonneuil-Matours
Archigny
Chasseneuil-du-Poitou
la Chapelle-Moulière
Bellefonds
la Puye
Ste-Radegonde
la Bussière
Montamisé
Buxerolles
Liniers
Bonnes
Lauthiers
Bignoux
Lavoux
Sèvres-Anxaumont
Jardres
Chauvigny
Paizay-le-Sec
St-Julien-l'Ars
Mignaloux-Beauvoir
St-Benoît
Savigny-Levescault
Pouillé
Tercé
Fleix
Nouaillé-Maupertuis
St-Martin-la-Rivière
Leignes-sur-Fontaine
Pindray
Roches-Prémarie-Andillé
Nieuil-l'Espoir
Fleuré
Commune de Valdivienne
Chapelle-Viviers
la Villedieu-du-Clain
Gizay
Vernon
Dienné
Lhommaizé
Civaux
Aslonnes
Verrières
Mazerolles
Lussac-les-Châteaux
Sillars
St-Laurent-de-Jourdes
St-Maurice-la-Clouère
Gençay
Magné
Brion
Bouresse
Gouex
Persac
St-Secondin
Queaux
la Ferrière-Airoux

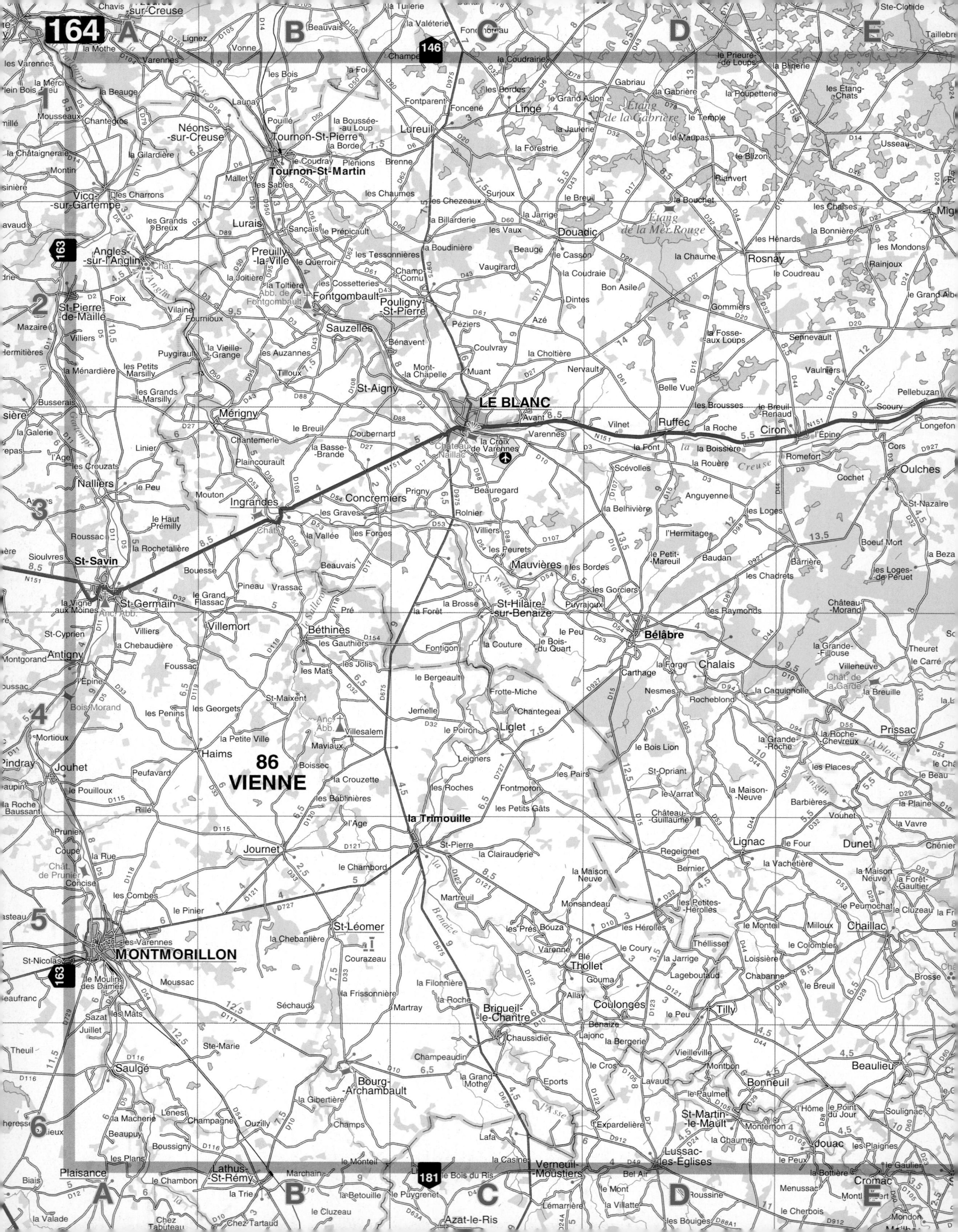

164
A
B
C
D
E
146
Chavis
sur-Creuse
Beauvais
la Tuilerie
la Valétérie
Fontgombault
Ste-Clotilde
Taillebret
Lignez
Vonne
la Mothe
Varennes
Champ
la Coudraie
le Prieuré-de-Loups
la Blinerie
les Varennes
la Merci
les Bois
la Foi
Gabriau
la Gabrière
la Poupetterie
les Étang-Chats
la Beauge
Creuse
les Bordes
le Grand Aslon
Étang de la Gabrière
1
Mousseaux
Chantegros
Launay
Pouillé
la Boussée-au Loup
Fontparent
Foncené
Lingé
le Temple
Néons-sur-Creuse
Tournon-St-Pierre
Lureuil
la Jaulerie
le Maupas
la Châtaigneraie
la Gilardière
la Borde
le Coudray
Plénions
Brenne
la Forestrie
le Blizon
Usseau
Montin
Tournon-St-Martin
Mallet
les Sables
Rianvert
Vicq-sur-Gartempe
les Charrons
les Chaumes
les Chezeaux
Surjoux
le Breuil
le Bouchet
les Chaises
Migné
les Grands Breux
Lurais
la Jarrige
la Billarderie
Étang de la Mer Rouge
les Hénards
la Bonnière
Sançais
le Prépicault
les Vaux
Douadic
les Mondons
163
Angles-sur-l'Anglin
Preuilly-la-Ville
les Tessonnières
la Boudinière
Beaugé
le Casson
la Chaume
Rosnay
Rainjoux
le Querroir
Vaugirard
la Coudraie
le Coudreau
la Joitière
la Toltière
Champ-Cornu
les Cossetteries
Bon Asile
le Grand Albert
2
St-Pierre-de-Maillé
Foix
Abb. de Fontgombault
Fontgombault
Pouligny-St-Pierre
Dintes
Gommiers
Vilaine
Fournioux
Mazaire
Sauzelles
Péziers
Azé
Villiers
Bénavent
la Fosse-aux Loups
Sennevault
la Vieille-Grange
les Auzannes
Coulvray
Hermitières
Puygirault
la Choltière
les Petits Marsilly
Tilloux
Mont-la Chapelle
Muant
Nervault
Vaulniers
la Ménardière
St-Aigny
Belle Vue
les Grands Marsilly
Pellebuzan
Busserais
Mérigny
LE BLANC
les Brousses
le Breuil-Renaud
Scoury
Avant
Ruffec
Vilnet
Ciron
la Galerie
le Breuil
Chantemerle
Coubernard
Varennes
la Roche
Longefont
la Croix de Varennes
l'Epine
Linier
la Basse-Brande
Château Naillac
la Font
la Boissière
Cors
l'Age
les Crouzats
Plaincourault
la Rouère
Romefort
Oulches
Nalliers
Scévolles
Cochet
le Peu
Beauregard
Anguyenne
Mouton
Concremiers
Prigny
3
le Haut Prémilly
Ingrandes
les Graves
Rolnier
la Belhivière
les Loges
St-Nazaire
Roussac
Chât.
la Vallée
les Forges
Villiers
l'Hermitage
la Rochetalière
les Peurets
Boeuf Mort
Sioulvres
le Petit-Mareuil
Baudan
Barrière
la Beza
St-Savin
Beauvais
Mauvières
les Bordes
les Loges-de-Peruet
N151
Bouesse
les Chadrets
Pineau
Vrassac
l'Anglin
les Gorciers
St-Germain
le Grand Flassac
la Brosse
St-Hilaire-sur-Benaize
Puyrajoux
Château-Morand
la Vigne aux Moines
Anc. Abb.
Pré
la Forêt
les Raymonds
Villemort
Béthines
le Peu
Bélâbre
St-Cyprien
Villiers
la Chebaudière
les Gauthiers
Fontigon
la Couture
le Bois-du Quart
la Grande-Filloux
Theuret
Antigny
Montgorand
Foussac
les Jolis
la Forge
Chalais
le Carré
les Mats
Carthage
Villeneuve
l'Épine
le Bergeault
Chât. de la Garde
Frotte-Miche
Nesmes
la Caquignolle
la Breuille
Bois-Morand
St-Maixent
Rocheblond
4
les Penins
les Georgets
Jemelle
Chantegeai
Anc. Abb.
Villesalem
le Poiron
Liglet
la Grande-Roche
la Roche-Chevreux
Prissac
Mortioux
la Petite Ville
Maviaux
le Bois Lion
l'Abloux
Haims
Leigners
Pindray
Jouhet
86
VIENNE
Boissec
St-Opriant
les Places
Peufavard
les Pairs
le Beau
la Crouzette
Fontmoron
la Maison-Neuve
Barbières
le Pouilloux
les Roches
le Varrat
la Plaine
la Roche Baussant
Rillé
les Bablinières
les Petits Gâts
Château-Guillaume
Vouhet
la Trimouille
la Vavre
Prunier
l'Age
Lignac
le Four
Dunet
Coupé
Journet
St-Pierre
Regeignet
Chénier
la Rue
la Clairauderie
Bernier
la Vachetière
Chât. de Prunier
le Chambord
la Maison Neuve
la Maison Neuve
la Forêt-Gaultier
Concise
Martreuil
Monsandeau
les Petites-Hérolles
les Combes
le Peumochat
le Pinier
le Cluzeau
5
St-Léomer
les Prés
Bouza
les Hérolles
le Monteil
Milloux
Chaillac
les Varennes
la Chebanlière
Théllisset
le Coury
le Colombier
MONTMORILLON
Courazeau
Varenne
Blé
Thollet
la Jarrige
Loissière
Brosse
St-Nicolas
le Moulin des Dames
Moussac
Gouma
Lageboutaud
Chabanne
la Filonnière
Allay
le Breuil
Beaufranc
Séchaud
la Frissonnière
Martray
la Roche
Brigueil-le-Chantre
Coulonges
le Peu
Tilly
Sazat
les Mats
Benaize
Juillet
Chaussidier
Lajonc
la Bergerie
Theuil
Ste-Marie
Vieilleville
Champeaudin
le Cros
Montbon
Beaulieu
Saulgé
la Grand Mothe
Eports
Lavaud
Bonneuil
Bourg-Archambault
le Paulmet
la Gibertière
l'Asse
l'Hôme
le Point du Jour
la Macherie
Lenest
St-Martin-le-Mault
Soulignac
6
Champagne
Ozilly
l'Expardelière
Montemon
Beaupuy
Champs
Boussigny
Lafa
la Chaume
Jouac
les Plaignes
les Plans
le Monteil
la Casine
Verneuil-Moutiers
Lussac-les-Églises
le Peux
la Bottière
le Gaulier
Plaisance
Lathus-St-Rémy
Marchain
181
le Bois du Ris
Bel Air
Cromac
Biais
le Chambon
la Trie
la Betouille
le Puygrenet
le Mont
Roussine
Menussac
Montlhert
la Villatte
le Cluzeau
Lémarrière
le Cherbois
Mondon
la Valade
Chez Tabuteau
Chez Tartaud
Azat-le-Ris
les Bouiges

165
F
G
H
J
K
1
2
3
4
5
6
147
166
182
36
INDRE
23
CREUSE
A20
N20
N151
Forêt Domaniale de Châteauroux
Neuillay-les-Bois
Méobecq
Luant
le Poinçonnet
Ardentes
Jeu-les-Bois
St-Gaultier
Rivarennes
Thenay
Chasseneuil
Tendu
le Pont-Chrétien-Chabenet
St-Marcel
Argenton-sur-Creuse
le Pêchereau
le Menoux
Velles
Arthon
Mosnay
Bouesse
Buxières-d'Aillac
Lys-St-Georges
Neuvy-St-Sépulchre
Gournay
Maillet
Malicornay
Chavin
Badecon-le-Pin
Cluis
Mouhers
Luzeret
Celon
Ceaulmont
Gargilesse
Pommiers
Chazelet
Vigoux
Bazaiges
St-Civran
Baraize
Commune de Gargilesse-Dampierre
Cuzion
Orsennes
Montchevrier
St-Gilles
Roussines
Parnac
St-Plantaire
St-Benoît-du-Sault
Éguzon
Aigurande
Commune d'Eguzon-Chantôme
Lourdouiex-St-Michel
Méasnes
La Châtre-Langlin
Lac de Chambon
Mouhet
St-Sébastien
Crozant
Fresselines
Nouzerolles
Azerables
La Chapelle-Baloue
Bazelat
Chambon-Ste-Croix
Lourdoueix-St-Pierre
Nuret-le-Ferron
la Pérouille
Lothiers
Villejovet
la Buxerette

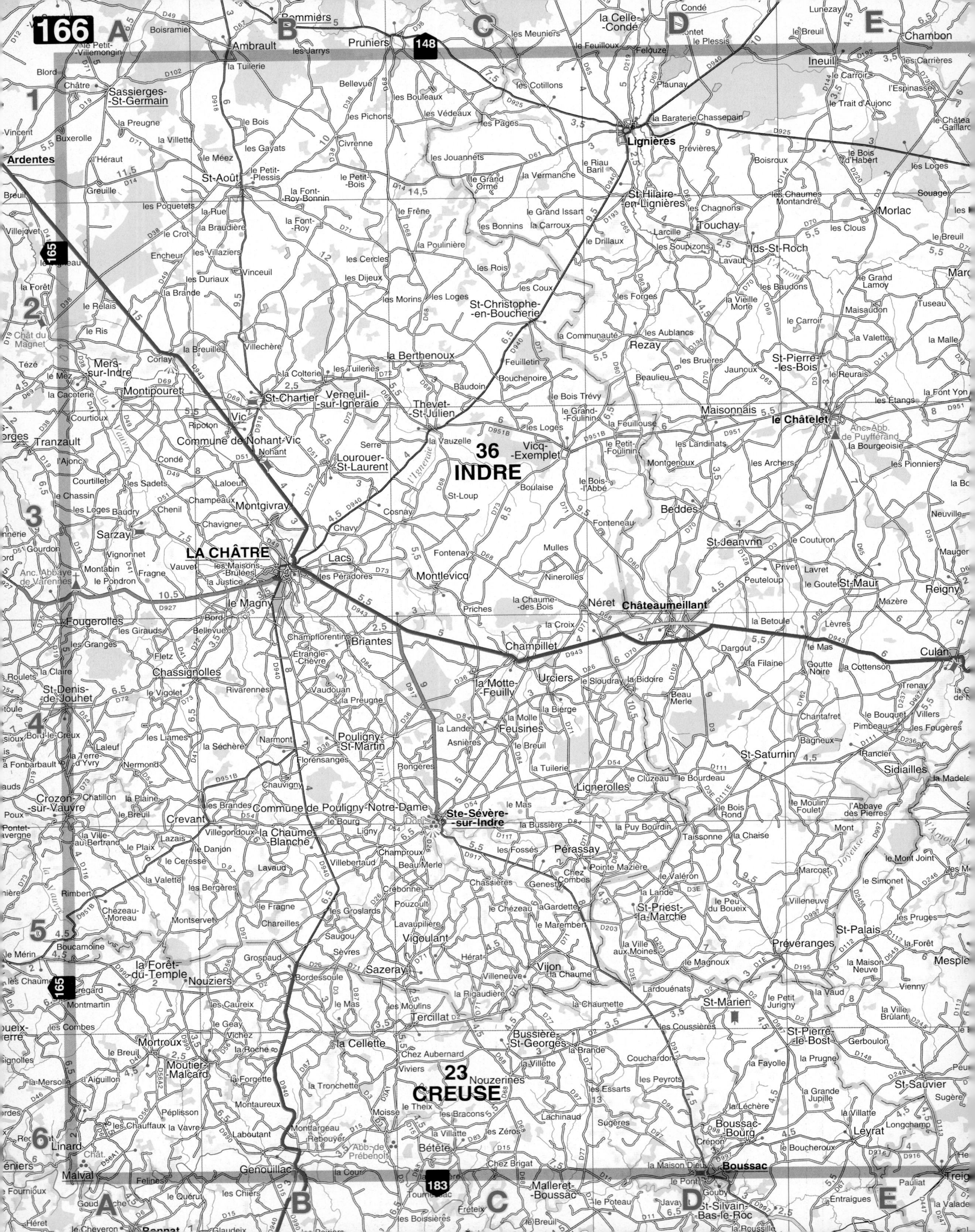

A
B
C
D
E
1
2
3
4
5
6
148
165
183
36
INDRE
23
CREUSE
LA CHÂTRE
Lignières
Châteaumeillant
le Châtelet
Culan
Boussac
Ste-Sévère-sur-Indre
Ardentes
Ambrault
Pommiers
Pruniers
la Celle-Condé
Ineuil
Chambon
Sassierges-St-Germain
St-Août
St-Chartier
Vic
Montipouret
Mers-sur-Indre
Thevet-St-Julien
Verneuil-sur-Igneraie
Lourouer-St-Laurent
Vicq-Exemplet
St-Christophe-en-Boucherie
St-Hilaire-en-Lignières
Touchay
Ids-St-Roch
Morlac
Rezay
St-Pierre-les-Bois
Maisonnais
Montgivray
Sarzay
Lacs
Montlevicq
Néret
Champillet
St-Jeanvrin
St-Maur
Reigny
Briantes
Chassignolles
St-Denis-de-Jouhet
Urciers
La Motte-Feuilly
Feusines
Pouligny-St-Martin
Crozon-sur-Vauvre
Crevant
Commune de Pouligny-Notre-Dame
la Chaume-Blanche
Lignerolles
St-Saturnin
Sidiailles
Pérassay
St-Priest-la-Marche
Préveranges
St-Palais
Vigoulant
Sazeray
Vijon
la Forêt-du-Temple
Nouziers
Mortroux
Moutier-Malcard
Tercillat
la Cellette
Bussière-St-Georges
St-Marien
St-Pierre-le-Bost
St-Sauvier
Nouzerines
Leyrat
Boussac-Bourg
Bétête
Genouillac
Malval
Linard
Malleret-Boussac
St-Silvain-Bas-le-Roc
Tranzault
Fougerolles
Commune de Nohant-Vic
Nohant

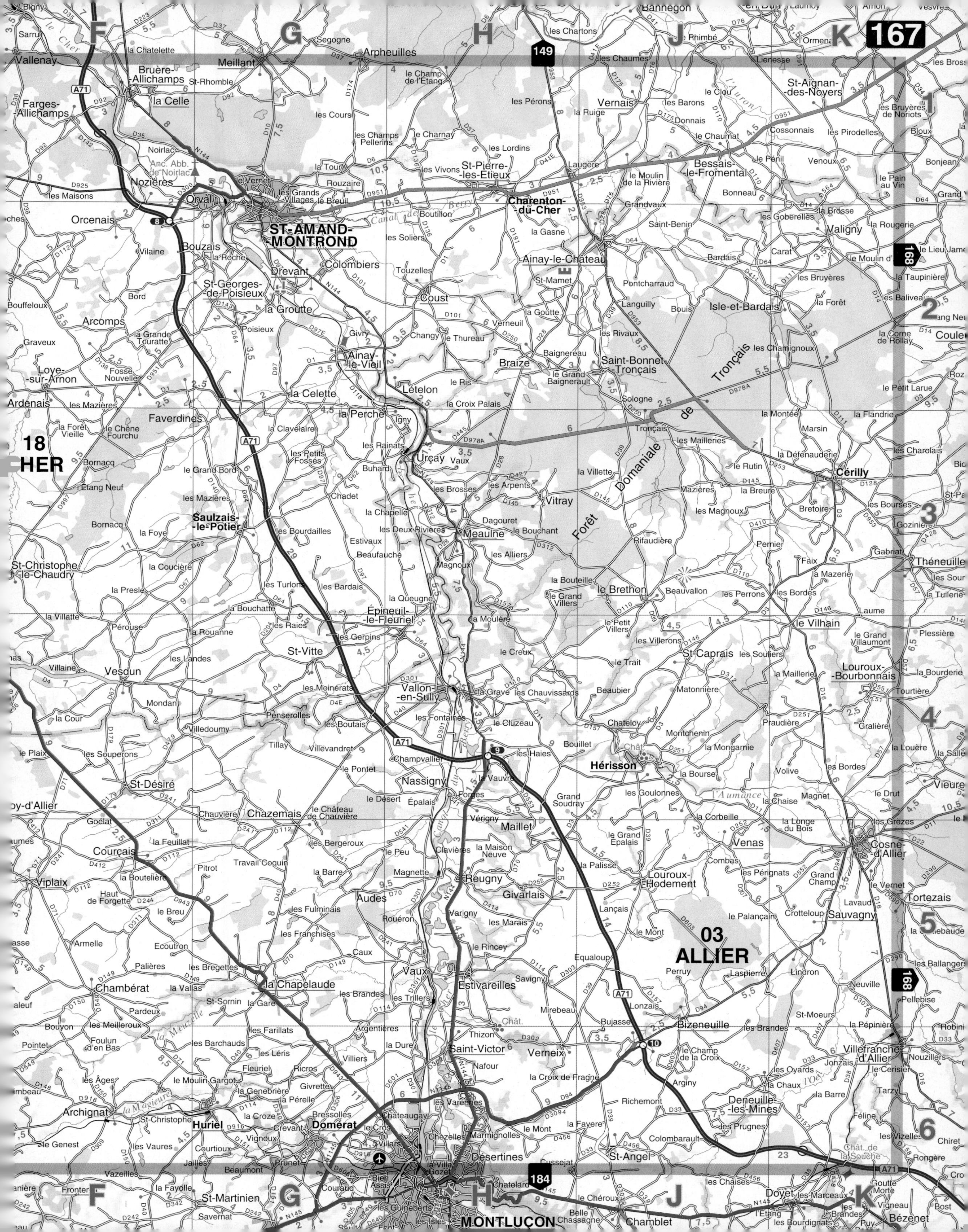
F
G
H
J
K
1
2
3
4
5
6
149
168
184
A71
Bannegon
Vallenay
Meillant
Arpheuilles
Segogne
Bruère-Allichamps
St-Rhomble
la Celle
Farges-Allichamps
les Cours
Noirlac
Anc. Abb. de Noirlac
Nozières
Orval
le Vernet
les Grands Villages
Rouzaire
le Breuil
les Maisons
Orcenais
ST-AMAND-MONTROND
Charenton-du-Cher
St-Pierre-les-Etieux
les Lordins
les Vivons
les Chaumes
Vernais
les Barons
Donnais
le Chaumat
Laugère
Bessais-le-Fromental
St-Aignan-des-Noyers
Cossonnais
les Pirodelles
Venoux
Bonneau
Grandvaux
Saint-Benin
les Goberelles
Valigny
la Rougerie
Canal de Berry
Bouzais
Vilaine
la Roche
Drevant
Colombiers
Touzelles
Coust
Ainay-le-Château
St-Mamet
Pontcharraud
Bardais
Carat
les Bruyères
la Taupinière
St-Georges-de-Poisieux
la Groutte
Bord
Bouffeloux
Arcomps
Poisieux
la Grande Tourette
Givry
Changy
le Thureau
Verneuil
la Goutte
Languilly
Bouis
Isle-et-Bardais
la Forêt
Graveux
Loye-sur-Arnon
Fosse Nouvelle
Ainay-le-Vieil
Braize
Baignereau
le Grand Baignerault
Saint-Bonnet-Tronçais
les Rivaux
les Chamignoux
la Corne de Rollay
Ardenais
les Mazières
la Celette
Letelon
le Ris
la Croix Palais
Sologne
Forêt Domaniale de Tronçais
le Petit Larue
Faverdines
la Forêt Vieille
le Chêne Fourchu
la Clavelaire
la Perche
Igny
Tronçais
les Mailleries
la Montée
Marsin
la Flandrie
18 HER
Bornacq
le Grand Bord
les Petits Fossés
les Rainats
Urçay
Vaux
la Villette
le Rutin
la Défenauderie
Cérilly
les Charolais
l'Etang Neuf
les Mazières
Chadet
Buhard
les Brosses
les Arpents
Vitray
Mazières
la Breure
les Bourses
Bretoire
les Magnoux
Saulzais-le-Potier
la Foye
les Bourdailles
la Chapelle
les Deux-Rivières
Meaulne
Dagouret
le Bouchant
Rifaudière
Estivaux
Beaufauché
les Alliers
Pernier
Gabriat
Théneuille
St-Christophe-le-Chaudry
la Coucière
les Turlons
les Bardais
Magnoux
la Bouteille
le Grand Villers
le Brethon
Beauvallon
les Perrons
les Bordes
Faix
la Mazerie
la Tuilerie
la Presle
la Bouchatte
la Queugne
Épineuil-le-Fleuriel
la Moulère
le Petit Villers
Laume
le Vilhain
la Villatte
Pérouse
la Rouanne
les Raies
les Gerpins
les Villerons
le Grand Villaumont
Plessière
les Landes
St-Vitte
le Creux
le Trait
St-Caprais
les Souliers
Louroux-Bourbonnais
Villaine
Vesdun
la Maillerie
la Bourderie
les Moinerats
Vallon-en-Sully
la Grave
les Chauvissards
Beaubier
Matonnière
Tourtière
Mondan
Penserolles
les Boutais
les Fontaines
le Cluzeau
Chateloy
Praudière
Gralière
la Cour
Villedoumy
Tillay
Villevandret
Montchenin
la Mongarnie
le Plaix
les Souperons
Champvallier
les Haies
Bouillet
Hérisson
la Louère
le Pontet
Nassigny
le Vauvre
la Bourse
Volive
les Bordes
St-Désiré
le Désert
Épalais
Forges
Grand Soudray
les Goulonnes
l'Aumance
la Chaise
Magnet
le Drut
Vieure
Chazemais
le Château de Chauvière
Chauvière
Vérigny
Maillet
la Corbeille
la Longe du Bois
les Grezes
Goëlat
la Feuillat
les Bergeroux
la Maison Neuve
Clavières
le Grand Épalais
Venas
Cosne-d'Allier
Courçais
Pitrot
Travail Coquin
le Peu
la Palisse
Combas
les Pérignats
Grand Champ
Viplaix
la Boutelière
la Barre
Magnette
Reugny
Louroux-Hodement
Givarlais
le Vernet
Haut de Forgette
le Breu
Audes
les Fulminais
Rouéron
Varigny
les Marais
Lançais
le Palançain
Crotteloup
Lavaud
Sauvagny
Tortezais
les Franchises
le Mont
Armelle
Ecoutron
le Rincey
03 ALLIER
Caux
Equaloup
Perruy
Laspierre
Lindron
les Ballangers
Palières
les Bregettes
Vaux
Savigny
Chambérat
les Vallas
la Chapelaude
les Brandes
Estivareilles
les Trillers
Neuville
Pellebise
Pardeux
St-Sornin
la Gare
Mirebeau
Lonzais
St-Moeurs
Bouyon
les Meilleroux
Bujasse
Bizeneuille
les Brandes
la Pépinière
Pointet
Foulon d'en Bas
les Farillats
les Barchauds
Argentières
la Dure
Thizon
Saint-Victor
Verneix
le Champ de la Croix
Villefranche-d'Allier
Nouzillers
les Lèris
Villiers
Nafour
la Croix de Fragne
Jonzais
les Oyards
les Âges
le Moulin Gargot
Fleuriel
Ricros
Arginy
la Chaux
le Cerisier
la Genebrière
Givrette
la Pérelle
les Varennes
Richemont
la Barre
Tarzy
Archignat
St-Christophe
Huriel
la Croze
Bressolles
Domérat
Châteaugay
Deneuille-les-Mines
les Prugnes
Féline
le Genest
les Vaures
Courtioux
Vignoux
Crevant
le Cros
Chezelles
Marmignolles
le Mont
la Fayere
Colombarault
les Vizelles
Chiret
Vazeilles
Jalliers
Beaumont
Prunet
Villars
Désertines
Cussejat
St-Angel
Rongère
Fronter
la Fayolle
Couraud
Bien Assis
la Ville Gozet
Chatelard
les Chaises
Doyet
Goutte Morte
St-Martinien
le Chéroux
les Marceaux
Vigneau
Savernat
les Guineberts
MONTLUÇON
Belle Chassagne
Chamblet
l'Etang
les Bourdignats
les Brandes
Puy
Bézenet
Bost

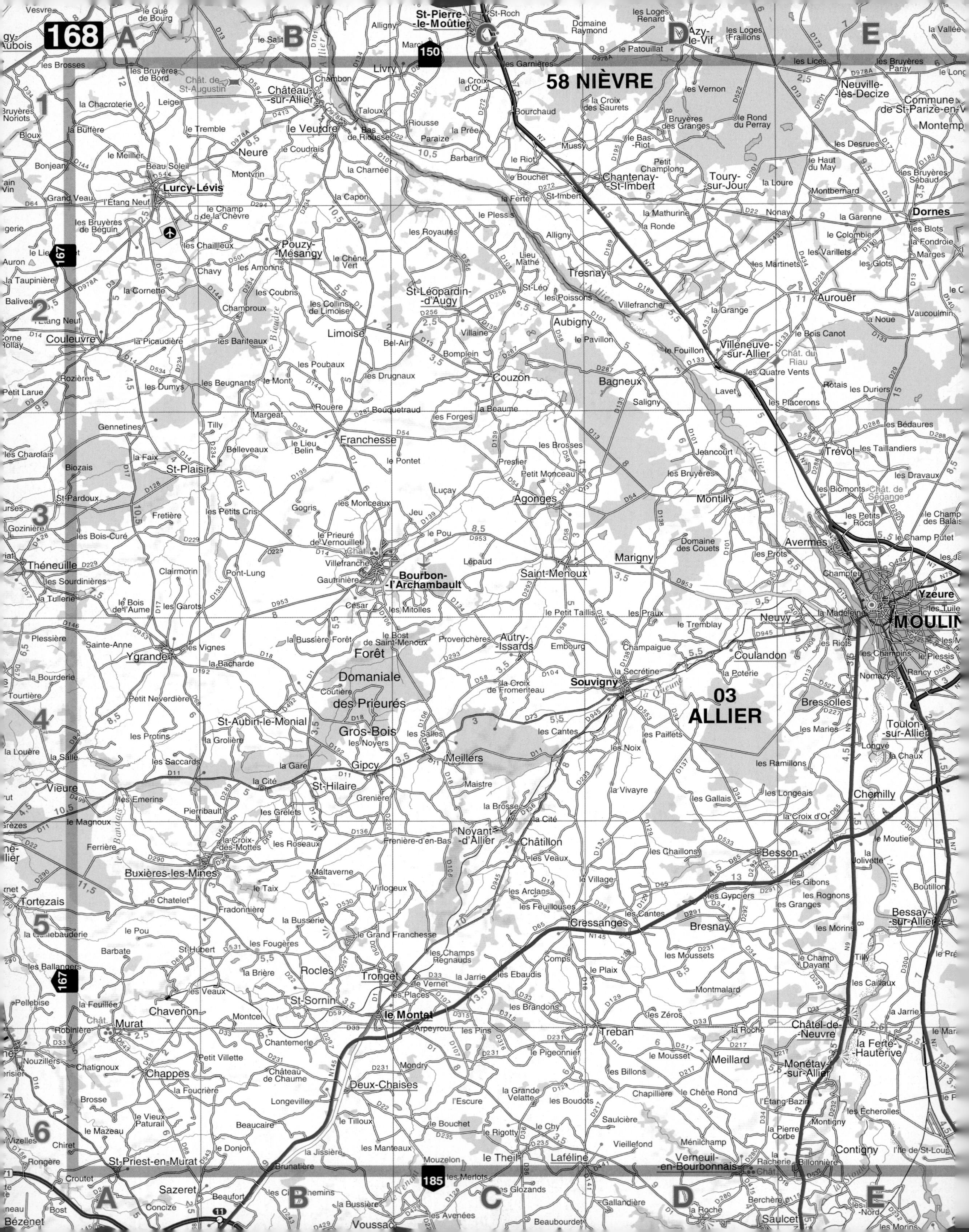
168
A
B
C
D
E
150
167
185
58 NIÈVRE
03 ALLIER
St-Pierre-le-Moûtier
Domaine Raymond
Azy-le-Vif
les Loges Renard
les Loges Fraillons
le Gué de Bourg
Vesvre
le Salif
Alligny
St-Roch
le Patouillat
les Lices
les Bruyères Paray
la Vallée
les Brosses
les Bruyères de Bord
Chât. de St-Augustin
Château-sur-Allier
Chambon
Livry
les Garnières
la Croix d'Or
Neuville-lès-Decize
Commune de St-Parize-en-V
Montemp
les Vernon
la Croix des Saurets
Bruyères des Granges
le Rond du Perray
la Chacroterie
Leige
Taloux
Bourchaud
Riousse
Bas de Riousse
le Veurdre
le Tremble
la Buffère
Bloux
le Meillier
Neure
le Coudrais
Paraize
la Prée
le Bas-Riot
Mussy
Petit Champlong
les Desrues
le Haut du May
Bonjean
Beau Soleil
Montvrin
la Charnée
Barbarin
le Riot
Chantenay-St-Imbert
Toury-sur-Jour
la Loure
Montbernard
les Bruyères Sébaud
Lurcy-Lévis
Grand Veau
l'Etang Neuf
le Champ de la Chèvre
la Capon
le Bouchet
la Ferté
St-Imbert
la Mathurine
Nonay
la Garenne
Dornes
les Bruyères de Béguin
les Chailleux
Pouzy-Mésangy
le Plessis
les Royautés
Alligny
la Ronde
le Colombier
les Blots
la Fondroie
Marges
le Chêne Vert
Lieu Mathé
Tresnay
les Varillets
les Martinets
les Glots
Auron
la Taupinière
Chavy
les Amonins
la Cornette
les Coubris
les Collins de Limoise
St-Léopardin-d'Augy
St-Léo
les Poissons
Villefranche
Aurouër
Balivea
l'Etang Neuf
Champroux
Limoise
Villaine
Aubigny
la Grange
Vaucoulmin
Couleuvre
la Picaudière
les Bariteaux
Bel-Air
Bomplein
le Pavillon
le Fouillon
Villeneuve-sur-Allier
le Bois Canot
la Noue
Chât. du Riau
les Quatre Vents
Rozières
les Dumys
les Beugnants
le Mont
les Poubaux
les Drugnaux
Couzon
Bagneux
Lavet
Rotais
les Duriers
Petit Larue
Rouère
Bouquetraud
la Beaume
Saligny
les Placerons
Gennetines
Tilly
Margeat
les Forges
les Bédaures
les Charolais
la Faix
Belleveaux
le Lieu Belin
Franchesse
le Pontet
les Brosses
Jeancourt
Trévol
les Taillandiers
Biozais
St-Plaisir
Presfier
Petit Monceau
les Bruyères
les Dravaux
Luçay
Agonges
Montilly
les Biomonts
Chât. de Ségange
St-Pardoux
les Monceaux
Gogris
Jeu
les Petits Rocs
le Champ des Balais
Fretière
les Petits Cris
le Prieuré de Vernouillet
le Pou
Domaine des Couets
Avermes
le Champ Putet
Gozinière
les Bois-Curé
Chât.
Théneuille
Villefranche
Lépaud
Marigny
les Prots
Clairmorin
Pont-Lung
Gautrinière
Bourbon-l'Archambault
Saint-Menoux
Champfeu
Yzeure
les Sourdinières
la Tuilerie
le Bois de l'Aume
les Garots
César
les Mitolles
le Petit Taillis
les Praux
Neuvy
la Madeleine
MOULIN
les Tuile
Plessière
Sainte-Anne
les Vignes
la Bussière-Forêt
le Bost de Saint-Menoux
Provenchères
Autry-Issards
Embourg
le Tremblay
Champaigue
les Riots
Ygrande
la Bacharde
Forêt Domaniale des Prieurés
Coulandon
les Champins
le Plessis
la Bourderie
la Croix de Fromenteau
la Secrétine
la Poterie
Nomazy
Rancy
Tourtière
Petit Neverdière
Coutière
Souvigny
la Queune
Bressolles
St-Aubin-le-Monial
Gros-Bois
les Noyers
les Salles
les Cantes
les Paillets
les Maries
Toulon-sur-Allier
les Protins
la Grolière
les Noix
Longvé
la Louère
la Salle
les Saccards
la Gare
Gipcy
Meillers
les Ramillons
la Chaux
Vieure
la Cité
St-Hilaire
Maistre
la Vivayre
les Longeais
Chemilly
les Emerins
Pierribault
les Grelets
Grenière
la Brosse
les Gallais
la Croix d'Or
le Magnoux
la Cité
Grèzes
la Croix-des-Mottes
les Roseaux
Frenière-d'en-Bas
Noyant-d'Allier
Châtillon
le Moutier
Ferrière
la Jolivette
Besson
Buxières-les-Mines
Maltaverne
les Veaux
les Chaillons
Bouttillon
le Taix
Virlogeux
le Village
les Gibons
les Rognons
Tortezais
le Chatelet
les Arclans
les Feuillouses
les Gypciers
les Granges
Fradonnière
la Busserie
les Cantes
Bessay-sur-Allier
la Gallebauderie
le Pou
le Grand Franchesse
Gressanges
Bresnay
les Morins
Barbate
St-Hubert
les Fougères
les Champs Regnauds
Comps
les Moussets
le Champ Dayant
les Ballangers
la Brière
Rocles
Tronget
la Jarrie
les Ebaudis
le Plaix
Tilly
les Veaux
le Vernet
les Places
Montmalard
les Caillaux
Pellebise
la Feuillée
Chavenon
St-Sornin
les Brandons
les Zéros
la Jarrie
Murat
Montcel
le Montet
Arpeyroux
les Pins
Treban
la Roche
Châtel-de-Neuvre
le Mar
Robinière
Chantemerle
le Pigeonnier
le Mousset
Meillard
la Ferté-Hauterive
Nouzillers
Petit Villette
Chatignoux
Chappes
Château de Chaume
Mondry
les Billons
Monétay-sur-Allier
la Foucrière
Deux-Chaises
la Grande Velatte
Chapillière
le Chêne Rond
Brosse
Longeville
l'Escure
les Boudots
l'Etang Bazin
le Vieux Paturail
Beaucaire
le Tilloux
le Bouchet
Saulcière
Montigny
les Echerolles
Vizelles
le Mazeau
Chiret
le Chy
le Rigotty
Ménilchamp
la Pierre Corbe
Rongère
le Donjon
les Manteaux
Vieillefond
Contigny
l'Ile de St-Loup
St-Priest-en-Murat
la Jissière
Mouzelon
le Theil
Laféline
Verneuil-en-Bourbonnais
la Racherie
Billonnière
Croutet
Brunatière
les Merlots
Sazeret
les Glozands
Beaufort
les Chemins
la Bussière
Gallandière
Berchère
Concize
les Avenées
Beauburdet
la Roche
Bost
Bézenet
Voussac
Saulcet
Nord
l'Allier
la Sioule
le Venant
le Bandais
Bieudre

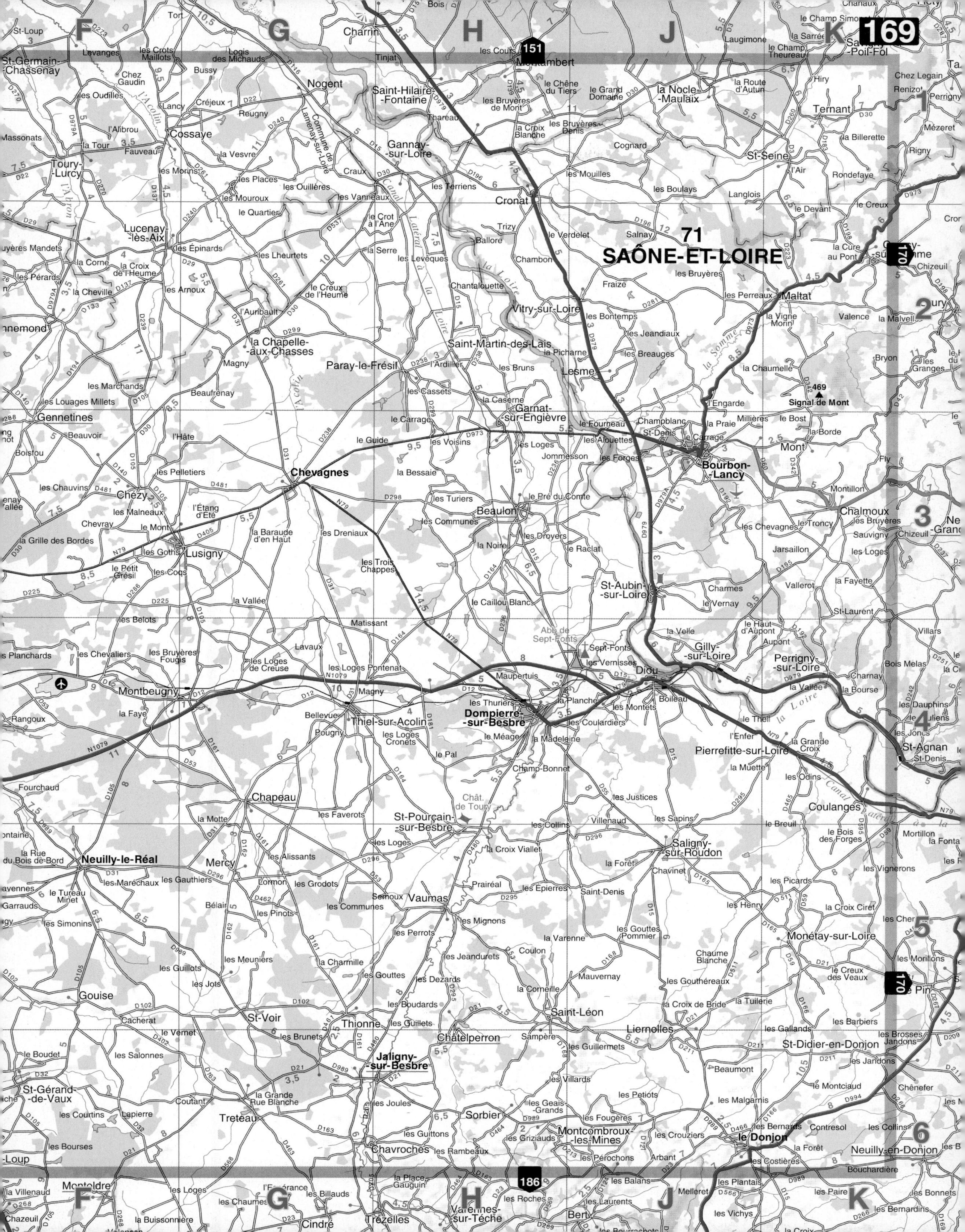

F
G
H
J
K
151
186
170
1
2
3
4
5
6
71
SAÔNE-ET-LOIRE
Charrin
Montambert
Nogent
Saint-Hilaire-Fontaine
Gannay-sur-Loire
la Nocle-Maulaix
Ternant
St-Seine
Cossaye
Toury-Lurcy
Lucenay-lès-Aix
Cronat
Vitry-sur-Loire
Saint-Martin-des-Lais
la Chapelle-aux-Chasses
Paray-le-Frésil
Lesme
Garnat-sur-Engièvre
Gennetines
Chevagnes
Chezy
Lusigny
Beaulon
Bourbon-Lancy
Maltat
Mont
Signal de Mont
Chalmoux
St-Aubin-sur-Loire
Gilly-sur-Loire
Perrigny-sur-Loire
Diou
Montbeugny
Thiel-sur-Acolin
Dompierre-sur-Besbre
Pierrefitte-sur-Loire
St-Agnan
Coulanges
Chapeau
St-Pourçain-sur-Besbre
Châtelperron
Neuilly-le-Réal
Mercy
Vaumas
Saligny-sur-Roudon
Monétay-sur-Loire
Gouise
St-Voir
Thionne
Jaligny-sur-Besbre
Saint-Léon
Liernolles
St-Didier-en-Donjon
St-Gérand-de-Vaux
Treteau
Sorbier
Montcombroux-les-Mines
le Donjon
Neuilly-en-Donjon
Chavroches
Trézelles
Varennes-sur-Tèche
Cindré
Bert
Sept-Fonts
Abb. de Sept-Fonts
Chât. de Toury
la Loire
Canal Latéral à la Loire
la Somme
l'Acolin

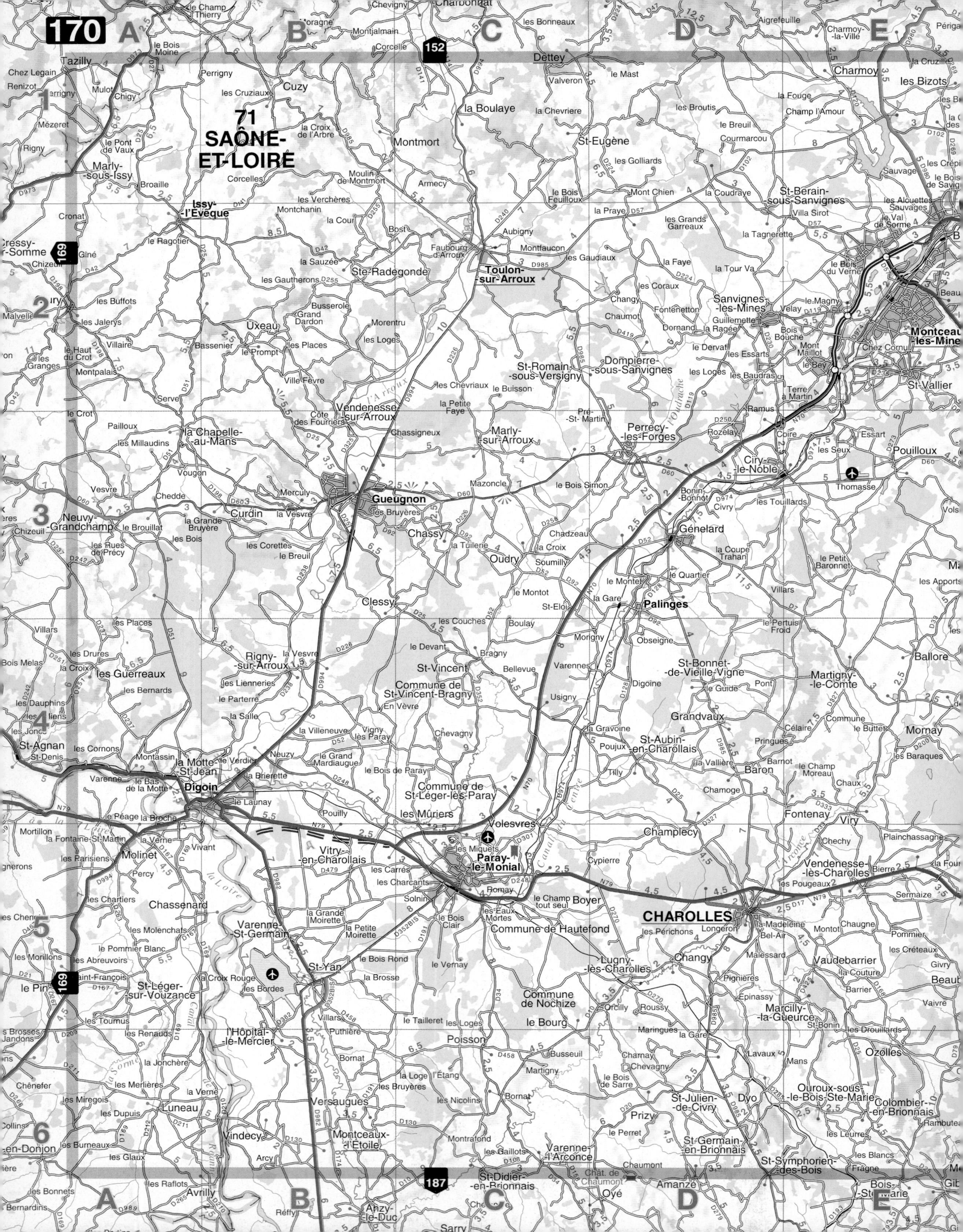

71
SAÔNE-ET-LOIRE
Digoin
Gueugnon
Paray-le-Monial
CHAROLLES
Toulon-sur-Arroux
Montceau-les-Mines
Palinges
Génelard
Issy-l'Évêque

171
71
SAÔNE-ET-LOIRE
Montchanin
Écuisses
Villeneuve-en-Montagne
St-Julien-sur-Dheune
Jambles
St-Désert
Ste-Hélène
Moroges
Rosey
Granges
St-Rémy
Lux
Sevrey
Épervans
St-Loup-de-Varennes
Varennes-le-Grand
Marnay
St-Laurent-d'Andenay
Bissey-sous-Cruchaud
Buxy
St-Martin-d'Auxy
Marcilly-lès-Buxy
Sassangy
la Charmée
St-Germain-lès-Buxy
St-Eusèbe
St-Privé
Cersot
Montagny-lès-Buxy
Jully-lès-Buxy
St-Ambreuil
St-Micaud
Saviange
St-Vallerin
St-Cyr
Marigny
le Puley
Germagny
Bissy-sur-Fley
Fley
Chenôves
Beaumont-sur-Grosne
la Ferté
Genouilly
Saules
St-Boil
Collonge-en-Charollais
St-Martin-du-Tartre
Culles-les-Roches
Messey-sur-Grosne
Lalheue
Laives
Sennecey-le-Grand
Gourdon
Mont-St-Vincent
Vaux-en-Pré
St-Maurice-des-Champs
la Chapelle-de-Bragny
Nanton
Montceaux-Ragny
Mary
Joncy
St-Clément-sur-Guye
St-Gengoux-le-National
Santilly
Sercy
Jugy
Burzy
Burnand
Curtil-sous-Burnand
Savigny-sur-Grosne
Bresse-sur-Grosne
Champagny-sous-Uxelles
Étrigny
Boyer
St-Martin-la-Patrouille
St-Huruge
St-Ythaire
Malay
Bissy-sous-Uxelles
Mancey
Tournus
le Rousset
St-Marcelin-de-Cray
Sigy-le-Châtel
Bonnay
Chapaize
la Chapelle-sous-Brancion
Royer
la Guiche
Chevagny-sur-Guye
Passy
Sailly
Cormatin
Cortevaix
Ameugny
Ozenay
Martailly-lès-Brancion
Chissey-lès-Mâcon
Farges-lès-Mâcon
St-Martin-de-Salencey
Chérizet
Salornay-sur-Guye
Taizé
Uchizy
Grevilly
Chardonnay
Cruzille
St-André-le-Désert
Vitry-lès-Cluny
Flagy
Massilly
Bray
St-Bonnet-de-Joux
Pressy-s/s-Dondin
St-Vincent-des-Prés
Massy
Cortambert
Bissy-la-Mâconnaise
Montbellet
Lugny
Burgy
la Vineuse
Blanot
St-Gengoux-de-Scissé
Chiddes
Donzy-le-National
Lournand
Donzy-le-Pertuis
Péronne
Viré
Fleurville
Reyssouze
Suin
Sivignon
Buffières
Château
Cluny
Jalogny
Azé
St-Albain
Clessé
Verosvres
Curtil-sous-Buffières
Bergesserin
Mazille
St-Maurice-de-Satonnay
Igé
Laizé
Charbonnières
Trivy
la Chapelle-du-Mont-de-France
Ste-Cécile
Berzé-le-Châtel
Verzé
Asnières-sur-Saône
Clermain
Brandon
Bourgvilain
Berzé-la-Ville
Dompierre-les-Ormes
Montagny-sur-Grosne
Sologny
Milly-Lamartine
la Roche-Vineuse
Hurigny
Bussières
Chevagny-les-Chevrières
Feillens
St-Point
Pierreclos
Sancé
MÂCON
Trambly
St-Léger-sous-la-Bussière
Serrières
Vergisson
Prissé
Charnay-lès-Mâcon
Replonges
153
172
188
A6
A40
F
G
H
J
K
1
2
3
4
5
6

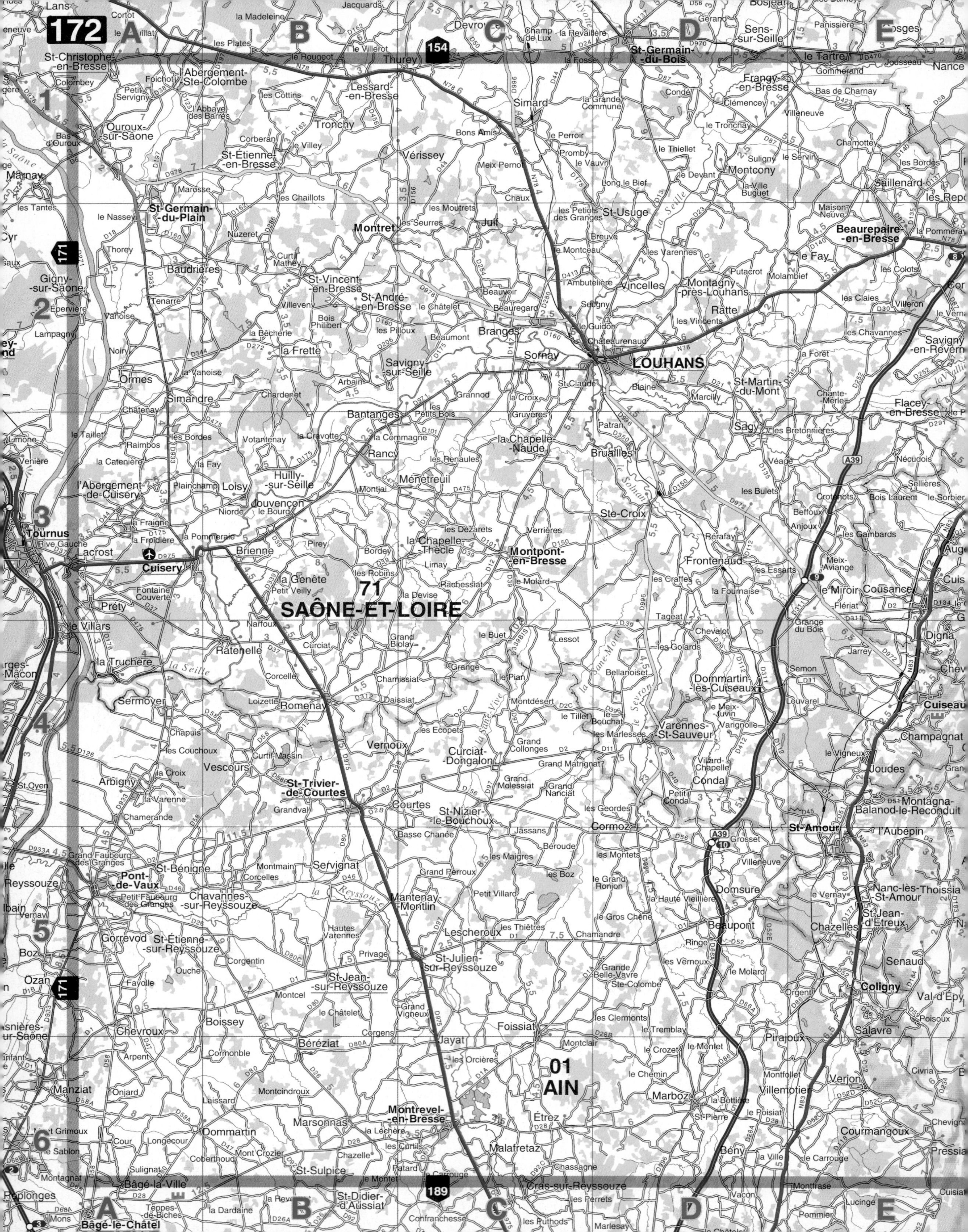

172
154
171
189
A
B
C
D
E
1
2
3
4
5
6
71
SAÔNE-ET-LOIRE
01
AIN
LOUHANS
St-Germain-du-Bois
St-Christophe-en-Bresse
l'Abergement-Ste-Colombe
Lessard-en-Bresse
Thurey
Devrouze
Sens-sur-Seille
Ouroux-sur-Saône
St-Étienne-en-Bresse
Simard
Frangy-en-Bresse
Marnay
St-Germain-du-Plain
Montret
Juif
St-Usuge
Montcony
Sailenard
Beaurepaire-en-Bresse
Gigny-sur-Saône
Baudrières
St-Vincent-en-Bresse
St-André-en-Bresse
Vincelles
Montagny-près-Louhans
Ratte
Branges
Sornay
Savigny-sur-Seille
la Frette
Châteaurenaud
St-Martin-du-Mont
Ormes
Simandre
Bantanges
Rancy
la Chapelle-Naude
Bruailles
Sagy
Flacey-en-Bresse
l'Abergement-de-Cuisery
Loisy
Huilly-sur-Seille
Ménetreuil
Jouvençon
Ste-Croix
Tournus
Lacrost
Cuisery
Brienne
la Chapelle-Thècle
Montpont-en-Bresse
Frontenaud
le Miroir
Cousance
Préty
le Villars
la Truchère
Ratenelle
Romenay
Dommartin-lès-Cuiseaux
Cuiseaux
Varennes-St-Sauveur
Vernoux
Curciat-Dongalon
Condal
Joudes
Arbigny
Vescours
St-Trivier-de-Courtes
Courtes
St-Nizier-le-Bouchoux
Cormoz
St-Amour
Montagna-le-Reconduit
Balanod
Pont-de-Vaux
St-Bénigne
Servignat
Chavannes-sur-Reyssouze
Mantenay-Montlin
Domsure
Nanc-lès-St-Amour
St-Jean-d'Étreux
Gorrevod
St-Étienne-sur-Reyssouze
Lescheroux
Beaupont
Chazelles
St-Julien-sur-Reyssouze
St-Jean-sur-Reyssouze
Coligny
Val-d'Épy
Boissey
Chevroux
Béréziat
Jayat
Foissiat
Pirajoux
Salavre
Manziat
Marboz
Villemotier
Verjon
Montrevel-en-Bresse
Marsonnas
Dommartin
Étrez
Malafretaz
Courmangoux
Bény
St-Sulpice
Bâgé-la-Ville
Cras-sur-Reyssouze
St-Didier-d'Aussiat
Replonges
Bâgé-le-Châtel
A39
N78
D975
D996
N83

173
F
G
H
J
K
155
174
190
1
2
3
4
5
6
LONS-LE-SAUNIER
39 JURA
ST-CLAUDE
Champagnole
Voiteur
Château-Chalon
Blois-sur-Seille
Fay-en-Montagne
la Marre
Bonnefontaine
Pont-du-Navoy
Monnet-la-Ville
Mont-sur-Monnet
Ney
Cize
Bourg-de-Sirod
Sapois
Syam
Villevieux
Ruffey-sur-Seille
Quintigny
Plainoiseau
le Vernois
Nevy-sur-Seille
les Essertines
le Louverot
Montain
Granges-sur-Baume
Abb. de Baume-les-Messieurs
Lavigny
le Pin
l'Étoile
Larnaud
St-Didier
Villeneuve-sous-Pymont
Chille
Pannessières
Baume-les-Messieurs
Cirque de Baume
Crançot
Mirebel
Montigny-sur-l'Ain
Marigny
Lac de Chalain
Loulle
Pillemoine
le Vaudioux
Châtelneuf
Saffloz
Fontenu
Courlans
Montmorot
Messia-sur-Sorne
Chilly-le-Vignoble
Perrigny
Montaigu
Conliège
Briod
Vevy
Verges
Châtillon
Doucier
Chevrotaine
Songeson
le Frasnois
Frébuans
Macornay
Courbouzon
Trenal
Gevingey
Moiron
Publy
Géruge
Vernantois
Revigny
Charcier
Blye
Menétrux-en-Joux
Cesancey
Châtel de Beauregard
Charézier
Denezières
Uxelles
Cascades du Hérisson
Bonlieu
Ilay
la Chaux-du-Dombief
la Chaumusse
Ste-Agnès
St-Laurent-la-Roche
St-Maur
Bornay
Nogna
Mesnois
Vertamboz
Saugeot
Courbette
Poids-de-Fiole
Boissia
Patornay
Vincelles
Grusse
Essia
Aliéze
Pont-de-Poitte
Clairvaux-les-Lacs
Cogna
Crillat
St-Maurice-Crillat
St-Pierre
Orbagna
Rotalier
Arthenas
Marnézia
Hautecour
la Frasnée
Beaufort
Varessia
Présilly
Dompierre-sur-Mont
Reithouse
Augisey
Mérona
Largillay-Marsonnay
Barésia-sur-l'Ain
Soucia
Châtel-de-Joux
les Guillons
Plaisia
Thoiria
Rosay
Cressia
Moutonne
Rothonay
Beffia
Orgelet
la Tour-du-Meix
Coyron
Prénovel
Château-des-Prés
Chaux-des-Prés
Lézat
Pimorin
Chavéria
Écrille
Lac de Vouglans
Meussia
Étival
les Piards
Loisia
Maisod
Charchilla
la Rixouse
Villard-sur-Bienne
Nanćuise
Sarrogna
Crenans
les Crozets
Lescheres
Gigny
Monnetay
Chambéria
Onoz
Moirans-en-Montagne
Savigna
Marigna-sur-Valouse
Fétigny
Ravilloles
Chatonnay
Légna
Villards-d'Héria
Cuttura
Montrevel
la Boissière
Louvenne
St-Lupicin
Avignon-lès-St-Claude
Dramelay
St-Julien
Cernon
Martigna
Ponthoux
Lains
Arinthod
Lect
Pratz
Lavans-lès-St-Claude
Dessia
Chisséria
Jeurre
Chassal
Villechantria
Valfin-sur-Valouse
Cézia
St-Hymetière
Vescles
Montcusel
Molinges
Vaux-lès-St-Claude
Villard-St-Sauveur
Montagna-le-Templier
Genod
Chemilla
Chancia
Coyrière
Larrivoire
Coiserette
Villeneuve-lès-Charnod
Vosbles
Condes
Lavancia-Epercy
Rogna
les Moussières
Montfleur
Charnod
Lavans-sur-Valouse
Lac de Coiselet
Dortan
Vulvoz
Bellecombe
Germagnat
Cornod
Coisia
Choux
les Bouchoux
Viry
Arbent
Aromas
la Pesse
Bouvent

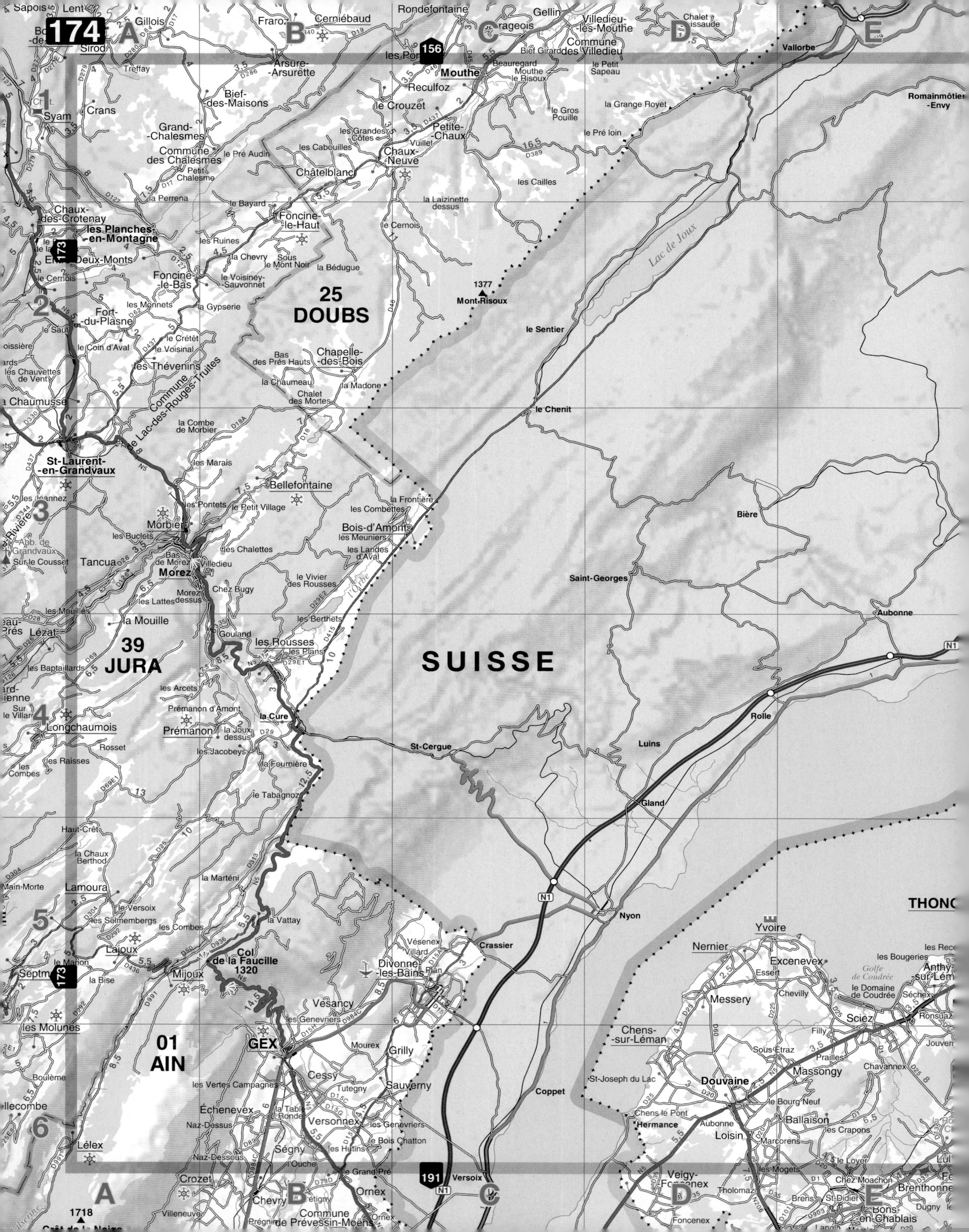

A
B
C
D
E
1
2
3
4
5
6
156
173
191
25 DOUBS
39 JURA
01 AIN
SUISSE
Mouthe
Vallorbe
Chaux-Neuve
Châtelblanc
Foncine-le-Haut
Foncine-le-Bas
Fort-du-Plasne
les Planches-en-Montagne
Chaux-des-Crotenay
Syam
Crans
Grand-Chalesmes
Commune des Chalesmes
Bief-des-Maisons
Arsure-Arsurette
Reculfoz
le Crouzet
Petite-Chaux
Mont Risoux
1377
Lac de Joux
le Sentier
le Chenit
Chapelle-des-Bois
St-Laurent-en-Grandvaux
Bellefontaine
Bois-d'Amont
Morbier
Morez
Tancua
les Rousses
la Cure
Prémanon
Longchaumois
Bière
Saint-Georges
Aubonne
Rolle
Luins
St-Cergue
Gland
Nyon
Crassier
Lamoura
Lajoux
Mijoux
Col de la Faucille
1320
Divonne-les-Bains
Vesancy
GEX
Grilly
Cessy
Sauverny
Versonnex
Ségny
Échenevex
Lélex
les Molunes
Coppet
Versoix
Chevry
Ornex
Crozet
Commune de Prévessin-Moëns
1718
THONON
Yvoire
Nernier
Excenevex
Messery
Chens-sur-Léman
Douvaine
Hermance
Loisin
Massongy
Ballaison
Sciez
Anthy-sur-Léman
Golfe de Coudrée
Veigy-Foncenex
Brenthonne
Bons-en-Chablais
Romainmôtier-Envy

F
G
H
J
K
1
2
3
4
5
6
157
192
SUISSE
Orbe
Romont
N82
N81
Moudon
N1
la Sarraz
Echallens
N80
N9
Cossonay
le Mont-sur-Lausanne
Epalinges
Bussigny-près-Lausanne
Châtel-Saint-Denis
les Paccots
Vufflens-le-Château
Préverenges
Morges
St-Sulpice
LAUSANNE
Epesses
Chexbres
N12
Vevey
les Avants
la Tour-de-Peilz
Montreux
LAC LÉMAN
Villeneuve
Petite Rive
Évian-les-Bains
Grande Rive
Troubois
Meillerie
Locum
St-Gingolph
Port Ripaille
Amphion les Bains
Maxilly-sur-Léman
Lugrin
le Maravant
les Plantés
Grand Roc
Bret
Neuvecelle
Chez Busset
Lajoux
les Granges du Crêt
les Épinanches
Publier
Gros-Bissinges
Thollon-les-Mémises
Vongy
Avonnex
St-Thomas
Poese
Roseires
1598
Montagne des Mémises
Moruel
Avulligoz
Chez-Crosson
St-Paul-en-Chablais
Praubert
Bénand
Novel
ES-BAINS
Marinel
Tully
Marin
Larringes
Creusaz
la Planche
Bernex
Trossy
Neuva dessous
Champanges
Chez Bochet
Sur Crête
Vérossier Haut
2221
Dent d'Oche
Morcy
l'Ermitage
Thièze
Vers les Granges
Chez Maçon
Féternes
Vinzier
Chevenoz
Pré Richard
Darbon
Armoy
les Bougeries
Taverole
Noyer
Fontany
Chât. des Allinges
Lyaud
Reyvroz
le Fion
Vacheresse
Fontaine
Torgon
Allinges
Château Vieux
Trossy
la Forclaz
le Villard
Chalets de Chevenne
Orcier
Jouvernaisinaz
Nicodex
Ubine
la Vernaz
74
HAUTE-SAVOIE
la Plagne
Chez les Thoules
Chalets de l'Aubourry
Passengué
Perrignier
Maugny
Vailly
Bonnevaux
Richebourg
la Chapelle-d'Abondance
la Pantiaz
la Ville du Nant
Chalets d'Ouzon
Cercle
la Siaux
le Lavouet
la Balme
le Petit Châtel
Muraz
les Charges
la Baume
le Moulaz
Lullin
les Grands Prés
le Tronchet
Abondance
la Vorraz
Cervens
Chalets de la Buchille
la Touvière
Chalets de Pertuis
Châtel
Chez Maurice
Frogy
le Loy
Vonnes
Sur la Ravine
le Borgel
le Biot
Malaliutaz
Follebin
Villapeyron
Ravine
Pas de Morgins
1370
Haute-Cisère
St-Guérin
les Plagnes
Très les Pierres
Bellevaux
le Frêne
Bas Thex
les Onchets
Argence

A
B
C
D
E
159
194
1
2
3
4
5
6
Pertuis Breton
Anse de l'Aiguillon
Pointe de l'Aiguillon
les Sablons
Canal du Curé
les Portes-en-Ré
Ars-en-Ré
Loix
le Peux
la Déramée
Lavaud
Chenal des Eveillards
Rade de Saint-Martin
St-Martin-de-Ré
le Parc
la Passe
la Couarde-sur-Mer
le Roulant
le Morinant
le Bois-Plage-en-Ré
la Flotte
Abb. des Châteliers
ÎLE DE RÉ
les Grenettes
la Noue
Rivedoux-Plage
Ste-Marie-de-Ré
le Défens
Esnandes
Chasserat
Andilly
Villedoux
Marsilly
la Cave
Nantilly
St-Ouen-d'Aunis
Lauzières
les Grands Champs
Nieul-sur-Mer
l'Aubreçay
la Ribotelière
St-Xandre
l'Houmeau
le Payaud
Fief des Dompierres
l'Ardillère
Usseau
Lagord
le Lignon
Puilboreau
les Brandes
Dompierre-sur-Mer
les Grandes Rivières
la Rochelle-Laleu
Laleu
Mireuil
Vendôme
Fétilly
Lafond
Chagnolet
la Gabardelière
la Pallice
St-Maurice
St-Eloi
Rompsay
Bourgneuf
Port-Neuf
LA ROCHELLE
Villeneuve-des-Salines
Villeneuve
Périgny
St-Rogatien
Montroy
Tasdon
la Courbe
Clavette
les Minimes
Aytré
Chassagne
la Plage d'Aytré
Chât. de Buzay
la Jarne
Angoulins
Salles-sur-Mer
Croix-Chapeau
St-Jean-des-Sables
la Frênée
Pertuis d'Antioche
Châtelaillon-Plage
St-Vivien
Vieux Châtelaillon
les Boucholeurs
Voutron
le Marouillet
Rade des Basques
ÎLE D'AIX
Bois Joly
Île-d'Aix
Rade de l'Île d'Aix
Baie d'Yves
Yves
Pointe de la Fumée
la Fumée
Anse de Fouras
la Faye au Bois
Embouchure de la Charente
Fouras
St-Laurent-de-la-Prée
St-Pierre
Soumard
la Roche
Île Madame
la Charente
Port-des-Barques
Lupin
Piédemont
St-Nazaire-sur-Charente
les Lauriers
St-Froult
Soubise
Moëze
Beaugeay
Brouage
Hiers
Commune de Hiers-Brouage
Chenal de Brouage
Chenal de Mérignac
la Gautrie
St-Denis-d'Oléron
la Michelière
la Brée-les-Bains
les Boulassiers
les Huttes
Anse du Marais Salé ou Baie des Pilotes
le Douhet
Anse de la Maleconche
l'Île
Chaucre
St-Georges-d'Oléron
Foulerot
Bassat
Chéray
la Gibertière
Domino
Sauzelle
Boyardville
les Sables Vignier
St-Gilles
l'Îleau
Rulong
St-Pierre-d'Oléron
Arceau
la Menounière
la Biroire
la Chefmalière
les Allards
la Cotinière
Dolus-d'Oléron
Matha
ÎLE D'OLÉRON
les Bardières
la Remigeasse
la Gaconnière
l'Écuissière
Grésillon
le Château-d'Oléron
Ors
le Grand-Village-Plage
Pointe du Chapus
le Chapus
Bourcefranc-le-Chapus
St-Trojan-les-Bains
le Grand Breuil
les Bris
Marennes

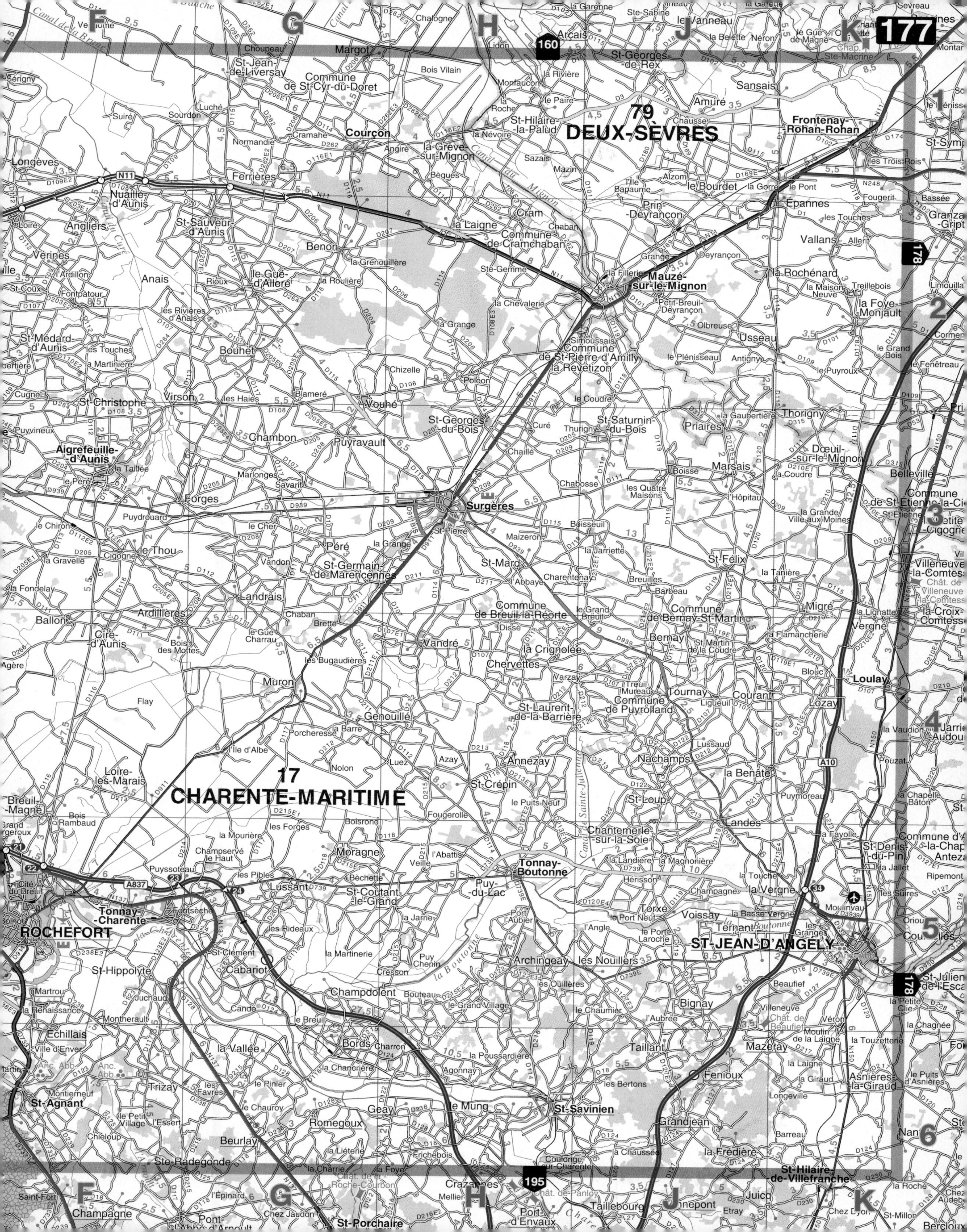
F
G
H
J
K
1
2
3
4
5
6
160
178
195
79
DEUX-SÈVRES
17
CHARENTE-MARITIME
ROCHEFORT
ST-JEAN-D'ANGELY
Surgères
Mauzé-sur-le-Mignon
Frontenay-Rohan-Rohan
Courçon
Tonnay-Boutonne
Tonnay-Charente
St-Savinien
Aigrefeuille-d'Aunis
St-Agnant
Loulay
St-Hilaire-de-Villefranche
St-Porchaire
Arçais
St-Georges-de-Rex
St-Hilaire-la-Palud
la Grève-sur-Mignon
Ferrières
Nuaillé-d'Aunis
St-Sauveur-d'Aunis
St-Jean-de-Liversay
Commune de St-Cyr-du-Doret
Benon
la Laigne
Cram
Commune de Cramchaban
Prin-Deyrançon
le Bourdet
Épannes
Vallans
Usseau
la Foye-Monjault
Commune de St-Pierre-d'Amilly
St-Georges-du-Bois
St-Saturnin-du-Bois
Priaires
Thorigny
Doeuil-sur-le-Mignon
Marsais
Belleville
Puyravault
Vouhé
Chambon
Forges
Anais
le Gué-d'Alleré
Bouhet
Virson
St-Christophe
St-Médard-d'Aunis
Angliers
Longèves
Vérines
le Thou
Landrais
Ardillières
Ballon
Ciré-d'Aunis
St-Germain-de-Marencennes
Péré
St-Mard
Vandré
Chervettes
Commune de Breuil-la-Réorte
St-Félix
Commune de Bernay-St-Martin
Bernay
Migré
Vergné
Tournay
Courant
Lozay
Commune de Puyrolland
St-Laurent-de-la-Barrière
Genouillé
Muron
Annezay
Nachamps
la Benâte
St-Crépin
St-Loup
Landes
Chantemerle-sur-la-Soie
Moragne
Lussant
Puy-du-Lac
St-Coutant-le-Grand
Torxé
Voissay
Ternant
la Vergne
Archingeay
les Nouillers
Cabariot
St-Hippolyte
Champdolent
Bignay
Taillant
Mazeray
Fenioux
Asnières-la-Giraud
Échillais
Trizay
Bords
Geay
le Mung
Romegoux
Beurlay
Grandjean
la Frédière
Ste-Radegonde
Crazannes
Port-d'Envaux
Taillebourg
Juicq
Champagne
Pont-l'Abbé-d'Arnoult
Loire-les-Marais
Breuil-Magné
Flay
la Rochénard
Sansais
Amuré

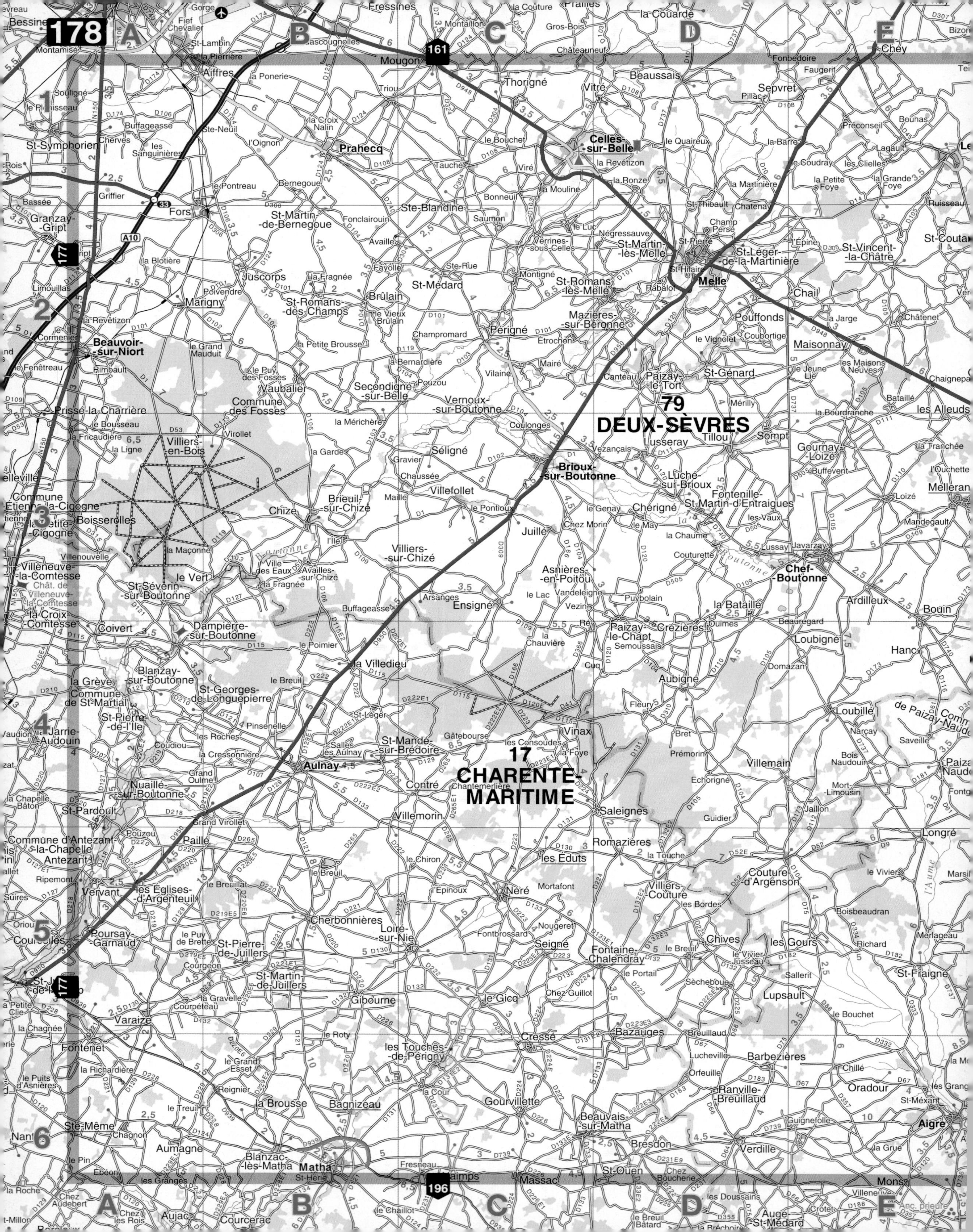

178
A
B
C
D
E
161
177
196
1
2
3
4
5
6
79
DEUX-SÈVRES
17
CHARENTE-MARITIME
Fressines
la Couarde
Mougon
Aiffres
Thorigné
Beaussais
Vitré
Sepvret
Chey
Prahecq
Celles-sur-Belle
St-Symphorien
Fors
Granzay-Gript
St-Martin-de-Bernegoue
Ste-Blandine
Juscorps
St-Médard
Brûlain
St-Romans-des-Champs
St-Romans-lès-Melle
Melle
St-Martin-lès-Melle
St-Léger-de-la-Martinière
St-Vincent-la-Châtre
Marigny
Beauvoir-sur-Niort
Périgné
Mazières-sur-Béronne
Pouffonds
Maisonnay
Secondigné-sur-Belle
Vernoux-sur-Boutonne
Paizay-le-Tort
St-Génard
Prissé-la-Charrière
Villiers-en-Bois
Séligné
Brioux-sur-Boutonne
Lusseray
Tillou
Sompt
Gournay-Loizé
Luché-sur-Brioux
Fontenille-St-Martin-d'Entraigues
Chérigné
Brieuil-sur-Chizé
Chizé
Boisserolles
Juillé
Villiers-sur-Chizé
Asnières-en-Poitou
Chef-Boutonne
Villeneuve-la-Comtesse
St-Séverin-sur-Boutonne
Ensigné
Paizay-le-Chapt
Crézières
la Bataille
Ardilleux
Bouin
Dampierre-sur-Boutonne
Coivert
la Villedieu
Loubigné
Blanzay-sur-Boutonne
St-Georges-de-Longuepierre
Aubigné
St-Pierre-de-l'Isle
St-Mandé-sur-Brédoire
Aulnay
Contré
Vinax
Loubillé
Villemain
Nuaillé-sur-Boutonne
St-Pardoult
Villemorin
Saleignes
Paillé
Romazières
les Éduts
Longré
Les Églises-d'Argenteuil
Néré
Villiers-Couture
Couture-d'Argenson
Cherbonnières
Loire-sur-Nie
Poursay-Garnaud
St-Pierre-de-Juillers
Seigné
Fontaine-Chalendray
Chives
les Gours
St-Fraigne
St-Martin-de-Juillers
Gibourne
le Gicq
Lupsault
Varaize
Cressé
Bazauges
Fontenet
les Touches-de-Périgny
Barbezières
Gourvillette
Ranville-Breuillaud
Oradour
la Brousse
Bagnizeau
Beauvais-sur-Matha
Aigre
Ste-Même
Aumagne
Bresdon
Verdille
Blanzac-lès-Matha
Matha
Massac
St-Ouen
Mons
Courcerac
Auge-St-Médard

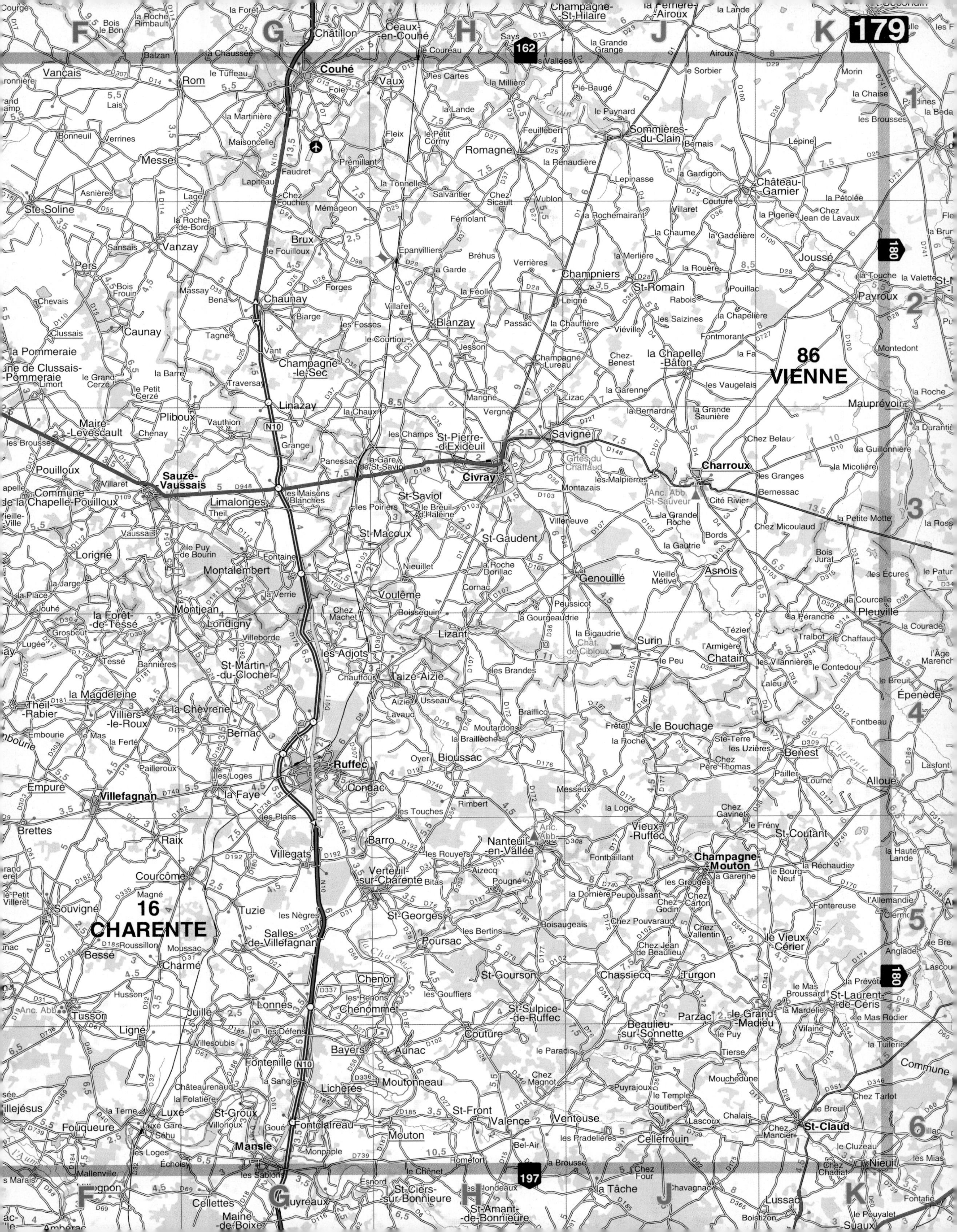
179
F
G
H
J
K
1
2
3
4
5
6
162
180
197
86
VIENNE
16
CHARENTE
Couhé
Champagne-St-Hilaire
la Ferrière-Airoux
Ceaux-en-Couhé
Châtillon
Vançais
Rom
Vaux
Sommières-du-Clain
Château-Garnier
Romagne
Messé
Ste-Soline
Vanzay
Brux
Champniers
St-Romain
Jousse
Payroux
Chaunay
Blanzay
Caunay
Champagne-le-Sec
la Chapelle-Bâton
Mauprévoir
Linazay
Savigné
Maire-Levescault
St-Pierre-d'Exideuil
Charroux
Sauzé-Vaussais
Civray
Limalonges
St-Saviol
Lorigné
St-Macoux
St-Gaudent
Montalembert
Genouillé
Asnois
Voulême
Montjean
Londigny
Lizant
Surin
Chatain
Pleuville
les Adjots
Taizé-Aizie
St-Martin-du-Clocher
la Magdeleine
la Chèvrerie
Villiers-le-Roux
Theil-Rabier
Bernac
le Bouchage
Benest
Épenède
Ruffec
Bioussac
Condac
Villefagnan
Empuré
Alloue
Vieux-Ruffec
Nanteuil-en-Vallée
Raix
Barro
Villegats
Champagne-Mouton
St-Coutant
Courcôme
Verteuil-sur-Charente
Souvigné
Tuzie
St-Georges
Salles-de-Villefagnan
Poursac
le Vieux-Cérier
Charmé
Besse
St-Gourson
Chassiecq
Turgon
Chenon
Tusson
Lonnes
St-Sulpice-de-Ruffec
le Grand-Madieu
St-Laurent-de-Céris
Juillé
Ligné
Couture
Beaulieu-sur-Sonnette
Parzac
Bayers
Aunac
Fontenille
Moutonneau
Lichères
Luxé
St-Groux
Fontclaireau
St-Front
Valence
Ventouse
Cellefrouin
St-Claud
Fouqueure
Mansle
Mouton
Nieuil
Cellettes
Maine-de-Boixe
St-Ciers-sur-Bonnieure
St-Amant-de-Bonnieure
Lussac
Chavagnac
la Tâche
N10

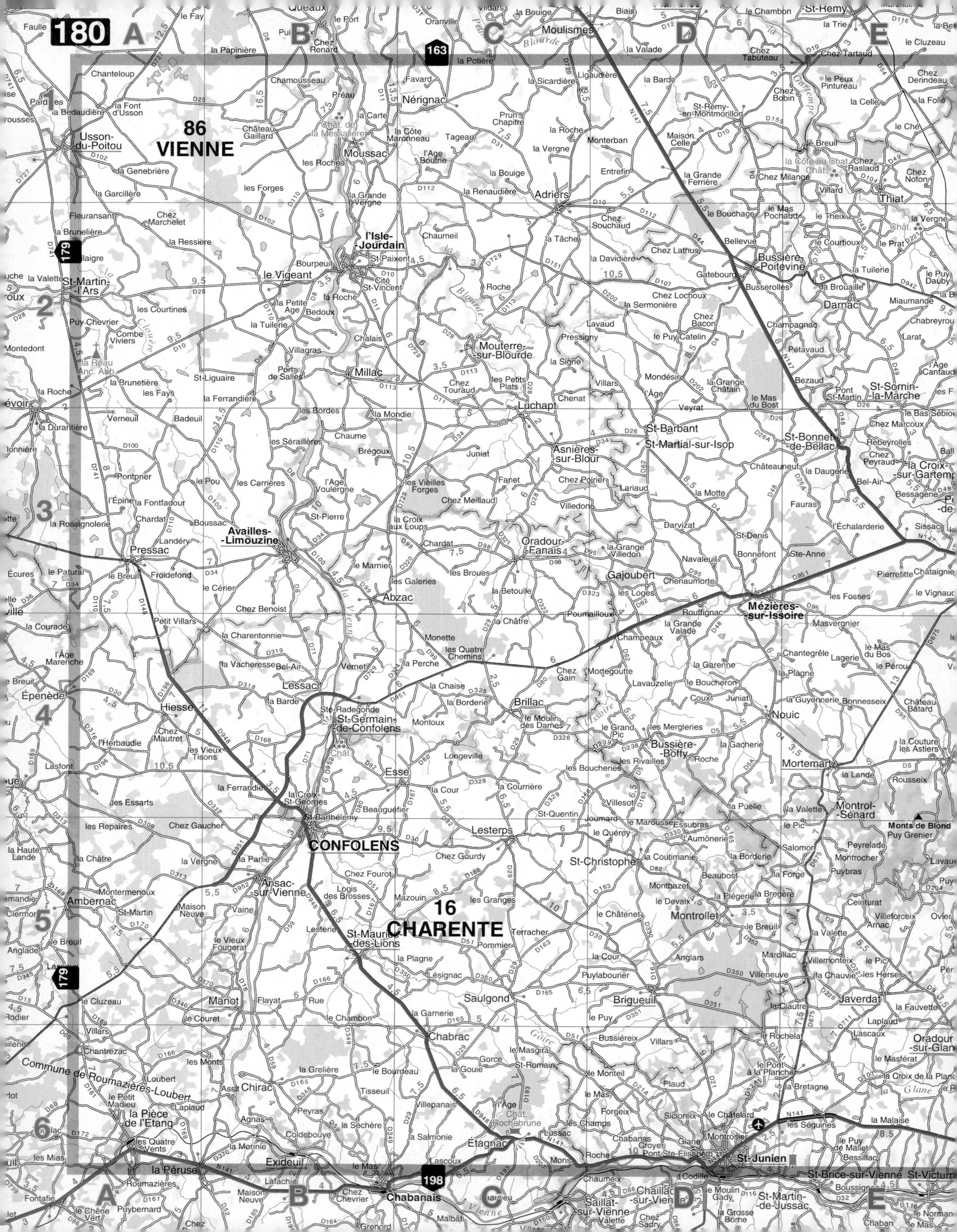

86
VIENNE
16
CHARENTE
Usson-du-Poitou
Moussac
Nérignac
Moulismes
Adriers
l'Isle-Jourdain
le Vigeant
St-Martin-l'Ars
Bussière-Poitevine
Darnac
Thiat
St-Rémy-en-Montmorillon
Mouterre-sur-Blourde
Millac
Luchapt
St-Barbant
St-Martial-sur-Isop
St-Bonnet-de-Bellac
Asnières-sur-Blour
Availles-Limouzine
Pressac
Oradour-Fanais
Gajoubert
Mézières-sur-Issoire
Abzac
Lessac
Brillac
St-Germain-de-Confolens
Esse
Bussière-Boffy
Nouic
Mortemart
Montrol-Sénard
Monts de Blond
Puy Grenier
Hiesse
Épenède
CONFOLENS
Lesterps
St-Christophe
Ansac-sur-Vienne
Ambernac
St-Maurice-des-Lions
Montrollet
Saulgond
Brigueuil
Javerdat
Oradour-sur-Glane
Manot
Chabrac
Chirac
Commune de Roumazières-Loubert
la Pièce de l'Etang
Exideuil
Étagnac
Chabanais
St-Junien
St-Brice-sur-Vienne
Saillat-sur-Vienne
Chaillac-sur-Vienne
St-Martin-de-Jussac
la Péruse
Roumazières

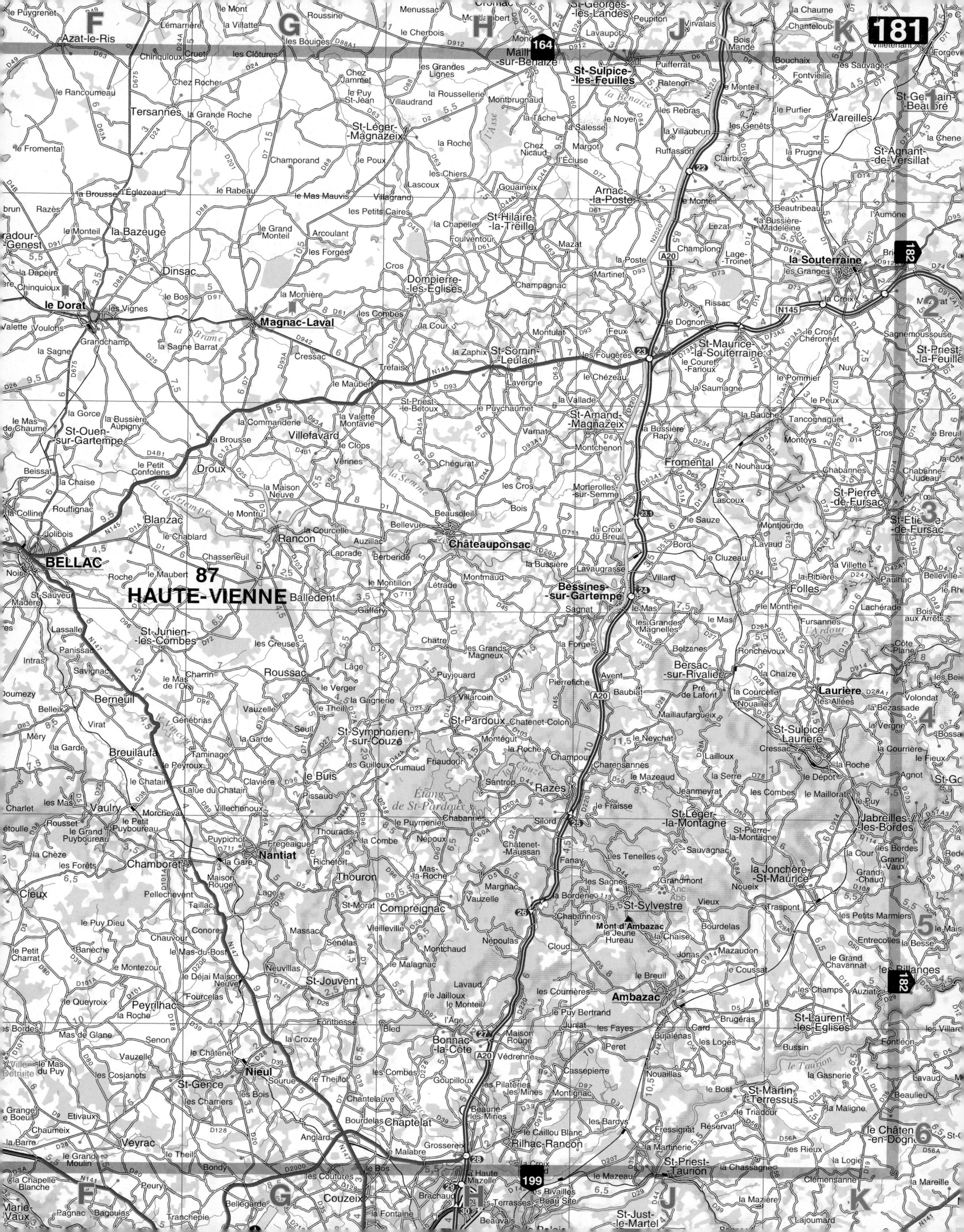

F
G
H
J
K
164
182
199
1
2
3
4
5
6
Azat-le-Ris
Mailhac-sur-Benaize
St-Sulpice-les-Feuilles
St-Georges-les-Landes
Tersannes
St-Léger-Magnazeix
Vareilles
St-Agnant-de-Versillat
Arnac-la-Poste
St-Hilaire-la-Treille
la Bazeuge
Dinsac
le Dorat
Magnac-Laval
Dompierre-les-Eglises
la Souterraine
St-Sornin-Leulac
St-Maurice-la-Souterraine
St-Priest-la-Feuille
St-Ouen-sur-Gartempe
Villefavard
St-Amand-Magnazeix
Fromental
St-Pierre-de-Fursac
St-Etienne-de-Fursac
Droux
Blanzac
Rancon
Châteauponsac
BELLAC
87
HAUTE-VIENNE
Bessines-sur-Gartempe
Folles
St-Junien-les-Combes
Roussac
Bersac-sur-Rivalier
Laurière
Berneuil
St-Symphorien-sur-Couze
St-Pardoux
St-Sulpice-Laurière
Breuilaufa
le Buis
Razès
Étang de St-Pardoux
Vaulry
St-Léger-la-Montagne
Jabreilles-les-Bordes
Chamboret
Nantiat
Thouron
la Jonchère-St-Maurice
Cieux
Compreignac
St-Sylvestre
Mont d'Ambazac
Ambazac
St-Jouvent
Peyrilhac
St-Laurent-les-Eglises
Bonnac-la-Côte
Nieul
St-Gence
St-Martin-Terressus
Chaptelat
Veyrac
Rilhac-Rancon
le Châtenet-en-Dognon
St-Priest-Taurion
Couzeix
St-Just-le-Martel
A20
N145
N147

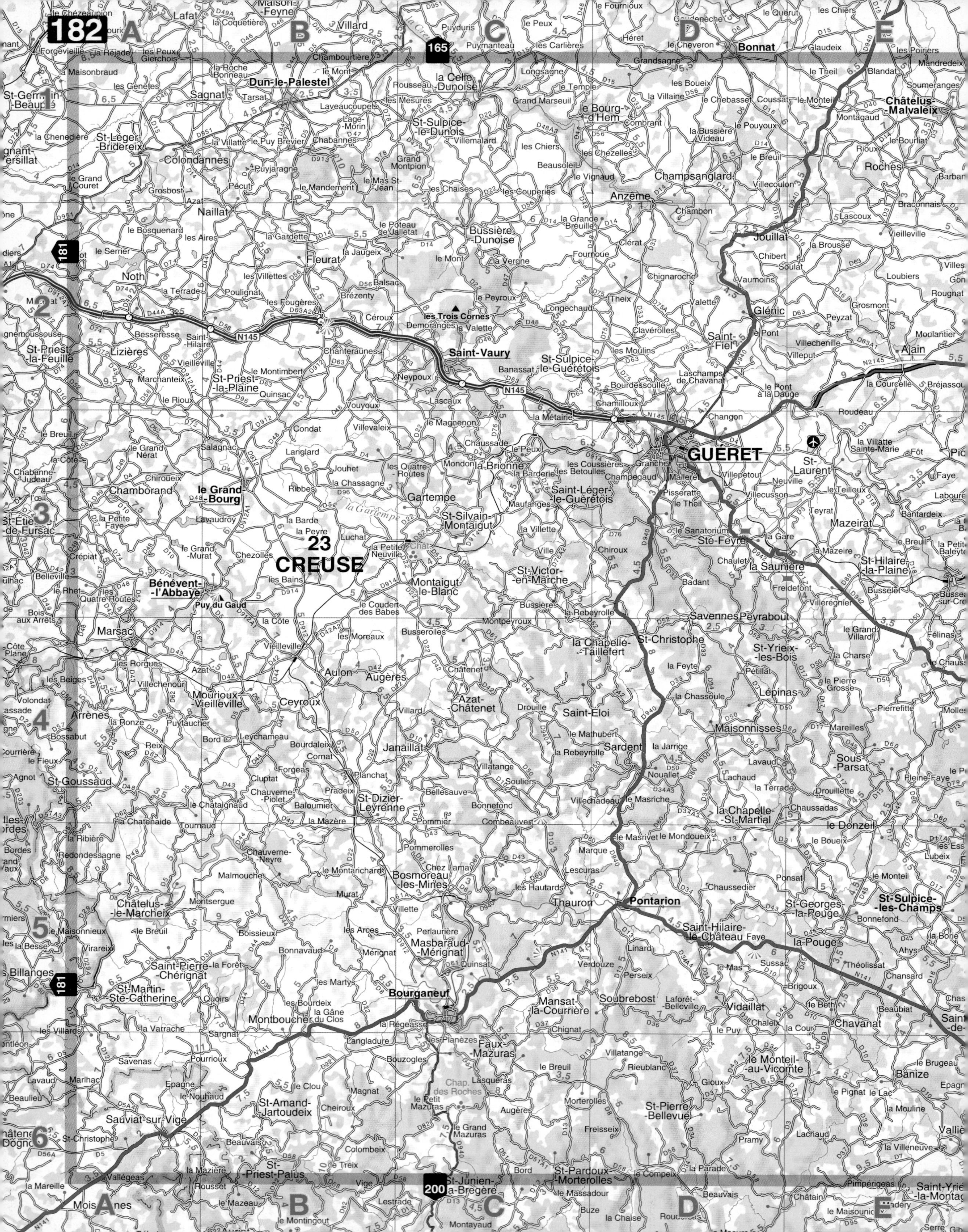
182
A
B
C
D
E
165
181
200
1
2
3
4
5
6
23
CREUSE
GUÉRET
Dun-le-Palestel
Bonnat
Châtelus-Malvaleix
la Celle-Dunoise
Saint-Vaury
Bénévent-l'Abbaye
Pontarion
Bourganeuf
Lafat
Maison-Feyne
Villard
Puyduris
le Peux
les Carlières
Héret
le Chéveron
Glaudeix
les Chiers
Forgevieille
la Réjade
les Peux
Gierchois
Chambourtière
Puymanteau
Grandsagne
le Theil
Blandat
Mandredeix
Soumeranges
le Maisonbraud
St-Germain-Beaupré
les Genêtes
Sagnat
Tarsat
le Mont
Rousseau
les Mesures
Longsagne
le Temple
les Boueix
la Villaine
le Chebasset
Coussat
le Monteil
Grand Marseuil
le Bourg-d'Hem
Combrant
la Bussière Videau
le Pouyoux
Montagaud
Laveaucoupet
Lage-Morin
St-Sulpice-le-Dunois
Chabannes
Villemalard
les Chiers
les Chezelles
le Bourliat
Rioux
Roches
St-Léger-Bridereix
Colondannes
la Villatte
le Puy Brevier
Grand Montpion
Puyjaragne
Beausoleil
le Breuil
Villecoulon
le Grand Courel
Grosbost
Azat
Pécut
le Mandement
le Mas St-Jean
les Chaises
les Couperies
le Vignaud
Champsanglard
Anzême
Chambon
Braconnais
Naillat
le Bosquenard
les Aires
la Gardette
le Poteau de Jalletat
Bussière-Dunoise
la Grande Breuille
Clérat
Lascoux
Jouillat
la Brousse
Vieilleville
le Serrier
Fleurat
la Jaugeix
le Mont
la Vergne
Fournoue
Chibert
Soulat
Villes
Noth
les Villettes
Balsac
Chignaroche
Vaumoins
Loubiers
la Terrade
Poulignat
Brézenty
le Peyroux
Theix
Valette
Grosmont
Rougnat
les Fougères
les Trois Cornes
Longechaud
Glénic
Peyzat
Céroux
Demoranges
la Valette
Clavérolles
le Pont
Moulantier
Besseresse
Saint-Hilaire
Saint-Fiel
Villechenille
St-Priest-la-Feuille
Lizières
Chanteraunes
St-Sulpice-le-Guérétois
les Moulins
Villeput
Ajain
Vieilleville
N145
N2145
Marchanteix
St-Priest-la-Plaine
le Montimbert
Neypoux
Banassat
Laschamps de Chavanat
la Courcelle
Bréjassou
Quinsac
Bourdessoulle
le Pont à la Dauge
le Rioux
Lascaux
Chamilloux
Roudeau
Vouyoux
la Métairie
Changon
le Breuil
Condat
Villevaleix
le Magnenon
Chaussade
le Peux
la Villatte Sainte-Marie
Fôt
le Grand Nérat
Salagnac
Langlard
St-Laurent
la Côte
Jouhet
les Quatre-Routes
Mondon
la Brionne
les Coussières
les Betoulles
Grancher
Champegaud
Mallerel
Villepetout
Neuville
Faye
Chabanne-Judeau
Chirouiex
la Chassagne
la Barderie
Saint-Léger-le-Guérétois
Le Teilloux
Labouré
Chamborand
le Grand-Bourg
Ribbes
Gartempe
Maufanges
Pisseratte
le Theil
Villecusson
St-Étienne-de-Fursac
la Petite Faye
Lavaudroy
la Barde
la Gartempe
St-Silvain-Montaigut
Teyrat
Mazeirat
Bantardeix
la Peyre
la Villette
le Sanatorium
Ste-Feyre
la Gare
le Breuil
Crépiat
le Grand-Murat
Chezolles
Luchat
la Petite Neuville
Chât.
Ville
Chiroux
Chaulet
la Saunière
la Mazeire
St-Hilaire-la-Plaine
Belleville
Bains
Montaigut-le-Blanc
St-Victor-en-Marche
Badant
Freidefont
Busselet
le Rhet
Quatre Routes
Puy du Gaud
le Couderc des Babes
Bussière
la Rebeyrolle
Villerégnier
Bois aux Arrêts
Marsac
la Côte
Montpeyroux
Savennes
Peyrabout
le Grand Villard
Félinas
Vieilleville
les Moreaux
Busserolles
la Chapelle-Taillefert
St-Christophe
St-Yrieix-les-Bois
la Charse
les Rorgues
Azat
Châtenet
la Feyte
Pétillat
la Pierre Grosse
les Beiges
Villechenour
Aulon
Augères
Mourioux-Vieilleville
Ceyroux
Azat-Châtenet
Drouille
Saint-Éloi
la Chassoule
Lépinas
Pierrefitte
Volondat
Arrènes
la Ronze
Puytaucher
Villard
Maisonnisses
Mareilles
Bossabut
Bord
Leychameau
Bourdaleix
Janaillat
le Mathubert
Sardent
la Jarrige
Reix
Cornat
la Rebeyrolle
Lavaud
Sous-Parsat
le Fieux
Forgeas
Planchat
Villatange
Noualliet
Lachaud
St-Goussaud
Cluptat
Chauverne-Piolet
Pradeix
Souliers
la Terrade
Pleine-Faye
Drouillette
St-Dizier-Leyrenne
Bellesauve
Bonnefond
le Masriche
la Chapelle-St-Martial
Chaussadas
le Châtaignaud
Baloumier
Villechadeau
la Chatenaide
Tournaud
la Mazère
Pommier
Combeauvert
le Donzeil
la Ribière
le Masrivet
le Mondoueix
le Boueix
Pommerolles
Redondessagne
Chauverne-Neyre
Marque
Chez Lamay
Lubeix
le Montarichard
Bosmoreau-les-Mines
Lescuras
Malmouche
les Hautards
Chaussedier
Ponsat
le Monteil
Montsergue
Murat
Thauron
St-Georges-la-Pouge
St-Sulpice-les-Champs
Châtelus-le-Marcheix
Villette
Bonnefond
le Maisonnieux
le Breuil
Boissieux
les Arces
Perlaurière
Saint-Hilaire-le-Château
Faye
la Pouge
la Besse
Virareix
Bonnavaud
Mérignat
Masbaraud-Mérignat
Linard
Ahys
Théolissat
Billanges
Saint-Pierre-Chérignat
la Forêt
Quinsat
Verdouze
Perseix
le Mas
Sussac
Chansard
St-Martin-Ste-Catherine
Quoirs
les Martys
Mansat-la-Courrière
Soubrebost
Laforêt-Belleville
Vidaillat
Brigoux
le Beth
Beaubiat
les Bourdeix
la Gâne du Clos
Chalelx
la Cour
la Varrache
Montboucher
la Régeasse
Sargnat
Chignat
le Puy
Chavanat
les Villards
Langladure
les Planèzes
Faux-Mazuras
Pourrioux
Savenas
Bouzogles
Villatange
Rieublanc
le Monteil-au-Vicomte
le Bugeau
Banize
Lavaud
Marlhac
le Breuil
Epagne
Epagne
le Clou
Chap. des Roches
Lasqueras
Gioux
le Pignat
le Lac
Beaulieu
le Nouhaud
Magnat
le Petit Mazuras
St-Amand-Jartoudeix
Cheiroux
Augères
Morterolles
St-Pierre-Bellevue
la Mouline
Sauviat-sur-Vige
le Grand Mazuras
Freisseix
Lachaud
St-Christophe
Beauvais
Colombeix
Pramy
la Villeneuve
le Treix
la Mazière
St-Priest-Palus
Bord
St-Pardoux-Morterolles
le Compeix
la Parade
Vallégeas
Rousset
Vige
St-Junien-la-Bregère
Pimpérigeas
Saint-Yrieix-la-Montagne
la Mareille
Mois Anes
le Mazeau
Lestrade
le Massadour
Beauvais
Châtain
Buze
la Chaise
Roudeau
le Maisounioux
le Montingout
Montayaud
Vallière

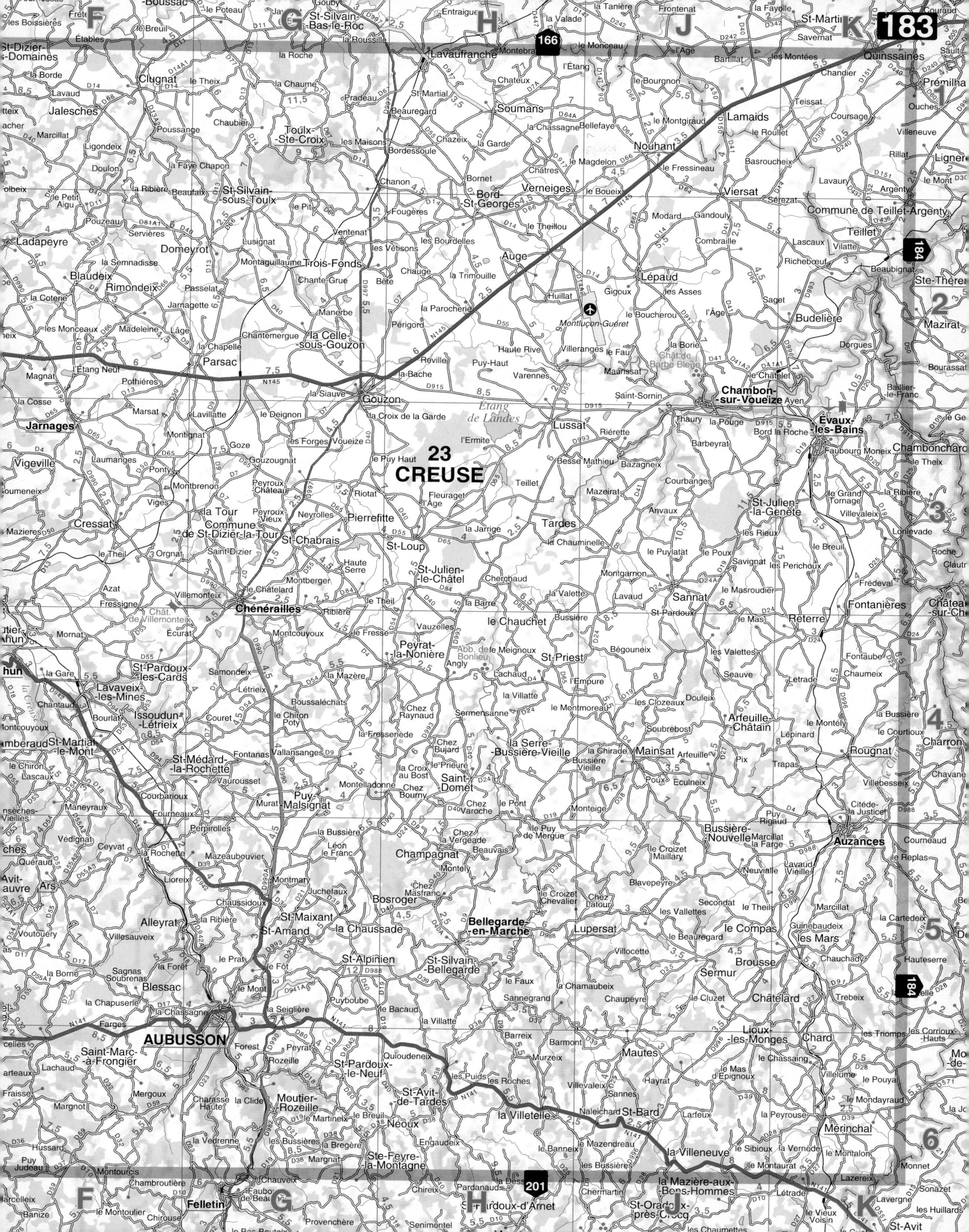

183
166
184
201
F
G
H
J
K
1
2
3
4
5
6
23
CREUSE
Lavaufranche
Soumans
Lamaids
Quinssaines
Nouhant
Viersat
Clugnat
Jalesches
Toulx-Ste-Croix
St-Silvain-sous-Toulx
Bord-St-Georges
Verneiges
Ladapeyre
Domeyrot
Trois-Fonds
Auge
Lépaud
Blaudeix
Rimondeix
la Celle-sous-Gouzon
Parsac
Gouzon
Montluçon-Guéret
Chambon-sur-Voueize
Évaux-les-Bains
Jarnages
Lussat
Vigeville
Cressat
Pierrefitte
St-Chabrais
St-Loup
Tardes
St-Julien-la-Genête
St-Julien-le-Châtel
Sannat
Chénérailles
Fontanières
Reterre
le Chauchet
Peyrat-la-Nonière
St-Priest
Lavaveix-les-Mines
St-Pardoux-les-Cards
Issoudun-Létrieix
St-Martial-le-Mont
St-Médard-la-Rochette
la Serre-Bussière-Vieille
Mainsat
Arfeuille-Châtain
Rougnat
Saint-Domet
Puy-Malsignat
Champagnat
Bussière-Nouvelle
Auzances
Bosroger
St-Maixant
St-Amand
la Chaussade
Bellegarde-en-Marche
Lupersat
Alleyrat
St-Alpinien
St-Silvain-Bellegarde
Sermur
Brousse
Blessac
Châtelard
AUBUSSON
Saint-Marc-à-Frongier
St-Pardoux-le-Neuf
Moutier-Rozeille
St-Avit-de-Tardes
Néoux
la Villetelle
Mautes
Lioux-les-Monges
St-Bard
Mérinchal
Ste-Feyre-la-Montagne
la Villeneuve
la Mazière-aux-Bons-Hommes
Felletin
St-Oradoux-près-Crocq
N145
N141

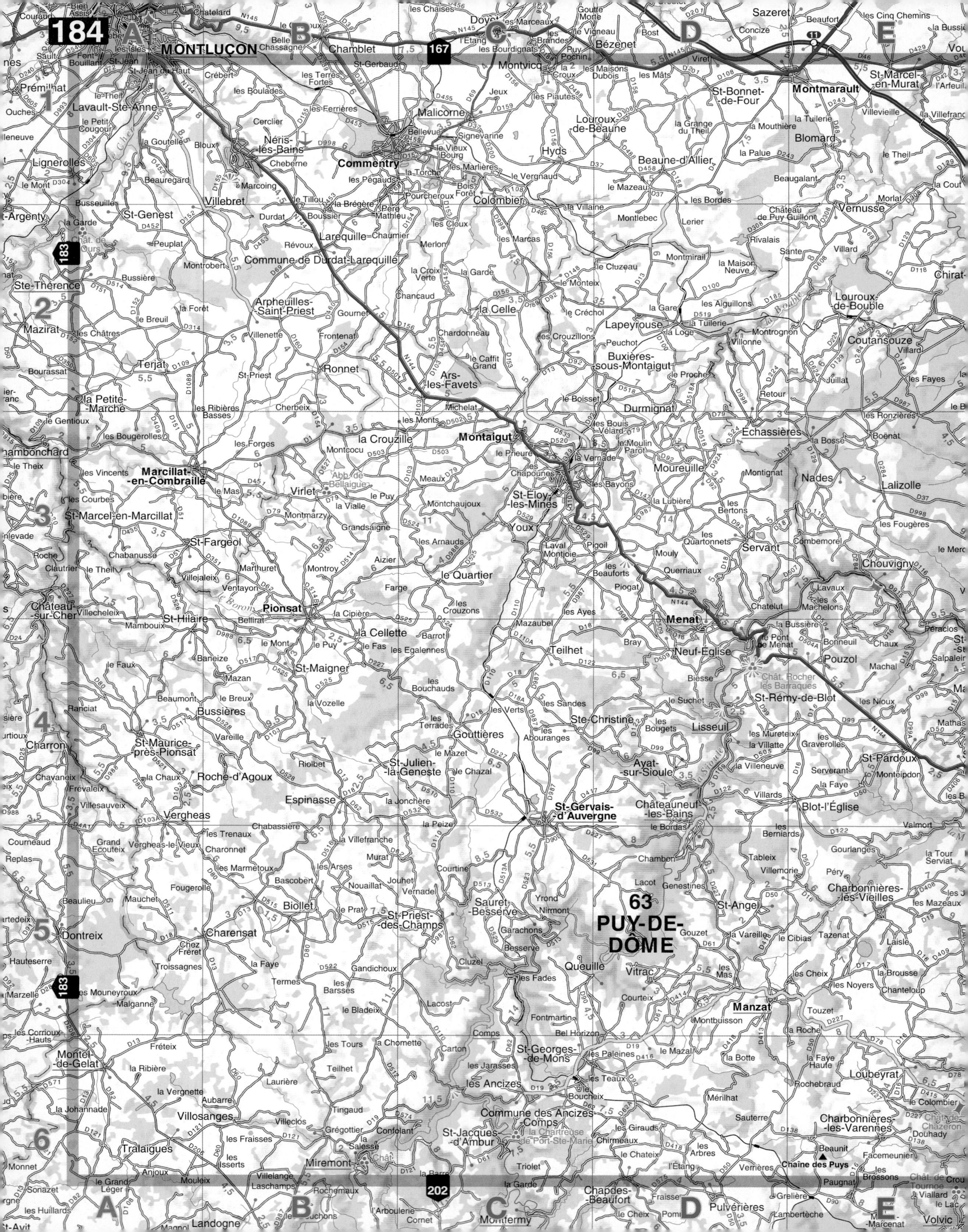

184
183
167
202
A
B
C
D
E
1
2
3
4
5
6
MONTLUÇON
Néris-les-Bains
Commentry
Malicorne
Montvicq
Bézenet
Montmarault
St-Marcel-en-Murat
Lavault-Ste-Anne
Prémilhat
Lignerolles
Villebret
St-Genest
Durdat
Larequille
Commune de Durdat-Larequille
Colombier
Hyds
Beaune-d'Allier
Louroux-de-Beaune
St-Bonnet-de-Four
Blomard
Vernusse
Ste-Thérence
Mazirat
Arpheuilles-Saint-Priest
Ronnet
Ars-les-Favets
La Celle
Lapeyrouse
Buxières-sous-Montaigut
Louroux-de-Bouble
Coutansouze
Terjat
la Petite-Marche
Marcillat-en-Combraille
la Crouzille
Montaigut
Durmignat
Echassières
Moureuille
Nades
Lalizolle
St-Marcel-en-Marcillat
Virlet
St-Eloy-les-Mines
Youx
St-Fargeol
Servant
Chouvigny
Château-sur-Cher
St-Hilaire
Pionsat
le Quartier
Menat
Neuf-Eglise
Pouzol
Teilhet
La Cellette
St-Maigner
Bussières
Ste-Christine
Lisseuil
St-Rémy-de-Blot
Gouttières
Charron
St-Maurice-près-Pionsat
Roche-d'Agoux
St-Julien-la-Geneste
Ayat-sur-Sioule
St-Pardoux
Espinasse
St-Gervais-d'Auvergne
Châteauneuf-les-Bains
Blot-l'Église
Vergheas
Biollet
St-Priest-des-Champs
Sauret-Besserve
Charbonnières-les-Vieilles
St-Angel
Charensat
Dontreix
63
PUY-DE-DÔME
Queuille
Vitrac
Manzat
Montel-de-Gelat
St-Georges-de-Mons
Loubeyrat
Villosanges
Les Ancizes
Commune des Ancizes-Comps
St-Jacques-d'Ambur
Charbonnières-les-Varennes
Tralaigues
Miremont
Chapdes-Beaufort
Pulvérières
Chaîne des Puys
Volvic
Landogne
Montfermy

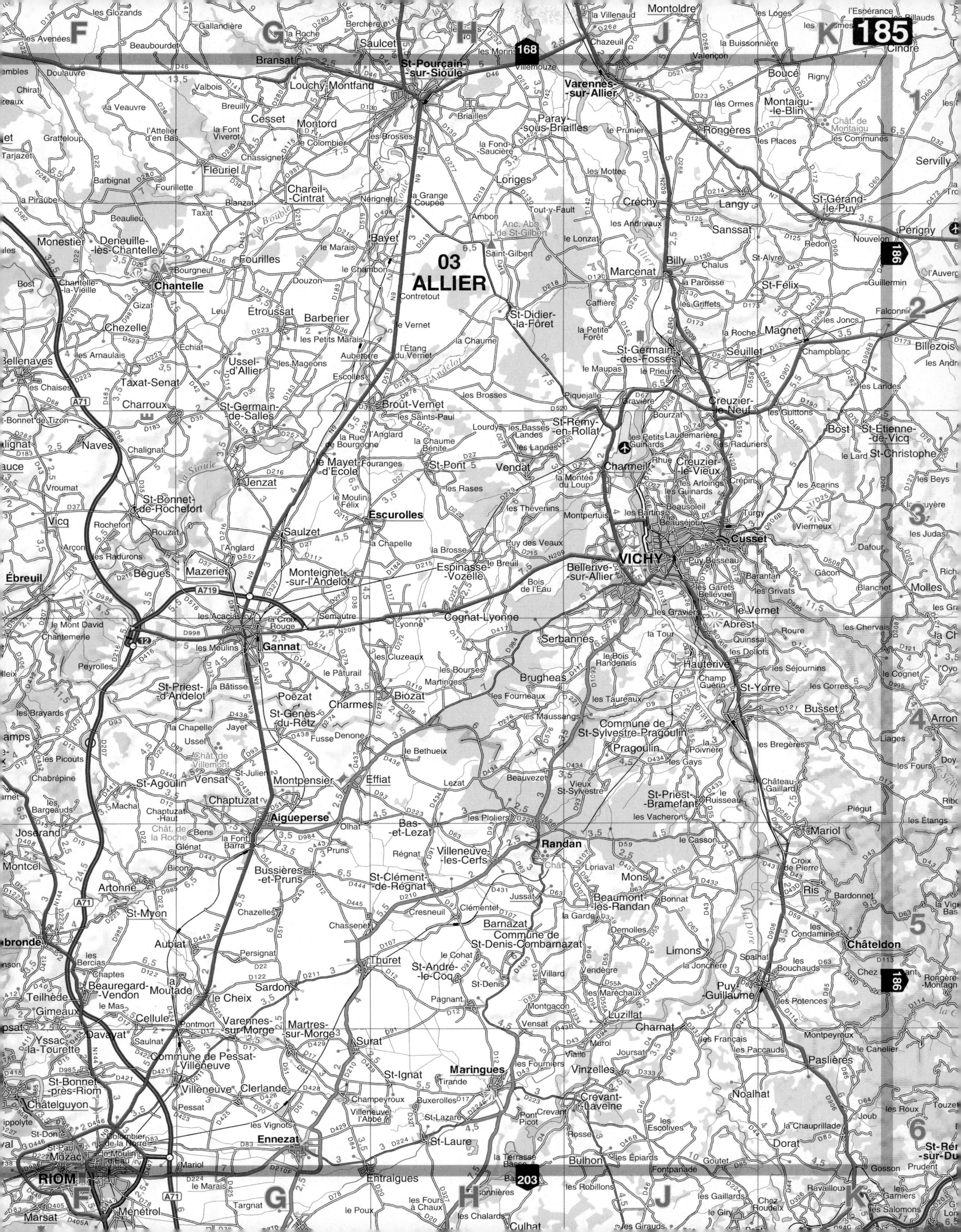

F
G
H
J
K
168
186
203
1
2
3
4
5
6
03
ALLIER
St-Pourçain-sur-Sioule
Saulcet
Bransat
Louchy-Montfand
Cesset
Montord
Varennes-sur-Allier
Montoldre
Chazeuil
Paray-sous-Briailles
Rongères
Montaigu-le-Blin
Servilly
Fleuriel
Chareil-Cintrat
Loriges
Créchy
Langy
St-Gérand-le-Puy
Sanssat
Périgny
Monestier
Deneuille-lès-Chantelle
Chantelle
Fourilles
Bayet
Saint-Gilbert
Billy
Marcenat
St-Félix
Étroussat
Barberier
St-Didier-la-Forêt
St-Germain-des-Fossés
Seuillet
Magnet
Billezois
Chezelle
Ussel-d'Allier
Bellenaves
Taxat-Senat
Charroux
St-Germain-de-Salles
Broût-Vernet
St-Rémy-en-Rollat
Creuzier-le-Neuf
St-Étienne-de-Vicq
St-Christophe
Naves
Jenzat
Le Mayet-d'École
St-Pont
Vendat
Charmeil
Creuzier-le-Vieux
St-Bonnet-de-Rochefort
Vicq
Escurolles
Saulzet
Cusset
VICHY
Bellerive-sur-Allier
Espinasse-Vozelle
Monteignet-sur-l'Andelot
Mazerier
Bègues
Ébreuil
Cognat-Lyonne
Gannat
Serbannes
Abrest
Molles
Brugheas
Hauterive
St-Yorre
Busset
St-Priest-d'Andelot
Poëzat
Charmes
Biozat
St-Genès-du-Retz
Commune de St-Sylvestre-Pragoulin
Pragoulin
Arronnes
Vensat
St-Agoulin
Montpensier
Effiat
Aigueperse
Chaptuzat
Bas-et-Lezat
St-Priest-Bramefant
Mariol
Randan
Villeneuve-les-Cerfs
Bussières-et-Pruns
St-Clément-de-Régnat
Mons
Beaumont-lès-Randan
Artonne
St-Myon
Barnazat
Commune de St-Denis-Combarnazat
Châteldon
Aubiat
Thuret
St-André-le-Coq
Limons
Puy-Guillaume
Beauregard-Vendon
Sardon
Le Cheix
Cellule
Varennes-sur-Morge
Martres-sur-Morge
Surat
Luzillat
Charnat
Paslières
Davayat
Yssac-la-Tourette
Commune de Pessat-Villeneuve
St-Ignat
Maringues
Vinzelles
St-Bonnet-près-Riom
Châtelguyon
Clerlande
Crevant-Laveine
Noalhat
Ennezat
St-Laure
Bulhon
Dorat
Mozac
RIOM
Entraigues
Ménétrol
Marsat
A71
A719
N9
N209

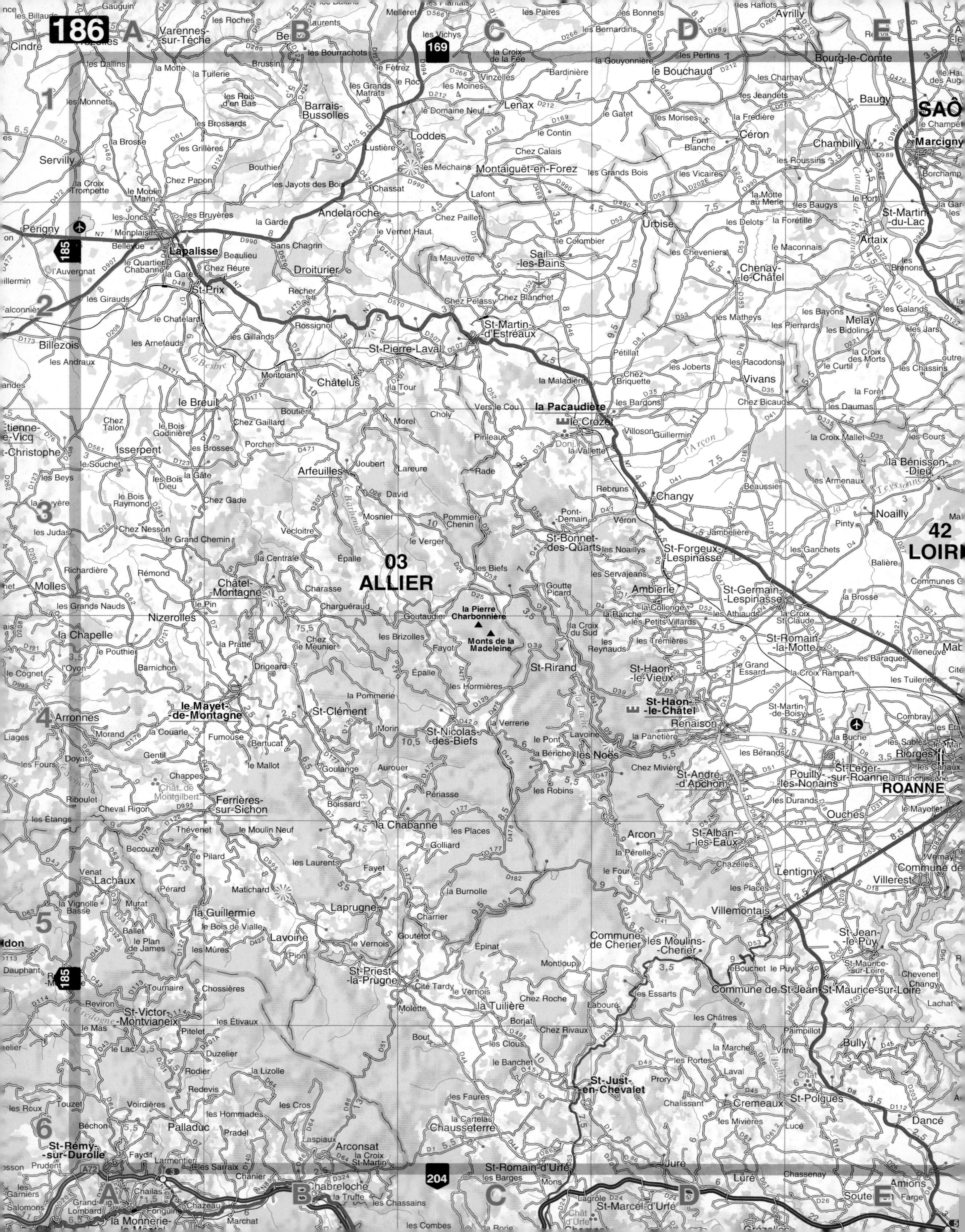
186
A
B
C
D
E
169
185
204
1
2
3
4
5
6
03
ALLIER
42
LOIRE
Varennes-sur-Têche
Barrais-Bussolles
Loddes
Lenax
Montaiguët-en-Forez
le Bouchaud
Bourg-le-Comte
Baugy
Céron
Chambilly
Marcigny
Servilly
Lapalisse
Périgny
St-Prix
Droiturier
Andelaroche
Urbise
Sail-les-Bains
Chenay-le-Châtel
St-Martin-du-Lac
Artaix
Melay
Billezois
St-Martin-d'Estréaux
St-Pierre-Laval
Châtelus
la Pacaudière
le Crozet
Vivans
le Breuil
Isserpent
Arfeuilles
Changy
Noailly
St-Bonnet-des-Quarts
St-Forgeux-Lespinasse
Ambierle
St-Germain-Lespinasse
Châtel-Montagne
Nizerolles
la Chapelle
la Pierre Charbonnière
Monts de la Madeleine
St-Rirand
St-Haon-le-Vieux
St-Romain-la-Motte
le Mayet-de-Montagne
Arronnes
St-Clément
St-Nicolas-des-Biefs
St-Haon-le-Châtel
Renaison
les Noës
Riorges
St-André-d'Apchon
Pouilly-les-Nonains
St-Léger-sur-Roanne
ROANNE
Ferrières-sur-Sichon
la Chabanne
Arcon
St-Alban-les-Eaux
Ouches
Lachaux
Lentigny
Villerest
la Guillermie
Laprugne
Villemontais
Lavoine
Commune de Cherier
les Moulins-Cherier
St-Jean-le-Puy
St-Priest-la-Prugne
Commune de St-Jean-St-Maurice-sur-Loire
St-Victor-Montvianeix
la Tuilière
Bully
St-Just-en-Chevalet
Cremeaux
St-Polgues
Palladuc
Chausseterre
Dancé
St-Rémy-sur-Durolle
Arconsat
St-Romain-d'Urfé
Juré
Luré
St-Marcel-d'Urfé
Chabreloche
la Monnerie-le-Montel

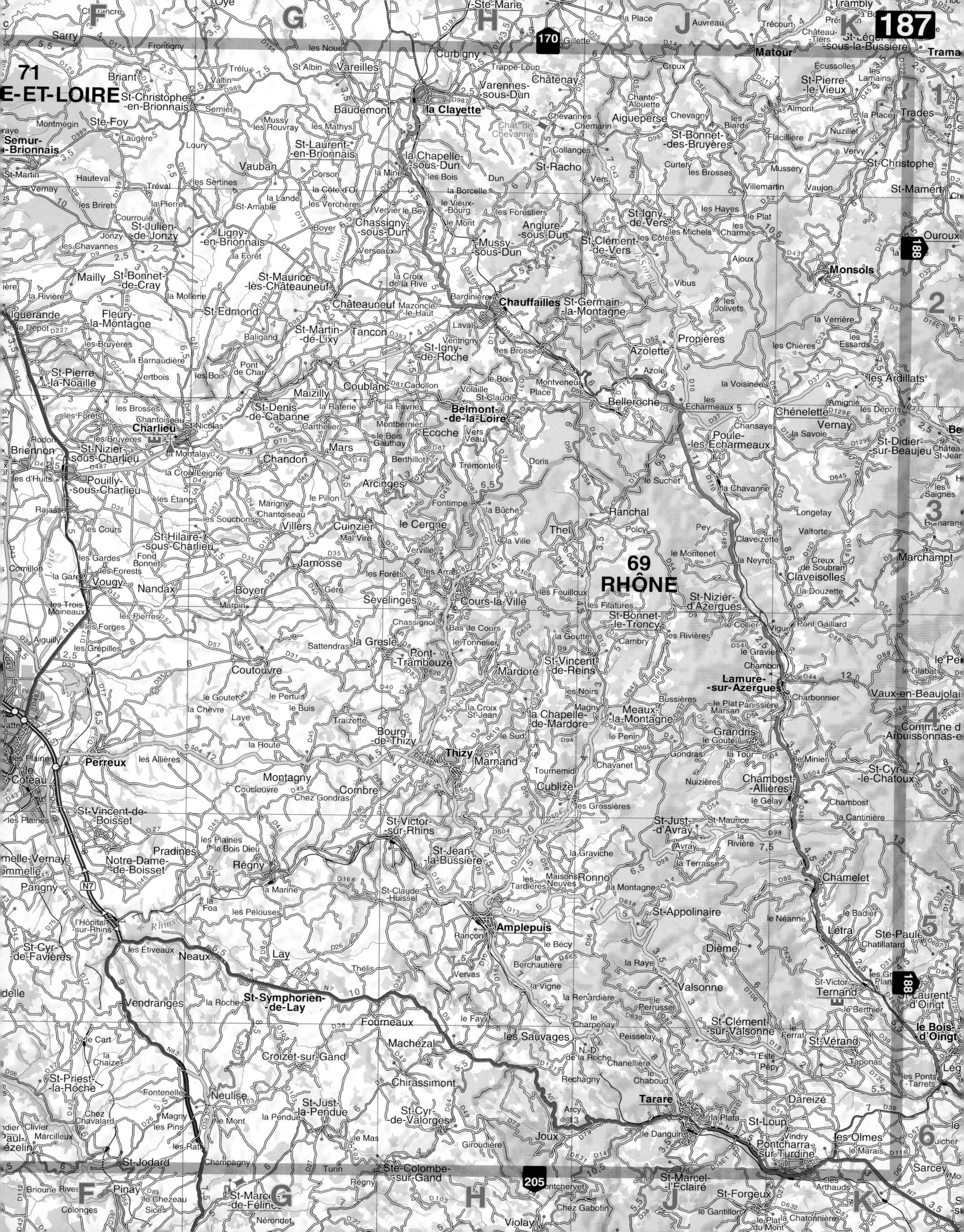

F
G
H
J
K
170
188
205
71
E-ET-LOIRE
69
RHÔNE
1
2
3
4
5
6
Sarry
Frontigny
Curbigny
Matour
St-Léger-sous-la-Bussière
Briant
St-Christophe-en-Brionnais
Vareilles
la Clayette
Varennes-sous-Dun
Châtenay
St-Pierre-le-Vieux
Semur-en-Brionnais
Ste-Foy
Baudemont
St-Laurent-en-Brionnais
la Chapelle-sous-Dun
Aigueperse
St-Bonnet-des-Bruyères
Trades
Vauban
St-Racho
St-Christophe
St-Mamert
St-Julien-de-Jonzy
Ligny-en-Brionnais
Chassigny-sous-Dun
Anglure-sous-Dun
Mussy-sous-Dun
St-Igny-de-Vers
St-Clément-de-Vers
Ouroux
Monsols
Mailly
St-Bonnet-de-Cray
St-Maurice-lès-Châteauneuf
Chauffailles
St-Germain-la-Montagne
Iguerande
Fleury-la-Montagne
St-Edmond
Châteauneuf
St-Martin-de-Lixy
Tancon
St-Igny-de-Roche
Propières
Azolette
St-Pierre-la-Noaille
Maizilly
Coublanc
Belmont-de-la-Loire
Belleroche
les Ardillats
Charlieu
St-Denis-de-Cabanne
Ecoche
Chénelette
Vernay
Poule-les-Echarmeaux
St-Didier-sur-Beaujeu
Briennon
St-Nizier-sous-Charlieu
Mars
Pouilly-sous-Charlieu
Chandon
Arcinges
Ranchal
St-Hilaire-sous-Charlieu
Villers
Cuinzier
le Cergne
Thel
Claveisolles
Marchampt
Vougy
Nandax
Jarnosse
Boyer
Sevelinges
Cours-la-Ville
St-Nizier-d'Azergues
St-Bonnet-le-Troncy
la Gresle
Pont-Trambouze
Coutouvre
Mardore
St-Vincent-de-Reins
Lamure-sur-Azergues
Vaux-en-Beaujolais
Bourg-de-Thizy
la Chapelle-de-Mardore
Meaux-la-Montagne
Grandris
Perreux
Thizy
Marnand
Montagny
Combre
Cublize
Chambost-Allières
St-Cyr-le-Chatoux
St-Vincent-de-Boisset
St-Victor-sur-Rhins
St-Just-d'Avray
Pradines
Notre-Dame-de-Boisset
Régny
St-Jean-la-Bussière
Ronno
Chamelet
Parigny
St-Appolinaire
Amplepuis
Létra
Ste-Paule
St-Cyr-de-Favières
Neaux
Lay
Dième
Valsonne
Ternand
Vendranges
St-Symphorien-de-Lay
Fourneaux
Machézal
les Sauvages
St-Clément-sur-Valsonne
St-Vérand
le Bois-d'Oingt
Croizet-sur-Gand
St-Priest-la-Roche
Chirassimont
Tarare
Dareizé
Neulise
St-Just-la-Pendue
St-Cyr-de-Valorges
Joux
St-Loup
les Olmes
Pontcharra-sur-Turdine
St-Jodard
Ste-Colombe-sur-Gand
St-Marcel-l'Éclairé
St-Forgeux
Sarcey
Pinay
St-Marcel-de-Félines
Violay
N7
N82

188
A
B
C
D
E
1
2
3
4
5
6
171
187
206
MÂCON
Tramayes
Roche de Solutré
493
Davayé
Serrières
Solutré-Pouilly
Charnay-lès-Mâcon
St-Laurent-sur-Saône
Mons
Bâgé-le-Châtel
St-André-de-Bâgé
Teppes-de-Biches
la Dardaine
Manthene
St-Genis-sur-Menthon
la Mulatière
Romanèche
Crottet
Grand Bagne
Lingent
St-Cyr-sur-Menthon
A40
Confrançon
Fuissé
Loché
Chasselas
Germolles-sur-Grosne
Cenves
Varennes-lès-Mâcon
Pont-de-Veyle
Vinzelles
Leynes
Chaintré
Pruzilly
St-Jean-sur-Veyle
Perrex
Grièges
Laiz
St-Jacques-des-Arrêts
St-Vérand
Chânes
Crêches-sur-Saône
Cormoranche-sur-Saône
Juliénas
St-Amour-Bellevue
Mézériat
Vonnas
Ouroux
Émeringes
la Chapelle-de-Guinchay
Chénas
Bey
Cruzilles-lès-Mépillat
Biziat
St-André-d'Huiriat
Garnerans
Vauxrenard
Fleurie
Romanèche-Thorins
St-Symphorien-d'Ancelles
Illiat
St-Julien-sur-Veyle
Chanoz-Châtenay
Avenas
Chiroubles
Lancié
Thoissey
St-Didier-sur-Chalaronne
Sulignat
Neuville-les-Dames
Condeissiat
Beaujeu
Villié-Morgon
Dracé
Corcelles-en-Beaujolais
St-Étienne-sur-Chalaronne
l'Abergement-Clémenciat
Dompierre-sur-Chalaronne
Lantignié
Régnié-Durette
Mogneneins
Peyzieux-sur-Saône
Châtillon-sur-Chalaronne
St-Jean-d'Ardières
Taponas
Genouilleux
Cercié
Belleville
Valeins
Romans
Quincié-en-Beaujolais
St-Lager
Guéreins
Montceaux
Baneins
St-Georges-sur-Renon
Chaneins
Relevant
Odenas
Charentay
Montmerle-sur-Saône
69
RHÔNE
St-Trivier-sur-Moignans
Francheleins
St-Étienne-la-Varenne
St-Étienne-des-Oullières
St-Georges-de-Reneins
Commune d'Amareins-Francheleins-Cesseins
la Chapelle-du-Châtelard
St-Germain-sur-Renon
le Perréon
Lurcy
Sandrans
Messimy-sur-Saône
Salles
Commune de Salles-Arbuissonnas-en-Beaujolais
Chaleins
Blacé
St-Julien
Arnas
Villeneuve
Ste-Olive
Bouligneux
Montmelas-Saint-Sorlin
Fareins
VILLEFRANCHE-SUR-SAÔNE
Villars-les-Dombes
Rivolet
Beauregard
Frans
Savigneux
Ambérieux-en-Dombes
Denicé
Lacenas
Gleizé
Ars-sur-Formans
Lapeyrouse
Cogny
Jassans-Riottier
Liergues
Limas
Ste-Euphémie
Misérieux
Rancé
Jarnioux
St-Didier-de-Formans
Toussieux
Ville-sur-Jarnioux
A6
St-Marcel
Birieux
St-Jean-de-Thurigneux
Pouilly-le-Monial
Pommiers
St-Bernard
Trévoux
Theizé
Anse
Reyrieux
St-André-de-Corcy
Ambérieux
Moiré
Frontenas
A46
Parcieux
Civrieux
Le Bois-d'Oingt
Bagnols
Lachassagne
Marcy
Massieux
Alix
Quincieux
Légny
Lucenay
Morancé
Genay
Mionnay
les Chères
St-Germain-au-Mont-d'Or
Chessy
Charnay
Montanay
Tramoyes
St-Jean-des-Vignes
Chazay-d'Azergues
Neuville-sur-Saône
Curis-au-Mont-d'Or
Châtillon
Belmont
Marcilly-d'Azergues
Lissieu
Albigny-sur-Saône
Fleurieu-sur-Saône
Montluel
Poleymieux-au-Mont-d'Or
Fontaines-St-Martin
Cailloux-sur-Fontaines
Beynost
Bully
Nuelles
Lozanne
la Saône

F
G
H
J
K
172
Commune de Treffort-Cuisiat
BOURG-EN-BRESSE
01
AIN
190
207
1
2
3
4
5
6
Confranchesse
St-Martin-le-Châtel
Attignat
Polliat
Viriat
Buellas
Montcet
Montracol
St-Denis-lès-Bourg
St-Rémy
Péronnas
St-André-sur-Vieux-Jonc
Servas
Lent
St-Paul-de-Varax
St-Nizier-le-Désert
Dompierre-sur-Veyle
Châtenay
Chalamont
Versailleux
Joyeux
Rignieux-le-Franc
St-Éloi
Villieu-Loyes-Mollon
Meximieux
Pérouges
Faramans
Bourg-St-Christophe
Pizay
Béligneux
Bressolles
Charnoz-sur-Ain
St-Jean-de-Niost
Blyes
St-Vulbas
St-Étienne-du-Bois
Treffort
Meillonnas
Jasseron
Ramasse
Ceyzériat
Revonnas
St-Just
Montagnat
Tossiat
Journans
Certines
Druillat
Varambon
Pont-d'Ain
Priay
Villette-sur-Ain
Châtillon-la-Palud
Château-Gaillard
St-Maurice-de-Rémens
Ambérieu-en-Bugey
St-Denis-en-Bugey
Ambutrix
Leyment
Lagnieu
Chazey-sur-Ain
Ste-Julie
Vertrieu
Sault-Brénaz
Villebois
Chavannes-sur-Suran
Simandre-sur-Suran
Drom
Grand-Corent
Cize
Bolozon
Villereversure
Hautecourt-Romanèche
Serrières-sur-Ain
Leyssard
Commune de Bohas-Meyriat-Rignat
Vessignat
Challes
St-Martin-du-Mont
Commune de St-Alban
Poncin
Cerdon
Neuville-sur-Ain
Mérignat
Jujurieux
Commune de Boyeux-St-Jérôme
St-Jean-le-Vieux
Ambronay
Douvres
l'Abergement-de-Varey
Commune de Nivollet-Montgriffon
St-Rambert-en-Bugey
Torcieu
Vaux-en-Bugey
Cleyzieu
Conand
Souclin
St-Sorlin-en-Bugey
Thoirette
Matafelon-Granges
Corveissiat
Sonthonnax-la-Montagne
Izernore
Nurieux-Volognat
Géovreissiat
Peyriat
Maillat
St-Martin-du-Frêne
Condamine
Labalme
Vieu-d'Izenave
Outriaz
Lantenay
Izenave
Aranc
Chaley
Argis
Tenay
Hostias
Arandas
Évosges
Oncieu
Samognat
Montréal-la-Cluse
Port
Lompnes
Prémillieu
la Burbanche
Ordonnaz
Bénonces
Porcieu-Amblagnieu
la Balme-les-Grottes

A
B
C
D
E
1
2
3
4
5
6
173
189
208
Arbent
la Pesse
Crêt de la Neige
Monts Jura
1680
le Reculet
1719
Oyonnax
Veyziat
Marchon
Géovreisset
Bellignat
Belleydoux
Commune d'Echallon
Chézery-Forens
Sergy
Thoiry
St-Genis-Pouilly
Prévessin
Commune de Prévessin-Moëns
Meyrin
Vernier
St-Jean-de-Gonville
Péron
Challex
Groissiat
Alex
Commune d'Apremont
Petit-Vallon
Plagne
Giron
Miribel
Champfromier
Charix
St-Germain-de-Joux
Montanges
Confort
Nantua
A40
la Cluse
Lalleyriat
le Poizat
Châtillon-en-Michaille
Collonges
Pougny
Farges
ST-JULIEN-EN-GENEVOIS
Soral
Lancrans
Bellegarde-sur-Valserine
Léaz
Chevrier
Vulbens
Dingy-en-Vuache
Valleiry
Viry
Chênex
Feigères
Presilly
Chevillard
01
AIN
Villes
Billiat
Éloise
Clarafond
St-Germain-sur-Rhône
Savigny
Jonzier-Epagny
Cernex
Charly
Commune d'Andilly
Minzier
Chavannaz
Copponex
Brénod
Commune d'Injoux-Génissiat
Génissiat
Chêne-en-Semine
Franclens
Vanzy
Chessenaz
Chaumont
Marlioz
Contamine-Sarzin
Cercier
le Grand-Abergement
le Petit-Abergement
Corcelles
Surjoux
Challonges
Frangy
Musièges
Lhôpital
Champdor
Chanay
Usinens
Sallenôves
Chilly
Desingy
Choisy
Mésigny
Hotonnes
Ruffieu
Bassy
Hauteville-Lompnes
Songieu
Corbonod
Seyssel
Clermont
Menthonnex-sous-Clermont
Droisy
La Balme-de-Sillingy
Lompnieu
Commune de Crempigny-Bonneguête
Crempigny
Thusy
Sillingy
Sutrieu
Brénaz
Cormaranche-en-Bugey
Versonnex
St-Eusèbe
Lochieu
Sion
Vaulx
Nonglard
Poisy
1531
Grand Colombier
1530
Montagne du Grand Colombier
Anglefort
Motz
Lornay
Hauteville-sur-Fier
Lovagny
Champagne-en-Valromey
Virieu-le-Petit
Vieu
Vallières
Montagne du Gros Foug
Étercy
Chavanod
Marcellaz-Albanais
Thézillieu
Serrières-en-Chautagne
Moye
Sales
Belmont-Luthézieu
Chavornay
Rumilly
Artemare
Talissieu
Boussy
Montagny-les-Lanches
Prémillieu
Béon
Culoz
Chapeiry
Virieu-le-Grand
St-Martin-de-Bavel
Ruffieux
Armix
St-Sylvestre
Ceyzérieu
Massingy
Bloye
Marigny-St-Marcel
Alby-sur-Chéran
Chindrieux
Vions
le Rhône
le Fier

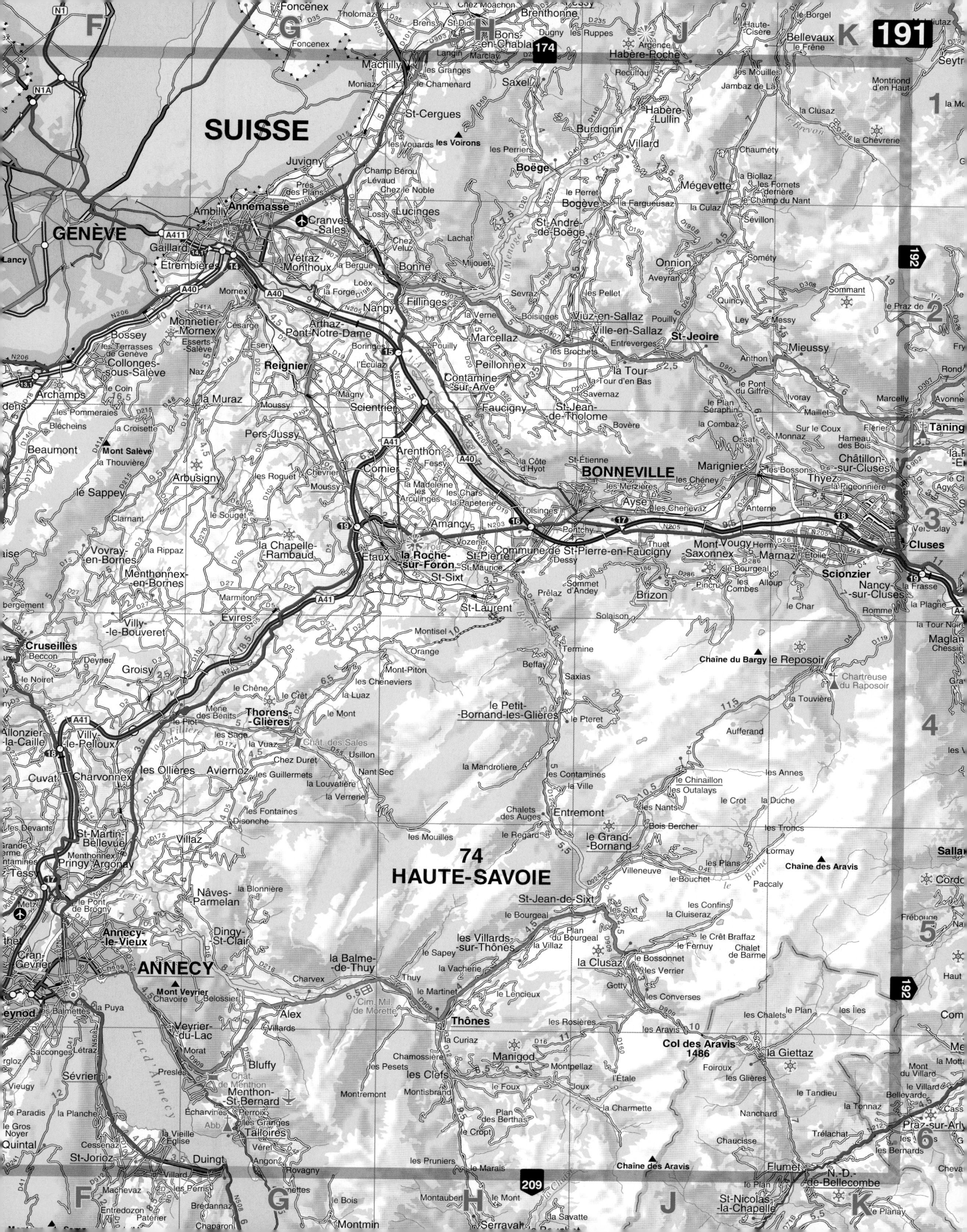
F
G
H
J
K
174
192
209
1
2
3
4
5
6
SUISSE
GENÈVE
Annemasse
Ambilly
Gaillard
Etrembières
Cranves-Sales
Vétraz-Monthoux
Foncenex
Tholomaz
Brens
St-Didier
Chez Moachon
Brenthonne
Bons-en-Chablais
Dugny
les Ruppes
Argence
Habère-Poche
Haute-Cisère
le Borgel
Bellevaux
le Frêne
Langin
Marclay
Machilly
les Granges
Moniaz
le Chamenard
Saxel
Reculfou
les Mouilles
Jambaz de Là
Montriond d'en Haut
St-Cergues
les Voirons
les Vouards
Habère-Lullin
Burdignin
Villard
la Clusaz
le Brevon
la Chèvrerie
Juvigny
les Perriers
Boëge
Chaumety
Champ Bérou
Lévaud
Chez le Noble
Prés des Plans
Lucinges
Lossy
le Perret
Bogève
la Fargueusaz
Mégevette
la Biollaz
les Fornets derrière
le Champ du Nant
la Culaz
Sévillon
St-André-de-Boëge
Lachat
Chez Veluz
Bonne
la Bergue
Mijouet
la Menoge
Onnion
Aveyran
Somety
Mornex
Loëx
la Forge
Nangy
Fillinges
Sevraz
les Pellet
Quincy
Sommant
le Praz de
Monnetier-Mornex
Césarge
Arthaz-Pont-Notre-Dame
la Verne
Boisinges
Viuz-en-Sallaz
Ville-en-Sallaz
Pouilly
Ley
Messy
Bossey
les Terrasses de Genève
Esserts-Salève
Esery
Collonges-sous-Salève
Boringes
Pouilly
Marcellaz
les Brochets
Entreverges
St-Jeoire
Mieussy
Reignier
l'Éculaz
Peillonnex
la Tour
Anthon
Naz
Contamine-sur-Arve
la Tour d'en Bas
Savernaz
le Pont du Giffre
Ivoray
Marcelly
Avonne
Archamps
le Coin
Magny
Scientrier
Faucigny
St-Jean-de-Tholome
le Plan Séraphin
Maillet
les Pommeraies
Blécheins
la Muraz
Moussy
Bovère
la Combaz
Sur le Coux
Flérier
Taninges
la Croisette
Pers-Jussy
Ossat
Monnaz
Hameau des Bois
Beaumont
Mont Salève
la Thouvière
Arenthon
Fessy
la Côte d'Hyot
St-Étienne
BONNEVILLE
Marignier
les Bossons
Châtillon-sur-Cluses
le Sappey
Arbusigny
les Rogue
Chevrier
Cornier
la Madeleine
les Chars
Arculinges
la Papeterie
les Merzières
les Chêney
Thyez
la Pigeonnière
Moussy
Ayse
les Chenevaz
Anterne
Clarnant
le Souget
Amancy
Toisinges
Pontchy
Vers Clay
Cluses
Vovray-en-Bornes
la Rippaz
la Chapelle-Rambaud
Etaux
la Roche-sur-Foron
Vozerier
St-Pierre
Commune de St-Pierre-en-Faucigny
Thuet
Mont-Vougy
Hermy
Marnaz
l'Etoile
Menthonnex-en-Bornes
St-Sixt
St-Maurice
Dessy
-Saxonnex
le Bourgeal
Scionzier
Pincru
les Combes
Alloup
Nancy-sur-Cluses
la Frasse
Marmiton
Prêlaz
Sommet d'Andey
Brizon
le Char
la Plagne
St-Laurent
Villy-le-Bouveret
Evires
Solaison
Romme
la Tour Noire
Montisel
Cruseilles
Beccon
Deyrier
Orange
Termine
Chaîne du Bargy
le Reposoir
Maglan
le Noiret
Groisy
Mont-Piton
Beffay
Saxias
Chartreuse du Reposoir
le Chêne
le Crêt
les Cheneviers
la Luaz
la Touvière
Allonzier-la-Caille
Mène des Bénits
Thorens-Glières
le Mont
le Petit-Bornand-les-Glières
le Pteret
Villy-le-Pelloux
le Plot
les Sage
la Fillière
la Vuaz
Chât. des Sales
Usillon
Aufferand
Chez Duret
Nant Sec
Cuvat
Charvonnex
les Ollières
Aviernoz
les Guillermets
la Mandrolière
les Contamines
les Annes
la Louvatière
la Verrerie
la Ville
le Chinaillon
les Outalays
le Crot
la Duche
les Fontaines
Disonche
Chalets des Auges
Entremont
les Nants
les Devants
St-Martin-Bellevue
Villaz
les Mouilles
le Regard
Bois Bercher
les Troncs
Menthonnex
Pringy
Argonay
74
HAUTE-SAVOIE
le Grand-Bornand
Lormay
Chaîne des Aravis
Villeneuve
les Plans
le Bouchet
la Borne
Paccaly
Tessy
Nâves-Parmelan
la Blonnière
le Fier
le Pont de Brogny
St-Jean-de-Sixt
les Confins
la Cluiseraz
les Sixt
Annecy-le-Vieux
Dingy-St-Clair
le Bourgeal
les Villards-sur-Thônes
Plan du Bourgeal
la Villaz
le Crêt Braffaz
le Fernuy
Chalet de Barme
Cran-Gevrier
la Balme-de-Thuy
le Sapey
la Clusaz
le Bossonnet
les Verrier
ANNECY
Charvex
Thuy
la Vacherie
Mont Veyrier
Chavoire
Belossier
le Martinet
le Lencieux
Gotty
les Converses
Cim. Mil. de Morette
la Puya
Alex
Villards
Thônes
les Rosières
les Aravis
les Chalets
le Plan
les Îles
Veyrier-du-Lac
la Curiaz
Col des Aravis
1486
la Giettaz
Lac d'Annecy
Morat
Bluffy
Chamossière
les Pesets
Manigod
Montpellaz
Foiroux
les Glières
Sévrier
Presles
Chât. de Menthon
les Clefs
l'Étale
Mont du Villard
le Villard
Menthon-St-Bernard
Montremont
Montisbrand
le Foux
Joux
le Tandieu
Bellevarde
Echarvines
Perroix
les Granges
la Charmette
Nanchard
la Tonnaz
le Paradis
la Planche
Abb.
Talloires
Plan des Berthas
le Cropt
Praz-sur-Arly
le Gros Noyer
la Vieille Église
Vérel
Trélachat
Quintal
Cessenaz
St-Jorioz
Duingt
Angon
Chaucisse
les Bernards
les Pruniers
Rovagny
le Marais
Chaîne des Aravis
Flumet
N.D.-de-Bellecombe
Villard
les Perris
Machevaz
le Plan
Bredannaz
le Bois
Montaubert
le Mont
St-Nicolas-la-Chapelle
Entredozon
Paterier
Chaparon
Serraval
la Savatte
Montmin
le Planay
A40
A41
A411
N1
N1A
N205
N206
N203

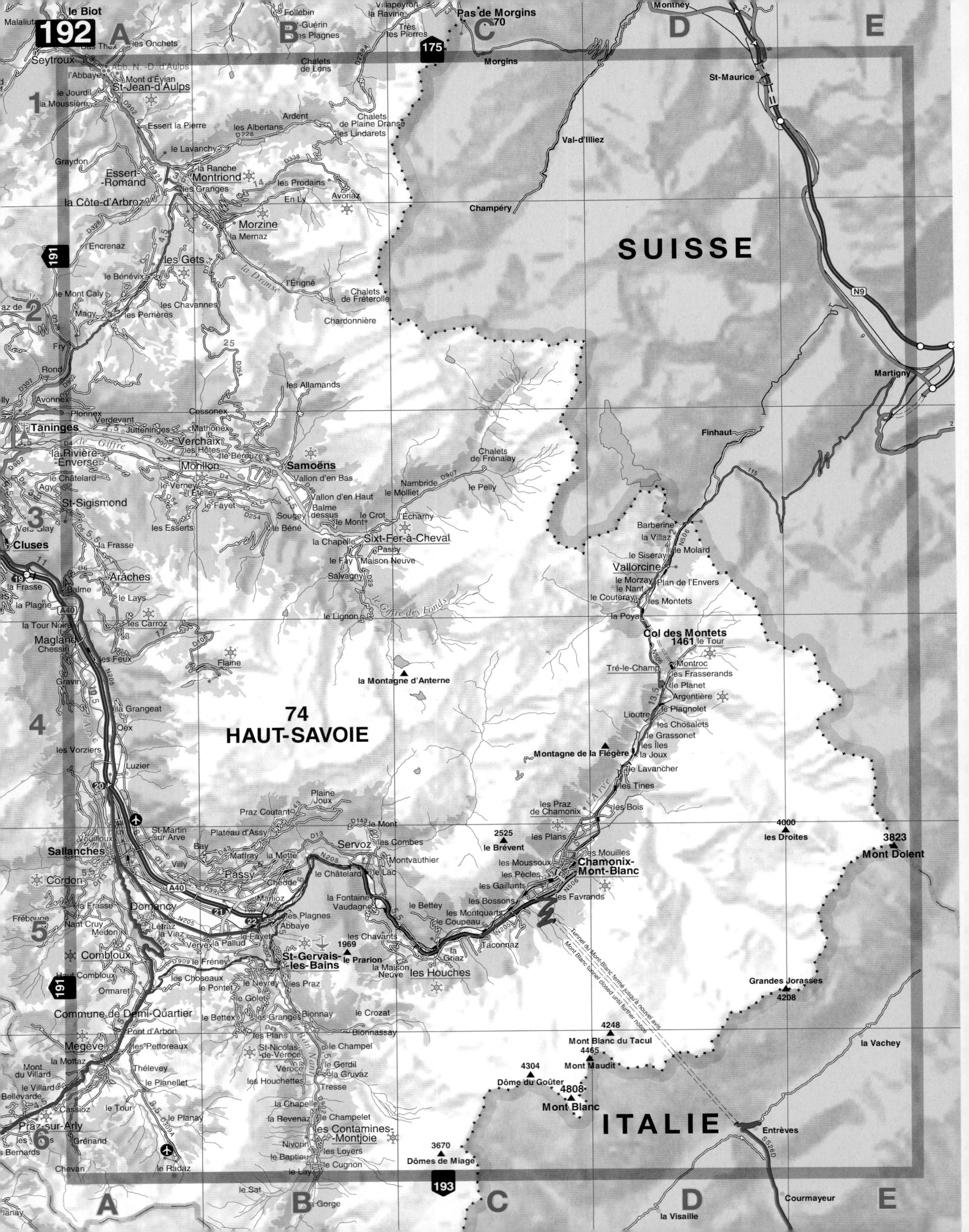

192
175
191
193
A
B
C
D
E
1
2
3
4
5
6
SUISSE
ITALIE
74
HAUT-SAVOIE
le Biot
Seytroux
St-Jean-d'Aulps
Pas de Morgins
Morgins
Monthey
St-Maurice
Val-d'Illiez
Champéry
Essert-Romand
Montriond
Morzine
Avoriaz
les Gets
Martigny
Finhaut
Taninges
Verchaix
Samoëns
Morillon
Sixt-Fer-à-Cheval
St-Sigismond
Cluses
Arâches
Flaine
Magland
la Montagne d'Anterne
Barberine
Vallorcine
Col des Montets
1461
Argentière
Montagne de la Flégère
2525
le Brévent
Chamonix-Mont-Blanc
4000
les Droites
3823
Mont Dolent
Sallanches
Passy
Servoz
Cordon
Domancy
Combloux
St-Gervais-les-Bains
1969
le Prarion
les Houches
Grandes Jorasses
4208
4248
Mont Blanc du Tacul
4465
Mont Maudit
4304
Dôme du Goûter
4808
Mont Blanc
Megève
Praz-sur-Arly
les Contamines-Montjoie
3670
Dômes de Miage
Entrèves
Courmayeur
la Visaille
la Vachey
Tunnel du Mont-Blanc fermé jusqu'à nouvel avis
Mont Blanc tunnel closed until further notice

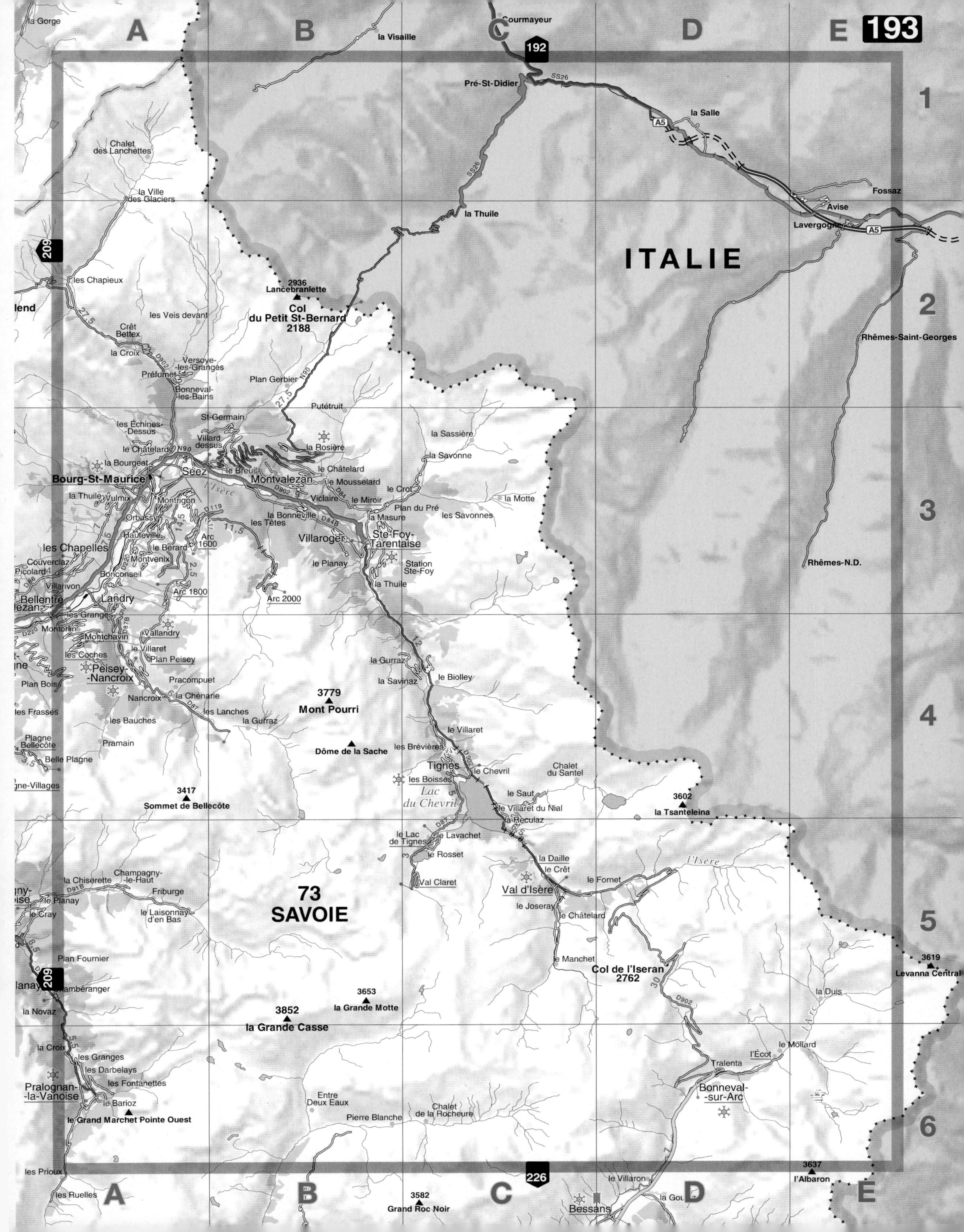

A
B
C
D
E
1
2
3
4
5
6
192
226
209
Courmayeur
la Visaille
Pré-St-Didier
la Salle
Fossaz
Avise
Lavergogne
la Thuile
ITALIE
Rhêmes-Saint-Georges
Rhêmes-N.D.
2936
Lancebranlette
Col du Petit St-Bernard
2188
les Chapieux
Chalet des Lanchettes
la Ville des Glaciers
Bourg-St-Maurice
Séez
Montvalezan
la Rosière
Ste-Foy-Tarentaise
Villaroger
Arc 1600
Arc 1800
Arc 2000
Landry
Bellentre
Peisey-Nancroix
3779
Mont Pourri
Dôme de la Sache
Tignes
Lac du Chevril
3602
la Tsanteleina
3417
Sommet de Bellecôte
Val Claret
Val d'Isère
73
SAVOIE
Col de l'Iseran
2762
3619
Levanna Central
3653
la Grande Motte
3852
la Grande Casse
Pralognan-la-Vanoise
le Grand Marchet Pointe Ouest
Bonneval-sur-Arc
3637
l'Albaron
3582
Grand Roc Noir
Bessans

Marennes
Pertuis de Maumusson
Pointe de Gatseau
Ronce-les-Bains
la Tremblade
Forêt Domaniale de la Coubre
PRESQU'ÎLE D'ARVERT
Arvert
Étaules
Chaillevette
les Mathes
Pointe de la Coubre
la Palmyre
St-Just-Luzac
St-Jean-d'Angle
la Gripperie-St-Symphorien
St-Sornin
Nieulle-sur-Seudre
le Gua
Mornac-sur-Seudre
l'Éguille
Breuillet
St-Sulpice-de-Royan
Saujon
Sablonceaux
Médis
Vaux-sur-Mer
St-Palais-sur-Mer
Royan
Grande Passe de l'Ouest
Grande Conche
St-Georges-de-Didonne
Embouchure de la Gironde
17 CHARENTE-MARITIME
Semussac
Cozes
Meschers-sur-Gironde
Talmont
Pointe de Grave
le Verdon-sur-Mer
Soulac-sur-Mer
Talais
Grayan-et-l'Hôpital
St-Vivien-de-Médoc
33 GIRONDE
Vensac
Montalivet-les-Bains
la Gironde
Mortagne-sur-Gironde
Pont-l'Abbé-d'Arnoult
Nancras
Corme-Royal
Meursac
Grézac
Arces
Barzan
Épargnes
Chenac
176
210

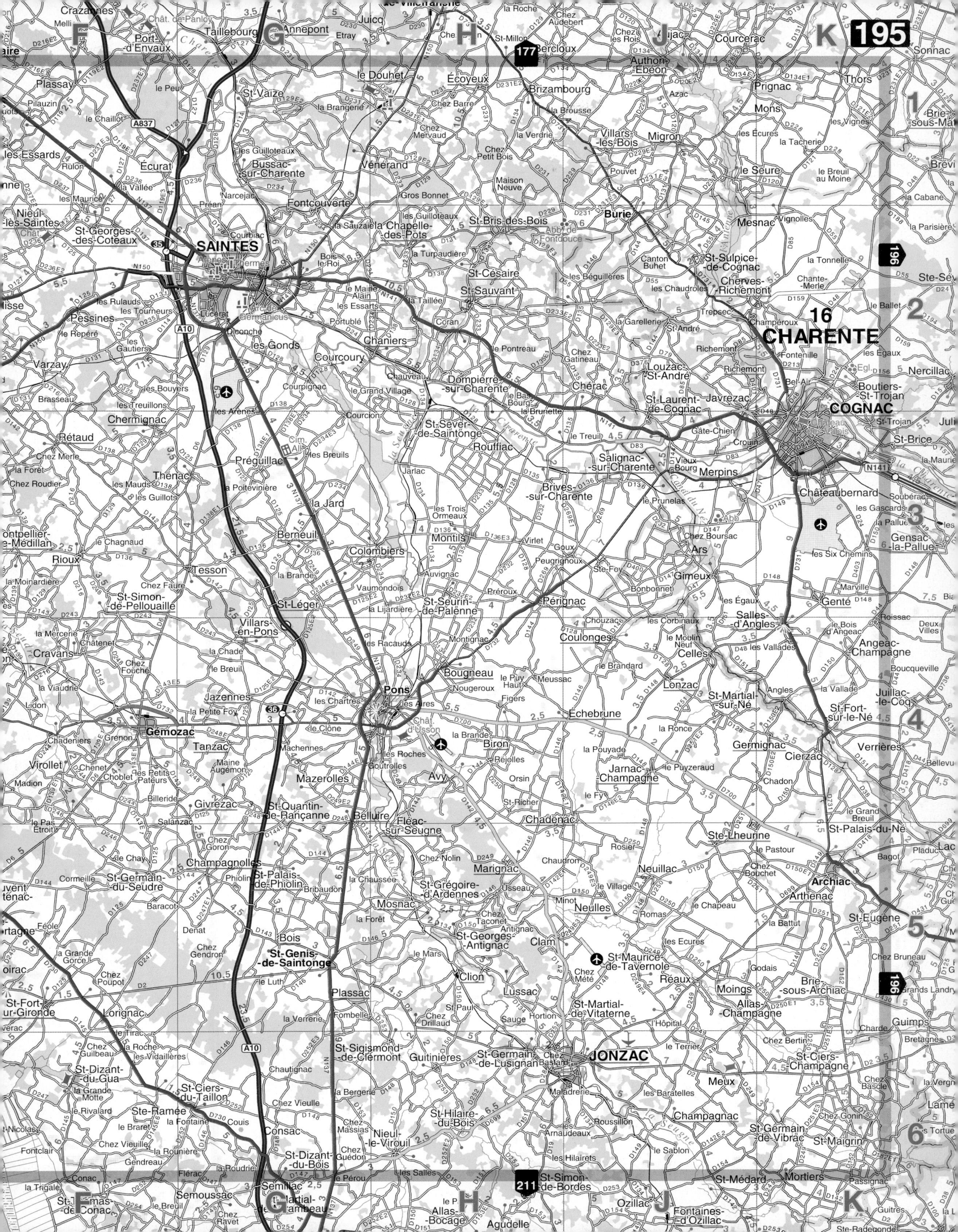

F
G
H
J
K
1
2
3
4
5
6
177
196
211
Crazannes
Chât. de Panloy
Taillebourg
Annepont
Juicq
la Roche
Chez Audebert
Port-d'Envaux
Etray
St-Millon
Bercloux
Chez les Rois
Lujac
Courcerac
Sonnac
Authon-Ebéon
Plassay
le Douhet
Écoyeux
Brizambourg
Prignac
Thors
St-Vaize
Azac
Mons
Brie-sous-Matha
la Brousse
les Vignes
Villars-les-Bois
Migron
les Écures
la Tacherie
les Essards
Écurat
les Guilloteaux
Vénérand
Chez Petit Bois
Rulon
Bussac-sur-Charente
Pouvet
le Seure
le Breuil au Moine
Brevil
la Vallée
Maison Neuve
Gros Bonnet
les Maurice
Préan
Narcejac
Fontcouverte
la Cabane
Nieul-lès-Saintes
St-Georges-des-Coteaux
la Sauzaie
la Chapelle-des-Pots
les Guilloteaux
St-Bris-des-Bois
Abb. de Fontdouce
Burie
Mesnac
Vignolles
la Parisière
SAINTES
Courbiac
Bois le Roi
la Turpaudière
Canton Buhet
St-Sulpice-de-Cognac
la Tonnelle
St-Césaire
les Béguillères
Cherves-Richemont
Chante-Merle
Ste-Sévère
le Maine Alain
les Chaudrolles
St-Sauvant
la Taillée
les Rulauds
les Tourneurs
les Essarts
Pessines
Lucérat
Arc de Germanicus
Portublé
Coran
la Garellerie
St-André
Trepsec
Champéroux
le Ballet
16
CHARENTE
le Repéré
Diconche
les Gonds
Chaniers
les Gautiers
le Pontreau
Chez Gatineau
Richemont
Fontenille
les Égaux
Varzay
Courcoury
Louzac-St-André
Egl.
Nercillac
Chauveau
Dompierre-sur-Charente
Chérac
Bel-Air
Boutiers-St-Trojan
les Bouyers
Courpignac
le Grand Village
Brasseau
les Treuillons
les Arènes
Courcion
le Bas Bourg
la Brunette
St-Laurent-de-Cognac
Javrezac
COGNAC
Chermignac
St-Sever-de-Saintonge
Gâte-Chien
Château de Valois
St-Trojan
Rétaud
Cim. All.
le Treuil
Crouin
St-Brice
les Breuils
Rouffiac
Chez Merle
Préguillac
Salignac-sur-Charente
Vieux Bourg
Merpins
la Maurie
la Forêt
Jarlac
Thénac
Chez Roudier
les Mauds
la Poitevinière
Brives-sur-Charente
le Prunelas
Châteaubernard
Soubérac
les Guillots
la Jard
les Trois Ormeaux
les Gascards
la Pallue
Montpellier-de-Médillan
Berneuil
Montils
Virlet
Chez Boursac
Gensac-la-Pallue
le Chagnaud
Goux
Ars
Rioux
Colombiers
Peugrignoux
les Six Chemins
Ste-Foy
Tesson
la Brande
Auvignac
Bonbonnet
Gimeux
la Moinardière
Chez Faure
Vaumondois
Préroux
Marville
St-Simon-de-Pellouaille
St-Léger
St-Seurin-de-Palenne
Pérignac
les Égaux
Genté
la Lijardière
Salles-d'Angles
Roissac
Villars-en-Pons
Chouzac
les Corbinaux
le Bois d'Angeac
Deux Villes
la Mercerie
Châtenet
les Racauds
Montignac
Coulonges
le Moulin Neuf
Angeac-Champagne
Cravans
la Chade
les Vallades
Celles
Chez Fouché
le Breuil
Bougneau
le Brandard
Bucqueville
la Viaudrie
le Puy Haut
Meussac
Lonzac
Nougeroux
Jazennes
Pons
Angles
la Vallade
Juillac-le-Coq
Lidon
les Chartres
les Arcs
Figers
St-Martial-sur-Né
la Petite Foy
Échebrune
St-Fort-sur-le-Né
Gémozac
le Clône
Chât. d'Usson
la Brande
la Ronce
Verrières
Chadeniers
Grenon
Tanzac
Biron
la Pouyade
Germignac
Cierzac
Machennes
les Roches
Réjolles
Jarnac-Champagne
le Puyzeraud
Virollet
Chenet
Maine Augémon
Goutrolles
Bellevue
Choblet
les Petits Pateurs
Mazerolles
Avy
Orsin
Chadon
Madion
Billeride
le Fy
Givrezac
St-Quantin-de-Rançanne
Belluire
St-Richer
le Grand Breuil
Salanzac
Fléac-sur-Seugne
Chadenac
le Pas Étroit
Ste-Lheurine
St-Palais-du-Né
Chez Goron
Rosier
le Pastour
Pladuc
le Chay
Chez Nolin
Chaudron
Bagot
Champagnolles
Marignac
Neuillac
Chez Bouchet
Cormeille
St-Germain-du-Seudre
Philoin
St-Palais-de-Phiolin
la Chaussée
St-Grégoire-d'Ardennes
Usseau
le Village
Archiac
Bribaudon
Arthenac
Baracot
Mosnac
Minot
Neulles
Romas
le Chapeau
Féole
la Forêt
Chez Taconet
la Battut
St-Eugène
Denat
Antignac
St-Georges-Antignac
Clam
les Écures
Bois
Chez Gendron
St-Genis-de-Saintonge
le Mars
St-Maurice-de-Tavernole
Godais
Chez Bruneau
la Grande Gorce
Chez Poupot
Clion
Chez Mété
Réaux
Brie-sous-Archiac
le Luth
Plassac
Lussac
Moings
Grands Landry
St-Fort-sur-Gironde
Lorignac
St-Paul
St-Martial-de-Vitaterne
Allas-Champagne
Fombelle
Chez Drillaud
Sauge
Hortion
l'Hôpital
Charde
la Verrerie
Guimps
la Roche
le Tirac
Chez Bertin
Bretagne
Chez Guilbeau
les Vidaillères
St-Sigismond-de-Clermont
Guitinières
St-Germain-de-Lusignan
Chez Bastard
JONZAC
le Terrier
St-Ciers-Champagne
Chautignac
St-Dizant-du-Gua
la Grande Motte
St-Ciers-du-Taillon
la Bergerie
Meux
Chez Basolé
la Maladrerie
les Baratelles
le Rivalard
Chez Vieulle
Ste-Ramée
la Fontaine
Couis
St-Hilaire-du-Bois
Champagnac
Chez Gonin
le Braret
Chez Massias
Roussillon
les Arnaudeaux
St-Germain-de-Vibrac
Consac
St-Maigrin
Fontclair
Chez Vieuille
la Rounière
Nieul-le-Virouil
Chez Guédon
le Sablon
St-Dizant-du-Bois
Gendreau
la Roudrie
les Hilairets
Flérac
le Pérou
les Salles
St-Simon-de-Bordes
St-Médard
Mortiers
Conac
la Trigale
Semillac
Passignac
St-Thomas-de-Conac
Semoussac
St-Martial-de-Chambeau
le P
Allas-Bocage
Ozillac
Fontaines-d'Ozillac
le Breuil
Chez Ravet
Agudelle
Guitres
Ste-Radegonde
A837
A10
N150
N137
N141

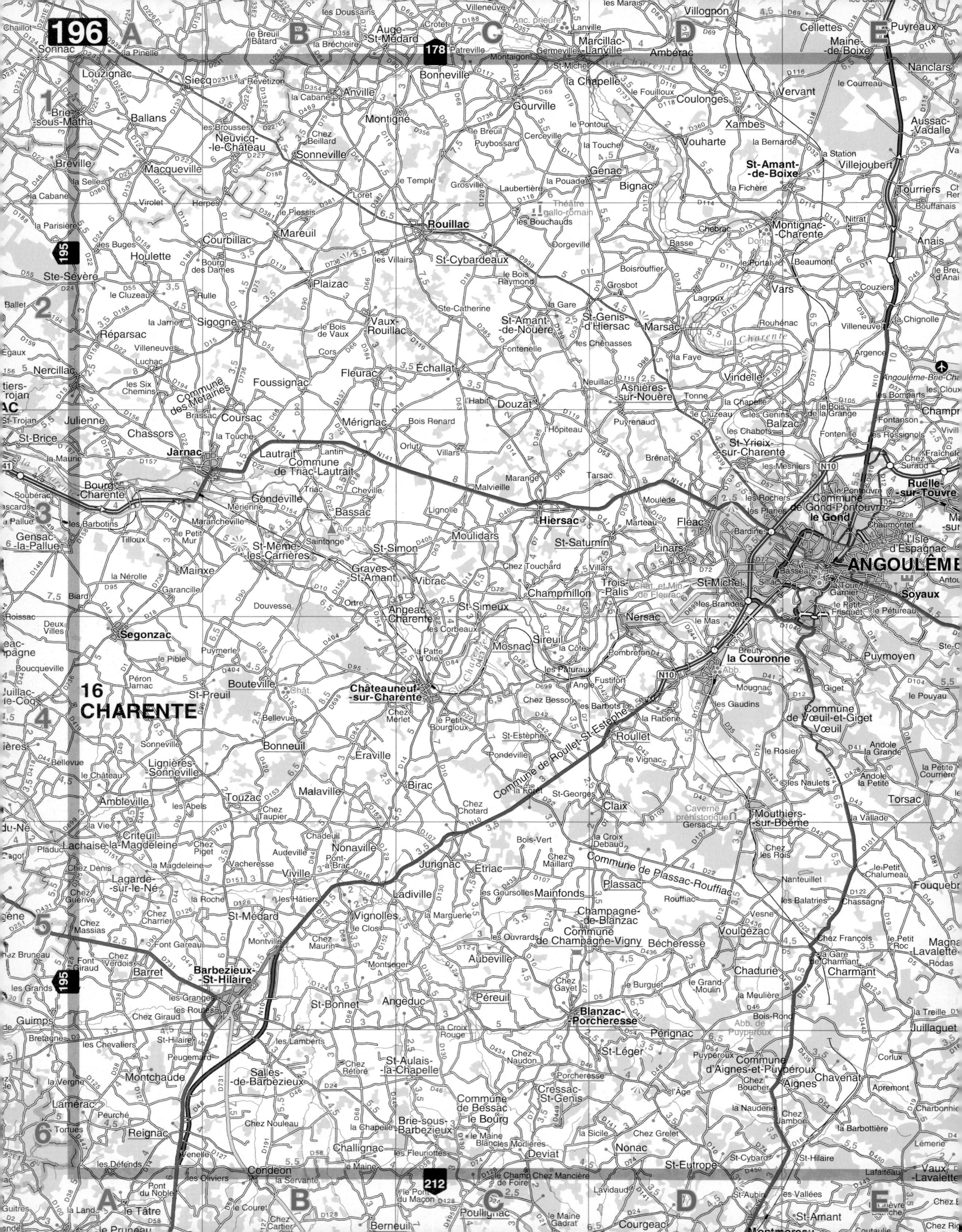
196
16
CHARENTE
ANGOULÊME
Jarnac
Rouillac
Segonzac
Châteauneuf-sur-Charente
Barbezieux-St-Hilaire
Hiersac
la Couronne
Blanzac-Porcheresse
Sonnac
Louzignac
Siecq
Brie-sous-Matha
Ballans
Bréville
Macqueville
Neuvicq-le-Château
Sonneville
Anville
Montigné
Bonneville
Gourville
Auge-St-Médard
Marcillac-Lanville
Ambérac
Villognon
Cellettes
Maine-de-Boixe
Puyréaux
Vervant
Coulonges
Xambes
Vouharte
St-Amant-de-Boixe
Villejoubert
Aussac-Vadalle
Montignac-Charente
Genac
Bignac
Mareuil
Courbillac
Houlette
St-Cybardeaux
Plaizac
Ste-Sévère
Sigogne
Réparsac
Vaux-Rouillac
St-Amant-de-Nouère
St-Genis-d'Hiersac
Marsac
Vars
Anais
Nercillac
Foussignac
Fleurac
Échallat
Douzat
Asnières-sur-Nouère
Vindelle
Balzac
Commune des Métairies
Coursac
Julienne
Chassors
St-Brice
Mérignac
St-Yrieix-sur-Charente
Lautrait
Commune de Triac-Lautrait
Bourg-Charente
Gondeville
Bassac
Moulidars
St-Saturnin
Fléac
Linars
Commune de Gond-Pontouvre
le Gond
Ruelle-sur-Touvre
l'Isle d'Espagnac
Gensac-la-Pallue
St-Même-les-Carrières
Mainxe
St-Simon
Graves-St-Amant
Vibrac
Champmillon
Trois-Palis
St-Michel
Soyaux
Angeac-Charente
St-Simeux
Nersac
Mosnac
Sireuil
Puymoyen
Bouteville
St-Preuil
Bonneuil
Éraville
Roullet
Commune de Roullet-St-Estèphe
Commune de Vœuil-et-Giget
Vœuil
Lignières-Sonneville
Ambleville
Touzac
Malaville
Birac
Claix
Mouthiers-sur-Boëme
Torsac
Criteuil-la-Magdeleine
Nonaville
Lagarde-sur-le-Né
Viville
Jurignac
Étriac
Mainfonds
Plassac
Commune de Plassac-Rouffiac
St-Médard
Ladiville
Vignolles
Champagne-de-Blanzac
Commune de Champagne-Vigny
Bécheresse
Voulgézac
Barret
Aubeville
Chadurie
Charmant
St-Bonnet
Angeduc
Péreuil
Pérignac
St-Léger
Commune d'Aignes-et-Puypéroux
Aignes
Chavenat
Montchaude
Salles-de-Barbezieux
St-Aulais-la-Chapelle
Cressac-St-Genis
Commune de Bessac
Brie-sous-Barbezieux
Reignac
Challignac
Deviat
Nonac
St-Eutrope
Condéon
Vaux-Lavalette
Berneuil
Courgeac
A
B
C
D
E
1
2
3
4
5
6
178
195
212
N10
N141

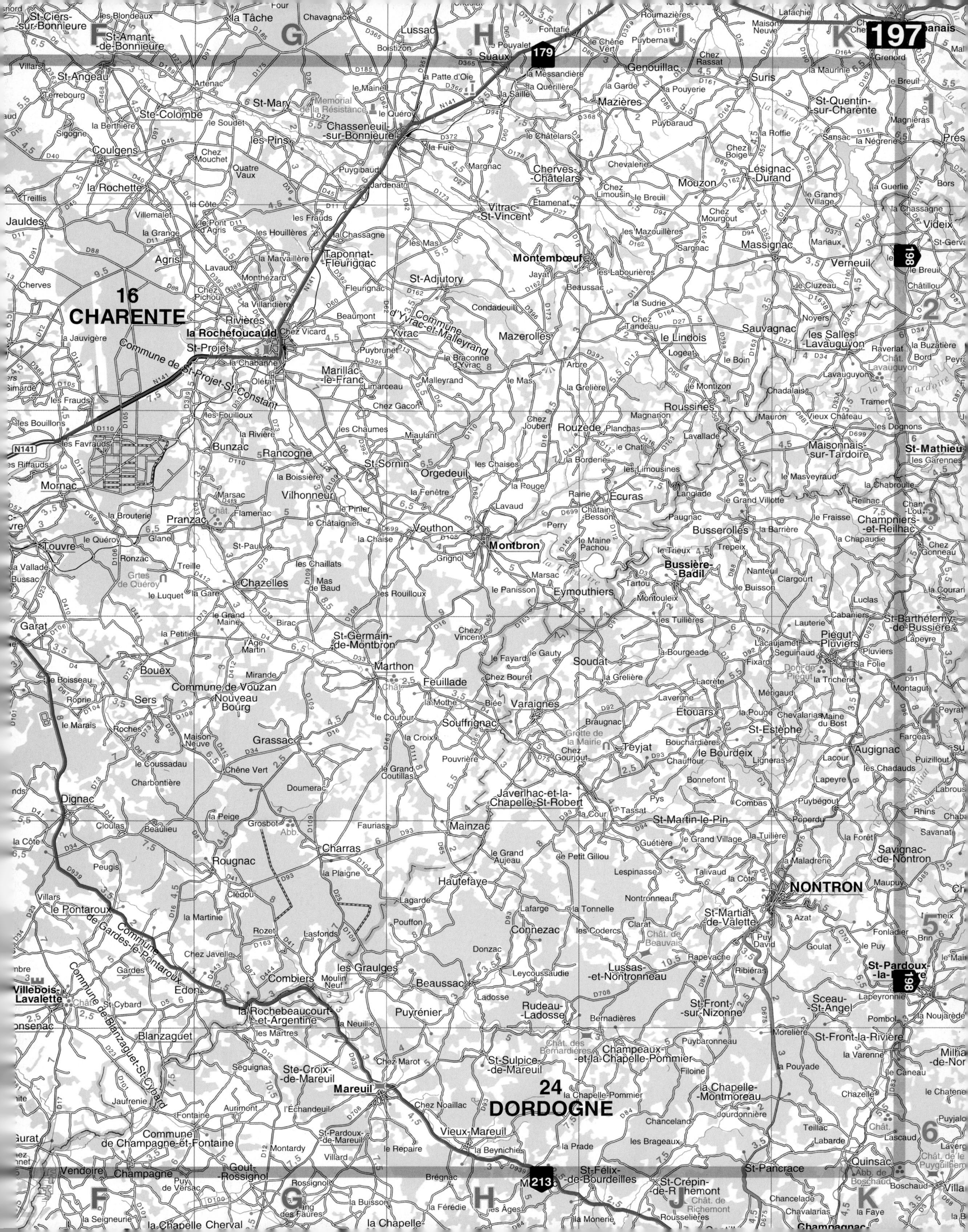

F
G
H
J
K
1
2
3
4
5
6
16
CHARENTE
24
DORDOGNE
St-Ciers-sur-Bonnieure
St-Amant-de-Bonnieure
la Tâche
Chavagnac
Lussac
Fontafié
Roumazières
Suaux
la Messandière
Genouillac
Suris
St-Angeau
Artenac
le Maine
la Saille
la Querillère
la Garde
la Pouyerie
la Maurinie
St-Mary
Memorial de la Résistance
le Quéroy
Mazières
St-Quentin-sur-Charente
Ste-Colombe
le Soudet
Chasseneuil-sur-Bonnieure
Puybaraud
Magnieras
Sigogne
les Pins
la Fuie
le Châtelars
la Roffie
Sansac
la Négrerie
Coulgens
Chez Mouchet
Quatre Vaux
Puygibaud
Margnac
Cherves-Châtelars
Chevalerie
Chez Boige
Lésignac-Durand
la Rochette
Jardenat
Mouzon
la Guerlie
Bors
Vitrac-St-Vincent
Étamenat
Chez Limousin
le Breuil
le Grand Village
la Chassagne
Jauldes
Villemalet
le Pont d'Agris
les Frauds
les Houillères
la Grange
les Mazouillères
Chez Mourgout
Videix
Agris
la Chassagne
les Mas
Taponnat-Fleurignac
Montembœuf
Sargnac
Massignac
Mariaux
Verneuil
le Breuil
la Marvaillère
Lavaud
Monthézard
Cherves
St-Adjutory
Jayat
les Labourières
Fleurignac
Beaussac
le Cluzeau
Châtillou
Chez Pichou
la Villandière
Condadeuil
la Sudrie
Noyers
Rivières
la Rochefoucauld
Chez Vicard
Beaumont
Commune d'Yvrac-et-Malleyrand
Chez Tandeau
le Lindois
Sauvagnac
les Salles-Lavauguyon
Raverlat
la Buzatière
la Jauvigère
St-Projet
Yvrac
Mazerolles
Logeat
le Boin
Bord
Commune de St-Projet-St-Constant
la Chabanne
Puybrunet
la Braconne d'Yvrac
Châl. Lavauguyon
Lavauguyon
Olérat
Marillac-le-Franc
l'Arbre
le Mas
le Montizon
Malleyrand
Limarceau
la Grelière
Chadalais
Simarde
les Frauds
Chez Gacon
Roussines
Tramer
Mauron
Vieux Château
les Bouillons
les Fouilloux
les Chaumes
Miaulant
Chez Joubert
Rouzède
Planchas
Magnanon
Lavallade
les Dognons
les Favrauds
la Rivière
le Chat
Maisonnais-sur-Tardoire
St-Mathieu
les Riffauds
Bunzac
Rancogne
les Chaises
la Borderie
les Garennes
St-Sornin
Orgedeuil
les Limousines
le Masveyraud
la Boissière
la Chabroulie
Mornac
Marsac
Vilhonneur
la Fenêtre
la Pouge
Rairie
Écuras
Langlade
le Grand Villotte
Reilhac
la Brouterie
Flamenac
Pranzac
le Pinier
Lavaud
Châtain-Besson
Paugnac
le Fraisse
Champniers-et-Reilhac
le Quéroy
Glane
le Châtaignier
Vouthon
Perry
Busserolles
la Barrière
la Chapaudie
Touvre
la Chaise
Montbron
le Maine Pachou
Trepeix
le Trieux
Chez Gonneau
St-Paul
Grignol
Ronzac
Treille
la Vallade
les Chaillats
Bussière-Badil
Nanteuil
Clargourt
Bussac
Grtes de Quéroy
Mas de Baud
Marsac
Tartou
Chazelles
le Luquet
la Gare
le Panisson
Eymouthiers
Montouleix
le Buisson
Luclas
les Rouilloux
la Tardoire
Garat
le Grand Maine
Birac
Cabaniers
St-Barthélemy-de-Bussière
les Tuilières
Lauterie
la Petitie
Chez Vincent
Lacaujamet
Piégut-Pluviers
Lapeyre
l'Age Martin
St-Germain-de-Montbron
le Gauty
Seguinaud
Pluviers
le Fayard
Soudat
la Bourgeade
Fixard
la Folie
Bouëx
Mirande
Marthon
Chez Bouret
la Grelière
Donj. de Piégut
la Tricherie
le Boisseau
Commune de Vouzan
Feuillade
Lacrête
Montagut
Nouveau Bourg
la Mothe
Biée
Varaignes
Lavergne
Mérigaud
Roprie
Sers
Braugnac
Etouars
Chevalarias
Maine du Bost
le Marais
Roches
le Coufour
Souffrignac
la Pouge
St-Estèphe
Peyrat
Maison Neuve
Grassac
la Croix
Grotte de la Mairie
Teyjat
Bouchardières
Fargeas
Pouvrière
Chez Gourjout
le Bourdeix
Ligneras
Augignac
le Coussadau
Chêne Vert
le Grand Coutillas
Chauffour
Lacour
Puizillout
Charbontière
Doumerac
Javerlhac-et-la-Chapelle-St-Robert
Bonnefont
les Chadauds
Lapeyre
Dignac
Pys
Combas
Puybégout
Labrous
la Peige
Grosbot
Abb.
Tassat
la Cour
St-Martin-le-Pin
Rhins
Cloulas
Beaulieu
Faurias
Mainzac
Guétière
le Grand Village
la Tuilière
Poperdu
Savanat
la Côte
Charras
le Grand Aujeau
le Petit Gillou
la Forêt
Peugis
Rougnac
la Plaigne
Lespinasse
Talivaud
la Côte
la Maladrerie
Savignac-de-Nontron
Hautefaye
Cledou
NONTRON
Maupuy
Villars
le Pontaroux
la Martinie
Lagarde
Nontronneau
Commune de Gardes-le-Pontaroux
Pouffon
Lafarge
la Tonnelle
St-Martial-de-Valette
Azat
Rozet
Lasfonds
Connezac
les Codercs
Clarat
Chât. de Beauvais
Fonladier
Chez Javelle
Donzac
Goulat
le Puy
Brin
Gardes
les Graulges
Lussas-et-Nontronneau
Rapevache
Ribiéras
St-Pardoux-la-Rivière
Combiers
Moulin Neuf
Leycoussaudie
Villebois-Lavalette
Edon
Beaussac
Ladosse
Sceau-St-Angel
Lapeyronnie
St-Cybard
la Rochebeaucourt-et-Argentine
Puyrénier
Rudeau-Ladosse
St-Front-sur-Nizonne
la Noujarède
Bernadières
Commune de Blanzaguet-St-Cybard
Blanzaguet
la Neuillie
Pombol
les Martres
Chât. des Bernardières
Champeaux-et-la-Chapelle-Pommier
Puybaronneau
Morelière
St-Front-la-Rivière
Seguignas
Ste-Croix-de-Mareuil
Chez Marot
St-Sulpice-de-Mareuil
Filoine
la Varenne
la Pouyade
Mareuil
la Chapelle-Pommier
la Chapelle-Montmoreau
le Caneau
Jaufrenie
Aurimont
l'Échandeuil
Chez Noaillac
Jourdonnière
Chazelle
Fontaine
Chanceland
Teillac
Commune de Champagne-et-Fontaine
St-Pardoux-de-Mareuil
Vieux-Mareuil
Labarde
Lascaud
Les Brageaux
Montardy
Villard
le Repaire
la Beynichie
la Prade
Quinsac
Vendoire
Champagne
Gout-Rossignol
Brégnac
St-Félix-de-Bourdeilles
St-Crépin-de-Richemont
St-Pancrace
Abb. de Boschaud
Puy de Versac
Rossignol
Chât. de Richemont
Boschaud
la Seigneurie
la Chapelle Cherval
la Buisson
des Faures
la Férédie
les Âges
la Monerie
Rousselières
Chancelade
Chavalarias
la Faye
la Chapelle-
Champagnac
N141
179
198
213

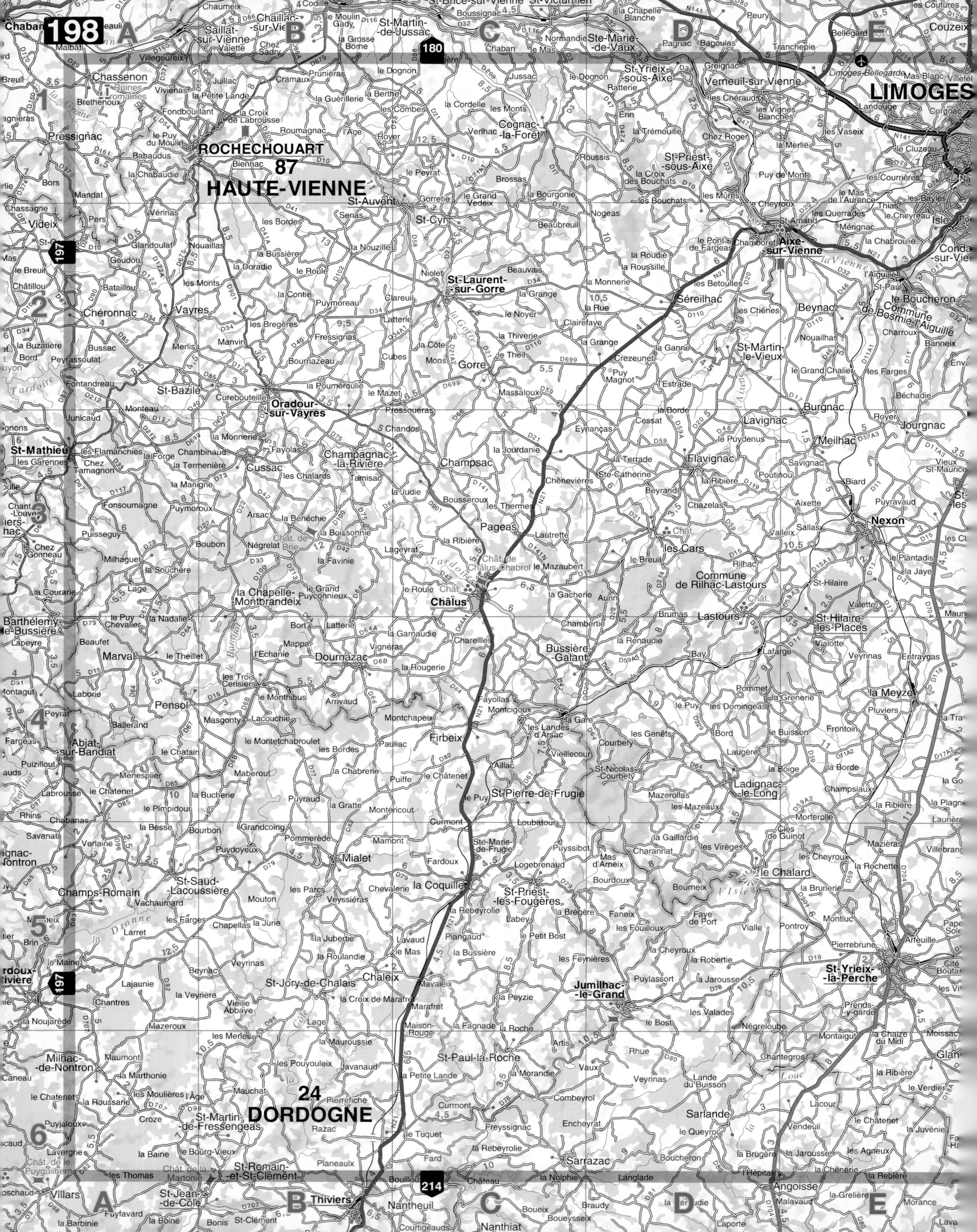

A
B
C
D
E
180
214
197
1
2
3
4
5
6
LIMOGES
ROCHECHOUART
87
HAUTE-VIENNE
24
DORDOGNE
Chassenon
Ruines romaines
Saillat-sur-Vienne
Chaillac-sur-Vienne
St-Martin-de-Jussac
St-Brice-sur-Vienne
St-Victurnien
Ste-Marie-de-Vaux
St-Yrieix-sous-Aixe
Verneuil-sur-Vienne
Limoges-Bellegarde
Couzeix
Pressignac
Cognac-la-Forêt
St-Priest-sous-Aixe
St-Auvent
St-Cyr
Aixe-sur-Vienne
St-Laurent-sur-Gorre
Séreilhac
Vayres
Chéronnac
Videix
Gorre
St-Martin-le-Vieux
Beynac
Burgnac
Oradour-sur-Vayres
St-Bazile
St-Mathieu
Cussac
Champagnac-la-Rivière
Champsac
Flavignac
Lavignac
Meilhac
Jourgnac
Pageas
Nexon
Châlus
Châl. de Châlus-Chabrol
les Cars
Commune de Rilhac-Lastours
Lastours
La Chapelle-Montbrandeix
Marval
Dournazac
Bussière-Galant
St-Hilaire-les-Places
Pensol
Abjat-sur-Bandiat
Firbeix
La Meyze
St-Pierre-de-Frugie
Ladignac-le-Long
Mialet
Ste-Marie-de-Frugie
la Coquille
St-Saud-Lacoussière
St-Priest-les-Fougères
le Chalard
Champs-Romain
Chaleix
St-Jory-de-Chalais
Jumilhac-le-Grand
St-Yrieix-la-Perche
Milhac-de-Nontron
St-Paul-la-Roche
St-Martin-de-Fressengeas
Sarlande
Sarrazac
St-Romain-et-St-Clément
St-Jean-de-Côle
Thiviers
Nantheuil
Nanthiat
Angoisse
Villars

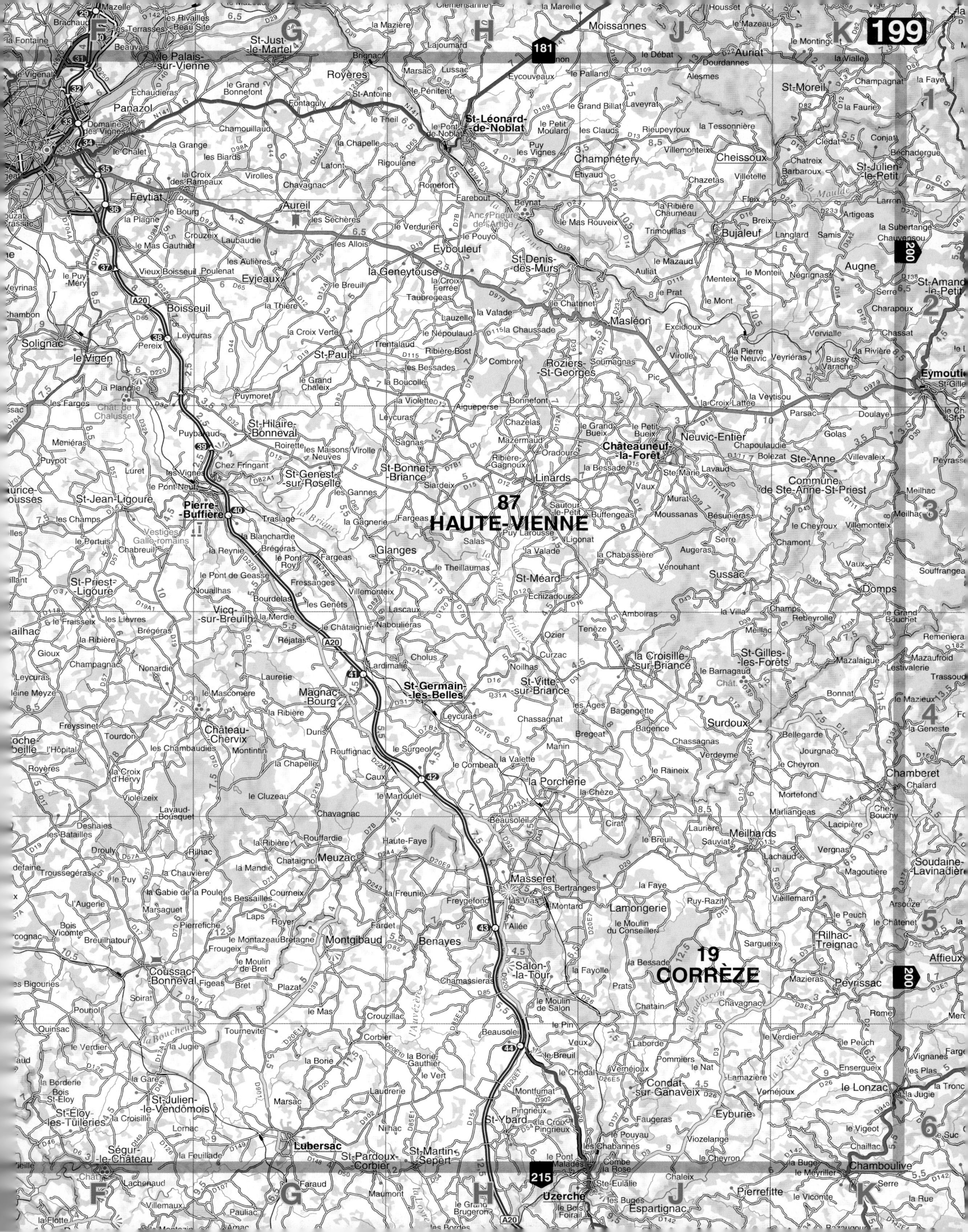

199
F
G
H
J
K
1
2
3
4
5
6
181
200
215
A20
87
HAUTE-VIENNE
19
CORRÈZE
St-Just-le-Martel
le Palais-sur-Vienne
Moissannes
Royères
Panazol
St-Léonard-de-Noblat
Feytiat
Aureil
Champnétery
Cheissoux
St-Moreil
St-Julien-le-Petit
Eybouleuf
St-Denis-des-Murs
Bujaleuf
Augne
la Geneytouse
Eyjeaux
Boisseuil
Masléon
St-Amand-le-Petit
Solignac
le Vigen
St-Paul
Roziers-St-Georges
Eymoutiers
St-Hilaire-Bonneval
Neuvic-Entier
Châteauneuf-la-Forêt
St-Genest-sur-Roselle
St-Bonnet-Briance
Linards
Ste-Anne
Commune de Ste-Anne-St-Priest
St-Jean-Ligoure
Pierre-Buffière
Glanges
Sussac
St-Priest-Ligoure
St-Méard
Domps
Vicq-sur-Breuilh
la Croisille-sur-Briance
St-Gilles-les-Forêts
Magnac-Bourg
St-Germain-les-Belles
St-Vitte-sur-Briance
Château-Chervix
Surdoux
la Porcherie
Chamberet
Meuzac
Masseret
Meilhards
Soudaine-Lavinadière
Lamongerie
Montgibaud
Benayes
Rilhac-Treignac
Coussac-Bonneval
Salon-la-Tour
Peyrissac
Affieux
St-Julien-le-Vendômois
Condat-sur-Ganaveix
Eyburie
Le Lonzac
St-Eloy-les-Tuileries
St-Ybard
Ségur-le-Château
Lubersac
St-Pardoux-Corbier
St-Martin-Sepert
Uzerche
Chamboulive
Espartignac

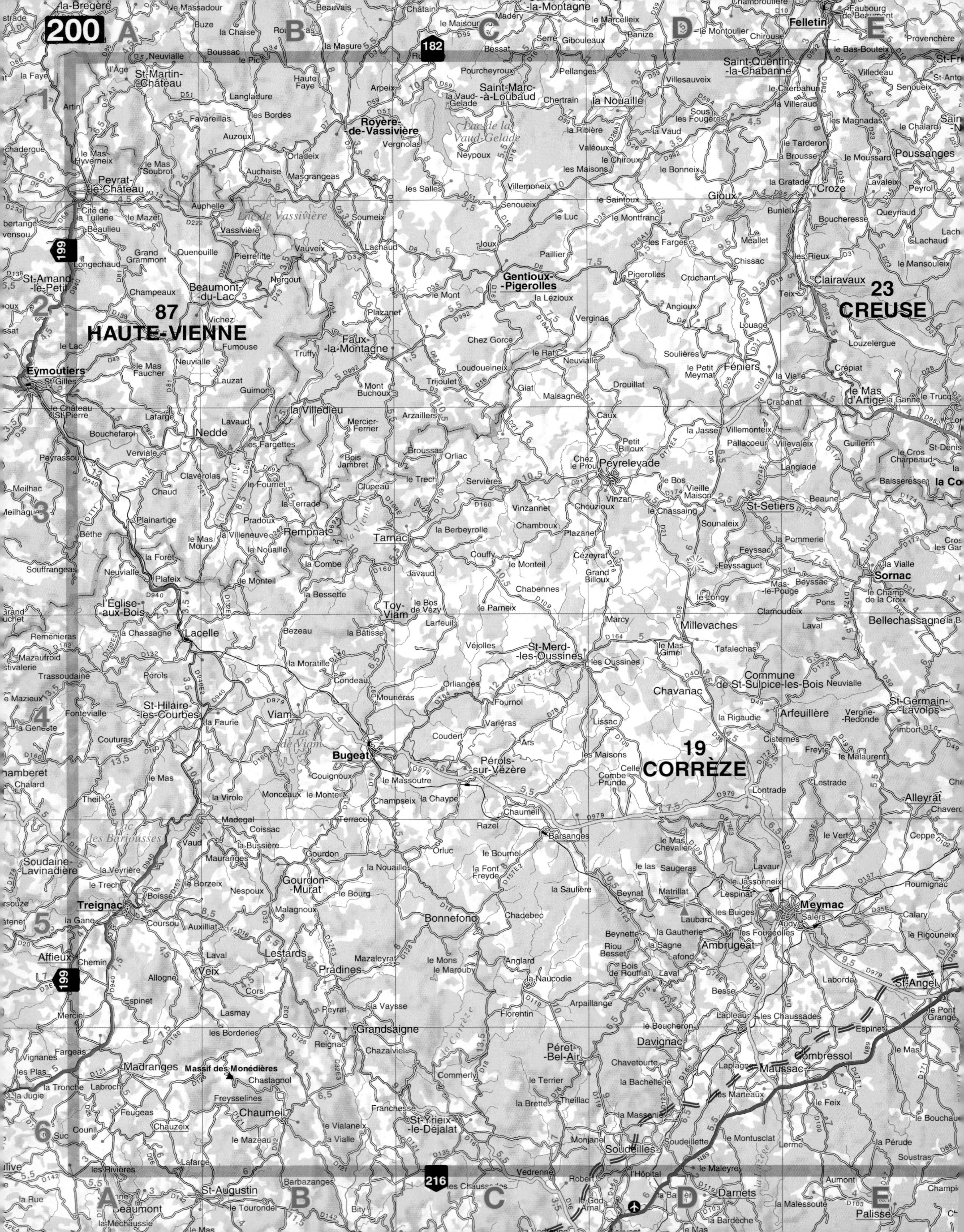

200
A
B
C
D
E
1
2
3
4
5
6
182
199
216
87
HAUTE-VIENNE
23
CREUSE
19
CORRÈZE
la Bregère
le Massadour
Beauvais
Châtain
la-Montagne
Madéry
le Marcelleix
Felletin
Faubourg de Beaumont
Provenchère
Buze
la Chaise
Bessat
Serre
Gibouleaux
Banize
le Montoulier
Chirouse
Neuvialle
Boussac
le Pic
la Masure
Pourcheyroux
Pellanges
Saint-Quentin-la-Chabanne
le Bas-Bouteix
St-Martin-Château
Haute Faye
Arpeix
Saint-Marc-à-Loubaud
Villesauveix
Villedeau
Langladure
la Vaud-Gelade
Chertrain
la Nouaille
le Cherbahun
Senoueix
Artin
Favareillas
les Bordes
Royère-de-Vassivière
Lac de la Vaud-Gelade
la Villeraud
les Magnadas
Sous les Fougères
la Ribière
la Vaud
le Chalard
Auzoux
Vergnolas
Neypoux
Valéoux
le Tarderon
chadergue
le Mas Hyverneix
le Mas Soubrot
Orladeix
le Chiroux
le Bonneix
la Brousse
le Moussard
Poussanges
Auchaise
Masgrangeas
les Maisons
Peyrat-le-Château
les Salles
Villemoneix
la Gratade
Croze
Lavaleix
Peyrol
Auphelle
Lac de Vassivière
Senoueix
le Saintoux
Gioux
Cité de la Tuilerie
le Mazet
Soumeix
le Luc
le Montfranc
Bunleix
Queyriaud
Boucheresse
bertange
vensou
Beaulieu
Vassivière
Joux
les Farges
Méallet
Lachaud
Longechaud
Grand Grammont
Quenouille
Pierrefitte
Vauveix
Lachaud
Paillier
Chissac
les Rieux
le Mansouleix
St-Amand-le-Petit
Nergout
Gentioux-Pigerolles
Pigerolles
Cruchant
Clairavaux
Champeaux
Beaumont-du-Lac
le Mont
la Lézioux
Teix
Vichez
Plazanet
Angioux
Verginas
Louage
le Lac
Fumouse
Truffy
Faux-la-Montagne
Chez Gorce
Soulières
Louzelergue
Eymoutiers
St-Gilles
le Mas Faucher
Neuvialle
Lauzat
Loudoueineix
le Rat
Neuvialle
le Petit Meymat
Féniers
la Vialle
Crépiat
Guimont
Mont Buchoux
Trijoulet
Giat
Malsagne
Drouillat
Crabanat
le Mas d'Artige
la Gane
le Trucq
le Château St-Pierre
Lafarge
Lavaud
la Villedieu
Mercier-Ferrier
Arzaillers
Caux
la Jasse
Villemonteix
Bouchefarol
Nedde
Broussas
Orliac
Petit Billoux
Pallacoeur
Villevaleix
Guillerin
Peyrassou
Verviale
les Fargettes
Bois Jambret
Chez le Prout
Peyrelevade
Langlade
le Cros Charpeaud
St-Denis
Meilhac
Claverolas
le Fournet
le Trech
Servières
le Bos
Vieille Maison
Chaud
Clupeau
Vinzan
Basseresse
la Co
Beaune
Meilhague
Plainartige
la Terrade
Vinzannet
Chouzioux
le Chassaing
St-Setiers
Pradoux
Rempnat
Tarnac
la Berbeyrolle
Chamboux
Plazanet
Sounaleix
Bêthe
le Mas Moury
la Villeneuve
la Pommerie
la Nouaille
Couffy
Cézeyrat
Feyssac
la Forêt
la Combe
le Monteil
Feyssaguet
la Vialle
Souffrangeas
Neuvialle
Plafeix
le Monteil
Javaud
Grand Billoux
Beyssac
Sornac
Chabennes
Mas-le-Pouge
le Champ de la Croix
l'Église-aux-Bois
la Bessette
Toy-Viam
le Bos de Vézy
le Parneix
le Longy
Pons
Clamoudeix
Laval
Bellechassagne
Remenieras
la Chassagne
Lacelle
Bezeau
la Batisse
Larfeuil
Marcy
Millevaches
Mazaufroid
Véjolles
St-Merd-les-Oussines
le Mas Gimel
Tafalechas
la Moratille
les Oussines
Trassoudaine
Pérols
Condeau
Orlianges
Commune de St-Sulpice-les-Bois
Neuvialle
St-Germain-Lavolps
le Mazieux
St-Hilaire-les-Courbes
Viam
Mouriéras
Chavanac
Fontevialle
la Faurie
Fournol
la Rigaudie
l'Arfeuillère
Vergne-Redonde
la Geneste
Variéras
Lissac
Imbort
Couturas
Lac de Viam
Coudert
Ars
Cisternes
Freyte
le Malaurent
Bugeat
les Maisons
hamberet
Chalard
le Mas
Couignoux
Pérols-sur-Vézère
Celle
Combe Prunde
Lestrade
Theil
Monceaux
le Monteil
le Massoutre
la Virole
Champseix
la Chaype
Lontrade
Alleyrat
Chaumeil
Chaverd
Madegal
Terracol
Razel
Barsanges
Lac des Bariousses
Coissac
le Vert
Ceppe
Vaud
la Bussière
Orluc
le Mas Chevalier
Gourdon
le Bournel
Mauranges
Soudaine-Lavinadière
la Veyrière
la Nouaille
la Font Freyde
le las
Saugeras
Lavaur
le Trech
le Borzeix
Gourdon-Murat
le Jassonneix
Roumignac
Treignac
Boisse
Nespoux
le Bourg
la Saulière
Beynat
Matrillat
Lespinat
Meymac
Salers
Malagnoux
Laubard
les Buiges
Calary
la Gane
Coursou
Auxilliat
Bonnefond
Chadebec
Beynette
la Gautherie
les Fougeolles
Audy
le Rigouneix
Laval
la Sagne
Ambrugeat
Affieux
Chemin
Lestards
Mazaleyrat
Anglard
Riou Besset
Lafond
Allogne
Veix
Pradines
le Mons
le Marouby
la Naucodie
Bois de Rouffiat
Laval
Laborde
St-Angel
Cors
Espinet
Besse
Lasmay
Peyrat
la Vaysse
Arpaillange
Florentin
Lapleau
les Chaussades
le Pont Grange
Merciel
les Borderies
Grandsaigne
Reignac
le Boucheron
Espinet
Davignac
Vignanes
Fargeas
Chazalviel
Péret-Bel-Air
Combressol
le Mas
les Plas
Madranges
Massif des Monédières
Commerly
Chavetourte
Laplagne
Maussac
la Tronche
Labroch
Chastagnol
le Terrier
la Bachellerie
la Jugie
Freysselines
la Brette
Theillac
les Marteaux
le Feix
Feugeas
Chauzeix
Chaumeil
Franchesse
la Massenie
le Bouchaud
Suc
Counil
le Vialaneix
St-Yrieix-le-Déjalat
Soudeillette
le Montusclat
Lerme
la Pérude
le Mazeau
la Vialle
Monjanel
Soudeilles
Soustras
Lafarge
les Rivières
Vedrenne
Robert
l'Hôpital
le Maleyre
Barbazanges
les Chaussades
Aumont
St-Augustin
le God Arnal
la Ba
Darnets
la Malessoute
Champie
Beaumont
la Méchaussie
le Tourondel
Bity
la Bardèche
Palisse

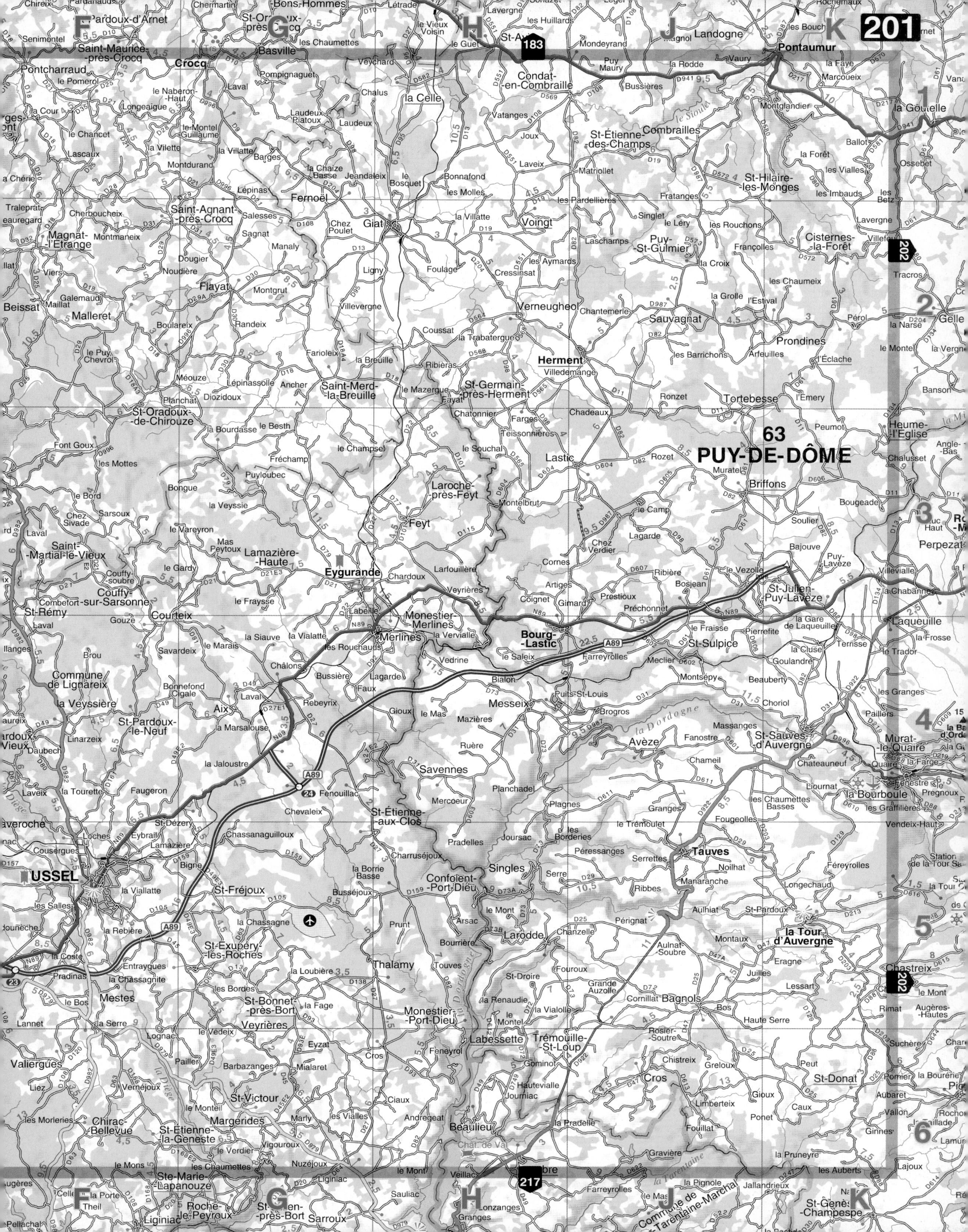

F
G
H
J
K
1
2
3
4
5
6
183
202
217
Crocq
Basville
Saint-Maurice-près-Crocq
Pontcharraud
Condat-en-Combraille
Pontaumur
Landogne
la Celle
Combrailles
St-Étienne-des-Champs
St-Hilaire-les-Monges
Fernoël
Giat
Voingt
Puy-St-Gulmier
Cisternes-la-Forêt
Saint-Agnant-près-Crocq
Magnat-l'Étrange
Flayat
Malleret
Verneugheol
Sauvagnat
Prondines
Herment
St-Germain-près-Herment
Saint-Merd-la-Breuille
Tortebesse
St-Oradoux-de-Chirouze
Lastic
63
PUY-DE-DÔME
Briffons
Laroche-près-Feyt
Feyt
Heume-l'Église
Perpezat
Saint-Martial-le-Vieux
Lamazière-Haute
Eygurande
Couffy-sur-Sarsonne
St-Julien-Puy-Lavèze
Courteix
St-Rémy
Monestier-Merlines
Merlines
Bourg-Lastic
St-Sulpice
Laqueuille
Commune de Lignareix
la Veyssière
Aix
St-Pardoux-le-Neuf
Messeix
Avèze
St-Sauves-d'Auvergne
Murat-le-Quaire
la Bourboule
Savennes
St-Étienne-aux-Clos
Tauves
USSEL
St-Fréjoux
Confolent-Port-Dieu
Singles
St-Exupéry-les-Roches
Larodde
la Tour d'Auvergne
Thalamy
Mestes
St-Bonnet-près-Bort
Veyrières
Monestier-Port-Dieu
Bagnols
Labessette
Trémouille-St-Loup
Valiergues
St-Victour
Cros
St-Donat
Chirac-Bellevue
Margerides
St-Étienne-la-Geneste
Beaulieu
Ste-Marie-Lapanouze
Roche-le-Peyroux
St-Genès-Champespe
Commune de la Tarentaine-Marchal
A89
N89
la Dordogne

202
A
B
C
D
E
184
63
PUY-DE-DÔME
CLERMONT-FERRAND
Riom
Volvic
Marsat
Ménétrol
Châteaugay
Malauzat
Blanzat
Cébazat
Gerzat
Sayat
Nohanent
Durtol
Chamalières
Royat
Beaumont
Aubière
Cournon-d'Auvergne
Lempdes
Aulnat
Malintrat
Lussat
St-Beauzire
Chappes
Pont-du-Château
Dallet
Pulvérières
Chapdes-Beaufort
St-Ours
Bromont-Lamothe
Pontgibaud
Chanat-la-Mouteyre
Orcines
Puy de Dôme
1464
Ceyssat
Mazaye
St-Pierre-le-Chastel
Olby
Nébouzat
Ceyrat
St-Genès-Champanelle
Romagnat
Pérignat-lès-Sarliève
le Cendre
Orcet
la Roche-Blanche
Chanonat
le Crest
Montagne de la Serre
Tallende
St-Saturnin
St-Amant-Tallende
Monton
Veyre-Monton
Corent
Mirefleurs
la Sauvetat
St-Sandoux
Authezat
Plauzat
Montpeyroux
Coudes
Sauvagnat-Ste-Marthe
Neschers
Chadeleuf
Champeix
Montaigut-le-Blanc
Ludesse
Olloix
Cournols
Aydat
Rochefort-Montagne
Orcival
St-Bonnet-près-Orcival
St-Pierre-Roche
Aurières
Vernines
Perpezat
Laqueuille
la Banne d'Ordanche
1512
Murat-le-Quaire
le Mont-Dore
Saulzet-le-Froid
le Vernet-Ste-Marguerite
St-Nectaire
Grandeyrolles
Murol
Chambon-sur-Lac
Verrières
Saillant
Clémensat
St-Floret
St-Vincent
St-Cirgues-sur-Couze
Meilhaud
Perrier
ISSOIRE
Chidrac
Pardines
St-Diéry
Saurier
Creste
Tourzel-Ronzières
St-Victor-la-Rivière
Lomprat
Besse-en-Chandesse
Super-Besse
Puy de Sancy
1885
Station du Sancy
Station de Chambon des Neiges
Picherande
Chastreix
Valbeleix
Compains
Courgoul
Chassagne
Dauzat-sur-Vodable
Solignat
Vodable
Antoingt
Bergonne
Mareugheol
Villeneuve
Ternant-les-Eaux
St-Hérent
Boudes
Chalus
St-Germain-Lembron
la Chapelle-Marcousse
Commune de Roche-Charles-la-Mayrand
Commune de Besse-et-St-Anastaise
Commune de St-Pierre-Colamine
201
218
A71
A75
A710
A712
A720
N89
1
2
3
4
5
6

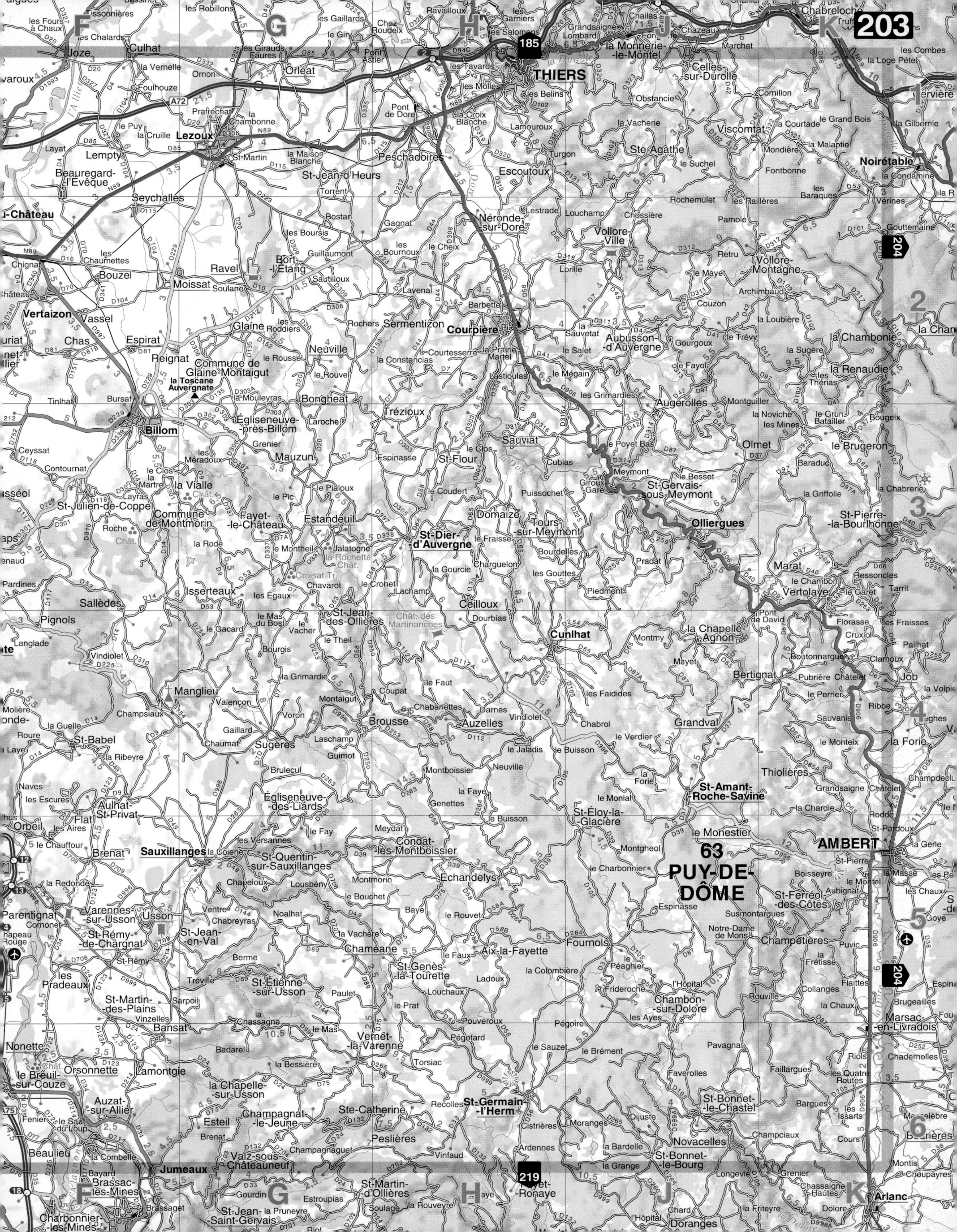
F
G
H
J
K
1
2
3
4
5
6
185
204
219
THIERS
Joze
Culhat
Orléat
Lezoux
Lempty
Beauregard-l'Évêque
Seychalles
Peschadoires
St-Jean-d'Heurs
Escoutoux
Néronde-sur-Dore
Vollore-Ville
Vollore-Montagne
Celles-sur-Durolle
la Monnerie-le-Montel
Chabreloche
Viscomtat
Ste-Agâthe
Noirétable
Ravel
Moissat
Bort-l'Étang
Bouzel
Vertaizon
Vassel
Chas
Espirat
Reignat
Glaine
Commune de Glaine-Montaigut
la Toscane Auvergnate
Neuville
Sermentizon
Courpière
Aubusson-d'Auvergne
Augerolles
Bongheat
Billom
Égliseneuve-près-Billom
Trézioux
Mauzun
St-Flour
Sauviat
Olmet
le Brugeron
St-Gervais-sous-Meymont
Olliergues
St-Pierre-la-Bourlhonne
St-Julien-de-Coppel
Commune de Montmorin
Fayet-le-Château
Estandeuil
St-Dier-d'Auvergne
Domaize
Tours-sur-Meymont
Marat
Vertolaye
Isserteaux
Sallèdes
Pignols
St-Jean-des-Ollières
Ceilloux
Cunlhat
la Chapelle-Agnon
Bertignat
Job
Manglieu
Brousse
Auzelles
Grandval
Sugères
St-Babel
St-Amant-Roche-Savine
Thiolières
Aulhat-St-Privat
Égliseneuve-des-Liards
St-Éloy-la-Glacière
Sauxillanges
St-Quentin-sur-Sauxillanges
Condat-lès-Montboissier
Échandelys
63 PUY-DE-DÔME
AMBERT
Varennes-sur-Usson
Usson
St-Rémy-de-Chargnat
St-Jean-en-Val
Chaméane
St-Genès-la-Tourette
Aix-la-Fayette
Fournols
Champétières
St-Ferréol-des-Côtes
St-Étienne-sur-Usson
St-Martin-des-Plains
Bansat
Chambon-sur-Dolore
Marsac-en-Livradois
Vernet-la-Varenne
Nonette
Orsonnette
Lamontgie
la Chapelle-sur-Usson
Auzat-sur-Allier
Esteil
Champagnat-le-Jeune
Ste-Catherine
St-Germain-l'Herm
St-Bonnet-le-Chastel
Novacelles
St-Bonnet-le-Bourg
Jumeaux
Valz-sous-Châteauneuf
Brassac-les-Mines
St-Martin-d'Ollières
St-Jean-Saint-Gervais
Charbonnier-les-Mines
Arlanc
Doranges

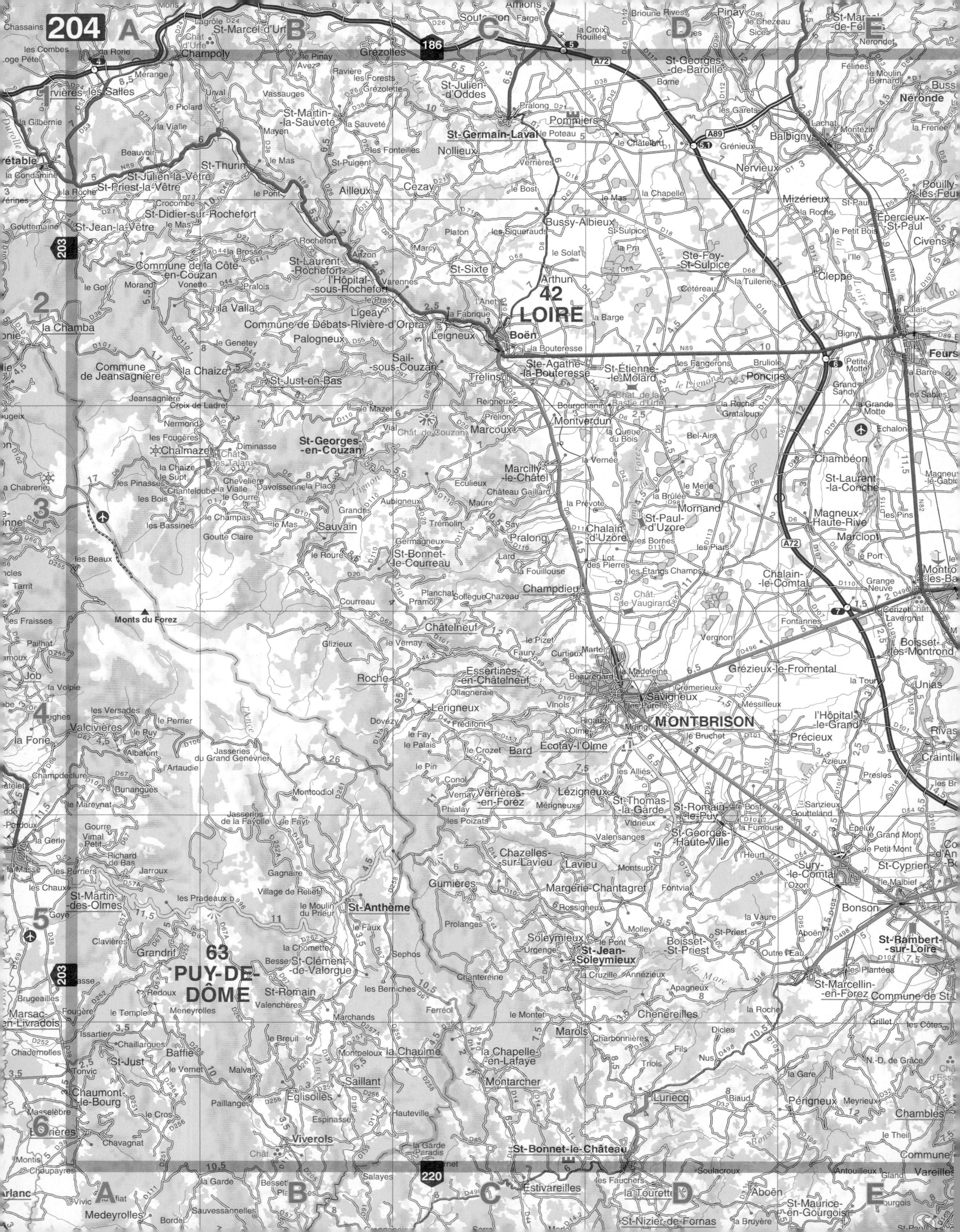

204
A
B
C
D
E
1
2
3
4
5
6
186
203
220
A72
A89
N89
N82
42
LOIRE
63
PUY-DE-DÔME
MONTBRISON
Boën
Feurs
Néronde
Balbigny
St-Germain-Laval
Pommiers
St-Julien-d'Oddes
St-Georges-de-Baroille
Grézolles
Champoly
St-Marcel-d'Urfé
Souternon
Amions
Pinay
Nervieux
Mizérieux
Épercieux-St-Paul
Pouilly-lès-Feurs
Civens
Cleppé
Ste-Foy-St-Sulpice
Bussy-Albieux
Arthun
St-Sixte
Cezay
Nollieux
Ailleux
St-Martin-la-Sauveté
St-Thurin
St-Julien-la-Vêtre
St-Priest-la-Vêtre
St-Didier-sur-Rochefort
St-Jean-la-Vêtre
St-Laurent-Rochefort
l'Hôpital-sous-Rochefort
Commune de la Côte-en-Couzan
Commune de Débats-Rivière-d'Orpra
Leigneux
Sail-sous-Couzan
Trelins
Ste-Agathe-la-Bouteresse
St-Étienne-le-Molard
Poncins
Palogneux
Commune de Jeansagnière
la Chamba
la Chaize
St-Just-en-Bas
St-Georges-en-Couzan
Chalmazel
Marcoux
Montverdun
Marcilly-le-Châtel
Chambéon
St-Laurent-la-Conche
Magneux-Haute-Rive
Marclopt
Mornand
St-Paul-d'Uzore
Chalain-d'Uzore
Chalain-le-Comtal
Sauvain
St-Bonnet-le-Courreau
Pralong
Champdieu
Monts du Forez
Châtelneuf
Roche
Essertines-en-Châtelneuf
Lérigneux
Savigneux
Grézieux-le-Fromental
Boisset-lès-Montrond
Unias
l'Hôpital-le-Grand
Précieux
Bard
Ecotay-l'Olme
Valcivières
Verrières-en-Forez
Lézigneux
St-Thomas-la-Garde
St-Romain-le-Puy
St-Georges-Haute-Ville
Sury-le-Comtal
St-Cyprien
Bonson
St-Rambert-sur-Loire
Chazelles-sur-Lavieu
Lavieu
Gumières
Margerie-Chantagret
St-Anthème
St-Martin-des-Olmes
Soleymieux
St-Jean-Soleymieux
Boisset-St-Priest
St-Marcellin-en-Forez
Commune de St-
St-Clément-de-Valorgue
St-Romain
Grandrif
Marols
Chenereilles
la Chaulme
la Chapelle-en-Lafaye
Montarcher
Luriecq
Périgneux
Chambles
St-Just
Baffie
Saillant
Eglisolles
Viverols
Chaumont-le-Bourg
Marsac-en-Livradois
St-Bonnet-le-Château
Estivareilles
St-Nizier-de-Fornas
Aboën
St-Maurice-en-Gourgois
Medeyrolles
Vareilles

F
G
H
J
K
187
206
221
1
2
3
4
5
6
69 RHÔNE
42
LOIRE
ST-ÉTIENNE
St-Chamond
Rive-de-Gier
St-Symphorien-sur-Coise
Chazelles-sur-Lyon
St-Galmier
l'Arbresle
Vaugneray
Mornant
Givors
Limonest
Pélussin
Condrieu
St-Laurent-de-Chamousset
St-Héand
Panissières
Brignais
Francheville
Craponne
Ste-Foy-l'Argentière
St-Martin-en-Haut
Le Chambon-Feugerolles
La Ricamarie
la Grand-Croix
Châteauneuf

206
A
B
C
D
E
1
2
3
4
5
6
188
205
222
LYON
69
RHÔNE
01
AIN
38
ISÈRE
Limonest
Fontaines-St-Martin
Cailloux-sur-Fontaines
Rochetaillée-sur-Saône
Fontaines-sur-Saône
Sathonay-Village
Sathonay-Camp
St-Romain-au-Mont-d'Or
Collonges-au-Mont-d'Or
St-Cyr-au-Mont-d'Or
St-Didier-au-Mont-d'Or
Champagne-au-Mont-d'Or
Écully
Tassin-la-Demi-Lune
Rillieux-la-Pape
Caluire-et-Cuire
Villeurbanne
Vaulx-en-Velin
Décines-Charpieu
Meyzieu
Jonage
Miribel
Neyron
St-Maurice-de-Beynost
Niévroz
Balan
la Valbonne
St-Jean-de-Niost
St-Maurice-de-Gourdans
Jons
Villette-d'Anthon
Anthon
Loyettes
Chavanoz
Pont-de-Chéruy
Janneyrias
Pusignan
Chassieu
Bron
Genas
Ste-Foy-lès-Lyon
la Mulatière
Oullins
Pierre-Bénite
St-Genis-Laval
St-Fons
Vénissieux
St-Priest
Irigny
Vourles
Feyzin
Corbas
Mions
Toussieu
St-Bonnet-de-Mure
St-Laurent-de-Mure
Colombier-Saugnieu
Charvieu-Chavagneux
Tignieu-Jameyzieu
Satolas-et-Bonce
Grenay
Chamagnieu
Frontonas
la Verpillière
Heyrieux
St-Pierre-de-Chandieu
St-Quentin-Fallavier
Villefontaine
Vernaison
Charly
Millery
Solaize
St-Symphorien-d'Ozon
Sérézin-du-Rhône
Simandres
Marennes
Chaponnay
Valencin
Grigny
Communay
Ternay
Chuzelles
Villette-de-Vienne
Luzinay
St-Just-Chaleyssin
Diémoz
Givors
Chasse-sur-Rhône
Loire-sur-Rhône
Seyssuel
Serpaize
Septème
Oytier-St-Oblas
St-Georges-d'Espéranche
Charantonnay
St-Romain-en-Gal
Ste-Colombe
St-Cyr-sur-le-Rhône
VIENNE
Pont-Évêque
Estrablin
Moidieu-Détourbe
Beauvoir-de-Marc
Royas
St-Jean-de-Bournay
Meyrieu-les-Étangs
Ampuis
Condrieu
Chonas-l'Amballan
Reventin-Vaugris
St-Sorlin-de-Vienne
Eyzin-Pinet
Meyssiès
Villeneuve-de-Marc
Les Roches-de-Condrieu
St-Prim
St-Clair-du-Rhône
Les Côtes-d'Arey
Cour-et-Buis
Châlons
Auberives-sur-Varèze
Cheyssieu
Vernioz
Montseveroux
Monsteroux-Milieu
Assieu
St-Julien-de-l'Herms
Bossieu
Châtonnay
Lieudieu
Semons
Arzay
Clonas-sur-Varèze
St-Maurice-l'Exil
St-Romain-de-Surieu
Commune de Bellegarde-Poussieu
Moissieu-sur-Dolon
Pommier-de-Beaurepaire
Primarette
Pisieu
Faramans
Ornacieux
Balbins
A6
A7
A42
A43
A46
A432
A457
N383
N346
N6

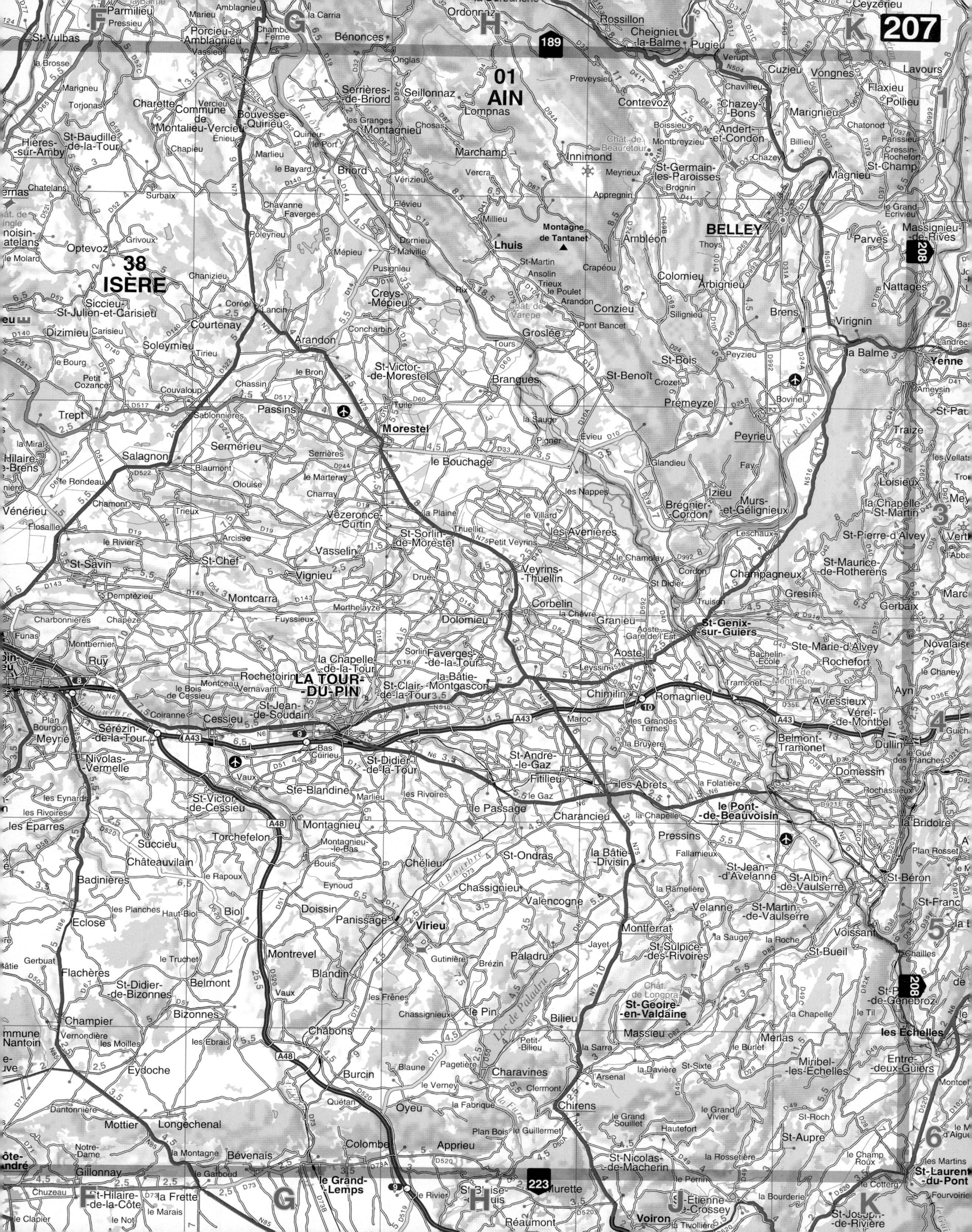

F
G
H
J
K
1
2
3
4
5
6
189
208
223
01 AIN
38 ISÈRE
Parmilieu
Pressieu
Marieu
Amblagnieu
La Carria
Ordonnaz
Rossillon
Cheignieu-la-Balme
Pugieu
Ceyzérieu
St-Vulbas
Porcieu-Amblagnieu
Vassieu
Chambo Ferme
Bénonces
Onglas
Preveyssieu
Verupt
Cuzieu
Vongnes
Lavours
la Brosse
Marigneu
Torjonas
Charette
Commune de Montalieu-Vercieu
Vercieu
Bouvesse-Quirieu
Serrières-de-Briord
Seillonnaz
Lompnas
Contrevoz
Chavillieu
Chazey-Bons
Marignieu
Flaxieu
Pollieu
Hières-sur-Amby
St-Baudille-de-la-Tour
Énieu
Quirieu
le Port
les Granges
Montagnieu
Chosas
Boissieu
Andert-et-Condon
Chatonod
Parissieu
Cressin-Rochefort
Chapieu
Marlieu
Marchamp
Innimond
Chât. de Beauretour
Montbreyzieu
Billieu
Chazey
St-Champ
le Bayard
Briord
Vercra
Meyrieux
St-Germain-les-Paroisses
Magnieu
Chatelans
Surbaix
Vérizieu
Brognin
Appregnin
Chavanne
Faverges
Flévieu
Millieu
le Grand Ecrivieu
Grivoux
Poleyrieu
Montagne de Tantanet
Ambléon
BELLEY
Massignieu-de-Rives
Optevoz
Mépieu
Dornieu
Malville
Lhuis
Thoys
Parves
le Molard
Pusignieu
St-Martin
Ansolin
Trieux
le Poulet
Arandon
Crapéou
Colomieu
Arbignieu
Nattages
Chanizieu
Creys-Mépieu
Rix
Chât. de Varepe
Conzieu
Siccieu-St-Julien-et-Carisieu
Coréol
Lancin
Silignieu
Brens
Virignin
Carisieu
Dizimieu
Courtenay
Concharbin
Pont Bancet
Groslée
Soleymieu
Tirieu
Arandon
Tours
la Balme
Yenne
le Bourg
St-Victor-de-Morestel
St-Bois
Peyzieu
Petit Cozance
le Bron
Brangues
St-Benoît
Crozet
Ameysin
Chassin
Couvaloup
Tuile
Prémeyzel
Bovinel
Trept
Passins
Sablonnières
la Sauge
Morestel
Évieu
Pigner
Peyrieu
le Rhône
Traize
la Miral
Sermérieu
Serrières
le Bouchage
Salagnon
Blaumont
Glandieu
Fay
les Vellats
le Marteray
Olouise
Loisieux
le Rondeau
les Nappes
Charray
Izieu
Chamont
Brégnier-Cordon
Murs-et-Gélignieux
la Chapelle-St-Martin
Vénérieu
Trieux
la Plaine
le Villard
Vézeronce-Curtin
Flosaille
Arcisse
Thuellin
Petit Veyrins
les Avenières
Leschaux
St-Pierre-d'Alvey
le Rivier
St-Sorlin-de-Morestel
St-Savin
St-Chef
Vasselin
le Chamolay
St-Maurice-de-Rotherens
Veyrins-Thuellin
Vignieu
Drue
St Didier
Champagneux
Cordon
Demptézieu
Montcarra
Gresin
Truison
Charbonnières
Chapèze
Morthelayze
Corbelin
la Chèvre
Gerbaix
Dolomieu
Granieu
St-Genix-sur-Guiers
Fuyssieux
Funas
Aoste-Gare de l'Est
Montbernier
Ste-Marie-d'Alvey
Novalaise
Sorlin
Faverges-de-la-Tour
Aoste
la Chapelle-de-la-Tour
Ruy
Bachelin-École
Chât. de Montfleury
Rochefort
Leyssin
Rochetoirin
LA TOUR-DU-PIN
la Bâtie-Montgascon
Montceau
Vernavant
Tramonet
le Chaney
le Bois de Cessieu
St-Clair-de-la-Tour
Chimilin
Romagnieu
Avressieux
Ayn
Coiranne
St-Jean-de-Soudain
Vérel-de-Montbel
Plan
Bourgoin
Cessieu
Sérézin-de-la-Tour
les Grandes Ternes
Maroc
Meyrié
Bas Cuirieu
la Bruyère
Belmont-Tramonet
Dullin
Nivolas-Vermelle
St-Didier-de-la-Tour
St-André-le-Gaz
le Gué des Planches
Domessin
Vaux
Fitilieu
les Abrets
la Folatière
Ste-Blandine
les Rivoires
Rochassieux
les Eynards
St-Victor-de-Cessieu
Marlieu
le Gaz
le Passage
les Rivoires
le Pont-de-Beauvoisin
les Éparres
Montagnieu
Charancieu
la Chapelle
la Bridoire
Torchefelon
Montagnieu-le-Bas
Pressins
Succieu
Fallamieux
St-Ondras
la Bâtie-Divisin
Plan Rosset
Châteauvilain
le Rapoux
Chélieu
St-Jean-d'Avelanne
St-Albin-de-Vaulserre
Bouis
Badinières
Chassignieu
St-Béron
la Ramellière
Eynoud
Valencogne
St-Franc
Doissin
Velanne
St-Martin-de-Vaulserre
les Planches
Haut-Biol
Biol
Panissage
Virieu
Montferrat
Eclose
la Sauge
Voissant
Jayet
la Roche
Montrevel
St-Sulpice-des-Rivoires
St-Bueil
Gerbuat
le Truchet
Gutinière
Brézin
Paladru
Chailles
Flachères
Blandin
St-Didier-de-Bizonnes
Belmont
Chât. de Longpra
Vaux
St-P...-de-Genebroz
les Frênes
St-Geoire-en-Valdaine
la Chapelle
le Til
Bizonnes
Chassignieux
le Pin
Bilieu
Champier
Chabons
Lac de Paladru
Massieu
les Echelles
Commune Nantoin
Vernondière
les Moilles
les Ebrais
Petit-Bilieu
la Sarra
Merlas
le Burlet
Miribel-les-Echelles
Entre-deux-Guiers
Eydoche
Burcin
Blaune
Pagetière
Charavines
l'Arsenal
la Davière
St-Sixte
le Verney
Clermont
Dantonnière
Quétan
Oyeu
la Fabrique
Chirens
le Grand Vivier
le Grand Souillet
St-Roch
Mottier
Longechenal
Plan Bois
le Guillermet
Hautefort
St-Aupre
Colombe
Apprieu
Notre-Dame
la Montagne
Bévenais
St-Nicolas-de-Macherin
la Rossetière
le Champ Roux
les Martins
Côte-André
Gillonnay
le Garboud
St-Laurent-du-Pont
le Grand-Lemps
Murette
le Perrin
le Cotterg
Chuzeau
St-Hilaire-de-la-Côte
la Frette
le Rivier
St-Blaise-...uis
St-Étienne-de-Crossey
la Bourderie
Fourvoirie
le Clapier
le Marais
le Not
Réaumont
Voiron
la Tivollière
St-Joseph-de-Rivière

A
B
C
D
E
1
2
3
4
5
6
190
207
224
Chindrieux
Vars
Chanaz
Conjux
St-Pierre-de-Curtille
Ontex
Lucey
Jongieux
Billième
La Chapelle-du-Mont-du-Chat
St-Jean-de-Chevelu
Yenne
Bourdeau
St-Paul
Meyrieux-Trouet
Verthemex
Marcieux
Nances
Novalaise
St-Sulpice
Lac d'Aiguebelette
St-Alban-de-Montbel
Aiguebelette-le-Lac
Lépin-le-Lac
Montagne de l'Épine
Attignat-Oncin
St-Franc
la Bauche
St-Thibaud-de-Couz
Mont Outheran
St-Jean-de-Couz
St-Christophe-sur-Guiers
Corbel
St-Pierre-d'Entremont
St-Laurent-du-Pont
Grand Som
2026
Abb. de Hautecombe
Lac du Bourget
Cessens
St-Germain-la-Chambotte
Albens
St-Félix
Alby-sur-Chéran
Mûres
Viuz-la-Chiésaz
Montagne du Semnoz
St-Girod
Chainaz-les-Frasses
Cusy
Gruffy
St-Ours
la Biolle
Mognard
Epersy
St-Offenge-Dessous
St-Offenge-Dessus
Grésy-sur-Aix
Trévignin
Aix-les-Bains
Pugny-Chatenod
Mouxy
Tresserve
Drumettaz-Clarafond
Le Bourget-du-Lac
Viviers-du-Lac
Méry
Voglans
Sonnaz
Vérel
La Motte-Servolex
CHAMBÉRY
Cognin
St-Alban-Leysse
Bassens
Barberaz
La Ravoire
Jacob-Bellecombette
Vimines
St-Cassin
Montagnole
Challes-les-Eaux
St-Jeoire-Prieuré
Chignin
Myans
les Marches
Montmélian
Francin
Commune d'Entremont-le-Vieux
Mont Granier
1933
Commune de Chapareillan
Épernay
38
ISÈRE
Barraux
Pontcharra
St-Maximin
Allevard
Ste-Marie-d'Alloix
St-Vincent-de-Mercuze
le Touvet
le Cheylas
73
SAVOIE
St-François-de-Sales
Stade de Neige du Margeriaz
Aillon-le-Vieux
Aillon-le-Jeune
Commune des déserts
Puygros
Curienne
Thoiry
St-Jean-d'Arvey
La Thuile
St-Laurent
Arbin
Allèves
Arith
Lescheraines
Bellecombe-en-Bauges
la Motte-en-Bauges
Commune de Doucy-en-Bauges
le Châtelard
la Compôte
École
Jarsy
Ste-Reine
Leschaux
Entrevernes
St-Eustache
la Chapelle-St-Maurice
Lathuile
Doussard
Chevaline
Giez
74
HAUTE-SAVOIE
Grésy-sur-Isère
Fréterive
St-Pierre-d'Albigny
St-Jean-de-la-Porte
Commune du Cruet
Chamousset
Bourgneuf
Commune de Châteauneuf
Chamoux-sur-Gelon
Maltaverne
Hauteville
Betton-Bettonet
Coise
Villard-d'Héry
Villard-Léger
Champ-Laurent
La Trinité
Planaise
St-Pierre-de-Soucy
la Chavanne
Ste-Hélène-du-Lac
Villard-Sallet
le Pontet
Bourget-en-Huile
Chaîne des Hurtières
les Mollettes
Villaroux
la Croix-de-la-Rochette
Étable
Rotherens
le Verneil
La Rochette
Presle
la Chapelle-Blanche
Laissaud
Détrier
Arvillard
le Moutaret
la Chapelle-du-Bard
Pointe de Rognier
2341
Val Pelouse
le Collet d'Allevard
St-Pierre-d'Allevard
Pinsot
A41
A43
N6
N90

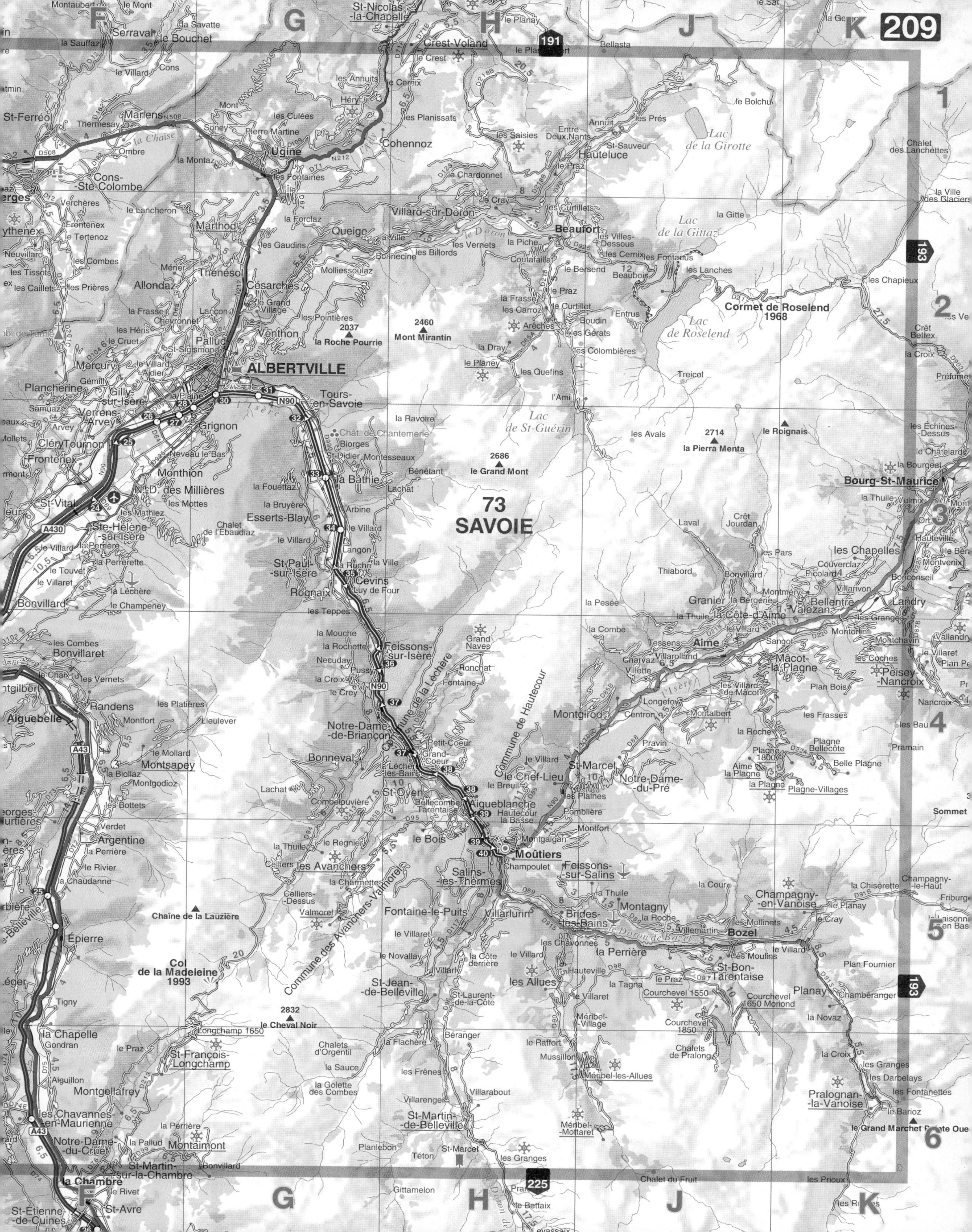

F
G
H
J
K
1
2
3
4
5
6
73
SAVOIE
ALBERTVILLE
Ugine
Cons-Ste-Colombe
Marthod
Thénésol
Césarches
Allondaz
Venthon
Pallud
Mercury
Gilly-sur-Isère
Grignon
Tours-en-Savoie
Monthion
N.-D. des Millières
Frontenex
St-Vital
Ste-Hélène-sur-Isère
Esserts-Blay
La Bâthie
St-Paul-sur-Isère
Cevins
Rognaix
Feissons-sur-Isère
Notre-Dame-de-Briançon
Bonneval
St-Oyen
Aigueblanche
le Bois
Moûtiers
Salins-les-Thermes
Feissons-sur-Salins
Brides-les-Bains
Bozel
Champagny-en-Vanoise
St-Bon-Tarentaise
Courchevel 1550
Courchevel 1650 Moriond
Courchevel 1850
Planay
Pralognan-la-Vanoise
Les Allues
Méribel-les-Allues
Méribel-Mottaret
St-Jean-de-Belleville
St-Martin-de-Belleville
Villarlurin
Fontaine-le-Puits
Les Avanchers
Valmorel
Col de la Madeleine 1993
le Cheval Noir 2832
St-François-Longchamp
Montaimont
Montgellafrey
Épierre
Argentine
Montsapey
Randens
Aiguebelle
Bonvillaret
Bonvillard
la Chambre
St-Martin-sur-la-Chambre
Notre-Dame-du-Cruet
les Chavannes-en-Maurienne
St-Étienne-de-Cuines
St-Avre
Chaîne de la Lauzière
Crest-Voland
St-Nicolas-la-Chapelle
Cohennoz
Hauteluce
Villard-sur-Doron
Queige
Beaufort
Arêches
Lac de la Girotte
Lac de la Gittaz
Lac de Roselend
Cormet de Roselend 1968
Lac de St-Guérin
la Roche Pourrie 2037
Mont Mirantin 2460
le Grand Mont 2686
la Pierra Menta 2714
le Roignais
Bourg-St-Maurice
Les Chapelles
Landry
Bellentre
Valezan
La Côte-d'Aime
Aime
Granier
Mâcot-la-Plagne
Peisey-Nancroix
Montgirod
St-Marcel
Le Chef-Lieu
Notre-Dame-du-Pré
La Plagne
Plagne-Villages
Belle Plagne
Plagne Bellecôte
Commune de Hautecour
Commune de la Léchère
Commune des Avanchers-Valmorel
Montagny
La Perrière
N90
A430
A43
191
193
225

A
B
C
D
E
1
2
3
4
5
6
194
228
Mayan
Larnac
Courbian
la Lagune
Port de
Périgueys
Condissac
By
Centre
Hélio-Marin
Gueyt
les Arros
le Sable
Queyrac
Laujac
Canissac
Vendays-
-Montalivet
le Blanc
Bégadan
les Gabriaux
Meillan
Biars
le Bosc
Sarnac
le Bois
de Bernon
les Ourmes
Biail
Trembleaux
les Petites
Granges
Couquèques
Pey
du Haut
Coudessan
Gadet
Prignac-
-en-Médoc
Civrac-
-en-Médoc
le Verdet
Gaillan-
-en-Médoc
les Pigaux
Caussan
Roudillac
la Modeneuve
Bourgueyraud
Commune de Blaignan
Lafon
les Pargaux
Blanc
Potensac
LESPARRE-
-MÉDOC
St-Trélody
la Bresquette
Taste
Corneille
l'Hôpital
Lussac
le Castagney
Lande
Basse
Couloumey
Canquillac
Boyentran
St-Germain-
-d'Esteuil
Lamboise
Gloyac
St-Isidore
Plassan
Conneau
le Pin Sec
Poumeyrette
Artiguillon
Pey-
-Bruga
Gausseran
Guibeau
Gouat
Pey-
-Bourdieu
Lille
Lizan
Naujac
-sur-Mer
Lagune
Château
Reysson
Magagnan
Lugagnac
Vignolles
Dartrat
Nodris
Hourtin-Plage
Verdolet
Margalès
les Gunes
Contaut
Cartignac
Piqueyrot
le Port
Bas Bré
St-Sauveur
Hourtin-Port
Hourtin
Lagunan
le Garit
du Gay
Pey Blanc
Haut
Bré
les Crabeyrins
Forêt
Domaniale
d'Hourtin
Lachanau
Pey de Camin
Sémignan
Villeneuve
Étang
d' Hourtin
la Prade
St-Laurent-Médoc
Couture
Mourlan
Ste-Hélène
Balaugue
Cartujac
le Garthieu
Picard
Bernos
Ste-Hélène
Bardou
Étang
de Carcans
le Bernada
Benon
Couyras
St-Queyran
Villeneuve
Carcans-
-Plage
Couyrasseau
Carcans
Berron
le Poutch
Devidas
Maubuisson
Cap
de Ville
Troussas
Pudos
le Montaut
le Haut
Maubuisson
Bernones
Étang
de
Cousseau
33
GIRONDE
Técheney
le Mayne
de la Lande
le Mayne
Bernard
Brach
Touleron
Lacanau
Meynieu
les Lambert
Castelnau-
-de-Médoc
le Moutchic
Talaris
le Petit
Ludée
Méogas
Marina
de Talaris
le Grand
Ludée
les
Constantenins
Cordes
Lacanau-
-Océan
de
Carreyre
Narsot
la
Ruade
Cantelaude
Villeneuve
la
Providence
Domaniale
la Grande
Escoure
Étang
de
Lacanau
Taussac
le Devès
Macau
Lacanau
Sadouillan
le Lion
la Meule
Méjos
au Chalet
Touriac
Surts
les Nerps
Longarisse
Planque-Peyre
Sainte-Hélène
Gémeillan
les Andrauts
Maubourguet
Forêt
Mistre
le Beillon
les Tronquats
Bédillon
la Grande
Gravette
Manieu
le Grand
Courgas
Salaun
le Petit
Courgas
le Plec
Saumos
la Rue
le Grand
Bos
au Moulin

211
F
G
H
J
K
1
2
3
4
5
6
195
212
229
33
GIRONDE
St-Thomas-de-Conac
Semoussac
St-Martial-de-Mirambeau
Allas-Bocage
Agudelle
Ozillac
St-Sorlin-de-Conac
St-Georges-des-Agoûts
la Barillauderie
Mirambeau
Pechevre
les Chapelles
Chez Nadeau
Villexavier
Tugéras-St-Maurice
Léoville
Christoly-Médoc
St-Bonnet-sur-Gironde
Port de Cônac
Brochon
Chenine
la Geaitrie
Petit Niort
la Basquette
Soubran
Salignac-de-Mirambeau
Chaunac
Vibrac
Vanzac
Queyzans
St-Yzans-de-Médoc
Château Loudenne
Vitrezay
le Boucaud
Marbœuf
la Gâtine
Rouffignac
Chartuzac
Jauriac
Mess
Dodin
Pleine-Selve
Courpignac
Expiremont
Pommiers-Moulons
la Maréchale
Cadourne
le Pas d'Ozelle
St-Palais
Chez Néron
Boisredon
Boisrenaud
Air Blanc
Chamouillac
la Croix de Jean Vérat
Coux
Serres
Chez Galant
Chardes
les Barbiers
Vallet
St-Seurin-de-Cadourne
Port des Callonges
le Pas de Gourbeuil
St-Ciers-sur-Gironde
St-Caprais-de-Blaye
la Bruyère
Commune de Souméras
Montendre
les Charbonnières
les Joubert
Chandas
Jussas
St-Corbian
Saint-Estèphe
les Ferrés
les Babinots
les Renauds
le Maine-Minot
les Souches
Gablezac
le Petit Moulin
Pez
Château Meyney
les Alains
St-Aubin-de-Blaye
Marcillac
les Drouillards des Bois
Laujac
Braud-et-St-Louis
le Grand Moulin
Vignolles
Menanteau
Vrignac
Chepniers
Leyssac
le Port
Bouinot
les Loges
Azac
Donnezac
Corignac
Blanquet
Marbuzet
Marquet
la Blancherie
Coindrias
les Gourdines
Fortuneau
les Viauds
Chez Pichet
les Portes Romaines
Mousset
Étauliers
Bois Bourru
Fraineau
Reignac
la Nauve Petite
le Pouyalet
Château Mouton
Pauillac
Artigues
Anglade
au Mazerat
Île de Patiras
la Merlette
Réaud
Verdot
Grand Brignac
la Tuilerie
la Cabane
Berdot
Vrillant
Guillonnet
Mouret
le Cap d'Avias
le Pas de Bret
Bussac-Forêt
Chierzac
St-Lambert
Dauprat
St-Androny
le Pontet
Chagnas
le Jard de Bourdillas
les Bidanes
le Grand Touzin
Daubos
la Riade
Eyrans
Cartelègue
Générac
Saugon
les Liauds
le Jarculet
St-Julien-Beychevelle
Fours
Campugnan
Île Bouchaud
St-Genès-de-Blaye
Mazion
la Grand-Font
Lugéras
le Jard Nollet
les Cabanes
Darrous
St-Seurin-de-Cursac
Château de Beaucaillou
Condurat
Bedenac
Beychevelle
St-Paul
le Moron
la Péguille
Château de Beychevelle
St-Martin-Lacaussade
Île Nouvelle
St-Girons-d'Aiguevives
Chauvin
la Gâche
St-Savin
Pierre Brune
Château Lanessan
Château Caronne
BLAYE
Cars
les Bernards
Berthenon
Brillouet
St-Yzan-de-Soudiac
la Gare
les Plaçottes
Courbiac
Bacalan
les Estages
le Puy
Grillet
St-Christoly-de-Blaye
les Faures
Guiard
Duret
Cussac-Fort-Médoc
Peyreau
Belout
la Dauphine
Donissan
Vieux Cussac
Lamarque
Plassac
Berson
Violet
la Gaucherie
St-Mariens
Brébion
Martinon
Montuzet
les Hiverses
St-Vivien-de-Blaye
Civrac-de-Blaye
Laruscade
Chapeau
Listrac-Médoc
Grand Poujeaux
Île Verte
Villeneuve
Roque de Thau
St-Trojan
Teuillac
Cavignac
Cézac
Verdauge
Buisson
Piconna
St-Ciers-de-Canesse
Samonac
Mombrier
Pugnac
les Coureaux
Guyonnet
Arcins
Moulis-en-médoc
Tayac
Gauriac
Comps
les Androns
Manon
Cubnezais
Pigeau
Tizac-de-Lapouyade
le Petit-Poujeaux
Soussans
Île du Nord
Bayon-sur-Gironde
Commune de St-Seurin-de-Bourg
Lansac
Marsas
Brois
Barreau
Pavel
Tauriac
Magrigne
Marcenais
Héby
Primat
Vire Fougasse
Margaux
Île Cazeau
Marchais
Grte Pair-non-Pair
Avensan
Issan
Bourg
la Nation
St-Laurent-d'Arce
Peujard
Gauriaguet
Rolle
Monsieur Dubois
le Fayet
Romefort
Lespelit
les Eycarts
Mathéou
Cantenac
Pont de Labarde
Château Siran
le Mayne
Île d'Ambès
Lilotte
Troubat
Cablanc
Commune d'Aubie-et-Espessas
Froin
Larroque
Lescouley
Commune de Prignac-et-Marcamps
Virsac
Aubie
St-Genès-de-Fronsac
Baudry
la Gare
Garenne
Ligondras
Labarde
le Fourat
Arrouch
Saint-Antoine
Saint-Gervais
Perissac
Labat
Macau
Ambès
Peyrot
Salignac
Leujean
Arsac
Guiton
les Trois Moulins
Labric
Lafont
la Dordogne
la Garonne
Mondion
St-André-de-Cubzac
Reden
Guillebeau
Mouillac
Daudin
Pimbalin
les Chalets
le Comte
Paloumey
Pachan
la Galliasse
Cabarieu
Calonge
Rouzat
Vérac
St-Raphaël
Feydieu
Ludon-Médoc
la Massotte
la Lande-de-Fronsac
les Maurins
Moules
Senejac
l'Église
la Taste
Pont de Peyre
Tarnes
Beaulieu
la Lisière du Vignoble
Cubzac-les-Ponts
Cadillac-en-fronsadais
Segonnes
le Pian-Médoc
le Pouyeau
Parempuyre
St-Louis-de-Montferrand
St-Denis
St-Vincent-de-Paul
St-Romain-la-Virvée
Lugon
Meyney
Asques
Peybois
la Vieille Église
le Grand Campsec
Commune de Lugon-et-l'Île-du-Carnay
St-Germain-de-la-Rivière
Hourton
le Bois du Luget
le Maine-d'Estève
St-Aubin-de-Médoc
Rabaneau
les Mottes
la Rivière
le Tronquet
Domaine de Hontane
Linas
l'Aubarède
Florimond
Sabarèges
Ambarès
le Gravas
Places de Cavernes
St-Michel-de-Fronsac
A10
N137
N10
D137
D23
D18
D115
D22
D250
D249

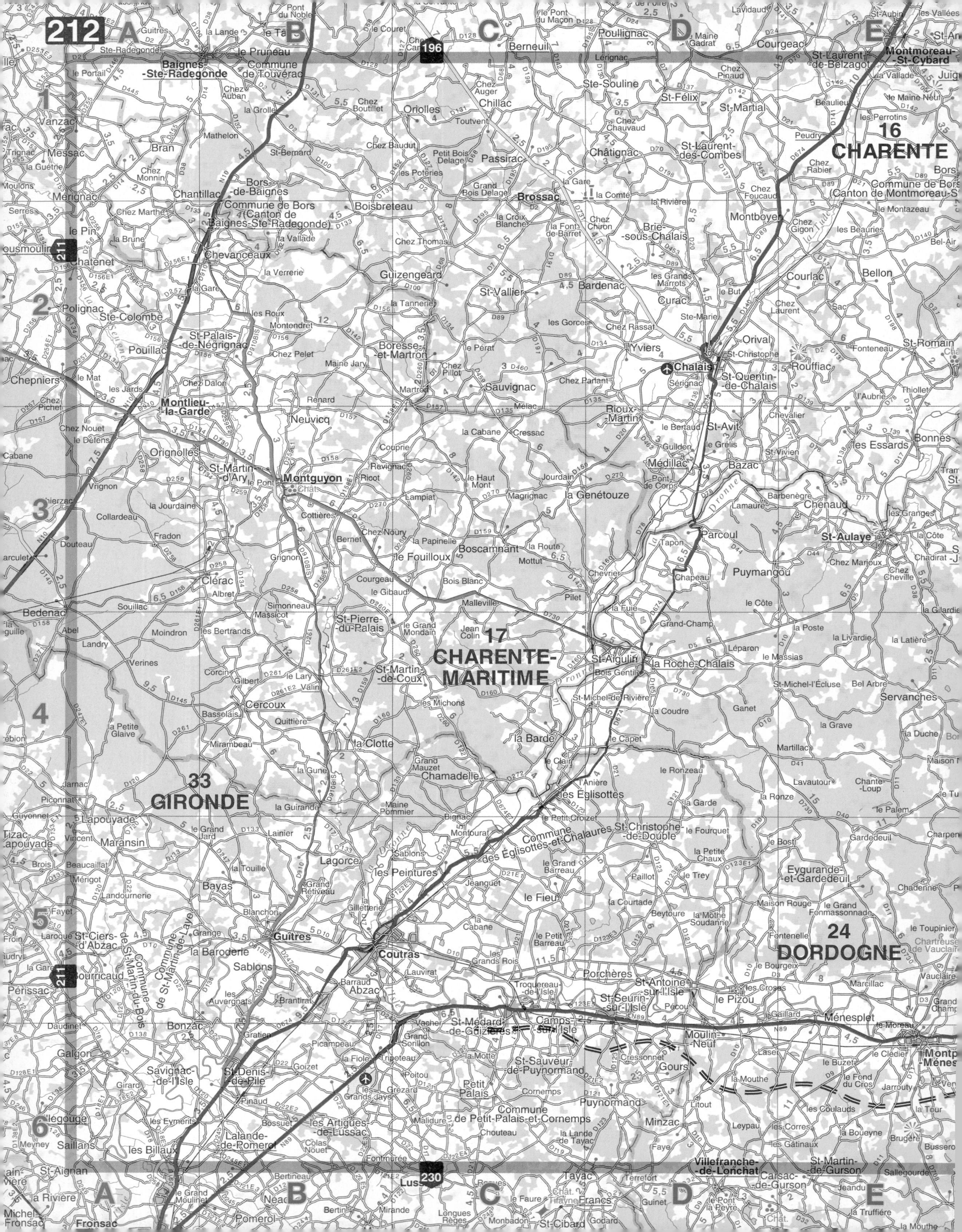

A
B
C
D
E
1
2
3
4
5
6
196
211
230
16
CHARENTE
17
CHARENTE-
MARITIME
33
GIRONDE
24
DORDOGNE
Baignes-
-Ste-Radegonde
Commune de Touvérac
le Pruneau
Berneuil
Poullignac
Courgeac
Montmoreau-
-St-Cybard
St-Laurent-
-de-Belzagot
Oriolles
Chillac
Ste-Souline
St-Félix
St-Martial
Vanzac
Messac
Bran
Passirac
Châtignac
St-Laurent-
-des-Combes
Mérignac
Chantillac
Bors-
-de-Baignes
Commune de Bors
(Canton de
Baignes-Ste-Radegonde)
Boisbreteau
Brossac
Brie-
-sous-Chalais
Montboyer
le Pin
Chevanceaux
Guizengeard
St-Vallier
Bardenac
Courlac
Bellon
Polignac
Ste-Colombe
Curac
Pouillac
St-Palais-
-de-Négrignac
Boresse-
-et-Martron
Yviers
Chalais
Orival
St-Romain
Rouffiac
St-Quentin-
-de-Chalais
Chepniers
Sauvignac
Montlieu-
-la-Garde
Neuvicq
Rioux-
-Martin
St-Avit
Orignolles
St-Martin-
-d'Ary
Montguyon
Médillac
Bazac
Bonnes
les Essards
la Genétouze
Chenaud
St-Aulaye
Parcoul
Boscamnant
le Fouilloux
Puymangou
Clérac
Bedenac
St-Pierre-
-du-Palais
St-Aigulin
la Roche-Chalais
St-Martin-
-de-Coux
Cercoux
Servanches
la Clotte
la Barde
Chamadelle
les Églisottes
Commune
des Églisottes-et-Chalaures
St-Christophe-
-de-Double
Lapouyade
Maransin
Lagorce
les Peintures
Eygurande-
-et-Gardedeuil
Bayas
le Fieu
St-Ciers-
-d'Abzac
Guîtres
Coutras
la Barderie
Sablons
Porchères
St-Antoine-
-sur-l'Isle
le Pizou
Abzac
St-Seurin-
-sur-l'Isle
Bonzac
St-Médard-
-de-Guizières
Camps-
-sur-l'Isle
Moulin-
-Neuf
Ménesplet
Galgon
Savignac-
-de-l'Isle
St-Denis-
-de-Pile
St-Sauveur-
-de-Puynormand
Gours
Petit
Palais
Commune
de Petit-Palais-et-Cornemps
Puynormand
Minzac
Saillans
les Billaux
Lalande-
-de-Pomerol
les Artigues-
-de-Lussac
Villefranche-
-de-Lonchat
St-Martin-
-de-Gurson
Lussac
Tayac
Francs
Pomerol
St-Cibard
Fronsac

F
G
H
J
K
1
2
3
4
5
6
197
214
231
24
DORDOGNE
Brantôme
Verteillac
Ribérac
Montagrier
St-Astier
Neuvic
Mussidan
Villamblard
Chancelade
Cercles
la Tour-Blanche
Bourdeilles
Paussac
Chapdeuil
Bourg-des-Maisons
Lusignac
Bouteilles
St-Séverin
Allemans
Celles
Grand-Brassac
Lisle
Bussac
Biras
Valeuil
Creyssac
St-Just
Coutures
Bertric-Burée
Villetoureix
St-Victor
Tocane-St-Apre
St-Méard-de-Drône
Douchapt
St-Martin-de-Ribérac
St-Pardoux-de-Drône
St-Sulpice-de-Roumagnac
Segonzac
Siorac-de-Ribérac
Chantérac
St-Aquilin
Léguillac-de-l'Auche
Commune d'Annesse-et-Beaulieu
Razac-sur-l'Isle
Marsac-sur-l'Isle
Château-l'Évêque
La Chapelle-Gonaguet
Mensignac
St-Vincent-de-Connezac
St-André-de-Double
St-Jean-d'Ataux
St-Germain-du-Salembre
Montrem
St-Léon-sur-l'Isle
Coursac
Manzac-sur-Vern
St-Paul-de-Serre
Chalagnac
Grignols
Douzillac
Beauronne
St-Étienne-de-Puycorbier
St-Michel-de-Double
St-Barthélémy-de-Bellegarde
Échourgnac
St-Louis-en-l'Isle
St-Front-de-Pradoux
St-Martin-l'Astier
Sourzac
St-Médard-de-Mussidan
St-Laurent-des-Hommes
Vallereuil
St-Séverin-d'Estissac
St-Jean-d'Estissac
Jaure
Bourrou
Bordas
Commune de Grun-Bordas
Creyssensac
Commune de Creyssensac-et-Pissot
St-Maime-de-Péreyrol
Issac
St-Hilaire-d'Estissac
Bourgnac
Beleymas
Douville
Église-Neuve-d'Issac
Les Lèches
St-Géry
St-Sauveur-Lalande
Beaupouyet
Montagnac-la-Crempse
Beauregard-et-Bassac
Fouleix
St-Martin-des-Combes
St-Jean-d'Eyraud
St-Julien-de-Crempse
St-Martial-d'Artenset
Vanxains
Festalemps
Ponteyraud
la Jemaye
Chassaignes
St-Antoine-Cumond
Bourg-du-Bost
Petit-Bersac
Comberanche
Commune de Comberanche-et-Epeluche
Montignac-le-Coq
Pillac
St-Paul-Lizonne
Palluaud
Commune de Bouteilles-Saint-Sébastien
St-Martial-Viveyrol
Nanteuil-Auriac-de-Bourzac
Commune de la Chapelle-Grésignac
la Chapelle Grésignac
Salles-Lavalette
Léguillac-de-Cercles
la Gonterie-Boulouneix
St-Julien-de-Bourdeilles
Commune de Paussac-et-Saint-Vivien
la Dronne
la Crempse

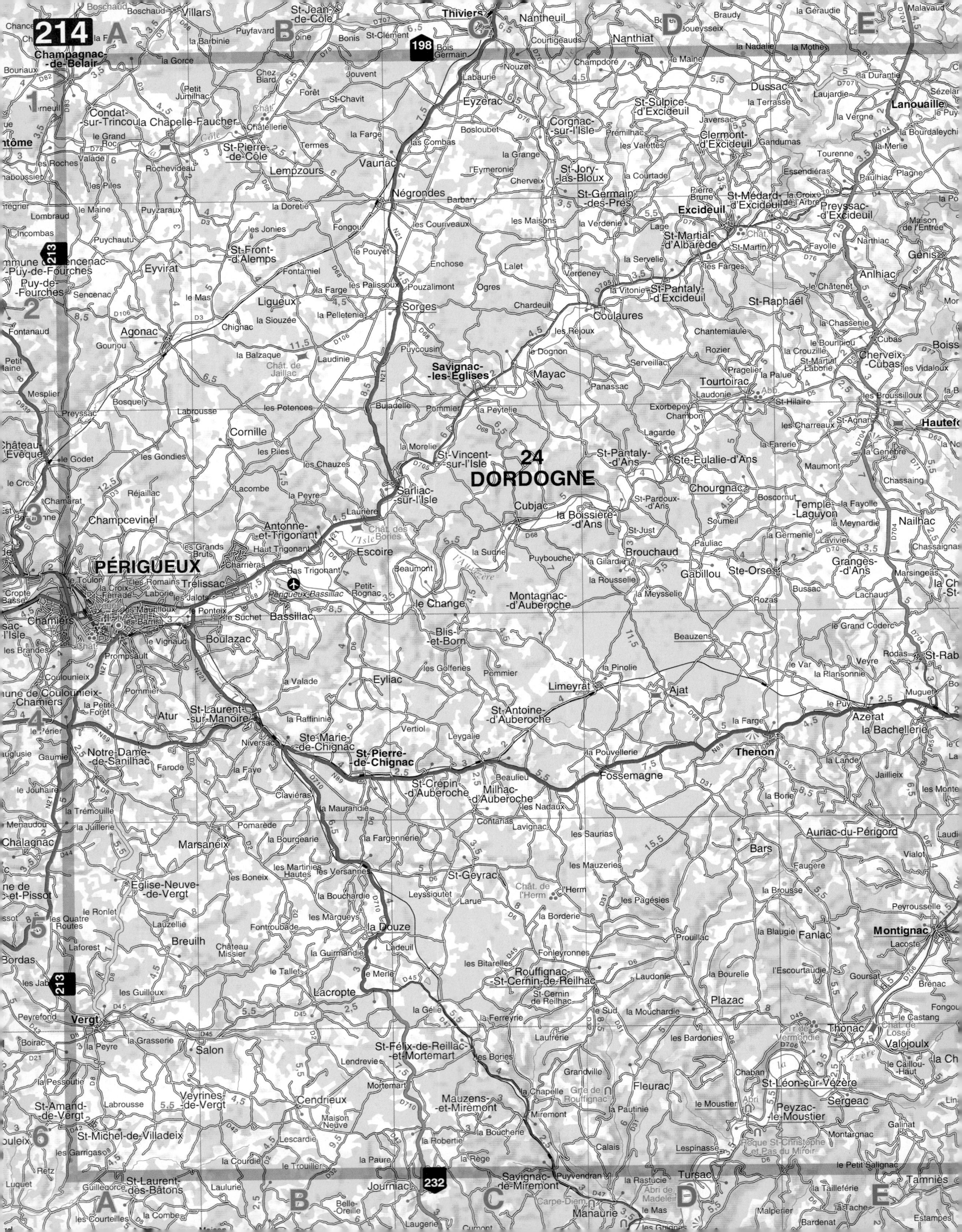
214
198
213
232
A
B
C
D
E
1
2
3
4
5
6
24
DORDOGNE
PÉRIGUEUX
Thiviers
Nantheuil
Nanthiat
St-Jean-de-Côle
Villars
Champagnac-de-Belair
Condat-sur-Trincou
la Chapelle-Faucher
St-Pierre-de-Côle
Lempzours
Vaunac
Négrondes
Eyzerac
Corgnac-sur-l'Isle
St-Sulpice-d'Excideuil
Clermont-d'Excideuil
Dussac
Lanouaille
St-Jory-las-Bloux
St-Germain-des-Prés
Excideuil
St-Médard-d'Excideuil
Preyssac-d'Excideuil
St-Martial-d'Albarède
St-Front-d'Alemps
Eyvirat
Puy-de-Fourches
Ligueux
Sorges
St-Pantaly-d'Excideuil
Coulaures
St-Raphaël
Agonac
Savignac-les-Eglises
Mayac
Tourtoirac
Cherveix-Cubas
Hautefort
Anlhiac
Génis
Cornille
St-Vincent-sur-l'Isle
St-Pantaly-d'Ans
Ste-Eulalie-d'Ans
Sarliac-sur-l'Isle
Chourgnac
Champcevinel
Antonne-et-Trigonant
Cubjac
la Boissière-d'Ans
Temple-Laguyon
Nailhac
Escoire
Brouchaud
Gabillou
Ste-Orse
Granges-d'Ans
Trélissac
Périgueux Bassillac
Bassillac
le Change
Montagnac-d'Auberoche
Chamiers
Boulazac
Blis-et-Born
Eyliac
Limeyrat
Ajat
Coulounieix-Chamiers
Atur
St-Laurent-sur-Manoire
St-Antoine-d'Auberoche
Azerat
Ste-Marie-de-Chignac
St-Pierre-de-Chignac
Thenon
Notre-Dame-de-Sanilhac
St-Crépin-d'Auberoche
Milhac-d'Auberoche
Fossemagne
Auriac-du-Périgord
Marsaneix
Bars
Chalagnac
Eglise-Neuve-de-Vergt
St-Geyrac
Breuilh
la Douze
Fanlac
Montignac
Rouffignac-St-Cernin-de-Reilhac
Lacropte
Plazac
Vergt
Thonac
Valojoulx
Salon
St-Félix-de-Reillac-et-Mortemart
Fleurac
St-Léon-sur-Vézère
Sergeac
St-Amand-de-Vergt
Veyrines-de-Vergt
Cendrieux
Mauzens-et-Miremont
Peyzac-le-Moustier
St-Michel-de-Villadeix
Tursac
St-Laurent-des-Bâtons
Journiac
Savignac-de-Miremont
Tamniès
Manaurie

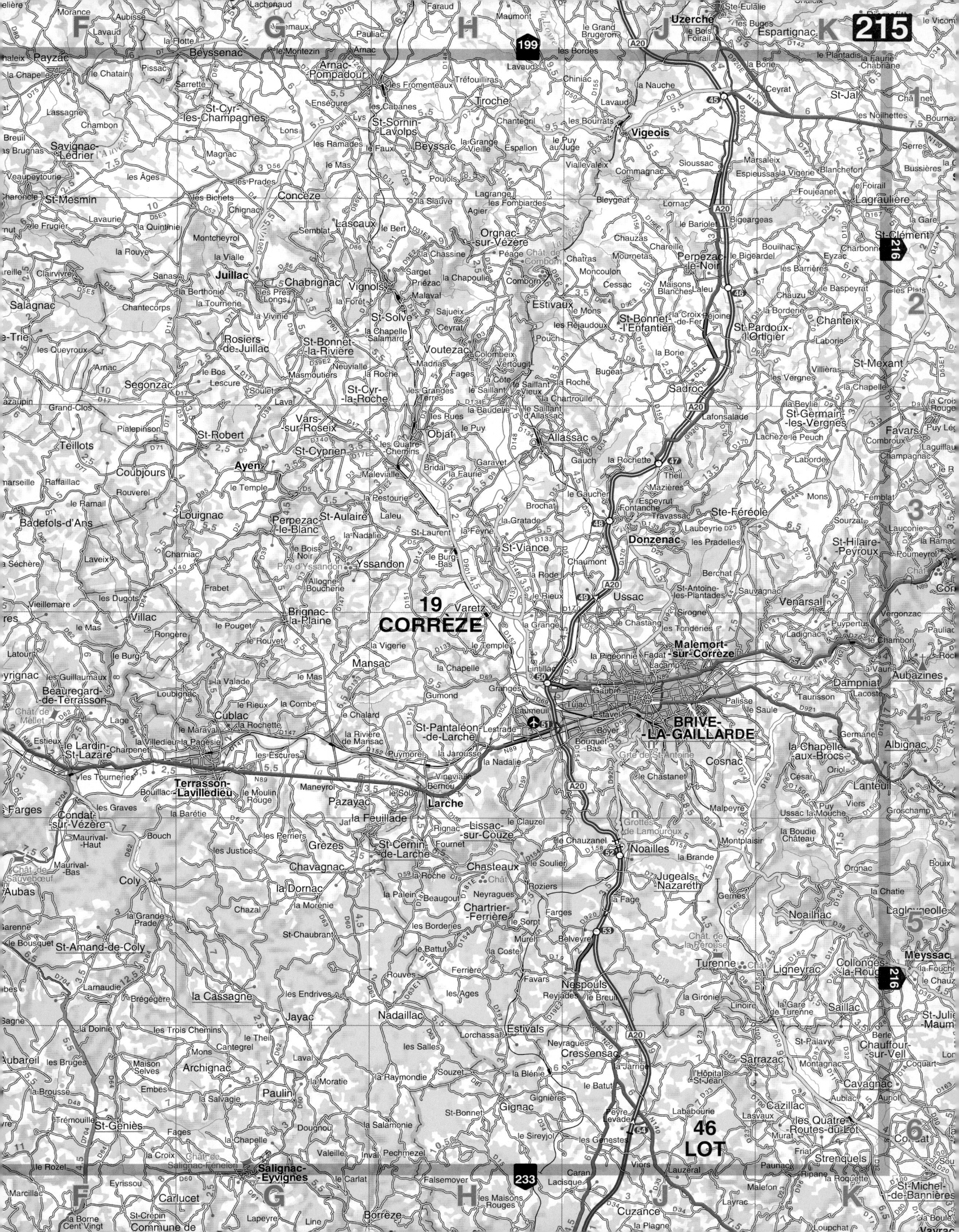
F
G
H
J
K
199
216
233
1
2
3
4
5
6
19
CORRÈZE
46
LOT
Uzerche
Vigeois
Arnac-Pompadour
St-Cyr-les-Champagnes
St-Sornin-Lavolps
Beyssac
Troche
Payzac
Beyssenac
Savignac-Lédrier
St-Mesmin
Conceze
Lascaux
Orgnac-sur-Vézère
Juillac
Chabrignac
Vignols
St-Solve
Voutezac
Rosiers-de-Juillac
St-Bonnet-la-Rivière
Segonzac
St-Cyr-la-Roche
Vars-sur-Roseix
Objat
Allassac
Estivaux
St-Bonnet-l'Enfantier
Perpezac-le-Noir
St-Pardoux-l'Ortigier
Sadroc
Lagraulière
St-Clément
Chanteix
St-Mexant
St-Germain-les-Vergnes
Favars
St-Robert
Ayen
St-Cyprien
Teillots
Coubjours
Louignac
Badefols-d'Ans
Perpezac-le-Blanc
St-Aulaire
Yssandon
St-Viance
Donzenac
Ste-Féréole
St-Hilaire-Peyroux
Ussac
Venarsal
Villac
Brignac-la-Plaine
Mansac
Malemort-sur-Corrèze
Aubazines
Dampniat
Beauregard-de-Terrasson
Cublac
Le Lardin-St-Lazare
Terrasson-Lavilledieu
St-Pantaléon-de-Larche
Larche
Pazayac
BRIVE-LA-GAILLARDE
Cosnac
Albignac
Lanteuil
Condat-sur-Vézère
Lissac-sur-Couze
St-Cernin-de-Larche
Chavagnac
Chasteaux
Noailles
Jugeals-Nazareth
Coly
Chartrier-Ferrière
Noailhac
St-Amand-de-Coly
Turenne
Ligneyrac
Meyssac
Collonges-la-Rouge
La Cassagne
Jayac
Nadaillac
Estivals
Nespouls
Sailhac
Cressensac
Sarrazac
Chauffour-sur-Vell
Archignac
Paulin
Cavagnac
St-Geniès
Gignac
Cazillac
Les Quatre-Routes-du-Lot
Strenquels
Salignac-Eyvignes
Carlucet
Borrèze
Cuzance
St-Michel-de-Bannières
A20
N89
N20
N140

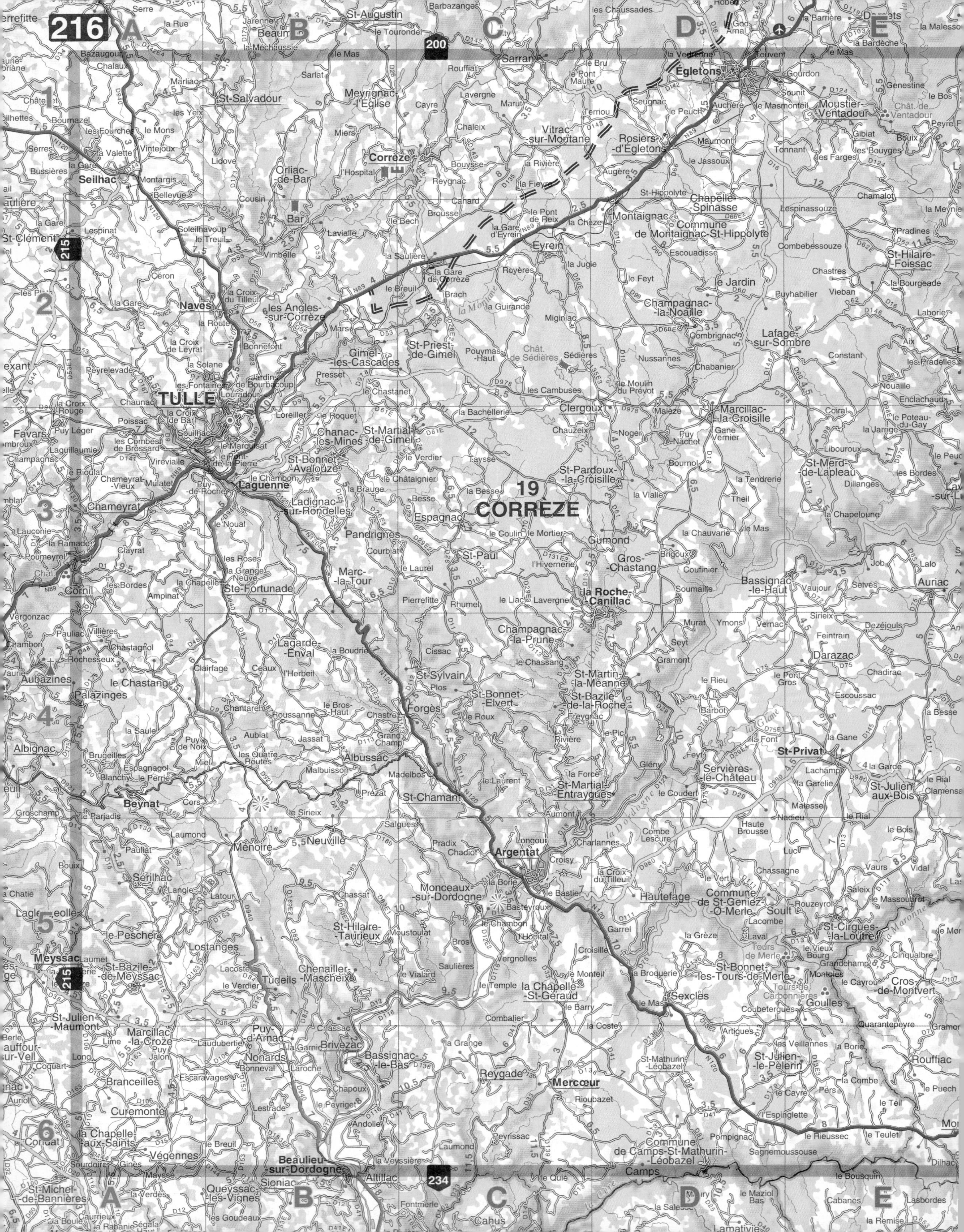
216
A
B
C
D
E
1
2
3
4
5
6
200
215
234
19
CORREZE
TULLE
Egletons
Argentat
Meyssac
Beaulieu-sur-Dordogne
Seilhac
Naves
Laguenne
Chameyrat
Cornil
Aubazines
Palazinges
Albignac
Beynat
Corrèze
Bar
Orliac-de-Bar
Meyrignac-l'Église
St-Augustin
Sarran
St-Salvadour
Vitrac-sur-Montane
Rosiers-d'Egletons
Moustier-Ventadour
Chapelle-Spinasse
Montaignac
Commune de Montaignac-St-Hippolyte
St-Hilaire-Foissac
Eyrein
Champagnac-la-Noaille
Lafage-sur-Sombre
les Angles-sur-Corrèze
Gimel-les-Cascades
St-Priest-de-Gimel
Clergoux
Marcillac-la-Croisille
St-Martial-de-Gimel
Chanac-les-Mines
St-Bonnet-Avalouze
St-Pardoux-la-Croisille
St-Merd-de-Lapleau
Ladignac-sur-Rondelles
Espagnac
Pandrignes
St-Paul
Gumond
Gros-Chastang
Bassignac-le-Haut
Auriac
Marc-la-Tour
Ste-Fortunade
la Roche-Canillac
Champagnac-la-Prune
Lagarde-Enval
St-Sylvain
St-Martin-la-Méanne
St-Bazile-de-la-Roche
St-Bonnet-Elvert
Darazac
Forgès
Le Chastang
Albussac
St-Privat
Servières-le-Château
St-Julien-aux-Bois
St-Chamant
St-Martial-Entraygues
Neuville
Ménoire
Serilhac
Monceaux-sur-Dordogne
Hautefage
Commune de St-Geniez-Ô-Merle
St-Cirgues-la-Loutre
Lostanges
St-Hilaire-Taurieux
Chenailler-Mascheix
la Chapelle-St-Géraud
St-Bonnet-les-Tours-de-Merle
Sexcles
Goulles
Cros-de-Montvert
St-Bazile-de-Meyssac
Tudeils
St-Julien-Maumont
Marcillac-la-Croze
Puy-d'Arnac
Nonards
Brivezac
Bassignac-le-Bas
Reygade
Mercœur
St-Julien-le-Pèlerin
Rouffiac
St-Mathurin-Léobazel
Branceilles
Curemonte
la Chapelle-aux-Saints
Végennes
Queyssac-les-Vignes
Altillac
Camps
Commune de Camps-St-Mathurin-Léobazel
la Dordogne
la Montane
la Doustre
la Glane
la Maronne
la Cère

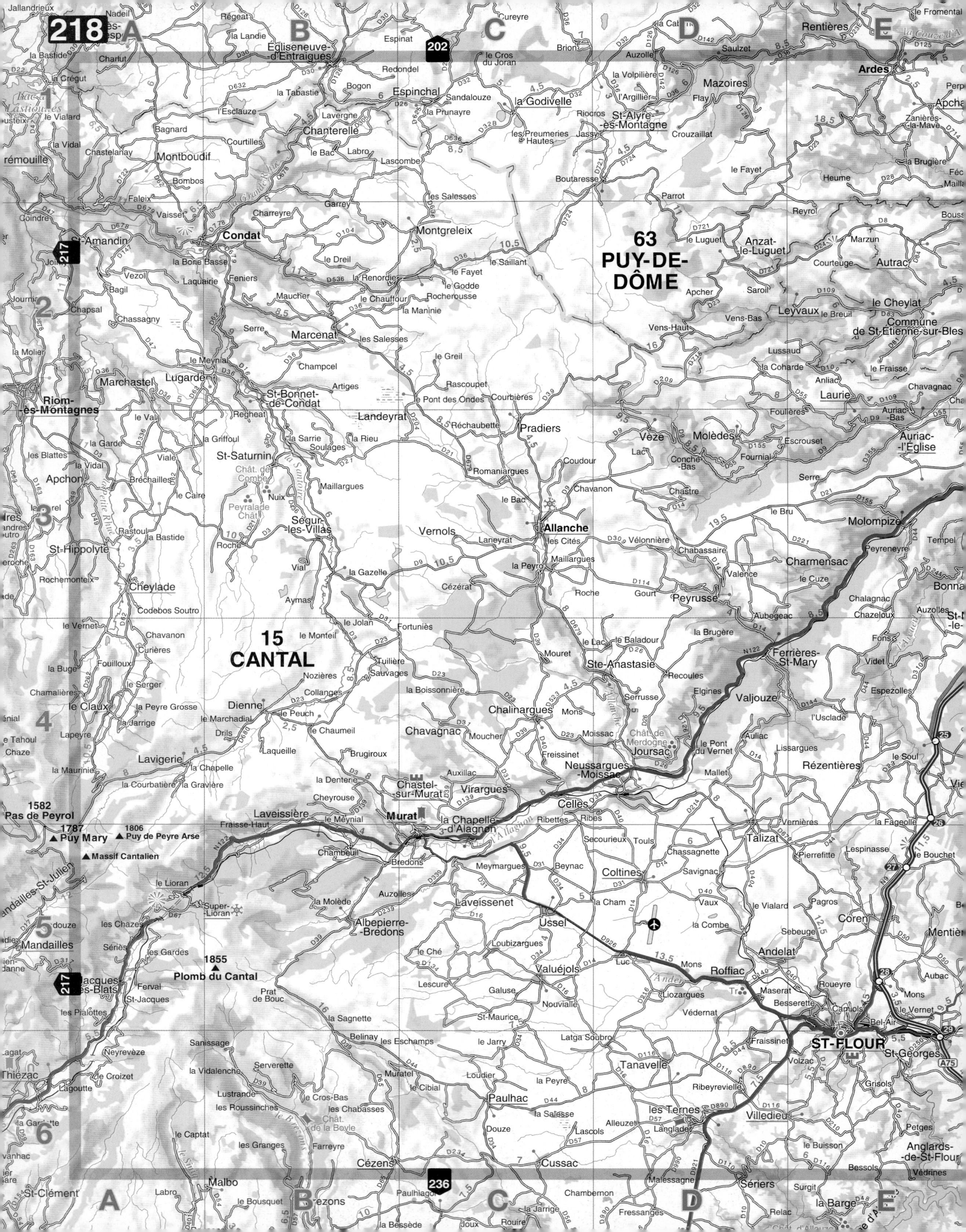

218
A
B
C
D
E
202
236
217
1
2
3
4
5
6
63
PUY-DE-DÔME
15
CANTAL
Églisenneuve-d'Entraigues
Espinchal
Chanterelle
Montboudif
Condat
St-Amandin
Marcenat
Lugarde
Marchastel
Riom-ès-Montagnes
St-Bonnet-de-Condat
Landeyrat
Pradiers
St-Saturnin
Apchon
Ségur-les-Villas
St-Hippolyte
Cheylade
Vernols
Allanche
Dienne
Chavagnac
Chalinargues
Lavigerie
Chastel-sur-Murat
Virargues
Neussargues-Moissac
Murat
Laveissière
La Chapelle-d'Alagnon
Celles
Coltines
Talizat
Laveissenet
Ussel
Albepierre-Bredons
Valuéjols
Roffiac
Andelat
ST-FLOUR
St-Georges
Tanavelle
Paulhac
Cussac
Cézens
Villedieu
Anglards-de-St-Flour
Ardes
Mazoires
la Godivelle
St-Alyre-ès-Montagne
Anzat-le-Luguet
Leyvaux
Laurie
Auriac-l'Église
Molèdes
Vèze
Charmensac
Peyrusse
Molompize
Ferrières-St-Mary
Valjouze
Ste-Anastasie
Joursac
Rézentières
Montgreleix
Mandailles
Thiézac
Malbo
Brezons
le Lioran
Super-Lioran
1582
Pas de Peyrol
1787
Puy Mary
1806
Puy de Peyre Arse
Massif Cantalien
1855
Plomb du Cantal
N122
A75

F
G
H
J
K
1
2
3
4
5
6
203
220
237
43
HAUTE-LOIRE
BRIOUDE
Brassac-les-Mines
Vichel
Charbonnier-les-Mines
St-Martin-d'Ollières
Fayet-Ronaye
St-Jean-Saint-Gervais
Vézézoux
Doranges
Moriat
Ste-Florine
Auzon
Chassignolles
St-Sauveur-la-Sagne
Lempdes-sur-Allagnon
Frugerès-les-Mines
St-Hilaire
Chambezon
Vergongheon
St-Vert
St-Alyre-d'Arlanc
Léotoing
Azerat
Champagnac-le-Vieux
Laval-sur-Doulon
Torsiac
St-Géron
Bournoncle-St-Pierre
Cohade
Agnat
Lorlanges
la Chaise-Dieu
Cistrières
Beaumont
Lamothe
Chaniat
Espalem
Connangles
St-Didier-sur-Doulon
Grenier-Montgon
St-Laurent-Chabreuges
Fontannes
Javaugues
Berbezit
St-Beauzire
Vieille-Brioude
Vals-le-Chastel
Montclard
Sembadel
Frugières-le-Pin
Lavaudieu
St-Préjet-Armandon
St-Pal-de-Senouire
Lubilhac
St-Just-près-Brioude
Domeyrat
Collat
la Chomette
la Chapelle-Bertin
Chassagnes
Josat
Salzuit
Paulhaguet
Ste-Marguerite
Villeneuve-d'Allier
Mercoeur
St-Ilpize
Couteuges
Mazeyrat-Aurouze
Varennes-St-Honorat
la Chapelle-Laurent
St-Privat-du-Dragon
Blassac
Ally
Cerzat
Chavaniac-Lafayette
Lavoûte-Chilhac
Chilhac
St-Georges-d'Aurac
Celoux
St-Cirgues
Ste-Eugénie-de-Villeneuve
Aubazat
Commune de Mazeyrat-d'Allier
Mazeyrat
Commune de Vissac-Auteyrac
St-Austremoine
Arlet
Lastic
Langeac
Rageade
Chazelles
Siaugues-St-Romain
Soulages
Ferrussac
Vissac
Commune de Siaugues-Ste-Marie
Cronce
Chastel
Chanteuges
Védrines-St-Loup
St-Arcons-d'Allier
Montchamp
Pinols
St-Julien-des-Chazes
Tailhac
Vabres
Pébrac
Charraix
Prades
St-Bérain
Chazelles
Desges
Ruynes-en-Margeride
Cubelles
St-Privat-d'Allier
Clavières
Venteuges
Auvers
Mont Mouchet
1497
Mon. Nat. aux Maquis
la Besseyre-St-Mary
Saugues
Monistrol-d'Allier
Lorcières
Chaliers
A75
N102

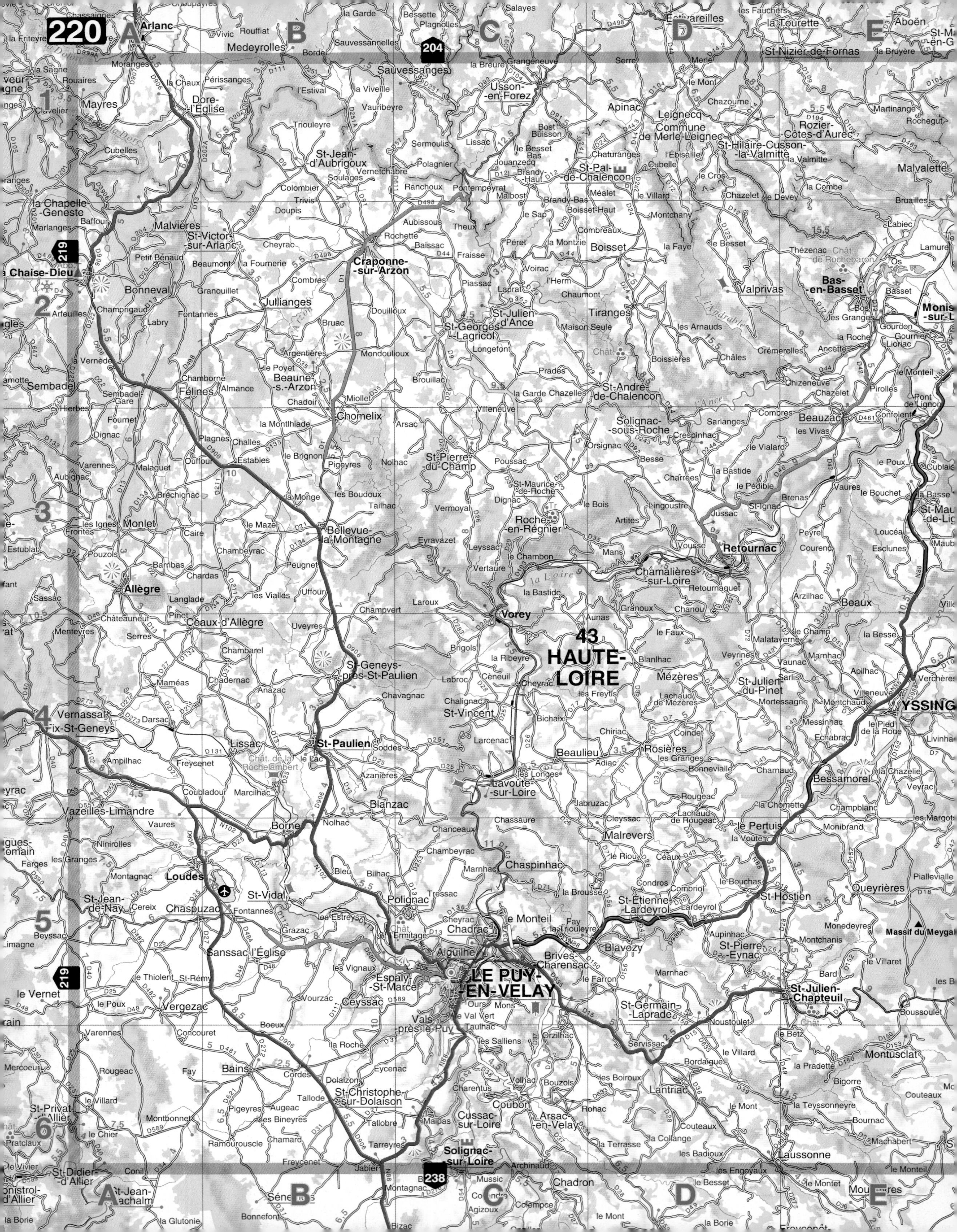
220
204
219
238
43
HAUTE-
LOIRE
LE PUY-
-EN-VELAY
Arlanc
Medeyrolles
Sauvessanges
Usson-
-en-Forez
Estivareilles
St-Nizier-de-Fornas
Apinac
Leignecq
Commune
de Merle-Leignec
Rozier-
-Côtes-d'Aurec
St-Hilaire-Cusson-
-la-Valmitte
Malvalette
Dore-
-l'Église
Mayres
St-Jean-
d'Aubrigoux
St-Pal-
-de-Chalencon
la Chapelle-
-Geneste
Malvières
St-Victor-
-sur-Arlanc
Craponne-
-sur-Arzon
Boisset
Valprivas
Bas-
-en-Basset
la Chaise-Dieu
Bonneval
Jullianges
St-Georges-
-Lagricol
St-Julien-
-d'Ance
Tiranges
Sembadel
Félines
Beaune-
-s.-Arzon
St-André-
-de-Chalencon
Beauzac
Chomelix
Solignac-
-sous-Roche
St-Pierre-
-du-Champ
Monlet
Bellevue-
-la-Montagne
Roche-
-en-Régnier
Retournac
Allègre
Chamalières-
-sur-Loire
Céaux-d'Allègre
Vorey
Beaux
St-Geneys-
-près-St-Paulien
Mézères
St-Julien-
-du-Pinet
YSSINGEAUX
Vernassal
Fix-St-Geneys
St-Paulien
St-Vincent
Beaulieu
Rosières
Lissac
Lavoûte-
-sur-Loire
Bessamorel
Vazeilles-Limandre
Blanzac
Malrevers
le Pertuis
Loudes
Chaspinhac
St-Vidal
Polignac
St-Étienne-
-Lardeyrol
St-Hostien
Queyrières
St-Jean-
-de-Nay
Chaspuzac
Chadrac
le Monteil
Blavozy
St-Pierre-
-Eynac
Sanssac-l'Église
Brives-
-Charensac
Espaly-
-St-Marcel
St-Julien-
-Chapteuil
Ceyssac
St-Germain-
-Laprade
Vergezac
Vals-
-près-le-Puy
Montusclat
Bains
St-Christophe-
-sur-Dolaison
Lantriac
St-Privat-
-d'Allier
Cussac-
-sur-Loire
Arsac-
-en-Velay
Solignac-
-sur-Loire
Laussonne
St-Didier-
-d'Allier
Chadron
Massif du Meygal

221
205
222
239
F
G
H
J
K
1
2
3
4
5
6
42
LOIRE
07
ARDÈCHE
Firminy
Unieux
Fraisses
Cornillon
Commune de St-Paul-en-Cornillon
Aurec-sur-Loire
la Ricamarie
le Chambon-Feugerolles
St-Ferréol-d'Auroure
Pont-Salomon
St-Just-Malmont
la Chapelle-d'Aurec
St-Didier-en-Velay
la Séauve-sur-Semène
St-Romain-les-Atheux
St-Genest-Malifaux
Jonzieux
Planfoy
Tarentaise
le Bessat
1432
Crêt de la Perdrix
1370
Crêt de l'Oeillon
1390
le Pilat
Graix
Colombier
Thélis-la-Combe
St-Julien-Molin-Molette
St-Appolinard
St-Jacques-d'Atticieux
Véranne
Col de la République
1161
la Versanne
Bourg-Argental
St-Marcel-lès-Annonay
Burdignes
Boulieu-lès-Annonay
Marlhes
St-Régis-du-Coin
St-Sauveur-en-Rue
St-Victor-Malescours
St-Romain-Lachalm
Ste-Sigolène
St-Pal-de-Mons
Riotord
Dunières
Vanosc
Villevocance
Roiffieux
Monestier
Vocance
St-Julien-Molhesabate
Raucoules
Montfaucon-en-Velay
St-Julien-Vocance
St-Symphorien-de-Mahun
St-Alban-d'Ay
St-Romain-d'Ay
Satillieu
Montregard
St-Bonnet-le-Froid
St-Pierre-sur-Doux
Lalouvesc
Chenereilles
le Mas-de-Tence
St-André-en-Vivarais
Tence
Vaudevant
St-Félicien
Pailharès
Lafarre
Rochepaule
Devesset
le Chambon-sur-Lignon
St-Jeures
Mazet-St-Voy
St-Jeure-d'Andaure
Labatie-d'Andaure
Nozières
Empurany
le Crestet
Mars
St-Agrève
Désaignes
Lamastre
Fay-sur-Lignon
les Vastres
Intres
St-Julien-Boutières
St-Basile
St-Barthélemy-le-Pin
St-Clément
Lachapelle-sous-Chanéac
St-Jean-Roure
Chaudeyrolles

222
A
B
C
D
E
1
2
3
4
5
6
206
221
240
Roussillon
Ville-sous-Anjou
le Péage-de-Roussillon
St-Pierre-de-Boeuf
Malleval
Maclas
Limony
Salaise-sur-Sanne
Sonnay
Pact
Beaurepaire
St-Barthélemy
Pajay
Revel-Tourdan
Pisieu
Moissieu-sur-Dolon
Commune de Bellegarde-Poussieu
Poussieu
la Chapelle-de-Surieu
St-Romain-de-Surieu
St-Maurice-l'Exil
Anjou
Agnin
Bougé-Chambalud
Jarcieu
Lapeyrouse-Mornay
Sablons
Serrières
Chanas
Epinouze
Manthes
Marcollin
Beaufort
Lentiol
Lens-Lestang
Moras-en-Valloire
St-Sorlin-en-Valloire
St-Rambert-d'Albon
Peyraud
Félines
Savas
Peaugres
Bogy
Champagne
Colombier-le-Cardinal
St-Clair
Boulieu-lès-Annonay
Davézieux
St-Désirat
St-Cyr
Annonay
St-Étienne-de-Valoux
Andance
Andancette
Thorrenc
Anneyron
le Grand Serre
Hauterives
St-Romain-d'Albon
Commune d'Albon
Châteauneuf-de-Galaure
Tersanne
St-Martin-d'Août
St-Christophe-et-le-Laris
Montrigaud
Miribel
Talencieux
Vernosc-lès-Annonay
Beausemblant
Laveyron
Fay-le-Clos
la Motte-de-Galaure
Mureils
St-Avit
Montchenu
St-Laurent-d'Onay
Quintenas
Sarras
Ardoix
St-Vallier
St-Uze
Claveyson
Ratières
Bathernay
Crépol
St-Romain-d'Ay
Ozon
St-Barthélemy-de-Vals
Ponsas
Eclassan
Charmes-sur-l'Herbasse
Margès
Arthemonay
le Chalon
St-Michel-sur-Savasse
St-Jeure-d'Ay
Arras-sur-Rhône
Serves-sur-Rhône
Érôme
Bren
Marsaz
St-Donat-sur-l'Herbasse
Geyssans
Préaux
Sécheras
Cheminas
Gervans
Chantemerle-les-Blés
Vion
Lemps
Chavannes
St-Victor
Étables
Larnage
Crozes-Hermitage
Veaunes
St-Bardoux
Peyrins
Triors
Génissieux
St-Jean-de-Muzols
Tain-l'Hermitage
Mercurol
Clérieux
Mours-St-Eusèbe
Romans-sur-Isère
Colombier-le-Vieux
TOURNON-SUR-RHÔNE
Chanos-Curson
Granges-les-Beaumont
Bourg-de-Péage
St-Barthélemy-le-Plain
07
ARDÈCHE
Mauves
Boucieu-le-Roi
Glun
la Roche-de-Glun
Beaumont-Monteux
Châteauneuf-sur-Isère
Chatuzange-le-Goubet
Plats
Colombier-le-Jeune
Châteaubourg
St-Sylvestre
St-Romain-de-Lerps
Gilhoc-sur-Ormèze
Alixan
Marches
St-Marcel-lès-Valence
Cornas
la Bâtie de Crussol
Besayes
Commune de Champis
St-Péray
Bourg-lès-Valence
VALENCE
Alboussière
Guilherand-Granges
Montélier
Charpe
A7
N7
N86
A49
N532
le Rhône
l'Isère

F
G
H
J
K
207
224
241
1
2
3
4
5
6
38
ISÈRE
26
DRÔME
Voiron
Rives
St-Cassien
Réaumont
St-Blaise-du-Buis
la Murette
St-Hilaire-de-la-Côte
la Frette
le Marais
Sardieu
la Perroche
Poiponnier
Brézins
le Rival
Marcilloles
Sillans
le Poste
la Croze
le Génon
Beaucroissant
Renage
Charnècles
St-Jean-de-Moirans
Coublevie
St-Julien-de-Raz
la Buisse
Pommiers-la-Placette
le Temple
le Bessey
St-Etienne-de-St-Geoirs
St-Geoirs
Izeaux
St-Siméon-de-Bressieux
le Chevalin
Bressieux
Châtenay
Viriville
St-Pierre-de-Bressieux
St-Michel-de-St-Geoirs
Plan
St-Paul-d'Izeaux
le Chambard
Vourey
Moirans
Tullins
Fures
les Gentils
le Glairon
Voreppe
Charpenay
Rossière
les Bajeaux
le Moulin Ruel
Marnans
Brion
Valette
Mont
la Forteresse
Morette
l'Eslinard
la Combe
Girin
la Contamine
le Port
le Replat
St-Quentin-sur-Isère
Veurey-Voroize
l'Herbe
le Chevalon
Camp de Chambaran
Grignon
le Rivier
Quincieu
Mont-Ferrier
Cras
Malatras
Verdemont
la Terrasse
Montaud
le Fayard
les Jayères
Ezy
Val Galaure
Montfalcon
Roybon
Forêt Domaniale de Chambaran
Chasselay
les Caves
Vatilieu
Commune de Serre-Nerpol
la Vernerette
Roua
Charpenay
le Puits
Polienas
Malinière
les Brunières
le Muet
le Coing
Noyarey
St-Jean
Chantesse
Notre-Dame-de-l'Osier
Varacieux
la Rivière
l'Albenc
le Lignet
Bivan
le Foity
Vozelle
l'Allègrerie
les Gorges
Lalarey
Sassenage
Bourjonnière
la Blache
Murinais
Vinay
le Port de St-Gervais
St-Gervais
les Ronins
Col de la Madeleine
Dionay
Bessins
le Fayet
Chât. de Quincivet
le Guâ
Commune de Beaulieu
le Rivier
Rovon
le Bourg de Dessus
Eybertière
le Bourg de Dessous
Engins
le Fournel
la Poyat
Chevrières
St-Appolinard
la Gaucherie
Têche
la Vorcière
Autrans
le Bouchet
St-Antoine-l'Abbaye
les Reynauds
St-Vérand
la Maladière
les Belles
les Bachieux
les Gonnets
St-Nizier-du-Moucherotte
Cognin-les-Gorges
St-Martin
le Mont Jullin
Cabaret Neuf
St-Marcellin
la Richonnière
Chatte
les Ports
St-Just
Izeron
Chagneux
Malleval
Raillettière
Thorénas
le Mas
l'Olette
Seyssins
Bouveyres
Montagne
Hameau de Montchardon
Prélong
Commune de Saint-Sauveur
Charvolet
Jaume
la Chénevarie
Malhivert
St-Bonnet-de-Chavagne
le Pinet
St-Pierre-de-Chérennes
Méaudre
Lans-en-Vercors
le Peuil
Claix
les Muronnières
St-Romans
Beauvoir-en-Royans
les Giraulds
le Peuil
la Sierre
Savoyères
la Maguière
la Sône
le Faz
les Rimets
la Lauze
Rencurel
les Bruyères
les Barillats
Monteux
1007
Serre Cocu
941
Serre Grier
Presles
Cordet
la Balme-de-Rencurel
les Jarrands
Ville Vieille
les Girards
Commune de Varces-Allières
St-Lattier
St-Hilaire-du-Rosier
St-André-en-Royans
Font Noire
les Guillots
St-Just-de-Claix
le Creux
Grtes de Choranche
Haut Méaudret
St-Paul-de-Varces
Eymeux
la Gare
Pont-en-Royans
Auberives-en-Royans
Choranche
Villard-de-Lans
le Mont
les Mallets
le Village Vieux
St-Nazaire-en-Royans
la Croisée
Châtelus
786
Mont Baret
la Bourne
Calvi
la Martelière de Valchevrière
la Balmette
St-Julien-en-Vercors
les Guillets
les Glovettes
le Balcon de Villard
les Fauries
Grotte du Thaïs
Vezor
Grte de Bournillon
les Bouchards
Champrond
la Baume-d'Hostun
la Motte-Fanjas
St-Thomas-en-Royans
St-Eulalie-en-Royans
St-Maurice
les Robins
les Tracols
les Saffrières
la Gratte
le Peuil
le Brû
Commune d'Hostun
les Chaux
la Cure
St-Martin-en-Vercors
les Trois Fontaines
Corrençon-en-Vercors
Clot de la Balme
Prélenfrey
Châtᵉ
Commune de Rochechinard
St-Laurent-en-Royans
la Mucellière
Commune d'Echevis
les Combes
St-Jean-en-Royans
les Macaires
le Bard
2284
la Grande Moucherolle
les Belles
la Grange
Tourtre
Laval
les Baraques-en-Vercors
la Jarjatte
St-Barthélemy
Col de l'Arzelier
Champ Piala
Miribel
Commune de Beauregard-Baret
Tamée
Oriol-en-Royans
Cassoulet
St-Martin-le-Colonel
les Patins
les Aubaneaux
Château-Bernard
Lanchâtre
Commune de Miribel-Lanchâtre
la Combe
la Chapelle-en-Vercors
les Pignes
St-Andéol
la Gresse
Bouvante-le-Bas
les Magnats
Mur des fusillés
St-Guillaume
Lente
le Collet
la Cime du Mas
Grisail
Grotte de la Draye Blanche
Commune de Bouvante
St-Agnan-en-Vercors
St-Paul-lès-Monestier
Forêt Domaniale de Lente
la Charge
Monestier-de-Clermont
les Brunets
la Mure Hameau
le Chaumeil
Bouvante-

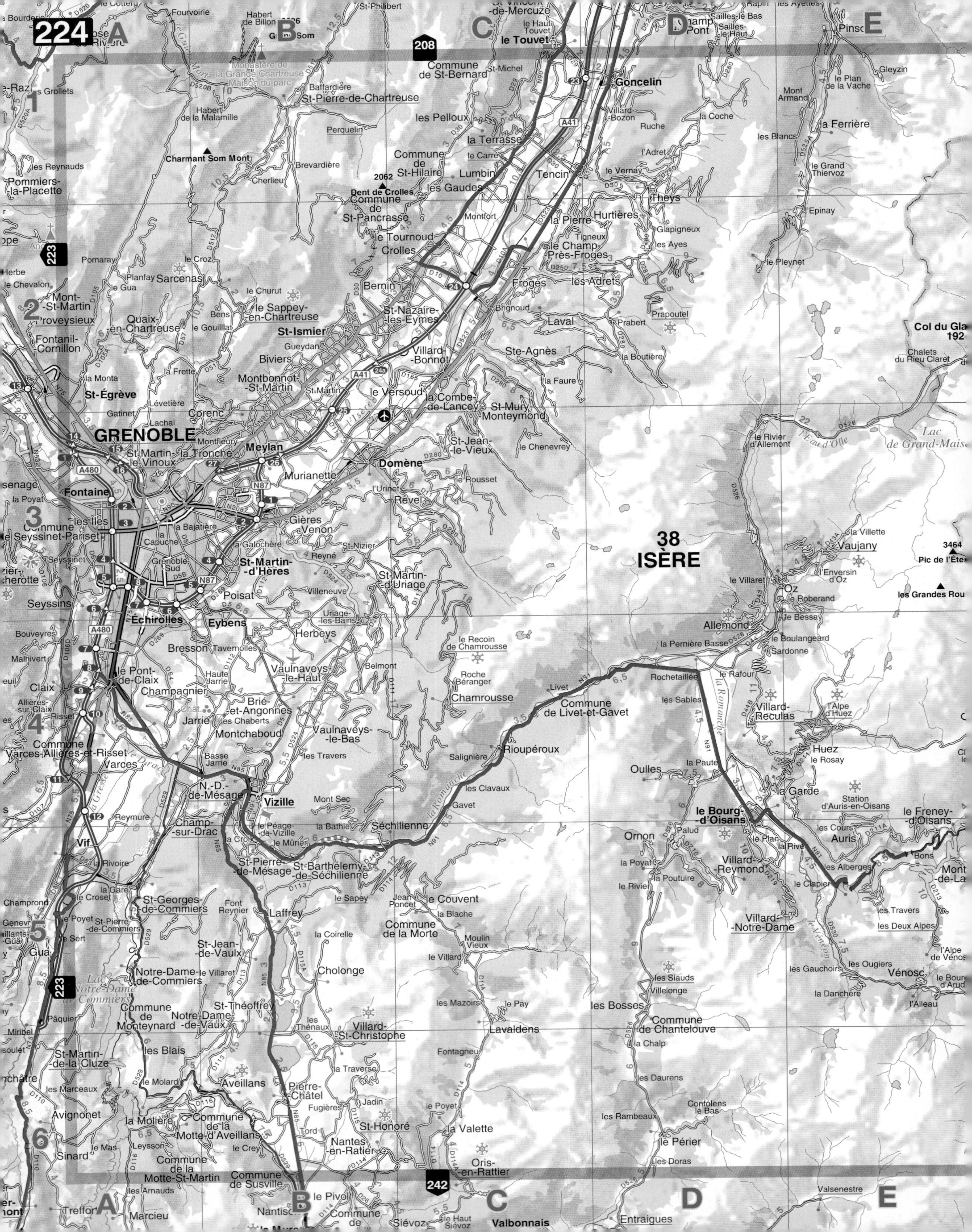

224
A
B
C
D
E
208
242
223
1
2
3
4
5
6
38
ISÈRE
GRENOBLE
le Touvet
Goncelin
Commune de St-Bernard
St-Michel
St-Pierre-de-Chartreuse
Monastère de la Grande Chartreuse Maison du parc
Habert de la Malamille
Charmant Som Mont
Perquelin
les Pelloux
la Terrasse
le Carre
Lumbin
Tencin
Commune de St-Hilaire
Brevardière
2062
Dent de Crolles
Commune de St-Pancrasse
les Gaudes
Montfort
la Pierre
Hurtières
Theys
le Tournoud
Crolles
Tigneux
le Champ-Près-Froges
Glapigneux
les Ayes
Froges
les Adrets
Bernin
St-Nazaire-les-Eymes
Brignoud
Laval
Prapoutel
Prabert
Ste-Agnès
la Boutière
Villard-Bonnot
le Versoud
la Combe-de-Lancey
St-Mury-Monteymond
la Faure
St-Ismier
Gueydan
Biviers
Montbonnot-St-Martin
St-Égrève
Sarcenas
le Sappey-en-Chartreuse
Quaix-en-Chartreuse
Mont-St-Martin
Proveysieux
Fontanil-Cornillon
la Monta
Corenc
Meylan
la Tronche
St-Martin-le-Vinoux
Montfleury
Lachal
Fontaine
Murianette
Domène
St-Jean-le-Vieux
le Rousset
le Chenevrey
Gières
Venon
Revel
l'Urinet
la Bajatière
Commune de Seyssinet-Pariset
Seyssinet
Seyssins
Grenoble-Sud
St-Martin-d'Hères
St-Nizier
Reyné
St-Martin-d'Uriage
Villeneuve
Poisat
Échirolles
Eybens
Uriage-les-Bains
Herbeys
Bresson
Tavernolles
Vaulnaveys-le-Haut
Belmont
le Recoin de Chamrousse
Roche Béranger
Chamrousse
le Pont-de-Claix
Champagnier
Haute Jarrie
Claix
Brié-et-Angonnes
Jarrie
les Chaberts
Montchaboud
Vaulnaveys-le-Bas
les Travers
Commune de Varces-Allières-et-Risset
Varces
Basse Jarrie
N.-D.-de-Mésage
Vizille
Mont Sec
Reymure
Champ-sur-Drac
le Péage-de-Vizille
la Bathie
Séchilienne
Vif
la Rivoire
St-Pierre-de-Mésage
St-Barthélemy-de-Séchilienne
St-Georges-de-Commiers
Font Reynier
Laffrey
le Sapey
Jean Poncet
le Couvent
la Blache
Commune de la Morte
la Coirelle
Moulin Vieux
le Villard
St-Jean-de-Vaulx
Cholonge
Notre-Dame-de-Commiers
Lac de Notre-Dame de Commiers
Commune de Monteynard
Notre-Dame-de-Vaux
St-Théoffrey
les Thénaux
Villard-St-Christophe
les Mazoirs
le Pay
Lavaldens
St-Martin-de-la-Cluze
les Blais
Aveillans
le Molard
Pierre-Châtel
la Traverse
Fontagneu
les Marceaux
Avignonet
la Molière
Commune de la Motte-d'Aveillans
Fugières
Jadin
St-Honoré
le Poyet
la Valette
Sinard
Leysson
le Mas
le Crey
Tord
Nantes-en-Ratier
Commune de la Motte-St-Martin
Commune de Susville
les Arnauds
Oris-en-Rattier
Treffort
Marcieu
Nantisco
le Pivol
Siévoz
le Haut Siévoz
Valbonnais
Entraigues
Livet
Commune de Livet-et-Gavet
Rochetaillée
les Sables
Rioupéroux
Salignière
les Clavaux
Gavet
la Paute
Oulles
le Bourg-d'Oisans
Ornon
Palud
la Poyat
la Pouture
le Rivier
Villard-Reymond
Villard-Notre-Dame
les Siauds
Villelonge
les Bosses
Commune de Chantelouve
la Chalp
les Daurens
les Rambeaux
Confolens le Bas
le Périer
les Doras
Allemond
la Pernière Basse
le Rafour
le Villaret
Oz
le Roberand
le Bessay
le Boulangeard
Sardonne
Villard-Reculas
l'Alpe d'Huez
Huez
le Rosay
la Garde
Station d'Auris-en-Oisans
les Cours
Auris
le Freney-d'Oisans
le Plan
la Rive
les Alberges
le Clapier
les Travers
les Deux Alpes
les Gauchoirs
les Ougiers
Vénosc
la Danchère
l'Alleau
Vaujany
la Villette
l'Enversin d'Oz
3464
Pic de l'Étendard
les Grandes Rousses
le Rivier d'Allemont
Lac de Grand-Maison
Chalets du Rieu Claret
Col du Glandon
le Pleynet
l'Epinay
le Grand Thiervoz
la Ferrière
les Blancs
l'Adret
le Vernay
la Coche
Ruche
Villard-Bozon
Mont Armand
le Plan de la Vache
Gleyzin
Pinsot
Champ-Pont
Sailles-le-Bas
Sailles-le-Haut
le Haut Touvet
Baffardière
Habert de Billon
Grand Som
St-Philibert
Fourvoirie
Pommiers-la-Placette
les Reynauds
Pomaray
le Chevalon
Planfay
le Gua
le Croz
le Churut
Bens
le Gouillat
la Frette
Lévetière
Gatinet
Cherlieu
les Grollets
Bouveyres
Malhivert
Allières-sur-Claix
Risset
Champrond
le Croset
la Gare
le Poyet
St-Pierre-de-Commiers
le Sert
Pâquier
Miribel
le Villaret
A41
A480
N85
N87
N91

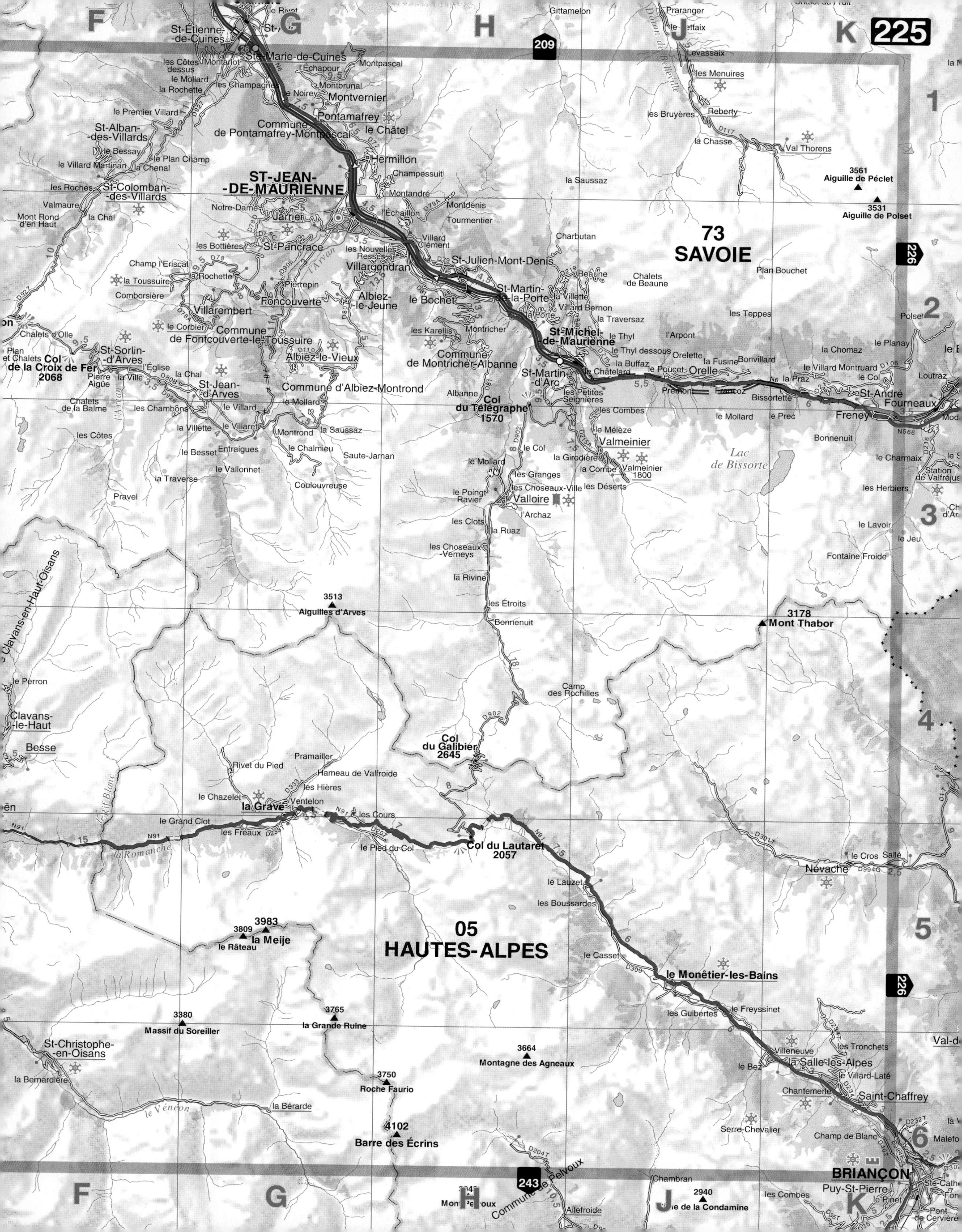
F
G
H
J
K
1
2
3
4
5
6
209
226
243
St-Étienne-de-Cuines
Ste-Marie-de-Cuines
Montpascal
l'Échapour
Montbrunal
Montvernier
Pontamafrey
le Châtel
Commune de Pontamafrey-Montpascal
Hermillon
Champessuit
ST-JEAN-DE-MAURIENNE
Montandré
Montdenis
Tourmentier
l'Échaillon
Notre-Dame
Jarrier
St-Pancrace
les Bottières
Villard Clément
les Nouvelles Resses
Villargondran
St-Julien-Mont-Denis
Charbutan
Beaune
Chalets de Beaune
St-Martin-de-la-Porte
la Villette
Villard Bernon
la Traversaz
les Teppes
le Bochet
Albiez-le-Jeune
Pierrepin
Foncouverte
la Toussuire
Champ l'Eriscal
la Rochette
Comborsière
Villarembert
le Corbier
Commune de Fontcouverte-la-Toussuire
Albiez-le-Vieux
les Karellis
Montricher
Commune de Montricher-Albanne
St-Michel-de-Maurienne
le Thyl
le Thyl dessous
la Buffaz
le Châtelard
l'Arpont
Orelette
la Fusine
Bonvillard
le Poucet
Orelle
Premont
Francoz
Bissortette
le Villard Montruard
le Col
le Praz
St-André
Fourneaux
Freney
le Mollard
le Prec
Bonnenuit
Loutraz
la Chomaz
le Planay
Polset
St-Martin-d'Arc
les Petites Seignières
Albanne
Col du Télégraphe
1570
Commune d'Albiez-Montrond
St-Sorlin-d'Arves
l'Église
la Ville
la Chal
St-Jean-d'Arves
Col de la Croix de Fer
2068
Chalets d'Olle
Plan et Chalets
Pierre Aigue
Chalets de la Balme
les Chambons
le Villard
le Villaret
la Villette
les Côtes
le Besset
Entraigues
Montrond
la Saussaz
le Chalmieu
Saute-Jarnan
le Vallonnet
la Traverse
Coulouvreuse
Pravel
les Combes
le Mélèze
Valmeinier
la Girodière
la Combe
Valmeinier 1800
les Déserts
le Col
le Mollard
les Granges
les Choseaux-Ville
le Poingt Ravier
Valloire
l'Archaz
les Clots
la Ruaz
les Choseaux-Verneys
la Rivine
les Étroits
Bonnenuit
Lac de Bissorte
le Charmaix
Station de Valfréjus
les Herbiers
le Lavoir
le Jeu
Fontaine Froide
les Côtes dessus
Montarlot
le Mollard
la Rochette
les Champagnes
le Noirey
le Premier Villard
St-Alban-des-Villards
le Bessay
le Plan Champ
le Villard Martinan
la Chenal
les Roches
St-Colomban-des-Villards
Valmaure
la Chal
Mont Rond d'en Haut
Gittamelon
Praranger
Levassaix
les Menuires
les Bruyères
Reberty
la Chasse
Val Thorens
3561
Aiguille de Péclet
3531
Aiguille de Polset
la Saussaz
73
SAVOIE
Plan Bouchet
3513
Aiguilles d'Arves
3178
Mont Thabor
Camp des Rochilles
Clavans-en-Haut-Oisans
le Perron
Clavans-le-Haut
Besse
Col du Galibier
2645
Pramailler
Rivet du Pied
Hameau de Valfroide
les Hières
le Chazelet
la Grave
Ventelon
le Grand Clot
les Fréaux
les Cours
le Pied du Col
Col du Lautaret
2057
la Romanche
le Lauzet
les Boussardes
le Cros
Salle
Névache
05
HAUTES-ALPES
3809
3983
la Meije
le Râteau
le Casset
le Monêtier-les-Bains
le Freyssinet
les Guibertes
3380
Massif du Soreiller
3765
la Grande Ruine
3664
Montagne des Agneaux
St-Christophe-en-Oisans
la Bernardière
3750
Roche Faurio
la Bérarde
le Vénéon
4102
Barre des Écrins
Villeneuve
les Tronchets
la Salle-les-Alpes
le Bez
le Villard-Laté
Chantemerle
Saint-Chaffrey
Serre-Chevalier
Champ de Blanc
BRIANÇON
Puy-St-Pierre
Chambran
2940
les Combes
Commune de Pelvoux
Ailefroide
N91
N6
D902
D1006

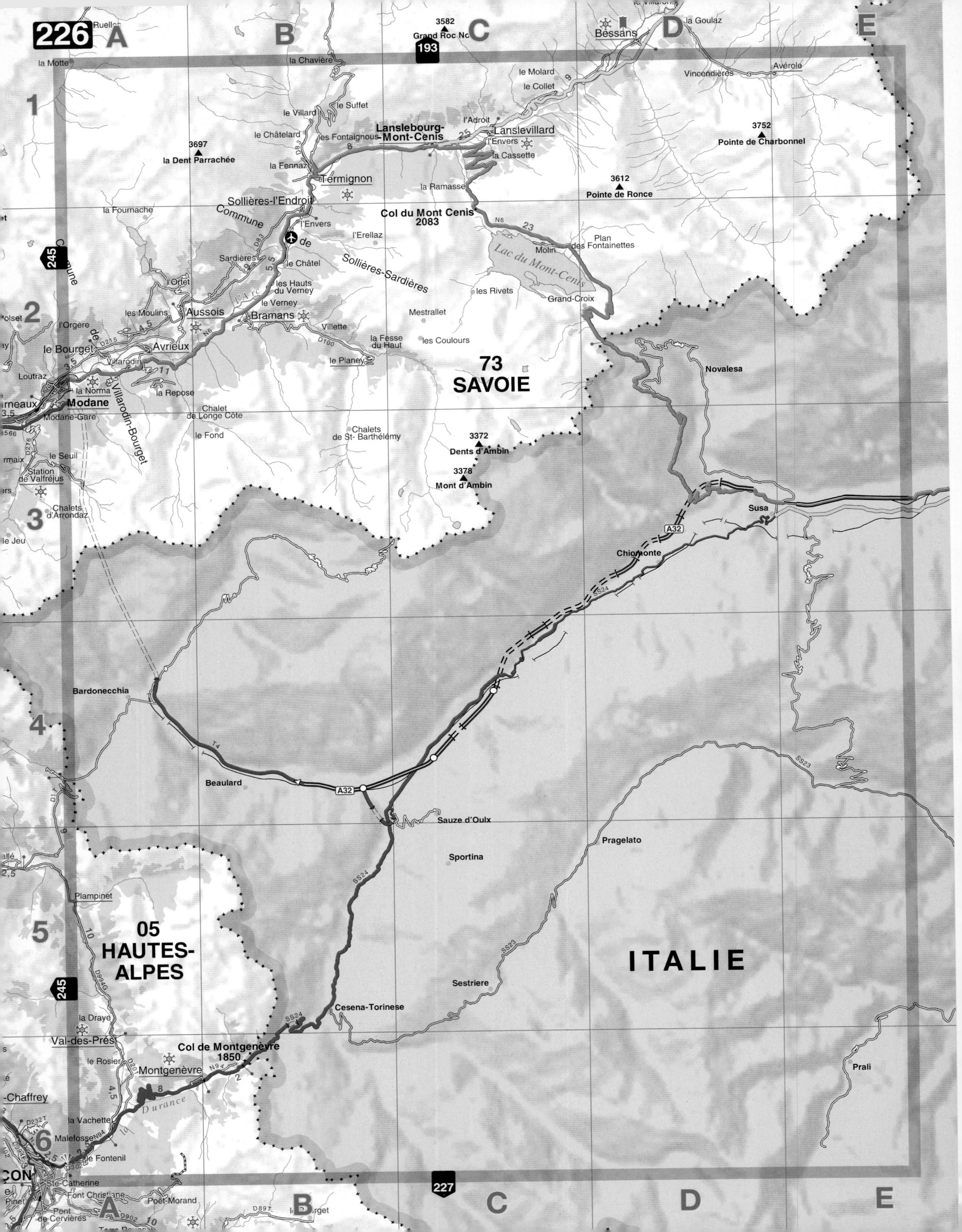
A
B
C
D
E
1
2
3
4
5
6
193
245
227
Bessans
Lanslebourg-Mont-Cenis
Lanslevillard
Termignon
Sollières-l'Endroit
Col du Mont Cenis
2083
Lac du Mont-Cenis
Aussois
Bramans
Avrieux
le Bourget
Modane
Modane-Gare
Villarodin-Bourget
Commune de Sollières-Sardières
la Dent Parrachée
3697
Grand Roc Noir
3582
Pointe de Charbonnel
3752
Pointe de Ronce
3612
Dents d'Ambin
3372
Mont d'Ambin
3378
73
SAVOIE
Novalesa
Susa
Chiomonte
A32
SS24
Bardonecchia
Beaulard
Sauze d'Oulx
Sportina
Pragelato
SS23
Sestriere
Cesena-Torinese
Col de Montgenèvre
1850
Montgenèvre
Val-des-Prés
Plampinet
05
HAUTES-ALPES
ITALIE
Prali
Station de Valfréjus
Chalets d'Arrondaz
la Vachette
Malefosse
le Fontenil
Ste-Catherine
Font Christiane
Poët-Morand
Pont de Cervières

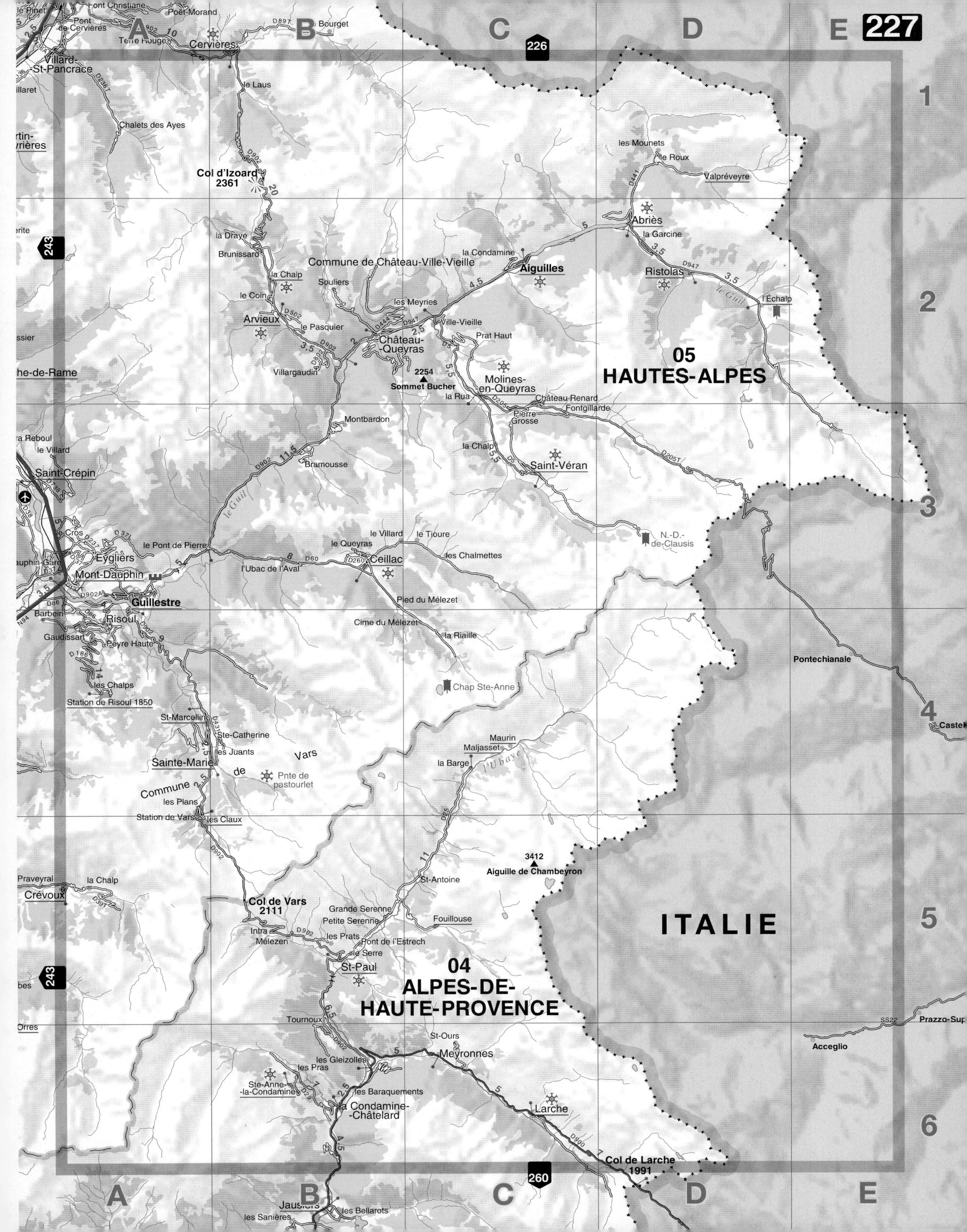

226
243
260
05
HAUTES-ALPES
04
ALPES-DE-
HAUTE-PROVENCE
ITALIE
Cervières
le Laus
Chalets des Ayes
Col d'Izoard
2361
la Draye
Brunissard
la Chalp
le Coin
Arvieux
le Pasquier
Villargaudin
Commune de Château-Ville-Vieille
Souliers
les Meyries
Château-
-Queyras
Ville-Vieille
Prat Haut
2254
Sommet Bucher
Molines-
en-Queyras
la Rua
Château Renard
Fontgillarde
Pierre
Grosse
la Chalp
Saint-Véran
la Condamine
Aiguilles
les Mounets
le Roux
Valpréveyre
Abriès
la Garcine
Ristolas
le Guil
l'Échalp
Montbardon
Bramousse
N.-D.-
de-Clausis
le Villard
le Tioure
le Queyras
Ceillac
les Chalmettes
l'Ubac de l'Aval
le Pont de Pierre
Eygliers
Mont-Dauphin
Guillestre
Saint-Crépin
Risoul
Barbein
Gaudissart
Peyre Haute
les Chalps
Station de Risoul 1850
Pied du Mélezet
Cime du Mélezet
la Riaille
Chap Ste-Anne
Pontechianale
St-Marcellin
Ste-Catherine
les Juants
Sainte-Marie
Vars
Commune
de
Pnte de
pastourlet
les Plans
Station de Vars
les Claux
Maurin
Maljasset
la Barge
l'Ubaye
3412
Aiguille de Chambeyron
St-Antoine
Praveyral
la Chalp
Crévoux
Col de Vars
2111
Grande Serenne
Petite Serenne
Fouillouse
Intra
Mélezen
les Prats
Pont de l'Estrech
le Serre
St-Paul
Tournoux
St-Ours
Meyronnes
les Gleizolles
les Pras
Ste-Anne-
-la-Condamine
les Baraquements
la Condamine-
-Châtelard
Larche
Col de Larche
1991
Acceglio
Prazzo-Sup
Jausiers
les Sanières
les Bellarots

228
A
B
C
D
E
210
244
1
2
3
4
5
6
33
GIRONDE
Saumos
le Grand Bos
au Moulin de l'Eyron
le Petit Bos
la Rue
le Lignan
le Porge-Océan
la Grigne
Étang de Lède Basse
la Grêle
le Vignas
Sérigas
la Carreyre
le Temple
Plein Soleil
le Porge
le Bourdieu
Sautuges
la Jenny
Laruau
le Crastieu
Lauros
Martignas
Forêt Communale du Porge
la Saussouze
St-Jean-d
la Chêneraie
la Machinotte
le Grand Crohot
Lège-Cap-Ferret
Mautemps
le las
Franci
les Primevères
les Chalets
Blagon
Querquillas
la Montagne
Capéran
Jane de Boy
Arès
les Mouettes
Paco
Berganton
Claouey
Pointe des Quinconces
Andernos-les-Bains
le Moulin du Bétey
les Platanes
le Petit Piquey
le Four
les Jacquets
Mouchon
le Piquey
Pointe aux Chevaux
le Maurat
les Bruyères
la Renardière
Forêt Domaniale de Lège et Garonne
Taussat
Cassy
Pirraillan-Forêt
le Grand Piquey
Pirraillan
Dune de Canon
le Canon
le Port de Cassy
Lanton
Lubec
la Pointe
Croix d'Hins
Hougueyra
la Bécassière
l'Herbe
Bassin d'Arcachon
Audenge
la Courbe
Marcheprime
les Ajoncs
la Vigne
les Trucails
Morava
les Bosquets
Arcachon
le Tronc
les Argentières
les Quatre Routes
Hargon
Bélisaire
les Abatilles
Vigneau
Quartier Bas
le Moulleau
le Grand Large
Verdalles
Gujan-Mestras
Tagon
Biganos
Lacanau de Mios
Garrot
le Cap-Ferret
Pyla sur Mer
la Forêt
Meyran
les Chênes Verts
la Hume
Mestras
Calvin
Moulin des Trougnes
Samba
Jeantieÿ
la Teste-de-Buch
Clair Bois
Camps
le Teich
Facture
les Douils
la Pointe
le Pilat
Super Pyla
Notre-Dame des Monts
Sécary
Chante-Cigale
Lamothe
le Burgat
l'Orée du Bois
le Vieux Pilat
les Miquelots
les Bruyères
Balanos
l'Eyre
Andron
la Carreyre
Mios
Dune de Pilat
Peyot
le Chai du Vin
Arnauton
le Petit Caudos
Moura
la Prairie
Pierrillon
Peylahon
Argilas
Gassian
Castandet
Maison Forestière de Gaillouneys
Curchade
Bas
la Vigne de Sal
Paris
Gaillouneys-Sud
Jeantet
Castéra
Arnautille
Salles
Sangues
Caudos
Perrin
Cazaux
le Caplanne
le Pujeau
le Béguey
le Mayne
Lauray
Bilos
Lanot
Langeot
Étang de Cazaux et de Sanguinet
Sabas
l'Aiguille
Béliet
Orée de Sanguinet
Belin-Béliet
Mounay
Sanguinet
Courgeyres
Lugos
les Hautes Rives
Lombard
le Bougés
Mesplet
Méoule
Jean de Peyre
Péléou
Port Maguide
Petit Mignon
Once
Corneilley
Brana
le Bourdieu
Biscarrosse Plage
Canal de l'Arr
la Gare de Lugos
Mons
A660
A63
N250
N10
D107
D106
D3
D5
D216
D108
D110
D652
D112
D256
D259
D218

229
F
G
H
J
K
1
2
3
4
5
6
211
230
246
BORDEAUX
33
GIRONDE
Blanquefort
le Taillan-Médoc
St-Médard-en-Jalles
St-Aubin-de-Médoc
Eysines
le Haillan
Bruges
le Bouscat
Mérignac
Pessac
Talence
Begles
Cenon
Lormont
Floirac
Bouliac
Carbon-Blanc
Bassens
Ambarès-et-Lagrave
Ste-Eulalie
St-Loubès
St-Sulpice
Commune de St-Sulpice-et-Cameyrac
Yvrac
Montussan
Beychac
Commune de Beychac-et-Caillau
Bel-Air
Commune d'Artigues-près-Bordeaux
Pompignac
Tresses
Sallebœuf
Fargues-St-Hilaire
Carignan-de-Bordeaux
Bonnetan
Camarsac
Croignon
Commune de Loupes
Lignan-de-Bordeaux
Sadirac
Créon
la Sauve
Commune de Madirac
Latresne
Camblanes
Commune de Camblanes-et-Meynac
Quinsac
St-Caprais-de-Bordeaux
St-Genès-de-Lombaud
Cambes
Haux
Tabanac
Baurech
Capian
le Tourne
Langoiran
Beautiran
Portets
Lestiac-sur-Garonne
Villenave-de-Rions
Paillet
Cardan
Rions
Laroque
Béguey
Cadillac
Podensac
Virelade
Arbanats
Castres-Gironde
Ayguemorte-les-Graves
Cérons
Barsac
Illats
Preignac
Landiras
Pujols-sur-Ciron
Bommes
Sauternes
Fargues
Budos
Léogeats
Noaillan
Balizac
Villenave d'Ornon
Gradignan
Canéjan
Cestas
Cadaujac
Léognan
Martillac
Commune de St-Médard-d'Eyrans
Isle St-Georges
la Brède
St-Selve
St-Morillon
Saucats
Cabanac
Commune de Cabanac-et-Villagrains
Villagrains
St-Michel-de-Rieufret
Guillos
St-Magne
Louchats
Hostens
Origne
le Barp
Lac de Lamothe
Lac du Bousquet
A630
A62
A63
N89
N10
N113

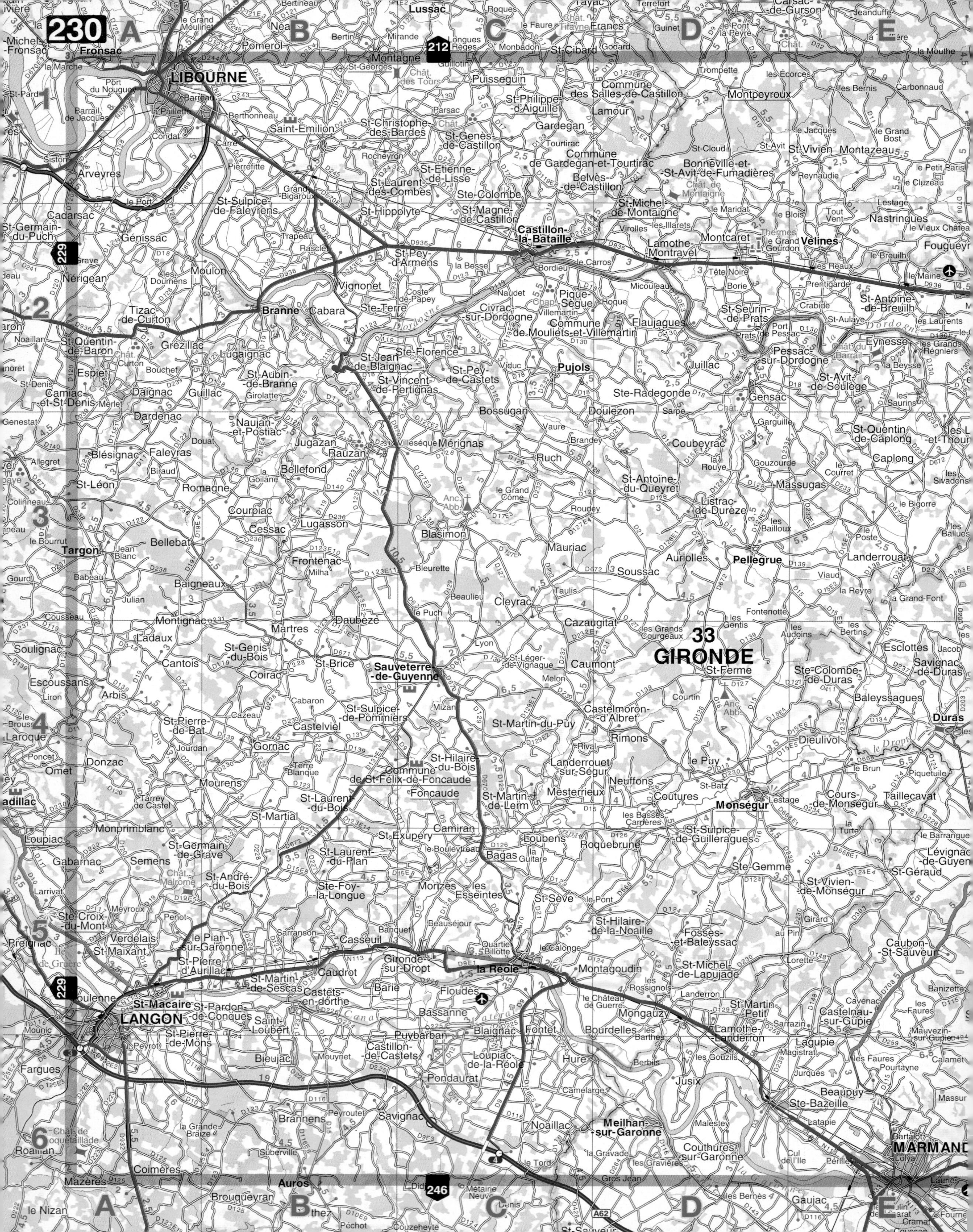

A
B
C
D
E
1
2
3
4
5
6
212
229
246
Fronsac
LIBOURNE
Pomerol
Lussac
Montagne
St-Georges
Puisseguin
Francs
St-Cibard
Monbadon
Carsac-de-Gurson
Le Pont la Peyre
Trompette
Commune des Salles-de-Castillon
Montpeyroux
St-Philippe-d'Aiguille
Lamour
Saint-Emilion
St-Christophe-des-Bardes
St-Genès-de-Castillon
Gardegan
Tourtirac
Commune de Gardegan-et-Tourtirac
Belvès-de-Castillon
St-Etienne-de-Lisse
St-Laurent-des-Combes
Ste-Colombe
St-Magne-de-Castillon
St-Hippolyte
Bonneville-et-St-Avit-de-Fumadières
Montazeau
St-Vivien
Reynaudie
Chât. de Montaigne
St-Michel-de-Montaigne
Nastringues
Le Vieux Château
Arveyres
Vayres
Cadarsac
St-Germain-du-Puch
Génissac
St-Sulpice-de-Faleyrens
Castillon-la-Bataille
Lamothe-Montravel
Montcaret
Vélines
Fougueyrolles
St-Pey-d'Armens
Vignonet
Moulon
Nérigean
Branne
Cabara
Ste-Terre
Civrac-sur-Dordogne
Pique-Sègue
Commune de Mouliets-et-Villemartin
Flaujagues
St-Seurin-de-Prats
St-Antoine-de-Breuilh
Tizac-de-Curton
St-Quentin-de-Baron
Grézillac
Lugaignac
St-Jean-de-Blaignac
Ste-Florence
St-Pey-de-Castets
Pujols
Juillac
Pessac-sur-Dordogne
Eynesse
St-Avit-de-Soulège
Espiet
Camiac-et-St-Denis
Daignac
Guillac
St-Aubin-de-Branne
St-Vincent-de-Pertignas
Ste-Radegonde
Gensac
Bossugan
Doulezon
Dardenac
Naujan-et-Postiac
Jugazan
Rauzan
Mérignas
Ruch
Coubeyrac
St-Quentin-de-Caplong
Caplong
Blésignac
Faleyras
Bellefond
St-Antoine-du-Queyret
Massugas
St-Léon
Romagne
Courpiac
Cessac
Lugasson
Blasimon
Listrac-de-Durèze
Targon
Bellebat
Frontenac
Mauriac
Auriolles
Pellegrue
Landerrouat
Soussac
Baigneaux
Cleyrac
Cazaugitat
Montignac
Daubèze
Martres
Ladaux
Cantois
St-Genis-du-Bois
St-Brice
Sauveterre-de-Guyenne
Caumont
33
GIRONDE
Ste-Ferme
Esclottes
Savignac-de-Duras
Ste-Colombe-de-Duras
Soulignac
Escoussans
Arbis
Coirac
Castelmoron-d'Albret
Baleyssagues
Duras
St-Sulpice-de-Pommiers
Castelviel
St-Pierre-de-Bat
Gornac
St-Martin-du-Puy
Rimons
Dieulivol
Donzac
Omet
St-Hilaire-du-Bois
Commune de St-Félix-de-Foncaude
Landerrouet-sur-Ségur
Le Puy
Mourens
St-Laurent-du-Bois
St-Martin-de-Lerm
Mesterrieux
Neuffons
Coutures
Monségur
Cours-de-Monségur
Taillecavat
Cadillac
St-Martial
Monprimblanc
St-Germain-de-Grave
St-Exupéry
Camiran
Loubens
Roquebrune
St-Sulpice-de-Guilleragues
Lévignac-de-Guyenne
Loupiac
Gabarnac
Semens
St-Laurent-du-Plan
Bagas
Ste-Gemme
St-Vivien-de-Monségur
St-Géraud
St-André-du-Bois
Morizès
Les Esseintes
Ste-Foy-la-Longue
St-Sève
Ste-Croix-du-Mont
Verdelais
St-Maixant
Le Pian-sur-Garonne
St-Pierre-d'Aurillac
Casseuil
Gironde-sur-Dropt
La Réole
St-Hilaire-de-la-Noaille
Fosses-et-Baleyssac
Caubon-St-Sauveur
Montagoudin
St-Michel-de-Lapujade
St-Martin-de-Sescas
Caudrot
Barie
Floudès
St-Macaire
LANGON
St-Pardon-de-Conques
Castets-en-dorthe
Bassanne
Mongauzy
St-Martin-Petit
Castelnau-sur-Gupie
Saint-Loubert
St-Pierre-de-Mons
Puybarban
Blaignac
Fontet
Bourdelles
Lamothe-Landerron
Lagupie
Mauvezin-sur-Gupie
Fargues
Bieujac
Castillon-de-Castets
Loupiac-de-la-Réole
Hure
Pondaurat
Jusix
Beaupuy
Ste-Bazeille
Brannens
Savignac
Noaillac
Meilhan-sur-Garonne
Roaillan
Coimères
Couthures-sur-Garonne
MARMANDE
Mazères
Auros
Brouqueyran
Gaujac
le Nizan
A62
Dordogne

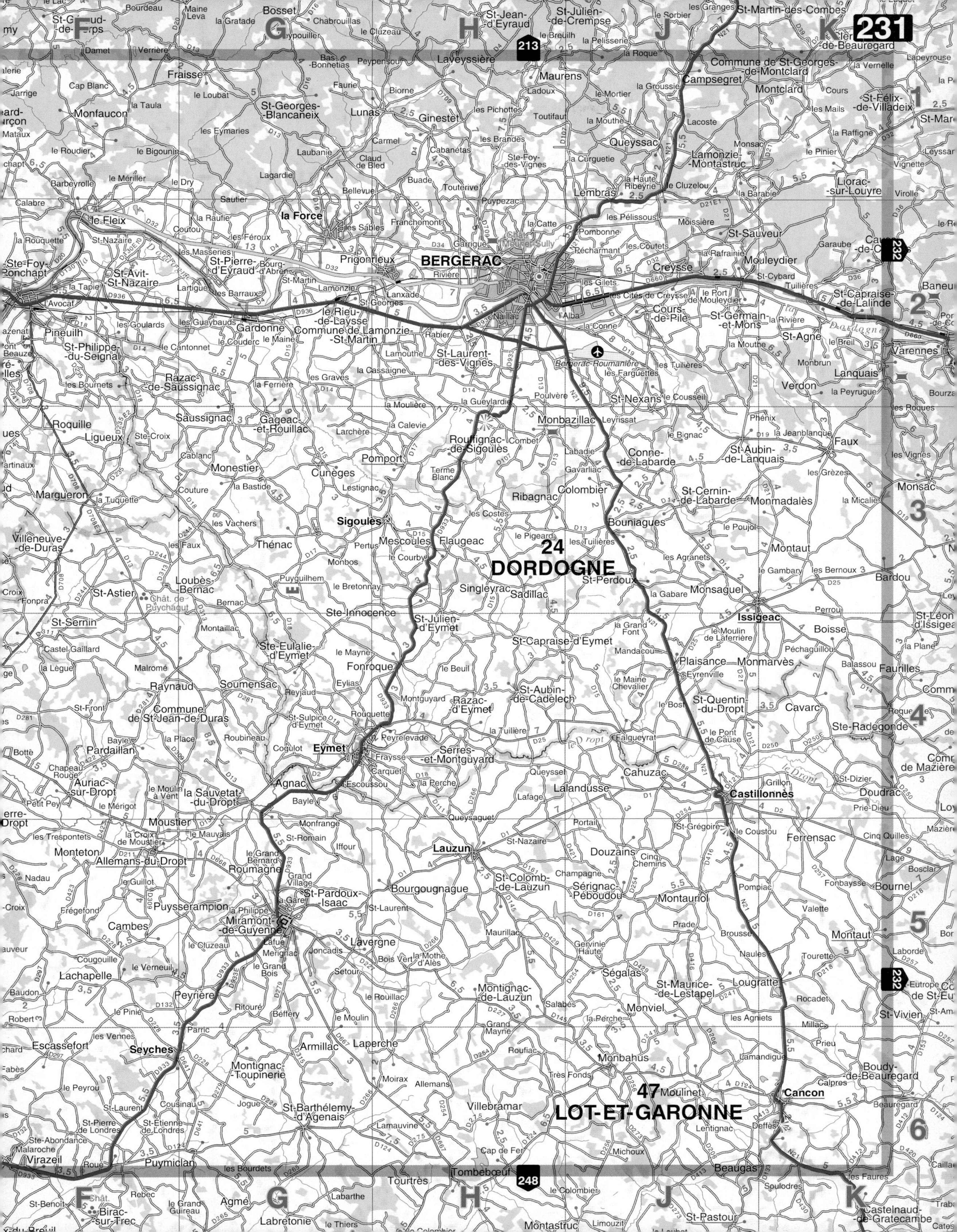
231
F
G
H
J
K
1
2
3
4
5
6
213
232
248
24
DORDOGNE
47
LOT-ET-GARONNE
BERGERAC
la Force
Sigoulès
Eymet
Issigeac
Castillonnès
Lauzun
Miramont-de-Guyenne
Seyches
Cancon
St-Jean-d'Eyraud
St-Julien-de-Crempse
St-Martin-des-Combes
Laveyssière
Maurens
Campsegret
Commune de St-Georges-de-Montclard
Montclard
St-Félix-de-Villadeix
Fraisse
St-Georges-Blancaneix
Lunas
Ginestet
Queyssac
Lamonzie-Montastruc
Monfaucon
Liorac-sur-Louyre
Lembras
le Fleix
Prigonrieux
St-Sauveur
Mouleydier
Creysse
Ste-Foy-Ponchapt
St-Avit-St-Nazaire
St-Pierre-d'Eyraud
Gardonne
le Rieu-de-Laysse
Commune de Lamonzie-St-Martin
Cours-de-Pile
St-Germain-et-Mons
St-Capraise-de-Lalinde
St-Agne
Varennes
Pineuilh
St-Philippe-du-Seignal
St-Laurent-des-Vignes
Lanquais
Verdon
Razac-de-Saussignac
St-Nexans
Monbazillac
Roquille
Ligueux
Saussignac
Gageac-et-Rouillac
Rouffignac-de-Sigoulès
Conne-de-Labarde
St-Aubin-de-Lanquais
Faux
Monestier
Cunèges
Pomport
Monsac
Margueron
Ribagnac
Colombier
St-Cernin-de-Labarde
Monmadalès
Bouniagues
Villeneuve-de-Duras
Thénac
Mescoules
Flaugeac
Montaut
Loubès-Bernac
St-Astier
Singleyrac
Sadillac
St-Perdoux
Monsaguel
Bardou
St-Sernin
Ste-Innocence
St-Julien-d'Eymet
Boisse
Ste-Eulalie-d'Eymet
St-Capraise-d'Eymet
Fonroque
Plaisance
Monmarvès
Faurilles
Raynaud
Soumensac
St-Aubin-de-Cadelech
Commune de St-Jean-de-Duras
Razac-d'Eymet
St-Quentin-du-Dropt
Cavarc
Ste-Radegonde
Pardaillan
Serres-et-Montguyard
Cahuzac
Auriac-sur-Dropt
Agnac
Lalandusse
Doudrac
la Sauvetat-du-Dropt
Moustier
Ferrensac
Monteton
Allemans-du-Dropt
Douzains
Roumagne
St-Pardoux-Isaac
Bourgougnague
St-Colomb-de-Lauzun
Sérignac-Péboudou
Montauriol
Bournel
Puysserampion
Cambes
Lavergne
Montaut
Lachapelle
Ségalas
Peyrière
Montignac-de-Lauzun
St-Maurice-de-Lestapel
Lougratte
Monviel
St-Vivien
Escassefort
Armillac
Laperche
Monbahus
Boudy-de-Beauregard
Montignac-Toupinerie
Villebramar
St-Barthélemy-d'Agenais
Virazeil
Puymiclan
Tombebœuf
Beaugas
Castelnaud-de-Gratecambe

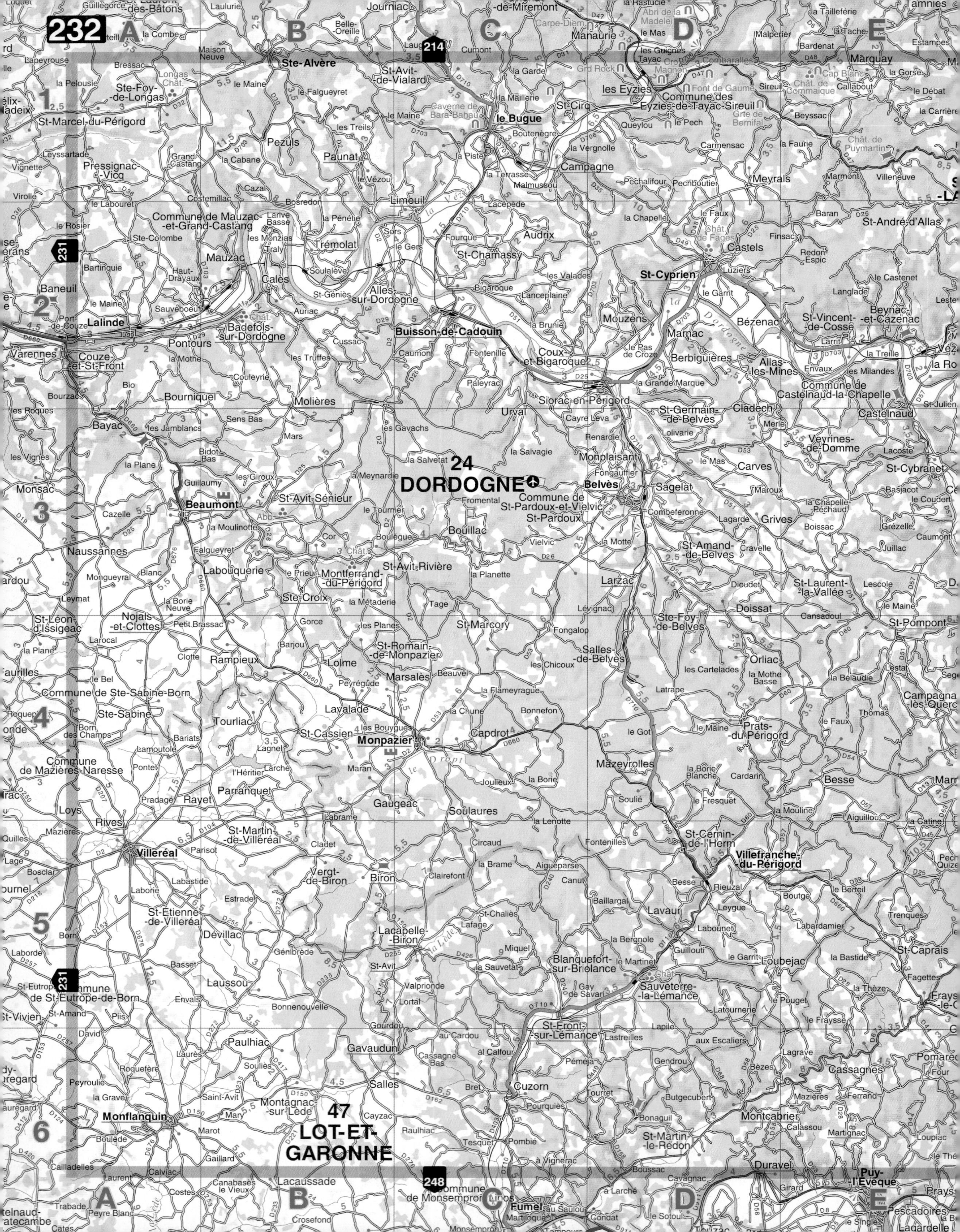
232
A
B
C
D
E
214
Journiac
Manaurie
Ste-Alvère
St-Avit-de-Vialard
Cumont
Marquay
Bardenat
les Eyzies
Commune des Eyzies-de-Tayac-Sireuil
Font de Gaume
Sireuil
Ste-Foy-de-Longas
St-Marcel-du-Périgord
le Bugue
St-Cirq
Pezuls
Paunat
Campagne
Pressignac-Vicq
Meyrals
Limeuil
Commune de Mauzac-et-Grand-Castang
Trémolat
Audrix
St-Chamassy
St-André-d'Allas
Castels
Mauzac
Calès
Alles-sur-Dordogne
St-Cyprien
Baneuil
Lalinde
Badefols-sur-Dordogne
Buisson-de-Cadouin
Mouzens
Marnac
Bézenac
St-Vincent-de-Cosse
Beynac-et-Cazenac
Pontours
Varennes
Couze-et-St-Front
Coux-et-Bigaroque
Berbiguières
Allas-les-Mines
Commune de Castelnaud-la-Chapelle
Castelnaud
Bourniquel
Molières
Siorac-en-Périgord
St-Germain-de-Belvès
Cladech
Bayac
Urval
Veyrines-de-Domme
24
DORDOGNE
Monplaisant
Carves
St-Cybranet
Monsac
Beaumont
St-Avit-Sénieur
Belvès
Sagelat
Commune de St-Pardoux-et-Vielvic
St-Pardoux
Grives
Naussannes
Bouillac
St-Amand-de-Belvès
Labouquerie
Montferrand-du-Périgord
St-Avit-Rivière
Larzac
St-Laurent-la-Vallée
Ste-Croix
Doissat
St-Léon-d'Issigeac
Nojals-et-Clottes
St-Marcory
Ste-Foy-de-Belvès
St-Pompont
St-Romain-de-Monpazier
Salles-de-Belvès
Orliac
Rampieux
Lolme
Marsalès
Commune de Ste-Sabine-Born
Campagnac-lès-Quercy
Ste-Sabine
Tourliac
Lavalade
Prats-du-Périgord
St-Cassien
Monpazier
Capdrot
Commune de Mazières-Naresse
Mazeyrolles
Besse
Parranquet
Rayet
Gaugeac
Soulaures
Loys
Rives
St-Martin-de-Villeréal
St-Cernin-de-l'Herm
Villeréal
Villefranche-du-Périgord
Vergt-de-Biron
Biron
St-Etienne-de-Villeréal
Lavaur
Dévillac
Lacapelle-Biron
Loubejac
St-Caprais
Blanquefort-sur-Briolance
Laussou
Sauveterre-la-Lémance
Commune de St-Eutrope-de-Born
231
St-Front-sur-Lémance
Paulhiac
Gavaudun
Cassagnes
Salles
Cuzorn
Montagnac-sur-Lède
Monflanquin
47
LOT-ET-GARONNE
Montcabrier
St-Martin-le-Redon
Duravel
Puy-l'Évêque
248
Lacaussade
Commune de Monsempron-Libos
Fumel

233
F
G
H
J
K
1
2
3
4
5
6
215
234
250
46
LOT
Marcillac
Carlucet
Lapeyre
Borrèze
les Maisons Rouges
Lacisque
Cuzance
Malefon
Layrac
St-Michel-Bannières
la Borne
Cent Vingt
St-Crépin
Commune de St-Crépin-et-Carlucet
Toulgou
Line
Champagnac
Commune de Lachapelle-Auzac
la Plagne
Espargelous
Loupchat
Vayrac
St-Quentin
le Brouillargue
Proissans
Langlade
les Garrigues
Eyvigues
Eybènes
Bourzolles
Maure
Rignac
Grand Lac
Martel
St-Denis-lès-Martel
Tenchou
la Tour
la Serre
Castang
Barbeyroux
Lachapelle Haute
Baladou
Trauchou
Mézels
Temniac
la Roussie
les Mathevies
Orliaguet
Bazalgue
les Landes
Pomié
Égl. Gluges
Floirac
la Brande
Ste-Nathalène
Lamothe
A20
Copeyre
Simeyrols
Prats-de-Carlux
Pressignac
Blazy
Souillac
Lacroix
le Faget
Mayrac
les Bouygues
Creysse
Millac
les Cuisines
la Plane
l'Homond
la Chapelle
Limejouls
le Gadenaud
Cazoules
Cieurac
St-Vincent-le-Paluel
le Sirey
Carlux
Peyrillac-et-Millac
le Port
St-Sozy
Meyronne
Veyssou
Madrazès
Malevergne
les Veyssières
la Durantie
Lanzac
Laborie
Montvalent
Chap.
le Treil
les Graves
les Fieux
la Canéda
la Matevie
Mareuil
le Roc
Terregaye
Goudou
le Bouyssou
Calviac-en-Périgord
Pinsac
le Bougayrou
Lagarrigue
Moulin Neuf
St-Julien-de-Lampon
Nadaillac-de-Rouge
Meyraguet
Combelongue
Carsac-Aillac
Aillac
la Dordogne
Lacave
la Sarladie
Lamothe
Montfort
Ste-Mondane
Masclat
Lamothe-Fénelon
Belcastel
Mayrinhac le Francal
Vitrac
les Bories
Chât. de Veyrignac
Veyrignac
Chât. de Fénelon
le Bastit
Crozille
Turnac
Valeille
Lajugie
le Grézals
la Rue
Caudon
le Port
Rocanadel
Lamothe-Haute
Bourgnou
Réveillon
Groléjac
le Treil
la Gare
Giverzac
le Barrièrou
Barrière
Caminel
Loupiac
Grotte des Merveilles
les Alix
Domme
la Mouline
les Cent Écus
Ventejouls
Calès
la Gardelle
Blanat
le Pradal
la Canelle
les Treilles
St-Cirq-Madelon
Milhac
Fajoles
Paloque
Marcayou
l'Hospitalet
Salles
Boucot
les Vitarelles
Rocamadour
Roumégou
Commune de Saint-Julien
la Vergnolle
Rouffilhac
Payrac
Laval
Magès
l'Ouysse
Auniac
Lavayssière
Nozac
le Marrou
les Fontanelles
Nadaillac
Roquedeval
Cournazac
Anglars
Commune d'Anglars-Nozac
la Séguinie
les Granges de Bonnecoste
Lauzou
Ravary
Reilhaguet
la Pannonie
Foncène
la Boissière
Prouilhac
Couzou
Laubrecourt
Pechpialat
Nabirat
Payrignac
Cougnac
Grtes de Cougnac
la Vayssière
le Cloucau
Seyquet
Lol Haut
Gouny
le Pech
les Toussondes
Concazal
Drégoulène
Mas d'Estieu
Graule-Basse
la Borie
St-Projet
Graule-Haute
St-Martial-de-Nabirat
les Vitarelles
le Mont St-Jean
la Madeleine
le Vigan
Bigues
Auzac
Terrisse
GOURDON
les Prévaryes
Monet
la Poussie
Catazou
Peyrebrune
Péchaudo
St-Aubin-de-Nabirat
Bouzic
Vivinières
Léobard
la Fontade
St-Romain
Ginouillac
le Bastit
Pechimbert
Jardel Bas
la Glevade
la Garrouste
Vergnoulas
Granges
Carlucet
le Coujet
l'Abbaye
Costeraste
Lalbenque
St-Cirq Belarbre
la Grèze
Sol del Pech
Rigalou
Florimont-Gaumier
Boulegan
Pont Carral
l'Abbaye Nouvelle
le Céou
Maillol
Commune de St-Cirq-Souillaguet
Places du Lac
Hermet
la Rivière
St-Clair
Soucirac
Sénergues
Dagues
Poudens
Durand
Vayssière
Lunegarde
Salviac
Lantis
Mas Teulat
Bessous
St-Chamarand
Sept Fas
Montfaucon
Luziers
Dégagnac
Curebourset
Vaillac
Larcher
Combescure
Cambelève
St-Avit
Lamothe
Labourdarie
Pont de Rhodes
Magnens
Goulème
Beaumat
Fontanes-du-Causse
Concorès
Frayssinet
Bramarigue
Cazals
Bourbou
Mas del Pech
Laborie
Mas de Bouye
le Peyroulié
Goudou
Costes
Rampoux
Braulès
St-Germain-du-Bel-Air
Bouyssinat
la Croix Blanche
Labastide-Murat
Gardettes
Lavercantière
Gaujac
le Treil
Serres
Gizot
Soulomès
Gindou
Trespecoul
Lamostonie
Meylargues
les Barthes
Montsalvy
Peyrilles
Bourdarie
le Puits
Montcléra
Profarens
Nougayrol
le Poustel
Clavel
Farge
Gaudet
Péchauléjac
Bonnet
Lazière
Murat
Caniac-du-Causse
Lauzeral
Thédirac
la Gare
Laprade
Montamel
Lamothe-Cassel
Puycalvel
les Arques
Cavalié
Alguières
les Boissières
la Mouline
Uzech
Escalmels
Ussel
St-Sauveur-la-Vallée
St-Cernin
Sénaillac-Lauzès
le Camus
Cascavel
Gigouzac
le Pouzat
Artix
Salvezou
Fages
la Cavalière
Lamouroux
Montgesty
la Brousse
Mechmont
Labrassalie
St-Martin-de-Vers
Lherm
Mas de la Borie
Terrié
St-Denis-Catus
le Mas de Camp
Cras
Lacapelette
Mas del Pech
Tourniac
le Cayrou
Lauzès
Sabadel-Lauzès
la Butte
Pontcirq
Catus
Pelacoy
Nadillac
Lentillac-du-Causse
Canourgues
l'Usine
Brouelles
Mas de Salgues
les Junies
Nuzéjouls
Boissières
Maxou
Francoulès
Ramaille
Orniac
le Cluzel
Dantonnet
St-Médard
Gironde
Bourlas
la Masse
Rostassac
Moncoutié
Niaudon
la Fède
St-Pierre-Lafeuille
Valroufié
St-Michel
le Viarnès
Courbous
Sals
Calamane
la Pescalerie
Espère
Cours
Chât. Diable
le Célé
Labastide-du-Vert
Cray
Chât. de Roussillon
la Devèze
Merlan
Grte de Pech-Merle
Castelfranc
Mercuès
Constans
St-Henri
Cabrerets
le Bout du Lieu
Aynac

234
216
233
250
46
LOT
Vayrac
Bétaille
Carennac
Bretenoux
St-Céré
Sousceyrac
Gramat
Latronquière
Lacapelle-Marival
Livernon
FIGEAC
Capdenac-Gare
Assier
Thémines
Rudelle
Cardaillac
Alvignac
Rignac
Miers
Padirac
Autoire
Loubressac
Biars-sur-Cère
Gagnac-sur-Cère
Laval-de-Cère
Cahus
Teyssieu
Frayssinhes
Latouille-Lentillac
St-Laurent-les-Tours
Leyme
Molières
Aynac
Bannes
Lagineste
Issendolus
Reilhac
Lunegarde
Quissac
Espédaillac
Grèzes
Marcilhac-sur-Célé
Sauliac-sur-Célé
Brengues
Espagnac
Cambes
Camboulit
Béduer
Faycelles
Capdenac
Bagnac-sur-Célé
St-Félix
Felzins
Cuzac
Linac
Prendeignes
St-Perdoux
Fourmagnac
Camburat
Planioles
Lissac
St-Cirgues
Bessonies
Sabadel-Latronquière
Sénaillac-Latronquière
Labastide-du-Haut-Mont
St-Saury
Siran
Lamativie
Comiac
Calviac
Grèalou
Larroque-Toirac
St-Pierre-Toirac
Frontenac
Balaguier-d'Olt
Naussac
Sonnac
Asprières
St-Simon
Sonac
Théminettes
Flaujac-Gare
Commune de Durbans
Issepts
Reyrevignes
Fons
Espeyroux
St-Maurice-en-Quercy
Anglars
Terrou
Ladirat
St-Paul-de-Vern
St-Vincent-du-Pendit
Thégra
Lavergne
Mayrinhac-Lentour
Saignes
Albiac
Rueyres
Le Bouyssou
Le Bourg
St-Bressou
Commune de Montet-et-Bouxal
Commune de St-Médard-Nicourby
Gorses
Lacam-d'Ourcet
Cornac
Belmont-Bretenoux
St-Michel-Loubéjou
St-Médard-de-Presque
St-Jean-Lespinasse
Gintrac
Tauriac
Puybrun
Girac
Glanes
Liourdres
Astaillac
Billac
Queyssac-les-Vignes
Commune de Lissac-et-Mouret
Commune d'Espagnac-Ste-Eulalie
Commune de Causse-et-Diège
Corn
Boussac
Cambes
Lunan
Lentillac-St-Blaise
St-Jean-Mirabel
Viazac
A
B
C
D
E
1
2
3
4
5
6

235
F
G
H
J
K
217
236
252
1
2
3
4
5
6
AURILLAC
Arpajon-sur-Cère
15 CANTAL
12 AVEYRON
Laroquebrou
St-Gérons
St-Étienne-Cantalès
Lacapelle-Viescamp
Lac du Barrage de St-Étienne-Cantalès
St-Paul-des-Landes
Naucelles
Crandelles
St-Simon
Polminhac
Giou-de-Mamou
Ytrac
Jalles
Vézac
Carlat
St-Étienne-de-Carlat
Raulhac
Badailhac
Yolet
Sansac-de-Marmiesse
St-Mamet-la-Salvetat
Roannes-St-Mary
Omps
Pers
Roumégoux
le Rouget
Cayrols
Labrousse
Cros-de-Ronesque
Teissières-lès-Bouliès
Vezels-Roussy
Prunet
Taussac
Vitrac
Marcolès
Lacapelle-del-Fraisse
Lafeuillade-en-Vézie
Leucamp
Lacroix-Barrez
Boisset
St-Antoine
Ladinhac
Murols
Leynhac
Sansac-Veinazès
Labesserette
Calvinet
Junhac
Lapeyrugue
St-Étienne-de-Maurs
Maurs
Sénezergues
Montsalvy
St-Hippolyte
Montézic
Mourjou
Cassaniouze
Campouriez
St-Amans-des-Cots
St-Constant
Fournoulès
St-Santin-de-Maurs
St-Santin
Vieillevie
Entraygues-sur-Truyère
Grand-Vabre
St-Parthem
Florentin-la-Capelle
Flagnac
Conques
Sénergues
Espeyrac
Golinhac
Livinhac-le-Haut
Almon-les-Junies
Boisse-Penchot
Decazeville
Noailhac
Campuac
Viviez
St-Cyprien-sur-Dourdou
St-Félix-de-Lunel
Firmi
Villecomtal
Aubin
Cransac
Prüines
Sébrazac
Nauviale
Mouret
Auzits
Valzergues

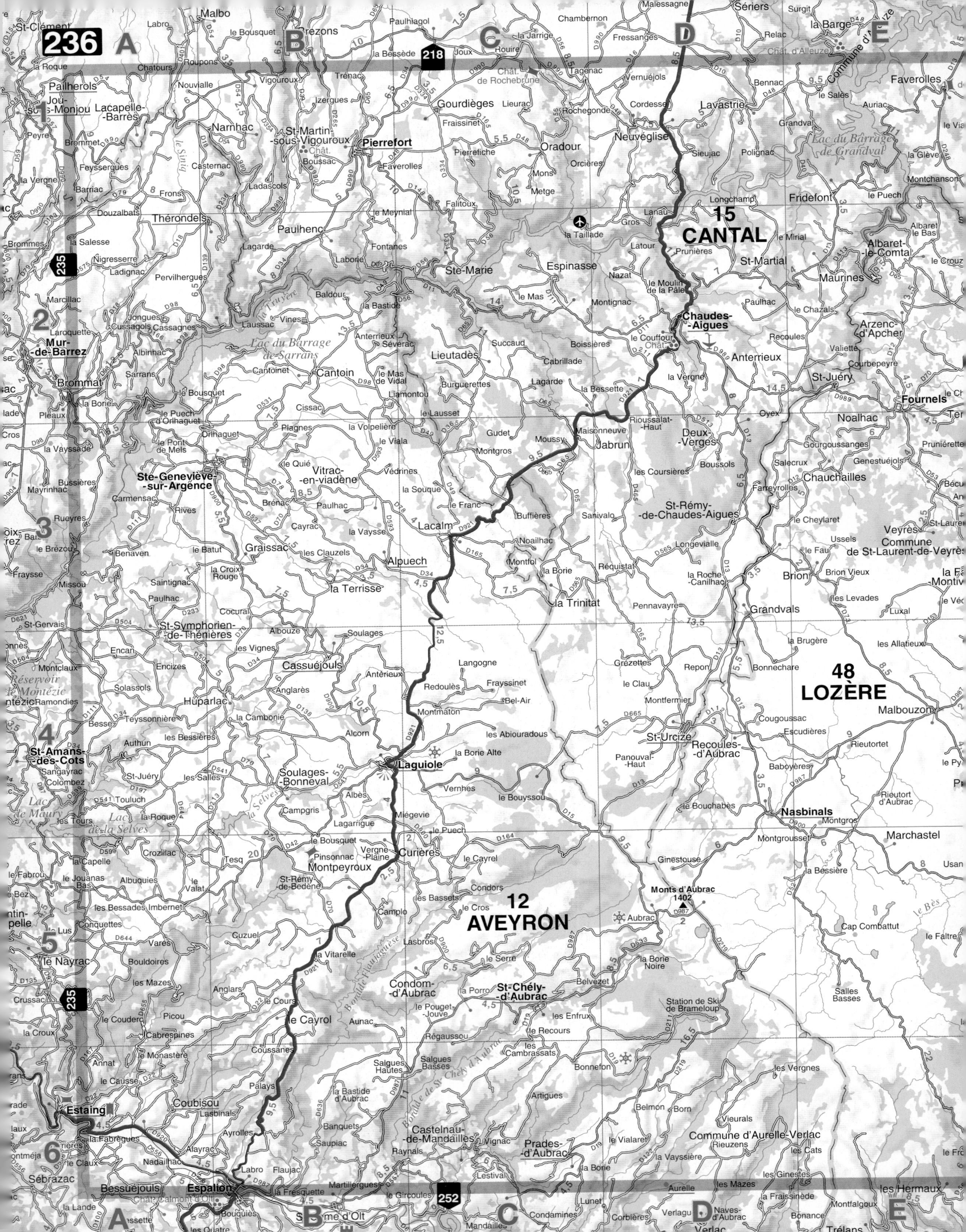

236
A
B
C
D
E
218
235
252
15
CANTAL
12
AVEYRON
48
LOZÈRE
Pierrefort
Chaudes-Aigues
Laguiole
Espalion
Estaing
Mur-de-Barrez
Brommat
Ste-Geneviève-sur-Argence
St-Amans-des-Cots
Nasbinals
St-Chély-d'Aubrac
Fournels
Lac du Barrage de Sarrans
Lac du Barrage de Grandval
Monts d'Aubrac
1402

43 HAUTE-LOIRE
48 LOZÈRE
MENDE
St-Chély-d'Apcher
Aumont-Aubrac
Marvejols
le Malzieu-Ville
St-Alban-sur-Limagnole
Saugues
Grandrieu
St-Amans
Rieutort-de-Randon
Lac de Charpal
Châteauneuf-de-Randon
219
238
254

43
HAUTE-LOIRE
07
ARDÈCHE
48
LOZÈRE
220
237
254
A
B
C
D
E
1
2
3
4
5
6
Cayres
Alleyras
Costaros
le Monastier-sur-Gazeille
Landos
Pradelles
Langogne
Naussac
Coucouron
Lanarce
Châteauneuf-de-Randon
St-Étienne-de-Lugdarès
Lespéron
Luc
Chaudeyrac
Chasseradès
St-Frézal-d'Albuges
Réservoir de Naussac
St-Laurent-les-Bains
Montselgues
Prévenchères
le Tanargue
Sommet du Goulet

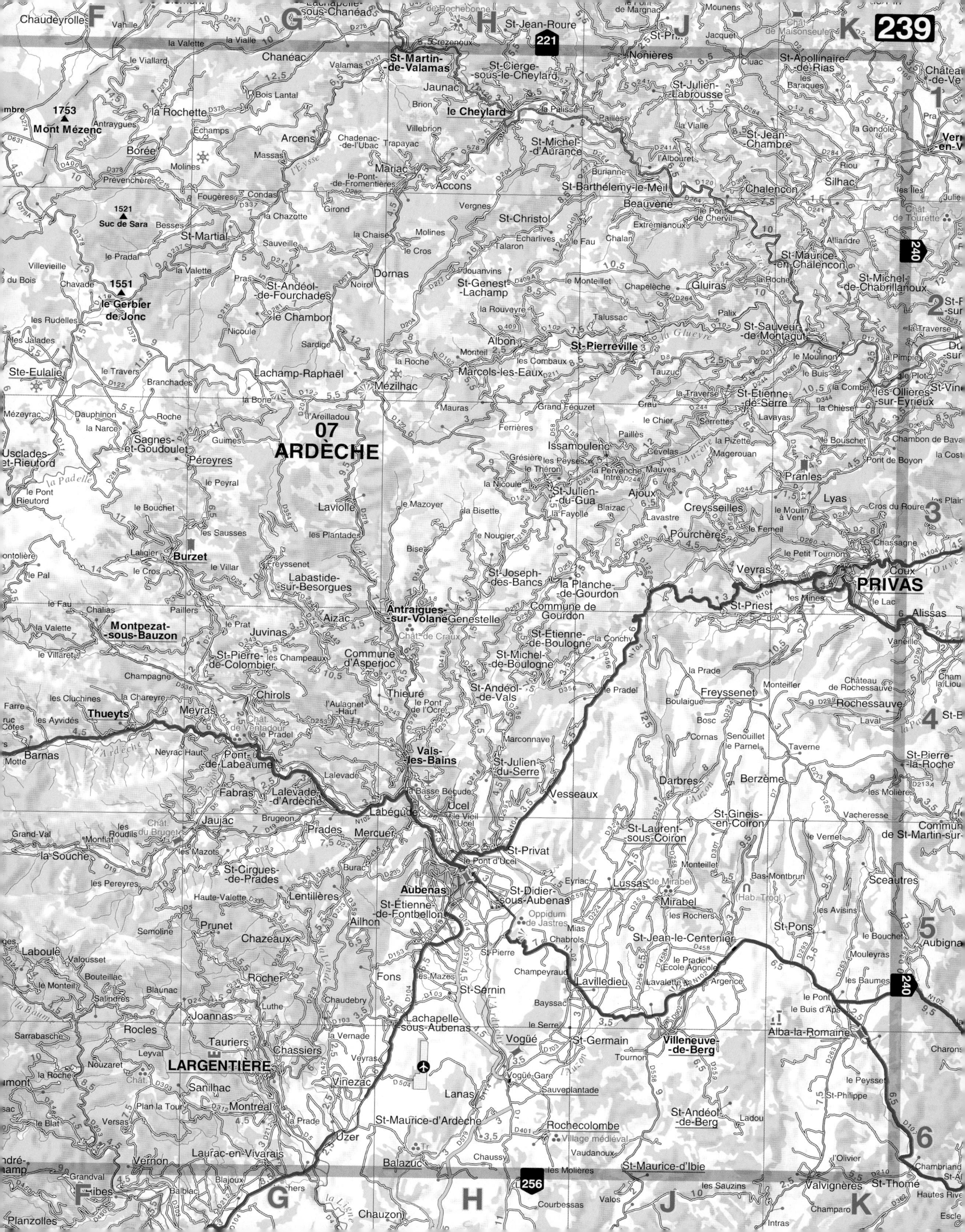
07
ARDÈCHE
PRIVAS
Aubenas
LARGENTIÈRE
le Cheylard
St-Martin-de-Valamas
Vals-les-Bains
Antraigues-sur-Volane
Montpezat-sous-Bauzon
Thueyts
Burzet
St-Pierreville
Villeneuve-de-Berg
Mont Mézenc
1753
Suc de Sara
1521
le Gerbier de Jonc
1551
Mézilhac
Lachamp-Raphaël
Vogüé
Alba-la-Romaine
St-Privat
Ucel
Labégude
Jaujac
Chassiers
Vinezac
Uzer
Balazuc
St-Maurice-d'Ardèche
Lavilledieu
St-Sernin
Lachapelle-sous-Aubenas
Rochecolombe
St-Germain
Lussas
Mirabel
St-Jean-le-Centenier
Les Ollières-sur-Eyrieux
St-Sauveur-de-Montagut
Chalencon
Vernoux-en-Vivarais
Veyras
Coux
Alissas
221
240
256
F
G
H
J
K
1
2
3
4
5
6

A
B
C
D
E
1
2
3
4
5
6
VALENCE
07
ARDÈCHE
26
DRÔME
222
239
256
Alboussière
Châteauneuf-de-Vernoux
Boffres
Vernoux-en-Vivarais
Toulaud
Soyons
Guilherand-Granges
Charmes-sur-Rhône
St-Georges-les-Bains
Portes-lès-Valence
Beauvallon
Beaumont-lès-Valence
Montéléger
Etoile-sur-Rhône
Montmeyran
Malissard
Chabeuil
Châteaudouble
Montélier
Montvendre
Barcelonne
Combovin
Peyrus
St-Fortunat-sur-Eyrieux
St-Laurent-du-Pape
Beauchastel
Dunières-sur-Eyrieux
la Voulte-sur-Rhône
St-Vincent-de-Durfort
St-Cierge-la-Serre
Rompon
Livron-sur-Drôme
Allex
Ambonil
Montoison
Upie
Ourches
la Baume-Cornillane
Commune de Gigors-et-L
Gigors
Vaunaveys-la-Rochette
Eurre
Crest
le Pouzin
St-Julien-en-Saint-Alban
Flaviac
Loriol-sur-Drôme
Grane
Chabrillan
Aouste-sur-Sye
Blacons
Cliousclat
Saulce-sur-Rhône
Mirmande
Baix
St-Symphorien-sous-Chomérac
Alissas
Chomérac
St-Lager-Bressac
La Roche-sur-Grane
Autichamp
Commune de Divajeu
la Clastre
Commune de Piégros-la-Clastre
St-Bauzile
Commune des Tourrettes
le Logis Neuf
Cruas
St-Vincent-de-Barrès
St-Pierre-la-Roche
Commune de La Répara-Auriples
le Péage
Marsanne
Roynac
Puy St-Martin
Soyans
Saou
la Coucourde
Condillac
St-Martin-le-Supérieur
Commune St-Martin-sur-Lavezon
Francillon-sur-Roubion
Cléon-d'Andran
Pont-de-Barret
le Poët-Célard
Meysse
Sauzet
Bonlieu-sur-Roubion
Manas
Charols
Félines-sur-Rimandoule
Rochemaure
Aubignas
Savasse
St-Marcel-lès-Sauzet
St-Gervais-sur-Roubion
Rochebaudin
Truinas
Ancône
Montélimar
Montboucher-sur-Jabron
la Bâtie-Rolland
Salettes
Eyzahut
Comps
le Teil
Puygiron
la Bégude-de-Mazenc
Souspierre
le Poët-Laval
Dieulefit
Portes-en-Valdaine
Commune de Rochefort-en-Valdaine
Espeluche
Chambaud
la Touche
Aleyrac
Montjoux
Allan
Malataverne
Viviers
Châteauneuf-du-Rhône
Roche-St-Secret-Béconne

241
Forêt Domaniale de Lente
F
G
H
J
K
223
242
258
26
DRÔME
38
ISÈRE
DIE
Léoncel
Vassieux-en-Vercors
Gresse-en-Vercors
St-Michel-les-Portes
St-Martin-de-Clelles
Chichilianne
Col de Rousset
1367
St-Julien-en-Quint
Marignac-en-Diois
Chamaloc
Ponet-et-St-Auban
Vachères-en-Quint
Saint-Andéol
Eygluy
Commune d'Eygluy-Escoulin
Commune du Chaffal
la Vacherie
Commune d'Ombièze
les Bouaches
Beaufort-sur-Gervanne
Montclar-sur-Gervanne
Pontaix
Ste-Croix
Barsac
Véronne
Commune-de Vercheny
le Temple
Saillans
Aurel
Espenel
St-Sauveur-en-Diois
Chastel-Arnaud
St-Benoit-en-Diois
Commune de Rimon-et-Savel
Rimon
Barnave
Commune de Montmaur-en-Diois
les Nals
Commune de Recoubeau-Jansac
Recoubeau
Molières-Glandaz
Laval-d'Aix
Aix-en-Diois
Châtillon-en-Diois
St-Roman
Menglon
Montagne de Glandasse
1996
Commune de Treschenu-Creyers
Archiane
Bénevise
Menée
Glandage
Boulc
Miscon
Luc-en-Diois
Montlaur-en-Diois
la Pâle
1340
Pennes-le-Sec
Aucelon
la Chaudière
Pradelle
Commune de Brette
le Monestier
Rochefourchat
Bézaudun-sur-Bîne
les Tonils
St-Nazaire-le-Désert
Volvent
Poyols
Jonchères
Beaumont-en-Diois
Lesches-en-Diois
Fourcinet
Commune de Val-Maravel
Beaurières
la Haute-Beaume
Col de Cabre
1180
Charens
Bellegarde-en-Diois
Crupies
Bouvières
Gumiane
Chalancon
Commune d'Arnayon
la Motte-Chalancon
Berlières
St-Dizier-en-Diois
Establet
Valdrôme
les Prés
la Bâtie-des-Fonds
les Nauds
Commune de Chaudebonne
Rottier
la Charce
Bruis
Ste-Marie
Cornillon-sur-l'Oule
Valouse
Vesc
1
2
3
4
5
6

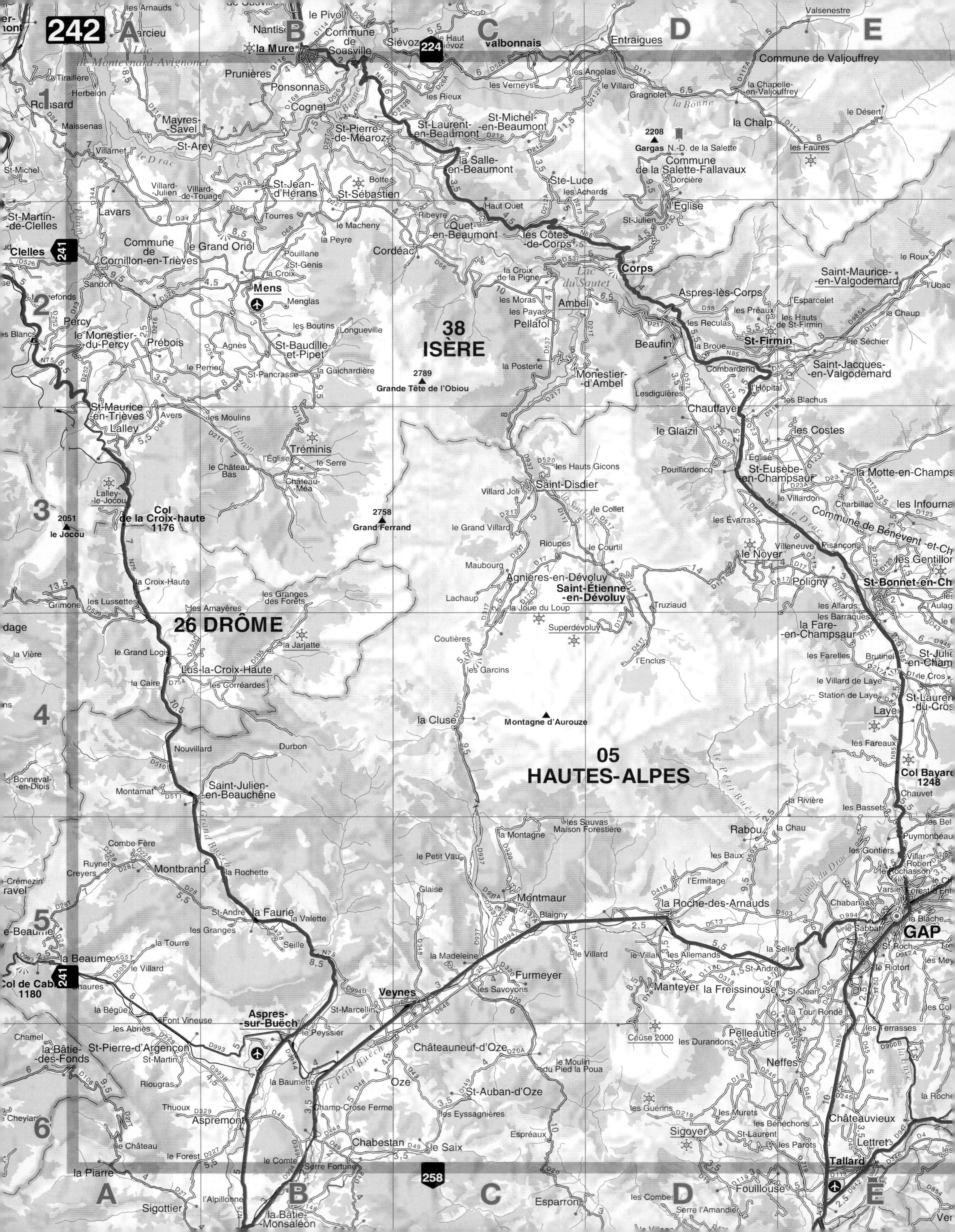

242
A
B
C
D
E
1
2
3
4
5
6
224
241
258
la Mure
Commune de Sousville
Sièvoz
Valbonnais
Entraigues
Valsenestre
Commune de Valjouffrey
Lac de Monteynard-Avignonet
Prunières
Ponsonnas
Cognet
Roissard
Mayres-Savel
St-Arey
St-Pierre-de-Méaroz
St-Laurent-en-Beaumont
St-Michel-en-Beaumont
la Salle-en-Beaumont
Gargas
2208
N.-D. de la Salette
Commune de la Salette-Fallavaux
la Chalp
St-Jean-d'Hérans
St-Sébastien
Ste-Luce
Quet-en-Beaumont
les Côtes-de-Corps
Corps
St-Martin-de-Clelles
Clelles
Lavars
Commune de Cornillon-en-Trièves
le Grand Oriol
Cordéac
Mens
Lac du Sautet
Ambel
Pellafol
Aspres-lès-Corps
St-Firmin
Saint-Maurice-en-Valgodemard
Saint-Jacques-en-Valgodemard
Percy
le Monestier-du-Percy
Prébois
St-Baudille-et-Pipet
38
ISÈRE
2789
Grande Tête de l'Obiou
Beaufin
Monestier-d'Ambel
Chauffayer
St-Maurice-en-Trièves
Lalley
Tréminis
le Glaizil
les Costes
St-Eusèbe-en-Champsaur
la Motte-en-Champsaur
Saint-Disdier
Col de la Croix-haute
1176
2051
le Jocou
2758
Grand Ferrand
Commune de Bénevent-et-Charbillac
le Noyer
Agnières-en-Dévoluy
Saint-Étienne-en-Dévoluy
Poligny
St-Bonnet-en-Champsaur
26 DRÔME
la Jarjatte
Superdévoluy
la Fare-en-Champsaur
Lus-la-Croix-Haute
la Cluse
Montagne d'Aurouze
05
HAUTES-ALPES
Col Bayard
1248
Saint-Julien-en-Beauchêne
Rabou
Montbrand
Montmaur
la Roche-des-Arnauds
la Faurie
GAP
la Beaume
Col de Cabre
1180
Veynes
Furmeyer
Manteyer
la Freissinouse
Aspres-sur-Buëch
Châteauneuf-d'Oze
Céüse 2000
Pelleautier
la Bâtie-des-Fonds
St-Pierre-d'Argençon
Oze
St-Auban-d'Oze
Neffes
Aspremont
Chabestan
le Saix
Sigoyer
Châteauvieux
Tallard
Lettret
Sigottier
la Bâtie-Monsaléon
Esparron
Fouillouse

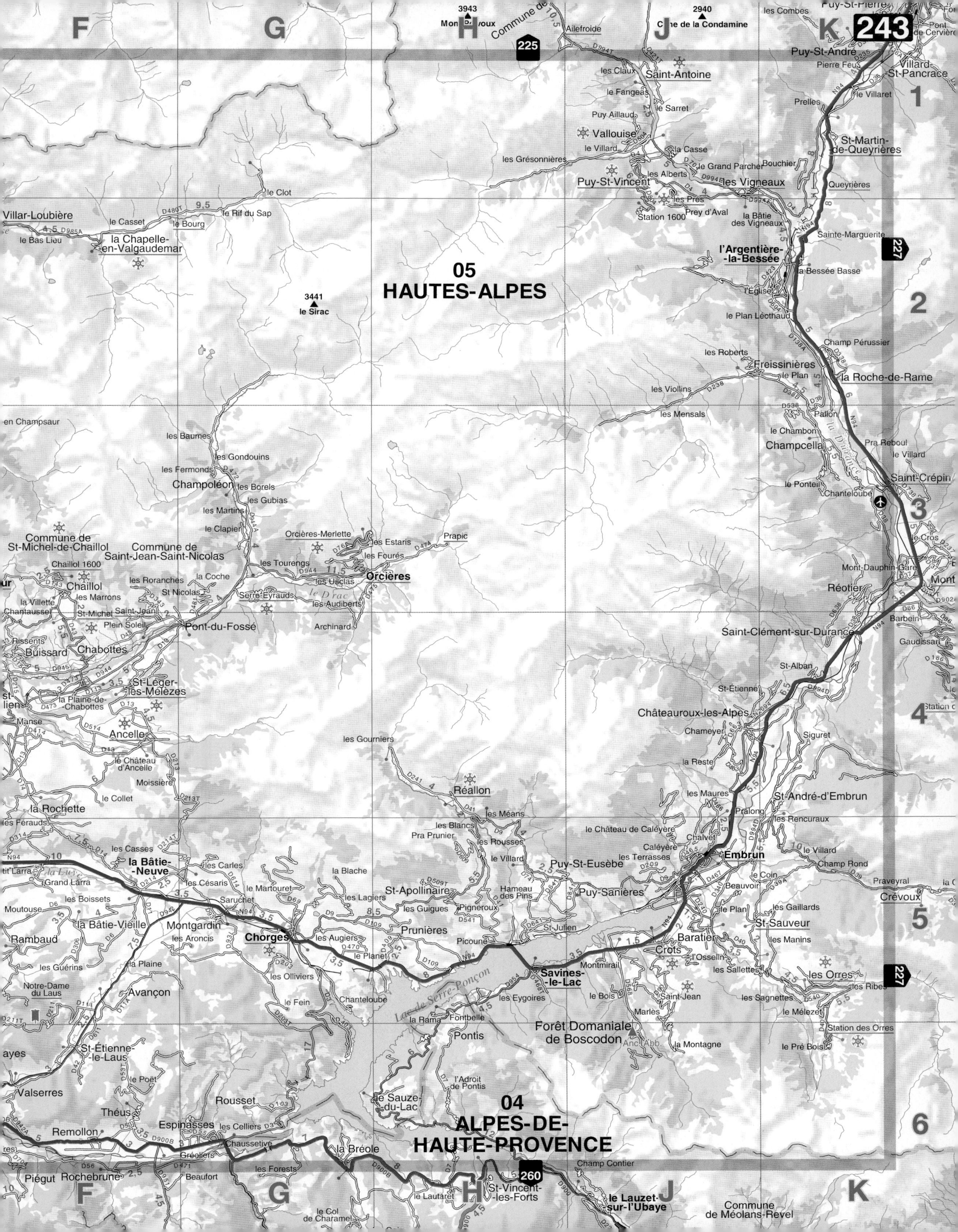
F
G
H
J
K
243
225
260
227
1
2
3
4
5
6
05
HAUTES-ALPES
04
ALPES-DE-
HAUTE-PROVENCE
3943
2940
Cne de la Condamine
Ailefroide
Puy-St-Pierre
Pont de Cervières
Puy-St-André
Pierre Feu
Villard-St-Pancrace
les Claux
Saint-Antoine
le Fangeas
le Sarret
Prelles
le Villaret
Puy Aillaud
Vallouise
St-Martin-de-Queyrières
les Grésonnières
le Villard
la Casse
le Grand Parcher
Bouchier
Puy-St-Vincent
les Alberts
les Vigneaux
Queyrières
le Clot
Villar-Loubière
le Casset
le Rif du Sap
le Bourg
les Prés
Prey d'Aval
Station 1600
la Bâtie des Vigneaux
Sainte-Marguerite
le Bas Lieu
la Chapelle-en-Valgaudemar
l'Argentière-la-Bessée
la Bessée Basse
3441
le Sirac
l'Eglise
le Plan Léothaud
Champ Pérussier
les Roberts
Freissinières
le Plan
la Roche-de-Rame
les Viollins
Pallon
les Mensals
les Baumes
le Chambon
Pra Reboul
Champcella
le Villard
la Durance
les Gondouins
les Fermonds
Champoléon
les Borels
les Gubias
le Ponteil
Saint-Crépin
Chanteloube
les Martins
le Clapier
Orcières-Merlette
Prapic
les Estaris
les Cros
Commune de St-Michel-de-Chaillol
Commune de Saint-Jean-Saint-Nicolas
les Fourés
Chaillol 1600
les Tourengs
Mont-Dauphin-Gare
Chaillol
les Roranches
la Coche
les Usclas
Orcières
Mont
les Marrons
St Nicolas
Serre-Eyrauds
le Drac
Réotier
la Villette
Chantausse
St-Michel
Saint-Jean
les Audiberts
Barbein
Plein Soleil
Archinard
Pont-du-Fossé
Saint-Clément-sur-Durance
Gaudissart
Rissents
Buissard
Chabottes
St-Alban
St-Léger-les-Mélezes
St-Étienne
la Plaine-de-Chabottes
Châteauroux-les-Alpes
Station
Manse
Chameyer
Siguret
Ancelle
les Gourniers
le Château d'Ancelle
la Reste
Moissière
Réallon
le Collet
les Maures
St-André-d'Embrun
la Rochette
les Méans
Pralong
les Rencuraux
les Blancs
les Féraurds
le Château de Caléyère
Pra Prunier
Chalvet
les Rousses
Caléyère
le Villard
les Casses
la Bâtie-Neuve
les Carles
le Villard
Puy-St-Eusèbe
les Terrasses
Embrun
Champ Rond
Grand Larra
les Césaris
la Blache
le Coin
Praveyral
le Martouret
Hameau des Pins
Beauvoir
Crévoux
les Boissets
Saruchet
St-Apollinaire
les Lagiers
Puy-Sanières
Moutouse
les Guigues
Pigneroux
le Plan
les Gaillards
la Bâtie-Vieille
Montgardin
St-Julien
St-Sauveur
Rambaud
les Aroncis
Chorges
les Augiers
Prunières
Baratier
les Manins
le Planet
Picoune
Crots
l'Ossellin
la Plaine
Savines-le-Lac
Montmirail
les Sallettes
les Orres
les Guérins
les Olliviers
Avançon
Notre-Dame du Laus
Chanteloube
Lac de Serre-Ponçon
les Eygoires
le Bois
Saint-Jean
les Sagnettes
les Ribes
le Fein
la Rama
Fontbelle
Marles
le Mélezet
Pontis
Forêt Domaniale de Boscodon
Station des Orres
Ancl Abb.
la Montagne
le Pré Bois
St-Étienne-le-Laus
le Poët
l'Adroit de Pontis
Valserres
Rousset
le Sauze-du-Lac
Théus
Espinasses
les Celliers
Remollon
Chaussetive
la Bréole
Gréolliers
les Forests
Champ Contier
Piégut
Rochebrune
Beaufort
St-Vincent-les-Forts
le Lauzet-sur-l'Ubaye
Commune de Méolans-Revel
le Lautaret
le Col de Charamel

A
B
C
D
E
1
2
3
4
5
6
228
262
40
LANDES
Biscarrosse Plage
Ispe
la Broustasse
Navarrosse
Mayotte
En Belliard
le Bosque
Millas
Mouliots
Breux
En Bergoin
le Com
Caout
Yquem
Camp de Naouas
Latecoère
Lily
Biscarrosse
le Mico
Megnicat
Dousse
Jacques
les Hourtiquets
En Bonnet
Étang de Biscarrosse
et de Parentis
Roupit
Florélites
Germinal
Lahitte Centre
Péchic
la Forêt
le Lac
Parentis-en-Born
les Espalanques
Gastes
Péou
le Pourjeau
Hillaou
Mano
Esleys
Herran
Segues
Lespelouze
le Grand
Quartier
Lucats
Damat
Fallot
Mongaillard
Ste-Eulalie-en-Born
Dousse
Moras
Rozan
Matot
Guilleman
la Guirosse
Marcon
Sud
Quartier
de Menaut
Pontenx-les-Forges
Ticheneys
Grand
Ligauter
Bestaven
Lardit
St-Paul-
-en-Born
la Forge
Bouricos
Baxente
Étang d'Aureilhan
Aureilhan
Laouchet
la Chapelle
Mougnan
Larrousseau
Mimizan
Plage
Boulogne
Merquedey
le Pont Rouge
Vigon
Lanty
Bouliac
les Vignes
Quartier
de Haza
Parc
d'Hiver
Abbaye
la Cité
Agnet
Ville d'Hiver
Mimizan
Lort
les Pyramides
Robichon
Ménéou
Terrenave
Petit Jean
Angoulin
Bourroc
Salin
Esting
Leych
Gaye
Louron
Jouanicot
Escource
Coyole
Landran
Bias
Cameleyre
Hourrègue
Bouheben
Quartier de Jouanon
Orvignacq
Chambres
Larden
Sallebert
Contis
les Bains
Andriou
Lesbordes
Contis Vieux
Contis Sud
Courant de Contis
Pêchès
la Lette
le Courlis
Yean
Contis les Marais
Mézos
Danglas
Coumpaings
le Grand Pont
Laviole
Dino
St-Julien-en-Born
Campardon
Onesse-et-Laharie
Bel Air
Larroque
la Gare
Montaut
Pélinguet
Lhon
Cap de l'Homy
Pétrocq
Pernaout
Micaule
Uza
le Cout
Lit-et-Mixe
le Point du Jour
la Poste
Pisson
Cherte
Quartier
de Belloc
Barrat
Padaou
Lévignacq
Guiraütine
Miquéou
Mixe
Lugadets
Naboude
Canal de l'Arreillet
le Clercq
le Pierr
Courant de Sainte-Eulalie

F
G
H
J
K
1
2
3
4
5
6
229
246
264
33
GIRONDE
40
LANDES
Forêt des Landes
la Gare de Lugos
le Bourdieu
Mons
Cal
Joué
Fraye
Quartier
Les Broustics
Mouréou
Boutox
Rétis
le Tuzan
Gardit
Byle
Tartehum
le Ruisseau Blanc
Nigon
Lilaire
Peyrin
Capsus
St-Symphorien
Biganon
Mano
Laouillé
le Muret
Saugnacq-et-Muret
Peyroc
la Laguière
la Crabette
Hourson
le Houdin
Castelnau
Chot
Marianne
Perric
Belhade
Moustey
Botte
Argelouse
Montauzey
Berdoy
les Ombres
Richet
le Brous
Moucherucq
Naudon
la Ville
Harribey
Sore
la Gare
le Strouc
Matha
le Douc
Bertrand
Malet
Ychoux
Bourdieu
Liposthey
Pissos
Pirette
Ancien Bourg
Escoursolles
Bern
Gruey
le Thus
Tuyas
Daugnague
Hang
la Crotte
Pince
Bordessoule
Luxey
Gaillarde
Hidéou
Cantegrit
Bel Air
Lüe
Gaillard
les Houssats
le Taron
Houaste
Layas
Caplanne
Lindor
Guisoua
Labrit
Laden
Guidenson
Trensacq
Marine
Matchin
Labouheyre
Capbat
Commensacq
Chinan
Bilot
Fiton
Cité Grande Lande
la Gelère
Quartier de Brin
Quartier de Poursuguères
Lesgouadies
Haza
Solférino
Cap de Pin
le Petit Bourg
Sabres
les Cottages
l'Orient
Bas de Sabres
Carrot
Perregue
Lamoulière
Quartier de Capboeuf
Tarisson
le Sen
Loustalet
Lestage
Pouymenjon
la Grande Lande
Peyticq
Quartier de Garrieux
Jeanticot
Badie
Poulonne
Labrit
Courtes
Maguide
Cornalis
le Platiet
Menon
Cap Blanc
Vert
Loustalot
Luglon
le Barrail
Pouy Court
Castandet
Bégué
Bouheben
Plaisance
Hourre
Cité Plaisance
Morcenx
Argelas
Garein
Pinchouret
Brocas
Villa des Pins
Cité de l'Étang
Cité des Cigales
Cité du Gez
Cité des Chênes
Menjuc
Lucat
Garrosse
Arjuzanx
Ménude
Morcenx Bourg
Arengosse
la Chapelle
l'Eyre
la Petite l'Eyre
la Grande l'Eyre
le Bès
N10
N134
A63
D43
D626
D651
D348
D134
D316
D315
D45
D34
D44
D402
D325
D385
D77
D14
D327
D353
D57
D38
D392
D220
D143
D120
D20E
D410
D110
D3E18
D115E1
D356
D63
D653

246
A
B
C
D
E
1
2
3
4
5
6
229
245
265
33
GIRONDE
40
LANDES
Noaillan
Villandraut
Castelnau de Cernès
St-Symphorien
St-Léger-de-Balson
Uzeste
Pilet
Privaillet
Chât. d'Illon
Labardin
Pieuchon
Garbaste
Villemégea
Taris
le Ros
la Trave
Préchac
la Fue Chât.
Jeambos
Chât. de Cazeneuve
Pompéjac
Marimbault
Pitray
les Gillets
l'Auvergne
Bernos-Beaulac
la Verrerie
Peyredieu
Ginsoulet
Chiquot
Merrein
Peygros
Lauric
Insos
le Couyala
Bourideys
Capdarrieux
Souis
Cazalis
la Grave
Lucmau
Fontabride
Briel
Cardillon
Péchon
le Crec
Brouqueyran
Berthez
Péchot
Aillas
Aubiac
Cazats
Escudeys
Lados
Gans
Bassane
Labescau
Poussignac
Tchac-Tchic
St-Vincent
St-Michel
Gajac
Mitton
Lignan-de-Bazas
Bazas
St-Côme
Trazits
Toulieu
Birac
Sendets
Bijoux
Cauvignac
Sauviac
Jean du Mieu
la Potence
Gadine
Masseilles
Cudos
Lavazan
Grignols
Marions
Haurion
Artiguevieille
Sillas
le Moullia
Bon Loc
le Bourdieu
Agnaoutoun
Bariqueyres
Taves
Pétron
Gaillon
Beys
la Broude
Lerm-et-Musset
Escaudes
le Sablat
Goualade
Bertranet
Garillon
Ciron
Blaise
la Parropy
Pirette
Callen
Lagassey
Grison
Lucbernet
Captieux
Cité Brémontier
Pinelle
Castelnau
Giscos
Mardan
St-Michel-de-Castelnau
Luxey
Layas
Caplanne
le Gaouchey
le Petit Baron
Pichon
Dugats
Lartigue
Maillas
les Cultures
Lagavarre
la Petite Leyre
l'École du Poteau
la Gare du Poteau
le Pont Long
Rieussourt
le Petit Pécondo
Allons
Jean-Jacques
Régachon
Georges
Broustic
la Poste
Baradé
Plaisance
Mary
le Sen
Grand Lestrat
Grateloup
Bourriot-Bergonce
la Gare
Bergonce
le Haou
Loustalerie
Jourets
Vincennes
Lencouacq
Lafitte
Retjons
St-Mézard
Gouaillardet
Losse
Jouanin
Lubbon
Lussolle
Bourron
Bernet
Cachen
Bélis
Guinas
Pudaout
Arue
Petit Bétariou
la Garbage
la Rouchoulère
Estampon
Lapeyrade
Pinchauret
Bacquerat
Nauton
l'Estampon
Pejouan
St-Gor
Vielle-Soubiran
Betgoua
Grenier
Chicot
Luc
le Ginx
Roquefort
Bellevue
Maillères
Lumalé
Pouy
Sarbazan
Estigarde
Pricherot
Hillet
Canenx-et-Réaut
Jay

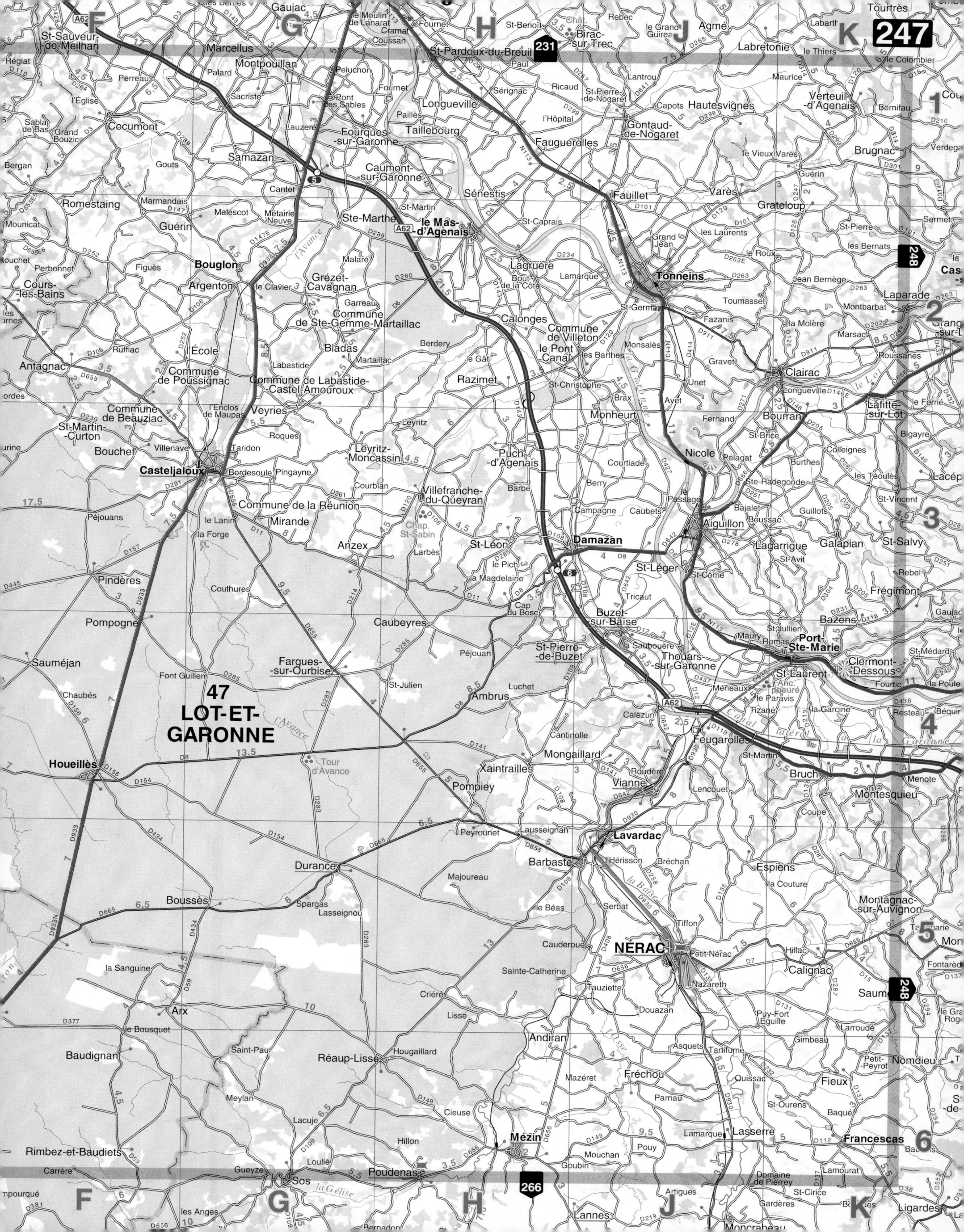
F
G
H
J
K
1
2
3
4
5
6
231
248
266
47
LOT-ET-
GARONNE
St-Sauveur-de-Meilhan
Marcellus
Montpouillan
Gaujac
Birac-sur-Trec
St-Pardoux-du-Breuil
Agmé
Labretonie
Tourtrès
Cocumont
Longueville
Hautesvignes
Verteuil-d'Agenais
Gontaud-de-Nogaret
Samazan
Fourques-sur-Garonne
Taillebourg
Fauguerolles
Brugnac
Caumont-sur-Garonne
Sénestis
Fauillet
Varès
Grateloup
Romestaing
Guérin
Ste-Marthe
le Mas-d'Agenais
Bouglon
Argenton
Grézet-Cavagnan
Lagruère
Tonneins
Cours-les-Bains
Laparade
Commune de Ste-Gemme-Martaillac
Calonges
Commune de Villeton
Bladas
le Pont Canal
Antagnac
l'École
Commune de Poussignac
Commune de Labastide-Castel-Amouroux
Razimet
Clairac
Lafitte-sur-Lot
Commune de Beauziac
Veyries
Monheurt
Bourran
St-Martin-Curton
Bouchet
Casteljaloux
Leyritz-Moncassin
Puch-d'Agenais
Nicole
Villefranche-du-Queyran
Commune de la Réunion
Mirande
Aiguillon
Anzex
St-Léon
Damazan
Lagarrigue
Galapian
St-Salvy
St-Léger
Pindères
Frégimont
Pompogne
Caubeyres
Buzet-sur-Baïse
Bazens
Port-Ste-Marie
Sauméjan
Fargues-sur-Ourbise
St-Pierre-de-Buzet
Thouars-sur-Garonne
Clermont-Dessous
St-Laurent
Ambrus
Feugarolles
Houeillès
Mongaillard
Xaintrailles
Vianne
Bruch
Pompiey
Montesquieu
Lavardac
Durance
Barbaste
Espiens
Boussès
Montagnac-sur-Auvignon
NÉRAC
Caligna c
Arx
Andiran
Baudignan
Réaup-Lisse
Fréchou
Fieux
Nomdieu
Mézin
Lasserre
Francescas
Rimbez-et-Baudiets
Sos
Poudenas
Lannes
Ligardes
A62
D933
D655
D665
D656
D930
N113
Tour d'Avance
Canal latéral à la Garonne
la Garonne
le Lot
la Baïse
l'Avance
la Gélise

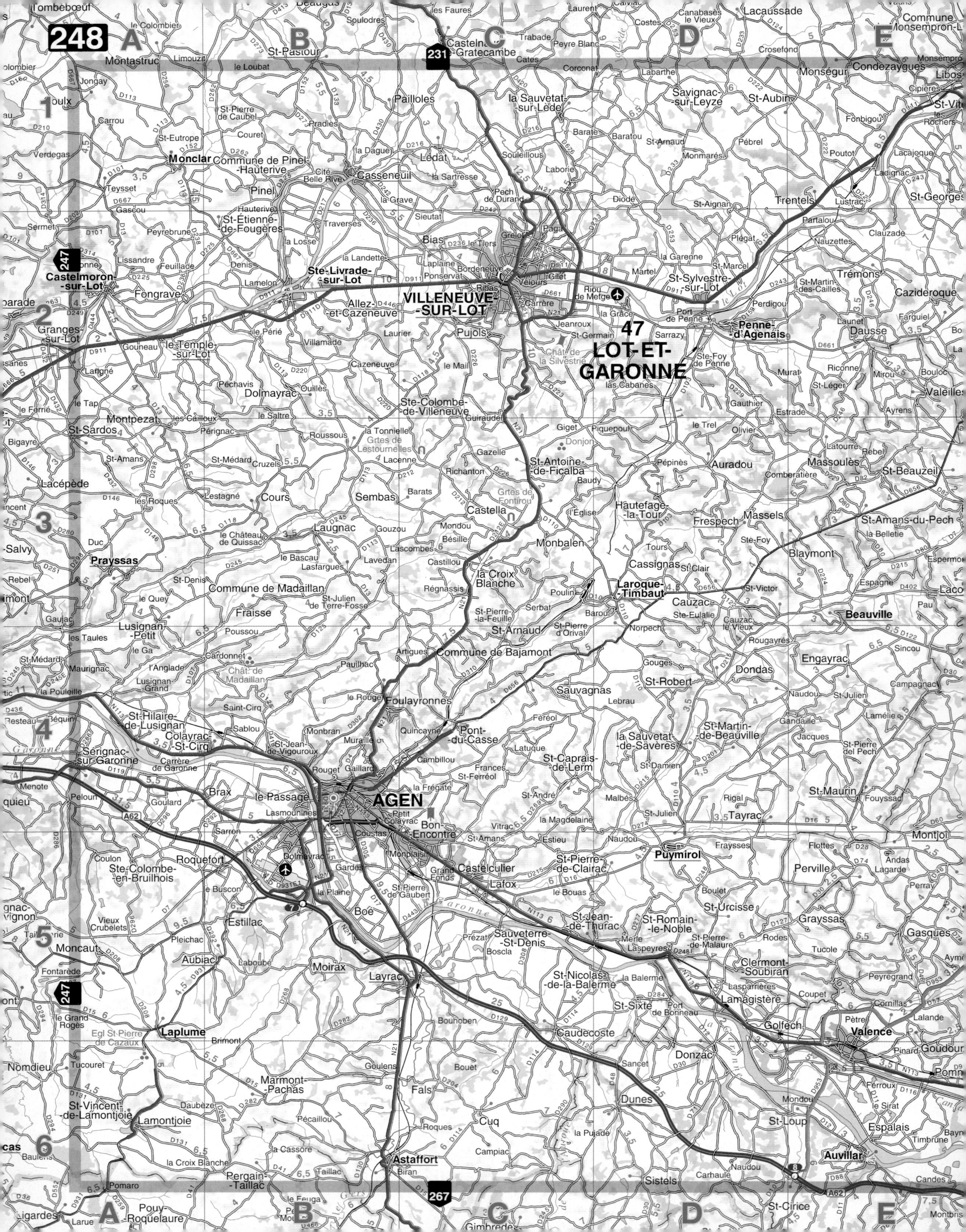

248
A
B
C
D
E
1
2
3
4
5
6
231
247
267
Tombebœuf
Montastruc
St-Pastour
Castelnau-Gratecambe
Laurent
Lacaussade
Commune Monsempron-Libos
Monségur
Condezaygues
Pailloles
la Sauvetat-sur-Lède
Savignac-sur-Leyze
St-Aubin
Monclar
Commune de Pinel-Hauterive
Casseneuil
Ledat
Pinel
St-Étienne-de-Fougères
Bias
Trentels
St-Georges
Castelmoron-sur-Lot
Fongrave
Ste-Livrade-sur-Lot
VILLENEUVE-SUR-LOT
Allez-et-Cazeneuve
Pujols
St-Sylvestre-sur-Lot
Trémons
Cazideroque
Penne-d'Agenais
47
LOT-ET-GARONNE
Granges-sur-Lot
le Temple-sur-Lot
Dolmayrac
Ste-Colombe-de-Villeneuve
Montpezat
St-Sardos
Lacépède
Cours
Sembas
Castella
St-Antoine-de-Ficalba
Auradou
Massoulès
St-Beauzeil
Hautefage-la-Tour
Frespech
Massels
St-Amans-du-Pech
Prayssas
Laugnac
Monbalen
Cassignas
Blaymont
Commune de Madaillan
la Croix Blanche
Laroque-Timbaut
Cauzac
Beauville
Fraisse
Lusignan-Petit
St-Arnaud
Commune de Bajamont
Engayrac
Dondas
St-Robert
Sauvagnas
Foulayronnes
St-Hilaire-de-Lusignan
Colayrac-St-Cirq
Pont-du-Casse
la Sauvetat-de-Savères
St-Martin-de-Beauville
Sérignac-sur-Garonne
St-Caprais-de-Lerm
Brax
le Passage
AGEN
Bon-Encontre
St-Maurin
Tayrac
Puymirol
Roquefort
Ste-Colombe-en-Bruilhois
Castelculier
Lafox
St-Pierre-de-Clairac
Perville
Estillac
Boé
St-Jean-de-Thurac
St-Romain-le-Noble
St-Urcisse
Grayssas
Moncaut
Aubiac
Sauveterre-St-Denis
Clermont-Soubiran
Gasques
Moirax
Layrac
St-Nicolas-de-la-Balerme
Lamagistère
Laplume
Caudecoste
Golfech
Valence
Goudourville
Donzac
Marmont-Pachas
Fals
Dunes
St-Vincent-de-Lamontjoie
Lamontjoie
Cuq
St-Loup
Espalais
Astaffort
Auvillar
Pergain-Taillac
Sistels
Pouy-Roquelaure
St-Cirice
A62
N21
N113
Garonne

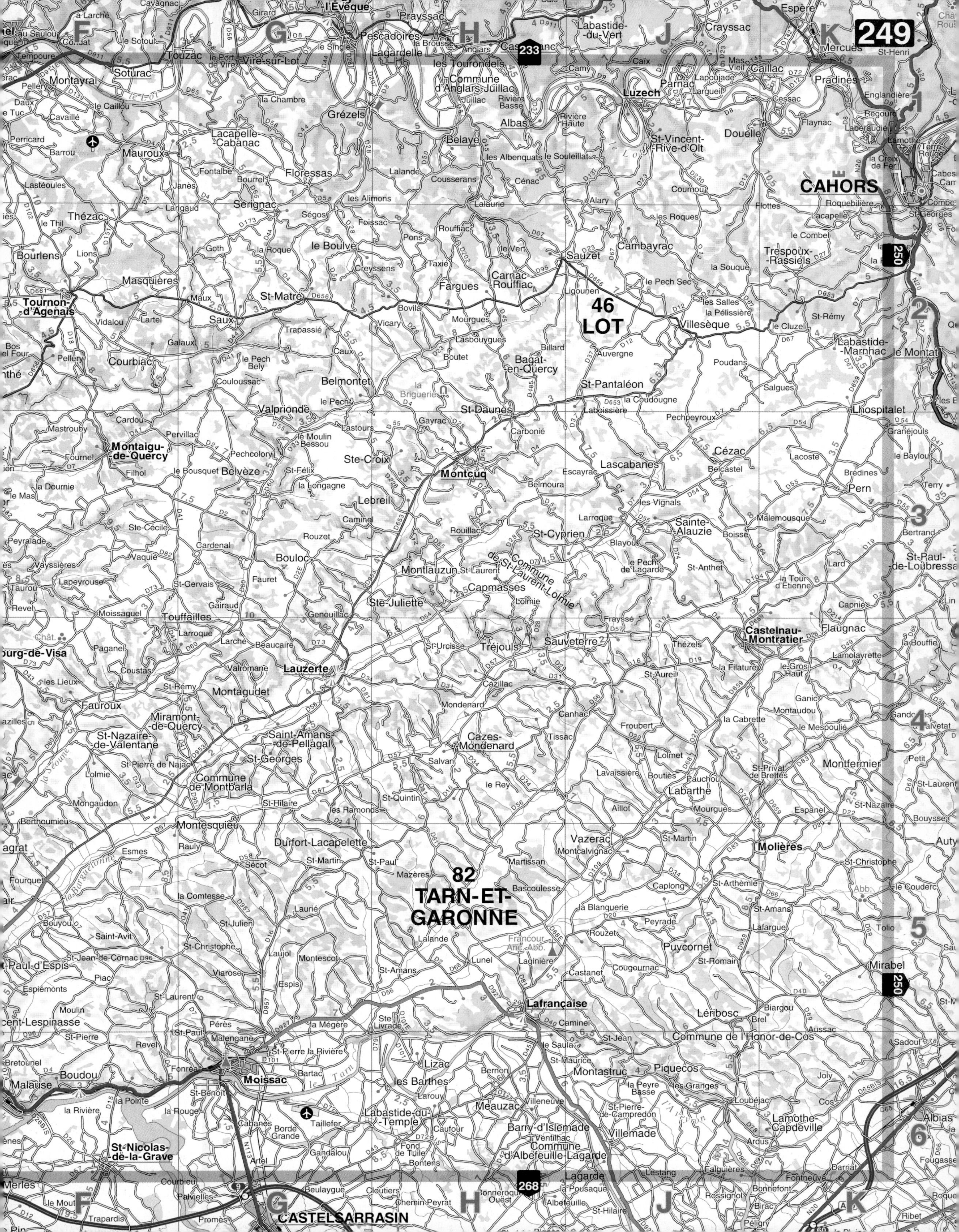
F
G
H
J
K
233
1
2
3
4
5
6
250
268
46
LOT
82
TARN-ET-GARONNE
CAHORS
Luzech
Pescadoires
Prayssac
Lagardelle
Crayssac
Labastide-du-Vert
Mercuès
Pradines
Parnac
Caillac
Douelle
St-Vincent-Rive-d'Olt
Soturac
Touzac
Vire-sur-Lot
Montayral
Les Tourondels
Commune d'Anglars-Juillac
Albas
Belaye
Grézels
Lacapelle-Cabanac
Mauroux
Floressas
Sérignac
Thézac
Bourlens
Masquières
Tournon-d'Agenais
St-Matré
Saux
Sauzet
Carnac-Rouffiac
Fargues
Cambayrac
Trespoux-Rassiels
Villesèque
Labastide-Marnhac
Le Montat
Bagat-en-Quercy
St-Pantaléon
St-Daunès
Belmontet
Valprionde
Montaigu-de-Quercy
Belvèze
Ste-Croix
Montcuq
Lascabanes
Cézac
Lhospitalet
Pern
Lebreil
St-Cyprien
Sainte-Alauzie
Bouloc
Montlauzun
Commune de St-Laurent-Lolmie
Capmasses
Ste-Juliette
Touffailles
Lauzerte
Tréjouls
Sauveterre
Castelnau-Montratier
Flaugnac
St-Paul-de-Loubressac
Montagudet
Fauroux
Miramont-de-Quercy
St-Nazaire-de-Valentane
Saint-Amans-de-Pellagal
St-Georges
Cazes-Mondenard
Commune de Montbarla
Labarthe
Montfermier
Montesquieu
Durfort-Lacapelette
Vazerac
Molières
Puycornet
Mirabel
Lafrançaise
Lériboscq
Commune de l'Honor-de-Cos
Moissac
Boudou
Malause
Lizac
Les Barthes
Meauzac
Labastide-du-Temple
Barry-d'Islemade
Villemade
Commune d'Albefeuille-Lagarde
Montastruc
Piquecos
Lamothe-Capdeville
Albias
St-Nicolas-de-la-Grave
Lagarde
CASTELSARRASIN

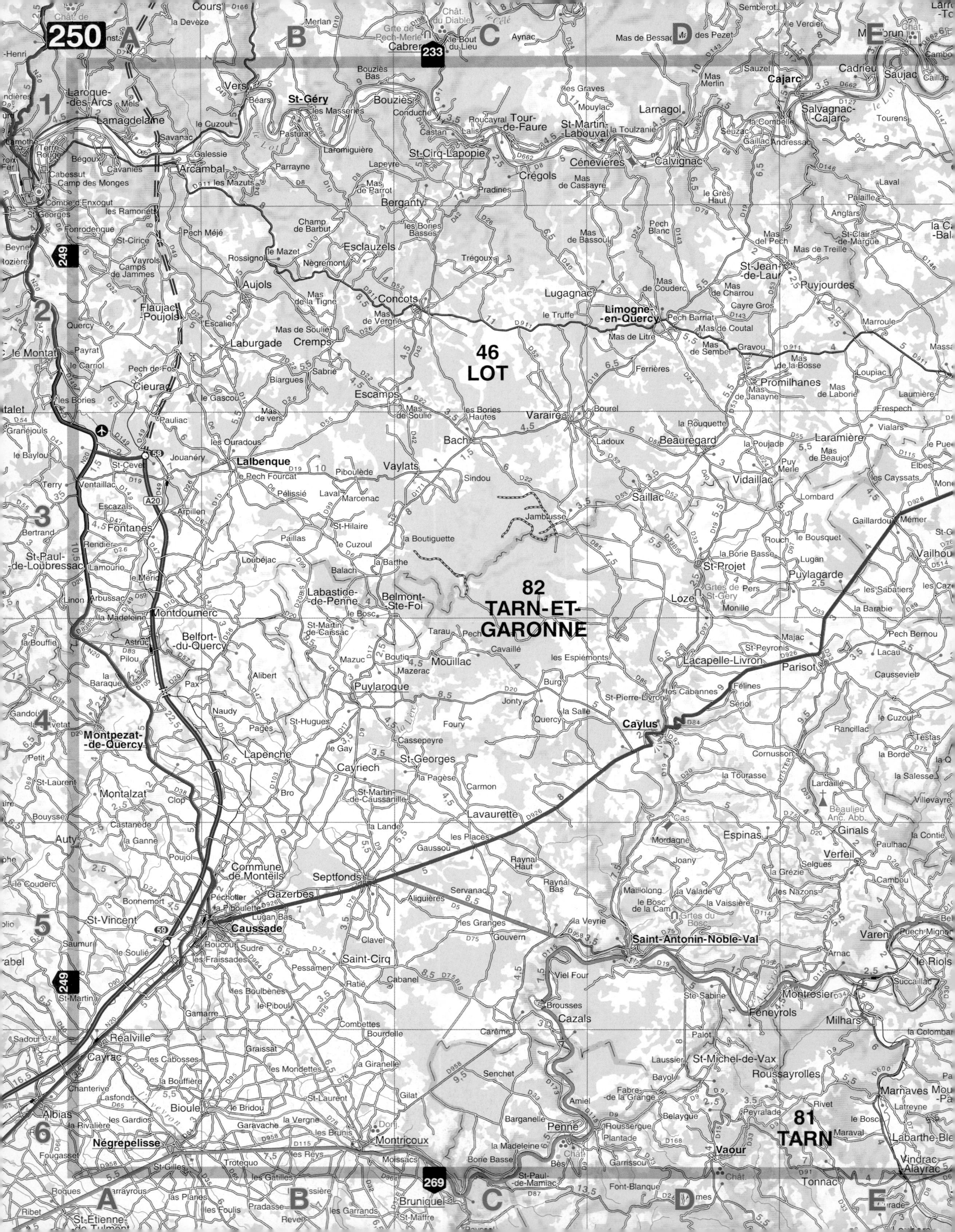
250
233
249
269
A
B
C
D
E
1
2
3
4
5
6
46
LOT
82
TARN-ET-
GARONNE
81
TARN
Cours
la Devèze
Merlan
Grte de Pech-Merle
Cabrerets
Chât. du Diable
le Bout du Lieu
Aynac
Mas de Bessac
des Pezet
Semberot
le Verdier
Larroque-Toirac
Montbrun
Laroque-des-Arcs
Lamagdelaine
Vers
Béars
St-Géry
les Masseries
Bouziès Bas
Bouziès
Conduché
Pasturat
Roucayral
Tour-de-Faure
les Graves
Mouylac
St-Martin-Labouval
la Toulzanie
Larnagol
Mas Merlin
Sauzet
Cajarc
Cadrieu
Saujac
Salvagnac-Cajarc
la Combelle
Seuzac
Gaillac
Andressac
Tourens
Lamothe
Terre Rouge
Bégoux
Cavaniès
Savanac
Galessie
le Cuzoul
Castan
Lalis
Laromiguière
St-Cirq-Lapopie
Cénevières
Calvignac
Cabessut
Camp des Monges
Arcambal
les Mazuts
Parrayne
Lapeyre
Mas de Parrot
Crégols
Mas de Cassayre
Pradines
Combe d'Enxogut
St-Georges
les Ramonets
Bergantу
le Grès Haut
Laval
Palaille
Anglars
Fonrodenque
Champ de Barbut
les Bories Basses
Pech Blanc
Mas de Bassoul
Mas del Pech
St-Clair-de-Margue
Mas de Treille
Beyne
Rozières
St-Cirice
Pech Méjé
Rossignol
le Mazet
Esclauzels
Trégoux
Vayrols
Camps de Jammes
Nègremont
St-Jean-de-Laur
Puyjourdes
Aujols
Mas de la Tigne
Concots
Lugagnac
Mas de Couderc
Mas de Charrou
Cayre Gros
Flaujac-Poujols
Escalier
Mas de Vergné
le Truffe
Limogne-en-Quercy
Pech Barriat
Mas de Coutal
Marroule
Quercy
Mas de Soulié
Laburgade
Cremps
Mas de Litre
Gravou
Mas de Sembel
le Montat
Payrat
le Carriol
Pech de Fos
Sabrié
Biargues
Ferrières
Mas de la Bosse
Promilhanes
Loupiac
Cieurac
le Gascou
Escamps
Mas de Janayne
Mas de Laborie
Laumière
les Bories
Mas de vers
Mas de Soulié
les Bories Hautes
Varaire
Bourel
Frespech
Pauliac
Granejouls
la Rouquette
les Ouradous
Bach
Ladoux
Beauregard
Vialars
Laramière
le Baylou
Jouanéry
Lalbenque
Piboulède
Vaylats
la Poujade
Mas de Beaujot
St-Cevet
le Pech Fourcat
Sindou
Puy Merle
Vidaillac
Elbes
les Cayssats
Terry
Ventaillac
Pélissié
Laval
Marcenac
Saillac
Lombard
Escazals
Arpillen
Jamblusse
Gaillardou
Mémer
Bertrand
Fontanes
St-Hilaire
la Boutiguette
Rouch
le Bousquet
Paillas
le Cuzoul
la Borie Basse
St-Paul-de-Loubressac
Rendié
Lamourio
le Mérié
Loubéjac
la Barthe
St-Projet
Lugan
Vailhourles
Balach
Puylagarde
Linon
Arbussac
Labastide-de-Penne
Belmont-Ste-Foi
Grtes de St-Géry
Pers
les Sabatiers
Montdoumerc
le Bosc
Loze
Monille
la Barabie
la Madeleine
Belfort-du-Quercy
St-Martin-de-Caissac
Tarau
Pech
Majac
Pech Bernou
la Bouffie
Astruc
St-Peyronis
Lacapelle-Livron
Lacau
Pilou
Mazuc
Boutiq
Mouillac
Cavaillé
les Espiémonts
Parisot
Mazerac
Causseviel
la Baraque
Alibert
Pax
Puylaroque
Burg
Jonty
les Cabannes
Félines
Sériol
St-Pierre-Livron
Gandoulès
Naudy
St-Hugues
la Salle
Quercy
Foury
Caylus
Rancillac
le Cuzoul
Montpezat-de-Quercy
Pagès
Cassepeyre
Testas
Petit
Lapenche
le Gay
St-Georges
Cornusson
la Borde
Cayriech
la Pagèse
la Tourasse
la Salesse
St-Laurent
Montalzat
Clop
Bro
St-Martin-de-Caussanille
Carmon
Lardaillé
Beaulieu Anc. Abb.
Villevayre
Bouysse
Castanède
la Lande
Lavaurette
Ginals
la Ganne
Auty
Gaussou
les Places
Cas.
Mordagne
Espinas
la Contie
Paulhac
Verfeil
Poujol
Commune de Monteils
Raynal Haut
Joany
Selgues
le Couderc
Septfonds
la Grézie
Cambou
Péchofier
Gazerbes
Raynal Bas
Maillolong
la Valade
les Nazons
Bonnemort
Aliguières
Servanac
la Pibouette
la Vaissière
le Bosc de la Cam
Grtes du Bosc
St-Vincent
Lugan Bas
Caussade
les Granges
la Veyrie
Varen
Puech-Mignon
Saumur
Roucou
Clavel
Gouvern
Saint-Antonin-Noble-Val
le Soulié
Sudre
les Fraissades
Saint-Cirq
Pessamen
Arnac
le Riols
Viel Four
Succaillac
Cabanel
Ratié
St-Martin
les Boulbènes
le Piboul
Ste-Sabine
Montrosier
Brousses
Feneyrols
Milhars
Gamarre
Cazals
Combettes
Bourdelle
Carême
Palot
la Colombarié
Sadoul
Realville
Graissat
St-Michel-de-Vax
Cayrac
les Cabosses
Lausier
les Mondettes
la Giranelle
Roussayrolles
Bayol
Senchet
Chanterive
la Bouffière
Fabre-de la Grange
Marnaves
Lasfonds
Gilat
Amiel
Latreyne
Albias
Bioule
St-Laurent
Peyralade
Rivet
les Gardios
le Bridou
la Vergne
Barganelle
Belaygue
le Bosc
la Rivalière
Garavache
les Brunis
Donj.
Penne
Roussergue
Maraval
Labarthe-Bleys
Nègrepelisse
Montricoux
Plantade
Vaour
Fougasset
Trotequo
les Reys
la Madeleine
Chât.
Garrissou
Vindrac-Alayrac
St-Gilles
Moissacs
Borie Basse
Bès
Tonnac
les Gatilles
St-Paul-de-Mamiac
Font-Blanque
Roques
Arrayrous
las Planes
Bruniquel
Ribet
St-Etienne-de-Tulmont
les Foulis
Pradasse
Revel
les Garrands
St-Maffre
le Lot
l'Aveyron
la Lère

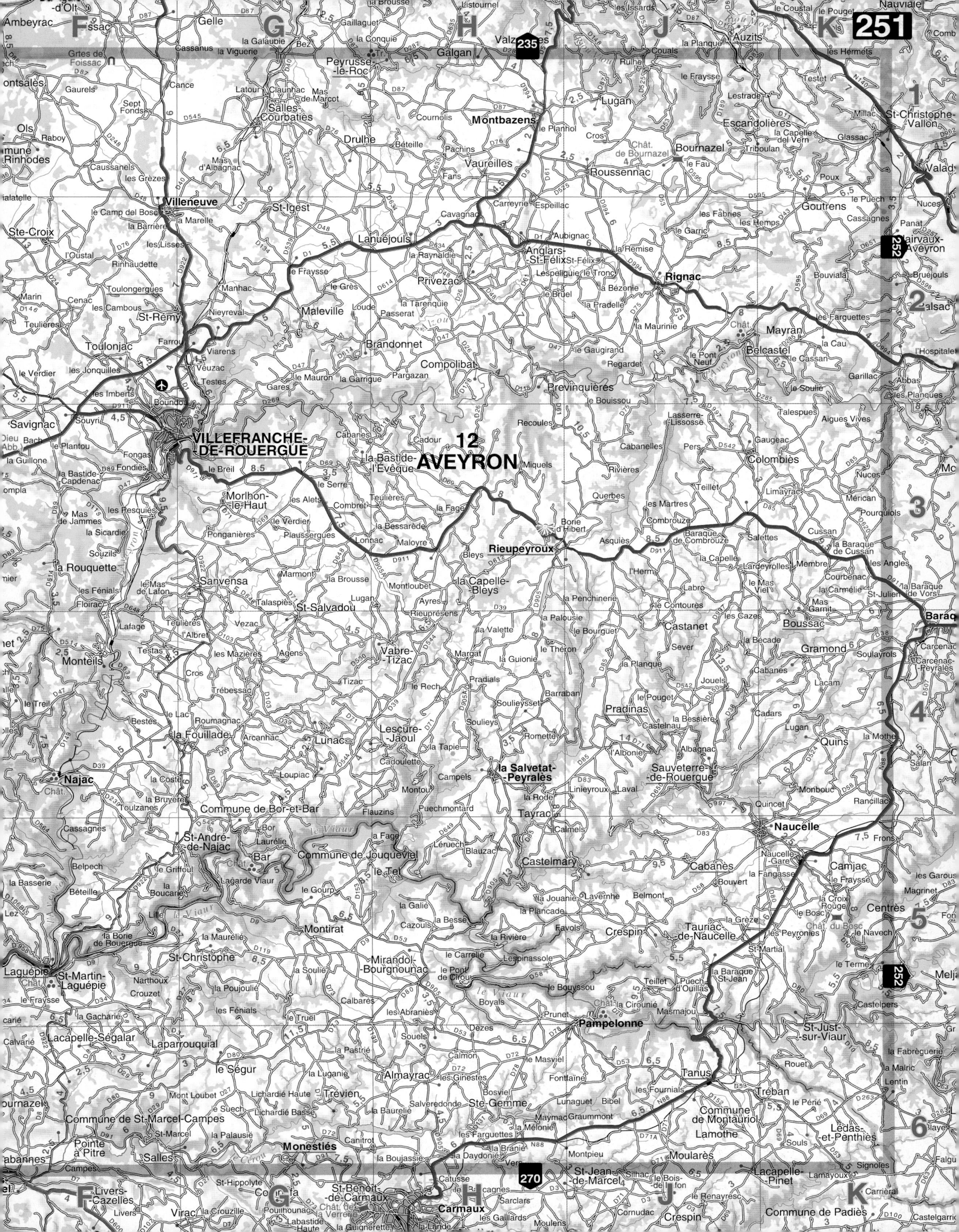

251
F
G
H
J
K
1
2
3
4
5
6
235
252
270
12
AVEYRON
VILLEFRANCHE-
-DE-ROUERGUE
Villeneuve
Montbazens
Rignac
Rieupeyroux
Najac
Naucelle
Pampelonne
Monestiés
Carmaux
la Salvetat-
-Peyralès
Sauveterre-
-de-Rouergue
Peyrusse-
-le-Roc
Salles-
Courbaties
Lanuéjouls
Privezac
Anglars-
-St-Félix
Belcastel
Colombiès
Castanet
Pradinas
Tanus
Laguépie
St-Martin-
-Laguépie
Lacapelle-Ségalar
Mirandol-
-Bourgnounac
St-Christophe-
-Vallon
Valady
Auzits
Lugan
Bournazel
Goutrens
Compolibat
Previnquières
Sanvensa
St-Salvadou
Vabre-
-Tizac
Lunac
la Fouillade
Monteils
St-André-
-de-Najac
Montirat
Crespin
Tauriac-
-de-Naucelle
St-Just-
-sur-Viaur
Almayrac
Ste-Gemme
le Ségur
Trévien
Salles
Virac
St-Benoît-
-de-Carmaux
Lamothe
Lédas-
-et-Penthiès
Quins
Gramond
Boussac
le Viaur
l'Aveyron

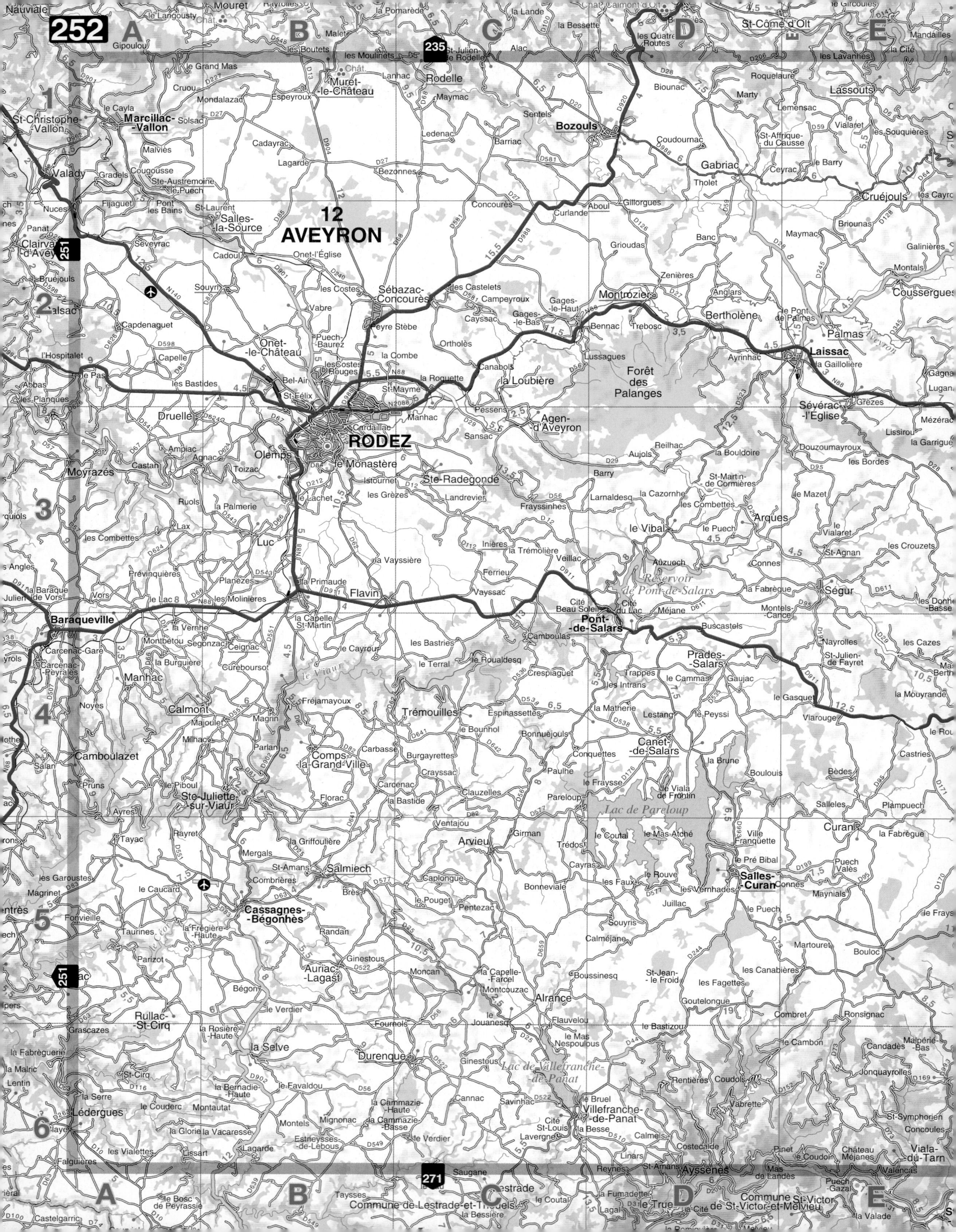

252
A
B
C
D
E
1
2
3
4
5
6
235
251
271
12
AVEYRON
RODEZ
Bozouls
Marcillac-Vallon
St-Christophe-Vallon
Valady
Salles-la-Source
Muret-le-Château
Rodelle
St-Côme-d'Olt
Lassouts
Gabriac
Cruéjouls
Coussergues
Sébazac-Concourès
Onet-le-Château
Montrozier
Bertholène
Laissac
Palmas
Sévérac-l'Église
Forêt des Palanges
Agen-d'Aveyron
Druelle
Olemps
le Monastère
Ste-Radegonde
Moyrazès
Luc
Flavin
Baraqueville
Pont-de-Salars
Réservoir de Pont-de-Salars
Prades-Salars
Ségur
Arques
le Vibal
Manhac
Calmont
Camboulazet
Trémouilles
Comps-la-Grand-Ville
Canet-de-Salars
Ste-Juliette-sur-Viaur
Lac de Pareloup
Salmiech
Arvieu
Salles-Curan
Curan
Cassagnes-Bégonhès
Auriac-Lagast
Alrance
Rullac-St-Cirq
la Selve
Durenque
Lac de Villefranche-de-Panat
Villefranche-de-Panat
Lédergues
Ayssènes
Viala-du-Tarn
Commune de Lestrade-et-Thouels
Commune de St-Victor-et-Melvieu
le Viaur

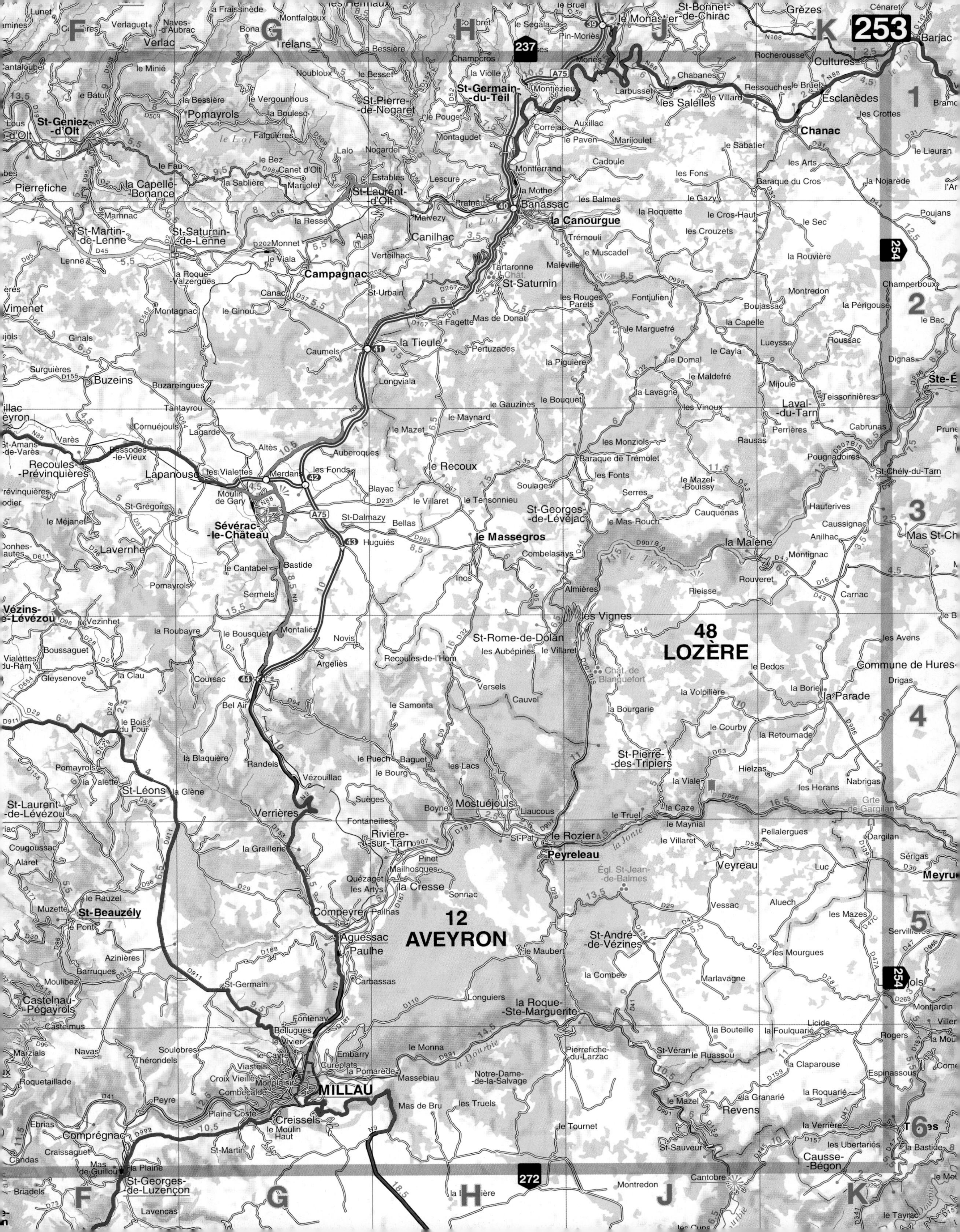

253
F
G
H
J
K
1
2
3
4
5
6
237
254
272
48
LOZÈRE
12
AVEYRON
St-Geniez-d'Olt
Verlac
Trélans
Pomayrols
St-Germain-du-Teil
le Monastier
St-Bonnet-de-Chirac
Grèzes
Barjac
Les Salelles
Esclanèdes
Chanac
St-Laurent-d'Olt
la Capelle-Bonance
Pierrefiche
Banassac
la Canourgue
St-Martin-de-Lenne
St-Saturnin-de-Lenne
Canilhac
Campagnac
St-Saturnin
la Tieule
Buzeins
Laval-du-Tarn
Recoules-Prévinquières
Lapanouse
Sévérac-le-Château
le Recoux
St-Georges-de-Lévéjac
le Massegros
la Malène
Lavernhe
St-Chély-du-Tarn
Vézins-de-Lévézou
St-Rome-de-Dolan
Les Vignes
Chât. de Blanquefort
la Parade
St-Pierre-des-Tripiers
St-Léons
St-Laurent-de-Lévézou
Verrières
Mostuéjouls
le Rozier
Peyreleau
Rivière-sur-Tarn
St-Beauzély
Compeyre
Aguessac
Paulhe
Veyreau
St-André-de-Vézines
Castelnau-Pégayrols
la Roque-Ste-Marguerite
MILLAU
Creissels
Comprégnac
St-Georges-de-Luzençon
Revens
Causse-Bégon
Cantobre
Montredon
la Dourbie
le Tarn
le Lot
la Jonte
A75
N88
N9

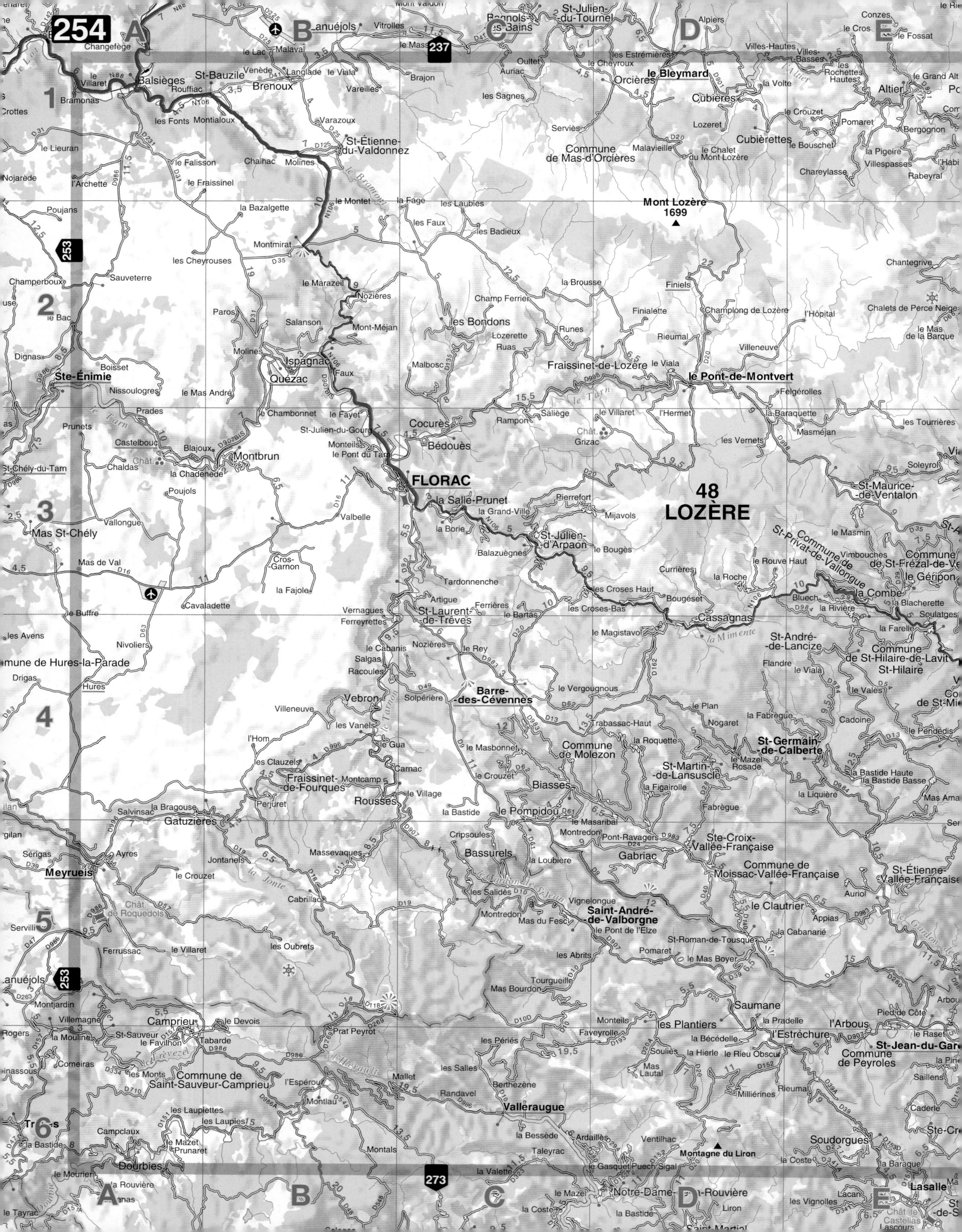

254
A
B
C
D
E
1
2
3
4
5
6
237
253
273
Changefège
Lanuéjols
Vitrolles
Bagnols-les-Bains
St-Julien-du-Tournel
Alpiers
Conzes
le Cros
le Fossat
le Lac
Malaval
le Masse
Oultet
les Estrémières
Villes-Hautes
Villes-Basses
le Villaret
Balsièges
St-Bauzile
Venède
Langlade
le Viala
Auriac
le Cheyroux
le Bleymard
les Rochettes Hautes
le Grand Alt
Bramonas
Rouffiac
Brenoux
Vareilles
Brajon
Orcières
la Volte
Altier
Crottes
les Fonts
Montialoux
les Sagnes
Cubières
le Crouzet
Pomaret
Varazoux
Serviès
Lozeret
Bergognon
St-Étienne-du-Valdonnez
Cubièrettes
le Bouschet
le Lieuran
Commune de Mas-d'Orcières
Malavieille
le Chalet du Mont Lozère
la Pigeire
Villespasses
le Falisson
Chaihac
Molines
Nojarède
l'Archette
le Fraissinel
Chareylasse
Rabeyral
le Bramont
le Montet
la Fage
les Laubies
Mont Lozère
1699
Poujans
la Bazalgette
les Faux
les Badieux
Montmirat
les Cheyrouses
Chantegrive
Champerboux
Sauveterre
le Marazeil
la Brousse
Finiels
Nozières
Champ Ferrier
Chalets de Perce Neige
Paros
Finialette
Champlong de Lozère
l'Hôpital
le Bac
Salanson
les Bondons
Mont-Méjan
Lozerette
Runes
Rieumal
le Mas de la Barque
Dignas
Ruas
Villeneuve
Boisset
Molines
Ispagnac
Malbosc
Fraissinet-de-Lozère
le Viala
Ste-Énimie
Quézac
Faux
le Pont-de-Montvert
Nissoulogres
le Mas André
Felgérolles
le Tarn
Prades
le Chambonnet
Rampon
Saliège
le Villaret
l'Hermet
la Baraquette
Prunets
le Fayet
Cocurès
les Tourrières
Castelbouc
St-Julien-du-Gourg
Masméjan
Châtâ Grizac
les Vernets
Blajoux
Montbrun
Monteils
Bédouès
St-Chély-du-Tarn
Chaldas
Châtâ
le Pont du Tarn
Soleyrol
la Chadenède
FLORAC
48
LOZÈRE
St-Maurice-de-Ventalon
Poujols
la Salle-Prunet
Pierrefort
Valbelle
la Grand-Ville
Mijavols
Vallongue
la Borie
St-Julien-d'Arpaon
le Masmin
Mas St-Chély
Commune de St-Privat-de-Vallongue
Balazuègnes
le Bougès
Vimbouches
Commune de St-Frézal-de-Ventalon
Mas de Val
Cros-Garnon
Currières
le Rouve Haut
la Roche
le Gérinon
Tardonnenche
la Combe
la Fajole
les Croses Haut
Bougèset
Bluech
la Blacherette
Cavaladette
Artigue
Ferrières
les Croses-Bas
la Rivière
Soulatges
le Buffre
Vernagues
St-Laurent-de-Trèves
le Bartas
Cassagnas
Ferreyrettes
la Farelle
les Avens
Nivoliers
le Magistavol
la Mimente
St-André-de-Lancize
le Cabanis
Nozières
le Rey
Commune de St-Hilaire-de-Lavit
Commune de Hures-la-Parade
Salgas
St-Hilaire
Drigas
Racoules
Flandre
le Viala
Hures
le Valès
Barre-des-Cévennes
le Vergougnous
Vebron
Solpérière
Villeneuve
le Plan
les Vanels
Trabassac-Haut
Nogaret
la Fabregue
Cadoine
l'Hom
le Gua
la Roquette
St-Germain-de-Calberte
le Pendédis
les Clauzels
le Masbonnet
Commune de Molezon
le Mazel
Rosade
Carnac
St-Martin-de-Lansuscle
Fraissinet-de-Fourques
Montcamp
le Crouzet
Biasses
la Figairolle
la Bastide Haute
la Bastide Basse
Perjuret
Rousses
le Village
la Liquière
la Bragouse
le Pompidou
Fabrègue
Mas Amat
Salvinsac
Gatuzières
la Bastide
le Masaribal
Cripsoules
Montredon
Pont-Ravagers
Ste-Croix-Vallée-Française
Sérigas
Ayres
Massevaques
Bassurels
Gabriac
Jontanels
la Loubière
Meyrueis
le Crouzet
Commune de Moissac-Vallée-Française
St-Étienne-Vallée-Française
la Jonte
le Gardon de St-Jean
les Salides
Cabrillac
Vignelongue
Auriol
Saint-André-de-Valborgne
le Clautrier
Châtâ de Roquedols
Montredon
Mas du Fesc
Appias
le Pont de l'Elze
la Cabanarié
Servillières
St-Roman-de-Tousque
Ferrussac
le Villaret
les Oubrets
les Abrits
Pomaret
le Mas Boyer
le Gardon de
Lanuéjols
Tourgueille
Mas Bourdon
Montjardin
Saumane
Villemagne
Camprieu
le Devois
Monteils
les Plantiers
la Pradelle
l'Arbous
Pied de Côte
Rogers
la Mouline
St-Sauveur le Favilhon
Tabarde
Prat Peyrot
les Périés
Faveyrolle
la Bécédelle
l'Estréchure
le Raset
St-Jean-du-Gard
le Trèvezel
Comeiras
Soulès
la Hierle
le Rieu Obscur
Commune de Peyroles
les Monts
Commune de Saint-Sauveur-Camprieu
les Salles
l'Hérault
Mallet
Mas Lautal
l'Espérou
Berthezène
Rieumal
Saillens
Milliérines
Montlau
Randavel
les Laupiettes
Valleraugue
Caderle
les Laupies
Campclaux
la Bessède
Ardaillès
Ventilhac
Montagne du Liron
Soudorgues
Ste-Croix
la Bastide
le Mazet Prunaret
Montals
Taleyrac
la Coste
Dourbies
le Gasquet
Puech Sigal
la Valette
la Baraque
le Mourier
la Rouvière
le Mazel
Notre-Dame-de-la-Rouvière
Lacan
Lasalle
le Tayrac
la Coste
la Bastide
Liron
les Vignolles
Châtâ Castellas

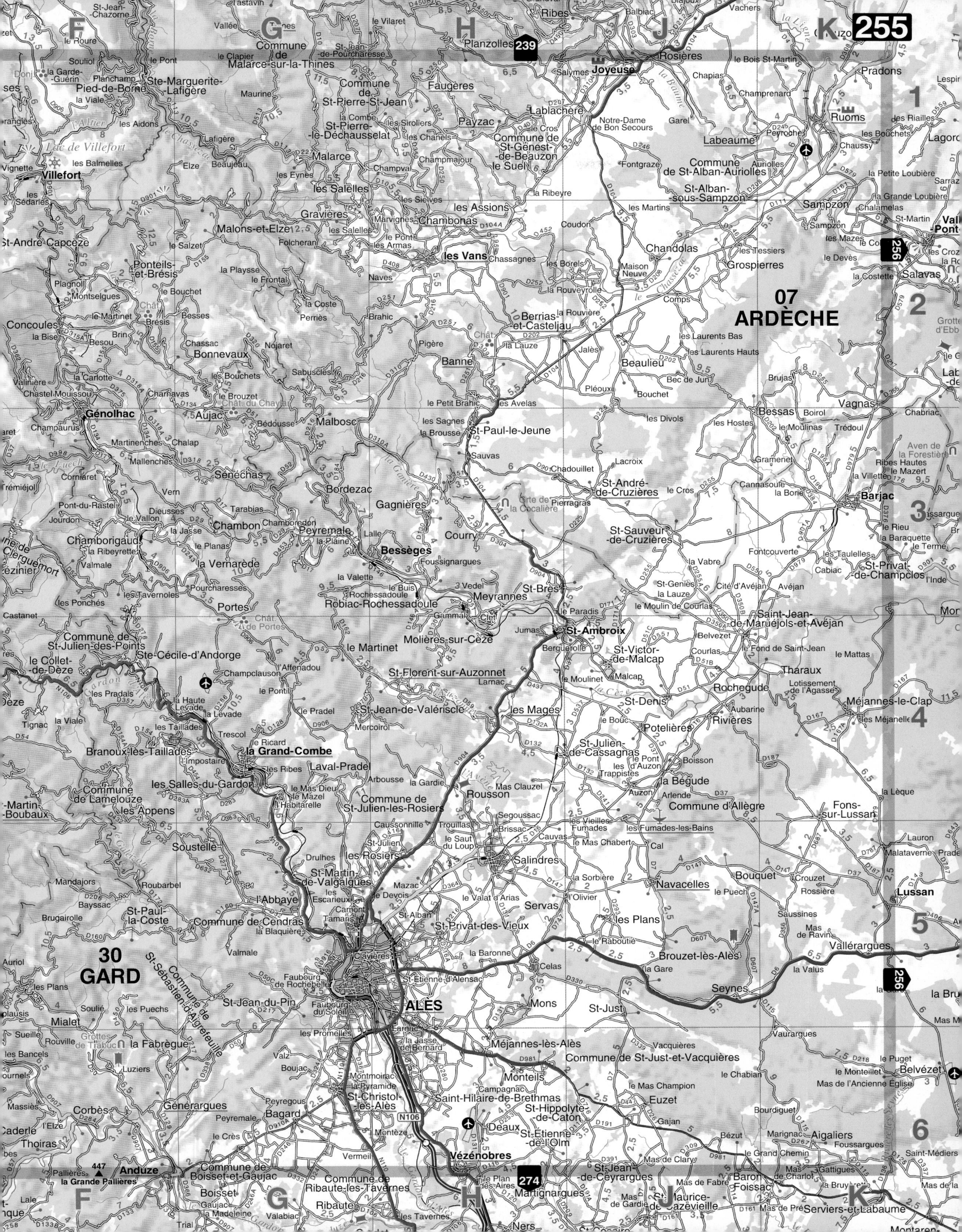
F
G
H
J
K
1
2
3
4
5
6
239
256
274
07
ARDÈCHE
30
GARD
Villefort
Lac de Villefort
Pied-de-Borne
St-Margurite-Lafigère
Commune de Malarce-sur-la-Thines
Commune de St-Pierre-St-Jean
St-Pierre-le-Déchausselat
Planzolles
Ribes
Faugères
Joyeuse
Rosières
Vachers
Pradons
Ruoms
Lablachère
Notre-Dame de Bon Secours
Payzac
Commune de St-Genest-de-Beauzon
le Sueil
Labeaume
Commune de St-Alban-Auriolles
St-Alban-sous-Sampzon
Sampzon
Malarce
les Salelles
Gravières
Chambonas
les Assions
les Vans
Malons-et-Elze
St-André-Capcèze
Ponteils-et-Brésis
Chandolas
Grospierres
Maison Neuve
Salavas
Berrias-et-Casteljau
Banne
Beaulieu
Concoules
Bonnevaux
Génolhac
Aujac
Malbosc
Vagnas
Bessas
St-Paul-le-Jeune
Sénéchas
Bordezac
Gagnières
St-André-de-Cruzières
Barjac
Chambon
Peyremale
Bessèges
Courry
St-Sauveur-de-Cruzières
Chamborigaud
la Vernarède
St-Privat-de-Champclos
Robiac-Rochessadoule
Meyrannes
St-Brès
Portes
St-Ambroix
Saint-Jean-de-Maruéjols-et-Avéjan
Commune de St-Julien-des-Points
Ste-Cécile-d'Andorge
Molières-sur-Cèze
le Martinet
St-Victor-de-Malcap
Tharaux
St-Florent-sur-Auzonnet
Rochegude
Méjannes-le-Clap
St-Jean-de-Valériscle
les Mages
St-Denis
Rivières
Potelières
la Grand-Combe
Branoux-les-Taillades
Laval-Pradel
St-Julien-de-Cassagnas
Les Salles-du-Gardon
Commune de Lamelouze
la Bégude
Rousson
Commune de St-Julien-les-Rosiers
Commune d'Allègre
Fons-sur-Lussan
les Appens
Soustelle
les Fumades-les-Bains
Salindres
Navacelles
Bouquet
St-Martin-de-Valgalgues
l'Abbaye
St-Paul-la-Coste
Commune de Cendras
Servas
Lussan
St-Privat-des-Vieux
les Plans
Commune de St-Sébastien-d'Aigrefeuille
Brouzet-lès-Alès
Vallérargues
Seynes
St-Jean-du-Pin
ALÈS
Mons
St-Just
Mialet
la Fabrègue
Méjannes-lès-Alès
Commune de St-Just-et-Vacquières
Monteils
Belvézet
Générargues
St-Christol-lès-Alès
Bagard
Saint-Hilaire-de-Brethmas
Euzet
St-Hippolyte-de-Caton
Corbès
Thoiras
Deaux
St-Etienne-de-l'Olm
Aigaliers
Vézénobres
Anduze
447
la Grande Pallières
Commune de Boisset-et-Gaujac
Commune de Ribaute-les-Tavernes
Martignargues
St-Jean-de-Ceyrargues
Foissac
St-Maurice-de-Cazevieille
Serviers-et-Labaume
N106

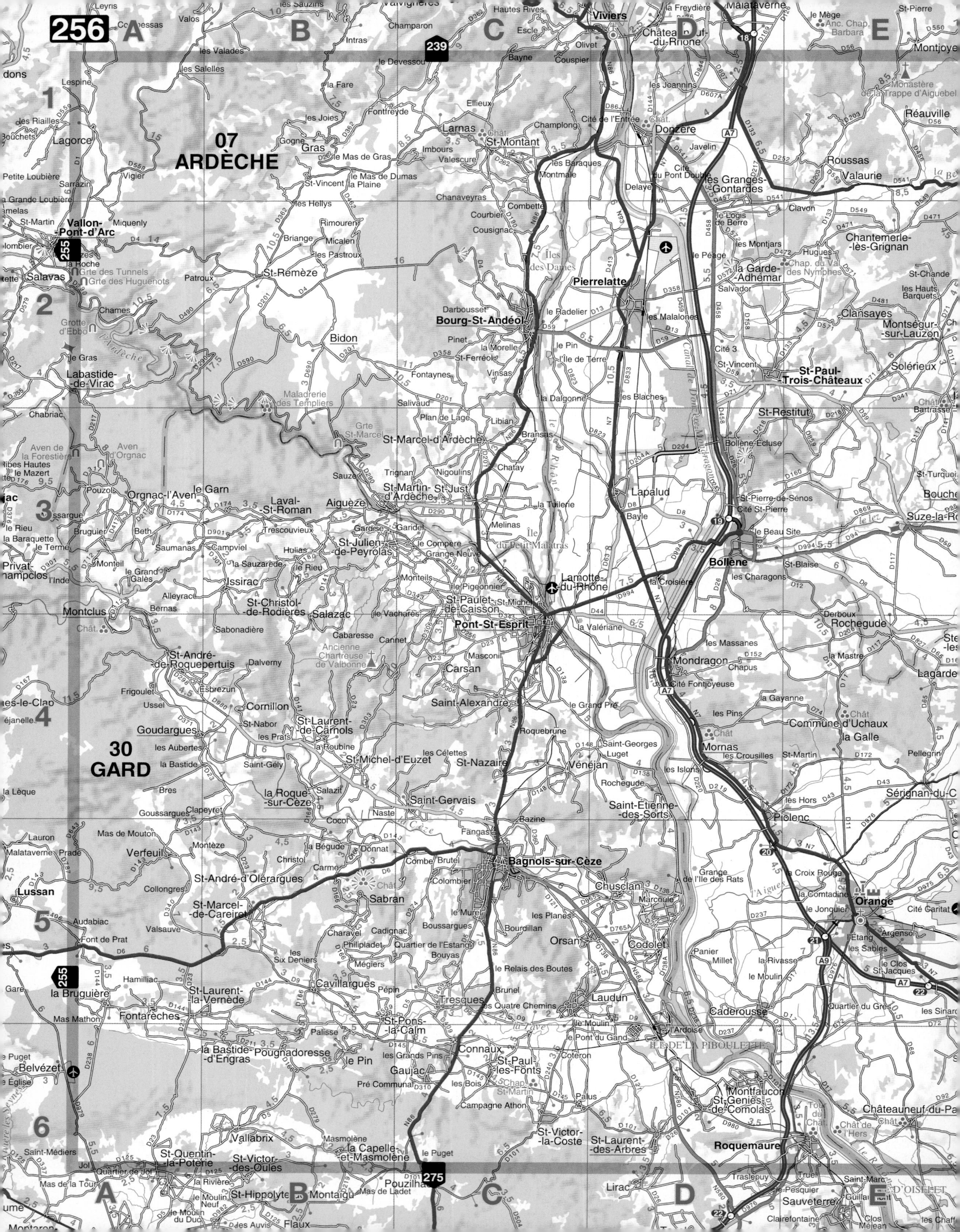
256
07
ARDÈCHE
30
GARD
Viviers
Vallon-Pont-d'Arc
Bourg-St-Andéol
Pierrelatte
Donzère
St-Paul-Trois-Châteaux
Bollène
Pont-St-Esprit
Lapalud
Mondragon
Mornas
Piolenc
Orange
Bagnols-sur-Cèze
Roquemaure
Goudargues
Lussan
Laudun
Caderousse
Connaux
St-Martin-d'Ardèche
Aiguèze
St-Marcel-d'Ardèche
Barjac
Orgnac-l'Aven
Labastide-de-Virac
Salavas
Lagorce
Larnas
St-Montant
Les Granges-Gontardes
Clansayes
La Garde-Adhémar
St-Restitut
Suze-la-Rousse
Rochegude
Lamotte-du-Rhône
St-Julien-de-Peyrolas
St-Paulet-de-Caisson
Carsan
Saint-Alexandre
Cornillon
St-Laurent-de-Carnols
St-Michel-d'Euzet
St-Nazaire
Vénéjan
Saint-Gervais
Sabran
Chusclan
Codolet
Orsan
Cavillargues
Tresques
St-Pons-la-Calm
Gaujac
St-Paul-les-Fonts
St-Victor-la-Coste
St-Laurent-des-Arbres
Montfaucon
St-Geniès-de-Comolas
Châteauneuf-du-Pape
Sérignan-du-Comtat
St-Quentin-la-Poterie
St-Victor-des-Oules
Pouzilhac
Belvézet
Fontarèches
Verfeuil
la Roque-sur-Cèze
St-André-de-Roquepertuis
Montclus
Issirac
Laval-St-Roman
A B C D E
1 2 3 4 5 6
239
255
275

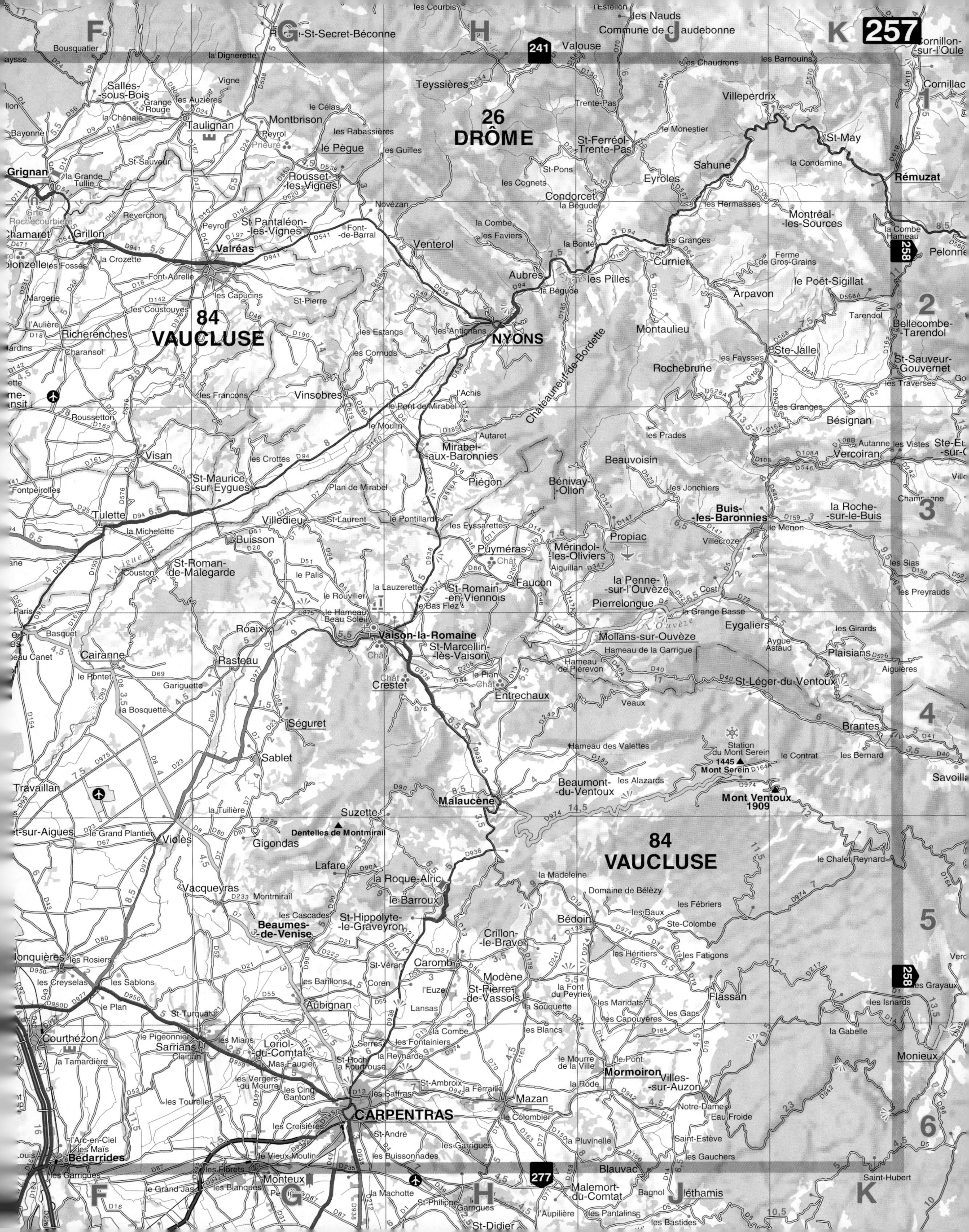

257
F
G
H
J
K
1
2
3
4
5
6
241
258
277
26
DRÔME
84
VAUCLUSE
Ste-Secret-Béconne
les Courbis
l'Estellon
les Nauds
Commune de Chaudebonne
Valouse
Cornillon-sur-l'Oule
Bousquatier
la Dignerette
Vigne
Les Chaudrons
les Barnouins
Salles-sous-Bois
Grange Rouge
les Auzières
Teyssières
Trente-Pas
Villeperdrix
Cornillac
le Célas
Taulignan
Montbrison
la Chênaie
Bayonne
Peyrol
Prieuré
les Rabassières
les Guilles
le Pègue
St-Ferréol-Trente-Pas
le Monestier
St-May
St-Sauveur
Grignan
la Grande Tullie
Rousset-les-Vignes
St-Pons
Sahune
la Condamine
Rémuzat
les Cognets
Eyroles
Condorcet
la Bégude
Novézan
les Hermasses
Montréal-les-Sources
Reverchon
Grte Rochecourbière
Peyrol
St Pantaléon-les-Vignes
Font-de-Barral
la Combe
les Faviers
la Combe Hameau
Pelonne
Chamaret
Grillon
Valréas
Venterol
la Bonté
les Granges
Ferme de Gros-Grains
Colonzelle
les Fossés
la Crozette
Curnier
Aubres
les Pilles
le Poët-Sigillat
Font-Aurelle
la Bégude
Arpavon
Margerie
les Capucins
St-Pierre
Tarendol
les Coustouyes
Bellecombe-Tarendol
l'Aulière
Richerenches
les Estangs
les Antignans
NYONS
Montaulieu
Charansol
les Cornuds
Ste-Jalle
St-Sauveur-Gouvernet
les Faysses
Rochebrune
Chateauneuf-de-Bordette
les Traverses
les Francons
Vinsobres
l'Achis
le Pont de Mirabel
les Granges
Roussetton
le Moulin
Bésignan
l'Autaret
les Prades
Autanne
les Vistes
Ste-Euphémie-sur-Ouvèze
Visan
les Crottes
Mirabel-aux-Baronnies
Vercoiran
Beauvoisin
St-Maurice-sur-Eygues
Piégon
Fontpeirolles
Plan de Mirabel
Bénivay-Ollon
les Jonchiers
Champagne
Tulette
la Roche-sur-le-Buis
Buis-les-Baronnies
Villedieu
St-Laurent
le Pontillard
le Menon
la Michelette
les Eyssarettes
Propiac
Buisson
Villecroze
Puyméras
Mérindol-les-Oliviers
Châl
St-Roman-de-Malegarde
les Sias
Couston
le Palis
Aiguillan
la Penne-sur-l'Ouvèze
Faucon
la Lauzerette
St-Romain-en-Viennois
les Preyrauds
le Rouvilier
Cost
Paris
le Hameau Beau Soleil
Bas Flez
Pierrelongue
la Grange Basse
Basquet
Roaix
Vaison-la-Romaine
Eygaliers
Mollans-sur-Ouvèze
les Girards
St-Marcellin-lès-Vaison
Hameau de la Garrigue
Aygue Astaud
Plaisians
Beau Canet
Cairanne
Rasteau
le Plan
Hameau de Piérevon
Aiguières
le Pontet
Gariguette
Crestet
St-Léger-du-Ventoux
Entrechaux
la Bosquette
Veaux
Séguret
Brantes
Station du Mont Serein
Hameau des Valettes
Sablet
le Contrat
les Bernard
1445
Mont Serein
Savoillan
Travaillan
Beaumont-du-Ventoux
les Alazards
Mont Ventoux
1909
Malaucène
la Tuilière
Suzette
Dentelles de Montmirail
Violès
Gigondas
84
VAUCLUSE
le Grand Plantier
Lafare
le Chalet-Reynard
la Roque-Alric
la Madeleine
Vacqueyras
le Barroux
Domaine de Bélézy
Montmirail
les Cascades
Beaumes-de-Venise
St-Hippolyte-le-Graveyron
Bédoin
les Fébriers
les Baux
Ste-Colombe
Crillon-le-Brave
Jonquières
les Rosiers
St-Véran
Caromb
les Héritiers
les Fatigons
les Creyselas
les Sablons
les Barillons
Coren
Modène
la Font du Peyrier
les Grayaux
l'Euze
St-Pierre-de-Vassols
Flassan
le Plan
Aubignan
Lansas
la Souquette
les Maridats
les Isnards
St-Turquat
la Combe
les Blancs
les Capouyères
les Gaps
Courthézon
le Pigeonnier
les Mians
Loriol-du-Comtat
les Fontainiers
la Gabelle
la Tamardière
Sarrians
Clairier
Serres
la Reynarde
St-Roch
Mas-Faugier
la Fourtouse
le Mourre de la Ville
le Pont
Monieux
Mormoiron
Villes-sur-Auzon
les Vergers du Mourre
St-Ambroix
les Cinq Cantons
les Saffras
la Ferraille
la Rode
les Tourelles
Mazan
Notre-Dame
CARPENTRAS
le Colombier
l'Eau Froide
les Croisières
St-André
l'Arc-en-Ciel
les Maïs
la Pluvinelle
Saint-Estève
Bédarrides
le Vieux Moulin
les Buissonnades
les Garrigues
les Gauchers
les Garrigues
les Florets
Blauvac
Saint-Hubert
le Grand Jas
les Blanques
Monteux
la Machotte
Malemort-du-Comtat
Bagnol
Méthamis
St-Philippe
Garrigues
l'Aupilière
les Pantalins
St-Didier
les Bastides

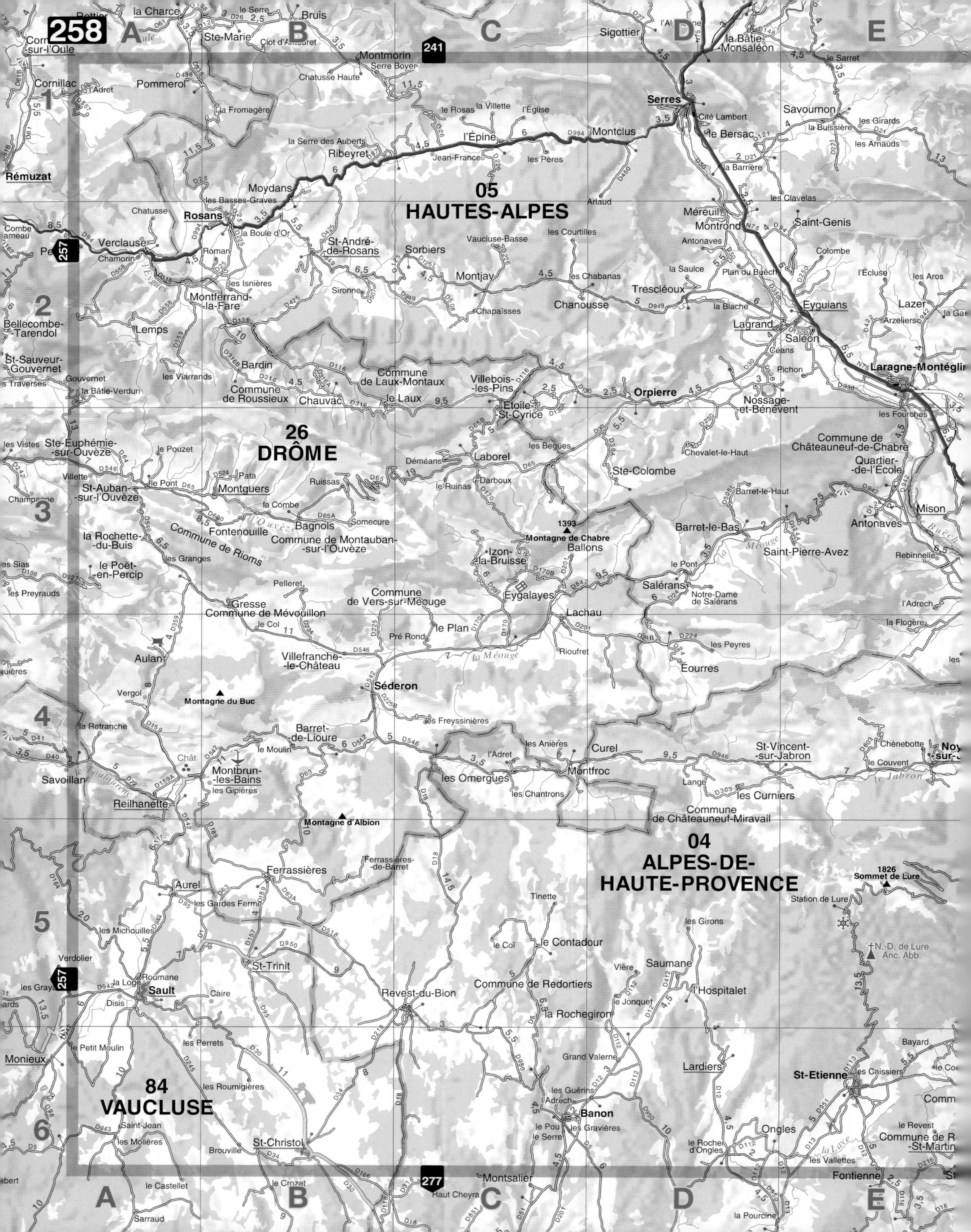
05
HAUTES-ALPES
26
DRÔME
04
ALPES-DE-HAUTE-PROVENCE
84
VAUCLUSE
Serres
Rosans
Rémuzat
Orpierre
Laragne-Montéglin
Séderon
Sault
Banon
St-Etienne
Montagne de Chabre
Montagne du Buc
Montagne d'Albion
Sommet de Lure
241
257
277

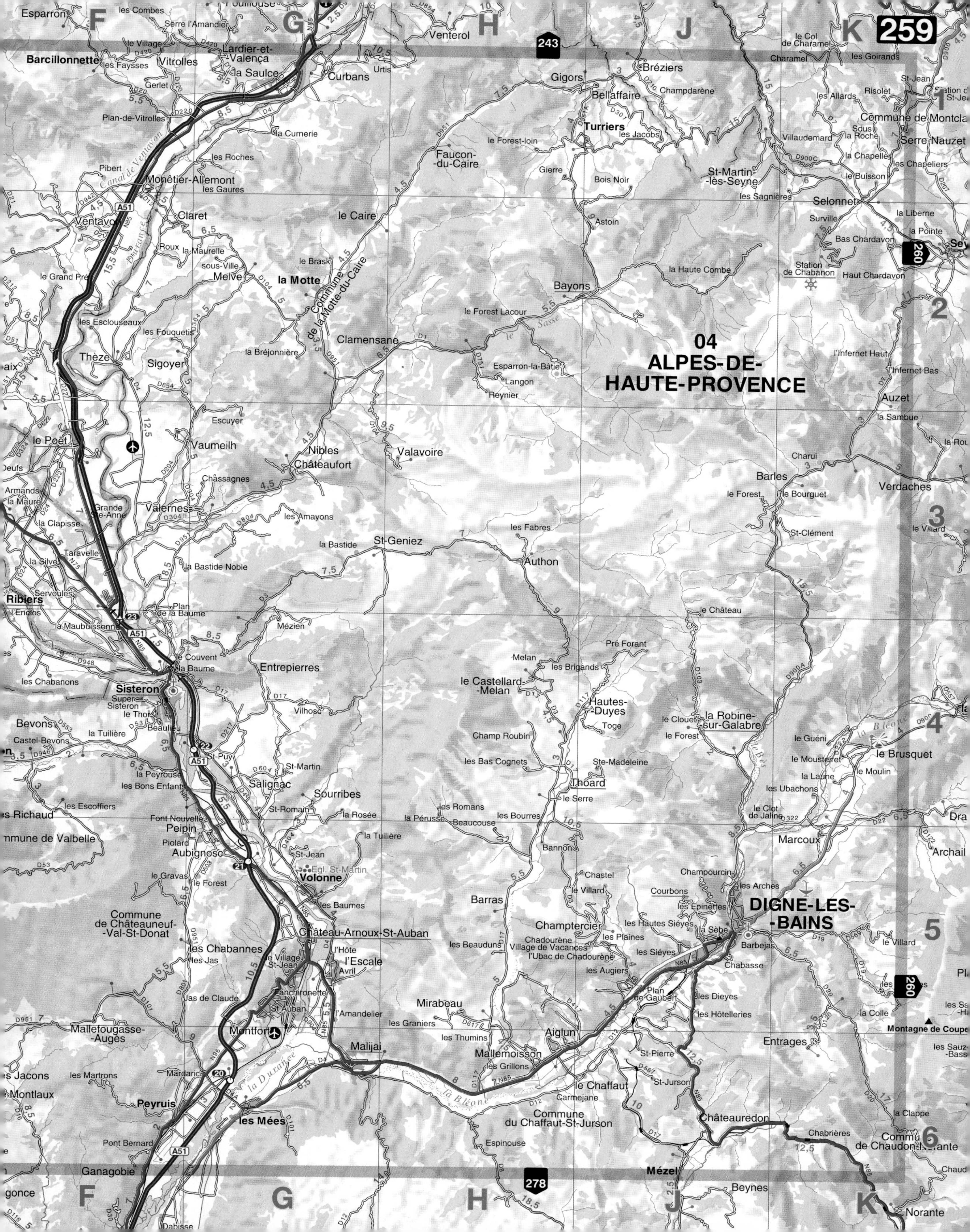
F
G
H
J
K
243
04
ALPES-DE-
HAUTE-PROVENCE
Esparron
les Combes
Serre l'Amandier
Venterol
le Col de Charamel
Charamel
les Goirands
le Village
Lardier-et-Valença
Barcillonnette
les Faysses
Vitrolles
la Saulce
Curbans
Urtis
Gigors
Bréziers
Bellaffaire
Champdarène
Gerlet
Plan-de-Vitrolles
Turriers
les Jacobs
St-Jean
Risolet
les Allards
Commune de Montclar
la Curnerie
le Forest-loin
Faucon-du-Caire
Villaudemard
la Roche
Serre-Nauzet
la Chapelle
les Chapeliers
les Roches
Gierre
Bois Noir
St-Martin-lès-Seyne
le Buisson
Pibert
Canal de Ventavon
Monêtier-Allemont
les Gaures
les Sagnières
Selonnet
Ventavon
Claret
le Caire
Surville
la Liberne
Astoin
la Pointe
Bas Chardavon
Roux
la Maurelle
sous-Ville
le Brask
la Motte
Station de Chabanon
Haut Chardavon
la Haute Combe
le Grand Pré
Melve
Commune de la Motte-du-Caire
Bayons
les Esclouseaux
les Fouquetis
le Forest Lacour
Sasse
Thèze
Sigoyer
la Bréjonnière
Clamensane
Esparron-la-Bâtie
Langon
Reynier
l'Infernet Haut
l'Infernet Bas
Auzet
la Sambuce
Escuyer
le Poët
Vaumeilh
Nibles
Châteaufort
Valavoire
Charui
Barles
Verdaches
Châssagnes
Valernes
Grande Ste-Anne
la Maure
la Clapisse
les Amayons
le Forest
le Bourguet
les Fabres
la Bastide
St-Geniez
St-Clément
le Villard
Taravelle
la Silve
la Bastide Noble
Authon
Ribiers
Servoules
l'Enclos
Plan de la Baume
la Maubuissonne
Mézien
le Château
Pré Forant
le Couvent
la Baume
Melan
les Brigands
les Chabanons
Sisteron
Entrepierres
Super-Sisteron
le Thor
le Castellard-Melan
Hautes-Duyes
Toge
Bevons
Castel-Bevons
la Tuilière
Beaulieu
Vilhosc
le Clouet
la Robine-sur-Galabre
le Forest
Champ Roubin
le Guéni
le Brusquet
St-Puy
les Bas Cognets
Ste-Madeleine
le Moustéiret
le Moulin
la Peyrouse
les Bons Enfants
St-Martin
Salignac
Sourribes
Thoard
le Serre
la Laune
les Ubachons
les Escoffiers
St-Romain
les Romans
les Richaud
Font Nouvelle
Peipin
la Rosée
la Pérusse
Beaucouse
les Bourres
le Clot de Jaline
Commune de Valbelle
Piolard
la Tuilière
Marcoux
Aubignosc
Bannon
St-Jean
Archail
Egl. St-Martin
Volonne
Champourcin
le Gravas
le Forest
Chastel
les Arches
le Villard
Courbons
les Epinettes
DIGNE-LES-BAINS
Commune de Châteauneuf-Val-St-Donat
les Baumes
Barras
Champtercier
les Hautes Siéyes
Château-Arnoux-St-Auban
les Plaines
la Sèbe
Chadourène
Village de Vacances
l'Ubac de Chadourène
les Beaudunes
Barbejas
le Villard
les Chabannes
l'Hôte
les Siéyes
le Village
St-Jean
l'Escale
Chabasse
les Jas
Avril
les Augiers
la Durance
Jas de Claude
Fanchironette
St Auban
Plan de Gaubert
les Dieyes
Mirabeau
les Hôtelleries
l'Amandelier
la Colle
Mallefougasse-Augès
les Graniers
Montfort
Aiglun
Montagne de Coupe
les Thumins
Malijai
Entrages
Mallemoisson
St-Pierre
les Grillons
les Jacons
les Martrons
Mardaric
St-Jurson
Montlaux
la Bléone
le Chaffaut
Carmejane
Peyruis
les Mées
Commune du Chaffaut-St-Jurson
la Clappe
Châteauredon
Chabrières
Commune de Chaudon-Norante
Pont Bernard
Espinouse
Ganagobie
Mézel
278
Beynes
Norante
Dabisse
260
1
2
3
4
5
6

260
243
259
279
A
B
C
D
E
1
2
3
4
5
6
04
ALPES-DE-HAUTE-PROVENCE
BARCELONNETTE
le Lauzet-sur-l'Ubaye
Commune de Méolans-Revel
Jausiers
Méolans-Revel
les Thuiles
St-Pons
Faucon-de-Barcelonnette
Enchastrayes
Uvernet-Fours
Col de la Bonette
2715
Col d'Allos
2240
Col de Maure
1345
Station du Grand Puy
Station des Agneliers
le Vernet
Prads-Haute-Bléone
Mont Pelat
3050
Col de la Cayolle
2327
Allos
Colmars
Beaujeu
la Javie
Villars-Colmars
Beauvezer
Entraunes
St-Martin-d'Entraunes
Villeneuve-d'Entraunes
Thorame-Haute
Thorame-Basse
Commune de Tartonne
Plan-de-Chaude
Lambruisse
Commune de la Mure-Argens
Méailles
le Fugeret
Clumanc
Castellet-lès-Sausses
Sausses
Daluis
la Mure
St-André-les-Alpes
Annot
Allons
Draix
Archail
Chaudon
St-Lions
St-Benoît
Braux
Peyresq
la Colle St-Michel
Thorame-Haute-Gare
Vauclause
Ondres
Val Pelens
Estenc
Bayasse
Fours-St-Laurent
le Villard d'Abas
le Villard-des-Arnauds
Maison Forestière du Laus
le Seignus Bas
le Seignus Haut
la Foux d'Allos
Pra-Loup
le Super-Sauze
le Sauze
Chaumie Haut
Chaumie Bas
Clignon Haut
Clignon Bas
le Pont de Clignon
la Chapelle
les Espiniers
Chavailles
Chanolles
Blégiers
St-Pierre
Couloubroux
Roussimal
les Rouitons
Chantemerle
Maure
les Martins
le Fau
St-Pons
St-Barthélemy
les Clarionds
Pompiery
Gaudeissard
Champanastais
le Martinet
Pont Long
la Conchette
Pra Soubeiran
les Molanes
les Blancs
la Maure
Fournière Haute
Clot Meyran
la Valette
Ganon
Villars Heyssier
le Coulet
la Combe
Rioufleiran
la Tête
Château Garnier
le Moustier
le Coulet des Fourches
la Bâtie
Font Gaillarde
Argens
la Moutière
Bontès
les Sauzeries-Hautes
les Sauzeries-Basses
Laubre
Valaury
les Nèbles
le Gion
Hyèges
la Rouine
Barbevieille
las Pignas
les Clots
Pra Pelet
Sussis
les Vallières
Bante
le Claus
Enaux
les Moulins
les Selves
Villetale
Villeplane
la Pinée
le Villars
Aurent
Argenton
St-Martin-lès-Sausses
Riou
le Brec
le Marc
la Bastide
Enriez
le Villard
les Sanières
les Bellarots
Lans
la Frache
le Villard-de-Faucon
Tatoé
Miraval
la Frache
les Prats
Rioclar
les Trons
la Fresquière
le Moulin
Méolans
la Baumelle
la Foux
le Sarret
le Bruisset
le Super Allos
Villard Haut
Villard Bas
la Favière
la Bléone
l'Ubaye
le Var
Chasse
les Rousses
le Haut-Vernet
la Route
le Villard
Montagne de Coupe

F
G
H
J
K
1
2
3
4
5
6
Argentera
Bersésio
Sambuco
SS21
Demonte
Vinadio
ITALIE
le Pra
D64
St-Dalmas-
-le-Selvage
D63
Bouden
D2205
St-Étienne-
-de-Tinée
Drogon
Auron
D39
Vacherie
de Demandols
le Bourguet
D62
Douans
15
D61
la Blache
Roya
Isola
D97
Isola 2000
2795
Cime de
Tavels
les Tourres
06
ALPES-
MARITIMES
2817
Mont Mounier
2711
Mont Saint-Sauveur
Mollières
Valabre
13,5
Barels
la Baumette
le Parc
Vignol
Châteauneuf-
-d'Entraunes
D61
St-Pierre
Péone
la Colle
Rougios
Granges
Tiecs
Granges
le Boréon
D189
Vacherie
du Boréon
D89
Vacherie
des Millefonts
Bouchanières
les Amignons
le Villard
Cougne
la Ribière
le Haut
de l'Entasse
les Points
les Huerris
les Crouis
Falcon
Beuil
13,5
D30
Roubion
la Cerise
Roure
Giut
le Villars
les Clos
D94
le Chastel
Guillaumes
les Crottes
Valberg
le Quartier
Touron
les Vallons
les Villars
Buisses
9,5
St-Sauveur-
-sur-Tinée
Commune de Valdeblore
Pessigaud
le Coulet
St-Brès
D28
Combarion
les Launes
Ciriel
la Bolline
D2565
12
la Colmiane
St-Martin-Vésubie
Ste-Claire
les Plans
73
St-Jean
les Atres
Bergians
Margeolin
Rimplas
D66
la Roche
les Sagnes
les Roberts
les Veynas
Barzés
le Planet
St-Dalmas
le Touron
le Vieux
Villetalle Basse
D28
Abéliéra
Venanson
Berthemont
-les-Bains
Margioulins
16,5
Rigons
D31
les Granges
Berthemont
Libaret
Gorges
de Caton
D88
Irougne
la Bollinette
les Graves
Loïrins
11
311
les Fontasses
Ilonse
D59
Roupert
Pierlas
Marie
la Villette
les Villas
le Pous
Roquebillière
Ciabanon
Girent
le Cians
D428
D2205
8,5
les Granges
de la Brasque
le Pontillard
Gibole
9,5
Clot de Marre
Pra d'Astier
le Bancairon
Gordolon
le Rubi
Clans
Léouvé
Lieuche
D55
les Lioures
Villars
Boutas
la Croix-
-sur-Roudoule
Rigaud
Auvare
Varlonge
Bairols
D316
Villars-
-la-Croix
Thiéry
Sarzit
Pont
de Clans
le Terron
St-Georges
les Vignes
la Madone
Puget-Rostang
D16
D116
la Condamine
Roussillon
le Farguet
Pelasque
St-Color
Vérouton
280
le Blaquet
les Combe
le Fi
les Crot
Loda
Puget-Théniers
Lavancia
les Blanqueries
le Pont
du Cians
Touët-sur-Var
8,5
Tournefort
Chaudanne
D26
Tour
le Suquet
Ste-Thérèse
les Pauves
Valcros

244
264
282
40 LANDES
St-Girons-en-Marensin
Commune de Vielle-St-Girons
Linxe
Escalus
Commune de St-Michel-Escalus
Castets
Léon
Étang de Léon
Moliets-et-Maa
Messanges
Vieux-Boucau-les-Bains
Étang de Soustons
Soustons
Azur
Magescq
Étang d'Hardy
Étang Blanc
Seignosse
Tosse
Commune de Soorts-Hossegor
Lac d'Hossegor
Hossegor
Capbreton
Angresse
Saubion
St-Vincent-de-Tyrosse
St-Geours-de-Maremne
Commune de Rivière-Saas-et-Gourby
Bénesse-Maremne
Labenne
Labenne Océan
Saubrigues
Orx
St-Jean-de-Marsacq
Josse
Orist
Pey
Saubusse
St-Lon-les-Mines
St-Étienne-d'Orthe
Port-de-Lanne
Orthevielle
St-Martin-de-Hinx
Ste-Marie-de-Gosse
Biarrotte
Biaudos
St-André-de-Seignanx
Ondres
Tarnos
St-Martin-de-Seignanx
Étang d'Yrieu
Ondres-Plage
Tarnos-Plage
Plage des Casernes
Messanges-Plage
Moliets Plage
St-Girons Plage
Huchet
Herm
Tercis-les-Bains
Siest
Rivière
Angoumé
Mées
Bélus
A63
N10
N124

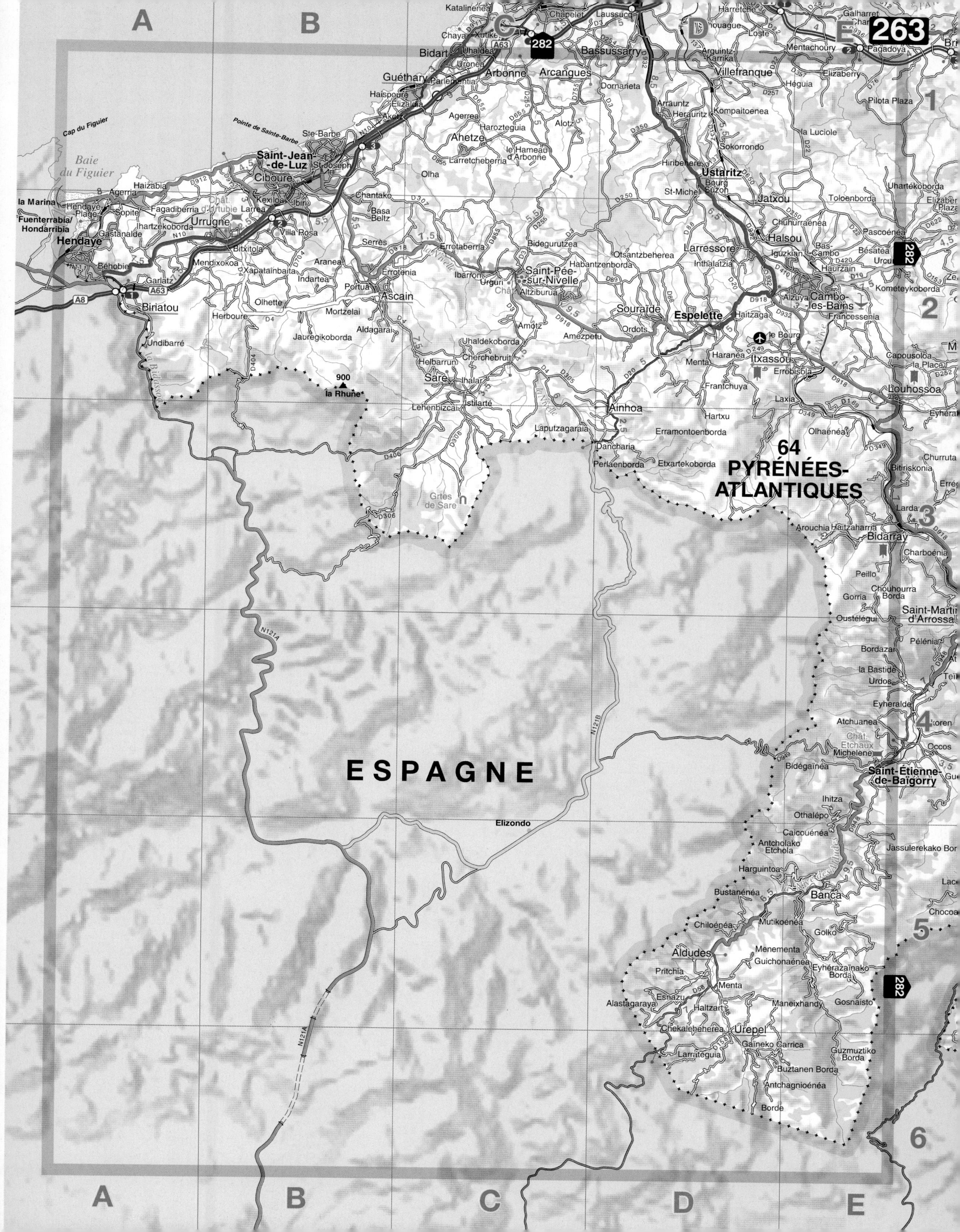

ESPAGNE
64
PYRÉNÉES-
ATLANTIQUES
Saint-Jean-
-de-Luz
Ciboure
Hendaye
Urrugne
Ascain
Sare
Ainhoa
Espelette
Cambo-
-les-Bains
Ustaritz
Saint-Pée-
sur-Nivelle
Saint-Étienne-
de-Baïgorry
Bidarray
Aldudes
Urepel
Banca
Elizondo
la Rhune
900

40
LANDES
DAX
Castets
Tartas
Mugron
Montfort-en-Chalosse
Pouillon
Peyrehorade
Amou
Rion-des-Landes
Pontonx-sur-l'Adour
St-Paul-lès-Dax
Lesperon
Morcenx
Arjuzanx
Arengosse
Ygos-St-Saturnin
Villenave
Beylongue
Carcen-Ponson
Boos
Laluque
Taller
Herm
Gourbera
Buglose
Tercis-les-Bains
St-Pandelon
Saugnac-et-Cambran
Bénesse-lès-Dax
Heugas
Mimbaste
Clermont
Pomarez
Castel-Sarrazin
Estibeaux
Habas
Misson
Cagnotte
Gaas
St-Lon-les-Mines
Bélus
Narrosse
Yzosse
Candresse
Hinx
Préchacq-les-Bains
Gamarde-les-Bains
Goos
St-Geours-d'Auribat
Poyanne
Laurède
Nerbis
Montfort-en-Chalosse
Castelnau-Chalosse
Donzacq
Bastennes
Gaujacq
Brassempouy
Bergouey
Caupenne
Baigts
Poyartin
Sort-en-Chalosse
Ozourt
Garrey
Gibret
Seyresse
Oeyreluy
Mées
Angoumé
Rivière
Tilh
Arsague
Mouscardès
Ossages
Labatut
Cauneille
Orthevielle
Tethieu
Pouy
Gousse
Louer
Cassen
Audon
Gouts
Onard
Vicq-d'Auribat
Bégaar
Lesgor
Souprosse
Meilhan
St-Yaguen
Ousse-Suzan
Laurède
Lourquen
Nousse
Lahosse
Larbey
St-Aubin
Toulouzette
Sault-de-Navailles

F
G
H
J
K
246
266
284
1
2
3
4
5
6
Maillères
Lumalé
Pouy
Sarbazan
Canenx-et-Réaut
Sillat
St-Martin-de Noët
Pélegarie
Cère
la Pampa
Geloux
Prat de Jus
Corbleu
Labourgade
Beillons
Douzevielle
Badet
Lucbardez-et-Bargues
Bostens
St-Justin
Fondat
Parentis
le Rond
Birbe
Commune d'Uchacq-et-Parentis
le Grand Chemin
Pouydesseaux
Lasbaches
Gahüzat
Labastide-d'Armagnac
Péchoyn
Lagrange
St-Martin-d'Oney
Plaisance
Gauze
le Caloy
Minjoutic
St-Avit
Gaillères
Lacquy
Bourneuf
Uchacq
Lassus
Ste-Foy
Lumné
Quartierot
Campet-et-Lamolère
la Douze
Balandrau
Bélair
le Frêche
le Blanc
Rome
Petit Escapoué
Broc
Pasquès
Garbages
Raübet
Besle
Bousquès
St-Vidou
le Moulin de St-Orens
Gaube
Cité de l'Air
Noneres
St-Jean-d'Août
Barbe d'Or
Micarrère
Boujoc
Harpaillot
Labourdette
Maureillan
Petit Brut
Charue
Bascaules
Bel-Air
Batanès
MONT-DE-MARSAN
St-Médard
le Midou
Bougue
St-Cricq-Villeneuve
Villeneuve-de-Marsan
Arthez-d'Armagnac
Lannemaignan
Cassoua
Camouste
Dagas
Beillet
le Pouy
le Calov
St-Pierre-du-Mont
Mazerolles
Gouyatot
Agouas
Labroustère
le Ponche
Campagne
St-Perdon
Mique
la Tuilerie
Chourie
Marcadé
Perquie
Bordenave
Bourg Bleu
Lareigne
Jouandilla
les Garbays
Nauton
Chât. de Ravignan
Montégut
Rampan
Laglorieuse
Marcon
Louison
Pujo-le-Plan
l'Ayriau
les Branas
Maisonnabe
Bostens
Lataste
le Plan
Carnette
Barrouquet
Gaube
Monguilhem
Bretagne-de-Marsan
Artassenx
Salles
Saby
Gauché
Guit
Benquet
Pinsan
Crestayre
Bourdalat
le Leuy
Gnan
Castagnet
Lahaurie
Cauna
le Poteau
St-Gein
Miquela
Lacoste
Maucap
Pigeon
Haut-Mauco
Pétepaou
Clavé
Maurrin
Aurice
Bascons
Laclaverie
Hontanx
Branlat
Sapit
Camagnon
Castandet
Perron
Loubens
Cassies
40
LANDES
Lamothe
Bigne
Arbouts
Toupier
Bas-Mauco
Rondebœuf
Lespagnon
Capbat
Chât. d'Estignols
Cauna
Bidaou
Bourdibet
Archambaut
St-Maurice-sur-Adour
Grenade-sur-l'Adour
Commune de Bordères-et-Lamensans
Espagne
Largente
Petit Jean
Ste-Eulalie
Pouy
le Coumat
Bel Air
Prétoria
Péré
Larrivière
Jarderez
Lamensans
le Vignau
Laburthe
Loubéry
la Mallette
Lussagnet
St-Sever
Pouymiro
Bordères
Cazères-sur-l'Adour
St-Aubin
Augreilh
Haut de Poule
Mounicot
Tauzin
Bordenave
Montaut
Loustalot
Pierrons
Renung
Septsos
Patris
Banos
Telli
Maisonnave
Soumassi
Montgaillard
aux Cantaous
Lacastelle
Cantiran
Lahittère
Brucet
Bel Air
Audignon
Eyres-Moncube
Montsoué
Fargues
Larqué
Nègre
les Arrats
Subéhargues
Copite
Layerte
Couyon
Couen
Duhort-Bachen
Jeanfile
Pistole
Lapersonne
Mondiron
la Nine
Bahus Juzanx
Borrits
Guibat
Barrouillet
Pourroute
Bellevue
Vergoignan
Aulès
Dumes
le Moulin du Gabas
Téoulère
Buanes
Classun
Bachen
le Camps
Lasbezeilles
Mariot
Arblade
Sarraziet
Franjeon
Nan
Cassagne
Aire-sur-l'Adour
Doazit
Coudures
Nicolas
Eugénie-les-Bains
Mus
Robert
le Pas de Vent
Cizette
les Houns de la Lanne
le Mas
Barcelonne-du-Gers
Gostefort
Praouboun
Horsarrieu
Ste-Colombe
Peyran
Robert
Vielle-Tursan
St-Loubouer
Saubanère
Capdérot
les Capots
Lespitaou
Serreslous-et-Arribans
Laouilhe
Bidounat
Bussy
Serres
Patté
Damoulens
Bahus-Soubiran
Thérou
Loustaounaou
Aubagnan
Lourine
le Moulin
Molla
Hagetmau
Venise
Serres-Gaston
Bibe
Bats
Bourdon
Troussin
Bernède
la Providence
Jeantillon
Castelnau-Tursan
Jouan
Pécorade
Pabine
Pourin
Mondette
Trace
Pachères
Corneillan
Ragot
Bidalon
la Halte
Urgons
Monluc
Pons
Guichot
Bélair
Marcusse
Blancotte
Samadet
Carabyn
Geaune
Lannux
Bordessoule
Augé
Tour
Paouilhé
Sorbets
Bernat
Marianne
Pichots
Lucat
Portets
Luc
Payros-Cazautets
Matilas
Latrille
Ségos
Momuy
Labastide-Chalosse
Cledes
Bacque
Lacrabe
Sarraith
Pouletot
Arboucave
Piatge
Mauries
Barcelonne
Lescloupé
Morganx
Caplane
Aurensan
Hatche
Monségur
le Biellé
Moulin de Mant
Martin
Puyol-Cazalet
Laubaquet
St-Agnet
Castaignos-Souslens
Ste-Anne
Verlus
Projan
Argelos
Sauboua
Pontaut
Mant
Lacajunte
Miramont-Sensacq
Pontet
Mondot
Brouquère
Poudenx
Bestit
Sarron
Beyries
Peyré
Juzan
Pimbo
Sahuqué
Peyre
Labigne
Arribère
Moncla
Bourry
Portet
Quartier Lasserre
Mong
Malaussanne
Lapeyre
le Moulin
Cametles
Bassercles
Castelner
Guilhou
Philondenx
Lucas
Lauret
Maupéou
la Métairie

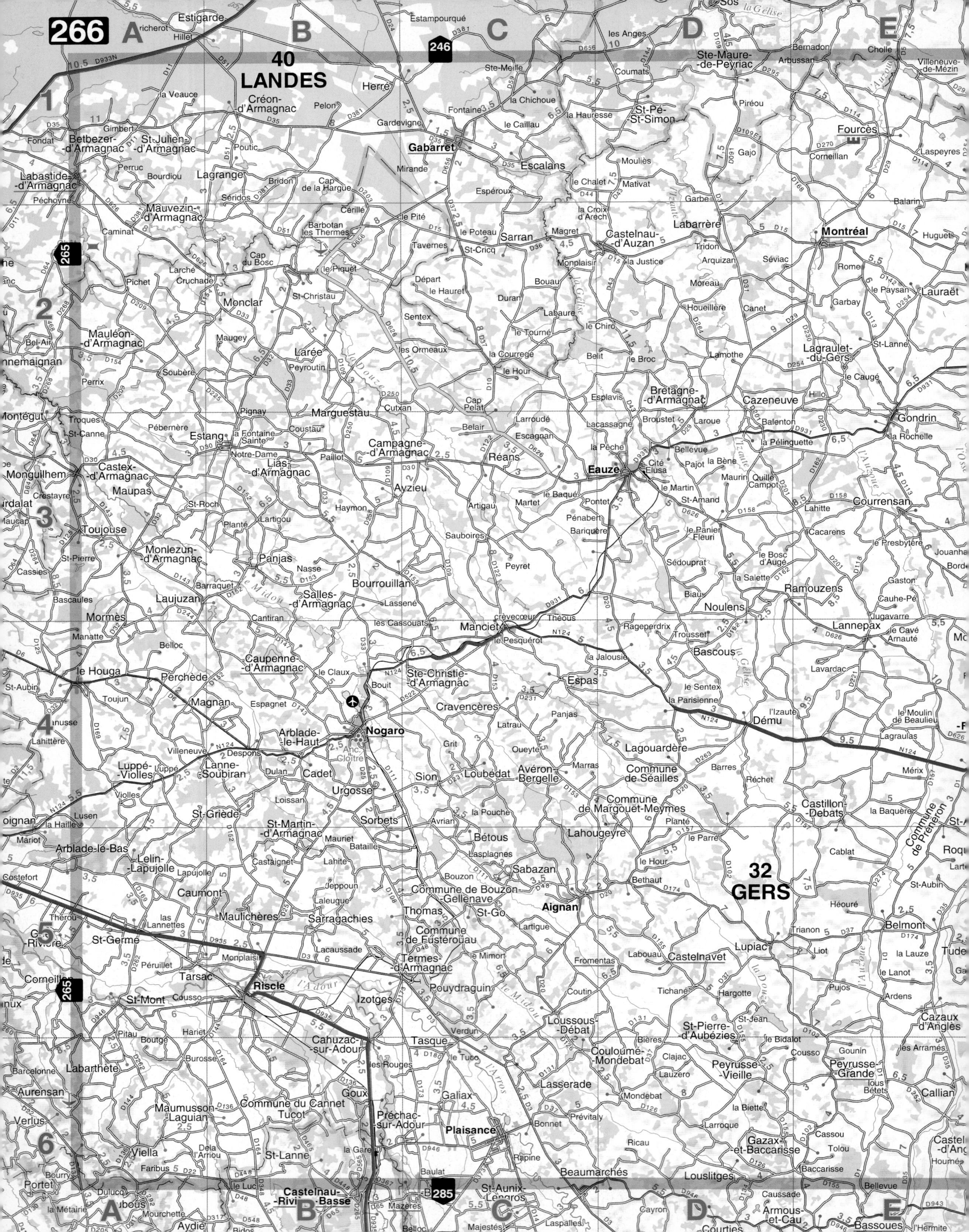

266
A
B
C
D
E
1
2
3
4
5
6
246
265
285
40
LANDES
32
GERS
Estigarde
Hillet
Estampourqué
les Anges
Sos
la Gélise
Ste-Maure-de-Peyriac
Bernadon
Arbussan
Cholle
Villeneuve-de-Mézin
Ste-Meille
Coumats
Herré
Créon-d'Armagnac
la Veauce
Pelon
la Chichoue
Fontaine
St-Pé-St-Simon
la Hauresse
le Caillau
Gardevigne
Piréou
Fourcès
Gimbert
Fondat
Betbezer-d'Armagnac
St-Julien-d'Armagnac
Poutic
Gabarret
Mirande
Escalans
Mouliès
Gajo
Corneillan
Laspeyres
Labastide-d'Armagnac
Perruc
Bourdiou
Lagrange
Bridon
Cap de la Hargue
Espéroux
le Chalet
Mativat
Garbe
Balarin
Péchoyne
Séridos
Mauvezin-d'Armagnac
Cérillé
le Pité
la Croix d'Arech
Caminat
Barbotan les Thermes
le Poteau
Sarran
Magret
Castelnau-d'Auzan
Labarrère
Montréal
Huguet
Tavernes
St-Cricq
Monplaisir
la Justice
Tridon
Arquizan
Séviac
Rome
Cap du Bosc
Larché
Cruchade
le Piquet
Départ
le Hauret
Bouau
Moreau
le Paysan
Lauraët
Pichet
St-Christau
Duran
Canet
Garbay
Monclar
Sentex
Labaure
Houeillère
Mauléon-d'Armagnac
Maugey
le Tourne
le Chiro
Bel-Air
Larée
les Ormeaux
la Courrege
Belit
le Broc
Lamothe
St-Lanne
Lagraulet-du-Gers
Soubère
Peyroutin
le Hour
le Caugé
Perrix
Esplavis
Bretagne-d'Armagnac
Cazeneuve
Hillo
Cap Pelat
Pignay
Marguestau
Cutxan
Larroudé
Broustet
Laroue
Balenton
Gondrin
Troques
St-Canne
Pébernère
Estang
la Fontaine Sainte
Coustau
Belair
Escagnan
Lacassagne
la Pélinguette
la Rochelle
Notre-Dame
Campagne-d'Armagnac
la Pêche
Bellevue
Monguilhem
Castex-d'Armagnac
Lias-d'Armagnac
Paillot
Réans
Eauze
Cité Elusa
Pajot
la Bène
Maurin
Quille
Campot
Maupas
Ayzieu
le Baqué
Pontet
le Martin
St-Amand
Courrensan
Crestayre
St-Roch
Haymon
Artigau
Martet
Pénabert
Lahitte
Lartigou
Bariquère
le Panier Fleuri
Cacarens
Toujouse
Plantè
Sauboires
le Presbytère
Monlezun-d'Armagnac
Panjas
Peyret
Sédouprat
le Bosc d'Augé
Jouanha
St-Pierre
Nasse
Cassies
Bourrouillan
la Salette
Gaston
Barraquet
le Midou
Salles-d'Armagnac
Ramouzens
Laujuzan
Lassené
Biau
Cauhe-Pé
Bascaules
Noulens
Jugavarre
Mormès
Cantiran
crèvecœur
Théous
Rageperdrix
Trousset
Lannepax
le Cavé Arnauté
Manatte
les Cassouats
Manciet
le Pesquérot
Belloc
Bascous
Caupenne-d'Armagnac
la Jalousie
Lavardac
le Houga
Perchède
le Claux
Ste-Christie-d'Armagnac
Espas
le Sentex
St-Aubin
Toujun
Bouit
la Parisienne
l'Izaute
Magnan
Espagnet
Cravencères
Panjas
le Moulin de Beaulieu
Dému
Lahittère
Nogaro
Latrau
Lagraulas
Arblade-le-Haut
Grit
Lagouardère
Villeneuve
Despons
Oueyte
Marras
Barres
Mérix
Luppé-Violles
Lanne-Soubiran
Dulan
Cadet
Anc. Cloître
Sion
Loubédat
Avéron-Bergelle
Commune de Séailles
Réchet
Violles
Urgosse
Castillon-Debats
Lusen
la Haille
Loissan
Commune de Margouët-Meymes
la Baquère
St-Griède
Sorbets
Avrian
la Pouche
Plantè
Commune de Préneron
Mariot
St-Martin-d'Armagnac
Mauriet
Bataille
Bétous
Lahougeyre
le Parre
Arblade-le-Bas
Lasplagnes
Cablat
Lelin-Lapujolle
Lapujolle
Castaignet
Lahite
Sabazan
le Hour
Costefort
Bouzon
Bethaut
Caumont
Jeppoun
Commune de Bouzon-Gellenave
Aignan
St-Aubin
Laleugue
Théron
las Lannettes
Maulichères
Sarragachies
Thomas
St-Go
Héouré
Lartigue
Trianon
Belmont
St-Germé
Commune de Fustérouau
Lupiac
Liot
Lacaussade
Péruillet
Monplaisir
Termes-d'Armagnac
le Mimort
Fromentas
Labouau
Castelnavet
la Lauze
Tarsac
le Lanot
Corneillan
St-Mont
Cousso
Riscle
l'Adour
Izotges
Pouydraguin
Coutin
Tichané
Hargotte
Pujos
Ardens
Verdun
Loussous-Débat
St-Jean
Cazaux d'Anglès
Pitau
Boutge
Hariet
Cahuzac-sur-Adour
Tasque
St-Pierre-d'Aubézies
le Bidalot
Burosse
le Tuco
Bières
Couloumé-Mondebat
Cousso
Gounin
les Arramés
Barcelonne
Labarthète
les Rouges
l'Arros
Clajac
Peyrusse-Vieille
Peyrusse-Grande
Lauzero
Aurensan
Goux
Galiax
Lasserade
Ious Bétets
Callian
Maumusson-Laguian
Commune du Cannet
Tucot
Mondebat
la Biette
Verlus
Préchac-sur-Adour
Bonnet
Prévitaly
Larroque
Plaisance
Cassou
Viella
Dela
l'Arriou
St-Lanne
Ricau
Gazax-et-Baccarisse
Tolou
Faribus
la Gare
Rapine
Baulat
Beaumarchés
Louslitges
Baccarisse
Portet
Bourry
Dulucq
le Luc
Castelnau-Rivière-Basse
St-Aunix-Lengros
Bellevue
Caussade
Armous-et-Cau
Cayron
Bassoues
Aubous
la Métairie
Mourchette
Aydie
Bidos
Mazères
Belloc
Majestés
Laspalles
Courties
l'Hermite

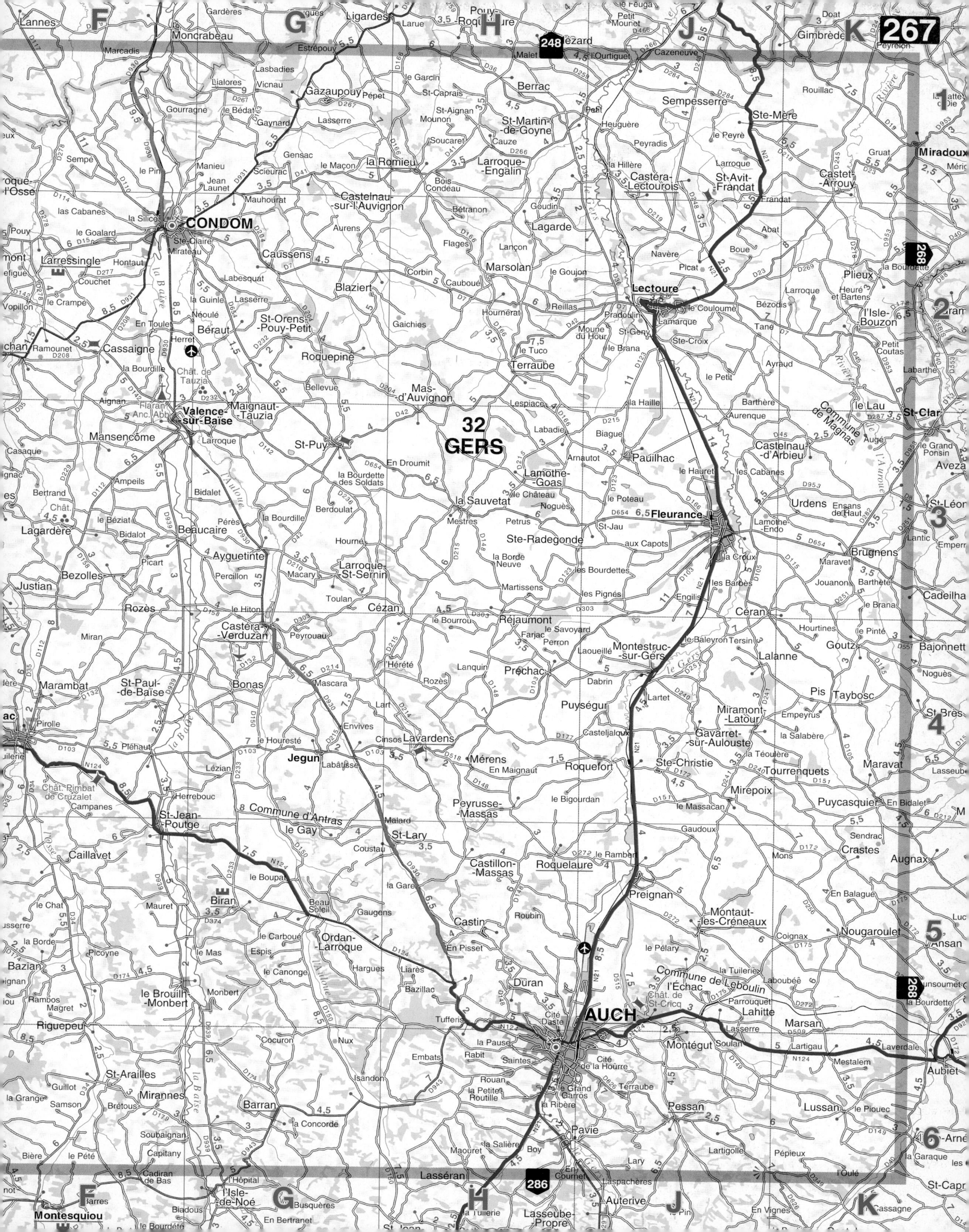
F
G
H
J
K
248
268
286
1
2
3
4
5
6
32
GERS
CONDOM
Lectoure
Fleurance
AUCH
Moncrabeau
Gardères
Ligardes
Larue
Pouy-Roquelaure
Lannes
Marcadis
Estrépouy
Malet
Lézard
l'Ourtiguet
Cazeneuve
Gimbrède
Doat
Lasbadies
Vicnau
Gazaupouy
Pépet
le Garcin
St-Caprais
Berrac
Sempesserre
Rouillac
Lialores
Gourragne
le Bédat
Gaynard
Lasserre
St-Aignan
Mounon
St-Martin-de-Goyne
Heuguère
Ste-Mère
Sempé
Gensac
le Maçon
la Romieu
Soucaret
Cauze
Peyrelis
le Peyré
Miradoux
le Pin
Manieu
Jean Launet
Scieurac
Bois Condeau
Larroque-Engalin
la Hillère
Castéra-Lectourois
St-Avit-Frandat
Gruat
Castet-Arrouy
las Cabanes
Mauhourat
Castelnau-sur-l'Auvignon
Bétranon
Goudin
Frandat
la Silice
Aurens
Lagarde
Abat
le Goalard
Ste-Claire
Mirateau
Larressingle
Hontaut
Caussens
Flages
Lançon
Navère
Boue
Plieux
Couchet
Labesquat
Corbin
Cauboue
Marsolan
le Goujon
Picat
Larroque
Heuré et Bartens
le Crampé
la Guinle
Lasserre
Blaziert
Hournérat
Reillas
Pradoulin
le Couloumé
Bézodis
l'Isle-Bouzon
Néoulé
St-Orens-Pouy-Petit
Gaichies
Moune du Hour
St-Geny
Lamarque
Tané
En Toulet
Béraut
Herret
Ste-Croix
Petit Coutas
Ramounet
Cassaigne
Roquepine
le Tuco
le Brana
Terraube
la Bourdille
Chât. de Tauzia
Ayraud
le Petit
Labarthe
Bellevue
Mas-d'Auvignon
Aignan
Flaran Anc. Abb.
Valence-sur-Baïse
Maignaut-Tauzia
Lespiace
la Haille
Barthère
le Lau
St-Clar
Commune de Magnas
Larroque
Labadie
Aurenque
Mansencôme
St-Puy
Biague
Castelnau-d'Arbieu
Auge
En Droumit
Arnautot
Pauilhac
la Bourdette des Soldats
Lamothe-Goas
le Hauret
les Cabanes
Aveza
Ampeils
le Château
Nogués
Bidalet
la Sauvetat
le Poteau
Urdens
Bertrand
Berdoulat
Mestres
Petrus
Fleurance
Ensans de Haut
St-Léon
le Béziat
Pérès
la Bourdille
Ste-Radegonde
St-Jau
Lamothe-Endo
Lagardère
Bidalot
Beaucaire
Hourné
la Borde Neuve
aux Capots
la Croux
Brugnens
Lantic
Ayguetinte
Picart
Macary
Larroque-St-Sernin
les Bourdettes
Maravet
Bezolles
Percillon
Martissens
Les Barbés
Jouanon
Barthète
Justian
Toulan
les Pignés
Engilis
Cadeilhan
Rozès
le Hiton
Cézan
le Bourrou
Réjaumont
Céran
le Brana
Castéra-Verduzan
Peyrouau
Farjac
le Savoyard
Perron
Hourtines
le Pinté
Miran
Laoueillé
Montestruc-sur-Gers
le Baleyron
Tersin
Goutz
Bajonnett
l'Hérété
Lanquin
Préchac
Lalanne
Marambat
St-Paul-de-Baïse
Bonas
Mascara
Rozès
Dabrin
Lartet
Pis
Taybosc
Nogués
Puységur
Miramont-Latour
Empeyrus
Lart
Pirolle
Envives
Castéljaloux
Gavarret-sur-Aulouste
la Salabère
Pléhaut
le Houresté
Cinsos
Lavardens
Jegun
Labâtisse
Mérens
Ste-Christie
la Téoulère
Maravat
Lézian
En Maignaut
Roquefort
Tourrenquets
Lasseube
Chât. Pimbat de Cruzalet
Herrebouc
Mirepoix
Campanes
le Bigourdan
le Massacan
Puycasquier
En Bidalet
Peyrusse-Massas
St-Jean-Poutge
Commune d'Antras
le Gay
Malard
St-Lary
Gaudoux
Sendrac
Caillavet
Coustau
Crastes
le Rambert
Roquelaure
Mons
Augnax
Castillon-Massas
le Boupat
la Gare
Preignan
le Chat
Biran
Mauret
Beau Soleil
Gaugens
Roubin
Montaut-les-Créneaux
En Balagué
Castin
Nougaroulet
la Borde
le Carboué
Ordan-Larroque
En Pisset
Coignax
Ansan
Picoyne
Espis
le Mas
le Pélary
Bazian
le Canonge
Hargues
Liarès
la Tuilerie
Commune de Leboulin
Laboubée
Duran
l'Échac
Chât. de St-Cricq
le Brouilh-Monbert
Monbert
Bazillac
Parrouquet
Lahitte
Rambos
Magret
Cité Daste
Riguepeu
Tufferis
Lasserre
Marsan
Aubiet
Cocuron
Nux
la Pause
Rabit
Montégut
Soulan
Lartigau
Laverdale
Mestalem
Saintes
Cité de la Hourre
St-Arailles
Embats
Isandon
Rouan
Terraube
Guillot
Samson
Mirannes
la Petite Routille
le Grand Garros
la Grange
Brétous
Barran
la Ribère
Pessan
Lussan
le Piouec
la Concorde
Soubaignan
Pavie
Capitany
la Salière
Maouret
Boy
Lary
Lartigolle
Pépieux
la Garaque
Bière
le Pété
l'Oulé
Cadiran de Bas
Lasséran
En Courneil
Laspachères
St-Capr
l'Hôpital
l'Isle-de-Noé
Busquères
Auterive
Montesquiou
Biadous
En Bertranet
la Tuilerie
Lasseube-Propre
le Pin
En Vignes
Cassagne
N21
N124

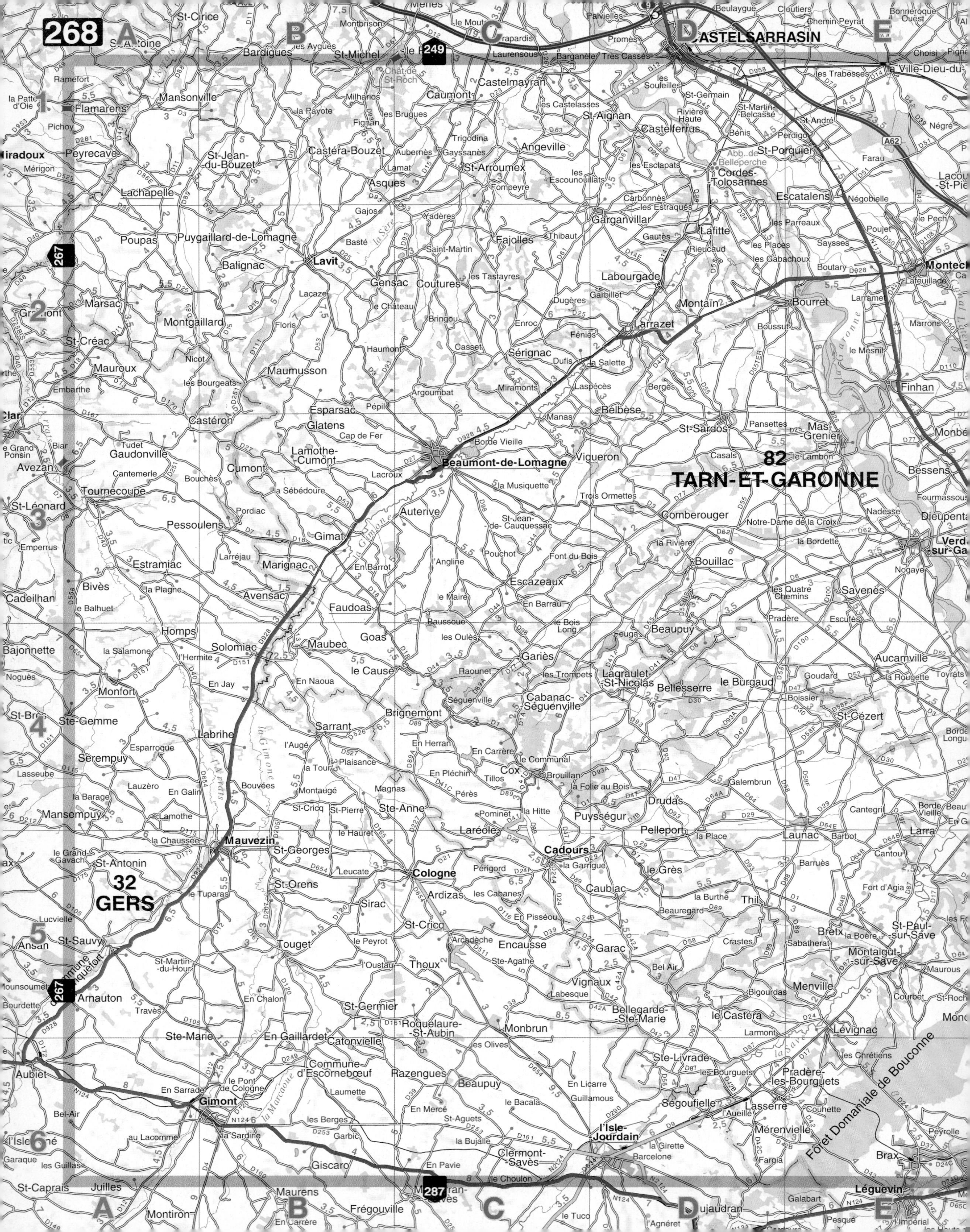
A
B
C
D
E
1
2
3
4
5
6
249
267
287
CASTELSARRASIN
82
TARN-ET-GARONNE
32
GERS
St-Cirice
St-Antoine
Bardigues
St-Michel
Montbrison
les Aygues
Crapardis
Palvielles
Beulaygue
Cloutiers
Bonneroque Ouest
Chemin Peyrat
Promes
Laurensous
Barganèle
Tres Casses
Choisi
Ramefort
Flamarens
la Patte d'Oie
Pichoy
Mansonville
Milharios
Chât. de St-Roch
Caumont
Castelmayran
les Castelasses
St-Aignan
les Souleilles
St-Germain
Rivière Haute
St-Martin-Belcassé
St-André
les Trabesses
la Ville-Dieu-du-
Négré
Peyrecave
Mérigon
St-Jean-du-Bouzet
Castéra-Bouzet
Aubernès
Gayssanès
Trigodina
la Payote
Fignan
les Brugues
Angeville
Castelferrus
Bénis
Perdigo
St-Porquier
Abb. de Belleperche
Cordes-Tolosannes
les Esclapats
les Escounouillats
St-Arroumex
Fompeyre
Lamat
Asques
Farau
A62
Lachapelle
Gajos
Yadères
Carbonnès
les Estraques
Garganvillar
Escatalens
Négobielle
Poupas
Puygaillard-de-Lomagne
Basté
Saint-Martin
Fajolles
Thibault
Gautès
Lafitte
Rieucaud
les Parreaux
les Places
les Gabachoux
Sayssès
Poujet
le Pech
Balignac
Lavit
Gensac
Coutures
les Tastayres
Labourgade
Garbillet
Boutary
Montech
Lafeuillade
Marsac
Montgaillard
Lacaze
le Château
Dugères
Montaïn
Bourret
Larramet
Floris
Bringou
Enroc
Fénies
Larrazet
Boussut
Marrons
St-Créac
Nicot
Haumont
Casset
Sérignac
Dufis
la Salette
le Mesnil
Mauroux
Embarthe
les Bourgeats
Maumusson
Argoumbat
Miramonts
Laspécès
Bergès
Finhan
Castéron
Esparsac
Pépil
Glatens
Manas
Belbèse
St-Sardos
Pansettes
Mas-Grenier
Tudet
Gaudonville
Cap de Fer
Lamothe-Cumont
Borde Vieille
Beaumont-de-Lomagne
Vigueron
Casals
le Lambon
Monbé
Avezan
Cantemerle
Cumont
Bouchès
Lacroux
la Musiquette
Bessens
Tournecoupe
la Sébédoure
Trois Ormettes
Fourmassous
St-Léonard
Pordiac
Auterive
Comberouger
Nadesse
Dieupenta
Pessoulens
Gimat
St-Jean-de-Cauquessac
Notre-Dame de la Croix
la Rivière
la Bordette
Emperrus
Larréjau
Marignac
En Barrot
l'Angline
Pouchot
Font du Bois
Bouillac
Nogaye
Estramiac
la Plagne
Avensac
Escazeaux
les Quatre Chemins
Savenès
Bivès
Cadeilhan
le Balhuet
Faudoas
le Maire
En Barrau
Pradère
Escufès
Homps
Baussoue
les Oulès
le Bois Long
Beaupuy
Feuga
Bajonnette
la Salamone
Solomiac
l'Hermite
Maubec
Goas
Garies
Aucamville
Nogués
En Jay
le Cause
En Naoua
Raounet
les Trompets
Lagraulet-St-Nicolas
le Burgaud
Goudard
la Rougette
Toyrats
Monfort
Séguenville
Cabanac-Séguenville
Bellesserre
Boissier
St-Cézert
Ste-Gemme
Labrihe
Brignemont
Sarrant
l'Augé
En Herran
Esparroque
Serempuy
la Tour
Plaisance
En Carrère
Cox
le Communal
Tillos
Brouillan
Galembrun
Lasseube
Lauzèro
En Galin
Bouvées
Montaugé
Magnas
En Pléchin
Pérès
la Folie au Bois
la Barage
Mansempuy
Lamothe
St-Cricq
St-Pierre
Ste-Anne
Pominet
la Hitte
Puysségur
Drudas
Pelleport
Cantegril
Borde Vieille
le Hauret
Laréole
la Place
Launac
Barbot
Larra
la Chaussée
Mauvezin
St-Georges
Cadours
la Garrigue
le Grès
Cantou
le Grand Gavach
St-Antonin
Leucate
Cologne
Périgord
Barruès
St-Orens
le Tuparas
Ardizas
les Cabanes
Caubiac
Fort d'Agia
la Burthe
Thil
Sirac
Beauregard
Lucvielle
En Pisséou
St-Sauvy
Ansan
St-Cricq
l'Arcadèche
Encausse
Garac
Crastes
Bretx
la Boère
Sabatheral
St-Paul-sur-Save
Touget
le Peyrot
Ste-Agathe
Montaigut-sur-Save
Maurous
St-Martin-du-Hour
l'Oustau
Thoux
Bel Air
Arnauton
Traves
En Chalon
Vignaux
Labesque
Bigourdas
Menville
Courbet
Bourdette
St-Germier
Roquelaure-St-Aubin
Bellegarde-Ste-Marie
le Castéra
Larmont
Lévignac
Ste-Marie
En Gaillardet
Catonvielle
Monbrun
les Olives
Aubiet
Commune d'Escorneboeuf
Ste-Livrade
les Chrétiens
le Pont de Cologne
Razengues
Beaupuy
les Bourguets
Pradère-les-Bourguets
En Sarrade
Gimont
Laumette
En Licarre
Guillamous
Forêt Domaniale de Bouconne
Bel-Air
la Marcaoue
En Mercé
la Bacala
Ségoufielle
l'Aueillé
Lasserre
Couhette
l'Isle-Jourdain
St-Aguets
les Berges
la Sardine
au Lacomme
Garbic
la Bujalle
la Girette
Mérenville
Peyrolle
Garaque
les Guillas
Giscaro
En Pavie
Clermont-Savès
Barcelone
Fargia
Brax
St-Caprais
Juilles
Maurens
le Choulon
Léguevin
Montiron
En Carrère
Frégouville
le Tuco
Dujaudran
l'Agnéret
Galabart
Pesqué
l'Impérial
la Gimone
l'Arrats
la Save
la Garonne
la Sère

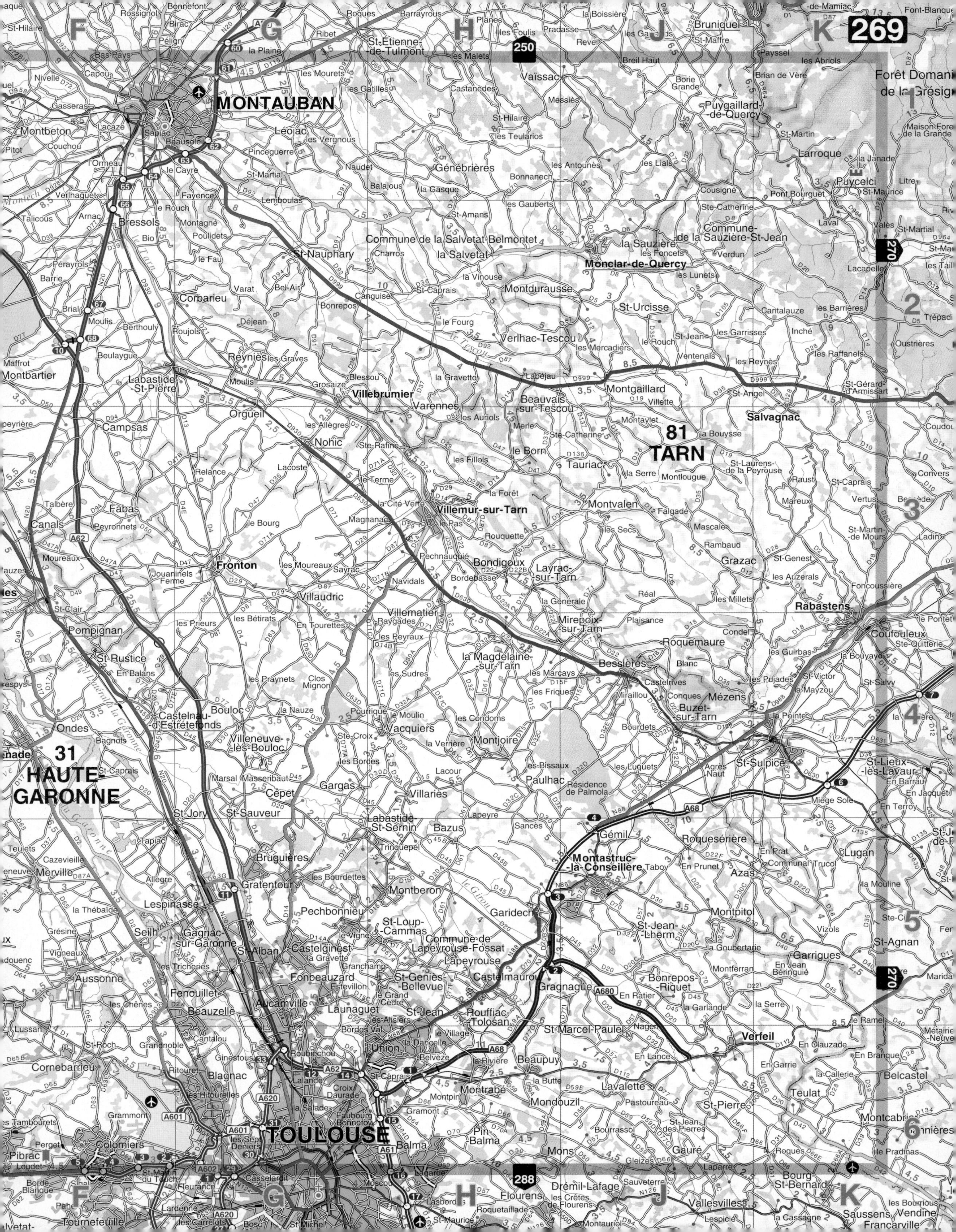
MONTAUBAN
81
TARN
31
HAUTE-GARONNE
TOULOUSE
Villemur-sur-Tarn
Villebrumier
Fronton
Moncler-de-Quercy
Salvagnac
Rabastens
Coufouleux
St-Sulpice
Bessières
Montastruc-la-Conseillère
Verfeil
Castelnau-d'Estrétefonds
Bouloc
Villeneuve-lès-Bouloc
Gratentour
Bruguières
Castelginest
Fonbeauzard
Aucamville
L'Union
Balma
Blagnac
Colomiers
Pibrac
Tournefeuille
Cornebarrieu
Aussonne
Seilh
Gagnac-sur-Garonne
Fenouillet
Beauzelle
St-Alban
Lespinasse
Merville
St-Jory
St-Sauveur
Castelmaurou
Gragnague
Montrabé
Beaupuy
Mondouzil
Lavalette
St-Pierre
Teulat
Belcastel
Montcabrier
Gauré
Bourg-St-Bernard
Lapeyrouse
St-Geniès-Bellevue
Launaguet
St-Jean
Rouffiac-Tolosan
Pechbonnieu
St-Loup-Cammas
Montberon
Garidech
Labastide-St-Sernin
Bazus
Villariès
Gargas
Cépet
Vacquiers
Montjoire
Paulhac
Buzet-sur-Tarn
Mirepoix-sur-Tarn
La Magdelaine-sur-Tarn
Villematier
Villaudric
Pompignan
St-Rustice
Canals
Fabas
Campsas
Orgueil
Nohic
Labastide-St-Pierre
Reyniès
Corbarieu
Bressols
Montbeton
Léojac
Génébrières
St-Nauphary
Montdurausse
Verlhac-Tescou
St-Urcisse
Montgaillard
Beauvais-sur-Tescou
Tauriac
Montvalen
Bondigoux
Layrac-sur-Tarn
Grazac
Roquemaure
Mézens
Puycelci
Larroque
Vaïssac
St-Etienne-de-Tulmont
Bruniquel
Puygaillard-de-Quercy
Forêt Domaniale de la Grésigne
A62
A68
A61
A620
A601
A680
A602
N20
N88
N126
D999
250
270
288
F
G
H
J
K
1
2
3
4
5
6

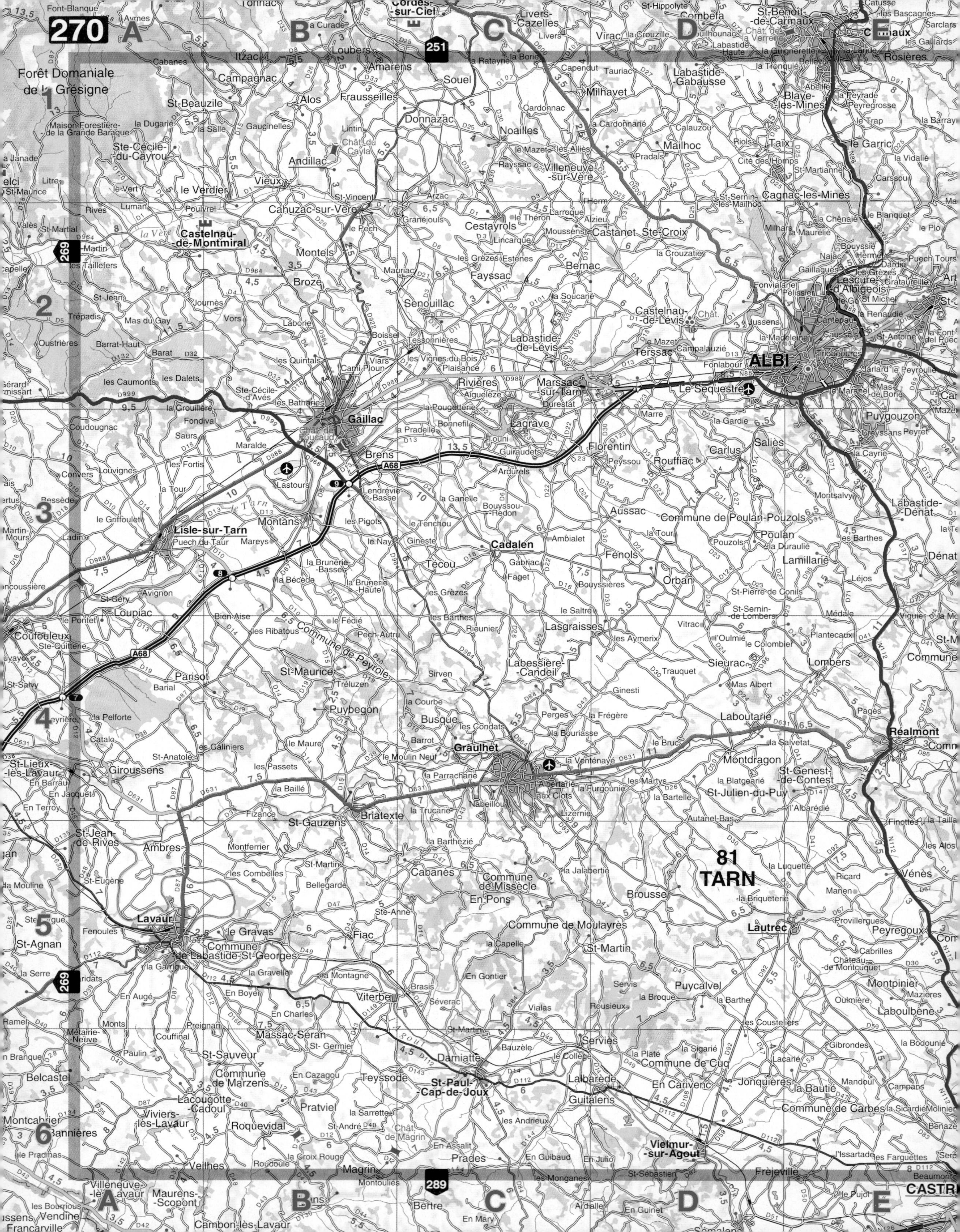

A
B
C
D
E
1
2
3
4
5
6
251
269
289
Forêt Domaniale de la Grésigne
Maison Forestière de la Grande Baraque
Cordes-sur-Ciel
Livers-Cazelles
St-Benoît-de-Carmaux
Carmaux
Rosières
Itzac
Loubers
Amarens
Souel
Campagnac
Virac
Tauriac
Labastide-Gabausse
Milhavet
Blaye-les-Mines
St-Beauzile
Alos
Frausseilles
Donnazac
Noailles
Ste-Cécile-du-Cayrou
Andillac
Mailhoc
Taïx
le Garric
le Verdier
Vieux
Villeneuve-sur-Vère
Cagnac-les-Mines
Cahuzac-sur-Vère
Castelnau-de-Montmiral
Cestayrols
Castanet
Ste-Croix
Montels
Bernac
Broze
Fayssac
Lescure-d'Albigeois
Senouillac
Castelnau-de-Lévis
Labastide-de-Lévis
Terssac
ALBI
Le Sequestre
Rivières
Marssac-sur-Tarn
Gaillac
Lagrave
Puygouzon
Brens
Florentin
Carlus
Saliès
Rouffiac
A68
Lisle-sur-Tarn
Montans
Aussac
Commune de Poulan-Pouzols
Labastide-Dénat
Cadalen
Técou
Fénols
Poulan
Lamillarié
Orban
Loupiac
Coufouleux
Lasgraisses
Labessière-Candeil
Lombers
Parisot
St-Maurice
Commune de Peyrole
Puybegon
Busque
Laboutarié
Graulhet
Réalmont
Montdragon
Giroussens
St-Genest-de-Contest
St-Julien-du-Puy
St-Lieux-lès-Lavaur
Briatexte
St-Gauzens
St-Jean-de-Rives
Ambres
Cabanes
Commune de Missècle
81 TARN
Brousse
Lavaur
Fiac
Commune de Moulayrès
Lautrec
Peyregoux
Commune de Labastide-St-Georges
St-Agnan
Puycalvel
Montpinier
Viterbe
Laboulbène
Massac-Séran
Servies
St-Sauveur
Damiatte
Commune de Marzens
Teyssode
St-Paul-Cap-de-Joux
Labarède
Commune de Cuq
Jonquières
Lacougotte-Cadoul
Guitalens
Commune de Carbes
Viviers-lès-Lavaur
Roquevidal
Vielmur-sur-Agout
Prades
Magrin
Fréjeville
Villeneuve-lès-Lavaur
Maurens-Scopont
Cambon-lès-Lavaur
Bertre
CASTRES

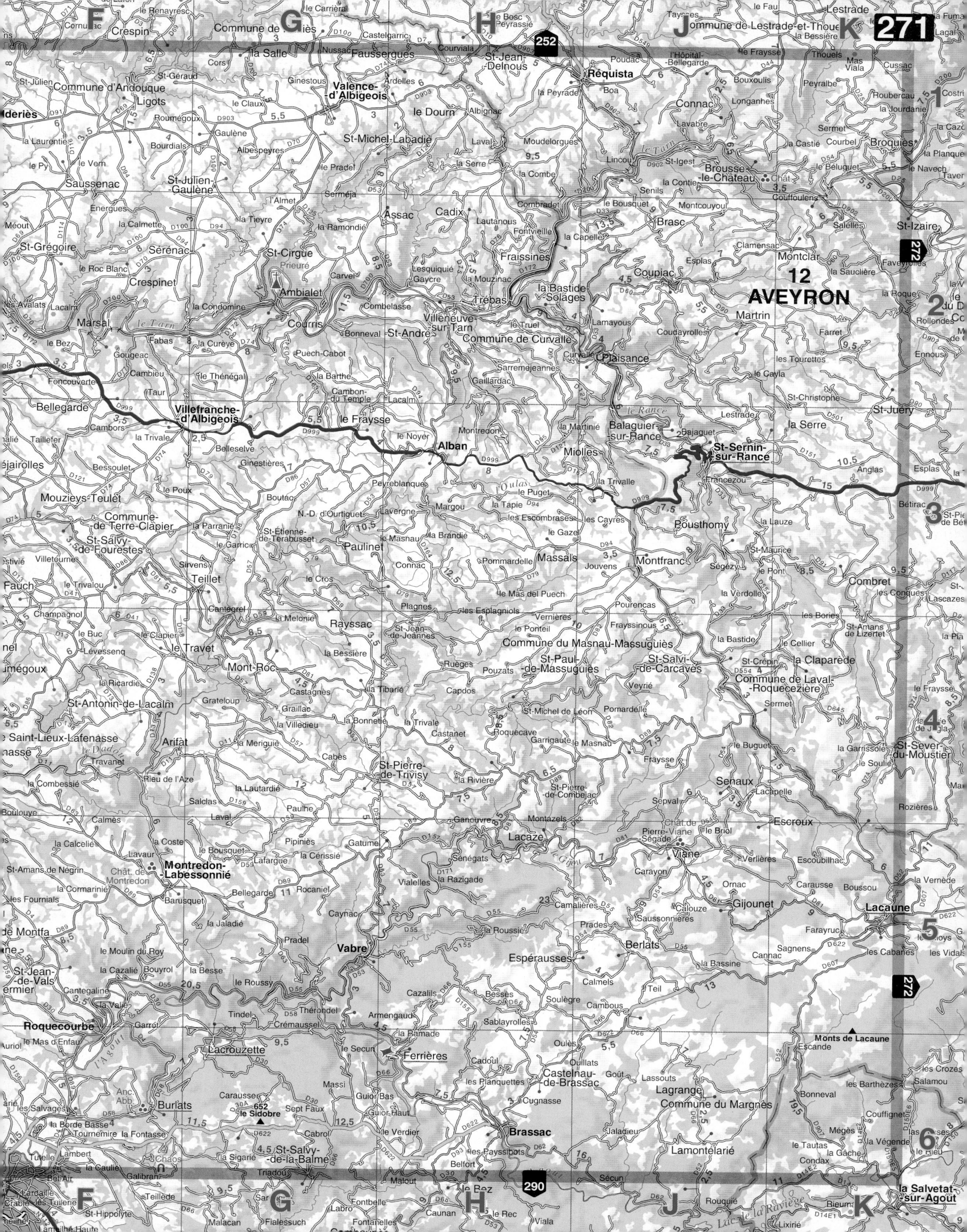
F
G
H
J
K
252
272
290
1
2
3
4
5
6
Crespin
Commune de Gièes
la Salle
Faussergues
St-Jean-Delnous
Réquista
Commune de Lestrade-et-Thouels
Commune d'Andouque
Ligots
Valence-d'Albigeois
le Dourn
St-Michel-Labadié
Connac
Broquies
Saussenac
St-Julien-Gaulène
Brousse-le-Château
Assac
Cadix
Brasc
St-Izaire
St-Grégoire
Sérénac
St-Cirgue
Fraissines
Montclar
Crespinet
Ambialet
la Bastide-Solages
Coupiac
12 AVEYRON
Marsal
Courris
Villeneuve-sur-Tarn
Trébas
Martrin
St-André
Commune de Curvalle
Plaisance
le Tarn
Bellegarde
Villefranche-d'Albigeois
le Fraysse
Alban
Balaguier-sur-Rance
St-Sernin-sur-Rance
St-Juéry
la Serre
Miolles
le Rance
Mouzieys-Teulet
Commune-de Terre-Clapier
St-Salvy-de-Fourestes
Paulinet
Massals
Montfranc
Pousthomy
Teillet
Combret
Rayssac
Commune du Masnau-Massuguiès
St-Paul-de-Massuguiès
St-Salvi-de-Carcavès
la Clapárède
le Travet
Mont-Roc
Commune de Laval-Roquecezière
St-Antonin-de-Lacalm
Arifat
Saint-Lieux-Lafenasse
St-Pierre-de-Trivisy
St-Sever-du-Moustier
Senaux
Escroux
Lacaze
Viane
Montredon-Labessonnié
Gijounet
Lacaune
Vabre
Berlats
Espérausses
Roquecourbe
Lacrouzette
Ferrières
Monts de Lacaune
Castelnau-de-Brassac
Lagrange
Commune du Margnès
Burlats
le Sidobre
652
Brassac
Lamontélarié
St-Salvy-de-la-Balme
la Salvetat-sur-Agout
l'Agout

272
A
B
C
D
E
1
2
3
4
5
6
253
271
291
St-Affrique
Roquefort-sur-Soulzon
St-Rome-de-Cernon
Tournemire
Vabres-l'Abbaye
St-Jean-d'Alcas
Commune de St-Jean-et-St-Paul
12
AVEYRON
Cornus
Fondamente
Commune de Versols-et-Lapeyre
Versols
St-Félix-de-Sorgues
Montlaur
Camarès
Belmont-sur-Rance
Sylvanès
Gissac
Montagnol
Ceilhes-et-Rocozels
Tauriac-de-Camarès
Brusque
Avène
Mélagues
Murasson
Commune de Peux-et-Couffouleux
Commune de Mounes-Prohencoux
Arnac-sur-Dourdou
Moulin-Mage
81
TARN
Murat-sur-Vèbre
St-Geniès-de-Varensal
Graissessac
Castanet-le-Haut
St-Gervais-sur-Mare
Commune de St-Étienne-Estréchoux
Commune de Taussac-la-Billière
Le Bousquet-d'Orb
La Tour-sur-Orb
Bédarieux
Villemagne-l'Argentière
Lamalou-les-Bains
34
HÉRAULT
Commune de Cambon-et-Salvergues
la Salvetat-sur-Agout
Fraisse-sur-Agout
Montagne de l'Espinouse
le Caroux
Lac de Laouzas
Réservoir d'Avène
La Cavalerie
Ste-Eulalie-de-Cernon
Lapanouse-de-Cernon
la Bastide-Pradines
l'Hospitalet-du-Larzac
Viala-du-Pas-de-Jaux
Joncels
Rebourguil
Commune de Calmels-et-le-Viala
St-Izaire

30
GARD
34
HÉRAULT
LE VIGAN
Nant
St-Jean-du-Bruel
Sauclières
Alzon
le Caylar
LODÈVE
Clermont-l'Hérault
Gignac
Aniane
St-Guilhem-le-Désert
St-Maurice-Navacelles
Montagne de la Séranne
Lac du Salagou
la Couvertoirade
Navacelles
Blandas
Vissec
St-André-de-Sangonis
Montpeyroux
St-Jean-de-Fos
Arboras
St-Jean-de-la-Blaquière
Soubès
Poujols
St-Félix-de-l'Héras
Pégairolles-de-l'Escalette
St-Pierre-de-la-Fage
La Vacquerie-et-St-Martin-de-Castries
St-Jean-de-Buèges
Pégairolles-de-Buèges
Causse-de-la-Selle
Puéchabon
Argelliers
Mourèze
Salasc
Octon
Celles
Villeneuvette
Nébian
Brignac
Ceyras
Canet
Popian
Pouzols
St-Bauzille-de-la-Sylve
Montdardier
Rogues
Arre
Aumessas
Arrigas
Mars
Aulas
Molières-Cavaillac
Avèze
Bez-et-Esparon
St-Laurent-le-Minier
Pommiers
Saint-Bresson
Saint-André-de-Majencoules
Commune de Mandagout
Beaulieu
Campestre-et-Luc
Sorbs
le Cros
St-Michel
St-Privat
St-Étienne-de-Gourgas
Fozières
Soumont
Usclas-du-Bosc
le Bosc
St-Saturnin
Jonquières
St-Guiraud
St-Félix-de-Lodez
Lagamas
Liausson
Mérifons
Brenas
Lavalette
Villecun
Olmet
Lauroux
les Plans
les Rives
Romiguières
Valmascle
Pézènes-les-Mines
Lieuran-Cabrières
le Pouget
Vendémian
A75
N9
N109
254
274
292

A
B
C
D
E
1
2
3
4
5
6
255
273
293
Lasalle
la Grande Pallières
Saint-Martial
St-Bonnet-de-Salendrinque
Boisset
Ribaute-les-Tavernes
Ribaute
Ners
Colognac
Vabres
Cardet
Cassagnoles
Tornac
St-Félix-de-Pallières
Massillargues
Massanes
Commune de Massillargues-Attuech
Lézan
Maruéjols-lès-Gardon
St-Roman-de-Codières
Commune de Cros
Monoblet
Fressac
Saint-Jean-de-Serres
Commune de Canaules-et-Argentières
Lédignan
St-Bénézet
Sumène
la Combe
Dufort
Commune de Durfort-et-St-Martin-de-Sossenac
Commune de Saint-Nazaire-des-Gardies
Canaules
Domessargues
St-Hippolyte-du-Fort
Villesèque
Commune de St-Jean-de-Crieulon
la Fauguière
Savignargues
Aigremont
Commune de Moulès-et-Baucels
la Cadière-et-Cambo
Logrian
Puechredon
Mauressargues
Moulès
Merle
Sauve
Commune de Logrian-Florian
St-Théodorit
Commune de Conqueyrac
Montoulieu
Moulézan
Cazilhac
Laroque
Quissac
Bragassargues
Grte des Demoiselles
30
GARD
Fonsange-les-Bains
Montmirat
Agonès
Pompignan
Liouc
Commune d'Orthoux-Sérignac-Quilhan
Sérignac
Cannes-et-Clairan
St-Bauzille-de-Putois
Saint-Mamert-du
Crespian
Brissac
Ferrières-les-Verreries
Corconne
Sardan
Vic-le-Fesq
Claret
Brouzet-lès-Quissac
Combas
Vacquières
Gailhan
Lecques
Lauret
Sauteyrargues
Notre-Dame-de-Londres
Commune de Rouet
Carnas
St-Clément
Fontanès
Saint-Côme
Souvignargues
Salinelles
Aspères
les Camps
Valflaunès
Fontanès
Garrigues
Campagne
Aujargues
St-Martin-de-Londres
Villevieille
Sommières
Mas-de-Londres
Commune de St-Mathieu-de-Tréviers
St-Bauzille-de-Montmel
Buzignargues
Cazevieille
Tréviers
Ste-Croix-de-Quintillargues
Galargues
Junas
St-Hilaire-de-Beauvoir
Saussines
Cambous Château
St-Jean-de-Cuculles
Montaud
Boisseron
34
HÉRAULT
St-Jean-de-Cornies
Viols-le-Fort
Commune de Viols-en-Laval
le Triadou
St-Drézéry
St-Sériès
Villetelle
Beaulieu
Restinclières
St-Christol
les Matelles
Guzargues
Saturargues
Vérargues
St-Vincent-de-Barbeyrargues
Sussargues
Commune de St-Clément-de-Rivière
Prades-le-Lez
Assas
St-Geniès-des-Mourgues
St-Gély-du-Fesc
Murles
Castries
Teyran
Lunel
St-Clément
Aqueduc Romain du Chât.
St-Brès
Lunel-Viel
Combaillaux
Vailhauquès
Montferrier-sur-Lez
Jacou
Baillargues
Valergues
Marsillargues
Clapiers
Vendargues
Lansargues
St-Just
Montarnaud
Grabels
le Crès
St-Aunès
Mudaison
Castelnau-le-Lez
St-Nazaire-de-Pézan
MONTPELLIER
Mauguio
Candillargues
Juvignac
St-Paul-et-Valmalle
St-Georges-d'Orques
Murviel-lès-Montpellier
Canal du Bas-Rhône Languedoc
le Vidourle
A9
N106
N110
N109
D986
D999

30 GARD
13 BOUCHES-DU-RHÔNE
NÎMES
Uzès
Remoulins
Marguerittes
Saint-Gilles
ARLES
Beaucaire
Vauvert
Bellegarde
Bouillargues
Saint-Chaptes
Pont du Gard
Étang du Charnier
Étang de la Scamandre
Canal du Rhône à Sète
Canal d'Irrigation du Bas-Rhône Languedoc
256
276
294

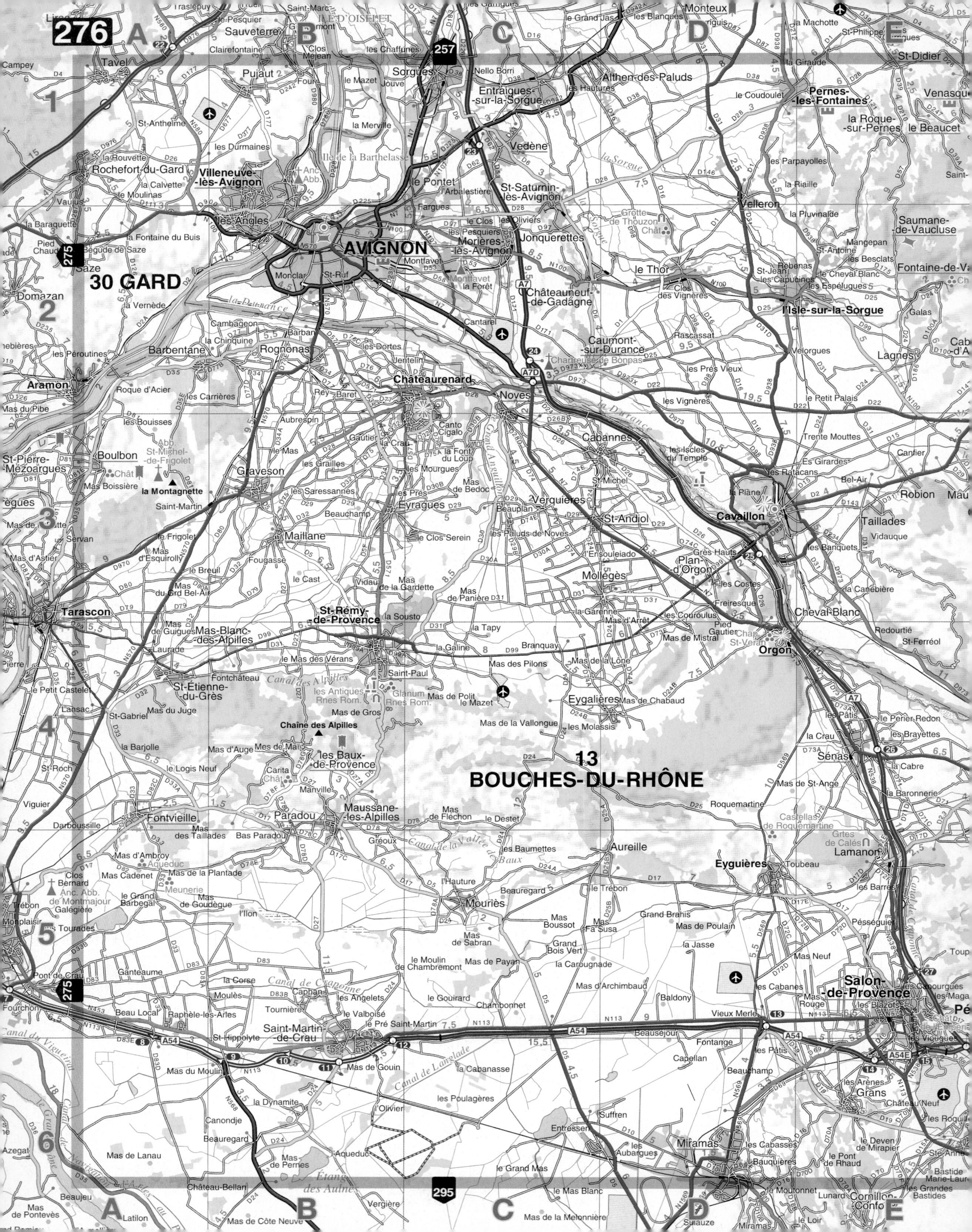

30 GARD
13
BOUCHES-DU-RHÔNE
AVIGNON
Villeneuve-lès-Avignon
Les Angles
Sorgues
Entraigues-sur-la-Sorgue
Althen-des-Paluds
Monteux
Pernes-les-Fontaines
Vedène
Le Pontet
St-Saturnin-lès-Avignon
Jonquerettes
Morières-lès-Avignon
Montfavet
Châteauneuf-de-Gadagne
Le Thor
L'Isle-sur-la-Sorgue
Velleron
Saumane-de-Vaucluse
Fontaine-de-Vaucluse
Caumont-sur-Durance
Lagnes
Rochefort-du-Gard
Tavel
Pujaut
Sauveterre
Barbentane
Rognonas
Châteaurenard
Noves
Cabannes
Aramon
Boulbon
Graveson
Eyragues
Verquières
St-Andiol
Cavaillon
Robion
Taillades
Plan-d'Orgon
Mollégès
Cheval-Blanc
Orgon
Maillane
Tarascon
St-Rémy-de-Provence
Mas-Blanc-des-Alpilles
St-Étienne-du-Grès
Eygalières
Sénas
Chaîne des Alpilles
les Baux-de-Provence
Fontvieille
Paradou
Maussane-les-Alpilles
Mouriès
Aureille
Eyguières
Lamanon
Salon-de-Provence
Grans
Miramas
Saint-Martin-de-Crau
la Durance
la Sorgue
Canal des Alpilles
Canal de la Vallée des Baux
Canal de Craponne
Canal de Langlade
A7
A7D
A54
N7
N100
N113
N568
N569
N570
257
275
295

F
G
H
J
K
258
84
VAUCLUSE
1
2
3
4
5
6
278
296
Malemort-du-Comtat
Méthamis
Saint-Hubert
le Castellet
le Crozat
Montsalier
Haut Cheyran
les Pantalins
les Bastides
Sarraud
la Nesque
Simiane-la-Rotonde
le Vas
St-Lambert
Lagarde-d'Apt
le Chapeau Rouge
Carniol
la Rouvière
Valsaintes
Nauque
la Bourradière
la Bouisse
Anc. Abb.
les Vergiers
Murs
les Quintins
Chât.
St-Saturnin-lès-Apt
les Grands Clements
la Combe
Lioux
les Plaines
Parrotier
le Château
la Pourraque
Oppedette
le Château Ferme
Vachères
les Cordiers
les Gays
les Petits Clements
Rustrel
Sénanque
les Gardiols
la Tuilière
Brieugne
Grand Blanc
Joucas
les Yves
Villars
Gignac
Ste-Croix-à-Lauze
les Jas
les Cortasses
les Vanels
la Rouguière
les Lombards
les Jean-Jean
Gordes
St-Amas
St-Laurent
Viens
les Roux
Gargas
Lancie
les Pourquiers
le Ribas
Roussillon
le Marinier
Blace
Reillanne
les Billards
le Colombier
Caseneuve
les Imberts
les Bouillons
Castagne
le Chêne
Cité St-Michel
les Faysses
St-Pantaléon
les Huguets
les Grandes Vaines
les Mayols
APT
St-Quentin
le Boisset
les Laurons
le Petit Carluc
les Bouilladoires
St-Martin-de-Castillon
la Gare
Goult
Lumières
Saignon
Beaumettes
Roquefure
les Agnels
les Tourrettes
Rocsalière
le Griffon
la Bégude
Céreste
Montjustin
le Calavon
le Boisset
la Tuilière
les Gaudins
les Frances
Glorivette
St-Véran
les Darriès
Castellet
les Poulivets
Buoux
Auribeau
Ménerbes
Lacoste
Oppède
Sivergues
Fort
Bonnieux
Vitrolles-en-Lubéron
Oppède le Vieux
Chât.
la Peyrière
Prieuré de St-Symphorien
Moulin Clos
Grand Lubéron
Anc. Abb. St-Hilaire
la Drouine
les Hermitans
Tour Philippe
les Gouirand
Cabrières-d'Aigues
Peypin-d'Aigues
la Bastide-des-Jourdans
Vaugines
la Verrière
la Boissière
la Motte-d'Aigues
la Bauquière
Petit Lubéron
Cucuron
Roque Colombe
St-Martin-de-la-Brasque
St-Léger
St-Mitre
Hameau de la Gravière
Grambois
Jas de Bertet
Lourmarin
la Bonde
Mérindol
les Borrys
les Roussèlles
Puyvert
Sannes
la Fabrique
Puget
Lauris
les Patins
les Aires
les Grottes
la Durance
la Ravelle
la Gare
les Grands Jardins
les Royères
Ansouis
les Roumias
Bramejean
la Fabrique
Cadenet
la Tour-d'Aigues
Chât.
la Bourguette
Marguery
Giery
la Roustidouire
le Suyet
Mallemort
Charleval
Ste-Croix
Anc. Abb. de Silvacane
Villelaure
la Garrigue
Pont de la Tour
la Fabrique
Pont Royal
les Cadenières
la Rabassière
la Roque-d'Anthéron
St-Christophe
le Saouze
la Bastidonne
Mirabeau
Viade
Canal EDF
l'Eze
Vesse
Pertuis
les Carlats
Village
Cazan
474
Chaîne des Côtes
Caire Val
St-Estève-Janson
les Regrets
Vernègues
Janet
Douau
Temple rom.
la Bastide Blanche
le Puy-Ste-Réparade
St-Dominque
le Cousson
les Gellés
les Crottes
Aurons
Rognes
Rousset
Peyrolles-en-Provence
Notre-Dame de la Fidélité
les Biattes
Petit St-Paul
Jas Blanc
le Dégagé
la Cride
le Vitrier
Groule
la Petite Bastide
les Iscles
la Grange
Pey Gaillard
les Fédons
Lambesc
Sues
St-Louis
Vauclaire
Vaumartin
le Pérou
les Bonsours
le Moullard
Ancien Canal du Verdon
l'Étape
la Coste
Meyrargues
Monplaisir
Nego Saumo
l'Espougnac
Trempasse
la Barben
le Petit Croignes
St-Canadet
les Chênes Verts
Chât. de la Barben
Saint-Cannat
la Galinette
St-Jacques
les Armieux
Ganay
Venelles
Saint-Julien
Couteron
la Touloubre
le Grand St-Jean
Font Rousse
la Trévaresse
les Couestes
les Logis
Petit Pommier
la Campane
les Quatre Termes
la Bastidonne
Village du Soleil
Val de Sibourg
Lignane
Pontès
Puyricard
les Logissons
l'Héritier
Camaïsse
Surville
la Calade
Belvèyre
les Platanes
Parc Rigaud
Eguilles
Beaufort
Vauvenargues
Coudoux
les Figons
Plateau d'Entremont
Tournon
St-Marc-Jaumegarde
les Cabassols
les Mégeans
Suchier
la Fare-les-Oliviers
les Platanes
les Guigues
les Méjeans
Bourgoulons
Jallassières
Loubassane
les Savoyards

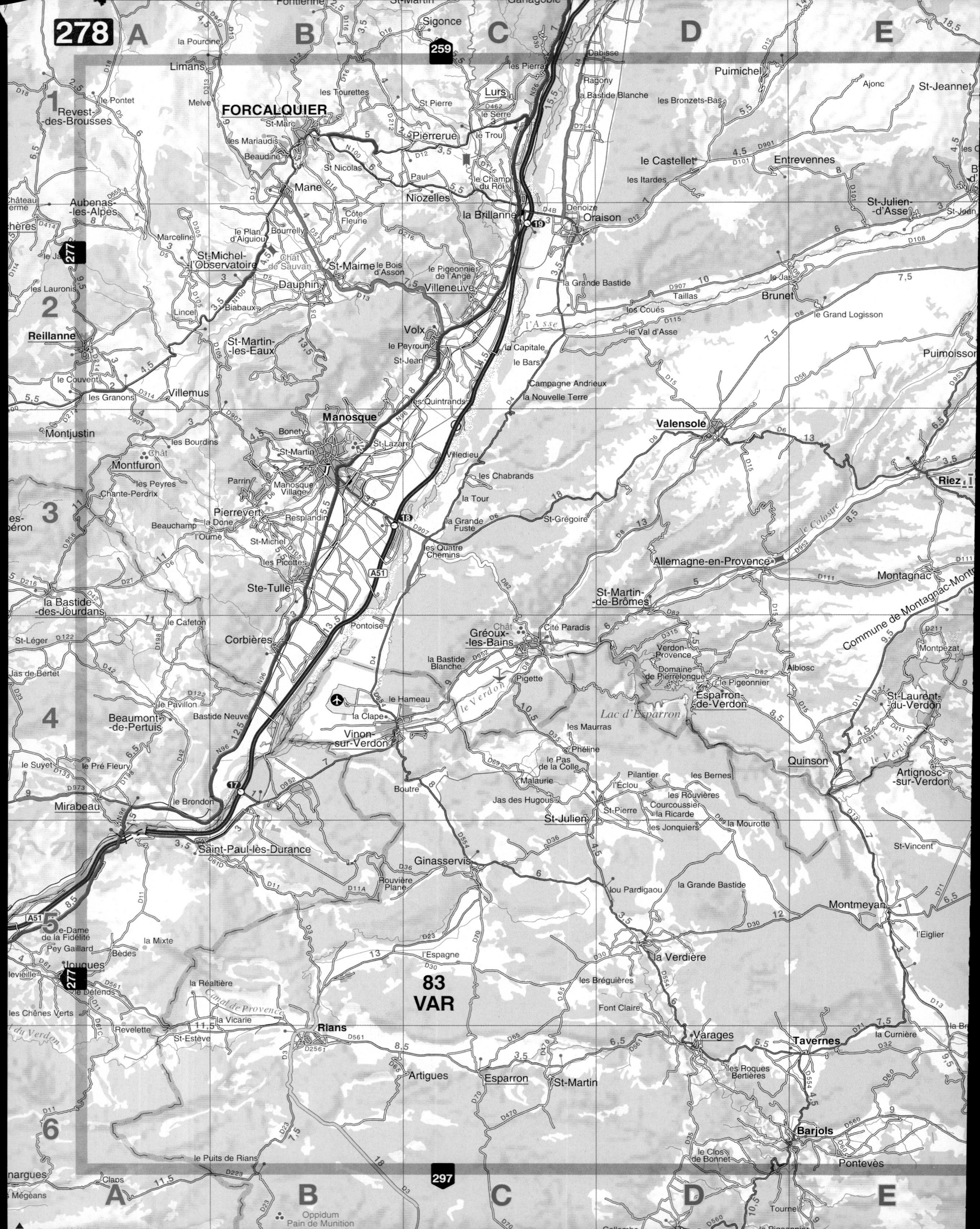

A
B
C
D
E
1
2
3
4
5
6
259
297
277
FORCALQUIER
Sigonce
la Pourcine
Limans
Lurs
Dabisse
Puimichel
Ajonc
St-Jeannet
Revest-des-Brousses
le Pontet
Melve
St-Marc
les Tourettes
St Pierre
Ragony
la Bastide Blanche
les Bronzets-Bas
le Serre
les Mariaudis
Pierrerue
le Trou
Beaudine
St Nicolas
le Castellet
Entrevennes
les Itardes
Mane
Paul
le Champ du Roi
Niozelles
Aubenas-les-Alpes
Côte Fleurie
la Brillanne
Oraison
Denoize
St-Julien-d'Asse
Marcelline
le Plan d'Aiguiou
Bourrelly
St-Michel-l'Observatoire
Chât de Sauvan
St-Maime
le Bois d'Asson
le Pigeonnier de l'Ange
Dauphin
Villeneuve
la Grande Bastide
le Jas
Taillas
Brunet
les Laurons
Lincel
Biabaux
les Coués
le Grand Logisson
Reillanne
St-Martin-les-Eaux
Volx
l'Asse
le Val d'Asse
le Peyroun
la Capitale
le Bars
St-Jean
Puimoisson
le Couvent
les Granons
Villemus
Campagne Andrieux
la Nouvelle Terre
les Quintrands
Montjustin
Manosque
Bonety
Valensole
les Bourdins
St-Martin
St-Lazare
Villedieu
Montfuron
Riez
Parrin
Manosque Village
les Chabrands
les Peyres
Chante-Perdrix
Pierrevert
la Tour
Beauchamp
la Done
l'Oume
Resplandin
la Grande Fuste
St-Grégoire
la Colostre
St-Michel
les Quatre Chemins
les Picottes
Allemagne-en-Provence
Montagnac
Ste-Tulle
la Bastide-des-Jourdans
St-Martin-de-Brômes
Commune de Montagnac-Montpezat
le Cafeton
Corbières
Pontoise
Gréoux-les-Bains
Cité Paradis
St-Léger
Verdon-Provence
Montpezat
la Bastide Blanche
Domaine de Pierrelongue
Albiosc
Jas de Bertet
Pigette
le Pigeonnier
le Verdon
le Hameau
Esparron-de-Verdon
St-Laurent-du-Verdon
le Pavillon
Lac d'Esparron
Beaumont-de-Pertuis
Bastide Neuve
la Clape
les Maurras
Vinon-sur-Verdon
Phéline
le Suyet
le Pré Fleury
le Pas de la Colle
Quinson
Malaurie
Pilantier
les Bernes
Artignosc-sur-Verdon
l'Eclou
Boutre
les Rouvières
Jas des Hugous
Courcoussier
la Ricarde
Mirabeau
le Brondon
St-Julien
St-Pierre
les Jonquiers
la Mourotte
Saint-Paul-lès-Durance
St-Vincent
Ginasservis
Rouvière Plane
lou Pardigaou
la Grande Bastide
Montmeyan
Notre-Dame de la Fidélité
Pey Gaillard
la Mixte
l'Eiglier
Bèdes
l'Espagne
la Verdière
Jouques
la Réaltière
83
VAR
les Bréguières
le Défends
Canal de Provence
Font Claire
les Chênes Verts
la Vicarie
Revelette
St-Estève
Rians
Varages
Tavernes
la Curnière
Artigues
Esparron
St-Martin
les Roques Bertières
Barjols
le Clos de Bonnet
Pontevès
le Puits de Rians
Claps
Oppidum Pain de Munition
Tourne

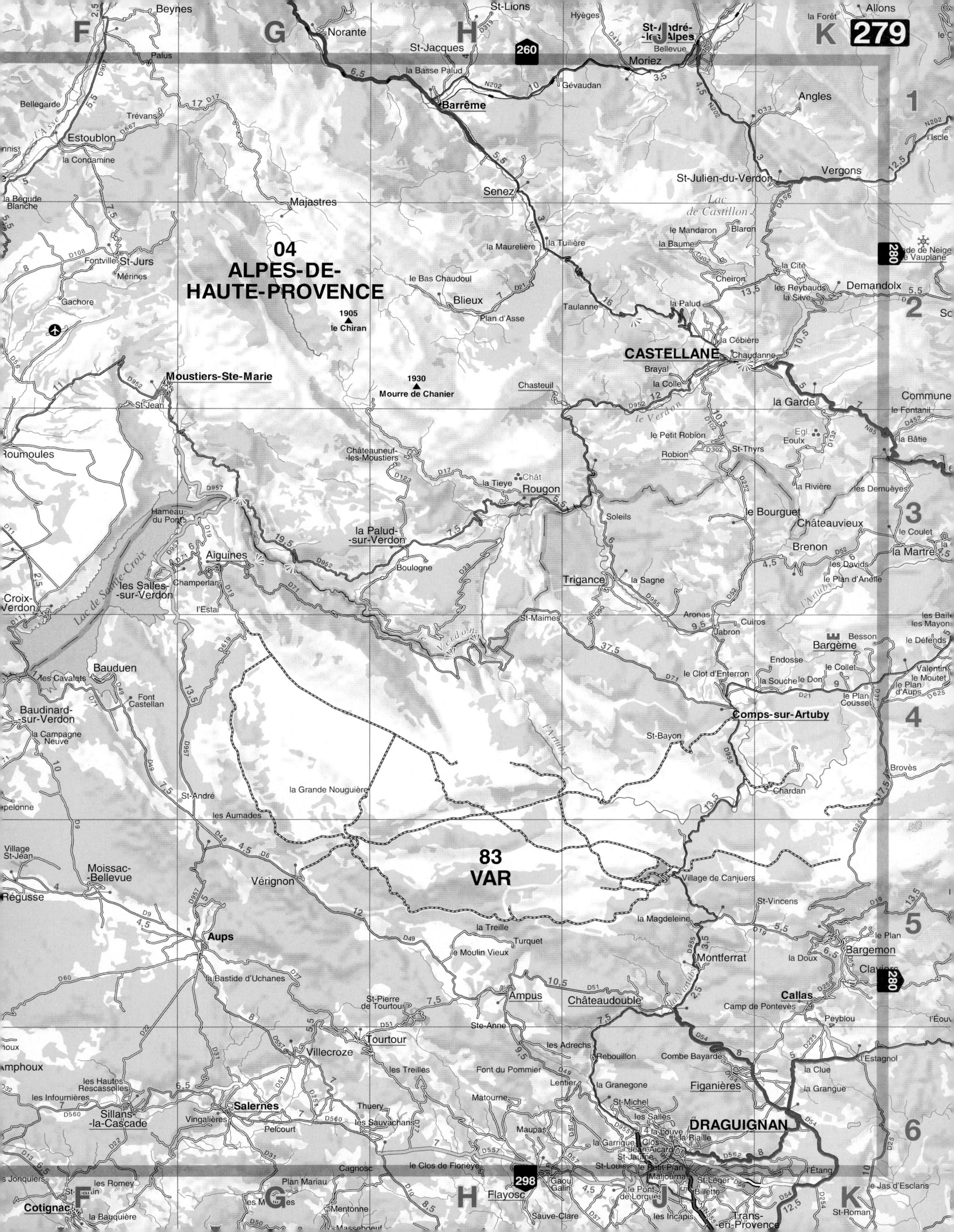
F
G
H
J
K
1
2
3
4
5
6
260
280
298
04
ALPES-DE-
HAUTE-PROVENCE
83
VAR
Beynes
Norante
St-Lions
Hyèges
St-André-les-Alpes
Allons
la Forêt
St-Jacques
Moriez
Bellevue
Palus
la Basse Palud
Gévaudan
Barrême
Angles
Bellegarde
Trévans
Estoublon
la Condamine
l'Iscle
Vergons
St-Julien-du-Verdon
Lac de Castillon
Senez
la Bégude Blanche
Majastres
le Mandaron
Blaron
la Baume
la Maurelière
la Tuilière
Fontvilles
St-Jurs
Mérines
le Bas Chaudoul
la Cité
Cheiron
les Reybauds
la Silve
Demandolx
Gachore
Blieux
Plan d'Asse
Taulanne
la Palud
1905
le Chiran
la Cébière
CASTELLANE
Chaudanne
Brayal
la Colle
Moustiers-Ste-Marie
1930
Mourre de Chanier
Chasteuil
St-Jean
la Garde
Commune
le Fontanil
le Verdon
le Petit Robion
Egl.
Eoulx
la Bâtie
Roumoules
Robion
St-Thyrs
Châteauneuf-les-Moustiers
la Tieye
Chât
Rougon
la Rivière
les Demuèyes
Hameau du Pont
le Bourguet
Soleils
Châteauvieux
le Coulet
la Palud-sur-Verdon
Brenon
la Martre
Aiguines
Boulogne
Trigance
la Sagne
les Davids
le Plan d'Anelle
Lac de Sainte-Croix
les Salles-sur-Verdon
Champerlan
Croix-Verdon
l'Estal
Aronas
St-Maimes
Cuiros
Jabron
les Bail
les Mayon
le Verdon
Besson
Bargème
le Défends
Bauduen
Endosse
le Collet
les Cavalets
le Clot d'Enterron
la Souche
le Don
Valentin
le Moutet
le Plan d'Aups
le Plan Coussel
Font Castellan
Baudinard-sur-Verdon
Comps-sur-Artuby
la Campagne Neuve
l'Artuby
St-Bayon
Brovès
Chardan
la Grande Nouguière
St-André
les Aumades
Village St-Jean
Moissac-Bellevue
Vérignon
Village de Canjuers
Régusse
St-Vincens
Aups
la Treille
la Magdeleine
Turquet
le Plan
Bargemon
le Moulin Vieux
Montferrat
la Doux
Claviers
la Bastide d'Uchanes
Ampus
Châteaudouble
Callas
St-Pierre de Tourtour
Camp de Pontevès
Peyblou
Ste-Anne
Tourtour
les Adrechs
Rebouillon
Combe Bayarde
l'Estagnol
Villecroze
Font du Pommier
la Clue
les Treilles
Lentier
la Granegone
Figanières
les Hautes Rescassolles
la Grangue
les Infournières
Matourne
St-Michel
Salernes
Sillans-la-Cascade
Thuery
les Salles
Vingalières
les Sauvachans
la Louve
DRAGUIGNAN
Pelcourt
Maupas
la Garrigue
Clos Jean-Aicard
la Riaille
St-Jaume
Cagnosc
le Clos de Florièye
St-Louis
le Petit Plan
l'Étang
les Jonquiers
les Romey
Plan Mariau
Gaou
Galin
Malbosc
St-Léger
Billette
le Jas d'Esclans
Cotignac
la Bauquière
Flayosc
le Pont de Lorgues
Mentonne
Sauve-Clare
les Incapis
Trans-en-Provence
St-Roman
N202
N85
D952
D955
D71
D19
D957
D49
D562
D54
D21
D52
D51
D560

04
ALPES-DE-HAUTE-PROVENCE
06
ALPES-MARITIMES
83
VAR
Annot
St-Benoît
le Villard
le Bas Agnerc
le Brec
Puget-Théniers
Lavancia
les Blanqueries
le Pont du Cians
Touët-sur-Var
Suyet
Chaudanne
Entre
261
le Plan de Puget
Valcros
les Pauves
Notre-Dame
la Peiruo
Tournel
Plan Souteyran
Balmette
Salvaret
Rinouvier
les Scaffarels
les Bayons
Glandèves
les Tuves
Besseuges
la Penne
Rourebel
Ascros
Espouvarel
Rouaine
Rouainette
l'Iscle
Bay
le Champ
Avenos
les Fonts
la Crouetta
Pinaud
le Pin de Noguier
les Chats
Val-de-Chalvagne
Villevieille
Castellet-St-Cassien
la Croix
la Rochette
le Nogeret
St-Pierre
le Plan
St-Antonin
l'Erm
St-Ribert
Fontagne
les Beylons
l'Ubac d'Amirat
le Moulin du Pali
les Gravières
le Touyet
Ubraye
Laval
les Cognas
Montblanc
Amirat
les Agots
Collongues
le Pin d'Anguiou
Cuébris
Pierrefeu
Maupoil
les Mujouls
Sallagriffon
Sigale
les Moulières
les Plantos
Roquesteron
la Condamine
Roquestéron-Grasse
Stade de Vaule
279
la Sagne
le Colombier
l'Escle
le Ranc
le Prignolet
Subre Ville
Gars
la Petite Forêt
Aiglun
Vascognes
Briançonnet
l'Esteron
la Clue
Conségudes
Soleilhas
les Baïles
St-Auban
le Défens
le Mas
les Tardons
Gréolières les Neiges
le Graou
les Baumettes
le Pont
les Sausses
Brunet
les Sauches
la Serre
la Faye du Mas
Commune de Peyroules
les Lattes
le Cougnet
Bastide de Vienne
Montagne du Cheiron
le Fontanil
la Rivière
la Foux
les Gleirettes
Ht Thorenc
le Clot de Martel
le Parc du Cheiron
la Bâtie
Thorenc-Station
Gréolières
Tourdunet
St-Pons
la Collette
Coursegoules
le Bas Thorenc
la Ferrière
les Clos Giraud
le Prinas
Grasset
Valderoure
Castellaras chât.
le Fanguet
la Coulette
Foulon
le Mousteiret
Valentin
Malamaire
Fauchier
les Grêles
Cipières
Grand Maison
la Selle d'Andon
Nougueiret
le Moulin
les Courtiles
le Combaron
les Cabanes
St-Barnabé
le Logis du Pin
les Baux
Séranon
Asinas
Caille
Andon
Bramafan
le Coulet
la Doire
les Puits
le Laquet
Observatoire du Cerga
la Martre
la Cheylane
Villaute
le Clos de Bourgogne
la Moulière
Station de l'Audibergue
Canaux
le Revest
la Clue
St-Hubert
Cresp
le Jas de Tardivi
Courmes
1602
Montagne de l'Audibergue
les Gleirettes
St-Lambert
les Cambrenie
Clars
Commune de Caussols
les Bailes
les Mayons
le Château d'Esclapon
Escragnolles
les Amphons
la Madeleine
le Défends
la Bastide
Blacouas
les Gras
la Colette
Gourdon
Pont du Loup
Tourrettes-sur-Loup
les Figuierets
le Bosquet
Valentin
le Moutet
le Plan d'Aups
la Roque-Esclapon
le Bar-sur-Loup
les Vallettes
St-Vallier-de-Thiey
Riens
Ste-Anne
Domaine de la Gray
Valens
Grottes de Baume-Obscure
Pra Redon
les Arbouins
Magagnosc
Commune du Rouret
Commune de Roquefort-les-Pins
Collet Assou
Pré du Lac
les Chauves
Châteauneuf-Grasse
St-Pons
Mons
le Plan
Brovès
les Campestres
le Grand Collet
Sargier
St-Jean
Opio
San Peyre
la Taulisse
Tansonive
Mauvans
Roquevignon
le Naouc
Puits d'Eima
Rochetaillée
la Grange de Niel
Grtes de St-Cézaire
Cabris
Stramousse
GRASSE
St-Hilaire
St-François
St-Claude
St-Joseph
les Combes
Spéracèdes
les Jaïsous
la Blaquière
Plascassier
la Péjade
St-Cézaire-sur-Siagne
Chautard
le Tignet
Peymeinade
St-Marc
St-Antoine
le Plan de Grasse
Valbonne
Seillans
St-Jacques
Castellaras
la Pinée
le Maupas
les Veyans
les Vignasses
Tuyère
Fayence
Callian
les Bérenguiers
Mouans-Sartoux
Sophia Antipolis
le Candéou
Truous
Tourrettes
Montauroux
Tournon
Carel
la Peyrière
les Négrins
St-Martin
St-Bazile
Mougins
l'Adret
le Plan Est
Belluny
Auribeau-sur-Siagne
Pégomas
les Bréguières
le Plan Ouest
Narbonne
la Roquette-sur-Siagne
le Val de Mougins
Mougins le Haut
les Quatre Chemins
Combe Plane
l'Aumade
Pibonson
les Plaines
Tanneron
Brovès en Seillans
Valcros
la Fènerie
le Cannet
la Carpenée
St-Jean
Ranguin
l'Éouvière
la Tuilerie
Lac de St-Cassien
Aubarède
Rocheville
les Plaines
St-Paul-en-Forêt
la Téoulière
Super Cannes
la Californie
Capitou
Souliès
le Jas de la Maure
le Soleil des Adrets
Mandelieu-la-Napoule
la Bocca
Cannes
Palm Beach
Zacharie
Domaine du Grand Duc
Tubière
Commune des Adrets-de-l'Esterel
Domaine de Séguret
Sant'Estello
la Vacquerie
Minelle
Golfe de la Napoule
le Ruel
les Clos
le Cannet
le Planestel
le Couvent
le Tremblant
la Napoule
Fort Ste-Marguerite
Bagnols-en-Forêt
l'Église
l'Escaillon
la Rague
Jas d'Esclans
299
St-Jean de l'Estérel
Maure Vieille
Théoule-sur-Mer
St-Honorat
les Agates
Mont Vinaigre
Forêt
le Galère
A
B
C
D
E
1
2
3
4
5
6

F
G
H
J
K
311
1
2
3
4
5
6
Tournefort
la Tour
Massoins
Malaussène
la Courbaisse
Utelle
St-Jean la Rivière
Béringuier
le Reveston
le Colombier
Villars
l'Imberguet
Duranus
l'Engarvin
Toudon
1541
Mont Vial
Chabanes
St-Grat
Tourette-du-Château
Revest-les-Roches
le Cros d'Utelle
les Condamines
le Suquet
Ste-Thérèse
Loda
Peïra Cava
Moulinet
Breil-sur-Roya
Pragniou
Cotté
Piène Basse
Piène Haute
Libre
Dréjé
Giastèvé
862
Mont Grazian
le Pont de Caï
Cuni
Suès
Serre de Berrins
Gerbaïas
St-Antoine
Mergil
le Piaon
St-Vincent
la Torracca
la Vasta
Serre d'Oreille
Roccas
Barbon
Sospel
Lucéram
Bonson
le Chaudan
Levens
Coaraze
Lauzière
la Pinéa
la Pausa
les Faïscia
Col d'Erc
ITALIE
1285
Mont Razet
Ciavarlina
le Villars
Rougelas
le Plan du Var
le Gabre
Gilette
la Sénegoge
Baus Roux
la Gorghetta
Ste-Claire
Bendejun
Gerps
les Prats Supérieurs
Touët-de-l'Escarène
la Russa
les Camps
le Muret
St-Antonin
Castillon
le Rouchas
Pont Charles Albert
le Clos Martel
la Roquette-sur-Var
St-Antoine Siga
Laval
Berre-des-Alpes
l'Escarène
le Rivet
la Tana
la Vallaja
Eira
Seuillet
Bouyon
les Vallières
St-Martin-du-Var
St-Blaise
Châteauneuf-Villevieille
Sclos de Contes
Contes
Gaudissart
Blausasc
Peille
Ste-Agnes
Monti
Castellar
Balmetta
Mortola
les Moulins
le Broc
Plan d'Arriou
la Vernéa
les Cabrolles
Gorbio
Menton
Carros
Castagniers
le Plan
Tourette-Levens
le Frogier
les Novaines
la Grave de Peille
Peillon
les Lacs
le Pian
le Borrigo
St-Vincent
la Condamine
la Madone
le Cornillat
Carnolès
Aspremont
853
Mont Chauve d'Aspremont
Cantaron
Carros le Neuf
Ste-Thècle
St-Martin-de-Peille
Fontbonne
Borghéas
la Gorra
Roquebrune-Cap-Martin
Cabbé
Bon Voyage
St-Roman
Tenao
Cap Martin
Gattières
Super Gattières
les Sauques
Colomars
l'Abadie
la Lauvette
Drap
Laghet
la Turbie
Beausoleil
St-Jeannet
les Canons
Bellet
les Cappans
la Plana
Falicon
St-Roman
St-Pancrace
Rimiez
St-André
la Trinité
Monte-Carlo
MONACO
la Condamine
Fontvieille
Cap d'Ail
le Cougnet
le Peyron
le Plan du Bois
Ste-Colombe
les Vaquières
la Gaude
Vence
Lingostière
Cap de Croix
Pasteur
le Ray
St-Sylvestre
St-Maurice
Cimiez
St-Roch
le Castellet
Èze
Èze Bord de Mer
St-Laurent
les Serriers
les Salines
Petite Afrique
Beaulieu-sur-Mer
St-Isidore
la Madeleine
St-Barthélemy
St-Étienne
Carabacel
Villefranche-sur-Mer
Golfe de Saint-Hospice
Rade de Villefranche
Gardettes
les Cayrons
Fabron Supérieur
St-Antoine Ginestière
St-Philippe
Magnan
St-Paul
les Malvans
Fabron
NICE
St-Jean-Cap-Ferrat
St-Hospice
Presqu'Île du Cap Ferrat
Cap Ferrat
le Haut Val de Cagnes
les Pugets
la Lanterne
Ste-Marguerite
Ste-Hélène
Barrimasson
Caucade
la Californie
St-Laurent-du-Var
Carras
St-Augustin
Bastia
l'Île Rousse
Calvi
Ajaccio
les Breguières
Villeneuve-Loubet
Cros de Cagnes
Cagnes-sur-Mer
Baie des Anges
les Hauts de Vaugrenier
les Bouches du Loup
Villeneuve-Loubet-Plage
les Vignasses
Plaine de la Brague
les Breguières
la Fontonne
les Prugnons
la Peyregoue
Antibes
Juan les Pins
la Garoupe
la Garoupe
Golfe Juan
Cap d'Antibes
Passe de l'Est
Ste-Marguerite
LÉRINS
A8
A10
A500
N202
N98
N7

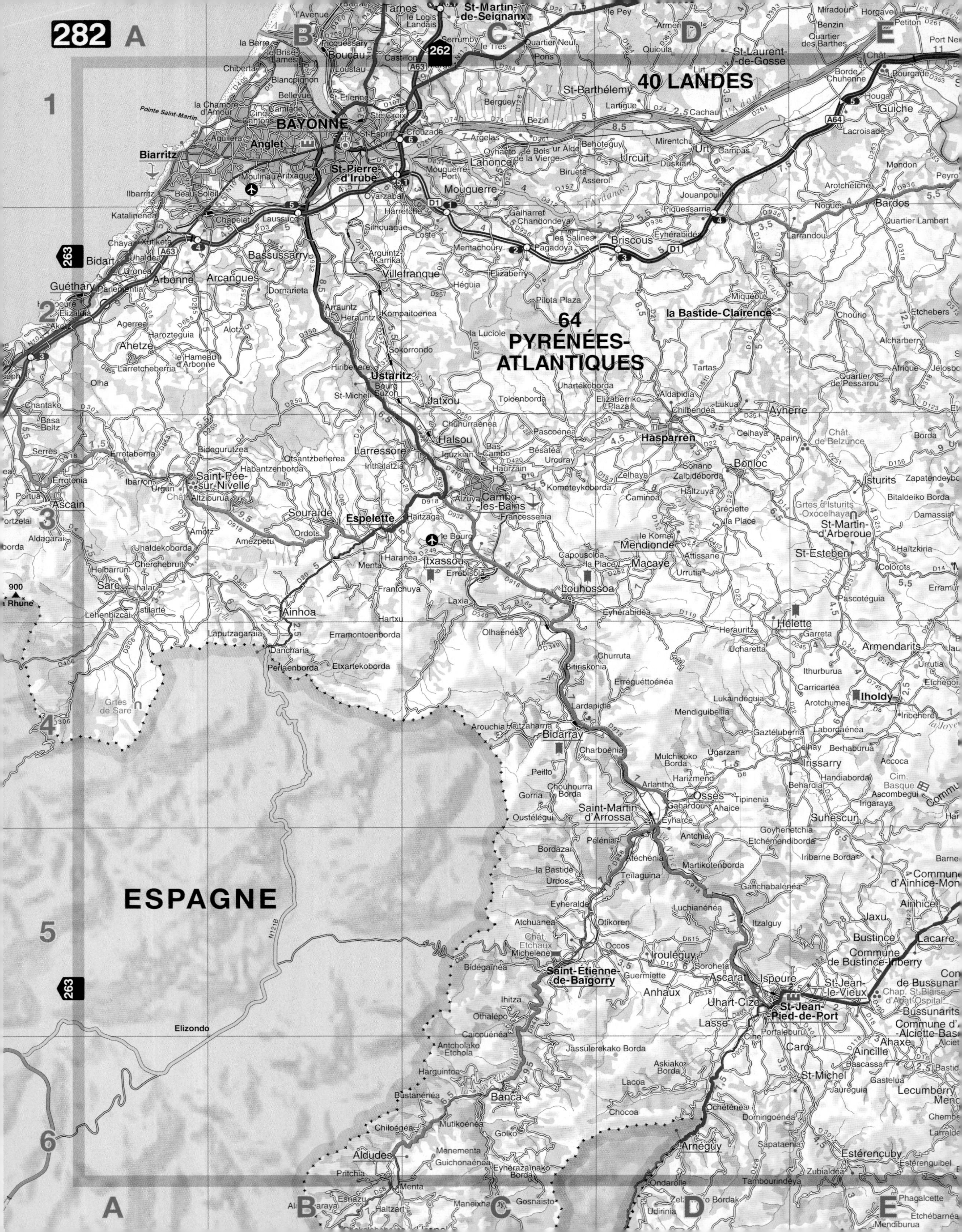
282
A
B
C
D
E
1
2
3
4
5
6
262
263
263
40 LANDES
64
PYRÉNÉES-
ATLANTIQUES
ESPAGNE
BAYONNE
Anglet
Biarritz
Bidart
Guéthary
Tarnos
St-Martin-
-de-Seignanx
Boucau
St-Pierre-
-d'Irube
Mouguerre
Lahonce
Urcuit
Urt
Briscous
Bassussarry
Arcangues
Arbonne
Villefranque
Ustaritz
Jatxou
Halsou
Larressore
Cambo-
-les-Bains
Espelette
Souraïde
Saint-Pée-
sur-Nivelle
Ascain
Sare
Ainhoa
Itxassou
Louhossoa
Mendionde
Macaye
Hasparren
Bonloc
la Bastide-Clairence
Ayherre
Isturits
St-Martin-
d'Arberoue
St-Esteben
Hélette
Armendarits
Iholdy
Irissarry
Bidarray
Ossès
Saint-Martin-
d'Arrossa
Suhescun
Saint-Étienne-
de-Baigorry
Irouléguy
Anhaux
Ascarat
Ispoure
St-Jean-
-le-Vieux
St-Jean-
-Pied-de-Port
Lasse
Uhart-Cize
Caro
St-Michel
Aincille
Ahaxe
Lecumberry
Estérençuby
Arnéguy
Banca
Aldudes
Urepel
Lacarre
Bussunarits
Jaxu
Bustince
Elizondo
Guiche
Bardos
Lahonce
St-Barthélemy
St-Laurent-
-de-Gosse
900
la Rhune
Grtes
de Sare
Grtes d'Isturits
-Oxocelhaya
A63
A64
D932
D918
D918
N121B
La Nive
la Nivelle

F
G
H
J
K
264
284
302
1
2
3
4
5
6
64
PYRÉNÉES-ATLANTIQUES
Cauneille
Labatut
Ossages
St-Girons
Loustau
Hastingues
Bourg du Bas
Sorde-l'Abbaye
Oeyregave
St-Cricq-du-Gave
Peyrous
Bonnut
Ste-Marie
Marcadieu
Bordes du Haut
A641
A64
Gouazenite
Lagourgasse
Lahontan
Crouts de Peyre
Cahors
Puyoô
Carsuzaa
Marsicam
Hourquebie
Nougué
Lacrouts
Barrère
Lahoudie
Lesbounit
Ramous
Bellocq
Peyroutet
Seré
St-Boès
Sallespisse
Gertou
Loumé
Baigts-de-Béarn
Mounicq
Laclotte
Commune de Leren
Lacroutz
Commune de St-Pé-de-Leren
Commune de Carresse-Cassaber
Cassaber
Chalosse
Larran
Castéra
Fisse
Bidache
Jouandourte
Cassou
Arroutix
Bérenx
Salles-Mongiscard
Marladot
Rontrun
St-Bernard
Castetarbe
Peyrelade
Cam
Baure
Gassies
Le Rap
Haritzague
Came
Thicou
Abraham
Peyroyes
St-Dos
Auterrive
Carresse
Bitaine
Coulomme
Cazenave
Lavie
Salies-de-Béarn
Ste-Suzanne
les Sources
Orthez
Départ
les Soarns
Balansun
Friquet
Noarrieu
Magret
Thiou
Castétis
Argagnon
St-Jean Ferme
la Bourdette
le Bayle
le Bourguet
Quartier Bellecave
St-Martin
Lanneplaà
Mignot
Biron
Labastide-Villefranche
Castagnède
Escos
Quartier du Cout
Quartier de Beigmau
Laa-Mondrans
Arancou
Commune de Bergouey-Viellenave
Bergerata
les Bordes
Lasbordes
Pouquet
Commune d'Ozenx-Montestrucq
Sarpourenx
Castetner
Oraàs
la Saline
Nouts
Quartier des Antys
l'Hôpital-d'Orion
Ozenx
Maslacq
Dauguet
Sorhigaratborda
Borde Hunard
Borde Lagouarde
Peyrède
Labour
Montestrucq
Tangoy
Loubieng
Chuscou
Viellenave-sur-Bidouze
Bergouey
Sarrauby
Mandio
Abitain
Aristide
Lalaas
Commune d'Ilharre
Athos-Aspis
Bellinden
Burgaronne
Orion
Hourcade
Beuste
Bilhère
Lagouarde
Lendresse
Arraute-Charritte
Aspis
Coulomme
Orriule
Hourc-Loum
Orègue
Casamayou
Commune d'Autevielle-St-Martin-Bideren
Sauveterre-de-Béarn
Lacouture
Arribau
Bergeret
Arance
Masparraute
Plaça
Oreyte
Andrein
Labets
Autevielle
Munein
Camu
Barraute-Camu
Soule
Abadie
Commune de Labets-Biscay
Guinarthe-Parenties
Berducq
Castetbon
Lacamoire
Sauvelade
Beigbeder
Lagor
Commune Amorots-Succos
Succos
Gabat
Osserain-Rivareyte
St-Gladie-Arrive-Munein
Lahitau
Laàs
Lasbordes
Amorots
Arbouet-Sussaute
Camou
Narp
Pommé
Rivareyte
Arrive
Montfort
Ossenx
Béguios
Sumberraute
Sussaute
Commune de Tabaille-Usquain
Usquain
Hourcade
Amendeuix-Oneix
Luxe-Sumberraute
Suhast
Araujuzon
Espiute
Campagne
Rey
Commune d'Aïcirits-Camou-Suhast
Ranquetat
Audaux
Garris
Thiancoenia
Gestas
Araux
Bugnein
Viellesegure
Oneix
Aïcirits
Arbérats-Sillègue
Etchegaraya
Rivehaute
Viellenave-de-Navarrenx
Bastanès
St-Palais
Nabas
Camblong
Méritein
le Bois
Bordères
Etcharry
Bordengaray
Esquillia
Béhasque-Lapiste
Domezain-Berraute
Ithorots
Aroue
Castetnau-Camblong
Camptort
Mautalen
Beyrie-sur-Joyeuse
Berrogain
Dupré
Charre
Cherbeys
Béziat
Navarrenx
Berérenx
Betouigt
Susmiou
Carmere
Chobatenia
Olhaïby
Lambura
Pedarzac
Chât de Mongaston
Jasses
Ogenne-Camptort
Orsanco
Larribar-Sorhapuru
Larrartia
Commune d'Aroue-Ithorots-Olhaïby
Lichos
Haute
Oyhenartéa
Dascon
Sus
Angous
Obiloua
Charritte-de-Bas
Couloume
Lay-Lamidou
Claverie
Harribeltza
Sorhapuru
Haitsa
Undurein
Arrast-Larrebieu
Dognen
Arramounet
Harambeltz
Uhart-Mixe
Cabane
Gurs
Lamidou
Ameztoykoborda
Lohitzun-Oyhercq
Oyhercq
Commune d'Espès-Undurein
Larrory
Lagaronne
Lansamidaa
Préchacq-Navarrenx
Etchebestaldia
Ostabat-Asme
Uscarraitzia
Carricondoa
Ainharp
Espès
Moncayolle-Larrory-Mendibieu
Touan
Sourd
Saucède
St-Martin
Aguerria
Arlania
Arhansus
Amocainia
Sallaberria
Abense-de-Bas
Préchacq-Josbaig
Asme-Chilo
Barreixemborda
Mendibieu
l'Hôpital-St-Blaise
Aren
Larceveau
Eyherabide
Berrogain
Commune de Berrogain-Laruns
Geüs-d'Oloron
Juxue
Viodos-Abense-de-Bas
Laruns
St-Goin
Poey-d'Oloron
Cibits
Arros
Arrasia
Mercabidia
Chéraute
Géronce
Commune de Larceveau-Arros-Cibits
Beroquia
Suhurtegaray
Oxarania
Pagolle
Goyhenetchia
Mauléon-Licharre
Licharre
Hoquy
Guilhareguy
Dous
Orin
Bunus
Taquilia
Lascaya
Ayhendoy
Heguiapal
Bagalciaque
Verdets
Ibarrolle
Iratzabalia
Plazagaina
Utiguerremborda
Ilharreguy
Garindein
Chât
Arosemborde
Bojo
Caparrusia
Antsoun
Zezarrenia
Musculdy
Sagardoyhegui
Sapioula
Moumour
Saint-Just-Ibarre
Abonsia
Teilleipia
Libarrenx
Gotein-Libarrenx
Castillon
Aroztéguia
Ibarre
Karrikabu
Ordiarp
Bagatziague
Roquiague
Gorrostibar
Ilharréguiborde
Handia
Esquiule
Quéheillall
Idaux-Mendy
Tartasia
Hanakiborda
Escanda
Barcus
Béhéré Borda
Ahanchetta
Burgia
Gorostordoya
Pitrau
Hosta
Etchegoyhen
Mendy
Oscunepé
Doronda
Luroa
Urrutigaraya
Olhoborotéguia
Menditte
Cocostéguy
Agaras
Narbeburu
Cambet
Burhaldeborda
Garacotchéa
Urrustoy
Barcardats
Elguéchourry
Subercaze
Anchola
Aussurucq
Lépazka
Uhartéa
Abeheaborda
Sauguis-St-Étienne
Ilharra
Claverie
Féas
Casebonne
Chap. de la Madeleine
Satzoury
Ossas-Suhare
Suhare
Forêt des Arbailles
Uthurry
Bénébig
Lurbet
Ance
Chicorp
Urruty
Trois-Villes
Boucau
Haritchelhar
Serreuille
Lardieg
Grotte
Camou-Cihigue
Basterreche
Tardets-Sorholus
Urrutigoïty
Paillet
Urruty
Aramits
Cayolar d'Istaurdy
Cayolar Olhatzezarre
Apoloborro
Commune de Alos-Sibas-Abense
Lhande
Laserre
Calangué
Larraldeborda
Ahusquy
Alçay-Alçabéhéty-Sunharette
Sunharette
Casemayou
Lanne-en-Barétous
Arette
Saint-Sauveur
Charritte-de-Haut
Lichans-Sunhar
Lacarry-Arhan-Charritte-de-Haut
Apessexborda
Laguinge-Restoue
Montory
Arospide
Moure
Oron
Salet
Longis
Anc Abbaye
Kissor
Gave de Pau
Gave d'Oloron
le Saison
la Bidouze
la Joyeuse
le Saleys
le Vert

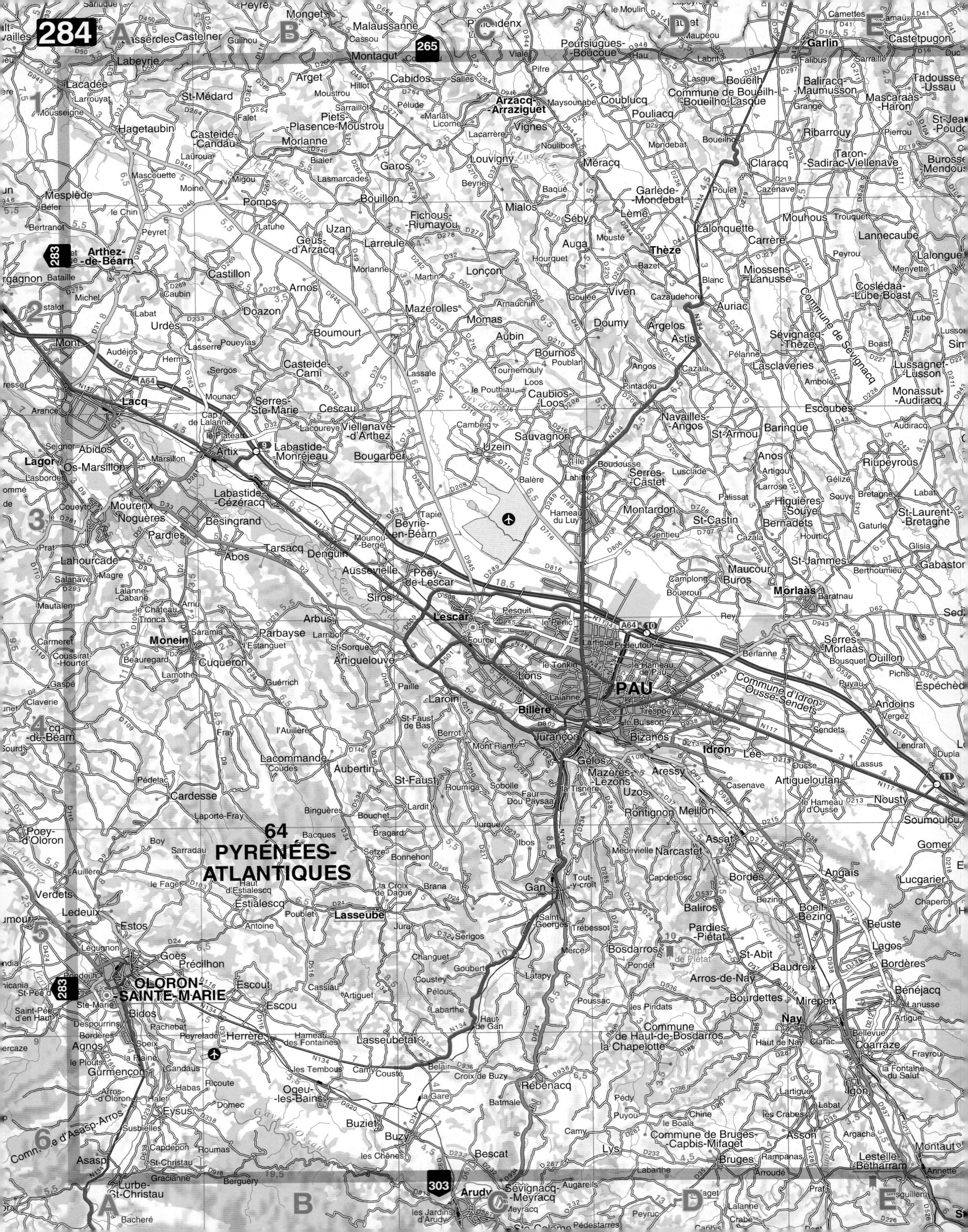

64
PYRÉNÉES-ATLANTIQUES
PAU
Lescar
Lons
Billère
Jurançon
Gelos
Bizanos
Idron
Lacq
Artix
Mourenx
Monein
Lasseube
OLORON-SAINTE-MARIE
Nay
Morlaàs
Thèze
Arzacq-Arraziguet
Garlin
Arthez-de-Béarn
Arudy
Gan
Rébénacq
Coarraze
Lagor
A64
N134
N117
265
283
303
A B C D E
1 2 3 4 5 6

F
G
H
J
K
266
286
304
1
2
3
4
5
6
32
GERS
65
HAUTES-
PYRÉNÉES
TARBES
Aureilhan
Séméac
Ibos
Laloubère
Soues
Bordères-sur-l'Échez
Vic-en-bigorre
Maubourguet
Rabastens-
-de-Bigorre
Marciac
Mielan
Lembeye
Montaner
Pontacq
Ossun
Tournay
Pouyastruc
Madiran
Hères
Soublecause
Caussade-
-Rivière
Lascazères
Villefranque
Estirac
Sombrun
Larreule
Lafitole
Nouilhan
Caixon
Artagnan
Camalès
Pujo
Villenave-
-près-Marsac
Marsac
Siarrouy
Andrest
Gayan
Lagarde
Oursbelille
Bazet
Bours
Orleix
Chis
Ugnouas
Bazillac
Escondeaux
Tostat
Sarniguet
Aurensan
Sarriac-Bigorre
Liac
Ségalas
Gensac
Buzon
Ansost
Barbachen
Beccas
Haget
Villecomtal-
-sur-Arros
Monfaucon
Sauveterre
Auriébat
Armentieux
Castex
Tourdun
Scieurac-
-et-Flourès
Mascaras
Laveraët
St-Christaud
Pallanne
Monlezun
Ricourt
St-Justin
Sembouès
Blousson-
-Sérian
Troncens
Monpardiac
Tillac
Laguian-
-Mazous
Estampes
Montégut
Mingot
Lacassagne
Sénac
St-Sever-
-de-Rustan
Mansan
Lescurry
Castéra-
-lou
Peyrun
Louit
Dours
Collongues
Sabalos
Oléac-
-debat
Lizos
Castelvieilh
Cabanac
Marseillan
Boulin
Hourc
Coussan
Souyeaux
Gonez
Sarrouilles
Laslades
Lansac
Lespouey
Calavanté
Lhez
Sinzos
Clarac
Bordes
Peyraube
Ozon
Lanespède
Ricaud
Barbazan-
-debat
Angos
Mascaras
Montignac
Allier
Salles-Adour
Momères
Horgues
Odos
Juillan
Azereix
Louey
Hibarette
Lanne
St-Martin
Bénac
Barry
Averan
Arcizac-
-Adour
Vielle-
-Adour
Hiis
Visker
Layrisse
Orincles
Adé
Loubajac
Barlest
Bartrès
Poueyferré
Peyrouse
Lamarque-
-Pontacq
Labatmale
Barzun
Livron
Luquet
Gardères
Séron
Saubole
Arrien
Eslourenties-
-Daban
Aast
Pintac
Oroix
Ponson-
-Dessus
Ponson-
-Debat-Pouts
Tarasteix
Talazac
Escaunets
Pontiacq-
-Viellepinte
Villenave-
-près-Béarn
Casteide-
-Doat
Sanous
St-Lézer
Lamayou
Maure
Bentayou-
-Sérée
Castéra-
-Loubix
Lucarré
Momy
Anoye
Baleix
Luc-
-Armau
Labatut
Monségur
Vidouze
Samsons-
-Lion
Peyrelongue-
-Abos
Escures
Corbère-
-Abères
Castillon
Lespielle
Gayon
Moncaup
Monpezat
Séméacq-
-Blachon
Lasserre
Bétracq
Hagedet
Crouseilles
Arrosès
Aurions-
-Idernes
Conchez-
-de-Béarn
Diusse
Aydie
Cadillon
Lahitte-
-Toupière
Bassillon-Vauzé
Tarbes
Cité Morane

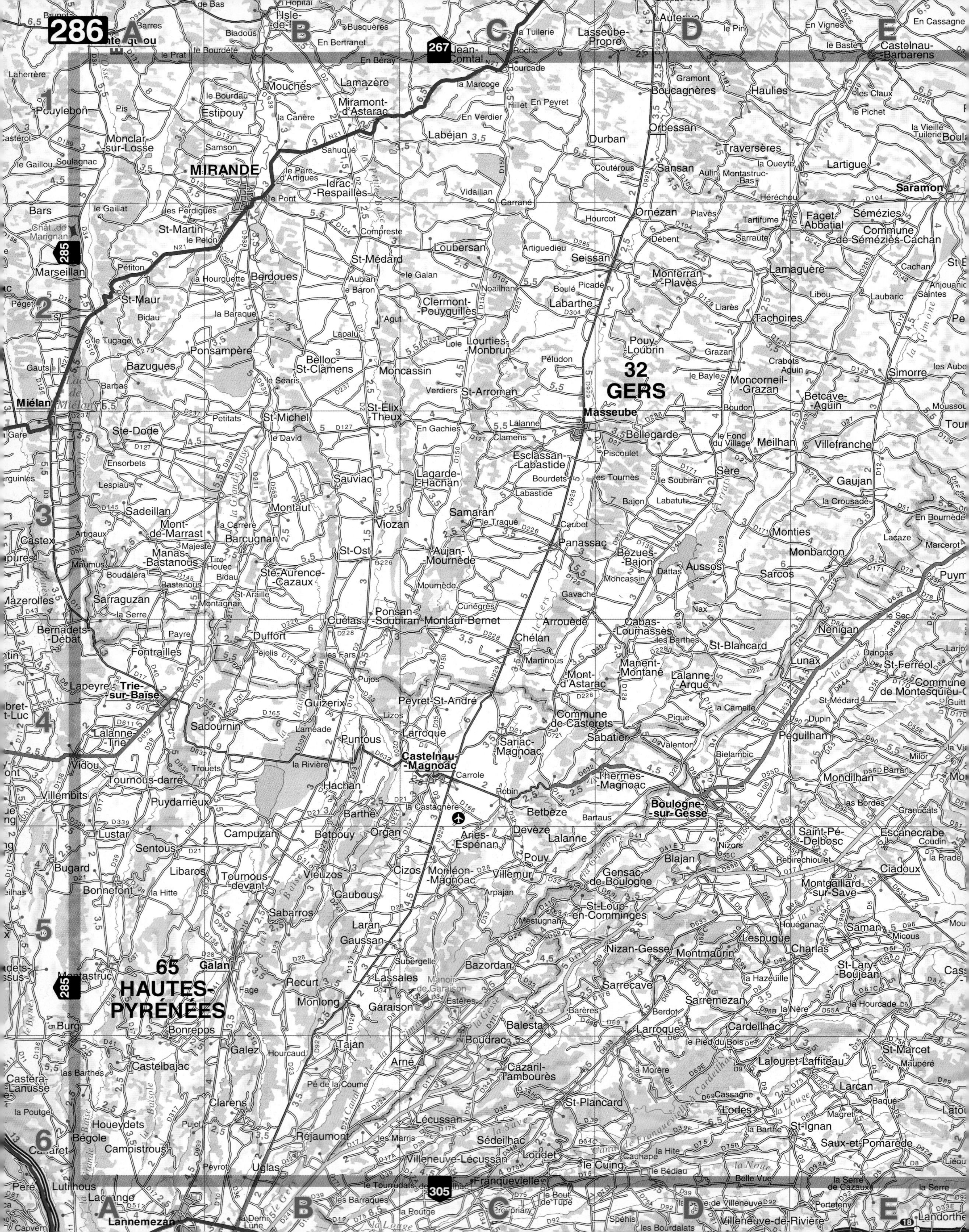
A
B
C
D
E
1
2
3
4
5
6
267
285
305
MIRANDE
32
GERS
65
HAUTES-PYRÉNÉES
Castelnau-Barbarens
Saramon
Masseube
Miélan
Trie-sur-Baïse
Castelnau-Magnoac
Boulogne-sur-Gesse
Galan
Lannemezan
Auterive
Jean-Comtal
Lasseube-Propre
l'Isle-de-Noé
Mouchès
Lamazère
Miramont-d'Astarac
Estipouy
Pouylebon
Monclar-sur-Losse
Soulagnac
Samson
Labéjan
Durban
Orbessan
Boucagnères
Haulies
Traversères
Lartigue
Sansan
Idrac-Respailles
Vidaillan
Garrané
Ornézan
Faget-Abbatial
Sémézies
Commune de Sémézies-Cachan
Bars
St-Martin
Marseillan
St-Médard
Loubersan
Seissan
Monferran-Plavès
Lamaguère
Berdoues
St-Maur
Clermont-Pouyguillès
Labarthe
Tachoires
Ponsampère
Bazugues
Belloc-St-Clamens
Moncassin
Lourties-Monbrun
Pouy-Loubrin
Moncorneil-Grazan
Simorre
Betcave-Aguin
St-Arroman
St-Michel
St-Élix-Theux
Ste-Dode
Bellegarde
Esclassan-Labastide
Meilhan
Villefranche
Sauviac
Lagarde-Hachan
Sère
Gaujan
Sadeillan
Montaut
Mont-de-Marrast
Samaran
Panassac
Monties
Viozan
Barcugnan
Castex
Manas-Bastanous
St-Ost
Aujan-Mournède
Bézues-Bajon
Aussos
Monbardon
Sarcos
Ste-Aurence-Cazaux
Mazerolles
Sarraguzan
Bernadets-Débat
Duffort
Cuélas
Ponsan-Soubiran
Monlaur-Bernet
Chélan
Arrouède
Cabas-Loumassès
St-Blancard
Nénigan
Fontrailles
Manent-Montané
Lunax
St-Ferréol
Lapeyre
Guizerix
Peyret-St-André
Mont-d'Astarac
Lalanne-Arqué
Commune de Montesquieu-Guittaut
Sadournin
Commune de Casterets
Puntous
Larroque
Sariac-Magnoac
Sabatier
Péguilhan
Lalanne-Trie
Vidou
Thermes-Magnoac
Mondilhan
Tournous-darré
Villembits
Puydarrieux
Hachan
Barthe
Betbèze
Campuzan
Lustar
Betpouy
Organ
Aries-Espénan
Devèze
Lalanne
Saint-Pé-Delbosc
Escanecrabe
Sentous
Libaros
Bugard
Cizos
Monléon-Magnoac
Pouy
Villemur
Gensac-de-Boulogne
Blajan
Ciadoux
Montgaillard-sur-Save
Bonnefont
Tournous-devant
Vieuzos
Caubous
St-Loup-en-Comminges
Sabarros
Laran
Gaussan
Nizan-Gesse
Montmaurin
Lespugue
Charlas
Saman
Bazordan
St-Lary-Boujean
Montastruc
Recurt
Lassales
Sarrecave
Sarremezan
Monlong
Garaison
Balesta
Larroque
Cardeilhac
Burg
Bonrepos
Tajan
Boudrac
Galez
Arné
Cazaril-Tambourès
Lalouret-Laffiteau
St-Marcet
Castelbajac
Larcan
Castéra-Lanusse
Clarens
St-Plancard
Lodes
Houeydets
Bégole
Lécussan
Sédeilhac
St-Ignan
Saux-et-Pomarède
Campistrous
Réjaumont
Loudet
Uglas
Villeneuve-Lécussan
Lutilhous
Franquevielle
Villeneuve-de-Rivière
Landorthe

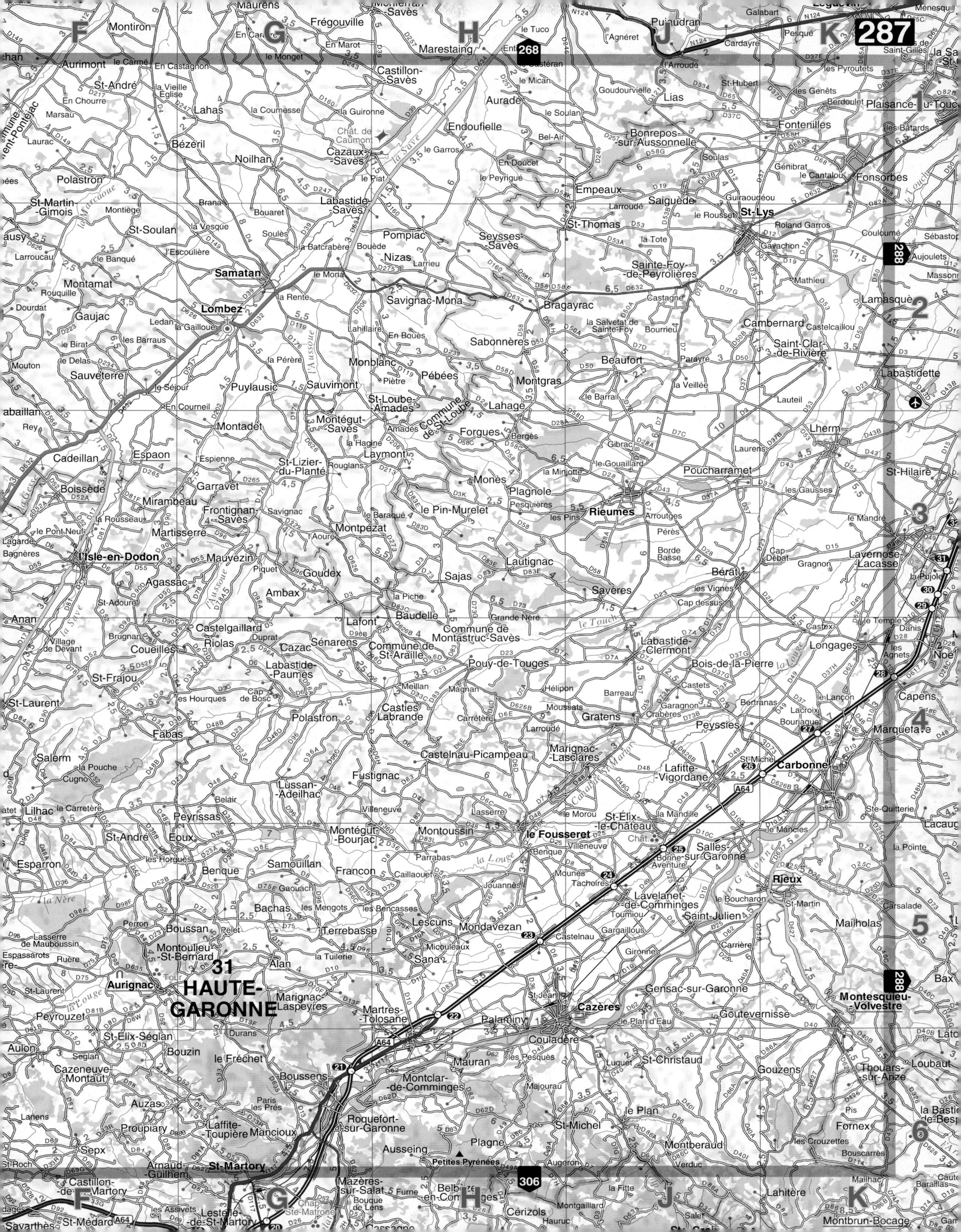
F
G
H
J
K
268
288
306
1
2
3
4
5
6
Montiron
Maurens
Frégouville
Marestaing
le Tuco
Pujaudran
L'Agnéret
Galabart
Cardayre
Pesqué
l'Arroudé
Aurimont
St-André
Lahas
Castillon-Savès
Aurade
Lias
Goudourvielle
Fontenilles
Plaisance-du-Touch
Bézéril
Noilhan
Endoufielle
Cazaux-Savès
Bonrepos-sur-Aussonnelle
Soulas
Polastron
Empeaux
Saiguède
Fonsorbes
St-Martin-Gimois
Labastide-Savès
St-Lys
St-Soulan
Pompiac
St-Thomas
Seysses-Savès
Nizas
Sainte-Foy-de-Peyrolières
Samatan
Montamat
Lombez
Savignac-Mona
Bragayrac
Lamasquère
Gaujac
Cambernard
Saint-Clar-de-Rivière
Sabonnères
Beaufort
Labastidette
Sauveterre
Monblanc
Pébées
Montgras
Puylausic
Sauvimont
St-Loube-Amades
Lahage
Lherm
Montadet
Montégut-Savès
Forgues
Cadeillan
Espaon
Laymont
St-Lizier-du-Planté
Gibrac
Poucharramet
St-Hilaire
Boissède
Garravet
Monès
Plagnole
Mirambeau
Frontignan-Savès
le Pin-Murelet
Rieumes
Martisserre
Montpézat
l'Isle-en-Dodon
Mauvezin
Goudex
Lautignac
Sajas
Lavernose-Lacasse
Agassac
Ambax
Bérat
Savères
Anan
Castelgaillard
Riolas
Lafont
Baudelle
Commune de Montastruc-Savès
Coueilles
Cazac
Sénarens
Commune de St-Araille
Labastide-Clermont
Bois-de-la-Pierre
Longages
Noé
St-Frajou
Labastide-Paumès
Pouy-de-Touges
St-Laurent
Polastron
Casties-Labrande
Gratens
Peyssies
Capens
Fabas
Marquefave
Salerm
Castelnau-Picampeau
Marignac-Lasclares
Lafitte-Vigordane
Carbonne
Fustignac
Lussan-Adeilhac
Lilhac
Peyrissas
Montoussin
le Fousseret
St-Élix-le-Château
Eoux
Montégut-Bourjac
Salles-sur-Garonne
Esparron
Samouillan
Francon
Benque
Rieux
Lavelanet-de-Comminges
Bachas
Saint-Julien
Mailholas
Boussan
Terrebasse
Lescuns
Mondavezan
Montoulieu-St-Bernard
Alan
Castelnau
Aurignac
31 HAUTE-GARONNE
Marignac-Laspeyres
Martres-Tolosane
Palaminy
Cazères
Gensac-sur-Garonne
Montesquieu-Volvestre
Peyrouzet
Gouteverniss e
St-Elix-Séglan
Couladère
Aulon
Bouzin
le Fréchet
Mauran
St-Christaud
Cazeneuve-Montaut
Boussens
Montclar-de-Comminges
Gouzens
Thouars-sur-Arize
Auzas
Roquefort-sur-Garonne
le Plan
Proupiary
Laffite-Toupière
Mancioux
St-Michel
Fornex
Sepx
Ausseing
Plagne
Montberaud
Arnaud-Guilhem
St-Martory
Petites Pyrénées
Castillon-de-Martory
Mazères-sur-Salat
Belbèze-en-Comminges
Lahitère
Montbrun-Bocage
Lestelle-de-St-Martory
Cérizols
Montgaillard
A64

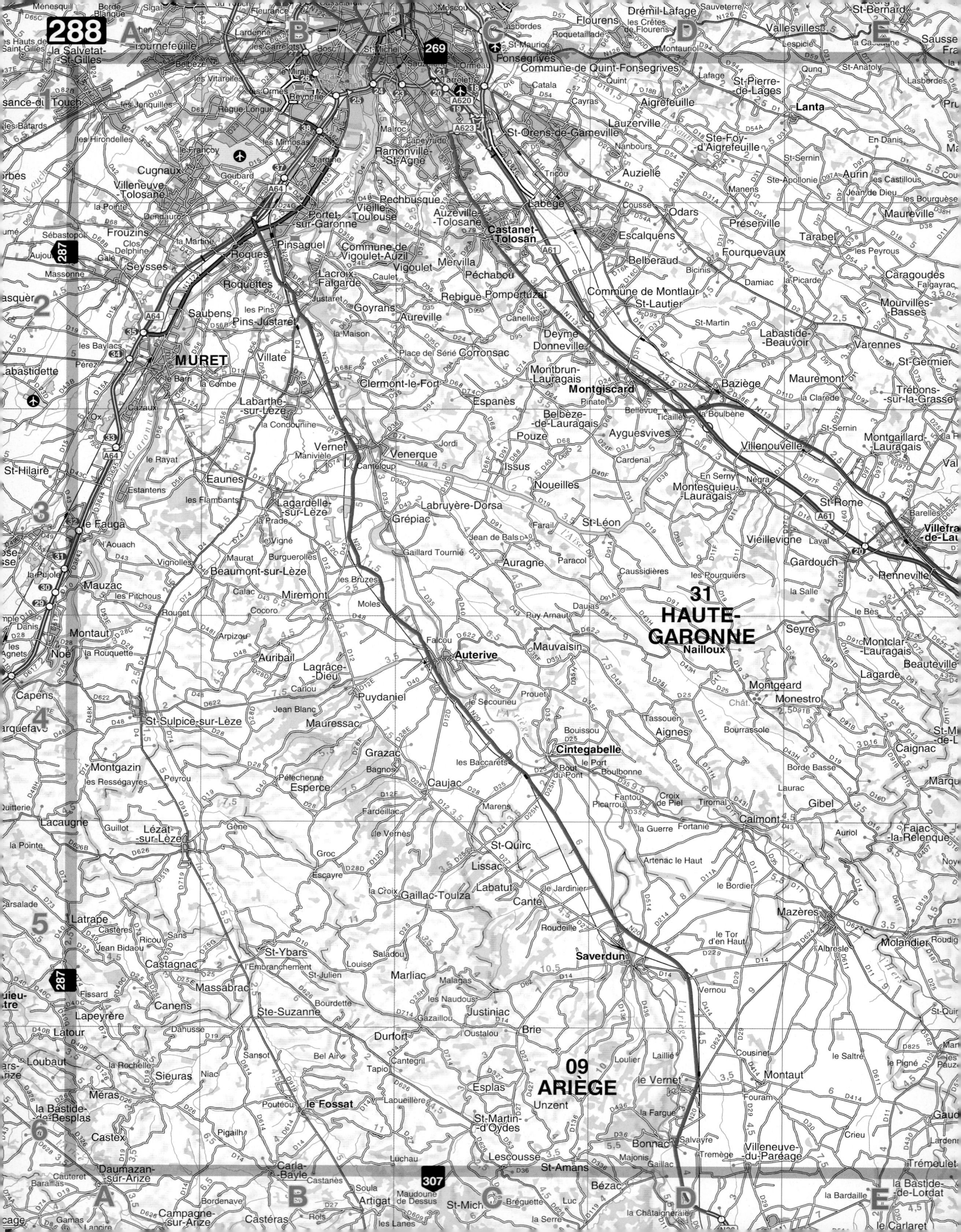
288
A
B
C
D
E
269
287
307
1
2
3
4
5
6
31
HAUTE-
GARONNE
09
ARIÈGE
MURET
Auterive
Saverdun
Cintegabelle
Nailloux
Montgiscard
Castanet-Tolosan
Villefranche-de-Lauragais
Lanta
le Fossat
Tournefeuille
la Salvetat-St-Gilles
Cugnaux
Villeneuve-Tolosane
Frouzins
Seysses
Roques
Roquettes
Portet-sur-Garonne
Pinsaguel
Vieille-Toulouse
Pechbusque
Ramonville-St-Agne
Auzeville-Tolosane
Labège
Escalquens
Odars
Quint-Fonsegrives
St-Orens-de-Gameville
Aigrefeuille
Auzielle
Lauzerville
Ste-Foy-d'Aigrefeuille
St-Pierre-de-Lages
Vallesvilles
Drémil-Lafage
Flourens
Préserville
Fourquevaux
Belberaud
Caragoudes
Tarabel
Maureville
Mourvilles-Basses
Labastide-Beauvoir
Varennes
St-Germier
Trébons-sur-la-Grasse
Mauremont
Baziège
Montgaillard-Lauragais
Villenouvelle
Ayguesvives
Montesquieu-Lauragais
St-Rome
Vieillevigne
Gardouch
Renneville
Deyme
Donneville
Montbrun-Lauragais
Belbèze-de-Lauragais
Pompertuzat
Péchabou
Mervilla
Vigoulet-Auzil
Lacroix-Falgarde
Goyrans
Aureville
Corronsac
Clermont-le-Fort
Espanès
Pouze
Issus
Noueilles
Venerque
Vernet
Labarthe-sur-Lèze
Pins-Justaret
Saubens
Villate
Eaunes
Lagardelle-sur-Lèze
Labruyère-Dorsa
Grépiac
St-Léon
Aureagne
Beaumont-sur-Lèze
Miremont
Mauvaisin
Mauzac
Montaut
Noé
Capens
Le Fauga
St-Hilaire
Auribail
Lagrâce-Dieu
Puydaniel
St-Sulpice-sur-Lèze
Mauressac
Grazac
Caujac
Esperce
Montgazin
Lacaugne
Lézat-sur-Lèze
Aignes
Montgeard
Monestrol
Seyre
Montclar-Lauragais
Beauteville
Lagarde
Caignac
Gibel
Calmont
Mazères
St-Quirc
Lissac
Labatut
Canté
Gaillac-Toulza
St-Ybars
Castagnac
Marliac
Massabrac
Canens
Ste-Suzanne
Justiniac
Brie
Durfort
Latrape
Lapeyrère
Latour
Loubaut
Sieuras
Méras
la Bastide-de-Besplas
Castex
Daumazan-sur-Arize
Carla-Bayle
Campagne-sur-Arize
Esplas
Unzent
le Vernet
Montaut
Bonnac
Villeneuve-du-Paréage
St-Martin-d'Oydes
Lescousse
St-Amans
Bézac
Artigat
Molandier
Trémoulet
la Bastide-de-Lordat
A64
A61
A620
A623
N20
N113

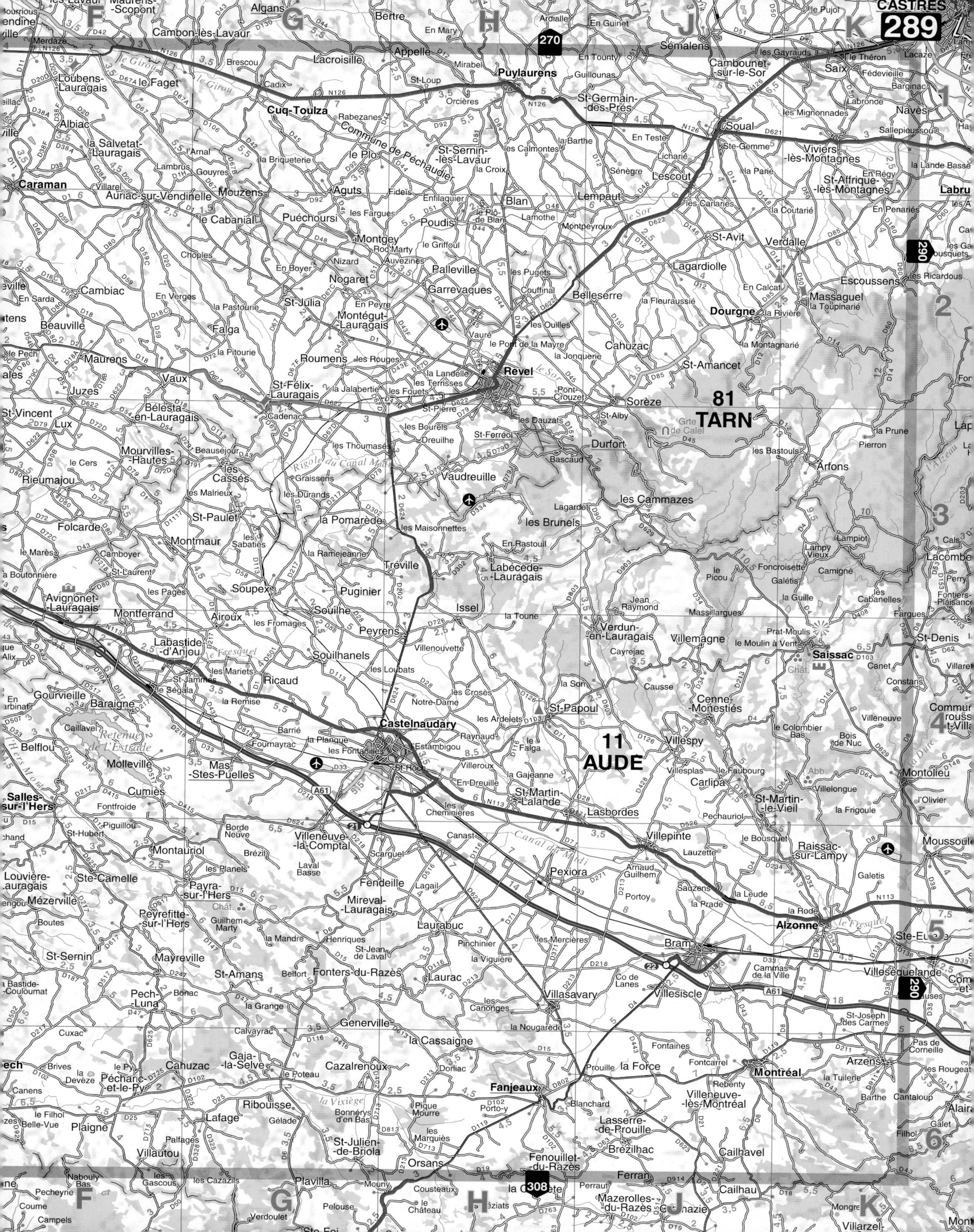

CASTRES
289
270
290
308
F
G
H
J
K
1
2
3
4
5
6
Caraman
Loubens-Lauragais
le Faget
Cambon-lès-Lavaur
Algans
Bertre
Appelle
Lacroisille
Puylaurens
Sémalens
Cambounet-sur-le-Sor
Saïx
St-Germain-des-Prés
Soual
Cuq-Toulza
Commune de Péchaudier
St-Sernin-lès-Lavaur
Viviers-lès-Montagnes
St-Affrique-lès-Montagnes
Albiac
la Salvetat-Lauragais
Mouzens
Auriac-sur-Vendinelle
le Cabanial
Aguts
Puéchoursi
Montgey
Blan
Poudis
Lempaut
Lescout
Palleville
Nogaret
St-Julia
Garrevaques
Belleserre
Lagardiolle
Verdalle
Escoussens
Dourgne
Massaguel
Cambiac
Beauville
Falga
Montégut-Lauragais
Cahuzac
St-Amancet
Maurens
Roumens
Revel
Sorèze
81
TARN
Vaux
St-Félix-Lauragais
Juzes
Bélesta-en-Lauragais
Lux
St-Vincent
Mourvilles-Hautes
les Cassés
Rieumajou
Vaudreuille
Durfort
Arfons
les Cammazes
St-Ferréol
la Pomarède
les Brunels
Folcarde
St-Paulet
Montmaur
Tréville
Labécède-Lauragais
Avignonet-Lauragais
Soupex
Puginier
Issel
Montferrand
Airoux
Souilhe
Peyrens
Verdun-en-Lauragais
Villemagne
Saissac
St-Denis
Labastide-d'Anjou
Souilhanels
Ricaud
Gourvieille
Baraigne
St-Papoul
Cenne-Monestiés
Castelnaudary
11
AUDE
Villespy
Belflou
Molleville
Mas-Stes-Puelles
Carlipa
Montolieu
Cumiès
St-Martin-Lalande
Lasbordes
St-Martin-le-Vieil
Salles-sur-l'Hers
Villeneuve-la-Comptal
Villepinte
Raissac-sur-Lampy
Montauriol
Pexiora
Louvière-Lauragais
Ste-Camelle
Payra-sur-l'Hers
Fendeille
Mézerville
Mireval-Lauragais
Alzonne
Peyrefitte-sur-l'Hers
Laurabuc
Bram
St-Sernin
Mayreville
St-Amans
Fonters-du-Razès
Laurac
Villesèquelande
Villasavary
Villesiscle
Pech-Luna
Generville
la Cassaigne
Gaja-la-Selve
Cahuzac
Cazalrenoux
Prouille
la Force
Montréal
Arzens
Pécharic-et-le-Py
Fanjeaux
Villeneuve-lès-Montréal
Plaigne
Ribouisse
Lafage
Lasserre-de-Prouille
Brézilhac
Villautou
St-Julien-de-Briola
Orsans
Fenouillet-du-Razès
Cailhavel
Plavilla
Ferran
Cailhau
Mazerolles-du-Razès
A61
N113
N126

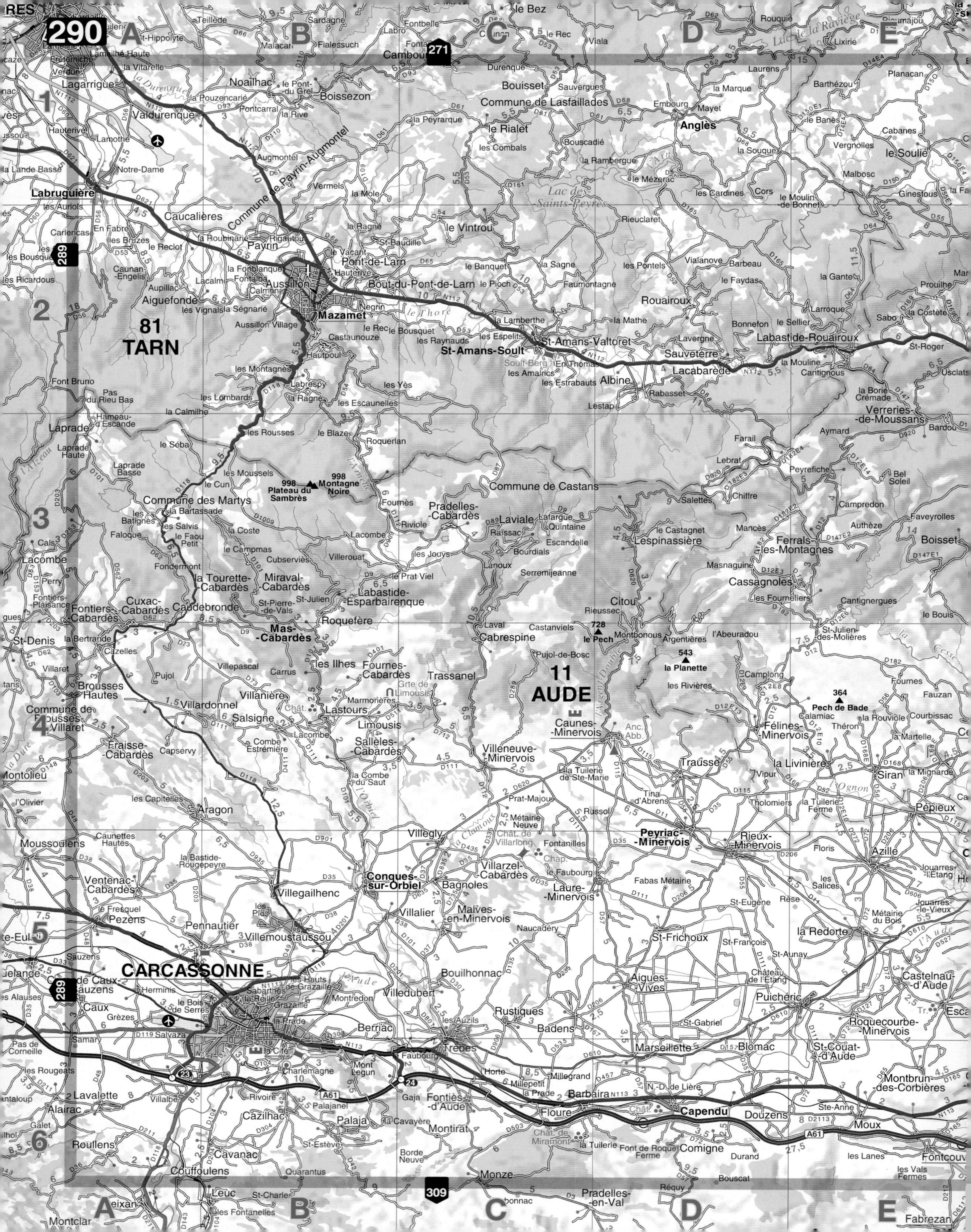

290
271
289
309
A
B
C
D
E
1
2
3
4
5
6
81
TARN
11
AUDE
CARCASSONNE
Mazamet
Aussillon
Pont-de-Larn
Bout-du-Pont-de-Larn
Payrin
Labruguière
Caucalières
Valdurenque
Lagarrigue
Noailhac
Boissezon
Augmontel
Commune de Payrin-Augmontel
Aiguefonde
Aussillon Village
Hautpoul
St-Amans-Soult
St-Amans-Valtoret
Albine
Sauveterre
Lacabarède
Labastide-Rouairoux
Rouairoux
Anglès
le Rialet
Commune de Lasfaillades
Bouisset
Lac des Saints-Peyres
le Vintrou
Verreries-de-Moussans
Commune de Castans
Pradelles-Cabardès
Laviale
Lespinassière
Ferrals-les-Montagnes
Cassagnoles
Boisset
Citou
Cabrespine
Castanviels
728 le Pech
543 la Planette
364 Pech de Bade
998 Plateau du Sambrès
998 Montagne Noire
Commune des Martys
Laprade
Fontiers-Cabardès
Cuxac-Cabardès
Caudebronde
la Tourette-Cabardès
Miraval-Cabardès
Labastide-Esparbairenque
Roquefère
Mas-Cabardès
les Ilhes
Fournes-Cabardès
Trassanel
Villanière
Villardonnel
Salsigne
Lastours
Limousis
Sallèles-Cabardès
Brousses
Hautes
Commune de Brousses-Villaret
Fraisse-Cabardès
Montolieu
Aragon
Caunes-Minervois
Villeneuve-Minervois
Trausse
Félines-Minervois
la Livinière
Siran
Pépieux
Peyriac-Minervois
Rieux-Minervois
Azille
Villegly
Villarzel-Cabardès
Laure-Minervois
Bagnoles
Conques-sur-Orbiel
Villegailhenc
Malves-en-Minervois
Villalier
Moussoulens
Ventenac-Cabardès
Pezens
Pennautier
Villemoustaussou
Bouilhonnac
Villedubert
Rustiques
Badens
Aigues-Vives
St-Frichoux
Puichéric
la Redorte
Castelnau-d'Aude
Roquecourbe-Minervois
Marseillette
Blomac
St-Couat-d'Aude
Berriac
Trèbes
Barbaira
Floure
Capendu
Douzens
Moux
Montbrun-des-Corbières
Comigne
Fonties-d'Aude
Montirat
Palaja
Cazilhac
Cavanac
Couffoulens
Roullens
Alairac
Lavalette
Caux
Montredon
Grazaille
la Cité
Charlemagne
Mont Legun
Monze
Pradelles-en-Val
Leuc
Montclar
Fabrezan
Fontcouverte
A61
N113
N112

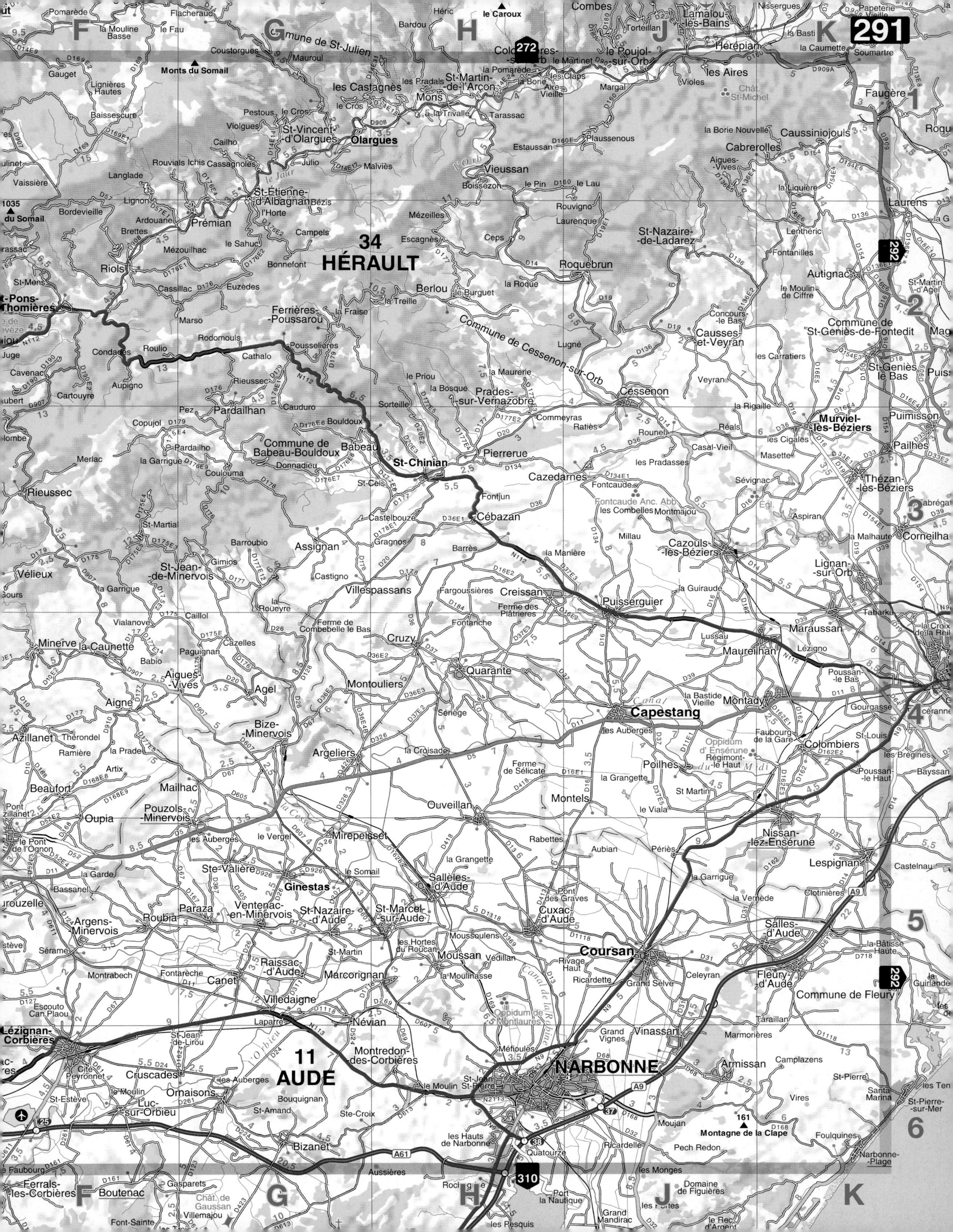

291
F
G
H
J
K
1
2
3
4
5
6
272
292
310
34
HÉRAULT
11
AUDE
NARBONNE
Capestang
St-Chinian
Olargues
Coursan
Ginestas
Pomarède
Flacheraud
la Mouline Basse
le Fau
Hèric
le Caroux
Combes
Lamalou-les-Bains
Nissergues
Papeterie
Bardou
Torteillan
le Poujol-sur-Orb
Hérépian
la Bastide
la Caumette
Soumartre
Coustorgues
Mauroul
Commune de St-Julien
Monts du Somail
Gauget
Lignières Hautes
les Castagnès
les Pradals
St-Martin-de-l'Arçon
la Pomarède
le Martinet
les Aires
Violes
Margal
Faugère
Château St-Michel
Baissescure
Pestous
le Cros
Mons
la Trivalle
Tarassac
St-Vincent-d'Olargues
Violgues
Cailho
la Borie Nouvelle
Caussiniojouls
Cabrerolles
Estaussan
Plaussenous
Aigues-Vives
Julio
Malviès
Rouvials
Ichis
Cassagnoles
Langlade
Vieussan
Boissezon
le Pin
le Lau
Vaissière
St-Étienne-d'Albagnan
Bézis
Lignon
l'Horte
la Liquière
Laurens
du Somail
Bordevieille
Prémian
Ardouane
Mézeilles
Rouvigno
Laurenque
Brettes
Campels
St-Nazaire-de-Ladarez
Lenthéric
le Sahuc
Escagnès
Ceps
Mézouilhac
Fontanilles
Riols
Bonnefont
Roquebrun
Autignac
St-Mens
Berlou
le Burguet
la Roque
le Moulin de Ciffre
St-Pons-de-Thomières
Cassillac
Euzèdes
la Treille
Commune de St-Geniès-de-Fontedit
Ferrières-Poussarou
la Fraise
Concours-le-Bas
Causses-et-Veyran
Marso
Commune de Cessenon-sur-Orb
Lugné
Juge
Condades
Roulio
Rodomouls
Pousselières
Cathalo
les Carratiers
St-Geniès-le-Bas
Cavenac
Rieussec
le Priou
la Maurerie
Veyran
Aupigno
Cartouyre
la Bosque
Prades-sur-Vernazobre
Cessenon
Pez
Pardailhan
Cauduro
Sorteille
la Rigaille
Copujol
Bouldoux
Commeyras
Raties
Réals
Murviel-lès-Béziers
Puimisson
Pardailho
Commune de Babeau-Bouldoux
Babeau
Pierrerue
Rouneli
les Cigales
Pailhès
Merlac
la Garrigue
Coulouma
Donnadieu
Cazedarnes
Casal-Vieil
les Pradasses
Masette
Thézan-lès-Béziers
St-Cels
Fontcaude
Sévignac
Fontjun
Fontcaude Anc. Abb.
les Combelles
Montmajou
Castelbouze
Cébazan
Aspiran
St-Martial
Assignan
Gragnos
Barrès
Millau
Cazouls-lès-Béziers
la Malhaute
Corneilhan
Barroubio
la Manière
Lignan-sur-Orb
Vélieux
St-Jean-de-Minervois
Gimios
Castigno
Villespassans
Fargoussières
Creissan
Puisserguier
la Guiraude
Ferme des Plâtrières
Tabarka
la Roueyre
Maraussan
Vialanove
Caillol
Ferme de Combebelle le Bas
Fontanche
Lussau
Minerve
la Caunette
Cazelles
Cruzy
Maureilhan
Lézigno
Babio
Paguignan
Quarante
Poussan-le-Bas
Aigues-Vives
Agel
Montouliers
la Bastide Vieille
Montady
Aigne
Sériège
Gourgasse
Azillanet
Thérondel
Bize-Minervois
les Auberges
Faubourg de la Gare
Colombiers
St-Louis
Ramière
la Prade
Argeliers
la Croisade
Ferme de Sélicate
Oppidum d'Ensérune
Régimont-le Haut
Poilhes
les Bréguines
Artix
Bayssan
Beaufort
Mailhac
la Grangette
Poussan-le-Haut
St Martin
Montels
Pont d'Azillanet
Oupia
Pouzols-Minervois
Ouveillan
le Viala
Mirepeisset
le Vergel
Rabettes
Nissan-lez-Ensérune
le Pont de l'Ognon
Aubian
Périès
Lespignan
la Garde
Ste-Valière
Sallèles-d'Aude
le Somail
Castelnau
Bassanel
la Garrigue
Clotinières
la Vernède
Paraza
Pont des Graves
Argens-Minervois
Roubia
Ventenac-en-Minervois
St-Nazaire-d'Aude
St-Marcel-sur-Aude
Cuxac-d'Aude
Salles-d'Aude
Sérame
les Hortes du Roucan
Moussoulens
la Bâtisse Haute
St-Martin
Moussan
Vedillan
Rivage Haut
Raissac-d'Aude
Fontarèche
Montrabech
Marcorignan
Canet
la Moulinasse
Ricardette
Celeyran
Fleury-d'Aude
Grand Selve
Commune de Fleury
Escouto
Can Plaou
Villedaigne
Oppidum de Montlaurès
Tarailh
Laparre
Névian
Lézignan-Corbières
St-Jean-de-Lirou
Vinassan
Grand Vignes
Marmorières
Montredon-des-Corbières
Méfoules
Armissan
Camplazens
Cité Peyronnet
Cruscades
St-Jean-St-Pierre
les Auberges
le Moulin
St-Pierre
Santa Marina
St-Pierre-sur-Mer
St-Estève
Ornaisons
Bouquignan
Vires
Luc-sur-Orbieu
St-Amand
Ste-Croix
Moujan
Montagne de la Clape
161
les Hauts de Narbonne
Quatourze
Ricardelle
Pech Redon
Foulquines
Bizanet
Narbonne-Plage
Faubourg
Aussières
les Monges
Ferrals-les-Corbières
Boutenac
Gasparets
Château de Gaussan
Rochegrise
Port la Nautique
Domaine de Figuières
Villemajou
les Portes
Font-Sainte
Grand Mandirac
les Pesquis
le Rec d'Argent
Canal du Midi
Canal de la Robine
la Cesse
l'Orbieu
le Jaur
l'Orb
N112
N113
N9
A9
A61
37
38
25

A
B
C
D
E
1
2
3
4
5
6
273
291
34
HÉRAULT
la Braunhe
-les-Mines
les Montades
Valmascle
Le Mas Castel
les Crozes
Cabrières
Péret
Lieuran-Cabrières
le Mas Roujou
Nébian
Canet
les Trois Fontaines
le Pouget
l'Estang
Vendemian
Commune d'Aumelas
d'Arnaud
Chât.
Tressan
Puilacher
Plaissan
Sainton
Mas de Lunès
Cabrials
Mas d'Antonègre
Fos
le Mas Rolland
Paders
le Mas Rouch
Aspiran
la Gare
Roquessels
Commune de Montesquieu
Vailhan
Valuzières
l'Étang
Bélarga
St-Martin
Campagnan
St-Marcel
Fontès
Adissan
Paulhan
Castelsec
Neffiès
St-Pargoire
Laurens
la Gare
Gabian
Astruc
Roujan
Caux
Nizas
St-Jean de-Rocca
Usclas-d'Hérault
la Montade
Cazouls-d'Hérault
St-Pons-de-Mauchiens
Mas des Peilles
Mas de Nègre
Robinson
Villeveyrac
Fouzilhon
Lézignan-la-Cèbe
Anc. Abb. de Valmagne
St-Martin-d'Agel
la Tuilerie
Margon
Pouzolles
St-Martin
St-Jean de Bébian
Montagnac
Poussan
la Garenne
les Sacristains
les Cigales
Magalas
Alignan-du-Vent
Font Douce
St-Jean
Puissalicon
le Peyrat
St-Julien
Pézenas
Aumes
St-Martin de la Garrigue
la Briffaude
Domaine de la Rouquette
Montmèze
Loupian
Balaruc-le-Vieux
Bouzigues
Coulobres
Abeilhan
St-Martial
Tourbes
Conas
Bridau
la Coulette
le Sesquier
la Catonnière
le Bourbou
Balaruc-les-Bains
Puimisson
Espondeilhan
Pailhès
Servian
Nézignan-l'Évêque
Castelnau-de-Guers
Mèze
Thau
Île de Thau
Lieuran-lès-Béziers
Ste-Rose
Valros
St-Apolis
la Grand Grange
les Amoutous
Cabrégat
Bassan
le Mourre Blanc
Pinet
Corneilhan
le Chêne
la Bégude de Jordy
Montblanc
St-Thibéry
Pont Romain
Pomérols
la Bellonette
la Tuilerie
la Rouquette
le Pont de la Baume
Florensac
la Fadèze
Bouïan-sur-Libron
les Castans
Bassin de Thau
la Croix de la Reille
Croix Poumeyrac
BÉZIERS
St-Bauzille
Fontmajou
Bessan
Veyrac
Marseillan
Plaisance
Montimas
St Louis
Cabrials
la Chaînede
Montmarin
St Paul
la Comère
le Castellas
la Devèze
Bastit
la Graissette
Riac
St Mathieu
les Mougères
Gargaillan
Port-Soleil
Preignes-le-Vieux
la Tuilerie
Étang du Bagnas
Cers
Bout du Pont
Agde
Marseillan-Plage
Vias
Clavelet
St-Martin
Villeneuve-lès-Béziers
Bayssan
Portiragnes
Canal du Midi
les Cayrets
Janin
Port Ambonne
Sauvian
la Tour St-André
Farinette-Plage
Vias-Plage
la Tamarissière
le Mole
Sérignan
le Grau-d'Agde
le Cap d'Agde
Rochelongue
Cap d'Agde
Portiragnes-Plage
Castelnau
Vendres
les Orpellières
Sérignan-Plage
la Vistoule
les Récanettes
Ste-Germaine
Valras-Plage
les Cabanes de Fleury
les Tenilles
St-Pierre-sur-Mer
A9
A75
N9
N112
N113
N1112
34
35
36

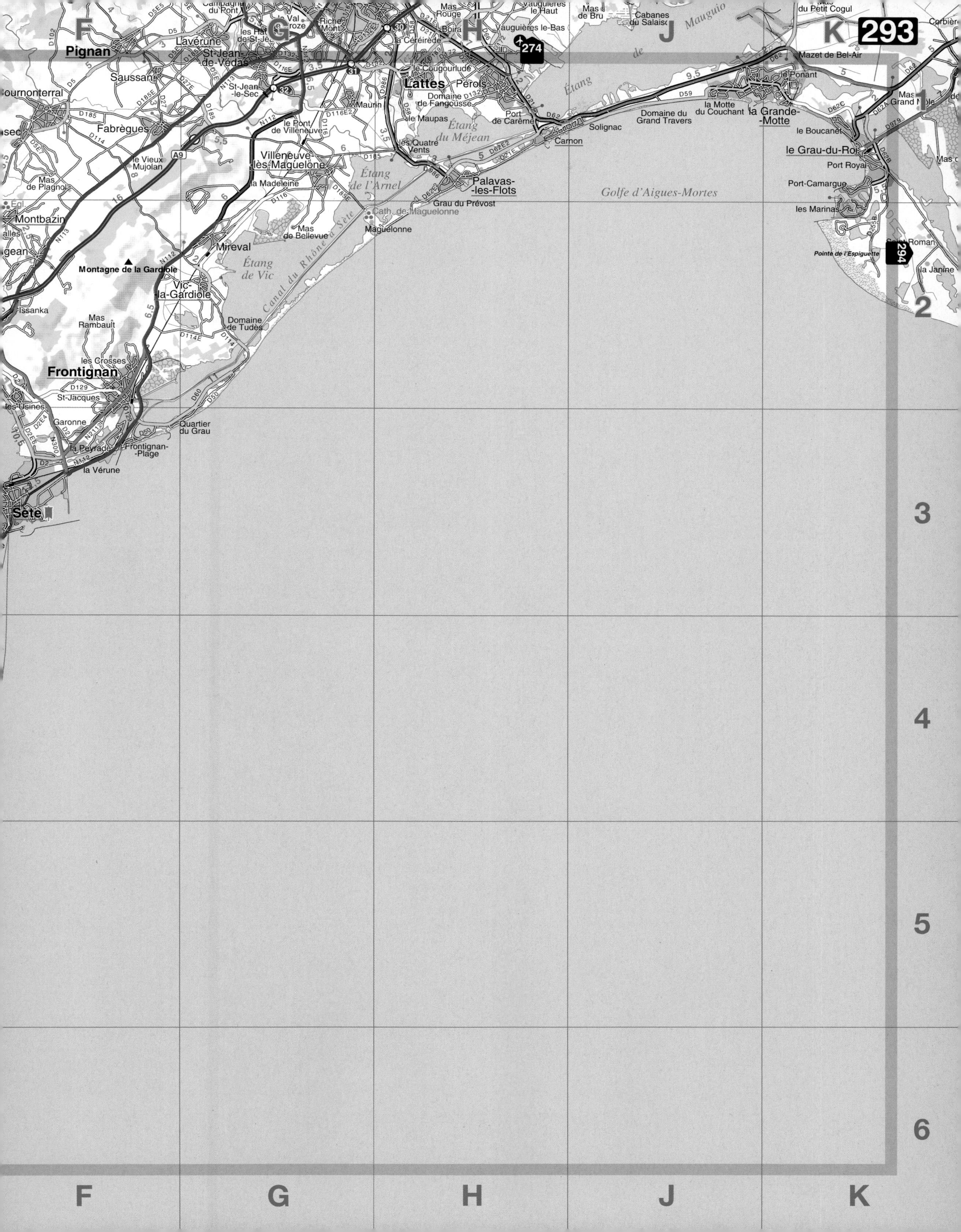

Pignan
Lavérune
St-Jean-de-Védas
Saussan
Cournonterral
Fabrègues
le Vieux Mujolan
Mas de Plagnol
Montbazin
Montagne de la Gardiole
Issanka
Mas Rambault
les Crosses
Frontignan
St-Jacques
les Usines
Garonne
la Peyrade
Frontignan-Plage
la Vérune
Sète
Quartier du Grau
Domaine de Tudès
Vic-la-Gardiole
Mireval
Étang de Vic
Canal du Rhône à Sète
Mas de Bellevue
Villeneuve-lès-Maguelone
la Madeleine
le Pont de Villeneuve
St-Jean-le-Sec
Maurin
Lattes
Pérols
le Cougourlude
la Céreirède
Domaine de Fangousse
le Maupas
Étang du Méjean
les Quatre Vents
Étang de l'Arnel
Cath. de Maguelonne
Maguelonne
Grau du Prévost
Palavas-les-Flots
Port de Carnon
Carnon
Solignac
Étang de Mauguio
Vauguières le-Bas
Mas de Bru
Cabanes du Salaison
du Petit Cogul
Mazet de Bel-Air
Domaine du Grand Travers
la Motte du Couchant
la Grande-Motte
le Ponant
le Boucanet
le Grau-du-Roi
Port Royal
Port-Camargue
les Marinas
Pointe de l'Espiguette
la Janine
Golfe d'Aigues-Mortes
274
294
A9
F
G
H
J
K
1
2
3
4
5
6

A
B
C
D
E
1
2
3
4
5
6
275
274
293
30
GARD
Boissières
Bernis
Uchaud
Aubord
Garons
Mas de la Farelle
Mas St-Louis
Bellegarde
Mas d'Assas
Mas de Goubin
les Pars de Saint-Cloud
Mas Bois Fontaine
Campagne
le Balandran
Mas Laval
les Clairettes
Mazet du Contrac
Mas la Tour
Mas de St-Henri
les Corrèges
les Lecques
Mas de Tareau
Saujan
l'Oasis
Sautebraut
Mas Vilary
Mas de l'Espérance
Aigues-Vives
les Abels
les Cabanes
Mus
Vergèze
Mas Vialère
Vestric-et-Candiac
Mas de Caguerolle
le Roquet
Codognan
la Cadenette
la Christole
Générac
Estagel
la Guillaumette
Beauvoisin
les Moulins
Mas de St-Pastour
Mas Rouge
Mas des Abeilles
Pichegu
Briquet
Bellevue
Ville Vieille
Fourques
Mas de Vert
Trinquetaille
le Bosquet
le Creux des Mages
Vauvert
Mas du Maréchal
Mas de Listerne
Reculan
la Cassagne
Plein Soleil
le Vallon
Saint-Gilles
Anc. Abb.
Cavalès
Truchet
Trompe-Gueux
la Furanne
Bon Accueil
ARLES
Barriol
Aimargues
le Moulin
les Ayres
la Condamine
le Cailar
Beau-Figuier
Petit Beaujeu
Saliers
Mas de Julian
Gimeaux
Jasse d'Isnard
la Jasse de Barry
St-André
la Croix d'Arquier
la Baume
Figarès
Petit Mas de Vert
Mas de Mourgues
Canal d'Irrigation du Bas-Rhône Languedoc
Franquevaux
Espeyran
Mas du Pontil
Mas Bousquet
Mas du Bourry
Gallician
Mas Saint-Sébastien
Rhône à Sète
Canal du Pont de Rousty
Barret
Mas du Juge
Mas de Valescure
Saint-Laurent-d'Aigouze
Mer et Soleil
Étang du Charnier
Étang de la Scamandre
la Fosse
Mas du Pont de Rousty
Tour de Mondony
Remoule
Ste-Cécile
Mas de la Vigne
Signoret
Grand Mas de Goult
Petit Mas de Cabane
Gageron
Albaron
Mas de Barbut
Mas Psalmody
Abb. de Psalmody
Mas des Iscles
Canal des Capettes
le Petit Rhône
Azegat
le Relais des Tourades
Ste-Anne
Mas Neuf
le Petit Chaurron
Quatret
Mas de l'Abbé
Mas Saint-Louis
le Canavérier
Montcalm
le Paty de la Trinité
Mas d'Agon
Mas de l'Ange
Villeneuve
Domaine de Méjanes
Grand Rom
les Amandiers
Aigues-Mortes
la Gare des Pêcheurs
Mas du Grand Môle
Étang de la Ville
Cuvette du Lairan
Mas de Liviers
Duroure
la Cure
Sylvéréal
Mas des Grandes Cabanes
Étang de Vaccarès
Mas Sénébier
Château d'Astouin
la Grande Abbaye
Mas de Jarras-Listel
Étang de Caitives
Canal de Peccais
Étang du Roi
l'Ilon
Pioch Badet
Étang de Consécanière
Étang des Fourneaux
Pin Fourcat
Mas Badet
Étang de Malagroy
Mas de Fielouse
Layalle
Calabrun
Saint Roman
Mas d'Icard
Cacharel
Étang du Fournelet
la Janine
Clos des Salants
Étang du Cabri
Étang de Rollan
Étang dit l'Impérial
Étang du Lion
la Sauvageonne
Maguelonne
Port Dromar
le Boumian
le Grand Radeau
les Salicornes
Tiki
Saintes-Maries-de-la-Mer
Étang de Galabert
Golfe des Saintes-Maries ou de Beauduc
Étang du Grand Ras
Étang du Vaiss
Étang de Beauduc
A9
A54
N113
N572
D570
D179
D37
D38
D85
D779
D58
D202

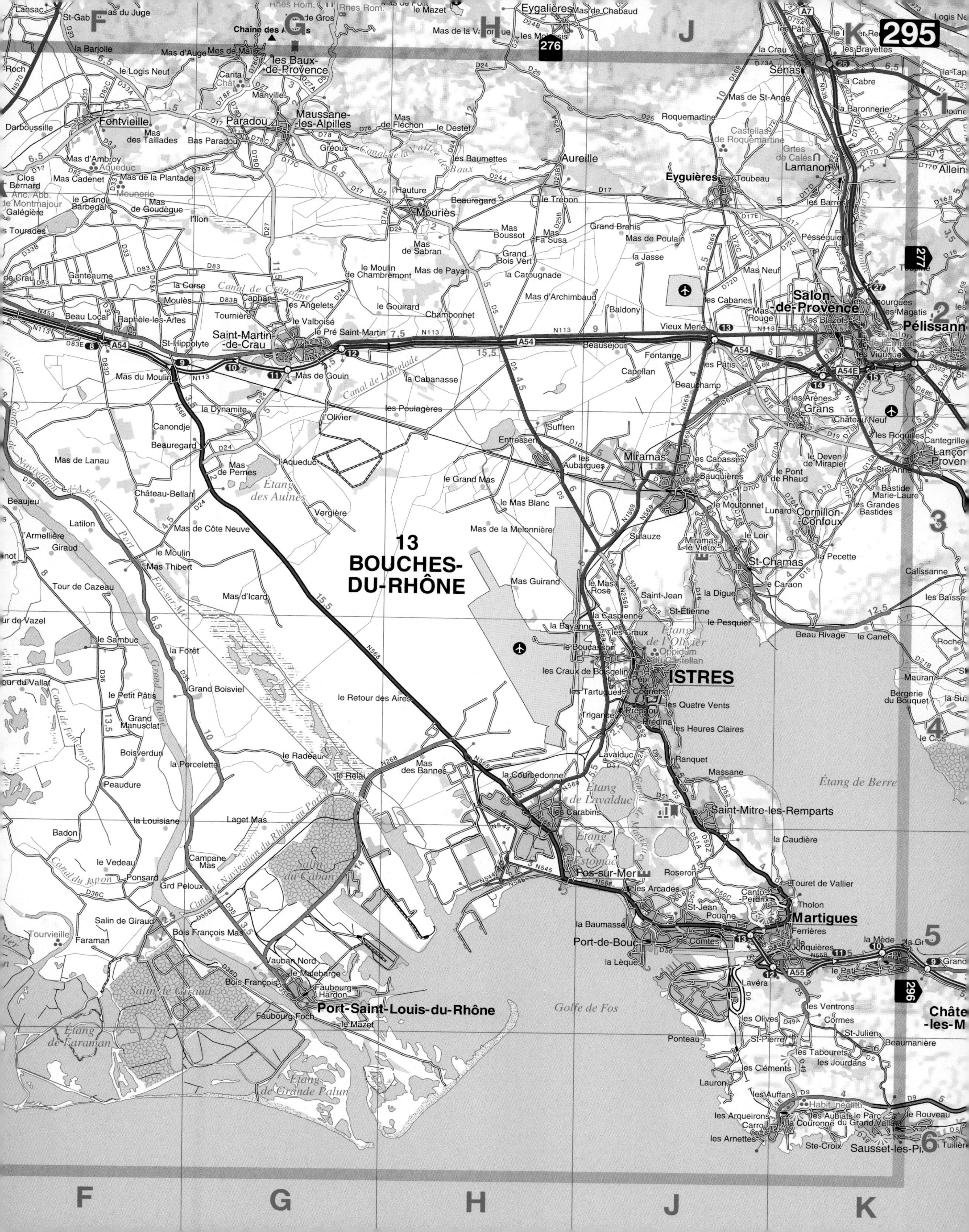
295
276
277
296
13
BOUCHES-
DU-RHÔNE
ISTRES
Salon-
-de-Provence
Martigues
Port-Saint-Louis-du-Rhône
Fos-sur-Mer
Miramas
Saint-Martin-
-de-Crau
Fontvieille
Paradou
Maussane-
-les-Alpilles
les Baux-
-de-Provence
Mouriès
Eyguières
Aureille
Pélissanne
Lamanon
Sénas
Grans
Cornillon-
Confoux
St-Chamas
Saint-Mitre-les-Remparts
Port-de-Bouc
Étang de Berre
Golfe de Fos
Salin de Giraud
Salin du Caban
Étang de Lavalduc
Étang de l'Estomac
Étang des Aulnes
Étang de Faraman
Étang de Grande Palun
Canal de Craponne
Canal de la Vallée des Baux
Sausset-les-Pins
Lançon-Provence
F
G
H
J
K
1
2
3
4
5
6

296
277
295
A
B
C
D
E
1
2
3
4
5
6
AIX-EN-PROVENCE
MARSEILLE
13
BOUCHES-DU-RHÔNE
Berre-l'Étang
Étang de Vaïne
Vitrolles
Marignane
les Pennes-Mirabeau
Gardanne
Bouc-Bel-Air
Cabriès
Simiane-Collongue
Septèmes-les-Vallons
Châteauneuf-les-Martigues
Gignac-la-Nerthe
le Rove
Ensuès-la-Redonne
Carry-le-Rouet
Rognac
Velaux
Ventabren
Coudoux
la Fare-les-Oliviers
Éguilles
Luynes
Meyreuil
Mimet
Chaîne de l'Étoile
St-Savournin
Cadolive
Fuveau
Gréasque
Peypin
Roquevaire
Allauch
Plan-de-Cuques
Château-Gombert
Aubagne
la Penne-sur-Huveaune
Carnoux-en-Provence
Cassis
Baie de Cassis
Cap Canaille
Rade de Marseille
Anse de l'Estaque
Îles du Frioul
Île Ratonneau
Île Pomègues
Château d'If
Île d'If
Île Maire
Île de Jarre
Île de Riou
Montagne de Marseilleveyre
645 Mont Carpiagne
565 Mont Puget
Calanque de Sormiou
Calanque de Morgiou
Cap Morgiou
Calanque d'en-Vau
Chaîne de l'Estaque
Oran (Algérie)
Alger (Algérie)
Tunis (Tunisie)
Porto-Torres (Sardaigne)
Porto-Vecchio
Ajaccio
l'Île Rousse
Bastia
en saison
Niolon
Sausset-les-Pins
Callelongue
les Goudes
Sormiou
Morgiou
Montagne Sainte-Victoire
St-Antonin-sur-Bayon
Beaurecueil
Châteauneuf-le-Rouge

F
G
H
J
K
278
298
300
1
2
3
4
5
6
Claps
Oppidum Pain de Munition
Colombe
Brue-Auriac
le Pavillon
Tournel
le Pigeonnier
Palière
Puyloubier
Clos Sainte-Victoire
Angelin
l'Avocat
Subéroque
Bariellé
Pourrières
la Tuilière
les Hermentaires
Beauvoisin
la Caulière
Berthoire
Canal de Provence
Richeaume
Cavalier
les Bréguières
Mauvan
la Cantine
Estageou
Reporquier
Rousset
Coussin
Cadenet
Pourcieux
Barcelone
Corneirelle
Seillons-Source-d'Argens
Ollières
l'Enclos
St-Mitre
Régalette
St-Estève
Cadry
Bras
St-Aquile
St-Jacques
la Réparade
Châteauvert
l'Argens
Correns
Montfort-sur-Argens
Miraval
St-Maximin-la-Sainte-Baume
le Petit Rayol
Recours
Bourdin
Peynier
Trets
St-Jean
Bouquet
Bout de Nice
les Bonnets
Kirbon
la Grande Bastide
le Val
Ste-Catherine
Ste-Anne
les Fourches
le Chemin de Marseille
la Babiole
le Jonquier
Cante-Perdrix
le Château de la Riperte
Tourves
Chât de Valbelle
les Censiès
la Celle
BRIGNOLES
les Vignes
Camps-la-Source
Abb de la Celle
St-Julien
les Fontêtes
la Jauberte
Pigeonnier
les Boyers
Montagne de Regagnas
la Chaumette
la Crèche
Rougiers
Chât
le Caramy
le Moulin de Redon
Sauveclare
la Douronne
St-Zacharie
la Pierre Plate
Vandegale
les Vannades
Cauron
Forêt Domaniale de la Ste-Baume
Nans-les-Pins
St-Esprit
Encouron
Huveaune
Auriol
les Hélianthes
Pas de Peyruis
le Braou
la Glacière
la Reiraille
Mazaugues
la Roquebrussanne
Lotissement de Bellevue
les Carayas
Forcalqueiret
Chât
83 VAR
Villecroze
l'Adret
Nazareth
St-Pilon
le Plan de la Ste-Baume
Chaîne de la Sainte-Baume
la Toulonnette
Plan-d'Aups-Sainte-Baume
Fioussac
Issole
le Loou
Gareoult
Lotissement du Castellas
l'Acaté
les Plaines
Rocbaron
Néoules
Cassède
les Mas de Peyrougier
le Pied de la Colle
Riboux
Quatre Chemins
Gémenos
Abb
Brigou
les Nègles
Signes
l'Espeiréguin
Chibron
les Ferrages
Méounes-lès-Montrieux
Beaumarran
Capelière
Cuges-les-Pins
la Curasse
Coulin
le Puyricard
les Roux
Montrieux-le-Vieux
les Calottes
St-Laurent
les Veys
le Lion d'Or
Pinval
le Camp
Bois Soleil
la Tête de l'Evêque
les Blétonèdes
Camp Long
le Camp de Broquier
Belgentier
les Beaumettes
la Colle
St-Joseph
Valcros
Pas Redon
Pandoue
Cuers
Roquefort
Font-Blanche
Roquefort-la-Bédoule
la Bégude
la Foux
Ste-Anne du Castellet
Mauregard
le Jas de Clar
les Papeteries
Guiran
les Tourettes
Magarane
Ceyreste
Ferrageon
Coupas
le Brûlat
Sollies-Toucas
les Ricardes
les Barbaroux
le Castellet
le Beausset
Valaury
les Aiguiers
le Baguier
les Vaussiers
les Plaines Marines
la Cadière-d'Azur
le Claou
804 Mont Caume
Chât des Fonin
Solliès-Pont
le Peymian
St-Jean
la Ciotat-Plage
le Liouquet
St-Cyr-s-Mer
Azur
le Pont d'Antis
Rouve
les Ginestès
Cimaï
le Revest-les-Eaux
Solliès-Ville
le Logis Neuf
la Farlède
les Grands les Laures
les Nartières
les Martins
la Ciotat
les Lecques
les Lucquets
Pibarnon
Cadeyrenque
le Plan du Castellet
Ste-Anne-d'Evenos
le Broussan
le Ray
la Sarvatte
Fontanieu
Dardennes
la Danillone
Baie de la Ciotat
Mugel
la Pinède
Rampale
Evenos
les Moulins
la Pinède
l'Ubac
les Moulières
la Madrague
Vallongue
429 le Gros Cerveau
le Lançon
Tour Beaumont
Mémor. de Débarq.
la Valette-du-Var
les Pourpres
la Crau
Ile Verte
le Port d'Alon
Parc Bellevue
la Galère
Pointe des Termes
Pointe des Engraviers
le Pont d'Aran
la Piole
Ollioules
Darboussan
la Beaucaire
la Corniche du Faron
Siblas
Coupiane
Bandol
la Plaine du Roi
Pierredon
Quièz
St-Jean-du-Var
la Garde
Beau Cours
Portissol
le Baou
les Lonnes
Lagoubran
Brégaillon
le Mourillon
la Rode
la Seinette
la Moutonne
Clos Meunier
la Cride
Sanary-sur-Mer
Bucarin
Petite Rade
la Seyne-sur-Mer
TOULON
les Mouissèques
Balaguier
le Cap Brun
les Bonnettes
le Pradet
Carqueiranne
Reynier
Tamaris
Grande Rade
la Garonne
les Salettes
les Oursinières
St-Pierre des Embiez
le Brusc
Six-Fours-les-Plages
les Sablettes
les Plaines
Mar Vivo
Golfe de Giens
A8
A50
A57
A570
A52
A520
N7
N8
N97
N98
N560
D554
D5
D64
D95
D2
D80

298
A
B
C
D
E
1
2
3
4
5
6
279
297
301
les Jonquiers
St-Martin
les Romey
Plan Mariau
les Moulières
Mentonne
Masseb
Flayosc
Gaou
Galin
les Pont
Lorgues
Sauve-Clare
les Incapis
Trans-en-Provence
St-Roman
la Bauquière
Entrecasteaux
St-Antonin-du-Var
la Colle du Mouton
le Paroir
Garassins
les Oupalous
Terrisse
les Robert
Lorgues
les Planes
les Nouradons
la Motte
Ponfrac
Mousteïrol
les Miquelets
le Peïcal
les Rouvières
St-Paul
St-Jaume
les Omèdes
Anc. Abb. de la Celle Roubaud
la Baume
Correns
St-Martin
Ste-Croix
Gaboin
l'Adrech de Pommeret
la Lombarde
les Arcs
les Valises
Montfort-sur-Argens
Carcès
les Camails
les Février
les Mauniers
Vigneaubière
St-Martin
les Laurons
les Anglades
les Prés Neufs
Anc. Abb. du Thoronet
le Villard
Taradeau
St-Jean
les Laouves
Belle Barbe
les Manéous
les Castellanets
Pont d'Argens
Peygros
le Thoronet
St-Martin
les Canebières
les Teyes
Combecave
St-Georges
St-Joseph
Pompies
les Codouls
les Bertrands
Vidauban
Val
les Machottes
Vins-sur-Caramy
les Vanaux
Cabasse
les Muraires
Entraygues
le Clos
Ste-Anne
St-Christophe
St-Pons
83 VAR
Valbonne
les Blais
la Carette
la Lieue
Barbaroux
les Prieurs
Piérouy
le Luc
les Mouillères
le Vieux Cannet
la Bastide Rouge
les Vignes
Petit Candumy
le Clapier de la Lègue
le Vergeiras
St-Jaume
le Cannet-des-Maures
la Grande Bastide
Peissonnel
GNOLES
Pique Roque
les Retraches
Champs-Source
St-Peyre
la Haute Verrerie
la Commanderie de Peyrassol
les Pierrons
les Gastons
Vallaury
les Andracs
Domaine des Bertrands
les Adrechs
Flassans-sur-Issole
la Lauzade
la Basse Verrerie
Plan-de-la-Tour
Besse-sur-Issole
St-Martin
Rouvède
Repenti
les Plaines
la Moure
la Rouge
Péguier
le Vernet
Ste-Anastasie-sur-Issole
Naple
Fougou
le Quartier
les Cours des Longs
Préconil
la Galine
l'Aubreguière
Fort
la Garde-Freinet
les Seignerolles
Coriolan
Forcalqueiret
Cocu de Fontbelle
Gonfaron
les Mayons
les Vernades
Châ
Font d'Aille
le Grand Cros
l'Ourlanton
l'Acaté
les Mourressons
Rocbaron
Carnoules
Grafeaux
Pignans
la Court
Val Verdun
Notre-Dame
la Foux
Courigol
Grimaud
les Douvilles
Bron
la Tourre
Châ
le Pierredon
le Canadel
la Serre
Val de Gilly
Puget-Ville
Marouine
la Plantade
St-Adrien
Valescure
la Réparade
les Sauronnes
le Rayol
le Réal Martin
Plan de Suvière
l'Argentière
Cogolin
Ruols
Val de Périer
les Pourcieux
Capelude
l'Acate du Périer
le Mourillon
les Vidaux
l'Aumérade
les Rabassières
la Portanière
Pas Redon
les Plans de Loube
les Bonnaux
Collobrières
Chartreuse de la Verne
les Guiols
la Tuilière
les Baux
le Portanier
Massif des Maures
la Joselette
Pierrefeu-du-Var
le Moulin Roux
la Môle
Barbigoua
le Paradou
la Joliette
les Campaux
Ste-Marie
les Rochers Blancs
les Pas de Baron
les Caunes
l'Eau Blanche
la Mayonnette
Camp-Long
Parc de Cavalaire
Sauvebonne
Valcros
les Hauts de Valcros
la Roseraie
la Castillane
Baron Belvédère
les Mas de la Chesnaie
Commune de Rayol-Canadel-sur-Mer
les Pierrugues
le Rayol
Cavalaire
Châ
Domaine de Valcros
Pramousquier
le Chêne
les Troisièmes Borrels
N.-D. des Maures
Aigue Belle
le Canadel
les Deuxièmes Borrels
Ginouvier
la Verrerie
le Mont des Roses
Bormes-les-Mimosas
la Fouasse
les Meissonniers
les Jassons
le Pin
la Vieille
Ravelle
la Fossette
Four des Maures
Cavalière
la Clapière
Trapouno
le Gapeau
la Londe-les-Maures
Beau-Regard
St-Clair
le Lavandou
la Crau
l'Oratoire
les Pansards
Hyères
le Fenouillet
Mauvanne
les Bormettes
la Favière
la Bayorre
Mataffe
la Pascalette
l'Argentière
Léoube
Beau Vallon
les Ourlèdes
le Petit Pellegrin
Cardenon
le Gau
les Grès
la Ris
St-Jean
Port de Miramar
les Salins d'Hyères
le Gau Bénat
St-Martin
les Cabanes du Gapeau
Cabasson
Coupiane
l'Ayguade
les Fourches
Domaine de Cap Bénat
Carqueiranne
le Palyvestre
le Ceinturon
Cap Bénat
la Californie
Rade d'Hyères
Hyères-Plage
Golfe de Giens

F
G
H
J
K
1
2
3
4
5
6
Île St-Honorat
Forêt Domaniale de l'Esterel
280
Mont Vinaigre
614
St-Jean de l'Esterel
Théoule-sur-Mer
Théoule Supérieur
la Galère
Miramar
le Trayas Supérieur
le Trayas
Pointe du Cap Roux
Anthéor Plage
Anthéor
la Bastide
Agay
Ste-Guitte
Vigne Neuve
les Bastides de Valescure
la Tour de Mare
Valescure
Clair Bois
le Petit Défens
les Plaines
Boulouris
le Dramont
Camp Long
Cap du Dramont
Santa-Lucia
St-Raphaël
Fréjus
Fréjus-Plage
Golfe de Fréjus
Ste-Brigitte
Ste-Croix
les Agnes
la Lieutenante
le Capitou de l'Esterel
les Pins Parasols
les Blavets
St-Barthélémy
le Gabre
les Belles Terres
la Palmeraie
Caïs
Gaudrade
Palayson
Puget-sur-Argens
Roquebrune-sur-Argens
la Rouvière
Domaine des Baux
Domaine des Deux Collines
les Châteaux de Villepey
la Bergerie
les Petits Maures
St-Aygulf
les Rives d'Or
Boucharel
les Terrasses
les Hauts des Issambres
la Gaillarde
les Ricards
Val d'Esquières
la Vigie
les Issambres
San-Peire-sur-Mer
la Garonnette
les Messugues
la Baumette
la Nartelle
la Petite Corse
Pointe des Sardinaux
le Souleyas
le Rayol
Ste-Maxime
la Croisette
Guerre Vieille
Golfe de St-Tropez
St-Tropez
Rabiou
l'Estagnet
le Pin
la Moutte
Port Grimaud
Marines de Cogolin
les Canebiers
les Vanades
la Bouillabaisse
Malleribes
Bertaud
Es Marres
Moulin
les Salins
la Capilla
PRESQU'ÎLE DE ST-TROPEZ
Pampelonne
Gassin
l'Oumède
Ramatuelle
Mistral
Bonne Terrasse
la Croix-Valmer
le Pébriet
Cap Camarat
Camarat
Gigaro
l'Escalet
St-Michel
Cavalaire
la Bastide Blanche
Cap Cartaya
Cap Lardier
A8
N7
N98
D25

A
B
C
D
E
1
2
3
4
5
6
297
83
VAR
Nans-les-Pins
Vandegale
les Vannades
Cauron
St-Esprit
Mazaugues
la Roquebrussanne
Lotissement de Bellevue
les Carayas
Ste-Anastasie-sur-Issole
Forcalquieret
Lotissement du Castellas
Besse-sur-Issole
la Rouge
Naple
Fougou
Cocu de Fontbelle
Gareoult
Rocbaron
l'Acate
les Plaines
Néoules
Cassède
Fioussac
le Loou
Carnoules
Notre-Dame Grafeaux
la Foux
Bron
le Canadel
les Douvilles
Puget-Ville
Marouine
la Plantade
les Sauronnes
le Rayol
la Ruol
Nazareth
Plan-d'Aups-Sainte-Baume
le Plan de la Ste-Baume
Chaîne de la Sainte-Baume
St-Pilon
le Pied de la Colle
Signes
l'Espeïréguin
les Ferrages
Chibron
Méounes-lès-Montrieux
Beaumarran
Capelière
Montrieux-le-Vieux
les Calottes
les Blétonèdes
le Camp de Broquier
Camp Long
Belgentier
les Beaumettes
la Colle
St-Joseph
Valcros
la Foux
les Papeteries
Guiran
les Tourettes
Solliès-Toucas
les Ricardes
Valaury
les Aiguiers
Solliès-Pont
Solliès-Ville
le Logis Neuf
la Farlède
les Grands
les Laures
les Nartières
St-Laurent
les Veys
Pas Redon
Pandoué
Cuers
les Plans de Loube
l'Aumérade
les Vidaux
la Portanière
la Tuilière
les Baux
la Joselette
Pierrefeu-du-Var
la Joliette
les Pas de Baron
la Mayonnette
Sauvebonne
le Chêne
les Troisièmes Borrels
les Martins
les Deuxièmes
les Meissonniers
la Clapière
l'Oratoire
le Gapeau
les Pourpres
la Crau
291
le Fenouillet
la Bayorre
Hyères
Mataffe
les Ourledes
les Grès
Beau Vallon
St-Jean
St-Martin
Coupiane
la Moutonne
Clos Meunier
298
le Paradis
Carqueiranne
la Californie
les Salettes
la Palyvestre
l'Almanarre
Hyères-Plage
la Capte
la Bergerie
le Pousset
la Madrague
Giens
Golfe de Giens
Étang des Pesquiers
Presqu'Île de
la Curasse
les Roux
le Camp
Bois Soleil
la Tête de l'Évêque
Bégude
Ste-Anne du Castellet
le Jas de Clar
Coupas
le Brulat
le Castellet
le Beausset
le Claou
la Cadière-d'Azur
St-Cyr-s-Mer
Lucquets
Pibarnon
le Pont d'Antis
Rouve
Cadeyrenque
le Plan du Castellet
les Ginestès
Cimaï
804
Mont Caume
le Revest-les-Eaux
le Ray
la Sarvatte
Fontanieu
Dardennes
la Danillone
le Broussan
Ste-Anne-d'Evenos
Evenos
les Moulins
l'Ubac
la Pinède
Tour Beaumont
Mémor. de Débarq.
Rampale
Vallongue
429
le Gros Cerveau
le Lançon
Parc Bellevue
la Galere
Pointe des Termes
Bandol
la Piole
Ollioules
le Pont d'Aran
la Plaine du Roi
Pierredon
Darboussan
la Beaucaire
Quiez
la Valette-du-Var
la Corniche du Faron
Siblas
St-Jean du Var
la Coupiane
les Moulières
la Seyne-sur-Mer
Beau Cours
Portissol
la Cride
la Baou
les Lonnes
Lagoubran
Brégaillon
le Mourillon
la Rode
la Serinette
la Garde
le Pradet
le Cap Brun
les Bonnettes
la Garonne
les Oursinières
Sanary-sur-Mer
Bucarin
Petite Rade
TOULON
Grande Rade
les Mouissèques
les Quatre Moulins
Balaguier
Tamaris
Reynier
les Sablettes
St-Pierre des Embiez
le Brusc
Six-Fours-les-Plages
les Plaines
Mar Vivo
St-Elme
Pin Rolland
St-Mandrier-sur-Mer
Marégau
Fabrégas
ÎLES DES EMBIEZ
PRESQU'ÎLE DE ST-MANDRIER
la Lèque
Cap Sicié
en saison
en saison
Porto-Torres (Sardaigne)
Propriano
Calvi
l'Île Rousse
Bastia
A50
A57
A570
N97
N98
N8
D2
D554
D64
D95
D12
D14
D559
D42

301
298
299
F
G
H
J
K
1
2
3
4
5
6
Flassans-sur-Issole
la Lauzade
Rouvede
Repenti
Péguier
les Cours des Longs
l'Aubréguière
Gonfaron
Font d'Aille
les Mayons
la Haute Verrerie
les Andra
Domaine des Bertrands
la Basse Verrerie
les Plaines
la Moure
Plan-de-la-Tour
les Pierrons
les Gastons
Vallaury
les Prés
les Ricards
le Vernet
Préconil
le Couloubrier
la Baumette
la Galine
Fort
la Garde-Freinet
les Seignerolles
Coriolan
les Vernades
l'Ourlanton
le Souleyas
le Rayol
Bartole
Guerre Vieille
Ste-Maxime
la Croisette
la Garonnette
les Messugues
la Nartelle
la Petite Corse
Meinier
Pointe des Sardinaux
San-Peire-sur-Mer
la Serre
la Court
Val Verdun
les Mourressons
les Mûres
la Colline
Grimaud
Golfe de St-Tropez
St-Tropez
Rabiou
l'Estagnet
la Tourre
Val de Gilly
Valescure
Chât
le Pierredon
Saint-Pons les Mûres
Port Grimaud
Marines de Cogolin
Cogolin Plage
la Réparade
la Bouillabaisse
les Canebiers
les Vanades
la Moutte
les Salins
Plan de Suvière
Val de Périer
l'Argentière
Cogolin
les Massanes
Bertaud
Es Marres
Moulin
le Mourillon
le Hameau de Gassin
les Pourcieux
Capelude
l'Acate du Périer
les Rabassières
Pampelonne
Pimpinon
Gassin
l'Oumède
les Bonnaux
Collobrières
Chartreuse de la Verne
les Guiols
les Chênes
Mins de Paillas
Ramatuelle
Mistral
le Portanier
Massif des Maures
les Rochers Blancs
la Croix-Valmer
Bonne Terrasse
le Moulin Roux
la Môle
Barbigoua
le Paradou
Cap Camarat
le Pébriet
Camarat
les Campaux
Ste-Marie
les Caunes
83
VAR
l'Eau Blanche
Gigaro
l'Escalet
St-Michel
Parc de Cavalaire
Baie de Cavalaire
la Bastide Blanche
Valcros
les Hauts de Valcros
la Roseraie
la Castillane
Cap Cartaya
Baron Belvédère
les Mas de la Chesnaie
Commune de Rayol-Canadel-sur-Mer
les Pierrugues
le Rayol
Cavalaire-sur-Mer
Cap Lardier
N.-D. des Maures
Domaine de Valcros
Chât
Pramousquier
Aigue Belle
le Canadel
la Verrerie
le Mont des Roses
Bormes-les-Mimosas
la Fouasse
Cavalière
le Pin
la Vieille
Ravelle
la Fossette
Four des Maures
Trapouno
St-Clair
le Lavandou
la Londe-les-Maures
Beau-Regard
la Pascalette
les Bormettes
l'Argentière
Léoube
la Favière
le Petit Pellegrin
Port de Miramar
Cardenon
le Gau
la Ris
le Gau Bénat
Cabasson
les Fourches
Domaine de Cap Bénat
Cap Bénat
Rade d'Hyères
ÎLES D'HYÈRES
ÎLE DU LEVANT
le Grand Avis
la Madone
Héliopolis
Pointe de Port Man
ÎLE DE BAGAUD
Port Cros
ÎLE DE PORT CROS
Porquerolles
ÎLE DE PORQUEROLLES

283
64
PYRÉNÉES-ATLANTIQUES
ESPAGNE
Port de Larrau
1573
Larrau
Licq-Athérey
Commune de Sainte-Engrâce
la Caserne
Arette
la Pierre St-Martin
Commune de Lées-Athas
Montory
Haux
Etchebar
Laguinge-Restoue
Cayolar de Larrégorry
Cayolar d'Uthurcharra
Mendiondo
Cayolar de Gahalarbe
Cayolar Cihigolatzé
les Chalets d'Irati
Cabanes Egurguy
St-Jean-Pied-de-Port
St-Jean-le-Vieux
Uhart-Cize
Anhaux
Lasse
Caro
St-Michel
Ahaxe
Aincille
Commune d'Ahaxe-Alciette-Bascassan
Bussunarits
de Bussunarits-Sarrasquette
Lecumberry
Mendive
Béhorléguy
Estérençuby
Arnéguy
Banca
Saint-Sauveur
Hosta
64
PYRÉNÉES-ATLANTIQUES
ESPAGNE
A B C D E
1 2 3 4 5 6

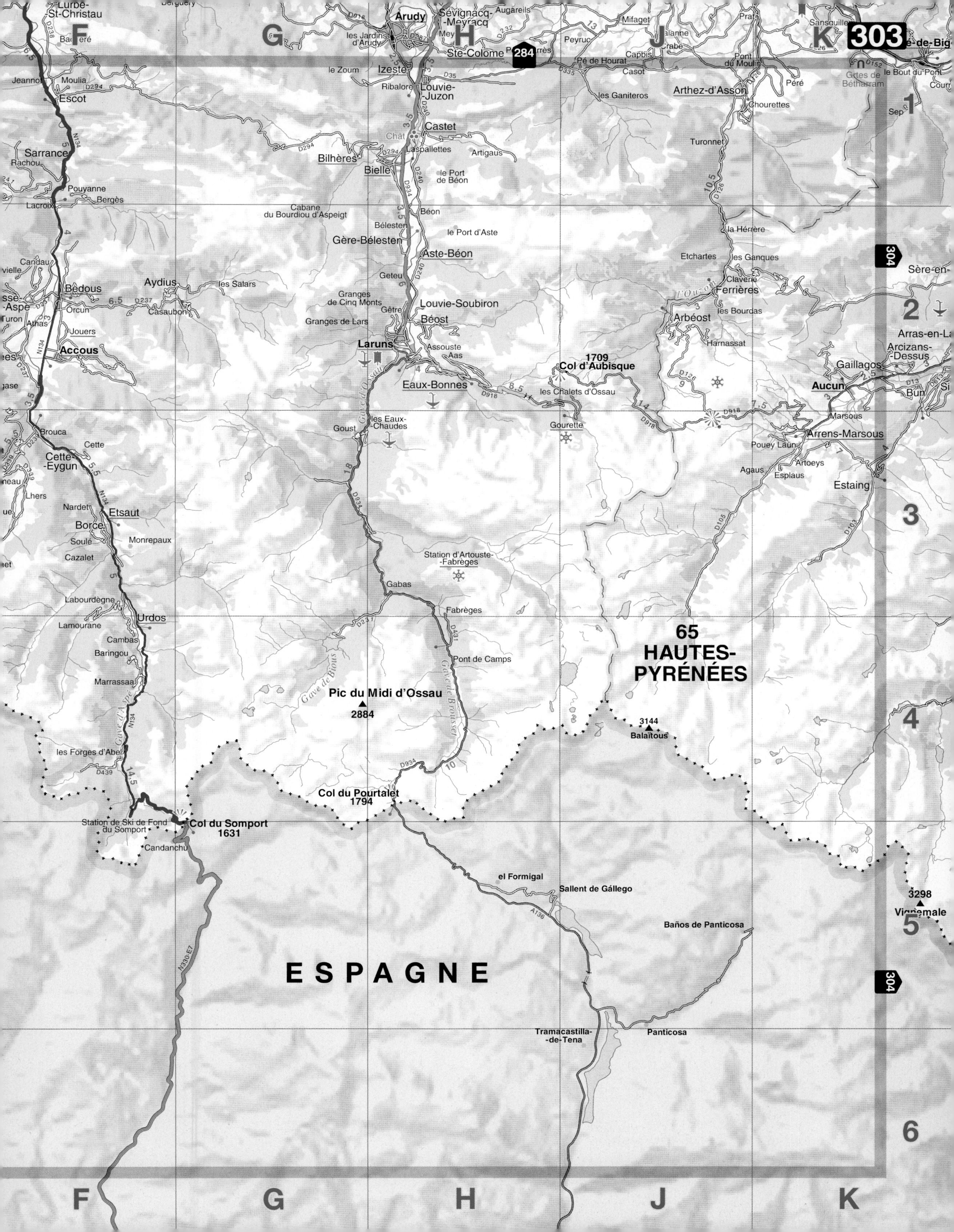

303
284
304
304
F
G
H
J
K
1
2
3
4
5
6
Arudy
Sévignacq-Meyracq
Ste-Colome
Izeste
Louvie-Juzon
Castet
Bilhères
Bielle
Escot
Sarrance
Bedous
Accous
Aydius
Gère-Bélesten
Aste-Béon
Louvie-Soubiron
Béost
Laruns
Eaux-Bonnes
1709
Col d'Aubisque
les Chalets d'Ossau
Gourette
Arthez-d'Asson
Ferrières
Arbéost
Aucun
Arrens-Marsous
Estaing
Gaillagos
Cette-Eygun
Etsaut
Borce
Urdos
les Eaux-Chaudes
Goust
Station d'Artouste-Fabrèges
Gabas
Fabrèges
Pont de Camps
65
HAUTES-PYRÉNÉES
Pic du Midi d'Ossau
2884
3144
Balaïtous
Col du Pourtalet
1794
Col du Somport
1631
Station de Ski de Fond du Somport
Candanchu
les Forges d'Abel
el Formigal
Sallent de Gállego
Baños de Panticosa
3298
Vignemale
ESPAGNE
Tramacastilla-de-Tena
Panticosa

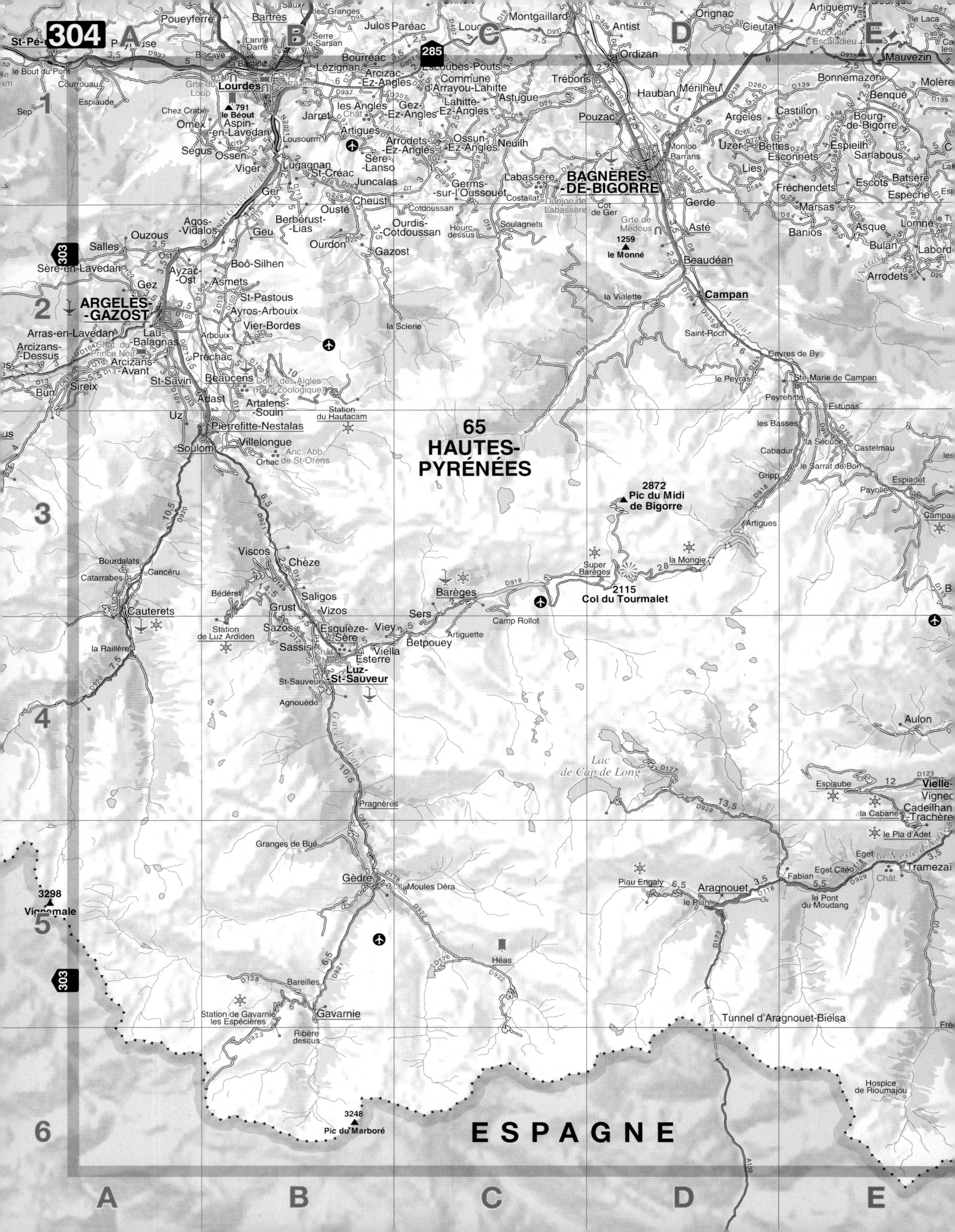
304
285
303
A
B
C
D
E
1
2
3
4
5
6
St-Pé
Pouyeferré
Bartres
Julos
Paréac
Montgaillard
Antist
Orignac
Cieutat
Artiguemy
Mauvezin
Lourdes
le Béout
791
Lézignan
Arcizac-Ez-Angles
Escoubès-Pouts
Commune d'Arrayou-Lahitte
Ordizan
Trébons
Hauban
Mérilheu
Bonnemazon
Benqué
Molère
Chez Crabé
Omex
Aspin-en-Lavedan
Ségus
Ossen
Viger
Lugagnan
St-Créac
les Angles
Gez-Ez-Angles
Lahitte-Ez-Angles
Astugue
Jarret
Artigues
Arrodets-Ez-Angles
Ossun-Ez-Angles
Neuilh
Pouzac
Argelès
Castillon
Bourg-de-Bigorre
Lousourm
Sère-Lanso
Juncalas
Germs-sur-l'Oussouet
Labassère
BAGNÈRES-DE-BIGORRE
Uzer
Bettes
Esconnets
Espieilh
Sarlabous
Lies
Fréchendets
Escots
Batsère
Espèche
Ger
Cheust
Ousté
Berbérust-Lias
Ourdis-Cotdoussan
Cotdoussan
Hourc dessus
Soulagnets
Cot de Ger
Gerde
Marsas
Asté
Banios
Asque
Lomné
Bulan
Labord
Agos-Vidalos
Ouzous
Salles
Sère-en-Lavedan
Geu
Ourdon
Gazost
le Monné
1259
Beaudéan
Arrodets
Boô-Silhen
Ayzac-Ost
Gez
Asmets
St-Pastous
Ayros-Arbouix
ARGELÈS-GAZOST
Arras-en-Lavedan
Lau-Balagnas
Vier-Bordes
Arbouix
la Vialette
Campan
la Scierie
Saint-Roch
Arcizans-Dessus
Arcizans-Avant
Préchac
Beaucens
Donj. des Aigles (Parc Zoologique)
Sireix
Bun
St-Savin
Adast
Artalens-Souin
Station du Hautacam
Cayres de By
Ste-Marie de Campan
le Peyras
Peyrehitte
Estupas
Uz
Pierrefitte-Nestalas
Villelongue
Soulom
Anc. Abb. de St-Orens
Ortiac
65
HAUTES-PYRÉNÉES
les Basses
la Séoube
Castelmau
Cabadur
le Sarrat de Bon
Gripp
Espiadet
Payolle
2872
Pic du Midi de Bigorre
Artigues
Viscos
Chèze
Bourdalats
Catarrabes
Cancéru
Super Barèges
la Mongie
2115
Col du Tourmalet
Bédéret
Barèges
Saligos
Vizos
Cauterets
Grust
Sers
Station de Luz Ardiden
Sazos
Esquièze-Sère
Viey
Camp Rollot
Artiguette
Betpouey
la Raillère
Sassis
Viella
Esterre
Luz-St-Sauveur
St-Sauveur
Agnouède
Aulon
Lac de Cap de Long
Espiaube
Vielle-
Vignec
Cadeilhan-Trachère
la Cabane
le Pla d'Adet
Pragnères
Granges de Bué
Eget
Eget Cité
Tramezaï
Fabian
Gèdre
Moules Déra
Piau Engaly
Aragnouet
le Plan
le Pont du Moudang
3298
Vignemale
Héas
Bareilles
Station de Gavarnie les Espécières
Gavarnie
Ribère dessus
Tunnel d'Aragnouet-Bielsa
Hospice de Rioumajou
3248
Pic du Marboré
ESPAGNE

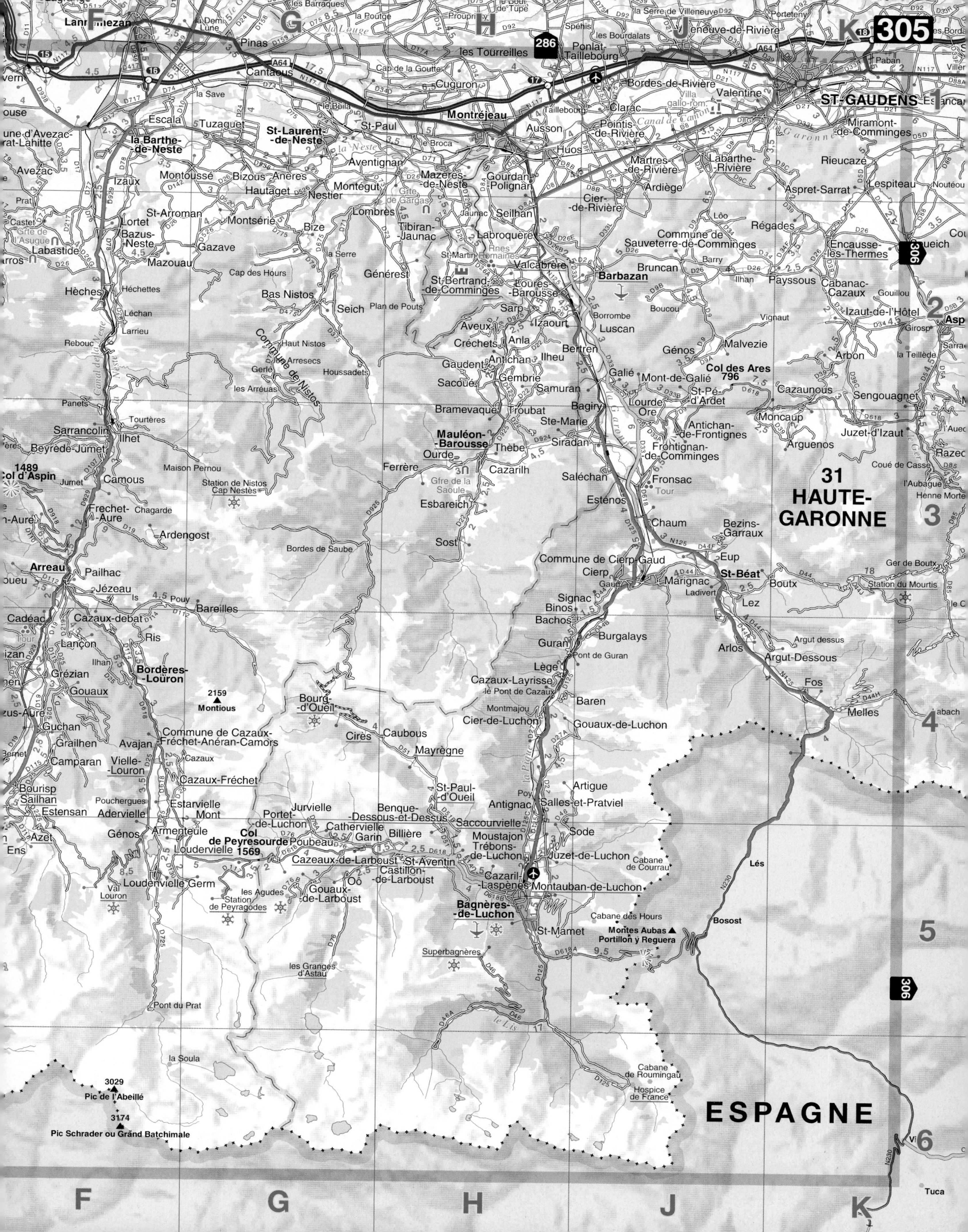

305
286
306
F
G
H
J
K
1
2
3
4
5
6
Lannemezan
Pinas
Cantaous
Cuguron
Montréjeau
Ponlat-Taillebourg
les Tourreilles
Bordes-de-Rivière
Valentine
ST-GAUDENS
Villa gallo-rom.
Canal de Canon
Miramont-de-Comminges
Clarac
Pointis-de-Rivière
Ausson
Huos
la Garonne
Escala
Tuzaguet
la Barthe-de-Neste
St-Laurent-de-Neste
St-Paul
le Broca
la Neste
Aventignan
Mazères-de-Neste
Gourdan-Polignan
Martres-de-Rivière
Labarthe-Rivière
Ardiège
Rieucazé
Aspret-Sarrat
Lespiteau
Avezac
Izaux
Montoussé
Bizous
Anères
Hautaget
Nestier
Montégut
Grte de Gargas
Lombrès
Tibiran-Jaunac
Jaunac
Seilhan
Cier-de-Rivière
Lôo
Régades
Encausse-les-Thermes
Castet
Gfre de l'Asugue
Labastide
Lortet
Bazus-Neste
St-Arroman
Montsérié
Bize
Gazave
Mazouau
Labroquère
Rnes Romaines
St-Martin
Valcabrère
Commune de Sauveterre-de-Comminges
Bruncan
Barry
Barbazan
Payssous
Cabanac-Cazaux
Izaut-de-l'Hôtel
Ilhan
Hèches
Héchettes
Cap des Hours
Générest
St-Bertrand-de-Comminges
Loures-Barousse
la Serre
Bas Nistos
Seich
Plan de Pouts
Sarp
Izaourt
Borrombe
Boucou
Luscan
Vignaut
Léchan
Larrieu
Rebouc
Canal de la Neste
Haut Nistos
Arresecs
Gerlé
Commune de Nistos
Houssadets
les Arréuas
Aveux
Créchets
Anla
Gaudent
Antichan
Ilheu
Bertren
Génos
Malvezie
Arbon
Girosp
la Teillède
Col des Ares
796
Galié
Mont-de-Galié
St-Pé-d'Ardet
Cazaunous
Sengouagnet
Sacoué
Gembrie
Samuran
Lourde
Ore
Bagiry
Panets
Bramevaque
Troubat
Ste-Marie
Antichan-de-Frontignes
Moncaup
Juzet-d'Izaut
Tourtères
Sarrancolin
Ilhet
Beyrède-Jumet
Mauléon-Barousse
Ourde
Thèbe
Siradan
Frontignan-de-Comminges
Arguenos
1489
Col d'Aspin
Jumet
Maison Pernou
Camous
Station de Nistos
Cap Nestès
Ferrère
Cazarilh
Gfre de la Saoule
Saléchan
Fronsac
Tour
Coué de Casse
l'Aubague
Henne Morte
31
HAUTE-GARONNE
Frechet-Aure
Chagarde
Ardengost
Esbareich
Estenos
Chaum
Bezins-Garraux
Sost
Bordes de Saube
Eup
Arreau
Pailhac
Jézeau
Commune de Cierp-Gaud
Cierp
Gaud
Marignac
St-Béat
Ladivert
Boutx
Ger de Boutx
Station du Mourtis
Lez
Is
Pouy
Bareilles
Signac
Binos
Bachos
Cadéac
Cazaux-debat
Ris
Lançon
Ilhan
Guran
Burgalays
Pont de Guran
Argut dessus
Arlos
Argut-Dessous
Grézian
Bordères-Louron
Lège
Gouaux
Fos
2159
Montious
Cazaux-Layrisse
le Pont de Cazaux
Baren
Melles
Bourg-d'Oueil
Montmajou
Cier-de-Luchon
Gouaux-de-Luchon
Guchan
Grailhen
Avajan
Commune de Cazaux-Fréchet-Anéran-Camors
Cirès
Caubous
Camparan
Vielle-Louron
Cazaux
Mayrègne
Cazaux-Fréchet
Artigue
Bourisp
Sailhan
Estensan
Pouchergues
Adervielle
Estarvielle
Mont
Jurvielle
Portet-de-Luchon
Benque-Dessous-et-Dessus
St-Paul-d'Oueil
Antignac
Poy
Salles-et-Pratviel
Saccourvielle
Azet
Génos
Armenteule
Col de Peyresourde
1569
Catherville
Garin
Billière
Moustajon
Sode
Ens
Loudervielle
Poubeau
Trébons-de-Luchon
Juzet-de-Luchon
Cabane de Courrau
Cazeaux-de-Larboust
St-Aventin
Castillon-de-Larboust
Lés
Loudenvielle
Germ
Oô
Cazaril-Laspènes
Montauban-de-Luchon
Val Louron
les Agudes
Station de Peyragodes
Gouaux-de-Larboust
Bagnères-de-Luchon
Cabane des Hours
Bosost
St-Mamet
Montes Aubas
Portillon y Reguera
Superbagnères
les Granges d'Astau
Pont du Prat
le Lis
la Soula
Cabane de Roumingau
Hospice de France
3029
Pic de l'Abeillé
3174
Pic Schrader ou Grand Batchimale
ESPAGNE
Tuca

306
A
B
C
D
E
287
305
1
2
3
4
5
6
Castillon-de-St-Martory
Mazères-sur-Salat
Belbèze-en-Comminges
Cérizols
Montgaillard
la Fitte
Lahitère
Mailhac
Montbrun-Bocage
Savarthès
St-Médard
Lestelle-de-St-Martory
Ste-Matrone
Bouque de Lens
Furne
Hauruc
Losse
Couloumat
Ste-Croix-Volvestre
Salef
Pierre de Faure
Villemeur
Gaudines
le Baron
Montsaunès
la Rouaoude
Escoulis
Hitte
Fabas
Maharage
Labarthe-Inard
Estancarbon
Beauchalot
Grtes de Marsoulas
Marsoulas
Berreté
les Bourdasses
Salies-du-Salat
Betchat
Belloc
Bardau
Tourtouse
Mathali
Artigues
Pointis-Inard
Figarol
Bédeille
Mérigon
Montespan
Mane
Touille
Montaut
Berdou
Bagert
Tarabet Ferme
Noutéou
Léoudary
Bout du Village
Ganties
Montgaillard-de-Salies
His
la Monge
Brune
Peyroutets
Barjac
Montardit
Mauvezin-de-Ste-Croix
la Jeanne
Rabio
la Crouzette
Lasserre
Monnereau
Courét
Rouède
Castagnède
la Bastide-du-Salat
Nérou
Contrazy
Soueich
Louis
Bouinéous
Pont de Prades
Latapie
Lacave
Bonrepaux
Mercenac
Taurignan-Castet
Grane
Broue
les Baudis
Braydess
Lasserre
Estadens
Commune de Montastruc-de-Salies
Castelbiague
Pujos
Montégut
Mauvezin-de-Prat
le Salat
Caumont
Sentaraille
Ste-Croix
Lannes
Saleich
Taurignan-Vieux
Commune de Lorp-Sentaraille
Mouchous
Gérus
Prat-Bonrepaux
Peluhau
Gajan
Lara
Montesquieu-Avantès
le Volp
Loubersenac
Aspet
Chein-Dessus
Noustens
Urau
Saleich Vieille
Francazal
Girosp
Bordes
Ribereuille
Gèle
la Plagne
31
HAUTE-GARONNE
Raoux
Sarradère
Goute-Muguère
Montjoie-en-Couserans
Audinac
la Teillède
Couillas
Bataille
Barat
Montgauch
Lorp
Audinac-les-Bains
Lescure
Peyréu
Arbas
Salège
Cazavet
Thérech
Pobusc
Cazaux
Bareille
St-Lizier
Balîar
Grfe de la Henne Morte
Fougaron
Milhas
Lédar
ST-GIRONS
Flourit
l'Auech
le Mourtis
Commune de Balaguères
Montégut-en-Couserans
Razecueillé
Herran
la Plaine d'Eycheil
Eycheil
Balagué
Moulis
Peynaudet
Commune d'Encourtiech
le Lez
le Casse
Agert
Ouerdes
Rivèrenert
l'Aubague
Henne Morte
Col de Portet d'Aspet
1069
Luzenac
le Coch
Escarchein
Arrout
Alas
Engomer
Lacourt
St-Jean-du-Castillonnais
Buzan
Villeneuve
Galey
Portet-d'Aspet
Argein
Astien
Millas
Illartein
Castet Cuillé
Cap de Sour
Erp
St-Lary
Aucazein
Audressein
Cescau
Portillon
Orgibet
Augirein
Sengouagneich
Lastès
Coste
Viellot
Anos
Sor
Ates
Bessadau
Autrech
Castillon-en-Couserans
Boussan
du Mourtis
Araux
Ruech
Lacroue
Espou
St-Pierre
Commune de
le Couéu
la Mouline
Salsein
la Rivière
les Loubères
Bourdenac
Castet d'Aleu
Arrien-en-Bethmale
Artiguenard
Alos
les Bordes-sur-Lez
Commune de Soueix-Rogalle
Osque du Couret
Uchentein
Irazein
Tournac
Samortein
Soueix
Galas
Balacet
le Sarrat
Antras
Ayet
Commune de Bethmale
Rogalle
Vic d'Oust
Ayer
Sentenac-d'Oust
Oust
Bonac
Frechendech
Sentein
Orle
Bernachel
Seix
Bouche
Roume
Commune de Bonac-Irazein
le Pont
Fouguère
Comanie
Coumelade
Coumecaude
Estoéou
Luentein
Chât. de Minabat
Arrous
Eylie
Laspé
Granges des Écharts
Couflens de Betmajou
Chât. de la Garde
Pont de la Taule
Saburdac
Commune d'Ustou
le Trein
Bielle
les Mailliches
St-Lizier
Faup
Rieu
Raufaste
Riu de Rouze
Couflens
le Salat
Ossèse
Salau
ESPAGNE
2868
Mont Rouch
Salardu
Vie
Artiés
Baqueira-Beret
Tuca

307
F
G
H
J
K
288
Campagne-sur-Arize
Castéras
Artigat
St-Michel
Bézac
Gamas
Lancire
Loudas
le Touc
Marsoulies
les Bourrets
Reballiou
Lanoux
Brugniac
Burret
Lescousse
Pamiers
PAMIERS
la Bardaille
la Bastide-de-Lordat
le Carlaret
St-Félix-de-Tournegat
Ludiès
Salcet
St-Amadou
la Tour du Crieu
Montfa
Gramounal
les Bordes-sur-Arize
Sabarat
Pailhes
Monesple
Madière
Lates
Gouses
Porteteny
la Quérette
Pugneret
les Fontanelles
St-Victor-Rouzaud
Bigourda
Commune de St-Jean-du-Falga
Semaille
Verniolle
Lasserre
les Pujols
Rieucros
Bidot
Ferme
Camarade
Millorat
Ferme
Grte du Mas d'Azil
Fouchet
le Mas-d'Azil
Gabre
Menay
Couronne
Montégut-Plantaurel
Grave
Commune de St-Bauzeil
le Prieu
Benagues
Mouchague
les Issards
Rieubach
Peyret
Peyramond
Camp-Nègre
Artix
Platine
Joucla
Ferriès
Coussa
le Monge
Arvigna
Guillamot
Plagne
Pailhol
le Saret
le Fourné
Commune d'Aigues-Juntes
Couderc
Cazaux
Laurens
Rieux-de-Pelleport
Bacalou
Varilhes
St-Félix-de-Rieutord
Ségura
Clermont
Canals
le Freyche
Allières
Escougnale
Aron
Loubens
Fourmiguères
Sarguet
Dalou
Calzan
Maneyre
Chât. de St-Barthélemy
Lescale
Ordas
Brouzenac
Suzan
Unjat
le Pigné
Crampagna
Garrigou
Berny
Malléon
Marrot
Montseron
Durban-sur-Arize
Ségalas
la Bastide-de-Sérou
Terrefort
596
Montagne du Plantaurel
Col du Fach
Baulou
St-Jean-de-Verges
Peny
Commune de Gudas
Seignerix
Castelnau-Durban
Cadarcet
Clarac
Loubières
Cazals
St-Martin
Rimont
le Bénal
Camel
Montels
le Soulé
Feillet
Larbont
Nescus
Montredon
Villeneuve-du-Bosc
Micou
Laborie
le Chalet
Alzen
Acoucat
Arabaux
Guinot
Commune de Ventenac
le Cazalas
Esplas-de-Sérou
Estaniels
St-Martin-de-Caralp
Vernajoul
Berdoulet
la Vernière
Pombole
Serres-sur-Arget
Cos
St-Sauveur
Flassa
l'Herm
le Mériat
Layrole
Commune de St-Pierre-de-Rivière
Montagagne
Sentenac-de-Sérou
Balès
Sahuc
Minjou
Carla-de-Roquefort
Garrique
Génat
la Mouline
FOIX
Lauch
les Cabesses
le Courtal
Bénac
St-Pierre-de-Dessous
Barry
Commune de Pradières
la Calmette
Daribeau
la Cabirole
Burret
Brassac
Cadirac
Burges
Ganac
Ferrières-sur-Ariège
la Forge
Caraybat
Soula
Leychert
Brègne
Matthieu
Micou
Montgaillard
Bouffat
Chât.
Roquefort
Commune du Bosc
Pla de Rans
Auragnou
Prayols
St-Paul-de-Jarrat
Celles
Fontelles
Commune de Boussenac
Barrus
Jacoy
Montoulieu
Freychenet
Biert
Espres
Cartou
Bérac
1249
Col de Port
Goulzen
la Titou
le Gabachou
le Sourt
Col de la Lauze
Jambes
Esquen
Massat
Eycherboul
Seignaux
Tragine
Mourès
Col d'Urbens
Bougareit
Liers
Prat Communal
Commune de Bédeilhac-et-Aynat
Amplaing
Antras
Laures
Saraille
Saurat
Tour de Montorgueil
Garrabet
Mercus-Garrabet
Frémis
les Bordes
Boatès
le Port
09
ARIÈGE
Aynat
Ménac
Jarnat
Arignac
Bédeilhac
Grte de Bédeilhac
Arac
Carly
Rabat-les-Trois-Seigneurs
Surba
Bompas
Croquié
la Peyregade
Ercé
Pitrail
Carol
Ourtrigous
Trabiet
Plandière
Plaine de Pilhes
Arnave
Commune de Cazenave-Serres-et-Allens
les Monts d'Olmes
Carnies
Gourbit
Banat
Quié
Tarascon-sur-Ariège
Saint-Roch
Sabart
Ussat
Cazenave
les Escales
2199
Pic des Trois Seigneurs
2166
Pic de Pioulou
Grte de la Vache
Génat
Grte de Lombrives
Barry d'en Haut
Commune d'Ornolac-Ussat-les-Bains
2074
Pic du Han
2115
Pic Galinat
Hameau de Labouche
Ussat-les-Bains
Grte de Niaux
Barry-d'en-Bas
Montagne de Tabe
Alliat
Niaux
Aulus-les-Bains
Prat
Mataou
Lapège
Larnat
Sinsat
Barry d'en Haut
Senconac
Commune de Suc-et-Sentenac
Commune d'Illier-et-Laramade
Chât.
Arquizat
Norrat
Bouan
Aulos
Verdun
Barry d'en Bas
Caychax
Junac
Capoulet
Guzet-Neige
Suc
Orus
Illier
Commune de Capoulet-et-Junac
Château-Verdun
les Cabannes
Appy
Axiat
Sentenac
Norgeat
Monteils
Albiès
Payfoch
Vèbre
Urs
Lordat
Vernaux
Saleix
Vicdessos
Lercoul
Commune de Miglos
Larcat
Aston
308
Luzenac
Aussures
Auzat
Sem
Seuillac
Gestiès
Siguer
Garanou
Olbier
Goulier
l'Ariège
Sourtadeil
Commune de Pech
Goulier-Endron
Artiès
Centraus
Sarradeil
Ensem
Bouychet
Ourre
2615
Pointe des Trois Comtes
En Perrot
Marc
Cayanes-d'en-bas
l'Artigue
Carafa
312
Commune de Perles-et-Castelet
1
2
3
4
5
6

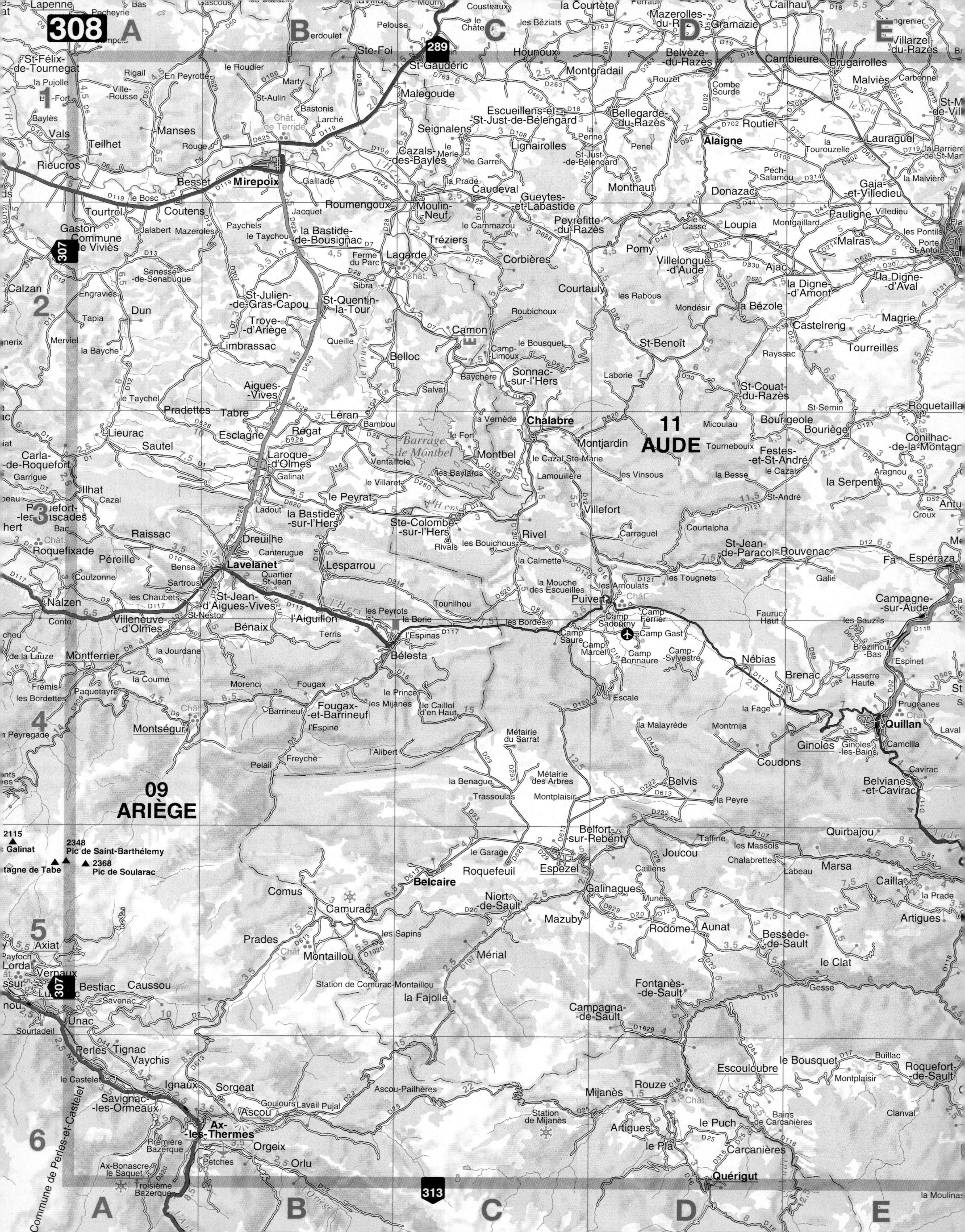

308
289
307
313
A
B
C
D
E
1
2
3
4
5
6
09
ARIÈGE
11
AUDE
St-Félix-de-Tournegat
Vals
Teilhet
Manses
Rieucros
Besset
Mirepoix
Coutens
Tourtrol
Gaston Commune de Viviès
Calzan
Dun
Limbrassac
Aigues-Vives
Pradettes
Tabre
Lieurac
Sautel
Esclagne
Carla-de-Roquefort
Ilhat
Raissac
Roquefixade
Péreille
Dreuilhe
Lavelanet
Nalzen
Villeneuve-d'Olmes
St-Jean-d'Aigues-Vives
Bénaix
Montferrier
Montségur
Fougax-et-Barrineuf
Bélesta
l'Aiguillon
Lesparrou
Laroque-d'Olmes
la Bastide-sur-l'Hers
le Peyrat
Ste-Colombe-sur-l'Hers
Léran
Régat
Belloc
Camon
Lagarde
St-Quentin-la-Tour
St-Julien-de-Gras-Capou
Troye-d'Ariège
la Bastide-de-Bousignac
Roumengoux
Moulin-Neuf
Tréziers
Corbières
Caudeval
Gueytes-et-Labastide
Peyrefitte-du-Razès
Seignalens
Cazals-des-Baylès
Lignairolles
Escueillens-et-St-Just-de-Bélengard
Malegoude
St-Gaudéric
Ste-Foi
Hounoux
Montgradail
Belvèze-du-Razès
Bellegarde-du-Razès
Alaigne
Routier
Cambieure
Brugairolles
Malviès
Lauraguel
Donazac
Gaja-et-Villedieu
Pauligne
Malras
Loupia
Pomy
Villelongue-d'Aude
Ajac
la Digne-d'Amont
la Digne-d'Aval
la Bézole
Castelreng
Magrie
Tourreilles
St-Benoît
Courtauly
Sonnac-sur-l'Hers
Chalabre
Montbel
Barrage de Montbel
Montjardin
Villefort
Rivel
St-Couat-du-Razès
Bourigeole
Bouriège
Festes-et-St-André
la Serpent
St-Jean-de-Paracol
Rouvenac
Espéraza
Campagne-sur-Aude
Puivert
Nébias
Brenac
Quillan
Ginoles
Coudons
Belvianes-et-Cavirac
Belvis
Belfort-sur-Rebenty
Espezel
Joucou
Marsa
Roquefeuil
Belcaire
Comus
Camurac
Niort-de-Sault
Galinagues
Mazuby
Rodome
Aunat
Bessède-de-Sault
Artigues
le Clat
Prades
Montaillou
Mérial
Axiat
Lordat
Bestiac
Caussou
Station de Comurac-Montaillou
la Fajolle
Fontanès-de-Sault
Campagna-de-Sault
Unac
Perles
Tignac
Vaychis
Ignaux
Sorgeat
Savignac-les-Ormeaux
Ascou
Ax-les-Thermes
Orgeix
Orlu
Mijanès
Rouze
Station de Mijanès
Artigues
le Puch
le Pla
Carcanières
Escouloubre
le Bousquet
Roquefort-de-Sault
Quérigut
2348 Pic de Saint-Barthélemy
2368 Pic de Soularac
Commune de Perles-et-Castelet

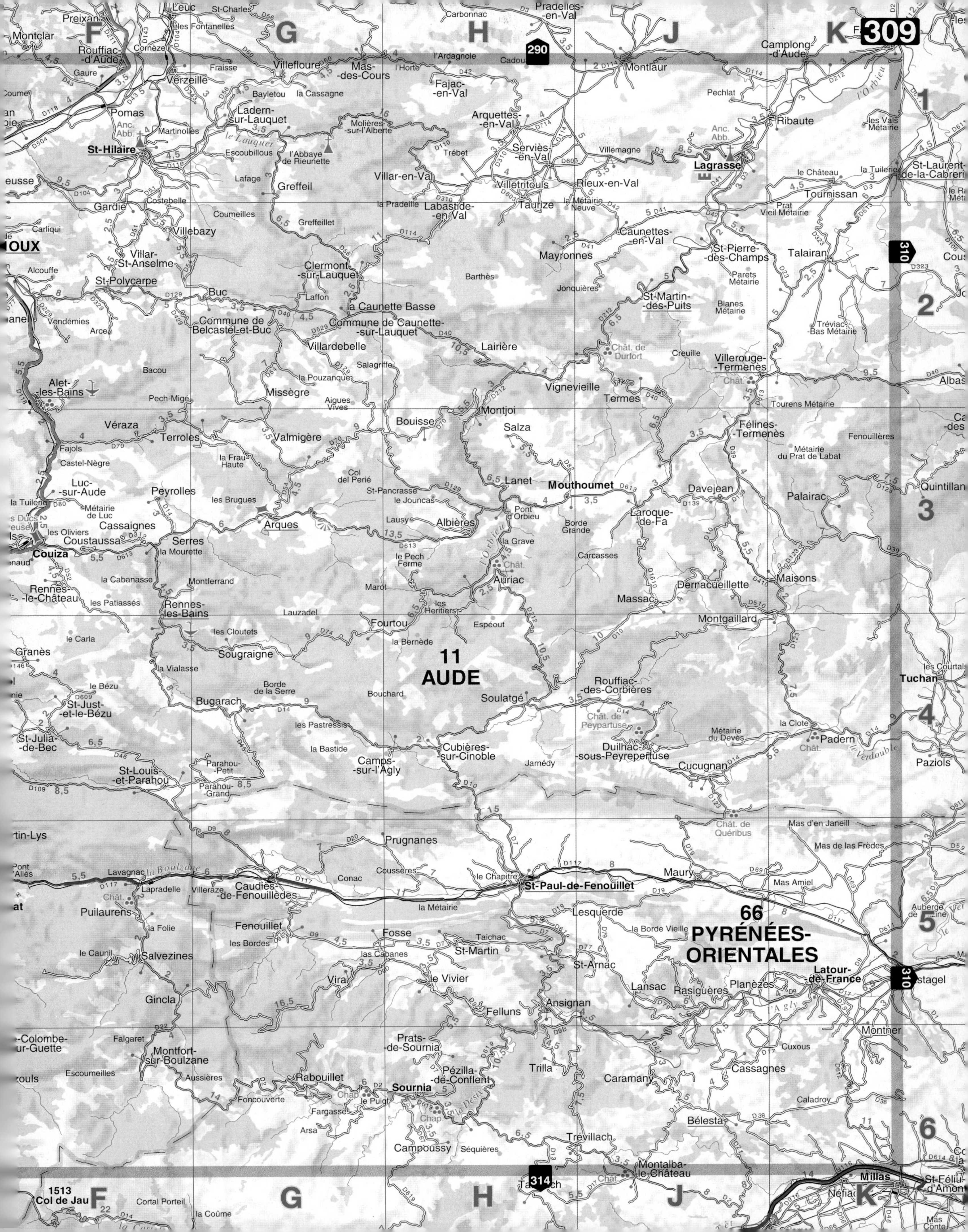
309
F
G
H
J
K
1
2
3
4
5
6
290
310
314
11
AUDE
66
PYRÉNÉES-
ORIENTALES
St-Hilaire
Lagrasse
Couiza
Mouthoumet
St-Paul-de-Fenouillet
Tuchan
Sournia
Latour-de-France
Millas
1513
Col de Jau

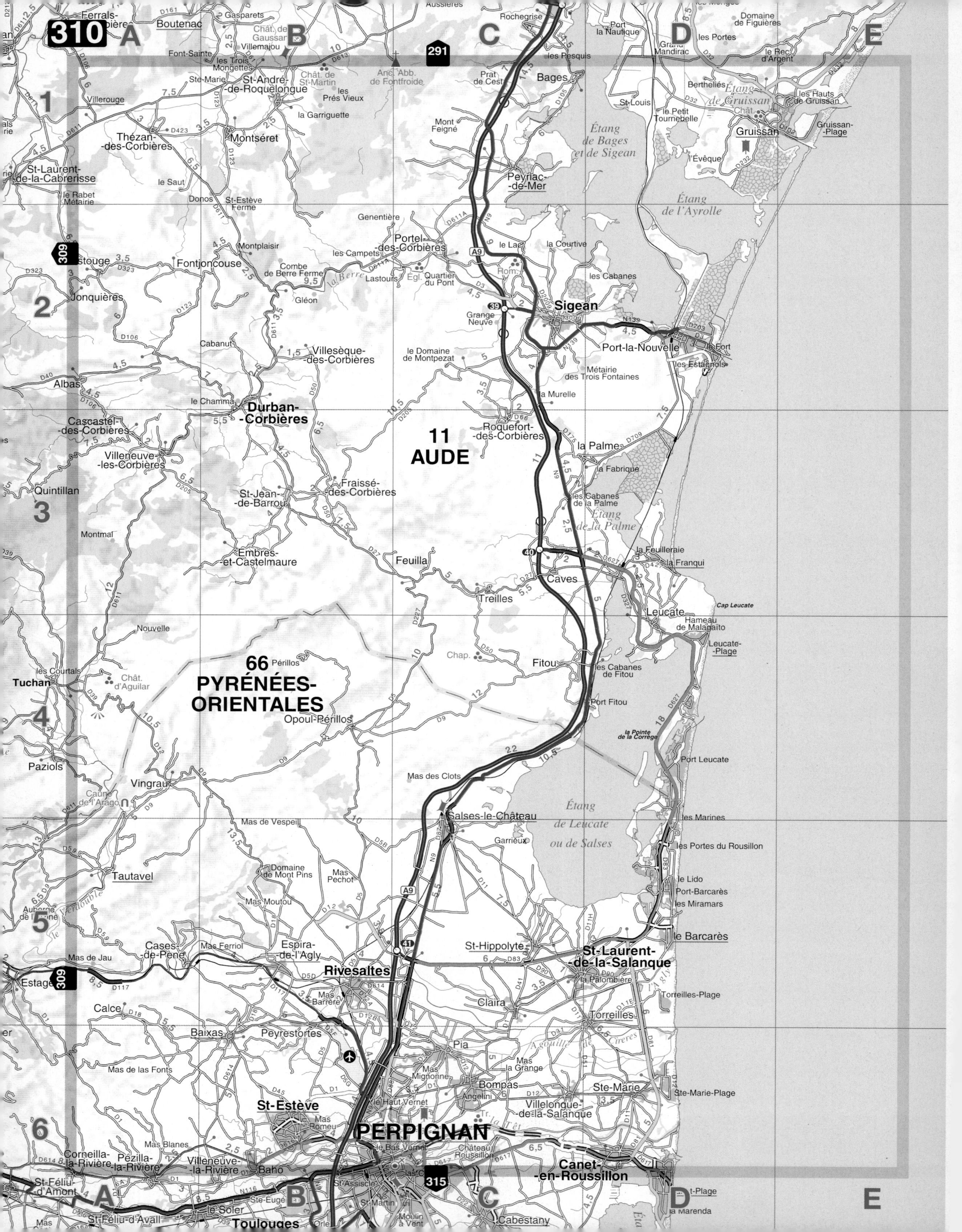

310
291
309
315
11
AUDE
66
PYRÉNÉES-
ORIENTALES
PERPIGNAN
Rivesaltes
St-Laurent-
-de-la-Salanque
Sigean
Port-la-Nouvelle
Gruissan
Leucate
Durban-
-Corbières
Canet-
-en-Roussillon
St-Estève
Étang
de Bages
et de Sigean
Étang
de l'Ayrolle
Étang
de la Palme
Étang
de Leucate
ou de Salses
Salses-le-Château
Port Leucate
le Barcarès
Fitou
Caves
Treilles
Feuilla
Tuchan
Peyriac-
-de-Mer
Bages
Portel-
-des-Corbières
Roquefort-
-des-Corbières
la Palme
Cap Leucate
Leucate-
-Plage
Torreilles
Bompas
Ste-Marie
Pia
Baixas
Cases-
-de-Pène
Espira-
-de-l'Agly
Tautavel
Vingrau
Opoul-Périllos

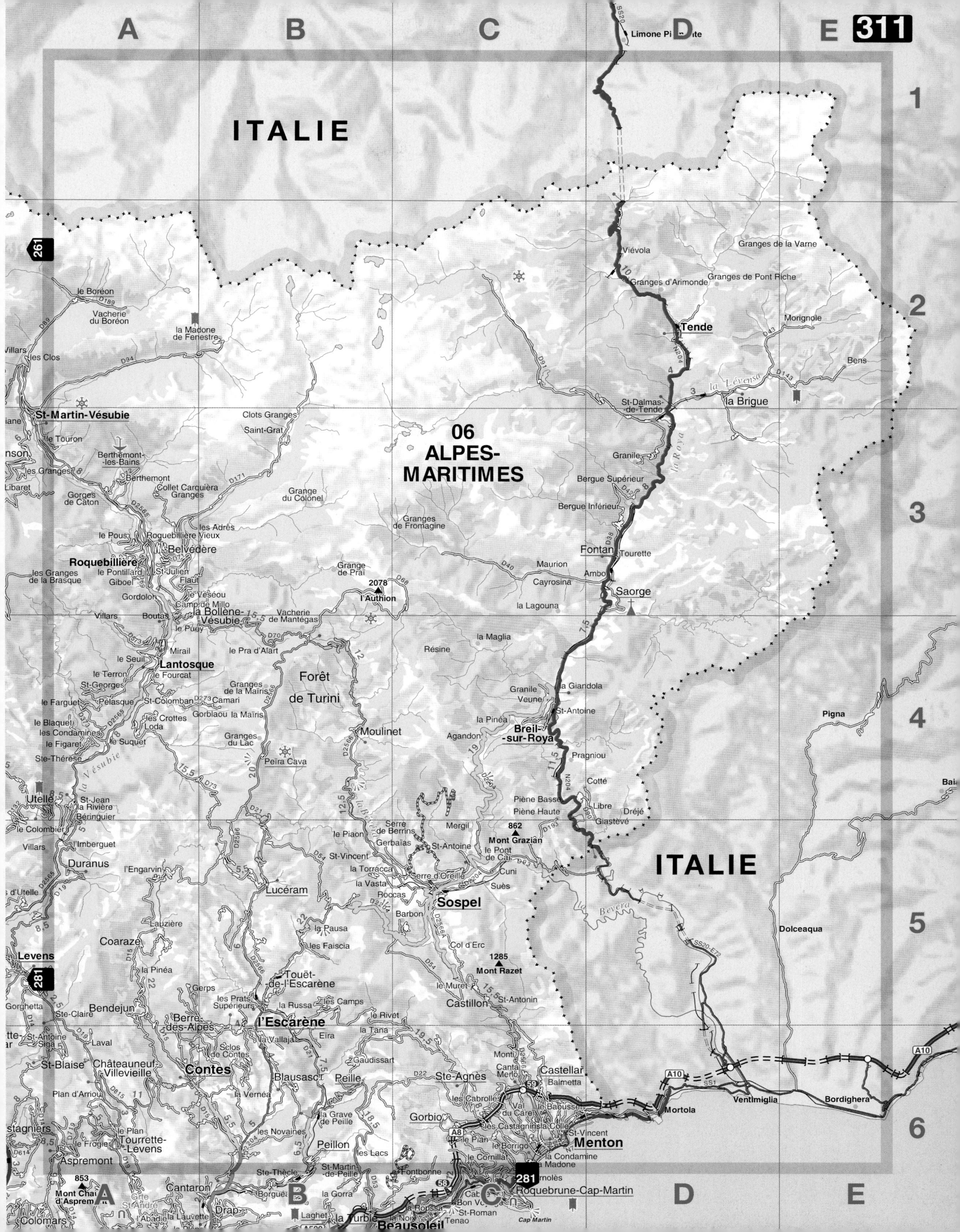
ITALIE
06
ALPES-MARITIMES
ITALIE
Limone Piemonte
Tende
la Brigue
St-Dalmas-de-Tende
Saorge
Fontan
Breil-sur-Roya
Sospel
Menton
Roquebrune-Cap-Martin
Beausoleil
la Turbie
St-Martin-Vésubie
Roquebillière
Belvédère
la Bollène-Vésubie
Lantosque
Utelle
Levens
Contes
l'Escarène
Lucéram
Moulinet
Forêt de Turini
l'Authion
Castillon
Castellar
Gorbio
Ste-Agnès
Peille
Peillon
Coaraze
Duranus
Bendejun
Châteauneuf-Villevieille
Tourrette-Levens
Aspremont
Drap
Cantaron
Ventimiglia
Bordighera
Dolceaqua
Pigna
Mortola
Cap Martin
Mont Razet
Mont Grazian
la Madone de Fenestre
le Boréon
Vacherie du Boréon
Berthemont-les-Bains
Peïra Cava
Touët-de-l'Escarène
Berre-des-Alpes
Blausasc
la Vésubie
la Roya
la Bévéra
la Lévensa

312
307
306
A
B
C
D
E
1
2
3
4
5
6
Aulus-les-Bains
Portet
l'Ariail
Stillon
Guzet-Neige
Moussures
Commune de Suc-et-Sentenac
Commune d'Illier-et-Laramade
Orus
Illier
Vicdessos
Saleix
Auzat
Olbier
Goulier
Sem
Lercoul
Seuillac
Siguer
Gestiès
Capoulet
Commune de Capoulet-et-Junac
Junac
Norgeat
Commune de Miglos
Lapège
Bouan
Aulos
Château-Verdun
Verdun
Senconac
Caychax
les Cabannes
Appy
Albiès
Vèbre
Urs
Larcat
Monteils
Aston
Commune de Pech
l'Ariège
Garanou
Goulier-Endron
Centraus
Sarradeil
Bouychet
Ensem
Artiès
Ourre
En Perrot
Marc
l'Artigue
Carafa
Cayanes-d'en-bas
2615
Pointe des Trois Comtes
09
ARIÈGE
3143
Pic d'Estats
2865
Pic de Malcaras
El Serrat
ANDORRE
Soldeu
Canillo
la Massana
Encamp
Port d'Envalira
2409
Andorra la Vella
les Escaldes
Sant Julia de Loria
Seo de Urgel
N260
N145
N2
N3

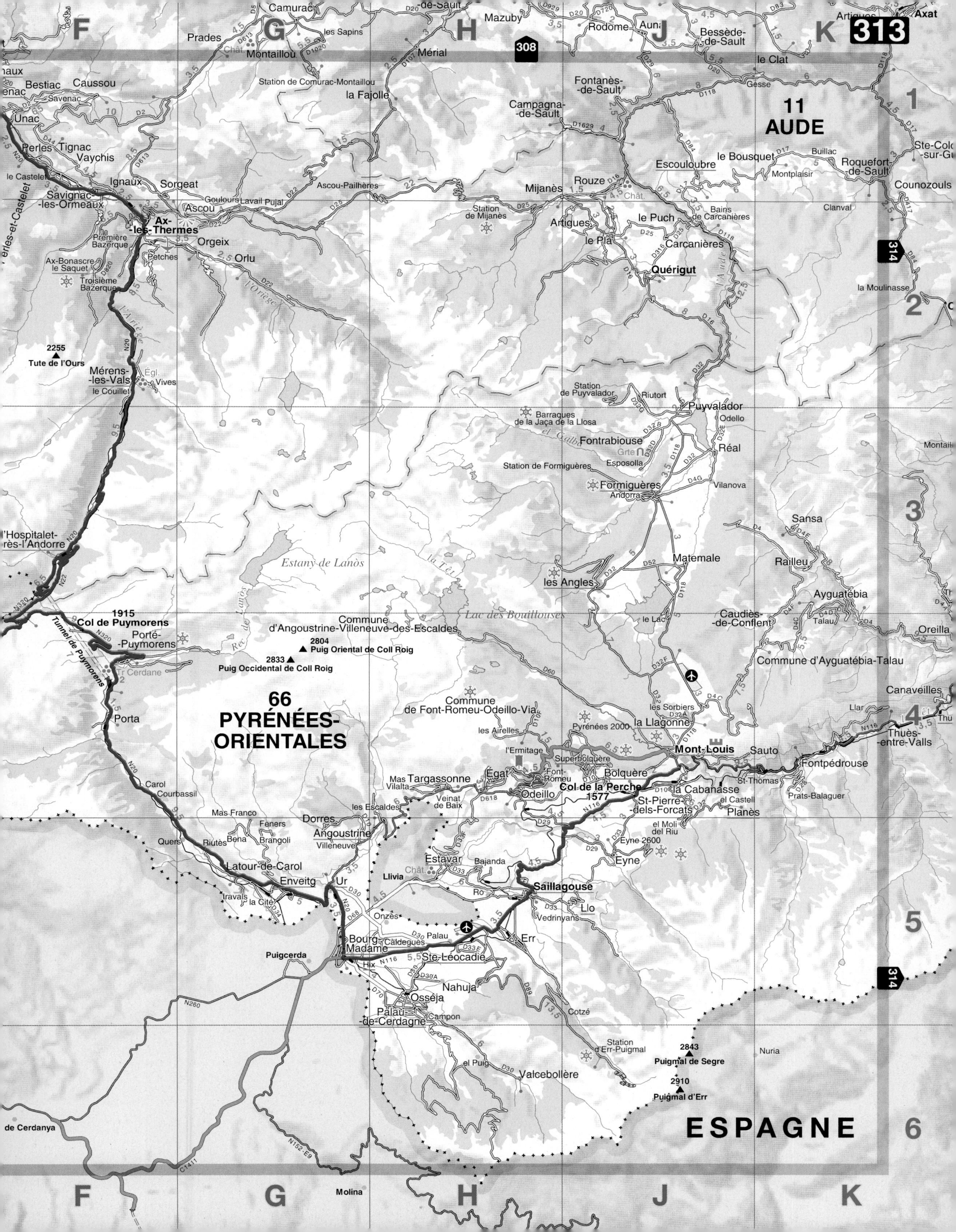

F
G
H
J
K
1
2
3
4
5
6
11
AUDE
66
PYRÉNÉES-
ORIENTALES
ESPAGNE
Camurac
Prades
Montaillou
les Sapins
Mérial
Mazuby
Rodome
Aunat
Bessède-de-Sault
Artigues
Axat
le Clat
Station de Comurac-Montaillou
la Fajolle
Fontanès-de-Sault
Gesse
Campagna-de-Sault
Bestiac
Caussou
Savenac
Unac
Perles
Tignac
Vaychis
le Castelet
Savignac-les-Ormeaux
Ignaux
Sorgeat
Ascou-Pailhères
Goulours
Lavail
Pujal
Ascou
Ax-les-Thermes
Orgeix
Orlu
Première Bazerque
Ax-Bonascre le Saquet
Petches
Troisième Bazerque
Station de Mijanès
Mijanès
Rouze
Escouloubre
le Bousquet
Buillac
Montplaisir
Roquefort-de-Sault
Counozouls
Clanval
Artigues
le Puch
Bains de Carcanières
le Pla
Carcanières
Quérigut
la Moulinasse
2255
Tute de l'Ours
Mérens-les-Vals
le Couillet
Vives
Station de Puyvalador
Riutort
Puyvalador
Barraques de la Jaça de la Llosa
Odello
Fontrabiouse
Réal
Esposolla
Station de Formiguères
Formiguères
Andorra
Vilanova
l'Hospitalet-près-l'Andorre
Sansa
Estany de Lanòs
Matemale
Railleu
les Angles
Ayguatébia
le Lac
Caudiès-de-Conflent
Talau
Oreilla
Lac des Bouillouses
1915
Col de Puymorens
Porté-Puymorens
Tunnel de Puymorens
Commune d'Angoustrine-Villeneuve-des-Escaldes
2804
Puig Oriental de Coll Roig
2833
Puig Occidental de Coll Roig
Commune d'Ayguatébia-Talau
Canaveilles
Commune de Font-Romeu-Odeillo-Via
les Sorbiers
Llar
Porta
les Airelles
Pyrénées 2000
la Llagonne
Thuès-entre-Valls
l'Ermitage
Superbolquère
Mont-Louis
Sauto
Font-Romeu
Bolquère
Fontpédrouse
Mas Vilalta
Targassonne
Égat
St-Thomas
Carol
Courbassil
Veinat de Baix
Odeillo
Col de la Perche
1577
la Cabanasse
Prats-Balaguer
St-Pierre-dels-Forcats
el Castell
Planès
Mas Franco
les Escaldes
Dorres
Feners
Angoustrine
el Moli del Riu
Querol
Riutès
Bena
Brangoli
Villeneuve
Eyne 2600
Estavar
Bajanda
Eyne
Latour-de-Carol
Llivia
Enveitg
Ur
Saillagouse
Ro
Travals
la Cité
Onzès
Llo
Vedrinyans
Bourg-Madame
Caldegues
Palau
Err
Puigcerda
Hix
Ste-Léocadie
Nahuja
Osséja
Palau-de-Cerdagne
Campon
Cotzé
Station d'Err-Puigmal
2843
Puigmal de Segre
Nuria
el Puig
Valcebollère
2910
Puigmal d'Err
de Cerdanya
Molina
308
314

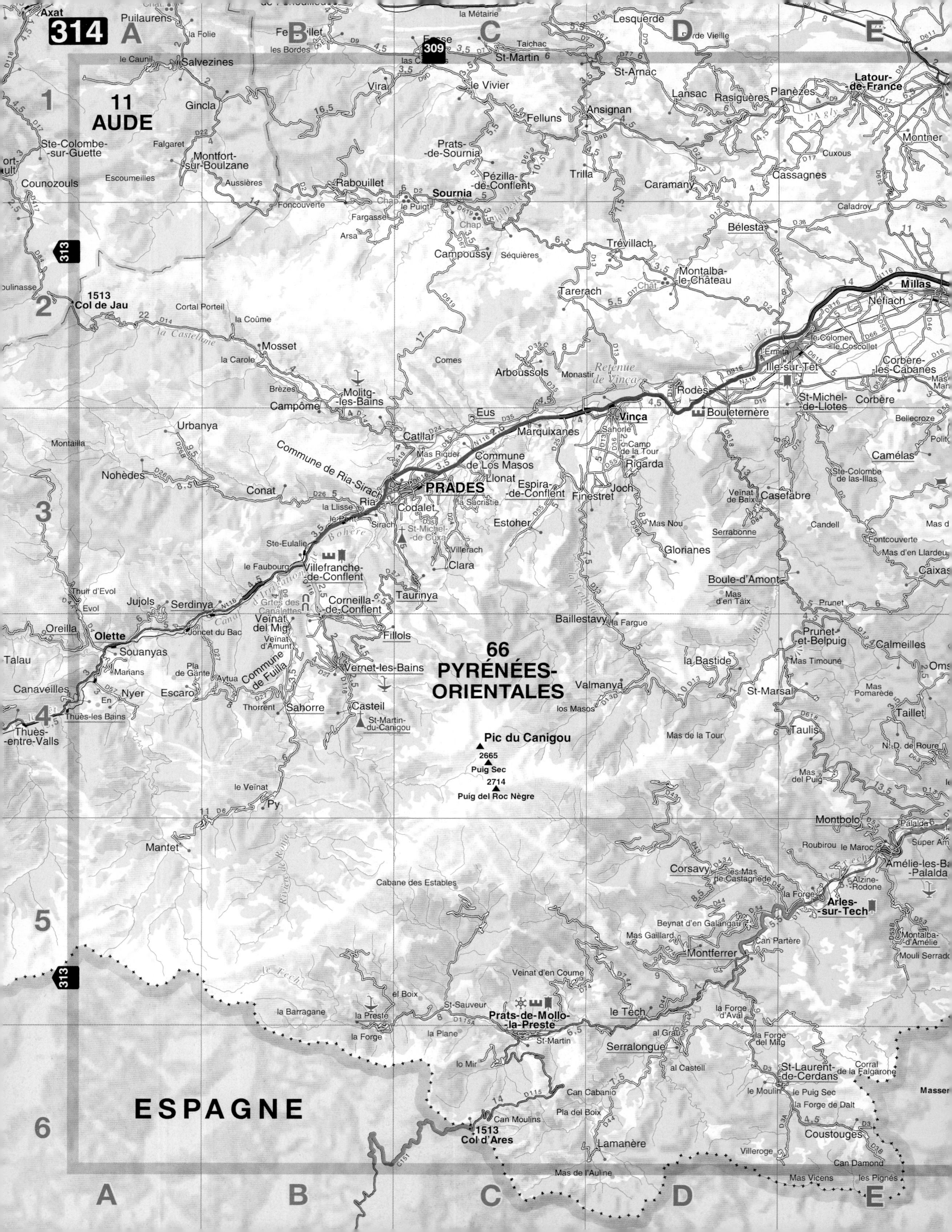
314
A
B
C
D
E
309
313
11 AUDE
66 PYRÉNÉES-ORIENTALES
ESPAGNE
Axat
Puilaurens
Salvezines
Gincla
Ste-Colombe-sur-Guette
Montfort-sur-Boulzane
Counozouls
Rabouillet
Sournia
Prats-de-Sournia
Pézilla-de-Conflent
Felluns
Ansignan
St-Martin
St-Arnac
Lesquerde
Lansac
Rasiguères
Planèzes
Latour-de-France
Caramany
Cassagnes
Montner
Trilla
Bélesta
Trévillach
Montalba-le-Château
Campoussy
Séquières
Tarerach
Millas
Néfiach
Ille-sur-Têt
Corbère-les-Cabanes
Rodès
Bouleternère
St-Michel-de-Llotes
Corbère
1513 Col de Jau
Mosset
Molitg-les-Bains
Campôme
Urbanya
Nohèdes
Conat
Arboussols
Eus
Catllar
Marquixanes
Vinça
Rigarda
PRADES
Ria
Codalet
Llonat
Espira-de-Conflent
Finestret
Joch
Estoher
Commune de Los Masos
Commune de Ria-Sirach
St-Michel-de-Cuxa
Villefranche-de-Conflent
Clara
Taurinya
Corneilla-de-Conflent
Serdinya
Jujols
Olette
Oreilla
Souanyas
Nyer
Escaro
Canaveilles
Thuès-entre-Valls
Fillols
Vernet-les-Bains
Sahorre
Casteil
St-Martin-du-Canigou
Pic du Canigou
2665
Puig Sec
2714
Puig del Roc Nègre
Baillestavy
Valmanya
La Bastide
Glorianes
Serrabonne
Boule-d'Amont
Casefabre
Camélas
Prunet-et-Belpuig
Calmeilles
St-Marsal
Taulis
Taillet
Montbolo
Amélie-les-Bains-Palalda
Arles-sur-Tech
Corsavy
Montferrer
Py
Mantet
Prats-de-Mollo-la-Preste
la Preste
le Tech
Serralongue
St-Laurent-de-Cerdans
Coustouges
Lamanère
1513 Col d'Ares
Cabane des Estables
1
2
3
4
5
6

F
G
H
J
K
1
2
3
4
5
6
Rivesaltes
St-Hippolyte
St-Laurent-de-la-Salanque
Le Barcarès
Les Miramars
Torreilles-Plage
Cases-de-Pène
Espira-de-l'Agly
Calce
Baixas
Peyrestortes
Claira
Torreilles
Pia
Bompas
Ste-Marie
Ste-Marie-Plage
Villelongue-de-la-Salanque
St-Estève
PERPIGNAN
Canet-en-Roussillon
Canet-Plage
Étang de Canet
Pézilla-la-Rivière
Villeneuve-la-Rivière
Baho
le Soler
St-Feliu-d'Avall
Toulouges
Cabestany
St-Nazaire
Saleilles
Canohès
Villeneuve-de-la-Raho
Théza
Alénya
Thuir
Llupia
Ponteilla
Pollestres
Corneilla-del-Vercol
St-Cyprien
St-Cyprien-Plage
Latour-Bas-Elne
Trouillas
Terrats
Bages
Montescot
Elne
Villemolaque
St-Jean-Lasseille
Fourques
Passa
Ortaffa
Brouilla
Palau-del-Vidre
Argelès-sur-Mer
Argelès Plage
Tordères
Tresserre
Banyuls-dels-Aspres
St-Génis-des-Fontaines
St-André
Llauro
Vivès
le Boulou
Villelongue-dels-Monts
Sorède
Collioure
Port-Vendres
Cap Béar
Montesquieu
Laroque-des-Albères
St-Jean-Pla-de-Corts
Céret
Maureillas-las-Illas
les Cluses
St-Jean-de-l'Albère
Banyuls-sur-Mer
Cap d'Ullastrell
Cap de l'Abeille
Col du Perthus
le Perthus
Cerbère
Portbou
las Illas
ESPAGNE
Bahia de Coleva
Bahia de Grifeu
Llansa/Llança
Embalse de Boadella
A9
A7
N11
E15
310

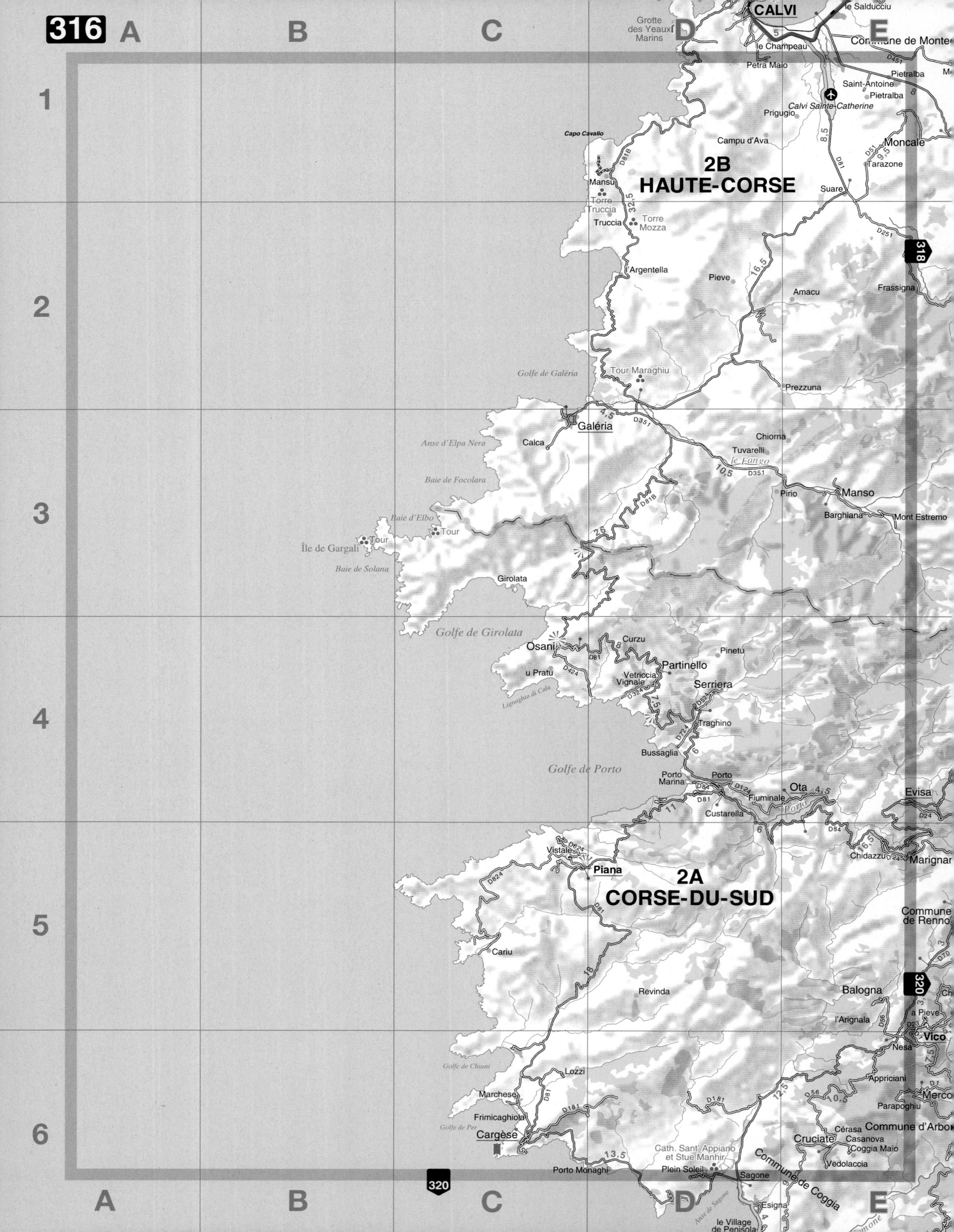
A
B
C
D
E
1
2
3
4
5
6
CALVI
le Salducciu
Grotte des Yeaux Marins
Commune de Monte
le Champeau
Petra Maio
Pietralba
Saint-Antoine
Calvi Sainte-Catherine
Prigugio
Capo Cavallo
Campu d'Ava
Moncale
Tarazone
2B
HAUTE-CORSE
Mansu
Torre Truccia
Truccia
Torre Mozza
Suare
318
l'Argentella
Pieve
Amacu
Frassigna
Golfe de Galéria
Tour Maraghiu
Prezzuna
Galéria
Calca
Anse d'Elpa Nera
Chiorna
Tuvarelli
le Fango
Baie de Focolara
Pirio
Manso
Barghiana
Mont Estremo
Baie d'Elbo
Tour
Île de Gargali
Baie de Solana
Girolata
Golfe de Girolata
Osani
Curzu
Pinetu
Partinello
u Pratu
Vetriccia
Vignale
Serriera
Lignaghia di Cala
Traghino
Bussaglia
Golfe de Porto
Porto Marina
Porto
Ota
Fiuminale
Custarella
Evisa
Vistale
Piana
Chidazzu
Marignar
2A
CORSE-DU-SUD
Commune de Renno
Cariu
Revinda
Balogna
320
a Pieve
l'Arignala
Vico
Nesa
Golfe de Chiuni
Lozzi
Appriciani
Marchese
Merco
Parapoghiu
Frimicaghiola
Golfe de Per
Cargèse
Cérasa
Commune d'Arbo
Cruciate
Casanova
Coggia Maio
Cath. Sant' Appiano et Stue Manhir
Vedolaccia
Plein Soleil
Porto Monaghi
Sagone
Commune de Coggia
Esigna
Anse de Sagone
le Village de Penisola
320

A
B
C
D
E
1
2
3
4
5
6
Île de la Giraglia
Cap Corse
Barcaggio
Tollare
Commune d'Ersa
Commune de Rogliano
Poggio
Gualdo
Botticella
Granaggiolo
Port de Centuri
Camera
Bettolacce
Macinaggio
Mute
Stopione
Mandolacce
Commune de Tomino
Baragogna
Marine de Meria
Pastina
Meria
Commune de Morsiglia
Caracu
Marine de Scalo
Spergane
Pino
Piazza
Campu
Santa Severa
Castiglione
Commune de Luri
Minerviu
Petricaggio
Porticciolo
Chiesa
Ortale
Commune de Cagnano
Marine de Giottani
Conchigliu
Lapedina
Commune de Pietracorbara
Oreta
Marine de Pietracorbara
Marinca
Pieve
Commune de Canari
Tour de Castellare
Canelle
Chioso
Moline
Crosciano
Marine de Sisco
Ogliastro
Lainosa
Commune d'Olcani
Commune de Sisco
Albo
Tour de Sacro
1307
Monte Stello
Commune de Brando
Nonza
Erbalunga
Piazza
Commune d'Olmeta-di-Capocorso
Lavasina
Negru
Commune de Santa-Maria-di-Lota
Figarella
Miomo
Commune de Farinole
Commune de San-Martino-di-Lota
Marine de Farinole
Bracolaccia
Pietranera
Commune de Ville-di-Pietrabugno
Guaitella
Toga
Golfe de Saint-Florent
Commune de Patrimonio
BASTIA
Alga Putrica
Saleccia
Santa Maria
Piazze
2B
HAUTE-CORSE
Domaine de Fonaverte
Tettola
Commune de Barbaggio
Saint-Florent
Nice-Marseille-Toulon
Genova-Livorno (Italie)
Terricie Bergerie
Bartollacciu
Ochinese
Lupino
Fromontica
Furiani
Ifana
Casta
Lumio
Chap. San Quilico
Club de la Marana
Ogliastro
Corto Morello
Castellucio d'Oletta
Poggio-d'Oletta
Oletta
Biguglia
Étang
Olmeta-di-Tuda
Cinquerue
Santo-Pietro-di-Tenda
319
Vallecalle
San-Gavino-di-Tenda
Urtaca
Rapale

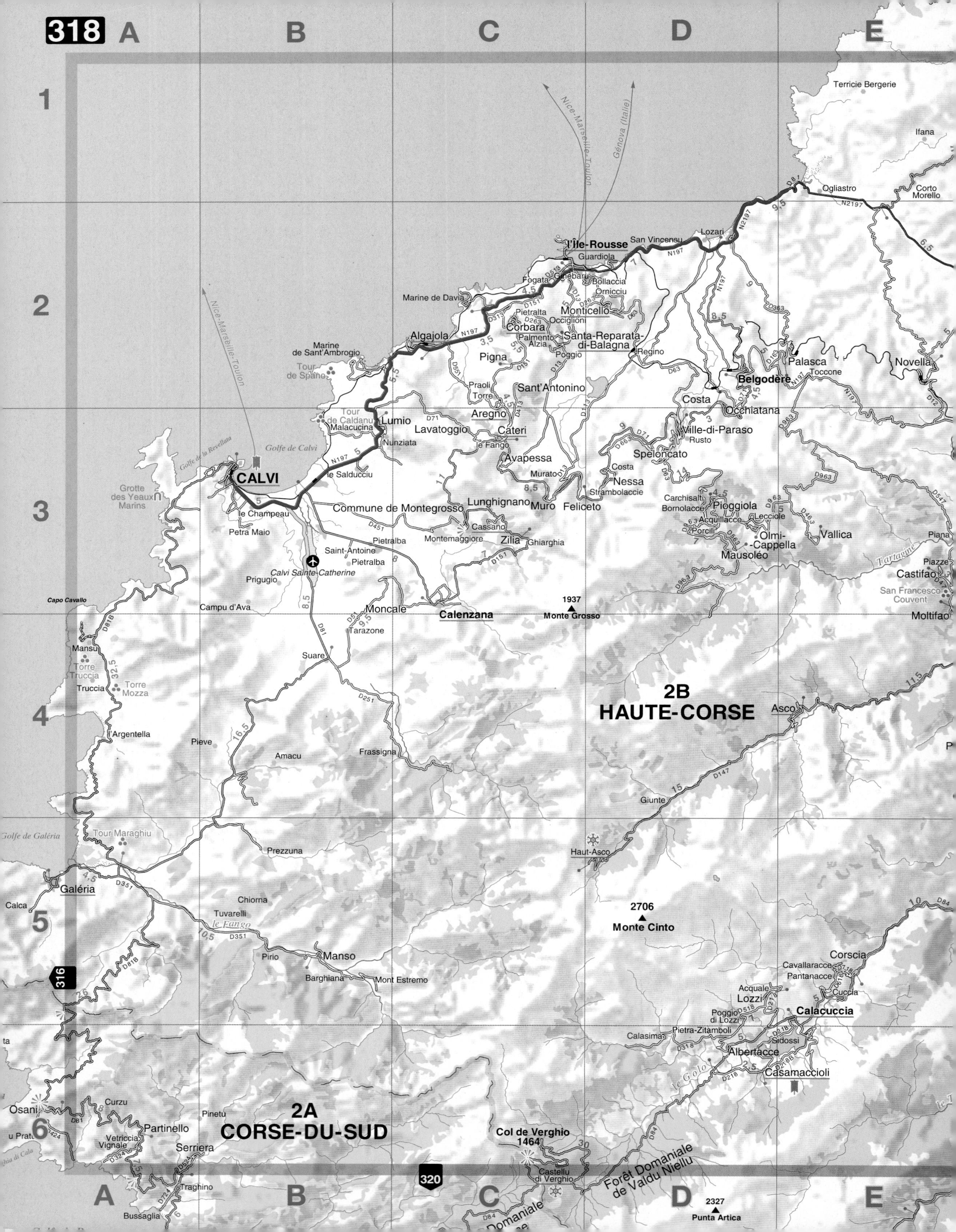
A
B
C
D
E
1
2
3
4
5
6
Terricie Bergerie
Ifana
Nice-Marseille-Toulon
Génova (Italie)
Ogliastro
Corto Morello
l'Île-Rousse
San Vincensu
Lozari
Guardiola
Fogata
Bollaccia
Ornicciu
Marine de Davia
Monticello
Pietralta
Occiglioni
Corbara
Algajola
Marine de Sant'Ambrogio
Palmento
Alzia
Santa-Reparata-di-Balagna
Regino
Poggio
Pigna
Tour de Spano
Palasca
Belgodère
Toccone
Novella
Praoli
Torre
Sant'Antonino
Costa
Occhiatana
Tour de Caldanu
Malacucina
Lumio
Lavatoggio
Aregno
Cateri
le Fango
Ville-di-Paraso
Rusto
Nunziata
Golfe de Calvi
Golfe de la Revellata
Speloncato
Avapessa
Murato
Costa
Nessa
CALVI
le Salducciu
Grotte des Yeaux Marins
Strambolaccie
Lunghignano
Muro
Feliceto
Carchisalti
Bornolacce
Pioggiola
Lecciole
le Champeau
Commune de Montegrosso
Cassano
Acquillacce
Porcili
Olmi-Cappella
Vallica
Petra Maio
Pietralba
Montemaggiore
Zilia
Ghiarghia
Mausoléo
Piana
Saint-Antoine
Pietralba
Tartagine
Piazze
Castifao
Prigugio
Calvi Sainte-Catherine
San Francesco Couvent
Capo Cavallo
Campu d'Ava
Moncale
Calenzana
1937
Monte Grosso
Moltifao
Tarazone
Mansu
Torre Truccia
Truccia
Torre Mozza
Suare
2B
HAUTE-CORSE
Asco
l'Argentella
Pieve
Amacu
Frassignà
Giunte
Golfe de Galéria
Tour Maraghiu
Prezzuna
Haut-Asco
Galéria
Calca
Chiorna
Tuvarelli
le Fango
2706
Monte Cinto
Pirio
Manso
Barghiana
Mont Estremo
Corscia
Cavallaracce
Pantanacce
Cuccia
Acquale
Lozzi
Poggio di Lozzi
Calacuccia
Calasima
Pietra-Zitamboli
Sidossi
Albertacce
le Golo
Casamaccioli
Curzu
Osani
Pinetu
2A
CORSE-DU-SUD
Partinello
u Prato
Vetriccia
Vignale
Serriera
Col de Verghio
1464
Castellu di Verghio
Forêt Domaniale de Valdu Niellu
Traghino
Bussaglia
2327
Punta Artica
316
320

F
G
H
J
K
1
2
3
4
5
6
BASTIA
Saint-Florent
Oletta
Murato
Borgo
Campitello
Vescovato
Morosaglia
la Porta
Piedicroce
Cervione
Sermano
Moïta
CORTE
Omessa
Monte San Petrone
1767
Bastia-Poretta
Étang de Biguglia
Ponte Leccia
Lucciana
Furiani
Biguglia
Castellare-di-Casinca
Prato-di-Giovellina
Pietralba
Canavaggia
Bisinchi
Valle-di-Rostino
Santo-Pietro-di-Tenda
San-Gavino-di-Tenda
Rapale
Rutali
Vallecalle
Olmeta-di-Tuda
Poggio-d'Oletta
Lama
Urtaca
Francardo
Soveria
Santa-Lucia-di-Mercurio
Castellare-di-Mercurio
Favalello
Bustanico
Tralonca
Piedicorte-di-Gaggio
Zalana
Linguizzetta
Chiatra
Pietra-di-Verde
Canale-di-Verde
Alistro
Tour d'Alistro
Moriani-Plage
San-Nicolao
Vallicalla
Talasani
Poggio-Mezzana
Sorbo-Ocagnano
Venzolasca
Loreto-di-Casinca
Penta-di-Casinca
Folelli
San Pellegrino
Marina di Sorbo
Prunelli-di-Casacconi
Campile
Olmo
Casamozza
Pineto
la Marana
Lotissement California
Camp du Cap Sud
Commune de Castello-di-Rostino
Commune de Velone-Orneto
Commune de Monacia-d'Orezza
Commune de Valle-d'Orezza
Commune de Tarrano
Commune de Felce
Commune de Carcheto-Brustico
Commune de Sant'Andréa-di-Cotone
Commune de San-Giuliano
Commune de Sant'Andréa-di-Bozio
Commune de San-Gavino-d'Ampugnani
Commune de Santa-Reparata-di-Moriani
Commune de San-Giovanni-di-Moriani
Commune de Santa-Lucia-di-Moriani
Commune de Valle-di-Campoloro
Commune de Barbaggio
Nice-Marseille-Toulon
Genova-Livorno (Italie)
N193
N198
N197
N200
317
321

A
B
C
D
E
1
2
3
4
5
6
318
316
322
Golfe de Porto
Traghino
Bussaglia
Porto Marina
Porto
Ota
Fiuminale
Custarella
Evisa
Cristinacce
Forêt Domaniale d'Aitone
Punta Artica
2327
Vistale
Piana
Chidazzu
Marignagna
Bergerie de Grottelle
2622
Monte Rotondo
Poggio
Commune de Renno
Cérasa
Chimiglia
1511
Monte Sant'Eliseo
Letia
Porta
Saint-Martin
Soccia
Orto
Poggiolo
Guagno
Guagno-les-Bains
Revinda
Balogna
Chigliani
a Pieve
l'Arignala
Vico
Murzo
Nesa
Guarchetta
Lozzi
Appriciani
Mercolaccia
Muna
Muricce
1624
Monte Cervellu
Commune de Rezza
Pastricciola
Ghigliazza
Muricce
Chiusa
Capezza
Frassetu
Gabbia
Spelonca
Parapoghiu
Rosazia
Nucicchie
Soriani
Scanafaghiaccia
Valdu
Commune d'Arbori
Cérasa
Casanova
Coggia Maio
Cruciate
Salice
Azzana
Chiccolu
Piane
Vignamajo
Cath. Sant' Appiano et Stue Manhir
Plein Soleil
Porto Monaghi
Sagone
Vedolaccia
Commune de Coggia
Rodone
Bigliani
Sant'Eliseo
Lopigna
Pruniccia
Busso
Vignale
Bocogn
Esigna
le Village de Penisola
Arro
Taggia
Strambellacce
Casevecchie
Tavera
Tinturaju
Poggio
Casaracca
Ambiegna
Cruica
Vero
le Pont d'Ucciani
Solane
Casaglione
Tour de Capigliolo
Tiuccia
u Castellu
Golfe de Sagone
Sari-d'Orcino
Acqua in Sù
Egl. San Giovanni
Calzatoja
Vignacce
Suaricchio
Squarcione
Conventu
Canale
Ucciani
Cannelle
Costeglia
Carbuccia
Crucoli
Golfu di a Liscia
Sant'Andréa-d'Orcino
Commune de Sarrola-Carcopino
Tavaco
Fiascu
Sarrola
Ondella
Ancone
Orcino
Cinele
Albitrone
2A
CORSE-DU-SUD
Calcatoggio
Vetriccia
Solajo
Poggiale
Carcopino
Pantanu
Campu à u Muru
Bastelica
Vassa
Marina di Pevani
Commune de Valle-di-Mezzana
San Petru
Pevani
Appietto
Peri
Mandriolo
Salasca
Listincone
Piscia Rossa
Corticchiato
Casarimacciu
Cuttoli
Tour Pelusella
Carbinica
a Vulpaja
Zalla
Tolla
Résidences du Golfe de Lava
Cardiglione
Pichio
Afa
Urcheja
Ogliastrone
Pedi Morella
Collu di Paolu
Golfu di Lava
Alata
Ponte Bonellu
Scamata
Commune de Cuttoli-Corticchiato
Tuscia
Ocana
Campo d'Unico
Scaglioli
Marchesi
Pruno
Capo di Fenot
Poggio
San Fedele
Baleone
Vignola
Pagliaggioli
Villanova
Pratti
Mezzavia
Commune de Bastelicaccia
Colombina
Giglio
Bottacina
le Finosello
les Hauts du Vazzio
Cagile
Lupena
Cavara
Arghiaccia
Eccica
Radicale
Saint-Jean
les Cannes
Funtanacciu
Palmente
Commune d'Eccica-Suarella
Suarella
Capigliolo
Aspretto
Suaralta
Cauro
Belvédère
AJACCIO
Forcala
Pisciatello
Mutuleju
Quasquara
Ajaccio-Campo dell'Oro
Capitoro
Frasseto
Campo
Zeva
Barbicaja
Scudo
Domaine de Paviglia
Résidence Capitello
Commune de Santa-Maria-Siché
Marina Viva
Fica
Commune de Grosseto-Prugna
Siché
Santa Maria
Commune d'Azilone-Ampaza
Pointe de la Parata
Porticcio
Monte Rosso
Grosseto
Ampaza
Cardo-Torgia
Azilone
Albitreccia
Îles Sanguinaires
Buselica
les Hameaux de Porticcio
a Masina
Forciolo
Nice-Marseille-Toulon
Golfe d'Ajaccio
Molini
Zigliara
Torgia
Sampiero
Petinello
Bisinao
Guargualé
Urbalacone
Isolella
Pietrosella
Cruciata
les Bains de Taccana
Ghiatone
le Ruppione
Cognocoli-Monticchi
Moriccio
Argiusta
Acelasca
Sant'Amanza
Marato
Pila-Canale
Canale
Siala
Croce

2B
HAUTE-CORSE
Venaco
Vezzani
Ghisoni
Aléria
Ghisonaccia
Prunelli-di-Fiumorbo
Isolaccio-di-Fiumorbo
Serra-di-Fiumorbo
San-Gavino-di-Fiumorbo
Lugo-di-Nazza
Poggio-di-Nazza
Forêt Domaniale de Vizzavona
Monte Renoso
Col de Verde 1289
Monte Incudine
Étang d'Urbino
Solenzara
Sari-Solenzara
Zicavo
Cozzano
Palneca
Ciamannacce
Ventiseri
Chisa
Solaro
Col de Bavella 1218
Favone
319
323

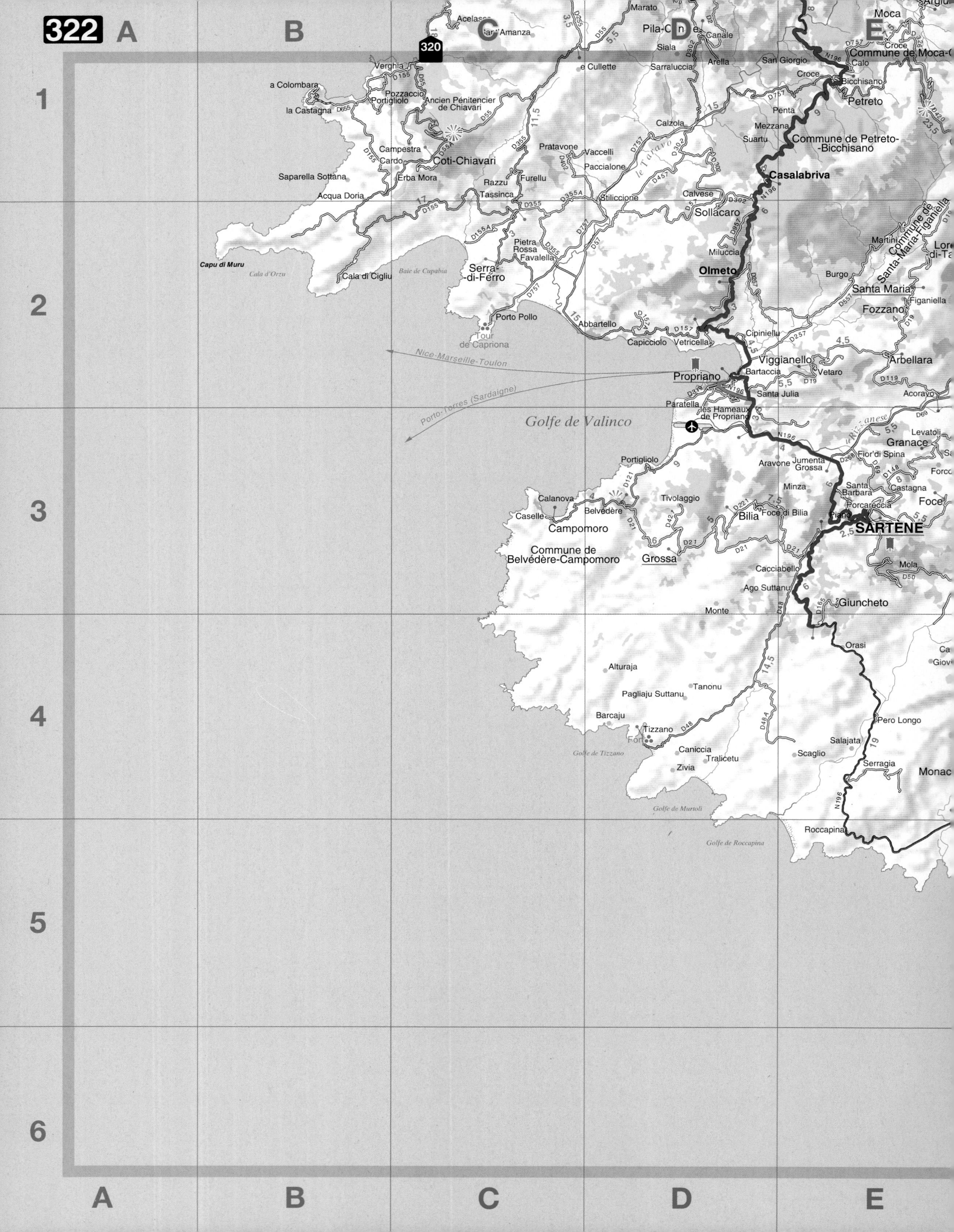

A
B
C
D
E
1
2
3
4
5
6
320
Acelasca
Sant'Amanza
Marato
Pila-Canale
Canale
Moca
Siala
Arella
San Giorgio
Commune de Moca-Croce
Calo
Croce
Verghia
e Cullette
Sarraluccia
Bicchisano
Petreto
a Colombara
Pozzaccio
Portigliolo
Ancien Pénitencier de Chiavari
la Castagna
Penta
Mezzana
Suartu
Commune de Petreto-Bicchisano
Calzola
Campestra
Cardo
Coti-Chiavari
Pratavone
Vaccelli
Paccialone
le Taravo
Casalabriva
Saparella Sottana
Erba Mora
Razzu
Furellu
Tassinca
Acqua Doria
Stiliccione
Calvese
Sollacaro
Commune de Santa-Maria-Figaniella
Martini
Pietra Rossa
Favalella
Miluccia
Capu di Muru
Cala d'Orzu
Cala di Cigliu
Baie de Cupabia
Serra-di-Ferro
Olmeto
Burgo
Santa Maria
Figaniella
Fozzano
Porto Pollo
Tour de Capriona
Abbartello
Capicciolo
Vetricella
Cipiniellu
Viggianello
Arbellara
Nice-Marseille-Toulon
Propriano
Bartaccia
Vetaro
Porto-Torres (Sardaigne)
Santa Julia
Acoravo
Paratella
les Hameaux de Propriano
Golfe de Valinco
Rizzanese
Levatoli
Granace
Fior'di Spina
Portigliolo
Aravone
Jumenta Grossa
Santa Barbara
Castagna
Minza
Porcareccia
Calanova
Tivolaggio
Belvédère
Caselle
Bilia
Foce di Bilia
Piano
SARTENE
Campomoro
Commune de Belvédère-Campomoro
Grossa
Mola
Cacciabello
Ago Suttanu
Giuncheto
Monte
Orasi
Alturaja
Tanonu
Pagliaju Suttanu
Barcaju
Pero Longo
Tizzano
Golfe de Tizzano
Caniccia
Tralicetu
Zivia
Salajata
Scaglio
Serragia
Golfe de Murtoli
Roccapina
Golfe de Roccapina
N196
D757
D302
D155
D55
D355
D157
D257
D21
D48
D19
D69

F
G
H
J
K
1
2
3
4
5
6
321
Village de Bavella
Col de Bavella
1218
Forêt Domaniale de Bavella
Prugna
Favone
Cantoli
Jallicu
Lavu Donacu
Vandollaccio
Spartu
Aullène
Castellucciu
Quenza
Tarcu
Vangone
Zérubia
Serra-di-Scopamène
Sorbollano
Zonza
Saparellu
Livesani
Vignola
Conca
Fautea
Cavu
Cargiaca
Paccluniluti
San-Gavino-di-Carbini
Bergerie de Luviu
Tagliu Rossu
Sainte-Lucie de Porto-Vecchio
a Testa
Olmucciu
Carabona
Sapara Maio
Giglio
Zoza
Cusciocani
Gualdaricciu
Vardiola
Caramontinu
Pinarellu
Altagène
Levie
Golfe de Pinarellu
Poggio
Sant'Andréa
Capu
Torraccia
Poggioli
Ste-Lucie-Tallano
Mela
Lecci
Olmiccia
Porto-Vecchiaccio
Carbini
Ponts d'Osu
Pointe de Finaggia
1058
Ribba
Cirendinu
Pantano
Noci
Orone
Agnarone
911
Pointe de Pineta Piana
Foce di Mela
Foce d'Olmo
Gialla
Fossi
Mura Dell' Unda
1314
Tirolo
Punta di a Vaca Morta
L'Ospédale
Arraggio
Chialza
Bisene
38
Torre
San Ciprianu
Baie de San Ciprianu
Tasso
Orio
Matra
Carpulitanu
Cartalavone
Rinajolu
Radici
Ferruccio
Venciunguiu
Sainte-Trinité
Palavese
Casa Nova
Bilzese
Buzzacone
Cala Rossa
Furcone
Nivalella
Golfe de Porto-Vecchio
Marseille
Vignalella
Marina di Fiori
Pavellone
Nota
Arutoli
Poretta
a Chiappa
Porto-Vecchio
Rosumarinu
Cipponu
Paccialella
Bitalza
Rinajolu
Bala
Piccovaggia
Muratellu
Île de Farina
Granajola
2A
CORSE-DU-SUD
Mela
u Stabiacciu
Pianelli
Arca
Petra
Longa Filippi
Stabiacciu
Tagliu Rossu
Montagne de Cagna
Vacca
Borivoli
Baldaravita
Ceccia
Pasciallelo
Murtone
Îles Cerbicale
Raghino
Giannuccio
Naseo
Precoggio
Bocca di l'Oru
Salvadilevo
Sotta
Cardetto
Valavo
Chapelle San Giovanni
Usciolo
Golfe de Santa Giulia
Gallinavarja
Cuo
San Gavino
Vallicelo
Tarrabucceta
Pagliaggiolo
Poggiale
Cancaraccia
Purgo
Scalella
Acqua d'Ilici
Conte
Montilati
Zuccalella
Petra
Longa Salvini
Golfe de Porto Novo
Ogliastrello
Frauleto
Chera
Chap. San Agostino
Litre
Saparelli
Tour de Sponsaglia
Figari-Sud-Corse
Suartone
Chiova d'Asinu
Pianotolli-Caldarello
Figari
Santa Lucia
Viagenti
Caldarello
Poggio d'Olmo
a Testa
Baie de Figari
i Frasselli
Golfe de Ventilegne
la Tonnara
Golfu di Sant'Amanza
Marcellara
Ricetti
Parmentile
Pertamina Village
Maora
Gurgazu
Cavallo Morto
Site préhist d'Araguina
Grte Marine du Sdragonato
Saint-Julien
Bonifacio
Île Cavallo
Saint-Jean
Ciappili
Capo Pertusato
ARCHIPEL DES LAVEZZI
Îles Lavezzi
Pyramide de la Sémillante

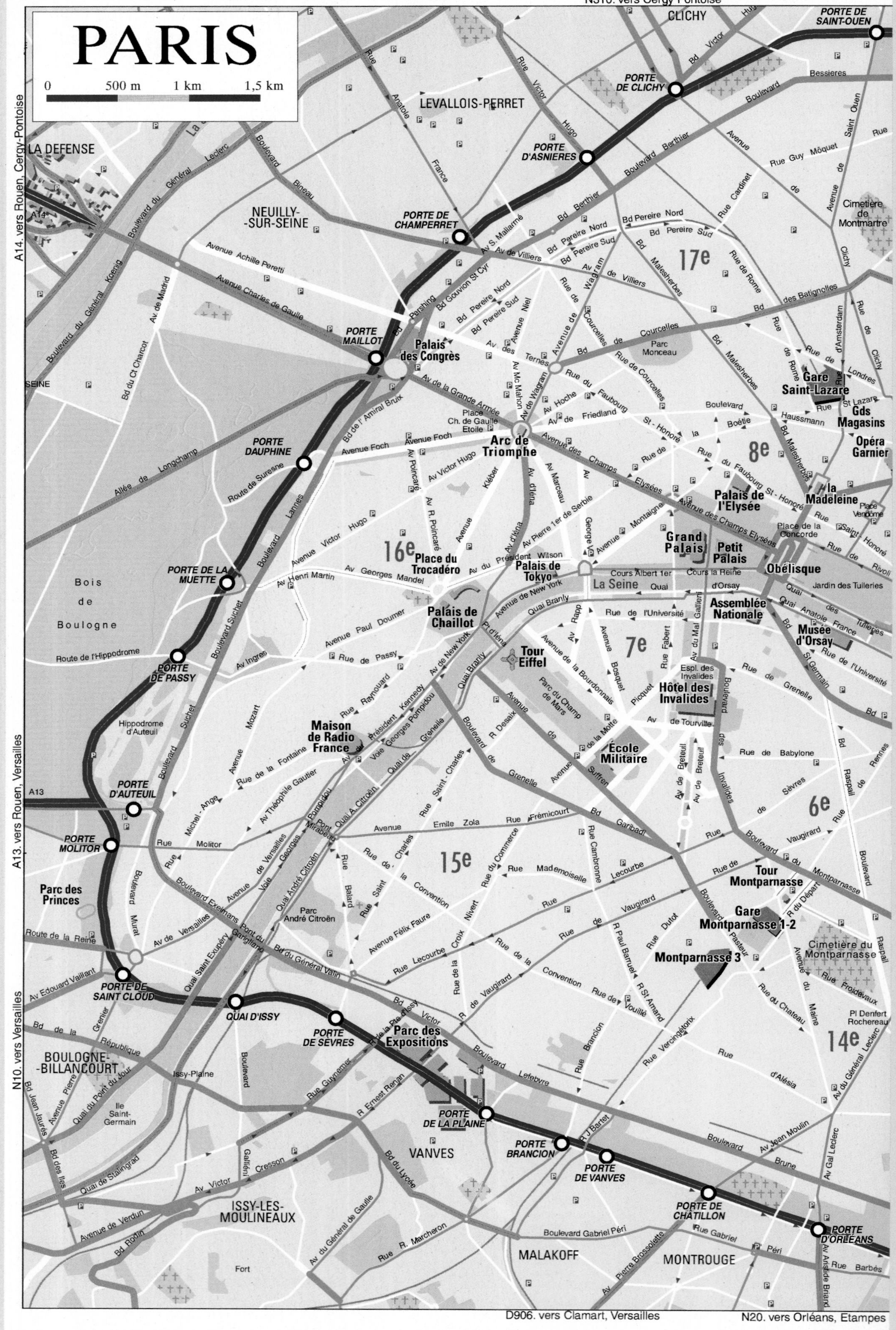
PARIS
0
500 m
1 km
1,5 km
N310. vers Cergy Pontoise
A14. vers Rouen, Cergy-Pontoise
A13. vers Rouen, Versailles
N10. vers Versailles
D906. vers Clamart, Versailles
N20. vers Orléans, Etampes
CLICHY
PORTE DE SAINT-OUEN
PORTE DE CLICHY
LEVALLOIS-PERRET
PORTE D'ASNIERES
LA DEFENSE
NEUILLY-
-SUR-SEINE
PORTE DE CHAMPERRET
Cimetière de Montmartre
17e
PORTE MAILLOT
Palais des Congrès
Gare Saint-Lazare
Gds Magasins
Opéra Garnier
Place Ch. de Gaulle Etoile
Arc de Triomphe
PORTE DAUPHINE
8e
la Madeleine
Palais de l'Elysée
Place de la Concorde
Grand Palais
Petit Palais
Obélisque
Jardin des Tuileries
16e
Place du Trocadéro
Palais de Tokyo
PORTE DE LA MUETTE
La Seine
Bois de Boulogne
Palais de Chaillot
Assemblée Nationale
Musée d'Orsay
Route de l'Hippodrome
PORTE DE PASSY
Tour Eiffel
7e
Espl. des Invalides
Hôtel des Invalides
Parc du Champ de Mars
Hippodrome d'Auteuil
Maison de Radio France
Ecole Militaire
A13
PORTE D'AUTEUIL
PORTE MOLITOR
6e
15e
Parc des Princes
Tour Montparnasse
Gare Montparnasse 1-2
Parc André Citroën
Montparnasse 3
Cimetière du Montparnasse
PORTE DE SAINT CLOUD
QUAI D'ISSY
PORTE DE SEVRES
Parc des Expositions
Pl Denfert Rochereau
14e
BOULOGNE-
-BILLANCOURT
Issy-Plaine
Ile Saint-Germain
PORTE DE LA PLAINE
PORTE BRANCION
PORTE DE VANVES
VANVES
PORTE DE CHATILLON
ISSY-LES-
MOULINEAUX
PORTE D'ORLEANS
MALAKOFF
MONTROUGE
Fort

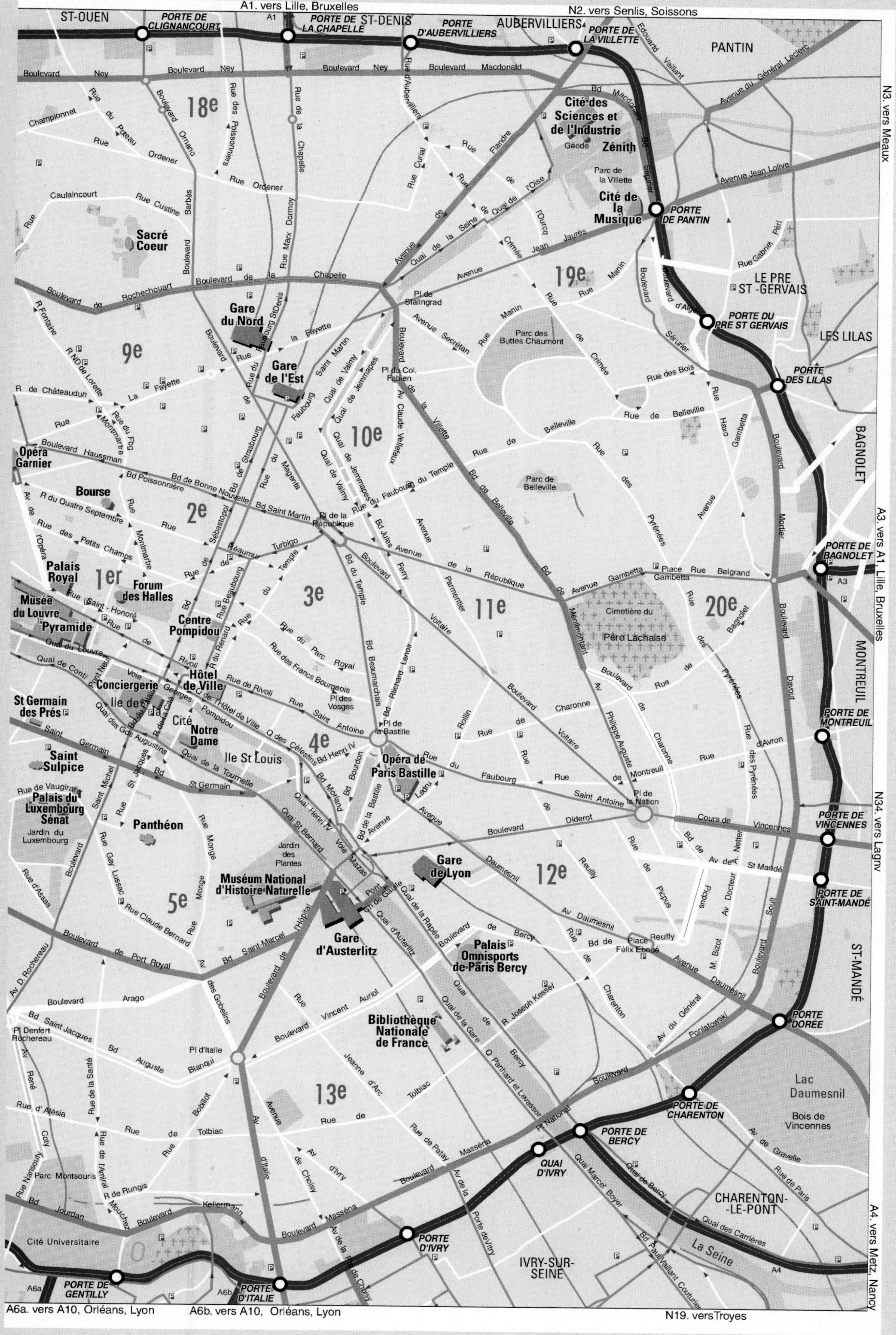

A1. vers Lille, Bruxelles
N2. vers Senlis, Soissons
N3. vers Meaux
A3. vers A1, Lille, Bruxelles
N34. vers Lagny
A4. vers Metz, Nancy
N19. versTroyes
A6b. vers A10, Orléans, Lyon
A6a. vers A10, Orléans, Lyon
ST-OUEN
ST-DENIS
AUBERVILLIERS
PANTIN
LE PRE ST -GERVAIS
LES LILAS
BAGNOLET
MONTREUIL
ST-MANDÉ
CHARENTON-LE-PONT
IVRY-SUR-SEINE
PORTE DE CLIGNANCOURT
PORTE DE LA CHAPELLE
PORTE D'AUBERVILLIERS
PORTE DE LA VILLETTE
PORTE DE PANTIN
PORTE DU PRE ST GERVAIS
PORTE DES LILAS
PORTE DE BAGNOLET
PORTE DE MONTREUIL
PORTE DE VINCENNES
PORTE DE SAINT-MANDÉ
PORTE DORÉE
PORTE DE CHARENTON
PORTE DE BERCY
QUAI D'IVRY
PORTE D'IVRY
PORTE D'ITALIE
PORTE DE GENTILLY
18e
9e
10e
19e
2e
1er
3e
11e
20e
4e
12e
5e
13e
Cité des Sciences et de l'Industrie
Géode
Zénith
Parc de la Villette
Cité de la Musique
Sacré Coeur
Gare du Nord
Gare de l'Est
Parc des Buttes Chaumont
Opéra Garnier
Bourse
Parc de Belleville
Palais Royal
Forum des Halles
Musée du Louvre
Pyramide
Centre Pompidou
Cimetière du Père Lachaise
Conciergerie
Hôtel de Ville
St Germain des Prés
Ile de la Cité
Notre Dame
Ile St Louis
Saint Sulpice
Opéra de Paris Bastille
Palais du Luxembourg Sénat
Jardin du Luxembourg
Panthéon
Jardin des Plantes
Gare de Lyon
Muséum National d'Histoire Naturelle
Gare d'Austerlitz
Palais Omnisports de Paris Bercy
Bibliothèque Nationale de France
Lac Daumesnil
Bois de Vincennes
Parc Montsouris
Cité Universitaire
La Seine
Pl de Stalingrad
Pl de la République
Pl de la Bastille
Pl de la Nation
Pl d'Italie
Pl Denfert Rochereau
Place Gambetta
Place Félix Eboué

325

Town plan legend (GB)
Légende de plans de ville (F)
Legende: Stadtpläne (D)
Legenda stadsplattegronden (NL)
Leyenda Plano de Ciudad (E)
Legenda Pianta di Città (I)

Motorway, toll section
Autoroute, section à péage
Autobahn, gebührenpflichtiger Abschnitt
Snelweg, tol
Autopista de peaje
Autostrada, tratto a pedaggio

Motorway, free section, dual carriageway with motorway characteristics
Autoroute, section libre, voie à caractère autoroutier
Autobahn, gebührenfreier Abschnitt, Schnellverkehrsstraße
Snelweg, vrije sectie, vier baansweg met snelweg karakteristieken
Autovía con dos carriles en cada sentido
Autostrada, tratto senza pedaggio, doppia carreggiata di tipo autostradale

Motorway under construction
Autoroute en construction
Autobahn im Bau
Snelweg onder constructie
Autopista en construcción
Autostrada in construzione

1 12 2
Junction : complete (1), limited (2), number
Echangeur : complet (1), partiel (2), numéro
Vollanschlußstelle (1), beschränkte Anschlußstelle (2), Nummer
Knooppunt, compleet (1), beperkt (2), nummer
Vía de acceso (conexión): completa (1), parcial (2), número
Svincolo: completo (1) parziale (2), numero

1 2
Toll gate (1), service area (2)
Barrière de péage (1), aire de service (2)
Mautstelle (1), Tankstelle (2)
Tol slagboom (1), benzinestation (2)
Punto de peaje (1), estación de servicio (2)
Barriera di pedaggio (1), area di servizio (2)

Trunk road
Autre route de liaison principale
Fernverkehrsstraße
Hoofdweg
Carretera nacional
Strada di grande comunicazione

Regional connecting road
Route de liaison régionale
Regionale Verbindungsstraße
Regional verbindingsweg
Carretera regional
Strada di collegamento regionale

Other road
Autre route
Sonstige Straße
Andere weg
Carretera local
Altra strada

Road tunnel
Tunnel
Straßentunnel
Tunnel
Túnel
Galleria

1 2 3
Administrative building (1), church, chapel (2), hospital (3)
Bâtiment administratif (1), église, chapelle (2), hôpital (3)
Verwaltungsgebäude (1), Kirche, Kapelle (2), Krakenhaus (3)
Administratief gebouw (1), kerk, kapel (2), ziekenhuis (3)
Edificio admiistrativo (1), iglesia, capilla (2), hospital (3)
Edificio pubblico (1), chiesa, cappella (2), ospedale (3)

Commune, canton boundary
Limite de commune, de canton
Gemeindegrenze, Kreisgrenze
Gemeente, provincie grens
Limite de municipio, límite de canton
Confine di comune, confine di cantone

Arrondissement, departement boundary
Limite d'arrondissement, de département
Bezirksgrenze, Departementsgrenze
Arrondissement, afdeling grens
Limite de arrondissement, límite de departamento
Confine di arrondissement, confine di dipartimento

Region, state boundary
Limite de région, d'Etat
Regiongrenze, Staatsgrenze
Streek, staatgrens
Límite de región, límite de estado
Confine di regione, confine di stato

1 2 3
Built-up area, more than 8 ha (1), less than 8 ha (2), industrial park (3)
Zone bâtie, superficie > 8 ha (1), < 8 ha (2), zone industrielle (3)
Geschlossene Bebauung, über 8 ha (1), unter 8 ha (2), Gewerbezone (3)
Bebouwde kom, groter dan 8 ha (1), kleiner dan 8 ha (2), industrie gebied (3)
Zona edificada: más de 8 ha (1), menos de 8 ha (2), polígono industrial (3)
Area edificata, più di 8 ha (1), meno di 8 ha (2), zona industriale (3)

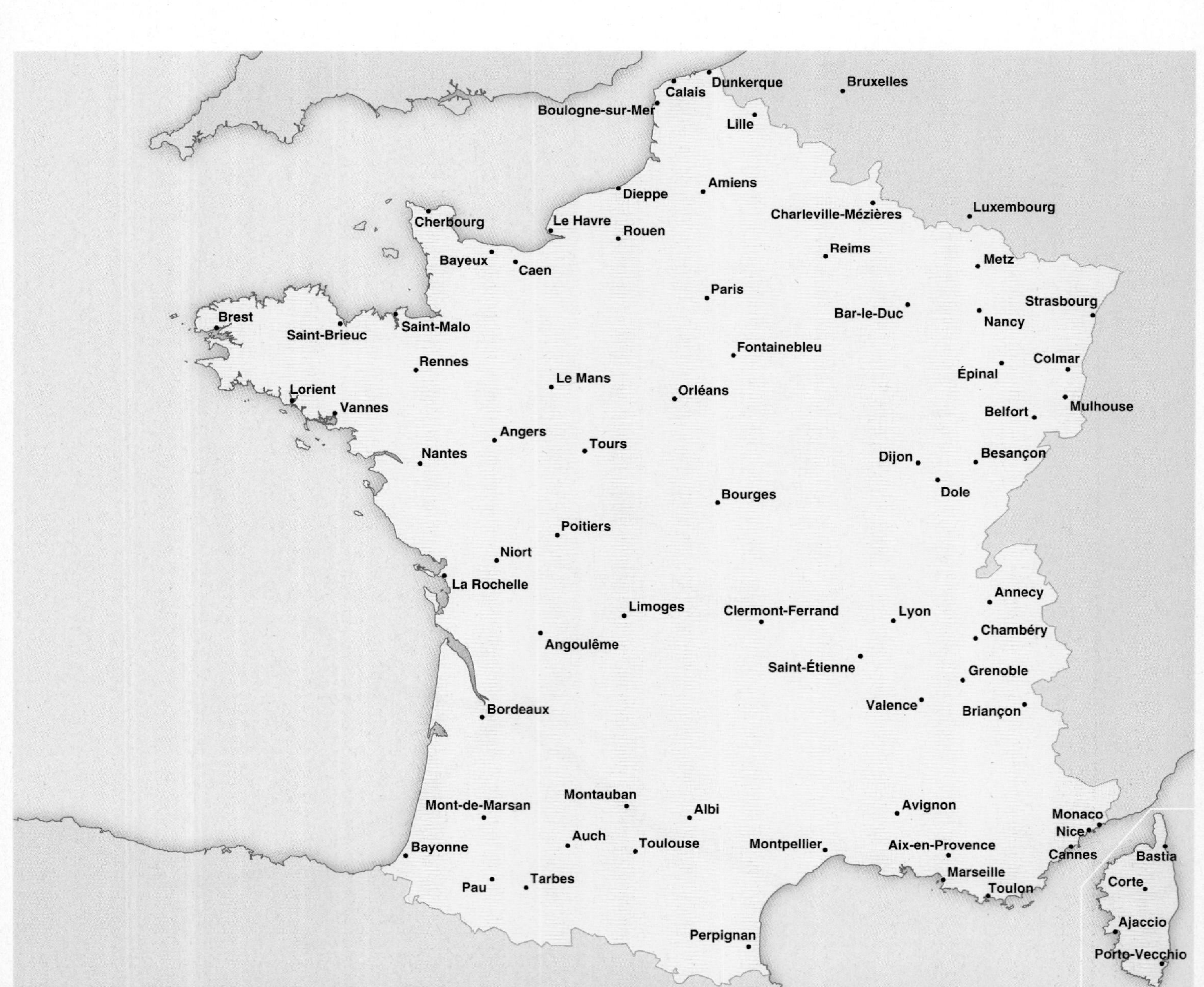

AIX-EN-PROVENCE
Av. Ph. Solari
D14
la Violette
l'Hôpital
Av. de Lattre de Tassigny
Av. H. Pontier
N 296
Bd F. et É. Zola
Av. J. et M. Fontenaille
D10
la Torse
Av. J. Dalmas
Rocade Ouest
Hôt. de V.
S.-préf.
Av. Ste Victoire
Route de Galice
Palais de Justice
Bd de la République
7
Crs Mirabeau
Bd des Poilus
D17
Avenue de l'Europe
Bd du Roi René
R. P. de Coubertin
Encagnane
Avenue P. Brossolette
Av. J. Perrin
Av. P. Puget
Cours Gambetta
D 65
Av. du Pigonnet
le Pigonnet
Cuques
N7
les Fenouillères
Av. G. Berger
Av. J.-P. Coste
A8
A51
6
30
Rocade Sud
31
l'Arc
0
500
1000 m

ALBI
Mazicou
Cantepau
R. Ed. Marty
Av. Albert Thomas
Av. Dembourg
Rue du Cap. Julia
Colletou
Mas de Rasque
la Négrouillère
la Mouline
Canavières-Haut
la Madeleine
Boulevard Alsace-Lorraine
Rue Porta
Rue Rinaldi
Rue de Lamothe
Pont du 22 Août 1944
Av. du Loirat
Av. du Mal de Lattre de Tassigny
Tarn
Hôt. du Dépt
Préf.
Hôt de V.
Pal de Just.
la Maladrerie
Rue A. Cavaillé
R. de la Berchère
Rue de Finlande
Rue du Ciron
Av. Gal de Gaulle
Av. Gambetta
Av. Colonel Teyssier
la Curvellière
R. Commandant Blanché
Rue du Roc
Avenue François Verdier
Avenue Maréchal Foch
Avenue Maréchal Franchet-d'Espérey
Rue des Pavillons
Bd du Lude
Av. du Prés. Kennedy
N88
0
500
1000 m

ANGERS
Rue des Capucins
Av. R. Gasnier
Rue Barra
Bd Daviers
R. Larrey
la Maine
Rue de la Meignanne
Bd G. Raimon
Monplaisir
Bd Henri Dunant
Av. Victor Chatenay
Bd de la Romanerie
N 23
Rue du Maine
Rue de la Chalouère
R. V. Hugo
Pasteur
la Croix Blanche
St-Jacques
Hôtel de Ville
Palais de Justice
les Banchais
R. Larévellière
Bd Gaston Birgé
Rue des Portières
Route d'Angers
Préfecture
Bd du Mal Foch
R. Franklin
Montaigne
A 11
Rue Lafayette
Rue Volney
Bd P. de Coubertin
Léonard
Rue E. d'Orves
N 160
Rue de Strasbourg
Rue Eblé
Beauval
Bd J. Bédier
Bd J. Portet
Saumuroise
la Roseraie
Bd Robert d'Arbrissel
Blanchoin
Rte de la Pyramide
D 952
N 260
0
500
1000 m

AJACCIO
Can. de la Gravona
le Finosello
Extérieur
N 194
Cours du Docteur N. Franchini
Av. du Maréchal Juin
Pietralba
Chem. de la Crx d'Alexandre
Boulevard
la Pépinière
Av. du Mont Thabor
Rue N. Péraldi
les Cannes
Crs du Prince Impérial
St-Joseph
Chem. de Biancarello
Av. Kennedy
N 193
Av. Col. Colonna d'Ornano
Av. de la Gde Armée
Palais de Justice
Boulevard Sampiero
Crs Napoléon
Golfe
d'Ajaccio
D 11
Avenue de Verdun
Hôtel de Ville
Préfecture
Av. du Gal Leclerc
Bd P. Rossini
0
500
1000 m

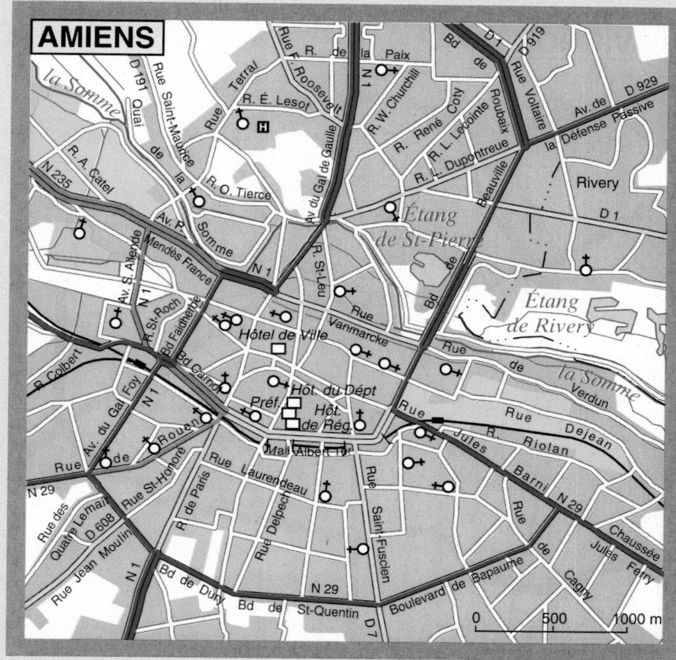
AMIENS
R. de la Paix
D 1
D 919
D 929
la Somme
Rue F. Roosevelt
R. É. Lesot
Rue Terral
D 191
Quai de la Somme
Rue Saint-Maurice
N 1
R. W. Churchill
R. René Coty
R. L. Lecointe
R. L. Dupontreue
Rue Roubaix
Rue Voltaire
Av. de la Défense Passive
Rivery
N 235
R. A. Catel
R. O. Tierce
Av. du Gal de Gaulle
Étang de St-Pierre
Beauville
Av. P. Mendès France
R. St-Leu
Étang de Rivery
Av. S. Allende
R. St-Roch
Rue Vanmarcke
Hôtel de Ville
Hôt. du Dépt
Préf.
Hôt. de Rég.
R. Colbert
Bd Carnot
Av. du Gal Foy
Mail Albert 1er
Rue de Verdun
la Somme
Rue Jules Barni
R. Riolan
Rue Dejean
N 29
Rue de Rouen
Rue St-Honoré
R. de Paris
Rue Laurendeau
Rue Saint-Fuscien
Chaussée Jules Ferry
Rue de Cagny
Rue des Quatre Lemaire
D 608
Rue Jean Moulin
Bd de Dury
Bd de St-Quentin
D 7
Boulevard de Bapaume
0
500
1000 m

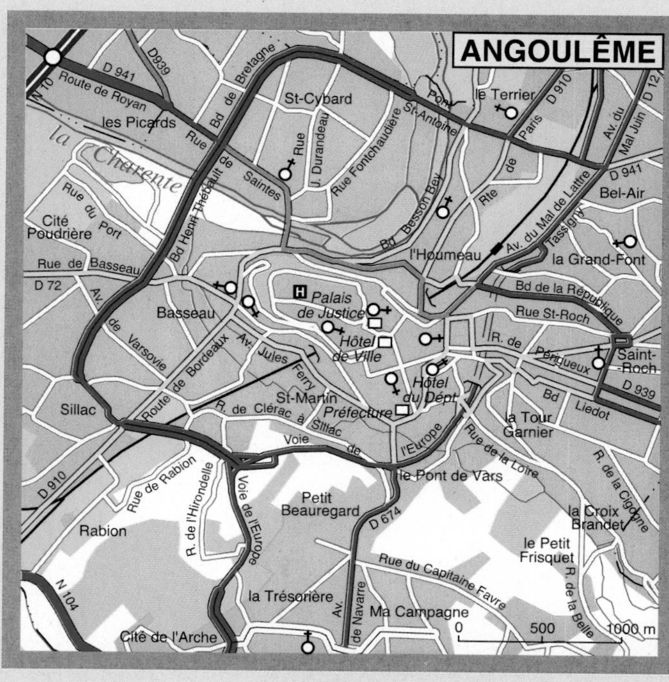
ANGOULÊME
N 10
D 941
D939
Route de Royan
les Picards
Bd de Bretagne
St-Cybard
le Terrier
D 910
Rue de Paris
Av. du Mal Juin
D 12
la Charente
Bd Henri Thébaud
Rue de Saintes
Rue J. Durandeau
Rue Fonchaudière
St-Antoine
D 941
Bel-Air
Cité Poudrière
Rue du Port
Bd Besson Bey
l'Houmeau
Av. du Mal de Lattre de Tassigny
la Grand-Font
Rue de Basseau
D 72
Bd de la République
Palais de Justice
Rue St-Roch
Basseau
Hôtel de Ville
R. de Périgueux
Saint-Roch
Rue de Varsovie
Route de Bordeaux
Av. Jules Ferry
Hôtel du Dépt
D 939
Sillac
St-Martin
Préfecture
Bd Liedot
R. de Clérac à Sillac
la Tour Garnier
Voie de l'Europe
le Pont de Vars
Rue de la Loire
R. de la Cigogne
D 910
Rue de Rabion
R. de l'Hirondelle
Petit Beauregard
D 674
la Croix Brandet
Rabion
le Petit Frisquet
Rue du Capitaine Favre
R. de la Belle
N 104
la Trésorière
Av. de Navarre
Ma Campagne
Cité de l'Arche
0
500
1000 m

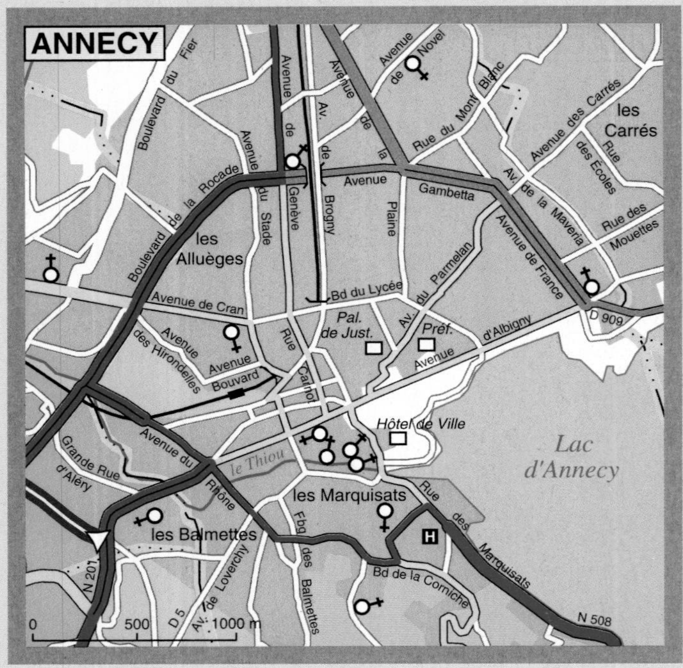
ANNECY
Lac d'Annecy
les Carrés
les Allüeges
les Marquisats
les Balmettes
Hôtel de Ville
Pal. de Just.
Préf.
le Thiou
Boulevard de la Rocade
Avenue de Genève
Avenue Gambetta
Avenue de France
Avenue de Cran
Avenue d'Albigny
Rue des Marquisats
Bd de la Corniche
N 508
N 201
D 909
0 500 1000 m

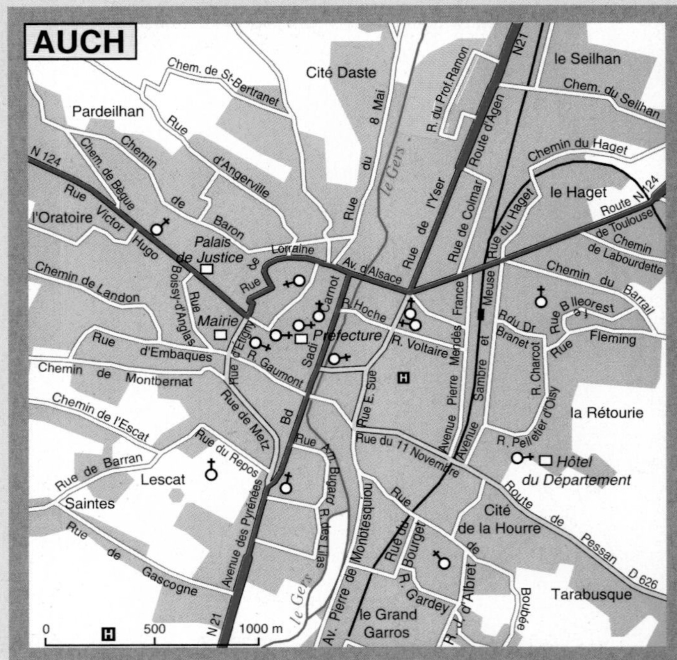
AUCH
Cité Daste
Pardeilhan
le Seilhan
le Haget
l'Oratoire
Palais de Justice
Mairie
Préfecture
Lescat
Saintes
la Rétourie
Hôtel du Département
Cité de la Hourre
Tarabusque
le Grand Garros
le Gers
N 124
N 21
D 626
0 500 1000 m

AVIGNON
Le Rhône
Jardin Neuf
Pont d'Avignon
la Croix Verte
St-Véran
Mie.
Préf.
Clos de Saint-Jean
Fontcouverte
Saint-Roch
Cité Louis Gros
les Rotondes
St-Ruf
Monclar
Clos Saint-Henri
Raymond
Rocade Charles de Gaulle
N 100
N 7
N 570
0 500 1000 m

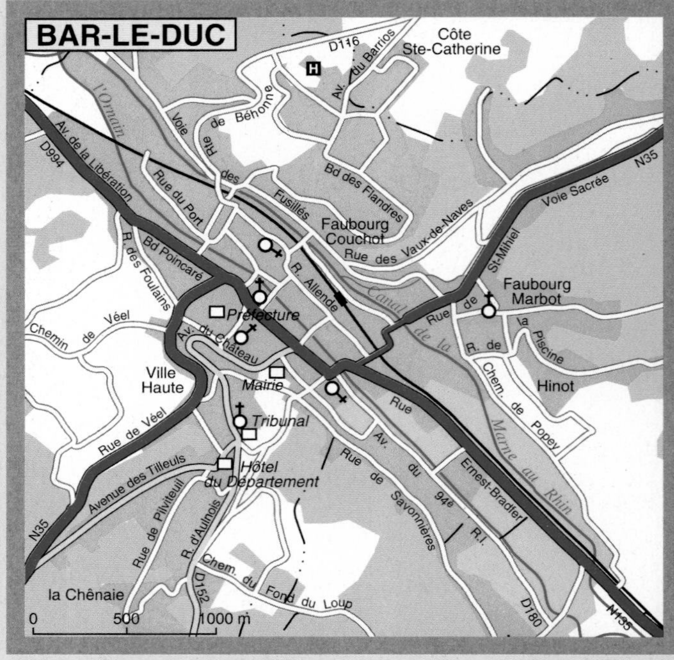
BAR-LE-DUC
Côte Ste-Catherine
Faubourg Couchot
Faubourg Marbot
Préfecture
Mairie
Tribunal
Hôtel du Département
Ville Haute
Hinot
la Chênaie
l'Ornain
Canal de la Marne au Rhin
N 35
N 135
D 994
D 180
D 152
0 500 1000 m

BASTIA
Ruisseau de Toga
l'Annonciade
Toga
le Fango
Préfecture
Hôtel de Ville
Cardo
Gradiccia
Palais de Justice
Fort Lacroix
la Citadelle
Monserato
D 80
D 81
N 193
0 500 1000 m

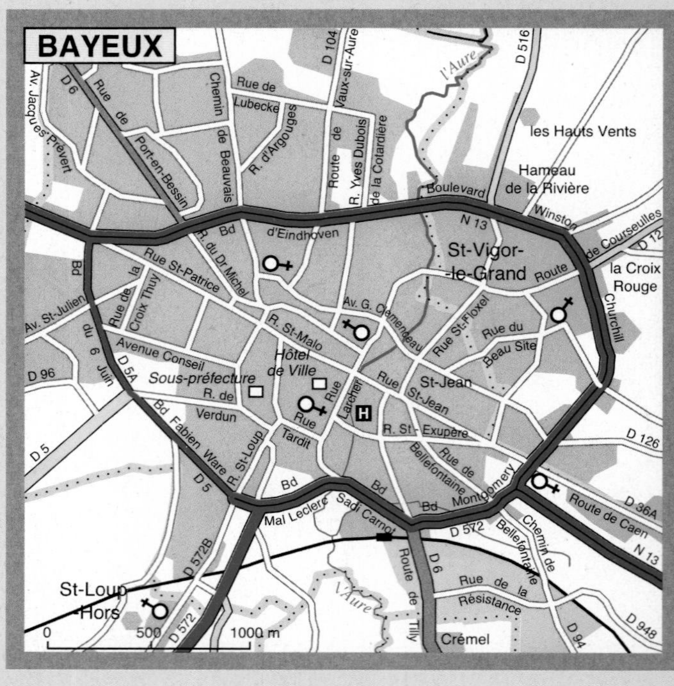
BAYEUX
l'Aure
les Hauts Vents
Hameau de la Rivière
St-Vigor-le-Grand
la Croix Rouge
Hôtel de Ville
Sous-préfecture
St-Jean
St-Loup-Hors
Crémel
N 13
D 6
D 5
D 96
D 104
D 126
D 516
D 572
D 948
0 500 1000 m

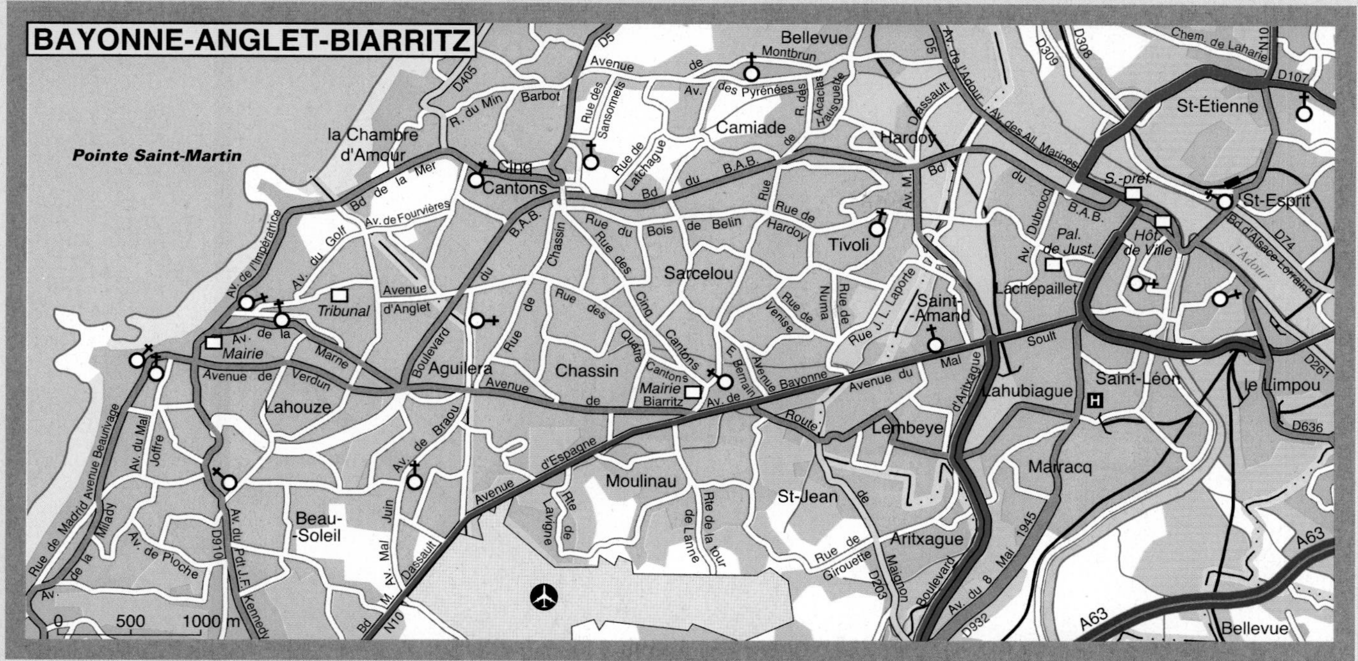
BAYONNE-ANGLET-BIARRITZ
Pointe Saint-Martin
la Chambre d'Amour
Cinq Cantons
Bellevue
Camiade
Hardoy
St-Étienne
St-Esprit
S.-préf.
Pal. de Just.
Hôt. de Ville
Tivoli
Sarcelou
Lachepaillet
Saint-Amand
Tribunal
Mairie
Aguilera
Chassin
Lahouze
Lahubiague
Saint-Léon
le Limpou
Lembeye
Marracq
Moulinau
St-Jean
Aritxague
Beau-Soleil
Av. de l'Impératrice
Bd de la Mer
Av. du Golf
Avenue de Verdun
Avenue de Bayonne
Avenue d'Espagne
Av. de Biarritz
Bd du B.A.B.
Av. de l'Adour
Bd d'Alsace Lorraine
l'Adour
Av. du 8 Mai 1945
Av. Mal Juin
Av. du Pdt J.F. Kennedy
A63
D636
D932
N10
0 500 1000 m

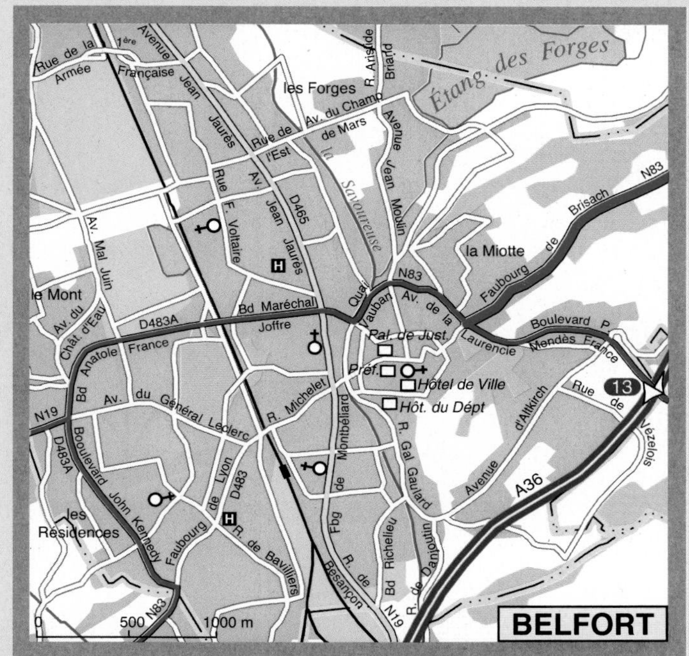
BELFORT
Étang des Forges
les Forges
la Miotte
la Savoureuse
Av. Jean Jaurès
Rue F. Voltaire
Bd Maréchal Joffre
Av. Jean Moulin
Faubourg de Brisach
Boulevard P. Mendès France
Pal. de Just.
Préf.
Hôtel de Ville
Hôt. du Dépt
Av. du Général Leclerc
Bd Anatole France
Av. Mal Juin
Boulevard John Kennedy
Faubourg de Lyon
R. de Bavilliers
Fbg de Montbéliard
R. Gal Gaulard
Avenue d'Altkirch
Rue de Vézelois
les Résidences
A36
N19
N83
D483
D483A
13
0 500 1000 m

BESANÇON
la Viotte
la Vaite
les Chaprais
Brégille
Battant
Bd Sir W. Churchill
Rue de Vesoul
Rue N. Bruand
Rue de Belfort
Rue des Jardins
Avenue de Montjoux
Avenue de Fontaine-Ecu
Avenue de Montrapon
Av. Léo Lagrange
Gare
Av. de Fontaine-Argent
Avenue Carnot
Av. Edouard Droz
Avenue Arthur Gaulard
Rue du Funiculaire
R. du Fort Bréguille
R. Voirin
R. du Bougney
Av. Ch. Siffert
Avenue Clemenceau
Grande Rue
Hôtel de Ville
Palais de Justice
Hôtel de Région
Préfecture
Hôtel du Département
Rue Ch. Nodier
le Doubs
Chemin de Mazagran
Bd Ch. de Gaulle
Fbg Tarragnoz
Fbg de Rivotte
Chemin des Ragots
Avenue de Chardonnet
R. du Gal Brûlard
Rue de Dole
N57
N73
N83
0 500 1000 m

BÉZIERS
la Croix de la Reille
Croix Poumeyrac
les Terries
le Rouat
Pech des Moulins
Pech de la Pomme
Ruisseau de Bagnols
Rue F. Béziat
R. J. Bara
R. de l'Évêque
R. J. Dalou
Avenue Rhin et Danube
Boulevard du Languedoc
Rue de la Clairette
Av. Ferdinand Foch
Av. Albert Ier
Avenue Georges Clemenceau
Av. du 22 Août 1944
Sous-préfecture
Hôtel de Ville
Palais de Justice
Allées Paul Riquet
Av. Saint-Saëns
R. Verdi
Rue Victor Hugo
Av. Gambetta
Bd de Verdun
Bd de la Liberté
Avenue Jean Moulin
Avenue Jean Constans
Bd Mal Leclerc
Avenue Valentin Duc
l'Orb
N9
N112
D28
0 500 1000 m

329

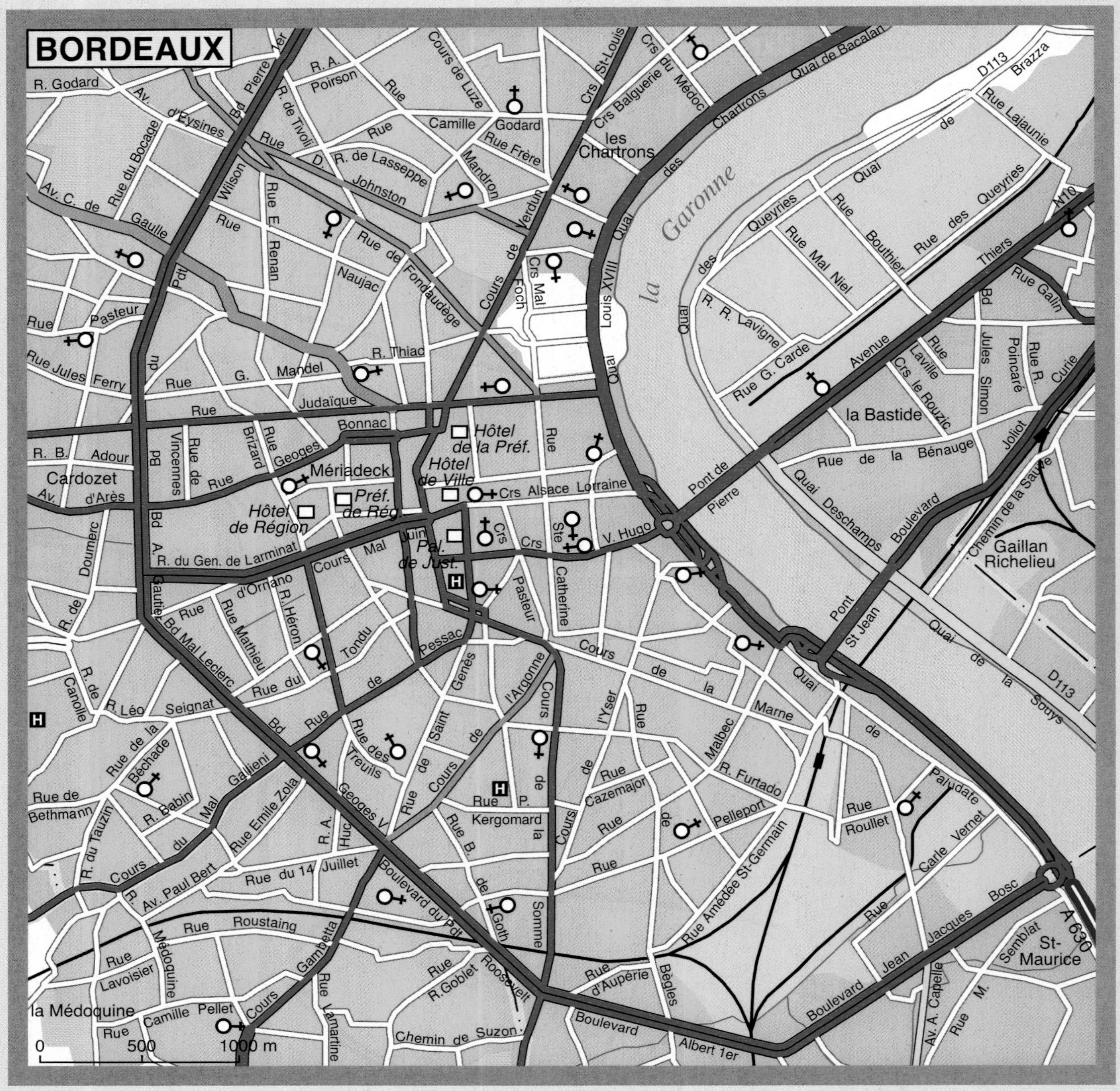

BORDEAUX

R. Godard
Av. d'Eysines
Bd Pierre 1er
R. A. Poirson
R. de Tivoli
Rue Camille Godard
Cours de Luze
Rue Frère
Crs St-Louis
Crs Balguerie du Médoc
les Chartrons
Quai de Bacalan
Quai des Chartrons
D113
Brazza
Rue Lajaunie
Rue du Bocage
Av. C. de Gaulle
Rue D. Johnston
R. de Lasseppe
Mandron
Rue Wilson
Rue E. Renan
Rue Naujac
Rue de Fondaudège
Cours de Verdun
Crs Mal Foch
Quai Louis XVIII
la Garonne
Quai des Queyries
Rue Mal Niel
Rue Bouthier
Rue des Queyries
Thiers
N10
Rue Galin
Rue Pasteur
Rue Jules Ferry
Bd du Pdt
R. Thiac
Rue G. Mandel
Rue Judaïque
Rue Bonnac
R. R. Lavigne
Rue G. Carde
Avenue
Rue Laville
Crs le Rouzic
Bd Jules Simon
Rue Poincaré
Rue R. Curie
la Bastide
Hôtel de la Préf.
Hôtel de Ville
Rue de la Bénauge
Jolliot
R. B.
Adour
Cardozet
Av. d'Arès
Rue de Vincennes
Rue Brizard
Rue Georges
Mériadeck
Hôtel de Région
Préf. de Rég.
Crs Alsace Lorraine
Crs Ste Catherine
V. Hugo
Pont de Pierre
Quai Deschamps
Boulevard
Chemin de la Sauve
Gaillan Richelieu
Bd A. Gautier
R. du Gen. de Larminat
Cours Mal Juin
Pal. de Just.
Crs Pasteur
R. de Doumerc
Rue d'Ornano
Rue Mathieu
Rue Héron
Rue Tondu
Rue de Pessac
Pont St Jean
Quai de la Souys
D113
Bd Mal Leclerc
Cours de la Marne
Cours de l'Yser
R. de Canolle
R. Léo Seignat
Rue du
Bd Georges V
Rue des Treuils
Rue de Saint Genès
Cours de l'Argonne
Cours de la Somme
Rue Malbec
Quai de Paludate
Rue de la Béchade
R. Babin
Rue de Bethmann
Cours du Mal Galliéni
Rue Emile Zola
R. A. Huc
Rue de Cours
Rue P. Kergomard
Rue B. de Goth
R. Furtado
Rue Cazemajor
Rue de Pelleport
Rue Roullet
Rue Carle Vernet
R. du Tauzin
Av. Paul Bert
Rue du 14 Juillet
Boulevard du Pdt Roosevelt
Rue Amédée St-Germain
Rue Bosc
A 630
Rue Roustaing
R. Médoquine
Rue Lavoisier
Cours Gambetta
Rue Lamartine
R. Goblet
Rue d'Aupérie
Bègles
Boulevard Jean Jacques
Semblat
St-Maurice
la Médoquine
Rue Camille Pellet
Chemin de Suzon
Boulevard Albert 1er
Av. A. Capelle
Rue M.
0 500 1000 m

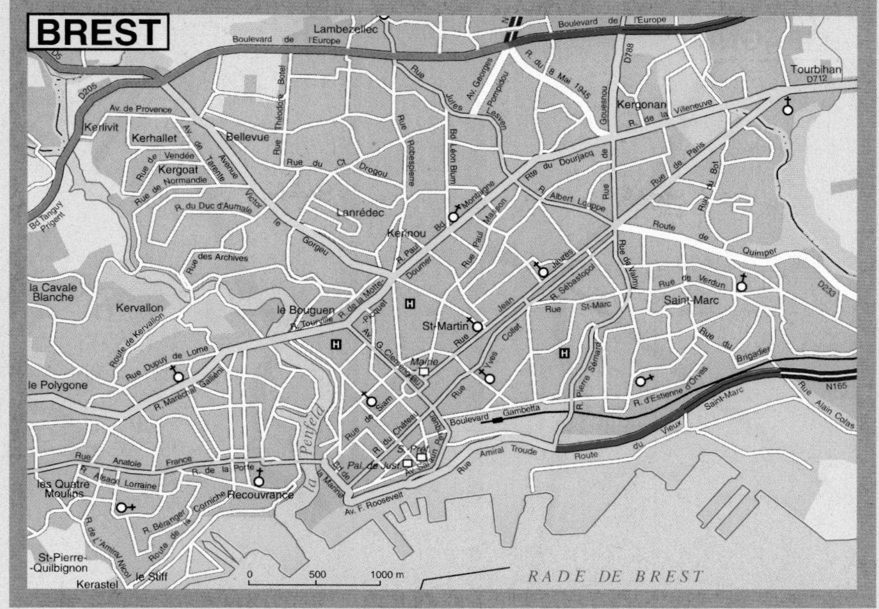
BREST
Lambezellec
Boulevard de l'Europe
Tourbihan
Kergonan
Kerinvit
Kerhallet
Bellevue
Kergoat
Av. de Provence
Rue de Vendée
R. du Duc d'Aumale
Rue du Ct Drogou
Lanrédec
Kerinou
Rue Jean Jaurès
Route de Quimper
Rue de Paris
R. Albert Louppe
Rue de Verdun
Saint-Marc
la Cavale Blanche
Kervallon
le Bouguen
St-Martin
Route de Kervallon
Rue Dupuy de Lome
le Polygone
R. Maréchal Gallieni
Mairie
Rue du Château
Pal. de Just.
Boulevard Gambetta
Rue Amiral Troude
Route du Vieux
R. d'Estienne d'Orves
N165
Rue Alain Colas
Rue Anatole France
R. de la Porte
les Quatre Moulins
Recouvrance
Av. F. Roosevelt
la Penfeld
St-Pierre-Quilbignon
Kerastel
le Stiff
0 500 1000 m
RADE DE BREST

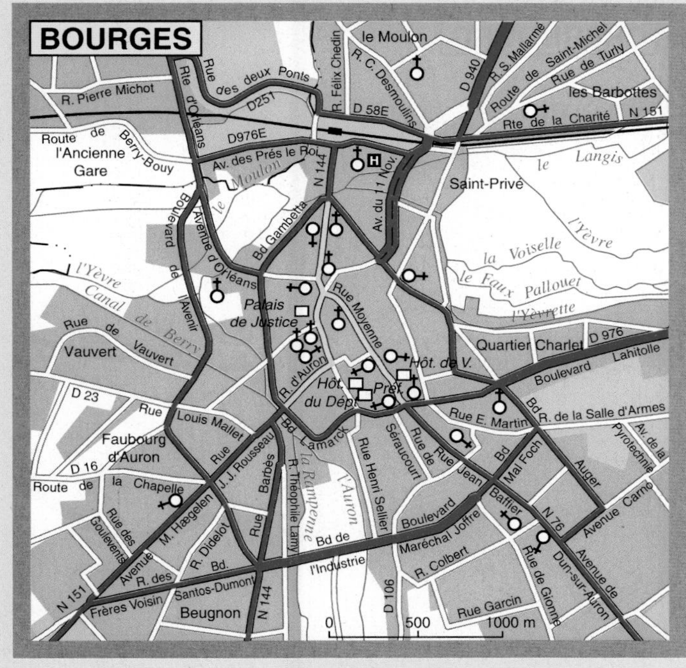
BOURGES
le Moulon
R. Félix Chédin
R. C. Desmoulins
D 940
R. S. Mallarmé
Route de Saint-Michel
Rue de Turly
R. Pierre Michot
Rue des deux Ponts
D251
D 58E
Rte d'Orléans
les Barbottes
Rte de la Charité
N 151
Route de Berry-Bouy
l'Ancienne Gare
D976E
Av. des Prés le Roi
Av. du 11 Nov.
le Langis
Saint-Privé
la Voiselle
l'Yèvre
le Moulon
Bd Gambetta
N 144
le Foux Pallouet
l'Yévrette
Avenue d'Orléans
Canal de Berry
Palais de Justice
Rue Moyenne
Quartier Charlet
D 976
Boulevard Lahitolle
Rue de Vauvert
Vauvert
Hôt. de V.
Hôt. du Dépt
Préf.
R. d'Auron
D 23
Louis Mallet
Rue E. Martin
R. de la Salle d'Armes
Faubourg d'Auron
Bd Lamarck
la Rampenne
l'Auron
Rue Henri Sellier
Séraucourt
Rue Jean Baffier
Bd Mal Foch
Auger
Av. de la Pyrotechnie
D 16
Route de la Chapelle
J. J. Rousseau
R. Théophile Lamy
Barbès
N 76
Avenue Carnot
Rue des Gouleyents
M. Hægelen
R. Didelot
Bd de l'Industrie
Boulevard Maréchal Joffre
R. Colbert
Dun-sur-Auron
Rue de Gionne
N 151
Frères Voisin
Santos-Dumont
Beugnon
N 144
D 106
Rue Garcin
Avenue de
0 500 1000 m

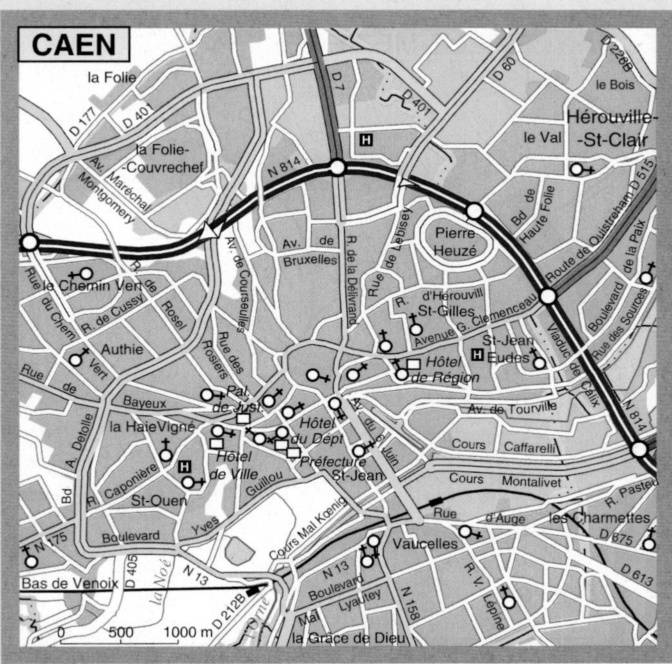
CAEN
la Folie
D 7
D 401
D 60
D 226B
le Bois
Hérouville-St-Clair
le Val
D 177
la Folie-Couvrechef
Av. Maréchal Montgomery
N 814
Pierre Heuzé
Boulevard de Haute Folie
Route de Ouistreham D 515
Av. de Bruxelles
R. de la Délivrande
Rue de Lebisey
Av. de Courseulles
le Chemin Vert
R. de Cussy
Rue du Chemin Vert
Rosel
Authie
R. d'Hérouvill
St-Gilles
Avenue G. Clemenceau
St-Jean Eudes
Hôtel de Région
Viaduc de Calix
Rue des Rosiers
Pal. de Just.
Bayeux
Rue de Bayeux
la Haie Vigné
Hôtel de Ville
Hôtel du Dépt
Préfecture
St-Jean
Av. de Tourville
Cours Caffarelli
Cours Montalivet
R. Caponière
St-Ouen
Guillou
Bd Yves Guillou
Cours Mal Koenig
Rue d'Auge
les Charmettes
N 175
Boulevard
Vaucelles
N 13
Bas de Venoix
D 405
la Noé
D 212B
l'Orne
Boulevard Mal Lyautey
N 158
R. V. Lépine
la Grâce de Dieu
D 675
D 613
R. Pasteur
0 500 1000 m

CALAIS
"D" Desserte de l'Hoverport
Digue Gaston Berthe
Boulevard du Général de Gaulle
Bassin des Chasses
Ponts H. Hénon
Bd des Alliés
Calais Nord
Bassin Carnot
Rte du Quai de la Loire
Rue du Quai de la Loire
Rue du Nord
D 119
Bd du 8 Mai
Bd de la République
R. Royale
Sous-préfecture
Rue Mollien
le Petit Courgain
Av. P. de Coubertin
D 940
Calais Saint-Pierre
Hôtel de Ville
Bd Jacquard
R. Anatole France
Rue Pascal
D 119
Rue de Verdun
Canal de Calais
R. des Quatre Coins
Rue de Pic
Avenue Louis Blériot
R. de Phalsbourg
R. de Maubeuge
la Nouvelle France
Quartier du Fort Nieulay
Av. R. Salengro
Bd Léon Gambetta
Bd Lafayette
Bd de l'Égalité
N 1
les Cailloux
les Fontinettes
Rue du Four à Chaux
Palais de Justice
Rue Masséna
Bd Victor Hugo
R. de Haguenau
D 127
R. Leavers
A 16
14
Boulevard Curie
0 500 1000 m

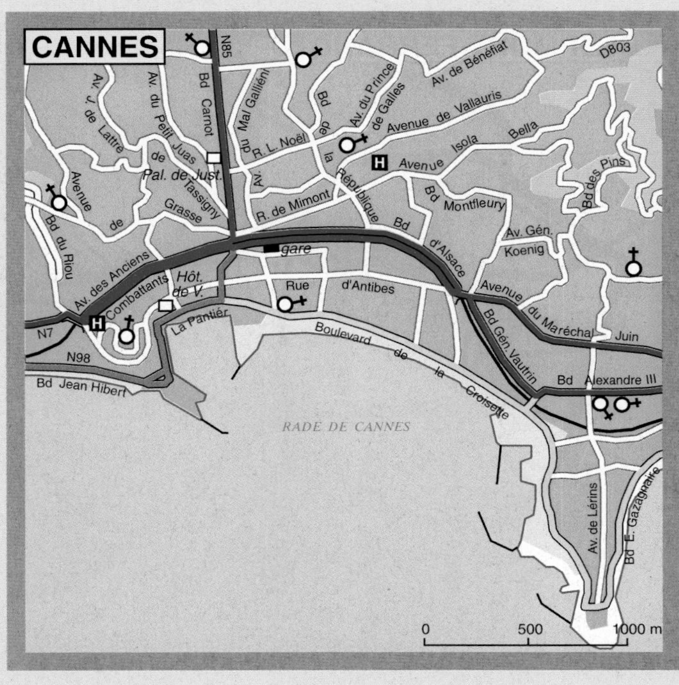
CANNES
N85
Bd Carnot
Av. du Petit Juas
Av. J. de Lattre de Tassigny
Mal Galliéni
Bd de la République
Av. du Prince de Galles
Av. de Bénéfiat
D803
Avenue de Vallauris
R. L. Noël
Avenue Isola Bella
Pal. de Just.
Avenue de Grasse
R. de Mimont
Bd Montfleury
Bd des Pins
Av. Gén. Koenig
Bd du Riou
gare
Bd d'Alsace
Av. des Anciens Combattants
Hôt. de V.
Rue d'Antibes
Avenue du Maréchal Juin
N7
N98
La Pantiero
Boulevard de la Croisette
Bd Gén Vautrin
Bd Alexandre III
Bd Jean Hibert
RADE DE CANNES
Av. de Lérins
Bd E. Gazagnaire
0 500 1000 m

CHÂLONS-EN-CHAMPAGNE
Av. Ampère
D 1
Av. du 106eme R.I.
Av. du Général Sarrail
Rue de Bouy
R. du Cdt. Derrien
D 77
Fbg St-Jacques
Lavoisier
Faubourg St.
R. C. Jacquiert
Rue du Camp d'Attila
N 44
N 3
Antoine
Av. de Valmy
Avenue de Ste - Menehould
Av. du Gal Patton
Cité St-Pierre
Palais de Justice
Hôtel de Ville
Bd L. Blum
Av. de Metz
la Marne
Rue J. Jaurès
Préfecture
Hôtel du Département
Allées
P. Doumer
St-Memmie
Avenue
R. du Gd Mau
Hôtel de Région
Voltaire
Ch. de Gaulle
Av. du Gal
Vieilles postes
Rue des
Jacques
Simon
Allées A. Karr
Allées de Forets
R. d'Alsace
Avenue du Président Roosevelt
D 77
0
500
1000 m

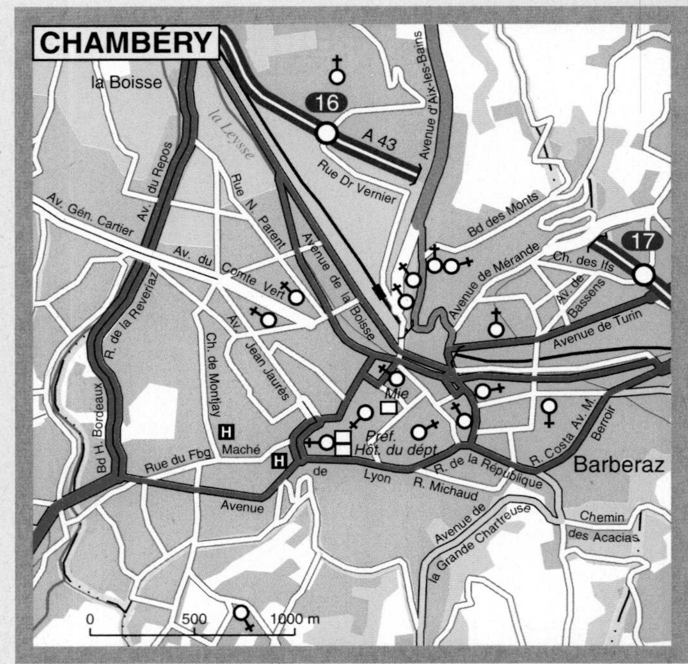
CHAMBÉRY
la Boisse
la Leysse
16
A 43
Avenue d'Aix-les-Bains
Rue Dr Vernier
Av. du Repos
Rue N. Parent
Av. Gén. Cartier
Av. du Comte Vert
Avenue de la Boisse
Bd des Monts
17
Avenue de Mérande
Ch. des Ifs
Av. de Bassens
Avenue de Turin
R. de la Reveriaz
Ch. de Montjay
Av. Jean Jaurès
Mie
Bd H. Bordeaux
Préf.
Hôt. du dépt
R. Costa Av. M.
Berroir
Rue du Fbg. Maché
de Lyon
R. de la République
R. Michaud
Barberaz
Avenue
Avenue de la Grande Chartreuse
Chemin des Acacias
0
500
1000 m

CHARLEVILLE-MÉZIÈRES
Montcy-Notre-Dame
R. de Castrice
Quai Jean Charcot
Avenue Charles Boutet
Rue Forest
N 43
Avenue
R. de Montjoly
Bd Gambetta
Av. Forest
J. Jaurès
Charles de Gaulle
Briand
J. Cours A.
Route de St-Laurent
Rue du Bois-en-Val
la Meuse
Avenue de l'Industrie
D 51
Chemin du Mémorial
Av. d'Arches
Palais de Justice
Faubourg St-Julien
Av. Louis Tirman
Préfecture
Rue des Tambours
Rue de Berthaucourt
D 979
Av. de St-Julien
Hôtel de Ville
la Citadelle
le Theux
Quai de l'Esplanade
Av. des Martyrs de la Résistance
Rue du Theux
Rue Ambroise Croizat
D 5
Faubourg de Pierre
la Meuse
Route de Prix
R. St-Louis
Av. du Pdt V. Auriol
R. Anatole France
Av. Carnot
Mohon
les Ronces
les Granges Moulues
R. du B. Fortant
N51
V. Hugo
N 43
0
500
1000 m

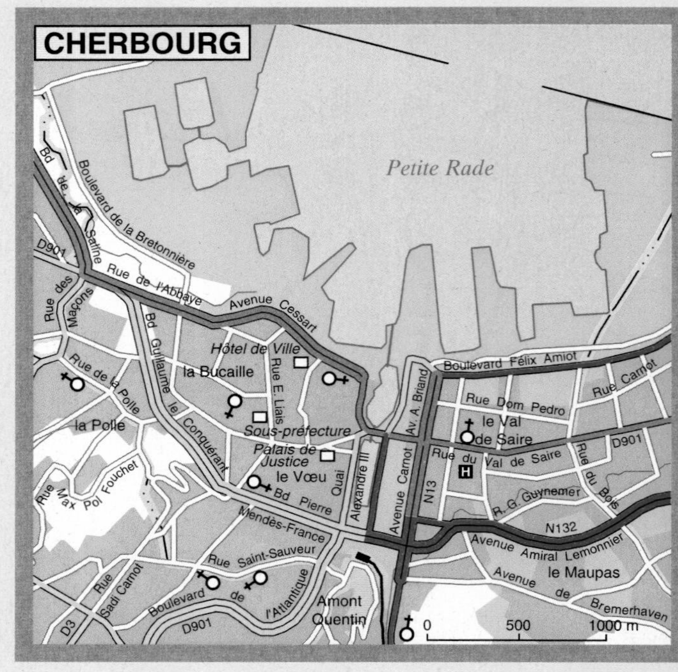
CHERBOURG
Petite Rade
Bd de la Saline
Boulevard de la Bretonnière
D901
Rue de l'Abbaye
Avenue Cessart
Rue des Maçons
Bd Guillaume le Conquérant
Hôtel de Ville
Boulevard Félix Amiot
la Bucaille
Rue E. Liais
Rue de la Polle
la Polle
Sous-préfecture
Palais de Justice
le Vœu
Bd Pierre Mendès-France
Quai Alexandre III
Av. A. Briand
Avenue Carnot
N13
Rue Dom Pedro
Rue Carnot
le Val de Saire
Rue du Val de Saire
D901
Rue du Bois
R. G. Guynemer
Rue Max Pol Fouchet
N132
Avenue Amiral Lemonnier
le Maupas
Avenue de Bremerhaven
Rue Saint-Sauveur
Rue Sadi Carnot
D3
Boulevard de l'Atlantique
Amont Quentin
D901
0
500
1000 m

CLERMONT-FERRAND
Catarou
D 69
Bd Gordon Bennett
Rue de Champfleuri
Av. Barbier Daubrée
Rue du Clos Four
les Carmes
N 9
Avenue de la République
Rue du Ressort
Fontgiève
Bd Lavoisier
R. St-Alyre
Rue de Blanzat
Bd J.B. Dumas
R. Fontgiève
Rue H. Barbusse
R. Niel
Rue Auger
R. Montlosier
R. Mottier
Avenue E. Michelin
N 89
Trib.
Hôt. de Ville
Av. d'Italie
Av. de l'Union Soviétique
R. Guynemer
Bd Berthelot
R. Menat
G. Péri
France
Anatole
Herbet
D 5
Hôt. du Dépt
Av. Carnot
Rue la Pradelle
Av. Pasteur
R. Blatin
Préf.
Sablon
Rue de la Cartoucherie
Av. Julien
R. Gilbert
Bd Lafayette
Rue de la Pradelle
Av. Jean Jaurès
A. Briand
Bd Pasteur
Bd Mitterrand
Crs
Côte Blatin
Rue Clovis Hugues
l'Oradou
Rue des Salins
Av. de Marx Dormoy
Bd J. Jaurès
Avenue Léon Blum
D 69
Neuf Soleil
Rue de l'Oradou
Bd Lafayette
Rue des Chambrettes
N 389
R. de Bellevue
R. André Theuriet
la Libération
la Raye Dieu
Rue des Liondards
R. Berteaux
N 9
les Ormeaux
Bd P. Pochet-Lagaye
St-Jacques
D 771
N 89
0
500
1000 m

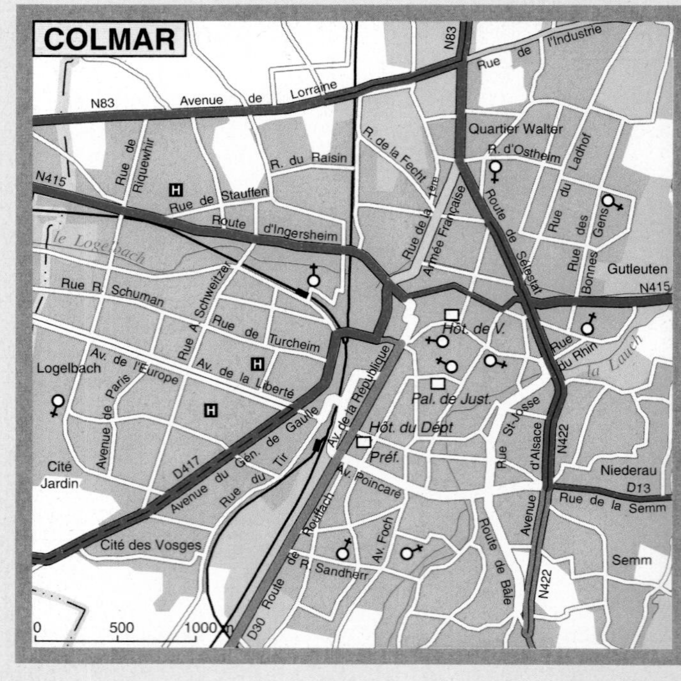
COLMAR
N83
Rue de l'Industrie
Avenue de Lorraine
N83
Quartier Walter
R. d'Ostheim
R. de la Fecht
R. du Raisin
Rue de Riquewihr
N415
Rue de Stauffen
Route d'Ingersheim
Rue de la 1ère Armée Française
Route de Sélestat
Rue du Ladhof
Rue des Bonnes Gens
Gutleuten
N415
le Logelbach
Rue R. Schuman
Rue A. Schweitzer
Rue de Turckheim
Hôt. de V.
la Lauch
Rue du Rhin
Logelbach
Av. de l'Europe
Av. de la Liberté
Pal. de Just.
Avenue de Paris
Av. du Gén. de Gaulle
Hôt. du Dépt
Av. de la République
Préf.
Rue St-Josse
Avenue d'Alsace
N422
Niederau
D13
Rue de la Semm
Cité Jardin
D417
Avenue du
Rue du Tir
Av. Poincaré
Cité des Vosges
Route de Rouffach
Av. Foch
R. Sandherr
Route de Bâle
Semm
N422
D30
0
500
1000 m

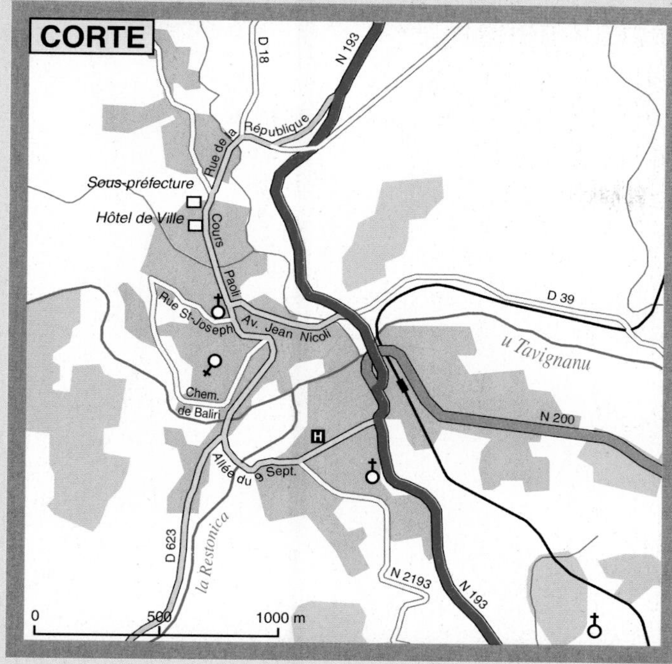
CORTE
Sous-préfecture
Hôtel de Ville
Cours Paoli
Rue St-Joseph
Av. Jean Nicoli
u Tavignanu
N 200
N 193
D 39
D 18
D 623
la Restonica
Allée du 9 Sept.
N 2193
0
500
1000 m

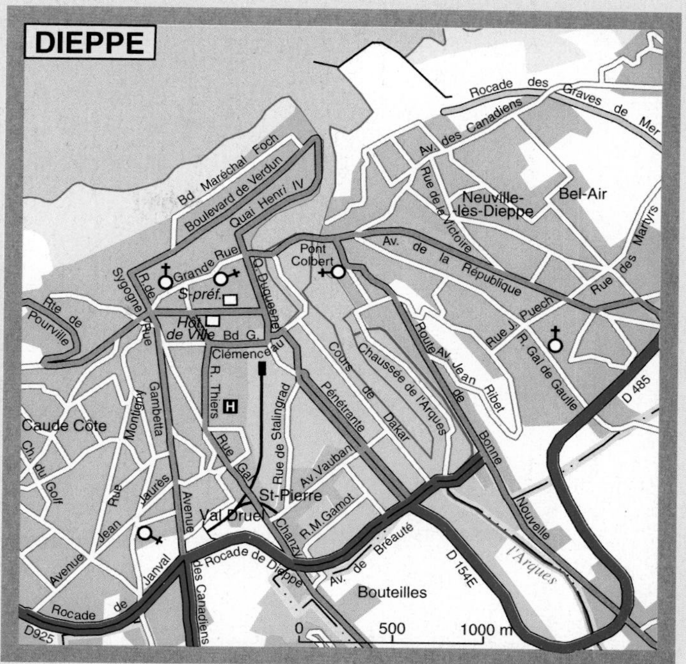
DIEPPE
Rocade des Graves de Mer
Av. des Canadiens
Neuville-lès-Dieppe
Bel-Air
Bd Maréchal Foch
Boulevard de Verdun
Quai Henri IV
Grande Rue
S-préf.
Hôtel de Ville
Pont Colbert
Av. de la République
Rue des Martyrs
Rte de Pourville
Clémenceau
Caude Côte
St-Pierre
Val Druel
Rocade de Dieppe
Bouteilles
l'Arques
D 485
D 154E
D925
0
500
1000 m

DIJON
les Génois
Bd des Allobroges
Bd Pascal
la Maladière
Montchapet
Clémenceau
Av. R. Poincaré
Av. Mal Lyautey
les Perrières
Hôtel de Région
Préfecture
Hôtel de Ville
Tribunal
Bd de Strasbourg
Fbg St-Pierre
Bd de l'Université
R. du Transvaal
les Bouroches
les Péjoces
Rue Chevreuil
N 5
N 71
N 74
D 70
D 107
D 108G
D 996
0
500
1000 m

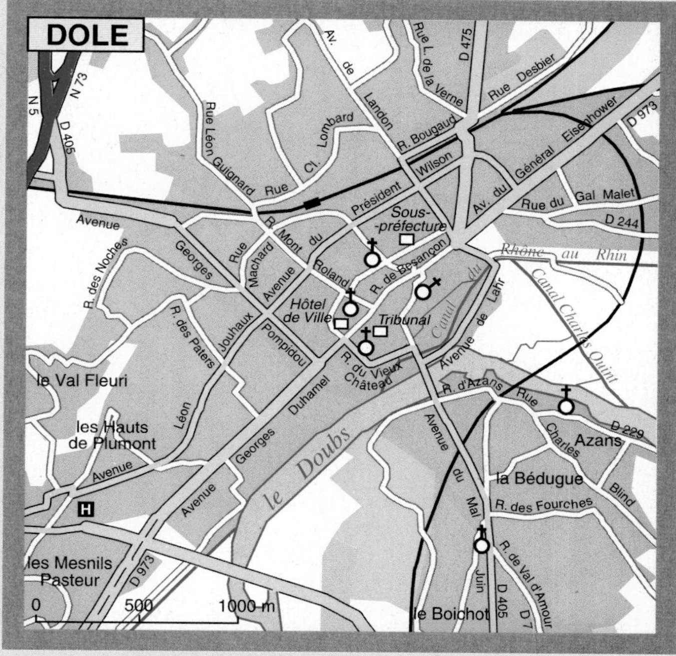
DOLE
Sous-préfecture
Hôtel de Ville
Tribunal
Rhône au Rhin
Canal Charles Quint
le Val Fleuri
les Hauts de Plumont
le Doubs
Azans
la Bédugue
R. des Fourches
les Mesnils Pasteur
le Boichot
D 973
D 244
D 229
D 475
D 405
N 5
N 73
0
500
1000 m

DUNKERQUE
Digue de Mer
Digue des Alliés
Canal Exutoire
Malo-les-Bains
Boulevard de la République
Rosendaël
Chaussée des Darses
Mairie
Palais de Justice
Sous-préfecture
Rue du 110e R. I.
Route de Furnes
Boulevard Vauban
R. Buffon
Rue H. Ghesquière
Coudekerque-Branche
33
A 16
N 1
0
500
1000 m

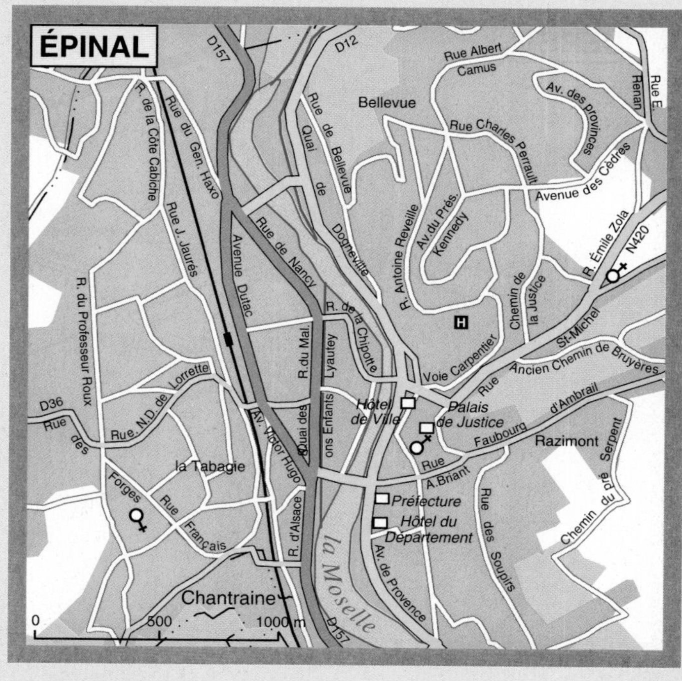
ÉPINAL
Bellevue
Rue Albert Camus
Rue Charles Perrault
Avenue des Cèdres
Rue du Gen. Haxo
Rue de Nancy
Avenue Dutac
R. du Professeur Roux
Hôtel de Ville
Palais de Justice
Faubourg d'Ambrail
Razimont
Préfecture
Hôtel du Département
la Tabagie
Chantraine
la Moselle
Rue des Soupirs
N420
D12
D157
D36
0
500
1000 m

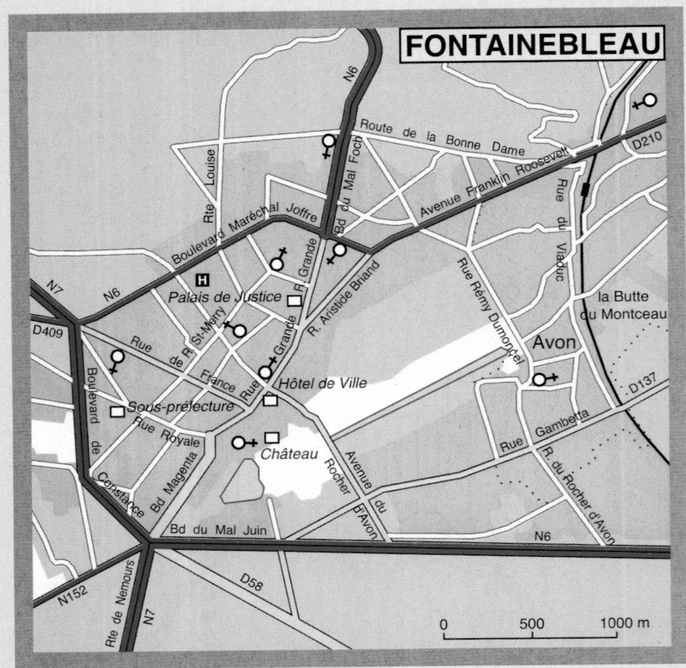
FONTAINEBLEAU
N6
Route de la Bonne Dame
Avenue Franklin Roosevelt
D210
Rte Louise
Boulevard Maréchal Joffre
Bd du Mal Foch
R. Grande
Rue du Viaduc
Rue Rémy Dumoncel
R. Aristide Briand
Palais de Justice
la Butte du Montceau
N7
D409
Rue de France
R. St-Merry
Hôtel de Ville
Avon
D137
Boulevard de Constance
Sous-préfecture
Rue Royale
Château
Rue Gambetta
Rocher
Avenue du Bd d'Avon
R. du Rocher d'Avon
Bd Magenta
Bd du Mal Juin
N152
D58
Rte de Nemours
0
500
1000 m

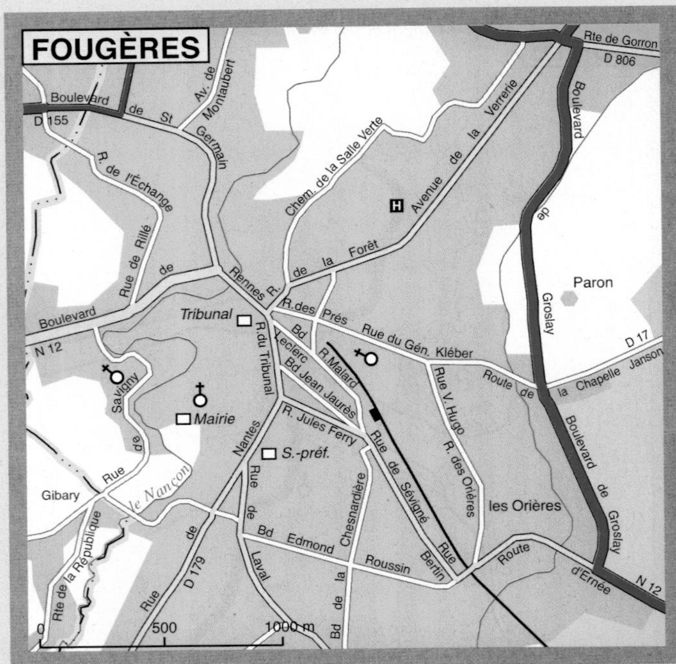
FOUGÈRES
Rte de Gorron
D 806
Boulevard
D155
Boulevard de St Germain
Av. de Montaubert
R. de l'Échange
Chem. de la Salle Verte
Avenue de la Verrerie
Boulevard de Groslay
Rue de Rillé
Rennes
R. de la Forêt
Paron
Boulevard
N 12
Tribunal
R.des Prés
Rue du Gén. Kléber
D 17
R. du Tribunal
Bd Leclerc
R. Malard
Bd Jean Jaurès
Rue V. Hugo
Route de la Chapelle Janson
Savigny
Mairie
R. Jules Ferry
Rue de Sévigné
R. des Orières
Gibary
Rue de
le Nançon
Nantes
S.-préf.
Rue de Chesnardière
les Orières
Rue de Laval
Bd Edmond Roussin
Rue Bertin
Route d'Ernée
N 12
Rte de la République
D 179
Rue
0
500
1000 m
Bd de la

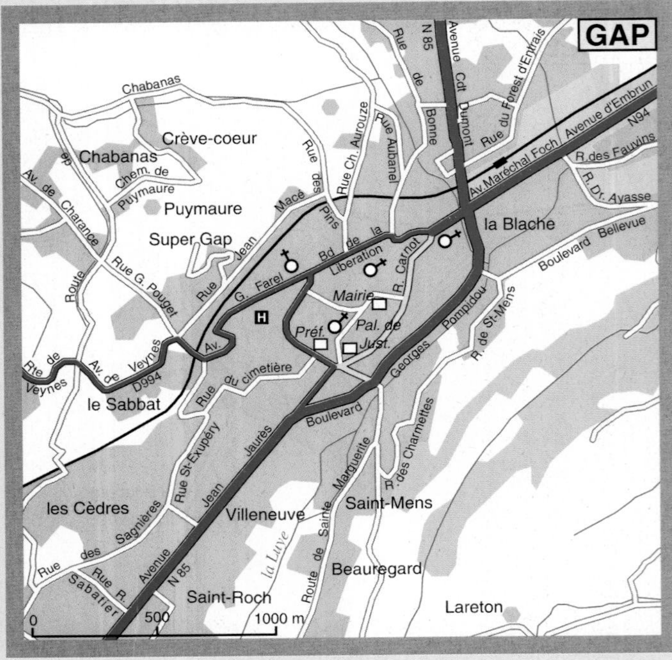
GAP
N 85
Avenue Cdt Dumont
Rue de Bonne
Rue du Forest d'Entrais
Avenue d'Embrun
N94
Chabanas
Crève-coeur
Rue des Pins
Rue Ch. Aurouze
Rue Aubanel
Av. Maréchal Foch
R. des Fauvins
R. Dr. Ayasse
Chabanas
Chem. de Puymaure
Av. de Charance
Puymaure
Rue Jean Macé
la Blache
Boulevard Bellevue
Super Gap
Bd de la Libération
R. Carnot
Rue G. Pouget
Route
G. Farel
Mairie
Préf.
Pal. de Just.
Pompidou
R. de St-Mens
Rte de Veynes
Av. de Veynes
D994
Rue du cimetière
Boulevard
Georges
le Sabbat
R. des Charmettes
Rue St-Exupéry
Jean Jaurès
les Cèdres
Rue des Sagnières
Villeneuve
Saint-Mens
Rue Sabatier
Avenue
N 85
la Luye
Route de Sainte Marguerite
Beauregard
Saint-Roch
Lareton
0
500
1000 m

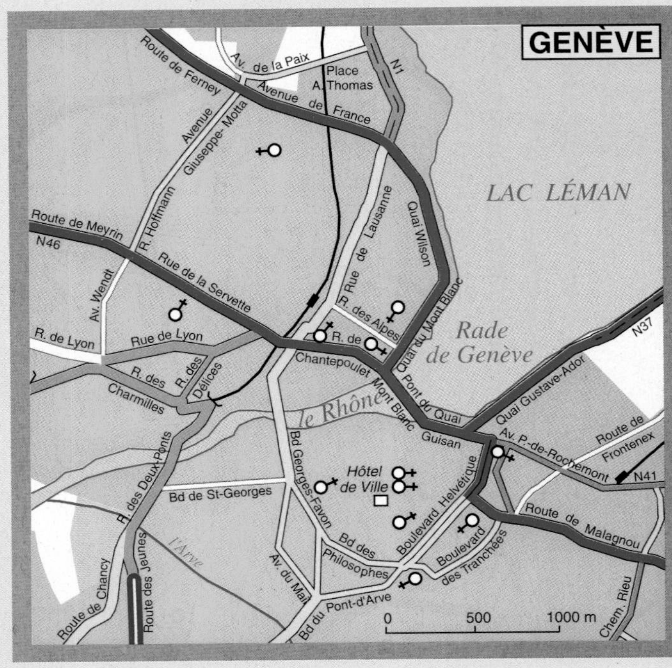
GENÈVE
Route de Ferney
Av. de la Paix
Place A. Thomas
N1
Avenue de France
Avenue Giuseppe-Motta
LAC LÉMAN
Route de Meyrin
R. Hoffmann
Rue de Lausanne
Quai Wilson
N46
Rue de la Servette
Av. Wendt
R. des Alpes
Rade de Genève
N37
R. de Lyon
Rue de Lyon
R. de Chantepoulet
Quai du Mont Blanc
R. des Charmilles
R. des Délices
Pont du Mont Blanc
Quai Gustave-Ador
le Rhône
Quai Guisan
Route de Frontenex
Av. P.-de-Rochemont
N41
Bd Georges Favon
Hôtel de Ville
Bd de St-Georges
R. des Deux-Ponts
Boulevard Helvétique
Route de Malagnou
l'Arve
Bd des Philosophes
Boulevard des Tranchées
Route de Chancy
Route des Jeunes
Av. du Mail
Bd du Pont-d'Arve
Chem. Rieu
0
500
1000 m

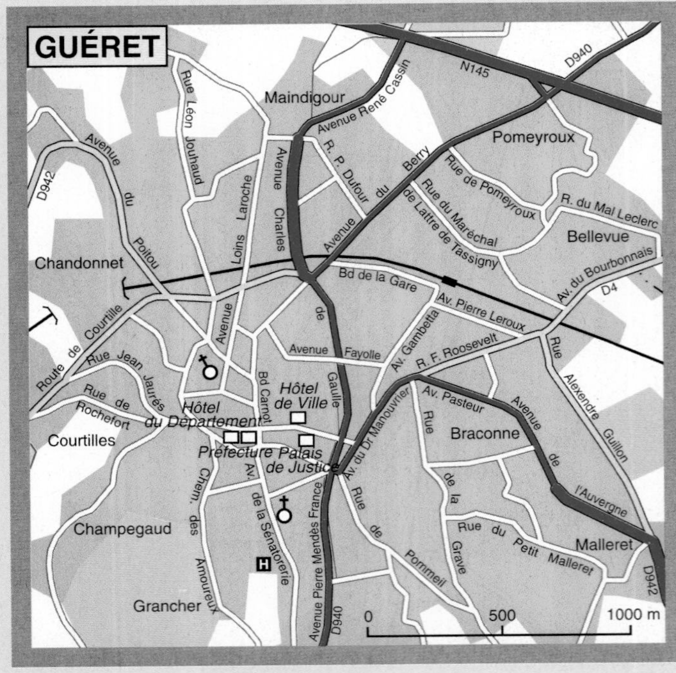
GUÉRET
N145
D940
Rue Léon Jouhaud
Maindigour
Avenue René Cassin
Pomeyroux
D942
Avenue du Poitou
Avenue Charles
R. P. Dufour
Avenue du Berry
Rue de Pomeyroux
Rue du Maréchal de Lattre de Tassigny
R. du Mal Leclerc
Loins Laroche
Bellevue
Chandonnet
Bd de la Gare
Av. du Bourbonnais
D4
Av. Pierre Leroux
Route de Courtille
Avenue
Av. Gambetta
Rue Jean Jaurès
Avenue Fayolle
R. F. Roosevelt
Rue Alexandre Guillon
Rue de Rochefort
Hôtel du Département
Bd Carnot
Hôtel de Ville
de Gaulle
Av. Pasteur
Avenue de l'Auvergne
Courtilles
Préfecture
Palais de Justice
Braconne
Av. de la Sénatorerie
Chem. des Amoureux
Av. du Dr Manouvrier
Rue
Rue de Pommeil
Rue de la Grave
Rue du Petit Malleret
Champegaud
Malleret
D942
Grancher
Avenue Pierre Mendès France
D940
0
500
1000 m

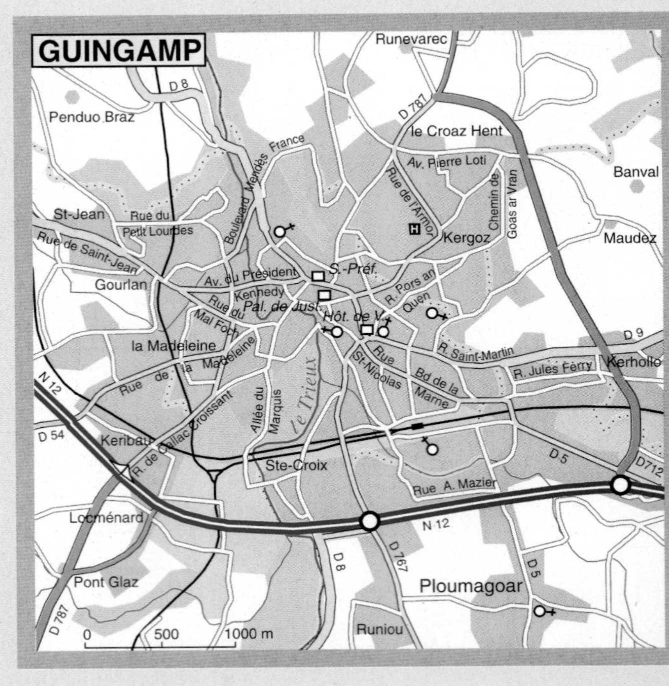
GUINGAMP
Runevarec
D 8
D 787
Penduo Braz
le Croaz Hent
Boulevard Mendès France
Av. Pierre Loti
Banval
Rue de l'Armor
Chemin de Goas ar Vran
St-Jean
Rue du Petit Lourdes
Kergoz
Maudez
Rue de Saint-Jean
S.-Préf.
Av. du Président Kennedy
Gourlan
R. Pors an Quen
Pal. de Just.
Hôt. de V.
Rue du Mal Foch
la Madeleine
Rue de la Madeleine
R. Saint-Martin
D 9
R. Jules Ferry
Kerhollo
N 12
Rue St-Nicolas
Bd de la Marne
Allée du Marquis
le Trieux
Rue de la Croissant
D 54
Keribat
R. de Callac
Ste-Croix
D 5
D712
Rue A. Mazier
Locménard
N 12
D 8
D 767
D 5
Pont Glaz
Ploumagoar
D 787
Runiou
0
500
1000 m

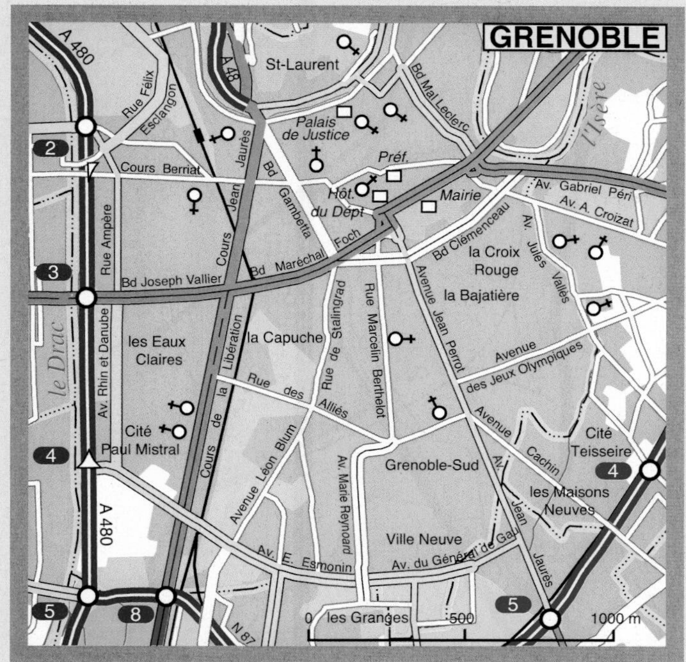

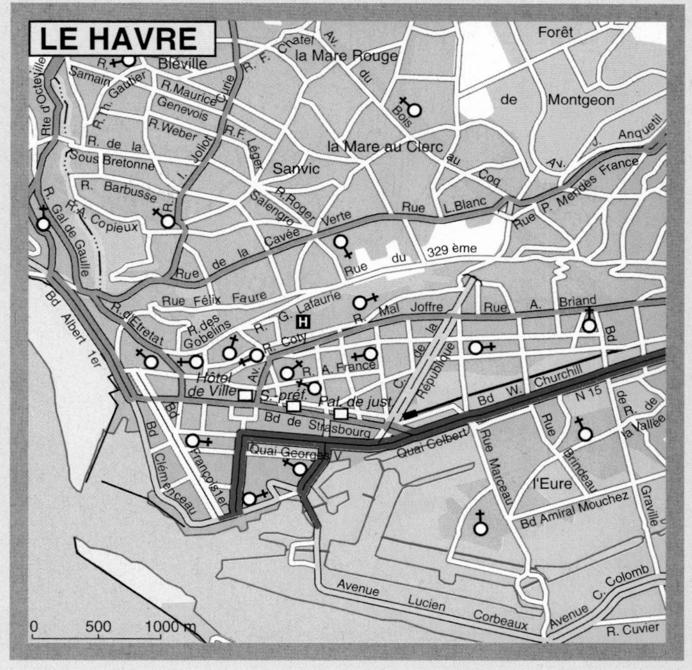

GRENOBLE
A 480
St-Laurent
Palais de Justice
Préf.
Hôt. du Dépt
Mairie
Cours Berriat
Bd Joseph Vallier
Bd Maréchal Foch
Bd Gambetta
Cours Jean Jaurès
Av. Gabriel Péri
Av. A. Croizat
Bd Clémenceau
la Croix Rouge
la Bajatière
les Eaux Claires
la Capuche
Rue Ampère
Av. Rhin et Danube
le Drac
l'Isère
Cours de la Libération
Rue de Stalingrad
Rue Marcelin Berthelot
Avenue Jean Perrot
Avenue des Jeux Olympiques
Rue des Alliés
Cité Paul Mistral
Cité Teisseire
Grenoble-Sud
les Maisons Neuves
Ville Neuve
Avenue Léon Blum
Av. Marie Reynoard
Av. E. Esmonin
Av. du Général de Gaulle
les Granges
Rue Félix Esclangon
Bd Mal Leclerc
Av. Jules Vallès
Avenue Cachin
Av. Jean Jaurès
N 87
0 500 1000 m

LE HAVRE
Bléville
la Mare Rouge
Forêt de Montgeon
Sanvic
la Mare au Clerc
Rue Verte
Rue L.Blanc
Rue P. Mendès France
Av. du Bois au Coq
Av. Anquetil
Rue du 329 ème
Rue Félix Faure
Rue de la Cavée
Bd Albert 1er
R. d'Etretat
R. des Gobelins
R. G. Lafaurie
R. Mal Joffre
Rue A. Briand
R. A. France
R. Coty
Hôtel de Ville
S. préf.
Pal. de just.
Bd de Strasbourg
Bd W. Churchill
N 15
Quai George V
Quai Colbert
Rue Marceau
Rue Brindeau
l'Eure
Bd Amiral Mouchez
Rue de la Vallée
Rue de la République
Bd Clémenceau
R. Gal de Gaulle
R. François 1er
Avenue Lucien Corbeaux
Avenue C. Colomb
R. Cuvier
Rte d'Octeville
R. Barbusse
R. A. Copieux
R. Maurice Genevois
R. Weber
R. de la Sous Bretonne
0 500 1000 m

LILLE
Lambersart
Av. Becquart
R. de Lille
Rue du Bois
Boulevard Robert Shuman
Av. Mal Leclerc
Rue H. Delecaux
Avenue de l'Hippodrome
Avenue Ste Cécile
Av. Soubise
Canal de la Deûle
Av. M. Delobel
Rue St-Sébastien
R.du Pont Neuf
Rue Royale
R. Négrier
Palais de Justice
Rue de Gand
R.de la Barre
Boulevard Carnot
Av. de la République
Rue du Ballon
Faubourg Saint-Maurice
Avenue L. Jouhaux
Boulevard R.Nationale
de la Rue du Molinel
Hôtel du Département
Av. du Prés. Kennedy
Hôtel de Ville
Préfecture
Boulevard Louis XIV
Liberté
Avenue M. Dormoy
les Bois Blancs
Bd de Lorraine
R. Colbert
Boulevard Vauban
Rue Solférino
Rue Nationale
Rue Léon Gambetta
Rue de Turenne
Bd de la Moselle
Rue de la Bassée
Rue d'Isly
Boulevard Montebello
R. J. Guesde
R. Paul Lafargue
Rue des Postes
R.Brule Maison
Rue Solférino
R.deCambrai
Bd Victor Hugo
Rue d'Arras
Rue de Trévise
R. de Douai
Bd de Belfort
Rue de Condé
Bd de la Moselle
Boulevard de Metz
Bd de Strasbourg
Boulevard d'Alsace
le Petit Maroc
A 25
A 1
R. de Marquillies
0 500 1000 m

335

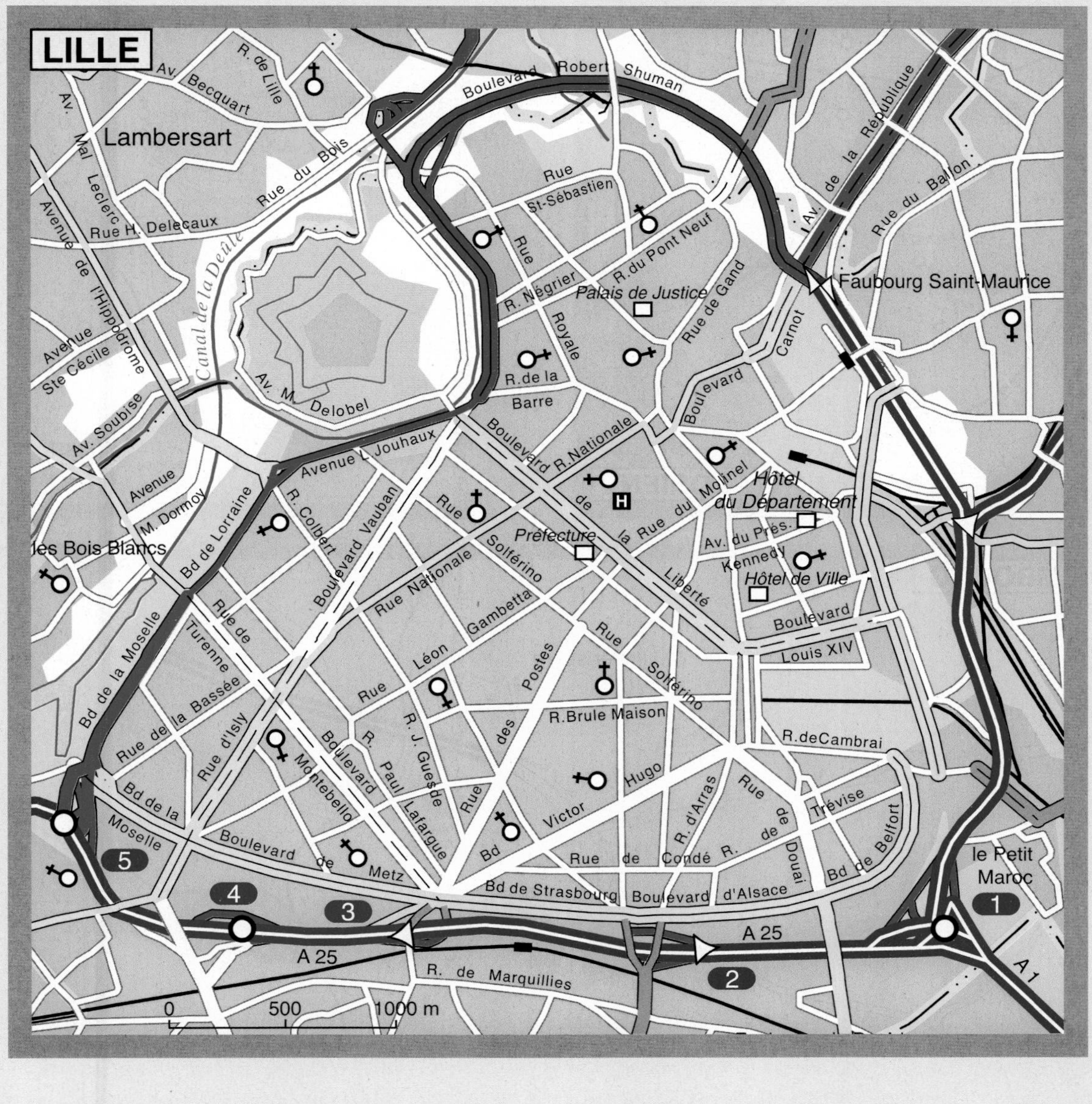

LIMOGES

LE MANS

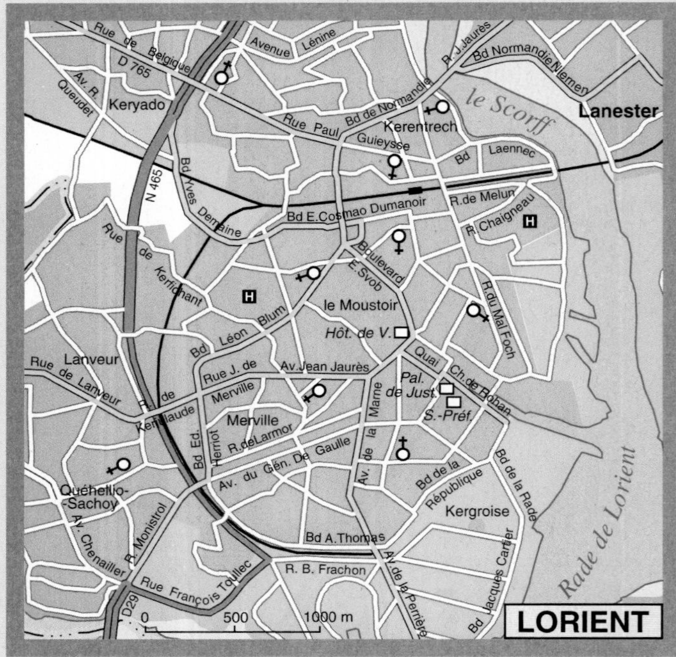
LORIENT

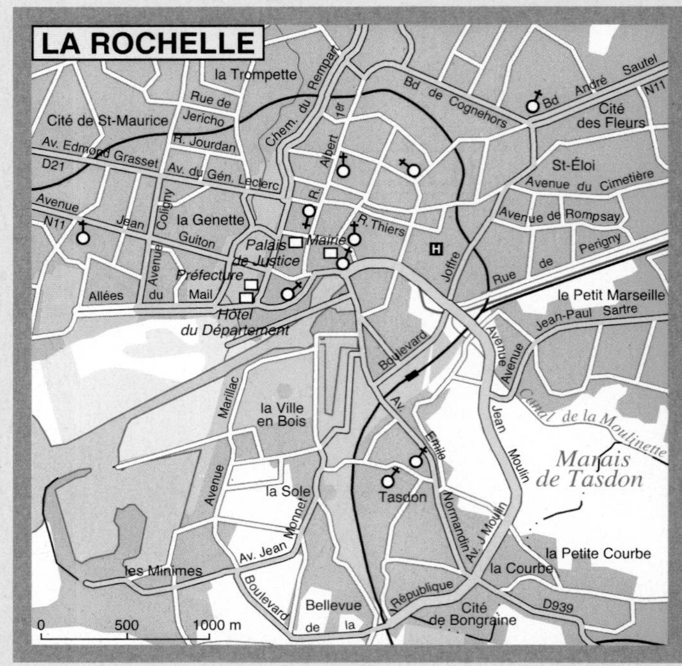
LA ROCHELLE

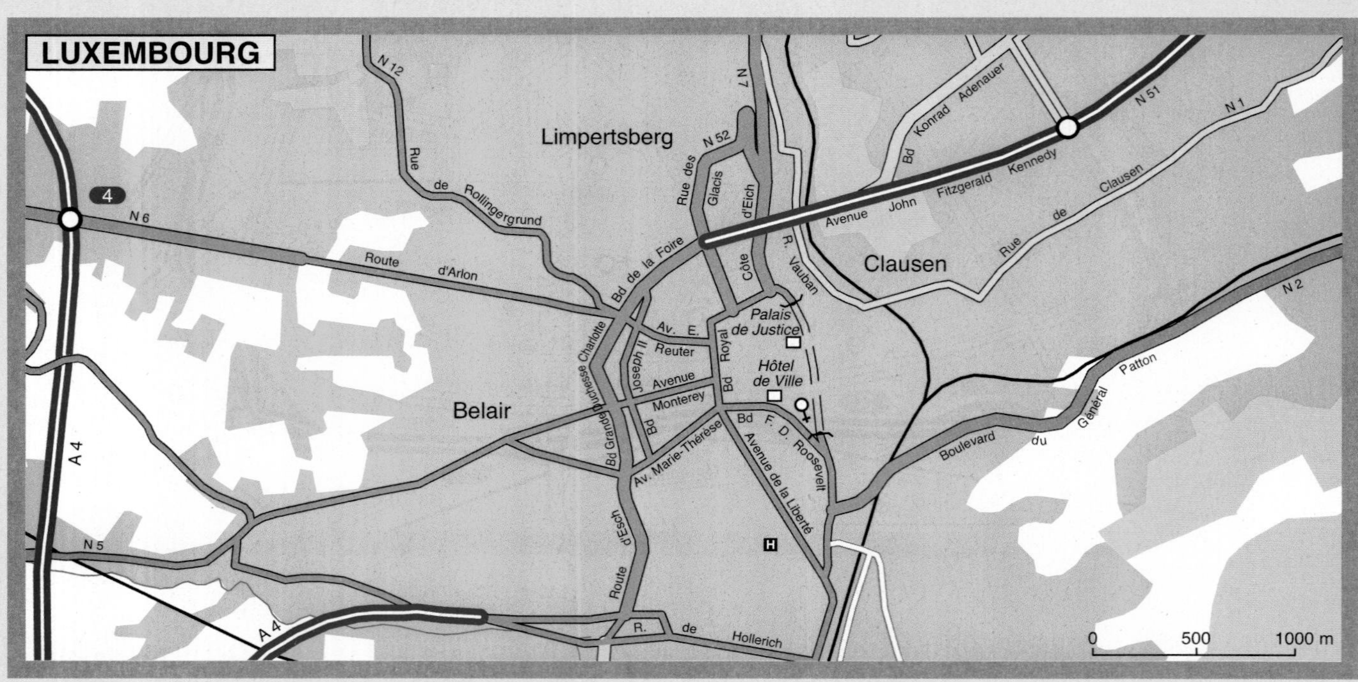
LUXEMBOURG

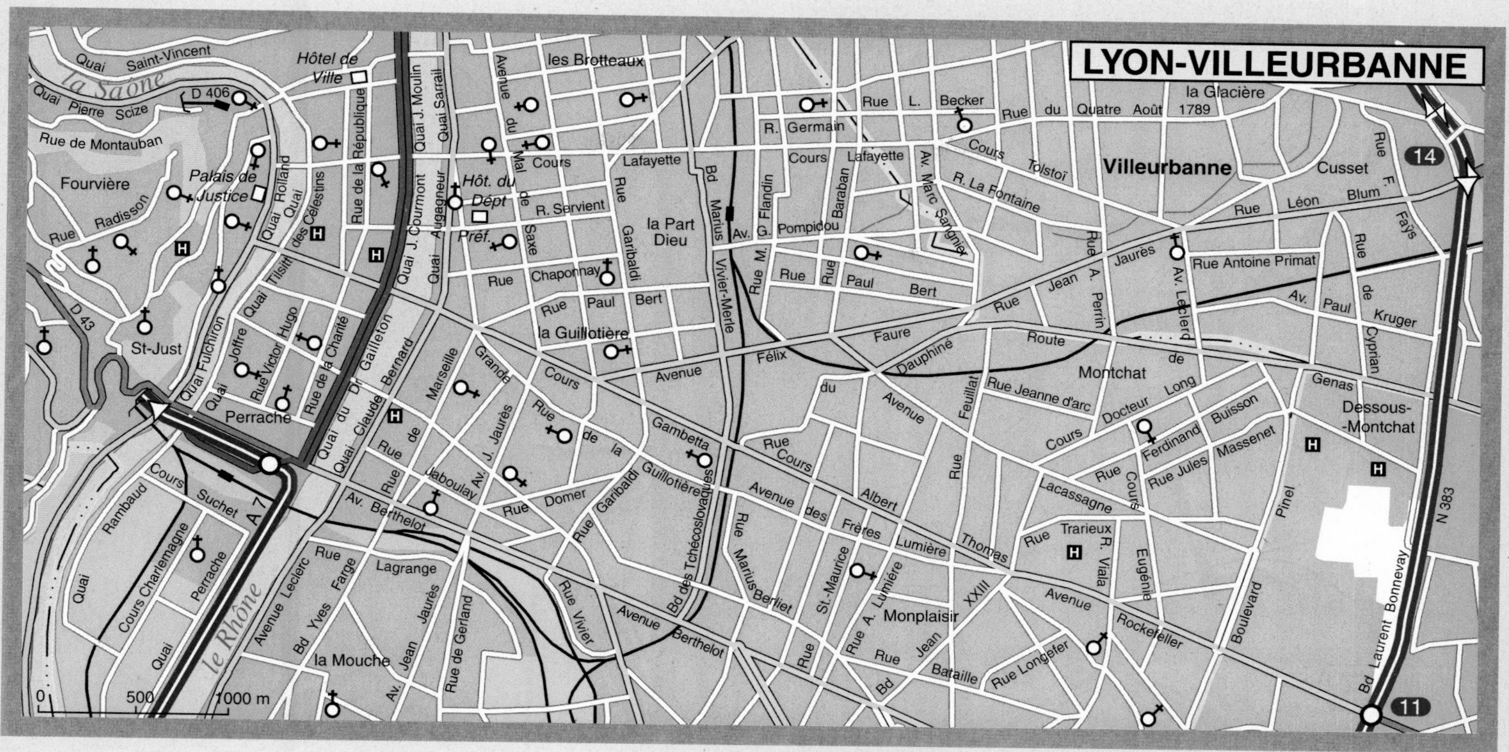
LYON-VILLEURBANNE
Villeurbanne
Fourvière
St-Just
Perrache
la Part Dieu
la Guillotière
Montchat
Monplaisir
la Mouche
les Brotteaux
Cusset
Dessous-Montchat
le Rhône
la Saône
0
500
1000 m

MARSEILLE
Rade de Marseille
les Crottes
St-Mauront
Bon Secours
Chutes Lavie
Belle de Mai
St-Lazare
les Chartreux
la Blancarde
St-Pierre
la Timone
Pharo
St-Lambert
Endoume
Bompard
le Roucas Blanc
Périer
la Capelette
la Plage
St-Giniez
Ste-Marguerite
0
500
1000 m

337

MELUN
N105
Trois Moulins
N6
D414
Av. G. Pompidou
Av. Général Patton
R. Pajol
R. J. Oudot
Av. de Meaux
Av. de Corbeil
R. E. Leclerc
Av. du Gén de Gaulle
Rue des Trois Moulins
l'Almont
St-Liesne
St-Barthélémy
Palais de Justice
Hôt. du Dépt
Préfecture
Hôtel de Ville
Av. des Courtilleraies
D39
les Fourneaux
Rue St-Liesne
R. de Vaux
D416
la Seine
Quai H. Rossignol
R. de la Courtille
Promenade de Vaux
Rue Gatellet
St Ambroise
Quai Maréchal Joffre
Rue Dajot
Av. de la Libération
Rue Albert Moreau
N372
D39
0
500
1000 m

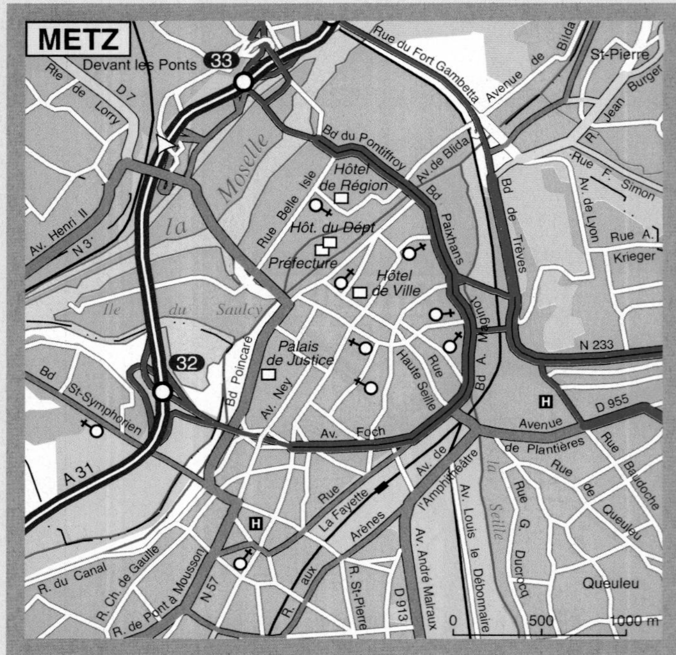
METZ
Devant les Ponts
33
Rue du Fort Gambetta
Avenue de Blida
St-Pierre
Rte de Lorry
D 7
R. Jean Burger
Bd du Pontiffroy
Hôtel de Région
Av. de Blida
Bd Paixhans
Bd de Trèves
Rue F. Simon
Av. de Lyon
la Moselle
Rue Belle Isle
Hôt. du Dépt
Préfecture
Hôtel de Ville
Av. Henri II
N 3
Rue A. Krieger
Ile du Saulcy
Bd A. Maginot
N 233
Palais de Justice
32
Bd Poincaré
Av. Ney
Rue Haute Seille
Bd St-Symphorien
Avenue
D 955
Av. Foch
Av. de l'Amphithéâtre
de Plantières
Rue Baudoche
A 31
Rue La Fayette
Arènes
Av. Louis le Débonnaire
la Seille
Rue G. Ducrocq
Rue de Queuleu
Queuleu
R. du Canal
R. Ch. de Gaulle
N 57
R. de Pont à Mousson
R. aux
Av. André Malraux
R. St-Pierre
D 913
0
500
1000 m

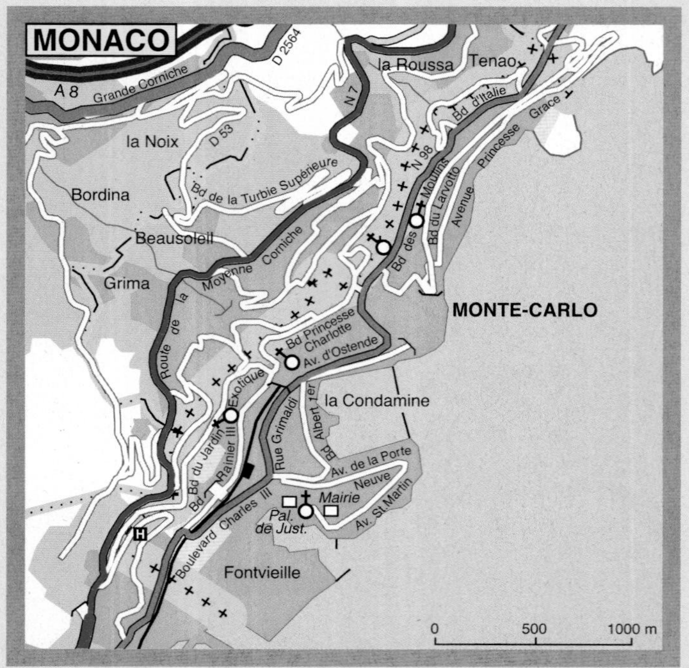
MONACO
D 2564
la Roussa
Tenao
A 8
Grande Corniche
N 7
Bd d'Italie
Princesse Grace
D 53
la Noix
Bd de la Turbie Supérieure
Bordina
N 98
Bd du Larvotto
Bd des Moulins
Avenue Princesse
Beausoleil
Grima
Moyenne Corniche
MONTE-CARLO
Bd Princesse Charlotte
Av. d'Ostende
Route de la
Exotique
Bd du Jardin
Albert 1er
la Condamine
Rue Grimaldi
Rainier III
Av. de la Porte Neuve
Mairie
Pal. de Just.
Av. St-Martin
Boulevard Charles III
Fontvieille
0
500
1000 m

MONTAUBAN
Chemin
N 2020
Philippou
D959
R. Karl Marx
le Petit
de Fonneuve
Route de l'Aveyron
Rue Cos
Voltaire
Mortarieu
Matras
de Paris
N 20
Avenue
R. Franklin
Av. de Chantilly
Pater de
Avenue d'Artus
Rue Pater
Avenue de
Chem. de St-Pierre
Bd. de Falguière
le Gd
Av. de Nègrepelisse
D115
R. du Camp d'Aviation
R. du Dr
Rue Lagravette
R. de l'Égalité
Avenue
R.Hugues Panassié
Av. Jean Moulin
Rue G. Philippe
Garrel
Labat
D927
R. L. Cladel
R. Gustave Jay
le Treil
Av. A. Briand
Pal. de Just.
Av. Gambetta
Bd Blaise Doumerc
R. Courbet
Avenue des Mourets
la Lande Haute
Rocade Est
P. Vieux
Hôt. de V.
Bd G. Garrisson
R. M. Guerret
du Ramiérou
P. Neuf
Av. Chamier
R. de Sapiac
Rue Mouslier
Faubourg Lacapelle
Fbg du
Bd E. Herriot
Rue
R. Édouard Forestié
Av. Charles de Gaulle
Av. Marceau
Hôt. du Dépt
Préf.
Av. des Oiseaux
R. Marcel Unal
62
D8
Sapiac
R. de l'Abbaye
Av. de Beausoleil
R. du Pasteur Louis Lafon
N 2020
le Tarn
Aux Trois Ponts
Beausoleil
Rocade Sud
Bagatelle
Av. H. Dunant
le Tescou
Av. d'Albi
D999
0
500
1000 m

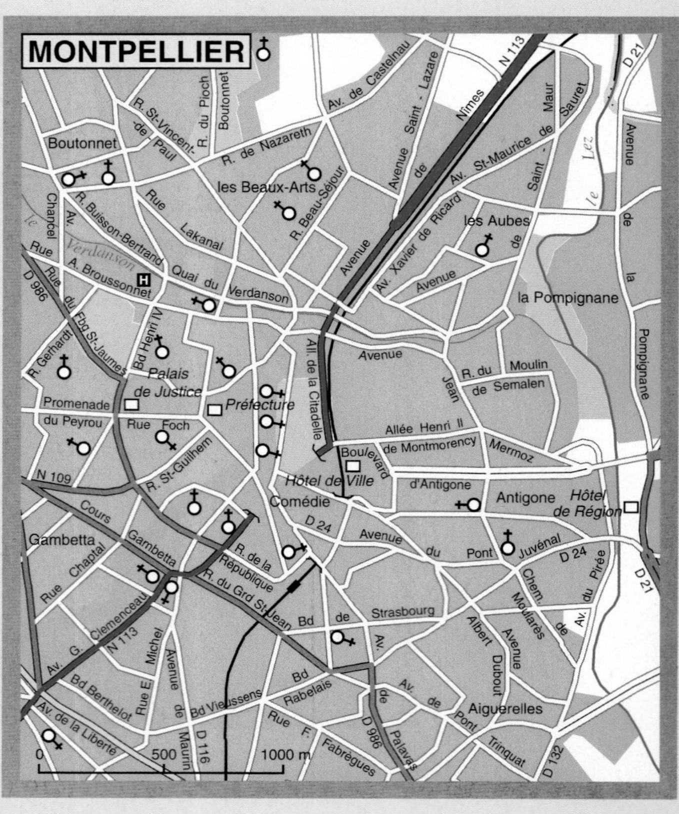
MONTPELLIER
R. du Ploch
Boutonnet
Av. de Castelnau
Saint-Lazare
N 113
D 21
R. St-Vincent-de-Paul
Boutonnet
R. de Nazareth
Avenue Saint-Lazare
Nîmes
Av. St-Maurice de Sauret
Saint-Maur
Avenue
les Beaux-Arts
R. Beau-Séjour
Rue Lakanal
R. Buisson-Bertrand
Chancel
Av. Xavier de Ricard
les Aubes
le Lez
Rue A. Broussonnet
le Verdanson
Quai du Verdanson
Avenue
Avenue de la Pompignane
la Pompignane
D 986
R. Gerhardt
Rue du Fbg St-Jaumes
Bd Henri IV
Palais de Justice
All. de la Citadelle
Avenue Jean
R. du Moulin de Semalen
Promenade du Peyrou
Préfecture
Rue Foch
Allée Henri II de Montmorency
Mermoz
N 109
Boulevard d'Antigone
R. St-Guilhem
Hôtel de Ville
Comédie
Antigone
Hôtel de Région
Cours Gambetta
Gambetta
D 24
Avenue du Pont Juvénal
D 24
R. de la République
R. du Grd St-Jean
Chem. Moularès
Av. du Pirée
D 21
Rue Chaptal
Bd de Strasbourg
Av. G. Clemenceau
N 113
Rue E. Michel
Avenue de Maurin
Av. Albert Dubout
Avenue
Bd Berthelot
Bd Vieussens
Bd Rabelais
Av. de Pont Trinquat
Aiguerelles
Av. de la Liberté
Rue F. Fabrègues
D 986
de Palavas
D 116
D 132
0
500
1000 m

MONT-DE-MARSAN
la Sablière
Nonères
la Douze
St-Jean d'Août
Pal. de Just.
Préf.
Hôt. du Dépt
Hôt. de Ville
la Midouze
le Midou
Avenue du Maréchal Foch
Boulevard Saint-Médard
Av. P. de Coubertin
Avenue Cronstadt
Avenue Éloi Ducom
R. de la Croix Blanche
Bd de la République
Av. G. Clémenceau
Bd de Majourau
Avenue du Houga
Av. des Martyrs de la Résistance
Lamoustey
Bd Brémontier
Biarnès
Rue des Saules
le Pouy
Bd de l'Aquitaine
Avenue Saint-Sever
D933S
D624
D932
D1
D30
0
500
1000 m

MULHOUSE
A36
D430
D422
D39
N66
Rue J. Hofer
Avenue de Colmar
Rue Lavoisier
Rue Franklin
Rue de Pfastatt
Av. Kennedy
S.Préf.
Mairie
Avenue A. Briand
Bd de la Marne
Canal du Rhône au Rhin
Avenue de Riedisheim
Bd A. Wallach
Bd Gambetta
Rue de Zimmersheim
D56.5
D56
D432
D21
Bd Charles Stoessel
D8B2
l'Ill
R. de la Montagne
0
500
1000 m

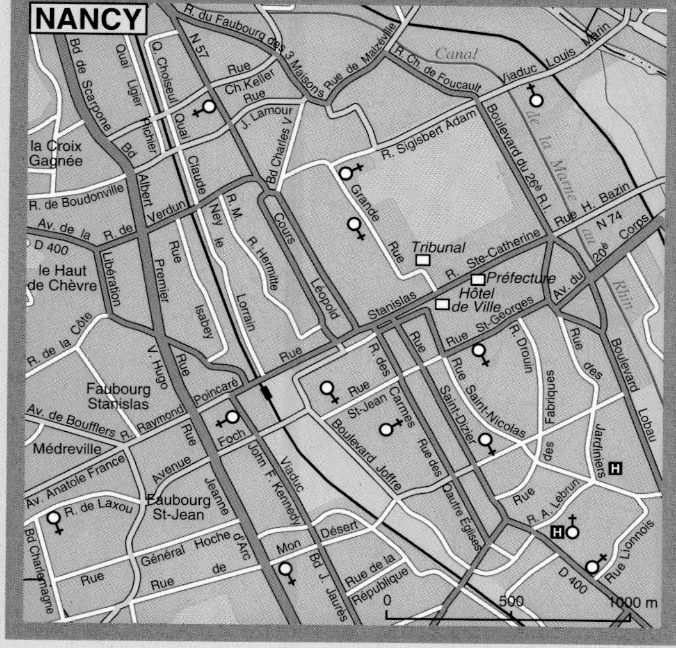
NANCY
R. du Faubourg des 3 Maisons
Canal
R. Ch. de Foucault
Viaduc Louis Marin
N 57
la Croix Gagnée
Bd de Scarpone
Quai Ligier Richier
Quai Claude le Lorrain
R. Sigisbert Adam
Boulevard du 26e R.I.
de la Marne au Rhin
R. de Boudonville
Av. de la Libération
D 400
le Haut de Chèvre
Grande Rue
Tribunal
R. Ste-Catherine
Préfecture
Hôtel de Ville
Rue Stanislas
N 74
Av. du 20e Corps
Rue St-Georges
Rue Saint-Nicolas
Rue Saint-Dizier
Boulevard Lobau
Faubourg Stanislas
Av. de Boufflers
R. Raymond Poincaré
Rue Foch
Médreville
Av. Anatole France
R. de Laxou
Faubourg St-Jean
Boulevard Joffre
Viaduc John F. Kennedy
Rue du Général Hoche
Rue de Mon Désert
Bd J. Jaurès
Rue de la République
Bd Charlemagne
R. A. Lebrun
D 400
Rue L'Ionnois
0
500
1000 m

NANTES
la Trémissinière
Boulevard des Belges
Bd H. Orrion
Bd E. Orieux
Bd Michelet
l'Erdre
Rue du Coudray
Rue des Chalâtres
Bd des Poilus
Rue Noire
R. Russeil
Bd Van Iseghem
Rue du Général Buat
R. de la Mitrie
Rue des Hauts Pavés
Hôtel du Département
Préfecture
R. Gambetta
Rue d'Allonville
Boulevard Ernest Dalby
R. Félibien
Palais de Justice
Hôtel de Ville
Cours 50 Otages
Bd de Stalingrad
R. du Pré Gauchet
Quai Malakoff
Bd de Sarrebrück
Cours Cambronne
Quai de la Fosse
Chaussée de la Madeleine
Quai Magellan
la Loire
Bd de la Loire
Hôtel de Région
Rue L. Bras de Fer
Bd V. Gâche
Rue G. Rondeau
l'Île Beaulieu
A801
N23
Quai E. Renaud
0
500
1000 m

NICE
St-André
Route de l'Ariane
A 8
Grande Corniche
Cap de Croix
le Ray
St-Sylvestre
Pasteur
Cimiez
St-Maurice
St-Roch
St-Barthélemy
Avenue Pessicart
Carabacel
Riquier
le Piol
St-Étienne
Av. Thiers
St-Philippe
Rue Barla
Pal. de Just.
Hôt. de V.
Bd Victor Hugo
Rue de France
Quai des Etats-Unis
Promenade des Anglais
BAIE DES ANGES
Boulevard Carnot
Moyenne Corniche
N 7
N 98
0
500
1000 m

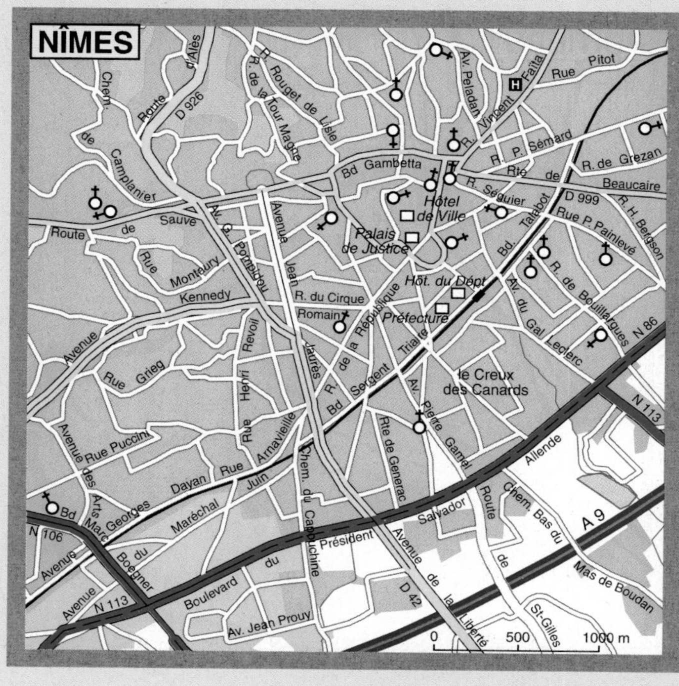
NÎMES
Route d'Alès
D 926
R. Rouget de Lisle
Av. Feuchères
Rue Pitot
R. P. Sémard
R. de Grezan
Beaucaire
Chem. de Campanier
Bd Gambetta
Hôtel de Ville
Palais de Justice
Route de Sauve
Rue Montaury
Kennedy
R. du Cirque Romain
Hôt. du Dépt
Préfecture
D 999
Rue P. Painlevé
R. de Bouillargues
le Creux des Canards
Rue Grieg
Rue Puccini
N 113
N 86
Allende
A 9
Rue Dayan
Chem. du Capouchine
Av. Jean Jaurès
Route de St-Gilles
Mas de Boudan
Av. Jean Prouy
N 106
N 113
D 42
Avenue de la Liberté
0
500
1000 m

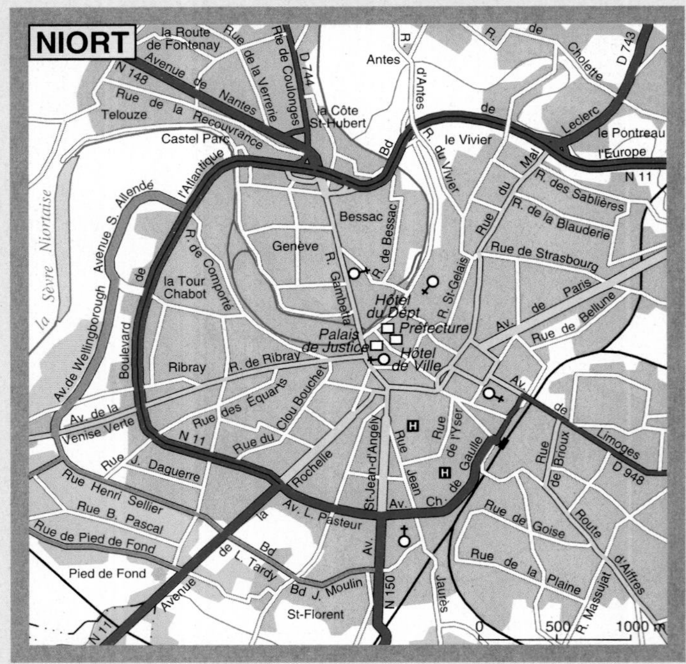
NIORT
Antes
la Côte St-Hubert
le Vivier
Bessac
Genève
la Tour Chabot
Ribray
Hôtel du Dépt
Préfecture
Palais de Justice
Hôtel de Ville
Rue de Strasbourg
Castel Parc
Telouze
Pied de Fond
St-Florent
la Sèvre Niortaise
Rue de Pied de Fond
Rue J. Daguerre
Rue Henri Sellier
Rue B. Pascal
N 148
N 11
N 150
D 744
D 743
D 948
0
500
1000 m

ORLÉANS
les Chaises
la Barrière St-Marc
Belneuf
Cité de l'Argonne
Fbg Bannier
Faubourg St-Vincent
Hôtel du Département
Faubourg St-Jean
Palais de Justice
Hôtel de Ville
Préfecture
St-Marc
St-Loup
Faubourg Bourgogne
la Loire
St-Jean-le-Blanc
la Saussaye
la Croix St-Marceau
Clos Rosé
Clos du Pavé
le Pont de Bois
N157
N152
N20
D951
0
500
1000 m

PAU
Beziou
Lalanne
Saintonges
Pal. de Just.
Hôt. du Dépt
Préf.
Hôtel de Ville
Bd des Pyrénées
Le Gave de Pau
Jurançon
Bizanos
N134
N117
N417
D802
D937
0
500
1000 m

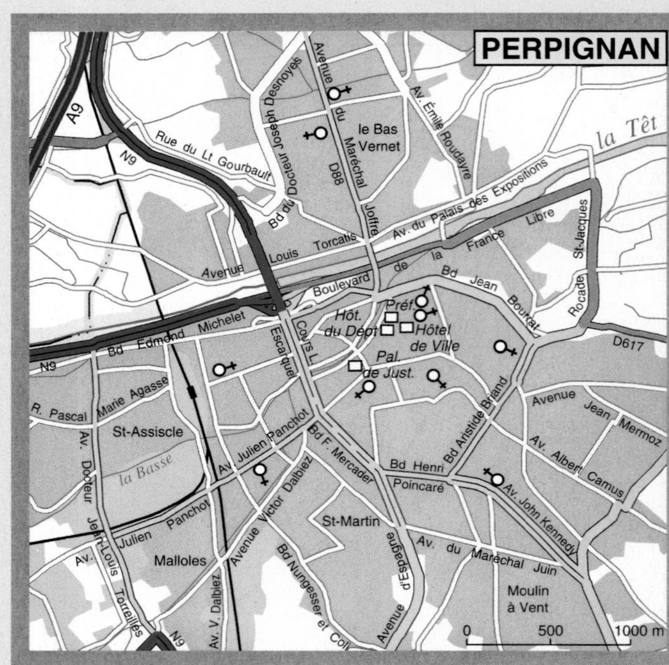
PERPIGNAN
la Têt
le Bas Vernet
Hôt. du Dépt
Préf.
Hôtel de Ville
Pal. de Just.
St-Assiscle
la Basse
St-Martin
Malloles
Moulin à Vent
A9
N9
D617
0
500
1000 m

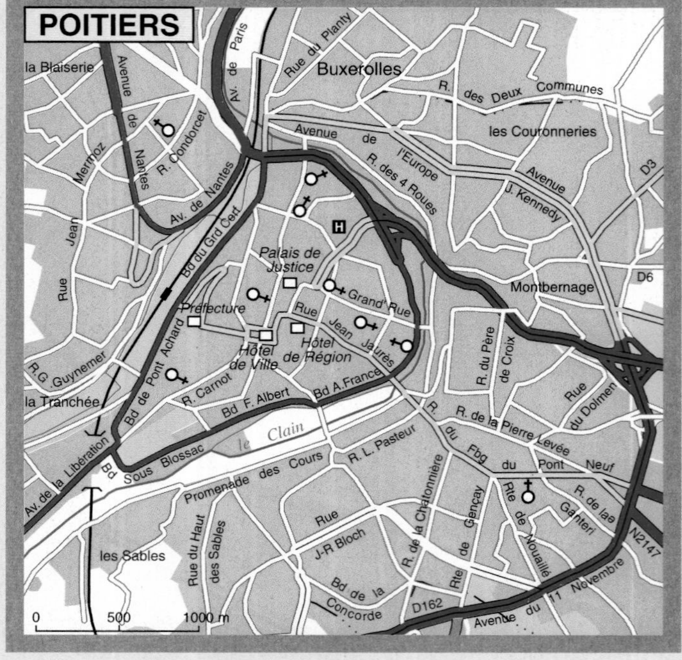
POITIERS
la Blaiserie
Buxerolles
les Couronneries
Montbernage
Palais de Justice
Préfecture
Hôtel de Ville
Hôtel de Région
la Tranchée
le Clain
les Sables
N2147
D162
D3
D6
0
500
1000 m

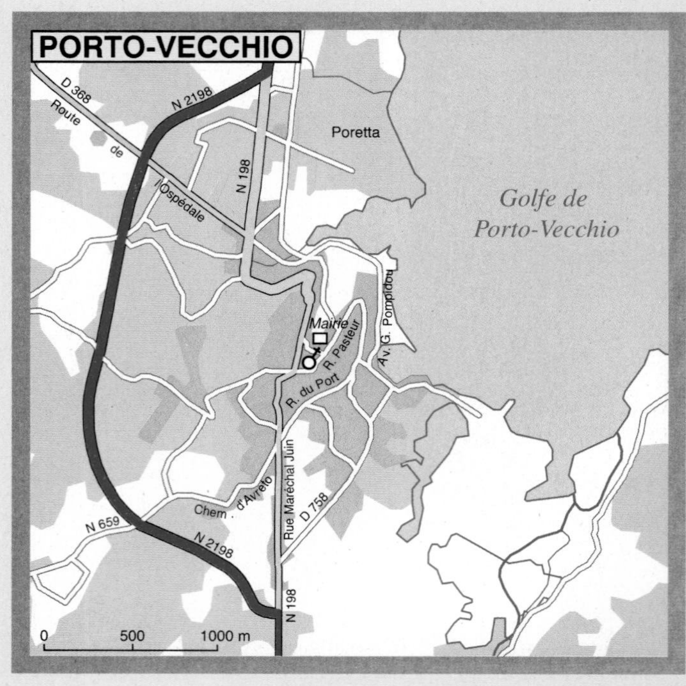
PORTO-VECCHIO
Poretta
Golfe de Porto-Vecchio
Mairie
Route de l'Ospédale
N 2198
N 198
N 659
D 368
D 758
0
500
1000 m

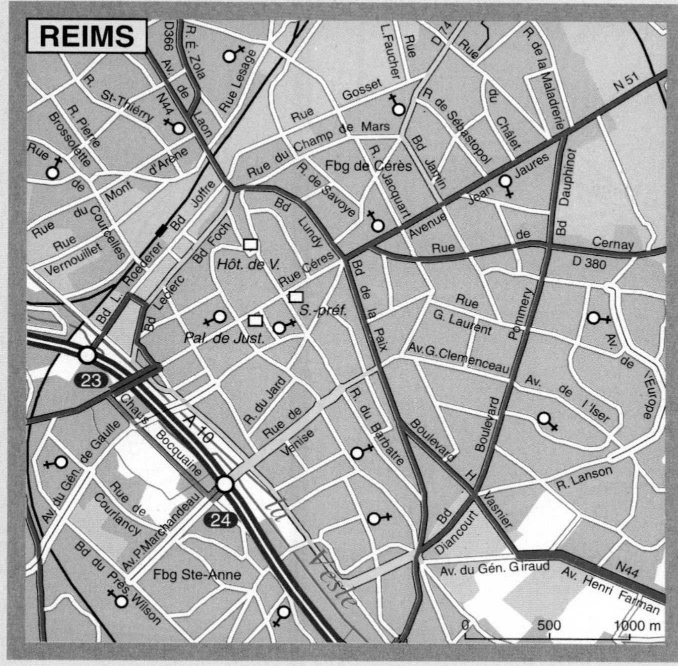
REIMS
Hôt. de V.
S.-préf.
Pal. de Just.
Fbg de Cérès
Fbg Ste-Anne
Rue Gosset
Rue du Champ de Mars
Bd Jamin
R. Jacquart
R. de Savoye
Bd Lundy
Rue Cérès
Bd Foch
Bd Joffre
Bd Roederer
Bd Leclerc
R. de Sébastopol
Bd Dauphinot
Av. Jean Jaurès
Rue de Cernay
D 380
N 51
N 44
D 366
D 74
R. de la Maladrerie
Rue G. Laurent
Av. G. Clemenceau
Av. de l'Iser
Av. de l'Europe
R. du Jard
Rue de Venise
R. du Barbâtre
Boulevard Pommery
Boulevard Vasnier
Bd de la Paix
R. Lanson
Bd Diancourt
Av. du Gén. Giraud
Av. Henri Farman
Av. P. Marchandeau
Rue de Courlancy
Chaussée Bocquaine
Av. du Gén. de Gaulle
Bd du Prés. Wilson
R. St-Thierry
R. Pierre Brossolette
Rue de Courcelles
Rue Vernouillet
Rue Lesage
R. É. Zola
Av. de Laon
R. Mont d'Arène
Rue L. Faucher
A 10
23
24
la Vesle
0 500 1000 m

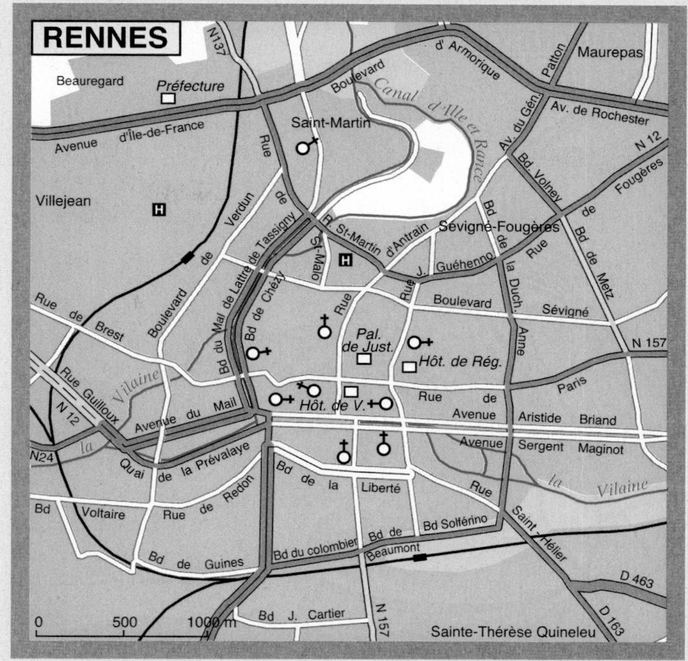
RENNES
Préfecture
Beauregard
Villejean
Saint-Martin
Maurepas
Sévigné-Fougères
Pal. de Just.
Hôt. de Rég.
Hôt. de V.
Boulevard d'Armorique
Avenue d'Ile-de-France
Canal d'Ille et Rance
Av. de Rochester
Av. du Gén. Patton
Bd Volney
Rue de Fougères
Bd de Metz
Bd de la Duchesse Anne
Rue de Sévigné
Boulevard de Verdun
Bd du Mal de Lattre de Tassigny
Bd de Chézy
R. St-Martin
R. d'Antrain
Rue St-Malo
Rue J. Guéhenno
Rue de Brest
Rue Guilloux
Avenue du Mail
Quai de la Prévalaye
la Vilaine
Rue de Paris
Avenue Aristide Briand
Avenue Sergent Maginot
Bd de la Liberté
Rue de Redon
Bd Voltaire
Bd de Guines
Bd du colombier
Bd de Beaumont
Bd Solférino
Rue Saint-Hélier
Bd J. Cartier
Sainte-Thérèse Quineleu
N 12
N 24
N 137
N 157
D 463
D 163
0 500 1000 m

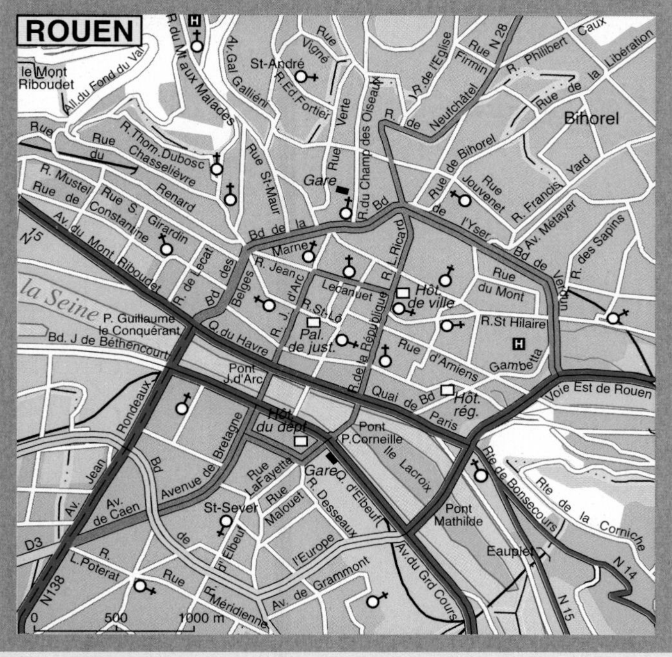
ROUEN
le Mont Riboudet
St-André
Bihorel
Gare
Hôt. de ville
Pal. de just.
Hôt. régi.
Hôt. du dépt
Gare
St-Sever
Pont Mathilde
Eauplet
la Seine
P. Guillaume le Conquérant
Bd. J. de Béthencourt
Pont J. d'Arc
Pont P. Corneille
Île Lacroix
Q. du Havre
Quai de Paris
Voie Est de Rouen
R. Thom. Dubosc
Rue du Chasselièvre
Rue Renard
R. Mustel
Rue de Constantine
Rue S. Girardin
Av. du Mont Riboudet
Bd de la Marne
R. Jeanne d'Arc
R. Lecanuet
R. de la République
Rue d'Amiens
Rue du Mont
R. St Hilaire
Gambetta
Rue Jouvenet
Rue de l'Yser
Bd de Verdun
Av. Métayer
Rue des Sapins
R. Francis Yard
Rue de Bihorel
Rue de Neufchâtel
Rue de la Libération
R. Philibert Caux
Av. Gal Galliéni
R. Ed Fortier
Rue St-Maur
Rue Verte
Rue Vigné
R. du Champ des Oiseaux
Rte de Bonsecours
Rte de la Corniche
Av. du Grd Cours
Q. d'Elbeuf
Av. de Caen
Avenue de Bretagne
Rue Lafayette
Rue Malouet
R. Desseaux
Av. de l'Europe
Av. de Grammont
R. L. Poterat
N 138
N 15
N 14
N 28
D3
0 500 1000 m

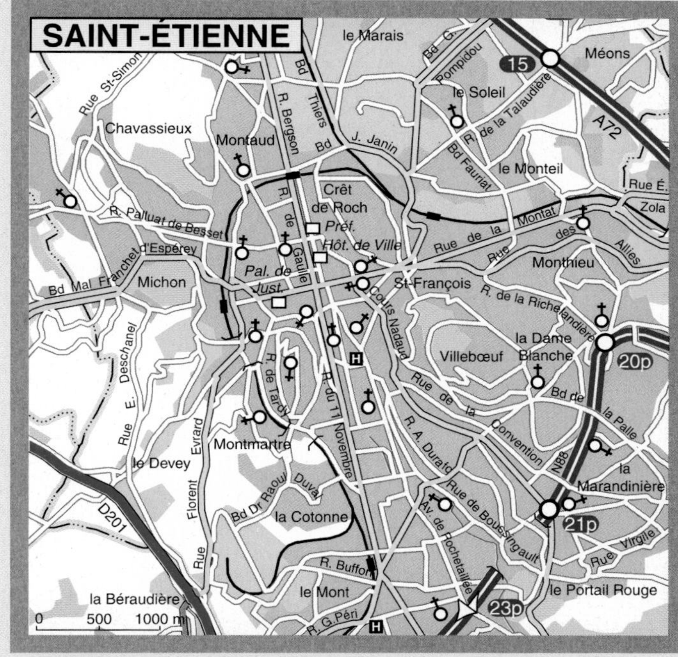
SAINT-ÉTIENNE
le Marais
Méons
le Soleil
Chavassieux
Montaud
Crêt de Roch
Préf.
Hôt. de Ville
le Monteil
Monthieu
Michon
Pal. de Just.
St-François
la Dame Blanche
Villebœuf
Montmartre
le Devey
la Cotonne
la Marandinière
le Mont
la Béraudière
le Portail Rouge
Rue St-Simon
R. Bergson
Bd Thiers
Bd J. Janin
R. de la Talaudière
Bd Fauriat
R. Palluat de Besset
R. Franchet d'Esperey
Bd Mal Franchet d'Esperey
Rue de la Montat
Rue des Alliés
R. de la Richelandière
Cours Fauriel
Rue de la Convention
Bd de la Palle
Rue E. Deschanel
Rue Florent Evrard
Bd Dr Raoul Duval
R. A. Durafour
Rue de Boussingault
Av. de Rochetaillée
R. Buffon
R. G. Péri
Rue Virgile
Rue É. Zola
A72
D201
N88
15
20p
21p
23p
0 500 1000 m

SAINT-BRIEUC
le Légué
St-Jouan
St-Michel
Ginglin
la Ville Hellio
Préf.
Hôt. de V.
Pal. de Just.
le Carpont
les Villes Moisans
Douvenant
St-Rivily
Trégueux
Tréfois
Rue T. Ribot
R. de la Corderie
Rue Bagot
Bd Laennec
R. de Brest
R. du 71ème
Quintin
Rég. d'Infant.
Bd Charner
Bd Carnot
W. Rousseau
Rue Luzel
Rue Jules Ferry
Hoche
Rue de Trégueux
Rue Paul Bert
Rue Henri Becquerel
Rue Marcel Proust
Av. Corneille
Rue A. France
Bd Sévigné
Bd Harel de la Noë
Bd de la Mer
Rue du Légué
Rue des Villes Moisans
le Gouëdic
N 12
D 700
D 712
D 27
D1
D 45
0 500 1000 m

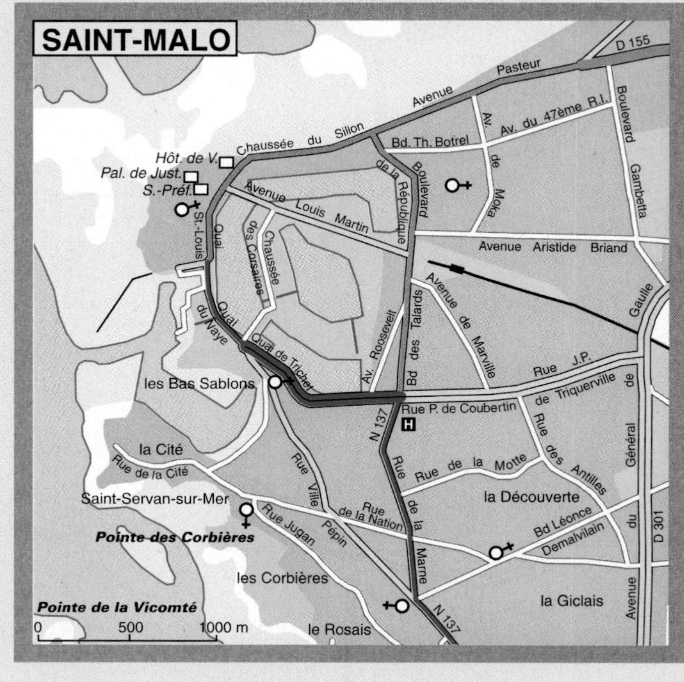
SAINT-MALO
Hôt. de V.
Pal. de Just.
S.-Préf.
Chaussée du Sillon
Avenue Pasteur
Bd. Th. Botrel
Av. du 47ème R.I.
Boulevard Gambetta
Avenue Louis Martin
Boulevard de la République
Av. de Moka
Avenue Aristide Briand
Quai St-Louis
Chaussée des Corsaires
Quai du Naye
Quai de Trichet
Av. Roosevelt
Bd des Talards
Avenue de Marville
Rue J.P. de Triqueville
Rue P. de Coubertin
les Bas Sablons
la Cité
Rue de la Cité
Saint-Servan-sur-Mer
Pointe des Corbières
les Corbières
Pointe de la Vicomté
le Rosais
la Découverte
la Giclais
Rue Ville Pépin
Rue de la Nation
Rue Jugan
Rue de la Marne
Rue de la Motte
Rue des Antilles
Bd Léonce Demalvilain
Avenue du Général de Gaulle
N 137
D 155
D 301
0 500 1000 m

341

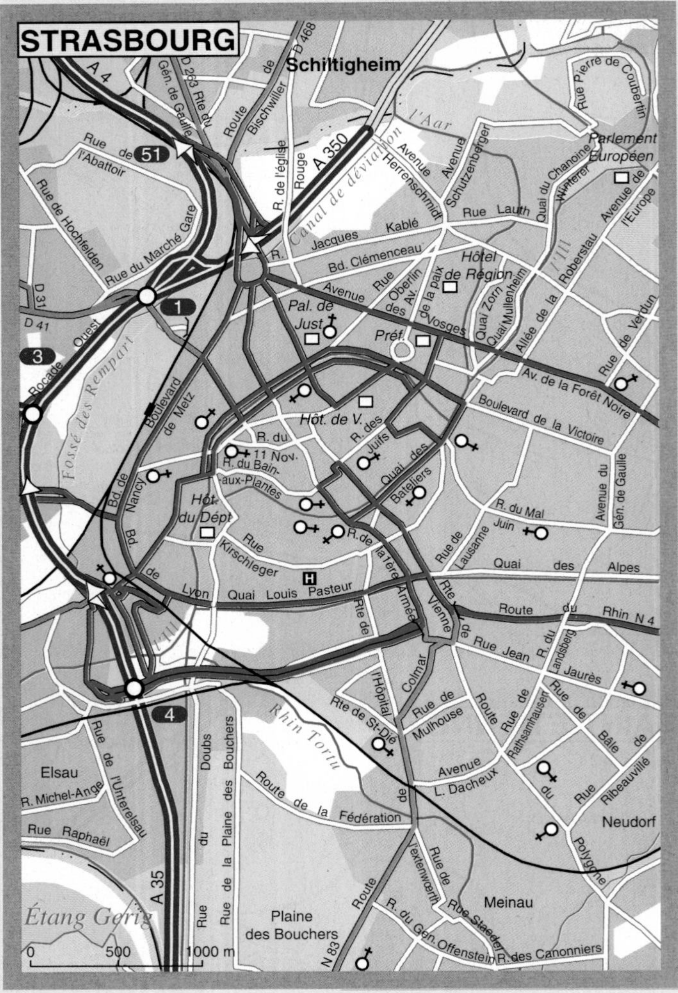
STRASBOURG
Schiltigheim
Parlement Européen
Hôtel de Région
Pal. de Just.
Préf.
Hôt. de V.
Hôt. du Dépt
Bd. Clémenceau
Av. de la Forêt Noire
Boulevard de la Victoire
Quai des Alpes
Route du Rhin N 4
Quai Louis Pasteur
Rue Jean Jaurès
Avenue L. Dacheux
Route de la Fédération
Rhin Tortu
Fossé des Remparts
Canal de dérivation
l'Aar
l'Ill
Elsau
Neudorf
Meinau
Plaine des Bouchers
Étang Gerig
A 4
A 35
A 350
Rue de la Plaine des Bouchers
R. du Gén. Offenstein
R. des Canonniers
0 500 1000 m

TARBES
Laubadère
Arsenal
Sainte-Anne
Nelli
Préfecture
Pal. de Just.
Hôt. de Ville
Marcadieu
Clauzier
Fould
l'Ormeau
Boulevard du 8 Mai 1945
Bd du Président Kennedy
Rue du Quatre Sept.
Avenue d'Azereix
Rue Toulouse Lautrec
l'Adour
N 21
D 632
D 935
A 64
0 500 1000 m

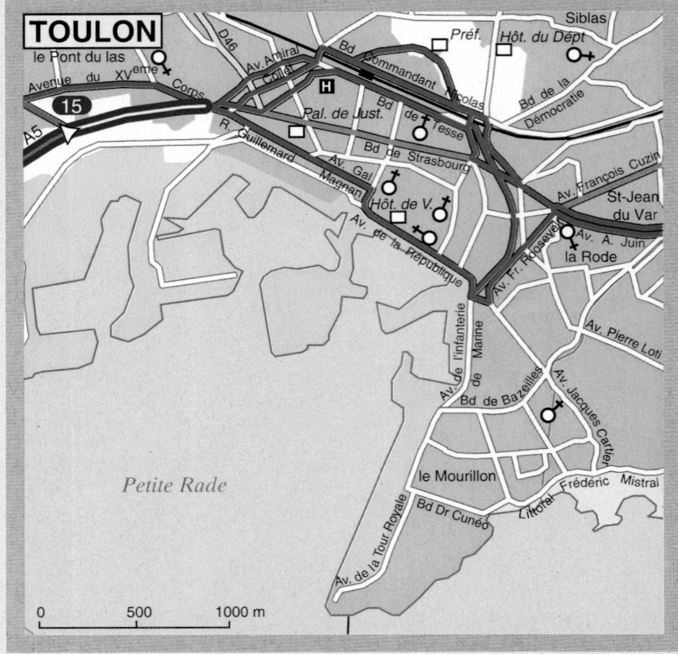
TOULON
le Pont du las
Siblas
Préf.
Hôt. du Dépt
Pal. de Just.
Hôt. de V.
Bd Commandant Nicolas
Bd de Strasbourg
Av. de la République
Av. François Cuzin
Av. Pierre Loti
Av. Jacques Cartier
Bd de Bazeilles
St-Jean du Var
la Rode
le Mourillon
Littoral Frédéric Mistral
Av. de la Tour Royale
Petite Rade
A5
0 500 1000 m

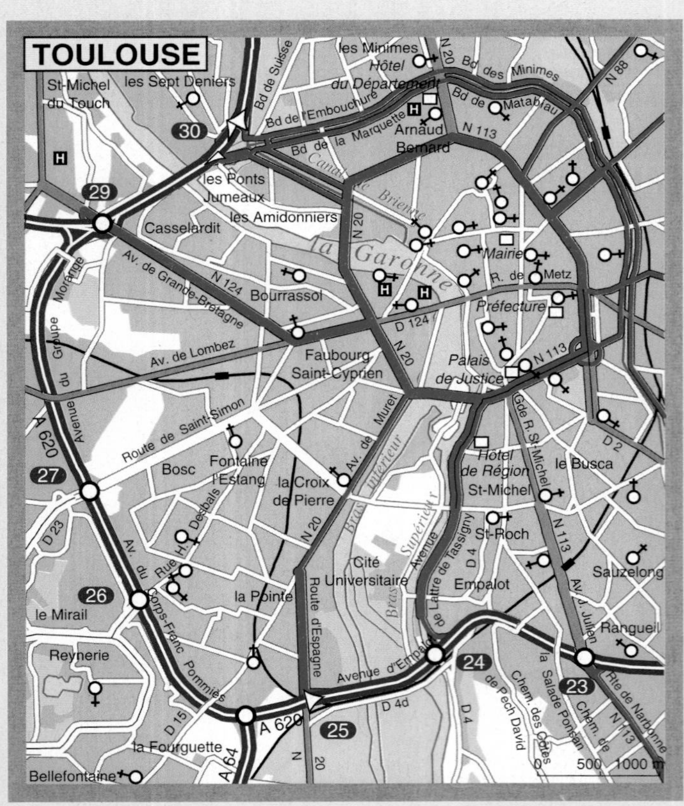
TOULOUSE
les Minimes
Hôtel du Département
St-Michel du Touch
les Sept Deniers
Arnaud Bernard
les Ponts Jumeaux
les Amidonniers
Casselardit
Bourrassol
Faubourg Saint-Cyprien
Mairie
Préfecture
Palais de Justice
Hôtel de Région
St-Michel
le Busca
St-Roch
Cité Universitaire
Empalot
Sauzelong
Rangueil
Bosc
Fontaine l'Estang
la Croix de Pierre
la Pointe
le Mirail
Reynerie
la Fourguette
Bellefontaine
la Garonne
Canal de Brienne
A 620
A 64
0 500 1000 m

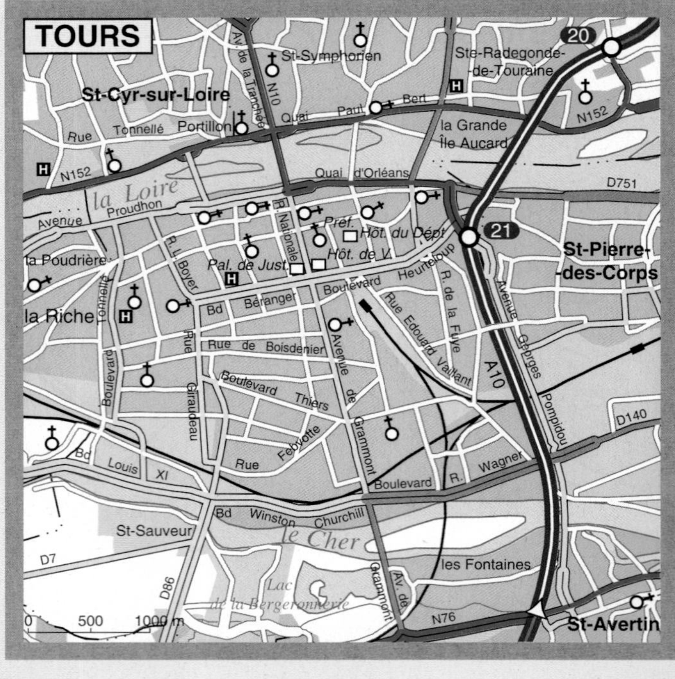
TOURS
St-Symphorien
Ste-Radegonde-de-Touraine
St-Cyr-sur-Loire
Portillon
la Grande Île Aucard
la Loire
Préf.
Hôt. du Dépt
Hôt. de V.
Pal. de Just.
la Poudrière
la Riche
St-Pierre-des-Corps
Bd Winston Churchill
St-Sauveur
le Cher
Lac de la Bergeronnerie
les Fontaines
St-Avertin
A10
N152
N76
D751
0 500 1000 m

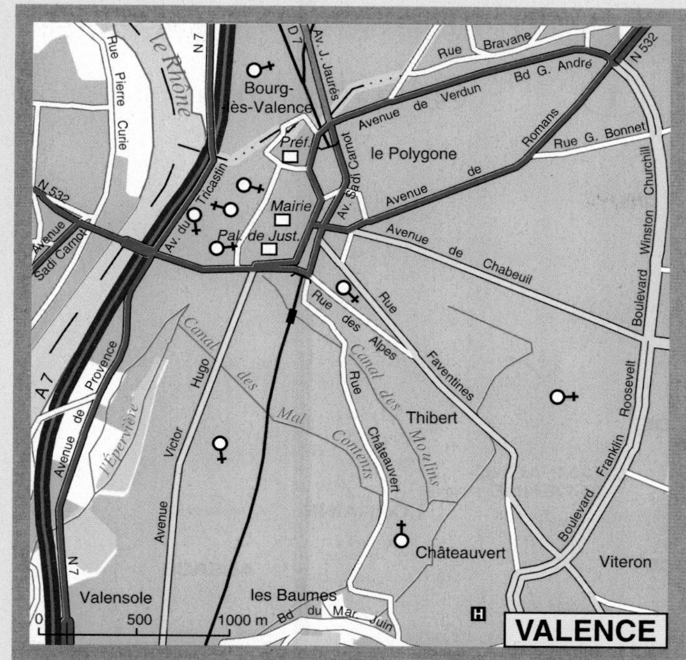
VALENCE
Bourg-lès-Valence
le Polygone
Préf.
Mairie
Pal. de Just.
le Rhône
Rue Pierre Curie
Av. J. Jaurès
Av. Sadi Carnot
Avenue de Verdun
Rue Bravane
Bd G. André
Avenue de Romans
Rue G. Bonnet
Avenue de Chabeuil
Boulevard Winston Churchill
Boulevard Franklin Roosevelt
Rue Faventines
Rue des Alpes
Rue Châteauvert
Av. du Tricastin
Avenue Sadi Carnot
Avenue de Provence
Avenue Victor Hugo
Canal des Mal Contents
Canal des Moulins
l'Épervière
Thibert
Châteauvert
Viteron
Valensole
les Baumes
Bd du Mar. Juin
N 7
N 532
D 7
A 7
0
500
1000 m

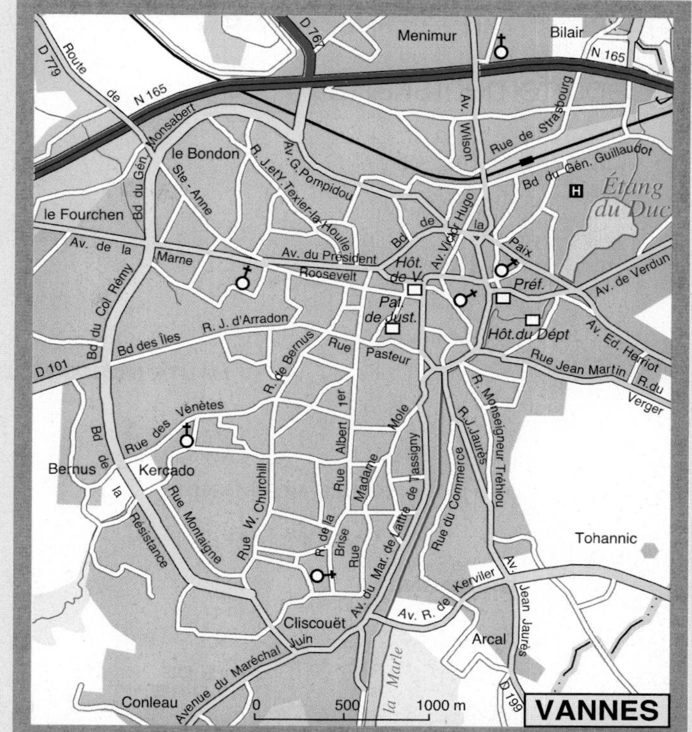
VANNES
Menimur
Bilair
N 165
D 767
D 779
Route de N 165
le Bondon
le Fourchen
Bd du Gén. Monsabert
Ste-Anne
Av. G. Pompidou
R. J. et Y. Texier-la-Houlle
Av. Wilson
Rue de Strasbourg
Bd du Gén. Guillaudot
Étang du Duc
Av. de la Marne
Av. du Président Roosevelt
Bd de la Paix
Av. Victor Hugo
Hôt. de V.
Pal. de Just.
Préf.
Hôt. du Dépt
Av. de Verdun
Av. Ed. Herriot
Rue Jean Martin
R. du Verger
Bd du Col. Rémy
Bd des Îles
R. J. d'Arradon
R. de Bernus
Rue Pasteur
D 101
Rue des Vénètes
Bernus
Kerçado
Bd de la Résistance
Rue Montaigne
Rue W. Churchill
Rue Albert 1er
Rue Madame Molé
R. de la Brise
Av. du Mar. de Lattre de Tassigny
Rue du Commerce
R. J. Jaurès
R. Monseigneur Tréhiou
Tohannic
Av. R. de Kerviler
Av. Jean Jaurès
Arcal
Cliscouët
Avenue du Maréchal Juin
la Marle
Conleau
D 199
0
500
1000 m

343

Department map (GB)

France administrative (F)

Departementskarte (D)

(NL) Overzicht Departementen

(E) Mapa departamental

(I) Carta dipartimentale

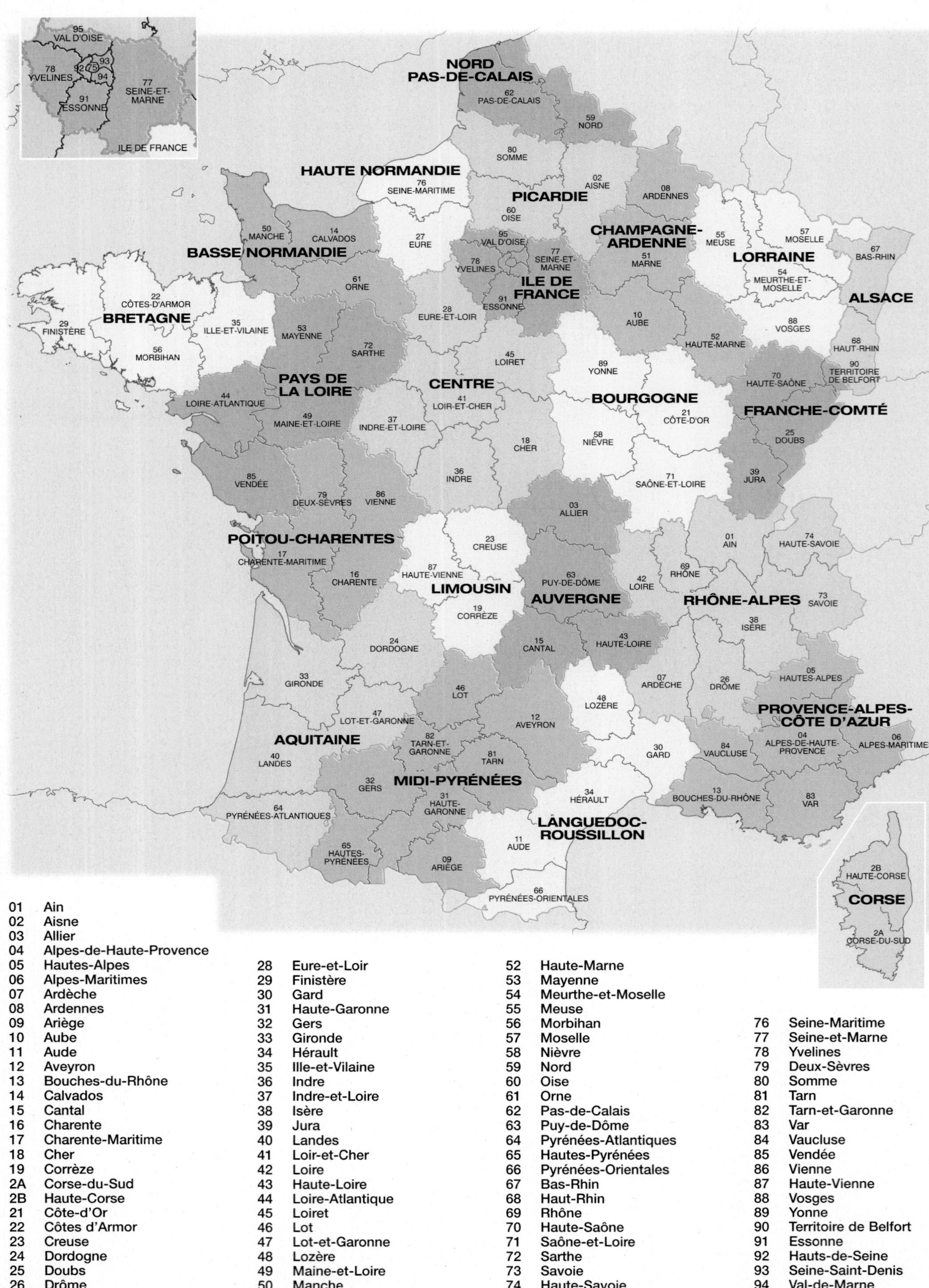

01	Ain
02	Aisne
03	Allier
04	Alpes-de-Haute-Provence
05	Hautes-Alpes
06	Alpes-Maritimes
07	Ardèche
08	Ardennes
09	Ariège
10	Aube
11	Aude
12	Aveyron
13	Bouches-du-Rhône
14	Calvados
15	Cantal
16	Charente
17	Charente-Maritime
18	Cher
19	Corrèze
2A	Corse-du-Sud
2B	Haute-Corse
21	Côte-d'Or
22	Côtes d'Armor
23	Creuse
24	Dordogne
25	Doubs
26	Drôme
27	Eure
28	Eure-et-Loir
29	Finistère
30	Gard
31	Haute-Garonne
32	Gers
33	Gironde
34	Hérault
35	Ille-et-Vilaine
36	Indre
37	Indre-et-Loire
38	Isère
39	Jura
40	Landes
41	Loir-et-Cher
42	Loire
43	Haute-Loire
44	Loire-Atlantique
45	Loiret
46	Lot
47	Lot-et-Garonne
48	Lozère
49	Maine-et-Loire
50	Manche
51	Marne
52	Haute-Marne
53	Mayenne
54	Meurthe-et-Moselle
55	Meuse
56	Morbihan
57	Moselle
58	Nièvre
59	Nord
60	Oise
61	Orne
62	Pas-de-Calais
63	Puy-de-Dôme
64	Pyrénées-Atlantiques
65	Hautes-Pyrénées
66	Pyrénées-Orientales
67	Bas-Rhin
68	Haut-Rhin
69	Rhône
70	Haute-Saône
71	Saône-et-Loire
72	Sarthe
73	Savoie
74	Haute-Savoie
75	Paris
76	Seine-Maritime
77	Seine-et-Marne
78	Yvelines
79	Deux-Sèvres
80	Somme
81	Tarn
82	Tarn-et-Garonne
83	Var
84	Vaucluse
85	Vendée
86	Vienne
87	Haute-Vienne
88	Vosges
89	Yonne
90	Territoire de Belfort
91	Essonne
92	Hauts-de-Seine
93	Seine-Saint-Denis
94	Val-de-Marne
95	Val-d'Oise

A

Aast (64) 285 F4
Abainville (55) 92 E1
Abancourt (59) 11 J3
Abancourt (60) 17 F4
Abaucourt (54) 66 B2
Abaucourt-Hautecourt (55) 26 B6
Abbans-Dessous (25) 156 A1
Abbans-Dessus (25) 156 A2
Abbaretz (44) 103 H5
Abbécourt (02) 19 J6
Abbecourt (60) 37 H3
Abbenans (25) 138 E2
Abbeville (80) 9 G5
Abbéville-la-Rivière (91) 86 C4
Abbéville-lès-Conflans (54) 26 D6
Abbeville-Saint-Lucien (60) 37 H1
Abbévillers (25) 139 J3
Abeilhan (34) 292 B2
Abelcourt (70) 118 C5
Abère (64) 285 F3
l'Abergement-Clémenciat (01) 188 D3
l'Abergement-de-Cuisery (71) 172 A3
l'Abergement-de-Varey (01) 189 J4
Abergement-la-Ronce (39) 155 F2
Abergement-le-Grand (39) 155 J4
Abergement-le-Petit (39) 155 J4
Abergement-lès-Thésy (39) 156 B4
l'Abergement-Sainte-Colombe (71) 172 A1
Abidos (64) 284 A3
Abilly (37) 146 A4
Abitain (64) 283 G2
Abjat-sur-Bandiat (24) 198 A4
Ablain-Saint-Nazaire (62) 10 E1
Ablaincourt-Pressoir (80) 19 F2
Ablainzevelle (62) 10 E4
Ablancourt (51) 62 E4
Ableiges (95) 37 G6
les Ableuvenettes (88) 94 B5
Ablis (78) 85 K2
Ablon (14) 34 A2
Ablon-sur-Seine (94) 59 F5
Aboën (42) 204 D6
Aboncourt (54) 93 J3
Aboncourt (57) 27 J5
Aboncourt-Gesincourt (70) 117 K5
Aboncourt-sur-Seille (57) 66 C3
Abondance (74) 175 H6
Abondant (28) 57 F4
Abos (64) 284 B3
Abreschviller (57) 67 K5
Abrest (03) 185 J4
les Abrets (38) 207 J4
Abriès (05) 227 D2
Abscon (59) 11 K2
l'Absie (79) 161 G2
Abzac (16) 180 B3
Abzac (33) 212 B5
Accolans (25) 138 E2
Accolay (89) 133 H1
Accons (07) 239 H1
Accous (64) 303 F2
Achain (57) 66 E2
Achen (57) 68 E3
Achenheim (67) 70 E3
Achères (18) 131 F6
Achères (78) 58 C2
Achères-la-Forêt (77) 87 G4
Achery (02) 20 B4
Acheux-en-Amiénois (80) 10 C5
Acheux-en-Vimeu (80) 8 E5
Acheville (62) 11 F1
Achey (70) 137 F2
Achicourt (62) 10 E3
Achiet-le-Grand (62) 10 E5
Achiet-le-Petit (62) 10 E5
Achun (58) 151 J2
Achy (60) 17 H6
Acigné (35) 79 H4
Aclou (27) 34 E5
Acon (27) 56 C4
Acq (62) 10 D2
Acqueville (14) 53 J2
Acqueville (50) 28 B2
Acquigny (27) 35 J5
Acquin-Westbécourt (62) 2 E5
Acy (02) 39 K3
Acy-en-Multien (60) 39 F6
Acy-Romance (08) 41 H1
Adaincourt (57) 66 C1
Adainville (78) 57 H5
Adam-lès-Passavant (25) 138 D5
Adam-lès-Vercel (25) 157 F1
Adamswiller (67) 67 K2
Adast (65) 304 A2
Adé (65) 285 G6
Adelange (57) 45 K6
Adelans-et-le-Val-de-Bithaine (70) 118 D5
Adervielle-Pouchergues (65) 305 F4
Adilly (79) 161 J2
Adinfer (62) 10 E4
Adissan (34) 292 C1
les Adjots (16) 179 G4
Adon (45) 111 J6
les Adrets (38) 224 D2
Adriers (86) 180 C2
Afa (2A) 320 C4
Affieux (19) 200 A5
Affléville (54) 26 D5
Affoux (69) 205 G1
Affracourt (54) 94 A2
Affringues (62) 2 E6
Agassac (31) 287 F3
Agde (34) 292 C4
Agel (34) 291 G4
Agen (47) 248 B4
Agen-d'Aveyron (12) 252 C3
Agencourt (21) 154 B2
Agenville (80) 9 J4
Agenvillers (80) 9 H4
les Ageux (60) 38 B3
Ageville (52) 116 D1
Agey (21) 135 H6
Aghione (2B) 321 J2
Agincourt (54) 66 B4
Agmé (47) 247 J1
Agnac (47) 231 G4
Agnat (43) 219 H2
Agneaux (50) 31 H3
Agnetz (60) 37 K3
Agnez-lès-Duisans (62) 10 D2
Agnicourt-et-Séchelles (02) 21 G4
Agnières (62) 10 D2
Agnières-en-Dévoluy (05) 242 C3
Agnin (38) 222 B1
Agnos (64) 284 A6
Agny (62) 10 E3
Agon-Coutainville (50) 30 C4
Agonac (24) 214 A2
Agonès (34) 274 A2
Agonges (03) 168 C3
Agos-Vidalos (65) 304 B2
Agris (16) 197 F2
Agudelle (17) 211 J1
Aguessac (12) 253 G5
Aguilcourt (02) 40 E2
Aguts (81) 289 G1
Agy (14) 32 A4
Ahaxe-Alciette-Bascassan (64) 282 E6
Ahetze (64) 263 C1
Ahéville (88) 94 B4
Ahuillé (53) 104 D2
Ahun (23) 183 F4
Ahuy (21) 136 A4
Aibes (59) 13 J3
Aibre (25) 139 G2
Aïcirits-Camou-Suhast (64) 283 G3
Aiffres (79) 178 A1
Aigaliers (30) 255 K6
l'Aigle (61) 55 J4
Aiglemont (08) 22 D3
Aiglepierre (39) 155 K4
Aigleville (27) 57 F1
Aiglun (04) 259 H6
Aiglun (06) 280 D2
Aignan (32) 266 C5
Aignay-le-Duc (21) 135 H1
Aigne (34) 291 F4
Aigné (72) 106 D2
Aignerville (14) 29 K6
Aignes (31) 288 D4
Aignes-et-Puypéroux (16) 196 D6
Aigneville (80) 8 E6
Aigny (51) 62 C1
Aigonnay (79) 161 K6
Aigre (16) 178 E6
Aigrefeuille (31) 288 D1
Aigrefeuille-d'Aunis (17) 177 F3
Aigrefeuille-sur-Maine (44) 123 J6
Aigremont (30) 274 E2
Aigremont (52) 117 G2
Aigremont (78) 58 B3
Aigremont (89) 113 K6
Aiguebelette-le-Lac (73) 208 A4
Aiguebelle (73) 209 F4
Aigueblanche (73) 209 H4
Aiguefonde (81) 290 A2
Aigueperse (63) 185 G5
Aigueperse (69) 187 J1
Aigues-Juntes (09) 307 G2
Aigues-Mortes (30) 294 A3
Aigues-Vives (09) 308 B2
Aigues-Vives (11) 290 D5
Aigues-Vives (30) 275 F4
Aigues-Vives (34) 291 G4
Aiguèze (30) 256 B3
Aiguilhe (43) 220 C5
Aiguilles (05) 227 C2
l'Aiguillon (09) 308 B3
Aiguillon (47) 247 J3
l'Aiguillon-sur-Mer (85) 159 J6
l'Aiguillon-sur-Vie (85) 158 E1
Aiguines (83) 279 G3
Aigurande (36) 165 K5
Ailhon (07) 239 G5
Aillant-sur-Milleron (45) 112 A5
Aillant-sur-Tholon (89) 112 E4
Aillas (33) 246 E1
Ailleux (42) 204 B1
Aillevans (70) 138 D1
Ailleville (10) 91 G5
Aillevillers-et-Lyaumont (70) 118 C3
Aillianville (52) 92 E4
Aillières-Beauvoir (72) 83 F3
Aillon-le-Jeune (73) 208 D3
Aillon-le-Vieux (73) 208 D3
Ailloncourt (70) 118 D5
Ailly (27) 35 K5
Ailly-le-Haut-Clocher (80) 9 H5
Ailly-sur-Noye (80) 18 B4
Ailly-sur-Somme (80) 17 K1
Aimargues (30) 275 F5
Aime (73) 209 J4
Ainay-le-Château (03) 167 J2
Ainay-le-Vieil (18) 167 G2
Aincille (64) 282 E6
Aincourt (95) 57 K1
Aincreville (55) 43 F2
Aingeray (54) 65 J4
Aingeville (88) 93 G5
Aingoulaincourt (52) 92 C2
Ainharp (64) 283 H4
Ainhice-Mongelos (64) 282 E5
Ainhoa (64) 263 D2
Ainvelle (70) 118 B4
Ainvelle (88) 117 H2
Airaines (80) 17 H1
Airan (14) 33 G6
Aire (08) 41 G1
Aire-sur-la-Lys (62) 3 H6
Aire-sur-l'Adour (40) 265 K5
Airel (50) 31 H2
les Aires (34) 291 J1
Airion (60) 38 A2
Airon-Notre-Dame (62) 8 E1
Airon-Saint-Vaast (62) 8 E1
Airoux (11) 289 G4
Airvault (79) 144 C6
Aiserey (21) 154 D1
Aisey-et-Richecourt (70) 117 J3
Aisey-sur-Seine (21) 115 F6
Aisonville-et-Bernoville (02) 20 C1
Aïssey (25) 138 D5
Aisy-sous-Thil (21) 134 D4
Aisy-sur-Armançon (89) 134 C1
Aiti (2B) 319 G4
Aiton (73) 208 E4
Aix (19) 201 G4
Aix (59) 7 F6
les Aix-d'Angillon (18) 149 J1
Aix-en-Diois (26) 241 H3
Aix-en-Ergny (62) 4 E5
Aix-en-Issart (62) 4 D6
Aix-en-Othe (10) 89 H5
Aix-en-Provence (13) 296 D1
Aix-la-Fayette (63) 203 H5
Aix-les-Bains (73) 208 B2
Aix-Noulette (62) 10 E1
Aixe-sur-Vienne (87) 198 D2
Aizac (07) 239 G4
Aizanville (52) 115 J1
Aize (36) 147 K2
Aizecourt-le-Bas (80) 19 H1
Aizecourt-le-Haut (80) 19 H1
Aizelles (02) 40 D1
Aizenay (85) 141 H6
Aizier (27) 34 D2
Aizy-Jouy (02) 40 A2
Ajac (11) 308 E2
Ajaccio (2A) 320 B5
Ajain (23) 182 E2
Ajat (24) 214 D4
Ajoncourt (57) 66 B3
Ajou (27) 55 K2
Ajoux (07) 239 J3
Alaigne (11) 308 D1
Alaincourt (02) 20 A3
Alaincourt (70) 118 A3
Alaincourt-la-Côte (57) 66 C2
Alairac (11) 290 A6
Alan (31) 287 G5
Alando (2B) 319 G6
Alata (2A) 320 B4
Alba-la-Romaine (07) 239 K6
Alban (81) 271 H3
Albaret-le-Comtal (48) 236 E2
Albaret-Sainte-Marie (48) 237 F2
Albas (11) 310 A2
Albas (46) 249 H1
Albé (67) 70 B6
Albefeuille-Lagarde (82) 249 J6
l'Albenc (38) 223 H3
Albens (73) 208 B1
Albepierre-Bredons (15) 218 B5
l'Albère (66) 315 G5
Albert (80) 10 D6
Albertacce (2B) 318 D6
Albertville (73) 209 G2
Albestroff (57) 67 G1
Albi (81) 270 E2
Albiac (31) 289 F1
Albiac (46) 234 B3
Albias (82) 250 A6
Albières (11) 309 H3
Albiès (09) 307 K5
Albiez-le-Jeune (73) 225 G2
Albiez-Montrond (73) 225 G2
Albignac (19) 216 A4
Albigny-sur-Saône (69) 188 C6
Albine (81) 290 D2
Albitreccia (2A) 320 D6
Albon (07) 239 H2
Albon (26) 222 B3
Alboussière (07) 222 A6
les Albres (12) 234 E6
Albussac (19) 216 B4
Alby-sur-Chéran (74) 208 C1
Alçay-Alçabéhéty-Sunharette (64) 283 H6
Aldudes (64) 263 D5
Alembon (62) 2 D4
Alençon (61) 82 D3
Alénya (66) 315 H3
Aléria (2B) 321 K2
Alès (30) 255 G5
Alet-les-Bains (11) 309 F2
Alette (62) 4 C5
Aleu (09) 306 E4
Alex (74) 191 G5
Alexain (53) 80 E5
Aleyrac (26) 240 D6
Alfortville (94) 59 F4
Algajola (2B) 318 C2
Algans (81) 270 B6
Algolsheim (68) 96 E5
Algrange (57) 27 F4
Alièze (39) 173 G3
Alignan-du-Vent (34) 292 B2
Alincourt (08) 41 H2
Alincthun (62) 2 C5
Alise-Sainte-Reine (21) 135 F3
Alissas (07) 239 K4
Alix (69) 188 A6
Alixan (26) 222 D6
Alizay (27) 35 J3
Allain (54) 93 J1
Allaines (80) 19 G1
Allaines-Mervilliers (28) 85 K6
Allainville (28) 56 E5
Allainville (78) 86 A3
Allaire (56) 102 B4
Allamont (54) 44 B5
Allamps (54) 93 H1
Allan (26) 240 B6
Allanche (15) 218 C3
Alland'Huy-et-Sausseuil (08) 22 B6
Allarmont (88) 95 J1
Allas-Bocage (17) 211 J1
Allas-Champagne (17) 195 K5
Allas-les-Mines (24) 232 D2
Allassac (19) 215 H3
Allauch (13) 296 D3
Allègre (43) 220 A3
Allegre-les-Fumades (30) 255 J4
Alleins (13) 277 F5
Allemagne-en-Provence (04) 278 D3
Allemanche-Launay-et-Soyer (51) 89 H1
Allemans (24) 213 G2
Allemans-du-Dropt (47) 231 F5
Allemant (02) 39 K1
Allemant (51) 61 J4
Allemond (38) 224 D4
Allenay (80) 8 D5
Allenc (48) 238 A6
Allenjoie (25) 139 J2
Allennes-les-Marais (59) 6 C5
Allenwiller (67) 70 B2
Allerey (21) 153 G1
Allerey-sur-Saône (71) 154 B5
Allériot (71) 154 B6
Allery (80) 17 H1
Alles-sur-Dordogne (24) 232 B2
les Alleuds (49) 125 H5
les Alleuds (79) 178 E3
les Alleux (08) 42 B1
Alleuze (15) 236 E1
Allevard (38) 208 D6
Allèves (74) 208 D1
Allex (26) 240 C3
Alleyrac (43) 238 D1
Alleyras (43) 238 A1
Alleyrat (19) 200 E4
Alleyrat (23) 183 G5
Allez-et-Cazeneuve (47) 248 B2
Alliancelles (51) 63 J4
Alliat (09) 307 J5
Allibaudières (10) 90 B1
Allichamps (52) 91 J1
Allier (65) 285 H6
Allières (09) 307 F2
les Alliés (25) 157 F4
Alligny-Cosne (58) 132 B4
Alligny-en-Morvan (58) 152 D1
Allineuc (22) 77 F3
Allinges (74) 175 F5
Allogny (18) 149 F1
Allondans (25) 139 G2
Allondaz (73) 209 F2
Allondrelle-la-Malmaison (54) 26 B2
Allonne (60) 37 H2
Allonne (79) 161 J3
Allonnes (28) 85 H4
Allonnes (49) 126 C6
Allonnes (72) 106 D3
Allons (04) 260 C6
Allons (47) 246 E4
Allonville (80) 18 B1
Allonzier-la-Caille (74) 191 F4
Allos (04) 260 C3
Allouagne (62) 5 J5
Alloue (16) 179 K4
Allouis (18) 148 E2
Allouville-Bellefosse (76) 15 F5
les Allues (73) 209 H5
les Alluets-le-Roi (78) 58 A3
Alluy (58) 151 J3
Alluyes (28) 85 F5
Ally (15) 217 G4
Ally (43) 219 G4
Almayrac (81) 251 H6
Almenêches (61) 54 D5
Almont-les-Junies (12) 235 G5
Alos (09) 306 D3
Alos (81) 270 B1
Alos-Sibas-Abense (64) 283 H6
Aloxe-Corton (21) 154 A3
Alpuech (12) 236 B3
Alquines (62) 2 E5
Alrance (12) 252 C5
Alsting (57) 68 C2
Altagène (2A) 323 F2
Alteckendorf (67) 69 J6
Altenach (68) 97 A4
Altenheim (67) 70 C1
Althen-des-Paluds (84) 276 C1
Altiani (2B) 321 G1
Altier (48) 254 E1
Altillac (19) 216 B6
Altkirch (68) 97 B4
Altorf (67) 70 D4
Altrippe (57) 68 B4
Altviller (57) 68 A3
Altwiller (67) 67 H1
Aluze (71) 153 J5
Alvignac (46) 234 A2
Alvimare (76) 15 F5
Alzen (09) 307 G3
Alzi (2B) 319 G6
Alzing (57) 45 J3
Alzon (30) 273 H2
Alzonne (11) 289 K5
Amage (70) 118 E4
Amagne (08) 22 B6
Amagney (25) 138 B5
Amailloux (79) 161 J1
Amance (10) 91 F4
Amance (54) 66 B4
Amance (70) 118 A4
Amancey (25) 156 C3
Amancy (74) 191 H3
Amange (39) 155 H1
Amanlis (35) 79 H5
Amanty (55) 93 F1
Amanvillers (57) 44 D4
Amanzé (71) 170 D6
Amarens (81) 270 B1
Amathay-Vésigneux (25) 156 D3
Amayé-sur-Orne (14) 32 D6
Amayé-sur-Seulles (14) 32 B6
Amazy (58) 133 G5
Ambacourt (88) 94 A3
Ambarès-et-Lagrave (33) 229 J1
Ambax (31) 287 G3
Ambazac (87) 181 J5
Ambel (38) 242 D2
Ambenay (27) 55 K4
Ambérac (16) 196 D1
Ambérieu-en-Bugey (01) 189 H5
Ambérieux (69) 188 B5
Ambérieux-en-Dombes (01) 188 D5
Ambernac (16) 180 A5
Amberre (86) 162 D1
Ambert (63) 203 K5
Ambès (33) 211 H5
Ambeyrac (12) 251 F1
Ambialet (81) 271 G2
Ambiegna (2A) 320 C3
Ambierle (42) 186 D3
Ambiévillers (70) 118 B2
Ambillou (37) 127 G4
Ambillou-Château (49) 125 J6
Ambilly (74) 191 G2
Amblainville (60) 37 H5
Amblans-et-Velotte (70) 118 D6
Ambleny (02) 39 H3
Ambléon (01) 207 J2
Ambleteuse (62) 2 A4
Ambleville (16) 196 A4
Ambleville (95) 36 D5
Amblie (14) 32 D3
Amblimont (08) 23 G5
Ambloy (41) 108 B6
Ambly-Fleury (08) 41 K1
Ambly-sur-Meuse (55) 64 D1
Amboise (37) 128 B4
Ambon (56) 121 H1
Ambonil (26) 240 C2
Ambonnay (51) 41 G6
Ambonville (52) 91 K4
Ambrault (36) 166 B1
Ambres (81) 270 A5
Ambricourt (62) 5 F6
Ambrief (02) 39 K3
Ambrières (51) 63 H6
Ambrières-les-Vallées (53) 81 G3
Ambrines (62) 10 C2
Ambronay (01) 189 H4
Ambrugeat (19) 200 D5
Ambrumesnil (76) 15 J2
Ambrus (47) 247 H4
Ambutrix (01) 189 H5
Amécourt (27) 36 D3
Amel-sur-l'Étang (55) 26 C5
Amelécourt (57) 66 D3
Amélie-les-Bains-Palalda (66) 314 E5
Amendeuix-Oneix (64) 283 F3
Amenoncourt (54) 67 G5
Amenucourt (95) 36 D6
Ames (62) 5 H5
Amettes (62) 5 H5
Ameugny (71) 171 H4
Ameuvelle (88) 117 J3
Amfreville (14) 33 F4
Amfreville (50) 28 E5
Amfreville-la-Campagne (27) 35 G5
Amfreville-la-Mi-Voie (76) 35 J2
Amfreville-les-Champs (27) 35 K3
Amfreville-les-Champs (76) 15 H4

Amfreville-sous-les-Monts (27) 35 K3
Amfreville-sur-Iton (27) 35 J5
Amfroipret (59) 13 F3
Amiens (80) 18 B2
Amifontaine (02) 40 E1
Amigny (50) 31 G3
Amigny-Rouy (02) 20 A5
Amillis (77) 60 B5
Amilly (28) 85 F3
Amilly (45) 111 J3
Amions (42) 186 E6
Amirat (06) 280 C2
Ammerschwihr (68) 96 B3
Ammerzwiller (68) 97 A3
Amné (72) 106 B2
Amnéville (57) 27 G5
Amoncourt (70) 118 A5
Amondans (25) 156 C2
Amont-et-Effreney (70) 118 E3
Amorots-Succos (64) 283 F3
Amou (40) 264 E6
Ampilly-le-Sec (21) 115 F5
Ampilly-les-Bordes (21) 135 G1
Amplepuis (69) 187 H5
Amplier (62) 10 B4
Ampoigné (53) 104 E5
Amponville (77) 87 G5
Ampriani (2B) 319 H6
Ampuis (69) 206 A5
Ampus (83) 279 H5
Amuré (79) 177 J1
Amy (60) 19 F5
Anais (16) 196 E2
Anais (17) 177 F2
Anan (31) 287 F4
Ance (64) 283 K6
Anceaumeville (76) 15 K6
Anceins (61) 55 H3
Ancelle (05) 243 F4
Ancemont (55) 43 H6
Ancenis (44) 124 A4
Ancerville (55) 63 K6
Ancerville (57) 45 H6
Ancerviller (54) 95 G1
Ancey (21) 135 J5
Anchamps (08) 22 C1
Anché (37) 145 G2
Anché (86) 162 E6
Anchenoncourt-et-Chazel (70) 118 A4
Ancienville (02) 39 H5
Ancier (70) 137 G3
Ancinnes (72) 82 E4
Ancizan (65) 305 F4
les Ancizes-Comps (63) 184 C6
Ancône (26) 240 B5
Ancourt (76) 16 A2
Ancourteville-sur-Héricourt (76) 15 F4
Ancretiéville-Saint-Victor (76) 15 J5
Ancretteville-sur-Mer (76) 14 E3
Ancteville (50) 30 D3
Anctoville (14) 32 B6
Anctoville-sur-Boscq (50) 51 J1
Ancy (69) 205 H1
Ancy-le-Franc (89) 114 C5
Ancy-le-Libre (89) 114 B5
Ancy-sur-Moselle (57) 44 E6
Andainville (80) 17 G2
Andance (07) 222 B3
Andancette (26) 222 B3
Andard (49) 125 J3
Andé (27) 35 K4
Andechy (80) 18 E4
Andel (22) 49 J6
Andelain (02) 20 A5
Andelaroche (03) 186 B2
Andelarre (70) 138 A1
Andelarrot (70) 138 A1
Andelat (15) 218 D5
Andelnans (90) 139 H1
Andelot-Blancheville (52) 92 C5
Andelot-en-Montagne (39) 156 B5
Andelot-Morval (39) 172 E5
Andelu (78) 57 K3
les Andelys (27) 36 A4
Andernay (55) 63 J4
Andernos-les-Bains (33) 228 C3
Anderny (54) 26 E4
Andert-et-Condon (01) 207 J1
Andeville (60) 37 H4
Andigné (49) 104 E6
Andillac (81) 270 B1
Andilly (17) 176 E1
Andilly (54) 65 H4
Andilly (74) 190 E3
Andilly (95) 58 E2
Andilly-en-Bassigny (52) 116 E3
Andiran (47) 247 H6
Andlau (67) 70 C6
Andoins (64) 284 E4
Andolsheim (68) 96 C4
Andon (06) 280 B3
Andonville (45) 86 B5
Andornay (70) 119 F6
Andouillé (53) 80 E6
Andouillé-Neuville (35) 79 H2
Andouque (81) 271 F1
Andrein (64) 283 H3
Andres (62) 2 D3
Andrest (65) 285 H4
Andrésy (78) 58 B2
Andrezé (49) 142 E1
Andrezel (77) 87 J1
Andrézieux-Bouthéon (42) 205 F5
Andryes (89) 133 F3
Anduze (30) 255 F6
Anères (65) 305 G1
Anet (28) 57 F3
Anetz (44) 124 B4
Angaïs (64) 284 E5
Angé (41) 128 D5
Angeac-Champagne (16) 195 K4
Angeac-Charente (16) 196 B3
Angecourt (08) 23 F5
Angeduc (16) 196 C5
Angely (89) 134 A2
Angeot (90) 119 K5
Angers (49) 125 G3
Angerville (14) 33 H4
Angerville (91) 86 B5
Angerville-Bailleul (76) 14 D4
Angerville-la-Campagne (27) 56 D2
Angerville-la-Martel (76) 14 E3
Angerville-l'Orcher (76) 14 C5
Angervilliers (91) 86 B1
Angeville (82) 268 C1
Angevillers (57) 27 F4
Angey (50) 51 J2
Angicourt (60) 38 B3
Angiens (76) 15 G3
Angirey (70) 137 H3
Angivillers (60) 38 B1
Anglade (33) 211 G3
Anglards-de-Saint-Flour (15) 218 E6
Anglards-de-Salers (15) 217 H3
Anglars (46) 234 C3
Anglars-Juillac (46) 249 H1
Anglars-Nozac (46) 233 H3
Anglars-Saint-Félix (12) 251 H2
Anglefort (01) 190 C5
Anglemont (88) 95 F3
Angles (04) 279 K1
les Angles (30) 276 B2
les Angles (65) 304 B1
les Angles (66) 313 J3
Anglès (81) 290 D1
Angles (85) 159 H5
les Angles-sur-Corrèze (19) 216 B2
Angles-sur-l'Anglin (86) 164 A2
Anglesqueville-la-Bras-Long (76) 15 G3
Anglesqueville-l'Esneval (76) 14 B5
Anglet (64) 282 B1
Angliers (17) 177 F2
Angliers (86) 144 E4
Anglure (51) 89 J1
Anglure-sous-Dun (71) 187 H2
Angluzelles-et-Courcelles (51) 61 J6
Angoisse (24) 198 D6
Angomont (54) 95 H1
Angos (65) 285 J5
Angoulême (16) 196 E3
Angoulins (17) 176 D3
Angoumé (40) 262 E5
Angous (64) 283 J4
Angoustrine-Villeneuve-des-Escaldes (66) 313 G5
Angoville (14) 53 J2
Angoville-au-Plain (50) 29 G6
Angoville-sur-Ay (50) 30 D1
Angres (62) 10 E1
Angresse (40) 262 C5
Angrie (49) 124 C2
Anguerny (14) 32 E4
Anguilcourt-le-Sart (02) 20 B4
Angy (60) 37 K3
Anhaux (64) 282 D5
Anhiers (59) 11 J1
Aniane (34) 273 J5
Aniche (59) 11 K2
Anisy (14) 32 E4
Anizy-le-Château (02) 39 K1
Anjeux (70) 118 B3
Anjou (38) 222 C1
Anjouin (36) 148 B1
Anjoutey (90) 119 J5
Anla (65) 305 H2
Anlezy (58) 151 H4
Anlhiac (24) 214 E2
Annay (58) 132 A3
Annay (62) 6 C6
Annay-la-Côte (89) 133 K3
Annay-sur-Serein (89) 113 K6
Annebault (14) 33 J4
Annecy (74) 191 F5
Annecy-le-Vieux (74) 191 F5
Annelles (08) 41 J2
Annemasse (74) 191 G2
Annéot (89) 133 K3
Annepont (17) 177 J6
Annequin (62) 6 B6
Annesse-et-Beaulieu (24) 213 J4
Annet-sur-Marne (77) 59 H3
Anneux (59) 11 J4
Anneville-Ambourville (76) 35 F1
Anneville-en-Saire (50) 29 F2
Annéville-la-Prairie (52) 92 A6
Anneville-sur-Mer (50) 30 C3
Anneville-sur-Scie (76) 15 K3
Anneyron (26) 222 C2
Annezay (17) 177 H4
Annezin (62) 5 K5
Annoire (39) 154 E4
Annois (02) 19 J4
Annoisin-Chatelans (38) 207 F2
Annoix (18) 149 H4
Annonay (07) 222 A3
Annonville (52) 92 C3
Annot (04) 280 A1
Annouville-Vilmesnil (76) 14 D4
Annoux (89) 134 B2
Annoville (50) 30 D5
Annoeullin (59) 6 C5
Anor (59) 13 J6
Anos (64) 284 D3
Anost (71) 152 D3
Anould (88) 95 J5
Anoux (54) 26 E5
Anoye (64) 285 F3
Anquetierville (76) 15 F6
Anrosey (52) 117 G4
Ansac-sur-Vienne (16) 180 B5
Ansacq (60) 37 K3
Ansan (32) 267 K5
Ansauville (54) 65 H3
Ansauvillers (60) 18 B6
Anse (69) 188 B5
Anserville (60) 37 J4
Ansignan (66) 309 H5
Ansost (65) 285 H2
Ansouis (84) 277 J4
Anstaing (59) 7 F4
Antagnac (47) 247 F2
Anterrieux (15) 236 D2
Anteuil (25) 139 F4
Antezant-la-Chapelle (17) 178 A5
Anthé (47) 249 F2
Anthelupt (54) 66 C6
Anthenay (51) 40 C5
Antheny (08) 21 K2
Antheuil (21) 153 K1
Antheuil-Portes (60) 38 D1
Anthien (58) 133 H5
Anthon (38) 206 E1
Anthy-sur-Léman (74) 174 E5
Antibes (06) 281 F5
Antichan (65) 305 H2
Antichan-de-Frontignes (31) 305 J3
Antignac (15) 217 J2
Antignac (31) 305 H4
Antigny (85) 160 E2
Antigny (86) 164 A4
Antigny-la-Ville (21) 153 H2
Antilly (57) 27 H6
Antilly (60) 39 F5
Antin (65) 285 K4
Antisanti (2B) 321 H2
Antist (65) 304 D1
Antogny le Tillac (37) 145 J4
Antoigné (49) 144 C2
Antoigny (61) 81 J1
Antoingt (63) 202 E5
Antonaves (05) 258 E3
Antonne-et-Trigonant (24) 214 B3
Antony (92) 58 E5
Antraigues-sur-Volane (07) 239 H4
Antrain (35) 51 J5
Antran (86) 145 J5
Antras (09) 306 B4
Antras (32) 267 G5
Antrenas (48) 237 G5
Antugnac (11) 308 E3
Antully (71) 153 G5
Anvéville (76) 15 G4
Anville (16) 196 B1
Anvin (62) 5 G6
Any-Martin-Rieux (02) 21 J2
Anzat-le-Luguet (63) 218 D2
Anzeling (57) 27 K5
Anzême (23) 182 D2
Anzex (47) 247 G3
Anzin (59) 12 D1
Anzin-Saint-Aubin (62) 10 E2
Anzy-le-Duc (71) 186 E1
Aoste (38) 207 J4
Aougny (51) 40 C5
Aouste (08) 21 K3
Aouste-sur-Sye (26) 240 E3
Aouze (88) 93 H3
Apach (57) 27 J3
Apchat (63) 218 E1
Apchon (15) 218 A3
Apinac (42) 220 D1
Appelle (81) 289 H1
Appenai-sous-Bellême (61) 83 H4
Appenans (25) 139 F3
Appenwihr (68) 96 D4
Appeville (50) 29 F6
Appeville-Annebault (27) 34 D3
Appietto (2A) 320 B4
Appilly (60) 19 J6
Appoigny (89) 113 F4
Apprieu (38) 207 H6
Appy (09) 307 K5
Apremont (01) 190 A2
Apremont (08) 42 E4
Apremont (60) 38 B5
Apremont (70) 137 F4
Apremont (73) 208 C5
Apremont (85) 141 G6
Apremont-la-Forêt (55) 65 F3
Apremont-sur-Allier (18) 150 D5
Aprey (52) 116 C5
Apt (84) 277 H2
Arabaux (09) 307 J3
Arâches (74) 192 A3
Aragnouet (65) 304 E5
Aragon (11) 290 A4
Aramits (64) 283 K6
Aramon (30) 276 A2
Aranc (01) 189 K4
Arancou (64) 283 F2
Arandas (01) 189 J6
Arandon (38) 207 G2
Araujuzon (64) 283 J3
Araules (43) 221 F5
Araux (64) 283 J3
Arbanats (33) 229 J4
Arbas (31) 306 B2
Arbecey (70) 117 J5
Arbellara (2A) 322 E2
Arbent (01) 173 H6
Arbéost (65) 303 J2
Arbérats-Sillègue (64) 283 G3
Arbignieu (01) 207 J2
Arbigny (01) 172 A4
Arbigny-sous-Varennes (52) 117 F4
Arbin (73) 208 D5
Arbis (33) 230 A4
Arblade-le-Bas (32) 266 A5
Arblade-le-Haut (32) 266 B4
Arbois (39) 155 K4
Arbon (31) 305 K2
Arbonne (64) 263 C1
Arbonne-la-Forêt (77) 87 G3
Arboras (34) 273 H5
Arbori (2A) 316 E6
Arbot (52) 115 K4
Arbouans (25) 139 H2
Arboucave (40) 265 H6
Arbouet-Sussaute (64) 283 G3
Arbourse (58) 132 D6
Arboussols (66) 314 C2
l'Arbresle (69) 205 J1
Arbrissel (35) 103 K1
Arbus (64) 284 B3
Arbusigny (74) 191 G3
Arc-en-Barrois (52) 115 K3
Arc-et-Senans (25) 155 K3
Arc-lès-Gray (70) 137 F3
Arc-sous-Cicon (25) 157 F2
Arc-sous-Montenot (25) 156 B4
Arc-sur-Tille (21) 136 C5
Arcachon (33) 228 B4
Arçais (79) 177 J1
Arcambal (46) 250 A1
Arcangues (64) 263 C1
Arçay (18) 149 G4
Arçay (86) 144 D4
Arceau (21) 136 C4
Arcenant (21) 154 A2
Arcens (07) 239 G1
Arces (17) 194 E4
Arces-Dilo (89) 113 G1
Arcey (21) 135 J6
Arcey (25) 139 F2
Archail (04) 259 K5
Archamps (74) 191 F2
Archelange (39) 155 G1
Arches (15) 217 G2
Arches (88) 94 E6
Archettes (88) 94 E6
Archiac (17) 195 K5
Archignac (24) 215 G6
Archignat (03) 167 F6
Archigny (86) 163 J2
Archingeay (17) 177 H5
Archon (02) 21 H4
Arcinges (42) 187 H3
Arcins (33) 211 F5
Arcis-le-Ponsart (51) 40 C4
Arcis-sur-Aube (10) 90 B2
Arcizac-Adour (65) 285 H6
Arcizac-ez-Angles (65) 304 B1
Arcizans-Avant (65) 304 A2
Arcizans-Dessus (65) 303 K2
Arcomps (18) 167 F2
Arçon (25) 157 F4
Arcon (42) 186 D5
Arconcey (21) 153 G1
Arçonnay (72) 82 D3
Arconsat (63) 186 B6
Arconville (10) 91 H6
les Arcs (83) 298 D1
Arcueil (94) 58 E4
Arcy-Sainte-Restitue (02) 39 K4
Arcy-sur-Cure (89) 133 H2
Ardelles (28) 84 D2
Ardelu (28) 86 A4
Ardenais (18) 166 E2
Ardenay-sur-Mérize (72) 107 G3
Ardengost (65) 305 F3
Ardentes (36) 165 K1
Ardes (63) 218 E1
Ardeuil-et-Montfauxelles (08) 42 B4
Ardiège (31) 305 J1
les Ardillats (69) 187 K2
Ardilleux (79) 178 E3
Ardillières (17) 177 F4
Ardin (79) 161 G4
Ardizas (32) 268 C5
Ardoix (07) 222 A3
Ardon (39) 156 A6
Ardon (45) 109 K5
Ardouval (76) 16 B4
Ardres (62) 2 D4
Aregno (2B) 318 C2
Areines (41) 108 C5
Aren (64) 283 K4
Arengosse (40) 264 E1
Arenthon (74) 191 H3
Arès (33) 228 B2
Aresches (39) 156 A4
Aressy (64) 284 D4
Arette (64) 302 E1
Arfeuille-Châtain (23) 183 J4
Arfeuilles (03) 186 B3
Arfons (81) 289 K3
Argagnon (64) 283 K2
Arganchy (14) 32 A4
Argançon (10) 91 F5
Argancy (57) 27 H6
Argein (09) 306 C3
Argelès (65) 304 D1
Argelès-Gazost (65) 304 A2
Argelès-sur-Mer (66) 315 J4
Argeliers (11) 291 G4
Argelliers (34) 273 K5
Argelos (40) 265 F6
Argelos (64) 284 D2
Argelouse (40) 245 J2
Argences (14) 33 G5
Argens-Minervois (11) 291 F5
Argent-sur-Sauldre (18) 131 F3
Argentan (61) 54 C5
Argentat (19) 216 C5
Argentenay (89) 114 B5
Argenteuil (95) 58 D2
Argenteuil-sur-Armançon (89) 114 B6
l'Argentière-la-Bessée (05) 243 K2
Argentières (77) 59 K6
Argentine (73) 209 F5
Argenton (47) 247 G2
Argenton-Château (79) 143 J4
Argenton-l'Église (79) 144 A3
Argenton-Notre-Dame (53) 105 G5
Argenton-sur-Creuse (36) 165 G3
Argentré (53) 105 G1
Argentré-du-Plessis (35) 104 B1
Argenvières (18) 150 C2
Argenvilliers (28) 84 B5
Argers (51) 42 D6
Arget (64) 284 B1
Argiésans (90) 139 H1
Argillières (70) 117 G6
Argilliers (30) 275 J1
Argilly (21) 154 C3
Argis (01) 189 J5
Argiusta-Moriccio (2A) 320 E6
Argoeuves (80) 18 A1
Argol (29) 74 B2
Argonay (74) 191 F5
Argouges (50) 51 K5
Argoules (80) 9 G2
Argueil (76) 16 D6
Arguel (25) 137 K6
Arguel (80) 17 G2
Arguenos (31) 305 K3
Argut-Dessous (31) 305 J4
Argy (36) 147 H4
Arhansus (64) 283 F4
Aries-Espénan (65) 286 C4
Arifat (81) 271 G4
Arignac (09) 307 J4
Arinthod (39) 173 G5
Arith (73) 208 D2
Arjuzanx (40) 245 G6
Arlanc (63) 220 A1
Arlay (39) 155 H6
Arlebosc (07) 221 K5
Arlempdes (43) 238 C2
Arles (13) 275 K5
Arles-sur-Tech (66) 314 E5
Arlet (43) 219 H4
Arleuf (58) 152 C3
Arleux (59) 11 H3
Arleux-en-Gohelle (62) 11 F2
Arlos (31) 305 J4
Armaillé (49) 104 B6
Armancourt (60) 38 D3
Armancourt (80) 18 E5
Armaucourt (54) 66 B3
Armbouts-Cappel (59) 3 H2
Armeau (89) 112 D2
Armendarits (64) 282 E4
Armenteule (65) 305 F5
Armentières (59) 6 C3
Armentières-en-Brie (77) 60 A2
Armentières-sur-Avre (27) 56 A5
Armentières-sur-Ourcq (02) 39 K5
Armentieux (32) 285 H1
Armes (58) 133 G4
Armillac (47) 231 G6
Armissan (11) 291 J6
Armix (01) 190 A6
Armous-et-Cau (32) 285 J1
Armoy (74) 175 F5
Arnac (15) 217 F5
Arnac-la-Poste (87) 181 J1
Arnac-Pompadour (19) 215 G1
Arnac-sur-Dourdou (12) 272 C5
Arnage (72) 106 D3
Arnancourt (52) 91 J4
Arnas (69) 188 B4
Arnaud-Guilhem (31) 287 G6
Arnave (09) 307 J4
Arnaville (54) 65 J1
Arnay-le-Duc (21) 153 G2
Arnay-sous-Vitteaux (21) 135 F4
Arnayon (26) 241 G6
Arné (65) 286 C6
Arnéguy (64) 282 D6

Arnèke (59) 3 H4
Arnicourt (08) 21 K6
Arnières-sur-Iton (27) 56 C2
Arnos (64) 284 B2
Arnouville-lès-Gonesse (95) 59 F2
Arnouville-lès-Mantes (78) 57 J3
Aroffe (88) 93 J3
Aromas (39) 189 J1
Aron (53) 81 G4
Aroue-Ithorots-Olhaïby (64) 283 H4
Aroz (70) 137 K1
Arpaillargues-et-Aureillac (30) 275 G1
Arpajon (91) 86 D1
Arpajon-sur-Cère (15) 235 H1
Arpavon (26) 257 J2
Arpenans (70) 138 D1
Arpheuilles (18) 167 G1
Arpheuilles (36) 147 F5
Arpheuilles-Saint-Priest (03) 184 B2
Arphy (30) 273 J1
Arquenay (53) 105 G2
Arques (11) 309 G3
Arques (12) 252 D3
les Arques (46) 233 F5
Arques (62) 3 G5
Arques-la-Bataille (76) 16 A2
Arquettes-en-Val (11) 309 H1
Arquèves (80) 10 C5
Arquian (58) 132 A3
Arracourt (54) 66 D4
Arradon (56) 100 E5
Arraincourt (57) 66 D1
Arrancourt (91) 86 C4
Arrancy (02) 40 C1
Arrancy-sur-Crusne (55) 26 C4
Arrans (21) 114 D6
Arras (62) 10 E3
Arras-en-Lavedan (65) 304 A2
Arras-sur-Rhône (07) 222 B4
Arrast-Larrebieu (64) 283 H4
Arraute-Charritte (64) 283 F2
Arraye-et-Han (54) 66 B3
Arrayou-Lahitte (65) 304 C1
Arre (30) 273 J2
Arreau (65) 305 F3
Arrelles (10) 114 C2
Arrembécourt (10) 91 F1
Arrènes (23) 182 A4
Arrens-Marsous (65) 303 K3
Arrentès-de-Corcieux (88) 95 H5
Arrentières (10) 91 H5
Arrest (80) 8 E5
Arreux (08) 22 C2
Arriance (57) 45 J6
Arricau-Bordes (64) 285 F2
Arrien (64) 285 F4
Arrien-en-Bethmale (09) 306 C4
Arrigas (30) 273 H1
Arrigny (51) 63 G6
Arro (2A) 320 C3
Arrodets (65) 304 E2
Arrodets-ez-Angles (65) 304 C1
Arromanches-les-Bains (14) 32 C3
Arronnes (03) 186 A4
Arronville (95) 37 H5
Arros-de-Nay (64) 284 D5
Arrosès (64) 285 F1
Arrou (28) 108 C1
Arrouède (32) 286 C3
Arrout (09) 306 C3
Arry (57) 65 K1
Arry (80) 9 F3
Ars (16) 195 J3
Ars (23) 183 F5
Ars-en-Ré (17) 158 B5
Ars-Laquenexy (57) 45 G5
Ars-les-Favets (63) 184 C2
Ars-sur-Formans (01) 188 C5
Ars-sur-Moselle (57) 44 E6
Arsac (33) 211 G5
Arsac-en-Velay (43) 220 C6
Arsague (40) 264 D6
Arsans (70) 137 G4
Arsonval (10) 91 G5
Arsure-Arsurette (39) 174 B1
les Arsures (39) 155 K4
Arsy (60) 38 C2
Art-sur-Meurthe (54) 66 B5
Artagnan (65) 285 H3
Artaise-le-Vivier (08) 22 E6
Artaix (71) 186 E2
Artalens-Souin (65) 304 B2
Artannes-sur-Indre (37) 127 H6
Artannes-sur-Thouet (49) 144 C1
Artas (38) 206 E5
Artassenx (40) 265 H3
Artemare (01) 190 B6
Artemps (02) 19 J3
Artenay (45) 110 A2
Arthaz-Pont-Notre-Dame (74) 191 G2
Arthel (58) 151 G1
Arthémonay (26) 222 D4
Arthenac (17) 195 K5
Arthenas (39) 173 F3
Arthès (81) 270 E2
Arthez-d'Armagnac (40) 265 K2
Arthez-d'Asson (64) 303 J1
Arthez-de-Béarn (64) 284 A2
Arthezé (72) 106 B5
Arthies (95) 36 E6
Arthon (36) 165 J2
Arthon-en-Retz (44) 122 D5
Arthonnay (89) 114 C3
Arthun (42) 204 C2
Artigat (09) 307 G1
Artignosc-sur-Verdon (83) 278 E4
Artigue (31) 305 H4
Artigueloutan (64) 284 E4
Artiguelouve (64) 284 B4
Artiguemy (65) 285 K6
Artigues (09) 308 D6
Artigues (11) 308 E5
Artigues (65) 304 B1
Artigues (83) 278 C6
les Artigues-de-Lussac (33) 212 B6
Artigues-près-Bordeaux (33) 229 J2
Artins (41) 107 J6
Artix (09) 307 H2
Artix (64) 284 B3
Artolsheim (67) 71 C6
Artonges (02) 61 F2
Artonne (63) 185 F5
Artres (59) 12 D2
Artzenheim (68) 96 D3
Arudy (64) 284 C6
Arue (40) 246 B6
Arvert (17) 194 B2
Arveyres (33) 230 A1
Arvieu (12) 252 C5
Arvieux (05) 227 B2
Arvigna (09) 307 K2
Arvillard (73) 208 D5
Arville (41) 108 B2
Arville (77) 87 G6
Arvillers (80) 18 E4
Arx (40) 247 F5
Arzacq-Arraziguet (64) 284 C1
Arzal (56) 121 J2
Arzano (29) 99 K3
Arzay (38) 206 E6
Arzembouy (58) 151 F1
Arzenc-d'Apcher (48) 236 E2
Arzenc-de-Randon (48) 237 K4
Arzens (11) 289 K6
Arzillières-Neuville (51) 63 F6
Arzon (56) 100 E6
Arzviller (57) 67 K4
Asasp-Arros (64) 284 A6
Ascain (64) 263 B2
Ascarat (64) 282 D5
Aschbach (67) 25 C2
Aschères-le-Marché (45) 110 B1
Asco (2B) 318 E4
Ascou (09) 308 B6
Ascoux (45) 110 D1
Ascros (06) 280 E1
Asfeld (08) 41 F1
Aslonnes (86) 163 F5
Asnan (58) 133 G6
Asnans-Beauvoisin (39) 155 F4
Asnelles (14) 32 C3
Asnières (27) 34 B5
Asnières-en-Bessin (14) 29 J6
Asnières-en-Montagne (21) 114 D6
Asnières-en-Poitou (79) 178 C3
Asnières-la-Giraud (17) 177 K6
Asnières-lès-Dijon (21) 136 A4
Asnières-sous-Bois (89) 133 G3
Asnières-sur-Blour (86) 180 C3
Asnières-sur-Nouère (16) 196 D2
Asnières-sur-Oise (95) 37 K6
Asnières-sur-Saône (01) 171 K5
Asnières-sur-Seine (92) 58 D3
Asnières-sur-Vègre (72) 105 K4
Asnois (58) 133 G4
Asnois (86) 179 J3
Aspach (57) 67 H5
Aspach (68) 97 B4
Aspach-le-Bas (68) 97 A2
Aspach-le-Haut (68) 97 A2
Aspères (30) 274 D4
Asperjoc (07) 239 H4
Aspet (31) 306 A2
Aspin-Aure (65) 305 F3
Aspin-en-Lavedan (65) 304 B1
Aspiran (34) 292 C1
Aspremont (05) 242 B6
Aspremont (06) 281 G3
les Aspres (61) 55 H5
Aspres-lès-Corps (05) 242 D2
Aspres-sur-Buëch (05) 242 B6
Aspret-Sarrat (31) 305 K1
Asprières (12) 234 E6
Asque (65) 304 E2
Asques (33) 211 J6
Asques (82) 268 B1
Asquins (89) 133 H3
Assac (81) 271 H2
Assainvillers (80) 18 D5
Assais-les-Jumeaux (79) 144 C6
Assas (34) 274 C5
Assat (64) 284 D5
Assay (37) 145 G3
Assé-le-Bérenger (53) 81 K6
Assé-le-Boisne (72) 82 C4
Assé-le-Riboul (72) 82 D6
Assenay (10) 90 A6
Assencières (10) 90 C4
Assenoncourt (57) 67 G3
Assérac (44) 121 J3
Assevent (59) 13 H2
Assevillers (80) 19 F2
Assier (46) 234 C4
Assieu (38) 206 B6
Assignan (34) 291 G3
Assigny (18) 131 J4
Assigny (76) 8 B6
les Assions (07) 255 H2
Assis-sur-Serre (02) 20 C4
Asson (64) 284 E6
Asswiller (67) 69 F5
Astaffort (47) 248 B6
Astaillac (19) 234 B1
Asté (65) 304 D2
Aste-Béon (64) 303 H2
Astet (07) 238 D4
Astillé (53) 104 E3
Astis (64) 284 D2
Aston (09) 307 J5
Astugue (65) 304 C1
Athée (21) 136 D6
Athée (53) 104 D4
Athée-sur-Cher (37) 128 A5
Athesans-Étroitefontaine (70) 138 E1
Athie (21) 134 C2
Athie (89) 134 A3
Athienville (54) 66 D4
Athies (62) 11 F2
Athies (80) 19 H2
Athies-sous-Laon (02) 20 D6
Athis (51) 62 B1
Athis-de-l'Orne (61) 53 H4
Athis-Mons (91) 58 E5
Athos-Aspis (64) 283 G2
Athose (25) 156 E2
Attainville (95) 58 E1
Attancourt (52) 91 J1
les Attaques (62) 2 D3
Attenschwiller (68) 97 D4
Attiches (59) 6 D5
Attichy (60) 39 F2
Attignat (01) 189 F1
Attignat-Oncin (73) 208 A5
Attignéville (88) 93 H3
Attigny (08) 42 A1
Attigny (88) 117 K1
Attilloncourt (57) 66 C3
Attilly (02) 19 J2
Attin (62) 4 C6
Atton (54) 65 K2
Attray (45) 110 C1
Attricourt (70) 136 D3
Atur (24) 214 A4
Aubagnan (40) 265 G5
Aubagne (13) 296 E4
Aubaine (21) 153 J2
Aubais (30) 274 E4
Aubarède (65) 285 K4
Aubas (24) 215 F5
Aubazat (43) 219 H4
Aubazines (19) 215 K4
Aube (57) 45 G6
Aube (61) 55 H5
Aubéguimont (76) 17 F3
Aubenas (07) 239 H5
Aubenas-les-Alpes (04) 278 A2
Aubenasson (26) 241 F4
Aubencheul-au-Bac (59) 11 J3
Aubencheul-aux-Bois (02) 11 K6
Aubenton (02) 21 J2
Aubepierre-Ozouer-le-Repos (77) 59 K6
Aubepierre-sur-Aube (52) 115 K3
l'Aubépin (39) 172 E5
Auberchicourt (59) 11 J2
Aubercourt (80) 18 D3
Aubergenville (78) 57 K2
Aubérive (51) 41 J5
Auberive (52) 116 A5
Auberives-en-Royans (38) 223 G5
Auberives-sur-Varèze (38) 206 A6
Aubermesnil-aux-Érables (76) 16 E3
Aubermesnil-Beaumais (76) 16 A2
Aubers (59) 6 B4
Aubertin (64) 284 B4
Auberville (14) 33 H3
Auberville-la-Campagne (76) 15 F6
Auberville-la-Manuel (76) 15 F2
Auberville-la-Renault (76) 14 D4
Aubervilliers (93) 58 E3
Aubeterre (10) 90 B3
Aubeterre-sur-Dronne (16) 212 E2
Aubeville (16) 196 C5
Aubevoye (27) 36 A5
Aubiac (33) 246 C1
Aubiac (47) 248 B5
Aubiat (63) 185 G5
Aubie-et-Espessas (33) 211 J5
Aubière (63) 202 D2
les Aubiers (79) 143 H4
Aubiet (32) 268 A6
Aubignan (84) 257 G5
Aubignas (07) 239 K5
Aubigné (35) 79 G2
Aubigné (79) 178 D4
Aubigné-Racan (72) 106 E6
Aubigné-sur-Layon (49) 143 J1
Aubignosc (04) 259 G5
Aubigny (03) 168 C2
Aubigny (14) 54 A2
Aubigny (79) 162 A1
Aubigny (80) 18 C2
Aubigny (85) 159 H2
Aubigny-au-Bac (59) 11 J3
Aubigny-aux-Kaisnes (02) 19 J3
Aubigny-en-Artois (62) 10 D2
Aubigny-en-Laonnois (02) 40 C1
Aubigny-en-Plaine (21) 154 D2
Aubigny-la-Ronce (21) 153 J4
Aubigny-les-Pothées (08) 22 A3
Aubigny-lès-Sombernon (21) 135 G5
Aubigny-sur-Nère (18) 131 F3
Aubilly (51) 40 D5
Aubin (12) 235 F6
Aubin (64) 284 C2
Aubin-Saint-Vaast (62) 9 H1
Aubinges (18) 149 J1
Auboncourt-Vauzelles (08) 22 B6
Aubonne (25) 156 E2
Aubord (30) 275 G4
Auboué (54) 27 F6
Aubous (64) 266 A6
Aubres (26) 257 H2
Aubréville (55) 43 F5
Aubrives (08) 24 C2
Aubrometz (62) 9 K2
Aubry-du-Hainaut (59) 12 C2
Aubry-en-Exmes (61) 54 D4
Aubry-le-Panthou (61) 54 E3
Aubure (68) 96 A2
Aubussargues (30) 275 G1
Aubusson (23) 183 G5
Aubusson (61) 53 H4
Aubusson-d'Auvergne (63) 203 J2
Aubvillers (80) 18 C4
Auby (59) 11 H1
Aucaleuc (22) 50 C5
Aucamville (31) 269 G5
Aucamville (82) 268 E4
Aucazein (09) 306 B3
Aucelon (26) 241 H4
Aucey-la-Plaine (50) 51 J5
Auch (32) 267 H6
Auchel (62) 5 J6
Auchonvillers (80) 10 D5
Auchy-au-Bois (62) 5 H5
Auchy-la-Montagne (60) 17 K6
Auchy-lès-Hesdin (62) 9 J1
Auchy-les-Mines (62) 6 B5
Auchy-lez-Orchies (59) 7 F6
Aucun (65) 303 K2
Audaux (64) 283 J3
Audelange (39) 155 H2
Audeloncourt (52) 116 E1
Audembert (62) 2 B3
Audenge (33) 228 C4
Auderville (50) 28 A1
Audes (03) 167 G5
Audeux (25) 137 J6
Audeville (45) 86 D5
Audierne (29) 73 C3
Audignicourt (02) 39 G1
Audignies (59) 13 F2
Audignon (40) 265 F4
Audigny (02) 20 D2
Audincourt (25) 139 H2
Audincthun (62) 5 F5
Audinghen (62) 2 A4
Audon (40) 264 D3
Audouville-la-Hubert (50) 29 G5
Audrehem (62) 2 E4
Audressein (09) 306 C3
Audresselles (62) 2 A4
Audrieu (14) 32 C4
Audrix (24) 232 C2
Audruicq (62) 2 E3
Audun-le-Roman (54) 26 E4
Audun-le-Tiche (57) 26 E3
Auenheim (67) 25 C4
Auffargis (78) 58 A5
Auffay (76) 15 K4
Aufferville (77) 87 G6
Auffreville-Brasseuil (78) 57 J2
Auflance (08) 23 J5
Auga (64) 284 C2
Augan (56) 78 A6
Auge (08) 21 J2
Auge (23) 183 H2
Augé (79) 161 J5
Auge-Saint-Médard (16) 196 B1
Augea (39) 172 E3
Auger-Saint-Vincent (60) 38 D5
Augerans (39) 155 H3
Augères (23) 182 C4
Augerolles (63) 203 J3
Augers-en-Brie (77) 60 E6
Augerville-la-Rivière (45) 87 F5
Augicourt (70) 117 J5
Augignac (24) 197 K4
Augirein (09) 306 B3
Augisey (39) 173 F3
Augnat (63) 219 F1
Augnax (32) 267 K5
Augne (87) 199 K2
Augny (57) 44 E6
Auguaise (61) 55 H5
Augy (02) 40 A3
Augy (89) 113 G6
Augy-sur-Aubois (18) 167 K1
Aujac (17) 195 J1
Aujac (30) 255 G3
Aujan-Mournède (32) 286 C3
Aujargues (30) 274 E4
Aujeurres (52) 116 B5
Aujols (46) 250 B2
Aulan (26) 258 A4
Aulas (30) 273 J1
Aulhat-Saint-Privat (63) 203 F4
Aullène (2A) 323 F1
Aulnat (63) 202 E2
Aulnay (10) 90 E2
Aulnay (17) 178 B4
Aulnay (86) 144 E5
Aulnay-la-Rivière (45) 86 E6
Aulnay-l'Aître (51) 63 F4
Aulnay-sous-Bois (93) 59 F2
Aulnay-sur-Iton (27) 56 C2
Aulnay-sur-Marne (51) 62 B1
Aulnay-sur-Mauldre (78) 57 K2
les Aulneaux (72) 83 F3
Aulnois (88) 93 H5
Aulnois-en-Perthois (55) 64 A6
Aulnois-sous-Laon (02) 20 D5
Aulnois-sur-Seille (57) 66 B2
Aulnoy (77) 60 B4
Aulnoy-lez-Valenciennes (59) 12 D2
Aulnoy-sur-Aube (52) 116 A4
Aulnoye-Aymeries (59) 13 G4
Aulon (23) 182 B4
Aulon (31) 287 F6
Aulon (65) 304 E4
Aulos (09) 307 J5
Ault (80) 8 C5
Aulus-les-Bains (09) 307 F5
Aulx-lès-Cromary (70) 138 A4
Aumagne (17) 178 A6
Aumale (76) 17 F3
Aumâtre (80) 17 G1
Aumelas (34) 273 J6
Auménancourt (51) 41 F2
Aumerval (62) 5 H6
Aumes (34) 292 C2
Aumessas (30) 273 H1
Aumetz (57) 26 E3
Aumeville-Lestre (50) 29 F3
Aumont (39) 155 J4
Aumont (80) 17 H2
Aumont-Aubrac (48) 237 G4
Aumont-en-Halatte (60) 38 B4
Aumontzey (88) 95 G5
Aumur (39) 155 F3
Aunac (16) 179 H6
Aunat (11) 308 D5
Aunay-en-Bazois (58) 151 K2
Aunay-les-Bois (61) 83 F1
Aunay-sous-Auneau (28) 85 K3
Aunay-sous-Crécy (28) 56 E6
Aunay-sur-Odon (14) 53 G1
Auneau (28) 85 J3
Auneuil (60) 37 G3
Aunou-le-Faucon (61) 54 C5
Aunou-sur-Orne (61) 54 E6
Auppegard (76) 15 K3
Aups (83) 279 G5
Auquainville (14) 54 E1
Auquemesnil (76) 16 C1
Auradé (32) 287 H1
Auradou (47) 248 D3
Auragne (31) 288 C3
Auray (56) 100 D5
Aure (08) 42 A4
Aurec-sur-Loire (43) 221 F1
Aureil (87) 199 G2
Aureilhan (40) 244 C4
Aureilhan (65) 285 H5
Aureille (13) 276 D5
Aurel (26) 241 G4
Aurel (84) 258 A5
Aurelle-Verlac (12) 253 F1
Aurensan (32) 265 K6
Aurensan (65) 285 H4
Aureville (31) 288 C2
Auriac (11) 309 H3
Auriac (19) 216 E3
Auriac (64) 284 D2
Auriac-du-Périgord (24) 214 E5
Auriac-Lagast (12) 252 B5
Auriac-l'Église (15) 218 E3
Auriac-sur-Dropt (47) 231 F4
Auriac-sur-Vendinelle (31) 289 F2
Auriat (23) 199 J1
Auribail (31) 288 B4
Auribeau (84) 277 J3
Auribeau-sur-Siagne (06) 280 D5
Aurice (40) 265 F3
Auriébat (65) 285 H2
Aurières (63) 202 B3
Aurignac (31) 287 F5
Aurillac (15) 235 H1
Aurimont (32) 287 F1
Aurin (31) 288 E1
Auriol (13) 297 F3
Auriolles (33) 230 D3
Aurions-Idernes (64) 285 F1
Auris (38) 224 E5
Aurons (13) 277 F5
Auros (33) 230 B6
Aurouër (03) 168 E2
Auroux (48) 238 A3
Aussac (81) 270 D3
Aussac-Vadalle (16) 196 E1
Ausseing (31) 287 H6
Aussevielle (64) 284 B3
Aussillon (81) 290 B2
Aussois (73) 226 A2
Ausson (31) 305 H1
Aussonce (08) 41 H3
Aussonne (31) 269 F5
Aussos (32) 286 D3
Aussurucq (64) 283 G6
Autainville (41) 109 F4

Autechaux (25) 138 D4
Autechaux-Roide (25) 139 H4
les Autels (02) 21 J3
les Autels-Saint-Bazile (14) 54 D2
les Autels-Villevillon (28) 84 B6
Auterive (31) 288 C4
Auterive (32) 286 D1
Auterive (82) 268 C3
Auterrive (64) 283 G2
Autet (70) 137 G2
Auteuil (60) 37 H3
Auteuil (78) 57 K4
Autevielle-Saint-Martin-Bideren (64) 283 G3
Authe (08) 42 D1
Autheuil (28) 108 E3
Autheuil (61) 83 J1
Autheuil-Authouillet (27) 35 K6
Autheuil-en-Valois (60) 39 G5
Autheux (80) 9 K4
Authevernes (27) 36 D5
Authezat (63) 202 E4
Authie (14) 32 D4
Authie (80) 10 C5
Authieule (80) 10 B4
les Authieux (27) 56 E3
les Authieux-du-Puits (61) 55 F5
les Authieux-Papion (14) 33 J6
Authieux-Ratiéville (76) 16 A5
les Authieux-sur-Calonne (14) 34 A3
les Authieux-sur-le-Port-Saint-Ouen (76) 35 J3
Authiou (58) 132 E6
Authoison (70) 138 B3
Authon (04) 259 H3
Authon (41) 128 A1
Authon-du-Perche (28) 84 A6
Authon-Ébéon (17) 195 J1
Authon-la-Plaine (91) 86 A3
Authou (27) 34 E4
Authuille (80) 10 D6
Authume (39) 155 G2
Authumes (71) 154 E5
Autichamp (26) 240 D4
Autignac (34) 291 K2
Autigny (76) 15 H3
Autigny-la-Tour (88) 93 G3
Autigny-le-Grand (52) 92 A2
Autigny-le-Petit (52) 92 A2
Autingues (62) 2 D4
Autoire (46) 234 B2
Autoreille (70) 137 H4
Autouillet (78) 57 K3
Autrac (43) 218 E2
Autrans (38) 223 J3
Autrèche (37) 128 B3
Autrechêne (90) 139 J1
Autrêches (60) 39 G2
Autrecourt-et-Pourron (08) 23 G5
Autrécourt-sur-Aire (55) 64 A1
Autremencourt (02) 20 E4
Autrepierre (54) 67 G5
Autreppes (02) 21 F2
Autretot (76) 15 G5
Autreville (02) 19 K6
Autreville (88) 93 H2
Autréville-Saint-Lambert (55) 23 G6
Autreville-sur-la-Renne (52) 115 K1
Autreville-sur-Moselle (54) 65 K3
Autrey (54) 94 A1
Autrey (88) 95 F4
Autrey-le-Vay (70) 138 D2
Autrey-lès-Cerre (70) 138 C1
Autrey-lès-Gray (70) 136 E3
Autricourt (21) 115 G2
Autruche (08) 42 D1
Autruy-sur-Juine (45) 86 C5
Autry (08) 42 C4
Autry-Issards (03) 168 C4
Autry-le-Châtel (45) 131 G2
Autun (71) 153 F4
Auty (82) 250 A5
Auvare (06) 261 F6
Auve (51) 63 G1
Auvernaux (91) 87 F2
Auvers (43) 219 H6
Auvers (50) 31 F1
Auvers-le-Hamon (72) 105 J4
Auvers-Saint-Georges (91) 86 D2
Auvers-sous-Montfaucon (72) 106 B2
Auvers-sur-Oise (95) 58 C1
Auverse (49) 126 C3
Auvet-et-la-Chapelotte (70) 137 F3
Auvillar (82) 248 E6
Auvillars (14) 33 J5
Auvillars-sur-Saône (21) 154 C3
Auvillers-les-Forges (08) 21 K2
Auvilliers (76) 16 E3
Auvilliers-en-Gâtinais (45) 111 F3
Aux-Aussat (32) 285 K2
Auxais (50) 31 F2
Auxange (39) 155 J1
Auxant (21) 153 J2
Auxelles-Bas (90) 119 G5
Auxelles-Haut (90) 119 G5
Auxerre (89) 113 G5
Auxey-Duresses (21) 153 K4
Auxi-le-Château (62) 9 J3
Aux Marais (60) 37 G2
Auxon (10) 113 K1
Auxon (70) 118 B6
Auxon-Dessous (25) 137 K5
Auxon-Dessus (25) 137 K5
Auxonne (21) 155 F1
Auxy (45) 111 F1
Auxy (71) 153 G4
Auzainvilliers (88) 93 H5
Auzances (23) 183 K5
Auzas (31) 287 F6
Auzat (09) 307 H5
Auzat-la-Combelle (63) 203 F6
Auzay (85) 160 D4
Auzebosc (76) 15 G5
Auzelles (63) 203 H4
Auzers (15) 217 H3
Auzet (04) 259 K2
Auzeville-Tolosane (31) 288 C1
Auzielle (31) 288 D1
Auzits (12) 251 J1
Auzon (43) 219 G1
Auzouer-en-Touraine (37) 128 A3
Auzouville-Auberbosc (76) 14 E5
Auzouville-l'Esneval (76) 15 H5
Auzouville-sur-Ry (76) 35 K2
Auzouville-sur-Saâne (76) 15 J4
Availles-en-Châtellerault (86) 163 H1
Availles-Limouzine (86) 180 B3
Availles-sur-Seiche (35) 104 A3
Availles-Thouarsais (79) 144 C5
Avajan (65) 305 F4
Avallon (89) 133 K3
les Avanchers-Valmorel (73) 209 G5
Avançon (05) 243 F5
Avançon (08) 41 H1
Avanne-Aveney (25) 137 K6
Avant-lès-Marcilly (10) 89 G3
Avant-lès-Ramerupt (10) 90 C3
Avanton (86) 162 E2
Avapessa (2B) 318 C3
Avaray (41) 109 G6
Avaux (08) 41 F1
Aveize (69) 205 H3
Aveizieux (42) 205 G4
Avelanges (21) 136 A2
Avelesges (80) 17 H2
Avelin (59) 6 E5
Aveluy (80) 10 D6
Avenas (69) 188 A2
Avenay (14) 32 D6
Avenay-Val-d'Or (51) 41 F6
Avène (34) 272 D4
les Avenières (38) 207 H3
Avensac (32) 268 B3
Avensan (33) 211 F5
Aventignan (65) 305 H1
Averan (65) 285 G6
Averdoingt (62) 10 B2
Averdon (41) 128 E1
Avermes (03) 168 E3
Avernes (95) 37 F6
Avernes-Saint-Gourgon (61) 55 F2
Avernes-sous-Exmes (61) 54 E4
Avéron-Bergelle (32) 266 C4
Averton (53) 82 A4
Avesnelles (59) 13 H5
Avesnes (62) 4 E5
Avesnes-Chaussoy (80) 17 G2
Avesnes-en-Bray (76) 36 D1
Avesnes-en-Saosnois (72) 83 F5
Avesnes-en-Val (76) 16 C1
Avesnes-le-Comte (62) 10 C3
Avesnes-le-Sec (59) 12 B3
Avesnes-les-Aubert (59) 12 C4
Avesnes-lès-Bapaume (62) 11 F5
Avesnes-sur-Helpe (59) 13 G5
Avessac (44) 102 D4
Avessé (72) 105 K3
Aveux (65) 305 H2
Avezac-Prat-Lahitte (65) 305 F1
Avezan (32) 268 A3
Avèze (30) 273 J2
Avèze (63) 201 J4
Avezé (72) 83 J5
Aviernoz (74) 191 G4
Avignon (84) 276 B2
Avignon-lès-Saint-Claude (39) 173 K5
Avignonet (38) 224 A6
Avignonet-Lauragais (31) 289 F4
Avillers (54) 26 C5
Avillers (88) 94 B4
Avillers-Sainte-Croix (55) 44 A6
Avilley (25) 138 C3
Avilly-Saint-Léonard (60) 38 B5
Avion (62) 11 F1
Avioth (55) 23 K5
Aviré (49) 104 E6
Avirey-Lingey (10) 114 D2
Aviron (27) 56 D1
Avize (51) 62 A2
Avocourt (55) 43 F4
Avoine (37) 145 F1
Avoine (61) 54 B5
Avoise (72) 106 A4
Avolsheim (67) 70 D3
Avon (77) 87 H3
Avon (79) 162 C6
Avon-la-Pèze (10) 89 G3
Avon-les-Roches (37) 145 H2
Avondance (62) 5 F6
Avord (18) 149 J3
Avosnes (21) 135 G5
Avot (21) 136 A1
Avoudrey (25) 157 F1
Avrainville (54) 65 J4
Avrainville (88) 94 B3
Avrainville (91) 86 D1
Avranches (50) 51 K3
Avranville (88) 92 E3
Avrechy (60) 38 A2
Avrée (58) 152 B6
Avremesnil (76) 15 J2
Avressieux (73) 207 K4
Avreuil (10) 114 A2
Avricourt (54) 67 G5
Avricourt (57) 67 G5
Avricourt (60) 19 G5
Avrieux (73) 226 A2
Avrigney-Virey (70) 137 H5
Avrigny (60) 38 B3
Avril (54) 26 E5
Avril-sur-Loire (58) 151 F6
Avrillé (49) 125 G3
Avrillé (85) 159 H4
Avrillé-les-Ponceaux (37) 126 E4
Avrilly (03) 170 B6
Avrilly (27) 56 D2
Avrilly (61) 81 G1
Avroult (62) 3 F6
Avy (17) 195 H4
Awoingt (59) 11 K4
Ax-les-Thermes (09) 308 A6
Axat (11) 308 E5
Axiat (09) 307 K5
Ay (51) 61 K1
Ay-sur-Moselle (57) 27 H5
Ayat-sur-Sioule (63) 184 D4
Aydat (63) 202 C3
Aydie (64) 285 F1
Aydius (64) 303 F2
Aydoilles (88) 94 E5
Ayen (19) 215 G3
Ayencourt (80) 18 D5
Ayette (62) 10 E4
Ayguatébia-Talau (66) 313 K3
Ayguemorte-les-Graves (33) 229 H3
Ayguesvives (31) 288 D3
Ayguetinte (32) 267 G3
Ayherre (64) 282 D2
Ayn (73) 207 K4
Aynac (46) 234 B3
les Aynans (70) 138 D1
Ayrens (15) 217 G6
Ayron (86) 162 C2
Ayros-Arbouix (65) 304 B2
Ayse (74) 191 J3
Ayssènes (12) 252 D6
Aytré (17) 176 D3
les Ayvelles (08) 22 D4
Ayzac-Ost (65) 304 A2
Ayzieu (32) 266 B3
Azannes-et-Soumazannes (55) 26 A5
Azas (31) 269 K5
Azat-Châtenet (23) 182 C4
Azat-le-Ris (87) 181 F1
Azay-le-Brûlé (79) 161 J5
Azay-le-Ferron (36) 146 D6
Azay-le-Rideau (37) 127 G6
Azay-sur-Cher (37) 128 A5
Azay-sur-Indre (37) 146 C1
Azay-sur-Thouet (79) 161 H2
Azé (41) 108 B4
Azé (53) 105 F4
Azé (71) 171 J5
Azelot (54) 66 B6
Azerables (23) 165 G6
Azerailles (54) 95 F1
Azerat (24) 214 E4
Azérat (43) 219 H1
Azereix (65) 285 G5
Azet (65) 305 F5
Azeville (50) 29 F4
Azillanet (34) 291 F4
Azille (11) 290 E5
Azilone-Ampaza (2A) 320 E6
Azincourt (62) 5 F6
Azolette (69) 187 J2
Azoudange (57) 67 G4
Azur (40) 262 C3
Azy (18) 149 K1
Azy-le-Vif (58) 168 D1
Azy-sur-Marne (02) 60 E2
Azzana (2A) 320 D3

B

Baâlon (55) 43 G1
Baâlons (08) 22 C5
Babeau-Bouldoux (34) 291 G3
Baboeuf (60) 19 J6
Baby (77) 88 D3
Baccarat (54) 95 F2
Baccon (45) 109 H4
Bach (46) 250 C3
Bachant (59) 13 G3
Bachas (31) 287 G5
la Bachellerie (24) 214 E4
Bachivillers (60) 37 F4
Bachos (31) 305 H4
Bachy (59) 7 F5
Bacilly (50) 51 J3
Baconnes (51) 41 H5
la Baconnière (53) 80 D6
Bacouël (60) 18 B5
Bacouel-sur-Selle (80) 18 A3
Bacourt (57) 66 C2
Bacquepuis (27) 35 H6
Bacqueville (27) 36 A3
Bacqueville-en-Caux (76) 15 J3
Badailhac (15) 235 K1
Badaroux (48) 237 J6
Badecon-le-Pin (36) 165 H4
Badefols-d'Ans (24) 215 F3
Badefols-sur-Dordogne (24) 232 B2
Baden (56) 100 E5
Badens (11) 290 C5
Badevel (25) 139 J2
Badinières (38) 207 F5
Badménil-aux-Bois (88) 94 E4
Badonviller (54) 95 H1
Badonvilliers-Gérauvilliers (55) 93 F1
Baerendorf (67) 67 J2
Baerenthal (57) 69 H4
la Baffe (88) 94 E5
Baffie (63) 204 A6
Bagard (30) 255 G6
Bagas (33) 230 C5
Bagat-en-Quercy (46) 249 H2
Bâgé-la-Ville (01) 172 A6
Bâgé-le-Châtel (01) 172 A6
Bagert (09) 306 D1
Bages (11) 310 C1
Bages (66) 315 G3
Bagiry (31) 305 J3
Bagnac-sur-Célé (46) 234 E4
Bagneaux (89) 89 G5
Bagneaux-sur-Loing (77) 87 H5
Bagnères-de-Bigorre (65) 304 D1
Bagnères-de-Luchon (31) 305 H5
Bagneux (02) 39 J2
Bagneux (03) 168 D2
Bagneux (36) 148 A1
Bagneux (51) 89 J1
Bagneux (54) 93 H1
Bagneux (92) 58 E4
Bagneux-la-Fosse (10) 114 D3
Bagnizeau (17) 178 B6
Bagnoles (11) 290 C5
Bagnoles-de-l'Orne (61) 81 J1
Bagnolet (93) 59 F3
Bagnols (63) 201 J5
Bagnols (69) 188 A6
Bagnols-en-Forêt (83) 280 B6
Bagnols-les-Bains (48) 238 A6
Bagnols-sur-Cèze (30) 256 C5
Bagnot (21) 154 C3
Baguer-Morvan (35) 51 F5
Baguer-Pican (35) 51 G4
Baho (66) 310 B6
Bahus-Soubiran (40) 265 J5
Baigneaux (28) 109 K1
Baigneaux (33) 230 B3
Baigneaux (41) 108 E5
Baignes (70) 138 A1
Baignes-Sainte-Radegonde (16) 212 B1
Baigneux-les-Juifs (21) 135 G2
Baignolet (28) 85 H6
Baigts (40) 264 D5
Baigts-de-Béarn (64) 283 J1
Baillargues (34) 274 D5
Baillé (35) 79 K1
Bailleau-Armenonville (28) 85 H2
Bailleau-le-Pin (28) 84 E4
Bailleau-l'Évêque (28) 85 F2
Baillestavy (66) 314 D4
Baillet-en-France (95) 58 E1
Bailleul (59) 6 B3
Bailleul (61) 54 C4
le Bailleul (72) 106 A5
Bailleul (80) 9 G6
Bailleul-aux-Cornailles (62) 10 B2
Bailleul-la-Vallée (27) 34 B5
Bailleul-le-Soc (60) 38 B2
Bailleul-lès-Pernes (62) 5 H6
Bailleul-Neuville (76) 16 C3
Bailleul-Sir-Berthoult (62) 11 F2
Bailleul-sur-Thérain (60) 37 J2
Bailleulmont (62) 10 D4
Bailleulval (62) 10 D3
Bailleval (60) 38 A3
Baillolet (76) 16 D3
Baillou (41) 108 A3
Bailly (60) 39 F1
Bailly (78) 58 C4
Bailly-aux-Forges (52) 91 J2
Bailly-en-Rivière (76) 16 C2
Bailly-le-Franc (10) 91 G2
Bailly-Romainvilliers (77) 59 J4
Bain-de-Bretagne (35) 103 F2
Baincthun (62) 2 B5
Bainghen (62) 2 D5
Bains (43) 220 B6
Bains-les-Bains (88) 118 B2
Bains-sur-Oust (35) 102 C3
Bainville-aux-Miroirs (54) 94 B2
Bainville-aux-Saules (88) 94 A5
Bainville-sur-Madon (54) 65 K6
Bairols (06) 261 J6
Bais (35) 79 K5
Bais (53) 81 J5
Baisieux (59) 7 F4
Baissey (52) 116 C5
Baives (59) 13 K5
Baix (07) 240 B3
Baixas (66) 310 B6
Baizieux (80) 10 C6
le Baizil (51) 61 H2
Bajamont (47) 248 C4
Bajonnette (32) 267 K4
Bajus (62) 10 C1
Balacet (09) 306 B4
Baladou (46) 233 J1
Balagny-sur-Thérain (60) 37 K4
Balaguères (09) 306 C3
Balaguier-d'Olt (12) 234 C6
Balaguier-sur-Rance (12) 271 J3
Balaiseaux (39) 155 G4
Balaives-et-Butz (08) 22 D4
Balan (01) 206 D1
Balan (08) 23 F4
Balanod (39) 172 E4
Balansun (64) 283 K1
Balanzac (17) 194 E2
Balaruc-le-Vieux (34) 293 F2
Balaruc-les-Bains (34) 292 E3
Balâtre (80) 19 G4
Balazé (35) 80 B6
Balazuc (07) 239 H6
Balbigny (42) 204 E1
Balbins (38) 206 E6
Balbronn (67) 70 C3
Baldenheim (67) 71 C5
Baldersheim (68) 97 C2
la Baleine (50) 31 F5
Baleix (64) 285 F3
Balesmes-sur-Marne (52) 116 D4
Balesta (31) 286 C5
Baleyssagues (47) 230 E4
Balgau (68) 96 E6
Balham (08) 41 G1
Balignac (82) 268 B2
Balignicourt (10) 90 E2
Bâlines (27) 56 B5
Balinghem (62) 2 D3
Baliracq-Maumusson (64) 284 E1
Baliros (64) 284 D5
Balizac (33) 229 J6
Ballainvilliers (91) 58 E6
Ballaison (74) 174 E6
Ballan-Miré (37) 127 H5
Ballancourt-sur-Essonne (91) 86 E2
Ballans (17) 196 A1
Ballay (08) 42 B2
Balledent (87) 181 G3
Ballée (53) 105 J3
Balleray (58) 151 F3
Balleroy (14) 31 K2
Ballersdorf (68) 97 A4
Balléville (88) 93 H4
Ballon (17) 177 F4
Ballon (72) 82 E6
Ballons (26) 258 C3
Ballore (71) 170 E4
Ballots (53) 104 C3
Balloy (77) 88 C3
Balma (31) 269 H6
la Balme (73) 207 K2
la Balme-de-Sillingy (74) 190 E5
la Balme-de-Thuy (74) 191 G5
la Balme-d'Épy (39) 172 E5
la Balme-les-Grottes (38) 189 H6
Balnot-la-Grange (10) 114 C3
Balnot-sur-Laignes (10) 114 D2
Balogna (2A) 316 E5
Balot (21) 114 E5
Balsac (12) 252 A2
Balschwiller (68) 97 A3
Balsièges (48) 254 A1
Baltzenheim (68) 96 E3
Balzac (16) 196 E3
Bambecque (59) 3 J3
Bambiderstroff (57) 45 J5
Ban-de-Laveline (88) 95 K4
Ban-de-Sapt (88) 95 J3
le Ban-Saint-Martin (57) 44 E5
Ban-sur-Meurthe-Clefcy (88) 95 J5
Banassac (48) 253 H2
Banca (64) 263 E5
Bancigny (02) 21 G3
Bancourt (62) 11 F5
Bandol (83) 297 G6
Baneins (01) 188 D3
Baneuil (24) 231 K2
Bangor (56) 120 B4
Banios (65) 304 E2
Banize (23) 182 E6
Bannalec (29) 99 G2
Bannans (25) 156 E4
Bannay (18) 131 K5
Bannay (51) 61 H3
Bannay (57) 45 H5
Banne (07) 255 H2
Bannegon (18) 149 K6
Bannes (46) 234 C3
Bannes (51) 61 K4
Bannes (52) 116 D3
Bannes (53) 105 J3
Banneville-la-Campagne (14) 33 F5
Banneville-sur-Ajon (14) 32 C6
Bannières (81) 270 A6
Bannoncourt (55) 64 E2
Bannost-Villegagnon (77) 60 C6
Banogne-Recouvrance (08) 21 H6
Banon (04) 258 C6
Banos (40) 265 F4
Bans (39) 155 H3
Bansat (63) 203 F6
Bantanges (71) 172 B3
Banteux (59) 11 J5

Banthelu (95) 36 E6
Bantheville (55) 42 E2
Bantigny (59) 11 J3
Bantouzelle (59) 11 J5
Bantzenheim (68) 97 D1
Banvillars (90) 139 H1
Banville (14) 32 D3
Banvou (61) 53 H5
Banyuls-dels-Aspres (66) 315 G4
Banyuls-sur-Mer (66) 315 K5
Baon (89) 114 B4
Baons-le-Comte (76) 15 G5
Bapaume (62) 11 F5
Bar (19) 216 B2
Bar-le-Duc (55) 64 B4
Bar-lès-Buzancy (08) 42 D2
Bar-sur-Aube (10) 91 G5
le Bar-sur-Loup (06) 280 E4
Bar-sur-Seine (10) 114 D1
Baracé (49) 125 J1
Baraigne (11) 289 F4
Baraize (36) 165 H4
Baralle (62) 11 H4
Baraqueville (12) 252 A4
Barastre (62) 11 G5
Baratier (05) 243 J5
Barbachen (65) 285 J2
Barbaggio (2B) 317 D5
Barbaira (11) 290 C6
Barbaise (08) 22 C4
Barbas (54) 67 G6
Barbaste (47) 247 J5
Barbâtre (85) 140 C3
Barbazan (31) 305 J2
Barbazan-Debat (65) 285 H5
Barbazan-Dessus (65) 285 J6
Barbechat (44) 123 K3
la Barben (13) 277 F5
Barbentane (13) 276 A2
Barberaz (73) 208 B4
Barberey-Saint-Sulpice (10) 90 A4
Barberier (03) 185 G2
Barbery (14) 53 K1
Barbery (60) 38 C5
Barbeville (14) 32 A3
Barbey (77) 88 B4
Barbey-Seroux (88) 95 H6
Barbezières (16) 178 D6
Barbezieux-Saint-Hilaire (16) 196 B5
Barbières (26) 222 E6
Barbirey-sur-Ouche (21) 135 H6
Barbizon (77) 87 G3
Barbonne-Fayel (51) 61 H6
Barbonville (54) 66 C6
le Barboux (25) 157 J1
Barbuise (10) 89 G1
Barby (08) 21 K6
Barby (73) 208 C4
Barc (27) 35 F6
le Barcarès (66) 310 D5
Barcelonne (26) 240 E1
Barcelonne-du-Gers (32) 265 K5
Barcelonnette (04) 260 D1
Barchain (57) 67 H4
Barcillonnette (05) 259 F1
Barcugnan (32) 286 B3
Barcus (64) 283 J5
Barcy (77) 59 K1
Bard (42) 204 C4
Bard-le-Régulier (21) 153 F2
Bard-lès-Époisses (21) 134 C3
Bard-lès-Pesmes (70) 137 G5
la Barde (17) 212 C4
Bardenac (16) 212 D2
Bardigues (82) 268 B1
le Bardon (45) 109 H5
Bardos (64) 282 E1
Bardou (24) 231 K3
Bardouville (76) 35 G2
Barèges (65) 304 C3
Bareilles (65) 305 G4
Barembach (67) 70 A5
Baren (31) 305 H4
Barentin (76) 15 J6
Barenton (50) 52 E6
Barenton-Bugny (02) 20 D5
Barenton-Cel (02) 20 D5
Barenton-sur-Serre (02) 20 D5
Barésia-sur-l'Ain (39) 173 H3
Barfleur (50) 29 G2
Bargème (83) 279 K4
Bargemon (83) 279 K5
Barges (21) 154 C1
Barges (43) 238 C2
Barges (70) 117 H4
Bargny (60) 39 F5
Barie (33) 230 B5
les Barils (27) 56 A5
Barinque (64) 284 E3
Barisey-au-Plain (54) 93 H1
Barisey-la-Côte (54) 93 H1
Barisis (02) 20 A6
Barizey (71) 153 J6
Barjac (09) 306 D2
Barjac (30) 255 K3
Barjac (48) 253 K1
Barjols (83) 278 E6
Barjon (21) 135 K1
Barjouville (28) 85 G3
Barles (04) 259 K3
Barlest (65) 285 F6
Barleux (80) 19 G2
Barlieu (18) 131 H3
Barlin (62) 5 K6
Barly (62) 10 C3
Barly (80) 10 A4
Barmainville (28) 86 A5
Barnas (07) 239 F4
Barnave (26) 241 H4
Barnay (71) 153 F2
Barneville-Carteret (50) 28 B5
Barneville-la-Bertran (14) 33 K2
Barneville-sur-Seine (27) 35 F2
la Baroche-sous-Lucé (61) 81 G1
les Baroches (54) 26 E6
Baromesnil (76) 8 C6
Baron (30) 255 J6
Baron (33) 229 K2
Baron (60) 38 D5
Baron (71) 170 D4
Baron-sur-Odon (14) 32 D5
Baronville (57) 66 E1
Barou-en-Auge (14) 54 C2
Baroville (10) 91 G6
le Barp (33) 229 F5
Barquet (27) 56 A1
Barr (67) 70 C5
Barrais-Bussolles (03) 186 B1
Barran (32) 267 G6
Barrancoueu (65) 305 F3
Barras (04) 259 H5
Barraute-Camu (64) 283 H3
Barraux (38) 208 C5
la Barre (39) 155 J1
la Barre (70) 138 B4
Barre (81) 272 B4
la Barre-de-Monts (85) 140 C4
la Barre-de-Semilly (50) 31 H3
Barre-des-Cévennes (48) 254 C4
la Barre-en-Ouche (27) 55 J2
Barrême (04) 279 H1
Barret (16) 196 A5
Barret-de-Lioure (26) 258 B4
Barret-le-Bas (05) 258 D3
Barretaine (39) 155 J5
Barrettali (2B) 317 C3
Barriac-les-Bosquets (15) 217 F4
Barro (16) 179 G5
Barrou (37) 146 A5
le Barroux (84) 257 H5
Barry (65) 285 G6
Barry-d'Islemade (82) 249 H6
Bars (24) 214 D5
Bars (32) 285 K1
Barsac (26) 241 G3
Barsac (33) 229 K5
Barst (57) 68 B3
Bart (25) 139 H2
Bartenheim (68) 97 D4
Barthe (65) 286 B4
la Barthe-de-Neste (65) 305 F1
Bartherans (25) 156 B3
les Barthes (82) 249 H6
Bartrès (65) 285 G6
Barville (27) 34 C5
Barville (61) 83 F2
Barville (88) 93 G3
Barville-en-Gâtinais (45) 111 F1
Barzan (17) 194 E5
Barzun (64) 285 F5
Barzy-en-Thiérache (02) 13 F6
Barzy-sur-Marne (02) 40 A6
Bas-en-Basset (43) 220 E2
Bas-et-Lezat (63) 185 H4
Bas-Lieu (59) 13 G4
Bas-Mauco (40) 265 G3
Bascons (40) 265 H3
Bascous (32) 266 D4
Baslieux (54) 26 D3
Baslieux-lès-Fismes (51) 40 C3
Baslieux-sous-Châtillon (51) 40 D6
Basly (14) 32 D3
Bassac (16) 196 B3
Bassan (34) 292 A3
Bassanne (33) 230 C5
Basse-Goulaine (44) 123 H4
Basse-Ham (57) 27 H4
Basse-Rentgen (57) 27 G3
Basse-sur-le-Rupt (88) 119 G2
la Basse-Vaivre (70) 117 K3
la Bassée (59) 6 B5
Bassemberg (67) 70 B6
Basseneville (14) 33 G4
Bassens (33) 229 H1
Bassens (73) 208 B4
Bassercles (40) 284 A1
Basses (86) 144 E3
Basseux (62) 10 D3
Bassevelle (77) 60 D2
Bassignac (15) 217 H2
Bassignac-le-Bas (19) 216 B6
Bassignac-le-Haut (19) 216 E3
Bassigney (70) 118 B4
Bassillac (24) 214 B3
Bassillon-Vauzé (64) 285 G2
Bassing (57) 67 G2
Bassoles-Aulers (02) 39 J1
Bassoncourt (52) 117 F1
Bassou (89) 113 F4
Bassoues (32) 266 E6
Bassu (51) 63 G3
Bassuet (51) 63 G4
Bassurels (48) 254 C5
Bassussarry (64) 263 D1
Bassy (74) 190 C4
Bastanès (64) 283 J3
Bastelica (2A) 320 E4
Bastelicaccia (2A) 320 C5
Bastennes (40) 264 D5
Bastia (2B) 317 E5
la Bastide (66) 314 D4
la Bastide (83) 280 A4
la Bastide-Clairence (64) 282 D2
la Bastide-de-Besplas (09) 288 A6
la Bastide-de-Bousignac (09) 308 B2
la Bastide-de-Lordat (09) 288 E6
la Bastide-de-Sérou (09) 307 G2
la Bastide-d'Engras (30) 256 B6
la Bastide-des-Jourdans (84) 277 K3
la Bastide-du-Salat (09) 306 C2
la Bastide-l'Évêque (12) 251 G3
la Bastide-Pradines (12) 272 D1
la Bastide-Puylaurent (48) 238 C5
la Bastide-Solages (12) 271 H2
la Bastide-sur-l'Hers (09) 308 B3
la Bastidonne (84) 277 K4
le Bastit (46) 233 K4
Basville (23) 201 G1
la Bataille (79) 178 D3
Bathelémont-lès-Bauzemont (54) 66 D5
Bathernay (26) 222 D3
la Bâthie (73) 209 G3
la Bâtie-des-Fonds (26) 242 A6
la Bâtie-Divisin (38) 207 J5
la Bâtie-Montgascon (38) 207 H4
la Bâtie-Montsaléon (05) 258 D1
la Bâtie-Neuve (05) 243 F5
la Bâtie-Rolland (26) 240 C5
la Bâtie-Vieille (05) 243 F5
les Bâties (70) 137 J2
Batilly (54) 44 D4
Batilly (61) 54 A5
Batilly-en-Gâtinais (45) 110 E2
Batilly-en-Puisaye (45) 131 K2
Bats (40) 265 H5
Batsère (65) 304 E1
Battenans-les-Mines (25) 138 C4
Battenans-Varin (25) 139 G5
Battenheim (68) 97 C1
Battexey (88) 94 A3
Battigny (54) 93 J2
Battrans (70) 137 G4
Batz-sur-Mer (44) 121 H5
Batzendorf (67) 69 K6
Baubigny (21) 153 J4
Baubigny (50) 28 B5
la Bauche (73) 208 A5
Baud (56) 100 D2
Baudement (51) 89 H1
Baudemont (71) 187 H1
Baudignan (40) 247 F6
Baudignécourt (55) 92 D1
Baudinard-sur-Verdon (83) 279 F4
Baudoncourt (70) 118 C5
Baudonvilliers (55) 63 K5
Baudre (50) 31 H3
Baudrecourt (52) 91 K3
Baudrecourt (57) 66 C1
Baudreix (64) 284 E5
Baudrémont (55) 64 D3
Baudres (36) 147 J3
Baudreville (28) 86 A4
Baudreville (50) 28 C6
Baudricourt (88) 93 K4
Baudrières (71) 172 B2
Bauduen (83) 279 F4
Baugé (49) 126 B2
Baugy (18) 149 K3
Baugy (60) 38 D2
Baugy (71) 186 E1
Baulay (70) 117 K5
Baule (45) 109 H5
la Baule-Escoublac (44) 121 J5
Baulme-la-Roche (21) 135 J5
Baulne (91) 86 E2
Baulne-en-Brie (02) 61 G2
Baulny (55) 42 E4
Baulon (35) 78 D6
Baulou (09) 307 H2
la Baume (74) 175 G6
la Baume-Cornillane (26) 240 D2
la Baume-de-Transit (26) 256 E2
la Baume-d'Hostun (26) 223 F5
Baume-les-Dames (25) 138 D4
Baume-les-Messieurs (39) 173 H1
Bauné (49) 125 J3
Baupte (50) 31 F1
Bauquay (14) 53 G1
Baurech (33) 229 J3
la Baussaine (35) 78 E1
Bauvin (59) 6 C5
les Baux-de-Breteuil (27) 56 A3
les Baux-de-Provence (13) 276 B4
les Baux-Sainte-Croix (27) 56 C2
Bauzemont (54) 66 D5
Bauzy (41) 129 H3
Bavans (25) 139 G2
Bavay (59) 13 F2
Bavelincourt (80) 18 C1
Bavent (14) 33 F4
Baverans (39) 155 H2
Bavilliers (90) 139 H1
Bavinchove (59) 3 J4
Bavincourt (62) 10 D3
Bax (31) 288 A5
Bay (70) 137 H5
Bay-sur-Aube (52) 116 A5
Bayac (24) 232 A3
Bayard-sur-Marne (52) 92 A1
Bayas (33) 212 B5
Baye (29) 99 H3
Baye (51) 61 H3
Bayecourt (88) 94 D4
Bayel (10) 91 H6
Bayencourt (80) 10 D5
Bayenghem-lès-Eperlecques (62) 3 F4
Bayenghem-lès-Seninghem (62) 2 E6
Bayers (16) 179 G6
Bayet (03) 185 H2
Bayeux (14) 32 B3
Bayon (54) 94 C2
Bayon-sur-Gironde (33) 211 H5
Bayonne (64) 282 B1
Bayons (04) 259 H2
Bayonville (08) 42 E2
Bayonville-sur-Mad (54) 65 J1
Bayonvillers (80) 18 D2
Bazac (16) 212 D3
Bazaiges (36) 165 G4
Bazailles (54) 26 D4
Bazainville (78) 57 J4
Bazancourt (51) 41 G3
Bazancourt (60) 17 F6
Bazarnes (89) 133 H1
Bazas (33) 246 D1
Bazauges (17) 178 D6
Bazegney (88) 94 B4
Bazeilles (08) 23 F4
Bazeilles-sur-Othain (55) 23 K6
Bazelat (23) 165 G6
Bazemont (78) 58 A2
Bazens (47) 247 K4
Bazentin (80) 10 E6
Bazenville (14) 32 C3
Bazet (65) 285 H4
la Bazeuge (87) 181 F2
Bazian (32) 267 F5
Bazicourt (60) 38 C3
Baziège (31) 288 D2
Bazien (88) 95 F2
Bazillac (65) 285 H3
Bazincourt-sur-Epte (27) 36 E3
Bazincourt-sur-Saulx (55) 64 A5
Bazinghen (62) 2 B4
Bazinval (76) 16 E1
la Bazoche-Gouet (28) 108 B1
Bazoches (58) 133 J5
Bazoches-au-Houlme (61) 54 A4
Bazoches-en-Dunois (28) 109 H1
Bazoches-lès-Bray (77) 88 C3
Bazoches-les-Gallerandes (45) 110 B1
Bazoches-les-Hautes (28) 109 K1
Bazoches-sur-Guyonne (78) 57 K4
Bazoches-sur-Hoëne (61) 83 G1
Bazoches-sur-le-Betz (45) 112 A1
Bazoches-sur-Vesles (02) 40 B3
la Bazoge (50) 52 C5
la Bazoge (72) 106 D1
la Bazoge-Montpinçon (53) 81 G4
Bazoges-en-Paillers (85) 142 C4
Bazoges-en-Pareds (85) 160 D2
Bazoilles-et-Ménil (88) 94 A4
Bazoilles-sur-Meuse (88) 93 F4
Bazolles (58) 151 J2
Bazoncourt (57) 45 G6
la Bazoque (14) 31 K3
la Bazoque (61) 53 G4
Bazoques (27) 34 C5
Bazordan (65) 286 C5
la Bazouge-de-Chemeré (53) 105 H2
la Bazouge-des-Alleux (53) 81 G6
la Bazouge-du-Désert (35) 80 C2
Bazougers (53) 105 G2
Bazouges-la-Pérouse (35) 51 H6
Bazouges-sur-le-Loir (72) 106 A6
Bazuel (59) 12 D5
Bazugues (32) 286 A2
Bazus (31) 269 H5
Bazus-Aure (65) 305 F4
Bazus-Neste (65) 305 F2
le Béage (07) 238 E2
Béalcourt (80) 9 K4
Béalencourt (62) 9 J1
Béard (58) 151 F5
Beaubec-la-Rosière (76) 16 D5
Beaubery (71) 170 E5
Beaubray (27) 56 B3
Beaucaire (30) 275 K3
Beaucaire (32) 267 F3
Beaucamps-le-Jeune (80) 17 G3
Beaucamps-le-Vieux (80) 17 G2
Beaucamps-Ligny (59) 6 C4
Beaucé (35) 80 B4
Beaucens (65) 304 B2
le Beaucet (84) 276 E1
Beauchalot (31) 306 A1
Beauchamp (95) 58 D1
Beauchamps (50) 51 K1
Beauchamps (80) 8 D6
Beauchamps-sur-Huillard (45) 111 F3
Beauchastel (07) 240 B2
Beauche (28) 56 B5
Beauchemin (52) 116 C3
Beauchêne (41) 108 B3
Beauchêne (61) 53 F5
Beauchery-Saint-Martin (77) 60 E6
Beauclair (55) 43 F1
Beaucoudray (50) 31 G5
Beaucourt (90) 139 J2
Beaucourt-en-Santerre (80) 18 D3
Beaucourt-sur-l'Ancre (80) 10 E5
Beaucourt-sur-l'Hallue (80) 18 C1
Beaucouzé (49) 125 F3
Beaucroissant (38) 223 H1
Beaudéan (65) 304 D2
Beaudéduit (60) 17 J5
Beaudignies (59) 12 D3
Beaudricourt (62) 10 B3
Beaufai (61) 55 H5
Beaufay (72) 83 F6
Beauficel (50) 52 D4
Beauficel-en-Lyons (27) 36 B2
Beaufin (38) 242 D2
Beaufort (31) 287 J2
Beaufort (34) 291 F4
Beaufort (38) 222 E1
Beaufort (39) 173 F3
Beaufort (59) 13 H3
Beaufort (73) 209 H2
Beaufort-Blavincourt (62) 10 C3
Beaufort-en-Argonne (55) 43 F1
Beaufort-en-Santerre (80) 18 E3
Beaufort-en-Vallée (49) 125 K4
Beaufort-sur-Gervanne (26) 240 E3
Beaufou (85) 141 J5
Beaufour-Druval (14) 33 H4
Beaufremont (88) 93 G5
Beaugas (47) 231 K6
Beaugeay (17) 176 E6
Beaugency (45) 109 H5
Beaugies-sous-Bois (60) 19 J5
Beaujeu (04) 260 A4
Beaujeu (69) 188 A3
Beaujeu-Saint-Vallier-Pierrejux-et-Quitteur (70) 137 G3
Beaulandais (61) 81 H1
Beaulencourt (62) 11 F5
Beaulieu (07) 255 J2
Beaulieu (14) 31 K6
Beaulieu (15) 201 H6
Beaulieu (21) 115 H6
Beaulieu (34) 274 D5
Beaulieu (36) 164 E6
Beaulieu (38) 223 H3
Beaulieu (43) 220 C4
Beaulieu (58) 133 F6
Beaulieu (61) 55 K5
Beaulieu (63) 203 F6
Beaulieu-en-Argonne (55) 63 K1
Beaulieu-les-Fontaines (60) 19 G5
Beaulieu-lès-Loches (37) 146 D2
Beaulieu-sous-la-Roche (85) 159 G1
Beaulieu-sous-Parthenay (79) 161 K3
Beaulieu-sur-Dordogne (19) 216 B6
Beaulieu-sur-Layon (49) 125 G5
Beaulieu-sur-Loire (45) 131 J3
Beaulieu-sur-Mer (06) 281 H4
Beaulieu-sur-Oudon (53) 104 C2
Beaulieu-sur-Sonnette (16) 179 J6
Beaulon (03) 169 H3
Beaumais (14) 54 B3
Beaumarchés (32) 266 C6
Beaumat (46) 233 J4
Beaumé (02) 21 H2
la Beaume (05) 242 A5
Beauménil (88) 95 G5
Beaumerie-Saint-Martin (62) 4 C6
Beaumes-de-Venise (84) 257 G5
Beaumesnil (14) 31 J6
Beaumesnil (27) 55 K1
Beaumettes (84) 277 F3
Beaumetz (80) 9 J4
Beaumetz-lès-Aire (62) 5 G5
Beaumetz-lès-Cambrai (62) 11 G5
Beaumetz-lès-Loges (62) 10 D3
Beaumont (07) 239 F6
Beaumont (19) 216 B1
Beaumont (24) 232 A3
Beaumont (32) 266 E2
Beaumont (43) 219 G2
Beaumont (54) 65 G3
Beaumont (63) 202 D2
Beaumont (74) 191 F3
Beaumont (86) 163 G1
Beaumont (89) 113 G4
Beaumont-de-Lomagne (82) 268 C3
Beaumont-de-Pertuis (84) 278 A4
Beaumont-du-Gâtinais (77) 111 F1
Beaumont-du-Lac (87) 200 B2
Beaumont-du-Ventoux (84) 257 H4
Beaumont-en-Argonne (08) 23 G6
Beaumont-en-Auge (14) 33 J4
Beaumont-en-Beine (02) 19 J4
Beaumont-en-Cambrésis (59) 12 C5
Beaumont-en-Diois (26) 241 J5
Beaumont-en-Verdunois (55) 43 H4
Beaumont-en-Véron (37) 145 F1
Beaumont-Hague (50) 28 B2
Beaumont-Hamel (80) 10 D5
Beaumont-la-Ferrière (58) 150 E1
Beaumont-la-Ronce (37) 127 J2
Beaumont-le-Hareng (76) 16 B5
Beaumont-le-Roger (27) 34 E6
Beaumont-les-Autels (28) 84 B5
Beaumont-les-Nonains (60) 37 G3
Beaumont-lès-Randan (63) 185 J5
Beaumont-lès-Valence (26) 240 D2
Beaumont-Monteux (26) 222 C5
Beaumont-Pied-de-Boeuf (53) 105 H3
Beaumont-Pied-de-Boeuf (72) 107 F5

Beaumont-Sardolles (58) 151 G5
Beaumont-sur-Dême (72) 107 H6
Beaumont-sur-Grosne (71) 171 K2
Beaumont-sur-Lèze (31) 288 B3
Beaumont-sur-Oise (95) 37 J6
Beaumont-sur-Sarthe (72) 82 D5
Beaumont-sur-Vesle (51) 41 G5
Beaumont-sur-Vingeanne (21) 136 D3
Beaumont-Village (37) 147 F1
Beaumontel (27) 34 E6
Beaumotte-Aubertans (70) 138 B3
Beaumotte-lès-Pin (70) 137 J5
Beaunay (51) 61 J3
Beaune (21) 154 A3
Beaune-d'Allier (03) 184 D1
Beaune-la-Rolande (45) 111 F2
Beaune-sur-Arzon (43) 220 B2
Beaunotte (21) 135 H1
Beaupont (01) 172 D5
Beaupouyet (24) 213 F6
Beaupréau (49) 142 D1
Beaupuy (31) 269 H6
Beaupuy (32) 268 C6
Beaupuy (47) 230 E6
Beaupuy (82) 268 D3
Beauquesne (80) 10 B5
Beaurain (59) 12 D4
Beaurains (62) 11 F3
Beaurains-lès-Noyon (60) 19 H5
Beaurainville (62) 9 G1
Beaurecueil (13) 296 E1
Beauregard (01) 188 B5
Beauregard (46) 250 D3
Beauregard-Baret (26) 222 E5
Beauregard-de-Terrasson (24) 215 F4
Beauregard-et-Bassac (24) 213 K6
Beauregard-l'Évêque (63) 203 F1
Beauregard-Vendon (63) 185 F5
Beaurepaire (38) 222 D1
Beaurepaire (60) 38 B4
Beaurepaire (76) 14 B4
Beaurepaire (85) 142 C4
Beaurepaire-en-Bresse (71) 172 E2
Beaurepaire-sur-Sambre (59) 13 F5
Beaurevoir (02) 11 K6
Beaurières (26) 241 K5
Beaurieux (02) 40 C2
Beaurieux (59) 13 J4
Beauronne (24) 213 G5
Beausemblant (26) 222 B3
Beausite (55) 64 B2
Beausoleil (06) 281 J3
Beaussac (24) 197 H5
Beaussais (79) 178 D1
Beaussault (76) 16 E4
Beausse (49) 124 C5
le Beausset (83) 297 H5
Beauteville (31) 288 E4
Beautheil (77) 60 B5
Beautiran (33) 229 J3
Beautor (02) 20 A5
Beautot (76) 15 K5
Beauvain (61) 53 K6
Beauvais (60) 37 H2
Beauvais-sur-Matha (17) 178 C6
Beauvais-sur-Tescou (81) 269 J2
Beauval (80) 10 A5
Beauval-en-Caux (76) 15 J4
Beauvallon (26) 240 C2
Beauvau (49) 125 K2
Beauvène (07) 239 J2
Beauvernois (71) 155 G5
Beauvezer (04) 260 C4
Beauville (31) 289 F2
Beauville (47) 248 E3
Beauvilliers (28) 85 H5
Beauvilliers (41) 108 E5
Beauvilliers (89) 134 A4
Beauvoir (50) 51 J4
Beauvoir (60) 18 B5
Beauvoir (77) 59 K6
Beauvoir (89) 112 E5
Beauvoir-de-Marc (38) 206 D5
Beauvoir-en-Lyons (76) 36 C1
Beauvoir-en-Royans (38) 223 G4
Beauvoir-sur-Mer (85) 140 D4
Beauvoir-sur-Niort (79) 178 A2
Beauvoir-Wavans (62) 9 K3
Beauvois (62) 9 K2
Beauvois-en-Cambrésis (59) 12 C4
Beauvois-en-Vermandois (02) 19 J2
Beauvoisin (26) 257 J3
Beauvoisin (30) 275 G5
Beaux (43) 220 E3
Beauzac (43) 220 E3
Beauzelle (31) 269 G5
Beauziac (47) 247 F3
Bébing (57) 67 J4
Beblenheim (68) 96 B3
Bec-de-Mortagne (76) 14 D4
le Bec-Hellouin (27) 34 E4
le Bec-Thomas (27) 35 G4
Beccas (32) 285 J2
Béceleuf (79) 161 G4
Béchamps (54) 26 C6
Bécherel (35) 78 D2
Bécheresse (16) 196 D5
Béchy (57) 66 C1
Bécon-les-Granits (49) 124 E3
Bécordel-Bécourt (80) 10 E6
Bécourt (62) 2 D6
Becquigny (02) 12 C6
Becquigny (80) 18 D4
Bédarieux (34) 272 E6
Bédarrides (84) 257 F6
Beddes (18) 166 D3
Bédéchan (32) 287 F1
Bédée (35) 78 D3
Bédeilhac-et-Aynat (09) 307 H4
Bédeille (09) 306 D1
Bédeille (64) 285 F3
Bedenac (17) 212 A3
Bédoin (84) 257 J5
Bédouès (48) 254 C3
Bedous (64) 303 F2
Béduer (46) 234 C5
Beffes (18) 150 C3
Beffia (39) 173 G3
Beffu-et-le-Morthomme (08) 42 D2
Bégaar (40) 264 D3
Bégadan (33) 210 E1
Béganne (56) 102 A5
Bégard (22) 48 B4
Bègles (33) 229 H2
Begnécourt (88) 94 A5
Bégole (65) 286 A6
Bégrolles-en-Mauges (49) 142 E1
la Bégude-de-Mazenc (26) 240 D6
Bègues (03) 185 F3
Béguey (33) 229 K4
Béguios (64) 283 F3
Béhagnies (62) 11 F4
Béhasque-Lapiste (64) 283 G3
Béhen (80) 9 F5
Béhencourt (80) 18 C1
Béhéricourt (60) 19 H6
Behonne (55) 64 B4
Béhorléguy (64) 283 F6
Béhoust (78) 57 J4
Behren-lès-Forbach (57) 68 C2
Béhuard (49) 125 F4
Beignon (56) 78 B6
Beillé (72) 107 G1
Beine (89) 113 H5
Beine-Nauroy (51) 41 G4
Beinheim (67) 25 D3
Beire-le-Châtel (21) 136 C4
Beire-le-Fort (21) 136 C6
Beissat (23) 201 F2
Bélâbre (36) 164 D4
Belan-sur-Ource (21) 115 G3
Bélarga (34) 292 D1
Bélaye (46) 249 H1
Belberaud (31) 288 D2
Belbèse (82) 268 D2
Belbeuf (76) 35 J2
Belbèze-de-Lauragais (31) 288 D3
Belbèze-en-Comminges (31) 306 C1
Belcaire (11) 308 C5
Belcastel (12) 251 J2
Belcastel (81) 270 A6
Belcastel-et-Buc (11) 309 G2
Belcodène (13) 296 E2
Bélesta (09) 308 B4
Bélesta (66) 309 J6
Bélesta-en-Lauragais (31) 289 F3
Beleymas (24) 213 J6
Belfahy (70) 119 G4
Belfays (25) 139 J5
Belflou (11) 289 F4
Belfonds (61) 54 D6
Belfort (90) 119 H6
Belfort-du-Quercy (46) 250 B4
Belfort-sur-Rebenty (11) 308 D5
Belgeard (53) 81 G5
Belgentier (83) 297 J4
Belgodère (2B) 318 D2
Belhade (40) 245 J2
Belhomert-Guéhouville (28) 84 C2
le Bélieu (25) 157 H1
Béligneux (01) 189 F6
Belin-Béliet (33) 228 E6
Bélis (40) 246 A6
Bellac (87) 181 F3
Bellaffaire (04) 259 J1
Bellaing (59) 12 C2
Bellancourt (80) 9 G5
Bellange (57) 66 E2
Bellavilliers (61) 83 G3
le Bellay-en-Vexin (95) 37 F5
Belle-Église (60) 37 J5
Belle-et-Houllefort (62) 2 C5
Belle-Isle-en-Terre (22) 48 A5
Belleau (02) 39 J6
Belleau (54) 66 A3
Bellebat (33) 230 A3
Bellebrune (62) 2 C5
Bellechassagne (19) 200 E4
Bellechaume (89) 113 G2
Bellecombe (39) 173 K6
Bellecombe-en-Bauges (73) 208 D2
Bellecombe-Tarendol (26) 257 K2
Bellefond (21) 136 A4
Bellefond (33) 230 B3
Bellefonds (86) 163 H2
Bellefontaine (39) 174 B3
Bellefontaine (50) 52 D5
Bellefontaine (88) 118 D2
Bellefontaine (95) 38 A6
Bellefosse (67) 70 A6
Bellegarde (30) 275 J4
Bellegarde (32) 286 D3
Bellegarde (45) 111 F3
Bellegarde (81) 271 F2
Bellegarde-du-Razès (11) 308 D1
Bellegarde-en-Diois (26) 241 H5
Bellegarde-en-Forez (42) 205 F3
Bellegarde-en-Marche (23) 183 H5
Bellegarde-Poussieu (38) 222 C1
Bellegarde-Sainte-Marie (31) 268 D5
Bellegarde-sur-Valserine (01) 190 C3
Belleherbe (25) 139 G5
Bellemagny (68) 119 K5
Bellême (61) 83 H4
Bellenaves (03) 185 F2
Bellencombre (76) 16 B4
Belleneuve (21) 136 C5
Bellenglise (02) 19 K1
Bellengreville (14) 33 F5
Bellengreville (76) 16 B2
Bellenod-sur-Seine (21) 115 G6
Bellenot-sous-Pouilly (21) 135 F6
Bellentre (73) 193 A3
Belleray (55) 43 H5
Bellerive-sur-Allier (03) 185 J3
Belleroche (42) 187 J3
Belles-Forêts (57) 67 H3
Belleserre (81) 289 J2
Bellesserre (31) 268 D4
Belleu (02) 39 J3
Belleuse (80) 17 K4
Bellevaux (74) 191 K1
Bellevesvre (71) 155 F5
Belleville (54) 65 K3
Belleville (69) 188 B3
Belleville (79) 177 K3
Belleville-en-Caux (76) 15 J4
Belleville-et-Châtillon-sur-Bar (08) . . . 42 C1
Belleville-sur-Loire (18) 131 K3
Belleville-sur-Mer (76) 16 A1
Belleville-sur-Meuse (55) 43 H5
Belleville-sur-Vie (85) 141 K6
Bellevue-la-Montagne (43) 220 B3
Belley (01) 207 K2
Belleydoux (01) 190 B1
Bellicourt (02) 19 K1
la Bellière (61) 54 C6
la Bellière (76) 16 E5
Bellignat (01) 190 A1
Belligné (44) 124 C3
Bellignies (59) 13 F2
la Belliole (89) 112 B1
Belloc (09) 308 B2
Belloc-Saint-Clamens (32) 286 B2
Bellocq (64) 283 H1
Bellon (16) 212 E2
Bellonne (62) 11 H2
Bellot (77) 60 D3
Bellou (14) 54 E2
Bellou-en-Houlme (61) 53 J5
Bellou-le-Trichard (61) 83 H5
Bellou-sur-Huisne (61) 83 K3
Belloy (60) 18 E6
Belloy-en-France (95) 37 K6
Belloy-en-Santerre (80) 19 F2
Belloy-Saint-Léonard (80) 17 H2
Belloy-sur-Somme (80) 17 K1
Belluire (17) 195 G4
Belmesnil (76) 15 K3
Belmont (25) 138 D6
Belmont (32) 266 E5
Belmont (38) 207 G5
Belmont (39) 155 H3
Belmont (52) 117 F6
Belmont (67) 70 A5
Belmont (70) 118 E4
Belmont-Bretenoux (46) 234 C2
Belmont-d'Azergues (69) 188 B6
Belmont-de-la-Loire (42) 187 H3
Belmont-lès-Darney (88) 117 K1
Belmont-Luthézieu (01) 190 A6
Belmont-Sainte-Foi (46) 250 C3
Belmont-sur-Buttant (88) 95 G5
Belmont-sur-Rance (12) 272 A4
Belmont-sur-Vair (88) 93 J5
Belmont-Tramonet (73) 207 K4
Belmontet (46) 249 G2
Belonchamp (70) 119 F5
Belpech (11) 288 E6
Belrain (55) 64 C3
Belrupt (88) 118 A1
Belrupt-en-Verdunois (55) 43 J5
Bélus (40) 264 A6
Belval (08) 22 C3
Belval (50) 30 E4
Belval (88) 95 J2
Belval-Bois-des-Dames (08) 42 E1
Belval-en-Argonne (51) 63 K2
Belval-sous-Châtillon (51) 40 D6
Belvédère (06) 311 A3
Belvédère-Campomoro (2A) 322 C3
Belverne (70) 119 F6
Belvès (24) 232 D3
Belvès-de-Castillon (33) 230 C1
Belvèze (82) 249 G3
Belvèze-du-Razès (11) 308 D1
Belvézet (30) 255 K6
Belvezet (48) 238 B6
Belvianes-et-Cavirac (11) 308 E4
Belvis (11) 308 D4
Belvoir (25) 139 F5
Belz (56) 100 B5
Bémécourt (27) 56 A3
Bénac (09) 307 H3
Bénac (65) 285 G6
Benagues (09) 307 J1
Benais (37) 126 D6
Bénaix (09) 308 B4
Bénaménil (54) 67 F6
Bénarville (76) 14 E4
Benassay (86) 162 C3
la Benâte (17) 177 J4
Benay (02) 20 A3
Benayes (19) 199 H5
Bendejun (06) 281 G2
Bendorf (68) 97 C5
Benéjacq (64) 284 E5
Benerville-sur-Mer (14) 33 H3
Bénesse-lès-Dax (40) 264 B5
Bénesse-Maremne (40) 262 C5
Benest (16) 179 K4
Bénestroff (57) 67 F2
Bénesville (76) 15 H3
Benet (85) 161 F5
Beneuvre (21) 115 K6
Bénévent-et-Charbillac (05) 242 E3
Bénévent-l'Abbaye (23) 182 B3
Beney-en-Woëvre (55) 65 G1
Benfeld (67) 70 E6
Bengy-sur-Craon (18) 150 A4
Bénifontaine (62) 6 B6
Béning-lès-Saint-Avold (57) 68 B2
la Bénisson-Dieu (42) 186 E3
Bénivay-Ollon (26) 257 J3
Bennecourt (78) 57 H1
Bennetot (76) 14 E4
Benney (54) 94 B1
Bennwihr (68) 96 B3
Bénodet (29) 98 C3
Benoisey (21) 134 E2
Benoîtville (50) 28 B3
Benon (17) 177 G2
Bénonces (01) 207 G1
Bénouville (14) 33 F4
Bénouville (76) 14 C4
Benque (31) 287 G5
Benqué (65) 304 E1
Benque-Dessous-et-Dessus (31) . . 305 H5
Benquet (40) 265 G3
Bentayou-Sérée (64) 285 G3
Bény (01) 172 D6
le Bény-Bocage (14) 31 K5
Bény-sur-Mer (14) 32 D3
Béon (01) 190 B6
Béon (89) 112 D3
Béost (64) 303 H2
Bérat (31) 287 J3
Béraut (32) 267 G2
Berbérust-Lias (65) 304 B2
Berbezit (43) 219 K2
Berbiguières (24) 232 D2
Bercenay-en-Othe (10) 89 K6
Berche (25) 139 G3
Berchères-les-Pierres (28) 85 G4
Berchères-Saint-Germain (28) 85 G2
Berchères-sur-Vesgre (28) 57 G4
Berck (62) 8 E1
Bercloux (17) 195 H1
Berd'huis (61) 83 K4
Berdoues (32) 286 B2
Bérelles (59) 13 J3
Bérengeville-la-Campagne (27) . . . 35 H6
Berentzwiller (68) 97 C4
Bérenx (64) 283 H1
Béréziat (01) 172 B6
Berfay (72) 107 K3
Berg (67) 67 K2
Berg-sur-Moselle (57) 27 H3
Berganty (46) 250 C1
Bergbieten (67) 70 C3
Bergerac (24) 231 H2
Bergères (10) 91 G6
Bergères-lès-Vertus (51) 62 A3
Bergères-sous-Montmirail (51) 61 G3
Bergesserin (71) 171 G5
Bergheim (68) 71 A6
Bergholtz (68) 96 B6
Bergholtzzell (68) 96 B6
Bergicourt (80) 17 J4
Bergnicourt (08) 41 H2
Bergonne (63) 202 E5
Bergouey (40) 264 E5
Bergouey-Viellenave (64) 283 F2
Bergueneuse (62) 5 G6
Bergues (59) 3 H2
Bergues-sur-Sambre (02) 12 E6
Berhet (22) 48 B3
Bérig-Vintrange (57) 67 F1
Bérigny (50) 31 J3
Berjou (61) 53 H3
Berlaimont (59) 13 F4
Berlancourt (02) 20 E3
Berlancourt (60) 19 H5
Berlats (81) 271 J5
Berlencourt-le-Cauroy (62) 10 B3
Berles-au-Bois (62) 10 D4
Berles-Monchel (62) 10 C2
la Berlière (08) 23 F6
Berling (57) 69 F6
Berlise (02) 21 H5
Berlou (34) 291 H2
Bermerain (59) 12 D3
Berméricourt (51) 40 E3
Bermeries (59) 13 F3
Bermering (57) 67 F1
Bermesnil (80) 17 F2
Bermicourt (62) 9 K1
Bermont (90) 139 H1
Bermonville (76) 15 F5
Bernac (16) 179 G4
Bernac (81) 270 C2
Bernac-Debat (65) 285 H6
Bernac-Dessus (65) 285 H6
Bernadets (64) 284 D3
Bernadets-Debat (65) 286 A3
Bernadets-Dessus (65) 285 K5
le Bernard (85) 159 H4
la Bernardière (85) 123 K6
Bernardswiller (67) 70 C5
Bernardvillé (67) 70 C6
Bernâtre (80) 9 J4
Bernaville (80) 9 K5
Bernay (27) 34 D6
Bernay (72) 106 B1
Bernay-en-Ponthieu (80) 9 F3
Bernay-Saint-Martin (17) 177 J4
Bernay-Vilbert (77) 60 A6
Berné (56) 75 K6
Bernécourt (54) 65 H3
Bernède (32) 265 K5
la Bernerie-en-Retz (44) 122 C5
Bernes (80) 19 J2
Bernes-sur-Oise (95) 37 J5
Bernesq (14) 31 J1
Berneuil (16) 212 C1
Berneuil (17) 195 G3
Berneuil (80) 9 K5
Berneuil (87) 181 F4
Berneuil-en-Bray (60) 37 G3
Berneuil-sur-Aisne (60) 39 F2
Berneval-le-Grand (76) 16 A1
Berneville (62) 10 D3
Bernex (74) 175 H5
Bernienville (27) 35 H6
Bernières (76) 14 E5
Bernières-d'Ailly (14) 54 B2
Bernières-le-Patry (14) 53 F3
Bernières-sur-Mer (14) 32 D3
Bernières-sur-Seine (27) 36 A4
Bernieulles (62) 4 C5
Bernin (38) 224 C2
Bernis (30) 275 G4
Bernolsheim (67) 70 E1
Bernon (10) 114 A3
Bernos-Beaulac (33) 246 C2
Bernot (02) 20 C2
Bernouil (89) 113 K4
Bernouville (27) 36 D4
Bernwiller (68) 97 B3
Berny-en-Santerre (80) 19 F2
Berny-Rivière (02) 39 G2
Bérou-la-Mulotière (28) 56 C5
Berrac (32) 267 H1
Berre-les-Alpes (06) 281 H2
Berre-l'Étang (13) 296 A2
Berriac (11) 290 B5
Berrias-et-Casteljau (07) 255 H2
Berric (56) 101 H5
Berrie (86) 144 C3
Berrien (29) 75 G1
Berrieux (02) 40 D1
Berrogain-Laruns (64) 283 H4
Berru (51) 41 G4
Berrwiller (68) 97 B1
Berry-au-Bac (02) 40 D2
Berry-Bouy (18) 149 F2
le Bersac (05) 258 D1
Bersac-sur-Rivalier (87) 181 J4
Bersaillin (39) 155 H5
Bersée (59) 6 E6
Bersillies (59) 13 H2
Berson (33) 211 H4
Berstett (67) 70 E2
Berstheim (67) 69 K6
Bert (03) 186 B1
Bertangles (80) 18 B1
Bertaucourt-Epourdon (02) 20 B5
Berteaucourt-les-Dames (80) 9 K6
Berteaucourt-lès-Thennes (80) 18 C3
Bertheauville (76) 15 F3
Berthecourt (60) 37 J3
Berthegon (86) 145 F5
Berthelange (25) 155 K1
Berthelming (57) 67 J3
Berthen (59) 6 A2
Berthenay (37) 127 G5
Berthenicourt (02) 20 B3
Berthenonville (27) 36 D5
la Berthenoux (36) 166 C2
Berthez (33) 230 B6
Bertholène (12) 252 D2
Berthouville (27) 34 D5
Bertignat (63) 203 K4
Bertignolles (10) 115 F1
Bertincourt (62) 11 G5
Bertoncourt (08) 22 A6
Bertrambois (54) 67 J5
Bertrancourt (80) 10 C5
Bertrange (57) 27 G5
Bertre (81) 270 C6
Bertren (65) 305 J2
Bertreville (76) 15 F3
Bertreville-Saint-Ouen (76) 15 K3
Bertric-Burée (24) 213 G2
Bertrichamps (54) 95 G2
Bertricourt (02) 40 E2
Bertrimont (76) 15 J5
Bertrimoutier (88) 95 J4
Bertry (59) 12 C5
Béru (89) 113 K5

Béruges (86) 162 D3
Bérulle (10) 89 G6
Bérus (72) 82 C3
Berville (76) 15 H4
Berville (95) 37 G5
Berville-en-Roumois (27) 35 F3
Berville-la-Campagne (27) 56 B1
Berville-sur-Mer (27) 34 B2
Berville-sur-Seine (76) 35 G1
Berviller-en-Moselle (57) 45 K3
Berzé-la-Ville (71) 171 H6
Berzé-le-Châtel (71) 171 H5
Berzème (07) 239 K4
Berzieux (51) 42 C5
Berzy-le-Sec (02) 39 J3
la Besace (08) 23 F6
Besain (39) 155 K6
Besançon (25) 138 A6
Bésayes (26) 222 E6
Bescat (64) 284 C6
Bésignan (26) 257 K3
Bésingrand (64) 284 B3
Beslon (50) 52 B3
Besmé (02) 19 J6
Besmont (02) 21 H2
Besnans (70) 138 C3
Besné (44) 122 B1
Besneville (50) 28 C6
Besny-et-Loizy (02) 20 C5
Bessac (16) 196 C6
Bessais-le-Fromental (18) 167 J1
Bessamorel (43) 220 E4
Bessan (34) 292 C4
Bessancourt (95) 58 D1
Bessans (73) 226 D1
Bessas (07) 255 J3
le Bessat (42) 221 J1
Bessay (85) 160 A3
Bessay-sur-Allier (03) 168 E5
Besse (15) 217 G5
Bessé (16) 179 F5
Besse (24) 232 E4
Besse (38) 225 F4
Besse-et-Saint-Anastaise (63) 202 B5
Bessé-sur-Braye (72) 107 K5
Besse-sur-Issole (83) 298 A3
Bessède-de-Sault (11) 308 D5
Bessèges (30) 255 H3
Bessenay (69) 205 H2
Bessens (82) 268 E3
Besset (09) 308 A1
Bessey (42) 222 A1
Bessey-en-Chaume (21) 153 K2
Bessey-la-Cour (21) 153 J2
Bessey-lès-Cîteaux (21) 154 D1
la Besseyre-Saint-Mary (43) 219 H6
Bessières (31) 269 J4
Bessines (79) 161 G6
Bessines-sur-Gartempe (87) 181 J3
Bessins (38) 223 F3
Besson (03) 168 D5
Bessoncourt (90) 119 J6
Bessonies (46) 234 E3
les Bessons (48) 237 F3
Bessuéjouls (12) 236 A6
Bessy (10) 90 A1
Bessy-sur-Cure (89) 133 H2
Bestiac (09) 308 A5
Bétaille (46) 234 A1
Betaucourt (70) 117 J4
Betbèze (65) 286 C4
Betbezer-d'Armagnac (40) 266 A1
Betcave-Aguin (32) 286 E2
Betchat (09) 306 C1
Bétête (23) 166 C6
Béthancourt-en-Valois (60) 38 E4
Béthancourt-en-Vaux (02) 19 J5
Bethelainville (55) 43 G5
Béthemont-la-Forêt (95) 58 D1
Béthencourt (59) 12 C4
Béthencourt-sur-Mer (80) 8 D5
Béthencourt-sur-Somme (80) 19 G3
Bétheniville (51) 41 J3
Bétheny (51) 41 F4
Béthincourt (55) 43 G4
Béthines (86) 164 B4
Béthisy-Saint-Martin (60) 38 D4
Béthisy-Saint-Pierre (60) 38 D4
Bethmale (09) 306 C4
Bethon (51) 89 G1
Béthon (72) 82 D4
Bethoncourt (25) 139 H2
Béthonsart (62) 10 C1
Béthonvilliers (28) 84 B6
Bethonvilliers (90) 119 J6
Béthune (62) 6 A5
Bétignicourt (10) 90 E3
Beton-Bazoches (77) 60 D5
Betoncourt-lès-Brotte (70) 118 C5
Betoncourt-Saint-Pancras (70) 118 B3
Betoncourt-sur-Mance (70) 117 H4
Bétous (32) 266 C5
Betplan (32) 285 J3
Betpouey (65) 304 C4
Betpouy (65) 286 B4
Bétracq (64) 285 G1
Betschdorf (67) 25 B3
Bettainvillers (54) 26 E5
Bettancourt-la-Ferrée (52) 63 K6
Bettancourt-la-Longue (51) 63 J3
Bettange (57) 27 K5
Bettant (01) 189 H5
Bettborn (57) 67 J3
Bettegney-Saint-Brice (88) 94 C4
Bettelainville (57) 27 J6
Bettembos (80) 17 G3
Bettencourt-Rivière (80) 9 H6
Bettencourt-Saint-Ouen (80) 9 J6
Bettendorf (68) 97 B4
Bettes (65) 304 D1
Betteville (76) 15 G6
Bettignies (59) 13 H2
Betting-lès-Saint-Avold (57) 68 B2
Bettlach (68) 97 D5
Betton (35) 79 G3
Betton-Bettonet (73) 208 E4
Bettoncourt (88) 94 A3
Bettrechies (59) 13 F2
Bettviller (57) 69 F3
Bettwiller (67) 67 K2
Betz (60) 39 F5
Betz-le-Château (37) 146 C4
Beugin (62) 10 C1
Beugnâtre (62) 11 F5
Beugneux (02) 39 K4
Beugnies (59) 13 H4
le Beugnon (79) 161 G3
Beugnon (89) 113 J2
Beugny (62) 11 G5
Beuil (06) 261 G5
le Beulay (88) 95 K3
Beulotte-Saint-Laurent (70) 119 F3
Beure (25) 137 K6
Beurey (10) 90 E6
Beurey-Bauguay (21) 134 E6
Beurey-sur-Saulx (55) 63 K4
Beurières (63) 204 A6
Beurizot (21) 135 F5
Beurlay (17) 177 G6
Beurville (52) 91 H4
Beussent (62) 4 C5
Beuste (64) 284 E5
Beutal (25) 139 F3
Beutin (62) 4 B6
Beuvardes (02) 40 A5
Beuveille (54) 26 C3
Beuvezin (54) 93 J3
Beuvillers (14) 33 K5
Beuvillers (54) 26 E4
Beuvrages (59) 12 D1
Beuvraignes (80) 19 F5
Beuvrequen (62) 2 B4
Beuvrigny (50) 31 J5
Beuvron (58) 133 F5
Beuvron-en-Auge (14) 33 H5
Beuvry (62) 6 A5
Beuvry-la-Forêt (59) 7 F6
Beux (57) 66 B1
Beuxes (86) 145 F2
Beuzec-Cap-Sizun (29) 73 C2
Beuzeville (27) 34 B3
Beuzeville-au-Plain (50) 29 F5
Beuzeville-la-Bastille (50) 29 F6
Beuzeville-la-Grenier (76) 14 D5
Beuzeville-la-Guérard (76) 15 F4
Beuzevillette (76) 14 E6
Bévenais (38) 207 G6
Beveuge (70) 138 E2
Béville-le-Comte (28) 85 J3
Bévillers (59) 12 C4
Bevons (04) 259 F4
Bévy (21) 154 A1
Bey (01) 188 C2
Bey (71) 154 B6
Bey-sur-Seille (54) 66 C3
Beychac-et-Caillau (33) 229 K1
Beylongue (40) 264 D2
Beynac (87) 198 E2
Beynac-et-Cazenac (24) 232 E2
Beynat (19) 216 A4
Beynes (04) 259 J6
Beynes (78) 58 A3
Beynost (01) 206 C1
Beyrède-Jumet (65) 305 F3
Beyren-lès-Sierck (57) 27 H3
Beyrie-en-Béarn (64) 284 C3
Beyrie-sur-Joyeuse (64) 283 F4
Beyries (40) 265 F6
Beyssac (19) 215 H1
Beyssenac (19) 215 G1
le Bez (81) 271 H6
Bez-et-Esparon (30) 273 J2
Bézac (09) 288 D6
Bezalles (77) 60 D6
Bézancourt (76) 36 C2
Bezange-la-Grande (54) 66 D4
Bezange-la-Petite (57) 66 E4
Bezannes (51) 40 E4
Bézaudun-les-Alpes (06) 280 E2
Bézaudun-sur-Bîne (26) 241 F5
Bezaumont (54) 65 K3
Bèze (21) 136 C3
Bézenac (24) 232 E2
Bézenet (03) 184 C1
Bézéril (32) 287 F1
Béziers (34) 292 A4
Bezinghem (62) 4 C4
Bezins-Garraux (31) 305 J3
la Bezole (11) 308 D2
Bezolles (32) 267 F3
Bezons (95) 58 D3
Bezonvaux (55) 26 A6
Bezouce (30) 275 J3
Bézouotte (21) 136 D4
Bézu-la-Forêt (27) 36 C2
Bézu-le-Guéry (02) 60 C1
Bézu-Saint-Éloi (27) 36 D4
Bézu-Saint-Germain (02) 39 K6
Bézues-Bajon (32) 286 D3
Biache-Saint-Vaast (62) 11 G2
Biaches (80) 19 G1
Bians-les-Usiers (25) 156 E3
Biard (86) 162 E3
Biarne (39) 155 G1
Biarre (80) 19 G4
Biarritz (64) 282 A1
Biarrotte (40) 262 D6
Biars-sur-Cère (46) 234 B1
Bias (40) 244 C4
Bias (47) 248 C2
Biaudos (40) 262 C6
Bibiche (57) 27 K4
Biblisheim (67) 25 A3
Bibost (69) 205 H1
Bichancourt (02) 19 K6
Biches (58) 151 J4
Bickenholtz (57) 67 K3
Bicqueley (54) 65 H6
Bidache (64) 283 F1
Bidarray (64) 263 E3
Bidart (64) 263 C1
Bidestroff (57) 67 G2
Biding (57) 68 B3
Bidon (07) 256 B2
Bidos (64) 284 A5
Biécourt (88) 93 J4
Biederthal (68) 97 D6
Bief (25) 139 H4
Bief-des-Maisons (39) 174 B1
Bief-du-Fourg (39) 156 C5
Biefmorin (39) 155 H4
Biefvillers-lès-Bapaume (62) 11 F5
Bielle (64) 303 H1
Biencourt (80) 17 F1
Biencourt-sur-Orge (55) 92 C1
Bienville (60) 38 E2
Bienville-la-Petite (54) 66 D5
Bienvillers-au-Bois (62) 10 D4
Biermes (08) 41 J1
Biermont (60) 18 E6
Bierné (53) 105 G5
Bierne (59) 3 H2
Bierre-lès-Semur (21) 134 D4
Bierry-les-Belles-Fontaines (89) 134 C2
Biert (09) 307 F4
Bierville (76) 16 B6
Biesheim (68) 96 E4
Biesles (52) 116 C1
Bietlenheim (67) 25 A5
Bieujac (33) 230 B6
Bieuxy (02) 39 H2
Bieuzy (56) 100 D1
Biéville (50) 31 K4
Biéville-Beuville (14) 32 E4
Biéville-Quétiéville (14) 33 H6
Bièvres (02) 40 C1
Bièvres (08) 23 J6
Bièvres (91) 58 D5
Biffontaine (88) 95 G5
Biganos (33) 228 D4
Bignac (16) 196 D2
Bignan (56) 101 F2
Bignay (17) 177 J5
la Bigne (14) 53 F1
Bignicourt (08) 41 J2
Bignicourt-sur-Marne (51) 63 F5
Bignicourt-sur-Saulx (51) 63 H4
le Bignon (44) 123 H5
le Bignon-du-Maine (53) 105 G3
le Bignon-Mirabeau (45) 111 K1
Bignoux (86) 163 G3
Bigorno (2B) 319 G3
la Bigottière (53) 80 E5
Biguglia (2B) 317 D6
Bihorel (76) 35 J2
Bihucourt (62) 11 F5
Bilhères (64) 303 G1
Bilia (2A) 322 D3
Bilieu (38) 207 H5
Billac (19) 234 B1
Billancelles (28) 84 D2
Billancourt (80) 19 G4
les Billanges (87) 181 K5
les Billaux (33) 212 A6
Billé (35) 80 A4
Billecul (39) 156 C6
Billère (64) 284 C4
Billey (21) 155 F1
Billezois (03) 186 A2
Billiat (01) 190 C3
Billième (73) 208 A2
Billière (31) 305 H5
Billiers (56) 121 H2
Billio (56) 101 G2
Billom (63) 203 F3
Billy (03) 185 J2
Billy (14) 33 F6
Billy (41) 129 G6
Billy-Berclau (62) 6 C5
Billy-Chevannes (58) 151 G4
Billy-le-Grand (51) 41 H6
Billy-lès-Chanceaux (21) 135 H2
Billy-Montigny (62) 11 G1
Billy-sous-Mangiennes (55) 26 B5
Billy-sur-Aisne (02) 39 K3
Billy-sur-Oisy (58) 132 E3
Billy-sur-Ourcq (02) 39 J5
Biltzheim (68) 96 C5
Bilwisheim (67) 70 E1
Bimont (62) 4 D5
Binarville (51) 42 D4
Binas (41) 109 G4
Bindernheim (67) 71 C5
Binges (21) 136 C5
Binic (22) 49 F5
Bining (57) 69 F3
Biniville (50) 28 E5
Binos (31) 305 H3
Binson-et-Orquigny (51) 40 D6
Bio (46) 234 B3
Biol (38) 207 G5
la Biolle (73) 208 B1
Biollet (63) 184 B5
Bion (50) 52 D6
Bioncourt (57) 66 C3
Bionville (54) 95 J1
Bionville-sur-Nied (57) 45 H5
Biot (06) 281 F5
le Biot (74) 175 G6
Bioule (82) 250 B6
Bioussac (16) 179 H4
Biozat (03) 185 H4
Birac (16) 196 C4
Birac (33) 246 D1
Birac-sur-Trec (47) 247 H1
Biran (32) 267 G5
Biras (24) 213 K2
Biriatou (64) 263 A2
Birieux (01) 188 E5
Birkenwald (67) 70 B2
Biron (17) 195 H4
Biron (24) 232 B5
Biron (64) 283 K2
Biscarrosse (40) 244 D1
Bischheim (67) 25 A6
Bischholtz (67) 69 J5
Bischoffsheim (67) 70 D4
Bischwihr (68) 96 C4
Bischwiller (67) 25 B4
Bisel (68) 97 B5
Bisinchi (2B) 319 H3
Bislée (55) 64 E3
Bissert (67) 67 J1
Bisseuil (51) 62 A1
Bissey-la-Côte (21) 115 H3
Bissey-la-Pierre (21) 114 E4
Bissey-sous-Cruchaud (71) 171 H1
Bissezeele (59) 3 H3
Bissières (14) 33 G6
Bissy-la-Mâconnaise (71) 171 J4
Bissy-sous-Uxelles (71) 171 H3
Bissy-sur-Fley (71) 171 G2
Bisten-en-Lorraine (57) 45 J4
Bistroff (57) 67 F1
Bitche (57) 69 G3
Bitry (58) 132 B3
Bitry (60) 39 G2
Bitschhoffen (67) 69 J5
Bitschwiller-lès-Thann (68) 119 K4
Bivès (32) 268 A3
Biviers (38) 224 B2
Biville (50) 28 B2
Biville-la-Baignarde (76) 15 K4
Biville-la-Rivière (76) 15 J3
Biville-sur-Mer (76) 16 B1
Bivilliers (61) 83 J1
Bizanet (11) 291 G6
Bizanos (64) 284 D4
Bize (52) 117 F4
Bize (65) 305 G2
Bize-Minervois (11) 291 G4
Bizeneuille (03) 167 J5
Biziat (01) 188 D2
Bizonnes (38) 207 G5
le Bizot (25) 157 H1
les Bizots (71) 170 E1
Bizou (61) 83 K2
Bizous (65) 305 G1
Blacé (69) 188 A4
Blacourt (60) 36 E2
Blacqueville (76) 15 H6
Blacy (51) 63 F5
Blacy (89) 134 A2
Blaesheim (67) 70 E4
Blagnac (31) 269 G6
Blagny (08) 23 H5
Blagny-sur-Vingeanne (21) 136 D4
Blaignac (33) 230 C6
Blaignan (33) 210 E1
Blain (44) 102 E6
Blaincourt-lès-Précy (60) 37 K5
Blaincourt-sur-Aube (10) 90 E3
Blainville-Crevon (76) 35 K1
Blainville-sur-l'Eau (54) 66 C6
Blainville-sur-Mer (50) 30 C4
Blainville-sur-Orne (14) 32 E4
Blairville (62) 10 E3
Blaise-sous-Arzillières (51) 63 F5
Blaison-Gohier (49) 125 J4
Blaisy (52) 91 K6
Blaisy-Bas (21) 135 H5
Blaisy-Haut (21) 135 H5
Blajan (31) 286 D5
Blamont (25) 139 H4
Blâmont (54) 67 G6
Blan (81) 289 H2
le Blanc (36) 164 C3
le Blanc-Mesnil (93) 59 F2
Blancafort (18) 131 G3
Blancey (21) 134 E5
Blancfossé (60) 17 K5
Blanche-Église (57) 67 F3
Blanchefosse-et-Bay (08) 21 J3
Blancherupt (67) 70 A5
Blandainville (28) 84 E4
Blandas (30) 273 J2
Blandin (38) 207 G5
Blandouet (53) 105 J2
Blandy (77) 87 J1
Blandy (91) 86 D4
Blangerval-Blangermont (62) 9 K2
Blangy-le-Château (14) 34 A4
Blangy-sous-Poix (80) 17 J3
Blangy-sur-Bresle (76) 16 E1
Blangy-sur-Ternoise (62) 9 K1
Blangy-Tronville (80) 18 C2
Blannay (89) 133 J3
Blanot (21) 152 E1
Blanot (71) 171 J4
Blanquefort (32) 268 A5
Blanquefort (33) 229 G1
Blanquefort-sur-Briolance (47) 232 C5
Blanzac (43) 220 B4
Blanzac (87) 181 F3
Blanzac-lès-Matha (17) 178 B6
Blanzac-Porcheresse (16) 196 C5
Blanzaguet-Saint-Cybard (16) 197 F6
Blanzat (63) 202 D1
Blanzay (86) 179 H2
Blanzay-sur-Boutonne (17) 178 A4
Blanzée (55) 43 K5
Blanzy (71) 170 E2
Blanzy-la-Salonnaise (08) 41 G1
Blanzy-lès-Fismes (02) 40 B3
Blargies (60) 17 F5
Blarians (25) 138 B4
Blaringhem (59) 3 H6
Blars (46) 234 A6
Blaru (78) 57 G1
Blasimon (33) 230 C3
Blaslay (86) 162 E1
Blassac (43) 219 H4
Blaudeix (23) 183 F2
Blausasc (06) 281 H2
Blauvac (84) 257 J6
Blauzac (30) 275 G2
Blavignac (48) 237 G2
Blavozy (43) 220 D5
Blay (14) 31 K1
Blaye (33) 211 G4
Blaye-les-Mines (81) 270 D1
Blaymont (47) 248 E3
Blaziert (32) 267 G2
Blécourt (52) 92 A3
Blécourt (59) 11 J3
Bleigny-le-Carreau (89) 113 H5
Blémerey (54) 67 F6
Blémerey (88) 93 K3
Blendecques (62) 3 G5
Bléneau (89) 132 A1
Blennes (77) 88 B5
Blénod-lès-Pont-à-Mousson (54) 65 K2
Blénod-lès-Toul (54) 65 H6
Bléquin (62) 2 E6
Blérancourt (02) 39 G1
Bléré (37) 128 B5
Bléruais (35) 78 C4
Blésignac (33) 230 A3
Blesle (43) 218 E2
Blesme (51) 63 H5
Blesmes (02) 60 E1
Blessac (23) 183 F5
Blessey (21) 135 G3
Blessonville (52) 115 K2
Blessy (62) 5 H4
Blet (18) 149 K5
Bletterans (39) 173 F1
Bleurville (88) 117 J1
Bleury (28) 85 J2
Blevaincourt (88) 93 G6
Blèves (72) 83 F2
le Bleymard (48) 254 D1
Blicourt (60) 17 J6
Blienschwiller (67) 70 C6
Blies-Ebersing (57) 68 E2
Blies-Guersviller (57) 68 D2
Bliesbruck (57) 68 E2
Blieux (04) 279 H2
Blignicourt (10) 91 F2
Bligny (10) 91 G6
Bligny (51) 40 D5
Bligny-le-Sec (21) 135 H4
Bligny-lès-Beaune (21) 154 A4
Bligny-sur-Ouche (21) 153 J2
Blincourt (60) 38 C3
Blingel (62) 9 K1
Blis-et-Born (24) 214 C4
Blismes (58) 152 A2
Blodelsheim (68) 96 E6
Blois (41) 128 E2
Blois-sur-Seille (39) 155 J6
Blomac (11) 290 D6
Blomard (03) 184 E1
Blombay (08) 22 A2
Blond (87) 180 E4
Blondefontaine (70) 117 J4
Blonville-sur-Mer (14) 33 H3
Blosseville (76) 15 H2
Blosville (50) 29 F6
Blot-l'Église (63) 184 E4

Blotzheim (68) 97 D4
Blou (49) 126 B5
Blousson-Sérian (32) 285 J2
la Bloutière (50) 31 F6
Bloye (74) 190 D6
Bluffy (74) 191 G6
Blumeray (52) 91 J3
Blussangeaux (25) 139 F3
Blussans (25) 139 F3
Blye (39) 173 H2
Blyes (01) 189 G6
le Bô (14) 53 J2
Bobigny (93) 59 F3
Bobital (22) 50 C6
le Bocasse (76) 15 K5
Bocé (49) 126 B3
Bocognano (2A) 320 E3
Bocquegney (88) 94 C5
Bocquencé (61) 55 G3
le Bodéo (22) 76 E2
Bodilis (29) 46 D5
Boé (47) 248 B5
Boëcé (61) 83 G2
Boëge (74) 191 H1
Boeil-Bezing (64) 284 E5
Boën (42) 204 C2
Boersch (67) 70 C4
Boeschepe (59) 6 A2
Boëseghem (59) 3 H6
Boesenbiesen (67) 71 C5
Boësse (45) 111 F1
Boësse (79) 143 J4
Boëssé-le-Sec (72) 107 H1
Boeurs-en-Othe (89) 113 H1
Boffles (62) 9 K3
Boffres (07) 240 A1
Bogève (74) 191 J2
Bogny-sur-Meuse (08) 22 D2
Bogy (07) 222 B2
Bohain-en-Vermandois (02) 12 C6
Bohal (56) 101 J4
la Bohalle (49) 125 J4
Bohars (29) 72 D4
Bohas-Meyriat-Rignat (01) 189 H3
Boigneville (91) 86 E4
Boigny-sur-Bionne (45) 110 B4
Boinville-en-Mantois (78) 57 J2
Boinville-en-Woëvre (55) 44 A4
Boinville-le-Gaillard (78) 86 A2
Boinvilliers (78) 57 H3
Boiry-Becquerelle (62) 11 F4
Boiry-Notre-Dame (62) 11 G3
Boiry-Saint-Martin (62) 10 E4
Boiry-Sainte-Rictrude (62) 10 E4
Bois (17) 195 G5
le Bois (73) 209 H5
Bois-Anzeray (27) 55 J2
Bois-Arnault (27) 55 K4
Bois-Bernard (62) 11 G1
Bois-Colombes (92) 58 D3
Bois-d'Amont (39) 174 C3
Bois-d'Arcy (78) 58 B4
Bois-d'Arcy (89) 133 H3
Bois-de-Céné (85) 141 F4
Bois-de-Champ (88) 95 G4
Bois-de-Gand (39) 155 G5
Bois-de-la-Pierre (31) 287 J4
Bois-d'Ennebourg (76) 35 K2
le Bois-d'Oingt (69) 188 A6
Bois-Grenier (59) 6 C4
Bois-Guilbert (76) 16 C6
Bois-Guillaume (76) 35 H1
le Bois-Hellain (27) 34 B4
Bois-Héroult (76) 16 C6
Bois-Herpin (91) 86 D4
Bois-Himont (76) 15 G6
Bois-Jérôme-Saint-Ouen (27) 36 C6
Bois-le-Roi (27) 57 F3
Bois-le-Roi (77) 87 H2
Bois-lès-Pargny (02) 20 D4
Bois-l'Évêque (76) 35 K2
Bois-Normand-près-Lyre (27) 55 J3
le Bois-Plage-en-Ré (17) 176 B2
le Bois-Robert (76) 16 A2
Bois-Sainte-Marie (71) 170 E6
Boisbergues (80) 9 K4
Boisbreteau (16) 212 B2
Boiscommun (45) 110 E2
Boisdinghem (62) 2 E5
Boisdon (77) 60 C5
Boisemont (27) 36 B4
Boisemont (95) 58 B1
Boisgasson (28) 108 D2
Boisgervilly (35) 78 C3
Boisjean (62) 9 F1
le Boisle (80) 9 H3
Boisleux-au-Mont (62) 10 E4
Boisleux-Saint-Marc (62) 11 F4
Boismé (79) 143 J6
Boismont (54) 26 C4
Boismont (80) 8 E4
Boismorand (45) 111 H5
Boisney (27) 34 D5
Boisredon (17) 211 H2
Boisroger (50) 30 D3
Boissay (76) 36 A1
la Boisse (01) 206 C1
Boisse (24) 231 K4
Boisse-Penchot (12) 235 F5
Boisseau (41) 108 E5
Boisseaux (45) 86 B5
Boissède (31) 287 F3
Boissei-la-Lande (61) 54 D5
Boisserolles (79) 178 A3
Boisseron (34) 274 E4
Boisset (15) 235 F3
Boisset (34) 290 E3
Boisset (43) 220 D2
Boisset-et-Gaujac (30) 255 G6
Boisset-lès-Montrond (42) 204 E4
Boisset-les-Prévanches (27) 56 E2
Boisset-Saint-Priest (42) 204 D5
Boissets (78) 57 H3
Boissettes (77) 87 G2
Boisseuil (87) 199 F2
Boisseuilh (24) 215 F2
Boissey (01) 172 A5
Boissey (14) 54 D1
Boissey-le-Châtel (27) 34 E4
Boissezon (81) 290 B1
Boissia (39) 173 H3
la Boissière (14) 33 J5
la Boissière (27) 57 F2
la Boissière (34) 273 K5
la Boissière (39) 173 G5
la Boissière (53) 104 C5
la Boissière-d'Ans (24) 214 D3
la Boissière-de-Montaigu (85) 142 B4
la Boissière-des-Landes (85) 159 H3
la Boissière-du-Doré (44) 124 A6
la Boissière-École (78) 57 H6
la Boissière-en-Gâtine (79) 161 J3
la Boissière-sur-Èvre (49) 124 B5
Boissières (30) 275 F4
Boissières (46) 233 H6
Boissise-la-Bertrand (77) 87 G2
Boissise-le-Roi (77) 87 G2
Boissy-aux-Cailles (77) 87 F4
Boissy-en-Drouais (28) 56 E5
Boissy-Fresnoy (60) 38 E5
Boissy-la-Rivière (91) 86 C4
Boissy-l'Aillerie (95) 37 G6
Boissy-Lamberville (27) 34 D5
Boissy-le-Bois (60) 37 F4
Boissy-le-Châtel (77) 60 C4
Boissy-le-Cutté (91) 86 D3
Boissy-le-Repos (51) 61 G3
Boissy-le-Sec (91) 86 C2
Boissy-lès-Perche (28) 56 A5
Boissy-Maugis (61) 83 J3
Boissy-Mauvoisin (78) 57 H2
Boissy-Saint-Léger (94) 59 G5
Boissy-sans-Avoir (78) 57 K4
Boissy-sous-Saint-Yon (91) 86 D1
Boistrudan (35) 79 J6
Boisville-la-Saint-Père (28) 85 J4
Boisyvon (50) 52 C3
Boitron (61) 82 E1
Boitron (77) 60 D3
Bolandoz (25) 156 C3
Bolazec (29) 47 J6
Bolbec (76) 14 E6
Bollène (84) 256 D3
la Bollène-Vésubie (06) 311 A3
Bolleville (50) 30 D1
Bolleville (76) 14 E5
Bollezeele (59) 3 H3
Bollwiller (68) 97 B1
Bologne (52) 92 B5
Bolozon (01) 189 J2
Bolquère (66) 313 J4
Bolsenheim (67) 70 E5
Bombon (77) 87 K1
Bommes (33) 229 K5
Bommiers (36) 148 C6
Bompas (09) 307 J4
Bompas (66) 310 C6
Bomy (62) 5 G5
Bon-Encontre (47) 248 C5
Bona (58) 151 G3
Bonac-Irazein (09) 306 B4
Bonas (32) 267 G4
Bonboillon (70) 137 G5
Boncé (28) 85 G5
Bonchamp-lès-Laval (53) 105 F1
Boncourt (02) 21 G5
Boncourt (27) 56 E1
Boncourt (28) 57 G3
Boncourt (54) 44 C5
Boncourt-le-Bois (21) 154 B2
Boncourt-sur-Meuse (55) 64 E4
Bondaroy (45) 86 D6
Bondeval (25) 139 H3
Bondigoux (31) 269 H3
les Bondons (48) 254 C2
Bondoufle (91) 86 E1
Bondues (59) 6 E3
Bondy (93) 59 F3
Bongheat (63) 203 G3
le Bonhomme (68) 95 K5
Bonifacio (2A) 323 G6
Bonlier (60) 37 H1
Bonlieu (39) 173 K2
Bonlieu-sur-Roubion (26) 240 C5
Bonloc (64) 282 D3
Bonnac (09) 288 D6
Bonnac (15) 218 E3
Bonnac-la-Côte (87) 181 H6
Bonnal (25) 138 D2
Bonnard (89) 113 F4
Bonnat (23) 182 D1
Bonnaud (39) 172 E2
Bonnay (25) 138 A5
Bonnay (71) 171 H3
Bonnay (80) 18 C1
Bonne (74) 191 H2
Bonnebosq (14) 33 J4
Bonnecourt (52) 116 E3
Bonnée (45) 110 E5
Bonnefamille (38) 206 D4
Bonnefoi (61) 55 H6
Bonnefond (19) 200 C5
Bonnefont (65) 286 A5
Bonnefontaine (39) 173 H1
Bonnegarde (40) 264 E6
Bonneil (02) 60 D1
Bonnelles (78) 86 B1
Bonnemain (35) 51 F5
Bonnemaison (14) 53 H1
Bonnemazon (65) 304 E1
Bonnencontre (21) 154 D2
Bonnes (16) 212 E3
Bonnes (86) 163 H3
Bonnesvalyn (02) 39 J6
Bonnet (55) 92 D1
Bonnétable (72) 83 G6
Bonnétage (25) 139 G6
Bonnetan (33) 229 J2
Bonneuil (16) 196 B4
Bonneuil (36) 164 D6
Bonneuil-en-France (95) 59 F2
Bonneuil-en-Valois (60) 39 F4
Bonneuil-les-Eaux (60) 18 A5
Bonneuil-Matours (86) 163 H2
Bonneuil-sur-Marne (94) 59 F4
Bonneval (28) 85 F6
Bonneval (43) 220 A2
Bonneval (73) 209 G4
Bonneval-sur-Arc (73) 193 D6
Bonnevaux (25) 156 D5
Bonnevaux (30) 255 G2
Bonnevaux (74) 175 H6
Bonnevaux-le-Prieuré (25) 156 D1
Bonneveau (41) 107 K5
Bonnevent-Velloreille (70) 137 J4
Bonneville (16) 196 C1
la Bonneville (50) 28 E5
Bonneville (74) 191 H3
Bonneville (80) 10 A5
Bonneville-Aptot (27) 34 E4
Bonneville-et-Saint-Avit-de-Fumadières (24) 230 D1
Bonneville-la-Louvet (14) 34 A4
la Bonneville-sur-Iton (27) 56 C2
Bonneville-sur-Touques (14) 33 J3
Bonnières (60) 37 F1
Bonnières (62) 10 A3
Bonnières-sur-Seine (78) 57 H1
Bonnieux (84) 277 G3
Bonningues-lès-Ardres (62) 2 E4
Bonningues-lès-Calais (62) 2 C3
Bonnoeil (14) 53 J2
Bonnoeuvre (44) 124 A2
Bonnut (64) 283 J1
Bonny-sur-Loire (45) 131 K2
Bono (56) 100 D5
Bonrepos (65) 286 A5
Bonrepos-Riquet (31) 269 J5
Bonrepos-sur-Aussonnelle (31) 287 J1
Bons-en-Chablais (74) 191 H1
Bons-Tassilly (14) 54 A2
Bonsecours (76) 35 J2
Bonsmoulins (61) 55 H6
Bonson (06) 281 F2
Bonson (42) 204 E5
Bonvillard (73) 209 F3
Bonvillaret (73) 209 F4
Bonviller (54) 66 D5
Bonvillers (60) 18 B6
Bonvillet (88) 117 K1
Bony (02) 11 J6
Bonzac (33) 212 A5
Bonzée (55) 43 K6
Boô-Silhen (65) 304 B2
Boofzheim (67) 71 D4
Boos (40) 264 B2
Boos (76) 35 J2
Bootzheim (67) 71 C6
Boqueho (22) 48 E6
Bor-et-Bar (12) 251 G5
Boran-sur-Oise (60) 37 K5
Borce (64) 303 F3
Bord-Saint-Georges (23) 183 H2
Bordeaux (33) 229 H2
Bordeaux-en-Gâtinais (45) 111 G1
Bordeaux-Saint-Clair (76) 14 C4
Bordères (64) 284 E5
Bordères-et-Lamensans (40) 265 J4
Bordères-Louron (65) 305 F4
Bordères-sur-l'Échez (65) 285 H5
les Bordes (36) 148 C4
les Bordes (45) 111 F5
Bordes (64) 284 D5
Bordes (65) 285 J5
les Bordes (71) 154 C5
les Bordes (89) 112 E1
les Bordes-Aumont (10) 90 B6
Bordes-de-Rivière (31) 305 J1
les Bordes-sur-Arize (09) 307 F1
les Bordes-sur-Lez (09) 306 C4
Bordezac (30) 255 G3
Bords (17) 177 G6
Borée (07) 239 F1
Boresse-et-Martron (17) 212 C2
Borest (60) 38 C5
Borey (70) 138 D1
Borgo (2B) 319 H2
Bormes-les-Mimosas (83) 298 C5
le Born (31) 269 H3
le Born (48) 237 J6
Bornambusc (76) 14 C5
Bornay (39) 173 G2
Borne (07) 238 D5
Borne (43) 220 B5
Bornel (60) 37 J5
Boron (90) 139 K1
Borre (59) 3 K5
Borrèze (24) 233 G1
Bors(Canton de Baignes-SainteRadegonde) (16) 212 B1
Bors(Canton de Montmoreau-Saint-Cybard) (16) 212 E1
Bort-les-Orgues (19) 217 J1
Bort-l'Étang (63) 203 G2
Borville (54) 94 C2
le Bosc (09) 307 G3
le Bosc (34) 273 G5
Bosc-Bénard-Commin (27) 35 F3
Bosc-Bénard-Crescy (27) 35 F3
Bosc-Bérenger (76) 16 B5
Bosc-Bordel (76) 16 C6
Bosc-Edeline (76) 16 C6
Bosc-Guérard-Saint-Adrien (76) 15 K6
Bosc-Hyons (76) 36 D2
Bosc-le-Hard (76) 16 A5
Bosc-Mesnil (76) 16 C5
le Bosc-Renoult (61) 55 F2
Bosc-Renoult-en-Ouche (27) 55 K2
Bosc-Renoult-en-Roumois (27) 34 E3
le Bosc-Roger-en-Roumois (27) 35 G4
Bosc-Roger-sur-Buchy (76) 16 C6
Boscamnant (17) 212 C3
Bosdarros (64) 284 D5
Bosgouet (27) 35 F3
Bosguérard-de-Marcouville (27) 35 F4
Bosjean (71) 155 F6
Bosmie-l'Aiguille (87) 198 E2
Bosmont-sur-Serre (02) 21 F4
Bosmoreau-les-Mines (23) 182 C5
Bosnormand (27) 35 G4
Bosquel (80) 18 A4
Bosquentin (27) 36 C2
Bosrobert (27) 34 E4
Bosroger (23) 183 G5
Bossancourt (10) 91 F5
Bossay-sur-Claise (37) 146 C6
la Bosse (25) 157 H1
la Bosse (72) 83 H6
la Bosse-de-Bretagne (35) 103 G1
Bossée (37) 146 A2
Bossendorf (67) 69 J6
Bosset (24) 213 G6
Bosseval-et-Briancourt (08) 22 E3
Bossey (74) 191 F2
Bossieu (38) 206 D6
Bossugan (33) 230 C3
Bossus-lès-Rumigny (08) 21 J2
Bost (03) 185 K3
Bostens (40) 265 J1
Bosville (76) 15 G3
Botans (90) 139 H1
Botmeur (29) 75 F1
Botsorhel (29) 47 H5
les Bottereaux (27) 55 J3
Botz-en-Mauges (49) 124 C5
Bou (45) 110 B4
Bouafle (78) 58 A2
Bouafles (27) 36 A5
Bouan (09) 307 J5
Bouaye (44) 123 F5
Boubers-lès-Hesmond (62) 4 D6
Boubers-sur-Canche (62) 9 K3
Boubiers (60) 37 F5
Bouc-Bel-Air (13) 296 C2
Boucagnères (32) 286 D1
Boucau (64) 282 B1
Boucé (03) 185 K1
Boucé (61) 54 B6
le Bouchage (16) 179 J4
le Bouchage (38) 207 H3
Bouchain (59) 11 K3
Bouchamps-lès-Craon (53) 104 C4
le Bouchaud (03) 186 D1
Bouchavesnes-Bergen (80) 19 G1
Bouchemaine (49) 125 G4
Boucheporn (57) 45 K5
Bouchet (26) 256 E3
le Bouchet (74) 209 F1
le Bouchet-Saint-Nicolas (43) 238 B1
Bouchevilliers (27) 36 D2
Bouchoir (80) 18 E4
Bouchon (80) 9 H6
le Bouchon-sur-Saulx (55) 64 B6
les Bouchoux (39) 173 J6
Bouchy-Saint-Genest (51) 61 F6
Boucieu-le-Roi (07) 222 A5
Bouclans (25) 138 C6
Boucoiran-et-Nozières (30) 275 F1
Bouconville (08) 42 C4
Bouconville-sur-Madt (55) 65 G3
Bouconville-Vauclair (02) 40 C1
Bouconvillers (60) 37 F5
Boucq (54) 65 G4
Boudes (63) 202 E6
Boudeville (76) 15 H4
Boudou (82) 249 F6
Boudrac (31) 286 C6
Boudreville (21) 115 J3
Boudy-de-Beauregard (47) 231 K6
Boué (02) 12 E6
Bouée (44) 122 D2
Boueilh-Boueilho-Lasque (64) 284 D1
Bouelles (76) 16 D4
Bouër (72) 107 J2
Bouère (53) 105 H4
Bouessay (53) 105 J4
Bouesse (36) 165 J3
Bouëx (16) 197 F4
la Bouëxière (35) 79 J3
Bouffémont (95) 58 E1
Boufféré (85) 142 A4
Bouffignereux (02) 40 D3
Boufflers (80) 9 H3
Bouffry (41) 108 C3
Bougainville (80) 17 J2
Bougarber (64) 284 C3
Bougé-Chambalud (38) 222 C1
Bouges-le-Château (36) 147 K3
Bougey (70) 117 J5
Bougival (78) 58 C3
Bouglainval (28) 85 G1
Bougligny (77) 87 H6
Bouglon (47) 247 G2
Bougneau (17) 195 H4
Bougnon (70) 118 A6
Bougon (79) 162 B6
Bougue (40) 265 H2
Bouguenais (44) 123 G4
Bougy (14) 32 C5
Bougy-lez-Neuville (45) 110 B2
Bouhans (71) 154 E6
Bouhans-et-Feurg (70) 136 E3
Bouhans-lès-Lure (70) 118 D6
Bouhans-lès-Montbozon (70) 138 C3
Bouhet (17) 177 G2
Bouhey (21) 153 J1
Bouhy (58) 132 C3
Bouilh-Devant (65) 285 K4
Bouilh-Péreuilh (65) 285 J4
Bouilhonnac (11) 290 C5
Bouillac (12) 234 E6
Bouillac (24) 232 C3
Bouillac (82) 268 D3
la Bouilladisse (13) 296 E3
Bouillancourt-en-Séry (80) 16 E1
Bouillancourt-la-Bataille (80) 18 D4
Bouillancy (60) 38 E6
Bouilland (21) 153 K2
Bouillargues (30) 275 H4
la Bouille (76) 35 G3
Bouillé-Courdault (85) 161 F5
Bouillé-Loretz (79) 144 A2
Bouillé-Ménard (49) 104 C5
Bouillé-Saint-Paul (79) 144 A3
la Bouillie (22) 49 K5
le Bouillon (61) 82 D1
Bouillon (64) 284 B1
Bouillonville (54) 65 H2
Bouilly (10) 90 A6
Bouilly (51) 40 D5
Bouilly-en-Gâtinais (45) 110 D2
Bouin (79) 178 E3
Bouin (85) 140 D3
Bouin-Plumoison (62) 9 H1
Bouisse (11) 309 H3
Bouix (21) 114 E4
Boujailles (25) 156 C4
Boujan-sur-Libron (34) 292 A3
Boulages (10) 89 K1
Boulaincourt (88) 93 K3
Boulancourt (77) 87 F5
Boulange (57) 26 E4
Boulaur (32) 286 E1
le Boulay (37) 128 A2
Boulay-les-Barres (45) 109 K3
Boulay-les-Ifs (53) 82 B3
le Boulay-Morin (27) 35 J6
Boulay-Moselle (57) 27 K6
la Boulaye (71) 170 C1
Boulazac (24) 214 B4
Boulbon (13) 276 A3
Boulc (26) 241 K4
Boule-d'Amont (66) 314 D3
Bouleternère (66) 314 D2
Bouleurs (77) 59 K3
Bouleuse (51) 40 D4
Bouliac (33) 229 H2
Boulieu-lès-Annonay (07) 221 K2
Bouligneux (01) 188 E4
Bouligney (70) 118 B3
Bouligny (55) 26 C5
Boulin (65) 285 J5
Boullarre (60) 39 F6
le Boullay-les-Deux-Églises (28) 56 E6
Boullay-les-Troux (91) 58 B6
le Boullay-Mivoye (28) 57 F6
le Boullay-Thierry (28) 57 F6
Boulleret (18) 131 K4
Boulleville (27) 34 B3
Bouloc (31) 269 G4
Bouloc (82) 249 G3
Boulogne (85) 142 A6
Boulogne-Billancourt (92) 58 D4
Boulogne-la-Grasse (60) 18 E5
Boulogne-sur-Gesse (31) 286 D4
Boulogne-sur-Helpe (59) 13 G5
Boulogne-sur-Mer (62) 2 A5
Bouloire (72) 107 H3
Boulon (14) 32 D6
Boulot (70) 137 K4

le Boulou (66) 315 G4
Boult (70) 137 K4
Boult-aux-Bois (08) 42 C2
Boult-sur-Suippe (51) 41 G2
le Boulvé (46) 249 G2
Boulzicourt (08) 22 D4
Boumourt (64) 284 B2
Bouniagues (24) 231 J3
le Boupère (85) 142 E6
Bouquehault (62) 2 D4
Bouquelon (27) 34 C2
Bouquemaison (80) 10 B4
Bouquemont (55) 64 D1
Bouquet (30) 255 J5
Bouquetot (27) 34 E3
Bouqueval (95) 59 F1
Bouranton (10) 90 B4
Bouray-sur-Juine (91) 86 E2
Bourbach-le-Bas (68) 119 K4
Bourbach-le-Haut (68) 119 K4
Bourberain (21) 136 C3
Bourbévelle (70) 117 J3
Bourbon-Lancy (71) 169 J3
Bourbon-l'Archambault (03) 168 B3
Bourbonne-les-Bains (52) 117 G3
la Bourboule (63) 201 K4
Bourbourg (59) 3 F2
Bourbriac (22) 48 C6
Bourcefranc-le-Chapus (17) 176 D6
Bourcia (39) 172 E6
Bourcq (08) 42 A2
Bourdainville (76) 15 J4
Bourdalat (40) 265 K3
Bourdeau (73) 208 A2
Bourdeaux (26) 241 F5
Bourdeilles (24) 213 J2
le Bourdeix (24) 197 J4
Bourdelles (33) 230 C6
le Bourdet (79) 177 J1
Bourdettes (64) 284 D5
Bourdic (30) 275 G1
la Bourdinière-Saint-Loup (28) 85 F4
Bourdon (80) 17 J1
Bourdonnay (57) 67 F4
Bourdonné (78) 57 H5
Bourdons-sur-Rognon (52) 92 D6
Bourecq (62) 5 J5
Bouresches (02) 60 D1
Bouresse (86) 163 H6
Bouret-sur-Canche (62) 10 A3
Boureuilles (55) 42 E4
Bourg (33) 211 H5
le Bourg (46) 234 C4
Bourg (52) 116 C5
Bourg-Achard (27) 35 F3
Bourg-Archambault (86) 164 B6
Bourg-Argental (42) 221 J2
Bourg-Beaudouin (27) 35 K2
Bourg-Blanc (29) 72 D3
Bourg-Bruche (67) 95 K3
Bourg-Charente (16) 196 A3
Bourg-de-Bigorre (65) 304 E1
Bourg-de-Péage (26) 222 D5
Bourg-de-Sirod (39) 174 A1
Bourg-de-Thizy (69) 187 H4
Bourg-de-Visa (82) 249 F4
Bourg-des-Comptes (35) 79 F6
Bourg-des-Maisons (24) 213 H2
le Bourg-d'Hem (23) 182 C1
le Bourg-d'Iré (49) 104 C6
le Bourg-d'Oisans (38) 224 D4
Bourg-d'Oueil (31) 305 G4
Bourg-du-Bost (24) 213 F2
le Bourg-Dun (76) 15 H2
Bourg-en-Bresse (01) 189 G2
Bourg-et-Comin (02) 40 B2
Bourg-Fidèle (08) 22 B2
Bourg-la-Reine (92) 58 E4
Bourg-Lastic (63) 201 H4
Bourg-le-Comte (71) 186 E1
Bourg-le-Roi (72) 82 D4
Bourg-lès-Valence (26) 222 C6
Bourg-l'Évêque (49) 104 C5
Bourg-Madame (66) 313 G5
Bourg-Saint-Andéol (07) 256 C2
Bourg-Saint-Bernard (31) 269 K6
Bourg-Saint-Christophe (01) 189 F6
le Bourg-Saint-Léonard (61) 54 D4
Bourg-Saint-Maurice (73) 193 A3
Bourg-Sainte-Marie (52) 93 F6
Bourg-sous-Châtelet (90) 119 J5
Bourgaltroff (57) 67 F2
Bourganeuf (23) 182 C5
Bourgbarré (35) 79 G6
Bourgeauville (14) 33 J4
Bourges (18) 149 G3
le Bourget (93) 59 F2
le Bourget-du-Lac (73) 208 B3
Bourget-en-Huile (73) 208 E5
Bourgheim (67) 70 D5
Bourghelles (59) 7 F5
Bourgnac (24) 213 H6
Bourgneuf (17) 176 E2
Bourgneuf (73) 208 E4
Bourgneuf-en-Mauges (49) 124 D5
Bourgneuf-en-Retz (44) 122 C6
le Bourgneuf-la-Forêt (53) 80 D6
Bourgogne (51) 41 F3
Bourgoin-Jallieu (38) 207 F4
Bourgon (53) 80 C6
la Bourgonce (88) 95 G3
Bourgougnague (47) 231 H5
Bourgtheroulde-Infreville (27) 35 F3
Bourguébus (14) 32 E5
Bourgueil (37) 126 D6
Bourguenolles (50) 52 A3
le Bourguet (83) 279 J3
Bourguignon (25) 139 H3
Bourguignon-lès-Conflans (70) 118 B4
Bourguignon-lès-la-Charité (70) 137 K2
Bourguignon-lès-Morey (70) 117 G6
Bourguignon-sous-Coucy (02) 19 J6
Bourguignon-sous-Montbavin (02) 20 C6
Bourguignons (10) 114 D1
Bourgvilain (71) 171 H6
Bourideys (33) 246 A2
Bouriège (11) 308 E3
Bourigeole (11) 308 D3
Bourisp (65) 305 F4
Bourlens (47) 249 F2
Bourlon (62) 11 H4
Bourmont (52) 93 F5
Bournainville-Faverolles (27) 34 C6
Bournan (37) 146 A3
Bournand (86) 144 E2
Bournazel (12) 251 J1
Bournazel (81) 251 F6
Bourneau (85) 160 D3
Bournel (47) 231 K5
Bourneville (27) 34 D2
Bournezeau (85) 160 A2
Bourniquel (24) 232 A2
Bournois (25) 138 E2
Bournoncle-Saint-Pierre (43) 219 G2
Bournonville (62) 2 C5
Bournos (64) 284 C2
Bourogne (90) 139 J1
Bourran (47) 247 K3
Bourré (41) 128 D5
Bourréac (65) 304 B1
Bourret (82) 268 E2
Bourriot-Bergonce (40) 246 C5
Bourron-Marlotte (77) 87 H4
Bourrou (24) 213 J5
Bourrouillan (32) 266 B3
Bours (62) 5 H6
Bours (65) 285 H4
Boursault (51) 61 J1
Boursay (41) 108 B2
Bourscheid (57) 67 K3
Bourseul (22) 50 B5
Bourseville (80) 8 D5
Boursières (70) 137 K1
Boursies (59) 11 H4
Boursin (62) 2 C5
Boursonne (60) 39 F5
Bourth (27) 56 A4
Bourthes (62) 4 D4
Bourville (76) 15 H3
Boury-en-Vexin (60) 36 D4
Bousbach (57) 68 C2
Bousbecque (59) 6 E2
le Bouscat (33) 229 G1
Bousies (59) 12 E4
Bousignies (59) 12 B1
Bousignies-sur-Roc (59) 13 K3
le Bousquet (11) 308 E6
le Bousquet-d'Orb (34) 272 E5
Boussac (12) 251 K4
Boussac (23) 166 D6
la Boussac (35) 51 G5
Boussac (46) 234 C5
Boussac-Bourg (23) 166 D6
Boussais (79) 144 B6
Boussan (31) 287 F5
Boussay (37) 146 C6
Boussay (44) 142 B3
Bousse (57) 27 H5
Bousse (72) 106 B5
Bousselange (21) 154 E3
Boussenac (09) 307 F4
Boussenois (21) 136 C1
Boussens (31) 287 G6
Bousseraucourt (70) 117 J2
Boussès (47) 247 G5
Bousseviller (57) 69 H2
Boussey (21) 135 F5
Boussicourt (80) 18 D4
Boussières (25) 156 A1
Boussières-en-Cambrésis (59) 12 B4
Boussières-sur-Sambre (59) 13 G3
Boussois (59) 13 H2
Boussy (74) 190 E6
Boussy-Saint-Antoine (91) 59 G5
Boust (57) 27 G3
Boustroff (57) 45 K6
Bout-du-Pont-de-Larn (81) 290 B2
Boutancourt (08) 22 D4
Boutavent (60) 17 F5
la Bouteille (02) 21 G2
Bouteilles-Saint-Sébastien (24) 213 G1
Boutenac (11) 291 F6
Boutenac-Touvent (17) 194 E5
Boutencourt (60) 36 E3
Boutervilliers (91) 86 B3
Bouteville (16) 196 B4
Boutiers-Saint-Trojan (16) 195 K2
Boutigny (77) 59 K3
Boutigny-Prouais (28) 57 H5
Boutigny-sur-Essonne (91) 86 E3
Bouttencourt (80) 16 E1
Boutteville (50) 29 G5
Boutx (31) 305 J3
Bouvaincourt-sur-Bresle (80) 8 D6
Bouvancourt (51) 40 D3
Bouvante (26) 223 G6
Bouvelinghem (62) 2 E5
Bouvellemont (08) 22 C5
Bouverans (25) 156 D5
Bouvesse-Quirieu (38) 207 G1
Bouvières (26) 241 F6
Bouvignies (59) 11 K1
Bouvigny-Boyeffles (62) 10 D1
Bouville (28) 85 F5
Bouville (76) 15 H6
Bouville (91) 86 D3
Bouvincourt-en-Vermandois (80) 19 H2
Bouvines (59) 7 F5
Bouvresse (60) 17 F5
Bouvron (44) 122 E1
Bouvron (54) 65 H4
Boux-sous-Salmaise (21) 135 G3
Bouxières-aux-Bois (88) 94 C4
Bouxières-aux-Chênes (54) 66 B4
Bouxières-aux-Dames (54) 66 A4
Bouxières-sous-Froidmont (54) 65 K1
Bouxurulles (88) 94 B3
Bouxwiller (67) 69 H6
Bouxwiller (68) 97 C5
Bouy (51) 41 J6
Bouy-Luxembourg (10) 90 C3
Bouy-sur-Orvin (10) 89 F3
Bouyon (06) 281 F2
le Bouyssou (46) 234 C4
Bouzais (18) 167 G2
Bouzancourt (52) 91 K4
Bouzanville (54) 94 A3
Bouze-lès-Beaune (21) 153 K3
Bouzel (63) 203 F2
Bouzemont (88) 94 B4
Bouzeron (71) 153 K5
Bouzic (24) 233 F4
Bouziès (46) 250 C1
Bouzigues (34) 292 E2
Bouzillé (49) 124 B5
Bouzin (31) 287 F6
Bouzincourt (80) 10 D6
Bouzon-Gellenave (32) 266 C5
Bouzonville (57) 45 J3
Bouzonville-aux-Bois (45) 110 D1
Bouzy (51) 41 G6
Bouzy-la-Forêt (45) 110 E5
Bovée-sur-Barboure (55) 64 E6
Bovel (35) 78 D6
Bovelles (80) 17 K2
Boves (80) 18 B2
Boviolles (55) 64 D6
Boyaval (62) 5 G6
Boyelles (62) 11 F4
Boyer (42) 187 G3
Boyer (71) 171 K3
Boyeux-Saint-Jérôme (01) 189 J4
Boynes (45) 110 E1
Boz (01) 171 K5
Bozas (07) 221 K5
Bozel (73) 209 J5
Bozouls (12) 252 D1
Brabant-le-Roi (55) 63 K3
Brabant-sur-Meuse (55) 43 H3
Brach (33) 210 D5
Brachay (52) 91 K3
Braches (80) 18 C4
Brachy (76) 15 J3
Bracieux (41) 129 G3
Bracon (39) 156 A4
Bracquemont (76) 16 A1
Bracquetuit (76) 16 A5
Bradiancourt (76) 16 C5
Braffais (50) 52 A4
Bragassargues (30) 274 D2
Bragayrac (31) 287 H2
Brageac (15) 217 G3
Bragelogne-Beauvoir (10) 114 C3
Bragny-sur-Saône (71) 154 C4
Braillans (25) 138 A5
Brailly-Cornehotte (80) 9 H3
Brain (21) 135 F3
Brain-sur-Allonnes (49) 126 C5
Brain-sur-l'Authion (49) 125 H4
Brain-sur-Longuenée (49) 124 E2
Brainans (39) 155 H5
Braine (02) 40 A3
Brains (44) 123 F4
Brains-sur-Gée (72) 106 C2
Brains-sur-les-Marches (53) 104 A3
Brainville (50) 30 D3
Brainville (54) 44 B5
Brainville-sur-Meuse (52) 93 F6
Braisnes (60) 38 D1
Braize (03) 167 H2
Bralleville (54) 94 B3
Bram (11) 289 J5
Bramans (73) 226 B2
Brametot (76) 15 H3
Bramevaque (65) 305 H3
Bran (17) 212 A1
Branceilles (19) 216 A6
Branches (89) 113 F4
Brancourt-en-Laonnois (02) 39 K1
Brancourt-le-Grand (02) 20 A1
Brandérion (56) 100 B3
Brandeville (55) 43 G2
Brandivy (56) 100 D3
Brando (2B) 317 E4
Brandon (71) 171 G6
Brandonnet (12) 251 G2
Brandonvillers (51) 91 F1
Branges (71) 172 C2
Brangues (38) 207 H2
Brannay (89) 88 B5
Branne (25) 138 E4
Branne (33) 230 B2
Brannens (33) 230 B6
Branoux-les-Taillades (30) 255 F4
Brans (39) 137 F6
Bransat (03) 185 G1
Branscourt (51) 40 D4
Bransles (77) 111 K1
Brantes (84) 257 K4
Brantigny (88) 94 B3
Brantôme (24) 213 K1
Branville (14) 33 H4
Branville-Hague (50) 28 B2
Braquis (55) 44 A5
Bras (83) 297 J1
Bras-d'Asse (04) 278 E1
Bras-sur-Meuse (55) 43 H4
Brasc (12) 271 J2
Brasles (02) 60 E1
Braslou (37) 145 H4
Brasparts (29) 74 E2
Brassac (09) 307 H3
Brassac (81) 271 H6
Brassac (82) 249 F4
Brassac-les-Mines (63) 219 G1
Brassempouy (40) 264 E5
Brasseuse (60) 38 C4
Brassy (58) 133 K6
Brassy (80) 17 J4
Bratte (54) 66 A3
Braud-et-Saint-Louis (33) 211 G2
Brauvilliers (55) 92 B1
Braux (04) 260 D6
Braux (10) 90 E2
Braux (21) 134 E4
Braux-le-Châtel (52) 115 K1
Braux-Saint-Remy (51) 63 H1
Braux-Sainte-Cohière (51) 42 C6
Brax (31) 268 E6
Brax (47) 248 A4
Bray (27) 35 F6
Bray (71) 171 J4
Bray-Dunes (59) 3 J1
Bray-en-Val (45) 110 E5
Bray-et-Lû (95) 36 D6
Bray-lès-Mareuil (80) 9 G6
Bray-Saint-Christophe (02) 19 J3
Bray-sur-Seine (77) 88 D3
Bray-sur-Somme (80) 18 E1
Braye (02) 39 J2
Braye-en-Laonnois (02) 40 B2
Braye-en-Thiérache (02) 21 G3
Braye-sous-Faye (37) 145 G4
Braye-sur-Maulne (37) 126 E2
Brazey-en-Morvan (21) 152 E1
Brazey-en-Plaine (21) 154 D2
Bréal-sous-Montfort (35) 78 E5
Bréal-sous-Vitré (35) 104 C1
Bréançon (95) 37 G6
Bréau (77) 87 K1
Bréau-et-Salagosse (30) 273 J1
Bréauté (76) 14 D5
Bréban (51) 90 D1
Brebières (62) 11 H2
Brebotte (90) 139 J1
Brécé (35) 79 J4
Brecé (53) 80 E3
Brécey (50) 52 B4
Brech (56) 100 D4
Brechainville (88) 92 E3
Bréchamps (28) 57 G6
Bréchaumont (68) 119 K6
Brèches (37) 127 F2
Breconchaux (25) 138 C4
Brectouville (50) 31 H4
Brécy (02) 39 K5
Brécy (18) 149 J2
Brécy-Brières (08) 42 C3
la Brède (33) 229 H4
Brée (53) 81 H6
la Brée-les-Bains (17) 176 B4
Bréel (61) 53 J4
Brégnier-Cordon (01) 207 J3
Brégy (60) 38 E6
Bréhain (57) 66 D2
Bréhain-la-Ville (54) 26 E3
Bréhal (50) 30 D6
Bréhan (56) 77 G6
Bréhand (22) 77 H2
Bréhémont (37) 127 F6
Bréhéville (55) 43 H2
Breidenbach (57) 69 G2
Breil (49) 126 D3
le Breil-sur-Mérize (72) 107 G2
Breil-sur-Roya (06) 311 C4
la Breille-les-Pins (49) 126 C5
Breilly (80) 17 K1
Breistroff-la-Grande (57) 27 H3
Breitenau (67) 96 B1
Breitenbach (67) 70 B6
Breitenbach-Haut-Rhin (68) 119 K1
Brélès (29) 72 B3
Brélidy (22) 48 C4
Brem-sur-Mer (85) 158 E2
Bréménil (54) 95 H1
Brêmes (62) 2 D4
Brémoncourt (54) 94 C1
Bremondans (25) 138 D6
Brémontier-Merval (76) 36 C1
Brémoy (14) 53 F1
Brémur-et-Vaurois (21) 115 G6
Bren (26) 222 C4
Brenac (11) 308 E4
Brenas (34) 273 F6
Brenat (63) 203 F5
Brénaz (01) 190 B5
Brenelle (02) 40 A3
Brengues (46) 234 B5
Brennes (52) 116 C5
Brennilis (29) 75 F1
Brénod (01) 190 A4
Brenon (83) 279 K3
Brenouille (60) 38 B4
Brenoux (48) 254 B1
Brens (01) 207 K2
Brens (81) 270 B3
Brenthonne (74) 174 E6
Breny (02) 39 J5
la Bréole (04) 243 G6
Brères (25) 156 A2
Bréry (39) 155 H6
Bresdon (17) 178 D6
les Bréseux (25) 139 H5
Bresilley (70) 137 G6
Bresle (80) 18 D1
Bresles (60) 37 J2
Bresnay (03) 168 D5
Bresolettes (61) 55 J6
la Bresse (88) 119 H2
Bresse-sur-Grosne (71) 171 J3
Bressey-sur-Tille (21) 136 C5
Bressieux (38) 223 G1
Bressolles (01) 189 F6
Bressolles (03) 168 E4
Bressols (82) 269 F2
Bresson (38) 224 B4
Bressuire (79) 143 J5
Brest (29) 72 D4
Brestot (27) 34 E3
Bretagne (36) 147 K4
Bretagne (90) 139 K1
Bretagne-d'Armagnac (32) 266 D2
Bretagne-de-Marsan (40) 265 H3
Bretagnolles (27) 57 F2
Breteau (45) 131 K1
Breteil (35) 78 E4
Bretenière (21) 136 B6
la Bretenière (25) 138 C4
la Bretenière (39) 155 J2
Bretenières (39) 155 H4
Bretenoux (46) 234 B1
Breteuil (27) 56 B4
Breteuil (60) 18 A5
Brethel (61) 55 H5
Brethenay (52) 92 B6
le Brethon (03) 167 J3
Bretigney (25) 139 F2
Bretigney-Notre-Dame (25) 138 C5
Bretignolles (79) 143 H5
Bretignolles-sur-Mer (85) 158 D2
Bretigny (21) 136 B4
Brétigny (27) 34 E4
Brétigny (60) 19 J6
Brétigny-sur-Orge (91) 86 E1
Bretoncelles (61) 84 A3
la Bretonnière (85) 159 K4
Bretonvillers (25) 139 F6
Brette (26) 241 G5
Brette-les-Pins (72) 107 F4
Bretten (68) 119 K5
Brettes (16) 179 F5
Bretteville (50) 28 D2
Bretteville-du-Grand-Caux (76) 14 D4
Bretteville-le-Rabet (14) 54 A1
Bretteville-l'Orgueilleuse (14) 32 C4
Bretteville-Saint-Laurent (76) 15 H3
Bretteville-sur-Ay (50) 30 C1
Bretteville-sur-Dives (14) 54 C1
Bretteville-sur-Laize (14) 53 K1
Bretteville-sur-Odon (14) 32 D5
Brettnach (57) 45 J3
Bretx (31) 268 E5
Breuches (70) 118 C4
Breuchotte (70) 118 D4
Breugnon (58) 133 F4
le Breuil (03) 186 B2
Breuil (51) 40 C3
le Breuil (51) 61 G2
le Breuil (69) 188 A6
le Breuil (71) 153 G6
Breuil (80) 19 G4
Breuil-Barret (85) 161 F2
le Breuil-Bernard (79) 161 G1
Breuil-Bois-Robert (78) 57 J2
le Breuil-en-Auge (14) 33 K4
le Breuil-en-Bessin (14) 31 K2
Breuil-la-Réorte (17) 177 H4
Breuil-le-Sec (60) 38 A3
Breuil-le-Vert (60) 38 A3
Breuil-Magné (17) 177 F4
le Breuil-sous-Argenton (79) 143 K3
le Breuil-sur-Couze (63) 203 F6
Breuilaufa (87) 181 F4
Breuilh (24) 214 A5
Breuillet (17) 194 C2
Breuillet (91) 86 C1
Breuilpont (27) 57 F2
Breurey-lès-Faverney (70) 118 A5
Breuschwickersheim (67) 70 E3
Breuvannes-en-Bassigny (52) 117 F1

Breuvery-sur-Coole (51) 62 D3
Breuville (50) 28 C3
Breux (55) 23 K5
Breux-Jouy (91) 86 C1
Breux-sur-Avre (27) 56 C4
Brévainville (41) 108 E3
Bréval (78) 57 G2
Brévands (50) 29 G6
Brevans (39) 155 G2
le Brévedent (14) 34 A4
Brèves (58) 133 G4
les Bréviaires (78) 57 K5
Bréviandes (10) 90 B5
la Brévière (14) 54 E2
Bréville (14) 33 F4
Bréville (16) 196 A1
Bréville-sur-Mer (50) 30 D6
Brévillers (62) 9 H2
Brévillers (80) 10 B4
Brevilliers (70) 139 H1
Brévilly (08) 23 G4
Brévonnes (10) 90 D4
Bréxent-Enocq (62) 4 B5
Brey-et-Maison-du-Bois (25) 156 E6
Brézé (49) 144 C1
Bréziers (05) 259 J1
Brézilhac (11) 289 J6
Brézins (38) 223 G1
Brezolles (28) 56 C5
Brezons (15) 218 B6
Briançon (05) 225 K6
Briançonnet (06) 280 B2
Brianny (21) 134 E4
Briant (71) 187 F1
Briantes (36) 166 B4
Briare (45) 131 J2
Briarres-sur-Essonne (45) 87 F6
Brias (62) 10 B1
Briastre (59) 12 C4
Briatexte (81) 270 B4
Briaucourt (52) 92 B5
Briaucourt (70) 118 B4
Bricon (52) 115 K1
Briconville (28) 85 F2
Bricquebec (50) 28 C4
Bricquebosq (50) 28 C3
Bricqueville (14) 31 J1
Bricqueville-la-Blouette (50) 30 D4
Bricqueville-sur-Mer (50) 30 D6
Bricy (45) 109 J3
Brides-les-Bains (73) 209 H5
la Bridoire (73) 207 K4
Bridoré (37) 146 D3
Brie (02) 20 B5
Brie (09) 288 C6
Brie (16) 197 F2
Brie (35) 79 H6
Brie (79) 144 D4
Brie (80) 19 G2
Brie-Comte-Robert (77) 59 G5
Brié-et-Angonnes (38) 224 B4
Brie-sous-Archiac (17) 195 K5
Brie-sous-Barbezieux (16) 196 C6
Brie-sous-Chalais (16) 212 D2
Brie-sous-Matha (17) 196 A1
Brie-sous-Mortagne (17) 195 F5
Briec (29) 74 E4
Briel-sur-Barse (10) 90 D6
Brielles (35) 104 B2
Brienne (71) 172 B3
Brienne-la-Vieille (10) 91 F3
Brienne-le-Château (10) 91 F3
Brienne-sur-Aisne (08) 41 F2
Briennon (42) 187 F3
Brienon-sur-Armançon (89) 113 G3
Brières-les-Scellés (91) 86 C3
Brieuil-sur-Chizé (79) 178 B3
Brieulles-sur-Bar (08) 42 C1
Brieulles-sur-Meuse (55) 43 F3
Brieux (61) 54 B3
Briey (54) 26 E6
Briffons (63) 201 J3
Brignac (34) 273 H6
Brignac (56) 77 K5
Brignac-la-Plaine (19) 215 G4
Brignais (69) 205 K3
Brignancourt (95) 37 F6
Brigné (49) 125 J6
Brignemont (31) 268 C4
Brignogan-Plage (29) 46 B3
Brignoles (83) 297 K2
Brignon (30) 275 F1
le Brignon (43) 238 C1
la Brigue (06) 311 D2
Brigueil-le-Chantre (86) 164 C6
Brigueuil (16) 180 D5
Briis-sous-Forges (91) 58 C6
Brillac (16) 180 C4
la Brillanne (04) 278 C2
Brillecourt (10) 90 D2
Brillevast (50) 28 E2
Brillon (59) 11 K1
Brillon-en-Barrois (55) 64 A5
Brimeux (62) 4 C6
Brimont (51) 41 F3
Brin-sur-Seille (54) 66 C4
Brinay (18) 148 E2
Brinay (58) 151 K4
Brinckheim (68) 97 D4
Brindas (69) 205 K2
Bringolo (22) 48 E5
Brinon-sur-Beuvron (58) 133 F6
Brinon-sur-Sauldre (18) 130 D2
Briod (39) 173 G2
Briollay (49) 125 H2
Brion (01) 189 K2
Brion (36) 148 A4
Brion (38) 223 G2
Brion (48) 236 E3
Brion (49) 126 A4
Brion (71) 152 E5
Brion (86) 163 G6
Brion (89) 113 F3
Brion-près-Thouet (79) 144 B3
Brion-sur-Ource (21) 115 G3
la Brionne (23) 182 C3
Brionne (27) 34 E5
Briord (01) 207 G1
Briosne-lès-Sables (72) 83 F6
Briot (60) 17 H5
Briou (41) 109 G5
Brioude (43) 219 H2
Brioux-sur-Boutonne (79) 178 C3
Briouze (61) 53 J5
Briquemesnil-Floxicourt (80) 17 J2
Briquenay (08) 42 D2
Briscous (64) 282 D2
Brison-Saint-Innocent (73) 208 B2
Brissac (34) 274 A3
Brissac-Quincé (49) 125 H5
Brissarthe (49) 105 H6
Brissay-Choigny (02) 20 A4
Brissy-Hamégicourt (02) 20 B4
Brive-la-Gaillarde (19) 215 J4
Brives (36) 148 C6
Brives-Charensac (43) 220 C5
Brives-sur-Charente (17) 195 H3
Brivezac (19) 216 B6
Brix (50) 28 D3
Brixey-aux-Chanoines (55) 93 G2
Brizambourg (17) 195 H1
Brizay (37) 145 H2
Brizeaux (55) 63 K1
Brizon (74) 191 J3
le Broc (06) 281 F2
Broc (49) 126 D2
le Broc (63) 202 E5
Brocas (40) 245 K6
Brochon (21) 135 K6
Brocourt (80) 17 G2
Broglie (27) 55 H1
Brognard (25) 139 H2
Brognon (08) 21 K1
Brognon (21) 136 B4
Broin (21) 154 D2
Broindon (21) 154 C1
Broissia (39) 173 F6
Brombos (60) 17 H5
Bromeilles (45) 87 F6
Brommat (12) 236 A2
Bromont-Lamothe (63) 202 A1
Bron (69) 206 B2
Bronvaux (57) 27 G6
Broons (22) 78 B1
la Broque (67) 70 A5
Broquiers (60) 17 G5
Broquiès (12) 271 K1
Brossac (16) 212 C1
Brossainc (07) 222 A2
Brossay (49) 144 B1
la Brosse-Montceaux (77) 88 B4
Brosses (89) 133 H3
Brosville (27) 35 H6
Brotte-lès-Luxeuil (70) 118 C5
Brotte-lès-Ray (70) 137 G1
Brou (28) 84 D6
Brou-sur-Chantereine (77) 59 H3
Brouains (50) 52 D5
Broualan (35) 51 G5
Brouay (14) 32 C4
Brouchaud (24) 214 D3
Brouchy (80) 19 J4
Brouck (57) 45 J5
Brouckerque (59) 3 G2
Brouderdorff (57) 67 K4
Broué (28) 57 G5
Brouennes (55) 23 J6
le Brouilh-Monbert (32) 267 F5
Brouilla (66) 315 G3
Brouillet (51) 40 C4
Brouqueyran (33) 230 B6
la Brousse (17) 178 B6
Brousse (23) 183 J5
Brousse (63) 203 G4
Brousse (81) 270 D5
Brousse-le-Château (12) 271 J1
Brousses-et-Villaret (11) 290 A4
Brousseval (52) 91 K2
Broussey-en-Blois (55) 64 E6
Broussey-Raulecourt (55) 65 F3
Broussy-le-Grand (51) 61 J4
Broussy-le-Petit (51) 61 J4
Broût-Vernet (03) 185 H2
Brouvelieures (88) 95 G4
Brouville (54) 95 G1
Brouviller (57) 67 K3
Brouy (91) 86 D4
Brouzet-lès-Alès (30) 255 J5
Brouzet-lès-Quissac (30) 274 D3
les Brouzils (85) 142 A4
Broxeele (59) 3 G4
Broye (71) 153 F5
Broye-Aubigney-Montseugny (70) 137 F5
Broye-les-Loups-et-Verfontaine (70) 136 E3
Broyes (51) 61 H5
Broyes (60) 18 C5
Broze (81) 270 B2
Brû (88) 95 F3
Bruailles (71) 172 D3
Bruay-la-Buissière (62) 5 K6
Bruay-sur-l'Escaut (59) 12 D1
Bruc-sur-Aff (35) 102 C2
Brucamps (80) 9 J5
Bruch (47) 247 K4
Brucheville (50) 29 G6
Brucourt (14) 33 G4
Brue-Auriac (83) 297 J1
Bruebach (68) 97 C3
Brueil-en-Vexin (78) 57 K1
Bruère-Allichamps (18) 167 F1
la Bruère-sur-Loir (72) 127 F1
la Bruffière (85) 142 B3
Brugairolles (11) 308 E1
le Brugeron (63) 203 K3
Bruges (33) 229 G1
Bruges-Capbis-Mifaget (64) 284 D6
Brugheas (03) 185 H4
Brugnac (47) 247 K1
Brugnens (32) 267 K3
Brugny-Vaudancourt (51) 61 J1
la Bruguière (30) 256 A5
Bruguières (31) 269 G5
Bruille-lez-Marchiennes (59) 11 K2
Bruille-Saint-Amand (59) 7 J6
Bruis (05) 241 J6
Brûlain (79) 178 B2
les Brulais (35) 102 C1
Brulange (57) 66 D1
la Brûlatte (53) 104 D1
Bruley (54) 65 H5
Brullemail (61) 55 F6
Brullioles (69) 205 H2
Brûlon (72) 105 K3
Brumath (67) 25 A5
Brumetz (02) 39 H6
Brunehamel (02) 21 J3
Brunelles (28) 84 A4
les Brunels (11) 289 H3
Brunembert (62) 2 D5
Brunémont (59) 11 J3
Brunet (04) 278 E2
Bruniquel (82) 250 C6
Brunoy (91) 59 F5
Brunstatt (68) 97 C3
Brunville (76) 16 B1
Brunvillers-la-Motte (60) 18 C6
Brusque (12) 272 C4
le Brusquet (04) 259 K4
Brussey (70) 137 H5
Brussieu (69) 205 H2
Brusson (51) 63 G4
Brusvily (22) 50 C6
Brutelles (80) 8 D4
Bruville (54) 44 C5
Brux (86) 179 G2
la Bruyère (70) 118 E4
Bruyères (88) 95 F5
Bruyères-et-Montbérault (02) 40 B1
Bruyères-le-Châtel (91) 86 D1
Bruyères-sur-Fère (02) 39 K5
Bruyères-sur-Oise (95) 37 K5
Bruys (02) 40 A4
Bruz (35) 79 F5
Bry (59) 12 E2
Bry-sur-Marne (94) 59 G4
Bû (28) 57 G4
le Bû-sur-Rouvres (14) 54 B1
Buais (50) 80 D1
Buanes (40) 265 H4
Bubertré (61) 83 H1
Bubry (56) 100 C1
Buc (78) 58 C4
Buc (90) 139 H1
Bucamps (60) 37 K1
Bucéels (14) 32 B4
Bucey-en-Othe (10) 89 J5
Bucey-lès-Gy (70) 137 J4
Bucey-lès-Traves (70) 137 K1
Buchelay (78) 57 J2
Buchères (10) 90 B5
Buchy (57) 66 B1
Buchy (76) 16 C6
Bucilly (02) 21 H2
Bucquoy (62) 10 E4
Bucy-le-Long (02) 39 K2
Bucy-le-Roi (45) 110 A2
Bucy-lès-Cerny (02) 20 C6
Bucy-lès-Pierrepont (02) 21 F5
Bucy-Saint-Liphard (45) 109 J3
Budelière (23) 183 K2
Buding (57) 27 J4
Budling (57) 27 J4
Budos (33) 229 J6
Bué (18) 131 J6
Bueil (27) 57 G2
Bueil-en-Touraine (37) 127 H1
Buellas (01) 189 F2
Buethwiller (68) 97 A3
Buffard (25) 155 K3
Buffières (71) 171 G5
Buffignécourt (70) 117 K4
Buffon (21) 134 D1
Bugarach (11) 309 G4
Bugard (65) 286 A5
Bugeat (19) 200 B4
Bugnein (64) 283 J3
Bugnicourt (59) 11 J3
Bugnières (52) 116 A3
Bugny (25) 157 F3
le Bugue (24) 232 C1
Buhl (67) 25 C2
Buhl (68) 96 A6
Buhl-Lorraine (57) 67 J4
Buhy (95) 36 D5
Buicourt (60) 17 G6
Buigny-l'Abbé (80) 9 H5
Buigny-lès-Gamaches (80) 8 D6
Buigny-Saint-Maclou (80) 9 G4
Buire (02) 21 G2
Buire-au-Bois (62) 9 K3
Buire-Courcelles (80) 19 H1
Buire-le-Sec (62) 9 G1
Buire-sur-l'Ancre (80) 18 D1
Buironfosse (02) 20 E1
le Buis (87) 181 G4
Buis-les-Baronnies (26) 257 J3
Buis-sur-Damville (27) 56 D4
Buissard (05) 243 F4
la Buisse (38) 223 K1
la Buissière (38) 208 C6
le Buisson (48) 237 F5
le Buisson (51) 63 H4
Buisson (84) 257 G3
le Buisson-de-Cadouin (24) 232 C2
Buissoncourt (54) 66 C5
Buissy (62) 11 H4
Bujaleuf (87) 199 J2
Bulan (65) 304 E2
Bulat-Pestivien (22) 76 B1
Bulcy (58) 150 C1
Buléon (56) 101 G2
Bulgnéville (88) 93 H5
Bulhon (63) 185 J6
Bullainville (28) 85 G6
Bulle (25) 156 D4
Bullecourt (62) 11 G4
Bulles (60) 37 K2
Bulligny (54) 65 H6
Bullion (78) 58 B6
Bullou (28) 84 E5
Bully (42) 186 E6
Bully (69) 205 J1
Bully (76) 16 C4
Bully-les-Mines (62) 10 E1
Bulson (08) 23 F5
Bult (88) 94 E4
Bun (65) 304 A2
Buncey (21) 115 F5
Buneville (62) 10 B2
Buno-Bonnevaux (91) 86 E4
Bunus (64) 283 F5
Bunzac (16) 197 G3
Buoux (84) 277 H3
Burbach (67) 67 J2
la Burbanche (01) 189 K6
Burbure (62) 5 J5
Burcin (38) 207 G6
Burcy (14) 53 F3
Burcy (77) 87 G5
Burdignes (42) 221 J2
Burdignin (74) 191 J1
Bure (55) 92 C2
Buré (61) 83 G2
Bure-les-Templiers (21) 115 J6
Burelles (02) 21 F3
Bures (54) 66 E4
Bures (61) 83 G1
Bures-en-Bray (76) 16 C3
Bures-les-Monts (14) 31 J5
Bures-sur-Yvette (91) 58 C5
le Buret (53) 105 H3
Burey (27) 56 B2
Burey-en-Vaux (55) 93 F1
Burey-la-Côte (55) 93 G2
Burg (65) 286 A6
Burgalays (31) 305 J4
Burgaronne (64) 283 H2
le Burgaud (31) 268 D4
Burgille (25) 137 H5
Burgnac (87) 198 E2
Burgy (71) 171 K4
Burie (17) 195 J2
Buriville (54) 95 F1
Burlats (81) 271 F6
Burlioncourt (57) 66 E2
Burnand (71) 171 H3
Burnevillers (25) 139 K4
Burnhaupt-le-Bas (68) 97 A3
Burnhaupt-le-Haut (68) 97 A3
Buros (64) 284 D3
Burosse-Mendousse (64) 284 E1
Burret (09) 307 H3
Bursard (61) 82 E1
Burthecourt-aux-Chênes (54) 66 B6
Burtoncourt (57) 27 K6
Bury (60) 37 K3
Burzet (07) 239 F3
Burzy (71) 171 G3
Bus (62) 11 G5
Bus-la-Mésière (80) 18 E5
Bus-lès-Artois (80) 10 C5
Bus-Saint-Rémy (27) 36 C5
Buschwiller (68) 97 E4
Busigny (59) 12 C6
Busloup (41) 108 C4
Busnes (62) 5 J5
Busque (81) 270 C4
Bussac (24) 213 K2
Bussac-Forêt (17) 211 K3
Bussac-sur-Charente (17) 195 G1
Bussang (88) 119 H3
le Busseau (79) 161 G3
Busseaut (21) 115 G6
Busséol (63) 202 E3
Busserolles (24) 197 J3
Busserotte-et-Montenaille (21) 135 K1
Busset (03) 185 K4
Bussiares (02) 39 H6
la Bussière (45) 111 J6
la Bussière (86) 163 K3
Bussière-Badil (24) 197 J3
Bussière-Boffy (87) 180 D4
Bussière-Dunoise (23) 182 C2
Bussière-Galant (87) 198 C4
Bussière-Nouvelle (23) 183 J5
Bussière-Poitevine (87) 180 D2
Bussière-Saint-Georges (23) 166 C6
la Bussière-sur-Ouche (21) 153 J1
Bussières (21) 135 K1
Bussières (42) 205 F1
Bussières (63) 184 A4
Bussières (70) 137 K5
Bussières (71) 171 H6
Bussières (77) 60 C3
Bussières (89) 134 B4
Bussières-et-Pruns (63) 185 G5
Busson (52) 92 D4
Bussu (80) 19 H1
Bussunarits-Sarrasquette (64) 282 E5
Bussus-Bussuel (80) 9 H5
Bussy (18) 149 J5
Bussy (60) 19 H5
Bussy-Albieux (42) 204 C2
Bussy-en-Othe (89) 113 F2
Bussy-la-Pesle (21) 135 H5
Bussy-la-Pesle (58) 133 F6
Bussy-le-Château (51) 42 A6
Bussy-le-Grand (21) 135 F2
Bussy-le-Repos (51) 63 H3
Bussy-le-Repos (89) 112 D2
Bussy-lès-Daours (80) 18 C2
Bussy-lès-Poix (80) 17 J3
Bussy-Lettrée (51) 62 C4
Bussy-Saint-Georges (77) 59 H4
Bussy-Saint-Martin (77) 59 H3
Bust (67) 69 F6
Bustanico (2B) 319 G5
Bustince-Iriberry (64) 282 E5
Buswiller (67) 69 J6
Busy (25) 156 B1
Buthiers (70) 138 A4
Buthiers (77) 87 F5
Butot (76) 15 K5
Butot-Vénesville (76) 15 F3
Butry-sur-Oise (95) 37 J6
Butteaux (89) 113 J3
Butten (67) 69 F4
Buverchy (80) 19 H4
Buvilly (39) 155 J5
la Buxerette (36) 165 K4
Buxerolles (21) 115 K5
Buxerolles (86) 163 F3
Buxeuil (10) 114 E2
Buxeuil (36) 147 K2
Buxeuil (86) 146 A4
Buxières-d'Aillac (36) 165 J3
Buxières-lès-Clefmont (52) 116 E1
Buxières-les-Mines (03) 168 A5
Buxières-lès-Villiers (52) 116 A1
Buxières-sous-les-Côtes (55) 65 F2
Buxières-sous-Montaigut (63) 184 D2
Buxières-sur-Arce (10) 114 E1
Buxy (71) 171 H1
Buysscheure (59) 3 H4
Buzan (09) 306 B3
Buzançais (36) 147 H5
Buzancy (02) 39 J3
Buzancy (08) 42 D2
Buzeins (12) 253 F2
Buzet-sur-Baïse (47) 247 J4
Buzet-sur-Tarn (31) 269 J4
Buziet (64) 284 B6
Buzignargues (34) 274 D4
Buzon (65) 285 J2
Buzy (64) 284 C6
Buzy-Darmont (55) 44 A5
By (25) 156 A3
Byans-sur-Doubs (25) 156 A2

C

Cabanac (65) 285 K4
Cabanac-Cazaux (31) 305 K2
Cabanac-et-Villagrains (33) 229 H5
Cabanac-Séguenville (31) 268 C4
la Cabanasse (66) 313 J4
Cabanès (12) 251 J5
Cabanès (81) 270 C5
le Cabanial (31) 289 G2
les Cabannes (09) 307 K5
Cabannes (13) 276 C3
les Cabannes (81) 251 F6
Cabara (33) 230 B2
Cabariot (17) 177 G5
Cabas-Loumassès (32) 286 D4
Cabasse (83) 298 B2
Cabestany (66) 315 H2
Cabidos (64) 284 C1

Cabourg (14) 33 G3
Cabrerets (46) 250 C1
Cabrerolles (34) 291 K1
Cabrespine (11) 290 C4
Cabrières (30) 275 H2
Cabrières (34) 292 B1
Cabrières-d'Aigues (84) 277 J3
Cabrières-d'Avignon (84) 276 E2
Cabriès (13) 296 C2
Cabris (06) 280 C4
Cachan (94) 58 E4
Cachen (40) 246 A6
Cachy (80) 18 C2
Cadalen (81) 270 C3
Cadarcet (09) 307 H2
Cadarsac (33) 230 A2
Cadaujac (33) 229 H3
Cadéac (65) 305 F4
Cadeilhan (32) 267 K3
Cadeilhan-Trachère (65) 304 E4
Cadeillan (32) 287 F3
Cademène (25) 156 B2
Caden (56) 102 A4
Cadenet (84) 277 H4
Caderousse (84) 256 D5
la Cadière-d'Azur (83) 297 G5
la Cadière-et-Cambo (30) 274 B2
Cadillac (33) 229 K4
Cadillac-en-Fronsadais (33) 211 K6
Cadillon (64) 285 F1
Cadix (81) 271 H2
Cadolive (13) 296 E3
Cadours (31) 268 C5
Cadrieu (46) 250 E1
Caen (14) 32 E5
Caëstre (59) 3 K5
Caffiers (62) 2 C4
Cagnac-les-Mines (81) 270 E2
Cagnano (2B) 317 D3
Cagnes-sur-Mer (06) 281 F4
Cagnicourt (62) 11 G4
Cagnoncles (59) 11 K4
Cagnotte (40) 264 B6
Cagny (14) 33 F5
Cagny (80) 18 B2
Cahagnes (14) 32 A6
Cahagnolles (14) 32 A5
Cahaignes (27) 36 C5
Cahan (61) 53 J3
Caharet (65) 286 A6
Cahon (80) 9 F5
Cahors (46) 249 K1
Cahus (46) 234 C1
Cahuzac (11) 289 F6
Cahuzac (47) 231 J4
Cahuzac (81) 289 J2
Cahuzac-sur-Adour (32) 266 B6
Cahuzac-sur-Vère (81) 270 B2
Caignac (31) 288 E4
le Cailar (30) 275 F5
Cailhau (11) 289 J6
Cailhavel (11) 289 J6
Cailla (11) 308 E5
Caillac (46) 249 J1
Caillavet (32) 267 F5
Caille (06) 280 B3
la Caillère-Saint-Hilaire (85) 160 D2
Cailleville (76) 15 G2
Caillouël-Crépigny (02) 19 J5
Caillouet-Orgeville (27) 56 E1
Cailloux-sur-Fontaines (69) 188 D6
Cailly (76) 16 B6
Cailly-sur-Eure (27) 35 J6
la Caine (14) 53 H1
Cairanne (84) 257 F4
le Caire (04) 259 G2
Cairon (14) 32 D4
Caisnes (60) 39 G1
Caissargues (30) 275 G4
Caix (80) 18 E3
Caixas (66) 314 E3
Caixon (65) 285 H3
Cajarc (46) 250 E1
Calacuccia (2B) 318 E5
Calais (62) 2 C2
Calamane (46) 233 G6
Calan (56) 100 A2
Calanhel (22) 47 K6
Calavanté (65) 285 J5
Calcatoggio (2A) 320 B4
Calce (66) 310 A5
Calenzana (2B) 318 C3
Calès (24) 232 B2
Calès (46) 233 J3
Calignac (47) 247 K5
Caligny (61) 53 G4
Callac (22) 75 K1
Callas (83) 279 K5
Callen (40) 246 A3
Callengeville (76) 16 D3
Calleville (27) 34 E5
Calleville-les-Deux-Églises (76) 15 J4
Callian (32) 266 E6
Callian (83) 280 B5
Calmeilles (66) 314 E4
Calmels-et-le-Viala (12) 272 A2
la Calmette (30) 275 F2
Calmont (12) 252 B4
Calmont (31) 288 D5
Calmoutier (70) 118 C6
Caloire (42) 204 E6
Calonges (47) 247 H2
Calonne-Ricouart (62) 5 J6
Calonne-sur-la-Lys (62) 5 K4
Calorguen (22) 50 D6
la Calotterie (62) 4 B6
Caluire-et-Cuire (69) 206 A1
Calvi (2B) 318 B3
Calviac (46) 234 D1
Calviac-en-Périgord (24) 233 G2
Calvignac (46) 250 D1
Calvinet (15) 235 G4
Calvisson (30) 275 F4
Calzan (09) 307 K2
Camalès (65) 285 H3
Camarade (09) 307 F1
Camarès (12) 272 B4
Camaret-sur-Aigues (84) 257 F5
Camaret-sur-Mer (29) 72 C6
Camarsac (33) 229 K2
Cambayrac (46) 249 J2
la Cambe (14) 29 J6
Cambernard (31) 287 J2
Cambernon (50) 30 E3
Cambes (33) 229 J3
Cambes (46) 234 C5
Cambes (47) 231 F5
Cambes-en-Plaine (14) 32 E4
Cambia (2B) 319 G5
Cambiac (31) 289 F2
Cambieure (11) 308 D1
Camblain-Châtelain (62) 5 J6
Camblain-l'Abbé (62) 10 D2
Camblanes-et-Meynac (33) 229 H3
Cambligneul (62) 10 D1
Cambo-les-Bains (64) 263 E2
Cambon (81) 270 E2
Cambon-et-Salvergues (34) 272 B6
Cambon-lès-Lavaur (81) 289 G1
Camboulazet (12) 252 A4
Camboulit (46) 234 C5
Cambounès (81) 290 C1
Cambounet-sur-le-Sor (81) 289 J1
le Cambout (22) 77 H6
Cambrai (59) 11 J4
Cambremer (14) 33 H5
Cambrin (62) 6 B5
Cambron (80) 9 F5
Cambronne-lès-Clermont (60) 38 A3
Cambronne-lès-Ribécourt (60) 38 E1
Camburat (46) 234 D5
Came (64) 283 F2
Camélas (66) 314 E2
Camelin (02) 39 G1
Camembert (61) 54 E3
Cametours (50) 31 F4
Camiac-et-Saint-Denis (33) 230 A2
Camiers (62) 4 A5
Camiran (33) 230 C5
Camjac (12) 251 K5
Camlez (22) 48 B2
les Cammazes (81) 289 J3
Camoël (56) 121 J2
Camon (09) 308 C2
Camon (80) 18 B2
Camors (56) 100 D3
Camou-Cihigue (64) 283 H6
Camous (65) 305 F3
Campagna-de-Sault (11) 308 D5
Campagnac (12) 253 G2
Campagnac (81) 270 B1
Campagnac-lès-Quercy (24) 232 E4
Campagnan (34) 292 D1
Campagne (24) 232 C1
Campagne (34) 274 D4
Campagne (40) 265 F3
Campagne (60) 19 G5
Campagne-d'Armagnac (32) 266 C3
Campagne-lès-Boulonnais (62) 4 E4
Campagne-lès-Guines (62) 2 D4
Campagne-lès-Hesdin (62) 9 G1
Campagne-lès-Wardrecques (62) 3 H5
Campagne-sur-Arize (09) 307 F1
Campagne-sur-Aude (11) 308 E3
Campagnolles (14) 31 J6
Campan (65) 304 D2
Campana (2B) 319 H5
Campandré-Valcongrain (14) 53 H1
Camparan (65) 305 F4
Campbon (44) 122 D1
Campeaux (14) 31 J5
Campeaux (60) 17 F5
Campel (35) 78 D6
Campénéac (56) 78 A6
Campestre-et-Luc (30) 273 H2
Campet-et-Lamolère (40) 265 F2
Camphin-en-Carembault (59) 6 D5
Camphin-en-Pévèle (59) 7 F4
Campi (2B) 319 J6
Campigneulles-les-Grandes (62) 9 F1
Campigneulles-les-Petites (62) 4 B6
Campigny (14) 32 A4
Campigny (27) 34 C3
Campile (2B) 319 H3
Campistrous (65) 286 A6
Campitello (2B) 319 G3
Camplong (34) 272 E5
Camplong-d'Aude (11) 309 K1
Campneuseville (76) 17 F2
Campo (2A) 320 E5
Campôme (66) 314 B2
Campouriez (12) 235 K4
Campoussy (66) 309 H6
Campremy (60) 18 B6
Camprond (50) 31 F3
Camps-en-Amiénois (80) 17 H2
Camps-la-Source (83) 297 K2
Camps-Saint-Mathurin-
Léobazel (19) 216 D6
Camps-sur-l'Agly (11) 309 G4
Camps-sur-l'Isle (33) 212 C5
Campsas (82) 269 F3
Campsegret (24) 231 J1
Campuac (12) 235 K6
Campugnan (33) 211 H3
Campuzan (65) 286 B5
Camurac (11) 308 B5
Canale-di-Verde (2B) 319 J6
Canals (82) 269 F3
Canaples (80) 9 K5
Canappeville (27) 35 H5
Canapville (14) 33 J3
Canapville (61) 55 F2
Canari (2B) 317 C3
Canaules-et-Argentières (30) 274 D1
Canavaggia (2B) 319 G3
Canaveilles (66) 314 A4
Cancale (35) 51 F3
Canchy (14) 29 J6
Canchy (80) 9 G4
Cancon (47) 231 K6
Candas (80) 10 A5
Candé (49) 124 C2
Candé-sur-Beuvron (41) 128 E3
Candes-Saint-Martin (37) 144 E1
Candillargues (34) 274 D6
Candor (60) 19 G5
Candresse (40) 264 B4
Canehan (76) 16 C1
Canéjan (33) 229 G3
Canens (31) 288 A5
Canenx-et-Réaut (40) 265 H1
Canet (11) 291 G5
Canet (34) 273 H6
Canet-de-Salars (12) 252 D4
Canet-en-Roussillon (66) 310 D6
Canettemont (62) 10 B3
Cangey (37) 128 C4
Caniac-du-Causse (46) 233 K5
Canihuel (22) 76 C2
Canilhac (48) 253 H2
Canisy (50) 31 G4
Canlers (62) 5 F6
Canly (60) 38 C2
Cannectancourt (60) 19 G6
Cannelle (2A) 320 C3
Cannes (06) 280 E6
Cannes-Écluse (77) 88 A4
Cannes-et-Clairan (30) 274 E2
Cannessières (80) 17 F1
le Cannet (06) 280 E5
Cannet (32) 266 B6
le Cannet-des-Maures (83) 298 C2
Canny-sur-Matz (60) 19 F5
Canny-sur-Thérain (60) 17 F5
Canohès (66) 315 G2
la Canourgue (48) 253 H2
Canouville (76) 15 F3
Cantaing-sur-Escaut (59) 11 J4
Cantaous (65) 305 G1
Cantaron (06) 281 H3
Canté (09) 288 C5
Canteleu (76) 35 H2
Canteleux (62) 10 A4
Canteloup (14) 33 G5
Canteloup (50) 29 F2
Cantenac (33) 211 G5
Cantenay-Épinard (49) 125 G2
Cantiers (27) 36 C4
Cantigny (80) 18 C5
Cantillac (24) 213 K1
Cantin (59) 11 H2
Cantoin (12) 236 B2
Cantois (33) 230 A4
Canville-la-Rocque (50) 28 C6
Canville-les-Deux-Églises (76) 15 H3
Cany-Barville (76) 15 F3
Caorches-Saint-Nicolas (27) 34 C6
Caouënnec-Lanvézéac (22) 48 A3
Caours (80) 9 G5
Cap-d'Ail (06) 281 J3
Capbreton (40) 262 B5
Capdenac (46) 234 D5
Capdenac-Gare (12) 234 E6
Capdrot (24) 232 C4
la Capelle (02) 21 F1
Capelle (59) 12 D3
la Capelle-Balaguier (12) 251 F2
la Capelle-Bleys (12) 251 H3
la Capelle-Bonance (12) 253 F1
la Capelle-et-Masmolène (30) 256 B6
Capelle-Fermont (62) 10 D2
la Capelle-lès-Boulogne (62) 2 B5
Capelle-les-Grands (27) 55 G1
Capelle-lès-Hesdin (62) 9 H2
Capendu (11) 290 D6
Capens (31) 287 K4
Capestang (34) 291 J4
Capian (33) 229 K3
Capinghem (59) 6 D4
Caplong (33) 230 E3
Capoulet-et-Junac (09) 307 J5
Cappel (57) 68 B3
Cappelle-Brouck (59) 3 G3
Cappelle-en-Pévèle (59) 6 E5
Cappelle-la-Grande (59) 3 H2
Cappy (80) 19 F1
Captieux (33) 246 C3
Capvern (65) 305 F1
Caragoudes (31) 288 E2
Caraman (31) 289 F1
Caramany (66) 309 J6
Carantec (29) 47 F3
Carantilly (50) 31 F4
Carayac (46) 234 C6
Carbay (49) 104 A5
Carbes (81) 270 E6
Carbini (2A) 323 G2
Carbon-Blanc (33) 229 H1
Carbonne (31) 287 K4
Carbuccia (2A) 320 D3
Carcagny (14) 32 C4
Carcanières (09) 308 D6
Carcans (33) 210 C4
Carcarès-Sainte-Croix (40) 264 D3
Carcassonne (11) 290 B5
Carcen-Ponson (40) 264 D2
Carcès (83) 298 A1
Carcheto-Brustico (2B) 319 H5
Cardaillac (46) 234 D4
Cardan (33) 229 K4
Cardeilhac (31) 286 D5
Cardesse (64) 284 A4
Cardet (30) 274 D1
Cardo-Torgia (2A) 320 E6
Cardonnette (80) 18 B1
le Cardonnois (80) 18 C5
Cardonville (14) 29 H6
Cardroc (35) 78 E2
Carelles (53) 80 D3
Carency (62) 10 E1
Carennac (46) 234 A1
Carentan (50) 31 G1
Carentoir (56) 102 B2
Cargèse (2A) 316 C6
Cargiaca (2A) 323 F2
Carhaix-Plouguer (29) 75 J3
Carignan (08) 23 H5
Carignan-de-Bordeaux (33) 229 J2
Carisey (89) 113 J4
Carla-Bayle (09) 288 B6
Carla-de-Roquefort (09) 308 A3
le Carlaret (09) 288 E6
Carlat (15) 235 J2
Carlencas-et-Levas (34) 273 F6
Carlepont (60) 39 F1
Carling (57) 68 A2
Carlipa (11) 289 J4
Carlucet (46) 233 K4
Carlus (81) 270 D3
Carlux (24) 233 G2
Carly (62) 2 B6
Carmaux (81) 270 E1
Carnac (56) 100 C6
Carnac-Rouffiac (46) 249 H2
Carnas (30) 274 D3
la Carneille (61) 53 J4
Carnet (50) 51 K5
Carnetin (77) 59 H3
Carneville (50) 28 E2
Carnières (59) 12 B4
Carnin (59) 6 D5
Carnoët (22) 75 J1
Carnoules (83) 298 B3
Carnoux-en-Provence (13) 296 E4
Carnoy (80) 19 F1
Caro (56) 101 K3
Caro (64) 282 E6
Caromb (84) 257 H5
Carpentras (84) 257 G6
Carpineto (2B) 319 H5
Carpiquet (14) 32 D5
Carquebut (50) 29 F6
Carquefou (44) 123 H3
Carqueiranne (83) 297 K6
Carrépuis (80) 19 F4
Carrère (64) 284 E2
Carresse-Cassaber (64) 283 G2
Carrières-sous-Poissy (78) 58 B2
Carrières-sur-Seine (78) 58 D3
Carros (06) 281 F3
Carrouges (61) 82 B1
Carry-le-Rouet (13) 296 A4
Cars (33) 211 G4
les Cars (87) 198 D3
Carsac-Aillac (24) 233 F2
Carsac-de-Gurson (24) 212 E6
Carsan (30) 256 C4
Carsix (27) 34 D5
Carspach (68) 97 B4
Cartelègue (33) 211 H3
Carticasi (2B) 319 G5
Cartignies (59) 13 G5
Cartigny (80) 19 H2
Cartigny-l'Épinay (14) 31 J2
Carves (24) 232 D3
Carville (14) 31 K6
Carville-la-Folletière (76) 15 H6
Carville-Pot-de-Fer (76) 15 G4
Carvin (62) 6 D6
Casabianca (2B) 319 H4
Casaglione (2A) 320 C3
Casalabriva (2A) 322 D1
Casalta (2B) 319 H4
Casamaccioli (2B) 318 D6
Casanova (2B) 319 F6
Cascastel-des-Corbières (11) 310 A3
Casefabre (66) 314 E3
Caseneuve (84) 277 J2
Cases-de-Pène (66) 310 A5
Casevecchie (2B) 321 H2
Cassagnabère-Tournas (31) 286 E5
Cassagnas (48) 254 D4
la Cassagne (24) 215 G5
Cassagne (31) 306 C1
Cassagnes (46) 232 E6
Cassagnes (66) 309 J6
Cassagnes-Bégonhès (12) 252 B5
Cassagnoles (30) 274 E1
Cassagnoles (34) 290 E3
la Cassaigne (11) 289 H6
Cassaigne (32) 267 F2
Cassaignes (11) 309 F3
Cassaniouze (15) 235 H4
Cassel (59) 3 J4
Cassen (40) 264 D4
Casseneuil (47) 248 B1
les Cassés (11) 289 G3
Casseuil (33) 230 B5
Cassignas (47) 248 D3
Cassis (13) 296 E5
Casson (44) 123 G2
Cassuéjouls (12) 236 B4
Cast (29) 74 D4
Castagnac (31) 288 A5
Castagnède (31) 306 B2
Castagnède (64) 283 G2
Castagniers (06) 281 G3
Castaignos-Souslens (40) 265 F6
Castandet (40) 265 J3
Castanet (12) 251 J4
Castanet (81) 270 C2
Castanet (82) 251 F4
Castanet-le-Haut (34) 272 C5
Castanet-Tolosan (31) 288 C2
Castans (11) 290 C3
Casteide-Cami (64) 284 B2
Casteide-Candau (64) 284 B1
Casteide-Doat (64) 285 G3
Casteil (66) 314 B4
Castel-Sarrazin (40) 264 D6
Castelbajac (65) 286 A6
Castelbiague (31) 306 B2
Castelculier (47) 248 C5
Castelferrus (82) 268 D1
Castelfranc (46) 249 H1
Castelgaillard (31) 287 G4
Castelginest (31) 269 G5
Casteljaloux (47) 247 G3
Castella (47) 248 C3
Castellane (04) 279 J2
Castellar (06) 281 J2
le Castellard-Melan (04) 259 H4
Castellare-di-Casinca (2B) 319 J3
Castellare-di-Mercurio (2B) 319 G6
le Castellet (04) 278 D1
le Castellet (83) 297 G5
Castellet (84) 277 J3
Castellet-lès-Sausses (04) 260 E6
Castello-di-Rostino (2B) 319 G4
Castelmary (12) 251 J5
Castelmaurou (31) 269 H5
Castelmayran (82) 268 C1
Castelmoron-d'Albret (33) 230 C4
Castelmoron-sur-Lot (47) 248 A2
Castelnau-Barbarens (32) 286 E1
Castelnau-Chalosse (40) 264 D5
Castelnau-d'Anglès (32) 266 E6
Castelnau-d'Arbieu (32) 267 K3
Castelnau-d'Aude (11) 290 E5
Castelnau-d'Auzan (32) 266 D2
Castelnau-de-Brassac (81) 271 H6
Castelnau-de-Guers (34) 292 C3
Castelnau-de-Lévis (81) 270 D2
Castelnau-de-Mandailles (12) 236 C6
Castelnau-de-Médoc (33) 211 F5
Castelnau-de-Montmiral (81) 270 A2
Castelnau-d'Estrétefonds (31) 269 F4
Castelnau-Durban (09) 307 F2
Castelnau-le-Lez (34) 274 C6
Castelnau-Magnoac (65) 286 C4
Castelnau-Montratier (46) 249 J4
Castelnau-Pégayrols (12) 253 F5
Castelnau-Picampeau (31) 287 H4
Castelnau-Rivière-Basse (65) 266 B6
Castelnau-sur-Gupie (47) 230 E5
Castelnau-sur-l'Auvignon (32) 267 G1
Castelnau-Tursan (40) 265 H5
Castelnau-Valence (30) 275 F1
Castelnaud-de-Gratecambe (47) 248 C1
Castelnaud-la-Chapelle (24) 232 E2
Castelnaudary (11) 289 H4
Castelnavet (32) 266 D5
Castelner (40) 284 B1
Castelnou (66) 314 E3
Castelreng (11) 308 E2
Castels (24) 232 D2
Castelsagrat (82) 248 E5
Castelsarrasin (82) 268 D1
Castelvieilh (65) 285 J4
Castelviel (33) 230 B4
le Castéra (31) 268 D5
Castéra-Bouzet (82) 268 B1
Castéra-Lanusse (65) 285 K6
Castéra-Lectourois (32) 267 J1
Castéra-Lou (65) 285 J4
Castéra-Loubix (64) 285 G3
Castéra-Verduzan (32) 267 G4
Castéra-Vignoles (31) 286 E5
Castéras (09) 307 G1

Casterets (65) 286 C4
Castéron (32) 268 B3
Castet (64) 303 H1
Castet-Arrouy (32) 267 K1
Castetbon (64) 283 J3
Castétis (64) 283 K2
Castetnau-Camblong (64) 283 J3
Castetner (64) 283 J2
Castetpugon (64) 284 E1
Castets (40) 262 E2
Castets-en-Dorthe (33) 230 B5
Castex (09) 288 A6
Castex (32) 286 A3
Castex-d'Armagnac (32) 266 A3
Casties-Labrande (31) 287 H4
Castifao (2B) 318 E3
Castiglione (2B) 319 F4
Castillon (06) 281 J2
Castillon (14) 32 A4
Castillon (65) 304 D1
Castillon(Canton d'Arthez-de-Béarn) (64) 284 B2
Castillon(Canton de Lembeye) (64) 285 F2
Castillon-de-Castets (33) 230 B6
Castillon-de-Larboust (31) 305 H5
Castillon-de-Saint-Martory (31) 287 F6
Castillon-Debats (32) 266 E4
Castillon-du-Gard (30) 275 J1
Castillon-en-Auge (14) 54 D1
Castillon-en-Couserans (09) 306 C3
Castillon-la-Bataille (33) 230 C2
Castillon-Massas (32) 267 H5
Castillon-Savès (32) 287 H1
Castillonnès (47) 231 J4
Castilly (14) 31 J1
Castin (32) 267 H5
Castineta (2B) 319 G4
Castirla (2B) 319 F5
Castres (02) 19 K3
Castres (81) 271 F6
Castres-Gironde (33) 229 J4
Castries (34) 274 D5
le Cateau-Cambrésis (59) 12 D5
le Catelet (02) 11 K6
le Catelier (76) 16 A3
Catenay (76) 36 A1
Catenoy (60) 38 B3
Cateri (2B) 318 C3
Cathervielle (31) 305 G5
Catheux (60) 17 K5
Catigny (60) 19 G5
Catillon-Fumechon (60) 37 K1
Catillon-sur-Sambre (59) 12 E5
Catllar (66) 314 C3
Catonvielle (32) 268 B5
Cattenières (59) 12 B4
Cattenom (57) 27 H3
Catteville (50) 28 D6
Catus (46) 233 G6
Catz (50) 31 G1
Caubeyres (47) 247 H4
Caubiac (31) 268 D5
Caubios-Loos (64) 284 C2
Caubon-Saint-Sauveur (47) 230 E5
Caubous (31) 305 H4
Caubous (65) 286 B5
Caucalières (81) 290 A2
la Cauchie (62) 10 D4
Cauchy-à-la-Tour (62) 5 J6
Caucourt (62) 10 D1
Caudan (56) 100 A3
Caudebec-en-Caux (76) 15 G6
Caudebec-lès-Elbeuf (76) 35 H4
Caudebronde (11) 290 A3
Caudecoste (47) 248 C5
Caudeval (11) 308 C1
Caudiès-de-Conflent (66) 313 K3
Caudiès-de-Fenouillèdes (66) 309 G5
Caudrot (33) 230 B5
Caudry (59) 12 C5
Cauffry (60) 38 A3
Caugé (27) 56 C1
Caujac (31) 288 C4
Caulaincourt (02) 19 J2
le Caule-Sainte-Beuve (76) 16 E3
Caulières (80) 17 H3
Caullery (59) 12 B5
Caulnes (22) 78 B2
Caumont (02) 19 J5
Caumont (09) 306 D2
Caumont (27) 35 G3
Caumont (32) 266 B5
Caumont (33) 230 C4
Caumont (62) 9 H3
Caumont (82) 268 C1
Caumont-l'Éventé (14) 32 A6
Caumont-sur-Durance (84) 276 C2
Caumont-sur-Garonne (47) 247 H1
Caumont-sur-Orne (14) 53 H2
Cauna (40) 265 F4
Caunay (79) 179 F2
Cauneille (40) 264 B6
Caunes-Minervois (11) 290 D4
la Caunette (34) 291 F4
Caunette-sur-Lauquet (11) 309 G2
Caunettes-en-Val (11) 309 J2
Caupenne (40) 264 E5
Caupenne-d'Armagnac (32) 266 B4
la Caure (51) 61 H3
Caurel (22) 76 D4
Caurel (51) 41 G3
Cauro (2A) 320 D5
Cauroir (59) 11 K4
Cauroy (08) 41 K3
Cauroy-lès-Hermonville (51) 40 E3
le Causé (82) 268 C4
Cause-de-Clérans (24) 231 K2
Caussade (82) 250 B5
Caussade-Rivière (65) 285 H1
Causse-Bégon (30) 253 K6
Causse-de-la-Selle (34) 273 K4
Causse-et-Diège (12) 234 D6
Caussens (32) 267 G2
Causses-et-Veyran (34) 291 J2
Caussiniojouls (34) 291 K1
Caussols (06) 280 D3
Caussou (09) 308 A5
Cauterets (65) 304 A3
Cauverville-en-Roumois (27) 34 D3
Cauvicourt (14) 54 A1
Cauvignac (33) 246 E1
Cauvigny (60) 37 J4
Cauville (14) 53 H2
Cauville (76) 14 A5
Caux (34) 292 B2
Caux-et-Sauzens (11) 290 A5
Cauzac (47) 248 D3
Cavagnac (46) 215 K6
Cavaillon (84) 276 D3
Cavalaire-sur-Mer (83) 298 E5
la Cavalerie (12) 272 E1
Cavan (22) 48 B3
Cavanac (11) 290 B6
Cavarc (47) 231 K4
Caveirac (30) 275 F3
Caves (11) 310 C3
Cavignac (33) 211 K4
Cavigny (50) 31 H2
Cavillargues (30) 256 B5
Cavillon (80) 17 J1
Cavron-Saint-Martin (62) 9 H1
Caychax (09) 307 K5
Cayeux-en-Santerre (80) 18 D3
Cayeux-sur-Mer (80) 8 D4
le Caylar (34) 273 G3
Caylus (82) 250 D4
Cayrac (82) 250 A6
Cayres (43) 238 B1
Cayriech (82) 250 B4
le Cayrol (12) 236 B5
Cayrols (15) 235 F2
Cazac (31) 287 G4
Cazalis (33) 246 B2
Cazalis (40) 265 F5
Cazalrenoux (11) 289 G6
Cazals (46) 233 F5
Cazals (82) 250 C5
Cazals-des-Baylès (09) 308 C1
Cazaril-Laspènes (31) 305 H5
Cazaril-Tambourès (31) 286 C6
Cazarilh (65) 305 H3
Cazats (33) 246 D1
Cazaubon (32) 266 B2
Cazaugitat (33) 230 D3
Cazaunous (31) 305 K2
Cazaux (09) 307 H2
Cazaux-d'Anglès (32) 266 E5
Cazaux-Debat (65) 305 F4
Cazaux-Fréchet-Anéran-Camors (65) 305 F4
Cazaux-Layrisse (31) 305 H4
Cazaux-Savès (32) 287 G1
Cazaux-Villecomtal (32) 285 J2
Cazavet (09) 306 C2
Cazeaux-de-Larboust (31) 305 H5
Cazedarnes (34) 291 J3
Cazenave-Serres-et-Allens (09) 307 J4
Cazeneuve (32) 266 D2
Cazeneuve-Montaut (31) 287 F6
Cazères (31) 287 H5
Cazères-sur-l'Adour (40) 265 J4
Cazes-Mondenard (82) 249 H4
Cazevieille (34) 274 B4
Cazideroque (47) 248 E2
Cazilhac (11) 290 B6
Cazilhac (34) 274 A2
Cazillac (46) 215 K6
Cazoulès (24) 233 H2
Cazouls-d'Hérault (34) 292 C2
Cazouls-lès-Béziers (34) 291 J3
Ceaucé (61) 81 G2
Ceaulmont (36) 165 G4
Céaux (50) 51 K3
Céaux-d'Allègre (43) 220 A4
Ceaux-en-Couhé (86) 162 E6
Ceaux-en-Loudun (86) 145 F3
Cébazan (34) 291 H3
Cébazat (63) 202 D1
Ceffonds (52) 91 H2
Ceignes (01) 189 J3
Ceilhes-et-Rocozels (34) 272 E4
Ceillac (05) 227 B3
Ceilloux (63) 203 H3
Ceintrey (54) 94 A1
la Celette (18) 167 G2
la Celle (03) 184 C2
la Celle (18) 167 F1
Cellé (41) 107 K5
la Celle (63) 201 H1
la Celle (83) 297 K2
la Celle-Condé (18) 148 E6
la Celle-Dunoise (23) 182 C1
la Celle-en-Morvan (71) 152 E3
la Celle-Guenand (37) 146 C4
la Celle-les-Bordes (78) 58 A6
Celle-Lévescault (86) 162 D5
la Celle-Saint-Avant (37) 145 K3
la Celle-Saint-Cloud (78) 58 C3
la Celle-Saint-Cyr (89) 112 D3
la Celle-sous-Chantemerle (51) 61 G6
la Celle-sous-Gouzon (23) 183 G2
la Celle-sous-Montmirail (02) 61 F3
la Celle-sur-Loire (58) 132 A4
la Celle-sur-Morin (77) 60 A4
la Celle-sur-Nièvre (58) 150 E1
Cellefrouin (16) 179 J6
Celles (09) 307 K3
Celles (15) 218 C4
Celles (17) 195 J4
Celles (24) 213 H2
Celles (34) 273 G6
Celles-en-Bassigny (52) 117 F3
Celles-lès-Condé (02) 61 F1
Celles-sur-Aisne (02) 40 A2
Celles-sur-Belle (79) 178 C1
Celles-sur-Durolle (63) 203 J1
Celles-sur-Ource (10) 114 E2
Celles-sur-Plaine (88) 95 H2
la Cellette (23) 166 B6
la Cellette (63) 184 B4
Cellettes (16) 179 G6
Cellettes (41) 129 F3
le Cellier (44) 123 J3
Cellier-du-Luc (07) 238 C4
Cellieu (42) 205 H5
Cellule (63) 185 F5
Celon (36) 165 G4
Celoux (15) 219 F4
Celsoy (52) 116 E4
Cély (77) 87 G3
Cemboing (70) 117 H4
Cempuis (60) 17 H5
Cénac (33) 229 J3
Cénac-et-Saint-Julien (24) 233 F3
Cenans (70) 138 B3
Cendras (30) 255 G5
le Cendre (63) 202 E3
Cendrecourt (70) 117 J4
Cendrey (25) 138 C4
Cendrieux (24) 214 B6
Cénevières (46) 250 D1
Cenne-Monestiés (11) 289 J4
Cenon (33) 229 H2
Cenon-sur-Vienne (86) 163 H1
Censeau (39) 156 C5
Censerey (21) 153 F1
Censy (89) 114 A6
les Cent-Acres (76) 16 A3
Centrès (12) 251 K5
Centuri (2B) 317 D2
Cenves (69) 188 A1
Cépet (31) 269 G4
Cépie (11) 309 F1
Cepoy (45) 111 J2
Céran (32) 267 J3
Cérans-Foulletourte (72) 106 C5
Cerbère (66) 315 K5
Cerbois (18) 148 D2
Cercié (69) 188 B3
Cercier (74) 190 E4
Cercles (24) 213 F1
Cercottes (45) 110 A3
Cercoux (17) 212 B4
le Cercueil (61) 82 C1
Cercy-la-Tour (58) 151 J5
Cerdon (01) 189 J3
Cerdon (45) 130 E2
Cère (40) 265 G1
Céré-la-Ronde (37) 128 D6
Cerelles (37) 127 J3
Cérences (50) 30 E6
Céreste (04) 277 K3
Céret (66) 315 F4
Cerfontaine (59) 13 H3
le Cergne (42) 187 H3
Cergy (95) 58 B1
Cérilly (03) 167 K3
Cérilly (21) 115 F4
Cérilly (89) 89 G6
Cerisé (61) 82 D3
Cerisières (52) 92 A4
Cerisiers (89) 113 F1
Cerisy (80) 18 E2
Cerisy-Belle-Étoile (61) 53 G4
Cerisy-Buleux (80) 17 F1
Cerisy-la-Forêt (50) 31 J2
Cerisy-la-Salle (50) 31 F4
Cerizay (79) 143 G6
Cérizols (09) 306 C1
Cerizy (02) 20 A3
la Cerlangue (76) 34 B1
Cernans (39) 156 B4
Cernay (14) 55 F1
Cernay (28) 84 E4
Cernay (68) 97 A2
Cernay (86) 145 G6
Cernay-en-Dormois (51) 42 C4
Cernay-la-Ville (78) 58 B6
Cernay-l'Église (25) 139 H5
Cernay-lès-Reims (51) 41 F4
Cerneux (77) 60 D5
Cernex (74) 190 E3
Cerniébaud (39) 156 C6
Cernion (08) 22 A3
Cernon (39) 173 H5
Cernon (51) 62 D3
Cernoy (60) 38 B2
Cernoy-en-Berry (45) 131 H3
Cernusson (49) 143 J1
Cerny (91) 86 E2
Cerny-en-Laonnois (02) 40 B2
Cerny-lès-Bucy (02) 20 C6
Céron (71) 186 D1
Cérons (33) 229 K4
Cerqueux (14) 55 F1
les Cerqueux (49) 143 H3
les Cerqueux-sous-Passavant (49) 143 J2
Cerre-lès-Noroy (70) 138 C1
Cers (34) 292 B4
Cersay (79) 143 K3
Cerseuil (02) 40 A3
Cersot (71) 171 H1
Certilleux (88) 93 G4
Certines (01) 189 G3
Cervens (74) 175 F6
Cervières (05) 227 B1
Cervières (42) 204 A1
Cerville (54) 66 B5
Cervione (2B) 319 J5
Cervon (58) 151 K1
Cerzat (43) 219 H4
Cesancey (39) 173 F2
Césarches (73) 209 G2
Césarville-Dossainville (45) 86 D5
Cescau (09) 306 C3
Cescau (64) 284 B3
Cesny-aux-Vignes-Ouézy (14) 33 G6
Cesny-Bois-Halbout (14) 53 J1
Cessac (33) 230 B3
Cessales (31) 288 E2
Cesse (55) 23 H6
Cessenon-sur-Orb (34) 291 J2
Cessens (73) 208 B1
Cesseras (34) 290 E4
Cesset (03) 185 G1
Cesseville (27) 35 G5
Cessey (25) 156 A2
Cessey-sur-Tille (21) 136 C6
Cessières (02) 20 C6
Cessieu (38) 207 G4
Cesson (77) 87 G1
Cesson-Sévigné (35) 79 G4
Cessoy-en-Montois (77) 88 C2
Cessy (01) 174 B6
Cessy-les-Bois (58) 132 C5
Cestas (33) 229 G3
Cestayrols (81) 270 C2
Ceton (61) 83 K5
Cette-Eygun (64) 303 F3
Cevins (73) 209 G3
Ceyras (34) 273 H6
Ceyrat (63) 202 D2
Ceyreste (13) 297 F5
Ceyroux (23) 182 B4
Ceyssac (43) 220 B5
Ceyssat (63) 202 B2
Ceyzériat (01) 189 H2
Ceyzérieu (01) 190 B6
Cézac (33) 211 J4
Cézac (46) 249 J3
Cezais (85) 160 D3
Cézan (32) 267 H3
Cezay (42) 204 C1
Cézens (15) 218 B6
Cézia (39) 173 G5
Cézy (89) 112 E3
Chabanais (16) 180 B6
la Chabanne (03) 186 C4
Chabestan (05) 242 B6
Chabeuil (26) 240 D1
Chablis (89) 113 J5
Châbons (38) 207 G6
Chabottes (05) 243 F4
Chabournay (86) 162 E1
Chabrac (16) 180 C6
Chabreloche (63) 186 B6
Chabrignac (19) 215 G2
Chabrillan (26) 240 D3
Chabris (36) 129 H6
Chacé (49) 144 C1
Chacenay (10) 115 F1
Chacrise (02) 39 K3
Chadeleuf (63) 202 E4
Chadenac (17) 195 J4
Chadenet (48) 237 K6
Chadrac (43) 220 C5
Chadron (43) 220 C6
Chadurie (16) 196 D5
le Chaffal (26) 241 F1
le Chaffaut-Saint-Jurson (04) 259 J6
Chaffois (25) 156 E4
Chagey (70) 139 G1
Chagnon (42) 205 H5
Chagny (08) 22 D6
Chagny (71) 153 K5
Chahaignes (72) 107 G6
Chahains (61) 82 B1
Chaignay (21) 136 A3
Chaignes (27) 57 G1
Chail (79) 178 E2
Chaillac (36) 164 E5
Chaillac-sur-Vienne (87) 180 D6
Chailland (53) 80 E5
Chaillé-les-Marais (85) 160 B5
Chaillé-sous-les-Ormeaux (85) 159 J3
Chailles (41) 128 E3
Chaillevette (17) 194 C2
Chaillevois (02) 40 A1
Chailley (89) 113 H2
Chaillon (55) 65 F2
Chailloué (61) 54 E6
Chailly-en-Bière (77) 87 G3
Chailly-en-Brie (77) 60 B4
Chailly-en-Gâtinais (45) 111 G3
Chailly-lès-Ennery (57) 27 H6
Chailly-sur-Armançon (21) 135 F6
Chainaz-les-Frasses (74) 208 C1
Chaînée-des-Coupis (39) 155 G4
Chaingy (45) 109 J4
Chaintré (71) 188 B1
Chaintreaux (77) 87 J6
Chaintrix-Bierges (51) 62 B3
la Chaise (10) 91 G4
la Chaise-Baudouin (50) 52 B4
la Chaise-Dieu (43) 220 A2
Chaise-Dieu-du-Theil (27) 55 K4
Chaix (85) 160 D5
la Chaize-Giraud (85) 158 E2
la Chaize-le-Vicomte (85) 159 K1
Chalabre (11) 308 C3
Chalagnac (24) 213 K5
Chalain-d'Uzore (42) 204 D3
Chalain-le-Comtal (42) 204 E3
Chalaines (55) 65 F6
Chalais (16) 212 D2
Chalais (36) 164 D4
Chalais (86) 144 E4
Chalamont (01) 189 F4
Chalampé (68) 97 E1
Chalancey (52) 116 B6
Chalancon (26) 241 H6
Chalandray (86) 162 B2
Chalandry (02) 20 D4
Chalandry-Elaire (08) 22 D4
le Chalange (61) 83 F1
le Chalard (87) 198 D5
Chalautre-la-Grande (77) 89 F2
Chalautre-la-Petite (77) 88 D2
Chalaux (58) 133 K5
Chaleins (01) 188 C4
Chaleix (24) 198 B5
Chalencon (07) 239 K1
les Chalesmes (39) 174 B1
Châlette-sur-Loing (45) 111 J3
Chalette-sur-Voire (10) 90 E3
Chaley (01) 189 K5
Chalèze (25) 138 A5
Chalezeule (25) 138 A5
Chaliers (15) 237 F1
Chalifert (77) 59 J3
Chaligny (54) 65 K6
Chalinargues (15) 218 C4
Chalindrey (52) 116 E5
Chalivoy-Milon (18) 149 K6
Challain-la-Potherie (49) 124 C1
Challans (85) 141 F5
Challement (58) 133 G5
Challerange (08) 42 B3
Challes (01) 189 J3
Challes (72) 107 G3
Challes-les-Eaux (73) 208 C4
Challet (28) 85 F1
Challex (01) 190 D2
Challignac (16) 196 B6
Challonges (74) 190 C4
Challuy (58) 150 D4
Chalmaison (77) 88 D2
Chalmazel (42) 204 B3
Chalmoux (71) 169 K3
Chalo-Saint-Mars (91) 86 B3
le Chalon (26) 222 E4
Chalon-sur-Saône (71) 154 A6
Chalonnes-sous-le-Lude (49) 126 D2
Chalonnes-sur-Loire (49) 124 E5
Châlons (38) 206 B6
Châlons-du-Maine (53) 81 G6
Châlons-en-Champagne (51) 62 D2
Châlons-sur-Vesle (51) 40 E4
Châlonvillars (70) 119 H6
Chalou-Moulineux (91) 86 B4
Chaltrait (51) 61 J2
Chalus (63) 202 E6
Châlus (87) 198 C3
Chalvignac (15) 217 F3
Chalvraines (52) 92 E5
Chamadelle (33) 212 C4
Chamagne (88) 94 B2
Chamagnieu (38) 206 E3
Chamalières (63) 202 D2
Chamalières-sur-Loire (43) 220 D3
Chamaloc (26) 241 H2
Chamant (60) 38 C5
Chamarande (91) 86 D2
Chamarandes-Choignes (52) 116 B1
Chamaret (26) 257 F2
la Chamba (42) 203 K2
Chambain (21) 115 K5
Chambeire (21) 136 C5
Chambellay (49) 105 F6
Chambéon (42) 204 E3
Chambérat (03) 167 F5
Chamberaud (23) 183 F4
Chamberet (19) 199 K4
Chambéria (39) 173 G4
Chambéry (73) 208 B4
Chambeugle (89) 112 B4
Chambezon (43) 219 F1
Chambilly (71) 186 E1
Chamblac (27) 55 H2

Chamblanc (21) 154 D3
Chamblay (39) 155 J3
Chambles (42) 204 E6
Chamblet (03) 184 B1
Chambley-Bussières (54) 44 C6
Chambly (60) 37 J5
Chamboeuf (21) 135 K6
Chamboeuf (42) 205 F4
Chambois (61) 54 D4
Chambolle-Musigny (21) 154 B1
le Chambon (07) 239 G2
Chambon (17) 177 G3
Chambon (18) 166 E1
Chambon (30) 255 G3
Chambon (37) 146 B6
le Chambon-Feugerolles (42) 221 G1
Chambon-la-Forêt (45) 110 E2
Chambon-le-Château (48) 237 K2
Chambon-Sainte-Croix (23) 165 K6
Chambon-sur-Cisse (41) 128 D2
Chambon-sur-Dolore (63) 203 J5
Chambon-sur-Lac (63) 202 B4
le Chambon-sur-Lignon (43) 221 G5
Chambon-sur-Voueize (23) 183 J2
Chambonas (07) 255 H2
Chambonchard (23) 183 K3
la Chambonie (42) 203 K2
Chamborand (23) 182 A3
Chambord (27) 55 J3
Chambord (41) 129 G2
Chamboret (87) 181 F5
Chamborigaud (30) 255 F3
Chambornay-lès-Bellevaux (70) 138 A4
Chambornay-lès-Pin (70) 137 J5
Chambors (60) 36 E4
Chambost-Allières (69) 187 K4
Chambost-Longessaigne (69) 205 G2
Chamboulive (19) 199 K6
Chambourcy (78) 58 B3
Chambourg-sur-Indre (37) 146 C1
Chambray (27) 35 K6
Chambray-lès-Tours (37) 127 J5
la Chambre (73) 209 F6
Chambrecy (51) 40 D5
les Chambres (50) 51 K2
Chambretaud (85) 142 D4
Chambrey (57) 66 D3
Chambroncourt (52) 92 D3
Chambry (02) 20 D6
Chambry (77) 59 K2
Chaméane (63) 203 G5
Chamelet (69) 187 K5
Chamery (51) 40 E5
Chamesey (25) 139 G6
Chamesol (25) 139 H4
Chamesson (21) 115 F5
Chameyrat (19) 216 A3
Chamigny (77) 60 C2
Chamilly (71) 153 J5
Chammes (53) 105 J1
Chamole (39) 155 J5
Chamonix-Mont-Blanc (74) 192 C5
Chamouillac (17) 211 J2
Chamouille (02) 40 B1
Chamouilley (52) 63 K6
Chamousset (73) 208 E4
Chamoux (89) 133 H4
Chamoux-sur-Gelon (73) 208 E4
Chamoy (10) 113 K1
le Champ-de-la-Pierre (61) 54 A6
Champ-d'Oiseau (21) 134 D2
Champ-Dolent (27) 56 C2
Champ-du-Boult (14) 52 D4
Champ-Haut (61) 55 F5
Champ-Laurent (73) 208 E4
Champ-le-Duc (88) 95 F5
le Champ-près-Froges (38) 224 C2
le Champ-Saint-Père (85) 159 J3
Champ-sur-Barse (10) 90 E5
Champ-sur-Drac (38) 224 A4
Champ-sur-Layon (49) 125 G6
Champagnac (15) 217 H1
Champagnac (17) 195 J6
Champagnac-de-Belair (24) 214 A1
Champagnac-la-Noaille (19) 216 D2
Champagnac-la-Prune (19) 216 C4
Champagnac-la-Rivière (87) 198 B3
Champagnac-le-Vieux (43) 219 J1
Champagnat (23) 183 H5
Champagnat (71) 172 E4
Champagnat-le-Jeune (63) 203 G6
Champagne (07) 222 B2
Champagne (17) 194 D1
Champagne (28) 57 H5
Champagné (72) 107 F2
Champagne-au-Mont-d'Or (69) 206 A1
Champagne-en-Valromey (01) 190 B5
Champagne-et-Fontaine (24) 197 F6
Champagné-le-Sec (86) 179 G2
Champagné-les-Marais (85) 160 A5
Champagne-Mouton (16) 179 J5
Champagné-Saint-Hilaire (86) 162 E6
Champagne-sur-Loue (39) 155 K3
Champagne-sur-Oise (95) 37 J6
Champagne-sur-Seine (77) 87 J3
Champagne-sur-Vingeanne (21) 136 D3
Champagne-Vigny (16) 196 C5
Champagneux (73) 207 J3
Champagney (25) 137 J6
Champagney (39) 137 F6
Champagney (70) 119 G5
Champagnier (38) 224 A4
Champagnole (39) 156 B6
Champagnolles (17) 195 G5
Champagny (21) 135 H3
Champagny-en-Vanoise (73) 209 K5
Champagny-sous-Uxelles (71) 171 J3
Champallement (58) 151 H1
Champanges (74) 175 G5
Champaubert (51) 61 H3
Champcella (05) 243 K3
Champcenest (77) 60 D6
Champcerie (61) 54 A4
Champcervon (50) 51 K2
Champcevinel (24) 214 A3
Champcevrais (89) 112 A6
Champcey (50) 51 J2
Champclause (43) 221 F5
Champcueil (91) 87 F2
Champdeniers-Saint-Denis (79) 161 H4
Champdeuil (77) 59 J6
Champdieu (42) 204 C3
Champdivers (39) 155 F3
Champdolent (17) 177 G5
Champdor (01) 190 A4
Champdôtre (21) 154 E1
Champdray (88) 95 G6
Champeau-en-Morvan (21) 134 B6
Champeaux (35) 79 K4
Champeaux (50) 51 J2
les Champeaux (61) 54 D3
Champeaux (77) 87 J1
Champeaux-et-la-Chapelle-Pommier (24) 197 J6
Champeaux-sur-Sarthe (61) 83 G1
Champeix (63) 202 D4
Champenard (27) 36 A6
la Champenoise (36) 148 A5
Champenoux (54) 66 C4
Champéon (53) 81 H3
Champétières (63) 203 K5
Champey (70) 139 G1
Champey-sur-Moselle (54) 65 K1
Champfleur (72) 82 D3
Champfleury (10) 62 A6
Champfleury (51) 41 F5
Champforgeuil (71) 154 A6
Champfrémont (53) 82 B3
Champfromier (01) 190 C2
Champgenéteux (53) 81 J4
Champguyon (51) 61 F4
Champhol (28) 85 G3
Champien (80) 19 G4
Champier (38) 207 F5
Champigné (49) 125 G1
Champignelles (89) 112 B5
Champigneul-Champagne (51) 62 B2
Champigneul-sur-Vence (08) 22 C4
Champigneulle (08) 42 D3
Champigneulles (54) 66 A4
Champigneulles-en-Bassigny (52) 93 F6
Champignol-lez-Mondeville (10) 115 G1
Champignolles (21) 153 H3
Champignolles (27) 55 K2
Champigny (51) 40 E4
Champigny (89) 88 C4
Champigny-en-Beauce (41) 108 E6
Champigny-la-Futelaye (27) 56 E3
Champigny-le-Sec (86) 162 D1
Champigny-lès-Langres (52) 116 D4
Champigny-sous-Varennes (52) 117 F4
Champigny-sur-Aube (10) 90 A1
Champigny-sur-Marne (94) 59 G4
Champigny-sur-Veude (37) 145 G3
Champillet (36) 166 C4
Champillon (51) 40 E6
Champis (07) 222 A6
Champlan (91) 58 D5
Champlat-et-Boujacourt (51) 40 D5
Champlay (89) 112 E3
Champlecy (71) 170 D4
Champlemy (58) 132 E6
Champlin (08) 21 K2
Champlin (58) 151 G1
Champlitte (70) 136 E1
Champlive (25) 138 C5
Champlost (89) 113 H2
Champmillon (16) 196 C3
Champmotteux (91) 86 E4
Champnétery (87) 199 J1
Champneuville (55) 43 H4
Champniers (16) 196 E2
Champniers (86) 179 J2
Champniers-et-Reilhac (24) 197 K3
Champoléon (05) 243 G3
Champoly (42) 204 A1
Champosoult (61) 54 E3
Champougny (55) 93 G1
Champoulet (45) 132 A1
Champoux (25) 138 B5
Champrenault (21) 135 G4
Champrepus (50) 52 A3
Champrond (72) 107 K2
Champrond-en-Gâtine (28) 84 C3
Champrond-en-Perchet (28) 84 A4
Champrougier (39) 155 G5
Champs (02) 19 K6
Champs (61) 83 H1
Champs (63) 185 F4
les Champs-de-Losque (50) 31 G2
les Champs-Géraux (22) 50 D6
Champs-Romain (24) 198 A5
Champs-sur-Marne (77) 59 G3
Champs-sur-Tarentaine-Marchal (15) 217 J1
Champs-sur-Yonne (89) 113 G6
Champsac (87) 198 C3
Champsanglard (23) 182 D1
Champsecret (61) 53 H6
Champseru (28) 85 H2
Champsevraine (52) 117 F5
Champtercier (04) 259 J5
Champteussé-sur-Baconne (49) 125 F1
Champtocé-sur-Loire (49) 124 D4
Champtoceaux (49) 123 K2
Champtonnay (70) 137 G4
Champvallon (89) 112 E3
Champvans (39) 155 G2
Champvans (70) 137 F4
Champvans-les-Moulins (25) 137 J6
Champvert (58) 151 H6
Champvoisy (51) 40 B6
Champvoux (58) 150 D2
Chamrousse (38) 224 C4
Chamvres (89) 112 E3
Chanac (48) 253 K1
Chanac-les-Mines (19) 216 B3
Chanaleilles (43) 237 J2
Chanas (38) 222 B2
Chanat-la-Mouteyre (63) 202 C1
Chanay (01) 190 C4
Chanaz (73) 208 A1
Chançay (37) 128 A4
Chancé (35) 79 J5
Chanceaux (21) 135 H3
Chanceaux-près-Loches (37) 146 C2
Chanceaux-sur-Choisille (37) 127 J3
Chancelade (24) 213 K3
Chancenay (52) 63 K5
Chancey (70) 137 G5
Chancia (39) 173 H6
Chandai (61) 55 K5
Chandolas (07) 255 J2
Chandon (42) 187 G3
Chanéac (07) 239 G1
Chaneins (01) 188 C3
Chânes (71) 188 B1
le Change (24) 214 C3
Changé (53) 104 E1
Change (71) 153 J4
Changé (72) 106 E3
Changey (52) 116 D3
Changis-sur-Marne (77) 60 A2
Changy (42) 186 D3
Changy (51) 63 G4
Changy (71) 170 D5
Chaniat (43) 219 J2
Chaniers (17) 195 H2
Channay (21) 114 D4
Channay-sur-Lathan (37) 126 E3
Channes (10) 114 C3
Chanonat (63) 202 D3
Chanos-Curson (26) 222 C5
Chanousse (05) 258 C2
Chanoy (52) 116 C3
Chanoz-Châtenay (01) 188 E2
Chanteau (45) 110 B3
Chantecoq (45) 112 A2
Chantecorps (79) 162 A4
Chanteheux (54) 66 D6
Chanteix (19) 215 K2
Chantelle (03) 185 F2
Chanteloup (27) 56 C3
Chanteloup (35) 79 G6
Chanteloup (50) 30 D6
Chanteloup (79) 143 J6
Chanteloup-en-Brie (77) 59 J3
Chanteloup-les-Bois (49) 143 G2
Chanteloup-les-Vignes (78) 58 B2
Chantelouve (38) 224 D5
Chantemerle (51) 89 G1
Chantemerle-les-Blés (26) 222 C4
Chantemerle-lès-Grignan (26) 256 E2
Chantemerle-sur-la-Soie (17) 177 J5
Chantenay-Saint-Imbert (58) 168 D1
Chantenay-Villedieu (72) 106 A3
Chantepie (35) 79 G4
Chantérac (24) 213 H4
Chanteraine (55) 64 D5
Chanterelle (15) 218 B1
Chantes (70) 137 J1
Chantesse (38) 223 H2
Chanteuges (43) 219 J5
Chantillac (16) 212 A2
Chantilly (60) 38 A5
Chantonnay (85) 160 B1
Chantraine (88) 94 D5
Chantraines (52) 92 C5
Chantrans (25) 156 D2
Chantrigné (53) 81 G3
Chanu (61) 53 G5
Chanville (57) 45 H6
Chanzeaux (49) 125 F6
Chaon (41) 130 C2
Chaouilley (54) 93 K2
Chaource (10) 114 B2
Chaourse (02) 21 G4
Chapaize (71) 171 J3
Chapareillan (38) 208 C5
Chapdes-Beaufort (63) 184 D6
Chapdeuil (24) 213 H1
Chapeau (03) 169 G4
Chapeiry (74) 190 E6
Chapelaine (51) 90 E1
la Chapelaude (03) 167 G5
la Chapelle (03) 186 A4
la Chapelle (08) 23 F3
la Chapelle (16) 196 D1
la Chapelle (73) 209 F6
la Chapelle-Achard (85) 159 F2
la Chapelle-Agnon (63) 203 J4
la Chapelle-Anthenaise (53) 105 F1
la Chapelle-au-Mans (71) 170 A3
la Chapelle-au-Moine (61) 53 G5
la Chapelle-au-Riboul (53) 81 J4
la Chapelle-Aubareil (24) 215 F6
la Chapelle-aux-Bois (88) 118 C1
la Chapelle-aux-Brocs (19) 215 K4
la Chapelle-aux-Chasses (03) 169 G2
la Chapelle-aux-Choux (72) 126 E1
la Chapelle-aux-Filtzméens (35) 51 F6
la Chapelle-aux-Lys (85) 161 F2
la Chapelle-aux-Naux (37) 127 F5
la Chapelle-aux-Saints (19) 216 A6
la Chapelle-Baloue (23) 165 H6
la Chapelle-Basse-Mer (44) 123 J3
la Chapelle-Bâton (79) 161 J4
la Chapelle-Bâton (86) 179 J2
la Chapelle-Bayvel (27) 34 B4
la Chapelle-Bertin (43) 219 K3
la Chapelle-Bertrand (79) 162 A2
la Chapelle-Biche (61) 53 G5
la Chapelle-Blanche (22) 78 C2
la Chapelle-Blanche (73) 208 D5
la Chapelle-Blanche-Saint-Martin (37) 146 B3
la Chapelle-Bouëxic (35) 78 D6
la Chapelle-Caro (56) 101 J3
la Chapelle-Cécelin (50) 52 B3
la Chapelle-Chaussée (35) 78 E2
la Chapelle-Craonnaise (53) 104 D3
la Chapelle-d'Abondance (74) 175 J6
la Chapelle-d'Alagnon (15) 218 C5
la Chapelle-d'Aligné (72) 105 K6
la Chapelle-d'Andaine (61) 81 H1
la Chapelle-d'Angillon (18) 131 F5
la Chapelle-d'Armentières (59) 6 C3
la Chapelle-d'Aunainville (28) 85 K3
la Chapelle-d'Aurec (43) 221 F2
la Chapelle-de-Bragny (71) 171 J2
la Chapelle-de-Brain (35) 102 D3
la Chapelle-de-Guinchay (71) 188 B2
la Chapelle-de-la-Tour (38) 207 G4
la Chapelle-de-Mardore (69) 187 H4
la Chapelle-de-Surieu (38) 222 C1
Chapelle-des-Bois (25) 174 B2
la Chapelle-des-Fougeretz (35) 79 F3
la Chapelle-des-Marais (44) 122 A1
la Chapelle-des-Pots (17) 195 H2
la Chapelle-devant-Bruyères (88) 95 G5
Chapelle-d'Huin (25) 156 D4
la Chapelle-du-Bard (38) 208 D6
la Chapelle-du-Bois (72) 83 H5
la Chapelle-du-Bois-des-Faulx (27) 35 J6
la Chapelle-du-Bourgay (76) 16 A3
la Chapelle-du-Châtelard (01) 188 E4
la Chapelle-du-Genêt (49) 142 D1
la Chapelle-du-Lou (35) 78 D3
la Chapelle-du-Mont-de-France (71) 171 G6
la Chapelle-du-Mont-du-Chat (73) 208 A2
la Chapelle-du-Noyer (28) 108 E2
la Chapelle-en-Juger (50) 31 G3
la Chapelle-en-Lafaye (42) 204 C6
la Chapelle-en-Serval (60) 38 B6
la Chapelle-en-Valgaudémar (05) 243 F2
la Chapelle-en-Vercors (26) 223 H6
la Chapelle-en-Vexin (95) 36 D5
la Chapelle-Enchérie (41) 108 D5
la Chapelle-Engerbold (14) 53 G3
la Chapelle-Erbrée (35) 80 B6
la Chapelle-Faucher (24) 214 A1
la Chapelle-Felcourt (51) 63 G1
la Chapelle-Forainvilliers (28) 57 G5
la Chapelle-Fortin (28) 56 A6
la Chapelle-Gaceline (56) 102 C2
la Chapelle-Gaudin (79) 143 K4
la Chapelle-Gaugain (72) 107 J5
la Chapelle-Gauthier (27) 55 G2
la Chapelle-Gauthier (77) 87 K2
la Chapelle-Geneste (43) 219 K1
la Chapelle-Glain (44) 124 A1
la Chapelle-Gonaguet (24) 213 K3
la Chapelle-Grésignac (24) 213 G1
Chapelle-Guillaume (28) 108 A1
la Chapelle-Hareng (27) 34 B6
la Chapelle-Haute-Grue (14) 54 D2
la Chapelle-Hermier (85) 159 F1
la Chapelle-Heulin (44) 123 J4
la Chapelle-Hugon (18) 150 C5
la Chapelle-Hullin (49) 104 B5
la Chapelle-Huon (72) 107 K4
la Chapelle-Iger (77) 60 A6
la Chapelle-Janson (35) 80 B3
la Chapelle-la-Reine (77) 87 G4
la Chapelle-Lasson (51) 61 J6
la Chapelle-Launay (44) 122 C2
la Chapelle-Laurent (15) 219 F4
la Chapelle-lès-Luxeuil (70) 118 D5
la Chapelle-Marcousse (63) 202 D6
la Chapelle-Montabourlet (24) 213 H1
la Chapelle-Montbrandeix (87) 198 B3
la Chapelle-Monthodon (02) 61 G1
la Chapelle-Montligeon (61) 83 J2
la Chapelle-Montlinard (18) 150 C2
la Chapelle-Montmartin (41) 129 J6
la Chapelle-Montmoreau (24) 197 J6
la Chapelle-Montreuil (86) 162 D4
la Chapelle-Moulière (86) 163 H2
la Chapelle-Moutils (77) 60 E4
la Chapelle-Naude (71) 172 C3
la Chapelle-Neuve (22) 48 A6
la Chapelle-Neuve (56) 100 E2
la Chapelle-Onzerain (45) 109 H2
la Chapelle-Orthemale (36) 147 H6
la Chapelle-Palluau (85) 141 H6
la Chapelle-Pouilloux (79) 179 F3
la Chapelle-près-Sées (61) 82 D1
la Chapelle-Rablais (77) 88 A2
la Chapelle-Rainsouin (53) 105 H1
la Chapelle-Rambaud (74) 191 G3
la Chapelle-Réanville (27) 36 A6
la Chapelle-Rousselin (49) 124 E6
Chapelle-Royale (28) 108 C1
la Chapelle-Saint-André (58) 132 E5
la Chapelle-Saint-Aubert (35) 79 K2
la Chapelle-Saint-Aubin (72) 106 D2
la Chapelle-Saint-Étienne (79) 161 G2
la Chapelle-Saint-Florent (49) 124 B5
la Chapelle-Saint-Fray (72) 106 D1
la Chapelle-Saint-Géraud (19) 216 C5
la Chapelle-Saint-Jean (24) 214 E3
la Chapelle-Saint-Laud (49) 125 J1
la Chapelle-Saint-Laurent (79) 161 H1
la Chapelle-Saint-Laurian (36) 148 A3
la Chapelle-Saint-Luc (10) 90 A4
la Chapelle-Saint-Martial (23) 182 D5
la Chapelle-Saint-Martin (73) 207 K3
la Chapelle-Saint-Martin-en-Plaine (41) 109 F6
la Chapelle-Saint-Maurice (74) 208 D1
la Chapelle-Saint-Mesmin (45) 109 K4
la Chapelle-Saint-Ouen (76) 16 C6
la Chapelle-Saint-Quillain (70) 137 H3
la Chapelle-Saint-Rémy (72) 107 G1
la Chapelle-Saint-Sauveur (44) 124 C3
la Chapelle-Saint-Sauveur (71) 154 E5
la Chapelle-Saint-Sépulcre (45) 111 K2
la Chapelle-Saint-Sulpice (77) 88 C1
la Chapelle-Saint-Ursin (18) 149 F3
la Chapelle-Souëf (61) 83 H4
la Chapelle-sous-Brancion (71) 171 J3
la Chapelle-sous-Dun (71) 187 H1
la Chapelle-sous-Orbais (51) 61 H3
la Chapelle-sous-Uchon (71) 152 E6
Chapelle-Spinasse (19) 216 D1
la Chapelle-sur-Aveyron (45) 111 K4
la Chapelle-sur-Chézy (02) 60 E2
la Chapelle-sur-Coise (69) 205 H3
la Chapelle-sur-Dun (76) 15 H2
la Chapelle-sur-Erdre (44) 123 G3
la Chapelle-sur-Furieuse (39) 156 A3
la Chapelle-sur-Loire (37) 126 E6
la Chapelle-sur-Oreuse (89) 88 D5
la Chapelle-sur-Oudon (49) 104 E6
la Chapelle-sur-Usson (63) 203 G6
la Chapelle-Taillefert (23) 182 D4
la Chapelle-Thècle (71) 172 C3
la Chapelle-Thémer (85) 160 C3
la Chapelle-Thireuil (79) 161 G3
la Chapelle-Thouarault (35) 78 E4
la Chapelle-Urée (50) 52 B5
Chapelle-Vallon (10) 90 A3
la Chapelle-Vaupelteigne (89) 113 H5
la Chapelle-Vendômoise (41) 128 D1
la Chapelle-Vicomtesse (41) 108 C3
la Chapelle-Viel (61) 55 J5
la Chapelle-Villars (42) 205 K5
Chapelle-Viviers (86) 163 J4
Chapelle-Voland (39) 155 F6
la Chapelle-Yvon (14) 34 A6
les Chapelles (73) 193 A3
les Chapelles-Bourbon (77) 59 K5
Chapelon (45) 111 G2
la Chapelotte (18) 131 G5
Chapet (78) 58 A2
Chapois (39) 156 B5
Chaponnay (69) 206 B3
Chaponost (69) 205 K2
Chappes (03) 168 A6
Chappes (08) 21 J5
Chappes (10) 90 C6
Chappes (63) 202 E1
Chaptelat (87) 181 H6
Chaptuzat (63) 185 G4
Charancieu (38) 207 J5
Charantonnay (38) 206 D5
Charavines (38) 207 H6
Charbogne (08) 42 A1
Charbonnat (71) 152 D6
Charbonnier-les-Mines (63) 219 G1
Charbonnières (28) 84 B6
Charbonnières (71) 171 K5
Charbonnières-les-Bains (69) 205 K2
Charbonnières-les-Sapins (25) 156 D1
Charbonnières-les-Varennes (63) 184 E6
Charbonnières-les-Vieilles (63) 184 E5
Charbuy (89) 113 F5
la Charce (26) 241 J6
Charcé-Saint-Ellier-sur-Aubance (49) 125 H5
Charcenne (70) 137 H4
Charchigné (53) 81 J3
Charchilla (39) 173 H4
Charcier (39) 173 J2
Chard (23) 183 K6
Chardeny (08) 42 A2
Chardogne (55) 64 A3
Chardonnay (71) 171 K4
Chareil-Cintrat (03) 185 G1
Charencey (21) 135 G4

Charency (39) 156 B6
Charency-Vezin (54) 26 A3
Charens (26) 241 J5
Charensat (63) 184 A5
Charentay (69) 188 B3
Charentenay (89) 133 F1
Charentilly (37) 127 H3
Charenton-du-Cher (18) 167 H1
Charenton-le-Pont (94) 59 F4
Charentonnay (18) 150 B2
Charette (38) 207 F1
Charette-Varennes (71) 154 D4
Charey (54) 65 H1
Charézier (39) 173 H2
Chargé (37) 128 B4
Chargey-lès-Gray (70) 137 F3
Chargey-lès-Port (70) 117 K5
Chariez (70) 138 A1
Charigny (21) 134 E4
la Charité-sur-Loire (58) 150 C2
Charix (01) 190 B2
Charlas (31) 286 E5
Charleval (13) 277 F4
Charleval (27) 36 A3
Charleville (51) 61 G4
Charleville-Mézières (08) 22 D3
Charleville-sous-Bois (57) 27 K6
Charlieu (42) 187 F3
Charly (02) 60 D2
Charly (18) 150 A5
Charly (69) 206 A3
Charly-Oradour (57) 27 H6
Charmant (16) 196 E5
Charmauvillers (25) 139 J5
Charmé (16) 179 F5
la Charme (39) 155 H5
le Charme (45) 112 A5
la Charmée (71) 171 J1
Charmeil (03) 185 J3
le Charmel (02) 40 A6
Charmensac (15) 218 E3
Charmentray (77) 59 J2
Charmes (02) 20 B5
Charmes (03) 185 G4
Charmes (21) 136 D4
Charmes (52) 116 D3
Charmes (88) 94 B3
Charmes-en-l'Angle (52) 91 K3
Charmes-la-Côte (54) 65 H6
Charmes-la-Grande (52) 91 K3
Charmes-Saint-Valbert (70) 117 G5
Charmes-sur-l'Herbasse (26) 222 D4
Charmes-sur-Rhône (07) 240 B2
Charmoille (25) 139 G5
Charmoille (70) 118 A6
Charmois (54) 94 C1
Charmois (90) 139 J1
Charmois-devant-Bruyères (88) 94 E5
Charmois-l'Orgueilleux (88) 94 B6
Charmont (51) 63 J3
Charmont (95) 36 E6
Charmont-en-Beauce (45) 86 C5
Charmont-sous-Barbuise (10) 90 B3
les Charmontois (51) 63 K2
Charmoy (10) 89 G3
Charmoy (71) 170 E1
Charmoy (89) 113 F3
Charnas (07) 222 A1
Charnat (63) 185 J5
Charnay (25) 156 B1
Charnay (69) 188 B6
Charnay-lès-Chalon (71) 154 C4
Charnay-lès-Mâcon (71) 188 C1
Charnècles (38) 223 J1
Charnizay (37) 146 C5
Charnod (39) 173 F6
Charnois (08) 24 C2
Charnoz-sur-Ain (01) 189 G6
Charny (21) 134 E5
Charny (77) 59 J2
Charny (89) 112 B4
Charny-le-Bachot (10) 89 K1
Charny-sur-Meuse (55) 43 H4
Charolles (71) 170 D5
Charols (26) 240 D5
Charonville (28) 84 E5
Chârost (18) 148 D4
Charpentry (55) 42 E4
Charpey (26) 222 E6
Charpont (28) 57 F5
Charquemont (25) 139 H6
Charrais (86) 162 E2
Charraix (43) 219 J6
Charras (16) 197 G5
Charray (28) 108 E3
Charre (64) 283 H4
Charrecey (71) 153 J5
Charrey-sur-Saône (21) 154 D2
Charrey-sur-Seine (21) 115 F3
Charrin (58) 151 J6
Charritte-de-Bas (64) 283 H4
Charron (17) 160 B6
Charron (23) 184 A4
Charroux (03) 185 F3
Charroux (86) 179 J3
Chars (95) 37 F5
Charsonville (45) 109 H4
Chartainvilliers (28) 85 G2
Chartèves (02) 40 A6
la Chartre-sur-le-Loir (72) 107 H6
Chartrené (49) 126 A3
Chartres (28) 85 G3
Chartres-de-Bretagne (35) 79 F5
Chartrettes (77) 87 H2
Chartrier-Ferrière (19) 215 H5
Chartronges (77) 60 D5
Chartuzac (17) 211 J1
Charvieu-Chavagneux (38) 206 D2
Charvonnex (74) 191 F4
Chas (63) 203 F2
Chaserey (10) 114 B3
Chasnais (85) 159 K4
Chasnans (25) 156 E2
Chasnay (58) 150 E1
Chasné-sur-Illet (35) 79 H2
Chaspinhac (43) 220 C5
Chaspuzac (43) 220 A5
la Chassagne (39) 155 G5
Chassagne (63) 202 D5
Chassagne-Montrachet (21) 153 K4
Chassagne-Saint-Denis (25) 156 C2
Chassagnes (43) 219 J3
Chassagny (69) 205 K4
Chassaignes (24) 213 F3
Chassal (39) 173 J5
Chassant (28) 84 C5
Chassé (72) 82 E3
Chasse-sur-Rhône (38) 206 A4
Chasseguey (50) 52 C5
Chasselas (71) 188 B1
Chasselay (38) 223 G2
Chasselay (69) 188 C6
Chassemy (02) 40 A2
Chassenard (03) 170 B5
Chasseneuil (36) 165 G2
Chasseneuil-du-Poitou (86) 163 F2
Chasseneuil-sur-Bonnieure (16) 197 H1
Chassenon (16) 198 A1
Chasseradès (48) 238 B6
Chassey (21) 134 E3
Chassey-Beaupré (55) 92 D2
Chassey-le-Camp (71) 153 J5
Chassey-lès-Montbozon (70) 138 C2
Chassey-lès-Scey (70) 137 K1
Chassiecq (16) 179 J5
Chassiers (07) 239 G6
Chassieu (69) 206 C2
Chassignelles (89) 114 C6
Chassignieu (38) 207 H5
Chassignolles (36) 166 A4
Chassignolles (43) 219 J1
Chassigny (52) 116 D6
Chassigny-sous-Dun (71) 187 H2
Chassillé (72) 106 B2
Chassors (16) 196 A2
Chassy (18) 150 B3
Chassy (71) 170 C3
Chassy (89) 112 E4
le Chastang (19) 216 A4
Chastanier (48) 238 B4
Chasteaux (19) 215 H5
Chastel (43) 219 G5
Chastel-Arnaud (26) 241 F4
Chastel-Nouvel (48) 237 J6
Chastel-sur-Murat (15) 218 B4
Chastellux-sur-Cure (89) 134 A3
Chastreix (63) 201 K5
la Châtaigneraie (85) 160 E2
Chatain (86) 179 J4
Châtaincourt (28) 56 E5
Châtas (88) 95 J3
Château (71) 171 G5
Château-Arnoux-Saint-Auban (04) 259 G5
Château-Bernard (38) 223 K6
Château-Bréhain (57) 66 D2
Château-Chalon (39) 155 J6
Château-Chervix (87) 199 G4
Château-Chinon(Campagne) (58) 152 B3
Château-Chinon(Ville) (58) 152 B3
le Château-d'Almenêches (61) 54 D5
Château-des-Prés (39) 173 K4
le Château-d'Oléron (17) 176 C6
Château-d'Olonne (85) 158 E3
Château-du-Loir (72) 107 G6
Château-Gaillard (01) 189 H5
Château-Garnier (86) 179 J1
Château-Gontier (53) 105 F4
Château-Guibert (85) 159 K3
Château-la-Vallière (37) 127 F2
Château-l'Abbaye (59) 7 H6
Château-Landon (77) 111 H1
Château-Larcher (86) 162 E5
Château-l'Évêque (24) 214 A3
Château-l'Hermitage (72) 106 D5
Château-Porcien (08) 21 J6
Château-Renard (45) 112 A4
Château-Renault (37) 128 A2
Château-Rouge (57) 45 J3
Château-Salins (57) 66 D3
Château-sur-Allier (03) 168 B1
Château-sur-Cher (63) 184 A3
Château-sur-Epte (27) 36 D5
Château-Thébaud (44) 123 H5
Château-Thierry (02) 60 E1
Château-Verdun (09) 307 K5
Château-Ville-Vieille (05) 227 B2
Château-Voué (57) 66 E3
Châteaubernard (16) 195 K3
Châteaubleau (77) 88 B1
Châteaubourg (07) 222 B6
Châteaubourg (35) 79 J4
Châteaubriant (44) 103 J3
Châteaudouble (26) 240 E1
Châteaudouble (83) 279 J5
Châteaudun (28) 108 E2
Châteaufort (04) 259 G3
Châteaufort (78) 58 C5
Châteaugay (63) 202 D1
Châteaugiron (35) 79 H5
Châteaulin (29) 74 D3
Châteaumeillant (18) 166 D4
Châteauneuf (21) 153 J1
Châteauneuf (42) 205 J5
Châteauneuf (71) 187 G2
Châteauneuf (73) 208 E4
Châteauneuf (85) 140 E4
Châteauneuf-de-Bordette (26) 257 H2
Châteauneuf-de-Chabre (05) 258 E3
Châteauneuf-de-Gadagne (84) 276 C2
Châteauneuf-de-Galaure (26) 222 C3
Châteauneuf-de-Randon (48) 238 A5
Châteauneuf-de-Vernoux (07) 239 K1
Châteauneuf-d'Entraunes (06) 261 F4
Châteauneuf-d'Ille-et-Vilaine (35) 50 E4
Châteauneuf-d'Oze (05) 242 C6
Châteauneuf-du-Faou (29) 75 G4
Châteauneuf-du-Pape (84) 256 E6
Châteauneuf-du-Rhône (26) 240 A6
Châteauneuf-en-Thymerais (28) 84 E1
Châteauneuf-Grasse (06) 280 D4
Châteauneuf-la-Forêt (87) 199 J3
Châteauneuf-le-Rouge (13) 296 E1
Châteauneuf-les-Bains (63) 184 D4
Châteauneuf-les-Martigues (13) 296 A3
Châteauneuf-Miravail (04) 258 D4
Châteauneuf-sur-Charente (16) 196 C4
Châteauneuf-sur-Cher (18) 149 F6
Châteauneuf-sur-Isère (26) 222 C5
Châteauneuf-sur-Loire (45) 110 D4
Châteauneuf-sur-Sarthe (49) 105 H6
Châteauneuf-Val-de-Bargis (58) 132 D6
Châteauneuf-Val-Saint-Donat (04) 259 G5
Châteauneuf-Villevieille (06) 281 G2
Châteauponsac (87) 181 H3
Châteauredon (04) 259 J6
Châteaurenard (13) 276 C2
Châteauroux (36) 147 K6
Châteauroux-les-Alpes (05) 243 J4
Châteauvert (83) 297 K1
Châteauvieux (05) 242 E6
Châteauvieux (41) 147 G1
Châteauvieux (83) 279 K3
Châteauvieux-les-Fossés (25) 156 D2
Châteauvilain (38) 207 F5
Châteauvillain (52) 115 J2
le Châtel (73) 225 G1
Châtel (74) 175 J6
Châtel-Censoir (89) 133 G3
Chatel-Chéhéry (08) 42 D3
Châtel-de-Joux (39) 173 J3
Châtel-de-Neuvre (03) 168 E5
Châtel-Gérard (89) 134 B1
Châtel-Montagne (03) 186 B3
Châtel-Moron (71) 153 J6
Châtel-Saint-Germain (57) 44 E5
Châtel-sur-Moselle (88) 94 C4
Châtelaillon-Plage (17) 176 E3
Châtelain (53) 105 G5
la Châtelaine (39) 155 K5
Châtelais (49) 104 D5
Châtelard (23) 183 K5
le Châtelard (73) 208 D2
Châtelaudren (22) 48 E5
Chatelay (39) 155 J3
Châtelblanc (25) 174 B1
Châteldon (63) 185 K5
le Châtelet (18) 166 E3
le Châtelet-en-Brie (77) 87 J2
le Châtelet-sur-Meuse (52) 117 F2
le Châtelet-sur-Retourne (08) 41 H2
le Châtelet-sur-Sormonne (08) 22 B2
les Châtelets (28) 56 C6
le Chateley (39) 155 H5
Châtelguyon (63) 185 F6
le Châtelier (51) 63 J2
Châtellenot (21) 135 F6
Châtellerault (86) 145 J6
le Châtellier (35) 80 A3
le Châtellier (61) 53 G5
les Châtelliers-Châteaumur (85) 143 F5
les Châtelliers-Notre-Dame (28) 84 D4
Châtelneuf (39) 173 K1
Châtelneuf (42) 204 C4
Châtelperron (03) 169 H5
Châtelraould-Saint-Louvent (51) 63 F5
Châtelus (03) 186 B2
Châtelus (38) 223 H5
Châtelus (42) 205 G4
Châtelus-le-Marcheix (23) 182 A5
Châtelus-Malvaleix (23) 182 E1
Châtenay (01) 189 G4
Châtenay (28) 86 A4
Châtenay (38) 223 F1
Châtenay (71) 187 H1
Châtenay-en-France (95) 59 F1
Chatenay-Mâcheron (52) 116 D4
Châtenay-Malabry (92) 58 D5
Châtenay-sur-Seine (77) 88 B3
Chatenay-Vaudin (52) 116 E4
Chatenet (17) 212 A2
le Châtenet-en-Dognon (87) 181 K6
Châteney (70) 118 C6
Châtenois (39) 155 H1
Châtenois (67) 71 B5
Châtenois (70) 118 C6
Châtenois (88) 93 H4
Châtenois-les-Forges (90) 139 H1
Châtenoy (45) 110 E4
Châtenoy (77) 87 H5
Châtenoy-en-Bresse (71) 154 B6
Châtenoy-le-Royal (71) 154 A6
Châtignac (16) 212 D1
Chatignonville (91) 86 A3
Châtillon (03) 168 C5
Châtillon (39) 173 H2
Châtillon (69) 188 A6
Châtillon (86) 162 D6
Châtillon (92) 58 E4
Châtillon-Coligny (45) 111 K5
Châtillon-en-Bazois (58) 151 J3
Châtillon-en-Diois (26) 241 J3
Châtillon-en-Dunois (28) 108 D1
Châtillon-en-Michaille (01) 190 C2
Châtillon-en-Vendelais (35) 80 B5
Châtillon-Guyotte (25) 138 B5
Châtillon-la-Borde (77) 87 J2
Châtillon-la-Palud (01) 189 G5
Châtillon-le-Duc (25) 137 K5
Châtillon-le-Roi (45) 86 C6
Châtillon-lès-Sons (02) 20 D3
Châtillon-Saint-Jean (26) 222 E4
Châtillon-sous-les-Côtes (55) 43 K5
Châtillon-sur-Broué (51) 91 G1
Châtillon-sur-Chalaronne (01) 188 D3
Châtillon-sur-Cher (41) 129 G6
Châtillon-sur-Cluses (74) 191 K3
Châtillon-sur-Colmont (53) 81 F4
Châtillon-sur-Indre (36) 146 E4
Châtillon-sur-Lison (25) 156 B2
Châtillon-sur-Loire (45) 131 J2
Châtillon-sur-Marne (51) 40 C6
Châtillon-sur-Morin (51) 61 G5
Châtillon-sur-Oise (02) 20 B3
Châtillon-sur-Saône (88) 117 J3
Châtillon-sur-Seine (21) 115 F4
Châtillon-sur-Thouet (79) 161 K2
Châtin (58) 152 B2
Châtonnay (38) 206 E5
Chatonnay (39) 173 G5
Chatonrupt-Sommermont (52) 92 A2
Chatou (78) 58 C3
la Châtre (36) 166 B3
la Châtre-Langlin (36) 165 F5
Châtres (10) 89 J2
Châtres (24) 215 F4
Châtres (77) 59 J5
Châtres-la-Forêt (53) 81 J6
Châtres-sur-Cher (41) 130 A6
Châtrices (51) 63 J1
Chattancourt (55) 43 G4
Chatte (38) 223 G4
Chatuzange-le-Goubet (26) 222 E5
Chaucenne (25) 137 J5
Chauchailles (48) 236 E3
Chauché (85) 142 B5
le Chauchet (23) 183 H4
Chauchigny (10) 89 K3
Chauconin-Neufmontiers (77) 59 J2
Chaudardes (02) 40 C2
Chaudebonne (26) 241 F6
Chaudefonds-sur-Layon (49) 125 F5
Chaudefontaine (25) 138 B4
Chaudefontaine (51) 42 D6
Chaudenay (52) 116 E4
Chaudenay (71) 153 K5
Chaudenay-la-Ville (21) 153 J1
Chaudenay-le-Château (21) 153 J1
Chaudeney-sur-Moselle (54) 65 H5
Chaudes-Aigues (15) 236 D2
Chaudeyrac (48) 238 B4
Chaudeyrolles (43) 239 F1
la Chaudière (26) 241 F4
Chaudon (28) 57 G6
Chaudon-Norante (04) 279 G1
Chaudrey (10) 90 C2
Chaudron-en-Mauges (49) 124 C5
Chaudun (02) 39 H3
Chauffailles (71) 187 H2
Chauffayer (05) 242 D3
Chauffecourt (88) 94 A3
Chauffour-lès-Bailly (10) 90 D6
Chauffour-lès-Étréchy (91) 86 C2
Chauffour-sur-Vell (19) 215 K6
Chauffours (28) 85 F3
Chauffourt (52) 116 D2
Chauffry (77) 60 C4
Chaufour-lès-Bonnières (78) 57 G1
Chaufour-Notre-Dame (72) 106 C2
Chaugey (21) 115 K5
Chaulgnes (58) 150 D2
Chaulhac (48) 237 F1
Chaulieu (50) 52 E4
la Chaulme (63) 204 C6
Chaulnes (80) 19 F3
Chaum (31) 305 J3
Chaumard (58) 152 B2
la Chaume (21) 115 J4
Chaume-et-Courchamp (21) 136 D2
Chaume-lès-Baigneux (21) 135 F1
Chaumeil (19) 200 B6
Chaumercenne (70) 137 G5
Chaumergy (39) 155 G5
Chaumes-en-Brie (77) 59 K6
Chaumesnil (10) 91 F4
Chaumont (18) 150 A6
Chaumont (52) 116 B1
Chaumont (61) 55 F3
Chaumont (74) 190 D4
Chaumont (89) 88 B4
Chaumont-d'Anjou (49) 125 K2
Chaumont-devant-Damvillers (55) 43 J3
Chaumont-en-Vexin (60) 37 F4
Chaumont-la-Ville (52) 93 F6
Chaumont-le-Bois (21) 115 F3
Chaumont-le-Bourg (63) 204 A6
Chaumont-Porcien (08) 21 J5
Chaumont-sur-Aire (55) 64 B2
Chaumont-sur-Loire (41) 128 D3
Chaumont-sur-Tharonne (41) 130 A2
Chaumontel (95) 38 A6
Chaumot (58) 133 H6
Chaumot (89) 112 C2
Chaumousey (88) 94 C5
Chaumoux-Marcilly (18) 150 A2
Chaumussay (37) 146 B5
la Chaumusse (39) 173 K3
Chaumuzy (51) 40 D5
Chaunac (17) 211 K1
Chaunay (86) 179 G2
Chauny (02) 19 K5
Chauray (79) 161 H6
Chauriat (63) 203 F2
la Chaussade (23) 183 G5
la Chaussaire (49) 124 A6
Chaussan (69) 205 J3
la Chaussée (76) 16 A3
la Chaussée (86) 144 E5
la Chaussée-d'Ivry (28) 57 G3
la Chaussée-Saint-Victor (41) 129 F2
la Chaussée-sur-Marne (51) 62 E3
la Chaussée-Tirancourt (80) 17 K1
Chaussenac (15) 217 G4
Chaussenans (39) 155 J5
Chausseterre (42) 186 C6
Chaussin (39) 155 F4
Chaussoy-Epagny (80) 18 B4
Chaussy (45) 86 B6
Chaussy (95) 36 D6
le Chautay (18) 150 C4
Chauvac (26) 258 B2
Chauvé (44) 122 C4
Chauvency-le-Château (55) 23 J6
Chauvency-Saint-Hubert (55) 23 J6
Chauvigné (35) 79 J1
Chauvigny (86) 163 J3
Chauvigny-du-Perche (41) 108 C3
Chauvincourt-Provemont (27) 36 D4
Chauvirey-le-Châtel (70) 117 H5
Chauvirey-le-Vieil (70) 117 H5
Chauvoncourt (55) 64 E2
Chauvry (95) 58 D1
Chaux (21) 154 B2
la Chaux (25) 157 F3
la Chaux (61) 53 K6
la Chaux (71) 154 E5
Chaux (90) 119 H5
Chaux-Champagny (39) 156 A4
Chaux-des-Crotenay (39) 174 A2
Chaux-des-Prés (39) 173 K4
la Chaux-du-Dombief (39) 173 K2
la Chaux-en-Bresse (39) 155 G5
Chaux-la-Lotière (70) 137 K4
Chaux-lès-Clerval (25) 138 E4
Chaux-lès-Passavant (25) 138 D6
Chaux-lès-Port (70) 117 K6
Chaux-Neuve (25) 174 B1
Chauzon (07) 255 K1
Chavagnac (15) 218 C4
Chavagnac (24) 215 G5
Chavagne (35) 79 F5
Chavagnes (49) 125 H6
Chavagnes-en-Paillers (85) 142 B4
Chavagnes-les-Redoux (85) 160 D1
Chavaignes (49) 126 C2
Chavanac (19) 200 D4
Chavanat (23) 182 E5
Chavanatte (90) 139 K1
Chavanay (42) 205 K6
Chavanges (10) 91 F2
Chavaniac-Lafayette (43) 219 J4
Chavannaz (74) 190 E3
Chavanne (70) 139 F2
la Chavanne (73) 208 D5
Chavannes (18) 149 G6
Chavannes (26) 222 C4
les Chavannes-en-Maurienne (73) 209 F6
Chavannes-les-Grands (90) 139 K1
Chavannes-sur-l'Étang (68) 119 K6
Chavannes-sur-Reyssouze (01) 172 A5
Chavannes-sur-Suran (01) 189 J1
Chavanod (74) 190 E5
Chavanoz (38) 206 E1
Chavaroux (63) 203 F1
la Chavatte (80) 19 F4
Chaveignes (37) 145 G3
Chavelot (88) 94 D5
Chavenat (16) 196 E6
Chavenay (78) 58 B3
Chavençon (60) 37 G5
Chavenon (03) 168 A5
Chavéria (39) 173 G4
Chaveroche (19) 201 F4
Chaveyriat (01) 188 E2
Chavignon (02) 40 A1
Chavigny (02) 39 J2
Chavigny (54) 66 A5
Chavigny-Bailleul (27) 56 D3
Chaville (92) 58 D4
Chavin (36) 165 H4
Chavonne (02) 40 B2

Chavornay (01) 190 B6
Chavot-Courcourt (51) 61 K1
Chavoy (50) 51 K2
Chavroches (03) 169 G6
le Chay (17) 194 D3
Chay (25) 156 A3
Chazay-d'Azergues (69) 188 B6
la Chaze-de-Peyre (48) 237 F4
Chazé-Henry (49) 104 B5
Chazé-sur-Argos (49) 124 D1
Chazeaux (07) 239 G5
Chazelet (36) 165 F4
Chazelles (15) 219 G5
Chazelles (16) 197 G3
Chazelles (39) 172 E5
Chazelles (43) 219 J6
Chazelles-sur-Albe (54) 67 G6
Chazelles-sur-Lavieu (42) 204 C5
Chazelles-sur-Lyon (42) 205 G3
Chazemais (03) 167 G5
Chazeuil (21) 136 C2
Chazeuil (58) 132 E6
Chazey-Bons (01) 207 J1
Chazey-sur-Ain (01) 189 G6
Chazilly (21) 153 H1
Chazot (25) 139 F4
Chécy (45) 110 B4
Chédigny (37) 146 D1
Chef-Boutonne (79) 178 E3
Chef-du-Pont (50) 29 F5
Chef-Haut (88) 93 K3
Cheffes (49) 125 H1
Cheffois (85) 160 E2
Cheffreville-Tonnencourt (14) 54 E1
le Chefresne (50) 31 G6
Chéhéry (08) 22 E5
Cheignieu-la-Balme (01) 207 J1
Cheillé (37) 127 G6
Cheilly-lès-Maranges (71) 153 J5
Chein-Dessus (31) 306 B2
Cheissoux (87) 199 J1
le Cheix (63) 185 G5
Cheix-en-Retz (44) 122 E4
Chélan (32) 286 C4
Chelers (62) 10 C1
Chélieu (38) 207 H5
Chelle-Debat (65) 285 K4
Chelle-Spou (65) 285 K6
Chelles (60) 39 F3
Chelles (77) 59 G3
Chelun (35) 104 A4
Chemaudin (25) 137 J6
Chemazé (53) 104 E5
Chemellier (49) 125 J5
Chemenot (39) 155 H5
Chéméré (44) 122 D5
Chémeré-le-Roi (53) 105 H3
Chémery (41) 129 G5
Chémery-les-Deux (57) 27 K5
Chémery-sur-Bar (08) 22 E5
Chemilla (39) 173 G6
Chemillé (49) 124 E6
Chemillé-sur-Dême (37) 127 J1
Chemillé-sur-Indrois (37) 146 E2
Chemilli (61) 83 G4
Chemilly (03) 168 E4
Chemilly (70) 137 K1
Chemilly-sur-Serein (89) 113 J5
Chemilly-sur-Yonne (89) 113 G4
Chemin (39) 154 E4
le Chemin (51) 63 J1
Chemin-d'Aisey (21) 115 F6
Cheminas (07) 222 B4
Cheminon (51) 63 J5
Cheminot (57) 66 A2
Chemiré-en-Charnie (72) 106 A2
Chemiré-le-Gaudin (72) 106 C3
Chemiré-sur-Sarthe (49) 105 H5
Chemy (59) 6 D5
Chenac-Saint-Seurin-d'Uzet (17) 194 E5
Chenailler-Mascheix (19) 216 B5
la Chenalotte (25) 157 J1
Chénas (69) 188 B2
Chenaud (24) 212 E3
Chenay (51) 40 E3
Chenay (72) 82 D3
Chenay (79) 162 B6
Chenay-le-Châtel (71) 186 D2
le Chêne (10) 90 B1
Chêne-Arnoult (89) 112 B4
Chêne-Bernard (39) 155 G4
Chêne-en-Semine (74) 190 C4
Chêne-Sec (39) 155 G5
Chenebier (70) 119 G6
Chenecey-Buillon (25) 156 B1
Cheneché (86) 162 E1
Chênedollé (14) 53 F3
Chênedouit (61) 53 K4
Chênehutte-Trèves-Cunault (49) 126 A5
Chênelette (69) 187 K2
Chénérailles (23) 183 G3
Chenereilles (42) 204 D5
Chenereilles (43) 221 F4
Chenevelles (86) 163 J1
Chenevières (54) 94 E1
Chenevrey-et-Morogne (70) 137 H5
Chênex (74) 190 E3
Cheney (89) 113 K4
Chenicourt (54) 66 B3
Chenières (54) 26 D3
Chéniers (23) 165 K6
Cheniers (51) 62 C3
Chenillé-Changé (49) 105 F6
Cheniménil (88) 94 E6
Chennebrun (27) 55 K5
Chennegy (10) 89 J5
Chennevières-lès-Louvres (95) 59 G1
Chennevières-sur-Marne (94) 59 G4
Chenois (57) 66 D1
Chenoise (77) 88 C1
Chenommet (16) 179 H5
Chenon (16) 179 H5
Chenonceaux (37) 128 C5
Chenou (77) 87 H6
Chenôve (21) 136 A5
Chenôves (71) 171 H2
Chens-sur-Léman (74) 174 D6
Chenu (72) 127 F2
Cheny (89) 113 F3
Chepniers (17) 212 A2
Chepoix (60) 18 B5
la Cheppe (51) 62 E1
Cheppes-la-Prairie (51) 62 E3
Cheppy (55) 42 E4
Cheptainville (91) 86 D2
Chepy (51) 62 E3
Chépy (80) 8 E5
Chérac (17) 195 J2
Chérancé (53) 104 D5
Chérancé (72) 82 D5
Chéraute (64) 283 H5
Cherbonnières (17) 178 B5
Cherbourg (50) 28 D2
Chérence (95) 36 D6
Chérencé-le-Héron (50) 52 B3
Chérencé-le-Roussel (50) 52 C5
Chéreng (59) 7 F4
les Chères (69) 188 B6
Chérêt (02) 40 C1
Chériennes (62) 9 J2
Cherier (42) 186 D5
Chérigné (79) 178 D3
les Chéris (50) 52 A5
Chérisay (72) 82 D4
Chérisey (57) 45 F6
Cherisy (28) 57 F5
Chérisy (62) 11 G3
Chérizet (71) 171 G4
Chermignac (17) 195 F3
Chermisey (88) 92 E3
Chermizy-Ailles (02) 40 C1
Chéronnac (87) 198 A2
Chéronvilliers (27) 55 K4
Chéroy (89) 88 A6
Cherré (49) 105 G6
Cherré (72) 83 J6
Cherreau (72) 83 J6
Cherrueix (35) 51 G4
Cherval (24) 213 G1
Cherveix-Cubas (24) 214 E2
Cherves (86) 162 C1
Cherves-Châtelars (16) 197 H1
Cherves-Richemont (16) 195 J2
Chervettes (17) 177 H4
Cherveux (79) 161 J5
Chervey (10) 114 E1
Cherville (51) 62 B1
Chéry (18) 148 D2
Chéry-Chartreuve (02) 40 B4
Chéry-lès-Pouilly (02) 20 D5
Chéry-lès-Rozoy (02) 21 H4
Chesley (10) 114 B3
le Chesnay (78) 58 C4
le Chesne (08) 22 D6
le Chesne (27) 56 B3
Chesnois-Auboncourt (08) 22 B6
Chesny (57) 45 F6
Chessenaz (74) 190 D4
Chessy (69) 188 A6
Chessy (77) 59 J3
Chessy-les-Prés (10) 113 K2
Chéu (89) 113 H3
Cheuge (21) 136 D4
Cheust (65) 304 B1
Cheux (14) 32 C5
Chevagnes (03) 169 G3
Chevagny-les-Chevrières (71) 171 J6
Chevagny-sur-Guye (71) 171 F4
Chevaigné (35) 79 G3
Chevaigné-du-Maine (53) 81 J3
le Chevain (72) 82 D3
Cheval-Blanc (84) 276 E3
Chevaline (74) 208 E1
la Chevallerais (44) 123 F1
Chevanceaux (17) 212 B2
Chevannay (21) 135 G4
Chevannes (21) 154 A1
Chevannes (45) 111 K1
Chevannes (89) 113 F6
Chevannes (91) 87 F2
Chevannes-Changy (58) 133 F6
Chevennes (02) 20 E3
Chevenon (58) 150 E5
Chevenoz (74) 175 G5
Cheverny (41) 129 F3
Cheveuges (08) 22 E4
Chevières (08) 42 D3
Chevigney (70) 137 F5
Chevigney-lès-Vercel (25) 157 F1
Chevigney-sur-l'Ognon (25) 137 J5
Chevigny (39) 155 G1
Chevigny-en-Valière (21) 154 B4
Chevigny-Saint-Sauveur (21) 136 B5
Chevillard (01) 189 K3
Chevillé (72) 106 A3
Chevillon (52) 92 A1
Chevillon (89) 112 C4
Chevillon-sur-Huillard (45) 111 H3
la Chevillotte (25) 138 B6
Chevilly (45) 110 A2
Chevilly-Larue (94) 58 E5
Chevinay (69) 205 J2
Chevincourt (60) 38 E1
Cheviré-le-Rouge (49) 126 A2
Chevrainvilliers (77) 87 G5
Chevreaux (39) 172 E4
Chevregny (02) 40 B1
Chèvremont (90) 119 J6
la Chèvrerie (16) 179 G4
Chevresis-Monceau (02) 20 C3
Chevreuse (78) 58 B5
Chèvreville (50) 52 C6
Chèvreville (60) 38 E6
Chevrier (74) 190 D3
Chevrières (38) 223 G3
Chevrières (42) 205 G4
Chevrières (60) 38 C3
Chevroches (58) 133 G4
la Chevrolière (44) 123 G5
Chevrotaine (39) 173 J2
Chevroux (01) 172 A5
Chevroz (25) 137 K5
Chevru (77) 60 C5
Chevry (01) 174 B6
Chevry (50) 31 H5
Chevry-Cossigny (77) 59 H5
Chevry-en-Sereine (77) 88 A5
Chevry-sous-le-Bignon (45) 111 K1
Chey (79) 178 E1
Cheylade (15) 218 A3
le Cheylard (07) 239 H1
Cheylard-l'Évêque (48) 238 B5
le Cheylas (38) 208 C6
Cheyssieu (38) 206 B6
Chezal-Benoît (18) 148 D6
la Chèze (22) 77 G5
Chèze (65) 304 B3
Chezelle (03) 185 F2
Chezelles (36) 147 J5
Chezelles (37) 145 H3
Chèzeneuve (38) 206 E4
Chézery-Forens (01) 190 C1
Chézy (03) 169 F3
Chézy-en-Orxois (02) 39 H6
Chézy-sur-Marne (02) 60 E2
Chiatra (2B) 319 J6
Chiché (79) 143 K6
Chicheboville (14) 33 F6
Chichée (89) 113 J5
Chichery (89) 113 F4
Chichey (51) 61 H5
Chichilianne (38) 241 K2
Chicourt (57) 66 D2
Chiddes (58) 152 B5
Chiddes (71) 171 G5
Chidrac (63) 202 D5
Chierry (02) 60 E1
Chieulles (57) 45 F5
Chigné (49) 126 C2
Chignin (73) 208 C4
Chigny (02) 20 E1
Chigny-les-Roses (51) 41 F5
Chigy (89) 89 F6
Chilhac (43) 219 H4
Chillac (16) 212 C1
Chille (39) 173 G1
Chilleurs-aux-Bois (45) 110 C2
le Chillou (79) 162 A1
Chilly (08) 22 B2
Chilly (74) 190 D4
Chilly (80) 19 F3
Chilly-le-Vignoble (39) 173 F2
Chilly-Mazarin (91) 58 E5
Chilly-sur-Salins (39) 156 A4
Chimilin (38) 207 J4
Chindrieux (73) 208 A1
Chinon (37) 145 F1
Chipilly (80) 18 E2
Chirac (16) 180 B6
Chirac (48) 237 G6
Chirac-Bellevue (19) 201 F6
Chirassimont (42) 187 H6
Chirat-l'Église (03) 184 E2
Chiré-en-Montreuil (86) 162 D2
Chirens (38) 207 H6
Chirmont (80) 18 B4
Chirols (07) 239 G4
Chiroubles (69) 188 A2
Chiry-Ourscamps (60) 19 G6
Chis (65) 285 H4
Chisa (2B) 321 H5
Chissay-en-Touraine (41) 128 C5
Chisseaux (37) 128 C5
Chisséria (39) 173 G5
Chissey-en-Morvan (71) 152 E2
Chissey-lès-Mâcon (71) 171 J4
Chissey-sur-Loue (39) 155 J3
Chitenay (41) 129 F3
Chitray (36) 165 F3
Chitry (89) 113 H6
Chitry-les-Mines (58) 133 H6
Chives (17) 178 D5
Chivres (21) 154 C4
Chivres-en-Laonnois (02) 21 F5
Chivres-Val (02) 39 K2
Chivy-lès-Étouvelles (02) 20 C6
Chizé (79) 178 B3
Chocques (62) 5 K5
Choilley-Dardenay (52) 136 D1
Choisel (78) 58 B6
Choiseul (52) 117 F1
Choisey (39) 155 G2
Choisies (59) 13 H3
Choisy (74) 190 E4
Choisy-au-Bac (60) 38 E2
Choisy-en-Brie (77) 60 C5
Choisy-la-Victoire (60) 38 B3
Choisy-le-Roi (94) 59 F5
Cholet (49) 142 E2
Cholonge (38) 224 B5
Choloy-Ménillot (54) 65 H5
Chomelix (43) 220 B3
Chomérac (07) 240 A4
la Chomette (43) 219 H3
Chonas-l'Amballan (38) 206 A6
Chonville-Malaumont (55) 64 E4
Chooz (08) 24 C2
Choqueuse-les-Bénards (60) 17 J5
Choranche (38) 223 H5
Chorey-les-Beaune (21) 154 A3
Chorges (05) 243 G5
Chouain (14) 32 B4
Chouday (36) 148 D5
Choue (41) 108 B3
Chougny (58) 151 K3
Chouilly (51) 62 A1
Chouppes (86) 144 E6
Chourgnac (24) 214 D3
Choussy (41) 128 E5
Chouvigny (03) 184 E3
Choux (39) 173 J6
les Choux (45) 111 H5
Chouy (02) 39 H5
Chouzé-sur-Loire (37) 126 D6
Chouzelot (25) 156 A2
Chouzy-sur-Cisse (41) 128 D3
Choye (70) 137 H4
Chozeau (38) 206 E2
Chuelles (45) 112 A3
Chuffilly-Roche (08) 42 A1
Chuignes (80) 19 F2
Chuignolles (80) 18 E2
Chuisnes (28) 84 D3
Chusclan (30) 256 D5
Chuyer (42) 205 K6
Chuzelles (38) 206 B4
Ciadoux (31) 286 E5
Ciamannacce (2A) 321 F4
Ciboure (64) 263 B1
Cideville (76) 15 H5
Ciel (71) 154 C5
Cier-de-Luchon (31) 305 H4
Cier-de-Rivière (31) 305 J1
Cierges (02) 40 B5
Cierges-sous-Montfaucon (55) 43 F3
Cierp-Gaud (31) 305 J3
Cierrey (27) 56 E1
Cierzac (17) 195 K4
Cieurac (46) 250 A2
Cieutat (65) 285 J6
Cieux (87) 181 F5
Ciez (58) 132 C4
Cigogné (37) 128 A6
Cilly (02) 21 F4
Cinais (37) 145 F2
Cindré (03) 185 K1
Cinq-Mars-la-Pile (37) 127 G5
Cinqueux (60) 38 B3
Cintegabelle (31) 288 C4
Cintheaux (14) 32 E6
Cintray (27) 56 A4
Cintray (28) 85 F3
Cintré (35) 78 E4
Cintrey (70) 117 H5
la Ciotat (13) 297 F5
Cipières (06) 280 D3
Ciral (61) 82 B2
Ciran (37) 146 B3
Circourt (88) 94 B4
Circourt-sur-Mouzon (88) 93 G4
Ciré-d'Aunis (17) 177 F4
Cirès (31) 305 G4
Cires-lès-Mello (60) 37 K4
Cirey (70) 138 B4
Cirey-lès-Mareilles (52) 92 C5
Cirey-lès-Pontailler (21) 136 D5
Cirey-sur-Blaise (52) 91 J4
Cirey-sur-Vezouze (54) 67 H6
Cirfontaines-en-Azois (52) 115 J1
Cirfontaines-en-Ornois (52) 92 D2
Cirière (79) 143 H5
Ciron (36) 164 E3
Ciry-le-Noble (71) 170 D3
Ciry-Salsogne (02) 39 K3
Cisai-Saint-Aubin (61) 55 F4
Cisery (89) 134 B3
Cissac-Médoc (33) 210 E3
Cissé (86) 162 E2
Cisternes-la-Forêt (63) 201 K2
Cistrières (43) 219 K2
Citerne (80) 17 G1
Citers (70) 118 D5
Citey (70) 137 H3
Citou (11) 290 D3
Citry (77) 60 C2
Civaux (86) 163 J5
Civens (42) 204 E2
Civières (27) 36 C5
Civrac-de-Blaye (33) 211 J4
Civrac-en-Médoc (33) 210 E1
Civrac-sur-Dordogne (33) 230 C2
Civray (18) 148 E4
Civray (86) 179 H3
Civray-de-Touraine (37) 128 C5
Civray-sur-Esves (37) 146 A3
Civrieux (01) 188 D5
Civrieux-d'Azergues (69) 188 B6
Civry (28) 109 G2
Civry-en-Montagne (21) 135 G6
Civry-la-Forêt (78) 57 H3
Cizancourt (80) 19 G2
Cizay-la-Madeleine (49) 144 B1
Cize (01) 189 J2
Cize (39) 173 K1
Cizely (58) 151 H4
Cizos (65) 286 B5
Clacy-et-Thierret (02) 20 C6
Cladech (24) 232 D2
Claira (66) 310 C5
Clairac (47) 247 J2
Clairavaux (23) 200 E2
Clairefontaine-en-Yvelines (78) 86 A1
Clairefougère (61) 53 F4
Clairegoutte (70) 119 F6
Clairfayts (59) 13 J4
Clairfontaine (02) 13 H6
Clairmarais (62) 3 G5
Clairoix (60) 38 E2
Clairvaux-d'Aveyron (12) 251 K2
Clairvaux-les-Lacs (39) 173 J3
Clairy-Saulchoix (80) 17 K2
Clais (76) 16 D3
Claix (16) 196 D4
Claix (38) 224 A4
Clam (17) 195 H5
Clamanges (51) 62 A4
Clamart (92) 58 D4
Clamecy (02) 39 J2
Clamecy (58) 133 F4
Clamensane (04) 259 H2
Clamerey (21) 134 E4
Clans (06) 261 J6
Clans (70) 137 K1
Clansayes (26) 256 E2
le Claon (55) 42 E5
le Clapier (12) 272 E3
Clapiers (34) 274 C5
Clara (66) 314 C3
Clarac (31) 305 J1
Clarac (65) 285 K5
Claracq (64) 284 D1
Clarafond (74) 190 D3
Clarbec (14) 33 J4
Clarens (65) 286 B6
Clarensac (30) 275 F3
Claret (04) 259 F2
Claret (34) 274 C3
Clarques (62) 3 G6
Clary (59) 12 C5
Classun (40) 265 H5
Clastres (02) 19 K4
Clasville (76) 15 F3
le Clat (11) 308 E5
Claudon (88) 117 K2
le Claux (15) 218 A4
Clavans-en-Haut-Oisans (38) 225 F4
Clavé (79) 161 K4
Claveisolles (69) 187 K3
Clavette (17) 176 E2
Claveyson (26) 222 C3
Clavières (15) 219 G6
Claviers (83) 279 K5
Claville (27) 56 C1
Claville-Motteville (76) 16 A5
Clavy-Warby (08) 22 B3
la Claye (85) 159 K4
Claye-Souilly (77) 59 H2
Clayes (35) 78 E3
les Clayes-sous-Bois (78) 58 B4
la Clayette (71) 187 H1
Clayeures (54) 94 C2
Clécy (14) 53 H2
Cléden-Cap-Sizun (29) 73 B3
Cléden-Poher (29) 75 H3
Cléder (29) 46 D3
Clèdes (40) 265 H6
Cleebourg (67) 25 B1
Clefmont (52) 116 E1
Clefs (49) 126 B1
les Clefs (74) 191 H6
Cléguer (56) 99 K3
Cléguérec (56) 76 D5
Clelles (38) 241 K2
Clémencey (21) 135 J6
Clémensat (63) 202 D5
Clémery (54) 66 A2
Clémont (18) 130 E2
Clénay (21) 136 B4
Clenleu (62) 4 D5
Cléon (76) 35 H3
Cléon-d'Andran (26) 240 D5
Cleppé (42) 204 E2
Clérac (17) 212 B3
Cléré-du-Bois (36) 146 E5
Cléré-les-Pins (37) 127 F4
Cléré-sur-Layon (49) 143 K2
Clères (76) 15 K5
Clérey (10) 90 C6
Clérey-la-Côte (88) 93 G2
Clérey-sur-Brenon (54) 94 A1

Clergoux (19) . . . 216 D2
Clérieux (26) . . . 222 D5
les Clérimois (89) . . . 88 E5
le Clerjus (88) . . . 118 C2
Clerlande (63) . . . 185 G6
Clermain (71) . . . 171 G6
Clermont (09) . . . 307 F2
Clermont (40) . . . 264 C5
Clermont (60) . . . 38 A3
Clermont (74) . . . 190 D5
Clermont-Créans (72) . . . 106 B6
Clermont-de-Beauregard (24) . . . 231 K1
Clermont-Dessous (47) . . . 247 K4
Clermont-d'Excideuil (24) . . . 214 D1
Clermont-en-Argonne (55) . . . 42 E6
Clermont-Ferrand (63) . . . 202 D2
Clermont-le-Fort (31) . . . 288 B2
Clermont-les-Fermes (02) . . . 21 G5
Clermont-l'Hérault (34) . . . 273 H6
Clermont-Pouyguillès (32) . . . 286 C2
Clermont-Savès (32) . . . 268 C6
Clermont-Soubiran (47) . . . 248 D5
Clermont-sur-Lauquet (11) . . . 309 G2
Cléron (25) . . . 156 C2
Clerques (62) . . . 2 E4
Clerval (25) . . . 138 E4
Cléry (21) . . . 136 E5
Cléry (73) . . . 209 F3
Cléry-en-Vexin (95) . . . 36 E6
Cléry-Grand (55) . . . 43 F2
Cléry-Petit (55) . . . 43 F2
Cléry-Saint-André (45) . . . 109 J5
Cléry-sur-Somme (80) . . . 19 G1
Clesles (51) . . . 89 J2
Clessé (71) . . . 171 J5
Clessé (79) . . . 161 H1
Clessy (71) . . . 170 B3
Cléty (62) . . . 3 F6
Cleurie (88) . . . 119 F1
Cleuville (76) . . . 15 F4
Cléville (14) . . . 33 G5
Cléville (76) . . . 15 F5
Clévilliers (28) . . . 85 F2
Cleyrac (33) . . . 230 C3
Cleyzieu (01) . . . 189 J5
Clézentaine (88) . . . 94 E2
Clichy (92) . . . 58 E3
Clichy-sous-Bois (93) . . . 59 G3
Climbach (67) . . . 25 B1
Clinchamp (52) . . . 92 E5
Clinchamps-sur-Orne (14) . . . 32 D6
Clion (17) . . . 195 H5
Clion (36) . . . 147 F4
Cliousclat (26) . . . 240 C3
Cliponville (76) . . . 15 F4
Cliron (08) . . . 22 C3
la Clisse (17) . . . 195 F2
Clisson (44) . . . 123 K6
Clitourps (50) . . . 29 F2
Clohars-Carnoët (29) . . . 99 H4
Clohars-Fouesnant (29) . . . 98 D2
le Cloître-Pleyben (29) . . . 75 F3
le Cloître-Saint-Thégonnec (29) . . . 47 G6
Clomot (21) . . . 153 G1
Clonas-sur-Varèze (38) . . . 206 A6
Clos-Fontaine (77) . . . 88 A1
la Clotte (17) . . . 212 B4
Clouange (57) . . . 27 G5
Cloué (86) . . . 162 D5
les Clouzeaux (85) . . . 159 H2
Cloyes-sur-le-Loir (28) . . . 108 D3
Cloyes-sur-Marne (51) . . . 63 G6
Clucy (39) . . . 156 A4
Clugnat (23) . . . 183 F1
Cluis (36) . . . 165 J4
Clumanc (04) . . . 260 A6
Cluny (71) . . . 171 H5
la Clusaz (74) . . . 191 J5
la Cluse (05) . . . 242 C4
la Cluse-et-Mijoux (25) . . . 157 F4
les Cluses (66) . . . 315 G4
Cluses (74) . . . 191 K3
Clussais-la-Pommeraie (79) . . . 179 F2
Clux (71) . . . 154 D4
Coadout (22) . . . 48 C5
Coaraze (06) . . . 281 G2
Coarraze (64) . . . 284 E6
Coat-Méal (29) . . . 72 D3
Coatascorn (22) . . . 48 C3
Coatréven (22) . . . 48 B2
Cobonne (26) . . . 240 E3
Cobrieux (59) . . . 7 F5
la Cochère (61) . . . 54 D5
Cocherel (77) . . . 60 B1
Cocheren (57) . . . 68 B2
Coclois (10) . . . 90 D2
Cocquerel (80) . . . 9 H6
Cocumont (47) . . . 247 F1
Cocurès (48) . . . 254 C3
Codalet (66) . . . 314 B3
Codognan (30) . . . 275 F4
Codolet (30) . . . 256 D5
Coësmes (35) . . . 103 J1
Coëtlogon (22) . . . 77 H5
Coëtmieux (22) . . . 49 H6
Coeuvres-et-Valsery (02) . . . 39 G3
Coëx (85) . . . 158 E1
Coggia (2A) . . . 316 E6
Coglès (35) . . . 51 K6
Cogna (39) . . . 173 J3
Cognac (16) . . . 195 K3
Cognac-la-Forêt (87) . . . 198 C1
Cognat-Lyonne (03) . . . 185 H3
Cogners (72) . . . 107 J4
Cognet (38) . . . 242 B1
Cognières (70) . . . 138 C3
Cognin (73) . . . 208 B4
Cognin-les-Gorges (38) . . . 223 H3
Cognocoli-Monticchi (2A) . . . 320 D6
Cogny (18) . . . 149 K6
Cogny (69) . . . 188 A5
Cogolin (83) . . . 298 E4
Cohade (43) . . . 219 G2
Cohennoz (73) . . . 209 G1
Cohiniac (22) . . . 48 E6
Cohons (52) . . . 116 D5
Coiffy-le-Bas (52) . . . 117 G3
Coiffy-le-Haut (52) . . . 117 G3
Coigneux (80) . . . 10 C5
Coignières (78) . . . 58 A5
Coigny (50) . . . 28 E6
Coimères (33) . . . 230 A6
Coin-lès-Cuvry (57) . . . 45 F6
Coin-sur-Seille (57) . . . 66 A1
Coinces (45) . . . 109 J3
Coinches (88) . . . 95 J4
Coincourt (54) . . . 66 E4
Coincy (02) . . . 39 K5
Coincy (57) . . . 45 G5
Coings (36) . . . 148 A5
Coingt (02) . . . 21 H3
Coirac (33) . . . 230 B4
Coise (69) . . . 205 H4
Coise-Saint-Jean-Pied-Gauthier (73) . . . 208 D4
Coiserette (39) . . . 173 J6
Coisevaux (70) . . . 139 G1
Coisia (39) . . . 173 G6
Coisy (80) . . . 18 B1
Coivert (17) . . . 178 A4
Coivrel (60) . . . 18 D6
Coizard-Joches (51) . . . 61 J4
Colayrac-Saint-Cirq (47) . . . 248 B4
Colembert (62) . . . 2 C5
Coligny (01) . . . 172 E5
Colincamps (80) . . . 10 D5
Collan (89) . . . 113 J5
la Collancelle (58) . . . 151 J2
Collandres (15) . . . 217 K3
Collandres-Quincarnon (27) . . . 56 A2
Collanges (63) . . . 202 E6
Collat (43) . . . 219 K3
la Colle-sur-Loup (06) . . . 281 F4
Collégien (77) . . . 59 H4
Collemiers (89) . . . 112 D1
Colleret (59) . . . 13 J3
le Collet-de-Dèze (48) . . . 255 F4
Colletot (27) . . . 34 D3
Colleville (76) . . . 14 D3
Colleville-Montgomery (14) . . . 32 E4
Colleville-sur-Mer (14) . . . 29 K6
Collias (30) . . . 275 H2
Colligis-Crandelain (02) . . . 40 B1
Colligny (57) . . . 45 G5
Colline-Beaumont (62) . . . 8 E2
Collinée (22) . . . 77 J3
Collioure (66) . . . 315 J4
Collobrières (83) . . . 298 C4
Collonge-en-Charollais (71) . . . 171 G2
Collonge-la-Madeleine (71) . . . 153 H4
Collonges (01) . . . 190 D2
Collonges-au-Mont-d'Or (69) . . . 206 A1
Collonges-la-Rouge (19) . . . 215 K5
Collonges-lès-Bévy (21) . . . 154 A1
Collonges-lès-Premières (21) . . . 136 C6
Collonges-sous-Salève (74) . . . 191 F2
Collongues (06) . . . 280 C2
Collongues (65) . . . 285 J4
Collorec (29) . . . 75 G2
Collorgues (30) . . . 275 G1
Colmar (68) . . . 96 C4
Colmars (04) . . . 260 C4
Colmen (57) . . . 45 J2
Colméry (58) . . . 132 D5
Colmesnil-Manneville (76) . . . 15 K2
Colmey (54) . . . 26 B3
Colmier-le-Bas (52) . . . 115 K5
Colmier-le-Haut (52) . . . 115 K5
Colognac (30) . . . 274 B1
Cologne (32) . . . 268 C5
Colomars (06) . . . 281 G3
Colombe (38) . . . 207 G6
la Colombe (41) . . . 109 F4
la Colombe (50) . . . 31 G6
Colombé-la-Fosse (10) . . . 91 H5
Colombé-le-Sec (10) . . . 91 H5
Colombe-lès-Vesoul (70) . . . 138 B1
Colombelles (14) . . . 32 E4
Colombes (92) . . . 58 D3
Colombey-les-Belles (54) . . . 93 H1
Colombey-les-Deux-Églises (52) . . . 91 J5
Colombier (03) . . . 184 C1
Colombier (21) . . . 153 J1
Colombier (24) . . . 231 J3
Colombier (42) . . . 221 K1
Colombier (70) . . . 118 B6
Colombier-en-Brionnais (71) . . . 170 E6
Colombier-Fontaine (25) . . . 139 G3
Colombier-le-Cardinal (07) . . . 222 A2
Colombier-le-Jeune (07) . . . 222 A5
Colombier-le-Vieux (07) . . . 222 A5
Colombier-Saugnieu (69) . . . 206 D2
Colombières (14) . . . 31 J1
Colombières-sur-Orb (34) . . . 291 H1
Colombiers (17) . . . 195 H3
Colombiers (18) . . . 167 G2
Colombiers (34) . . . 291 K4
Colombiers (61) . . . 82 C2
Colombiers (86) . . . 163 G1
Colombiers-du-Plessis (53) . . . 80 E3
Colombiers-sur-Seulles (14) . . . 32 D3
Colombiès (12) . . . 251 J3
Colombotte (70) . . . 118 C6
Colomby (50) . . . 28 D4
Colomby-sur-Thaon (14) . . . 32 D4
Colomiers (31) . . . 269 F6
Colomieu (01) . . . 207 J2
Colonard-Corubert (61) . . . 83 J3
Colondannes (23) . . . 182 A1
Colonfay (02) . . . 20 D2
Colonne (39) . . . 155 H5
Colonzelle (26) . . . 257 F2
Colpo (56) . . . 101 F3
Colroy-la-Grande (88) . . . 95 K3
Colroy-la-Roche (67) . . . 70 A6
Coltainville (28) . . . 85 H2
Coltines (15) . . . 218 D5
Coly (24) . . . 215 F5
Combaillaux (34) . . . 274 A5
Combas (30) . . . 274 E3
la Combe-de-Lancey (38) . . . 224 C2
Combeaufontaine (70) . . . 117 J6
Combefa (81) . . . 251 G6
Comberanche-et-Épeluche (24) . . . 213 F2
Comberjon (70) . . . 118 B6
Comberouger (82) . . . 268 D3
Combertault (21) . . . 154 B4
les Combes (25) . . . 157 G2
Combes (34) . . . 272 D6
Combiers (16) . . . 197 G5
Comblanchien (21) . . . 154 B2
Combles (80) . . . 11 F6
Combles-en-Barrois (55) . . . 64 A4
Comblessac (35) . . . 102 C1
Combleux (45) . . . 110 B4
Comblot (61) . . . 83 H2
Combloux (74) . . . 192 A5
Combon (27) . . . 35 F6
Combourg (35) . . . 51 F6
Combourtillé (35) . . . 80 A4
Combovin (26) . . . 240 E1
Combrailles (63) . . . 201 J1
Combrand (79) . . . 143 G5
Combray (14) . . . 53 J2
Combre (42) . . . 187 G4
Combrée (49) . . . 104 C6
Combres (28) . . . 84 C4
Combres-sous-les-Côtes (55) . . . 44 A6
Combressol (19) . . . 200 E6
Combret (12) . . . 271 K3
Combreux (45) . . . 110 E3
Combrimont (88) . . . 95 K4
Combrit (29) . . . 98 C2
Combronde (63) . . . 185 F5
Combs-la-Ville (77) . . . 59 G6
la Comelle (71) . . . 152 D5
Comiac (46) . . . 234 D1
Comigne (11) . . . 290 D6
Comines (59) . . . 6 D2
Commana (29) . . . 46 E6
Commarin (21) . . . 135 G6
Commeaux (61) . . . 54 B4
Commelle (38) . . . 206 E6
Commelle-Vernay (42) . . . 187 F5
Commenailles (39) . . . 155 G6
Commenchon (02) . . . 19 J5
Commensacq (40) . . . 245 G4
Commentry (03) . . . 184 B1
Commeny (95) . . . 37 F6
Commequiers (85) . . . 141 F6
Commer (53) . . . 81 G5
Commercy (55) . . . 64 E4
Commerveil (72) . . . 83 F4
Commes (14) . . . 32 B3
Communailles-en-Montagne (39) . . . 156 C6
Communay (69) . . . 206 A4
Compains (63) . . . 202 B6
Compainville (76) . . . 16 E5
Compans (77) . . . 59 H2
le Compas (23) . . . 183 J5
Compertrix (51) . . . 62 D2
Compeyre (12) . . . 253 G5
Compiègne (60) . . . 38 D2
Compigny (89) . . . 88 D4
Compolibat (12) . . . 251 H2
la Compôte (73) . . . 208 D2
Comprégnac (12) . . . 253 F6
Compreignac (87) . . . 181 H5
Comps (26) . . . 240 E5
Comps (30) . . . 275 K3
Comps (33) . . . 211 H5
Comps-la-Grand-Ville (12) . . . 252 B4
Comps-sur-Artuby (83) . . . 279 J4
la Comté (62) . . . 10 C1
Comus (11) . . . 308 B5
Conan (41) . . . 108 E6
Conand (01) . . . 189 J6
Conat (66) . . . 314 B3
Conca (2A) . . . 323 J1
Concarneau (29) . . . 98 E3
Concevreux (02) . . . 40 C2
Concèze (19) . . . 215 G1
Conches-en-Ouche (27) . . . 56 B2
Conches-sur-Gondoire (77) . . . 59 H3
Conchez-de-Béarn (64) . . . 285 F1
Conchil-le-Temple (62) . . . 8 E2
Conchy-les-Pots (60) . . . 18 E5
Conchy-sur-Canche (62) . . . 9 K2
Concorès (46) . . . 233 H4
Concoret (56) . . . 78 B4
Concots (46) . . . 250 C2
Concoules (30) . . . 255 F2
Concourson-sur-Layon (49) . . . 144 A1
Concremiers (36) . . . 164 B3
Concressault (18) . . . 131 G3
Concriers (41) . . . 109 G6
Condac (16) . . . 179 G4
Condal (71) . . . 172 D4
Condamine (01) . . . 189 K3
Condamine (39) . . . 173 F2
la Condamine-Châtelard (04) . . . 227 B6
Condat (15) . . . 218 A2
Condat (46) . . . 215 K6
Condat-en-Combraille (63) . . . 201 J1
Condat-lès-Montboissier (63) . . . 203 H5
Condat-sur-Ganaveix (19) . . . 199 J6
Condat-sur-Trincou (24) . . . 214 A1
Condat-sur-Vézère (24) . . . 215 F4
Condat-sur-Vienne (87) . . . 198 E2
Condé (36) . . . 148 C5
Condé-en-Brie (02) . . . 61 F1
Condé-Folie (80) . . . 9 H6
Condé-lès-Autry (08) . . . 42 C4
Condé-lès-Herpy (08) . . . 21 J6
Condé-Northen (57) . . . 45 H4
Condé-Sainte-Libiaire (77) . . . 59 J3
Condé-sur-Aisne (02) . . . 39 K2
Condé-sur-Huisne (61) . . . 84 A4
Condé-sur-Ifs (14) . . . 54 B1
Condé-sur-Iton (27) . . . 56 B4
Condé-sur-l'Escaut (59) . . . 7 J6
Condé-sur-Marne (51) . . . 62 B1
Condé-sur-Noireau (14) . . . 53 H3
Condé-sur-Risle (27) . . . 34 D3
Condé-sur-Sarthe (61) . . . 82 C3
Condé-sur-Seulles (14) . . . 32 B4
Condé-sur-Suippe (02) . . . 40 E2
Condé-sur-Vesgre (78) . . . 57 H5
Condé-sur-Vire (50) . . . 31 H4
Condeau (61) . . . 84 A3
Condécourt (95) . . . 58 A1
Condeissiat (01) . . . 188 E2
Condéon (16) . . . 196 B6
Condes (39) . . . 173 G6
Condes (52) . . . 92 B6
Condette (62) . . . 2 A6
Condezaygues (47) . . . 248 E1
Condillac (26) . . . 240 B4
Condom (32) . . . 267 F2
Condom-d'Aubrac (12) . . . 236 C5
Condorcet (26) . . . 257 J1
Condren (02) . . . 19 K5
Condrieu (69) . . . 206 A6
Conflandey (70) . . . 117 K5
Conflans-en-Jarnisy (54) . . . 44 C5
Conflans-Sainte-Honorine (78) . . . 58 C2
Conflans-sur-Anille (72) . . . 107 K3
Conflans-sur-Lanterne (70) . . . 118 B4
Conflans-sur-Loing (45) . . . 111 J3
Conflans-sur-Seine (51) . . . 89 H1
Confolens (16) . . . 180 B5
Confolent-Port-Dieu (19) . . . 201 H5
Confort (01) . . . 190 C2
Confracourt (70) . . . 117 J6
Confrançon (01) . . . 188 E1
Congé-sur-Orne (72) . . . 82 E6
Congénies (30) . . . 274 E4
Congerville-Thionville (91) . . . 86 B4
Congis-sur-Thérouanne (77) . . . 60 A1
Congrier (53) . . . 104 B4
Congy (51) . . . 61 J3
Conie-Molitard (28) . . . 109 F1
Conilhac-Corbières (11) . . . 290 E6
Conilhac-de-la-Montagne (11) . . . 308 E3
Conjux (73) . . . 208 A1
Conlie (72) . . . 106 C1
Conliège (39) . . . 173 G2
Connac (12) . . . 271 J1
Connangles (43) . . . 219 K2
Connantray-Vaurefroy (51) . . . 62 A5
Connantre (51) . . . 61 K5
Connaux (30) . . . 256 C6
Conne-de-Labarde (24) . . . 231 J3
Connelles (27) . . . 35 K4
Connerré (72) . . . 107 G2
Connezac (24) . . . 197 H5
Connigis (02) . . . 61 F1
Conquereuil (44) . . . 103 F4
Conques (12) . . . 235 H5
Conques-sur-Orbiel (11) . . . 290 B5
le Conquet (29) . . . 72 A4
Conqueyrac (30) . . . 274 C2
Cons-la-Grandville (54) . . . 26 C3
Cons-Sainte-Colombe (74) . . . 209 F1
Consac (17) . . . 195 G6
Conségudes (06) . . . 280 E2
Consenvoye (55) . . . 43 G3
Consigny (52) . . . 92 D6
Consolation-Maisonnettes (25) . . . 157 H1
Contalmaison (80) . . . 10 E6
Contamine-Sarzin (74) . . . 190 D4
Contamine-sur-Arve (74) . . . 191 H2
les Contamines-Montjoie (74) . . . 192 B6
Contault (51) . . . 63 H2
Contay (80) . . . 10 C6
Conte (39) . . . 156 B6
Contes (06) . . . 281 H2
Contes (62) . . . 9 H1
Contescourt (02) . . . 19 K3
Contest (53) . . . 81 G5
Conteville (14) . . . 33 F6
Conteville (27) . . . 34 B2
Conteville (60) . . . 17 J5
Conteville (76) . . . 16 E4
Conteville (80) . . . 9 J4
Conteville-en-Ternois (62) . . . 10 A1
Conteville-lès-Boulogne (62) . . . 2 B5
Conthil (57) . . . 66 E2
Contigné (49) . . . 105 H6
Contigny (03) . . . 168 E6
Contilly (72) . . . 83 F3
Continvoir (37) . . . 126 E4
Contoire (80) . . . 18 D4
Contrazy (09) . . . 306 E2
Contré (17) . . . 178 C4
Contre (80) . . . 17 J4
Contréglise (70) . . . 117 K4
Contremoulins (76) . . . 14 D4
Contres (18) . . . 149 H5
Contres (41) . . . 129 F4
Contreuve (08) . . . 42 A3
Contrevoz (01) . . . 207 J1
Contrexéville (88) . . . 93 J5
Contrières (50) . . . 30 E5
Contrisson (55) . . . 63 J4
Conty (80) . . . 17 K4
Contz-les-Bains (57) . . . 27 J3
Conzieu (01) . . . 207 J2
Coole (51) . . . 62 D5
Coolus (51) . . . 62 D2
la Copechagnière (85) . . . 142 A5
Copponex (74) . . . 190 E3
Coquainvilliers (14) . . . 33 K5
Coquelles (62) . . . 2 C3
la Coquille (24) . . . 198 C5
Corancez (28) . . . 85 G4
Corancy (58) . . . 152 B2
Coray (29) . . . 75 F5
Corbara (2B) . . . 318 C2
Corbarieu (82) . . . 269 G2
Corbas (69) . . . 206 B3
Corbehem (62) . . . 11 H2
Corbeil (51) . . . 90 E1
Corbeil-Cerf (60) . . . 37 H4
Corbeil-Essonnes (91) . . . 87 F1
Corbeilles (45) . . . 111 G2
Corbel (73) . . . 208 A6
Corbelin (38) . . . 207 H3
Corbenay (70) . . . 118 C3
Corbeny (02) . . . 40 D1
Corbère (66) . . . 314 E2
Corbère-Abères (64) . . . 285 F2
Corbère-les-Cabanes (66) . . . 314 E2
Corberon (21) . . . 154 B3
Corbès (30) . . . 255 F6
Corbie (80) . . . 18 C2
la Corbière (70) . . . 118 E4
Corbières (04) . . . 278 B4
Corbières (11) . . . 308 C2
Corbigny (58) . . . 133 H6
Corbon (14) . . . 33 H5
Corbon (61) . . . 83 J3
Corbonod (01) . . . 190 C5
Corbreuse (91) . . . 86 B2
Corcelle-Mieslot (25) . . . 138 B4
Corcelles (01) . . . 189 K4
Corcelles-en-Beaujolais (69) . . . 188 B3
Corcelles-Ferrières (25) . . . 137 H6
Corcelles-les-Arts (21) . . . 153 K4
Corcelles-lès-Cîteaux (21) . . . 154 C1
Corcelles-les-Monts (21) . . . 135 K5
Corcieux (88) . . . 95 H5
Corcondray (25) . . . 137 J6
Corconne (30) . . . 274 C3
Corcoué-sur-Logne (44) . . . 141 H3
Corcy (02) . . . 39 H4
Cordéac (38) . . . 242 C2
Cordebugle (14) . . . 34 B6
Cordelle (42) . . . 186 E5
Cordemais (44) . . . 122 D3
Cordes-sur-Ciel (81) . . . 251 F6
Cordes-Tolosannes (82) . . . 268 D1
Cordesse (71) . . . 153 F3
Cordey (14) . . . 54 A3
Cordon (74) . . . 192 A5
Cordonnet (70) . . . 137 K4
Coren (15) . . . 218 E5
Corenc (38) . . . 224 B3
Corent (63) . . . 202 E3
Corfélix (51) . . . 61 H4
Corgengoux (21) . . . 154 B4
Corgnac-sur-l'Isle (24) . . . 214 C1
Corgoloin (21) . . . 154 B2
Corignac (17) . . . 211 K2
Corlay (22) . . . 76 D2
Corlier (01) . . . 189 K4
Cormainville (28) . . . 109 H1
Cormaranche-en-Bugey (01) . . . 190 A5
Cormatin (71) . . . 171 H3
Corme-Écluse (17) . . . 194 E3
Corme-Royal (17) . . . 194 E2
Cormeilles (27) . . . 34 B4
Cormeilles (60) . . . 17 K5
Cormeilles-en-Parisis (95) . . . 58 D2
Cormeilles-en-Vexin (95) . . . 37 G6
Cormelles-le-Royal (14) . . . 32 E5
Cormenon (41) . . . 108 A3
Cormeray (41) . . . 129 F3
Cormery (37) . . . 127 K6
Cormes (72) . . . 83 J6

Cormicy (51) 40 D3
le Cormier (27) 56 E2
Cormolain (14) 31 K3
Cormont (62) 4 C5
Cormontreuil (51) 41 F4
Cormoranche-sur-Saône (01) 188 C2
Cormost (10) 90 B6
Cormot-le-Grand (21) 153 J4
Cormoyeux (51) 40 E6
Cormoz (01) 172 D4
Corn (46) 234 C5
Cornac (46) 234 C1
Cornant (89) 112 C1
Cornas (07) 222 C6
Cornay (08) 42 D3
Corné (49) 125 J3
Cornebarrieu (31) 269 F6
Corneilhan (34) 291 K3
Corneilla-de-Conflent (66) 314 B4
Corneilla-del-Vercol (66) 315 H3
Corneilla-la-Rivière (66) 310 A6
Corneillan (32) 266 A5
Corneuil (27) 56 D3
Corneville-la-Fouquetière (27) 34 E6
Corneville-sur-Risle (27) 34 D3
Cornier (74) 191 G3
Cornil (19) 216 A3
Cornillac (26) 258 A1
Cornille (24) 214 B3
Cornillé (35) 79 K5
Cornillé-les-Caves (49) 125 J3
Cornillon (30) 256 B4
Cornillon-Confoux (13) 295 K3
Cornillon-en-Trièves (38) 242 A2
Cornillon-sur-l'Oule (26) 257 K1
Cornimont (88) 119 H2
Cornod (39) 173 G6
Cornot (70) 117 H6
la Cornuaille (49) 124 C3
Cornus (12) 272 E3
Cornusse (18) 149 K4
Corny (27) 36 B4
Corny-Machéroménil (08) 22 A6
Corny-sur-Moselle (57) 44 E6
Coron (49) 143 H2
Corpe (85) 160 A4
Corpeau (21) 153 K4
Corpoyer-la-Chapelle (21) 135 G2
Corps (38) 242 D2
Corps-Nuds (35) 79 G6
Corquilleroy (45) 111 H2
Corquoy (18) 149 F5
Corrano (2A) 321 F5
Corravillers (70) 119 F3
Corre (70) 117 K3
Corrençon-en-Vercors (38) 223 J5
Correns (83) 297 K1
Corrèze (19) 216 C1
Corribert (51) 61 H2
Corrobert (51) 61 G3
Corrombles (21) 134 C3
Corronsac (31) 288 C2
Corroy (51) 61 K5
Corsaint (21) 134 C3
Corsavy (66) 314 D5
Corscia (2B) 318 E5
Corsept (44) 122 C3
Corseul (22) 50 B5
Cortambert (71) 171 H4
Corte (2B) 319 F6
Cortevaix (71) 171 H4
Cortrat (45) 111 J4
les Corvées-les-Yys (28) 84 D4
Corveissiat (01) 189 J1
Corvol-d'Embernard (58) 132 E6
Corvol-l'Orgueilleux (58) 132 E4
Corzé (49) 125 J2
Cos (09) 307 H3
Cosges (39) 172 E1
Coslédaà-Lube-Boast (64) 284 E2
Cosmes (53) 104 D3
Cosnac (19) 215 J4
Cosne-Cours-sur-Loire (58) 132 A4
Cosne-d'Allier (03) 167 K5
Cosnes-et-Romain (54) 26 C2
Cosqueville (50) 28 E2
Cossaye (58) 169 F1
Cossé-d'Anjou (49) 143 G1
Cossé-en-Champagne (53) 105 J3
Cossé-le-Vivien (53) 104 D3
Cossesseville (14) 53 J3
Cosswiller (67) 70 C3
Costa (2B) 318 D2
Costaros (43) 238 C1
les Costes (05) 242 E3
les Costes-Gozon (12) 272 A1
la Côte (70) 119 F6
la Côte-d'Aime (73) 209 J4
la Côte-d'Arbroz (74) 192 A1
la Côte-en-Couzan (42) 204 A2
la Côte-Saint-André (38) 207 F6
le Coteau (42) 187 F4
Côtebrune (25) 138 C5
les Côtes-d'Arey (38) 206 B6
les Côtes-de-Corps (38) 242 C2
Coti-Chiavari (2A) 322 C1
Cotignac (83) 298 A1
Cottance (42) 205 F2
Cottenchy (80) 18 B3
Cottévrard (76) 16 B5
Cottun (14) 32 A3
la Couarde (79) 162 A6
la Couarde-sur-Mer (17) 176 A2
Couargues (18) 132 A6
Coubert (77) 59 H6
Coubeyrac (33) 230 D3
Coubisou (12) 236 A6
Coubjours (24) 215 F3
Coublanc (52) 116 E6
Coublanc (71) 187 G2
Coublevie (38) 223 K1
Coublucq (64) 284 D1
Coubon (43) 220 C6
Coubron (93) 59 G3
Couches (71) 153 H5
Couchey (21) 135 K6
la Coucourde (26) 240 B4
Coucouron (07) 238 D3
Coucy (08) 41 J1
Coucy-la-Ville (02) 20 A6
Coucy-le-Château-Auffrique (02) 39 J1
Coucy-lès-Eppes (02) 20 E6
Couddes (41) 129 F5
Coudehard (61) 54 D3
Coudekerque (59) 3 H2
Coudekerque-Branche (59) 3 H1
Coudes (63) 202 E4
Coudeville-sur-Mer (50) 30 D6
Coudons (11) 308 D4
Coudoux (13) 296 B1
Coudray (27) 36 B3
le Coudray (28) 85 G3
Coudray (45) 86 E5
Coudray (53) 105 F5
Coudray-au-Perche (28) 84 A5
le Coudray-Macouard (49) 144 C1
le Coudray-Montceaux (91) 87 F1
Coudray-Rabut (14) 33 K3
le Coudray-Saint-Germer (60) 36 E2
le Coudray-sur-Thelle (60) 37 H3
la Coudre (79) 143 J4
Coudreceau (28) 84 B4
Coudrecieux (72) 107 J3
Coudres (27) 56 E3
Coudroy (45) 111 F4
Coudun (60) 38 D2
Coudures (40) 265 G5
Coueilles (31) 287 F4
Couëron (44) 123 F4
Couesmes (37) 127 F2
Couesmes-Vaucé (53) 81 F2
Couffé (44) 123 K2
Couffoulens (11) 290 A6
Couffy (41) 129 F6
Couffy-sur-Sarsonne (19) 201 F3
Couflens (09) 306 E5
Coufouleux (81) 269 K4
Couhé (86) 179 G1
Couilly-Pont-aux-Dames (77) 59 K3
Couin (62) 10 C5
Couiza (11) 309 F3
Couladère (31) 287 H6
Coulaines (72) 106 E2
Coulandon (03) 168 D4
Coulangeron (89) 133 F1
Coulanges (03) 169 K4
Coulanges (41) 128 D3
Coulanges-la-Vineuse (89) 113 G6
Coulanges-lès-Nevers (58) 150 E4
Coulanges-sur-Yonne (89) 133 F3
Coulans-sur-Gée (72) 106 C2
Coulaures (24) 214 D2
Couleuvre (03) 168 A2
Coulevon (70) 118 B6
Coulgens (16) 197 F1
Coulimer (61) 83 G2
Coullemelle (80) 18 C5
Coullemont (62) 10 C4
Coullons (45) 131 F2
Coulmer (61) 55 F4
Coulmier-le-Sec (21) 115 F6
Coulmiers (45) 109 H4
Coulobres (34) 292 A2
Coulogne (62) 2 D3
Couloisy (60) 39 F2
Coulombiers (72) 82 D4
Coulombiers (86) 162 D4
Coulombs (14) 32 C4
Coulombs (28) 57 G6
Coulombs-en-Valois (77) 60 B1
Coulomby (62) 2 E5
Coulommes (77) 59 K3
Coulommes-et-Marqueny (08) 42 A2
Coulommes-la-Montagne (51) 40 E4
Coulommiers (77) 60 B4
Coulommiers-la-Tour (41) 108 D5
Coulon (79) 161 F6
Coulonces (14) 31 J6
Coulonces (61) 54 C3
la Coulonche (61) 53 J6
Coulongé (72) 106 D6
Coulonges (16) 196 D1
Coulonges (17) 195 J4
Coulonges (86) 164 D5
Coulonges-Cohan (02) 40 B5
Coulonges-les-Sablons (61) 84 A3
Coulonges-sur-l'Autize (79) 161 F4
Coulonges-sur-Sarthe (61) 83 G2
Coulonges-Thouarsais (79) 144 A4
Coulonvillers (80) 9 H4
Couloumé-Mondebat (32) 266 C6
Coulounieix-Chamiers (24) 214 A3
Coulours (89) 89 G6
Couloutre (58) 132 D4
Coulouvray-Boisbenâtre (50) 52 C4
Coulvain (14) 32 A6
Coulx (47) 248 A1
Coume (57) 45 J4
Counozouls (11) 308 E6
Coupelle-Neuve (62) 5 F6
Coupelle-Vieille (62) 5 F5
Coupesarte (14) 33 J6
Coupetz (51) 62 D4
Coupéville (51) 63 F2
Coupiac (12) 271 J2
Coupray (52) 115 K3
Coupru (02) 60 D1
Couptrain (53) 81 K2
Coupvray (77) 59 J3
Couquèques (33) 210 E1
Cour-Cheverny (41) 129 F3
Cour-et-Buis (38) 206 C6
Cour-l'Évêque (52) 115 K3
la Cour-Marigny (45) 111 G4
Cour-Saint-Maurice (25) 139 G5
Cour-sur-Loire (41) 129 F1
Courances (91) 87 F3
Courant (17) 177 J4
Courban (21) 115 H3
la Courbe (61) 54 A4
Courbehaye (28) 109 H1
Courbépine (27) 34 C6
Courbes (02) 20 B4
Courbesseaux (54) 66 C5
Courbette (39) 173 G3
Courbeveille (53) 104 D2
Courbevoie (92) 58 D3
Courbiac (47) 249 F2
Courbillac (16) 196 A2
Courboin (02) 61 F2
Courbouzon (39) 173 F2
Courbouzon (41) 109 G6
Courçais (03) 167 F5
Courçay (37) 128 A6
Courceboeufs (72) 106 E1
Courcelette (80) 10 E5
Courcelles (17) 178 A5
Courcelles (25) 156 B2
Courcelles (45) 110 E1
Courcelles (54) 93 K3
Courcelles (58) 132 E4
Courcelles (90) 97 A5
Courcelles-au-Bois (80) 10 D5
Courcelles-Chaussy (57) 45 H5
Courcelles-de-Touraine (37) 126 E3
Courcelles-en-Barrois (55) 64 D3
Courcelles-en-Bassée (77) 88 B3
Courcelles-en-Montagne (52) 116 C4
Courcelles-Epayelles (60) 18 D6
Courcelles-Frémoy (21) 134 C4
Courcelles-la-Forêt (72) 106 C5
Courcelles-le-Comte (62) 10 E4
Courcelles-lès-Gisors (60) 36 D4
Courcelles-lès-Lens (62) 11 H1
Courcelles-lès-Montbard (21) 134 E2
Courcelles-lès-Montbéliard (25) 139 H2
Courcelles-lès-Semur (21) 134 D4
Courcelles-Sapicourt (51) 40 D4
Courcelles-sous-Châtenois (88) 93 H4
Courcelles-sous-Moyencourt (80) 17 J3
Courcelles-sous-Thoix (80) 17 J4
Courcelles-sur-Aire (55) 64 B2
Courcelles-sur-Blaise (52) 91 J3
Courcelles-sur-Nied (57) 45 G6
Courcelles-sur-Seine (27) 36 A5
Courcelles-sur-Vesles (02) 40 B3
Courcelles-sur-Viosne (95) 37 G6
Courcelles-sur-Voire (10) 91 F2
Courcemain (51) 61 K6
Courcemont (72) 83 F6
Courcerac (17) 195 J1
Courcerault (61) 83 J3
Courceroy (10) 88 E3
Courchamp (77) 60 D6
Courchamps (02) 39 H6
Courchamps (49) 144 C1
Courchapon (25) 137 H6
Courchaton (70) 138 E2
Courchelettes (59) 11 H2
Courcité (53) 81 K4
Courcival (72) 83 F5
Courcôme (16) 179 G5
Courçon (17) 177 G1
Courcoué (37) 145 H3
Courcouronnes (91) 87 F1
Courcoury (17) 195 G2
Courcuire (70) 137 H5
Courcy (14) 54 C2
Courcy (50) 30 E4
Courcy (51) 40 E3
Courcy-aux-Loges (45) 110 D2
Courdemanche (27) 56 E4
Courdemanche (72) 107 H5
Courdemanges (51) 63 F5
Courdimanche (95) 58 B1
Courdimanche-sur-Essonne (91) 86 E3
Couret (31) 306 A2
Courgains (72) 82 E5
Courgeac (16) 212 E1
Courgenard (72) 107 K1
Courgenay (89) 89 F5
Courgent (78) 57 H3
Courgeon (61) 83 J2
Courgeoût (61) 83 G2
Courgis (89) 113 H5
Courgivaux (51) 61 F5
Courgoul (63) 202 C5
Courjeonnet (51) 61 J4
Courlac (16) 212 E2
Courlandon (51) 40 C3
Courlans (39) 173 F2
Courlaoux (39) 173 F2
Courlay (79) 143 H6
Courléon (49) 126 D4
Courlon (21) 136 A1
Courlon-sur-Yonne (89) 88 C4
Courmangoux (01) 172 E6
Courmas (51) 40 E5
Courmelles (02) 39 J3
Courmemin (41) 129 H4
Courménil (61) 54 E4
Courmes (06) 280 E3
Courmont (02) 40 B5
Courmont (70) 139 F1
Cournanel (11) 308 E2
la Courneuve (93) 58 E2
Courniou (34) 290 E2
Cournols (63) 202 C4
Cournon (56) 102 C3
Cournon-d'Auvergne (63) 202 E2
Cournonsec (34) 293 F1
Cournonterral (34) 293 F1
la Couronne (16) 196 D4
Courouvre (55) 64 C2
Courpalay (77) 60 A6
Courpiac (33) 230 B3
Courpière (63) 203 H2
Courpignac (17) 211 J1
Courquetaine (77) 59 J6
Courrensan (32) 266 E3
Courrières (62) 6 C6
Courris (81) 271 G2
Courry (30) 255 H3
Cours (46) 233 J6
Cours (47) 248 B3
le Cours (56) 101 J4
Cours (79) 161 H4
Cours-de-Monségur (33) 230 E4
Cours-de-Pile (24) 231 J2
Cours-la-Ville (69) 187 H3
Cours-les-Bains (33) 247 F2
Cours-les-Barres (18) 150 C3
Coursac (24) 213 K4
Coursan (11) 291 J5
Coursan-en-Othe (10) 113 J2
Coursegoules (06) 280 E3
Courset (62) 2 C6
Courseulles-sur-Mer (14) 32 D3
Courson (14) 52 C3
Courson-les-Carrières (89) 133 F2
Courson-Monteloup (91) 86 C1
Courtacon (77) 60 D5
Courtagnon (51) 40 E5
Courtalain (28) 108 D2
Courtaoult (10) 113 J2
Courtauly (11) 308 D2
Courtavon (68) 97 B6
Courtefontaine (25) 139 J4
Courtefontaine (39) 155 K2
Courteilles (27) 56 B5
Courteix (19) 201 F4
Courtelevant (90) 97 A5
Courtemanche (80) 18 D5
Courtemaux (45) 112 A2
Courtémont (51) 42 C5
Courtemont-Varennes (02) 40 A6
Courtempierre (45) 111 G1
Courtenay (38) 207 G2
Courtenay (45) 112 B2
Courtenot (10) 90 D6
Courteranges (10) 90 C5
Courteron (10) 114 E2
Courtes (01) 172 B4
Courtesoult-et-Gatey (70) 137 F1
Courtetain-et-Salans (25) 138 D5
la Courtète (11) 289 H6
Courteuil (60) 38 B5
Courthézon (84) 257 F6
Courthiézy (51) 61 G1
Courties (32) 285 J1
Courtieux (60) 39 G2
Courtillers (72) 105 K5
Courtils (50) 51 K3
la Courtine (23) 201 F3
Courtisols (51) 62 E2
Courtivron (21) 135 K2
Courtoin (89) 112 B1
Courtois-sur-Yonne (89) 88 D6
Courtomer (61) 55 F6
Courtomer (77) 59 K6
Courtonne-la-Meurdrac (14) 34 A6
Courtonne-les-Deux-Églises (14) 34 B6
Courtrizy-et-Fussigny (02) 40 C1
Courtry (77) 59 G3
Courvaudon (14) 53 H1
Courvières (25) 156 C5
Courville (51) 40 C4
Courville-sur-Eure (28) 84 E3
Courzieu (69) 205 H2
Cousance (39) 172 E3
Cousances-les-Forges (55) 64 A6
Cousances-lès-Triconville (55) 64 D4
Cousolre (59) 13 J3
Coussa (09) 307 K2
Coussac-Bonneval (87) 199 F5
Coussan (65) 285 J5
Coussay (86) 145 F6
Coussay-les-Bois (86) 146 A6
Coussegrey (10) 114 A3
Coussergues (12) 252 E2
Coussey (88) 93 G3
Coust (18) 167 H2
Coustaussa (11) 309 F3
Coustouge (11) 310 A2
Coustouges (66) 314 E6
Coutances (50) 30 E4
Coutansouze (03) 184 E2
Coutarnoux (89) 134 A2
Coutençon (77) 88 A2
Coutens (09) 308 A1
Couterne (61) 81 J2
Couternon (21) 136 B5
Couteuges (43) 219 J4
Coutevroult (77) 59 K3
Couthenans (70) 139 G1
Couthures-sur-Garonne (47) 230 D6
Coutiches (59) 7 F6
Coutières (79) 162 A4
Coutouvre (42) 187 G4
Coutras (33) 212 B5
Couture (16) 179 H6
la Couture (62) 6 A5
la Couture (85) 159 K3
la Couture-Boussey (27) 57 F3
Couture-d'Argenson (79) 178 D5
Couture-sur-Loir (41) 107 J6
Couturelle (62) 10 C4
Coutures (24) 213 H2
Coutures (33) 230 D4
Coutures (49) 125 J5
Coutures (82) 268 C2
Couvains (50) 31 J3
Couvains (61) 55 H3
la Couvertoirade (12) 273 G2
Couvertpuis (55) 92 C1
Couvignon (10) 91 G6
Couville (50) 28 C3
Couvonges (55) 63 K4
Couvrelles (02) 40 A3
Couvron-et-Aumencourt (02) 20 C5
Couvrot (51) 63 F4
Coux (07) 239 K3
Coux (17) 211 K2
Coux-et-Bigaroque (24) 232 C2
Couy (18) 150 A2
la Couyère (35) 103 H1
Couze-et-Saint-Front (24) 232 A2
Couzeix (87) 181 G6
Couziers (37) 144 E2
Couzon (03) 168 C2
Couzon-au-Mont-d'Or (69) 206 A1
Couzou (46) 233 K3
Cox (31) 268 C4
Coye-la-Forêt (60) 38 A6
Coyecques (62) 5 F4
Coyolles (02) 39 F4
Coyrière (39) 173 K6
Coyron (39) 173 H4
Coyviller (54) 66 B6
Cozes (17) 194 E4
Cozzano (2A) 321 F5
Crach (56) 100 D5
Crachier (38) 206 E4
Crain (89) 133 G3
Craincourt (57) 66 B2
Craintilleux (42) 204 E4
Crainvilliers (88) 93 H6
Cramaille (02) 39 K4
Cramans (39) 155 K3
Cramant (51) 61 K2
Cramchaban (17) 177 H2
Craménil (61) 53 J4
Cramoisy (60) 38 A4
Cramont (80) 9 J4
Crampagna (09) 307 J2
Cran-Gevrier (74) 191 F5
Crancey (10) 89 G2
Crançot (39) 173 H1
Crandelles (15) 235 G1
Crannes-en-Champagne (72) 106 B3
Crans (01) 189 G5
Crans (39) 174 A1
Cransac (12) 235 G6
Crantenoy (54) 94 B2
Cranves-Sales (74) 191 G2
Craon (53) 104 D4
Craon (86) 144 D6
Craonne (02) 40 C2
Craonnelle (02) 40 C2
Crapeaumesnil (60) 19 F5
Craponne (69) 205 K2
Craponne-sur-Arzon (43) 220 B2
Cras (38) 223 H2
Cras (46) 233 J6
Cras-sur-Reyssouze (01) 172 C6
Crastatt (67) 70 C2
Crastes (32) 267 K5
Crasville (27) 35 H5
Crasville (50) 29 F3
Crasville-la-Mallet (76) 15 G3
Crasville-la-Rocquefort (76) 15 H3
la Crau (83) 297 K5
Cravanche (90) 119 H6
Cravans (17) 195 F4
Cravant (45) 109 H5
Cravant (89) 133 H1
Cravant-les-Côteaux (37) 145 G2
Cravencères (32) 266 C4
Cravent (78) 57 G2
Crayssac (46) 233 G6

Craywick (59) 3 G2
Crazannes (17) 177 H6
Cré (72) 126 A1
Créances (50) 30 D2
Créancey (21) 135 G6
Crécey-sur-Tille (21) 136 B2
la Crèche (79) 161 J6
Crêches-sur-Saône (71) 188 C1
Créchets (65) 305 H2
Créchy (03) 185 J2
Crécy-au-Mont (02) 39 J1
Crécy-Couvé (28) 56 E6
Crécy-en-Ponthieu (80) 9 G3
Crécy-la-Chapelle (77) 59 K3
Crécy-sur-Serre (02) 20 D4
Crédin (56) 77 F6
Crégols (46) 250 C1
Crégy-lès-Meaux (77) 59 K2
Créhange (57) 45 J6
Créhen (22) 50 B4
Creil (60) 38 A4
Creissan (34) 291 H3
Creissels (12) 253 G6
Crémarest (62) 2 C6
Cremeaux (42) 186 D6
Crémery (80) 19 F4
Crémieu (38) 206 E2
Crempigny-Bonneguête (74) 190 D5
Cremps (46) 250 B2
Crenans (39) 173 H4
Creney-près-Troyes (10) 90 B4
Crennes-sur-Fraubée (53) 81 K3
Créon (33) 229 K3
Créon-d'Armagnac (40) 266 B1
Créot (71) 153 J5
Crépand (21) 134 D2
Crépey (54) 93 J1
Crépol (26) 222 E3
Crépon (14) 32 C3
Crépy (02) 20 C5
Crépy (62) 5 G6
Crépy-en-Valois (60) 38 E4
Créquy (62) 4 E6
le Crès (34) 274 C6
Cresancey (70) 137 G4
Crésantignes (10) 114 A1
les Cresnays (50) 52 C4
Crespian (30) 274 E3
Crespières (78) 58 A3
Crespin (12) 251 J5
Crespin (59) 12 E1
Crespin (81) 271 F1
Crespinet (81) 271 F2
Crespy-le-Neuf (10) 91 F3
Cressac-Saint-Genis (16) 196 C6
Cressanges (03) 168 C5
Cressat (23) 183 F3
la Cresse (12) 253 H5
Cressé (17) 178 C6
Cressensac (46) 215 J6
Cresserons (14) 32 E3
Cresseveuille (14) 33 H4
Cressia (39) 173 F3
Cressin-Rochefort (01) 207 K1
Cressonsacq (60) 38 B2
Cressy (76) 16 A4
Cressy-Omencourt (80) 19 G4
Cressy-sur-Somme (71) 169 K2
Crest (26) 240 D3
le Crest (63) 202 D3
Crest-Voland (73) 209 H1
Creste (63) 202 C5
le Crestet (07) 221 K5
Crestet (84) 257 H4
Crestot (27) 35 G5
Créteil (94) 59 F4
Cretteville (50) 28 E6
Creully (14) 32 C3
la Creuse (70) 118 C6
Creuse (80) 17 K3
le Creusot (71) 153 G6
Creutzwald (57) 68 A1
Creuzier-le-Neuf (03) 185 J3
Creuzier-le-Vieux (03) 185 J3
Crevans-et-la-Chapelle-lès-Granges (70) 139 F2
Crevant (36) 166 B4
Crevant-Laveine (63) 185 J6
Crévéchamps (54) 94 B1
Crèvecoeur-en-Auge (14) 33 H6
Crèvecoeur-en-Brie (77) 59 K5
Crèvecoeur-le-Grand (60) 17 J5
Crèvecoeur-le-Petit (60) 18 C6
Crèvecoeur-sur-l'Escaut (59) 11 K5
Creveney (70) 118 C6
Crévic (54) 66 C5
Crévin (35) 79 G6
Crévoux (05) 227 A5
Creys-Mépieu (38) 207 H2
Creyssac (24) 213 J2
Creysse (24) 231 J2
Creysse (46) 233 K2
Creysseilles (07) 239 J3
Creyssensac-et-Pissot (24) 213 K5
Crézançay-sur-Cher (18) 149 G6
Crézancy (02) 61 F1
Crézancy-en-Sancerre (18) 131 J6
Crézières (79) 178 D3
Crézilles (54) 65 H6
Cricqueboeuf (14) 33 J2
Cricqueville-en-Auge (14) 33 H4
Cricqueville-en-Bessin (14) 29 J6
Criel-sur-Mer (76) 8 B6
Crillon (60) 37 F1
Crillon-le-Brave (84) 257 H5
Crimolois (21) 136 B6
Crion (54) 66 D5
la Crique (76) 16 A4
Criquebeuf-en-Caux (76) 14 C4
Criquebeuf-la-Campagne (27) 35 G5
Criquebeuf-sur-Seine (27) 35 H3
Criquetot-le-Mauconduit (76) 14 E3
Criquetot-l'Esneval (76) 14 C5
Criquetot-sur-Longueville (76) 15 K3
Criquetot-sur-Ouville (76) 15 H4
Criquiers (76) 17 F5
Crisenoy (77) 87 J1
Crisolles (60) 19 H5
Crissay-sur-Manse (37) 145 J2
Crissé (72) 82 B6
Crissey (39) 155 G2
Crissey (71) 154 A6
Cristinacce (2A) 320 C1
Cristot (14) 32 C4
Criteuil-la-Magdeleine (16) 196 A5
Critot (76) 16 B5
Croce (2B) 319 H4
Crochte (59) 3 H3
Crocicchia (2B) 319 H4
Crocq (23) 201 G1
le Crocq (60) 17 K5
Crocy (14) 54 C3
Croettwiller (67) 25 C2
Croignon (33) 229 K2
Croisances (43) 237 K1
Croisette (62) 10 A2
le Croisic (44) 121 H5
la Croisille (27) 56 B2
la Croisille-sur-Briance (87) 199 J4
Croisilles (14) 53 J1
Croisilles (28) 57 G5
Croisilles (61) 54 E4
Croisilles (62) 11 F4
Croismare (54) 66 E6
Croissanville (14) 33 G5
Croissy-Beaubourg (77) 59 H4
Croissy-sur-Celle (60) 17 K4
Croissy-sur-Seine (78) 58 C3
le Croisty (56) 76 A5
Croisy (18) 150 A5
Croisy-sur-Andelle (76) 36 A2
Croisy-sur-Eure (27) 57 F1
Croix (59) 6 E3
Croix (90) 139 J3
la Croix-aux-Bois (08) 42 C2
la Croix-aux-Mines (88) 95 J4
la Croix-Avranchin (50) 51 K4
la Croix-Blanche (47) 248 C3
Croix-Caluyau (59) 12 D4
Croix-Chapeau (17) 176 E3
la Croix-Comtesse (17) 177 K3
la Croix-de-la-Rochette (73) 208 D5
la Croix-du-Perche (28) 84 C5
la Croix-en-Brie (77) 88 B1
la Croix-en-Champagne (51) 42 B6
Croix-en-Ternois (62) 10 A1
la Croix-en-Touraine (37) 128 B5
Croix-Fonsommes (02) 20 B1
la Croix-Helléan (56) 101 J1
Croix-Mare (76) 15 H5
Croix-Moligneaux (80) 19 H3
la Croix-Saint-Leufroy (27) 35 K6
la Croix-sur-Gartempe (87) 180 E3
la Croix-sur-Ourcq (02) 39 J5
la Croix-sur-Roudoule (06) 261 F6
la Croix-Valmer (83) 299 F4
Croixanvec (56) 76 E5
Croixdalle (76) 16 C3
la Croixille (53) 80 C5
Croixrault (80) 17 H3
Croizet-sur-Gand (42) 187 G6
Crolles (38) 224 C2
Crollon (50) 51 K4
Cromac (87) 164 E6
Cromary (70) 138 A4
Cronat (71) 169 H1
Cronce (43) 219 G5
la Cropte (53) 105 H3
Cropus (76) 16 A4
Cros (30) 274 B1
le Cros (34) 273 G3
Cros (63) 201 J6
Cros-de-Géorand (07) 238 E3
Cros-de-Montvert (15) 216 E5
Cros-de-Ronesque (15) 235 K2
Crosey-le-Grand (25) 138 E4
Crosey-le-Petit (25) 138 E4
Crosmières (72) 106 A6
Crosne (91) 59 F5
Crossac (44) 122 B1
Crosses (18) 149 J4
Crosville-la-Vieille (27) 35 G5
Crosville-sur-Douve (50) 28 E5
Crosville-sur-Scie (76) 15 K3
Crotelles (37) 128 A3
Crotenay (39) 155 K6
Croth (27) 57 F3
le Crotoy (80) 8 E3
Crots (05) 243 J5
Crottes-en-Pithiverais (45) 110 B1
Crottet (01) 188 D1
le Crouais (35) 78 C3
Crouay (14) 32 A3
la Croupte (14) 55 F1
Crouseilles (64) 285 F1
Croutelle (86) 162 E4
les Croûtes (10) 113 J3
Croutoy (60) 39 F2
Crouttes (61) 54 D2
Crouttes-sur-Marne (02) 60 C2
Crouy (02) 39 J2
Crouy-en-Thelle (60) 37 K5
Crouy-Saint-Pierre (80) 17 J1
Crouy-sur-Cosson (41) 129 H1
Crouy-sur-Ourcq (77) 39 G6
le Crouzet (25) 174 B1
Crouzet-Migette (25) 156 B4
la Crouzille (63) 184 C3
Crouzilles (37) 145 H2
Crozant (23) 165 H6
Croze (23) 200 E1
Crozes-Hermitage (26) 222 B4
Crozet (01) 174 B6
le Crozet (42) 186 C3
les Crozets (39) 173 J4
Crozon (29) 72 D6
Crozon-sur-Vauvre (36) 166 A4
Cruas (07) 240 B4
Crucey-Villages (28) 56 C6
Crucheray (41) 108 C6
Cruéjouls (12) 252 E1
Cruet (73) 208 D4
Crugey (21) 153 J1
Crugny (51) 40 C4
Cruguel (56) 101 H2
Cruis (04) 258 E6
Crulai (61) 55 J5
Crupies (26) 241 F5
Crupilly (02) 20 E1
Cruscades (11) 291 G6
Cruseilles (74) 191 F4
Crusnes (54) 26 E3
Cruviers-Lascours (30) 275 F1
Crux-la-Ville (58) 151 H2
Cruzille (71) 171 J4
Cruzilles-lès-Mépillat (01) 188 D2
Cruzy (34) 291 H4
Cruzy-le-Châtel (89) 114 C4
Cry (89) 114 C6
Cubelles (43) 219 J6
Cubières (48) 254 D1
Cubières-sur-Cinoble (11) 309 H4
Cubiérettes (48) 254 D1
Cubjac (24) 214 C3
Cublac (19) 215 G4
Cublize (69) 187 H5
Cubnezais (33) 211 J5
Cubrial (25) 138 D2
Cubry (25) 138 D2
Cubry-lès-Faverney (70) 118 A4
Cubzac-les-Ponts (33) 211 J6
Cucharmoy (77) 88 C1
Cuchery (51) 40 D6
Cucq (62) 4 A6
Cucugnan (11) 309 J4
Cucuron (84) 277 H4
Cudos (33) 246 D2
Cudot (89) 112 C3
Cuébris (06) 280 E1
Cuélas (32) 286 B4
Cuers (83) 297 K4
Cuffies (02) 39 J2
Cuffy (18) 150 D4
Cugand (85) 123 K6
Cuges-les-Pins (13) 297 F4
Cugnaux (31) 288 A1
Cugney (70) 137 G4
Cugny (02) 19 J4
Cuguen (35) 51 G6
Cuguron (31) 305 H1
Cuhon (86) 162 C1
Cuignières (60) 38 A2
Cuigy-en-Bray (60) 36 E2
Cuillé (53) 104 B2
Cuinchy (62) 6 B5
Cuincy (59) 11 H1
le Cuing (31) 286 D6
Cuinzier (42) 187 G3
Cuirieux (02) 20 E4
Cuiry-Housse (02) 40 A4
Cuiry-lès-Chaudardes (02) 40 C2
Cuiry-lès-Iviers (02) 21 H3
Cuis (51) 61 K2
Cuise-la-Motte (60) 39 F2
Cuiseaux (71) 172 E4
Cuiserey (21) 136 D4
Cuisery (71) 172 A3
Cuisia (39) 172 E3
Cuissai (61) 82 C2
Cuissy-et-Geny (02) 40 C2
Cuisy (55) 43 F4
Cuisy (77) 59 J1
Cuisy-en-Almont (02) 39 H2
Culan (18) 166 E4
Culètre (21) 153 H2
Culey-le-Patry (14) 53 H2
Culhat (63) 203 F1
Culin (38) 206 E5
Culles-les-Roches (71) 171 H2
Cully (14) 32 C4
Culmont (52) 116 E4
Culoz (01) 190 C6
Cult (70) 137 H5
Cultures (48) 253 K1
Cumières (51) 40 E6
Cumières-le-Mort-Homme (55) 43 G4
Cumiès (11) 289 F4
Cumont (82) 268 B3
Cunac (81) 270 E2
Cuncy-lès-Varzy (58) 133 F5
Cunèges (24) 231 G3
Cunel (55) 43 F3
Cunelières (90) 119 J6
Cunfin (10) 115 G2
Cunlhat (63) 203 H4
Cuon (49) 126 B3
Cuperly (51) 41 J6
Cuq (47) 248 C6
Cuq (81) 270 D6
Cuq-Toulza (81) 289 G1
Cuqueron (64) 284 B4
Curac (16) 212 D2
Curan (12) 252 E5
Curbans (04) 259 G1
Curbigny (71) 187 H1
Curçay-sur-Dive (86) 144 C3
Curchy (80) 19 G3
Curciat-Dongalon (01) 172 C4
Curcy-sur-Orne (14) 53 H1
Curdin (71) 170 B3
Curel (04) 258 D4
Curel (52) 92 A2
Curemonte (19) 216 A6
Cures (72) 106 C1
Curgies (59) 12 D2
Curgy (71) 153 F4
Curienne (73) 208 C4
Curières (12) 236 C5
Curis-au-Mont-d'Or (69) 188 C6
Curley (21) 154 B1
Curlu (80) 19 F1
Curmont (52) 91 K5
Curnier (26) 257 J2
Cursan (33) 229 K2
Curtafond (01) 188 E1
Curtil-Saint-Seine (21) 135 K3
Curtil-sous-Buffières (71) 171 G5
Curtil-sous-Burnand (71) 171 H3
Curtil-Vergy (21) 154 A1
Curvalle (81) 271 H2
Curzay-sur-Vonne (86) 162 C4
Curzon (85) 159 J4
Cusance (25) 138 E5
Cuse-et-Adrisans (25) 138 D3
Cusey (52) 136 D1
Cussac (15) 218 C6
Cussac (87) 198 B3
Cussac-Fort-Médoc (33) 211 F4
Cussac-sur-Loire (43) 220 C6
Cussangy (10) 114 B2
Cussay (37) 146 B3
Cusset (03) 185 J3
Cussey-les-Forges (21) 136 A1
Cussey-sur-Lison (25) 156 B2
Cussey-sur-l'Ognon (25) 137 K5
Cussy (14) 32 A3
Cussy-en-Morvan (71) 152 D2
Cussy-la-Colonne (21) 153 J3
Cussy-le-Châtel (21) 153 H1
Cussy-les-Forges (89) 134 A3
Custines (54) 66 A3
Cusy (74) 208 C1
Cutry (02) 39 H3
Cutry (54) 26 C3
Cuts (60) 19 J6
Cutting (57) 67 G2
Cuttoli-Corticchiato (2A) 320 D4
Cuttura (39) 173 J5
Cuvat (74) 191 F4
Cuve (70) 118 B3
Cuvergnon (60) 39 F5
Cuverville (14) 33 F5
Cuverville (27) 36 A4
Cuverville (76) 14 C4
Cuverville-sur-Yères (76) 16 C1
Cuves (50) 52 C4
Cuves (52) 116 D1
Cuvier (39) 156 C5
Cuvillers (59) 11 J3
Cuvilly (60) 18 E6
Cuvry (57) 45 F6
Cuxac-Cabardès (11) 290 A3
Cuxac-d'Aude (11) 291 H5
Cuy (60) 19 G6
Cuy (89) 88 D5
Cuy-Saint-Fiacre (76) 36 D1
Cuzac (46) 234 E5
Cuzance (46) 233 J1
Cuzieu (01) 207 J1
Cuzieu (42) 205 F4
Cuzion (36) 165 H5
Cuzorn (47) 232 C6
Cuzy (71) 170 B1
Cys-la-Commune (02) 40 B2
Cysoing (59) 7 F5

D

Dabo (57) 70 A2
Dachstein (67) 70 D3
Dadonville (45) 110 D1
Daglan (24) 233 F3
Dagneux (01) 188 E6
Dagny (77) 60 C5
Dagny-Lambercy (02) 21 G3
Dagonville (55) 64 D4
la Daguenière (49) 125 H4
Dahlenheim (67) 70 D3
Daignac (33) 230 A2
Daigny (08) 23 F4
Daillancourt (52) 91 K4
Daillecourt (52) 116 E1
Dainville (62) 10 E3
Dainville-Bertheléville (55) 92 E2
Daix (21) 136 A5
Dalem (57) 45 K3
Dalhain (57) 66 E2
Dalhunden (67) 25 C4
Dallet (63) 202 E2
Dallon (02) 19 K3
Dalou (09) 307 J2
Dalstein (57) 27 J5
Daluis (06) 260 E6
Damas-aux-Bois (88) 94 D3
Damas-et-Bettegney (88) 94 B5
Damazan (47) 247 H3
Dambach (67) 69 J4
Dambach-la-Ville (67) 71 B4
Dambelin (25) 139 G4
Dambenois (25) 139 H2
Dambenoît-lès-Colombe (70) 118 D5
Damblain (88) 117 F1
Damblainville (14) 54 B2
Dambron (28) 109 K1
Dame-Marie (27) 56 B4
Dame-Marie (61) 83 J4
Dame-Marie-les-Bois (37) 128 B3
Damelevières (54) 66 C6
Daméraucourt (60) 17 H4
Damerey (71) 154 C5
Damery (51) 40 D6
Damery (80) 18 E4
Damgan (56) 121 H2
Damiatte (81) 270 C6
Damigny (61) 82 D3
Damloup (55) 26 A6
Dammard (02) 39 H5
Dammarie (28) 85 G4
Dammarie-en-Puisaye (45) 131 K2
Dammarie-les-Lys (77) 87 H2
Dammarie-sur-Loing (45) 111 K5
Dammarie-sur-Saulx (55) 64 B6
Dammartin-en-Goële (77) 59 H1
Dammartin-en-Serve (78) 57 H3
Dammartin-les-Templiers (25) 138 C5
Dammartin-Marpain (39) 137 F6
Dammartin-sur-Meuse (52) 117 F2
Dammartin-sur-Tigeaux (77) 59 K4
Damousies (59) 13 H3
Damouzy (08) 22 C3
Damparis (39) 155 F2
Dampierre (10) 90 D1
Dampierre (14) 31 K4
Dampierre (39) 155 J1
Dampierre (52) 116 D3
Dampierre-au-Temple (51) 62 D1
Dampierre-en-Bray (76) 16 E6
Dampierre-en-Bresse (71) 154 D5
Dampierre-en-Burly (45) 111 G6
Dampierre-en-Crot (18) 131 G4
Dampierre-en-Graçay (18) 148 C2
Dampierre-en-Montagne (21) 135 F4
Dampierre-en-Yvelines (78) 58 B5
Dampierre-et-Flée (21) 136 D3
Dampierre-le-Château (51) 63 H1
Dampierre-les-Bois (25) 139 J2
Dampierre-lès-Conflans (70) 118 B4
Dampierre-Saint-Nicolas (76) 16 A2
Dampierre-sous-Bouhy (58) 132 C3
Dampierre-sous-Brou (28) 84 C6
Dampierre-sur-Avre (28) 56 D4
Dampierre-sur-Boutonne (17) 178 A4
Dampierre-sur-le-Doubs (25) 139 G3
Dampierre-sur-Linotte (70) 138 B2
Dampierre-sur-Moivre (51) 63 F3
Dampierre-sur-Salon (70) 137 G2
Dampjoux (25) 139 G4
Dampleux (02) 39 G4
Dampmart (77) 59 J3
Dampniat (19) 215 K4
Damprichard (25) 139 J5
les Damps (27) 35 J3
Dampsmesnil (27) 36 C5
Dampvalley-lès-Colombe (70) 138 C1
Dampvalley-Saint-Pancras (70) 118 B3
Dampvitoux (54) 65 H1
Damrémont (52) 117 F3
Damville (27) 56 C3
Damvillers (55) 43 H3
Damvix (85) 160 E6
Dancé (42) 186 E6
Dancé (61) 83 K4
Dancevoir (52) 115 J3
Dancourt (76) 16 E2
Dancourt-Popincourt (80) 18 E5
Dancy (28) 109 G1
Danestal (14) 33 H4
Dangé-Saint-Romain (86) 145 K4
Dangeau (28) 84 E6
Dangers (28) 85 F2
Dangeul (72) 82 E5
Dangolsheim (67) 70 C3
Dangu (27) 36 D4
Dangy (50) 31 G4
Danizy (02) 20 B5
Danjoutin (90) 139 H1
Danne-et-Quatre-Vents (57) 70 B1
Dannelbourg (57) 70 A1

Dannemarie (25) 139 J3
Dannemarie (68) 97 A4
Dannemarie (78) 57 H5
Dannemarie-sur-Crète (25) 137 J6
Dannemoine (89) 113 K4
Dannemois (91) 87 F3
Dannes (62) 4 A4
Dannevoux (55) 43 G3
Danvou-la-Ferrière (14) 53 G2
Danzé (41) 108 C4
Daon (53) 105 F5
Daoulas (29) 74 C1
Daours (80) 18 C2
Darazac (19) 216 E4
Darbonnay (39) 155 H5
Darbres (07) 239 J4
Darcey (21) 135 F2
Dardenac (33) 230 A3
Dardez (27) 35 J6
Dardilly (69) 205 K1
Dareizé (69) 187 K6
Dargies (60) 17 H4
Dargnies (80) 8 D6
Dargoire (42) 205 J4
Darmannes (52) 92 B6
Darnac (87) 180 E2
Darnétal (76) 35 J2
Darnets (19) 200 D6
Darney (88) 117 K1
Darney-aux-Chênes (88) 93 H4
Darnieulles (88) 94 C5
Darois (21) 135 K4
Darvault (77) 87 J5
Darvoy (45) 110 C4
Dasle (25) 139 J2
Daubensand (67) 71 D4
Daubeuf-la-Campagne (27) 35 H5
Daubeuf-près-Vatteville (27) 35 K4
Daubeuf-Serville (76) 14 E4
Daubèze (33) 230 B3
Dauendorf (67) 69 K6
Daumazan-sur-Arize (09) 288 A6
Daumeray (49) 105 J6
Dauphin (04) 278 B2
Dausse (47) 248 E2
Daux (31) 269 F5
Dauzat-sur-Vodable (63) 202 D6
Davayat (63) 185 F5
Davayé (71) 188 B1
Davejean (11) 309 J3
Davenescourt (80) 18 D4
Davézieux (07) 222 A2
Davignac (19) 200 D6
Davrey (10) 113 K2
Davron (78) 58 A3
Dax (40) 264 B4
Deauville (14) 33 J3
Deaux (30) 255 H6
Débats-Rivière-d'Orpra (42) 204 B2
Decazeville (12) 235 F6
Dechy (59) 11 J2
Décines-Charpieu (69) 206 C2
Decize (58) 151 G6
Dégagnac (46) 233 G4
Degré (72) 106 C2
Dehault (72) 83 H6
Dehéries (59) 12 B5
Dehlingen (67) 68 E4
Deinvillers (88) 94 E2
Delain (70) 137 G2
Delettes (62) 5 G4
Delincourt (60) 36 E4
Delle (90) 139 K2
Delme (57) 66 C2
Delouze-Rosières (55) 92 E1
le Déluge (60) 37 H4
Delut (55) 43 J2
Deluz (25) 138 B5
Demandolx (04) 279 K2
Demange-aux-Eaux (55) 64 D6
Demangevelle (70) 117 K3
Demi-Quartier (74) 192 A6
la Demie (70) 138 B1
Demigny (71) 154 A4
Démouville (14) 33 F5
Dému (32) 266 D4
Démuin (80) 18 D3
Denain (59) 12 C2
Dénat (81) 270 E3
Denazé (53) 104 D4
Denée (49) 125 G4
Dénestanville (76) 15 K3
Deneuille-lès-Chantelle (03) 185 F2
Deneuille-les-Mines (03) 167 J6
Deneuvre (54) 95 F2
Denèvre (70) 137 G2
Dénezé-sous-Doué (49) 125 K6
Dénezé-sous-le-Lude (49) 126 D3
Denezières (39) 173 J2
Denguin (64) 284 B3
Denicé (69) 188 A5
Denier (62) 10 B3
Denipaire (88) 95 J3
Dennebroeucq (62) 5 F5
Denneville (50) 28 C6
Dennevy (71) 153 J5
Denney (90) 119 J6
Denonville (28) 85 K3
Denting (57) 45 J4
Déols (36) 147 K6
Derbamont (88) 94 B4
Dercé (86) 145 F4
Derchigny (76) 16 A1
Dercy (02) 20 D4
Dernacueillette (11) 309 J3
Dernancourt (80) 18 D1
Derval (44) 103 F4
Désaignes (07) 221 J6
Désandans (25) 139 G2
Descartes (37) 146 A4
le Deschaux (39) 155 G4
le Désert (14) 31 K6
Désertines (03) 167 H6
Désertines (53) 80 E2
les Déserts (73) 208 C3
Déservillers (25) 156 C3
Desges (43) 219 H6
Desingy (74) 190 D4
Desmonts (45) 87 F6
Desnes (39) 155 G6
Desseling (57) 67 G3
Dessenheim (68) 96 D5
Dessia (39) 173 F5
Destord (88) 95 F4
la Destrousse (13) 296 E3
Destry (57) 66 E1
Desvres (62) 2 C6
Détain-et-Bruant (21) 153 K1
Détrier (73) 208 D5
le Détroit (14) 53 K3
Dettey (71) 170 C1
Dettwiller (67) 70 C1
Deuil-la-Barre (95) 58 E2
Deuillet (02) 20 A5
Deûlémont (59) 6 C3
Deux-Chaises (03) 168 B6
Deux-Évailles (53) 81 H6
les Deux-Fays (39) 155 G5
Deux-Jumeaux (14) 29 J6
Deux-Verges (15) 236 D3
les Deux-Villes (08) 23 H4
Deuxville (54) 66 D5
Devay (58) 151 H6
Devecey (25) 137 K5
Devesset (07) 221 H5
Devèze (65) 286 C5
Deviat (16) 196 C6
Dévillac (47) 232 B5
Deville (08) 22 D2
Déville-lès-Rouen (76) 35 H1
Devise (80) 19 H2
Devrouze (71) 154 D6
Deycimont (88) 95 F5
Deyme (31) 288 C2
Deyvillers (88) 94 E5
le Dézert (50) 31 G2
Dezize-lès-Maranges (71) 153 J5
D'Huison-Longueville (91) 86 E3
Dhuisy (77) 60 C1
Dhuizel (02) 40 B3
Dhuizon (41) 129 H2
Diancey (21) 153 F1
Diane-Capelle (57) 67 H4
Diant (77) 88 A5
Diarville (54) 94 A3
Diconne (71) 154 D6
Dicy (89) 112 B3
Didenheim (68) 97 C3
Die (26) 241 H3
Diebling (57) 68 C3
Diebolsheim (67) 71 D5
Diedendorf (67) 67 J2
Dieffenbach-au-Val (67) 71 A5
Dieffenbach-lès-Woerth (67) 25 A2
Dieffenthal (67) 71 B5
Diefmatten (68) 97 A3
Dième (69) 187 J5
Diemeringen (67) 67 K1
Diémoz (38) 206 D4
Diénay (21) 136 A3
Dienne (15) 218 B4
Dienné (86) 163 H5
Diennes-Aubigny (58) 151 J5
Dienville (10) 91 F4
Dieppe (76) 15 K1
Dieppe-sous-Douaumont (55) 26 A6
Dierre (37) 128 B5
Dierrey-Saint-Julien (10) 89 J4
Dierrey-Saint-Pierre (10) 89 J4
Diesen (57) 45 K4
Dietwiller (68) 97 C3
Dieudonné (60) 37 J4
Dieue-sur-Meuse (55) 43 J6
Dieulefit (26) 240 E6
Dieulivol (33) 230 E4
Dieulouard (54) 65 K3
Dieupentale (82) 269 F3
Dieuze (57) 67 F3
Diéval (62) 10 C1
Diffembach-lès-Hellimer (57) 68 B4
Diges (89) 112 E6
Digna (39) 172 E4
Dignac (16) 197 F4
la Digne-d'Amont (11) 308 E2
la Digne-d'Aval (11) 308 E2
Digne-les-Bains (04) 259 J5
Dignonville (88) 94 D4
Digny (28) 84 D2
Digoin (71) 170 A4
Digosville (50) 28 D2
Digulleville (50) 28 A1
Dijon (21) 136 A5
Dimancheville (45) 87 F5
Dimbsthal (67) 70 B2
Dimechaux (59) 13 H4
Dimont (59) 13 H4
Dinan (22) 50 D5
Dinard (35) 50 D3
Dinéault (29) 74 C3
Dingé (35) 79 G1
Dingsheim (67) 70 E2
Dingy-en-Vuache (74) 190 D3
Dingy-Saint-Clair (74) 191 G5
Dinozé (88) 94 D6
Dinsac (87) 181 F2
Dinsheim (67) 70 C4
Dinteville (52) 115 H2
Dio-et-Valquières (34) 273 F5
Dionay (38) 223 F3
Dions (30) 275 G2
Diors (36) 148 B6
Diou (03) 169 J4
Diou (36) 148 D3
Dirac (16) 197 F4
Dirinon (29) 46 C6
Dirol (58) 133 H5
Dissangis (89) 134 A2
Dissay (86) 163 G2
Dissay-sous-Courcillon (72) 127 G1
Dissé-sous-Ballon (72) 83 F5
Dissé-sous-le-Lude (72) 126 D2
Distré (49) 144 C1
Distroff (57) 27 H4
Diusse (64) 285 F1
Divajeu (26) 240 D4
Dives (60) 19 G6
Dives-sur-Mer (14) 33 G3
Divion (62) 5 J6
Divonne-les-Bains (01) 174 C5
Dixmont (89) 112 E2
Dizimieu (38) 207 F2
Dizy (51) 40 E6
Dizy-le-Gros (02) 21 G5
Doazit (40) 265 F5
Doazon (64) 284 B2
Docelles (88) 95 F6
Doeuil-sur-le-Mignon (17) 177 K3
Dognen (64) 283 J4
Dogneville (88) 94 D5
Dohem (62) 3 F6
Dohis (02) 21 H3
Doignies (59) 11 H5
Doingt (80) 19 G1
Doissat (24) 232 D4
Doissin (38) 207 G5
Doix (85) 160 D5
Doizieux (42) 205 J6
Dol-de-Bretagne (35) 51 F4
Dolaincourt (88) 93 H4
Dolancourt (10) 91 G5
Dolcourt (54) 93 J2
Dole (39) 155 G2
Dolignon (02) 21 H4
Dolleren (68) 119 J4
Dollon (72) 107 H2
Dollot (89) 88 B6
Dolmayrac (47) 248 B2
Dolo (22) 50 A6
Dolomieu (38) 207 H3
Dolus-d'Oléron (17) 176 C5
Dolus-le-Sec (37) 146 C2
Dolving (57) 67 J3
Dom-le-Mesnil (08) 22 E4
Domagné (35) 79 J5
Domaize (63) 203 H3
Domalain (35) 104 A2
Domancy (74) 192 A5
Domarin (38) 206 E4
Domart-en-Ponthieu (80) 9 J5
Domart-sur-la-Luce (80) 18 C3
Domats (89) 112 B1
Domazan (30) 275 K2
Dombasle-devant-Darney (88) 93 K6
Dombasle-en-Argonne (55) 43 G5
Dombasle-en-Xaintois (88) 93 J4
Dombasle-sur-Meurthe (54) 66 C5
Domblain (52) 91 K2
Domblans (39) 155 H6
Dombras (55) 26 A4
Dombrot-le-Sec (88) 93 J6
Dombrot-sur-Vair (88) 93 H4
Domecy-sur-Cure (89) 133 J4
Domecy-sur-le-Vault (89) 133 J3
Doméliers (60) 17 K5
Domène (38) 224 B3
Domérat (03) 167 G6
Domesmont (80) 9 K5
Domessargues (30) 274 E1
Domessin (73) 207 K4
Domèvre-en-Haye (54) 65 J3
Domèvre-sous-Montfort (88) 93 K5
Domèvre-sur-Avière (88) 94 C5
Domèvre-sur-Durbion (88) 94 D4
Domèvre-sur-Vezouze (54) 67 G6
Domeyrat (43) 219 J3
Domeyrot (23) 183 G2
Domezain-Berraute (64) 283 G3
Domfaing (88) 95 G4
Domfessel (67) 67 K1
Domfront (60) 18 D5
Domfront (61) 53 G6
Domfront-en-Champagne (72) 106 C1
Domgermain (54) 65 H5
la Dominelais (35) 103 F3
Dominois (80) 9 G2
Domjean (50) 31 H5
Domjevin (54) 67 F6
Domjulien (88) 93 J5
Domléger-Longvillers (80) 9 J4
Domloup (35) 79 H5
Dommarie-Eulmont (54) 93 K2
Dommarien (52) 116 D6
Dommartemont (54) 66 B4
Dommartin (01) 172 A6
Dommartin (25) 156 E4
Dommartin (58) 152 A3
Dommartin (69) 205 K1
Dommartin (80) 18 B3
Dommartin-aux-Bois (88) 94 B6
Dommartin-Dampierre (51) 42 C6
Dommartin-la-Chaussée (54) 65 H1
Dommartin-la-Montagne (55) 43 K6
Dommartin-le-Coq (10) 90 D2
Dommartin-le-Franc (52) 91 K3
Dommartin-le-Saint-Père (52) 91 J3
Dommartin-lès-Cuiseaux (71) 172 D4
Dommartin-lès-Remiremont (88) 119 F2
Dommartin-lès-Toul (54) 65 H5
Dommartin-lès-Vallois (88) 94 A6
Dommartin-Lettrée (51) 62 C4
Dommartin-sous-Amance (54) 66 B4
Dommartin-sous-Hans (51) 42 C5
Dommartin-sur-Vraine (88) 93 J4
Dommartin-Varimont (51) 63 H2
Dommary-Baroncourt (55) 26 C5
Domme (24) 233 F3
Dommery (08) 22 B4
Dommiers (02) 39 H3
Domnon-lès-Dieuze (57) 67 G2
Domont (95) 58 E1
Dompaire (88) 94 B5
Dompcevrin (55) 64 D2
Dompierre (60) 18 D6
Dompierre (61) 53 H6
Dompierre (88) 94 E4
Dompierre-aux-Bois (55) 64 E1
Dompierre-Becquincourt (80) 19 F2
Dompierre-du-Chemin (35) 80 B4
Dompierre-en-Morvan (21) 134 C4
Dompierre-les-Églises (87) 181 H2
Dompierre-les-Ormes (71) 171 F6
Dompierre-les-Tilleuls (25) 156 D5
Dompierre-sous-Sanvignes (71) 170 D2
Dompierre-sur-Authie (80) 9 H2
Dompierre-sur-Besbre (03) 169 H4
Dompierre-sur-Chalaronne (01) 188 D3
Dompierre-sur-Charente (17) 195 H2
Dompierre-sur-Helpe (59) 13 G4
Dompierre-sur-Héry (58) 133 G6
Dompierre-sur-Mer (17) 176 E2
Dompierre-sur-Mont (39) 173 G3
Dompierre-sur-Nièvre (58) 150 E1
Dompierre-sur-Veyle (01) 189 G4
Dompierre-sur-Yon (85) 141 K6
Dompnac (07) 238 E6
Domprel (25) 138 E6
Dompremy (51) 63 G5
Domprix (54) 26 D5
Domps (87) 199 K3
Domptail (88) 94 E2
Domptail-en-l'Air (54) 94 C1
Domptin (02) 60 D1
Domqueur (80) 9 J5
Domremy-la-Canne (55) 26 C5
Domrémy-la-Pucelle (88) 93 F2
Domremy-Landéville (52) 92 C3
Domsure (01) 172 D5
Domvallier (88) 93 K4
Domvast (80) 9 H4
Don (59) 6 C5
Donazac (11) 308 D1
Donchery (08) 22 E4
Doncières (88) 95 F2
Doncourt-aux-Templiers (55) 44 B6
Doncourt-lès-Conflans (54) 44 D5
Doncourt-lès-Longuyon (54) 26 C3
Doncourt-sur-Meuse (52) 93 F6
Dondas (47) 248 D4
Donges (44) 122 B2
Donjeux (52) 92 B3
Donjeux (57) 66 C2
le Donjon (03) 169 J6
Donnay (14) 53 J2
Donnazac (81) 270 C1
Donnelay (57) 67 F4
Donnemain-Saint-Mamès (28) 109 F1
Donnemarie-Dontilly (77) 88 C2
Donnement (10) 90 E2
Donnenheim (67) 70 E1
Donnery (45) 110 C4
Donneville (31) 288 C2
Donnezac (33) 211 J2
Dontreix (23) 184 A5
Dontrien (51) 41 J4
Donville-les-Bains (50) 30 C6
Donzac (33) 230 A4
Donzac (82) 248 D6
Donzacq (40) 264 D5
le Donzeil (23) 182 E5
Donzenac (19) 215 J3
Donzère (26) 256 D1
Donzy (58) 132 C5
Donzy-le-National (71) 171 G5
Donzy-le-Pertuis (71) 171 J5
Doranges (63) 219 K1
Dorans (90) 139 H1
Dorat (63) 185 K6
le Dorat (87) 181 F2
Dorceau (61) 83 K3
Dordives (45) 111 J1
Dore-l'Église (63) 220 A1
la Dorée (53) 80 D2
Dorengt (02) 20 D1
Dorlisheim (67) 70 D4
Dormans (51) 40 B6
Dormelles (77) 87 K4
la Dornac (24) 215 G5
Dornas (07) 239 G2
Dornecy (58) 133 G4
Dornes (58) 168 E2
Dornot (57) 44 E6
Dorres (66) 313 G5
Dortan (01) 173 H6
Dosches (10) 90 C4
Dosnon (10) 62 C6
Dossenheim-Kochersberg (67) 70 D2
Dossenheim-sur-Zinsel (67) 69 G6
Douadic (36) 164 C2
Douai (59) 11 H2
Douains (27) 57 F1
Douarnenez (29) 73 E2
Douaumont (55) 26 A6
Doubs (25) 157 F4
Doucelles (72) 82 D5
Douchapt (24) 213 H3
Douchy (02) 19 J3
Douchy (45) 112 B3
Douchy-lès-Ayette (62) 10 E4
Douchy-les-Mines (59) 12 C2
Doucier (39) 173 J2
Doucy-en-Bauges (73) 208 D2
Doudeauville (62) 4 C4
Doudeauville (76) 17 F6
Doudeauville-en-Vexin (27) 36 C3
Doudelainville (80) 9 F6
Doudeville (76) 15 G4
Doudrac (47) 231 K4
Doue (77) 60 C3
Doué-la-Fontaine (49) 144 A1
Douelle (46) 249 K1
le Douhet (17) 195 G1
Douillet (72) 82 B5
Douilly (80) 19 H3
Doulaincourt-Saucourt (52) 92 B4
Doulcon (55) 43 F2
Doulevant-le-Château (52) 91 J3
Doulevant-le-Petit (52) 91 K2
Doulezon (33) 230 D3
le Doulieu (59) 6 A3
Doullens (80) 10 B4
Doumely-Bégny (08) 21 K5
Doumy (64) 284 D2
Dounoux (88) 94 D6
Dourbies (30) 254 A6
Dourdain (35) 79 K3
Dourdan (91) 86 B2
Dourges (62) 11 G1
Dourgne (81) 289 J2
Douriez (62) 9 G2
Dourlers (59) 13 G4
le Dourn (81) 271 H1
Dournazac (87) 198 B4
Dournon (39) 156 B4
Dours (65) 285 J4
Doussard (74) 208 E1
Doussay (86) 145 F5
Douvaine (74) 174 D6
Douville (24) 213 J6
Douville-en-Auge (14) 33 H4
Douville-sur-Andelle (27) 35 K3
Douvrend (76) 16 C2
Douvres (01) 189 H4
Douvres-la-Délivrande (14) 32 E3
Douvrin (62) 6 B6
Doux (08) 41 J1
Doux (79) 162 C1
Douy (28) 108 E2
Douy-la-Ramée (77) 59 K1
Douzains (47) 231 J5
Douzat (16) 196 C2
la Douze (24) 214 B5
Douzens (11) 290 D6
Douzillac (24) 213 H5
Douzy (08) 23 G4
Doville (50) 28 D6
Doye (39) 156 C6
Doyet (03) 184 C1
Dozulé (14) 33 H4
Dracé (69) 188 B3
Draché (37) 145 K3
Drachenbronn-Birlenbach (67) 25 B2
Dracy (89) 112 D6
Dracy-le-Fort (71) 153 K6
Dracy-lès-Couches (71) 153 H5
Dracy-Saint-Loup (71) 153 F3
Dragey-Ronthon (50) 51 J2
Draguignan (83) 279 J6
Drain (49) 124 A5
Draix (04) 260 A4
Draize (08) 21 K5
Drambon (21) 136 D5
Dramelay (39) 173 G5
Drancy (93) 59 F3
Drap (06) 281 H3
Dravegny (02) 40 B4
Draveil (91) 59 F6
Drée (21) 135 H5
Drefféac (44) 102 C6
Drémil-Lafage (31) 269 J6
le Drennec (29) 46 B4

Dreuil-lès-Amiens (80) 18 A2
Dreuilhe (09) 308 B3
Dreux (28) 57 F5
Drevant (18) 167 G2
Dricourt (08) 41 K2
Driencourt (80) 19 H1
Drincham (59) 3 G3
Drocourt (62) 11 G1
Drocourt (78) 57 J1
Droisy (27) 56 D4
Droisy (74) 190 D5
Droiturier (03) 186 B2
Droizy (02) 39 K4
Drom (01) 189 H2
Dromesnil (80) 17 G2
Drosay (76) 15 G3
Drosnay (51) 91 F1
Droué (41) 108 C2
Droue-sur-Drouette (28) 85 J1
Drouges (35) 104 A3
Drouilly (51) 62 E4
Droupt-Saint-Basle (10) 89 K2
Droupt-Sainte-Marie (10) 89 K2
Drouville (54) 66 C5
Drouvin-le-Marais (62) 6 A6
Droux (87) 181 G3
Droyes (52) 91 G2
Drubec (14) 33 J4
Drucat (80) 9 G4
Drucourt (27) 34 C6
Drudas (31) 268 D4
Druelle (12) 252 A3
Drugeac (15) 217 H4
Druillat (01) 189 H4
Drulhe (12) 251 G1
Drulingen (67) 67 K2
Drumettaz-Clarafond (73) 208 B3
Drusenheim (67) 25 C4
Druy-Parigny (58) 151 G5
Druye (37) 127 G5
Druyes-les-Belles-Fontaines (89) 132 E3
Dry (45) 109 J5
Duault (22) 75 K2
Ducey (50) 52 A6
Duclair (76) 35 F1
Ducy-Sainte-Marguerite (14) 32 C4
Duerne (69) 205 H3
Duesme (21) 135 G1
Duffort (32) 286 B4
Dugny (93) 59 F2
Dugny-sur-Meuse (55) 43 H6
Duhort-Bachen (40) 265 J4
Duilhac-sous-Peyrepertuse (11) 309 J4
Duingt (74) 191 G6
Duisans (62) 10 E2
Dullin (73) 207 K4
Dumes (40) 265 F5
Dun (09) 308 A2
Dun-le-Palestel (23) 182 B1
Dun-le-Poëlier (36) 148 A1
Dun-les-Places (58) 134 A6
Dun-sur-Auron (18) 149 J5
Dun-sur-Grandry (58) 152 A3
Dun-sur-Meuse (55) 43 F2
Duneau (72) 107 H2
Dunes (82) 248 D6
Dunet (36) 164 E5
Dung (25) 139 G2
Dunières (43) 221 G3
Dunières-sur-Eyrieux (07) 240 A2
Dunkerque (59) 3 H1
Duntzenheim (67) 70 D2
Duppigheim (67) 70 E4
Duran (32) 267 H5
Durance (47) 247 G5
Duranus (06) 281 G1
Duranville (27) 34 C5
Duras (47) 230 E4
Duravel (46) 232 D6
Durban (32) 286 C1
Durban-Corbières (11) 310 B2
Durban-sur-Arize (09) 307 F2
Durbans (46) 234 B4
Durcet (61) 53 J4
Durdat-Larequille (03) 184 B2
Dureil (72) 106 A4
Durenque (12) 252 C6
Durfort (09) 288 C5
Durfort (81) 289 J3
Durfort-et-Saint-Martin-de-Sossenac (30) 274 C1
Durfort-Lacapelette (82) 249 G5
Durlinsdorf (68) 97 B6
Durmenach (68) 97 C5
Durmignat (63) 184 D3
Durnes (25) 156 D2
Durningen (67) 70 D2
Durrenbach (67) 25 A3
Durrenentzen (68) 96 D4
Durstel (67) 67 K2
Durtal (49) 125 K1
Durtol (63) 202 D2
Dury (02) 19 J4
Dury (62) 11 G3
Dury (80) 18 A2
Dussac (24) 214 E1
Duttlenheim (67) 70 D4
Duvy (60) 38 E4
Duzey (55) 26 B4
Dyé (89) 113 J4
Dyo (71) 170 D6

E

Eancé (35) 104 A4
Eaubonne (95) 58 D2
Eaucourt-sur-Somme (80) 9 G5
Eaunes (31) 288 B3
Eaux-Bonnes (64) 303 H2
Eaux-Puiseaux (10) 113 K1
Eauze (32) 266 D3
Ebaty (21) 153 K4
Ebblinghem (59) 3 H5
Eberbach-Seltz (67) 25 D2
Ebersheim (67) 71 B5
Ebersmunster (67) 71 C4
Ébersviller (57) 27 J5
Éblange (57) 27 K6
Ébouleau (02) 21 F4
Ébréon (16) 179 F5
Ébreuil (03) 185 F3
l'Écaille (08) 41 G2
Écaillon (59) 11 J2
Écalles-Alix (76) 15 H5
Écaquelon (27) 34 E4
Écardenville-la-Campagne (27) 35 F6
Écardenville-sur-Eure (27) 35 K6
Écausseville (50) 29 F4
Écauville (27) 35 G6
Eccica-Suarella (2A) 320 D5
Eccles (59) 13 J3
Échalas (69) 205 K4
Échallat (16) 196 C2
Échallon (01) 190 B2
Échalot (21) 135 J2
Échalou (61) 53 H5
Échandelys (63) 203 H5
Échannay (21) 135 G6
Écharcon (91) 87 F1
Échassières (03) 184 D3
Échauffour (61) 55 G5
Échavanne (70) 119 G6
Échay (25) 156 B3
Echebrune (17) 195 H4
l'Échelle (08) 22 B3
l'Échelle-Saint-Aurin (80) 18 E4
les Échelles (73) 207 K6
Échemines (10) 89 J3
Échemiré (49) 126 A2
Échenans (25) 139 G2
Échenans-sous-Mont-Vaudois (70) 139 G1
Échenay (52) 92 C2
Échenevex (01) 174 B6
Échenon (21) 154 E2
Échenoz-la-Méline (70) 138 B1
Échenoz-le-Sec (70) 138 A2
Echevannes (21) 136 B2
Échevannes (25) 156 D2
Échevis (26) 223 H5
Échevronne (21) 154 A2
Échigey (21) 154 D1
Échillais (17) 177 F6
Échilleuses (45) 87 F6
Echinghen (62) 2 B5
Échiré (79) 161 H5
Échirolles (38) 224 A4
Échouboulains (77) 88 A3
Échourgnac (24) 213 F4
Eckartswiller (67) 70 B1
Eckbolsheim (67) 71 D1
Eckwersheim (67) 25 A5
Éclaibes (59) 13 G4
Éclaires (51) 63 K1
Éclance (10) 91 G4
Éclans-Nenon (39) 155 H2
Eclaron-Braucourt-Sainte-Livière (52) 91 J1
Eclassan (07) 222 B4
Écleux (39) 155 J3
Éclimeux (62) 9 K1
Eclose (38) 207 F5
Éclusier-Vaux (80) 19 F1
Écluzelles (28) 57 F5
Écly (08) 21 K6
Écoche (42) 187 H3
Écoivres (62) 10 A2
École (73) 208 E3
École-Valentin (25) 137 K5
Écollemont (51) 63 G6
Écommoy (72) 106 E5
Écoquenéauville (50) 29 F5
Écorcei (61) 55 H5
les Écorces (25) 139 H6
Écorches (61) 54 D3
Écordal (08) 22 C6
Écorpain (72) 107 J3
Écos (27) 36 C5
Écot (25) 139 G3
Ecot-la-Combe (52) 92 D5
Écotay-l'Olme (42) 204 C4
Écouché (61) 54 B5
Écouen (95) 58 E1
Écouflant (49) 125 G2
Écouis (27) 36 B3
Écourt-Saint-Quentin (62) 11 H3
Écoust-Saint-Mein (62) 11 G4
Écouviez (55) 26 A2
l'Écouvotte (25) 138 C4
Écoyeux (17) 195 H1
Ecquedecques (62) 5 J5
Ecques (62) 3 G6
Ecquetot (27) 35 H5
Ecquevilly (78) 58 A2
Écrainville (76) 14 C5
Écrammeville (14) 29 J6
les Écrennes (77) 87 K2
Écretteville-lès-Baons (76) 15 F5
Écretteville-sur-Mer (76) 14 E3
Écriennes (51) 63 G5
Écrille (39) 173 G4
Écromagny (70) 118 E4
Écrosnes (28) 85 J2
Écrouves (54) 65 H5
Ectot-l'Auber (76) 15 J5
Ectot-lès-Baons (76) 15 H5
Écueil (51) 40 E5
Écueillé (36) 147 G3
Écuélin (59) 13 G4
Écuelle (70) 137 F2
Écuelles (71) 154 C4
Écuelles (77) 87 J4
Écuillé (49) 125 G1
Écuires (62) 4 C6
Écuisses (71) 171 G1
Éculleville (50) 28 B1
Écully (69) 206 A2
Écuras (16) 197 J3
Écurat (17) 195 F1
Écurcey (25) 139 H3
Écurey-en-Verdunois (55) 43 H2
Écurie (62) 10 E2
Écury-le-Repos (51) 62 A4
Écury-sur-Coole (51) 62 D3
Écutigny (21) 153 J2
Écuvilly (60) 19 G5
Edern (29) 74 E4
Edon (16) 197 G5
les Eduts (17) 178 C5
Eecke (59) 3 K5
Effiat (63) 185 G4
Effincourt (52) 92 C2
Effry (02) 21 G1
Égat (66) 313 H4
Égleny (89) 112 E5
Égletons (19) 216 D1
Égligny (77) 88 B3
Eglingen (68) 97 A3
l'Église-aux-Bois (19) 200 A4
Église-Neuve-de-Vergt (24) 214 A5
Église-Neuve-d'Issac (24) 213 H6
Égliseneuve-d'Entraigues (63) 218 B1
Égliseneuve-des-Liards (63) 203 G4
Égliseneuve-près-Billom (63) 203 G3
les Églises-d'Argenteuil (17) 178 A5
Églisolles (63) 204 B6
les Églisottes-et-Chalaures (33) 212 C4
Égly (91) 86 D1
Égreville (77) 87 K6
Égriselles-le-Bocage (89) 112 C1
Égry (45) 111 F1
Éguelshardt (57) 69 H3
Eguenigue (90) 119 J6
l'Éguille (17) 194 C2
Éguilles (13) 277 H6
Éguilly (21) 135 F5
Éguilly-sous-Bois (10) 115 F1
Éguisheim (68) 96 B4
Éguzon-Chantôme (36) 165 H5
Éhuns (70) 118 C5
Eichhoffen (67) 70 C6
Eincheville (57) 66 E1
Einvaux (54) 94 C1
Einville-au-Jard (54) 66 D5
Eix (55) 43 J5
Élan (08) 22 D4
Élancourt (78) 58 B4
Elbach (68) 119 K6
Elbeuf (76) 35 H4
Elbeuf-en-Bray (76) 36 D1
Elbeuf-sur-Andelle (76) 36 A1
Élencourt (60) 17 H4
Élesmes (59) 13 H2
Életot (76) 14 D3
Éleu-dit-Leauwette (62) 11 F1
Élincourt (59) 12 B6
Élincourt-Sainte-Marguerite (60) 38 D1
Élise-Daucourt (51) 63 H1
Ellecourt (76) 17 F3
Elliant (29) 75 F6
Ellon (14) 32 B4
Elne (66) 315 H3
Elnes (62) 3 F6
Éloie (90) 119 H5
Éloise (74) 190 C3
Éloyes (88) 95 F6
Elsenheim (67) 71 C6
Elvange (57) 45 J6
Elven (56) 101 H4
Elzange (57) 27 H4
Émagny (25) 137 J5
Émalleville (27) 35 J6
Émancé (78) 85 J1
Émanville (27) 56 B1
Émanville (76) 15 J5
Emberménil (54) 67 F5
Embres-et-Castelmaure (11) 310 B3
Embreville (80) 8 D6
Embrun (05) 243 J5
Embry (62) 4 E6
Émerainville (77) 59 H4
Émerchicourt (59) 11 K2
Émeringes (69) 188 B2
Éméville (60) 39 F4
Émiéville (14) 33 F5
Emlingen (68) 97 B4
Emmerin (59) 6 D4
Émondeville (50) 29 F4
Empeaux (31) 287 J1
Empurany (07) 221 K5
Empuré (16) 179 F4
Empury (58) 133 J5
Encausse (32) 268 C5
Encausse-les-Thermes (31) 305 K2
Enchastrayes (04) 260 D1
Enchenberg (57) 69 G4
Encourtiech (09) 306 E3
Endoufielle (32) 287 H1
Énencourt-le-Sec (60) 37 F4
Énencourt-Léage (60) 36 E3
Enfonvelle (52) 117 H3
Engayrac (47) 248 E4
Engente (10) 91 H5
Engenville (45) 86 D5
Enghien-les-Bains (95) 58 E2
Engins (38) 223 K3
Englancourt (02) 20 E1
Englebelmer (80) 10 D5
Englefontaine (59) 12 E4
Englesqueville-en-Auge (14) 33 J3
Englesqueville-la-Percée (14) 29 J6
Englos (59) 6 D4
Engomer (09) 306 C3
Enguinegatte (62) 5 G4
Engwiller (67) 69 J5
Ennemain (80) 19 G2
Ennery (57) 27 H6
Ennery (95) 58 C1
Ennetières-en-Weppes (59) 6 C4
Ennevelin (59) 6 E5
Ennezat (63) 185 G6
Ennordres (18) 130 E4
Enquin-les-Mines (62) 5 G5
Enquin-sur-Baillons (62) 4 C5
Ens (65) 305 F5
Ensigné (79) 178 C3
Ensisheim (68) 97 C1
Ensuès-la-Redonne (13) 296 A3
Entrages (04) 259 K6
Entraigues (38) 242 D1
Entraigues (63) 185 G6
Entraigues-sur-la-Sorgue (84) 276 C1
Entrains-sur-Nohain (58) 132 D4
Entrammes (53) 105 F2
Entrange (57) 27 G3
Entraunes (06) 260 E4
Entraygues-sur-Truyère (12) 235 J5
Entre-deux-Eaux (88) 95 J4
Entre-deux-Guiers (38) 207 K6
Entre-deux-Monts (39) 174 A2
Entrecasteaux (83) 298 B1
Entrechaux (84) 257 H4
Entremont (74) 191 H4
Entremont-le-Vieux (73) 208 B5
Entrepierres (04) 259 G4
Entrevaux (04) 280 C1
Entrevennes (04) 278 D1
Entrevernes (74) 208 E1
Entzheim (67) 70 E4
Enval (63) 184 E6
Enveitg (66) 313 G5
Envermeu (76) 16 B2
Envronville (76) 15 F5
Éourres (05) 258 D4
Eoux (31) 287 F5
Épagne (10) 90 E3
Épagne-Epagnette (80) 9 G5
Épagny (02) 39 H1
Épagny (21) 136 A3
Épagny (74) 191 F5
Épaignes (27) 34 B4
Épaney (14) 54 B2
Épannes (79) 177 J2
Éparcy (02) 21 H2
les Éparges (55) 43 K6
Épargnes (17) 194 E4
les Éparres (38) 207 F4
Épaumesnil (80) 17 G2
Épaux-Bézu (02) 39 J6
Épeautrolles (28) 84 E4
Épécamps (80) 9 K5
Épégard (27) 35 F5
Épehy (80) 11 J6
Épeigné-les-Bois (37) 128 C6
Épeigné-sur-Dême (37) 127 H1
Épénancourt (80) 19 G3
Épenède (16) 180 A4
Épenouse (25) 138 D6
Épenoy (25) 157 F1
Épense (51) 63 H2
Épercieux-Saint-Paul (42) 204 E2
Éperlecques (62) 3 F4
Épernay (51) 61 K1
Épernay-sous-Gevrey (21) 154 C1
Épernon (28) 85 J1
Eperrais (61) 83 H3
Épersy (73) 208 B2
Épertully (71) 153 J4
Épervans (71) 171 K1
les Epesses (85) 142 E5
Épeugney (25) 156 B2
Epfig (67) 70 C6
Épiais (41) 108 E5
Épiais-lès-Louvres (95) 59 G1
Épiais-Rhus (95) 37 G6
Épieds (02) 39 K6
Épieds (27) 57 F2
Épieds (49) 144 D2
Épieds-en-Beauce (45) 109 H3
Épierre (73) 209 F5
Épiez-sur-Chiers (54) 26 A3
Épiez-sur-Meuse (55) 93 F1
Épinac (71) 153 H4
Épinal (88) 94 D5
Épinay (27) 55 J2
Épinay-Champlâtreux (95) 38 A6
l'Épinay-le-Comte (61) 80 E2
Épinay-sous-Sénart (91) 59 G5
Épinay-sur-Duclair (76) 15 H6
Épinay-sur-Odon (14) 32 B6
Épinay-sur-Orge (91) 58 E6
Épinay-sur-Seine (93) 58 E2
l'Épine (05) 258 C1
l'Épine (51) 62 E2
l'Épine (85) 140 B3
l'Épine-aux-Bois (02) 60 E3
Epineau-les-Voves (89) 113 F3
Épineu-le-Chevreuil (72) 106 B2
Épineuil (89) 114 A4
Épineuil-le-Fleuriel (18) 167 H4
Épineuse (60) 38 B2
Épineux-le-Seguin (53) 105 J3
Epiniac (35) 51 G5
Épinonville (55) 42 E3
Épinouze (26) 222 C2
Épinoy (62) 11 J3
Epiry (58) 151 K1
Épisy (77) 87 J4
Épizon (52) 92 C3
Éplessier (80) 17 H3
Éply (54) 66 A2
Époisses (21) 134 C3
Épône (78) 57 K2
Épothémont (10) 91 G3
Épouville (76) 14 B6
Époye (51) 41 H3
Eppe-Sauvage (59) 13 K5
Eppes (02) 20 E6
Eppeville (80) 19 H4
Epping (57) 69 F2
Épretot (76) 14 C6
Épreville (76) 14 D4
Épreville-en-Lieuvin (27) 34 C5
Épreville-en-Roumois (27) 34 E3
Épreville-près-le-Neubourg (27) 35 F5
Épron (14) 32 E4
Eps (62) 5 G6
Épuisay (41) 108 B4
Équancourt (80) 11 H6
Équemauville (14) 33 K2
Équennes-Eramecourt (80) 17 H4
Équeurdreville-Hainneville (50) 28 C2
Équevilley (70) 118 B5
Équevillon (39) 156 B6
Équihen-Plage (62) 2 A6
Équilly (50) 51 K1
Équirre (62) 5 G6
Éragny (95) 58 C1
Éragny-sur-Epte (60) 36 E3
Eraines (14) 54 B2
Éraville (16) 196 B4
Erbajolo (2B) 319 G6
Erbéviller-sur-Amezule (54) 66 C4
Erbray (44) 103 K4
Erbrée (35) 104 B1
Ercé (09) 307 F4
Ercé-en-Lamée (35) 103 H2
Ercé-près-Liffré (35) 79 H2
Erceville (45) 86 B5
Erches (80) 18 E4
Ercheu (80) 19 G4
Erchin (59) 11 J2
Erching (57) 69 F2
Erckartswiller (67) 69 G5
Ercourt (80) 9 F6
Ercuis (60) 37 K4
Erdeven (56) 100 B5
Éréac (22) 78 A2
Ergersheim (67) 70 D3
Ergnies (80) 9 J5
Ergny (62) 4 E5
Ergué-Gabéric (29) 74 D6
Érin (62) 9 K1
Eringes (21) 134 E2
Eringhem (59) 3 H3
Érize-la-Brûlée (55) 64 C3
Érize-la-Petite (55) 64 B2
Érize-Saint-Dizier (55) 64 C3
Erlon (02) 20 D4
Erloy (02) 20 E1
Ermenonville (60) 38 C6
Ermenonville-la-Grande (28) 85 F4
Ermenonville-la-Petite (28) 85 F5
Ermenouville (76) 15 G3
Ermont (95) 58 D2
Ernée (53) 80 D4
Ernemont-Boutavent (60) 17 G6
Ernemont-la-Villette (76) 36 D2
Ernemont-sur-Buchy (76) 16 C6
Ernes (14) 54 B1
Ernestviller (57) 68 C3
Erneville-aux-Bois (55) 64 D4
Ernolsheim-Bruche (67) 70 D3
Ernolsheim-lès-Saverne (67) 69 G6
Erny-Saint-Julien (62) 5 G5
Érôme (26) 222 B4
Érondelle (80) 9 G6
Erone (2B) 319 G5
Éroudeville (50) 28 E4
Erp (09) 306 E3

Erquery (60) 38 A2
Erquinghem-le-Sec (59) 6 C4
Erquinghem-Lys (59) 6 C3
Erquinvillers (60) 38 A2
Erquy (22) 49 K4
Err (66) 313 H5
Erre (59) 11 K2
Errevet (70) 119 G6
Errouville (54) 26 E3
Ersa (2B) 317 D2
Erstein (67) 71 D3
Erstroff (57) 67 F1
Ervauville (45) 112 A2
Ervillers (62) 11 F4
Ervy-le-Châtel (10) 113 K2
Esbareich (65) 305 H3
Esbarres (21) 154 D2
Esbly (77) 59 J3
Esboz-Brest (70) 118 D4
Escala (65) 305 F1
Escalans (40) 266 C1
l'Escale (04) 259 G5
Escales (11) 290 E5
Escalles (62) 2 B3
Escalquens (31) 288 D2
Escames (60) 17 G6
Escamps (46) 250 C2
Escamps (89) 113 F6
Escandolières (12) 251 J1
Escanecrabe (31) 286 E5
Escardes (51) 61 F5
l'Escarène (06) 281 H2
Escarmain (59) 12 D3
Escaro (66) 314 A4
Escassefort (47) 231 F6
Escatalens (82) 268 E1
Escaudain (59) 12 B2
Escaudes (33) 246 D3
Escaudoeuvres (59) 11 K4
Escaunets (65) 285 F3
Escautpont (59) 12 D1
Escazeaux (82) 268 C3
Eschau (67) 71 D2
Eschbach (67) 25 A3
Eschbach-au-Val (68) 96 A4
Eschbourg (67) 69 F6
Eschentzwiller (68) 97 C3
Escherange (57) 27 F3
Esches (60) 37 H5
Eschwiller (67) 67 K2
Esclagne (09) 308 B3
Esclainvillers (80) 18 B4
Esclanèdes (48) 253 K1
Esclassan-Labastide (32) 286 C3
Esclauzels (46) 250 B2
Esclavelles (76) 16 C4
Esclavolles-Lurey (51) 89 G1
Escles (88) 94 B6
Escles-Saint-Pierre (60) 17 G4
Esclottes (47) 230 E4
Escobecques (59) 6 C4
Escoeuilles (62) 2 D5
Escoire (24) 214 B3
Escolives-Sainte-Camille (89) 113 G6
Escombres-et-le-Chesnois (08) 23 G4
Escondeaux (65) 285 J4
Esconnets (65) 304 E1
Escorailles (15) 217 G4
Escorneboeuf (32) 268 B6
Escorpain (28) 56 D5
Escos (64) 283 G2
Escosse (09) 307 H1
Escot (64) 303 F1
Escots (65) 304 E1
Escou (64) 284 B5
Escoubès (64) 284 E3
Escoubès-Pouts (65) 304 C1
Escoulis (31) 306 C1
Escouloubre (11) 308 D6
Escource (40) 244 E4
Escoussans (33) 230 A4
Escoussens (81) 289 K2
Escout (64) 284 B5
Escoutoux (63) 203 H1
Escoville (14) 33 F4
Escragnolles (06) 280 B4
Escrennes (45) 110 D1
Escrignelles (45) 111 J6
Escroux (81) 271 J4
Escueillens-et-Saint-Just-de-Bélengard (11) 308 C1
Escurès (64) 285 F2
Escurolles (03) 185 G3
Eslettes (76) 15 K6
Esley (88) 93 K6
Eslourenties-Daban (64) 285 F4
Esmans (77) 88 A4
Esmery-Hallon (80) 19 H4
Esmoulières (70) 119 F4
Esmoulins (70) 137 F4
Esnandes (17) 176 D1
Esnans (25) 138 C4
Esnes (59) 11 K5
Esnes-en-Argonne (55) 43 G4
Esnon (89) 113 G3
Esnouveaux (52) 92 D6
Espagnac (19) 216 C3
Espagnac-Sainte-Eulalie (46) 234 B5
Espalais (82) 248 E6
Espalem (43) 219 F2
Espalion (12) 236 B6
Espaly-Saint-Marcel (43) 220 C5
Espanès (31) 288 C2
Espaon (32) 287 F3
Esparron (05) 242 C6
Esparron (31) 287 F5
Esparron (83) 278 C6
Esparron-de-Verdon (04) 278 D4
Esparros (65) 305 F2
Esparsac (82) 268 B2
Espartignac (19) 215 K1
Espas (32) 266 C4
Espaubourg (60) 37 F2
Espèche (65) 304 E1
Espéchède (64) 284 E4
Espédaillac (46) 234 B5
Espelette (64) 263 D2
Espeluche (26) 240 B6
Espenel (26) 241 F4
Espérausses (81) 271 H5
Espéraza (11) 308 E3
Esperce (31) 288 B4
Espère (46) 233 G6
Espès-Undurein (64) 283 H4
Espeyrac (12) 235 J5
Espeyroux (46) 234 C3
Espezel (11) 308 C5
Espieilh (65) 304 E1
Espiens (47) 247 J5
Espiet (33) 230 A2
Espinas (82) 250 D5
Espinasse (15) 236 C2
Espinasse (63) 184 B4
Espinasse-Vozelle (03) 185 H3
Espinasses (05) 243 G6
Espinchal (63) 218 C1
Espins (14) 53 J1
Espira-de-Conflent (66) 314 C3
Espira-de-l'Agly (66) 310 B5
Espirat (63) 203 F2
Espiute (64) 283 H3
Esplantas (43) 237 J1
Esplas (09) 288 C6
Esplas-de-Sérou (09) 307 F3
Espoey (64) 285 F5
Espondeilhan (34) 292 A3
Esprels (70) 138 D2
Esquay-Notre-Dame (14) 32 D5
Esquay-sur-Seulles (14) 32 C3
Esquéhéries (02) 13 F6
Esquelbecq (59) 3 H3
Esquennoy (60) 18 A5
Esquerchin (59) 11 G1
Esquerdes (62) 3 F5
Esquibien (29) 73 C3
Esquièze-Sère (65) 304 B4
Esquiule (64) 283 K5
les Essards (16) 212 E3
les Essards (17) 195 F1
les Essards (37) 126 E5
les Essards-Taignevaux (39) 155 F4
Essarois (21) 115 H5
Essars (62) 6 A5
les Essarts (27) 56 B3
les Essarts (41) 107 J6
les Essarts (85) 142 B6
les Essarts-le-Roi (78) 58 A5
les Essarts-le-Vicomte (51) 61 F6
les Essarts-lès-Sézanne (51) 61 G5
Essay (61) 82 E1
Esse (16) 180 C4
Essé (35) 79 J6
Essegney (88) 94 C3
les Esseintes (33) 230 C5
Essert (90) 119 H6
Essert-Romand (74) 192 A1
Essertaux (80) 18 A4
Essertenne (71) 153 H6
Essertenne-et-Cecey (70) 136 E4
Essertines-en-Châtelneuf (42) 204 C4
Essertines-en-Donzy (42) 205 F2
Esserts-Blay (73) 209 G3
Esserval-Combe (39) 156 C6
Esserval-Tartre (39) 156 C5
Essey (21) 153 H1
Essey-et-Maizerais (54) 65 G2
Essey-la-Côte (54) 94 D2
Essey-lès-Nancy (54) 66 B4
Essia (39) 173 G3
Essigny-le-Grand (02) 19 K3
Essigny-le-Petit (02) 20 A2
Essises (02) 60 E2
Essômes-sur-Marne (02) 60 E1
Esson (14) 53 J2
Essoyes (10) 115 F2
Essuiles (60) 37 J1
les Estables (43) 238 E1
Estables (48) 237 J4
Establet (26) 241 J6
Estadens (31) 306 A2
Estagel (66) 309 K5
Estaing (12) 236 A6
Estaing (65) 303 K3
Estaires (59) 6 A4
Estal (46) 234 C1
Estampes (32) 285 K3
Estampures (65) 285 K3
Estancarbon (31) 305 K1
Estandeuil (63) 203 G3
Estang (32) 266 B3
Estarvielle (65) 305 F4
Estavar (66) 313 H5
Esteil (63) 203 G6
Esténos (31) 305 J3
Estensan (65) 305 F4
Estérençuby (64) 282 E6
Esternay (51) 61 F5
Esterre (65) 304 B4
Estevelles (62) 6 C6
Esteville (76) 16 B5
Estézargues (30) 275 K2
Estialescq (64) 284 B5
Estibeaux (40) 264 C6
Estigarde (40) 246 E6
Estillac (47) 248 B5
Estipouy (32) 286 A1
Estirac (65) 285 H2
Estissac (10) 89 J5
Estivals (19) 215 H6
Estivareilles (03) 167 H5
Estivareilles (42) 204 C6
Estivaux (19) 215 H2
Estoher (66) 314 C3
Estos (64) 284 A5
Estoublon (04) 279 F1
Estouches (91) 86 C5
Estourmel (59) 11 K4
Estouteville-Écalles (76) 16 B6
Estouy (45) 86 E6
Estrablin (38) 206 C5
Estramiac (32) 268 A3
Estrebay (08) 21 K2
Estréboeuf (80) 8 E4
l'Estréchure (30) 254 D6
Estrée (62) 4 C6
Estrée-Blanche (62) 5 H4
Estrée-Cauchy (62) 10 D1
Estrée-Wamin (62) 10 B3
Estréelles (62) 4 C6
Estrées (02) 19 K1
Estrées (59) 11 H2
Estrées-Deniécourt (80) 19 F2
Estrées-la-Campagne (14) 54 A1
Estrées-lès-Crécy (80) 9 H3
Estrées-Mons (80) 19 H2
Estrées-Saint-Denis (60) 38 C2
Estrées-sur-Noye (80) 18 B3
Estrennes (88) 93 K4
Estreux (59) 12 D2
Estrun (59) 11 K3
Estry (14) 53 F2
Esves-le-Moutier (37) 146 C3
Esvres (37) 127 K6
Eswars (59) 11 K3
Étable (73) 208 D5
Étables (07) 222 A4
Étables-sur-Mer (22) 49 F4
Étagnac (16) 180 C6
Étaimpuis (76) 16 A5
Étain (55) 26 C6
Étaing (62) 11 G3
Étainhus (76) 14 C6
Étais (21) 114 E6
Étais-la-Sauvin (89) 132 E3
Étalans (25) 156 E1
Étalante (21) 135 H1
Étalle (08) 22 A2
Étalleville (76) 15 H4
Étalon (80) 19 G3
Étalondes (76) 8 C6
Étampes (91) 86 C3
Étampes-sur-Marne (02) 60 E1
l'Étang-Bertrand (50) 28 D4
l'Étang-la-Ville (78) 58 C3
Étang-sur-Arroux (71) 152 E5
l'Étang-Vergy (21) 154 A1
les Étangs (57) 45 H5
Étaples (62) 4 B5
Étaule (89) 133 K3
Étaules (17) 194 B2
Étaules (21) 135 K4
Étauliers (33) 211 H3
Étaux (74) 191 G3
Étaves-et-Bocquiaux (02) 20 B1
Étavigny (60) 39 F6
Etcharry (64) 283 H3
Etchebar (64) 302 C1
Éteignières (08) 22 A2
Éteimbes (68) 119 K5
Étel (56) 100 B5
Ételfay (80) 18 D5
Étercy (74) 190 E5
Éternoz (25) 156 C3
Éterpigny (62) 11 G3
Éterpigny (80) 19 G2
Éterville (14) 32 D5
Étevaux (21) 136 D5
Eth (59) 12 E2
Étienville (50) 28 E5
Étigny (89) 112 D1
les Étilleux (28) 84 A5
Étinehem (80) 18 E1
Étiolles (91) 59 F6
Étival (39) 173 J4
Étival-Clairefontaine (88) 95 H3
Étival-lès-le-Mans (72) 106 D3
Étivey (89) 134 B1
Étobon (70) 119 G6
Étoges (51) 61 J3
l'Étoile (39) 173 F1
l'Étoile (80) 9 J6
Étoile-Saint-Cyrice (05) 258 C2
Étoile-sur-Rhône (26) 240 C2
Éton (55) 26 C5
Etormay (21) 135 F2
Étouars (24) 197 J4
Étourvy (10) 114 B3
Étoutteville (76) 15 G4
Étouvans (25) 139 G3
Étouvelles (02) 40 B1
Étouvy (14) 31 K6
Étouy (60) 37 K2
Étrabonne (25) 137 H6
Étrappe (25) 139 F3
l'Étrat (42) 205 G5
Étray (25) 156 E1
Étraye (55) 43 H3
Étréaupont (02) 21 F2
Étrechet (36) 165 K1
Étréchy (18) 149 K2
Étréchy (51) 61 K3
Étréchy (91) 86 D2
Étréham (14) 32 A3
Étreillers (02) 19 J3
Étrelles (35) 104 A1
Étrelles-et-la-Montbleuse (70) 137 J3
Étrelles-sur-Aube (10) 89 J1
Étrembières (74) 191 G2
Étrépagny (27) 36 C3
Étrepigney (39) 155 J2
Étrépigny (08) 22 D4
Étrépilly (02) 39 J6
Étrépilly (77) 59 K1
Étrepy (51) 63 H4
Étretat (76) 14 B4
Étreux (02) 12 E6
Étreval (54) 93 K2
Étréville (27) 34 D3
Étrez (01) 172 C6
Étriac (16) 196 C5
Étriché (49) 125 H1
Étricourt-Manancourt (80) 11 G6
Étrigny (71) 171 J3
Étrochey (21) 115 F4
Étroeungt (59) 13 G5
Étroussat (03) 185 G2
Etrun (62) 10 E2
Etsaut (64) 303 F3
Ettendorf (67) 69 J6
Etting (57) 68 E3
Étueffont (90) 119 J5
Étupes (25) 139 H2
Éturqueraye (27) 34 E3
Étusson (79) 143 J3
Étuz (70) 137 K4
Etzling (57) 68 C2
Eu (76) 8 C6
Euffigneix (52) 116 A1
Eugénie-les-Bains (40) 265 H5
Euilly-et-Lombut (08) 23 G5
Eulmont (54) 66 B4
Eup (31) 305 J3
Eurre (26) 240 D3
Eurville-Bienville (52) 91 K1
Eus (66) 314 C3
Euvezin (54) 65 H2
Euville (55) 65 F4
Euvy (51) 62 A5
Euzet (30) 255 J6
Évaillé (72) 107 J4
Évans (39) 155 K1
Évaux-et-Ménil (88) 94 C4
Évaux-les-Bains (23) 183 K3
Ève (60) 38 C6
Évecquemont (78) 58 A1
Évenos (83) 297 H5
Évergnicourt (02) 41 F2
Éverly (77) 88 D3
Évette-Salbert (90) 119 H6
Eveux (69) 205 J1
Évian-les-Bains (74) 175 G5
Evigny (08) 22 C4
Évillers (25) 156 D3
Évin-Malmaison (62) 11 H1
Évires (74) 191 G4
Evisa (2A) 316 E4
Évosges (01) 189 K5
Évran (22) 50 D6
Évrange (57) 27 G2
Évrecy (14) 32 C6
Èvres (55) 64 A1
Évreux (27) 56 D1
Évricourt (60) 19 G6
Évriguet (56) 77 K6
Évron (53) 81 J6
Évry (89) 88 D5
Évry (91) 59 F6
Evry-Grégy-sur-Yerre (77) 59 H6
Excenevex (74) 174 E5
Excideuil (24) 214 D2
Exermont (08) 42 E3
Exideuil (16) 180 B6
Exincourt (25) 139 H2
Exireuil (79) 161 K5
Exmes (61) 54 E4
Exoudun (79) 162 B6
Expiremont (17) 211 K1
Eybens (38) 224 B3
Eybouleuf (87) 199 H2
Eyburie (19) 199 J6
Eycheil (09) 306 D3
Eydoche (38) 207 F6
Eygalayes (26) 258 C3
Eygalières (13) 276 D4
Eygaliers (26) 257 J4
Eygliers (05) 227 A3
Eygluy-Escoulin (26) 241 F2
Eyguians (05) 258 E2
Eyguières (13) 276 D5
Eygurande (19) 201 G3
Eygurande-et-Gardedeuil (24) 212 E5
Eyjeaux (87) 199 G2
Eyliac (24) 214 B4
Eymet (24) 231 G4
Eymeux (26) 223 F5
Eymouthiers (16) 197 H3
Eymoutiers (87) 199 K2
Eyne (66) 313 J5
Eynesse (33) 230 E2
Eyragues (13) 276 B3
Eyrans (33) 211 G3
Eyrein (19) 216 C2
Eyres-Moncube (40) 265 G4
Eyroles (26) 257 J1
Eysines (33) 229 G1
Eysson (25) 138 E6
Eysus (64) 284 A6
Eyvirat (24) 214 A2
Eywiller (67) 67 K2
Eyzahut (26) 240 D5
Eyzerac (24) 214 C1
les Eyzies-de-Tayac-Sireuil (24) 232 D1
Eyzin-Pinet (38) 206 C5
Ézanville (95) 58 E1
Èze (06) 281 H3
Ézy-sur-Eure (27) 57 F3

F

Fa (11) 308 E3
Faÿ-lès-Nemours (77) 87 H5
Fabas (09) 306 D1
Fabas (31) 287 G4
Fabas (82) 269 F3
Fabras (07) 239 G4
Fabrègues (34) 293 F1
Fabrezan (11) 309 K1
Faches-Thumesnil (59) 6 E4
Fâchin (58) 152 C4
la Fage-Montivernoux (48) 236 E3
la Fage-Saint-Julien (48) 237 F3
le Faget (31) 289 F1
Faget-Abbatial (32) 286 E2
Fagnières (51) 62 D2
Fagnon (08) 22 C4
Fahy-lès-Autrey (70) 136 E3
Failly (57) 45 F5
Faimbe (25) 139 F2
Fain-lès-Montbard (21) 134 E2
Fain-lès-Moutiers (21) 134 C2
Fains (27) 57 F2
Fains-la-Folie (28) 85 H6
Fains-Véel (55) 64 A4
Faissault (08) 22 B5
Fajac-en-Val (11) 309 H1
Fajac-la-Relenque (11) 288 E5
Fajoles (46) 233 H3
la Fajolle (11) 308 C5
Fajolles (82) 268 C2
Falaise (08) 42 B2
Falaise (14) 54 A3
la Falaise (78) 57 K2
Falck (57) 45 K4
Faleyras (33) 230 A3
Falga (31) 289 G2
le Falgoux (15) 217 K4
Falicon (06) 281 G3
Falkwiller (68) 97 A3
Fallencourt (76) 16 E2
Fallerans (25) 156 E1
Falleron (85) 141 G4
Falletans (39) 155 H2
Fallon (70) 138 E2
la Faloise (80) 18 B4
Fals (47) 248 C6
Falvy (80) 19 G3
Famars (59) 12 D2
Famechon (62) 10 C4
Famechon (80) 17 J3
Fameck (57) 27 G5
Familly (14) 55 F2
Fampoux (62) 11 F2
Fanjeaux (11) 289 H6
Fanlac (24) 214 E5
le Faou (29) 74 C2
le Faouët (22) 48 D3
le Faouët (56) 75 J6
Faramans (01) 189 F6
Faramans (38) 206 E6
Farbus (62) 11 F2
Farceaux (27) 36 B4
la Fare-en-Champsaur (05) 242 E4
la Fare-les-Oliviers (13) 296 A1
Farébersviller (57) 68 B3
Fareins (01) 188 B4
Faremoutiers (77) 60 A4
Farges (01) 190 D2
les Farges (24) 215 F4
Farges-Allichamps (18) 167 F1
Farges-en-Septaine (18) 149 J3
Farges-lès-Chalon (71) 154 A6
Farges-lès-Mâcon (71) 171 K4
Fargues (33) 229 K6
Fargues (40) 265 H4
Fargues (46) 249 H2
Fargues-Saint-Hilaire (33) 229 J2
Fargues-sur-Ourbise (47) 247 G4

Farincourt (52) 117 G6
Farinole (2B) 317 D5
la Farlède (83) 297 K5
Farnay (42) 205 J5
Farschviller (57) 68 C3
Fatines (72) 107 F2
Fatouville-Grestain (27) 34 A2
le Fau (15) 217 J5
Fau-de-Peyre (48) 237 F3
Fauch (81) 271 F3
Faucigny (74) 191 H2
Faucogney-et-la-Mer (70) 118 E4
Faucompierre (88) 95 F6
Faucon (84) 257 H3
Faucon-de-Barcelonnette (04) 260 D1
Faucon-du-Caire (04) 259 H1
Fauconcourt (88) 94 E3
Faucoucourt (02) 20 B6
Faudoas (82) 268 B3
le Fauga (31) 288 A3
Faugères (07) 255 H1
Faugères (34) 291 K1
Fauguernon (14) 34 A5
Fauguerolles (47) 247 H1
Fauillet (47) 247 J1
le Faulq (14) 34 A4
Faulquemont (57) 45 K6
Faulx (54) 66 A3
Faumont (59) 6 E6
Fauquembergues (62) 5 F4
la Faurie (05) 242 B5
Faurilles (24) 231 K4
Fauroux (82) 249 F4
Faussergues (81) 271 H1
la Faute-sur-Mer (85) 159 J6
Fauverney (21) 136 B6
Fauville (27) 56 D1
Fauville-en-Caux (76) 15 F5
Faux (08) 22 B6
Faux (24) 231 K3
Faux-Fresnay (51) 61 K6
Faux-la-Montagne (23) 200 B2
Faux-Mazuras (23) 182 C6
Faux-Vésigneul (51) 62 D4
Faux-Villecerf (10) 89 H4
Favalello (2B) 319 G6
Favars (19) 216 A3
Faveraye-Mâchelles (49) 125 G6
Faverdines (18) 167 G3
Faverelles (45) 132 A2
Faverges (74) 209 F1
Faverges-de-la-Tour (38) 207 H4
Faverney (70) 118 A5
Faverois (90) 139 K2
Faverolles (02) 39 H4
Faverolles (15) 236 E1
Faverolles (28) 57 H5
Faverolles (36) 147 H2
Faverolles (52) 116 B3
Faverolles (61) 53 K5
Faverolles (80) 18 D5
Faverolles-et-Coëmy (51) 40 D4
Faverolles-la-Campagne (27) 56 B1
Faverolles-lès-Lucey (21) 115 J4
Faverolles-sur-Cher (41) 128 D5
la Favière (39) 156 C6
Favières (28) 84 D2
Favières (54) 93 J2
Favières (77) 59 J5
Favières (80) 8 E3
Favresse (51) 63 G5
Favreuil (62) 11 F5
Favrieux (78) 57 H2
le Favril (27) 34 C5
le Favril (28) 84 D3
le Favril (59) 13 F5
Fay (61) 55 G6
le Fay (71) 172 E2
Fay (72) 106 C2
Fay (80) 19 F2
Fay-aux-Loges (45) 110 C4
Fay-de-Bretagne (44) 122 E1
Fay-en-Montagne (39) 155 J6
Fay-le-Clos (26) 222 C3
Fay-les-Étangs (60) 37 F4
Fay-lès-Marcilly (10) 89 G3
le Fay-Saint-Quentin (60) 37 J2
Fay-sur-Lignon (43) 221 F6
Faycelles (46) 234 D6
la Faye (16) 179 G4
Faye (41) 108 D5
Faye-d'Anjou (49) 125 G5
Faye-la-Vineuse (37) 145 G4
Faye-l'Abbesse (79) 143 K6
Faye-sur-Ardin (79) 161 G5
le Fayel (60) 38 C3
Fayence (83) 280 B5
Fayet (02) 19 K2
Fayet (12) 272 C4
Fayet-le-Château (63) 203 G3
Fayet-Ronaye (63) 203 H6
Fayl-la-Forêt (52) 117 F5
Faymont (70) 139 F1
Faymoreau (85) 161 F3
Fays (52) 91 K2
Fays (88) 95 F5
Fays-la-Chapelle (10) 114 A1
Fayssac (81) 270 C2
Féas (64) 283 K6
Febvin-Palfart (62) 5 H5
Fécamp (76) 14 D3
Féchain (59) 11 J3
Fêche-l'Église (90) 139 J2
Fécocourt (54) 93 K3
Fédry (70) 137 J1
Fegersheim (67) 71 D2
Fégréac (44) 102 C5
Feigères (74) 190 E3
Feigneux (60) 38 E4
Feignies (59) 13 G2
Feillens (01) 171 K6
Feings (41) 128 E4
Feings (61) 83 J1
Feins (35) 79 G1
Feins-en-Gâtinais (45) 111 K6
Feissons-sur-Isère (73) 209 G4
Feissons-sur-Salins (73) 209 H5
le Fel (12) 235 J5
Fel (61) 54 D4
Felce (2B) 319 J5
Feldbach (68) 97 B5
Feldkirch (68) 97 B1
Feliceto (2B) 318 C3
Félines (07) 222 A2
Félines (43) 220 A2
Félines-Minervois (34) 290 D4
Félines-sur-Rimandoule (26) 240 E5
Félines-Termenès (11) 309 J3
Felleries (59) 13 H4
Fellering (68) 119 J3
Felletin (23) 183 G6
Felluns (66) 309 H5
Felon (90) 119 J5
Felzins (46) 234 E5
Fenain (59) 11 K2
Fénay (21) 136 A6
Fendeille (11) 289 G5
Fénery (79) 161 J2
Fénétrange (57) 67 J2
Feneu (49) 125 G2
Féneyrols (82) 250 D5
Féniers (23) 200 D2
Fenioux (17) 177 J6
Fenioux (79) 161 G3
Fenneviller (54) 95 H1
Fénols (81) 270 D3
le Fenouiller (85) 140 E6
Fenouillet (31) 269 G5
Fenouillet (66) 309 G5
Fenouillet-du-Razès (11) 289 H6
Fépin (08) 24 C3
Fercé (44) 103 J2
Fercé-sur-Sarthe (72) 106 B4
Ferdrupt (88) 119 G3
la Fère (02) 20 A5
Fère-Champenoise (51) 61 K5
Fère-en-Tardenois (02) 40 A5
Fèrebrianges (51) 61 J3
la Férée (08) 21 K3
Férel (56) 121 K2
Ferfay (62) 5 J5
Féricy (77) 87 J3
Férin (59) 11 H2
Fermanville (50) 28 E2
la Fermeté (58) 151 F4
Ferney-Voltaire (01) 191 F1
Fernoël (63) 201 G2
Férolles (45) 110 C5
Férolles-Attilly (77) 59 H5
Féron (59) 13 H5
Ferques (62) 2 C4
Ferrals-les-Corbières (11) 291 F6
Ferrals-les-Montagnes (34) 290 E3
Ferran (11) 289 J6
Ferrassières (26) 258 B5
le Ferré (35) 80 A2
Ferrensac (47) 231 K5
Ferrère (65) 305 H3
les Ferres (06) 280 E2
Ferrette (68) 97 C5
Ferreux-Quincey (10) 89 G3
la Ferrière (22) 77 H5
la Ferrière (37) 127 K1
la Ferrière (38) 224 E1
la Ferrière (85) 159 J1
la Ferrière-Airoux (86) 163 F6
la Ferrière-au-Doyen (61) 55 H6
la Ferrière-aux-Étangs (61) 53 H5
la Ferrière-Béchet (61) 82 D1
la Ferrière-Bochard (61) 82 C3
la Ferrière-de-Flée (49) 104 D6
la Ferrière-en-Parthenay (79) 162 B2
Ferrière-et-Lafolie (52) 92 A3
la Ferrière-Harang (14) 31 K5
Ferrière-la-Grande (59) 13 H3
Ferrière-la-Petite (59) 13 H3
Ferrière-Larçon (37) 146 C4
Ferrière-sur-Beaulieu (37) 146 D2
la Ferrière-sur-Risle (27) 55 K2
Ferrières (17) 177 G1
Ferrières (45) 111 J2
Ferrières (50) 80 D1
Ferrières (54) 66 B6
Ferrières (60) 18 D6
Ferrières (65) 303 J2
Ferrières (80) 17 K2
Ferrières (81) 271 H6
Ferrières-en-Bray (76) 36 D1
Ferrières-en-Brie (77) 59 H4
Ferrières-Haut-Clocher (27) 56 B1
Ferrières-la-Verrerie (61) 55 F6
Ferrières-le-Lac (25) 139 J5
Ferrières-les-Bois (25) 137 H6
Ferrières-lès-Ray (70) 137 H2
Ferrières-lès-Scey (70) 117 K6
Ferrières-les-Verreries (34) 274 B3
Ferrières-Poussarou (34) 291 G2
Ferrières-Saint-Hilaire (27) 55 H1
Ferrières-Saint-Mary (15) 218 D4
Ferrières-sur-Ariège (09) 307 J3
Ferrières-sur-Sichon (03) 186 B4
Ferrussac (43) 219 H5
Fertans (25) 156 C2
la Ferté (39) 155 J4
la Ferté-Alais (91) 86 E2
la Ferté-Beauharnais (41) 129 K3
la Ferté-Bernard (72) 83 J6
la Ferté-Chevresis (02) 20 C4
la Ferté-Frênel (61) 55 H3
la Ferté-Gaucher (77) 60 D4
la Ferté-Hauterive (03) 168 E6
la Ferté-Imbault (41) 130 A5
la Ferté-Loupière (89) 112 D4
la Ferté-Macé (61) 53 J6
la Ferté-Milon (02) 39 G5
la Ferté-Saint-Aubin (45) 110 A6
la Ferté-Saint-Cyr (41) 129 H1
la Ferté-Saint-Samson (76) 16 D6
la Ferté-sous-Jouarre (77) 60 B2
la Ferté-sur-Chiers (08) 23 J5
la Ferté-Vidame (28) 56 B6
la Ferté-Villeneuil (28) 108 E3
Fertrève (58) 151 J4
Fervaches (50) 31 H5
Fervaques (14) 54 E1
Fescamps (80) 18 E5
Fesches-le-Châtel (25) 139 J2
Fesmy-le-Sart (02) 12 E6
Fesques (76) 16 D3
Fessanvilliers-Mattanvilliers (28) 56 C5
Fessenheim (68) 96 E6
Fessenheim-le-Bas (67) 70 D2
Fessevillers (25) 139 J5
les Fessey (70) 118 E4
Fessy (74) 174 E6
Festalemps (24) 213 F3
Festes-et-Saint-André (11) 308 E3
Festieux (02) 40 C1
Festigny (51) 61 H1
Festigny (89) 133 F2
Festubert (62) 6 B5
le Fête (21) 153 H1
Féternes (74) 175 G5
Fétigny (39) 173 G4
Feucherolles (78) 58 B3
Feuchy (62) 11 F3
Feugarolles (47) 247 J4
Feugères (50) 31 F3
Feuges (10) 90 B3
Feuguerolles (27) 35 H6
Feuguerolles-Bully (14) 32 D5
Feuilla (11) 310 C3
Feuillade (16) 197 H4
la Feuillade (24) 215 H4
la Feuillée (29) 75 F1
Feuillères (80) 19 F1
la Feuillie (50) 30 D2
la Feuillie (76) 36 B1
Feule (25) 139 G4
Feuquières (60) 17 G5
Feuquières-en-Vimeu (80) 8 E5
Feurs (42) 204 E2
Feusines (36) 166 C4
Feux (18) 150 B1
Fèves (57) 27 G6
Féy (57) 44 E6
Fey-en-Haye (54) 65 J2
Feyt (19) 201 H3
Feytiat (87) 199 F1
Feyzin (69) 206 B3
Fiac (81) 270 B5
Ficaja (2B) 319 H4
Ficheux (62) 10 E3
Fichous-Riumayou (64) 284 C2
le Fidelaire (27) 56 A2
le Fied (39) 155 J6
le Fief-Sauvin (49) 124 B6
Fieffes-Montrelet (80) 9 K5
Fiefs (62) 5 H6
Fiennes (62) 2 C4
Fienvillers (80) 9 K5
Fierville-Bray (14) 33 F6
Fierville-les-Mines (50) 28 C5
Fierville-les-Parcs (14) 33 K4
le Fieu (33) 212 C5
Fieulaine (02) 20 B2
Fieux (47) 247 K6
Figanières (83) 279 J6
Figari (2A) 323 G5
Figarol (31) 306 B1
Figeac (46) 234 D5
Fignévelle (88) 117 J2
Fignières (80) 18 D4
Filain (02) 40 A1
Filain (70) 138 B2
Fillé (72) 106 D4
Fillières (54) 26 D4
Fillièvres (62) 9 K2
Fillinges (74) 191 H2
Fillols (66) 314 B4
Filstroff (57) 45 J2
Fiménil (88) 95 F5
Finestret (66) 314 C3
Finhan (82) 268 E2
les Fins (25) 157 H2
Fins (80) 11 H6
Fiquefleur-Equainville (27) 34 A2
Firbeix (24) 198 C4
Firfol (14) 34 A5
Firmi (12) 235 G6
Firminy (42) 221 G1
Fislis (68) 97 C5
Fismes (51) 40 C3
Fitilieu (38) 207 H4
Fitou (11) 310 C4
Fitz-James (60) 38 A2
Fix-Saint-Geneys (43) 219 K4
Fixem (57) 27 H3
Fixin (21) 135 K6
Flacey (21) 136 B4
Flacey (28) 109 F1
Flacey-en-Bresse (71) 172 E3
la Flachère (38) 208 C6
Flachères (38) 207 F5
Flacourt (78) 57 H2
Flacy (89) 89 G5
Flagey (25) 156 C3
Flagey (52) 116 C5
Flagey-Echézeaux (21) 154 B1
Flagey-lès-Auxonne (21) 155 F1
Flagey-Rigney (25) 138 B3
Flagnac (12) 235 F5
Flagy (70) 118 B6
Flagy (71) 171 H4
Flagy (77) 87 K4
Flaignes-Havys (08) 22 A3
Flainval (54) 66 C5
Flamanville (50) 28 A3
Flamanville (76) 15 H5
Flamarens (32) 268 A1
la Flamengrie (02) 13 G6
la Flamengrie (59) 12 E2
Flamets-Frétils (76) 16 E4
Flammerans (21) 136 E6
Flammerécourt (52) 92 A3
Flancourt-Catelon (27) 34 E3
Flangebouche (25) 157 G1
Flassan (84) 257 J5
Flassans-sur-Issole (83) 298 B3
Flassigny (55) 26 A3
Flastroff (57) 45 J2
Flat (63) 203 F4
Flaucourt (80) 19 G2
Flaugeac (24) 231 H3
Flaugnac (46) 249 K4
Flaujac-Gare (46) 234 B4
Flaujac-Poujols (46) 250 A2
Flaujagues (33) 230 D2
Flaumont-Waudrechies (59) 13 H4
Flaux (30) 275 J1
Flavacourt (60) 36 E3
Flaviac (07) 240 A3
Flavignac (87) 198 D3
Flavignerot (21) 135 K6
Flavigny (18) 150 A4
Flavigny (51) 62 A2
Flavigny-le-Grand-et-Beaurain (02) 20 D2
Flavigny-sur-Moselle (54) 66 A6
Flavigny-sur-Ozerain (21) 135 F3
Flavin (12) 252 B3
Flavy-le-Martel (02) 19 K4
Flavy-le-Meldeux (60) 19 H4
Flaxieu (01) 207 K1
Flaxlanden (68) 97 C3
Flayat (23) 201 G2
Flayosc (83) 279 H6
Fléac (16) 196 D3
Fléac-sur-Seugne (17) 195 H5
la Flèche (72) 106 B6
Fléchin (62) 5 G5
Fléchy (60) 18 A5
Flée (21) 134 D4
Flée (72) 107 G6
Fleigneux (08) 23 F3
Fleisheim (57) 67 K3
le Fleix (24) 231 F2
Fleix (86) 163 K3
Fléré-la-Rivière (36) 146 E3
Flers (61) 53 H4
Flers (62) 10 A2
Flers (80) 11 F6
Flers-en-Escrebieux (59) 11 H1
Flers-sur-Noye (80) 18 A4
Flesquières (59) 11 H5
Flesselles (80) 10 A6
Flétrange (57) 45 J6
Flêtre (59) 3 K5
Fléty (58) 152 B6
Fleurac (16) 196 B2
Fleurac (24) 214 D6
Fleurance (32) 267 J3
Fleurat (23) 182 B2
Fleurbaix (62) 6 B4
Fleuré (61) 54 C5
Fleuré (86) 163 G4
Fleurey (25) 139 H5
Fleurey-lès-Faverney (70) 118 A5
Fleurey-lès-Lavoncourt (70) 117 H6
Fleurey-lès-Saint-Loup (70) 118 C3
Fleurey-sur-Ouche (21) 135 J5
Fleurie (69) 188 B2
Fleuriel (03) 185 G1
Fleurieu-sur-Saône (69) 188 C6
Fleurieux-sur-l'Arbresle (69) 205 J1
Fleurigné (35) 80 B4
Fleurines (60) 38 B4
Fleurville (71) 171 K5
Fleury (02) 39 G4
Fleury (11) 291 K5
Fleury (50) 52 A3
Fleury (57) 45 F6
Fleury (60) 37 F4
Fleury (62) 10 A1
Fleury (80) 17 K4
Fleury-devant-Douaumont (55) 43 J4
Fleury-en-Bière (77) 87 G3
Fleury-la-Forêt (27) 36 C2
Fleury-la-Montagne (71) 187 F2
Fleury-la-Rivière (51) 40 D6
Fleury-la-Vallée (89) 113 F4
Fleury-les-Aubrais (45) 110 A4
Fleury-Mérogis (91) 58 E6
Fleury-sur-Andelle (27) 36 A3
Fleury-sur-Loire (58) 151 F6
Fleury-sur-Orne (14) 32 E5
Fléville (08) 42 D3
Fléville-devant-Nancy (54) 66 A5
Fléville-Lixières (54) 26 D6
Flévy (57) 27 H6
Flexanville (78) 57 J3
Flexbourg (67) 70 C3
Fley (71) 171 H2
Fleys (89) 113 J5
Flez-Cuzy (58) 133 G5
Fligny (08) 21 J2
Flin (54) 95 F1
Flines-lès-Mortagne (59) 7 H5
Flines-lez-Raches (59) 11 J1
Flins-Neuve-Église (78) 57 H3
Flins-sur-Seine (78) 58 A2
Flipou (27) 35 K3
Flirey (54) 65 H3
Flixecourt (80) 9 J6
Flize (08) 22 D4
la Flocellière (85) 142 E5
Flocourt (57) 66 C1
Flocques (76) 8 C6
Flogny-la-Chapelle (89) 113 J3
Floing (08) 23 F4
Floirac (17) 195 F5
Floirac (33) 229 H2
Floirac (46) 233 K1
Florac (48) 254 B3
Florange (57) 27 G5
Florémont (88) 94 B3
Florensac (34) 292 C3
Florent-en-Argonne (51) 42 D5
Florentia (39) 173 F5
Florentin (81) 270 D3
Florentin-la-Capelle (12) 235 K5
Floressas (46) 249 G1
Florimont (90) 139 K2
Florimont-Gaumier (24) 233 F4
Floringhem (62) 5 J6
la Flotte (17) 176 B2
Flottemanville (50) 28 E4
Flottemanville-Hague (50) 28 C2
Floudès (33) 230 C5
Floure (11) 290 C6
Flourens (31) 269 H6
Floursies (59) 13 H4
Floyon (59) 13 G6
Flumet (73) 191 K6
Fluquières (02) 19 J3
Fluy (80) 17 J2
Foameix-Ornel (55) 26 B6
Foce (2A) 323 F3
Focicchia (2B) 319 G6
Foëcy (18) 148 E2
le Foeil (22) 76 E1
Foisches (08) 24 C1
Foissac (12) 234 D6
Foissac (30) 255 K6
Foissiat (01) 172 C5
Foissy (21) 153 H2
Foissy-lès-Vézelay (89) 133 J4
Foissy-sur-Vanne (89) 89 F6
Foix (09) 307 J3
Folcarde (31) 289 F3
Folembray (02) 20 A6
Folgensbourg (68) 97 D5
le Folgoët (29) 46 B4
la Folie (14) 31 J1
Folies (80) 18 E3
Folkling (57) 68 C2
Follainville-Dennemont (78) 57 J1
Folles (87) 181 K3
la Folletière (76) 15 G6
la Folletière-Abenon (14) 55 G2
Folleville (27) 34 C5
Folleville (80) 18 B5
Folligny (50) 51 K1
Folschviller (57) 68 A3
Fomerey (88) 94 C5
Fomperron (79) 162 A4
Fonbeauzard (31) 269 G5
Foncegrive (21) 136 B1
Fonches-Fonchette (80) 19 F3
Foncine-le-Bas (39) 174 A2
Foncine-le-Haut (39) 174 B2
Foncquevillers (62) 10 D4
Fondamente (12) 272 E3
Fondettes (37) 127 H4
Fondremand (70) 137 K3
Fongrave (47) 248 A2
Fongueusemare (76) 14 C4
Fonroque (24) 231 H4
Fons (07) 239 G5
Fons (30) 275 F2
Fons (46) 234 C4

Fons-sur-Lussan (30) 255 K4
Fonsommes (02) 20 B2
Fonsorbes (31) 287 K1
Font-Romeu-Odeillo-Via (66) 313 H4
Fontain (25) 138 A6
Fontaine (10) 91 G5
Fontaine (38) 224 A3
Fontaine (90) 119 J6
Fontaine-au-Bois (59) 12 E4
Fontaine-au-Pire (59) 12 B5
Fontaine-Bellenger (27) 35 K5
Fontaine-Bonneleau (60) 17 K5
Fontaine-Chaalis (60) 38 C5
Fontaine-Chalendray (17) 178 D5
Fontaine-Couverte (53) 104 B3
Fontaine-de-Vaucluse (84) 276 E2
Fontaine-Denis-Nuisy (51) 61 H6
Fontaine-en-Bray (76) 16 C5
Fontaine-en-Dormois (51) 42 B4
Fontaine-Étoupefour (14) 32 D5
Fontaine-Fourches (77) 88 E3
Fontaine-Française (21) 136 D2
Fontaine-Guérin (49) 126 A3
Fontaine-Henry (14) 32 D3
Fontaine-Heudebourg (27) 35 J6
Fontaine-la-Gaillarde (89) 88 E6
Fontaine-la-Guyon (28) 84 E2
Fontaine-la-Louvet (27) 34 B5
Fontaine-la-Mallet (76) 14 B6
Fontaine-la-Rivière (91) 86 C4
Fontaine-la-Soret (27) 34 E5
Fontaine-l'Abbé (27) 34 E6
Fontaine-Lavaganne (60) 17 H6
Fontaine-le-Bourg (76) 16 A6
Fontaine-le-Comte (86) 162 E4
Fontaine-le-Dun (76) 15 H3
Fontaine-le-Pin (14) 53 K2
Fontaine-le-Port (77) 87 J2
Fontaine-le-Puits (73) 209 H5
Fontaine-le-Sec (80) 17 G1
Fontaine-les-Bassets (61) 54 C3
Fontaine-lès-Boulans (62) 5 G6
Fontaine-lès-Cappy (80) 19 F2
Fontaine-lès-Clercs (02) 19 K3
Fontaine-lès-Clerval (25) 138 E3
Fontaine-les-Coteaux (41) 107 K5
Fontaine-lès-Croisilles (62) 11 G3
Fontaine-lès-Dijon (21) 136 A5
Fontaine-les-Grès (10) 89 K3
Fontaine-lès-Hermans (62) 5 H5
Fontaine-lès-Luxeuil (70) 118 C4
Fontaine-les-Ribouts (28) 56 E6
Fontaine-lès-Vervins (02) 21 F2
Fontaine-l'Étalon (62) 9 J2
Fontaine-Mâcon (10) 89 F3
Fontaine-Milon (49) 125 K3
Fontaine-Notre-Dame (02) 20 B2
Fontaine-Notre-Dame (59) 11 J4
Fontaine-Raoul (41) 108 D3
Fontaine-Saint-Lucien (60) 37 H1
la Fontaine-Saint-Martin (72) 106 C5
Fontaine-Simon (28) 84 C2
Fontaine-sous-Jouy (27) 56 E1
Fontaine-sous-Montdidier (80) 18 D5
Fontaine-sous-Préaux (76) 35 J1
Fontaine-sur-Ay (51) 41 F6
Fontaine-sur-Maye (80) 9 H3
Fontaine-sur-Somme (80) 9 H6
Fontaine-Uterte (02) 20 A1
Fontainebleau (77) 87 H3
Fontainebrux (39) 172 E1
Fontaines (71) 153 K5
Fontaines (85) 160 D5
Fontaines (89) 132 D1
Fontaines-d'Ozillac (17) 211 K1
Fontaines-en-Duesmois (21) 135 F1
Fontaines-en-Sologne (41) 129 G3
Fontaines-les-Sèches (21) 114 D5
Fontaines-Saint-Clair (55) 43 G2
Fontaines-Saint-Martin (69) 206 A1
Fontaines-sur-Marne (52) 92 A1
Fontaines-sur-Saône (69) 206 A1
Fontains (77) 88 A2
Fontan (06) 311 D3
Fontanès (30) 274 E3
Fontanès (34) 274 C4
Fontanès (42) 205 G5
Fontanes (46) 250 A3
Fontanes (48) 238 B3
Fontanès-de-Sault (11) 308 D5
Fontanes-du-Causse (46) 233 K4
Fontanges (15) 217 J5
Fontangy (21) 134 D5
Fontanières (23) 183 K3
Fontanil-Cornillon (38) 223 K2
Fontannes (43) 219 H2
Fontans (48) 237 H3
Fontarèches (30) 256 A5
Fontclaireau (16) 179 G6
Fontcouverte (11) 290 E6
Fontcouverte (17) 195 G2
Fontcouverte-la Toussuire (73) 225 G2
la Fontelaye (76) 15 J4
Fontenai-les-Louvets (61) 82 C2
Fontenai-sur-Orne (61) 54 B5
Fontenailles (77) 88 A1
Fontenailles (89) 133 F2
Fontenay (27) 36 C5
Fontenay (36) 148 A3
Fontenay (50) 52 C6
Fontenay (71) 170 E4
Fontenay (76) 14 B6
Fontenay (88) 94 E5
Fontenay-aux-Roses (92) 58 D4
Fontenay-de-Bossery (10) 89 F3
Fontenay-en-Parisis (95) 59 F1
Fontenay-le-Comte (85) 160 D4
Fontenay-le-Fleury (78) 58 B4
Fontenay-le-Marmion (14) 32 E6
Fontenay-le-Pesnel (14) 32 C5
Fontenay-le-Vicomte (91) 87 F2
Fontenay-lès-Briis (91) 58 C6
Fontenay-Mauvoisin (78) 57 H2
Fontenay-près-Chablis (89) 113 J4
Fontenay-près-Vézelay (89) 133 J4
Fontenay-Saint-Père (78) 57 J1
Fontenay-sous-Bois (94) 59 F3
Fontenay-sous-Fouronnes (89) 133 G2
Fontenay-sur-Conie (28) 85 H6
Fontenay-sur-Eure (28) 85 F3
Fontenay-sur-Loing (45) 111 J1
Fontenay-sur-Mer (50) 29 F4
Fontenay-sur-Vègre (72) 106 A4
Fontenay-Torcy (60) 17 F6
Fontenay-Trésigny (77) 59 K5
Fontenelle (02) 13 G6
Fontenelle (21) 136 D3
la Fontenelle (35) 51 J5
la Fontenelle (41) 108 C2
Fontenelle (90) 119 J6
Fontenelle-en-Brie (02) 61 F3
Fontenelle-Montby (25) 138 D3
les Fontenelles (25) 139 G6
Fontenermont (14) 52 C3
Fontenet (17) 178 A6
Fontenille (16) 179 G6
Fontenille-Saint-Martin-d'Entraigues (79) 178 D3
Fontenilles (31) 287 K1
Fontenois-la-Ville (70) 118 B3
Fontenois-lès-Montbozon (70) 138 C3
Fontenotte (25) 138 C4
Fontenouilles (89) 112 B4
Fontenoy (02) 39 H2
Fontenoy (89) 132 D1
Fontenoy-la-Joûte (54) 95 F2
Fontenoy-le-Château (88) 118 B2
Fontenoy-sur-Moselle (54) 65 J5
Fontenu (39) 173 J2
Fonteny (57) 66 D2
Fonters-du-Razès (11) 289 G5
Fontès (34) 292 B1
Fontet (33) 230 C5
Fontette (10) 115 G1
Fontevraud-l'Abbaye (49) 144 D1
Fontgombault (36) 164 B2
Fontguenand (36) 147 J1
Fontienne (04) 258 E6
Fontiers-Cabardès (11) 290 A4
Fontiès-d'Aude (11) 290 C6
Fontjoncouse (11) 310 A2
Fontoy (57) 27 F4
Fontpédrouse (66) 313 K4
Fontrabiouse (66) 313 J3
Fontrailles (65) 286 A4
Fontvannes (10) 89 J5
Fontvieille (13) 276 A4
Forbach (57) 68 C2
Forcalqueiret (83) 297 K3
Forcalquier (04) 278 B1
la Force (11) 289 J6
la Force (24) 231 G2
Forcé (53) 105 F2
Forcelles-Saint-Gorgon (54) 93 K2
Forcelles-sous-Gugney (54) 93 K3
Forceville (80) 10 C5
Forceville-en-Vimeu (80) 17 G1
Forcey (52) 92 D6
Forciolo (2A) 320 E6
la Forclaz (74) 175 G6
Forest-en-Cambrésis (59) 12 D4
Forest-l'Abbaye (80) 9 G4
la Forest-Landerneau (29) 46 B6
Forest-Montiers (80) 9 F3
Forest-Saint-Julien (05) 243 F4
Forest-sur-Marque (59) 7 F4
Foreste (02) 19 J3
la Forestière (51) 61 G6
la Forêt-Auvray (61) 53 K4
la Forêt-de-Tessé (16) 179 F4
la Forêt-du-Parc (27) 56 E3
la Forêt-du-Temple (23) 166 A5
la Forêt-Fouesnant (29) 98 E2
Forêt-la-Folie (27) 36 C4
la Forêt-le-Roi (91) 86 B2
la Forêt-Sainte-Croix (91) 86 D4
la Forêt-sur-Sèvre (79) 143 G6
Forfry (77) 59 K1
la Forge (88) 119 G1
Forges (17) 177 F3
Forgès (19) 216 C4
Forges (49) 144 B1
les Forges (56) 77 G6
Forges (61) 82 D2
Forges (77) 88 A3
les Forges (79) 162 B4
les Forges (88) 94 D5
Forges-la-Forêt (35) 103 K2
Forges-les-Bains (91) 58 C6
Forges-les-Eaux (76) 16 D5
Forges-sur-Meuse (55) 43 G4
Forgues (31) 287 H3
la Forie (63) 204 A4
Forléans (21) 134 C3
Formentin (14) 33 J5
Formerie (60) 17 F5
Formigny (14) 29 K6
Formiguères (66) 313 J3
Fornex (09) 287 K6
Fors (79) 178 A1
Forstfeld (67) 25 D3
Forstheim (67) 69 K5
Fort-du-Plasne (39) 174 A2
Fort-Louis (67) 25 D4
Fort-Mahon-Plage (80) 8 D2
Fort-Mardyck (59) 3 G1
Fort-Moville (27) 34 B3
Fortan (41) 108 A5
Fortel-en-Artois (62) 9 K3
la Forteresse (38) 223 H2
Fortschwihr (68) 96 D4
Fos (31) 305 K4
Fos (34) 292 A1
Fos-sur-Mer (13) 295 H5
le Fossat (09) 288 B6
Fossé (08) 42 E1
Fossé (41) 128 E2
Fosse (66) 309 G5
le Fossé (76) 16 E5
la Fosse-Corduan (10) 89 G3
la Fosse-de-Tigné (49) 143 K1
Fossemagne (24) 214 D4
Fossemanant (80) 17 K3
les Fosses (79) 178 B2
Fosses (95) 38 B6
Fossès-et-Baleyssac (33) 230 D5
Fosseuse (60) 37 H5
Fosseux (62) 10 D3
Fossieux (57) 66 B3
Fossoy (02) 61 F1
Foucarmont (76) 16 E2
Foucart (76) 15 F5
Foucarville (50) 29 G5
Foucaucourt-en-Santerre (80) 19 F2
Foucaucourt-Hors-Nesle (80) 17 F2
Foucaucourt-sur-Thabas (55) 64 A1
Fouchécourt (70) 117 K5
Fouchécourt (88) 117 H2
Foucherans (25) 156 C1
Foucherans (39) 155 G2
Fouchères (10) 90 C6
Fouchères (89) 88 C6
Fouchères-aux-Bois (55) 64 B6
Foucherolles (45) 112 A2
Fouchy (67) 96 B1
Foucrainville (27) 56 E2
Fouday (67) 70 A5
Fouencamps (80) 18 C3
Fouesnant (29) 98 D2
Foufflin-Ricametz (62) 10 B2
Foug (54) 65 G5
Fougaron (31) 306 B2
Fougax-et-Barrineuf (09) 308 B4
Fougeré (49) 126 A1
Fougeré (85) 159 K2
Fougères (35) 80 B3
Fougères-sur-Bièvre (41) 128 E4
les Fougerêts (56) 102 B3
Fougerolles (36) 166 A4
Fougerolles (70) 118 D3
Fougerolles-du-Plessis (53) 80 D2
Fougueyrolles (24) 230 E2
la Fouillade (12) 251 G4
Fouilleuse (60) 38 B2
Fouillouse (05) 242 D6
la Fouillouse (42) 205 F5
le Fouilloux (17) 212 C3
Fouilloy (60) 17 G4
Fouilloy (80) 18 C2
Fouju (77) 87 J1
Foulain (52) 116 B2
Foulangues (60) 37 K4
Foulayronnes (47) 248 B4
Foulbec (27) 34 B2
Foulcrey (57) 67 G5
Fouleix (24) 213 K6
Foulenay (39) 155 G5
Fouligny (57) 45 J5
Foulognes (14) 32 A5
Fouquebrune (16) 196 E5
Fouquenies (60) 37 G1
Fouquereuil (62) 5 K5
Fouquerolles (60) 37 J2
Fouquescourt (80) 19 F3
Fouqueure (16) 179 F6
Fouqueville (27) 35 G4
Fouquières-lès-Béthune (62) 5 K5
Fouquières-lès-Lens (62) 11 G1
Four (38) 206 E4
Fouras (17) 176 E4
Fourbanne (25) 138 C4
Fourcatier-et-Maison-Neuve (25) 156 E6
Fourcès (32) 266 E1
Fourchambault (58) 150 D4
Fourches (14) 54 B3
Fourcigny (80) 17 G3
Fourdrain (02) 20 B5
Fourdrinoy (80) 17 J2
Fourg (25) 155 K2
Fourges (27) 36 D6
les Fourgs (25) 157 F5
Fourilles (03) 185 G2
Fourmagnac (46) 234 D4
Fourmetot (27) 34 D2
Fourmies (59) 13 J6
Fournaudin (89) 113 G1
Fourneaux (42) 187 G5
Fourneaux (50) 31 H5
Fourneaux (73) 225 K3
Fourneaux-le-Val (14) 54 A3
Fournels (48) 236 E2
Fournès (30) 275 K2
Fournes-Cabardès (11) 290 B4
Fournes-en-Weppes (59) 6 C5
le Fournet (14) 33 J5
Fournet-Blancheroche (25) 139 H6
Fournets-Luisans (25) 157 G1
Fourneville (14) 33 K3
Fournival (60) 37 K1
Fournols (63) 203 J5
Fournoulès (15) 235 F4
Fouronnes (89) 133 G2
Fourques (30) 275 K5
Fourques (66) 315 F3
Fourques-sur-Garonne (47) 247 G1
Fourqueux (78) 58 B3
Fourquevaux (31) 288 D2
Fours (33) 211 G3
Fours (58) 151 K6
Fours-en-Vexin (27) 36 C5
Fourtou (11) 309 G4
Foussais-Payré (85) 161 F3
Foussemagne (90) 119 K6
le Fousseret (31) 287 H5
Foussignac (16) 196 B2
Fouvent-Saint-Andoche (70) 137 G1
Fouzilhon (34) 292 A2
Foville (57) 66 B2
Fox-Amphoux (83) 278 E6
la Foye-Monjault (79) 177 K2
Fozières (34) 273 G4
Fozzano (2A) 322 E2
Fragnes (71) 154 A6
Frahier-et-Chatebier (70) 119 G6
Fraignot-et-Vesvrotte (21) 135 K1
Fraillicourt (08) 21 J4
Fraimbois (54) 94 E1
Frain (88) 117 J1
Frais (90) 119 J6
Fraisans (39) 155 K1
Fraisnes-en-Saintois (54) 93 K3
Fraisse (24) 231 G1
Fraisse-Cabardès (11) 290 A4
Fraissé-des-Corbières (11) 310 B3
Fraisse-sur-Agout (34) 272 A6
Fraisses (42) 221 F1
Fraissines (81) 271 H2
Fraissinet-de-Fourques (48) 254 B4
Fraissinet-de-Lozère (48) 254 D2
Fraize (88) 95 J5
Fralignes (10) 90 D6
la Framboisière (28) 84 C1
Frambouhans (25) 139 H6
Framecourt (62) 10 A2
Framerville-Rainecourt (80) 18 E2
Framicourt (80) 17 F1
Framont (70) 137 F2
Frampas (52) 91 H2
Francalmont (70) 118 C4
Francaltroff (57) 67 G1
Francarville (31) 288 E1
Francastel (60) 17 K6
Françay (41) 128 C2
Francazal (31) 306 C2
Francescas (47) 247 K6
Francheleins (01) 188 C4
Franchesse (03) 168 B3
Francheval (08) 23 G4
Franchevelle (70) 118 D5
la Francheville (08) 22 D4
Francheville (21) 135 J3
Francheville (27) 56 A4
Francheville (39) 155 G5
Francheville (51) 63 F3
Francheville (54) 65 J4
Francheville (61) 54 B6
Francheville (69) 205 K2
Francières (60) 38 C2
Francières (80) 9 H5
Francillon (36) 147 J4
Francillon-sur-Roubion (26) 240 E5
Francilly-Selency (02) 19 K2
Francin (73) 208 C5
Franclens (74) 190 C4
François (79) 161 J5
Francon (31) 287 G5
Franconville (54) 94 D1
Franconville (95) 58 D2
Francoulès (46) 233 H6
Francourt (70) 137 H1
Francourville (28) 85 H3
Francs (33) 212 D6
Francueil (37) 128 C5
Franey (25) 137 H6
Frangy (74) 190 D4
Frangy-en-Bresse (71) 172 E1
Franken (68) 97 C4
Franleu (80) 8 E5
Franois (25) 137 J6
Franquevielle (31) 286 C6
Franqueville (02) 20 E3
Franqueville (27) 34 E5
Franqueville (80) 9 J5
Franqueville-Saint-Pierre (76) 35 J2
Frans (01) 188 C5
Fransart (80) 19 F3
Fransèches (23) 183 F5
Fransu (80) 9 J5
Fransures (80) 18 A4
Franvillers (80) 18 C1
Franxault (21) 154 E3
Frapelle (88) 95 K4
Fraquelfing (57) 67 J5
Fraroz (39) 156 C6
Frasnay-Reugny (58) 151 H4
Frasne (25) 156 D5
Frasne (39) 155 G1
Frasne-le-Château (70) 137 J3
la Frasnée (39) 173 J3
le Frasnois (39) 173 K2
Frasnoy (59) 12 E3
Frasseto (2A) 320 E5
Frauenberg (57) 68 E2
Frausseilles (81) 270 B1
Fravaux (10) 91 G5
le Fraysse (81) 271 G3
Frayssinet (46) 233 H4
Frayssinet-le-Gélat (46) 232 E5
Frayssinhes (46) 234 C2
Frazé (28) 84 C5
Fréauville (76) 16 C3
Frebécourt (88) 93 F3
Frébuans (39) 173 F2
le Frêche (40) 265 K2
Fréchède (65) 285 K3
Fréchencourt (80) 18 C1
Fréchendets (65) 304 E1
le Fréchet (31) 287 G6
Fréchet-Aure (65) 305 F3
Fréchou (47) 247 J6
Fréchou-Fréchet (65) 285 J6
Frécourt (52) 116 E3
Frédéric-Fontaine (70) 119 F6
la Frédière (17) 177 J6
Frédille (36) 147 H4
Frégimont (47) 247 K3
Frégouville (32) 287 G1
Fréhel (22) 50 A3
Freigné (49) 124 B2
Freissinières (05) 243 J2
la Freissinouse (05) 242 D5
Freistroff (57) 27 K5
Freix-Anglards (15) 217 H6
Fréjairolles (81) 270 E3
Fréjeville (81) 270 E6
Fréjus (83) 299 G2
Fréland (68) 96 A3
Frelinghien (59) 6 C3
Frémainville (95) 58 A1
Frémécourt (95) 37 G6
Fréménil (54) 67 F6
Frémeréville-sous-les-Côtes (55) 65 F4
Frémery (57) 66 D2
Frémestroff (57) 68 B4
Frémicourt (62) 11 G5
Fremifontaine (88) 95 F4
Frémontiers (80) 17 J4
Frémonville (54) 67 H6
la Frénaye (76) 14 E6
Frencq (62) 4 B5
Frenelle-la-Grande (88) 93 K3
Frenelle-la-Petite (88) 93 K3
Frênes (61) 53 G4
Freneuse (76) 35 H3
Freneuse (78) 57 H1
Freneuse-sur-Risle (27) 34 D4
Freney (73) 225 K2
le Freney-d'Oisans (38) 224 E5
Fréniches (60) 19 H5
Frénois (21) 135 J3
Frénois (88) 94 A5
Frénouville (14) 33 F5
Frépillon (95) 58 D1
Fresles (76) 16 C4
la Fresnaie-Fayel (61) 54 E4
la Fresnais (35) 51 F4
Fresnay (10) 91 H4
Fresnay-en-Retz (44) 122 D6
Fresnay-le-Comte (28) 85 G5
Fresnay-le-Gilmert (28) 85 F2
Fresnay-le-Long (76) 15 K5
Fresnay-le-Samson (61) 54 E3
Fresnay-l'Évêque (28) 85 K5
Fresnay-sur-Sarthe (72) 82 C5
la Fresnaye-au-Sauvage (61) 54 A5
la Fresnaye-sur-Chédouet (72) 82 E3
le Fresne (27) 56 B2
le Fresne (51) 63 F2
le Fresne-Camilly (14) 32 D4
Fresne-Cauverville (27) 34 C5
Fresné-la-Mère (14) 54 B3
Fresne-l'Archevêque (27) 36 A4
Fresne-le-Plan (76) 35 K2
Fresne-Léguillon (60) 37 G4
Fresne-lès-Reims (51) 41 F3
le Fresne-Poret (50) 52 E5
Fresne-Saint-Mamès (70) 137 J2
le Fresne-sur-Loire (44) 124 D4
Fresneaux-Montchevreuil (60) 37 G4
Fresnes (02) 20 A6
Fresnes (21) 134 E2
Fresnes (41) 129 F4
Fresnes (89) 114 A6
Fresnes (94) 58 E5
Fresnes-au-Mont (55) 64 D2
Fresnes-en-Saulnois (57) 66 C3
Fresnes-en-Tardenois (02) 40 A5
Fresnes-en-Woëvre (55) 44 A6
Fresnes-lès-Montauban (62) 11 G2
Fresnes-Mazancourt (80) 19 G2

Fresnes-sur-Apance (52) 117 H3
Fresnes-sur-Escaut (59) 12 D1
Fresnes-sur-Marne (77) 59 J2
Fresnes-Tilloloy (80) 17 F1
Fresneville (80) 17 G2
Fresney (27) 56 E2
Fresney-le-Puceux (14) 32 E6
Fresney-le-Vieux (14) 53 J1
Fresnicourt-le-Dolmen (62) 10 D1
Fresnières (60) 19 F5
Fresnois-la-Montagne (54) 26 B3
Fresnoy (62) 9 J2
Fresnoy-Andainville (80) 17 G2
Fresnoy-au-Val (80) 17 J3
Fresnoy-en-Chaussée (80) 18 D3
Fresnoy-en-Gohelle (62) 11 F2
Fresnoy-en-Thelle (60) 37 J5
Fresnoy-Folny (76) 16 C2
Fresnoy-la-Rivière (60) 38 E4
Fresnoy-le-Château (10) 90 C6
Fresnoy-le-Grand (02) 20 B1
Fresnoy-le-Luat (60) 38 D5
Fresnoy-lès-Roye (80) 19 F4
Frespech (47) 248 D3
Fresquiennes (76) 15 J6
Fressac (30) 274 C1
Fressain (59) 11 J3
Fressancourt (02) 20 B5
Fresse (70) 119 F5
Fresse-sur-Moselle (88) 119 G3
Fresselines (23) 165 J6
Fressenneville (80) 8 D5
Fressies (59) 11 J3
Fressin (62) 4 E6
Fressines (79) 161 J6
le Frestoy-Vaux (60) 18 D6
Fresville (50) 29 F5
Fréterive (73) 208 E4
Fréteval (41) 108 D4
Fréthun (62) 2 C3
Fretigney-et-Velloreille (70) 137 K3
Frétigny (28) 84 B4
Fretin (59) 6 E5
Frétoy (77) 60 C5
Frétoy-le-Château (60) 19 H5
la Frette (38) 207 G6
la Frette (71) 172 B2
la Frette-sur-Seine (95) 58 D2
Frettecuisse (80) 17 G1
Frettemeule (80) 8 E6
Fretterans (71) 154 E4
le Fréty (08) 21 K4
Freulleville (76) 16 B3
Frévent (62) 10 A3
Fréville (76) 15 H6
Fréville (88) 93 F4
Fréville-du-Gâtinais (45) 111 F2
Frévillers (62) 10 C1
Frévin-Capelle (62) 10 D2
Freybouse (57) 68 B4
Freycenet-la-Cuche (43) 238 E1
Freycenet-la-Tour (43) 238 E1
Freychenet (09) 307 K4
Freyming-Merlebach (57) 68 B2
Freyssenet (07) 239 J4
Friaize (28) 84 D3
Friardel (14) 55 G1
Friaucourt (80) 8 D5
Friauville (54) 44 C5
Fribourg (57) 67 G3
Fricamps (80) 17 J3
Frichemesnil (76) 16 A5
Fricourt (80) 10 E6
Fridefont (15) 236 E1
Friedolsheim (67) 70 C2
Frières-Faillouël (02) 19 K4
Friesen (68) 97 A5
Friesenheim (67) 71 D4
Frignicourt (51) 63 F5
Frise (80) 19 F1
Friville-Escarbotin (80) 8 D5
Frizon (88) 94 C4
Froberville (76) 14 C4
Frocourt (60) 37 H3
Froeningen (68) 97 B3
Froeschwiller (67) 69 K4
Froges (38) 224 C2
Frohen-le-Grand (80) 9 K4
Frohen-le-Petit (80) 9 K4
Frohmuhl (67) 69 F5
Froideconche (70) 118 D4
Froidefontaine (90) 139 J1
Froidestrées (02) 21 F1
Froideterre (70) 118 E5
Froidevaux (25) 139 G5
Froideville (39) 155 G6
Froidfond (85) 141 G4
Froidmont-Cohartille (02) 20 D4
Froidos (55) 43 F6
Froissy (60) 18 A6
Frôlois (21) 135 G3
Frolois (54) 66 A6
Fromelennes (08) 24 D1
Fromelles (59) 6 C4
Fromental (87) 181 J3
Fromentières (51) 61 H3
Fromentières (53) 105 F4
Fromeréville-les-Vallons (55) 43 G5
Fromezey (55) 26 B6
Fromont (77) 87 F5
Fromy (08) 23 J5
Froncles (52) 92 B4
Fronsac (31) 305 J3
Fronsac (33) 230 A1
Frontenac (33) 230 B3
Frontenac (46) 234 C6
Frontenard (71) 154 D4
Frontenas (69) 188 A5
Frontenaud (71) 172 D3
Frontenay (39) 155 H6
Frontenay-Rohan-Rohan (79) 177 K1
Frontenex (73) 209 F3
Frontignan (34) 293 F2
Frontignan-de-Comminges (31) 305 J3
Frontignan-Savès (31) 287 G3
Fronton (31) 269 G3
Frontonas (38) 206 E3
Fronville (52) 92 B3
Frossay (44) 122 D3
Frotey-lès-Lure (70) 118 E6
Frotey-lès-Vesoul (70) 138 B1
Frouard (54) 66 A4
Frouville (95) 37 H5
Frouzins (31) 288 A2
Froville (54) 94 C2
Froyelles (80) 9 H3
Frozes (86) 162 D2
Frucourt (80) 9 G6
Frugerès-les-Mines (43) 219 G1
Fruges (62) 5 F5
Frugières-le-Pin (43) 219 J3
Fruncé (28) 84 D3
Fry (76) 16 D6
Fuans (25) 157 G1
Fublaines (77) 60 A2
le Fugeret (04) 260 D6
le Fuilet (49) 124 B5
Fuilla (66) 314 B4
Fuissé (71) 188 B1
Fuligny (10) 91 G4
Fulleren (68) 97 A4
Fultot (76) 15 G3
Fulvy (89) 114 C6
Fumay (08) 24 B3
Fumel (47) 249 F1
Fumichon (14) 34 B5
Furchhausen (67) 70 C1
Furdenheim (67) 70 D3
Furiani (2B) 317 D5
Furmeyer (05) 242 C5
Fussey (21) 154 A2
Fussy (18) 149 G2
Fustérouau (32) 266 C5
Fustignac (31) 287 G4
Futeau (55) 42 E6
Fuveau (13) 296 E2
Fyé (72) 82 D4

G

Gaas (40) 264 B5
Gabarnac (33) 230 A5
Gabarret (40) 266 C1
Gabaston (64) 284 E3
Gabat (64) 283 G3
Gabian (34) 292 A2
Gabillou (24) 214 D3
Gabre (09) 307 G1
Gabriac (12) 252 D1
Gabriac (48) 254 D5
Gabrias (48) 237 H6
Gacé (61) 55 F4
la Gacilly (56) 102 B2
Gâcogne (58) 152 B1
Gadancourt (95) 36 E6
Gadencourt (27) 57 F2
Gaël (35) 78 B4
Gageac-et-Rouillac (24) 231 G3
Gagnac-sur-Cère (46) 234 C1
Gagnac-sur-Garonne (31) 269 G5
Gagnières (30) 255 H3
Gagny (93) 59 G3
Gahard (35) 79 H2
Gailhan (30) 274 D3
Gaillac (81) 270 B3
Gaillac-d'Aveyron (12) 253 F3
Gaillac-Toulza (31) 288 C5
Gaillagos (65) 303 K2
Gaillan-en-Médoc (33) 210 D1
Gaillard (74) 191 G2
Gaillardbois-Cressenville (27) 36 A3
la Gaillarde (76) 15 H2
Gaillefontaine (76) 16 E5
Gaillères (40) 265 J2
Gaillon (27) 36 A5
Gaillon-sur-Montcient (78) 58 A1
Gainneville (76) 14 C6
Gaja-et-Villedieu (11) 308 E1
Gaja-la-Selve (11) 289 G6
Gajac (33) 246 E1
Gajan (09) 306 D2
Gajan (30) 275 F2
Gajoubert (87) 180 D3
Galametz (62) 9 J2
Galan (65) 286 B5
Galapian (47) 247 K3
Galargues (34) 274 D4
Galéria (2B) 316 C3
Galey (09) 306 B3
Galez (65) 286 B6
Galfingue (68) 97 B3
Galgan (12) 251 H1
Galgon (33) 212 A6
Galiax (32) 266 C6
Galié (31) 305 J2
Galinagues (11) 308 D5
Gallardon (28) 85 J2
Gallargues-le-Montueux (30) 274 E5
le Gallet (60) 17 K5
Galluis (78) 57 K4
Gamaches (80) 8 D6
Gamaches-en-Vexin (27) 36 C4
Gamarde-les-Bains (40) 264 D4
Gamarthe (64) 282 E5
Gambais (78) 57 J4
Gambaiseuil (78) 57 J5
Gambsheim (67) 25 B5
Gan (64) 284 C5
Ganac (09) 307 H3
Ganagobie (04) 259 F6
Gancourt-Saint-Etienne (76) 17 F6
Gandelain (61) 82 B2
Gandelu (02) 39 H6
Gandrange (57) 27 G5
Ganges (34) 274 A2
Gannat (03) 185 G4
Gannay-sur-Loire (03) 169 H1
Gannes (60) 18 C6
Gans (33) 246 D1
Ganties (31) 306 A1
Ganzeville (76) 14 D4
Gap (05) 242 E5
Gapennes (80) 9 H4
Gâprée (61) 55 F6
Garac (31) 268 D5
Garancières (78) 57 J4
Garancières-en-Beauce (28) 86 A3
Garancières-en-Drouais (28) 56 E5
Garanou (09) 307 K5
Garat (16) 197 F4
Garcelles-Secqueville (14) 32 E6
Garches (92) 58 D4
Garchizy (58) 150 D3
Garchy (58) 132 B6
Gardanne (13) 296 D2
la Garde (04) 279 K2
la Garde (38) 224 D4
la Garde (83) 297 K6
la Garde-Adhémar (26) 256 D2
la Garde-Freinet (83) 298 D3
Gardefort (18) 131 K6
Gardegan-et-Tourtirac (33) 230 C1
Gardères (65) 285 F4
Gardes-le-Pontaroux (16) 197 F5
Gardie (11) 309 F1
Gardonne (24) 231 G2
Gardouch (31) 288 E3
Garein (40) 245 J6
Garencières (27) 56 E2
la Garenne-Colombes (92) 58 D3
Garennes-sur-Eure (27) 57 F3
Garentreville (77) 87 G5
Garéoult (83) 297 K3
Garganvillar (82) 268 D2
Gargas (31) 269 H4
Gargas (84) 277 H2
Gargenville (78) 57 K2
Garges-lès-Gonesse (95) 59 F2
Gargilesse-Dampierre (36) 165 H4
Garidech (31) 269 H5
Gariès (82) 268 C4
Garigny (18) 150 B3
Garin (31) 305 G5
Garindein (64) 283 H5
Garlan (29) 47 G4
Garlède-Mondebat (64) 284 D1
Garlin (64) 284 E1
le Garn (30) 256 B3
la Garnache (85) 141 F4
Garnat-sur-Engièvre (03) 169 H3
Garnay (28) 57 F5
Garnerans (01) 188 C2
Garons (30) 275 H4
Garos (64) 284 C1
Garravet (32) 287 G3
Garrebourg (57) 70 A2
Garrevaques (81) 289 H2
Garrey (40) 264 C5
le Garric (81) 270 E1
Garrigues (34) 274 D4
Garrigues (81) 269 K5
Garrigues-Sainte-Eulalie (30) 275 G1
Garris (64) 283 F3
Garrosse (40) 245 F6
Gars (06) 280 C2
Gartempe (23) 182 C3
Gas (28) 85 J1
Gasny (27) 36 C6
Gasques (82) 248 E5
Gassin (83) 299 F4
le Gast (14) 52 C4
Gastes (40) 244 D2
Gastines (53) 104 B3
Gastins (77) 60 A6
Gasville-Oisème (28) 85 G3
Gatey (39) 155 G4
Gathemo (50) 52 D4
Gatteville-le-Phare (50) 29 G2
Gattières (06) 281 F3
Gatuzières (48) 254 B4
Gaubertin (45) 111 F1
la Gaubretière (85) 142 D4
Gauchin-Légal (62) 10 D1
Gauchin-Verloingt (62) 10 A1
Gauchy (02) 19 K3
Gauciel (27) 56 E1
la Gaudaine (28) 84 B5
la Gaude (06) 281 F3
Gaudechart (60) 17 H5
Gaudent (65) 305 H2
Gaudiempré (62) 10 C4
Gaudiès (09) 288 E6
Gaudonville (32) 268 A3
Gaudreville-la-Rivière (27) 56 C2
Gaugeac (24) 232 B4
Gaujac (30) 256 C6
Gaujac (32) 287 F2
Gaujac (47) 230 E6
Gaujacq (40) 264 E5
Gaujan (32) 286 E3
le Gault-Perche (41) 108 B1
le Gault-Saint-Denis (28) 85 G5
le Gault-Soigny (51) 61 G4
Gauré (31) 269 J6
Gauriac (33) 211 G5
Gauriaguet (33) 211 K5
Gaussan (65) 286 B5
Gausson (22) 77 G3
Gauville (61) 55 H4
Gauville (80) 17 G3
Gauville-la-Campagne (27) 56 C1
Gavarnie (65) 304 B5
Gavarret-sur-Aulouste (32) 267 J4
Gavaudun (47) 232 C6
Gavignano (2B) 319 G4
Gavisse (57) 27 H3
Gavray (50) 30 E6
le Gâvre (44) 103 F6
Gavrelle (62) 11 F2
Gâvres (56) 99 K5
Gavrus (14) 32 C5
Gayan (65) 285 H4
Gaye (51) 61 J5
Gayon (64) 285 F2
Gazaupouy (32) 267 G1
Gazave (65) 305 G2
Gazax-et-Baccarisse (32) 266 D6
Gazeran (78) 57 J6
Gazost (65) 304 B2
Géanges (71) 154 B4
Geaune (40) 265 H5
Geay (17) 177 H6
Geay (79) 144 A5
Gèdre (65) 304 B5
Gée (49) 125 K3
Gée-Rivière (32) 266 A5
Geffosses (50) 30 D3
Géfosse-Fontenay (14) 29 H6
Gehée (36) 147 H3
Geishouse (68) 119 K3
Geispitzen (68) 97 D3
Geispolsheim (67) 70 E4
Geiswasser (68) 96 E5
Geiswiller (67) 69 H6
Gélacourt (54) 95 F1
Gélannes (10) 89 G2
Gélaucourt (54) 93 J2
Gellainville (28) 85 G3
Gellenoncourt (54) 66 C5
Gelles (63) 202 A2
Gellin (25) 156 E6
Gelos (64) 284 D4
Geloux (40) 265 F1
Gelucourt (57) 67 F4
Gelvécourt-et-Adompt (88) 94 A5
Gémages (61) 83 J5
Gemaingoutte (88) 95 K4
Gembrie (65) 305 H2
Gemeaux (21) 136 B3
Gémenos (13) 297 F4
Gémigny (45) 109 J3
Gémil (31) 269 J5
Gemmelaincourt (88) 93 J4
Gémonval (25) 139 F2
Gémonville (54) 93 H3
Gémozac (17) 195 F4
Genac (16) 196 C1
Genainville (95) 36 E6
Genas (69) 206 C2
Génat (09) 307 H5
Genay (21) 134 D3
Genay (69) 188 C6
Gençay (86) 163 F6
Gendreville (88) 93 G5
Gendrey (39) 137 G6
Gené (49) 124 E1
Génébrières (82) 269 H1
Genech (59) 7 F5
Génelard (71) 170 D3
Générac (30) 275 G4
Générac (33) 211 H3
Générargues (30) 255 F6
Générest (65) 305 H2
Generville (11) 289 G5
Geneslay (61) 81 H2
le Genest-Saint-Isle (53) 104 D1
Genestelle (07) 239 H4
Geneston (44) 123 H6
la Genête (71) 172 B3
la Genétouze (17) 212 C3
la Génétouze (85) 159 H1
Genêts (50) 51 J3
les Genettes (61) 55 H6
Geneuille (25) 137 K5
la Genevraie (61) 55 F5
la Genevraye (77) 87 J4
Genevreuille (70) 118 D6
Genevrey (70) 118 C5
Genevrières (52) 117 F6
la Genevroye (52) 92 A5
Geney (25) 139 F2
la Geneytouse (87) 199 H2
Génicourt (95) 37 G6
Génicourt-sur-Meuse (55) 64 D1
Genilac (42) 205 J5
Genillé (37) 146 E1
Génis (24) 214 E2
Génissac (33) 230 A2
Génissieux (26) 222 E4
Genlis (21) 136 C6
Gennes (25) 138 B6
Gennes (49) 125 K5
Gennes-Ivergny (62) 9 J3
Gennes-sur-Glaize (53) 105 G4
Gennes-sur-Seiche (35) 104 B2
Genneteil (49) 126 C2
Gennetines (03) 169 F3
Genneton (79) 143 K3
Genneville (14) 34 A2
Gennevilliers (92) 58 E2
Genod (39) 173 G6
Génolhac (30) 255 F3
Génos (31) 305 J2
Génos (65) 305 F5
Genouillac (16) 197 J1
Genouillac (23) 166 B6
Genouillé (17) 177 G4
Genouillé (86) 179 J3
Genouilleux (01) 188 C3
Genouilly (18) 148 B1
Genouilly (71) 171 G2
Gensac (33) 230 D2
Gensac (65) 285 H2
Gensac (82) 268 B2
Gensac-de-Boulogne (31) 286 C5
Gensac-la-Pallue (16) 196 A3
Gensac-sur-Garonne (31) 287 J5
Genté (16) 195 K3
Gentelles (80) 18 C2
Gentilly (94) 58 E4
Gentioux-Pigerolles (23) 200 C2
Genvry (60) 19 H5
Georfans (70) 138 E2
Géovreisset (01) 190 A1
Géovreissiat (01) 189 K2
Ger (50) 53 F5
Ger (64) 285 G5
Ger (65) 304 B1
Geraise (39) 156 B4
Gérardmer (88) 119 H1
Géraudot (10) 90 D4
Gerbaix (73) 207 K3
Gerbamont (88) 119 G2
Gerbécourt (57) 66 D3
Gerbécourt-et-Haplemont (54) 94 A2
Gerbépal (88) 95 H5
Gerberoy (60) 17 G6
Gerbéviller (54) 94 D1
Gercourt-et-Drillancourt (55) 43 G3
Gercy (02) 21 F3
Gerde (65) 304 D1
Gerderest (64) 285 F3
Gère-Bélesten (64) 303 H2
Gergny (02) 21 F1
Gergueil (21) 135 J6
Gergy (71) 154 B5
Gerland (21) 154 C2
Germ (65) 305 G5
Germagnat (01) 173 F6
Germagny (71) 171 G2
Germaine (02) 19 J3
Germaine (51) 41 F6
Germaines (52) 116 A5
Germainville (28) 57 G5
Germainvilliers (52) 117 F1
Germay (52) 92 D3
Germéfontaine (25) 138 E6
Germenay (58) 133 G6
Germignac (17) 195 K4
Germigney (39) 155 J3
Germigney (70) 137 F4
Germignonville (28) 85 J6
Germigny (51) 40 D4
Germigny (89) 113 J3
Germigny-des-Prés (45) 110 D5
Germigny-l'Évêque (77) 60 A2
Germigny-l'Exempt (18) 150 B5
Germigny-sous-Coulombs (77) 60 C1
Germigny-sur-Loire (58) 150 C3
Germinon (51) 62 B3
Germiny (54) 93 J1
Germisay (52) 92 D3
Germolles-sur-Grosne (71) 188 A1
Germond-Rouvre (79) 161 H4
Germondans (25) 138 B4
Germont (08) 42 D2
Germonville (54) 94 B3
Germs-sur-l'Oussouet (65) 304 C1
Gernelle (08) 22 E3
Gernicourt (02) 40 D2
Géronce (64) 283 K5
Gerponville (76) 14 E3
Gerrots (14) 33 H5
Gerstheim (67) 71 D3
Gertwiller (67) 70 C5
Geruge (39) 173 F2
Gervans (26) 222 B4
Gerville (76) 14 C4

Géry (55) 64 C4
Gerzat (63) 202 D1
Gesnes (53) 81 G6
Gesnes-en-Argonne (55) 42 E3
Gesnes-le-Gandelin (72) 82 C4
Gespunsart (08) 22 E2
Gestas (64) 283 H3
Gesté (49) 142 C1
Gestel (56) 99 K4
Gestiès (09) 307 H5
Gesvres (53) 82 B3
Gesvres-le-Chapitre (77) 59 K1
Gétigné (44) 123 K6
les Gets (74) 192 A2
Geu (65) 304 B2
Geudertheim (67) 25 A5
Géus-d'Arzacq (64) 284 B2
Geüs-d'Oloron (64) 283 K4
Gévezé (35) 79 F3
Gevigney-et-Mercey (70) 117 J5
Geville (55) 65 F4
Gevingey (39) 173 F2
Gevresin (25) 156 C3
Gevrey-Chambertin (21) 135 K6
Gevrolles (21) 115 H3
Gevry (39) 155 G3
Gex (01) 174 B6
Geyssans (26) 222 E4
Gez (65) 304 A2
Gez-ez-Angles (65) 304 C1
Gézaincourt (80) 10 A4
Gézier-et-Fontenelay (70) 137 J4
Gézoncourt (54) 65 J3
Ghisonaccia (2B) 321 J3
Ghisoni (2B) 321 G2
Ghissignies (59) 12 E3
Ghyvelde (59) 3 J1
Giat (63) 201 H2
Gibeaumeix (54) 65 G6
Gibel (31) 288 E4
Gibercourt (02) 19 K4
Giberville (14) 33 F5
Gibles (71) 170 E6
Gibourne (17) 178 B5
Gibret (40) 264 D5
le Gicq (17) 178 C5
Gidy (45) 109 K3
Giel-Courteilles (61) 54 A4
Gien (45) 131 H1
Gien-sur-Cure (58) 152 D2
Gières (38) 224 B3
la Giettaz (73) 191 J6
Giéville (50) 31 J4
Gièvres (41) 129 H6
Giey-sur-Aujon (52) 116 A3
Giez (74) 208 E1
Gif-sur-Yvette (91) 58 C5
Giffaumont-Champaubert (51) 91 H1
Gigean (34) 293 F2
Gignac (34) 273 J6
Gignac (46) 215 H6
Gignac (84) 277 J2
Gignac-la-Nerthe (13) 296 B3
Gignat (63) 202 E6
Gignéville (88) 117 J1
Gigney (88) 94 C5
Gigny (39) 173 F4
Gigny (89) 114 D5
Gigny-Bussy (51) 63 F6
Gigny-sur-Saône (71) 172 A2
Gigondas (84) 257 G5
Gigors (04) 259 H1
Gigors-et-Lozeron (26) 240 E2
Gigouzac (46) 233 H5
Gijounet (81) 271 J5
Gildwiller (68) 97 A3
Gilette (06) 281 F2
Gilhac-et-Bruzac (07) 240 A2
Gilhoc-sur-Ormèze (07) 222 A6
Gillancourt (52) 91 K6
Gillaumé (52) 92 C2
Gilles (28) 57 G3
Gilley (25) 157 G2
Gilley (52) 117 G6
Gillois (39) 174 A1
Gillonnay (38) 207 F6
Gilly-lès-Cîteaux (21) 154 B1
Gilly-sur-Isère (73) 209 F3
Gilly-sur-Loire (71) 169 J4
Gilocourt (60) 38 E4
Gimat (82) 268 B3
Gimbrède (32) 267 K1
Gimeaux (63) 185 F5
Gimécourt (55) 64 C3
Gimel-les-Cascades (19) 216 B2
Gimeux (16) 195 J3
la Gimond (42) 205 G4
Gimont (32) 268 B6
Gimouille (58) 150 D4
Ginai (61) 54 E5
Ginals (82) 250 E5
Ginasservis (83) 278 C5
Ginchy (80) 11 F6
Gincla (11) 309 F5
Gincrey (55) 26 B6
Gindou (46) 233 F5
Ginestas (11) 291 G5
Ginestet (24) 231 H1
Gingsheim (67) 70 D1
Ginoles (11) 308 E4
Ginouillac (46) 233 J4
Gintrac (46) 234 A2
Giocatojo (2B) 319 H4
Gionges (51) 61 K2
Giou-de-Mamou (15) 235 J1
Gioux (23) 200 D2
Gipcy (03) 168 B4
Girac (46) 234 B1
Girancourt (88) 94 C6
Giraumont (54) 44 C4
Giraumont (60) 38 D1
Girauvoisin (55) 65 F3
Gircourt-lès-Viéville (88) 94 B3
Girecourt-sur-Durbion (88) 94 E4
Girefontaine (70) 118 B3
Giremoutiers (77) 60 B4
Girgols (15) 217 H5
Giriviller (54) 94 D2
Girmont (88) 94 D4
Girmont-Val-d'Ajol (88) 118 E2
Girolles (45) 111 H2
Girolles (89) 133 J3
Giromagny (90) 119 H5
Giron (01) 190 B1
Gironcourt-sur-Vraine (88) 93 J4
Gironde-sur-Dropt (33) 230 C5
Girondelle (08) 22 A2
Gironville (77) 87 G6
Gironville-sur-Essonne (91) 86 E4
le Girouard (85) 159 G3
Giroussens (81) 270 A4
Giroux (36) 148 C3
Giry (58) 151 F1
Gisay-la-Coudre (27) 55 J2
Giscaro (32) 268 B6
Giscos (33) 246 D3
Gisors (27) 36 E4
Gissac (12) 272 C3
Gissey-le-Vieil (21) 135 F5
Gissey-sous-Flavigny (21) 135 G3
Gissey-sur-Ouche (21) 135 H6
Gisy-les-Nobles (89) 88 D5
Giuncaggio (2B) 321 H1
Giuncheto (2A) 322 E3
Givardon (18) 150 A6
Givarlais (03) 167 H5
Givenchy-en-Gohelle (62) 10 E1
Givenchy-le-Noble (62) 10 C2
Givenchy-lès-la-Bassée (62) 6 B5
Giverny (27) 36 B6
Giverville (27) 34 D5
Givet (08) 24 C1
Givonne (08) 23 F4
Givors (69) 206 A4
Givraines (45) 110 E1
Givrand (85) 158 D1
Givrauval (55) 64 C5
le Givre (85) 159 J4
Givrezac (17) 195 G4
Givron (08) 21 K5
Givry (08) 41 K1
Givry (71) 153 K6
Givry (89) 133 J3
Givry-en-Argonne (51) 63 J2
Givry-lès-Loisy (51) 61 K3
Givrycourt (57) 67 H1
Gizaucourt (51) 42 C6
Gizay (86) 163 F5
Gizeux (37) 126 D4
Gizia (39) 172 E3
Gizy (02) 20 E5
la Glacerie (50) 28 D2
Glageon (59) 13 J5
Glaignes (60) 38 E4
Glaine-Montaigut (63) 203 G2
Glaire (08) 23 F4
le Glaizil (05) 242 D3
Glamondans (25) 138 C5
Gland (02) 60 E1
Gland (89) 114 C5
Glandage (26) 241 K4
Glandon (87) 198 E6
Glanes (46) 234 C1
Glanges (87) 199 G3
Glannes (51) 63 F5
Glanon (21) 154 D3
Glanville (14) 33 J3
Glatens (82) 268 B3
Glatigny (50) 30 C1
Glatigny (57) 45 G5
Glatigny (60) 37 F1
Glay (25) 139 J3
Gleizé (69) 188 B5
Glénac (56) 102 B3
Glénat (15) 235 F1
Glénay (79) 144 B5
Glénic (23) 182 D2
Glennes (02) 40 C3
Glénouze (86) 144 B1
Glère (25) 139 K4
Glicourt (76) 16 B1
Glisolles (27) 56 C2
Glisy (80) 18 B2
Glomel (22) 76 A3
Glonville (54) 95 F1
Glorianes (66) 314 D3
Glos (14) 34 A6
Glos-la-Ferrière (61) 55 J3
Glos-sur-Risle (27) 34 E4
Gluiras (07) 239 J2
Glun (07) 222 B5
Glux-en-Glenne (58) 152 C4
Goas (82) 268 C4
la Godefroy (50) 52 A5
Godenvillers (60) 18 D6
Goderville (76) 14 D5
Godewaersvelde (59) 3 K4
Godisson (61) 54 E5
la Godivelle (63) 218 C1
Godoncourt (88) 117 J2
Goerlingen (67) 67 J3
Goersdorf (67) 25 A2
Goès (64) 284 A5
Goetzenbruck (57) 69 G4
Goeulzin (59) 11 H2
Gogney (54) 67 G5
Gognies-Chaussée (59) 13 G2
la Gohannière (50) 52 A5
Gohory (28) 84 D6
Goin (57) 66 A1
Goincourt (60) 37 G2
Golancourt (60) 19 H4
Golbey (88) 94 D5
Goldbach-Altenbach (68) 119 K3
Golfech (82) 248 D5
Golinhac (12) 235 J5
Golleville (50) 28 D5
Gombergean (41) 128 C1
Gomelange (57) 27 K5
Gomené (22) 77 J4
Gomer (64) 284 E5
Gometz-la-Ville (91) 58 C6
Gometz-le-Châtel (91) 58 C6
Gomiécourt (62) 11 F4
Gommecourt (62) 10 D4
Gommecourt (78) 36 C6
Gommegnies (59) 12 E3
Gommenec'h (22) 48 D4
Gommersdorf (68) 97 A4
Gommerville (28) 86 A4
Gommerville (76) 14 D6
Gomméville (21) 115 F3
Gomont (08) 41 G1
Goncelin (38) 224 D1
Goncourt (52) 93 F5
Gond-Pontouvre (16) 196 E3
Gondecourt (59) 6 D5
Gondenans-les-Moulins (25) 138 D3
Gondenans-Montby (25) 138 E3
Gondeville (16) 196 B3
Gondrecourt-Aix (54) 26 D6
Gondrecourt-le-Château (55) 92 E1
Gondreville (45) 111 H2
Gondreville (54) 65 J5
Gondreville (60) 39 F5
Gondrexange (57) 67 H4
Gondrexon (54) 67 G5
Gondrin (32) 266 E3
les Gonds (17) 195 G2
Gonesse (95) 59 F2
Gonez (65) 285 J5
Gonfaron (83) 298 C3
Gonfreville (50) 30 E2
Gonfreville-Caillot (76) 14 D5
Gonfreville-l'Orcher (76) 33 K1
la Gonfrière (61) 55 G4
Gonnehem (62) 5 K5
Gonnelieu (59) 11 J5
Gonnetot (76) 15 H3
Gonneville (50) 28 E2
Gonneville-en-Auge (14) 33 F4
Gonneville-la-Mallet (76) 14 B5
Gonneville-sur-Honfleur (14) 34 A2
Gonneville-sur-Mer (14) 33 H3
Gonneville-sur-Scie (76) 15 K3
Gonsans (25) 138 C6
Gontaud-de-Nogaret (47) 247 J1
la Gonterie-Boulouneix (24) 213 K1
Gonzeville (76) 15 H3
Goos (40) 264 C4
Gorbio (06) 281 J2
Gorcy (54) 26 C2
Gordes (84) 277 F2
Gorenflos (80) 9 J5
Gorges (44) 123 K5
Gorges (50) 30 E1
Gorges (80) 9 K5
la Gorgue (59) 6 A4
Gorhey (88) 94 B5
Gornac (33) 230 B4
Gorniès (34) 273 K3
Gorre (87) 198 C2
Gorrevod (01) 172 A5
Gorron (53) 80 E3
Gorses (46) 234 D3
Gorze (57) 44 D6
Gosnay (62) 5 K6
Gosné (35) 79 J2
Gosselming (57) 67 J3
Gotein-Libarrenx (64) 283 H5
Gottenhouse (67) 70 B1
Gottesheim (67) 70 C1
Gouaix (77) 88 D2
Goualade (33) 246 D3
Gouarec (22) 76 C3
Gouaux (65) 305 F4
Gouaux-de-Larboust (31) 305 G5
Gouaux-de-Luchon (31) 305 H4
Goubervile (50) 29 F2
Gouchaupre (76) 16 B1
Goudargues (30) 256 A4
Goudelancourt-lès-Berrieux (02) 40 D1
Goudelancourt-lès-Pierrepont (02) 21 F5
Goudelin (22) 48 E5
Goudet (43) 238 C1
Goudex (31) 287 G3
Goudon (65) 285 K5
Goudourville (82) 248 E5
Gouesnach (29) 98 C2
la Gouesnière (35) 50 E4
Gouesnou (29) 46 A5
Gouex (86) 163 J6
Gouézec (29) 74 E4
Gougenheim (67) 70 D2
Gouhelans (25) 138 D3
Gouhenans (70) 138 E1
Gouillons (28) 85 K4
Gouise (03) 169 F5
Goujounac (46) 233 F5
la Goulafrière (27) 55 G2
Goulet (61) 54 B5
Goulien (29) 73 C3
Goulier (09) 307 H5
Goulles (19) 216 E5
les Goulles (21) 115 J4
Gouloux (58) 134 B6
Goult (84) 277 F3
Goulven (29) 46 C3
Goumois (25) 139 J5
Goupillières (14) 53 J1
Goupillières (27) 34 E6
Goupillières (76) 15 J6
Goupillières (78) 57 J3
Gouraincourt (55) 26 C5
le Gouray (22) 77 J3
Gourbera (40) 264 B3
Gourbesville (50) 28 E5
Gourbit (09) 307 H4
Gourchelles (60) 17 G4
Gourdan-Polignan (31) 305 H1
Gourdièges (15) 236 C1
Gourdon (06) 280 D4
Gourdon (07) 239 H3
Gourdon (46) 233 G3
Gourdon (71) 171 F2
Gourdon-Murat (19) 200 B5
Gourfaleur (50) 31 H4
Gourgançon (51) 62 A5
Gourgé (79) 162 A1
Gourgeon (70) 117 H6
Gourgue (65) 285 K6
Gourhel (56) 101 K2
Gourin (56) 75 H4
Gourlizon (29) 74 B5
Gournay (36) 165 J3
Gournay-en-Bray (76) 36 D1
Gournay-le-Guérin (27) 55 K5
Gournay-Loizé (79) 178 E3
Gournay-sur-Aronde (60) 38 C1
Gournay-sur-Marne (93) 59 G3
les Gours (16) 178 E5
Gours (33) 212 D6
Gourvieille (11) 289 F4
Gourville (16) 196 C1
Gourvillette (17) 178 C6
Goussaincourt (55) 93 G2
Goussainville (28) 57 H4
Goussainville (95) 59 F1
Goussancourt (02) 40 B5
Gousse (40) 264 C4
Goussonville (78) 57 J3
Goustranville (14) 33 G4
Gout-Rossignol (24) 197 G6
la Goutelle (63) 202 A1
Goutevernisse (31) 287 J5
Goutrens (12) 251 K1
Gouts (40) 264 D3
Gouttières (27) 55 K1
Gouttières (63) 184 C4
Goutz (32) 267 K4
Gouvernes (77) 59 H3
Gouves (62) 10 D2
Gouvets (50) 31 H5
Gouvieux (60) 38 A5
Gouville (27) 56 B3
Gouville-sur-Mer (50) 30 C3
Gouvix (14) 53 K1
Goux (32) 266 B6
Goux-lès-Dambelin (25) 139 G4
Goux-les-Usiers (25) 156 E3
Goux-sous-Landet (25) 156 B2
Gouy (02) 11 K6
Gouy (76) 35 J3
Gouy-en-Artois (62) 10 D3
Gouy-en-Ternois (62) 10 B2
Gouy-les-Groseillers (60) 18 A4
Gouy-Saint-André (62) 9 G2
Gouy-Servins (62) 10 D1
Gouy-sous-Bellonne (62) 11 H2
Gouzangrez (95) 37 F6
Gouzeaucourt (59) 11 J5
Gouzens (31) 287 J6
Gouzon (23) 183 G2
Goven (35) 78 E5
Goviller (54) 93 J1
Goxwiller (67) 70 D5
Goyencourt (80) 19 F4
Goyrans (31) 288 B2
Grabels (34) 274 B6
Graçay (18) 148 B2
Grâce-Uzel (22) 77 F3
Grâces (22) 48 C5
Gradignan (33) 229 G3
Graffigny-Chemin (52) 93 F6
Gragnague (31) 269 J5
Graignes (50) 31 G2
Grailhen (65) 305 F4
Graimbouville (76) 14 C6
Graincourt-lès-Havrincourt (62) 11 H4
Grainville (27) 36 A3
Grainville-la-Teinturière (76) 15 F4
Grainville-Langannerie (14) 54 A1
Grainville-sur-Odon (14) 32 C5
Grainville-sur-Ry (76) 35 K1
Grainville-Ymauville (76) 14 D5
le Grais (61) 53 K6
Graissac (12) 236 B3
Graissessac (34) 272 D5
Graix (42) 221 J1
Gramat (46) 234 A3
Gramazie (11) 308 D1
Grambois (84) 277 K4
Grammond (42) 205 G4
Grammont (70) 138 E2
Gramond (12) 251 K4
Gramont (82) 267 K2
Granace (2A) 322 E3
Grancey-le-Château-Neuvelle (21) 136 A1
Grancey-sur-Ource (21) 115 F2
Grand (88) 92 E3
le Grand-Abergement (01) 190 B4
Grand-Auverné (44) 103 K5
le Grand-Bornand (74) 191 J5
le Grand-Bourg (23) 182 B3
Grand-Brassac (24) 213 H2
Grand-Camp (27) 55 H1
Grand-Camp (76) 15 F6
le Grand-Celland (50) 52 B5
Grand-Champ (56) 100 E4
Grand-Charmont (25) 139 H2
la Grand-Combe (30) 255 G4
Grand-Corent (01) 189 J2
Grand-Couronne (76) 35 H3
la Grand-Croix (42) 205 J5
Grand-Failly (54) 26 A4
Grand-Fayt (59) 13 F5
Grand-Fort-Philippe (59) 3 F2
Grand-Fougeray (35) 103 F3
Grand-Laviers (80) 9 F5
le Grand-Lemps (38) 207 G6
le Grand-Lucé (72) 107 G4
le Grand-Madieu (16) 179 K5
le Grand-Pressigny (37) 146 B5
le Grand-Quevilly (76) 35 H2
Grand-Rozoy (02) 39 K4
Grand-Rullecourt (62) 10 C3
le Grand-Serre (26) 222 E2
Grand-Vabre (12) 235 G5
Grand-Verly (02) 20 C1
le Grand-Village-Plage (17) 176 C6
Grandcamp-Maisy (14) 29 H5
Grandchain (27) 55 J1
Grandchamp (08) 22 A5
Grandchamp (52) 116 E6
Grandchamp (72) 82 E4
Grandchamp (78) 57 H5
Grandchamp (89) 112 C5
Grandchamp-le-Château (14) 33 J6
Grandchamps-des-Fontaines (44) 123 G2
Grand'Combe-Châteleu (25) 157 H2
Grand'Combe-des-Bois (25) 157 K1
Grandcourt (76) 16 D2
Grandcourt (80) 10 E5
la Grande-Fosse (88) 95 K3
la Grande-Motte (34) 293 J1
la Grande-Paroisse (77) 87 K4
la Grande-Résie (70) 137 F5
Grande-Rivière (39) 173 K3
Grande-Synthe (59) 3 G2
la Grande-Verrière (71) 152 D4
Grandecourt (70) 137 J1
les Grandes-Armoises (08) 22 E6
les Grandes-Chapelles (10) 90 A2
les Grandes-Loges (51) 41 H6
les Grandes-Ventes (76) 16 B3
Grandeyrolles (63) 202 D4
Grandfontaine (25) 137 J6
Grandfontaine (67) 95 K1
Grandfontaine-sur-Creuse (25) 138 E6
Grandfresnoy (60) 38 C3
Grandham (08) 42 C3
Grandjean (17) 177 J6
Grand'Landes (85) 141 H5
Grandlup-et-Fay (02) 20 E5
Grandpré (08) 42 D3
Grandpuits-Bailly-Carrois (77) 88 A1
Grandrieu (48) 237 K3
Grandrieux (02) 21 J4
Grandrif (63) 204 A5
Grandris (69) 187 J4
Grandrû (60) 19 J5
Grandrupt (88) 95 J3
Grandrupt-de-Bains (88) 118 B1
les Grands-Chézeaux (87) 165 F6
Grandsaigne (19) 200 B6
Grandval (63) 203 J4
Grandvals (48) 236 D3
Grandvaux (71) 170 D4
Grandvelle-et-le-Perrenot (70) 137 K2
Grandvillars (90) 139 J2
la Grandville (08) 22 D3
Grandville (10) 90 C1
Grandvillers (88) 95 F4
Grandvillers-aux-Bois (60) 38 C2
Grandvilliers (27) 56 C4
Grandvilliers (60) 17 H5
Grane (26) 240 C3
Granès (11) 309 F4
la Grange (25) 139 G5
Grange-de-Vaivre (39) 156 A3

Grangermont (45) 87 F6
les Granges (10) 114 A2
Granges (71) 171 J1
Granges-d'Ans (24) 214 E3
les Granges-Gontardes (26) 256 D1
Granges-la-Ville (70) 139 F1
Granges-le-Bourg (70) 139 F1
les Granges-le-Roi (91) 86 B2
Granges-les-Beaumont (26) 222 D5
Granges-Narboz (25) 156 E4
Granges-sur-Aube (51) 89 J1
Granges-sur-Baume (39) 173 G1
Granges-sur-Lot (47) 248 A2
Granges-sur-Vologne (88) 95 G6
les Grangettes (25) 156 E5
Grangues (14) 33 H4
Granier (73) 209 J3
Granieu (38) 207 J4
Grans (13) 276 E6
Granville (50) 51 H1
Granzay-Gript (79) 178 A2
Gras (07) 256 B1
les Gras (25) 157 G3
Grassac (16) 197 G4
Grasse (06) 280 D4
Grassendorf (67) 69 J6
Grateloup (47) 247 K2
Gratens (31) 287 J4
Gratentour (31) 269 G5
Gratibus (80) 18 D4
Gratot (50) 30 D4
Gratreuil (51) 42 B4
Grattepanche (80) 18 A3
le Gratteris (25) 156 C1
Grattery (70) 118 A6
le Grau-du-Roi (30) 293 K1
les Graulges (24) 197 G5
Graulhet (81) 270 C4
Grauves (51) 61 K2
Graval (76) 16 D4
la Grave (05) 225 G4
Gravelines (59) 3 F2
la Gravelle (53) 104 C1
Gravelotte (57) 44 D5
la Graverie (14) 31 K6
Graveron-Sémerville (27) 35 G6
Graves-Saint-Amant (16) 196 B3
Graveson (13) 276 B3
Gravières (07) 255 G2
Gravigny (27) 56 D1
Gravon (77) 88 B3
Gray (70) 137 F3
Gray-la-Ville (70) 137 F3
Grayan-et-l'Hôpital (33) 194 B5
Graye-et-Charnay (39) 173 F4
Graye-sur-Mer (14) 32 D3
Grayssas (47) 248 E5
Grazac (31) 288 C4
Grazac (43) 221 F3
Grazac (81) 269 J3
Grazay (53) 81 H4
Gréalou (46) 234 C6
Gréasque (13) 296 E2
Grébault-Mesnil (80) 9 F6
Grécourt (80) 19 H4
Gredisans (39) 155 G1
la Grée-Saint-Laurent (56) 101 J1
Gréez-sur-Roc (72) 107 K1
Greffeil (11) 309 G1
Grèges (76) 16 A1
Grémecey (57) 66 C3
Grémévillers (60) 17 H6
Gremilly (55) 26 A5
Grémonville (76) 15 H4
Grenade (31) 269 F4
Grenade-sur-l'Adour (40) 265 H4
Grenand-lès-Sombernon (21) 135 H6
Grenant (52) 116 E6
Grenay (38) 206 D3
Grenay (62) 6 B6
Grendelbruch (67) 70 B4
Greneville-en-Beauce (45) 86 C6
Grenier-Montgon (43) 219 F2
Gréning (57) 67 G1
Grenoble (38) 224 A3
Grenois (58) 133 F5
Grentheville (14) 32 E5
Grentzingen (68) 97 C5
Greny (76) 16 B1
Gréolières (06) 280 D3
Gréoux-les-Bains (04) 278 C4
Grépiac (31) 288 B3
le Grès (31) 268 D5
Grésigny-Sainte-Reine (21) 135 F2
Gresin (73) 207 K3
la Gresle (42) 187 H4
Gresse-en-Vercors (38) 241 K1
Gressey (78) 57 H4
Gresswiller (67) 70 C4
Gressy (77) 59 H2
Grésy-sur-Aix (73) 208 B2
Grésy-sur-Isère (73) 208 E3
Gretz-Armainvilliers (77) 59 J5
Greucourt (70) 137 J2
Greuville (76) 15 J3
Greux (88) 93 F2
la Grève-sur-Mignon (17) 177 H1
Gréville-Hague (50) 28 B2
Grévillers (62) 11 F5
Grevilly (71) 171 J4
Grez (60) 17 H5
le Grez (72) 82 A6
Grez-en-Bouère (53) 105 H4
Grez-Neuville (49) 125 F1
Grez-sur-Loing (77) 87 H4
Grézac (17) 194 E4
Grézels (46) 249 G1
Grèzes (24) 215 G5
Grèzes (43) 237 J1
Grèzes (46) 234 B5
Grèzes (48) 237 G6
Grézet-Cavagnan (47) 247 G2
Grézian (65) 305 F4
Grézieu-la-Varenne (69) 205 K2
Grézieu-le-Marché (69) 205 G3
Grézieux-le-Fromental (42) 204 D4
Grézillac (33) 230 A2
Grézillé (49) 125 J5
Grézolles (42) 204 B1
Gricourt (02) 19 K2
Grièges (01) 188 C1
Gries (67) 25 B4
Griesbach-au-Val (68) 96 A4
Griesheim-près-Molsheim (67) 70 D4
Griesheim-sur-Souffel (67) 70 E2
Grignan (26) 257 F1
Grigneuseville (76) 16 A5
Grignols (24) 213 J5
Grignols (33) 246 E2
Grignon (21) 134 E2
Grignon (73) 209 G3
Grignoncourt (88) 117 J3
Grigny (62) 9 J1
Grigny (69) 206 A4
Grigny (91) 58 E6
la Grigonnais (44) 103 F6
Grillon (84) 257 F2
Grilly (01) 174 B6
Grimaucourt-en-Woëvre (55) 43 K5
Grimaucourt-près-Sampigny (55) 64 D4
Grimaud (83) 298 E4
la Grimaudière (86) 144 D6
Grimault (89) 134 A1
Grimbosq (14) 32 D6
Grimesnil (50) 30 E5
Grimonviller (54) 93 K3
Grincourt-lès-Pas (62) 10 C4
Grindorff (57) 45 J2
la Gripperie-Saint-Symphorien (17) 194 D1
Gripport (54) 94 B2
Griscourt (54) 65 J3
Griselles (21) 114 D4
Griselles (45) 111 J2
Grisolles (02) 39 J5
Grisolles (82) 269 F3
Grisy-les-Plâtres (95) 37 G6
Grisy-Suisnes (77) 59 H6
Grisy-sur-Seine (77) 88 D3
Grives (24) 232 D3
Grivesnes (80) 18 C4
Grivillers (80) 18 E5
Grivy-Loisy (08) 42 A2
Groffliers (62) 8 E1
la Groise (59) 12 E5
Groises (18) 150 A1
Groissiat (01) 190 A2
Groisy (74) 191 F4
Groix (56) 99 J6
Groléjac (24) 233 G2
Gron (18) 149 K2
Gron (89) 112 D1
Gronard (02) 21 F3
Gros-Chastang (19) 216 D3
Gros-Réderching (57) 68 E3
le Gros-Theil (27) 35 F4
Grosbliederstroff (57) 68 D2
Grosbois (25) 138 C4
Grosbois-en-Montagne (21) 135 G5
Grosbois-lès-Tichey (21) 154 E3
Grosbreuil (85) 159 F3
les Groseillers (79) 161 H4
Groslay (95) 58 E2
Groslée (01) 207 H2
Grosley-sur-Risle (27) 56 A1
Grosmagny (90) 119 H5
Grosne (90) 139 K1
Grospierres (07) 255 J2
Grosrouvre (78) 57 J4
Grosrouvres (54) 65 H3
Grossa (2A) 322 D3
Grosseto-Prugna (2A) 320 E6
Grossoeuvre (27) 56 D2
Grossouvre (18) 150 C5
Grostenquin (57) 67 F1
Grosville (50) 28 B4
Grouches-Luchuel (80) 10 B4
Grougis (02) 20 C1
la Groutte (18) 167 G2
Grozon (39) 155 J5
Gruchet-le-Valasse (76) 14 E6
Gruchet-Saint-Siméon (76) 15 H3
Grues (85) 159 J5
Gruey-lès-Surance (88) 118 B1
Gruffy (74) 208 C1
Grugé-l'Hôpital (49) 104 C5
Grugies (02) 19 K3
Grugny (76) 15 K5
Gruissan (11) 310 D1
Grumesnil (76) 17 F5
Grun-Bordas (24) 213 K5
Grundviller (57) 68 C3
Gruny (80) 19 F4
Grury (71) 170 A2
Gruson (59) 7 F4
Grusse (39) 173 F3
Grussenheim (68) 96 D3
Grust (65) 304 B3
Gruyères (08) 22 C4
le Gua (17) 194 D2
le Gua (38) 223 K5
Guagno (2A) 320 D2
Guainville (28) 57 G3
Guarbecque (62) 5 J4
Guargualé (2A) 320 D6
Guchan (65) 305 F4
Guchen (65) 305 F4
Gudas (09) 307 K2
Gudmont-Villiers (52) 92 B4
le Gué-d'Alleré (17) 177 G2
le Gué-de-la-Chaîne (61) 83 H4
le Gué-de-Longroi (28) 85 J2
le Gué-de-Velluire (85) 160 C5
Gué-d'Hossus (08) 22 B1
Guebenhouse (57) 68 C3
Gueberschwihr (68) 96 B5
Guébestroff (57) 67 F3
Guéblange-lès-Dieuze (57) 67 F3
Guébling (57) 67 F2
Guebwiller (68) 96 B6
Guécélard (72) 106 D4
le Guédéniau (49) 126 B3
Guégon (56) 101 H2
Guéhébert (50) 30 E5
Guéhenno (56) 101 G2
Gueltas (56) 77 F5
Guémappe (62) 11 F3
Guémar (68) 71 B6
Guémené-Penfao (44) 102 E4
Guémené-sur-Scorff (56) 76 B5
Guemps (62) 2 E3
Guénange (57) 27 H5
Guengat (29) 74 C5
Guénin (56) 100 D2
Guenroc (22) 78 C1
Guenrouet (44) 102 D6
Guenviller (57) 68 B3
Guêprei (61) 54 C3
Guer (56) 102 B1
Guérande (44) 121 J4
Guérard (77) 60 A4
Guerbigny (80) 18 E4
la Guerche (37) 146 A5
la Guerche-de-Bretagne (35) 104 A3
la Guerche-sur-l'Aubois (18) 150 C4
Guercheville (77) 87 G5
Guerchy (89) 112 E4
Guéreins (01) 188 C3
Guéret (23) 182 D3
Guerfand (71) 154 C6
Guérigny (58) 150 E3
Guérin (47) 247 F2
la Guérinière (85) 140 B3
Guerlesquin (29) 47 J5
Guermange (57) 67 G3
Guermantes (77) 59 H3
Guern (56) 76 C6
Guernanville (27) 56 A3
Guernes (78) 57 H1
le Guerno (56) 101 J6
Guerny (27) 36 D5
Guéron (14) 32 B4
la Guéroulde (27) 56 A4
Guerpont (55) 64 B5
Guerquesalles (61) 54 E3
les Guerreaux (71) 170 A4
Guerstling (57) 45 J2
Guerting (57) 45 K4
Guerville (76) 16 D1
Guerville (78) 57 J2
Gueschart (80) 9 H3
Guesnain (59) 11 J2
Guesnes (86) 144 E5
Guessling-Hémering (57) 45 K6
Guéthary (64) 263 C1
Gueudecourt (80) 11 F5
Gueugnon (71) 170 B3
Gueures (76) 15 J2
Gueutteville (76) 15 J5
Gueutteville-les-Grès (76) 15 G2
Gueux (51) 40 E4
Guevenatten (68) 119 K5
Guewenheim (68) 119 K5
Gueytes-et-Labastide (11) 308 C2
Gugnécourt (88) 95 F4
Gugney (54) 93 K3
Gugney-aux-Aulx (88) 94 B4
Guibeville (91) 86 D1
Guichainville (27) 56 D2
Guiche (64) 282 E1
la Guiche (71) 171 F4
Guichen (35) 79 F6
Guiclan (29) 47 F5
Guidel (56) 99 J4
la Guierche (72) 106 E1
Guignecourt (60) 37 H1
Guignemicourt (80) 17 K2
Guignen (35) 102 E1
Guignes (77) 59 J6
Guigneville (45) 86 C6
Guigneville-sur-Essonne (91) 86 E2
Guignicourt (02) 40 E2
Guignicourt-sur-Vence (08) 22 C4
Guigny (62) 9 H2
Guilberville (50) 31 J5
Guiler-sur-Goyen (29) 73 E3
Guilers (29) 72 C4
Guilherand-Granges (07) 240 C1
Guillac (33) 230 A2
Guillac (56) 101 J2
Guillaucourt (80) 18 D2
Guillaumes (06) 261 F5
Guillemont (80) 11 F6
la Guillermie (03) 186 A5
Guillerval (91) 86 C4
Guillestre (05) 227 A3
Guilleville (28) 85 K6
Guilliers (56) 77 K6
Guilligomarc'h (29) 99 K2
Guillon (89) 134 B3
Guillon-les-Bains (25) 138 D5
Guillonville (28) 109 H2
Guillos (33) 229 H5
Guilly (36) 148 A3
Guilly (45) 110 D5
Guilmécourt (76) 16 B1
Guilvinec (29) 73 E6
Guimaëc (29) 47 H3
Guimiliau (29) 46 E5
Guimps (16) 196 A5
Guinarthe-Parenties (64) 283 G3
Guincourt (08) 22 C6
Guindrecourt-aux-Ormes (52) 91 K2
Guindrecourt-sur-Blaise (52) 91 K4
Guinecourt (62) 9 K2
Guînes (62) 2 D3
Guingamp (22) 48 C5
Guinglange (57) 45 J5
Guinkirchen (57) 27 K6
Guinzeling (57) 67 G2
Guipavas (29) 46 A6
Guipel (35) 79 F2
Guipronvel (29) 72 C3
Guipry (35) 102 E2
Guipy (58) 151 H1
Guiry-en-Vexin (95) 36 E6
Guiscard (60) 19 H5
Guiscriff (56) 75 H5
Guise (02) 20 D2
Guiseniers (27) 36 B5
le Guislain (50) 31 G5
Guissény (29) 46 B3
Guisy (62) 9 H1
Guitalens (81) 270 D6
Guitera-les-Bains (2A) 321 F5
Guitinières (17) 195 H6
Guitrancourt (78) 57 K1
Guîtres (33) 212 B5
Guitry (27) 36 C5
Guitté (22) 78 C2
Guivry (02) 19 J5
Guizancourt (80) 17 H4
Guizengeard (16) 212 C2
Guizerix (65) 286 B4
Gujan-Mestras (33) 228 C4
Gumbrechtshoffen (67) 69 J5
Gumery (10) 88 E3
Gumiane (26) 241 G6
Gumières (42) 204 C5
Gumond (19) 216 D3
Gundershoffen (67) 69 K5
Gundolsheim (68) 96 B6
Gungwiller (67) 67 K2
Gunsbach (68) 96 A4
Gunstett (67) 25 A2
Guntzviller (57) 67 K4
Guny (02) 39 H1
Guran (31) 305 H4
Gurat (16) 197 F6
Gurcy-le-Châtel (77) 88 B2
Gurgy (89) 113 G4
Gurgy-la-Ville (21) 115 K4
Gurgy-le-Château (21) 115 K4
Gurmençon (64) 284 A6
Gurs (64) 283 J4
Gurunhuel (22) 48 B5
Gury (60) 19 F6
Gussainville (55) 44 A5
Gussignies (59) 13 F2
Guyancourt (78) 58 C4
Guyans-Durnes (25) 156 D1
Guyans-Vennes (25) 157 G1
Guyencourt (02) 40 D3
Guyencourt-Saulcourt (80) 11 H6
Guyencourt-sur-Noye (80) 18 B3
la Guyonnière (85) 142 B4
Guyonvelle (52) 117 G4
Guzargues (34) 274 C5
Gy (70) 137 H4
Gy-en-Sologne (41) 129 H5
Gy-les-Nonains (45) 111 K3
Gy-l'Evêque (89) 113 G6
Gye (54) 65 H6
Gyé-sur-Seine (10) 114 E2

H

l'Haÿ-les-Roses (94) 58 E4
Habarcq (62) 10 D2
Habas (40) 264 C6
Habère-Lullin (74) 191 J1
Habère-Poche (74) 191 J1
l'Habit (27) 57 F3
Hablainville (54) 95 F1
Habloville (61) 54 B4
Haboudange (57) 66 E2
Habsheim (68) 97 D2
Hachan (65) 286 B4
Hâcourt (52) 93 F6
Hacqueville (27) 36 C4
Hadancourt-le-Haut-Clocher (60) 36 E5
Hadigny-les-Verrières (88) 94 D3
Hadol (88) 94 D6
Haegen (67) 70 B2
Hagécourt (88) 94 A5
Hagedet (65) 285 G1
Hagen (57) 27 G2
Hagenbach (68) 97 A4
Hagenthal-le-Bas (68) 97 D5
Hagenthal-le-Haut (68) 97 D5
Haget (32) 285 J3
Hagetaubin (64) 284 A1
Hagetmau (40) 265 F5
Hagéville (54) 44 C6
Hagnéville-et-Roncourt (88) 93 H5
Hagnicourt (08) 22 C5
Hagondange (57) 27 G5
Haguenau (67) 25 A4
la Haie-Fouassière (44) 123 J5
la Haie-Traversaine (53) 81 G3
les Haies (69) 205 K5
Haigneville (54) 94 C1
Haillainville (88) 94 D3
le Haillan (33) 229 G1
Hailles (80) 18 C3
Haillicourt (62) 5 K6
Haimps (17) 178 C6
Haims (86) 164 A4
Hainvillers (60) 18 E6
Haironville (55) 64 A5
Haisnes (62) 6 B6
Haleine (61) 81 J2
Halinghen (62) 4 B4
Hallencourt (80) 9 G6
Hallennes-lez-Haubourdin (59) 6 D4
Hallering (57) 45 J5
les Halles (69) 205 G2
Halles-sous-les-Côtes (55) 43 F1
Hallignicourt (52) 63 J6
Hallines (62) 3 F5
Hallivillers (80) 18 A4
la Hallotière (76) 36 B1
Halloville (54) 67 H6
Halloy (60) 17 H5
Halloy (62) 10 B4
Halloy-lès-Pernois (80) 9 K6
Hallu (80) 19 F3
Halluin (59) 6 E2
Halsou (64) 263 D2
Halstroff (57) 27 K4
le Ham (50) 28 E5
le Ham (53) 81 J3
Ham (80) 19 H4
Ham-en-Artois (62) 5 J5
Ham-les-Moines (08) 22 C3
Ham-sous-Varsberg (57) 45 K4
Ham-sur-Meuse (08) 24 C2
Hamars (14) 53 H1
Hambach (57) 68 D3
Hambers (53) 81 J5
Hamblain-les-Prés (62) 11 G3
Hambye (50) 31 F5
Hamel (59) 11 H3
le Hamel (60) 17 H5
le Hamel (80) 18 D2
Hamelet (80) 18 D2
Hamelin (50) 80 B1
Hamelincourt (62) 11 F4
Hames-Boucres (62) 2 C3
Hammeville (54) 93 K1
Hamonville (54) 65 G3
Hampigny (10) 91 F2
Hampont (57) 66 E3
Han-devant-Pierrepont (54) 26 C4
Han-lès-Juvigny (55) 43 H1
Han-sur-Meuse (55) 64 E3
Han-sur-Nied (57) 66 C1
Hanc (79) 178 E4
Hanches (28) 85 H1
Hancourt (80) 19 H2
Handschuheim (67) 70 D3
Hangard (80) 18 C3
Hangenbieten (67) 70 E3
Hangest-en-Santerre (80) 18 D4
Hangest-sur-Somme (80) 17 J1
Hangviller (57) 69 F6
Hannaches (60) 36 E1
Hannapes (02) 20 D1
Hannappes (08) 21 J3
Hannescamps (62) 10 D4
Hannocourt (57) 66 C2
Hannogne-Saint-Martin (08) 22 E4
Hannogne-Saint-Rémy (08) 21 H5
Hannonville-sous-les-Côtes (55) 44 A6
Hannonville-Suzémont (54) 44 C5
le Hanouard (76) 15 F4
Hans (51) 42 C6
Hantay (59) 6 C5
Hanvec (29) 74 D2
Hanviller (57) 69 H2
Hanvoile (60) 37 F1
Haplincourt (62) 11 G5
Happencourt (02) 19 J3
Happonvilliers (28) 84 C4
Haramont (02) 39 G4
Haraucourt (08) 23 F5
Haraucourt (54) 66 C5
Haraucourt-sur-Seille (57) 66 E3

Haravesnes (62) 9 J3
Haravilliers (95) 37 G5
Harbonnières (80) 18 E2
Harbouey (54) 67 H6
Harcanville (76) 15 G4
Harchéchamp (88) 93 G3
Harcigny (02) 21 G3
Harcourt (27) 34 E5
Harcy (08) 22 B2
Hardancourt (88) 94 E3
Hardanges (53) 81 J4
Hardecourt-aux-Bois (80) 11 F6
Hardencourt-Cocherel (27) 56 E1
Hardifort (59) 3 J4
Hardinghen (62) 2 C4
Hardinvast (50) 28 C3
Hardivillers (60) 18 A5
Hardivillers-en-Vexin (60) 37 F3
Hardricourt (78) 58 A1
la Harengère (27) 35 G4
Haréville (88) 93 K5
Harfleur (76) 33 K1
Hargarten-aux-Mines (57) 45 K4
Hargeville (78) 57 J3
Hargicourt (02) 19 J1
Hargicourt (80) 18 D4
Hargnies (08) 24 C3
Hargnies (59) 13 G3
Harly (02) 20 A2
Harmonville (88) 93 H2
la Harmoye (22) 76 E2
Harnes (62) 6 C6
Harol (88) 94 B6
Haroué (54) 94 A2
Harponville (80) 10 C6
Harprich (57) 66 E1
Harquency (27) 36 B4
Harreberg (57) 67 K5
Harréville-les-Chanteurs (52) 93 F5
Harricourt (08) 42 D2
Harsault (88) 118 B1
Harskirchen (67) 67 J1
Hartennes-et-Taux (02) 39 J4
Hartmannswiller (68) 97 B1
Hartzviller (57) 67 J5
Harville (55) 44 B5
Hary (02) 21 F3
Haselbourg (57) 70 A2
Hasnon (59) 12 C1
Hasparren (64) 282 D3
Haspelschiedt (57) 69 H3
Haspres (59) 12 C3
Hastingues (40) 283 F1
Hatrize (54) 26 E6
Hatten (67) 25 C3
Hattencourt (80) 19 F3
Hattenville (76) 14 E5
Hattigny (57) 67 H5
Hattmatt (67) 69 H6
Hattstatt (68) 96 B5
Hauban (65) 304 D1
Haubourdin (59) 6 D4
Hauconcourt (57) 27 H6
Haucourt (60) 37 F1
Haucourt (62) 11 G3
Haucourt (76) 17 F5
Haucourt-en-Cambrésis (59) 12 B5
Haucourt-Moulaine (54) 26 D3
Haudainville (55) 43 J5
Haudiomont (55) 43 K5
Haudivillers (60) 37 J1
Haudonville (54) 94 D1
Haudrecy (08) 22 C3
Haudricourt (76) 17 F4
Haulchin (59) 12 C2
Haulies (32) 286 D1
Haulmé (08) 22 D2
Haumont-près-Samogneux (55) 43 H3
Hauriet (40) 264 E4
Hausgauen (68) 97 C4
Haussez (76) 17 F6
Haussignémont (51) 63 H5
Haussimont (51) 62 B5
Haussonville (54) 94 C1
Haussy (59) 12 C3
Haut-Clocher (57) 67 J3
le Haut-Corlay (22) 76 D2
Haut-de-Bosdarros (64) 284 D6
Haut-du-Them-Château-Lambert (70) 119 G4
Haut-Lieu (59) 13 G5
Haut-Loquin (62) 2 D5
Haut-Mauco (40) 265 G3
Hautaget (65) 305 G2
Hautbos (60) 17 G5
Haute-Amance (52) 117 F4
Haute-Avesnes (62) 10 D2
la Haute-Beaume (05) 242 A5
la Haute-Chapelle (61) 53 G6
Haute-Épine (60) 17 J6
Haute-Goulaine (44) 123 H4
Haute-Isle (95) 36 D6
Haute-Kontz (57) 27 J3
la Haute-Maison (77) 60 A3
Haute-Rivoire (69) 205 G2
Haute-Vigneulles (57) 45 J5
Hautecloque (62) 10 A2
Hautecour (39) 173 J3
Hautecour (73) 209 H4
Hautecourt-Romanèche (01) 189 J2
Hautefage (19) 216 D5
Hautefage-la-Tour (47) 248 D3
Hautefaye (24) 197 H5
Hautefeuille (77) 60 A5
Hautefond (71) 170 D5
Hautefontaine (60) 39 G3
Hautefort (24) 214 E3
Hauteluce (73) 209 H1
Hautepierre-le-Châtelet (25) 156 E2
Hauterive (03) 185 J4
Hauterive (61) 82 E2
Hauterive (89) 113 G4
Hauterive-la-Fresse (25) 157 F3
Hauterives (26) 222 D2
Hauteroche (21) 135 F3
Hautes-Duyes (04) 259 J4
les Hautes-Rivières (08) 22 E2
Hautesvignes (47) 247 J1
Hautevelle (70) 118 C4
Hautevesnes (02) 39 H6
Hauteville (02) 20 C2
Hauteville (08) 21 K6
Hauteville (51) 63 H6
Hauteville (62) 10 D3
Hauteville (73) 208 E4
la Hauteville (78) 57 H5
Hauteville-la-Guichard (50) 31 F3
Hauteville-lès-Dijon (21) 136 A5
Hauteville-Lompnes (01) 190 A5
Hauteville-sur-Fier (74) 190 D5
Hauteville-sur-Mer (50) 30 D5
Haution (02) 21 F2
Hautmont (59) 13 G3
Hautmougey (88) 118 B2
Hautot-l'Auvray (76) 15 G3
Hautot-le-Vatois (76) 15 G5
Hautot-Saint-Sulpice (76) 15 G4
Hautot-sur-Mer (76) 15 K2
Hautot-sur-Seine (76) 35 G3
les Hauts-de-Chée (55) 64 B3
Hautteville-Bocage (50) 28 E5
Hautvillers (51) 40 E6
Hautvillers-Ouville (80) 9 G4
Hauville (27) 34 E2
Hauviné (08) 41 J3
Haux (33) 229 K3
Haux (64) 302 C1
Havange (57) 27 F4
Havelu (28) 57 G4
Haveluy (59) 12 C2
Havernas (80) 9 K6
Haverskerque (59) 3 J6
le Havre (76) 33 J1
Havrincourt (62) 11 H5
Hayange (57) 27 F4
Haybes (08) 24 B3
la Haye (76) 36 B1
la Haye (88) 118 B1
la Haye-Aubrée (27) 34 E2
la Haye-Bellefond (50) 31 G5
la Haye-de-Calleville (27) 34 E5
la Haye-de-Routot (27) 34 E2
la Haye-d'Ectot (50) 28 B5
la Haye-du-Puits (50) 30 D1
la Haye-du-Theil (27) 35 F4
la Haye-le-Comte (27) 35 J5
la Haye-Malherbe (27) 35 H4
la Haye-Pesnel (50) 51 K1
la Haye-Saint-Sylvestre (27) 55 J3
les Hayes (41) 107 K6
Hayes (57) 45 G4
Haynecourt (59) 11 J4
les Hays (39) 155 F4
Hazebrouck (59) 3 J5
Hazembourg (57) 67 H1
le Heaulme (95) 37 G5
Héauville (50) 28 B3
Hébécourt (27) 36 D3
Hébécourt (80) 18 A3
Hébécrevon (50) 31 G3
Héberville (76) 15 H3
Hébuterne (62) 10 D5
Hèches (65) 305 F2
Hecken (68) 97 A3
Hecmanville (27) 34 D5
Hécourt (27) 57 F2
Hécourt (60) 36 E1
Hecq (59) 12 E4
Hectomare (27) 35 G5
Hédauville (80) 10 D6
Hédé (35) 79 F2
Hédouville (95) 37 H5
Hegeney (67) 25 A3
Hégenheim (68) 97 E4
Heidolsheim (67) 71 C6
Heidwiller (68) 97 B3
Heiligenberg (67) 70 C4
Heiligenstein (67) 70 C5
Heillecourt (54) 66 A5
Heilles (60) 37 J3
Heilly (80) 18 D1
Heiltz-le-Hutier (51) 63 H5
Heiltz-le-Maurupt (51) 63 H4
Heiltz-l'Évêque (51) 63 G4
Heimersdorf (68) 97 B4
Heimsbrunn (68) 97 B3
Heining-lès-Bouzonville (57) 45 J2
Heippes (55) 64 C1
Heiteren (68) 96 E5
Heiwiller (68) 97 C4
Hélesmes (59) 12 B2
Hélette (64) 282 D4
Helfaut (62) 3 G6
Helfrantzkirch (68) 97 D4
Helléan (56) 101 J1
Hellering-lès-Fénétrange (57) 67 J3
Helleville (50) 28 B3
Hellimer (57) 68 B4
Héloup (61) 82 C3
Helstroff (57) 45 H4
Hem (59) 7 F4
Hem-Hardinval (80) 10 A4
Hem-Lenglet (59) 11 J3
Hem-Monacu (80) 19 F1
Hémevez (50) 28 E4
Hémévillers (60) 38 C2
Hémilly (57) 45 J6
Héming (57) 67 H4
Hémonstoir (22) 77 F4
Hénaménil (54) 66 E5
Hénanbihen (22) 50 A4
Hénansal (22) 49 K6
Hendaye (64) 263 A2
Hendecourt-lès-Cagnicourt (62) 11 G4
Hendecourt-lès-Ransart (62) 10 E4
Hénencourt (80) 10 D6
Henflingen (68) 97 C4
Hengoat (22) 48 C3
Hengwiller (67) 70 B2
Hénin-Beaumont (62) 11 G1
Hénin-sur-Cojeul (62) 11 F3
Héninel (62) 11 F3
Hennebont (56) 100 A3
Hennecourt (88) 94 C5
Hennemont (55) 44 A5
Henneveux (62) 2 C5
Hennezel (88) 118 A1
Hennezis (27) 36 B5
Hénon (22) 77 G2
Hénonville (60) 37 G5
Hénouville (76) 35 G1
Henrichemont (18) 131 G6
Henridorff (57) 70 A1
Henriville (57) 68 B3
Hénu (62) 10 C4
Henvic (29) 47 F4
Hérange (57) 67 K3
Herbault (41) 128 C2
Herbécourt (80) 19 F1
Herbelles (62) 3 G6
l'Herbergement (85) 141 K4
Herbeuval (08) 23 J5
Herbeuville (55) 44 A6
Herbeville (78) 58 A3
Herbéviller (54) 67 G6
Herbeys (38) 224 B4
les Herbiers (85) 142 D5
Herbignac (44) 121 K3
Herbinghen (62) 2 D5
Herbisse (10) 62 B6
Herbitzheim (67) 68 D4
Herblay (95) 58 C2
Herbsheim (67) 70 E6
Hercé (53) 80 E3
Herchies (60) 37 G1
la Hérelle (60) 18 C6
Hérenguerville (50) 30 D5
Hérépian (34) 291 J1
Hères (65) 285 G1
Hergnies (59) 7 J6
Hergugney (88) 94 B3
Héric (44) 123 F1
Héricourt (62) 10 A2
Héricourt (70) 139 G1
Héricourt-en-Caux (76) 15 G4
Héricourt-sur-Thérain (60) 17 F6
Héricy (77) 87 J3
la Hérie (02) 21 G2
le Hérie-la-Viéville (02) 20 D3
Hériménil (54) 66 D6
Hérimoncourt (25) 139 J3
Hérin (59) 12 C2
Hérissart (80) 10 B6
Hérisson (03) 167 J4
Herleville (80) 19 F2
la Herlière (62) 10 C4
Herlies (59) 6 C5
Herlin-le-Sec (62) 10 A2
Herlincourt (62) 10 A2
Herly (62) 4 E5
Herly (80) 19 G4
l'Herm (09) 307 K3
Herm (40) 262 E3
Hermanville (76) 15 J3
Hermanville-sur-Mer (14) 32 E3
les Hermaux (48) 236 E6
Hermaville (62) 10 D2
Hermé (77) 88 D2
Hermelange (57) 67 J4
Hermelinghen (62) 2 C4
l'Hermenault (85) 160 D3
Herment (63) 201 J2
Hermeray (78) 57 J6
Hermes (60) 37 J3
Hermeville (76) 14 C5
Herméville-en-Woëvre (55) 43 K5
Hermies (62) 11 H5
Hermillon (73) 225 G1
Hermin (62) 10 C1
l'Hermitage (35) 78 E4
l'Hermitage-Lorge (22) 77 F2
les Hermites (37) 127 K1
l'Hermitière (61) 83 J5
Hermival-les-Vaux (14) 34 A5
Hermonville (51) 40 E3
Hernicourt (62) 10 A1
Herny (57) 66 D1
le Héron (76) 36 A1
Héronchelles (76) 16 C6
Hérouville (95) 37 H6
Hérouville-Saint-Clair (14) 32 E4
Hérouvillette (14) 33 F4
Herpelmont (88) 95 G5
Herpont (51) 63 G1
Herpy-l'Arlésienne (08) 21 J6
Herqueville (27) 35 K4
Herqueville (50) 28 A2
Herran (31) 306 B3
Herré (40) 266 B1
Herrère (64) 284 B6
Herrin (59) 6 D5
Herrlisheim (67) 25 C5
Herrlisheim-près-Colmar (68) 96 C5
Herry (18) 150 C1
Herserange (54) 26 D2
Hersin-Coupigny (62) 6 A6
Hertzing (57) 67 H4
Hervelinghen (62) 2 B3
Hervilly (80) 19 J1
Héry (58) 133 G6
Héry (89) 113 G4
Héry-sur-Alby (74) 208 C1
Herzeele (59) 3 J3
Hesbécourt (80) 19 J1
Hescamps (80) 17 G4
Hesdigneul-lès-Béthune (62) 5 K6
Hesdigneul-lès-Boulogne (62) 2 B6
Hesdin (62) 9 J2
Hesdin-l'Abbé (62) 2 B6
Hésingue (68) 97 E4
Hesmond (62) 4 D6
Hesse (57) 67 J4
Hessenheim (67) 71 C6
Hestroff (57) 27 K5
Hestrud (59) 13 J4
Hestrus (62) 5 H6
Hétomesnil (60) 17 J5
Hettange-Grande (57) 27 G3
Hettenschlag (68) 96 D5
Heubécourt-Haricourt (27) 36 C6
Heuchin (62) 5 G6
Heucourt-Croquoison (80) 17 H1
Heudebouville (27) 35 K5
Heudicourt (27) 36 D3
Heudicourt (80) 11 H6
Heudicourt-sous-les-Côtes (55) 65 F2
Heudreville-en-Lieuvin (27) 34 C5
Heudreville-sur-Eure (27) 35 J5
Heugas (40) 264 A5
Heugleville-sur-Scie (76) 15 K4
Heugnes (36) 147 G4
Heugon (61) 55 G3
Heugueville-sur-Sienne (50) 30 D4
Heuilley-Cotton (52) 116 D5
Heuilley-le-Grand (52) 116 D5
Heuilley-sur-Saône (21) 136 E5
Heuland (14) 33 H4
Heume-l'Église (63) 201 K3
la Heunière (27) 57 F1
Heuqueville (27) 36 A4
Heuqueville (76) 14 B5
Heuringhem (62) 3 G6
Heurteauville (76) 35 F2
Heurtevent (14) 54 D2
Heussé (50) 80 D2
Heutrégiville (51) 41 H3
Heuzecourt (80) 9 K4
Hévilliers (55) 64 C6
Heyrieux (38) 206 D3
Hézecques (62) 5 F5
le Hézo (56) 101 G6
Hibarette (65) 285 H6
Hières-sur-Amby (38) 207 F1
Hierges (08) 24 C2
Hiermont (80) 9 J4
Hiers-Brouage (17) 176 E6
Hiersac (16) 196 C3
Hiesse (16) 180 A4
Hiesville (50) 29 F6
Hiéville (14) 54 C1
Higuères-Souye (64) 284 E3
Hiis (65) 285 H6
Hilbesheim (57) 67 J3
Hillion (22) 49 H6
Hilsenheim (67) 71 C5
Hilsprich (57) 68 C4
Hinacourt (02) 20 A4
Hinckange (57) 27 K6
Hindisheim (67) 70 E4
Hindlingen (68) 97 A5
Hinges (62) 5 K5
le Hinglé (22) 50 C6
Hinsbourg (67) 69 F5
Hinsingen (67) 67 H1
Hinx (40) 264 C4
Hipsheim (67) 71 D2
Hirel (35) 51 F4
Hirschland (67) 67 K2
Hirsingue (68) 97 B4
Hirson (02) 21 H1
Hirtzbach (68) 97 B4
Hirtzfelden (68) 96 D6
His (31) 306 B1
Hitte (65) 285 J6
Hochfelden (67) 70 D1
Hochstatt (68) 97 B3
Hochstett (67) 69 K6
Hocquigny (50) 51 K1
Hocquinghen (62) 2 D5
Hodenc-en-Bray (60) 37 F1
Hodenc-l'Évêque (60) 37 H3
Hodeng-au-Bosc (76) 17 F2
Hodeng-Hodenger (76) 36 C1
Hodent (95) 36 E5
Hoedic (56) 120 E4
Hoenheim (67) 25 A6
Hoerdt (67) 25 A5
Hoéville (54) 66 D4
Hoffen (67) 25 C2
les Hogues (27) 36 A2
la Hoguette (14) 54 B3
Hohatzenheim (67) 70 E1
Hohengoeft (67) 70 C2
Hohfrankenheim (67) 70 D1
Hohrod (68) 119 K1
le Hohwald (67) 70 B5
Holacourt (57) 66 D1
Holling (57) 27 K5
Holnon (02) 19 K2
Holque (59) 3 F4
Holtzheim (67) 70 E3
Holtzwihr (68) 96 C3
Holving (57) 68 C4
Hombleux (80) 19 H4
Homblières (02) 20 A2
Hombourg (68) 97 D2
Hombourg-Budange (57) 27 J5
Hombourg-Haut (57) 68 A2
l'Hôme-Chamondot (61) 83 K1
Homécourt (54) 27 F6
Hommarting (57) 67 K4
Hommert (57) 67 K4
Hommes (37) 126 E4
le Hommet-d'Arthenay (50) 31 G2
Homps (11) 291 F5
Homps (32) 268 A4
Hon-Hergies (59) 13 F2
Hondainville (60) 37 J3
Hondeghem (59) 3 J5
Hondevilliers (77) 60 D3
Hondouville (27) 35 H5
Hondschoote (59) 3 K2
Honfleur (14) 33 K2
Honguemare-Guenouville (27) 35 F3
Honnechy (59) 12 C5
Honnecourt-sur-Escaut (59) 11 J6
l'Honor-de-Cos (82) 249 J5
Honskirch (57) 67 H1
Hontanx (40) 265 K3
l'Hôpital (57) 68 A2
Hôpital-Camfrout (29) 74 C1
l'Hôpital-d'Orion (64) 283 H2
l'Hôpital-du-Grosbois (25) 156 D1
l'Hôpital-le-Grand (42) 204 E4
l'Hôpital-le-Mercier (71) 170 B6
l'Hôpital-Saint-Blaise (64) 283 J4
l'Hôpital-Saint-Lieffroy (25) 138 E4
l'Hôpital-sous-Rochefort (42) 204 B2
les Hôpitaux-Neufs (25) 157 F6
les Hôpitaux-Vieux (25) 157 F6
Horbourg-Wihr (68) 96 C4
Hordain (59) 11 K3
la Horgne (08) 22 C5
Horgues (65) 285 H5
l'Horme (42) 205 H5
Hornaing (59) 11 K2
Hornoy-le-Bourg (80) 17 H2
le Horps (53) 81 H3
Horsarrieu (40) 265 F5
Horville-en-Ornois (55) 92 E2
l'Hosmes (27) 56 C4
l'Hospitalet (04) 258 D5
l'Hospitalet-du-Larzac (12) 272 E2
l'Hospitalet-près-l'Andorre (09) 313 F3
Hosta (64) 283 F5
Hoste (57) 68 B3
Hostens (33) 229 G6
Hostias (01) 189 K6
Hostun (26) 223 F5
l'Hôtellerie (14) 34 B5
l'Hôtellerie-de-Flée (49) 104 D5
Hotonnes (01) 190 B4
Hotot-en-Auge (14) 33 H5
Hottot-les-Bagues (14) 32 B5
Hottviller (57) 69 G3
la Houblonnière (14) 33 J5
les Houches (74) 192 C5
Houchin (62) 5 K6
Houdain (62) 5 K6
Houdain-lez-Bavay (59) 13 F2
Houdan (78) 57 H4
Houdancourt (60) 38 C3
Houdelaincourt (55) 92 E1
Houdelmont (54) 93 K1
Houdemont (54) 66 A5
Houdetot (76) 15 H3
Houdilcourt (08) 41 F2
Houdreville (54) 93 K1
Houécourt (88) 93 J4
Houeillès (47) 247 F4
Houesville (50) 29 F6
Houetteville (27) 35 H6
Houéville (88) 93 H3
Houeydets (65) 286 A6
le Houga (32) 266 A4
Houilles (78) 58 D3
Houlbec-Cocherel (27) 36 A6
Houlbec-près-le-Gros-Theil (27) 35 F4
Houldizy (08) 22 C3
Houlette (16) 196 A2

Houlgate (14) 33 G3
Houlle (62) 3 F4
le Houlme (76) 35 H1
l'Houmeau (17) 176 D2
Hounoux (11) 308 C1
Houplin-Ancoisne (59) 6 D5
Houplines (59) 6 C3
Houppeville (76) 35 H1
Houquetot (76) 14 D5
Hourc (65) 285 J5
Hourges (51) 40 C4
Hours (64) 285 F5
Hourtin (33) 210 C3
Houry (02) 21 F3
Houssay (41) 108 B6
Houssay (53) 105 F3
la Houssaye (27) 56 A2
la Houssaye-Béranger (76) 15 K5
la Houssaye-en-Brie (77) 59 K5
le Housseau-Brétignolles (53) 81 H2
Houssen (68) 96 C3
Housseras (88) 95 F3
Housset (02) 20 D3
Housséville (54) 94 A3
la Houssière (88) 95 H5
la Houssoye (60) 37 F3
Houtaud (25) 156 E4
Houtkerque (59) 3 K3
Houtteville (50) 29 F6
Houville-en-Vexin (27) 36 A4
Houville-la-Branche (28) 85 H3
Houvin-Houvigneul (62) 10 B2
Houx (28) 85 H1
Hoymille (59) 3 J2
Huanne-Montmartin (25) 138 D3
Hubersent (62) 4 B5
Hubert-Folie (14) 32 E5
Huberville (50) 28 E4
Huby-Saint-Leu (62) 9 J1
Huchenneville (80) 9 F6
Huclier (62) 10 B1
Hucqueliers (62) 4 D5
Hudimesnil (50) 30 D6
Hudiviller (54) 66 C6
Huelgoat (29) 75 G1
Huest (27) 56 D1
Huêtre (45) 109 K2
Huez (38) 224 E4
Hugier (70) 137 G5
Hugleville-en-Caux (76) 15 J5
Huillé (49) 125 J1
Huilliécourt (52) 92 E6
Huilly-sur-Seille (71) 172 B3
Huiron (51) 63 F5
Huismes (37) 126 E6
Huisnes-sur-Mer (50) 51 J4
Huisseau-en-Beauce (41) 108 B6
Huisseau-sur-Cosson (41) 129 F2
Huisseau-sur-Mauves (45) 109 J4
l'Huisserie (53) 104 E2
Hulluch (62) 6 B6
Hultehouse (57) 70 A2
Humbauville (51) 62 E6
Humbécourt (52) 91 J1
Humbercamps (62) 10 D4
Humbercourt (80) 10 C4
Humbert (62) 4 D6
Humberville (52) 92 D4
Humbligny (18) 131 H6
Humeroeuille (62) 9 K1
Humes-Jorquenay (52) 116 C3
Humières (62) 9 K1
Hunawihr (68) 71 A6
Hundling (57) 68 C3
Hundsbach (68) 97 C4
Huningue (68) 97 E4
Hunspach (67) 25 C2
Hunting (57) 27 J3
Huos (31) 305 H1
Huparlac (12) 236 B4
Huppy (80) 9 F6
Hurbache (88) 95 H3
Hure (33) 230 C6
Hurecourt (70) 118 A3
Hures-la-Parade (48) 253 K4
Huriel (03) 167 G6
Hurigny (71) 171 J6
Hurtières (38) 224 D2
Hurtigheim (67) 70 D3
Husseren-les-Châteaux (68) 96 B4
Husseren-Wesserling (68) 119 J3
Hussigny-Godbrange (54) 26 E3
Husson (50) 80 E1
Huttendorf (67) 69 K6
Huttenheim (67) 70 E6
Hyds (03) 184 C1
Hyémondans (25) 139 F4
Hyencourt-le-Grand (80) 19 F3
Hyenville (50) 30 D5
Hyères (83) 298 A6
Hyet (70) 138 A3
Hyèvre-Magny (25) 138 D4
Hyèvre-Paroisse (25) 138 D4
Hymont (88) 94 A4

I

Ibarrolle (64) 283 F5
Ibigny (57) 67 H5
Ibos (65) 285 G5
Ichtratzheim (67) 71 D2
Ichy (77) 87 G6
Idaux-Mendy (64) 283 H5
Idrac-Respaillès (32) 286 B1
Idron-Ousse-Sendets (64) 284 D4
Ids-Saint-Roch (18) 166 D2
Iffendic (35) 78 C4
les Iffs (35) 78 E2
Ifs (14) 32 E5
les Ifs (76) 16 C2
Igé (61) 83 H4
Igé (71) 171 J5
Ignaucourt (80) 18 D3
Ignaux (09) 308 A6
Igney (54) 67 G5
Igney (88) 94 C4
Ignol (18) 150 B4
Igny (70) 137 H3
Igny (91) 58 D5
Igny-Comblizy (51) 61 H1
Igon (64) 284 E6
Igornay (71) 153 F3
Igoville (27) 35 J3
Iguerande (71) 187 F2
Iholdy (64) 282 E4
Île-aux-Moines (56) 100 E6
l'Île-Bouchard (37) 145 H2
Île-d'Aix (17) 176 D4
Île-d'Arz (56) 101 F6
Île-de-Batz (29) 46 E2
Île-de-Bréhat (22) 48 E1
Île-de-Sein (29) 73 A6
l'Île-d'Elle (85) 160 C6
Île-d'Houat (56) 120 D3
l'Île-d'Olonne (85) 158 E3
l'Île-d'Yeu (85) 140 B6
Île-Molène (29) 72 A6
l'Île-Rousse (2B) 318 C2
l'Île-Saint-Denis (93) 58 E2
Île-Tudy (29) 98 C3
Ilharre (64) 283 G3
Ilhat (09) 308 A3
les Ilhes (11) 290 B4
Ilhet (65) 305 F3
Ilheu (65) 305 H2
Illange (57) 27 G4
Illartein (09) 306 B3
Illats (33) 229 K5
Ille-sur-Têt (66) 314 E2
Illeville-sur-Montfort (27) 34 E3
Illfurth (68) 97 B3
Illhaeusern (68) 71 B6
Illiat (01) 188 D2
Illier-et-Laramade (09) 307 H5
Illiers-Combray (28) 84 E5
Illiers-l'Évêque (27) 56 E4
Illies (59) 6 B5
Illifaut (22) 77 K5
Illkirch-Graffenstaden (67) 71 D2
Illois (76) 16 E4
Illoud (52) 93 F5
Illy (08) 23 F3
Illzach (68) 97 C2
Ilonse (06) 261 H5
Imbleville (76) 15 J4
Imécourt (08) 42 D2
Imling (57) 67 J4
Imphy (58) 151 F5
Inaumont (08) 21 K6
Incarville (27) 35 J4
Incheville (76) 8 D6
Inchy (59) 12 C5
Inchy-en-Artois (62) 11 H4
Incourt (62) 9 K1
Indevillers (25) 139 J4
Indre (44) 123 F4
Ineuil (18) 166 E1
les Infournas (05) 242 E3
Ingenheim (67) 70 D1
Ingersheim (68) 96 B4
Inghem (62) 3 G6
Inglange (57) 27 H4
Ingolsheim (67) 25 C2
Ingouville (76) 15 G2
Ingrandes (36) 164 B3
Ingrandes (49) 124 D4
Ingrandes (86) 145 J5
Ingrandes-de-Touraine (37) 126 E6
Ingrannes (45) 110 D3
Ingré (45) 109 K4
Inguiniel (56) 100 B1
Ingwiller (67) 69 H5
Injoux-Génissiat (01) 190 C4
Innenheim (67) 70 D4
Innimond (01) 207 H1
Inor (55) 23 H6
Insming (57) 67 G1
Insviller (57) 67 H2
Intraville (76) 16 B1
Intres (07) 221 G6
Intréville (28) 86 A5
Intville-la-Guétard (45) 86 D5
Inval-Boiron (80) 17 F2
Inxent (62) 4 C5
Inzinzac-Lochrist (56) 100 B2
Ippécourt (55) 64 B1
Ippling (57) 68 D3
Irai (61) 55 J6
Irais (79) 144 C5
Irancy (89) 113 H6
Iré-le-Sec (55) 43 H1
Irigny (69) 206 A3
Irissarry (64) 282 E4
Irles (80) 10 E5
Irodouër (35) 78 D2
Iron (02) 20 D1
Irouléguy (64) 282 D5
Irreville (27) 35 J6
Irvillac (29) 74 C1
Is-en-Bassigny (52) 116 E2
Is-sur-Tille (21) 136 B3
Isbergues (62) 5 J4
Isches (88) 117 H2
Isdes (45) 130 D1
Isenay (58) 151 K5
Isigny-le-Buat (50) 52 B6
Isigny-sur-Mer (14) 29 H6
Island (89) 133 J3
Isle (87) 198 E2
l'Isle-Adam (95) 37 J6
l'Isle-Arné (32) 267 K6
Isle-Aubigny (10) 90 C2
Isle-Aumont (10) 90 B6
l'Isle-Bouzon (32) 267 K2
l'Isle-d'Abeau (38) 206 E3
l'Isle-de-Noé (32) 267 G6
l'Isle-d'Espagnac (16) 196 E3
l'Isle-en-Dodon (31) 287 F3
Isle-et-Bardais (03) 167 K2
l'Isle-Jourdain (32) 268 D6
l'Isle-Jourdain (86) 180 B2
Isle-Saint-Georges (33) 229 J3
l'Isle-sur-la-Sorgue (84) 276 D2
l'Isle-sur-le-Doubs (25) 139 F3
Isle-sur-Marne (51) 63 G6
l'Isle-sur-Serein (89) 134 A2
les Isles-Bardel (14) 53 K3
Isles-les-Meldeuses (77) 60 A2
Isles-lès-Villenoy (77) 59 J3
Isles-sur-Suippe (51) 41 G3
les Islettes (55) 42 E6
Isneauville (76) 35 J1
Isola (06) 261 H3
Isolaccio-di-Fiumorbo (2B) 321 H4
Isômes (52) 136 C1
Ispagnac (48) 254 B2
Ispoure (64) 282 D5
Isques (62) 2 B6
Issac (24) 213 H6
Issamoulenc (07) 239 J3
Issancourt-et-Rumel (08) 22 E3
Issanlas (07) 238 D3
Issans (25) 139 G2
les Issards (09) 307 K1
Issarlès (07) 238 D2
Issé (44) 103 H5
Isse (51) 41 G6
Issel (11) 289 H4
Issendolus (46) 234 B3
Issenhausen (67) 69 J6
Issenheim (68) 96 B6
Issepts (46) 234 C4
Isserpent (03) 186 A3
Isserteaux (63) 203 G3
Issigeac (24) 231 J3
Issirac (30) 256 B3
Issoire (63) 202 E5
Issor (64) 283 K6
Issou (78) 57 K2
Issoudun (36) 148 C4
Issoudun-Létrieix (23) 183 F4
Issus (31) 288 C3
Issy-les-Moulineaux (92) 58 D4
Issy-l'Évêque (71) 170 A2
Istres (13) 295 J4
les Istres-et-Bury (51) 62 A2
Isturits (64) 282 E3
Itancourt (02) 20 A3
Iteuil (86) 162 E4
Ittenheim (67) 70 D3
Itterswiller (67) 70 C6
Itteville (91) 86 E2
Itxassou (64) 263 D2
Itzac (81) 270 B1
Ivergny (62) 10 B3
Iverny (77) 59 J2
Iviers (02) 21 H3
Iville (27) 35 G5
Ivors (60) 39 F5
Ivory (39) 156 A4
Ivoy-le-Pré (18) 131 F5
Ivrey (39) 156 A3
Ivry-en-Montagne (21) 153 J3
Ivry-la-Bataille (27) 57 G3
Ivry-le-Temple (60) 37 G4
Ivry-sur-Seine (94) 58 E4
Iwuy (59) 11 K3
Izaourt (65) 305 H2
Izaut-de-l'Hôtel (31) 305 K2
Izaux (65) 305 F1
Izé (53) 81 K5
Izeaux (38) 223 H1
Izel-lès-Équerchin (62) 11 G2
Izel-les-Hameaux (62) 10 C2
Izenave (01) 189 K4
Izernore (01) 189 K2
Izeron (38) 223 H4
Izeste (64) 303 H1
Izeure (21) 154 D1
Izier (21) 136 C6
Izieu (01) 207 J3
Izon (33) 229 K1
Izon-la-Bruisse (26) 258 C3
Izotges (32) 266 B5

J

Jablines (77) 59 J3
Jabreilles-les-Bordes (87) 181 K5
Jabrun (15) 236 D3
Jacob-Bellecombette (73) 208 B4
Jacou (34) 274 C5
Jacque (65) 285 J4
Jagny-sous-Bois (95) 38 A6
Jaignes (77) 60 B2
Jaillans (26) 223 F5
la Jaille-Yvon (49) 105 F6
Jaillon (54) 65 J4
Jailly (58) 151 H3
Jailly-les-Moulins (21) 135 G3
Jainvillotte (88) 93 G5
Jalesches (23) 183 F1
Jaleyrac (15) 217 G3
Jaligny-sur-Besbre (03) 169 H6
Jallais (49) 143 F1
Jallanges (21) 154 D3
Jallans (28) 109 F2
Jallaucourt (57) 66 C3
Jallerange (25) 137 H6
Jalognes (18) 150 A1
Jalogny (71) 171 H5
Jâlons (51) 62 B1
Jambles (71) 153 J6
Jambville (78) 57 K1
Jaméricourt (60) 37 F3
Jametz (55) 43 H1
Janailhac (87) 198 E4
Janaillat (23) 182 C4
Jancigny (21) 136 E4
Jandun (08) 22 B4
Janneyrias (38) 206 D2
Jans (44) 103 G5
Janville (14) 33 G5
Janville (28) 86 A6
Janville (60) 38 E2
Janville-sur-Juine (91) 86 D2
Janvilliers (51) 61 G3
Janvry (51) 40 D4
Janvry (91) 58 C6
Janzé (35) 79 H6
Jarcieu (38) 222 C1
la Jard (17) 195 G3
Jard-sur-Mer (85) 159 G5
le Jardin (19) 216 D2
Jardin (38) 206 B5
Jardres (86) 163 H3
Jargeau (45) 110 C4
Jarjayes (05) 242 E6
Jarménil (88) 94 E6
Jarnac (16) 196 A3
Jarnac-Champagne (17) 195 J4
Jarnages (23) 183 F3
la Jarne (17) 176 E3
Jarnioux (69) 188 A5
Jarnosse (42) 187 G3
Jarny (54) 44 C5
Jarret (65) 304 B1
la Jarrie (17) 176 E3
Jarrie (38) 224 B4
la Jarrie-Audouin (17) 177 K4
Jarrier (73) 225 G2
Jars (18) 131 H5
Jarsy (73) 208 E3
Jarville-la-Malgrange (54) 66 A5
Jarzé (49) 125 K2
Jas (42) 205 F2
Jasney (70) 118 B4
Jassans-Riottier (01) 188 B5
Jasseines (10) 90 D2
Jasseron (01) 189 H2
Jasses (64) 283 J4
Jatxou (64) 263 D2
Jau-Dignac-et-Loirac (33) 194 C6
Jaucourt (10) 91 G5
la Jaudonnière (85) 160 C2
Jaudrais (28) 84 D1
Jaujac (07) 239 G5
Jauldes (16) 197 F2
Jaulges (89) 113 J3
Jaulgonne (02) 40 A6
Jaulnay (37) 145 H4
Jaulnes (77) 88 D3
Jaulny (54) 65 H1
Jaulzy (60) 39 G2
Jaunac (07) 239 H1
Jaunay-Clan (86) 163 F2
Jaure (24) 213 J5
Jausiers (04) 260 D1
Jaux (60) 38 D2
Jauzé (72) 83 F6
Javaugues (43) 219 H2
Javené (35) 80 A4
Javerdat (87) 180 E5
Javerlhac-et-la-Chapelle-Saint-Robert (24) 197 J4
Javernant (10) 90 A6
la Javie (04) 260 A4
Javols (48) 237 G4
Javrezac (16) 195 J2
Javron-les-Chapelles (53) 81 K3
Jax (43) 219 K4
Jaxu (64) 282 E5
Jayac (24) 215 G5
Jayat (01) 172 C6
Jazeneuil (86) 162 C4
Jazennes (17) 195 G4
Jeancourt (02) 19 J1
Jeandelaincourt (54) 66 B3
Jeandelize (54) 44 B5
Jeanménil (88) 95 F3
Jeansagnière (42) 204 A2
Jeantes (02) 21 H3
Jebsheim (68) 96 D3
Jegun (32) 267 G4
la Jemaye (24) 213 F4
Jenlain (59) 12 E2
Jenzat (03) 185 G3
Jésonville (88) 94 A6
Jessains (10) 91 F4
Jetterswiller (67) 70 C2
Jettingen (68) 97 C4
Jeu-les-Bois (36) 165 K2
Jeu-Maloches (36) 147 H3
Jeufosse (78) 57 G1
Jeugny (10) 114 A1
Jeumont (59) 13 J2
Jeurre (39) 173 H5
Jeux-lès-Bard (21) 134 C3
Jeuxey (88) 94 D5
Jevoncourt (54) 94 A2
Jezainville (54) 65 K2
Jézeau (65) 305 F3
Joannas (07) 239 G5
Job (63) 203 K4
Jobourg (50) 28 A1
Joch (66) 314 D3
Joeuf (54) 27 F6
Joganville (50) 29 F4
Joigny (89) 112 E3
Joigny-sur-Meuse (08) 22 D2
Joinville (52) 92 B2
Joinville-le-Pont (94) 59 F4
Joiselle (51) 61 F4
Jolimetz (59) 12 E3
Jolivet (54) 66 D6
Jonage (69) 206 C1
Joncels (34) 272 E5
la Jonchère (85) 159 J4
la Jonchère-Saint-Maurice (87) 181 K5
Jonchères (26) 241 H5
Joncherey (90) 139 K2
Jonchery (52) 92 A6
Jonchery-sur-Suippe (51) 41 K5
Jonchery-sur-Vesle (51) 40 D4
Joncourt (02) 20 A1
Joncreuil (10) 91 F2
Joncy (71) 171 G3
Jongieux (73) 208 A2
Jonquerets-de-Livet (27) 55 J1
Jonquerettes (84) 276 C2
Jonquery (51) 40 D5
Jonquières (11) 310 A2
Jonquières (34) 273 H5
Jonquières (60) 38 D2
Jonquières (81) 270 D6
Jonquières (84) 257 F5
Jonquières-Saint-Vincent (30) 275 J3
Jons (69) 206 D1
Jonval (08) 22 C6
Jonvelle (70) 117 J3
Jonville-en-Woëvre (55) 44 B6
Jonzac (17) 195 J6
Jonzier-Épagny (74) 190 E3
Jonzieux (42) 221 G2
Joppécourt (54) 26 D4
Jort (14) 54 B2
Jorxey (88) 94 B4
Josat (43) 219 K3
Joserand (63) 185 F5
Josnes (41) 109 G5
Josse (40) 262 D5
Josselin (56) 101 H1
Jossigny (77) 59 J4
Jou-sous-Monjou (15) 235 K1
Jouac (87) 164 E6
Jouaignes (02) 40 A3
Jouancy (89) 134 A1
Jouarre (77) 60 B2
Jouars-Pontchartrain (78) 58 A4
Jouaville (54) 44 D5
Joucas (84) 277 F2
Joucou (11) 308 D5
Joudes (71) 172 E4
Joudreville (54) 26 D5
Joué-du-Bois (61) 82 A1
Joué-du-Plain (61) 54 B5
Joué-en-Charnie (72) 106 A2
Joué-l'Abbé (72) 106 E1
Joué-lès-Tours (37) 127 J5
Joué-sur-Erdre (44) 103 J6
Jouet-sur-l'Aubois (18) 150 C3
Jouey (21) 153 G2
Jougne (25) 157 F6
Jouhe (39) 155 G1
Jouhet (86) 164 A4
Jouillat (23) 182 D2
Jouques (13) 278 A5
Jouqueviel (81) 251 G5
Jourgnac (87) 198 E3
Journans (01) 189 H3
Journet (86) 164 B5
Journiac (24) 214 C6
Journy (62) 2 E5
Jours-en-Vaux (21) 153 H3
Jours-lès-Baigneux (21) 135 G1
Joursac (15) 218 D4
Joussé (86) 179 K2
Jouvençon (71) 172 B3

Joux (69) 187 H6
Joux-la-Ville (89) 133 J2
Jouy (28) 85 G2
Jouy (89) 88 A6
Jouy-aux-Arches (57) 44 E6
Jouy-en-Argonne (55) 43 G5
Jouy-en-Josas (78) 58 C4
Jouy-en-Pithiverais (45) 110 C1
Jouy-le-Châtel (77) 60 B6
Jouy-le-Moutier (95) 58 B1
Jouy-le-Potier (45) 109 K6
Jouy-lès-Reims (51) 40 E4
Jouy-Mauvoisin (78) 57 H2
Jouy-sous-Thelle (60) 37 F3
Jouy-sur-Eure (27) 56 E1
Jouy-sur-Morin (77) 60 D4
Joyeuse (07) 255 J1
Joyeux (01) 189 F5
Joze (63) 203 F1
Jû-Belloc (32) 266 C6
Juaye-Mondaye (14) 32 B4
Jubainville (88) 93 G2
la Jubaudière (49) 142 E1
Jublains (53) 81 H5
le Juch (29) 74 B5
Jugazan (33) 230 B3
Jugeals-Nazareth (19) 215 J5
Jugon-les-Lacs (22) 50 A6
Jugy (71) 171 K3
Juicq (17) 177 K6
Juif (71) 172 C2
Juignac (16) 212 E1
Juigné-des-Moutiers (44) 104 A6
Juigné-sur-Loire (49) 125 H4
Juigné-sur-Sarthe (72) 105 K4
Juignettes (27) 55 J3
Juillac (19) 215 G2
Juillac (32) 285 J1
Juillac (33) 230 D2
Juillac-le-Coq (16) 195 K4
Juillaguet (16) 196 E5
Juillan (65) 285 G5
Juillé (16) 179 G5
Juillé (72) 82 D5
Juillé (79) 178 C3
Juillenay (21) 134 D5
Juilles (32) 268 A6
Juilley (50) 51 K4
Juilly (21) 134 E3
Juilly (77) 59 H1
Jujols (66) 314 A3
Jujurieux (01) 189 J4
Julianges (48) 237 G1
Juliénas (69) 188 B2
Julienne (16) 196 A3
Jullianges (43) 220 B2
Jullié (69) 188 B2
Jullouville (50) 51 H2
Jully (89) 114 D5
Jully-lès-Buxy (71) 171 H2
Jully-sur-Sarce (10) 114 D1
Julos (65) 285 G6
Julvécourt (55) 43 G6
Jumeauville (78) 57 K3
Jumeaux (63) 203 F6
Jumel (80) 18 B4
Jumelles (27) 56 D3
la Jumellière (49) 124 E5
Jumencourt (02) 39 J1
Jumièges (76) 35 F2
Jumigny (02) 40 C2
Jumilhac-le-Grand (24) 198 D5
Junas (30) 274 E4
Junay (89) 113 K4
Juncalas (65) 304 B1
Jungholtz (68) 96 A6
Junhac (15) 235 H4
les Junies (46) 233 F6
Juniville (08) 41 J2
Jupilles (72) 107 F5
Jurançon (64) 284 C4
Juranville (45) 111 F2
Juré (42) 186 D6
Jurignac (16) 196 C5
Jurques (14) 53 F1
Jurvielle (31) 305 G5
Jury (57) 45 F6
Juscorps (79) 178 B2
Jusix (47) 230 D6
Jussac (15) 217 H6
Jussarupt (88) 95 G5
Jussas (17) 211 K2
Jussecourt-Minecourt (51) 63 H4
Jussey (70) 117 J4
Jussy (02) 19 K4
Jussy (57) 44 E5
Jussy (89) 113 G6
Jussy-Champagne (18) 149 J4
Jussy-le-Chaudrier (18) 150 B2
Justian (32) 267 F3
Justine-Herbigny (08) 21 K5
Justiniac (09) 288 C5
Jutigny (77) 88 C2
Juvaincourt (88) 93 K4
Juvancourt (10) 115 H1
Juvanzé (10) 91 F4
Juvardeil (49) 125 H1
Juvelize (57) 66 E4
Juvignac (34) 274 B6
Juvigné (53) 80 C5
Juvignies (60) 37 H1
Juvigny (02) 39 J2
Juvigny (51) 62 C1
Juvigny (74) 191 G1
Juvigny-en-Perthois (55) 64 B6
Juvigny-le-Tertre (50) 52 C5
Juvigny-sous-Andaine (61) 81 H1
Juvigny-sur-Loison (55) 43 H1
Juvigny-sur-Orne (61) 54 C5
Juvigny-sur-Seulles (14) 32 C5
Juville (57) 66 C2
Juvinas (07) 239 G4
Juvincourt-et-Damary (02) 40 D2
Juvisy-sur-Orge (91) 58 E5
Juvrecourt (54) 66 E4
Juxue (64) 283 F5
Juzanvigny (10) 91 F3
Juzennecourt (52) 91 K6
Juzes (31) 289 F2
Juzet-de-Luchon (31) 305 H5
Juzet-d'Izaut (31) 305 K3
Juziers (78) 57 K2

K

Kalhausen (57) 68 E4
Kaltenhouse (67) 25 B4
Kanfen (57) 27 G3
Kappelen (68) 97 D4
Kappelkinger (57) 67 H1
Katzenthal (68) 96 B3
Kauffenheim (67) 25 C3
Kaysersberg (68) 96 B3
Kédange-sur-Canner (57) 27 J5
Keffenach (67) 25 B2
Kembs (68) 97 D3
Kemplich (57) 27 J4
Kerbach (57) 68 C2
Kerbors (22) 48 C2
Kerfot (22) 48 E3
Kerfourn (56) 77 F6
Kergloff (29) 75 H3
Kergrist (56) 76 E5
Kergrist-Moëlou (22) 76 B2
Kerien (22) 76 C1
Kerlaz (29) 74 B4
Kerling-lès-Sierck (57) 27 J4
Kerlouan (29) 46 B3
Kermaria-Sulard (22) 48 B2
Kermoroc'h (22) 48 C4
Kernascléden (56) 76 A6
Kernilis (29) 46 A4
Kernouës (29) 46 B4
Kerpert (22) 76 C2
Kerprich-aux-Bois (57) 67 H4
Kersaint-Plabennec (29) 46 B5
Kertzfeld (67) 70 D6
Kervignac (56) 100 B3
Keskastel (67) 67 J1
Kesseldorf (67) 25 D3
Kienheim (67) 70 D2
Kientzheim (68) 96 B3
Kiffis (68) 97 C6
Killem (59) 3 K2
Kilstett (67) 25 B5
Kindwiller (67) 69 J5
Kingersheim (68) 97 C2
Kintzheim (67) 71 A5
Kirchberg (68) 119 J4
Kirchheim (67) 70 D3
Kirrberg (67) 67 J3
Kirrwiller-Bosselshausen (67) 69 J6
Kirsch-lès-Sierck (57) 27 J3
Kirschnaumen (57) 27 K3
Kirviller (57) 67 H1
Klang (57) 27 J4
Kleingoeft (67) 70 C2
Knoeringue (68) 97 D4
Knoersheim (67) 70 C2
Knutange (57) 27 F4
Koeningsmacker (57) 27 H4
Koestlach (68) 97 B5
Koetzingue (68) 97 C3
Koeur-la-Grande (55) 64 D3
Koeur-la-Petite (55) 64 E3
Kogenheim (67) 70 D6
Kolbsheim (67) 70 D3
Krautergersheim (67) 70 D4
Krautwiller (67) 70 E1
le Kremlin-Bicêtre (94) 58 E4
Kriegsheim (67) 25 A4
Kruth (68) 119 J2
Kunheim (68) 96 D4
Kuntzig (57) 27 H4
Kurtzenhouse (67) 25 B5
Kuttolsheim (67) 70 D2
Kutzenhausen (67) 25 B2

L

Laà-Mondrans (64) 283 J2
Laas (32) 286 A2
Laas (45) 110 D1
Laàs (64) 283 H3
Labalme (01) 189 J3
Labarde (33) 211 G5
Labaroche (68) 96 A3
Labarrère (32) 266 D2
Labarthe (32) 286 C2
Labarthe (82) 249 J4
Labarthe-Bleys (81) 250 E6
Labarthe-Inard (31) 306 A1
Labarthe-Rivière (31) 305 J1
Labarthe-sur-Lèze (31) 288 B2
Labarthète (32) 266 A6
Labassère (65) 304 C1
Labastide (65) 305 F2
Labastide-Beauvoir (31) 288 E2
Labastide-Castel-Amouroux (47) 247 G3
Labastide-Cézéracq (64) 284 B3
Labastide-Chalosse (40) 265 F6
Labastide-Clermont (31) 287 J4
Labastide-d'Anjou (11) 289 F4
Labastide-d'Armagnac (40) 266 A1
Labastide-de-Lévis (81) 270 C2
Labastide-de-Penne (82) 250 B3
Labastide-de-Virac (07) 256 A2
Labastide-Dénat (81) 270 E3
Labastide-du-Haut-Mont (46) 234 E2
Labastide-du-Temple (82) 249 H6
Labastide-du-Vert (46) 233 F6
Labastide-en-Val (11) 309 H1
Labastide-Esparbairenque (11) 290 B3
Labastide-Gabausse (81) 270 D1
Labastide-Marnhac (46) 249 K2
Labastide-Monréjeau (64) 284 B3
Labastide-Murat (46) 233 J5
Labastide-Paumès (31) 287 G4
Labastide-Rouairoux (81) 290 E2
Labastide-Saint-Georges (81) 270 B5
Labastide-Saint-Pierre (82) 269 G2
Labastide-Saint-Sernin (31) 269 H5
Labastide-Savès (32) 287 G2
Labastide-sur-Bésorgues (07) 239 G3
Labastide-Villefranche (64) 283 G2
Labastidette (31) 287 K2
Labathude (46) 234 D4
Labatie-d'Andaure (07) 221 J5
Labatmale (64) 285 F5
Labatut (09) 288 C5
Labatut (40) 264 B6
Labatut (64) 285 G3
Labatut-Rivière (65) 285 H1
Labbeville (95) 37 H6
Labeaume (07) 255 J1
Labécède-Lauragais (11) 289 H3
Labège (31) 288 C1
Labégude (07) 239 H4
Labéjan (32) 286 C1
Labenne (40) 262 B6
Labergement-du-Navois (25) 156 C3
Labergement-Foigney (21) 136 C6
Labergement-lès-Auxonne (21) 155 F1
Labergement-lès-Seurre (21) 154 C3
Labergement-Sainte-Marie (25) 156 E6
Laberlière (60) 19 F6
Labescau (33) 246 E1
Labesserette (15) 235 H3
Labessette (63) 201 H6
Labessière-Candeil (81) 270 C4
Labets-Biscay (64) 283 F3
Labeuville (55) 44 B5
Labeuvrière (62) 5 K5
Labeyrie (64) 284 A1
Lablachère (07) 255 J1
Laboissière-en-Santerre (80) 18 E5
Laboissière-en-Thelle (60) 37 H4
Laborde (65) 304 E2
Laborel (26) 258 C3
Labosse (60) 37 F3
Labouheyre (40) 245 F4
Laboulbène (81) 270 E5
Laboule (07) 239 F5
Labouquerie (24) 232 B3
Labourgade (82) 268 D2
Labourse (62) 6 A6
Laboutarie (81) 270 D4
Labretonie (47) 247 J1
Labrihe (32) 268 B4
Labrit (40) 245 K5
Labroquère (31) 305 H2
Labrosse (45) 86 E5
Labrousse (15) 235 J2
Labroye (62) 9 H3
Labruguière (81) 290 A1
Labruyère (21) 154 D3
Labruyère (60) 38 B3
Labruyère-Dorsa (31) 288 C3
Labry (54) 44 C4
Laburgade (46) 250 B2
Lac-des-Rouges-Truites (39) 174 A2
le Lac-d'Issarlès (07) 238 E2
Lacabarède (81) 290 D2
Lacadée (64) 284 A1
Lacajunte (40) 265 H6
Lacalm (12) 236 C3
Lacam-d'Ourcet (46) 234 D2
Lacanau (33) 210 C6
Lacanche (21) 153 H3
Lacapelle-Barrès (15) 236 A1
Lacapelle-Biron (47) 232 C5
Lacapelle-Cabanac (46) 249 G1
Lacapelle-del-Fraisse (15) 235 H3
Lacapelle-Livron (82) 250 D4
Lacapelle-Marival (46) 234 C4
Lacapelle-Pinet (81) 251 J6
Lacapelle-Ségalar (81) 251 F6
Lacapelle-Viescamp (15) 235 F1
Lacarre (64) 282 E5
Lacarry-Arhan-Charritte-de-Haut (64) 302 C1
Lacassagne (65) 285 J3
Lacaugne (31) 287 K4
Lacaune (81) 271 K5
Lacaussade (47) 232 B6
Lacave (09) 306 C2
Lacave (46) 233 J2
Lacaze (81) 271 H5
Lacelle (19) 200 A4
Lacenas (69) 188 A5
Lacépède (47) 247 K3
Lachaise (16) 196 A5
Lachalade (55) 42 D5
Lachambre (57) 68 A3
Lachamp (48) 237 H5
Lachamp-Raphaël (07) 239 G2
Lachapelle (47) 231 F5
Lachapelle (54) 95 G2
Lachapelle (80) 17 H3
Lachapelle (82) 268 A1
Lachapelle-aux-Pots (60) 37 F2
Lachapelle-Auzac (46) 233 H1
Lachapelle-en-Blaisy (52) 91 K6
Lachapelle-Graillouse (07) 238 D2
Lachapelle-Saint-Pierre (60) 37 J4
Lachapelle-sous-Aubenas (07) 239 H5
Lachapelle-sous-Chanéac (07) 239 G1
Lachapelle-sous-Chaux (90) 119 H5
Lachapelle-sous-Gerberoy (60) 17 G6
Lachapelle-sous-Rougemont (90) 119 K5
Lachassagne (69) 188 B5
Lachau (26) 258 C4
Lachaussée (55) 44 C6
Lachaussée-du-Bois-d'Écu (60) 17 K6
Lachaux (63) 186 A5
Lachelle (60) 38 D2
Lachy (51) 61 H4
Lacollonge (90) 119 J6
Lacombe (11) 289 K3
Lacommande (64) 284 B4
Lacoste (34) 273 H6
Lacoste (84) 277 G3
Lacougotte-Cadoul (81) 270 A6
Lacour (82) 248 E3
Lacour-d'Arcenay (21) 134 C5
Lacourt (09) 306 D3
Lacourt-Saint-Pierre (82) 269 F1
Lacq (64) 284 A2
Lacquy (40) 265 K2
Lacrabe (40) 265 F6
Lacres (62) 4 C4
Lacroisille (81) 289 G1
Lacroix-Barrez (12) 235 K3
Lacroix-Falgarde (31) 288 B2
Lacroix-Saint-Ouen (60) 38 D3
Lacroix-sur-Meuse (55) 64 E1
Lacropte (24) 214 B5
Lacrost (71) 172 A3
Lacrouzette (81) 271 G6
Lacs (36) 166 B3
Ladapeyre (23) 183 F2
Ladaux (33) 230 A4
Ladern-sur-Lauquet (11) 309 G1
Ladevèze-Rivière (32) 285 H1
Ladevèze-Ville (32) 285 H1
Ladignac-le-Long (87) 198 D4
Ladignac-sur-Rondelles (19) 216 B3
Ladinhac (15) 235 J3
Ladirat (46) 234 C3
Ladiville (16) 196 B5
Ladoix-Serrigny (21) 154 A3
Ladon (45) 111 G3
Lados (33) 246 D1
Ladoye-sur-Seille (39) 155 J6
Laduz (89) 112 E4
Lafage (11) 289 G6
Lafage-sur-Sombre (19) 216 E2
Lafare (84) 257 G5
Lafarre (07) 221 J5
Lafarre (43) 238 D2
Lafat (23) 182 A1
Lafauche (52) 92 E4
Laféline (03) 168 C6
Laferté-sur-Amance (52) 117 G4
Laferté-sur-Aube (52) 115 H1
Lafeuillade-en-Vézie (15) 235 H3
Laffaux (02) 39 K2
Laffite-Toupière (31) 287 G6
Laffrey (38) 224 B5
Lafitole (65) 285 H2
Lafitte (82) 268 D2
Lafitte-sur-Lot (47) 247 K2
Lafitte-Vigordane (31) 287 J4
Lafox (47) 248 C5
Lafrançaise (82) 249 H5
Lafraye (60) 37 J1
Lafresguimont-Saint-Martin (80) 17 G3
Lafrimbolle (57) 67 J6
Lagamas (34) 273 J5
Lagarde (09) 308 B2
Lagarde (31) 288 E4
Lagarde (32) 267 H2
Lagarde (57) 67 F4
Lagarde (65) 285 H4
Lagarde-d'Apt (84) 277 J1
Lagarde-Enval (19) 216 B4
Lagarde-Hachan (32) 286 C3
Lagarde-Paréol (84) 256 E4
Lagarde-sur-le-Né (16) 196 A5
Lagardelle (46) 249 H1
Lagardelle-sur-Lèze (31) 288 B3
Lagardère (32) 267 F3
Lagardiolle (81) 289 J2
Lagarrigue (47) 247 J3
Lagarrigue (81) 290 A1
Lageon (79) 161 K1
Lagery (51) 40 C5
Lagesse (10) 114 B2
Lagleygeolle (19) 216 A5
Laglorieuse (40) 265 H3
Lagnes (84) 276 E2
Lagney (54) 65 H4
Lagnicourt-Marcel (62) 11 G4
Lagnieu (01) 189 H6
Lagny (60) 19 G5
Lagny-le-Sec (60) 38 D6
Lagny-sur-Marne (77) 59 H3
Lagor (64) 284 A3
Lagorce (07) 256 A1
Lagorce (33) 212 B5
Lagord (17) 176 D2
Lagos (64) 284 E5
Lagrâce-Dieu (31) 288 B4
Lagrand (05) 258 D2
Lagrange (40) 266 B1
Lagrange (65) 286 A6
Lagrange (90) 119 J6
Lagrasse (11) 309 J1
Lagraulet-du-Gers (32) 266 E2
Lagraulet-Saint-Nicolas (31) 268 D4
Lagraulière (19) 215 K2
Lagrave (81) 270 C3
Lagruère (47) 247 H2
Laguenne (19) 216 B3
Laguépie (82) 251 F5
Laguian-Mazous (32) 285 K3
Laguinge-Restoue (64) 302 C1
Laguiole (12) 236 B4
Lagupie (47) 230 E5
Lahage (31) 287 H3
Lahas (32) 287 G1
Lahaymeix (55) 64 D2
Lahayville (55) 65 G2
Laheycourt (55) 63 K3
Lahitère (31) 287 K6
Lahitte (32) 267 J5
Lahitte-Toupière (65) 285 G2
Lahonce (64) 282 C1
Lahontan (64) 283 G1
Lahosse (40) 264 D4
Lahourcade (64) 284 A3
Lahoussoye (80) 18 C1
Laifour (08) 22 C1
la Laigne (17) 177 H2
Laigné (53) 104 E4
Laigné-en-Belin (72) 106 E4
Laignelet (35) 80 B3
Laignes (21) 114 D4
Laigneville (60) 38 A4
Laigny (02) 21 F2
Laillé (35) 79 F6
Lailly (89) 89 F5
Lailly-en-Val (45) 109 J6
Laimont (55) 63 K3
Lain (89) 132 E2
Laines-aux-Bois (10) 90 A5
Lains (39) 173 F5
Lainsecq (89) 132 D3
Lainville-en-Vexin (78) 57 K1
Laire (25) 139 G2
Laires (62) 5 G5
Lairière (11) 309 H2
Lairoux (85) 159 K4
Laissac (12) 252 E2
Laissaud (73) 208 C5
Laissey (25) 138 C5
Laître-sous-Amance (54) 66 B4
Laives (71) 171 K2
Laix (54) 26 D3
Laiz (01) 188 D1
Laizé (71) 171 J5
Laize-la-Ville (14) 32 E6
Laizy (71) 152 E5
Lajo (48) 237 H2
Lajoux (39) 174 A5
Lalacelle (61) 82 B2
Lalande (89) 132 D1
Lalande-de-Pomerol (33) 212 B6
Lalande-en-Son (60) 36 E2
Lalandelle (60) 37 F2
Lalandusse (47) 231 J4
Lalanne (32) 267 J4
Lalanne (65) 286 C5
Lalanne-Arqué (32) 286 D4
Lalanne-Trie (65) 286 A4
Lalaye (67) 96 B1
Lalbarède (81) 270 D6
Lalbenque (46) 250 B3
Laleu (61) 83 F1
Laleu (80) 17 H1
Lalevade-d'Ardèche (07) 239 G4
Lalheue (71) 171 J2
Lalinde (24) 232 A2
Lalizolle (03) 184 E3
Lallaing (59) 11 J1
Lalleu (35) 103 H2
Lalley (38) 242 A3
Lalleyriat (01) 190 B2
Lalobbe (08) 22 A4
Laloeuf (54) 93 K2
Lalongue (64) 284 E2
Lalonquette (64) 284 D2
Laloubère (65) 285 H5
Lalouret-Laffiteau (31) 286 E6
Lalouvesc (07) 221 J4
Laluque (40) 264 B3
Lama (2B) 319 F2

Lamadeleine-Val-des-Anges (90) 119 J5
Lamagdelaine (46) 250 A1
Lamagistère (82) 248 D5
Lamaguère (32) 286 D2
Lamaids (03) 183 J1
Lamalou-les-Bains (34) 272 D6
Lamancine (52) 92 A5
Lamanère (66) 314 D6
Lamanon (13) 276 E5
Lamarche (88) 117 H1
Lamarche-sur-Saône (21) 136 D6
Lamargelle (21) 135 J2
Lamaronde (80) 17 H3
Lamarque (33) 211 F4
Lamarque-Pontacq (65) 285 F6
Lamarque-Rustaing (65) 285 K4
Lamasquère (31) 287 K2
Lamastre (07) 221 K6
Lamath (54) 94 D1
Lamativie (46) 234 D1
Lamayou (64) 285 G3
Lamazère (32) 286 B1
Lamazière-Basse (19) 216 E1
Lamazière-Haute (19) 201 G3
Lambach (57) 69 G3
Lamballe (22) 77 J1
Lambersart (59) 6 D4
Lamberville (50) 31 K4
Lamberville (76) 15 J3
Lambesc (13) 277 G5
Lamblore (28) 56 B6
Lambres (62) 5 H4
Lambres-lez-Douai (59) 11 H2
Lambrey (70) 117 J5
Lambruisse (04) 260 B5
Laméac (65) 285 K4
Lamécourt (60) 38 A2
Lamelouze (30) 255 F4
Lamenay-sur-Loire (58) 169 G1
Lamérac (16) 196 A6
Lametz (08) 22 D6
Lamillarié (81) 270 E3
Lammerville (76) 15 J3
Lamnay (72) 107 J1
Lamongerie (19) 199 J5
Lamontélarié (81) 271 J6
Lamontgie (63) 203 F6
Lamontjoie (47) 248 A6
Lamonzie-Montastruc (24) 231 J1
Lamonzie-Saint-Martin (24) 231 G2
Lamorlaye (60) 38 A5
Lamorville (55) 64 E2
Lamothe (40) 265 F3
Lamothe (43) 219 H2
Lamothe-Capdeville (82) 249 K6
Lamothe-Cassel (46) 233 J5
Lamothe-Cumont (82) 268 B3
Lamothe-en-Blaisy (52) 91 K5
Lamothe-Fénelon (46) 233 H2
Lamothe-Goas (32) 267 H3
Lamothe-Landerron (33) 230 D5
Lamothe-Montravel (24) 230 D2
Lamotte-Beuvron (41) 130 B2
Lamotte-Brebière (80) 18 B2
Lamotte-Buleux (80) 9 G4
Lamotte-du-Rhône (84) 256 D3
Lamotte-Warfusée (80) 18 D2
Lamouilly (55) 23 H6
Lamoura (39) 174 A5
Lampaul-Guimiliau (29) 46 E5
Lampaul-Plouarzel (29) 72 B3
Lampaul-Ploudalmézeau (29) 72 C2
Lampertheim (67) 25 A6
Lampertsloch (67) 25 A2
Lamure-sur-Azergues (69) 187 K4
Lanans (25) 138 E5
Lanarce (07) 238 D3
Lanarvily (29) 46 B4
Lanas (07) 239 H6
Lancé (41) 128 C1
Lanchères (80) 8 D4
Lanches-Saint-Hilaire (80) 9 J5
Lanchy (02) 19 H3
Lancié (69) 188 B2
Lancieux (22) 50 C3
Lancôme (41) 128 C1
Lançon (08) 42 D4
Lançon (65) 305 F4
Lançon-Provence (13) 276 E6
Lancrans (01) 190 C3
Landange (57) 67 H5
Landas (59) 7 G6
Landaul (56) 100 C4
Landaville (88) 93 G4
Landavran (35) 79 K4
la Lande-Chasles (49) 126 B3
la Lande-d'Airou (50) 52 A3
la Lande-de-Fronsac (33) 211 K6
la Lande-de-Goult (61) 82 C1
la Lande-de-Lougé (61) 54 A5
la Lande-Patry (61) 53 G4
la Lande-Saint-Léger (27) 34 B3
la Lande-Saint-Siméon (61) 53 J3
la Lande-sur-Drôme (14) 31 K4
la Lande-sur-Eure (61) 84 A1
Landéan (35) 80 B3
Landebaëron (22) 48 C4
Landébia (22) 50 A4
la Landec (22) 50 B5
Landécourt (54) 94 C1
Landéda (29) 72 D2
Landéhen (22) 77 J1
Landeleau (29) 75 G3
Landelles (28) 84 D2
Landelles-et-Coupigny (14) 31 J6
Landemont (49) 123 K3
Landepéreuse (27) 55 J1
Landerneau (29) 46 C6
Landeronde (85) 159 G2
Landerrouat (33) 230 E3
Landerrouet-sur-Ségur (33) 230 C4
Landersheim (67) 70 C2
Landes (17) 177 J4
les Landes-Genusson (85) 142 C4
Landes-le-Gaulois (41) 128 D1
Landes-sur-Ajon (14) 32 C6
Landes-Vieilles-et-Neuves (76) 16 E3
Landévant (56) 100 C3
Landévennec (29) 74 C2
Landevieille (85) 158 E2
Landeyrat (15) 218 C3
Landifay-et-Bertaignemont (02) 20 D3
Landigou (61) 53 H4
le Landin (27) 35 F2
Landiras (33) 229 J5
Landisacq (61) 53 G4
Landivisiau (29) 46 E5
Landivy (53) 80 C2
Landogne (63) 201 J1
Landorthe (31) 286 E6
Landos (43) 238 B2
Landouzy-la-Cour (02) 21 G2
Landouzy-la-Ville (02) 21 G2
Landrais (17) 177 G3
le Landreau (44) 123 K4
Landrecies (59) 12 E5
Landrecourt-Lempire (55) 43 H6
Landremont (54) 66 A3
Landres (54) 26 D5
Landres-et-Saint-Georges (08) 42 E3
Landresse (25) 138 E5
Landrethun-le-Nord (62) 2 C4
Landrethun-lès-Ardres (62) 2 D4
Landrévarzec (29) 74 D5
Landreville (10) 114 E2
Landrichamps (08) 24 D2
Landricourt (02) 39 J1
Landricourt (51) 63 H6
Landroff (57) 66 E1
Landry (73) 193 A3
Landser (68) 97 C3
Landudal (29) 74 E5
Landudec (29) 73 E3
Landujan (35) 78 D2
Landunvez (29) 72 B2
Lanespède (65) 285 K6
Lanester (56) 100 A3
Lanet (11) 309 H3
Laneuvelle (52) 117 G3
Laneuvelotte (54) 66 B4
Laneuveville-aux-Bois (54) 67 F5
Laneuveville-derrière-Foug (54) 65 G5
Laneuveville-devant-Bayon (54) 94 B2
Laneuveville-devant-Nancy (54) 66 B5
Laneuveville-en-Saulnois (57) 66 C2
Laneuveville-lès-Lorquin (57) 67 J5
Laneuville-au-Pont (52) 63 J6
Laneuville-au-Rupt (55) 64 E5
Laneuville-sur-Meuse (55) 43 F1
Laneuvilleroy (60) 38 B1
Lanfains (22) 76 E2
Lanfroicourt (54) 66 B3
Langan (35) 78 E2
Langast (22) 77 G3
Langatte (57) 67 H4
Langé (36) 147 H3
Langeac (43) 219 J5
Langeais (37) 127 F5
Langensoultzbach (67) 25 A2
Langeron (58) 150 D6
Langesse (45) 111 H5
Langey (28) 108 D2
Langlade (30) 275 F4
Langley (88) 94 C3
Langoat (22) 48 B3
Langoëlan (56) 76 B5
Langogne (48) 238 C4
Langoiran (33) 229 J3
Langolen (29) 74 E5
Langon (33) 230 A5
Langon (35) 102 E3
Langon (41) 129 K6
le Langon (85) 160 C5
Langonnet (56) 75 J5
Langouet (35) 78 E2
Langourla (22) 77 K3
Langres (52) 116 D4
Langrolay-sur-Rance (22) 50 D4
Langrune-sur-Mer (14) 32 E3
Languédias (22) 50 B6
Languenan (22) 50 C5
Langueux (22) 49 G6
Languevoisin-Quiquery (80) 19 G4
Languidic (56) 100 C3
Languimberg (57) 67 G4
Langy (03) 185 J1
Lanhélin (35) 51 F5
Lanhères (55) 26 C6
Lanhouarneau (29) 46 C4
Lanildut (29) 72 B3
Laning (57) 68 B4
Laniscat (22) 76 C3
Laniscourt (02) 20 C6
Lanleff (22) 48 D3
Lanloup (22) 48 E3
Lanmérin (22) 48 B3
Lanmeur (29) 47 H4
Lanmodez (22) 48 D1
Lanne (65) 285 G6
Lanne-en-Barétous (64) 283 J6
Lanne-Soubiran (32) 266 A4
Lannéanou (29) 47 H6
Lannebert (22) 48 E4
Lannecaube (64) 284 E2
Lannédern (29) 75 F2
Lannemaignan (32) 265 K2
Lannemezan (65) 305 F1
Lannepax (32) 266 E4
Lanneplaà (64) 283 J2
Lanneray (28) 108 E2
Lannes (47) 247 J6
Lanneuffret (29) 46 C5
Lannilis (29) 72 D2
Lannion (22) 48 A3
Lannoy (59) 7 F4
Lannoy-Cuillère (60) 17 F4
Lannux (32) 265 K5
Lano (2B) 319 G5
Lanobre (15) 201 H6
Lanouaille (24) 214 E1
Lanouée (56) 101 H1
Lanoux (09) 307 G1
Lanquais (24) 231 K2
Lanques-sur-Rognon (52) 116 D1
Lanquetot (76) 14 E6
Lanrelas (22) 78 A2
Lanrigan (35) 51 G6
Lanrivain (22) 76 C2
Lanrivoaré (29) 72 C3
Lanrodec (22) 48 D6
Lans (71) 154 B6
Lans-en-Vercors (38) 223 K4
Lansac (33) 211 H5
Lansac (65) 285 J5
Lansac (66) 309 J5
Lansargues (34) 274 D6
Lanslebourg-Mont-Cenis (73) 226 C1
Lanslevillard (73) 226 C1
Lanta (31) 288 E1
Lantabat (64) 283 F4
Lantages (10) 114 C2
Lantan (18) 149 K5
Lantéfontaine (54) 26 E6
Lantenay (01) 189 K4
Lantenay (21) 135 J5
Lantenne-Vertière (25) 137 H6
Lantenot (70) 118 E5
la Lanterne-et-les-Armonts (70) 118 E4
Lanteuil (19) 215 K4
Lanthenans (25) 139 F4
Lanthes (21) 154 D3
Lantheuil (14) 32 C4
Lantic (22) 49 F5
Lantignié (69) 188 A3
Lantillac (56) 101 G1
Lantilly (21) 134 E2
Lanton (33) 228 C3
Lantosque (06) 311 A4
Lantriac (43) 220 D6
Lanty (58) 152 A6
Lanty-sur-Aube (52) 115 H2
Lanuéjols (30) 253 K5
Lanuéjols (48) 254 B1
Lanuéjouls (12) 251 H2
Lanvallay (22) 50 D5
Lanvaudan (56) 100 B2
Lanvellec (22) 47 K4
Lanvénégen (56) 75 J6
Lanvéoc (29) 72 D6
Lanvollon (22) 48 E4
Lanzac (46) 233 H2
Laon (02) 20 D6
Laons (28) 56 D5
Lapalisse (03) 186 A2
Lapalud (84) 256 D3
Lapan (18) 149 F5
Lapanouse (12) 253 G3
Lapanouse-de-Cernon (12) 272 D1
Laparade (47) 247 K2
Laparrouquial (81) 251 F6
Lapège (09) 307 H5
Lapenche (82) 250 B4
Lapenne (09) 288 E6
Lapenty (50) 52 C6
Laperche (47) 231 H6
Laperrière-sur-Saône (21) 155 F2
Lapeyre (65) 286 A4
Lapeyrère (31) 288 A5
Lapeyrouse (01) 188 E5
Lapeyrouse (63) 184 D2
Lapeyrouse-Fossat (31) 269 H5
Lapeyrouse-Mornay (26) 222 D2
Lapeyrugue (15) 235 J4
Lapleau (19) 216 E2
Laplume (47) 248 A5
Lapoutroie (68) 96 A3
Lapouyade (33) 212 A4
Lappion (02) 21 G5
Laprade (11) 290 A3
Laprade (16) 213 F2
Laprugne (03) 186 B5
Laps (63) 203 F3
Lapte (43) 221 F3
Lapugnoy (62) 5 K5
Laquenexy (57) 45 G6
Laqueuille (63) 201 K4
Laragne-Montéglin (05) 258 E2
Larajasse (69) 205 H4
Laramière (46) 250 E3
Laran (65) 286 B5
Larbey (40) 264 E4
Larbont (09) 307 G2
Larbroye (60) 19 G6
Larcan (31) 286 E6
Larcat (09) 307 J5
Larçay (37) 127 K5
Larceveau-Arros-Cibits (64) 283 F5
Larchamp (53) 80 C3
Larchamp (61) 53 F5
Larchant (77) 87 G5
Larche (04) 227 C6
Larche (19) 215 H4
le Larderet (39) 156 B5
Lardier-et-Valença (05) 259 G1
Lardiers (04) 258 D6
le Lardin-Saint-Lazare (24) 215 F4
Lardy (91) 86 D2
Larée (32) 266 B2
Laréole (31) 268 C5
Largeasse (79) 161 G1
Largentière (07) 239 G6
Largillay-Marsonnay (39) 173 H3
Largitzen (68) 97 B5
Largny-sur-Automne (02) 39 F4
Larians-et-Munans (70) 138 C3
Larivière (90) 119 J6
Larivière-Arnoncourt (52) 117 G2
Larmor-Baden (56) 100 E6
Larmor-Plage (56) 99 K5
Larnage (26) 222 C4
Larnagol (46) 250 D1
Larnas (07) 256 C1
Larnat (09) 307 J5
Larnaud (39) 173 F1
Larnod (25) 156 B1
Laroche-près-Feyt (19) 201 H3
Laroche-Saint-Cydroine (89) 113 F3
Larochemillay (58) 152 C5
Larodde (63) 201 H5
Laroin (64) 284 C4
Laronxe (54) 94 E1
Laroque (33) 229 K4
Laroque (34) 274 A2
Laroque-de-Fa (11) 309 J3
Laroque-des-Albères (66) 315 H4
Laroque-des-Arcs (46) 250 A1
Laroque-d'Olmes (09) 308 B3
Laroque-Timbaut (47) 248 D3
Laroquebrou (15) 217 F6
Laroquevieille (15) 217 J6
Larouillies (59) 13 G6
Larra (31) 268 E5
Larrau (64) 302 B2
Larrazet (82) 268 D2
Larré (56) 101 H4
Larré (61) 82 D2
Larressingle (32) 267 F2
Larressore (64) 263 D2
Larret (70) 137 F1
Larreule (64) 284 C2
Larreule (65) 285 G2
Larrey (21) 114 E4
Larribar-Sorhapuru (64) 283 G4
Larringes (74) 175 G5
Larrivière (40) 265 H4
Larrivoire (39) 173 J6
Larroque (31) 286 D6
Larroque (65) 286 B4
Larroque (81) 269 K1
Larroque-Engalin (32) 267 H1
Larroque-Saint-Sernin (32) 267 G3
Larroque-sur-l'Osse (32) 266 E1
Larroque-Toirac (46) 234 C6
Lartigue (32) 286 E1
Lartigue (33) 246 E4
Laruns (64) 303 H2
Laruscade (33) 211 K4
Larzac (24) 232 D3
Larzicourt (51) 63 G6
Lasalle (30) 254 E6
Lasbordes (11) 289 H4
Lascabanes (46) 249 J3
Lascaux (19) 215 G2
Lascazères (65) 285 G1
Lascelle (15) 217 J6
Lasclaveries (64) 284 D2
Lasfaillades (81) 290 C1
Lasgraisses (81) 270 D4
Laslades (65) 285 J5
Lassales (65) 286 B5
Lassay-les-Châteaux (53) 81 H3
Lassay-sur-Croisne (41) 129 H5
Lasse (49) 126 C2
Lasse (64) 282 D5
Lasserade (32) 266 C6
Lasséran (32) 267 H6
Lasserre (09) 306 D1
Lasserre (31) 268 E6
Lasserre (47) 247 K6
Lasserre (64) 285 F1
Lasserre-de-Prouille (11) 289 J6
Lasseube (64) 284 B5
Lasseube-Propre (32) 286 C1
Lasseubetat (64) 284 C6
Lassicourt (10) 90 E3
Lassigny (60) 19 F6
Lasson (14) 32 D4
Lasson (89) 113 J2
Lassouts (12) 252 E1
Lassur (09) 307 K5
Lassy (14) 53 G2
Lassy (35) 78 E6
Lassy (95) 38 A6
Lastic (15) 219 F4
Lastic (63) 201 J3
Lastours (11) 290 B4
Lataule (60) 18 E6
le Latet (39) 156 B6
la Latette (39) 156 C6
Lathuile (74) 208 E1
Lathus-Saint-Rémy (86) 164 B6
Latillé (86) 162 C3
Latilly (02) 39 J5
Latoue (31) 286 E6
Latouille-Lentillac (46) 234 C2
Latour (31) 288 A6
Latour-Bas-Elne (66) 315 H3
Latour-de-Carol (66) 313 G5
Latour-de-France (66) 309 K5
Latour-en-Woëvre (55) 44 B6
Latrape (31) 288 A5
Latrecey-Ormoy-sur-Aube (52) 115 J3
Latresne (33) 229 H2
Latrille (40) 265 J6
Latronche (19) 217 F2
Latronquière (46) 234 E3
Lattainville (60) 36 E4
Lattes (34) 293 H1
Lattre-Saint-Quentin (62) 10 D3
Lau-Balagnas (65) 304 A2
Laubach (67) 25 A3
Laubert (48) 237 K5
les Laubies (48) 237 H4
Laubressel (10) 90 C4
Laubrières (53) 104 B3
Laucourt (80) 19 F5
Laudrefang (57) 45 K5
Laudun (30) 256 C5
Laugnac (47) 248 B3
Laujuzan (32) 266 A3
Laulne (50) 30 E1
Laumesfeld (57) 27 K4
Launac (31) 268 E4
Launaguet (31) 269 G5
Launay (27) 34 E6
Launay-Villiers (53) 80 C6
Launois-sur-Vence (08) 22 B5
Launoy (02) 39 K4
Launstroff (57) 27 K3
la Laupie (26) 240 C5
Laurabuc (11) 289 H5
Laurac (11) 289 H5
Laurac-en-Vivarais (07) 239 G6
Lauraët (32) 266 E2
Lauraguel (11) 308 E1
Laure-Minervois (11) 290 D5
Laurède (40) 264 D4
Laurenan (22) 77 J4
Laurens (34) 291 K2
Lauresses (46) 234 E3
Lauret (34) 274 C3
Lauret (40) 284 D1
Laurie (15) 218 E2
Laurière (87) 181 K4
Lauris (84) 277 G4
Lauroux (34) 273 F4
Laussonne (43) 220 D6
Laussou (47) 232 B5
Lautenbach (68) 96 A6
Lautenbachzell (68) 96 A6
Lauterbourg (67) 25 E2
Lauthiers (86) 163 J3
Lautignac (31) 287 H3
Lautrec (81) 270 E5
Lauw (68) 119 K5
Lauwin-Planque (59) 11 H1
Laux-Montaux (26) 258 B2
Lauzach (56) 101 H6
Lauzerte (82) 249 G4
Lauzerville (31) 288 D1
Lauzès (46) 233 J6
le Lauzet-Ubaye (04) 260 A1
Lauzun (47) 231 H5
Lavacquerie (60) 17 J4
Laval (38) 224 C2
Laval (53) 104 E1
Laval-Atger (48) 238 A3
Laval-d'Aix (26) 241 H3
Laval-d'Aurelle (07) 238 D6
Laval-de-Cère (46) 234 C1
Laval-du-Tarn (48) 253 K3
Laval-en-Brie (77) 88 A3
Laval-en-Laonnois (02) 40 B1
Laval-le-Prieuré (25) 139 F6
Laval-Morency (08) 22 B2
Laval-Pradel (30) 255 G4
Laval-Roquecezière (12) 271 K4
Laval-Saint-Roman (30) 256 B3
Laval-sur-Doulon (43) 219 J1
Laval-sur-Luzège (19) 216 E3
Laval-sur-Tourbe (51) 42 B5
Laval-sur-Vologne (88) 95 F5
Lavalade (24) 232 B4
Lavaldens (38) 224 C5
Lavalette (11) 290 A6
Lavalette (31) 269 J6
Lavalette (34) 273 F5
Lavallée (55) 64 C3
Lavancia-Épercy (39) 173 H6
le Lavandou (83) 298 D5

Lavangeot (39) 155 H1
Lavannes (51) 41 G3
Lavans-lès-Dole (39) 155 H1
Lavans-lès-Saint-Claude (39) 173 J5
Lavans-Quingey (25) 156 A2
Lavans-sur-Valouse (39) 173 G6
Lavans-Vuillafans (25) 156 D2
Lavaqueresse (02) 20 D1
Lavardac (47) 247 J5
Lavardens (32) 267 H4
Lavardin (41) 108 A6
Lavardin (72) 106 C1
Lavaré (72) 107 J2
Lavars (38) 242 A1
Lavastrie (15) 236 D1
Lavatoggio (2B) 318 C3
Lavau (10) 90 B4
Lavau (89) 132 A2
Lavau-sur-Loire (44) 122 C3
Lavaudieu (43) 219 H3
Lavaufranche (23) 183 H1
Lavault-de-Frétoy (58) 152 C2
Lavault-Sainte-Anne (03) 184 A1
Lavaur (24) 232 D5
Lavaur (81) 270 A5
Lavaurette (82) 250 C4
Lavausseau (86) 162 C3
Lavaveix-les-Mines (23) 183 F4
Lavazan (33) 246 E2
Laveissenet (15) 218 C5
Laveissière (15) 218 B4
Lavelanet (09) 308 B3
Lavelanet-de-Comminges (31) 287 J5
Laveline-devant-Bruyères (88) 95 G5
Laveline-du-Houx (88) 95 F6
Lavenay (72) 107 J5
Laventie (62) 6 B4
Laveraët (32) 285 J1
Lavercantière (46) 233 G5
Laverdines (18) 150 A3
Lavergne (46) 234 A3
Lavergne (47) 231 G5
Lavernat (72) 107 F6
Lavernay (25) 137 H6
Lavernhe (12) 253 F3
Lavernose-Lacasse (31) 287 K3
Lavernoy (52) 117 F3
Laverrière (60) 17 J4
Laversine (02) 39 H3
Laversines (60) 37 J2
Lavérune (34) 293 G1
Laveyron (26) 222 B3
Laveyrune (07) 238 C5
Laveyssière (24) 231 H1
Lavieu (42) 204 C5
Laviéville (80) 10 D6
Lavigerie (15) 218 A4
Lavignac (87) 198 D3
Lavigney (70) 117 H6
Lavigny (39) 173 G1
Lavillatte (07) 238 D3
Laville-aux-Bois (52) 116 C1
Lavilledieu (07) 239 J5
Lavilleneuve (52) 116 E2
Lavilletertre (60) 37 F5
Lavincourt (55) 64 B5
Laviolle (07) 239 G3
Laviron (25) 139 F5
Lavit (82) 268 B2
Lavoine (03) 186 B5
Lavoncourt (70) 137 H1
Lavours (01) 207 K1
Lavoûte-Chilhac (43) 219 H4
Lavoûte-sur-Loire (43) 220 C4
Lavoux (86) 163 G3
Lavoye (55) 43 F6
Lawarde-Mauger-l'Hortoy (80) 18 A4
Laxou (54) 66 A5
Lay (42) 187 G5
Lay-Lamidou (64) 283 K4
Lay-Saint-Christophe (54) 66 A4
Lay-Saint-Remy (54) 65 G5
Laye (05) 242 E4
Laymont (32) 287 G3
Layrac (47) 248 C5
Layrac-sur-Tarn (31) 269 H3
Layrisse (65) 285 H6
Lays-sur-le-Doubs (71) 154 E4
Laz (29) 75 F4
Lazenay (18) 148 D3
Lazer (05) 258 E2
Léalvillers (80) 10 C5
Léaupartie (14) 33 H5
Léaz (01) 190 D3
Lebetain (90) 139 J2
Lebeuville (54) 94 B2
Lebiez (62) 4 E6
Leboulin (32) 267 J5
Lebreil (46) 249 H3
Lebucquière (62) 11 G5
Lécaude (14) 33 J6
Lecci (2A) 323 H2
Lecelles (59) 7 G6
Lecey (52) 116 E4
Lechâtelet (21) 154 D3
Léchelle (62) 11 G5
Léchelle (77) 88 E1
la Léchère (73) 209 H4
les Lèches (24) 213 G6
Lécluse (59) 11 H3
Lécousse (35) 80 A3
Lecques (30) 274 D3
Lect (39) 173 H5
Lectoure (32) 267 J2
Lecumberry (64) 282 E6
Lécussan (31) 286 C6
Lédas-et-Penthiès (81) 251 K6
Lédat (47) 248 C1
Lédenon (30) 275 J2
Lédergues (12) 252 A6
Lederzeele (59) 3 G4
Ledeuix (64) 284 A5
Lédignan (30) 274 E1
Ledinghem (62) 2 E6
Ledringhem (59) 3 J4
Lée (64) 284 D4
Leers (59) 7 F3
Lées-Athas (64) 303 F2
Lefaux (62) 4 B5
Leffard (14) 53 K2
Leffincourt (08) 41 K2
Leffonds (52) 116 B3
Leffrinckoucke (59) 3 H1
Leforest (62) 11 H1
Lège (31) 305 H4
Legé (44) 141 H4
Lège-Cap-Ferret (33) 228 B2
Légéville-et-Bonfays (88) 94 A5
Léglantiers (60) 38 B1
Légna (39) 173 G5
Légny (69) 188 A6
Léguevin (31) 268 E6
Léguillac-de-Cercles (24) 213 J1
Léguillac-de-l'Auche (24) 213 J3
Lehaucourt (02) 19 K1
Léhon (22) 50 D5
Leigné-les-Bois (86) 163 J1
Leigné-sur-Usseau (86) 145 H5
Leignes-sur-Fontaine (86) 163 K4
Leigneux (42) 204 C2
Leimbach (68) 119 K4
Leintrey (54) 67 F5
Lélex (01) 174 A6
Lelin-Lapujolle (32) 266 A5
Lelling (57) 68 A4
Lemainville (54) 94 B1
Lembach (67) 25 A1
Lemberg (57) 69 G4
Lembeye (64) 285 F2
Lembras (24) 231 J1
Lemé (02) 20 E2
Lème (64) 284 D2
Leménil-Mitry (54) 94 B2
Lémeré (37) 145 G3
Lemmecourt (88) 93 G5
Lemmes (55) 43 G6
Lemoncourt (57) 66 C2
Lempaut (81) 289 J2
Lempdes (63) 202 E2
Lempdes-sur-Allagnon (43) 219 F1
Lempire (02) 11 J6
Lemps (07) 222 B4
Lemps (26) 258 A2
Lempty (63) 203 F1
Lempzours (24) 214 B1
Lemud (57) 45 G6
Lemuy (39) 156 B4
Lénault (14) 53 G2
Lenax (03) 186 C1
Lencloître (86) 145 G6
Lencouacq (40) 246 B5
Lengelsheim (57) 69 G2
Lengronne (50) 30 E5
Lenharrée (51) 62 B4
Léning (57) 67 G1
Lennon (29) 75 F3
Lenoncourt (54) 66 B5
Lens (62) 11 F1
Lens-Lestang (26) 222 D2
Lent (01) 189 G3
Lent (39) 156 B6
Lentigny (42) 186 E5
Lentillac-du-Causse (46) 233 K6
Lentillac-Saint-Blaise (46) 234 E5
Lentillères (07) 239 G5
Lentilles (10) 91 F2
Lentilly (69) 205 J1
Lentiol (38) 222 E2
Lento (2B) 319 G3
Léobard (46) 233 G4
Léogeats (33) 229 K6
Léognan (33) 229 G3
Léojac (82) 269 G1
Léon (40) 262 D2
Léoncel (26) 241 F1
Léotoing (43) 219 F1
Léouville (45) 86 C6
Léoville (17) 211 K1
Lépanges-sur-Vologne (88) 95 F5
Lépaud (23) 183 J2
Lépin-le-Lac (73) 208 A4
Lépinas (23) 182 D4
Lépine (62) 9 F1
Lépron-les-Vallées (08) 22 A3
Lepuix (90) 119 H5
Lepuix-Neuf (90) 97 A5
Léran (09) 308 B3
Lercoul (09) 307 H5
Léré (18) 131 K4
Léren (64) 283 G1
Lérigneux (42) 204 C4
Lerm-et-Musset (33) 246 D3
Lerné (37) 144 E2
Lérouville (55) 64 E4
Lerrain (88) 94 A6
Léry (21) 135 J2
Léry (27) 35 J4
Lerzy (02) 21 F1
Les Adrets-de-l'Estérel (83) 280 C6
Lesboeufs (80) 11 F6
Lesbois (53) 80 E2
Lescar (64) 284 C4
Leschaux (74) 208 D1
Leschelles (02) 20 E1
Lescheraines (73) 208 D2
Leschères (39) 173 J4
Leschères-sur-le-Blaiseron (52) 92 A4
Lescherolles (77) 60 D5
Lescheroux (01) 172 C5
Lesches (77) 59 J3
Lesches-en-Diois (26) 241 J5
Lescouët-Gouarec (22) 76 B4
Lescousse (09) 288 C6
Lescout (81) 289 J1
Lescun (64) 303 F3
Lescuns (31) 287 H5
Lescure (09) 306 E2
Lescure-d'Albigeois (81) 270 E2
Lescure-Jaoul (12) 251 H4
Lescurry (65) 285 J4
Lesdain (59) 11 K5
Lesdins (02) 20 A2
Lesges (02) 40 A3
Lesgor (40) 264 C3
Lésignac-Durand (16) 197 J1
Lésigny (77) 59 G5
Lésigny (86) 146 A6
le Leslay (22) 76 E1
Lesme (71) 169 J2
Lesménils (54) 65 K2
Lesmont (10) 90 E3
Lesneven (29) 46 B4
Lesparre-Médoc (33) 210 D2
Lesparrou (09) 308 B3
Lespéron (07) 238 C3
Lesperon (40) 264 B1
Lespesses (62) 5 J5
Lespielle (64) 285 F2
Lespignan (34) 291 K5
Lespinasse (31) 269 G5
Lespinassière (11) 290 D3
Lespinoy (62) 9 G1
Lespiteau (31) 305 K1
Lespouey (65) 285 J5
Lespourcy (64) 285 F3
Lespugue (31) 286 D5
Lesquerde (66) 309 H5
Lesquielles-Saint-Germain (02) 20 D1
Lesquin (59) 6 E4
Lessac (16) 180 B4
Lessard-en-Bresse (71) 172 B1
Lessard-et-le-Chêne (14) 33 J6
Lessard-le-National (71) 154 A5
Lessay (50) 30 D2
Lesse (57) 66 D1
Lesseux (88) 95 K4
Lessy (57) 44 E5
Lestanville (76) 15 J4
Lestards (19) 200 B5
Lestelle-Bétharram (64) 284 E6
Lestelle-de-Saint-Martory (31) 306 B1
Lesterps (16) 180 C5
Lestiac-sur-Garonne (33) 229 K4
Lestiou (41) 109 H6
Lestrade-et-Thouels (12) 252 C6
Lestre (50) 29 F4
Lestrem (62) 6 A4
Létanne (08) 23 G6
Lételon (03) 167 H2
Léthuin (28) 85 K4
Letia (2A) 320 C2
Létra (69) 187 K5
Létricourt (54) 66 B2
Letteguives (27) 36 A2
Lettret (05) 242 E6
Leubringhen (62) 2 B4
Leuc (11) 290 B6
Leucamp (15) 235 J3
Leucate (11) 310 D4
Leuchey (52) 116 C6
Leudeville (91) 86 E1
Leudon-en-Brie (77) 60 D5
Leuglay (21) 115 H5
Leugny (86) 146 A5
Leugny (89) 132 E1
Leuhan (29) 75 G5
Leuilly-sous-Coucy (02) 39 J1
Leulinghem (62) 3 F5
Leulinghen-Bernes (62) 2 B4
Leurville (52) 92 D4
Leury (02) 39 J2
Leutenheim (67) 25 C3
Leuville-sur-Orge (91) 86 D1
Leuvrigny (51) 40 C6
le Leuy (40) 265 F3
Leuze (02) 21 H2
Levainville (28) 85 J2
Leval (59) 13 F4
Leval (90) 119 J5
Levallois-Perret (92) 58 E3
Levaré (53) 80 D3
Levécourt (52) 93 F6
Levens (06) 281 G2
Levergies (02) 20 A1
Levernois (21) 154 A3
Lèves (28) 85 G2
les Lèves-et-Thoumeyragues (33) 230 E3
Levesville-la-Chenard (28) 85 K5
Levet (18) 149 G5
Levie (2A) 323 F2
Levier (25) 156 C4
Lévignac (31) 268 E5
Lévignac-de-Guyenne (47) 230 E5
Lévignacq (40) 244 D6
Lévignen (60) 38 E5
Lévigny (10) 91 G4
Levis (89) 132 D1
Lévis-Saint-Nom (78) 58 A5
Levoncourt (55) 64 C3
Levoncourt (68) 97 B6
Levroux (36) 147 J4
Lewarde (59) 11 J2
Lexy (54) 26 C2
Ley (57) 67 F4
Leychert (09) 307 K3
Leyme (46) 234 C3
Leymen (68) 97 D5
Leyment (01) 189 H5
Leynes (71) 188 B1
Leynhac (15) 235 G3
Leyr (54) 66 B3
Leyrat (23) 166 E6
Leyrieu (38) 206 E2
Leyritz-Moncassin (47) 247 G3
Leyssard (01) 189 J2
Leyvaux (15) 218 E2
Leyviller (57) 68 B4
Lez (31) 305 J3
Lez-Fontaine (59) 13 J4
Lézan (30) 274 D1
Lézardrieux (22) 48 D2
Lézat (39) 174 A4
Lézat-sur-Lèze (09) 288 A5
Lezay (79) 178 E1
Lezennes (59) 6 E4
Lezéville (52) 92 D3
Lezey (57) 66 E4
Lézignan (65) 304 B1
Lézignan-Corbières (11) 291 F6
Lézignan-la-Cèbe (34) 292 C2
Lézigné (49) 125 K1
Lézigneux (42) 204 D4
Lézinnes (89) 114 B5
Lezoux (63) 203 G1
Lhéraule (60) 37 F1
Lherm (31) 287 K3
Lherm (46) 233 F6
Lhéry (51) 40 C5
Lhez (65) 285 J5
Lhommaizé (86) 163 H5
Lhomme (72) 107 H6
Lhôpital (01) 190 C4
Lhor (57) 67 G2
Lhospitalet (46) 249 K2
Lhoumois (79) 162 A1
Lhuis (01) 207 H2
Lhuître (10) 90 C1
Lhuys (02) 40 A4
Liac (65) 285 H3
Liancourt (60) 38 A3
Liancourt-Fosse (80) 19 F4
Liancourt-Saint-Pierre (60) 37 F4
Liart (08) 21 K3
Lias (32) 287 J1
Lias-d'Armagnac (32) 266 B3
Liausson (34) 273 G6
Libaros (65) 286 A5
Libercourt (62) 6 D6
Libermont (60) 19 H4
Libourne (33) 230 A1
Licey-sur-Vingeanne (21) 136 D3
Lichans-Sunhar (64) 302 C1
Lichères (16) 179 G6
Lichères-près-Aigremont (89) 113 J6
Lichères-sur-Yonne (89) 133 G3
Lichos (64) 283 H4
Lichtenberg (67) 69 H5
Licourt (80) 19 G3
Licq-Athérey (64) 302 C1
Licques (62) 2 D4
Licy-Clignon (02) 39 J6
Lidrezing (57) 67 F2
Liebenswiller (68) 97 D5
Liebsdorf (68) 97 B6
Liebvillers (25) 139 H4
Liederschiedt (57) 69 H2
Lieffrans (70) 137 K2
le Liège (37) 146 E1
Liéhon (57) 66 B1
Liencourt (62) 10 C3
Liépvre (68) 96 B1
Liéramont (80) 11 H6
Liercourt (80) 9 G6
Lières (62) 5 H5
Liergues (69) 188 B5
Liernais (21) 152 E1
Liernolles (03) 169 J6
Lierval (02) 40 B1
Lierville (60) 37 F5
Lies (65) 304 D1
Liesle (25) 155 K2
Liesse-Notre-Dame (02) 20 E5
Liessies (59) 13 J5
Liesville-sur-Douve (50) 29 F6
Liettres (62) 5 H4
Lieu-Saint-Amand (59) 12 B3
Lieuche (06) 261 G6
Lieucourt (70) 137 G5
Lieudieu (38) 206 E5
Lieurac (09) 308 A3
Lieuran-Cabrières (34) 292 C1
Lieuran-lès-Béziers (34) 292 A3
Lieurey (27) 34 C4
Lieuron (35) 102 D1
Lieusaint (50) 28 E4
Lieusaint (77) 59 G6
Lieutadès (15) 236 C2
Lieuvillers (60) 38 B1
Liévans (70) 138 C1
Liévin (62) 10 E1
Liez (02) 20 A4
Liez (85) 160 E5
Liézey (88) 95 G6
Liffol-le-Grand (88) 93 F4
Liffol-le-Petit (52) 92 E4
Liffré (35) 79 H3
Ligardes (32) 248 A6
Ligescourt (80) 9 G3
Liginiac (19) 217 G1
Liglet (86) 164 C4
Lignac (36) 164 D5
Lignairolles (11) 308 C1
Lignan-de-Bazas (33) 246 C1
Lignan-de-Bordeaux (33) 229 J2
Lignan-sur-Orb (34) 291 K3
Lignareix (19) 201 F4
Ligné (16) 179 F6
Ligné (44) 123 J2
Lignères (61) 55 F5
Lignereuil (62) 10 C3
Lignerolles (03) 184 A1
Lignerolles (21) 115 J4
Lignerolles (27) 56 E3
Lignerolles (36) 166 C4
Lignerolles (61) 83 H1
Lignéville (88) 93 J6
Ligneyrac (19) 215 K5
Lignières (10) 113 K3
Lignières (18) 166 D1
Lignières (41) 108 D4
Lignières (80) 18 E5
Lignières-Châtelain (80) 17 G3
Lignières-de-Touraine (37) 127 F6
Lignières-en-Vimeu (80) 17 F2
Lignières-la-Carelle (72) 82 E3
Lignières-Orgères (53) 82 A1
Lignières-Sonneville (16) 196 A4
Lignières-sur-Aire (55) 64 D4
Lignol (56) 76 B6
Lignol-le-Château (10) 91 H5
Lignon (51) 91 F1
Lignorelles (89) 113 H4
Lignou (61) 53 K5
Ligny-en-Barrois (55) 64 C5
Ligny-en-Brionnais (71) 187 G2
Ligny-en-Cambrésis (59) 12 C5
Ligny-le-Châtel (89) 113 H4
Ligny-le-Ribault (45) 129 J1
Ligny-lès-Aire (62) 5 H5
Ligny-Saint-Flochel (62) 10 B2
Ligny-sur-Canche (62) 10 A3
Ligny-Thilloy (62) 11 F5
Ligré (37) 145 G2
Ligron (72) 106 C5
Ligsdorf (68) 97 C6
Ligueil (37) 146 B3
Ligueux (24) 214 B2
Ligueux (33) 231 F3
Ligugé (86) 163 F4
Lihons (80) 19 F3
Lihus (60) 17 J5
les Lilas (93) 59 F3
Lilhac (31) 287 F4
Lille (59) 6 D4
Lillebonne (76) 14 E6
Lillemer (35) 50 E4
Lillers (62) 5 J5
Lilly (27) 36 C2
Limalonges (79) 179 G3
Limans (04) 278 A1
Limanton (58) 151 K4
Limas (69) 188 B5
Limay (78) 57 J2
Limbrassac (09) 308 B2
Limé (02) 40 A3
Limeil-Brévannes (94) 59 F5
Limendous (64) 284 E4
Limeray (37) 128 C4
Limersheim (67) 70 E5
Limerzel (56) 101 K6
Limésy (76) 15 J5
Limetz-Villez (78) 57 G1
Limeuil (24) 232 C2
Limeux (18) 148 D3
Limeux (80) 9 G6
Limey-Remenauville (54) 65 H2
Limeyrat (24) 214 D4
Limoges (87) 199 F1
Limoges-Fourches (77) 59 H6
Limogne-en-Quercy (46) 250 D2
Limoise (03) 168 B2
Limon (58) 151 G4
Limonest (69) 206 A1
Limons (63) 185 J5
Limont-Fontaine (59) 13 G3
Limony (07) 222 A1
Limours (91) 58 C6
Limousis (11) 290 B4
Limoux (11) 308 E2
la Limouzinière (44) 141 H3

Limpiville (76) 14 E4
Linac (46) 234 E4
Linard (23) 166 A6
Linards (87) 199 H3
Linars (16) 196 D3
Linas (91) 58 D6
Linay (08) 23 H5
Linazay (86) 179 G3
Lindebeuf (76) 15 H4
le Lindois (16) 197 J2
Lindre-Basse (57) 67 F3
Lindre-Haute (57) 67 F3
Lindry (89) 112 E5
Linexert (70) 118 E5
Lingé (36) 164 C1
Lingeard (50) 52 C4
Lingèvres (14) 32 B5
Linghem (62) 5 H4
Lingolsheim (67) 71 D1
Lingreville (50) 30 D5
Linguizzetta (2B) 319 J6
Linières-Bouton (49) 126 C3
Liniers (86) 163 H3
Liniez (36) 148 A3
Linsdorf (68) 97 D5
Linselles (59) 6 E3
Linthal (68) 96 A6
Linthelles (51) 61 J5
Linthes (51) 61 J5
Lintot (76) 14 E6
Lintot-les-Bois (76) 15 K3
Linxe (40) 262 D2
Liny-devant-Dun (55) 43 F2
Linzeux (62) 9 K2
Liocourt (57) 66 C2
Liomer (80) 17 G2
le Lion-d'Angers (49) 125 F1
Lion-devant-Dun (55) 43 G2
Lion-en-Beauce (45) 110 A1
Lion-en-Sullias (45) 111 F6
Lion-sur-Mer (14) 32 E3
Liorac-sur-Louyre (24) 231 K1
Liouc (30) 274 D2
Liourdres (19) 234 B1
Lioux (84) 277 G1
Lioux-les-Monges (23) 183 J5
Liposthey (40) 245 G2
Lipsheim (67) 70 E4
Lirac (30) 256 D6
Liré (49) 124 A5
Lirey (10) 90 A6
Lironcourt (88) 117 J2
Lironville (54) 65 H3
Liry (08) 42 B3
Lisbourg (62) 5 G6
Lisieux (14) 33 K5
Lisle (24) 213 J2
Lisle (41) 108 C4
Lisle-en-Barrois (55) 64 A2
Lisle-en-Rigault (55) 63 K5
Lisle-sur-Tarn (81) 270 A3
Lislet (02) 21 G4
Lison (14) 31 H2
Lisores (14) 54 E2
Lisors (27) 36 B3
Lissac (09) 288 C5
Lissac (43) 220 B4
Lissac-et-Mouret (46) 234 D5
Lissac-sur-Couze (19) 215 H5
Lissay-Lochy (18) 149 G4
Lisse-en-Champagne (51) 63 G4
Lisses (91) 87 F1
Lisseuil (63) 184 D4
Lissey (55) 43 H2
Lissieu (69) 188 B6
Lissy (77) 59 H6
Listrac-de-Durèze (33) 230 D3
Listrac-Médoc (33) 211 F4
Lit-et-Mixe (40) 244 C6
Lithaire (50) 30 D1
Litteau (14) 31 K3
Littenheim (67) 70 C1
Litz (60) 37 K2
Livaie (61) 82 C2
Livarot (14) 54 E1
Liverdun (54) 65 K4
Liverdy-en-Brie (77) 59 J5
Livernon (46) 234 B5
Livers-Cazelles (81) 270 C1
Livet (53) 105 H1
Livet-en-Saosnois (72) 82 E4
Livet-et-Gavet (38) 224 C4
Livet-sur-Authou (27) 34 D4
Livilliers (95) 37 H6
Livinhac-le-Haut (12) 235 F5
la Livinière (34) 290 E4
Livré (53) 104 C4
Livré-sur-Changeon (35) 79 K3
Livron (64) 285 F5
Livron-sur-Drôme (26) 240 C3
Livry (14) 32 A5
Livry (58) 168 C1
Livry-Gargan (93) 59 G3
Livry-Louvercy (51) 41 H6
Livry-sur-Seine (77) 87 H2
Lixhausen (67) 69 J6
Lixheim (57) 67 K3
Lixing-lès-Rouhling (57) 68 C2
Lixing-lès-Saint-Avold (57) 68 A4
Lixy (89) 88 B5
Lizac (82) 249 H6
Lizant (86) 179 H4
Lizeray (36) 148 B4
Lizières (23) 182 A2
Lizine (25) 156 B2
Lizines (77) 88 C2
Lizio (56) 101 H3
Lizos (65) 285 J5
Lizy (02) 40 A1
Lizy-sur-Ourcq (77) 60 A1
la Llagonne (66) 313 J4
Llauro (66) 315 F4
Llo (66) 313 J5
Llupia (66) 315 F3
Lobsann (67) 25 B2
Loc-Brévalaire (29) 46 B4
Loc-Eguiner (29) 46 D5
Loc-Eguiner-Saint-Thégonnec (29) 46 E6
Loc-Envel (22) 48 A5
Locarn (22) 75 K2
Loché-sur-Indrois (37) 147 F3
Loches (37) 146 D2
Loches-sur-Ource (10) 115 F2
le Locheur (14) 32 C6
Lochieu (01) 190 B5
Lochwiller (67) 70 C2
Locmalo (56) 76 B5
Locmaria (56) 120 C4
Locmaria-Berrien (29) 75 H2
Locmaria-Grand-Champ (56) 101 F4
Locmaria-Plouzané (29) 72 C4
Locmariaquer (56) 100 D6
Locmélar (29) 46 E6
Locminé (56) 101 F2
Locmiquélic (56) 100 A4
Locoal-Mendon (56) 100 C4
Locon (62) 6 A5
Loconville (60) 37 F4
Locqueltas (56) 101 F4
Locquénolé (29) 47 G4
Locquignol (59) 12 E4
Locquirec (29) 47 J3
Locronan (29) 74 C4
Loctudy (29) 98 C3
Locunolé (29) 99 J2
Loddes (03) 186 C1
Lodes (31) 286 D6
Lodève (34) 273 G5
Lods (25) 156 E2
Loeuilley (70) 136 D3
Loeuilly (80) 17 K3
Loffre (59) 11 J2
la Loge (62) 9 J1
la Loge-aux-Chèvres (10) 90 E5
Loge-Fougereuse (85) 161 F2
la Loge-Pomblin (10) 114 A2
Logelheim (68) 96 C4
les Loges (14) 32 A6
les Loges (52) 116 E5
les Loges (76) 14 C4
les Loges-en-Josas (78) 58 C5
les Loges-Marchis (50) 80 C1
les Loges-Margueron (10) 114 B1
les Loges-Saulces (14) 53 K3
les Loges-sur-Brécey (50) 52 B4
Lognes (77) 59 H4
Logny-Bogny (08) 22 A3
Logny-lès-Aubenton (02) 21 J2
Logonna-Daoulas (29) 74 B2
Logrian-Florian (30) 274 D2
Logron (28) 108 E1
Loguivy-Plougras (22) 47 K5
Lohéac (35) 102 E1
Lohitzun-Oyhercq (64) 283 G4
Lohr (67) 69 F6
Lohuec (22) 47 J6
Loigné-sur-Mayenne (53) 104 E4
Loigny-la-Bataille (28) 109 J1
Loiré (49) 124 C1
Loire-les-Marais (17) 177 F4
Loiré-sur-Nie (17) 178 C5
Loire-sur-Rhône (69) 206 A4
Loiron (53) 104 D1
Loisail (61) 83 H2
Loisey-Culey (55) 64 C4
Loisia (39) 173 F4
Loisieux (73) 207 K3
Loisin (74) 174 D6
Loison (55) 26 B5
Loison-sous-Lens (62) 11 F1
Loison-sur-Créquoise (62) 9 H1
Loisy (54) 65 K3
Loisy (71) 172 B3
Loisy-en-Brie (51) 61 J3
Loisy-sur-Marne (51) 63 F4
Loivre (51) 40 E3
Loix (17) 176 A1
Lolif (50) 51 K2
Lolme (24) 232 B4
Lombard (25) 156 A2
Lombard (39) 155 G6
Lombers (81) 270 E4
Lombez (32) 287 G2
Lombia (64) 285 F4
Lombrès (65) 305 G2
Lombreuil (45) 111 H3
Lombron (72) 107 G2
Lomme (59) 6 D4
Lommerange (57) 26 E4
Lommoye (78) 57 G2
Lomné (65) 304 E2
Lomont (70) 139 F1
Lomont-sur-Crête (25) 138 D4
Lompnas (01) 207 H1
Lompnieu (01) 190 A5
Lompret (59) 6 D4
Lonçon (64) 284 C2
la Londe (76) 35 G3
la Londe-les-Maures (83) 298 B6
Londigny (16) 179 G4
Londinières (76) 16 C3
Long (80) 9 H6
Longages (31) 287 K4
Longaulnay (35) 78 D1
Longavesnes (80) 19 H1
Longchamp (21) 136 D6
Longchamp (52) 92 D6
Longchamp (88) 94 E5
Longchamp-sous-Châtenois (88) 93 H4
Longchamp-sur-Aujon (10) 91 J6
Longchamps (27) 36 C3
Longchamps-sur-Aire (55) 64 C2
Longchaumois (39) 174 A4
Longcochon (39) 156 C6
Longeau-Percey (52) 116 C5
Longeault (21) 136 C6
Longeaux (55) 64 C6
Longechaux (25) 157 F1
Longechenal (38) 207 F6
Longecourt-en-Plaine (21) 154 D1
Longecourt-lès-Culêtre (21) 153 H2
Longemaison (25) 157 F2
Longepierre (71) 154 E4
le Longeron (49) 142 D3
Longes (69) 205 K5
Longessaigne (69) 205 G2
Longevelle (70) 138 D1
Longevelle-lès-Russey (25) 139 G6
Longevelle-sur-Doubs (25) 139 F3
Longèves (17) 177 F1
Longèves (85) 160 D4
la Longeville (25) 157 G3
Longeville (25) 156 D3
Longeville-en-Barrois (55) 64 B4
Longeville-lès-Metz (57) 44 E5
Longeville-lès-Saint-Avold (57) 45 K5
Longeville-sur-la-Laines (52) 91 G2
Longeville-sur-Mer (85) 159 H4
Longeville-sur-Mogne (10) 114 A1
Longevilles-Mont-d'Or (25) 156 E6
Longfossé (62) 2 C6
la Longine (70) 119 F3
Longjumeau (91) 58 E5
Longlaville (54) 26 D2
Longmesnil (76) 16 E5
Longnes (72) 106 B2
Longnes (78) 57 H3
Longny-au-Perche (61) 83 K2
Longperrier (77) 59 H1
Longpont (02) 39 H4
Longpont-sur-Orge (91) 58 E6
Longpré-le-Sec (10) 91 F6
Longpré-les-Corps-Saints (80) 9 H6
Longraye (14) 32 B5
Longré (16) 178 E5
Longroy (76) 8 D6
Longsols (10) 90 C3
Longué-Jumelles (49) 126 A4
Longueau (80) 18 B2
Longuefuye (53) 105 G4
Longueil (76) 15 J2
Longueil-Annel (60) 38 E1
Longueil-Sainte-Marie (60) 38 D3
Longuenesse (62) 3 G5
Longuenoë (61) 82 B2
Longuerue (76) 16 B6
Longues-sur-Mer (14) 32 B3
Longuesse (95) 58 A1
Longueval (80) 11 F6
Longueval-Barbonval (02) 40 B3
Longueville (14) 29 J6
Longueville (47) 247 H1
Longueville (50) 30 D6
la Longueville (59) 13 G2
Longueville (62) 2 D5
Longueville (77) 88 D2
Longueville-sur-Aube (10) 89 K1
Longueville-sur-Scie (76) 15 K3
Longuevillette (80) 10 A5
Longuyon (54) 26 B3
Longvic (21) 136 A5
Longvillers (14) 32 B6
Longvilliers (62) 4 B5
Longvilliers (78) 86 B1
Longwé (08) 42 C2
Longwy (54) 26 D2
Longwy-sur-le-Doubs (39) 155 F4
Lonlay-l'Abbaye (61) 53 F6
Lonlay-le-Tesson (61) 53 J6
Lonnes (16) 179 G5
Lonny (08) 22 C3
Lonrai (61) 82 C2
Lons (64) 284 C4
Lons-le-Saunier (39) 173 G2
Lonzac (17) 195 J4
le Lonzac (19) 199 K6
Looberghe (59) 3 G3
Loon-Plage (59) 3 G2
Loos (59) 6 D4
Loos-en-Gohelle (62) 6 B6
Looze (89) 112 E3
Lopérec (29) 74 D2
Loperhet (29) 74 B1
Lopigna (2A) 320 C3
Loqueffret (29) 75 F2
Lor (02) 21 H6
Loray (25) 157 G1
Lorcières (15) 237 G1
Lorcy (45) 111 G2
Lordat (09) 307 K5
Loré (61) 81 G2
Lorentzen (67) 67 K1
Loreto-di-Casinca (2B) 319 J3
Loreto-di-Tallano (2A) 322 E2
Lorette (42) 205 J5
le Loreur (50) 30 E6
Loreux (41) 129 K4
le Lorey (50) 31 F3
Lorey (54) 94 B1
Lorges (41) 109 G5
Lorgies (62) 6 B5
Lorgues (83) 298 C1
Lorient (56) 99 K5
Loriges (03) 185 H1
Lorignac (17) 195 F5
Lorigné (79) 179 F3
Loriol-du-Comtat (84) 257 G6
Loriol-sur-Drôme (26) 240 B3
Lorlanges (43) 219 F2
Lorleau (27) 36 B2
Lormaison (60) 37 H4
Lormaye (28) 57 G6
Lormes (58) 133 J6
Lormont (33) 229 H1
Lornay (74) 190 D5
Loromontzey (54) 94 C2
le Loroux (35) 80 C3
le Loroux-Bottereau (44) 123 J4
Lorp-Sentaraille (09) 306 D2
Lorquin (57) 67 J5
Lorrez-le-Bocage-Préaux (77) 87 K5
Lorris (45) 111 G4
Lorry-lès-Metz (57) 44 E5
Lorry-Mardigny (57) 65 K1
Lortet (65) 305 F2
Loscouët-sur-Meu (22) 78 B3
Los Masos (66) 314 C3
Losne (21) 154 E2
Losse (40) 246 E5
Lostanges (19) 216 A5
Lostroff (57) 67 G2
Lothey (29) 74 E3
Lottinghen (62) 2 D6
le Lou-du-Lac (35) 78 D3
Louailles (72) 105 K5
Louan-Villegruis-Fontaine (77) 61 F6
Louannec (22) 48 A2
Louans (37) 146 A1
Louargat (22) 48 B5
Louâtre (02) 39 H4
Loubajac (65) 285 F6
Loubaresse (07) 238 E5
Loubaresse (15) 237 F1
Loubaut (09) 288 A6
Loubédat (32) 266 C4
Loubejac (24) 232 D5
Loubens (09) 307 H2
Loubens (33) 230 C5
Loubens-Lauragais (31) 289 F1
Loubers (81) 270 B1
Loubersan (32) 286 C2
Loubès-Bernac (47) 231 F3
Loubeyrat (63) 184 E6
Loubieng (64) 283 J2
la Loubière (12) 252 C2
Loubières (09) 307 J2
Loubigné (79) 178 D4
Loubillé (79) 178 E4
Loubressac (46) 234 B2
Loucé (61) 54 B5
Loucelles (14) 32 C4
Louchats (33) 229 H6
Louches (62) 2 E4
Louchy-Montfand (03) 185 G1
Loucrup (65) 285 H6
Loudéac (22) 77 G4
Loudenvielle (65) 305 F5
Loudervielle (65) 305 F5
Loudes (43) 220 A5
Loudet (31) 286 C6
Loudrefing (57) 67 G2
Loudun (86) 144 E3
Loué (72) 106 A2
Louer (40) 264 C4
Louerre (49) 125 J5
Louesme (21) 115 H4
Louestault (37) 127 J2
Loueuse (60) 17 G5
Louey (65) 285 G6
Lougé-sur-Maire (61) 54 A5
Lougratte (47) 231 K5
Lougres (25) 139 G3
Louhans (71) 172 D2
Louhossoa (64) 263 E2
Louignac (19) 215 F3
Louin (79) 144 B6
Louisfert (44) 103 J4
Louit (65) 285 J4
Loulans-Verchamp (70) 138 B3
Loulay (17) 177 K4
Loulle (39) 173 K1
la Loupe (28) 84 C2
Loupeigne (02) 40 A4
Loupershouse (57) 68 C3
Loupes (33) 229 J2
Loupfougères (53) 81 J4
Loupia (11) 308 D2
Loupiac (33) 229 K5
Loupiac (46) 233 H2
Loupiac (81) 270 A3
Loupiac-de-la-Réole (33) 230 C6
Loupian (34) 292 E2
Louplande (72) 106 C3
Loupmont (55) 65 F3
Louppy-le-Château (55) 64 A3
Louppy-sur-Loison (55) 43 H1
la Louptière-Thénard (10) 88 E3
Lourches (59) 12 B2
Lourde (31) 305 J2
Lourdes (65) 304 B1
Lourdios-Ichère (64) 302 E1
Lourdoueix-Saint-Michel (36) 165 J5
Lourdoueix-Saint-Pierre (23) 165 K5
Lourenties (64) 285 F4
Loures-Barousse (65) 305 H2
Louresse-Rochemenier (49) 125 J6
Lourmais (35) 51 G6
Lourmarin (84) 277 H4
Lournand (71) 171 H5
Lourouer-Saint-Laurent (36) 166 B3
le Louroux (37) 146 B2
le Louroux-Béconnais (49) 124 D2
Louroux-Bourbonnais (03) 167 K4
Louroux-de-Beaune (03) 184 D1
Louroux-de-Bouble (03) 184 E2
Louroux-Hodement (03) 167 J5
Lourquen (40) 264 D4
Lourties-Monbrun (32) 286 C2
Loury (45) 110 C3
Louslitges (32) 266 D6
Loussous-Débat (32) 266 C5
Loutehel (35) 78 C6
Loutzviller (57) 69 G2
Louvagny (14) 54 C2
Louvaines (49) 104 E6
Louvatange (39) 155 J1
Louveciennes (78) 58 C3
Louvemont (52) 91 J1
Louvemont-Côte-du-Poivre (55) 43 H4
Louvencourt (80) 10 C5
Louvenne (39) 173 F5
Louvergny (08) 22 D6
Louverné (53) 105 F1
le Louverot (39) 173 G1
Louversey (27) 56 B2
Louvetot (76) 15 G6
Louvie-Juzon (64) 303 H1
Louvie-Soubiron (64) 303 H2
la Louvière-Lauragais (11) 288 E5
Louvières (14) 29 K6
Louvières (52) 116 C2
Louvières-en-Auge (61) 54 C3
Louviers (27) 35 J5
Louvigné (53) 105 G2
Louvigné-de-Bais (35) 79 K5
Louvigné-du-Désert (35) 80 B2
Louvignies-Quesnoy (59) 12 E3
Louvigny (14) 32 E5
Louvigny (57) 66 A1
Louvigny (64) 284 C1
Louvigny (72) 82 E4
Louvil (59) 7 F5
Louville-la-Chenard (28) 85 K4
Louvilliers-en-Drouais (28) 56 E5
Louvilliers-lès-Perche (28) 56 C6
Louvois (51) 41 F6
Louvrechy (80) 18 B4
Louvres (95) 59 F1
Louvroil (59) 13 H3
Louye (27) 56 E4
Louzac-Saint-André (16) 195 J2
Louze (52) 91 G3
Louzes (72) 83 F3
Louzignac (17) 196 A1
Louzouer (45) 111 K2
Louzy (79) 144 B3
Lovagny (74) 190 E5
Loyat (56) 101 K1
la Loye (39) 155 H3
Loye-sur-Arnon (18) 167 F2
la Loyère (71) 154 A5
Loyettes (01) 206 E2
Lozanne (69) 188 B6
Lozay (17) 177 K4
Loze (82) 250 D3
Lozinghem (62) 5 J5
Lozon (50) 31 F3
Lozzi (2B) 318 D5
Luant (36) 165 H1
le Luart (72) 107 H2
Lubbon (40) 246 E5
Lubécourt (57) 66 D3
Lubersac (19) 199 G6
Lubey (54) 26 E6
Lubilhac (43) 219 F3
Lubine (88) 96 A1
Lublé (37) 126 E3
Lubret-Saint-Luc (65) 285 K4
Luby-Betmont (65) 285 K4
Luc (12) 252 B3
Luc (48) 238 C4
Luc (65) 285 J6
le Luc (83) 298 C2
Luc-Armau (64) 285 G3
Luc-en-Diois (26) 241 J4
Luc-sur-Aude (11) 309 F3
Luc-sur-Mer (14) 32 E3
Luc-sur-Orbieu (11) 291 F6
Lucarré (64) 285 F3
Luçay-le-Libre (36) 148 B3

Luçay-le-Mâle (36) 147 H2
Lucbardez-et-Bargues (40) 265 H1
Lucciana (2B) 319 H3
Lucé (28) 85 G3
Lucé (61) 81 G1
Lucé-sous-Ballon (72) 82 E6
Luceau (72) 107 F6
Lucelle (68) 97 B6
Lucenay (69) 188 B6
Lucenay-le-Duc (21) 135 F2
Lucenay-lès-Aix (58) 169 F2
Lucenay-l'Évêque (71) 152 E3
Lucéram (06) 281 H1
la Lucerne-d'Outremer (50) 51 J1
Lucey (21) 115 J4
Lucey (54) 65 H4
Lucey (73) 208 A2
Lucgarier (64) 284 E5
Luchapt (86) 180 C3
Luchat (17) 195 F2
Luché-Pringé (72) 106 C6
Luché-sur-Brioux (79) 178 D3
Luché-Thouarsais (79) 144 A5
Lucheux (80) 10 B4
Luchy (60) 17 K6
Lucinges (74) 191 H2
Lucmau (33) 246 C2
Luçon (85) 160 A4
Lucq-de-Béarn (64) 283 K4
Lucquy (08) 22 B6
les Lucs-sur-Boulogne (85) 141 J5
Lucy (57) 66 D1
Lucy (76) 16 D3
Lucy-le-Bocage (02) 60 D1
Lucy-le-Bois (89) 133 K2
Lucy-sur-Cure (89) 133 H2
Lucy-sur-Yonne (89) 133 G3
le Lude (72) 126 D1
Ludes (51) 41 F5
Ludesse (63) 202 D4
Ludiès (09) 307 K1
Ludon-Médoc (33) 211 G6
Ludres (54) 66 A6
Lüe (40) 245 F4
Lué-en-Baugeois (49) 125 K3
Luemschwiller (68) 97 B3
Lugagnac (46) 250 D2
Lugagnan (65) 304 B1
Lugaignac (33) 230 B2
Lugan (12) 251 J1
Lugan (81) 269 K5
Lugarde (15) 218 B2
Lugasson (33) 230 B3
Luglon (40) 245 H5
Lugny (02) 20 E3
Lugny (71) 171 J4
Lugny-Bourbonnais (18) 149 K5
Lugny-Champagne (18) 150 A1
Lugny-lès-Charolles (71) 170 D5
Lugo-di-Nazza (2B) 321 H3
Lugon-et-l'Île-du-Carnay (33) 211 K6
Lugos (33) 228 D6
Lugrin (74) 175 H5
Lugy (62) 5 F5
le Luhier (25) 157 H1
Luigné (49) 125 H6
Luigny (28) 84 C5
Luisant (28) 85 G3
Luisetaines (77) 88 C3
Luitré (35) 80 B4
Lullin (74) 175 F6
Lully (74) 174 E6
Lumbin (38) 224 C1
Lumbres (62) 3 F5
Lumeau (28) 109 K1
Lumes (08) 22 D4
Lumigny-Nesles-Ormeaux (77) 60 A5
Lumio (2B) 318 B3
Lunac (12) 251 G4
Lunan (46) 234 E5
Lunas (24) 231 H1
Lunas (34) 272 E5
Lunax (31) 286 D4
Lunay (41) 108 A5
Luneau (03) 170 A6
Lunegarde (46) 234 A4
Lunel (34) 274 E5
Lunel-Viel (34) 274 E5
Luneray (76) 15 J3
Lunery (18) 149 F5
Lunéville (54) 66 D6
le Luot (50) 52 A4
Lupcourt (54) 66 B6
Lupé (42) 222 A1
Lupersat (23) 183 H5
Lupiac (32) 266 D5
Luplanté (28) 85 F5
Luppé-Violles (32) 266 A4
Luppy (57) 66 C1
Lupsault (16) 178 E5
Lupstein (67) 70 C1
Luquet (65) 285 F4
Lurais (36) 164 B2
Luray (28) 57 F5
Lurbe-Saint-Christau (64) 284 A6
Lurcy (01) 188 C4
Lurcy-le-Bourg (58) 151 G2
Lurcy-Lévis (03) 168 A1
Luré (42) 186 D6
Lure (70) 118 E6
Lureuil (36) 164 C1
Luri (2B) 317 D3
Luriecq (42) 204 D6
Lurs (04) 278 C1
Lury-sur-Arnon (18) 148 D2
Lus-la-Croix-Haute (26) 242 A4
Lusanger (44) 103 G4
Luscan (31) 305 J2
Lusignac (24) 213 G2
Lusignan (86) 162 D5
Lusignan-Petit (47) 248 A3
Lusigny (03) 169 G3
Lusigny-sur-Barse (10) 90 C5
Lusigny-sur-Ouche (21) 153 J2
Lussac (16) 197 H1
Lussac (17) 195 H5
Lussac (33) 212 C6
Lussac-les-Châteaux (86) 163 J5
Lussac-les-Églises (87) 164 D6
Lussagnet (40) 265 K4
Lussagnet-Lusson (64) 284 E2
Lussan (30) 255 K5
Lussan (32) 267 K6
Lussan-Adeilhac (31) 287 G4
Lussant (17) 177 G5
Lussas (07) 239 J5
Lussas-et-Nontronneau (24) 197 J5
Lussat (23) 183 H3
Lussat (63) 202 E1
Lussault-sur-Loire (37) 128 A4
Lusse (88) 95 K4
Lusseray (79) 178 D3
Lustar (65) 286 A5
Luthenay-Uxeloup (58) 151 F6
Lutilhous (65) 286 A6
Luttange (57) 27 J5
Luttenbach-près-Munster (68) 119 K1
Lutter (68) 97 C6
Lutterbach (68) 97 B2
Lutz-en-Dunois (28) 109 F2
Lutzelbourg (57) 70 A1
Lutzelhouse (67) 70 B4
Luvigny (88) 95 J1
Lux (21) 136 C3
Lux (31) 289 F3
Lux (71) 171 K1
Luxé (16) 179 F6
Luxe-Sumberraute (64) 283 F3
Luxémont-et-Villotte (51) 63 F5
Luxeuil-les-Bains (70) 118 D4
Luxey (40) 245 K3
Luxiol (25) 138 D4
Luyères (10) 90 C3
Luynes (37) 127 H5
Luz-Saint-Sauveur (65) 304 B4
Luzancy (77) 60 C2
Luzarches (95) 38 A6
Luzay (79) 144 B4
Luzé (37) 145 H3
Luze (70) 139 G1
Luzech (46) 249 J1
Luzenac (09) 308 A5
Luzeret (36) 165 F4
la Luzerne (50) 31 H3
Luzillat (63) 185 J5
Luzillé (37) 128 C6
Luzinay (38) 206 C4
Luzoir (02) 21 G1
Luzy (58) 152 C6
Luzy-Saint-Martin (55) 23 H6
Luzy-sur-Marne (52) 116 B2
Ly-Fontaine (02) 20 A4
Lyas (07) 239 K3
Lyaud (74) 175 F5
Lye (36) 147 H1
Lynde (59) 3 H5
Lyoffans (70) 119 F6
Lyon (69) 206 A2
Lyons-la-Forêt (27) 36 B2
Lys (58) 133 G5
Lys (64) 284 D6
Lys-lez-Lannoy (59) 7 F3
Lys-Saint-Georges (36) 165 K3

M

Maast-et-Violaine (02) 39 K4
Maâtz (52) 116 E6
Mably (42) 186 E4
Macau (33) 211 G5
Macaye (64) 282 D3
Macé (61) 54 D6
Macey (10) 89 K5
Macey (50) 51 J4
Machault (08) 41 K3
Machault (77) 87 J3
Maché (85) 141 G6
Machecoul (44) 141 F3
Mâchecourt (02) 21 F5
Machemont (60) 38 E1
Macheren (57) 68 A3
Machézal (42) 187 H6
Machiel (80) 9 G3
Machilly (74) 191 H1
la Machine (58) 151 G5
Machy (10) 114 A1
Machy (80) 9 F3
Mackenheim (67) 71 C6
Mackwiller (67) 67 K1
Maclas (42) 222 A1
Macogny (02) 39 H5
Mâcon (71) 188 C1
Maconcourt (88) 93 J3
Maconge (21) 153 H1
Macornay (39) 173 G2
Mâcot-la-Plagne (73) 209 J4
Macqueville (17) 196 A1
Macquigny (02) 20 C2
Madaillan (47) 248 B3
Madecourt (88) 94 A5
Madegney (88) 94 B4
la Madelaine-sous-Montreuil (62) 4 C6
la Madeleine (59) 6 E4
la Madeleine-Bouvet (61) 84 B2
la Madeleine-de-Nonancourt (27) 56 D4
la Madeleine-sur-Loing (77) 87 H6
la Madeleine-Villefrouin (41) 109 F5
Madic (15) 217 H1
Madière (09) 307 H1
Madirac (33) 229 J3
Madiran (65) 285 G1
Madonne-et-Lamerey (88) 94 B5
Madranges (19) 200 A6
Madré (53) 81 J2
Madriat (63) 202 E6
Maël-Carhaix (22) 75 K3
Maël-Pestivien (22) 76 B1
Maennolsheim (67) 70 C2
Maffliers (95) 37 K6
Maffrécourt (51) 42 C6
Magalas (34) 292 A2
la Magdelaine-sur-Tarn (31) 269 H4
la Magdeleine (16) 179 F4
le Mage (61) 83 K2
Magenta (51) 61 K1
les Mages (30) 255 H4
Magescq (40) 262 D3
Magland (74) 192 A4
Magnac-Bourg (87) 199 G4
Magnac-Laval (87) 181 G2
Magnac-Lavalette-Villars (16) 197 F5
Magnac-sur-Touvre (16) 196 E3
Magnan (32) 266 A4
Magnant (10) 90 E6
Magnanville (78) 57 J2
Magnas (32) 267 K2
Magnat-l'Étrange (23) 201 F2
Magné (79) 161 G6
Magné (86) 163 F6
Magnet (03) 185 K2
Magneux (51) 40 C3
Magneux (52) 91 K2
Magneux-Haute-Rive (42) 204 E3
Magneville (50) 28 D5
Magnicourt (10) 90 D3
Magnicourt-en-Comte (62) 10 C1
Magnicourt-sur-Canche (62) 10 B2
Magnien (21) 153 G2
Magnières (54) 94 E2
Magnieu (01) 207 K1
les Magnils-Reigniers (85) 159 K4
Magnivray (70) 118 E5
Magnoncourt (70) 118 C3
le Magnoray (70) 138 A2
Magny (28) 84 E4
le Magny (36) 166 B3
Magny (68) 139 K1
les Magny (70) 138 E2
le Magny (88) 118 B2
Magny (89) 134 A3
Magny-Châtelard (25) 138 D6
Magny-Cours (58) 150 E5
Magny-Danigon (70) 119 F6
Magny-en-Bessin (14) 32 B3
Magny-en-Vexin (95) 36 E5
Magny-Fouchard (10) 91 F5
Magny-Jobert (70) 119 F6
Magny-la-Campagne (14) 54 B1
Magny-la-Fosse (02) 19 K1
Magny-la-Ville (21) 134 E3
Magny-Lambert (21) 135 F1
Magny-le-Désert (61) 81 K1
Magny-le-Freule (14) 33 G6
Magny-le-Hongre (77) 59 J3
Magny-lès-Aubigny (21) 154 D2
Magny-les-Hameaux (78) 58 B5
Magny-lès-Jussey (70) 117 K4
Magny-lès-Villers (21) 154 A2
Magny-Lormes (58) 133 J6
Magny-Montarlot (21) 136 D6
Magny-Saint-Médard (21) 136 C4
Magny-sur-Tille (21) 136 B6
Magny-Vernois (70) 118 E6
Magoar (22) 76 C1
Magrie (11) 308 E2
Magrin (81) 270 B6
Magstatt-le-Bas (68) 97 D4
Magstatt-le-Haut (68) 97 C4
Mahalon (29) 73 D3
Mahéru (61) 55 G6
Maîche (25) 139 H5
Maidières (54) 65 J2
Maignaut-Tauzia (32) 267 G2
Maigné (72) 106 B3
Maignelay-Montigny (60) 18 D6
Mailhac (11) 291 G4
Mailhac-sur-Benaize (87) 181 H1
Mailhoc (81) 270 D1
Mailholas (31) 287 K5
Maillane (13) 276 B3
Maillas (40) 246 D4
Maillat (01) 189 K3
Maillé (37) 145 J3
Maillé (85) 160 E6
Maillé (86) 162 C2
Maillebois (28) 56 D6
la Mailleraye-sur-Seine (76) 34 E1
Maillères (40) 246 A6
Mailleroncourt-Charette (70) 118 C5
Mailleroncourt-Saint-Pancras (70) 118 A3
Maillet (03) 167 H5
Maillet (36) 165 J3
Mailley-et-Chazelot (70) 138 A2
Maillezais (85) 160 E5
Maillot (89) 88 D6
Mailly (71) 187 F2
Mailly-Champagne (51) 41 F5
Mailly-la-Ville (89) 133 H2
Mailly-le-Camp (10) 62 C6
Mailly-le-Château (89) 133 G2
Mailly-Maillet (80) 10 D5
Mailly-Raineval (80) 18 C4
Mailly-sur-Seille (54) 66 B2
les Maillys (21) 155 F2
Maimbeville (60) 38 B2
Maincy (77) 87 H2
Maine-de-Boixe (16) 196 E1
Mainfonds (16) 196 C5
Maing (59) 12 C2
Mainneville (27) 36 D3
Mainsat (23) 183 J4
Maintenay (62) 9 G2
Maintenon (28) 85 H1
Mainvillers (57) 45 J6
Mainvilliers (28) 85 G3
Mainvilliers (45) 86 D5
Mainxe (16) 196 A3
Mainzac (16) 197 H5
Mairé (86) 146 A5
Mairé-Levescault (79) 179 F3
Mairieux (59) 13 H2
Mairy (08) 23 G5
Mairy-Mainville (54) 26 E5
Mairy-sur-Marne (51) 62 D3
Maisdon-sur-Sèvre (44) 123 J5
Maisey-le-Duc (21) 115 G4
Maisnières (80) 8 E6
le Maisnil (59) 6 C4
Maisnil (62) 10 B2
Maisnil-lès-Ruitz (62) 5 K6
Maisod (39) 173 H4
Maison-des-Champs (10) 91 F5
la Maison-Dieu (58) 133 G4
Maison-Feyne (23) 165 J6
Maison-Maugis (61) 83 J3
Maison-Ponthieu (80) 9 J4
Maison-Roland (80) 9 H5
Maison-Rouge (77) 88 C1
Maisoncelle (62) 5 F6
Maisoncelle-et-Villers (08) 23 F5
Maisoncelle-Saint-Pierre (60) 37 H1
Maisoncelle-Tuilerie (60) 18 A6
Maisoncelles (52) 92 E6
Maisoncelles (72) 107 H3
Maisoncelles-du-Maine (53) 105 F3
Maisoncelles-en-Brie (77) 60 A3
Maisoncelles-en-Gâtinais (77) 87 H6
Maisoncelles-la-Jourdan (14) 52 E4
Maisoncelles-Pelvey (14) 32 B6
Maisoncelles-sur-Ajon (14) 32 C6
Maisonnais (18) 166 D3
Maisonnais-sur-Tardoire (87) 197 K3
Maisonnay (79) 178 E2
Maisonneuve (86) 162 C1
Maisonnisses (23) 182 D4
Maisons (11) 309 K3
Maisons (14) 32 A3
Maisons (28) 85 K3
Maisons-Alfort (94) 59 F4
Maisons-du-Bois-Lièvremont (25) 157 F3
Maisons-en-Champagne (51) 62 E4
Maisons-Laffitte (78) 58 C2
Maisons-lès-Chaource (10) 114 B2
Maisons-lès-Soulaines (10) 91 H4
Maisonsgoutte (67) 70 B6
Maisontiers (79) 144 A6
Maisse (91) 86 E3
Maissemy (02) 19 J2
Maixe (54) 66 D5
Maizeray (55) 44 A5
Maizeroy (57) 45 H5
Maizery (57) 45 G5
Maizet (14) 32 D6
Maizey (55) 64 E2
Maizicourt (80) 9 J4
Maizières (14) 54 B1
Maizières (52) 92 A2
Maizières (54) 65 K6
Maizières (62) 10 C2
Maizières (70) 137 K3
Maizières-la-Grande-Paroisse (10) 89 J2
Maizières-lès-Brienne (10) 91 F3
Maizières-lès-Metz (57) 27 G6
Maizières-lès-Vic (57) 67 G4
Maizières-sur-Amance (52) 117 F4
Maizilly (42) 187 G2
Maizy (02) 40 C2
Majastres (04) 279 G2
Malabat (32) 285 J2
la Malachère (70) 138 A3
Malafretaz (01) 172 C6
Mâlain (21) 135 J5
Malaincourt (88) 93 G5
Malaincourt-sur-Meuse (52) 93 F6
Malakoff (92) 58 E4
Malancourt (55) 43 F4
Malandry (08) 23 H5
Malange (39) 155 H1
Malans (25) 156 B2
Malans (70) 137 F6
Malansac (56) 102 A3
Malarce-sur-la-Thines (07) 255 G1
Malataverne (26) 240 B6
Malaucène (84) 257 H4
Malaucourt-sur-Seille (57) 66 C3
Malaunay (76) 15 K6
Malause (82) 249 F6
Malaussanne (64) 284 C1
Malaussène (06) 281 F1
Malauzat (63) 202 D1
Malaville (16) 196 B4
Malavillers (54) 26 E4
Malay (71) 171 H3
Malay-le-Grand (89) 88 E6
Malay-le-Petit (89) 88 E6
Malbo (15) 218 A6
Malbosc (07) 255 G3
Malbouhans (70) 119 F5
Malbouzon (48) 236 E4
Malbrans (25) 156 C2
Malbuisson (25) 156 E5
Mâle (61) 83 K5
Malegoude (09) 308 C1
Malemort-du-Comtat (84) 257 H6
Malemort-sur-Corrèze (19) 215 J4
la Malène (48) 253 J3
Malesherbes (45) 87 F5
Malestroit (56) 101 K3
Malétable (61) 83 J1
Maleville (12) 251 G2
Malguénac (56) 76 D5
la Malhoure (22) 77 J2
Malicornay (36) 165 H3
Malicorne (03) 184 C1
Malicorne (89) 112 B5
Malicorne-sur-Sarthe (72) 106 B5
Maligny (21) 153 H2
Maligny (89) 113 H4
Malijai (04) 259 G6
Malincourt (59) 11 K6
Malintrat (63) 202 E1
Malissard (26) 240 D1
Mallefougasse-Augès (04) 259 F5
Malleloy (54) 66 A3
Mallemoisson (04) 259 H6
Mallemort (13) 277 F4
Malléon (09) 307 K2
Malleret (23) 201 F2
Malleret-Boussac (23) 166 C6
Mallerey (39) 173 F2
Malleval (38) 223 H4
Malleval (42) 222 A1
Malleville-les-Grès (76) 15 F2
Malleville-sur-le-Bec (27) 34 E4
Mallièvre (85) 142 E4
Malling (57) 27 H3
Malloué (14) 31 J5
la Malmaison (02) 40 E1
Malmerspach (68) 119 K3
Malmy (51) 42 C5
Malons-et-Elze (30) 255 G2
Malouy (27) 34 C6
Malpart (80) 18 C4
Malpas (25) 156 E5
Malras (11) 308 E2
Malrevers (43) 220 D5
Malroy (57) 27 H6
Maltat (71) 169 K2
Maltot (14) 32 D5
Malval (23) 166 A6
Malvalette (43) 220 E1
Malves-en-Minervois (11) 290 C5
Malvezie (31) 305 J2
Malvières (43) 220 A2
Malviès (11) 308 E1
Malville (44) 122 D2
Malvillers (70) 117 H5
Malzéville (54) 66 A4
le Malzieu-Forain (48) 237 G2
le Malzieu-Ville (48) 237 G2
Malzy (02) 20 E2
Mamers (72) 83 F4
Mametz (62) 3 H6
Mametz (80) 10 E6
Mamey (54) 65 J2
Mamirolle (25) 138 B6
Manas (26) 240 D5
Manas-Bastanous (32) 286 A3
Manaurie (24) 214 D6
Mance (54) 26 E5
la Mancelière (28) 56 B6
la Mancellière-sur-Vire (50) 31 H4
Mancenans (25) 138 E3
Mancenans-Lizerne (25) 139 H5
Mancey (71) 171 K3
Manchecourt (45) 86 E5
Manciet (32) 266 C4
Mancieulles (54) 26 E5
Mancioux (31) 287 G6
Mancy (51) 61 K2
Mandagout (30) 273 K1
Mandailles-Saint-Julien (15) 217 K5
Mandelieu-la-Napoule (06) 280 D6
Manderen (57) 27 K3
Mandeure (25) 139 H3
Mandeville (27) 35 H4
Mandeville-en-Bessin (14) 31 K1
Mandray (88) 95 J5

Mandres (27) 56 A5
Mandres-aux-Quatre-Tours (54) 65 G3
Mandres-en-Barrois (55) 92 D2
Mandres-la-Côte (52) 116 D1
Mandres-les-Roses (94) 59 G5
Mandres-sur-Vair (88) 93 J5
Mandrevillars (70) 139 G1
Manduel (30) 275 H3
Mane (04) 278 B1
Mane (31) 306 B1
Manéglise (76) 14 C6
Manéhouville (76) 15 K2
Manent-Montané (32) 286 D4
Manerbe (14) 33 K5
Mangiennes (55) 26 B4
Manglieu (63) 203 F4
Mangonville (54) 94 B2
Manhac (12) 252 A4
Manheulles (55) 43 K5
Manhoué (57) 66 C3
Manicamp (02) 19 J6
Manigod (74) 191 H6
Manin (62) 10 C2
Maninghem (62) 4 D5
Maninghen-Henne (62) 2 B5
Maniquerville (76) 14 C4
Manlay (21) 153 F2
Manneville-ès-Plains (76) 15 G2
Manneville-la-Goupil (76) 14 C5
Manneville-la-Pipard (14) 33 K4
Manneville-la-Raoult (27) 34 A2
Manneville-sur-Risle (27) 34 C3
Mannevillette (76) 14 B5
Mano (40) 245 J1
le Manoir (14) 32 C3
le Manoir (27) 35 J3
Manois (52) 92 D4
Manom (57) 27 G4
Manoncourt-en-Vermois (54) 66 B6
Manoncourt-en-Woëvre (54) 65 J4
Manonville (54) 65 H3
Manonviller (54) 67 F6
Manosque (04) 278 B3
Manot (16) 180 B5
Manou (28) 84 B2
Manre (08) 42 B4
le Mans (72) 106 E2
Mansac (19) 215 G4
Mansan (65) 285 J4
Mansat-la-Courrière (23) 182 C5
Mansempuy (32) 268 A4
Mansencôme (32) 267 F3
Manses (09) 308 A1
Mansigné (72) 106 D6
Mansle (16) 179 G6
Manso (2B) 316 E3
Mansonville (82) 268 A1
Manspach (68) 97 A4
Mant (40) 265 G6
Mantallot (22) 48 B3
Mantenay-Montlin (01) 172 B5
Mantes-la-Jolie (78) 57 J2
Mantes-la-Ville (78) 57 J2
Mantet (66) 314 A5
Manteyer (05) 242 D5
Manthelan (37) 146 B2
Manthelon (27) 56 C3
Manthes (26) 222 D2
Mantilly (61) 80 E1
Mantoche (70) 137 F4
Mantry (39) 155 H6
Manvieux (14) 32 B3
Many (57) 66 D1
Manzac-sur-Vern (24) 213 J5
Manzat (63) 184 D5
Manziat (01) 172 A6
Marac (52) 116 B3
Marainville-sur-Madon (88) 94 A3
Marainviller (54) 66 E6
le Marais-la-Chapelle (14) 54 C3
Marais-Vernier (27) 34 C2
Marambat (32) 267 F4
Marandeuil (21) 136 D5
Marange-Silvange (57) 27 G6
Marange-Zondrange (57) 45 J5
Marans (17) 160 C6
Marans (49) 124 D1
Maransin (33) 212 A5
Marant (62) 4 C6
Maranville (52) 115 J1
Maranwez (08) 21 K4
Marast (70) 138 D2
Marat (63) 203 K3
Maraussan (34) 291 K4
Maravat (32) 267 K4
Maray (41) 148 B1
Maraye-en-Othe (10) 89 J6
Marbache (54) 65 K3
Marbaix (59) 13 G4
Marbeuf (27) 35 G5
Marbéville (52) 91 K5
Marboué (28) 108 E1
Marboz (01) 172 D6
Marby (08) 22 A2
Marc-la-Tour (19) 216 B3
Marçais (18) 167 F2
Marçay (37) 145 F2
Marçay (86) 162 E5
Marcé (49) 125 J2
Marcé-sur-Esves (37) 145 K3
Marcei (61) 54 C6
Marcelcave (80) 18 D2
Marcellaz (74) 191 H2
Marcellaz-Albanais (74) 190 E6
Marcellois (21) 135 G5
Marcellus (47) 247 G1
Marcenais (33) 211 K5
Marcenat (03) 185 J2
Marcenat (15) 218 B2
Marcenay (21) 114 E4
Marcenod (42) 205 H4
Marcey-les-Grèves (50) 51 K3
Marchainville (61) 84 A1
Marchais (02) 20 E6
Marchais-Beton (89) 112 B5
Marchais-en-Brie (02) 61 F3
Marchamp (01) 207 H1
Marchampt (69) 187 K3
Marchastel (15) 218 A2
Marchastel (48) 236 E5
Marchaux (25) 138 B5
la Marche (58) 150 C2
Marché-Allouarde (80) 19 G4
Marchélepot (80) 19 G3
Marchemaisons (61) 83 F2
Marchémoret (77) 59 J1
Marchenoir (41) 109 F5
Marcheprime (33) 228 E4
Marches (26) 222 E6
les Marches (73) 208 C5
Marcheseuil (21) 153 F2
Marchésieux (50) 31 F2
Marchéville (28) 84 E4
Marchéville-en-Woëvre (55) 44 A6
Marchezais (28) 57 G4
Marchiennes (59) 11 K1
Marciac (32) 285 J1
Marcieu (38) 242 A1
Marcieux (73) 207 K3
Marcigny (71) 186 E1
Marcigny-sous-Thil (21) 134 E4
Marcilhac-sur-Célé (46) 234 B6
Marcillac (33) 211 H2
Marcillac-la-Croisille (19) 216 D3
Marcillac-la-Croze (19) 216 A5
Marcillac-Lanville (16) 196 C1
Marcillac-Saint-Quentin (24) 233 F1
Marcillac-Vallon (12) 252 A1
Marcillat (63) 184 E4
Marcillat-en-Combraille (03) 184 A3
Marcillé-la-Ville (53) 81 H4
Marcillé-Raoul (35) 79 H1
Marcillé-Robert (35) 79 K6
Marcilloles (38) 223 F1
Marcilly (50) 52 A5
Marcilly (77) 59 K1
Marcilly-d'Azergues (69) 188 B6
Marcilly-en-Bassigny (52) 116 E3
Marcilly-en-Beauce (41) 108 B6
Marcilly-en-Gault (41) 129 K4
Marcilly-en-Villette (45) 110 B6
Marcilly-la-Campagne (27) 56 D4
Marcilly-la-Gueurce (71) 170 E5
Marcilly-le-Châtel (42) 204 C3
Marcilly-le-Hayer (10) 89 G4
Marcilly-lès-Buxy (71) 171 G1
Marcilly-lès-Vitteaux (21) 135 F4
Marcilly-Ogny (21) 134 E6
Marcilly-sur-Eure (27) 57 F4
Marcilly-sur-Maulne (37) 126 E2
Marcilly-sur-Seine (51) 89 H1
Marcilly-sur-Tille (21) 136 B3
Marcilly-sur-Vienne (37) 145 J3
Marck (62) 2 D2
Marckolsheim (67) 71 C6
Marclopt (42) 204 E3
Marcoing (59) 11 J5
Marcolès (15) 235 G3
Marcollin (38) 222 E2
Marcols-les-Eaux (07) 239 H2
Marçon (72) 107 G6
Marconne (62) 9 J2
Marconnelle (62) 9 H2
Marcorignan (11) 291 H5
Marcoussis (91) 58 D6
Marcoux (04) 259 K5
Marcoux (42) 204 C3
Marcq (08) 42 D3
Marcq (78) 57 K3
Marcq-en-Baroeul (59) 6 E3
Marcq-en-Ostrevent (59) 11 K3
Marcy (02) 20 B2
Marcy (58) 132 E5
Marcy (69) 188 B6
Marcy-l'Étoile (69) 205 K2
Marcy-sous-Marle (02) 20 E4
Mardeuil (51) 61 K1
Mardié (45) 110 B4
Mardilly (61) 55 F3
Mardor (52) 116 B4
Mardore (69) 187 H4
Mareau-aux-Bois (45) 110 D1
Mareau-aux-Prés (45) 109 K5
Mareil-en-Champagne (72) 106 A3
Mareil-en-France (95) 59 F1
Mareil-le-Guyon (78) 57 K4
Mareil-Marly (78) 58 C3
Mareil-sur-Loir (72) 106 C6
Mareil-sur-Mauldre (78) 58 A3
Mareilles (52) 92 C6
Marenla (62) 4 D6
Marennes (17) 194 B1
Marennes (69) 206 B4
Maresché (72) 82 D5
Maresches (59) 12 D2
Maresquel-Ecquemicourt (62) 9 H1
Marest (62) 5 H6
Marest-Dampcourt (02) 19 J5
Marest-sur-Matz (60) 38 D1
Marestaing (32) 287 H1
Marestmontiers (80) 18 D4
Maresville (62) 4 B5
les Marêts (77) 60 D6
Maretz (59) 12 C6
Mareugheol (63) 202 E6
Mareuil (16) 196 B2
Mareuil (24) 197 G6
Mareuil-Caubert (80) 9 G5
Mareuil-en-Brie (51) 61 H2
Mareuil-en-Dôle (02) 40 A4
Mareuil-la-Motte (60) 19 F6
Mareuil-le-Port (51) 40 C6
Mareuil-lès-Meaux (77) 59 K2
Mareuil-sur-Arnon (18) 148 E5
Mareuil-sur-Ay (51) 62 A1
Mareuil-sur-Cher (41) 128 E6
Mareuil-sur-Lay-Dissais (85) 159 K3
Mareuil-sur-Ourcq (60) 39 G6
Marey (88) 117 J1
Marey-lès-Fussey (21) 154 A2
Marey-sur-Tille (21) 136 A2
Marfaux (51) 40 D5
Marfontaine (02) 20 E3
Margaux (33) 211 G5
Margencel (74) 174 E5
Margency (95) 58 E2
Margerides (19) 201 G6
Margerie-Chantagret (42) 204 D5
Margerie-Hancourt (51) 91 F1
Margès (26) 222 D4
Margival (02) 39 K2
le Margnès (81) 271 J6
Margny (08) 23 J5
Margny (51) 61 G2
Margny-aux-Cerises (60) 19 G5
Margny-lès-Compiègne (60) 38 D2
Margny-sur-Matz (60) 38 D1
Margon (28) 84 A4
Margon (34) 292 B2
Margouët-Meymes (32) 266 D4
Margueray (50) 31 G6
Marguerittes (30) 275 H3
Margueron (33) 231 F3
Marguestau (32) 266 B2
Margut (08) 23 J5
Mariac (07) 239 H1
Maricourt (80) 19 F1
Marie (06) 261 J5
Marieulles (57) 65 K1
Marieux (80) 10 B5
Marigna-sur-Valouse (39) 173 G4
Marignac (17) 195 H5
Marignac (31) 305 J3
Marignac (82) 268 B3
Marignac-en-Diois (26) 241 G2
Marignac-Lasclares (31) 287 J4
Marignac-Laspeyres (31) 287 G5
Marignana (2A) 316 E5
Marignane (13) 296 A2
Marigné (49) 105 G6
Marigné-Laillé (72) 107 F5
Marigné-Peuton (53) 104 E4
Marignier (74) 191 J3
Marignieu (01) 207 K1
Marigny (03) 168 D3
Marigny (39) 173 J1
Marigny (50) 31 G3
Marigny (51) 61 J6
Marigny (71) 171 F2
Marigny (79) 178 A2
Marigny-Brizay (86) 163 F1
Marigny-Chémereau (86) 162 D5
Marigny-en-Orxois (02) 60 C1
Marigny-le-Cahouët (21) 134 E3
Marigny-le-Châtel (10) 89 H3
Marigny-l'Église (58) 133 K5
Marigny-lès-Reullée (21) 154 B3
Marigny-les-Usages (45) 110 B3
Marigny-Marmande (37) 145 J4
Marigny-Saint-Marcel (74) 190 E6
Marigny-sur-Yonne (58) 133 H6
Marillac-le-Franc (16) 197 G2
le Marillais (49) 124 B4
Marillet (85) 161 F3
Marimbault (33) 246 C2
Marimont-lès-Bénestroff (57) 67 G2
Marin (74) 175 F5
Marines (95) 37 G5
Maringes (42) 205 F3
Maringues (63) 185 H6
Mariol (03) 185 K5
Marions (33) 246 E2
Marizy (71) 171 F3
Marizy-Saint-Mard (02) 39 H5
Marizy-Sainte-Geneviève (02) 39 H5
Marle (02) 20 E4
Marlemont (08) 22 A3
Marlenheim (67) 70 D3
Marlens (74) 209 F1
Marlers (80) 17 G3
Marles-en-Brie (77) 59 K5
Marles-les-Mines (62) 5 J6
Marles-sur-Canche (62) 4 C6
Marlhes (42) 221 H2
Marliac (31) 288 C5
Marliens (21) 154 D1
Marlieux (01) 188 E4
Marlioz (74) 190 E4
Marly (57) 45 F6
Marly (59) 12 D2
Marly-Gomont (02) 20 E2
Marly-la-Ville (95) 38 B6
Marly-le-Roi (78) 58 C3
Marly-sous-Issy (71) 170 A1
Marly-sur-Arroux (71) 170 C3
Marmagne (18) 149 F3
Marmagne (21) 134 D1
Marmagne (71) 153 F6
Marmande (47) 230 E6
Marmanhac (15) 217 H6
Marmeaux (89) 134 B2
Marminiac (46) 233 F4
Marmont-Pachas (47) 248 B6
Marmouillé (61) 54 E5
Marmoutier (67) 70 B2
Marnac (24) 232 D2
Marnand (69) 187 H4
Marnans (38) 223 F2
Marnaves (81) 250 E6
Marnay (70) 137 H5
Marnay (71) 172 A1
Marnay (86) 163 F5
Marnay-sur-Marne (52) 116 C2
Marnay-sur-Seine (10) 89 F2
Marnaz (74) 191 K3
la Marne (44) 141 G3
Marnefer (61) 55 H3
Marnes (79) 144 D5
Marnes-la-Coquette (92) 58 C4
Marnézia (39) 173 H3
Marnhagues-et-Latour (12) 272 D3
Marnoz (39) 156 A4
Maroeuil (62) 10 E2
Maroilles (59) 13 F4
la Marolle-en-Sologne (41) 129 J2
Marolles (14) 34 B5
Marolles (41) 128 E1
Marolles (51) 63 F5
Marolles (60) 39 G5
Marolles-en-Beauce (91) 86 D4
Marolles-en-Brie (77) 60 C4
Marolles-en-Brie (94) 59 G5
Marolles-en-Hurepoix (91) 86 E1
Marolles-lès-Bailly (10) 90 D6
Marolles-les-Braults (72) 83 F5
Marolles-les-Buis (28) 84 B4
Marolles-lès-Saint-Calais (72) 107 K4
Marolles-sous-Lignières (10) 113 K3
Marolles-sur-Seine (77) 88 B4
Marollette (72) 83 F4
Marols (42) 204 C6
Maromme (76) 35 H1
Mâron (36) 148 B6
Maron (54) 65 K5
Maroncourt (88) 94 A5
Marpaps (40) 264 E6
Marpent (59) 13 J2
Marpiré (35) 79 K4
Marquaix (80) 19 H1
Marquay (24) 232 E1
Marquay (62) 10 B1
Marquefave (31) 287 K4
Marquéglise (60) 38 D1
Marquein (11) 288 E4
Marquerie (65) 285 J5
Marques (76) 17 F3
Marquette-en-Ostrevant (59) 11 K3
Marquette-lez-Lille (59) 6 D3
Marquigny (08) 22 D6
Marquillies (59) 6 C5
Marquion (62) 11 H4
Marquise (62) 2 B4
Marquivillers (80) 18 E5
Marquixanes (66) 314 C3
Marray (37) 127 J2
la Marre (39) 173 H1
Marre (55) 43 G4
Mars (07) 221 G5
les Mars (23) 183 K5
Mars (30) 273 J1
Mars (42) 187 G3
Mars-la-Tour (54) 44 C5
Mars-sous-Bourcq (08) 42 A2
Mars-sur-Allier (58) 150 D6
Marsa (11) 308 E5
Marsac (16) 196 D2
Marsac (23) 182 A4
Marsac (65) 285 H4
Marsac (82) 268 A2
Marsac-en-Livradois (63) 203 K6
Marsac-sur-Don (44) 103 F5
Marsac-sur-l'Isle (24) 213 K3
Marsainvilliers (45) 86 D6
Marsais (17) 177 J3
Marsais-Sainte-Radégonde (85) 160 D3
Marsal (57) 66 E3
Marsal (81) 271 F2
Marsalès (24) 232 C4
Marsan (32) 267 K5
Marsaneix (24) 214 B5
Marsangis (51) 89 J1
Marsangy (89) 112 D1
Marsannay-la-Côte (21) 136 A6
Marsannay-le-Bois (21) 136 B4
Marsanne (26) 240 C4
Marsas (33) 211 K5
Marsas (65) 304 E2
Marsat (63) 202 D1
Marsaz (26) 222 C4
Marseillan (32) 286 A2
Marseillan (34) 292 D4
Marseillan (65) 285 J4
Marseille (13) 296 C4
Marseille-en-Beauvaisis (60) 17 H6
Marseilles-lès-Aubigny (18) 150 C3
Marseillette (11) 290 D6
Marsillargues (34) 275 F5
Marsilly (17) 176 D1
Marsilly (57) 45 G5
Marsolan (32) 267 H2
Marson (51) 62 E2
Marson-sur-Barboure (55) 64 D6
Marsonnas (01) 172 B6
Marsoulas (31) 306 C1
Marssac-sur-Tarn (81) 270 C2
Martagny (27) 36 D2
Martailly-lès-Brancion (71) 171 J4
Martainneville (80) 9 F6
Martainville (14) 53 K2
Martainville (27) 34 B3
Martainville-Épreville (76) 35 K1
Martaizé (86) 144 D5
Martel (46) 233 K1
Marthemont (54) 93 K1
Marthille (57) 66 D2
Marthod (73) 209 G2
Marthon (16) 197 G4
Martiel (12) 250 E2
Martigna (39) 173 H5
Martignargues (30) 255 H6
Martignas-sur-Jalle (33) 229 F2
Martignat (01) 190 A2
Martigné-Briand (49) 125 H6
Martigné-Ferchaud (35) 103 K2
Martigné-sur-Mayenne (53) 81 F5
Martigny (02) 21 H2
Martigny (50) 52 C6
Martigny (76) 16 A2
Martigny-Courpierre (02) 40 B1
Martigny-le-Comte (71) 170 E4
Martigny-les-Bains (88) 117 H1
Martigny-les-Gerbonvaux (88) 93 H2
Martigny-sur-l'Ante (14) 53 K3
Martigues (13) 295 J5
Martillac (33) 229 H3
Martin-Église (76) 16 A2
Martincourt (54) 65 J3
Martincourt (60) 37 F1
Martincourt-sur-Meuse (55) 23 H6
le Martinet (30) 255 G4
Martinet (85) 159 F1
Martinpuich (62) 10 E6
Martinvast (50) 28 C3
Martinvelle (88) 117 K2
Martisserre (31) 287 F3
Martizay (36) 146 D6
Martot (27) 35 H4
Martragny (14) 32 C4
la Martre (83) 279 K3
Martres (33) 230 B4
les Martres-d'Artière (63) 203 F1
Martres-de-Rivière (31) 305 J1
les Martres-de-Veyre (63) 202 E3
Martres-sur-Morge (63) 185 G6
Martres-Tolosane (31) 287 H6
Martrin (12) 271 J2
Martrois (21) 135 F5
la Martyre (29) 46 D6
les Martys (11) 290 A3
Maruéjols-lès-Gardon (30) 274 E1
Marval (87) 198 A4
Marvaux-Vieux (08) 42 B3
Marvejols (48) 237 G6
Marvelise (25) 139 F2
Marville (55) 26 A3
Marville-Moutiers-Brûlé (28) 57 F6
Mary (71) 171 F3
Mary-sur-Marne (77) 60 B1
Marzan (56) 121 K2
Marzens (81) 270 B6
Marzy (58) 150 D4
le Mas (06) 280 C2
Mas-Blanc-des-Alpilles (13) 276 B4
Mas-Cabardès (11) 290 B3
le Mas-d'Agenais (47) 247 H2
le Mas-d'Artige (23) 200 E2
Mas-d'Auvignon (32) 267 H2
le Mas-d'Azil (09) 307 F1
Mas-de-Londres (34) 274 A4
le Mas-de-Tence (43) 221 G4
Mas-des-Cours (11) 309 G1
Mas-d'Orcières (48) 254 D1
Mas-Grenier (82) 268 E3
Mas-Saint-Chély (48) 253 K3
Mas-Saintes-Puelles (11) 289 G4
Masbaraud-Mérignat (23) 182 C5
Mascaraàs-Haron (64) 284 E1
Mascaras (32) 285 K1
Mascaras (65) 285 J5
Mascarville (31) 289 F1
Masclat (46) 233 H2
Masevaux (68) 119 J4
Maslacq (64) 283 K2
Masléon (87) 199 J2
Maslives (41) 129 G2
le Masnau-Massuguiès (81) 271 H4
Masnières (59) 11 J5
Masny (59) 11 J2
Masparraute (64) 283 F3
Maspie-Lalonquère-Juillacq (64) 285 F2

Masquières (47) . . . 249 F2
Massabrac (31) . . . 288 B5
Massac (11) . . . 309 J3
Massac (17) . . . 178 C6
Massac-Séran (81) . . . 270 B6
Massaguel (81) . . . 289 K2
Massais (79) . . . 144 A3
Massals (81) . . . 271 H3
Massanes (30) . . . 274 E1
Massangis (89) . . . 134 A2
Massat (09) . . . 307 F4
Massay (18) . . . 148 C2
le Massegros (48) . . . 253 H3
Masseilles (33) . . . 246 E2
Massels (47) . . . 248 D3
Massérac (44) . . . 102 D4
Masseret (19) . . . 199 H5
Masseube (32) . . . 286 C3
Massiac (15) . . . 219 F3
Massieu (38) . . . 207 J6
Massieux (01) . . . 188 C6
Massiges (51) . . . 42 C5
Massignac (16) . . . 197 K2
Massignieu-de-Rives (01) . . . 207 K2
Massillargues-Attuech (30) . . . 274 D1
Massilly (71) . . . 171 H4
Massingy (21) . . . 115 F4
Massingy (74) . . . 190 D6
Massingy-lès-Semur (21) . . . 134 E3
Massingy-lès-Vitteaux (21) . . . 135 G4
Massognes (86) . . . 162 C1
Massoins (06) . . . 281 F1
Massongy (74) . . . 174 E6
Massoulès (47) . . . 248 E3
Massugas (33) . . . 230 D3
Massy (71) . . . 171 G4
Massy (76) . . . 16 C4
Massy (91) . . . 58 D5
Mastaing (59) . . . 11 K2
Matafelon-Granges (01) . . . 189 K1
les Matelles (34) . . . 274 B5
Matemale (66) . . . 313 J3
Matha (17) . . . 178 B6
Mathaux (10) . . . 90 E4
Mathay (25) . . . 139 H3
Mathenay (39) . . . 155 J4
les Mathes (17) . . . 194 B2
Mathieu (14) . . . 32 E4
Mathons (52) . . . 92 A3
Mathonville (76) . . . 16 C5
Matignicourt-Goncourt (51) . . . 63 G5
Matignon (22) . . . 50 A3
Matigny (80) . . . 19 H3
Matougues (51) . . . 62 C1
Matour (71) . . . 187 J1
Matra (2B) . . . 319 H6
Matringhem (62) . . . 5 F5
Mattaincourt (88) . . . 94 A4
Mattexey (54) . . . 94 D2
Matton-et-Clémency (08) . . . 23 H4
Matzenheim (67) . . . 70 E5
Maubec (38) . . . 207 F4
Maubec (82) . . . 268 B4
Maubec (84) . . . 276 E3
Maubert-Fontaine (08) . . . 22 A2
Maubeuge (59) . . . 13 H3
Maubourguet (65) . . . 285 H2
Mauchamps (91) . . . 86 D2
Maucomble (76) . . . 16 C4
Maucor (64) . . . 284 D3
Maucourt (60) . . . 19 H5
Maucourt (80) . . . 19 F3
Maucourt-sur-Orne (55) . . . 26 A6
Maudétour-en-Vexin (95) . . . 36 E6
Mauguio (34) . . . 274 D6
Maulan (55) . . . 64 B5
Maulay (86) . . . 145 F4
Maulde (59) . . . 7 H6
Maule (78) . . . 57 K3
Mauléon (79) . . . 143 G4
Mauléon-Barousse (65) . . . 305 H3
Mauléon-d'Armagnac (32) . . . 266 A2
Mauléon-Licharre (64) . . . 283 H5
Maulers (60) . . . 17 K6
Maulette (78) . . . 57 H4
Maulévrier (49) . . . 143 G3
Maulévrier-Sainte-Gertrude (76) . . . 15 G6
Maulichères (32) . . . 266 B5
Maumusson (44) . . . 124 B3
Maumusson (82) . . . 268 B2
Maumusson-Laguian (32) . . . 266 B6
Mauny (76) . . . 35 F2
Maupas (10) . . . 114 B1
Maupas (32) . . . 266 A3
Mauperthuis (77) . . . 60 B4
Maupertuis (50) . . . 31 G5
Maupertus-sur-Mer (50) . . . 28 E2
Mauprévoir (86) . . . 179 K3
Mauquenchy (76) . . . 16 D5
Mauran (31) . . . 287 H6
Maure (64) . . . 285 G3
Maure-de-Bretagne (35) . . . 102 D1
Maurecourt (78) . . . 58 B2
Mauregard (77) . . . 59 G1
Mauregny-en-Haye (02) . . . 20 E6
Maureilhan (34) . . . 291 K4
Maureillas-las-Illas (66) . . . 315 G4
Mauremont (31) . . . 288 E2
Maurens (24) . . . 231 H1
Maurens (31) . . . 289 F2
Maurens (32) . . . 268 B6
Maurens-Scopont (81) . . . 289 F1
Maurepas (78) . . . 58 A5
Maurepas (80) . . . 11 F6
Mauressac (31) . . . 288 B4
Mauressargues (30) . . . 274 E2
Maureville (31) . . . 288 E2
Mauriac (15) . . . 217 G3
Mauriac (33) . . . 230 C3
Mauries (40) . . . 265 J6
Maurines (15) . . . 236 E2
Maurois (59) . . . 12 C5
Mauron (56) . . . 78 A4
Mauroux (32) . . . 268 A2
Mauroux (46) . . . 249 F1
Maurrin (40) . . . 265 J3
Maurs (15) . . . 235 F4
Maurupt-le-Montois (51) . . . 63 H4
Maury (66) . . . 309 J5
Mausoléo (2B) . . . 318 D3
Maussac (19) . . . 200 D6
Maussane-les-Alpilles (13) . . . 276 B4
Maussans (70) . . . 138 C3
Mautes (23) . . . 183 J6
Mauvages (55) . . . 64 E6
Mauvaisin (31) . . . 288 C4
Mauves (07) . . . 222 B5
Mauves-sur-Huisne (61) . . . 83 J3
Mauves-sur-Loire (44) . . . 123 J3
Mauvezin (31) . . . 287 G3
Mauvezin (32) . . . 268 B5
Mauvezin (65) . . . 304 E1
Mauvezin-d'Armagnac (40) . . . 266 A2
Mauvezin-de-Prat (09) . . . 306 C2
Mauvezin-de-Sainte-Croix (09) . . . 306 E1
Mauvières (36) . . . 164 C3
Mauvilly (21) . . . 115 G6
Maux (58) . . . 152 A3
Mauzac (31) . . . 288 A3
Mauzac-et-Grand-Castang (24) . . . 232 B2
Mauzé-sur-le-Mignon (79) . . . 177 J2
Mauzé-Thouarsais (79) . . . 144 A4
Mauzens-et-Miremont (24) . . . 214 C6
Mauzun (63) . . . 203 G3
Maves (41) . . . 109 F6
Mavilly-Mandelot (21) . . . 153 K3
la Maxe (57) . . . 45 F4
Maxent (35) . . . 78 C6
Maxéville (54) . . . 66 A4
Maxey-sur-Meuse (88) . . . 93 G2
Maxey-sur-Vaise (55) . . . 93 F1
Maxilly-sur-Léman (74) . . . 175 G5
Maxilly-sur-Saône (21) . . . 136 E5
Maxou (46) . . . 233 H6
Maxstadt (57) . . . 68 B3
May-en-Multien (77) . . . 60 A1
le May-sur-Èvre (49) . . . 142 E2
May-sur-Orne (14) . . . 32 E6
Mayac (24) . . . 214 C2
Mayenne (53) . . . 81 G4
Mayet (72) . . . 106 E5
le Mayet-de-Montagne (03) . . . 186 B4
le Mayet-d'École (03) . . . 185 G3
Maylis (40) . . . 264 E5
Maynal (39) . . . 172 E3
les Mayons (83) . . . 298 C3
Mayot (02) . . . 20 B4
Mayrac (46) . . . 233 J1
Mayran (12) . . . 251 K2
Mayrègne (31) . . . 305 H4
Mayres (07) . . . 238 E4
Mayres (63) . . . 220 A1
Mayres-Savel (38) . . . 242 A1
Mayreville (11) . . . 289 F5
Mayrinhac-Lentour (46) . . . 234 B3
Mayronnes (11) . . . 309 H2
Maysel (60) . . . 37 K4
Mazamet (81) . . . 290 B2
Mazan (84) . . . 257 H6
Mazan-l'Abbaye (07) . . . 238 E3
Mazangé (41) . . . 108 B5
Mazaugues (83) . . . 297 J3
Mazaye (63) . . . 202 B2
Mazé (49) . . . 125 K3
le Mazeau (85) . . . 161 F6
Mazeirat (23) . . . 182 E3
Mazeley (88) . . . 94 C5
Mazerat-Aurouze (43) . . . 219 J4
Mazeray (17) . . . 177 K6
Mazères (09) . . . 288 E5
Mazères (33) . . . 230 A6
Mazères-de-Neste (65) . . . 305 H1
Mazères-Lezons (64) . . . 284 D4
Mazères-sur-Salat (31) . . . 287 G6
Mazerier (03) . . . 185 G3
Mazerny (08) . . . 22 C5
Mazerolles (16) . . . 197 H2
Mazerolles (17) . . . 195 G4
Mazerolles (40) . . . 265 H2
Mazerolles (64) . . . 284 C2
Mazerolles (65) . . . 285 K3
Mazerolles (86) . . . 163 J5
Mazerolles-du-Razès (11) . . . 308 D1
Mazerolles-le-Salin (25) . . . 137 J6
Mazerulles (54) . . . 66 C4
Mazet-Saint-Voy (43) . . . 221 F5
Mazeuil (86) . . . 144 E6
Mazeyrat-d'Allier (43) . . . 219 J4
Mazeyrolles (24) . . . 232 D4
la Mazière-aux-Bons-Hommes (23) . . . 183 J6
Mazières (16) . . . 197 J1
Mazières-de-Touraine (37) . . . 127 F4
Mazières-en-Gâtine (79) . . . 161 J4
Mazières-en-Mauges (49) . . . 143 F3
Mazières-Naresse (47) . . . 232 A4
Mazières-sur-Béronne (79) . . . 178 D2
Mazille (71) . . . 171 G5
Mazingarbe (62) . . . 6 A6
Mazinghem (62) . . . 5 H4
Mazinghien (59) . . . 12 E5
Mazion (33) . . . 211 G3
Mazirat (03) . . . 183 K2
Mazirot (88) . . . 94 A4
le Mazis (80) . . . 17 G2
Mazoires (63) . . . 218 D1
Mazouau (65) . . . 305 F2
Mazuby (11) . . . 308 C5
les Mazures (08) . . . 22 C2
Mazzola (2B) . . . 319 H6
Méailles (04) . . . 260 D6
Méallet (15) . . . 217 H3
Méasnes (23) . . . 165 K5
Meaucé (28) . . . 84 B2
Méaudre (38) . . . 223 J4
la Meauffe (50) . . . 31 H2
la Méaugon (22) . . . 49 F6
Meaulne (03) . . . 167 H3
Méaulte (80) . . . 18 E1
Méautis (50) . . . 31 F1
Meaux (77) . . . 59 K2
Meaux-la-Montagne (69) . . . 187 J4
Meauzac (82) . . . 249 H6
Mecé (35) . . . 79 K3
Mechmont (46) . . . 233 H5
Mécleuves (57) . . . 45 G6
Mecquignies (59) . . . 13 F3
Mécrin (55) . . . 64 E3
Mécringes (51) . . . 61 F3
Médan (78) . . . 58 B2
Médavy (61) . . . 54 D5
Medeyrolles (63) . . . 220 B1
Médière (25) . . . 139 F3
Médillac (16) . . . 212 D3
Médis (17) . . . 194 D3
Médonville (88) . . . 93 G5
Médréac (35) . . . 78 C2
le Mée (28) . . . 109 F3
Mée (53) . . . 104 D5
le Mée-sur-Seine (77) . . . 87 H2
les Mées (04) . . . 259 G6
Mées (40) . . . 264 A4
les Mées (72) . . . 82 E4
Mégange (57) . . . 27 K6
Megève (74) . . . 192 A6
Mégevette (74) . . . 191 J1
Mégrit (22) . . . 50 B6
Méharicourt (80) . . . 18 E3
Méharin (64) . . . 282 E3
Méhers (41) . . . 129 F5
Méhoncourt (54) . . . 94 C1
Méhoudin (61) . . . 81 J2
Mehun-sur-Yèvre (18) . . . 148 E2
la Meignanne (49) . . . 125 F3
Meigné (49) . . . 125 K6
Meigné-le-Vicomte (49) . . . 126 D3
Meigneux (77) . . . 88 B2
Meigneux (80) . . . 17 H3
Meilars (29) . . . 73 D3
Meilhac (87) . . . 198 E3
Meilhan (32) . . . 286 D3
Meilhan (40) . . . 264 E2
Meilhan-sur-Garonne (47) . . . 230 D6
Meilhards (19) . . . 199 J5
Meilhaud (63) . . . 202 E5
Meillac (35) . . . 51 F6
Meillant (18) . . . 167 G1
Meillard (03) . . . 168 D6
le Meillard (80) . . . 9 K4
la Meilleraie-Tillay (85) . . . 160 D1
Meilleray (77) . . . 60 E4
la Meilleraye-de-Bretagne (44) . . . 103 J5
Meillerie (74) . . . 175 H4
Meillers (03) . . . 168 C4
Meillon (64) . . . 284 D4
Meillonnas (01) . . . 189 H1
Meilly-sur-Rouvres (21) . . . 153 H1
Meisenthal (57) . . . 69 G4
Meistratzheim (67) . . . 70 D5
le Meix (21) . . . 135 K2
le Meix-Saint-Epoing (51) . . . 61 G5
le Meix-Tiercelin (51) . . . 62 E6
Méjannes-le-Clap (30) . . . 255 K4
Méjannes-lès-Alès (30) . . . 255 H6
Mela (2A) . . . 323 F2
Mélagues (12) . . . 272 D5
Mélamare (76) . . . 14 D6
Melay (49) . . . 143 G1
Melay (52) . . . 117 H3
Melay (71) . . . 186 E2
le Mêle-sur-Sarthe (61) . . . 83 F2
Mélecey (70) . . . 138 E2
Melesse (35) . . . 79 G3
Melgven (29) . . . 99 F2
Mélicocq (60) . . . 38 E1
Mélicourt (27) . . . 55 H2
Méligny-le-Grand (55) . . . 64 E5
Méligny-le-Petit (55) . . . 64 D5
Melin (70) . . . 117 H5
Melincourt (70) . . . 118 A3
Mélisey (70) . . . 119 F5
Mélisey (89) . . . 114 B4
Meljac (12) . . . 252 A5
Mellac (29) . . . 99 H3
Mellé (35) . . . 80 B2
Melle (79) . . . 178 D2
Mellecey (71) . . . 153 K6
Melleran (79) . . . 178 E3
Melleray (72) . . . 107 K1
Melleroy (45) . . . 112 A4
Melles (31) . . . 305 K4
Melleville (76) . . . 16 D1
Mellionnec (22) . . . 76 B4
Mello (60) . . . 37 K4
Meloisey (21) . . . 153 K3
Melrand (56) . . . 100 C1
Melsheim (67) . . . 70 D1
Melun (77) . . . 87 H2
Melve (04) . . . 259 G2
Melz-sur-Seine (77) . . . 88 E2
Membrey (70) . . . 137 H1
la Membrolle-sur-Choisille (37) . . . 127 H4
la Membrolle-sur-Longuenée (49) . . . 125 F2
Membrolles (41) . . . 109 G3
Méménil (88) . . . 94 E5
Memmelshoffen (67) . . . 25 B2
le Mémont (25) . . . 157 J1
Menades (89) . . . 133 J4
Ménarmont (88) . . . 95 F2
Menars (41) . . . 129 F1
Menat (63) . . . 184 D4
Menaucourt (55) . . . 64 C5
Mencas (62) . . . 5 F5
Menchhoffen (67) . . . 69 H5
Mende (48) . . . 237 J6
Mendionde (64) . . . 282 D3
Menditte (64) . . . 283 H5
Mendive (64) . . . 282 E6
Ménéac (56) . . . 77 J5
Ménerbes (84) . . . 277 F3
Ménerval (76) . . . 16 E6
Ménerville (78) . . . 57 H2
Menesble (21) . . . 115 J5
Méneslies (80) . . . 8 D5
Ménesplet (24) . . . 212 E5
Ménesqueville (27) . . . 36 A3
Ménessaire (21) . . . 152 D2
Menestreau (58) . . . 132 D4
Ménestreau-en-Villette (45) . . . 130 B1
Menet (15) . . . 217 J2
Menetou-Couture (18) . . . 150 B3
Menetou-Râtel (18) . . . 131 J5
Menetou-Salon (18) . . . 149 H1
Menetou-sur-Nahon (36) . . . 147 K1
Ménétréol-sous-Sancerre (18) . . . 131 K5
Ménétréol-sur-Sauldre (18) . . . 130 E4
Ménétréols-sous-Vatan (36) . . . 148 B4
Ménetreuil (71) . . . 172 C3
Ménétreux-le-Pitois (21) . . . 134 E2
Ménétrol (63) . . . 202 D1
Ménétru-le-Vignoble (39) . . . 155 H6
Ménétrux-en-Joux (39) . . . 173 J2
Ménévillers (60) . . . 38 C1
Menglon (26) . . . 241 J4
Ménigoute (79) . . . 162 B4
Ménil (53) . . . 105 F5
le Ménil (88) . . . 119 G3
Ménil-Annelles (08) . . . 41 J2
Ménil-aux-Bois (55) . . . 64 D4
le Ménil-Bérard (61) . . . 55 H5
le Ménil-Broût (61) . . . 82 E2
le Ménil-Ciboult (61) . . . 53 F4
le Ménil-de-Briouze (61) . . . 53 J5
Ménil-de-Senones (88) . . . 95 J3
Ménil-en-Xaintois (88) . . . 93 J4
Ménil-Erreux (61) . . . 82 E2
Ménil-Froger (61) . . . 55 F5
Ménil-Gondouin (61) . . . 53 K4
le Ménil-Guyon (61) . . . 83 F1
Ménil-Hermei (61) . . . 53 K3
Ménil-Hubert-en-Exmes (61) . . . 54 E4
Ménil-Hubert-sur-Orne (61) . . . 53 J3
Ménil-Jean (61) . . . 54 A5
Ménil-la-Horgne (55) . . . 64 E5
Ménil-la-Tour (54) . . . 65 H4
Ménil-Lépinois (08) . . . 41 H2
le Ménil-Scelleur (61) . . . 54 B6
Ménil-sur-Belvitte (88) . . . 95 F3
Ménil-sur-Saulx (55) . . . 64 B6
le Ménil-Vicomte (61) . . . 55 F5
Ménil-Vin (61) . . . 53 K3
Ménilles (27) . . . 57 F1
la Ménitré (49) . . . 125 K4
Mennecy (91) . . . 87 F1
Mennessis (02) . . . 19 K4
Mennetou-sur-Cher (41) . . . 129 K6
Menneval (27) . . . 34 D6
Menneville (02) . . . 40 E2
Menneville (62) . . . 2 C6
Mennevret (02) . . . 12 D6
Mennouveaux (52) . . . 116 D1
Ménoire (19) . . . 216 B5
Menomblet (85) . . . 160 E1
Menoncourt (90) . . . 119 J6
Ménonval (76) . . . 16 D3
Menotey (39) . . . 155 G1
Menou (58) . . . 132 D5
Menouville (95) . . . 37 H5
le Menoux (36) . . . 165 H4
Menoux (70) . . . 118 A4
Mens (38) . . . 242 B2
Mensignac (24) . . . 213 J3
Menskirch (57) . . . 27 K4
Mentheville (76) . . . 14 D4
Menthon-Saint-Bernard (74) . . . 191 G6
Menthonnex-en-Bornes (74) . . . 191 F3
Menthonnex-sous-Clermont (74) . . . 190 D5
Mentières (15) . . . 218 E5
Menton (06) . . . 281 K3
Mentque-Nortbécourt (62) . . . 2 E4
Menucourt (95) . . . 58 B1
les Menus (61) . . . 84 B2
Menville (31) . . . 268 E5
Méobecq (36) . . . 165 F1
Méolans-Revel (04) . . . 260 B1
Méon (49) . . . 126 D3
Méounes-lès-Montrieux (83) . . . 297 J4
Mer (41) . . . 129 G1
Méracq (64) . . . 284 C1
Méral (53) . . . 104 C3
Méras (09) . . . 288 A6
Mercatel (62) . . . 11 F3
Mercenac (09) . . . 306 C2
Merceuil (21) . . . 154 A4
Mercey (27) . . . 36 A6
Mercey-le-Grand (25) . . . 137 H6
Mercey-sur-Saône (70) . . . 137 G2
Mercin-et-Vaux (02) . . . 39 J3
Merck-Saint-Liévin (62) . . . 5 F4
Merckeghem (59) . . . 3 G3
Mercoeur (19) . . . 216 C6
Mercoeur (43) . . . 219 G3
Mercuer (07) . . . 239 H5
Mercuès (46) . . . 249 K1
Mercurey (71) . . . 153 K5
Mercurol (26) . . . 222 C5
Mercury (73) . . . 209 F2
Mercus-Garrabet (09) . . . 307 J4
Mercy (03) . . . 169 G5
Mercy (89) . . . 113 G2
Mercy-le-Bas (54) . . . 26 D4
Mercy-le-Haut (54) . . . 26 D4
Merdrignac (22) . . . 77 K4
Méré (78) . . . 57 K4
Méré (89) . . . 113 J4
Méreau (18) . . . 148 D2
Méréaucourt (80) . . . 17 H4
Méréglise (28) . . . 84 D5
Mérélessart (80) . . . 17 G1
Mérens (32) . . . 267 H4
Mérens-les-Vals (09) . . . 313 F2
Mérenvielle (31) . . . 268 D6
Méreuil (05) . . . 258 D2
Méréville (54) . . . 66 A6
Méréville (91) . . . 86 C4
Merey (27) . . . 57 F2
Mérey-sous-Montrond (25) . . . 156 C1
Mérey-Vieilley (25) . . . 138 A5
Merfy (51) . . . 40 E3
Mergey (10) . . . 90 A3
Meria (2B) . . . 317 D2
Mérial (11) . . . 308 C5
Méricourt (62) . . . 11 F1
Méricourt (78) . . . 57 H1
Méricourt-en-Vimeu (80) . . . 17 H2
Méricourt-l'Abbé (80) . . . 18 D1
Méricourt-sur-Somme (80) . . . 18 E2
Mériel (95) . . . 37 J6
Mérifons (34) . . . 273 F6
Mérignac (16) . . . 196 B3
Mérignac (17) . . . 212 A2
Mérignac (33) . . . 229 G2
Mérignas (33) . . . 230 C3
Mérignat (01) . . . 189 J3
Mérignies (59) . . . 6 E6
Mérigny (36) . . . 164 B3
Mérigon (09) . . . 306 E1
Mérilheu (65) . . . 304 D1
Mérillac (22) . . . 77 K3
Mérinchal (23) . . . 183 K6
Mérindol (84) . . . 277 F4
Mérindol-les-Oliviers (26) . . . 257 H3
Mérinville (45) . . . 112 A2
le Mériot (10) . . . 88 E2
Méritein (64) . . . 283 J3
Merkwiller-Pechelbronn (67) . . . 25 B2
Merlas (38) . . . 207 J5
la Merlatière (85) . . . 142 A6
Merlaut (51) . . . 63 G4
Merle-Leignec (42) . . . 220 D1
Merléac (22) . . . 76 E3
le Merlerault (61) . . . 55 F5
Merles (82) . . . 249 F6
Merles-sur-Loison (55) . . . 26 A4
Merlevenez (56) . . . 100 B4
Merlieux-et-Fouquerolles (02) . . . 40 A1
Merlimont (62) . . . 4 A6
Merlines (19) . . . 201 H4
Mernel (35) . . . 102 D1
Mérobert (91) . . . 86 B3
Mérona (39) . . . 173 G3
Mérouville (28) . . . 86 A5
Meroux (90) . . . 139 J1
Merpins (16) . . . 195 J3
Merrey (52) . . . 117 F1
Merrey-sur-Arce (10) . . . 114 E1
Merri (61) . . . 54 C3
Merris (59) . . . 6 A3
Merry-la-Vallée (89) . . . 112 D5
Merry-Sec (89) . . . 133 F1
Merry-sur-Yonne (89) . . . 133 G2
Mers-les-Bains (80) . . . 8 C5
Mers-sur-Indre (36) . . . 166 A2
Merschweiller (57) . . . 27 J3
Mersuay (70) . . . 118 A5
Merten (57) . . . 45 K3
Mertrud (52) . . . 91 J3
Mertzen (68) . . . 97 A4
Mertzwiller (67) . . . 69 K5
Méru (60) . . . 37 H4

Merval (02) 40 C3
Mervans (71) 154 D6
Mervent (85) 160 E4
Mervilla (31) 288 C2
Merville (31) 269 F5
Merville (59) 3 K6
Merville-Franceville-Plage (14) 33 F3
Merviller (54) 95 G1
Merxheim (68) 96 B6
Méry (73) 208 B3
Méry-Corbon (14) 33 G5
Méry-ès-Bois (18) 130 E6
Méry-la-Bataille (60) 18 D6
Méry-Prémecy (51) 40 D4
Méry-sur-Cher (18) 148 C1
Méry-sur-Marne (77) 60 C2
Méry-sur-Oise (95) 58 D1
Méry-sur-Seine (10) 89 J2
le Merzer (22) 48 D5
Mésandans (25) 138 D3
Mésanger (44) 124 A3
Mésangueville (76) 16 E6
Mesbrecourt-Richecourt (02) 20 C4
Meschers-sur-Gironde (17) 194 D4
Mescoules (24) 231 H3
le Mesge (80) 17 J1
Mesgrigny (10) 89 J2
Mésigny (74) 190 E4
Meslan (56) 75 K6
Mesland (41) 128 C3
Meslay (14) 53 J2
Meslay (41) 108 C5
Meslay-du-Maine (53) 105 G3
Meslay-le-Grenet (28) 85 F4
Meslay-le-Vidame (28) 85 G5
Meslières (25) 139 J3
Meslin (22) 77 H1
Mesmay (25) 156 A2
Mesmont (08) 22 A5
Mesmont (21) 135 H5
Mesnac (16) 195 K2
Mesnard-la-Barotière (85) 142 C5
Mesnay (39) 155 K4
les Mesneux (51) 40 E4
la Mesnière (61) 83 G2
Mesnières-en-Bray (76) 16 C3
le Mesnil (50) 28 C5
le Mesnil-Adelée (50) 52 C5
le Mesnil-Amand (50) 30 E6
le Mesnil-Amelot (77) 59 G1
le Mesnil-Amey (50) 31 G3
le Mesnil-Angot (50) 31 G2
le Mesnil-au-Grain (14) 32 C6
le Mesnil-au-Val (50) 28 D3
le Mesnil-Aubert (50) 30 E5
le Mesnil-Aubry (95) 59 F1
le Mesnil-Auzouf (14) 53 F1
le Mesnil-Bacley (14) 54 D1
le Mesnil-Benoist (14) 31 J6
Mesnil-Bruntel (80) 19 G2
le Mesnil-Caussois (14) 52 D3
Mesnil-Clinchamps (14) 52 D3
le Mesnil-Conteville (60) 17 J5
Mesnil-Domqueur (80) 9 J4
le Mesnil-Durand (14) 54 D1
le Mesnil-Durdent (76) 15 G3
Mesnil-en-Arrouaise (80) 11 G6
le Mesnil-en-Thelle (60) 37 J5
le Mesnil-en-Vallée (49) 124 C4
le Mesnil-Esnard (76) 35 J2
le Mesnil-Eudes (14) 33 K6
le Mesnil-Eury (50) 31 G3
Mesnil-Follemprise (76) 16 B3
le Mesnil-Fuguet (27) 35 H6
le Mesnil-Garnier (50) 31 F6
le Mesnil-Germain (14) 54 E1
le Mesnil-Gilbert (50) 52 C5
le Mesnil-Guillaume (14) 34 A6
le Mesnil-Hardray (27) 56 B2
le Mesnil-Herman (50) 31 G4
le Mesnil-Jourdain (27) 35 H5
Mesnil-la-Comtesse (10) 90 C2
le Mesnil-le-Roi (78) 58 C2
Mesnil-Lettre (10) 90 C3
le Mesnil-Lieubray (76) 36 B1
Mesnil-Martinsart (80) 10 D6
le Mesnil-Mauger (14) 33 H6
Mesnil-Mauger (76) 16 D5
le Mesnil-Opac (50) 31 H4
le Mesnil-Ozenne (50) 52 B5
Mesnil-Panneville (76) 15 H6
le Mesnil-Patry (14) 32 C4
le Mesnil-Rainfray (50) 52 C5
Mesnil-Raoul (76) 35 K2
le Mesnil-Raoult (50) 31 H4
le Mesnil-Réaume (76) 16 D1
le Mesnil-Robert (14) 31 J6
le Mesnil-Rogues (50) 30 E6
Mesnil-Rousset (27) 55 H3
le Mesnil-Rouxelin (50) 31 H3
le Mesnil-Saint-Denis (78) 58 B5
le Mesnil-Saint-Firmin (60) 18 C5
Mesnil-Saint-Georges (80) 18 D5
Mesnil-Saint-Laurent (02) 20 A3
Mesnil-Saint-Loup (10) 89 H5
Mesnil-Saint-Nicaise (80) 19 G3
Mesnil-Saint-Père (10) 90 D5
Mesnil-Sellières (10) 90 C4
le Mesnil-Simon (14) 33 J6
le Mesnil-Simon (28) 57 G3
le Mesnil-sous-Jumièges (76) 35 F2
Mesnil-sous-Vienne (27) 36 D2
le Mesnil-sur-Blangy (14) 34 A4
le Mesnil-sur-Bulles (60) 37 K1
Mesnil-sur-l'Estrée (27) 56 E4
le Mesnil-sur-Oger (51) 62 A2
le Mesnil-Théribus (60) 37 G4
le Mesnil-Thomas (28) 84 C1
le Mesnil-Tôve (50) 52 C5
le Mesnil-Véneron (50) 31 G2
Mesnil-Verclives (27) 36 B3
le Mesnil-Vigot (50) 31 F3
le Mesnil-Villeman (50) 31 F6
le Mesnil-Villement (14) 53 J3
le Mesnilbus (50) 31 F3
le Mesnillard (50) 52 C6
Mesnois (39) 173 H2
les Mesnuls (78) 57 K5
Mespaul (29) 46 E4
Mesplède (64) 284 A1
Mesples (03) 166 E5
Mespuits (91) 86 D4
Mesquer (44) 121 J3
Messac (17) 212 A1
Messac (35) 102 E2
Messanges (21) 154 A1
Messanges (40) 262 C3
Messas (45) 109 H5
Messé (79) 179 F1
Messei (61) 53 H5
Messein (54) 66 A6
Messeix (63) 201 H4
Messemé (86) 145 F3
Messery (74) 174 D5
Messey-sur-Grosne (71) 171 J2
Messia-sur-Sorne (39) 173 F2
Messigny-et-Vantoux (21) 136 A4
Messimy (69) 205 J3
Messimy-sur-Saône (01) 188 B4
Messincourt (08) 23 H4
Messon (10) 89 K5
Messy (77) 59 H2
Mesterrieux (33) 230 C4
Mestes (19) 201 F5
Mesves-sur-Loire (58) 150 C1
Mesvres (71) 152 E5
Métabief (25) 157 F6
les Métairies (16) 196 B2
Métairies-Saint-Quirin (57) 67 J5
Méteren (59) 6 A3
Méthamis (84) 277 F1
Métigny (80) 17 H1
Metting (57) 69 F6
Mettray (37) 127 J4
Metz (57) 45 F5
Metz-en-Couture (62) 11 H5
Metz-le-Comte (58) 133 G5
Metz-Robert (10) 114 B2
Metz-Tessy (74) 191 F5
Metzeral (68) 119 K1
Metzeresche (57) 27 J5
Metzervisse (57) 27 H5
Metzing (57) 68 C3
Meucon (56) 101 F4
Meudon (92) 58 D4
Meuilley (21) 154 A2
Meulan (78) 58 A2
Meulers (76) 16 B2
Meulles (14) 55 F2
Meulson (21) 115 G6
Meunet-Planches (36) 148 C6
Meunet-sur-Vatan (36) 148 B3
Meung-sur-Loire (45) 109 J5
Meurcé (72) 82 E5
Meurchin (62) 6 C6
Meurcourt (70) 118 B5
la Meurdraquière (50) 51 K1
Meures (52) 92 A6
Meurival (02) 40 C3
Meursac (17) 194 E3
Meursanges (21) 154 B4
Meursault (21) 153 K4
Meurville (10) 91 G6
Meusnes (41) 129 G6
Meussia (39) 173 H4
Meuvaines (14) 32 C3
Meux (17) 195 J6
le Meux (60) 38 D3
Meuzac (87) 199 G5
Mévoisins (28) 85 H1
Mévouillon (26) 258 B3
Meximieux (01) 189 G6
Mexy (54) 26 D2
Mey (57) 45 F5
Meyenheim (68) 96 C6
Meylan (38) 224 B3
Meymac (19) 200 D5
Meynes (30) 275 J3
Meyrals (24) 232 D1
Meyrannes (30) 255 H3
Meyrargues (13) 277 J5
Meyras (07) 239 G4
Meyreuil (13) 296 D1
Meyrié (38) 207 F4
Meyrieu-les-Étangs (38) 206 E5
Meyrieux-Trouet (73) 208 A3
Meyrignac-l'Église (19) 216 B1
Meyronne (46) 233 J2
Meyronnes (04) 227 C6
Meyrueis (48) 254 A5
Meys (69) 205 G3
Meyssac (19) 215 K5
Meysse (07) 240 A5
Meyssiès (38) 206 D5
Meythet (74) 191 F5
la Meyze (87) 198 E4
Meyzieu (69) 206 C2
Mézangers (53) 81 J6
Mèze (34) 292 E3
Mézel (04) 259 J6
Mezel (63) 202 E2
Mézens (81) 269 K4
Mézeray (72) 106 C5
Mézères (43) 220 D4
Mézériat (01) 188 E2
Mézerolles (80) 9 K4
Mézerville (11) 289 F5
Mézidon-Canon (14) 33 G6
la Mézière (35) 79 F3
Mézières-au-Perche (28) 84 E5
Mézières-en-Brenne (36) 147 F6
Mézières-en-Drouais (28) 57 F5
Mézières-en-Gâtinais (45) 111 F2
Mézières-en-Santerre (80) 18 D3
Mézières-en-Vexin (27) 36 B5
Mézières-lez-Cléry (45) 109 K5
Mézières-sous-Lavardin (72) 82 C6
Mézières-sur-Couesnon (35) 79 J2
Mézières-sur-Issoire (87) 180 D3
Mézières-sur-Oise (02) 20 B3
Mézières-sur-Ponthouin (72) 83 F6
Mézières-sur-Seine (78) 57 K2
Mézilhac (07) 239 G2
Mézilles (89) 132 C1
Mézin (47) 247 H6
Méziré (90) 139 J2
Mézos (40) 244 D5
Mézy-Moulins (02) 61 F1
Mézy-sur-Seine (78) 58 A2
Mhère (58) 152 A1
Mialet (24) 198 B5
Mialet (30) 255 F5
Mialos (64) 284 C2
Miannay (80) 9 F5
Michaugues (58) 133 F6
Michelbach (68) 97 A2
Michelbach-le-Bas (68) 97 D4
Michelbach-le-Haut (68) 97 D4
Michery (89) 88 D4
Midrevaux (88) 93 F3
Mièges (39) 156 C6
Miélan (32) 286 A3
Miellin (70) 119 G4
Miermaigne (28) 84 B5
Miers (46) 234 A2
Miéry (39) 155 J6
Mietesheim (67) 69 J5
Mieussy (74) 191 K2
Mieuxcé (61) 82 C3
Migé (89) 133 F1
Migennes (89) 113 F3
Miglos (09) 307 J5
Mignaloux-Beauvoir (86) 163 F4
Mignavillers (70) 138 E1
Migné (36) 164 E2
Migné-Auxances (86) 162 E3
Mignères (45) 111 H2
Mignerette (45) 111 G2
Mignéville (54) 95 G1
Mignières (28) 85 F4
Mignovillard (39) 156 D6
Migny (36) 148 D3
Migré (17) 177 K3
Migron (17) 195 J1
Mijanès (09) 308 D6
Mijoux (01) 174 A5
la Milesse (72) 106 D2
Milhac (46) 233 G3
Milhac-d'Auberoche (24) 214 C4
Milhac-de-Nontron (24) 198 A6
Milhars (81) 250 E5
Milhas (31) 306 A2
Milhaud (30) 275 G4
Milhavet (81) 270 C1
Milizac (29) 72 C3
Millac (86) 180 B2
Millam (59) 3 G4
Millançay (41) 129 J4
Millas (66) 309 K6
Millau (12) 253 G6
Millay (58) 152 C6
Millebosc (76) 16 D1
Millemont (78) 57 J4
Millencourt (80) 10 D6
Millencourt-en-Ponthieu (80) 9 G4
Millery (21) 134 D3
Millery (54) 66 A3
Millery (69) 206 A3
Millevaches (19) 200 D4
Millières (50) 30 E2
Millières (52) 92 D6
Millonfosse (59) 12 C1
Milly (50) 52 C6
Milly-la-Forêt (91) 87 F3
Milly-Lamartine (71) 171 H6
Milly-sur-Bradon (55) 43 G2
Milly-sur-Thérain (60) 37 G1
Milon-la-Chapelle (78) 58 B5
Mimbaste (40) 264 C5
Mimet (13) 296 D2
Mimeure (21) 153 G2
Mimizan (40) 244 C4
Minaucourt-le-Mesnil-lès-Hurlus (51) 42 B5
Minerve (34) 291 F4
Mingot (65) 285 J3
Mingoval (62) 10 D2
Miniac-Morvan (35) 50 E5
Miniac-sous-Bécherel (35) 78 E2
le Minihic-sur-Rance (35) 50 D4
Minihy-Tréguier (22) 48 C2
Minorville (54) 65 H3
Minot (21) 135 J1
Minversheim (67) 69 J6
Minzac (24) 212 D6
Minzier (74) 190 E3
Miolles (81) 271 J3
Mionnay (01) 188 D6
Mions (69) 206 B3
Mios (33) 228 D5
Miossens-Lanusse (64) 284 D2
Mirabeau (04) 259 H5
Mirabeau (84) 278 A4
Mirabel (07) 239 J5
Mirabel (82) 249 K5
Mirabel-aux-Baronnies (26) 257 H3
Mirabel-et-Blacons (26) 240 E3
Miradoux (32) 267 K1
Miramas (13) 276 D6
Mirambeau (17) 211 H1
Mirambeau (31) 287 F3
Miramont-d'Astarac (32) 286 B1
Miramont-de-Comminges (31) 305 K1
Miramont-de-Guyenne (47) 231 G5
Miramont-de-Quercy (82) 249 G4
Miramont-Latour (32) 267 J4
Miramont-Sensacq (40) 265 J6
Mirande (32) 286 B1
Mirandol-Bourgnounac (81) 251 H5
Mirannes (32) 267 F6
Miraumont (80) 10 E5
Miraval-Cabardes (11) 290 B3
Mirbel (52) 92 A4
Miré (49) 105 H5
Mirebeau (86) 145 F6
Mirebeau-sur-Bèze (21) 136 D4
Mirebel (39) 173 H1
Mirecourt (88) 94 A4
Mirefleurs (63) 202 E3
Miremont (31) 288 B3
Miremont (63) 184 B6
Mirepeisset (11) 291 G5
Mirepeix (64) 284 E5
Mirepoix (09) 308 B1
Mirepoix (32) 267 J4
Mirepoix-sur-Tarn (31) 269 J4
Mireval (34) 293 G2
Mireval-Lauragais (11) 289 H5
Miribel (01) 206 B1
Miribel (26) 222 E3
Miribel-Lanchâtre (38) 223 K6
Miribel-les-Échelles (38) 207 K6
Mirmande (26) 240 C4
le Miroir (71) 172 E3
Mirvaux (80) 10 B6
Mirville (76) 14 D5
Miscon (26) 241 J4
Miserey (27) 56 E1
Miserey-Salines (25) 137 K5
Misérieux (01) 188 C5
Misery (80) 19 G2
Mison (04) 259 F3
Missé (79) 144 B4
Missècle (81) 270 C5
Missègre (11) 309 G2
Missery (21) 134 E5
Missillac (44) 102 B6
Missiriac (56) 101 K3
Misson (40) 264 C6
Missy (14) 32 C5
Missy-aux-Bois (02) 39 H3
Missy-lès-Pierrepont (02) 20 E5
Missy-sur-Aisne (02) 39 K2
Misy-sur-Yonne (77) 88 B4
Mitry-Mory (77) 59 G2
Mittainville (78) 57 H6
Mittainvilliers (28) 84 E2
Mittelbergheim (67) 70 C5
Mittelbronn (57) 70 A1
Mittelhausbergen (67) 25 A6
Mittelhausen (67) 70 E1
Mittelschaeffolsheim (67) 70 E2
Mittelwihr (68) 96 B3
Mittersheim (57) 67 H2
Mittlach (68) 119 J1
Mittois (14) 54 C1
Mitzach (68) 119 J3
Mizérieux (42) 204 E2
Mizoën (38) 224 E4
Moÿ-de-l'Aisne (02) 20 A4
Mobecq (50) 30 D1
Moca-Croce (2A) 320 E6
Modane (73) 226 A2
Modène (84) 257 H5
Moëlan-sur-Mer (29) 99 H4
les Moëres (59) 3 J2
Moernach (68) 97 B5
Moëslains (52) 63 J6
Moeurs-Verdey (51) 61 G5
Moeuvres (59) 11 H4
Moëze (17) 176 E5
Moffans-et-Vacheresse (70) 138 E1
Mogeville (55) 26 B6
Mognard (73) 208 B2
Mogneneins (01) 188 C3
Mognéville (55) 63 K4
Mogneville (60) 38 A3
Mogues (08) 23 J4
Mohon (56) 77 J6
Moidieu-Détourbe (38) 206 C5
Moigny-sur-École (91) 87 F3
Moimay (70) 138 D2
Moineville (54) 26 E6
Moings (17) 195 J5
Moinville-la-Jeulin (28) 85 J4
Moirans (38) 223 J1
Moirans-en-Montagne (39) 173 H5
Moirax (47) 248 B5
Moiré (69) 188 A5
Moiremont (51) 42 D5
Moirey-Flabas-Crépion (55) 43 H3
Moiron (39) 173 G2
Moiry (08) 23 J5
Moisdon-la-Rivière (44) 103 J5
Moisenay (77) 87 J1
Moislains (80) 11 G6
Moissac (82) 249 G6
Moissac-Bellevue (83) 279 F5
Moissac-Vallée-Française (48) 254 D5
Moissannes (87) 199 J1
Moissat (63) 203 F2
Moisselles (95) 58 E1
Moissey (39) 155 G1
Moissieu-sur-Dolon (38) 222 D1
Moisson (78) 57 J1
Moissy-Cramayel (77) 59 G6
Moissy-Moulinot (58) 133 H5
Moisville (27) 56 D4
Moisy (41) 108 E4
Moïta (2B) 319 J6
les Moitiers-d'Allonne (50) 28 B5
les Moitiers-en-Bauptois (50) 28 E6
Moitron (21) 135 J1
Moitron-sur-Sarthe (72) 82 C5
Moivre (51) 63 G2
Moivrons (54) 66 B3
Molac (56) 101 J4
Molagnies (76) 36 D1
Molain (02) 12 D6
Molain (39) 155 K5
Molamboz (39) 155 J4
Molandier (11) 288 E5
Molas (31) 286 E3
Molay (39) 155 F3
Molay (70) 117 G5
Môlay (89) 113 K6
le Molay-Littry (14) 31 K2
la Môle (83) 298 D5
Moléans (28) 109 F1
Molèdes (15) 218 D3
Molère (65) 304 E1
Molesme (21) 114 D3
Molesmes (89) 133 F2
Molezon (48) 254 C4
Moliens (60) 17 G5
Molières (24) 232 B2
Molières (46) 234 C3
Molières (82) 249 J5
les Molières (91) 58 C6
Molières-Cavaillac (30) 273 J2
Molières-Glandaz (26) 241 H3
Molières-sur-Cèze (30) 255 H4
Moliets-et-Maa (40) 262 C2
Molinchart (02) 20 C6
Molines-en-Queyras (05) 227 C2
Molinet (03) 170 A5
Molineuf (41) 128 D2
Molinges (39) 173 J5
Molinons (89) 89 F5
Molinot (21) 153 H3
Molins-sur-Aube (10) 90 D3
Molitg-les-Bains (66) 314 B2
Mollans (70) 118 D6
Mollans-sur-Ouvèze (26) 257 J4
Mollau (68) 119 J3
Mollégès (13) 276 C3
Molles (03) 185 K3
les Mollettes (73) 208 D5
Molleville (11) 289 F4
Molliens-au-Bois (80) 10 B6
Molliens-Dreuil (80) 17 J2
Mollkirch (67) 70 C4
Molompize (15) 218 E3
Molosmes (89) 114 A4
Moloy (21) 135 K2
Molphey (21) 134 C5
Molpré (39) 156 C6
Molring (57) 67 G2
Molsheim (67) 70 D4
Moltifao (2B) 318 E3
les Molunes (39) 173 K6
Momas (64) 284 C2
Mombrier (33) 211 H4
Momères (65) 285 H6
Momerstroff (57) 45 J4
Mommenheim (67) 70 E1
Momuy (40) 265 F6
Momy (64) 285 F3
Monacia-d'Aullène (2A) 322 E4
Monacia-d'Orezza (2B) 319 H5
Monampteuil (02) 40 B1
Monassut-Audiracq (64) 284 E3
le Monastère (12) 252 B3
le Monastier-Pin-Moriès (48) 237 F6
le Monastier-sur-Gazeille (43) 238 D1
Monay (39) 155 H5
Monbahus (47) 231 J6
Monbalen (47) 248 C3
Monbardon (32) 286 E3
Monbazillac (24) 231 H3

Monbéqui (82) 268 E3
Monblanc (32) 287 H2
Monbrun (32) 268 C5
Moncale (2B) 316 E1
Moncassin (32) 286 B2
Moncaup (31) 305 J3
Moncaup (64) 285 G2
Moncaut (47) 248 A5
Moncayolle-Larrory-Mendibieu (64) 283 H4
Moncé-en-Belin (72) 106 E4
Moncé-en-Saosnois (72) 83 F5
Monceau-le-Neuf-et-Faucouzy (02) 20 D3
Monceau-le-Waast (02) 20 E5
Monceau-lès-Leups (02) 20 C5
Monceau-Saint-Waast (59) 13 G4
Monceau-sur-Oise (02) 20 D2
les Monceaux (14) 33 J6
Monceaux (60) 38 B3
Monceaux-au-Perche (61) 83 J2
Monceaux-en-Bessin (14) 32 B4
Monceaux-l'Abbaye (60) 17 G5
Monceaux-le-Comte (58) 133 H5
Monceaux-sur-Dordogne (19) 216 C5
Moncel-lès-Lunéville (54) 66 D6
Moncel-sur-Seille (54) 66 C4
Moncel-sur-Vair (88) 93 G3
la Moncelle (08) 23 F4
Moncetz-l'Abbaye (51) 63 G6
Moncetz-Longevas (51) 62 E3
Moncey (25) 138 B4
Monchaux-Soreng (76) 16 E1
Monchaux-sur-Écaillon (59) 12 C3
Moncheaux (59) 6 E6
Moncheaux-lès-Frévent (62) 10 B2
Monchecourt (59) 11 J2
Monchel-sur-Canche (62) 9 K2
Moncheux (57) 66 B2
Monchiet (62) 10 D3
Monchy-au-Bois (62) 10 D4
Monchy-Breton (62) 10 B1
Monchy-Cayeux (62) 10 A1
Monchy-Humières (60) 38 D1
Monchy-Lagache (80) 19 H2
Monchy-le-Preux (62) 11 F3
Monchy-Saint-Éloi (60) 38 A4
Monchy-sur-Eu (76) 8 C6
Moncla (64) 265 K6
Monclar (32) 266 B2
Monclar (47) 248 A1
Monclar-de-Quercy (82) 269 J2
Monclar-sur-Losse (32) 286 A1
Moncley (25) 137 J5
Moncontour (22) 77 H2
Moncontour (86) 144 D5
Moncorneil-Grazan (32) 286 D2
Moncourt (57) 66 E4
Moncoutant (79) 161 G1
Moncrabeau (47) 267 F1
Moncy (61) 53 G3
Mondavezan (31) 287 H5
Mondelange (57) 27 G5
Mondement-Montgivroux (51) 61 H4
Mondescourt (60) 19 J5
Mondevert (35) 104 B1
Mondeville (14) 32 E5
Mondeville (91) 87 F2
Mondicourt (62) 10 C4
Mondigny (08) 22 C4
Mondilhan (31) 286 E4
Mondion (86) 145 H4
Mondon (25) 138 C3
Mondonville (31) 269 F5
Mondonville-Saint-Jean (28) 85 K4
Mondorff (57) 27 H2
Mondoubleau (41) 108 A3
Mondouzil (31) 269 H6
Mondragon (84) 256 D4
Mondrainville (14) 32 C5
Mondrepuis (02) 21 G1
Mondreville (77) 111 G1
Mondreville (78) 57 H3
Monein (64) 284 A4
Monès (31) 287 H3
Monesple (09) 307 G1
Monestier (03) 185 F2
Monestier (07) 221 J3
Monestier (24) 231 G3
le Monestier (63) 203 J5
Monestier-d'Ambel (38) 242 C2
Monestier-de-Clermont (38) 241 K1
le Monestier-du-Percy (38) 242 A2
Monestier-Merlines (19) 201 H3
Monestier-Port-Dieu (19) 201 H5
Monestiés (81) 251 G6
Monestrol (31) 288 E4
Monétay-sur-Allier (03) 168 E6
Monétay-sur-Loire (03) 169 K5
Monéteau (89) 113 G4
Monêtier-Allemont (05) 259 F1
le Monêtier-les-Bains (05) 225 J5
Monfaucon (24) 231 F1
Monfaucon (65) 285 H2
Monferran-Plavès (32) 286 D2
Monferran-Savès (32) 268 C6
Monflanquin (47) 232 A6
Monfort (32) 268 A4
Monfréville (14) 31 H1
Mongaillard (47) 247 J4
Mongausy (32) 287 F2
Mongauzy (33) 230 D5
Monget (40) 265 G6
Monguilhem (32) 266 A3
Monheurt (47) 247 J3
Monhoudou (72) 83 F5
Monieux (84) 258 A6
Monistrol-d'Allier (43) 219 K6
Monistrol-sur-Loire (43) 221 F2
Monlaur-Bernet (32) 286 C4
Monléon-Magnoac (65) 286 C5
Monlet (43) 220 A3
Monlezun (32) 285 J2
Monlezun-d'Armagnac (32) 266 A3
Monlong (65) 286 B5
Monmadalès (24) 231 K3
Monmarvès (24) 231 K4
Monnai (61) 55 G3
Monnaie (37) 127 K3
Monneren (57) 27 J4
la Monnerie-le-Montel (63) 203 J1
Monnerville (91) 86 B4
Monnes (02) 39 H5
Monnet-la-Ville (39) 173 J1
Monnetay (39) 173 F4
Monnetier-Mornex (74) 191 G2
Monneville (60) 37 G5
Monnières (39) 155 G2
Monnières (44) 123 J5
Monoblet (30) 274 C1
Monpardiac (32) 285 K2
Monpazier (24) 232 C4
Monpezat (64) 285 G2
Monplaisant (24) 232 D3
Monprimblanc (33) 230 A4
Mons (16) 178 E6
Mons (17) 195 K1
Mons (30) 255 H5
Mons (31) 269 J6
Mons (34) 291 H1
Mons (63) 185 J5
Mons (83) 280 B4
Mons-Boubert (80) 8 E5
Mons-en-Baroeul (59) 6 E4
Mons-en-Laonnois (02) 20 C6
Mons-en-Montois (77) 88 C2
Mons-en-Pévèle (59) 6 E6
Monsac (24) 232 A3
Monsaguel (24) 231 J3
Monsec (24) 197 H6
Monségur (33) 230 D4
Monségur (40) 265 G6
Monségur (47) 248 E1
Monségur (64) 285 G2
la Monselie (15) 217 J2
Monsempron-Libos (47) 248 E1
Monsireigne (85) 160 C1
Monsols (69) 187 K2
Monsteroux-Milieu (38) 206 B6
Monsures (80) 17 K4
Monswiller (67) 70 B1
Mont (64) 284 A2
Mont (65) 305 G5
Mont (71) 169 K3
le Mont (88) 95 J2
Mont-Bernanchon (62) 5 K5
Mont-Bertrand (14) 31 J5
Mont-Bonvillers (54) 26 D5
Mont-Cauvaire (76) 15 K6
Mont-d'Astarac (32) 286 C4
Mont-Dauphin (05) 227 A3
Mont-de-Galié (31) 305 J2
Mont-de-Lans (38) 224 E5
Mont-de-Laval (25) 157 H1
Mont-de-l'If (76) 15 H6
Mont-de-Marrast (32) 286 A3
Mont-de-Marsan (40) 265 G2
Mont-de-Vougney (25) 139 G5
Mont-devant-Sassey (55) 43 F2
le Mont-Dieu (08) 22 E6
Mont-Disse (64) 285 F1
Mont-Dol (35) 51 F4
Mont-Dore (63) 202 A4
Mont-d'Origny (02) 20 C2
Mont-et-Marré (58) 151 J3
Mont-Laurent (08) 41 K1
Mont-le-Vernois (70) 138 A1
Mont-le-Vignoble (54) 65 H6
Mont-lès-Lamarche (88) 117 H2
Mont-lès-Neufchâteau (88) 93 F3
Mont-lès-Seurre (71) 154 D4
Mont-l'Étroit (54) 93 G2
Mont-l'Évêque (60) 38 C5
Mont-Louis (66) 313 J4
Mont-Notre-Dame (02) 40 B4
Mont-Ormel (61) 54 E3
Mont-près-Chambord (41) 129 F2
Mont-Roc (81) 271 G4
le Mont-Saint-Adrien (60) 37 G2
Mont-Saint-Aignan (76) 35 H1
Mont-Saint-Éloi (62) 10 E2
Mont-Saint-Jean (02) 21 J3
Mont-Saint-Jean (21) 134 E6
Mont-Saint-Jean (72) 82 B5
Mont-Saint-Léger (70) 137 H1
Mont-Saint-Martin (02) 40 B4
Mont-Saint-Martin (08) 42 B3
Mont-Saint-Martin (38) 224 A2
Mont-Saint-Martin (54) 26 D2
le Mont-Saint-Michel (50) 51 J3
Mont-Saint-Père (02) 40 A6
Mont-Saint-Remy (08) 41 K2
Mont-Saint-Sulpice (89) 113 G3
Mont-Saint-Vincent (71) 171 F2
Mont-Saxonnex (74) 191 J3
Mont-sous-Vaudrey (39) 155 H3
Mont-sur-Courville (51) 40 C4
Mont-sur-Meurthe (54) 66 D6
Mont-sur-Monnet (39) 173 J1
Montabard (61) 54 B4
Montabon (72) 127 F1
Montabot (50) 31 G5
Montacher-Villegardin (89) 88 B6
Montadet (32) 287 G3
Montady (34) 291 K4
Montagagne (09) 307 G3
Montagna-le-Reconduit (39) 172 E4
Montagna-le-Templier (39) 173 F6
Montagnac (30) 274 E2
Montagnac (34) 292 C2
Montagnac-d'Auberoche (24) 214 C4
Montagnac-la-Crempse (24) 213 J6
Montagnac-Montpezat (04) 278 E3
Montagnac-sur-Auvignon (47) 247 K5
Montagnac-sur-Lède (47) 232 B6
Montagnat (01) 189 G2
Montagne (33) 230 B1
Montagne (38) 223 F4
la Montagne (44) 123 F4
la Montagne (70) 119 F3
Montagne-Fayel (80) 17 H2
Montagney (70) 137 G5
Montagney-Servigney (25) 138 C3
Montagnieu (01) 207 G1
Montagnieu (38) 207 G5
Montagnol (12) 272 D3
Montagnole (73) 208 B4
Montagny (42) 187 G4
Montagny (69) 205 K3
Montagny (73) 209 J5
Montagny-en-Vexin (60) 36 E5
Montagny-lès-Beaune (21) 154 A4
Montagny-lès-Buxy (71) 171 H1
Montagny-les-Lanches (74) 190 E6
Montagny-lès-Seurre (21) 154 E3
Montagny-près-Louhans (71) 172 D2
Montagny-Sainte-Félicité (60) 38 D6
Montagny-sur-Grosne (71) 171 G6
Montagoudin (33) 230 C5
Montagrier (24) 213 H2
Montagudet (82) 249 G4
Montagut (64) 284 B1
Montaignac-Saint-Hippolyte (19) 216 D2
Montaigu (02) 21 F6
Montaigu (39) 173 G2
Montaigu (85) 142 A3
Montaigu-de-Quercy (82) 249 F3
Montaigu-la-Brisette (50) 28 E3
Montaigu-le-Blin (03) 185 K1
Montaigu-les-Bois (50) 31 F6
Montaiguët-en-Forez (03) 186 C1
Montaigut (63) 184 C3
Montaigut-le-Blanc (23) 182 C3
Montaigut-le-Blanc (63) 202 D4
Montaigut-sur-Save (31) 268 E5
Montaillé (72) 107 J3
Montailleur (73) 209 F3
Montaillou (09) 308 B5
Montaimont (73) 209 F6
Montain (39) 173 G1
Montaïn (82) 268 D2
Montainville (28) 85 G5
Montainville (78) 57 K3
Montalba-le-Château (66) 309 J6
Montalembert (79) 179 G3
Montalet-le-Bois (78) 57 K1
Montalieu-Vercieu (38) 207 G1
Montalzat (82) 250 A4
Montamat (32) 287 F2
Montambert (58) 169 H1
Montamel (46) 233 H5
Montamisé (86) 163 F3
Montamy (14) 53 F1
Montanay (69) 188 D6
Montancy (25) 139 K4
Montandon (25) 139 H5
Montanel (50) 51 J5
Montaner (64) 285 G3
Montanges (01) 190 C2
Montans (81) 270 B3
Montapas (58) 151 J3
Montarcher (42) 204 C6
Montardit (09) 306 E1
Montardon (64) 284 D3
Montaren-et-Saint-Médiers (30) 275 G1
Montargis (45) 111 J3
Montarlot (77) 87 K4
Montarlot-lès-Rioz (70) 137 K4
Montarnaud (34) 274 A6
Montaron (58) 151 K5
Montastruc (47) 248 A1
Montastruc (65) 286 A5
Montastruc (82) 249 J6
Montastruc-de-Salies (31) 306 B2
Montastruc-la-Conseillère (31) 269 J5
Montastruc-Savès (31) 287 H4
le Montat (46) 250 A2
Montataire (60) 38 A4
Montauban (82) 269 F1
Montauban-de-Bretagne (35) 78 C3
Montauban-de-Luchon (31) 305 H5
Montauban-de-Picardie (80) 10 E6
Montauban-sur-l'Ouvèze (26) 258 B3
Montaud (34) 274 C4
Montaud (38) 223 J2
Montaudin (53) 80 D3
Montaulieu (26) 257 J2
Montaulin (10) 90 C5
Montaure (27) 35 H4
Montauriol (11) 289 F5
Montauriol (47) 231 J5
Montauriol (66) 315 F3
Montauriol (81) 251 J6
Montauroux (83) 280 B5
Montaut (09) 288 D6
Montaut (24) 231 K3
Montaut (31) 288 A4
Montaut (32) 286 B3
Montaut (40) 265 F4
Montaut (47) 231 K5
Montaut (64) 284 E6
Montaut-les-Créneaux (32) 267 J5
Montautour (35) 80 B5
Montauville (54) 65 J2
Montay (59) 12 D5
Montayral (47) 249 F1
Montazeau (24) 230 E1
Montazels (11) 309 F3
Montbard (21) 134 D1
Montbarla (82) 249 G4
Montbarrey (39) 155 J3
Montbarrois (45) 111 F2
Montbartier (82) 269 F2
Montbavin (02) 40 A1
Montbazens (12) 251 H1
Montbazin (34) 293 F2
Montbazon (37) 127 J6
Montbel (09) 308 C3
Montbel (48) 238 A5
Montbéliard (25) 139 H2
Montbéliardot (25) 139 G6
Montbellet (71) 171 K4
Montbenoît (25) 157 G3
Montberaud (31) 287 J6
Montbernard (31) 286 E4
Montberon (31) 269 H5
Montbert (44) 123 H6
Montberthault (21) 134 C3
Montbeton (82) 269 F1
Montbeugny (03) 169 F4
Montbizot (72) 82 D6
Montblainville (55) 42 E4
Montblanc (34) 292 B3
Montboillon (70) 137 J4
Montboissier (28) 85 F6
Montbolo (66) 314 E5
Montbonnot-Saint-Martin (38) 224 B2
Montboucher (23) 182 B5
Montboucher-sur-Jabron (26) 240 B5
Montboudif (15) 218 A1
Montbouton (90) 139 J2
Montbouy (45) 111 J4
Montboyer (16) 212 E2
Montbozon (70) 138 C3
Montbrand (05) 242 A5
Montbras (55) 93 G1
Montbray (50) 31 H6
Montbré (51) 41 F5
Montbrehain (02) 20 A1
Montbrison (26) 257 G1
Montbrison (42) 204 D4
Montbron (16) 197 H3
Montbronn (57) 69 F4
Montbrun (46) 250 E1
Montbrun (48) 254 B3
Montbrun-Bocage (31) 306 E1
Montbrun-des-Corbières (11) 290 E6
Montbrun-Lauragais (31) 288 C2
Montbrun-les-Bains (26) 258 A4
Montcabrier (46) 232 D6
Montcabrier (81) 269 K6
Montcaret (24) 230 D2
Montcarra (38) 207 G3
Montcavrel (62) 4 C5
Montceau-et-Écharnant (21) 153 J3
Montceau-les-Mines (71) 170 E2
Montceaux (01) 188 C3
Montceaux-lès-Meaux (77) 60 A2
Montceaux-lès-Provins (77) 60 E5
Montceaux-lès-Vaudes (10) 90 B6
Montceaux-l'Étoile (71) 170 B6
Montceaux-Ragny (71) 171 K2
Montcel (63) 185 F5
Montcel (73) 208 C2
Montcenis (71) 153 G6
Montcet (01) 189 F2
Montcey (70) 118 B6
Montchaboud (38) 224 B4
Montchal (42) 205 F1
Montchâlons (02) 40 C1
Montchamp (14) 53 F2
Montchamp (15) 219 F5
Montchanin (71) 171 F1
Montcharvot (52) 117 G3
Montchaton (50) 30 D4
Montchaude (16) 196 A6
Montchauvet (14) 53 F2
Montchauvet (78) 57 H3
Montchenu (26) 222 D3
Montcheutin (08) 42 C3
Montchevrel (61) 83 F1
Montchevrier (36) 165 J5
Montclar (04) 259 K1
Montclar (11) 309 F1
Montclar (12) 271 K2
Montclar-de-Comminges (31) 287 H6
Montclar-Lauragais (31) 288 E4
Montclar-sur-Gervanne (26) 241 F3
Montclard (43) 219 J3
Montcléra (46) 233 F5
Montclus (05) 258 D1
Montclus (30) 256 A4
Montcombroux-les-Mines (03) 169 H6
Montcony (71) 172 D1
Montcorbon (45) 112 B3
Montcornet (02) 21 G4
Montcornet (08) 22 C2
Montcourt (70) 117 J3
Montcourt-Fromonville (77) 87 H5
Montcoy (71) 154 C6
Montcresson (45) 111 J4
Montcuit (50) 31 F3
Montcuq (46) 249 H3
Montcusel (39) 173 H6
Montcy-Notre-Dame (08) 22 D3
Montdardier (30) 273 J2
Montdauphin (77) 60 E3
Montdidier (57) 67 G1
Montdidier (80) 18 D5
Montdoré (70) 118 A3
Montdoumerc (46) 250 A3
Montdragon (81) 270 D4
Montdurausse (81) 269 J2
Monte (2B) 319 H3
Monteaux (41) 128 C3
Montebourg (50) 29 F4
Montech (82) 268 E2
Montécheroux (25) 139 H4
Montegrosso (2B) 318 C3
Montégut (32) 267 J6
Montégut (40) 265 K3
Montégut (65) 305 G1
Montégut-Arros (32) 285 J3
Montégut-Bourjac (31) 287 G4
Montégut-en-Couserans (09) 306 D3
Montégut-Lauragais (31) 289 G2
Montégut-Plantaurel (09) 307 H2
Montégut-Savès (32) 287 G2
Monteignet-sur-l'Andelot (03) 185 G3
le Monteil (15) 217 J2
le Monteil (43) 220 C5
le Monteil-au-Vicomte (23) 182 D6
Monteille (14) 33 H6
Monteils (12) 251 F4
Monteils (30) 255 H6
Monteils (82) 250 B5
Montel-de-Gelat (63) 184 A6
Montéléger (26) 240 C2
Montélier (26) 222 D6
Montélimar (26) 240 B5
le Montellier (01) 188 E5
Montels (09) 307 G2
Montels (34) 291 J4
Montels (81) 270 B2
Montembœuf (16) 197 J2
Montenach (57) 27 J3
Montenay (53) 80 D4
Montendre (17) 211 J2
Montendry (73) 208 E4
Montenescourt (62) 10 D3
Monteneuf (56) 102 B1
Montenils (77) 61 F4
Montenois (25) 139 G2
Montenoison (58) 151 G1
Montenoy (54) 66 B3
Montépilloy (60) 38 C5
Monteplain (39) 155 J1
Montépreux (51) 62 B5
Monterblanc (56) 101 G4
Montereau (45) 111 G4
Montereau-Fault-Yonne (77) 88 A4
Montereau-sur-le-Jard (77) 87 H1
Monterfil (35) 78 D4
Montérolier (76) 16 C5
Monterrein (56) 101 K2
Montertelot (56) 101 J2
Montescot (66) 315 H3
Montescourt-Lizerolles (02) 19 K4
Montespan (31) 306 A1
Montesquieu (34) 292 A1
Montesquieu (47) 247 K4
Montesquieu (82) 249 G5
Montesquieu-Avantès (09) 306 E2
Montesquieu-des-Albères (66) 315 G4
Montesquieu-Guittaut (31) 286 E4
Montesquieu-Lauragais (31) 288 D3
Montesquieu-Volvestre (31) 287 K5
Montesquiou (32) 286 A1
Montessaux (70) 118 E5
Montesson (78) 58 C3
Montestruc-sur-Gers (32) 267 J4
le Montet (03) 168 B5
Montet-et-Bouxal (46) 234 D3
Monteton (47) 231 F5
Monteux (84) 257 G6
Montévrain (77) 59 J3
Monteynard (38) 224 A6
Montézic (12) 235 K4
Montfa (09) 307 F1
Montfa (81) 271 F5
Montfalcon (38) 223 F2
Montfarville (50) 29 G2
Montfaucon (02) 60 E2
Montfaucon (25) 138 A6
Montfaucon (30) 256 D6
Montfaucon (46) 233 J4
Montfaucon (49) 142 C2
Montfaucon-d'Argonne (55) 43 F4
Montfaucon-en-Velay (43) 221 G3
Montfermeil (93) 59 G3
Montfermier (82) 249 K4
Montfermy (63) 184 C6

Montferrand (11) . . . 289 F4
Montferrand-du-Périgord (24) . . . 232 B3
Montferrand-la-Fare (26) . . . 258 A2
Montferrand-le-Château (25) . . . 156 A1
Montferrat (38) . . . 207 J5
Montferrat (83) . . . 279 J5
Montferrer (66) . . . 314 D5
Montferrier (09) . . . 308 A4
Montferrier-sur-Lez (34) . . . 274 B5
Montfey (10) . . . 113 J2
Montfiquet (14) . . . 31 K3
Montfleur (39) . . . 173 F6
Montflours (53) . . . 81 F6
Montflovin (25) . . . 157 F3
Montfort (04) . . . 259 G5
Montfort (25) . . . 156 A2
Montfort (49) . . . 144 B1
Montfort (64) . . . 283 H3
Montfort-en-Chalosse (40) . . . 264 D4
Montfort-l'Amaury (78) . . . 57 K4
Montfort-le-Gesnois (72) . . . 107 F2
Montfort-sur-Argens (83) . . . 298 A1
Montfort-sur-Boulzane (11) . . . 309 F6
Montfort-sur-Meu (35) . . . 78 D4
Montfort-sur-Risle (27) . . . 34 D3
Montfranc (12) . . . 271 J3
Montfrin (30) . . . 275 K3
Montfroc (26) . . . 258 C4
Montfuron (04) . . . 278 A3
Montgaillard (09) . . . 307 J3
Montgaillard (11) . . . 309 J4
Montgaillard (40) . . . 265 G4
Montgaillard (65) . . . 285 H6
Montgaillard (81) . . . 269 J2
Montgaillard (82) . . . 268 B2
Montgaillard-de-Salies (31) . . . 306 B2
Montgaillard-Lauragais (31) . . . 288 E3
Montgaillard-sur-Save (31) . . . 286 E5
Montgardin (05) . . . 243 G5
Montgardon (50) . . . 30 D1
Montgaroult (61) . . . 54 B4
Montgauch (09) . . . 306 C2
Montgaudry (61) . . . 83 G3
Montgazin (31) . . . 288 A4
Montgé-en-Goële (77) . . . 59 J1
Montgeard (31) . . . 288 D4
Montgellafrey (73) . . . 209 F6
Montgenèvre (05) . . . 226 A6
Montgenost (51) . . . 89 G1
Montgérain (60) . . . 18 D6
Montgermont (35) . . . 79 F3
Montgeron (91) . . . 59 F5
Montgeroult (95) . . . 37 G6
Montgesoye (25) . . . 156 D2
Montgesty (46) . . . 233 G5
Montgey (81) . . . 289 G2
Montgibaud (19) . . . 199 G5
Montgilbert (73) . . . 209 F4
Montgirod (73) . . . 209 J4
Montgiscard (31) . . . 288 D2
Montgivray (36) . . . 166 B3
Montgobert (02) . . . 39 G3
Montgon (08) . . . 42 B1
Montgradail (11) . . . 308 C1
Montgras (31) . . . 287 H2
Montgreleix (15) . . . 218 C2
Montgru-Saint-Hilaire (02) . . . 39 J5
Montguers (26) . . . 258 B3
Montgueux (10) . . . 89 K4
Montguillon (49) . . . 104 E6
Montguyon (17) . . . 212 B3
les Monthairons (55) . . . 43 J6
Montharville (28) . . . 84 E6
Monthault (35) . . . 80 B1
Monthaut (11) . . . 308 D1
Monthelie (21) . . . 153 K4
Monthelon (51) . . . 61 K2
Monthelon (71) . . . 152 E4
Monthenault (02) . . . 40 B1
Montheries (52) . . . 91 J6
Montherlant (60) . . . 37 G4
Monthermé (08) . . . 22 D2
Monthiers (02) . . . 39 J6
Monthieux (01) . . . 188 D5
Monthion (73) . . . 209 F3
Monthodon (37) . . . 128 A1
Monthoiron (86) . . . 163 H1
Monthois (08) . . . 42 B3
Montholier (39) . . . 155 J4
Monthou-sur-Bièvre (41) . . . 128 E3
Monthou-sur-Cher (41) . . . 128 E5
Monthuchon (50) . . . 30 E3
Monthurel (02) . . . 61 F1
Monthureux-le-Sec (88) . . . 93 K6
Monthureux-sur-Saône (88) . . . 117 J2
Monthyon (77) . . . 59 J1
Monticello (2B) . . . 318 D2
Montier-en-Der (52) . . . 91 H2
Montier-en-l'Isle (10) . . . 91 G5
Montiéramey (10) . . . 90 D5
Montierchaume (36) . . . 148 A5
Montiers (60) . . . 38 B1
Montiers-sur-Saulx (55) . . . 92 C1
Monties (32) . . . 286 D3
Montignac (24) . . . 214 E5
Montignac (33) . . . 230 A3
Montignac (65) . . . 285 J6
Montignac-Charente (16) . . . 196 D2
Montignac-de-Lauzun (47) . . . 231 H5
Montignac-le-Coq (16) . . . 213 F1
Montignac-Toupinerie (47) . . . 231 G6
Montignargues (30) . . . 275 F2
Montigné (16) . . . 196 B1
Montigné-le-Brillant (53) . . . 104 E2
Montigné-lès-Rairies (49) . . . 126 A1
Montigné-sur-Moine (49) . . . 142 C2
Montigny (14) . . . 32 C6
Montigny (18) . . . 149 K1
Montigny (45) . . . 110 C1
Montigny (54) . . . 95 G1
Montigny (72) . . . 82 E2
Montigny (76) . . . 35 G1
Montigny-aux-Amognes (58) . . . 151 F3
Montigny-devant-Sassey (55) . . . 43 F1
Montigny-en-Arrouaise (02) . . . 20 B2
Montigny-en-Cambrésis (59) . . . 12 C5
Montigny-en-Gohelle (62) . . . 11 G1
Montigny-en-Morvan (58) . . . 152 A2
Montigny-en-Ostrevent (59) . . . 11 J2
Montigny-la-Resle (89) . . . 113 H4
Montigny-l'Allier (02) . . . 39 G6
Montigny-le-Bretonneux (78) . . . 58 B4
Montigny-le-Chartif (28) . . . 84 D5
Montigny-le-Franc (02) . . . 21 F4
Montigny-le-Gannelon (28) . . . 108 D2
Montigny-le-Guesdier (77) . . . 88 D4
Montigny-Lencoup (77) . . . 88 B3
Montigny-Lengrain (02) . . . 39 G3
Montigny-lès-Arsures (39) . . . 155 K4
Montigny-lès-Cherlieu (70) . . . 117 H5
Montigny-lès-Condé (02) . . . 61 F2
Montigny-lès-Cormeilles (95) . . . 58 D2
Montigny-les-Jongleurs (80) . . . 9 J4
Montigny-lès-Metz (57) . . . 45 F5
Montigny-les-Monts (10) . . . 113 K1
Montigny-lès-Vaucouleurs (55) . . . 65 F6
Montigny-lès-Vesoul (70) . . . 138 A1
Montigny-Montfort (21) . . . 134 D2
Montigny-Mornay-Villeneuve-sur-Vingeanne (21) . . . 136 E2
Montigny-Saint-Barthélemy (21) . . . 134 D4
Montigny-sous-Marle (02) . . . 20 E4
Montigny-sur-Armançon (21) . . . 134 E4
Montigny-sur-Aube (21) . . . 115 H3
Montigny-sur-Avre (28) . . . 56 C5
Montigny-sur-Canne (58) . . . 151 J5
Montigny-sur-Chiers (54) . . . 26 C3
Montigny-sur-Crécy (02) . . . 20 C4
Montigny-sur-l'Ain (39) . . . 173 J1
Montigny-sur-l'Hallue (80) . . . 18 C1
Montigny-sur-Loing (77) . . . 87 J4
Montigny-sur-Meuse (08) . . . 24 C2
Montigny-sur-Vence (08) . . . 22 C5
Montigny-sur-Vesle (51) . . . 40 D3
Montilliers (49) . . . 143 J1
Montillot (89) . . . 133 H3
Montilly (03) . . . 168 D3
Montilly-sur-Noireau (61) . . . 53 H3
Montils (17) . . . 195 H3
les Montils (41) . . . 128 E3
Montipouret (36) . . . 166 A2
Montirat (11) . . . 290 C6
Montirat (81) . . . 251 G5
Montireau (28) . . . 84 C3
Montiron (32) . . . 287 F1
Montivernage (25) . . . 138 D5
Montivilliers (76) . . . 14 B6
Montjardin (11) . . . 308 C3
Montjaux (12) . . . 252 E6
Montjavoult (60) . . . 36 E5
Montjay (05) . . . 258 C2
Montjay (71) . . . 155 F6
Montjean (16) . . . 179 F3
Montjean (53) . . . 104 D2
Montjean-sur-Loire (49) . . . 124 D4
Montjoi (11) . . . 309 H3
Montjoi (82) . . . 248 E4
Montjoie-en-Couserans (09) . . . 306 D2
Montjoie-le-Château (25) . . . 139 J4
Montjoie-Saint-Martin (50) . . . 80 A1
Montjoire (31) . . . 269 H4
Montjoux (26) . . . 240 E6
Montjoyer (26) . . . 256 E1
Montjustin (04) . . . 277 K3
Montjustin-et-Velotte (70) . . . 138 D1
Montlandon (28) . . . 84 C3
Montlaur (11) . . . 309 J1
Montlaur (12) . . . 272 B3
Montlaur (31) . . . 288 D2
Montlaur-en-Diois (26) . . . 241 H4
Montlaux (04) . . . 259 F6
Montlauzun (46) . . . 249 H3
Montlay-en-Auxois (21) . . . 134 D5
Montlebon (25) . . . 157 H2
Montlevicq (36) . . . 166 C3
Montlevon (02) . . . 61 F2
Montlhéry (91) . . . 58 D6
Montliard (45) . . . 111 F2
Montlieu-la-Garde (17) . . . 212 A3
Montlignon (95) . . . 58 D1
Montliot-et-Courcelles (21) . . . 115 F4
Montlivault (41) . . . 129 F1
Montlognon (60) . . . 38 C5
Montloué (02) . . . 21 H4
Montlouis (18) . . . 149 F6
Montlouis-sur-Loire (37) . . . 127 K5
Montluçon (03) . . . 167 H6
Montluel (01) . . . 188 E6
Montmachoux (77) . . . 88 A4
Montmacq (60) . . . 38 E1
Montmagny (95) . . . 58 E2
Montmahoux (25) . . . 156 C3
Montmain (21) . . . 154 C3
Montmain (76) . . . 35 K2
Montmançon (21) . . . 136 D5
Montmarault (03) . . . 184 E1
Montmarlon (39) . . . 156 B5
Montmartin (60) . . . 38 C1
Montmartin-en-Graignes (50) . . . 31 G1
Montmartin-le-Haut (10) . . . 91 F6
Montmartin-sur-Mer (50) . . . 30 D5
Montmaur (05) . . . 242 C5
Montmaur (11) . . . 289 F3
Montmaur-en-Diois (26) . . . 241 H4
Montmaurin (31) . . . 286 D5
Montmédy (55) . . . 23 K6
Montmeillant (08) . . . 21 K4
Montmelard (71) . . . 171 F6
Montmelas-Saint-Sorlin (69) . . . 188 A4
Montmélian (73) . . . 208 D5
Montmerle-sur-Saône (01) . . . 188 B4
Montmerrei (61) . . . 54 C6
Montmeyan (83) . . . 278 E5
Montmeyran (26) . . . 240 D2
Montmin (74) . . . 208 E1
Montmirail (51) . . . 61 F3
Montmirail (72) . . . 107 K1
Montmiral (26) . . . 222 E4
Montmirat (30) . . . 274 E2
Montmirey-la-Ville (39) . . . 137 F6
Montmirey-le-Château (39) . . . 137 F6
Montmoreau-Saint-Cybard (16) . . . 212 E1
Montmorency (95) . . . 58 E2
Montmorency-Beaufort (10) . . . 91 F2
Montmorillon (86) . . . 164 A5
Montmorin (05) . . . 258 B1
Montmorin (63) . . . 203 F3
Montmorot (39) . . . 173 F2
Montmort (71) . . . 170 B1
Montmort-Lucy (51) . . . 61 J2
Montmotier (88) . . . 118 B2
Montmoyen (21) . . . 115 H6
Montmurat (15) . . . 235 F5
Montner (66) . . . 309 K6
Montoillot (21) . . . 135 G6
Montoir-de-Bretagne (44) . . . 122 B2
Montoire-sur-le-Loir (41) . . . 108 A6
Montois-la-Montagne (57) . . . 27 F6
Montoison (26) . . . 240 D2
Montoldre (03) . . . 169 F6
Montolieu (11) . . . 289 K4
Montolivet (77) . . . 60 E4
Montonvillers (80) . . . 10 A6
Montord (03) . . . 185 G1
Montory (64) . . . 283 J6
Montot (21) . . . 154 E2
Montot (70) . . . 137 F2
Montot-sur-Rognon (52) . . . 92 C4
Montouliers (34) . . . 291 G4
Montoulieu (09) . . . 307 J4
Montoulieu (34) . . . 274 B2
Montoulieu-Saint-Bernard (31) . . . 287 G5
Montournais (85) . . . 160 E1
Montours (35) . . . 51 K6
Montourtier (53) . . . 81 G5
Montoussé (65) . . . 305 F1
Montoussin (31) . . . 287 H5
Montoy-Flanville (57) . . . 45 G5
Montpellier (34) . . . 274 C6
Montpellier-de-Médillan (17) . . . 195 F3
Montpensier (63) . . . 185 G4
Montperreux (25) . . . 157 F5
Montpeyroux (12) . . . 236 B5
Montpeyroux (24) . . . 230 D1
Montpeyroux (34) . . . 273 J5
Montpeyroux (63) . . . 202 E4
Montpezat (30) . . . 274 E3
Montpézat (32) . . . 287 G3
Montpezat (47) . . . 248 A3
Montpezat-de-Quercy (82) . . . 250 A4
Montpezat-sous-Bauzon (07) . . . 239 F4
Montpinchon (50) . . . 31 F4
Montpinier (81) . . . 270 E5
Montpitol (31) . . . 269 J5
Montplonne (55) . . . 64 B5
Montpollin (49) . . . 126 B2
Montpon-Ménestérol (24) . . . 212 E6
Montpont-en-Bresse (71) . . . 172 C3
Montpothier (10) . . . 89 F1
Montpouillan (47) . . . 247 G1
Montrabé (31) . . . 269 H6
Montrabot (50) . . . 31 K3
Montracol (01) . . . 189 F2
Montravers (79) . . . 143 G5
Montréal (07) . . . 239 G6
Montréal (11) . . . 289 J6
Montréal (32) . . . 266 E2
Montréal (89) . . . 134 A3
Montréal-la-Cluse (01) . . . 189 K2
Montréal-les-Sources (26) . . . 257 K2
Montrécourt (59) . . . 12 C3
Montredon (46) . . . 235 F5
Montredon-des-Corbières (11) . . . 291 H6
Montredon-Labessonnié (81) . . . 271 F5
Montregard (43) . . . 221 G4
Montréjeau (31) . . . 305 H1
Montrelais (44) . . . 124 C4
Montrem (24) . . . 213 J4
Montrésor (37) . . . 147 F2
Montret (71) . . . 172 B2
Montreuil (28) . . . 57 F4
Montreuil (62) . . . 4 C6
Montreuil (85) . . . 160 D5
Montreuil (93) . . . 59 F3
Montreuil-au-Houlme (61) . . . 53 K5
Montreuil-aux-Lions (02) . . . 60 C1
Montreuil-Bellay (49) . . . 144 C2
Montreuil-Bonnin (86) . . . 162 D3
Montreuil-des-Landes (35) . . . 80 A5
Montreuil-en-Auge (14) . . . 33 J5
Montreuil-en-Caux (76) . . . 16 A4
Montreuil-en-Touraine (37) . . . 128 B3
Montreuil-Juigné (49) . . . 125 G2
Montreuil-la-Cambe (61) . . . 54 D3
Montreuil-l'Argillé (27) . . . 55 G2
Montreuil-le-Chétif (72) . . . 82 C5
Montreuil-le-Gast (35) . . . 79 F2
Montreuil-le-Henri (72) . . . 107 H4
Montreuil-Poulay (53) . . . 81 H3
Montreuil-sous-Pérouse (35) . . . 80 A6
Montreuil-sur-Barse (10) . . . 90 D5
Montreuil-sur-Blaise (52) . . . 91 K2
Montreuil-sur-Brêche (60) . . . 37 J1
Montreuil-sur-Epte (95) . . . 36 D5
Montreuil-sur-Ille (35) . . . 79 G2
Montreuil-sur-Loir (49) . . . 125 J1
Montreuil-sur-Lozon (50) . . . 31 G3
Montreuil-sur-Maine (49) . . . 125 F1
Montreuil-sur-Thérain (60) . . . 37 H3
Montreuil-sur-Thonnance (52) . . . 92 B2
Montreuillon (58) . . . 152 A1
Montreux (54) . . . 67 H6
Montreux-Château (90) . . . 139 K1
Montreux-Jeune (68) . . . 139 K1
Montreux-Vieux (68) . . . 119 K6
Montrevault (49) . . . 124 B6
Montrevel (38) . . . 207 G5
Montrevel (39) . . . 173 F5
Montrevel-en-Bresse (01) . . . 172 C6
Montrichard (41) . . . 128 D5
Montricher-Albanne (73) . . . 225 H2
Montricoux (82) . . . 250 B6
Montrieux-en-Sologne (41) . . . 129 J3
Montrigaud (26) . . . 222 E3
Montriond (74) . . . 192 A1
Montrodat (48) . . . 237 G6
Montrol-Sénard (87) . . . 180 E4
Montrollet (16) . . . 180 D5
Montromant (69) . . . 205 H3
Montrond (05) . . . 258 D2
Montrond (39) . . . 156 A6
Montrond-le-Château (25) . . . 156 C1
Montrond-les-Bains (42) . . . 204 E3
Montrosier (81) . . . 250 E5
Montrottier (69) . . . 205 G2
Montroty (76) . . . 36 D2
Montrouge (92) . . . 58 E4
Montrouveau (41) . . . 107 J6
Montroy (17) . . . 176 E2
Montrozier (12) . . . 252 C2
Montry (77) . . . 59 J3
Monts (37) . . . 127 H6
Monts (60) . . . 37 G5
Monts-en-Bessin (14) . . . 32 C5
Monts-en-Ternois (62) . . . 10 B2
Monts-sur-Guesnes (86) . . . 145 F5
les Monts-Verts (48) . . . 237 F2
Montsalès (12) . . . 251 F1
Montsalier (04) . . . 258 C6
Montsalvy (15) . . . 235 J4
Montsapey (73) . . . 209 F4
Montsauche-les-Settons (58) . . . 152 C1
Montsaugeon (52) . . . 136 C1
Montsaunès (31) . . . 306 B1
Montsec (55) . . . 65 G2
Montsecret (61) . . . 53 G4
Montségur (09) . . . 308 A4
Montségur-sur-Lauzon (26) . . . 256 E2
Montselgues (07) . . . 238 D6
Montséret (11) . . . 310 B1
Montsérié (65) . . . 305 G2
Montseron (09) . . . 307 F2
Montseveroux (38) . . . 206 C6
Montsoreau (49) . . . 144 E1
Montsoué (40) . . . 265 G4
Montsoult (95) . . . 58 E1
Montsûrs (53) . . . 81 G6
Montsurvent (50) . . . 30 D3
Montsuzain (10) . . . 90 B3
Montureux-et-Prantigny (70) . . . 137 G3
Montureux-lès-Baulay (70) . . . 117 K4
Montusclat (43) . . . 220 E6
Montussaint (25) . . . 138 C3
Montussan (33) . . . 229 J1
Montvalen (81) . . . 269 J3
Montvalent (46) . . . 233 K2
Montvalezan (73) . . . 193 B3
Montvendre (26) . . . 240 D1
Montverdun (42) . . . 204 D3
Montvernier (73) . . . 225 G1
Montvert (15) . . . 216 E6
Montvicq (03) . . . 184 C1
Montviette (14) . . . 54 D1
Montville (76) . . . 15 K6
Montviron (50) . . . 51 J2
Montzéville (55) . . . 43 G4
Monviel (47) . . . 231 J5
Monze (11) . . . 290 C6
Moon-sur-Elle (50) . . . 31 H2
Moosch (68) . . . 119 K3
Mooslargue (68) . . . 97 B5
Moraches (58) . . . 133 G6
Moragne (17) . . . 177 G5
Morainville (28) . . . 85 K4
Morainville-Jouveaux (27) . . . 34 B4
Morainvilliers (78) . . . 58 A2
Morancé (69) . . . 188 B6
Morancez (28) . . . 85 G3
Morancourt (52) . . . 91 K3
Morand (37) . . . 128 B2
Morangis (51) . . . 61 K2
Morangis (91) . . . 58 E5
Morangles (60) . . . 37 J5
Morannes (49) . . . 105 H5
Moranville (55) . . . 43 K5
Moras (38) . . . 206 E3
Moras-en-Valloire (26) . . . 222 D2
Morbecque (59) . . . 3 J6
Morbier (39) . . . 174 A3
Morcenx (40) . . . 245 F6
Morchain (80) . . . 19 G3
Morchies (62) . . . 11 G4
Morcourt (02) . . . 20 A2
Morcourt (80) . . . 18 E2
Mordelles (35) . . . 78 E4
Moréac (56) . . . 101 F2
Morée (41) . . . 108 D4
Moreilles (85) . . . 160 B5
Morelmaison (88) . . . 93 J4
Morembert (10) . . . 90 D2
Morestel (38) . . . 207 G3
Moret-sur-Loing (77) . . . 87 J4
Morêtel-de-Mailles (38) . . . 208 C6
Morette (38) . . . 223 H2
Moreuil (80) . . . 18 C3
Morey (71) . . . 153 J6
Morey-Saint-Denis (21) . . . 154 B1
Morez (39) . . . 174 A3
Morfontaine (54) . . . 26 D3
Morganx (40) . . . 265 G6
Morgemoulin (55) . . . 26 B6
Morgny (27) . . . 36 C2
Morgny-en-Thiérache (02) . . . 21 H3
Morgny-la-Pommeraye (76) . . . 35 K1
Morhange (57) . . . 66 E2
Moriat (63) . . . 219 F1
Morienne (76) . . . 17 F3
Morienval (60) . . . 38 E4
Morières-lès-Avignon (84) . . . 276 C2
Moriers (28) . . . 85 F6
Morieux (22) . . . 49 H6
Moriez (04) . . . 279 J1
Morigny (50) . . . 31 H6
Morigny-Champigny (91) . . . 86 D3
Morillon (74) . . . 192 A3
Moringhem (62) . . . 3 F5
Morionvilliers (52) . . . 92 D3
Morisel (80) . . . 18 C3
Moriville (88) . . . 94 D3
Moriviller (54) . . . 94 D2
Morizécourt (88) . . . 117 H1
Morizès (33) . . . 230 C5
Morlaàs (64) . . . 284 E3
Morlac (18) . . . 166 E2
Morlaix (29) . . . 47 G4
Morlancourt (80) . . . 18 D1
Morlanne (64) . . . 284 B1
Morlet (71) . . . 153 H4
Morley (55) . . . 92 B1
Morlhon-le-Haut (12) . . . 251 G3
Morlincourt (60) . . . 19 H6
Mormaison (85) . . . 141 K4
Mormant (77) . . . 87 K1
Mormant-sur-Vernisson (45) . . . 111 J3
Mormès (32) . . . 266 A3
Mormoiron (84) . . . 257 J6
Mornac (16) . . . 197 F3
Mornac-sur-Seudre (17) . . . 194 C2
Mornand (42) . . . 204 D3
Mornans (26) . . . 240 E5
Mornant (69) . . . 205 J4
Mornas (84) . . . 256 D4
Mornay (71) . . . 170 E4
Mornay-Berry (18) . . . 150 B3
Mornay-sur-Allier (18) . . . 150 C6
Moroges (71) . . . 171 H1
Morogues (18) . . . 149 J1
Morosaglia (2B) . . . 319 G4
Morre (25) . . . 138 A6
Morsain (02) . . . 39 H2
Morsains (51) . . . 61 F4
Morsalines (50) . . . 29 F3
Morsan (27) . . . 34 D5
Morsang-sur-Orge (91) . . . 58 E6
Morsang-sur-Seine (91) . . . 87 F1
Morsbach (57) . . . 68 B2
Morsbronn-les-Bains (67) . . . 25 A3
Morschwiller (67) . . . 69 J6
Morschwiller-le-Bas (68) . . . 97 B2
Morsiglia (2B) . . . 317 C2
Mortagne (88) . . . 95 G4
Mortagne-au-Perche (61) . . . 83 H2
Mortagne-du-Nord (59) . . . 7 H6
Mortagne-sur-Gironde (17) . . . 194 E5
Mortagne-sur-Sèvre (85) . . . 142 E3
Mortain (50) . . . 52 D5
Mortcerf (77) . . . 59 K4
la Morte (38) . . . 224 C5
Morteau (25) . . . 157 H2
Morteaux-Couliboeuf (14) . . . 54 B2
Mortefontaine (02) . . . 39 G3
Mortefontaine (60) . . . 38 B6
Mortefontaine-en-Thelle (60) . . . 37 H4
Mortemart (87) . . . 180 E4
Mortemer (60) . . . 18 E6
Mortemer (76) . . . 16 E4
Mortery (77) . . . 88 D1
Morthomiers (18) . . . 149 F3
Mortiers (02) . . . 20 D4
Mortiers (17) . . . 195 K6

Morton (86) 144 D2
Mortrée (61) 54 D6
Mortroux (23) 166 A6
Mortzwiller (68) 119 K5
Morval (62) 11 F6
Morvillars (90) 139 J2
Morville (50) 28 D4
Morville (88) 93 H5
Morville-en-Beauce (45) 86 C5
Morville-lès-Vic (57) 66 D3
Morville-sur-Andelle (76) 36 B1
Morville-sur-Nied (57) 66 C1
Morville-sur-Seille (54) 66 A2
Morvillers (60) 17 G6
Morvillers-Saint-Saturnin (80) 17 G3
Morvilliers (10) 91 F3
Morvilliers (28) 56 B6
Mory (62) 11 F4
Mory-Montcrux (60) 18 B6
Morzine (74) 192 B2
Mosles (14) 32 A3
Moslins (51) 61 K2
Mosnac (16) 196 C4
Mosnac (17) 195 H5
Mosnay (36) 165 H3
Mosnes (37) 128 C4
Mosset (66) 314 B2
Mosson (21) 115 G3
Mostuéjouls (12) 253 H4
Motey-Besuche (70) 137 G5
Motey-sur-Saône (70) 137 H2
la Mothe-Achard (85) 159 F2
la Mothe-Saint-Héray (79) 162 A6
Mothern (67) 25 E2
Motreff (29) 75 J3
la Motte (22) 77 G4
la Motte (83) 298 E1
la Motte-Chalancon (26) 241 H6
la Motte-d'Aigues (84) 277 J4
la Motte-d'Aveillans (38) 224 B6
la Motte-de-Galaure (26) 222 C3
la Motte-du-Caire (04) 259 G2
la Motte-en-Bauges (73) 208 D2
la Motte-en-Champsaur (05) 242 E3
la Motte-Fanjas (26) 223 G5
la Motte-Feuilly (36) 166 C4
la Motte-Fouquet (61) 81 K1
la Motte-Saint-Jean (71) 170 A4
la Motte-Saint-Martin (38) 224 A6
la Motte-Servolex (73) 208 B3
la Motte-Ternant (21) 134 D5
la Motte-Tilly (10) 88 E2
Mottereau (28) 84 D5
Motteville (76) 15 H5
Mottier (38) 207 F6
Motz (73) 190 C5
Mouacourt (54) 66 E5
Mouais (44) 103 G4
Mouans-Sartoux (06) 280 D5
Mouaville (54) 26 D6
Mouazé (35) 79 G3
Mouchamps (85) 142 C6
Mouchan (32) 267 F2
Mouchard (39) 155 K3
la Mouche (50) 51 K1
Mouchès (32) 286 B1
Mouchin (59) 7 F5
Mouchy-le-Châtel (60) 37 J3
Moudeyres (43) 220 E6
Mouen (14) 32 D5
Mouettes (27) 57 F3
Mouffy (89) 133 F1
Mouflaines (27) 36 C4
Mouflers (80) 9 J6
Mouflières (80) 17 F1
Mougins (06) 280 E5
Mougon (79) 178 C1
Mouguerre (64) 282 C1
Mouhers (36) 165 K3
Mouhet (36) 165 F6
Mouhous (64) 284 E2
Mouillac (33) 211 K5
Mouillac (82) 250 C4
la Mouille (39) 174 A4
Mouilleron (52) 116 B6
Mouilleron-en-Pareds (85) 160 D2
Mouilleron-le-Captif (85) 159 H1
Mouilly (55) 43 K6
Moulainville (55) 43 J5
Moularès (81) 251 J6
Moulay (53) 81 G5
Moulayrès (81) 270 C5
Moulédous (65) 285 K5
Moulès-et-Baucels (34) 274 A2
Mouleydier (24) 231 J2
Moulézan (30) 274 E2
Moulhard (28) 84 C6
Moulicent (61) 83 K1
Moulidars (16) 196 C3
Mouliets-et-Villemartin (33) 230 C2
Mouliherne (49) 126 C3
Moulin-Mage (81) 272 B5
Moulin-Neuf (09) 308 C1
Moulin-Neuf (24) 212 D6
Moulin-sous-Touvent (60) 39 G2
Moulineaux (76) 35 G3
Moulines (14) 53 K1
Moulines (50) 80 C1
Moulinet (06) 311 B4
Moulinet (47) 231 J6
le Moulinet-sur-Solin (45) 111 H5
Moulins (02) 40 C2
Moulins (03) 168 E3
Moulins (35) 79 J6
Moulins-en-Tonnerrois (89) 114 A6
Moulins-Engilbert (58) 152 A4
Moulins-la-Marche (61) 55 G6
Moulins-le-Carbonnel (72) 82 C3
Moulins-lès-Metz (57) 44 E5
Moulins-Saint-Hubert (55) 23 G5
Moulins-sur-Céphons (36) 147 J4
Moulins-sur-Orne (61) 54 B4
Moulins-sur-Ouanne (89) 112 E6
Moulins-sur-Yèvre (18) 149 H3
Moulis (09) 306 D3
Moulis-en-Médoc (33) 211 F5
Moulismes (86) 163 K6
Moulle (62) 3 F4
Moulon (33) 230 A2
Moulon (45) 111 G2
Moulotte (55) 44 B5
Moult (14) 33 G6
Moumoulous (65) 285 K3
Moumour (64) 283 K5
Mounes-Prohencoux (12) 272 B4
Mourède (32) 267 F4
Mourens (33) 230 A4
Mourenx (64) 284 A3
Mouret (12) 235 J6
Moureuille (63) 184 D3
Mourèze (34) 273 G6
Mouriès (13) 276 C5
Mouriez (62) 9 H2
Mourioux-Vieilleville (23) 182 B4
Mourjou (15) 235 G4
Mourmelon-le-Grand (51) 41 J5
Mourmelon-le-Petit (51) 41 H5
Mournans-Charbonny (39) 156 B6
Mouron (08) 42 C3
Mouron-sur-Yonne (58) 151 K1
Mouroux (77) 60 B4
Mours (95) 37 J6
Mours-Saint-Eusèbe (26) 222 D5
Mourvilles-Basses (31) 288 E2
Mourvilles-Hautes (31) 289 F3
Mouscardès (40) 264 C6
Moussac (30) 275 F1
Moussac (86) 180 B1
Moussages (15) 217 H3
Moussan (11) 291 H5
Moussé (35) 104 A3
Mousseaux-lès-Bray (77) 88 C3
Mousseaux-Neuville (27) 57 F3
Mousseaux-sur-Seine (78) 57 H1
Moussey (10) 90 B6
Moussey (57) 67 G5
Moussey (88) 95 J2
les Moussières (39) 173 K6
Mousson (54) 65 K2
Moussonvilliers (61) 55 K6
Moussoulens (11) 289 K5
Moussy (51) 61 K1
Moussy (58) 151 G1
Moussy (95) 37 F6
Moussy-le-Neuf (77) 59 G1
Moussy-le-Vieux (77) 59 H1
Moussy-Verneuil (02) 40 B2
Moustajon (31) 305 H5
Moustéru (22) 48 B5
Moustey (40) 245 H2
Moustier (47) 231 F5
Moustier-en-Fagne (59) 13 K5
Moustier-Ventadour (19) 216 E1
Moustiers-Sainte-Marie (04) 279 F2
le Moustoir (22) 75 J3
Moustoir-Ac (56) 101 F3
Moustoir-Remungol (56) 100 E1
la Moutade (63) 185 G5
le Moutaret (38) 208 D5
Mouterhouse (57) 69 H4
Mouterre-Silly (86) 144 D4
Mouterre-sur-Blourde (86) 180 C2
Mouthe (25) 174 C1
le Moutherot (25) 137 H6
Mouthier-en-Bresse (71) 155 F5
Mouthier-Haute-Pierre (25) 156 E2
Mouthiers-sur-Boëme (16) 196 D4
Mouthoumet (11) 309 H3
Moutier-d'Ahun (23) 183 F4
Moutier-Malcard (23) 166 B6
Moutier-Rozeille (23) 183 G6
Moutiers (28) 85 J5
Moutiers (35) 104 A2
Moutiers (54) 27 F6
Moûtiers (73) 209 H5
Moutiers-au-Perche (61) 84 A2
les Moutiers-en-Auge (14) 54 C3
les Moutiers-en-Cinglais (14) 53 J1
Moutiers-en-Puisaye (89) 132 C2
les Moutiers-en-Retz (44) 122 C6
les Moutiers-Hubert (14) 55 F2
Moutiers-les-Mauxfaits (85) 159 H4
Moutiers-Saint-Jean (21) 134 C2
Moutiers-sous-Argenton (79) 143 K4
Moutiers-sous-Chantemerle (79) 161 F1
Moutiers-sur-le-Lay (85) 160 A3
Mouton (16) 179 H6
Moutonne (39) 173 G3
Moutonneau (16) 179 H6
Moutoux (39) 156 B6
Moutrot (54) 65 H6
Mouvaux (59) 6 E3
Moux (11) 290 E6
Moux-en-Morvan (58) 152 D1
Mouxy (73) 208 B2
Mouy (60) 37 K3
Mouy-sur-Seine (77) 88 D3
Mouzay (37) 146 C3
Mouzay (55) 43 G1
Mouzeil (44) 123 J1
Mouzens (24) 232 D2
Mouzens (81) 289 G1
Mouzeuil-Saint-Martin (85) 160 C4
Mouzieys-Panens (81) 250 E6
Mouzieys-Teulet (81) 271 F3
Mouzillon (44) 123 K5
Mouzon (08) 23 G5
Mouzon (16) 197 J1
Moval (90) 139 H1
Moyaux (14) 34 B5
Moydans (05) 258 B1
Moye (74) 190 D6
Moyemont (88) 94 E3
Moyen (54) 94 E1
Moyencourt (80) 19 G4
Moyencourt-lès-Poix (80) 17 J3
Moyenmoutier (88) 95 H3
Moyenneville (60) 38 C1
Moyenneville (62) 10 E4
Moyenneville (80) 9 F5
Moyenvic (57) 66 E3
Moyeuvre-Grande (57) 27 F5
Moyeuvre-Petite (57) 27 F5
Moyon (50) 31 H5
Moyrazès (12) 252 A3
Moyvillers (60) 38 C2
Mozac (63) 185 F6
Mozé-sur-Louet (49) 125 G5
Muchedent (76) 16 A3
Mudaison (34) 274 D6
Muel (35) 78 B4
Muespach (68) 97 C5
Muespach-le-Haut (68) 97 D5
Mugron (40) 264 E4
Muhlbach-sur-Bruche (67) 70 B4
Muhlbach-sur-Munster (68) 119 K1
Muides-sur-Loire (41) 129 G1
Muidorge (60) 37 H1
Muids (27) 35 K4
Muille-Villette (80) 19 H4
Muirancourt (60) 19 H5
Muizon (51) 40 D4
les Mujouls (06) 280 C2
la Mulatière (69) 206 A2
Mulcent (78) 57 H3
Mulcey (57) 67 F3
Mulhausen (67) 69 J5
Mulhouse (68) 97 C2
Mulsanne (72) 106 E4
Mulsans (41) 129 F1
Mun (65) 285 K4
Munchhausen (67) 25 D2
Munchhouse (68) 97 D1
Muncq-Nieurlet (62) 3 F4
Mundolsheim (67) 25 A6
Muneville-le-Bingard (50) 30 D3
Muneville-sur-Mer (50) 30 D5
le Mung (17) 177 H6
Munster (57) 67 H2
Munster (68) 96 A4
Muntzenheim (68) 96 D3
Munwiller (68) 96 C6
Mur-de-Barrez (12) 235 K2
Mûr-de-Bretagne (22) 76 D4
Mur-de-Sologne (41) 129 H4
Muracciole (2B) 321 F2
Murasson (12) 272 A4
Murat (03) 168 A6
Murat (15) 218 C5
Murat-le-Quaire (63) 201 K4
Murat-sur-Vèbre (81) 272 B5
Murato (2B) 319 G2
la Muraz (74) 191 G2
Murbach (68) 96 A6
la Mure (38) 242 B1
la Mure-Argens (04) 260 C6
Mureaumont (60) 17 G5
les Mureaux (78) 58 A2
Mureils (26) 222 C3
Mûres (74) 208 C1
Muret (31) 288 A2
Muret-et-Crouttes (02) 39 K4
Muret-le-Château (12) 252 B1
la Murette (38) 207 H6
Murianette (38) 224 B3
Murinais (38) 223 G3
Murles (34) 274 A5
Murlin (58) 150 E1
Muro (2B) 318 C3
Murol (63) 202 C4
Murols (12) 235 J3
Muron (17) 177 G4
Murs (36) 146 E5
Murs (84) 277 F1
Mûrs-Érigné (49) 125 G4
Murs-et-Gélignieux (01) 207 J3
Murtin-et-Bogny (08) 22 B3
Murvaux (55) 43 G2
Murviel-lès-Béziers (34) 291 K3
Murviel-lès-Montpellier (34) 274 A6
Murville (54) 26 D4
Murzo (2A) 320 C2
Mus (30) 275 F4
Muscourt (02) 40 C3
Musculdy (64) 283 G5
Musièges (74) 190 D4
Musigny (21) 153 H1
Mussey-sur-Marne (52) 92 B3
Mussidan (24) 213 G5
Mussig (67) 71 C5
Mussy-la-Fosse (21) 134 E3
Mussy-sous-Dun (71) 187 H2
Mussy-sur-Seine (10) 115 F3
Mutigney (39) 137 F5
Mutigny (51) 41 F6
Mutrécy (14) 32 D6
Muttersholtz (67) 71 C5
Mutzenhouse (67) 70 D1
Mutzig (67) 70 C4
le Muy (83) 298 E1
Muzeray (55) 26 B5
Muzillac (56) 121 J1
Muzy (27) 57 F4
Myans (73) 208 C4
Myennes (58) 132 A4
Myon (25) 156 B3

N

Nabas (64) 283 H3
Nabinaud (16) 213 F2
Nabirat (24) 233 G3
Nabringhen (62) 2 C5
Nachamps (17) 177 J4
Nadaillac (24) 215 H5
Nadaillac-de-Rouge (46) 233 H2
Nades (03) 184 E3
Nadillac (46) 233 J6
Nagel-Séez-Mesnil (27) 56 B2
Nages (81) 272 A5
Nages-et-Solorgues (30) 275 F4
Nahuja (66) 313 H5
Nailhac (24) 214 E3
Naillat (23) 182 B2
Nailloux (31) 288 D4
Nailly (89) 88 C6
Naintré (86) 163 G1
Nainville-les-Roches (91) 87 F2
Naisey-les-Granges (25) 138 C6
Naives-en-Blois (55) 64 E5
Naives-Rosières (55) 64 B4
Naix-aux-Forges (55) 64 D6
Naizin (56) 101 F1
Najac (12) 251 F4
Nalliers (85) 160 B4
Nalliers (86) 164 A3
Nalzen (09) 308 A3
Nambsheim (68) 96 E5
Nampcel (60) 39 G1
Nampcelles-la-Cour (02) 21 G3
Nampont (80) 9 F2
Namps-Maisnil (80) 17 J3
Nampteuil-sous-Muret (02) 39 K3
Nampty (80) 18 A3
Nan-sous-Thil (21) 134 D5
Nanc-lès-Saint-Amour (39) 172 E5
Nançay (18) 130 D5
Nance (39) 172 E1
Nances (73) 208 A4
Nanclars (16) 196 E1
Nançois-le-Grand (55) 64 D5
Nançois-sur-Ornain (55) 64 C5
Nancras (17) 194 D2
Nancray (25) 138 B6
Nancray-sur-Rimarde (45) 110 E2
Nancuise (39) 173 G4
Nancy (54) 66 A5
Nancy-sur-Cluses (74) 191 K3
Nandax (42) 187 F3
Nandy (77) 87 G1
Nangeville (45) 86 E5
Nangis (77) 88 A1
Nangy (74) 191 G2
Nannay (58) 132 C6
Nans (25) 138 D3
les Nans (39) 156 B6
Nans-les-Pins (83) 297 G3
Nans-sous-Sainte-Anne (25) 156 B3
Nant (12) 273 F1
Nant-le-Grand (55) 64 B5
Nant-le-Petit (55) 64 B5
Nanteau-sur-Essonne (77) 87 F4
Nanteau-sur-Lunain (77) 87 J5
Nanterre (92) 58 D3
Nantes (44) 123 G4
Nantes-en-Ratier (38) 224 B6
Nanteuil (79) 162 A5
Nanteuil-Auriac-de-Bourzac (24) 213 G1
Nanteuil-en-Vallée (16) 179 H5
Nanteuil-la-Forêt (51) 40 E6
Nanteuil-la-Fosse (02) 39 K2
Nanteuil-le-Haudouin (60) 38 D6
Nanteuil-lès-Meaux (77) 59 K2
Nanteuil-Notre-Dame (02) 39 K5
Nanteuil-sur-Aisne (08) 41 H1
Nanteuil-sur-Marne (77) 60 C2
Nantey (39) 172 E5
Nantheuil (24) 214 C1
Nanthiat (24) 214 D1
Nantiat (87) 181 G5
Nantillé (17) 178 A6
Nantillois (55) 43 F3
Nantilly (70) 137 F3
Nantoin (38) 207 F6
Nantois (55) 64 C6
Nanton (71) 171 J2
Nantouillet (77) 59 H2
Nantoux (21) 153 K3
Nantua (01) 190 A2
Naours (80) 10 A6
Narbéfontaine (57) 45 J5
Narbief (25) 157 J1
Narbonne (11) 291 H6
Narcastet (64) 284 D5
Narcy (52) 92 A1
Narcy (58) 150 D1
Nargis (45) 111 J1
Narnhac (15) 236 B1
Narp (64) 283 J3
Narrosse (40) 264 B4
Nasbinals (48) 236 D4
Nassandres (27) 34 E6
Nassiet (40) 264 E6
Nassigny (03) 167 H4
Nastringues (24) 230 E2
Nattages (01) 207 K2
Natzwiller (67) 70 B5
Naucelle (12) 251 K5
Naucelles (15) 235 H1
Naujac-sur-Mer (33) 210 C2
Naujan-et-Postiac (33) 230 B3
Nauroy (02) 19 K1
Naussac (12) 234 E6
Naussac (48) 238 B4
Naussannes (24) 232 A3
Nauvay (72) 83 F5
Nauviale (12) 235 H6
Navacelles (30) 255 J5
Navailles-Angos (64) 284 D3
Navarrenx (64) 283 J4
Naveil (41) 108 C5
Navenne (70) 138 B1
Naves (03) 185 F3
Naves (19) 216 B2
Naves (59) 11 K4
Navès (81) 289 K1
Nâves-Parmelan (74) 191 G5
Navilly (71) 154 D4
Nay (50) 30 E2
Nay (64) 284 E5
Nayemont-les-Fosses (88) 95 J4
le Nayrac (12) 235 K5
Nazelles-Négron (37) 128 B4
Néac (33) 230 B1
Néant-sur-Yvel (56) 101 K1
Neau (53) 81 H6
Neaufles-Auvergny (27) 55 K3
Neaufles-Saint-Martin (27) 36 D4
Neauphe-sous-Essai (61) 82 E1
Neauphe-sur-Dive (61) 54 D3
Neauphle-le-Château (78) 58 A4
Neauphle-le-Vieux (78) 57 K4
Neauphlette (78) 57 G2
Neaux (42) 187 G5
Nébian (34) 273 H6
Nébias (11) 308 D4
Nébing (57) 67 G2
Nébouzat (63) 202 B3
Nécy (61) 54 B3
Nedde (87) 200 A3
Nédon (62) 5 H5
Nédonchel (62) 5 H5
Neewiller-près-Lauterbourg (67) 25 D2
Neffes (05) 242 E6
Neffiès (34) 292 B1
Néfiach (66) 309 K6
Nègrepelisse (82) 250 A6
Négreville (50) 28 D4
Négrondes (24) 214 B2
Néhou (50) 28 D5
Nelling (57) 67 G1
Nemours (77) 87 H5
Nempont-Saint-Firmin (62) 9 F2
Nénigan (31) 286 E3
Néons-sur-Creuse (36) 164 B1
Néoules (83) 297 K3
Néoux (23) 183 H6
Nepvant (55) 23 H6
Nérac (47) 247 J5
Nerbis (40) 264 E4
Nercillac (16) 196 A2
Néré (17) 178 C5
Néret (36) 166 C3
Nérigean (33) 230 A2
Nérignac (86) 180 C1
Néris-les-Bains (03) 184 B1
Nernier (74) 174 D5
Néron (28) 85 G1
Néronde (42) 204 E1
Néronde-sur-Dore (63) 203 H2
Nérondes (18) 150 A4
Ners (30) 274 E1
Nersac (16) 196 D4
Nervieux (42) 204 D1
Nerville-la-Forêt (95) 37 J6
Néry (60) 38 D4
Neschers (63) 202 E4
Nescus (09) 307 G2
Nesle (80) 19 G4
Nesle-et-Massoult (21) 114 E5
Nesle-Hodeng (76) 16 D4
Nesle-la-Reposte (51) 61 F6
Nesle-le-Repons (51) 61 H1
Nesle-l'Hôpital (80) 17 F2
Nesle-Normandeuse (76) 17 F2
Nesles (62) 4 B4
Nesles-la-Montagne (02) 60 E1
Nesles-la-Vallée (95) 37 H6

Neslette (80) 17 F1
Nesmy (85) 159 J2
Nesploy (45) 110 E3
Nespouls (19) 215 J5
Nessa (2B) 318 D3
Nestier (65) 305 G1
Nettancourt (55) 63 J3
Neublans-Abergement (39) 155 F4
Neubois (67) 71 A5
le Neubourg (27) 35 G5
Neuchâtel-Urtière (25) 139 G4
Neuf-Berquin (59) 6 A4
Neuf-Brisach (68) 96 D4
Neuf-Église (63) 184 D4
Neuf-Marché (76) 36 D2
Neuf-Mesnil (59) 13 G3
Neufbosc (76) 16 C5
le Neufbourg (50) 52 D5
Neufchâteau (88) 93 G3
Neufchâtel-en-Bray (76) 16 D4
Neufchâtel-en-Saosnois (72) 82 E3
Neufchâtel-Hardelot (62) 4 B4
Neufchâtel-sur-Aisne (02) 41 F2
Neufchef (57) 27 F5
Neufchelles (60) 39 G6
Neuffons (33) 230 D4
Neuffontaines (58) 133 H5
Neufgrange (57) 68 D3
Neuflieux (02) 19 J5
Neuflize (08) 41 H2
Neufmaison (08) 22 B3
Neufmaisons (54) 95 G2
Neufmanil (08) 22 D3
Neufmesnil (50) 28 D6
Neufmoulin (80) 9 G5
Neufmoulins (57) 67 H4
Neufmoutiers-en-Brie (77) 59 J4
le Neufour (55) 42 E5
Neufvillage (57) 67 F1
Neufvy-sur-Aronde (60) 38 C1
Neugartheim-Ittlenheim (67) 70 D2
Neuhaeusel (67) 25 D3
Neuil (37) 145 J1
Neuilh (65) 304 C1
Neuillac (17) 195 J5
Neuillay-les-Bois (36) 165 G1
Neuillé (49) 126 B5
Neuillé-le-Lierre (37) 128 A3
Neuillé-Pont-Pierre (37) 127 H2
Neuilly (27) 57 F2
Neuilly (58) 151 H1
Neuilly (89) 112 E4
Neuilly-en-Donjon (03) 169 K6
Neuilly-en-Dun (18) 150 A6
Neuilly-en-Sancerre (18) 131 H6
Neuilly-en-Thelle (60) 37 J5
Neuilly-en-Vexin (95) 37 G5
Neuilly-la-Forêt (14) 31 H1
Neuilly-le-Bisson (61) 82 E2
Neuilly-le-Brignon (37) 146 B4
Neuilly-le-Dien (80) 9 J3
Neuilly-le-Réal (03) 169 F5
Neuilly-le-Vendin (53) 81 K2
Neuilly-lès-Dijon (21) 136 B6
Neuilly-l'Évêque (52) 116 E3
Neuilly-l'Hôpital (80) 9 G4
Neuilly-Plaisance (93) 59 G3
Neuilly-Saint-Front (02) 39 H5
Neuilly-sous-Clermont (60) 38 A3
Neuilly-sur-Eure (61) 84 B2
Neuilly-sur-Marne (93) 59 G3
Neuilly-sur-Seine (92) 58 D3
Neuilly-sur-Suize (52) 116 B2
Neulette (62) 9 K1
Neulise (42) 187 G6
Neulles (17) 195 J5
Neulliac (56) 76 D5
Neung-sur-Beuvron (41) 129 K3
Neunkirchen-lès-Bouzonville (57) 45 J2
Neure (03) 168 B1
Neurey-en-Vaux (70) 118 B5
Neurey-lès-la-Demie (70) 138 B2
Neussargues-Moissac (15) 218 D4
Neuve-Chapelle (62) 6 B5
Neuve-Église (67) 71 A4
la Neuve-Grange (27) 36 C3
la Neuve-Lyre (27) 55 K3
Neuve-Maison (02) 21 G1
Neuvecelle (74) 175 G5
Neuvéglise (15) 236 D1
Neuvelle-lès-Cromary (70) 138 A4
Neuvelle-lès-la-Charité (70) 137 K2
la Neuvelle-lès-Lure (70) 118 E5
la Neuvelle-lès-Scey (70) 117 J6
Neuvelle-lès-Voisey (52) 117 H4
Neuves-Maisons (54) 65 K6
la Neuveville-devant-Lépanges (88) 95 F5
la Neuveville-sous-Châtenois (88) 93 H4
la Neuveville-sous-Montfort (88) 93 K5
Neuvic (19) 217 F1
Neuvic (24) 213 H4
Neuvic-Entier (87) 199 J3
Neuvicq (17) 212 B3
Neuvicq-le-Château (17) 196 B1
Neuvillalais (72) 82 C6
Neuville (19) 216 B5
la Neuville (59) 6 D6
Neuville (63) 203 G2
la Neuville-à-Maire (08) 22 E5
Neuville-au-Bois (80) 17 G1
Neuville-au-Cornet (62) 10 B2
Neuville-au-Plain (50) 29 F5
la Neuville-au-Pont (51) 42 D5
Neuville-aux-Bois (45) 110 B2
la Neuville-aux-Bois (51) 63 J2
la Neuville-aux-Joûtes (08) 21 J1
la Neuville-aux-Larris (51) 40 D5
Neuville-Bosc (60) 37 G5
la Neuville-Bosmont (02) 21 F4
Neuville-Bourjonval (62) 11 H5
la Neuville-Chant-d'Oisel (76) 35 K3
Neuville-Coppegueule (80) 17 F2
la Neuville-d'Aumont (60) 37 H3
Neuville-Day (08) 42 B1
Neuville-de-Poitou (86) 162 E2
la Neuville-du-Bosc (27) 35 F5
Neuville-en-Avesnois (59) 12 D4
Neuville-en-Beaumont (50) 28 C6
la Neuville-en-Beine (02) 19 J5
Neuville-en-Ferrain (59) 6 E3
la Neuville-en-Hez (60) 37 K2
la Neuville-en-Tourne-à-Fuy (08) 41 J3
Neuville-en-Verdunois (55) 64 C2
Neuville-Ferrières (76) 16 D4
la Neuville-Garnier (60) 37 G3
la Neuville-Housset (02) 20 E3
la Neuville-lès-Bray (80) 18 E1
Neuville-les-Dames (01) 188 E2
Neuville-lès-Decize (58) 168 E1
la Neuville-lès-Dorengt (02) 20 D1
Neuville-lès-Loeuilly (80) 17 K3
Neuville-lès-This (08) 22 C3
Neuville-lès-Vaucouleurs (55) 65 F6
la Neuville-lès-Wasigny (08) 21 K5
Neuville-lez-Beaulieu (08) 21 K2
Neuville-près-Sées (61) 54 E6
Neuville-Saint-Amand (02) 20 A3
la Neuville-Saint-Pierre (60) 37 J1
Neuville-Saint-Rémy (59) 11 J4
Neuville-Saint-Vaast (62) 10 E2
la Neuville-Sire-Bernard (80) 18 C4
Neuville-sous-Montreuil (62) 4 C6
Neuville-sur-Ailette (02) 40 C1
Neuville-sur-Ain (01) 189 H3
Neuville-sur-Authou (27) 34 D5
Neuville-sur-Brenne (37) 128 A2
Neuville-sur-Escaut (59) 12 B2
la Neuville-sur-Essonne (45) 86 E6
Neuville-sur-Margival (02) 39 K2
Neuville-sur-Oise (95) 58 B1
Neuville-sur-Ornain (55) 63 K3
la Neuville-sur-Oudeuil (60) 17 J6
la Neuville-sur-Ressons (60) 19 F6
Neuville-sur-Saône (69) 188 C6
Neuville-sur-Sarthe (72) 106 E1
Neuville-sur-Seine (10) 114 E2
Neuville-sur-Touques (61) 55 F3
Neuville-sur-Vannes (10) 89 J5
la Neuville-Vault (60) 37 F1
Neuville-Vitasse (62) 11 F3
Neuviller-la-Roche (67) 70 A5
Neuviller-lès-Badonviller (54) 95 H1
Neuviller-sur-Moselle (54) 94 B1
Neuvillers-sur-Fave (88) 95 J4
Neuvillette (02) 20 B2
Neuvillette (80) 10 A4
Neuvillette-en-Charnie (72) 106 A1
Neuvilley (39) 155 H4
Neuvilly (59) 12 D4
Neuvilly-en-Argonne (55) 42 E5
Neuvireuil (62) 11 G2
Neuvizy (08) 22 B5
Neuvy (03) 168 E3
Neuvy (41) 129 H2
Neuvy (51) 61 F5
Neuvy-au-Houlme (61) 54 A4
Neuvy-Bouin (79) 161 H2
Neuvy-Deux-Clochers (18) 131 H6
Neuvy-en-Beauce (28) 86 A5
Neuvy-en-Champagne (72) 106 B1
Neuvy-en-Dunois (28) 85 G6
Neuvy-en-Mauges (49) 124 D6
Neuvy-en-Sullias (45) 110 D5
Neuvy-Grandchamp (71) 170 A3
Neuvy-le-Barrois (18) 150 C5
Neuvy-le-Roi (37) 127 H2
Neuvy-Pailloux (36) 148 B5
Neuvy-Saint-Sépulchre (36) 165 K3
Neuvy-Sautour (89) 113 J2
Neuvy-sur-Barangeon (18) 130 D6
Neuvy-sur-Loire (58) 131 K3
Neuwiller (68) 97 E5
Neuwiller-lès-Saverne (67) 69 G6
Névache (05) 225 K5
Nevers (58) 150 E4
Névez (29) 99 F4
Névian (11) 291 G5
Néville (76) 15 G3
Néville-sur-Mer (50) 29 F2
Nevoy (45) 111 G6
Nevy-lès-Dole (39) 155 G3
Nevy-sur-Seille (39) 173 G1
Nexon (87) 198 E3
Ney (39) 173 K1
Neydens (74) 191 F3
les Neyrolles (01) 190 A2
Neyron (01) 206 B1
Nézel (78) 57 K2
Nézignan-l'Évêque (34) 292 C3
Niafles (53) 104 C4
Niaux (09) 307 J5
Nibas (80) 8 E5
Nibelle (45) 110 E2
Nibles (04) 259 G3
Nice (06) 281 G4
Nicey (21) 114 D4
Nicey-sur-Aire (55) 64 C3
Nicole (47) 247 J3
Nicorps (50) 30 E4
Niderhoff (57) 67 J5
Niderviller (57) 67 K4
Niederbronn-les-Bains (67) 69 J4
Niederbruck (68) 119 J4
Niederentzen (68) 96 C5
Niederhaslach (67) 70 B4
Niederhausbergen (67) 25 A6
Niederhergheim (68) 96 C5
Niederlauterbach (67) 25 D2
Niedermodern (67) 69 J5
Niedermorschwihr (68) 96 B4
Niedernai (67) 70 D5
Niederroedern (67) 25 D2
Niederschaeffolsheim (67) 25 A4
Niedersoultzbach (67) 69 H6
Niedersteinbach (67) 69 K3
Niederstinzel (57) 67 J2
Niedervisse (57) 45 J4
Nielles-lès-Ardres (62) 2 E4
Nielles-lès-Bléquin (62) 2 E6
Nielles-lès-Calais (62) 2 C3
Nieppe (59) 6 B3
Niergnies (59) 11 K4
Nieudan (15) 217 F6
Nieuil (16) 179 K6
Nieuil-l'Espoir (86) 163 G4
Nieul (87) 181 G6
Nieul-le-Dolent (85) 159 H3
Nieul-le-Virouil (17) 195 H6
Nieul-lès-Saintes (17) 195 F2
Nieul-sur-l'Autise (85) 161 F5
Nieul-sur-Mer (17) 176 D2
Nieulle-sur-Seudre (17) 194 C2
Nieurlet (59) 3 G4
Niévroz (01) 206 C1
Niffer (68) 97 D3
Niherne (36) 147 J6
Nijon (52) 93 F5
Nilvange (57) 27 F4
Nîmes (30) 275 G3
Ninville (52) 116 D1
Niort (79) 161 H6
Niort-de-Sault (11) 308 C5
Niozelles (04) 278 C1
Nissan-lez-Enserune (34) 291 K4
Nistos (65) 305 G2
Nitry (89) 133 K1
Nitting (57) 67 J5
Nivelle (59) 7 H6
Nivillac (56) 102 A5
Nivillers (60) 37 H2
Nivolas-Vermelle (38) 207 F4
Nivollet-Montgriffon (01) 189 J4
Nixéville-Blercourt (55) 43 G5
le Nizan (33) 246 C1
Nizan-Gesse (31) 286 D5
Nizas (32) 287 H2
Nizas (34) 292 C2
Nizerolles (03) 186 A4
Nizy-le-Comte (02) 21 H6
Noailhac (12) 235 G6
Noailhac (19) 215 K5
Noailhac (81) 290 B1
Noaillac (33) 230 C6
Noaillan (33) 229 K6
Noailles (19) 215 J5
Noailles (60) 37 J3
Noailles (81) 270 C1
Noailly (42) 186 E3
Noalhac (48) 236 E3
Noalhat (63) 185 J6
Noards (27) 34 C4
Nocario (2B) 319 H4
Nocé (61) 83 J4
Noceta (2B) 321 G1
Nochize (71) 170 C5
la Nocle-Maulaix (58) 169 J1
Nod-sur-Seine (21) 115 F5
Nods (25) 156 E2
Noé (31) 288 A4
Noé (89) 88 E6
la Noë-Blanche (35) 103 F2
Noë-les-Mallets (10) 115 F1
la Noë-Poulain (27) 34 C4
Noël-Cerneux (25) 157 H1
Noëllet (49) 104 B6
les Noës (42) 186 C4
les Noës-près-Troyes (10) 90 A4
Noeux-lès-Auxi (62) 9 K3
Noeux-les-Mines (62) 6 A6
Nogaret (31) 289 G2
Nogaro (32) 266 B4
Nogent (52) 116 D2
Nogent-en-Othe (10) 113 J1
Nogent-l'Abbesse (51) 41 G4
Nogent-l'Artaud (02) 60 D2
Nogent-le-Bernard (72) 83 G5
Nogent-le-Phaye (28) 85 H3
Nogent-le-Roi (28) 57 G6
Nogent-le-Rotrou (28) 84 A4
Nogent-le-Sec (27) 56 C2
Nogent-lès-Montbard (21) 134 E2
Nogent-sur-Aube (10) 90 D2
Nogent-sur-Eure (28) 85 F3
Nogent-sur-Loir (72) 127 F1
Nogent-sur-Marne (94) 59 F4
Nogent-sur-Oise (60) 38 A4
Nogent-sur-Seine (10) 89 F2
Nogent-sur-Vernisson (45) 111 J5
Nogentel (02) 60 E1
Nogna (39) 173 H2
Noguères (64) 284 A3
Nohanent (63) 202 D2
Nohant-en-Goût (18) 149 J3
Nohant-en-Graçay (18) 148 B2
Nohant-Vic (36) 166 B3
Nohèdes (66) 314 A3
Nohic (82) 269 G3
Noidan (21) 134 E5
Noidans-le-Ferroux (70) 137 K2
Noidans-lès-Vesoul (70) 138 A1
Noidant-Chatenoy (52) 116 D5
Noidant-le-Rocheux (52) 116 C4
Noilhan (32) 287 G1
Nointel (60) 38 A3
Nointel (95) 37 J6
Nointot (76) 14 E5
Noircourt (02) 21 H4
Noirefontaine (25) 139 H4
Noirémont (60) 18 A6
Noirétable (42) 204 A1
Noirlieu (51) 63 H2
Noirmoutier-en-l'Île (85) 140 B3
Noiron (70) 137 G4
Noiron-sous-Gevrey (21) 154 C1
Noiron-sur-Bèze (21) 136 D4
Noiron-sur-Seine (21) 114 E3
Noironte (25) 137 J5
Noirval (08) 42 C1
Noiseau (94) 59 G4
Noisiel (77) 59 H3
Noisseville (57) 45 G5
Noisy-le-Grand (93) 59 G4
Noisy-le-Roi (78) 58 B4
Noisy-le-Sec (93) 59 F3
Noisy-Rudignon (77) 88 A4
Noisy-sur-École (77) 87 G4
Noisy-sur-Oise (95) 37 K6
Noizay (37) 128 A4
Nojals-et-Clotte (24) 232 A4
Nojeon-en-Vexin (27) 36 C3
Nolay (21) 153 J4
Nolay (58) 151 F2
Nolléval (76) 36 B1
Nollieux (42) 204 C1
Nomain (59) 7 F6
Nomdieu (47) 248 A6
Nomécourt (52) 92 A3
Nomeny (54) 66 A2
Nomexy (88) 94 C4
Nommay (25) 139 H2
Nompatelize (88) 95 H3
Nonac (16) 196 D6
Nonancourt (27) 56 D4
Nonant (14) 32 B4
Nonant-le-Pin (61) 54 E5
Nonards (19) 216 B6
Nonaville (16) 196 B5
Noncourt-sur-le-Rongeant (52) 92 C3
Nonette (63) 203 F6
Nonglard (74) 190 E5
Nonhigny (54) 67 H6
Nonières (07) 239 J1
Nonsard-Lamarche (55) 65 G2
Nontron (24) 197 K5
Nonville (77) 87 J5
Nonville (88) 117 K1
Nonvilliers-Grandhoux (28) 84 D4
Nonza (2B) 317 C4
Nonzeville (88) 95 F4
Noordpeene (59) 3 H4
Nordausques (62) 2 E4
Nordheim (67) 70 D2
Nordhouse (67) 71 D3
Noreuil (62) 11 G4
Norges-la-Ville (21) 136 A4
Normandel (61) 55 K6
Normanville (27) 35 J6
Normanville (76) 15 F4
Normier (21) 134 E5
Norolles (14) 33 K5
Noron-la-Poterie (14) 32 A4
Noron-l'Abbaye (14) 54 A3
Noroy (60) 38 B2
Noroy-le-Bourg (70) 138 C1
Noroy-sur-Ourcq (02) 39 H5
Norrent-Fontes (62) 5 H5
Norrey-en-Auge (14) 54 C2
Norrois (51) 63 F5
Norroy (88) 93 J5
Norroy-le-Sec (54) 26 D5
Norroy-le-Veneur (57) 27 G6
Norroy-lès-Pont-à-Mousson (54) 65 J2
Nort-Leulinghem (62) 2 E4
Nort-sur-Erdre (44) 123 H1
Nortkerque (62) 2 E3
Norville (76) 34 D1
la Norville (91) 86 D1
Nossage-et-Bénévent (05) 258 D2
Nossoncourt (88) 95 F2
Nostang (56) 100 B4
Noth (23) 182 A2
Nothalten (67) 70 C6
Notre-Dame-d'Aliermont (76) 16 B2
Notre-Dame-d'Allençon (49) 125 H5
Notre-Dame-de-Bellecombe (73) 191 K6
Notre-Dame-de-Bliquetuit (76) 34 E1
Notre-Dame-de-Boisset (42) 187 F5
Notre-Dame-de-Bondeville (76) 35 H1
Notre-Dame-de-Cenilly (50) 31 F5
Notre-Dame-de-Commiers (38) 224 A5
Notre-Dame-de-Courson (14) 55 F1
Notre-Dame-de-Gravenchon (76) 34 D1
Notre-Dame-de-la-Rouvière (30) 254 D6
Notre-Dame-de-l'Isle (27) 36 B5
Notre-Dame-de-Livaye (14) 33 H6
Notre-Dame-de-Livoye (50) 52 B4
Notre-Dame-de-Londres (34) 274 B3
Notre-Dame-de-l'Osier (38) 223 H2
Notre-Dame-de-Mésage (38) 224 B4
Notre-Dame-de-Monts (85) 140 C5
Notre-Dame-de-Riez (85) 140 E6
Notre-Dame-de-Sanilhac (24) 214 A4
Notre-Dame-de-Vaux (38) 224 B5
Notre-Dame-d'Elle (50) 31 J3
Notre-Dame-d'Épine (27) 34 D5
Notre-Dame-des-Landes (44) 123 F2
Notre-Dame-des-Millières (73) 209 F3
Notre-Dame-d'Estrées (14) 33 H5
Notre-Dame-d'Oé (37) 127 J4
Notre-Dame-du-Bec (76) 14 B5
Notre-Dame-du-Cruet (73) 209 F6
Notre-Dame-du-Hamel (27) 55 H3
Notre-Dame-du-Parc (76) 16 A4
Notre-Dame-du-Pé (72) 105 J6
Notre-Dame-du-Pré (73) 209 J4
Notre-Dame-du-Rocher (61) 53 J4
Notre-Dame-du-Touchet (50) 52 D6
Nottonville (28) 109 G1
la Nouaille (23) 200 D1
Nouaillé-Maupertuis (86) 163 F4
Nouainville (50) 28 C2
Nouan-le-Fuzelier (41) 130 B3
Nouans (72) 82 E5
Nouans-les-Fontaines (37) 147 F2
Nouart (08) 42 E1
Nouâtre (37) 145 J3
la Nouaye (35) 78 D3
la Noue (51) 61 G5
Noueilles (31) 288 C3
Nougaroulet (32) 267 K5
Nouhant (23) 183 J1
Nouic (87) 180 D4
Nouilhan (65) 285 H3
les Nouillers (17) 177 J5
Nouillonpont (55) 26 C4
Nouilly (57) 45 F5
Noulens (32) 266 D3
Nourard-le-Franc (60) 37 K1
Nourray (41) 108 C6
Nousse (40) 264 D4
Nousseviller-lès-Bitche (57) 69 G2
Nousseviller-Saint-Nabor (57) 68 C2
Nousty (64) 284 E4
Nouvelle-Église (62) 2 E3
Nouvion (80) 9 F4
le Nouvion-en-Thiérache (02) 13 F6
Nouvion-et-Catillon (02) 20 B4
Nouvion-le-Comte (02) 20 B4
Nouvion-le-Vineux (02) 40 B1
Nouvion-sur-Meuse (08) 22 D4
Nouvoitou (35) 79 H5
Nouvron-Vingré (02) 39 H2
Nouzerines (23) 166 C6
Nouzerolles (23) 165 J6
Nouziers (23) 166 B5
Nouzilly (37) 127 J3
Nouzonville (08) 22 D3
Novacelles (63) 203 J6
Novalaise (73) 208 A4
Novale (2B) 319 J5
Novéant-sur-Moselle (57) 44 E6
Novel (74) 175 J5
Novella (2B) 318 E2
Noves (13) 276 C2
Noviant-aux-Prés (54) 65 H3
Novillard (90) 139 J1
Novillars (25) 138 B5
Novillers (60) 37 J4
Novion-Porcien (08) 22 A5
Novy-Chevrières (08) 22 A6
Noyal (22) 77 J1
Noyal-Châtillon-sur-Seiche (35) 79 G5
Noyal-Muzillac (56) 101 J6
Noyal-Pontivy (56) 76 E6
Noyal-sous-Bazouges (35) 51 G6
Noyal-sur-Brutz (44) 103 K3
Noyal-sur-Vilaine (35) 79 H4
Noyales (02) 20 C2
Noyalo (56) 101 G6
Noyant (49) 126 D3
Noyant-d'Allier (03) 168 C5
Noyant-de-Touraine (37) 145 J2
Noyant-et-Aconin (02) 39 J3
Noyant-la-Gravoyère (49) 104 C6
Noyant-la-Plaine (49) 125 J6
Noyarey (38) 223 K2
Noyelle-Vion (62) 10 C3
Noyelles-en-Chaussée (80) 9 H4
Noyelles-Godault (62) 11 G1
Noyelles-lès-Humières (62) 9 K2
Noyelles-lès-Seclin (59) 6 D5
Noyelles-lès-Vermelles (62) 6 B6
Noyelles-sous-Bellonne (62) 11 H2
Noyelles-sous-Lens (62) 11 F1
Noyelles-sur-Escaut (59) 11 J4
Noyelles-sur-Mer (80) 9 F4
Noyelles-sur-Sambre (59) 13 F4
Noyelles-sur-Selle (59) 12 C3
Noyellette (62) 10 D2

Noyen-sur-Sarthe (72) 106 B4
Noyen-sur-Seine (77) 88 E3
le Noyer (05) 242 D3
le Noyer (18) 131 H5
le Noyer (73) 208 C2
le Noyer-en-Ouche (27) 55 K1
Noyers (27) 36 D4
Noyers (45) 111 G4
Noyers (52) 116 E1
Noyers (89) 114 A6
Noyers-Auzécourt (55) 63 J3
Noyers-Bocage (14) 32 C5
Noyers-Pont-Maugis (08) 23 F4
Noyers-Saint-Martin (60) 18 A6
Noyers-sur-Cher (41) 129 F6
Noyers-sur-Jabron (04) 258 E4
Noyon (60) 19 H6
Nozay (10) 90 B2
Nozay (44) 103 G5
Nozay (91) 58 D6
Nozeroy (39) 156 C6
Nozières (07) 221 J5
Nozières (18) 167 F1
Nuaillé (49) 143 F2
Nuaillé-d'Aunis (17) 177 F1
Nuaillé-sur-Boutonne (17) 178 A4
Nuars (58) 133 H5
Nubécourt (55) 64 B1
Nucourt (95) 36 E5
Nueil-sous-Faye (86) 145 G4
Nueil-sur-Argent (79) 143 H4
Nueil-sur-Layon (49) 143 K2
Nuelles (69) 205 J1
Nuillé-le-Jalais (72) 107 G2
Nuillé-sur-Vicoin (53) 104 E2
Nuisement-sur-Coole (51) 62 C3
Nuits (89) 114 C6
Nuits-Saint-Georges (21) 154 B2
Nullemont (76) 16 E3
Nully-Trémilly (52) 91 H3
Nuncq-Hautecôte (62) 10 A2
Nuret-le-Ferron (36) 165 F2
Nurieux-Volognat (01) 189 K2
Nurlu (80) 11 H6
Nuzéjouls (46) 233 G6
Nyer (66) 314 A4
Nyoiseau (49) 104 D6
Nyons (26) 257 H2

O

Obenheim (67) 71 D4
Oberbronn (67) 69 J4
Oberbruck (68) 119 J4
Oberdorf (68) 97 C5
Oberdorf-Spachbach (67) 25 A2
Oberdorff (57) 45 J3
Oberentzen (68) 96 C5
Obergailbach (57) 68 E2
Oberhaslach (67) 70 B4
Oberhausbergen (67) 71 D1
Oberhergheim (68) 96 C5
Oberhoffen-lès-Wissembourg (67) 25 B1
Oberhoffen-sur-Moder (67) 25 B4
Oberlarg (68) 97 B6
Oberlauterbach (67) 25 D2
Obermodern-Zutzendorf (67) 69 J6
Obermorschwihr (68) 96 B5
Obermorschwiller (68) 97 C4
Obernai (67) 70 D5
Oberroedern (67) 25 C2
Obersaasheim (68) 96 E5
Oberschaeffolsheim (67) 70 E3
Obersoultzbach (67) 69 H6
Obersteinbach (67) 69 K3
Oberstinzel (57) 67 J3
Obervisse (57) 45 J4
Obies (59) 13 F3
Objat (19) 215 H3
Oblinghem (62) 5 K5
Obrechies (59) 13 H3
Obreck (57) 66 E3
Obsonville (77) 87 G6
Obterre (36) 146 D5
Obtrée (21) 115 F3
Ocana (2A) 320 D5
Occagnes (61) 54 B4
Occey (52) 136 C1
Occhiatana (2B) 318 D2
Occoches (80) 10 A4
Ochancourt (80) 8 E5
Oches (08) 42 D1
Ochey (54) 65 J6
Ochtezeele (59) 3 H4
Ocquerre (77) 60 B1
Ocqueville (76) 15 G3
Octeville (50) 28 C2
Octeville-l'Avenel (50) 29 F3
Octeville-sur-Mer (76) 14 A6
Octon (34) 273 F6
Odars (31) 288 D2
Odenas (69) 188 A3
Oderen (68) 119 J3
Odomez (59) 7 J6
Odos (65) 285 H5
Odratzheim (67) 70 D3
Oëlleville (88) 93 K3
Oermingen (67) 68 E4
Oeting (57) 68 C2
Oeuf-en-Ternois (62) 9 K2
Oeuilly (02) 40 C2
Oeuilly (51) 40 D6
Oeyregave (40) 283 F1
Oeyreluy (40) 264 A5
Offekerque (62) 2 E2
Offemont (90) 119 H6
Offendorf (67) 25 C5
Offignies (80) 17 G3
Offin (62) 4 D6
Offlanges (39) 137 F6
Offoy (60) 17 J4
Offoy (80) 19 H3
Offranville (76) 15 K2
Offrethun (62) 2 B4
Offroicourt (88) 93 K4
Offwiller (67) 69 J5
Ogenne-Camptort (64) 283 K4
Oger (51) 62 A2
Ogeu-les-Bains (64) 284 B6
Ogéviller (54) 67 F6
Ogliastro (2B) 317 C4
Ognes (02) 19 K5
Ognes (51) 61 K5
Ognes (60) 38 E6
Ognéville (54) 93 K2
Ognolles (60) 19 G4
Ognon (60) 38 C4
Ogy (57) 45 G5
Ohain (59) 13 J6
Oherville (76) 15 F4
Ohis (02) 21 G1
Ohlungen (67) 69 K6
Ohnenheim (67) 71 C6
l'Oie (85) 142 C6
Oigney (70) 117 H5
Oignies (62) 6 D6
Oigny (21) 135 H2
Oigny (41) 108 B2
Oigny-en-Valois (02) 39 G5
Oingt (69) 188 A5
Oinville-Saint-Liphard (28) 86 A5
Oinville-sous-Auneau (28) 85 J3
Oinville-sur-Montcient (78) 57 K1
Oiron (79) 144 C4
Oiry (51) 62 A1
Oiselay-et-Grachaux (70) 137 J4
Oisemont (80) 17 F1
Oisilly (21) 136 D4
Oisly (41) 129 F5
Oison (45) 110 B1
Oisseau (53) 81 F3
Oisseau-le-Petit (72) 82 D4
Oissel (76) 35 H3
Oissery (77) 59 J1
Oissy (80) 17 J2
Oisy (02) 12 E6
Oisy (58) 133 F4
Oisy (59) 12 C2
Oisy-le-Verger (62) 11 H3
Oizé (72) 106 D5
Oizon (18) 131 G4
Olargues (34) 291 G1
Olby (63) 202 B2
Olcani (2B) 317 D4
Oléac-Debat (65) 285 J4
Oléac-Dessus (65) 285 J6
Olemps (12) 252 B3
Olendon (14) 54 B2
Oletta (2B) 317 D6
Olette (66) 314 A4
Olivese (2A) 321 F6
Olivet (45) 110 A4
Olivet (53) 80 D6
Olizy (51) 40 C5
Olizy-Primat (08) 42 C3
Olizy-sur-Chiers (55) 23 H6
Ollainville (88) 93 H4
Ollainville (91) 86 D1
Ollans (25) 138 C3
Ollé (28) 84 E3
Olley (54) 44 B5
Ollezy (02) 19 J4
les Ollières (74) 191 F4
Ollières (83) 297 H1
les Ollières-sur-Eyrieux (07) 239 K2
Olliergues (63) 203 J3
Ollioules (83) 297 H6
Olloix (63) 202 D4
les Olmes (69) 187 K6
Olmet (63) 203 J3
Olmet-et-Villecun (34) 273 F5
Olmeta-di-Capocorso (2B) 317 D4
Olmeta-di-Tuda (2B) 317 D6
Olmeto (2A) 322 D2
Olmi-Cappella (2B) 318 D3
Olmiccia (2A) 323 F2
Olmo (2B) 319 H3
Olonne-sur-Mer (85) 158 E3
Olonzac (34) 291 F5
Oloron-Sainte-Marie (64) 284 A5
Ols-et-Rinhodes (12) 251 F1
Oltingue (68) 97 D5
Olwisheim (67) 70 E2
Omblèze (26) 241 F1
Omécourt (60) 17 G5
Omelmont (54) 94 A1
les Omergues (04) 258 C4
Omerville (95) 36 D6
Omessa (2B) 319 F5
Omet (33) 230 A4
Omex (65) 304 B1
Omey (51) 62 E3
Omicourt (08) 22 E5
Omiécourt (80) 19 F3
Omissy (02) 20 A2
Omméel (61) 54 D4
Ommeray (57) 67 F4
Ommoy (61) 54 C3
Omont (08) 22 D5
Omonville (76) 15 K3
Omonville-la-Petite (50) 28 A1
Omonville-la-Rogue (50) 28 B1
Omps (15) 235 F2
Oms (66) 314 E4
Onans (25) 139 F2
Onard (40) 264 D3
Onay (70) 137 G4
Oncieu (01) 189 J5
Oncourt (88) 94 C4
Oncy-sur-École (91) 87 F4
Ondefontaine (14) 53 G1
Ondes (31) 269 F4
Ondres (40) 262 B6
Ondreville-sur-Essonne (45) 87 F6
Onesse-et-Laharie (40) 244 E6
Onet-le-Château (12) 252 B2
Oneux (80) 9 H4
Ongles (04) 258 D6
Onglières (39) 156 B6
Onjon (10) 90 C3
Onlay (58) 152 B4
Onnaing (59) 12 D1
Onnion (74) 191 J2
Onoz (39) 173 H4
Ons-en-Bray (60) 37 F2
Ontex (73) 208 A2
Onville (54) 65 J1
Onzain (41) 128 D3
Oô (31) 305 G5
Oost-Cappel (59) 3 K3
Opio (06) 280 D4
Opoul-Périllos (66) 310 B4
Oppède (84) 277 F3
Oppedette (04) 277 K2
Oppenans (70) 138 D1
Oppy (62) 11 F2
Optevoz (38) 207 F2
Oraàs (64) 283 G2
Oradour (15) 236 C1
Oradour (16) 178 E6
Oradour-Fanais (16) 180 C3
Oradour-Saint-Genest (87) 181 F2
Oradour-sur-Glane (87) 180 E6
Oradour-sur-Vayres (87) 198 B2
Orain (21) 136 E1
Orainville (02) 41 F2
Oraison (04) 278 C2
Orange (84) 256 E5
Orbagna (39) 173 F3
Orbais-l'Abbaye (51) 61 H2
Orban (81) 270 D3
Orbec (14) 55 G1
Orbeil (63) 203 F5
Orbessan (32) 286 D1
Orbey (68) 96 A3
Orbigny (37) 147 F1
Orbigny-au-Mont (52) 116 E4
Orbigny-au-Val (52) 116 E4
l'Orbrie (85) 160 E4
Orçay (41) 130 C6
Orcemont (78) 85 K1
Orcenais (18) 167 F2
Orcet (63) 202 E3
Orcevaux (52) 116 C5
Orchaise (41) 128 D2
Orchamps (39) 155 J1
Orchamps-Vennes (25) 157 G1
Orches (86) 145 G5
Orchies (59) 7 F6
Orcier (74) 175 F6
Orcières (05) 243 G3
Orcinas (26) 241 F5
Orcines (63) 202 C2
Orcival (63) 202 B3
Orconte (51) 63 G5
Ordan-Larroque (32) 267 G5
Ordiarp (64) 283 G5
Ordizan (65) 304 D1
Ordonnac (33) 210 E2
Ordonnaz (01) 189 K6
Ore (31) 305 J3
Orègue (64) 283 F2
Oreilla (66) 314 A4
Orelle (73) 225 J2
Oresmaux (80) 18 A3
Organ (65) 286 B4
Orgeans-Blanchefontaine (25) 139 G5
Orgedeuil (16) 197 H3
Orgeix (09) 308 B6
Orgelet (39) 173 G3
Orgères (35) 79 G5
Orgères (61) 55 F4
Orgères-en-Beauce (28) 109 J1
Orgerus (78) 57 J4
Orges (52) 115 J1
Orgeux (21) 136 B5
Orgeval (02) 40 C1
Orgeval (78) 58 B3
Orgibet (09) 306 B3
Orglandes (50) 28 E5
Orgnac-l'Aven (07) 256 A3
Orgnac-sur-Vézère (19) 215 H2
Orgon (13) 276 D4
Orgueil (82) 269 G2
Oricourt (70) 138 D1
Orieux (65) 285 K5
Orignac (65) 285 J6
Origne (33) 229 H6
Origné (53) 105 F3
Orignolles (17) 212 A3
Origny (21) 115 G6
Origny-en-Thiérache (02) 21 G2
Origny-le-Butin (61) 83 G4
Origny-le-Roux (61) 83 G4
Origny-le-Sec (10) 89 H2
Origny-Sainte-Benoite (02) 20 B2
Orin (64) 283 K5
Orincles (65) 285 H6
Oriocourt (57) 66 C2
Oriol-en-Royans (26) 223 G5
Oriolles (16) 212 C1
Orion (64) 283 H2
Oris-en-Rattier (38) 224 C6
Orist (40) 262 E5
Orival (16) 212 D2
Orival (76) 35 G3
Orléans (45) 110 A4
Orléat (63) 203 G1
Orleix (65) 285 H4
Orliac (24) 232 D4
Orliac-de-Bar (19) 216 B1
Orliaguet (24) 233 G1
Orliénas (69) 205 K3
Orlu (09) 308 B6
Orlu (28) 86 A4
Orly (94) 58 E5
Orly-sur-Morin (77) 60 C3
Ormancey (52) 116 B3
Ormenans (70) 138 B3
Ormersviller (57) 69 F2
Ormes (10) 90 B1
Ormes (27) 56 B1
Ormes (45) 109 K3
Ormes (51) 40 E4
Ormes (71) 172 A2
les Ormes (86) 145 K4
les Ormes (89) 112 D5
Ormes-et-Ville (54) 94 B2
les Ormes-sur-Voulzie (77) 88 C3
Ormesson (77) 87 H5
Ormesson-sur-Marne (94) 59 G4
Ormoiche (70) 118 C4
Ormoy (28) 57 G6
Ormoy (70) 117 K3
Ormoy (89) 113 G3
Ormoy (91) 87 F1
Ormoy-la-Rivière (91) 86 C3
Ormoy-le-Davien (60) 39 F5
Ormoy-lès-Sexfontaines (52) 92 A5
Ormoy-Villers (60) 38 E5
Ornacieux (38) 206 E6
Ornaisons (11) 291 G6
Ornans (25) 156 D2
Ornes (55) 26 A6
Ornex (01) 190 E1
Ornézan (32) 286 D2
Orniac (46) 233 K6
Ornolac-Ussat-les-Bains (09) 307 J5
Ornon (38) 224 D5
Orny (57) 45 F6
Oroër (60) 37 H1
Oroix (65) 285 G4
Oron (57) 66 D2
Oroux (79) 162 B2
Orphin (78) 85 K1
Orpierre (05) 258 D2
Orquevaux (52) 92 D4
les Orres (05) 243 K5
Orret (21) 135 G2
Orriule (64) 283 H2
Orrouer (28) 84 E3
Orrouy (60) 38 E4
Orry-la-Ville (60) 38 B6
Ors (59) 12 E5
Orsan (30) 256 C5
Orsanco (64) 283 F4
Orsans (11) 289 H6
Orsans (25) 138 D5
Orsay (91) 58 D5
Orschwihr (68) 96 B6
Orschwiller (67) 71 A5
Orsennes (36) 165 J5
Orsinval (59) 12 E3
Orsonnette (63) 203 F6
Orsonville (78) 85 K2
Ortaffa (66) 315 H3
Ortale (2B) 319 J5
Orthevielle (40) 262 E6
Orthez (64) 283 J1
Orthoux-Sérignac-Quilhan (30) 274 D3
Ortillon (10) 90 C2
Ortiporio (2B) 319 H4
Orto (2A) 320 D2
Ortoncourt (88) 94 D3
Orus (09) 307 H5
Orval (18) 167 G2
Orval (50) 30 D4
Orvault (44) 123 G3
Orvaux (27) 56 C2
Orve (25) 139 F4
Orveau (91) 86 E3
Orveau-Bellesauve (45) 86 E5
Orville (21) 136 C2
Orville (36) 148 A2
Orville (45) 87 F5
Orville (61) 55 F3
Orville (62) 10 B5
Orvillers-Sorel (60) 18 E6
Orvilliers (78) 57 H3
Orvilliers-Saint-Julien (10) 89 J3
Orx (40) 262 C5
Os-Marsillon (64) 284 A3
Osani (2A) 316 C4
Osches (55) 43 G6
Osenbach (68) 96 B5
Oslon (71) 154 B6
Osly-Courtil (02) 39 H2
Osmanville (14) 29 H6
Osmery (18) 149 K5
Osmets (65) 285 K4
Osmoy (18) 149 H3
Osmoy (78) 57 J3
Osmoy-Saint-Valery (76) 16 C3
Osne-le-Val (52) 92 B2
Osnes (08) 23 H4
Osny (95) 58 B1
Ossages (40) 264 C6
Ossas-Suhare (64) 283 H6
Osse (25) 138 B5
Ossé (35) 79 J5
Osse-en-Aspe (64) 303 F2
Osséja (66) 313 H5
Osselle (25) 156 A1
Ossen (65) 304 B1
Ossenx (64) 283 J3
Osserain-Rivareyte (64) 283 G3
Ossès (64) 282 D4
Ossey-les-Trois-Maisons (10) 89 H3
Ossun (65) 285 G5
Ossun-ez-Angles (65) 304 C1
Ostabat-Asme (64) 283 F4
Ostel (02) 40 B2
Ostheim (68) 96 C3
Osthoffen (67) 70 D3
Osthouse (67) 70 E5
Ostreville (62) 10 B1
Ostricourt (59) 6 D6
Ostwald (67) 71 D1
Ota (2A) 316 E4
Othe (54) 26 A3
Othis (77) 38 C6
Ottange (57) 27 F3
Ottersthal (67) 70 B1
Otterswiller (67) 70 B1
Ottmarsheim (68) 97 D2
Ottonville (57) 45 J4
Ottrott (67) 70 C5
Ottwiller (67) 69 F5
Ouagne (58) 133 F4
Ouainville (76) 15 F3
Ouanne (89) 132 E1
Ouarville (28) 85 J4
les Oubeaux (14) 31 H1
Ouchamps (41) 128 E4
Ouches (42) 186 E5
Oucques (41) 108 E5
Oudalle (76) 34 A1
Oudan (58) 132 E5
Oudeuil (60) 17 J6
Oudezeele (59) 3 J4
Oudincourt (52) 92 A5
l'Oudon (14) 54 C2
Oudon (44) 123 K2
Oudrenne (57) 27 J4
Oudry (71) 170 C3
Oueilloux (65) 285 J6
Ouerre (28) 57 G5
Ouessant (29) 72 A1
Ouffières (14) 53 H1
Ouge (70) 117 G5
Ouges (21) 136 B6
Ougney (39) 137 G6
Ougney-Douvot (25) 138 C5
Ougny (58) 151 K3
Ouhans (25) 156 E3
Ouides (43) 238 A1
Ouillon (64) 284 E4
Ouilly-du-Houley (14) 34 A5
Ouilly-le-Tesson (14) 54 A1
Ouilly-le-Vicomte (14) 33 K5
Ouistreham (14) 33 F3
Oulches (36) 164 E3
Oulches-la-Vallée-Foulon (02) 40 C2
Oulchy-la-Ville (02) 39 J5
Oulchy-le-Château (02) 39 J5
Oulins (28) 57 G3
Oulles (38) 224 D4
Oullins (69) 206 A2
Oulmes (85) 161 F5
Oulon (58) 151 G1
Ounans (39) 155 J3
Oupia (34) 291 F4
Our (39) 155 J2
Ourcel-Maison (60) 17 K6
Ourches (26) 240 D2
Ourches-sur-Meuse (55) 65 G5
Ourde (65) 305 H3
Ourdis-Cotdoussan (65) 304 C2
Ourdon (65) 304 B2
Ourouër (58) 151 F3
Ourouer-les-Bourdelins (18) 150 A5
Ouroux (69) 188 A2
Ouroux-en-Morvan (58) 152 B1
Ouroux-sous-le-Bois-Sainte-Marie (71) 170 E6
Ouroux-sur-Saône (71) 172 A1
Oursbelille (65) 285 H4
Ourton (62) 5 J6

Ourville-en-Caux (76) 15 F4
Ousse-Suzan (40) 264 E1
Oussières (39) 155 H4
Ousson-sur-Loire (45) 131 J2
Oussoy-en-Gâtinais (45) 111 H4
Oust (09) 306 E4
Oust-Marest (80) 8 C6
Ousté (65) 304 B1
Outarville (45) 86 B6
Outines (51) 91 G1
Outreau (62) 2 A5
Outrebois (80) 10 A4
Outremécourt (52) 93 G5
Outrepont (51) 63 G4
Outriaz (01) 189 K3
Ouvans (25) 138 E5
Ouve-Wirquin (62) 3 F6
Ouveillan (11) 291 H4
Ouville (50) 30 E4
Ouville-la-Bien-Tournée (14) 54 C1
Ouville-la-Rivière (76) 15 J2
Ouville-l'Abbaye (76) 15 H4
Ouvrouer-les-Champs (45) 110 C5
Ouzilly (86) 163 F1
Ouzouer-des-Champs (45) 111 H4
Ouzouer-le-Doyen (41) 108 E3
Ouzouer-le-Marché (41) 109 G4
Ouzouer-sous-Bellegarde (45) 111 F3
Ouzouer-sur-Loire (45) 111 F6
Ouzouer-sur-Trézée (45) 131 J1
Ouzous (65) 304 A2
Ovanches (70) 137 J1
Ovillers-la-Boisselle (80) 10 E6
Oxelaëre (59) 3 J4
Oyé (71) 170 D6
Oye-et-Pallet (25) 156 E5
Oye-Plage (62) 2 E2
Oyes (51) 61 H4
Oyeu (38) 207 H6
Oyonnax (01) 190 A1
Oyré (86) 145 K5
Oyrières (70) 137 F2
Oysonville (28) 86 A3
Oytier-Saint-Oblas (38) 206 C4
Oz (38) 224 D3
Ozan (01) 172 A5
Oze (05) 242 B6
Ozenay (71) 171 K3
Ozenx-Montestrucq (64) 283 J2
Ozerailles (54) 26 D6
Ozeville (50) 29 F4
Ozières (52) 92 E6
Ozillac (17) 195 J6
Ozoir-la-Ferrière (77) 59 H4
Ozoir-le-Breuil (28) 109 G2
Ozolles (71) 170 E6
Ozon (07) 222 B4
Ozon (65) 285 K6
Ozouer-le-Voulgis (77) 59 J6
Ozourt (40) 264 C5

P

Paars (02) 40 B3
Pabu (22) 48 C5
la Pacaudière (42) 186 D3
Pacé (35) 79 F4
Pacé (61) 82 C3
Pact (38) 222 D1
Pacy-sur-Armançon (89) 114 B5
Pacy-sur-Eure (27) 57 F1
Padern (11) 309 K4
Padiès (81) 271 G1
Padirac (46) 234 A2
Padoux (88) 94 E4
Pageas (87) 198 C3
Pagney (39) 137 G6
Pagney-derrière-Barine (54) 65 H5
Pagnoz (39) 155 K4
Pagny-la-Blanche-Côte (55) 93 G1
Pagny-la-Ville (21) 154 D3
Pagny-le-Château (21) 154 D3
Pagny-lès-Goin (57) 66 A1
Pagny-sur-Meuse (55) 65 G5
Pagny-sur-Moselle (54) 65 J1
Pagolle (64) 283 G5
Pailhac (65) 305 F3
Pailharès (07) 221 J5
Pailherols (15) 236 A1
Pailhès (09) 307 G1
Pailhès (34) 291 K3
Paillart (60) 18 B5
Paillé (17) 178 B5
Paillencourt (59) 11 K3
Paillet (33) 229 K4
Pailloles (47) 248 B1
le Pailly (52) 116 D5
Pailly (89) 88 D4
Paimboeuf (44) 122 C3
Paimpol (22) 48 D2
Paimpont (35) 78 B5
Painblanc (21) 153 J2
Pair-et-Grandrupt (88) 95 J4
Paissy (02) 40 C2
Paisy-Cosdon (10) 89 H5
Paizay-le-Chapt (79) 178 D3
Paizay-le-Sec (86) 163 K3
Paizay-le-Tort (79) 178 D2
Paizay-Naudouin-Embourie (16) 178 E4
Pajay (38) 222 E1
Paladru (38) 207 H5
Palairac (11) 309 K3
le Palais (56) 120 B4
le Palais-sur-Vienne (87) 199 F1
Palaiseau (91) 58 D5
Palaiseul (52) 116 D5
Palaja (11) 290 B6
Palaminy (31) 287 H5
Palante (70) 119 F6
Palantine (25) 156 B2
Palasca (2B) 318 E2
Palau-de-Cerdagne (66) 313 H5
Palau-del-Vidre (66) 315 H3
Palavas-les-Flots (34) 293 H1
Palazinges (19) 216 A4
Paley (77) 87 K5
Palhers (48) 237 G6
Palinges (71) 170 D3
Palis (10) 89 H5
Palise (25) 138 A4
Palisse (19) 217 F1
Palladuc (63) 186 A6
Pallanne (32) 285 K2
Palleau (71) 154 C4
Pallegney (88) 94 D4
le Pallet (44) 123 J5
Palleville (81) 289 H2
la Pallu (53) 81 K2
Palluau (85) 141 H5
Palluau-sur-Indre (36) 147 G4
Palluaud (16) 213 F1
Pallud (73) 209 G2
Palluel (62) 11 H3
Palmas (12) 252 E2
la Palme (11) 310 C3
Palneca (2A) 321 G4
Palogneux (42) 204 B2
la Palud-sur-Verdon (04) 279 H3
Paluel (76) 15 F2
Pamfou (77) 87 K3
Pamiers (09) 307 J1
Pampelonne (81) 251 J5
Pamplie (79) 161 H3
Pamproux (79) 162 B5
Panassac (32) 286 C3
Panazol (87) 199 F1
Pancé (35) 103 G1
Pancey (52) 92 C2
Pancheraccia (2B) 321 H1
Pancy-Courtecon (02) 40 B1
Pandrignes (19) 216 B3
Pange (57) 45 G5
Panges (21) 135 J5
Panilleuse (27) 36 B5
Panissage (38) 207 G5
Panissières (42) 205 F2
Panjas (32) 266 B3
Pannecé (44) 124 A3
Pannecières (45) 86 C5
Pannes (45) 111 H2
Pannes (54) 65 G2
Pannessières (39) 173 G1
Panon (72) 83 F4
Panossas (38) 206 E3
la Panouse (48) 237 K4
Pantin (93) 59 F3
Panzoult (37) 145 H2
Papleux (02) 13 G6
Paradou (13) 276 B4
Parassy (18) 149 H1
Parata (2B) 319 J5
Paray-Douaville (78) 86 A3
Paray-le-Frésil (03) 169 H2
Paray-le-Monial (71) 170 C5
Paray-sous-Briailles (03) 185 H1
Paray-Vieille-Poste (91) 58 E5
Paraza (11) 291 G5
Parbayse (64) 284 B4
Parc-d'Anxtot (76) 14 D6
Parçay-les-Pins (49) 126 D4
Parçay-Meslay (37) 127 J4
Parçay-sur-Vienne (37) 145 H2
Parcé (35) 80 B4
Parcé-sur-Sarthe (72) 106 A4
Parcey (39) 155 G3
Parcieux (01) 188 C6
Parcoul (24) 212 D3
le Parcq (62) 9 J1
Parcy-et-Tigny (02) 39 J4
Pardailhan (34) 291 G2
Pardaillan (47) 231 F4
Pardies (64) 284 A3
Pardies-Piétat (64) 284 D5
Pardines (63) 202 E5
Paréac (65) 304 C1
Pareid (55) 44 B5
Parempuyre (33) 211 G6
Parennes (72) 106 A1
Parent (63) 202 E4
Parentignat (63) 203 F5
Parentis-en-Born (40) 244 E2
Parenty (62) 4 C5
Parey-Saint-Césaire (54) 93 K1
Parey-sous-Montfort (88) 93 J5
Parfondeval (02) 21 H4
Parfondeval (61) 83 H2
Parfondru (02) 20 E6
Parfondrupt (55) 44 B5
Parfouru-sur-Odon (14) 32 C6
Pargnan (02) 40 C2
Pargny (80) 19 G3
Pargny-Filain (02) 40 A1
Pargny-la-Dhuys (02) 61 F2
Pargny-les-Bois (02) 20 D4
Pargny-lès-Reims (51) 40 E4
Pargny-sous-Mureau (88) 93 F3
Pargny-sur-Saulx (51) 63 H4
Pargues (10) 114 C2
Parignargues (30) 275 F3
Parigné (35) 80 B2
Parigné-le-Pôlin (72) 106 D4
Parigné-l'Évêque (72) 107 F3
Parigné-sur-Braye (53) 81 G4
Parigny (42) 187 F5
Parigny (50) 52 C6
Parigny-la-Rose (58) 133 F5
Parigny-les-Vaux (58) 150 D3
Paris (75) 58 E3
Paris-l'Hôpital (71) 153 J5
Parisot (81) 270 A4
Parisot (82) 250 E4
Parlan (15) 234 E2
Parleboscq (40) 266 C2
Parly (89) 112 E6
Parmain (95) 37 J6
Parmilieu (38) 189 H6
Parnac (36) 165 F5
Parnac (46) 249 J1
Parnans (26) 222 E4
Parnay (18) 149 J6
Parnay (49) 126 C6
Parné-sur-Roc (53) 105 F2
Parnes (60) 36 D5
Parnoy-en-Bassigny (52) 117 F2
les Paroches (55) 64 E2
Paron (89) 88 D6
Paroy (25) 156 A3
Paroy (77) 88 C2
Paroy-sur-Saulx (52) 92 C2
Paroy-sur-Tholon (89) 112 E3
Parpeçay (36) 147 K1
Parpeville (02) 20 C3
Parranquet (47) 232 B4
Parroy (54) 66 E5
Pars-lès-Chavanges (10) 90 E2
Pars-lès-Romilly (10) 89 H2
Parsac (23) 183 G2
Parthenay (79) 161 K2
Parthenay-de-Bretagne (35) 78 E3
Partinello (2A) 316 D4
Parux (54) 67 H6
Parves (01) 207 K2
Parville (27) 56 C1
Parvillers-le-Quesnoy (80) 18 E4
Parzac (16) 179 J5
le Pas (53) 81 F3
Pas-de-Jeu (79) 144 D4
Pas-en-Artois (62) 10 C4
le Pas-Saint-l'Homer (61) 84 B2
Pasilly (89) 114 B6
Paslières (63) 185 K6
Pasly (02) 39 J2
Pasques (21) 135 J5
le Pasquier (39) 156 A6
Passa (66) 315 G3
le Passage (38) 207 H4
le Passage (47) 248 B4
Passais (61) 81 F1
Passavant (25) 138 D5
Passavant-en-Argonne (51) 63 K1
Passavant-la-Rochère (70) 117 K2
Passavant-sur-Layon (49) 143 K2
Passel (60) 19 G6
Passenans (39) 155 H6
Passins (38) 207 G3
Passirac (16) 212 C1
Passonfontaine (25) 157 F2
Passy (71) 171 G4
Passy (74) 192 B5
Passy (89) 112 D1
Passy-en-Valois (02) 39 H5
Passy-Grigny (51) 40 C6
Passy-sur-Marne (02) 61 F1
Passy-sur-Seine (77) 88 E3
Pastricciola (2A) 320 D2
Patay (45) 109 J2
Patornay (39) 173 H3
Patrimonio (2A) 320 E6
Pau (64) 284 D4
Paucourt (45) 111 J2
Paudy (36) 148 C3
Pauilhac (32) 267 J3
Pauillac (33) 211 F3
Paule (22) 75 K3
Paulhac (15) 218 C6
Paulhac (31) 269 H4
Paulhac (43) 219 G2
Paulhac-en-Margeride (48) 237 H1
Paulhaguet (43) 219 J3
Paulhan (34) 292 C1
Paulhe (12) 253 G5
Paulhenc (15) 236 B2
Paulhiac (47) 232 B6
Pauligne (11) 308 E2
Paulin (24) 215 G6
Paulinet (81) 271 G3
Paulmy (37) 146 B4
Paulnay (36) 146 E6
Paulx (44) 141 G3
Paunat (24) 232 B1
Paussac-et-Saint-Vivien (24) 213 J1
Pautaines-Augeville (52) 92 C4
Pauvres (08) 41 K2
Pavant (02) 60 D2
Pavezin (42) 205 K6
Pavie (32) 267 H6
le Pavillon-Sainte-Julie (10) 89 K4
les Pavillons-sous-Bois (93) 59 G3
Pavilly (76) 15 J6
Payns (10) 89 K3
Payra-sur-l'Hers (11) 289 G5
Payrac (46) 233 H3
Payré (86) 162 D6
Payrignac (46) 233 G3
Payrin-Augmontel (81) 290 B2
Payros-Cazautets (40) 265 H6
Payroux (86) 179 K2
Payssous (31) 305 J2
Payzac (07) 255 H1
Payzac (24) 215 F1
Pazayac (24) 215 G4
Paziols (11) 310 A4
Pazy (58) 151 J1
le Péage-de-Roussillon (38) 222 B1
Péas (51) 61 H5
Peaugres (07) 222 A2
Péaule (56) 101 K6
Péault (85) 159 K4
Pébées (32) 287 H2
Pébrac (43) 219 J5
Pech (09) 307 K5
Pech-Luna (11) 289 F5
Péchabou (31) 288 C2
Pécharic-et-le-Py (11) 289 F6
Péchaudier (81) 289 G1
Pechbonnieu (31) 269 H5
Pechbusque (31) 288 C1
le Pêchereau (36) 165 G3
Pécorade (40) 265 J5
le Pecq (78) 58 C3
Pecquencourt (59) 11 J1
Pecqueuse (91) 58 B6
Pécy (77) 60 B6
Pédernec (22) 48 B4
Pégairolles-de-Buèges (34) 273 J4
Pégairolles-de-l'Escalette (34) 273 G4
Pégomas (06) 280 D5
le Pègue (26) 257 G1
Péguilhan (31) 286 E4
Peigney (52) 116 D4
Peillac (56) 102 A3
Peille (06) 281 J2
Peillon (06) 281 H3
Peillonnex (74) 191 H2
Peintre (39) 155 G1
les Peintures (33) 212 C5
Peipin (04) 259 G5
Peisey-Nancroix (73) 193 A4
Pel-et-Der (10) 90 E3
Pélissanne (13) 277 F5
Pellafol (38) 242 C2
Pelleautier (05) 242 E6
Pellefigue (32) 287 F2
Pellegrue (33) 230 D3
Pelleport (31) 268 D5
Pellerey (21) 135 H3
le Pellerin (44) 122 E4
la Pellerine (49) 126 D3
la Pellerine (53) 80 C4
Pellevoisin (36) 147 H4
Pellouailles-les-Vignes (49) 125 H3
Pelonne (26) 258 A2
Pelouse (48) 237 K6
Pelousey (25) 137 J5
Peltre (57) 45 F6
Pélussin (42) 205 K6
Pelves (62) 11 G3
Pelvoux (05) 243 J1
Penchard (77) 59 K2
Pencran (29) 46 C6
Pendé (80) 8 E4
Pénestin (56) 121 J2
Penguily (22) 77 J2
Penin (62) 10 C2
Penly (76) 16 B1
Penmarch (29) 73 E6
Pennautier (11) 290 A5
la Penne (06) 280 D1
Penne (81) 250 C6
Penne-d'Agenais (47) 248 D2
la Penne-sur-Huveaune (13) 296 E4
la Penne-sur-l'Ouvèze (26) 257 J3
Pennedepie (14) 33 K2
Pennes-le-Sec (26) 241 G4
les Pennes-Mirabeau (13) 296 B2
Pennesières (70) 138 A3
Penol (38) 206 E6
Pensol (87) 198 A4
Penta-Acquatella (2B) 319 H4
Penta-di-Casinca (2B) 319 J3
Penvénan (22) 48 B2
Péone (06) 261 F4
Pépieux (11) 290 E4
Pérassay (36) 166 C5
Peray (72) 83 F5
Perceneige (89) 88 E4
Percey (89) 113 J3
Percey-le-Grand (70) 136 D1
le Perchay (95) 37 F6
la Perche (18) 167 G3
Perchède (32) 266 A4
Percy (38) 242 A2
Percy (50) 31 G6
Percy-en-Auge (14) 33 G6
Perdreauville (78) 57 H2
Péré (17) 177 G3
Péré (65) 285 K6
Péreille (09) 308 A3
Perelli (2B) 319 H5
Pérenchies (59) 6 D4
Péret (34) 292 C1
Péret-Bel-Air (19) 200 C6
Péreuil (16) 196 C5
Péreyres (07) 239 F3
Pergain-Taillac (32) 248 B6
Peri (2A) 320 D4
le Périer (38) 224 D6
Périers (50) 30 E2
Périers-en-Auge (14) 33 G4
Périers-sur-le-Dan (14) 32 E4
Pérignac (16) 196 D6
Pérignac (17) 195 H3
Pérignat-lès-Sarliève (63) 202 D2
Pérignat-sur-Allier (63) 202 E3
Périgné (79) 178 C2
Périgneux (42) 204 E6
Périgny (03) 185 K2
Périgny (14) 53 G2
Périgny (17) 176 E2
Périgny (41) 108 D6
Périgny (94) 59 G5
Périgny-la-Rose (10) 89 G1
Périgueux (24) 214 A3
Périssac (33) 211 K5
Perles (02) 40 B3
Perles-et-Castelet (09) 308 A6
Pern (46) 249 K3
Pernand-Vergelesses (21) 154 A2
Pernant (02) 39 H3
Pernay (37) 127 G4
la Pernelle (50) 29 F2
Pernes (62) 5 H6
Pernes-lès-Boulogne (62) 2 B5
Pernes-les-Fontaines (84) 276 D1
Pernois (80) 9 K6
Pero-Casevecchie (2B) 319 J4
Pérols (34) 293 H1
Pérols-sur-Vézère (19) 200 C4
Péron (01) 190 D2
Péronnas (01) 189 G2
Péronne (71) 171 J5
Péronne (80) 19 G1
Péronne-en-Mélantois (59) 6 E5
Péronville (28) 109 H2
Pérouges (01) 189 G6
la Pérouille (36) 165 G2
Pérouse (90) 119 J6
Péroy-les-Gombries (60) 38 E5
Perpezac-le-Blanc (19) 215 G3
Perpezac-le-Noir (19) 215 J2
Perpezat (63) 202 A3
Perpignan (66) 310 C6
les Perques (50) 28 C5
Perquie (40) 265 J2
Perrancey-les-Vieux-Moulins (52) 116 C4
le Perray-en-Yvelines (78) 57 K5
Perrecy-les-Forges (71) 170 D3
le Perréon (69) 188 A4
Perret (22) 76 C4
Perreuil (71) 153 H6
Perreux (42) 187 F4
Perreux (89) 112 C4
le Perreux-sur-Marne (94) 59 F4
Perrex (01) 188 D1
Perrier (63) 202 E5
le Perrier (85) 140 D5
la Perrière (61) 83 G3
la Perrière (73) 209 J5
Perrières (14) 54 B2
Perriers-en-Beauficel (50) 52 D4
Perriers-la-Campagne (27) 34 E5
Perriers-sur-Andelle (27) 36 A2
Perrignier (74) 175 F6
Perrigny (39) 173 G2
Perrigny (89) 113 F5
Perrigny-lès-Dijon (21) 136 A6
Perrigny-sur-Armançon (89) 134 C1
Perrigny-sur-l'Ognon (21) 136 E5
Perrigny-sur-Loire (71) 169 K4
Perrogney-les-Fontaines (52) 116 B5
le Perron (50) 31 K4
Perros-Guirec (22) 48 A2
Perrou (61) 81 H1
Perrouse (70) 138 A4
Perroy (58) 132 C4
Perruel (27) 36 A2
Perrusse (52) 116 E1
Perrusson (37) 146 D2
Pers (15) 235 F2
Pers (79) 179 F2
Pers-en-Gâtinais (45) 111 K1
Pers-Jussy (74) 191 G3
Persac (86) 163 J6
Persan (95) 37 J5
Persquen (56) 76 B6
Pertain (80) 19 G3
Perthes (08) 41 H1
Perthes (52) 63 H6
Perthes (77) 87 G2
Perthes-lès-Brienne (10) 91 F3
Pertheville-Ners (14) 54 B3
le Perthus (66) 315 G5
le Pertre (35) 104 C2
le Pertuis (43) 220 D5
Pertuis (84) 277 J5
la Péruse (16) 180 A6
Pervenchères (61) 83 G3
Perville (82) 248 E5

Pescadoires (46) 232 E6
Peschadoires (63) 203 H1
le Pescher (19) 216 A5
Péseux (25) 139 G5
Peseux (39) 155 F3
Peslières (63) 203 H6
Pesmes (70) 137 F5
Pessac (33) 229 G2
Pessac-sur-Dordogne (33) 230 D2
Pessan (32) 267 J6
Pessans (25) 156 A2
Pessat-Villeneuve (63) 185 F6
la Pesse (39) 173 K6
Pessines (17) 195 F2
Pessoulens (32) 268 B3
Petersbach (67) 69 F5
le Petit-Abergement (01) 190 A4
Petit-Auverné (44) 103 K5
Petit-Bersac (24) 213 F2
le Petit-Bornand-les-Glières (74) . . . 191 H4
le Petit-Celland (50) 52 B5
Petit-Couronne (76) 35 H2
Petit-Croix (90) 139 J1
Petit-Failly (54) 26 A3
Petit-Fayt (59) 13 F5
le Petit-Fougeray (35) 103 G1
Petit-Landau (68) 97 E2
Petit-Mars (44) 123 H2
le Petit-Mercey (39) 155 J1
Petit-Mesnil (10) 91 F4
Petit-Noir (39) 155 F4
Petit-Palais-et-Cornemps (33) 212 C6
le Petit-Pressigny (37) 146 C5
le Petit-Quevilly (76) 35 H2
Petit-Réderching (57) 69 F3
Petit-Tenquin (57) 67 G1
Petit-Verly (02) 20 C1
la Petite-Boissière (79) 143 G5
Petite-Chaux (25) 174 C1
Petite-Forêt (59) 12 C1
la Petite-Fosse (88) 95 J3
la Petite-Marche (03) 184 A2
la Petite-Pierre (67) 69 G5
la Petite-Raon (88) 95 J2
Petite-Rosselle (57) 68 B1
la Petite-Verrière (71) 152 D3
Petitefontaine (90) 119 K5
les Petites-Armoises (08) 42 C1
les Petites-Loges (51) 41 G5
Petitmagny (90) 119 J5
Petitmont (54) 67 H6
Petiville (14) 33 G4
Petiville (76) 34 D1
Petosse (85) 160 C4
Petreto-Bicchisano (2A) 322 E1
Pettoncourt (57) 66 C3
Pettonville (54) 95 F1
Peujard (33) 211 J5
Peumérit (29) 73 E4
Peumerit-Quintin (22) 76 B2
Peuplingues (62) 2 C3
Peuton (53) 104 E4
Peuvillers (55) 43 H2
Peux-et-Couffouleux (12) 272 B4
Pévange (57) 66 E2
Pévy (51) 40 D3
Pexiora (11) 289 H5
Pexonne (54) 95 H1
Pey (40) 262 D5
Peymeinade (06) 280 C5
Peynier (13) 297 F2
Peypin (13) 296 E3
Peypin-d'Aigues (84) 277 K3
Peyrabout (23) 182 D4
le Peyrat (09) 308 B3
Peyrat-de-Bellac (87) 181 F3
Peyrat-la-Nonière (23) 183 H4
Peyrat-le-Château (87) 200 A1
la Peyratte (79) 162 A2
Peyraube (65) 285 K5
Peyraud (07) 222 B2
Peyre (40) 265 G6
Peyrecave (32) 268 A1
Peyrefitte-du-Razès (11) 308 C2
Peyrefitte-sur-l'Hers (11) 289 F5
Peyregoux (81) 270 E5
Peyrehorade (40) 264 A6
Peyreleau (12) 253 H5
Peyrelevade (19) 200 D3
Peyrelongue-Abos (64) 285 F2
Peyremale (30) 255 G3
Peyrens (11) 289 H4
Peyrestortes (66) 310 B5
Peyret-Saint-André (65) 286 C4
Peyriac-de-Mer (11) 310 C1
Peyriac-Minervois (11) 290 D4
Peyriat (01) 189 K2
Peyrière (47) 231 G5
Peyrieu (01) 207 J3
Peyrignac (24) 215 F4
Peyriguère (65) 285 K5
Peyrilhac (87) 181 F5
Peyrillac-et-Millac (24) 233 H2
Peyrilles (46) 233 H5
Peyrins (26) 222 D4
Peyrissac (19) 199 K5
Peyrissas (31) 287 G4
Peyrole (81) 270 B4
Peyroles (30) 254 E6
Peyrolles (11) 309 G3
Peyrolles-en-Provence (13) 277 K5
Peyroules (04) 280 A3
Peyrouse (65) 304 A1
Peyrouzet (31) 287 F5
Peyruis (04) 259 F6
Peyrun (65) 285 J4
Peyrus (26) 240 E1
Peyrusse (15) 218 D3
Peyrusse-Grande (32) 266 E6
Peyrusse-le-Roc (12) 251 H1
Peyrusse-Massas (32) 267 H4
Peyrusse-Vieille (32) 266 D6
Peyssies (31) 287 J4
Peyzac-le-Moustier (24) 214 D6
Peyzieux-sur-Saône (01) 188 C3
Pézarches (77) 60 A5
Pezé-le-Robert (72) 82 B6
Pézenas (34) 292 C2
Pézènes-les-Mines (34) 292 A1
Pezens (11) 290 A5
Pézilla-de-Conflent (66) 309 H6
Pézilla-la-Rivière (66) 310 A6
Pezou (41) 108 D4
Pezuls (24) 232 B1
Pézy (28) 85 H4
Pfaffenheim (68) 96 B5
Pfaffenhoffen (67) 69 J6
Pfalzweyer (67) 69 F6
Pfastatt (68) 97 B2
Pfetterhouse (68) 97 A5
Pfettisheim (67) 70 E2
Pfulgriesheim (67) 70 E2
Phaffans (90) 119 J6
Phalempin (59) 6 D5
Phalsbourg (57) 70 A1
Philippsbourg (57) 69 J4
Philondenx (40) 265 H6
Phlin (54) 66 B2
Pia (66) 310 C6
Piacé (72) 82 D5
le Pian-Médoc (33) 211 G6
le Pian-sur-Garonne (33) 230 A5
Piana (2A) 316 C5
Pianello (2B) 319 H6
Piano (2B) 319 H4
Pianottoli-Caldarello (2A) 323 F5
les Piards (39) 173 J4
la Piarre (05) 242 A6
Piazzali (2B) 319 J5
Piazzole (2B) 319 H4
Piblange (57) 27 K5
Pibrac (31) 269 F6
Picarreau (39) 155 K6
Picauville (50) 28 E5
Pichanges (21) 136 B3
Picherande (63) 202 A6
Picquigny (80) 17 K1
Pie-d'Orezza (2B) 319 H5
Pied-de-Borne (48) 255 F1
Piedicorte-di-Gaggio (2B) 321 H1
Piedicroce (2B) 319 H5
Piedigriggio (2B) 319 F4
Piedipartino (2B) 319 H5
Piégon (26) 257 H3
Piégros-la-Clastre (26) 240 E4
Piégut (04) 243 F6
Piégut-Pluviers (24) 197 K4
Piencourt (27) 34 B5
Piennes (54) 26 D5
Piennes-Onvillers (80) 18 E5
Pierlas (06) 261 H5
la Pierre (38) 224 C2
Pierre-Bénite (69) 206 A3
Pierre-Buffière (87) 199 G3
Pierre-Châtel (38) 224 B6
Pierre-de-Bresse (71) 154 E5
Pierre-la-Treiche (54) 65 J5
Pierre-Levée (77) 60 B3
Pierre-Morains (51) 62 A4
Pierre-Percée (54) 95 H1
Pierre-Perthuis (89) 133 J4
Pierreclos (71) 171 H6
Pierrecourt (70) 137 F1
Pierrecourt (76) 17 F2
Pierrefeu (06) 280 E2
Pierrefeu-du-Var (83) 298 A4
Pierrefiche (12) 253 F1
Pierrefiche (48) 238 A4
Pierrefiques (76) 14 B4
Pierrefitte (19) 199 J6
Pierrefitte (23) 183 G3
Pierrefitte (79) 144 A5
Pierrefitte (88) 94 B6
Pierrefitte-en-Auge (14) 33 K4
Pierrefitte-en-Beauvaisis (60) 37 G1
Pierrefitte-en-Cinglais (14) 53 J2
Pierrefitte-ès-Bois (45) 131 H3
Pierrefitte-Nestalas (65) 304 B3
Pierrefitte-sur-Aire (55) 64 C2
Pierrefitte-sur-Loire (03) 169 K4
Pierrefitte-sur-Sauldre (41) 130 C3
Pierrefitte-sur-Seine (93) 58 E2
Pierrefonds (60) 39 F3
Pierrefontaine-lès-Blamont (25) . . . 139 H4
Pierrefontaine-les-Varans (25) 139 F6
Pierrefort (15) 236 B1
Pierregot (80) 10 B6
Pierrelatte (26) 256 D2
Pierrelaye (95) 58 C1
Pierrelongue (26) 257 J3
Pierremande (02) 19 K6
Pierremont (62) 10 A1
Pierremont-sur-Amance (52) 117 G5
Pierrepont (02) 20 E5
Pierrepont (14) 53 K3
Pierrepont (54) 26 C4
Pierrepont-sur-Avre (80) 18 D4
Pierrepont-sur-l'Arentèle (88) 95 F4
Pierrerue (04) 278 C1
Pierrerue (34) 291 H3
Pierres (14) 53 F3
Pierres (28) 85 H1
Pierreval (76) 16 B6
Pierrevert (04) 278 B3
Pierreville (50) 28 B4
Pierreville (54) 94 A1
Pierrevillers (57) 27 G6
Pierric (44) 103 F4
Pierry (51) 61 K1
Pietra-di-Verde (2B) 319 J6
Pietracorbara (2B) 317 D3
Pietralba (2B) 319 F3
Pietraserena (2B) 321 H1
Pietricaggio (2B) 319 H5
Pietrosella (2A) 320 C6
Pietroso (2B) 321 G2
Piets-Plasence-Moustrou (64) 284 B1
Pieusse (11) 308 E1
les Pieux (50) 28 B4
Piève (2B) 319 G2
Piffonds (89) 112 C2
Pigna (2B) 318 C2
Pignan (34) 293 F1
Pignans (83) 298 B3
Pignicourt (02) 41 F2
Pignols (63) 203 F4
Pigny (18) 149 H2
Pihem (62) 3 G6
Pihen-lès-Guînes (62) 2 C3
Pila-Canale (2A) 322 D1
Pillac (16) 213 F2
Pillemoine (39) 173 K1
les Pilles (26) 257 J2
Pillon (55) 26 B4
Pimbo (40) 265 H6
Pimelles (89) 114 C5
Pimorin (39) 173 F4
Pimprez (60) 39 F1
le Pin (03) 170 A5
le Pin (14) 34 A4
le Pin (17) 212 A2
le Pin (30) 256 B6
le Pin (38) 207 H5
le Pin (39) 173 G1
le Pin (44) 124 B1
Pin (70) 137 J5
le Pin (77) 59 H3
le Pin (79) 143 G5
le Pin (82) 268 C1
le Pin-au-Haras (61) 54 D5
Pin-Balma (31) 269 H6
le Pin-en-Mauges (49) 124 D6
le Pin-la-Garenne (61) 83 H3
le Pin-Murelet (31) 287 H3
Pinas (65) 305 G1
Pinay (42) 187 F6
Pincé (72) 105 J5
Pindères (47) 247 F3
Pindray (86) 163 K4
les Pineaux (85) 160 A2
Pinel-Hauterive (47) 248 B1
Pinet (34) 292 D3
Pineuilh (33) 231 F2
Piney (10) 90 D4
Pino (2B) 317 C2
Pinols (43) 219 H5
Pinon (02) 39 K1
les Pins (16) 197 G1
Pins-Justaret (31) 288 B2
Pinsac (46) 233 J2
Pinsaguel (31) 288 B2
Pinsot (38) 224 E1
Pintac (65) 285 G4
Pinterville (27) 35 J5
Pintheville (55) 44 A5
les Pinthières (28) 57 H5
Piobetta (2B) 319 H5
Pioggiola (2B) 318 D3
Piolenc (84) 256 D6
Pionnat (23) 182 E3
Pionsat (63) 184 B3
Pioussay (79) 179 F4
Pipriac (35) 102 D2
Piquecos (82) 249 J6
Pirajoux (01) 172 D5
Piré-sur-Seiche (35) 79 J5
Pirey (25) 137 K5
Piriac-sur-Mer (44) 121 H3
Pirmil (72) 106 B3
Pirou (50) 30 D2
Pis (32) 267 K4
Pisany (17) 194 E2
Piscop (95) 58 E1
Piseux (27) 56 B4
Pisieu (38) 222 D1
Pisseleu (60) 17 J6
Pisseloup (52) 117 G4
la Pisseure (70) 118 B4
Pissos (40) 245 H3
Pissotte (85) 160 D4
Pissy (80) 17 K2
Pissy-Pôville (76) 15 J6
Pisy (89) 134 B2
Pitgam (59) 3 H3
Pithiviers (45) 86 D6
Pithiviers-le-Vieil (45) 110 D1
Pithon (02) 19 J4
Pîtres (27) 35 J3
Pittefaux (62) 2 B5
Pizay (01) 189 F6
Pizieux (72) 83 F4
le Pizou (24) 212 D5
le Pla (09) 308 D6
Plabennec (29) 46 A5
Placé (53) 80 E5
les Places (27) 34 B5
Placey (25) 137 J6
Plachy-Buyon (80) 18 A3
Placy (14) 53 J1
Placy-Montaigu (50) 31 J4
le Plagnal (07) 238 C4
Plagne (01) 190 B2
Plagne (31) 287 H6
Plagnole (31) 287 H3
Plaigne (11) 289 F6
Plailly (60) 38 B6
Plaimbois-du-Miroir (25) 139 G6
Plaimbois-Vennes (25) 139 F6
Plaimpied-Givaudins (18) 149 H4
la Plaine (49) 143 H2
Plaine (67) 95 K2
Plaine-de-Walsch (57) 67 K4
Plaine-Haute (22) 77 F1
la Plaine-sur-Mer (44) 122 A5
Plainemont (70) 118 B4
Plaines-Saint-Lange (10) 114 E3
Plainfaing (88) 95 J5
Plainoiseau (39) 173 G1
les Plains-et-Grands-Essarts (25) . . 139 J5
Plaintel (22) 77 F1
Plainval (60) 38 A1
Plainville (27) 34 C6
Plainville (60) 18 C5
Plaisance (12) 271 J2
Plaisance (24) 231 J4
Plaisance (32) 266 C6
Plaisance (86) 164 A6
Plaisance-du-Touch (31) 288 A1
Plaisia (39) 173 G3
Plaisians (26) 257 K4
Plaisir (78) 58 A4
Plaissan (34) 292 D1
Plaizac (16) 196 B2
le Plan (31) 287 J6
Plan (38) 223 H2
Plan-d'Aups-Sainte-Baume (83) . . . 297 G3
Plan-de-Baix (26) 241 F2
Plan-de-Cuques (13) 296 D3
Plan-de-la-Tour (83) 298 E3
Plan-d'Orgon (13) 276 D3
Planaise (73) 208 D5
Planay (21) 114 E6
Planay (73) 209 K5
la Planche (44) 141 K3
Plancher-Bas (70) 119 G5
Plancher-les-Mines (70) 119 G5
Plancherine (73) 209 F2
Planches (61) 55 F5
les Planches-en-Montagne (39) 174 A2
les Planches-près-Arbois (39) 155 K5
Planchez (58) 152 C2
Plancoët (22) 50 B4
Plancy-l'Abbaye (10) 89 K1
la Planée (25) 156 E5
Planès (66) 313 J4
Planèzes (66) 309 J5
Planfoy (42) 221 H1
Planguenoual (22) 49 H6
Planioles (46) 234 D5
le Planois (71) 155 F6
le Planquay (27) 34 B6
Planquery (14) 31 K3
Planques (62) 5 F6
Planrupt (52) 91 H2
les Plans (30) 255 J5
les Plans (34) 273 F4
le Plantay (01) 189 F4
les Plantiers (30) 254 D5
le Plantis (61) 83 F1
Planty (10) 89 G5
Planzolles (07) 255 H1
Plappeville (57) 44 E5
Plasne (39) 155 J6
Plasnes (27) 34 D5
Plassac (17) 195 G5
Plassac (33) 211 G4
Plassac-Rouffiac (16) 196 D5
Plassay (17) 195 F1
Plats (07) 222 B5
Plaudren (56) 101 G4
Plauzat (63) 202 D4
Plavilla (11) 289 G6
Plazac (24) 214 D5
Pleaux (15) 217 F4
Pléboulle (22) 50 A3
Pléchâtel (35) 103 F1
Plédéliac (22) 77 K1
Plédran (22) 77 G1
Pléguien (22) 48 E4
Pléhédel (22) 48 E3
Pleine-Fougères (35) 51 H5
Pleine-Selve (02) 20 C3
Pleine-Selve (33) 211 H1
Pleine-Sève (76) 15 G3
Plélan-le-Grand (35) 78 C5
Plélan-le-Petit (22) 50 B5
Plélauff (22) 76 B4
Plélo (22) 48 E5
Plémet (22) 77 H4
Plémy (22) 77 G2
Plénée-Jugon (22) 77 K2
Pléneuf-Val-André (22) 49 J5
Plénise (39) 156 C5
Plénisette (39) 156 C6
Plerguer (35) 50 E5
Plérin (22) 49 G5
Plerneuf (22) 49 F6
Plescop (56) 101 F4
Plesder (35) 50 E6
Plésidy (22) 76 C1
Pleslin-Trigavou (22) 50 D4
Plesnois (57) 44 E4
Plesnoy (52) 116 E4
Plessala (22) 77 H3
Plessé (44) 102 D5
le Plessier-Huleu (02) 39 J4
le Plessier-Rozainvillers (80) 18 D4
le Plessier-sur-Bulles (60) 37 K1
le Plessier-sur-Saint-Just (60) 38 A1
le Plessis-aux-Bois (77) 59 J2
Plessis-Barbuise (10) 89 G1
le Plessis-Belleville (60) 38 D6
le Plessis-Bouchard (95) 58 D2
le Plessis-Brion (60) 38 E1
Plessis-de-Roye (60) 19 F6
le Plessis-Dorin (41) 108 A1
le Plessis-Feu-Aussoux (77) 60 B5
le Plessis-Gassot (95) 59 F1
le Plessis-Grammoire (49) 125 H3
le Plessis-Grimoult (14) 53 G2
le Plessis-Grohan (27) 56 D2
le Plessis-Hébert (27) 57 F2
le Plessis-Lastelle (50) 30 E1
le Plessis-l'Échelle (41) 109 F5
le Plessis-l'Evêque (77) 59 J1
le Plessis-Luzarches (95) 38 A6
le Plessis-Macé (49) 125 F2
le Plessis-Pâté (91) 86 E1
le Plessis-Patte-d'Oie (60) 19 H4
le Plessis-Placy (77) 60 A1
le Plessis-Robinson (92) 58 D4
Plessis-Saint-Benoist (91) 86 B3
Plessis-Saint-Jean (89) 88 D4
le Plessis-Sainte-Opportune (27) . . 35 F6
le Plessis-Trévise (94) 59 G4
Plessix-Balisson (22) 50 C4
Plestan (22) 77 K1
Plestin-les-Grèves (22) 47 J3
Pleubian (22) 48 D1
Pleucadeuc (56) 101 K4
Pleudaniel (22) 48 D2
Pleudihen-sur-Rance (22) 50 D5
Pleugriffet (56) 101 G1
Pleugueneuc (35) 50 E6
Pleumartin (86) 163 K1
Pleumeleuc (35) 78 E3
Pleumeur-Bodou (22) 47 K2
Pleumeur-Gautier (22) 48 C2
Pleure (39) 155 G4
Pleurs (51) 61 J5
Pleurtuit (35) 50 D4
Pleuven (29) 98 D2
Pleuvezain (88) 93 J3
Pleuville (16) 179 K4
Pléven (22) 50 A5
Plévin (22) 75 J3
Pleyben (29) 74 E3
Pleyber-Christ (29) 47 F5
Pliboux (79) 179 G2
Plichancourt (51) 63 G4
Plieux (32) 267 K2
Plivot (51) 62 A1
Plobannalec (29) 98 B3
Plobsheim (67) 71 D2
Ploemel (56) 100 C5
Ploemeur (56) 99 K5
Ploërdut (56) 76 B5
Ploeren (56) 100 E5
Ploërmel (56) 101 K2
Ploeuc-sur-Lié (22) 77 G2
Ploéven (29) 74 C4
Ploëzal (22) 48 C3
Plogastel-Saint-Germain (29) 74 B6
Plogoff (29) 73 B3
Plogonnec (29) 74 C5
Ploisy (02) 39 J3
Plomb (50) 52 A4
Plombières-les-Bains (88) 118 D2
Plombières-lès-Dijon (21) 135 K5
Plomelin (29) 98 C2
Plomeur (29) 73 E6
Plomion (02) 21 G3
Plomodiern (29) 74 C3
Plonéis (29) 74 C5
Plonéour-Lanvern (29) 98 B2
Plonévez-du-Faou (29) 75 G3
Plonévez-Porzay (29) 74 C4
Plorec-sur-Arguenon (22) 50 A5
Plou (18) 148 E4
Plouagat (22) 48 E5
Plouaret (22) 47 K4
Plouarzel (29) 72 B3
Plouasne (22) 78 D2
Plouay (56) 100 A1
Ploubalay (22) 50 C4
Ploubazlanec (22) 48 E2
Ploubezre (22) 48 A3
Ploudalmézeau (29) 72 C2
Ploudaniel (29) 46 B5
Ploudiry (29) 46 D6

Plouëc-du-Trieux (22) 48 C4
Plouédern (29) 46 C5
Plouégat-Guérand (29) 47 H4
Plouégat-Moysan (29) 47 J5
Plouénan (29) 46 E4
Plouër-sur-Rance (22) 50 D4
Plouescat (29) 46 D3
Plouézec (22) 48 E3
Plouézoch (29) 47 G4
Ploufragan (22) 49 F6
Plougar (29) 46 D4
Plougasnou (29) 47 G3
Plougastel-Daoulas (29) 72 E5
Plougonvelin (29) 72 B5
Plougonven (29) 47 H5
Plougonver (22) 48 A6
Plougoulm (29) 46 E3
Plougoumelen (56) 100 E5
Plougourvest (29) 46 D4
Plougras (22) 47 J5
Plougrescant (22) 48 C1
Plouguenast (22) 77 G3
Plouguerneau (29) 46 A4
Plouguernével (22) 76 B3
Plouguiel (22) 48 C2
Plouguin (29) 72 C2
Plouha (22) 48 E4
Plouharnel (56) 100 C6
Plouhinec (29) 73 D3
Plouhinec (56) 100 B4
Plouider (29) 46 C4
Plouigneau (29) 47 H5
Plouisy (22) 48 C5
Ploulec'h (22) 47 K3
Ploumagoar (22) 48 C5
Ploumilliau (22) 47 K3
Ploumoguer (29) 72 B4
Plounéour-Ménez (29) 47 F6
Plounéour-Trez (29) 46 B3
Plounérin (22) 47 J5
Plounéventer (29) 46 C5
Plounévez-Lochrist (29) 46 C4
Plounévez-Moëdec (22) 47 K5
Plounévez-Quintin (22) 76 B3
Plounévézel (29) 75 J2
Plourac'h (22) 75 J1
Plouray (56) 76 A4
Plourhan (22) 49 F4
Plourin (29) 72 B3
Plourin-lès-Morlaix (29) 47 G5
Plourivo (22) 48 D3
Plouvain (62) 11 G2
Plouvara (22) 48 E6
Plouvien (29) 46 A5
Plouvorn (29) 46 E4
Plouyé (29) 75 G2
Plouzané (29) 72 C4
Plouzélambre (22) 47 J4
Plouzévédé (29) 46 D4
Plovan (29) 73 E5
Ployart-et-Vaurseine (02) 40 C1
le Ployron (60) 18 D6
Plozévet (29) 73 D4
Pludual (22) 48 E4
Pluduno (22) 50 B4
Plufur (22) 47 J4
Pluguffan (29) 74 C6
Pluherlin (56) 101 K5
Plumaudan (22) 78 C1
Plumaugat (22) 78 B2
Plumelec (56) 101 G3
Pluméliau (56) 100 D1
Plumelin (56) 100 E2
Plumergat (56) 100 E4
Plumetot (14) 32 E3
Plumieux (22) 77 H5
Plumont (39) 155 J2
Pluneret (56) 100 D5
Plurien (22) 49 K5
Plusquellec (22) 75 K1
Plussulien (22) 76 D3
Pluvault (21) 154 E1
Pluvet (21) 154 E1
Pluvigner (56) 100 D3
Pluzunet (22) 48 A4
Pocancy (51) 62 B2
Pocé-les-Bois (35) 80 A6
Pocé-sur-Cisse (37) 128 B4
Podensac (33) 229 K4
le Poët (05) 259 F3
le Poët-Célard (26) 240 E5
le Poët-en-Percip (26) 258 A3
le Poët-Laval (26) 240 D6
le Poët-Sigillat (26) 257 K2
Poeuilly (80) 19 J2
Poey-de-Lescar (64) 284 C3
Poey-d'Oloron (64) 283 K5
Poëzat (03) 185 G4
Poggio-di-Nazza (2B) 321 H3
Poggio-di-Venaco (2B) 319 F6
Poggio-d'Oletta (2B) 317 D6
Poggio-Marinaccio (2B) 319 H4
Poggio-Mezzana (2B) 319 J4
Poggiolo (2A) 320 D2
Pogny (51) 62 E3
Poids-de-Fiole (39) 173 G3
Poigny (77) 88 D2
Poigny-la-Forêt (78) 57 J6
Poil (58) 152 D5
Poilcourt-Sydney (08) 41 F2
Poilhes (34) 291 J4
Poillé-sur-Vègre (72) 105 K3
Poilley (35) 80 A2
Poilley (50) 52 A6
Poilly (51) 40 D4
Poilly-lez-Gien (45) 131 G1
Poilly-sur-Serein (89) 113 K5
Poilly-sur-Tholon (89) 112 E4
Poinçon-lès-Larrey (21) 114 E4
le Poinçonnet (36) 165 J1
Poincy (77) 60 A2
Poinsenot (52) 115 K6
Poinson-lès-Fayl (52) 117 F5
Poinson-lès-Grancey (52) 115 K6
Poinson-lès-Nogent (52) 116 D2
Pointel (61) 53 K5
Pointis-de-Rivière (31) 305 J1
Pointis-Inard (31) 306 A1
Pointre (39) 137 F6
Pointvillers (25) 156 A2
Poinville (28) 86 A6
le Poiré-sur-Velluire (85) 160 D5
le Poiré-sur-Vie (85) 141 J6
Poiroux (85) 159 G3
Poisat (38) 224 B3
Poiseul (52) 116 E3
Poiseul-la-Grange (21) 135 J2
Poiseul-la-Ville-et-Laperrière (21) 135 G2
Poiseul-lès-Saulx (21) 135 K2
Poiseux (58) 150 E2
Poisieux (18) 148 D3
le Poislay (41) 108 C2
Poisson (71) 170 C6
Poissons (52) 92 B3
Poissy (78) 58 B2
Poisvilliers (28) 85 G2
Poisy (74) 190 E5
la Poitevinière (49) 124 D6
Poitiers (86) 163 F3
Poivres (10) 62 C5
Poix (51) 63 F2
Poix-de-Picardie (80) 17 H3
Poix-du-Nord (59) 12 E4
Poix-Terron (08) 22 C5
le Poizat (01) 190 B2
Polaincourt-et-Clairefontaine (70) 118 A3
Polastron (31) 287 G4
Polastron (32) 287 F1
Poleymieux-au-Mont-d'Or (69) 188 C6
Poliénas (38) 223 H2
Polignac (17) 212 A2
Polignac (43) 220 C5
Poligné (35) 103 F1
Poligny (05) 242 E3
Poligny (10) 90 D6
Poligny (39) 155 J5
Poligny (77) 87 J6
Polincove (62) 2 E4
Polisot (10) 114 D2
Polisy (10) 114 D2
Pollestres (66) 315 G3
Polliat (01) 189 F1
Pollieu (01) 207 K1
Pollionnay (69) 205 J2
Polminhac (15) 235 J1
Polveroso (2B) 319 H4
Pomacle (51) 41 G3
la Pomarède (11) 289 G3
Pomarède (46) 232 E6
Pomarez (40) 264 D5
Pomas (11) 309 F1
Pomayrols (12) 253 G1
Pomerol (33) 230 B1
Pomérols (34) 292 D3
Pomeys (69) 205 G3
Pommard (21) 153 K3
Pommera (62) 10 B4
la Pommeraie-sur-Sèvre (85) 143 F5
la Pommeraye (14) 53 J2
la Pommeraye (49) 124 D4
Pommeret (22) 77 H1
Pommereuil (59) 12 D5
Pommereux (76) 16 E5
Pommeréval (76) 16 B4
Pommerieux (53) 104 D4
Pommérieux (57) 66 A1
Pommerit-Jaudy (22) 48 C3
Pommerit-le-Vicomte (22) 48 D4
Pommerol (26) 258 A1
Pommeuse (77) 60 A4
Pommevic (82) 248 E6
Pommier (62) 10 D4
Pommier-de-Beaurepaire (38) 206 D6
Pommiers (02) 39 H2
Pommiers (30) 273 J2
Pommiers (36) 165 H4
Pommiers (42) 204 D1
Pommiers (69) 188 B5
Pommiers-la-Placette (38) 223 K1
Pommiers-Moulons (17) 211 K1
Pomoy (70) 118 D6
Pompaire (79) 161 K3
Pompéjac (33) 246 C2
Pompertuzat (31) 288 C2
Pompey (54) 66 A4
Pompiac (32) 287 H2
le Pompidou (48) 254 C4
Pompierre (88) 93 G5
Pompierre-sur-Doubs (25) 138 E3
Pompiey (47) 247 H4
Pompignac (33) 229 J2
Pompignan (30) 274 B3
Pompignan (82) 269 F4
Pompogne (47) 247 F4
Pomponne (77) 59 H3
Pomport (24) 231 H3
Pomps (64) 284 B2
Pomy (11) 308 D2
Poncé-sur-le-Loir (72) 107 J6
Poncey-lès-Athée (21) 136 D6
Poncey-sur-l'Ignon (21) 135 H3
le Ponchel (62) 9 J3
Ponches-Estruval (80) 9 G2
Ponchon (60) 37 J3
Poncin (01) 189 J3
Poncins (42) 204 E2
Pondaurat (33) 230 C6
le Pondy (18) 149 J6
Ponet-et-Saint-Auban (26) 241 G2
Ponlat-Taillebourg (31) 305 H1
Pons (17) 195 H4
Ponsampère (32) 286 A2
Ponsan-Soubiran (32) 286 B4
Ponsas (26) 222 B4
Ponson-Debat-Pouts (64) 285 G4
Ponson-Dessus (64) 285 G4
Ponsonnas (38) 242 B1
Pont (21) 154 E1
Pont-à-Marcq (59) 6 E5
Pont-à-Mousson (54) 65 K2
Pont-à-Vendin (62) 6 C6
Pont-Arcy (02) 40 B2
Pont-Audemer (27) 34 C3
Pont-Authou (27) 34 E4
Pont-Aven (29) 99 G3
Pont-Bellanger (14) 31 J5
le Pont-Chrétien-Chabenet (36) 165 G3
Pont-Croix (29) 73 D3
Pont-d'Ain (01) 189 H4
Pont-de-Barret (26) 240 D5
le Pont-de-Beauvoisin (38) 207 J4
le Pont-de-Beauvoisin (73) 207 J4
Pont-de-Buis-lès-Quimerch (29) 74 D2
Pont-de-Chéruy (38) 206 E2
le Pont-de-Claix (38) 224 A4
Pont-de-Labeaume (07) 239 G4
Pont-de-l'Arche (27) 35 J3
Pont-de-Larn (81) 290 B2
Pont-de-l'Isère (26) 222 C6
Pont-de-Metz (80) 18 A2
le Pont-de-Montvert (48) 254 D2
Pont-de-Planches (70) 137 J2
Pont-de-Poitte (39) 173 H3
Pont-de-Roide (25) 139 H4
Pont-de-Ruan (37) 127 H6
Pont-de-Salars (12) 252 D4
Pont-de-Vaux (01) 172 A5
Pont-de-Veyle (01) 188 D1
Pont-d'Héry (39) 156 A5
Pont-d'Ouilly (14) 53 J3
Pont-du-Bois (70) 118 A2
Pont-du-Casse (47) 248 C4
Pont-du-Château (63) 202 E2
Pont-du-Navoy (39) 173 J1
Pont-en-Royans (38) 223 G5
Pont-et-Massène (21) 134 D3
Pont-Évêque (38) 206 B5
Pont-Farcy (14) 31 H5
Pont-Hébert (50) 31 H3
Pont-la-Ville (52) 115 J1
Pont-l'Abbé (29) 98 B3
Pont-l'Abbé-d'Arnoult (17) 194 E1
Pont-lès-Bonfays (88) 94 A6
Pont-les-Moulins (25) 138 D5
Pont-l'Évêque (14) 33 K3
Pont-l'Évêque (60) 19 H6
Pont-Melvez (22) 48 B6
Pont-Noyelles (80) 18 C1
Pont-Péan (35) 79 F5
Pont-Remy (80) 9 G6
Pont-Saint-Esprit (30) 256 C4
Pont-Saint-Mard (02) 39 J1
Pont-Saint-Martin (44) 123 G5
Pont-Saint-Pierre (27) 35 K3
Pont-Saint-Vincent (54) 65 K6
Pont-Sainte-Marie (10) 90 B4
Pont-Sainte-Maxence (60) 38 C4
Pont-Salomon (43) 221 F2
Pont-Scorff (56) 99 K4
Pont-sur-l'Ognon (70) 138 D2
Pont-sur-Madon (88) 94 A3
Pont-sur-Meuse (55) 64 E4
Pont-sur-Sambre (59) 13 G3
Pont-sur-Seine (10) 89 G2
Pont-sur-Vanne (89) 88 E6
Pont-sur-Yonne (89) 88 C5
Pont-Trambouze (69) 187 H4
Pontacq (64) 285 F5
Pontailler-sur-Saône (21) 136 E5
Pontaix (26) 241 G3
Pontamafrey-Montpascal (73) 225 G1
Pontarion (23) 182 D5
Pontarlier (25) 157 F4
Pontarmé (60) 38 B5
Pontaubault (50) 51 K3
Pontaubert (89) 133 J3
Pontault-Combault (77) 59 G4
Pontaumur (63) 201 K1
Pontavert (02) 40 D2
Pontcarré (77) 59 H4
Pontcey (70) 137 K1
Pontchardon (61) 55 F2
Pontcharra (38) 208 C5
Pontcharra-sur-Turdine (69) 187 K6
Pontcharraud (23) 201 F1
Pontchâteau (44) 122 B1
Pontcirq (46) 233 F6
Pontécoulant (14) 53 G3
Ponteilla (66) 315 G3
Ponteils-et-Brésis (30) 255 F2
Pontenx-les-Forges (40) 244 D3
le Pontet (73) 208 E5
le Pontet (84) 276 C1
les Pontets (25) 174 C1
Pontevès (83) 278 E6
Ponteyraud (24) 213 F3
Pontfaverger-Moronvilliers (51) 41 H3
Pontgibaud (63) 202 B1
Pontgouin (28) 84 D2
Ponthévrard (78) 86 A1
Ponthion (51) 63 G4
Ponthoile (80) 9 F3
le Ponthou (29) 47 J5
Ponthoux (39) 173 J5
Pontiacq-Viellepinte (64) 285 G3
Pontigné (49) 126 B2
Pontigny (89) 113 H4
Pontis (04) 243 H6
Pontivy (56) 76 E5
Pontlevoy (41) 128 E5
Pontmain (53) 80 C2
Pontoise (95) 58 C1
Pontoise-lès-Noyon (60) 19 H6
Pontonx-sur-l'Adour (40) 264 C3
Pontorson (50) 51 J4
Pontours (24) 232 A2
Pontoux (71) 154 D4
Pontoy (57) 45 G6
Pontpierre (57) 45 K6
Pontpoint (60) 38 C4
Pontrieux (22) 48 C3
Pontru (02) 19 K2
Pontruet (02) 19 K2
Ponts (50) 51 K3
les Ponts-de-Cé (49) 125 G4
Ponts-et-Marais (76) 8 C6
Pontvallain (72) 106 D6
Popian (34) 273 J6
Popolasca (2B) 319 F4
Porcaro (56) 78 B6
Porcelette (57) 45 K4
Porchères (33) 212 D5
la Porcherie (87) 199 H4
Porcheux (60) 37 F3
Porcheville (78) 57 K2
Porcieu-Amblagnieu (38) 207 G1
Pordic (22) 49 F5
le Porge (33) 228 C1
Pornic (44) 122 B5
Pornichet (44) 121 K5
Porquéricourt (60) 19 G6
Porri (2B) 319 J4
Porspoder (29) 72 B3
Port (01) 189 K2
le Port (09) 307 F4
Port-Brillet (53) 104 D1
Port-de-Bouc (13) 295 J5
Port-de-Lanne (40) 262 E6
Port-de-Piles (86) 145 K4
Port-d'Envaux (17) 195 F1
Port-des-Barques (17) 176 E5
Port-en-Bessin-Huppain (14) 32 A3
Port-la-Nouvelle (11) 310 D2
Port-Launay (29) 74 D3
Port-le-Grand (80) 9 F4
Port-Lesney (39) 155 K3
Port-Louis (56) 99 K5
le Port-Marly (78) 58 C3
Port-Mort (27) 36 A5
Port-Saint-Louis-du-Rhône (13) 295 G5
Port-Saint-Père (44) 122 E5
Port-Sainte-Foy-et-Ponchapt (24) 231 F2
Port-Sainte-Marie (47) 247 K4
Port-sur-Saône (70) 117 K6
Port-sur-Seille (54) 66 A2
Port-Vendres (66) 315 J4
Port-Villez (78) 57 G1
la Porta (2B) 319 H4
Porta (66) 313 F4
Portbail (50) 28 C6
Porte-Joie (27) 35 K4
Porté-Puymorens (66) 313 F4
le Portel (62) 2 A5
Portel-des-Corbières (11) 310 C2
Portes (27) 56 B1
Portes (30) 255 G3
les Portes-en-Ré (17) 176 A1
Portes-en-Valdaine (26) 240 C6
Portes-lès-Valence (26) 240 C1
Portet (64) 265 K6
Portet-d'Aspet (31) 306 A3
Portet-de-Luchon (31) 305 G5
Portet-sur-Garonne (31) 288 B2
Portets (33) 229 J4
Portieux (88) 94 C3
Portiragnes (34) 292 B4
Porto-Vecchio (2A) 323 H3
Ports (37) 145 J3
Posanges (21) 135 F4
Poses (27) 35 K3
Possesse (51) 63 H3
la Possonnière (49) 125 F4
la Postolle (89) 88 E5
Postroff (57) 67 J2
Potangis (51) 89 G1
Potelières (30) 255 J4
Potelle (59) 12 E3
la Poterie-au-Perche (61) 55 K6
la Poterie-Cap-d'Antifer (76) 14 B4
la Poterie-Mathieu (27) 34 C4
Pothières (21) 115 F3
Potigny (14) 54 A2
Potte (80) 19 G3
Pouan-les-Vallées (10) 90 A1
Pouançay (86) 144 C2
Pouancé (49) 104 A5
Pouant (86) 145 F3
Poubeau (31) 305 G5
Poucharramet (31) 287 J3
Poudenas (47) 247 H6
Poudenx (40) 265 F6
Poudis (81) 289 H2
Poueyferré (65) 285 F6
la Pouëze (49) 124 E2
Pouffonds (79) 178 D2
la Pouge (23) 182 E5
le Pouget (34) 273 J6
Pougnadoresse (30) 256 B6
Pougne-Hérisson (79) 161 H2
Pougny (01) 190 D2
Pougny (58) 132 A5
Pougues-les-Eaux (58) 150 D3
Pougy (10) 90 D3
Pouillac (17) 212 A2
Pouillat (01) 173 F6
Pouillé (41) 128 E5
Pouillé (85) 160 C4
Pouillé (86) 163 H4
Pouillé-les-Côteaux (44) 124 A3
Pouillenay (21) 134 E3
Pouilley-Français (25) 137 J6
Pouilley-les-Vignes (25) 137 K6
Pouillon (40) 264 B6
Pouillon (51) 40 E3
Pouilloux (71) 170 E3
Pouilly (57) 45 F6
Pouilly (60) 37 G4
Pouilly-en-Auxois (21) 135 F6
Pouilly-le-Monial (69) 188 A5
Pouilly-lès-Feurs (42) 204 E1
Pouilly-les-Nonains (42) 186 E4
Pouilly-sous-Charlieu (42) 187 F3
Pouilly-sur-Loire (58) 132 A6
Pouilly-sur-Meuse (55) 23 G6
Pouilly-sur-Saône (21) 154 D3
Pouilly-sur-Serre (02) 20 C4
Pouilly-sur-Vingeanne (21) 136 E2
le Poujol-sur-Orb (34) 291 J1
Poujols (34) 273 G4
Poulaines (36) 147 K2
Poulainville (80) 18 B1
Poulan-Pouzols (81) 270 D3
Poulangy (52) 116 C2
Pouldergat (29) 73 E3
Pouldouran (22) 48 C2
Pouldreuzic (29) 73 E4
Poule-les-Écharmeaux (69) 187 J3
Pouliacq (64) 284 D1
les Poulières (88) 95 G5
Pouligney-Lusans (25) 138 B5
Pouligny-Notre-Dame (36) 166 B5
Pouligny-Saint-Martin (36) 166 B4
Pouligny-Saint-Pierre (36) 164 C2
le Pouliguen (44) 121 J5
Poullan-sur-Mer (29) 73 D2
Poullaouen (29) 75 H2
Poullignac (16) 196 C6
Poulx (30) 275 H2
Poumarous (65) 285 J6
Poupas (82) 268 A2
Poupry (28) 109 K1
Pouques-Lormes (58) 133 J5
Pourcharesses (48) 255 F1
Pourchères (07) 239 J3
Pourcieux (83) 297 G2
Pourcy (51) 40 E5
Pourlans (71) 154 E4
Pournoy-la-Chétive (57) 45 F6
Pournoy-la-Grasse (57) 45 F6
Pourrain (89) 112 E6
Pourrières (83) 297 G1
Poursac (16) 179 H5
Poursay-Garnaud (17) 178 A5
Poursiugues-Boucoue (64) 284 D1
Pouru-aux-Bois (08) 23 G4
Pouru-Saint-Remy (08) 23 G4
Poussan (34) 292 E2
Poussanges (23) 200 E1
Poussay (88) 94 A4
Pousseaux (58) 133 F3
Poussignac (47) 247 F2
Poussy-la-Campagne (14) 33 F6
Pousthomy (12) 271 J3
le Pout (33) 229 K2
Pouvrai (61) 83 H5
Pouxeux (88) 94 E6
Pouy (65) 286 C5
Pouy-de-Touges (31) 287 H4
Pouy-Loubrin (32) 286 D2
Pouy-Roquelaure (32) 267 H1
Pouy-sur-Vannes (10) 89 G4
Pouyastruc (65) 285 J5
Pouydesseaux (40) 265 J1
Pouydraguin (32) 266 C5
Pouylebon (32) 285 K1
Pouzac (65) 304 D1
Pouzauges (85) 143 F6
Pouzay (37) 145 J3
Pouze (31) 288 C3
Pouzilhac (30) 256 C6

le Pouzin (07) 240 B3
Pouzol (63) 184 E4
Pouzolles (34) 292 A2
Pouzols (34) 273 J6
Pouzols-Minervois (11) 291 G5
Pouzy-Mésangy (03) 168 B2
Poyanne (40) 264 D4
Poyans (70) 136 E3
Poyartin (40) 264 D5
Poyols (26) 241 H5
Pozières (80) 10 E6
le Pradal (34) 272 E6
les Pradeaux (63) 203 F5
Pradelle (26) 241 G5
Pradelles (43) 238 C3
Pradelles (59) 3 K5
Pradelles-Cabardès (11) 290 C3
Pradelles-en-Val (11) 290 C6
Pradère-les-Bourguets (31) 268 E6
Prades (07) 239 G5
Prades (09) 308 B5
Prades (43) 219 K6
Prades (66) 314 C3
Prades (81) 270 C6
Prades-d'Aubrac (12) 236 C6
Prades-le-Lez (34) 274 B5
Prades-Salars (12) 252 D4
Prades-sur-Vernazobre (34) 291 H3
le Pradet (83) 297 K6
Pradettes (09) 308 A3
Pradières (09) 307 J3
Pradiers (15) 218 C3
Pradinas (12) 251 J4
Pradines (19) 200 B5
Pradines (42) 187 G5
Pradines (46) 249 K1
Pradons (07) 255 K1
Prads-Haute-Bléone (04) 260 B3
Prahecq (79) 178 B1
Prailles (79) 161 K6
Pralognan-la-Vanoise (73) 193 A6
Prâlon (21) 135 H5
Pralong (42) 204 C3
Pranles (07) 239 K3
Pranzac (16) 197 G3
Praslay (52) 116 B6
Praslin (10) 114 C2
Prasville (28) 85 J5
Prat (22) 48 B3
Prat-Bonrepaux (09) 306 C2
Prato-di-Giovellina (2B) 319 F4
Prats-de-Carlux (24) 233 G1
Prats-de-Mollo-la-Preste (66) 314 C6
Prats-de-Sournia (66) 309 H6
Prats-du-Périgord (24) 232 D4
Pratviel (81) 270 B6
Pratz (39) 173 J5
Prauthoy (52) 116 C6
Pray (41) 128 C1
Praye (54) 94 A2
Prayols (09) 307 J3
Prayssac (46) 249 H1
Prayssas (47) 248 A3
Praz-sur-Arly (74) 191 K6
le Pré-d'Auge (14) 33 J5
Pré-en-Pail (53) 82 A2
Pré-Saint-Évroult (28) 85 G6
le Pré-Saint-Gervais (93) 59 F3
Pré-Saint-Martin (28) 85 G6
Préaux (07) 222 A4
les Préaux (27) 34 C3
Préaux (36) 147 F3
Préaux (53) 105 H3
Préaux (76) 35 J1
Préaux-Bocage (14) 32 C6
Préaux-du-Perche (61) 83 J4
Préaux-Saint-Sébastien (14) 55 F2
Prébois (38) 242 A2
Précey (50) 51 K4
Préchac (32) 267 H4
Préchac (33) 246 B2
Préchac (65) 304 B2
Préchac-sur-Adour (32) 266 B6
Préchacq-Josbaig (64) 283 K4
Préchacq-les-Bains (40) 264 C4
Préchacq-Navarrenx (64) 283 K4
Précieux (42) 204 D4
Précigné (72) 105 J5
Précilhon (64) 284 A5
Précorbin (50) 31 J4
Précy (18) 150 B3
Précy-le-Sec (89) 133 J2
Précy-Notre-Dame (10) 90 E3
Précy-Saint-Martin (10) 90 E3
Précy-sous-Thil (21) 134 D4
Précy-sur-Marne (77) 59 J2
Précy-sur-Oise (60) 37 K5
Précy-sur-Vrin (89) 112 D3
Prédefin (62) 5 G6
Préfailles (44) 122 A5
Préfontaines (45) 111 H1
Prégilbert (89) 133 H1
Préguillac (17) 195 G3
Préhy (89) 113 H6
Preignac (33) 229 K5
Preignan (32) 267 J5
Preigney (70) 117 H5
Preixan (11) 290 A6
Prémanon (39) 174 B4
Premeaux-Prissey (21) 154 B2
Prémery (58) 151 F2
Prémesques (59) 6 C4
Prémeyzel (01) 207 J2
Prémian (34) 291 G2
Premières (21) 136 C6
Prémierfait (10) 90 A2
Prémilhat (03) 183 K1
Prémillieu (01) 189 K6
Prémont (02) 12 C6
Prémontré (02) 20 B6
Prendeignes (46) 234 E4
Préneron (32) 266 E4
la Prénessaye (22) 77 H4
Prenois (21) 135 J4
Prénouvellon (41) 109 G3
Prénovel (39) 173 J3
Prény (54) 65 J1
Préporché (58) 152 A5
Prépotin (61) 55 H6
les Prés (26) 241 K6
Présailles (43) 238 D1
Préseau (59) 12 D2
Présentevillers (25) 139 G2
Préserville (31) 288 D2
Présilly (39) 173 G3
Présilly (74) 190 E3
Presle (73) 208 D5
Presles (14) 53 F3
Presles (38) 223 H4
Presles (95) 37 J6
Presles-en-Brie (77) 59 J5
Presles-et-Boves (02) 40 A2
Presles-et-Thierny (02) 40 B1
Presly (18) 130 E5
Presnoy (45) 111 G3
Pressac (86) 180 A3
Pressagny-l'Orgueilleux (27) 36 B6
Pressiat (01) 172 E6
Pressignac (16) 198 A1
Pressignac-Vicq (24) 232 A1
Pressigny (52) 117 G5
Pressigny (79) 162 B1
Pressigny-les-Pins (45) 111 J4
Pressins (38) 207 J4
Pressy (62) 5 H6
Pressy-sous-Dondin (71) 171 G4
la Prétière (25) 139 F3
Pretin (39) 156 A4
Prétot-Sainte-Suzanne (50) 28 E6
Prétot-Vicquemare (76) 15 H4
Prêtreville (14) 33 K6
Préty (71) 172 A3
Pretz-en-Argonne (55) 64 A2
Preuilly (18) 148 E3
Preuilly-la-Ville (36) 164 B2
Preuilly-sur-Claise (37) 146 C5
Preures (62) 4 D5
Preuschdorf (67) 25 A2
Preuseville (76) 16 D2
Preutin-Higny (54) 26 D4
Preux-au-Bois (59) 12 E4
Preux-au-Sart (59) 12 E3
Préval (72) 83 J5
Prévelles (72) 83 G6
Prévenchères (48) 238 C6
Préveranges (18) 166 D5
Prévessin-Moëns (01) 190 E1
la Prévière (49) 104 A6
Prévillers (60) 17 J5
Prévinquières (12) 251 H2
Prévocourt (57) 66 C2
Prey (27) 56 D2
Prey (88) 95 F5
Preyssac-d'Excideuil (24) 214 E2
Prez (08) 21 K3
Prez-sous-Lafauche (52) 92 E4
Priaires (79) 177 J3
Priay (01) 189 H4
Priez (02) 39 H6
Prignac (17) 195 J1
Prignac-en-Médoc (33) 210 E1
Prignac-et-Marcamps (33) 211 J5
Prigonrieux (24) 231 H2
Primarette (38) 206 C6
Primelin (29) 73 B3
Primelles (18) 148 E5
Prin-Deyrançon (79) 177 J2
Prinçay (86) 145 F4
Princé (35) 80 C5
Pringy (51) 62 E4
Pringy (74) 191 F5
Pringy (77) 87 G2
Prinquiau (44) 122 C2
Prinsuéjols (48) 237 F4
Printzheim (67) 69 H6
Prisces (02) 21 F3
Prisches (59) 13 F5
Prissac (36) 164 E4
Prissé (71) 171 J6
Prissé-la-Charrière (79) 178 A3
Privas (07) 239 K3
Privezac (12) 251 H2
Prix-lès-Mézières (08) 22 D3
Priziac (56) 75 K5
Prizy (71) 170 D6
la Proiselière-et-Langle (70) 118 E4
Proissans (24) 233 F1
Proisy (02) 20 E2
Proix (02) 20 C2
Projan (32) 265 K6
Promilhanes (46) 250 D2
Prompsat (63) 185 F5
Prondines (63) 201 K2
Pronleroy (60) 38 B1
Pronville (62) 11 G4
Propiac (26) 257 J3
Propières (69) 187 J2
Propriano (2A) 322 D2
Prosnes (51) 41 H5
Prouilly (51) 40 D3
Proupiary (31) 287 F6
Proussy (14) 53 H3
Prouvais (02) 40 E1
Prouville (80) 9 J4
Prouvy (59) 12 C2
Prouzel (80) 18 A3
Provenchère (25) 139 F5
Provenchère (70) 118 A5
Provenchères-lès-Darney (88) 93 J6
Provenchères-sur-Fave (88) 95 K3
Provency (89) 133 K3
Proverville (10) 91 G5
Proveysieux (38) 224 A2
Proville (59) 11 J4
Provin (59) 6 C5
Provins (77) 88 D1
Proviseux-et-Plesnoy (02) 40 E1
Proyart (80) 18 E2
Prudemanche (28) 56 D5
Prudhomat (46) 234 B1
Prugnanes (66) 309 G5
Prugny (10) 89 K5
Pruillé (49) 125 F2
Pruillé-le-Chétif (72) 106 D3
Pruillé-l'Éguillé (72) 107 G5
Pruines (12) 235 J6
Prunay (51) 41 G5
Prunay-Belleville (10) 89 H4
Prunay-Cassereau (41) 128 A1
Prunay-en-Yvelines (78) 85 K2
Prunay-le-Gillon (28) 85 H4
Prunay-le-Temple (78) 57 J3
Prunay-sur-Essonne (91) 86 E4
Prunelli-di-Casacconi (2B) 319 H3
Prunelli-di-Fiumorbo (2B) 321 H4
Prunet (07) 239 G5
Prunet (15) 235 H2
Prunet (31) 288 E1
Prunet-et-Belpuig (66) 314 E4
Prunières (05) 243 H5
Prunières (38) 242 B1
Prunières (48) 237 G2
Pruniers (36) 166 C1
Pruniers-en-Sologne (41) 129 H5
Pruno (2B) 319 J4
Prunoy (89) 112 C4
Prusly-sur-Ource (21) 115 G4
Prusy (10) 114 A3
Pruzilly (71) 188 B1
Puberg (67) 69 F5
Publier (74) 175 G5
Publy (39) 173 G2
Puceul (44) 103 G6
le Puch (09) 308 D6
Puch-d'Agenais (47) 247 H3
Puchay (27) 36 C3
Puchevillers (80) 10 B6
le Puech (34) 273 G5
Puéchabon (34) 273 K5
Puéchoursi (81) 289 G2
Puechredon (30) 274 D2
Puellemontier (52) 91 G2
Puessans (25) 138 C3
Puget (84) 277 G4
Puget-Rostang (06) 261 G6
Puget-sur-Argens (83) 299 G1
Puget-Théniers (06) 280 C1
Puget-Ville (83) 298 A4
Pugey (25) 156 B1
Pugieu (01) 207 J1
Puginier (11) 289 G3
Pugnac (33) 211 J4
Pugny (79) 161 G1
Pugny-Chatenod (73) 208 B2
Puichéric (11) 290 E5
le Puid (88) 95 J2
Puihardy (79) 161 G4
Puilacher (34) 292 D1
Puilaurens (11) 309 F5
Puilboreau (17) 176 D2
Puilly-et-Charbeaux (08) 23 J5
Puimichel (04) 278 D1
Puimisson (34) 292 A3
Puimoisson (04) 278 E2
la Puisaye (28) 84 B1
Puiseaux (45) 87 F6
Puiselet-le-Marais (91) 86 D3
Puisenval (76) 16 D2
le Puiset (28) 85 K6
le Puiset-Doré (49) 124 B6
Puiseux (08) 22 B5
Puiseux (28) 57 F6
Puiseux-en-Bray (60) 36 E2
Puiseux-en-France (95) 59 F1
Puiseux-en-Retz (02) 39 G4
Puiseux-le-Hauberger (60) 37 J5
Puiseux-Pontoise (95) 58 B1
Puisieulx (51) 41 F5
Puisieux (62) 10 E5
Puisieux (77) 59 K1
Puisieux-et-Clanlieu (02) 20 D2
Puissalicon (34) 292 A2
Puisseguin (33) 230 C1
Puisserguier (34) 291 J3
Puits (21) 114 E6
Puits-et-Nuisement (10) 90 E5
Puits-la-Vallée (60) 17 K6
Puivert (11) 308 D3
Pujaudran (32) 287 J1
Pujaut (30) 276 B1
Pujo (65) 285 H3
Pujo-le-Plan (40) 265 J3
les Pujols (09) 307 K1
Pujols (33) 230 C2
Pujols (47) 248 C2
Pujols-sur-Ciron (33) 229 K5
le Puley (71) 171 G2
Puligny-Montrachet (21) 153 K4
Pullay (27) 56 A5
Pulligny (54) 94 A1
Pulney (54) 93 K3
Pulnoy (54) 66 B5
Pulvérières (63) 184 D6
Pulversheim (68) 97 B1
Punchy (80) 19 F3
Punerot (88) 93 H2
Puntous (65) 286 B4
Pupillin (39) 155 K5
Pure (08) 23 H4
Purgerot (70) 117 K5
Pusey (70) 118 A6
Pusignan (69) 206 D2
Pussay (91) 86 B4
Pussigny (37) 145 J4
Pusy-et-Épenoux (70) 118 B6
Putanges-Pont-Écrepin (61) 54 A4
Puteaux (92) 58 D3
Putot-en-Auge (14) 33 G4
Putot-en-Bessin (14) 32 C4
Puttelange-aux-Lacs (57) 68 C3
Puttelange-lès-Thionville (57) 27 H2
Puttigny (57) 66 D3
Puxe (54) 44 B5
Puxieux (54) 44 C6
le Puy (25) 138 C4
le Puy (33) 230 D4
Puy-d'Arnac (19) 216 B6
Puy-de-Serre (85) 161 F3
Puy-du-Lac (17) 177 H5
le Puy-en-Velay (43) 220 C5
Puy-Guillaume (63) 185 K5
Puy-l'Évêque (46) 232 E6
Puy-Malsignat (23) 183 G4
le Puy-Notre-Dame (49) 144 B2
Puy-Saint-André (05) 243 K1
Puy-Saint-Eusèbe (05) 243 H5
Puy-Saint-Gulmier (63) 201 J2
Puy-Saint-Martin (26) 240 D4
Puy-Saint-Pierre (05) 225 K6
Puy-Saint-Vincent (05) 243 J1
le Puy-Sainte-Réparade (13) 277 H5
Puy-Sanières (05) 243 J5
Puybarban (33) 230 C5
Puybegon (81) 270 B4
Puybrun (46) 234 B1
Puycalvel (81) 270 D5
Puycasquier (32) 267 K4
Puycelci (81) 269 K1
Puycornet (82) 249 J5
Puydaniel (31) 288 B4
Puydarrieux (65) 286 A4
la Puye (86) 163 K2
Puygaillard-de-Lomagne (82) 268 B2
Puygaillard-de-Quercy (82) 269 J1
Puygiron (26) 240 C6
Puygouzon (81) 270 E3
Puygros (73) 208 C4
Puyjourdes (46) 250 E2
Puylagarde (82) 250 E3
Puylaroque (82) 250 B4
Puylaurens (81) 289 H1
Puylausic (32) 287 G2
Puyloubier (13) 297 F1
Puymangou (24) 212 D3
Puymaurin (31) 286 E3
Puyméras (84) 257 H3
Puymiclan (47) 231 G6
Puymirol (47) 248 D5
Puymoyen (16) 196 E4
Puynormand (33) 212 D6
Puyol-Cazalet (40) 265 H6
Puyoô (64) 283 H1
Puyravault (17) 177 G3
Puyravault (85) 160 B5
Puyréaux (16) 179 G6
Puyrenier (24) 197 H5
Puyrolland (17) 177 J4
Puységur (32) 267 J4
Puysségur (31) 268 C4
Puysserampion (47) 231 G5
Puyvalador (66) 313 J3
Puyvert (84) 277 G4
Puzeaux (80) 19 F3
Puzieux (57) 66 C2
Puzieux (88) 94 A3
Py (66) 314 B4
la Pyle (27) 35 F5
Pys (80) 10 E5

Q

Quaëdypre (59) 3 J3
Quaix-en-Chartreuse (38) 224 A2
Quantilly (18) 149 H1
Quarante (34) 291 H4
Quarouble (59) 12 E1
Quarré-les-Tombes (89) 134 A5
la Quarte (70) 117 G5
le Quartier (63) 184 C3
Quasquara (2A) 320 E5
Quatre-Champs (08) 42 C1
les Quatre-Routes-du-Lot (46) 215 K6
Quatremare (27) 35 H5
Quatzenheim (67) 70 D3
Quéant (62) 11 G4
Queaux (86) 163 J6
Québriac (35) 79 F1
Quédillac (35) 78 C2
Queige (73) 209 G2
Quelaines-Saint-Gault (53) 104 E3
Quelmes (62) 3 F5
Quelneuc (56) 102 C2
Quéménéven (29) 74 D4
Quemigny-Poisot (21) 135 J6
Quemigny-sur-Seine (21) 135 G1
Quemper-Guézennec (22) 48 D3
Quemperven (22) 48 B3
Quend (80) 8 E2
Quenne (89) 113 G5
Quenoche (70) 138 A3
Quenza (2A) 323 F1
Quercamps (62) 2 E5
Quercitello (2B) 319 H4
Quérénaing (59) 12 D3
Quérigut (09) 308 D6
Quernes (62) 5 H4
Querqueville (50) 28 C2
Querré (49) 105 G6
Querrien (29) 99 J2
Querrieu (80) 18 C1
Quers (70) 118 D5
Quesmy (60) 19 H5
le Quesne (80) 17 G2
le Quesnel (80) 18 D3
le Quesnel-Aubry (60) 37 K1
le Quesnoy (59) 12 E3
le Quesnoy-en-Artois (62) 9 J2
Quesnoy-le-Montant (80) 8 E5
Quesnoy-sur-Airaines (80) 17 H1
Quesnoy-sur-Deûle (59) 6 D3
Quesques (62) 2 D5
Quessigny (27) 56 E2
Quessoy (22) 77 H1
Questembert (56) 101 J5
Questrecques (62) 2 B6
Quet-en-Beaumont (38) 242 C2
Quetigny (21) 136 B5
Quettehou (50) 29 F3
Quettetot (50) 28 C4
Quetteville (14) 34 A3
Quettreville-sur-Sienne (50) 30 D5
Queudes (51) 61 H6
la Queue-en-Brie (94) 59 G4
la Queue-les-Yvelines (78) 57 J4
Queuille (63) 184 C5
Quevauvillers (80) 17 J3
Quéven (56) 99 K4
Quévert (22) 50 C5
Quevillon (76) 35 G2
Quevilloncourt (54) 93 K2
Quévreville-la-Poterie (76) 35 J3
Queyrac (33) 210 D1
Queyrières (43) 220 E5
Queyssac (24) 231 J1
Queyssac-les-Vignes (19) 216 B6
Quézac (15) 235 F3
Quézac (48) 254 B2
Quiberon (56) 120 C2
Quiberville (76) 15 J2
Quibou (50) 31 G4
Quié (09) 307 J4
Quiers (77) 88 A1
Quiers-sur-Bézonde (45) 111 F3
Quiéry-la-Motte (62) 11 G2
Quierzy (02) 19 J6
Quiestède (62) 3 G6
Quiévelon (59) 13 J3
Quiévrechain (59) 12 E1
Quièvrecourt (76) 16 C4
Quiévy (59) 12 C4
Quilen (62) 4 D5
Quillan (11) 308 E4
Quillebeuf-sur-Seine (27) 34 C1
le Quillio (22) 76 E3
Quilly (08) 42 A2
Quilly (44) 102 D6
Quily (56) 101 J2
Quimper (29) 74 D6
Quimperlé (29) 99 J3
Quincampoix (76) 35 J1
Quincampoix-Fleuzy (60) 17 G4
Quinçay (86) 162 E3
Quincerot (21) 134 D2
Quincerot (89) 114 B3
Quincey (21) 154 B2
Quincey (70) 138 B1
Quincié-en-Beaujolais (69) 188 A3
Quincieu (38) 223 H2
Quincieux (69) 188 C6
Quincy (18) 148 E2
Quincy-Basse (02) 39 J1
Quincy-Landzécourt (55) 43 G1
Quincy-le-Vicomte (21) 134 C2
Quincy-sous-le-Mont (02) 40 A3
Quincy-sous-Sénart (91) 59 G6
Quincy-Voisins (77) 59 K3
Quinéville (50) 29 F4
Quingey (25) 156 A2

Quinquempoix (60) 18 C6
Quins (12) 251 K4
Quinsac (24) 197 K6
Quinsac (33) 229 H3
Quinson (04) 278 E4
Quinssaines (03) 183 K1
Quint-Fonsegrives (31) 288 C1
Quintal (74) 191 F6
la Quinte (72) 106 C2
Quintenas (07) 222 A3
Quintenic (22) 49 K6
Quintigny (39) 173 F1
Quintillan (11) 309 K3
Quintin (22) 76 E1
le Quiou (22) 78 D1
Quirbajou (11) 308 E5
Quiry-le-Sec (80) 18 B5
Quissac (30) 274 D2
Quissac (46) 234 A5
Quistinic (56) 100 C2
Quittebeuf (27) 35 G6
Quivières (80) 19 H3
Quoeux-Haut-Maînil (62) 9 J2

R

Rabastens (81) 269 K4
Rabastens-de-Bigorre (65) 285 J3
Rabat-les-Trois-Seigneurs (09) 307 H4
la Rabatelière (85) 142 B5
Rablay-sur-Layon (49) 125 G5
Rabodanges (61) 53 K4
Rabou (05) 242 D5
Rabouillet (66) 309 G6
Racécourt (88) 94 B4
Rachecourt-sur-Marne (52) 92 A1
Rachecourt-Suzémont (52) 91 K2
Râches (59) 11 J1
Racines (10) 113 J2
la Racineuse (71) 154 D5
Racquinghem (62) 3 H6
Racrange (57) 67 F2
Raddon-et-Chapendu (70) 118 D4
Radenac (56) 101 G1
Radepont (27) 36 A3
Radinghem (62) 5 F5
Radinghem-en-Weppes (59) 6 C4
Radon (61) 82 D2
Radonvilliers (10) 90 E4
Raedersdorf (68) 97 C6
Raedersheim (68) 96 B6
Raffetot (76) 14 E5
Rageade (15) 219 G5
Rahart (41) 108 C4
Rahay (72) 108 A3
Rahling (57) 69 F4
Rahon (25) 139 F4
Rahon (39) 155 G3
Rai (61) 55 H5
Raids (50) 31 F2
Raillencourt-Sainte-Olle (59) 11 J4
Railleu (66) 313 K3
Raillicourt (08) 22 C5
Raillimont (02) 21 H4
Raimbeaucourt (59) 11 H1
Rainans (39) 155 G1
Raincheval (80) 10 B5
Raincourt (70) 117 J4
le Raincy (93) 59 G3
Rainfreville (76) 15 J3
Rainneville (80) 18 B1
Rainsars (59) 13 H5
Rainville (88) 93 H3
Rainvillers (60) 37 G2
les Rairies (49) 126 A1
Raismes (59) 12 C1
Raissac (09) 308 A3
Raissac-d'Aude (11) 291 G5
Raissac-sur-Lampy (11) 289 K5
Raival (55) 64 C3
Raix (16) 179 F5
Raizeux (78) 57 J6
Ramasse (01) 189 H2
Ramatuelle (83) 299 F4
Rambaud (05) 243 F5
Rambervillers (88) 95 F3
Rambluzin-et-Benoite-Vaux (55) 64 C1
Rambouillet (78) 57 K6
Rambucourt (55) 65 G3
Ramburelles (80) 17 F1
Rambures (80) 17 F1
Ramecourt (62) 10 A2
Ramecourt (88) 94 A4
Ramerupt (10) 90 C2
Ramicourt (02) 20 A1
Ramillies (59) 11 K4
Rammersmatt (68) 119 K4
Ramonchamp (88) 119 G3
Ramonville-Saint-Agne (31) 288 C1
Ramoulu (45) 86 E6
Ramous (64) 283 H1
Ramousies (59) 13 H5
Ramouzens (32) 266 D3
Rampan (50) 31 H3
Rampieux (24) 232 B4
Rampillon (77) 88 B1
Rampoux (46) 233 G5
Rancé (01) 188 D5
Rancenay (25) 156 B1
Rancennes (08) 24 C1
Rances (10) 91 F2
Ranchal (69) 187 J3
Ranchot (39) 155 J1
Ranchy (14) 32 A4
Rancogne (16) 197 G3
Rancon (87) 181 G3
Rançonnières (52) 117 F3
Rancourt (80) 11 G6
Rancourt (88) 94 A5
Rancourt-sur-Ornain (55) 63 J3
Rancy (71) 172 B3
Randan (63) 185 H5
Randens (73) 209 F4
Randevillers (25) 138 E5
Randonnai (61) 55 J6
Rânes (61) 54 A6
Rang (25) 139 F3
Rang-du-Fliers (62) 8 E1
Rangecourt (52) 116 E2
Rangen (67) 70 C2
Ranguevaux (57) 27 F5
Rannée (35) 104 A3
Ranrupt (67) 70 A6
Rans (39) 155 J1
Ransart (62) 10 E4
Ranspach (68) 119 J3
Ranspach-le-Bas (68) 97 D4
Ranspach-le-Haut (68) 97 D4
Rantechaux (25) 157 F1
Rantigny (60) 38 A3
Ranton (86) 144 D3
Rantzwiller (68) 97 C3
Ranville (14) 33 F4
Ranville-Breuillaud (16) 178 D6
Ranzevelle (70) 117 K3
Ranzières (55) 64 D1
Raon-aux-Bois (88) 118 E1
Raon-lès-Leau (54) 95 K1
Raon-l'Étape (88) 95 G2
Raon-sur-Plaine (88) 95 K1
Rapaggio (2B) 319 H5
Rapale (2B) 319 G2
Rapey (88) 94 B4
Rapilly (14) 53 K3
Rapsécourt (51) 63 H1
Raray (60) 38 D4
Rarécourt (55) 43 F6
Rasiguères (66) 309 J5
Raslay (86) 144 D2
Rasteau (84) 257 G4
Ratenelle (71) 172 B4
Ratières (26) 222 D3
Ratte (71) 172 D2
Ratzwiller (67) 69 F4
Raucoules (43) 221 G3
Raucourt (54) 66 A2
Raucourt-au-Bois (59) 12 E3
Raucourt-et-Flaba (08) 23 F5
Raulhac (15) 235 K1
Rauret (43) 238 B2
Rauville-la-Bigot (50) 28 C4
Rauville-la-Place (50) 28 D5
Rauwiller (67) 67 K3
Rauzan (33) 230 B3
Raveau (58) 150 D1
Ravel (63) 203 G2
Ravenel (60) 38 B1
Ravenoville (50) 29 F5
Raves (88) 95 J4
Ravières (89) 114 C6
Ravigny (53) 82 B3
Raville (57) 45 J5
Raville-sur-Sânon (54) 66 D5
Ravilloles (39) 173 J5
la Ravoire (73) 208 C4
Ray-sur-Saône (70) 137 H2
Raye-sur-Authie (62) 9 H2
Rayet (47) 232 A4
Raymond (18) 149 K4
Raynans (25) 139 G2
Rayol-Canadel-sur-Mer (83) 298 D5
Rayssac (81) 271 G4
Razac-de-Saussignac (24) 231 F2
Razac-d'Eymet (24) 231 H4
Razac-sur-l'Isle (24) 213 K4
Raze (70) 137 K1
Razecueillé (31) 305 K3
Razengues (32) 268 C6
Razès (87) 181 H4
Razimet (47) 247 H2
Razines (37) 145 G4
Réal (66) 313 J3
Réalcamp (76) 16 E2
Réallon (05) 243 H4
Réalmont (81) 270 E4
Réalville (82) 250 A6
Réans (32) 266 C3
Réau (77) 87 H1
Réaumont (38) 223 J1
Réaumur (85) 160 E1
Réaup-Lisse (47) 247 H6
Réauville (26) 256 E1
Réaux (17) 195 J5
Rebais (77) 60 C3
Rebecques (62) 3 G6
Rébénacq (64) 284 C6
Rebergues (62) 2 D5
Rebets (76) 36 A1
Rebeuville (88) 93 G4
Rebigue (31) 288 C2
Rebourguil (12) 272 A3
Reboursin (36) 148 B2
Rebréchien (45) 110 B3
Rebreuve-Ranchicourt (62) 10 C1
Rebreuve-sur-Canche (62) 10 B3
Rebreuviette (62) 10 B3
Recanoz (39) 155 G6
Recey-sur-Ource (21) 115 J5
Réchésy (90) 97 A5
Réchicourt-la-Petite (54) 66 E4
Réchicourt-le-Château (57) 67 G5
Récicourt (55) 43 F5
Réclainville (28) 85 J4
Reclesne (71) 152 E3
Reclinghem (62) 5 F5
Réclonville (54) 67 F6
Recloses (77) 87 H4
Recologne (25) 137 J5
Recologne (70) 137 H2
Recologne-lès-Rioz (70) 137 K3
Recoubeau-Jansac (26) 241 H4
Recoules-d'Aubrac (48) 236 D4
Recoules-de-Fumas (48) 237 G5
Recoules-Prévinquières (12) 253 F3
Récourt (62) 11 H3
Récourt-le-Creux (55) 64 D1
Recouvrance (90) 139 J1
le Recoux (48) 253 H3
Recques-sur-Course (62) 4 C5
Recques-sur-Hem (62) 2 E4
Recquignies (59) 13 H3
le Reculey (14) 31 K6
Reculfoz (25) 174 C1
Recurt (65) 286 B5
Recy (51) 62 C2
Rédange (57) 26 E2
Rédené (29) 99 J3
Redessan (30) 275 J3
Réding (57) 67 K4
Redon (35) 102 C4
la Redorte (11) 290 E5
Redortiers (04) 258 C5
Réez-Fosse-Martin (60) 38 E6
Reffannes (79) 162 A3
Reffroy (55) 64 D6
Reffuveille (50) 52 C5
Régades (31) 305 K2
Régat (09) 308 B3
Regnauville (62) 9 H2
Regnévelle (88) 117 J2
Regnéville-sur-Mer (50) 30 D4
Regnéville-sur-Meuse (55) 43 H4
Regney (88) 94 C4
Régnié-Durette (69) 188 A3
Regnière-Ecluse (80) 9 F3
Regniowez (08) 22 A1
Regny (02) 20 B3
Régny (42) 187 G5
la Regrippière (44) 142 C1
Réguiny (56) 101 F1
Réguisheim (68) 96 C6
Régusse (83) 279 F5
Rehaincourt (88) 94 D3
Rehainviller (54) 66 D6
Rehaupal (88) 95 G6
Reherrey (54) 95 G1
Réhon (54) 26 C2
Reichsfeld (67) 70 C6
Reichshoffen (67) 69 K4
Reichstett (67) 25 A6
Reignac (16) 196 A6
Reignac (33) 211 H3
Reignac-sur-Indre (37) 146 C1
Reignat (63) 203 F2
Reigneville-Bocage (50) 28 E5
Reignier (74) 191 G2
Reigny (18) 166 E3
Reilhac (15) 217 H6
Reilhac (46) 234 A4
Reilhaguet (46) 233 J3
Reilhanette (26) 258 A4
Reillanne (04) 278 A2
Reillon (54) 67 F6
Reilly (60) 36 E4
Reims (51) 41 F4
Reims-la-Brûlée (51) 63 G5
Reinhardsmunster (67) 70 B2
Reiningue (68) 97 B2
Reipertswiller (67) 69 H4
Reithouse (39) 173 G3
Réjaumont (32) 267 H3
Réjaumont (65) 286 B6
Rejet-de-Beaulieu (59) 12 E6
Relanges (88) 93 K6
Relans (39) 155 G6
le Relecq-Kerhuon (29) 46 A6
Relevant (01) 188 D3
Rely (62) 5 H5
Remaisnil (80) 10 A4
Rémalard (61) 83 K3
Remaucourt (02) 20 A2
Remaucourt (08) 21 J5
la Remaudière (44) 123 K4
Remaugies (80) 18 E5
Remauville (77) 87 J6
Rembercourt-Sommaisne (55) 64 B2
Rembercourt-sur-Mad (54) 65 H1
Rémécourt (60) 38 B2
Rémelfang (57) 45 J3
Rémelfing (57) 68 D3
Rémeling (57) 27 K3
Remennecourt (55) 63 J4
Remenoville (54) 94 D2
Rémérangles (60) 37 J2
Réméréville (54) 66 C4
Rémering (57) 45 K3
Rémering-lès-Puttelange (57) 68 C3
Remicourt (51) 63 J2
Remicourt (88) 93 K4
Remiencourt (80) 18 B3
Remies (02) 20 C4
Remigny (02) 20 A4
Remigny (71) 153 K5
Rémilly (57) 45 H6
Rémilly (58) 152 A6
Remilly-Aillicourt (08) 23 F4
Remilly-en-Montagne (21) 135 H6
Remilly-les-Pothées (08) 22 B3
Remilly-sur-Lozon (50) 31 F2
Remilly-sur-Tille (21) 136 C5
Remilly-Wirquin (62) 3 F6
Réminiac (56) 102 A1
Remiremont (88) 118 E2
Remoiville (55) 43 H1
Remollon (05) 243 F6
Remomeix (88) 95 J4
Remoncourt (54) 67 F5
Remoncourt (88) 93 K5
Rémondans-Vaivre (25) 139 G4
Remoray-Boujeons (25) 156 E6
Remouillé (44) 123 J6
Remoulins (30) 275 J2
Removille (88) 93 H3
Rempnat (87) 200 B3
la Remuée (76) 14 D6
Remungol (56) 100 E2
Rémuzat (26) 257 K1
Remy (60) 38 C2
Rémy (62) 11 G3
Renac (35) 102 D3
Renage (38) 223 J1
Renaison (42) 186 D4
Renansart (02) 20 B4
Renaucourt (70) 137 H1
la Renaudie (63) 203 K2
la Renaudière (49) 142 D2
Renauvoid (88) 94 C6
Renay (41) 108 D5
Renazé (53) 104 C5
Rencurel (38) 223 J4
René (72) 82 E5
Renédale (25) 156 E3
Renescure (59) 3 H5
Renève (21) 136 E4
Réning (57) 67 G1
Rennemoulin (78) 58 B4
Rennepont (52) 91 J6
Rennes (35) 79 G4
Rennes-en-Grenouilles (53) 81 H2
Rennes-le-Château (11) 309 F3
Rennes-les-Bains (11) 309 F3
Rennes-sur-Loue (25) 156 A3
Renneval (02) 21 G4
Renneville (08) 21 H5
Renneville (27) 35 K2
Renneville (31) 288 E3
Renno (2A) 320 C1
le Renouard (61) 54 D2
Rentières (63) 218 E1
Renty (62) 4 E5
Renung (40) 265 J4
Renwez (08) 22 C2
la Réole (33) 230 C5
la Réorthe (85) 160 B2
Réotier (05) 243 K3
Repaix (54) 67 G5
la Répara-Auriples (26) 240 D4
Réparsac (16) 196 A2
Repel (88) 93 J3
Repentigny (14) 33 H4
Replonges (01) 171 K6
le Reposoir (74) 191 K4
les Repôts (39) 172 E2
Reppe (90) 119 K6
Requeil (72) 106 D5
Réquista (12) 271 H1
Résenlieu (61) 55 F4
la Résie-Saint-Martin (70) 137 F5
Résigny (02) 21 J4
Resson (55) 64 B4
Ressons-l'Abbaye (60) 37 H4
Ressons-le-Long (02) 39 G2
Ressons-sur-Matz (60) 19 F6
les Ressuintes (28) 84 B1
Restigné (37) 126 E6
Restinclières (34) 274 D5
le Retail (79) 161 H3
Rétaud (17) 195 F3
Reterre (23) 183 K4
Rethel (08) 41 J1
Retheuil (02) 39 F3
Rethondes (60) 39 F2
Rethonvillers (80) 19 G4
Réthoville (50) 29 F2
Retiers (35) 103 J1
Retjons (40) 246 C5
Retonfey (57) 45 G5
Rétonval (76) 16 E3
Retournac (43) 220 D3
Retschwiller (67) 25 B2
Rettel (57) 27 J3
Rety (62) 2 C4
Retzwiller (68) 97 A4
Reugney (25) 156 D3
Reugny (03) 167 H5
Reugny (37) 128 A3
Reuil (51) 40 D6
Reuil-en-Brie (77) 60 C2
Reuil-sur-Brêche (60) 37 J1
Reuilly (27) 35 J6
Reuilly (36) 148 D3
Reuilly-Sauvigny (02) 61 F1
Reulle-Vergy (21) 154 A1
Reumont (59) 12 C5
la Réunion (47) 247 G3
Reutenbourg (67) 70 C2
Reuves (51) 61 J4
Reuville (76) 15 H4
Reux (14) 33 J4
Réveillon (51) 60 E5
Réveillon (61) 83 H2
Revel (31) 289 H2
Revel (38) 224 C3
Revel-Tourdan (38) 222 D1
Revelles (80) 17 K2
Revens (30) 253 J6
Reventin-Vaugris (38) 206 A5
Revercourt (28) 56 C5
Revest-des-Brousses (04) 278 A1
Revest-du-Bion (04) 258 C5
le Revest-les-Eaux (83) 297 J5
Revest-les-Roches (06) 281 F1
Revest-Saint-Martin (04) 258 E6
Reviers (14) 32 D3
Revigny (39) 173 G2
Revigny-sur-Ornain (55) 63 K3
Réville (50) 29 G3
Réville-aux-Bois (55) 43 H2
Révillon (02) 40 C3
Revin (08) 22 C1
Revonnas (01) 189 H2
Rexingen (67) 67 K2
Rexpoëde (59) 3 J3
Reyersviller (57) 69 G3
Reygade (19) 216 C6
Reynel (52) 92 C4
Reynès (66) 314 E5
Reyniès (82) 269 G2
Reyrevignes (46) 234 C5
Reyrieux (01) 188 C5
Reyssouze (01) 172 A5
Reyvroz (74) 175 G6
Rezay (18) 166 D2
Rezé (44) 123 G4
Rézentières (15) 218 E4
Rezonville (57) 44 D5
Rezza (2A) 320 D2
Rhèges (10) 90 A1
le Rheu (35) 79 F4
Rhinau (67) 71 D4
Rhodes (57) 67 H4
Rhodon (41) 108 E6
Rhuis (60) 38 C3
Ri (61) 54 B4
Ria-Sirach (66) 314 B3
Riaillé (44) 103 K6
le Rialet (81) 290 C1
Rians (18) 149 J1
Rians (83) 278 B6
Riantec (56) 100 A4
Riaucourt (52) 92 B6
Riaville (55) 44 A5
Ribagnac (24) 231 H3
Ribarrouy (64) 284 E1
Ribaute (11) 309 K1
Ribaute-les-Tavernes (30) 274 D1
le Ribay (53) 81 J3
Ribeaucourt (55) 92 C1
Ribeaucourt (80) 9 J5
Ribeauville (02) 12 D6
Ribeauvillé (68) 71 A6
Ribécourt-Dreslincourt (60) 38 E1
Ribécourt-la-Tour (59) 11 J5
Ribemont (02) 20 B3
Ribemont-sur-Ancre (80) 18 D1
Ribennes (48) 237 H5
Ribérac (24) 213 G3
Ribes (07) 239 F6
Ribeyret (05) 258 B1
Ribiers (05) 259 F3
Ribouisse (11) 289 G6
Riboux (83) 297 G4
la Ricamarie (42) 221 G1
Ricarville (76) 15 F5
Ricarville-du-Val (76) 16 B3
Ricaud (11) 289 G4
Ricaud (65) 285 K6
les Riceys (10) 114 D3
la Richardais (35) 50 D3
Richardménil (54) 66 A6
Richarville (91) 86 B2
la Riche (37) 127 J4
Riche (57) 66 E2
Richebourg (52) 116 A2
Richebourg (62) 6 B5
Richebourg (78) 57 H4
Richecourt (55) 65 G2
Richelieu (37) 145 G3
Richeling (57) 68 C4
Richemont (57) 27 G5
Richemont (76) 16 E3
Richerenches (84) 257 F2
Richeval (57) 67 H5
Richeville (27) 36 C4
Richtolsheim (67) 71 C5
Richwiller (68) 97 B2
Ricourt (32) 285 J2
Ricquebourg (60) 19 F6

Riec-sur-Belon (29) 99 G3
Riedisheim (68) 97 C2
Riedseltz (67) 25 C1
Riedwihr (68) 96 D3
Riel-les-Eaux (21) 115 G3
Riencourt (80) 17 J1
Riencourt-lès-Bapaume (62) 11 F5
Riencourt-lès-Cagnicourt (62) 11 G4
Riervescemont (90) 119 H5
Riespach (68) 97 C5
Rieucazé (31) 305 K1
Rieucros (09) 308 A1
Rieulay (59) 11 K1
Rieumajou (31) 289 F3
Rieumes (31) 287 J3
Rieupeyroux (12) 251 H3
Rieussec (34) 291 F3
Rieutort-de-Randon (48) 237 J5
Rieux (31) 287 K5
Rieux (51) 61 F3
Rieux (56) 102 B5
Rieux (60) 38 B4
Rieux (76) 16 E1
Rieux-de-Pelleport (09) 307 J2
Rieux-en-Cambrésis (59) 12 B4
Rieux-en-Val (11) 309 H1
Rieux-Minervois (11) 290 D5
Riez (04) 278 E3
Rigarda (66) 314 D3
Rigaud (06) 261 G6
Rignac (12) 251 J2
Rignac (46) 234 A3
Rigney (25) 138 B4
Rignieux-le-Franc (01) 189 G5
Rignosot (25) 138 B4
Rignovelle (70) 118 E5
Rigny (70) 137 G3
Rigny-la-Nonneuse (10) 89 G3
Rigny-la-Salle (55) 65 G6
Rigny-le-Ferron (10) 89 G6
Rigny-Saint-Martin (55) 65 G6
Rigny-sur-Arroux (71) 170 B4
Rigny-Ussé (37) 126 E6
Riguepeu (32) 267 F5
Rilhac-Lastours (87) 198 D3
Rilhac-Rancon (87) 181 H6
Rilhac-Treignac (19) 199 K5
Rilhac-Xaintrie (19) 217 F4
Rillans (25) 138 D3
Rillé (37) 126 E4
Rillieux-la-Pape (69) 206 B1
Rilly-la-Montagne (51) 41 F5
Rilly-Sainte-Syre (10) 89 K3
Rilly-sur-Aisne (08) 42 A1
Rilly-sur-Loire (41) 128 C4
Rilly-sur-Vienne (37) 145 J3
Rimaucourt (52) 92 C5
Rimbach-près-Guebwiller (68) 96 A6
Rimbach-près-Masevaux (68) 119 J4
Rimbachzell (68) 96 A6
Rimbez-et-Baudiets (40) 247 F6
Rimboval (62) 4 E6
Rimeize (48) 237 G3
Rimling (57) 69 F3
Rimogne (08) 22 B2
Rimon-et-Savel (26) 241 G4
Rimondeix (23) 183 F2
Rimons (33) 230 D4
Rimont (09) 307 F2
Rimou (35) 51 H6
Rimplas (06) 261 J5
Rimsdorf (67) 67 K1
Ringeldorf (67) 69 J6
Ringendorf (67) 69 J6
Rinxent (62) 2 B4
Riocaud (33) 231 F3
Riolas (31) 287 G4
Riols (34) 291 F2
le Riols (81) 250 E5
Riom (63) 185 F6
Riom-ès-Montagnes (15) 217 K2
Rioms (26) 258 B3
Rion-des-Landes (40) 264 C2
Rions (33) 229 K4
Riorges (42) 186 E4
Riotord (43) 221 H3
Rioux (17) 195 F3
Rioux-Martin (16) 212 D3
Rioz (70) 138 A3
Riquewihr (68) 96 B3
Ris (63) 185 K5
Ris (65) 305 F4
Ris-Orangis (91) 59 F6
Riscle (32) 266 B5
Risoul (05) 227 A4
Ristolas (05) 227 D2
Rittershoffen (67) 25 C3
Ritzing (57) 27 K3
Riupeyrous (64) 284 E3
Rivarennes (36) 165 F3
Rivarennes (37) 127 F6
Rivas (42) 204 E4
Rive-de-Gier (42) 205 J5
Rivecourt (60) 38 D3
Rivedoux-Plage (17) 176 C2
Rivehaute (64) 283 H3
Rivel (11) 308 C3
Riventosa (2B) 321 F1
Rivèrenert (09) 306 E3
Riverie (69) 205 J4
Rivery (80) 18 B2
les Rives (34) 273 F3
Rives (38) 223 J1
Rives (47) 232 A5
Rivesaltes (66) 310 B5
la Rivière (33) 229 K1
Rivière (37) 145 G2
la Rivière (38) 223 J2
Rivière (62) 10 E3
la Rivière-de-Corps (10) 90 A5
la Rivière-Drugeon (25) 156 D5
la Rivière-Enverse (74) 192 A3
Rivière-les-Fosses (52) 136 C1
Rivière-Saas-et-Gourby (40) 262 E5
la Rivière-Saint-Sauveur (14) 34 A2
Rivière-sur-Tarn (12) 253 H5
Rivières (16) 197 G2
Rivières (30) 255 J4
Rivières (81) 270 C2
les Rivières-Henruel (51) 63 F6
Rivières-le-Bois (52) 116 E5
Riville (76) 14 E4
Rivolet (69) 188 A5
Rix (39) 156 C6
Rix (58) 133 F4
Rixheim (68) 97 C2
la Rixouse (39) 173 K4
Rizaucourt-Buchey (52) 91 J5
Roaillan (33) 230 A6
Roaix (84) 257 G4
Roanne (42) 187 F4
Roannes-Saint-Mary (15) 235 H2
Robécourt (88) 93 G6
Robecq (62) 5 K4
Robersart (59) 12 E4
Robert-Espagne (55) 63 K4
Robert-Magny-Laneuville-
à-Rémy (52) 91 J2
Robertot (76) 15 G4
Roberval (60) 38 C4
Robiac-Rochessadoule (30) 255 H3
la Robine-sur-Galabre (04) 259 J4
Robion (84) 276 E3
le Roc (46) 233 H2
le Roc-Saint-André (56) 101 J3
Rocamadour (46) 233 K3
Rocbaron (83) 298 A4
Rocé (41) 108 D5
Roche (38) 206 E4
Roche (42) 204 B4
la Roche-Bernard (56) 121 K2
la Roche-Blanche (44) 124 B3
la Roche-Blanche (63) 202 D3
la Roche-Canillac (19) 216 C3
la Roche-Chalais (24) 212 D4
Roche-Charles-la-Mayrand (63) 202 C6
la Roche-Clermault (37) 145 F2
Roche-d'Agoux (63) 184 A4
la Roche-de-Glun (26) 222 C5
la Roche-de-Rame (05) 243 K2
la Roche-Derrien (22) 48 B3
la Roche-des-Arnauds (05) 242 D5
la Roche-en-Brenil (21) 134 C5
Roche-en-Régnier (43) 220 C3
Roche-et-Raucourt (70) 137 G1
la Roche-Guyon (95) 36 C6
Roche-la-Molière (42) 205 F6
la Roche-l'Abeille (87) 198 E4
Roche-le-Peyroux (19) 217 G1
Roche-lès-Clerval (25) 138 E4
Roche-lez-Beaupré (25) 138 B5
la Roche-Mabile (61) 82 B2
la Roche-Maurice (29) 46 C5
la Roche-Morey (70) 117 G6
la Roche-Noire (63) 202 E3
la Roche-Posay (86) 146 B6
la Roche-Rigault (86) 145 F4
Roche-Saint-Secret-Béconne (26) 257 G1
la Roche-sur-Foron (74) 191 H3
la Roche-sur-Grane (26) 240 D4
la Roche-sur-le-Buis (26) 257 K3
Roche-sur-Linotte-et-
Sorans-les-Cordiers (70) 138 B3
la Roche-sur-Yon (85) 159 H1
la Roche-Vanneau (21) 135 F3
la Roche-Vineuse (71) 171 J6
Rochebaudin (26) 240 E5
la Rochebeaucourt-et-
Argentine (24) 197 G5
Rochebrune (05) 243 F6
Rochebrune (26) 257 J2
Rochechinard (26) 223 F5
Rochechouart (87) 198 A1
Rochecolombe (07) 239 H6
Rochecorbon (37) 127 K4
Rochefort (17) 177 F5
Rochefort (21) 115 H6
Rochefort (73) 207 K4
Rochefort-du-Gard (30) 276 A1
Rochefort-en-Terre (56) 101 K5
Rochefort-en-Valdaine (26) 240 C6
Rochefort-en-Yvelines (78) 86 B1
Rochefort-Montagne (63) 202 A3
Rochefort-Samson (26) 222 E6
Rochefort-sur-la-Côte (52) 92 B5
Rochefort-sur-Loire (49) 125 F5
Rochefort-sur-Nenon (39) 155 H2
la Rochefoucauld (16) 197 G2
Rochefourchat (26) 241 G5
la Rochegiron (04) 258 D5
Rochegude (26) 256 E4
Rochegude (30) 255 J4
Rochejean (25) 156 E6
la Rochelle (17) 176 D2
la Rochelle (70) 117 G5
la Rochelle-Normande (50) 51 J2
Rochemaure (07) 240 A5
la Rochénard (79) 177 J2
Rochepaule (07) 221 H5
la Rochepot (21) 153 J4
Rocher (07) 239 G5
le Rochereau (86) 162 D1
Roches (23) 182 E1
Roches (41) 109 F5
Roches-Bettaincourt (52) 92 C4
les Roches-de-Condrieu (38) 206 A6
Roches-lès-Blamont (25) 139 H3
les Roches-l'Évêque (41) 108 A5
Roches-Prémarie-Andillé (86) 163 F4
Roches-sur-Marne (52) 63 K6
Rocheservière (85) 141 J4
Rochessauve (07) 239 K4
Rochesson (88) 119 G1
Rochetaillée (52) 116 B4
Rochetaillée-sur-Saône (69) 206 A1
Rochetoirin (38) 207 G4
Rochetrejoux (85) 142 D6
la Rochette (04) 280 C1
la Rochette (05) 243 F4
la Rochette (07) 239 F1
la Rochette (16) 197 F1
la Rochette (73) 208 D5
la Rochette (77) 87 H2
la Rochette-du-Buis (26) 258 A3
Rocheville (50) 28 D4
Rochonvillers (57) 27 F3
Rochy-Condé (60) 37 H2
Rocles (03) 168 B5
Rocles (07) 239 F5
Rocles (48) 238 B4
Roclincourt (62) 10 E2
Rocourt (88) 117 G1
Rocourt-Saint-Martin (02) 39 K5
Rocquancourt (14) 32 E6
la Rocque (14) 53 G3
Rocquefort (76) 15 G5
Rocquemont (60) 38 D4
Rocquemont (76) 16 B5
Rocquencourt (60) 18 C5
Rocquencourt (78) 58 C4
Rocques (14) 33 K5
Rocquigny (02) 13 H6
Rocquigny (08) 21 J4
Rocquigny (62) 11 G5
Rocroi (08) 22 B1
Rodalbe (57) 67 F2
Rodelinghem (62) 2 D4
Rodelle (12) 252 C1
Rodemack (57) 27 H3
Roderen (68) 119 K4
Rodern (68) 71 A6
Rodès (66) 314 D2
Rodez (12) 252 B3
Rodilhan (30) 275 H3
Rodome (11) 308 D5
la Roë (53) 104 B3
Roëllecourt (62) 10 B2
Roeschwoog (67) 25 D3
Roeulx (59) 11 K2
Roeux (62) 11 F2
Roézé-sur-Sarthe (72) 106 C4
Roffey (89) 113 K4
Roffiac (15) 218 D5
Rogécourt (02) 20 B5
Rogerville (76) 34 A1
Rogéville (54) 65 J3
Roggenhouse (68) 96 D6
Rogliano (2B) 317 D2
Rogna (39) 173 J6
Rognac (13) 296 B2
Rognaix (73) 209 G3
Rognes (13) 277 H5
Rognon (25) 138 C3
Rognonas (13) 276 B2
Rogny (02) 20 E3
Rogny-les-Sept-Écluses (89) 111 K6
Rogues (30) 273 J3
Rogy (80) 18 A4
Rohaire (28) 56 A6
Rohan (56) 77 F6
Rohr (67) 70 D2
Rohrbach-lès-Bitche (57) 69 F3
Rohrwiller (67) 25 B4
Roiffé (86) 144 D2
Roiffieux (07) 221 K3
Roiglise (80) 19 F4
Roilly (21) 134 D4
Roinville (28) 85 J3
Roinville (91) 86 B2
Roinvilliers (91) 86 D4
Roisel (80) 19 J1
les Roises (55) 93 F2
Roisey (42) 221 K1
Roissard (38) 241 K1
Roissy-en-Brie (77) 59 H4
Roissy-en-France (95) 59 G2
Roiville (61) 54 E3
Roizy (08) 41 G2
Rolampont (52) 116 C3
Rolbing (57) 69 G2
Rollainville (88) 93 G3
Rollancourt (62) 9 J1
Rolleboise (78) 57 H1
Rolleville (76) 14 B5
Rollot (80) 18 E6
Rom (79) 179 G1
Romagnat (63) 202 D3
la Romagne (08) 21 K4
Romagne (33) 230 B3
Romagné (35) 80 A3
la Romagne (49) 142 D2
Romagne (86) 179 H1
Romagne-sous-les-Côtes (55) 26 A5
Romagne-sous-Montfaucon (55) 42 E3
Romagnieu (38) 207 J4
Romagny (50) 52 D6
Romagny (68) 139 K1
Romagny-sous-Rougemont (90) 119 J5
Romain (25) 138 D3
Romain (39) 137 H6
Romain (51) 40 C3
Romain (54) 94 C1
Romain-aux-Bois (88) 117 G1
Romain-sur-Meuse (52) 92 E6
Romainville (93) 59 F3
Roman (27) 56 C3
Romanèche-Thorins (71) 188 B2
Romange (39) 155 H1
Romans (01) 188 E3
Romans (79) 161 K6
Romans-sur-Isère (26) 222 D5
Romanswiller (67) 70 C2
Romazières (17) 178 D5
Romazy (35) 79 J1
Rombach-le-Franc (68) 96 B1
Rombas (57) 27 G5
Rombies-et-Marchipont (59) 12 E2
Rombly (62) 5 H4
Romegoux (17) 177 G6
Romelfing (57) 67 J3
Romenay (71) 172 B4
Romeny-sur-Marne (02) 60 D2
Romeries (59) 12 D4
Romery (02) 20 E2
Romery (51) 40 E6
Romescamps (60) 17 G4
Romestaing (47) 247 F2
Romeyer (26) 241 H2
la Romieu (32) 267 H1
Romigny (51) 40 C5
Romiguières (34) 273 F4
Romillé (35) 78 E3
Romilly (41) 108 C3
Romilly-la-Puthenaye (27) 56 A1
Romilly-sur-Aigre (28) 108 E3
Romilly-sur-Andelle (27) 35 K3
Romilly-sur-Seine (10) 89 H2
Romont (88) 94 E3
Romorantin-Lanthenay (41) 129 J5
Rompon (07) 240 A3
Rônai (61) 54 B4
Roncenay (10) 90 A6
le Roncenay-Authenay (27) 56 C3
Roncey (50) 31 F5
Ronchamp (70) 119 F5
Ronchaux (25) 156 A2
Ronchères (02) 40 B5
Ronchères (89) 132 C1
Roncherolles-en-Bray (76) 16 D5
Roncherolles-sur-le-Vivier (76) 35 J1
Ronchin (59) 6 E4
Ronchois (76) 16 E4
Roncourt (57) 27 F6
Roncq (59) 6 E2
la Ronde (17) 160 D6
la Ronde-Haye (50) 30 E3
Rondefontaine (25) 156 D6
Ronel (81) 270 E4
Ronfeugerai (61) 53 H4
Rongères (03) 185 J1
Ronnet (03) 184 B2
Ronno (69) 187 J5
Ronquerolles (95) 37 J5
Ronsenac (16) 197 F5
Ronssoy (80) 19 J1
Rontalon (69) 205 J3
Rontignon (64) 284 D4
Ronvaux (55) 43 K5
Roost-Warendin (59) 11 H1
Roppe (90) 119 J6
Roppenheim (67) 25 D3
Roppentzwiller (68) 97 C5
Roppeviller (57) 69 H2
la Roque-Alric (84) 257 G5
la Roque-Baignard (14) 33 J5
la Roque-d'Anthéron (13) 277 G4
la Roque-Esclapon (83) 280 A4
la Roque-Gageac (24) 232 E2
la Roque-Sainte-Marguerite (12) 253 J5
la Roque-sur-Cèze (30) 256 B4
la Roque-sur-Pernes (84) 276 E1
Roquebillière (06) 311 A3
Roquebrun (34) 291 J2
Roquebrune (32) 267 F5
Roquebrune (33) 230 D5
Roquebrune-Cap-Martin (06) 281 J3
Roquebrune-sur-Argens (83) 299 F2
la Roquebrussanne (83) 297 J3
Roquecor (82) 248 E3
Roquecourbe (81) 271 F6
Roquecourbe-Minervois (11) 290 E5
Roquedur (30) 273 K2
Roquefère (11) 290 B3
Roquefeuil (11) 308 C5
Roquefixade (09) 307 K3
Roquefort (32) 267 J4
Roquefort (40) 246 B6
Roquefort (47) 248 B5
Roquefort-de-Sault (11) 308 E6
Roquefort-des-Corbières (11) 310 C3
Roquefort-la-Bédoule (13) 296 E4
Roquefort-les-Cascades (09) 307 K3
Roquefort-les-Pins (06) 280 E4
Roquefort-sur-Garonne (31) 287 G6
Roquefort-sur-Soulzon (12) 272 C2
Roquelaure (32) 267 H5
Roquelaure-Saint-Aubin (32) 268 C5
Roquemaure (30) 256 E6
Roquemaure (81) 269 J4
Roquepine (32) 267 G2
Roqueredonde (34) 273 F4
Roques (31) 288 B2
Roques (32) 267 F3
Roquesérière (31) 269 J5
Roquessels (34) 292 A1
Roquesteron (06) 280 E2
Roquestéron-Grasse (06) 280 E2
Roquetaillade (11) 308 E2
Roquetoire (62) 3 H6
la Roquette (27) 36 A4
la Roquette-sur-Siagne (06) 280 D5
la Roquette-sur-Var (06) 281 F2
Roquettes (31) 288 B2
Roquevaire (13) 296 E3
Roquevidal (81) 270 B6
Roquiague (64) 283 H5
la Roquille (33) 231 F3
Rorbach-lès-Dieuze (57) 67 G3
Rorschwihr (68) 71 A6
Rosans (05) 258 B2
Rosay (39) 173 F3
Rosay (76) 16 B4
Rosay (78) 57 J3
Rosay-sur-Lieure (27) 36 B3
Rosazia (2A) 320 C2
Rosbruck (57) 68 B2
Roscanvel (29) 72 C5
Roscoff (29) 47 F2
Rosel (14) 32 D4
Rosenau (68) 97 E3
Rosenwiller (67) 70 C4
Roset-Fluans (25) 155 K1
Rosey (70) 137 K2
Rosey (71) 171 H1
Rosheim (67) 70 C4
la Rosière (70) 119 F3
Rosières (07) 255 J1
Rosières (43) 220 D4
Rosières (60) 38 D5
Rosières (81) 270 E1
Rosières-aux-Salines (54) 66 C6
Rosières-en-Haye (54) 65 J3
Rosières-en-Santerre (80) 18 E3
Rosières-près-Troyes (10) 90 B5
Rosières-sur-Barbèche (25) 139 G5
Rosières-sur-Mance (70) 117 H4
Rosiers-de-Juillac (19) 215 G2
Rosiers-d'Égletons (19) 216 D1
les Rosiers-sur-Loire (49) 125 K5
Rosis (34) 272 D5
Rosnay (36) 164 D2
Rosnay (51) 40 D4
Rosnay (85) 159 J3
Rosnay-l'Hôpital (10) 90 E2
Rosnoën (29) 74 C2
Rosny-sous-Bois (93) 59 F3
Rosny-sur-Seine (78) 57 H2
Rosoy (60) 38 B3
Rosoy-en-Multien (60) 39 F6
Rosoy-le-Vieil (45) 112 A1
Rospez (22) 48 A3
Rospigliani (2B) 321 G1
Rosporden (29) 75 F6
Rosselange (57) 27 F5
Rossfeld (67) 70 E6
Rossillon (01) 207 J1
Rosteig (67) 69 G5
Rostrenen (22) 76 A3
Rosult (59) 7 G6
Rosureux (25) 139 G6
Rotalier (39) 173 F3
Rotangy (60) 17 J6
Rothau (67) 70 A5
Rothbach (67) 69 H5
Rotherens (73) 208 D5
la Rothière (10) 91 F4
Rothois (60) 17 H6
Rothonay (39) 173 G3
les Rotours (61) 54 A4
Rots (14) 32 D4
Rott (67) 25 B1
Rottelsheim (67) 25 A4
Rottier (26) 241 H6
Rou-Marson (49) 126 A6
Rouairoux (81) 290 D2
Rouans (44) 122 D4
la Rouaudière (53) 104 A4
Roubaix (59) 6 E3
Roubia (11) 291 F5
Roubion (06) 261 H5
Roucamps (14) 53 G1
Roucourt (59) 11 J2
Roucy (02) 40 D3
Roudouallec (56) 75 G4
Rouécourt (52) 92 A4
Rouède (31) 306 B2
Rouellé (61) 53 F6
Rouelles (52) 116 A5
Rouen (76) 35 H2
Rouessé-Fontaine (72) 82 D4

Rouessé-Vassé (72) 82 A6
Rouet (34) 274 B4
Rouez (72) 82 B6
Rouffach (68) 96 B5
Rouffange (39) 137 G6
Rouffiac (15) 216 E6
Rouffiac (16) 212 E2
Rouffiac (17) 195 H3
Rouffiac (81) 270 D3
Rouffiac-d'Aude (11) 309 F1
Rouffiac-des-Corbières (11) 309 J4
Rouffiac-Tolosan (31) 269 H5
Rouffignac (17) 211 J1
Rouffignac-de-Sigoulès (24) 231 H3
Rouffignac-Saint-Cernin-de-Reilhac (24) 214 D5
Rouffigny (50) 52 A3
Rouffilhac (46) 233 H3
Rouffy (51) 62 B2
Rougé (44) 103 J3
la Rouge (61) 83 J5
Rouge-Perriers (27) 35 F5
Rougefay (62) 9 K3
Rougegoutte (90) 119 H5
Rougemont (21) 134 C1
Rougemont (25) 138 D3
Rougemont-le-Château (90) 119 J5
Rougemontiers (27) 34 E3
Rougemontot (25) 138 C4
Rougeou (41) 129 G5
Rougeries (02) 20 E3
les Rouges-Eaux (88) 95 G4
le Rouget (15) 235 F2
Rougeux (52) 117 F4
Rougiers (83) 297 H3
Rougnac (16) 197 G5
Rougnat (23) 183 K4
Rougon (04) 279 H3
Rouhe (25) 156 B2
Rouhling (57) 68 C2
Rouillac (16) 196 C2
Rouillac (22) 77 K3
Rouillé (86) 162 C5
Rouillon (72) 106 D2
Rouilly (77) 88 D1
Rouilly-Sacey (10) 90 C4
Rouilly-Saint-Loup (10) 90 B5
Roujan (34) 292 B2
Roulans (25) 138 C5
le Roulier (88) 95 F5
Roullée (72) 83 F2
Roullens (11) 290 A6
Roullet-Saint-Estèphe (16) 196 D4
Roullours (14) 52 E3
Roumagne (47) 231 G5
Roumare (76) 35 G1
Roumazières-Loubert (16) 180 A6
Roumégoux (15) 235 F2
Roumégoux (81) 271 F4
Roumengoux (09) 308 B2
Roumens (31) 289 G2
Roumoules (04) 279 F3
Rountzenheim (67) 25 C4
Roupeldange (57) 27 K6
Rouperroux (61) 82 B1
Rouperroux-le-Coquet (72) 83 G5
Roupy (02) 19 J3
la Rouquette (12) 251 F3
Roure (06) 261 H5
le Rouret (06) 280 E4
Rousies (59) 13 H3
Roussac (87) 181 G4
Roussas (26) 256 E1
Roussay (49) 142 D2
Roussayrolles (81) 250 D6
Rousseloy (60) 37 K4
Roussennac (12) 251 J1
Roussent (62) 9 F2
les Rousses (39) 174 B4
Rousses (48) 254 B4
Rousset (05) 243 G6
Rousset (13) 297 F1
le Rousset (71) 171 F3
Rousset-les-Vignes (26) 257 G1
la Roussière (27) 55 H2
Roussieux (26) 258 B2
Roussillon (38) 222 B1
Roussillon (84) 277 G2
Roussillon-en-Morvan (71) 152 D3
Roussines (16) 197 J2
Roussines (36) 165 F5
Rousson (30) 255 H5
Rousson (89) 112 D1
Roussy-le-Village (57) 27 G3
Routelle (25) 156 A1
Routes (76) 15 G4
Routier (11) 308 D1
Routot (27) 34 E2
Rouvenac (11) 308 E3
Rouves (54) 66 A2
la Rouvière (30) 275 F2
Rouvignies (59) 12 C2
Rouville (60) 38 E5
Rouville (76) 14 E5
Rouvillers (60) 38 C2
Rouvray (21) 134 B4
Rouvray (27) 57 F1
Rouvray (89) 113 H4
Rouvray-Catillon (76) 16 D6
Rouvray-Saint-Denis (28) 86 A5
Rouvray-Saint-Florentin (28) 85 H5
Rouvray-Sainte-Croix (45) 109 J2
Rouvrel (80) 18 C3
Rouvres (14) 54 B1
Rouvres (28) 57 G4
Rouvres (77) 59 H1
Rouvres-en-Multien (60) 39 F6
Rouvres-en-Plaine (21) 136 B6
Rouvres-en-Woëvre (55) 26 C6
Rouvres-en-Xaintois (88) 93 K4
Rouvres-la-Chétive (88) 93 G4
Rouvres-les-Bois (36) 147 K3
Rouvres-les-Vignes (10) 91 H5
Rouvres-Saint-Jean (45) 86 D4
Rouvres-sous-Meilly (21) 153 H1
Rouvres-sur-Aube (52) 115 K4
Rouvrois-sur-Meuse (55) 64 E2
Rouvrois-sur-Othain (55) 26 B4
Rouvroy (02) 20 A2
Rouvroy (62) 11 G1
Rouvroy-en-Santerre (80) 18 E3
Rouvroy-les-Merles (60) 18 B5
Rouvroy-Ripont (51) 42 B4
Rouvroy-sur-Audry (08) 22 B3
Rouvroy-sur-Marne (52) 92 B4
Rouvroy-sur-Serre (02) 21 J4
le Roux (07) 238 E4
Rouxeville (50) 31 J3
la Rouxière (44) 124 B3
Rouxmesnil-Bouteilles (76) 15 K2
Rouy (58) 151 H3
Rouy-le-Grand (80) 19 G3
Rouy-le-Petit (80) 19 G3
Rouze (09) 308 D6
Rouzède (16) 197 J3
Rouziers (15) 235 F3
Rouziers-de-Touraine (37) 127 J3
le Rove (13) 296 B3
Roville-aux-Chênes (88) 94 E3
Roville-devant-Bayon (54) 94 B2
Rovon (38) 223 H3
Roy-Boissy (60) 17 H6
Royan (17) 194 C3
Royas (38) 206 D5
Royat (63) 202 D2
Royaucourt (60) 18 D5
Royaucourt-et-Chailvet (02) 40 A1
Royaumeix (54) 65 H4
Roybon (38) 223 F2
Roye (70) 118 E6
Roye (80) 19 F4
Roye-sur-Matz (60) 19 F6
Royer (71) 171 J3
Royère-de-Vassivière (23) 200 B1
Royères (87) 199 G1
Roynac (26) 240 D4
Royon (62) 4 E6
Royville (76) 15 J3
Roz-Landrieux (35) 51 F4
Roz-sur-Couesnon (35) 51 H4
Rozay-en-Brie (77) 60 A6
le Rozel (50) 28 A4
Rozelieures (54) 94 D2
Rozérieulles (57) 44 E5
Rozerotte (88) 93 K5
Rozès (32) 267 F4
Rozet-Saint-Albin (02) 39 J5
le Rozier (48) 253 H5
Rozier-Côtes-d'Aurec (42) 220 E1
Rozier-en-Donzy (42) 205 F1
Rozières-en-Beauce (45) 109 J3
Rozières-sur-Crise (02) 39 J3
Rozières-sur-Mouzon (88) 93 G6
Roziers-Saint-Georges (87) 199 H2
Rozoy-Bellevalle (02) 60 E3
Rozoy-sur-Serre (02) 21 H4
Ruages (58) 133 H5
Ruan (45) 110 A1
Ruan-sur-Egvonne (41) 108 D2
Ruaudin (72) 106 E3
Rubécourt-et-Lamécourt (08) 23 F4
Rubelles (77) 87 H1
Rubempré (80) 10 B6
Rubercy (14) 31 K1
Rubescourt (80) 18 D5
Rubigny (08) 21 J4
Rubrouck (59) 3 H4
Ruca (22) 50 A4
Ruch (33) 230 C3
Rucqueville (14) 32 C4
Rudeau-Ladosse (24) 197 H5
Rudelle (46) 234 C4
Rue (80) 8 E3
la Rue-Saint-Pierre (60) 37 J2
la Rue-Saint-Pierre (76) 16 B6
Ruederbach (68) 97 B5
Rueil-la-Gadelière (28) 56 B5
Rueil-Malmaison (92) 58 D3
Ruelisheim (68) 97 C1
Ruelle-sur-Touvre (16) 196 E3
les Rues-des-Vignes (59) 11 K5
Ruesnes (59) 12 D3
Rueyres (46) 234 B3
Ruffec (16) 179 G4
Ruffec (36) 164 D3
Ruffey-le-Château (25) 137 H5
Ruffey-lès-Beaune (21) 154 B3
Ruffey-lès-Echirey (21) 136 B4
Ruffey-sur-Seille (39) 173 F1
Ruffiac (56) 102 A2
Ruffieu (01) 190 A4
Ruffieux (73) 190 C6
Ruffigné (44) 103 H3
Rugles (27) 55 K4
Rugney (88) 94 B3
Rugny (89) 114 B4
Ruhans (70) 138 B3
Ruillé-en-Champagne (72) 106 B2
Ruillé-Froid-Fonds (53) 105 F3
Ruillé-le-Gravelais (53) 104 D1
Ruillé-sur-Loir (72) 107 H6
Ruisseauville (62) 5 F6
Ruitz (62) 5 K6
Rullac-Saint-Cirq (12) 252 A5
Rully (14) 53 F3
Rully (60) 38 D4
Rully (71) 153 K5
Rumaucourt (62) 11 H3
Rumegies (59) 7 G6
Rumersheim-le-Haut (68) 97 D1
Rumesnil (14) 33 H5
Rumigny (08) 21 J3
Rumigny (80) 18 A3
Rumilly (62) 4 E5
Rumilly (74) 190 D6
Rumilly-en-Cambrésis (59) 11 J5
Rumilly-lès-Vaudes (10) 114 C1
Ruminghem (62) 3 F4
Rumont (55) 64 C3
Rumont (77) 87 F5
Runan (22) 48 C3
Rungis (94) 58 E5
Ruoms (07) 255 K1
Rupéreux (77) 60 D6
Ruppes (88) 93 G2
Rupt (52) 92 B3
Rupt-aux-Nonains (55) 64 A5
Rupt-devant-Saint-Mihiel (55) 64 D3
Rupt-en-Woëvre (55) 43 J6
Rupt-sur-Moselle (88) 119 F3
Rupt-sur-Othain (55) 26 A4
Rupt-sur-Saône (70) 137 J1
Rurange-lès-Thionville (57) 27 H5
Rurey (25) 156 B2
Rusio (2B) 319 G5
Russ (67) 70 B4
Russange (57) 26 E3
le Russey (25) 157 J1
Russy (14) 32 A3
Russy-Bémont (60) 39 F4
Rustenhart (68) 96 D5
Rustiques (11) 290 C5
Rustrel (84) 277 J2
Rustroff (57) 27 J3
Rutali (2B) 319 H2
Ruvigny (10) 90 C5
Ruy (38) 207 F4
Ruyaulcourt (62) 11 H5
Ruynes-en-Margeride (15) 219 F6
Ry (76) 36 A1
Rye (39) 155 G5
Ryes (14) 32 C3

S

Saâcy-sur-Marne (77) 60 C2
Saales (67) 95 K3
Saâne-Saint-Just (76) 15 J3
Saasenheim (67) 71 D5
Sabadel-Latronquière (46) 234 D4
Sabadel-Lauzès (46) 233 K6
Sabaillan (32) 287 F2
Sabalos (65) 285 J4
Sabarat (09) 307 G1
Sabarros (65) 286 B5
Sabazan (32) 266 C5
Sablé-sur-Sarthe (72) 105 J4
les Sables-d'Olonne (85) 158 E3
Sablet (84) 257 G4
Sablières (07) 238 E6
Sablonceaux (17) 194 D2
Sablonnières (77) 60 D3
Sablons (33) 212 B5
Sablons (38) 222 B2
Sabonnères (31) 287 H2
la Sabotterie (08) 22 C6
Sabran (30) 256 B5
Sabres (40) 245 H5
Saccourvielle (31) 305 H5
Sacé (53) 81 F6
Sacey (50) 51 J5
Saché (37) 127 H6
Sachin (62) 5 H6
Sachy (08) 23 G4
Sacierges-Saint-Martin (36) 165 F4
Saclas (91) 86 C4
Saclay (91) 58 C5
Saconin-et-Breuil (02) 39 H3
Sacoué (65) 305 H2
le Sacq (27) 56 C3
Sacquenay (21) 136 D2
Sacquenville (27) 35 H6
Sacy (51) 40 E5
Sacy (89) 133 J1
Sacy-le-Grand (60) 38 B3
Sacy-le-Petit (60) 38 C3
Sadeillan (32) 286 A3
Sadillac (24) 231 H3
Sadirac (33) 229 J3
Sadournin (65) 286 B4
Sadroc (19) 215 J2
Saessolsheim (67) 70 D2
Saffais (54) 66 C6
Saffloz (39) 173 J2
Saffré (44) 103 G6
Saffres (21) 135 G5
Sagelat (24) 232 D3
Sagnat (23) 182 B1
Sagnes-et-Goudoulet (07) 239 F3
Sagonne (18) 150 A6
Sagy (71) 172 D3
Sagy (95) 58 A1
Sahorre (66) 314 B4
Sahune (26) 257 J1
Sahurs (76) 35 G3
Sai (61) 54 C5
Saignes (15) 217 H2
Saignes (46) 234 B3
Saigneville (80) 9 F4
Saignon (84) 277 H2
Saiguède (31) 287 J1
Sail-les-Bains (42) 186 C2
Sail-sous-Couzan (42) 204 C2
Sailhan (65) 305 F4
Saillac (19) 215 K5
Saillac (46) 250 D3
Saillagouse (66) 313 H5
Saillans (26) 241 F4
Saillans (33) 212 A6
Saillant (63) 204 B6
Saillat-sur-Vienne (87) 180 C6
Saillenard (71) 172 E1
Sailly (08) 23 H5
Sailly (52) 92 C3
Sailly (71) 171 G4
Sailly (78) 57 K1
Sailly-Achâtel (57) 66 B2
Sailly-au-Bois (62) 10 D5
Sailly-en-Ostrevent (62) 11 G3
Sailly-Flibeaucourt (80) 9 F4
Sailly-Labourse (62) 6 A6
Sailly-Laurette (80) 18 D2
Sailly-le-Sec (80) 18 D1
Sailly-lez-Cambrai (59) 11 J4
Sailly-lez-Lannoy (59) 7 F4
Sailly-Saillisel (80) 11 G6
Sailly-sur-la-Lys (62) 6 B4
Sain-Bel (69) 205 J1
Saincaize-Meauce (58) 150 D5
Sainghin-en-Mélantois (59) 6 E5
Sainghin-en-Weppes (59) 6 C5
Sainneville (76) 14 C6
Sainpuits (89) 132 D3
Sains (35) 51 H4
Sains-du-Nord (59) 13 H5
Sains-en-Amiénois (80) 18 B3
Sains-en-Gohelle (62) 6 A6
Sains-lès-Fressin (62) 4 E6
Sains-lès-Marquion (62) 11 H4
Sains-lès-Pernes (62) 5 H6
Sains-Morainvillers (60) 18 C6
Sains-Richaumont (02) 20 D3
le Saint (56) 75 J5
Saint-Abit (64) 284 D5
Saint-Abraham (56) 101 J3
Saint-Acheul (80) 9 K4
Saint-Adjutory (16) 197 H2
Saint-Adrien (22) 48 C6
Saint-Affrique (12) 272 B2
Saint-Affrique-les-Montagnes (81) 289 K1
Saint-Agathon (22) 48 D5
Saint-Agil (41) 108 B2
Saint-Agnan (02) 61 G1
Saint-Agnan (58) 134 B5
Saint-Agnan (71) 169 K4
Saint-Agnan (81) 269 K5
Saint-Agnan (89) 88 B5
Saint-Agnan-de-Cernières (27) 55 H2
Saint-Agnan-en-Vercors (26) 223 H6
Saint-Agnan-le-Malherbe (14) 32 C6
Saint-Agnan-sur-Erre (61) 83 K4
Saint-Agnan-sur-Sarthe (61) 55 G6
Saint-Agnant (17) 177 F6
Saint-Agnant-de-Versillat (23) 181 K1
Saint-Agnant-près-Crocq (23) 201 F2
Saint-Agne (24) 231 K2
Saint-Agnet (40) 265 J6
Saint-Agnin-sur-Bion (38) 206 E4
Saint-Agoulin (63) 185 F4
Saint-Agrève (07) 221 H6
Saint-Aignan (08) 22 E5
Saint-Aignan (33) 212 A6
Saint-Aignan (41) 129 F6
Saint-Aignan (56) 76 D4
Saint-Aignan (72) 83 F5
Saint-Aignan (82) 268 D1
Saint-Aignan-de-Couptrain (53) 81 K2
Saint-Aignan-de-Cramesnil (14) 33 F6
Saint-Aignan-des-Gués (45) 110 E5
Saint-Aignan-des-Noyers (18) 167 K1
Saint-Aignan-Grandlieu (44) 123 F5
Saint-Aignan-le-Jaillard (45) 111 F6
Saint-Aignan-sur-Roë (53) 104 B4
Saint-Aignan-sur-Ry (76) 36 A1
Saint-Aigny (36) 164 C2
Saint-Aigulin (17) 212 D4
Saint-Ail (54) 44 D4
Saint-Albain (71) 171 K5
Saint-Alban (01) 189 J3
Saint-Alban (22) 49 J5
Saint-Alban (31) 269 G5
Saint-Alban-Auriolles (07) 255 J1
Saint-Alban-d'Ay (07) 221 K3
Saint-Alban-de-Montbel (73) 208 A4
Saint-Alban-de-Roche (38) 206 E4
Saint-Alban-des-Hurtières (73) 209 F5
Saint-Alban-des-Villards (73) 225 F1
Saint-Alban-du-Rhône (38) 206 A6
Saint-Alban-en-Montagne (07) 238 C4
Saint-Alban-les-Eaux (42) 186 D5
Saint-Alban-Leysse (73) 208 C4
Saint-Alban-sur-Limagnole (48) 237 H3
Saint-Albin-de-Vaulserre (38) 207 K5
Saint-Alexandre (30) 256 C4
Saint-Algis (02) 20 E2
Saint-Allouestre (56) 101 G2
Saint-Alpinien (23) 183 G5
Saint-Alyre-d'Arlanc (63) 219 K1
Saint-Alyre-ès-Montagne (63) 218 D1
Saint-Amadou (09) 307 K1
Saint-Amancet (81) 289 J2
Saint-Amand (23) 183 G5
Saint-Amand (50) 31 J4
Saint-Amand (62) 10 C4
Saint-Amand-de-Belvès (24) 232 D3
Saint-Amand-de-Coly (24) 215 F5
Saint-Amand-de-Vergt (24) 214 A6
Saint-Amand-des-Hautes-Terres (27) 35 G4
Saint-Amand-en-Puisaye (58) 132 B3
Saint-Amand-Jartoudeix (23) 182 B6
Saint-Amand-le-Petit (87) 200 A2
Saint-Amand-les-Eaux (59) 7 H6
Saint-Amand-Longpré (41) 128 B1
Saint-Amand-Magnazeix (87) 181 J3
Saint-Amand-Montrond (18) 167 G2
Saint-Amand-sur-Fion (51) 63 F4
Saint-Amand-sur-Ornain (55) 64 D6
Saint-Amand-sur-Sèvre (79) 143 F5
Saint-Amandin (15) 218 A2
Saint-Amans (09) 288 C6
Saint-Amans (11) 289 G5
Saint-Amans (48) 237 H4
Saint-Amans-de-Pellagal (82) 249 G4
Saint-Amans-des-Cots (12) 235 K4
Saint-Amans-du-Pech (82) 248 E3
Saint-Amans-Soult (81) 290 C2
Saint-Amans-Valtoret (81) 290 C2
Saint-Amant (16) 212 E1
Saint-Amant-de-Boixe (16) 196 E1
Saint-Amant-de-Bonnieure (16) 197 F1
Saint-Amant-de-Nouère (16) 196 C2
Saint-Amant-Roche-Savine (63) 203 J4
Saint-Amant-Tallende (63) 202 D3
Saint-Amarin (68) 119 K3
Saint-Ambreuil (71) 171 K2
Saint-Ambroix (18) 148 D5
Saint-Ambroix (30) 255 H4
Saint-Amé (88) 119 F1
Saint-Amour (39) 172 E5
Saint-Amour-Bellevue (71) 188 B1
Saint-Andelain (58) 132 A6
Saint-Andéol (26) 241 G2
Saint-Andéol (38) 223 J6
Saint-Andéol-de-Berg (07) 239 J6
Saint-Andéol-de-Clerguemort (48) 255 F3
Saint-Andéol-de-Fourchades (07) 239 G2
Saint-Andéol-de-Vals (07) 239 H4
Saint-Andéol-le-Château (69) 205 K4
Saint-Andeux (21) 134 B4
Saint-Andiol (13) 276 C3
Saint-André (06) 281 G3
Saint-André (31) 287 F5
Saint-André (32) 287 F1
Saint-André (66) 315 H4
Saint-André (73) 225 K2
Saint-André (81) 271 H2
Saint-André-Capcèze (48) 255 F2
Saint-André-d'Allas (24) 232 E2
Saint-André-d'Apchon (42) 186 D4
Saint-André-de-Bâgé (01) 188 D1
Saint-André-de-Boëge (74) 191 H2
Saint-André-de-Bohon (50) 31 F2
Saint-André-de-Briouze (61) 53 K5
Saint-André-de-Buèges (34) 273 K3
Saint-André-de-Chalencon (43) 220 D2
Saint-André-de-Corcy (01) 188 D5
Saint-André-de-Cruzières (07) 255 J3
Saint-André-de-Cubzac (33) 211 J6
Saint-André-de-Double (24) 213 G4
Saint-André-de-la-Marche (49) 142 D2
Saint-André-de-Lancize (48) 254 E4
Saint-André-de-l'Épine (50) 31 J3
Saint-André-de-l'Eure (27) 56 E3
Saint-André-de-Lidon (17) 195 F4
Saint-André-de-Majencoules (30) 273 K1
Saint-André-de-Messei (61) 53 H5
Saint-André-de-Najac (12) 251 G5
Saint-André-de-Roquelongue (11) 310 B1
Saint-André-de-Roquepertuis (30) 256 A4
Saint-André-de-Rosans (05) 258 B2
Saint-André-de-Sangonis (34) 273 H6
Saint-André-de-Seignanx (40) 262 C6
Saint-André-de-Valborgne (30) 254 C5
Saint-André-de-Vézines (12) 253 J5
Saint-André-d'Embrun (05) 243 K4
Saint-André-des-Eaux (22) 78 D1
Saint-André-des-Eaux (44) 121 K4
Saint-André-d'Hébertot (14) 34 A3
Saint-André-d'Huiriat (01) 188 D2
Saint-André-d'Olérargues (30) 256 B5
Saint-André-du-Bois (33) 230 B5
Saint-André-en-Barrois (55) 64 B1
Saint-André-en-Bresse (71) 172 B2
Saint-André-en-Morvan (58) 133 J4
Saint-André-en-Royans (38) 223 G4
Saint-André-en-Terre-Plaine (89) 134 B3
Saint-André-en-Vivarais (07) 221 H4

Saint-André-et-Appelles (33) ... 230 E2
Saint-André-Farivillers (60) ... 18 A6
Saint-André-Goule-d'Oie (85) ... 142 B5
Saint-André-la-Côte (69) ... 205 J3
Saint-André-Lachamp (07) ... 239 F6
Saint-André-le-Bouchoux (01) ... 188 E3
Saint-André-le-Coq (63) ... 185 H5
Saint-André-le-Désert (71) ... 171 G4
Saint-André-le-Gaz (38) ... 207 H4
Saint-André-le-Puy (42) ... 205 F3
Saint-André-les-Alpes (04) ... 279 J1
Saint-André-les-Vergers (10) ... 90 A5
Saint-André-lez-Lille (59) ... 6 D4
Saint-André-sur-Cailly (76) ... 16 B6
Saint-André-sur-Orne (14) ... 32 E5
Saint-André-sur-Sèvre (79) ... 143 G6
Saint-André-sur-Vieux-Jonc (01) ... 189 F2
Saint-André-Treize-Voies (85) ... 141 K4
Saint-Androny (33) ... 211 G3
Saint-Ange-et-Torçay (28) ... 56 D6
Saint-Ange-le-Viel (77) ... 87 K5
Saint-Angeau (16) ... 197 F1
Saint-Angel (03) ... 167 J6
Saint-Angel (19) ... 200 E5
Saint-Angel (63) ... 184 D5
Saint-Anthème (63) ... 204 B5
Saint-Anthot (21) ... 135 G5
Saint-Antoine (15) ... 235 G3
Saint-Antoine (25) ... 157 F6
Saint-Antoine (32) ... 268 A1
Saint-Antoine (33) ... 211 J5
Saint-Antoine-Cumond (24) ... 213 F2
Saint-Antoine-d'Auberoche (24) ... 214 C4
Saint-Antoine-de-Breuilh (24) ... 230 E2
Saint-Antoine-de-Ficalba (47) ... 248 C3
Saint-Antoine-du-Queyret (33) ... 230 D3
Saint-Antoine-du-Rocher (37) ... 127 H3
Saint-Antoine-la-Forêt (76) ... 14 E6
Saint-Antoine-l'Abbaye (38) ... 223 F3
Saint-Antoine-sur-l'Isle (33) ... 212 D5
Saint-Antonin (06) ... 280 D1
Saint-Antonin (32) ... 268 A5
Saint-Antonin-de-Lacalm (81) ... 271 F4
Saint-Antonin-de-Sommaire (27) ... 55 J4
Saint-Antonin-du-Var (83) ... 298 B1
Saint-Antonin-Noble-Val (82) ... 250 D5
Saint-Antonin-sur-Bayon (13) ... 296 E1
Saint-Aoustrille (36) ... 148 C5
Saint-Août (36) ... 166 B1
Saint-Apollinaire (05) ... 243 H5
Saint-Apollinaire (21) ... 136 B5
Saint-Apollinaire-de-Rias (07) ... 239 K1
Saint-Appolinaire (69) ... 187 J5
Saint-Appolinard (38) ... 223 F3
Saint-Appolinard (42) ... 221 K1
Saint-Aquilin (24) ... 213 J3
Saint-Aquilin-de-Corbion (61) ... 55 H6
Saint-Aquilin-de-Pacy (27) ... 57 F1
Saint-Araille (31) ... 287 H4
Saint-Arailles (32) ... 267 F6
Saint-Arcons-d'Allier (43) ... 219 J5
Saint-Arcons-de-Barges (43) ... 238 C2
Saint-Arey (38) ... 242 B1
Saint-Armel (35) ... 79 G5
Saint-Armel (56) ... 101 F6
Saint-Armou (64) ... 284 D3
Saint-Arnac (66) ... 309 H5
Saint-Arnoult (14) ... 33 J3
Saint-Arnoult (41) ... 108 A6
Saint-Arnoult (60) ... 17 G5
Saint-Arnoult (76) ... 15 F6
Saint-Arnoult-des-Bois (28) ... 84 E2
Saint-Arnoult-en-Yvelines (78) ... 86 A1
Saint-Arroman (32) ... 286 C2
Saint-Arroman (65) ... 305 F2
Saint-Arroumex (82) ... 268 C1
Saint-Astier (24) ... 213 J4
Saint-Astier (47) ... 231 F3
Saint-Auban (06) ... 280 B2
Saint-Auban-d'Oze (05) ... 242 C6
Saint-Auban-sur-l'Ouvèze (26) ... 258 A3
Saint-Aubert (59) ... 12 C4
Saint-Aubert-sur-Orne (61) ... 53 K4
Saint-Aubin (02) ... 39 H1
Saint-Aubin (10) ... 89 F2
Saint-Aubin (21) ... 153 J4
Saint-Aubin (36) ... 148 D6
Saint-Aubin (39) ... 155 F3
Saint-Aubin (40) ... 264 E4
Saint-Aubin (47) ... 248 E1
Saint-Aubin (59) ... 13 G4
Saint-Aubin (62) ... 4 B6
Saint-Aubin (91) ... 58 C5
Saint-Aubin-Celloville (76) ... 35 J3
Saint-Aubin-Château-Neuf (89) ... 112 D5
Saint-Aubin-d'Appenai (61) ... 83 F1
Saint-Aubin-d'Arquenay (14) ... 33 F4
Saint-Aubin-d'Aubigné (35) ... 79 G2
Saint-Aubin-de-Blaye (33) ... 211 H2
Saint-Aubin-de-Bonneval (61) ... 55 G2
Saint-Aubin-de-Branne (33) ... 230 B2
Saint-Aubin-de-Cadelech (24) ... 231 H4
Saint-Aubin-de-Courteraie (61) ... 55 G6
Saint-Aubin-de-Crétot (76) ... 15 F6
Saint-Aubin-de-Lanquais (24) ... 231 J3
Saint-Aubin-de-Locquenay (72) ... 82 C5
Saint-Aubin-de-Luigné (49) ... 125 F5
Saint-Aubin-de-Médoc (33) ... 229 F1
Saint-Aubin-de-Nabirat (24) ... 233 F4
Saint-Aubin-de-Scellon (27) ... 34 C5
Saint-Aubin-de-Terregatte (50) ... 52 A6
Saint-Aubin-d'Écrosville (27) ... 35 G5
Saint-Aubin-des-Bois (14) ... 52 C3
Saint-Aubin-des-Bois (28) ... 85 F2
Saint-Aubin-des-Châteaux (44) ... 103 H3
Saint-Aubin-des-Chaumes (58) ... 133 H4
Saint-Aubin-des-Coudrais (72) ... 83 H6
Saint-Aubin-des-Grois (61) ... 83 J4
Saint-Aubin-des-Hayes (27) ... 55 J1
Saint-Aubin-des-Landes (35) ... 79 K4
Saint-Aubin-des-Ormeaux (85) ... 142 D3
Saint-Aubin-des-Préaux (50) ... 51 J1
Saint-Aubin-du-Cormier (35) ... 79 J2
Saint-Aubin-du-Désert (53) ... 82 A4
Saint-Aubin-du-Pavail (35) ... 79 J5
Saint-Aubin-du-Perron (50) ... 30 E3
Saint-Aubin-du-Plain (79) ... 143 J4
Saint-Aubin-du-Thenney (27) ... 55 H1
Saint-Aubin-en-Bray (60) ... 37 F2
Saint-Aubin-en-Charollais (71) ... 170 D4
Saint-Aubin-Épinay (76) ... 35 J2
Saint-Aubin-Fosse-Louvain (53) ... 80 E2
Saint-Aubin-la-Plaine (85) ... 160 B4
Saint-Aubin-le-Cauf (76) ... 16 A2
Saint-Aubin-le-Cloud (79) ... 161 J2
Saint-Aubin-le-Dépeint (37) ... 127 F1
Saint-Aubin-le-Guichard (27) ... 55 J1
Saint-Aubin-le-Monial (03) ... 168 B4
Saint-Aubin-le-Vertueux (27) ... 55 J1
Saint-Aubin-lès-Elbeuf (76) ... 35 H3
Saint-Aubin-les-Forges (58) ... 150 E2
Saint-Aubin-Montenoy (80) ... 17 J2
Saint-Aubin-Rivière (80) ... 17 G2
Saint-Aubin-Routot (76) ... 14 C6
Saint-Aubin-sous-Erquery (60) ... 38 A2
Saint-Aubin-sur-Aire (55) ... 64 D5
Saint-Aubin-sur-Gaillon (27) ... 36 A5
Saint-Aubin-sur-Loire (71) ... 169 J3
Saint-Aubin-sur-Mer (14) ... 32 E3
Saint-Aubin-sur-Mer (76) ... 15 H2
Saint-Aubin-sur-Quillebeuf (27) ... 34 C1
Saint-Aubin-sur-Scie (76) ... 15 K2
Saint-Aubin-sur-Yonne (89) ... 112 E3
Saint-Augustin (17) ... 194 B3
Saint-Augustin (19) ... 200 B6
Saint-Augustin (77) ... 60 B4
Saint-Augustin-des-Bois (49) ... 124 E3
Saint-Aulaire (19) ... 215 G3
Saint-Aulais-la-Chapelle (16) ... 196 C6
Saint-Aulaye (24) ... 212 E3
Saint-Aunès (34) ... 274 C6
Saint-Aunix-Lengros (32) ... 266 C6
Saint-Aupre (38) ... 207 K6
Saint-Austremoine (43) ... 219 G4
Saint-Auvent (87) ... 198 C1
Saint-Avaugourd-des-Landes (85) ... 159 H3
Saint-Avé (56) ... 101 F5
Saint-Aventin (31) ... 305 H5
Saint-Avertin (37) ... 127 J5
Saint-Avit (16) ... 212 D3
Saint-Avit (26) ... 222 D3
Saint-Avit (40) ... 265 H2
Saint-Avit (41) ... 108 B1
Saint-Avit (47) ... 231 F5
Saint-Avit (63) ... 201 H1
Saint-Avit (81) ... 289 J2
Saint-Avit-de-Soulège (33) ... 230 E2
Saint-Avit-de-Tardes (23) ... 183 H6
Saint-Avit-de-Vialard (24) ... 232 B1
Saint-Avit-Frandat (32) ... 267 J1
Saint-Avit-le-Pauvre (23) ... 183 F5
Saint-Avit-les-Guespières (28) ... 84 E5
Saint-Avit-Rivière (24) ... 232 C3
Saint-Avit-Saint-Nazaire (33) ... 231 F2
Saint-Avit-Sénieur (24) ... 232 B3
Saint-Avold (57) ... 68 A3
Saint-Avre (73) ... 225 G1
Saint-Ay (45) ... 109 J4
Saint-Aybert (59) ... 7 K6
Saint-Babel (63) ... 203 F4
Saint-Baldoph (73) ... 208 C4
Saint-Bandry (02) ... 39 H3
Saint-Baraing (39) ... 155 G3
Saint-Barbant (87) ... 180 D3
Saint-Bard (23) ... 183 J6
Saint-Bardoux (26) ... 222 D4
Saint-Barnabé (22) ... 77 G5
Saint-Barthélemy (38) ... 222 E1
Saint-Barthélemy (40) ... 282 D1
Saint-Barthélemy (50) ... 52 D5
Saint-Barthélemy (56) ... 100 D2
Saint-Barthélemy (70) ... 119 F5
Saint-Barthélemy (77) ... 60 E4
Saint-Barthélemy-d'Agenais (47) ... 231 G6
Saint-Barthélemy-d'Anjou (49) ... 125 H3
Saint-Barthélemy-de-
Bellegarde (24) ... 213 F5
Saint-Barthélemy-de-Bussière (24) ... 198 A4
Saint-Barthélemy-de-
Séchilienne (38) ... 224 B5
Saint-Barthélemy-de-Vals (26) ... 222 C3
Saint-Barthélemy-Grozon (07) ... 221 K6
Saint-Barthélemy-le-Meil (07) ... 239 J1
Saint-Barthélemy-le-Plain (07) ... 222 B5
Saint-Barthélemy-Lestra (42) ... 205 F2
Saint-Basile (07) ... 221 K6
Saint-Baslemont (88) ... 93 K6
Saint-Baudel (18) ... 148 E6
Saint-Baudelle (53) ... 81 G4
Saint-Baudille-de-la-Tour (38) ... 207 F1
Saint-Baudille-et-Pipet (38) ... 242 B2
Saint-Bauld (37) ... 146 B1
Saint-Baussant (54) ... 65 G2
Saint-Bauzeil (09) ... 307 H1
Saint-Bauzély (30) ... 275 F2
Saint-Bauzile (07) ... 240 A4
Saint-Bauzile (48) ... 254 B1
Saint-Bauzille-de-la-Sylve (34) ... 273 J6
Saint-Bauzille-de-Montmel (34) ... 274 C4
Saint-Bauzille-de-Putois (34) ... 274 A3
Saint-Bazile (87) ... 198 A2
Saint-Bazile-de-la-Roche (19) ... 216 C4
Saint-Bazile-de-Meyssac (19) ... 216 A5
Saint-Béat (31) ... 305 J3
Saint-Beaulize (12) ... 272 E3
Saint-Beauzeil (82) ... 248 E3
Saint-Beauzély (12) ... 253 F5
Saint-Beauzile (81) ... 270 A1
Saint-Beauzire (43) ... 219 F2
Saint-Beauzire (63) ... 202 E1
Saint-Bénézet (30) ... 274 E1
Saint-Bénigne (01) ... 172 A5
Saint-Benin (59) ... 12 D5
Saint-Benin-d'Azy (58) ... 151 G4
Saint-Benin-des-Bois (58) ... 151 G2
Saint-Benoist-sur-Mer (85) ... 159 J5
Saint-Benoist-sur-Vanne (10) ... 89 H5
Saint-Benoît (01) ... 207 J2
Saint-Benoît (04) ... 260 E6
Saint-Benoît (11) ... 308 D2
Saint-Benoît (86) ... 163 F3
Saint-Benoît-de-Carmaux (81) ... 270 D1
Saint-Benoît-des-Ombres (27) ... 34 D4
Saint-Benoît-des-Ondes (35) ... 50 E3
Saint-Benoît-d'Hébertot (14) ... 34 A3
Saint-Benoît-du-Sault (36) ... 165 F5
Saint-Benoit-en-Diois (26) ... 241 G4
Saint-Benoît-la-Chipotte (88) ... 95 G3
Saint-Benoît-la-Forêt (37) ... 145 G1
Saint-Benoît-sur-Loire (45) ... 110 E5
Saint-Benoît-sur-Seine (10) ... 90 A4
Saint-Bérain (43) ... 219 K5
Saint-Berain-sous-Sanvignes (71) ... 170 D2
Saint-Bérain-sur-Dheune (71) ... 153 J6
Saint-Bernard (01) ... 188 B5
Saint-Bernard (21) ... 154 C1
Saint-Bernard (38) ... 224 C1
Saint-Bernard (68) ... 97 B3
Saint-Béron (73) ... 207 K5
Saint-Berthevin (53) ... 104 E1
Saint-Berthevin-la-Tannière (53) ... 80 D3
Saint-Bertrand-de-
Comminges (31) ... 305 H2
Saint-Biez-en-Belin (72) ... 106 E5
Saint-Bihy (22) ... 76 E2
Saint-Blaise (06) ... 281 G2
Saint-Blaise (74) ... 190 E3
Saint-Blaise-du-Buis (38) ... 223 J1
Saint-Blaise-la-Roche (67) ... 70 A6
Saint-Blancard (32) ... 286 D4
Saint-Blimont (80) ... 8 D5
Saint-Blin (52) ... 92 D5
Saint-Boès (64) ... 283 J1
Saint-Bohaire (41) ... 128 E1
Saint-Boil (71) ... 171 H2
Saint-Boingt (54) ... 94 D2
Saint-Bois (01) ... 207 J2
Saint-Bomer (28) ... 84 A6
Saint-Bômer-les-Forges (61) ... 53 G6
Saint-Bon (51) ... 61 F6
Saint-Bon-Tarentaise (73) ... 209 J5
Saint-Bonnet (16) ... 196 B5
Saint-Bonnet-Avalouze (19) ... 216 B3
Saint-Bonnet-Briance (87) ... 199 H3
Saint-Bonnet-de-Bellac (87) ... 180 E3
Saint-Bonnet-de-Chavagne (38) ... 223 F4
Saint-Bonnet-de-Chirac (48) ... 237 G6
Saint-Bonnet-de-Condat (15) ... 218 B2
Saint-Bonnet-de-Cray (71) ... 187 F2
Saint-Bonnet-de-Four (03) ... 184 D1
Saint-Bonnet-de-Joux (71) ... 171 F4
Saint-Bonnet-de-Montauroux (48) ... 238 A2
Saint-Bonnet-de-Mure (69) ... 206 C3
Saint-Bonnet-de-Rochefort (03) ... 185 F3
Saint-Bonnet-de-Salendrinque (30) ... 274 B1
Saint-Bonnet-de-Salers (15) ... 217 H4
Saint-Bonnet-de-Valclérieux (26) ... 222 E3
Saint-Bonnet-de-Vieille-Vigne (71) ... 170 D4
Saint-Bonnet-des-Bruyères (69) ... 187 J1
Saint-Bonnet-des-Quarts (42) ... 186 C3
Saint-Bonnet-du-Gard (30) ... 275 J2
Saint-Bonnet-Elvert (19) ... 216 C4
Saint-Bonnet-en-Bresse (71) ... 154 D5
Saint-Bonnet-en-Champsaur (05) ... 242 E3
Saint-Bonnet-la-Rivière (19) ... 215 G2
Saint-Bonnet-le-Bourg (63) ... 203 J6
Saint-Bonnet-le-Chastel (63) ... 203 J6
Saint-Bonnet-le-Château (42) ... 204 D6
Saint-Bonnet-le-Courreau (42) ... 204 B3
Saint-Bonnet-le-Froid (43) ... 221 H4
Saint-Bonnet-le-Troncy (69) ... 187 J4
Saint-Bonnet-l'Enfantier (19) ... 215 J2
Saint-Bonnet-lès-Allier (63) ... 202 E2
Saint-Bonnet-les-Oules (42) ... 205 F5
Saint-Bonnet-les-
Tours-de-Merle (19) ... 216 D5
Saint-Bonnet-près-Bort (19) ... 201 G5
Saint-Bonnet-près-Orcival (63) ... 202 B3
Saint-Bonnet-près-Riom (63) ... 185 F6
Saint-Bonnet-sur-Gironde (17) ... 211 G1
Saint-Bonnet-Tronçais (03) ... 167 J2
Saint-Bonnot (58) ... 151 F1
Saint-Bouize (18) ... 131 K6
Saint-Brancher (89) ... 134 A4
Saint-Branchs (37) ... 146 B1
Saint-Brandan (22) ... 77 F2
Saint-Brès (30) ... 255 H3
Saint-Brès (32) ... 267 K4
Saint-Brès (34) ... 274 D5
Saint-Bresson (30) ... 273 K2
Saint-Bresson (70) ... 118 E3
Saint-Bressou (46) ... 234 D4
Saint-Brévin-les-Pins (44) ... 122 B3
Saint-Briac-sur-Mer (35) ... 50 C3
Saint-Brice (16) ... 195 K3
Saint-Brice (33) ... 230 B4
Saint-Brice (50) ... 52 A5
Saint-Brice (53) ... 105 H4
Saint-Brice (61) ... 81 G1
Saint-Brice (77) ... 88 D1
Saint-Brice-Courcelles (51) ... 40 E4
Saint-Brice-de-Landelles (50) ... 80 B1
Saint-Brice-en-Coglès (35) ... 51 K6
Saint-Brice-sous-Forêt (95) ... 58 E2
Saint-Brice-sous-Rânes (61) ... 54 A5
Saint-Brice-sur-Vienne (87) ... 180 E6
Saint-Brieuc (22) ... 49 G6
Saint-Brieuc-de-Mauron (56) ... 77 K6
Saint-Brieuc-des-Iffs (35) ... 78 E2
Saint-Bris-des-Bois (17) ... 195 H2
Saint-Bris-le-Vineux (89) ... 113 G6
Saint-Brisson (58) ... 134 B6
Saint-Brisson-sur-Loire (45) ... 131 H1
Saint-Broing (70) ... 137 G3
Saint-Broing-les-Moines (21) ... 115 J6
Saint-Broingt-le-Bois (52) ... 116 E6
Saint-Broingt-les-Fosses (52) ... 116 C6
Saint-Broladre (35) ... 51 G4
Saint-Bueil (38) ... 207 K5
Saint-Calais (72) ... 107 K4
Saint-Calais-du-Désert (53) ... 81 K2
Saint-Calez-en-Saosnois (72) ... 83 F4
Saint-Cannat (13) ... 277 G6
Saint-Caprais (03) ... 167 J4
Saint-Caprais (18) ... 149 F4
Saint-Caprais (32) ... 268 A6
Saint-Caprais (46) ... 232 E5
Saint-Caprais-de-Blaye (33) ... 211 H2
Saint-Caprais-de-Bordeaux (33) ... 229 J3
Saint-Caprais-de-Lerm (47) ... 248 C4
Saint-Capraise-de-Lalinde (24) ... 231 K2
Saint-Capraise-d'Eymet (24) ... 231 H4
Saint-Caradec (22) ... 77 F4
Saint-Caradec-Trégomel (56) ... 76 A6
Saint-Carné (22) ... 50 C6
Saint-Carreuc (22) ... 77 G2
Saint-Cassien (24) ... 232 B4
Saint-Cassien (38) ... 223 J1
Saint-Cassin (73) ... 208 B4
Saint-Cast-le-Guildo (22) ... 50 B3
Saint-Castin (64) ... 284 D3
Saint-Célerin (72) ... 107 G1
Saint-Céneré (53) ... 105 G1
Saint-Céneri-le-Gérei (61) ... 82 B3
Saint-Céols (18) ... 149 J1
Saint-Céré (46) ... 234 C2
Saint-Cergues (74) ... 191 H1
Saint-Cernin (15) ... 217 H5
Saint-Cernin (46) ... 233 J5
Saint-Cernin-de-Labarde (24) ... 231 J3
Saint-Cernin-de-Larche (19) ... 215 H5
Saint-Cernin-de-l'Herm (24) ... 232 D5
Saint-Césaire (17) ... 195 H2
Saint-Césaire-de-Gauzignan (30) ... 275 F1
Saint-Cézaire-sur-Siagne (06) ... 280 C5
Saint-Cézert (31) ... 268 E4
Saint-Chabrais (23) ... 183 G3
Saint-Chaffrey (05) ... 225 K6
Saint-Chamant (15) ... 217 H5
Saint-Chamant (19) ... 216 C4
Saint-Chamarand (46) ... 233 H4
Saint-Chamas (13) ... 295 J3
Saint-Chamassy (24) ... 232 C2
Saint-Chamond (42) ... 205 H5
Saint-Champ (01) ... 207 K1
Saint-Chaptes (30) ... 275 F1
Saint-Charles-de-Percy (14) ... 53 F2
Saint-Charles-la-Forêt (53) ... 105 G3
Saint-Chartier (36) ... 166 B2
Saint-Chef (38) ... 207 F3
Saint-Chels (46) ... 234 B6
Saint-Chély-d'Apcher (48) ... 237 G3
Saint-Chély-d'Aubrac (12) ... 236 C5
Saint-Chéron (51) ... 63 F6
Saint-Chéron (91) ... 86 C1
Saint-Chinian (34) ... 291 H3
Saint-Christ-Briost (80) ... 19 G2
Saint-Christaud (31) ... 287 J6
Saint-Christaud (32) ... 285 K1
Saint-Christo-en-Jarez (42) ... 205 H5
Saint-Christol (07) ... 239 H2
Saint-Christol (34) ... 274 E5
Saint-Christol (84) ... 258 B6
Saint-Christol-de-Rodières (30) ... 256 B3
Saint-Christol-lès-Alès (30) ... 255 G6
Saint-Christoly-de-Blaye (33) ... 211 H4
Saint-Christoly-Médoc (33) ... 210 E1
Saint-Christophe (03) ... 186 A3
Saint-Christophe (16) ... 180 D5
Saint-Christophe (17) ... 177 F2
Saint-Christophe (23) ... 182 D4
Saint-Christophe (28) ... 109 F1
Saint-Christophe (69) ... 187 K1
Saint-Christophe (73) ... 208 A5
Saint-Christophe (81) ... 251 G5
Saint-Christophe (86) ... 145 G5
Saint-Christophe-à-Berry (02) ... 39 G2
Saint-Christophe-d'Allier (43) ... 238 A2
Saint-Christophe-de-Chaulieu (61) ... 52 E4
Saint-Christophe-de-Double (33) ... 212 D5
Saint-Christophe-de-Valains (35) ... 79 J1
Saint-Christophe-des-Bardes (33) ... 230 B1
Saint-Christophe-des-Bois (35) ... 80 A5
Saint-Christophe-Dodinicourt (10) ... 90 E3
Saint-Christophe-du-Bois (49) ... 142 E3
Saint-Christophe-du-Foc (50) ... 28 B3
Saint-Christophe-du-Jambet (72) ... 82 C5
Saint-Christophe-du-Ligneron (85) ... 141 G5
Saint-Christophe-du-Luat (53) ... 81 H6
Saint-Christophe-en-Bazelle (36) ... 148 A1
Saint-Christophe-en-Boucherie (36) ... 166 C2
Saint-Christophe-en-Bresse (71) ... 172 A1
Saint-Christophe-en-Brionnais (71) ... 187 F1
Saint-Christophe-
en-Champagne (72) ... 106 A3
Saint-Christophe-en-Oisans (38) ... 225 F6
Saint-Christophe-et-le-Laris (26) ... 222 E3
Saint-Christophe-la-Couperie (49) ... 124 A6
Saint-Christophe-le-Chaudry (18) ... 167 F3
Saint-Christophe-le-Jajolet (61) ... 54 C5
Saint-Christophe-sur-Avre (27) ... 56 A5
Saint-Christophe-sur-Condé (27) ... 34 D4
Saint-Christophe-sur-Dolaison (43) ... 220 B6
Saint-Christophe-sur-Guiers (38) ... 208 A6
Saint-Christophe-sur-le-Nais (37) ... 127 G2
Saint-Christophe-sur-Roc (79) ... 161 J5
Saint-Christophe-Vallon (12) ... 251 K1
Saint-Cibard (33) ... 230 C1
Saint-Cierge-la-Serre (07) ... 240 A3
Saint-Cierge-sous-le-Cheylard (07) ... 239 H1
Saint-Ciergues (52) ... 116 C4
Saint-Ciers-Champagne (17) ... 195 K6
Saint-Ciers-d'Abzac (33) ... 212 A5
Saint-Ciers-de-Canesse (33) ... 211 G4
Saint-Ciers-du-Taillon (17) ... 195 G6
Saint-Ciers-sur-Bonnieure (16) ... 197 F1
Saint-Ciers-sur-Gironde (33) ... 211 H2
Saint-Cirgue (81) ... 271 G2
Saint-Cirgues (43) ... 219 H4
Saint-Cirgues (46) ... 234 E4
Saint-Cirgues-de-Jordanne (15) ... 217 J6
Saint-Cirgues-de-Malbert (15) ... 217 H5
Saint-Cirgues-de-Prades (07) ... 239 G5
Saint-Cirgues-en-Montagne (07) ... 238 E3
Saint-Cirgues-la-Loutre (19) ... 216 E5
Saint-Cirgues-sur-Couze (63) ... 202 D5
Saint-Cirice (82) ... 248 D6
Saint-Cirq (24) ... 232 C1
Saint-Cirq (82) ... 250 B5
Saint-Cirq-Lapopie (46) ... 250 C1
Saint-Cirq-Madelon (46) ... 233 G3
Saint-Cirq-Souillaguet (46) ... 233 H4
Saint-Civran (36) ... 165 F4
Saint-Clair (07) ... 222 A2
Saint-Clair (46) ... 233 H4
Saint-Clair (82) ... 248 E5
Saint-Clair (86) ... 144 D5
Saint-Clair-d'Arcey (27) ... 34 D6
Saint-Clair-de-Halouze (61) ... 53 G5
Saint-Clair-de-la-Tour (38) ... 207 H4
Saint-Clair-du-Rhône (38) ... 206 A6
Saint-Clair-sur-Epte (95) ... 36 D5
Saint-Clair-sur-Galaure (38) ... 222 E2
Saint-Clair-sur-l'Elle (50) ... 31 H2
Saint-Clair-sur-les-Monts (76) ... 15 G5
Saint-Clar (32) ... 267 K3
Saint-Clar-de-Rivière (31) ... 287 K2
Saint-Claud (16) ... 179 K6
Saint-Claude (39) ... 173 K5
Saint-Claude-de-Diray (41) ... 129 F2
Saint-Clément (02) ... 21 H3
Saint-Clément (03) ... 186 B4
Saint-Clément (07) ... 221 G6
Saint-Clément (15) ... 217 K6
Saint-Clément (19) ... 216 A2
Saint-Clément (30) ... 274 D3
Saint-Clément (54) ... 94 E1
Saint-Clément (89) ... 88 D6
Saint-Clément-à-Arnes (08) ... 41 J3
Saint-Clément-de-la-Place (49) ... 124 E2
Saint-Clément-de-Régnat (63) ... 185 H5
Saint-Clément-de-Rivière (34) ... 274 B5
Saint-Clément-de-Valorgue (63) ... 204 B5
Saint-Clément-de-Vers (69) ... 187 J2
Saint-Clément-des-Baleines (17) ... 158 B5
Saint-Clément-des-Levées (49) ... 126 A5
Saint-Clément-les-Places (69) ... 205 G2
Saint-Clément-Rancoudray (50) ... 52 E5
Saint-Clément-sur-Durance (05) ... 243 K4
Saint-Clément-sur-Guye (71) ... 171 G3
Saint-Clément-sur-Valsonne (69) ... 187 J6
Saint-Clémentin (79) ... 143 J4
Saint-Clet (22) ... 48 D4
Saint-Cloud (92) ... 58 D4
Saint-Cloud-en-Dunois (28) ... 109 G2
Saint-Colomb-de-Lauzun (47) ... 231 H5
Saint-Colomban (44) ... 141 H3
Saint-Colomban-des-Villards (73) ... 225 F1
Saint-Côme (33) ... 246 D1
Saint-Côme-de-Fresné (14) ... 32 C3
Saint-Côme-d'Olt (12) ... 236 B6
Saint-Côme-du-Mont (50) ... 29 F6
Saint-Côme-et-Maruéjols (30) ... 275 F3
Saint-Congard (56) ... 101 K4
Saint-Connan (22) ... 76 D1
Saint-Connec (22) ... 76 E4
Saint-Constant (15) ... 235 F4
Saint-Contest (14) ... 32 D4
Saint-Corneille (72) ... 107 F2
Saint-Cornier-des-Landes (61) ... 53 F5

Saint-Cosme (68) 119 K5
Saint-Cosme-en-Vairais (72) 83 G5
Saint-Couat-d'Aude (11) 290 E6
Saint-Couat-du-Razès (11) 308 D2
Saint-Coulitz (29) 74 D3
Saint-Coulomb (35) 50 E3
Saint-Coutant (16) 179 K5
Saint-Coutant (79) 178 E2
Saint-Coutant-le-Grand (17) 177 H5
Saint-Créac (32) 268 A2
Saint-Créac (65) 304 B1
Saint-Crépin (05) 243 K3
Saint-Crépin (17) 177 H4
Saint-Crépin-aux-Bois (60) 39 F2
Saint-Crépin-d'Auberoche (24) 214 C4
Saint-Crépin-de-Richemont (24) 197 J6
Saint-Crépin-et-Carlucet (24) 215 F6
Saint-Crépin-Ibouvillers (60) 37 G4
Saint-Crespin (76) 15 K3
Saint-Crespin-sur-Moine (49) 142 C2
Saint-Cricq (32) 268 C5
Saint-Cricq-Chalosse (40) 264 E5
Saint-Cricq-du-Gave (40) 283 G1
Saint-Cricq-Villeneuve (40) 265 J2
Saint-Cybardeaux (16) 196 C2
Saint-Cybranet (24) 232 E3
Saint-Cyprien (19) 215 G3
Saint-Cyprien (24) 232 D2
Saint-Cyprien (42) 204 E5
Saint-Cyprien (46) 249 J3
Saint-Cyprien (66) 315 H3
Saint-Cyprien-sur-Dourdou (12) 235 H6
Saint-Cyr (07) 222 A2
Saint-Cyr (50) 28 E4
Saint-Cyr (71) 171 K2
Saint-Cyr (86) 163 G1
Saint-Cyr (87) 198 C2
Saint-Cyr-au-Mont-d'Or (69) 206 A1
Saint-Cyr-de-Favières (42) 187 F5
Saint-Cyr-de-Salerne (27) 34 D5
Saint-Cyr-de-Valorges (42) 187 H6
Saint-Cyr-des-Gâts (85) 160 D3
Saint-Cyr-du-Bailleul (50) 80 E1
Saint-Cyr-du-Doret (17) 177 G1
Saint-Cyr-du-Gault (41) 128 B2
Saint-Cyr-du-Ronceray (14) 55 F1
Saint-Cyr-en-Arthies (95) 57 J1
Saint-Cyr-en-Bourg (49) 144 C1
Saint-Cyr-en-Pail (53) 82 A3
Saint-Cyr-en-Talmondais (85) 159 J4
Saint-Cyr-en-Val (45) 110 B5
Saint-Cyr-la-Campagne (27) 35 H4
Saint-Cyr-la-Lande (79) 144 C3
Saint-Cyr-la-Rivière (91) 86 C4
Saint-Cyr-la-Roche (19) 215 H3
Saint-Cyr-la-Rosière (61) 83 J4
Saint-Cyr-le-Chatoux (69) 187 K4
Saint-Cyr-le-Gravelais (53) 104 C2
Saint-Cyr-l'École (78) 58 B4
Saint-Cyr-les-Champagnes (24) 215 G1
Saint-Cyr-les-Colons (89) 113 H6
Saint-Cyr-les-Vignes (42) 205 F3
Saint-Cyr-Montmalin (39) 155 J4
Saint-Cyr-sous-Dourdan (91) 86 B1
Saint-Cyr-sur-le-Rhône (69) 206 B5
Saint-Cyr-sur-Loire (37) 127 J4
Saint-Cyr-sur-Menthon (01) 188 D1
Saint-Cyr-sur-Mer (83) 297 G5
Saint-Cyr-sur-Morin (77) 60 C3
Saint-Cyran-du-Jambot (36) 146 E3
Saint-Dalmas-le-Selvage (06) 261 F2
Saint-Daunès (46) 249 H3
Saint-Denis (11) 289 K4
Saint-Denis (30) 255 J4
Saint-Denis (89) 88 D5
Saint-Denis (93) 58 E2
Saint-Denis-Catus (46) 233 G6
Saint-Denis-Combarnazat (63) 185 H5
Saint-Denis-d'Aclon (76) 15 J2
Saint-Denis-d'Anjou (53) 105 H5
Saint-Denis-d'Augerons (27) 55 G2
Saint-Denis-d'Authou (28) 84 B4
Saint-Denis-de-Cabanne (42) 187 G2
Saint-Denis-de-Gastines (53) 80 E4
Saint-Denis-de-Jouhet (36) 166 A4
Saint-Denis-de-l'Hôtel (45) 110 C4
Saint-Denis-de-Mailloc (14) 34 A6
Saint-Denis-de-Méré (14) 53 H3
Saint-Denis-de-Palin (18) 149 H5
Saint-Denis-de-Pile (33) 212 B6
Saint-Denis-de-Vaux (71) 153 J6
Saint-Denis-de-Villenette (61) 81 H2
Saint-Denis-des-Coudrais (72) 83 G6
Saint-Denis-des-Monts (27) 35 F4
Saint-Denis-des-Murs (87) 199 H2
Saint-Denis-des-Puits (28) 84 D3
Saint-Denis-d'Oléron (17) 176 B4
Saint-Denis-d'Orques (72) 105 K2
Saint-Denis-du-Béhélan (27) 56 B3
Saint-Denis-du-Maine (53) 105 H3
Saint-Denis-du-Payré (85) 159 K5
Saint-Denis-du-Pin (17) 177 K5
Saint-Denis-en-Bugey (01) 189 H5
Saint-Denis-en-Margeride (48) 237 J3
Saint-Denis-en-Val (45) 110 A4
Saint-Denis-la-Chevasse (85) 142 A5
Saint-Denis-le-Ferment (27) 36 D3
Saint-Denis-le-Gast (50) 31 F5
Saint-Denis-le-Thiboult (76) 36 A2
Saint-Denis-le-Vêtu (50) 30 E5
Saint-Denis-lès-Bourg (01) 189 G2
Saint-Denis-lès-Martel (46) 233 K1
Saint-Denis-les-Ponts (28) 108 E2
Saint-Denis-lès-Rebais (77) 60 C4
Saint-Denis-Maisoncelles (14) 31 K5
Saint-Denis-sur-Coise (42) 205 G4
Saint-Denis-sur-Huisne (61) 83 H2
Saint-Denis-sur-Loire (41) 129 F2
Saint-Denis-sur-Ouanne (89) 112 C5
Saint-Denis-sur-Sarthon (61) 82 B2
Saint-Denis-sur-Scie (76) 15 K4
Saint-Deniscourt (60) 17 G5
Saint-Denoeux (62) 4 D6
Saint-Denoual (22) 49 K6
Saint-Derrien (29) 46 D4
Saint-Désert (71) 171 H1
Saint-Désir (14) 33 K5
Saint-Désirat (07) 222 B2
Saint-Désiré (03) 167 F4
Saint-Dézéry (30) 275 F1
Saint-Didier (21) 134 C5
Saint-Didier (35) 79 K4
Saint-Didier (39) 173 F1
Saint-Didier (58) 133 G5
Saint-Didier (84) 276 E1
Saint-Didier-au-Mont-d'Or (69) 206 A1
Saint-Didier-d'Allier (43) 220 A6
Saint-Didier-d'Aussiat (01) 172 B6
Saint-Didier-de-Bizonnes (38) 207 F5
Saint-Didier-de-Formans (01) 188 C5
Saint-Didier-de-la-Tour (38) 207 H4
Saint-Didier-des-Bois (27) 35 H4
Saint-Didier-en-Bresse (71) 154 C5
Saint-Didier-en-Brionnais (71) 170 C6
Saint-Didier-en-Donjon (03) 169 K6
Saint-Didier-en-Velay (43) 221 G2
Saint-Didier-la-Forêt (03) 185 H2
Saint-Didier-sous-Aubenas (07) 239 H5
Saint-Didier-sous-Écouves (61) 82 C1
Saint-Didier-sous-Riverie (69) 205 J4
Saint-Didier-sur-Arroux (71) 152 D6
Saint-Didier-sur-Beaujeu (69) 187 K3
Saint-Didier-sur-Chalaronne (01) 188 C2
Saint-Didier-sur-Doulon (43) 219 J2
Saint-Didier-sur-Rochefort (42) 204 A2
Saint-Dié (88) 95 J4
Saint-Dier-d'Auvergne (63) 203 H3
Saint-Diéry (63) 202 C5
Saint-Dionizy (30) 275 F4
Saint-Disdier (05) 242 C3
Saint-Divy (29) 46 B6
Saint-Dizant-du-Bois (17) 195 G6
Saint-Dizant-du-Gua (17) 195 F6
Saint-Dizier (52) 63 J6
Saint-Dizier-en-Diois (26) 241 J6
Saint-Dizier-la-Tour (23) 183 G3
Saint-Dizier-les-Domaines (23) 182 E1
Saint-Dizier-l'Évêque (90) 139 J2
Saint-Dizier-Leyrenne (23) 182 B4
Saint-Dolay (56) 102 B5
Saint-Domet (23) 183 H4
Saint-Domineuc (35) 78 E1
Saint-Donan (22) 49 F6
Saint-Donat (63) 201 K6
Saint-Donat-sur-l'Herbasse (26) 222 D4
Saint-Dos (64) 283 G2
Saint-Doulchard (18) 149 G2
Saint-Drézéry (34) 274 D5
Saint-Dyé-sur-Loire (41) 129 G1
Saint-Ebremond-de-Bonfossé (50) 31 G4
Saint-Edmond (71) 187 G2
Saint-Égrève (38) 224 A2
Saint-Elier (27) 56 B2
Saint-Éliph (28) 84 C3
Saint-Élix (32) 286 E2
Saint-Élix-le-Château (31) 287 J5
Saint-Élix-Séglan (31) 287 F6
Saint-Élix-Theux (32) 286 B3
Saint-Ellier-du-Maine (53) 80 C3
Saint-Ellier-les-Bois (61) 82 B2
Saint-Éloi (01) 189 F5
Saint-Éloi (23) 182 C4
Saint-Éloi (58) 150 E4
Saint-Éloi-de-Fourques (27) 35 F4
Saint-Eloy (29) 74 D1
Saint-Éloy-d'Allier (03) 166 E4
Saint-Éloy-de-Gy (18) 149 G2
Saint-Éloy-la-Glacière (63) 203 J5
Saint-Éloy-les-Mines (63) 184 C3
Saint-Éloy-les-Tuileries (19) 199 F6
Saint-Éman (28) 84 D4
Saint-Émiland (71) 153 G5
Saint-Émilion (33) 230 B1
Saint-Ennemond (03) 169 F2
Saint-Épain (37) 145 J2
Saint-Epvre (57) 66 C1
Saint-Erblon (35) 79 G5
Saint-Erblon (53) 104 B5
Saint-Erme-Outre-
et-Ramecourt (02) 40 D1
Saint-Escobille (91) 86 B3
Saint-Esteben (64) 282 E3
Saint-Estèphe (24) 197 K4
Saint-Estèphe (33) 211 F2
Saint-Estève (66) 310 B6
Saint-Estève-Janson (13) 277 H5
Saint-Étienne (42) 205 G6
Saint-Étienne-à-Arnes (08) 41 K3
Saint-Étienne-au-Mont (62) 2 A6
Saint-Étienne-au-Temple (51) 62 D1
Saint-Étienne-aux-Clos (19) 201 H5
Saint-Étienne-Cantalès (15) 235 F1
Saint-Étienne-d'Albagnan (34) 291 G1
Saint-Étienne-de-Baïgorry (64) 263 E4
Saint-Étienne-de-Boulogne (07) 239 J4
Saint-Étienne-de-Brillouet (85) 160 C3
Saint-Étienne-de-Carlat (15) 235 J1
Saint-Étienne-de-Chigny (37) 127 G5
Saint-Étienne-de-Chomeil (15) 217 K2
Saint-Étienne-de-Crossey (38) 207 J6
Saint-Étienne-de-Cuines (73) 225 G1
Saint-Étienne-de-Fontbellon (07) 239 H5
Saint-Étienne-de-Fougères (47) 248 B2
Saint-Étienne-de-Fursac (23) 181 K3
Saint-Étienne-de-Gourgas (34) 273 G4
Saint-Étienne-de-Lisse (33) 230 C1
Saint-Étienne-de-l'Olm (30) 255 H6
Saint-Étienne-de-Lugdarès (07) 238 D4
Saint-Étienne-de-Maurs (15) 235 F4
Saint-Étienne-de-Mer-Morte (44) 141 G4
Saint-Étienne-de-Montluc (44) 122 E3
Saint-Étienne-de-Puycorbier (24) 213 G5
Saint-Étienne-de-Saint-Geoirs (38) 223 G1
Saint-Étienne-de-Serre (07) 239 J2
Saint-Étienne-de-Tinée (06) 261 F3
Saint-Étienne-de-Tulmont (82) 269 H1
Saint-Étienne-de-Valoux (07) 222 B3
Saint-Étienne-de-Vicq (03) 185 K3
Saint-Étienne-de-Villeréal (47) 232 A5
Saint-Étienne-des-Champs (63) 201 J1
Saint-Étienne-des-Guérets (41) 128 C2
Saint-Étienne-des-Oullières (69) 188 A4
Saint-Étienne-des-Sorts (30) 256 D4
Saint-Étienne-d'Orthe (40) 262 E6
Saint-Étienne-du-Bois (01) 189 G1
Saint-Étienne-du-Bois (85) 141 H5
Saint-Étienne-du-Grès (13) 276 A4
Saint-Étienne-du-Gué-de-l'Isle (22) 77 G5
Saint-Étienne-du-Rouvray (76) 35 H3
Saint-Étienne-du-Valdonnez (48) 254 B1
Saint-Étienne-du-Vauvray (27) 35 J4
Saint-Étienne-du-Vigan (43) 238 B3
Saint-Étienne-en-Bresse (71) 172 B1
Saint-Étienne-en-Coglès (35) 51 K6
Saint-Étienne-en-Dévoluy (05) 242 D3
Saint-Etienne-Estréchoux (34) 272 D5
Saint-Étienne-la-Cigogne (79) 178 A3
Saint-Étienne-la-Geneste (19) 201 F6
Saint-Étienne-la-Thillaye (14) 33 J3
Saint-Étienne-la-Varenne (69) 188 A4
Saint-Étienne-l'Allier (27) 34 C4
Saint-Étienne-Lardeyrol (43) 220 D5
Saint-Étienne-le-Laus (05) 243 F6
Saint-Étienne-le-Molard (42) 204 D2
Saint-Étienne-les-Orgues (04) 258 E6
Saint-Étienne-lès-Remiremont (88) 119 F1
Saint-Étienne-Roilaye (60) 39 F3
Saint-Étienne-sous-Bailleul (27) 36 A6
Saint-Étienne-sous-Barbuise (10) 90 B2
Saint-Étienne-sur-Blesle (43) 218 E2
Saint-Étienne-sur-Chalaronne (01) 188 C3
Saint-Étienne-sur-Reyssouze (01) 172 B5
Saint-Étienne-sur-Suippe (51) 41 F2
Saint-Étienne-sur-Usson (63) 203 G5
Saint-Étienne-Vallée-
Française (48) 254 E5
Saint-Eugène (02) 61 F1
Saint-Eugène (17) 195 K5
Saint-Eugène (71) 170 C1
Saint-Eulien (51) 63 J5
Saint-Euphraise-et-Clairizet (51) 40 D5
Saint-Euphrône (21) 134 E3
Saint-Eusèbe (71) 171 F1
Saint-Eusèbe (74) 190 D5
Saint-Eusèbe-en-Champsaur (05) 242 E3
Saint-Eustache (74) 208 D1
Saint-Eustache-la-Forêt (76) 14 D6
Saint-Eutrope (16) 196 D6
Saint-Eutrope-de-Born (47) 231 K5
Saint-Evarzec (29) 98 D2
Saint-Evroult-de-Montfort (61) 55 F4
Saint-Evroult-Notre-
Dame-du-Bois (61) 55 G4
Saint-Exupéry (33) 230 B5
Saint-Exupéry-les-Roches (19) 201 G5
Saint-Fargeau (89) 132 B1
Saint-Fargeau-Ponthierry (77) 87 G2
Saint-Fargeol (03) 184 A3
Saint-Faust (64) 284 C4
Saint-Félicien (07) 221 K5
Saint-Féliu-d'Amont (66) 310 A6
Saint-Féliu-d'Avall (66) 315 F2
Saint-Félix (03) 185 K2
Saint-Félix (16) 212 D1
Saint-Félix (17) 177 J3
Saint-Félix (46) 234 E5
Saint-Félix (60) 37 J3
Saint-Félix (74) 208 C1
Saint-Félix-de-Bourdeilles (24) 197 J6
Saint-Félix-de-Foncaude (33) 230 C4
Saint-Félix-de-l'Héras (34) 273 F3
Saint-Félix-de-Lodez (34) 273 H5
Saint-Félix-de-Lunel (12) 235 J6
Saint-Félix-de-Pallières (30) 274 C1
Saint-Félix-de-Reillac-
et-Mortemart (24) 214 C6
Saint-Félix-de-Rieutord (09) 307 J2
Saint-Félix-de-Sorgues (12) 272 C3
Saint-Félix-de-Tournegat (09) 307 K1
Saint-Félix-de-Villadeix (24) 231 K1
Saint-Félix-Lauragais (31) 289 G3
Saint-Fergeux (08) 21 J6
Saint-Ferjeux (70) 138 E2
Saint-Ferme (33) 230 D4
Saint-Ferréol (31) 286 E4
Saint-Ferréol (74) 209 F1
Saint-Ferréol-d'Auroure (43) 221 F1
Saint-Ferréol-des-Côtes (63) 203 K5
Saint-Ferréol-Trente-Pas (26) 257 J1
Saint-Ferriol (11) 308 E4
Saint-Fiacre (22) 48 D6
Saint-Fiacre (77) 60 A3
Saint-Fiacre-sur-Maine (44) 123 H5
Saint-Fiel (23) 182 D2
Saint-Firmin (05) 242 D2
Saint-Firmin (54) 94 A2
Saint-Firmin (58) 151 G3
Saint-Firmin (71) 153 G6
Saint-Firmin-des-Bois (45) 111 K3
Saint-Firmin-des-Prés (41) 108 C5
Saint-Firmin-sur-Loire (45) 131 J2
Saint-Flavy (10) 89 H3
Saint-Florent (2B) 317 C5
Saint-Florent (45) 131 F1
Saint-Florent-des-Bois (85) 159 J2
Saint-Florent-le-Vieil (49) 124 C4
Saint-Florent-sur-Auzonnet (30) 255 H4
Saint-Florent-sur-Cher (18) 149 F4
Saint-Florentin (36) 148 B3
Saint-Florentin (89) 113 H3
Saint-Floret (63) 202 D5
Saint-Floris (62) 5 K4
Saint-Flour (15) 218 E5
Saint-Flour (63) 203 H3
Saint-Flour-de-Mercoire (48) 238 B4
Saint-Flovier (37) 146 D4
Saint-Floxel (50) 29 F4
Saint-Folquin (62) 3 F2
Saint-Fons (69) 206 B2
Saint-Forgeot (71) 153 F4
Saint-Forget (78) 58 B5
Saint-Forgeux (69) 205 G1
Saint-Forgeux-Lespinasse (42) 186 D3
Saint-Fort (53) 105 F5
Saint-Fort-sur-Gironde (17) 195 F5
Saint-Fort-sur-le-Né (16) 195 K4
Saint-Fortunat-sur-Eyrieux (07) 240 A2
Saint-Fraigne (16) 178 E5
Saint-Fraimbault (61) 81 F2
Saint-Fraimbault-de-Prières (53) 81 G4
Saint-Frajou (31) 287 F4
Saint-Franc (73) 207 K5
Saint-Franchy (58) 151 G2
Saint-François-de-Sales (73) 208 C2
Saint-François-Lacroix (57) 27 K4
Saint-François-Longchamp (73) 209 F6
Saint-Frégant (29) 46 B4
Saint-Fréjoux (19) 201 G5
Saint-Frézal-d'Albuges (48) 238 B6
Saint-Frézal-de-Ventalon (48) 254 E3
Saint-Frichoux (11) 290 D5
Saint-Frion (23) 200 E1
Saint-Fromond (50) 31 H2
Saint-Front (16) 179 H6
Saint-Front (43) 220 E6
Saint-Front-d'Alemps (24) 214 B2
Saint-Front-de-Pradoux (24) 213 G5
Saint-Front-la-Rivière (24) 197 K6
Saint-Front-sur-Lémance (47) 232 C5
Saint-Front-sur-Nizonne (24) 197 J5
Saint-Froult (17) 176 E5
Saint-Fulgent (85) 142 B5
Saint-Fulgent-des-Ormes (61) 83 G4
Saint-Fuscien (80) 18 B3
Saint-Gabriel-Brécy (14) 32 C3
Saint-Gal (48) 237 H4
Saint-Gal-sur-Sioule (63) 184 E3
Saint-Galmier (42) 205 F4
Saint-Gand (70) 137 J2
Saint-Ganton (35) 102 E3
Saint-Gatien-des-Bois (14) 33 K3
Saint-Gaudens (31) 305 K1
Saint-Gaudent (86) 179 H3
Saint-Gaudéric (11) 308 C1
Saint-Gaultier (36) 165 F3
Saint-Gauzens (81) 270 B4
Saint-Gein (40) 265 J3
Saint-Gelais (79) 161 H5
Saint-Gelven (22) 76 C3
Saint-Gély-du-Fesc (34) 274 B5
Saint-Génard (79) 178 D2
Saint-Gence (87) 181 F6
Saint-Généroux (79) 144 C5
Saint-Genès-Champanelle (63) 202 C3
Saint-Genès-Champespe (63) 218 A1
Saint-Genès-de-Blaye (33) 211 G3
Saint-Genès-de-Castillon (33) 230 C1
Saint-Genès-de-Fronsac (33) 211 K5
Saint-Genès-de-Lombaud (33) 229 J3
Saint-Genès-du-Retz (63) 185 G4
Saint-Genès-la-Tourette (63) 203 H5
Saint-Genest (03) 184 A2
Saint-Genest (88) 94 E3
Saint-Genest-d'Ambière (86) 145 G6
Saint-Genest-de-Beauzon (07) 255 H1
Saint-Genest-de-Contest (81) 270 E4
Saint-Genest-Lachamp (07) 239 H2
Saint-Genest-Lerpt (42) 205 F6
Saint-Genest-Malifaux (42) 221 H1
Saint-Genest-sur-Roselle (87) 199 G3
Saint-Geneys-près-
Saint-Paulien (43) 220 B4
Saint-Gengoulph (02) 39 H6
Saint-Gengoux-de-Scissé (71) 171 J4
Saint-Gengoux-le-National (71) 171 H3
Saint-Geniès (24) 215 F6
Saint-Geniès-Bellevue (31) 269 H5
Saint-Geniès-de-Comolas (30) 256 D6
Saint-Geniès-de-Fontedit (34) 291 K2
Saint-Geniès-de-Malgoirès (30) 275 F2
Saint-Geniès-de-Varensal (34) 272 C5
Saint-Geniès-des-Mourgues (34) 274 D5
Saint-Geniez (04) 259 G3
Saint-Geniez-d'Olt (12) 253 F1
Saint-Geniez-ô-Merle (19) 216 D5
Saint-Genis (05) 258 E2
Saint-Genis-de-Saintonge (17) 195 G5
Saint-Génis-des-Fontaines (66) 315 H4
Saint-Genis-d'Hiersac (16) 196 C2
Saint-Genis-du-Bois (33) 230 B4
Saint-Genis-l'Argentière (69) 205 H3
Saint-Genis-Laval (69) 206 A3
Saint-Genis-les-Ollières (69) 205 K2
Saint-Genis-Pouilly (01) 190 E1
Saint-Genis-sur-Menthon (01) 188 E1
Saint-Genix-sur-Guiers (73) 207 J4
Saint-Genou (36) 147 G5
Saint-Genouph (37) 127 H5
Saint-Geoire-en-Valdaine (38) 207 J5
Saint-Geoirs (38) 223 G1
Saint-Georges (15) 218 E6
Saint-Georges (16) 179 H5
Saint-Georges (32) 268 B5
Saint-Georges (47) 248 E1
Saint-Georges (57) 67 H5
Saint-Georges (62) 9 J2
Saint-Georges (82) 250 C4
Saint-Georges-Antignac (17) 195 H5
Saint-Georges-Armont (25) 139 F4
Saint-Georges-Blancaneix (24) 231 G1
Saint-Georges-Buttavent (53) 81 F4
Saint-Georges-d'Annebecq (61) 53 K6
Saint-Georges-d'Aunay (14) 53 G1
Saint-Georges-d'Aurac (43) 219 J4
Saint-Georges-de-Baroille (42) 204 D1
Saint-Georges-de-Bohon (50) 31 F1
Saint-Georges-de-Chesné (35) 80 A4
Saint-Georges-de-Commiers (38) 224 A5
Saint-Georges-de-Didonne (17) 194 C3
Saint-Georges-de-Gréhaigne (35) 51 H4
Saint-Georges-de-la-Couée (72) 107 H5
Saint-Georges-de-la-Rivière (50) 28 B6
Saint-Georges-de-Lévéjac (48) 253 J3
Saint-Georges-de-Livoye (50) 52 B4
Saint-Georges-de-
Longuepierre (17) 178 B4
Saint-Georges-de-Luzençon (12) 253 F6
Saint-Georges-de-Mons (63) 184 C6
Saint-Georges-de-Montaigu (85) 142 A4
Saint-Georges-de-Montclard (24) 231 K1
Saint-Georges-de-Noisné (79) 161 K4
Saint-Georges-de-Pointindoux (85) 159 G2
Saint-Georges-de-Poisieux (18) 167 G2
Saint-Georges-de-
Reintembault (35) 80 A1
Saint-Georges-de-Reneins (69) 188 B4
Saint-Georges-de-Rex (79) 177 J1
Saint-Georges-de-Rouelley (50) 53 F6
Saint-Georges-d'Elle (50) 31 J3
Saint-Georges-des-Agoûts (17) 211 G1
Saint-Georges-des-Coteaux (17) 195 F2
Saint-Georges-des-Gardes (49) 143 G1
Saint-Georges-des-
Groseillers (61) 53 H4
Saint-Georges-des-Hurtières (73) 209 F5
Saint-Georges-des-Sept-Voies (49) 125 J5
Saint-Georges-d'Espéranche (38) 206 D4
Saint-Georges-d'Oléron (17) 176 B4
Saint-Georges-d'Orques (34) 274 B6
Saint-Georges-du-Bois (17) 177 H3
Saint-Georges-du-Bois (49) 125 K3
Saint-Georges-du-Bois (72) 106 D3
Saint-Georges-du-Mesnil (27) 34 C4
Saint-Georges-du-Rosay (72) 83 G6
Saint-Georges-du-Vièvre (27) 34 D4
Saint-Georges-en-Auge (14) 54 D1
Saint-Georges-en-Couzan (42) 204 B3
Saint-Georges-Haute-Ville (42) 204 D5
Saint-Georges-la-Pouge (23) 182 E5
Saint-Georges-Lagricol (43) 220 C2
Saint-Georges-le-Fléchard (53) 105 H2
Saint-Georges-le-Gaultier (72) 82 B4
Saint-Georges-lès-
Baillargeaux (86) 163 F2
Saint-Georges-les-Bains (07) 240 B2
Saint-Georges-les-Landes (87) 164 E6
Saint-Georges-Montcocq (50) 31 H3
Saint-Georges-Motel (27) 57 F4
Saint-Georges-Nigremont (23) 201 F1
Saint-Georges-sur-Allier (63) 202 E3
Saint-Georges-sur-Arnon (36) 148 D4
Saint-Georges-sur-Baulche (89) 113 F5
Saint-Georges-sur-Cher (41) 128 C5
Saint-Georges-sur-Erve (53) 81 K6
Saint-Georges-sur-Eure (28) 85 F3
Saint-Georges-sur-Fontaine (76) 16 A6
Saint-Georges-sur-la-Prée (18) 148 C1
Saint-Georges-sur-l'Aa (59) 3 F2
Saint-Georges-sur-Layon (49) 143 K1
Saint-Georges-sur-Loire (49) 124 E4
Saint-Georges-sur-Moulon (18) 149 G1
Saint-Georges-sur-Renon (01) 188 E3
Saint-Geours-d'Auribat (40) 264 D4
Saint-Geours-de-Maremne (40) 262 D5
Saint-Gérand (56) 76 E5
Saint-Gérand-de-Vaux (03) 169 F6
Saint-Gérand-le-Puy (03) 185 K2
Saint-Géraud (47) 230 E5
Saint-Géraud-de-Corps (24) 213 F6
Saint-Géréon (44) 124 A4

Saint-Germain (07) 239 H6
Saint-Germain (10) 90 A5
Saint-Germain (54) 94 C2
Saint-Germain (70) 118 E5
Saint-Germain (86) 164 A3
Saint-Germain-au-Mont-d'Or (69) 188 C6
Saint-Germain-Beaupré (23) 182 A1
Saint-Germain-Chassenay (58) 169 F1
Saint-Germain-d'Anxure (53) 81 F5
Saint-Germain-d'Arcé (72) 126 E1
Saint-Germain-d'Aunay (61) 55 G2
Saint-Germain-de-Belvès (24) 232 D3
Saint-Germain-de-Calberte (48) 254 E4
Saint-Germain-de-Clairefeuille (61) 54 E5
Saint-Germain-de-Confolens (16) 180 B4
Saint-Germain-de-Coulamer (53) 82 A5
Saint-Germain-de-Fresney (27) 56 E2
Saint-Germain-de-Grave (33) 230 A5
Saint-Germain-de-Joux (01) 190 B2
Saint-Germain-de-la-Coudre (61) 83 H5
Saint-Germain-de-la-Grange (78) 58 A4
Saint-Germain-de-la-Rivière (33) 211 K6
Saint-Germain-de-Livet (14) 33 K6
Saint-Germain-de-Longue-Chaume (79) 161 J1
Saint-Germain-de-Lusignan (17) 195 H6
Saint-Germain-de-Marencennes (17) 177 G3
Saint-Germain-de-Martigny (61) 83 G1
Saint-Germain-de-Modéon (21) 134 B5
Saint-Germain-de-Montbron (16) 197 G4
Saint-Germain-de-Montgommery (14) 54 E2
Saint-Germain-de-Pasquier (27) 35 G4
Saint-Germain-de-Prinçay (85) 160 C1
Saint-Germain-de-Salles (03) 185 G3
Saint-Germain-de-Tallevende-la-Lande-Vaumont (14) 52 E4
Saint-Germain-de-Tournebut (50) 28 E4
Saint-Germain-de-Varreville (50) 29 G5
Saint-Germain-de-Vibrac (17) 195 K6
Saint-Germain-d'Ectot (14) 32 B5
Saint-Germain-d'Elle (50) 31 J3
Saint-Germain-des-Angles (27) 35 J6
Saint-Germain-des-Bois (18) 149 H5
Saint-Germain-des-Bois (58) 133 F5
Saint-Germain-des-Champs (89) 133 K4
Saint-Germain-des-Essourts (76) 16 B6
Saint-Germain-des-Fossés (03) 185 J2
Saint-Germain-des-Grois (61) 84 A3
Saint-Germain-des-Prés (24) 214 D2
Saint-Germain-des-Prés (45) 111 K3
Saint-Germain-des-Prés (49) 124 D4
Saint-Germain-des-Prés (81) 289 J1
Saint-Germain-des-Vaux (50) 28 A1
Saint-Germain-d'Esteuil (33) 210 E2
Saint-Germain-d'Étables (76) 16 A2
Saint-Germain-du-Bel-Air (46) 233 H5
Saint-Germain-du-Bois (71) 172 D1
Saint-Germain-du-Corbéis (61) 82 C3
Saint-Germain-du-Crioult (14) 53 G3
Saint-Germain-du-Pert (14) 29 H6
Saint-Germain-du-Pinel (35) 104 B2
Saint-Germain-du-Plain (71) 172 A1
Saint-Germain-du-Puch (33) 229 K2
Saint-Germain-du-Puy (18) 149 H3
Saint-Germain-du-Salembre (24) 213 H4
Saint-Germain-du-Seudre (17) 195 F5
Saint-Germain-du-Teil (48) 253 H1
Saint-Germain-en-Brionnais (71) 170 D6
Saint-Germain-en-Coglès (35) 80 A3
Saint-Germain-en-Laye (78) 58 C3
Saint-Germain-en-Montagne (39) 156 B6
Saint-Germain-et-Mons (24) 231 J2
Saint-Germain-la-Blanche-Herbe (14) 32 D5
Saint-Germain-la-Campagne (27) 55 G1
Saint-Germain-la-Chambotte (73) 208 B1
Saint-Germain-la-Montagne (42) 187 H2
Saint-Germain-la-Poterie (60) 37 G2
Saint-Germain-la-Ville (51) 62 E3
Saint-Germain-l'Aiguiller (85) 160 D1
Saint-Germain-Langot (14) 53 K2
Saint-Germain-Laprade (43) 220 D5
Saint-Germain-Laval (42) 204 C1
Saint-Germain-Laval (77) 88 A3
Saint-Germain-Lavolps (19) 200 E4
Saint-Germain-Laxis (77) 87 H1
Saint-Germain-le-Châtelet (90) 119 J5
Saint-Germain-le-Fouilloux (53) 80 E6
Saint-Germain-le-Gaillard (28) 84 E3
Saint-Germain-le-Gaillard (50) 28 B4
Saint-Germain-le-Guillaume (53) 80 E5
Saint-Germain-le-Rocheux (21) 115 G6
Saint-Germain-le-Vasson (14) 53 K1
Saint-Germain-le-Vieux (61) 55 F6
Saint-Germain-Lembron (63) 202 E6
Saint-Germain-lès-Arlay (39) 155 H6
Saint-Germain-lès-Arpajon (91) 86 D1
Saint-Germain-les-Belles (87) 199 H4
Saint-Germain-lès-Buxy (71) 171 J1
Saint-Germain-lès-Corbeil (91) 59 F6
Saint-Germain-les-Paroisses (01) 207 J1
Saint-Germain-lès-Senailly (21) 134 D2
Saint-Germain-les-Vergnes (19) 215 K2
Saint-Germain-Lespinasse (42) 186 D3
Saint-Germain-l'Herm (63) 203 H6
Saint-Germain-près-Herment (63) 201 H3
Saint-Germain-Source-Seine (21) 135 H3
Saint-Germain-sous-Cailly (76) 16 A6
Saint-Germain-sous-Doue (77) 60 C3
Saint-Germain-sur-Avre (27) 56 E4
Saint-Germain-sur-Ay (50) 30 C1
Saint-Germain-sur-Bresle (80) 17 F3
Saint-Germain-sur-Eaulne (76) 16 D3
Saint-Germain-sur-École (77) 87 G2
Saint-Germain-sur-Ille (35) 79 G2
Saint-Germain-sur-l'Arbresle (69) 205 J1
Saint-Germain-sur-Meuse (55) 65 F5
Saint-Germain-sur-Moine (49) 142 C2
Saint-Germain-sur-Morin (77) 59 K3
Saint-Germain-sur-Renon (01) 188 E3
Saint-Germain-sur-Rhône (74) 190 C3
Saint-Germain-sur-Sarthe (72) 82 D5
Saint-Germain-sur-Sèves (50) 30 E2
Saint-Germain-sur-Vienne (37) 144 E1
Saint-Germain-Village (27) 34 C3
Saint-Germainmont (08) 41 G1
Saint-Germé (32) 266 A5
Saint-Germer-de-Fly (60) 36 E2
Saint-Germier (31) 288 E2
Saint-Germier (32) 268 B5
Saint-Germier (79) 162 B4
Saint-Germier (81) 270 E5
Saint-Géron (43) 219 G2
Saint-Gérons (15) 235 F1
Saint-Gervais (30) 256 C4
Saint-Gervais (33) 211 J5
Saint-Gervais (38) 223 J3
Saint-Gervais (85) 140 D4
Saint-Gervais (95) 36 E5
Saint-Gervais-d'Auvergne (63) 184 C4
Saint-Gervais-de-Vic (72) 107 K4
Saint-Gervais-des-Sablons (61) 54 D3
Saint-Gervais-du-Perron (61) 82 D1
Saint-Gervais-en-Belin (72) 106 E4
Saint-Gervais-en-Vallière (71) 154 B4
Saint-Gervais-la-Forêt (41) 129 F2
Saint-Gervais-les-Bains (74) 192 B5
Saint-Gervais-les-Trois-Clochers (86) 145 H5
Saint-Gervais-sous-Meymont (63) 203 J3
Saint-Gervais-sur-Couches (71) 153 H4
Saint-Gervais-sur-Mare (34) 272 D6
Saint-Gervais-sur-Roubion (26) 240 C5
Saint-Gervasy (30) 275 H3
Saint-Gervazy (63) 219 F1
Saint-Géry (24) 213 G6
Saint-Géry (46) 250 B1
Saint-Geyrac (24) 214 C5
Saint-Gibrien (51) 62 C2
Saint-Gildas (22) 76 E1
Saint-Gildas-de-Rhuys (56) 120 E2
Saint-Gildas-des-Bois (44) 102 C6
Saint-Gilles (30) 275 H5
Saint-Gilles (35) 78 E3
Saint-Gilles (36) 165 F4
Saint-Gilles (50) 31 G3
Saint-Gilles (51) 40 B4
Saint-Gilles (71) 153 J5
Saint-Gilles-Croix-de-Vie (85) 158 D1
Saint-Gilles-de-Crétot (76) 15 F6
Saint-Gilles-de-la-Neuville (76) 14 D6
Saint-Gilles-des-Marais (61) 53 F6
Saint-Gilles-du-Mené (22) 77 J3
Saint-Gilles-les-Bois (22) 48 D4
Saint-Gilles-les-Forêts (87) 199 K4
Saint-Gilles-Pligeaux (22) 76 D2
Saint-Gilles-Vieux-Marché (22) 76 E3
Saint-Gineis-en-Coiron (07) 239 J5
Saint-Gingolph (74) 175 J5
Saint-Girod (73) 208 C1
Saint-Girons (09) 306 D3
Saint-Girons (64) 264 D6
Saint-Girons-d'Aiguevives (33) 211 H4
Saint-Gladie-Arrive-Munein (64) 283 H3
Saint-Glen (22) 77 J2
Saint-Goazec (29) 75 G4
Saint-Gobain (02) 20 A5
Saint-Gobert (02) 20 E3
Saint-Goin (64) 263 K5
Saint-Gondon (45) 131 G1
Saint-Gondran (35) 78 E2
Saint-Gonlay (35) 78 C4
Saint-Gonnery (56) 77 F5
Saint-Gor (40) 246 C6
Saint-Gorgon (56) 102 A4
Saint-Gorgon (88) 95 F3
Saint-Gorgon-Main (25) 156 E3
Saint-Gouéno (22) 77 H3
Saint-Gourgon (41) 128 B1
Saint-Gourson (16) 179 H5
Saint-Goussaud (23) 182 A4
Saint-Gratien (80) 18 C1
Saint-Gratien (95) 58 D2
Saint-Gratien-Savigny (58) 151 J5
Saint-Gravé (56) 102 A3
Saint-Grégoire (35) 79 G4
Saint-Grégoire (81) 271 F2
Saint-Grégoire-d'Ardennes (17) 195 H5
Saint-Grégoire-du-Vièvre (27) 34 D4
Saint-Griède (32) 266 B4
Saint-Groux (16) 179 G6
Saint-Guen (22) 76 E4
Saint-Guilhem-le-Désert (34) 273 J5
Saint-Guillaume (38) 223 K6
Saint-Guinoux (35) 50 E4
Saint-Guiraud (34) 273 H5
Saint-Guyomard (56) 101 H4
Saint-Haon (43) 238 B2
Saint-Haon-le-Châtel (42) 186 D4
Saint-Haon-le-Vieux (42) 186 D4
Saint-Héand (42) 205 G5
Saint-Hélen (22) 50 D5
Saint-Hélier (21) 135 G4
Saint-Hellier (76) 16 A4
Saint-Herblain (44) 123 F4
Saint-Herblon (44) 124 B4
Saint-Hérent (63) 202 E6
Saint-Hernin (29) 75 H3
Saint-Hervé (22) 77 F3
Saint-Hilaire (03) 168 B4
Saint-Hilaire (11) 309 F1
Saint-Hilaire (25) 138 C4
Saint-Hilaire (31) 288 A3
Saint-Hilaire (38) 224 C1
Saint-Hilaire (43) 219 H1
Saint-Hilaire (46) 234 E3
Saint-Hilaire (63) 184 A4
Saint-Hilaire (91) 86 C3
Saint-Hilaire-au-Temple (51) 62 D1
Saint-Hilaire-Bonneval (87) 199 G3
Saint-Hilaire-Cottes (62) 5 H5
Saint-Hilaire-Cusson-la-Valmitte (42) 220 D1
Saint-Hilaire-de-Beauvoir (34) 274 D4
Saint-Hilaire-de-Brens (38) 207 F3
Saint-Hilaire-de-Brethmas (30) 255 H6
Saint-Hilaire-de-Briouze (61) 53 K5
Saint-Hilaire-de-Chaléons (44) 122 D5
Saint-Hilaire-de-Clisson (44) 123 J6
Saint-Hilaire-de-Court (18) 148 D1
Saint-Hilaire-de-Gondilly (18) 150 B3
Saint-Hilaire-de-la-Côte (38) 207 F6
Saint-Hilaire-de-la-Noaille (33) 230 D5
Saint-Hilaire-de-Lavit (48) 254 E4
Saint-Hilaire-de-Loulay (85) 142 A3
Saint-Hilaire-de-Lusignan (47) 248 A4
Saint-Hilaire-de-Riez (85) 140 E6
Saint-Hilaire-de-Villefranche (17) 177 K6
Saint-Hilaire-de-Voust (85) 161 F3
Saint-Hilaire-des-Landes (35) 79 K1
Saint-Hilaire-des-Loges (85) 161 F4
Saint-Hilaire-d'Estissac (24) 213 J6
Saint-Hilaire-d'Ozilhan (30) 275 K1
Saint-Hilaire-du-Bois (17) 195 H6
Saint-Hilaire-du-Bois (33) 230 C4
Saint-Hilaire-du-Harcouët (50) 52 C6
Saint-Hilaire-du-Maine (53) 80 D5
Saint-Hilaire-du-Rosier (38) 223 F4
Saint-Hilaire-en-Lignières (18) 166 D1
Saint-Hilaire-en-Morvan (58) 152 B3
Saint-Hilaire-en-Woëvre (55) 44 B6
Saint-Hilaire-Foissac (19) 216 E2
Saint-Hilaire-Fontaine (58) 169 H1
Saint-Hilaire-la-Croix (63) 184 E4
Saint-Hilaire-la-Forêt (85) 159 G4
Saint-Hilaire-la-Gérard (61) 54 D6
Saint-Hilaire-la-Gravelle (41) 108 D4
Saint-Hilaire-la-Palud (79) 177 H1
Saint-Hilaire-la-Plaine (23) 182 E3
Saint-Hilaire-la-Treille (87) 181 H2
Saint-Hilaire-le-Château (23) 182 D5
Saint-Hilaire-le-Châtel (61) 83 H1
Saint-Hilaire-le-Grand (51) 41 K5
Saint-Hilaire-le-Lierru (72) 107 H1
Saint-Hilaire-le-Petit (51) 41 J4
Saint-Hilaire-le-Vouhis (85) 160 B1
Saint-Hilaire-les-Andrésis (45) 112 B2
Saint-Hilaire-les-Courbes (19) 200 A4
Saint-Hilaire-les-Monges (63) 201 J1
Saint-Hilaire-les-Places (87) 198 E4
Saint-Hilaire-lez-Cambrai (59) 12 C4
Saint-Hilaire-Luc (19) 217 F1
Saint-Hilaire-Petitville (50) 31 G1
Saint-Hilaire-Peyroux (19) 215 K3
Saint-Hilaire-Saint-Mesmin (45) 109 K4
Saint-Hilaire-sous-Charlieu (42) 187 G3
Saint-Hilaire-sous-Romilly (10) 89 G2
Saint-Hilaire-sur-Benaize (36) 164 C3
Saint-Hilaire-sur-Erre (61) 83 K4
Saint-Hilaire-sur-Helpe (59) 13 G4
Saint-Hilaire-sur-Puiseaux (45) 111 H4
Saint-Hilaire-sur-Risle (61) 55 H5
Saint-Hilaire-sur-Yerre (28) 108 E2
Saint-Hilaire-Taurieux (19) 216 B5
Saint-Hilarion (78) 57 J6
Saint-Hilliers (77) 60 D6
Saint-Hippolyte (12) 235 K4
Saint-Hippolyte (15) 218 A3
Saint-Hippolyte (17) 177 F5
Saint-Hippolyte (25) 139 H4
Saint-Hippolyte (33) 230 B2
Saint-Hippolyte (37) 146 E3
Saint-Hippolyte (66) 310 C5
Saint-Hippolyte (68) 71 A6
Saint-Hippolyte-de-Caton (30) 255 J6
Saint-Hippolyte-de-Montaigu (30) 275 J1
Saint-Hippolyte-du-Fort (30) 274 B2
Saint-Hippolyte-le-Graveyron (84) 257 H5
Saint-Honoré (38) 224 B6
Saint-Honoré (76) 16 A3
Saint-Honoré-les-Bains (58) 152 A5
Saint-Hostien (43) 220 D5
Saint-Hubert (57) 27 J6
Saint-Huruge (71) 171 G3
Saint-Hymer (14) 33 K4
Saint-Hymetière (39) 173 G6
Saint-Igeaux (22) 76 C3
Saint-Igest (12) 251 G2
Saint-Ignan (31) 286 D6
Saint-Ignat (63) 185 H6
Saint-Igny-de-Roche (71) 187 H2
Saint-Igny-de-Vers (69) 187 J2
Saint-Illide (15) 217 G5
Saint-Illiers-la-Ville (78) 57 G2
Saint-Illiers-le-Bois (78) 57 G2
Saint-Ilpize (43) 219 H3
Saint-Imoges (51) 40 E6
Saint-Inglevert (62) 2 B3
Saint-Ismier (38) 224 B2
Saint-Izaire (12) 271 K2
Saint-Jacques (04) 279 H1
Saint-Jacques-d'Aliermont (76) 16 B2
Saint-Jacques-d'Ambur (63) 184 C6
Saint-Jacques-d'Atticieux (07) 221 K1
Saint-Jacques-de-la-Lande (35) 79 F5
Saint-Jacques-de-Néhou (50) 28 C5
Saint-Jacques-de-Thouars (79) 144 B4
Saint-Jacques-des-Arrêts (69) 188 A1
Saint-Jacques-des-Blats (15) 218 A5
Saint-Jacques-des-Guérets (41) 107 K5
Saint-Jacques-en-Valgodemard (05) 242 E2
Saint-Jacques-sur-Darnétal (76) 35 J2
Saint-Jacut-de-la-Mer (22) 50 B3
Saint-Jacut-du-Mené (22) 77 J3
Saint-Jacut-les-Pins (56) 102 A3
Saint-Jal (19) 215 K1
Saint-James (50) 51 K5
Saint-Jammes (64) 284 E3
Saint-Jans-Cappel (59) 6 A2
Saint-Jean (31) 269 H5
Saint-Jean-aux-Amognes (58) 151 F4
Saint-Jean-aux-Bois (08) 21 K4
Saint-Jean-aux-Bois (60) 38 E3
Saint-Jean-Bonnefonds (42) 205 G6
Saint-Jean-Brévelay (56) 101 G3
Saint-Jean-Cap-Ferrat (06) 281 H4
Saint-Jean-Chambre (07) 239 J1
Saint-Jean-d'Aigues-Vives (09) 308 B3
Saint-Jean-d'Alcapiès (12) 272 C2
Saint-Jean-d'Angély (17) 177 K5
Saint-Jean-d'Angle (17) 194 D1
Saint-Jean-d'Ardières (69) 188 B3
Saint-Jean-d'Arves (73) 225 G2
Saint-Jean-d'Arvey (73) 208 C4
Saint-Jean-d'Assé (72) 82 D6
Saint-Jean-d'Ataux (24) 213 H4
Saint-Jean-d'Aubrigoux (43) 220 B1
Saint-Jean-d'Aulps (74) 192 A1
Saint-Jean-d'Avelanne (38) 207 K5
Saint-Jean-de-Barrou (11) 310 B3
Saint-Jean-de-Bassel (57) 67 H3
Saint-Jean-de-Beauregard (91) 58 C6
Saint-Jean-de-Belleville (73) 209 H5
Saint-Jean-de-Beugné (85) 160 B3
Saint-Jean-de-Blaignac (33) 230 B2
Saint-Jean-de-Boeuf (21) 153 K1
Saint-Jean-de-Boiseau (44) 123 F4
Saint-Jean-de-Bonneval (10) 90 A6
Saint-Jean-de-Bournay (38) 206 D5
Saint-Jean-de-Braye (45) 110 B4
Saint-Jean-de-Buèges (34) 273 K3
Saint-Jean-de-Ceyrargues (30) 255 J6
Saint-Jean-de-Chevelu (73) 208 A2
Saint-Jean-de-Côle (24) 198 B6
Saint-Jean-de-Cornies (34) 274 D4
Saint-Jean-de-Couz (73) 208 A5
Saint-Jean-de-Crieulon (30) 274 D2
Saint-Jean-de-Cuculles (34) 274 B4
Saint-Jean-de-Daye (50) 31 H2
Saint-Jean-de-Duras (47) 231 F4
Saint-Jean-de-Folleville (76) 14 E6
Saint-Jean-de-Fos (34) 273 J5
Saint-Jean-de-Gonville (01) 190 D1
Saint-Jean-de-la-Blaquière (34) 273 H5
Saint-Jean-de-la-Croix (49) 125 G4
Saint-Jean-de-la-Forêt (61) 83 J4
Saint-Jean-de-la-Haize (50) 51 K2
Saint-Jean-de-la-Léqueraye (27) 34 C4
Saint-Jean-de-la-Motte (72) 106 C6
Saint-Jean-de-la-Neuville (76) 14 D6
Saint-Jean-de-la-Porte (73) 208 D4
Saint-Jean-de-la-Rivière (50) 28 B5
Saint-Jean-de-la-Ruelle (45) 110 A4
Saint-Jean-de-Laur (46) 250 E2
Saint-Jean-de-Lier (40) 264 D3
Saint-Jean-de-Linières (49) 125 F3
Saint-Jean-de-Liversay (17) 177 G1
Saint-Jean-de-Livet (14) 33 K6
Saint-Jean-de-Losne (21) 154 E2
Saint-Jean-de-Luz (64) 263 B1
Saint-Jean-de-Marcel (81) 251 J6
Saint-Jean-de-Marsacq (40) 262 D5
Saint-Jean-de-Maruéjols-et-Avéjan (30) 255 J4
Saint-Jean-de-Maurienne (73) 225 G2
Saint-Jean-de-Minervois (34) 291 G3
Saint-Jean-de-Moirans (38) 223 J1
Saint-Jean-de-Monts (85) 140 D5
Saint-Jean-de-Muzols (07) 222 B5
Saint-Jean-de-Nay (43) 220 A5
Saint-Jean-de-Niost (01) 206 E1
Saint-Jean-de-Paracol (11) 308 D3
Saint-Jean-de-Rebervilliers (28) 84 E1
Saint-Jean-de-Rives (81) 270 A5
Saint-Jean-de-Sauves (86) 144 E5
Saint-Jean-de-Savigny (50) 31 J2
Saint-Jean-de-Serres (30) 274 D1
Saint-Jean-de-Sixt (74) 191 J5
Saint-Jean-de-Soudain (38) 207 G4
Saint-Jean-de-Tholome (74) 191 H3
Saint-Jean-de-Thouars (79) 144 B4
Saint-Jean-de-Thurac (47) 248 C5
Saint-Jean-de-Thurigneux (01) 188 D5
Saint-Jean-de-Touslas (69) 205 J4
Saint-Jean-de-Trézy (71) 153 H6
Saint-Jean-de-Valériscle (30) 255 H4
Saint-Jean-de-Vals (81) 271 F5
Saint-Jean-de-Vaulx (38) 224 B5
Saint-Jean-de-Vaux (71) 153 J6
Saint-Jean-de-Védas (34) 293 G1
Saint-Jean-de-Verges (09) 307 J2
Saint-Jean-Delnous (12) 271 H1
Saint-Jean-des-Baisants (50) 31 J3
Saint-Jean-des-Bois (61) 53 F5
Saint-Jean-des-Champs (50) 51 J1
Saint-Jean-des-Échelles (72) 107 J1
Saint-Jean-des-Essartiers (14) 31 K4
Saint-Jean-des-Mauvrets (49) 125 H4
Saint-Jean-des-Ollières (63) 203 G4
Saint-Jean-des-Vignes (69) 188 B6
Saint-Jean-d'Estissac (24) 213 J5
Saint-Jean-d'Étreux (39) 172 E5
Saint-Jean-devant-Possesse (51) 63 H3
Saint-Jean-d'Eyraud (24) 213 H6
Saint-Jean-d'Hérans (38) 242 B1
Saint-Jean-d'Heurs (63) 203 G1
Saint-Jean-d'Illac (33) 229 F2
Saint-Jean-d'Ormont (88) 95 J3
Saint-Jean-du-Bois (72) 106 B4
Saint-Jean-du-Bouzet (82) 268 B1
Saint-Jean-du-Bruel (12) 273 G1
Saint-Jean-du-Cardonnay (76) 35 H1
Saint-Jean-du-Castillonnais (09) 306 B3
Saint-Jean-du-Corail (50) 52 D6
Saint-Jean-du-Corail-des-Bois (50) 52 B4
Saint-Jean-du-Doigt (29) 47 G3
Saint-Jean-du-Falga (09) 307 J1
Saint-Jean-du-Gard (30) 254 E6
Saint-Jean-du-Pin (30) 255 G5
Saint-Jean-du-Thenney (27) 55 G1
Saint-Jean-en-Royans (26) 223 G5
Saint-Jean-en-Val (63) 203 F5
Saint-Jean-et-Saint-Paul (12) 272 C2
Saint-Jean-Froidmentel (41) 108 D3
Saint-Jean-Kerdaniel (22) 48 D5
Saint-Jean-Kourtzerode (57) 70 A1
Saint-Jean-la-Bussière (69) 187 H5
Saint-Jean-la-Fouillouse (48) 238 A4
Saint-Jean-la-Poterie (56) 102 B4
Saint-Jean-la-Vêtre (42) 204 A2
Saint-Jean-Lachalm (43) 238 A1
Saint-Jean-Lagineste (46) 234 B2
Saint-Jean-Lasseille (66) 315 G3
Saint-Jean-le-Blanc (14) 53 G2
Saint-Jean-le-Blanc (45) 110 A4
Saint-Jean-le-Centenier (07) 239 J5
Saint-Jean-le-Comtal (32) 286 C1
Saint-Jean-le-Thomas (50) 51 J2
Saint-Jean-le-Vieux (01) 189 H4
Saint-Jean-le-Vieux (38) 224 C3
Saint-Jean-le-Vieux (64) 282 E5
Saint-Jean-lès-Buzy (55) 44 B5
Saint-Jean-les-Deux-Jumeaux (77) 60 A2
Saint-Jean-lès-Longuyon (54) 26 A3
Saint-Jean-Lespinasse (46) 234 B2
Saint-Jean-Lherm (31) 269 J5
Saint-Jean-Ligoure (87) 199 F3
Saint-Jean-Mirabel (46) 234 E5
Saint-Jean-Pied-de-Port (64) 282 D5
Saint-Jean-Pierre-Fixte (28) 84 A5
Saint-Jean-Pla-de-Corts (66) 315 F4
Saint-Jean-Pourge (64) 284 E1
Saint-Jean-Poutge (32) 267 F5
Saint-Jean-Rohrbach (57) 68 B4
Saint-Jean-Roure (07) 239 H1
Saint-Jean-Saint-Germain (37) 146 D3
Saint-Jean-Saint-Gervais (63) 219 G1
Saint-Jean-Saint-Maurice-sur-Loire (42) 186 E5
Saint-Jean-Saint-Nicolas (05) 243 G4
Saint-Jean-Saverne (67) 70 B1
Saint-Jean-Soleymieux (42) 204 C5
Saint-Jean-sur-Couesnon (35) 79 K2
Saint-Jean-sur-Erve (53) 105 J2
Saint-Jean-sur-Mayenne (53) 81 F6
Saint-Jean-sur-Moivre (51) 63 F3
Saint-Jean-sur-Reyssouze (01) 172 B5
Saint-Jean-sur-Tourbe (51) 42 B5
Saint-Jean-sur-Veyle (01) 188 D1
Saint-Jean-sur-Vilaine (35) 79 K4
Saint-Jean-Trolimon (29) 98 B3
Saint-Jeannet (04) 278 E1
Saint-Jeannet (06) 281 F3
Saint-Jeanvrin (18) 166 D3
Saint-Jeoire (74) 191 J2
Saint-Jeoire-Prieuré (73) 208 C4
Saint-Jeure-d'Andaure (07) 221 H5
Saint-Jeure-d'Ay (07) 222 A4
Saint-Jeures (43) 221 F5
Saint-Joachim (44) 122 A2
Saint-Jodard (42) 187 F6
Saint-Joire (55) 64 D6
Saint-Jores (50) 30 E1
Saint-Jorioz (74) 191 F6
Saint-Jory (31) 269 G4
Saint-Jory-de-Chalais (24) 198 B5
Saint-Jory-las-Bloux (24) 214 C1
Saint-Joseph (42) 205 J4
Saint-Joseph (50) 28 D3
Saint-Joseph-de-Rivière (38) 207 K6
Saint-Joseph-des-Bancs (07) 239 H3
Saint-Josse (62) 4 B6
Saint-Jouan-de-l'Isle (22) 78 B2
Saint-Jouan-des-Guérets (35) 50 D4
Saint-Jouin (14) 33 H4
Saint-Jouin-Bruneval (76) 14 B5
Saint-Jouin-de-Blavou (61) 83 G3

Saint-Jouin-de-Marnes (79) 144 C5
Saint-Jouin-de-Milly (79) 161 F1
Saint-Jouvent (87) 181 G5
Saint-Juan (25) 138 D5
Saint-Judoce (22) 78 D1
Saint-Juéry (12) 271 K2
Saint-Juéry (48) 236 E2
Saint-Juéry (81) 270 E2
Saint-Juire-Champgillon (85) 160 B3
Saint-Julia (31) 289 G2
Saint-Julia-de-Bec (11) 309 F4
Saint-Julien (21) 136 B4
Saint-Julien (22) 77 F1
Saint-Julien (31) 287 J5
Saint-Julien (34) 291 H1
Saint-Julien (39) 173 F5
Saint-Julien (69) 188 A4
Saint-Julien (83) 278 C4
Saint-Julien (88) 117 J2
Saint-Julien-aux-Bois (19) 216 E4
Saint-Julien-Beychevelle (33) 211 F3
Saint-Julien-Boutières (07) 221 G6
Saint-Julien-Chapteuil (43) 220 E5
Saint-Julien-d'Ance (43) 220 C2
Saint-Julien-d'Armagnac (40) 266 A1
Saint-Julien-d'Arpaon (48) 254 C3
Saint-Julien-d'Asse (04) 278 E2
Saint-Julien-de-Bourdeilles (24) 213 J1
Saint-Julien-de-Briola (11) 289 G6
Saint-Julien-de-Cassagnas (30) 255 H4
Saint-Julien-de-Chédon (41) 128 D5
Saint-Julien-de-Civry (71) 170 D6
Saint-Julien-de-Concelles (44) 123 J3
Saint-Julien-de-Coppel (63) 203 F3
Saint-Julien-de-Crempse (24) 231 J1
Saint-Julien-de-Gras-Capou (09) 308 B2
Saint-Julien-de-Jonzy (71) 187 F2
Saint-Julien-de-la-Liègue (27) 35 K6
Saint-Julien-de-la-Nef (30) 273 K2
Saint-Julien-de-Lampon (24) 233 G2
Saint-Julien-de-l'Escap (17) 177 K5
Saint-Julien-de-l'Herms (38) 206 D6
Saint-Julien-de-Mailloc (14) 34 A6
Saint-Julien-de-Peyrolas (30) 256 B3
Saint-Julien-de-Raz (38) 223 K1
Saint-Julien-de-Toursac (15) 235 F3
Saint-Julien-de-Vouvantes (44) 124 A1
Saint-Julien-des-Chazes (43) 219 K5
Saint-Julien-des-Landes (85) 159 F2
Saint-Julien-des-Points (48) 255 F4
Saint-Julien-d'Eymet (24) 231 H3
Saint-Julien-d'Oddes (42) 204 C1
Saint-Julien-du-Gua (07) 239 H3
Saint-Julien-du-Pinet (43) 220 D4
Saint-Julien-du-Puy (81) 270 D4
Saint-Julien-du-Sault (89) 112 D2
Saint-Julien-du-Serre (07) 239 H4
Saint-Julien-du-Terroux (53) 81 J2
Saint-Julien-du-Tournel (48) 254 C1
Saint-Julien-du-Verdon (04) 279 K1
Saint-Julien-en-Beauchêne (05) 242 A4
Saint-Julien-en-Born (40) 244 C6
Saint-Julien-en-Champsaur (05) 243 F4
Saint-Julien-en-Genevois (74) 190 E2
Saint-Julien-en-Quint (26) 241 G2
Saint-Julien-en-Saint-Alban (07) 240 A3
Saint-Julien-en-Vercors (26) 223 H5
Saint-Julien-Gaulène (81) 271 G1
Saint-Julien-la-Geneste (63) 184 B4
Saint-Julien-la-Genête (23) 183 K3
Saint-Julien-la-Vêtre (42) 204 A1
Saint-Julien-Labrousse (07) 239 J1
Saint-Julien-l'Ars (86) 163 G3
Saint-Julien-le-Châtel (23) 183 H3
Saint-Julien-le-Faucon (14) 33 J6
Saint-Julien-le-Pèlerin (19) 216 E6
Saint-Julien-le-Petit (87) 199 K1
Saint-Julien-le-Roux (07) 240 A2
Saint-Julien-le-Vendômois (19) 199 F6
Saint-Julien-lès-Gorze (54) 65 H1
Saint-Julien-lès-Metz (57) 45 F5
Saint-Julien-lès-Montbéliard (25) 139 G2
Saint-Julien-les-Rosiers (30) 255 H5
Saint-Julien-lès-Russey (25) 139 G6
Saint-Julien-les-Villas (10) 90 B5
Saint-Julien-Maumont (19) 216 A5
Saint-Julien-Molhesabate (43) 221 H3
Saint-Julien-Molin-Molette (42) 221 K2
Saint-Julien-Mont-Denis (73) 225 H2
Saint-Julien-près-Bort (19) 217 H1
Saint-Julien-Puy-Lavèze (63) 201 K3
Saint-Julien-sous-les-Côtes (55) 65 F3
Saint-Julien-sur-Bibost (69) 205 H1
Saint-Julien-sur-Calonne (14) 33 K3
Saint-Julien-sur-Cher (41) 129 J6
Saint-Julien-sur-Dheune (71) 153 H6
Saint-Julien-sur-Reyssouze (01) 172 C5
Saint-Julien-sur-Sarthe (61) 83 F2
Saint-Julien-sur-Veyle (01) 188 D2
Saint-Julien-Vocance (07) 221 J3
Saint-Junien (87) 180 D6
Saint-Junien-la-Bregère (23) 182 C6
Saint-Junien-les-Combes (87) 181 F4
Saint-Jure (57) 66 A2
Saint-Jurs (04) 279 F2
Saint-Just (01) 189 G2
Saint-Just (07) 256 C3
Saint-Just (15) 237 F2
Saint-Just (18) 149 H4
Saint-Just (24) 213 J2
Saint-Just (27) 36 B6
Saint-Just (34) 274 E5
Saint-Just (35) 102 D3
Saint-Just (63) 204 A6
Saint-Just-Chaleyssin (38) 206 C4
Saint-Just-d'Avray (69) 187 J5
Saint-Just-de-Claix (38) 223 G5
Saint-Just-en-Bas (42) 204 B2
Saint-Just-en-Brie (77) 88 B1
Saint-Just-en-Chaussée (60) 38 A1
Saint-Just-en-Chevalet (42) 186 C6
Saint-Just-et-le-Bézu (11) 309 F4
Saint-Just-et-Vacquières (30) 255 J5
Saint-Just-Ibarre (64) 283 F5
Saint-Just-la-Pendue (42) 187 G6
Saint-Just-le-Martel (87) 199 G1
Saint-Just-Luzac (17) 194 C1
Saint-Just-Malmont (43) 221 G1
Saint-Just-près-Brioude (43) 219 G3
Saint-Just-Saint-Rambert (42) 204 E5
Saint-Just-Sauvage (51) 89 H1
Saint-Just-sur-Dive (49) 144 C1
Saint-Just-sur-Viaur (12) 251 K5
Saint-Justin (32) 285 J2
Saint-Justin (40) 265 K1
Saint-Juvat (22) 78 D1
Saint-Juvin (08) 42 D3
Saint-Lactencin (36) 147 H5
Saint-Lager (69) 188 B3
Saint-Lager-Bressac (07) 240 A4
Saint-Lamain (39) 155 H6
Saint-Lambert (14) 53 H2
Saint-Lambert (78) 58 B5
Saint-Lambert-du-Lattay (49) 125 F5
Saint-Lambert-et-
Mont-de-Jeux (08) 42 A1
Saint-Lambert-la-Potherie (49) 125 F3
Saint-Lambert-sur-Dive (61) 54 D4
Saint-Langis-lès-Mortagne (61) 83 H2
Saint-Lanne (65) 266 B6
Saint-Laon (86) 144 D4
Saint-Lary (09) 306 B3
Saint-Lary (32) 267 H5
Saint-Lary-Boujean (31) 286 E5
Saint-Lary-Soulan (65) 304 E4
Saint-Lattier (38) 223 F4
Saint-Launeuc (22) 77 K4
Saint-Laure (63) 185 H6
Saint-Laurent (08) 22 D3
Saint-Laurent (18) 148 E1
Saint-Laurent (22) 48 C4
Saint-Laurent (23) 182 E3
Saint-Laurent (31) 287 F4
Saint-Laurent (47) 247 K4
Saint-Laurent (58) 132 A5
Saint-Laurent (74) 191 H3
Saint-Laurent-Blangy (62) 11 F2
Saint-Laurent-Bretagne (64) 284 E3
Saint-Laurent-Chabreuges (43) 219 G2
Saint-Laurent-d'Agny (69) 205 K3
Saint-Laurent-d'Aigouze (30) 275 F6
Saint-Laurent-d'Andenay (71) 171 F1
Saint-Laurent-d'Arce (33) 211 J5
Saint-Laurent-de-Belzagot (16) 212 E1
Saint-Laurent-de-Brèvedent (76) 14 C6
Saint-Laurent-de-Carnols (30) 256 B4
Saint-Laurent-de-Cerdans (66) 314 E6
Saint-Laurent-de-Céris (16) 179 K5
Saint-Laurent-de-Chamousset (69) 205 G2
Saint-Laurent-de-Cognac (16) 195 J3
Saint-Laurent-de-Condel (14) 53 J1
Saint-Laurent-de-Cuves (50) 52 C4
Saint-Laurent-de-Gosse (40) 282 D1
Saint-Laurent-de-Jourdes (86) 163 H5
Saint-Laurent-de-la-Barrière (17) 177 H4
Saint-Laurent-de-
la-Cabrerisse (11) 309 K1
Saint-Laurent-de-la-Plaine (49) 124 E5
Saint-Laurent-de-la-Prée (17) 176 E4
Saint-Laurent-de-la-Salanque (66) 310 C5
Saint-Laurent-de-la-Salle (85) 160 C3
Saint-Laurent-de-Lévézou (12) 253 F4
Saint-Laurent-de-Lin (37) 126 E3
Saint-Laurent-de-Mure (69) 206 C3
Saint-Laurent-de-Muret (48) 237 F5
Saint-Laurent-de-Neste (65) 305 G1
Saint-Laurent-de-Terregatte (50) 52 A6
Saint-Laurent-de-Trèves (48) 254 C4
Saint-Laurent-de-Vaux (69) 205 J2
Saint-Laurent-de-Veyrès (48) 236 E3
Saint-Laurent-des-Arbres (30) 256 D6
Saint-Laurent-des-Autels (49) 124 A5
Saint-Laurent-des-Bâtons (24) 214 A6
Saint-Laurent-des-Bois (27) 56 E3
Saint-Laurent-des-Bois (41) 109 F5
Saint-Laurent-des-Combes (16) 212 D1
Saint-Laurent-des-Combes (33) 230 B1
Saint-Laurent-des-Hommes (24) 213 F5
Saint-Laurent-des-Mortiers (53) 105 G5
Saint-Laurent-des-Vignes (24) 231 H2
Saint-Laurent-d'Oingt (69) 187 K5
Saint-Laurent-d'Olt (12) 253 G1
Saint-Laurent-d'Onay (26) 222 E3
Saint-Laurent-du-Bois (33) 230 B4
Saint-Laurent-du-Cros (05) 242 E4
Saint-Laurent-du-Mont (14) 33 H5
Saint-Laurent-du-Mottay (49) 124 C5
Saint-Laurent-du-Pape (07) 240 B2
Saint-Laurent-du-Plan (33) 230 B5
Saint-Laurent-du-Pont (38) 207 K6
Saint-Laurent-du-Tencement (27) 55 G3
Saint-Laurent-du-Var (06) 281 G4
Saint-Laurent-du-Verdon (04) 278 E4
Saint-Laurent-en-Beaumont (38) 242 C1
Saint-Laurent-en-Brionnais (71) 187 G1
Saint-Laurent-en-Caux (76) 15 H4
Saint-Laurent-en-Gâtines (37) 127 K2
Saint-Laurent-en-Grandvaux (39) 174 A3
Saint-Laurent-en-Royans (26) 223 G5
Saint-Laurent-la-Conche (42) 204 E3
Saint-Laurent-la-Gâtine (28) 57 G5
Saint-Laurent-la-Roche (39) 173 F3
Saint-Laurent-la-Vallée (24) 232 E3
Saint-Laurent-la-Vernède (30) 256 A5
Saint-Laurent-le-Minier (30) 273 K2
Saint-Laurent-les-Bains (07) 238 D5
Saint-Laurent-les-Églises (87) 181 K5
Saint-Laurent-les-Tours (46) 234 C2
Saint-Laurent-Lolmie (46) 249 H3
Saint-Laurent-Médoc (33) 210 E4
Saint-Laurent-Nouan (41) 109 H6
Saint-Laurent-Rochefort (42) 204 B2
Saint-Laurent-sous-Coiron (07) 239 J5
Saint-Laurent-sur-Gorre (87) 198 C2
Saint-Laurent-sur-Manoire (24) 214 B4
Saint-Laurent-sur-Mer (14) 29 K6
Saint-Laurent-sur-Othain (55) 26 A4
Saint-Laurent-sur-Oust (56) 101 K4
Saint-Laurent-sur-Saône (01) 188 C1
Saint-Laurent-sur-Sèvre (85) 142 E4
Saint-Laurs (79) 161 G4
Saint-Léger (06) 261 F6
Saint-Léger (16) 196 D6
Saint-Léger (17) 195 G3
Saint-Léger (47) 247 J3
Saint-Léger (53) 105 H1
Saint-Léger (62) 11 F4
Saint-Léger (73) 209 F5
Saint-Léger (77) 60 D4
Saint-Léger-aux-Bois (60) 39 F1
Saint-Léger-aux-Bois (76) 16 E3
Saint-Léger-Bridereix (23) 182 A1
Saint-Léger-de-Balson (33) 246 A1
Saint-Léger-de-Fougeret (58) 152 B3
Saint-Léger-de-la-Martinière (79) 178 D2
Saint-Léger-de-Montbrillais (86) 144 D3
Saint-Léger-de-Montbrun (79) 144 C4
Saint-Léger-de-Peyre (48) 237 G5
Saint-Léger-de-Rôtes (27) 34 D6
Saint-Léger-des-Aubées (28) 85 J3
Saint-Léger-des-Bois (49) 125 F3
Saint-Léger-des-Prés (35) 51 G6
Saint-Léger-des-Vignes (58) 151 G6
Saint-Léger-du-Bois (71) 153 G3
Saint-Léger-du-Bourg-Denis (76) 35 J2
Saint-Léger-du-Gennetey (27) 34 E4
Saint-Léger-du-Malzieu (48) 237 G2
Saint-Léger-du-Ventoux (84) 257 J4
Saint-Léger-Dubosq (14) 33 H4
Saint-Léger-en-Bray (60) 37 G2
Saint-Léger-en-Yvelines (78) 57 J5
Saint-Léger-la-Montagne (87) 181 J4
Saint-Léger-le-Guérétois (23) 182 C3
Saint-Léger-le-Petit (18) 150 C2
Saint-Léger-lès-Authie (80) 10 C5
Saint-Léger-lès-Domart (80) 9 J6
Saint-Léger-les-Mélèzes (05) 243 F4
Saint-Léger-lès-Paray (71) 170 C4
Saint-Léger-les-Vignes (44) 123 F5
Saint-Léger-Magnazeix (87) 181 H1
Saint-Léger-près-Troyes (10) 90 B5
Saint-Léger-sous-Beuvray (71) 152 D5
Saint-Léger-sous-Brienne (10) 90 E3
Saint-Léger-sous-Cholet (49) 142 E2
Saint-Léger-sous-la-Bussière (71) 187 K1
Saint-Léger-sous-Margerie (10) 90 E2
Saint-Léger-sur-Bresle (80) 17 F2
Saint-Léger-sur-Dheune (71) 153 J5
Saint-Léger-sur-Roanne (42) 186 E4
Saint-Léger-sur-Sarthe (61) 83 F2
Saint-Léger-sur-Vouzance (03) 170 A5
Saint-Léger-Triey (21) 136 D5
Saint-Léger-Vauban (89) 134 A4
Saint-Léomer (86) 164 B5
Saint-Léon (03) 169 H5
Saint-Léon (31) 288 D3
Saint-Léon (33) 230 A3
Saint-Léon (47) 247 H3
Saint-Léon-d'Issigeac (24) 231 K4
Saint-Léon-sur-l'Isle (24) 213 J4
Saint-Léon-sur-Vézère (24) 214 E6
Saint-Léonard (32) 267 K3
Saint-Léonard (51) 41 F4
Saint-Léonard (62) 2 A6
Saint-Léonard (76) 14 D4
Saint-Léonard (88) 95 J5
Saint-Léonard-de-Noblat (87) 199 H1
Saint-Léonard-des-Bois (72) 82 B4
Saint-Léonard-des-Parcs (61) 55 F6
Saint-Léonard-en-Beauce (41) 109 F5
Saint-Léons (12) 253 F4
Saint-Léopardin-d'Augy (03) 168 C2
Saint-Léry (56) 78 A4
Saint-Leu-d'Esserent (60) 38 A5
Saint-Leu-la-Forêt (95) 58 D1
Saint-Lézer (65) 285 H3
Saint-Lézin (49) 124 E6
Saint-Lieux-Lafenasse (81) 270 E4
Saint-Lieux-lès-Lavaur (81) 270 A4
Saint-Lin (79) 161 K4
Saint-Lions (04) 260 A6
Saint-Lizier (09) 306 D2
Saint-Lizier-du-Planté (32) 287 G3
Saint-Lô (50) 31 H3
Saint-Lô-d'Ourville (50) 28 C6
Saint-Lon-les-Mines (40) 262 E5
Saint-Longis (72) 83 F4
Saint-Lormel (22) 50 B4
Saint-Lothain (39) 155 J5
Saint-Loube (32) 287 H3
Saint-Loubert (33) 230 B5
Saint-Loubès (33) 229 J1
Saint-Loubouer (40) 265 H5
Saint-Louet-sur-Seulles (14) 32 B6
Saint-Louet-sur-Vire (50) 31 J5
Saint-Louis (57) 70 A2
Saint-Louis (68) 97 E4
Saint-Louis-de-Montferrand (33) 211 H6
Saint-Louis-en-l'Isle (24) 213 G5
Saint-Louis-et-Parahou (11) 309 F4
Saint-Louis-lès-Bitche (57) 69 G4
Saint-Loup (03) 168 E6
Saint-Loup (17) 177 J4
Saint-Loup (23) 183 H3
Saint-Loup (39) 154 E3
Saint-Loup (41) 129 K6
Saint-Loup (50) 52 A5
Saint-Loup (51) 61 J5
Saint-Loup (58) 132 A4
Saint-Loup (69) 187 K6
Saint-Loup (82) 248 D6
Saint-Loup-Cammas (31) 269 H5
Saint-Loup-Champagne (08) 41 G1
Saint-Loup-de-Buffigny (10) 89 G3
Saint-Loup-de-Fribois (14) 33 H6
Saint-Loup-de-Gonois (45) 111 K2
Saint-Loup-de-la-Salle (71) 154 B4
Saint-Loup-de-Naud (77) 88 C2
Saint-Loup-de-Varennes (71) 171 K1
Saint-Loup-des-Chaumes (18) 149 G6
Saint-Loup-des-Vignes (45) 111 F2
Saint-Loup-d'Ordon (89) 112 C2
Saint-Loup-du-Dorat (53) 105 J4
Saint-Loup-du-Gast (53) 81 G3
Saint-Loup-en-Comminges (31) 286 C5
Saint-Loup-Hors (14) 32 B4
Saint-Loup-Lamairé (79) 144 B6
Saint-Loup-Nantouard (70) 137 G4
Saint-Loup-sur-Aujon (52) 116 A4
Saint-Loup-sur-Semouse (70) 118 C3
Saint-Loup-Terrier (08) 22 C6
Saint-Loyer-des-Champs (61) 54 C5
Saint-Lubin-de-Cravant (28) 56 C5
Saint-Lubin-de-la-Haye (28) 57 H4
Saint-Lubin-des-Joncherets (28) 56 D4
Saint-Lubin-en-Vergonnois (41) 128 D2
Saint-Luc (27) 56 E2
Saint-Lucien (28) 57 H6
Saint-Lumier-en-Champagne (51) 63 F4
Saint-Lumier-la-Populeuse (51) 63 H5
Saint-Lumine-de-Clisson (44) 123 J6
Saint-Lumine-de-Coutais (44) 123 F6
Saint-Lunaire (35) 50 C3
Saint-Luperce (28) 84 E3
Saint-Lupicin (39) 173 J5
Saint-Lupien (10) 89 H4
Saint-Lyé (10) 90 A4
Saint-Lyé-la-Forêt (45) 110 B2
Saint-Lyphard (44) 121 K3
Saint-Lys (31) 287 J2
Saint-Macaire (33) 230 A5
Saint-Macaire-du-Bois (49) 144 A2
Saint-Macaire-en-Mauges (49) 142 D2
Saint-Maclou (27) 34 B3
Saint-Maclou-de-Folleville (76) 15 K4
Saint-Maclou-la-Brière (76) 14 E5
Saint-Macoux (86) 179 H3
Saint-Maden (22) 78 C1
Saint-Magne (33) 229 G6
Saint-Magne-de-Castillon (33) 230 C2
Saint-Maigner (63) 184 B4
Saint-Maigrin (17) 195 K6
Saint-Maime (04) 278 B2
Saint-Maime-de-Péreyrol (24) 213 K6
Saint-Maixant (23) 183 G5
Saint-Maixant (33) 230 A5
Saint-Maixent (72) 107 J1
Saint-Maixent-de-Beugné (79) 161 F4
Saint-Maixent-l'École (79) 161 K5
Saint-Maixent-sur-Vie (85) 141 F6
Saint-Maixme-Hauterive (28) 84 D1
Saint-Malo (35) 50 D3
Saint-Malo-de-Beignon (56) 78 B6
Saint-Malo-de-Guersac (44) 122 B2
Saint-Malo-de-la-Lande (50) 30 D4
Saint-Malo-de-Phily (35) 103 F1
Saint-Malo-des-
Trois-Fontaines (56) 101 J1
Saint-Malô-du-Bois (85) 142 E4
Saint-Malo-en-Donziois (58) 132 D6
Saint-Malon-sur-Mel (35) 78 C4
Saint-Mamert (69) 188 A1
Saint-Mamert-du-Gard (30) 275 F3
Saint-Mamet (31) 305 H5
Saint-Mamet-la-Salvetat (15) 235 G2
Saint-Mammès (77) 87 J4
Saint-Mandé (94) 59 F4
Saint-Mandé-sur-Brédoire (17) 178 B4
Saint-Mandrier-sur-Mer (83) 300 C5
Saint-Manvieu-Bocage (14) 52 D3
Saint-Manvieu-Norrey (14) 32 D5
Saint-Marc (15) 237 F1
Saint-Marc-à-Frongier (23) 183 F6
Saint-Marc-à-Loubaud (23) 200 C1
Saint-Marc-du-Cor (41) 108 B3
Saint-Marc-Jaumegarde (13) 296 E1
Saint-Marc-la-Lande (79) 161 J4
Saint-Marc-le-Blanc (35) 79 J1
Saint-Marc-sur-Couesnon (35) 79 K2
Saint-Marc-sur-Seine (21) 115 G6
Saint-Marcan (35) 51 G4
Saint-Marceau (08) 22 D4
Saint-Marceau (72) 82 D6
Saint-Marcel (01) 188 E5
Saint-Marcel (08) 22 B3
Saint-Marcel (27) 36 B6
Saint-Marcel (36) 165 G3
Saint-Marcel (54) 44 D5
Saint-Marcel (56) 101 J3
Saint-Marcel (70) 117 H4
Saint-Marcel (71) 154 B6
Saint-Marcel (73) 209 H4
Saint-Marcel-Bel-Accueil (38) 206 E3
Saint-Marcel-Campes (81) 251 F6
Saint-Marcel-d'Ardèche (07) 256 C3
Saint-Marcel-de-Careiret (30) 256 B5
Saint-Marcel-de-Félines (42) 187 G6
Saint-Marcel-du-Périgord (24) 232 A1
Saint-Marcel-d'Urfé (42) 186 D6
Saint-Marcel-en-Marcillat (03) 184 A3
Saint-Marcel-en-Murat (03) 184 E1
Saint-Marcel-l'Éclairé (69) 187 J6
Saint-Marcel-lès-Annonay (07) 221 K2
Saint-Marcel-lès-Sauzet (26) 240 B5
Saint-Marcel-lès-Valence (26) 222 D6
Saint-Marcel-Paulel (31) 269 J6
Saint-Marcel-sur-Aude (11) 291 H5
Saint-Marcelin-de-Cray (71) 171 G3
Saint-Marcellin (38) 223 G4
Saint-Marcellin-en-Forez (42) 204 E5
Saint-Marcellin-lès-Vaison (84) 257 H4
Saint-Marcet (31) 286 E6
Saint-Marcory (24) 232 C4
Saint-Marcouf (14) 31 J1
Saint-Marcouf (50) 29 F4
Saint-Mard (02) 40 B2
Saint-Mard (17) 177 H3
Saint-Mard (54) 94 B1
Saint-Mard (77) 59 H1
Saint-Mard (80) 19 F4
Saint-Mard-de-Réno (61) 83 J2
Saint-Mard-de-Vaux (71) 153 J6
Saint-Mard-lès-Rouffy (51) 62 B2
Saint-Mard-sur-Auve (51) 63 G1
Saint-Mard-sur-le-Mont (51) 63 H2
Saint-Mards (76) 15 J3
Saint-Mards-de-Blacarville (27) 34 C2
Saint-Mards-de-Fresne (27) 34 C6
Saint-Mards-en-Othe (10) 89 J6
Saint-Marien (23) 166 D5
Saint-Mariens (33) 211 J4
Saint-Mars-de-Coutais (44) 122 E5
Saint-Mars-de-Locquenay (72) 107 G3
Saint-Mars-d'Égrenne (61) 81 F1
Saint-Mars-d'Outillé (72) 107 F4
Saint-Mars-du-Désert (44) 123 J2
Saint-Mars-du-Désert (53) 82 A4
Saint-Mars-la-Brière (72) 107 F2
Saint-Mars-la-Jaille (44) 124 A2
Saint-Mars-la-Réorthe (85) 142 E5
Saint-Mars-sous-Ballon (72) 82 E6
Saint-Mars-sur-Colmont (53) 81 F3
Saint-Mars-sur-la-Futaie (53) 80 C2
Saint-Mars-Vieux-Maisons (77) 60 D5
Saint-Marsal (66) 314 E4
Saint-Martial (07) 239 G2
Saint-Martial (15) 236 D2
Saint-Martial (16) 212 D1
Saint-Martial (17) 178 A4
Saint-Martial (30) 274 A1
Saint-Martial (33) 230 B4
Saint-Martial-d'Albarède (24) 214 D2
Saint-Martial-d'Artenset (24) 213 F5
Saint-Martial-de-Gimel (19) 216 C3
Saint-Martial-de-Mirambeau (17) 211 H1
Saint-Martial-de-Nabirat (24) 233 F3
Saint-Martial-de-Valette (24) 197 J5
Saint-Martial-de-Vitaterne (17) 195 J5
Saint-Martial-Entraygues (19) 216 D4
Saint-Martial-le-Mont (23) 183 F4
Saint-Martial-le-Vieux (23) 201 F3
Saint-Martial-sur-Isop (87) 180 D3
Saint-Martial-sur-Né (17) 195 J4
Saint-Martial-Viveyrol (24) 213 G1
Saint-Martin (32) 286 A2
Saint-Martin (54) 67 G6
Saint-Martin (56) 102 A3
Saint-Martin (65) 285 H6
Saint-Martin (66) 309 H5
Saint-Martin (67) 70 B6
Saint-Martin (83) 278 C6
Saint-Martin-au-Bosc (76) 17 F3
Saint-Martin-au-Laërt (62) 3 G5
Saint-Martin-aux-Arbres (76) 15 H5
Saint-Martin-aux-Bois (60) 38 B1
Saint-Martin-aux-Buneaux (76) 14 E3
Saint-Martin-aux-Champs (51) 62 E4
Saint-Martin-aux-Chartrains (14) 33 K3
Saint-Martin-Belle-Roche (71) 171 K5
Saint-Martin-Bellevue (74) 191 F5
Saint-Martin-Boulogne (62) 2 A5
Saint-Martin-Cantalès (15) 217 G5
Saint-Martin-Château (23) 200 A1
Saint-Martin-Choquel (62) 2 D6
Saint-Martin-Curton (47) 247 F3
Saint-Martin-d'Abbat (45) 110 D4
Saint-Martin-d'Ablois (51) 61 J1
Saint-Martin-d'Août (26) 222 D3
Saint-Martin-d'Arberoue (64) 282 E3
Saint-Martin-d'Arc (73) 225 H2

Saint-Martin-d'Arcé (49) 126 B2
Saint-Martin-d'Ardèche (07) 256 B3
Saint-Martin-d'Armagnac (32). 266 B5
Saint-Martin-d'Arrossa (64). 282 D4
Saint-Martin-d'Ary (17) 212 B3
Saint-Martin-d'Aubigny (50) 31 F2
Saint-Martin-d'Audouville (50). 29 F4
Saint-Martin-d'Auxigny (18) 149 G1
Saint-Martin-d'Auxy (71). 171 G1
Saint-Martin-de-Bavel (01) 190 B6
Saint-Martin-de-Beauville (47) 248 D4
Saint-Martin-de-Belleville (73). 209 H6
Saint-Martin-de-Bernegoue (79) . . . 178 B2
Saint-Martin-de-
Bienfaite-la-Cressonnière (14) . . 55 F1
Saint-Martin-de-Blagny (14) 31 J2
Saint-Martin-de-Bonfossé (50) 31 G4
Saint-Martin-de-Boscherville (76) . . 35 G2
Saint-Martin-de-Bossenay (10). 89 H3
Saint-Martin-de-Boubaux (48). 255 F4
Saint-Martin-de-Bréthencourt (78) . . . 86 A2
Saint-Martin-de-Brômes (04) 278 D3
Saint-Martin-de-Caralp (09) 307 H3
Saint-Martin-de-Castillon (84). 277 J3
Saint-Martin-de-Cenilly (50) 31 F5
Saint-Martin-de-Clelles (38) 241 K2
Saint-Martin-de-Commune (71) 153 H5
Saint-Martin-de-Connée (53) 82 A5
Saint-Martin-de-Coux (17) 212 C4
Saint-Martin-de-Crau (13). 276 B5
Saint-Martin-de-Fontenay (14) 32 E5
Saint-Martin-de-Fraigneau (85). . . . 160 E5
Saint-Martin-de-Fressengeas (24). . . 198 B6
Saint-Martin-de-Fugères (43) 238 C1
Saint-Martin-de-Goyne (32) 267 H1
Saint-Martin-de-Gurson (24). 212 E6
Saint-Martin-de-Hinx (40) 262 D6
Saint-Martin-de-Juillers (17) 178 B5
Saint-Martin-de-Jussac (87) 180 E6
Saint-Martin-de-la-Brasque (84) . . . 277 J4
Saint-Martin-de-la-Cluze (38) 224 A6
Saint-Martin-de-la-Lieue (14) 33 K6
Saint-Martin-de-la-Mer (21) 134 C6
Saint-Martin-de-la-Place (49) 126 A5
Saint-Martin-de-la-Porte (73) 225 H2
Saint-Martin-de-Lamps (36) 147 J4
Saint-Martin-de-Landelles (50) 80 B1
Saint-Martin-de-Lansuscle (48). 254 D4
Saint-Martin-de-l'Arçon (34) 291 H1
Saint-Martin-de-Laye (33). 212 A5
Saint-Martin-de-Lenne (12). 253 F2
Saint-Martin-de-Lerm (33) 230 C4
Saint-Martin-de-Lixy (71) 187 G2
Saint-Martin-de-Londres (34) 274 A4
Saint-Martin-de-Mâcon (79) 144 C3
Saint-Martin-de-Mailloc (14) 34 A6
Saint-Martin-de-Mieux (14). 54 A3
Saint-Martin-de-Nigelles (28) 85 H1
Saint-Martin-de-Queyrières (05) . . . 243 K1
Saint-Martin-de-Ré (17) 176 B2
Saint-Martin-de-Ribérac (24) 213 G3
Saint-Martin-de-Saint-Maixent (79) . . 161 K5
Saint-Martin-de-Salencey (71) 171 F4
Saint-Martin-de-Sallen (14). 53 H2
Saint-Martin-de-Sanzay (79). 144 B2
Saint-Martin-de-Seignanx (40) 262 B6
Saint-Martin-de-Sescas (33). 230 B5
Saint-Martin-de-Valamas (07). 239 H1
Saint-Martin-de-Valgalgues (30) . . . 255 G5
Saint-Martin-de-Varreville (50) 29 G5
Saint-Martin-de-Vaulserre (38) 207 K5
Saint-Martin-de-Vers (46). 233 J5
Saint-Martin-de-Villeréal (47) 232 B5
Saint-Martin-de-Villereglan (11) . . . 308 E1
Saint-Martin-d'Écublei (61). 55 J4
Saint-Martin-d'Entraunes (06). 260 E4
Saint-Martin-des-Besaces (14) 31 K5
Saint-Martin-des-Bois (41) 107 K6
Saint-Martin-des-Champs (18) 150 B2
Saint-Martin-des-Champs (29) 47 G4
Saint-Martin-des-Champs (50) 51 K3
Saint-Martin-des-Champs (77) 60 D4
Saint-Martin-des-Champs (78) 57 J3
Saint-Martin-des-Champs (89) 132 B1
Saint-Martin-des-Combes (24) 213 K6
Saint-Martin-des-Entrées (14). 32 B3
Saint-Martin-des-Fontaines (85) . . . 160 D3
Saint-Martin-des-Lais (03) 169 H2
Saint-Martin-des-Landes (61) 82 B1
Saint-Martin-des-Monts (72) 107 H1
Saint-Martin-des-Noyers (85) 160 A1
Saint-Martin-des-Olmes (63). 204 A5
Saint-Martin-des-Pézerits (61) 55 G6
Saint-Martin-des-Plains (63) 203 F5
Saint-Martin-des-Prés (22) 76 E3
Saint-Martin-des-Puits (11). 309 J2
Saint-Martin-des-Tilleuls (85) 142 D3
Saint-Martin-d'Estréaux (42) 186 C2
Saint-Martin-d'Hardinghem (62) . . . 5 F4
Saint-Martin-d'Hères (38) 224 B3
Saint-Martin-d'Heuille (58) 150 E3
Saint-Martin-d'Ollières (63). 203 G6
Saint-Martin-Don (14). 31 J6
Saint-Martin-d'Oney (40) 265 F2
Saint-Martin-d'Ordon (89). 112 C2
Saint-Martin-d'Oydes (09). 288 C6
Saint-Martin-du-Bec (76) 14 B5
Saint-Martin-du-Bois (33) 212 A5
Saint-Martin-du-Bois (49) 104 E6
Saint-Martin-du-Boschet (77) 60 E5
Saint-Martin-du-Clocher (16) 179 G4
Saint-Martin-du-Fouilloux (49) 125 F4
Saint-Martin-du-Fouilloux (79) 162 A3
Saint-Martin-du-Frêne (01) 189 K3
Saint-Martin-du-Lac (71). 186 E2
Saint-Martin-du-Limet (53) 104 C4
Saint-Martin-du-Manoir (76) 14 B6
Saint-Martin-du-Mesnil-Oury (14) . . 54 D1
Saint-Martin-du-Mont (01). 189 H3
Saint-Martin-du-Mont (21). 135 H4
Saint-Martin-du-Mont (71). 172 D2
Saint-Martin-du-Puy (33) 230 C4
Saint-Martin-du-Puy (58) 133 K5
Saint-Martin-du-Tartre (71) 171 G2
Saint-Martin-du-Tertre (89) 88 D6
Saint-Martin-du-Tertre (95) 37 K6
Saint-Martin-du-Tilleul (27) 34 C6
Saint-Martin-du-Var (06) 281 F2
Saint-Martin-du-Vieux-Bellême (61). . 83 H3
Saint-Martin-du-Vivier (76) 35 J1
Saint-Martin-d'Uriage (38) 224 B3
Saint-Martin-en-Bière (77) 87 G3
Saint-Martin-en-Bresse (71) 154 C6
Saint-Martin-en-Campagne (76) . . . 16 B1
Saint-Martin-en-Gâtinois (71) 154 C4
Saint-Martin-en-Haut (69) 205 H3
Saint-Martin-en-Vercors (26). 223 H5
Saint-Martin-Gimois (32) 287 F2
Saint-Martin-la-Campagne (27). . . . 56 C1
Saint-Martin-la-Garenne (78) 57 J1
Saint-Martin-la-Méanne (19) 216 D4
Saint-Martin-la-Patrouille (71). 171 G3
Saint-Martin-la-Plaine (42) 205 J5
Saint-Martin-la-Sauveté (42). 204 B1
Saint-Martin-Labouval (46) 250 D1
Saint-Martin-Lacaussade (33). 211 G4
Saint-Martin-Laguépie (81) 251 F5
Saint-Martin-l'Aiguillon (61). 54 A6
Saint-Martin-Lalande (11) 289 H4
Saint-Martin-l'Ars (86) 180 A2
Saint-Martin-Lars-en-
Sainte-Hermine (85). 160 C3
Saint-Martin-l'Astier (24). 213 G5
Saint-Martin-le-Beau (37) 128 A5
Saint-Martin-le-Bouillant (50) 52 B4
Saint-Martin-le-Châtel (01) 189 F1
Saint-Martin-le-Colonel (26) 223 G6
Saint-Martin-le-Gaillard (76) 16 C1
Saint-Martin-le-Gréard (50). 28 C3
Saint-Martin-le-Hébert (50) 28 C4
Saint-Martin-le-Mault (87). 164 D6
Saint-Martin-le-Noeud (60) 37 G2
Saint-Martin-le-Pin (24) 197 J5
Saint-Martin-le-Redon (46) 232 D6
Saint-Martin-le-Vieil (11) 289 J4
Saint-Martin-le-Vieux (87) 198 D2
Saint-Martin-le-Vinoux (38) 224 A3
Saint-Martin-les-Eaux (04) 278 B2
Saint-Martin-lès-Langres (52) 116 C4
Saint-Martin-lès-Melle (79) 178 D2
Saint-Martin-lès-Seyne (04) 259 J1
Saint-Martin-Lestra (42) 205 F2
Saint-Martin-l'Heureux (51). 41 J4
Saint-Martin-l'Hortier (76) 16 C4
Saint-Martin-Longueau (60) 38 C3
Saint-Martin-Lys (11) 308 E5
Saint-Martin-Osmonville (76) 16 B5
Saint-Martin-Petit (47) 230 D5
Saint-Martin-Rivière (02) 12 D6
Saint-Martin-Saint-Firmin (27). 34 C4
Saint-Martin-Sainte-Catherine (23) . . 182 A5
Saint-Martin-Sepert (19) 199 H6
Saint-Martin-sous-Montaigu (71). . . . 153 K6
Saint-Martin-sous-Vigouroux (15) . . 236 B1
Saint-Martin-sur-Armançon (89) 114 B4
Saint-Martin-sur-Cojeul (62) 11 F3
Saint-Martin-sur-Écaillon (59) 12 D3
Saint-Martin-sur-la-Chambre (73) . . 209 F6
Saint-Martin-sur-Lavezon (07) 240 A4
Saint-Martin-sur-le-Pré (51) 62 D2
Saint-Martin-sur-Nohain (58) 132 A5
Saint-Martin-sur-Ocre (45) 131 H1
Saint-Martin-sur-Ocre (89) 112 D5
Saint-Martin-sur-Ouanne (89). 112 B5
Saint-Martin-Terressus (87) 181 J6
Saint-Martin-Valmeroux (15). 217 H4
Saint-Martin-Vésubie (06). 261 K5
Saint-Martinien (03) 183 K1
Saint-Martory (31) 287 G6
Saint-Mary (16) 197 G1
Saint-Mary-le-Plain (15) 218 E4
Saint-Masmes (51). 41 H3
Saint-Mathieu (87) 198 A3
Saint-Mathieu-de-Tréviers (34) 274 B4
Saint-Mathurin (85) 159 F3
Saint-Mathurin-sur-Loire (49) 125 J4
Saint-Matré (46). 249 G2
Saint-Maudan (22) 77 F5
Saint-Maudez (22) 50 B5
Saint-Maugan (35) 78 C4
Saint-Maulvis (80) 17 G2
Saint-Maur (18) 166 E3
Saint-Maur (32) 286 A2
Saint-Maur (36) 147 K6
Saint-Maur (39) 173 G2
Saint-Maur (60) 17 H5
Saint-Maur-des-Bois (50) 52 B3
Saint-Maur-des-Fossés (94). 59 F4
Saint-Maur-sur-le-Loir (28) 109 F1
Saint-Maurice (52) 116 D4
Saint-Maurice (58) 151 H2
Saint-Maurice (63) 202 E3
Saint-Maurice (67) 71 A4
Saint-Maurice (94) 59 F4
Saint-Maurice-aux-Forges (54). . . . 95 G1
Saint-Maurice-aux-
Riches-Hommes (89) 89 F4
Saint-Maurice-Colombier (25). 139 F3
Saint-Maurice-Crillat (39) 173 J3
Saint-Maurice-d'Ardèche (07) 239 H6
Saint-Maurice-de-Beynost (01) 206 C1
Saint-Maurice-de-Cazevieille (30) . . 275 F1
Saint-Maurice-de-Gourdans (01) . . 206 E1
Saint-Maurice-de-Lestapel (47). 231 J5
Saint-Maurice-de-Lignon (43) 220 E3
Saint-Maurice-de-Rémens (01). . . . 189 G5
Saint-Maurice-de-Rotherens (73) . . 207 K3
Saint-Maurice-de-Satonnay (71) . . . 171 J5
Saint-Maurice-de-Tavernole (17). . . . 195 J5
Saint-Maurice-de-Ventalon (48) . . . 254 E3
Saint-Maurice-des-Champs (71) . . . 171 G2
Saint-Maurice-des-Lions (16) 180 B5
Saint-Maurice-des-Noues (85) 160 E3
Saint-Maurice-d'Ételan (76) 34 D1
Saint-Maurice-d'Ibie (07) 239 J6
Saint-Maurice-du-Désert (61) 53 J6
Saint-Maurice-en-Chalencon (07) . . 239 K2
Saint-Maurice-en-Cotentin (50). 28 C5
Saint-Maurice-en-Gourgois (42) . . . 221 F1
Saint-Maurice-en-Quercy (46) 234 C3
Saint-Maurice-en-Rivière (71). 154 C5
Saint-Maurice-en-Trièves (38) 242 A3
Saint-Maurice-
en-Valgodemard (05) 242 E2
Saint-Maurice-la-Clouère (86). 163 F6
Saint-Maurice-la-Fougereuse (79). . . 143 J3
Saint-Maurice-la-Souterraine (23) . . 181 J2
Saint-Maurice-le-Girard (85) 160 E2
Saint-Maurice-le-Vieil (89) 112 E5
Saint-Maurice-les-Brousses (87). . . . 198 E3
Saint-Maurice-lès-Charencey (61). . . 55 K6
Saint-Maurice-
lès-Châteauneuf (71) 187 G2
Saint-Maurice-lès-Couches (71) . . . 153 H5
Saint-Maurice-l'Exil (38) 222 B1
Saint-Maurice-Montcouronne (91). . 86 C1
Saint-Maurice-Navacelles (34) 273 J3
Saint-Maurice-près-Crocq (23) 201 F1
Saint-Maurice-près-Pionsat (63). . . . 184 A4
Saint-Maurice-Saint-Germain (28) . . . 84 C2
Saint-Maurice-sous-les-Côtes (55) . . 65 F1
Saint-Maurice-sur-Adour (40) 265 H4
Saint-Maurice-sur-Aveyron (45) 112 A5
Saint-Maurice-sur-Dargoire (69) . . . 205 J4
Saint-Maurice-sur-Eygues (26) 257 G3
Saint-Maurice-sur-Fessard (45) 111 H3
Saint-Maurice-sur-Huisne (61) 83 J3
Saint-Maurice-sur-Mortagne (88) . . . 94 E3
Saint-Maurice-sur-Moselle (88). 119 H3
Saint-Maurice-sur-Vingeanne (21) . . . 136 D2
Saint-Maurice-Thizouaille (89) 112 E5
Saint-Maurin (47) 248 E4
Saint-Max (54) 66 A5
Saint-Maxent (80). 9 F6
Saint-Maximin (30). 275 H1
Saint-Maximin (38). 208 C6
Saint-Maximin (60). 38 A5
Saint-Maximin-la-
Sainte-Baume (83). 297 H2
Saint-Maxire (79) 161 H5
Saint-May (26). 257 K1
Saint-Mayeux (22) 76 D3
Saint-Méard (87) 199 H3
Saint-Méard-de-Drône (24). 213 H3
Saint-Méard-de-Gurçon (24). 230 E1
Saint-Médard (16) 196 B5
Saint-Médard (17) 195 J6
Saint-Médard (31) 306 A1
Saint-Médard (32) 286 B2
Saint-Médard (36) 147 F4
Saint-Médard (46) 233 G6
Saint-Médard (57) 66 E3
Saint-Médard (64) 284 A1
Saint-Médard (79) 178 C2
Saint-Médard-d'Aunis (17) 177 F2
Saint-Médard-de-Guizières (33) . . . 212 C5
Saint-Médard-de-Mussidan (24) . . . 213 G5
Saint-Médard-de-Presque (46) 234 B2
Saint-Médard-d'Excideuil (24). 214 D2
Saint-Médard-d'Eyrans (33) 229 H3
Saint-Médard-en-Forez (42) 205 F4
Saint-Médard-en-Jalles (33) 229 F1
Saint-Médard-la-Rochette (23) 183 F4
Saint-Médard-Nicourby (46) 234 D3
Saint-Médard-sur-Ille (35). 79 G2
Saint-Méen (29) 46 C4
Saint-Méen-le-Grand (35). 78 B3
Saint-Mélaine-sur-Aubance (49) 125 H4
Saint-Mélany (07). 238 E6
Saint-Méloir-des-Bois (22) 50 B5
Saint-Méloir-des-Ondes (35). 50 E3
Saint-Même-le-Tenu (44) 122 E6
Saint-Même-les-Carrières (16) 196 B3
Saint-Memmie (51). 62 D2
Saint-Menge (88) 93 J4
Saint-Menges (08) 23 F3
Saint-Menoux (03) 168 C3
Saint-Merd-de-Lapleau (19) 216 E3
Saint-Merd-la-Breuille (23) 201 G2
Saint-Merd-les-Oussines (19) 200 C4
Saint-Méry (77) 87 J1
Saint-Meslin-du-Bosc (27) 35 F5
Saint-Mesmes (77). 59 H2
Saint-Mesmin (10) 89 K3
Saint-Mesmin (21) 135 G5
Saint-Mesmin (24) 215 F1
Saint-Mesmin (85) 143 G6
Saint-Mexant (19). 215 K2
Saint-Mézard (32) 267 H1
Saint-M'Hervé (35) 80 B6
Saint-M'Hervon (35) 78 C2
Saint-Micaud (71). 171 G2
Saint-Michel (02) 21 H1
Saint-Michel (09) 307 H1
Saint-Michel (16) 196 D3
Saint-Michel (31) 287 H6
Saint-Michel (32) 286 B3
Saint-Michel (34) 273 G3
Saint-Michel (45) 110 E2
Saint-Michel (64) 282 E6
Saint-Michel (82) 268 B1
Saint-Michel-Chef-Chef (44) 122 B4
Saint-Michel-d'Aurance (07) 239 H1
Saint-Michel-de-Bannières (46) 216 A6
Saint-Michel-de-Boulogne (07) 239 H4
Saint-Michel-de-Castelnau (33) . . . 246 E3
Saint-Michel-de-Chabrillanoux (07) . . 239 K2
Saint-Michel-de-Chaillol (05). 243 F3
Saint-Michel-de-Chavaignes (72) . . 107 H2
Saint-Michel-de-Dèze (48) 255 F4
Saint-Michel-de-Double (24). 213 F5
Saint-Michel-de-Feins (53) 105 G5
Saint-Michel-de-Fronsac (33) 230 A1
Saint-Michel-de-la-Pierre (50). 30 E3
Saint-Michel-de-la-Roë (53) 104 B4
Saint-Michel-de-Lanès (11). 289 F4
Saint-Michel-de-Lapujade (33) 230 D5
Saint-Michel-de-Livet (14). 54 D1
Saint-Michel-de-Llotes (66). 314 E2
Saint-Michel-de-Maurienne (73) . . . 225 J2
Saint-Michel-de-Montaigne (24) . . . 230 D2
Saint-Michel-de-Montjoie (50). 52 C4
Saint-Michel-de-Plélan (22) 50 B5
Saint-Michel-de-Rieufret (33) 229 J5
Saint-Michel-de-Saint-Geoirs (38). . 223 G2
Saint-Michel-de-Vax (81) 250 D6
Saint-Michel-de-Veisse (23) 183 F5
Saint-Michel-de-Villadeix (24) 214 A6
Saint-Michel-de-Volangis (18). 149 H2
Saint-Michel-des-Andaines (61) 81 J1
Saint-Michel-d'Euzet (30) 256 B4
Saint-Michel-d'Halescourt (76) 17 F5
Saint-Michel-en-Beaumont (38) . . . 242 C1
Saint-Michel-en-Brenne (36). 146 E6
Saint-Michel-en-Grève (22) 47 J3
Saint-Michel-en-l'Herm (85) 159 K5
Saint-Michel-Escalus (40). 262 D2
Saint-Michel-et-Chanveaux (49) . . . 104 B6
Saint-Michel-Labadié (81). 271 G1
Saint-Michel-le-Cloucq (85) 160 E4
Saint-Michel-les-Portes (38) 241 K1
Saint-Michel-l'Observatoire (04) . . . 278 A2
Saint-Michel-Loubéjou (46). 234 B2
Saint-Michel-Mont-Mercure (85) . . . 142 E5
Saint-Michel-sous-Bois (62) 4 D5
Saint-Michel-sur-Loire (37) 127 F5
Saint-Michel-sur-Meurthe (88) 95 H3
Saint-Michel-sur-Orge (91) 58 E6
Saint-Michel-sur-Rhône (42). 205 K6
Saint-Michel-sur-Savasse (26) 222 E4
Saint-Michel-sur-Ternoise (62) 10 B2
Saint-Michel-Tuboeuf (61) 55 J5
Saint-Mihiel (55). 64 E2
Saint-Mitre-les-Remparts (13). 295 J4
Saint-Molf (44) 121 J3
Saint-Momelin (59). 3 G4
Saint-Mont (32) 266 A5
Saint-Montant (07) 256 C1
Saint-Moré (89) 133 J2
Saint-Moreil (23) 199 K1
Saint-Morel (08) 42 B3
Saint-Morillon (33) 229 H4
Saint-Mury-Monteymond (38) 224 C2
Saint-Myon (63) 185 F5
Saint-Nabor (67) 70 C5
Saint-Nabord (88). 118 E1
Saint-Nabord-sur-Aube (10) 90 C2
Saint-Nauphary (82). 269 G2
Saint-Nazaire (30) 256 C4
Saint-Nazaire (44) 122 A3
Saint-Nazaire (66) 315 H2
Saint-Nazaire-d'Aude (11) 291 G5
Saint-Nazaire-de-Ladarez (34) 291 J2
Saint-Nazaire-de-Pézan (34) 274 E6
Saint-Nazaire-de-Valentane (82). . . . 249 F4
Saint-Nazaire-des-Gardies (30) . . . 274 D1
Saint-Nazaire-en-Royans (26) 223 F5
Saint-Nazaire-le-Désert (26). 241 G5
Saint-Nazaire-les-Eymes (38). 224 B2
Saint-Nazaire-sur-Charente (17). . . . 176 E5
Saint-Nectaire (63). 202 C4
Saint-Nexans (24) 231 J2
Saint-Nic (29). 74 B3
Saint-Nicodème (22) 76 A2
Saint-Nicolas (62). 10 E2
Saint-Nicolas-aux-Bois (02) 20 B6
Saint-Nicolas-d'Aliermont (76) 16 B2
Saint-Nicolas-d'Attez (27). 56 B4
Saint-Nicolas-de-Bliquetuit (76) . . . 34 E1
Saint-Nicolas-de-Bourgueil (37) . . . 126 D6
Saint-Nicolas-de-la-Balerme (47) . . 248 D5
Saint-Nicolas-de-la-Grave (82) 249 F6
Saint-Nicolas-de-la-Haie (76) 15 F6
Saint-Nicolas-de-la-Taille (76). 34 C1
Saint-Nicolas-de-Macherin (38) . . . 207 J6
Saint-Nicolas-de-Pierrepont (50). . . 28 D6
Saint-Nicolas-de-Port (54) 66 B5
Saint-Nicolas-de-Redon (44) 102 C4
Saint-Nicolas-de-Sommaire (61). . . 55 J4
Saint-Nicolas-des-Biefs (03). 186 C4
Saint-Nicolas-des-Bois (50) 52 B4
Saint-Nicolas-des-Bois (61) 82 C2
Saint-Nicolas-des-Laitiers (61) 55 G3
Saint-Nicolas-des-Motets (37) 128 C2
Saint-Nicolas-du-Bosc (27). 35 F5
Saint-Nicolas-du-Pélem (22). 76 C2
Saint-Nicolas-du-Tertre (56) 102 A2
Saint-Nicolas-la-Chapelle (10) 89 F2
Saint-Nicolas-la-Chapelle (73) 191 K6
Saint-Nicolas-lès-Cîteaux (21) 154 C2
Saint-Nizier-d'Azergues (69). 187 J4
Saint-Nizier-de-Fornas (42) 220 E1
Saint-Nizier-du-Moucherotte (38) . . 223 K3
Saint-Nizier-le-Bouchoux (01). 172 C4
Saint-Nizier-le-Désert (01) 189 F4
Saint-Nizier-sous-Charlieu (42). . . . 187 F3
Saint-Nizier-sur-Arroux (71) 152 D6
Saint-Nolff (56). 101 G5
Saint-Nom-la-Bretèche (78) 58 B3
Saint-Offenge-Dessous (73) 208 C2
Saint-Offenge-Dessus (73) 208 C2
Saint-Omer (14) 53 J2
Saint-Omer (62) 3 G5
Saint-Omer-Capelle (62) 3 F3
Saint-Omer-en-Chaussée (60) 17 J6
Saint-Ondras (38). 207 H5
Saint-Onen-la-Chapelle (35). 78 B3
Saint-Oradoux-de-Chirouze (23). . . . 201 F2
Saint-Oradoux-près-Crocq (23). 201 G1
Saint-Orens (32) 268 B5
Saint-Orens-de-Gameville (31) 288 C1
Saint-Orens-Pouy-Petit (32) 267 G2
Saint-Ost (32) 286 B3
Saint-Ouen (17) 178 D6
Saint-Ouen (41) 108 C5
Saint-Ouen (80) 9 J6
Saint-Ouen (93) 58 E3
Saint-Ouen-d'Attez (27) 56 B4
Saint-Ouen-d'Aunis (17). 176 E1
Saint-Ouen-de-la-Cour (61) 83 H3
Saint-Ouen-de-Mimbré (72) 82 C4
Saint-Ouen-de-Pontcheuil (27) 35 G4
Saint-Ouen-de-Sécherouvre (61) . . . 83 G1
Saint-Ouen-de-Thouberville (27). . . . 35 F3
Saint-Ouen-des-Alleux (35) 79 J1
Saint-Ouen-des-Besaces (14) 31 K4
Saint-Ouen-des-Champs (27). 34 C2
Saint-Ouën-des-Toits (53). 80 D6
Saint-Ouën-des-Vallons (53). 81 G6
Saint-Ouen-Domprot (51). 62 D6
Saint-Ouen-du-Breuil (76). 15 J5
Saint-Ouen-du-Mesnil-Oger (14). . . . 33 G5
Saint-Ouen-du-Tilleul (27) 35 G4
Saint-Ouen-en-Belin (72) 106 E5
Saint-Ouen-en-Brie (77) 87 K1
Saint-Ouen-en-Champagne (72). . . . 106 A3
Saint-Ouen-la-Rouërie (35) 51 J5
Saint-Ouen-l'Aumône (95) 58 C1
Saint-Ouen-le-Brisoult (61). 81 K2
Saint-Ouen-le-Houx (14) 54 E2
Saint-Ouen-le-Mauger (76). 15 J3
Saint-Ouen-le-Pin (14) 33 J5
Saint-Ouen-lès-Parey (88) 93 G5
Saint-Ouen-les-Vignes (37) 128 B4
Saint-Ouen-Marchefroy (28). 57 G3
Saint-Ouen-sous-Bailly (76) 16 B2
Saint-Ouen-sur-Gartempe (87) 181 F3
Saint-Ouen-sur-Iton (61). 55 J5
Saint-Ouen-sur-Loire (58). 151 F5
Saint-Ouen-sur-Maire (61) 54 A5
Saint-Ouen-sur-Morin (77) 60 C3
Saint-Oulph (10). 89 J2
Saint-Ours (63) 202 B1
Saint-Ours (73) 208 C1
Saint-Outrille (18) 148 B2
Saint-Ovin (50). 52 A5
Saint-Oyen (73) 209 H4
Saint-Pabu (29) 72 C2
Saint-Paër (76). 35 F1
Saint-Pair (14) 33 F5
Saint-Pair-sur-Mer (50). 51 H1
Saint-Pal-de-Chalencon (43) 220 C1
Saint-Pal-de-Mons (43) 221 G3
Saint-Pal-de-Senouire (43) 219 K3
Saint-Palais (03) 166 E5
Saint-Palais (18) 149 G1
Saint-Palais (33) 211 H2
Saint-Palais (64) 283 G3
Saint-Palais-de-Négrignac (17). 212 B2
Saint-Palais-de-Phiolin (17) 195 G5
Saint-Palais-du-Né (16) 195 K4
Saint-Palais-sur-Mer (17) 194 B3
Saint-Pancrace (24) 197 K6
Saint-Pancrace (73) 225 G2
Saint-Pancrasse (38) 224 C2
Saint-Pancré (54). 26 B2
Saint-Pandelon (40) 264 B5
Saint-Pantaléon (46) 249 J2
Saint-Pantaléon (84) 277 F2
Saint-Pantaléon-de-Lapleau (19) . . . 217 F2
Saint-Pantaléon-de-Larche (19) 215 H4
Saint-Pantaléon-les-Vignes (26) . . . 257 G2
Saint-Pantaly-d'Ans (24). 214 D3
Saint-Pantaly-d'Excideuil (24). 214 D2
Saint-Papoul (11) 289 H4
Saint-Pardon-de-Conques (33). 230 B5
Saint-Pardoult (17). 178 A4
Saint-Pardoux (63). 184 E4
Saint-Pardoux (79). 161 J3
Saint-Pardoux (87). 181 H4

397

Saint-Pardoux-Corbier (19) 199 G6
Saint-Pardoux-d'Arnet (23) 201 F1
Saint-Pardoux-de-Drône (24) 213 H3
Saint-Pardoux-du-Breuil (47) 247 H1
Saint-Pardoux-et-Vielvic (24) 232 D3
Saint-Pardoux-Isaac (47) 231 G5
Saint-Pardoux-la-Croisille (19) 216 D3
Saint-Pardoux-la-Rivière (24) 197 K5
Saint-Pardoux-le-Neuf (19) 201 F4
Saint-Pardoux-le-Neuf (23) 183 G6
Saint-Pardoux-le-Vieux (19) 201 F4
Saint-Pardoux-les-Cards (23) 183 F4
Saint-Pardoux-l'Ortigier (19) 215 J2
Saint-Pardoux-Morterolles (23) 182 C6
Saint-Pargoire (34) 292 D1
Saint-Parize-en-Viry (58) 168 E1
Saint-Parize-le-Châtel (58) 150 E6
Saint-Parres-aux-Tertres (10) 90 B4
Saint-Parres-lès-Vaudes (10) 90 C6
Saint-Parthem (12) 235 G5
Saint-Pastour (47) 248 B1
Saint-Pastous (65) 304 B2
Saint-Paterne (72) 82 D3
Saint-Paterne-Racan (37) 127 G2
Saint-Pathus (77) 59 J1
Saint-Patrice (37) 126 E6
Saint-Patrice-de-Claids (50) 30 E2
Saint-Patrice-du-Désert (61) 81 K1
Saint-Paul (06) 281 F4
Saint-Paul (19) 216 C3
Saint-Paul (33) 211 H4
Saint-Paul (60) 37 G2
Saint-Paul (61) 53 G4
Saint-Paul (65) 305 G1
Saint-Paul (73) 208 A3
Saint-Paul (87) 199 G2
Saint-Paul (88) 93 H4
Saint-Paul-aux-Bois (02) 19 K6
Saint-Paul-Cap-de-Joux (81) 270 C6
Saint-Paul-de-Baïse (32) 267 F4
Saint-Paul-de-Fenouillet (66) 309 H5
Saint-Paul-de-Fourques (27) 35 F4
Saint-Paul-de-Jarrat (09) 307 J3
Saint-Paul-de-Loubressac (46) 250 A3
Saint-Paul-de-Salers (15) 217 J4
Saint-Paul-de-Serre (24) 213 K5
Saint-Paul-de-Tartas (43) 238 C3
Saint-Paul-de-Varax (01) 189 F3
Saint-Paul-de-Varces (38) 223 K4
Saint-Paul-de-Vern (46) 234 C2
Saint-Paul-de-Vézelin (42) 187 F6
Saint-Paul-des-Landes (15) 235 G1
Saint-Paul-d'Espis (82) 249 F5
Saint-Paul-d'Izeaux (38) 223 H1
Saint-Paul-d'Oueil (31) 305 H4
Saint-Paul-du-Bois (49) 143 J2
Saint-Paul-du-Vernay (14) 32 A4
Saint-Paul-d'Uzore (42) 204 D3
Saint-Paul-en-Born (40) 244 D4
Saint-Paul-en-Chablais (74) 175 G5
Saint-Paul-en-Cornillon (42) 221 F1
Saint-Paul-en-Forêt (83) 280 B6
Saint-Paul-en-Gâtine (79) 161 F2
Saint-Paul-en-Jarez (42) 205 J5
Saint-Paul-en-Pareds (85) 142 D5
Saint-Paul-et-Valmalle (34) 273 K6
Saint-Paul-la-Coste (30) 255 F5
Saint-Paul-la-Roche (24) 198 C6
Saint-Paul-le-Froid (48) 237 J3
Saint-Paul-le-Gaultier (72) 82 B4
Saint-Paul-le-Jeune (07) 255 H3
Saint-Paul-lès-Dax (40) 264 B4
Saint-Paul-lès-Durance (13) 278 A5
Saint-Paul-les-Fonts (30) 256 C6
Saint-Paul-lès-Monestier (38) 223 K6
Saint-Paul-lès-Romans (26) 222 E5
Saint-Paul-Lizonne (24) 213 G2
Saint-Paul-Mont-Penit (85) 141 H5
Saint-Paul-sur-Isère (73) 209 G3
Saint-Paul-sur-Save (31) 268 E5
Saint-Paul-sur-Ubaye (04) 227 B5
Saint-Paul-Trois-Châteaux (26) 256 D2
Saint-Paulet (11) 289 G3
Saint-Paulet-de-Caisson (30) 256 C3
Saint-Paulien (43) 220 B4
Saint-Pavace (72) 106 D2
Saint-Pé-d'Ardet (31) 305 J2
Saint-Pé-de-Bigorre (65) 304 A1
Saint-Pé-de-Léren (64) 283 G1
Saint-Pé-Delbosc (31) 286 E5
Saint-Pé-Saint-Simon (47) 266 D1
Saint-Pée-sur-Nivelle (64) 263 C2
Saint-Pellerin (28) 108 D2
Saint-Pellerin (50) 31 G1
Saint-Péran (35) 78 C5
Saint-Péravy-la-Colombe (45) 109 J3
Saint-Péray (07) 222 C6
Saint-Perdon (40) 265 F2
Saint-Perdoux (24) 231 J3
Saint-Perdoux (46) 234 D4
Saint-Père (35) 50 E4
Saint-Père (58) 132 A4
Saint-Père (89) 133 J4
Saint-Père-en-Retz (44) 122 C4
Saint-Père-sur-Loire (45) 110 E6
Saint-Péreuse (58) 152 A3
Saint-Pern (35) 78 D2
Saint-Perreux (56) 102 B4
Saint-Péver (22) 48 D6
Saint-Pey-d'Armens (33) 230 B2
Saint-Pey-de-Castets (33) 230 C2
Saint-Phal (10) 114 A1
Saint-Philbert-de-Bouaine (85) 141 J3
Saint-Philbert-de-Grand-Lieu (44) . . 123 F6
Saint-Philbert-des-Champs (14) . . . 34 A4
Saint-Philbert-du-Peuple (49) 126 B4
Saint-Philbert-en-Mauges (49) 142 D1
Saint-Philbert-sur-Boissey (27) 34 E4
Saint-Philbert-sur-Orne (61) 53 J3
Saint-Philbert-sur-Risle (27) 34 D3
Saint-Philibert (21) 154 C1
Saint-Philibert (56) 100 D6
Saint-Philippe-d'Aiguille (33) 230 C1
Saint-Philippe-du-Seignal (33) 231 F2
Saint-Piat (28) 85 H2
Saint-Pierre (04) 280 D1
Saint-Pierre (15) 217 H1
Saint-Pierre (31) 269 J6
Saint-Pierre (39) 173 K3
Saint-Pierre (51) 62 C2
Saint-Pierre (67) 70 D6
Saint-Pierre-à-Arnes (08) 41 J3
Saint-Pierre-Aigle (02) 39 H3
Saint-Pierre-Avez (05) 258 E3
Saint-Pierre-Azif (14) 33 H3
Saint-Pierre-Bellevue (23) 182 D6
Saint-Pierre-Bénouville (76) 15 J4
Saint-Pierre-Bois (67) 70 C6
Saint-Pierre-Brouck (59) 3 F3
Saint-Pierre-Canivet (14) 54 A2
Saint-Pierre-Chérignat (23) 182 A5
Saint-Pierre-Colamine (63) 202 C5
Saint-Pierre-d'Albigny (73) 208 D4
Saint-Pierre-d'Allevard (38) 208 D6
Saint-Pierre-d'Alvey (73) 207 K3
Saint-Pierre-d'Amilly (17) 177 H2
Saint-Pierre-d'Argençon (05) 242 A6
Saint-Pierre-d'Arthéglise (50) 28 C5
Saint-Pierre-d'Aubézies (32) 266 D6
Saint-Pierre-d'Aurillac (33) 230 B5
Saint-Pierre-d'Autils (27) 36 B6
Saint-Pierre-de-Bailleul (27) 36 A6
Saint-Pierre-de-Bat (33) 230 A4
Saint-Pierre-de-Belleville (73) 209 F5
Saint-Pierre-de-Boeuf (42) 222 A1
Saint-Pierre-de-Bressieux (38) 223 G2
Saint-Pierre-de-Buzet (47) 247 H4
Saint-Pierre-de-Cernières (27) 55 H2
Saint-Pierre-de-Chandieu (69) 206 C3
Saint-Pierre-de-Chartreuse (38) . . . 224 B1
Saint-Pierre-de-Chérennes (38) . . . 223 G4
Saint-Pierre-de-Chevillé (72) 127 G1
Saint-Pierre-de-Chignac (24) 214 B4
Saint-Pierre-de-Clairac (47) 248 D5
Saint-Pierre-de-Côle (24) 214 B1
Saint-Pierre-de-Colombier (07) 239 G4
Saint-Pierre-de-Cormeilles (27) 34 B4
Saint-Pierre-de-Coutances (50) 30 E4
Saint-Pierre-de-Curtille (73) 208 A1
Saint-Pierre-de-Frugie (24) 198 C4
Saint-Pierre-de-Fursac (23) 181 K3
Saint-Pierre-de-Genebroz (73) 207 K5
Saint-Pierre-de-Jards (36) 148 C3
Saint-Pierre-de-Juillers (17) 178 B5
Saint-Pierre-de-la-Fage (34) 273 H4
Saint-Pierre-de-Lages (31) 288 D1
Saint-Pierre-de-Lamps (36) 147 H4
Saint-Pierre-de-l'Île (17) 178 A4
Saint-Pierre-de-Maillé (86) 164 A2
Saint-Pierre-de-Mailloc (14) 34 A6
Saint-Pierre-de-Manneville (76) 35 G2
Saint-Pierre-de-Méaroz (38) 242 B1
Saint-Pierre-de-Mésage (38) 224 B5
Saint-Pierre-de-Mézoargues (13) . . . 275 K3
Saint-Pierre-de-Mons (33) 230 A5
Saint-Pierre-de-Nogaret (48) 253 H1
Saint-Pierre-de-Plesguen (35) 50 E5
Saint-Pierre-de-Rivière (09) 307 H3
Saint-Pierre-de-Salerne (27) 34 D5
Saint-Pierre-de-Semilly (50) 31 J3
Saint-Pierre-de-Soucy (73) 208 D5
Saint-Pierre-de-Trivisy (81) 271 G4
Saint-Pierre-de-Varengeville (76) . . . 35 G1
Saint-Pierre-de-Varennes (71) 153 H5
Saint-Pierre-de-Vassols (84) 257 H5
Saint-Pierre-dels-Forcats (66) 313 J4
Saint-Pierre-d'Entremont (38) 208 B6
Saint-Pierre-d'Entremont (61) 53 G4
Saint-Pierre-d'Entremont (73) 208 B6
Saint-Pierre-des-Bois (72) 106 A3
Saint-Pierre-des-Champs (11) 309 J2
Saint-Pierre-des-Corps (37) 127 J4
Saint-Pierre-des-Échaubrognes (79) 143 G3
Saint-Pierre-des-Fleurs (27) 35 G4
Saint-Pierre-des-Ifs (14) 33 J6
Saint-Pierre-des-Ifs (27) 34 D4
Saint-Pierre-des-Jonquières (76) . . . 16 D2
Saint-Pierre-des-Landes (53) 80 C4
Saint-Pierre-des-Loges (61) 55 G5
Saint-Pierre-des-Nids (53) 82 B3
Saint-Pierre-des-Ormes (72) 83 G4
Saint-Pierre-des-Tripiers (48) 253 J4
Saint-Pierre-d'Exideuil (86) 179 H3
Saint-Pierre-d'Eyraud (24) 231 G2
Saint-Pierre-d'Irube (64) 282 B1
Saint-Pierre-d'Oléron (17) 176 B5
Saint-Pierre-du-Bosguérard (27) 35 F4
Saint-Pierre-du-Bû (14) 54 A3
Saint-Pierre-du-Champ (43) 220 C3
Saint-Pierre-du-Chemin (85) 161 F1
Saint-Pierre-du-Fresne (14) 53 F1
Saint-Pierre-du-Jonquet (14) 33 G5
Saint-Pierre-du-Lorouër (72) 107 H5
Saint-Pierre-du-Mesnil (27) 55 H2
Saint-Pierre-du-Mont (14) 29 J6
Saint-Pierre-du-Mont (40) 265 G2
Saint-Pierre-du-Mont (58) 133 F5
Saint-Pierre-du-Palais (17) 212 B4
Saint-Pierre-du-Perray (91) 87 F1
Saint-Pierre-du-Regard (61) 53 H3
Saint-Pierre-du-Val (27) 34 B2
Saint-Pierre-du-Vauvray (27) 35 J4
Saint-Pierre-Église (50) 28 E2
Saint-Pierre-en-Faucigny (74) 191 H3
Saint-Pierre-en-Port (76) 14 E3
Saint-Pierre-en-Val (76) 8 C6
Saint-Pierre-en-Vaux (21) 153 H3
Saint-Pierre-es-Champs (60) 36 D2
Saint-Pierre-Eynac (43) 220 D5
Saint-Pierre-la-Bourlhonne (63) . . . 203 K3
Saint-Pierre-la-Bruyère (61) 83 K4
Saint-Pierre-la-Cour (53) 104 C1
Saint-Pierre-la-Garenne (27) 36 A5
Saint-Pierre-la-Noaille (42) 187 F2
Saint-Pierre-la-Palud (69) 205 J1
Saint-Pierre-la-Rivière (61) 54 E4
Saint-Pierre-la-Roche (07) 239 K4
Saint-Pierre-la-Vieille (14) 53 H2
Saint-Pierre-Lafeuille (46) 233 H6
Saint-Pierre-Langers (50) 51 J1
Saint-Pierre-Laval (03) 186 C2
Saint-Pierre-Lavis (76) 15 F5
Saint-Pierre-le-Bost (23) 166 E6
Saint-Pierre-le-Chastel (63) 202 B2
Saint-Pierre-le-Moûtier (58) 168 C1
Saint-Pierre-le-Vieux (48) 237 G2
Saint-Pierre-le-Vieux (71) 187 K1
Saint-Pierre-le-Vieux (76) 15 H2
Saint-Pierre-le-Vieux (85) 160 E5
Saint-Pierre-le-Viger (76) 15 H3
Saint-Pierre-lès-Bitry (60) 39 G2
Saint-Pierre-les-Bois (18) 166 E2
Saint-Pierre-lès-Elbeuf (76) 35 H4
Saint-Pierre-les-Étieux (18) 167 H1
Saint-Pierre-lès-Franqueville (02) . . 20 E3
Saint-Pierre-lès-Nemours (77) 87 H5
Saint-Pierre-Montlimart (49) 124 C5
Saint-Pierre-Quiberon (56) 120 B1
Saint-Pierre-Roche (63) 202 A3
Saint-Pierre-Saint-Jean (07) 255 H1
Saint-Pierre-sur-Dives (14) 54 C1
Saint-Pierre-sur-Doux (07) 221 H4
Saint-Pierre-sur-Dropt (47) 230 E4
Saint-Pierre-sur-Erve (53) 105 J2
Saint-Pierre-sur-Orthe (53) 82 A5
Saint-Pierre-sur-Vence (08) 22 C4
Saint-Pierre-Tarentaine (14) 53 F2
Saint-Pierre-Toirac (46) 234 C6
Saint-Pierremont (02) 21 F4
Saint-Pierremont (08) 42 D1
Saint-Pierremont (88) 94 E2
Saint-Pierreville (07) 239 J2
Saint-Pierrevillers (55) 26 C4
Saint-Plaisir (03) 168 B3
Saint-Plancard (31) 286 C6
Saint-Planchers (50) 51 J1
Saint-Plantaire (36) 165 J5
Saint-Point (71) 171 H6
Saint-Point-Lac (25) 156 E5
Saint-Pois (50) 52 C4
Saint-Poix (53) 104 C3
Saint-Pol-de-Léon (29) 47 F3
Saint-Pol-sur-Mer (59) 3 H1
Saint-Pol-sur-Ternoise (62) 10 B1
Saint-Polgues (42) 186 E6
Saint-Polycarpe (11) 309 F2
Saint-Pompain (79) 161 F5
Saint-Pompont (24) 232 E4
Saint-Poncy (15) 219 F4
Saint-Pons (04) 260 C1
Saint-Pons (07) 239 K5
Saint-Pons-de-Mauchiens (34) 292 D2
Saint-Pons-de-Thomières (34) 291 F2
Saint-Pons-la-Calm (30) 256 B5
Saint-Pont (03) 185 H3
Saint-Porchaire (17) 194 E1
Saint-Porquier (82) 268 E1
Saint-Pôtan (22) 50 A4
Saint-Pouange (10) 90 A5
Saint-Pourçain-sur-Besbre (03) . . . 169 H5
Saint-Pourçain-sur-Sioule (03) 185 H1
Saint-Prancher (88) 93 J3
Saint-Préjet-Armandon (43) 219 J3
Saint-Préjet-d'Allier (43) 237 K1
Saint-Prest (28) 85 G2
Saint-Preuil (16) 196 A4
Saint-Priest (07) 239 J4
Saint-Priest (23) 183 H4
Saint-Priest (69) 206 B3
Saint-Priest-Bramefant (63) 185 J4
Saint-Priest-d'Andelot (03) 185 G4
Saint-Priest-de-Gimel (19) 216 C2
Saint-Priest-des-Champs (63) 184 C5
Saint-Priest-en-Jarez (42) 205 G5
Saint-Priest-en-Murat (03) 168 A6
Saint-Priest-la-Feuille (23) 181 K2
Saint-Priest-la-Marche (18) 166 D5
Saint-Priest-la-Plaine (23) 182 B2
Saint-Priest-la-Prugne (42) 186 B5
Saint-Priest-la-Roche (42) 187 F6
Saint-Priest-la-Vêtre (42) 204 A1
Saint-Priest-les-Fougères (24) 198 C5
Saint-Priest-Ligoure (87) 199 F3
Saint-Priest-Palus (23) 182 B6
Saint-Priest-sous-Aixe (87) 198 D1
Saint-Priest-Taurion (87) 181 J6
Saint-Prim (38) 206 A6
Saint-Privat (07) 239 H5
Saint-Privat (19) 216 E4
Saint-Privat (34) 273 H4
Saint-Privat-d'Allier (43) 220 A6
Saint-Privat-de-Champclos (30) 255 K3
Saint-Privat-de-Vallongue (48) 254 E3
Saint-Privat-des-Prés (24) 213 F3
Saint-Privat-des-Vieux (30) 255 H5
Saint-Privat-du-Dragon (43) 219 H4
Saint-Privat-du-Fau (48) 237 G1
Saint-Privat-la-Montagne (57) 27 F6
Saint-Privé (71) 171 G1
Saint-Privé (89) 132 A1
Saint-Prix (03) 186 A2
Saint-Prix (07) 239 J1
Saint-Prix (71) 152 C4
Saint-Prix (95) 58 D1
Saint-Prix-lès-Arnay (21) 153 G2
Saint-Projet (46) 233 H3
Saint-Projet (82) 250 D3
Saint-Projet-de-Salers (15) 217 J5
Saint-Projet-Saint-Constant (16) . . . 197 G2
Saint-Prouant (85) 142 D6
Saint-Pryvé-Saint-Mesmin (45) 109 K4
Saint-Puy (32) 267 G3
Saint-Python (59) 12 C4
Saint-Quantin-de-Rançanne (17) . . . 195 G5
Saint-Quay-Perros (22) 48 A2
Saint-Quay-Portrieux (22) 49 F4
Saint-Quentin (02) 19 K2
Saint-Quentin-au-Bosc (76) 16 C1
Saint-Quentin-de-Baron (33) 230 A2
Saint-Quentin-de-Blavou (61) 83 G2
Saint-Quentin-de-Caplong (33) 230 E3
Saint-Quentin-de-Chalais (16) 212 D2
Saint-Quentin-des-Isles (27) 55 H1
Saint-Quentin-des-Prés (60) 36 E1
Saint-Quentin-du-Dropt (47) 231 J4
Saint-Quentin-en-Mauges (49) 124 D5
Saint-Quentin-en-Tourmont (80) . . . 8 E3
Saint-Quentin-Fallavier (38) 206 D3
Saint-Quentin-la-Chabanne (23) . . . 200 E1
Saint-Quentin-la-Motte-Croix-au-Bailly (80) 8 C5
Saint-Quentin-la-Poterie (30) 256 A6
Saint-Quentin-la-Tour (09) 308 B2
Saint-Quentin-le-Petit (08) 21 H6
Saint-Quentin-le-Verger (51) 61 H6
Saint-Quentin-les-Anges (53) 104 D5
Saint-Quentin-lès-Beaurepaire (49) 126 B1
Saint-Quentin-les-Chardonnets (61) 53 F4
Saint-Quentin-les-Marais (51) 63 G4
Saint-Quentin-sur-Charente (16) . . . 197 K1
Saint-Quentin-sur-Coole (51) 62 D3
Saint-Quentin-sur-Indrois (37) 146 D1
Saint-Quentin-sur-Isère (38) 223 J2
Saint-Quentin-sur-le-Homme (50) . . . 52 A5
Saint-Quentin-sur-Nohain (58) 132 B5
Saint-Quentin-sur-Sauxillanges (63) 203 G5
Saint-Quintin-sur-Sioule (63) 185 F4
Saint-Quirc (09) 288 C5
Saint-Quirin (57) 67 J5
Saint-Rabier (24) 214 E4
Saint-Racho (71) 187 H1
Saint-Rambert-d'Albon (26) 222 B2
Saint-Rambert-en-Bugey (01) 189 J5
Saint-Raphaël (24) 214 E2
Saint-Raphaël (83) 299 G2
Saint-Régis-du-Coin (42) 221 H2
Saint-Règle (37) 128 C4
Saint-Remèze (07) 256 B2
Saint-Remimont (54) 94 B1
Saint-Remimont (88) 93 J5
Saint-Rémy (01) 189 F2
Saint-Rémy (12) 251 G2
Saint-Rémy (14) 53 H2
Saint-Rémy (19) 201 F3
Saint-Rémy (21) 134 D1
Saint-Rémy (24) 230 E1
Saint-Remy (70) 118 A4
Saint-Rémy (71) 171 J1
Saint-Rémy (79) 161 G5
Saint-Remy (88) 95 G3
Saint-Rémy-au-Bois (62) 9 G2
Saint-Rémy-aux-Bois (54) 94 C2
Saint-Rémy-Blanzy (02) 39 J4
Saint-Rémy-Boscrocourt (76) 8 C6
Saint-Remy-Chaussée (59) 13 G4
Saint-Rémy-de-Blot (63) 184 D4
Saint-Rémy-de-Chargnat (63) 203 F5
Saint-Rémy-de-Chaudes-Aigues (15) 236 D3
Saint-Rémy-de-Maurienne (73) 209 F6
Saint-Rémy-de-Provence (13) 276 B4
Saint-Rémy-de-Sillé (72) 82 B6
Saint-Rémy-des-Landes (50) 28 C6
Saint-Rémy-des-Monts (72) 83 G4
Saint-Remy-du-Nord (59) 13 G3
Saint-Rémy-du-Plain (35) 79 H1
Saint-Rémy-du-Val (72) 82 E4
Saint-Remy-en-Bouzemont-Saint-Genest-et-Isson (51) 63 G6
Saint-Remy-en-l'Eau (60) 38 A1
Saint-Rémy-en-Mauges (49) 124 B5
Saint-Rémy-en-Rollat (03) 185 J3
Saint-Remy-la-Calonne (55) 43 K6
Saint-Rémy-la-Vanne (77) 60 C4
Saint-Rémy-la-Varenne (49) 125 J4
Saint-Remy-le-Petit (08) 41 H2
Saint-Rémy-lès-Chevreuse (78) . . . 58 C5
Saint-Rémy-l'Honoré (78) 58 A5
Saint-Remy-sous-Barbuise (10) . . . 90 B2
Saint-Remy-sous-Broyes (51) 61 H5
Saint-Rémy-sur-Avre (28) 56 E5
Saint-Remy-sur-Bussy (51) 42 A6
Saint-Rémy-sur-Creuse (86) 146 A4
Saint-Rémy-sur-Durolle (63) 186 A6
Saint-Renan (29) 72 C4
Saint-Restitut (26) 256 E3
Saint-Révérend (85) 158 E1
Saint-Révérien (58) 151 H1
Saint-Rieul (22) 77 K1
Saint-Rigomer-des-Bois (72) 82 D3
Saint-Rimay (41) 108 B6
Saint-Riquier (80) 9 H5
Saint-Riquier-en-Rivière (76) 16 E2
Saint-Riquier-ès-Plains (76) 15 F3
Saint-Rirand (42) 186 C4
Saint-Rivoal (29) 74 E1
Saint-Robert (19) 215 G3
Saint-Robert (47) 248 D4
Saint-Roch (37) 127 H4
Saint-Roch-sur-Égrenne (61) 81 F1
Saint-Rogatien (17) 176 E2
Saint-Romain (16) 212 E2
Saint-Romain (21) 153 J3
Saint-Romain (63) 204 B5
Saint-Romain (86) 179 J2
Saint-Romain-au-Mont-d'Or (69) . . . 206 A1
Saint-Romain-d'Ay (07) 222 A4
Saint-Romain-de-Benet (17) 194 E2
Saint-Romain-de-Colbosc (76) 14 D6
Saint-Romain-de-Jalionas (38) 206 E2
Saint-Romain-de-Lerps (07) 222 B6
Saint-Romain-de-Monpazier (24) . . . 232 B4
Saint-Romain-de-Popey (69) 205 H1
Saint-Romain-de-Surieu (38) 222 C1
Saint-Romain-d'Urfé (42) 186 C6
Saint-Romain-en-Gal (69) 206 B5
Saint-Romain-en-Gier (69) 205 K4
Saint-Romain-en-Jarez (42) 205 H4
Saint-Romain-en-Viennois (84) 257 H3
Saint-Romain-et-Saint-Clément (24) 198 B6
Saint-Romain-la-Motte (42) 186 E4
Saint-Romain-la-Virvée (33) 211 J6
Saint-Romain-Lachalm (43) 221 G2
Saint-Romain-le-Noble (47) 248 D5
Saint-Romain-le-Preux (89) 112 D3
Saint-Romain-le-Puy (42) 204 D5
Saint-Romain-les-Atheux (42) 221 G1
Saint-Romain-sous-Gourdon (71) . . . 170 E3
Saint-Romain-sous-Versigny (71) . . . 170 C2
Saint-Romain-sur-Cher (41) 129 F5
Saint-Romain-sur-Gironde (17) 194 E5
Saint-Roman (26) 241 H4
Saint-Roman-de-Codières (30) 274 A1
Saint-Roman-de-Malegarde (84) . . . 257 F3
Saint-Romans (38) 223 G4
Saint-Romans-des-Champs (79) . . . 178 B2
Saint-Romans-lès-Melle (79) 178 D2
Saint-Rome (31) 288 E3
Saint-Rome-de-Cernon (12) 272 C1
Saint-Rome-de-Dolan (48) 253 H4
Saint-Rome-de-Tarn (12) 272 B1
Saint-Romphaire (50) 31 H4
Saint-Rustice (31) 269 F4
Saint-Saëns (76) 16 B5
Saint-Saire (76) 16 D4
Saint-Salvadou (12) 251 G4
Saint-Salvadour (19) 216 B1
Saint-Salvi-de-Carcavès (81) 271 J4
Saint-Salvy (47) 247 K3
Saint-Salvy-de-la-Balme (81) 271 G6
Saint-Samson (14) 33 G5
Saint-Samson (53) 82 A2
Saint-Samson-de-Bonfossé (50) . . . 31 G4
Saint-Samson-de-la-Roque (27) 34 B2
Saint-Samson-la-Poterie (60) 17 F6
Saint-Samson-sur-Rance (22) 50 D5
Saint-Sandoux (63) 202 D4
Saint-Santin (12) 235 F5
Saint-Santin-Cantalès (15) 217 F6
Saint-Santin-de-Maurs (15) 235 F5
Saint-Sardos (47) 248 A3
Saint-Sardos (82) 268 D2
Saint-Satur (18) 131 K5
Saint-Saturnin (15) 218 B3
Saint-Saturnin (16) 196 D3
Saint-Saturnin (18) 166 D4
Saint-Saturnin (48) 253 H2
Saint-Saturnin (51) 61 K6
Saint-Saturnin (63) 202 D3
Saint-Saturnin (72) 106 D2
Saint-Saturnin-de-Lenne (12) 253 F2
Saint-Saturnin-de-Lucian (34) 273 H5
Saint-Saturnin-du-Bois (17) 177 J3
Saint-Saturnin-du-Limet (53) 104 B4
Saint-Saturnin-lès-Apt (84) 277 H1
Saint-Saturnin-lès-Avignon (84) . . . 276 C1
Saint-Saturnin-sur-Loire (49) 125 H4
Saint-Saud-Lacoussière (24) 198 A5
Saint-Sauflieu (80) 18 A3
Saint-Saulge (58) 151 H2
Saint-Saulve (59) 12 D1
Saint-Saury (15) 234 E2
Saint-Sauvant (17) 195 H2
Saint-Sauvant (86) 162 C6
Saint-Sauves-d'Auvergne (63) 201 K4

Saint-Sauveur (05) 243 J5
Saint-Sauveur (21) 136 E4
Saint-Sauveur (24) 231 J2
Saint-Sauveur (29) 46 E6
Saint-Sauveur (31) 269 G4
Saint-Sauveur (33) 210 E3
Saint-Sauveur (38) 223 G4
Saint-Sauveur (54) 67 J6
Saint-Sauveur (60) 38 D3
Saint-Sauveur (70) 118 D4
Saint-Sauveur (80) 18 A1
Saint-Sauveur (86) 145 K6
Saint-Sauveur-Camprieu (30) 254 A6
Saint-Sauveur-d'Aunis (17) 177 G2
Saint-Sauveur-de-Carrouges (61) 82 B1
Saint-Sauveur-de-Cruzières (07) 255 J3
Saint-Sauveur-de-Flée (49) 104 E5
Saint-Sauveur-de-Ginestoux (48) 237 K4
Saint-Sauveur-de-Landemont (49) 123 K3
Saint-Sauveur-de-Meilhan (47) 247 F1
Saint-Sauveur-de-Montagut (07) 239 K2
Saint-Sauveur-de-Peyre (48) 237 G4
Saint-Sauveur-de-Pierrepont (50) 28 C6
Saint-Sauveur-de-Puynormand (33) 212 C6
Saint-Sauveur-d'Émalleville (76) 14 C5
Saint-Sauveur-des-Landes (35) 79 K1
Saint-Sauveur-en-Diois (26) 241 F4
Saint-Sauveur-en-Puisaye (89) 132 C2
Saint-Sauveur-en-Rue (42) 221 J2
Saint-Sauveur-Gouvernet (26) 257 K2
Saint-Sauveur-la-Pommeraye (50) 51 J1
Saint-Sauveur-la-Sagne (63) 219 K1
Saint-Sauveur-la-Vallée (46) 233 J5
Saint-Sauveur-Lalande (24) 213 F6
Saint-Sauveur-le-Vicomte (50) 28 D5
Saint-Sauveur-Lendelin (50) 30 E3
Saint-Sauveur-lès-Bray (77) 88 C3
Saint-Sauveur-Marville (28) 84 E1
Saint-Sauveur-sur-École (77) 87 G2
Saint-Sauveur-sur-Tinée (06) 261 H5
Saint-Sauvier (03) 166 E6
Saint-Sauvy (32) 268 A5
Saint-Savin (33) 211 J4
Saint-Savin (38) 207 F3
Saint-Savin (65) 304 A2
Saint-Savin (86) 164 A3
Saint-Savinien (17) 177 H6
Saint-Saviol (86) 179 H3
Saint-Savournin (13) 296 E2
Saint-Sébastien (23) 165 G6
Saint-Sébastien (38) 242 B1
Saint-Sébastien-d'Aigrefeuille (30) 255 G6
Saint-Sébastien-de-Morsent (27) 56 C1
Saint-Sébastien-de-Raids (50) 30 E2
Saint-Sébastien-sur-Loire (44) 123 H4
Saint-Secondin (86) 163 G6
Saint-Ségal (29) 74 D3
Saint-Séglin (35) 102 D1
Saint-Seine (58) 169 K1
Saint-Seine-en-Bâche (21) 155 F2
Saint-Seine-l'Abbaye (21) 135 H4
Saint-Seine-sur-Vingeanne (21) 136 E2
Saint-Selve (33) 229 H4
Saint-Senier-de-Beuvron (50) 52 A6
Saint-Senier-sous-Avranches (50) 51 K3
Saint-Senoch (37) 146 C3
Saint-Senoux (35) 103 F1
Saint-Sériès (34) 274 E4
Saint-Sernin (07) 239 H5
Saint-Sernin (11) 289 F5
Saint-Sernin (47) 231 F4
Saint-Sernin-du-Bois (71) 153 G6
Saint-Sernin-du-Plain (71) 153 J5
Saint-Sernin-lès-Lavaur (81) 289 H1
Saint-Sernin-sur-Rance (12) 271 J3
Saint-Sérotin (89) 88 C5
Saint-Servais (22) 76 A1
Saint-Servais (29) 46 D5
Saint-Servant (56) 101 J2
Saint-Setiers (19) 200 D3
Saint-Seurin-de-Bourg (33) 211 H5
Saint-Seurin-de-Cadourne (33) 211 F2
Saint-Seurin-de-Cursac (33) 211 G3
Saint-Seurin-de-Palenne (17) 195 H3
Saint-Seurin-de-Prats (24) 230 D2
Saint-Seurin-sur-l'Isle (33) 212 D5
Saint-Sève (33) 230 C5
Saint-Sever (40) 265 G4
Saint-Sever-Calvados (14) 52 C3
Saint-Sever-de-Rustan (65) 285 K3
Saint-Sever-de-Saintonge (17) 195 H3
Saint-Sever-du-Moustier (12) 271 K4
Saint-Séverin (16) 213 F2
Saint-Séverin-d'Estissac (24) 213 H5
Saint-Séverin-sur-Boutonne (17) 178 A3
Saint-Siffret (30) 275 H1
Saint-Sigismond (45) 109 J3
Saint-Sigismond (49) 124 C3
Saint-Sigismond (74) 192 A3
Saint-Sigismond (85) 160 E6
Saint-Sigismond-de-Clermont (17) 195 H6
Saint-Silvain-Bas-le-Roc (23) 183 G1
Saint-Silvain-Bellegarde (23) 183 H5
Saint-Silvain-Montaigut (23) 182 C3
Saint-Silvain-sous-Toulx (23) 183 G2
Saint-Siméon (27) 34 C4
Saint-Siméon (61) 81 F2
Saint-Siméon (77) 60 C4
Saint-Siméon-de-Bressieux (38) 223 F1
Saint-Simeux (16) 196 C3
Saint-Simon (02) 19 J4
Saint-Simon (15) 235 J1
Saint-Simon (16) 196 B3
Saint-Simon (46) 234 B4
Saint-Simon-de-Bordes (17) 195 H6
Saint-Simon-de-Pellouaille (17) 195 F3
Saint-Sixt (74) 191 H3
Saint-Sixte (42) 204 C2
Saint-Sixte (47) 248 D5
Saint-Solve (19) 215 H2
Saint-Sorlin (69) 205 J4
Saint-Sorlin-d'Arves (73) 225 F2
Saint-Sorlin-de-Conac (17) 211 G1
Saint-Sorlin-de-Morestel (38) 207 H3
Saint-Sorlin-de-Vienne (38) 206 B5
Saint-Sorlin-en-Bugey (01) 189 H6
Saint-Sorlin-en-Valloire (26) 222 C2
Saint-Sornin (03) 168 B5
Saint-Sornin (16) 197 G3
Saint-Sornin (17) 194 C1
Saint-Sornin-la-Marche (87) 180 E2
Saint-Sornin-Lavolps (19) 215 H1
Saint-Sornin-Leulac (87) 181 H2
Saint-Soulan (32) 287 F2
Saint-Souplet (59) 12 D5
Saint-Souplet-sur-Py (51) 41 K4
Saint-Soupplets (77) 59 J1
Saint-Sozy (46) 233 J2
Saint-Stail (88) 95 K3
Saint-Suliac (35) 50 D4
Saint-Sulpice (01) 172 B6
Saint-Sulpice (41) 128 E2
Saint-Sulpice (46) 234 B6
Saint-Sulpice (49) 125 H4
Saint-Sulpice (53) 105 F3
Saint-Sulpice (58) 151 F3
Saint-Sulpice (60) 37 H3
Saint-Sulpice (63) 201 J4
Saint-Sulpice (70) 138 D2
Saint-Sulpice (73) 208 A4
Saint-Sulpice (81) 269 K4
Saint-Sulpice-d'Arnoult (17) 194 E1
Saint-Sulpice-de-Cognac (16) 195 J2
Saint-Sulpice-de-Faleyrens (33) 230 B1
Saint-Sulpice-de-Favières (91) 86 D2
Saint-Sulpice-de-Grimbouville (27) 34 B2
Saint-Sulpice-de-Guilleragues (33) 230 D5
Saint-Sulpice-de-Mareuil (24) 197 H6
Saint-Sulpice-de-Pommiers (33) 230 B4
Saint-Sulpice-de-Roumagnac (24) 213 H3
Saint-Sulpice-de-Royan (17) 194 C3
Saint-Sulpice-de-Ruffec (16) 179 H5
Saint-Sulpice-des-Landes (35) 103 G3
Saint-Sulpice-des-Landes (44) 124 A2
Saint-Sulpice-des-Rivoires (38) 207 J5
Saint-Sulpice-d'Excideuil (24) 214 D1
Saint-Sulpice-en-Pareds (85) 160 D2
Saint-Sulpice-et-Cameyrac (33) 229 J1
Saint-Sulpice-la-Forêt (35) 79 H3
Saint-Sulpice-Laurière (87) 181 K4
Saint-Sulpice-le-Dunois (23) 182 C1
Saint-Sulpice-le-Guérétois (23) 182 C2
Saint-Sulpice-le-Verdon (85) 141 K4
Saint-Sulpice-les-Bois (19) 200 D4
Saint-Sulpice-les-Champs (23) 182 E5
Saint-Sulpice-les-Feuilles (87) 181 J1
Saint-Sulpice-sur-Lèze (31) 288 A4
Saint-Sulpice-sur-Risle (61) 55 J4
Saint-Supplet (54) 26 C4
Saint-Sylvain (14) 33 F6
Saint-Sylvain (19) 216 C4
Saint-Sylvain (76) 15 F2
Saint-Sylvain-d'Anjou (49) 125 H3
Saint-Sylvestre (07) 222 B6
Saint-Sylvestre (74) 190 E6
Saint-Sylvestre (87) 181 J5
Saint-Sylvestre-Cappel (59) 3 K5
Saint-Sylvestre-de-Cormeilles (27) 34 B4
Saint-Sylvestre-Pragoulin (63) 185 J4
Saint-Sylvestre-sur-Lot (47) 248 D2
Saint-Symphorien (18) 149 F6
Saint-Symphorien (27) 34 C3
Saint-Symphorien (33) 246 A1
Saint-Symphorien (48) 237 K2
Saint-Symphorien (72) 106 B1
Saint-Symphorien (79) 178 A1
Saint-Symphorien-d'Ancelles (71) 188 B2
Saint-Symphorien-de-Lay (42) 187 G5
Saint-Symphorien-de-Mahun (07) 221 J4
Saint-Symphorien-de-Marmagne (71) 153 F6
Saint-Symphorien-de-Thénières (12) 236 A4
Saint-Symphorien-des-Bois (71) 170 D6
Saint-Symphorien-des-Bruyères (61) 55 H4
Saint-Symphorien-des-Monts (50) 80 D1
Saint-Symphorien-d'Ozon (69) 206 B3
Saint-Symphorien-le-Château (28) 85 J2
Saint-Symphorien-le-Valois (50) 30 D1
Saint-Symphorien-sous-Chomérac (07) 240 A3
Saint-Symphorien-sur-Coise (69) 205 G3
Saint-Symphorien-sur-Couze (87) 181 G4
Saint-Symphorien-sur-Saône (21) 154 E2
Saint-Thégonnec (29) 47 F5
Saint-Thélo (22) 77 F4
Saint-Théodorit (30) 274 E2
Saint-Théoffrey (38) 224 B5
Saint-Thibaud-de-Couz (73) 208 A5
Saint-Thibault (10) 90 B6
Saint-Thibault (21) 135 F5
Saint-Thibault (60) 17 G4
Saint-Thibault-des-Vignes (77) 59 H3
Saint-Thibaut (02) 40 B3
Saint-Thibéry (34) 292 C3
Saint-Thiébaud (39) 156 A3
Saint-Thiébault (52) 93 F5
Saint-Thierry (51) 40 E3
Saint-Thois (29) 75 F4
Saint-Thomas (02) 40 D1
Saint-Thomas (31) 287 H2
Saint-Thomas-de-Conac (17) 195 F6
Saint-Thomas-de-Courceriers (53) 81 K5
Saint-Thomas-en-Argonne (51) 42 D5
Saint-Thomas-en-Royans (26) 223 G5
Saint-Thomas-la-Garde (42) 204 D4
Saint-Thomé (07) 239 K6
Saint-Thonan (29) 46 B5
Saint-Thual (35) 78 E1
Saint-Thurial (35) 78 D5
Saint-Thuriau (56) 76 E6
Saint-Thurien (27) 34 C2
Saint-Thurien (29) 99 H2
Saint-Thurin (42) 204 B1
Saint-Tricat (62) 2 C3
Saint-Trimoël (22) 77 J2
Saint-Trinit (84) 258 B5
Saint-Trivier-de-Courtes (01) 172 B4
Saint-Trivier-sur-Moignans (01) 188 D4
Saint-Trojan (33) 211 H4
Saint-Trojan-les-Bains (17) 176 C6
Saint-Tropez (83) 299 F4
Saint-Tugdual (56) 76 A5
Saint-Ulphace (72) 83 K6
Saint-Ulrich (68) 97 A4
Saint-Uniac (35) 78 D3
Saint-Urbain (29) 46 C6
Saint-Urbain (85) 140 D4
Saint-Urbain-Maconcourt (52) 92 B3
Saint-Urcisse (47) 248 D5
Saint-Urcisse (81) 269 J2
Saint-Urcize (15) 236 D4
Saint-Usage (10) 115 G1
Saint-Usage (21) 154 E2
Saint-Usuge (71) 172 D2
Saint-Utin (51) 90 E1
Saint-Uze (26) 222 C3
Saint-Vaast-de-Longmont (60) 38 D4
Saint-Vaast-d'Équiqueville (76) 16 B3
Saint-Vaast-Dieppedalle (76) 15 G3
Saint-Vaast-du-Val (76) 15 J4
Saint-Vaast-en-Auge (14) 33 H3
Saint-Vaast-en-Cambrésis (59) 12 C4
Saint-Vaast-en-Chaussée (80) 18 A1
Saint-Vaast-la-Hougue (50) 29 G3
Saint-Vaast-lès-Mello (60) 37 K4
Saint-Vaast-sur-Seulles (14) 32 B5
Saint-Vaize (17) 195 G1
Saint-Valbert (70) 118 D4
Saint-Valentin (36) 148 B4
Saint-Valérien (85) 160 C3
Saint-Valérien (89) 88 B6
Saint-Valery (60) 17 F4
Saint-Valery-en-Caux (76) 15 G2
Saint-Valery-sur-Somme (80) 8 E4
Saint-Vallerin (71) 171 H2
Saint-Vallier (16) 212 C2
Saint-Vallier (26) 222 B3
Saint-Vallier (71) 170 E2
Saint-Vallier (88) 94 C4
Saint-Vallier-de-Thiey (06) 280 C4
Saint-Vallier-sur-Marne (52) 116 D4
Saint-Varent (79) 144 B5
Saint-Vaury (23) 182 C2
Saint-Venant (62) 5 K4
Saint-Vénérand (43) 238 A2
Saint-Vérain (58) 132 B3
Saint-Véran (05) 227 G3
Saint-Vérand (38) 223 G3
Saint-Vérand (69) 187 K6
Saint-Vérand (71) 188 B1
Saint-Vert (43) 219 J1
Saint-Viance (19) 215 H3
Saint-Viâtre (41) 130 A3
Saint-Viaud (44) 122 C3
Saint-Victeur (72) 82 C4
Saint-Victor (03) 167 H6
Saint-Victor (07) 222 A4
Saint-Victor (15) 217 G6
Saint-Victor (24) 213 H2
Saint-Victor-de-Buthon (28) 84 B3
Saint-Victor-de-Cessieu (38) 207 G4
Saint-Victor-de-Chrétienville (27) 34 C6
Saint-Victor-de-Malcap (30) 255 J4
Saint-Victor-de-Morestel (38) 207 H2
Saint-Victor-de-Réno (61) 83 J2
Saint-Victor-d'Épine (27) 34 D5
Saint-Victor-des-Oules (30) 256 B6
Saint-Victor-en-Marche (23) 182 C3
Saint-Victor-et-Melvieu (12) 272 B1
Saint-Victor-la-Coste (30) 256 C6
Saint-Victor-la-Rivière (63) 202 B5
Saint-Victor-l'Abbaye (76) 16 A4
Saint-Victor-Malescours (43) 221 G2
Saint-Victor-Montvianeix (63) 186 A6
Saint-Victor-Rouzaud (09) 307 H1
Saint-Victor-sur-Arlanc (43) 220 B2
Saint-Victor-sur-Avre (27) 56 A5
Saint-Victor-sur-Ouche (21) 135 H6
Saint-Victor-sur-Rhins (42) 187 H5
Saint-Victoret (13) 296 B2
Saint-Victour (19) 201 G6
Saint-Victurnien (87) 180 E6
Saint-Vidal (43) 220 B5
Saint-Vigor (27) 35 K6
Saint-Vigor-des-Mézerets (14) 53 G2
Saint-Vigor-des-Monts (50) 31 H6
Saint-Vigor-d'Ymonville (76) 34 B1
Saint-Vigor-le-Grand (14) 32 B3
Saint-Vincent (31) 289 F3
Saint-Vincent (43) 220 C4
Saint-Vincent (63) 202 D5
Saint-Vincent (64) 285 F6
Saint-Vincent (82) 250 A5
Saint-Vincent-Bragny (71) 170 C4
Saint-Vincent-Cramesnil (76) 34 B1
Saint-Vincent-de-Barbeyrargues (34) 274 C5
Saint-Vincent-de-Barrès (07) 240 A4
Saint-Vincent-de-Boisset (42) 187 F5
Saint-Vincent-de-Connezac (24) 213 H4
Saint-Vincent-de-Cosse (24) 232 E2
Saint-Vincent-de-Durfort (07) 239 K2
Saint-Vincent-de-Lamontjoie (47) 248 A6
Saint-Vincent-de-Mercuze (38) 208 C6
Saint-Vincent-de-Paul (33) 211 J6
Saint-Vincent-de-Paul (40) 264 B4
Saint-Vincent-de-Pertignas (33) 230 B2
Saint-Vincent-de-Reins (69) 187 J4
Saint-Vincent-de-Salers (15) 217 J3
Saint-Vincent-de-Tyrosse (40) 262 C5
Saint-Vincent-des-Bois (27) 57 F1
Saint-Vincent-des-Landes (44) 103 H4
Saint-Vincent-des-Prés (71) 171 G4
Saint-Vincent-des-Prés (72) 83 F4
Saint-Vincent-d'Olargues (34) 291 G1
Saint-Vincent-du-Boulay (27) 34 C6
Saint-Vincent-du-Lorouër (72) 107 G5
Saint-Vincent-du-Pendit (46) 234 C2
Saint-Vincent-en-Bresse (71) 172 B2
Saint-Vincent-Jalmoutiers (24) 213 F3
Saint-Vincent-la-Châtre (79) 178 E2
Saint-Vincent-la-Commanderie (26) 222 E6
Saint-Vincent-le-Paluel (24) 233 F2
Saint-Vincent-les-Forts (04) 243 H6
Saint-Vincent-Lespinasse (82) 248 E5
Saint-Vincent-Rive-d'Olt (46) 249 J1
Saint-Vincent-Sterlanges (85) 160 B1
Saint-Vincent-sur-Graon (85) 159 J3
Saint-Vincent-sur-Jabron (04) 258 D4
Saint-Vincent-sur-Jard (85) 159 G5
Saint-Vincent-sur-l'Isle (24) 214 C3
Saint-Vincent-sur-Oust (56) 102 B3
Saint-Vit (25) 155 K1
Saint-Vital (73) 209 F3
Saint-Vite (47) 248 E1
Saint-Vitte (18) 167 G4
Saint-Vitte-sur-Briance (87) 199 H4
Saint-Vivien (17) 176 E3
Saint-Vivien (24) 230 E1
Saint-Vivien-de-Blaye (33) 211 H4
Saint-Vivien-de-Médoc (33) 194 C6
Saint-Vivien-de-Monségur (33) 230 E5
Saint-Voir (03) 169 G5
Saint-Vougay (29) 46 D4
Saint-Vrain (51) 63 H5
Saint-Vrain (91) 86 E2
Saint-Vran (22) 77 J4
Saint-Vulbas (01) 207 F1
Saint-Waast (59) 13 F2
Saint-Wandrille-Rançon (76) 15 G6
Saint-Witz (95) 38 B6
Saint-Xandre (17) 176 E2
Saint-Yaguen (40) 264 E2
Saint-Yan (71) 170 B5
Saint-Ybard (19) 199 H6
Saint-Ybars (09) 288 B5
Saint-Yon (91) 86 D1
Saint-Yorre (03) 185 J4
Saint-Yrieix-la-Montagne (23) 182 E6
Saint-Yrieix-la-Perche (87) 198 E5
Saint-Yrieix-le-Déjalat (19) 200 C6
Saint-Yrieix-les-Bois (23) 182 D4
Saint-Yrieix-sous-Aixe (87) 198 D1
Saint-Yrieix-sur-Charente (16) 196 D3
Saint-Ythaire (71) 171 G3
Saint-Yvoine (63) 202 E4
Saint-Yvy (29) 74 E6
Saint-Yzan-de-Soudiac (33) 211 J4
Saint-Yzans-de-Médoc (33) 211 F1
Saint-Zacharie (83) 297 F3
Sainte-Adresse (76) 33 J1
Sainte-Agathe (63) 203 J1
Sainte-Agathe-d'Aliermont (76) 16 C3
Sainte-Agathe-en-Donzy (42) 205 F1
Sainte-Agathe-la-Bouteresse (42) 204 D2
Sainte-Agnès (06) 281 J2
Sainte-Agnès (38) 224 C2
Sainte-Agnès (39) 173 F2
Sainte-Alauzie (46) 249 J3
Sainte-Alvère (24) 232 B1
Sainte-Anastasie (15) 218 D4
Sainte-Anastasie (30) 275 G2
Sainte-Anastasie-sur-Issole (83) 298 A3
Sainte-Anne (25) 156 B4
Sainte-Anne (32) 268 C4
Sainte-Anne (41) 108 C6
Sainte-Anne-d'Auray (56) 100 D4
Sainte-Anne-Saint-Priest (87) 199 K3
Sainte-Anne-sur-Brivet (44) 102 C6
Sainte-Anne-sur-Gervonde (38) 206 E5
Sainte-Anne-sur-Vilaine (35) 102 E3
Sainte-Aulde (77) 60 C2
Sainte-Aurence-Cazaux (32) 286 B3
Sainte-Austreberthe (62) 9 J2
Sainte-Austreberthe (76) 15 J5
Sainte-Barbe (57) 45 G4
Sainte-Barbe (88) 95 F2
Sainte-Barbe-sur-Gaillon (27) 35 K5
Sainte-Bazeille (47) 230 D6
Sainte-Beuve-en-Rivière (76) 16 D3
Sainte-Blandine (38) 207 G4
Sainte-Blandine (79) 178 C1
Sainte-Brigitte (56) 76 C4
Sainte-Camelle (11) 289 F5
Sainte-Catherine (62) 10 E2
Sainte-Catherine (63) 203 H6
Sainte-Catherine (69) 205 H4
Sainte-Catherine-de-Fierbois (37) 145 K2
Sainte-Cécile (36) 147 K1
Sainte-Cécile (50) 52 B3
Sainte-Cécile (71) 171 H5
Sainte-Cécile (85) 142 C6
Sainte-Cécile-d'Andorge (30) 255 F4
Sainte-Cécile-du-Cayrou (81) 270 A1
Sainte-Cécile-les-Vignes (84) 257 F4
Sainte-Céronne-lès-Mortagne (61) 83 H1
Sainte-Cérotte (72) 107 J4
Sainte-Christie (32) 267 J4
Sainte-Christie-d'Armagnac (32) 266 C4
Sainte-Christine (49) 124 D5
Sainte-Christine (63) 184 C4
Sainte-Colombe (05) 258 D3
Sainte-Colombe (16) 197 F1
Sainte-Colombe (17) 212 A2
Sainte-Colombe (21) 134 E4
Sainte-Colombe (25) 156 E4
Sainte-Colombe (33) 230 C1
Sainte-Colombe (35) 103 J1
Sainte-Colombe (40) 265 G5
Sainte-Colombe (46) 234 D4
Sainte-Colombe (50) 28 D5
Sainte-Colombe (69) 206 B5
Sainte-Colombe (76) 15 G3
Sainte-Colombe (77) 88 D2
Sainte-Colombe (89) 134 A2
Sainte-Colombe-de-Duras (47) 230 E4
Sainte-Colombe-de-la-Commanderie (66) 315 F3
Sainte-Colombe-de-Peyre (48) 237 F4
Sainte-Colombe-de-Villeneuve (47) 248 C2
Sainte-Colombe-des-Bois (58) 132 C5
Sainte-Colombe-en-Bruilhois (47) 248 A5
Sainte-Colombe-la-Commanderie (27) 35 G6
Sainte-Colombe-près-Vernon (27) 36 A6
Sainte-Colombe-sur-Gand (42) 187 H6
Sainte-Colombe-sur-Guette (11) 308 E6
Sainte-Colombe-sur-l'Hers (11) 308 C3
Sainte-Colombe-sur-Loing (89) 132 D2
Sainte-Colombe-sur-Seine (21) 115 F4
Sainte-Colome (64) 303 H1
Sainte-Consorce (69) 205 K2
Sainte-Croix (01) 188 E6
Sainte-Croix (02) 40 C1
Sainte-Croix (12) 251 F2
Sainte-Croix (24) 232 B3
Sainte-Croix (26) 241 G3
Sainte-Croix (46) 249 H3
Sainte-Croix (71) 172 D3
Sainte-Croix (81) 270 D2
Sainte-Croix-à-Lauze (04) 277 K2
Sainte-Croix-aux-Mines (68) 96 A2
Sainte-Croix-de-Caderle (30) 254 E6
Sainte-Croix-de-Mareuil (24) 197 G6
Sainte-Croix-de-Quintillargues (34) 274 C4
Sainte-Croix-de-Verdon (04) 279 F4
Sainte-Croix-du-Mont (33) 230 A5
Sainte-Croix-en-Jarez (42) 205 J5
Sainte-Croix-en-Plaine (68) 96 C5
Sainte-Croix-Grand-Tonne (14) 32 C4
Sainte-Croix-Hague (50) 28 B2
Sainte-Croix-sur-Aizier (27) 34 D2
Sainte-Croix-sur-Buchy (76) 16 C6
Sainte-Croix-sur-Mer (14) 32 D3
Sainte-Croix-sur-Orne (61) 53 K4
Sainte-Croix-Vallée-Française (48) 254 D5
Sainte-Croix-Volvestre (09) 306 D1
Sainte-Dode (32) 286 A3
Sainte-Eanne (79) 162 A5
Sainte-Engrâce (64) 302 C2
Sainte-Énimie (48) 254 A2
Sainte-Eugénie-de-Villeneuve (43) 219 K4
Sainte-Eulalie (07) 239 F2
Sainte-Eulalie (11) 289 K5
Sainte-Eulalie (15) 217 G4
Sainte-Eulalie (33) 229 J1
Sainte-Eulalie (48) 237 H3
Sainte-Eulalie-d'Ans (24) 214 D3
Sainte-Eulalie-de-Cernon (12) 272 E2
Sainte-Eulalie-d'Eymet (24) 231 G4
Sainte-Eulalie-d'Olt (12) 253 F1
Sainte-Eulalie-en-Born (40) 244 D3
Sainte-Eulalie-en-Royans (26) 223 G5
Sainte-Euphémie (01) 188 C5
Sainte-Euphémie-sur-Ouvèze (26) 258 A3
Sainte-Eusoye (60) 18 A6
Sainte-Fauste (36) 148 B6
Sainte-Féréole (19) 215 J3
Sainte-Feyre (23) 182 D3
Sainte-Feyre-la-Montagne (23) 183 G6
Sainte-Flaive-des-Loups (85) 159 G2
Sainte-Florence (33) 230 C2
Sainte-Florence (85) 142 C6
Sainte-Florine (43) 219 G1
Sainte-Foi (09) 308 B1

Sainte-Fortunade (19) 216 B3
Sainte-Foy (40) 265 J2
Sainte-Foy (71) 187 F1
Sainte-Foy (76) 16 A3
Sainte-Foy (85) 159 F3
Sainte-Foy-d'Aigrefeuille (31) 288 D1
Sainte-Foy-de-Belvès (24) 232 D3
Sainte-Foy-de-Longas (24) 232 A1
Sainte-Foy-de-Montgommery (14) . 54 E2
Sainte-Foy-de-Peyrolières (31) 287 J2
Sainte-Foy-la-Grande (33) 231 F2
Sainte-Foy-la-Longue (33) 230 B5
Sainte-Foy-l'Argentière (69) 205 H3
Sainte-Foy-lès-Lyon (69) 206 A2
Sainte-Foy-Saint-Sulpice (42) 204 D2
Sainte-Foy-Tarentaise (73) 193 B3
Sainte-Gauburge-
Sainte-Colombe (61) 55 G5
Sainte-Gemme (17) 194 D1
Sainte-Gemme (32) 268 A4
Sainte-Gemme (33) 230 D5
Sainte-Gemme (36) 147 G6
Sainte-Gemme (51) 40 B5
Sainte-Gemme (79) 144 A5
Sainte-Gemme (81) 251 H6
Sainte-Gemme-en-Sancerrois (18) . 131 J5
Sainte-Gemme-la-Plaine (85) 160 B4
Sainte-Gemme-Martaillac (47) 247 G2
Sainte-Gemme-Moronval (28) 57 F5
Sainte-Gemmes (41) 108 E5
Sainte-Gemmes-d'Andigné (49) 104 D6
Sainte-Gemmes-le-Robert (53) 81 J6
Sainte-Gemmes-sur-Loire (49) 125 G4
Sainte-Geneviève (02) 21 H4
Sainte-Geneviève (50) 29 F2
Sainte-Geneviève (54) 65 K2
Sainte-Geneviève (60) 37 J4
Sainte-Geneviève (76) 16 C5
Sainte-Geneviève-des-Bois (45) . . . 111 J5
Sainte-Geneviève-des-Bois (91) . . . 58 E6
Sainte-Geneviève-lès-Gasny (27) . . 36 C6
Sainte-Geneviève-
sur-Argence (12) 236 B3
Sainte-Hélène (33) 210 E6
Sainte-Hélène (48) 237 K6
Sainte-Hélène (56) 100 B4
Sainte-Hélène (71) 171 H1
Sainte-Hélène (88) 95 F4
Sainte-Hélène-Bondeville (76) 14 D3
Sainte-Hélène-du-Lac (73) 208 D5
Sainte-Hélène-sur-Isère (73) 209 F3
Sainte-Hermine (85) 160 B3
Sainte-Honorine-de-Ducy (14) 32 A5
Sainte-Honorine-des-Pertes (14) . . . 32 A2
Sainte-Honorine-du-Fay (14) 32 D6
Sainte-Honorine-
la-Chardonne (61) 53 H3
Sainte-Honorine-la-Guillaume (61) . 53 J4
Sainte-Innocence (24) 231 H3
Sainte-Jalle (26) 257 J2
Sainte-Jamme-sur-Sarthe (72) 106 D1
Sainte-Julie (01) 189 G6
Sainte-Juliette (82) 249 H3
Sainte-Juliette-sur-Viaur (12) 252 B4
Sainte-Léocadie (66) 313 H5
Sainte-Lheurine (17) 195 J5
Sainte-Livrade (31) 268 D6
Sainte-Livrade-sur-Lot (47) 248 B2
Sainte-Lizaigne (36) 148 D4
Sainte-Luce (38) 242 C1
Sainte-Luce-sur-Loire (44) 123 H3
Sainte-Lucie-de-Tallano (2A) 323 F2
Sainte-Lunaise (18) 149 G5
Sainte-Magnance (89) 134 B4
Sainte-Marguerite (43) 219 K3
Sainte-Marguerite (88) 95 J4
Sainte-Marguerite-
de-Carrouges (61) 82 B1
Sainte-Marguerite-de-l'Autel (27) . . 56 A3
Sainte-Marguerite-de-Viette (14) . . . 54 D1
Sainte-Marguerite-d'Elle (14) 31 J2
Sainte-Marguerite-des-Loges (14) . . 54 E1
Sainte-Marguerite-en-Ouche (27) . . 55 J1
Sainte-Marguerite-Lafigère (07) . . . 255 F1
Sainte-Marguerite-sur-Duclair (76) . 35 F1
Sainte-Marguerite-sur-Fauville (76) . 15 F4
Sainte-Marguerite-sur-Mer (76) 15 J2
Sainte-Marie (05) 258 B1
Sainte-Marie (08) 42 B2
Sainte-Marie (15) 236 C2
Sainte-Marie (25) 139 G2
Sainte-Marie (32) 268 B5
Sainte-Marie (35) 102 C3
Sainte-Marie (58) 151 G2
Sainte-Marie (65) 305 J3
Sainte-Marie (66) 310 D6
Sainte-Marie-à-Py (51) 41 K4
Sainte-Marie-au-Bosc (76) 14 B4
Sainte-Marie-aux-Chênes (57) 27 F6
Sainte-Marie-aux-Mines (68) 96 A2
Sainte-Marie-Cappel (59) 3 J4
Sainte-Marie-d'Alloix (38) 208 C6
Sainte-Marie-d'Alvey (73) 207 K4
Sainte-Marie-de-Chignac (24) 214 B4
Sainte-Marie-de-Cuines (73) 225 G1
Sainte-Marie-de-Gosse (40) 262 D6
Sainte-Marie-de-Ré (17) 176 C2
Sainte-Marie-de-Vatimesnil (27) . . . 36 C4
Sainte-Marie-de-Vaux (87) 198 D1
Sainte-Marie-des-Champs (76) 15 G5
Sainte-Marie-du-Bois (50) 80 E1
Sainte-Marie-du-Bois (53) 81 H2
Sainte-Marie-du-
Lac-Nuisement (51) 63 H6
Sainte-Marie-du-Mont (38) 208 C6
Sainte-Marie-du-Mont (50) 29 G6
Sainte-Marie-en-Chanois (70) 118 E4
Sainte-Marie-en-Chaux (70) 118 C4
Sainte-Marie-Kerque (62) 3 F3
Sainte-Marie-la-Blanche (21) 154 B4
Sainte-Marie-la-Robert (61) 54 B6
Sainte-Marie-Lapanouze (19) 201 F6
Sainte-Marie-Laumont (14) 31 J6
Sainte-Marie-Outre-l'Eau (14) 31 H5
Sainte-Marie-sur-Ouche (21) 135 J6
Sainte-Marthe (27) 56 A2
Sainte-Marthe (47) 247 G2
Sainte-Maure (10) 90 A4
Sainte-Maure-de-Peyriac (47) 266 D1
Sainte-Maure-de-Touraine (37) 145 K2
Sainte-Maxime (83) 299 F3
Sainte-Même (17) 178 A6
Sainte-Menehould (51) 42 D6
Sainte-Mère (32) 267 J1
Sainte-Mère-Église (50) 29 F5
Sainte-Mesme (78) 86 A2
Sainte-Mondane (24) 233 G2
Sainte-Montaine (18) 130 E3
Sainte-Nathalène (24) 233 F1
Sainte-Néomaye (79) 161 K6
Sainte-Olive (01) 188 D4
Sainte-Opportune (61) 53 J4
Sainte-Opportune-du-Bosc (27) 35 F5
Sainte-Opportune-la-Mare (27) 34 C2
Sainte-Orse (24) 214 E3
Sainte-Osmane (72) 107 H4
Sainte-Ouenne (79) 161 H5
Sainte-Pallaye (89) 133 H1
Sainte-Paule (69) 187 K5
Sainte-Pazanne (44) 122 E5
Sainte-Pexine (85) 160 A3
Sainte-Pience (50) 52 A4
Sainte-Pôle (54) 95 G1
Sainte-Preuve (02) 21 F5
Sainte-Radegonde (12) 252 C3
Sainte-Radegonde (17) 177 G6
Sainte-Radegonde (24) 231 K4
Sainte-Radegonde (32) 267 H3
Sainte-Radegonde (33) 230 D2
Sainte-Radegonde (71) 170 B2
Sainte-Radegonde (79) 144 B4
Sainte-Radégonde (86) 163 J2
Sainte-Radégonde-
des-Noyers (85) 160 B5
Sainte-Ramée (17) 195 F6
Sainte-Reine (70) 137 H3
Sainte-Reine (73) 208 D3
Sainte-Reine-de-Bretagne (44) 122 A1
Sainte-Ruffine (57) 44 E5
Sainte-Sabine (21) 153 J1
Sainte-Sabine-Born (24) 232 A4
Sainte-Sabine-sur-Longève (72) . . . 106 D1
Sainte-Savine (10) 90 A5
Sainte-Scolasse-sur-Sarthe (61) . . . 83 G1
Sainte-Segrée (80) 17 H4
Sainte-Sève (29) 47 F5
Sainte-Sévère (16) 196 A2
Sainte-Sévère-sur-Indre (36) 166 C4
Sainte-Sigolène (43) 221 F3
Sainte-Solange (18) 149 J2
Sainte-Soline (79) 179 F1
Sainte-Souline (16) 212 D1
Sainte-Soulle (17) 176 E2
Sainte-Suzanne (09) 288 B5
Sainte-Suzanne (25) 139 H2
Sainte-Suzanne (53) 105 J1
Sainte-Suzanne-sur-Vire (50) 31 H4
Sainte-Terre (33) 230 B2
Sainte-Thérence (03) 184 A2
Sainte-Thorette (18) 148 E3
Sainte-Tréphine (22) 76 C3
Sainte-Trie (24) 215 F2
Sainte-Tulle (04) 278 B3
Sainte-Valière (11) 291 G5
Sainte-Vaubourg (08) 42 A1
Sainte-Verge (79) 144 B3
Sainte-Vertu (89) 113 K6
Sainteny (50) 31 F2
Saintes (17) 195 G2
Saintes-Maries-de-la-Mer (13) 294 C5
Saintines (60) 38 D3
Saintry-sur-Seine (91) 87 F1
Saints (77) 60 B5
Saints (89) 132 D2
Saints-Geosmes (52) 116 D4
Sainville (28) 86 A3
Saires (86) 145 F5
Saires-la-Verrerie (61) 53 H5
Saissac (11) 289 K4
Saisseval (80) 17 K2
Saisy (71) 153 H4
Saivres (79) 161 K5
le Saix (05) 242 C6
Saïx (81) 289 K1
Saix (86) 144 D2
Saizenay (39) 156 A4
Saizerais (54) 65 K3
Saizy (58) 133 H5
Sajas (31) 287 H3
Salagnac (24) 215 F2
Salagnon (38) 207 F3
Salaise-sur-Sanne (38) 222 B1
Salans (39) 155 K1
Salasc (34) 273 G6
Salaunes (33) 210 E6
Salavas (07) 255 K2
Salavre (01) 172 E6
Salazac (30) 256 B4
Salbris (41) 130 B4
les Salces (48) 237 F6
Saléchan (65) 305 J3
Saleich (31) 306 B2
Saleignes (17) 178 D4
Saleilles (66) 315 H2
les Salelles (07) 255 G1
les Salelles (48) 253 J1
Salency (60) 19 H6
Salenthal (67) 70 B2
Saléon (05) 258 E2
Salérans (05) 258 D3
Salerm (31) 287 F4
Salernes (83) 279 G6
Salers (15) 217 J4
Sales (74) 190 D6
Salesches (59) 12 D4
la Salette-Fallavaux (38) 242 D1
Salettes (26) 240 D5
Salettes (43) 238 D2
Saleux (80) 18 A2
Salice (2A) 320 D3
Saliceto (2B) 319 G4
Saliès (81) 270 D3
Salies-de-Béarn (64) 283 H2
Salies-du-Salat (31) 306 B1
Salignac (04) 259 G4
Salignac (33) 211 K5
Salignac-de-Mirambeau (17) 211 J1
Salignac-Eyvignes (24) 215 G6
Salignac-sur-Charente (17) 195 J3
Saligney (39) 137 G6
Saligny (85) 141 K5
Saligny (89) 88 E6
Saligny-le-Vif (18) 150 A3
Saligny-sur-Roudon (03) 169 J5
Saligos (65) 304 B3
Salindres (30) 255 H5
Salinelles (30) 274 D4
Salins (15) 217 H4
Salins (77) 88 B3
Salins-les-Bains (39) 156 A4
Salins-les-Thermes (73) 209 H5
Salives (21) 135 K1
Sallagriffon (06) 280 D2
Sallanches (74) 192 A5
Sallaumines (62) 11 F1
la Salle (71) 171 K5
la Salle (88) 95 G3
la Salle-de-Vihiers (49) 143 H1
la Salle-en-Beaumont (38) 242 C1
la Salle-et-Chapelle-Aubry (49) 124 C6
la Salle-Prunet (48) 254 C3
Salleboeuf (33) 229 J2
Sallèdes (63) 203 F3
Sallèles-Cabardès (11) 290 C4
Sallèles-d'Aude (11) 291 H5
la Salle les Alpes (05) 225 K6
Sallen (14) 31 K3
Sallenelles (14) 33 F4
Sallenôves (74) 190 E4
Sallertaine (85) 140 E5
Salles (33) 228 E5
les Salles (42) 204 A1
Salles (47) 232 B6
Salles (65) 304 A2
Salles (79) 162 A5
Salles (81) 251 F6
Salles-Adour (65) 285 H6
Salles-Arbuissonnas-
en-Beaujolais (69) 188 A4
Salles-Courbatiès (12) 251 G1
Salles-Curan (12) 252 D5
Salles-d'Angles (16) 195 K4
Salles-d'Armagnac (32) 266 B3
Salles-d'Aude (11) 291 K5
Salles-de-Barbezieux (16) 196 B6
Salles-de-Belvès (24) 232 D4
les Salles-de-Castillon (33) 230 D1
Salles-de-Villefagnan (16) 179 G5
les Salles-du-Gardon (30) 255 G4
Salles-et-Pratviel (31) 305 H4
Salles-la-Source (12) 252 B2
Salles-Lavalette (16) 213 F1
les Salles-Lavauguyon (87) 197 K2
Salles-Mongiscard (64) 283 J1
Salles-sous-Bois (26) 257 F1
Salles-sur-Garonne (31) 287 J5
Salles-sur-l'Hers (11) 289 F4
Salles-sur-Mer (17) 176 E3
les Salles-sur-Verdon (83) 279 F3
Sallespisse (64) 283 K1
Salmagne (55) 64 C4
Salmaise (21) 135 G3
Salmbach (67) 25 D2
Salmiech (12) 252 B5
Salomé (59) 6 C5
Salon (10) 62 A6
Salon (24) 214 B6
Salon-de-Provence (13) 276 E5
Salon-la-Tour (19) 199 H5
Salonnes (57) 66 D3
Salornay-sur-Guye (71) 171 G4
Salouël (80) 18 A2
Salperwick (62) 3 G5
Salsein (09) 306 C3
Salses-le-Château (66) 310 C4
Salsigne (11) 290 B4
Salt-en-Donzy (42) 205 F2
Salvagnac (81) 269 K2
Salvagnac-Cajarc (12) 250 E1
la Salvetat-Belmontet (82) 269 H2
la Salvetat-Lauragais (31) 289 F1
la Salvetat-Peyralès (12) 251 H4
la Salvetat-Saint-Gilles (31) 288 A1
la Salvetat-sur-Agout (34) 271 K6
Salvezines (11) 309 F5
Salviac (46) 233 F4
Salvizinet (42) 205 F2
Salza (11) 309 H3
Salzuit (43) 219 J3
Samadet (40) 265 G5
Saman (31) 286 E5
Samaran (32) 286 C3
Samatan (32) 287 G2
Samazan (47) 247 G1
Sambin (41) 128 E4
Sambourg (89) 114 A5
Saméon (59) 7 G6
Samer (62) 2 B6
Samerey (21) 155 F2
Sames (64) 282 E1
Sammarçolles (86) 144 E3
Sammeron (77) 60 B2
Samoëns (74) 192 B3
Samognat (01) 189 K1
Samogneux (55) 43 H4
Samois-sur-Seine (77) 87 J3
Samonac (33) 211 H5
Samoreau (77) 87 J3
Samouillan (31) 287 G5
Samoussy (02) 20 E6
Sampans (39) 155 G2
Sampigny (55) 64 E3
Sampigny-lès-Maranges (71) 153 J5
Sampolo (2A) 321 F5
Sampzon (07) 255 K1
Samson (25) 156 A2
Samsons-Lion (64) 285 F2
Samuran (65) 305 H2
San-Damiano (2B) 319 H4
San-Gavino-d'Ampugnani (2B) 319 J4
San-Gavino-di-Carbini (2A) 323 G2
San-Gavino-di-Fiumorbo (2B) 321 H4
San-Gavino-di-Tenda (2B) 317 C6
San-Giovanni-di-Moriani (2B) 319 J5
San-Giuliano (2B) 319 J5
San-Lorenzo (2B) 319 G5
San-Martino-di-Lota (2B) 317 E5
San-Nicolao (2B) 319 K5
Sana (31) 287 H5
Sanary-sur-Mer (83) 297 H6
Sancé (71) 171 K6
Sancergues (18) 150 B2
Sancerre (18) 131 K5
Sancey-le-Grand (25) 139 F5
Sancey-le-Long (25) 139 F5
Sancheville (28) 85 H6
Sanchey (88) 94 C5
Sancoins (18) 150 B6
Sancourt (27) 36 D3
Sancourt (59) 11 J3
Sancourt (80) 19 H3
Sancy (54) 26 E4
Sancy (77) 60 A3
Sancy-les-Cheminots (02) 39 K2
Sancy-lès-Provins (77) 60 E5
Sand (67) 70 E6
Sandarville (28) 85 F4
Sandaucourt (88) 93 H4
Sandillon (45) 110 B5
Sandouville (76) 34 A1
Sandrans (01) 188 E4
Sangatte (62) 2 C2
Sanghen (62) 2 D5
Sanguinet (40) 228 C6
Sanilhac (07) 239 G6
Sanilhac-Sagriès (30) 275 H2
Sannat (23) 183 J3
Sannerville (14) 33 F5
Sannes (84) 277 J4
Sannois (95) 58 D2
Sanous (65) 285 G3
Sanry-lès-Vigy (57) 27 H6
Sanry-sur-Nied (57) 45 G6
Sans-Vallois (88) 94 A6
Sansa (66) 313 K3
Sansac-de-Marmiesse (15) 235 G2
Sansac-Veinazès (15) 235 H3
Sansais (79) 177 K1
Sansan (32) 286 D1
Sanssac-l'Église (43) 220 B5
Sanssat (03) 185 J2
Santa-Lucia-di-Mercurio (2B) 319 G5
Santa-Lucia-di-Moriani (2B) 319 K4
Santa-Maria-di-Lota (2B) 317 D4
Santa-Maria-Figaniella (2A) 322 E2
Santa-Maria-Poggio (2B) 319 J5
Santa-Maria-Siché (2B) 317 D5
Santa-Reparata-di-Balagna (2B) . . . 318 C2
Santa-Reparata-di-Moriani (2B) . . . 319 J5
Sant'Andréa-di-Bozio (2B) 319 H6
Sant'Andréa-di-Cotone (2B) 319 J5
Sant'Andréa-d'Orcino (2A) 320 C4
Santans (39) 155 J3
Sant'Antonino (2B) 318 C2
Santeau (45) 110 C1
Santec (29) 46 E3
Santenay (21) 153 J5
Santenay (41) 128 C2
Santeny (94) 59 G5
Santes (59) 6 D4
Santeuil (28) 85 J4
Santeuil (95) 37 F6
Santigny (89) 134 B2
Santilly (28) 110 A1
Santilly (71) 171 H3
Santo-Pietro-di-Tenda (2B) 317 C6
Santo-Pietro-di-Venaco (2B) 321 F1
Santoche (25) 138 E3
Santosse (21) 153 J3
Santranges (18) 131 J3
Sanvensa (12) 251 G3
Sanvignes-les-Mines (71) 170 D2
Sanxay (86) 162 B4
Sanzay (79) 143 J4
Sanzey (54) 65 H4
Saon (14) 31 K1
Saône (25) 138 B6
Saonnet (14) 31 K1
Saorge (06) 311 D3
Saosnes (72) 82 E4
Saou (26) 240 E4
le Sap (61) 55 F3
le Sap-André (61) 55 G4
Sapignicourt (51) 63 H6
Sapignies (62) 11 F5
Sapogne-et-Feuchères (08) 22 D4
Sapogne-sur-Marche (08) 23 J5
Sapois (39) 156 B6
Sapois (88) 119 G1
Saponay (02) 40 A5
Saponcourt (70) 117 K4
le Sappey (74) 191 F3
le Sappey-en-Chartreuse (38) 224 B2
Saramon (32) 286 E1
Saran (45) 110 A3
Saraz (25) 156 B3
Sarbazan (40) 265 J1
Sarcé (72) 106 E6
Sarceaux (61) 54 C5
Sarcelles (95) 58 E2
Sarcenas (38) 224 B2
Sarcey (52) 116 C2
Sarcey (69) 187 K6
Sarcos (32) 286 D3
Sarcus (60) 17 G4
Sarcy (51) 40 D5
Sardan (30) 274 D3
Sardent (23) 182 D4
Sardieu (38) 223 F1
Sardon (63) 185 G5
Sardy-lès-Épiry (58) 151 K1
Sare (64) 263 C2
Sargé-lès-le-Mans (72) 106 E2
Sargé-sur-Braye (41) 108 A4
Sari-d'Orcino (2A) 320 C3
Sari-Solenzara (2A) 321 J6
Sariac-Magnoac (65) 286 C4
Sarlabous (65) 304 E1
Sarlande (24) 198 D6
Sarlat-la-Canéda (24) 233 F2
Sarliac-sur-l'Isle (24) 214 C3
Sarniguet (65) 285 H4
Sarnois (60) 17 H5
Saron-sur-Aube (51) 89 H1
Sarp (65) 305 H2
Sarpourenx (64) 283 K2
Sarragachies (32) 266 B5
Sarrageois (25) 174 C1
Sarraguzan (32) 286 A3
Sarralbe (57) 68 D4
Sarraltroff (57) 67 J3
Sarran (19) 216 C1
Sarrance (64) 303 F1
Sarrancolin (65) 305 F3
Sarrant (32) 268 B4
Sarras (07) 222 B3
Sarrazac (24) 198 C6
Sarrazac (46) 215 J6
Sarraziet (40) 265 G5
Sarre-Union (67) 67 J1
Sarrebourg (57) 67 J4
Sarrecave (31) 286 D5
Sarreguemines (57) 68 D2
Sarreinsming (57) 68 D3
Sarremezan (31) 286 D5
Sarrewerden (67) 67 J1
Sarrey (52) 116 D2
Sarriac-Bigorre (65) 285 J3
Sarrians (84) 257 G6
Sarrigné (49) 125 J3
Sarrogna (39) 173 G4
Sarrola-Carcopino (2A) 320 C4
Sarron (40) 265 J6
Sarrouilles (65) 285 H5
Sarroux (19) 217 H1
Sarry (51) 62 D2
Sarry (71) 187 F1
Sarry (89) 134 B1
le Sars (62) 10 E5
Sars-et-Rosières (59) 7 G6
Sars-le-Bois (62) 10 B3
Sars-Poteries (59) 13 H4
Sartène (2A) 322 E3
Sartes (88) 93 G5
Sartilly (50) 51 J2
Sarton (62) 10 B5
Sartrouville (78) 58 C2
Sarzay (36) 166 A3
Sarzeau (56) 121 F1
Sasnières (41) 108 B6

Sassangy (71) 171 H1
Sassay (41) 129 F5
Sassegnies (59) 13 F4
Sassenage (38) 224 A3
Sassenay (71) 154 B6
Sassetot-le-Malgardé (76) 15 H3
Sassetot-le-Mauconduit (76) 14 E3
Sasseville (76) 15 F3
Sassey (27) 56 E1
Sassey-sur-Meuse (55) 43 F2
Sassierges-Saint-Germain (36) 166 A1
Sassis (65) 304 B4
Sassy (14) 54 B1
Sathonay-Camp (69) 206 B1
Sathonay-Village (69) 206 B1
Satillieu (07) 221 K4
Satolas-et-Bonce (38) 206 D3
Saturargues (34) 274 E5
Saubens (31) 288 A2
Saubion (40) 262 C5
Saubole (64) 285 F4
Saubrigues (40) 262 C5
Saubusse (40) 262 E5
Saucats (33) 229 G4
Saucède (64) 283 K4
la Saucelle (28) 56 C6
Sauchay (76) 16 A1
Sauchy-Cauchy (62) 11 H3
Sauchy-Lestrée (62) 11 H3
Sauclières (12) 273 G2
Saudemont (62) 11 H3
Saudoy (51) 61 H5
Saudron (52) 92 C2
Saudrupt (55) 64 A5
Saugeot (39) 173 J2
Saugnac-et-Cambran (40) 264 B5
Saugnacq-et-Muret (40) 245 G1
Saugon (33) 211 J3
Saugues (43) 237 J1
Sauguis-Saint-Étienne (64) 283 H6
Saugy (18) 148 D4
Saujac (12) 250 E1
Saujon (17) 194 D3
la Saulce (05) 259 G1
Saulce-sur-Rhône (26) 240 B4
Saulces-Champenoises (08) 41 K1
Saulces-Monclin (08) 22 B6
Saulcet (03) 185 G1
Saulchery (02) 60 D2
le Saulchoy (60) 17 K5
Saulchoy (62) 9 G2
Saulchoy-sous-Poix (80) 17 H4
Saulcy (10) 91 H5
le Saulcy (88) 95 J2
Saulcy-sur-Meurthe (88) 95 J4
Saules (25) 156 D1
Saules (71) 171 H2
Saulgé (86) 164 A6
Saulgé-l'Hôpital (49) 125 J5
Saulges (53) 105 J3
Saulgond (16) 180 C5
Sauliac-sur-Célé (46) 234 A6
Saulieu (21) 134 C6
Saulles (52) 116 E6
Saulmory-et-Villefranche (55) 43 F1
Saulnay (36) 147 F5
Saulnes (54) 26 D2
Saulnières (28) 56 E6
Saulnières (35) 103 G1
Saulnot (70) 139 F1
Saulny (57) 44 E5
Saulon-la-Chapelle (21) 154 C1
Saulon-la-Rue (21) 136 A6
la Saulsotte (10) 89 F2
Sault (84) 258 A5
Sault-Brénaz (01) 189 J6
Sault-de-Navailles (64) 283 K1
Sault-lès-Rethel (08) 41 J1
Sault-Saint-Remy (08) 41 G2
Saultain (59) 12 D2
Saulty (62) 10 C4
Saulvaux (55) 64 D5
Saulx (70) 118 C6
Saulx-le-Duc (21) 136 A2
Saulx-lès-Champlon (55) 44 A6
Saulx-les-Chartreux (91) 58 D5
Saulx-Marchais (78) 57 K4
Saulxerotte (54) 93 J2
Saulxures (67) 95 K2
Saulxures-lès-Bulgnéville (88) 93 H5
Saulxures-lès-Nancy (54) 66 B5
Saulxures-lès-Vannes (54) 93 H1
Saulxures-sur-Moselotte (88) 119 G2
Saulzais-le-Potier (18) 167 G3
Saulzet (03) 185 G3
Saulzet-le-Froid (63) 202 B4
Saulzoir (59) 12 C3
Saumane (04) 258 D5
Saumane (30) 254 D5
Saumane-de-Vaucluse (84) 276 E2
Sauméjan (47) 247 F4
Saumeray (28) 84 E5
Saumont (47) 247 K5
Saumont-la-Poterie (76) 16 E6
Saumos (33) 210 D6
Saumur (49) 126 B6
Saunay (37) 128 B2
la Saunière (23) 182 D3
Saunières (71) 154 C5
Sauqueville (76) 15 K2
Saurais (79) 162 A2
Saurat (09) 307 H4
Sauret-Besserve (63) 184 C5
Saurier (63) 202 C5
Sausheim (68) 97 C2
Saussan (34) 293 F1
Saussay (28) 57 F3
Saussay (76) 15 J5
Saussay-la-Campagne (27) 36 B3
la Saussaye (27) 35 G4
Saussemesnil (50) 28 E3
Saussenac (81) 271 F1
Saussens (31) 288 E1
Sausses (04) 260 E6
Sausset-les-Pins (13) 295 K6
Sausseuzemare-en-Caux (76) 14 C4
Saussey (21) 153 H3
Saussey (50) 30 E4
Saussignac (24) 231 G3
Saussines (34) 274 D4
Saussy (21) 135 K3
Sautel (09) 308 A3
Sauternes (33) 229 K6
Sauteyrargues (34) 274 C3
Sauto (66) 313 J4
Sautron (44) 123 F3
la Sauvagère (61) 53 J6
les Sauvages (69) 187 H6
Sauvagnac (16) 197 J2
Sauvagnas (47) 248 C4
Sauvagnat (63) 201 J2
Sauvagnat-Sainte-Marthe (63) 202 E4
Sauvagney (25) 137 J5
Sauvagnon (64) 284 C3
Sauvagny (03) 167 K5
Sauvain (42) 204 B3
Sauvat (15) 217 H2
Sauve (30) 274 C2
la Sauve (33) 229 K3
Sauvelade (64) 283 K3
Sauverny (01) 174 B6
Sauvessanges (63) 220 C1
la Sauvetat (32) 267 H3
la Sauvetat (63) 202 E4
la Sauvetat-de-Savères (47) 248 D4
la Sauvetat-du-Dropt (47) 231 G4
la Sauvetat-sur-Lède (47) 248 C1
Sauveterre (30) 276 B1
Sauveterre (32) 287 F2
Sauveterre (65) 285 H2
Sauveterre (81) 290 D2
Sauveterre (82) 249 J4
Sauveterre-de-Béarn (64) 283 H3
Sauveterre-de-Comminges (31) 305 J2
Sauveterre-de-Guyenne (33) 230 C4
Sauveterre-de-Rouergue (12) 251 J4
Sauveterre-la-Lémance (47) 232 D5
Sauveterre-Saint-Denis (47) 248 C5
Sauviac (32) 286 B3
Sauviac (33) 246 D2
Sauvian (34) 292 A4
Sauviat (63) 203 H3
Sauviat-sur-Vige (87) 182 A6
Sauvignac (16) 212 C2
Sauvigney-lès-Gray (70) 137 H3
Sauvigney-lès-Pesmes (70) 137 F5
Sauvigny (55) 93 G2
Sauvigny-le-Beuréal (89) 134 B3
Sauvigny-le-Bois (89) 133 K3
Sauvigny-les-Bois (58) 151 F4
Sauville (08) 22 E6
Sauville (88) 93 G6
Sauvillers-Mongival (80) 18 C4
Sauvimont (32) 287 G2
Sauvoy (55) 65 F6
Saux (46) 249 G2
Saux-et-Pomarède (31) 286 E6
Sauxillanges (63) 203 G5
Sauze (06) 261 F5
le Sauze-du-Lac (05) 243 G6
Sauzé-Vaussais (79) 179 F3
Sauzelles (36) 164 B2
Sauzet (26) 240 B5
Sauzet (30) 275 F2
Sauzet (46) 249 H2
la Sauzière-Saint-Jean (81) 269 J2
Sauzon (56) 120 A3
Savarthès (31) 306 A1
Savas (07) 222 A2
Savas-Mépin (38) 206 D5
Savasse (26) 240 B5
Savenay (44) 122 D2
Savenès (82) 268 E3
Savennes (23) 182 D4
Savennes (63) 201 H4
Savennières (49) 125 F4
Saverdun (09) 288 D5
Savères (31) 287 J3
Saverne (67) 70 B1
Saveuse (80) 18 A2
Savianges (71) 171 G2
Savières (10) 89 K3
Savigna (39) 173 G4
Savignac (12) 251 F3
Savignac (33) 230 B6
Savignac-de-Duras (47) 230 E4
Savignac-de-l'Isle (33) 212 A6
Savignac-de-Miremont (24) 214 C6
Savignac-de-Nontron (24) 197 K5
Savignac-Lédrier (24) 215 F1
Savignac-les-Églises (24) 214 C2
Savignac-les-Ormeaux (09) 308 A6
Savignac-Mona (32) 287 H2
Savignac-sur-Leyze (47) 248 D1
Savignargues (30) 274 E2
Savigné (86) 179 H3
Savigné-l'Évêque (72) 107 F2
Savigné-sous-le-Lude (72) 126 C1
Savigné-sur-Lathan (37) 127 F4
Savigneux (01) 188 C4
Savigneux (42) 204 D4
Savignies (60) 37 F1
Savigny (50) 31 F4
Savigny (52) 117 G6
Savigny (69) 205 H1
Savigny (74) 190 D3
Savigny (88) 94 B3
Savigny-en-Revermont (71) 172 E2
Savigny-en-Sancerre (18) 131 J4
Savigny-en-Septaine (18) 149 J3
Savigny-en-Terre-Plaine (89) 134 B3
Savigny-en-Véron (37) 144 E1
Savigny-le-Sec (21) 136 A4
Savigny-le-Temple (77) 87 G1
Savigny-le-Vieux (50) 80 C1
Savigny-lès-Beaune (21) 154 A3
Savigny-Lévescault (86) 163 G4
Savigny-Poil-Fol (58) 169 K1
Savigny-sous-Faye (86) 145 G5
Savigny-sous-Mâlain (21) 135 H5
Savigny-sur-Aisne (08) 42 B3
Savigny-sur-Ardres (51) 40 C4
Savigny-sur-Braye (41) 107 K4
Savigny-sur-Clairis (89) 112 B2
Savigny-sur-Grosne (71) 171 H3
Savigny-sur-Orge (91) 58 E6
Savigny-sur-Seille (71) 172 B2
Savilly (21) 152 E2
Savines-le-Lac (05) 243 H5
Savins (77) 88 C2
Savoillan (84) 258 A4
Savoisy (21) 114 E6
Savolles (21) 136 C4
Savonnières (37) 127 H5
Savonnières-devant-Bar (55) 64 B4
Savonnières-en-Perthois (55) 64 A6
Savouges (21) 154 C1
Savournon (05) 258 E1
Savoyeux (70) 137 H2
Savy (02) 19 J3
Savy-Berlette (62) 10 D2
Saxel (74) 191 H1
Saxi-Bourdon (58) 151 H3
Saxon-Sion (54) 93 K2
Sayat (63) 202 D1
Saze (30) 276 A2
Sazeray (36) 166 C5
Sazeret (03) 168 A6
Sazilly (37) 145 G2
Sazos (65) 304 B4
Scaër (29) 75 G6
Scata (2B) 319 H4
Sceau-Saint-Angel (24) 197 K5
Sceautres (07) 239 K5
Sceaux (89) 134 A3
Sceaux (92) 58 E4
Sceaux-d'Anjou (49) 125 G1
Sceaux-du-Gâtinais (45) 111 G1
Sceaux-sur-Huisne (72) 107 H1
Scey-Maisières (25) 156 C2
Scey-sur-Saône-et-Saint-Albin (70) 117 K6
Schaeffersheim (67) 70 E5
Schaffhouse-près-Seltz (67) 25 D2
Schaffhouse-sur-Zorn (67) 70 D1
Schalbach (57) 67 K3
Schalkendorf (67) 69 J6
Scharrachbergheim-Irmstett (67) 70 D3
Scheibenhard (67) 25 D1
Scherlenheim (67) 70 D1
Scherwiller (67) 71 B5
Schillersdorf (67) 69 H5
Schiltigheim (67) 25 A6
Schirmeck (67) 70 A5
Schirrhein (67) 25 B4
Schirrhoffen (67) 25 C4
Schleithal (67) 25 C1
Schlierbach (68) 97 D3
Schmittviller (57) 68 E4
Schneckenbusch (57) 67 J4
Schnersheim (67) 70 D2
Schoenau (67) 71 D5
Schoenbourg (67) 69 F6
Schoeneck (57) 68 C1
Schoenenbourg (67) 25 B2
Schopperten (67) 67 J1
Schorbach (57) 69 G3
Schweighouse-sur-Moder (67) 25 A4
Schweighouse-Thann (68) 97 A2
Schwenheim (67) 70 C2
Schwerdorff (57) 45 J2
Schweyen (57) 69 G2
Schwindratzheim (67) 70 D1
Schwoben (68) 97 C4
Schwobsheim (67) 71 C5
Sciecq (79) 161 H5
Scientrier (74) 191 H3
Scieurac-et-Flourès (32) 285 J1
Sciez (74) 174 E6
Scillé (79) 161 G3
Scionzier (74) 191 K3
Scolca (2B) 319 H3
Scorbé-Clairvaux (86) 145 H6
Scrignac (29) 47 H6
Scrupt (51) 63 H5
Scy-Chazelles (57) 44 E5
Scye (70) 118 A6
Séailles (32) 266 D4
la Séauve-sur-Semène (43) 221 F2
Sébazac-Concourès (12) 252 B2
Sébécourt (27) 56 A2
Sébeville (50) 29 F5
Seboncourt (02) 20 B1
Sebourg (59) 12 E2
Sébrazac (12) 235 K6
Séby (64) 284 C2
Secenans (70) 139 F2
Séchault (08) 42 B4
Sécheras (07) 222 B4
Sécheval (08) 22 C2
Séchilienne (38) 224 B5
Séchin (25) 138 C4
Seclin (59) 6 D5
Secondigné-sur-Belle (79) 178 C2
Secondigny (79) 161 H3
Secourt (57) 66 B1
Secqueville-en-Bessin (14) 32 C4
Sedan (08) 23 F4
Sédeilhac (31) 286 C6
Séderon (26) 258 B4
Sedze-Maubecq (64) 285 F3
Sedzère (64) 285 F4
Seebach (67) 25 C2
Sées (61) 54 E6
Séez (73) 193 A3
Ségalas (47) 231 J5
Ségalas (65) 285 H3
la Ségalassière (15) 235 F2
Séglien (56) 76 C5
Ségny (01) 174 B6
Segonzac (16) 196 A4
Segonzac (19) 215 F2
Segonzac (24) 213 H3
Ségos (32) 265 K6
Ségoufielle (32) 268 D6
Segré (49) 104 D6
Ségreville (31) 288 E2
Ségrie (72) 82 C6
Ségrie-Fontaine (61) 53 J3
Segrois (21) 154 A1
Ségry (36) 148 D5
la Séguinière (49) 142 E2
Ségur (12) 252 E3
le Ségur (81) 251 G6
Ségur-le-Château (19) 199 F6
Ségur-les-Villas (15) 218 B3
Ségura (09) 307 K2
Séguret (84) 257 G4
Ségus (65) 304 B1
Seich (65) 305 G2
Seichamps (54) 66 B4
Seichebrières (45) 110 D3
Seicheprey (54) 65 G3
Seiches-sur-le-Loir (49) 125 J2
Seignalens (11) 308 C1
Seigné (17) 178 C5
Seignelay (89) 113 G4
Seigneulles (55) 64 B3
Seignosse (40) 262 C4
Seigny (21) 134 E2
Seigy (41) 129 F6
Seilh (31) 269 F5
Seilhac (19) 216 A1
Seilhan (31) 305 H2
Seillac (41) 128 D3
Seillans (83) 280 A5
Seillonnaz (01) 207 H1
Seillons-Source-d'Argens (83) 297 H1
Seine-Port (77) 87 G1
Seingbouse (57) 68 B3
Seissan (32) 286 D2
Seix (09) 306 E4
le Sel-de-Bretagne (35) 103 G1
Selaincourt (54) 93 J1
Selens (02) 39 H1
Sélestat (67) 71 B5
Séligné (79) 178 C3
Séligney (39) 155 H4
la Selle-Craonnaise (53) 104 C4
la Selle-en-Coglès (35) 51 K6
la Selle-en-Hermoy (45) 111 K3
la Selle-en-Luitré (35) 80 B4
la Selle-Guerchaise (35) 104 B3
la Selle-la-Forge (61) 53 H4
la Selle-sur-le-Bied (45) 111 K2
Selles (27) 34 C3
Selles (51) 41 H3
Selles (62) 2 D6
Selles (70) 118 A2
Selles-Saint-Denis (41) 130 A5
Selles-sur-Cher (41) 129 G6
Selles-sur-Nahon (36) 147 H4
Sellières (39) 155 H5
Selommes (41) 108 D6
Seloncourt (25) 139 H3
Selongey (21) 136 B2
Selonnet (04) 259 K1
Seltz (67) 25 D3
la Selve (02) 21 G6
la Selve (12) 252 B6
Sem (09) 307 H5
Sémalens (81) 289 J1
Semallé (61) 82 D2
Semarey (21) 135 G6
Sembadel (43) 220 A2
Sembas (47) 248 B3
Semblançay (37) 127 H3
Sembleçay (36) 147 K1
Sembouès (32) 285 J2
Séméac (65) 285 H5
Séméacq-Blachon (64) 285 F2
Semécourt (57) 27 G6
Sémelay (58) 152 A6
Semens (33) 230 A5
Sementron (89) 132 E2
Sémeries (59) 13 H5
Semerville (41) 109 F3
Semezanges (21) 154 A1
Sémézies-Cachan (32) 286 E2
Semide (08) 42 A3
Semillac (17) 195 G6
Semilly (52) 92 E5
Semmadon (70) 117 J5
Semoine (10) 62 B5
Semond (21) 115 G6
Semondans (25) 139 G2
Semons (38) 206 E6
Semousies (59) 13 H4
Semoussac (17) 195 G6
Semoutiers-Montsaon (52) 116 A2
Semoy (45) 110 A4
Sempesserre (32) 267 J1
Sempigny (60) 19 H6
Sempy (62) 4 D6
Semur-en-Auxois (21) 134 D3
Semur-en-Brionnais (71) 187 F1
Semur-en-Vallon (72) 107 J2
Semussac (17) 194 D4
Semuy (08) 42 B1
le Sen (40) 246 A5
Sénac (65) 285 J3
Senaide (88) 117 H2
Sénaillac-Latronquière (46) 234 D2
Sénaillac-Lauzès (46) 233 K5
Senailly (21) 134 D2
Senan (89) 112 E4
Senantes (28) 57 H6
Senantes (60) 36 E1
Sénarens (31) 287 G4
Senargent-Mignafans (70) 138 E1
Senarpont (80) 17 F2
Sénas (13) 276 E4
Senaud (39) 172 E5
Senaux (81) 271 J4
Sencenac-Puy-de-Fourches (24) 213 K2
Senconac (09) 307 K5
Sendets (33) 246 E1
Séné (56) 101 F6
Sénéchas (30) 255 G3
Sénergues (12) 235 J5
Sénestis (47) 247 H2
Séneujols (43) 220 B6
Senez (04) 279 H1
Sénézergues (15) 235 H4
Sengouagnet (31) 305 K2
Séniergues (46) 233 J4
Senillé (86) 163 H1
Seninghem (62) 2 E5
Senlecques (62) 2 D6
Senlis (60) 38 B5
Senlis (62) 5 F5
Senlis-le-Sec (80) 10 D6
Senlisse (78) 58 B6
Senneçay (18) 149 G4
Sennecey-le-Grand (71) 171 K2
Sennecey-lès-Dijon (21) 136 B5
Sennely (45) 130 C1
Sennevières (37) 146 E2
Senneville-sur-Fécamp (76) 14 D3
Sennevoy-le-Bas (89) 114 D5
Sennevoy-le-Haut (89) 114 D5
Senon (55) 26 C5
Senonches (28) 84 C1
Senoncourt (70) 118 A4
Senoncourt-les-Maujouy (55) 43 H6
Senones (88) 95 J2
Senonges (88) 93 K6
Senonnes (53) 104 A5
Senots (60) 37 G4
Senouillac (81) 270 C2
Sénoville (50) 28 B5
Senozan (71) 171 K5
Sens (89) 88 D6
Sens-Beaujeu (18) 131 H5
Sens-de-Bretagne (35) 79 H1
Sens-sur-Seille (71) 172 D1
Sentein (09) 306 B4
Sentelie (80) 17 J4
Sentenac-de-Sérou (09) 307 G3
Sentenac-d'Oust (09) 306 D4
Sentheim (68) 119 K5
Sentilly (61) 54 B4
la Sentinelle (59) 12 C2
Sentous (65) 286 A5
Senuc (08) 42 C3
Senven-Léhart (22) 76 D1
Sépeaux (89) 112 D3
Sepmeries (59) 12 D3
Sepmes (37) 145 K3
Seppois-le-Bas (68) 97 A5
Seppois-le-Haut (68) 97 B5
Sept-Forges (61) 81 H2
Sept-Frères (14) 31 H6
Sept-Meules (76) 16 C1
Sept-Saulx (51) 41 H5
Sept-Sorts (77) 60 B2
Sept-Vents (14) 31 K4
Septème (38) 206 C4
Septèmes-les-Vallons (13) 296 C3
Septeuil (78) 57 J3
Septfonds (82) 250 B5

Septfontaines (25) 156 D3
Septmoncel (39) 173 K5
Septmonts (02) 39 J3
Septsarges (55) 43 F3
Septvaux (02) 20 B6
Sepvigny (55) 93 F1
Sepvret (79) 178 E1
Sepx (31) 287 F6
Sequedin (59) 6 D4
Sequehart (02) 20 A1
le Sequestre (81) 270 D2
Serain (02) 12 B6
Seraincourt (08) 21 J5
Seraincourt (95) 58 A1
Sérandon (19) 217 G1
Séranon (06) 280 B3
Serans (60) 36 E5
Serans (61) 54 B5
Seranville (54) 94 D2
Séranvillers-Forenville (59) 11 K5
Seraucourt-le-Grand (02) 19 K3
Seraumont (88) 93 F2
Serazereux (28) 85 F1
Serbannes (03) 185 H4
Serbonnes (89) 88 C4
Serches (02) 39 K3
Sercoeur (88) 94 E4
Sercus (59) 3 J5
Sercy (71) 171 H3
Serdinya (66) 314 B3
Sère (32) 286 D3
Sère-en-Lavedan (65) 304 A2
Sère-Lanso (65) 304 B1
Sère-Rustaing (65) 285 K5
Serécourt (88) 117 H1
Séreilhac (87) 198 D2
Serémange-Erzange (57) 27 G5
Sérempuy (32) 268 A4
Sérénac (81) 271 F2
Sérent (56) 101 J3
Sérévillers (60) 18 C5
Serez (27) 57 F2
Sérézin-de-la-Tour (38) 207 F4
Sérézin-du-Rhône (69) 206 A3
Sergeac (24) 214 E6
Sergenaux (39) 155 G5
Sergenon (39) 155 G4
Sergines (89) 88 D4
Sergy (01) 190 D1
Sergy (02) 40 B5
Séricourt (62) 10 A3
Sériers (15) 218 D6
Sérifontaine (60) 36 E3
Sérignac (46) 249 G2
Sérignac (82) 268 C2
Sérignac-Péboudou (47) 231 J5
Sérignac-sur-Garonne (47) 248 A4
Sérignan (34) 292 A5
Sérignan-du-Comtat (84) 256 E4
Sérigné (85) 160 D4
Sérigny (61) 83 H4
Sérigny (86) 145 G5
Sérilhac (19) 216 A5
Seringes-et-Nesles (02) 40 A5
Séris (41) 109 G6
Serley (71) 154 E6
Sermages (58) 152 A3
Sermaise (49) 125 K3
Sermaise (91) 86 C2
Sermaises (45) 86 D5
Sermaize (60) 19 G5
Sermaize-les-Bains (51) 63 J4
Sermamagny (90) 119 H5
Sermange (39) 155 J1
Sermano (2B) 319 G6
Sermentizon (63) 203 H2
Sermérieu (38) 207 G3
Sermersheim (67) 70 D6
Sermesse (71) 154 C5
Sermiers (51) 40 E5
Sermizelles (89) 133 J3
Sermoise (02) 39 K3
Sermoise-sur-Loire (58) 150 E4
Sermoyer (01) 172 A4
Sermur (23) 183 J5
Sernhac (30) 275 J2
Serocourt (88) 117 J1
Séron (65) 285 F4
Serpaize (38) 206 B4
la Serpent (11) 308 E3
Serques (62) 3 F4
Serqueux (52) 117 G2
Serqueux (76) 16 D5
Serquigny (27) 34 E6
Serra-di-Ferro (2A) 322 C2
Serra-di-Fiumorbo (2B) 321 H4
Serra-di-Scopamène (2A) 323 F1
Serralongue (66) 314 D6
Serraval (74) 209 F1
la Serre (12) 271 K3
la Serre-Bussière-Vieille (23) 183 H4
Serre-les-Moulières (39) 137 G6
Serre-les-Sapins (25) 137 K6
Serre-Nerpol (38) 223 H2
Serres (05) 258 D1
Serres (11) 309 F3
Serres (54) 66 D5
Serres-Castet (64) 284 D3
Serres-et-Montguyard (24) 231 H4
Serres-Gaston (40) 265 G5
Serres-Morlaàs (64) 284 E4
Serres-Sainte-Marie (64) 284 B2
Serres-sur-Arget (09) 307 H3
Serreslous-et-Arribans (40) 265 F5
Serriera (2A) 316 D4
Serrières (07) 222 B2
Serrières (71) 188 B1
Serrières-de-Briord (01) 207 G1
Serrières-en-Chautagne (73) 190 C6
Serrières-sur-Ain (01) 189 J2
Serrigny (89) 113 K5
Serrigny-en-Bresse (71) 154 D6
Serris (77) 59 J4
Serrouville (54) 26 E4
Serruelles (18) 149 G5
Sers (16) 197 F4
Sers (65) 304 C4
Servais (02) 20 A5
Serval (02) 40 C3
Servance (70) 119 F4
Servanches (24) 212 E4
Servant (63) 184 D3
Servas (01) 189 F3
Servas (30) 255 H5
Servaville-Salmonville (76) 35 K1
Serverette (48) 237 H4
Serves-sur-Rhône (26) 222 B4
Servian (34) 292 B3
Servières (48) 237 H5
Servières-le-Château (19) 216 D4
Serviers-et-Labaume (30) 255 K6
Serviès (81) 270 C6
Serviès-en-Val (11) 309 H1
Servignat (01) 172 B5
Servigney (70) 118 C5
Servigny (50) 30 D3
Servigny-lès-Raville (57) 45 H5
Servigny-lès-Sainte-Barbe (57) 45 G5
Serville (28) 57 G4
Servilly (03) 186 A1
Servin (25) 138 E5
Servins (62) 10 D1
Servon (50) 51 J4
Servon (77) 59 G5
Servon-Melzicourt (51) 42 C4
Servon-sur-Vilaine (35) 79 J4
Servoz (74) 192 B5
Sery (08) 21 K5
Sery (89) 133 H2
Séry-lès-Mézières (02) 20 B3
Séry-Magneval (60) 38 E4
Serzy-et-Prin (51) 40 C4
Sessenheim (67) 25 C4
Sète (34) 293 F3
Setques (62) 3 F5
Seugy (95) 37 K6
Seuil (08) 41 J1
Seuil-d'Argonne (55) 63 K1
Seuillet (03) 185 J2
Seuilly (37) 145 F2
Seur (41) 128 E3
le Seure (17) 195 J1
Seurre (21) 154 D3
Seux (80) 17 K2
Seuzey (55) 64 E1
Sevelinges (42) 187 H3
Sevenans (90) 139 H1
Sévérac (44) 102 C5
Sévérac-le-Château (12) 253 G3
Sévérac-l'Église (12) 252 E2
Seveux (70) 137 H2
Sévignac (22) 78 A1
Sévignacq (64) 284 E2
Sévignacq-Meyracq (64) 284 C6
Sévigny (61) 54 C4
Sévigny-la-Forêt (08) 22 B2
Sévigny-Waleppe (08) 21 H5
Sévis (76) 16 A4
Sevrai (61) 54 B5
Sevran (93) 59 G2
Sèvres (92) 58 D4
Sèvres-Anxaumont (86) 163 G3
Sevrey (71) 171 K1
Sévrier (74) 191 F6
Sévry (18) 150 A2
Sewen (68) 119 J4
Sexcles (19) 216 D5
Sexey-aux-Forges (54) 65 K6
Sexey-les-Bois (54) 65 J4
Sexfontaines (52) 92 A5
Seychalles (63) 203 F2
Seyches (47) 231 F6
Seyne (04) 260 A2
la Seyne-sur-Mer (83) 297 H6
Seynes (30) 255 J5
Seynod (74) 191 F5
Seyre (31) 288 E4
Seyresse (40) 264 B5
Seyssel (01) 190 C5
Seyssel (74) 190 C5
Seysses (31) 288 A2
Seysses-Savès (32) 287 H2
Seyssinet-Pariset (38) 224 A3
Seyssins (38) 224 A3
Seyssuel (38) 206 B4
Seythenex (74) 209 F2
Seytroux (74) 192 A1
Sézanne (51) 61 H5
Siarrouy (65) 285 H4
Siaugues-Sainte-Marie (43) 219 K5
Sibiril (29) 46 E3
Sibiville (62) 10 A2
Siccieu-Saint-Julien-et-Carisieu (38) 207 F2
Sichamps (58) 151 F2
Sickert (68) 119 J4
Sideville (50) 28 C3
Sidiailles (18) 166 E4
Siecq (17) 196 A1
Siegen (67) 25 D2
les Sièges (89) 89 F6
Sierck-les-Bains (57) 27 J3
Sierentz (68) 97 D3
Siersthal (57) 69 G3
Sierville (76) 15 K6
Siest (40) 262 E5
Sieurac (81) 270 D4
Sieuras (09) 288 A6
Siévoz (38) 242 C1
Siewiller (67) 69 F6
Sigale (06) 280 D2
Sigalens (33) 246 E1
Sigean (11) 310 G2
Sigloy (45) 110 D5
Signac (31) 305 J3
Signes (83) 297 H4
Signéville (52) 92 C5
Signy-l'Abbaye (08) 22 A4
Signy-le-Petit (08) 21 J2
Signy-Montlibert (08) 23 J5
Signy-Signets (77) 60 B2
Sigogne (16) 196 B2
Sigolsheim (68) 96 B3
Sigonce (04) 278 C1
Sigottier (05) 258 D1
Sigoulès (24) 231 H3
Sigournais (85) 160 C1
Sigoyer (04) 259 F2
Sigoyer (05) 242 D6
Siguer (09) 307 H5
Sigy (77) 88 C2
Sigy-en-Bray (76) 16 D6
Sigy-le-Châtel (71) 171 G3
Silfiac (56) 76 C4
Silhac (07) 239 K1
Sillans (38) 223 H1
Sillans-la-Cascade (83) 279 F6
Sillars (86) 163 K5
Sillas (33) 246 E2
Sillé-le-Guillaume (72) 82 B6
Sillé-le-Philippe (72) 107 F1
Sillegny (57) 66 A1
Sillery (51) 41 G5
Silley-Amancey (25) 156 D3
Silley-Bléfond (25) 138 C5
Sillingy (74) 190 E5
Silly-en-Gouffern (61) 54 D4
Silly-en-Saulnois (57) 66 B1
Silly-la-Poterie (02) 39 G5
Silly-le-Long (60) 38 D6
Silly-sur-Nied (57) 45 G5
Silly-Tillard (60) 37 H3
Silmont (55) 64 B4
Siltzheim (67) 68 D3
Silvareccio (2B) 319 H4
Silvarouvres (52) 115 H2
Simacourbe (64) 285 F2
Simandre (71) 172 A2
Simandre-sur-Suran (01) 189 J2
Simandres (69) 206 B4
Simard (71) 172 C1
Simencourt (62) 10 D3
Simeyrols (24) 233 G1
Simiane-Collongue (13) 296 D2
Simiane-la-Rotonde (04) 277 J1
Simorre (32) 286 E2
Simplé (53) 104 E4
Sin-le-Noble (59) 11 H2
Sinard (38) 224 A6
Sinceny (02) 19 K6
Sincey-lès-Rouvray (21) 134 B4
Sindères (40) 245 F6
Singles (63) 201 H5
Singleyrac (24) 231 H3
Singly (08) 22 D5
Singrist (67) 70 C2
Sinsat (09) 307 J5
Sinzos (65) 285 J5
Sion (32) 266 C4
Sion-les-Mines (44) 103 G3
Sioniac (19) 216 B6
Sionne (88) 93 F3
Sionviller (54) 66 D5
Siorac-de-Ribérac (24) 213 G3
Siorac-en-Périgord (24) 232 D2
Siouville-Hague (50) 28 A3
Sirac (32) 268 B5
Siracourt (62) 10 A2
Siradan (65) 305 H3
Siran (15) 234 E1
Siran (34) 290 E4
Sireix (65) 304 A2
Sireuil (16) 196 C4
Sirod (39) 174 A1
Siros (64) 284 B3
Sisco (2B) 317 D3
Sissonne (02) 21 F6
Sissy (02) 20 B3
Sistels (82) 248 D6
Sisteron (04) 259 F4
Sivergues (84) 277 H3
Sivignon (71) 171 F5
Sivry (54) 66 A3
Sivry-Ante (51) 63 H1
Sivry-Courtry (77) 87 J2
Sivry-la-Perche (55) 43 G5
Sivry-sur-Meuse (55) 43 G3
Six-Fours-les-Plages (83) 297 H6
Sixt-Fer-à-Cheval (74) 192 B3
Sixt-sur-Aff (35) 102 C2
Sizun (29) 46 D6
Smarves (86) 163 F4
Smermesnil (76) 16 D2
Soccia (2A) 320 D2
Sochaux (25) 139 H2
Socourt (88) 94 B3
Socx (59) 3 H3
Sode (31) 305 H5
Soeurdres (49) 105 G6
Sognolles-en-Montois (77) 88 C2
Sogny-aux-Moulins (51) 62 D3
Sogny-en-l'Angle (51) 63 H4
Soignolles (14) 54 A1
Soignolles-en-Brie (77) 59 H6
Soindres (78) 57 J2
Soing-Cubry-Charentenay (70) 137 J2
Soings-en-Sologne (41) 129 G4
Soirans (21) 154 E1
Soissons (02) 39 J2
Soissons-sur-Nacey (21) 136 E6
Soisy-Bouy (77) 88 D2
Soisy-sous-Montmorency (95) 58 E2
Soisy-sur-École (91) 87 F2
Soisy-sur-Seine (91) 59 F6
Soize (02) 21 H4
Soizé (28) 84 A6
Soizy-aux-Bois (51) 61 H4
Solaize (69) 206 A3
Solaro (2B) 321 H5
Solbach (67) 70 A5
Soleilhas (04) 280 A2
Solemont (25) 139 G4
Solente (60) 19 G4
le Soler (66) 315 F2
Solérieux (26) 256 E2
Solers (77) 59 H6
Solesmes (59) 12 D4
Solesmes (72) 105 K4
Soleymieu (38) 207 F2
Soleymieux (42) 204 C5
Solférino (40) 245 F5
Solgne (57) 66 B1
Soliers (14) 32 E5
Solignac (87) 199 F2
Solignac-sous-Roche (43) 220 D3
Solignac-sur-Loire (43) 220 C6
Solignat (63) 202 E5
Soligny-la-Trappe (61) 55 H6
Soligny-les-Étangs (10) 89 F3
Sollacaro (2A) 322 D2
Sollières-Sardières (73) 226 B2
Solliès-Pont (83) 297 K5
Solliès-Toucas (83) 297 K5
Solliès-Ville (83) 297 K5
Sologny (71) 171 H6
Solomiac (32) 268 B4
Solre-le-Château (59) 13 J4
Solrinnes (59) 13 J3
Solterre (45) 111 J4
Solutré-Pouilly (71) 188 B1
Somain (59) 11 K2
Sombacour (25) 156 E4
Sombernon (21) 135 H5
Sombrin (62) 10 C3
Sombrun (65) 285 G2
Somloire (49) 143 H3
Sommaing (59) 12 D3
Sommancourt (52) 91 K2
Sommant (71) 152 E3
Sommauthe (08) 42 D1
Somme-Bionne (51) 42 B6
Somme-Suippe (51) 42 A6
Somme-Tourbe (51) 42 B6
Somme-Vesle (51) 63 F2
Somme-Yèvre (51) 63 H2
Sommecaise (89) 112 D5
Sommedieue (55) 43 J6
Sommeilles (55) 63 J2
Sommelans (02) 39 J6
Sommelonne (55) 63 K5
Sommepy-Tahure (51) 42 A4
Sommerance (08) 42 E3
Sommerécourt (52) 93 F5
Sommereux (60) 17 H5
Sommeron (02) 21 F1
Sommervieu (14) 32 B3
Sommerviller (54) 66 C5
Sommery (76) 16 D5
Sommesnil (76) 15 F4
Sommesous (51) 62 C5
la Sommette (25) 138 E6
Sommette-Eaucourt (02) 19 J4
Sommeval (10) 89 K6
Sommevoire (52) 91 J3
Sommières (30) 274 E4
Sommières-du-Clain (86) 179 J1
Sompt (79) 178 D3
Sompuis (51) 62 D5
Somsois (51) 90 E1
Son (08) 21 K6
Sonac (46) 234 B4
Sonchamp (78) 86 A1
Soncourt (88) 93 J3
Soncourt-sur-Marne (52) 92 A5
Sondernach (68) 119 K2
Sondersdorf (68) 97 C6
la Sône (38) 223 G4
Songeons (60) 17 G6
Songeson (39) 173 J2
Songieu (01) 190 B5
Songy (51) 62 E4
Sonnac (12) 234 E6
Sonnac (17) 195 K1
Sonnac-sur-l'Hers (11) 308 C2
Sonnay (38) 222 C1
Sonnaz (73) 208 B3
Sonneville (16) 196 B1
Sons-et-Ronchères (02) 20 D3
Sonthonnax-la-Montagne (01) 189 K1
Sonzay (37) 127 G3
Soorts-Hossegor (40) 262 B5
Soppe-le-Bas (68) 119 K5
Soppe-le-Haut (68) 119 K5
Sor (09) 306 C3
Sorans-lès-Breurey (70) 138 A4
Sorbais (02) 21 F2
Sorbets (32) 266 B4
Sorbets (40) 265 J5
Sorbey (55) 26 B4
Sorbey (57) 45 G6
Sorbier (03) 169 H6
Sorbiers (05) 258 C2
Sorbiers (42) 205 G5
Sorbo-Ocagnano (2B) 319 J3
Sorbollano (2A) 323 F1
Sorbon (08) 21 K6
Sorbs (34) 273 G3
Sorcy-Bauthémont (08) 22 B6
Sorcy-Saint-Martin (55) 65 F5
Sorde-l'Abbaye (40) 283 F1
Sore (40) 245 K3
Soréac (65) 285 J4
Sorède (66) 315 H4
Sorel (80) 11 H6
Sorel-en-Vimeu (80) 9 G6
Sorel-Moussel (28) 57 F4
Sorèze (81) 289 J2
Sorgeat (09) 308 B6
Sorges (24) 214 C2
Sorgues (84) 276 C1
Sorigny (37) 127 J6
les Sorinières (44) 123 G5
Sorio (2B) 319 G2
Sormery (89) 113 H1
Sormonne (08) 22 B3
Sornac (19) 200 E3
Sornay (70) 137 G5
Sornay (71) 172 C2
Sornéville (54) 66 C4
Sorquainville (76) 14 E4
Sorrus (62) 4 B6
Sort-en-Chalosse (40) 264 C5
Sortosville (50) 28 E4
Sortosville-en-Beaumont (50) 28 B5
Sos (47) 247 G6
Sospel (06) 281 J1
Sossais (86) 145 G5
Sost (65) 305 H3
Sotta (2A) 323 G4
Sottevast (50) 28 D4
Sotteville (50) 28 B3
Sotteville-lès-Rouen (76) 35 H2
Sotteville-sous-le-Val (76) 35 J3
Sotteville-sur-Mer (76) 15 H2
Soturac (46) 249 F1
Sotzeling (57) 66 E2
Souain-Perthes-lès-Hurlus (51) 41 K5
Soual (81) 289 J1
Souancé-au-Perche (28) 84 A5
Souanyas (66) 314 A4
Souastre (62) 10 D4
Soubès (34) 273 G4
Soubise (17) 176 E5
Soublecause (65) 285 G1
Soubran (17) 211 H1
Soubrebost (23) 182 D5
Soucé (53) 81 G2
Soucelles (49) 125 H2
la Souche (07) 239 F5
Souchez (62) 10 E1
Soucht (57) 69 G4
Soucia (39) 173 J3
Soucieu-en-Jarrest (69) 205 K3
Soucirac (46) 233 J4
Souclin (01) 189 J6
Soucy (02) 39 G3
Soucy (89) 88 D5
Soudaine-Lavinadière (19) 199 K5
Soudan (44) 103 K3
Soudan (79) 162 A5
Soudat (24) 197 J4
Souday (41) 108 A2
Soudé (51) 62 D5
Soudeilles (19) 200 D6
Soudorgues (30) 254 E6
Soudron (51) 62 C3
Soueich (31) 305 K2
Soueix-Rogalle (09) 306 E4
Souel (81) 270 C1
Soues (65) 285 H5
Soues (80) 17 J1
Souesmes (41) 130 C4
Souffelweyersheim (67) 25 A6
Soufflenheim (67) 25 C3
Souffrignac (16) 197 H4
Sougé (36) 147 H4
Sougé (41) 107 J5
Sougé-le-Ganelon (72) 82 C4
Sougéal (35) 51 H5
Sougères-en-Puisaye (89) 132 D2

Sougraigne (11) 309 G4
Sougy (45) 109 K2
Sougy-sur-Loire (58) 151 G6
les Souhesmes-Rampont (55) 43 G6
Souhey (21) 134 E3
le Souich (62) 10 B3
Souilhanels (11) 289 G4
Souilhe (11) 289 G3
Souillac (46) 233 H1
Souillé (72) 106 D1
Souilly (55) 64 C1
Soula (09) 307 K3
Soulac-sur-Mer (33) 194 B5
Soulages (15) 219 G5
Soulages-Bonneval (12) 236 B4
Soulaines-Dhuys (10) 91 H3
Soulaines-sur-Aubance (49) 125 G4
Soulaire-et-Bourg (49) 125 G2
Soulaires (28) 85 H2
Soulan (09) 306 E3
Soulanges (51) 63 F4
Soulangis (18) 149 H1
Soulangy (14) 54 A2
Soulatgé (11) 309 H4
Soulaucourt-sur-Mouzon (52) 93 G5
Soulaures (24) 232 C4
Soulce-Cernay (25) 139 H4
Soulgé-sur-Ouette (53) 105 G1
le Soulié (34) 290 E1
Soulières (51) 61 K3
Soulignac (33) 230 A4
Souligné-Flacé (72) 106 C3
Souligné-sous-Ballon (72) 106 E1
Soulignonne (17) 194 E1
Souligny (10) 90 A6
Soulitré (72) 107 G2
Soullans (85) 140 E5
Soulles (50) 31 G4
Soulom (65) 304 B3
Soulomès (46) 233 J5
Soulosse-sous-Saint-Élophe (88) 93 G3
Soultz-Haut-Rhin (68) 96 B6
Soultz-les-Bains (67) 70 D3
Soultz-sous-Forêts (67) 25 B2
Soultzbach-les-Bains (68) 96 A4
Soultzeren (68) 119 K1
Soultzmatt (68) 96 B5
Soulvache (44) 103 H2
Soumaintrain (89) 113 J2
Soumans (23) 183 H1
Soumensac (47) 231 G4
Souméras (17) 211 J2
Soumont (34) 273 G5
Soumont-Saint-Quentin (14) 54 A2
Soumoulou (64) 284 E4
Soupex (11) 289 G3
Soupir (02) 40 B2
Souppes-sur-Loing (77) 87 J6
Souprosse (40) 264 E3
Souraïde (64) 263 D2
Sourans (25) 139 F3
Sourcieux-les-Mines (69) 205 J1
le Sourd (02) 20 E2
Sourdeval (50) 52 D4
Sourdeval-les-Bois (50) 31 F6
Sourdon (80) 18 B4
Sourdun (77) 88 E2
le Sourn (56) 76 D6
Sournia (66) 309 H6
Sourniac (15) 217 G2
Sourribes (04) 259 G4
Sours (28) 85 H3
Soursac (19) 217 F3
Sourzac (24) 213 H5
Sous-Parsat (23) 182 E4
Sousceyrac (46) 234 D2
Sousmoulins (17) 211 K2
Souspierre (26) 240 D6
Soussac (33) 230 D3
Soussans (33) 211 G5
Soussey-sur-Brionne (21) 135 F5
Soustelle (30) 255 G5
Soustons (40) 262 C4
Sousville (38) 224 B6
Souternon (42) 186 E6
la Souterraine (23) 181 K2
Soutiers (79) 161 K3
Souvans (39) 155 H3
Souvignargues (30) 274 E3
Souvigné (16) 179 F5
Souvigné (37) 127 F3
Souvigné (79) 161 K6
Souvigné-sur-Même (72) 83 J5
Souvigné-sur-Sarthe (72) 105 J4
Souvigny (03) 168 D4
Souvigny-de-Touraine (37) 128 C4
Souvigny-en-Sologne (41) 130 C1
Souyeaux (65) 285 J5
Souzay-Champigny (49) 126 B6
Souzy (69) 205 G3
Souzy-la-Briche (91) 86 C2
Soveria (2B) 319 F5
Soyans (26) 240 D4
Soyaux (16) 196 E3
Soye (25) 138 E3
Soye-en-Septaine (18) 149 H3
Soyécourt (80) 19 F2
Soyers (52) 117 G4
Soyons (07) 240 C1
Sparsbach (67) 69 G5
Spay (72) 106 D3
Spechbach-le-Bas (68) 97 B3
Spechbach-le-Haut (68) 97 B3
Speloncato (2B) 318 D3
Spéracèdes (06) 280 C5
Spézet (29) 75 G4
Spicheren (57) 68 C2
Spincourt (55) 26 C5
Sponville (54) 44 C6
Spoy (10) 91 G5
Spoy (21) 136 C3
Spycker (59) 3 G2
Squiffiec (22) 48 C4
Staffelfelden (68) 97 B1
Stains (93) 58 E2
Stainville (55) 64 B6
Staple (59) 3 J5
Stattmatten (67) 25 C4
Stazzona (2B) 319 H5
Steenbecque (59) 3 J6
Steene (59) 3 H2
Steenvoorde (59) 3 K4
Steenwerck (59) 6 B3
Steige (67) 70 A6
Steinbach (68) 97 A1
Steinbourg (67) 70 C1
Steinbrunn-le-Bas (68) 97 C3
Steinbrunn-le-Haut (68) 97 C3
Steinseltz (67) 25 B1
Steinsoultz (68) 97 C5
Stenay (55) 43 F1
Sternenberg (68) 97 A3
Stetten (68) 97 D4
Stigny (89) 114 C5
Still (67) 70 C4
Stiring-Wendel (57) 68 C1
Stonne (08) 23 F6
Storckensohn (68) 119 J3
Stosswihr (68) 119 K1
Stotzheim (67) 70 D6
Strasbourg (67) 71 D1
Strazeele (59) 3 K5
Strenquels (46) 215 K6
Strueth (68) 97 A4
Struth (67) 69 F5
Stuckange (57) 27 H4
Stundwiller (67) 25 C2
Sturzelbronn (57) 69 J3
Stutzheim-Offenheim (67) 70 E2
Suarce (90) 139 K1
Suaux (16) 197 H1
le Subdray (18) 149 F4
Sublaines (37) 128 B6
Subles (14) 32 A4
Subligny (18) 131 J4
Subligny (50) 51 K2
Subligny (89) 88 C6
Suc-et-Sentenac (09) 307 G5
Succieu (38) 207 F5
Sucé-sur-Erdre (44) 123 H2
Sucy-en-Brie (94) 59 G4
Suèvres (41) 129 F1
Sugères (63) 203 G4
Sugny (08) 42 B3
Suhescun (64) 282 E4
Suilly-la-Tour (58) 132 B5
Suin (71) 171 F5
Suippes (51) 41 K5
Suisse (57) 66 E1
Suizy-le-Franc (51) 61 H2
Sulignat (01) 188 D2
Sully (14) 32 A3
Sully (60) 17 G6
Sully (71) 153 G3
Sully-la-Chapelle (45) 110 D3
Sully-sur-Loire (45) 110 E6
Sulniac (56) 101 H5
Sumène (30) 274 A1
Sundhoffen (68) 96 C4
Sundhouse (67) 71 C5
Supt (39) 156 B5
Surat (63) 185 G6
Surba (09) 307 H4
Surbourg (67) 25 B3
Surcamps (80) 9 J5
Surdoux (87) 199 J4
Suré (61) 83 G4
Suresnes (92) 58 D3
Surfonds (72) 107 G3
Surfontaine (02) 20 B4
Surgères (17) 177 H3
Surgy (58) 133 F3
Suriauville (88) 93 H6
Surin (79) 161 H4
Surin (86) 179 J4
Suris (16) 197 J1
Surjoux (01) 190 C4
Surmont (25) 139 F5
Surques (62) 2 D5
Surrain (14) 29 K6
Surtainville (50) 28 B4
Surtauville (27) 35 H5
Survie (61) 54 E3
Surville (14) 33 K3
Surville (27) 35 H5
Surville (50) 30 C1
Survilliers (95) 38 B6
Sury (08) 22 C3
Sury-aux-Bois (45) 110 E3
Sury-en-Vaux (18) 131 J5
Sury-ès-Bois (18) 131 H4
Sury-le-Comtal (42) 204 E5
Sury-près-Léré (18) 131 K3
Surzur (56) 101 G6
Sus (64) 283 J4
Sus-Saint-Léger (62) 10 B3
Susmiou (64) 283 J4
Sussac (87) 199 J3
Sussargues (34) 274 D5
Sussat (03) 185 F3
Sussey (21) 153 F1
Susville (38) 224 B6
Sutrieu (01) 190 A5
Suzan (09) 307 G2
Suzanne (08) 22 C6
Suzanne (80) 19 F1
Suzannecourt (52) 92 B2
Suzay (27) 36 B4
Suze (26) 240 E3
Suze-la-Rousse (26) 256 E3
la Suze-sur-Sarthe (72) 106 C4
Suzette (84) 257 G5
Suzoy (60) 19 G6
Suzy (02) 20 B6
Sy (08) 22 E6
Syam (39) 174 A1
Sylvains-les-Moulins (27) 56 C3
Sylvanès (12) 272 C3
le Syndicat (88) 119 F1

T

Tabaille-Usquain (64) 283 H3
Tabanac (33) 229 J3
la Table (73) 208 E5
le Tablier (85) 159 J3
Tabre (09) 308 B3
la Tâche (16) 179 J6
Tachoires (32) 286 D2
Tacoignières (78) 57 J4
Taconnay (58) 133 F6
Taden (22) 50 D5
Tadousse-Ussau (64) 284 E1
Taglio-Isolaccio (2B) 319 J4
la Tagnière (71) 152 E6
Tagnon (08) 41 H2
Tagolsheim (68) 97 B3
Tagsdorf (68) 97 C4
Tailhac (43) 219 H5
Taillades (84) 276 E3
le Taillan-Médoc (33) 229 G1
Taillancourt (55) 93 G1
Taillant (17) 177 J6
Taillebois (61) 53 J4
Taillebourg (17) 195 G1
Taillebourg (47) 247 H1
Taillecavat (33) 230 E4
Taillecourt (25) 139 H2
la Taillée (85) 160 C5
Taillefontaine (02) 39 F3
Taillepied (50) 28 D5
Taillet (66) 314 E4
Taillette (08) 22 B1
Taillis (35) 80 A5
Tailly (08) 42 E1
Tailly (21) 154 A4
Tailly (80) 17 H1
Tain-l'Hermitage (26) 222 B5
Taingy (89) 132 E2
Taintrux (88) 95 H4
Taisnières-en-Thiérache (59) 13 F4
Taisnières-sur-Hon (59) 13 G2
Taissy (51) 41 F4
Taïx (81) 270 D1
Taizé (71) 171 H4
Taizé (79) 144 C4
Taizé-Aizie (16) 179 H4
Taizy (08) 21 J6
Tajan (65) 286 B6
Talairan (11) 309 K2
Talais (33) 194 C5
Talange (57) 27 G6
Talant (21) 136 A5
Talasani (2B) 319 J4
la Talaudière (42) 205 G5
Talazac (65) 285 H4
Talcy (41) 109 F6
Talcy (89) 134 B2
Talence (33) 229 G2
Talencieux (07) 222 B3
Talensac (35) 78 D4
Talissieu (01) 190 B6
Talizat (15) 218 D4
Tallans (25) 138 C3
Tallard (05) 242 E6
Tallenay (25) 138 A5
Tallende (63) 202 D3
Taller (40) 264 B2
Talloires (74) 191 G6
Tallone (2B) 321 J1
le Tallud (79) 161 J2
Tallud-Sainte-Gemme (85) 160 D1
Talmas (80) 10 A6
Talmay (21) 136 E5
Talmont-Saint-Hilaire (85) 159 F4
Talmont-sur-Gironde (17) 194 D4
Talmontiers (60) 36 D2
Talon (58) 133 G5
Talus-Saint-Prix (51) 61 H4
Taluyers (69) 205 K3
Tamerville (50) 28 E4
Tamnay-en-Bazois (58) 151 K3
Tamniès (24) 214 E6
Tanavelle (15) 218 D6
Tanay (21) 136 C4
Tancarville (76) 34 C1
Tancoigné (49) 143 K1
Tancon (71) 187 G2
Tanconville (54) 67 H5
Tancrou (77) 60 B2
Tancua (39) 174 A3
Tangry (62) 5 H6
Taninges (74) 191 K3
Tanis (50) 51 J4
Tanlay (89) 114 B4
Tannay (08) 22 E6
Tannay (58) 133 G5
Tanneron (83) 280 C5
Tannerre-en-Puisaye (89) 112 C6
Tannières (02) 40 A4
Tannois (55) 64 B5
Tanques (61) 54 B5
Tantonville (54) 94 A2
le Tanu (50) 51 K1
Tanus (81) 251 J6
Tanville (61) 82 C1
Tanzac (17) 195 G4
Taponas (69) 188 B3
Taponnat-Fleurignac (16) 197 G2
Tarabel (31) 288 E2
Taradeau (83) 298 D1
Tarare (69) 187 J6
Tarascon (13) 275 K3
Tarascon-sur-Ariège (09) 307 J4
Tarasteix (65) 285 G4
Tarbes (65) 285 H5
Tarcenay (25) 156 C1
Tardes (23) 183 H3
Tardets-Sorholus (64) 283 H6
la Tardière (85) 160 E2
Tardinghen (62) 2 A3
Tarentaise (42) 221 J1
Tarerach (66) 309 H6
Targassonne (66) 313 H4
Target (03) 185 F1
Targon (33) 230 A3
Tarnac (19) 200 C3
Tarnès (33) 211 K6
Tarnos (40) 262 B6
Taron-Sadirac-Viellenave (64) 284 E1
Tarquimpol (57) 67 F3
Tarrano (2B) 319 H5
Tarsac (32) 266 A5
Tarsacq (64) 284 B3
Tarsul (21) 135 K2
Tart-l'Abbaye (21) 154 E1
Tart-le-Bas (21) 154 E1
Tart-le-Haut (21) 154 D1
Tartaras (42) 205 J4
Tartas (40) 264 D3
Tartécourt (70) 117 K4
Tartiers (02) 39 H2
Tartigny (60) 18 B5
Tartonne (04) 260 A5
le Tartre (71) 172 E1
le Tartre-Gaudran (78) 57 H5
Tarzy (08) 21 K2
Tasque (32) 266 C6
Tassé (72) 106 A4
Tassenières (39) 155 G4
Tassillé (72) 106 B2
Tassin-la-Demi-Lune (69) 206 A2
Tasso (2A) 321 F5
Tatinghem (62) 3 F5
le Tâtre (16) 196 A6
Taugon (17) 160 D6
Taulé (29) 47 F4
Taulignan (26) 257 F1
Taulis (66) 314 E4
Taupont (56) 101 J1
Tauriac (33) 211 H5
Tauriac (46) 234 B1
Tauriac (81) 269 J3
Tauriac-de-Camarès (12) 272 D4
Tauriac-de-Naucelle (12) 251 J5
Tauriers (07) 239 G6
Taurignan-Castet (09) 306 D2
Taurignan-Vieux (09) 306 D2
Taurinya (66) 314 C3
Taurize (11) 309 H1
Taussac (12) 235 K2
Taussac-la-Billière (34) 272 D6
Tautavel (66) 310 A5
Tauves (63) 201 J5
Tauxières-Mutry (51) 41 F6
Tauxigny (37) 146 B1
Tavaco (2A) 320 D4
Tavant (37) 145 H2
Tavaux (39) 155 F3
Tavaux-et-Pontséricourt (02) 21 F4
Tavel (30) 276 A1
Tavera (2A) 320 E3
Tavernay (71) 152 E3
Tavernes (83) 278 E6
Taverny (95) 58 D1
Tavers (45) 109 H6
Tavey (70) 139 G1
Taxat-Senat (03) 185 F2
Taxenne (39) 137 G6
Tayac (33) 212 D6
Taybosc (32) 267 K4
Tayrac (12) 251 H4
Tayrac (47) 248 D4
Tazilly (58) 170 A1
le Tech (66) 314 D5
Têche (38) 223 H3
Técou (81) 270 C3
le Teich (33) 228 C4
Teigny (58) 133 H5
le Teil (07) 240 A6
Teilhède (63) 185 F5
Teilhet (09) 308 A1
Teilhet (63) 184 C4
Teillay (35) 103 H2
Teillé (44) 123 K1
Teillé (72) 82 E6
Teillet (81) 271 G3
Teillet-Argenty (03) 183 K2
le Teilleul (50) 80 E1
Teillots (24) 215 F3
Teissières-de-Cornet (15) 217 G6
Teissières-lès-Bouliès (15) 235 J2
Telgruc-sur-Mer (29) 72 E6
Tellancourt (54) 26 B2
Tellecey (21) 136 C5
Tellières-le-Plessis (61) 55 G6
Teloché (72) 106 E4
le Temple (33) 228 D1
le Temple (41) 108 B3
le Temple-de-Bretagne (44) 122 E2
Temple-Laguyon (24) 214 E3
le Temple-sur-Lot (47) 248 A2
Templemars (59) 6 D5
Templeuve (59) 6 E5
Templeux-la-Fosse (80) 19 H1
Templeux-le-Guérard (80) 19 J1
Tenay (01) 189 K5
Tence (43) 221 G4
Tencin (38) 224 C1
Tende (06) 311 D2
Tendon (88) 95 F6
Tendron (18) 150 A4
Tendu (36) 165 H2
Teneur (62) 5 G6
Tennie (72) 106 B1
Tenteling (57) 68 C2
Tercé (86) 163 H4
Tercillat (23) 166 C5
Tercis-les-Bains (40) 264 A5
Terdeghem (59) 3 J4
Tergnier (02) 20 A5
Terjat (03) 184 A2
Termes (08) 42 C3
Termes (11) 309 J2
Termes (48) 237 F3
Termes-d'Armagnac (32) 266 B5
Termignon (73) 226 B1
Terminiers (28) 109 J2
Ternand (69) 187 K5
Ternant (17) 177 J5
Ternant (21) 154 A1
Ternant (58) 169 K1
Ternant-les-Eaux (63) 202 D6
Ternas (62) 10 B2
Ternat (52) 116 B3
Ternay (41) 107 K6
Ternay (69) 206 A4
Ternay (86) 144 C3
les Ternes (15) 218 D6
Ternuay-Melay-et-Saint-Hilaire (70) 119 F4
Terny-Sorny (02) 39 J2
Terramesnil (80) 10 B5
la Terrasse (38) 224 C1
la Terrasse-sur-Dorlay (42) 205 J6
Terrasson-Lavilledieu (24) 215 G4
Terrats (66) 315 F3
Terraube (32) 267 H2
Terre-Clapier (81) 271 F3
Terre-Natale (52) 117 F3
Terrebasse (31) 287 G5
Terrefondrée (21) 115 J6
Terrehault (72) 83 G6
les Terres-de-Chaux (25) 139 G4
la Terrisse (12) 236 B3
Terroles (11) 309 G3
Terron-sur-Aisne (08) 42 B1
Terrou (46) 234 D3
Tersanne (26) 222 D3
Tersannes (87) 181 F1
Terssac (81) 270 D2
le Tertre-Saint-Denis (78) 57 H2
Tertry (80) 19 H2
Terville (57) 27 G4
Tessancourt-sur-Aubette (78) 58 A1
Tessé-Froulay (61) 81 J1
Tessé-la-Madeleine (61) 81 J1
Tessel (14) 32 C5
Tesson (17) 195 G3
Tessonnière (79) 144 B6
la Tessoualle (49) 143 F3
Tessy-sur-Vire (50) 31 H5
la Teste-de-Buch (33) 228 B4
Tétaigne (08) 23 G4
Téteghem (59) 3 J2
Téterchen (57) 45 J3
Téthieu (40) 264 C4
Teting-sur-Nied (57) 45 K6
Teuillac (33) 211 H4
Teulat (81) 269 K6
Teurthéville-Bocage (50) 28 E3
Teurthéville-Hague (50) 28 B3
Teyjat (24) 197 J4
Teyran (34) 274 C5
Teyssières (26) 257 H1
Teyssieu (46) 234 C1
Teyssode (81) 270 C6
Thaas (51) 61 J6
Thaims (17) 194 E3

Thairé (17) 176 E3
Thaix (58) 151 K6
Thal-Drulingen (67) 67 K2
Thal-Marmoutier (67) 70 B2
Thalamy (19) 201 H5
Thann (68) 97 A2
Thannenkirch (68) 96 B2
Thanvillé (67) 71 A4
Thaon (14) 32 D4
Thaon-les-Vosges (88) 94 D4
Tharaux (30) 255 K4
Tharoiseau (89) 133 J4
Tharot (89) 133 J3
Thaumiers (18) 149 K6
Thauron (23) 182 C5
Thauvenay (18) 131 K6
Thèbe (65) 305 H3
Théding (57) 68 C2
Thédirac (46) 233 G5
Thégra (46) 234 A2
Théhillac (56) 102 B5
le Theil (03) 168 C6
le Theil (50) 28 E3
le Theil (61) 83 J5
le Theil-Bocage (14) 53 F3
le Theil-de-Bretagne (35) 103 J1
le Theil-en-Auge (14) 34 A3
le Theil-Nolent (27) 34 C5
Theil-Rabier (16) 179 F4
Theil-sur-Vanne (89) 88 E6
Theillay (41) 130 B6
Theillement (27) 35 F4
Theix (56) 101 G5
Theizé (69) 188 A5
Thel (69) 187 H3
Théligny (72) 83 K6
Thélis-la-Combe (42) 221 J2
Thélod (54) 93 K1
Thelonne (08) 23 F5
Thélus (62) 11 F2
Théméricourt (95) 37 F6
Thémines (46) 234 B3
Théminettes (46) 234 B4
Thénac (17) 195 G3
Thénac (24) 231 G3
Thenailles (02) 21 F3
Thenay (36) 165 F3
Thenay (41) 128 E5
Thenelles (02) 20 B3
Thénésol (73) 209 G2
Theneuil (37) 145 H2
Theneuille (03) 167 K3
Thénezay (79) 162 B1
Thénioux (18) 130 A6
Thenissey (21) 135 G3
Thénisy (77) 88 C2
Thennelières (10) 90 B5
Thennes (80) 18 C3
Thenon (24) 214 D4
Thénorgues (08) 42 D2
Théoule-sur-Mer (06) 280 D6
Therdonne (60) 37 H2
Thérines (60) 17 H5
Thermes-Magnoac (65) 286 D4
Thérondels (12) 236 B2
Thérouanne (62) 3 G6
Thérouldeville (76) 14 E3
Thervay (39) 137 G6
Thésée (41) 128 E5
Thésy (39) 156 B4
Theuley (70) 137 H1
Théus (05) 243 F6
Theuville (28) 85 H4
Theuville (95) 37 G5
Theuville-aux-Maillots (76) 14 E3
Thevet-Saint-Julien (36) 166 C3
Théville (50) 28 E2
Thevray (27) 55 K2
They-sous-Montfort (88) 93 J5
They-sous-Vaudemont (54) 93 K3
Theys (38) 224 D1
Théza (66) 315 H3
Thézac (17) 194 E3
Thézac (47) 249 F2
Thézan-des-Corbières (11) 310 A1
Thézan-lès-Béziers (34) 291 K3
Thèze (04) 259 F2
Thèze (64) 284 D2
Thézey-Saint-Martin (54) 66 B2
Théziers (30) 275 K2
Thézillieu (01) 190 A6
Thézy-Glimont (80) 18 C3
Thiais (94) 58 E5
Thiancourt (90) 139 K2
Thianges (58) 151 H5
Thiant (59) 12 C2
Thiat (87) 180 E1
Thiaucourt-Regniéville (54) 65 H2
Thiaville-sur-Meurthe (54) 95 G2
Thiberville (27) 34 B5
Thibie (51) 62 C2
Thibivillers (60) 37 F4
Thibouville (27) 35 F5
Thicourt (57) 66 D1
Thiébauménil (54) 66 E6
Thiéblemont-Farémont (51) 63 G5
Thiébouhans (25) 139 H5
Thieffrain (10) 90 E6
Thieffrans (70) 138 C2
Thiéfosse (88) 119 G2
Thiel-sur-Acolin (03) 169 G4
Thiembronne (62) 4 E4
Thiénans (70) 138 C3
Thiennes (59) 3 J6
Thiepval (80) 10 E6
Thiergeville (76) 14 E4
Thiernu (02) 20 E3
Thiers (63) 203 H1
Thiers-sur-Thève (60) 38 B5
Thierville (27) 34 E4
Thierville-sur-Meuse (55) 43 H5
Thiéry (06) 261 H6
Thiescourt (60) 19 G6
Thiétreville (76) 14 E4
le Thieulin (28) 84 D3
Thieulloy-la-Ville (80) 17 H4
Thieulloy-l'Abbaye (80) 17 H3
Thieuloy-Saint-Antoine (60) 17 H5
la Thieuloye (62) 10 B1
Thieux (60) 18 B6
Thieux (77) 59 H1
Thiéville (14) 54 C1
Thièvres (62) 10 C5
Thièvres (80) 10 C5
Thiézac (15) 217 K6
Thignonville (45) 86 C5
Thil (01) 206 C1
Thil (10) 91 H4
le Thil (27) 36 C3
Thil (31) 268 D5
Thil (51) 40 E3
Thil (54) 26 E3
Thil-Manneville (76) 15 J2
le Thil-Riberpré (76) 16 E5
Thil-sur-Arroux (71) 152 D6
Thilay (08) 22 D2
le Thillay (95) 59 F2
Thilleux (52) 91 H3
les Thilliers-en-Vexin (27) 36 C4
Thillois (51) 40 E4
Thillombois (55) 64 D2
Thillot (55) 65 F1
le Thillot (88) 119 G3
Thilouze (37) 145 J1
Thimert-Gâtelles (28) 84 E1
Thimonville (57) 66 C1
Thimory (45) 111 G4
Thin-le-Moutier (08) 22 B4
Thiolières (63) 203 K4
Thionne (03) 169 G5
Thionville (57) 27 G4
Thiouville (76) 15 F4
Thiraucourt (88) 93 K4
Thiré (85) 160 C3
Thiron Gardais (28) 84 B4
This (08) 22 C3
Thise (25) 138 A5
Thivars (28) 85 G4
Thivencelle (59) 7 K6
Thiverny (60) 38 A4
Thiverval-Grignon (78) 58 A3
Thivet (52) 116 C2
Thiviers (24) 198 B6
Thiville (28) 109 F2
Thizay (36) 148 C5
Thizay (37) 144 E1
Thizy (69) 187 H4
Thizy (89) 134 B2
Thoard (04) 259 H4
Thodure (38) 222 E2
Thoigné (72) 82 E5
Thoiras (30) 255 F6
Thoiré-sous-Contensor (72) 82 E4
Thoiré-sur-Dinan (72) 107 G6
Thoires (21) 115 G3
Thoirette (39) 189 K1
Thoiria (39) 173 H3
Thoiry (01) 190 D1
Thoiry (73) 208 C4
Thoiry (78) 57 K3
Thoissey (01) 188 C2
Thoissia (39) 172 E5
Thoisy-la-Berchère (21) 134 D6
Thoisy-le-Désert (21) 135 F6
Thoix (80) 17 J4
Thol-lès-Millières (52) 92 E6
Thollet (86) 164 C5
Thollon-les-Mémises (74) 175 H5
le Tholonet (13) 296 D1
le Tholy (88) 95 G6
Thomer-la-Sôgne (27) 56 D3
Thomery (77) 87 J3
Thomirey (21) 153 H2
Thonac (24) 214 E6
Thônes (74) 191 H5
Thonnance-lès-Joinville (52) 92 B2
Thonnance-les-Moulins (52) 92 C3
Thonne-la-Long (55) 23 K5
Thonne-le-Thil (55) 23 J5
Thonne-les-Près (55) 23 K6
Thonnelle (55) 23 K6
Thonon-les-Bains (74) 175 F5
les Thons (88) 117 J2
Thonville (57) 66 D1
le Thor (84) 276 D2
Thorailles (45) 111 K2
Thoraise (25) 156 A1
Thorame-Basse (04) 260 B5
Thorame-Haute (04) 260 C5
Thoras (43) 237 J2
Thoré-la-Rochette (41) 108 B5
Thorée-les-Pins (72) 106 C6
Thorens-Glières (74) 191 G4
Thorey (89) 114 B4
Thorey-en-Plaine (21) 154 D1
Thorey-Lyautey (54) 93 K2
Thorey-sous-Charny (21) 134 E5
Thorey-sur-Ouche (21) 153 J2
Thorigné (79) 178 C1
Thorigné-d'Anjou (49) 125 F1
Thorigné-en-Charnie (53) 105 J2
Thorigné-Fouillard (35) 79 H4
Thorigné-sur-Dué (72) 107 H2
Thorigny (79) 177 K2
Thorigny (85) 159 K2
Thorigny-sur-Marne (77) 59 H3
Thorigny-sur-Oreuse (89) 88 E5
le Thoronet (83) 298 C2
Thorrenc (07) 222 B3
Thors (10) 91 H4
Thors (17) 195 K1
Thory (80) 18 C4
Thory (89) 133 K2
Thoste (21) 134 C4
le Thou (17) 177 F3
Thou (18) 131 H4
Thou (45) 131 K2
Thouarcé (49) 125 G6
Thouaré-sur-Loire (44) 123 H3
Thouars (79) 144 B4
Thouars-sur-Arize (09) 287 K6
Thouars-sur-Garonne (47) 247 J4
Thouarsais-Bouildroux (85) 160 D2
le Thoult-Trosnay (51) 61 H3
le Thour (08) 21 H6
le Thoureil (49) 125 K4
Thourie (35) 103 H2
Thouron (87) 181 G5
Thourotte (60) 38 E1
Thoury (41) 129 H2
Thoury-Férottes (77) 88 A5
Thoux (32) 268 C5
Thuboeuf (53) 81 J2
le Thuel (02) 21 H5
Thuès-Entre-Valls (66) 313 K4
Thueyts (07) 239 F4
Thugny-Trugny (08) 41 J1
la Thuile (73) 208 D4
les Thuiles (04) 260 C1
Thuilley-aux-Groseilles (54) 65 J6
Thuillières (88) 93 K6
Thuir (66) 315 F3
le Thuit (27) 36 A4
le Thuit-Anger (27) 35 G4
le Thuit-Hébert (27) 35 F3
le Thuit-Signol (27) 35 G4
le Thuit-Simer (27) 35 G4
Thulay (25) 139 H3
Thumeréville (54) 26 D6
Thumeries (59) 6 D6
Thun-l'Évêque (59) 11 K3
Thun-Saint-Amand (59) 7 H6
Thun-Saint-Martin (59) 11 K3
Thurageau (86) 162 E1
Thuré (86) 145 H6
Thuret (63) 185 G5
Thurey (71) 172 C1
Thurey-le-Mont (25) 138 B4
Thurins (69) 205 J3
Thury (21) 153 H3
Thury (89) 132 D2
Thury-en-Valois (60) 39 F5
Thury-Harcourt (14) 53 J1
Thury-sous-Clermont (60) 37 K3
Thusy (74) 190 D5
Thuy (65) 285 K5
Thyez (74) 191 K3
Tibiran-Jaunac (65) 305 H2
Ticheville (61) 55 F3
Tichey (21) 154 E3
Tieffenbach (67) 69 F5
Tiercé (49) 125 H1
Tiercelet (54) 26 E3
le Tiercent (35) 79 J1
Tierceville (14) 32 C3
Tieste-Uragnoux (32) 285 H1
la Tieule (48) 253 H2
Tiffauges (85) 142 C3
Tigeaux (77) 59 K4
Tigery (91) 59 G6
Tignac (09) 308 A6
Tigné (49) 143 K1
Tignécourt (88) 117 J1
Tignes (73) 193 C5
le Tignet (06) 280 C5
Tignieu-Jameyzieu (38) 206 E2
Tigny-Noyelle (62) 9 F2
Tigy (45) 110 D5
Til-Châtel (21) 136 B3
Tilh (40) 264 D6
Tilhouse (65) 304 E1
Tillac (32) 285 K2
Tillay-le-Péneux (28) 109 J1
Tillé (60) 37 H2
Tillenay (21) 155 F1
le Tilleul (76) 14 B4
Tilleul-Dame-Agnès (27) 56 B1
le Tilleul-Lambert (27) 35 G6
le Tilleul-Othon (27) 35 F6
Tilleux (88) 93 G4
Tillières (49) 142 C1
Tillières-sur-Avre (27) 56 C5
Tilloloy (80) 19 F5
Tillou (79) 178 D3
Tilloy-et-Bellay (51) 63 F1
Tilloy-Floriville (80) 8 E6
Tilloy-lès-Conty (80) 17 K4
Tilloy-lès-Hermaville (62) 10 C2
Tilloy-lès-Mofflaines (62) 11 F3
Tilloy-lez-Cambrai (59) 11 J4
Tilloy-lez-Marchiennes (59) 11 K1
Tilly (27) 36 B5
Tilly (36) 164 D5
Tilly (78) 57 H3
Tilly-Capelle (62) 5 G6
Tilly-la-Campagne (14) 32 E6
Tilly-sur-Meuse (55) 64 D1
Tilly-sur-Seulles (14) 32 B5
Tilques (62) 3 F5
Tincey-et-Pontrebeau (70) 137 H1
Tinchebray (61) 53 F4
Tincourt-Boucly (80) 19 H1
Tincques (62) 10 C2
Tincry (57) 66 C2
Tingry (62) 4 B4
Tinqueux (51) 40 E4
Tinténiac (35) 78 E1
Tintry (71) 153 G4
Tintury (58) 151 J4
Tiranges (43) 220 D2
Tirent-Pontéjac (32) 287 F1
Tirepied (50) 52 A5
Tissey (89) 113 K4
le Titre (80) 9 F4
Tivernon (45) 110 A1
Tiviers (15) 218 E5
Tizac-de-Curton (33) 230 A2
Tizac-de-Lapouyade (33) 212 A5
Tocane-Saint-Apre (24) 213 J3
Tocqueville (27) 34 D2
Tocqueville (50) 29 F2
Tocqueville-en-Caux (76) 15 H3
Tocqueville-les-Murs (76) 14 E5
Tocqueville-sur-Eu (76) 8 B6
Toeufles (80) 9 F5
Toges (08) 42 C2
Togny-aux-Boeufs (51) 62 E3
Tolla (2A) 320 E4
Tollaincourt (88) 117 G1
Tollent (62) 9 H3
Tollevast (50) 28 C3
la Tombe (77) 88 B4
Tombeboeuf (47) 231 H6
Tomblaine (54) 66 B5
Tomino (2B) 317 D2
les Tonils (26) 241 F5
Tonnac (81) 250 E6
Tonnay-Boutonne (17) 177 H5
Tonnay-Charente (17) 177 F5
Tonneins (47) 247 J2
Tonnerre (89) 114 A4
Tonneville (50) 28 C2
Tonnoy (54) 94 B1
Tonquédec (22) 48 A3
Torcé (35) 104 A1
Torcé-en-Vallée (72) 107 F1
Torcé-Viviers-en-Charnie (53) 105 K1
Torcenay (52) 116 E4
Torchamp (61) 81 F1
Torchefelon (38) 207 G5
Torcheville (57) 67 G2
Torcieu (01) 189 J5
Torcy (62) 4 E6
Torcy (71) 153 G6
Torcy (77) 59 H3
Torcy-en-Valois (02) 39 J6
Torcy-et-Pouligny (21) 134 C3
Torcy-le-Grand (10) 90 B2
Torcy-le-Grand (76) 16 A3
Torcy-le-Petit (10) 90 C2
Torcy-le-Petit (76) 16 A3
Tordères (66) 315 F4
Tordouet (14) 55 F1
Torfou (49) 142 C3
Torfou (91) 86 D2
Torigni-sur-Vire (50) 31 J4
Tornac (30) 274 D1
Tornay (52) 117 F6
le Torp-Mesnil (76) 15 H4
Torpes (25) 156 A1
Torpes (71) 155 F5
le Torpt (27) 34 B3
le Torquesne (14) 33 K4
Torreilles (66) 310 D5
Torsac (16) 196 E4
Torsiac (43) 219 F2
Tortebesse (63) 201 J3
Tortefontaine (62) 9 H2
Tortequesne (62) 11 H3
Torteron (18) 150 C3
Torteval-Quesnay (14) 32 A5
Tortezais (03) 167 K5
Tortisambert (14) 54 D2
Torvilliers (10) 89 K5
Torxé (17) 177 J5
Tosny (27) 36 A5
Tosse (40) 262 C4
Tossiat (01) 189 H3
Tostat (65) 285 H4
Tostes (27) 35 H4
Totainville (88) 93 J4
Tôtes (76) 15 K4
Touchay (18) 166 D2
la Touche (26) 240 C6
les Touches (44) 123 J1
les Touches-de-Périgny (17) 178 C6
Toucy (89) 112 D6
Toudon (06) 281 F1
Touët-de-l'Escarène (06) 281 H2
Touët-sur-Var (06) 280 D1
Touffailles (82) 249 F4
Toufflers (59) 7 F4
Touffréville (14) 33 F5
Touffreville (27) 36 B3
Touffreville-la-Cable (76) 15 F6
Touffreville-la-Corbeline (76) 15 G6
Touffreville-sur-Eu (76) 8 B6
Touget (32) 268 B5
Touille (31) 306 B1
Touillon (21) 134 E1
Touillon-et-Loutelet (25) 157 F5
Toujouse (32) 266 A3
Toul (54) 65 H5
Toulaud (07) 240 B1
Toulenne (33) 230 A5
Touligny (08) 22 C4
Toulis-et-Attencourt (02) 20 E4
Toulon (83) 297 J6
Toulon-sur-Allier (03) 168 E4
Toulon-sur-Arroux (71) 170 C2
Toulonjac (12) 251 F2
Toulouges (66) 315 G2
Toulouse (31) 269 G6
Toulouse-le-Château (39) 155 H5
Toulouzette (40) 264 E4
Toulx-Sainte-Croix (23) 183 G1
Touques (14) 33 J3
le Touquet-Paris-Plage (62) 4 A5
Touquettes (61) 55 G4
Touquin (77) 60 A5
la Tour (06) 261 J6
la Tour (74) 191 J2
la Tour-Blanche (24) 213 H1
la Tour-d'Aigues (84) 277 J4
la Tour-d'Auvergne (63) 201 K5
Tour-de-Faure (46) 250 C1
la Tour-de-Salvagny (69) 205 K1
la Tour-de-Sçay (25) 138 C4
la Tour-du-Crieu (09) 307 J1
la Tour-du-Meix (39) 173 H3
le Tour-du-Parc (56) 121 G2
la Tour-du-Pin (38) 207 G4
Tour-en-Bessin (14) 32 A3
la Tour-en-Jarez (42) 205 G5
Tour-en-Sologne (41) 129 G3
la Tour-Saint-Gelin (37) 145 H3
la Tour-sur-Orb (34) 272 E6
Tourailles (41) 128 D1
les Tourailles (61) 53 J4
Tourbes (34) 292 B2
Tourcelles-Chaumont (08) 42 A2
Tourch (29) 75 F6
Tourcoing (59) 6 E3
Tourdun (32) 285 J1
la Tourette (42) 204 D6
la Tourette-Cabardès (11) 290 B3
Tourette-du-Château (06) 281 F1
Tourgéville (14) 33 J3
la Tourlandry (49) 143 G1
Tourlaville (50) 28 D2
Tourliac (47) 232 B4
Tourly (60) 37 F4
Tourmignies (59) 6 E6
Tourmont (39) 155 J5
Tournai-sur-Dive (61) 54 D4
Tournan (32) 286 E3
Tournan-en-Brie (77) 59 J5
Tournans (25) 138 C3
Tournavaux (08) 22 D2
Tournay (65) 285 K6
Tournay-sur-Odon (14) 32 C6
le Tourne (33) 229 J3
Tournebu (14) 53 K2
Tournecoupe (32) 268 A3
Tournedos-Bois-Hubert (27) 35 G6
Tournedos-sur-Seine (27) 35 K4
Tournefeuille (31) 288 A1
Tournefort (06) 281 F1
Tournehem-sur-la-Hem (62) 2 E4
Tournemire (12) 272 D2
Tournemire (15) 217 H5
Tournes (08) 22 C3
le Tourneur (14) 31 K5
Tourneville (27) 35 H6
Tournières (14) 31 J2
Tournissan (11) 309 K1
Tournoisis (45) 109 H3
Tournon (73) 209 F3
Tournon-d'Agenais (47) 249 F2
Tournon-Saint-Martin (36) 164 B1
Tournon-Saint-Pierre (37) 164 B1
Tournon-sur-Rhône (07) 222 B5
Tournous-Darré (65) 286 A4
Tournous-Devant (65) 286 B5
Tournus (71) 171 K3
Tourny (27) 36 C5
Tourouvre (61) 83 J1
Tourouzelle (11) 291 F5
Tourreilles (11) 308 E2
les Tourreilles (31) 305 H1
Tourrenquets (32) 267 J4
Tourrette-Levens (06) 281 G3
les Tourrettes (26) 240 B4
Tourrettes (83) 280 B5
Tourrettes-sur-Loup (06) 280 E4
Tourriers (16) 196 E1
Tours (37) 127 J4
Tours-en-Savoie (73) 209 G3
Tours-en-Vimeu (80) 8 E6
Tours-sur-Marne (51) 62 B1

Tours-sur-Meymont (63) 203 J3
Tourtenay (79) 144 C3
Tourteron (08) 22 C6
Tourtoirac (24) 214 D2
Tourtour (83) 279 G6
Tourtouse (09) 306 D1
Tourtrès (47) 231 H6
Tourtrol (09) 308 A2
Tourves (83) 297 J2
Tourville-en-Auge (14) 33 K3
Tourville-la-Campagne (27) 35 G4
Tourville-la-Chapelle (76) 16 B1
Tourville-la-Rivière (76) 35 H3
Tourville-les-Ifs (76) 14 D4
Tourville-sur-Arques (76) 15 K2
Tourville-sur-Odon (14) 32 D5
Tourville-sur-Pont-Audemer (27) 34 C3
Tourville-sur-Sienne (50) 30 D4
Toury (28) 86 A6
Toury-Lurcy (58) 169 F1
Toury-sur-Jour (58) 168 D1
Tourzel-Ronzières (63) 202 D5
Toussaint (76) 14 D4
Toussieu (69) 206 C3
Toussieux (01) 188 C5
Tousson (77) 87 F4
Toussus-le-Noble (78) 58 C5
Toutainville (27) 34 C3
Toutenant (71) 154 D5
Toutencourt (80) 10 C6
Toutens (31) 288 E2
Toutlemonde (49) 143 F3
Toutry (21) 134 B3
Touvérac (16) 212 B1
le Touvet (38) 224 C1
Touville (27) 34 E3
Touvois (44) 141 G4
Touvre (16) 197 F3
Touzac (16) 196 B4
Touzac (46) 249 G1
Tox (2B) 319 J6
Toy-Viam (19) 200 B4
Tracy-Bocage (14) 32 B6
Tracy-le-Mont (60) 39 F1
Tracy-le-Val (60) 39 F1
Tracy-sur-Loire (58) 131 K5
Tracy-sur-Mer (14) 32 B3
Trades (69) 187 K1
Traenheim (67) 70 C3
Tragny (57) 66 C1
Traînel (10) 88 E3
Traînou (45) 110 C3
le Trait (76) 35 F1
Traitiéfontaine (70) 138 A4
Traize (73) 207 K3
Tralaigues (63) 184 A6
Tralonca (2B) 319 F5
Tramain (22) 77 K2
Tramayes (71) 188 A1
Trambly (71) 171 G6
Tramecourt (62) 5 F6
Tramery (51) 40 D4
Tramezaïgues (65) 304 E5
Tramolé (38) 207 F5
Tramont-Émy (54) 93 J3
Tramont-Lassus (54) 93 J3
Tramont-Saint-André (54) 93 J3
Tramoyes (01) 188 D6
Trampot (88) 92 D3
la Tranche-sur-Mer (85) 159 H5
la Tranclière (01) 189 G3
Trancrainville (28) 85 K5
Trangé (72) 106 D2
le Tranger (36) 147 F4
Trannes (10) 91 F4
Tranqueville-Graux (88) 93 H2
Trans (53) 81 K5
Trans-en-Provence (83) 298 D1
Trans-la-Forêt (35) 51 H5
Trans-sur-Erdre (44) 123 J1
le Translay (80) 17 F1
le Transloy (62) 11 F5
Tranzault (36) 165 K3
Trappes (78) 58 B4
Trassanel (11) 290 C4
Traubach-le-Bas (68) 97 A3
Traubach-le-Haut (68) 97 A3
Trausse (11) 290 D4
Travaillan (84) 257 F4
Travecy (02) 20 A4
Traversères (32) 286 D1
Traves (70) 137 K1
le Travet (81) 271 F4
Trayes (79) 161 H2
Tréal (56) 102 A2
Tréauville (50) 28 B3
Trébabu (29) 72 B4
Treban (03) 168 D5
Tréban (81) 251 K6
Trébas (81) 271 H2
Trébédan (22) 50 B6
Trèbes (11) 290 C5
Trébeurden (22) 47 J2
Trébons (65) 304 D1
Trébons-de-Luchon (31) 305 H5
Trébons-sur-la-Grasse (31) 288 E2
Trébrivan (22) 75 K2
Trébry (22) 77 J2
Tréclun (21) 154 E1
Trécon (51) 62 A3
Trédaniel (22) 77 H2
Trédarzec (22) 48 C2
Trédias (22) 78 B1
Trédion (56) 101 H3
Trédrez-Locquémeau (22) 47 J3
Tréduder (22) 47 J4
Trefcon (02) 19 J2
Treffendel (35) 78 D5
Treffiagat (29) 98 B3
Treffieux (44) 103 H5
Treffléan (56) 101 G5
Treffort (38) 242 A1
Treffort-Cuisiat (01) 189 H1
Treffrin (22) 75 J2
Tréflaouénan (29) 46 D4
Tréflévénez (29) 46 D6
Tréflez (29) 46 C3
Tréfols (51) 61 F4
Tréfumel (22) 78 D1
Trégarantec (29) 46 C4
Trégarvan (29) 74 C2
Trégastel (22) 47 K2
Tréglamus (22) 48 B5
Tréglonou (29) 72 D2
Trégomeur (22) 49 F5
Trégon (22) 50 B4
Trégonneau (22) 48 C4
Trégourez (29) 75 F4
Trégrom (22) 48 A4
Tréguennec (29) 73 E5
Trégueux (22) 49 G6
Tréguidel (22) 48 E5
Tréguier (22) 48 C2
Trégunc (29) 99 F3
Tréhet (41) 107 H6
Tréhorenteuc (56) 78 A5
le Tréhou (29) 74 D1
Treignac (19) 200 A5
Treignat (03) 166 E6
Treigny (89) 132 C3
Treilles (11) 310 C3
Treilles-en-Gâtinais (45) 111 H2
Treillières (44) 123 G2
Treix (52) 92 B6
Treize-Septiers (85) 142 B3
Treize-Vents (85) 143 F4
Tréjouls (82) 249 H4
Trélans (48) 253 G1
Trélazé (49) 125 H3
Trélévern (22) 48 B2
Trelins (42) 204 C2
Trélissac (24) 214 B3
Trélivan (22) 50 C6
Trelly (50) 30 E5
Trélon (59) 13 J5
Trélou-sur-Marne (02) 40 B6
Trémaouézan (29) 46 C5
Trémargat (22) 76 B2
Trémauville (76) 14 E5
la Tremblade (17) 194 B1
Tremblay (35) 51 J6
le Tremblay (49) 104 C6
Tremblay-en-France (93) 59 G2
Tremblay-les-Villages (28) 85 F1
le Tremblay-Omonville (27) 35 G6
le Tremblay-sur-Mauldre (78) 58 A4
Tremblecourt (54) 65 J3
le Tremblois (70) 137 F4
Tremblois-lès-Carignan (08) 23 J4
Tremblois-lès-Rocroi (08) 22 B2
Trémeheuc (35) 51 G6
Trémel (22) 47 J4
Tréméloir (22) 49 F5
Trémentines (49) 143 F2
Tréméoc (29) 98 C2
Tréméreuc (22) 50 D4
Trémery (57) 27 H5
Trémeur (22) 78 B1
Tréméven (22) 48 E4
Tréméven (29) 99 J3
Tréminis (38) 242 B3
Trémoins (70) 139 G1
Trémolat (24) 232 B2
Trémons (47) 248 E2
Trémont (49) 143 J1
Trémont (61) 82 E1
Trémont-sur-Saulx (55) 63 K4
Trémonzey (88) 118 B2
Trémorel (22) 78 A3
Trémouille (15) 218 A1
Trémouille-Saint-Loup (63) 201 H6
Trémouilles (12) 252 C4
Trémoulet (09) 288 E6
Trémuson (22) 49 F6
Trenal (39) 173 F2
Trensacq (40) 245 H4
Trentels (47) 248 E1
Tréogan (22) 75 J4
Tréogat (29) 73 E4
Tréon (28) 56 E6
Tréouergat (29) 72 C3
Trépail (51) 41 G6
le Tréport (76) 8 C5
Trépot (25) 156 D1
Tréprel (14) 53 K3
Trept (38) 207 F3
Trésauvaux (55) 43 K6
Tresboeuf (35) 103 H1
Trescault (62) 11 H5
Treschenu-Creyers (26) 241 J3
Trescléoux (05) 258 D2
Trésilley (70) 137 K3
Treslon (51) 40 D4
Tresnay (58) 168 D2
Trespoux-Rassiels (46) 249 K2
Tresques (30) 256 C5
Tressan (34) 292 D1
Tressandans (25) 138 C2
Tressange (57) 27 F4
Tressé (35) 50 E5
Tresserre (66) 315 G4
Tresserve (73) 208 B3
Tresses (33) 229 J2
Tressignaux (22) 48 E4
Tressin (59) 7 F4
Tresson (72) 107 H4
Treteau (03) 169 G6
la Trétoire (77) 60 D3
Trets (13) 297 F2
Treux (80) 18 D1
Treuzy-Levelay (77) 87 J5
Trévé (22) 77 F4
Trévenans (90) 139 H1
Tréveneuc (22) 49 F4
Tréveray (55) 64 D6
Trévérec (22) 48 D4
Trévérien (35) 78 E1
Trèves (30) 253 K6
Trèves (69) 205 K5
Trévien (81) 251 G6
Trévières (14) 31 K1
Trévignin (73) 208 B2
Trévillach (66) 309 H6
Tréville (11) 289 G3
Trévillers (25) 139 J5
Trévilly (89) 134 B3
Trévol (03) 168 E3
Trévou-Tréguignec (22) 48 B2
Trévoux (01) 188 C5
le Trévoux (29) 99 H3
Trévron (22) 50 C6
Trézelles (03) 186 A1
Trézény (22) 48 B2
Tréziers (11) 308 C2
Trézilidé (29) 46 D4
Trézioux (63) 203 H3
Triac-Lautrait (16) 196 B3
le Triadou (34) 274 B4
Triaize (85) 160 A5
Tribehou (50) 31 G2
Trichey (89) 114 B3
Tricot (60) 18 D6
Trie-Château (60) 36 E4
Trie-la-Ville (60) 36 E4
Trie-sur-Baïse (65) 286 A4
Triel-sur-Seine (78) 58 B2
Triembach-au-Val (67) 70 B6
Trieux (54) 26 E5
Trigance (83) 279 J3
Trignac (44) 122 A2
Trigny (51) 40 D3
Triguères (45) 112 A3
Trilbardou (77) 59 J2
Trilla (66) 309 H6
Trilport (77) 60 A2
Trimbach (67) 25 C2
Trimer (35) 78 E1
la Trimouille (86) 164 C5
Trinay (45) 110 A2
la Trinitat (15) 236 C3
la Trinité (06) 281 H3
la Trinité (27) 56 E2
la Trinité (50) 52 B4
la Trinité (73) 208 D5
la Trinité-de-Réville (27) 55 H2
la Trinité-de-Thouberville (27) 35 F3
la Trinité-des-Laitiers (61) 55 G4
la Trinité-du-Mont (76) 14 E6
la Trinité-Porhoët (56) 77 H5
la Trinité-sur-Mer (56) 100 C6
la Trinité-Surzur (56) 101 H6
Triors (26) 222 E4
le Trioulou (15) 235 F4
Tripleville (41) 109 G3
Triquerville (76) 34 D1
Triqueville (27) 34 B3
Trith-Saint-Léger (59) 12 C2
Tritteling (57) 45 K5
Trivy (71) 171 F5
Trizac (15) 217 J3
Trizay (17) 177 F6
Trizay-Coutretot-Saint-Serge (28) 84 A5
Trizay-lès-Bonneval (28) 84 E6
Troarn (14) 33 F5
Troche (19) 215 H1
Trochères (21) 136 D5
Trocy-en-Multien (77) 60 A1
Troësnes (02) 39 H5
Troguéry (22) 48 C3
Trogues (37) 145 J2
les Trois-Domaines (55) 64 C2
Trois-Fonds (23) 183 G2
Trois-Fontaines-l'Abbaye (51) 63 J5
Trois-Monts (14) 32 D6
les Trois-Moutiers (86) 144 D3
Trois-Palis (16) 196 D3
les Trois-Pierres (76) 14 D6
Trois-Puits (51) 41 F5
Trois-Vèvres (58) 151 G5
Trois-Villes (64) 283 H6
Troisfontaines (57) 67 K5
Troisfontaines-la-Ville (52) 91 K1
Troisgots (50) 31 H4
Troissereux (60) 37 G1
Troissy (51) 40 C6
Troisvaux (62) 10 B1
Troisvilles (59) 12 C5
Tromarey (70) 137 G5
Tromborn (57) 45 J3
Troncens (32) 285 J2
la Tronche (38) 224 A3
le Tronchet (35) 51 F5
le Tronchet (72) 82 D6
Tronchoy (89) 113 K4
Tronchy (71) 172 B1
le Troncq (27) 35 G5
Trondes (54) 65 G5
Tronget (03) 168 C5
le Tronquay (14) 32 A4
le Tronquay (27) 36 B2
Tronsanges (58) 150 D2
Tronville (54) 44 C6
Tronville-en-Barrois (55) 64 C5
Troo (41) 107 K5
Trosly-Breuil (60) 39 F2
Trosly-Loire (02) 39 H1
Trouans (10) 62 C6
Troubat (65) 305 H3
Trouhans (21) 154 E1
Trouhaut (21) 135 H4
Trouillas (66) 315 F3
Trouley-Labarthe (65) 285 K4
Troussencourt (60) 18 A5
Troussey (55) 65 G5
Troussures (60) 37 G2
Trouvans (25) 138 D3
Trouville (76) 15 F6
Trouville-la-Haule (27) 34 D2
Trouville-sur-Mer (14) 33 J2
Trouy (18) 149 G4
Troye-d'Ariège (09) 308 B2
Troyes (10) 90 B4
Troyon (55) 64 D1
la Truchère (71) 172 A4
Truchtersheim (67) 70 E2
Trucy (02) 40 B1
Trucy-l'Orgueilleux (58) 132 E4
Trucy-sur-Yonne (89) 133 H2
le Truel (12) 272 A1
Trugny (21) 154 D4
Truinas (26) 240 E5
Trumilly (60) 38 D4
Trun (61) 54 C3
Trungy (14) 32 B4
Truttemer-le-Grand (14) 52 E4
Truttemer-le-Petit (14) 52 E4
Truyes (37) 128 A6
Tubersent (62) 4 B5
Tuchan (11) 310 A4
Tucquegnieux (54) 26 E5
Tudeils (19) 216 B5
Tudelle (32) 266 E5
Tuffé (72) 107 H1
Tugéras-Saint-Maurice (17) 211 K1
Tugny-et-Pont (02) 19 J3
la Tuilière (42) 186 C5
Tulette (26) 257 F3
Tulle (19) 216 B3
Tullins (38) 223 J2
Tully (80) 8 D5
Tupigny (02) 20 C1
Tupin-et-Semons (69) 206 A5
la Turballe (44) 121 H4
la Turbie (06) 281 J3
Turcey (21) 135 H4
Turckheim (68) 96 B4
Turenne (19) 215 J5
Turgon (16) 179 J5
Turgy (10) 114 A2
Turny (89) 113 H2
Turquant (49) 144 D1
Turquestein-Blancrupt (57) 67 K6
Turqueville (50) 29 F5
Turretot (76) 14 B5
Turriers (04) 259 H1
Tursac (24) 214 D6
Tusson (16) 179 F5
Tuzaguet (65) 305 G1
le Tuzan (33) 245 K1
Tuzie (16) 179 G5

U

Uberach (67) 69 J5
Ubexy (88) 94 B3
Ubraye (04) 280 A1
Ucciani (2A) 320 E3
Ucel (07) 239 H5
Uchacq-et-Parentis (40) 265 G2
Uchaud (30) 275 F4
Uchaux (84) 256 E4
Uchentein (09) 306 C4
Uchizy (71) 171 K4
Uchon (71) 152 E6
Uckange (57) 27 G5
Ueberstrass (68) 97 A5
Uffheim (68) 97 D3
Uffholtz (68) 97 A1
Ugine (73) 209 G1
Uglas (65) 286 B6
Ugnouas (65) 285 H4
Ugny (54) 26 C3
Ugny-le-Gay (02) 19 J5
Ugny-l'Équipée (80) 19 H3
Ugny-sur-Meuse (55) 65 G6
Uhart-Cize (64) 282 D5
Uhart-Mixe (64) 283 G4
Uhlwiller (67) 69 K6
Uhrwiller (67) 69 J5
Ulcot (79) 143 K3
les Ulis (91) 58 C6
Ully-Saint-Georges (60) 37 J4
les Ulmes (49) 144 B1
Umpeau (28) 85 J2
Unac (09) 308 A5
Uncey-le-Franc (21) 135 F5
Unchair (51) 40 C4
Ungersheim (68) 96 B6
Unias (42) 204 E4
Unienville (10) 91 F4
Unieux (42) 221 F1
l'Union (31) 269 H6
Unverre (28) 84 C6
Unzent (09) 288 C6
Upaix (05) 259 F2
Upie (26) 240 D2
Ur (66) 313 G5
Urau (31) 306 B2
Urbalacone (2A) 320 D6
Urbanya (66) 314 A3
Urbeis (67) 96 A1
Urbès (68) 119 J3
Urbise (42) 186 D2
Urçay (03) 167 H3
Urcel (02) 40 A1
Urcerey (90) 139 H1
Urciers (36) 166 C4
Urcuit (64) 282 D1
Urcy (21) 135 J6
Urdens (32) 267 K3
Urdès (64) 284 A2
Urdos (64) 303 F4
Urepel (64) 283 D5
Urgons (40) 265 H5
Urgosse (32) 266 B4
Uriménil (88) 94 D6
Urmatt (67) 70 B4
Urost (64) 285 F4
Urou-et-Crennes (61) 54 C4
Urrugne (64) 263 B2
Urs (09) 307 K5
Urschenheim (68) 96 D4
Urt (64) 282 D1
Urtaca (2B) 319 F2
Urtière (25) 139 J5
Uruffe (54) 93 G1
Urval (24) 232 C2
Urville (10) 91 G6
Urville (14) 53 K1
Urville (50) 28 E5
Urville (88) 93 G5
Urville-Nacqueville (50) 28 B2
Urvillers (02) 20 A3
Ury (77) 87 G4
Urzy (58) 150 E3
Us (95) 37 F6
Usclades-et-Rieutord (07) 239 F3
Usclas-d'Hérault (34) 292 C2
Usclas-du-Bosc (34) 273 G5
Usinens (74) 190 C4
Ussac (19) 215 J3
Ussat (09) 307 J5
Usseau (79) 177 K2
Usseau (86) 145 J5
Ussel (15) 218 C5
Ussel (19) 201 F5
Ussel (46) 233 J5
Ussel-d'Allier (03) 185 G2
Usson (63) 203 F5
Usson-du-Poitou (86) 180 A1
Usson-en-Forez (42) 220 C1
Ussy (14) 53 K2
Ussy-sur-Marne (77) 60 B2
Ustaritz (64) 263 D1
Ustou (09) 306 E5
Utelle (06) 281 G1
Uttenheim (67) 70 E5
Uttenhoffen (67) 69 K5
Uttwiller (67) 69 H6
Uvernet-Fours (04) 260 C1
Uxeau (71) 170 B2
Uxegney (88) 94 C5
Uxelles (39) 173 J2
Uxem (59) 3 J1
Uz (65) 304 A2
Uza (40) 244 C6
Uzan (64) 284 B2
Uzay-le-Venon (18) 149 H6
Uzech (46) 233 H5
Uzein (64) 284 C3
Uzel (22) 77 F3
Uzelle (25) 138 D3
Uzemain (88) 118 C1
Uzer (07) 239 G6
Uzer (65) 304 D1
Uzerche (19) 199 J6
Uzès (30) 275 H1
Uzeste (33) 246 C1
Uzos (64) 284 D4

V

Vaas (72) 127 F1
Vabre (81) 271 G5
Vabre-Tizac (12) 251 H4

Vabres (15) 219 F5
Vabres (30) 274 C1
Vabres-l'Abbaye (12) 272 B2
Vacherauville (55) 43 H4
Vachères (04) 277 K2
Vachères-en-Quint (26) 241 G2
Vacheresse (74) 175 H5
la Vacheresse-et-la-Rouillie (88) 93 H6
la Vacherie (27) 35 J6
Vacognes-Neuilly (14) 32 C6
la Vacquerie (14) 31 K4
la Vacquerie-et-Saint-Martin-de-Castries (34) 273 H4
Vacquerie-le-Boucq (62) 9 K3
Vacqueriette-Erquières (62) 9 J2
Vacqueville (54) 95 G1
Vacqueyras (84) 257 G5
Vacquières (34) 274 C3
Vacquiers (31) 269 H4
Vadans (39) 155 J4
Vadans (70) 137 F5
Vadelaincourt (55) 43 G6
Vadenay (51) 41 J6
Vadencourt (02) 20 C1
Vadencourt (80) 10 C6
Vadonville (55) 64 E4
Vagnas (07) 255 K2
Vagney (88) 119 G2
Vahl-Ebersing (57) 68 A3
Vahl-lès-Bénestroff (57) 67 G2
Vahl-lès-Faulquemont (57) 45 K6
Vaiges (53) 105 H2
Vailhan (34) 292 B1
Vailhauquès (34) 274 A5
Vailhourles (12) 250 E3
Vaillac (46) 233 J4
Vaillant (52) 116 B6
Vailly (10) 90 B4
Vailly (74) 175 G6
Vailly-sur-Aisne (02) 40 A2
Vailly-sur-Sauldre (18) 131 H4
Vains (50) 51 K3
Vairé (85) 158 E2
Vaire-Arcier (25) 138 B5
Vaire-le-Petit (25) 138 B5
Vaire-sous-Corbie (80) 18 D2
Vaires-sur-Marne (77) 59 H3
Vaison-la-Romaine (84) 257 G4
Vaïssac (82) 269 J1
Vaite (70) 137 G1
la Vaivre (70) 118 C3
Vaivre-et-Montoille (70) 138 A1
le Val (83) 297 K2
le Val-d'Ajol (88) 118 E3
Val-d'Auzon (10) 90 D3
le Val-David (27) 56 E2
Val-de-Bride (57) 67 F3
Val-de-Chalvagne (04) 280 C1
Val-de-Fier (74) 190 D5
le Val-de-Gouhenans (70) 138 E1
le Val-de-Guéblange (57) 67 H1
Val-de-la-Haye (76) 35 G2
Val-de-Mercy (89) 133 G1
Val-de-Meuse (52) 116 E2
Val-de-Reuil (27) 35 J4
Val-de-Roulans (25) 138 C4
Val-de-Saâne (76) 15 J4
Val-de-Vesle (51) 41 G5
Val-de-Vière (51) 63 G4
Val-d'Épy (39) 172 E5
Val-des-Marais (51) 61 K3
Val-des-Prés (05) 226 A6
le Val-d'Esnoms (52) 116 C6
Val-d'Isère (73) 193 C5
Val-d'Izé (35) 79 K3
Val-d'Ornain (55) 64 A4
Val-d'Orvin (10) 89 G4
Val-et-Châtillon (54) 67 H6
Val-Maravel (26) 241 K5
le Val-Saint-Éloi (70) 118 B5
le Val-Saint-Germain (91) 86 B1
le Val-Saint-Père (50) 51 K3
Val-Suzon (21) 135 J4
Valady (12) 251 K1
Valailles (27) 34 D6
Valaire (41) 128 E4
Valanjou (49) 125 G6
Valaurie (26) 256 E1
Valavoire (04) 259 H3
Valay (70) 137 G5
Valbeleix (63) 202 C6
Valbelle (04) 259 F4
Valbois (55) 65 F2
Valbonnais (38) 242 C1
Valbonne (06) 280 E5
Valcabrère (31) 305 H2
Valcanville (50) 29 F2
Valcebollère (66) 313 H6
Valcivières (63) 204 A4
Valcourt (52) 63 J6
Valdahon (25) 156 E1
Valdampierre (60) 37 G4
Valdeblore (06) 261 J5
le Valdécie (50) 28 C5
Valderiès (81) 270 E1
Valderoure (06) 280 B3
Valdieu-Lutran (68) 119 K6
Valdivienne (86) 163 H4
Valdoie (90) 119 H6
Valdrôme (26) 241 K6
Valdurenque (81) 290 A1
Valeille (42) 205 F3
Valeilles (82) 248 E2
Valeins (01) 188 C3
Valempoulières (39) 156 A5
Valençay (36) 147 J2
Valence (16) 179 H6
Valence (26) 240 C1
Valence (82) 248 E6
Valence-d'Albigeois (81) 271 G1
Valence-en-Brie (77) 87 K3
Valence-sur-Baïse (32) 267 F3
Valenciennes (59) 12 D2
Valencin (38) 206 C4
Valencogne (38) 207 H5
Valennes (72) 107 K3
Valensole (04) 278 D3
Valentigney (25) 139 H3
Valentine (31) 305 J1
Valenton (94) 59 F5
Valergues (34) 274 D5
Valernes (04) 259 G3
Valescourt (60) 38 A1
Valette (15) 217 K3
la Valette (38) 224 C6
la Valette-du-Var (83) 297 J6
Valeuil (24) 213 K2
Valeyrac (33) 194 D6
Valezan (73) 209 K3
Valff (67) 70 D5
Valfin-sur-Valouse (39) 173 F5
Valflaunès (34) 274 B4
Valfleury (42) 205 H5
Valframbert (61) 82 D2
Valfroicourt (88) 94 A5
Valgorge (07) 238 E5
Valhey (54) 66 D5
Valhuon (62) 10 B1
Valiergues (19) 201 F6
Valignat (03) 185 F3
Valigny (03) 167 K2
Valines (80) 8 E5
Valjouffrey (38) 242 D1
Valjouze (15) 218 D4
la Valla (42) 204 B2
la Valla-en-Gier (42) 205 H6
Vallabrègues (30) 275 K3
Vallabrix (30) 256 B6
Vallan (89) 113 F6
Vallangoujard (95) 37 H6
Vallans (79) 177 K2
Vallant-Saint-Georges (10) 89 K2
Vallauris (06) 280 E5
Valle-d'Alesani (2B) 319 J5
Valle-di-Campoloro (2B) 319 J5
Valle-di-Mezzana (2A) 320 C4
Valle-di-Rostino (2B) 319 G4
Valle-d'Orezza (2B) 319 H5
Vallecalle (2B) 317 D6
la Vallée (17) 177 G6
la Vallée-au-Blé (02) 20 E2
la Vallée-Mulâtre (02) 12 D6
Vallègue (31) 289 F3
Valleiry (74) 190 D3
Vallenay (18) 149 G6
Vallentigny (10) 91 F3
Vallerange (57) 67 F1
Vallérargues (30) 255 K5
Valleraugue (30) 254 C6
Vallères (37) 127 G5
Valleret (52) 91 K2
Vallereuil (24) 213 J5
Vallerois-le-Bois (70) 138 C2
Vallerois-Lorioz (70) 138 B2
Valleroy (25) 138 B4
Valleroy (52) 117 G6
Valleroy (54) 26 E6
Valleroy-aux-Saules (88) 94 A5
Valleroy-le-Sec (88) 93 K5
Vallery (89) 88 B5
Vallesvilles (31) 288 D1
Vallet (44) 123 K5
Valletot (27) 34 D3
Vallica (2B) 318 E3
Vallière (23) 182 E6
Vallières (10) 114 A3
Vallières (74) 190 D5
Vallières-les-Grandes (41) 128 D4
Valliguières (30) 275 J1
Valliquerville (76) 15 F5
Valloire (73) 225 H3
Vallois (54) 94 E2
les Vallois (88) 94 A6
Vallon-en-Sully (03) 167 H4
Vallon-Pont-d'Arc (07) 256 A2
Vallon-sur-Gée (72) 106 B3
Vallorcine (74) 192 D3
Vallouise (05) 243 J1
Valmanya (66) 314 D4
Valmascle (34) 273 F6
Valmeinier (73) 225 J3
Valmestroff (57) 27 H4
Valmigère (11) 309 G3
Valmondois (95) 37 H6
Valmont (57) 68 A3
Valmont (76) 14 E4
Valmunster (57) 45 J3
Valmy (51) 42 C6
Valognes (50) 28 E4
Valojoulx (24) 214 E6
Valonne (25) 139 G4
Valoreille (25) 139 G5
Valouse (26) 257 J1
Valprionde (46) 249 G3
Valprivas (43) 220 D2
Valpuiseaux (91) 86 E3
Valras-Plage (34) 292 B5
Valréas (84) 257 G2
Valros (34) 292 B3
Valroufié (46) 233 H6
Vals (09) 308 A1
Vals-des-Tilles (52) 116 A6
Vals-le-Chastel (43) 219 J2
Vals-les-Bains (07) 239 H4
Vals-près-le-Puy (43) 220 C5
Valsemé (14) 33 J4
Valserres (05) 243 F6
Valsonne (69) 187 J5
le Valtin (88) 95 J6
Valuéjols (15) 218 C5
Valvignères (07) 239 K6
Valz-sous-Châteauneuf (63) 203 G6
Valzergues (12) 251 H1
Vanault-le-Châtel (51) 63 G3
Vanault-les-Dames (51) 63 H3
Vançais (79) 179 F1
Vancé (72) 107 J5
la Vancelle (67) 96 B1
Vanclans (25) 157 F2
Vandeins (01) 188 E2
Vandelainville (54) 65 J1
Vandelans (70) 138 B4
Vandeléville (54) 93 J2
Vandélicourt (60) 38 D1
Vandenesse (58) 151 K5
Vandenesse-en-Auxois (21) 153 H1
Vandeuil (51) 40 D4
Vandières (51) 40 C6
Vandières (54) 65 J1
Vandoeuvre-lès-Nancy (54) 66 A5
Vandoncourt (25) 139 J3
Vandré (17) 177 H4
Vandrimare (27) 36 A3
Vandy (08) 42 B2
Vanlay (10) 114 A2
Vannaire (21) 115 F4
Vanne (70) 137 H1
le Vanneau (79) 177 J1
Vannecourt (57) 66 D2
Vannecrocq (27) 34 B3
Vannes (56) 101 F5
Vannes-le-Châtel (54) 93 G1
Vannes-sur-Cosson (45) 110 D6
Vannoz (39) 156 B6
Vanosc (07) 221 J3
les Vans (07) 255 H2
Vantoux (57) 45 F5
Vantoux-et-Longevelle (70) 137 J3
Vanves (92) 58 E4
Vanvey (21) 115 H4
Vanvillé (77) 88 B1
Vanxains (24) 213 G3
Vany (57) 45 F5
Vanzac (17) 212 A1
Vanzay (79) 179 F2
Vanzy (74) 190 D4
Vaour (81) 250 D6
Varacieux (38) 223 G3
Varades (44) 124 C4
Varages (83) 278 D6
Varaignes (24) 197 H4
Varaire (46) 250 C3
Varaize (17) 178 A5
Varambon (01) 189 H4
Varanges (21) 136 C6
Varangéville (54) 66 B5
Varaville (14) 33 G4
Varces-Allières-et-Risset (38) 224 A4
Vareilles (23) 181 K1
Vareilles (71) 187 G1
Vareilles (89) 89 F6
Varen (82) 250 E5
Varengeville-sur-Mer (76) 15 J2
Varenguebec (50) 28 D6
la Varenne (49) 123 J3
Varenne-l'Arconce (71) 170 C6
Varenne-Saint-Germain (71) 170 B5
Varennes (24) 231 K2
Varennes (31) 288 E2
Varennes (37) 146 C3
Varennes (80) 10 C6
Varennes (82) 269 H3
Varennes (86) 162 D1
Varennes (89) 113 J4
Varennes-Changy (45) 111 H4
Varennes-en-Argonne (55) 42 E4
Varennes-Jarcy (91) 59 G6
Varennes-le-Grand (71) 171 K1
Varennes-lès-Mâcon (71) 188 C1
Varennes-lès-Narcy (58) 150 D1
Varennes-Saint-Honorat (43) 219 K4
Varennes-Saint-Sauveur (71) 172 D4
Varennes-sous-Dun (71) 187 H1
Varennes-sur-Allier (03) 185 J1
Varennes-sur-Fouzon (36) 147 J1
Varennes-sur-Loire (49) 126 C6
Varennes-sur-Morge (63) 185 G6
Varennes-sur-Seine (77) 87 K4
Varennes-sur-Tèche (03) 186 A1
Varennes-sur-Usson (63) 203 F5
Varennes-Vauzelles (58) 150 D4
Varès (47) 247 J1
Varesnes (60) 19 H6
Varessia (39) 173 G3
Varetz (19) 215 H3
Varilhes (09) 307 J2
Varinfroy (60) 39 F6
Variscourt (02) 40 E2
Varize (28) 109 G1
Varize (57) 45 H5
Varmonzey (88) 94 B4
Varnéville (55) 65 F3
Varneville-Bretteville (76) 15 K5
Varogne (70) 118 B5
Varois-et-Chaignot (21) 136 B5
Varouville (50) 29 F2
Varrains (49) 144 C1
Varreddes (77) 59 K2
Vars (05) 227 A4
Vars (16) 196 D2
Vars (70) 137 F2
Vars-sur-Roseix (19) 215 G3
Varsberg (57) 45 K4
Varzay (17) 195 F2
Varzy (58) 132 E5
Vascoeuil (27) 36 A2
Vasles (79) 162 B3
Vasperviller (57) 67 J5
Vassel (63) 203 F2
Vasselay (18) 149 G2
Vasselin (38) 207 G3
Vassens (02) 39 G1
Vasseny (02) 40 A3
Vassieux-en-Vercors (26) 241 H1
Vassimont-et-Chapelaine (51) 62 B4
Vassincourt (55) 63 K4
Vassogne (02) 40 C2
Vassonville (76) 15 K4
Vassy (14) 53 G3
Vassy (89) 134 C2
le Vast (50) 29 F2
Vasteville (50) 28 B3
les Vastres (43) 221 F6
Vatan (36) 148 B3
Vathiménil (54) 94 E1
Vatierville (76) 16 D3
Vatilieu (38) 223 H2
Vatimont (57) 66 D1
Vatry (51) 62 C4
Vattetot-sous-Beaumont (76) 14 D5
Vattetot-sur-Mer (76) 14 C4
Vatteville (27) 35 K4
Vatteville-la-Rue (76) 34 E1
Vaubadon (14) 31 K2
Vauban (71) 187 G1
Vaubecourt (55) 64 A2
Vaubexy (88) 94 B4
Vaucelles (14) 32 A3
Vaucelles-et-Beffecourt (02) 20 C6
Vauchamps (25) 138 C5
Vauchamps (51) 61 G3
Vauchassis (10) 89 K5
Vauchelles (60) 19 G6
Vauchelles-lès-Authie (80) 10 C5
Vauchelles-lès-Domart (80) 9 J6
Vauchelles-lès-Quesnoy (80) 9 G5
Vauchignon (21) 153 J4
Vauchonvilliers (10) 91 F5
Vauchoux (70) 117 K6
Vauchrétien (49) 125 H5
Vauciennes (51) 61 J1
Vauciennes (60) 39 F4
Vauclaix (58) 152 A1
Vauclerc (51) 63 G5
Vaucluse (25) 139 G5
Vauclusotte (25) 139 G5
Vaucogne (10) 90 D2
Vauconcourt-Nervezain (70) 117 H6
Vaucouleurs (55) 65 F6
Vaucourt (54) 67 F5
Vaucourtois (77) 60 A3
Vaucresson (92) 58 C4
Vaudancourt (60) 36 E4
Vaudebarrier (71) 170 E5
Vaudelnay (49) 144 B2
Vaudeloges (14) 54 C2
Vaudemange (51) 41 G6
Vaudémont (54) 93 K2
Vaudes (10) 90 C6
Vaudesincourt (51) 41 J4
Vaudesson (02) 40 A1
Vaudeurs (89) 113 F1
Vaudevant (07) 221 K4
Vaudeville (54) 94 B2
Vaudéville (88) 94 E5
Vaudeville-le-Haut (55) 93 F2
Vaudherland (95) 59 F2
Vaudigny (54) 94 B2
le Vaudioux (39) 173 K1
Vaudoncourt (55) 26 C5
Vaudoncourt (88) 93 H5
le Vaudoué (77) 87 G4
Vaudoy-en-Brie (77) 60 B5
Vaudreching (57) 45 J3
Vaudrecourt (52) 93 F5
Vaudrémont (52) 115 J1
le Vaudreuil (27) 35 J4
Vaudreuille (31) 289 H3
Vaudreville (50) 29 F4
Vaudrey (39) 155 H3
Vaudricourt (62) 5 K6
Vaudricourt (80) 8 D5
Vaudrimesnil (50) 30 E3
Vaudringhem (62) 2 E6
Vaudrivillers (25) 138 D5
Vaudry (14) 52 E3
Vaufrey (25) 139 J4
Vaugines (84) 277 H4
Vaugneray (69) 205 J2
Vaugrigneuse (91) 86 C1
Vauhallan (91) 58 D5
Vaujany (38) 224 E3
Vaujours (93) 59 G2
Vaulandry (49) 126 B2
le Vaulmier (15) 217 J4
Vaulnaveys-le-Bas (38) 224 B4
Vaulnaveys-le-Haut (38) 224 B4
Vaulry (87) 181 F4
Vault-de-Lugny (89) 133 J3
Vaulx (62) 9 J3
Vaulx (74) 190 E5
Vaulx-en-Velin (69) 206 B1
Vaulx-Milieu (38) 206 E4
Vaulx-Vraucourt (62) 11 G4
le Vaumain (60) 37 F3
Vaumas (03) 169 H5
Vaumeilh (04) 259 F3
Vaumoise (60) 39 F4
Vaumort (89) 112 E1
Vaunac (24) 214 B1
Vaunaveys-la-Rochette (26) 240 D3
Vaunoise (61) 83 G4
la Vaupalière (76) 35 G1
Vaupillon (28) 84 B3
Vaupoisson (10) 90 C2
Vauquois (55) 42 E4
Vauréal (95) 58 B1
Vaureilles (12) 251 H1
le Vauroux (60) 37 F3
Vausseroux (79) 162 A3
Vautebis (79) 162 A4
Vauthiermont (90) 119 K5
Vautorte (53) 80 E4
Vauvenargues (13) 277 K6
Vauvert (30) 275 G5
Vauville (14) 33 J3
Vauville (50) 28 A2
Vauvillers (70) 118 A3
Vauvillers (80) 18 E2
Vaux (03) 167 H5
Vaux (31) 289 F2
Vaux (57) 44 E5
Vaux (86) 179 H1
Vaux-Andigny (02) 12 D6
Vaux-Champagne (08) 41 K2
Vaux-devant-Damloup (55) 26 A6
Vaux-en-Amiénois (80) 18 A1
Vaux-en-Beaujolais (69) 188 A4
Vaux-en-Bugey (01) 189 H5
Vaux-en-Dieulet (08) 42 E1
Vaux-en-Pré (71) 171 G2
Vaux-en-Vermandois (02) 19 J3
Vaux-et-Chantegrue (25) 156 E5
Vaux-Lavalette (16) 196 E6
Vaux-le-Moncelot (70) 137 J3
Vaux-le-Pénil (77) 87 H2
Vaux-lès-Mouron (08) 42 C3
Vaux-lès-Mouzon (08) 23 G5
Vaux-lès-Palameix (55) 64 E1
Vaux-les-Prés (25) 137 J6
Vaux-lès-Rubigny (08) 21 J4
Vaux-lès-Saint-Claude (39) 173 J5
Vaux-Marquenneville (80) 17 G1
Vaux-Montreuil (08) 22 B6
Vaux-Rouillac (16) 196 B2
Vaux-Saules (21) 135 J3
Vaux-sous-Aubigny (52) 136 C1
Vaux-sur-Aure (14) 32 B3
Vaux-sur-Blaise (52) 91 K2
Vaux-sur-Eure (27) 57 F1
Vaux-sur-Lunain (77) 88 A6
Vaux-sur-Mer (17) 194 C3
Vaux-sur-Poligny (39) 155 J5
Vaux-sur-Saint-Urbain (52) 92 B3
Vaux-sur-Seine (78) 58 B1
Vaux-sur-Seulles (14) 32 B4
Vaux-sur-Somme (80) 18 D1
Vaux-sur-Vienne (86) 145 J5
Vaux-Villaine (08) 22 B3
Vauxaillon (02) 39 K1
Vauxbons (52) 116 B4
Vauxbuin (02) 39 J3
Vauxcéré (02) 40 B3
Vauxrenard (69) 188 A2
Vauxrezis (02) 39 J2
Vauxtin (02) 40 B3
Vavincourt (55) 64 B3
Vavray-le-Grand (51) 63 G4
Vavray-le-Petit (51) 63 G4
Vaxainville (54) 95 G1
Vaxoncourt (88) 94 D4
Vaxy (57) 66 D2
Vay (44) 103 F5
Vaychis (09) 308 A6
Vaylats (46) 250 C3
Vayrac (46) 234 A1
Vayres (33) 229 K1
Vayres (87) 198 A2
Vayres-sur-Essonne (91) 86 E3
Vazeilles-Limandre (43) 220 A4
Vazeilles-près-Saugues (43) 237 K1
Vazerac (82) 249 J5
Veauce (03) 184 E3
Veauche (42) 205 F4
Veauchette (42) 205 F4
Veaugues (18) 131 J6
Veaunes (26) 222 C5
Veauville-lès-Baons (76) 15 G5
Veauville-lès-Quelles (76) 15 G4
Vèbre (09) 307 K5

Vebret (15) 217 J2
Vebron (48) 254 B4
Veckersviller (57) 67 K2
Veckring (57) 27 J4
Vecoux (88) 119 F2
Vecquemont (80) 18 C2
Vecqueville (52) 92 B2
Vedène (84) 276 C1
Védrines-Saint-Loup (15) 219 G5
Végennes (19) 216 A6
Vého (54) 67 F6
Veigné (37) 127 J6
Veigy-Foncenex (74) 174 D6
Veilhes (81) 270 A6
Veilleins (41) 129 H4
Veilly (21) 153 H2
Veix (19) 200 A5
Velaine-en-Haye (54) 65 J5
Velaine-sous-Amance (54) 66 B4
Velaines (55) 64 C5
Velanne (38) 207 J5
Velars-sur-Ouche (21) 135 K5
Velaux (13) 296 B1
Velennes (60) 37 H1
Velennes (80) 17 J3
Velesmes-Echevanne (70) 137 G4
Velesmes-Essarts (25) 156 A1
Velet (70) 137 F4
Vélieux (34) 291 F3
Vélines (24) 230 E2
Vélizy-Villacoublay (78) 58 D4
Velle-le-Châtel (70) 138 A1
Velle-sur-Moselle (54) 94 B1
Vellèches (86) 145 J4
Vellechevreux-et-Courbenans (70) 138 E2
Velleclaire (70) 137 J3
Vellefaux (70) 138 B2
Vellefrey-et-Vellefrange (70) 137 H3
Vellefrie (70) 118 B6
Velleguindry-et-Levrecey (70) 138 A2
Velleminfroy (70) 118 C6
Vellemoz (70) 137 H3
Velleron (84) 276 D1
Vellerot-lès-Belvoir (25) 139 F4
Vellerot-lès-Vercel (25) 138 E6
Velles (36) 165 H2
Velles (52) 117 G4
Vellescot (90) 139 K1
Vellevans (25) 138 E5
Vellexon-Queutrey-et-Vaudey (70) 137 H2
Velloreille-lès-Choye (70) 137 H4
Velluire (85) 160 D5
Velogny (21) 134 E4
Velone-Orneto (2B) 319 J4
Velorcey (70) 118 B5
Velosnes (55) 26 A2
Velotte-et-Tatignécourt (88) 94 A4
Vélu (62) 11 G5
Velving (57) 45 J3
Vélye (51) 62 B3
Velzic (15) 217 J6
Vémars (95) 59 G1
Venables (27) 35 K5
Venaco (2B) 321 F1
Venansault (85) 159 H1
Venanson (06) 261 K5
Venarey-les-Laumes (21) 134 E2
Venarsal (19) 215 K3
Venas (03) 167 J5
Venasque (84) 276 E1
Vence (06) 281 F3
Vendargues (34) 274 C5
Vendat (03) 185 H3
Vendays-Montalivet (33) 210 C1
Vendegies-au-Bois (59) 12 D4
Vendegies-sur-Écaillon (59) 12 D3
Vendel (35) 79 K2
la Vendelée (50) 30 E3
Vendelles (02) 19 J2
Vendémian (34) 292 D1
Vendenesse-lès-Charolles (71) 170 E5
Vendenesse-sur-Arroux (71) 170 B3
Vendenheim (67) 25 A6
Vendes (14) 32 C5
Vendeuil (02) 20 A4
Vendeuil-Caply (60) 18 A5
Vendeuvre (14) 54 B1
Vendeuvre-du-Poitou (86) 162 E1
Vendeuvre-sur-Barse (10) 90 E5
Vendeville (59) 6 E5
Vendhuile (02) 11 J6
Vendières (02) 60 E3
Vendin-le-Vieil (62) 6 C6
Vendin-lès-Béthune (62) 5 K5
Vendine (31) 289 F1
Vendoeuvres (36) 147 G6
Vendoire (24) 197 F6
Vendôme (41) 108 C5
Vendranges (42) 187 F5
Vendrennes (85) 142 C5
Vendres (34) 292 A5
Vendresse (08) 22 D5
Vendresse-Beaulne (02) 40 B2
Vendrest (77) 60 B1
la Vendue-Mignot (10) 90 B6
Vénéjan (30) 256 C4
Venelles (13) 277 J6
Vénérand (17) 195 H1
Venère (70) 137 G4
Vénérieu (38) 207 F3
Vénérolles (02) 12 E6
Venerque (31) 288 B3
Vénès (81) 270 E5
Venesmes (18) 149 F6
Vénestanville (76) 15 H3
Venette (60) 38 D2
Veneux-les-Sablons (77) 87 J4
Veney (54) 95 G2
Vengeons (50) 52 D4
Venise (25) 138 A4
Venisey (70) 117 K4
Vénissieux (69) 206 B3
Venizel (02) 39 K3
Venizy (89) 113 H2
Vennans (25) 138 C5
Vennecy (45) 110 B3
Vennes (25) 157 G1
Vennezey (54) 94 D2
Venon (27) 35 H5
Venon (38) 224 B3
Vénosc (38) 224 E5
Venouse (89) 113 H4
Venoy (89) 113 G5
Vensac (33) 194 C6
Vensat (63) 185 G4
Ventabren (13) 296 B1
Ventavon (05) 259 F2
Ventelay (51) 40 D3
Ventenac (09) 307 K2
Ventenac-Cabardès (11) 290 A5
Ventenac-en-Minervois (11) 291 G5
Venterol (04) 259 H1
Venterol (26) 257 H2
les Ventes (27) 56 C2
les Ventes-de-Bourse (61) 82 E2
Ventes-Saint-Rémy (76) 16 B4
Venteuges (43) 219 J6
Venteuil (51) 40 D6
Venthon (73) 209 G2
Ventiseri (2B) 321 H4
Ventouse (16) 179 H6
Ventron (88) 119 H2
la Ventrouze (61) 55 J6
Venzolasca (2B) 319 J3
Ver (50) 30 E6
Ver-lès-Chartres (28) 85 G4
Ver-sur-Launette (60) 38 C6
Ver-sur-Mer (14) 32 C3
Vérac (33) 211 K6
Véranne (42) 221 K1
Vérargues (34) 274 E5
Véraza (11) 309 F3
Verberie (60) 38 D3
Verbiesles (52) 116 B1
Vercel-Villedieu-le-Camp (25) 138 D6
Verchain-Maugré (59) 12 C3
Verchaix (74) 192 A3
Vercheny (26) 241 G3
les Verchers-sur-Layon (49) 144 A1
Verchin (62) 5 F6
Verchocq (62) 4 E5
Vercia (39) 173 F3
Verclause (26) 258 A2
Vercoiran (26) 257 K3
Vercourt (80) 9 F2
Verdaches (04) 259 K3
Verdalle (81) 289 K2
Verdelais (33) 230 A5
Verdelot (77) 60 E3
Verdenal (54) 67 G6
Verderel-lès-Sauqueuse (60) 37 H1
Verderonne (60) 38 B3
Verdes (41) 109 F3
Verdèse (2B) 319 H4
Verdets (64) 284 A5
le Verdier (81) 270 B1
la Verdière (83) 278 D5
Verdigny (18) 131 J5
Verdille (16) 178 D6
Verdilly (02) 39 K6
Verdon (24) 231 K2
Verdon (51) 61 G2
le Verdon-sur-Mer (33) 194 C4
Verdonnet (21) 114 D6
Verdun (09) 307 K5
Verdun (55) 43 H5
Verdun-en-Lauragais (11) 289 J4
Verdun-sur-Garonne (82) 268 E3
Verdun-sur-le-Doubs (71) 154 C5
Vereaux (18) 150 B5
Verel-de-Montbel (73) 207 K4
Verel-Pragondran (73) 208 B3
Véretz (37) 127 K5
Vereux (70) 137 G2
Verfeil (31) 269 J6
Verfeil (82) 250 E5
Verfeuil (30) 256 A5
Vergaville (57) 67 F3
Vergéal (35) 104 A2
la Vergenne (70) 138 E1
le Verger (35) 78 D4
Vergeroux (17) 177 F5
Verges (39) 173 H2
Vergetot (76) 14 C5
Vergezac (43) 220 A5
Vergèze (30) 275 F4
Vergheas (63) 184 A4
Vergies (80) 17 G1
Vergigny (89) 113 H3
Vergisson (71) 188 B1
Vergné (17) 177 K3
la Vergne (17) 177 K5
Vergoignan (32) 265 K4
Vergoncey (50) 51 K4
Vergongheon (43) 219 G1
Vergonnes (49) 104 B5
Vergons (04) 279 K1
Vergranne (25) 138 D3
Vergt (24) 214 A5
Vergt-de-Biron (24) 232 B5
le Verguier (02) 19 J1
Véria (39) 173 F4
Vérignon (83) 279 G5
Vérigny (28) 84 E2
Vérin (42) 205 K6
Vérines (17) 177 F2
Vérissey (71) 172 C1
Verjon (01) 172 E6
Verjux (71) 154 B5
Verlans (70) 139 G1
Verlhac-Tescou (82) 269 H2
Verlin (89) 112 D2
Verlincthun (62) 4 B4
Verlinghem (59) 6 D3
Verlus (32) 265 K6
Vermand (02) 19 J2
Vermandovillers (80) 19 F2
Vermelles (62) 6 B6
Vermenton (89) 133 H1
le Vermont (88) 95 J2
Vern-d'Anjou (49) 124 E1
Vern-sur-Seiche (35) 79 G5
Vernais (18) 167 J1
Vernaison (69) 206 A3
Vernajoul (09) 307 J3
Vernancourt (51) 63 H3
Vernantes (49) 126 C4
Vernantois (39) 173 G2
la Vernarède (30) 255 G3
Vernas (38) 207 F1
Vernassal (43) 220 A4
Vernaux (09) 307 K5
Vernay (69) 187 K3
la Vernaz (74) 175 G6
Verne (25) 138 D4
Vernègues (13) 277 F5
Verneiges (23) 183 H2
le Verneil (73) 208 E5
Verneil-le-Chétif (72) 106 E6
Verneix (03) 167 H6
la Vernelle (36) 129 G6
le Vernet (03) 185 J3
le Vernet (04) 260 A3
le Vernet (09) 288 D6
Vernet (31) 288 B3
le Vernet (43) 220 A5
Vernet-la-Varenne (63) 203 G6
Vernet-les-Bains (66) 314 B4
le Vernet-Sainte-Marguerite (63) 202 C4
Verneugheol (63) 201 H2
Verneuil (16) 197 K2
Verneuil (18) 149 J6
Verneuil (51) 40 B6
Verneuil (58) 151 H5
Verneuil-en-Bourbonnais (03) 168 D6
Verneuil-en-Halatte (60) 38 B4
Verneuil-Grand (55) 23 K6
Verneuil-le-Château (37) 145 H3
Verneuil-l'Étang (77) 59 J6
Verneuil-Moustiers (87) 164 C6
Verneuil-Petit (55) 23 K6
Verneuil-sous-Coucy (02) 20 A6
Verneuil-sur-Avre (27) 56 B5
Verneuil-sur-Igneraie (36) 166 B2
Verneuil-sur-Indre (37) 146 D3
Verneuil-sur-Seine (78) 58 B2
Verneuil-sur-Serre (02) 20 D5
Verneuil-sur-Vienne (87) 198 D1
Verneusses (27) 55 G3
Vernéville (57) 44 D5
Vernie (72) 82 C6
Vernierfontaine (25) 156 E2
Vernines (63) 202 B3
Verniolle (09) 307 J1
Vernioz (38) 206 B6
Vernix (50) 52 B4
Vernoil (49) 126 C4
le Vernois (39) 173 G1
Vernois-lès-Belvoir (25) 139 F4
Vernois-lès-Vesvres (21) 136 B1
Vernois-sur-Mance (70) 117 H4
Vernols (15) 218 C3
Vernon (07) 239 F6
Vernon (27) 36 B6
Vernon (86) 163 G5
Vernonvilliers (10) 91 G4
Vernosc-lès-Annonay (07) 222 A3
Vernot (21) 135 K3
la Vernotte (70) 137 J2
Vernou-en-Sologne (41) 129 J3
Vernou-la-Celle-sur-Seine (77) 87 K4
Vernou-sur-Brenne (37) 128 A4
Vernouillet (28) 57 F5
Vernouillet (78) 58 B2
Vernoux (01) 172 C4
Vernoux-en-Gâtine (79) 161 G2
Vernoux-en-Vivarais (07) 239 K1
Vernoux-sur-Boutonne (79) 178 C2
le Vernoy (25) 139 G1
Vernoy (89) 112 C1
Vernusse (03) 184 E1
Verny (57) 66 A1
Vero (2A) 320 D3
Véron (89) 112 D1
Véronne (26) 241 F3
Véronnes (21) 136 C2
Verosvres (71) 171 F5
Verpel (08) 42 D2
la Verpillière (38) 206 D3
Verpillières (80) 19 F5
Verpillières-sur-Ource (10) 115 F2
Verquières (13) 276 C3
Verquin (62) 6 A6
Verrens-Arvey (73) 209 F3
Verreries-de-Moussans (34) 290 E3
Verrey-sous-Drée (21) 135 H5
Verrey-sous-Salmaise (21) 135 G4
Verricourt (10) 90 D3
Verrie (49) 126 A6
la Verrie (85) 142 D4
la Verrière (78) 58 B5
Verrières (08) 42 C1
Verrières (10) 90 B5
Verrières (12) 253 G4
Verrières (16) 195 K4
Verrières (51) 42 D6
Verrières (61) 83 K3
Verrières (63) 202 C4
Verrières (86) 163 H5
Verrières-de-Joux (25) 157 G4
Verrières-du-Grosbois (25) 138 C6
Verrières-en-Forez (42) 204 C4
Verrières-le-Buisson (91) 58 D5
Verrue (86) 144 E5
Verruyes (79) 161 J4
Vers (46) 250 B1
Vers (71) 171 K3
Vers (74) 190 E3
Vers-en-Montagne (39) 156 B5
Vers-Pont-du-Gard (30) 275 J1
Vers-sous-Sellières (39) 155 H5
Vers-sur-Méouge (26) 258 C4
Vers-sur-Selles (80) 18 A2
Versailles (78) 58 C4
Versailleux (01) 189 F5
Versainville (14) 54 B2
la Versanne (42) 221 J2
Versaugues (71) 170 B6
Verseilles-le-Bas (52) 116 C5
Verseilles-le-Haut (52) 116 C5
Versigny (02) 20 B5
Versigny (60) 38 D5
Versols-et-Lapeyre (12) 272 C3
Verson (14) 32 D5
Versonnex (01) 174 B6
Versonnex (74) 190 D5
le Versoud (38) 224 C3
Vert (40) 245 K5
Vert (78) 57 J2
le Vert (79) 178 B3
Vert-en-Drouais (28) 56 E5
Vert-le-Grand (91) 86 E1
Vert-le-Petit (91) 86 E1
Vert-Saint-Denis (77) 87 H1
Vert-Toulon (51) 61 K3
Vertain (59) 12 D3
Vertaizon (63) 203 F2
Vertamboz (39) 173 H2
Vertault (21) 114 D4
Verteillac (24) 213 G1
Verteuil-d'Agenais (47) 247 K1
Verteuil-sur-Charente (16) 179 G5
Verthemex (73) 208 A3
Vertheuil (33) 210 E2
Vertolaye (63) 203 K3
Verton (62) 8 E1
Vertou (44) 123 H5
Vertrieu (38) 189 H6
Vertus (51) 62 A3
Vervant (16) 196 D1
Vervant (17) 178 A5
Vervezelle (88) 95 G5
Vervins (02) 21 F2
Véry (55) 42 E4
Verzé (71) 171 J6
Verzeille (11) 309 F1
Verzenay (51) 41 G5
Verzy (51) 41 G5
Vesaignes-sous-Lafauche (52) 92 D4
Vesaignes-sur-Marne (52) 116 C2
Vesancy (01) 174 B5
Vesc (26) 241 F6
Vescemont (90) 119 H5
Vescheim (57) 69 F6
Vescles (39) 173 G5
Vescours (01) 172 B4
Vescovato (2B) 319 J3
Vesdun (18) 167 F4
Vésigneul-sur-Marne (51) 62 E3
Vésines (01) 171 K6
le Vésinet (78) 58 C3
Vesles-et-Caumont (02) 20 E5
Veslud (02) 20 E6
Vesly (27) 36 D4
Vesly (50) 30 D1
Vesoul (70) 138 B1
la Vespière (14) 55 G1
Vesseaux (07) 239 H4
Vessey (50) 51 J5
Vestric-et-Candiac (30) 275 F4
Vesvres (21) 135 F4
Vesvres-sous-Chalancey (52) 116 B6
Vétheuil (95) 57 J1
Vétraz-Monthoux (74) 191 G2
Vétrigne (90) 119 J6
Veuil (36) 147 J2
Veuilly-la-Poterie (02) 39 H6
Veules-les-Roses (76) 15 H2
Veulettes-sur-Mer (76) 15 F2
le Veurdre (03) 168 B1
Veurey-Voroize (38) 223 K2
la Veuve (51) 62 D1
Veuves (41) 128 C4
Veuvey-sur-Ouche (21) 153 J1
Veuxhaulles-sur-Aube (21) 115 H3
Vevy (39) 173 H2
Vexaincourt (88) 95 J1
le Vey (14) 53 J2
Veynes (05) 242 C5
Veyrac (87) 181 F6
Veyras (07) 239 J3
Veyre-Monton (63) 202 E3
Veyreau (12) 253 J5
Veyrier-du-Lac (74) 191 F6
Veyrières (15) 217 G2
Veyrières (19) 201 G6
Veyrignac (24) 233 G2
Veyrines-de-Domme (24) 232 E3
Veyrines-de-Vergt (24) 214 A6
Veyrins-Thuellin (38) 207 H3
les Veys (50) 29 G6
Veyssilieu (38) 206 E3
Vez (60) 39 F4
Vézac (15) 235 J2
Vézac (24) 232 E2
Vézannes (89) 113 J4
Vézaponin (02) 39 H2
Vèze (15) 218 D3
la Vèze (25) 138 A6
Vézelay (89) 133 H4
Vézelise (54) 93 K2
Vézelois (90) 139 J1
Vezels-Roussy (15) 235 J3
Vézénobres (30) 255 H6
Vézeronce-Curtin (38) 207 G3
Vezet (70) 137 J2
Vézézoux (43) 219 G1
le Vézier (51) 60 E4
Vézières (86) 144 E2
Vézillon (27) 36 A4
Vézilly (02) 40 C5
Vezin-le-Coquet (35) 79 F4
Vézinnes (89) 113 K4
Vezins (49) 143 G2
Vézins-de-Lévézou (12) 253 F4
Vezot (72) 83 F4
Vezzani (2B) 321 G2
Viabon (28) 85 J6
Viala-du-Pas-de-Jaux (12) 272 D2
Viala-du-Tarn (12) 252 E6
Vialas (48) 254 E3
Vialer (64) 285 F1
Viam (19) 200 B4
Viane (81) 271 J5
Vianges (21) 153 F2
Vianne (47) 247 J4
Viâpres-le-Petit (10) 90 A1
Viarmes (95) 37 K6
Vias (34) 292 C4
Viazac (46) 234 E5
le Vibal (12) 252 D3
Vibersviller (57) 67 H2
Vibeuf (76) 15 H4
Vibrac (16) 196 C3
Vibrac (17) 211 K1
Vibraye (72) 107 K2
Vic-de-Chassenay (21) 134 D3
Vic-des-Prés (21) 153 J2
Vic-en-Bigorre (65) 285 H3
Vic-Fezensac (32) 267 F4
Vic-la-Gardiole (34) 293 G2
Vic-le-Comte (63) 202 E4
Vic-le-Fesq (30) 274 E3
Vic-sous-Thil (21) 134 D5
Vic-sur-Aisne (02) 39 G2
Vic-sur-Cère (15) 217 K6
Vic-sur-Seille (57) 66 D3
Vicdessos (09) 307 H5
le Vicel (50) 29 F2
Vichel (63) 202 E6
Vichel-Nanteuil (02) 39 J5
Vichères (28) 84 B5
Vicherey (88) 93 J3
Vichy (03) 185 J3
Vico (2A) 316 E5
la Vicogne (80) 10 A6
la Vicomté-sur-Rance (22) 50 D5
Vicq (03) 185 F3
Vicq (52) 117 F3
Vicq (59) 12 D1
Vicq (78) 57 K4
Vicq-d'Auribat (40) 264 D3
Vicq-Exemplet (36) 166 C3
Vicq-sur-Breuilh (87) 199 G4
Vicq-sur-Gartempe (86) 164 A1
Vicq-sur-Nahon (36) 147 J2
Vicques (14) 54 B2
Victot-Pontfol (14) 33 H5
Vidai (61) 83 F2
Vidaillac (46) 250 D3
Vidaillat (23) 182 D5
Vidauban (83) 298 D2
Videcosville (50) 29 F3
Videix (87) 197 K2
Videlles (91) 87 F3
Vidou (65) 286 A4
Vidouville (50) 31 K3
Vidouze (65) 285 G2
Viefvillers (60) 17 K5
le Vieil-Baugé (49) 126 A3

le Vieil-Dampierre (51) 63 J1
le Vieil-Evreux (27) 56 E1
Vieil-Hesdin (62) 9 J2
Vieil-Moutier (62) 2 D6
Vieille-Brioude (43) 219 H3
Vieille-Chapelle (62) 6 A4
Vieille-Église (62) 2 E3
Vieille-Église-en-Yvelines (78) 58 A6
la Vieille-Loye (39) 155 H3
la Vieille-Lyre (27) 55 K2
Vieille-Toulouse (31) 288 B2
Vieilles-Maisons-sur-Joudry (45) 111 F4
Vieillespesse (15) 218 E4
Vieillevie (15) 235 H5
Vieillevigne (31) 288 E3
Vieillevigne (44) 141 K3
Vieilley (25) 138 A5
Vieilmoulin (21) 135 G5
Viel-Arcy (02) 40 B2
Viel-Saint-Remy (08) 22 B5
Viella (32) 266 A6
Viella (65) 304 B4
Vielle-Adour (65) 285 H6
Vielle-Aure (65) 305 F4
Vielle-Louron (65) 305 F4
Vielle-Saint-Girons (40) 262 D1
Vielle-Soubiran (40) 246 D6
Vielle-Tursan (40) 265 H5
Viellenave-d'Arthez (64) 284 B3
Viellenave-de-Navarrenx (64) 283 J3
Vielleségure (64) 283 K3
Vielmanay (58) 132 C6
Vielmur-sur-Agout (81) 270 D6
Vielprat (43) 238 D2
Viels-Maisons (02) 60 E3
Vielverge (21) 136 E6
Viennay (79) 161 K2
Vienne (38) 206 B5
Vienne-en-Arthies (95) 57 J1
Vienne-en-Bessin (14) 32 C3
Vienne-en-Val (45) 110 C5
Vienne-la-Ville (51) 42 D5
Vienne-le-Château (51) 42 D5
Viens (84) 277 K2
Vienville (88) 95 H5
Vier-Bordes (65) 304 B2
Viersat (23) 183 J1
Vierville (28) 86 A4
Vierville (50) 29 G6
Vierville-sur-Mer (14) 29 K6
Vierzon (18) 148 D1
Vierzy (02) 39 J4
Viesly (59) 12 C4
Viessoix (14) 53 F3
Viéthorey (25) 138 D3
Vieu (01) 190 B6
Vieu-d'Izenave (01) 189 K3
Vieure (03) 168 A4
Vieussan (34) 291 H1
Vieuvicq (28) 84 D5
Vieuvy (53) 80 E2
Vieux (14) 32 D6
Vieux (81) 270 B1
Vieux-Berquin (59) 3 K6
Vieux-Boucau-les-Bains (40) 262 B3
Vieux-Bourg (14) 34 A3
le Vieux-Bourg (22) 76 E1
le Vieux-Cérier (16) 179 K5
Vieux-Champagne (77) 88 C1
Vieux-Charmont (25) 139 H2
Vieux-Château (21) 134 B3
Vieux-Condé (59) 7 J6
Vieux-Ferrette (68) 97 C5
Vieux-Fumé (14) 33 G6
Vieux-lès-Asfeld (08) 41 F1
Vieux-Lixheim (57) 67 K3
Vieux-Manoir (76) 16 B6
le Vieux-Marché (22) 47 K4
Vieux-Mareuil (24) 197 H6
Vieux-Mesnil (59) 13 G3
Vieux-Moulin (60) 38 E2
Vieux-Moulin (88) 95 J2
Vieux-Pont (14) 54 D1
Vieux-Pont (61) 54 B6
Vieux-Port (27) 34 D2
Vieux-Reng (59) 13 H2
Vieux-Rouen-sur-Bresle (76) 17 F3
la Vieux-Rue (76) 35 K1
Vieux-Ruffec (16) 179 J5
Vieux-Thann (68) 97 A2
Vieux-Viel (35) 51 H5
Vieux-Villez (27) 35 K5
Vieux-Vy-sur-Couesnon (35) 79 J1
Vieuzos (65) 286 B5
Viévigne (21) 136 C4
Viéville (52) 92 B5
Viéville-en-Haye (54) 65 H2
Viévy (21) 153 G3
Vievy-le-Rayé (41) 108 E4
Viey (65) 304 B4
Vif (38) 224 A5
Viffort (02) 60 E2
le Vigan (30) 273 J1
le Vigan (46) 233 H3
le Vigean (15) 217 G3
le Vigeant (86) 180 B2
le Vigen (87) 199 F2
Vigeois (19) 215 J1
Viger (65) 304 B1
Vigeville (23) 183 F3
Viggianello (2A) 322 E2
Viglain (45) 110 E6
Vignacourt (80) 9 K6
Vignale (2B) 319 H3
Vignats (14) 54 B3
le Vignau (40) 265 J4
Vignaux (31) 268 D5
les Vigneaux (05) 243 J1
Vignec (65) 304 E4
Vignely (77) 59 J2
Vignemont (60) 38 D1
les Vignes (48) 253 J4
Vignes (64) 284 C1
Vignes (89) 134 B3
Vignes-la-Côte (52) 92 C5
Vigneul-sous-Montmédy (55) 23 J6
Vigneulles (54) 66 C6
Vigneulles-lès-Hattonchâtel (55) 65 F1
Vigneux-de-Bretagne (44) 123 F2
Vigneux-Hocquet (02) 21 G4
Vigneux-sur-Seine (91) 59 F5
Vignevieille (11) 309 H2
Vignieu (38) 207 G3
Vignoc (35) 79 F2
Vignol (58) 133 H5
Vignoles (21) 154 A3
Vignolles (16) 196 B5
Vignols (19) 215 H2
Vignonet (33) 230 B2
Vignory (52) 92 A5
Vignot (55) 65 F4
Vignoux-sous-les-Aix (18) 149 H1
Vignoux-sur-Barangeon (18) 148 E1
Vigny (57) 66 B1
Vigny (95) 37 F6
Vigoulant (36) 166 C5
Vigoulet-Auzil (31) 288 C2
Vigoux (36) 165 G4
Vigueron (82) 268 C3
Vigy (57) 27 J6
Vihiers (49) 143 J2
Vijon (36) 166 C5
Vilcey-sur-Trey (54) 65 J2
Vildé-Guingalan (22) 50 C5
le Vilhain (03) 167 K4
Vilhonneur (16) 197 G3
Villabé (91) 87 F1
Villabon (18) 149 K3
Villac (24) 215 F4
Villacerf (10) 90 A3
Villacourt (54) 94 C2
Villadin (10) 89 H4
Villafans (70) 138 E1
Village-Neuf (68) 97 E4
Villaines-en-Duesmois (21) 135 F1
Villaines-la-Carelle (72) 83 F3
Villaines-la-Gonais (72) 107 H1
Villaines-la-Juhel (53) 81 K4
Villaines-les-Prévôtes (21) 134 D2
Villaines-les-Rochers (37) 145 J1
Villaines-sous-Bois (95) 37 K6
Villaines-sous-Lucé (72) 107 G4
Villaines-sous-Malicorne (72) 106 B5
Villainville (76) 14 C5
Villalet (27) 56 C2
Villalier (11) 290 B5
Villamblain (45) 109 G3
Villamblard (24) 213 J5
Villamée (35) 80 A2
Villampuy (28) 109 G2
Villandraut (33) 246 B1
Villandry (37) 127 G5
Villanière (11) 290 B4
Villanova (2A) 320 A5
Villapourçon (58) 152 B4
Villar-d'Arêne (05) 225 G5
Villar-en-Val (11) 309 H1
Villar-Loubière (05) 243 F2
Villar-Saint-Anselme (11) 309 F2
Villar-Saint-Pancrace (05) 227 A1
Villard (23) 182 B1
Villard (74) 191 J1
Villard-Bonnot (38) 224 C2
Villard-de-Lans (38) 223 J4
Villard-d'Héry (73) 208 D4
Villard-Léger (73) 208 E4
Villard-Notre-Dame (38) 224 D5
Villard-Reculas (38) 224 D4
Villard-Reymond (38) 224 D5
Villard-Saint-Christophe (38) 224 B6
Villard-Saint-Sauveur (39) 173 K5
Villard-Sallet (73) 208 D5
Villard-sur-Bienne (39) 173 K4
Villard-sur-Doron (73) 209 H2
Villardebelle (11) 309 G2
Villardonnel (11) 290 A4
Villards-d'Héria (39) 173 H5
les Villards-sur-Thônes (74) 191 H5
Villarembert (73) 225 G2
Villargent (70) 138 E2
Villargoix (21) 134 D6
Villargondran (73) 225 H2
Villariès (31) 269 H4
Villarlurin (73) 209 H5
Villarodin-Bourget (73) 226 A2
Villaroger (73) 193 B3
Villaroux (73) 208 D5
Villars (24) 198 A6
Villars (28) 85 G5
Villars (42) 205 F6
le Villars (71) 172 A4
Villars (84) 277 H2
Villars-Colmars (04) 260 C4
Villars-en-Azois (52) 115 H2
Villars-en-Pons (17) 195 G4
Villars-et-Villenotte (21) 134 E3
Villars-Fontaine (21) 154 A2
Villars-le-Pautel (70) 117 J3
Villars-lès-Blamont (25) 139 J4
Villars-les-Bois (17) 195 J1
Villars-les-Dombes (01) 188 E4
Villars-Saint-Georges (25) 155 K2
Villars-Santenoge (52) 115 K5
Villars-sous-Dampjoux (25) 139 G4
Villars-sous-Écot (25) 139 G3
Villars-sur-Var (06) 280 E1
Villarzel-Cabardès (11) 290 C5
Villarzel-du-Razès (11) 308 E1
Villasavary (11) 289 H5
Villate (31) 288 B2
Villaudric (31) 269 G3
Villautou (11) 289 F6
Villavard (41) 108 A6
Villaz (74) 191 F5
Ville (60) 19 G6
Villé (67) 70 B6
Ville-au-Montois (54) 26 D4
Ville-au-Val (54) 65 K3
la Ville-aux-Bois (10) 91 G3
la Ville-aux-Bois-lès-Dizy (02) 21 G5
la Ville-aux-Bois-lès-Pontavert (02) 40 D2
la Ville-aux-Clercs (41) 108 C4
la Ville-aux-Dames (37) 127 K4
Ville-d'Avray (92) 58 D4
Ville-devant-Belrain (55) 64 C3
Ville-devant-Chaumont (55) 43 J3
Ville-di-Paraso (2B) 318 D3
Ville-di-Pietrabugno (2B) 317 D5
la Ville-Dieu-du-Temple (82) 268 E1
Ville-Dommange (51) 40 E5
la Ville-du-Bois (91) 58 D6
Ville-du-Pont (25) 157 G3
Ville-en-Blaisois (52) 91 K3
Ville-en-Sallaz (74) 191 J2
Ville-en-Selve (51) 41 F6
Ville-en-Tardenois (51) 40 D5
Ville-en-Vermois (54) 66 B6
Ville-en-Woëvre (55) 44 A5
la Ville-ès-Nonais (35) 50 E4
Ville-Houdlémont (54) 26 B2
Ville-la-Grand (74) 191 G1
Ville-Langy (58) 151 H4
Ville-le-Marclet (80) 9 J6
Ville-Saint-Jacques (77) 87 K4
Ville-Savoye (02) 40 B4
Ville-sous-Anjou (38) 222 C1
Ville-sous-la-Ferté (10) 115 H1
la Ville-sous-Orbais (51) 61 G2
Ville-sur-Ancre (80) 18 D1
Ville-sur-Arce (10) 114 E1
Ville-sur-Cousances (55) 43 F6
Ville-sur-Illon (88) 94 B5
Ville-sur-Jarnioux (69) 188 A5
Ville-sur-Lumes (08) 22 D3
Ville-sur-Retourne (08) 41 J2
Ville-sur-Saulx (55) 64 A5
Ville-sur-Terre (10) 91 H4
Ville-sur-Tourbe (51) 42 C5
Ville-sur-Yron (54) 44 C5
Villeau (28) 85 H5
Villebadin (61) 54 D4
Villebarou (41) 128 E2
Villebaudon (50) 31 G5
Villebazy (11) 309 F2
Villebéon (77) 88 A6
Villebernier (49) 126 B6
Villeberny (21) 135 G4
Villebichot (21) 154 C2
Villeblevin (89) 88 B4
Villebois (01) 189 J6
Villebois-Lavalette (16) 197 F5
Villebois-les-Pins (26) 258 C2
Villebon (28) 84 D3
Villebon-sur-Yvette (91) 58 D5
Villebougis (89) 88 C6
Villebourg (37) 127 H1
Villebout (41) 108 D3
Villebramar (47) 231 H6
Villebret (03) 184 B2
Villebrumier (82) 269 G2
Villecelin (18) 148 E6
Villecerf (77) 87 K4
Villecey-sur-Mad (54) 65 J1
Villechantria (39) 173 F5
Villechauve (41) 128 B1
Villechenève (69) 205 G1
Villechétif (10) 90 B4
Villechétive (89) 113 F1
Villechien (50) 52 D6
Villecien (89) 112 D3
Villécloye (55) 23 K6
Villecomtal (12) 235 J6
Villecomtal-sur-Arros (32) 285 J3
Villecomte (21) 136 A3
Villeconin (91) 86 C2
Villecourt (80) 19 H3
Villecresnes (94) 59 G5
Villecroze (83) 279 G6
Villedaigne (11) 291 G5
Villedieu (15) 218 D6
la Villedieu (17) 178 B4
Villedieu (21) 114 D4
la Villedieu (23) 200 B2
les Villedieu (25) 156 E6
la Villedieu (48) 237 J4
Villedieu (84) 257 G3
la Villedieu-du-Clain (86) 163 F5
la Villedieu-en-Fontenette (70) 118 B5
Villedieu-la-Blouère (49) 142 D1
Villedieu-le-Château (41) 107 J6
Villedieu-lès-Bailleul (61) 54 C4
Villedieu-les-Poêles (50) 52 B3
Villedieu-sur-Indre (36) 147 J6
Villedômain (37) 147 F3
Villedômer (37) 128 A3
Villedoux (17) 176 E1
Villedubert (11) 290 C5
Villefagnan (16) 179 F4
Villefargeau (89) 113 F5
Villefavard (87) 181 G3
Villeferry (21) 135 F4
Villefloure (11) 309 G1
Villefollet (79) 178 C3
Villefontaine (38) 206 D4
Villefort (11) 308 C3
Villefort (48) 255 F1
Villefranche (32) 286 E3
Villefranche (89) 112 C3
Villefranche-d'Albigeois (81) 271 F3
Villefranche-d'Allier (03) 167 K6
Villefranche-de-Conflent (66) 314 B3
Villefranche-de-Lauragais (31) 288 E3
Villefranche-de-Lonchat (24) 212 D6
Villefranche-de-Panat (12) 252 C6
Villefranche-de-Rouergue (12) 251 F3
Villefranche-du-Périgord (24) 232 D5
Villefranche-du-Queyran (47) 247 H3
Villefranche-le-Château (26) 258 B4
Villefranche-sur-Cher (41) 129 J6
Villefranche-sur-Mer (06) 281 H4
Villefranche-sur-Saône (69) 188 B5
Villefrancoeur (41) 128 D1
Villefrancon (70) 137 H4
Villefranque (64) 263 D1
Villefranque (65) 285 G2
Villegailhenc (11) 290 B5
Villegats (16) 179 G5
Villegats (27) 57 G2
Villegaudin (71) 154 D6
Villegenon (18) 131 G4
Villegly (11) 290 C5
Villegongis (36) 147 J5
Villegouge (33) 211 K6
Villegouin (36) 147 G4
Villegusien-le-Lac (52) 116 D6
Villeherviers (41) 129 K5
Villejésus (16) 179 F6
Villejoubert (16) 196 E1
Villejuif (94) 58 E4
Villejust (91) 58 D6
Villelaure (84) 277 H4
Villeloin-Coulangé (37) 147 F2
Villelongue (65) 304 B3
Villelongue-d'Aude (11) 308 D2
Villelongue-de-la-Salanque (66) 310 C6
Villelongue-dels-Monts (66) 315 G4
Villeloup (10) 89 J4
Villemade (82) 249 J6
Villemagne (11) 289 J4
Villemagne-l'Argentière (34) 272 E6
Villemain (79) 178 D4
Villemandeur (45) 111 H3
Villemanoche (89) 88 C5
Villemardy (41) 108 D6
Villemaréchal (77) 87 K5
Villemareuil (77) 60 A3
Villematier (31) 269 H3
Villemaur-sur-Vanne (10) 89 H5
Villembits (65) 286 A4
Villembray (60) 37 F1
Villemer (77) 87 J5
Villemer (89) 113 F4
Villemereuil (10) 90 B6
Villemeux-sur-Eure (28) 57 G6
Villemoirieu (38) 206 E2
Villemoiron-en-Othe (10) 89 J6
Villemoisan (49) 124 D3
Villemoisson-sur-Orge (91) 58 E6
Villemolaque (66) 315 G3
Villemomble (93) 59 G3
Villemontais (42) 186 D5
Villemontoire (02) 39 J4
Villemorien (10) 114 D1
Villemorin (17) 178 B4
Villemort (86) 164 B4
Villemotier (01) 172 E6
Villemoustaussou (11) 290 B5
Villemoutiers (45) 111 G3
Villemoyenne (10) 90 C6
Villemur (65) 286 C5
Villemur-sur-Tarn (31) 269 H3
Villemurlin (45) 130 E1
Villemus (04) 278 A2
Villenauxe-la-Grande (10) 89 F1
Villenauxe-la-Petite (77) 88 D3
Villenave (40) 264 D1
Villenave-de-Rions (33) 229 K4
Villenave-d'Ornon (33) 229 H3
Villenave-près-Béarn (65) 285 F3
Villenave-près-Marsac (65) 285 H4
Villenavotte (89) 88 D5
Villeneuve (01) 188 C4
Villeneuve (04) 278 C2
Villeneuve (09) 306 C3
Villeneuve (12) 251 F2
la Villeneuve (23) 183 J6
Villeneuve (33) 211 G4
Villeneuve (63) 202 E6
la Villeneuve (71) 154 D4
la Villeneuve-au-Châtelot (10) 89 G1
Villeneuve-au-Chemin (10) 113 J1
la Villeneuve-au-Chêne (10) 90 D5
la Villeneuve-Bellenoye-et-la-Maize (70) 118 C6
Villeneuve-d'Allier (43) 219 H3
Villeneuve-d'Amont (25) 156 C4
Villeneuve-d'Ascq (59) 6 E4
Villeneuve-d'Aval (39) 155 K4
Villeneuve-de-Berg (07) 239 J6
Villeneuve-de-Duras (47) 231 F3
Villeneuve-de-la-Raho (66) 315 H3
Villeneuve-de-Marc (38) 206 D5
Villeneuve-de-Marsan (40) 265 J2
Villeneuve-de-Rivière (31) 305 J1
Villeneuve-d'Entraunes (06) 260 E4
Villeneuve-d'Olmes (09) 308 A4
Villeneuve-du-Latou (09) 288 B6
Villeneuve-du-Paréage (09) 288 D6
la Villeneuve-en-Chevrie (78) 57 G1
Villeneuve-en-Montagne (71) 171 G1
Villeneuve-Frouville (41) 108 E5
Villeneuve-la-Comptal (11) 289 G5
Villeneuve-la-Comtesse (17) 177 K3
Villeneuve-la-Dondagre (89) 112 C1
Villeneuve-la-Garenne (92) 58 E2
Villeneuve-la-Guyard (89) 88 B4
Villeneuve-la-Lionne (51) 60 E4
Villeneuve-la-Rivière (66) 310 B6
Villeneuve-l'Archevêque (89) 89 F5
Villeneuve-le-Comte (77) 59 J4
Villeneuve-le-Roi (94) 59 F5
Villeneuve-Lécussan (31) 286 C6
Villeneuve-lès-Avignon (30) 276 B1
Villeneuve-lès-Béziers (34) 292 A4
Villeneuve-les-Bordes (77) 88 B2
Villeneuve-lès-Bouloc (31) 269 G4
Villeneuve-les-Cerfs (63) 185 H5
la Villeneuve-lès-Charleville (51) 61 H4
Villeneuve-lès-Charnod (39) 173 F6
la Villeneuve-les-Convers (21) 135 F2
Villeneuve-les-Corbières (11) 310 A3
Villeneuve-les-Genêts (89) 112 B6
Villeneuve-lès-Lavaur (81) 270 A6
Villeneuve-lès-Maguelone (34) 293 G1
Villeneuve-lès-Montréal (11) 289 J6
Villeneuve-les-Sablons (60) 37 G4
Villeneuve-Loubet (06) 281 F4
Villeneuve-Minervois (11) 290 C4
Villeneuve-Renneville-Chevigny (51) 62 A2
Villeneuve-Saint-Denis (77) 59 J4
Villeneuve-Saint-Georges (94) 59 F5
Villeneuve-Saint-Germain (02) 39 J3
Villeneuve-Saint-Nicolas (28) 85 H5
Villeneuve-Saint-Salves (89) 113 G4
Villeneuve-Saint-Vistre-et-Villevotte (51) 61 H6
Villeneuve-sous-Charigny (21) 134 E4
Villeneuve-sous-Dammartin (77) 59 H1
Villeneuve-sous-Pymont (39) 173 G1
la Villeneuve-sous-Thury (60) 39 G5
Villeneuve-sur-Allier (03) 168 D2
Villeneuve-sur-Auvers (91) 86 D2
Villeneuve-sur-Bellot (77) 60 D3
Villeneuve-sur-Cher (18) 148 E3
Villeneuve-sur-Conie (45) 109 H2
Villeneuve-sur-Fère (02) 40 A5
Villeneuve-sur-Lot (47) 248 C2
Villeneuve-sur-Verberie (60) 38 C4
Villeneuve-sur-Vère (81) 270 C1
Villeneuve-sur-Yonne (89) 112 D2
Villeneuve-Tolosane (31) 288 A2
Villeneuvette (34) 273 G6
Villennes-sur-Seine (78) 58 B2
Villenouvelle (31) 288 E3
Villenoy (77) 59 K2
Villentrois (36) 147 H1
Villeny (41) 129 J2
Villepail (53) 81 K3
Villeparisis (77) 59 G2
Villeparois (70) 118 B6
Villeperdrix (26) 257 J1
Villeperdue (37) 145 K1
Villeperrot (89) 88 C5
Villepinte (11) 289 J5
Villepinte (93) 59 G2
Villeporcher (41) 128 B1
Villepot (44) 103 K3
Villepreux (78) 58 B4
Villequier (76) 34 E1
Villequier-Aumont (02) 19 K5
Villequiers (18) 150 A3
Viller (57) 66 E1
Villerable (41) 108 C6
Villerbon (41) 129 F1
Villeréal (47) 232 A5
Villereau (45) 110 B2
Villereau (59) 12 E3
Villerest (42) 186 E5
Villeret (02) 19 J1
Villeret (10) 91 F2
Villereversure (01) 189 H2
Villermain (41) 109 G4
Villeromain (41) 108 D6
Villeron (95) 59 G1
Villerouge-Termenès (11) 309 J2
Villeroy (77) 59 J2
Villeroy (80) 17 F1
Villeroy (89) 88 C6

Villeroy-sur-Méholle (55) 64 E6
Villers (42) 187 G3
Villers (88) 94 A4
Villers-Agron-Aiguizy (02) 40 C5
Villers-Allerand (51) 41 F5
Villers-au-Bois (62) 10 D2
Villers-au-Flos (62) 11 G5
Villers-au-Tertre (59) 11 J2
Villers-aux-Bois (51) 61 K2
Villers-aux-Érables (80) 18 D3
Villers-aux-Noeuds (51) 40 E5
Villers-aux-Vents (55) 63 K3
Villers-Bocage (14) 32 B6
Villers-Bocage (80) 10 A6
Villers-Bouton (70) 137 K3
Villers-Bretonneux (80) 18 D2
Villers-Brûlin (62) 10 C2
Villers-Buzon (25) 137 J6
Villers-Campsart (80) 17 G2
Villers-Canivet (14) 54 A2
Villers-Carbonnel (80) 19 G2
Villers-Cernay (08) 23 G4
Villers-Châtel (62) 10 D1
Villers-Chemin-et-Mont-lès-Etrelles (70) 137 J3
Villers-Chief (25) 138 E6
Villers-Cotterêts (02) 39 G4
Villers-devant-Dun (55) 43 F2
Villers-devant-le-Thour (08) 41 F1
Villers-devant-Mouzon (08) 23 G5
Villers-Écalles (76) 15 J6
Villers-en-Argonne (51) 63 J1
Villers-en-Arthies (95) 36 D6
Villers-en-Cauchies (59) 12 C3
Villers-en-Haye (54) 65 J3
Villers-en-Ouche (61) 55 G3
Villers-en-Prayères (02) 40 B2
Villers-en-Vexin (27) 36 C4
Villers-Farlay (39) 155 K3
Villers-Faucon (80) 19 J1
Villers-Franqueux (51) 40 E3
Villers-Grélot (25) 138 C4
Villers-Guislain (59) 11 J6
Villers-Hélon (02) 39 H4
Villers-la-Chèvre (54) 26 C2
Villers-la-Combe (25) 138 E6
Villers-la-Faye (21) 154 A2
Villers-la-Montagne (54) 26 D3
Villers-la-Ville (70) 138 E2
Villers-le-Château (51) 62 C2
Villers-le-Lac (25) 157 H2
Villers-le-Rond (54) 26 A3
Villers-le-Sec (02) 20 C3
Villers-le-Sec (51) 63 H4
Villers-le-Sec (55) 64 C6
Villers-le-Sec (70) 138 B1
Villers-le-Tilleul (08) 22 D5
Villers-le-Tourneur (08) 22 B5
Villers-les-Bois (39) 155 H4
Villers-lès-Cagnicourt (62) 11 G3
Villers-lès-Guise (02) 20 D1
Villers-lès-Luxeuil (70) 118 C5
Villers-lès-Mangiennes (55) 26 A4
Villers-lès-Moivrons (54) 66 B3
Villers-lès-Nancy (54) 66 A5
Villers-les-Ormes (36) 147 K5
Villers-les-Pots (21) 155 F1
Villers-lès-Roye (80) 18 E4
Villers-l'Hôpital (62) 9 K3
Villers-Marmery (51) 41 G5
Villers-Outréaux (59) 11 K6
Villers-Pater (70) 138 B3
Villers-Patras (21) 115 F3
Villers-Plouich (59) 11 J5
Villers-Pol (59) 12 E3
Villers-Robert (39) 155 G4
Villers-Rotin (21) 155 F1
Villers-Saint-Barthélemy (60) 37 F2
Villers-Saint-Christophe (02) 19 J3
Villers-Saint-Frambourg (60) 38 C4
Villers-Saint-Genest (60) 38 E6
Villers-Saint-Martin (25) 138 D4
Villers-Saint-Paul (60) 38 A4
Villers-Saint-Sépulcre (60) 37 J3
Villers-Semeuse (08) 22 D3
Villers-Sir-Simon (62) 10 C2
Villers-Sire-Nicole (59) 13 H2
Villers-sous-Ailly (80) 9 H5
Villers-sous-Chalamont (25) 156 C4
Villers-sous-Châtillon (51) 40 D6
Villers-sous-Foucarmont (76) 16 E2
Villers-sous-Montrond (25) 156 C1
Villers-sous-Pareid (55) 44 B5
Villers-sous-Prény (54) 65 J2
Villers-sous-Saint-Leu (60) 37 K5
Villers-Stoncourt (57) 45 H6
Villers-sur-Auchy (60) 36 E1
Villers-sur-Authie (80) 9 F2
Villers-sur-Bar (08) 22 E4
Villers-sur-Bonnières (60) 17 H6
Villers-sur-Coudun (60) 38 D1
Villers-sur-Fère (02) 40 A5
Villers-sur-le-Mont (08) 22 C4
Villers-sur-le-Roule (27) 36 A5
Villers-sur-Mer (14) 33 H3
Villers-sur-Meuse (55) 64 D1
Villers-sur-Nied (57) 66 D2
Villers-sur-Port (70) 118 A6
Villers-sur-Saulnot (70) 139 F2
Villers-sur-Trie (60) 36 E3
Villers-Tournelle (80) 18 C5
Villers-Vaudey (70) 117 H6
Villers-Vermont (60) 17 F6
Villers-Vicomte (60) 18 A5
Villerserine (39) 155 J5
Villersexel (70) 138 D2
Villerupt (54) 26 E3
Villerville (14) 33 J2
Villery (10) 90 A6
Villes (01) 190 C3
Villes-sur-Auzon (84) 257 J6
Villeselve (60) 19 J4
Villeseneux (51) 62 B3
Villesèque (46) 249 J2
Villesèque-des-Corbières (11) 310 B2
Villesèquelande (11) 289 K5
Villesiscle (11) 289 J5
Villespassans (34) 291 G3
Villespy (11) 289 J4
Villetaneuse (93) 58 E2
la Villetelle (23) 183 H6
Villetelle (34) 274 E4
Villethierry (89) 88 B5
Villeton (47) 247 H2
Villetoureix (24) 213 G2
Villetritouls (11) 309 H1
Villetrun (41) 108 D5
la Villette (14) 53 H2
Villette (54) 26 B3
Villette (78) 57 J2
Villette-d'Anthon (38) 206 D1
Villette-de-Vienne (38) 206 B4
Villette-lès-Arbois (39) 155 K4
Villette-lès-Dole (39) 155 G3
Villette-sur-Ain (01) 189 G5
Villette-sur-Aube (10) 90 B2
Villettes (27) 35 H5
les Villettes (43) 221 F3
Villeurbanne (69) 206 B2
Villevallier (89) 112 D2
Villevaudé (77) 59 H3
Villevenard (51) 61 J4
Villevêque (49) 125 H2
Villeveyrac (34) 292 E2
Villevieille (30) 274 E4
Villevieux (39) 173 F1
Villevocance (07) 221 K3
Villevoques (45) 111 H2
Villexanton (41) 109 F6
Villexavier (17) 211 J1
le Villey (39) 155 G5
Villey-le-Sec (54) 65 J5
Villey-Saint-Étienne (54) 65 J4
Villey-sur-Tille (21) 136 B2
Villez-sous-Bailleul (27) 36 A6
Villez-sur-le-Neubourg (27) 35 F5
Villié-Morgon (69) 188 B3
Villiers (36) 146 E5
Villiers (86) 162 D2
Villiers-Adam (95) 58 D1
Villiers-au-Bouin (37) 126 E2
Villiers-aux-Corneilles (51) 89 H1
Villiers-Charlemagne (53) 105 F3
Villiers-Couture (17) 178 D5
Villiers-en-Bière (77) 87 G2
Villiers-en-Bois (79) 178 A3
Villiers-en-Désoeuvre (27) 57 G2
Villiers-en-Lieu (52) 63 J5
Villiers-en-Morvan (21) 152 E2
Villiers-en-Plaine (79) 161 G5
Villiers-Fossard (50) 31 H3
Villiers-Herbisse (10) 62 B6
Villiers-le-Bâcle (91) 58 C5
Villiers-le-Bel (95) 58 E1
Villiers-le-Bois (10) 114 C3
Villiers-le-Duc (21) 115 H5
Villiers-le-Mahieu (78) 57 J3
Villiers-le-Morhier (28) 57 H6
Villiers-le-Pré (50) 51 K5
Villiers-le-Roux (16) 179 F4
Villiers-le-Sec (14) 32 C3
Villiers-le-Sec (52) 116 A1
Villiers-le-Sec (58) 132 E5
Villiers-le-Sec (95) 58 E1
Villiers-lès-Aprey (52) 116 C5
Villiers-les-Hauts (89) 114 B6
Villiers-Louis (89) 88 E6
Villiers-Saint-Benoît (89) 112 C5
Villiers-Saint-Denis (02) 60 D2
Villiers-Saint-Fréderic (78) 58 A4
Villiers-Saint-Georges (77) 60 E6
Villiers-Saint-Orien (28) 109 G1
Villiers-sous-Grez (77) 87 H4
Villiers-sous-Mortagne (61) 83 H2
Villiers-sous-Praslin (10) 114 C2
Villiers-sur-Chizé (79) 178 B3
Villiers-sur-Loir (41) 108 B5
Villiers-sur-Marne (94) 59 G4
Villiers-sur-Morin (77) 59 K3
Villiers-sur-Orge (91) 58 E6
Villiers-sur-Seine (77) 88 E3
Villiers-sur-Suize (52) 116 B3
Villiers-sur-Tholon (89) 112 E4
Villiers-sur-Yonne (58) 133 G4
Villiers-Vineux (89) 113 J3
Villiersfaux (41) 108 B6
Villieu-Loyes-Mollon (01) 189 G5
Villing (57) 45 K3
Villognon (16) 179 F6
Villon (89) 114 C4
Villoncourt (88) 94 E4
Villons-les-Buissons (14) 32 D4
Villorceau (45) 109 H5
Villosanges (63) 184 B6
Villotran (60) 37 G3
Villotte (88) 117 H1
Villotte-devant-Louppy (55) 64 A3
Villotte-Saint-Seine (21) 135 H4
Villotte-sur-Aire (55) 64 C3
Villotte-sur-Ource (21) 115 G4
Villouxel (88) 93 F4
Villuis (77) 88 E3
Villy (08) 23 H5
Villy (89) 113 H4
Villy-Bocage (14) 32 B6
Villy-en-Auxois (21) 135 G4
Villy-en-Trodes (10) 90 D6
Villy-le-Bois (10) 90 B6
Villy-le-Bouveret (74) 191 F4
Villy-le-Maréchal (10) 90 B6
Villy-le-Moutier (21) 154 B3
Villy-le-Pelloux (74) 191 F4
Villy-lez-Falaise (14) 54 B3
Villy-sur-Yères (76) 16 D1
Vilory (70) 118 B5
Vilosnes-Haraumont (55) 43 G3
Vilsberg (57) 70 A1
Vimarcé (53) 82 A6
Vimenet (12) 253 F2
Viménil (88) 95 F5
Vimines (73) 208 B4
Vimont (14) 33 F5
Vimory (45) 111 H3
Vimoutiers (61) 54 E2
Vimpelles (77) 88 C3
Vimy (62) 11 F2
Vinantes (77) 59 J1
Vinassan (11) 291 J6
Vinax (17) 178 C4
Vinay (38) 223 H3
Vinay (51) 61 J1
Vinça (66) 314 D3
Vincelles (39) 173 F3
Vincelles (51) 40 B6
Vincelles (71) 172 D2
Vincelles (89) 113 G6
Vincelottes (89) 113 G6
Vincennes (94) 59 F4
Vincent (39) 155 G6
Vincey (88) 94 C3
Vincly (62) 5 F5
Vincy-Manoeuvre (77) 39 F6
Vincy-Reuil-et-Magny (02) 21 H4
Vindecy (71) 170 B6
Vindefontaine (50) 28 E6
Vindelle (16) 196 D2
Vindey (51) 61 H5
Vindrac-Alayrac (81) 250 E6
Vinets (10) 90 C2
Vineuil (36) 147 K5
Vineuil (41) 129 F2
Vineuil-Saint-Firmin (60) 38 B5
la Vineuse (71) 171 G4
Vinezac (07) 239 G6
Vingrau (66) 310 A4
Vingt-Hanaps (61) 82 D2
Vinnemerville (76) 14 E3
Vinneuf (89) 88 C4
Vinon (18) 131 K6
Vinon-sur-Verdon (83) 278 B4
Vins-sur-Caramy (83) 298 A2
Vinsobres (26) 257 G2
le Vintrou (81) 290 C2
Vinzelles (63) 185 J6
Vinzelles (71) 188 B1
Vinzier (74) 175 G5
Vinzieux (07) 222 A2
Viocourt (88) 93 H4
Viodos-Abense-de-Bas (64) 283 H5
Violaines (62) 6 B5
Violay (42) 205 F1
Violès (84) 257 F5
Violot (52) 116 E5
Viols-en-Laval (34) 274 A4
Viols-le-Fort (34) 274 A4
Vioménil (88) 118 B1
Vion (07) 222 B4
Vion (72) 105 K5
Vions (73) 208 A1
Vionville (57) 44 D5
Viozan (32) 286 B3
Viplaix (03) 167 F5
Vira (09) 308 A2
Vira (66) 309 G5
Virac (81) 270 D1
Virandeville (50) 28 B3
Virargues (15) 218 C4
Virazeil (47) 231 F6
Vire (14) 52 E3
Viré (71) 171 K5
Viré-en-Champagne (72) 105 K3
Vire-sur-Lot (46) 249 G1
Vireaux (89) 114 A5
Virecourt (54) 94 C2
Virelade (33) 229 J4
Vireux-Molhain (08) 24 C2
Vireux-Wallerand (08) 24 C2
Virey (50) 52 B6
Virey-le-Grand (71) 154 A5
Virey-sous-Bar (10) 114 D1
Virginy (51) 42 C5
Viriat (01) 189 G1
Viricelles (42) 205 G3
Virieu (38) 207 H5
Virieu-le-Grand (01) 190 A6
Virieu-le-Petit (01) 190 B5
Virigneux (42) 205 F3
Virignin (01) 207 K2
Viriville (38) 223 F2
Virlet (63) 184 B3
Virming (57) 67 F1
Viroflay (78) 58 C4
Virollet (17) 195 F4
Vironchaux (80) 9 G3
Vironvay (27) 35 J5
Virsac (33) 211 J5
Virson (17) 177 F3
Virville (76) 14 D5
Viry (39) 173 J6
Viry (71) 170 E4
Viry (74) 190 E3
Viry-Châtillon (91) 58 E6
Viry-Noureuil (02) 19 K5
Vis-en-Artois (62) 11 G3
Visan (84) 257 F3
Viscomtat (63) 203 K1
Viscos (65) 304 B3
Viserny (21) 134 D2
Visker (65) 285 H6
Vismes (80) 8 E6
Visoncourt (70) 118 C5
Vissac-Auteyrac (43) 219 K4
Vissec (30) 273 H3
Visseiche (35) 79 K6
Viterbe (81) 270 B5
Viterne (54) 65 K6
Vitot (27) 35 G5
Vitrac (15) 235 G3
Vitrac (24) 233 F2
Vitrac (63) 184 D5
Vitrac-en-Viadène (12) 236 B3
Vitrac-Saint-Vincent (16) 197 H2
Vitrac-sur-Montane (19) 216 C1
Vitrai-sous-Laigle (61) 55 J5
Vitray (03) 167 H3
Vitray-en-Beauce (28) 85 F5
Vitré (35) 80 A6
Vitré (79) 178 D1
Vitreux (39) 137 G6
Vitrey (54) 93 K2
Vitrey-sur-Mance (70) 117 H4
Vitrimont (54) 66 D6
Vitrolles (05) 259 F1
Vitrolles (13) 296 B2
Vitrolles-en-Lubéron (84) 277 K3
Vitry-aux-Loges (45) 110 D3
Vitry-en-Artois (62) 11 G2
Vitry-en-Charollais (71) 170 B5
Vitry-en-Montagne (52) 116 A4
Vitry-en-Perthois (51) 63 F4
Vitry-la-Ville (51) 62 E3
Vitry-Laché (58) 151 H1
Vitry-le-Croisé (10) 91 F6
Vitry-le-François (51) 63 F5
Vitry-lès-Cluny (71) 171 G4
Vitry-lès-Nogent (52) 116 D2
Vitry-sur-Loire (71) 169 J2
Vitry-sur-Orne (57) 27 G5
Vitry-sur-Seine (94) 58 E4
Vittarville (55) 43 H2
Vitteaux (21) 135 F4
Vittefleur (76) 15 F3
Vittel (88) 93 J5
Vittersbourg (57) 67 H1
Vittoncourt (57) 45 H6
Vittonville (54) 65 K1
Vitz-sur-Authie (80) 9 J3
Viuz-en-Sallaz (74) 191 H2
Viuz-la-Chiésaz (74) 208 C1
Vivaise (02) 20 C5
Vivans (42) 186 D2
Vivario (2B) 321 F2
Viven (64) 284 D2
Viverols (63) 204 B6
Vivès (66) 315 F4
Vivey (52) 116 A6
le Vivier (66) 309 H5
Vivier-au-Court (08) 22 E3
le Vivier-sur-Mer (35) 51 F4
Vivières (02) 39 G4
Viviers (07) 256 D1
Viviers (57) 66 C2
Viviers (89) 113 K5
Viviers-du-Lac (73) 208 B3
Viviers-le-Gras (88) 93 J6
Viviers-lès-Lavaur (81) 270 A6
Viviers-lès-Montagnes (81) 289 K1
Viviers-lès-Offroicourt (88) 93 K4
Viviers-sur-Artaut (10) 114 E1
Viviers-sur-Chiers (54) 26 B3
Viviès (09) 308 A2
Viviez (12) 235 F6
Viville (16) 196 B5
Vivoin (72) 82 D5
Vivonne (86) 162 E5
Vivy (49) 126 B5
Vix (21) 115 F4
Vix (85) 160 D5
Vizille (38) 224 B4
Vizos (65) 304 B3
Vocance (07) 221 J3
Vodable (63) 202 D5
Voegtlinshoffen (68) 96 B5
Voelfling-lès-Bouzonville (57) 45 J3
Voellerdingen (67) 67 K1
Voeuil-et-Giget (16) 196 E4
Vogelgrun (68) 96 E5
Voglans (73) 208 B3
Vogüé (07) 239 H6
Voharies (02) 20 E3
Void-Vacon (55) 65 F5
Voigny (10) 91 H5
Voilemont (51) 63 H1
Voillans (25) 138 D4
Voillecomte (52) 91 J2
Voimhaut (57) 45 H6
Voinémont (54) 94 A1
Voingt (63) 201 H2
Voinsles (77) 60 A5
Voipreux (51) 62 A3
Voires (25) 156 D2
Voiron (38) 223 K1
Voiscreville (27) 34 E4
Voise (28) 85 J3
Voisenon (77) 87 H1
Voisey (52) 117 H3
Voisines (52) 116 B4
Voisines (89) 88 E5
Voisins-le-Bretonneux (78) 58 B5
Voissant (38) 207 K5
Voissay (17) 177 J5
Voiteur (39) 155 H6
la Voivre (70) 118 E4
la Voivre (88) 95 H3
les Voivres (88) 118 C1
Voivres-lès-le-Mans (72) 106 C3
Volckerinckhove (59) 3 G4
Volesvres (71) 170 C4
Volgelsheim (68) 96 E4
Volgré (89) 112 D4
Volksberg (67) 69 F4
Vollore-Montagne (63) 203 J2
Vollore-Ville (63) 203 J2
Volmerange-lès-Boulay (57) 27 K6
Volmerange-les-Mines (57) 27 F3
Volmunster (57) 69 G2
Volnay (21) 153 K3
Volnay (72) 107 G3
Volon (70) 137 G1
Volonne (04) 259 G5
Volpajola (2B) 319 H3
Volstroff (57) 27 H5
Volvent (26) 241 H5
Volvic (63) 202 C1
Volx (04) 278 C2
Vomécourt (88) 94 E4
Vomécourt-sur-Madon (88) 94 A3
Voncourt (52) 117 G6
Voncq (08) 42 B1
Vonges (21) 136 E5
Vongnes (01) 207 K1
Vonnas (01) 188 E2
Voray-sur-l'Ognon (70) 137 K5
Voreppe (38) 223 K2
Vorey (43) 220 C3
Vorges (02) 40 B1
Vorges-les-Pins (25) 156 A1
Vorly (18) 149 H4
Vornay (18) 149 J4
Vosbles (39) 173 G6
Vosne-Romanée (21) 154 B1
Vosnon (10) 113 J1
Vou (37) 146 B3
Vouarces (51) 89 J1
Voudenay (21) 153 F2
Voué (10) 90 B3
Vouécourt (52) 92 B5
Vougécourt (70) 117 K3
Vougeot (21) 154 B1
Vougrey (10) 114 C1
Vougy (42) 187 F3
Vougy (74) 191 J3
Vouharte (16) 196 D1
Vouhé (17) 177 G2
Vouhé (79) 161 K3
Vouhenans (70) 118 E6
Vouillé (79) 161 J6
Vouillé (86) 162 D2
Vouillé-les-Marais (85) 160 C5
Vouillers (51) 63 H5
Vouillon (36) 148 C6
Vouilly (14) 31 H1
Voujeaucourt (25) 139 H2
Voulaines-les-Templiers (21) 115 H5
Voulangis (77) 59 K3
Voulême (86) 179 H3
Voulgézac (16) 196 D5
Voulon (86) 162 E6
Voulpaix (02) 20 E2
la Voulte-sur-Rhône (07) 240 B2
Voultegon (79) 143 J4
Voulton (77) 60 D6
Voulx (77) 88 A5
Vouneuil-sous-Biard (86) 162 E3
Vouneuil-sur-Vienne (86) 163 H1
Vourey (38) 223 J1
Vourles (69) 206 A3
Voussac (03) 185 F1
Voutenay-sur-Cure (89) 133 J2
Voutezac (19) 215 H2
Vouthon (16) 197 H3
Vouthon-Bas (55) 93 F2
Vouthon-Haut (55) 93 F2
Voutré (53) 81 K6
Vouvant (85) 160 E3
Vouvray (37) 127 K4
Vouvray-sur-Huisne (72) 107 H1
Vouvray-sur-Loir (72) 107 G6
Vouxey (88) 93 H3
Vouzailles (86) 162 C1

Vouzan (16) 197 G4
Vouzeron (18) 130 D6
Vouziers (08) 42 B2
Vouzon (41) 130 B1
Vouzy (51) 62 B2
Voves (28) 85 H5
Vovray-en-Bornes (74) 191 F3
Voyenne (02) 20 E4
Voyennes (80) 19 H3
Voyer (57) 67 J5
la Vraie-Croix (56) 101 H5
Vraignes-en-Vermandois (80) 19 H2
Vraignes-lès-Hornoy (80) 17 H3
Vraincourt (52) 92 B5
Vraiville (27) 35 H4
Vraux (51) 62 C1
Vrécourt (88) 93 G6
Vred (59) 11 J1
Vregille (70) 137 J5
Vregny (02) 39 K2
Vrély (80) 18 E3
le Vrétot (50) 28 C4
Vriange (39) 155 H1
Vrigne-aux-Bois (08) 22 E3
Vrigne-Meuse (08) 22 E4
Vrigny (45) 110 D2
Vrigny (51) 40 E4
Vrigny (61) 54 C5
Vritz (44) 124 B2
Vrizy (08) 42 B2
Vrocourt (60) 37 F1
Vroil (51) 63 J3
Vron (80) 9 F2
Vroncourt (54) 93 K2
Vroncourt-la-Côte (52) 92 E6
Vroville (88) 94 A4
Vry (57) 27 J6
Vue (44) 122 D4
Vuillafans (25) 156 D2
Vuillecin (25) 156 E4
Vuillery (02) 39 K2
Vulaines (10) 89 G5
Vulaines-lès-Provins (77) 88 C1
Vulaines-sur-Seine (77) 87 J3
Vulbens (74) 190 D3
Vulmont (57) 66 B2
Vulvoz (39) 173 J6
Vy-le-Ferroux (70) 137 K1
Vy-lès-Filain (70) 138 B2
Vy-lès-Lure (70) 118 D6
Vy-lès-Rupt (70) 137 J1
Vyans-le-Val (70) 139 G2
Vyt-lès-Belvoir (25) 139 F4

W

Waben (62) 8 E1
Wacquemoulin (60) 38 C1
Wacquinghen (62) 2 B4
Wadelincourt (08) 23 F4
Wagnon (08) 22 A5
Wahagnies (59) 6 D6
Wahlbach (68) 97 C4
Wahlenheim (67) 70 E1
Wail (62) 9 J2
Wailly (62) 10 E3
Wailly-Beaucamp (62) 9 F1
Walbach (68) 96 B4
Walbourg (67) 25 A3
la Walck (67) 69 J5
Waldersbach (67) 70 A5
Waldhambach (67) 69 F5
Waldhouse (57) 69 H2
Waldighofen (68) 97 C5
Waldolwisheim (67) 70 C1
Waldweistroff (57) 27 K4
Waldwisse (57) 45 J1
Walheim (68) 97 B4
Walincourt-Selvigny (59) 12 B5
Wallers (59) 12 C1
Wallers-Trélon (59) 13 K5
Wallon-Cappel (59) 3 J5
Walschbronn (57) 69 H2
Walscheid (57) 67 K5
Waltembourg (57) 70 A1
Waltenheim (68) 97 D3
Waltenheim-sur-Zorn (67) 70 E1
Waly (55) 64 A1
Wambaix (59) 11 K5
Wambercourt (62) 9 H1
Wambez (60) 36 E1
Wambrechies (59) 6 D3
Wamin (62) 9 J1
Wanchy-Capval (76) 16 C2
Wancourt (62) 11 F3
Wandignies-Hamage (59) 11 K1
Wangen (67) 70 C3
Wangenbourg-Engenthal (67) 70 B3
Wannehain (59) 7 F5
Wanquetin (62) 10 D3
la Wantzenau (67) 25 B6
Warcq (08) 22 C3
Warcq (55) 26 C6
Wardrecques (62) 3 H5
Wargemoulin-Hurlus (51) 42 B5
Wargnies (80) 10 A6
Wargnies-le-Grand (59) 12 E2
Wargnies-le-Petit (59) 12 E2
Warhem (59) 3 J2
Warlaing (59) 11 K1
Warlencourt-Eaucourt (62) 11 F5
Warlincourt-lès-Pas (62) 10 C4
Warloy-Baillon (80) 10 C6
Warluis (60) 37 H2
Warlus (62) 10 D3
Warlus (80) 17 H1
Warluzel (62) 10 C3
Warmeriville (51) 41 G3
Warnécourt (08) 22 C4
Warneton (59) 6 C3
Warsy (80) 18 E4
Warvillers (80) 18 E3
Wasigny (08) 21 K5
Wasnes-au-Bac (59) 11 K3
Wasquehal (59) 6 E3
Wasselonne (67) 70 C2
Wasserbourg (68) 96 A5
Wassigny (02) 12 D6
Wassy (52) 91 J2
le Wast (62) 2 C5
Watigny (02) 21 J2
Watronville (55) 43 K5
Watten (59) 3 G4
Wattignies (59) 6 D5
Wattignies-la-Victoire (59) 13 H4
Wattrelos (59) 7 F3
Wattwiller (68) 97 A1
Wavignies (60) 18 B6
Waville (54) 65 J1
Wavrans-sur-l'Aa (62) 3 F6
Wavrans-sur-Ternoise (62) 10 A1
Wavrechain-sous-Denain (59) 12 C2
Wavrechain-sous-Faulx (59) 11 K3
Wavrille (55) 43 H3
Wavrin (59) 6 C5
Waziers (59) 11 H1
Weckolsheim (68) 96 D5
Wegscheid (68) 119 J4
Weinbourg (67) 69 H5
Weislingen (67) 69 F5
Weitbruch (67) 25 A4
Weiterswiller (67) 69 G6
Welles-Pérennes (60) 18 C5
Wemaers-Cappel (59) 3 J4
Wentzwiller (68) 97 D5
Werentzhouse (68) 97 C5
Wervicq-Sud (59) 6 D2
West-Cappel (59) 3 J3
Westhalten (68) 96 B5
Westhoffen (67) 70 C3
Westhouse (67) 70 E5
Westhouse-Marmoutier (67) 70 C2
Westrehem (62) 5 H5
Wettolsheim (68) 96 B4
Weyer (67) 67 K2
Weyersheim (67) 25 B5
Wickerschwihr (68) 96 C3
Wickersheim-Wilshausen (67) 69 J6
Wicquinghem (62) 4 D5
Wicres (59) 6 C5
Widehem (62) 4 B5
Widensolen (68) 96 D4
Wiège-Faty (02) 20 D2
Wiencourt-l'Équipée (80) 18 D2
Wierre-au-Bois (62) 2 C6
Wierre-Effroy (62) 2 B5
Wiesviller (57) 68 E3
Wignehies (59) 13 H6
Wignicourt (08) 22 C6
Wihr-au-Val (68) 96 A4
Wildenstein (68) 119 J2
Wildersbach (67) 70 A5
Willeman (62) 9 K2
Willems (59) 7 F4
Willencourt (62) 9 J3
Willer (68) 97 C4
Willer-sur-Thur (68) 119 K3
Willeroncourt (55) 64 C5
Willerval (62) 11 F2
Willerwald (57) 68 D4
Willgottheim (67) 70 D2
Williers (08) 23 J4
Willies (59) 13 J5
Wilwisheim (67) 70 D1
Wimereux (62) 2 A5
Wimille (62) 2 A5
Wimmenau (67) 69 G5
Wimy (02) 21 G1
Windstein (67) 69 K4
Wingen (67) 25 A1
Wingen-sur-Moder (67) 69 G5
Wingersheim (67) 70 E1
Wingles (62) 6 C6
Winkel (68) 97 B6
Winnezeele (59) 3 J4
Wintersbourg (57) 67 K3
Wintershouse (67) 69 K6
Wintzenbach (67) 25 D2
Wintzenheim (68) 96 B4
Wintzenheim-Kochersberg (67) 70 D2
Wirwignes (62) 2 C6
Wiry-au-Mont (80) 17 G1
Wisches (67) 70 B4
Wisembach (88) 95 K4
Wiseppe (55) 43 F1
Wismes (62) 2 E6
Wisques (62) 3 F5
Wissant (62) 2 B3
Wissembourg (67) 25 C1
Wissignicourt (02) 39 K1
Wissous (91) 58 E5
Witry-lès-Reims (51) 41 F3
Wittelsheim (68) 97 B2
Wittenheim (68) 97 C1
Witternesse (62) 5 H4
Witternheim (67) 71 C4
Wittersdorf (68) 97 B4
Wittersheim (67) 69 K6
Wittes (62) 3 H6
Wittisheim (67) 71 C5
Wittring (57) 68 E3
Wiwersheim (67) 70 E2
Wizernes (62) 3 G5
Woël (55) 44 B6
Woelfling-lès-Sarreguemines (57) 68 E3
Woerth (67) 25 A2
Woignarue (80) 8 D5
Woimbey (55) 64 D1
Woincourt (80) 8 D5
Woippy (57) 44 E5
Woirel (80) 17 G1
Wolfersdorf (68) 97 A4
Wolfgantzen (68) 96 D4
Wolfisheim (67) 70 E3
Wolfskirchen (67) 67 J2
Wolschheim (67) 70 C2
Wolschwiller (68) 97 D6
Wolxheim (67) 70 D3
Wormhout (59) 3 J3
Woustviller (57) 68 D3
Wuenheim (68) 97 B1
Wuisse (57) 66 E2
Wulverdinghe (59) 3 G4
Wy-dit-Joli-Village (95) 36 E6
Wylder (59) 3 J3

X

Xaffévillers (88) 94 E2
Xaintrailles (47) 247 H4
Xaintray (79) 161 H4
Xambes (16) 196 D1
Xammes (54) 65 H1
Xamontarupt (88) 95 F6
Xanrey (57) 66 E4
Xanton-Chassenon (85) 160 E4
Xaronval (88) 94 A3
Xermaménil (54) 94 D1
Xertigny (88) 118 D1
Xeuilley (54) 65 K6
Xirocourt (54) 94 A2
Xivray-et-Marvoisin (55) 65 G3
Xivry-Circourt (54) 26 D4
Xocourt (57) 66 C2
Xonrupt-Longemer (88) 95 H6
Xonville (54) 44 C6
Xouaxange (57) 67 J4
Xousse (54) 67 F5
Xures (54) 67 F4

Y

Y (80) 19 H3
Yainville (76) 35 F2
Yaucourt-Bussus (80) 9 H5
Ychoux (40) 245 F2
Ydes (15) 217 H2
Yébleron (76) 14 E5
Yèbles (77) 59 J6
Yenne (73) 207 K2
Yermenonville (28) 85 H1
Yerres (91) 59 F5
Yerville (76) 15 H5
Yèvre-la-Ville (45) 110 E1
Yèvres (28) 84 D6
Yèvres-le-Petit (10) 90 E2
Yffiniac (22) 49 H6
Ygos-Saint-Saturnin (40) 264 E1
Ygrande (03) 168 A4
Ymare (76) 35 J3
Ymeray (28) 85 J2
Ymonville (28) 85 J5
Yolet (15) 235 J1
Yoncq (08) 23 F6
Yonval (80) 9 F5
Youx (63) 184 C3
Yport (76) 14 C4
Ypreville-Biville (76) 14 E4
Yquebeuf (76) 16 B5
Yquelon (50) 30 D6
Yronde-et-Buron (63) 202 E4
Yrouerre (89) 113 K5
Yssac-la-Tourette (63) 185 F6
Yssandon (19) 215 G3
Yssingeaux (43) 220 E4
Ytrac (15) 235 G1
Ytres (62) 11 G5
Yutz (57) 27 G4
Yvecrique (76) 15 H4
Yvernaumont (08) 22 C4
Yversay (86) 162 E2
Yves (17) 176 E4
les Yveteaux (61) 53 K5
Yvetot (76) 15 G5
Yvetot-Bocage (50) 28 D4
Yvias (22) 48 D3
Yviers (16) 212 D2
Yvignac (22) 78 B1
Yville-sur-Seine (76) 35 F2
Yvoire (74) 174 D5
Yvoy-le-Marron (41) 129 K2
Yvrac (33) 229 J1
Yvrac-et-Malleyrand (16) 197 H2
Yvrandes (61) 53 F5
Yvré-le-Pôlin (72) 106 D5
Yvré-l'Évêque (72) 106 E2
Yvrench (80) 9 H4
Yvrencheux (80) 9 H4
Yzengremer (80) 8 D5
Yzernay (49) 143 G3
Yzeron (69) 205 J3
Yzeure (03) 168 E3
Yzeures-sur-Creuse (37) 146 B6
Yzeux (80) 17 K1
Yzosse (40) 264 B4

Z

Zaessingue (68) 97 C4
Zalana (2B) 319 H6
Zarbeling (57) 67 F2
Zegerscappel (59) 3 H3
Zehnacker (67) 70 C2
Zeinheim (67) 70 C2
Zellenberg (68) 71 A6
Zellwiller (67) 70 D5
Zermezeele (59) 3 J4
Zérubia (2A) 323 F1
Zetting (57) 68 E3
Zévaco (2A) 320 E5
Zicavo (2A) 321 F5
Zigliara (2A) 320 E6
Zilia (2B) 318 C3
Zilling (57) 70 A1
Zillisheim (68) 97 B3
Zimmerbach (68) 96 B4
Zimmersheim (68) 97 C3
Zimming (57) 45 J5
Zincourt (88) 94 D4
Zinswiller (67) 69 J5
Zittersheim (67) 69 G5
Zoebersdorf (67) 69 H6
Zommange (57) 67 G3
Zonza (2A) 323 G1
Zoteux (62) 4 D4
Zouafques (62) 2 E4
Zoufftgen (57) 27 G3
Zoza (2A) 323 F2
Zuani (2B) 319 H6
Zudausques (62) 3 F5
Zutkerque (62) 2 E4
Zuydcoote (59) 3 J1
Zuytpeene (59) 3 H4